金意陶陶瓷
金意陶 陶艺精
KITO

【公司简介】

COMPANY PROFILE

金意陶品牌建立于2002年8月16日，其前身是广东东鹏陶瓷股份有限公司四个事业部之一。2004年1月1日为实现整体战略需求，转换企业灵活机制，正式成立合资公司——佛山金意陶陶瓷有限公司。金意陶年生产能力500万平方米，经营目标是“打造仿古砖第一品牌”。目前，金意陶主要产品系列有：古典石系列、双品石系列、IT石第一代、IT石第二代系列、砂岩石系列、仿古砖系列和新石尚瓷片系列。

金意陶本着“自然&艺术”的品牌理念，秉承传统陶瓷文化，与意大利、西班牙顶尖的陶瓷设计公司进行强强合作，利用国际先进水平的陶瓷生产技艺，结合经典艺术融入现代时尚精心研制出各种系列产品，每一片瓷砖或每一个组合的图案都来源于名师对人文艺术内涵独特而深刻的见解。多元文化，激荡潮流，金意陶依然坚持自我，拒绝中庸，以专注衍生精粹风格，以精致诠释生活艺术，让几何美学、人体工程学、实用性、耐用性之灵魂，深铸于每一款产品的细微之处，100%的深刻演绎与不悔执着，成就了金意陶产品的个性品位。

KITO 金意陶

KITO 金意陶

KITO 金意陶

KITO 金意陶陶瓷

金意陶 陶艺精

IT石·时尚之风

■KITO金意陶IT石，以IT行业的时尚触角，突破仿古砖质地材料的评判标准，实现科技与艺术、现代文明与仿古文化的完美对接，成为时尚空间的当然之选。

■KITO新石尚IT石，简约、时尚、高质、艺术，采用特殊材料和最新仿古工艺，在保留仿古砖“经典艺术”的高格调品位同时，又充分焕发出无限新潮的时尚特色，对仿古砖近乎颠覆的设计突破，使新石尚IT石的砖面效果亮彩出众品位十足，在奔放明快的外表下表露出不容小觑的深厚内涵，一如IT精英，张扬但不过分，收放从容，自成一派。

■作为仿古砖的绝对新锐，新石尚IT石在品质上保持金意陶一贯的精品作风：长久使用不褪色、不脱釉、防污防滑更耐磨。独特的墙地一体化装饰方式以及各种组合搭配，为设计师和消费者提供了充满想象力的空间组合。无论是酒店、超市、酒吧、咖啡厅、西餐厅、会所、写字楼、专卖店等商业空间，或是别墅、楼盘、单身公寓等家居场所，IT石都可以得到完美应用。

双品石·自然之雅

■KITO金意陶双品石，秉持“金意陶，陶艺精”的优良传统，汲取芸芸自然万千幻变，在仿古砖的开发生产上不断创新，完成了品位的一次全面提升和品质的一次革命突破，在关注现代人文居住的追求中，一个全新的空间纪元，就此开启。

■KITO金意陶第三代雅典娜双品石，不仅拥有天然麻石古朴自然的非凡仿古品位，更具有远远超越普通仿古砖、足以媲美玻化抛光砖的卓越性能，以品位和品质的两全其美，为现代高尚空间，谱写鱼和熊掌兼得的石代传奇。

■KITO金意陶双品石，比普通仿古砖的应用范围更广，不但可以为高级别墅、高品位家居的客厅、卧室、书房、厨房、卫生间营造出非凡装饰效果，在高档商业空间的大堂、商场、会议厅、酒吧、咖啡厅等场所，同样可以成为空间气质的表现载体。如果直接用于外墙干挂，效果更要优于传统石材，使得整个建筑卓然出众。

砂岩石·艺术之颂

■KITO金意陶砂岩石，返朴归真的自然、简约时尚的气派，让粗糙成为历史，用细节定义品位，演绎自然与艺术完美相融的“新石尚”空间，千秋传颂。

■KITO金意陶新石尚砂岩石，纹理清晰，色调柔和，内敛而不张扬，细腻又富于变化，砂岩效果源自天然、更胜天然，石韵高雅透射出非常现代的靓丽光感。纯美的表面构成，精细的磨边处理，不原始，不简陋，不刺眼，其别具一格的墙地一体化风格，可以使整个空间更加和谐一致、浑然一体。独特的树脂腰线和花片配套，为空间再添“石尚”新元素，点亮仿古新感觉，是营造时尚空间的理想选材。

■KITO金意陶砂岩石因其温馨和谐、质朴自然，应用于家居客厅、卧室、书房或卫生间，都能与其他家居元素完美相融，呈现独特气质；因其简约时尚的砖面效果，完全适用于包括大堂、会议厅、大型商场以及公共卫生间等现代公用场所；因其质感柔和、典雅大方，兼具古韵新风，其在咖啡厅、酒吧、夜店等情趣场所使用时，更能表现出整体的高尚格调与时尚品位；用于外墙，效果也明显优于石材。

第十二届中国国际门业暨建筑装饰五金展览会 The 12th China International Door & Building Decoration Exhibition

中国建筑装饰协会主办

2003年
中国建筑装饰行业年鉴

CHINA BUILDING DECORATION INDUSTRY YEAR-BOOK

中国建筑工业出版社

图书在版编目（CIP）数据

2003年中国建筑装饰行业年鉴/中国建筑装饰协会编.
北京：中国建筑工业出版社，2004
ISBN 7-112-06813-4

Ⅰ.2... Ⅱ.中... Ⅲ.建筑装饰-建筑业—中国—
2003—年鉴 Ⅳ.F426.9-54

中国版本图书馆CIP数据核字（2004）第087653号

责任编辑：唐炳文

中国建筑装饰协会主办
2003年
中国建筑装饰行业年鉴
*
中国建筑工业出版社出版、发行（北京西郊百万庄）
北京市画中画印刷厂印刷
*
开本：880×1230毫米 1/16 印张：60 3/4 插页：2 字数：2470千字
2004年9月第一版 2004年9月第一次印刷
印数：1—2000册 定价：**226.00**元
ISBN 7-112-06813-4
TU·6060（12767）

本社网址：http://www.china-abp.com.cn

谨以本年鉴献给

中国建筑装饰协会成立20周年

为中国建筑装饰行业发展做出贡献的每一位人士

（1984年9月11日～2004年9月11日）

《中国建筑装饰行业年鉴》编辑委员会

《中国建筑装饰行业年鉴》编辑部

主　　任：黄　白　中国建筑装饰协会信息部主任　工会副主席　《中国建筑装饰》主编
副 主 任：田万良　中国建筑装饰协会信息咨询委员会秘书长　《装饰名品》主编
编　　辑：王本明　中国建筑装饰协会行业发展部主任
鲁心源　中国建筑装饰协会信息咨询委员会专家组办公室主任
封面设计：王　铁　中央美术学院副教授
编　　务：高　俊　张兰美　纪　敏　高世彦　郎志春　牛　娜　贾　涤
李　玲　李　娟　周　英　刘五爱　郭丽云　陈丽君　董驰明
王进朝　田庆涛　吴芝倩　宋兆英　杜　婷

特约撰稿人：（按姓氏笔划为序）

王　惠　深圳市装饰行业协会设计委员会主任
丛廷才　长春市建筑装饰装修协会秘书长
孙　普　大连市建筑装饰行业协会副秘书长
李　健　云南省建筑装饰行业协会常务理事
许金柱　合肥市建筑装饰协会办公室主任
毕诗宽　鸡西市建筑装饰协会副秘书长
张广礼　大同市建筑装饰协会秘书长
陈　维　汕头市装饰协会常务副会长
张永学　石家庄市装饰协会常务副秘书长
何木松　湖北省建筑装饰协会副秘书长
赵兴武　黑龙江省建筑装饰协会副秘书长
郭仁智　北京市建筑装饰协会常务副秘书长
高碧辉　陕西省建筑装饰协会办公室主任
崔宗杰　河南省建筑装饰协会副秘书长
楼志武　杭州市建筑装饰协会秘书长

前　言

（2003年卷·总第三卷）

在建设部的关心下，在各级建设行政主管部门的支持下，在各地方建筑装饰协会以及业内企业家、学者、专家的配合下，中国建筑装饰协会主办主编的中国建筑装饰行业年鉴，从2001年第一卷开始，已由中国建筑工业出版社出版发行了第三卷。

在建设部所属指导的42个社团中，目前编辑出版发行《年鉴》的只有中国建筑业协会和中国建筑装饰协会。中国建筑装饰行业年鉴的出版，是建筑装饰成为建筑业三大行业之一的又一标志，是建筑装饰行业生产力发展、科技进步、行业文化和精神文明建设的重要成就。

2002年12月28日出版发行的《2001年中国建筑装饰行业年鉴》共分十大部分：行业公告、行业综述、政策法规、业内重大活动、地方行业发展、调研报告、行业表彰 、室内设计、企业运作、家庭装饰。共271篇，150万字，650页。其中包括建设部有关领导在中国建筑装饰协会重大活动上的讲话、建筑装饰协会系统、单位和个人及有关方面资深人士撰文105篇。

中国建筑装饰协会2003年1月9日在北京友谊宾馆召开了有300位代表出席的“五届二次理事会”；1月10日在人民大会堂小礼堂举行了有700位代表出席的“2002年全国建筑工程装饰奖颁奖大会”。此时正逢《2001年中国建筑装饰行业年鉴》出版发行，赠送与会代表人手一册。而后，中国建筑装饰协会还将此年鉴赠送给了建设部领导及部属各司局、有关政府部门、兄弟协会，以及重点装饰工程业主、各地骨干装饰工程企业、材料生产供应厂商、设有室内设计、环境艺术系或专业的大专院校等相关单位。政府主管部门及业内人士普遍给予我国建筑装饰行业第一部年鉴以充分肯定和高度评价。

《2002年中国建筑装饰行业年鉴》共分十一大部分：行业公告、行业表彰、行业综述、政策法规、业内重大活动、地方行业发展、室内设计、企业运作、WTO与装饰、家庭装饰、幕墙工程。共335篇，比2001年年鉴的271篇增加了24%。165万字，826页，比2001年年鉴的650页增加了27%。在2003年9月1日~3日中国建筑装饰协会在北京京丰宾馆召开的有上千人与会的首次“全国建筑装饰行业科技大会”上发行，再次受到业内的充分肯定和高度评价。

2001年、2002年、2003年中国建筑装饰行业年鉴，均被中国建筑装饰协会列为当年的十件大事之一。年鉴编委会和编辑部同仁对自己的创新工作颇有成就感。

在听取了各方面的意见或建议后，我们对《2003年中国建筑装饰行业年鉴》进行了调整、充实、改进和提高，以期进一步体现年鉴的三个性质：昨天的实录，今天的镜子，明天的见证。进一步突出年鉴的七个特点：年度性、综合性、宏观性、全面性、系统性、真实性和权威性。

《2003年中国建筑装饰行业年鉴》共分十一大部分：行业公告、行业表彰、行业综述、政策法规、业内重大活动、地方行业发展、室内设计、企业运作、WTO与装饰、幕墙工程、家庭装饰。共373篇，比2002年年鉴的335篇增加了15%。190万字，954页，比2002年年鉴的826页增加了15%。在2004年9月2日~4日北京京丰宾馆举行的逾千人参会的“庆祝中国建筑装饰协会成立20周年大会”上发行。

谨以本年鉴献给中国建筑装饰协会成立20周年，以及为中国建筑装饰行业发展做出贡献的每一位人士，祝中国建筑装饰行业可持续发展，百姓安居乐业。

目 录

第一部分 行业公告

第二部分 行业综述

第三部分 行业表彰

第四部分　政策法规

第五部分　业内重大活动

·中国建筑装饰协会五届二次理事会·

·中国建筑装饰协会五届三次常务理事会·

·中国建筑装饰协会五届三次理事会·

·2002年全国建筑工程装饰奖颁奖·

·中国建筑装饰协会会长工作会议·

·地方装饰协会秘书长工作会议·

·全国建筑装饰行业科技大会·

·SARS 与装饰·

·社团运作·

·对外交流·

第六部分　地方行业发展

第七部分　室内设计

·工程实践·

·理论探讨·

第八部分　企业运作

·企业家·

·人力资源·

·企业管理·

·市场开拓·

·比较优势·

·企业文化·

·项目管理·

·工程实践·

第九部分　科技创新

第十部分　幕墙工程

·行业发展·

·企业管理·

·工程实践·

·问题讨论·

第十一部分　家庭装饰

·政策法规·

·管理创新·

·调研报告·

·行业发展·

·产业化·

·企业实践·

附　录

第一部分

行业公告

建设部批准专业承包
571家一级建筑装修装饰工程、91家一级建筑幕墙工程、426家甲级建筑装饰工程设计、123家甲级建筑幕墙工程设计企业名单

2001年下半年，建设部对全国建筑业企业，包括建筑装修装饰工程专业承包企业和建筑幕墙工程专业承包企业进行资质就位工作，先后分五批——2001年10月6日建设部公告第38号、2002年1月16日建设部公告第42号、4月15日建设部公告第44号、6月28日建设部公告第49号审定。分别批准主业为建筑装修装饰工程专业承包一级资质企业第一批14家、第二批66家、第三批118家、第四批268家、第五批9家，共475家。

2004年3月1日，建设部发出《关于公布2003年建筑业企业资质升级企业名单的公告》，其中，主业为建筑装修装饰工程专业承包一级资质企业96家（带*者），全国29个省市区（不包括港、澳、台）现共有571家。同时具有一级装饰施工和甲级装饰设计资质的企业增加了45家，现为276家（注△者）。

2004年3月1日之前，建设部分别批准主业为建筑幕墙工程专业承包一级资质企业第二批12家、第三批23家、第四批55家，共90家。2004年3月1日，建设部发出《关于公布2003年建筑业企业资质升级企业名单的公告》，其中，主业为建筑幕墙工程专业承包一级资质企业1家（带*者），全国18个省市区现共有91家。同时具有一级幕墙施工和甲级幕墙设计资质的企业增加了5家，现为74家（注△者）。

建设部自1990年11月17日以（90）建设字第60号文件对建筑装饰工程设计企业实行资质等级、市场准入制度以来，1992年11月9日进行了修订并以建设[1992]786号文件颁发，2001年1月9日再次修订并以建设[2001]9号文件颁发《建筑装饰工程设计企业资质等级标准》。

2004年3月9日，建设部建筑市场管理司做出《关于批准北京高能筑博建筑设计有限公司等33家企业工程设计资质转正及中山市中明格兰特幕墙装饰实业有限公司等10家企业工程设计资质延期转正的通知》（建市设函[2004]13号），其中，建筑装饰专项工程设计甲级资质转正企业10家（带*者）、建筑幕墙专项工程设计甲级资质转正企业1家（带*者）。

2004年3月23日，建设部发出公告第219号《建设部关于公布批准的工程设计资质企业及第五批建筑工程设计事务所名单的公告》，其中有建筑装饰专项工程设计甲级资质企业74家（带*者）。全国26个省市区现共有426家甲级建筑装饰工程设计企业。同时具有甲级装饰设计和一级装饰施工资质的企业增加了45家，现为276家（注△者）。

建设部自2000年6月30日颁发《建筑幕墙工程设计专项资质分级标准》（建设[2000]126号），对建筑幕墙工程设计企业实行资质等级、市场准入制度以来，2004年3月23日增加了建筑幕墙专项工程甲级资质企业11家（带*者），全国20个省市现共有123家甲级建筑幕墙工程设计企业。同时具有甲级幕墙设计和一级幕墙施工资质的企业增加了5家，现为74家（注△者）。

现公布如下，排序不分先后。

中国建筑装饰协会信息部
《中国建筑装饰》编辑部
二〇〇四年三月二十九日

全国570家建筑装修装饰工程专业承包一级资质企业名单

北京市（61+25=86家）

1. 中国建筑一局装饰公司△
2. 中国建筑装饰工程公司△
3. 中铁建厂工程局装饰工程总公司
4. 中信室内装修工程公司△
5. 东方泰隆建筑装饰工程有限公司
6. 国润建设有限公司
7. 北京市京深装饰工程公司
8. 北京中建恒基建设投资有限公司
9. 北京菲尼有限公司△
10. 北京巍明建筑装饰工程有限公司
11. 北京弘高建筑装饰设计工程有限公司△
12. 北京市建筑工程装饰公司△
13. 北京金丰环球远大装饰工程有限公司△
14. 北京洲际建筑装饰设计与工程有限责任公司△
15. 北京港源建筑装饰工程有限公司△

16．北京国都建筑装饰工程有限公司△
17．中艺建筑装饰有限公司
18．北京花旗建设发展有限公司△
19．北京城建长城装饰工程有限责任公司△
20．北京燕佳建筑工程有限公司
21．北京筑邦建筑装饰工程有限公司△
22．北京神龙建筑装饰工程有限公司△
23．北京聚鑫装璜工程有限责任公司
24．北京中建华腾装饰工程有限公司△
25．北京侨信装饰工程有限公司△
26．北京津樑装饰工程有限责任公司△
27．北京益置建安装饰有限公司
28．北京房修二华泰建筑装饰工程有限公司
29．北京诺思威建筑装饰工程有限公司
30．北京捷通机房设备工程有限公司
31．北京爱地鑫装饰艺术有限责任公司
32．北京华尊装饰工程有限责任公司
33．北京永通建筑装饰工程发展有限公司
34．北京建峰建设装饰工程集团△
35．北京市金厦艺林装饰装修工程有限公司
36．北京美仑装饰工程有限公司
37．北京优高雅装饰工程有限公司
38．北京迅航装饰工程有限责任公司
39．北京丽贝亚建筑装饰工程有限公司△
40．北京中建乐孚装饰工程有限责任公司
41．北京华开建安装饰工程有限公司
42．北京天图设计工程有限公司△
43．北京金碧合力建筑设计工程有限公司
44．北京长迪建筑装饰工程有限公司
45．北京扶桑建筑装饰有限公司△
46．北京清华工美建筑装饰工程有限公司△
47．北京嘉寓装饰工程有限公司
48．北京中远广田装饰工程有限公司
49．北京贝盟国际建筑装饰工程有限公司△
50．北京龙头建筑装饰工程有限公司
51．北京住总装饰公司△
52．北京建谊建筑工程有限公司△
53．北京华夏建筑装饰工程有限公司
54．北京市上瑞装饰工程有限责任公司
55．北京国建建筑装饰工程有限公司
56．北京中建科装饰工程有限责任公司
57．北京艺成园装修设计有限公司
58．中建二局装饰工程公司△
59．北京宏美特艺建筑装饰设计工程公司
60．北京市建筑装饰设计工程公司△
61．中国装饰有限公司△
62．北京东华绿源装饰工程有限公司*
63．北京市创意达装饰公司*
64．北京恒宇建筑装饰工程有限公司*
65．北京银都世纪装饰上程有限责任公司*
66．北京市凯伯特装饰工程有限公司*
67．北京今典装饰工程有限公司*
68．清华大学土建工程承包总公司*
69．北京道丰建设投资有限公司*
70．北京荔恒元装饰有限责任公司*
71．北京建兴达建筑门窗有限责任公司*
72．北京磊鑫装饰设计工程有限公司*
73．北京市富美达建筑装饰工程公司*
74．北京硕泽建筑装饰工程有限公司*
75．北京皇家建筑装饰工程有限公司*
76．北京中建海外装饰工程有限公司*
77．北京艺力设计工程有限公司*
78．北京中冠建筑装饰有限责任公司*
79．北京中建华齐亚装饰工程有限公司*
80．北京百合装饰有限公司*
81．北京鸿建装饰工程有限公司*
82．北京市厚洋装饰有限责任公司*
83．北京新唐建筑装饰工程有限责任公司*
84．北京市太通建筑装饰公司*
85．北京市崇文城建装饰装修工程公司*
86．北京天龙装饰公司*

天津市（10+3=13 家）

1．金丰环球装饰工程（天津）有限公司△
2．中国建筑第六工程局装饰工程公司△
3．天津市南洋装饰工程公司
4．天津市昆仑工程装饰公司
5．天津市鲁班建筑装饰公司
6．天津工程建设装饰有限公司
7．天津市建设装饰工程公司
8．天津华惠安信装饰工程有限公司
9．天津美图装饰设计工程有限公司
10．天津市艺术建筑装饰联合公司
11．天津天美室内外装饰有限公司*
12．天津市圣美装饰工程有限公司*
13．天津市国厦装饰机电工程有限公司*

上海市（36+2=38 家）

1．中建三局东方装饰设计工程公司△
2．华鼎建筑装饰工程有限公司△
3．上海建筑装饰（集团）有限公司△
4．上海中企建筑装饰工程有限公司△
5．上海新丽装饰工程有限公司△
6．上海康业建筑装饰工程有限公司△
7．上海市建筑装饰工程有限公司△
8．上海海直建设工程公司△

9. 上海蓝天房屋装饰工程公司
10. 上海大华装饰工程有限公司△
11. 上海正方建筑装饰工程有限公司
12. 上海美达建筑装潢工程有限公司
13. 上海东尼建筑装饰有限公司
14. 上海现代建筑设计（集团）有限公司
15. 上海世家装饰实业有限公司
16. 上海华亮建筑装饰有限公司
17. 上海景泰建筑装潢有限公司△
18. 上海恒利益建装潢工程有限公司
19. 上海健尔斯装饰工程有限公司△
20. 上海东昌建筑装饰工程有限公司△
21. 上海金茂建筑装饰有限公司
22. 上海华懋建筑装饰工程有限公司
23. 上海锦丽华建筑装潢工程有限公司
24. 上海申雅装饰工程有限公司
25. 上海室内装饰（集团）有限公司△
26. 上海华晖装饰装修工程有限公司
27. 上海住总集团建筑装饰有限公司△
28. 上海艺高装饰工程有限公司
29. 上海建筑装饰集团申兴装饰工程公司
30. 上海优高雅建筑装饰有限公司
31. 上海宏誉建筑装潢有限公司
32. 上海住安建筑装饰工程公司△
33. 上海建威建筑装饰工程有限公司
34. 上海南市建筑装饰有限公司
35. 上海鸿立装饰设计工程有限公司
36. 上海福兴建筑装潢有限公司
37. 上海秋元华林建筑装饰有限公司*
38. 上海东顺建筑工程有限公司*

重庆市（13+3=16家）

1. 重庆渝远建筑工程设计装饰有限公司△
2. 重庆港庆建筑装饰有限公司△
3. 重庆金梭装饰设计工程有限公司△
4. 重庆德辉装饰工程有限公司△
5. 重庆港鑫建筑装饰设计工程有限公司△
6. 重庆皇城装饰工程公司△
7. 重庆金宇装饰工程有限公司△
8. 重庆志宇建筑装饰工程有限公司△
9. 重庆宏图装饰工程有限公司△
10. 重庆大方建筑装饰设计工程有限公司△
11. 重庆金飞建筑装饰工程有限公司△
12. 重庆聚金建筑装饰工程有限公司
13. 重庆东方建筑装饰（集团）有限公司△
14. 重庆海狼装饰有限公司*
15. 重庆三荣实业发展有限责任公司*
16. 重庆立信装饰工程有限公司*

河北省（18家）

1. 河北建设集团装饰工程有限公司△
2. 河北长城建筑装饰工程公司△
3. 河北斯特龙装饰工程有限公司△
4. 河北省四建装饰工程公司△
5. 石家庄市大吉装饰有限公司
6. 石家庄常宏建筑装饰工程有限公司△
7. 石家庄特艺达装饰工程有限公司△
8. 石家庄市通力建筑装饰工程有限公司△
9. 石家庄雅虹装饰设计工程有限公司△
10. 石家庄宏昌建筑装饰集团公司
11. 石家庄市博宏装饰工程有限公司
12. 唐山方舟建筑装饰工程有限公司△
13. 唐山市集林装饰有限公司
14. 唐山市唐新装饰设计工程有限公司△
15. 秦皇岛市富立装饰有限公司△
16. 秦皇岛市金盛达装饰工程有限公司
17. 秦皇岛艺腾装饰工程有限公司
18. 保定白云建筑装饰有限责任公司△

山西省（3+1=4家）

1. 山西省建筑装饰工程总公司
2. 山西万兴隆装璜设计有限公司
3. 香港神采设计装饰工程山西有限公司
4. 山西三利装饰有限公司*△

内蒙古自治区（1家）

1. 内蒙古永新建筑装饰工程有限公司

黑龙江省（12+3=15家）

1. 黑龙江国光建筑装饰工程有限公司△
2. 黑龙江省高维建筑装饰工程有限公司△
3. 黑龙江长城装饰工程有限公司△
4. 黑龙江四海园装饰有限公司△
5. 黑龙江省喜盈门建筑装饰工程有限公司
6. 哈尔滨君艺建筑装饰有限公司
7. 哈尔滨市亚泰装饰工程有限公司
8. 哈尔滨世纪千华建筑装饰工程有限公司
9. 哈尔滨建大建筑装饰机电工程有限公司
10. 鹤岗市中北金利建筑装饰工程有限公司△
11. 双鸭山市黑鸭子装饰有限责任公司
12. 大庆市华隆建筑装饰公司
13. 哈尔滨东志建筑装饰工程有限公司*
14. 哈尔滨新长城建筑装饰设计工程有限公司*
15. 黑龙江志阳装饰工程有限公司*

吉林省（7+2=9家）

1. 吉林省凯基建筑装饰工程有限责任公司
2. 吉林省百洋装饰集团有限公司
3. 吉林省太阳神建筑装饰工程有限公司△
4. 吉林省浩昌装饰工程有限公司

5. 长春东方装璜工程有限公司△
6. 长春建工温馨鸟建筑装饰有限公司
7. 吉林省建筑装饰集团有限公司△
8. 一汽实业建筑装饰工程有限责任公司*
9. 吉林化建环艺装饰工程有限公司*

辽宁省（16+3=19家）

1. 辽宁东联装饰工程有限公司
2. 辽宁三立美术装饰工程公司
3. 辽宁荣昌装饰装修工程有限公司△
4. 沈阳嘉丰装饰设计工程有限公司△
5. 沈阳瑞德装饰工程有限公司△
6. 沈阳白云穗港装饰工程有限公司△
7. 沈阳市中元建筑装饰工程公司△
8. 沈阳大洋装饰工程有限公司
9. 沈阳海鸟装饰工程有限公司△
10. 大连盛大建筑装饰工程有限总公司△
11. 大连建筑设计装饰工程有限公司△
12. 大连通信装修工程有限公司
13. 大连红太装饰工程公司
14. 大连豪特建筑装饰设计工程有限公司
15. 澳连建筑装饰工程有限公司△
16. 丹东画院装饰工程有限公司△
17. 沈阳中联装饰工程有限公司*
18. 辽宁集美装饰工程有限公司*
19. 大连红太装饰工程公司*

山东省（33+3=36家）

1. 山东省鸿鑫工程有限公司△
2. 山东天元建设集团装饰工程(临沂)有限公司
3. 山东万得福装饰工程有限公司△
4. 山东剑桥装饰工程有限公司△
5. 山东省永隆装饰工程有限公司△
6. 山东省齐鲁装饰设计院△
7. 山东展鸿华商装饰工程有限公司△
8. 山东省装饰集团总公司△
9. 山东德泰装饰有限公司△
10. 山东福缘来装饰有限公司△
11. 山东德丰装饰工程有限公司
12. 山东雅都建筑装饰有限公司
13. 青岛雅托装饰有限公司
14. 青岛东亚建筑装饰有限公司△
15. 青岛市装饰集团公司△
16. 青岛金楷装饰工程有限公司
17. 青岛颐金建筑装饰工程有限公司
18. 青岛希尔装饰装潢有限公司△
19. 中国建筑第八工程局装饰公司
20. 济南盛顺装饰有限责任公司△
21. 淄博美达装饰设计工程有限公司
22. 淄博政联装饰工程有限公司△
23. 蓬莱文成建筑装饰工程有限公司
24. 烟台宫苑建筑装饰工程有限公司
25. 烟台天成建筑装饰工程有限公司△
26. 潍坊鸾港装饰工程有限公司
27. 潍坊百汇装饰工程有限公司
28. 日照市蓝天实业有限公司
29. 泰安精英装饰有限责任公司△
30. 泰安鲁润装饰装潢有限责任公司△
31. 泰安市鲁泉装饰工程公司
32. 泰安金缔建筑装饰工程有限公司
33. 青岛大造装饰工程有限公司
34. 青岛格里法装饰设计工程有限公司*
35. 烟台建源建筑装饰有限公司*
36. 山东福思特建筑装饰有限公司*

江苏省（46+5=51家）

1. 江苏绿美艺建筑装饰设计工程有限公司*
2. 江苏众达装饰有限公司
3. 江苏建设装饰工程公司△
4. 江苏雄国装饰工程有限责任公司△
5. 江苏省新江南营造集团华宇装饰有限公司
6. 江苏港宁装璜有限公司△
7. 江苏鼎宏装饰工程有限责任公司△
8.. 江苏旭日新装饰有限公司
9. 江苏省装饰幕墙工程有限公司
10. 南京长岛建筑装饰工程有限公司△
11. 南京柏森实业有限责任公司△
12. 南京百会装饰工程有限公司△
13. 南京装饰工程公司△
14. 南京金陵建筑装饰有限责任公司△
15. 南京深圳装饰安装工程公司△
16. 南京市时代装饰工程公司
17. 南京金陵国际装饰设计工程实业有限公司
18. 南京富海装饰工程有限公司△
19. 南京香江华建工程有限公司△
20. 南京市室内装饰工程成套总公司△
21. 南京装饰联合总公司△
22. 南京金鸿装饰工程有限公司△
23. 中外合资南京皇冠装饰工程有限公司
24. 苏州金螳螂建筑装饰有限公司△
25. 苏州工业园区美瑞德建筑装饰有限公司△
26. 苏州工业园区国发国际建筑装饰工程有限公司△
27. 苏州市建筑装饰工程有限公司
28. 苏州金鼎建筑装饰工程有限公司△
29. 苏州市华丽美登装饰装璜有限公司
30. 苏州苏明装饰公司△
31. 常熟市新苑地建筑装饰工程有限公司

32. 苏州华宇建筑装饰工程有限公司
33. 镇江市建筑装饰工程公司△
34. 南通市建筑装饰装璜公司
35. 扬州日模邗沟装饰工程有限公司△
36. 中惠(江苏)建筑装饰工程有限公司
37. 无锡长城装璜有限公司
38. 无锡市江大建筑装饰工程有限公司△
39. 宜兴京城装饰工程有限公司
40. 常州市华东装璜总公司
41. 常州市环亚建筑装饰工程有限公司
42. 常泰建筑装璜工程有限公司△
43. 武进市华盛装饰公司
44. 武进市装璜工程总公司
45. 盐城七彩虹建筑装饰工程有限公司
46. 长江建筑装饰工程有限公司
47. 南京建发装饰工程公司*
48. 南京恒建装饰（集团）有限公司*
49. 南京环达装饰工程有限公司*
50. 江苏国大装饰工程有限公司*
51. 无锡市华东建筑装饰工程有限责任公司*

安徽省（10家）

1. 安徽东怡装饰工程有限公司△
2. 安徽省装饰工程公司
3. 安徽安兴建设装饰设计工程有限责任公司
4. 安徽合肥泰利美术装饰公司
5. 安徽省徽商集团创元装饰工程有限公司
6. 安徽恒信装饰工程有限责任公司△
7. 安徽华誉装饰工程有限公司
8. 合肥达美建筑装饰工程有限责任公司
9. 合肥建工装饰工程有限责任公司
10. 马鞍山市艺建装饰有限责任公司

浙江省（15+4=19家）

1. 浙江金鼎建筑装饰工程有限公司△
2. 浙江广艺建筑装饰工程有限公司
3. 浙江飞耀装潢工程有限公司
4. 浙江华天装饰工程有限公司
5. 浙江亚厦装饰集团有限公司△
6. 浙江银建装饰工程有限公司
7. 浙江省嵊州市环影装饰工程有限公司
8. 浙江福田建筑装饰工程有限公司
9. 杭州大宇装饰有限公司
10. 杭州装潢工程有限公司
11. 杭州萧山建筑装饰实业有限公司
12. 武林建筑工程有限公司△
13. 宁波建乐建筑装潢有限公司△
14. 温州云艺装饰有限公司△
15. 嘉兴市大都市装饰有限责任公司
16. 浙江省省直飞天装饰工程股份有限公司*
17. 浙江名邦装饰工程有限公司*
18. 宁波大丰装饰工程有限公司*
19. 浙江正华装饰设计工程有限公司*

湖南省（13家）

1. 中国建筑第五工程局建筑装饰公司△
2. 湖南吉粤装饰有限公司△
3. 湖南驷马装饰设计工程有限公司△
4. 湖南建工集团装饰工程有限公司△
5. 湖南六建装饰设计工程有限责任公司△
6. 湖南四建华银工程有限公司
7. 湖南华意建筑装修装饰有限公司
8. 湖南省中南建设装饰总公司△
9. 湖南省建筑装饰总公司△
10. 湖南银华装饰有限公司
11. 湖南通程建筑装饰工程有限公司
12. 长沙广大建筑装饰有限公司
13. 长沙市新宇建筑装饰工程有限公司

江西省（12+4=16家）

1. 江西利达装饰工程有限公司△
2. 江西圳昌装饰工程有限公司△
3. 江西融城建筑装饰工程有限公司△
4. 江西省电力装璜有限责任公司
5. 江西南方建筑装潢配套公司△
6. 江西省室内装饰成套工程总公司
7. 江西龙华建筑装饰工程有限公司
8. 江西省康盛广告装饰工程有限公司△
9. 南昌金昌装饰设计工程有限公司△
10. 南昌长江建筑装饰工程公司△
11. 赣州装饰工程公司△
12. 赣州市天星装饰工程有限公司
13. 江西省美华建筑装饰工程有限责任公司*
14. 江西建工装潢公司*△
15. 吉安装饰工程总公司*
16. 江西陆海建设工程有限公司*

福建省（24+17=41家）

1. 福建省泉州宏星装璜有限公司△
2. 福建天华建筑装饰工程有限公司△
3. 福建京华装饰装修有限公司
4. 福建省室内成套用品设计装修公司
5. 福建金亨装饰设计工程有限公司△
6. 福建金三角装饰工程有限公司△
7. 福建嘉华装饰工程有限公司△
8. 福建喜来登设计装饰工程有限公司
9. 福建省五建装修装饰工程公司△
10. 福建永盛设计装饰工程有限公司△
11. 福建隆恩建筑装饰工程有限公司△

12. 福建海山装饰装修工程有限公司
13. 福州融港侨装饰设计有限公司
14. 福州市兴雅达装饰装修有限公司△
15. 武夷装修工程（福州）有限公司△
16. 厦门华丽设计装修工程有限公司△
17. 厦门艺发装饰有限公司△
18. 厦门东方设计装修工程有限公司△
19. 厦门泛华工程有限公司
20. 厦门辉煌装修工程有限公司△
21. 合程(厦门)建筑装饰工程有限公司
22. 泉州市豪太装饰工程有限公司
23. 泉州粤港装饰工程有限公司△
24. 兴美（福建）装饰工程有限公司
25. 福州市康辉装修工程有限公司*
26. 福州市直形象策划有限公司*
27. 福州鹏程建筑装修设计工程有限公司*
28. 福建雅利达安装装修工程有限公司*
29. 福州永裕装璜装修工程有限公司*
30. 福州经济技术开发区时代装修有限公司*
31. 福州柏联装璜装修有限公司*
32. 福建国广一叶建筑装饰设计工程有限公司*
33. 厦门市美裕装修设计工程有限公司*
34. 厦门市港龙装修工程有限公司*
35. 厦门金威集团有限公司*
36. 厦门市华盟装修工程有限公司*
37. 厦门建利设计装修有限公司*
38. 厦门邮电纵横装饰工程有限公司*
39. 厦门市海富装修工程有限公司*
40. 厦门市泉艺设计装饰工程有限公司*
41. 厦门龙安盛装修工程有限公司*

河南省（9家）

1. 河南省江海集团建筑装饰工程有限公司
2. 河南泛亚数码建设有限公司
3. 河南省亚太工程有限公司
4. 河南省大鹏装饰工程有限公司△
5. 中国建筑第七工程局建筑装饰工程公司△
6. 郑州康利达装饰工程有限公司△
7. 周口豫深装饰工程有限公司
8. 洛阳天鹰装饰工程有限公司△
9. 中国建筑二局洛阳装饰工程公司

湖北省（15+3=18家）

1. 湖北鼎元建筑装饰工程有限公司△
2. 湖北华艺装饰设计工程有限公司
3. 湖北龙泰建筑装饰工程有限公司△
4. 湖北翔宇置业发展有限公司△
5. 湖北凌志装饰工程有限公司△
6. 湖北星辰房地产装饰工程有限公司△
7. 湖北美格建筑装饰设计工程有限公司
8. 武汉建工集团装饰工程有限公司△
9. 武汉华达建筑装饰设计工程有限公司△
10. 德信物业发展(武汉)有限公司
11. 武汉市鑫金建筑安装装饰工程有限公司△
12. 武汉恒华装饰工程有限公司
13. 武汉旺轩建筑装饰有限公司△
14. 武汉市方正装饰工程有限公司△
15. 普时(武汉)建筑安装工程有限公司
16. 武汉澳华装饰设计工程有限公司*
17. 武汉豪强装饰工程有限公司*△
18. 湖北珠江龙装饰设计工程有限公司*△

广东省（67+8=75家）

1. 中国联和承造实业有限公司△
2. 广东建雅室内工程设计施工有限公司△
3. 广东广发装饰工程公司
4. 广东华艺装饰工程有限公司
5. 广东省装饰总公司△
6. 广东省集美设计工程公司△
7. 广东省建筑装饰工程有限公司△
8. 广东省华侨建筑装饰公司△
9. 广东省八建集团装饰工程有限公司
10. 广东开平二建集团装饰工程公司△
11. 广东省建筑装饰集团公司△
12. 广东省美术设计装修工程公司△
13. 广州城建开发装饰有限公司△
14. 广州珠江装修工程公司△
15. 广州市设计院工程建设总承包公司△
16. 广州市美术公司△
17. 广东建华装饰工程有限公司
18. 广州市第一装修公司
19. 广州市第二装修公司
20. 广州市第三装修有限公司△
21. 广州市第四装修公司△
22. 华辉装修建筑工程有限公司△
23. 深圳市华典装饰工程有限公司△
24. 深圳市广胜达装饰设计工程有限公司△
25. 深圳市特艺达装饰设计工程有限公司△
26. 深圳市科信建筑装饰设计工程有限公司
27. 深圳圳通工程有限公司
28. 深圳市建艺装饰设计工程有限公司△
29. 深圳市新鹏都装饰工程有限公司△
30. 深圳新科特种装饰工程公司△
31. 深圳市设计装饰工程有限公司
32. 深圳市深建华辉装饰工程有限公司△
33. 深圳市深装总装饰工程工业有限公司△
34. 深圳长城家俱装饰工程有限公司△

35. 深圳市南利装饰工程有限公司△
36. 深圳市洪涛装饰工程有限公司△
37. 深圳市建筑装饰(集团)有限公司△
38. 深圳粤航装饰设计工程公司△
39. 深圳市美术装饰工程有限公司△
40. 深圳市晶宫设计装饰工程有限公司△
41. 深圳城市建筑装饰工程有限公司△
42. 深圳远鹏装饰设计工程有限公司△
43. 深圳瑞和装饰工程有限公司△
44. 深圳市美芝装饰设计工程有限公司△
45. 深圳市广田装饰设计工程有限公司△
46. 深圳市维业装饰设计工程有限公司△
47. 深圳华丽装修家私企业公司△
48. 深圳市华南装饰设计工程有限公司△
49. 深圳市奇信装饰设计工程有限公司△
50. 深圳市中航装饰设计工程有限公司△
51. 深圳市黎源建筑设计装饰工程公司
52. 深圳海外装饰工程公司△
53. 深圳市科源建筑装饰工程有限公司△
54. 深圳市茂华装饰工程有限公司△
55. 深圳市宝鹰装饰设计工程有限公司△
56. 深圳市新国俊建筑装饰设计工程有限公司△
57. 深圳市华剑装饰设计工程有限公司△
58. 深圳市文业装饰设计工程有限公司△
59. 中国建筑第三工程局深圳装饰设计工程公司△
60. 汕头市建安装饰工程总公司△
61. 汕头市晶莹建筑装饰安装有限公司
62. 汕头市振侨装修工程总公司
63. 汕头经济特区建华国际装饰工程有限公司△
64. 韶关市粤源建筑装饰工程有限公司
65. 江门市绿之洲建筑装饰工程有限公司
66. 广东世纪达装饰工程有限公司△
67. 广东中泓设计工程有限公司
68. 广州珠江建筑装饰集团公司*
69. 珠海美吉丽装饰工程有限公司*△
70. 深圳市博大装饰工程有限公司*△
71. 深圳市安星装饰设计工程有限公司*
72. 深圳市嘉信装饰设计工程有限公司*
73. 深圳市中建南方装饰工程有限公司*
74. 广东爱得威建筑装饰安装工程有限公司*
75. 中山市中银装饰工程有限公司*

海南省（6家）

1. 海南金厦工程实业公司△
2. 海南中汇建筑装饰工程有限公司△
3. 海南雅园装饰工程有限公司△
4. 海南金海岸装饰工程有限公司△
5. 海南皇城装饰实业有限公司
6. 海南嘉恒建筑装饰工程有限公司△

广西壮族自治区（2家）

1. 广西建林装饰工程有限责任公司
2. 广西建工集团桂港建筑装饰有限公司△

四川省（12+2=14家）

1. 四川金惠建筑装饰工程有限公司
2. 四川怡安建设工程有限公司△
3. 四川华西建筑装饰工程有限公司△
4. 四川泰兴装饰工程有限责任公司△
5. 四川兴泰来装饰工程有限责任公司△
6. 四川亨帝建筑装饰有限公司△
7. 四川省三通企业(集团)有限责任公司△
8. 中铁二局集团装饰装修工程有限公司△
9. 中铁四局集团建筑装璜有限公司
10. 成都导向设计装饰工程有限公司△
11. 成都粤海装饰工程有限公司△
12. 成都合诚工程有限公司
13. 四川华尔派建筑装饰工程有限公司*
14. 四川时代装饰工程有限公司*△

云南省（9+1=10家）

1. 云南白杨建筑装饰工程有限公司△
2. 云南艺峰装饰有限公司△
3. 云南龙都装饰设计工程公司△
4. 云南泰信装饰工程有限公司△
5. 云南同力建筑装饰有限公司
6. 云南凯捷装饰工程有限公司
7. 云南艺隆装修有限公司△
8. 云南翼发装饰工程有限公司△
9. 云南高新装饰工程有限公司
10. 云南万成装饰工程有限责任公司

甘肃省（9+5=14家）

1. 甘肃省建筑企业兰山装饰设计工程公司△
2. 甘肃丽新建筑装饰有限公司
3. 甘肃辉丽建筑装饰工程有限公司△
4. 甘肃金牛装饰工程有限责任公司△
5. 甘肃兰穗装饰工程有限责任公司
6. 甘肃省建筑装饰工程公司△
7. 甘肃陇海装饰工程有限责任公司△
8. 兰州宁远艺术装璜有限责任公司△
9. 兰州亚美装饰工程有限责任公司
10. 甘肃奇龙装饰有限公司*
11. 兰州豪斯设计装饰有限责任公司*△
12. 甘肃麦岛广告装饰工程有限公司*
13. 甘肃恒安装饰工程有限公司*
14. 甘肃同大建筑环艺工程有限公司*△

陕西省（12+2=14家）

1. 陕西艺林装饰工程有限公司△

2. 陕西省镜寰装饰实业有限公司△
3. 西安市建筑装饰工程总公司△
4. 陕西金华龙设计装饰工程有限责任公司
5. 西安市多国建筑艺术装潢公司△
6. 西安市鑫龙建筑装饰工程有限公司△
7. 西安市彼特装饰工程公司△
8. 西安洪涛装饰设计工程有限公司△
9. 西安发记营造建筑有限公司△
10. 西安泛华建筑装饰工程有限责任公司
11. 耀华建筑装饰工程有限公司△
12. 西安艺格建筑装饰工程有限责任公司
13. 西安市蓝码克装修工程（集团）有限公司*
14. 西安铭山装饰装修工程有限公司*△

宁夏回族自治区（1家）

1. 宁夏爱华建筑装饰工程有限公司

贵州省（2家）

1. 中国建筑第四工程局装饰工程公司
2. 贵州通海装饰工程有限责任公司

新疆维吾尔自治区（1家）

1. 新疆羚羊建筑装饰企业有限公司

全国91家建筑幕墙工程专业承包一级资质企业名单

北京市（7家）

1. 北京建黎铝门窗幕墙有限公司△
2. 北京江河幕墙装饰工程有限公司△
3. 北京北方建磊装饰装修有限公司△
4. 北京京藤幕墙工程有限公司
5. 北京南隆建筑装饰工程有限公司△
6. 北京鸿恒基幕墙装饰工程公司△
7. 北京泓申铝质工程有限责任公司△

天津市（2家）

1. 天津建工幕墙装饰有限公司
2. 天津市华方幕墙装饰工程有限公司△

上海市（14家）

1. 上海科胜幕墙有限公司△
2. 上海信安幕墙建筑装饰有限公司△
3. 上海富艺幕墙工程有限公司△
4. 上海杰思工程实业有限公司△
5. 上海住总金属结构件有限公司△
6. 上海美特幕墙有限公司△
7. 上海邝沛幕墙有限公司△
8. 上海迪蒙幕墙工程技术有限公司△
9. 上海高新铝质工程合作公司△
10. 上海华艺铝制品有限公司△
11. 上海东江建筑装饰工程有限公司△
12. 上海金桥瑞和装饰工程有限公司△
13. 上海金浦装潢工程有限公司
14. 和兴玻璃铝业（上海）有限公司△

河北省（4家）

1. 河北振海铝业集团有限公司△
2. 石家庄市海山建筑装饰工程总公司△
3. 秦皇岛渤海铝幕墙装饰工程有限公司△
4. 华北铝业有限公司△

辽宁省（10家）

1. 沈阳黎明门窗幕墙制造安装工程公司△
2. 沈阳凯达铝业工程有限公司△
3. 沈阳军鼎建筑装饰装修工程有限公司△
4. 沈阳黎东幕墙装饰有限公司△
5. 沈阳飞机制造公司铝合金结构工程公司△
6. 沈阳黎新玻璃幕墙有限公司
7. 沈阳凯兴装饰工程有限公司△
8. 沈阳远大铝业工程有限公司△
9. 中外合资辽宁东林瑞那斯股份有限公司
10. 海城桦峪铝业工程有限公司

山东省（4家）

1. 山东津单幕墙有限公司△
2. 山东天幕集团总公司△
3. 青岛永鑫幕墙有限公司△
4. 山东雄狮建筑装饰工程有限公司△

江苏省（12家）

1. 江苏省建伟幕墙装饰工程有限公司△
2. 江苏合发集团有限责任公司△
3. 江苏苏鑫装饰(集团)公司△
4. 江苏锡厦铝业有限公司△
5. 南京金中建幕墙装饰有限公司△
6. 南京开元黎星铝塑幕墙有限公司
7. 常州黎明玻璃幕墙工程有限公司△
8. 常州华艺铝型材有限公司△
9. 武进市苏南建筑装璜工程公司
10. 常熟市华丽坚装饰工程有限公司
11. 无锡王兴幕墙装饰工程有限公司△
12. 锡山市金城金属门窗安装有限公司△

浙江省（3+1=4家）

1. 浙江宝业幕墙装饰有限公司△
2. 杭州东升铝幕墙装璜有限公司△
3. 温州市亚飞铝窗有限公司△

4. 上虞市亚厦铝业有限公司*

安徽省（1家）

1. 鞍山市永安集团有限公司

福建省（1家）

1. 福州联丰建筑装饰工程有限公司

湖南省（2家）

1. 中建(长沙)不二幕墙装饰有限公司△
2. 中国建筑第五工程局金属门窗厂△

湖北省（3家）

1. 武汉凌云建筑装饰工程有限公司△
2. 湖北高艺装饰工程有限公司△
3. 武汉高鹏装饰工程有限公司

广东省（18家）

1. 广东粤铝建筑装饰有限公司
2. 广东科浩幕墙工程有限公司△
3. 广州铝材厂装饰工程公司△
4. 广州铝质装饰工程有限公司△
5. 深圳中航幕墙工程有限公司△
6. 深圳金粤幕墙装饰工程有限公司△
7. 深圳市光华中空玻璃工程有限公司△
8. 深圳市瑞华幕墙装饰工程有限公司△
9. 深圳市三鑫特种玻璃技术股份有限公司△
10. 深圳粤源装饰工程有限公司△
11. 深圳华加日铝业有限公司△
12. 深圳市方大装饰工程有限公司△
13. 珠海兴业幕墙工程有限公司△
14. 珠海市红海幕墙有限公司△
15. 珠海市晶艺玻璃工程有限公司△
16. 中山市盛兴股份有限公司△
17. 汕头经济特区金刚玻璃幕墙有限公司△
18. 南海市兴发幕墙门窗有限公司△

重庆市（1家）

1. 重庆西南铝装饰工程有限公司△

海南省（1家）

1. 海口南光幕墙装饰工程有限公司△

云南省（2家）

1. 云南门窗工程公司△
2. 昆明市室内装饰配套公司

四川省（2家）

1. 四川华西蜀港装饰工程有限公司△
2. 成都铝合金豪华装饰工程公司

陕西省（2家）

1. 西安飞机工业装饰装修工程股份有限公司△
2. 陕西中金装饰工程有限公司

全国426家建筑装饰工程设计甲级资质企业名单

北京市（46+3＝49家）

1. 中国建筑装饰工程公司△
2. 中国装饰有限公司△
3. 中建一局装饰公司△
4. 中寰艺高建筑装饰工程有限公司
5. 中建科产业有限公司装饰设计有限公司
6. 中外园林建设总公司
7. 中信室内装修工程公司△
8. 五洋建筑装饰工程有限公司
9. 华堂建筑装修工程有限公司
10. 希利德建筑装饰工程有限公司
11. 北方环境艺术装修公司
12. 北京中建华腾装饰工程有限公司△
13. 北京清华工美环境艺术设计所△
14. 北京市建筑工程装饰公司△
15. 北京市建筑装饰设计工程公司△
16. 北京市泛华装饰工程有限责任公司
17. 北京菲尼有限公司△
18. 北京港源建筑装饰工程有限公司△
19. 北京建峰建设装饰工程集团△
20. 北京建谊建筑装饰有限公司△
21. 北京金丰环球远大建筑工程有限公司△
22. 北京侨信装饰工程有限公司△
23. 北京贝盟国际建筑装饰工程有限公司△
24. 北京洲际建筑装饰设计与工程有限公司△
25. 北京住总装饰公司△
26. 北京筑邦建筑装饰工程有限公司△
27. 北京弘高建筑装饰设计工程有限公司△
28. 北京国建展示装饰设计公司
29. 北京华美装饰工程公司
30. 北京中房长虹装饰工程公司
31. 北京宝科技术开发中心
32. 北京正华建筑设计事务所
33. 北京市辛迪森建筑装饰设计工程有限公司
34. 北京中建银舍建筑装饰有限公司
35. 北京城建长城装饰工程有限责任公司△
36. 北京人福工程设计公司
37. 北京房修艺建筑设计有限责任公司
38. 北京国伟装饰工程有限公司*
39. 北京津梁装饰工程有限责任公司△
40. 北京丽贝亚建筑装饰工程有限公司△
41. 北京天图设计工程有限公司△

42. 北京国都建筑装饰工程有限公司△
43. 北京扶桑建筑装饰有限公司△
44. 北京花旗建设发展有限公司△
45. 中国光大国际经济技术合作有限公司
46. 中国新兴建设开发总公司
47. 北京神龙建筑装饰工程有限公司*△
48. 北京北方天宇建筑装饰有限责任公司*
49. 中铁建工集团北京装饰工程有限公司*

上海市（22+3=25 家）

1. 中建三局东方装饰设计工程公司△
2. 华鼎建筑装饰工程有限公司△
3. 上海市建筑装饰工程有限公司△
4. 上海市大华装饰工程有限公司△
5. 上海建筑装饰（集团）总公司△
6. 上海景泰建筑装潢工程公司 △
7. 上海康业建筑装饰工程有限公司△
8. 上海新丽装饰工程有限公司△
9. 上海东江建筑装饰工程有限公司
10. 上海民利室内装修承包工程公司
11. 上海索艺建筑工程咨询有限公司
12. 上海敦煌建筑设计有限公司
13. 上海同济室内设计工程公司
14. 上海中企建筑装饰工程有限公司△
15. 上海住总集团建筑装饰设计所△
16. 上海东昌建筑装饰工程有限公司△
17. 上海健尔斯装饰工程有限公司△
18. 上海海直建设工程公司△
19. 上海蓝天房屋装饰工程公司
20. 上海海艺建设股份有限公司
21. 上海华辉装饰工程有限公司
22. 苏中建设集团股份有限公司
23. 上海美术设计公司*
24. 上海室内装饰（集团）有限公司*△
25. 上海市住安建筑发展有限公司*△

天津市（4+1=5 家）

1. 金丰环球装饰工程(天津)有限公司△
2. 中建六局装饰工程公司△
3. 屹昌装饰设计工程（天津）有限公司
4. 天津开发区艺豪环境设计有限公司
5. 天津恒益建筑装饰工程有限公司*

重庆市（16+3=19 家）

1. 重庆港庆建筑装饰设计有限公司△
2. 重庆宏图装饰工程有限公司△
3. 重庆大方建筑装饰设计工程有限公司△
4. 重庆西南铝型材装饰装修工程公司
5. 重庆志宇建筑装饰工程有限公司△
6. 重庆皇城装饰工程公司△
7. 重庆东方建筑装饰（集团）有限公司△
8. 重庆川美实业有限公司
9. 重庆渝远建筑工程设计装饰有限公司△
10. 重庆金宇装饰工程有限公司△
11. 重庆港鑫建筑装饰设计工程有限公司△
12. 重庆金梭装饰设计工程有限公司△
13. 重庆金字塔装饰公司
14. 四川美术学院设计装饰公司
15. 华康装饰（重庆）有限公司
16. 重庆金飞建筑装饰工程有限公司△
17. 重庆木林森建筑装饰设计工程公司*
18. 广厦重庆建筑装饰工程有限公司*
19. 重庆德辉装饰工程有限公司*△

广东省（61+9=70 家）

1. 中国联和承造实业有限公司△
2. 广东建雅室内工程设计施工有限公司△
3. 广东省华侨建设工程公司
4. 广东省华侨建筑装饰配套公司△
5. 广东省集美设计工程公司△
6. 广东省建筑装饰工程有限公司△
7. 广东省建筑装饰集团公司△
8. 广东省装饰总公司△
9. 广东建设实业公司
10. 广州市中联设计工程公司
11. 广州珠江建筑装饰集团公司
12. 广州市设计院工程建设总承包公司△
13. 广州市白云山建筑装修工程公司
14. 广州市城建总公司装饰有限公司△
15. 广州市第三装修有限公司△
16. 广州市第四装修有限公司△
17. 广州市美术公司△
18. 广州珠江装修工程公司△
19. 华辉装修建筑工程公司△
20. 深圳市建筑装饰（集团）有限公司△
21. 深圳市洪涛装饰工程公司△
22. 深圳市深装总装饰工程工业总公司△
23. 深圳长城家俱装饰工程有限公司△
24. 深圳海外装饰工程公司△
25. 深圳市南利装饰工程有限公司△
26. 深圳华丽装修家私企业公司△
27. 深圳瑞和装饰工程有限公司△
28. 深圳市广田装饰设计工程有限公司△
29. 深圳市华南装饰设计工程有限公司△
30. 深圳市建艺装饰设计工程公司△
31. 深圳市晶宫设计装饰工程公司△
32. 深圳市科源建筑装饰工程有限公司△
33. 深圳市美术装饰工程有限公司△

34．深圳市美芝装饰工程有限公司△
35．深圳市奇信装饰设计工程有限公司△
36．深圳市深建华辉装饰工程有限公司△
37．深圳市维业建筑设计工程有限公司△
38．深圳市新鹏都装饰工程有限公司△
39．深圳市粤航设计装饰工程公司△
40．深圳文业装饰设计工程有限公司△
41．深圳新科特种装饰工程公司△
42．深圳远鹏装饰设计工程有限公司△
43．深圳市中航装饰设计工程有限公司△
44．深圳市新国俊建筑装饰设计工程有限公司△
45．深圳市安星装饰设计工程有限公司
46．深圳市宝鹰装饰设计工程有限公司△
47．中建三局深圳装饰设计工程公司△
48．广东开平二建集团公司装饰工程公司△
49．广东世纪达装饰工程有限公司*△
50．汕头经济特区建华国际装饰工程有限公司△
51．广东建华装饰工程有限公司
52．广东省美术设计装修工程公司△
53．深圳市华剑装饰设计工程有限公司△
54．深圳粤源装饰工程有限公司
55．深圳市广胜达装饰设计工程有限公司△
56．深圳市茂华装饰工程有限公司△
57．深圳市特艺达装饰设计工程有限公司△
58．深圳蛇口建筑装饰工程公司 △
59．汕头市爱富兰装饰工程有限公司
60．汕头市百得建筑装饰设计有限公司
61．深圳市华典装饰工程有限公司△
62．广东中弘设计工程有限公司*
63．珠海市美吉丽装饰工程有限公司*△
64．汕头市建安装饰工程总公司*△
65．佛山市中南装饰设计工程有限公司*
66．揭阳市新理念装饰设计有限公司*
67．深圳市中装设计装饰工程有限公司*
68．深圳市博大装饰工程有限公司*△
69．深圳艺涛装饰设计工程有限公司*
70．广东永耀设计顾问有限公司*

江苏省（27+6＝33 家）

1．江苏省建筑装饰设计研究院
2．江苏港宁装璜有限公司△
3．江苏雄国装饰工程有限责任公司△
4．江苏友联建设有限总公司
5．苏州金鼎建筑装饰工程有限公司△
6．苏州金螳螂建筑装饰有限公司△
7．苏州工业园区国发国际建筑装饰工程有限公司△
8．苏州苏明装饰公司△
9．南京装饰工程公司△
10．南京长岛建筑装饰工程有限公司△
11．南京金鸿装饰工程有限公司△
12．南京金陵建筑装饰工程有限责任公司△
13．南京深圳装饰安装工程公司△
14．南京佳的环境空间设计有限公司
15．南京柏森实业有限公司△
16．南京市室内装饰工程成套总公司△
17．南京装饰联合总公司△
18．扬州日模邗沟装饰工程有限责任公司△
19．镇江市建筑装饰工程公司△
20．常泰建筑装璜工程有限公司△
21．东方华圣（常州）建筑装饰有限公司
22．无锡东方新格环境设计装饰工程有限公司
23．无锡市江大建筑装饰工程有限公司△
24．南京富海装饰工程有限公司 △
25．南京香江华建工程有限公司△
26．南京百会装饰工程有限公司△
27．江苏华盛装饰工程有限公司
28．江苏建设装饰工程公司*△
29．苏州建筑装饰设计研究院有限公司*
30．苏州工业园区美瑞德建筑装饰有限公司*△
31．苏州合展设计营造有限公司*
32．江苏鼎宏装饰工程有限责任公司*△
33．南京万方装饰设计工程有限公司*

河北省（12+7＝19 家）

1．中建二局装饰工程公司△
2．河北省室内装饰工程有限公司
3．河北省四建装饰工程公司△
4．河北斯特龙装饰工程有限公司△
5．河北省石家庄市通力建筑装饰工程有限公司△
6．唐山市唐新装饰设计工程有限公司△
7．石家庄常宏建筑装饰工程有限公司△
8．石家庄雅虹装饰设计工程有限公司△
9．唐山建设（集团）公司
10．石家庄市博宏装饰工程有限公司
11．保定白云建筑装饰有限责任公司△
12．河北建设集团装饰工程有限公司△
13．石家庄市佳林装饰工程有限公司*
14．河北长城建筑装饰工程公司*△
15．石家庄特艺达装饰工程有限公司*△
16．河北正信建筑装饰工程有限公司*
17．河北新中原建筑装饰工程有限公司*
18．秦皇岛市富立建筑装饰有限公司*△
19．唐山方舟建筑装饰工程有限公司*△

内蒙古自治区（1 家）

1．中国天诚集团新雅建筑工程设计装饰有限公司

辽宁省（30+3＝33 家）

1. 辽宁海外装饰工程有限公司
2. 辽阳市胜利装潢工程有限公司
3. 沈阳飞机工业集团铝合金结构工程公司
4. 沈阳黎东幕墙装饰有限公司
5. 沈阳新帝装饰工程有限公司
6. 沈阳白云穗港装饰工程有限公司△
7. 沈阳讯兴建筑设计装饰工程有限公司
8. 沈阳天地建设发展有限公司
9. 沈阳海鸟装饰工程有限公司△
10. 沈阳远大铝业工程有限公司
11. 沈阳东宇环境艺术工程设计有限责任公司
12. 沈阳市范・兄弟设计有限公司
13. 澳连建筑装饰工程有限公司△
14. 大连建筑设计装饰工程有限公司△
15. 大连市建筑装饰设计研究院
16. 大连盛大建筑装饰工程有限总公司△
17. 大连壹阁室内装饰设计有限公司
18. 大连中信建筑设计装饰工程有限公司
19. 丹东画院建筑装饰工程公司△
20. 营口瑞那斯铝业有限公司
21. 鲁迅美术学院艺术工程总公司
22. 锦州市美华装饰装修工程有限公司
23. 辽宁恒烽装饰有限公司
24. 沈阳瑞德装饰工程有限公司△
25. 沈阳市中元建筑装饰工程公司△
26. 辽宁荣昌装饰装修工程有限公司△
27. 辽宁嘉春装饰工程有限公司
28. 沈阳嘉丰装饰设计工程有限公司△
29. 辽宁日林建设集团建筑设计研究院
30. 沈阳日汇装饰工程设计有限公司
31. 锦州凌云装饰装修工程有限责任公司*
32. 沈阳天野装饰工程有限公司*
33. 沈阳建筑装饰装修有限公司*

吉林省（3家）

1. 吉林省建筑装饰集团有限公司
2. 吉林省太阳神建筑装饰工程有限公司△
3. 长春东方装潢工程有限公司△

黑龙江省（5+1=6家）

1. 黑龙江国光建筑装饰工程有限公司△
2. 黑龙江高维建筑装饰设计有限公司△
3. 哈尔滨新长城建筑装饰设计工程有限公司
4. 鹤岗市中北金利建筑装饰工程有限公司△
5. 黑龙江长城装饰工程有限公司△
6. 黑龙江四海园装饰有限公司*△

山东省（18+5=23家）

1. 中建八局装饰公司
2. 山东省装饰集团总公司△
3. 山东齐鲁装饰设计院△
4. 山东永隆建筑装饰工程有限公司△
5. 山东展鸿华商装饰工程有限公司△
6. 山东剑桥装饰工程有限公司△
7. 山东德泰装饰有限公司△
8. 山东万德福装饰工程有限公司△
9. 青岛东亚装饰总公司△
10. 青岛市装饰集团公司△
11. 泰安鲁润装饰装潢有限责任公司△
12. 山东精英装饰有限公司△
13. 山东省鸿鑫工程有限公司△
14. 青岛希尔空间设计事业有限公司△
15. 青岛格里法装饰设计工程有限公司
16. 淄博市政联装饰工程有限公司△
17. 安艺格建筑装饰工程有限责任公司
18. 中国建筑第八工程局第二建筑公司
19. 青岛金楷装饰工程有限公司*
20. 山东福缘来装饰有限公司*△
21. 青岛建设集团公司*
22. 济南盛顺装饰有限责任公司*△
23. 烟台天成建筑装饰工程有限公司*△

江西省（11+1=12家）

1. 江西圳昌装饰工程有限公司△
2. 江西南方建筑装璜配套公司△
3. 江西粤昌装饰设计工程有限公司
4. 江西省康盛广告装饰工程有限公司△
5. 江西融城建筑装饰工程有限公司△
6. 江西利达装饰工程有限公司△
7. 江西美华建筑装饰工程有限公司
8. 赣州装饰工程公司△
9. 赣州市跨世纪装饰有限责任公司
10. 南昌长江建筑装饰总公司△
11. 南昌金昌装饰设计工程有限公司△
12. 江西建工装璜公司*△

浙江省（9+1=10家）

1. 浙江省室内装饰公司
2. 浙江金鼎建筑装饰工程有限公司△
3. 浙江亚厦装饰集团有限公司△
4. 杭州国美建筑装饰设计有限公司
5. 杭州典尚建筑装饰设计有限公司
6. 温州市云艺建筑装饰设计院△
7. 杭州潘天寿环境艺术设计有限公司
8. 杭州天澜建筑装饰设计院有限公司
9. 武林建筑工程有限公司△
10. 宁波建乐建筑建潢有限公司*△

福建省（16+6=22家）

1. 福建天华建筑装饰工程有限公司△

2. 福建省泉州宏星装璜有限公司△
3. 福建嘉华装饰工程有限公司△
4. 福建天正装修工程有限公司
5. 福建隆恩建筑装饰工程有限公司△
6. 福建永盛设计装饰工程有限公司△
7. 福州国广一叶建筑装饰工程有限公司
8. 福建金亨装饰设计工程有限公司△
9. 武夷装修工程（福州）有限公司△
10. 泉州粤港装饰工程有限公司△
11. 厦门市港龙装修工程有限公司
12. 厦门建利设计装修有限公司
13. 厦门华丽设计装修工程有限公司△
14. 厦门东方设计装修工程有限公司△
15. 厦门辉煌装修工程有限公司△
16. 厦门艺发装饰有限公司△
17. 福建省五建装修装饰工程公司*△
18. 福建省兴雅达装饰装修工程有限公司*△
19. 福建金三角装饰工程有限公司*
20. 厦门市路桥景观艺术公司*
21. 晋江市豪斯装璜有限公司*
22. 福建联胜装潢有限公司*

河南省（6家）

1. 郑州康利达装饰工程有限公司△
2. 中建七局建筑装饰工程公司△
3. 河南省大鹏装饰工程有限公司△
4. 河南穆氏设计装饰有限公司
5. 洛阳天鹰装饰工程有限公司△
6. 中国建筑第七工程局第三建筑公司

湖北省（10+8＝18家）

1. 湖北中南信业建筑装饰工程公司
2. 湖北高艺装饰工程有限公司
3. 湖北鼎元建筑装饰工程有限公司△
4. 湖北龙泰建筑装饰工程有限公司△
5. 武汉华达建筑装饰设计工程有限公司△
6. 武汉凌云建筑装饰工程有限公司
7. 武汉建工集团装饰工程有限公司△
8. 武汉市鑫金建筑安装装饰工程有限公司△
9. 湖北翔宇置业发展有限公司△
10. 武汉市方正装饰工程有限公司△
11. 湖北凌志装饰工程有限公司*△
12. 湖北羿天建筑装饰设计有限公司*
13. 湖北当代建筑装饰工程有限公司*
14. 湖北珠江龙装饰设计工程有限公司*△
15. 湖北星辰装饰工程有限公司*△
16. 武汉东方艺术装饰工程有限公司*
17. 武汉豪强装饰工程有限公司*△
18. 武汉旺轩建筑装饰有限公司*△

湖南省（2+8＝10家）

1. 中建五局建筑装饰公司△
2. 湖南省水利水电勘测设计研究总院
3. 湖南先锋装饰设计工程有限公司*
4. 湖南吉粤装饰有限公司*
5. 湖南华天装饰有限公司*
6. 湖南建工集团装饰工程有限公司*
7. 湖南六建装饰设计工程有限责任公司*
8. 湖南省中南建设装饰总公司*
9. 湖南省建筑装饰总公司*
10. 湖南驷马装饰设计工程有限公司*

安徽省（3+1＝4家）

1. 安徽恒信装饰工程有限责任公司△
2. 安徽艺源建筑艺术设计有限责任公司
3. 安徽东怡装饰工程有限公司△
4. 安徽省电力设计院*

广西壮族自治区（1家）

1. 广西建工集团桂港建筑装饰公司△

海南省（6家）

1. 海南中汇建筑装饰工程有限公司△
2. 海南中建建筑装饰设计工程公司
3. 海南金海岸装饰工程公司△
4. 海南金厦工程实业公司△
5. 海南雅园装饰工程有限公司△
6. 海南嘉恒建筑装饰工程有限公司△

四川省（7+4＝11家）

1. 中铁二局集团装饰装修工程有限公司△
2. 四川华西建筑装饰工程有限公司△
3. 四川三通企业集团有限公司△
4. 四川泰兴装饰工程有限责任公司△
5. 四川亨帝建筑装饰有限公司△
6. 四川兴泰来装饰工程有限责任公司△
7. 四川辰宇装饰安装设计有限责任公司
8. 成都粤海装饰工程有限公司*△
9. 四川怡安建设工程有限公司*△
10. 成都导向设计装饰工程有限责任公司*△
11. 四川时代装饰工程有限公司*△

云南省（4+3＝7家）

1. 云南白杨室内设计工程有限公司△
2. 云南龙都装饰设计工程公司△
3. 云南艺隆装修有限公司△
4. 云南泰信装饰工程有限责任公司△
5. 云南旅游装饰工程有限公司*
6. 云南翼发装饰工程有限公司*△
7. 云南艺峰装饰有限公司*△

陕西省（14+2=16家）
1. 陕西省镜寰建筑装饰实业公司△
2. 陕西中金装饰工程有限公司
3. 西安飞机工业装饰装修工程股份有限公司
4. 西安航空发动机（集团）有限公司装饰工程分公司
5. 西安洪涛装饰设计工程有限公司△
6. 西安市彼特装饰工程公司△
7. 西安市鑫龙建筑装饰工程有限公司△
8. 西安发记营造建筑有限公司△
9. 西安大彩设计工程有限责任公司
10. 西安市建筑装饰工程总公司△
11. 西安市蓝码克装修工程有限责任公司
12. 西安市裕华建设有限责任公司
13. 陕西艺林建筑装饰工程有限公司△
14. 耀华建筑装饰工程有限公司△
15. 西安市多国建筑艺术装潢公司*△
16. 西安铭山装饰装修工程有限公司*△

甘肃省（7+5=12家）
1. 甘肃陇海装饰工程有限责任公司△
2. 兰州市兰穗装饰工程公司
3. 甘肃金牛装饰工程有限责任公司△
4. 兰州宁远艺术装璜有限责任公司△
5. 甘肃省建筑装饰工程公司△
6. 兰州时代建筑艺术装饰工程公司
7. 甘肃省建筑企业兰山装饰设计工程公司△
8. 甘肃金信设计装饰工程有限公司*
9. 甘肃同大建筑环艺工程有限公司*△
10. 兰州豪斯设计装饰有限责任公司*△
11. 甘肃辉丽建筑装饰工程有限公司*△
12. 兰州泽林装饰设计有限责任公司*

新疆维吾尔自治区（2家）
1. 新疆建筑装饰设计研究院
2. 新疆城市建筑装饰设计

山西省（3家）
1. 山西三利装饰有限公司*△
2. 山西南方装饰艺术设计院*
3. 山西晓凯装饰设计有限公司*

全国123家建筑幕墙工程设计甲级资质企业名单

北京市（11+1=12家）
1. 中国新兴建设开发总公司
2. 北京泓申铝质工程有限公司△
3. 北京金粤装饰工程有限责任公司
4. 北京江河幕墙装饰工程有限公司△
5. 北京嘉寓装饰工程有限公司
6. 北京鸿恒基幕墙装饰工程公司△
7. 北京建黎铝门窗幕墙有限公司△
8. 北京北方建磊装饰装修有限公司△
9. 北京南隆建筑装饰工程有限公司△
10. 北方国际合作股份有限公司
11. 北京金易格幕墙装饰工程有限公司
12. 北京港源建筑装饰工程有限公司*

上海市（17+1=18家）
1. 上海恒利益建装潢工程有限公司
2. 上海美特幕墙有限公司△
3. 上海住总金属结构件有限公司△
4. 上海金粤幕墙有限公司
5. 上海富艺幕墙工程有限公司△
6. 上海高新铝质工程合作公司△
7. 上海玻璃机械厂
8. 上海远大铝业工程有限公司
9. 上海杰思工程实业有限公司△
10. 上海科胜幕墙有限公司△
11. 上海邝沛幕墙有限公司△
12. 上海金桥瑞和装饰工程有限公司△
13. 上海东江建筑装饰工程有限公司△
14. 和兴玻璃铝业（上海）有限公司△
15. 上海迪蒙幕墙工程技术有限公司△
16. 上海信安幕墙建筑装饰有限公司△
17. 上海金浦装璜工程有限公司
18. 上海华艺铝制品有限公司*△

天津市（2家）
1. 天津市华方幕墙装饰工程有限公司△
2. 金丰环球装饰工程（天津）有限公司

重庆市（1家）
1. 重庆西南铝装饰工程有限公司△

广东省（22+3=25家）
1. 广州铝质装饰工程有限公司△
2. 广州铝材厂装饰工程公司△
3. 深圳市方大装饰工程有限公司△
4. 深圳中航幕墙工程有限公司△
5. 深圳华加日铝业有限公司△
6. 深圳金粤幕墙装饰工程有限公司△
7. 深圳市光华中空玻璃工程有限公司△
8. 深圳市深建华辉装饰工程有限公司
9. 深圳市新鹏都装饰工程有限公司
10. 深圳西林实业股份有限公司
11. 深圳百荣铝业有限公司
12. 深圳市三鑫玻璃工程有限公司△

13. 深圳市科源建筑装饰工程有限公司
14. 深圳市瑞华幕墙装饰工程有限公司△
15. 珠海市红海幕墙有限公司△
16. 珠海市晶艺玻璃工程有限公司△
17. 广东金刚玻璃科技股份有限公司△
18. 中山市盛兴股份有限公司△
19. 广东世纪达装饰工程有限公司
20. 南海市兴发幕墙门窗有限公司△
21. 深圳粤源装饰工程有限公司△
22. 珠海兴业幕墙工程有限公司△
23. 深圳市茂华装饰工程有限公司*
24. 广东科浩幕墙工程有限公司*△
25. 深圳市信义幕墙装饰工程有限公司*

江苏省（9+3＝12 家）

1. 江苏省建伟幕墙装饰工程有限公司△
2. 江苏合发集团有限责任公司△
3. 江苏锡厦铝业有限公司△
4. 江苏苏鑫装饰（集团）公司△
5. 苏州苏明装饰公司
6. 常州黎明玻璃幕墙工程有限公司△
7. 常州华艺铝型材有限公司△
8. 无锡金城幕墙装饰工程有限公司△
9. 无锡王兴幕墙装饰工程有限公司△
10. 常泰建筑装璜工程有限公司*
11. 南京金中建幕墙装饰有限公司*△
12. 苏州金螳螂建筑装饰有限公司*

河北省（5 家）

1. 河北振海铝业集团有限公司△
2. 石家庄市海山建筑装饰工程总公司△
3. 秦皇岛渤海铝幕墙装饰工程有限公司△
4. 华北铝业有限公司△
5. 石家庄四站铝合金装饰工程处

辽宁省（13+1＝14 家）

1. 辽宁泰丰铝业装饰工程有限公司
2. 沈阳黎明铝门窗工程公司△
3. 沈阳飞机制造公司铝合金结构工程公司△
4. 沈阳远大铝业工程有限公司△
5. 沈阳强风铝业工程有限公司
6. 沈阳黎东幕墙装饰有限公司△
7. 沈阳凯兴装饰工程有限公司△
8. 沈阳凯达铝业工程有限公司△
9. 营口瑞那斯铝业有限公司
10. 澳连建筑装饰工程有限公司
11. 鞍山市永安集团有限公司
12. 沈阳军鼎建筑装饰装修工程有限公司
13. 大连红太装饰工程公司
14. 沈阳军鼎建筑装饰装修工程有限公司*△

黑龙江省（1 家）

1. 哈尔滨市东方墙业装饰有限公司

福建省（1 家）

1. 福建六建建工集团公司

山东省（4 家）

1. 山东天幕集团总公司△
2. 山东津单幕墙有限公司△
3. 山东雄狮建筑装饰工程有限公司△
4. 青岛永鑫幕墙有限公司△

江西省（2 家）

1. 南昌长江建筑装饰工程公司
2. 江西省美华建筑装饰工程有限责任公司

浙江省（3+2＝5 家）

1. 浙江宝业幕墙装饰有限公司△
2. 浙江省江南建筑装饰工程公司
3. 温州市亚飞铝窗有限公司△
4. 杭州东升铝幕墙装璜有限公司*△
5. 武林建筑工程有限公司*

湖北省（4 家）

1. 湖北高艺装饰工程有限公司△
2. 湖北鼎元建筑装饰工程有限公司
3. 武汉凌云建筑装饰工程有限公司△
4. 武汉华达建筑装饰设计工程有限公司

湖南省（3 家）

1. 中建（长沙）不二幕墙装饰有限公司△
2. 中国建筑第五工程局金属门窗厂△
3. 湖南吉粤装饰有限公司

河南省（1 家）

1. 中国建筑第七工程局第三建筑公司

海南省（2 家）

1. 海南新华黎明幕墙有限公司
2. 海口南光幕墙装饰工程有限公司△

四川省（3 家）

1. 四川泰兴装饰工程有限责任公司
2. 四川华西建筑装饰工程有限公司
3. 四川华西蜀港装饰工程有限公司△

云南省（2 家）

1. 云南门窗工程公司△
2. 昆明室内装饰配套公司

陕西省（6 家）

1. 陕西艺林装饰工程有限公司
2. 陕西中金装饰工程有限公司△
3. 西安航空发动机（集团）有限公司装饰工程分公司
4. 西安飞机工业装饰装修工程股份有限公司△
5. 西安艺格建筑装饰工程有限责任公司
6. 西安西航集团铝业有限公司

全国一级装饰施工、一级幕墙施工、甲级装饰设计、甲级幕墙设计企业按地区数量排序一览表

中国建筑装饰协会信息部　《中国建筑装饰》编辑部

全国571家一级建筑装修装饰工程专业承包企业按地区数量排序一览表

（单位：家）

序号	地　区	原有	新增	共 计
1	北京市	61	25	86
2	广东省	67	8	75
3	江苏省	46	5	51
4	福建省	24	17	41
5	上海市	36	2	38
6	山东省	33	3	36
7	浙江省	15	4	19
8	辽宁省	16	3	19
9	河北省	18	0	18
10	湖北省	15	3	18
11	重庆市	13	3	16
12	江西省	12	4	16
13	黑龙江省	12	3	15
14	甘肃省	9	5	14
15	四川省	12	2	14
16	陕西省	12	2	14
17	天津市	10	3	13
18	湖南省	13	0	13
19	安徽省	10	0	10
20	云南省	9	1	10
21	河南省	9	0	9
22	吉林省	7	2	9
23	海南省	6	0	6
24	山西省	3	1	4
25	广西壮族自治区	2	0	2
26	贵州省	2	0	2
27	内蒙古自治区	1	0	1
28	宁夏回族自治区	1	0	1
29	新疆维吾尔自治区	1	0	1

全国426家甲级建筑装饰工程设计企业按地区数量排序一览表

（单位：家）

序号	地　区	原有	新增	共 计
1	广东省	61	9	70
2	北京市	46	3	49
3	辽宁省	30	3	33
4	江苏省	27	6	33
5	上海市	22	3	25
6	山东省	18	5	23
7	福建省	16	6	22
8	重庆市	16	3	19
9	河北省	12	7	19
10	湖北省	10	8	18
11	陕西省	14	2	16
12	江西省	11	1	12
13	甘肃省	7	5	12
14	四川省	7	4	11
15	浙江省	9	1	10
16	湖南省	2	8	10
17	云南省	4	3	7
18	河南省	6	0	6
19	黑龙江省	5	1	6
20	海南省	6	0	6
21	天津市	4	1	5
22	安徽省	4	0	4
23	吉林省	3	0	3
24	山西省	0	3	3
25	新疆维吾尔自治区	2	0	2
26	内蒙古自治区	1	0	1
26	广西壮族自治区			1

全国91家一级建筑幕墙工程专业承包企业按地区数量排序一览表

（单位：家）

序号	地　区	原有	新增	共计
1	广东省	18	0	18
2	上海市	14	0	14
3	江苏省	12	0	12
4	辽宁省	10	0	10
5	北京市	7	0	7
6	河北省	4	0	4
7	山东省	4	0	4
8	浙江省	3	1	4
9	湖北省	3	0	3
10	天津市	2	0	2
11	湖南省	2	0	2
12	云南省	2	0	2
13	四川省	2	0	2
14	陕西省	2	0	2
15	安徽省	1	0	1
16	福建省	1	0	1
17	重庆市	1	0	1
18	海南省	1	0	1

全国123家甲级建筑幕墙工程设计企业按地区数量排序一览表

（单位：家）

序号	地　区	原有	新增	共计
1	广东省	22	3	25
2	上海市	17	1	18
3	辽宁省	13	1	14
4	江苏省	9	3	12
5	北京市	11	1	12
6	陕西省	6	0	6
7	河北省	5	0	5
8	浙江省	3	2	5
9	湖北省	4	0	4
10	山东省	4	0	4
11	湖南省	3	0	3
12	四川省	3	0	3
13	天津市	2	0	2
14	海南省	2	0	2
15	江西省	2	0	2
16	云南省	2	0	2
17	重庆市	1	0	1
18	黑龙江省	1	0	1
19	福建省	1	0	1
20	河南省	1	0	1

全国348家通过ISO9000国际质量体系认证建筑装饰企业名单

自1996年我国建筑装饰行业开始推行ISO9000国际质量体系认证以来，到2004年3月，全国共有27个省市区的348家通过认证。其中，通过ISO9001的306家；ISO9002的39家；ISO9000、ISO14001和OHSAS18001三项认证的有38家；ISO9000 和ISO14001二项认证的有18家；ISO9001和ISO9002两项认证的有2家；ISO14001的2家。

通过认证最多的排在前六位的是：广东省80（深圳市62）、北京市38、江苏省33（苏州市13）、上海市28、辽宁省23、福建省21家。

现公布如下，排名不分先后。

中国建筑装饰协会信息部

二〇〇四年三月三日

北京市（38家）

1．北京市建筑装饰设计工程公司　ISO9001

2．北京市建筑工程装饰公司　ISO9002　ISO14001　OHSAS18001

3．北京港源建筑装饰设计工程有限公司　ISO9001　ISO9002　ISO14001

4．中建一局四公司装饰公司　ISO9002

5．北京菲尼有限公司　ISO9001

6．北京住总装饰公司　ISO9001

7．北京建谊建筑工程有限公司　ISO9001
ISO14001

8．中国建筑装饰工程公司　ISO9001

9．北京贝盟国际建筑装饰工程有限公司　ISO9001

10．北京城建长城装饰设计工程公司　ISO9001

11．北京花旗建设发展有限公司　ISO9001

12．中国装饰有限公司　ISO9001
ISO14001
OHSAS18001

13．北京北方建磊装饰装修有限公司　ISO9001

14．北京金粤装饰工程有限公司　ISO9001

15．中信室内装修工程公司　ISO9001
ISO14001
OHSAS18001

16．中铁建厂工程局装饰工程总公司　ISO9002

17．北京中航黎明幕墙有限责任公司　ISO9001

18．北京弘高建筑装饰工程有限公司　ISO9001
ISO14001
OHSAS18001

19．北京恒诚建筑装饰工程有限公司　ISO9002

20．北京国都建筑装饰工程有限公司　ISO9001
ISO14001
OHSAS18001

21．北京神龙天宇建筑装饰工程有限公司　ISO9001

22．北京中建华齐亚装饰公司　ISO14001

23．北京市凯伯特装饰工程有限公司　ISO9001

24．北京金丰环球远大装饰工程有限公司　ISO9001

25．北京市三鸣博雅装饰有限责任公司　ISO9001
ISO14001

26．北京蓝岛嘉辉装饰工程有限公司　ISO9001

27．北京业之峰装饰有限公司　ISO9001

28．中艺建筑装饰有限公司　ISO9001

29．北京华运装饰工程有限责任公司　ISO14001

30．北京扶桑建筑装饰有限公司　ISO9001
ISO14001
OHSAS18001

31．北京侨信装饰工程有限公司　ISO9001
ISO14001
OHSAS18001

32．北京市上瑞装饰工程有限责任公司　ISO9001
ISO14001
OHSAS18001

33．北京捷通机房设备工程有限公司　ISO9001

34．北京贝丽亚建筑装饰工程有限公司　ISO9001
ISO14001
OHSAS18001

35．北京长迪建筑装饰工程有限公司　ISO9002

36．北京龙头建筑装饰工程有限公司　ISO9001
ISO14001
OHSAS18001

37．中国建筑一局装饰公司　ISO9001
ISO14001

38．北京久世兴建筑安装饰设计有限公司　ISO9001
ISO14001

广东省（80家）

1．深圳市建筑装饰（集团）有限公司　ISO9001
ISO14001
OHSAS18001

2．深圳市洪涛装饰工程公司　ISO9001
ISO14001
OHSAS18001

3．深圳市深装饰总装饰工程工业有限公司　ISO9001
ISO14001
OHSAS18001

4．深圳市南利装饰工程公司　ISO9001

5．深圳长城家具装饰工程有限公司　ISO9001

6．中建三局深圳装饰设计工程公司　ISO9001

7．深圳瑞和装饰工程有限公司　ISO9001
ISO14001
OHSAS18001

8．深圳市深建华辉装饰工程有限公司　ISO9001
ISO14001
OHSAS18001

9．深圳市晶宫设计装饰工程公司　ISO9001

10．深圳市粤航设计装饰工程公司　ISO9001

11．深圳市广田装饰设计工程有限公司　ISO9001

12．深圳远鹏装饰设计工程有限公司　ISO9001

13．深圳市文业装饰设计工程有限公司　ISO9001

14．深圳市维业建筑设计工程有限公司　ISO9001

15．深圳市奇信装饰设计工程有限公司　ISO9001
ISO14001
OHSAS18001

16．深圳市科源建筑装饰工程有限公司　ISO9001

17．深圳市美术装饰工程有限公司　ISO9001

18．深圳市新科特种装饰工程有限公司　ISO9001

19．深圳市美芝装饰工程有限公司　ISO9001

20．深圳海外装饰工程公司　ISO9001
ISO14001
OHSAS18001

21．深圳市设计装饰工程公司　ISO9001

22．深圳市茂华装饰工程有限公司　ISO9001

23．深圳市华南装饰设计工程有限公司　ISO9001

24．深圳市华丽装修家私企业公司　ISO9001

25．深圳市先科装饰工程公司　ISO9001

26．深圳市中航装饰设计工程有限公司　ISO9001

27．深圳市安星装饰设计工程有限公司　ISO9001

28. 深圳市深港机电装饰工程公司　ISO9001
29. 深圳市飞龙美术装饰工程有限公司　ISO9001
30. 深圳市宝鹰装饰设计工程有限公司　ISO9001
31. 深圳市朗峰装饰设计工程有限公司　ISO9001
32. 深圳市枫叶装饰设计工程有限公司　ISO9001
33. 中建七局装饰工程公司深圳分公司　ISO9001
34. 深圳华加日铝业有限公司　ISO9001
35. 深圳方大装饰工程公司　ISO9001
36. 深圳百荣铝业有限公司　ISO9001 ISO9002
37. 深圳中航幕墙工程有限公司　ISO9001
38. 深圳西林实业股份有限公司　ISO9001
39. 深圳富诚幕墙装饰工程有限公司　ISO9001
40. 深圳金粤幕墙装饰工程有限公司　ISO9001 ISO14001 OHSAS18001
41. 深圳市新鹏都装饰工程公司　ISO9001
42. 深圳泰然铝合金工程有限公司　ISO9001
43. 深圳家乐装饰工程有限公司　ISO9001
44. 深圳南玻幕墙工程有限公司　ISO9001
45. 深圳市建业自然装饰工程有限公司　ISO9001
46. 深圳市新百森装饰工程有限公司　ISO9001
47. 深圳丽景装饰工程有限公司　ISO9001
48. 深圳广胜达装饰设计工程有限公司　ISO9001
49. 深圳市瑞华幕墙装饰工程有限公司　ISO9001
50. 深圳市光华中空玻璃工程有限公司　ISO9001
51. 深圳市三鑫玻璃工程有限公司　ISO9001
52. 深圳粤源装饰工程有限公司　ISO9001
53. 深圳南威建筑装饰工程有限公司　ISO9001
54. 深圳市瑞华幕墙装饰工程有限公司　ISO9001
55. 深圳市嘉信装饰设计工程有限公司　ISO9001
56. 深圳汉顿建筑装饰工程有限公司　ISO9001
57. 深圳市倪阳设计有限公司　ISO9001
58. 深圳市华剑装饰设计工程有限公司　ISO9001
59. 深圳市新国俊建筑装饰设计工程有限公司　ISO9001
60. 深圳市广胜达装饰设计工程有限公司　ISO9001
61. 深圳蛇口建筑装饰工程公司　ISO9001
62. 深圳市建艺装饰设计工程公司　ISO9001 ISO14001 OHSAS18001
63. 中国联和承造实业有限公司　ISO9001 ISO14001
64. 广东建雅室内工程设计施工有限公司　ISO9001
65. 广东建设实业公司　ISO9001
66. 广东省装饰总公司　ISO9001
67. 广东兴发铝型材集团公司　ISO9001
68. 广东省建筑装饰集团公司　ISO9001 ISO14001 OHSAS18001
69. 广东建华装饰工程有限公司　ISO9001
70. 广东省建筑装饰工程有限公司　ISO9001
71. 广东世纪达装饰工程有限公司　ISO9001
72. 广东中泓设计工程有限公司　ISO9001
73. 广州市第一装修公司　ISO9001
74. 广州市第三装修有限公司　ISO9001
75. 广州市第四装修公司　ISO9001
76. 广州铝材厂装饰工程公司　ISO9001
77. 广州珠江装修工程公司　ISO9001 ISO14001 OHSAS18001
78. 汕头金刚玻璃幕墙有限公司　ISO9001
79. 汕头市豪华装饰工程总公司　ISO9001
80. 汕头市爱富兰装饰工程有限公司　ISO9001

上海市（28家）

1. 上海市建筑装饰工程有限公司　ISO9001 ISO9002 ISO14001
2. 上海市大华装饰工程有限公司　ISO9002
3. 上海景泰建筑装潢工程公司　ISO9002
4. 上海金茂建筑装饰有限公司　ISO9001 ISO9002
5. 上海康业建筑装饰工程有限公司　ISO9001
6. 上海东亚建筑实业有限公司　ISO9002
7. 上海建筑装饰（集团）总公司　ISO9002
8. 上海蓝天房屋装饰工程公司　ISO9001 ISO14001 OHSAS18001
9. 上海健尔斯装饰工程有限公司　ISO9001
10. 上海高新铝质工程合作公司　ISO9001
11. 上海美特幕墙有限公司　ISO9001
12. 上海杰思工程实业有限公司　ISO9001
13. 上海科胜幕墙有限公司　ISO9001
14. 上海百姓家庭装潢有限公司　ISO9002
15. 上海金桥瑞和装饰工程有限公司　ISO9001
16. 上海海直建设工程公司　ISO9001 ISO14001 OHSAS18001
17. 上海千思装饰实业有限公司　ISO9002
18. 上海正方建筑装饰工程有限公司　ISO9002
19. 上海新亚建筑装饰工程有限公司　ISO9002
20. 上海新丽装饰工程有限公司　ISO9001

21. 中建三局东方装饰设计工程公司　ISO9001
22. 上海中企建筑装饰工程有限公司　ISO9002
23. 上海秋元华林建筑装饰有限公司　ISO9001
24. 上海东江建筑装饰工程有限公司　ISO9001
25. 上海华懋建筑装饰工程有限公司　ISO9001
26. 上海海艺建设股份有限公司　ISO9002
27. 上海华辉装饰工程有限公司　ISO9001
28. 上海世家装饰实业有限公司　ISO9001

江苏省（33家）

1. 南京金陵建筑装饰工程有限责任公司　ISO9001
2. 南京装饰工程公司　ISO9001
3. 南京金鸿装饰工程有限公司　ISO9001
4. 南京长岛建筑装饰工程有限公司　ISO9001
5. 南京室内装饰工程成套总公司　ISO9001
6. 南京富海装饰工程有限公司　ISO9001
7. 南京百会装饰工程有限公司　ISO9001
8. 南京金陵国际装饰设计工程实业有限公司　ISO9001
9. 南京香江华建工程有限公司　ISO9001
10. 南京柏森实业有限责任公司　ISO9001
11. 南京装饰联合总公司
12. 江苏港宁装璜有限公司　ISO9001
13. 江苏建设装饰工程公司　ISO9001
14. 江苏苏鑫装饰（集团）公司　ISO9001
15. 苏州金螳螂建筑装饰有限公司　ISO9001　ISO14001　OHSAS18001
16. 苏州工业园区美瑞德建筑装饰有限公司　ISO9001
17. 苏州市贝特装饰设计工程有限公司　ISO9001
18. 苏州市华丽美登装饰装璜有限公司　ISO9001
19. 苏州金鼎建筑装饰工程有限公司　ISO9001
20. 苏州市建筑装饰工程有限公司　ISO9001
21. 苏州市工业园区国发国际建筑装饰工程有限公司　ISO9001
22. 苏州东港装饰装璜有限公司　ISO9001
23. 苏州苏明装饰公司　ISO9001
24. 苏州华宇建筑装饰工程有限公司　ISO9001
25. 张家港市金都装饰有限责任公司　ISO9001
26. 常熟华联装潢工程有限公司　ISO9002
27. 镇江市建筑装饰工程公司　ISO9001
28. 扬州日模邗沟装饰工程有限责任公司　ISO9001
29. 无锡金城幕墙装饰工程有限公司　ISO9002
30. 无锡市华东建筑装饰工程有限责任公司　ISO9002
31. 无锡东方新格环境装饰工程有限公司　ISO9001
32. 常泰建筑装璜工程有限公司　ISO9001　ISO14001
33. 无锡市锡佛装潢有限公司　ISO9001

湖北省（9家）

1. 武汉凌云建筑装饰工程有限公司　ISO9001　ISO14001　OHSAS18001
2. 武汉建工集团装饰工程有限公司　ISO9001
3. 武汉天立装饰工程有限公司　ISO9001
4. 湖北翔宇置业发展有限公司　ISO9001
5. 武汉市方正装饰工程有限公司　ISO9001
6. 科艺建筑装饰设计工程有限公司　ISO9001
7. 武汉凌宏建筑装饰工程有限公司　ISO9001　ISO14001　OHSAS18001
8. 湖北远东电机工程服务有限公司　ISO9002
9. 湖北艺海建筑装饰工程有限公司　ISO9001

陕西省（6家）

1. 西安飞机工业装饰装修工程股份有限公司　ISO9001
2. 西安市彼特装饰工程公司　ISO9001　ISO14001
3. 西安大彩设计工程有限责任公司　ISO9001
4. 西安市鑫龙建筑装饰工程（集团）有限公司　ISO9001
5. 西安发记营造建筑有限公司　ISO9001
6. 陕西中金装饰工程有限公司　ISO9001

辽宁省（28家）

1. 辽宁泰丰铝业装饰工程有限公司　ISO9001
2. 沈阳远大铝业工程有限公司　ISO9001
3. 沈阳黎东幕墙装饰有限公司　ISO9001
4. 沈阳强风铝业工程有限公司　ISO9001
5. 沈阳凯兴装饰工程有限公司　ISO9001
6. 沈阳黎明铝门窗工程公司　ISO9001
7. 沈阳白云穗港装饰工程有限公司　ISO9001
8. 沈阳飞机制造公司铝合金结构工程公司　ISO9001
9. 大连红太装饰工程公司　ISO9001
10. 大连建筑设计装饰工程有限公司　ISO9001
11. 大连开建装饰工程有限公司　ISO9001
12. 大连通信装饰装修公司　ISO9001
13. 大连班雅装饰装修有限公司　ISO9001
14. 澳连建筑装饰工程有限公司　ISO9001
15. 辽宁强大铝业工程有限公司　ISO9001
16. 大石桥宏远装饰工程有限责任公司　ISO9001
17. 辽宁荣昌装饰装修工程有限公司　ISO9001　ISO14001
18. 沈阳瑞德装饰工程有限公司　ISO9001
19. 沈阳市中元建筑装饰工程公司　ISO9001
20. 辽宁日林建设集团建筑设计研究院　ISO9001　ISO14001

21. 辽宁三立美术装饰工程有限责任公司　ISO9001
22. 锦州凌云装饰装修工程有限公司　ISO9001
23. 沈阳天地建设发展有限公司　ISO9001　ISO14001　OHSAS18001
24. 大连嘉源装饰工程有限公司　ISO9001
25. 大连泰桑建筑装饰工程公司　ISO9001
26. 大连嘉丽装饰工程有限公司　ISO9001
27. 大连乾豪建筑装饰工程有限公司　ISO9001
28. 大连阿尔滨集团装饰工程有限公司　ISO9001　ISO14001　OHSAS18001

河北省（9家）

1. 石家庄常宏建筑装饰工程有限公司　ISO9001　ISO14001　OHSAS18001
2. 石家庄海山建筑装饰工程总公司　ISO9001
3. 石家庄市通力建筑装饰工程有限公司　ISO9001
4. 河北斯特龙装饰工程有限公司　ISO9001
5. 秦皇岛渤海铝幕墙装饰工程有限公司　ISO9001
6. 唐山市唐新装饰设计工程有限公司　ISO9001　ISO14001
7. 石家庄四站铝合金装饰工程处　ISO9001
8. 石家庄市佳林装饰工程有限公司　ISO9001
9. 石家庄雅虹装饰设计工程有限公司　ISO9001　ISO14001　OHSAS18001

天津市（9家）

1. 天津市建设装饰工程公司　ISO9001　ISO14001
2. 天津市金厦建设装饰工程公司　ISO9002
3. 天津惠顺装饰工程有限公司　ISO9002
4. 天津市艺术建筑装饰联合公司　ISO9001　ISO14001　OHSAS18001
5. 天津建工幕墙装饰有限公司　ISO9001
6. 天津南洋装饰工程公司　ISO9001　ISO14001
7. 金丰环球装饰工程（天津）有限公司　ISO9001
8. 中国建筑第六工程局装饰工程公司　ISO9001
9. 天津鑫平装饰工程有限公司　ISO9001

河南省（3家）

1. 中建七局建筑装饰工程公司　ISO9001
2. 中建二局洛阳装饰工程公司　ISO9002
3. 郑州康利达装饰工程有限公司　ISO9001

贵州省（1家）

1. 中建四局装饰工程公司　ISO9001

黑龙江省（14家）

1. 黑龙江省国光建筑装饰工程有限公司　ISO9001
2. 黑龙江省高维建筑装饰工程有限公司　ISO9001
3. 黑龙江省喜盈门建筑装饰工程公司　ISO9001
4. 黑龙江乔信建筑装饰工程有限公司　ISO9001
5. 黑龙江省龙港装修有限责任公司　ISO9001
6. 黑龙江省新巨丰装饰工程有限公司　ISO9001
7. 哈尔滨君艺建筑装饰有限公司　ISO9001
8. 哈尔滨世纪千建筑装饰工程有限公司　ISO9001
9. 哈尔滨恒誉装饰工程有限公司　ISO9001
10. 哈尔滨新长城装饰公司　ISO9001
11. 哈尔滨亚泰装饰工程有限公司　ISO9001
12. 松竹集团黑龙江长城公司　ISO9001
13. 黑龙江圣龙建筑装饰工程有限公司　ISO9001
14. 黑龙江信德装饰工程有限公司　ISO9001　ISO14001

山东省（12家）

1. 山东省齐鲁装饰设计院　ISO9001
2. 山东津单幕墙有限公司　ISO9002
3. 山东省装饰集团总公司　ISO9001
4. 山东万得福装饰工程有限公司　ISO9001　ISO14001
5. 烟台西飞铝业有限公司　ISO9002
6. 中建八局装饰公司　ISO9001
7. 山东精英装饰有限公司　ISO9001
8. 山东省剑桥装饰工程有限公司　ISO9001
9. 山东展鸿华商装饰工程有限公司　ISO9001
10. 山东三箭建设工程股份有限公司装饰总公司　ISO9001　ISO14001　ISO80001
11. 山东金楷装饰工程有限公司　ISO9001　ISO14001　ISO80001
12. 山东福缘来装饰有限公司　ISO9001　ISO14001

山西省（3家）

1. 山西省建筑装饰工程总公司　ISO9001
2. 太原市现代建筑装饰工程有限公司　ISO9001
3. 山西圣通装饰工程有限公司　ISO9001

四川省（5家）

1. 铁二局集团装饰装修工程有限公司　ISO9001
2. 绵竹市宏建建筑装饰有限责任公司　ISO9001
3. 四川亨帝建筑装饰有限公司　ISO9001
4. 四川华西建筑装饰工程有限公司　ISO9001

5．成都全兴广告装饰有限公司	ISO9001

湖南省（3家）

1．长沙不二幕墙装饰工程公司	ISO9002
2．中国建筑第五工程局建筑装饰公司	ISO9001
3．湖南六建装饰设计工程有限公司	ISO9001

江西省（10家）

1．江西圳昌装饰工程有限公司	ISO9001
2．江西融城建筑装饰工程有限公司	ISO9001
3．江西省康盛广告装饰工程有限公司	ISO9001
4．江西利达装饰工程有限公司	ISO9001
5．江西省装饰总公司	ISO9001
6．江西南方装潢配套公司	ISO9001
7．江西美华建筑装饰工程有限责任公司	ISO9001
8．南昌新颖装饰机电消防工程有限公司	ISO9001
9．南昌长江建筑装饰工程公司	ISO9001
10．赣州装饰工程公司	ISO9001

浙江省（8家）

1．浙江亚厦装饰集团有限公司	ISO9001
2．浙江江南建筑装饰工程公司	ISO9002
3．浙江九鼎日盛装饰工程有限公司	ISO9001
4．武林建筑工程有限公司	ISO9001 ISO14001 OHSAS18001
5．嵊州市环影装饰工程有限公司	ISO9001
6．浙江华天装饰工程有限公司	ISO9001
7．浙江福田建筑装饰工程有限公司	ISO9001
8．浙江省时代建筑装饰有限公司	ISO9001 ISO14001 OHSAS18001

广西壮族自治区（2家）

1．广西建工集团桂港建筑装饰公司	ISO9001
2．广西建林装饰工程有限公司	ISO9001

内蒙古自治区（2家）

1．中国天诚集团新雅建筑工程设计装饰总公司	ISO9002
2．内蒙古大盟装饰工程有限公司	ISO9001`

重庆市（8家）

1．重庆宏图装饰工程有限公司	ISO9001
2．重庆金字塔装饰公司	ISO9001
3．重庆渝远建筑工程设计装饰有限公司	ISO9001
4．重庆港庆建筑装饰有限公司	ISO9001
5．重庆港鑫建筑装饰设计工程有限公司	ISO9001
6．重庆金梭装饰设计工程有限公司	ISO9001
7．重庆金宇装饰工程有限公司	ISO9001
8．重庆金飞建筑装饰工程有限公司	ISO9001

云南省（2家）

1．云南白杨室内设计工程有限公司	ISO9002
2．玉溪市富豪建筑装饰公司	ISO9001

海南省（4家）

1．海南金厦工程实业公司	ISO9001
2．海南嘉恒装饰工程有限公司	ISO9001
3．海南雅园装饰工程有限公司	ISO9001
4．海南中汇建筑装饰工程有限公司	ISO9001

安徽省（5家）

1．安徽省装饰工程公司	ISO9001
2．安徽华誉装饰工程有限公司	ISO9002
3．安徽安兴建设装饰设计工程有限责任公司	ISO9001
4．马鞍山市艺建装饰有限责任公司	ISO9001
5．合肥建工装饰工程有限责任公司	ISO9001

福建省（21家）

1．福建天华建筑装饰工程有限公司	ISO9001
2．福建嘉华装饰工程有限公司	ISO9001
3．福建省永盛设计装饰工程有限公司	ISO9001
4．福建省五建装修装饰公司	ISO9001
5．厦门华丽设计装修工程有限公司	ISO9001
6．合程（厦门）建筑装饰工程有限公司	ISO9001
7．厦门辉煌装修工程有限公司	ISO9001
8．福州人文装修建筑工程有限公司	ISO9001
9．泉州市豪太装饰工程有限公司	ISO9001
10．福州国广一叶建筑装饰工程有限公司	ISO9001
11．厦门港龙装修工程有限公司	ISO9001
12．福建金亨装饰设计工程有限公司	ISO9001
13．厦门市百将设计装饰工程有限公司	ISO9001
14．福建省泉州市恒达信装饰工程有限公司	ISO9001
15．泉州市粤港装饰工程有限公司	ISO9001
16．福建省工程建设承包公司	ISO9001
17．福州经济技术开发区时代装修有限公司	ISO9001
18．福州市兴雅达装饰装修有限公司	ISO9001
19．福建隆恩建筑装饰工程有限公司	ISO9001
20．福建金三角装饰工程有限公司	ISO9001
21．福建喜来登设计装饰工程有限公司	ISO9001

吉林省（5家）

1．吉林浩昌装饰工程有限公司	ISO9001
2．吉林鑫源建筑装饰装修有限公司	ISO9001
3．吉林省太阳神建筑装饰工程有限公司	ISO9001
4．长春东方装潢工程有限公司	ISO9001
5．一汽实业建筑装饰工程有限责任公司	ISO9001

甘肃省（1家）

1．甘肃陇海装饰工程有限责任公司	ISO9001

中国建筑装饰协会公告

2002年全国建筑工程装饰奖评审会已于2002年12月4日至6日在北京召开，共评审出109项工程荣获2002年全国建筑工程装饰奖（公共建筑装饰类，含50个设计奖，4个参建奖），5项工程荣获2002年全国建筑工程装饰奖（单项设计类），22项工程荣获2002年全国建筑工程装饰奖（建筑幕墙类），104项工程荣获2002年全国建筑工程装饰奖（住宅装饰类）。

现将获奖工程及获奖单位公告如下。

会　长：馬挺貴

二〇〇二年十二月八日

2002年全国建筑工程装饰奖

（公共建筑装饰类，共109个工程）

一、北京市：（共10个工程）

1．工程名称：北京国宾酒店
承建单位：ZJ0200011 深圳海外装饰工程公司
（承建范围：整体室内装饰装修）
设计单位：ZJ0200013 深圳海外装饰工程公司
（设计内容：整体室内装饰装修设计）

2．工程名称：北京保利大厦
承建单位：ZJ0200021 北京清华工美建筑装饰工程有限公司
（承建范围：剧院大堂、观众厅、贵宾休息厅、化妆间、饭店前厅、后厅、电梯厅、酒吧、茶苑、大厦西餐厅、中餐厅等装饰装修）
设计单位：ZJ0200023 北京清华工美环境艺术设计所
（设计内容：室内装饰装修设计）

3．工程名称：北京亚洲大酒店
承建单位：ZJ0200031 北京花旗建设发展有限公司
（承建范围：一至三层公共区域装饰装修）
设计单位：ZJ0200033 北京花旗建设发展有限公司
（设计内容：一至三层公共区域装饰装修设计）

4．工程名称：北京人民大会堂小礼堂
承建单位：ZJ0200041 北京市第一房屋修建工程公司
（承建范围：室内装饰装修）
设计单位：ZJ0200043 华堂建筑装修工程有限公司
（设计内容：室内装饰装修设计）

5．工程名称：北京人民大会堂舞台、观众厅
承建单位：ZJ0200051 中国新兴建设开发总公司
（承建范围：改造装饰装修工程）

6．工程名称：北京中华世纪坛
承建单位：ZJ0200061 深圳市建筑装饰（集团）有限公司
（承建范围：地下一层、地上三层装饰装修）
设计单位：ZJ0200063 深圳市建筑装饰（集团）有限公司
（设计内容：地下一层、地上三层装饰装修设计）

7．工程名称：北京中华世纪坛
承建单位：ZJ0200071 北京燕佳建筑工程有限公司
（承建范围：名人雕塑环廊、地上二层西方艺术馆、地下一层多媒体数字艺术馆等装饰装修）
参建单位：ZJ0200072 北京中远广田装饰工程有限公司
（参建范围：二层南北门厅装饰装修）

8．工程名称：北京东直门国际公寓
承建单位：ZJ0200081 江苏省建筑工程公司
（承建范围：室内装饰装修）

9．工程名称：北京人民大会堂四川厅
承建单位：ZJ0200091 四川华西建筑装饰工程有限公司
（承建范围：室内装饰装修）
设计单位：ZJ0200093 四川华西建筑装饰设计有限公司
（设计内容：室内装饰装修设计）

10．工程名称：北京人民大会堂青海厅
承建单位：ZJ0200101 北京清华工美建筑装饰工程有限公司
（承建范围：室内装饰装修）
设计单位：ZJ0200103 北京清华工美环境艺术设计所
（设计内容：室内装饰装修设计）

二、天津市：（共2个工程）

11．工程名称：中国人民银行天津分行办公楼(灰楼)
承建单位：ZJ0200111 天津华惠安信装饰工程有限公司
（承建范围：办公楼室内外装饰装修）

12．工程名称：天津市商业银行营业楼大厅
承建单位：ZJ0200121 天津建工集团装饰工程公司
（承建范围：营业大厅、地下代保管库内装饰装修）

三、河北省：（共3个工程）

13．工程名称：河北移动通讯公司石家庄分公司办公楼
承建单位：ZJ0200131 石家庄常宏建筑装饰工程有限公司
（承建范围：室内装饰装修）
设计单位：ZJ0200133 石家庄常宏建筑装饰工程有限公司
（设计内容：室内装饰装修设计）

14．工程名称：乐亭县乐泰大酒店
承建单位：ZJ0200141 唐山方舟建筑装饰工程有限公司
（承建范围：整体室内装饰装修）

15. 工程名称：邢台电业局生产调度楼

承建单位：ZJ0200151 河北省四建装饰工程公司

（承建范围：大堂、会议室、营业厅、办公室、调度室等装饰装修）

四、山西省：（共 1 个工程）

16. 工程名称：山西省人民政府四方院

承建单位：ZJ0200161 山西三利装饰有限公司

（承建范围：室内中庭（涉外会客厅）、首长办公室、会议室、休息室等室内装饰装修）

设计单位：ZJ0200163 山西三利装饰有限公司

（设计内容：室内装饰装修设计）

五、内蒙古自治区：（共 1 个工程）

17. 工程名称：内蒙古华胜宾馆（现名神东宾馆）

承建单位：ZJ0200171 广东省建筑装饰集团公司

（承建范围：宾馆五层及地下一层的室内外装饰、机电安装、消防安装及配套工程）

设计单位：ZJ0200173 广东省建筑装饰集团公司

（设计内容：室内装饰装修设计）

六、辽宁省：（共 10 个工程）

18. 工程名称：大连金石国际会议中心

承建单位：ZJ0200181 深圳市南利装饰工程公司

（承建范围：室内装饰装修）

设计单位：ZJ0200183 深圳市南利装饰工程公司

（设计内容：室内装饰装修设计）

19. 工程名称：大连金石国际会议中心

承建单位：ZJ0200191 大连盛大建筑装饰工程有限公司

（承建范围：三至五层大堂、中西餐厅、电梯间等装饰装修）

设计单位：ZJ0200193 大连盛大建筑装饰工程有限公司

（设计内容：室内装饰装修设计）

20. 工程名称：大连金石国际会议中心

承建单位：ZJ0200201 大连建筑设计装饰工程公司

（承建范围：地下一层、一至二层等装饰装修）

设计单位：ZJ0200203 大连建筑设计装饰工程公司

（设计内容：室内装饰装修设计）

21. 工程名称：辽宁省邮电管理局办公楼

承建单位：ZJ0200211 澳连建筑装饰工程有限公司

（承建范围：一二层装饰装修）

设计单位：ZJ0200213 澳连建筑装饰工程有限公司

（设计内容：一二层装饰装修设计）

22. 工程名称：沈阳二十一世纪大厦

承建单位：ZJ0200221 沈阳白云穗港装饰工程有限公司

（承建范围：一层大堂、高务中心、办公室、电梯间、二至三层等装饰装修）

设计单位：ZJ0200223 沈阳白云穗港装饰工程有限公司

（设计内容：一至三层装饰装修设计）

23. 工程名称：沈阳皇朝万豪酒店

承建单位：ZJ0200231 沈阳瑞德装饰工程有限公司

（承建范围：二层金钱酒吧等装饰装修）

设计单位：ZJ0200233 沈阳瑞德装饰工程有限公司

（设计内容：二层金钱酒吧室内装饰装修设计）

24. 工程名称：中信实业银行大连开发区分行营业楼

承建单位：ZJ0200241 大连乾豪建筑装饰工程有限公司

（承建范围：室内装饰装修）

设计单位：ZJ0200243 大连壹阁室内装饰设计有限公司

（设计内容：室内装饰装修设计）

25. 工程名称：大连阿尔滨康乐中心

承建单位：ZJ0200251 大连阿尔滨集团装饰工程有限公司

（承建范围：宾馆和康乐两部分装饰装修）

26. 工程名称：中国工商银行大连市旅顺口支行营业楼

承建单位：ZJ0200261 大连盛大建筑装饰工程有限公司

（承建范围：一至二层大堂，营业区、办公区、会议室、多功能厅等装饰装修）

设计单位：ZJ0200263 大连盛大建筑装饰工程有限公司

（设计内容：室内装饰装修设计）

27. 工程名称：沈阳军区总医院门诊急诊楼

承建单位：ZJ0200271 辽宁荣昌装饰装修工程有限公司

（承建范围：一层门诊急诊大厅、各诊室、二至四层回廊、多功能厅、贵宾厅等装饰装修）

设计单位：ZJ0200273 辽宁荣昌装饰装修工程有限公司

（设计内容：室内装饰装修设计）

七、吉林省：（共 2 个工程）

28. 工程名称：空军长春第二航空学院外训宾馆

承建单位：ZJ0200281 长春东方装璜工程有限公司

（承建范围：整体室内装饰装修）

设计单位：ZJ0200283 长春东方装璜工程有限公司

（设计内容：整体室内装饰装修设计）

29. 工程名称：延吉市邮政大厦

承建单位：ZJ0200291 长春长江装饰装璜有限公司

（承建范围：室内装饰装修）

设计单位：ZJ0200293 长春长江装饰装璜有限公司

（设计内容：室内装饰装修设计）

八、黑龙江省：（共 6 个工程）

30. 工程名称：黑龙江省医院门诊急救中心

承建单位：ZJ0200301 黑龙江国光建筑装饰工程有限公司

（承建范围：大堂、会议室、阅览室、病房、办公室、诊疗室、手术室等装饰装修）

设计单位：ZJ0200303 黑龙江国光建筑装饰工程有限公司

（设计内容：室内装饰装修设计）

31. 工程名称：大庆建设大厦

承建单位：ZJ0200311 黑龙江省喜盈门建筑装饰工程有限公司

（承建范围：办公区大堂、交易厅、四季厅、招投标大厅、多功能厅、贵宾厅、报告厅等装饰装修）

设计单位：ZJ0200313 黑龙江省喜盈门建筑装饰工程有限公司

（设计内容：室内装饰装修设计）
参建单位：ZJ0200312 哈尔滨市亚泰装饰工程有限公司
（参建范围：餐厅、舞厅、保龄球馆等装饰装修）
32. 工程名称：鹤岗九州大酒店
承建单位：ZJ0200321 黑龙江四海园装饰有限公司
（承建范围：一至二层室内装饰装修）
设计单位：ZJ0200323 哈尔滨四海园建筑装饰有限公司
（设计内容：室内装饰装修设计）
33. 工程名称：佳木斯机场候机楼
承建单位：ZJ0200331 佳木斯蓝鲸建筑装饰工程有限公司
（承建范围：室内、吊棚、墙面、顶面、白钢门、卫生间等装饰装修）
34. 工程名称：金宝利商务酒店
承建单位：ZJ0200341 黑龙江高维建筑装饰工程有限公司
（承建范围：地上五层、地下一层室内装饰装修）
设计单位：ZJ0200343 黑龙江高维建筑装饰设计有限公司
（设计内容：室内装饰装修设计）
35. 工程名称：哈尔滨锦秀教化电子大世界
承建单位：ZJ0200351 黑龙江锦秀建筑装饰工程有限公司
（承建范围：办公区、活动区、小吃广场、会议区等室内装饰装修）
设计单位：ZJ0200353 黑龙江锦秀建筑装饰工程有限公司
（设计内容：办公区、活动区、小吃广场、会议区等室内装饰装修设计）

九、上海市：（共 11 个工程）

36. 工程名称：上海市第二中级人民法院审判法庭办公楼
承建单位：ZJ0200361 上海市建筑装饰工程有限公司
（承建范围：二至四层大堂、共享空间、贵宾室、办公室、法庭、电梯间等室内装饰装修）
设计单位：ZJ0200363 上海市建筑装饰工程有限公司设计所
（设计内容：室内装饰装修设计）
37. 工程名称：中国工商银行上海市分行营业部大楼
承建单位：ZJ0200371 上海建筑装饰（集团）有限公司
（承建范围：一至六层结构加固装饰总承包，一至三层室内装饰装修）
38. 工程名称：建行上海分行科教中心
承建单位：ZJ0200381 上海蓝天房屋装饰工程公司
（承建范围：八至十一层室内装饰装修）
39. 工程名称：上海市浦东新区政府行政办公中心
承建单位：ZJ0200391 上海东江建筑装饰工程有限公司
（承建范围：九至十三层室内装饰装修）
设计单位：ZJ0200393 上海东江建筑设计工程有限公司
（设计内容：室内装饰装修设计）
40. 工程名称：上海民防大厦
承建单位：ZJ0200401 上海市第七建筑有限公司
（承建范围：一层、二层、五层、三十一层装饰装修）
设计单位：ZJ0200403 上海市地下建筑设计研究院
（设计内容：室内装饰装修设计）
41. 工程名称：上海太平洋百货站前店
承建单位：ZJ0200411 上海华亮建筑装饰有限公司
（承建范围：一至二层室内装饰装修）
42. 工程名称：中国民生银行上海分行
承建单位：ZJ0200421 上海建筑装饰（集团）有限公司
（承建范围：一至二层室内装饰装修）
43. 工程名称：上海会计学院
承建单位：ZJ0200431 上海新丽装饰工程有限公司
（承建范围：教师公寓、娱乐中心、餐厅及信息中心等室内装饰装修）
44. 工程名称：上海会计学院
承建单位：ZJ0200441 上海市建筑装饰工程有限公司
（承建范围：教学楼、BC 学生公寓室内装饰装修）
45. 工程名称：上海大剧院南区
承建单位：ZJ0200451 深圳市洪涛装饰工程公司
（承建范围：室内装饰装修）
46. 工程名称：上海静安广场
承建单位：ZJ0200461 上海海直建设工程公司
（承建范围：裙房一至四层室内装饰装修）

十、江苏省：（共 6 个工程）

47. 工程名称：昆山市周庄宾馆
承建单位：ZJ0200471 苏州工业园区国发国际建筑装饰工程有限公司
（承建范围：室内外装饰装修）
48. 工程名称：江阴市海澜集团会展中心
承建单位：ZJ0200481 苏州金螳螂建筑装饰有限公司
（承建范围：整体室内装饰装修）
设计单位：ZJ0200483 苏州金螳螂建筑装饰有限公司
（设计内容：整体室内装饰装修设计）
49. 工程名称：南京丁山香格里拉大酒店
承建单位：ZJ0200491 苏州金螳螂建筑装饰有限公司
（承建范围：大堂、酒吧、三层、八至九层室内装饰装修）
50. 工程名称：无锡太湖饭店
承建单位：ZJ0200501 深圳长城家俱装饰工程有限公司
（承建范围：一层大厅室内装饰装修）
设计单位：ZJ0200503 深圳长城家俱装饰工程有限公司
（设计内容：室内装饰装修设计）
51. 工程名称：无锡太湖饭店
承建单位：ZJ0200511 苏州金螳螂建筑装饰有限公司
（承建范围：二层餐厅、会议中心、会见厅、地下游泳池、多功能厅等室内装饰装修）
52. 工程名称：无锡丽湖花园度假村（无锡邮电职工休养所）
承建单位：ZJ0200521 上海蓝天房屋装饰工程公司
（承建范围：接待楼室内外装饰、地下室、地上一层餐厅装饰装修）

十一、山东省：（共 5 个工程）

53. 工程名称：济南市银行电子结算中心

承建单位：ZJ0200531 山东剑桥装饰工程有限公司
（承建范围：一至十六层室内装饰装修）

54. 工程名称：临淄区地税局办税服务厅
承建单位：ZJ0200541 山东高阳建设公司
（承建范围：室内装饰装修）

55. 工程名称：济南贵和皇冠假日酒店
承建单位：ZJ0200551 青岛东亚建筑装饰有限公司
（承建范围：中庭区及客房装饰装修）

56. 工程名称：山东济南胜利大厦
承建单位：ZJ0200561 山东万得福装饰工程有限公司
（承建范围：大堂、地下餐厅、职工餐厅、电梯厅、大会议室、董事会会议室、普通办公区等装饰装修）

57. 工程名称：莱芜市电信局第二枢纽大楼
承建单位：ZJ0200571 山东精英装饰有限公司
（承建范围：营业大厅、电梯厅、领导办公室、会议室、接待室、十一至十六层普通办公室、开放办公区、十九层餐厅等装饰装修）

十二、安徽省：（共 1 个工程）

58. 工程名称：黄山花溪饭店
承建单位：ZJ0200581 合肥建工装饰工程有限责任公司
（承建范围：整体室内装饰装修）
设计单位：ZJ0200583 合肥建工装饰工程有限责任公司
（设计内容：整体室内装饰装修设计）

十三、浙江省：（共 10 个工程）

59. 工程名称：衢州电信枢纽大楼
承建单位：ZJ0200591 浙江耀江建设集团股份有限公司
（承建范围：主楼底层门厅、八至十一层办公用房、营业用房的室内装饰装修）

60. 工程名称：嘉兴香溢大酒店
承建单位：ZJ0200601 浙江雅迪装饰工程有限公司
（承建范围：一至五层、十四至十五层室内装饰装修）
设计单位：ZJ0200603 浙江雅迪装饰工程有限公司装饰设计所
（设计内容：室内装饰装修设计）

61. 工程名称：浙江省肿瘤医院病房大楼
承建单位：ZJ0200611 浙江省长城建设集团股份有限公司
（承建范围：室内外装饰装修）

62. 工程名称：浙江康莱特药业有限公司综合楼
承建单位：ZJ0200621 武林建筑工程有限公司
（承建范围：室内装饰装修）

63. 工程名称：海宁市信用联社综合用房
承建单位：ZJ0200631 浙江八达建设集团有限公司
（承建范围：五至十六层室内装饰装修）

64. 工程名称：海宁市信用联社综合用房
承建单位：ZJ0200641 浙江亚厦装饰集团有限公司
（承建范围：一至四层室内装饰装修）

65. 工程名称：中国人民银行台州市中心支行办公楼
承建单位：ZJ0200651 台州市大自然建筑装饰工程有限公司
（承建范围：一至五层室内装饰装修）

66. 工程名称：义乌信联大厦
承建单位：ZJ0200661 浙江广艺建筑装饰上程有限公司
（承建范围：室内装饰装修）

67. 工程名称：杭州城市花园酒店
承建单位：ZJ0200671 浙江亚厦装饰集团有限公司
（承建范围：一层大堂、中庭、西餐厅、一至三层公共区域、二十三至二十八层套房、总统套房、观光餐厅等室内装饰装修）

68. 工程名称：杭州城站广场
承建单位：ZJ0200681 深圳海外装饰工程公司
（承建范围：地下一层、一至二层全部室内装饰装修）

十四、福建省：（共 5 个工程）

69. 工程名称：晋江电力大厦
承建单位：ZJ0200691 福建嘉华装饰工程有限公司
（承建范围：一至二十一层整体室内装饰装修）

70. 工程名称：厦门悦华会展酒店
承建单位：ZJ0200701 厦门辉煌装修工程有限公司
（承建范围：一至五层整体装饰装修）
设计单位：ZJ0200703 厦门辉煌装修工程有限公司
（设计内容：整体装饰装修设计）

71. 工程名称：厦门海沧大桥东锚碇桥梁建设展示馆
承建单位：ZJ0200711 厦门市路桥景观艺术公司
（承建范围：四层装饰装修及展馆展品制作、布展工程）
设计单位：ZJ0200713 厦门市路桥景观艺术公司
（设计内容：四层装饰装修及展馆展品制作、布展设计）

72. 工程名称：福州市人民检察院办案大楼
承建单位：ZJ0200721 福州经济技术开发区时代装修有限公司
（承建范围：中区五至八层、东区一至十三层室内装饰装修）

73. 工程名称：南安大酒店
承建单位：ZJ0200731 泉州市豪太装饰工程有限公司
（承建范围：大堂及一至三层室内装饰装修）
设计单位：ZJ0200733 泉州市豪太装饰工程有限公司
（设计内容：室内装饰装修设计）

十五、河南省：（共 2 个工程）

74. 工程名称：河南省口岸系统 EDI 管理服务中心
承建单位：ZJ0200741 中国建筑第七工程局
（承建范围：一至五层室内装饰装修）
设计单位：ZJ0200743 中国建筑第八工程局装饰公司
（设计内容：室内装饰装修设计）
参建单位：ZJ0200742 中国建筑第八工程局装饰公司
（参建范围：六至十二层室内装饰装修）

75. 工程名称：郑州航院教学科研综合楼
承建单位：ZJ0200751 河南省第一建筑工程有限责任公司
（承建范围：室内楼地面、墙面、大小门厅等室内装饰装修）
设计单位：ZJ0200753 河南中泓装饰设计工程有限公司
（设计内容：室内装饰装修设计）

参建单位：ZJ0200752 河南中泓装饰设计工程有限公司
（参建范围：走廊、电梯间、卫生间、造型顶棚、雨蓬等装饰装修）

十六、湖北省：（共 4 个工程）

76．工程名称：武汉亚洲心脏病医院
承建单位：ZJ0200761 武汉豪强装饰工程有限公司
（承建范围：室内装饰装修）

77．工程名称：中南财经政法大学教学办公楼
承建单位：ZJ0200771 武汉华达建筑装饰设计工程有限公司
（承建范围：办公楼、教学楼、国际学术报告厅及阅卷中心等装饰装修）
设计单位：ZJ0200773 武汉华达建筑装饰设计工程有限公司
（设计内容：室内装饰装修设计）

78．工程名称：武汉长江置地有限公司办公大楼
承建单位：ZJ0200781 深圳市汉顿建筑装饰工程有限公司
（承建范围：大堂、多功能厅、电梯厅、楼梯等装饰装修）
设计单位：ZJ0200783 深圳市汉顿建筑装饰工程有限公司
（设计内容：室内装饰装修设计）

79．工程名称：工商银行武汉江岸支行营业办公大楼
承建单位：ZJ0200791 深圳市新鹏都装饰工程有限公司
（承建范围：一至四层、屋顶花园等室内装饰装修）

十七、湖南省：（共 3 个工程）

80．工程名称：长沙市中心医院老干保健中心
承建单位：ZJ0200801 湖南通程建筑装饰工程有限公司
（承建范围：整体室内装饰装修）
设计单位：ZJ0200803 湖南通程建筑装饰工程有限公司
（设计内容：整体室内装饰装修设计）

81．工程名称：湖南省电子出版大楼
承建单位：ZJ0200811 湖南华天装饰有限公司
（承建范围：大楼外墙装饰装修）

82．工程名称：津市移动大楼营业厅
承建单位：ZJ0200821 长沙市新宇建筑装饰工程有限公司
（承建范围：室内装饰装修）
设计单位：ZJ0200823 长沙市新宇建筑装饰工程有限公司
（设计内容：室内装饰装修设计）

十八、广东省：（共 11 个工程）

83．工程名称：深圳市税务征收综合办公楼
承建单位：ZJ0200831 深圳市华南装饰设计工程有限公司
（承建范围：五层、七至八层、十一至十二层、十六至二十六层、三十七至三十八层等室内装饰装修）

84．工程名称：深圳华为科研电气楼
承建单位：ZJ0200841 深圳华丽装修家私企业公司
（承建范围：一至四层室内精装修）
设计单位：ZJ0200843 深圳华丽装修家私企业公司
（设计内容：一至四层室内装饰装修设计）

85．工程名称：深圳圣廷苑酒店
承建单位：ZJ0200851 深圳市文业装饰设计工程有限公司
（承建范围：一至四层、二十八至二十九层室内装饰装修）

86．工程名称：深圳嘉汇百货商场
承建单位：ZJ0200861 深圳市科源建筑装饰工程有限公司
（承建范围：室内装饰装修）

87．工程名称：南海枫丹白鹭酒店二期装饰工程
承建单位：ZJ0200871 广州珠江装修工程公司
（承建范围：第二期别墅区室内装饰装修）

88．工程名称：顺德华桂园 C 座
承建单位：ZJ0200881 广东中泓设计工程有限公司
（承建范围：室内外装饰装修）
设计单位：ZJ0200883 广东中泓设计工程有限公司
（设计内容：室内外装饰装修设计）

89．工程名称：广东省电信规划设计院办公楼
承建单位：ZJ0200891 广州市第三装修有限公司
（承建范围：十三至十五层装饰装修）

90．工程名称：广东省南海市电力调度综合楼
承建单位：ZJ0200901 广东省装饰总公司
（承建范围：一至十九层装饰装修）

91．工程名称：广州市经济技术开发区外商活动中心
承建单位：ZJ0200911 广东省建筑装饰集团公司
（承建范围：一层二层、地下一层室内装饰装修）

92．工程名称：广州市麓湖阁商住楼
承建单位：ZJ0200921 广州珠江装修工程公司
（承建范围：南北塔入口、大堂、电梯厅、过廊、各户型装饰装修）
设计单位：ZJ0200923 广州珠江室内设计有限公司
（设计内容：室内装饰装修设计）

93．工程名称：广州市大都会广场
承建单位：ZJ0200931 广州市第四装修有限公司
（承建范围：室内外装饰装修）

十九、广西自治区：（共 3 个工程）

94．工程名称：桂林高尔夫乡村休闲世界度假酒店
承建单位：ZJ0200941 广西建工集团桂港建筑装饰有限公司
（承建范围：室内装饰装修）

95．工程名称：广西路桥大厦（金都大酒店）
承建单位：ZJ0200951 湛江市粤西建筑工程公司南宁分公司
（承建范围：大堂、夜总会、中西餐厅、多功能厅、会议厅等室内装饰装修）

96．工程名称：广西北海甲天下国际大酒店
承建单位：ZJ0200961 广西建林装饰工程有限责任公司
（承建范围：室内装饰装修）

二十、海南省：（共 2 个工程）

97．工程名称：海南太阳城大酒店
承建单位：ZJ0200971 海南雅园装饰工程有限公司
（承建范围：大堂、中餐厅、会议中心、康体中心、客房装饰装修）
设计单位：ZJ0200973 海南雅园装饰工程有限公司
（设计内容：大堂、中餐厅、会议中心、康体中心、客房装饰装修设计）

98．工程名称：博鳌金海岸温泉大酒店
承建单位：ZJ0200981 海南金海岸装饰工程有限公司
（承建范围：室内装饰装修）
设计单位：ZJ0200983 海南金海岸装饰工程有限公司
（设计内容：室内装饰装修设计）

二十一、重庆市：（共 5 个工程）

99．工程名称：重庆地王广场
承建单位：ZJ0200991 重庆宏图装饰工程有限公司
（承建范围：外立面及室内装饰装修）
设计单位：ZJ0200993 重庆宏图装饰工程有限公司
（设计内容：室内装饰装修设计）

100．工程名称：重庆美术馆
承建单位：ZJ0201001 重庆金字塔装饰公司
（承建范围：展厅、门厅、会议厅、多功能厅等室内装饰装修）
设计单位：ZJ0201003 重庆金字塔装饰公司
（设计内容：室内装饰装修设计）

101．工程名称：重庆人民大礼堂
承建单位：ZJ0201011 重庆港庆建筑装饰有限公司
（承建范围：室内装饰装修）

102．工程名称：重庆武隆仙女华邦酒店
承建单位：ZJ0201021 重庆皇城装饰工程公司
（承建范围：大堂、餐厅、茶室、客房、套房、夜总会等室内装饰装修）
设计单位：ZJ0201023 重庆皇城装饰工程公司
（设计内容：室内装饰装修设计）

103．工程名称：第三军医大学新桥医院综合餐厅
承建单位：ZJ0201031 重庆天美装饰工程有限公司
（承建范围：室内装饰装修）

二十二、四川省：（共 3 个工程）

104．工程名称：成都皇城老妈餐饮中心
承建单位：ZJ0201041 中铁二局集团装饰装修工程有限公司
（承建范围：一至五层室内装饰、正立面外墙装饰装修）

105．工程名称：四川农业大学逸夫教学楼
承建单位：ZJ0201051 四川华西建筑装饰工程有限公司
（承建范围：二装学术交流中心和教学楼装饰装修）

106．工程名称：成都天府丽都喜来登饭店
承建单位：ZJ0201061 南京金陵建筑装饰有限责任公司
（承建范围：裙楼一至四层室内装饰装修）

二十三、贵州省：（共 1 个工程）

107．工程名称：贵州贵龙饭店
承建单位：ZJ0201071 深圳长城家俱装饰工程有限公司
（承建范围：一至九层室内装饰装修）

二十四、云南省：（共 1 个工程）

108．工程名称：昆明市汽车客运新南站
承建单位：ZJ0201081 云南建设装璜有限责任公司
（承建范围：一楼及附楼一二楼室内装饰装修）

二十五、甘肃省：（共 1 个工程）

109．工程名称：兰州明德宫酒店
承建单位：ZJ0201091 甘肃兰穗装饰工程有限责任公司
（承建范围：室内外装饰装修）

2002 年全国建筑工程装饰奖

（公共建筑装饰单项设计类，共 5 个工程）

1．工程名称：苏州图书馆
设计单位：ZJ0230013 苏州金螳螂建筑装饰有限公司
（设计内容：室内装饰装修设计）

2．工程名称：浙江嘉兴广电中心
设计单位：ZJ0230023 杭州典尚建筑装饰设计有限公司
（设计内容：办公楼、演播楼、培训休闲楼室内装饰设计）

3．工程名称：浙江杭州红星文化大厦
设计单位：ZJ0230033 杭州典尚建筑装饰设计有限公司
（设计内容：大剧院、大厅等室内装饰装修设计）

4．工程名称：南平市国家税务局综合楼
设计单位：ZJ0230043 福州国广一叶建筑装饰工程有限公司
（设计内容：一至二十层室内装饰装修设计）

5．工程名称：深圳市五洲宾馆附楼
设计单位：ZJ0230053 深圳市维业装饰设计工程有限公司
（设计内容：大堂、中庭、会议厅、客房、套房等室内装饰装修设计）

2002 年全国建筑工程装饰奖

（建筑幕墙类，共 22 个工程）

1．工程名称：北京凯旋大厦
承建单位：ZJ0250011 北京磊鑫装饰设计工程有限公司

2．工程名称：北京北航活动中心
承建单位：ZJ0250021 沈阳黎明门窗幕墙制造安装工程公司

3．工程名称：邢台电业局生产调度楼
承建单位：ZJ0250031 沈阳黎东幕墙装饰有限公司

4．工程名称：晋城煤炭交易中心综合楼
承建单位：ZJ0250041 石家庄市海山建筑装饰工程总公司

5．工程名称：大连森林动物园热带雨林馆
承建单位：ZJ0250051 大连红太装饰工程公司

6. 工程名称：沈阳市科学宫宇宙天象馆穹幕影院
承建单位：ZJ0250061 沈阳黎东幕墙装饰有限公司
7. 工程名称：辽宁省新华书店图书音像配送中心大楼
承建单位：ZJ0250071 辽宁泰丰铝业装饰工程有限公司
8. 工程名称：沈阳二十一世纪大厦
承建单位：ZJ0250081 沈阳远大铝业工程有限公司
9. 工程名称：大连金石国际会议中心
承建单位：ZJ0250091 大连红太装饰工程公司
10. 工程名称：上海民防大厦
承建单位：ZJ0250101 和兴玻璃铝业（上海）有限公司
11. 工程名称：上海建设大厦
承建单位：ZJ0250111 武汉凌云建筑装饰工程有限公司
12. 工程名称：洛阳市电信大楼
承建单位：ZJ0250121 武汉凌云建筑装饰工程有限公司
13. 工程名称：荆州电信枢纽大楼
承建单位：ZJ0250131 湖北高艺装饰工程有限公司
14. 工程名称：长沙黄花机场航站楼
承建单位：ZJ0250141 武汉凌云建筑装饰工程有限公司
15. 工程名称：长沙黄花机场航站楼
承建单位：ZJ0250151 西安飞机工业装饰装修工程股份有限公司
16. 工程名称：深圳电子科技大厦
承建单位：ZJ0250161 深圳市金粤幕墙装饰工程有限公司
17. 工程名称：深圳市邮电枢纽信息大厦
承建单位：ZJ0250171 深圳市深建华辉装饰工程有限公司
18. 工程名称：四川省地税局综合楼
承建单位：ZJ0250181 四川华西建筑装饰工程有限公司
19. 工程名称：西安开元商城
承建单位：ZJ0250191 江苏省建伟幕墙装饰工程有限公司
20. 工程名称：陕西国家安全厅办公大楼
承建单位：ZJ0250201 陕西艺林实业有限责任公司
21. 工程名称：咸阳财苑大厦
承建单位:ZJ0250211 西安西航祥和铝业装饰工程有限公司
22. 工程名称：甘肃省广播电视中心
承建单位：ZJ0250221 甘肃省建筑企业兰山装饰设计工程公司

2002 年全国建筑工程装饰奖

（住宅装饰类，共 104 个工程）

一、天津市：（共 5 个工程）

1. 工程名称：天津市河西区万顺温泉公寓
承建单位：ZJ0260011 天津市顺源装饰有限公司
2. 工程名称：家庭居室二室二厅住宅装修
承建单位：ZJ0260021 天津市家世界家饰装修有限公司
3. 工程名称：恬园 D 型公寓张先生家装工程
承建单位：ZJ0260031 天津开发区金泰达建筑装饰有限公司
4. 工程名称：天津市彩虹花园黄女士家居（4 号楼 1 门 901 室）
承建单位：ZJ0260041 广东星艺装饰有限公司天津分公司
5. 工程名称：天津市金厦新都花园吴先生家居 3 幢 2 门 402
承建单位：ZJ0260051 广东星艺装饰有限公司天津分公司

二、内蒙古自治区：（共 2 个工程）

6. 工程名称：欧式小宅
承建单位：ZJ0260061 呼伦贝尔纵横安全技术装饰工程有限公司
7. 工程名称：正达小楼
承建单位：ZJ0260071 呼伦贝尔纵横安全技术装饰工程有限公司

三、辽宁省：（共 5 个工程）

8. 工程名称：格林豪森样板间
承建单位：ZJ0260081 沈阳统代装饰工程有限公司
9. 工程名称：沈阳河畔花园 F8B 座高层公寓
承建单位：ZJ0260091 深圳海外装饰工程公司
10. 工程名称：瑞士家园 4 号 1-1 家庭装修
承建单位：ZJ0260101 沈阳市海天家庭装修有限公司
11. 工程名称：城中花园
承建单位：ZJ0260111 沈阳市富恒装修工程有限公司
12. 工程名称：新家源 9 号楼 3 单元 3 楼 2 号
承建单位：ZJ0260121 沈阳市富恒装修工程有限公司

四、吉林省：（共 5 个工程）

13. 工程名称：富苑华城样板间
承建单位：ZJ0260131 长春市自由空间设计装饰有限公司
14. 工程名称：富苑高宅
承建单位：ZJ0260141 长春市自由空间设计装饰有限公司
15. 工程名称：杨玉宝家庭居室装饰工程
承建单位：ZJ0260151 长春星宇集团股份有限公司装饰设计工程分公司
16. 工程名称：一汽 416 栋 3 单元 601 室金宅
承建单位：ZJ0260161 吉林省艺典装饰工程有限公司—公健原创工作室
17. 工程名称：听涛雅居 4 号 504 刘府
承建单位：ZJ0260171 大连丽豪建筑装饰工程公司长春分公司

五、黑龙江省：（共 3 个工程）

18. 工程名称：大庆市时代丽景 1-12-1 单元-302 住宅
承建单位：ZJ0260181 大庆市田军装饰设计工程有限公司
19. 工程名称：运华地产样板房
承建单位：ZJ0260191 哈尔滨麻雀装饰工程设计有限公司
20. 工程名称：通达雅苑四单元 702 室家庭装饰工程
承建单位:ZJ0260201 黑龙江省润恒建筑装饰工程有限公司

六、上海市：（共 4 个工程）

21．工程名称：“风和云墅”样板房
承建单位：ZJ0260211 上海全筑建筑装饰工程有限公司
22．工程名称：徐国明家庭居室装饰工程
承建单位：ZJ0260221 上海聚通建筑装潢材料有限公司
23．工程名称：顾坤荣家庭装潢
承建单位：ZJ0260231 上海市百姓家庭装潢有限公司
24．工程名称：徐汇苑
承建单位：ZJ0260241 上海市建筑装饰工程有限公司

七、江苏省：（共 12 个工程）

25．工程名称：南京梅花山庄 39 幢 701 室
承建单位：ZJ0260251 江苏锦华装饰工程有限责任公司
26．工程名称：馨泓花园 B 区 6-301 室装饰工程
承建单位：ZJ0260261 苏州市贝特装饰设计工程有限公司
27．工程名称：住宅装饰（周逢齐）
承建单位：ZJ0260271 苏州市台北装饰工程有限公司
28．工程名称：成贤公寓 01 幢 10D 座住宅装修
承建单位：ZJ0260281 南京钟凯丽装饰工程有限公司
29．工程名称：徐军宅装饰装修
承建单位：ZJ0260291 镇江市嘉禾装饰有限公司
30．工程名称：镇江市东方花苑朱宅室内装饰工程
承建单位：ZJ0260301 镇江市今典装饰有限公司
31．工程名称：锦江苑 30 号 702 室
承建单位：ZJ0260311 无锡市雅风装饰装璜有限公司
32．工程名称：无锡市听松坊小区 41 号 602 室住宅装饰
承建单位：ZJ0260321 无锡市精工建筑装饰工程有限公司
33．工程名称：家和花苑 5 幢 301 室
承建单位：ZJ0260331 江苏省南通市崇川区金屋室内装饰中心
34．工程名称：包衙前 23 号 109 室
承建单位：ZJ026034 苏州市吴中区金象家庭装饰有限公司
35．工程名称：家和花苑三幢 602 室住宅装饰工程
承建单位：ZJ0260351 南通万艺广告装饰有限责任公司
36．工程名称：南通市千禧园 137-202 室
承建单位：ZJ0260361 南通金辉装饰工程有限公司

八、山东省：（共 8 个工程）

37．工程名称：普照小区家装工程
承建单位：ZJ0260371 泰安鲁润装饰装潢有限责任公司
38．工程名称：济宁军分区 13 号经济适用房
承建单位：ZJ0260381 济宁市建筑安装工程公司
39．工程名称：滨州市工商银行住宅楼
承建单位：ZJ0260391 山东滨州城建集团公司
40．工程名称：山东省滨州市滨城区政府住宅楼
承建单位：ZJ0260401 山东桓台建设工程有限公司
41．工程名称：金丽花园 8 号楼西单元 1 楼西户装修
承建单位：ZJ0260411 淄博新艺装饰工程有限公司
42．工程名称：济南市经十一路 56 号住宅装修
承建单位：ZJ0260421 济南盛顺装饰有限责任公司
43．工程名称：沈铁轩住宅装饰工程
承建单位：ZJ0260431 烟台金海建工有限公司
44．工程名称：瑞士花园
承建单位：ZJ0260441 青岛东亚建筑装饰有限公司

九、江西省：（共 8 个工程）

45．工程名称：包先生室内住宅装修工程
承建单位：ZJ0260451 江西省业星室内设计装饰工程有限公司
46．工程名称：御锦城
承建单位：ZJ0260461 南昌心诚装饰有限公司
47．工程名称：住宅装饰工程
承建单位：ZJ0260471 南昌家庭装修服务有限公司
48．工程名称：恒辉花园刘女士家居装饰工程
承建单位：ZJ0260481 江西省银河装饰有限公司
49．工程名称：现代庄园二期 22 栋别墅徐小姐雅居
承建单位:ZJ0260491 南昌市雅美居装饰设计工程有限公司
50．工程名称：胡钢家庭装修
承建单位：ZJ0260501 江西三利实业发展有限公司红树林家庭装修分公司
51．工程名称：郑雪峰先生住宅装饰装修工程
承建单位：ZJ0260511 南昌金银禾装饰行公司
52．工程名称：洪城广场 A 座 1304 室家居装饰
承建单位：ZJ0260521 江西福泰建筑装饰工程有限公司福满堂分公司

十、浙江省：（共 10 个工程）

53．工程名称：湖州市阳光城 8 幢 204 室
承建单位：ZJ0260531 杭州森佳装潢工程有限公司
54．工程名称：万向城市花园一幢 1501 室
承建单位：ZJ0260541 杭州正楷装饰工程有限公司
55．工程名称：香樟公寓段宅室内装饰
承建单位：ZJ0260551 杭州正源室内装饰有限公司
56．工程名称：凯旋苑 11 幢 1 单元 301 室
承建单位：ZJ0260561 杭州九鼎装饰工程有限公司
57．工程名称：南都德加吴宅室内装饰
承建单位：ZJ0260571 杭州名师装饰设计工程有限公司
58．工程名称：清泰小区 56 幢 1 单元 501 室住宅装修
承建单位：ZJ0260581 杭州嘉艺城建装饰工程有限公司
59．工程名称：西湖花园罗宅装饰工程
承建单位：ZJ0260591 杭州中冠建筑装饰工程有限公司
60．工程名称：湖畔花园 9 幢 1 单元 301 室
承建单位：ZJ0260601 杭州亚加装潢有限公司
61．工程名称：南都德迦 19-2-501 室
承建单位：ZJ0260611 杭州新寓装饰有限公司
62．工程名称：蔡官巷小区 3 幢 1 单元 101 室姜先生住宅
承建单位：ZJ0260621 杭州新时家装饰有限公司

十一、福建省：（共 5 个工程）

63．工程名称：福州金鸡山温泉花园 6 座 404 室
承建单位：ZJ0260631 福州经济技术开发区时代装修有限公司

64. 工程名称：福州海景花园 11#303 室陈先生家居
承建单位：ZJ0260641 福州大千环艺设计工程有限公司
65. 工程名称：厦门洪文八里 71 号别墅二次装修工程
承建单位：ZJ0260651 厦门惠龙装修设计工程有限公司
66. 工程名称：东方巴黎楼中楼
承建单位：ZJ0260661 厦门百将设计装饰工程有限公司
67. 工程名称：中信惠扬大厦公寓楼 31D、31E 住宅
承建单位：ZJ0260671 厦门市华盟装修工程有限公司

十二、河南省：（共 8 个工程）

68. 工程名称：郑州金水区英协花园园中苑 9 号楼 2 单元 602 室
承建单位：ZJ0260681 郑州泰运装饰设计工程有限公司
69. 工程名称：陇海星级花园吴先生住宅装饰工程
承建单位：ZJ0260691 河南省凯利装饰工程有限公司
70. 工程名称：郑州市铁路局家属院阴先生
承建单位：ZJ0260701 郑州市联升建筑装饰设计有限公司
71. 工程名称：未来花园 1203 复式装饰
承建单位：ZJ0260711 河南省云爵装饰工程有限公司
72. 工程名称：河南省郑州市金水区未来大道未来花园 1503
承建单位：ZJ0260721 河南美巢荣欣家庭装潢有限公司
73. 工程名称：舒女士家庭装饰工程
承建单位：ZJ0260731 河南蓝色实业有限公司
74. 工程名称：孙伟先生住宅装饰
承建单位：ZJ0260741 郑州市星星装饰有限公司
75. 工程名称：明鸿新城汪小姐住宅装修
承建单位：ZJ0260751 河南时代装饰设计工程有限公司

十三、湖北省：（共 9 个工程）

76. 工程名称：杨子浩工地
承建单位：ZJ0260761 武汉嘉禾装饰工程有限公司
77. 工程名称：张松工地
承建单位：ZJ0260771 武汉嘉禾装饰工程有限公司
78. 工程名称：松湖小区国税公寓 1 号、2 号楼
承建单位：ZJ0260781 宜昌华宇建设集团第一工程有限公司
79. 工程名称：东方恒星园 4 栋 803 室内装饰
承建单位：ZJ0260791 武汉市雅庭装饰设计工程有限公司
80. 工程名称：东方花园 38 栋 401 室
承建单位：ZJ0260801 武汉天立装饰工程有限公司
81. 工程名称：玫瑰西苑 91 栋 3 单元 602 室
承建单位：ZJ0260811 武汉天立装饰工程有限公司
82. 工程名称：宜昌市夷陵区松湖小区二期 A 组团国税 5 号住宅楼
承建单位：ZJ0260821 浙江省二建建设集团有限公司
83. 工程名称：亚安花园 A 栋样板房
承建单位：ZJ0260831 武汉澳华装饰设计工程有限公司
84. 工程名称：沁园春 A 型样板房
承建单位：ZJ0260841 武汉澳华装饰设计工程有限公司

十四、广东省：（共 9 个工程）

85. 工程名称：淘金华庭样板房装饰工程
承建单位：ZJ0260851 广州珠江装修工程公司
86. 工程名称：广州市颐和山庄 E3-3 型别墅室内装修
承建单位：ZJ0260861 广州市第三装修有限公司
87. 工程名称：新世纪豪苑丽兰轩 07B 装饰工程
承建单位：ZJ0260871 东莞市同力装饰工程有限公司
88. 工程名称：石龙聚龙湾住宅
承建单位：ZJ0260881 东莞市王评装饰设计有限公司
89. 工程名称：中房美荔园样板房
承建单位：ZJ0260891 深圳市汉顿建筑装饰工程有限公司
90. 工程名称：深圳市南山区蔚蓝海岸二期 19 栋 3G
承建单位：ZJ0260901 深圳市至尚轩家居装饰设计工程有限公司
91. 工程名称：深业花园 C-18A 陈小姐住宅
承建单位：ZJ0260911 深圳市时代居家装饰有限公司
92. 工程名称：学林雅院某跃式楼
承建单位：ZJ0260921 深圳市拓步家居装饰设计工程有限公司
93. 工程名称：万科温馨家园 2-D301
承建单位：ZJ0260931 深圳市拓步家居装饰设计工程有限公司

十五、广西自治区：（共 4 个工程）

94. 工程名称：南宁市荣和新城蓝宅装饰工程
承建单位：ZJ0260941 广西建林装饰工程有限责任公司
95. 工程名称：桂林市七星花园紫竹苑刘宅装饰工程
承建单位：ZJ0260951 广西建林装饰工程有限责任公司
96. 工程名称：南宁市青山路 28 号秀山花园绣景园 E 单元 702 室韦震
承建单位：ZJ0260961 南宁市雅阁装饰工程有限公司
97. 工程名称：南宁市琅东新区金碧苑韦宅
承建单位：ZJ0260971 广西南宁柏雅设计装饰工程有限公司

十六、重庆市：（共 5 个工程）

98. 工程名称：城市花园 C-1-5-2 号
承建单位：ZJ0260981 重庆港庆建筑装饰有限公司
99. 工程名称：南方花园 C4-9-1-2-1
承建单位：ZJ0260991 重庆港庆建筑装饰有限公司
100. 工程名称：珠江花园毛丽家装
承建单位：ZJ0261001 重庆大方建筑装饰设计工程有限公司
101. 工程名称：珠江花园望江阁 5-4
承建单位：ZJ0261011 重庆天古装饰艺术设计工程有限公司
102. 工程名称：“在水一方”样板房装饰工程
承建单位：ZJ0261021 重庆宏图装饰工程有限公司

十七、云南省：（共 1 个工程）

103. 工程名称：昆明加州枫景 A 户型精装修
承建单位：ZJ0261031 云南星耀装饰设计工程有限公司

十八、浙江省：（共 1 个工程）

104. 工程名称：新世纪花园别墅
承建单位：ZJ0261041 杭州国盛装饰有限公司

关于开展2003年全国建筑工程装饰奖评选工作的通知

中装协[2003]10号

各省、自治区、直辖市建筑装饰协会和有关委托单位：

为提高建筑装饰工程管理水平，推动我国建筑装饰行业整体水平的不断提高，根据建设部的指示精神，现将2003年第三届全国建筑工程装饰奖的评选工作安排通知如下：

1. 评选工程范围为2000年7月1日至2002年6月30日期间竣工交付使用的建筑装饰工程项目，且以整体建筑装饰工程为主。今年只申报公共建筑装饰工程（含建筑幕墙工程）的承建奖和参建奖。请根据《2003年全国建筑工程装饰奖评选办法》及《2003年全国建筑工程装饰奖申报表》和分配的各地区申报名额安排2003年本地区的初评初审推荐工作。

2. 各地区在推荐全国建筑工程装饰奖工程时应考虑外地企业在本地施工的优秀工程，由施工企业向工程所在地的建筑装饰协会和委托单位申报。

3. 今年的申报工作自2003年4月10日开始。各省、自治区、直辖市建筑装饰协会和委托单位应按照评选办法及分配名额进行动员、初审初评，并将初评初审情况在本省、自治区、直辖市行业内公示15日无异议后，于2003年6月30日前将推荐名单和申报材料报送我会，同时缴纳相应的申报费。

4. 2003年7月，我会将对全部上报的申报材料进行审核，对申报材料合格的工程项目进行公示，并于2003年8至9月对合格的工程项目进行工程复查。10月中旬，进行专家评审，11月底前公布评审结果，12月召开颁奖大会。

5. 经各省、自治区、直辖市建筑装饰协会和委托单位向我会推荐的每个工程项目均需缴纳申报费，每项工程的承建单位（含幕墙申报单位）2000元，参建单位1000元，参建单位的申报费由承建单位集中向我会缴纳，申报费为申报推荐的一个重要组成部分，一经缴纳，概不退还。各地区可根据实际情况收取适当的初审初评费用，不宜超过4000元。

6. 有关评选工作的各项事宜，我会还将通过中国建筑装饰网 www.ccd.com.cn“全国建筑工程装饰奖”专题栏目和《中华建筑报》向行业发布，敬请关注。评选办法和申报表可从中国建筑装饰网 www.ccd.com.cn“全国建筑工程装饰奖”专题栏目下载。

7. 评选工作是一项政策性极强的专业技术工作，请各地协会确定人员，并加强评审纪律教育，保证此次评选工作质量，认真组织好本地区的初评初审工作。

8. 各地区接到此通知后，请将此通知内容报送当地建设行政主管部门备案。

9. 各地区在开展此项工作时，如有问题可向中国建筑装饰协会咨询。

联系地址：北京市海淀区车公庄西路甲19号华通大厦504室　中国建筑装饰协会质量技术部

邮政编码：100044

联 系 人：熊　翔　张振路　李卫青

联系电话：010-68485050　传真：010-68482633

中国建筑装饰协会

二〇〇三年四月十日

附件1：2003年全国建筑工程装饰奖各地区申报名额分配表

附件2：2003年全国建筑工程装饰奖评选办法

附件3：2003年全国建筑工程装饰奖申报表（略）

附件1

2003年全国建筑工程装饰奖各地区申报名额分配表

地　区	名　额	地　区	名　额	地　区	名　额
北京市	12	安徽省	2	四川省	4
天津市	3	江西省	2	贵州省	2
河北省	3	浙江省	10	云南省	2
山西省	2	福建省	5	西藏自治区	2
内蒙古自治区	2	河南省	4	陕西省	4
辽宁省	12	湖北省	5	宁夏自治区	2
吉林省	2	湖南省	3	甘肃省	2
黑龙江省	5	广东省	12	青海省	2
上海市	12	广西自治区	4	新疆自治区	2
江苏省	5	海南省	2		
山东省	5	重庆市	5	**合　计**	139

说明：1. 请各申报企业根据评选通知、评选办法和申报名额的要求向工程所在地省、自治区、直辖市建筑装饰协会和委托单位申报。

2. 以上申报分配名额包括建筑幕墙工程的名额。

附件 2

2003 年全国建筑工程装饰奖评选办法

第一章　总　则

第一条　为推动我国建筑装饰行业整体水平的不断提高，根据建设部建办[2001]38 号文件和 2002 年 7 月 9 日建设部的通知精神，设立全国建筑装饰行业最高荣誉奖“全国建筑工程装饰奖”，以下简称“装饰奖”，每年评选一次，由中国建筑装饰协会组织实施。

第二条　申报“装饰奖”的建筑装饰工程应当是设计与施工完美结合，符合国家各项标准和规范要求，设计创意和施工工艺达到国内先进水平的装饰精品，包括新建、改建、扩建的各类公共建筑装饰工程。

第三条　“装饰奖”每年奖励的装饰工程数量约为 100 项（含建筑幕墙工程），每项工程可申报承建奖、参建奖两个类别。每项装饰工程在申报承建奖的同时，可根据工程的实际情况申报一项参建奖。

第四条　“装饰奖”由建筑装饰工程项目的承建单位向工程所在地省、自治区、直辖市建筑装饰协会和委托单位申报。工程所在地省、自治区、直辖市建筑装饰协会和委托单位根据分配的申报名额向中国建筑装饰协会推荐。每年各地区的申报分配名额参考上年该地区获奖装饰工程的数量，并作相应调整。同一申报单位申报的建筑装饰工程项目在同一省、自治区、直辖市范围内不得超过两个。

第二章　评选范围

第五条　“装饰奖”的评选范围：

1．各类面积不低于 10000m^2 的公共建筑，装饰工程面积不低于 3000m^2 或装饰工程造价不低于人民币 800 万元（以结算价为准，不含设备购置和安装费用），工程施工达到优良。

2．古建筑、保护性文物建筑（含近现代文物建筑）的修复性建筑和纪念性建筑，装饰工程面积不低于 1000m^2。

3．各类建筑幕墙工程作为建筑装饰工程的一个重要组成部分，要求建筑幕墙工程造价不低于 1000 万元（以结算价为准，不含设备购置和安装费用），工程施工达到优良。

第六条　在当地确属优秀，施工达到国内先进水平，设计有相当独特的创意，在国内有较高的知名度，工程面积或造价达不到上述要求的建筑装饰工程，经省、自治区、直辖市建筑装饰协会和委托单位向中国建筑装饰协会申述理由后，方可申报。

第七条　申报条件中，相应面积或造价指标达到两倍以上的总体建筑装饰工程，可由两个以上主要承建单位进行申报，按规定和要求单独申报各自的部分。

第八条　下列建筑装饰工程不列入评选范围：

1．我国企业在境外施工的工程；

2．竣工后无法进行现场检查的工程；

3．有质量隐患的工程；

4．未通过质量、消防验收或备案的工程。

第三章　申报条件

第九条　申报各类“装饰奖”的建筑装饰工程应符合下列条件：

1．符合工程竣工验收时施行的国家和建设部颁布的有关标准、规范要求，设计合理，使用功能完善。

2．通过有关部门、项目法人或投资单位组织的全面竣工验收和消防验收，在建设行政质检主管部门备案。

3．已经交付使用一年以上，未出现质量问题和隐患。

4. 评选工程为 2000 年 7 月 1 日至 2002 年 6 月 30 日期间竣工交付使用的装饰工程。

第十条　承建单位所申报的建筑装饰工程应为承建单位独立施工的。参建单位申报的装饰工程应为参建单位独立施工的。

第十一条　“装饰奖”由工程的承建单位组织参建单位申报。

第十二条　承建单位、参建单位应具有建设行政主管部门颁发的相应工程施工的资质证书。

第十三条　承建单位、参建单位应与有关单位签订有效建筑装饰施工合同。

第十四条　承建单位、参建单位在当地应有良好的信誉，无不良社会反映，三年内无因施工出现的工程质量和安全事故。

第四章　申报程序和资料

第十五条　“装饰奖”的申报程序：

1．各省、自治区、直辖市建筑装饰协会和委托单位负责接受“装饰奖”的申报、初评和推荐工作。中国建筑装饰协会不直接受理企业申报。

2．根据评选范围和申报条件，由申报单位向工程所在地的省、自治区、直辖市建筑装饰协会和委托单位领取申报表，并向其申报。

3．省、自治区、直辖市建筑装饰协会和委托单位应对申报“装饰奖”的有关资料进行认真初评，优中选优，并在当地公示 15 日后，如无异议，出具正式推荐文件，报送中国建筑装饰协会，并附所有申报资料。

4．省、自治区、直辖市建筑装饰协会和委托单位推荐工程项目时应做排序，并说明排序意见。

第十六条　“装饰奖”的申报资料和要求：

1．申报资料总目录。

2．《2003 年全国建筑工程装饰奖申报表》一份，单独成册，根据《申报表》样表及填表说明 A4 双面打印。

3．承建单位、参建单位的营业执照、资质证书复印件各一份，加盖申报单位公章。

4．建筑装饰工程施工合同书复印件一份（合同的主要部分），施工的结算书复印件一份，合同书和结算书的复印件应加盖申报单位公章。

5．工程竣工验收和消防验收的证明文件复印件一份，加盖申报单位公章。

6．工程主要部位的竣工验收平面图，以及相应的深化设计修改证明文件。图纸应为标准 2 号图纸，折叠成 A4 幅面大小单独装订成册。封页标注申报工程名称、申报单位。

7．主体建筑的外貌、建筑装饰工程总体概况及各主要部位的彩色照片 10～20 张。彩色相片统一为 7 英寸规格，并做相应照片的简短说明，用 7 英寸相册活页保护，单独成册，不得与其他资料混订，标注申报工程名称、类别、申报单位。计算机打印图片无效。彩色照片另按 500dpi 进行扫描成图片数据 jpg 格式。

8．工程及申报单位 100~200 字的基本情况介绍及单位联系方式，用于出版《作品集》，要求为 TXT 纯文本格式文件或 DOC 格式的 WORD 文档。

9．照片、工程简介的数据文件，统一用 5 英寸光盘刻录，并用相应大小的方型标准封套保护。

10．工程项目经理的资质证书和身份证复印件各一份。项目经理应是该工程施工的直接负责人，与相应图纸和工程施工管理档案上的签字一致，并具有相应的资格。

11. 与申报工程施工有关的其他证明文件和材料统一为 A4 幅面大小，封页标注申报工程名称、类别、申报单位。

12. 建筑幕墙工程的申报材料除满足上述要求外，还应将建筑幕墙工程所使用的材料的合格证明、隐蔽工程的性能检验记录、幕墙计算书、幕墙工程出厂合格证等内业资料复印件一并报送，建筑幕墙内业资料单独成册。

13. 所有申报资料应统一用 A4 规格的方形塑料文件盒包装，文件盒厚度适中，并在文件盒封页上标注申报工程名称、申报单位。

第十七条　所有申报资料请申报单位自行留底，概不退还。

第五章　评　审

第十八条　评审为评选工作的重要环节。为了保证申报工程的质量水平，评审包括初评、推荐、资料审查、工程复查和专家评审等，如某一阶段不合格将不进入下一阶段的评审。

第十九条　初评、推荐两个阶段由各省、自治区、直辖市建筑装饰协会和委托单位进行，并对推荐工程的所有材料的真实性负责。

第二十条　为确保申报工程的质量，中国建筑装饰协会组织对所有申报资料进行资料审查，对资料合格的工程进行复查。工程所在地的建筑装饰协会和有关单位应配合工程复查工作。

第二十一条　工程复查合格的工程由中国建筑装饰协会组织专家进行评审。

第二十二条　资料审查、工程复查、专家评审均合格的工程，按各阶段得分汇总排序，确定获奖的工程项目和获奖单位。

第二十三条　每年的 4 月为评选工作的布置阶段，5 月至 6 月为申报初评初审及推荐阶段，6 月 30 日为中国建筑装饰协会接受各地申报推荐的截止时间，7 月中国建筑装饰协会组织资料审查，7 月底向社会公示申报情况，8 月至 9 月进行工程复查，10 月中旬完成专家评审和汇总排序，11 月向社会公布获奖结果，12 月召开颁奖大会。

第六章　奖　励

第二十四条　中国建筑装饰协会召开颁奖大会，向荣获“装饰奖”的承建单位、参建单位授予“全国建筑工程装饰奖”奖杯、奖牌和证书，并通报表彰。

第二十五条　中国建筑装饰协会负责组织编辑出版年度《全国建筑工程装饰奖获奖工程作品集》，并对获奖单位的基本情况做出介绍。

第二十六条　各地区和获奖单位可根据本地区和本单位的实际情况，对获奖单位和个人给予精神和物质上的奖励。

第七章　纪　律

第二十七条　参加“装饰奖”评选的工作人员和评审专家要秉公办事，廉洁自律，各地建筑装饰协会要支持中国建筑装饰协会的有关纪律规定，对违反者，视情节轻重给予批评教育，直至撤销相应的资格，并承担相应责任。

第二十八条　申报单位要坚持实事求是，不得弄虚作假。对违反者，视情节轻重给予批评教育、撤销申报资格，通报批评，直至取消获奖资格。

第二十九条　任何单位和个人不得复制“装饰奖”奖杯、奖牌和证书，否则将追究其法律责任。

第八章　附　则

第三十条　各省、自治区、直辖市建筑装饰协会和委托单位可根据本办法制定符合本地区实际情况的实施细则，报中国建筑装饰协会备案。

第三十一条　本办法由中国建筑装饰协会秘书处负责解释，中国建筑装饰协会秘书处责成质量技术部负责全国建筑工程装饰奖评选的具体工作。本办法自发布之日起执行。

第三十二条　2002 年实施的《全国建筑工程装饰奖评选办法（2002）》同时废止。

中国建筑装饰协会公告

2003年全国建筑工程装饰奖评审会已于2003年11月9日至12日在北京召开，共评审出115项建筑工程荣获2003年全国建筑工程装饰奖（公共建筑装饰类），24项建筑工程荣获2003年全国建筑工程装饰奖（建筑幕墙类）。现将获奖工程及获奖单位公告如下。

会　长：馬挺貴

二〇〇三年十一月十八日

2003年全国建筑工程装饰奖

（公共建筑装饰类，排名不分先后）

一、北京市：

1. **工程名称：** 北京市西城区莲花池东路潮皇食府

承建单位： ZJ0300011 北京侨信装饰工程有限公司

承建范围： 首层至三层等室内外装饰装修。

2. **工程名称：** 北京醇亲王府古建修缮

承建单位： ZJ0300021 北京房管一建设经营有限责任公司

承建范围： 一至五进院全部古建修缮装饰装修。

3. **工程名称：** 北京会议中心二号楼

承建单位： ZJ0300031 北京港源建筑装饰工程有限公司

承建范围： 全部室内装饰装修。

4. **工程名称：** 北京饭店

承建单位： ZJ0300041 北京中建华腾装饰工程有限公司

承建范围： 十六至十八层室内装饰装修。

5. **工程名称：** 北京昆泰大酒店

承建单位： ZJ0300051 中信室内装修工程公司

承建范围： 会议、娱乐、客房、餐饮及其他公共部分等室内装饰装修。

6. **工程名称：** 国家电力调度中心大楼

承建单位： ZJ0300061 中国建筑装饰工程公司

承建范围： 地下一层、二至四层、七至九层等室内装饰装修。

7. **工程名称：** 中国人民大学体育馆

承建单位： ZJ0300071 北京弘高建筑装饰设计工程有限公司

承建范围： 南北主进口大厅及公共部分、会议室、贵宾厅、运动大厅等室内装饰装修。

8. **工程名称：** 北京大学第一医院第二住院部病房楼

承建单位： ZJ0300081 北京建谊建筑工程有限公司

承建范围： 一层、三至六层等室内装饰装修。

9. **工程名称：** 全国海关信息管理中心

承建单位： ZJ0300091 深圳瑞和装饰工程有限公司

承建范围： 二至三层、九至十三层室内装饰装修。

10. **工程名称：** 人民大会堂

承建单位： ZJ0300101 北京市建筑工程装饰公司

承建范围： 北京厅室内装饰装修。

承建单位： ZJ0300102 深圳市洪涛装饰工程公司

承建范围： 国宴厅室内装饰装修。

承建单位： ZJ0300103 石家庄雅虹装饰设计工程有限公司

承建范围： 河北厅室内装饰装修。

承建单位： ZJ0300104 山西省建筑装饰工程总公司

承建范围： 山西厅室内装饰装修。

承建单位： ZJ0300105 深圳市洪涛装饰工程公司

承建范围： 甘肃厅室内装饰装修。

二、天津市：

11. **工程名称：** 天津和平房产培训中心君悦酒店

承建单位： ZJ0300111 天津华惠安信装饰工程有限公司

承建范围： 整体室内装饰装修。

12. **工程名称：** 天津宾馆大礼堂

承建单位： ZJ0300121 天津市建设装饰工程公司

承建范围： 门厅、前厅、共享空间、一至二层侧厅、过厅、办公室、二层休息厅、观众厅等室内装饰装修。

承建单位： ZJ0300122 天津市艺术建筑装饰联合公司

承建范围： 观众厅、二层、礼堂三层南北侧厅、三层会议厅等室内装饰装修。

三、河北省：

13. **工程名称：** 承德盛华大酒店

承建单位： ZJ0300131 深圳长城家俱装饰工程有限公司

承建范围： 地下层、大堂、一至十四层等室内装饰装修。

14. **工程名称：** 河北省电力公司微波楼

承建单位： ZJ0300141 河北斯特龙装饰工程有限公司

承建范围： 一层大堂，三至八层电梯间，六至七层办公室、会议室等室内装饰装修。

15. **工程名称：** 唐山市新华书店图书超市

承建单位： ZJ0300151 唐山方舟建筑装饰工程有限公司

承建范围： 一至三层等室内外装饰装修。

四、内蒙古自治区：

16. **工程名称：** 包头市神华国际大酒店

承建单位：ZJ0300161 内蒙古永新建筑装饰工程有限公司

承建范围：大堂、总台、一至三层商务中心、商场、标准客房、总统套房等室内装饰装修。

五、辽宁省：

17．工程名称：大连百年商城

承建单位：ZJ0300171 深圳市南利装饰工程公司

承建范围：大堂 A 区、七层室内、太百区、室外干挂玉晶石等室内外装饰装修。

18．工程名称：大连现代博物馆

承建单位：ZJ0300181 深圳市南利装饰工程公司

承建范围：一至四层公共空间等室内装饰装修。

参建单位：ZJ0300187 大连海地装饰艺术有限公司

参建范围：北方明珠馆、滨城建筑馆、礼品馆等室内装饰装修。

19．工程名称：辽宁宾馆

承建单位：ZJ0300191 中国建筑装饰工程公司

承建范围：室内装饰装修。

20．工程名称：辽宁省交通厅办公楼

承建单位：ZJ0300201 大连建筑设计装饰工程有限公司

承建范围：室内外装饰装修。

21．工程名称：沈阳桃仙机场新航站楼

承建单位：ZJ0300211 沈阳桃仙国际机场装饰工程有限公司

承建范围：中西餐厅、贵宾室、卫生间、功能间等室内装饰装修。

22．工程名称：中国人民解放军 65631 部队综合楼

承建单位：ZJ0300221 沈阳白云穗港装饰工程有限公司

承建范围：一至九层室内装饰装修。

23．工程名称：大连新港海水游泳馆

承建单位：ZJ0300231 大连开建装饰工程有限公司

承建范围：室内外装饰装修。

24．工程名称：大连市工商局新办公楼

承建单位：ZJ0300241 大连盛大建筑装饰工程有限公司

承建范围：一至二层、八至九层、十一层等室内装饰装修。

六、吉林省：

25．工程名称：四平通信枢纽大楼

承建单位：ZJ0300251 吉林省凯基建筑装饰工程有限责任公司

承建范围：一至二层营业大厅等室内装饰装修。

26．工程名称：吉林省公安厅指挥中心

承建单位：ZJ0300261 吉林省正业通建筑装饰有限责任公司

承建范围：一至十一层室内装饰装修。

27．工程名称：空军二航院信息大厦

承建单位：ZJ0300271 长春东方装璜工程有限公司

承建范围：大堂、二至四层回廊、多媒体影视报告厅、阅览室、会议室、接待室及南北主入口等室内装饰装修。

28．工程名称：光大银行长春分行营业部大厦

承建单位：ZJ0300281 吉林省百洋装饰集团有限公司

承建范围：一层写字间大堂、员工出入口、餐厅、六至二十五层卫生间、电梯间、十一至十三层等室内外装饰装修。

七、黑龙江省：

29．工程名称：牡丹江北山宾馆贵宾楼

承建单位：ZJ0300291 黑龙江国光建筑装饰工程有限公司

承建范围：室内装饰装修。

30．工程名称：哈尔滨市人和名苑商务酒店

承建单位：ZJ0300301 哈尔滨新长城建筑装饰设计工程有限公司

承建范围：外立面、地下室、一至四层等室内外装饰装修。

31．工程名称：齐齐哈尔市工商银行营业楼

承建单位：ZJ0300311 黑龙江四海园装饰有限公司

承建范围：整体室内装饰装修。

32．工程名称：中国人寿保险公司鸡西分公司营业楼

承建单位：ZJ0300321 哈尔滨市新元建筑装饰有限责任公司

承建范围：整体室内装饰装修。

八、上海市：

33．工程名称：上海科技馆

承建单位：ZJ0300331 上海市建筑装饰工程有限公司

承建范围：C 标段室内装饰装修。

34．工程名称：上海市财政局地方税务局综合办公楼

承建单位：ZJ0300341 上海建筑装饰（集团）有限公司

承建范围：地下车库、一至四层、十六至二十七层室内装饰，一至二十七层相关配套设备安装等室内装饰装修。

35．工程名称：沪东造船厂技术中心大楼

承建单位：ZJ0300351 上海市第七建筑有限公司

承建范围：首层、二层、三层等室内精装饰装修。

36．工程名称：上海恒隆广场

承建单位：ZJ0300361 上海海艺建设股份有限公司

承建范围：九至十层等室内装饰装修。

37．工程名称：上海国际新闻发布中心

承建单位：ZJ0300371 上海市建筑装饰工程有限公司

承建范围：整体室内装饰装修。

38．工程名称：上海鸿艺豪苑会所

承建单位：ZJ0300381 上海海直建设工程公司

承建范围：餐厅、酒吧、健身房、阅览室、桑拿房、壁球馆（裙楼和地库）等室内装饰装修。

39．工程名称：中国福利会少年宫

承建单位：ZJ0300391 上海建筑装饰（集团）有限公司

承建范围：一至二层主楼维修、加固、装修及配套水、

电、风设备安装等修缮装饰装修。

40. 工程名称：南京政治学院上海分院教学综合楼

承建单位：ZJ0300401 上海蓝天房屋装饰工程公司

承建范围：大厅、电梯厅、走廊、会议室、学术交流厅、多媒体教室等室内外装饰装修。

41. 工程名称：上海信息枢纽大楼

承建单位：ZJ0300411 上海新丽装饰工程有限公司

承建范围：一至六层、外平台等室内外装饰装修。

42. 工程名称：上海正大商业广场

承建单位：ZJ0300421 中国建筑第三工程局深圳装饰设计工程公司

承建范围：地下一至三层、地上一至九层、所有外墙等室内外装饰装修。

九、江苏省：

43. 工程名称：中国人民银行泰州市中心支行综合办公楼

承建单位：ZJ0300431 江苏华盛装饰工程有限公司

承建范围：整体室内装饰装修。

44. 工程名称：苏州昆曲沁兰厅

承建单位：ZJ0300441 苏州苏明装饰公司

承建范围：门厅、一至三层共享空间、二至三层戏厅等室内装饰装修。

45. 工程名称：南京金陵之星大酒店

承建单位：ZJ0300451 南京金鸿装饰工程有限公司

承建范围：整体室内装饰装修。

46. 工程名称：南京水秀苑大酒店

承建单位：ZJ0300461 苏州金螳螂建筑装饰有限公司

承建范围：一层大堂、连廊，一至三层餐饮、休闲空间、一至二层新客房等室内装饰装修。

47. 工程名称：交通银行苏州分行综合服务楼

承建单位：ZJ0300471 苏州金螳螂建筑装饰有限公司

承建范围：地下一层、一至五层等室内装饰装修。

48. 工程名称：苏州市相城区会议中心

承建单位：ZJ0300481 苏州工业园区美瑞德建筑装饰有限公司

承建范围：大堂、一至三层公用部位、部分客房等室内装饰装修。

49. 工程名称：溧阳市烟草综合大楼

承建单位：ZJ0300491 南京金陵建筑装饰有限责任公司

承建范围：外立面、大堂、一至九层电梯厅、主楼一至九层、裙楼一至五层楼梯、一至二层公用洗手间等室内外装饰装修。

十、山东省：

50. 工程名称：威海蓝天宾馆二号楼

承建单位：ZJ0300501 山东德泰装饰有限公司

承建范围：地下一至二层室内精装饰装修。

承建单位：ZJ0300502 深圳瑞和装饰工程有限公司

承建范围：一层大堂、咖啡厅、商务中心、贵宾厅、大餐厅、楼梯、游泳馆等室内装饰装修。

参建单位：ZJ0300507 广东省装饰总公司

参建范围：三至七层室内装饰装修。

参建单位：ZJ0300508 深圳市维业装饰设计工程有限公司

参建范围：二层宴会厅、地下一层多功能厅及旋转楼梯等室内装饰装修。

51. 工程名称：青岛天泰会馆

承建单位：ZJ0300511 青岛金楷装饰工程有限公司

承建范围：地下一层、地上三层等室内装饰装修。

52. 工程名称：青岛国风生物海洋药物工业园

承建单位：ZJ0300521 青岛东亚建筑装饰有限公司

承建范围：行政大厦整体室内外装饰装修。

承建单位：ZJ0300522 青岛建设集团公司

承建范围：会议中心整体室内外装饰装修。

53. 工程名称：聊城昌润大酒店

承建单位：ZJ0300531 山东万得福装饰工程有限公司

承建范围：整体室内外装饰装修。

参建单位：ZJ0300537 聊城市万美达建筑装饰工程有限公司

参建范围：客房及客房公共部分室内装饰装修。

54. 工程名称：济南市房地产交易市场房产大厦

承建单位：ZJ0300541 济南盛顺装饰有限责任公司

承建范围：裙楼二至三层等室内装饰装修。

55. 工程名称：青岛海信大厦

承建单位：ZJ0300551 苏州金螳螂建筑装饰有限公司

承建范围：一层大堂、二层办公室、四层会议室等室内装饰装修。

十一、安徽省：

56. 工程名称：铜陵工商银行营业办公楼

承建单位：ZJ0300561 合肥建工装饰工程有限责任公司

承建范围：一至二层营业大厅、行长层、外立面建筑幕墙等室内外装饰装修。

十二、江西省：

57. 工程名称：南昌太平洋购物广场

承建单位：ZJ0300571 江西圳昌装饰工程(集团)有限公司

承建范围：地下一层、一至四层室内装饰装修。

十三、浙江省：

58. 工程名称：浙江省高级人民法院审判大楼

承建单位：ZJ0300581 中天建设集团有限公司

承建范围：大厅、六至十六层室内装饰装修。

参建单位：ZJ0300587 浙江亚厦装饰集团有限公司

参建范围：一至五层及各法庭等室内装饰装修。

59. 工程名称：嘉兴市行政中心

承建单位：ZJ0300591 浙江省一建建设集团有限公司

承建范围：五号楼中厅、贵宾接待室、一至四号楼门厅、大小会议室等室内装饰装修。

承建单位：ZJ0300592 浙江亚厦装饰集团有限公司

承建范围：会议中心二至三层各类会议室及多功能厅等室内装饰装修。

60．工程名称：杭州市耀江发展中心

承建单位：ZJ0300601 浙江耀江建设集团股份有限公司

承建范围：室内装饰装修。

61．工程名称：台州市财税干校综合大楼

承建单位：ZJ0300611 浙江耀江建设集团股份有限公司

承建范围：室内装饰装修。

62．工程名称：杭州汇丽绣花制衣有限公司综合楼

承建单位：ZJ0300621 浙江省长城建设集团股份有限公司

承建范围：室内外装饰装修。

63．工程名称：湖州电力能源调度中心

承建单位：ZJ0300631 浙江广艺建筑装饰工程有限公司

承建范围：室内装饰装修。

64．工程名称：宁波开发区科技创业园大楼

承建单位：ZJ0300641 武林建筑工程有限公司

承建范围：一至八层室内装饰装修。

65．工程名称：湖州市妇幼保健院新门诊楼

承建单位：ZJ0300651 湖州市建工集团建筑装饰有限公司

承建范围：主楼一至八层室内装饰装修。

66．工程名称：杭州柳莺宾馆一号楼

承建单位：ZJ0300661 浙江亚厦装饰集团有限公司

承建范围：整体室内装饰装修。

十四、福建省：

67．工程名称：石狮电信大厦

承建单位：ZJ0300671 福建嘉华装饰工程有限公司

承建范围：整体室内装饰装修。

68．工程名称：南安大酒店

承建单位：ZJ0300681 福建省泉州宏星装璜有限公司

承建范围：四至八层室内装饰装修。

69．工程名称：厦门国际会议展览中心主楼

承建单位：ZJ0300691 深圳海外装饰工程公司

承建范围：一层大堂、侧廊、共享空间、二层、三层会议室、贵宾室，四层会议厅，五层多功能厅等室内装饰装修。

十五、河南省：

70．工程名称：郑州市中医院病房楼

承建单位：ZJ0300701 河南省税银建筑装饰有限公司

承建范围：病房楼、大厅等室内装饰装修。

71．工程名称：漯河市图书馆

承建单位：ZJ0300711 漯河市天桥建筑工程公司

承建范围：室内装饰装修。

72．工程名称：周口市金税大酒店

承建单位：ZJ0300721 河南鹰承建筑装饰工程有限公司

承建范围：室内装饰装修。

十六、湖北省：

73．工程名称：襄樊市地方税务局办公附属楼

承建单位：ZJ0300731 武汉豪强装饰工程有限公司

承建范围：室内装饰装修。

74．工程名称：孝感市教研中心大楼

承建单位：ZJ0300741 湖北艺美建筑装饰工程有限公司

承建范围：大堂、多功能厅、学术报告厅、会议中心、网络信息中心、豪华餐厅、标准间及套房等室内外装饰装修。

75．工程名称：襄樊国税大厦(汉江国际大酒店)

承建单位：ZJ0300751 深圳长城家俱装饰工程有限公司

承建范围：一层大堂、美食城，二层中餐厅、宴会厅等室内装饰装修。

76．工程名称：中国人民银行武汉分行滨湖大厦

承建单位：ZJ0300761 武汉旺轩物业有限公司

承建范围：室内装饰装修。

十七、湖南省：

77．工程名称：中南大学多功能科教大楼

承建单位：ZJ0300771 湖南高岭建设集团股份有限公司

承建范围：室内装饰装修。

78．工程名称：益阳华天大酒店

承建单位：ZJ0300781 湖南华天装饰有限公司

承建范围：一至十四层室内装饰装修。

十八、广东省：

79．工程名称：广东奥林匹克体育场

承建单位：ZJ0300791 广东省建筑装饰集团公司

承建范围：地下层贵宾接待大厅、配套用房、贵宾停车场等室内装饰装修。

承建单位：ZJ0300792 广东建华装饰工程有限公司

承建范围：主场馆 A 区、体育酒店、贵宾区等室内装饰装修。

80．工程名称：广州市司法局办公楼

承建单位：ZJ0300801 广州市第四装修有限公司

承建范围：三至十一层等室内装饰装修。

参建单位：ZJ0300807 广州珠江装修工程公司

参建范围：外立面等室外装饰装修。

81．工程名称：广州市花园酒店

承建单位：ZJ0300811 广州珠江装修工程公司

承建范围：十八至十九层等室内装饰装修。

82．工程名称：广州市人民检察院办公大楼

承建单位：ZJ0300821 广州市美术公司

承建范围：主楼一至三十七层办公室、接待室、会议室、附楼大堂、电梯厅、六至九层客房、十二层老干部活动中心

等室内装饰装修。

83. 工程名称：南方通信大厦

承建单位：ZJ0300831 广东建雅室内工程设计施工有限公司

承建范围：十一至十二层、电梯厅、卫生间等室内装饰装修。

84. 工程名称：广州文化中心酒店

承建单位：ZJ0300841 广东省装饰总公司

承建范围：一层商务中心，十二层、十五至十七层、十九至二十层、二十二至二十四层等室内装饰装修。

承建单位：ZJ0300842 广州市美术公司

承建范围：十三层、二十一至二十二层等室内装饰装修。

85. 工程名称：中山市小榄镇向明大厦

承建单位：ZJ0300851 广州珠江建筑装饰集团公司

承建范围：一至十二层室内装饰装修。

86. 工程名称：深圳麒麟山庄贵宾楼

承建单位：ZJ0300861 深圳市建艺装饰设计工程公司

承建范围：一层大堂公共部分、咖啡厅、服务前厅、国际会议厅，二层多功能厅、贵宾厅等室内装饰装修。

87. 工程名称：深圳市信息枢纽大厦

承建单位：ZJ0300871 深圳市美芝装饰设计工程有限公司

承建范围：B 标段裙楼二至六层中区南中庭等室内装饰装修。

88. 工程名称：深圳市木棉花酒店

承建单位：ZJ0300881 深圳市新鹏都装饰工程有限公司

承建范围：一至六层大堂、酒楼、舞厅、客房等室内装饰装修。

89. 工程名称：深圳市庐山国际大酒店

承建单位：ZJ0300891 深圳市华剑装饰设计工程有限公司

承建范围：一至二十四层室内装饰装修。

90. 工程名称：深圳市国微大厦

承建单位：ZJ0300901 深圳蛇口建筑装饰工程公司

承建范围：一至六层室内装饰装修。

91. 工程名称：东莞御景湾酒店

承建单位：ZJ0300911 东莞市附城东城装修设计工程有限公司

承建范围：中西餐厅、宴会厅、咖啡厅、室内泳池、国际会议中心等室内装饰装修。

92. 工程名称：广东证券公司(金汇大厦)办公楼

承建单位：ZJ0300921 深圳市科源建筑装饰工程有限公司

承建范围：四层、二十六层、二十八层等室内装饰装修。

十九、广西自治区：

93. 工程名称：广西南宁饭店东三号楼

承建单位：ZJ0300931 广西建林装饰工程有限责任公司

承建范围：室内外装饰装修。

94. 工程名称：柳州饭店八号楼

承建单位：ZJ0300941 深圳市美术装饰工程有限公司

承建范围：室内装饰装修。

95. 工程名称：广西招生考试院业务楼

承建单位：ZJ0300951 广西建工集团第一建筑工程有限责任公司

承建范围：室内装饰装修。

二十、海南省：

96. 工程名称：三亚亚龙湾环球文娱广场

承建单位：ZJ0300961 海南雅园装饰工程有限公司

承建范围：大堂、多功能厅、宴会厅、中餐厅、酒吧、各类客房等室内装饰装修。

二十一、重庆市：

97. 工程名称：重庆小天鹅天星桥大酒店

承建单位：ZJ0300971 重庆金梭装饰设计工程有限公司

承建范围：接待大厅、二至四层等室内装饰装修。

98. 工程名称：重庆希尔顿酒店

承建单位：ZJ0300981 重庆志宇建筑装饰工程有限公司

承建范围：五层会议中心，B 座十至十六层标准客房，三十三层、三十五层总统套房及豪华间、走廊等室内装饰装修。

99. 工程名称：重庆百货大楼

承建单位：ZJ0300991 重庆港庆建筑装饰有限公司

承建范围：商场一至十二层室内装饰装修。

100. 工程名称：重庆沙坪剧场

承建单位：ZJ0301001 重庆金字塔装饰公司

承建范围：室内装饰装修。

101. 工程名称：重庆高新区渝高科技孵化中心

承建单位：ZJ0301011 重庆渝远建筑工程设计装饰有限公司

承建范围：裙楼一层税务申报大厅、五层会议中心等室内装饰装修。

102. 工程名称：重庆市荣昌县委县政府礼堂

承建单位：ZJ0301021 重庆金飞建筑装饰工程有限公司

承建范围：室内装饰装修。

103. 工程名称：重庆国税局五洲大酒店

承建单位：ZJ0301031 重庆皇城装饰工程公司

承建范围：客房、餐厅、娱乐场所、会议培训室等室内装饰装修。

二十二、四川省：

104. 工程名称：信息产业部电子十所 31 号科研楼

承建单位：ZJ0301041 四川华西建筑装饰工程有限公司

承建范围：一至十二层室内装饰装修。

105. 工程名称：乐山市金海棠大酒店

承建单位：ZJ0301051 四川华西建筑装饰工程有限公司

承建范围：室内装饰装修。

106．工程名称：四川石象生态主题公园太壹园
承建单位：ZJ0301061 成都恒基装饰工程有限公司
承建范围：接待中心室内外装饰装修。

107．工程名称：成都双流国际机场新航站楼
承建单位：ZJ0301071 上海蓝天房屋装饰工程公司
承建范围：远机位候机厅、备用候机厅、国内到达厅、候机休息大厅、出发大厅、进港大厅等室内外装饰装修。

二十三、云南省：

108．工程名称：云南临沧地区临通大酒店
承建单位：ZJ0301081 云南白杨建筑装饰工程有限公司
承建范围：一至二层室内装饰装修。

二十四、陕西省：

109．工程名称：西安咸阳国际机场客货运中心
承建单位：ZJ0301091 西安艺格建筑装饰工程有限责任公司
承建范围：H 段地下室、一至二层办公楼及库房等室内装饰装修。

二十五、宁夏自治区：

110．工程名称：宁夏自治区政府办公大楼
承建单位：ZJ0301101 北京北方建磊装饰装修有限公司
承建范围：第四标段室内精装饰装修。

二十六、甘肃省：

111．工程名称：甘肃省委党校综合教学楼
承建单位：ZJ0301111 甘肃金牛装饰工程有限责任公司
承建范围：门厅、中厅、客房，采光顶、幕墙等室内外装饰装修。

112．工程名称：玉门石油管理局阳光大厦酒店
承建单位：ZJ0301121 深圳瑞和装饰工程有限公司
承建范围：一层接待大厅、裙楼六层餐饮层、西塔楼七至十八层客房等室内装饰装修。

二十七、青海省：

113．工程名称：工商银行格尔木支行营业厅
承建单位：ZJ0301131 青海四宁建筑装潢有限公司
承建范围：室内外装饰装修。

二十八、新疆自治区：

114．工程名称：乌鲁木齐机场航站楼出港大厅
承建单位：ZJ0301141 深圳市中航装饰设计工程有限公司
承建范围：出港大厅及 B 段非隔离区商场、精品店、餐厅等室内装饰装修。

115．工程名称：新疆环球会展中心
承建单位：ZJ0301151 深圳长城家俱装饰工程有限公司
承建范围：一层大堂、会议室，二层多功能报告厅、商务中心、贵宾接待室，三层扩音室、控制室等室内装饰装修。

2003 年全国建筑工程装饰奖

（建筑幕墙类，排名不分先后）

一、北京市：

1．工程名称：中共中央党校综合教学楼
承建单位：ZJ0350011 中国新兴建设开发总公司
承建范围：建筑幕墙。

2．工程名称：中国人寿大厦
承建单位：ZJ0350021 武汉凌云建筑装饰工程有限公司
承建范围：建筑幕墙。

二、河北省：

3．工程名称：石家庄市图书发行中心
承建单位：ZJ0350031 石家庄市海山建筑装饰工程总公司
承建范围：建筑幕墙。

三、辽宁省：

4．工程名称：大连亚太国际金融中心
承建单位：ZJ0350041 深圳海外装饰工程公司
承建范围：建筑幕墙。

5．工程名称：大连金石滩影视艺术中心
承建单位：ZJ0350051 大连红太装饰工程公司
承建范围：建筑幕墙。

6．工程名称：辽宁省博物馆
承建单位：ZJ0350061 沈阳强风铝业工程有限公司
承建范围：建筑幕墙。

7．工程名称：沈阳王府花园二期御点江山
承建单位：ZJ0350071 沈阳黎东幕墙装饰有限公司
承建范围：建筑幕墙。

8．工程名称：大连平安大厦
承建单位：ZJ0350081 深圳市南利装饰工程公司
承建范围：建筑幕墙。

四、上海市：

9．工程名称：上海科技馆
承建单位：ZJ0350091 上海高新铝质工程股份有限公司
承建范围：球体玻璃幕墙等。

10．工程名称：上海青浦信息大楼
承建单位：ZJ0350101 上海科胜幕墙有限公司
承建范围：外立面玻璃幕墙、石材幕墙、铝塑板幕墙、全玻璃幕墙、幕墙点窗、自动平开门、无框门、雨篷、百叶窗等。

五、江苏省：

11．工程名称：泰州电信大楼
承建单位：ZJ0350111 无锡金城幕墙装饰工程有限公司
承建范围：三十层铝板、玻璃、石材等建筑幕墙。

12．工程名称：太仓市经济开发区综合业务楼

承建单位：ZJ0350121 苏州市华丽美登装饰装潢有限公司

承建范围：外墙立面铝板幕墙、玻璃幕墙、石板幕墙等。

六、山东省：

13．工程名称：山东电力鲁能中心

承建单位：ZJ0350131 山东津单幕墙有限公司

承建范围：一至十三层建筑幕墙及顶部单、双曲屋面金属幕墙等。

七、福建省：

14．工程名称：福州置地广场

承建单位：ZJ0350141 福建建工集团总公司

承建范围：铝板、玻璃、干挂花岗岩建筑幕墙等。

八、河南省：

15．工程名称：河南报业大厦

承建单位：ZJ0350151 北方国际合作股份有限公司

承建范围：主楼建筑幕墙等。

参建单位：ZJ0350157 河南红革玻璃幕墙装饰工程有限公司

参建范围：雨篷玻璃幕墙、吊挂玻璃幕墙、铝板幕墙等。

九、湖北省：

16．工程名称：武汉邮科院光通信培训中心大楼

承建单位：ZJ0350161 湖北高艺装饰工程有限公司

承建范围：建筑幕墙。

十、湖南省：

17．工程名称：长沙亚大数码港时代广场

承建单位：ZJ0350171 湖南六建装饰设计工程有限责任公司

承建范围：建筑幕墙。

十一、广东省：

18．工程名称：广州市检察院侦察技术用房

承建单位：ZJ0350181 广州铝质装饰工程有限公司

承建范围：塔楼玻璃幕墙、铝板幕墙，裙楼干挂石材幕墙、点式玻璃幕墙等。

19．工程名称：中山市移动通信楼

承建单位：ZJ0350191 中山市盛兴幕墙有限公司

承建范围：建筑幕墙。

十二、重庆市：

20．工程名称：重庆希尔顿大厦

承建单位：ZJ0350201 重庆西南铝装饰工程有限公司

承建范围：建筑幕墙。

十三、贵州省：

21．工程名称：贵州省遵义市汇川文化艺术中心

承建单位：ZJ0350211 中国建筑第四工程局装饰工程公司

承建范围：外立面单层氟碳铝板幕墙、点驳式全玻幕墙、钢骨架显框玻璃幕墙、铝骨架显框玻璃幕墙等。

十四、陕西省：

22．工程名称：陕西省出版发行大厦

承建单位：ZJ0350221 西安飞机工业装饰装修工程股份有限公司

承建范围：外立面除裙楼干挂石材和点式玻璃幕墙以外全部项目。

23．工程名称：西安杨凌示范区创业中心综合楼

承建单位：ZJ0350231 西安西航集团铝业有限公司

承建范围：玻璃幕墙，铝塑板幕墙，铝合金门窗。

十五、宁夏自治区：

24．工程名称：宁夏自治区政府办公大楼

承建单位：ZJ0350241 北京北方建磊装饰装修有限公司

承建范围：主楼北侧 1/1-F 轴至 1-5 轴间立面，1/1-F 轴至 1-M 轴间立面，1-18 轴、1/1-F 轴至 1-M 轴立面，裙楼外立面等装饰装修。

关于转发“2002 年度中国建筑装饰行业百强企业公告”的通知

中装协[2003]46 号

各地方建筑装饰协会、解放军建筑装饰协会：

在你们及广大会员企业的大力支持和参与下，2002 年度中国建筑装饰行业百强企业评价推介活动已结束，现转发“2002 年度中国建筑装饰行业百强企业公告”。

请你们积极向各级建设行政主管部门、工程招投标机构、建筑装饰装修及幕墙工程业主、相关行业协会及全社会广为推介。

希望百强企业进一步提升自己的综合实力，保持并提高自己的行业评价。

本活动系首次举行，欠缺经验，尚待今后逐步完善，以成为我国建筑装饰行业年度例行的评价活动。

中国建筑装饰协会

二OO三年九月二十三日

“2002年度中国建筑装饰行业百强企业”公告

为迎接入世挑战，贯彻“扶大扶优扶强”的方针，中国建筑装饰协会决定，从2003年起进行中国建筑装饰行业百强企业评价推介活动。

本活动由中国建筑装饰协会主办，《中华建筑报》社承办，地方建筑装饰协会推荐，企业自愿参加。评价方法是根据建筑装饰企业2002年度综合实力，包括企业规模、经济效益、社会效益和市场评价等相关指标进行综合评价。评价范围包括主业是建筑装修装饰工程专业承包企业、主业是房屋建筑工程施工总承包增项为建筑装修装饰工程的企业和主业是建筑幕墙工程专业承包企业。

现公布“2002年度中国建筑装饰行业百强企业”评价结果。

中国建筑装饰协会
中华建筑报社
二〇〇三年九月二十三日

2002年度中国建筑装饰行业百强企业名单

主业建筑装修装饰工程专业承包企业（83家）

1. 苏州金螳螂建筑装饰有限公司
2. 浙江亚厦装饰集团有限公司
3. 深圳海外装饰工程公司
4. 中国建筑装饰工程公司
5. 深圳市广田装饰设计工程有限公司
6. 深圳市洪涛装饰工程公司
7. 深圳市科源建筑装饰工程有限公司
8. 宁波建乐建筑装潢有限公司
9. 深圳远鹏装饰设计工程有限公司
10. 泰安鲁润装饰装潢有限公司
11. 深圳瑞和装饰工程有限公司
12. 上海建筑装饰（集团）有限公司
13. 深圳市建筑装饰（集团）有限公司
14. 四川华西建筑装饰工程有限公司
15. 中建三局东方装饰设计工程公司
16. 上海市建筑装饰工程有限公司
17. 深圳市奇信装饰设计工程有限公司
18. 广东省建筑装饰工程有限公司
19. 郑州康利达装饰工程有限公司
20. 浙江广艺建筑装饰工程有限公司
21. 北京港源建筑装饰工程有限公司
22. 中铁二局集团装饰装修工程有限公司
23. 福建嘉华装饰工程有限公司
24. 大连盛大建筑装饰工程有限公司
25. 北京建谊建筑工程有限公司
26. 北京市建筑装饰设计工程公司
27. 山东万得福装饰工程有限公司
28. 深圳长城家俱装饰工程有限公司
29. 湖南华天装饰有限公司
30. 中建三局深圳装饰设计工程公司
31. 北京弘高建筑装饰设计工程有限公司
32. 广州珠江装修工程公司
33. 上海海直建设工程公司
34. 湖南通程建筑装饰工程有限公司
35. 唐山方舟建筑装饰工程有限公司
36. 上海蓝天房屋装饰工程公司
37. 上海康业建筑装饰工程有限公司
38. 北京侨信装饰工程有限公司
39. 大连红太装饰工程公司
40. 广东省装饰总公司
41. 深圳华丽装修家私企业公司
42. 武林建筑工程有限公司
43. 深圳市美芝装饰设计工程有限公司
44. 广州市第三装修有限公司
45. 沈阳白云穗港装饰工程有限公司
46. 深圳市维业装饰设计工程有限公司
47. 广东世纪达装饰工程有限公司
48. 北京金丰环球远大装饰工程有限公司
49. 苏州苏明装饰公司
50. 广州市第四装修有限公司
51. 浙江圣大建筑装饰有限公司
52. 大庆市华隆建筑装饰公司
53. 河北斯特龙装饰工程有限公司
54. 西安市鑫龙建筑装饰工程（集团）有限公司
55. 石家庄雅虹装饰设计工程有限公司
56. 青岛东亚建筑装饰有限公司
57. 常泰建筑装璜工程有限公司
58. 北京中建华腾装饰工程有限公司

59. 广州市美术公司
60. 黑龙江国光建筑装饰工程有限公司
61. 浙江福田建筑装饰工程有限公司
62. 南京装饰联合总公司
63. 上海健尔斯装饰工程有限公司
64. 北京市上瑞建筑装饰工程有限责任公司
65. 浙江飞耀建筑装饰工程有限公司
66. 江苏省新江南营造集团华宇装饰有限公司
67. 深圳市华南装饰设计工程有限公司
68. 广东建雅室内工程设计施工有限公司
69. 北京市建筑工程装饰公司
70. 上海大华装饰工程有限公司
71. 北京国都建设发展有限公司
72. 湖北龙泰建筑装饰工程有限公司
73. 中国装饰有限公司
74. 南京金陵建筑装饰有限责任公司
75. 大连开建装饰工程有限公司
76. 华鼎建筑装饰工程有限公司
77. 北京长迪建筑装饰工程有限公司
78. 北京贝盟国际建筑装饰工程有限公司
79. 北京住总装饰有限责任公司
80. 湖南六建装饰设计工程有限责任公司
81. 中信室内装修工程公司
82. 广州珠江建筑装饰集团公司
83. 南京金鸿装饰工程有限公司

主业房屋建筑工程施工总承包增项建筑装修装饰工程企业（6家）

1. 浙江耀江建设集团股份有限公司
2. 中天建设集团有限公司
3. 浙江省长城建设集团股份有限公司
4. 日林建设集团有限公司
5. 北京北国建筑工程有限责任公司
6. 浙江中南建设集团有限公司

主业建筑幕墙工程专业承包企业（11家）

1. 沈阳远大铝业工程有限公司
2. 北京北方建磊装饰装修有限公司
3. 沈阳黎东幕墙装饰有限公司
4. 浙江宝业幕墙装饰有限公司
5. 和兴玻璃铝业（上海）有限公司
6. 石家庄市海山建筑装饰工程总公司
7. 西安飞机工业装饰装修工程股份有限公司
8. 西安西航集团铝业有限公司
9. 上海杰思工程实业有限公司
10. 沈阳黎明门窗幕墙制造安装工程公司
11. 广州铝质装饰工程有限公司

关于开展2002年度中国建筑装饰行业百强承包商排序评价活动的通知

中装协[2003]19号

各省、直辖市、自治区建筑装饰协会：

按照国际惯例，采取市场经济的方法，本着公正、公平、公开的原则，采用市场评价的方式，向全行业、建筑装饰工程业主及全社会宣传推介本业百强承包商（在国际上，建筑装饰工程、幕墙工程企业通称为“建筑装饰承包商”）以及对主要单项指标前10名排序评价的结果，是我国建筑装饰行业迎接入世挑战，中国建筑装饰协会推行“扶大扶优扶强”方针，促进行业可持续发展的重要举措。

为此，经2003年4月中国建筑装饰协会地方协会秘书长工作会议研究，中国建筑装饰协会决定，从2003年起进行中国建筑装饰行业百强承包商排序评价活动。

本活动由中国建筑装饰协会主办，《中华建筑报》社承办，各省、直辖市、自治区建筑装饰协会初审推荐。每年全国组织一次，每次100家。评价结果由中国建筑装饰协会公告。

建筑装饰百强承包商，是企业自愿参加，按照中国建筑装饰协会制定的统一评价标准，经各省、直辖市、自治区建筑装饰协会初审推荐，中国建筑装饰协会终审认定，按企业各自总分，综合评出前100家企业，按地区排序公布（不列出各单项指标）；主要单项指标前10名评价的企业，则按相应指标排序公布。

按照国际惯例，行业排序是一项行业协会进行的行业公益活动。本活动的过程一律不收费。评价结果产生后，仅收行业公告、新闻发布、证书制作成本费。相关媒体另行组织的宣传推介活动，企业自愿参加，依照媒体市场规律办理。

本次活动已列入中国建筑装饰协会2003年10项重点工作之中，原计划今年5月底完成，但因受SARS的影响，现做适当延长。中国建筑装饰协会预期今年9月公布2002年度中国建筑装饰行业百强承包商以及对主要单项指标前 10 名排序的评价结果，届时将举办新闻发布会，通过媒体发布公告，组织适当的形式颁发证书。

本活动系中国建筑装饰协会首次举办，没有经验，待在实践中不断完善，以便我们为建筑装饰承包商提供更高层次的服务。

请你们将此通知及时转发给当地建筑装饰协会及相关装修承包商，在抓好防治非典工作的同时抓好此项工作。有何问题请及时向我们反馈和商量。

中国建筑装饰协会评价活动组委会及其办事机构：

组委会

主　任：中国建筑装饰协会副秘书长　房　箴

副主任：中国建筑装饰协会信息部主任兼

《中国建筑装饰》主　编　黄　白

《中华建筑报》社总编辑　邓　千

联系人：黄　白　电　话：010-68700715　68482521

组委会办公室

主　任：《中华建筑报》社总编辑　邓　千

副主任：《中华建筑报》社副总编辑　赵　刚

总编助理朱时均

联系人：董　浩　刘瑞芳

电　话：010-68480206　68476886　88516603

资料报送

北京市海淀区北洼路 12 号东方红叶大酒店四层

《中华建筑报》社　排序评价活动组委会公室

邮编：100089　传真：010-68476606　68476915

E—mail：zhjzb@vip.sina.com

附　件：2002 年度中国建筑装饰行业百强承包商排序评价活动实施办法

中国建筑装饰协会

二〇〇三年五月二十八日

附　件：

2002 年度中国建筑装饰行业百强承包商排序评价活动实施办法

第一章　参评企业基本条件

第一条　建筑装饰承包商，是指持有建设行政主管部门颁发的专业承包建筑装饰工程施工、幕墙工程施工资质证书的企业，包括公共建筑装饰工程和住宅建筑装饰工程。

主业，是指企业资质证书上标明的专业承包范围（仅为一项），不含企业资质证书副本中的“增项”。

第二条　建筑装饰承包商参评入围下限：2002 年主业结算收入营业总额 8000 万元人民币及其以上。

第三条　建筑装饰承包商所提供的数据，以当地注册会计师事务所审计后的财务报表、统计表（C103 表）及要求的相关资料为依据。

第二章　评价指标和分值计算

第四条　主要评价指标为 5 项和 1 项加分，每项指标具有不同的分值（见表 1）。

第五条　实际得分计算：分别求出参评企业、100 家入围企业前 5 项指标的每项指标的平均值（金额），然后分别把每家企业前 5 项指标值（金额）分别除以相应的平均值，得出分值系数，再将其乘以基准分（权数分值），得出实际得分。

将前 5 项实际得分相加后，再加上第 6 项市场评价加分，得出该企业最终的总分。

2002 年度中国建筑装饰行业百强承包商排序评价汇总表　　**表 1**

主　要　指　标（主业）	金额（万元）	基准分	分值系数	实际得分
1．建筑装饰承包商主业工程结算收入营业总额		35 分		
2．建筑装饰承包商主业工程利润总额		20 分		
3．建筑装饰承包商上交主业各类税金总额		20 分		
4．建筑装饰承包商主业工程增加值		15 分		
5．建筑装饰承包商总资产		10 分		
6．建筑装饰承包商市场评价（加分）				
总　分（最终得分）				

第六条　市场评价加分计算：2002 年度全国建筑工程装饰奖、鲁班奖（国优）参建奖，每一项奖 8 分。2002 年度省、直辖市、自治区以及 15 个副省级城市（长春、沈阳、大连、广州、深圳、南京、杭州、武汉、济南、青岛、厦门、成都、西安和哈尔滨、宁波）建设行政主管部门、建筑装饰协会颁发的相应奖，每一项奖 2 分。

不同工程所获奖项分值累加。同一工程所获多项奖项取最高级别的计算分值。

第七条　集团型企业计算：如以集团名义上报，集团必须具备建筑装饰专业承包商资质，并由集团完成纳税的，纳入合并报表的企业必须是集团控股下限 51%的企业。

第三章　主要单项评价指标、数据来源和明细

第八条　建筑装饰承包商主业工程结算收入营业总额：按2002年度经当地会计师事务所审定的财务报表数及统计表（C103表）填列。不包括新建的建安产值。

第九条　建筑装饰承包商主业工程利润总额：按2002年度经当地会计师事务所审定的财务报表及统计表（C103表）数填列。

第十条　建筑装饰承包商上交主业各类税金总额：按2002年度本企业财务报表营业税、所得税及财务帐册中的印花税、个人所得税、城市建设维护税、教育费附加、车船使用税、土地税、房产税等合计填列。

第十一条　建筑装饰承包商主业工程增加值：按2002年度经当地会计师事务所审定的财务报表、统计表（C103表）填列。建筑业增加值=本年提取的固定资产折旧+本年工资总额+本年福利费总额+养老保险金+待业保险金+除所得税以外的税金+营业利润。

第十二条　建筑装饰承包商总资产：按2002年度经当地会计师事务所审定的财务报表数填列。

第四章　评价方法、报送内容和认定程序

第十三条　参评企业于2003年7月30日前将本企业全部资料一式三份上报企业注册所在地省、直辖市、自治区建筑装饰协会。各省、直辖市、自治区建筑装饰协会对参评企业按本活动的统一评价标准进行初审，并留企业参评全部资料一份；然后把初审推荐说明，按表1进行的本地区装修承包商的排序（请用E—Mail或Word格式录入3.5英寸软盘），以及企业参评的全部资料两份，于8月15日前一并报送到中国建筑装饰协会（评价活动组委会办公室）。

暂无省、自治区建筑装饰协会的地区，由该地区的市建筑装饰协会组织评价活动并向中国建筑装饰协会（评价活动组委会办公室）报送，内容和程序同上。

第十四条　中国建筑装饰协会组织由业内有关统计和财务方面的专家组成的专门委员会，分二次进行核验、计算、排序的认定，对参评和100家入围企业按比例或随机进行抽查，抽查内容为企业上报的全部资料。

第十五条　中国建筑装饰协会对各省、直辖市、自治区建筑装饰协会初审推荐的企业，按各自总分（最终得分）的高低取前100名，并对5个单项指标的前10名进行排序，在本会网站——中国建筑装饰网（www.ccd.com.cn）和《中华建筑报》上给予公示。

第十六条　参加本活动主办工作的人员、承办、经办的单位或个人如有违反本活动规定的，取消其参加工作资格；企业如有违反本活动规定的，取消其参评资格。并由中国建筑装饰协会予以通报。

第五章　参评企业应报送的资料

第十七条　2002年度中国建筑装饰行业百强承包商排序评价表（表2）。

第十八条　经当地会计师事务所审定2002年度的财务报表和统计表（C103表）复印件。

第十九条　2002年度建筑装饰承包商主业工程明细清单复印件（工程名称、合同额、结算金额、开竣工日期、建设单位、地址、联系电话、联系人）。

第二十条　2002年度入库税单的复印件（营业税、企业所得税、房产税、城建税、个人所得税、增值税、土地税、车船税、印花税等各项税金）。

第二十一条　专业承包企业资质证书和市场评价证书、奖牌、文件的复印件。

2002年度中国建筑装饰行业百强承包商排序评价表　　　**表2**

主　要　指　标（主业）	金额（万元）
1．建筑装饰承包商主业结算收入营业总额（35分）	
2．建筑装饰承包商主业工程利润总额　（20分）	
3．建筑装饰承包商上交主业各类税金总额（20分）	
4．建筑装饰承包商主业工程增加值　（15分）	
5．建筑装饰承包商总资产　（10分）	
6．建筑装饰承包商市场评价　（加分） 获奖工程项目：	分值：

以上为企业全部报送的资料，一式三份。

第六章　评价公告、证书和媒体宣传推介

第二十二条　排序结果由中国建筑装饰协会在本会一报一网两刊（《中华建筑报》、中国建筑装饰网、会刊《中国建筑装饰》和《中国建筑装饰装修》杂志）以及相关权威媒体上发布，并将组织适当的形式，向2002年度中国建筑装饰行业百强承包商以及各单项指标评价前10名的企业颁发证书，并向全行业、建筑装饰工程业主以及全社会广为宣传推介。

第七章　附　则

第二十三条　本办法由中国建筑装饰协会负责解释。

第二十四条　省、自治区、直辖市建筑装饰协会可以根据本办法制定实施细则。

第二十五条　本办法自发布之日起施行。

关于公布“2001年、2002年全国建筑工程装饰奖获奖工程项目经理”的决定

中装协[2003] 38号

为了推动我国建筑装饰行业的发展，推进建筑装饰工程水平的提高，经建设部批准，中国建筑装饰协会每年进行一次全国性的建筑工程装饰奖的评奖活动。获得“全国建筑工程装饰奖”的工程当之无愧地代表了当代中国建筑装饰的最高水平，获奖建筑装饰工程的设计者、项目管理者，也都当之无愧的代表了当代中国建筑装饰业最优秀的设计师和项目经理。

建筑装饰工程项目是建筑、科技、文化、艺术的结合，是展示企业经营、管理水平的载体，是企业生存的基础。建筑装饰工程项目的优劣直接反映了企业的施工管理水平，抓好项目管理是创优质工程的重要环节，是提高建筑装饰企业施工效率的主要措施，是具体体现“三个代表”重要思想的阵地。

为了提高建筑装饰企业项目经理的管理水平，作为全国建筑工程装饰奖评奖工作的延展，经中国建筑装饰协会研究，决定表彰“2001年、2002年全国建筑工程装饰奖获奖工程项目经理”，并在2003年8月11日在北京举行的“全国建筑工程装饰奖获奖工程项目经理表彰大会”进行表彰。2001年、2002年全国建筑工程装饰奖（公装、幕墙）共计250个，获奖企业（承建、参建）共205家，278名项目经理，现公布如下（按地区排列，排名不分先后）。

中国建筑装饰协会

二〇〇三年八月十一日

2001年全国建筑工程装饰奖获奖工程项目经理

北京市（11个）

1. 中国工商银行总行营业办公楼

承建单位：北京中建华腾装饰工程有限公司

（承建范围：室内装饰装修工程）

项目经理：历 杨

参建单位：北京金丰环球远大装饰工程有限公司

（参建范围：地下三层、行长专用电梯间精装修工程）

项目经理：陈洪源

2. 首都国际机场新航站楼

承建单位：北京城建长城装饰工程有限责任公司

（承建范围：首层进港大厅、行李提取厅、二层三层金属吊顶装饰装修工程总承包）

项目经理：高树江

承建单位：北京港源建筑装饰工程有限公司

（承建范围：首层进港大厅及行李提取厅的部分装饰装修、44轴以北外墙铝板幕墙工程）

项目经理：林 力

承建单位：深圳长城家俱装饰工程有限公司

（承建范围：二层南指廊装饰装修工程）

项目经理：陈 红

承建单位：深圳海外装饰工程公司

（承建范围：二层北指廊装饰装修工程）

项目经理：黄 彦

3. 北京电力生产调度中心大厦

承建单位：中国建筑装饰工程公司

（承建范围：C段及二层、十七层、十九层、二十一层、地下一层装饰装修工程）

项目经理：李 建

参建单位：北京金丰环球远大装饰工程有限公司

（参建范围：十层至十一层装饰装修工程）

项目经理：谢土福

4. 人民大会堂重庆厅

承建单位：重庆港庆建筑装饰有限公司

（承建范围：装饰装修工程）

项目经理：丁域庆

参建单位：清华大学美术学院环境艺术设计工程公司

（参建范围：装饰装修工程）

项目经理：张庆华

5. 首都剧场

承建单位：北京市建筑装饰设计工程公司

（承建范围：室内改建装饰装修工程）

项目经理：冯家东 王 力

6. 电信科学技术研究院科研综合楼及电信软件研究楼

承建单位：北京中黎幕墙装饰工程有限公司

（承建范围：外墙幕墙工程）

项目经理：樊 荣

7. 北京嘉里中心酒店

承建单位：南京金陵建筑装饰有限责任公司

（承建范围：五层至二十二层客房装饰装修工程）

项目经理：车春保

8. 国际企业大厦

承建单位：北京北方建磊装饰装修中心

（承建范围：石材干挂幕墙工程）

项目经理：石明剑

9. 北京大学科学技术发展中心大楼

承建单位：北京鸿恒基幕墙装饰工程公司
（承建范围：铝板幕墙工程）
项目经理：牛雅君

10. 北京医院高干病房楼
承建单位：北京建谊建筑工程有限公司
（承建范围：室内装饰装修工程）
项目经理：李文忠

11. 北京翠宫饭店
承建单位：北京市建筑工程装饰公司
（承建范围：室内翻扩建装饰装修工程）
项目经理：龚伟明
参建单位：中国建筑装饰工程公司
（参建范围：四层至十五层客房及写字间、地下二层健身娱乐中心装饰装修工程）
项目经理：孟建军

天津市（3个）

12. 天津港务局综合业务楼
承建单位：金丰环球装饰工程（天津）有限公司
（承建范围：一层至三层、二十四层至二十六层、二十九层装饰装修工程）
项目经理：陈洪源

13. 天津市公安局110指挥中心
承建单位：天津市建设装饰工程公司
（承建范围：室内装饰装修工程）
项目经理：金东海

14. 天津金皇大厦
承建单位：天津华惠安信装饰工程有限公司
（承建范围：一层、十五层至二十四层装饰装修工程）
项目经理：申志坚

河北省（2个）

15. 移动通信石家庄分公司天河营业厅
承建单位：石家庄常宏建筑装饰工程有限公司
（承建范围：一层营业大厅装饰装修工程）
项目经理：张少武

16. 河北省邮政电信局网管中心
承建单位：石家庄常宏建筑装饰工程有限公司
（承建范围：室内装饰装修工程）
项目经理：刘月增

山西省（1个）

17. 中国建设银行山西省分行大厦
承建单位：沈阳远大铝业工程有限公司
（承建范围：外墙幕墙工程）
项目经理：李洪人

内蒙古自治区（2个）

18. 新城宾馆俱乐部
承建单位：中国天诚集团新雅建筑工程设计装饰总公司
（承建范围：室内改扩建装饰装修工程）
项目经理：张　昕

19. 呼伦贝尔盟宾馆
承建单位：呼伦贝尔纵横安全技术装饰工程有限公司
（承建范围：室内改扩建装饰装修工程）
项目经理：尹宏伟

辽宁省（7个）

20. 大连理工大学伯川图书馆
承建单位：大连盛大建筑装饰工程有限公司
（承建范围：室内装饰装修工程）
项目经理：周文鹏

21. 沈阳皇朝万豪酒店
承建单位：沈阳飞机制造公司铝合金结构工程公司
（承建范围：钻石塔装饰装修工程）
项目经理：冯玉良

22. 大连市委办公楼
承建单位：大连盛大建筑装饰工程有限公司
（承建范围：室内装饰装修工程）
项目经理：张传勇

23. 大连三鑫大厦
承建单位：北京一建装饰公司
（承建范围：外墙石材干挂幕墙工程）
项目经理：顾平利

24. 沈阳商贸金融培训中心大楼
承建单位：沈阳黎东幕墙装饰有限公司
（承建范围：主楼部分玻璃幕墙及铝板幕墙工程）
项目经理：朱永成
承建单位：沈阳凯兴装饰工程有限公司
（承建范围：石材幕墙、主楼部分玻璃幕墙及铝板幕墙工程）
项目经理：傅德安

25. 沈阳市新北站综合服务中心大楼
承建单位：沈阳白云穗港装饰工程有限公司
（承建范围：裙楼A区B区一层、四层及楼梯间，主楼一层至四层、六层至十八层装饰装修工程）
项目经理：陆青礼

26. 丹东日月潭大酒店
承建单位：丹东画院装饰工程有限公司
（承建范围：室内改造装饰装修工程）
项目经理：于　兵
设计单位：丹东画院装饰工程设计院

吉林省（3个）

27. 吉林省国税局培训中心大楼
承建单位：吉林省百洋装饰集团有限公司
（承建范围：五层至七层、九层、十层及一层至十一层卫生间装饰装修工程）
项目经理：徐凤德

28. 延边白山大厦
承建单位：长春东方装璜工程有限公司
（承建范围：室内装饰装修工程）

项目经理：张宏峰

29. 延吉市德铭酒店
承建单位：吉林省浩昌装饰工程有限公司
（承建范围：室内装饰装修工程）
项目经理：权 文

黑龙江省（5个）

30. 革命领袖视察黑龙江纪念馆
承建单位：黑龙江省高维建筑装饰工程有限公司
（承建范围：室内修复性装饰装修工程）
项目经理：赵月书

31. 龙门大厦贵宾楼
承建单位：黑龙江国光建筑装饰工程有限公司
（承建范围：室内改造修复性装饰装修工程）
项目经理：于锡全

32. 花园邨宾馆元首楼
承建单位：黑龙江国光建筑装饰工程有限公司
（承建范围：室内装饰装修工程）
项目经理：赵仁顺

33. 哈尔滨报业大厦
承建单位：哈尔滨市亚泰装饰工程有限公司
（承建范围：一层至五层装饰装修工程）
项目经理：陈晓波

34. 金鱼池山庄
承建单位：哈尔滨新长城建筑装饰设计工程有限公司
（承建范围：环境改造装饰装修工程）
项目经理：李 野

上海市（7个）

35. 上海金茂大厦
承建单位：上海市建筑装饰工程有限公司
（承建范围：裙楼、主楼中庭反光穹顶、八十八层观光厅装饰装修工程）
项目经理：凤仁康
承建单位：上海新丽装饰工程有限公司
（承建范围：主楼一层大堂及电梯厅装饰装修工程）
项目经理：崔为民

36. 上海国际会议中心
承建单位：上海市建筑装饰工程有限公司
（承建范围：一层至七层电梯厅、七层自助餐厅、大宴会厅装饰装修工程）
项目经理：朱金生
承建单位：上海宝钢建设有限公司
（承建范围：球体结构装修工程）
项目经理：徐 颖
参建单位：武汉凌云建筑装饰工程有限公司
（参建范围：球体玻璃幕墙工程）
项目经理：杨 平

37. 巨金大厦（世纪金融大厦）
承建单位：上海市建筑装饰工程有限公司
（承建范围：四层至七层装饰装修工程）
项目经理：徐怀正
承建单位：上海康业建筑装饰工程有限公司
（承建范围：二十六层至二十八层装饰装修工程）
项目经理：张亿中

38. 上海世界金融大厦
承建单位：上海新丽装饰工程有限公司
（承建范围：地下一层、一层至四层装饰装修工程）
项目经理：季 杰

39. 上海中山东一路12号（上海浦东发展银行）
承建单位：上海建筑装饰（集团）有限公司
（承建范围：首层大堂、地下等保护性改造装饰装修工程）
项目经理：李庆华

40. 上海浦东国际机场
承建单位：上海蓝天房屋装饰工程公司
（承建范围：候机楼、登机廊桥、连廊金属吊顶工程）
项目经理：苏宏平

41. 上海智慧广场大楼
承建单位：沈阳远大铝业工程有限公司
（承建范围：外墙幕墙工程）
项目经理：刘福涛

江苏省（6个）

42. 南京金鹰皇冠大酒店
承建单位：南京柏森实业有限责任公司
（承建范围：七层大堂、九层、四十层至四十六层客房、五十一层总统套房装饰装修工程）
项目经理：杨堂富

43. 南京金丝利喜来登国际大酒店
承建单位：南京装饰工程公司
（承建范围：裙房、六层至八层装饰装修工程）
项目经理：贾德农

44. 南京新街口地下商城
承建单位：南京装饰工程公司
（承建范围：三个标段装饰装修工程）
项目经理：孙耀东

45. 苏州胥城大厦
承建单位：苏州金螳螂建筑装饰有限公司
（承建范围：一层至二层装饰装修工程）
项目经理：周志敏

46. 昆山宾馆
承建单位：苏州金螳螂建筑装饰有限公司
（承建范围：一层至二层、十二层总统套房装饰装修工程）
项目经理：臧 健

47. 南京建邺区区级机关大楼
承建单位：南京富海装饰工程有限公司
（承建范围：室内装饰装修工程）
项目经理：仇学富

山东省（9个）

48. 中信广场大楼（中信实业银行）
承建单位：山东德泰装饰有限公司
（承建范围：一层、二层、九层至十二层装饰装修工程）
项目经理：彭　利

49. 银工大厦（工商银行山东省分行）
承建单位：珠海市红海幕墙有限公司
（承建范围：外墙幕墙工程）
项目经理：廖似雷
参建单位：深圳粤航装饰设计工程公司
（参建范围：主楼一层、一层夹层装饰装修工程）
项目经理：田　力
参建单位：深圳市洪涛装饰工程公司
（参建范围：大堂装饰装修工程）
项目经理：刘远星

50. .临沂市中行国际金融大厦
承建单位：山东天元建设集团总公司
（承建范围：室内外装饰装修工程）
项目经理：刘　军

51. 青岛市广播电视中心大楼
承建单位：青岛零零一工程有限公司
（承建范围：A 区地下三层、地上四层至二十四层、J 区、E 区室内装饰装修工程、外墙石材干挂幕墙和真石漆喷涂工程）
项目经理：王林宣
承建单位：青岛东亚建筑装饰有限公司
（承建范围：A 区二十五层至三十三层、四层至十七层电梯厅、C 区装饰装修工程）
项目经理：杨建强

52. 青岛天泰广场 A 座
承建单位：青岛市装饰集团公司
（承建范围：室内外装饰装修工程总承包）
项目经理：赵建国

53. 威海市金海湾国际饭店
承建单位：山东省永隆装饰工程有限公司
（承建范围：一层二层大堂装饰装修工程）
项目经理：杜宜永

54. 寿光市农村信用合作社联合社培训中心大楼
承建单位：山东省寿光市建筑公司
（承建范围：室内外装饰装修工程总承包）
项目经理：韩祥泽
参建单位：山东省永隆装饰工程有限公司
（参建范围：东厅装饰装修工程）
项目经理：卢　永

55. 海阳市方圆大厦
承建单位：威海世纪装饰有限公司
（承建范围：主楼装饰装修工程）
项目经理：夏自庆
参建单位：深圳市洪涛装饰工程公司
（参建范围：裙房装饰装修工程）
项目经理：陈远浩

56. 山东省国税局干部培训中心大楼
承建单位：山东省建设建工集团装饰装潢有限公司
（承建范围：室内外装饰装修工程总承包）
项目经理：闫学刚
参建单位：深圳市洪涛装饰工程公司
（参建范围：一二层大堂装饰装修、室外雨篷上车道工程）
项目经理：张信标
参建单位：山东剑桥装饰工程有限公司
（参建范围：四层至七层装饰装修工程）
项目经理：连德中

安徽省（2 个）

57. 安徽省邮电通信调度中心大楼
承建单位：武汉凌云建筑装饰工程有限公司
（承建范围：外墙幕墙工程）
项目经理：聂铁夫

58. 马鞍山市委市政府南湖宾馆
承建单位：深圳市晶宫设计装饰工程公司
（承建范围：一层、二层室内公用部分装饰装修及外墙幕墙工程）
项目经理：林　庆
参建单位：深圳市京亮装饰设计工程有限公司
（参建范围：客房装饰装修工程）
项目经理：陆树鹏

江西省（4 个）

59. 南昌银翔大厦
承建单位：深圳市洪涛装饰工程公司
（承建范围：一层至二层装饰装修工程）
项目经理：邓新泉

60. 赣州市电力培训中心大楼
承建单位：赣州装饰工程公司
（承建范围：室内装饰装修工程）
项目经理：雷　斌

61. 中国人寿保险公司江西分公司营业大楼
承建单位：江西融城建筑装饰工程有限公司
（承建范围：一层至二层装饰装修工程）
项目经理：徐红辉

62. 赣州国税局干部培训中心大楼
承建单位：赣州市跨世纪装饰有限责任公司
（承建范围：一层至三层、六层至十二层装饰装修工程）
项目经理：刘铭富

浙江省（8 个）

63. 交通银行嘉兴分行大楼
承建单位：嘉兴雅迪装饰工程有限公司
（承建范围：二层至十三层装饰装修工程）
项目经理：刘　宗
参建单位：浙江亚厦装饰集团有限公司

（承建范围：一层大堂、二层共享空间装饰装修工程）
项目经理：丁海富
参建单位：浙江省建工集团有限责任公司
（参建范围：外墙石材幕墙工程）
项目经理：徐跃华

64. 平湖圣雷克大酒店
承建单位：浙江耀江建设集团股份有限公司
（承建范围：室内装饰装修工程）
项目经理：徐贤彪

65. 绍兴电力调度通讯中心大楼
承建单位：浙江广艺建筑装饰工程有限责任公司
（承建范围：室内装饰装修工程）
项目经理：金吉祥

66. 温岭市瓦屿山公园东辉阁
承建单位：浙江省东阳市木雕古建园林工程公司
（承建范围：装饰装修工程）
项目经理：吴丞梁

67. 杭州阳光电信广场大楼
承建单位：中天建设集团有限公司
（承建范围：室内外装饰装修工程总承包）
项目经理：徐海峰
参建单位：浙江省建工集团有限责任公司
（参建范围：裙房第四层装饰装修工程）
项目经理：陈晓文
参建单位：浙江华天装饰工程有限公司
（参建范围：裙房二层、主楼七层以上装饰装修工程）
项目经理：叶壮志

68. 上海浦东发展银行杭州分行综合楼
承建单位：浙江省建工集团有限责任公司
（承建范围：室内装饰装修工程总承包）
项目经理：徐少华
参建单位：恒木建设工程（杭州）有限公司
（参建范围：一、三标段装饰装修工程）
项目经理：谢伯意
参建单位：浙江天乔装饰成套有限公司
（参建范围：二标段装饰装修工程）
项目经理：史纪康

69. 杭州中大花园公建III
承建单位：浙江省长城建设集团股份有限公司
（承建范围：外墙幕墙工程总承包）
项目经理：孔宣富
参建单位：厦门开联装饰工程有限公司
（参建范围：玻璃幕墙工程）
项目经理：林街东

70. 绍兴中国轻纺城展示中心
承建单位：温州云艺装饰集团公司
（承建范围：一层至四层装饰装修工程）
项目经理：朱启增

福建省（5个）

71. 福建会堂
承建单位：福建天华建筑装饰工程有限公司
（承建范围：一层至二层、主会堂、贵宾厅装饰装修工程）
项目经理：赵希平

72. 泉州移动通信分公司大楼
承建单位：福建嘉华装饰工程有限公司
（承建范围：一层至二层、六层至八层、十二层至十五层装饰装修工程）
项目经理：胡文同

73. 泉州晚报大厦
承建单位：福建金亨装饰设计工程有限公司
（承建范围：一层至二层、二十层至二十一层装饰装修工程）
项目经理：岳文辉
参建单位：福建嘉华装饰工程有限公司
（承建范围：三层、七层、八层、十四层至十九层及印务中心装饰装修工程）
项目经理：陈增德

74. 厦门悦华酒店总统楼
承建单位：厦门辉煌装修工程有限公司
（承建范围：室内装饰装修工程）
项目经理：樊友煌

75. 泉州航空酒店
承建单位：厦门东方设计装修工程有限公司
（承建范围：室内装饰装修工程）
项目经理：陈朝晖

河南省（4个）

76. 黄河水利委员会勘测规划设计研究院科研实验大楼
承建单位：河南锦隆装饰工程有限公司
（承建范围：主楼二层、六层至十一层，西裙房及东裙房一层至三层主楼北大厅一层至四层装饰装修工程）
项目经理：石松乐
参建单位：河南省第五建筑安装工程有限公司
（参建范围：外墙面砖粘贴工程）
项目经理：宣昌茂

78. 索菲特郑州国际饭店
承建单位：河南省第五建筑安装工程有限公司
（承建范围：裙楼及主楼十八层至二十层装饰装修工程）
项目经理：王建强

79. 郑州市上街区电信大楼
承建单位：郑州康利达装饰工程有限公司
（承建范围：室内一层至六层、一层外立面装饰装修工程）
项目经理：于　斗

80. 周口迎宾馆
承建单位：河南省大鹏装饰工程有限公司
（承建范围：室内装饰装修工程）
项目经理：李文辉

湖北省（7个）

81. 武汉建银大厦
承建单位：武汉华达建筑装饰设计工程有限公司
（承建范围：一层至六层、二十九层至四十四层装饰装修工程）
项目经理：潘 俊

82. 华中电力集团科技综合楼
承建单位：湖北鼎元建筑装饰工程有限公司
（承建范围：外墙幕墙工程）
项目经理：胡春波

83. 长江三峡工程开发总公司总部大楼
承建单位：武汉凌云建筑装饰工程有限公司
（承建范围：外墙幕墙工程）
项目经理：徐 林

84. 武汉瑞通广场B座
承建单位：武建集团装饰工程有限公司
（承建范围：室内装饰装修工程）
项目经理：张远明

85. 宜昌长途电信枢纽大楼
承建单位：武汉一冶建筑安装工程有限责任公司
（承建范围：室内外装饰装修工程）
项目经理：吕永焰

86. 荆门地税局综合楼
承建单位：中国核工业第二二建设公司
（承建范围：室内外装饰装修工程总承包）
项目经理：孙原峰

87. 武汉武信大厦
承建单位：武汉华达建筑装饰设计工程有限公司
（承建范围：一层至三层装饰装修工程）
项目经理：冯荣远

湖南省（3个）

88. 长沙卷烟厂金沙利办公大楼
承建单位：湖南华天装饰有限公司
（承建范围：室内装饰装修工程）
项目经理：涂立山

89. 银港大厦
承建单位：湖南省中南建设装饰总公司
（承建范围：室内装饰装修工程总承包）
项目经理：方登科

90. 湖南省人民银行住宅综合楼
承建单位：湖南吉粤装饰有限公司
（承建范围：外墙幕墙工程）
项目经理：叶吉轩

广东省（13个）

91. 广东美术馆
承建单位：广东省集美设计工程公司
（承建范围：展厅、专业照明、内庭装饰装修工程）
项目经理：王中石
参建单位：广州市建筑机械施工有限公司装饰工程公司
（参建范围：大堂、廊道、办公室装饰装修工程）
项目经理：黄建东

92. 星海音乐厅
承建单位：广东省建筑装饰集团公司
（承建范围：大堂、演奏大厅、休息室、贵宾厅装饰装修工程）
项目经理：陈婵英

93. 中国大酒店
承建单位：广东省装饰总公司
（承建范围：咖啡厅、四层至七层、十四层装饰装修工程）
项目经理：阮文雄

94. 广州国际会议中心（东方鸣泉居会展中心）
承建单位：华辉装修建筑工程有限公司
（承建范围：商务楼、演奏台、中庭喷水池、宴会厅、会议厅、主楼首层柱廊、半地下层办公用房装饰装修工程）
项目经理：关 超

95. 广州宜安广场
承建单位：广州铝质装饰工程有限公司
（承建范围：外墙幕墙工程）
项目经理：吴颂荣

96. 南海枫丹白鹭酒店
承建单位：广州珠江装修工程公司
（承建范围：室内装饰装修工程）
项目经理：卓 菁

97. 孙中山纪念馆
承建单位：中山市环境艺术设计工程有限公司
（承建范围：室内装饰装修、布展工程）
项目经理：何锐强
参建单位：中山市机电安装有限公司
（参建范围：机电安装工程）
项目经理：郑国功
参建单位：中山市世纪视像系统工程有限公司
（参建范围：应用系统、多媒体系统工程）
项目经理：邱建球

98. 深圳市中级人民法院审判业务综合大楼
承建单位：深圳市文业装饰设计工程有限公司
（承建范围：一层至四层、九层、十层、二十一层装饰装修工程）
项目经理：徐学勇

99. 深圳华能大厦
承建单位：深圳市深装总装饰工程工业有限公司
（承建范围：外墙幕墙工程总承包）
项目经理：肖祥光
参建单位：深圳市建筑装饰（集团）有限公司
（参建范围：铝板幕墙工程）
项目经理：冯 翔

100. 深圳市电影大厦

承建单位：深圳市科源建筑装饰工程有限公司
（承建范围：外墙玻璃幕墙工程）
项目经理：黄伟栈

101．麒麟山庄一、五号别墅
承建单位：深圳市设计装饰工程公司
（承建范围：室内装饰装修工程）
项目经理：徐历唐　刘义华

102．珠海怡景湾大酒店
承建单位：深圳远鹏装饰设计工程有限公司
（承建范围：地下一层、一层至三层装饰装修工程）
项目经理：李建明

103．广州市天河时代广场友谊商店
承建单位：广州市美术公司
（承建范围：室内装饰装修工程及柜台造型布置）
项目经理：何旭和

广西自治区（3个）

104．广西政协大厦
承建单位：广西建林装饰工程有限责任公司
（承建范围：室内高级装饰部分及照明工程）
项目经理：韦静云
参建单位：广西建工集团第二建筑工程有限责任公司
（参建范围：外幕墙及部分室内装饰装修工程）
项目经理：蔡盛华
设计单位：广西建林装饰工程有限责任公司

105．广西人民会堂五地区厅
承建单位：广西建工集团桂港建筑装饰有限公司
（承建范围：室内装饰装修工程）
项目经理：温　中

106．广西图书音像电子批发中心大楼
承建单位：广西建工集团桂港建筑装饰有限公司
（承建范围：室内装饰装修及外雨蓬工程）
项目经理：张克勤

重庆市（3个）

107．重庆江北国际机场航站楼
承建单位：重庆金字塔装饰公司
（承建范围：改造装饰装修工程）
项目经理：张海文

108．重庆大都会海逸酒店
承建单位：西安发记营造建筑有限公司
（承建范围：室内装饰装修工程）
项目经理：刘　群

109．重庆半岛国际商务大厦
承建单位：重庆西南铝装饰工程有限公司
（承建范围：外墙幕墙工程）
项目经理：曾凡政

四川省（1个）

110．四川国信大厦
承建单位：四川华西建筑装饰工程有限公司
（承建范围：外墙幕墙工程）
项目经理：赵　平

贵州省（2个）

111．贵阳市星力百货瑞金店
承建单位：中建四局装饰工程公司
（承建范围：室内外装饰装修工程）
项目经理：刘炎斌

112．贵阳市时代广场百货公司
承建单位：贵州麦肯建筑装饰有限公司
（承建范围：室内外装饰装修工程）
项目经理：杨　光

云南省（3个）

113．昆明市检察院
承建单位：云南西部北大青鸟建筑装饰有限公司
（承建范围：大报告厅、一层大厅、小会议室、新闻发布中心、贵宾接待厅、检察长办公室装饰装修工程）
项目经理：范　勇

114．滇池温泉花园酒店
承建单位：云南白杨室内设计工程有限公司
（承建范围：一至九号楼装饰装修工程）
项目经理：金　彤

115．中保大厦
承建单位：云南旅游装饰工程有限公司
（承建范围：五层至二十二层、二十八层装饰装修工程）
项目经理：竺　强

陕西省（2个）

116．西安城运村体育馆
承建单位：西安西航集团铝业有限公司
（承建范围：点接式玻璃幕墙工程）
项目经理：任树东

117．咸阳市证券大厦
承建单位：西安市鑫龙建筑装饰工程有限公司
（承建范围：四层至十四层装饰装修工程）
项目经理：王建新

甘肃省（1个）

118．四方大酒店
承建单位：兰州南利装饰工程有限公司
（承建范围：室内装饰装修工程）
项目经理：罗俊彦

新疆自治区（1个）

119．.新疆美丽华大酒店
承建单位：深圳长城家俱装饰工程有限公司
（承建范围：室内装饰装修工程）
项目经理：张乃平　陈志辉

2002年全国建筑工程装饰奖获奖工程项目经理

（公共建筑装饰类，共109个工程）

一、北京市：（共10个工程）

1. 工程名称：北京国宾酒店
承建单位：深圳海外装饰工程公司
（承建范围：整体室内装饰装修）
项目经理：朱长富

2. 工程名称：北京保利大厦
承建单位：北京清华工美建筑装饰工程有限公司
（承建范围：剧院大堂、观众厅、贵宾休息厅、化妆间，饭店前厅、后厅、电梯厅、酒吧、茶苑，大厦西餐厅、中餐厅等装饰装修）
项目经理：戴永金

3. 工程名称：北京亚洲大酒店
承建单位：北京花旗建设发展有限公司
（承建范围：一至三层公共区域装饰装修）
项目经理：祁　羽

4. 工程名称：北京人民大会堂小礼堂
承建单位：北京市第一房屋修建工程公司
（承建范围：室内装饰装修）
项目经理：刘爱军

5. 工程名称：北京人民大会堂舞台、观众厅
承建单位：中国新兴建设开发总公司
（承建范围：改造装饰装修工程）
项目经理：刘华安

6. 工程名称：北京中华世纪坛
承建单位：深圳市建筑装饰（集团）有限公司
（承建范围：地下一层、地上三层装饰装修）
项目经理：李玉玺

7. 工程名称：北京中华世纪坛
承建单位：北京燕佳建筑工程有限公司
（承建范围：名人雕塑环廊、地上二层西方艺术馆、地下一层多媒体数字艺术馆等装饰装修）
项目经理：王福利
参建单位：北京中远广田装饰工程有限公司
（参建范围：二层南北门厅装饰装修）
项目经理：谭俊雄

8. 工程名称：北京东直门国际公寓
承建单位：江苏省建筑工程公司
（承建范围：室内装饰装修）
项目经理：曾　固

9. 工程名称：北京人民大会堂四川厅
承建单位：四川华西建筑装饰工程有限公司
（承建范围：室内装饰装修）
项目经理：李哈京

10. 工程名称：北京人民大会堂青海厅
承建单位：北京清华工美建筑装饰工程有限公司
（承建范围：室内装饰装修）
项目经理：张庆华

二、天津市：（共2个工程）

11. 工程名称：中国人民银行天津分行办公楼(灰楼)
承建单位：天津华惠安信装饰工程有限公司
（承建范围：办公楼室内外装饰装修）
项目经理：毕志东

12. 工程名称：天津市商业银行营业楼大厅
承建单位：天津建工集团装饰工程公司
（承建范围：营业大厅、地下代保管库内装饰装修）
项目经理：蔡联营

三、河北省：（共3个工程）

13. 工程名称：河北移动通讯公司石家庄分公司办公楼
承建单位：石家庄常宏建筑装饰工程有限公司
（承建范围：室内装饰装修）
项目经理：张少武

14. 工程名称：乐亭县乐泰大酒店
承建单位：唐山方舟建筑装饰工程有限公司
（承建范围：整体室内装饰装修）
项目经理：崔宣博

15. 工程名称：邢台电业局生产调度楼
承建单位：河北省四建装饰工程公司
（承建范围：大堂、会议室、营业厅、办公室、调度室等装饰装修）
项目经理：吴玉波

四、山西省：（共1个工程）

16. 工程名称：山西省人民政府四方院
承建单位：山西三利装饰有限公司
（承建范围：室内中庭（涉外会客厅）、首长办公室、会议室、休息室等室内装饰装修）
项目经理：王　建

五、内蒙古自治区：（共1个工程）

17. 工程名称：内蒙古华胜宾馆（现名神东宾馆）
承建单位：广东省建筑装饰集团公司
（承建范围：宾馆五层及地下一层的室内外装饰、机电安装、消防安装及配套工程）
项目经理：陈耿明

六、辽宁省：（共10个工程）

18. 工程名称：大连金石国际会议中心
承建单位：深圳市南利装饰工程公司
（承建范围：室内装饰装修）
项目经理：方荣植

19. 工程名称：大连金石国际会议中心
承建单位：大连盛大建筑装饰工程有限公司

（承建范围：三至五层大堂、中西餐厅、电梯间等装饰装修）

项目经理：王　强

20. 工程名称：大连金石国际会议中心

承建单位：大连建筑设计装饰工程公司

（承建范围：地下一层、一至二层等装饰装修）

项目经理：王继伟

21. 工程名称：辽宁省邮电管理局办公楼

承建单位：澳连建筑装饰工程有限公司

（承建范围：一二层装饰装修）

项目经理：张　颖

22. 工程名称：沈阳二十一世纪大厦

承建单位：沈阳白云穗港装饰工程有限公司

（承建范围：一层大堂、高务中心、办公室、电梯间、二至三层等装饰装修）

项目经理：李英杰

23. 工程名称：沈阳皇朝万豪酒店

承建单位：沈阳瑞德装饰工程有限公司

（承建范围：二层金钱酒吧等装饰装修）

项目经理：赵铁桥

24. 工程名称：中信实业银行大连开发区分行营业楼

承建单位：大连乾豪建筑装饰工程有限公司

（承建范围：室内装饰装修）

项目经理：傅义东

25. 工程名称：大连阿尔滨康乐中心

承建单位：大连阿尔滨集团装饰工程有限公司

（承建范围：宾馆和康乐两部分装饰装修）

项目经理：袁　东

26. 工程名称：中国工商银行大连市旅顺口支行营业楼

承建单位：大连盛大建筑装饰工程有限公司

（承建范围：一至二层大堂，营业区、办公区、会议室、多功能厅等装饰装修）

项目经理：周文鹏

27. 工程名称：沈阳军区总医院门诊急诊楼

承建单位：辽宁荣昌装饰装修工程有限公司

（承建范围：一层门诊急诊大厅、各诊室、二至四层回廊、多功能厅、贵宾厅等装饰装修）

项目经理：常新斌

七、吉林省：（共2个工程）

28. 工程名称：空军长春第二航空学院外训宾馆

承建单位：长春东方装璜工程有限公司

（承建范围：整体室内装饰装修）

项目经理：李宝明

29. 工程名称：延吉市邮政大厦

承建单位：长春长江装饰装璜有限公司

（承建范围：室内装饰装修）

项目经理：温铁男

八、黑龙江省：（共6个工程）

30. 工程名称：黑龙江省医院门诊急救中心

承建单位：黑龙江国光建筑装饰工程有限公司

（承建范围：大堂、会议室、阅览室、病房、办公室、诊疗室、手术室等装饰装修）

项目经理：姜植奎

31. 工程名称：大庆建设大厦

承建单位：黑龙江省喜盈门建筑装饰工程有限公司

（承建范围：办公区大堂、交易厅、四季厅、招投标大厅、多功能厅、贵宾厅、报告厅等装饰装修）

项目经理：王宝成

参建单位：哈尔滨市亚泰装饰工程有限公司

（参建范围：餐厅、舞厅、保龄球馆等装饰装修）

项目经理：汪海波

32. 工程名称：鹤岗九州大酒店

承建单位：黑龙江四海园装饰有限公司

（承建范围：一至二层室内装饰装修）

项目经理：屈凤祥

33. 工程名称：佳木斯机场候机楼

承建单位：佳木斯蓝鲸建筑装饰工程有限公司

（承建范围：室内、吊顶、墙面、顶面、白钢门、卫生间等装饰装修）

项目经理：何广高

34. 工程名称：金宝利商务酒店

承建单位：黑龙江高维建筑装饰工程有限公司

（承建范围：地上五层、地下一层室内装饰装修）

项目经理：孙连胜

35. 工程名称：哈尔滨锦秀教化电子大世界

承建单位：黑龙江锦秀建筑装饰工程有限公司

（承建范围：办公区、活动区、小吃广场、会议区等室内装饰装修）

项目经理：胡可全

九、上海市：（共11个工程）

36. 工程名称：上海市第二中级人民法院审判法庭办公楼

承建单位：上海市建筑装饰工程有限公司

（承建范围：二至四层大堂、共享空间、贵宾室、办公室、法庭、电梯间等室内装饰装修）

项目经理：徐　欣

37. 工程名称：中国工商银行上海市分行营业部大楼

承建单位：上海建筑装饰（集团）有限公司

（承建范围：一至六层结构加固装饰总承包，一至三层室内装饰装修）

项目经理：朱跃星

38. 工程名称：建行上海分行科教中心

承建单位：上海蓝天房屋装饰工程公司

（承建范围：八至十一层室内装饰装修）

项目经理：郭夕山

39. 工程名称：上海市浦东新区政府行政办公中心

承建单位：上海东江建筑装饰工程有限公司

（承建范围：九至十三层室内装饰装修）

项目经理：朱亮生

40. 工程名称：上海民防大厦

承建单位：上海市第七建筑有限公司
（承建范围：一层、二层、五层、三十一层装饰装修）
项目经理：丁炳国

41. 工程名称：上海太平洋百货站前店
承建单位：上海华亮建筑装饰有限公司
（承建范围：一至二层室内装饰装修）
项目经理：储桂清

42. 工程名称：中国民生银行上海分行
承建单位：上海建筑装饰（集团）有限公司
（承建范围：一至二层室内装饰装修）
项目经理：李庆华

43. 工程名称：上海会计学院
承建单位：上海新丽装饰工程有限公司
（承建范围：教师公寓、娱乐中心、餐厅及信息中心等室内装饰装修）
项目经理：倪永桃

44. 工程名称：上海会计学院
承建单位：上海市建筑装饰工程有限公司
（承建范围：教学楼、BC 学生公寓室内装饰装修）
项目经理：邓惠根

45. 工程名称：上海大剧院南区
承建单位：深圳市洪涛装饰工程公司
（承建范围：室内装饰装修）
项目经理：宋　冬

46. 工程名称：上海静安广场
承建单位：上海海直建设工程公司
（承建范围：裙房一至四层室内装饰装修）
项目经理：蔡荣根

十、江苏省：（共 6 个工程）

47. 工程名称：昆山市周庄宾馆
承建单位：苏州工业园区国发国际建筑装饰工程有限公司
（承建范围：室内外装饰装修）
项目经理：孙智明

48. 工程名称：江阴市海澜集团会展中心
承建单位：苏州金螳螂建筑装饰有限公司
（承建范围：整体室内装饰装修）
项目经理：夏明泉

49. 工程名称：南京丁山香格里拉大酒店
承建单位：苏州金螳螂建筑装饰有限公司
（承建范围：大堂、酒吧、三层、八至九层室内装饰装修）
项目经理：杨　震

50. 工程名称：无锡太湖饭店
承建单位：深圳长城家俱装饰工程有限公司
（承建范围：一层大厅室内装饰装修）
项目经理：李永春

51. 工程名称：无锡太湖饭店
承建单位：苏州金螳螂建筑装饰有限公司
（承建范围：二层餐厅、会议中心、会见厅，地下游泳池、多功能厅等室内装饰装修）
项目经理：朱兴泉

52. 工程名称：无锡丽湖花园度假村(无锡邮电职工休养所)
承建单位：上海蓝天房屋装饰工程公司
（承建范围：接待楼室内外装饰、地下室、地上一层餐厅装饰装修）
项目经理：顾　磊

十一、山东省：（共 5 个工程）

53. 工程名称：济南市银行电子结算中心
承建单位：山东剑桥装饰工程有限公司
（承建范围：一至十六层室内装饰装修）
项目经理：刘永伦

54. 工程名称：临淄区地税局办税服务厅
承建单位：山东高阳建设公司
（承建范围：室内装饰装修）
项目经理：常祖庆

55. 工程名称：济南贵和皇冠假日酒店
承建单位：青岛东亚建筑装饰有限公司
（承建范围：中庭区及客房装饰装修）
项目经理：郭同华

56. 工程名称：山东济南胜利大厦
承建单位：山东万得福装饰工程有限公司
（承建范围：大堂、地下餐厅、职工餐厅、电梯厅、大会议室、董事会会议室、普通办公区等装饰装修）
项目经理：董延永

57. 工程名称：莱芜市电信局第二枢纽大楼
承建单位：山东精英装饰有限公司
（承建范围：营业大厅、电梯厅、领导办公室、会议室、接待室、十一至十六层普通办公室、开放办公区、十九层餐厅等装饰装修）
项目经理：金胜虎

十二、安徽省：（共 1 个工程）

58. 工程名称：黄山花溪饭店
承建单位：合肥建工装饰工程有限责任公司
（承建范围：整体室内装饰装修）
项目经理：许家庭

十三、浙江省：（共 10 个工程）

59. 工程名称：衢州电信枢纽大楼
承建单位：浙江耀江建设集团股份有限公司
（承建范围：主楼底层门厅、八至十一层办公用房、营业用房的室内装饰装修）
项目经理：林永辉

60. 工程名称：嘉兴香溢大酒店
承建单位：浙江雅迪装饰工程有限公司
（承建范围：一至五层、十四至十五层室内装饰装修）
项目经理：陈　刚

61. 工程名称：浙江省肿瘤医院病房大楼
承建单位：浙江省长城建设集团股份有限公司
（承建范围：室内外装饰装修）
项目经理：李祖廖

62．工程名称：浙江康莱特药业有限公司综合楼
承建单位：武林建筑工程有限公司
（承建范围：室内装饰装修）
项目经理：张洪梁

63．工程名称：海宁市信用联社综合用房
承建单位：浙江八达建设集团有限公司
（承建范围：五至十六层室内装饰装修）
项目经理：蒋贤国

64．工程名称：海宁市信用联社综合用房
承建单位：浙江亚厦装饰集团有限公司
（承建范围：一至四层室内装饰装修）
项目经理：谢兴龙

65．工程名称：中国人民银行台州市中心支行办公楼
承建单位：浙江省大自然建筑装饰工程有限公司
（承建范围：一至五层室内装饰装修）
项目经理：王汝岳

66．工程名称：义乌信联大厦
承建单位：浙江广艺建筑装饰工程有限公司
（承建范围：室内装饰装修）
项目经理：陆妙贤

67．工程名称：杭州城市花园酒店
承建单位：浙江亚厦装饰集团有限公司
（承建范围：一层大堂、中庭、西餐厅、一至三层公共区域、二十三至二十八层套房、总统套房、观光餐厅等室内装饰装修）
项目经理：谢兴龙

68．工程名称：杭州城站广场
承建单位：深圳海外装饰工程公司
（承建范围：地下一层、一至二层全部室内装饰装修）
项目经理：刘　轶

十四、福建省：（共5个工程）

69．工程名称：晋江电力大厦
承建单位：福建嘉华装饰工程有限公司
（承建范围：一至二十一层整体室内装饰装修）
项目经理：陈笔林

70．工程名称：厦门悦华会展酒店
承建单位：厦门辉煌装修工程有限公司
（承建范围：一至五层整体装饰装修）
项目经理：邹明俐

71．工程名称：厦门海沧大桥东锚碇桥梁建设展示馆
承建单位：厦门路桥景观艺术公司
（承建范围：四层装饰装修及展馆展品制作、布展工程）
项目经理：林少敏

72．工程名称：福州市人民检察院办案大楼
承建单位：福州经济技术开发区时代装修有限公司
（承建范围：中区五至八层、东区一至十三层室内装饰装修）
项目经理：吴建生

73．工程名称：南安大酒店
承建单位：泉州市豪太装饰工程有限公司
（承建范围：大堂及一至三层室内装饰装修）
项目经理：孙建国

十五、河南省：（共2个工程）

74．工程名称：河南省口岸系统EDI管理服务中心
承建单位：中国建筑第七工程局
（承建范围：一至五层室内装饰装修）
项目经理：隋学儒
参建单位：中国建筑第八工程局装饰公司
（参建范围：六至十二层室内装饰装修）
项目经理：黄明生

75．工程名称：郑州航院教学科研综合楼
承建单位：河南省第一建筑工程有限责任公司
（承建范围：室内楼地面、墙面、大小门厅等室内装饰装修）
项目经理：许　巍
参建单位：河南中泓装饰设计工程有限公司
（参建范围：走廊、电梯间、卫生间、造型顶棚、雨篷等装饰装修）
项目经理：张炜庆

十六、湖北省：（共4个工程）

76．工程名称：武汉亚洲心脏病医院
承建单位：武汉豪强装饰工程有限公司
（承建范围：室内装饰装修）
项目经理：李少杰

77．工程名称：中南财经政法大学教学办公楼
承建单位：武汉华达建筑装饰设计工程有限公司
（承建范围：办公楼、教学楼、国际学术报告厅及阅卷中心等装饰装修）
项目经理：潘　俊

78．工程名称：武汉长江置地有限公司办公大楼
承建单位：深圳市极尚建筑装饰设计工程有限公司
（承建范围：大堂、多功能厅、电梯厅、楼梯等装饰装修）
项目经理：罗进武

79．工程名称：工商银行武汉江岸支行营业办公大楼
承建单位：深圳市新鹏都装饰工程有限公司
（承建范围：一至四层、屋顶花园等室内装饰装修）
项目经理：余朝阳

十七、湖南省：（共3个工程）

80．工程名称：长沙市中心医院老干保健中心
承建单位：湖南通程建筑装饰工程有限公司
（承建范围：整体室内装饰装修）
项目经理：唐伟明

81．工程名称：湖南省电子出版大楼
承建单位：湖南华天装饰有限公司
（承建范围：大楼室外外墙装饰装修）
项目经理：涂立山

82．工程名称：津市移动大楼营业厅
承建单位：长沙市新宇建筑装饰工程有限公司
（承建范围：室内装饰装修）
项目经理：李德忠

十八、广东省：（共11个工程）

83. 工程名称：深圳市税务征收综合办公楼
承建单位：深圳市华南装饰设计工程有限公司
（承建范围：五层、七至八层、十一至十二层、十六至二十六层、三十七至三十八层等室内装饰装修）
项目经理：罗汉荣

84. 工程名称：深圳华为科研电气楼
承建单位：深圳华丽装修家私企业公司
（承建范围：一至四层室内精装修）
项目经理：梁志明

85. 工程名称：深圳圣廷苑酒店
承建单位：深圳市文业装饰设计工程有限公司
（承建范围：一至四层、二十八至二十九层室内装饰装修）
项目经理：徐学勇

86. 工程名称：深圳嘉汇百货商场
承建单位：深圳市科源建筑装饰工程有限公司
（承建范围：室内装饰装修）
项目经理：庄伟明

87. 工程名称：南海枫丹白鹭酒店二期装饰工程
承建单位：广州珠江装修工程公司
（承建范围：第二期别墅区室内装饰装修）
项目经理：卓　菁

88. 工程名称：顺德华桂园C座
承建单位：广东中泓设计工程有限公司
（承建范围：室内外装饰装修）
项目经理：陈文波

89. 工程名称：广东省电信规划设计院办公楼
承建单位：广州市第三装修有限公司
（承建范围：十三至十五层装饰装修）
项目经理：廖钢传

90. 工程名称：广东省南海市电力调度综合楼
承建单位：广东省装饰总公司
（承建范围：一至十九层装饰装修）
项目经理：阮文雄

91. 工程名称：广州市经济技术开发区外商活动中心
承建单位：广东省建筑装饰集团公司
（承建范围：一层二层、地下一层室内装饰装修）
项目经理：谷　峰

92. 工程名称：广州市麓湖阁商住楼
承建单位：广州珠江装修工程公司
（承建范围：南北塔入口、大堂、电梯厅、过廊、各户型装饰装修）
项目经理：李为民

93. 工程名称：广州市大都会广场
承建单位：广州市第四装修有限公司
（承建范围：室内外装饰装修）
项目经理：黄耀方

十九、广西自治区：（共3个工程）

94. 工程名称：桂林高尔夫乡村休闲世界度假酒店
承建单位：广西建工集团桂港建筑装饰有限公司
（承建范围：室内装饰装修）
项目经理：昌　武

95. 工程名称：广西路桥大厦（金都大酒店）
承建单位：湛江市粤西建筑工程公司南宁分公司
（承建范围：大堂、夜总会、中西餐厅、多功能厅、会议厅等室内装饰装修）
项目经理：李永仁

96. 工程名称：广西北海甲天下国际大酒店
承建单位：广西建林装饰工程有限责任公司
（承建范围：室内装饰装修）
项目经理：卓国雄

二十、海南省：（共2个工程）

97. 工程名称：海南太阳城大酒店
承建单位：海南雅园装饰工程有限公司
（承建范围：大堂、中餐厅、会议中心、康体中心、客房装饰装修）
项目经理：王　凯

98. 工程名称：博鳌金海岸温泉大酒店
承建单位：海南金海岸装饰工程有限公司
（承建范围：室内装饰装修）
项目经理：杨书发

二十一、重庆市：（共5个工程）

99. 工程名称：重庆地王广场
承建单位：重庆宏图装饰工程有限公司
（承建范围：外立面及室内装饰装修）
项目经理：陈发全

100. 工程名称：重庆美术馆
承建单位：重庆金字塔装饰公司
（承建范围：展厅、门厅、会议厅、多功能厅等室内装饰装修）
项目经理：王　以

101. 工程名称：重庆人民大礼堂
承建单位：重庆港庆建筑装饰有限公司
（承建范围：室内装饰装修）
项目经理：黎　春

102. 工程名称：重庆武隆仙女华邦酒店
承建单位：重庆皇城装饰工程公司
（承建范围：大堂、餐厅、茶室、客房、套房、夜总会等室内装饰装修）
项目经理：李会军

103. 工程名称：第三军医大学新桥医院综合餐厅
承建单位：重庆天美装饰工程有限公司
（承建范围：室内装饰装修）
项目经理：何　勇

二十二、四川省：（共3个工程）

104. 工程名称：成都皇城老妈餐饮中心
承建单位：中铁二局集团装饰装修工程有限公司
（承建范围：一至五层室内装饰、正立面外墙装饰装修）
项目经理：王才旭

105. 工程名称：四川农业大学逸夫教学楼
承建单位：四川华西建筑装饰工程有限公司
（承建范围：室内装饰装修）
项目经理：白成冀
106. 工程名称：成都天府丽都喜来登饭店
承建单位：南京金陵建筑装饰有限责任公司
（承建范围：裙楼一至四层室内装饰装修）
项目经理：车春保

二十三、贵州省：（共1个工程）

107. 工程名称：贵州贵龙饭店
承建单位：深圳长城家俱装饰工程有限公司
（承建范围：一至九层室内装饰装修）
项目经理：李应进

二十四、云南省：（共1个工程）

108. 工程名称：昆明市汽车客运新南站
承建单位：云南建设装璜有限责任公司
（承建范围：一楼及附楼一二楼室内装饰装修）
项目经理：徐志军

二十五、甘肃省：（共1个工程）

109. 工程名称：兰州明德宫酒店
承建单位：甘肃兰穗装饰工程有限责任公司
（承建范围：室内外装饰装修）
项目经理：蒋连才

2002年全国建筑工程装饰奖获奖工程项目经理

（建筑幕墙类，共22个工程）

1. 工程名称：北京凯旋大厦
承建单位：北京磊鑫装饰设计工程有限公司
项目经理：曹向东
2. 工程名称：北京北航活动中心
承建单位：沈阳黎明门窗幕墙制造安装工程公司
项目经理：李春江
3. 工程名称：邢台电业局生产调度楼
承建单位：沈阳黎东幕墙装饰有限公司
项目经理：刘　昆
4. 工程名称：晋城煤炭交易中心综合楼
承建单位：石家庄市海山建筑装饰工程总公司
项目经理：胡德军
5. 工程名称：大连森林动物园热带雨林馆
承建单位：大连红太装饰工程公司
项目经理：隋世权
6. 工程名称：沈阳市科学宫宇宙天象馆穹幕影院
承建单位：沈阳黎东幕墙装饰有限公司
项目经理：赵成志
7. 工程名称：辽宁省新华书店图书音像配送中心大楼
承建单位：辽宁泰丰铝业装饰工程有限公司
项目经理：魏　鹏
8. 工程名称：沈阳二十一世纪大厦
承建单位：沈阳远大铝业工程有限公司
项目经理：徐以新
9. 工程名称：大连金石国际会议中心
承建单位：大连红太装饰工程公司
项目经理：隋世权
10. 工程名称：上海民防大厦
承建单位：和兴玻璃铝业（上海）有限公司
项目经理：周庆成
11. 工程名称：上海建设大厦
承建单位：武汉凌云建筑装饰工程有限公司
项目经理：叶正军
12. 工程名称：洛阳市电信大楼
承建单位：武汉凌云建筑装饰工程有限公司
项目经理：黄忠新
13. 工程名称：荆州电信枢纽大楼
承建单位：湖北高艺装饰工程有限公司
项目经理：夏天麓
14. 工程名称：长沙黄花机场航站楼
承建单位：武汉凌云建筑装饰工程有限公司
项目经理：邓小新
15. 工程名称：长沙黄花机场航站楼
承建单位：西安飞机工业装饰装修工程股份有限公司
项目经理：刘守斌
16. 工程名称：深圳电子科技大厦
承建单位：深圳市金粤幕墙装饰工程有限公司
项目经理：庄舜耀
17. 工程名称：深圳市邮电枢纽信息大厦
承建单位：深圳市深建华辉装饰工程有限公司
项目经理：梁惠书　王海军　庄志伟
18. 工程名称：四川省地税局综合楼
承建单位：四川华西建筑装饰工程有限公司
项目经理：陈家正
19. 工程名称：西安开元商城
承建单位：江苏省建伟幕墙装饰工程有限公司
项目经理：朱　敏
20. 工程名称：陕西国家安全厅办公大楼
承建单位：陕西艺林实业有限责任公司
项目经理：蔡回信
21. 工程名称：咸阳财苑大厦
承建单位：西安西航集团铝业有限公司
项目经理：肖海利
22. 工程名称：甘肃省广播电视中心
承建单位：甘肃省建筑企业兰山装饰设计工程公司
项目经理：郝安

关于公布“2003年首届全国建筑装饰行业优秀科技论文”的决定

中装协[2003] 37号

为贯彻“三个代表”，推动建筑装饰行业先进生产力的发展，全面提升我国建筑装饰行业发展的质量，经建设部批准，中国建筑装饰协会于2003年9月21日～23日在北京召开“全国建筑装饰行业科技大会”。这是我国建筑装饰行业发展具有里程碑意义的大事。为了开好这次大会，中国建筑装饰协会研究决定，进行“2003年首届全国建筑装饰行业优秀科技论文”的评选。这是一项十分重要的行业创新工作。

经业内71位推荐人和31个推荐单位的推荐，经全国建筑装饰行业优秀科技论文评审委员会和编辑委员会的认真评议，共评出2003年首届全国建筑装饰行业优秀科技论文110篇，作者共130人。中国建筑装饰协会在“全国建筑装饰行业科技大会”上颁发证书，《2003年首届全国建筑装饰行业优秀科技论文集》同时出版发行。

现公布“2003年首届全国建筑装饰行业优秀科技论文”如下（排序不分先后）。

附：2003年首届全国建筑装饰行业优秀科技论文目录

中国建筑装饰协会

二〇〇三年九月二十一日

2003年首届全国建筑装饰行业优秀科技论文

论文题目	作者单位	作者
科学管理篇·行业管理		
关于建筑装饰行业应对WTO的几点意见	中国建筑装饰协会	马挺贵
入世后建筑装饰业市场环境的变化和几点战略性思考	中国建筑装饰协会	徐朋
对新世纪中国室内设计业若干问题的思考	清华大学美术学院环艺系	张世礼
北京市建筑装饰企业面对我国入世对策的探讨	北京市建筑装饰协会	朱希斌
从入世谈建筑装饰业发展战略	安徽安兴装饰工程有限责任公司	陶余桐
加强装饰行业管理 理顺职能交叉关系	安徽省建筑装饰协会	李增堂
装饰工程评奖的良好开端	黑龙江建筑装饰协会	赵兴斌
入世将加速人力资源的开发和建设	中国建筑装饰协会培训管理部	王燕鸣
加入WTO后建筑装饰企业必须及时调整人才策略	北京港源建筑装饰工程有限公司	王波
以有特色的核心竞争力来应对入世	上海市建筑装饰工程有限公司	谢建伟
入世后我国建筑装饰企业出路的思考	广东省建筑装饰集团公司	陈婵英
安徽装饰企业在加入WTO缓冲期内应有的策略	安徽华誉装饰工程有限公司	杨海波
科学管理篇·企业管理		
市场细分与装饰企业专业化	北京市建筑装饰协会	郭仁智
对我国装饰企业如何建立核心竞争力的一点认识	中国建筑装饰协会	黄白
企业核心竞争力	深圳市新鹏都装饰工程有限公司	潘育明
创新力 公信力 整合力	黑龙江国光建筑装饰工程有限公司	魏光
不断学习 挑战自我 挖掘潜能	江西省美华建筑装饰工程有限责任公司	汤瑞兴
装饰企业发展靠科技资源管理	沈阳黎东幕墙装饰有限公司	赵铁利 赵佳
提高建筑装饰工程科技质量的一点认识	广州珠江装修工程公司	曾东
论现代装饰企业领导者知识体系架构	山东剑桥装饰工程有限公司	陈蕾
建筑装饰工程设计合同亟待重视	温州云艺装饰有限公司	周迎春
建筑装饰工程招标投标	中国建筑装饰协会信息咨询委员会专家组	吴承辉
建筑装饰工程的开工管理和竣工管理	中国建筑装饰协会信息咨询委员会专家组	陈晋楚
略谈装饰工程项目管理措施	中建三局深圳装饰设计工程公司	张明铁
要搞“大装饰”	北京城乡建设集团有限责任公司	姜立贵
用ISO14001规范装饰企业环境行为	北京港源建筑装饰工程有限公司	李瑞林
重庆大都会广场——海逸酒店室内装修工程管理方法	西安发记营造建筑有限公司	刘兆培
提升“南利装饰”企业科学管理新境界	深圳市南利装饰工程公司	张玮文
浅谈建筑装饰装修工程监理	天津市建筑工程监理公司	张维民

科学管理篇·装饰文化		
城市装饰与民俗文化	深圳市建筑装饰（集团）有限公司	汪家玉
设计师的文化体验	深圳市极尚建筑装饰市场工程有限公司	倪　阳
室内设计篇·环境保护		
室内环境与绿色设计	清华大学美术学院环境艺术系	郑曙旸
我国健康空间装饰设计的现状与发展趋势	中国建筑装饰协会	田万良　王本明
居室环境空气质量与绿色装饰材料	中国新型建筑材料专业委员会	王少南
住宅室内空气污染及其控制	安徽建筑工业学院环境工程系	张　虎
空气湿度与人体健康	北京亚都科技股份有限公司	何鲁敏
构建室内设计的"绿色"未来	大连理工大学室内设计研究所	唐　建
关于SARS引起的对健康居住环境的思考	中国建筑学会室内设计分会	饶良修
浅谈绿色建筑与装修	广西建林装饰工程有限责任公司	谭　谦
山东交通学院图书馆——生态建筑及其室内设计探索	清华大学建筑学院	邹瑚莹
重视室内装饰装修材料的科学配置	国家建筑工程质量监督检验中心	何星华　熊　伟
室内设计篇·理论研究		
室内设计——勇敢迎接新世纪的挑战	江苏省建筑装饰设计研究院	李　宁
科技与创新设计	中央美术学院	张绮曼
"经济设计"——中国室内设计之路	大连轻工业学院艺术设计学院	任文东
建筑室内与环境艺术设计人才的素质及能力培养	华中科技大学建筑与城市规划学院艺术设计系	辛艺峰
论建筑室内设计硬性条件与弹性条件	广州市第三装修有限公司	孔德波
论室内设计与建筑设计的同步与协调	天津市建设装饰工程公司	孙　盛
建筑室内设计施工图水平的提高及能力的培养	广西建工集团桂港建筑装饰有限公司	刘宇青
酒店设计的地域性和文化性	苏州金螳螂建筑装饰有限公司	王　琼
关于装饰设计的未来性风格的探讨	山东永隆装饰工程有限公司	褚延梁　储艳洁
以创新为己任的新生代 ——简论青年室内建筑师创作思想的若干特点	《中国建筑装饰装修》杂志社	于　冰
室内设计篇·实践心得		
室内设计中"光"的艺术构成	清华大学建筑学院	王炜钰
分离与联系——室内布光方式的层次化原则	深圳市洪涛装饰工程公司	易　沙
论室内设计中自然光线的重要作用	大连中信建筑设计装饰工程有限公司	盖永成
有感于冬日的阳光——兼论物与心	苏州金螳螂建筑装饰有限公司	王　琼
从深圳市文化中心室内设计看矶崎新建筑构成元素的运用	深圳瑞和装饰工程有限公司	徐应祥
冲突中寻求功能与艺术的完美结合	河北斯特龙装饰工程有限公司	赵军秀
关于五星级酒店室内设计的比较研究	深圳长城家俱装饰工程有限公司	成湘文
	深圳市博美设计有限公司	郭利欣
源于环境　亦情亦理 ——酒店建筑与室内外环境设计趋势探新	同济大学建筑系	来增祥
创意　清新　亲切的人性化办公环境	深圳市建筑装饰（集团）有限公司	阮　斌
厕所文化营造与公厕室内设计	深圳市洪涛装饰工程公司	江崇元
	深圳新科特种装饰工程公司	楚梦兰
创建照片级真实感建筑室内效果图技巧	天津市建设装饰工程公司	项　东
浅谈室内设计软件的发展趋势	广州市圆方计算机软件工程有限公司	周书毅　许　磊
室内装修施工篇		
计算机技术在复杂形状地面施工测量放线中的应用	广东省建筑装饰集团公司	陈婵英　谷　峰
大面积空心玻璃砖阳台外墙工艺技术探讨	北京建谊建筑工程有限公司	李文忠
大规格瓷板干挂的施工工艺	广东建雅室内工程设计施工有限公司	王慧千
寒冷地区纸面石膏板吊顶接缝不开裂控制技术研讨	黑龙江华瑞建筑装饰公司	贾　金
	黑龙江省建筑装饰协会	赵兴武　郭　勇
贴金、扫金与台柜混合结构配置体施工工艺	上海市建筑装饰工程有限公司	程志平
从构思到实施——南京丁山香格里拉大酒店装修施工纪实	苏州金螳螂建筑装饰有限公司	杨　震
注重装修特殊性　研究创优新办法	厦门华丽设计装修工程有限公司	姜　辉

外墙装饰质量通病的防治措施	深圳市东部开发集团有限公司	马可理
实现工业化部品集成现场装修施工	山东福斯特建筑装饰有限公司	任建国
引进国外新技术　实现工厂化装修	大连嘉丽装饰工程有限公司	罗森麟
建筑防火涂料与火灾自动报警系统	中国建筑科学研究院建筑防火研究所	李引擎
我国建筑电气规范应与国际接轨	中国航空工业规划设计研究院	王厚余
浅谈百叶窗在装饰中的作用	湖北鼎元建筑装饰工程有限公司	胡春波
幕墙工程篇·幕墙管理		
石材幕墙干挂施工安全管理的五大隐患	中国建设机械总公司建筑门窗幕墙设计研究所	李怀亮　毕志明
建筑幕墙施工的科学安全管理	广州铝质装饰工程有限公司	黄永涛
加强质量控制　多创精品工程	沈阳黎东幕墙装饰有限公司	张　莉　于成业　罗正阳
铝合金隐框玻璃幕墙隐患的洞察	沈飞集团松陵铝合金结构公司	赵树清
幕墙工程篇·幕墙设计		
双层通风幕墙	中国建筑科学研究院	赵西安
点支式玻璃幕建筑结构设计分析中的若干问题	清华大学建筑玻璃与金属结构研究所	李少甫
点支式玻璃幕墙张拉索杆结构设计原理	中国建筑装饰协会铝制品委员会专家组	张　芹
浅析现阶段点支式玻璃幕墙设计中存在的几个问题	深圳市坚朗建材有限公司	白宝鲲
玻璃幕墙节能环保技术进展	深圳市方大集团股份有限公司装饰工程设计院	邵长健　张　宏
宁波栎社机场预应力索结构点支式幕墙设计	民航华东机场建筑设计研究院	秦　芸
	深圳三鑫特种玻璃技术股份有限公司	刘长龙　韩平元
	中国建筑科学研究院	赵西安
广州国际会议展览中心抓点式玻璃幕墙的设计	深圳三鑫特种玻璃技术股份有限公司	许水金　刘长龙
	华南理工大学建筑设计研究院	杨叔庸
预应力索桁架在玻璃幕墙支承体系中的应用	东南大学土木工程学院	刘军进　吕志涛
单向受力拉索点支式玻璃幕墙的力学分析	中国建筑装饰协会铝制品委员会专家组	龙文志
新型高强防火玻璃	广东金刚玻璃科技股份有限公司	夏卫文　杨建军
高强单片防火玻璃在建筑中的应用	广东金刚玻璃科技股份有限公司	黄庆文
浅谈玻璃采光顶的发展与设计	大连大学土建系	陈晓蔓
幕墙工程篇·幕墙施工		
论点支式玻璃幕墙的安装施工	深圳市南利装饰工程公司	吴志坚
单元式幕墙技术的一些改进	中国新兴建设开发总公司装饰公司	蒋旭二
石材干挂施工的一点创新	山东省建筑装饰装潢公司	闫学刚
建筑外装修若干施工新技术的应用	山东万得福装饰工程有限公司	林　擘　杨德华　吴珍志
建筑幕墙结构连接的应用	济南市建筑工程质量监督站	周　珊　唐四新
玻璃幕墙渗水原因分析及防治措施	广州铝质装饰工程有限公司	吴颂荣
建筑幕墙抗震性能的试验研究	深圳市方大装饰工程有限公司	谢士涛
	中国建筑科学研究院	赵西安
幕墙工程金属结构的腐蚀与防护	深圳市方大装饰工程有限公司	曾　军　刘升华
明框玻璃幕墙现场施工技术	广西建林装饰工程有限责任公司	周永毅
家庭装修篇		
关于上海市家庭装饰行业和市场状况的调查报告	上海市装饰装修行业协会	忻国樑　赵　海
关于北京市家装投诉居高不下的调研报告	北京市家装投诉问题调研课题组	黄　白
中外住宅装饰装修的比较研究	中国建筑装饰协会	王本明
住宅装饰装修发展　新特点与新趋势	中国建筑装饰协会信息咨询委员会专家组	鲁心源
从“三农”高度看家装“游击队”问题	江西省装饰行业协会	曾凡珩
居住建筑室内装饰装修中不容忽视的几个科学问题	华中科技大学建筑与城市规划学院艺术设计系	辛艺峰
对兰州家庭装饰市场的经济分析及预测	甘肃省城乡规划设计研究院	丁琪慧
家装工程程序和作业要点	河南省建筑装饰协会	王晓惠　张　顼　赵峰伟
家装与公装的管理不同点	北京阔达建筑装饰工程有限责任公司	曹安闽

关于表彰“全国建筑装饰工程科技奖”的决定

中装协[2003]45号

我国建筑装饰行业经过20多年的发展，科技水平有了很大提高，建成了一大批有科技含量的建筑装饰工程。为了推动全行业科技进步，更好的发挥样板工程的示范作用，中国建筑装饰协会为配合“全国建筑装饰行业科技大会”的召开，决定进行“全国建筑装饰工程科技奖”的表彰活动，经会员企业自报，各地方建筑装饰协会初审和推荐，中国建筑装饰协会组织专家评审，共有50项建筑装饰工程，获得首届“全国建筑装饰工程科技奖”，并将在2003年9月21日～23日召开的“全国建筑装饰行业科技大会上”进行表彰，颁发证书和奖杯（获奖工程名单附后）。

希望全国建筑装饰企业以获奖单位为榜样，以获奖项目为示范，以建筑装饰行业拟示范、推广的10项新施工技术为依据，积极推广新技术，研发新技术，加大工程的科技含量，共同为推动行业科技进步做出新贡献。

中国建筑装饰协会

二〇〇三年九月二十一日

全国建筑装饰工程科技奖名单

项目名称	承建商单位名称
1. 北京植物园展览温室玻璃幕墙工程	珠海市晶艺玻璃工程有限公司
2. 土城电话局四季中庭玻璃幕墙工程	珠海市晶艺玻璃工程有限公司
3. 北京一中院2号楼装修改造工程	北京贝盟国际建筑装饰工程有限公司
4. 中国石化技术开发公司办公楼装修工程	北京港源建筑装饰工程有限公司
5. 北京京西宾馆会议楼装饰工程	北京建工一建工程建设有限公司装饰工程分公司
6. 北京市朝阳区政府新办公楼幕墙工程	北京磊鑫装饰设计工程有限公司
7. 中国建筑文化中心装饰工程	中国建筑装饰工程公司
8. 上海科技城室内装修工程B标段小球体	北京港源（上海）建筑装饰工程有限公司
9. 上海静安广场装饰工程	上海海直建设工程公司
10. 上海植物园展览温室装饰工程	西飞工业装修工程股份有限公司
11. 哈尔滨太平国际机场室内地面装饰工程	上海蓝天房屋装饰工程公司
12. 天津宾馆大礼堂装饰工程	天津市艺术建筑装饰联合公司
13. 江津四面山思齐园宾馆装饰工程	重庆金飞建筑装饰工程有限公司
14. 哈尔滨铁路局龙门大厦贵宾楼装饰工程	黑龙江国光建筑装饰工程有限公司
15. 黑龙江省科技馆装饰工程	黑龙江国光建筑装饰工程有限公司
16. 黑龙江省司法厅装饰工程	黑龙江锦秀建筑工程有限公司
17. 革命领袖视察黑龙江纪念馆修复工程	黑龙江省高维建筑装饰工程有限公司
18. 辽宁省邮电局办公楼装饰工程	澳连建筑装饰工程有限公司
19. 大连路明科技大厦幕墙工程	大连红太装饰工程公司
20. 御点江山（王府花园）装饰工程	沈阳黎东幕墙装饰有限公司
21. 满铁报关大楼装饰工程	呼伦贝尔纵横安全技术装饰工程有限公司
22. 真维斯全国服装连锁店装饰工程	石家庄常宏建筑装饰工程有限公司
23. 石家庄市一宫会堂观众厅室内装修工程	河北斯特龙装饰工程有限公司
24. 丰润地税营业楼装饰工程	唐山市唐新装饰设计工程有限公司
25. 中国联通西单新办公楼装饰工程	安徽恒信装饰工程有限责任公司
26. 山东新闻大厦装饰工程	中建八局一公司
27. 山东省农业银行银河大厦装饰工程	山东省齐鲁装饰设计院
28. 烟台留学人员创业园区会议中心装饰工程	山东省齐鲁装饰设计院
29. 舜德大厦装饰工程	山东万德福装饰工程有限公司
30. 人行济南分行发行库营业办公用房装饰工程	深装总装饰工程工业有限公司
31. 银河大厦室内装饰	山东福缘来装饰有限公司

32．济南贵和皇冠假日酒店装饰工程	青岛东亚建筑装饰有限公司
33．江苏省天目大厦装饰工程	苏州金螳螂建筑装饰有限公司
34．扬子江药业营销大楼装饰工程 A 标段	苏州金螳螂建筑有限公司
35．泰州电信大楼装饰工程	无锡金城幕墙装饰工程有限公司
36．苏州相城区会议中心室内装饰工程	苏州美瑞德建筑装饰有限公司
37．杭州市城站广场室内外装饰工程	深圳海外装饰工程公司
38．长江三峡永久船闸总调楼及启闭机房	福州星美装饰绿化有限公司
39．73111 部队 0203 装修工程	厦门华丽设计装修工程有限公司
40．武汉市商业银行华银大厦工程	武汉大筑建筑科技有限公司
41．江西省井冈山计划干部培训中心装饰工程	赣州装饰工程公司
42．深圳市民中心玻璃幕墙及采光顶	深圳市三鑫特种玻璃技术股份有限公司
43．深圳三岛潮皇海鲜酒楼装饰工程	深圳瑞和装饰工程有限公司
44．深圳实验学校高中部综合楼改造及装饰工程	深圳极尚建筑装饰设计工程有限公司
45．深圳都会 100 大厦裙楼外墙干挂花岗岩工程	深圳新国俊建筑设计工程有限公司
46．深圳华为数据中心装饰工程	深圳长城家俱装饰工程有限公司
47．深圳威尼斯酒店装饰工程	深圳长城家俱装饰工程有限公司
48．方大集团科技中心装饰工程	深圳市方大装饰工程有限公司
49．云南通信股份有限公司生产基地外墙装修工程	深圳市南利装饰工程公司
50．贵州省电视大楼装饰工程	中铁建工集团

关于公布首批“建筑装饰行业科技示范工程项目计划名单”的决定

中装协[2003]47 号

为了推动全行业的科技进步，发挥样板工程的示范作用，中国建筑装饰协会在总结和学习建设部在建筑业推行科技示范工程，从而推动全行业科技进步的经验的基础上，决定在 2003 年“全国建筑装饰行业科技进步大会”上，公布一批科技示范工程项目。经企业自报和地方建筑装饰协会初审和推荐，中国建筑装饰协会组织专家评审，共有 12 项工程，将列为 2003 年第一批科技示范推广项目，（名单附后）。本次示范工程为试点，在取得经验后将逐步推行。

希望项目承建单位认真落实本项目科技推广和示范的内容，加强管理，圆满完成拟定的科技计划，顺利完成工程验收，并总结好实施示范工程的经验，以利推广。

中国建筑装饰协会

二〇〇三年九月二十一日

科技示范工程项目计划名单

项　目　名　称	承建商单位名称
1．石家庄市总工会—宫会堂内装饰工程	石家庄雅虹装饰设计工程有限公司
2．深圳市民中心中区室内装饰工程	深圳瑞和装饰工程有限公司
3．汕头林百欣图书馆室内装饰工程	苏州金螳螂建筑装饰有限公司
4．哈尔滨太平国际机场指廊恢复使用改造工程	上海蓝天房屋装饰工程公司
5．天津泰达足球场装饰工程	深圳海外装饰工程公司
6．天津市博物馆	天津市艺术建筑装饰联合公司
7．国家检查官学院山东分院教学综合楼	山东万德福装饰工程有限公司
8．天虹大厦外装饰工程	西安西航集团铝业有限公司
9．北碚区供电局	重庆金飞建筑装饰工程有限公司
10．大连路明科技大厦	大连红太装饰工程公司
11．贵州省电视大楼	中铁建工集团西南分公司
12．飞利浦（东莞）二期工程室内装饰工程	广东省建筑装饰集团公司

2003年度鲁班奖（国优）44家装饰企业参建28项工程获奖名单

2004年2月5日，建设部发出《关于表彰2003年度中国建筑工程鲁班奖（国家优质工程）获奖单位的通报》（建质[2004]21号），共82项工程获此奖项，82家承建企业，124家参建单位，其中包括44家建筑装饰企业参建的28项工程。

通知指出，为了鼓励获奖企业，推动更多的企业积极参与工程创优活动，促进我国工程质量整体水平的提高，经研究决定，对获奖工程的承建单位和参建单位给予通报表彰。希望获奖单位认真总结经验，牢固树立“质量重于泰山”的意识，不断强化质量管理，提高企业的整体质量水平，创出更多的精品工程。同时，号召广大建筑施工企业向他们学习，不断提高工程质量，为我国建设事业做出新的、更大的贡献。

2004年2月19日，建设部在人民大会堂小礼堂举行了隆重的颁奖典礼，建设部副部长黄卫，建设部党组成员、中纪委驻部纪检组组长姚兵和郑一军、干志坚、廉仲、张青林等领导出席了大会。建设部总工程师金德钧宣读建设部《关于表彰2003年度中国建筑工程鲁班奖（国家优质工程奖）获奖单位的通报》。中国建筑业协会秘书长徐义屏主持了大会。

黄卫副部长代表建设部向获奖企业和获奖工程参与建设的全体职工表示衷心的祝贺和感谢。他强调，获奖工程的企业，更要带头认真落实国家的有关规定。对已评上奖的项目，不论是业主还是施工企业，凡有拖欠工程款的，要抓紧工作，在两年之内解决拖欠工程款和拖欠农民工工资问题。今后应把是否拖欠分包单位工程款和农民工的工资作为评选鲁班奖的一个衡量条件，列入评选办法，作为一条硬规定把它确定下来。获奖的工程，绝不能再发生拖欠问题，要切实维护好优秀企业的信誉。他希望施工企业在建设高质量的工程中，做出更加出色的成绩，进一步树立起为用户、为公众、为社会事业服务的优良形象，促进全行业的持续发展，为人民、为国家做出更大的贡献。

当日中央电视台一频道晚间新闻联播给予了重点报道。

2003年度鲁班奖（国优）有44家建筑装饰企业参建的28项建筑装饰工程获奖，是历年鲁班奖（国优）获奖建筑装饰企业和工程数量最多的一年。

我们特向这批建筑装饰企业表示祝贺和敬意。我们期望更多的建筑装饰企业荣获这一代表中国建筑业的最高荣誉。

中国建筑装饰协会信息部

《中国建筑装饰》编辑部

二〇〇四年二月二十日

序号	工　程　名　称	参建建筑装饰企业
1	京西宾馆会议楼	北京建筑工程装饰公司 北京贝盟国际建筑装饰工程有限公司
2	中国广播电视音像资料馆	北京美仑装饰工程有限公司 北京京藤幕墙工程有限公司
3	全国海关信息管理中心	北京南隆建筑装饰工程有限公司
4	北京国际俱乐部扩建工程（外交公寓）	深圳海外装饰工程公司
7	天津市第一中级人民法院审判综合楼	天津建设装饰公司 北京江河幕墙装饰工程有限公司
9	华北电力大学图书馆	石家庄市洪涛装饰工程有限公司 河北建设集团装饰工程有限公司 辽宁泰丰铝业装饰工程有限公司
14	中国农业发展银行山西省分行12号综合楼	深圳市方大装饰工程有限公司
16	哈尔滨医科大学附属第二医院医技住院楼	深圳市文业装饰设计工程有限公司
17	黑龙江科技馆	沈阳远大铝业工程有限公司
18	交银金融大厦	上海东昌建筑装饰工程有限公司 上海美特幕墙有限公司
21	南京海关业务技术专用楼	上海市建筑装饰工程有限公司
24	丽水市中心医院门、急诊综合大楼	温州云艺装饰有限公司

28	黄岩区行政大楼	武林建筑工程有限公司 深圳市设计装饰工程公司
29	中国人民银行济南分行金库营业楼	山东省鸿鑫工程有限公司 深圳市深装总装饰工程工业有限公司
30	青岛海悦广场-高层公寓楼	青岛东亚建筑装饰有限公司
31	山东邮政技术中心	山东省永隆装饰工程有限公司
33	晋江市电力大厦	福建嘉华装饰工程有限公司 上海美特幕墙有限公司
36	郑州绿城大厦	中国建筑装饰工程公司河南分公司 郑州康利达装饰工程有限公司
39	河南省南阳市金凯悦东方酒店	西安飞机工业装饰装修工程股份有限公司 深圳海外装饰工程公司 深圳市深装总装饰工程工业有限公司
48	漓江饭店扩建工程	上海蓝天房屋装饰工程公司 深圳市广田装饰设计工程有限公司 深圳市南利装饰工程公司
50	成都双流国际机场航站楼工程	北京城建长城装饰工程有限责任公司
53	重庆两路广场（希尔顿酒店商务大厦）工程	重庆西南铝装饰工程有限公司
58	甘肃省广播电视中心工程	甘肃省建筑企业兰山装饰设计工程公司
76	北京大学第一医院第二住宅部干部外科病房楼工程	北京建谊建筑工程有限公司
77	佛山电力工业局生产调度大楼	力基铝业工程有限公司 中建三局东方装饰设计工程公司
79	湖北省通信指挥调度中心	武汉凌云建筑装饰工程有限公司 汕头市美高装修有限公司
80	中银大厦	沈阳远大铝业工程有限公司
81	中国农业银行山东省分行营业综合楼	深圳市建筑装饰（集团）有限公司

附：　1990～2003年建筑装饰企业荣获鲁班奖（国优）名单

自1990年中国建筑业鲁班奖（国优）增加建筑装饰企业“参建奖”以来，到2003年，我国共有163家建筑装饰企业承建的188项装饰工程荣获鲁班奖（国优）。

其中，获得2项及其以上的企业有32家，获得1项的有131家。

获得14项的1家：沈阳远大铝业工程有限公司。获得13项的1家：武汉凌云建筑装饰工程有限公司。获得9项的2家：中建三局东方装饰设计工程公司、深圳海外装饰工程公司。

获得6项的3家：秦皇岛渤海铝幕墙装饰工程有限公司、深圳市深装总装饰工程工业有限公司、深圳市建筑装饰（集团）有限公司。获得5项的1家：深圳长城家俱装饰工程有限公司。获得4项的4家：苏州金螳螂建筑装饰有限公司、中国建筑装饰工程公司、深圳市洪涛装饰工程公司、浙江宝业建筑装饰工程有限责任公司。获得3项的5家：深圳市南利装饰工程公司、西安飞机工业装饰装修工程股份有限公司、中山市盛兴幕墙有限公司、广州珠江装修工程公司、中建三局深圳装饰设计工程公司。

获得2项的15家：天津市工程建设装饰有限公司、北京城建长城装饰工程有限责任公司、沈阳黎明铝门窗工程公司、澳连建筑装饰工程有限公司、屹昌装饰设计工程（天津）有限公司、武汉华达建筑装饰设计工程有限公司、中国联和承造实业有限公司、河北建设集团装饰工程有限公司、北京贝盟国际建筑装饰工程有限公司、上海健尔斯装饰工程有限公司、北京中建华腾装饰工程有限公司、沈阳白云穗港装饰工程有限公司、上海美特幕墙有限公司、深圳市美术装饰工程有限公司、武汉建工集团装饰工程有限公司。

中国建筑装饰协会信息部　《中国建筑装饰》编辑部

二〇〇四年六月八日

建筑装饰企业历年荣获鲁班奖（国优）一览表

获奖次数	获奖企业	获奖年份	获奖工程
14	沈阳远大铝业工程有限公司	1997	北京西单国际大厦
		1998	天津邮电通信网管理中心
		1999	东北电力负荷预测中心
		1999	北京电力生产调度中心
		2000	中国建设银行山西省分行综合营业大厦
		2001	昆明邦克大厦
		2002	辽宁省总工会办公大楼
		2002	上海科技馆
		2002	天目大厦
		2002	萧山经济技术开发区综合服务大楼
		2002	海信大厦
		2002	中国人民解放军南京军区空军综合楼
		2003	黑龙江科技馆
		2003	中银大厦
13	武汉凌云建筑装饰工程有限公司	1994	天津广播电视塔
		1995	天津日报社业务综合楼
		1995	湖北省建设银行营业楼
		1997	上海广播大厦主楼
		1997	武汉招银大厦
		1998	天津泰达大厦
		1998	天津市计委信息中心
		1998	秦皇岛市邮电局电信综合楼
		1999	湖南平和堂商贸大厦
		1999	中国长江三峡工程开发总公司总部综合大楼
		2000	安徽省邮电通信调度中心
		2001	湖南长沙黄花机场航站楼扩建工程
		2003	湖北省通信指挥调度中心
9	中建三局东方装饰设计工程公司	1994	上海国际贸易中心
		1995	武汉可口可乐联合广房
		1997	洛阳科技贸易中心(牡丹城)
		1998	湖北省电力调度综合楼
		2000	上海奉贤邮电大厦
		2000	安徽省邮电通信调度中心
		2000	武汉邮件处理中心生产主楼
		2002	中保人寿湖北分公司培训综合楼
		2003	佛山电力工业局生产调度大楼
9	深圳海外装饰工程公司	1995	青岛海关业务楼
		1998	哈尔滨新加坡大酒店辰龙康乐宫
		1999	青岛广播电视中心

9	深圳海外装饰工程公司	1999	云南烟草公司综合业务大楼
		1999	上海十六铺交银大厦
		2000	武汉瑞通广场A座
		2002	萧山经济技术开发区综合服务大楼
		2003	北京国际俱乐部扩建工程（外交公寓）
		2003	河南省南阳市金凯悦东方酒店
6	秦皇岛渤海铝幕墙装饰工程有限公司	1999	天津开发区外商投资服务中心滨海大厦
		1999	中国人民银行山西省分行综合楼
		2000	上海城市规划展示馆
		2001	天津海关综合设施工程
		2002	中国北京劳动力市场业务用房
		2002	中国人民银行长沙中心支行住宅综合楼
6	深圳市深装总装饰工程工业有限公司	1997	长春名门饭店
		1999	湖南平和堂商贸大厦
		2001	首都图书馆新馆
		2001	湖南长沙黄花机场航站楼扩建工程
		2003	中国人民银行济南分行金库营业楼
		2003	河南省南阳市金凯悦东方酒店
6	深圳市建筑装饰（集团）有限公司	1994	洛阳市百货大楼
		1997	洛阳国际金融大厦
		2001	中华世纪坛
		2001	山东国际会展中心
		2002	宣新大厦
		2003	中国农业银行山东省分行营业综合楼
5	深圳长城家俱装饰工程有限公司	1999	北京京盛广场
		1999	云南烟草公司综合业务大楼
		1999	新疆海德酒店
		2001	昆明邦克大厦
		2002	美丽华酒店（原农资批发市场）
4	苏州金螳螂建筑装饰有限公司	1999	苏州新城花园酒店
		2001	南京文化艺术中心
		2002	天目大厦
		2002	海信大厦
4	深圳市洪涛装饰工程公司	1997	长春名门饭店
		1998	深圳五洲宾馆
		2000	南昌银翔大厦
		2002	中国石化开元大厦
4	浙江宝业建筑装饰工程有限责任公司	1995	上海新民晚报现代印刷中心业务楼
		1997	绍兴邮电局移动通信综合楼
		1999	绍兴电力调度通讯中心
		2001	绍兴市邮政处理中心工程
4	中国建筑装饰工程公司	2002	洛阳市国税局综合楼

4	中国建筑装饰工程公司	2002	青海省农业银行营业办公培训综合楼
		2002	海信大厦
		2003	郑州绿城大厦
3	西安飞机工业装饰装修工程股份有限公司	2000	武汉瑞通广场A座
		2002	国航呼和浩特客货销售及航空培训中心（内蒙古国航大厦）
		2003	河南省南阳市金凯悦东方酒店
3	中山市盛兴幕墙有限公司	2000	西安·中国西部电子商城
		2001	中山大学珠海校区教学楼
		2002	金汇大厦
3	广州珠江装修工程公司	1995	广州世界贸易中心
		1997	广州东山广场主楼
		1999	广州好世界大厦
3	中建三局深圳装饰设计工程公司	1992	上海太平洋大饭店
		1995	武汉可口可乐联合广房
		1999	中国长江三峡工程开发总公司总部综合大楼
3	深圳市南利装饰工程公司	1990	北京亚运村
		1999	东北电力负荷预测中心
		2003	漓江饭店扩建工程
2	天津市工程建设装饰有限公司	1990	天津民航机场航站楼
		1995	天津日报社业务综合楼
2	北京城建长城装饰工程有限责任公司	1995	北京西站地铁综合大厅
		2003	成都双流国际机场航站楼工程
2	沈阳黎明铝门窗工程公司	1995	北京华科综合楼
		1999	包头市工商局综合办公大楼
2	澳连建筑装饰工程有限公司	1999	长春金融培训中心
		1999	甘肃省邮电管理局通讯指挥辅助楼
2	屹昌装饰设计工程（天津）有限公司	1999	天津开发区外商投资服务中心滨海大厦
		2001	天津海关综合设施工程
2	武汉华达建筑装饰设计工程有限公司	1997	武汉招银大厦
		1999	武汉建银大厦主楼
2	中国联和承造实业有限公司	1997	北京王府井世纪广场
		1997	洛阳科技贸易中心(牡丹城)
2	河北建设集团装饰工程有限公司	2002	河北大学教学主楼
		2003	华北电力大学图书馆
2	北京贝盟国际建筑装饰工程有限公司	1997	全国人大常委会会议楼
		2003	京西宾馆会议楼
2	上海健尔斯装饰工程有限公司	1998	中国石油大厦
		2000	上海城市规划展示馆
2	北京中建华腾装饰工程有限公司	1999	中国工商银行营业办公楼
		2000	北京·中国国际贸易中心二期工程
2	沈阳白云穗港装饰工程有限公司	2002	辽宁省总工会办公大楼
		2002	大连东方信息技术研修学院教学楼

2	上海美特幕墙有限公司	2003	交银金融大厦
		2003	晋江市电力大厦
2	深圳市美术装饰工程有限公司	2001	杭州萧山机场航站楼工程
		2001	武汉图书馆新馆
2	武汉建工集团装饰工程有限公司	1994	武汉东湖风景区磨山楚天台(阁)
		1997	武汉泰合广场
1	黑龙江名都建筑装饰工程有限公司	1995	佳木斯邮电局电信综合楼
1	伟民港澳装饰有限公司	1995	内蒙古天元商厦
1	上海新丽装饰工程有限公司	1995	上海新民晚报现代印刷中心业务楼
1	绍兴马鞍建筑装潢公司	1995	绍兴咸亨大酒店一期工程
1	北京世星装修工程有限公司	1997	北京王府井世纪广场
1	绍兴县六建铝门窗装饰工程有限公司	1997	绍兴邮电局移动通信综合楼
1	北京华峰服务装饰有限公司	1997	全国人大常委会会议楼
1	深圳华加日铝业有限公司	1997	北京光大大厦
1	深圳市天地成幕墙有限公司	1997	军事医学科学院东区科研主楼
1	辽宁海外装饰工程有限公司	1997	沈阳凯莱大酒店
1	深圳粤航装饰设计工程公司	1998	天津邮电通信网管理中心
1	内蒙古永新建筑装饰工程有限公司	1998	中保财产保险有限公司内蒙古自治区分公司综合大厦
1	上海美特建材高科技有限公司	1998	上海东方国际广场办公楼
1	广东湛江经济开发区耀华建筑装饰工程公司	1998	交通银行杭州分行金融大楼
1	宁波建乐建筑装璜有限公司	1998	宁波市石油大厦
1	威海际高空调装饰工程有限公司	1998	济南电力调度大楼
1	广州盛仁建筑装饰工程有限公司	1998	广州宜安广场
1	广州市第四装修公司	1998	广州大都会广场
1	哈尔滨天通装饰材料有限公司	1998	哈尔滨市闽江住宅小区
1	中央工艺美术学院室内装饰工程公司	1999	北京东环广场
1	武汉凌云建筑装饰工程有限公司	1999	天津今晚报大厦
1	天津市建设装饰工程公司	1999	天津医科大学总医院门诊楼
1	哈尔滨金马装饰工程有限责任公司	1999	哈尔滨丽景天地综合楼
1	陕西华强装饰有限公司	1999	长春金融培训中心
1	深圳中航幕墙工程有限公司	1999	无线大厦
1	苏州市华丽美登装饰装潢有限公司	1999	苏州新城花园酒店
1	青岛零零一装饰有限公司	1999	青岛广播电视中心
1	建设集团宁波装饰工程公司	1999	新兴大厦
1	上海富艺幕墙工程有限公司	1999	武汉建银大厦主楼
1	山东省中建装饰设计工程有限公司	1999	山东省工商银行银工大厦
1	绍兴县六建铝门窗装饰工程有限责任公司	1999	绍兴电力调度通讯中心
1	上海东亚建筑实业有限公司	1999	上海南新雅大酒店
1	中建二局一公司装饰公司	1999	北京电力生产调度中心
1	中建六局装饰工程公司	1999	天津金融科技教育中心A区
1	北京永通建筑装饰工程发展有限公司	2000	北京市公共交通运营交通指挥中心

1	北京北国建筑装饰工程有限公司	2000	北京市公共交通运营交通指挥中心
1	金丰环球装饰工程(天津)有限公司	2000	天津国际金融培训大厦
1	北京中工环海建筑装饰工程有限公司	2000	天津国际金融培训大厦
1	长治市玉海装潢有限公司	2000	长治市国家税务局国税大厦
1	哈尔滨市金马装饰工程有限责任公司	2000	哈尔滨荣耀世纪
1	大连盛大建筑装饰工程有限公司	2000	大连理工大学伯川图书馆
1	无锡王兴幕墙装饰工程有限公司	2000	上海奉贤邮电大厦
1	青岛市装饰集团公司	2000	青岛天泰广场A座
1	浙江银建装饰工程有限公司	2000	杭州阳光电信广场
1	深圳新科特种装饰工程公司	2000	安徽省邮电通信调度中心
1	福州闽港建筑开发有限公司	2000	福州吉祥大厦
1	常州华艺铝型材有限公司	2000	郑州火车站主站楼
1	广东省建筑装饰工程有限公司	2000	南昌银翔大厦
1	深圳市建业自然装饰工程有限公司	2000	深圳市中心医院门诊楼
1	肇庆市装饰工程有限公司	2000	肇庆市国家税务局培训教学楼
1	厦门百荣铝制品工程有限公司	2000	广西国联大厦
1	深圳金粤铝制品有限公司	2000	贵州省电力科研综合楼
1	云南昌达装饰工程有限公司	2000	昆明巫家坝机场航站楼
1	深圳市德港装饰工程有限公司	2000	西安·中国西部电子商城
1	上海建筑装饰工程有限公司	2000	上海金燕大厦主楼
1	山西万兴隆装璜设计有限公司	2000	中国建设银行山西省分行综合营业大厦
1	北京中建华齐亚装饰工程有限公司	2001	现代盛世大厦
1	中建八局第二建筑公司装饰公司	2001	桂林高尔夫乡村休闲世界有限公司假日酒店工程
1	中铁建厂工程局装饰总公司	2001	福建省高级人民法院审判法庭综合大楼
1	北京市辅仁装饰工程有限公司	2001	首都图书馆新馆
1	金丰环球装饰工程（天津）有限公司	2001	中国人民保险公司天津分公司营业楼
1	汕头市振侨装修工程总公司	2001	呼和浩特第二长途电信枢纽工程
1	黑龙江省新建源建筑装饰工程有限公司	2001	哈尔滨长途电信枢纽扩建工程
1	沈阳黎东幕墙装饰有限公司	2001	吉林市电信枢纽楼
1	上海锦丽华建筑装潢工程有限公司	2001	浦东新区办公中心主楼
1	上海申纬建筑装饰工程有限公司	2001	浦东新区办公中心主楼
1	和兴玻璃铝业（上海）有限公司	2001	上海民防大厦
1	山东德泰装饰有限公司	2001	中信广场
1	深圳市三鑫特种玻璃技术股份有限公司	2001	南京文化艺术中心
1	深圳西林实业股份有限公司	2001	深圳公路主枢纽管理控制中心
1	深圳市科源建筑装饰工程有限公司	2001	深圳市国税局税务征收综合大楼
1	陕西慧业装饰工程有限公司	2001	玄奘三藏法师院
1	新疆天悦装璜工程有限公司	2001	明园石油文化公寓
1	江苏合发集团有限责任公司	2001	昆明官房大厦
1	北京北方建磊装饰装修中心	2002	北京东方广场酒店
1	沈阳飞机制造公司铝合金结构工程公司	2002	河北大学教学主楼

1	河北省室内装饰工程有限公司	2002	河北大学教学主楼
1	中国天诚集团内蒙古新雅建筑工程设计装饰有限公司	2002	国航呼和浩特客货销售及航空培训中心（内蒙古国航大厦）
1	鲁迅美术学院艺术工程总公司	2002	辽宁省总工会办公大楼
1	大连亿达装饰工程有限公司	2002	大连东方信息技术研修学院教学楼
1	上海康业建筑装饰工程有限公司	2002	上海市久事大厦
1	上海正方建筑装饰工程有限公司	2002	上海市久事大厦
1	上海杰思工程实业有限公司	2002	上海红塔大酒店
1	北京侨信装饰工程有限公司	2002	北京市第二中级人民法院审判楼
1	苏州苏明装饰公司	2002	苏州大学理工实验大楼
1	常泰建筑装璜工程有限公司	2002	常州市第二人民医院门急诊住院楼
1	浙江广艺建筑装饰工程有限公司	2002	湖州电力能源调度中心
1	浙江宝业幕墙装饰有限公司	2002	湖州电力能源调度中心
1	浙江华天装饰工程有限公司	2002	浙江德清会展中心
1	南京装饰联合总公司	2002	温州市青少年活动中心
1	深圳市华南装饰设计工程有限公司	2002	荣城博物馆
1	山东天元建设集团装饰工程（临沂）有限公司	2002	临沂桃园大厦
1	福建天华建筑装饰工程有限公司	2002	福建会堂
1	石家庄市海山建筑装饰工程公司	2002	洛阳市国税局综合楼
1	湖北创威建筑装饰工程有限公司	2002	武汉大学生命科学学院
1	湖南吉粤装饰有限公司	2002	中国人民银行长沙中心支行住宅综合楼
1	广东建华装饰工程有限公司	2002	广东奥林匹克体育场
1	重庆西南铝型材装饰装修工程公司	2002	青海省农业银行营业办公培训综合楼
1	上海凌云振升股份有限公司	2002	国家电力调度中心工程
1	北京神龙建筑装饰工程有限公司	2002	国家电力调度中心工程
1	深圳市文业装饰设计工程有限公司武汉分公司	2002	中保人寿湖北分公司培训综合楼
1	上海建筑装饰（集团）有限公司	2002	中国人民解放军南京军区空军综合楼
1	中铁建厂工程局装饰工程总公司	2002	贵阳站房
1	北京建筑工程装饰公司	2003	京西宾馆会议楼
1	北京美仑装饰工程有限公司	2003	中国广播电视音像资料馆
1	北京京藤幕墙工程有限公司	2003	中国广播电视音像资料馆
1	北京南隆建筑装饰工程有限公司	2003	全国海关信息管理中心
1	天津建设装饰公司	2003	天津市第一中级人民法院审判综合楼
1	北京江河幕墙装饰工程有限公司	2003	天津市第一中级人民法院审判综合楼
1	石家庄市洪涛装饰工程有限公司	2003	华北电力大学图书馆
1	辽宁泰丰铝业装饰工程有限公司	2003	华北电力大学图书馆
1	深圳市方大装饰工程有限公司	2003	中国农业发展银行山西省分行12号综合楼
1	深圳市文业装饰设计工程有限公司	2003	哈尔滨医科大学附属第二医院医技住院楼
1	黑龙江国光建筑装饰工程有限公司	2003	黑龙江科技馆
1	上海东昌建筑装饰工程有限公司	2003	交银金融大厦
1	上海市建筑装饰工程有限公司	2003	南京海关业务技术专用楼
1	温州云艺装饰有限公司	2003	丽水市中心医院门、急诊综合大楼

1	武林建筑工程有限公司	2003	黄岩区行政大楼
1	深圳市设计装饰工程公司	2003	黄岩区行政大楼
1	山东省鸿鑫工程有限公司	2003	中国人民银行济南分行金库营业楼
1	青岛东亚建筑装饰有限公司	2003	青岛海悦广场-高层公寓楼
1	山东省永隆装饰工程有限公司	2003	山东邮政技术中心
1	福建嘉华装饰工程有限公司	2003	晋江市电力大厦
1	郑州康利达装饰工程有限公司	2003	郑州绿城大厦
1	上海蓝天房屋装饰工程公司	2003	漓江饭店扩建工程
1	深圳市广田装饰设计工程有限公司	2003	漓江饭店扩建工程
1	重庆西南铝装饰工程有限公司	2003	重庆两路广场（希尔顿酒店商务大厦）工程
1	甘肃省建筑企业兰山装饰设计工程公司	2003	甘肃省广播电视中心工程
1	北京建谊建筑工程有限公司	2003	北京大学第一医院第二住宅部干部外科病房楼工程
1	力基铝业工程有限公司	2003	佛山电力工业局生产调度大楼
1	汕头市美高装修有限公司	2003	湖北省通信指挥调度中心

第二部分

行业综述

2003年中国建筑装饰行业大事记

中国建筑装饰协会信息部　《中国建筑装饰》编辑部

一　月

▲1月6日，中国建筑装饰协会建筑五金委员会公布了24家企业及其产品为“2003年度（首批）中国建筑五金行业知名品牌”。

▲1月7日，建设部副部长刘志峰在“全国建设工作会议”闭幕式上讲话中指出，政府的职能是：市场监管，宏观调控，公共服务，社会管理。

▲1月8日，湖北省信访局将本省黄石市一封反映浠水县轻工部门多头管理乱收费、乱罚款的署名来信，作为《要信呈送》报中共中央政治局委员、湖北省委书记、原建设部部长俞正声。1月9日俞正声批示：“清泉（罗清泉：湖北省省长）同志：塑钢窗安装定位为室内装饰，然后加以管制，并对未申报加以处罚。不知我省有何法规导致此事，如没有，应责令浠水县加以改正。如有，是无知还是偏见？请政府法制办研定此事。又：室内装饰从建筑业管理分离出来的错误作法，是在中央已解决的问题，我省仍在继续。”1月15日罗清泉批示：“忠学（韩学忠：湖北省副省长）同志：请即安排建设厅和法制办调查处理此事，并将结果报我。”1月17日韩学忠批示：“请政府办公厅抓紧督促落实。”

▲1月8日，国家工程建设质量奖审定委员会做出《关于表彰2002年度国家优质工程的决定》（工质字[2003]01号），金奖一项，银奖53项，其中有7家装饰企业参建的4项工程：江苏石油勘探局扬州基地综合楼——扬州市华发装饰装璜配套公司；中国人寿大厦（原北京世界金融中心）——北京中建华腾装饰工程有限公司、深圳洪涛装饰工程公司、武汉凌云建筑装饰工程有限公司；广州恒宝华庭——中建三局深圳装饰设计工程公司；大方饭店——北京永通建筑装饰工程发展有限公司、北京好利捷装饰工程有限责任公司。该奖是由中国施工企业协会评定的。

▲1月8日，山东省聊城市建委发出“关于印发《聊城市建筑工程装饰装修管理办法》（试行）的通知”（聊建字[2003]1号）。

▲1月9日，中国建筑装饰协会五届二次理事会在北京友谊宾馆召开。出席会议的有名誉会长张恩树、会长马挺贵、常务副会长兼秘书长徐朋，以及副会长、副秘书长和理事单位的代表共294人。会议由副会长汪家玉主持。大会通过了常务副会长兼秘书长徐朋的“五届二次理事会工作报告”；听取并审议了副秘书长张京跃的“财务报告”；通过了“关于增补中国建筑装饰协会副会长候选人的决议”，增补丁域庆、叶远西、冯林、朱兴良、陈国宏、张钧、魏光7人为协会副会长，通过了“关于调整、增补部分理事、常务理事的决议”，有11人不再担任理事，5人不再担任常务理事，同时增补了19位理事、13位常务理事；听取了会长马挺贵的“实践‘三个代表’全面建设小康社会开创中国建筑装饰协会工作新局面》的会议总结报告。协会目前有副会长14人，常务理事122人，理事368人。

▲1月9日《中国建设报》、1月10日《中华建筑报》上发表了中国建筑装饰协会会长马挺贵、常务副会长兼秘书长徐朋共同署名的文章“发展建筑装饰业 为全面建设小康社会做贡献”。

▲1月9日，安徽省建筑装饰协会召开全省建筑装饰行业发展研讨会，到会人士70多人，为历年少见，会议分别由会长王金平和常务副会长兼秘书长李增堂主持。会议指出，安徽省年装饰工程产值100多亿元，从业者30多万人，现有装饰企业834家，其中一级10家、二级126家、三级689家，且均集中在合肥市，在全国属中等水平。会议强调，全省多头管理的解决为行业健康发展创造了极好的空间，安徽省装饰协会、企业、行业应抓住机遇，与时俱进。

▲1月10日，中国建筑装饰协会在人民大会堂三楼小礼堂举行“2002年（第二届）全国建筑工程装饰奖”颁奖大会。出席大会的有全国政协副主席万国权，建设部副部长郑一军，中纪委驻建设部纪检组组长姚兵，中国建材工业协会会长张人为，建设部工程质量安全监督与行业发展司司长、中国建筑装饰协会副会长王素卿等领导和荣获“2002年全国建筑工程装饰奖”109个公共建筑装饰工程、22个建筑幕墙工程、5个公共建筑装饰单项设计、104个住宅装饰工程的代表，以及参加中国建筑装饰协会五届二次理事会的代表共700人。大会由中国建筑装饰协会常务副会长兼秘书长徐朋主持。中共中央委员、建设部部长汪光焘向大会发来了贺信。马挺贵会长在颁奖大会上致辞，建设部副部长郑一军发表了重要讲话，大会受到首都30多家主流媒体的关注并进行了专题报道。此次颁奖大会开得隆重、热烈。

中共中央委员、建设部部长汪光焘在贺信中表示：欣闻2002年全国建筑工程装饰奖颁奖大会召开，我谨代表建设部并以我个人的名义预祝颁奖大会举办成功，并向荣获这一象征着中国建筑装饰行业最高荣誉的企业表示热烈的祝贺！汪光焘部长指出，奖掖先进，树立典范，引导行业发展，这是中国建筑装饰协会的一项重要工作。我们高兴地看到全国建筑装饰工程奖的获奖企业为社会奉献出了如此多的建筑装饰工程精品，同时我也希望能有一批新的建筑装饰企业登上下一届的领奖台。多年来，中国建筑装饰协会充分发挥了联系政府与业内企业的桥梁和纽带作用，并在加强行业自律、推动建筑装饰行业的结构调整与产业升级等方面做了大量工作。党的十六大描绘出了全面建设小康社会的宏伟蓝图，为中国建筑装饰业的快速发展提供了千载难逢的历史机遇，同时也提出了更高的要求。我希望中国建筑装饰协会在今后的工作中努力实践“三个代表”的重要思想，为全面提高装饰行业的发展质量做出更大贡献。预祝 2002 年全国建筑工程装饰奖颁奖大会圆满成功！汪光焘部长的贺信对与会代表和建筑装饰行业是极大的鼓舞。

▲1 月 9 日～15 日，深圳两位颇有成就的青年室内设计师于强、李益中设计作品双联展在深圳何香凝美术馆举行，这是我国室内设计师首次举办的个人展览。

▲1 月 10 日，根据徐州市政府机构改革方案，装饰行业统一归市建设局管理，原徐州市建筑装饰协会和市室内装饰协会合并，2002 年 11 月 12 日在市民政局登记注册的“徐州市装饰装修行业协会”发出通告，1 月 9 日《徐州日报》全文刊发协会理事会及其领导机构组成名单，会长：市建设局副局长张俊生，常务副会长（法人代表）：徐州市装饰管理办公室书记侍建怀，秘书长：徐州市建筑装潢有限公司总经理严孝友，会员单位 92 家。这是继苏州后江苏省第二家建设与轻工合并的装饰行业协会。

▲1 月 13 日，北京市人大十二届一次会议召开，市委书记兼市长刘淇作政府工作报告，其中强调，继续办好 60 件实事，其中包括“对板材、涂料、灯具等建筑装饰材料加强监督检查”。

▲1 月 13 日，上海市委市政府召开“2002 年度上海市重点实事工程立功竞赛表彰大会”，中国建筑装饰协会副会长、上海市建筑装饰工程有限公司总经理谢建伟荣获“建设功臣”，公司荣获“建筑功臣金杯”。2002 年该公司完成装饰工程施工产值 3.23 亿元，完成计划的 107%，结算经营收入完成计划的 130%，利润完成计划的 158%，工程质量一次性合格率 100%，安全事故为零，荣获省市级以上优质工程奖 8 个，重点实事工程全部按要求完成，效绩评价在上海市建工集团有限公司（上市公司）内居首位。

▲1 月 15 日，中国建筑装饰协会信息咨询委员会在北京国谊宾馆召开迎新春联谊会，出席者共 60 多人。中国建筑装饰协会名誉会长张恩树、会长马挺贵、副秘书长房箴分别讲话，称赞信息咨询委员会的工作是中国建筑装饰协会 10 个专业委员会开展工作最出色的一个委员会，专家组工作杰出，影响非常大，在协会内外、行业内外都有很好的口碑，中国建筑装饰协会要成立的专家委员会将以信息咨询委员会专家组为基础。

▲1 月 15 日，深圳市装饰行业协会统计，2002 年家装企业申报完成产值 23549 万元，纳税 433.72 万元。2001 年深圳市家装企业申报完成产值是 2.03 亿元。

▲1 月 16 日，建设部办公厅与国家经贸委办公厅共同做出《关于建立“全国建筑用金属技术与应用协调联席会议”制度的通知》（建办科[2003]3 号）。

▲1 月 16 日，中国建筑装饰协会五金委员会、北京市建材协会市场委员会联合在北京腾达大厦举行迎新春联谊会。出席联谊会的有中国建筑装饰协会名誉会长张恩树、常务副会长兼秘书长徐朋、荣誉理事石连峰、副秘书长房箴，北京市建筑装饰协会理事长朱希斌，以及国家经贸委、国家生产力促进中心、北京市市场协会等有关方面的负责人，以及会员单位的代表 120 多人。联谊会由五金委员会秘书长郑纪文主持，五金委员会理事长唐澄致辞。徐朋、朱希斌、张恩树等领导分别讲话，充分肯定五金委员会从苏州迁京 10 周年所取得的突出业绩，指出他们是一个非常敬业、团结、工作有力的领导集体，在业内树立了很好的形象，共同认为五金委员会工作一定会有一个新的开拓创新，我国五金业一定会有一个大发展大提高。

▲1 月 16 日，北京市建筑装饰协会在西苑饭店举行成立 10 周年庆典暨新春联谊会。出席者有中国建筑装饰协会名誉会长张恩树、会长马挺贵、常务副会长兼秘书长徐朋等有关方面负责人和会员单位代表 200 多人，联谊会由北京市建筑装饰协会常务副秘书长郭仁智主持，理事长朱希斌致辞，徐朋、张新野、王波分别讲话，对改革开放以来北京市建筑装饰行业超常规的发展和装饰协会卓有成效的工作给予充分肯定，2002 年北京市装饰工程产值达 560 亿元，其中公装、幕墙、家装分别为 250 亿元、160 亿元和 150 亿元，鼓励北京市建筑装饰行业争创全国一流水平。北京市建筑装饰协会主编的《北京建筑装饰十年成就》同时出版发行。

▲1 月 16 日，建设部办公厅与国家经贸委办公厅共同做出《关于建立“全国建筑用金属技术与应用协调联席会议”制度的通知》（建办科[2003]3 号）。

▲1 月 17 日，山东省泰安市装饰装修行业协会召开成立大会，大会选举产生了第一届理事会及其领导机构。

▲1 月 17 日，《人民日报》报道中国消费者协会宣布，2003 年 10 大消费者维权重点，第三个是“装修业”。

▲1 月 17 日，江苏省建筑工程管理局和江苏省建筑装饰协会做出《关于表彰 2002 年江苏省建筑装饰优质工程的决定》（苏建管质[2003]7 号）。共有 62 项工程获 2002 年江苏省建筑装饰优质工程奖，其中金奖 4 项、银奖 58 项。

▲1 月 17 日，山东省泰安市装饰装修行业协会召开成立大会，中国建筑装饰协会副秘书长张京跃、行业发展部主任王本明、山东省建筑工程管理局副局长程源明、装饰装修管理处处长刘玉涛、泰安市人大常委会副主任王伊成、市政协副主席李正明、市建设局李际山等有关方面领导及会员单位代表 150 多人出席。大会选举产生第一届理事会及其领导机构，理事长：泰安市建设局副局长张广银，常务副理事长：市建设局总工程师张宝群，秘书长：市装饰装修管理处处长陈建英（女）。

▲1 月 18 日，汕头市装饰协会举办成立一周年庆典活动。

▲1 月 20 日，《中国新闻》引原新华社报道，河北保定农民张进喜和 10 多个老乡 2002 年来到北京，经人介绍，从姓马的包工头那里接到一项装修活，10 多个人完工后准备领取 5600 元工钱时，才发现姓马的包工头早已失踪，他们找到业主，才知道工程是被层层转包的，张进喜至今仍在北京寻找那个携款逃跑的包工头。媒体认为，工程层层转包是导致民工难以及时拿到工钱的重要原因，应签定公平有效的合同，建立欠薪预警机制。

▲1 月 21 日，合肥市建筑装饰协会召开成立大会，中国建筑装饰协会会长马挺贵出席。大会选举产生第一届理事

会，会长：合肥市建管局副局长谢发明，秘书长：市建筑装饰装修管理处主任罗伟民。合肥市政府2002年6月5日的要求，将原市二轻室内装饰管理的职能和办事机构成建制地划给市建管局，并成立了建筑装饰管理处，妥善处理了职能并轨、人员过渡、工作衔接、业务延伸等一系列问题，实行先工作后完善、边工作边完善、不等不靠的原则。合肥市建筑装饰协会的成立标志着合肥市彻底解决装饰行业多头管理后，工作已走上正轨。

▲1月21日，建设部发出《关于贯彻〈国务院办公厅关于做好农民进城务工就业管理和服务工作的通知〉的通知》。

▲1月21日，温州市建设局和温州市房产管理局发出《关于温州市住宅室内装饰装修专业企业资质就位工作的通知》(温建建[2003]15号)。

▲1月22日，成都市建筑装饰协会统计，2002年成都市建筑装饰工程完成产值约50亿元，从业人员已达20万人。

▲1月23日，长春市建筑装饰装修协会召开第二次会员代表大会，大会选举产生第二届理事及其领导机构。

▲1月24日，中国建筑装饰协会在北京新大都饭店举行迎新春联谊会，出席联谊会的有中国建筑装饰协会名誉会长张恩树、会长马挺贵、常务副会长兼秘书长徐朋，副会长、建设部建筑市场管理司巡视员符曜伟，建设部第一社团党委副书记国中河，建设部办公厅宣传处副处长毕建玲等50多人，联谊会由副秘书长张京跃主持。马挺贵、国中河分别致辞，通过联谊会向全国装饰行业从事者拜年。

▲1月27日，建设部、民政部、全国老龄工作委员会办公室和中国残疾人联合会共同公布《关于加强无障碍设施建设和管理工作的通知》(建标[2003]38号)，通知中心内容是，无障碍设施是残疾人参与社会生活的基本条件，是方便老年人、妇女、儿童等特殊群体生活的重要设施，加大执行《城市道路和建筑物无障碍设计规范》和强制性条文的力度。

▲1月28日，中国建筑装饰协会培训中心因“在2002年度全国建筑业企业项目经理培训及继续教育工作中成绩突出”，被中国建筑业协会评为“先进培训单位”。这是中国建筑装饰协会培训中心自1999年开展装饰企业项目经理培训工作以来连续第四年被表彰。

▲1月29日中国消费者协会宣布，2002年全国六大投诉，“房屋及装修建材类”位居第四，占全部投诉的5.9%。

▲1月29日，青海省建设厅做出《关于表彰2002年度青海省建筑工程“江河源”杯奖（省级优质工程）获奖单位的决定》(青建工[2003]17号)，共13项，其中包括西安德凌装饰有限公司参建工程。

▲1月29日，中国建筑装饰协会综合部主任王毅强代表名誉会长张恩树、会长马挺贵、常务副会长兼秘书长徐朋，看望了原协会副秘书长霍明远，向他表示亲切的节日慰问。

▲1月30日，政协北京市第十届委员、北京市九三学社社员、北京宏美特艺建筑装饰设计工程公司（一级装饰施工、乙级装饰设计企业）总经理钱宏伟在召开的政协北京市十届一次会议上提出“关于在高速路上设置垃圾箱的建议”，北京市主管部门领导当天就请钱宏伟共同现场办公。这一提案被称之为政协北京市十届一次会议答复办理的“首件提案”，创下一个纪录。

▲1月30日，深圳市建筑装饰（集团）有限公司主办的《装饰集团》报被评为“2002年度深圳市十优企业报”。

▲1月30日，英国出版的《世界建筑》杂志根据“过去一年参加设计工作并取费的建筑师人数”评出2002年度世界建筑设计300强，前100名中有香港公司3家，中国大陆建筑设计单位现无一家在这份排名表中。

▲1月31日，佛山市顺德区建筑装饰协会在2003年第1期《顺德建筑》上表彰12项区优秀建筑装饰工程。

二月

▲2月9日，《北京晚报》报道北京市消费者协会撤消了10家企业“消费者满意单位”荣誉称号，其中包括“因超过了两年使用期限没有继续参加年审而失去参评资格”的8家企业，包括3家装饰企业：北京中桥装修工程有限公司、北京恒友装饰有限公司、北京龙发建筑装饰工程有限公司。

▲2月10日，四川省省长张中伟签署省人民政府令第168号《四川省建筑装饰装修管理办法》。

▲2月10日，中国建筑装饰协会召开了“2003年度秘书处聘任工作动员会”。2月11日，首先由常务副会长兼秘书长徐朋，副秘书长张京跃、房箴相继对2002年度的工作进行了述职，然后由各部门负责人及其职员对照与协会签订的聘任合同的岗位要求，进行了个人的工作述职和工作总结。协会对各部门及部分专业委员会的岗位进行了调整，确定了定岗、定编及竞聘上岗的条件，将每个岗位的聘任原则、要求、条件、工资档次等情况以书面形式在协会公示版上张贴。聘任实行自我推荐，竞聘上岗，协会领导总体把握。2月19日，协会召开“2003年度聘任工作总结会议”，马挺贵宣布了经2月14日会长办公会研究，2003年度中国建筑装饰协会秘书处8个机构——6个部门、2个专业委员会和16位工作人员的聘任决定。

▲2月11日，建设部建筑市场管理司做出《关于同意北京金丰环球远大装饰工程有限公司等254家企业工程设计资质转正及新钶电子(上海)有限公司等11家企业工程设计资质延期转正的通知》(建市设函[2003]3号)。其中，有建筑装饰专项工程设计资质甲级转正企业28家；建筑幕墙专项工程设计资质转正企业甲级8家、乙级4家。

▲2月13日，建设部发出《关于培育发展工程总承包和工程项目管理企业的指导意见》(建市[2003]30号)。

▲2月14日，建设部发出公告第116号《建设部关于公布2002年度批准的工程设计专项资质企业名单的公告》。其中，有77家建筑装饰专项工程设计甲级资质升级企业，原有264家，现合计共341家；同时具有一级装饰施工和甲级装饰设计资质的企业原有180家，新增51家，现合计共231家。其中，有15家建筑幕墙专项工程设计甲级资质升

级企业，原有90家，现合计共105家；同时具有甲级幕墙设计和一级幕墙施工资质的企业原有63家，新增6家，现合计共69家。78家建筑幕墙专项工程设计乙级资质升级企业，原有26家，现合计共104家。

▲2月14日《中华建筑报》报道，2002年上海市家装业产值220亿元，各类企业1.6万家，市场份额正规军和游击队分别占30%和70%。上海市工商局公布第7批“上海市著名商标”，上海市家装业首次有两家企业“荣欣”与“佳园”进入此列，这标志着上海市家装业进入品牌时代。值得注意的是，这两家企业都是上海市装饰装修行业协会家装委员会的副会长单位。

▲2月17日，江苏省建筑装饰协会做出《关于表彰2002年江苏省家庭装饰优质工程的决定》（苏建装[2003]3号），有61项工程荣获2002年度江苏省家庭装饰优质工程奖。

▲2月19日，国家经贸委发出《中小企业标准暂行规定》（国经贸中小企[2003]143号），建筑业的中小企业标准为：职工人数300人以下，或销售额30000万元以下，或资产总额40000万元以下。其中，中型企业须同时满足职工人数600人及以上，销售额30000万元及以上，资产总额40000万元及以上；其余为小型企业。

▲2月20日～22日，建设部在济南市召开“全国建筑市场与工程质量安全管理工作会议”，副部长郑一军在会上讲话，指出我国建筑业与建设管理体制改革、创新、发展的思路和“五个突破”。中国建筑装饰协会副秘书长张京跃及各地方、有关部门负责人400多人与会。

▲2月20日，南京市民间组织管理局做出《关于同意南京市建筑装饰协会家庭装饰委员会登记的批复》（宁民社[2003]22号），明确家装委员会是南京市建筑装饰协会下设的分支机构，是南京市建筑装饰协会的组成部分，不具有法人资格，其法律责任由南京市建筑装饰协会承担。该分会不得再设立分支机构。南京市建筑装饰协会家装委员会主任孙建设，秘书长韩鲁嘉。

▲2月21日，北京市国土房管局公布《北京市居住区物业管理服务标准》，包括装修管理等10个方面，分商品房物业标准和非商品房（经济适用房、直管、自管、回迁房）两部分，其装修管理是共同的标准：有健全的装修管理服务制度；查验业主装修方案，与业主、施工单位签订装修管理协议，告知业主装修注意事项；装修期间，对装修现场进行巡视检查，严格治安、消防和房屋安全管理；对进出小区的装修车辆、装修人员实行出入证管理，调解因装修引发的邻里纠纷；业主装修结束后，应进行检查。对违反装修协议的要进行处理，问题严重的报行政管理部门；及时清运装修垃圾，集中堆放时间不得超过3天。

▲2月21日，由中国建筑装饰协会信息部、济南市建筑管理局装饰装修管理办公室和济南装饰协会共同组织的“济南市装饰行业发展座谈会”在四星级酒店济南新闻大厦召开，主题是：从企业运作的需求看行业发展。参加座谈会的有装饰行业社团部门、建设行政主管部门和济南乃至山东省的骨干装饰企业三方面的负责人。座谈会经过十分有效率的沟通与研讨，认为：以民营经济为主体的济南装饰行业正朝气蓬勃地向全国最高水平追赶发展。

▲2月22日，国家发展计划委员会令第29号公布《评标专家和评标专家库管理暂行办法》。

▲2月24日，内蒙古自治区包头市建委发出《关于加强建筑装饰装修管理的通知》（包建工[2003]第1号）。

▲2月26日～3月1日，由中国建筑装饰协会、中国国际贸易中心和北京市建筑装饰协会共同主办的“第十届中国国际门业暨国际建筑装饰五金展览会”在北京·中国国际贸易中心举行，参展商200多家。日本的松下、寺岗、纳博克，德国的GEZE、ODRMA、霍曼等国际知名度最高的门业厂商均来了，体现了当今国内外的最高水平。

▲2月26日，徐州市市长潘永和签署市人民政府令第85号，《徐州市建筑装饰装修管理办法》已经2003年2月25日市人民政府第二次常务会议讨论通过，现予发布，自2003年4月1日起施行。

▲2月26日，中国建筑装饰协会常务副会长兼秘书长徐朋会见了意大利特拉威索木制品加工业协会主席马里奥先生，双方就相关行业情况及今后在华开展合作事宜交换了意见。

▲2月27日，国务院做出《关于取消第二批行政审批项目和改变一批行政审批项目管理方式的决定》（国发[2003]5号）。在建设部部分，国务院决定第二批取消18项行政审批项目，另将5项行政审批项目作改变管理方式处理，移交行业组织或社会中介机构管理。

▲2月26日～3月1日，由中国建筑装饰协会、中国国际贸易中心和北京市建筑装饰协会共同主办的“第十届中国国际门业暨国际建筑装饰五金展览会”在北京·中国国际贸易中心举行，参展商200多家。

▲2月26日，根据《统计法》第三条，国家机关、社会团体、企事业单位和个体工商户等统计对象，应如实提供统计资料，青海省建设厅对未报“2002年建筑业发展研究资料预期报表”的25家企业进行了通报批评，其中包括5家装饰企业：青海省华侨装饰设计工程公司、青海寇青装饰工程有限责任公司、青海省金陵装潢建筑有限公司、电信实业总公司装饰分公司、青海飞亚建筑装饰有限公司。

▲2月27日，建设部发布公告第119号“建设部关于发布国家标准《建设工程工程量清单计价规范》的公告”，公告说：现批准《建设工程工程量清单计价规范》为国家标准，编号为GB50500-2003，自2003年7月1日起实施。

▲2月27日，中国建筑装饰协会副会长兼秘书长徐朋与英国欧洲设计联盟卡琳菲立普斯女士签订了合作备忘录，确定了双方开展合作与交流的框架，目前双方已就一些实质的合作项目交换了意见并着手准备工作。

▲2月27日，无锡市建设局发布了《无锡市住宅装饰装修施工企业资质就位实施意见》（锡建管办[2003]9号）。

▲2月28日，山东省装饰装修管理工作会议在潍坊市

召开，省建管局副局长程源明和全省 17 个市建设局、建管局分管装饰的领导及装饰装修管理机构的主要负责人出席了会议。

▲2 月 28 日，大同市建筑装饰协会举行第二次会员代表大会，中国建筑装饰协会表示祝贺，大会选举产生第二届理事会，名誉会长：大同市副市长阎文照、市建委主任徐世立、市建委副主任张建业、市房产管理局副局长张和，会长：原市建委副主任郭荣，副会长（6 人）：市规划局总工程师张滃、市建委建筑业管理科科长田玺、市物业管理协会秘书长杨顺元、市金牛装饰有限责任有限公司总经理薛守荣、市好运达广告装饰有限责任公司总经理李晓彬、市伊鑫装饰有限责任有限责任公司总经理库瑞庭，秘书长：大同市美术设计院院长张广礼。

▲2 月 28 日，《北京晚报》介绍，由北京市市政管委组织的《公共厕所设计建设标准》现已正式提交北京市质量技术监督局，申请获批后将作为地方标准在北京市推广实施。新标准将解决普遍存在的女性上厕所难问题，在厕位安排上由原来的“重男轻女”改为“重女轻男”。

三　月

▲3 月 1 日，由中国建筑装饰协会组织的山东淄博城东集团德惠来装饰瓷板有限公司“薄斯美”纤瓷板新产品新闻发布会在人大会堂西餐厅举行，出席此活动的有全国政协副主席孙孚凌、国家经贸委副主任邵宁、中国建筑装饰协会名誉会长张恩树、山东省政府副秘书长王泉恩、淄博市副市长宋红兴等有关方面领导、专家、装饰企业及新闻界人士 100 多人。山东淄博城东集团为大型民营企业，2002 年产值 6.8 亿元，利税上亿元。

▲3 月 1 日，由广州市建筑装饰协会家居装饰委员会起草制定的《广州市家居装饰工程验收办法》（GJJW-B01-2003）公布实施。自此，我国现有 8 部地方家装工程质量验收标准：1997 年 5 月 20 日上海市建委批准的《住宅建筑装饰工程技术规程》（DBJ08—62—97）、1997 年 9 月 11 日河南省建设厅公布的《湖南省家庭居室装饰装修施工工艺及验收标准》（YJG32—97）、1999 年 3 月 13 日武汉建筑装饰协会制定的《武汉市家庭装饰工程质量验收暂行规定》、2000 年 1 月 10 日江苏省质量技术监督局批准的《住宅装饰标准》（DB32/381—2000）、2000 年 2 月 18 日北京市建委发布的《家庭居室装饰工程质量验收标准》（DBJ/T01—43—2000）、2000 年 10 月 21 日深圳市建设局批准的《深圳市家庭装饰装修工程质量验收标准》、2002 年 11 月 8 日由沈阳市质量技术监督局批准的《家庭装修工程质量验收规范》（DB/T2101.F04—2002）。

▲3 月 3 日，成都市建筑装饰协会做出《关于表彰成都市 2002 年度建筑装饰优秀项目经理的决定》（成建装字[2003]04 号）、《关于表彰 2002 年度协会活动积极分子的决定》，13 名项目经理、84 名同志获得表彰。

▲3 月 3 日，武汉建筑装饰协会召开“武汉品牌家装企业百万质量保证金先行赔付诚信联盟成立大会”，首批成员有澳华、嘉禾、雅庭、今人、今日、今泰、百姓、天立、名仕等企业，共同向武汉建筑装饰协会交纳了 100 万元质量保证金，实行装修质量先行赔付制度，并接受社会的监督。

▲3 月 4 日，中国建筑装饰协会副会长单位、上海市建筑装饰工程有限公司在 2003 年度全国“五一”劳动奖状上海市 11 个名额的激烈竞争中以 15 票入选（18 位评委）。

▲3 月 5 日，中国建筑装饰协会在中国国际贸易中心举办“广州市星寇化工有限公司纳米环保墙面漆介绍会”。

▲3 月 5 日，北京市建筑装饰协会召开了“居然之家——2003 年北京市第四届美化家居展高层论坛会”。京城家装界精英式人士 30 多位出席了会议。

▲3 月 5 日～3 月 8 日，由中国建筑装饰协会、中国国际贸易中心共同主办的“第十届全国建筑装饰材料订货会”在北京·中国国际贸易中心举行，参展商 500 多家，中国建筑装饰协会自 1994 年举办第一届后，现已形成具有品牌的年度例会，人气甚旺。

▲3 月 5 日，上海卫视晚间新闻报道，当日全市工商部门接受的投诉或咨询，最突出的包括全装修房质量太差，房地产商不遵守合同。

▲3 月 5 日，福建省建筑业协会做出《关于表彰 2003 年福建省先进建筑业和优秀经理的决定》，共 8 家装饰企业：厦门辉煌装饰工程有限公司、福建嘉华装饰工程有限公司、泉州市豪太装饰工程有限公司、福建永盛设计装饰工程有限公司、福州国广一叶建筑装饰工程有限公司、厦门市路桥景观艺术公司、福州经济技术开发区时代装修有限公司、福建省豪门装饰工程公司。10 位优秀经理：厦门辉煌装饰工程有限公司陈水、福建嘉华装饰工程有限公司邱锦生、泉州豪太装饰工程有限公司江建钦、福建永盛设计装修工程有限公司王卫平、福建省五建装修装饰工程公司戴健全、福州国广一叶建筑装饰工程有限公司叶斌、福建喜来登设计装修工程有限公司阙诗铭、中建七局三公司设计装饰工程公司唐汇荣、厦门市路桥景观艺术公司赵勇、福州经济技术开发区时代装修有限公司潘雨铮。

▲3 月 5 日，贵州省安顺市直属机关工委以安顺市党组发[2003]21 号文件批准成立“中共安顺市建筑装饰协会支部委员会”，10 月 10 日，市直属机关工委以安顺市党组发[2003]57 号文件批复协会支部选举结果，10 月 16 日，协会召开成立党支部暨优秀装饰企业表彰大会。2004 年 5 月 8 日，协会党支部召开学员会议，对递交入党申请书的 11 位同志进行认真研究，11 人中有协会副会长 1 人、常务理事 1 人、理事 1 人，均是装饰企业老板，包括董事长、总经理 6 人，年龄最大者 44 岁，最小的 23 岁，会议决定将这 11 人均列为入党积极分子进行培养，他们填写了《申请入党积极分子培养教育考察表》。这是 2004 年 5 月 21 日中共安顺市建筑装饰协会支部委员会《安顺市装饰协会党支部工作情况汇报》（安市装字[2004]第 04 号）报告的。

▲3 月 6 日，由中国建筑装饰协会信息部、湖北省建筑

装饰协会、武汉建筑装饰协会共同在武汉召开“全国装饰企业排序方案征求意见座谈会”，会议由武汉建筑装饰协会秘书长郭伟主持。中国建筑装饰协会信息部主任黄白、湖北省建筑装饰协会副秘书长何木松、武汉建筑装饰协会副秘书长李玲，以及澳华、科艺、建开、凌宏等装饰企业的负责人参加，对排序方案进行了认真的分析和研究。这是中国建筑装饰协会2003年第一个征求地方装饰协会和企业意见的重点工作。会议同时征求了对协会信息工作的意见。

▲3月6日，成都市建设委员会做出《关于表彰2002年度建筑装饰行业先进企业的决定》（成建委发[2003]123号），四川华西建筑装饰工程有限公司等46家企业获得表彰。

▲3月6日，中国建筑装饰协会建筑五金委员会、北京市建材行业协会、北京建筑五金门窗行业协会共同在北京举办了30多位女企业家参加的“女企业家论坛”。会议由五金委员会副秘书长张仲玲主持，全国侨联、全国妇联副主席林丽韫出席并讲话。论坛向10位女企业家颁发了证书和奖牌。

▲3月6日，武汉建筑装饰协会颁发《武汉市住宅装饰装修工程质量保证金管理办法实施细则》（试行）。

▲3月6日，中央电视台3频道晚11点的“两会专题报道”播出，出席全国十届人大一次会议的代表黄双月，她呼吁“加强住宅装修立法”。她建议要用法律形式来解决住宅装修中出现的问题，保障民众身体健康。针对住宅装修带来的环境污染问题，有关部门已经制定了《居室空气中甲醛的卫生标准》、《室内装饰装修材料人造板及其制品中甲醛释放限量》等十多项国家强制性标准。但这些标准及范围有限而且多是评价体系，不带有强制性。为此代表们建议：一是继续补充完善各类环境标准，为执法提供依据。二是严格管理建材生产和销售环节，禁止使用超标原料，从源头上遏止污染。三是修改完善现有的相关法律法规或出台新的法律，明确责任，明确责罚。

▲3月7日，福建省建筑装饰协会做出《关于表彰2002年度福建省住宅装饰行业质量服务诚信企业的决定》，共20家企业获得表彰。

▲3月7日，由大连市建委主办、大连市建筑装饰协会承办的“庆祝大连市建筑装饰协会成立15周年颁奖晚会”在大连市广播电视中心演播厅隆重召开。出席此活动的有中国建筑装饰协会名誉会长张恩树、会长马挺贵以及大连市建筑装饰行业的从业者一千多人。晚会节目中间，大连市建筑装饰协会表彰了为大连市建筑装饰行业发展做出突出贡献的单位和个人。由地方建筑装饰协会承办大型颁奖晚会，在全国还是第一次。大连市建筑装饰协会在全国带了个好头。

▲3月8日，国家计委、建设部、铁道部、交通部、信息产业部、水利部、中国民用航空总局共同发出第30号令，公布《工程建设项目施工招标投标办法》，该办法自2003年5月1日起施行。

▲3月9日～16日，福建省建筑装饰协会主办“首届福建省室内设计大奖赛”、“福建省2001～2002年度优秀室内设计师”和“2002年度福建省室内设计十大影响人物”三项活动。经由15位业内资深人士组成评委会无记名投票，评出公装和家装室内设计作品各50项，优秀室内设计师50名。3月15日在福建经贸会展中心举办“2002年中国室内设计大奖赛作品巡回展览暨首届福建省室内设计大奖赛作品展”，参展作品千余幅，参观者2万多人。

▲3月10日，以一级装饰施工、甲级装饰设计企业——江西圳昌装饰工程有限公司为主业的6家企业经批准成立集团，中国建筑装饰协会常务理事苏少彬任集团董事长、总裁兼装饰公司董事长。

▲3月10日，建设部做出“关于印发《注册城市规划师注册登记办法》的通知”（建规[2003]47号）。

▲3月11日，中国建筑装饰协会常务副会长兼秘书长徐朋、综合部主任王毅强、信息部主任黄白向建设部办公厅副主任朱中一、宣传处副处长毕建玲汇报了近期协会工作：一是秘书处的招聘；二是7月将举行的全国装饰行业技术创新大会；三是一报二刊。朱中一对协会的工作表示满意，他指出协会的工作应围绕着建设部的中心工作来开展，结合得更紧密一些，特别是装修污染为百姓和国务院领导都关心的大事，支持装饰行业技术创新大会，要保持与建设部市场管理司、质量安全司、科技司、标准定额司等业务主管部门的联系，把装饰奖搞得更好一些，报刊办出特色。徐朋表示将认真研究办公厅领导意见，把协会工作做得更扎实一些。

▲3月12日，《北京晚报》报道，据有关部门对1000户居民进行的一项最新检测表明，88.8%的北京人家装后空气质量超标，其中，甲醛、氨和苯分别超标占68%、23.4%和8.6%，46.5%的家庭是因为新购的家具污染造成严重的室内空气污染超标。装修污染主要来自所使用的胶合板、细木工板、中密度纤维板和刨花板等人造板材，因为这些材料所使用的胶粘剂是以甲醛为主要成分的脲醛树脂，板缝中残留的和未参与反应的甲醛会逐渐向周围环境释放。含有甲醛成分并有可能向外界散发其他各类装饰材料还有贴墙布、贴墙纸、化纤地毯、泡沫塑料、油漆和涂料等。调查还显示，1000户家庭中，请检测机构进行检测的占52.1%，新居装修完入住前检测的占39.9%，发现有问题才做检测的占5.9%，家里有病人为了找病因做检测的占1.98%。

▲3月12日，中国建筑装饰协会发出《关于举办全国电视家居设计大赛的通知》（中装协函[2003]04号），通知指出，经建设部批准，中国建筑装饰协会与中央电视台共同于2003年3月～6月在央视第二套广告经济信息“生活”栏目中举办“第二届全国电视家居设计大赛”，

▲3月13日《中国建材报》记者韩生华采访了正在出席全国人大十届一次会议的代表、中国建筑装饰协会常务理事、郑州康利达装饰工程有限公司（一级装饰施工、甲级装饰设计企业）董事长薛景霞，3月14日该报以“3·15来临，全国人大代表薛景霞代表呼吁减少装修投诉关键在设计”为题做了报道。

▲3月13日，北京市建筑装饰协会在全国农展馆举行

"2003年北京首届环保建筑装饰材料展览会"。

▲3月14日，中国建筑装饰协会召开所属专业委员会秘书长工作会议，主题有二：一是由协会秘书处通报今后的工作计划；二是由各专业委员会秘书长汇报今年各自的工作打算。出席会议的有协会名誉会长张恩树、会长马挺贵，副秘书长张京跃、房箴以及协会秘书处6个部门的负责人、11个专业委员会的秘书长及《中华建筑报》的领导共20人。会议由协会常务副会长兼秘书长徐朋主持。

▲3月15日，中国建筑装饰协会铝制品委员会公布了"2003年全国幕墙行业推荐企业及其产品名单"。

▲3月15日，由北京建材行业协会、北京市场协会、北京建筑五金门窗行业协会和《中华建筑报》四单位共同组织的"首都百家建材企业建材市场'3.15'诚信宣言签名活动"在北京腾达大厦举行。此活动不仅是2002年中国建筑装饰协会以及北京、重庆、广州等地建筑装饰协会学习贯彻国家"室内装饰装修材料有害物质限量10项强制性标准"后一个更高层次的行业重大活动，而且是《清洁生产促进法》颁布和实施以来，我国建筑装饰行业、建材饰材业首次学习贯彻的重要活动。活动主办者宣读了诚信宣言和倡议书。108家企业在写有"首都百家建材企业建材市场'3.15'诚信宣言签名活动"的横幅上郑重其事的签了字，并合影以证实和纪念。

▲3月15日《北京晚报》报道，服务类投诉居高不下，装修位居第二位，突出问题是服务行业有法不依。

▲3月15日，江苏省建筑装饰协会发出《关于开展"2002年度江苏省优秀家庭装饰示范企业"评选活动的通知》(苏建装[2003]6号)。

▲3月15日，由吉林省建设厅、省建筑装饰业协会等14家单位共同组织的"2003年'太阳家居杯'吉林省室内设计大奖赛" 历时四个半月，在长春圆满闭幕。

▲3月15日，广州市建筑装饰协会家居装饰委员会公布《广州市家居装饰工程验收办法》(GJJW-B01-2003)。

▲3月15日～16日，中国建筑装饰协会参加了由建设部人力资源开发中心、北京建筑业人力资源协会在中国国际科技会议中心组织的"第三届北京建筑及房地产行业人才资源招聘会"，设置了两个展位，需要定向招聘人才的部门包括协会信息部、《中国建筑装饰》编辑部、质量技术部、国际部、《中华建筑报》、《中国建筑装饰装修》杂志社等，由协会综合部牵头，两天展会应聘者众，约600多人，多为本科生，不乏研究生。而后，经协会秘书处有关部门多层次选择出的5位优秀者，参加了4月8日协会秘书处进行招聘面试，录取了其中两位：纪敏、宿玲。

▲3月17日，由中国建筑装饰协会培训部在北京主持召开了 "建造师执业资格建筑装饰装修考试大纲编写工作会议"。

▲3月18日，建设部发出《关于废止〈电动钢栅栏围墙门〉等173项国家建筑标准设计的通知》(建质[2003]53号)。

▲3月19日，南京市装饰行业管理办公室组织南京40多家二级装饰企业到苏州金螳螂建筑装饰有限公司考察学习。3月27日，中国建筑装饰协会会长马挺贵继2002年6月26日后第二次到金螳螂装饰公司考察，称赞"金螳螂就是中国装饰行业的一块知名品牌。"4月3日，建设部工程质量监督与行业发展司副司长刘廷彦、综合处处长刘若光在江苏省建工局副局长顾炎晴、省装饰装修发展中心副主任高枫等有关部门负责人的陪同下，考察了金螳螂装饰公司，他们希望金螳螂这样的优势企业不断发展壮大。4月11日济南市建管局装饰装修管理办公室和装饰协会组织的部分一级装饰企业到金螳螂装饰公司考察学习。

▲3月19日，中国建筑装饰协会常务副会长兼秘书长徐朋、行业发展部主任王本明、住宅装饰装修委员会（筹）副秘书长张爱宁、张仁到建设部，向市场管理司副司长王宁、施工监管处处长刘哲汇报家装工作，市场管理司领导强调家装行业管理工作就由中国建筑装饰协会主管，并委托制订住宅装饰装修工程专业承包企业资质管理办法及资质标准。

5月23日，由中国建筑装饰协会副秘书长房箴主持，讨论由住宅装饰装修委员会（筹）起草的家装企业资质管理办法及资质标准（讨论稿），王毅强、黄白、鲁心源、熊翔、张爱宁、张仁等参加。会议指出，资质管理办法及资质标准既要与公装协调，又要突出家装特点；既要体现政府市场管理，又要突出协会行业管理；弱化职称，强调从业资格，将目前全国90%以上无资质的家装企业纳入行业管理之中。会议决定按照大家意见修订，尽快完成送审稿。

▲3月20日，中国建筑装饰协会石材委员会在厦门举行第二届国际石材展，中国建筑装饰协会常务副会长兼秘书长徐朋、综合部主任王毅强、石材委员会理事长兼秘书长严克明等有关方面负责人出席开幕式。

▲3月20日，江苏省建筑装饰协会在泰州市召开了近200家企业参加的"第十三次会员大会暨2002年江苏省建筑装饰（家装）优质工程颁奖大会"。

▲3月20日江苏省建筑装饰协会四届一次理事会通过《江苏省建筑装饰协会专家工作委员会工作条例》。

▲3月20日，苏州市勘察设计协会召开第三次会员代表大会，选举产生第三届理事会。

▲3月20日，江苏省建筑装饰协会在泰州市召开了近200家企业参加的"第十三次会员大会暨2002年江苏省建筑装饰（家装）优质工程颁奖大会"。大会选举产生了由理事59人、常务理事10人组成的第四届理事会，毛家泉连任会长，李宁等15位当选为副会长，朱志明任秘书长，陈沪、刘瑗任副秘书长。大会通过了三届理事会秘书长居乃巩所做的三届理事会工作报告，授予部分老同志荣誉理事称号，及专家工作委员会和自律工作委员会条例等事项。

▲3月20日，苏州市勘察设计协会召开第三次会员代表大会，选举产生第三届理事会，理事长：苏州市建工局原副局长徐福源，苏州金螳螂建筑装饰有限公司总经理倪林当选为副理事长兼装饰委员会主任。

▲3月21日，深圳市装饰行业协会发出《关于在全市

家装企业启动实行履约保函的通知》，通知说，此举系根据市建设局意见，拓宽为会员单位的服务层面，发挥协会整体对外优势，为规范家装市场，提高家装企业诚信度，有效控制投诉，工作于4月底完成，不参加者今年不予年审。经协会与有关保险公司协商推出两个优惠保险项目：一是人身意外伤害保险：原价每人一年保费100元，保额10万元，现由协会集中购买，每人一年保费降为80元，保额不变，另送2000元意外伤害保险，如企业内员工较多，也可以减速半办理，即每人一年保费40元，保额5万元，另送1000元意外伤害保险；二是汽车保险，原保费五折办理。

▲3月21日，建设部发出《关于印发〈建设部专家委员会管理办法〉的通知》（建科[2003]54号）。

▲3月22日，江苏省江都市建筑装饰协会举行第二次会员代表大会，扬州市建筑装饰协会会长陈秋铭、副会长邵樾，江都市民政局副局长刘锦宝到会祝贺并讲话，大会选举产生第二届理事会，名誉会长：佘峰，会长：王健，副会长：尤传真、雷峰太，秘书长：雷峰太，副秘书长：汤菁。

▲3月24日，河南省建筑装饰协会做出《关于表彰2002年度河南省建筑装饰行业先进单位和先进个人的决定》（豫建装字[2003]3号），有67个单位和68位同志获得表彰。

▲3月24日，河南省建筑装饰协会发出《关于成立"河南省建筑装饰协会专家库"的通知》（豫建装字[2003]4号）。

▲3月25日，北京市市长孟学农签发市府令第122号《北京市建设工程招标投标监督管理规定》，明确规定：本规定所称建设工程，是指各类房屋建筑及其附属设施和与其配套的室内外装修工程。

▲3月25日，浙江省建设厅做出《关于加强工程建设安全质量技术责任制的暂行规定》（浙建建[2003]35号）、《关于加强建筑施工企业劳务用工管理的暂行规定》（浙建建[2003]36号）。

▲3月26日，建设部和人事部共同发出"关于印发《注册公用设备工程师执业资格制度暂行规定》、《注册公用设备工程师执业资格考试实施办法》和《注册公用设备工程师执业资格考核认定办法》的通知"（人发[2003]24号）。

▲3月26日～28日，南京市建筑装饰协会与市装饰行业管理办公室共同组织全市16家骨干装饰企业前往苏州、南通两地参观考察，与金螳螂装饰公司和苏州家装企业分别进行了座谈。

▲3月26日，上海市装饰装修行业协会在上海市影视城召开首届二次会员大会，中国建筑装饰协会会长马挺贵，上海市政府行业协会发展署副署长刘庆、市建委副主任黄健之、市建筑业管理办公室主任马自强、副主任朱建纲及业内人士1400多人出席了大会。黄健之、刘庆、马挺贵在会上先后讲话，对上海装饰装修行业协会2002年的工作给予了充分的肯定，并提出了今后发展的建议和希望。

▲3月27日，山东省建设厅颁发《山东省建筑劳务管理办法》（鲁建发[2003]11号）。

▲3月28日，一级幕墙施工、甲级幕墙设计企业——珠海晶艺玻璃工程有限公司与幕墙材料供应商霍高文建筑系统有限公司在北京钓鱼台国宾馆签署"国家大剧院金属屋面工程材料及技术服务合同"。这将是我国钛装饰的一个里程碑。

▲3月28日，北京市建筑装饰协会召开古建装饰联谊会成立大会。

▲3月28日，国家质监总局在《北京晚报》等媒体上公布对北京、上海等10省市内墙涂料抽查的结果，抽样合格率仅为50%。这是该部门继2001年、2002年后第三次对国内内墙涂料检查。富亚、立邦、多乐士等10种产品较好。河南易发油漆涂料装饰市场太极油漆商行的象牌特级乳胶漆、郑州市二七红星精细涂料厂的红星牌特级环保乳胶漆、河北正定县科融涂料厂栅花王牌高级乳胶漆被曝光。

▲3月29日，浙江省勘察设计协会建筑装饰设计委员会召开2002年会暨学术交流会，中国美院、浙江大学、杭州国美、杭州合艺、杭州典尚等装饰企业作了主题发言。

▲3月31日，中国建筑学会室内设计分会在北京举行"室内设计与色彩暨2003年中国室内设计大奖赛合作签约仪式"，此次沙龙由北服-莱佛士国际学院室内设计系主任Daniel Lee主持，他还进行了"如何诠释室内设计师和顾客对色彩的困惑"的讲演，NCS中国地区首席顾问吕光作了"NCS色彩系统对色彩设计的指导"的讲演。中国建筑学会室内设计分会与华耐集团领导进行了2003年中国室内设计大奖赛合作签约。

四月

▲4月1日，杭州市建筑业做出《关于表彰2002年度杭州市建筑工程QC小组优秀成果的通知》（杭建协[2003]14号），其中包括有关装饰装修工程的5项，荣获二等奖：杭州三箭建设集团有限公司临平新城都市丽景B标段项目部QC小组——提高外墙湿贴花岗岩观感质量，浙江省长城建设集团股份有限公司紫桂花园二期I标段项目部QC小组——消除湿铺法外墙花岗岩泛碱质量通病，宁波华丰建设集团杭州分公司陈启虎QC小组——铝合金窗外接缝防水新工艺。荣获优秀奖：杭州建工集团有限责任公司凤起都花园项目部QC小组——外墙面砖镶贴质量控制，浙江华成建设实业有限公司杭州晶晖商务大厦干挂铝板QC小组——干挂铝板幕墙质量控制。

▲4月1日起，由北京中建建筑科学技术研究院和建设部住宅产业促进中心主编的《建筑涂饰工程施工及验收规范》，经建设部批准开始施行。

▲4月2日，建设部办公厅与中国海员建设工会全国委员会共同发出《关于立即组织开展建设系统安全生产大检查的紧急通知》（建办质[2003]19号）。

▲4月2日，中央电视台1频道晚间新闻报道，北京市国土房管局调查消费者对房屋的五大不满，家装位居第三，占投诉热点的23.6%，消费者认为房屋装修质量差，无保证。

▲4月2日，沈阳市建委做出"关于印发《沈阳市家庭装饰装修工程施工企业资质管理暂行办法》的通知"（沈建

发[2003]40 号）。

▲4 月 4 日，《北京晚报》发表市工商局 12315 投诉中心对 2003 年一季度投诉新动向的排行，装饰装修服务名列服务类投诉前三位，集中体现在有的家装公司以各种手段骗取消费者信任，签订不正规的家装合同，有的在保修期内，家装出现质量问题，装饰公司拖延或拒绝承担维修义务。

▲4 月 4 日，广州市建筑装饰协会举行“认准家装资格证，家居装修有保证”新闻发布会，此举旨在建立广州家装行业信用秩序，具体措施：一是编制实施《广州市家居装饰装修行业质量验收办法》；二是家装委员会与媒体进行良好合作，统一展示；三是家装委员会设立两部投诉电话；四是成立工程质量投诉质量小组；五是整合材料商资源；六是行业自律，对违反行业公约者每月通报曝光。

▲4 月 4 日，经延边迁喜装饰工程有限公司总经理刘侃的建议，吉林省延边建筑业协会装饰委员会召开装饰企业经理座谈会，州建设局副局长池基哲、协会秘书长宫世玉、副秘书长高凡伟和 14 家装饰企业的负责人出席，会议认为，延边装饰市场比较混乱，无证无照、逃漏税、恶性竞争普遍存在，外来劳务和游击队充斥市场，亟待整顿规范。会议指出，建立市场秩序，一靠政府力量，二靠协会自律，政府牵头清理整顿市场，在协会组织下企业愿出人出钱。

▲4 月 7 日《北京广播电视报》引原中央电视台报道，北京市统计局最近对 1000 户城市居民住房满意度调查显示，房价太高、危旧房改造不够快、经济适用房不够“适用”、住房装修市场混乱、廉租房的房源太少，成为北京住房状况五大不足之一。23.6%被调查住户对家装不满的原因是：房屋装修是居民圆住房梦的最后环节，住房装修业是目前的热门行业。但装修企业使用不符合国家质量要求的装修材料，装修质量也无法保证，影响居民的身体健康，这些成为居民最大的隐忧。

▲4 月 7 日，中共北京市委、市政府做出《关于进一步优化发展环境的意见》，在第八项“加快转变政府职能，提高市场化程度”第 26 条“培育、规范各类行业协会和社会中介机构”中指出：按照市场经济的要求，将政府承担的部分社会服务职能从政府行政职能中剥离出来，移交给各类行业协会和社会中介机构。制定行业协会和社会中介机构管理办法，加强对行业协会和社会中介机构的指导与监督，确定其独立法人地位，实现中介机构与政府部门完全脱钩。

▲4 月 7 日，陕西省建筑装饰协会做出“关于落实省建设厅《关于开展 2003 年度全省建筑业企业项目经理复查工作通知》（2003 年 3 月 31 日 陕建发[2003]44 号）的通知”（陕建装发[2003]011 号），通知指出，受省建设厅委托，建筑装饰企业项目经理报省建筑装饰协会复查的包括：省属的一、二、三级项目经理经有关上级主管部门初审后；市属的一、二级项目经理经市建设行政主管部门初审后；市属的三级项目经理经各市（区）建设行政主管部门初审后。8 月 30 日前完成复查工作。

▲4 月 7 日～8 日，河南省建筑装饰协会召开第四次会员代表大会，大会听取了会长洪瀛的讲话、秘书长王晓惠的工作报告，调整了协会部分工作人员，增补 2 位副会长：陈士倩（洛阳市建委副主任、市建筑装饰协会会长）、雷从庚（河南省税银建筑装饰公司总经理），金世雄因身体原因免去协会副秘书长、家装委员会主任兼秘书长职务，增补 4 位副秘书长：崔宗杰（协会会刊《河南建筑装饰》负责人）、赵乐丽（协会设计委员会主任）、李春献（郑州市装饰装修行业管理办公室主任）、赵安敏（洛阳市建筑装饰协会秘书长），考虑到民营企业的发展增补了 21 人为常务理事、26 人为理事。河南省建筑装饰协会现有会员单位 195 家，其中家装企业 65 家。

▲4 月 8 日，建设部颁发《建设部关于外商投资建筑业企业管理规定中有关资质管理的实施办法》（建市[2003]73 号），外商投资建筑业企业从事建筑活动的范围包括“装修工程的新建、扩建、改建活动”。

▲4 月 8 日，建设部建筑市场管理司做出《关于批准广西壮族工业设计院等 33 家企业工程设计资质转正及北京国安电气总公司等 9 家企业工程设计资质延期转正的通知》（建市设函[2003]9 号），同意建筑装饰专项工程设计甲级资质转正 7 家：北京中建华腾装饰工程有限公司、北京菲尼有限公司、沈阳天地建设发展有限公司、沈阳新帝装饰工程有限公司、沈阳白云穗港装饰工程有限公司、大连盛大建筑装饰工程有限公司、沈阳迅兴建筑设计装饰工程有限公司。

▲4 月 8 日，中国建筑装饰协会会同中国行业企业信息发布中心共同做出《关于联合主办“中国建筑装饰材料市场销量领先企业信息发布会”的通知》。

▲4 月 8 日，建设部做出“关于批准《模压门》等八项国家建筑标准设计的通知”（建质[2003]74 号），通知指出：经审查，批准由中国建筑标准设计研究所、中国有色工程设计研究总院等七单位编制的《模压门》、《多、高层建筑钢结构节点连接》、《室内管道支架及吊架》、《建筑给水金属管道安装——铜管》、《柔性接口给水管道支墩》、《中央液态冷热源环境系统设计施工图集》、《10/0.4KV 变压器室布置及变配电所常用设备构件安装》、《建筑智能化系统集成设计图集》等八项标准设计为国家建筑标准设计。该八项标准设计自 2003 年 5 月 1 日起执行。原《管道支架及吊架》（S161）、《电力变压器室布置》（88D264）、《杆上变压器台》（88D265）等三项标准设计同时废止。

▲4 月 9 日～12 日，吉林省建筑装饰业协会和吉林建筑装饰网在长春市国际会展中心共同举办了网上展会。此次网展具有不受时间、空间限制，成本低、价格廉、方便快捷、持久等特点。吉林建筑装饰网是吉林省建筑装饰行业门户网站，本次网上展会得到行业重视。

▲4 月 9 日，中国建筑装饰协会电贺山东省继济南、青岛、泰安后，第四个地方装饰协会——潍坊市装饰装修行业协会成立。

▲4 月 9 日，由中国建筑装饰协会、《信息日报》共同主办，江西省装饰行业协会、江西汇中展览有限公司联合协办的“2003 全国住宅产业暨建筑装饰（江西）博览会”在南昌市青山湖文化广场会展中心举行，参展厂商上百家，中

国建筑装饰协会常务副会长兼秘书长徐朋、信息咨询委员会秘书长田万良、江西省装饰行业协会理事长王儒明、《信息日报》副总编涂序理等有关方面领导出席开幕式，徐朋讲话，鼓励此展为江西装饰行业发展起积极作用。

▲4 月 10 日～11 日，沈阳市建筑装饰协会召开“2003 年沈阳市装饰装修行业管理工作会议暨 2002 年度先进装饰施工企业表彰大会”。

▲4 月 10 日，中国建筑装饰协会发出《关于开展 2003 年全国建筑工程装饰奖评选工作的通知》（中装协[2003]10 号）。指出评选工程范围为 2000 年 7 月 1 日至 2002 年 6 月 30 日期间竣工交付使用的建筑装饰工程项目，且以整体建筑装饰工程为主。今年只申报公共建筑装饰工程（含建筑幕墙工程）的承建奖和参建奖。今年的申报工作自 4 月 10 日开始，7 月将对全部上报的申报材料进行审核，对申报材料合格的工程项目进行公示，并于 8 至 9 月对合格的工程项目进行工程复查。10 月中旬进行专家评审，11 月底前公布评审结果，12 月召开颁奖大会。

▲4 月 11 日，中国建筑装饰协会发出《关于举办“全国建筑工程装饰奖”获奖工程项目经理表彰活动的通知》（中装协[2003]13 号），定于 5 月 14 日～16 日在北京 • 中国科技会堂召开。此会由中国建筑装饰协会综合部、质量技术部牵头协调，工程委员会承办。

▲4 月 14 日，山东省潍坊市装饰装修协会举行换届工作会暨第二次会员代表大会。该会原为轻工系统 1999 年 4 月 9 日成立的“潍坊市室内装饰协会”，2001 年 12 月机构改革成建制的划归市建设局管理。参加此会的有山东省建管局装饰处、潍坊市建设局、209 家会员单位的代表 166 人，中国建筑装饰协会致电祝贺。潍坊市现有装饰企业 174 家，其中一级 2 家、二级 66 家、三级 106 家，年产值 4 亿元，发布的《潍坊市装饰装修工程项目管理程序》、《潍坊市装饰装修管理办法》已报市政府审批。大会选举产生第二届理事会理事长：市建设局副局长陈爱文，常务副理事长：市装饰装修管理办公室副主任徐小朋。

▲4 月 14 日《北京晚报》报道，中国疾病预防控制中心辐射与核安全医学所研究员王作元率领的研究小组经过 9 年的调研，首次拿出室内氡气污染所造成的肺癌危险度指数：0.19。它意味着当空气中氡浓度每增加 100 贝克/m^3 时，在这种环境居住的人的患肺癌的几率就会增加 19%。因此家装时应尽可能少用石材，尤其是花岗岩最好不用。

▲4 月 14 日，中国质量万里行促进会发布警示：一些企业在拿“绿色”、“环保”蒙事。据中国建材市场协会对北京市场的暗查，很多产品没有按照国家要求进行检测，漏检产品达 40%以上；许多自称“绿色”、“环保”的产品却根本无相关检验报告书。专家提醒说，根据有关规定，只有中国环境标志产品认证委员会颁发的带有“十环”标志的产品才能称为绿色建材产品。在北京十里河建材一条街，所有商家的摊位几乎都在显著位置摆放着各种“绿色”或“环保”标牌，但当暗访人员要求商家出具有害物质检测报告时，90% 的摊主拿不出检测报告。4 月 15 日《北京晚报》指出，在北京环三环建材市场，一家根本没有做有害物质检测的厂家，陈列的板材上却赫然贴着“绿色环保建材”标志。

▲4 月 15 日，苏州市装修装饰行业协会召开首届一次常务理事扩大会议上决定成立 6 个职能机构：秘书处、公共建筑装饰部、住宅装饰部、总务部、宣传培训部、监督站。同时决定增补马银康为协会副秘书长。

▲4 月 16 日，北京市建筑装饰协会理事长朱希斌发出致装饰企业各位领导、各位同仁的一封公开信“倡导学会健康生活”。

▲4 月 20 日，中国建筑学会室内设计分会在北京主办“圣保罗国际建筑与设计双年展 •中国建筑与环境学术研讨会”。

▲4 月 21 日～23 日，中国建筑装饰协会在北京九华山庄召开了地方协会秘书长工作会议。出席会议的有 30 个省、市、区建筑装饰协会的 33 位秘书长（理事长）及中国建筑装饰协会 6 个部门的 12 位负责人及相关人员共 70 多人。会议由常务副会长兼秘书长徐朋主持。会议通报了中装协今年的工作计划和活动安排，讨论了行业自律公约和 2002 年中国建筑装饰行业百强企业评价推介活动方案，布置了中国装饰企业走向国际市场开展国际化经营的调查，听取了协会领导和建设部主管负责人关于社团改革发展和当前主要工作的意见。会长马挺贵作了关于推动和支持组建地方建筑装饰协会的工作讲话及“统一思想　积极为完成 2003 年工作任务做贡献”的总结报告。

▲4 月 23 日，中国建筑装饰装修材料协会发出“关于在《装饰装修》杂志开办会员单位品牌形象展示栏目的通知”。

▲4 月 28 日，建设部办公厅做出《关于做好建筑施工务工人员就地务工和防控“非典”工作的紧急通知》（建办质[2003]26 号）。

▲4 月 28 日，贵州省装饰协会举行第二次会员代表大会，中国建筑装饰协会致电祝贺。贵州省民政厅副厅长张建民、社团管理局局长熊群、省建设工会主席彭友庆、省建设厅市场管理处副处长苟银敏等有关方面领导出席大会并讲话，会议听取并通过一届理事会理事长、原省建设厅总工程师罗醒民所作的工作报告，秘书长彭友庆所作的关于协会章程修订、财务工作报告，大会选举产生第二届理事会，名誉会长：张鹏（省建设厅副厅长）、会长：罗醒民（连任），秘书长：钟建华（原代秘书长），副会长邵迪东等 7 位。

▲4 月 28 日，中国建筑装饰协会铝制品委员会统计会员单位 1100 多家。该会于 1984 年成立于天津铝合金厂，原名为中国建筑业联合会装饰铝制品协会，后简称中国建筑装饰铝制品协会，隶属中国建筑装饰协会。1995 年改为中国建筑装饰协会铝制品委员会，第一任理事长赵春茂为原天津铝合金厂厂长，秘书长为李书球。1989 年第二任理事长是高锡久。1992 年第三任理事长兼秘书长为彭政国。

▲4 月 28 日，杭州市建筑业协会做出《关于公布 2002 年度杭州市建筑工程“西湖杯”奖的通知》 [杭建协（2003）15 号]，其中包括 3 家装饰企业。雷峰塔景区——浙江亚厦

装饰集团有限公司、上海华鼎建筑装饰工程有限公司，南都银座公寓——武林建筑工程有限公司。

▲4 月 29 日中央电视台晚间新闻联播报道，国家副主席曾庆红接见了当天参加“全国劳动模范座谈会”的代表，其中有沈阳春霞装饰有限公司总经理王春霞，她是 2003 年全国“五一劳动奖章”和“五一劳动奖状”获得者。

▲4 月 29 日，上海市装饰装修行业协会成立了工会，为全市建设系统 50 多个协会中为第一个。全国地方装饰协会第二个，第一个为深圳市装饰行业协会。

▲4 月 30 日，建设部办公厅与卫生部办公厅共同发出《关于做好建筑空调通风系统预防非典型肺炎工作的紧急通知》（建办电[2003]13 号）。

▲4 月 30 日，辽宁省建设厅发出紧急通知，为防 SARS 要求全省各地立即停止所有房屋装修活动。

▲4 月 30 日，建设部发出《关于表彰北京市抢建小汤山疗养院非典治疗区有关建设单位的通报》（建市[2003]90 号），对北京市建委、市规委、市政管委、市交通委员会和北京市建工集团、城建集团、住总集团、城乡集团、市政集团、中建一局等予以通报表彰。

▲4 月 30 日，吉林省和龙市装饰工程管理处发布《和龙市装饰装修管理暂行规定》、《家庭装饰工程质量保证金管理办法（试行）》和《和龙市家庭装饰工程投诉处理暂行办法》。

五　月

▲5 月 1 日，郑州市建委公布《关于我市建筑工程实行装修一次到位的意见》，要求新建、扩建和改建的各类房屋建筑工程，竣工时应实行装修一次到位。

▲5 月 1 日，十届全国人大代表、中国建筑装饰协会常务理事、河南省建筑装饰协会副会长——郑州康利达装饰工程有限公司董事长薛景霞荣获 2003 年全国“五一劳动奖章”。

▲5 月 1 日，荣获 2003 年全国“五一劳动奖状”的公司有：一级幕墙施工、甲级幕墙设计企业——深圳金粤幕墙装饰工程有限公司，一级装饰施工、甲级装饰设计企业——上海市建筑装饰工程有限公司，一级装饰施工、乙级装饰设计企业——宁波建工集团建乐建筑装潢公司。

▲5 月 4 日，国家环境保护总局和建设部共同发出《关于加强“非典”疫区城镇污水消毒灭菌的紧急通知》（环明传[2003]5 号）。

▲5 月 4 日，苏州仲裁委员会发出《关于设立苏州仲裁委员会装修装饰行业办事处的批复》（苏裁字[2003]第 004 号），苏州市装修装饰行业协会会长孔全林任办事处主任。目前成立装饰仲裁机构的，全国只有江苏省的苏州市和湖北省的宜昌市。

▲5 月 5 日《北京晚报》报道，中国新兴建设开发总公司装修北京佑安医院 SARS 病房受表彰。

▲5 月 5 日，四川省建设职业技能岗位鉴定指导中心做出《关于建立四川省建设职业技能岗位鉴定成都建筑装饰协会站的批复》（川建培[2003]014 号），批准成都市建筑装饰协会成立“四川省建设职业技能岗位鉴定成都建筑装饰协会站”，在全省范围内对建筑装饰类工种进行初、中级职业技能鉴定，蒲生龙为站长，卢红为副站长。这是第一个由政府主管部门委托地方建筑装饰协会建立的职业技能鉴定机构。

▲5 月 6 日，广州市建筑装饰协会做出《关于增补协会副会长和调整常务理事人员的决议》（穗建装协[2003]12 号），文件指出，此决议是经四届六次会长扩大会议讨论通过，增补副会长（2 名）：广州市第四装修有限公司书记兼副经理陈奕明、广东省装饰总公司总经理王冶。不再担任四届常务理事会常务理事（6 名）：广州珠江建筑装饰集团公司董事长江荣宇、广州市第一装修公司原经理陈英雄、广东省华侨建设工程公司原总经理李魁舜、广州铝材厂装饰工程公司原副经理贺雪琼、广信装饰工程公司原总经理张庆忠、广州市建筑装饰协会原办公室主任刘淑霏。新增补为四届常务理事会常务理事人员（8 名）：广州工程总承包集团有限公司副总经理倪安葵、广东省装饰总公司总经理王冶、广州市建筑装饰协会副秘书长罗焕良、广州市建筑装饰协会副秘书长关帆、广州市第一装修公司经理陈民、广州珠江建筑装饰集团公司总经理孙超美、广东省华侨建设工程公司总经理郑宗伟、广州铝材厂装饰工程公司经理刘吉安。

▲5 月 7 日《中国建设报》报道，建设部日前召开部直属机关领导干部会议，进一步部署防治非典型性肺炎工作。部长汪光焘要求各个单位一定要高度重视，沉着应对，按照全国防治“非典”会议精神，统一思想，振奋精神，把各项防治措施切实落到实处，坚决打好战胜“非典”这场战役。

▲5 月 8 日，建设部部长汪光焘在中国建筑工业出版社检查、督促、落实防治非典工作，建设部副部长傅雯娟陪同检查。在听取了建工出版社防治非典工作的汇报后，汪光焘说，非典疫情是一场突如其来的灾害，我们要认真研究，沉着应对，总结经验，防止疏漏。要把全体职工，包括离退休同志的身体健康和安全放在第一位，要对社会负责，继续作好各项防范工作。他说，出版社所采取的一些防范措施是好的，是负责任的，如让一些职工留在家中，其中相当一部分不在《传染病防治法》所规定的范围内，但这些措施是对职工的身体健康负责的，也是对社会负责任的。汪光焘强调，在防治“非典”的斗争中，要充分发挥党组织的战斗堡垒作用和党员的先锋模范作用，要学习北京中日友好医院医务工作者和郑培民同志恪尽职守，无私奉献的革命精神，沉着应对，坚定信心，依靠科学，依靠群众，保持正常的工作秩序。建设部副部长傅雯娟说，面对突发的非典疫情，出版社的领导班子采取了果断而有力的措施。目前，疫情尚未消除，我们要时刻保持警惕，把工作做细，如排水管消毒、垃圾处理等一些具体问题都要做好。在进一步做好防范工作的同时，抓好出版工作。

▲5 月 9 日《中华建筑报》头版刊登了该报记者对中国建筑装饰协会会长马挺贵的专访。马会长号召坚定信心，打赢“非典”遭遇战。

▲5月9日，成都市建筑装饰协会向所属会员单位发出《关于作好防治非典和搞好正常生产经营工作的紧急通知》（成建装字[2003]013号）。

▲5月9日，云南省原副省长李嘉廷一审被判死缓，今年41岁、江西籍、只有小学四年级文化、原昆明市丽人园餐厅经理徐福英便是李嘉廷蜕变过程中的情人，5月28日《北京晚报》引《春城晚报》消息以“省长情人徐福英先坠入情网后落入法网”为题的报道，包括他们对装修的牟利活动：1996年，昆明洪涛装饰工程公司经理陈某与徐福英就承揽昆明百货大楼新纪元广场营业楼装饰工程一事达成协议，二人商协由徐垫资100万元，陈某负责组织装修，事成之后利润均分。随后徐福英请时任云南原副省长的李嘉廷给昆明百货大楼集团有限公司董事长吴某某打招呼，让其将昆明百货大楼一部分装饰工程交由昆明洪涛装饰公司承揽。装饰工程结算后，为了感谢李嘉廷的关照，徐福英于1997年春节前后将5万元人民币送到李嘉廷家交给其妻王某，事后王某告诉了李嘉廷。徐福英行贿一案，2001年12月24日云南省检察院决定逮捕她，2003年5月20日，昆明市检察院向市中法对她提起公诉。

▲5月10日，中国建筑装饰协会给各地方建筑装饰协会、解放军建筑装饰协会及各会员企业发出《同心筑防线携手抗“非典”》的慰问信。

▲5月10日，上海市装饰装修行业协会发出“关于转发市建筑业管理办公室《关于认真贯彻市政府、市建委有关精神，进一步做好装饰装修工地非典防范工作，执行上海市建筑业企业施工人员从业人员手册》的通知”，自6月5日至今，已有2万多从事家装施工从业人员领取了“从业手册”。该手册是上海市建管办以沪建建（2003）第073号文件要求发放的。

▲5月12日，《北京晚报》报道，4月21日北京SARS疫情暴发后，北京市建委根据市政府的要求，拉网式的在全市检查3200多个在建工地的防范“非典”工作。在北京城南某项目施工的上海大华装饰工程有限公司因在防范“非典”期间管理严重失控，5月11日受到市建委的严厉处罚，被清出北京市场，项目经理李钦今后不得在北京市承揽工程。该公司招用了大量未签劳动合同的江苏籍零散民工，最多时达1300多人。这些民工因北京发生“非典”疫情欲返乡，便要求兑付劳务费。而此时该公司项目经理李钦却不知去向，以致该公司100多民工聚众围堵，情绪激烈，调解工作无法进行。在北京市多次督促下，上海大华装饰公司领导于4月30日给民工兑付了劳务费。兑付完劳务费的101名民工全部擅自离京，返回原籍，给消除向全国蔓延传染源的防控工作带来无法挽回的影响。

▲5月12日“国际护士节”，苏州金螳螂建筑建筑装饰有限公司通过苏州市防非指挥部向奋战在苏州及南京等地抗SARS一线的医护人员捐款50万元，得到苏州市委市政府的表彰。

▲5月12日，甘肃粤兰装饰有限公司正在施工的北京华联太阳店工地因在防控“非典”存在很大隐患，严重不达标被北京市海淀区建委勒令停工。

▲5月13日，《北京晚报》，介绍，5月12日甘肃粤兰装饰有限公司正在施工的北京华联太阳店工地因在防控“非典”存在很大隐患，严重不达标被北京市海淀区建委勒令停工。存在的最大问题是民工睡大通铺现象或房间居住人数远远超过规定，个人的居住面积不足2m^2。

▲5月14日，中央电视台“焦点访谈”节目对山东省支援北京抗击SARS进行专门报道，其中包括山东贺友集团支援建设北京小汤山非典医院的事迹，当该公司接到北京小汤山非典医院需要20万张中密度板的时候，毅然停下比中密度板利润高60%的高密度板的四条生产线，紧急生产中密度板，而且每张优惠5元钱，仅此一项就少收入100多万元，“焦点访谈”评论道，体现了同呼吸，共命运，心连心。

▲5月14日，卫生部、建设部共同发布《收治非典型肺炎患者医院建筑设计要则》，就配合各地改、扩建集中收治传染性非典型肺炎患者医院的需要做出细致的具体指导。两部要求各地选址改造医院应根据城市总体规划，尽量避开城市人口稠密区，如学校、住宅区、水源等有可能造成危害的重要设施，选择地势较高，地质稳定平坦地段，尽可能在城市区域常年主导下风向。要则中将各医院分为限制区和隔离区，对病人治疗生活的隔离区，除设计医生病人不同通道等多项，要则详细列出了给排水、电气、消防、环境等具体要求。为配合设计要则，两部同时下发了《收治传染性非典型肺炎患者医院建筑示范图》。两部表示，制定要则的目的是，为严格控制院内交叉感染；严防污染环境，从硬件设施方面为一线医护工作者提供安全可靠的工作环境；为患者提供舒适便捷的就医环境；为社会提供不污染周围环境的传染病医院。

▲5月15日，中共建设部直属机关委员会向各直属党委、总支、支部，部机关和直属各单位发出《关于在“七一”前夕表彰在防治非典斗争中涌现出来的先进基层党组织和优秀共产党员的通知》，要求各级党组织、各单位领导班子加强对评选工作的领导，精心组织，认真抓好。

▲5月15日，根据山东省建设厅、省建筑管理局《关于2003年度全省建筑装饰装修市场秩序专项治理工作的意见》（鲁建发[2003]5号）的要求，济南市建委、市建筑管理局共同发出《关于开展2003年度全市装饰装修市场专项治理活动的通知》（济建管字[2003]38号），检查范围是2002年6月～2003年6月竣工和在建、工程造价30万元以上的公装和家装工程。检查重点有五方面：一是规避招标和在招标投标活动中弄虚作假以及合同欺诈行为。二是施工单位转包、违法分包工程、挂靠以及无证或越级承接工程业务的问题。三是不办理施工企业许可证、不办理质量监督、安全手续，不办理竣工验收及备案以及依法必须实行监理的工程不委托监理等违反法定建设程序的行为。四是不执行工程建设强制性标准，偷工减料和使用污染环境的假冒伪劣材料以及工程技术档案不规范等问题。五是在装饰装修过程中擅自变动建筑主体、改变承重结构和乱砸乱建等问题。

▲5月15日，吉林省和龙市建设局、市工商局、市劳

动和社会保障局、市环境保护局四部门共同发布《关于进一步规范装饰装修行业的通告》(和建联发[2003]21 号)，通知指出，在龙市建设局成立装饰工程管理处，以加强装饰市场监督管理，

▲5 月 16 日，建设部 、卫生部、科技部共同发出关于《印发〈建筑空调通风系统预防“非典”确保安全使用的应急管理措施〉的通知》(建科电[2003]17 号)。

▲5 月 16 日，由深圳市装饰行业协会和深圳海外装饰工程公司共同发起，海外装饰公司承办的深圳市装饰行业协会设计师选材中心在海外装饰大厦举行了落成揭幕仪式。

▲5 月 16 日，《北京晚报》原引新华社消息，丹东市中法 5 月 15 日对辽宁省高法原院长田凤岐受贿案做出一审判决，以受贿罪判处田无期徒刑。在受贿事实中，特别指出，田 1999 年 6 月到 2001 年 8 月在担任辽宁省高法院长期间，利用职务之便，为他人在承揽法院办公大楼工程设计、工程装修等方面牟利。田共收受他人贿赂的财物共计 330 余万元。

▲5 月 20 日，中国建筑装饰协会发出《关于对 2002 年评出的“全国住宅装饰装修质量服务诚信企业”进行复查认定，并继续开展 2004 年评选认定“全国住宅装饰装修质量服务诚信企业”活动的通知》(中装协[2003]18 号)。

▲5 月 20 日，北京市卫生局、市建委要求，从 2003 年 5 月 21 日起，凡外地来京(返京)施工人员必须进行健康体检，取得“健康凭证”后，方可办理其他务工手续。

▲5 月 20 日，中国建筑装饰协会发出《关于对 2002 年评出的“全国住宅装饰装修质量服务诚信企业”进行复查认定，并继续开展 2004 年评选认定“全国住宅装饰装修质量服务诚信企业”活动的通知》(中装协[2003]18 号)。

▲5 月 20 日，全国化学建材协调组秘书组和建设部科学技术司共同做出“关于印发《第二届中国建筑涂料产业发展战略与合作论坛会议纪要》的通知”(建科研函[2003]055 号)。

▲5 月 20 日，国家统计局公布《三个产业划分规定》，重新划分第一、第二、第三产业范围。根据此规定，第一产业是指农、林、牧、渔业。第二产业是指采矿业，制造业，电力、燃气及水的生产和供应业，建筑业。第三产业是指除第一、二产业以外的其他行业，包括：交通运输、仓储和邮政业，信息传输、计算机服务和软件业，批发和零售业，住宿和餐饮业，金融业，房地产业，租赁和商务服务业，科学研究、技术服务和地质勘查业，水利、环境和公共设施管理业，居民服务和其他服务业，教育，卫生、社会保障和社会福利业，文化、体育和娱乐业，公共管理和社会组织，国际组织。新划分规定与原先相比，主要有两个方面变化：一是根据经济活动性质，将农、林、牧、渔服务业从原第三产业划归了第一产业。二是不再对第三产业划分层次。

▲5 月 21 日，北京市建委、市政管委、国土资源和房管局、卫生局、科委等六单位联合发出了《北京建筑空调通风系统预防 SARS 确保安全使用应急管理措施实施细则》的通知。

▲5 月 21 日，中国建筑装饰协会召开了北京自 4 月 21 日 SARS 暴发，5 月 19 日结束了轮流值班恢复正常上班以来第一次秘书处工作会议，主要是互通信息，研究布置当前根据 SARS 情况变化下开展的几项工作。会议由常务副会长兼秘书长徐朋主持。

▲5 月 22 日，为保证外地来京经商务工人员的身体健康和生命安全，巩固首都非典防治成果，防止疫情反弹，北京市防治非典联合工作小组做出决定，5 月 20 日～6 月 10 日，北京全面开展外地来京经商务工人员集中登记和向出租出借房屋清理整顿工作的两项“登记”制度。借此建立外地来京人员统计报告制度。通知指出，这一规定不包括经市建委批准的建筑施工人员。

▲5 月 22 日，中国建筑装饰协会党总支部正式成立，这是本会全体党员政治生活中的一件大事，标志着装饰行业在党的十六大精神引领下，将有更快的发展，更新的工作局面。

▲5 月 22 日，浙江省建筑装饰协会第三届一次常务理事会在杭州梅苑宾馆召开。会议通过了董宜君会长所作的二届理事会工作报告和修改章程报告、行业自律公约及财务报告。会议进行了换届选举，会长：董宜君。副会长(按姓氏笔划为序)：丁欣欣、于利生、王宝良、刘卫、陈耀光、吴建荣、张奕、陆秀乔、周锦云、景政治、程健敏、戴震华。副秘书长：陈孟坡(常务)、俞雄伟、胡宠良。办公室主任：施其林。协会换届后工作十分活跃。

▲5 月 22 日，深圳市装饰行业协会举行了“深圳装饰行业专家颁证会暨设计师沙龙活动”。协会领导为第一批受聘的 50 多位行业专家颁发了证书。

▲5 月 23 日，建设部公布《关于加强建筑意外伤害保险工作的指导意见》(建质[2003]107 号)。

▲5 月 23 日，中共北京市委城市建设工作委员会、市建委、市国土资源和房屋管理局共同发出《关于加强房屋装饰装修管理进一步抓好民工和社区防控非典工作的通知》(京城字[2003]59 号)，效果明显。

▲5 月 23 日，山西省建设厅做出《关于调整建设工程费用定额中临时设施费的通知》(晋建标字[2003]183 号)，通知指出，此文件主要是根据省政府办公厅“转发省建设厅《关于进一步做好建筑工程与农民工非典预防工作的通知》的通知”，建筑装饰工程增加的临时设施费系数为 0.6，计费基础是直接费。

▲5 月 23 日，石家庄市市政府令第 129 号《石家庄市城市住宅室内装饰装修管理办法》公布。

▲5 月 25 日，中国商业联合会发出通知，要求商业企业迅速建立公共卫生安全系统，应急预案。这是 5 月 25 日中央电视台一频道晚间新闻联播报道的。

▲5 月 27 日，北京市建筑装饰协会做出“关于转发中共北京市城市建设工作委员会、市建委、市国土资源房管局《关于加强房屋装修管理，进一步抓好民工和社区防控非典工作的通知》的通知”，要求业内结合实际，制定具体措施，认真贯彻落实，夺取抗击非典、做好家装工作双胜利。

▲5 月 27 日，建设部办公厅做出《关于在防治“非典”期间做好建筑施工务工人员管理工作的紧急通知》（建办电[2003]18 号），通知指出：为贯彻落实《国务院办公厅关于动员北京等地高等学校学生、农民工就地学习务工的紧急通知》（国办发明电[2003]11 号）和建设部《关于进一步做好建设系统防治非典型肺炎工作的补充通知》（建办电[2003]12 号），建设部办公厅于 2003 年 4 月 28 日印发了《关于做好建筑施工务工人员就地务工和防控“非典”工作的紧急通知》（建办质[2003]26 号），明确规定：“自本通知下发之日起，严禁未发生‘非典’疫情地区的施工队伍进入已发生‘非典’疫情地区务工；发现‘非典’疫情的地区的建筑施工务工人员不得擅自离开现务工所在地，发生‘非典’疫情地区工地之间应禁止人员流动调配”。

▲5 月 28 日，中国建筑装饰协会做出《关于开展 2002 年度中国建筑装饰行业百强承包商排序评价活动的通知》（中装协[2003]19 号），通知指出，按照国际惯例，采取市场经济的方法，本着公正、公平、公开的原则，采用市场评价的方式，向全行业、建筑装饰工程业主及全社会宣传推介本业百强承包商（在国际上，建筑装饰工程、幕墙工程企业通称为“建筑装饰承包商”）以及对主要单项指标前 10 名排序评价的结果，是我国建筑装饰行业迎接入世挑战，中国建筑装饰协会推行“扶大扶优扶强”方针，促进行业可持续发展的重要举措。为此，经 2003 年 4 月中国建筑装饰协会地方协会秘书长工作会议研究，中国建筑装饰协会决定，从 2003 年起进行中国建筑装饰行业百强承包商排序评价活动。本活动由中国建筑装饰协会主办，《中华建筑报》社承办，各省、直辖市、自治区建筑装饰协会初审推荐。每年全国组织一次，每次 100 家。评价结果由中国建筑装饰协会公告。

▲5 月 28 日，北京市建筑装饰协会家装委员会携 30 家建材、装饰企业向全市家居建材家具市场和家装公司发出倡议书。

▲5 月 28 日，中国建筑工程总公司组织的《建筑装饰装修工程施工工艺标准》由中国建筑工业出版社出版发行。

▲5 月 28 日，建设部发出“关于贯彻落实《建设部 2003 年整顿和规范建筑市场秩序工作安排》和开展建筑业企业资质年检工作的若干意见”（建市[2003]110 号）。

▲5 月 28 日，浙江省建设厅和省劳动和社会保障厅共同做出《关于全省室内装饰设计人员从业人员实行职业资格制度有关事项的通知》，要求从 2003 年 7 月 1 日起对全省室内装饰设计从业人员实行行业准入制度。

▲5 月 30 日，《中国旅游报》上发表“非典对中国饭店行业的影响及对策”的报告，报告指出，非典给中国旅游业带来了自建国以来最为严重的打击，中国饭店业受到了整体性损失，可以肯定，2003 年的行业业绩将普遍下降。对策：一是加强 SARS 疫情的危机管理；二是创新市场营销；三是降低经营成本；四是提升市场竞争力。这是目前所见到的受 SARS 影响相关行业协会的第一份对策报告。

六 月

▲6 月 2 日，建设部做出“关于印发《城乡社区建筑与环境和公共场所防控“非典”应急管理措施》的通知”（建科电[2003]19 号）。

▲6 月 2 日，中国建筑装饰协会在《中华建筑报》社召开“SARS 对室内设计的影响及对策专家研讨会”，大家心情颇佳。会议中国建筑装饰协会副秘书长房箴主持，中国建筑装饰协会会长马挺贵出席，王炜钰、莫英光、耿滨、张世礼、何星华、饶良修、马怡西、郑曙旸、王铁、孟建国等 10 位相继专家发言，谈了防控 SARS 的思路性意见。5 月 21 日，中国建筑装饰协会秘书处恢复正常上班后的第一次会议，决定着重抓紧研究 SARS 对我国建筑装饰行业的影响及对策。5 月 23 日秘书处研究此项工作的开展，认为设计是龙头，应首先召开一次 SARS 对室内设计的影响及对策的高层次专家研讨会，由中国建筑装饰协会设计委员会（筹）牵头，联合信息咨询委员会专家组、《中华建筑报》社和《中国建筑装饰装修》杂志社四单位共同承办。6 月 1 日，全国因 SARS 丧生者首次为零，SARS 攻坚战取得阶段性重大胜利。

▲6 月 4 日，中国建筑装饰协会专家委员会（筹）企业管理组召开的首次预备会暨装饰企业管理与 SARS 启示座谈会，在北京港源建筑装饰工程有限公司召开。6 月 1 日 10 时至 2 日 10 时，北京 SARS 新收治、疑似转确诊、死亡人数首次均为零。三个“零”的出现使 6 月 4 日参加首次预备会的 10 位代表，心里多了一份欣喜和振奋，加之与会者企业现都平安无事，又平添了许多好心情。这是中国建筑装饰协会自 SARS 暴发以来与装饰企业见面的第一次重要会议。会议的主题有二：一是讨论筹备成立全国装饰企业管理专家组；二是研议装饰企业管理与 SARS 的对策。

会议由全国装饰企业管理专家组组长、中国建筑装饰协会工程委员会秘书长顾国华主持。参加会议的有全国装饰企业管理专家组副组长：原北京市建筑装饰设计工程公司原总经济师陈晋楚、中国建筑装饰协会信息部主任兼会刊《中国建筑装饰》主编黄白，企管组办公室、工程委员会陈京明。4 家知名装饰企业，其中公装和家装各 2 家：中国建筑装饰协会副会长、北京港源建筑装饰工程有限公司董事长王波、副总经理李瑞林，中国建筑装饰协会理事、香港金丰环球装饰集团有限公司（下辖控股北京金丰环球远大装饰工程有限公司、金丰环球装饰工程（天津）有限公司和天津建工幕墙工程有限公司）董事长陈康权、副总裁李雨涵，中国建筑装饰协会常务理事、北京东易日盛装饰集团有限公司董事长陈辉，北京龙发建筑装饰工程有限公司董事总经理王振杰。

会议认为，近期分专题研究的重点：第一是总结全行业在抗击 SARS 期间的经验教训，一是总结直接参与 SARS 定点医院改造装修企业的经验，如北京港源做的中日友好、华腾做的小汤山、新兴做的 402、建工做的胸科、宏美特艺做的朝阳、苏州金螳螂做的南京南山医院、山西三利等太原 6 家装饰企业做的太原市后备医院等；二是总结被通报的企业的教训，如上海大华、甘肃粤兰、北京乾坤元、建谊、南京远墨等；三是总结传染上 SARS 但被有效防控住的企业管理要点，如中建二局装饰公司、北京金丰环球、沈阳远大等。第二是研究 SARS 期间的企业管理，如现场管理、民工管理、劳资纠纷处理、防控成本等。他指出，要使装饰企业在防控 SARS 的过程中促进管理水平提高，并提出相应的对策，建立企业和行业防控 SARS 等突发性传染病灾害的应急预案。

▲6 月 4 日，建设部发出“关于印发《建设工程质量责任主体和有关机构不良记录管理办法》（试行）的通知”（建质[2003]113 号）。

▲6 月 4 日，北京市建委发出“关于印发《北京市建设委员会行业协会管理办法（试行）》的通知”（京建法[2003]281 号）。

▲6 月 5 日，中国人民银行发出《关于进一步加强房地产信贷业务管理的通知》，要求建筑施工企业不得用银行贷款垫资房地产开发项目。

▲6 月 6 日，北京公共娱乐场所开业需有《北京市公共娱乐场所卫生防疫达标许可证》，由相关政府部门检查认证，如室内健身场所需由卫生行政主管部门联合体育行政主管部门共同进行认证。

▲6 月 6 日，上海市装饰装修行业协会公布《上海市建筑装饰施工企业优秀项目经理评选办法（试行）》。

▲6 月 6 日，吉林省延边建筑业协会举行第三届理事会，理事长：延边州建设局副局长池基哲，秘书长：宫世玉，装饰分会会长：延边千禧装饰工程有限公司总经理刘侃。在此之前的 5 月 25 日，延边建筑业协会装饰专业委员会召开了第二次会议，会议通过《关于成立装饰分会的决定》、《关于规范化管理装饰装修市场的建议》、《延边装饰装修行业自律公约》、《延边装饰分会对社会承诺》等相关决议。

▲6 月 8 日，国务院总理温家宝签署国务院令第 379 号《物业管理条例》已经 2003 年 5 月 28 日国务院第 9 次常务会议通过，现予公布，自 2003 年 9 月 1 日起施行。其中有两条涉及装饰装修。第四十六条：物业管理区域内违反有关治安、环保、物业装饰装修和使用等方面法律、法规规定的行为，物业管理企业应当制止，并及时向有关行政管理部门报告。有关行政管理部门在接到物业管理企业的报告后，应当依法对违法行为予以制止或者依法处理。第五十三条：业主需要装饰装修房屋的，应当事先告知物业管理企业。物业管理企业应当将房屋装饰装修中的禁止行为和注意事项告知业主。

▲6 月 10 日，建设部办公厅发出《关于做好建筑施工务工人员回原务工地工作的通知》（建办质电[2003]22 号）。

▲6 月 10 日，山西省建筑业协会做出《关于表彰山西省 2003 年度建筑施工企业优秀 QC 小组的决定》（晋建协[2003]第 15 号），其中山西省宏图建筑工程有限公司有 3 项装饰工程 QC 成果：二等奖：外墙弧形铝塑饰面板安装；三等奖：提高装饰装修质量；先进奖：提高外墙面砖粘结质量。

▲6 月 11 日，济南市机构编制委员会办公室向市经济委员会、市建设委员会和市建筑管理局做出《关于济南市室内装饰管理办公室变更隶属关系和名称的通知》（济编办[2003]12 号），通知指出：为理顺装饰管理工作关系，经研究，同意济南市室内装饰管理办公室由市经济委员会划归市建筑管理局，名称改为济南市装饰管理办公室。

▲6 月 11 日，中国建筑装饰协会召开“北京家装企业家行业管理研讨会”。

▲6 月 12 日，建设部发出“关于宣传贯彻《物业管理条例》的通知”（建住房[2003]122 号）。

▲6 月 14 日，《北京晚报》发表北京市统计局报告，5 月底北京居民储蓄达到近 5000 亿元。分析表明，居民储蓄增长的速度远高于居民收入和经济增长速度。

▲6 月 14 日，《京华时报》公布北京市质监局最新的一项抽查结果，细木工板（俗称大芯板）合格率仅为 53.3%，主要问题一是甲醛超标，有的竟达到 3 倍以上；二是市场宣传失真，夸大环保性能。

▲6 月 15 日，北京市建委发出《关于北京市 2003 年建筑企业资质年检准备工作的通知》，通知指出：按有关规定从即日起（6 月 15 日）至今年年检工作结束前，不再受理施工总承包内资企业的新设立与升级资质事宜；专业承包与劳务分包内资企业资质的办理于 7 月 15 日起至年检工作结束前不再受理。

▲6 月 15 日，《北京晚报》报道的。北京现有社区 2250 个，占总数 86.5%的 2207 个无一例感染 SARS。

▲6 月 16 日，上海市政府召开整顿规范市场经济秩序工作会议，市长韩政出席并讲话。会议强调，要积极发挥行业协会作用，引导参与市场秩序的整顿和规范；发挥行业协会的市场自律职能；鼓励行业协会制定和遵守有利于市场规范竞争的行规行约；促进行业协会发展，提出适合市场竞争的本行业技术规范；组织参与反倾销、反垄断的调查，推动行业的有序竞争。会议把积极发挥行业协会的作用作为今后 5 年工作目标之一，充分凸现了行业协会在整顿和规范市场经济秩序中的地位和作用。建材装饰市场整顿是今年专项整治的六大重点之一。整治内容包括：重点查处建筑装饰材料环保超标、建材制假用劣行为；查处未取得资质从事装饰行为；查处装饰工程不执行验收标准行为；查处装饰工程不执行合同规范行为。同时还要实行市场清出机制，依法对建材装饰市场中的不法行为者吊销营业执照。

▲6 月 17 日，《经济日报》发表国家统计局报告，SARS 对 5 月份市场销售产生较为严重的影响，5 月份社会消费品零售总额 346.3 亿元，同比增长 4.3%，为 5 年来新低。餐饮业受严重打击，5 月零售总额 358.6 亿元，同比下降 15.5%。

▲6 月 17 日，受建设部建筑市场管理司委托，由中国建筑装饰协会负责起草的《住宅装饰装修工程专业承包企业资质管理办法》以及《资质等级标准》，经 5 月 23 日后组织修改，上报建设部建筑市场管理司。

▲6 月 18 日，建设部党组书记、部长汪光焘在部党组中心扩大会上就扎扎实实兴起学习贯彻“三个代表”重要思想的新高潮进行了动员。他强调，要按照《中共中央关于印发〈“三个代表”重要思想学习纲要〉的通知》和《中共中央关于在全党兴起学习贯彻“三个代表”重要思想新高潮的通知》这两个通知精神，努力使建设部党员、领导干部在思想上行动上牢固树立“三个代表”重要思想的指导地位，在行动上认真贯彻“三个代表”重要思想根本要求，切实把“三个代表”重要思想贯彻到建设事业的各个领域，进一步加强党的建设，推动各项工作的改革与发展。

▲6 月 18 日，中国建筑装饰协会做出《关于颁布建筑装饰装修镶贴工等六个职业技能岗位标准、鉴定规范和习题集的通知》（中装协[2003]14 号），通知指出，为促进建筑装饰装修行业的发展，提高从业人素质，根据国家对职业教育和职业培训的要求及行业管理的迫切需要，我们组织业内有关专家编制了建筑装饰装修镶贴工、木工、金属工、涂裱工和幕墙制作工、幕墙安装工六个职业技能岗位标准、鉴定规范和习题集，

▲6 月 20 日，中央人民广播电台早间新闻联播报道，国家出台优惠政策，今年大学生自主就业免税一年，但建筑等“限制性行业”除外。

▲6 月 20 日《北京晚报》等媒体公布北京市计委测算，1 至 5 月 SARS 影响北京经济总量累计为 24.1 亿元，影响经济下降 1.8 个百分点，主要在服务业，占损失总量的 90.9%。

▲6 月 20 日，中国建筑装饰协会向建设部社团办报告《关于中国建筑装饰协会防控 SARS 的工作汇报》。

▲6 月 20 日，中国建筑装饰协会秘书处召开专家委员会筹备第二次工作会议，上一次会议是 5 月 23 日召开的，会议成果是分了室内设计、企业管理、施工技术、装饰材料、环保与安全、幕墙工程 6 个专门小组及议定了各组的负责人。第二次工作会议则是着重研究各组专家库和委员的组成。

▲6 月 23 日，建设部市场管理司发文委托中国建筑装饰协会组织修订《建筑装饰工程设计专项资质分级标准》（建设[2001]9 号），7 月 30 日前完成。中国建筑装饰协会于 6 月 25 日交设计委员会（筹）具体实施。

▲6 月 23 日，财政部、国家发展改革委员会和建设部共同发出《关于专项治理涉及建筑企业收费的通知》（财综[2003]46 号），通知指出专项治理范围包括各地区现行涉及装修工程的新建、扩建、改建活动的企业的行政事业性收费、政府性基金、政府性集资、摊派以及经营服务性收费。此项工作于 2003 年 11 月底完成。

▲6 月 24 日，苏州市建设局和统计局做出《关于表彰 2002 年度苏州市建筑业综合实力 20 强及建筑装饰 10 强的决定》（苏建筑[2003]45 号），2002 年度苏州市建筑装饰 10 强是：苏州金螳螂建筑装饰有限公司、江苏苏鑫装饰（集团）公司、苏州苏明装饰公司、苏州华丽美登装饰装璜有限公司、苏州工业园区国发国际建筑装饰工程有限公司、苏州金鼎建筑装饰工程有限公司、常熟华联装璜工程有限现任公司、苏州市建筑装饰决公司、常熟市新苑地建筑装饰工程有限公司。

▲6 月 25 日，中央人民广播电台早间新闻联播报道，财政部在向全国人大十届三次会议汇报工作时指出，SARS 对财政的影响已显露出来，今年除了防汛等外财政支出零增长。

▲6 月 25 日，温州市建筑装饰协会做出《关于公布温州市建筑装饰协会涂饰分会首届理事会成员的通知》（温装协[2003]07 号），宣告 6 月 21 日成立的温州市建筑装饰协会涂饰分会开始运作，理事长：金涌，秘书长：邱正强，常务副秘书长：赖福强。

▲6 月 26 日，建设部公布“关于印发《业主大会规程》的通知（建住房[2003]131 号），通知指出，为了规范业主大会的活动，保障民主决策，维护业主的合法权益，根据《物业管理条例》，我部制定了《业主大会规程》，现印发给你们，请贯彻执行。执行中的情况，请及时告我部住宅与房地产业司。

▲6 月 30 日，福建省泉州市建设局做出《关于加强建筑装饰装修工程项目报建项目管理的通知》（泉建装[2003]2 号），要求 30 万元以上或 300 平方米以上项目均应报建。

七 月

▲7 月 2 日，《北京晚报》以“劣质装修招来咳嗽、胸闷、掉头发 8 岁男孩子秃了头”为题报道。乔迁新居本是件大喜事，可吴先生一家入住新房不久，8 岁儿子小雄的头发就开始大把大把地脱落，几乎成了秃子。吴先生千方百计地寻找原因，最终发现元凶竟是伪劣的家装材料，经权威部门检测，其新房内空气中的甲醛含量大大超标。7 月 1 日下午，记者在吴先生家见到了小雄，孩子的脑袋已经剃光，但仍可以看到他脑后一块块的“黑白斑”，黑的是发根，白的则是头发大把脱落后露出的头皮。吴先生指着刚从自己和孩子的卧室地板下拆除的大芯板，气愤地告诉记者，他是 2002 年 8 月与一家装饰设计公司签订家庭装修合同的，11 月底新房装修完毕，一家三口于 2003 年 2 月住进了新房。新房内整日散发着刺鼻的气味，但吴先生刚开始并未留意，可没过多久他妻子、儿子小雄就陆续出现咳嗽、咽痛、呼吸不畅、胸闷等症状，儿子小雄甚至开始脱发。4 月初，孩子每天大量掉头发，起初是头右侧秃了一块，到后来头发越掉越多，秃的几块慢慢连成了一片，除顶部还有些头发外，下面的几乎全掉光了。吴先生夫妇带着小雄到医院检查了数次，医院判断孩子脱发原因有三种：一是头癣；二是缺乏钙铜铁锌等微量元素；三是家庭装修引起。吴先生带孩子去检测后，前两种可能被排除了。难道是家装出的问题？可新买的家具都是实木的，地板也有检测报告，那么元凶究竟是什么？吴先生给记者放了一段他与装饰公司设计师之间的手机谈话录音，设计师告诉他，可能是铺垫地板的大芯板的问题，当时公司买的 80 元一张的，不是太好。吴先生于是请室内环境监测中心为其新房检测，检测结果令吴先生大吃一惊，“室内空气中甲醛含量超过《室内空气质量标准》

（GB/T18883-2002）标准值，为国家标准的5.6倍。”目前，吴先生已准备向北京市仲裁委员会申请仲裁，要求对方赔偿其经济和精神损失。

▲7月3日，《北京青年报》报道，家住北京市海淀区的刘女士不久前购买了一套商品房，兴奋之余开始着手准备新房子的装修事宜。经过细心挑选，刘女士与某装饰公司签订了装修合同，并就装修材料的质量作了明确的约定。装修完工后未经验收，刘女士即入住，但没多久刘女士就感到全身不适，出现头痛、嗜睡、咳嗽等症状。刘女士找到装饰公司索赔，装饰公司言称完全是按照合同约定的材料进行装修的，刘女士的不适与家装无关，拒绝赔偿。由于房子不适于居住，刘女士不得不搬进旅馆住宿。其与装饰公司的几次交涉，都毫无结果，刘女士一气之下请来室内环境监测中心对其房屋室内环境进行检测，查明室内空气中甲醛含量超过国家标准。刘女士拿着检测结论再次来到装饰公司，公司仍诡辩是按约定装修的，甲醛含量超标与其无关。无奈刘女士一纸诉状将装饰公司告至西城区法院，要求装饰公司赔偿装修、检测费、查询费及旅馆住宿费。法院审理认为，装饰公司应按合同约定进行家装，保证工程用料的质量，提供安全健康的居住环境，装饰公司在施工过程中使用了不合格的产品导致室内空气中甲醛含量超标，对因此造成的损失应承担相应责任。法院判决支持了刘女士的诉讼请求。

▲7月5日，由北京市建筑装饰协会与望京正时家居广场联合主办的“北京市家居装饰消费学校”开学。

▲7月6日，中共北京市委宣传部与北京电视台共同拍摄了12集专题片《非凡抗击》在北京电视台三频道播放的第8集“和衷共济”中，在说明北京市政府做出限制民工返回本地，切断传染源，各级政府和企业做了大量行有效的工作，民工情绪迅速稳定下来了，播出一民工说他十分安心在京，请家里放心，这位民工和许多正在洗手的民工均身穿背后印有“龙发装饰”字样的黄色短衫。这不仅是北京龙发建筑装饰工程有限公司的光荣，也是建筑装饰行业的光荣。

▲7月8日，上海市装饰装修行业协会成立了由200多家公共建筑装饰企业组成的“建筑装饰专业委员会”，以进行专项行业指导和运作。大会通过了由上海市建筑装饰工程有限公司、上海建筑装饰（集团）有限公司、上海新丽装饰工程有限公司等20家装饰企业发起的《关于规范经营行为，促进市场健康有序发展，反对挂靠，严禁转包倡议书》。

▲7月9日，建设部以建科[2003]137号文件公布第一批专家委员会名单，共分历史文化名城、城乡规划、住宅建设与产业现代化技术、信息化技术、城镇化、可持续发展与资源环境、新型建材制品应用技术等7个专家委员会。有关建筑装饰界的专家有4位：历史文化名城专家委员会主任委员、城镇化专家委员会主任委员、城乡规划专家委员会委员周干峙（科学院院士、工程院院士、教授级高级建筑师，中国建筑装饰协会高级顾问），新型建材制品应用技术专家委员会主任委员何星华（中国建筑科学研究院顾问总工、国家建筑工程质量监督检验中心主任、教授级高工、中国建筑装饰协会化学材料委员会理事长），副主任委员汪维（上海市建筑科学研究院副院长、教授级高工、中国建筑装饰协会化学材料委员会秘书长），委员孟小平（中国建筑科学研究院装修所研究员、中国建筑装饰协会化学材料委员会副秘书长）。

▲7月10日，建设部建筑市场管理司做出《关于批准北京城建长城装饰工程有限责任公司等65家企业工程设计资质转正及北京市京旅建筑设计有限责任公司等13家企业工程设计资质延期转正的通知》（建市设函[2003]21号）。

批准9家转正甲级建筑装饰专项工程设计资质：北京城建长城装饰工程有限责任公司、北京房修艺建筑设计有限责任公司、山东展鸿华商装饰工程有限公司、南京柏森实业有限责任公司、南京市室内装饰工程成套总公司、南京装饰联合总公司、南京市佳的环境空间设计有限公司、苏州苏明装饰公司、苏州工业园区国发国际建筑装饰工程有限公司。

批准5家转正甲级建筑幕墙专项工程设计资质：北京江河幕墙装饰工程有限公司、北京建黎铝门窗幕墙有限公司、江苏省建伟幕墙装饰工程有限公司、苏州苏明装饰公司、山东雄狮建筑装饰工程有限公司。

批准7家转正乙级建筑幕墙专项工程设计资质：江苏省装饰幕墙工程有限公司、江苏省建筑装饰设计研究院、苏州金螳螂建筑装饰有限公司、苏州市华丽美登装饰装璜有限公司、丹阳市侨苑铝业装饰有限公司、镇江新区华艺幕墙装饰有限公司、中国建筑装饰工程公司。

▲7月10日，中国建筑装饰协会和全国工商联住宅产业商会共同发出《关于开展“绿色生态住宅产品认定”活动的通知》（中装协[2003]24号），通知指出，为巩固防控SARS的成果，满足百姓对住宅安全的需求，两会决定2003年7月10日～10月31日开展此活动，每两年认定一次，每年进行一次复查。

▲7月10日，《北京青年报》报道，1999年我国橱柜市场容量是8万套，2000年约有144万个家庭购买了新房，其中12%以上的厨房装修使用了橱柜，约为16万套。未来5年我国城市居民对橱柜的总购买力将达到290万套，总需求为232亿元。2003年需求量为80万套。目前全国有500多家橱柜生产厂商，但形成规模者甚少，知名的如广州欧派、北京科宝、青岛海尔、上海雅迪尔等。而全球约有4000多家橱柜生产厂商，德国最大的企业每天生产1500套，年产值高达3.5亿美元。

▲7月11日，中国建筑装饰协会在北京举行“征询修订《建筑装饰设计资质分级标准》意见座谈会”。

▲7月11日，20集轻松电视剧《将装修进行到底》在北京举行开机仪式，主演有香港凤凰卫视主持人许戈辉，以及雪村、陈明、韩影等。这是我国第一部以家装为题材的电视连续剧。据2003年8月13日《北京晚报》报道，许戈辉在两集的单元剧中扮演内外得兼的贤惠妻子女主角祁红，她嫁给了一个美国老公，故事围绕着装修是因中美文化差异而产生的种种矛盾，引出众多涉外婚姻的甜酸苦辣。读过MBA的许戈辉说，结婚是她的一直渴望。这是我国第一部以家装为题材的电视连续剧。

▲7 月 13 日，建设部致函江苏省建设厅、上海市建委《关于工程总承包市场准入问题说明的函》（建市函[2003]161 号），复函指出，在《国务院关于取消第一批行政审批项目的决定》（国发[2002]24 号）取消了工程总承包资格核准的行政审批后，为加强对工程总承包工作的监督管理，我部今年印发了《关于培育发展工程总承包和工程项目管理企业的指导意见》（建市[2003]30 号）。按照《指导意见》的规定，“工程总承包资格证书”废止之后，对从事工程总承包业务的企业不专门设立工程总承包资质，具有工程勘察、设计或施工总承包资质的企业可以在其资质等级许可的工程项目范围内开展工程总承包业务。

▲7 月 16 日，江苏省建筑工程管理局在苏州市召开“江苏省建筑装饰装修行业工作座谈会”，省建管局副局长杜学伦、企业处副处长谢挺、省装饰装修行业发展中心副主任朱明志、高枫、时建民、省建筑装饰协会会长毛家泉、苏州市建设局副局长周勇华等有关方面领导和全省 13 个省辖市建设行政主管部门的领导、一级和部分二级装饰企业的负责人出席，会议指出，全省装饰企业要向金螳螂装饰公司学习，使江苏成为全国建筑装饰强省。

▲7 月 17 日，国务院新闻办举行记者招待会，国家统计局总经济师兼新闻发言人姚景源介绍了 2003 上半年国民经济运行情况，指出今年经济运行开局良好，一季度大部分经济指标创 1995 年同期最高增长水平，整体经济增势强劲，初步呈现速度与结构、质量、效益相统一的发展势头。但进入 4 月以后，受“非典”疫情影响，部分行业遭受严重冲击，经济增长明显回落。初步测算，二季度国内生产总值同比增长速度由一季度 9.9%回落到 6.7%，回落 3.2 个百分点，增速为 1992 年以来同期最低水平。第三产业仅增长 0.8%，增速比去年同期回落 6.1 个百分点，其中，客运业、餐饮业、社会服务业、旅游业等受损尤为严重。二季度客运量下降 23.9%，其中航空客运下降近 50%。据对全国 29 个省区市 13 个主要社会服务行业调查，上半年社会服务业营业收入同比下降 14.8%。国内市场销售增幅明显回落，二季度社会消费品零售总额增长 6.7%，大大低于一季度 9.2%的增长水平，其中餐饮业下降 3.5%。农业生产受“非典”影响，部分地区畜产品、水果、蔬菜等销售不畅，使二季度农业增加值增速由一季度的 3.5%回落到 2.3%；受大量农民工返乡等因素影响，二季度农民人均现金收入减少 35 元。

▲7 月 18 日，建设部发布《建设部信息化工作管理办法》（建科[2003]150 号）。

▲7 月 21 日，《中华建筑报》记者站会议在杭州召开，中国建筑装饰协会常务副会长兼秘书长徐朋出席并讲话，并出席了由浙江省建筑装饰协会组织召开的“室内设计师座谈会”。

▲7 月 21 日，江苏省建设厅、省建筑工程管理局联合在上海举行推荐会，推荐 20 家江苏建筑业企业进入上海市，其中苏州金螳螂建筑装饰有限公司是惟一一家装饰企业。

▲7 月 25 日，湖北省宜昌市建筑装饰协会成立，中国建筑装饰协会马挺贵会长出席。大会通过了《宜昌市建筑装饰协会章程》，选举产生了以宜昌市建设局局长雷元海为名誉会长、市建设局总工程师肖汉光为会长、室内装饰行业管理办公室主任李建新为常务副会长兼秘书长的领导班子。宜昌市建筑装饰协会首批会员单位 100 多家的代表出席了成立大会。

▲7 月 25 日，国家质检总局召开 2003 年上半年产品质量国家监督抽查结果新闻发布会，国家质检总局产品质量司司长纪正昆在会上强调，今年下半年重点监督抽查装饰材料。

▲7 月 25 日，汕头市装饰协会经汕头市工商业联合会、总商会审议通过，成为其团体会员。10 月 10 日中国建筑装饰协会常务副会长兼秘书长徐朋、副秘书长房箴在北京会见了汕头市装饰协会常务副会长陈维，对汕头装饰协会的发展给予关注。

▲7 月 27 日，《北京晚报》公布国家质检总局对北京板材灯具市场的抽查结果：质量状况不容乐观，抽查产品过半不合格。在本次抽查中，西三环南路建筑材料经销中心闽丰装饰材料经营部经销的“冠华”牌三合板（1220mm×2440mm×3mm），甲醛释放量超标十几倍。此外，甲醛超标的产品还有：“chang qing”牌三合板（1220mm×2440mm×2.7mm），“大发木业”牌三合板（1220mm×2440mm×3mm），“广润大来”牌三合板（1220mm×2440mm×3mm），“波非特”牌强化木地板。抽查还发现，三合板表面胶合强度低，在抽查的 39 种三合板中，共有 27 种产品该项指标不合格。强化木地板表面耐磨转数低，“佳得益”牌强化木地板（1215mm×199mm×8.3mm）只达到标准值的 4.3%；“圣玛”牌强化木地板（1212mm×195mm×8mm），“波非特”牌强化木地板此项也不合格。灯具产品也暴露出质量问题。

抽查中，以下产品有 4 项以上指标不合格，分别是：标称顺德市华亮电器有限公司生产的“华亮”牌 HL40W×2 型嵌入式格栅灯盘；标称广东顺德市奇利电器实业有限公司生产的“奇利电工”牌 2×40W 嵌入式格栅灯；标称中山古镇亚龙照明灯饰生产的“亚龙 YaLong”牌 MX-4001-Y40 型固定式环形荧光灯。

▲7 月 28 日，建设部做出公告第 173 号《建设部关于公布批准的第四批工程勘察设计企业、建筑工程设计事务所以及取得工程设计专项资质企业名单的公告》，浙江福田建筑装饰工程有限公司为建筑装饰设计甲级、建筑幕墙设计乙级，北京中艺建筑装饰有限公司、北京中远广田装饰工程有限公司、上海世家装饰实业有限公司、山东文艺建筑装饰工程有限公司、上海市第一建筑有限公司为建筑装饰设计甲级，北京京藤幕墙工程有限公司、沈阳黎新玻璃幕墙有限公司为建筑幕墙设计甲级，上海新泉玻璃幕墙工程有限公司、宁夏鸿日建筑幕墙装饰有限公司为建筑乙级幕墙设计。以上企业均为专项资质，均为暂定，两年后符合要求可转正。

▲7 月 29 日，浙江省建筑装饰协会门户网站“浙江在线”开通，同时举行“浙江省民营装饰企业发展研讨会”，评选浙江省建筑装饰行业百强企业（公装 30 家、家装 30 家、材料制造厂商 40 家）。

▲7 月 29 日，中国消费者协会在《北京晚报》公布了九大行业消费陷阱，其中家庭装修位居第三。据该会调研，市场上 70%的建材产品无检测报告，不少厂商把刚刚达到国家“室内装饰装修材料有害物质限量”标准的产品夸大标称为“环保”甚至“绿色”。有些厂商采取以假乱真、偷梁换柱的手法，坑蒙消费者。比如将低等品、等外品的建材产品冒充高等品出售给消费者，购买建材时展示的样品与实际销售的产品不符，混级装箱，以次充好。一些不法厂商，为了牟取暴利还故意使用与名牌产品和畅销产品相近、相似的名称，以假乱真，甚至伪造检测报告和产品说明书，将国产的说成进口的，把人工合成的称为天然的，蒙骗消费者。

▲7 月 30 日～8 月 2 日，由大连市建筑装饰协会会同中国建筑文化中心共同举办的“大连国际城市建设装饰材料及配套设备展览会”经过 9 年的风雨磨砺，迎来了十年华诞。该展会已成为大连地区建材生产企业，代理商、经销商进行产品推广、寻求合作、展示企业形象、拓展市场的一项重要商业活动。

▲7 月 30 日《北京晚报》以“玻璃墙晃乱我们的生活”为题报道，是要经济补偿还是要正常生活？住在北京市福绥境街道中直社区的 180 户居民坚决地表示：他们不想要钱，也不愿忍受对面大楼玻璃幕墙的刺激，如果开发商不能诚心解决问题，居民们将走上法庭讨回公道。在福绥境街道中直社区东侧大约 100m 的地方，去年盖起了一幢高层商用楼，大楼的外立面采用了一种具有反光作用的玻璃幕墙。每天下午 4 点半到 5 点多，阳光照到大楼的玻璃幕墙上，强烈的反光直射进西侧中直社区居民家中。据居民反映，视线触及对面楼层玻璃后再看其他东西时，眼前就一团黑。有的居民家里已经连续换了三次窗帘，而且一次比一次厚，颜色一次比一次深，但还是挡不住对面刺眼的反光。因为这事儿，家住 14 号楼的钱辉佑老先生夫妻俩十分苦恼，两人均患有白内障和眼底病，刺目的强光使两人生活十分不便。据了解，中直社区 3 栋居民楼向东的 180 户居民都不同程度地受到这种光污染的侵害。

专业人士表示，长时间在光污染环境下工作和生活的人，视网膜和虹膜都会受到不同程度的损害，视力会急剧下降，白内障发病率高达 45%，同时还会伴有头昏心烦，甚至失眠、食欲下降、情绪低落、身体乏力等类似神经衰弱的症状。暑热天气，玻璃幕墙强烈的反射光线进入居民楼房内，还会使室内温度增高。然而，环保部门的回答让居民感到很失望，因为目前国家既无防治光污染的法律法规，又没有明确哪个部门负责解决这类扰民问题，因此解决起来十分棘手。有关人士介绍说，遇到这种情况，双方当事人应通过友好协商加以解决；协商不成的，可根据国家《环境保护法》的有关规定，请求当地环保部门处理，也可提起民事诉讼，由法院通过民事诉讼程序解决。正在积极协调此事的福绥境街道司法所所长唐国英介绍说，这几天居委会和司法所代表居民一方正与商用楼的开发商协商解决。开发商表示愿意按人头或户头进行一定的经济补偿，而不再改动玻璃幕墙。但受侵害的 180 户居民表示，他们并不是为了获得什么赔偿，只要求对方采取玻璃贴膜等技术消除反光现象就可以了，毕竟大家要在这里长久地住下去。

▲7 月 30 日，民政部与财政部共同做出《关于调整社会团体会费政策等有关问题的通知》。

八 月

▲8 月 1 日，建设部办公厅以建办秘[2003]45 号文件发出通知，指出未经批准的商业性的房地产“品牌推广”和“美好家园”住宅设计方案评选活动严重影响了建设部部属单位、部管社团的声誉，强调不得擅自组织或参与商业性的住宅设计方案评选等各种评比活动。

▲8 月 3 日～4 日，由中国建筑材料市场信息网组织的“装饰材料市场新型运营模式研讨会”在杭州市玉皇山庄召开。原中国建筑装饰协会副会长、信息网理事长石连峰出席会议并致开幕词，会议由信息网秘书长梁剑章主持。浙江省建筑装饰协会常务副秘书长陈孟坡出席会议并讲话。三位专家应邀在会上做了专题讲座：中国物流与采购联合会副秘书长孟国强“我国装饰建材市场的物流建设及与先进业态的接轨”，中国建筑装饰协会信息部主任兼《中国建筑装饰》主编黄白“装饰行业在 SARS 中的表现及从家装看装饰材料市场发展”，《中国建设报 • 装饰天地》编辑部主任刘永滨“装饰材料市场目前的基本形势和发展方向”。

▲8 月 4 日《北京晚报》报道，为了抵制家具行业内愈演愈烈的抄袭风，保护消费者的合法权益，北京家具行业协会推出的“家具原创设计认证书”和《北京原创家具设计行业内暂行规定》，只要获得证书的产品，都将贴上由家具协会统一定做的标签。协会将联合商家来共同抵制抄袭产品，给原创产品提供一个良好的市场空间。

▲8 月 4 日，北京市工商局首次公布了近期对本市 12 个建材市场的木器涂料、内墙涂料、胶粘剂、石材瓷砖、人造板 5 类室内装饰装修商品有害物质限量进行的质量监督抽查情况，其中只有内墙涂料全部合格，其余 4 类装修材料共检出 22 种不合格产品。

▲8 月 4 日，江苏省建筑工程管理局发出《关于加强我省涂装工程施工管理的通知》（苏建管企[2003]31 号），通知要求，设立涂装工程专业承包企业资质，可按建筑装饰装修工程专业承包企业三级资质申请，涂装企业在达到资质标准前提下允许增加装饰装修工程施工。

▲8 月 5 日，建设部发出“关于印发《工程质量监督工作导则》的通知”。

▲8 月 7 日～8 日，中国建筑装饰协会会长工作会议在黑龙江镜泊湖召开。会议由常务副会长兼秘书长徐朋主持。马挺贵会长、张恩树名誉会长作了讲话。与会的 10 位副会长和 6 位地方建筑装饰协会会长作了发言，徐朋常务副会长兼秘书长做了会议小结，会议还对会长、副会长颁发了证书。会议讨论通过了《中国建筑装饰协会会长工作会议条例》和《中国建筑装饰协会理事会议事条例》，会议认为按照协会章程，重申对于连续两次本人不能出席常务理事会、理事会

的常务理事、理事以自动放弃处理，这是协会一项重要纪律和制度建设，一定要强化协会章程执行力度，保证和规范协会的正常发展。

▲8月8日，由中国建筑装饰协会与中央电视台共同组织的“第二届全国电视家居设计大赛”在大连市举行颁奖典礼，中国建筑装饰协会会长马挺贵、常务副会长兼秘书长徐朋和大连市的领导为15位获奖设计师颁奖。此次活动从2003年3月底开始到7月15日截止，共收到来自全国各地的参赛作品412件。4月22日，中国建筑装饰协会组织王炜玉、王铁、鲁心源等专家进行了第一次评审，7月16日组织了郑曙旸等9位专家进行了第二次评审。本次活动由中国建筑装饰协会设计委员会（筹）承办。

▲8月8日，《中华建筑报》报道，7月26日，汉口正大施工的财富大厦坠落一块玻璃幕墙，因建筑外侧无防护网，幕墙击中距该楼10多米的正在乘凉的人群伤及5人。

▲8月9日，福建省建筑装饰协会召开二届五次常务理事（扩大）会，同期举行了以“装饰·光环境·健康·文化”为主题的研讨会。出席会议的有协会顾问杨纶钊、省建筑业协会会长池颂光、装饰协会理事长钟昌辉、常务副理事长张福如、秘书长赖桂华和厦门、福田市建筑装饰协会以及获得2002年度福建省优秀建筑装饰工程、2002年度福建省优秀室内设计师、会员代表120多人。会议对业内非常关心的协会恢复为省级行业社团的问题做出答复，将于近期解决。

▲8月10日，吉林省《东亚经贸新闻》报道，著名歌唱家于文华在北京演电视剧《都是装修惹的祸》，因表演太投入，嗓子突然严重失声，暂不能唱歌，不能说话。于文华与老搭档尹相杰分饰该剧男女主角。7月25日在摄影棚中拍戏，戏中：一家人买了新房，女主角（于文华饰）老婆十分辛苦，请人装修，辛辛苦苦劳累了两个多月，好不容易装修的漂漂亮亮，谁料，男主角老公回家一看，不仅对装修质量不满意，还指责老婆太老实，让搞装修的人骗了！老婆认为如此费力不讨好，一时怒火万丈，指责老公不仅不出力，还像老爷一样指手画脚，夫妻俩大吵大闹起来……戏演的很到位。哪知，于文华演戏太投入，嗓音太高太大，拍着拍着嗓子突然叫不出声“哑”了，导演赶快喊停，派人把于文华送到中央音乐学院嗓音研究所治疗。至8月8日，于文华病情有所好转，但仍不能说话。

▲8月11日，中国建筑装饰协会做出《关于公布“2001年、2002年全国建筑工程装饰奖获奖工程项目经理”的决定》（中装协[2003] 38号），决定指出，为了提高建筑装饰企业项目经理的管理水平，作为全国建筑工程装饰奖评奖工作的延展，经中国建筑装饰协会研究，决定表彰“2001年、2002年全国建筑工程装饰奖获奖工程项目经理”，并在2003年8月11日在北京举行的“全国建筑工程装饰奖获奖工程项目经理表彰大会”进行表彰。2001年、2002年全国建筑工程装饰奖（公装、幕墙）共计250个，获奖企业（承建、参建）共206家，279名项目经理，获得“全国建筑工程装饰奖”的工程当之无愧地代表了当代中国建筑装饰的最高水平，获奖建筑装饰工程的设计者、项目管理者，也都当之无愧的代表了当代中国建筑装饰业最优秀的设计师和项目经理。

▲8月12日，建设部决定废止8个文件，其中包括《关于加强施工企业对外承包工程资质管理的规定》（[89]建施字379号）、《建设工程施工合同管理办法》（建建[1993]78号）、《建设工程施工合同人员持证上岗制度试点实施办法》（建监招[1996]41号）、《关于加强商品房销售管理的通知》（建房[1998]17号），其他为有关村镇建设文件。

▲8月13日，中央人民广播电台早间新闻联播指出，最近有人借环境保护兜售风水，要注意。

▲8月15日，福建省人民政府公布《关于促进行业协会改革与发展的指导意见》。

▲8月15日，建设部公布《关于建设行政主管部门对工程监理企业履行质量责任加强监督的若干意见》（建质[2003]167号）。

▲8月15日，《北京晚报》报道，8月14日晚6时许，一名30多岁的装修工在给六层一家住户装修完毕出门后，发现钥匙落在屋中，于是爬上楼道窗户，试图从这个窗户爬进相距2m远的住户家中，但因脚滑摔至楼下，当即气绝。

▲8月15日～17日，中国建筑装饰协会铝制品委员会在广州中山大学举办“幕墙新规范新技术和结构有设计软件学习班”。

▲8月18日～20日，中国建筑装饰协会建筑电气委员会会同建设部科技发展促进中心、中国建筑学会建筑电气分会、中华建筑报社四家联合在北京中国科技会堂举行“2003年中国建筑电气行业发展论坛暨电气委员会2003年年会”。中国建筑装饰协会会长马挺贵、建设部科技司副司长陈宜明、建设部科技发展促进中心副主任张庆风、中国建筑装饰协会副秘书长房箴、建筑电气委员会理事长花恒久等有关方面领导及业内专业人士300多人与会。大会发出《营造健康室内环境倡议书》。

▲8月20日～23日，中国建筑装饰协会与北京市建筑装饰协会共同在北京·中国国际贸易中心举办“第十届中国国际星级饭店建筑装饰材料博览会”，由信息咨询委员会承办。

▲8月21日，《北京晚报》报道，北京龙发建筑装饰工程有限公司的家装网点遍布京城，在业内赫赫有名，可他们为客户设计家装用的计算机软件工具竟是盗版产品。8月21日上午，国际著名计算机软件公司——美国Autodesk股份有限公司在北京市二中院的法庭上向龙发家装提出了高达173万余元的著作权索赔。面对铁证，龙发公司承认“部分员工”用了盗版软件，但提出对方索赔要求太高，希望能赔个“批发价”。

▲8月22日，浙江省建筑装饰协会家庭装饰委员会召开第二次会员代表大会，选举产生第二届理事会及其领导机构，浙江省建筑装饰协会会长董宜君连任家装委会长，浙江省装饰有限公司副总经理崔承毅任家装委副会长兼秘书长，另外6位副会长是吴建荣、胡仕伟、周建中、裘之星、周国团、谢梁龙。

▲8月27日～29日，中国建筑装饰协会培训中心在北

京召开“全国建筑装饰行业培训项目发布暨工人岗位技能培训研讨会”。中国建筑装饰协会常务副会长兼秘书长徐朋、副秘书长张京跃以及来自20个省、4个直辖市、19个地级市的装饰界代表100多人出席了会议。

▲8月28日，中国建筑装饰协会“2003年首届全国建筑装饰行业优秀科技论文评审工作会议”在协会秘书处召开。出席会议的有评审委员会主任：中国建筑装饰协会副秘书长房箴，副主任：中国建筑装饰协会信息部主任兼会刊《中国建筑装饰》主编黄白，信息咨询委员会秘书长兼《装饰名品》主编、中国建筑装饰网总监田万良，《中华建筑报》总编邓千，成员：《中国建筑装饰装修》主编于冰、铝制品委员会副秘书长兼《建筑幕墙信息》主编邱建辉，《现代装饰》主编叶子星、《门窗幕墙信息》主编白宝鲲以通讯的形式征求了意见。会议审议了论文推荐的程序、论文集的分类、前言、封面、证书、获奖通知、印刷、赠送等事项，并原则给予通过，《论文集》编辑部根据会议的意见进行了调整。

▲8月28日，中国建筑装饰协会与中国房地产业协会共同发出《关于开展“全国建筑装饰材料优质品牌”推介工作的通知》（中装协[2003]30号）。

▲8月28日～31日，由南京市建委主办、南京市装饰行业管理办公室承办的“2003年南京家装文化节”在江苏展览馆举行，有60多家有资质、信誉好的家装企业参加，活动贯彻市建委制定的《南京市住宅装修装饰管理办法》、《江苏省住宅装饰质量标准》、《南京市家庭合同示范文本》、《南京市家庭装饰指导价格》和南京市建筑装饰协会家装委员会制定的《南京市家装行业公约》。

▲8月29日，全国人大常委会副委员长李铁映率领全国人大常委会执法检查组在河南省检查《建筑法》落实情况时指出，建筑业存在“三高”违法违规现象：经济犯罪高发区、工程质量高投诉区、安全生产事故高发区。

九 月

▲9月3日，国家一级文物青铜器“九鼎八簋（音“鬼”古代盛食物的器具）”因装修受损案在武汉开庭审理，湖北省博物馆原馆长舒之梅、副馆长唐刚卯、职工张浩、汪涛和装修施工企业——武汉恒晖装饰设计工程有限公司直接责任人副董事长江晖、胡运昌等6人受审。检察机关指控，1999年6月，湖北省博物馆筹备出土文物展，原馆长舒之梅、副馆长唐刚卯违反公开招标规定，将部分布展装修工程发包给恒晖装饰公司，该公司在未办理施工许可证、工程质量监理、消防许可证手续的情况下直接施工。同年12月底在施工尚未结束时，舒之梅、唐刚卯即安排文物进柜，2000年2月6日，壁龛上一块长198cm、宽108cm、厚0.8cm、重50多kg的玻璃板坠落砸在“九鼎八簋”上，将其中二鼎二簋砸损。检察机关分别以涉嫌失职罪、工程重大安全事故罪等罪名起诉6名被告。据2003年9月4日《北京晚报》报道，庭审中，该装修是否为“豆腐渣”工程、相关人员是否构成失职罪等问题成为法庭调查的焦点。另据2003年9月5日《中华建筑报》报道，舒之梅解释将100多万元的装修无招标就给恒晖装饰公司的原因时说，湖北省博物馆自建馆以来就没有招标的惯例，其他省市也没有。湖北省博物馆职工汪涛的问题是，他将该工程介绍给恒晖装饰公司后拿了1.5万元的“信息费”。湖北省博物馆职工张浩的问题是他给分管文物的省厅某负责人装修了家庭居室。江晖承认，他的公司是当初从深圳一个朋友那借了5万元，然后找了3家公司出了个“联合投资100万元”的假出资证明，在不具备资质条件下，被轻工评为“丙级”室内装饰施工企业。

▲9月5日，国家经济贸易委员会发布物资管理行业标准《木地板铺设面层验收规范》（WB/T 1016—2002），2003年11月1日实施。

▲9月5日，北京市规划委员会做出“关于发布北京市地方标准《北京市建筑装饰装修工程设计文件编制深度的规定》及《北京市建筑装饰装修工程设计制图标准》的通知”（市规发[2002]1185号）。

▲9月5日，北京市建委发出《关于加强对建委系统行业协会改革工作组织领导的通知》（京建人[2003]447号），通知指出，为了落实《北京市建委行业协会管理办法（试行）》，切实抓好行业协会的改革调整和培育发展工作，深入推进政府转变职能，认真履行行业协会业务主管部门的管理监督职责，经研究决定成立“北京市建委行业协会改革领导小组和工作小组”，领导小组组长：市建委主任刘永富，工作小组组长：市建委纪委书记朱二宏。具体工作由市建委人事处负责。

▲9月5日，河南省建设厅发出《关于开展河南省建筑装饰设计师认定工作的通知》（豫建设标[2003]60号）。

▲9月6日，《北京晚报》报道，当日下午，北京天通西苑18号楼10层一住户家装，装修工正要打通客厅和卫生间的隔墙突然倒塌，两名装修工中的一人被砸伤，被砸的装修工身体呈跪状，胸部大出血，神志不清，急送医院抢救。

▲9月8日，深圳市建设局做出《关于深圳市金浩安装饰设计工程有限公司不具备建筑业企业资质的通告》（深建通[2003]10号），通告指出：近期，我局接到有关深圳市金浩安装饰设计工程有限公司伪造建设部建筑装修装饰专业承包壹级资质的投诉，为防止该公司继续在建筑市场的违法行为，现通告如下：深圳市金浩安装饰设计工程有限公司原持有建筑装修装饰工程专业承包叁级建筑业企业资质证书，因2002年未申报建筑业企业资质就位，其建筑业企业资质已经自行失效，自2002年9月20日起，该公司不再具有建筑业从业资格，不得再承接建筑工程施工（包括建筑装修装饰工程施工）任务。特此通告。

▲9月10日，全国建筑装饰行业科技奖、示范工程通过评审，评审会议由中国建筑装饰协会副秘书长房箴主持，参加会议的有协会行业发展部主任王本明、信息部主任兼《中国建筑装饰》主编黄白，以及北京城建装饰公司总建筑师沈绶章、北京住总装饰公司总工程师李金友等。

▲9月10日，江苏省建筑装饰协会在苏州市召开四届

一次常务理事会，会议听取了中国建筑装饰协会常务副会长兼秘书长徐朋、江苏省建筑装饰协会会长毛家泉的讲话。会议决定调整协会部分理事会成员，免除理事、常务理事：南京市装饰工程公司原总经理卜志、苏州市装修装饰行业协会原秘书长陈丰；增补理事：苏州工业园区国发国际建筑装饰工程有限公司总经理叶正明；增补理事、常务理事：南京市装饰工程公司总经理张宝丰、连云港市装饰装修行业协会理事长徐维宏、苏州工业园区美瑞德建筑装饰有限公司总经理尤大梁；增补理事、常务理事、副会长：无锡市装饰协会会长彭杏林。

▲9 月 11 日，国家税务总局做出《关于纳税人销售自产货物提供增值税劳务并同时提供建筑业劳务征收流转税问题的通知》（国税发[2002]117 号），通知指出，本通知所称自产货物是指：（一）金属结构件：包括活动板房、钢结构房、钢结构产品、金属网架等产品；（二）铝合金门窗；（三）玻璃幕墙。

▲9 月 11 日～14 日，浙江省建筑装饰协会在杭州国际和平展览馆举行“2003 年浙江国际住宅产业博览会暨 2003 年度浙江省优秀建筑装饰工程颁奖大会”，浙江省建设厅副厅长赵如龙、省民政厅社团管理局局长陈金伟等有关方面领导出席。大会同时还举办了“浙江省成品房精装修名家论坛”等活动。

▲9 月 12 日，建设部公布《工程勘察技术进步与技术政策要点》（建质函[2003]202 号）

▲9 月 13 日，由江苏省政府主办，省建设厅、省政府驻京办、省建工局联合承办的“为新北京新奥运作新贡献——江苏省建筑业优势企业北京推介会”在人民大会堂中央大厅举行，被推介的企业共 37 家，其中有 3 家装饰企业：苏州金螳螂建筑装饰有限公司、南京长岛建筑装饰工程有限公司和江苏省建伟幕墙装饰工程有限公司，分列排序第 10、23 和 35 位。出席大会的有全国政协副主席、建设部副部长刘志峰、黄志、中纪委驻建设部纪检组组长姚兵、北京市副市长刘敬民、江苏省副省长张卫国、北京市建委主任刘永复等有关方面领导及各界代表 300 多人。

▲9 月 13 日，北京《建设市场报》原引北京市工商局 12315 的最新统计，8 月家装投诉增两倍，主要问题是质量存在隐患。

▲9 月 16 日，北京市建筑装饰协会举行三届六次常务理事会，名誉会长王宗礼，市建委纪委书记、行业协会改革领导小组副组长、工作小组组长朱二宏，协会总顾问李秀以及 37 位常务理事出席，会议由理事长朱希斌主持。会议听取了常务副秘书长郭仁智关于 2003 年协会工作的总结，家装委员会秘书长崔世海关于建立装饰材料及设备采购联盟的实施报告。朱二宏对协会工作给予充分肯定，同时强调：当好一个代表——当好会员利益的代表；做好两项维护——维护好企业的利益和市场秩序；处理好三个关系——处理好协会与政府的关系、与企业的关系和与社会（市场）的关系；发挥好四个职能——行业服务、行业自律、行业代表和行业协调。使协会成为市场的服务者而非淘金者。政府职能的转移取决于协会发展的成熟度。王宗礼指出，需重新认识装饰行业的地位和作用——装饰左右了建筑业的水平；要加强行业自律，好象是管住我们自己，实质上是保护我们行业的机制；家装工厂化是解决扰民的根本出路。

▲9 月 16 日，大连市建委发出《关于办理大连市建筑装饰施工企业（市级）资质的通知》，通知明确，大连市建委授权大连市建筑装饰协会办理大连市级装饰装修企业资质的审批工作。

▲9 月 18 日，北京北京政府成立“北京市行业协会和市场中介发展办公室”。

▲9 月 19 日，中国建筑装饰协会铝制品委员会在北京新兴宾馆召开四届三次全会。来自全国的 160 余名铝制品委员会委员、常委、副主任委员及特邀的重点企业代表和专家参加了此次会议。中国建筑装饰协会名誉会长张恩树、会长马挺贵、常务副会长兼秘书长徐朋出席并分别作了重要讲话，中国建筑装饰协会副秘书长兼铝制品委员会秘书长张京跃做了工作报告。出席此次会议的还有铝制品委员会副主任委员刘智龙、中国建筑金属结构协会铝门窗幕墙委员会主任黄圻。会议讨论并听取了委员会工作规则，选举产生了委员会新的领导机构及人选，通过了关于铝制品委员会更名为“中国建筑装饰协会建筑幕墙门窗工程委员会”和《关于铝制品委员会主任委员的提名及说明》的提案，借鉴国外行业协会的通常做法，马占伦、王洪平、冯玉良、刘海韵、李淳凌、张京跃（兼）、郭忠山、梁铭、班广生、徐忠义、曾文涛（按姓氏笔画排列）11 人担任主任委员，是中国建筑装饰协会对专业委员会管理体制的一个创新，10 位来自企业的主任委员实行轮值制度，每年 2 人，为执行主任。执行主任与代表中国建筑装饰协会的主任委员共同主持委员会的工作。此改革是协会领导机制的创新，将使协会真正成为企业的代表。

▲9 月 20 日，中国建筑装饰协会五届三次常务理事会在北京京丰宾馆举行，会议听取了协会常务副会长兼秘书长徐朋的工作报告和马挺贵会长的讲话。会议通过《全国建筑装饰行业自律公约》。

▲9 月 20 日，北京市建筑装饰协会家装委员会会同市商委联合北京获得“绿色环保家装市场”称号的 15 家家装建材市场，以“科学环保，健康家装”为题，共同发起“2003 年环保家装联合推广月”，为市民健康家装提供优质服务。

▲9 月 21 日～23 日，经建设部批准，由中国建筑装饰协会组织、来自全国各地千余位业内人士参加的“全国建筑装饰行业科技大会”在北京京丰宾馆举行。这是建筑装饰行业召开的第一次全国科技大会。本次大会召开的意义，是在全国人民深入学习贯彻党的十六大精神和“三个代表”重要思想，实现全面建设小康社会奋斗目标的形势下召开的一次大会；也是在科学技术高速发展，我国建筑装饰行业经营规模不断扩大，对经济发展和社会进步作用日益显著的条件下召开的一次行业盛会；是与时俱进，开拓创新

的大会；是在我国建筑装饰行业发展史中，具有里程碑意义的大会。

中共中央委员、建设部汪光焘部长，科技部石定寰秘书长出席了大会开幕式并作了重要讲话。大会聘请了建设部、科技部和国家信息中心的3位专家作了大会的主题报告，聘请了49位业内资深专家、学者和企业家，分别在企业家、设计师、施工技术和工厂化、材料与部品及建筑幕墙五个专业论坛上进行了演讲。

会议期间，公布了《关于建筑装饰行业科技进步的若干意见》。为“全国建筑装饰工程科技奖”和“2002年度中国建筑装饰行业百强企业”颁了奖。公布了首批“建筑装饰行业科技示范工程项目计划名单”。表彰了“2003年首届全国建筑装饰行业优秀论文”。同时，出版发行了《2003年首届全国建筑装饰行业优秀论文集》、《2003 年全国建筑装饰行业科技大会报告演讲论文集》和《2002 年中国建筑装饰行业年鉴》。

▲9月21日，中国建筑装饰协会做出“关于印发《关于建筑装饰行业科技进步的若干意见》的通知”（中装协[2003]42号）。《关于表彰“全国建筑装饰工程科技奖”的决定》（中装协[2003]45号），共有50项建筑装饰工程。《关于公布首批“建筑装饰行业科技示范工程项目计划名单”的决定》（中装协[2003]47号），共12项建筑装饰工程。

▲9月21日，中国建筑装饰协会做出《关于公布“2003年首届全国建筑装饰行业优秀科技论文”的决定》（中装协[2003] 37号），决定指出，为贯彻“三个代表”，推动建筑装饰行业先进生产力的发展，全面提升我国建筑装饰行业发展的质量，经建设部批准，中国建筑装饰协会于2003年9月21日～23日在北京召开“全国建筑装饰行业科技大会”。这是我国建筑装饰行业发展具有里程碑意义的大事。为了开好这次大会，中国建筑装饰协会研究决定，进行“2003年首届全国建筑装饰行业优秀科技论文”的评选。这是一项十分重要的行业创新工作。经业内71位推荐人和31个推荐单位的推荐，经全国建筑装饰行业优秀科技论文评审委员会和编辑委员会的认真评议，共评出2003年首届全国建筑装饰行业优秀科技论文110篇，作者共130人。中国建筑装饰协会在“全国建筑装饰行业科技大会”上颁发证书，《2003年首届全国建筑装饰行业优秀科技论文集》同时出版发行。

▲9月22日，青海省国税局综合商住楼外墙幕墙装修工程，由北京首钢第一建设有限公司分包给武汉建工集团装饰有限公司施工，在进行脚手架拆除时发生整体失稳倒塌，10名操作人员高处坠落，造成2人重伤、4人轻伤的事故。这是青海省建设厅建筑管理处在2003年第10期《青海建筑业动态》上通报2003年1～9月全省建筑业安全生产情况被点名的事故。

▲9月23日，中国建筑装饰协会做出《关于转发“2002年度中国建筑装饰行业百强企业公告”的通知》（中装协[2003]46号）。

▲9月25日，北京市建筑装饰协会家装委员会召开二届一次理事扩大会暨表彰大会，中国建筑装饰协会常务副会长兼秘书长徐朋、荣誉理事石连峰，住宅装饰装修委员会（筹）副秘书长张爱宁、张仁，北京市建委总工程师原祖荫、人事处处长李盟、市商委商品流通处副处长唐永宏，市工商局消保处副处长陈建成、合同处处长王珊，市消协主任罗刚、协会名誉理事长王宗礼、协会总顾问李秀等有着方面领导出席，会议听取了徐朋、王宗礼和协会理事长兼家装委员会会长朱希斌所作的工作报告，市规委勘察设计处工程师、协会家装委员会副会长黄飞莉宣读了表彰2002年度13个“信得过家装市场”、16个“优秀家装企业”、18个“先进家装企业”和216个“优秀会员单位”，举行了隆重的颁奖典礼。

▲9月26日，南京市政府发出《关于加快行业协会改革与发展的意见》（宁政发〔2003〕182号）。

▲9月27日，辽宁省装饰协会装饰装修委员会成立大会在沈阳举行，中国建筑装饰协会住宅装饰委员会（筹）副秘书长张仁到会祝贺，大会选举产生56人组成的首届理事会，委员会主任肖碧富。

▲9月28日，建设部发出《关于做好在中国境内承包工程的外国企业资质管理有关工作的通知》（建市[2003]193号），通知指出，《外商投资建筑业企业管理规定》（建设部、对外贸易经济合作部令第113号）第26条规定：“自2003年10月1日起，1994年建设部颁发的《在中国境内承包工程的外国企业资质管理暂行办法》（建设部令第32号）废止”。同时根据《外商投资建筑业企业管理规定》，自2003年10月1日以后，外国企业必须在取得建筑业企业资质证书后方可在中国境内承包工程。

▲9月29日，合肥市建筑业管理局做出《合肥市建筑市场主体不良行为处理暂行规定》（合建管[2003]119号），明文指出，工程建筑活动包括装饰、装修。

▲9月30日，劳动和社会保障部、建设部共同发出《关于切实解决建筑业企业拖欠农民工工资问题的通知》（劳社部发[200327号]）。

十月

▲10月8日，《北京晚报》以“国庆长假的22个没想到”为题报道，其中第15个为：“没想到装修签合同成为‘节日快餐’”。报道指出：尽管长假期间禁止装修施工，可准备装修的消费者和装饰公司却没少签合同。京城几家规模较大的建材市场，10月3日开始客流量猛增，比平常周末人数要高20%左右，签单量也大幅上升，同时带动了建材、家具的销售。与以往相比，假日期间消费者有更充足的时间比较和考虑，但咨询、量房、最终签合同的周期却由平常的1至2周变成1至3天，简直成了“节日快餐”。

▲10月8日，杭州市市长茅临生签发市府令第195号《杭州市建设工程质量监督管理办法》，其中包括装修工程。

▲10月9日，太原市建筑装饰协会发出《关于开展创建装饰工程安全生产、文明施工达标创优评比活动的通知》

（并装协字[2003]第 5 号）。

▲10 月 9 日，江苏省建筑装饰协会在南京市召开四届一次会长会议，会议由会长毛家泉主持，出席会议的副会长有：彭杏林、陈秋铭、孔全林、侍建怀、吴葆生、郑敏、何来光、何天定等 8 位。会议传达了“全国建筑装饰行业科技大会”精神，讨论了协会自律委员会、专家工作委员会的组成人选，审理了全省“建伟杯”建筑装饰优秀设计方案竞赛评审组织工作。

▲10 月 10 日，合肥市建筑装饰协会发出《合肥市建筑装饰施工现场“安全文明施工示范工地”评选办法（试行）》。

▲10 月 13 日，云南省建设厅发出《关于发布施行 2003 年版建设工程造价计价依据的通知》（云建标[2003]668 号），新版计价依据包括《云南省建筑装饰装修工程消耗量定额》。

▲10 月 14 日～22 日，为加强海内外的交流与合作，学习了解国际市场及企业运作情况，应对入世挑战，应英国欧洲设计联盟的邀请，中国建筑装饰协会代表团以马挺贵会长为团长一行 19 人对英国进行了为期 7 天的考察访问。

▲10 月 15 日，建设部与财政部共同做出“关于印发《建筑安装工程费用项目组成》的通知”（建标[2003]206 号），建筑装饰企业可参照执行。

▲10 月 16 日，湖北省司法厅、省建设厅共同发布《湖北省建筑工程质量司法鉴定管理办法》。

▲10 月 20 日，大连市建筑装饰协会召开第三次会员代表大会，中国建筑装饰协会致电庆贺。

▲10 月 21 日，太原市建筑装饰协会在太原市中心的三晋国际饭店召开成立 10 周年庆典。

▲10 月 22 日，建设部发出《建设部科教工作领导小组工作规则》（建人教[2003]208 号）。

▲10 月 22 日，建设部与国家知识产权局共同做出“关于印发《工程勘察设计咨询业知识产权保护与管理导则》的通知”（建质[2003]210 号）。

▲10 月 23 日，中国建筑装饰协会信息部、信息咨询委员会与苏州市装修装饰行业协会共同在苏州召开“装饰行业信息化工作座谈会”，会议的目的是为中国建筑装饰协会年内举行的“全国建筑装饰行业信息化工作会议”进行调研并做准备。

▲10 月 23 日～24 日，由全国化学建材协调组秘书组和建设部科学技术司联合主办、中国建筑装饰协会化学建材委员会等单位共同承办的“第三届中国建筑涂料产业发展战略与合作论坛”在成都举行，论坛出版发行了《论文集》，大 16 开，300 页，集纳了我国近年来建筑涂料产业发展的科技成果。论坛同时还出版发行了《中国建筑涂料及相关企事业单位名录》。

▲10 月 24 日，建设部建筑市场管理司做出《关于批准福建省教育建筑设计院等 95 家企业工程设计资质转正及中化勤丰幕墙装饰工程有限公司等 8 家企业工程设计资质延期转正的通知》（建市设函[2003]38 号），通知指出，经审查，决定批准福建省教育建筑设计院等 95 家企业工程设计资质暂定级转为正式级别，中化勤丰幕墙装饰工程有限公司等 8 家企业工程设计资质暂定级延期转正。

批准建筑幕墙工程设计专项甲级资质转正的有 16 家：沈阳黎明门窗幕墙制造安装工程公司、沈阳飞机制造公司铝合金结构工程公司、沈阳黎东幕墙装饰有限公司、沈阳强风铝业工程有限公司、沈阳远大铝业工程有限公司、沈阳凯兴装饰工程有限公司、辽宁泰丰铝业装饰工程有限公司、沈阳军鼎建筑装饰装修工程有限公司、大连红太装饰工程公司、重庆西南铝装饰工程有限公司、北方国际合作股份有限公司、山东津单幕墙有限公司、青岛永鑫幕墙有限公司、云南门窗工程公司、昆明市室内装饰配套公司、湖北鼎元建筑装饰工程有限公司。

批准建筑装饰工程设计专项甲级资质转正的有 11 家：湖北鼎元建筑装饰工程有限公司、中国装饰有限公司、山东德泰装饰有限公司、鲁迅美术学院艺术工程总公司、丹东画院装饰工程有限公司、辽宁恒烽装饰有限公司、辽宁胜利装璜工程有限公司、锦州市美华装饰装修工程有限公司、沈阳东宇环境艺术工程设计有限责任公司、沈阳市范•兄弟设计有限公司、大连中信建筑设计装饰工程有限公司。

中国建筑装饰协会受建设部市场管理司的委托负责建筑装饰工程设计专项甲级资质转正的初审。

▲10 月 24 日，云南省建筑装饰行业协会在昆明召开常务理事扩大会议，专题传达贯彻“全国建筑装饰行业科技大会”精神。

▲10 月 24 日，《北京晚报》报道，当日上午 8 时，位于北京市海淀区沙窝桥东的一洗浴中心正在装修，简易楼二层楼板突然塌陷，5 名装修工人不幸被埋，一死四伤。

▲10 月 24 日，上海市建筑业管理办公室、市建材行业管理办公室共同做出《关于开展建筑建材市场经营行为和安全质量大检查的通知》（沪建建管[2003]第 151 号），重点包括装饰材料市场和部分装饰企业的工程质量、施工安全、材料质量、资质资格、招标投标、材料发展等六方面内容，市建材质监站检查装饰材料市场；市装饰装修行业协会检查家装市场。

▲10 月 25 日，公安部消防局在中国建筑科学研究院召开“国家标准《建筑内部防火施工及验收规范》送审稿审查会”。中国建筑装饰协会信息部主任兼《中国建筑装饰》主编黄白、武汉凌云装饰设计工程有限公司总工程师罗果志、国家建筑工程质量监督检验中心质检部主任熊伟、中国建筑科学研究院装修所金谦等作为审查委员会成员参加了审查会。

▲10 月 26 日，国家质检总局公布了 3 种不合格实木地板和 6 种不合格单板贴面胶合板。据 2003 年 10 月 27 日《北京晚报》报道，耐磨性能差，易变形，开裂，使用寿命短，这些现象正成为实木地板的“致命”问题。国家质检总局这次共抽查了北京、江苏、上海、浙江、广东 5 个省、市的近 50 种产品，质量抽查结果显示，2003 年第三季度有二成以

上的产品存在质量问题，产品抽查合格率是76.1%。这3种不合格实木地板及其生产企业包括：北京世创万达经贸有限公司生产的“家家自然美”牌实木地板（610mm×123mm×18mm）；上海启佳木制品有限公司生产的“启佳”牌实木地板（900mm×98mm×18mm）；浙江湖州市南浔山水木业有限公司生产的无商标实木地板（900mm×122mm×17.5mm）。

国家质检总局公布的6种容易开胶脱落的不合格单板贴面胶合板包括：河北廊坊工艺木业有限公司生产的“天鹅”牌胶合板（2440mm×1220mm×2.5mm）；河北廊坊永顺木业有限公司生产的“盖龙”牌胶合板（2440mm×1220mm×2.5mm）；河北廊坊四盛木业有限公司生产的“马头”牌胶合板（2440mm×1220mm×2.5mm）；河北廊坊同利木业有限公司生产的“峻羚”牌胶合板（2440mm×1220mm×2.4mm）；浙江嘉善高雄木业有限公司生产的“汇佳乐”牌胶合板（2440mm×1220mm×2.8mm）；浙江益群木业（嘉善）有限公司生产的“蝙蝠”牌胶合板（2440mm×1220mm×2.4mm）。

▲10月25日，修改后的《江苏省物业管理条例》颁布，在第四章物业管理服务与收费第十九条第四款：物业装饰装修的安全性能、垃圾清运等管理服务。第五章物业的使用和维护第三十条：业主或者使用人装饰装修房屋，应当事先告知物业管理企业。物业管理企业应当将房屋装饰装修的禁止行为和注意事项告知业主或者使用人。物业管理企业发现业主或者使用人有损坏承重结构等行为时，应当及时劝阻，并向有关主管部门报告。

▲10月26日～11月4日，为促进海峡两岸建筑装饰技术与学术的交流，提倡规划技术的研究和改进，加强并推动两岸建筑装饰企业的共同合作与发展，应台湾财团法人联合营建发展基金会邀请，中国建筑装饰协会赴台考察访问代表团在团长——中国建筑装饰协会名誉会长张恩树率领之下，一行14人，包括北京、江苏、辽宁、山西、陕西等五省市协会领导和知名企业家或专家。代表团在台期间，受到台湾财团法人联合营建基金会的热情欢迎和接待，先后与台湾省建筑公会联合会暨乡林建设集团董事长赖正鎰，财团法人联合建发展基金会董事长肖新禄、执行长管国英、谭俊杰，雲林科技大学营建管理系教授落乃欣，啟宇营造工程(股)公司副总经理冯财傑，台湾省景观工程同业公会联合会理事长李勝腾，台湾省园艺公会联合会董事长，大中联合建筑事务所等台湾著名业内人士及设计师分别进行了座谈和交流；先后参观了台湾新建东台禅寺、超五星级酒店涵碧楼酒店、园林项目、度假村建筑-福野大饭店、老爷大酒店、欧式宫廷度假村——远东大饭店、台北故宫博物院以及即将竣工的目前世界最高建筑－－台北101大楼（台北世贸中心，高508m）等项目。

▲10月27日，全国人大常委会副委员长李铁映在十届全国人大常委会五次会议上所作的《全国人大常委会执法检查组关于检查〈中华人民共和国建筑法〉实施情况的报告》中指出：“劣质装修材料造成环境污染，甚至危害住户健康等，成为消费者投诉的热点。”

▲10月28日，上海市装饰装修行业协会装饰设计专业委员会公布《上海市装饰装修行业协会建筑室内设计师出图专用章使用管理办法》。

▲10月28日，云南省建设厅发出《关于颁发2003年度云南省优质工程奖的决定》（云建建[2003]701号），共89项，其中一等奖24项、二等奖37项、三等奖28项，包括一批参建的装饰企业。一等奖（4项）：云南省图书馆——云南白杨建筑装饰工程有限公司，安宁电力调度综合大楼——广东湛江耀华建筑装饰工程有限公司、云南高新装饰工程有限公司，农行思茅中心支行综合业务楼——云南艺峰装饰有限公司，云南省邮政业务大楼——云南同力建筑装饰有限公司。二等奖（2项）：云南省公路系统综合业务楼——深圳市建筑装饰（集团）有限公司、深圳市洪涛装饰工程公司，玉溪市红塔区地方税务局办公楼——云南大自然装饰有限公司、云南省玉溪市一通装饰有限公司。

▲10月29日，中央人民广播电台早间新闻联播报道，国家质检总局近检查了装饰材料市场，其中四成不是环保材料。

▲10月30日，中国建筑装饰协会发出《关于撤消“中国建筑装饰协会质量认证工作指导中心”的通知》（中装协[2003]52号），通知指出，根据国家《社会团体登记管理条例》有关规定，现撤消“中国建筑装饰协会质量认证工作指导中心”。有关认证工作事宜，由协会秘书处综合部负责咨询服务。同天还发出《关于撤消“中国建筑装饰协会室内环境与材料检测评价中心”的通知》（中装协[2003]53号），通知指出，根据国家《社会团体登记管理条例》有关规定，现决定撤消“中国建筑装饰协会室内环境与材料检测评价中心”。有关检测工作，由协会秘书处质量技术部负责咨询服务。

十一月

▲11月4日，上海市文明办副主任陈振民、文明办活动指导处副处长曾崇信，11月6日中央文明办公室调研处处长杜丹到上海市装饰装修行业协会调研，探讨由行业协会组织推动行业精神文明建设的新路子。上海市装饰装修行业协会组织的“上海市家庭装饰装修行业规范服务达标活动”得到中央文明办、上海市文明办的高度重视和充分肯定，指出，行业协会要从维护会员企业整体利益出发，取得大多数会员对协会的支持，要把行业自律与行业精神文明建设结合起来，发挥自律功能，强调售后服务。

▲11月4日，民政部以民管罚[2003]3号文件发出处罚决定书，因中国建筑装饰协会擅自设立两个机构（室内环境检测中心、质量认证指导中心）而被限期停止活动三个月。同时被处罚的还有另外两家社团。12月9日民政部以民管罚执字（2003）第3号通知中国建筑装饰协会，宣布提前解

除对中国建筑装饰协会的行政处罚，即日起可恢复正常业务活动。

▲11 月 5 日，建设部党组成员、办公厅主任齐骥、副主任朱中一到中国建筑装饰协会考察，听取了协会常务副会长兼秘书长徐朋的工作汇报，对协会所取得的成绩表示满意。

▲11 月 5 日，贵州省安顺市建设局公布《安顺市室内装饰装修企业资质管理实施办法》（安市建委字[2003]171 号）。

▲11 月 7 日～22 日，由中国建筑装饰协会培训中心主办、杭州市建筑装饰协会承办的“第二期幕墙工师资考评员培训班”在杭州举行。

▲11 月 9 日，北京市统计局贸易外经处在《北京晚报》宣布，9 月份全市旅游业开始从 SARS 的阴影中走出来，实现了正增长，当月营业收入 15.6 亿元，比去年同期增长 2.7%，实现利润 2.3 亿元，是 2003 年以来利润最高的月份。

▲11 月 10 日，中国建筑装饰协会会长马挺贵签发中国建筑装饰协会公告： 2003 年全国建筑工程装饰奖评审会已于 2003 年 11 月 9 日至 12 日在北京召开，共评审出 115 项建筑工程荣获 2003 年全国建筑工程装饰奖（公共建筑装饰类），24 项建筑工程荣获 2003 年全国建筑工程装饰奖（建筑幕墙类）。

▲11 月 10 日，中国建筑装饰协会五金委员会副秘书长齐秀满因突发心梗英年早逝，享年 66 岁，11 月 12 日举行了追悼会，中国建筑装饰协会致唁电。齐秀满原为北京市门窗公司党委书记、北京市建筑锁厂厂长。

▲11 月 11 日，由中国建筑装饰协会建筑五金委员会、北京建材行业协会市场流通专业委员会、北京建筑五金门窗行业协会共同举办的“北京市场散热器畅销品牌信息发布会”在北京举行。会上发布了《关于授予北京 11 家散热器畅销品牌荣誉称号的公告》、《关于向北京 11 家散热器畅销品牌企业颁发“太阳天使”奖的公告》、《关于颁发中国新型散热器创新奖的公告》。

▲11 月 11 日，建设部公布“关于印发《建设部专家委员会工作规则》的通知”（建科[2003]214 号）。

▲11 月 11 日，成都市建筑装饰协会家装分会公布《成都市家装行业自律公约、纪律委员会工作制度、不良行为处罚办法》。

▲11 月 12 日，中国建筑装饰协会召开紧急会议，传达民政部以民管罚[2003]3 号文件，前一天民政部民间组织管理局举行 10 家媒体通气会，全国媒体作了广泛报道，会长马挺贵和常务副会长兼秘书长徐朋要求协会各部门、各专业委员会认真对待处罚，积极整改，继续做好协会工作。

▲11 月 14 日，建设部关于发布批准行业标准《玻璃幕墙工程技术规范》的公告第 193 号。公告指出：现批准《玻璃幕墙工程技术规范》为行业标准，编号为 JGJ102-2003，自 2004 年 1 月 1 日起实施，其中，第 3.1.4、3.1.5、3.6.2、4.4.4、5.1.6、5.5.1、5.6.2、6.2.1、6.3.1、7.1.6、7.3.1、7.4.1、8.1.2、8.1.3、9.1.4、10.7.4 条为强制性条文，必须严格执行。原行业标准《玻璃幕墙工程技术规范》JGJ102-96 同时废止。本规范由建设部标准定额研究所组织中国建筑工业出版社出版发行。

▲11 月 15 日，四川省工商局消费者保护处在《装饰市场报》上公布了今年第三季度对人造板的抽查结果，甲醛超标的为 63%，目前四川省工商局已将人造板及其制品列为重点监控商品。

▲11 月 16 日～18 日，为了提高建筑和装修的公共卫生防疫水平，提高 SARS 后我国医院在建筑规划、设计、结构与装修的水平，由中国建筑装饰协会与中国医师协会共同组织的“全国医院建筑设计与装修主题峰会”在北京举行，有 150 多家医院主管及装饰企业负责人 200 人参加了会议，16 位专家做了专题报告，会议出版了《中国医院建筑设计与装修主题峰会学术报告论文集》。

▲11 月 17 日，2004 年版《全国民用建筑工程设计技术措施·建筑产品选用技术·装修》在中国建筑设计研究院通过报批稿。这是由建设部工程质量安全监督与行业发展司与中国建筑标准设计研究院共同合编的技术文件。2003 年版已于 2003 年 1 月 2 日建设部做出的“关于发布《全国民用建筑工程设计技术措施》的通知”（建质[2003]4 号）后由中国计划出版社出版发行。该“技术措施”分《建筑产品选用技术——建筑·装修》等 6 个分册。装修组组长：饶良修、鲁心源，成员：王少南、朱宝霞、许树龙、李书才、李怀之、张熙中、陈作璋等 7 位。“2004 年版装修产品选用技术审定会”由饶良修主持，参加者有中国建筑装饰协会鲁心源、黄白，中国建筑设计研究院陆兴、曹彬，北京建工学院蔡光汀、中国建材集团公司李淑云、中国建筑装饰装修材料协会鲍国芳、北京家具公司黄毓彦、深圳洪涛装饰工程公司唐曾烈、五洲工程设计院李正刚等 11 人。

▲11 月 18 日，湖北省政府做出《关于行业管理办行政管理职能划转的通知》（鄂政法[2003]42 号），其中第七条为：“原省轻工行办承担的室内装饰行业管理和监督职能划归省建设厅，原挂靠在省轻工行办的省室内装饰管理办公室和省室内装饰协会改为挂靠省建设厅。”按此文要求，湖北省建筑装饰协会受省建设厅委托制定职能划转方案。在中共中央政治局委员、湖北省委书记、原建设部部长俞正声亲自关怀下，湖北装饰行业多头管理问题得到了彻底解决。

▲11 月 18 日～21 日，受建设部建筑市场管理司的委托，中国建筑装饰协会组织了 2003 年第三批建筑装饰工程设计甲级资质转正和升级的初审工作。

▲11 月 18 日，《北京晚报》报道，在 11 月 20 日“世界儿童日”到来之际，中国儿童卫生保健疾病防治指导中心与有关单位宣布共同启动全国城市儿童白血病患者室内环境污染检测调查工作，为儿童白血病与室内环境污染的关系寻找答案。有关专家介绍，目前儿童白血病患者呈增加之势。不少专家怀疑，白血病的病因与环境因素有关，装修房屋所使用的油漆中含有有害物质，儿童吸入后有发生白血病的可能。此次调查针对全国 14 岁以下的城市儿童白血病患者，室内环境监测中心及其全国的会员单位将免费对这些孩子

家庭的室内环境污染进行检测。全国的儿童白血病患者可通过中国室内环境网（www.cietc.com）进行检测单位的查寻和登记。

▲11月18日，南京市民间组织管理局做出《关于同意南京市建筑装饰协会价格委员会等三个分支机构的批复》（宁民社[2003]199号），这三个专业委员会是装饰材料、设计、价格委员会。设立"价格委员会"在全国建筑装饰协会中还是第一个。

▲11月19日，在北京市版权局、北京市软件行业协会的支持下，北京市建筑装饰协会召开"北京市建筑装饰行业软件正版化大会"。这是业内首次强调知识产权的专门会议。

▲11月21日，建设部办公厅发出《关于工程总承包市场准入问题的复函》（建办市函[2003]573号），复函强调，按照我部《关于培育发展工程总承包和工程项目管理企业的指导意见》（建市[2003]30号）的规定，《工程总承包资格证书》废止之后，对从事工程总承包业务的企业不专门设立工程总承包资质。具有工程勘察、设计或施工总承包资质的企业可以在其资质等级许可的工程项目范围内开展工程总承包业务。因此，工程设计企业可以在其工程设计资质证书许可的工程项目范围内开展工程总承包业务，但工程的施工应由具有相应施工承包资质的企业承担。

▲11月21日，中国建筑装饰协会召开各部门负责人、各专业委员会秘书长联席工作会议，总结2003年工作和布置2004年工作。会议由常务副会长兼秘书长徐朋主持，会议主题一是总结本部门2003年工作；二是建议2004年协会的工作。徐朋布置了2004年的重点工作：一是召开中国建筑装饰行业家装大会；二是召开行业信息交流会；三是召开全国室内设计师大会；四是贯彻全国建筑装饰行业科技大会；五是筹备中国建筑装饰协会成立20周年大会，六是做好几项延续性工作——装饰奖评比、家装诚信企业评选、2003年度百强企业评价、装饰材料推介、加强培训、组织国际交流、加强自身建设。参加会议的有房箴、王毅强、黄白、张爨红、纪敏、王燕鸣、熊翔、高世彦、郎志春、张爱宁、张仁、张振路、张俊鹏、沈绶章、刘增祥等15人。

▲11月22日，国务院办公厅发出《关于切实解决建设领域拖欠工程款问题的通知》（国办发[2003]94号）。

▲11月22日，在"中国工业经济联合会第四届全国会员代表大会"上，全国政协副主席、中国工程院院长徐匡迪当选为会长，中国建筑装饰协会会长马挺贵当选为副会长。中国工经联是经国务院批准成立、民政部注册登记的全国性社会团体，是全国工业行业协会的联合组织，由全国性工业行业协会、省、自治区、直辖市、计划单列城市工业经济联合会和工业行业骨干企业为主，以及工业经济界知名人士自愿组成。

▲11月24日，国务院总理温家宝签署国务院令第393号《建设工程安全生产管理条例》，包括"装修工程"。12月4日建设部做出"关于宣传和贯彻《建设工程安全生产管理条例》的通知"（建质[2003]236号）。

▲11月24日，国家质检总局公布的2003年第三季度门窗框用PVC型材质量抽查报告说，造成这种质量问题的一个重要原因是使用了强度低的PVC型材。国家质检总局这次对PVC型材抽查产品抽样合格率是85.2%，共抽查了北京、天津、河北、辽宁、上海、山东、福建等10个省、直辖市的54家企业生产的54种产品，合格46种。国家质检总局公布了3种不合格的门窗框用PVC型材产品和生产企业，它们是：辽阳恒嘉化学建材有限公司生产的"恒嘉"牌（A80推拉框，2003年7月21日生产）、腾钜凯工业（沈阳）有限公司生产的"TCK"牌（A60内开扇，2003年3月13日生产）、无锡市天马塑胶制品厂生产的"鸿宇"牌（A60框，2003年7月16日生产）。

国家质检总局公布的第三季度木器涂料的质量抽查结果显示，这次抽检的50多种产品中，只有两种油漆有害物质超标。这是我国从去年实施《装饰装修材料有害物质限量》10项强制性标准以来，油漆有害物质含量控制得最好的一次。国家质检总局公布了3种不合格木器涂料和它们的生产企业，分别是：广东嘉宝莉化工有限公司生产的"嘉宝莉"牌（健康型柔哑清，2 kg/桶），福建惠安县嘉豪涂料厂生产的"麒麟"牌（2006，3.6 kg/桶），江苏宜兴市华邦涂料有限公司生产的"康青"牌（2.4 kg/桶）。

▲11月25日，北京市代市长王岐山签发市府令第139号《北京市建筑工程施工许可办法》，要求在本市行政区域内进行工程投资额在30万元以上或者建筑面积在300 m²以上的房屋装饰装修工程，建设单位应当领取施工许可证。旧有房屋装饰装修工程的开工，是指开始进行拆改作业。房屋装饰装修工程应当取得房屋所有权人同意。新建房屋装饰装修工程可以随同房屋建筑工程领取施工许可证。

▲11月26日，建设部做出《关于建造师专业划分有关问题的通知》（建市[2003]232号），通知指出，按照人事部、建设部《建造师执业资格制度暂行规定》（人发[2002]111号）的规定，我部会同有关部门，研究确定了建造师专业划分。建造师名称：建造师分为一级建造师和二级建造师。英文分别译为：Constructor和Associate Constructor。只有参加建造师考试合格者才能取得《中华人民共和国一级建造师执业资格证书》或《中华人民共和国二级建造师执业资格证书》。取得执业资格证书的人员须通过注册获得《中华人民共和国一级建造师注册证书》或《中华人民共和国二级建造师注册证书》。建造师的专业类别在执业资格证书和注册证书内页中注明，不在证书的名称上标明。建造师的执业范围在注册证书内页中注明。建造师专业划分：一级建造师专业分为装饰装修工程等14个。二级建造师专业分为装饰装修工程等12个。

▲11月27日，安顺市政府办公室作出"关于印发《安顺市室内装饰装修企业资质等级标准（试行）》的通知"（安府办发[2002]113号）。

▲11月30日，杭州市市长茅临生签发市府令第198号《关于公布第三轮行政审批制度改革保留取消和新增行政

审批事项的决定》，其中关于市建委取消的行政审批事项包括“装饰工程施工许可证核准（下放给区管理）”。

▲11月30日，内蒙古自治区十届人大常委会六次会议通过《内蒙古自治区建筑市场管理条例》，同日以常委会第8号公告，在第一章中明确，建设工程，包括装饰装修工程。

十二月

▲12月1日～9日，中国建筑装饰协会“赴印度代表团”由协会常务副会长兼秘书长徐朋为团长，一行14人出席在印度孟买举办的“国际室内建筑师/设计师联盟第21届年会”，代表团成员均为中国建筑装饰行业大型企业的企业家和设计主持人。

▲12月1日，大连市建筑装饰协会做出“大连市十大建筑装饰装修企业评选公告”（大装发[2003]26号），公告指出，根据大连市建委《关于开展评选大连市“十大建筑装饰装修企业”（2000～2002）活动的通知》（大建[2003]144号），经过企业自愿申报，评委会评选，市建委终审批准，大连市十大建筑装饰装修企业是：大连盛大建筑装饰工程有限公司、大连红太装饰工程公司、大连建筑设计装饰工程有限公司、大连阿尔滨装饰工程有限公司、大连乾豪建筑装饰工程有限公司、大连开建装饰工程有限公司、大连嘉丽装饰工程有限公司、大连永春建筑装饰工程有限公司、大连泰桑建筑装饰工程公司、大连嘉源装饰工程有限公司。

▲12月1日，福建省建筑装饰协会2003年年会在厦门举行，省建设厅副厅长翁玉耀等领导及130多位会员企业代表出席，会议由理事长钟昌辉主持。会议听取了常务副理事长张福如的工作报告，通过了关于开展2003年度福建省建筑装饰行业10强承包商评价活动、协会常务理事会会议制度、成立室内设计委员会、成立室内环境有害物质监督检验中心等提案。同时表彰了2003年福建省建筑装饰行业优秀项目经理。

▲12月2日，最高人民法院公布了《关于落实23项司法为民具体措施的指导意见》，其中第12条提出：“加强对进城务工人员维护自身合法权益案件的审判，制裁职业中介机构欺诈行为和用工单位拖欠工资行为”。其具体要求为：“保障进城务工人员的合法权益，促进劳动用工制度的完善，维护劳动市场的正常秩序，事关增加农民收入和维护城市稳定。各级人民法院对于属于劳动法调整范围的劳动争议纠纷案件，要依法快立案、快审判、快执行，及时保护当事人的合法权益。对于不属于劳动法调整范围的务工人员与用工单位之间依法应当由人民法院管辖的民事纠纷，要及时受理，并在准确界定民事法律关系的基础上做出公正裁判。人民法院在审判过程中，发现职业中介机构存在欺诈或者用人单位拖欠工资的违法行为，要积极向有关部门提出司法建议，予以制裁。”

▲12月2日，中国质量协会全国用户委员会在《经济日报》上公布“2003年全国用户满意建筑工程名单”，共56家企业的56项工作，其中包括两项装饰工程：北京城建一建设工程有限公司——民政部2号、3号楼装修改选工程、中建三局深圳装饰设计工程公司——长航广场室内外装饰工程。

▲12月2日，公安部召开“切实抓好当前消防工作坚决遏制重特大火灾事故电视电话会议”，公安部消防局局长郭铁男报告，2003年1～10月，全国共发生火灾20多万起，死亡1866人，受伤2601人，直接财产损失达12.7亿元。12月3日《经济日报》指出，群死群伤呈上升趋势，全国共发生特大火灾33起，死亡108人，起数同比增长50%，死亡人数上升63.6%，其中，一次死亡10人以上的6起，死亡104人，起数同比增长一倍，死亡增长70.5%。重特大火灾事故的直接原因80%以上是由于违章用火、用电、用油、用气等人为因素所致。

▲12月3日，新疆维吾尔自治区人民政府办公厅发出“关于转发自治区民政厅《关于促进行业协会商会发展的指导意见》的通知”（新政办发[2003]167号）。

▲12月3日，浙江省建筑装饰协会会长会议在杭州梅苑宾馆召开。会议由董宜君会长主持，副会长丁欣欣、于利生、王宝良、刘卫、陈耀光、陆秀乔、张奕、周锦云、程健敏、戴震华以及代秘书长长陈孟坡，副秘书长俞雄伟、胡宠良等出席了会议。省建设厅建筑业管理处张文平处长和科技设计处恽稚荣处长到会并作了讲话。会议听取了董宜君会长协会2003年11个月的工作汇报，一是在省建设厅和省民政厅的关怀下，协会年初进行了三届理事会的换届工作，选举产生了新一届的领导班子，各专业委员会进行了换届或内部组织调整，加强了协会基层组织建设，在省建设厅等有关部门支持下，协会装饰设计委员会10月28日成立。二是开展了一年一度的浙江省优秀装饰工程的评选活动，共评出了省优公共建筑装饰类64项、建筑幕墙类8项、家庭装饰类36项；开展了浙江省建筑装饰行业百强企业评选活动，12月18日在浙江省人民大会堂举行颁奖大会；我省有10个工程被评为2003年度全国建筑工程装饰奖，名列全国第四，全省有12家装饰企业被评为2002年中国建筑装饰行业百强企业，居全国第三位。三是与有关媒体联合开通了浙江在线装饰网（www.zsol.com.cn），为全省装饰信息的发布和会员单位交流提供了良好平台。四是组织编辑了《浙江省建筑装饰精品集》，收录了62家企业的作品，248页，争取年内发行。五是为了规范装饰会展市场，协会决定每年举办两次展会，以邀请招标方式，决定了2004年展会承办单位，上半年为杭州佳德展览服务有限公司，下半年为浙江世博国际会展公司。此外，还与省建设建材工会等单位开展了“南鸿杯”室内装饰设计大赛，通过了全省层层选拔，共有39人入围初试，通过笔试、绘图，江军等5名选手荣获“浙江省技术能手”称号。六是为了适应我省建筑装饰行业的长足发展和长远发展要求，根据部分会员提议，经会长会议通过，协会更名为“浙江省建筑装饰行业协会”，已报有关部门批准。

会议通过了增补常务理事的议案，报下一次常务理事会备案，以姓氏笔划为序（15 人）：丁海富、刘俐伟、刘树雄、陈孟坡、来连毛、何永富、金吉祥、罗鸿祥、国团、俞雄伟、赵阳、祝旭康、黄先挺、戚梅乔、潘信强。由董会长提名，经与会成员讨论一致通过：原常务副秘书长、代秘书长陈孟坡任秘书长，聘任施其林、罗宝珍任副秘书长。

▲12 月 4 日，国家发展和改革委员会、建设部、国家质量监督检验检疫总局、国家工商行政管理总局联合发布《建筑安全玻璃管理规定》（发改运行[2003]2116 号）。

▲12 月 4 日，建设部副部长黄卫强调：各地要充分利用最高人民法院《关于落实 23 项司法为民具体措施的指导意见》中的有关条款，利用法律加快解决拖欠农民工工资问题。黄卫副部长指出：解决拖欠农民工工资问题，是落实“三个代表”重要思想的具体体现，是党性问题，是法律问题，也是道德问题。最近，国务院办公厅下发了《关于切实解决建设领域拖欠工程款问题的通知》，将解决拖欠农民工工资问题作为重要内容之一。各地要充分利用这个机会，抓紧时间，创造性地开展工作，创新工作方法，充分利用法律和行政的手段，加快解决拖欠农民工工资问题。

▲12 月 5 日，中央电视台晚间新闻联播，指出全国现正进行清理拖欠工人款，举例青岛某工人李少波（音译）工资被某装饰公司拖欠，现得到了解决。

▲12 月 9 日，2003 年度浙江省优秀建筑装饰工程奖项目经理表彰大会暨创优经验交流会在绍兴市咸亨大酒店举行。浙江省建筑装饰协会会长董宜君，绍兴市建管局局长方培根、建管处处长金惠娟，协会副会长王宝良、丁欣欣，秘书长陈孟坡，工程委副会长金吉祥，以及 2002、2003 年度浙江省百余名装饰优秀项目经理出席了会议。这次受到表彰的“浙江省优秀项目经理”共有邵祖强等 72 人。

会议首先宣读了中国建筑装饰协会发来的贺电，贺电高度赞扬了这次大会，同时希望协会在原有的成绩上能够更上一层楼，为进一步提高整个浙江省建筑装饰行业水平而努力。颁奖仪式结束后，项目经理代表交流了创优经验。全国装饰百强企业第二名的浙江省亚厦装饰集团有限公司作了“加强现场管理措施，实现精品工程战略”的发言。全国装饰百强企业第 20 名的浙江广艺建设装饰工程有限公司作了“从建造到制造”的发言。浙江省建工集团有限责任公司、浙江耀江建设集团股份有限公司、浙江大都市装饰有限公司、浙江雅迪装饰工程有限公司等 6 家企业的发言也得到了与会代表的一致好评。 陈孟坡秘书长作了关于项目经理如何向建造师过渡的介绍。经验交流会在与会者的一片叫好声中结束，大家一致认为在这次经验交流会上学到了很多的知识，并希望协会今后能多举办一些类似的活动。12 月 10 日到会的项目经理到上虞市章镇参观了浙江亚厦装饰集团工厂化生产基地。

▲12 月 11 日，江西省建设厅做出“关于印发《江西省建设工程勘察设计单位年检实施细则》（试行）的通知”（赣建设[2003]41 号），包括建筑装饰专项工程设计和专项建筑幕墙工程设计。

▲12 月 11 日，南昌许多媒体以“满堂红一夜人去楼空”为题广泛报道，号称“深圳家装四小龙”的满堂红装饰公司拖欠民工工资、材料商及部分业主装修押金等上百万元无法追索，对业内外震动很大，一时间业主不敢找外地家装公司。满堂红在杭州、南京、天津、济南等地也相继发生过类似事件，一走了之，可见并非偶然。因满堂红在深圳总部和江西分公司的法人代表均是卢有吉，故江西省装饰行业协会立即向深圳市装饰行业进行通报，并请深圳市装饰行业敦促卢有吉务必严肃、稳妥处理好此事。2003 年第 6 期江西省装饰行业协会会刊《江西建筑装饰》以“南昌‘满堂红事件’震惊业内外——当地政府有关部门正调查处理”为题进行了报道。

▲12 月 17 日，《北京晚报》指出，2000 年新春国家一级文物战国青铜器“九鼎八簋”在湖北省博物馆展出前的室内装修改造时被砸损。2003 年 7 月，检察机关以涉嫌国有事业单位人员失职罪等罪名，对省博原馆长舒之梅、副馆长唐刚卯等 6 人提起公诉。这起在全国引起重大关注的文物被砸案 12 月 16 日在武汉中院公开宣判：原馆长舒之梅、副馆长唐刚卯、该馆职工张浩无罪；该馆职工汪涛以及施工单位武汉恒晖装饰设计工程有限公司直接责任人副董事长江晖、胡运昌各被判有期徒刑 1 年缓刑 1 年，江、胡二人还各被处罚金 2000 元。

▲12 月 18 日，浙江省建筑装饰协会在浙江人大会堂举行“浙江省建筑装饰行业百强企业表彰大会”。中国建筑装饰协会致电庆贺。贺信指出：2002 年度中国建筑装饰行业百强企业，浙江有 12 家，在广东、北京之后位居全国第三位，表明了浙江省建筑装饰行业在全国建筑装饰行业中的地位和作用。今天你会召开大会，隆重表彰“浙江省建筑装饰行业百强企业”，这在全国地方建筑装饰行业是个创新，说明浙江省建筑装饰协会工作走在了全国的前列。浙江省建筑装饰行业近年来发展十分迅速，2002 年全省建筑装饰业产值 800 亿元，占全国装饰业总产值 7200 亿元的 11%，占浙江省建筑业产值 2282 亿元的 35%，年均发展速度为 25%以上，比全国平均水平高 7 个以上百分点。在从业人员 70 多万人中，能工巧匠很多。现已形成东阳的木雕、宁波的红木家具、温州的瓯塑和锁具、湖州南浔的夹板市场、永康的五金、德清和嘉善的木业等行业发展特色。贺信强调，浙江建筑装饰行业最大的优势是民营企业发达，民营经济基础扎实。浙江人“敢为天下先”的理念，将使建筑装饰企业在市场竞争中朝着做强做精的专业化方向发展。我们衷心祝愿浙江建筑装饰企业形成比较优势，浙江省建筑装饰行业形成区域优势，继续走在全国的前列。

▲12 月 19 日，建设部部长汪光焘和商务部部长吕福源共同签署建设部和商务部令第 122 号《〈外商投资建设工程设计企业管理规定〉的补充规定》，补充规定指出，为了促进内地与香港、澳门经贸关系的发展，鼓励香港服务提供者

和澳门服务提供者在内地设立建设工程设计企业，根据国务院批准的《内地与香港关于建立更紧密经贸关系的安排》和《内地与澳门关于建立更紧密经贸关系的安排》，现就《外商投资建设工程设计企业管理规定》（建设部、对外贸易经济合作部令第114号）做如下补充规定：

一、自2004年1月1日起，允许香港服务提供者和澳门服务提供者在内地以独资形式设立建设工程设计企业。二、香港服务提供者和澳门服务提供者在内地投资设立建设工程设计企业以及申请资质，按照《外商投资建设工程设计企业管理规定》以及有关的建设工程设计企业资质管理规定执行。三、本规定中的香港服务提供者和澳门服务提供者应分别符合《内地与香港关于建立更紧密经贸关系的安排》和《内地与澳门关于建立更紧密经贸关系的安排》中关于“服务提供者”定义及相关规定的要求。四、本补充规定由建设部和商务部按照各自职责负责解释。

▲12月19日，广州市建筑装饰协会2003年总结暨表彰大会在广州市流花宾馆举行。大会由副会长陈婵英主持，易自华秘书长作2003年协会工作总结报告，关帆副秘书长说明2003年协会收支情况，市建委建管处龚海杰作了重要讲话。陈婵英副会长宣读了“2003年广州市建筑装饰行业先进单位和获奖项目名单”，大会进行了隆重的颁奖仪式，许和铁会长作大会总结。参加大会的代表共438人，分别来自318家装饰公司，其中，公装106家、家装218家。会议提出做好协会第五届理事会的筹备工作。美国新创国际电脑学院广州分院中国建筑装饰协会培训中心新创培训工作站为大会提供了300册《中国建筑装饰培训》刊物，并由大会组委分发给与会代表。

▲12月19日，召开的重庆市建筑装饰协会2003年第三次常务理事会上，做出了变更协会领导称谓的决定，由理事长、理事长助理、副理事长、名誉正副理事长变更为：会长、会长助理、副会长、名誉正副会长。同时常务理事会审议通过叶瑞进担任协会副会长职务。

▲12月23日，石家庄市装饰协会召开第五次会员代表大会。原市委副书记、市工业经济联合会会长白起林，市建设局局长王进泽、副局长杨立众，市民间组织管理办公室主任王拥军，市科学技术协会秘书长高娟，省建筑装饰协会副秘书长刘纪堂等领导应邀到会并讲话，对第四届理事会的工作给予高度评价，通过了新章程和行业自律公约。大会聘请市建设局局长王进则为名誉会长，副局长杨立众、总工程师王文章为顾问。通过选举产生了第五届理事会领导机构：刘亚东连任会长，建设局建筑管理处处长刘成为常务副会长，王跃、王万华、史永平、朱宁顺、吉瑞森、邢洪涛、张铁军、张福增、赵秀民、贾轩、柴维月、董文军等12位企业家当选为副会长，赵秀民兼任秘书长。根据秘书长提名，决定张永学为常务副秘书长，张会玲（女）、钟志强、康清源（女）为副秘书长。

▲12月24日，《光明日报》发表该报记者的长篇文章“协会市场化生存探索者——中国建筑装饰协会发展纪实”。党的大报刊登全面介绍中国建筑装饰协会发展的文章还是第一次。

▲12月24日，经民政部批准，中国建筑装饰协会原工程委员会更名为施工委员会，按照民政部的要求，中国建筑装饰协会将原暖通空调委员会合并至建筑电气委员会，将原石材、化学材料、建筑五金三个委员会合并至材料委员会。

▲12月25日，北京市消费者协会启动一项“北京市家庭装修环境污染情况调查”。调查内容为市民极为关注的话题：因家装造成室内空气污染的比例、了解装修后室内环境受污染的程度、找出室内环境污染的物质种类、分析室内环境污染物质的主要来源。承办单位为北京天衡诚信室内环境成分监测评价中心，调查结果将于2004年“3·15”期间对外公布。调查总量为1000户，市民可自愿报名，条件一是2003年11月15日至2004年1月15日之间竣工的家装工程，二是家装企业必须是合法的装饰公司（具有工商营业执照和建筑装饰企业资质），三是承发包双方必须签订2003年版《北京市家庭居室装饰装修工程施工合同》，四是装饰工程已竣工但屋内未摆放家具用品。查询：http://www.olcd.net。12月26日《北京晚报》指出，这是北京是家装行业诞生10年来首次针对装修环境污染进行的大型调查。

▲12月26日，福州市建筑装饰协会举行2003年年会暨第二次会员代表大会，福州市副市长吴瑞华出席并讲话，充分肯定了协会作用。福建省建设厅建筑业处副处长、省建筑装饰协会会长钟昌辉、福州市建设局局长连伙英等有关领导及会员企业代表150多人与会。大会选举产生第二届理事会，会长邓捷连选连任，新任秘书长曾建萍。同时协会会刊《福州建筑装饰》创刊。

▲12月27日，中国建筑装饰协会在北京友谊宾馆举行“全国建筑装饰百强企业推介暨新闻发布会”，新闻由中国建筑装饰协会常务副会长兼秘书长徐朋发布，《中华建筑报》总编邓千主持会议。出席会议的有5家相关行业社团的负责人：中国建筑业协会李燕鹏主任、中国房地产业协会王惠敏主任、中国旅游饭店协会蒋齐康秘书长、中国饭店协会陈新华秘书长、中国建材工业协会陈国庆秘书长，相关媒体30家，百强企业代表12家，苏州金螳螂建筑装饰有限公司董事长倪林、深圳市建筑装饰（集团）有限公司董事长汪家玉、上海市建筑装饰工程有限公司总经理谢建伟分别作了介绍。参加会议的还有中国建筑装饰协会副秘书长房箴、信息部主任兼《中国建筑装饰》主编黄白、行业发展部主任王本明等共30多人。

▲12月28日，中国建筑装饰协会五届三次理事会在北京召开，理事单位代表300多人参加了会议。会议由中国建筑装饰协会副会长、深圳市建筑装饰（集团）有限公司董事长汪家玉主持，建设部副部长黄卫为大会发来贺信，建设部人教司杨忠诚副司长发表了讲话，协会名誉会长张恩树、会

长马挺贵，副会长丁域庆、汪家玉、陈国宏、符曜伟、谢建伟、魏光、张钧出席了会议。常务副会长兼秘书长徐朋作了“新起点、新局面、为全面建设小康社会做贡献”的工作报告，会议审议并通过了调整、增补部分理事、常务理事、副会长；调整协会章程中会员交纳会费条款；举办中国建筑装饰协会成立 20 周年活动；在会员单位内开展建筑装饰设计师上岗能力认证工作等四个提案。会长马挺贵作了“调整战略，乘势而上，为全面提高建筑装饰行业的发展质量而努力”的总结讲话。大会还进行了专场报告会，由国务院政策研究室宏观司司长宋宁、中国旅游饭店协会会长韩明主讲，受到与会代表欢迎。

▲12 月 29 日，中国建筑装饰协会在人民大会堂举行“2003 年全国建筑工程装饰奖”颁奖大会。全国政协副主席、全国工业经济联合会会长、中国工程院院长徐匡迪向大会发来了贺信。出席大会的有全国政协副主席周铁农，建设部党组副书记、副部长刘志峰，全国工业经济联合会名誉会长、中国名牌战略推进委员会主任、原航天航空工业部部长林宗棠，中国建筑业协会会长、原建设部副部长、中国建筑装饰协会高级顾问郑一军，中国房地产业协会会长、原建设部副部长杨慎，中国建筑工程总公司党组书记、中国建筑业协会副会长张青林，全国工业经济联合会常务副会长、主席团主席杜金陵，全国和平统一促进会秘书长王克斌，中国建筑装饰协会名誉会长张恩树、会长马挺贵、常务副会长兼秘书长徐朋，建设部质量安全监督与行业发展司司长、中国建筑装饰协会副会长王素卿，中国建筑业协会秘书长、建设部社团第一党委书记徐义屏等领导和荣获“2003 年全国建筑工程装饰奖”115 个建筑装饰工程、24 个建筑幕墙工程的代表，以及参加中国建筑装饰协会五届二次理事会的代表共 550 多人。大会由徐朋主持，马挺贵致辞，刘志峰讲话。广东建筑装饰集团公司董事长兼总经理陈婵英代表获奖企业发言。与会领导与全体代表合影留念。

▲12 月 29 日，中国社会科学院编辑的《2004 年中国社会蓝皮书》在《北京晚报》作了介绍。消费结构——居民生活质量告别“生存型”转向“发展型”。2003 年预计居民消费水平达 4000 元，比上年增长 6%左右，城镇居民的居住水平继续提高，购买公房和商品房以及装修支出已上升至占消费比例的 10%。商品房销售面积仍保持了高速度，2003 年 1 至 9 月为 1.5189 亿㎡，比上年同期增长 36%，住房的热销带动了建材装修和家具的热销。

蓝皮书指出，2004 年居民的消费结构将随着消费的增长继续向小康型和质量型发展，消费热点仍将集中有住房和装饰、汽车、移动电话和高性能、高质量的家电商品。估计到 2003 年底储蓄余额可达 10.6 万亿元，增长 22%，人均可达 8200 元，比上年人均增长 1400 元；55%的居民有债券、股票、外币储蓄、手存现金等金融资产，到 2003 年底居民的金融资产将达到 14 万亿元。说明大部分居民手头宽裕了，已过上吃穿有余的小康生活。

▲12 月 29 日，广州市国土资源与房屋管理局公布《广州市城市房屋拆迁评估技术规范(试行)》(穗国房字〔2003〕831 号)，《规范》第十条（装修装饰评估）：评估价格包括房屋装修装饰部分的价格，但应单独评估。房屋装修装饰部分价格=房屋装修装饰重置价格×（耐用年限-实际使用年限）÷耐用年限。房屋装修装饰重置价格应按照本市房屋装修装饰工程定额标准的有关规定评估。各类房屋装修装饰的耐用年限：住宅 8 年；办公用房 7 年；商场、店铺、餐馆等营业性用房 5 年；厂房、仓库 5 年。估价人员可结合实地查勘情况，根据装修装饰档次、质量、维护、保养、使用情况以及功能、经济等方面的折旧因素综合确定折旧率或成新率。但与按直线折旧计算的差异不宜超过 30%。

▲12 月 30 日，《北京晚报》报道市质监局“12365”热线电话接到的投诉统计，装修建材产品类位居 2003 年六大申诉产品类别排序之五；装饰材料名列 2003 年十大被申诉产品排序的第七位。

▲12 月 30 日，建设部建筑市场管理司做出《关于批准安徽省电力设计院等 231 家企业工程设计资质转正及江西省美华建筑装饰工程有限责任公司等 28 家企业工程设计资质延期转正的通知》(建市设函[2003]50 号)，其中包括建筑装饰工程设计甲级专项资质转正企业 20 家、建筑幕墙工程设计甲级专项资质转正企业 40 家、建筑幕墙工程设计乙级专项资质转正企业 19 家；建筑装饰工程设计专项甲级资质延期一年转正企业 1 家、建筑幕墙工程设计专项甲级资质延期一年转正企业 3 家、建筑幕墙工程设计专项乙级资质延期一年转正企业 1 家。

▲12 月 30 日，北京市建筑装饰协会宣布，一个由十几种风格系列、集数百套方案而成的家装选择系统，将在 2004 年两节假日经济到来之际正式出台。12 月 31 日《北京晚报》认为，届时消费者就可以享用专家们为千家万户科学设计的各种家装方案了。业内专家评价说，这不啻打向“拼凑式”家装设计的一记重拳，最终使招摇撞骗的“设计师”无机可乘。北京市建筑装饰协会指出，该系统首先在北京龙头家装企业阔达装饰公司运行。

▲12 月 31 日，建设部办公厅发出《关于建立解决拖欠工程款和拖欠农民工工资问题情况报告制度的通知》(建办市[2003]61 号)，通知指出，为贯彻《国务院办公厅关于切实解决建设领域拖欠工程款问题的通知》(以下简称《通知》)和六部委电视电话会议的要求，及时掌握各地解决拖欠工程款和拖欠农民工工资情况，保证清欠工作的落实，从 2004 年 2 月份开始建立解决拖欠工程款和拖欠农民工工资问题情况报告制度。请各省、自治区、直辖市建设厅（建委）于每月 5 日前将附表 1、附表 2 传真报我部建筑市场管理司，同时，通过中国工程建设信息网上报。请在 2004 年 1 月 10 日前将你地区拖欠工程款和拖欠农民工工资总额及分类数字和清欠计划按附表要求报我部市场管理司，我部汇总后将报国务院办公厅。

2003年我国建筑装饰行业的法制建设及发展

黄　白

本文分五个方面：一是法制建设成果；二是家装业发展与问题；三是防控“非典”成本与收益；四是装饰行业协会的作用；五是业内关注的事件。

一、法制建设成果

1．物业管理

通过物业管理装饰装修市场，这是2003年政府管理装饰装修市场的一大制度创新。

6月8日，国务院总理温家宝签署国务院令第379号《物业管理条例》，已经于2003年5月28日国务院第9次常务会议通过，自2003年9月1日起施行。其中有两条涉及装饰装修。第四十六条：物业管理区域内违反有关治安、环保、物业装饰装修和使用等方面法律、法规规定的行为，物业管理企业应当制止，并及时向有关行政管理部门报告。有关行政管理部门在接到物业管理企业的报告后，应当依法对违法行为予以制止或者依法处理。第五十三条：业主需要装饰装修房屋的，应当事先告知物业管理企业。物业管理企业应当将房屋装饰装修中的禁止行为和注意事项告知业主。6月12日，建设部发出“关于宣传贯彻《物业管理条例》的通知”（建住房[2003]122号）。

地方政府也做出相应规章。北京市国土房管局2月21日公布《北京市居住区物业管理服务标准》，包括装修管理等10个方面，分商品房物业标准和非商品房（经济适用房、直管、自管、回迁房）两部分，其装修管理是共同的标准：有健全的装修管理服务制度；查验业主装修方案，与业主、施工单位签订装修管理协议，告知业主装修注意事项；装修期间，对装修现场进行巡视检查，严格治安、消防和房屋安全管理；对进出小区的装修车辆、装修人员实行出入证管理，调解因装修引发的邻里纠纷；业主装修结束后，应进行检查。对违反装修协议的要进行处理，问题严重的报行政管理部门；及时清运装修垃圾，集中堆放时间不得超过3天。

10月25日，修改后的《江苏省物业管理条例》颁布，在第四章物业管理服务与收费第十九条第四款：物业装饰装修的安全性能、垃圾清运等管理服务。第五章物业的使用和维护第三十条：业主或者使用人装饰装修房屋，应当事先告知物业管理企业。物业管理企业应当将房屋装饰装修的禁止行为和注意事项告知业主或者使用人。物业管理企业发现业主或者使用人有损坏承重结构等行为时，应当及时劝阻，并向有关主管部门报告。

2．安全生产管理

11月24日，国务院总理温家宝签署国务院令第393号《建设工程安全生产管理条例》，自2004年2月1日起施行。第二条与《建设工程质量管理条例》第二条完全一致：本条例所称建设工程，是指土木工程、建筑工程、线路管道和设备安装工程及装修工程。12月4日建设部做出“关于宣传和贯彻《建设工程安全生产管理条例》的通知”（建质[2003]236号）。这是自2000年1月30日上届国务院总理朱镕基签署国务院令第279号《建设工程质量管理条例》后，以国务院令颁布的第二部关于建设工程管理的法律。

建筑装饰行业同样存在安全生产问题，特别是幕墙工程，如8月8日《中华建筑报》报道，7月26日，汉口正大施工的财富大厦坠落一块玻璃幕墙，因建筑外侧无防护网，幕墙击中距该楼10多米的正在乘凉的人群并伤及5人。

9月22日，青海省国税局综合商住楼外墙幕墙装修工程，由北京首钢第一建设有限公司分包给武汉建工集团装饰工程有限公司施工，在进行脚手架拆除时发生整体失稳倒塌，10名操作人员高处坠落，造成2人重伤、4人轻伤的事故。这是青海省建设厅建筑管理处在2003年第10期《青海建筑业动态》上通报2003年1～9月全省建筑业安全生产情况被点名的事故。

10月24日《北京晚报》报道，当日上午8时，位于北京市海淀区沙窝桥东的一洗浴中心正在装修，简易楼二层楼板突然塌陷，5名装修工人不幸被埋，一死四伤。

为此， 12月4日，国家发展和改革委员会、建设部、国家质量监督检验检疫总局、国家工商行政管理总局联合发布了《建筑安全玻璃管理规定》（发改运行[2003]2116号）。

3．解决多头管理

始于1986年的装饰行业多头管理问题在2003年继续取得突破性解决。其中以湖北、江苏、安徽、山东等地为优，余下的只有北京、陕西、黑龙江、内蒙古、大连等个别地区。

1月8日，湖北省信访局将本省黄石市一封反映浠水县轻工部门多头管理乱收费、乱罚款的署名来信，作为《要信呈送》报中共中央政治局委员、湖北省委书记、原建设部部长俞正声。1月9日俞正声批示：“清泉（罗清泉：湖北省省长）同志：塑钢窗安装定位为室内装饰，然后加以管制，并对未申报加以处罚。不知我省有何法规导致此事，如没有，应责令浠水县加以改正。如有，是无知还是偏见？请政府法制办研定此事。又：室内装饰从建筑业管理分离出来的错误作法，是在中央已解决的问题，我省仍在继续。”1月15日罗清泉批示：“忠学（韩忠学：湖北省副省长）同志：请即安排建设厅和法制办调查处理此事，并将结果报我。”1月17日韩学忠批示：“请政府办公厅抓紧督促落实。”

11月18日，湖北省政府做出《关于行业管理办行政管理职能划转的通知》（鄂政法[2003]42号），其中第七条为：

"原省轻工行办承担的室内装饰行业管理和监督职能划归省建设厅，原挂靠在省轻工行办的省室内装饰管理办公室和省室内装饰协会改为挂靠省建设厅。"按此文要求，湖北省建筑装饰协会受省建设厅委托制定职能划转方案。在中共中央政治局委员、湖北省委书记、原建设部部长俞正声亲自关怀下，湖北装饰行业多头管理问题得到了彻底解决。

1月10日，根据徐州市政府机构改革方案，装饰行业统一归市建设局管理，原徐州市建筑装饰协会和市室内装饰协会合并，2002年11月12日在市民政局登记注册的"徐州市装饰装修行业协会"发出通告，1月9日《徐州日报》全文刊发协会理事会及其领导机构组成名单，这是继苏州后江苏省第二家建设与轻工合并的装饰行业协会。

根据合肥市政府2002年6月5日的要求，将原市二轻室内装饰管理的职能和办事机构成建制的划给市建管局，并成立了建筑装饰管理处，妥善处理了职能并轨、人员过渡、工作衔接、业务延伸等一系列问题，实行先工作后完善、边工作边完善、不等不靠的原则。2003年1月21日，合肥市建筑装饰协会召开成立大会，合肥市彻底解决装饰行业多头管理后，工作已走上正轨。

6月11日，济南市机构编制委员会办公室向市经济委员会、市建设委员会和市建筑管理局做出《关于济南市室内装饰管理办公室变更隶属关系和名称的通知》（济编办[2003]12号），通知指出：为理顺装饰管理工作关系，经研究，同意济南市室内装饰管理办公室由市经济委员会划归市建筑管理局，名称改为济南市装饰管理办公室。

4．地方政府管理

2月10日，四川省省长张中伟签署省府令第168号《四川省建筑装饰装修管理办法》。2月26日，徐州市市长潘永和签署市府令第85号《徐州市建筑装饰装修管理办法》。

6月16日，上海市政府召开整顿规范市场经济秩序工作会议，市长韩政出席并讲话。会议强调，要积极发挥行业协会作用，引导参与市场秩序的整顿和规范；发挥行业协会的市场自律职能；鼓励行业协会制定和遵守有利于市场规范竞争的行规行约；促进行业协会发展，提出适合市场竞争的本行业技术规范；组织参与反倾销、反垄断的调查，推动行业的有序竞争。会议把积极发挥行业协会的作用作为今后5年工作目标之一，充分凸现了行业协会在整顿和规范市场经济秩序中的地位和作用。建材装饰市场整顿是今年专项整治的六大重点之一。整治内容包括：重点查处建筑装饰材料环保超标、建材制假用劣行为；查处未取得资质从事装饰行为；查处装饰工程不执行验收标准行为；查处装饰工程不执行合同规范行为。同时还要实行市场清出机制，依法对建材装饰市场中的不法行为者吊销营业执照。

10月8日，杭州市市长茅临生签发市府令第195号《杭州市建设工程质量监督管理办法》，其中包括装修工程。11月30日，杭州市市长茅临生签发市府令第198号《关于公布第三轮行政审批制度改革保留取消和新增行政审批事项的决定》，其中关于市建委取消的行政审批事项包括"装饰工程施工许可证核准（下放给区管理）"。

5．建设部管理

建设部进一步明确了政府职能。1月7日，建设部副部长刘志峰在"2003年全国建设工作会议"闭幕式上讲话中指出，政府的职能是：市场监管，宏观调控，公共服务，社会管理。

4月8日，建设部颁发《建设部关于外商投资建筑业企业管理规定中有关资质管理的实施办法》（建市[2003]73号），外商投资建筑业企业从事建筑活动的范围包括"装修工程的新建、扩建、改建活动"。9月28日，建设部发出《关于做好在中国境内承包工程的外国企业资质管理有关工作的通知》（建市[2003]193号），通知指出，《外商投资建筑业企业管理规定》（建设部、对外贸易经济合作部令第113号）第26条规定："自2003年10月1日起，1994年建设部颁发的《在中国境内承包工程的外国企业资质管理暂行办法》（建设部令第32号）废止"。同时根据《外商投资建筑业企业管理规定》，自2003年10月1日以后，外国企业必须在取得建筑业企业资质证书后方可在中国境内承包工程。

6月4日，建设部发出"关于印发《建设工程质量责任主体和有关机构不良记录管理办法》（试行）的通知"（建质[2003]113号）。8月5日，建设部发出"关于印发《工程质量监督工作导则》的通知"。

11月26日，建设部做出《关于建造师专业划分有关问题的通知》（建市[2003]232号），通知指出，按照人事部、建设部《建造师执业资格制度暂行规定》（人发[2002]111号）的规定，我部会同有关部门，研究确定了建造师专业划分。建造师名称：建造师分为一级建造师和二级建造师。英文分别译为：Constructor和Associate Constructor。只有参加建造师考试合格者才能取得《中华人民共和国一级建造师执业资格证书》或《中华人民共和国二级建造师执业资格证书》。取得执业资格证书的人员须通过注册获得《中华人民共和国一级建造师注册证书》或《中华人民共和国二级建造师注册证书》。建造师的专业类别在执业资格证书和注册证书内页中注明，不在证书的名称上标明。建造师的执业范围在注册证书内页中注明。建造师专业划分：一级建造师专业分为装饰装修工程等14个。二级建造师专业分为装饰装修工程等12个。

6．各级建设行政主管部门管理

1月8日，山东省聊城市建委发出"关于印发《聊城市建筑工程装饰装修管理办法》（试行）的通知"（聊建字[2003]1号）。5月15日，根据山东省建设厅、省建筑管理局《关于2003年度全省建筑装饰装修市场秩序专项治理工作的意见》（鲁建发[2003]5号）的要求，济南市建委、市建筑管理局共同发出《关于开展2003年度全市装饰装修市场专项治理活动的通知》（济建管字[2003]38号），检查范围是2002年6月～2003年6月竣工和在建、工程造价30万元以上的公装和家装工程。检查重点有五方面：一是规避招标和在招标投标活动中弄虚作假以及合同欺诈行为。二是施工单位转包、违法分包工程、挂靠以及无证或越级承接工程业务的问题。三是不办理施工企业许可证、不办理质量监督、安全手续，不办理竣工验收及备案以及依法必须实行监理的工程不委托监理等违反法定建设程序的行为。四是不执行工程建设强制性标准，偷工减料和使用污染环境的假冒伪劣材料以及工程技术档案不规范等问题。五是在装饰装修过程中擅自变动建筑主体、改变承重结构和乱砸乱建等问题。

3月25日，北京市市长孟学农签发市府令第122号《北京市建设工程招标投标监督管理规定，明确规定：本规定所称建设工程，是指各类房屋建筑及其附属设施和与其配套的室内外装修工程。

5月15日，吉林省和龙市建设局、市工商局、市劳动和社会保障局、市环境保护局四部门共同发布《关于进一步规范装饰装修行业的通告》（和建联发[2003]21号），通知指出，在和龙市建设局成立装饰工程管理处，以加强装饰市场监督管理。

9月29日，合肥市建筑业管理局做出《合肥市建筑市场主体不良行为处理暂行规定》（合建管[2003]119号），明文指出，工程建筑活动包括装饰、装修。

11月25日，北京市代市长王岐山签发市府令第139号《北京市建筑工程施工许可办法》，要求在本市行政区域内进行工程投资额在30万元以上或者建筑面积在300㎡以上的房屋装饰装修工程，建设单位应当领取施工许可证。旧有房屋装饰装修工程的开工，是指开始进行拆改作业。房屋装饰装修工程应当取得房屋所有权人同意。新建房屋装饰装修工程可以随同房屋建筑工程领取施工许可证。

12月11日，江西省建设厅做出“关于印发《江西省建设工程勘察设计单位年检实施细则》（试行）的通知”（赣建设[2003]41号），包括建筑装饰专项工程设计和专项建筑幕墙工程设计。

7．企业收费、纳税和工程费用改革

6月23日，财政部、国家发展改革委员会和建设部共同发出《关于专项治理涉及建筑企业收费的通知》（财综[2003]46号），通知指出专项治理范围包括各地区现行涉及装修工程的新建、扩建、改建活动的企业的行政事业性收费、政府性基金、政府性集资、摊派以及经营服务性收费。此项工作于2003年11月底完成。

9月11日，国家税务总局做出《关于纳税人销售自产货物提供增值税劳务并同时提供建筑业劳务征收流转税问题的通知》（国税发[2002]117号），通知指出，本通知所称自产货物是指：（一）金属结构件：包括活动板房、钢结构房、钢结构产品、金属网架等产品；（二）铝合金门窗；（三）玻璃幕墙。

10月15日，建设部与财政部共同做出“关于印发《建筑安装工程费用项目组成》的通知”（建标[2003]206号），建筑装饰企业可参照执行。

5月23日，山西省建设厅做出《关于调整建设工程费用定额中临时设施费的通知》（普建标字[2003]183号），通知指出，此文件主要是根据省政府办公厅“转发省建设厅》关于进一步做好建筑工程与农民工非典预防工作的通知》的通知”，建筑装饰工程增加的临时设施费系数为0.6，计费基础是直接费。10月13日，云南省建设厅发出《关于发布施行2003年版建设工程造价计价依据的通知》（云建标[2003]668号），新版计价依据包括《云南省建筑装饰装修工程消耗量定额》。

8．解决工程拖欠款

1月20日，《中国新闻》引新华社报道，河北保定农民张进喜和10多个老乡2002年来到北京，经人介绍，从姓马的包工头那里接到一项装修活，10多个人完工后准备领取5600元工钱时，才发现姓马的包工头早已失踪，他们找到业主，才知道工程是被层层转包的，张进喜至今仍在北京寻找那个携款逃跑的包工头。媒体认为，工程层层转包是导致民工难以及时拿到工钱的重要原因，应签定公平有效的合同，建立欠薪预警机制。

9月30日，劳动和社会保障部、建设部共同发出《关于切实解决建筑业企业拖欠农民工工资问题的通知》（劳社部发[200327号]）。

11月22日，国务院办公厅发出《关于切实解决建设领域拖欠工程款问题的通知》（国办发[2003]94号）。

12月2日，最高人民法院公布了《关于落实23项司法为民具体措施的指导意见》，其中第12条提出：“加强对进城务工人员维护自身合法权益案件的审判，制裁职业中介机构欺诈行为和用工单位拖欠工资行为”。其具体要求为：“保障进城务工人员的合法权益，促进劳动用工制度的完善，维护劳动市场的正常秩序，事关增加农民收入和维护城市稳定。各级人民法院对于属于劳动法调整范围的劳动争议纠纷案件，要依法快立案、快审判、快执行，及时保护当事人的合法权益。对于不属于劳动法调整范围的务工人员与用工单位之间依法应当由人民法院管辖的民事纠纷，要及时受理，并在准确界定民事法律关系的基础上做出公正裁判。人民法院在审判过程中，发现职业中介机构存在欺诈或者用人单位拖欠工资的违法行为，要积极向有关部门提出司法建议，予以制裁。”

12月5日，中央电视台晚间新闻联播，指出全国现正进行清理拖欠工人款，举例青岛某工人李少波（音译）工资被某装饰公司，现得到了解决。

12月31日，建设部办公厅发出《关于建立解决拖欠工程款和拖欠农民工工资问题情况报告制度的通知》（建办市[2003]61号），通知指出，为贯彻《国务院办公厅关于切实解决建设领域拖欠工程款问题的通知》和六部委电视电话会议的要求，及时掌握各地解决拖欠工程款和拖欠农民工工资情况，保证清欠工作的落实，从2004年2月份开始建立解决拖欠工程款和拖欠农民工工资问题情况报告制度。

9．培育规范行业协会。7月30日，民政部与财政部共同做出《关于调整社会团体会费政策等有关问题的通知》。

4月7日，中共北京市委、市政府做出《关于进一步优化发展环境的意见》，在第八项“加快转变政府职能，提高市场化程度”第26条“培育、规范各类行业协会和社会中介机构”中指出：按照市场经济的要求，将政府承担的部分社会服务职能从政府行政职能中剥离出来，移交给各类行业协会和社会中介机构。制定行业协会和社会中介机构管理办法，加强对行业协会和社会中介机构的指导与监督，确定其独立法人地位，实现中介机构与政府部门完全脱钩。

6月4日，北京市建委发出“关于印发《北京市建设委员会行业协会管理办法（试行）》的通知”（京建法[2003]281号）。9月5日，北京市建委发出《关于加强对建委系统行业协会改革工作组织领导的通知》（京建人[2003]447号），通知指出，为了落实《北京市建委行业协会管理办法（试行）》，切实抓好行业协会的改革调整和培育发展工作，深入推进政府转变职能，认真履行行业协会业务主管部门的管理监督职责，经研究决定成立“北京市建委行业协会改革领导小组和工作小组”。

8月15日，福建省人民政府公布《关于促进行业协会改革与发展的指导意见》。

10．推动行业科技进步

一是加强行业技术立法。9月5日，原国家经济贸易委员会发布物资管理行业标准《木地板铺设面层验收规范》（WB/T 1016—2002），2003年11月1日实施。

9月5日，北京市规划委员会做出“关于发布北京市地方标准《北京市建筑装饰装修工程设计文件编制深度的规定》及《北京市建筑装饰装修工程设计制图标准》的通知”（市规发[2002]1185号）。

10月28日，上海市装饰装修行业协会装饰设计专业委员会公布《上海市装饰装修行业协会建筑室内设计师出图专用章使用管理办法》。

11月17日，2004年版《全国民用建筑工程设计技术措施·建筑产品选用技术·装修》通过报批稿。这是由建设部工程质量安全监督与行业发展司与中国建筑标准设计研究院共同合编的技术文件。2003年版已于2003年1月2日建设部做出的“关于发布《全国民用建筑工程设计技术措施》的通知”（建质[2003]4号）后出版发行。该“技术措施”分《建筑产品选用技术——建筑·装修》等6个分册。

二是政府指导。5月20日，全国化学建材协调组秘书组和建设部科学技术司共同做出“关于印发《第二届中国建筑涂料产业发展战略与合作论坛会议纪要》的通知”（建科研函[2003]055号）。

7月18日，建设部发布《建设部信息化工作管理办法》（建科[2003]150号）。

10月22日，建设部与国家知识产权局共同做出“关于印发《工程勘察设计咨询业知识产权保护与管理导则》的通知”（建质[2003]210号）。

11月11日，建设部公布“关于印发《建设部专家委员会工作规则》的通知”（建科[2003]214号）。

三是行业指导。经建设部批准，9月21日～23日，由中国建筑装饰协会组织、来自全国各地千余位业内人士参加的“全国建筑装饰行业科技大会”在北京举行。这是建筑装饰行业召开的第一次全国科技大会。在我国建筑装饰行业发展史中具有里程碑意义。中共中央委员、建设部汪光焘部长，科技部石定寰秘书长出席了大会开幕式并作了重要讲话。建设部、科技部和国家信息中心的3位专家作主题报告，49位业内资深专家、学者和企业家，分别在企业家、设计师、施工技术和工厂化、材料与部品及建筑幕墙五个专业论坛上进行了演讲。

9月21日，中国建筑装饰协会做出“关于印发《关于建筑装饰行业科技进步的若干意见》的通知”（中装协[2003]42号）。《关于表彰“全国建筑装饰工程科技奖”的决定》（中装协[2003]45号），共有50项建筑装饰工程。《关于公布首批“建筑装饰行业科技示范工程项目计划名单”的决定》（中装协[2003]47号），共12项建筑装饰工程。《关于公布“2003年首届全国建筑装饰行业优秀科技论文”的决定》（中装协[2003] 37号），共评出2003年首届全国建筑装饰行业优秀科技论文110篇，作者共130人。中国建筑装饰协会在“全国建筑装饰行业科技大会”上颁发证书，《2003年首届全国建筑装饰行业优秀科技论文集》同时出版发行。

二、家装业发展与热点问题

12月29日，中国社会科学院发表《2004年中国社会蓝皮书》，指出2003年预计居民消费水平达4000元，比上年增长6%左右，城镇居民的居住水平继续提高，购买公房和商品房以及装修支出已上升至占消费比例的10%。商品房销售面积仍保持了高速度，2003年1～9月为1.5189亿㎡，比上年同期增长36%，住房的热销带动了建材装修和家具的热销。

蓝皮书认为，2004年居民的消费结构将随着消费的增长继续向小康型和质量型发展，消费热点仍将集中有住房和装饰、汽车、移动电话和高性能、高质量的家电商品。估计到2003年底储蓄余额可达10.6万亿元，增长22%，人均可达8200元，比上年人均增长1400元；55%的居民有债券、股票、外币储蓄、手存现金等金融资产，到2003年底居民的金融资产将达到14万亿元。说明大部分居民手头宽裕了，已过上着吃穿有余的小康生活。消费结构——居民生活质量告别“生存型”转向“发展型”。

1．家装进入我国主流文化

7月11日，我国第一部以家装为题材的20集轻喜剧《将装修进行到底》在北京举行开机仪式。喜剧是电视剧节假日争抢的剧种，而众多的喜剧也都想在春节与观众见面，特别是中央电视台一套这块最引人注目、影响最广泛的黄金宝地。20 集轻喜剧《将装修进行到底》以它雄厚实力在激烈的竞争中脱颖而出，成为央视猴年第一部电视剧，在大年初一（2004 年 1 月 22 日）早 8：00 在第一套节目中与全国电视观众见面。由中视影视文化公司俞胜利工作室、中央戏剧学院等单位联合摄制的《将装修进行到底》，成为猴年第一剧的关键在于它是一部全新题材的电视剧，是我国首部反映家庭装修的戏。2004 年 1 月 19 日《北京广播电视报》、1 月 20 日《北京晚报》认为，家装近年来一直热门，但关于家装的戏却只有这一部。《将装修进行到底》独辟蹊径地选择以“装修”为切入点，通过 10 个家庭装修的故事，揭示了不同职业、不同身份、不同家庭、男男女女的追求和理想，以及生活中耐人寻味的酸甜苦辣。该剧的另一个看点，是会聚了影、视、歌、主持全明星阵容，这样的阵容为近年少有。20 集的故事中，每集都有一两个观众十分熟知、喜爱的大明星，而且都是主演，如范伟、许戈辉、陈明、雪村、吴启华、韩影、方青卓、茹萍、伊春德、孙逸飞等。

新闻媒体对其制作过程进行了广泛的报道，如 8 月 13 日《北京晚报》报道，香港凤凰卫视著名主持人许戈辉在两集的单元剧中扮演内外得兼的贤惠妻子女主角祁红，她嫁给了一个美国老公，故事围绕着装修是因中美文化差异而产生的种种矛盾，引出众多涉外婚姻的甜酸苦辣。读过 MBA 的许戈辉说，结婚是她的一直渴望。

8 月 10 日吉林省《东亚经贸新闻》报道，著名歌唱家于文华在北京演电视剧《都是装修惹的祸》，因表演太投入，嗓子突然严重失声，暂不能唱歌，不能说话。于文华与老搭档尹相杰分饰该剧男女主角。7 月 25 日在摄影棚中拍戏，戏中：一家人买了新房，女主角（于文华饰）老婆十分辛苦，请人装修，辛辛苦苦劳累了两个多月，好不容易装修的漂漂亮亮，谁料，男主角老公回家一看，不仅对装修质量不满意，还指责老婆太老实，让搞装修的人骗了！老婆认为如此费力不讨好，一时怒火万丈，指责老公不仅不出力，还像老爷一样指手画脚，夫妻俩大吵大闹起来……戏演的很到位。哪知，于文华演戏太投入，嗓音太高太大，拍着拍着嗓子突然叫不出声“哑”了，导演赶快喊停，派人把于文华送到中央音乐学院嗓音研究所治疗。至 8 月 8 日，于文华病情有所好转，但仍不能说话。

以 20 集轻喜剧《将装修进行到底》为标志，家装正式进入我国主流文化之中。该剧声称要拍百集。

2．家装投诉继续居高不下

在家装继续成为消费热点的同时，投诉仍居高不下。

1 月 29 日中国消费者协会宣布，2002 年全国六大投诉，“房屋及装修建材类”位居第四，占全部投诉的 5.9%。中国消费者协会在 1 月 17 日《人民日报》上宣布，2003 年十大消费者维权重点，第三个是“装修业”。

3 月 5 日，上海卫视晚间新闻报道，当日全市工商部门接受的投诉或咨询，最突出的包括全装修房，质量太差，房地产商不遵守合同的欺骗。

4 月 2 日，中央电视台 1 频道晚间新闻报道，北京市国土房管局调查消费者对房屋的五大不满，家装位居第三，占投诉热点的 23.6%，消费者认为房屋装修质量差，无保证。

4 月 4 日，《北京晚报》发表市工商局 12315 投诉中心对 2003 年一季度投诉新动向的排行，装饰装修服务名列服务类投诉前三位，集中体现在有的家装公司以各种手段骗取消费者信任，签订不正规的家装合同，有的在保修期内，家装出现质量问题，装饰公司拖延或拒绝承担维修义务。

4 月 7 日《北京广播电视报》原引中央电视台报道，北京市统计局最近对 1000 户城市居民住房满意度调查显示，房价太高、危旧房改造不够快、经济适用房不够“适用”、住房装修市场混乱、廉租房的房源太少，成为北京住房状况五大不足之一。23.6%被调查住户对家装不满的原因是：房屋装修是居民圆住房梦的最后环节，住房装修业是目前的热门行业。但装修企业使用不符合国家质量要求的装修材料，装修质量也无法保证，影响居民的身体健康，这些成为居民最大的隐忧。

9 月 13 日，北京《建设市场报》原引北京市工商局 12315 的最新统计，8 月家装投诉增两倍，主要问题是质量存在隐患。

12 月 30 日，《北京晚报》报道市质监局“12365”热线电话接到的投诉统计，装修建材产品类位居 2003 年六大申诉产品类别排序之五；装饰材料名列 2003 年十大被申诉产品排序的第七位。

3．室内装修环境污染严重

3 月 12 日，《北京晚报》报道，据有关部门对 1000 户居民进行的一项最新检测表明，88.8%的北京人家装后空气质量超标，其中，甲醛、氨和苯分别超标占 68%、23.4% 和 8.6%，46.5%的家庭是因为新购的家具污染造成严重的室内空气污染超标。装修污染主要来自所使用的胶合板、细木工板、中密度纤维板和刨花板等人造板材，因为这些材料所使用的胶粘是以甲醛为主要成分的脲醛树脂，板缝中残留的和未参与反应的醛会逐渐向周围环境释放。含有甲醛成分并有可能向外界散发其他各类装饰材料还有贴墙布、贴墙纸、化纤地毯、泡沫塑料、油漆和涂料等。调查还显示，1000 户家庭中，请检测机构进行检测的占 52.1%，新居装修完入住前检测的占 39.9%，发现有问题才做检测的点 5.9%，家里有病人为了找病因做检测的占 1.98%。

4 月 14 日《北京晚报》报道，中国疾病预防控制中心辐射与核安全医学所研究员王作元率领的研究小组经过 9 年的调研，首次拿出室内氡气污染所造成的肺癌危险度指数：0.19。它意味着当空气中氡浓度每增加 100 贝克/m^3 时，在这种环境居住的人的患肺癌的几率就会增加 19%。因此家装时应尽可能少用石材，尤其是花岗岩最好不用。

3 月 6 日，中央电视台 3 频道晚 11 点的“两会专题报道”播出，出席全国十届人大一次会议的代表黄双月呼吁“加强住宅装修立法”，她建议要用法律形式来解决住宅装修中出现的问题，保障民众身体健康。针对住宅装修带来的环境污染问题，有关部门已经制定了《居室空气中甲醛的卫生标准》、《室内装饰装修材料人造板及其制品中甲醛释放限量》等十多项国家强制性标准。但这些标准及范围有限而且多是评价体系，不带有强制性。为此代表们建议：一是继续补充完善各类环境标准，为执法提供依据。二是严格管理建材生产和销售环节，禁止使用超标原料，从源头上遏止污染。三是修改完善现有的相关法律法规或出台新的法律，明确责任，明确责罚。

温家宝总理在《互联网信息择要》（特刊）“室内装修污染严重，规范市场刻不容缓”一文中上批示：“此事关系居民生命健康，应引起重视。”

10月27日，全国人大常委会副委员长李铁映在十届全国人大常委会五次会议上所作的《全国人大常委会执法检查组关于检查〈中华人民共和国建筑法〉实施情况的报告》中指出：“劣质装修材料造成环境污染，甚至危害住户健康等，成为消费者投诉的热点。”

4．假冒环保材料恶劣

3月28日，国家质监总局在《北京晚报》等媒体上公布对北京、上海等10省市内墙涂料抽查的结果，抽样合格率仅为50%。

4月14日，中国质量万里行促进会发布警示：一些企业在拿“绿色”、“环保”蒙事。据中国建材市场协会对北京市场的暗查，很多产品没有按照国家要求进行检测，漏检产品达40%以上；许多自称“绿色”、“环保”的产品却根本无相关检验报告书。专家提醒说，根据有关规定，只有中国环境标志产品认证委员会颁发的带有“十环”标志的产品才能称为绿色建材产品。在北京十里河建材一条街，所有商家的摊位几乎都在显著位置摆放着各种“绿色”或“环保”标牌，但当暗访人员要求商家出具有害物质检测报告时，90%的摊主拿不出检测报告。4月15日《北京晚报》指出，在北京环三环建材市场，一家根本没有做有害物质检测的厂家，陈列的板材上却赫然贴着“绿色环保建材”标志。

6月14日，《京华时报》公布北京市质监局最新的一项抽查结果，细木工板（俗称大芯板）合格率仅为53.3%，主要问题一是甲醛超标，有的竟达到3倍以上；二是市场宣传失真夸大环保性能。

7月27日，《北京晚报》公布国家质检总局对北京板材灯具市场的抽查结果：质量状况不容乐观，抽查产品过半不合格。在本次抽查中，西三环南路建筑材料经销中心闽丰装饰材料经营部经销的“冠华”牌三合板（1220mm×2440mm×3mm），甲醛释放量超标十几倍。此外，甲醛超标的产品还有：“chang qing”牌三合板（1220mm×2440mm×2.7mm），“大发木业”牌三合板（1220mm×2440mm×3mm），“广润大来”牌三合板（1220mm×2440mm×3mm），“波非特”牌强化木地板。抽查还发现，三合板表面胶合强度低，在抽查的39种三合板中，共有27种产品该项指标不合格。强化木地板表面耐磨转数低，“佳得益”牌强化木地板（1215mm×199mm×8.3mm）只达到标准值的4.3%；“圣玛”牌强化木地板（1212mm×195mm×8mm），“波非特”牌强化木地板此项也不合格。灯具产品也暴露出质量问题。抽查中，以下产品有4项以上指标不合格，分别是：标称顺德市华亮电器有限公司生产的“华亮”牌HL40W×2型嵌入式格栅灯盘；标称广东顺德市奇利电器实业有限公司生产的“奇利电工”牌2×40W嵌入式格栅灯；标称中山古镇亚龙照明灯饰生产的“亚龙YaLong”牌MX-4001-Y40型固定式环形荧光灯。

8月4日，北京市工商局首次公布了近期对本市12个建材市场的木器涂料、内墙涂料、胶粘剂、石材瓷砖、人造板5类室内装饰装修商品有害物质限量进行的质量监督抽查情况，其中只有内墙涂料全部合格，其余4类装修材料共检出22种不合格产品。

10月26日，国家质检总局公布了3种不合格实木地板和6种不合格单板贴面胶合板。据2003年10月27日《北京晚报》报道，耐磨性能差，易变形，开裂，使用寿命短，这些现象正成为实木地板的“致命”问题。国家质检总局这次共抽查了北京、江苏、上海、浙江、广东5个省、市的近50种产品，质量抽查结果显示，2003年第三季度有二成以上的产品存在质量问题，产品抽查合格率是76.1%。这3种不合格实木地板及其生产企业包括：北京世创万达经贸有限公司生产的“家家自然美”牌实木地板（610mm×123mm×18mm）；上海启佳木制品有限公司生产的“启佳”牌实木地板（900mm×98mm×18mm）；浙江湖州市南浔山水木业有限公司生产的无商标实木地板（900mm×122mm×17.5mm）。国家质检总局公布的6种容易开胶脱落的不合格单板贴面胶合板包括：河北廊坊工艺木业有限公司生产的“天鹅”牌胶合板（2440mm×1220mm×2.5mm）；河北廊坊永顺木业有限公司生产的“盖龙”牌胶合板（2440mm×1220mm×2.5mm）；河北廊坊四盛木业有限公司生产的“马头”牌胶合板（2440mm×1220mm×2.5mm）；河北廊坊同利木业有限公司生产的“峻羚”牌胶合板（2440mm×1220mm×2.4mm）；浙江嘉善高雄木业有限公司生产的“汇佳乐”牌胶合板（2440mm×1220mm×2.8mm）；浙江益群木业（嘉善）有限公司生产的“蝙蝠”牌胶合板（2440mm×1220mm×2.4mm）。

10月29日，中央人民广播电台早间新闻联播报道，国家质检总局近检查了装饰材料市场，其中四成不是环保材料。11月24日，国家质检总局公布的2003年第三季度门窗框用PVC型材质量抽查报告说，造成这种质量问题的一个重要原因是使用了强度低的PVC型材。国家质检总局这次PVC型材抽查产品抽样合格率是85.2%，共抽查了北京、天津、河北、辽宁、上海、山东、福建等10个省、直辖市的54家企业生产的54种产品，合格46种。国家质检总局公布了 3 种不合格的门窗框用 PVC 型材产品和生产企业，它们是：辽阳恒嘉化学建材有限公司生产的“恒嘉”牌（A80 推拉框，2003 年 7 月 21 日生产）、腾钜凯工业（沈阳）有限公司生产的“TCK”牌（A60 内开扇，2003 年 3 月 13 日生产）、无锡市天马塑胶制品厂生产的“鸿宇”牌（A60 框，2003 年 7 月 16 日生产）。

国家质检总局公布的第三季度木器涂料的质量抽查结果显示，这次抽检的 50 多种产品中，只有两种油漆有害物质超标。这是我国从去年实施《装饰装修材料有害物质限量》10 项强制性标准以来，油漆有害物质含量控制得最好的一次。国家质检总局公布了 3 种不合格木器涂料和它们的生产企业，分别是：广东嘉宝莉化工有限公司生产的“嘉宝莉”牌（健康型柔哑清，2 kg/桶），福建惠安县嘉豪涂料厂生产的“麒麟”牌（2006，3.6 kg/桶），江苏宜兴市华邦涂料有限公司生产的“康青”牌（2.4 kg/桶）。

11 月 15 日，四川省工商局消费者保护处在《装饰市场报》上公布了今年第三季度对人造板的抽查结果，甲醛超标的为 63%，目前四川省工商局已将人造板及其制品列为重点监控商品。

5. 社会关注事件

一是孩子秃了头与装修污染。7 月 2 日，《北京晚报》以“劣质装修招来咳嗽、胸闷、掉头发 8 岁男孩子秃了头”为题报道。乔迁新居本是件大喜事，可吴先生一家入住新房不久，8 岁儿子小雄的头发就开始大把大把地脱落，几乎成了秃子。吴先生千方百计地寻找原因，最终发现元凶竟是伪劣的家装材料，经权威部门检测，其新房内空气中的甲醛含量大大超标。7 月 1 日下午，记者在吴先生家见到了小雄，孩子的脑袋已经剃光，但仍可以看到他脑后一块块的“黑白斑”，黑的是发根，白的则是头发大把脱落后露出的头皮。吴先生指着刚从自己和孩子的卧室地板下拆除的大芯板，气愤地告诉记者，他是 2002 年 8 月与一家装饰设计公司签订家庭装修合同的，11 月底新房装修完毕，一家三口于 2003 年 2 月住进了新房。新房内整日散发着刺鼻的气味，但吴先生刚开始并未留意，可没过多久他妻子、儿子小雄就陆续出现咳嗽、咽痛、呼吸不畅、胸闷等症状，儿子小雄甚至开始脱发。4 月初，孩子每天大量掉头发，起初是头右侧秃了一块，到后来头发越掉越多，秃的几块慢慢连成了一片，除顶部还有些头发外，下面的几乎全掉光了。

吴先生夫妇带着小雄到医院检查了数次，医院判断孩子脱发原因有三种：一是头癣；二是缺乏钙铜铁锌等微量元素；三是家庭装修引起。吴先生带孩子去检测后，前两种可能被排除了。难道是家装出的问题？可新买的家具都是实木的，地板也有检测报告，那么元凶究竟是什么？吴先生给记者放了一段他与装饰公司设计师之间的手机谈话录音，设计师告诉他，可能是铺垫地板的大芯板的问题，当时公司买的 80 元一张的，不是太好。吴先生于是请室内环境监测中心为其新房检测，检测结果令吴先生大吃一惊，“室内空气中甲醛含量超过《室内空气质量标准》（GB/T18883-2002）标准值，为国家标准的 5.6 倍。”目前，吴先生已准备向北京市仲裁委员会申请仲裁，要求对方赔偿其经济和精神损失。

二是法院处理装修污染案。7 月 3 日，《北京青年报》报道，家住北京市海淀区的刘女士不久前购买了一套商品房，兴奋之余开始着手准备新房子的装修事宜。经过细心挑选，刘女士与某装饰公司签订了装修合同，并就装修材料的质量作了明确的约定。装修完工后未经验收，刘女士即入住，但没多久刘女士就感到全身不适，出现头痛、嗜睡、咳嗽等症状。刘女士找到装饰公司索赔，装饰公司言称完全是按照合同约定的材料进行装修的，刘女士的不适与家装无关，拒绝赔偿。由于房子不适于居住，刘女士不得不搬进旅馆住宿。其与装饰公司的几次交涉，都毫无结果，刘女士一气之下请来室内环境监测中心对其房屋室内环境进行检测，查明室内空气中甲醛含量超过国家标准。刘女士拿着检测结论再次来到装饰公司，公司仍诡辩是按约定装修的，甲醛含量超标与其无关。

无奈刘女士一纸诉状将装饰公司告至西城区法院，要求装饰公司赔偿装修、检测费、查询费及旅馆住宿费。法院审理认为，装饰公司应按合同约定进行家装，保证工程用料的质量，提供安全健康的居住环境，装饰公司在施工过程中使用了不合格的产品导致室内空气中甲醛含量超标，对因此造成的损失应承担相应责任。法院判决支持了刘女士的诉讼请求。

三是儿童白血病与装修污染。11 月 18 日《北京晚报》报道，在 11 月 20 日“世界儿童日”到来之际，中国儿童卫生保健疾病防治指导中心与有关单位宣布共同启动全国城市儿童白血病患者室内环境污染检测调查工作，为儿童白血病与室内环境污染的关系寻找答案。有关专家介绍，目前儿童白血病患者呈增加之势。不少专家怀疑，白血病的病因与环境因素有关，装修房屋所使用的油漆中含有有害物质，儿童吸入后有发生白血病的可能。此次调查针对全国 14 岁以下的城市儿童白血病患者，室内环境监测中心及其全国的会员单位将免费对这些孩子家庭的室内环境污染进行检测。全国的儿童白血病患者可通过中国室内环境网（www.cietc.com）进行检测单位的查寻和登记。

12 月 25 日，北京市消费者协会启动一项“北京市家庭装修环境污染情况调查”。调查内容为市民极为关注的话题：因家装造成室内空气污染的比例、了解装修后室内环境受污染的程度、找出室内环境污染的物质种类、分析室内环境污染物质的主要来源。承办单位为北京天衡诚信室内环境成分监测评价中心，调查结果将于 2004 年“3・15”期间对外公布。调查总量为 1000 户，市民可自愿报名，条件一是 2003 年 11 月 15 日至 2004 年 1 月 15 日之间竣工的家装工程，二是家装企业必须是合法的装饰公司（具有工商营业执照和建筑装饰企业资质），三是承发包双方必须签订 2003 年版《北京市家庭居室装饰装修工程施工合同》，四是装饰工程已竣工但屋内未摆放家具用品。查询：http://www.olcd.net。12 月 26 日《北京晚报》指出，这是北京是家装行业诞生 10 年来首次针对装修环境污染进行的大型调查。

四是家装工程安全事故。8 月 15 日，《北京晚报》报道，8 月 14 日晚 6 时许，一名 30 多岁的装修工在给六层一家住户装修完毕出门后，发现钥匙落在屋中，于是爬上楼道窗户，试图从这个窗户爬进相距 2m 远的住户家中，但因脚滑摔至楼下，当即气绝。9 月 6 日，《北京晚报》报道，当日下午，北京天通西苑 18 号楼 10 层一住户家装，装修工正要打通客厅和卫生间的隔墙突然倒塌，两名装修工中的一人被砸伤，被砸的装修工身体呈跪状，胸部大出血，神志不清，急送医院抢救。

五是不重视知识产权。北京龙发建筑装饰工程有限公司的家装网点遍布京城，在业内赫赫有名，可他们为客户设计家装用的计算机软件工具竟是盗版产品。8 月 21 日上午，国际著名计算机软件公司——美国 Autodesk 股份有限公司在北京市二中院的法庭上向龙发家装提出了高达 173 万余元的著作权索赔。面对铁证，龙发公司承认“部分员工”用了盗版软件，但提出对方索赔要求太高，希望能赔个“批发价”。8 月 21 日《北京晚报》对此作了报道。

六是恶性事件。12 月 11 日南昌许多媒体以“满堂红一夜人去楼空”为题广泛报道号称“深圳家装四小龙”的满堂红装饰公司拖欠民工工资、材料商及部分业主装修押金等上百万元巨款无法追索的事件，在业内外造成很大震动，社会对家装公司、特别是外地企业的信誉度产生严重怀疑，业内对家装是否适合异地“连锁经营”再次提出疑问。2003 年第 6 期江西省装饰行业协会会刊《江西建筑装饰》以“南昌‘满堂红事件’震惊业内外——当地政府有关部门正调查处理”为题指出，满堂红在杭州、南京、天津、济南等地也相继发生过类似事件，均为一走了之，可见并偶然。因满堂红深圳总部和江西分公司的法人代表均是卢有吉，故江西省装饰行业协会立即向深圳市装饰行业协会进行通报，并请深圳市装饰行业协会敦促卢有吉务必严肃、稳妥处理好此事。

6．市场和行业管理措施

一是列为政府重要工作序列。1 月 13 日，北京市人大十二届一次会议召开，市委书记兼市长刘淇作政府工作报告，其中强调 2003 年继续办好 60 件实事，其中包括“对板材、涂料、灯具等建筑装饰材料加强监督检查”。

4 月 30 日，吉林省和龙市装饰工程管理处发布《和龙市装饰装修管理暂行规定》、《家庭装饰工程质量保证金管理办法（试行）》和《和龙市家庭装饰工程投诉处理暂行办法》。

5 月 1 日，郑州市建委公布《关于我市建筑工程实行装修一次到位的意见》，要求新建、扩建和改建的各类房屋建筑工程，竣工时应实行装修一次到位。

5 月 23 日，石家庄市市政府令第 129 号《石家庄市城市住宅室内装饰装修管理办法》公布。

7 月 25 日，国家质检总局召开 2003 年上半年产品质量国家监督抽查结果新闻发布会，国家质检总局产品质量司司长纪正昆在会上强调，2003 年下半年重点监督抽查装饰材料。10 月 24 日，上海市建筑业管理办公室、市建材行业管理办公室共同做出《关于开展建筑建材市场经营行为和安全质量大检查的通知》（沪建建管[2003]第 151 号），重点包括装饰材料市场和部分装饰企业的工程质量、施工安全、材料质量、资质资格、招标投标、材料发展等六方面内容，市建材质监站检查装饰材料市场；市装饰装修行业协会检查家装市场。

二是设立家装企业资质。1 月 21 日，温州市建设局和温州市房产管理局发出《关于温州市住宅室内装饰装修专业企业资质就位工作的通知》（温建建[2003]15 号）。2 月 27 日，无锡市建设局发布了《无锡市住宅装饰装修施工企业资质就位实施意见》（锡建管办[2003]9 号）。4 月 2 日，沈阳市建委做出“关于印发《沈阳市家庭装饰装修工程施工企业资质管理暂行办法》的通知”（沈建发[2003]40 号）。制定家装企业资质标准的相继有南通、苏州、江西、上海、大连、成都、安徽、温州、徐州、无锡、沈阳、厦门等 12 个省市。

3 月 19 日，建设部建筑市场管理司委托中国建筑装饰协会制订《住宅装饰装修工程专业承包企业资质管理办法》以及《资质等级标准》，并表示家装行业由中国建筑装饰协会管理。

三是制定家装技术标准。3 月 1 日，由广州市建筑装饰协会家居装饰委员会起草制定的《广州市家居装饰工程验收办法》（GJJW-B01-2003）公布实施。自此，我国现有 8 部地方家装工程质量验收标准：1997 年 5 月 20 日上海市建委批准的《住宅建筑装饰工程技术规程》（DBJ08—62—97）、1997 年 9 月 11 日河南省建设厅公布的《湖南省家庭居室装饰装修施工工艺及验收标准》（YJG32—97）、1999 年 3 月 13 日武汉建筑装饰协会制定的《武汉市家庭装饰工程质量验收暂行规定》、2000 年 1 月 10 日江苏省质量技术监督局批准的《住宅装饰标准》（DB32/381—2000）、2000 年 2 月 18 日北京市建委发布的《家庭居室装饰工程质量验收标准》（DBJ/T01—43—2000）、2000 年 10 月 21 日深圳市建设局批准的《深圳市家庭装饰装修工程质量验收标准》、2002 年 11 月 8 日由沈阳市质量技术监督局批准的《家庭装修工程质量验收规范》（DB/T2101.F04—2002）。2003 年 8 月 4 日北京市建委公布《家庭居室装饰工程质量验收标准》（DBJ/T01-43-2003）（京建科教[2003]400 号）。

四是家装行业管理创新。包括成立地方建筑装饰协会家装委员会、仲裁机构、职业技能岗位鉴定机构，设立工程质量保证金、履约保函，通过行业公约进行行业自律。

2 月 20 日，南京市民间组织管理局做出《关于同意南京市建筑装饰协会家庭装饰委员会登记的批复》（宁民社[2003]22 号），明确家装委员会是南京市建筑装饰协会下设的分支机构，是南京市建筑装饰协会的组成部分，不具有法人资格，其法律责任由南京市建筑装饰协会承担。该分会不得再设立分支机构。目前全国已有16个地方建筑装饰协会成立了专门的家装行业管理委员会。

3月6日，武汉建筑装饰协会颁发《武汉市住宅装饰装修工程质量保证金管理办法实施细则》（试行）。

3月21日，深圳市装饰行业协会发出《关于在全市家装企业启动实行履约保函的通知》，通知说，此举系根据市建设局意见，拓宽为会员单位的服务层面，发挥协会整体对外优势，为规范家装市场，提高家装企业诚信度，有效控制投诉，工作于4月底完成，不参加者今年不予年审。经协会与有关保险公司协商推出两个优惠保险项目：一是人身意外伤害保险：原价每人一年保费100元，保额10万元，现由协会集中购买，每人一年保费降为80元，保额不变，另送2000元意外伤害保险，如企业内员工较多，也可以减速半办理，即每人一年保费40元，保额5万元，另送1000元意外伤害保险；二是汽车保险，原保费五折办理。

5月4日，苏州仲裁委员会发出《关于设立苏州仲裁委员会装修装饰行业办事处的批复》（苏裁字[2003]第004号），目前成立装饰仲裁机构的地方建筑装饰协会，全国有上海、武汉、宜昌、苏州等4市。

5月5日，四川省建设职业技能岗位鉴定指导中心做出《关于建立四川省建设职业技能岗位鉴定成都建筑装饰协会站的批复》（川建培[2003]014号），批准成都市建筑装饰协会成立"四川省建设职业技能岗位鉴定成都建筑装饰协会站"，在全省范围内对建筑装饰类工种进行初、中级职业技能鉴定。这是第一个由政府主管部门委托地方建筑装饰协会建立的职业技能鉴定机构。

11月11日，成都市建筑装饰协会家装分会公布《成都市家装行业自律公约、纪律委员会工作制度、不良行为处罚办法》。

三、防控"非典"成本与收益

1. 建设部及有关部门措施

一是建设部发出的相关文件。主要包括：4月28日，建设部办公厅做出《关于做好建筑施工务工人员就地务工和防控"非典"工作的紧急通知》（建办质[2003]26号）。

4月30日，建设部发出《关于表彰北京市抢建小汤山疗养院非典治疗区有关建设单位的通报》（建市[2003]90号），对北京市建委、市规委、市政管委、市交通委员会和北京市建工集团、城建集团、住总集团、城乡集团、市政集团、中建一局等予以通报表彰。

5月27日，建设部办公厅做出《关于在防治"非典"期间做好建筑施工务工人员管理工作的紧急通知》（建办电[2003]18号），通知指出：为贯彻落实《国务院办公厅关于动员北京等地高等学校学生、农民工就地学习务工的紧急通知》（国办发明电[2003]11号）和建设部《关于进一步做好建设系统防治非典型肺炎工作的补充通知》（建办电[2003]12号），建设部办公厅于2003年4月28日印发了《关于做好建筑施工务工人员就地务工和防控"非典"工作的紧急通知》（建办质[2003]26号），明确规定："自本通知下发之日起，严禁未发生'非典'疫情地区的施工队伍进入已发生'非典'疫情地区务工；发现'非典'疫情的地区的建筑施工务工人员不得擅自离开现务工所在地，发生'非典'疫情地区工地之间应禁止人员流动调配。"

6月2日，建设部做出"关于印发《城乡社区建筑与环境和公共场所防控"非典"应急管理措施》的通知"（建科电[2003]19号）。

6月10日，建设部办公厅发出《关于做好建筑施工务工人员回原务工地工作的通知》（建办质电[2003]22号）。

5月4日，中国建筑装饰协会发出《同心筑防线，携手抗"非典"——致各地方建筑装饰协会、解放军建筑装饰协会及各会员企业的一封信》

二是建设部与有关部委共同发出的相关文件。主要包括：4月30日，建设部办公厅与卫生部共同办公厅发出《关于做好建筑空调通风系统预防非典型肺炎工作的紧急通知》（建办电[2003]13号）。

5月4日，国家环境保护总局和建设部共同发出《关于加强"非典"疫区城镇污水消毒灭菌的紧急通知》（环明传[2003]5号）。

5月14日，卫生部、建设部共同发布《收治非典型肺炎患者医院建筑设计要则》，就配合各地改、扩建集中收治传染性非典型肺炎患者医院的需要做出细致的具体指导。

5月16日，建设部、卫生部、科技部共同发出关于《印发〈建筑空调通风系统预防"非典"确保安全使用的应急管理措施〉的通知》（建科电[2003]17号）。

三是北京市的举措。5月20日，北京市卫生局、市建委要求，从2003年5月21日起，凡外地来京（返京）施工人员必须进行健康体检，取得《健康凭证》后，方可办理其他务工手续。

5月21日，北京市建委、市政管委、国土资源和房管局、卫生局、科委等六单位联合发出了《北京建筑空调通风系统预防SARS确保安全使用应急管理措施实施细则》的通知。

5月22日，为保证外地来京经商务工人员的身体健康和生命安全，巩固首都非典防治成果，防止疫情反弹，北京市防治非典联合工作小组做出决定，5月20日～6月10日，北京全面开展外地来京经商务工人员集中登记和向出租出借房屋清理整顿工作的两项"登记"制度。借此建立外地来京人员统计报告制度。通知指出，这一规定不包括经市建委批准的建筑施工人员。

5月23日，中共北京市委城市建设工作委员会、市建委、市国土资源和房屋管理局共同发出《关于加强房屋装饰装修管理进一步抓好民工和社区防控非典工作的通知》（京城字[2003]59号）。

6 月 6 日，北京公共娱乐场所开业需有《北京市公共娱乐场所卫生防疫达标许可证》，由相关政府部门检查认证，如室内健身场所需由卫生行政主管部门联合体育行政主管部门共同进行。

四是地方政府主管部门的相关措施。4 月 30 日，辽宁省建设厅发出紧急通知，为防 SARS 要求全省各地立即停止所有房屋装修活动。

5 月 9 日，成都市建筑装饰协会向所属会员单位发出《关于作好防治非典和搞好正常生产经营工作的紧急通知》（成建装字[2003]013 号）。

5 月 10 日，上海市装饰装修行业协会发出“关于转发市建筑业管理办公室《关于认真贯彻市政府、市建委有关精神，进一步做好装饰装修工地非典防范工作，执行上海市建筑业企业施工人员从业人员手册》的通知”，自 6 月 5 日至今，已有 2 万多从事家装施工从业人员领取了“从业手册”。该手册是上海市建管办以沪建建（2003）第 073 号文件要求发放的。

2．造成的影响

一是北京市。6 月 15 日，《北京晚报》报道的。北京现有社区 2250 个，占总数 86.5%的 2207 个无一例感染 SARS。

6 月 20 日《北京晚报》等媒体公布北京市计委测算，1～5 月 SARS 影响北京经济总量累计为 24.1 亿元，影响经济下降 1.8 个百分点，主要在服务业，占损失总量的 90.9%。

10 月 8 日，《北京晚报》以“国庆长假的 22 个没想到”为题报道，其中第 15 个为：“没想到装修签合同成为‘节日快餐’”。报道指出：尽管长假期间禁止装修施工，可准备装修的消费者和装饰公司却没少签合同。京城几家规模较大的建材市场，10 月 3 日开始客流量猛增，比平常周末人数要高 20%左右，签单量也大幅上升，同时带动了建材、家具的销售。与以往相比，假日期间消费者有更充足的时间比较和考虑，但咨询、量房、最终签合同的周期却由平常的 1 至 2 周变成 1 至 3 天，简直成了“节日快餐”。

11 月 9 日，北京市统计局贸易外经处在《北京晚报》宣布，9 月份全市旅游业开始从 SARS 的阴影中走出来，实现了正增长，当月营业收入 15.6 亿元，比去年同期增长 2.7%，实现利润 2.3 亿元，是 2003 年以来利润最高的月份。

2004 年 2 月 6 日，北京市政府研究室副主任史利国在“九三学社北京市委专委会 2004 年联席会议”上指出，从发生到“双解除” SARS 的 112 天，影响北京 GDP 一个百分点，财政收入减少 10 多亿元，减税 20 多亿元，共 30 多亿元。严重打击了第三产业，5 月份增长为零。受影响最大的是旅游业，2003 年营业额只是 2002 年的 40%，国外游客下降 40%，外汇收入下降 37.9%；国内游客下降 30.4%，收入下降 30%。

二是全国。6 月 17 日，《经济日报》发表国家统计局报告，SARS 对 5 月份市场销售产生较为严重的影响，5 月份社会消费品零售总额 346.3 亿元，同比增长 4.3%，为五年来新低。餐饮业受严重打击，5 月零售总额 358.6 亿元，同比下降 15.5%。

6 月 20 日，中央人民广播电台早间新闻联播报道，国家出台优惠政策，今年大学生自主就业免税一年，但建筑等“限制性行业”除外。

6 月 25 日，中央人民广播电台早间新闻联播报道，财政部在向全国人大十届三次会议汇报工作时指出，SARS 对财政的影响已显露出来，今年除了防汛等外财政支出零增长。

7 月 17 日，国务院新闻办举行记者招待会，国家统计局总经济师兼新闻发言人姚景源介绍了 2003 上半年国民经济运行情况，指出今年经济运行开局良好，一季度大部分经济指标创 1995 年同期最高增长水平，整体经济增势强劲，初步呈现速度与结构、质量、效益相统一的发展势头。但进入 4 月以后，受“非典”疫情影响，部分行业遭受严重冲击，经济增长明显回落。初步测算，二季度国内生产总值同比增长速度由一季度 9.9%回落到 6.7%，回落 3.2 个百分点，增速为 1992 年以来同期最低水平。第三产业仅增长 0.8%，增速比去年同期回落 6.1 个百分点，其中，客运业、餐饮业、社会服务业、旅游业等受损尤为严重。二季度客运量下降 23.9%，其中航空客运下降近 50%。据对全国 29 个省区市 13 个主要社会服务行业调查，上半年社会服务业营业收入同比下降 14.8%。国内市场销售增幅明显回落，二季度社会消费品零售总额增长 6.7%，大大低于一季度 9.2%的增长水平，其中餐饮业下降 3.5%。农业生产受“非典”影响，部分地区畜产品、水果、蔬菜等销售不畅，使二季度农业增加值增速由一季度的 3.5%回落到 2.3%；受大量农民工返乡等因素影响，二季度农民人均现金收入减少 35 元。

2003 年 12 月 28 日，国务院国务院政策研究室宏观司司长宋宁在“中国建筑装饰协会五届三次理事会专题报告会”上透露，他们当时曾作了 SARS 疫情分析，三个月内影响不太大；半年影响较大；一年以上影响严重。实践表明，三个多月仅旅游业所受损失就高达 2000 亿元。

3．装饰行业的遭遇

5 月 12 日，《北京晚报》报道，4 月 21 日北京 SARS 疫情暴发后，北京市建委根据市政府的要求，拉网式的在全市检查 3200 多个在建工地的防范“非典”工作。在北京城南某项目施工的上海大华装饰工程有限公司因在防范“非典”期间管理严重失控，5 月 11 日受到市建委的严厉处罚，被清出北京市场，项目经理李钦今后不得在北京市承揽工程。该公司招用了大量未签劳动合同的江苏籍零散民工，最多时达 1300 多人。这些民工因北京发生“非典”疫情欲返乡，便要求兑付劳务费。而此时该公司项目经理李钦却不知去向，以致该公司 100 多民工聚众围堵，情绪激烈，调解工作无法进行。在北京市多次督促下，上海大华装饰公司领导于 4 月 30 日给民工兑付了劳务费。兑付完劳务费的 101 名民工全部擅自离京，返回原籍。

5月13日，《北京晚报》介绍，5月12日甘肃粤兰装饰有限公司正在施工的北京华联太阳店工地因在防控“非典”存在很大隐患，严重不达标被北京市海淀区建委勒令停工。存在的最大问题是民工睡大通铺现象或房间居住人数远远超过规定，个人的居住面积不足$2m^2$。

被通报的装饰企业有上海大华、甘肃粤兰、北京乾坤元、建谊、南京远墨等。

4．装饰行业的贡献

直接参与SARS定点医院装修改造的装饰企业有北京港源做的中日友好、华腾做的小汤山、新兴做的402、建工做的胸科、宏美特艺做的朝阳，苏州金螳螂做的南京南山医院，香港神采设计装饰工程山西有限公司、太原市现代建筑装饰工程有限公司、山西三利装饰有限公司、太原市宏展装饰工程有限公司、山西聚豪装饰装潢有限公司、太原市晋粤装饰有限公司6家装饰企业共同承担的山西省城防治SARS后备医院——太原市第四人民医院7.8万㎡彩钢板拼装装修工程。

传染上SARS但有效防控住了的装饰企业有中建二局装饰公司、北京金丰环球、沈阳远大等。

5月12日“国际护士节”，苏州金螳螂建筑建筑装饰有限公司通过苏州市防非指挥部向奋战在苏州及南京等地抗SARS一线的医护人员捐款50万元，得到苏州市委市政府的表彰。

5月14日，中央电视台“焦点访谈”节目对山东省支援北京抗击SARS进行专门报道，其中包括山东贺友集团支援建设北京小汤山非典医院的事迹，当该公司接到北京小汤山非典医院需要20万张中密度板的时候，毅然停下比中密度板利润高60%的高密度板的四条生产线，紧急生产中密度板，而且每张优惠5元钱，仅此一项就少收入100多万元，“焦点访谈”评论道，体现了同呼吸，共命运，心连心。

7月6日，中共北京市委宣传部与北京电视台共同拍摄了12集专题片《非凡抗击》在北京电视台三频道播放的第8集“和衷共济”中，在说明北京市政府做出限制民工返回本地，切断传染源，各级政府和企业做了大量行有效的工作，民工情绪迅速稳定下来了，播出一民工说他十分安心在京，请家里放心，这位民工和许多正在洗手的民工均身穿背后印有“龙发装饰”字样的黄色短衫。这不仅是北京龙发建筑装饰工程有限公司的光荣，也是建筑装饰行业的光荣。

四、装饰行业协会的作用

一是受政府委托制定行业规章。3月17日，受建设部委托，由中国建筑装饰协会培训部在北京主持召开了“建造师执业资格建筑装饰装修考试大纲编写工作会议”。

6月17日，受建设部建筑市场管理司委托，由中国建筑装饰协会负责起草的《住宅装饰装修工程专业承包企业资质管理办法》以及《资质等级标准》上报建设部建筑市场管理司。

6月18日，中国建筑装饰协会做出《关于颁布建筑装饰装修镶贴工、木工、金属工、涂袜工和幕墙制作工、安装工等六个职业技能岗位标准、鉴定规范和习题集的通知》（中装协[2003]14号）。

6月23日，建设部市场管理司发文委托中国建筑装饰协会组织修订《建筑装饰工程设计专项资质分级标准》（建设[2001]9号），7月11日，中国建筑装饰协会在北京举行“征询修订《建筑装饰设计资质分级标准》意见座谈会”，7月30日上报。

受建设部建筑市场管理司的委托，中国建筑装饰协会组织了2003年三批建筑装饰工程设计甲级资质转正和升级的初审工作。参与了2003年底建筑装饰工程施工一级资质和幕墙工程施工一级资质升级的专家审查工作。

二是发挥专家的作用。7月9日，建设部以建科[2003]137号文件公布第一批专家委员会名单。共分历史文化名城、城乡规划、住宅建设与产业现代化技术、信息化技术、城镇化、可持续发展与资源环境、新型建材制品应用技术等7个专家委员会。有关建筑装饰界的专家有4位：历史文化名城专家委员会主任委员、城镇化专家委员会主任委员、城乡规划专家委员会委员周干峙（科学院院士、工程院院士、教授级高级建筑师，中国建筑装饰协会高级顾问），新型建材制品应用技术专家委员会主任委员何星华（中国建筑科学研究院顾问总工、国家建筑工程质量监督检验中心主任、教授级高工、中国建筑装饰协会化学材料委员会理事长），副主任委员汪维（上海市建筑科学研究院副院长、教授级高工、中国建筑装饰协会化学材料委员会秘书长），委员孟小平（中国建筑科学研究院装修所研究员、中国建筑装饰协会化学材料委员会副秘书长）。

三是行业管理创新。中国建筑装饰协会正在积极建设行业信誉评价体系，现包括百强建筑装饰企业、全国建筑工程装饰奖、优秀项目经理、装饰工程科技奖、科技示范工程等。

4月29日，上海市装饰装修行业协会成立了工会，在全市建设系统50多个协会中为第一个。全国地方建筑装饰协会第二个，第一个为深圳市装饰行业协会。

10月9日，太原市建筑装饰协会发出《关于开展创建装饰工程安全生产、文明施工达标创优评比活动的通知》（并装协字[2003]第5号）。10月10日，合肥市建筑装饰协会发出《合肥市建筑装饰施工现场“安全文明施工示范工地”评选办法（试行）》。

11月4日，上海市文明办副主任陈振民、文明办活动指导处副处长曾崇信，11月6日中央文明办公室调研处处长杜丹到上海市装饰装修行业协会调研，探讨由行业协会组织推动行业精神文明建设的新路子，对上海市装饰装修行业协会组织的“上海市家庭装饰装修行业规范服务达标活动”给予充分肯定，指出行业协会要从维护会员企业整体利益出发，取得大多数会员对协会的支持，要把行业自律与行业精神文明建设结合起来，发挥自律功能，强调售后服务。

四是建设部对装饰协会和行业发展的评价。建设部部长汪光焘1月10日在“2002年（第二届）全国建筑工程装饰奖”颁奖大会上的贺信中指出：奖掖先进，树立典范，引导行业发展，这是中国建筑装饰协会的一项重要工作。我们高兴地看到全国建筑装饰工程奖的获奖企业为社会奉献出了如此多的建筑装饰工程精品，同时我也希望能有一批新的建筑装饰企业登上下一届的领奖台。多年来，中国建筑装饰协会充分发挥了联系政府与业内企业的桥梁和纽带作用，并在加强行业自律、推动建筑装饰行业的结构调整与产业升级等方面做了大量工作。党的十六大描绘出了全面建设小康社会的宏伟蓝图，为中国建筑装饰业的快速发展提供了千载难逢的历史机遇，同时也提出了更高的要求。我希望中国建筑装饰协会在今后的工作中努力实践“三个代表”的重要思想，为全面提高装饰行业的发展质量做出更大贡献。

汪光焘部长在9月21日“全国建筑装饰行业科技大会”上讲话中强调：中国建筑装饰协会完全可以信赖。建筑装饰行业科技大会对促进建筑业与房地产业的健康发展将起到重要的作用。

12月24日，《光明日报》发表该报记者的长篇文章《协会市场化生存探索者——中国建筑装饰协会发展纪实》。三大党报刊登全面介绍中国建筑装饰协会发展的文章还是第一次。

五、业内及社会关注的事件

一是装饰界人士参政议政。1月30日，政协北京市第十届委员、北京市九三学社社员、北京宏美特艺建筑装饰设计工程公司总经理钱宏伟在召开的市政协十届一次会议上提出“关于在高速路上设置垃圾箱的建议”，北京市主管部门领导当天就请钱宏伟共同现场办公。这一提案被称之为政协北京市十届一次会议答复办理的“首件提案”，创下一个纪录。

3月13日《中国建材报》记者韩生华采访了正在出席全国人大十届一次会议的代表、中国建筑装饰协会常务理事、河南省建筑装饰协会副会长、郑州康利达装饰工程有限公司董事长薛景霞，3月14日该报以“3·15来临，全国人大代表薛景霞代表呼吁减少装修投诉关键在设计”为题做了报道。她是我国装饰装饰行业的首位全国人大代表。

7月15日，在九三学社北京市委城建委委员、中国建筑装饰协会黄白提出的《关于关于北京市家装投诉居高不下的调研报告》的基础上形成的九三学社北京市委《关于改善快解决北京市家装投诉居高不下问题的建议》，作为北京市政协一次会议闭会期间的党派提案呈送市政协及市政府，8月初市政协主席程世峨、副市长刘敬民、刘志华分别作了重要批示，8月12日市建委主任刘永富批示，要求立即按市领导批示进行家装立法。11月10日市建委将《关于加强家庭居室装饰装修管理的通知》送刘敬民副市长，请示由市政府转发。2004年1月20日《北京九三社讯》述评，市建委在提案办理答复中提出，此提案提的非常及时，并切中问题的要害，市政府正制定相关文件对家装问题强化管理，同时充分吸纳了提案中的建议。

二是业内有2人3企业荣获五一劳动奖章和奖状。4月29日中央电视台晚间新闻联播报道，国家副主席曾庆红接见了当天参加“全国劳动模范座谈会”的代表，其中有沈阳春霞装饰有限公司总经理王春霞。同为女性并获得2003年全国“五一劳动奖章”的还有郑州康利达装饰工程有限公司董事长薛景霞。

荣获2003年全国“五一劳动奖状”的装饰企业有3家：上海市建筑装饰工程有限公司、深圳金粤幕墙装饰工程有限公司、宁波建工集团建乐建筑装潢公司。其中，上海市建筑装饰工程有限公司3月4日在上海市11个“全国五一劳动奖状”名额的激烈竞争中以15票（18位评委）当选。

三是一批大型装饰企业进行改制。2003年深圳市的一批在全国享有高知名度的“老字号”的国有独资大型装饰企业进行了改制，国有资本均占小股，如深圳市建艺装饰设计工程公司（25%）、深圳市设计装饰工程公司（30%）、深圳市美术装饰工程有限公司（49%），特别是经深圳市政府9月底批准，深圳市建筑装饰(集团)有限公司、深圳市洪涛装饰工程公司、深圳市深装总装饰工程工业有限公司、深圳市黎源建筑设计装饰工程公司四家企业国有资本全部退出，原法定代表人和总经理均为改制后企业的董事长兼总经理，在全行业影响很大，从而使深圳装饰行业在全国又形成了新的比较优势。

改制成功且民营资本控投的各地骨干装饰企业还有：中国装饰有限公司、重庆渝远建筑工程设计装饰有限公司、大连建筑设计装饰工程有限公司、苏州市建筑装饰工程有限公司、温州云艺装饰有限公司等，与原有的民营装饰企业站在同一条起跑线上，且起点更高。

四是行业自律。根据国家《社会团体登记管理条例》有关规定，10月30日，中国建筑装饰协会发出《关于撤消“中国建筑装饰协会质量认证工作指导中心”的通知》（中装协[2003]52号）和《关于撤消“中国建筑装饰协会室内环境与材料检测评价中心”的通知》（中装协[2003]53号）。

11月4日，民政部以民管罚[2003]3号文件发出处罚决定书，因中国建筑装饰协会擅自设立两个机构（室内环境检测中心、质量认证指导中心）而被限期停止活动三个月。同时被处罚的还有另外二家全国性社团。前一天民政部民间组织管理局举行了10家媒体通气会，全国媒体作了报道。

11月12日，中国建筑装饰协会召开紧急会议传达民政部文件，协会领导要求协会各部门、各专业委员会认真对待处罚，积极整改，继续做好协会工作。

12月9日，民政部以民管罚执字（2003）第3号通知中国建筑装饰协会，宣布提前两个月解除对中国建筑装饰协会的行政处罚，即日起可恢复正常业务活动。

五是玻璃幕墙光污染。7 月 30 日《北京晚报》以“玻璃墙晃乱我们的生活”为题报道，是要经济补偿还是要正常生活？住在北京北京市福绥境街道中直社区的 180 户居民坚决地表示：他们不想要钱，也不愿忍受对面大楼玻璃幕墙的刺激，如果开发商不能诚心解决问题，居民们将走上法庭讨回公道。在福绥境街道中直社区东侧大约 100 米的地方，2002 年盖起了一幢高层商用楼，大楼的外立面采用了一种具有反光作用的玻璃幕墙。每天下午 4 点半到 5 点多，阳光照到大楼的玻璃幕墙上，强烈的反光直射进西侧中直社区居民家中。据居民反映，视线触及对面楼层玻璃后再看其他东西时，眼前就一团黑。有的居民家里已经连续换了三次窗帘，而且一次比一次厚，颜色一次比一次深，但还是挡不住对面刺眼的反光。因为这事儿，家住 14 号楼的钱辉佑老先生夫妻俩十分苦恼，两人均患有白内障和眼底病，刺目的强光使两人生活十分不便。据了解，中直社区 3 栋居民楼向东的 180 户居民都不同程度地受到这种光污染的侵害。

专业人士认为，长时间在光污染环境下工作和生活的人，视网膜和虹膜都会受到不同程度的损害，视力会急剧下降，白内障发病率高达 45%，同时还会伴有头昏心烦，甚至失眠、食欲下降、情绪低落、身体乏力等类似神经衰弱的症状。暑热天气，玻璃幕墙强烈的反射光线进入居民楼房内，还会使室内温度增高。然而，环保部门的回答让居民感到很失望，因为目前国家既无防治光污染的法律法规，又没有明确哪个部门负责解决这类扰民问题，因此解决起来十分棘手。遇到这种情况，双方当事人应通过友好协商加以解决；协商不成的，可根据国家《环境保护法》的有关规定，请求当地环保部门处理，也可提起民事诉讼，由法院通过民事诉讼程序解决。正在积极协调此事的福绥境街道司法所所长唐国英表示，这几天居委会和司法所代表居民一方正与商用楼的开发商协商解决。开发商表示愿意按人头或户头进行一定的经济补偿，而不再改动玻璃幕墙。但受侵害的 180 户居民表示，他们并不是为了获得什么赔偿，只要求对方采取玻璃贴膜等技术消除反光现象就可以了，毕竟大家要在这里长久地住下去。

六是湖北损害文物案。2000 年新春国家一级文物战国青铜器“九鼎八簋”（音“鬼”古代盛食物的器具），在湖北省博物馆展出前的室内装修改造时被砸损。检察机关指控，1999 年 6 月，湖北省博物馆筹备出土文物展，原馆长舒之梅、副馆长唐刚卯违反公开招标规定，将部分布展装修工程发包给武汉恒晖装饰设计工程有限公司，该公司在未办理施工许可证、工程质量监理、消防许可证手续的情况下直接施工。同年 12 月底在施工尚未结束时，舒之梅、唐刚卯即安排文物进柜。2000 年 2 月 6 日，壁龛上一块长 198cm、宽 108cm、厚 0.8cm、重 50 多 kg 的玻璃板坠落砸在国家一级文物青铜器“九鼎八簋”上，将其中二鼎二簋砸损。检察机关分别以涉嫌失职罪、工程重大安全事故罪等罪名起诉 6 名被告。

2003 年 7 月，检察机关以涉嫌国有事业单位人员失职罪等罪名，对省博原馆长舒之梅、副馆长唐刚卯等 6 人提起公诉。9 月 3 日，“九鼎八簋”因装修受损案在武汉开庭审理，省博原馆长舒之梅、副馆长唐刚卯、职工张浩、汪涛和武汉恒晖装饰公司直接责任人副董事长江晖、胡运昌等 6 人受审。2003 年 9 月 4 日《北京晚报》报道，庭审中该装修是否为“豆腐渣”工程、相关人员是否构成失职罪等问题成为法庭调查的焦点。另据 2003 年 9 月 5 日《中华建筑报》报道，舒之梅解释将 100 多万元的装修无招标就给恒晖装饰公司的原因时说，湖北省博物馆自建馆以来就没有招标的惯例，其他省市也没有。湖北省博物馆职工汪涛的问题是，他将该工程介绍给武汉恒晖装饰公司后拿了 1.5 万元的“信息费”。湖北省博物馆职工张浩的问题是他给分管文物的省厅某负责人装修了家庭居室。江晖承认，他的公司是当初从深圳一个朋友那借了 5 万元，然后找了 3 家公司出了个“联合投资 100 万元”的假出资证明，在不具备资质条件下，被轻工评为丙级室内装饰施工企业。

12 月 17 日，《北京晚报》指出，这起在全国引起重大关注的文物被砸案 12 月 16 日在武汉中院公开宣判：原馆长舒之梅、副馆长唐刚卯、该馆职工张浩无罪；该馆职工汪涛以及武汉恒晖装饰设计工程有限公司副董事长江晖、胡运昌各被判有期徒刑 1 年缓刑 1 年，江、胡二人还各被处罚金 2000 元。

七是打假。8 月 1 日，建设部办公厅以建办秘[2003]45 号文件发出通知，指出未经批准的商业性的房地产“品牌推广”和“美好家园”住宅设计方案评选活动严重影响了建设部部属单位、部管社团的声誉，强调不得擅自组织或参与商业性的住宅设计方案评选等各种评比活动。

9 月 8 日，深圳市建设局做出《关于深圳市金浩安装饰设计工程有限公司不具备建筑业企业资质的通告》（深建通[2003]10 号），通告指出：“近期，我局接到有关深圳市金浩安装饰设计工程有限公司伪造建设部建筑装修装饰专业承包一级资质的投诉，为防止该公司继续在建筑市场的违法行为，现通告如下：深圳市金浩安装饰设计工程有限公司原持有建筑装修装饰工程专业承包三级建筑业企业资质证书，因 2002 年未申报建筑业企业资质就位，其建筑业企业资质已经自行失效，自 2002 年 9 月 20 日起，该公司不再具有建筑业从业资格，不得再承接建筑工程施工（包括建筑装修装饰工程施工）任务。”

“中国建筑装饰网”等一些业内知名媒体和企业也曾上当受骗。

12 月 25 日，建设部建筑市场管理司发出声明：“最近，许多企业向我司反映，建设部下属的某些单位以企业资质升级为名，要求企业参加“2003 年度审批晋升一级资质建筑业企业诚信示范单位展示”，并收取3千至8万不等费用，声称与建筑业企业资质升级挂钩。为此，我司严正声明如下：建筑业企业资质审批不收取企业任何费用，一切假借企业资质升级，要求企业参加任何活动并收取费用的行为，均与我司无关，望广大企业提高警惕，谨防上当受骗。”

“某些单位”对装饰企业也祸害不浅。

八是火灾严重。 12月2日，公安部召开“切实抓好当前消防工作坚决遏制重特大火灾事故电视电话会议”，公安部消防局局长郭铁男报告，2003年1～10月，全国共发生火灾20多万起，死亡1866人，受伤2601人，直接财产损失达12.7亿元。12月3日《经济日报》指出，群死群伤呈上升趋势，全国共发生特大火灾33起，死亡108人，起数同比增长50%，死亡人数上升63.6%，其中，一次死亡10人以上的6起，死亡104人，起数同比增长一倍，死亡增长70.5%。重特大火灾事故的直接原因80%以上是由于违章用火、用电、用油、用气等人为因素所致。

如12月9日，正在施工的国家重点工程北京北京天文馆，总包是北京建工集团北国建筑工程有限责任公司，幕墙分包是深圳三鑫特种玻璃有限公司北京分公司，深圳三鑫公司电焊工工作时的火星将保温的草帘引燃，烧着了五六个草帘，火帘不断从楼上掉落，幸亏楼下无可燃物，当西直门消防中队赶至现场时，工地消防员已将火扑灭，楼的北侧已烧黑了一大片。北京市公安局重大事故调查组负责人指出，此系所购草帘不具备阻燃性能、施工人员违章和看护人员未尽责任所致，据12月11日《新京报》报道，2名直接现任者被警方拘留10天。

业内希望10月25日由公安部消防局组织通过送审的国家标准《建筑内部防火施工及验收规范》早日出台。

九是腐败份子与装修。 5月9日，云南省原副省长李嘉廷一审被判死缓，2003年41岁、江西籍、只有小学四年级文化、原昆明市丽人园餐厅经理徐福英便是李嘉廷蜕变过程中的情人，5月28日《北京晚报》原引《春城晚报》消息以“省长情人徐福英先坠入情网后落入法网”为题报道，指出他们对装修的牟利活动：1996年，昆明洪涛装饰工程公司经理陈某与徐福英就承揽昆明百货大楼新纪元广场营业楼装饰工程一事达成协议，二人商协由徐垫资100万元，陈某负责组织装修，事成之后利润均分。随后徐福英请时任云南原副省长的李嘉廷给昆明百货大楼集团有限公司董事长吴某某打招呼，让其将昆明百货大楼一部分装饰工程交由昆明洪涛装饰工程承揽。装饰工程结算后，为了感谢李嘉廷的关照，徐福英于1997年春节前后将5万元人民币送给李嘉廷家交给其妻王某，事后王某告诉了李嘉廷。徐福英行贿一案，2001年12月24日云南省检察院决定逮捕她，2003年5月20日，昆明市检察院向市中法对她提起公诉。

5月16日，《北京晚报》原引新华社消息，丹东市中法5月15日对辽宁省高法原院长田凤岐受贿案做出一审判决，以受贿罪判处田无期徒刑。在受贿事实中，特别指出，田1999年6月到2001年8月在担任辽宁省高法院长期间，利用职务之便，为他人在承揽法院办公大楼工程设计、装修等方面牟利。田共收受他人贿赂的财物共计330余万元。

2002年中国建筑装饰协会8件大事

中国建筑装饰协会信息部

一、行业应对WTO研讨会

为了分析WTO给我国建筑装饰市场、行业、企业带来的挑战和机遇，提出今后的工作方向和应对措施，增强全行业可持续发展的能力，由中国建筑装饰协会主办，湖北省建筑装饰协会、武汉建筑装饰协会、中国人民解放军建筑装饰协会共同承办的“全国建筑装饰企业应对WTO战略研讨会”4月8日～9日在武汉市举行。与会200位代表来自22个省市的建筑装饰协会和骨干建筑装饰企业。中国建筑装饰协会张恩树名誉会长做讲话，马挺贵会长做报告。在大会上，中国建筑装饰协会常务副会长兼秘书长徐朋、清华大学经济管理学院企业管理系经济学博士胡左浩副教授、外经贸部国际经贸研究院邢厚媛研究员相继作了主题报告。来自北京、上海、湖北、深圳、黑龙江、吉林、辽宁、江苏等8省市的代表提交高质量的论文25篇，16位企业家大会上做了发言。

如果说中国建筑装饰协会为此会的预习——3月1日东北三省大型建筑装饰企业应对WTO座谈会的总体评价是“有了应对WTO的国际感觉”的话，那么业界认为，本次研讨会基本上形成了我国建筑装饰行业在战略上应对WTO的态势，是一次对全国建筑装饰行业具有重要指导意义的大会。

二、协会应对WTO座谈会

为适应上海作为中国改革开放的前沿和发展国际大都市的需求，上海市政府在2002年年初做出一项战略决策，成立上海市人民政府行业协会发展署，并改革调整发展上海市行业协会。2002年4月成立了“上海市装饰装修行业协会”，成为上海市建委第一个改革调整的试点协会和上海市政府四个改革调整试点的协会之一。上海市市长陈良宇出席挂牌仪式，电视直播。

6月24日，中国建筑装饰协会在上海召开“8省市建筑装饰协会应对WTO协会工作研讨会”，旨在总结上海做法，交流彼此经验。建设部人教司、上海建委、建管办负责人出席了会议。会议期间，上海市政府行业发展署副署长刘庆向中国建筑装饰协会领导介绍了上海协会改革情况。

三、公开出版一报一刊

国家新闻出版总署4月19日批准原由中国建筑工程总公司主管主办的《中华建筑报》改由中国建筑装饰协会主管主办。5月11日恢复出报，现每周三期，每期12版，每版7000字，现发行量两万份，得到了业内人士的重视和肯定。

国家新闻出版部署2月6日以新出版[2002]129号文件批准《中国建筑装饰装修》杂志（月刊）公开出版，主管：建设部，主办：中国建筑装饰协会。国内统一刊号为CN11-4803/Z。大16开，192页，全铜进口彩印。办刊宗旨是：定位于为中国建筑装饰行业，特别是室内设计师服务的期刊。学术、权威、交流——旨在将杂志办成中国室内设计师的园地，推进成就中国室内设计大师的摇篮，中国建筑装饰行业同国际交流的平台。10月25日试刊号出版，得到了业内人士的认知和肯定，订户踊跃。

四、首次编辑出版行业年鉴

12月28日，中国建筑装饰协会主办主编的首部年鉴《2001年中国建筑装饰行业年鉴》，由中国建筑工业出版社出版发行，分十大部分：一、行业公告；二、行业综述；三、政策法规；四、业内重大活动；五、地方行业发展；六、调研报告；七、行业表彰 ；八、室内设计；九、企业运作；十、家庭装饰。共271篇，150万字，650页。其中包括有关领导在中国建筑装饰协会的重大活动上的讲话、建筑装饰协会系统和单位和个人及有关方面资深人士撰文105篇。

在建设部所属的42个社团中，目前作《年鉴》的只有中国建筑业协会和中国建筑装饰协会，这也是建筑装饰成为建筑业三大行业之一的又一标志，也是建筑装饰行业兴旺发达的表现。

五、协会秘书处改革，并实行人员聘任制

7月4日～5日，中国建筑装饰协会召开第一次组织机构人事制度改革会议。会议公布了《中国建筑装饰协会全员岗位聘任制管理办法》和《中国建筑装饰协会岗位工资分配管理暂行办法》。协会秘书处设立综合部、信息部、行业发展部、国际部、培训部，共5个部门。按双向选择的原则，聘任上述5个部门负责人，试聘期到2002年年底。

9月6日，中国建筑装饰协会召开“秘书处全体工作人员暨欢迎新同志会议”，欢迎从社会招聘的同志。协会秘书处专职领导和工作人员现共有18人，其中女同志7位。均为大专以上学历，其中硕士研究生4人。

六、工程项目经验交流会

10月21日～22日，中国建筑装饰协会在北京召开了“全国建筑装饰工程项目管理经验交流及观摩会”，来自18个省市区的代表，共200多人出席。这是2001年12月25日中国建筑装饰协会在人民大会堂小礼堂举行了有119个获奖项目的“2001年全国建筑装饰工程奖”颁奖大会活动的继续。会议的主题有三：一是2位专家作的关于菲迪克（FIDIC）条款和国际工程索赔的讲座；二是10项获奖装饰工程的企业负责人或项目经理经验介绍；三是观摩中国银行大厦、国家电力公司办公大楼、北京京都信苑宾馆等获奖装饰工程。

就装饰工程的项目管理进行全国性的经验交流，在中国建筑装饰协会的历史上，还属首次，受到企业欢迎，大家认为这是迎接入世挑战，提高项目管理水平的一次务实大会。

七、行业环保宣言

7月3日，为学习贯彻两部新国标《民用建筑工程室内环境污染控制规范》（GB50325—2001）和室内装饰装修材料有害物质限量十个国家强制性标准，由中国建筑装饰协会主办、《中华建筑报》报社承办的“全国百家企业实施新国标·承诺环保健康装饰《北京宣言》暨中华建筑报变更主管主办单位新闻发布会”在人民大会堂河南厅隆重举行。出席会议的有全国政协副主席万国权，全国人大环境与资源委员会副主任委员、原建设部常务副部长、中国建筑装饰协会高级顾问叶如棠，全国政协委员邵华，建设部副部长郑一军，国家质量监督检验检疫总局副局长王秦平，质量监督司副司长王步步，国家认证认可监督管理委员会副主任梁杰，国家标准化管理委员会副主任石保全，建设部标准定额司司长杨鲁豫，建设部建筑市场管理司副司长、中国建筑装饰协会副会长符曜伟，中国建筑装饰协会会长马挺贵，中国建筑工程总公司党组书记兼副总经理张青林，中国质量检验协会会长李保国，中国建筑设计研究院院长张文成等有关方面负责人。

此会后，北京、重庆、广州等地建筑装饰协会在中国建筑装饰协会以及《中华建筑报》的支持下，相继开展了类似活动，在全国造成一定声势。

八、首次培训工作会议

7月10日～12日，中国建筑装饰协会行业培训工作会议在北京举行。建设部人事教育司副司长兼建设部执业资格注册中心主任李竹成出席了会议，王燕鸣主任作了题为《抓住机遇 把培训工作推上一个新台阶》的工作报告。17个地方协会负责同志出席了会议。

会议讨论了国家标准《建筑装饰装修技术工人岗位技能标准》（征求意见稿）、《关于建筑装饰装修行业职业资格专业设置的意见》、《全国家装监理人员培训大纲》等三个文件，会议交流了14篇论文。这是中国建筑装饰协会自1999年5月26日召开了第一次培训工作会议后，第一次全国性的培训工作会议，对于新时期全行业的培训工作将起到积极推动作用。

新 春 致 辞

发展建筑装饰行业　为全面建设小康社会做贡献

中国建筑装饰协会　会　长　**马挺贵**　　常务副会长兼秘书长　**徐　朋**

党的十六大提出了全面建设小康社会的奋斗目标，这将成为今后 20 年全党、全国各项工作的总目标。实现全面建设小康社会的目标，就是要使国家繁荣富强，人民生活幸福美好。建筑装饰行业，作为一个充满生机与活力的即古老又新兴的行业，在实现这一目标中具有举足轻重的地位并发挥越来越重要的作用。

建筑装饰行业的形成与发展，是建筑业专业化分工的产物，是社会生产力进步的表现，更是改革、开放以来，我国经济持续、高速发展，综合国力和人民生活水平不断提高，现代化进程不断加快的具体写照。其 2001 年工程总产值已达到 6600 亿元，不仅具备了一定的经济规模，并继续以年递增 20%的速度发展，已成为新的经济增长点。进一步解读以上数字，分析建筑装饰行业在国民经济与社会发展，在全面建设小康社会中的作用，可以看到更为生动、具体的内容。

当前推进我国经济体制改革的一大难题，就是如何创造更多的就业机会，经济要发展、人民要乐业、社会要稳定。实现建筑装饰行业工程产值，需要包括装饰材料流通在内的大量劳动力，这就为 1400 万人提供了就业机会。除了为城市人口扩大了就业门路外，绝大多数是吸纳了农村剩余劳动力。因此，建筑装饰行业成为一大批农业人口，进入城市的渠道和被接收的土壤，使他们切身感受到了城市生活方式和现代的生产方式，这就有利于改变以往的城乡二元经济结构与缩小城乡差别。在增加农民收入，提高农村生活水平的同时，也影响着农村生活方式，改变着农村的生活习惯，这些变化，都直接成为推动城市化水平提高和加快小城镇建设的物质与思想基础。

建筑装饰行业的发展，特别是每年 3600 亿元工程产值的住宅装饰装修，为人民提供了新的适时、适量、适度的消费市场，成为我国由温饱型向小康型消费结构转换中的亮点。它创造、培育和扩大了新的内需领域，使广大人民群众变持币与储蓄为现实的消费，在繁荣市场，激活经济方面表现出巨大潜力和良好前景。

建筑装饰行业的发展，直接拉动了相关产业的发展。建筑装饰行业 6600 亿元工程产值中，有近 50%的材料消耗，这就给建材、森工、化工、家电、冶金、纺织等十几个相关部门提供了巨大的市场空间。建筑装饰工程技术、环保标准的不断提高，为相关产品的产品升级和更新换代提供了原动力，带动了相关产业的技术进步，达到了社会资源优化配置的目的。

建筑装饰业的发展，直接拉动相关服务业的发展，全国最火爆的市场是装饰材料市场，举办最多的是建筑装饰材料行业的展销会，由此带动了商业、展览展示业、运输服务业，以及进出口贸易等的发展。建筑装饰工程，美化了城市环境，提高了建筑物的质量，完善了功能，提高了设施配置档次，也成为我国旅游饭店业、娱乐休闲服务业、餐饮服务业高速发展的物质基础，第三产业的蓬勃发展，进一步调整、优化了我国国民经济结构。建筑装饰行业的发展为媒体特别是电视、报刊、广告业的发展带来新的市场机会。

建筑装饰行业的发展，全面改善和优化了建筑内、外环境，将极大地影响着人们的工作情绪，对人们保持饱满、充沛的工作精力，提高工作效率和工作质量，以及保持和谐、友善的人际关系都具有重要作用，建筑装饰行业对全社会各项事业的发展，都提供了物质条件方面的支持和保障。

建筑装饰行业的发展，改善人们生活环境的文明程度，不仅影响着人们的精神境界，也提高了人们的道德水准，使人们的行为更加规范。一个有随地吐痰习惯的人，在良好的室内环境下，自然会受到约束和节制。从多方面考察，它都会为精神文明建设提供物质基础。在一个高雅环境下生活，自然会增强人们的自豪感与成就感。当前，建筑物的档次在不断提高，建筑装饰的设计水平、材料水平、工艺水平已成为建筑物档次的重要组成部分，并成为建筑业技术进步水平的重要标志之一。一大批装饰装修精良的工程，影响着各国人民对中国的认识，使中国以充满现代化的朝气蓬勃的形象展现在全世界面前，不仅促进和加强了国际交往，也是促成北京申奥及上海申博成功的原因之一。

建筑装饰行业的发展，特别是住宅装饰装修，完善了功能、布局和流程，提高了人民居住的环境质量水平和生活的舒适度，推动人们逐步建立起文明、科学、卫生的生活方式，达到促进身心健康，延年益寿的目的。人们在优雅、健康的环境下，也增强了对环境保护、生态平衡的渴望，从而推动全社会亲爱大自然和环境保护事业的发展。

建筑装饰行业的发展，特别是装饰文化和设计创作的发展，不仅繁荣了我国的文化、艺术市场，也形成了对全民的美学、科学教育，使人们在切身感受建筑装饰文化艺术魅力的同时，提升了文化、艺术修养水平和艺术审美情趣，提高了装饰文化品位，使装饰文化融入了人民的日常生活。经济收入水平极大提高了的中国人，表现出改善生活环境文化品味的极大热情和强烈的参与意识，成为社会主义文化建设的组成部分。住宅的装饰装修已成为一个有中国特色的行业，成为一个有鲜明特点的社会、经济和文化现象，形成一个需要人们持久学习、终生学习的新内容，从而促进了国民素质的更全面发展。

建筑装饰行业的发展，为小投资者提供了新的投资领域，从而带动了民营经济的发展，使建筑装饰行业成为培养民营企业家的摇篮，成为我国调整所有制结构的有力杠杆之一，而民营经济在建筑装饰行业的成功运作，在一定程度上成为体现我国经济与政治民主，市场经济更具活力及开放性的重要标志。

建筑装饰行业的发展，带动学科建设和教育体系的形成。全国有 200 所大专院校开设有建筑装饰类专业，在校学生近 2 万人，由院校、企业设立的研究机构仅北京地区就达数十家，无论是在基础研究还是应用研究方面，都形成了一批成果，不仅提高了科教事业对经济建设的适应与配合程度，同时也形成了对我国科教事业发展的直接推动。

由此可见，建筑装饰行业是惠及广大人民的行业，是实现全面建设小康社会目标必须大力扶助与发展的行业，建筑装饰行业发展的规模和速度，在很大程度上影响着全面建设小康社会的进程。为了使建筑装饰行业在全面建设小康社会中更好地发挥作用，应该在以下几个方面加强工作。

要以三个代表的思想去统领建筑装饰行业的发展，要充分认识建筑装饰行业在政治、经济、文化方面所具有的中国特色。加快建筑装饰行业生产力水平的提高，使其更好地代表社会先进生产力发展的要求，更好地体现先进文化发展的方向，做社会、群众满意的工程，并以此体现代表广大人民群众的根本利益。结合行业实际实践“三个代表”思想是当前推动行业发展的指导方针。

1. 要用新型工业化的发展思想、思路改造传统劳动密集型产业，加快其技术创新、管理创新步伐，走科技兴业、质量兴业的发展道路。在技术创新方面，要重点抓工厂化生产，现场组装式施工，提高施工的机械化水平，减少现场作业量，缩短工期，减少扰民；抓紧装饰工程的工法建设，规范现场操作，提高手工操作的产品质量。在管理方面，要认真研究改革开放后发展起来的行业所有制结构特点，建立适应行业、企业实际情况的现代企业制度，研究改制后的原国有企业和民营企业制度创新和运行机制的完善，从体制上解放生产力。全面加强项目管理，推进按国际惯例管理项目，促进同国际接轨步伐；要把 ISO9000 等认证落到实处，规范企业内部管理。要加强对优秀工程项目，特别是获全国及地方奖的项目的推介和交流活动，在宣传优秀装饰工程项目的同时，要宣传完成这些项目的企业、企业家、设计师、项目经理，调动生产力最活跃的因素。

2. 迎接入世的挑战。要加快行业内部结构的调整，促进企业间的重组、联合，尽快形成行业内可以同国际大公司相抗衡的旗舰式企业；要扶助和指导企业做大、做精、做强，形成企业核心竞争力；要加快专业化发展方向，使行业市场形成更为细化的专业市场，在专业市场上提升企业的实力水平；要坚持走出去的战略，到国际工程市场中承接工程，不仅要迎接中国市场国际化的挑战，更要享受全球经济一体化带来的利益，在国际大循环中发展壮大我国的企业。

3. 繁荣建筑装饰设计创作，全面提高设计水平。要加快青年设计师的培养，争取造就一批我国的建筑装饰设计大师；要大胆创新、博采人类最先进的文化、设计理念，融汇成为我国新的现代多元化装饰设计风格；要加大装饰文化的教育力度，增强全社会的装饰文化意识；要继续加强对大专院校、研究机构的投入，为行业梯次供给高素质的设计人才。为装饰文化的持久发展注入新的活力。

4. 要加强对装饰消费的引导，提高装饰消费的理性程度。要引导建立科学的装饰装修投资与消费的理念，摈弃虚荣、摆阔，树立重视功能完善为先的理念；要引导树立正确、合理的工程标准，以更平和、适度的态度去参与工程的运作过程和认识建筑装饰工程作品；要加强对建筑装饰工程，特别是住宅装饰工程业主的管理，规范投资者与消费者的投资与消费行为。在住宅装饰装修中鼓励设计师与业主的互动，并注意把个性化同大工业生产结合起来。要积极宣传和引导住宅成品房建设，总结经验，解决问题，促进其快速发展。

5. 要清理、整顿市场，强化行业、企业自律。要完善法律、法规体系，健全技术规范、工艺标准及相关工法，建立行业自律体系；制定并严格执行市场准入制度，特别是在细分行业市场的基础上，实施对不同专业市场的设计、施工资质的管理及材料的市场准入标准；要在深刻理解行业特殊性的基础上，制定出行业发展规划，在经济、技术与管理方面，指导行业和企业健康发展；要进一步清理整顿市场秩序，清除不合格的施工队伍及材料，规范行业的设计、选材和施工，确保工程的技术质量和环保质量。做广大人民群众满意的工程，并进一步发挥好协会的作用。

《2001年中国建筑装饰行业年鉴》作者名单

《2001年中国建筑装饰行业年鉴》编辑委员会

（二〇〇三年一月八日）

建筑装饰，是一个古老的行业，有建筑就有装饰。随着我国改革开放的进程，与市场经济、科学技术、文化艺术、建筑工程相结合的现代建筑装饰行业，发展甚为迅速。人们或许想不到，只经过20多年，我国现代建筑装饰在新世纪的2001年就形成了一个建筑装饰企业25万家、从业人员850万、建筑装饰工程总产值5500亿元（其中家庭装饰占55%），在我国GDP中占有突出位置的庞大产业。

改革开放20年中最流行的50句语言中就有"装饰装修"（1999年2月7日上海卫视台民意调查）。家装已成为我国与旅游、教育相提并论的新的三大消费热点之一（国家统计局2000年12月30日国民经济年度报告）；已成为我国与教育、养老相提并论的新的国民三大储蓄目的之一（中国人民银行2001年9月24日报告）。据中国建筑装饰协会预测，进入21世纪，我国建筑装饰行业仍将以20%以上的速度发展。

建筑装饰行业已在我国国民经济和社会发展中具有重要的地位和作用，有必要编纂年鉴。这不仅是行业发展的需求，也是政府建设行政主管部门工作的需求。为此，中国建筑装饰协会2001年1月6日研究决定，从2001年起编纂中国建筑装饰行业年鉴，每年一部。

年鉴通常被誉为：昨天的实录，今天的镜子，明天的见证。年鉴的七个特点是：年度性、综合性、宏观性、全面性、系统性、真实性及权威性。我们正是据此进行策划并努力工作的。

我们主要参考了《中国经济年鉴》（国务院发展研究中心主办）、《中国建筑业年鉴》（中华人民共和国建设部主办）等权威年鉴。

《2001年中国建筑装饰行业年鉴》我们共安排了十大部分：一、行业公告；二、行业综述；三、政策法规；四、业内重大活动；五、地方行业发展；六、调研报告；七、行业表彰；八、室内设计；九、企业运作；十、家庭装饰。除第五部分文稿均由地方建筑装饰协会提供以外，其他部分文献均曾载于《中国建筑装饰》及《装饰名品》等业内知名媒体中，且选择市场评价较好的部分。

因本年鉴为2001年行业年鉴且为第一部，从改革开放后至2001年前历史的刻画：于行业，我们所收集的历年大事记，还尚缺1995年、1996年和1999年三年的；于中国建筑装饰协会，对四届到五届过渡的2001年做了比较详尽的记录，尚应有一至三届的情况。对此，我们均以相应的综述性文章做了弥补。

中国建筑装饰协会信息部、中国建筑装饰协会信息咨询委员会和《中国建筑装饰》编辑部、《装饰名品》编辑部四部门联合组成的本年鉴编辑部，力求认真并做出富有创新性的工作。

经过近一年的努力，第一部中国建筑装饰行业年鉴终于问世了，我们深知自己的功力不够，很可能挂一漏万，编辑谬误也不在少数，恳望有关方面和业内同仁给予批评指正，以利我们今后的年鉴编纂工作。

我们将进一步落实"三个代表"重要思想的要求，与时俱进，使中国建筑装饰行业年鉴成为我国建筑装饰行业文化的重要组成部分和良好的社会品牌，以推动我国建筑装饰行业的可持续发展。

建设部及各级建设行政主管部门和相关政府部门，中国建筑装饰协会各专业委员会、培训中心（站）、地方建筑装饰协会和中国人民解放军建筑装饰协会，本年鉴的作者和中国建筑工业出版社等有关单位和人士，给予了我们工作以大力的支持，我们深表感谢。

在建设部所属的42个全国性社团中，目前作《年鉴》的只有中国建筑业协会和中国建筑装饰协会，这也是建筑装饰成为建筑业三大行业之一的又一标志，也是中国建筑装饰行业兴旺发达的又一标志。

《2001年中国建筑装饰行业年鉴》共271篇，150万字，650页。其中包括有关领导在中国建筑装饰协会的重大活动上的讲话、建筑装饰协会系统单位和个人及有关方面资深人士撰文105篇，现公布如下（括号内数字为文章数）：

谨以本年鉴献给所有为中国建筑装饰行业作过贡献的单位和人士。

建设部郑一军（2）、金德钧

有关单位吕斌、周瑞林、刘险峰

中国建筑装饰协会张恩树（5）、马挺贵（6）、徐朋（4）、张京跃、房箴 、崔勇、黄白（7）、田万良（2）、彭政国（2）、王本明（2）、张世礼（2）、郑曙旸（2）、吴承辉（2）、鲁心源、郑纪文、王燕鸣、王炜钰、黄德龄、张绮曼、李书才、陈晋楚、王少南、谢少宁、钟晓春

北京市建筑装饰协会（3）朱希斌、郭仁智、王波（2）、薛忠伟、刘晓一（2）、赵晓琳

天津市环境装饰协会王文焕、曹莉云

上海市装饰装修行业协会忻国樑、徐心亮、谢建伟、

重庆市建筑装饰协会

中国人民解放军建筑装饰协会（2）沙启云

河北省建筑装饰协会（2）

石家庄市装饰协会

大同市建筑装饰协会张广礼、田玺

内蒙古自治区建筑装饰协会张锐

黑龙江省建筑装饰协会史殿臣、赵兴斌（2）
鸡西市建筑装饰协会王世德、毕诗宽
大庆市建筑装饰协会
吉林省建筑装饰业协会邱久才、张文学
长春市建筑装饰装修协会（2）
辽宁省装饰协会（3）王志杰、杨东新
沈阳市建筑装饰协会于成业、杜玉铭
大连市建筑装饰协会（3）任文东
济南市建筑装饰协会
江苏省建筑装饰协会（4）毛家泉（2）、居乃巩、李宁、李德田、戴波
安徽省建筑装饰协会李增堂、吴德超
浙江省建筑装饰协会邵凯平、叶家丽、潘伟、袁宝樨、陈维泉、吴家锋、浙江省建筑装饰工程公司
杭州市建筑装饰协会
株洲市建筑装饰协会
福州市建筑装饰协会
厦门市建筑装饰协会连俩进、刘承善
河南省建筑装饰协会
洛阳市建筑装饰协会丛茂、赵安敏
湖北省建筑装饰协会（2）何木松、胡圣明
武汉建筑装饰协会彭国云、严振华、潘耀生、曾文涛
广州市建筑装饰协会（4）唐同海
深圳市装饰行业协会（2）李平（2）、杨胜军、何文祥、汪家玉（2）、叶大岳（2）、潘育明、王患、乔辉、刘波、陈研、白宝鲲、沈瑜、张玮文、肖德刚
顺德市建筑装饰协会
广西建筑装饰协会庞云、黄雪心
成都市建筑装饰协会（2）
绵阳市建筑装饰协会
云南省建筑装饰行业协会
宁夏建筑装饰协会
陕西省建筑装饰协会
西安建筑装饰装修协会（2）
山西省建筑装饰协会（2）
苏州市建筑装饰协会朱兴良
江西省装饰装饰行业协会曾凡珩

《2001 年中国建筑装饰行业年鉴》已由中国建筑工业出版社出版，在 2003 年 1 月 8 日～10 日中国建筑装饰协会五届二次理事会暨 2002 年（第二届）全国建筑工程装饰奖颁奖大会上正式发行。

该年鉴大 16 开，650 页，精装，176 元/册，可向中国建筑装饰协会信息咨询委员会购买。

关于当前我国装饰行业一些稀缺资源情况的报告

中国建筑装饰协会信息部　　《中国建筑装饰》编辑部

稀缺资源，习称：宝贵财富。

新年前后，我们对我国建筑装饰行业内的一些稀缺资源进行了收集和整理。现觉得可以暂告一段落，发表出来，供业内参考。目的是将从业的自豪心情与同仁分享，并力图在业内提倡格外爱护、尊重、合理配置行业稀缺资源。

值得说明的是，因这是不完全的统计，最大的可能性是挂一漏万，故本文只能称作初步的报告，恳请同业同仁随时更正并提供相关信息以补充完善。

一、在人大、政协和民主党派、工商联任职的装饰界人士

目前我国建筑装饰行业内在各级人大、政协和民主党派、工商联中任职的人士现有以下 17 位（排序不分前后）：

薛景霞（女），十届全国人大代表，郑州康利达装饰工程有限公司（一级装饰施工、甲级装饰设计企业）董事长，2001 年全国“三八”红旗手，2003 年全国“五一劳动奖章”获得者，高级经济师，中国建筑装饰协会常务理事，河南省建筑装饰协会副会长。

冯晓刚，长春市人大代表，吉林省浩昌装饰工程有限公司（一级装饰施工、乙级装饰设计企业）董事长，长春市装饰装修协会副会长。

马朝明，苏州市沧浪区人大代表，苏州工业园区美瑞德建筑装饰有限公司（一级装饰施工、乙级装饰设计企业）总经理。

赵喜林（女），十届全国政协委员，全国工商联执委，陕西艺林实业有限责任公司（一级装饰施工、甲级幕墙设计企业）董事长兼总经理，陕西省建筑装饰协会常务理事，中国和平统一促进会理事，中国青年企业家协会理事。

钱宏伟，北京市政协委员，九三学社北京市委社员，北京宏美特艺建筑装饰设计工程公司（一级装饰施工、乙级装饰设计企业）总经理。

丁域庆，重庆市政协委员，农工民主党重庆市委委员，中国建筑装饰协会副会长，重庆市建筑装饰协会副理事长，重庆港庆建筑装饰有限公司（一级装饰施工、甲级装饰设计企业）总经理，高级建筑师。

郭长军，黑龙江省人大常委，民主建国会中央委员，民建黑龙江省委员会副主委，中国建筑装饰协会一至五届常务理事，黑龙江省高维建筑装饰工程有限公司（一级装饰施工、甲级装饰设计企业）董事长。

王建森，济南市政协第九届、十届常委，民主建国会济

南市副主委，济南市建筑管理局建筑市场管理处处长，济南市装饰协会副会长兼秘书长，高级工程师。

叶远西，深圳市政协委员，深圳市广田装饰设计工程有限公司（一级装饰施工、甲级装饰设计企业）董事长，工程师，中国建筑装饰协会常务副会长，深圳市装饰行业协会副会长，深圳市青年企业家联合会会长，广东省青年企业家协会副会长，深圳市中级人民法院特邀培审员兼廉正监督员，深圳市光彩事业促进会副会长，深圳建设工程招投标评审专家库专家。

郑敏（女），南京市政协委员，南京香江华建工程有限公司（一级装饰施工、甲级装饰设计）副董事长兼总经理，江苏省建筑装饰协会副会长，全国工商联女企业家联谊会副会长。

陈振华，重庆市九龙坡区政协委员，华康装饰（重庆）有限公司（二级装饰施工、甲级装饰设计企业）董事长兼总经理，重庆市建筑装饰协会常务理事。

罗国强，重庆市巴南区政协委员，重庆市东方建筑装饰集团有限公司（一级装饰施工、乙级装饰设计企业）董事长兼总经理，重庆市建筑装饰协会常务理事。

尤东明，苏州市政协委员，苏州市工商联委员，苏州贝特装饰设计工程有限公司（二级装饰施工、乙级装饰设计企业）总经理，中国建筑装饰协会常务理事，苏州市装修装饰行业协会副会长、苏州市工商联装饰业商会会长。

赵秀民，石家庄市政协委员，中国建筑装饰协会理事、石家庄市装饰协会副会长兼秘书长，石家庄市通力建筑装饰工程有限公司董事长兼总经理。

杨纯华，北京市政协委员，九三学社北京市委妇委会主任、九三学社建设部支社原副主任委员，中国建筑装饰协会暖通空调委员会副理事长，中国建筑科学研究院空调所原所长。

黄白，九三学社建设部支社委员、九三学社北京市委城建委员会委员，中国建筑装饰协会信息部主任兼会刊《中国建筑装饰》主编， 高级工程师，北京市建设工程评标专家。

熊翔，九三学社建设部支社社员，中国建筑装饰协会质量技术部副主任，副研究员。

由上我们可以看出，有人大代表4人：薛景霞、郭长军、冯晓刚、马朝明，11人为政协委员，其中市常委1人：济南市政协常委王建森。女企业家3人：薛景霞、赵喜林、郑敏，其他14人为男士。政府官员兼装饰协会工作者1人（王建森），专职装饰协会工作者2人（黄白、熊翔），科研人员1人，其他12人为装饰企业家。

社会地位最高的有2位：薛景霞——全国人大代表，赵喜林——全国政协委员；省级的3人：北京市政协委员钱宏伟、重庆市政协委员丁域庆、黑龙江省人大常委郭长军，副省级城市的4人：济南市政协常委王建森、深圳市政协委员叶远西、南京市政协委员郑敏，地级的3人：重庆市九龙坡区政协委员陈振华、重庆市巴南区政协委员罗国强、苏州市政协委员尤东明。

民主党派的7人，分别在九三学社（4人）、民主建国会（2人）和农工民主党（1人）三个民主党派，并多在重要领导岗位任职：民主建国会中央委员、民建黑龙江省委员会副主委郭长军，民主建国会济南市副主委王建森，农工民主党重庆市委委员丁域庆，九三学社北京市委妇委会主任杨纯华，九三学社建设部支社委员、九三学社北京市委城建委员会委员黄白。工商联的2人：全国工商联执委赵喜林，全国工商联女企业家联谊会副会长郑敏。尚没有中共党员。

12家装饰企业除重庆港庆建筑装饰有限公司为原国有改制为民营外，其他11家均为民营起家。

9家为一级资质装饰施工企业、6家为甲级装饰设计企业。6家同时为一级装饰施工和甲级装饰企业：郑州康利达装饰工程有限公司、陕西艺林实业有限责任公司、重庆港庆建筑装饰有限公司、黑龙江省高维建筑装饰工程有限公司、深圳市广田装饰设计工程有限公司、南京香江华建工程有限公司。均为当地最优秀的装饰企业之一，并居全国先进行列。

有中国建筑装饰协会副会长2人：丁域庆、叶远西，常务理事3人：薛景霞、郭长军、尤东明，理事1人：赵秀民。其他均在地方建筑装饰协会任主要领导职务。

二、我国大型装饰企业的女企业家

我国建筑装饰行业中一级建筑装饰施工、甲级装饰设计企业，被称为大型建筑装饰企业，任董事长（副董事长）或总经理的女企业家现有以下30位（排序不分前后）：

费琪，北京花旗建设发展有限公司（一级装饰施工、甲级装饰设计）董事长，建筑师，中国建筑装饰协会理事，信息咨询委员会专家组成员，北京市建筑装饰协会理事。

李文新，北京津樑装饰工程有限责任公司（一级装饰施工、甲级装饰设计）董事长，北京市建筑装饰协会理事。

余静娟，北京聚鑫装璜工程有限责任公司（一级装饰施工、乙级装饰设计企业）董事长，北京市建筑装饰协会理事。

张建晖，北京市上瑞装饰工程有限公司（一级装饰施工、乙级装饰设计企业）董事长兼总经理，北京市建筑装饰协会理事。

李雨涵，香港金丰环装饰集团董事副总裁、北京金丰环球远大装饰工程有限公司（一级装饰施工、甲级装饰设计）总经理，中国建筑装饰协会专家委员会企业管理组成员。

陈丽，上海新丽装饰工程有限公司（一级装饰施工、甲级装饰设计）副董事长兼总经理，计算机硕士，中国建筑装饰协会理事。

梁明华，上海东江建筑装饰工程有限公司（一级幕墙施工、甲级幕墙设计企业）董事长，上海市装饰装修行业协会理事。

陈婵英，广东省建筑装饰集团公司（一级装饰施工、甲级装饰设计）董事长兼总经理，MBA，高级工程师，中国建筑装饰协会常务理事，广州市建筑装饰协会副理事长。

林芷珊，广州珠江装修工程公司（一级装饰施工、甲级装饰设计）总经理，经济师，中国建筑装饰协会常务理事，广州市建筑装饰协会副理事长。

杜小露，深圳市华南装饰设计工程有限公司（一级装饰施工、甲级装饰设计）总经理，深圳市装饰行业协会理事。

于立军，黑龙江省国光建筑装饰工程有限公司（一级装饰施工、甲级装饰设计）副董事长，中国建筑装饰协会常务理事单位。

张桂珍，沈阳市中元建筑装饰工程有限公司（一级装饰施工、甲级装饰设计）总经理，沈阳市建筑装饰协会常务理事。

金丽华，大连建筑设计装饰工程有限公司（一级装饰施工、甲级装饰设计）董事长兼总经理，大连市建筑装饰行业协会副会长。

薛景霞，郑州康利达装饰工程有限公司（一级装饰施工、甲级装饰设计）董事长，高级经济师，十届全国人大代表，2001年全国“三八”红旗手，2003年全国“五一劳动奖章”获得者，中国建筑装饰协会常务理事，河南省建筑装饰协会副理事长。

刘书英，河北斯特龙装饰工程有限公司（一级装饰施工、甲级装饰设计）董事长，河北省建筑装饰协会常务理事。

李景煌，唐山市唐新装饰设计工程有限公司（一级装饰施工、甲级装饰设计）董事长兼总经理，河北省建筑装饰协会常务理事。

李宁，江苏省建筑装饰设计研究院（甲级装饰设计）院长兼总工程师，一级注册建筑师，中国建筑装饰协会常务理事，信息咨询委员会专家组成员，江苏省建筑装饰行业协会副会长。

郑敏，南京香江华建工程有限公司（一级装饰施工、甲级装饰设计）副董事长兼总经理，江苏省建筑装饰行业协会常务理事，全国工商联女企业家联谊会副会长。

潘霄燕，无锡东方新格环境设计装饰工程有限公司（二级装饰施工、甲级装饰设计企业）董事长，无锡市装饰协会常务理事。

徐想娣，湖北凌志装饰工程有限公司（一级装饰施工、乙级装饰设计）副董事长兼副总经理，武汉建筑装饰协会理事。

周翔，湖北翔宇置业发展有限公司（一级装饰施工、甲级装饰设计）董事长兼总经理，经济学硕士，湖北省建筑装饰协会理事。

朱方，武汉市方正装饰工程有限公司（一级装饰施工、甲级装饰设计）总经理，MBA，武汉建筑装饰协会常务理事。

张跃迅，浙江福田建筑装饰工程有限公司（一级装饰施工、甲级装饰设计）董事长，浙江省建筑装饰行业协会常务理事。

叶绿，温州云艺装饰有限公司（一级装饰施工、甲级装饰设计）总经理，浙江省建筑装饰行业协会常务理事。

刘燕，云南白杨室内设计工程有限公司（一级装饰施工、甲级装饰设计）总经理，中国建筑装饰协会理事，云南省建筑装饰行业协会常务理事。

张小青，江西融城建筑装饰工程有限公司（一级装饰施工、甲级装饰设计）总经理，江西省装饰行业协会常务理事。

许莺，江西省美华建筑装饰工程有限公司（二级装饰施工、甲级装饰设计）总经理，江西省装饰行业协会常务理事。

陈蕾，山东省剑桥装饰工程有限公司（　级装饰施工、甲级装饰设计企业）总经理，北京大学MBA（在读），济南装饰协会常务理事。

赵喜林，十届全国政协委员，全国工商联执委，陕西艺林实业有限责任公司（一级装饰施工、甲级幕墙设计企业）董事长兼总经理，陕西省建筑装饰协会常务理事，中国和平统一促进会理事，中国青年企业家协会理事。

张雪，内蒙古永新建筑装饰装修有限公司（一级装饰施工、甲级装饰设计）董事长，中国建筑装饰协会理事，内蒙古建筑装饰协会常务理事。

由上我们可以看出，30位女装饰企业家来自15个省市区：北京市5人；广东省、江苏省、湖北省3省各3人；上海市、辽宁省、河北省、江西、浙江省5省市各2人；黑龙江省、河南省、云南省、山东省、陕西省、内蒙古自治区6省区各1人。

中国建筑装饰协会常务理事4人：陈婵英、林芷珊、薛景霞、李宁，理事3人：费琪、陈丽、张雪，其他均在当地建筑装饰协会担当理事以上职务。

江苏省建筑装饰设计研究院为我国第一家专业甲级装饰设计企业。除此以及上海东江建筑装饰工程有限公司、无锡东方新格环境设计装饰工程有限公司、江西省美华建筑装饰工程有限公司4家外，其他23家均为一级装饰施工、甲级装饰设计企业。

除广东省建筑装饰集团公司、广州珠江装修工程公司、江苏省建筑装饰设计研究院3家现为国企正改制外，其他27家均为民营，其中大连建筑设计装饰工程有限公司为原国有独资现改制为全部民营。除林芷珊、张桂珍、李宁、朱方、刘燕、张小青、陈蕾7人为总经理外，其他22人均为董事长（副董事长）或兼总经理。

其中不乏高学历者，如计算机硕士陈丽、经济学硕士周翔、MBA陈婵英、MBA朱方等。不乏高职称者，如一级注册建筑师李宁、高级工程师陈婵英、高级经济师薛景霞等。据估算，30位女装饰企业家平均年龄三四十岁，如1969年生人的周翔、1968年的费琪和朱方、1962年的张跃迅，年龄最小的是28岁的陈蕾，她也是我国大型装饰企业中年龄最小的企业家。

还有一批颇具实力的二级装饰施工、乙级装饰设计企业的女企业家，如北京家装“四小龙”的北京东易日盛装饰集团总裁、35岁的北京大学MBA杨劲，北京阔达建筑装饰有限责任公司总经理张丽，黑龙江省龙港装修有限责任公司董事长兼总经理韩秀荣，哈尔滨麻雀装饰工程设计有限公司总经理、哈尔滨建筑大学建筑学毕业的赵晓鸣，苏州港隆装饰工程有限公司董事长张利平，盘锦市鑫源宏大装饰工程公司董事长毕钰等。

特别值得一提的是，荣获2003年全国“五一劳动奖章”的沈阳春霞装饰有限公司总经理王春霞，她参加了2003年

4 月 29 日在北京举行的"全国劳动模范座谈会"，在会上第三个发言，介绍了"带领下岗职工再就业"的情况，并受到国家副主席曾庆红的接见。

三、高学历、年轻化、专业化、职业化

以一级装饰施工、甲级装饰设计企业等大型装饰企业的企业家为例。

有一批人是学建筑学、美术、室内设计、环境艺术专业的，他们是我们装饰行业内的艺术家，如浙江港澳建筑装饰设计研究院（甲级装饰设计）董事长焦力，1960 年生人，1979 年毕业于同济大学建筑系，高级建筑师。海南雅园装饰工程有限公司董事长兼总经理郑涛，1965 年生人，1986 年毕业于华东工学院建筑系。吉林省太阳神建筑装饰工程有限公司董事长西志敏，1965 年生人，1987 年毕业长春师院美术系，高级工艺美术师。北京花旗建设发展有限公司董事长费琪，1968 年生人，1990 年毕业于北京建工学院建筑学。海南嘉恒建筑装饰工程有限公司董事长周霖，1970 年生人，1992 年毕业于南京师大美术系。重庆志宇建筑装饰工程有限公司董事长兼总经理胡志刚，1971 年生人，1993 年毕业于重庆建工学院室内设计。有的是从先进国家学成归国者，如南京百会装饰工程有限公司董事长胡朋，1958 年生人，1992 年毕业于美国联合学院环境设计。

还有的如清华大学建筑学毕业的北京市辛迪森建筑装饰设计工程有限公司总经理李劲，苏州城建环保学院建筑学毕业的苏州金螳螂建筑装饰有限公司 36 岁的总经理、高级建筑师倪林。再有的如北京筑邦建筑装饰工程有限公司总经理孟建国、深圳市建筑装饰(集团)有限公司设计院院长姜峰、辽宁三立美术装饰工程有限责任公司董事长兼总经理葛洪强、黑龙江国光建筑装饰工程有限公司总经理魏光、黑龙江省高维建筑装饰工程有限公司总经理张乙明、武汉华达建筑装饰设计工程有限公司副总经理潘俊、湖北鼎元建筑装饰工程有限公司董事长兼总经理程新明、杭州国美建筑装饰设计有限公司总经理王炜民等。

其中有几位在书法书画方面颇有成就，如广州珠江建筑装饰集团公司董事长江荣宇、江西利达装饰工程有限公司董事长龚龙彪、湖北高艺装饰工程有限公司董事长兼总经理胡圣明、深圳市洪涛装饰工程公司总经理刘年新、温州云艺装饰有限公司董事长周锦云、丹东画院装饰工程有限公司总经理于兵、云南龙都装饰设计工程公司董事长兼总经理黄吉淳等。

有的是学土木工程的，如四川兴泰来装饰工程有限责任公司董事长兼总经理谢宇，1970 年生人，1990 年毕业于重庆建筑工程学院工民建。

有一些是学经济学、工商管理的硕士研究生，如湖北翔宇置业发展有限公司董事长周翔，1969 年生人，1999 年毕业于华中理工大学，经济学硕士。武汉市方正装饰工程有限公司总经理朱方，1968 年生人，2000 年毕业于澳门公开大学，MBA。武汉凌云建筑装饰工程有限公司（一级幕墙施工、甲级幕墙设计）36 岁的 MBA、董事长曾文涛， 35 岁的工程硕士、总经理蔡继红。武汉特凌节能门窗有限公司(二级幕墙施工）总经理 34 岁的 MBA 江峰。

有的是在读硕士研究生，如 35 岁的山东万得福装饰工程有限公司总经理林擘现正读北京大学 MBA，1967 年生人的上海世家装饰实业有限公司董事长单志国现正读上海国际金融学院 MBA。

有的是业内资深人士，如北京天图设计工程有限公司董事长屠舜耕，1943 年生人，原北京工艺美校校长、副教授。

以上企业除武汉凌云建筑装饰工程有限公司、武汉特凌节能门窗有限公司为国企正改制的外，其他均为民营，其中多为控股者，如 1962 年生人的研究生、浙江福田建筑装饰工程有限公司董事长张跃迅占股份 95%，四川兴泰来装饰工程有限责任公司董事长兼总经理谢宇占股份 70%。

我国大型装饰企业的装饰企业家具有研究生学历的有一大批人，如北京中建华腾装饰工程有限公司总经理畦志华、重庆皇城装饰工程公司董事长王金山、深圳市广田装饰设计工程有限公司董事长叶远西、深圳市美术装饰工程有限公司张志林、深圳市中航装饰设计工程有限公司董事长肖临骏、深圳市建筑装饰(集团)有限公司设计院院长姜峰、深圳市南利装饰工程公司总经理张玮文、黑龙江国光建筑装饰工程有限公司总经理魏光、哈尔滨市亚泰装饰工程有限公司董事长朱方群、武汉旺轩物业有限公司董事长高健等。

四、感　想

1．我国已有了一支十分了不起的建筑装饰女企业家队伍。占全行业 99%的民营家族建筑装饰企业，为女企业家的成批出现提供了舞台。我国装饰行业现已形成了女建筑装饰企业家的群体，她们是我国建筑装饰行业的杰出女性，可持续发展的不可或缺的重要力量。除一级装饰（幕墙）施工、甲级装饰（幕墙）设计企业的董事长（副董事长）、总经理外，她们还应包括副总经理乃至办公室主任一级的部门经理、中小装饰企业、公装和家装的企业家。

2．我国建筑装饰企业家，包括一大批女装饰企业家，年轻化——均为三四十岁；高学历——均为大学毕业，其中不乏硕士研究生；专业化——建筑学、室内设计、环境艺术、工民建、企业管理、经济学等现代学科；职业化——民营企业的董事长（副董事长）、总经理（副总经理）。

3．在人大、政协和民主党派、工商联任职的建筑装饰界人士，在提升我国建筑装饰行业在国民经济和社会发展中的地位、扩大影响方面发挥着至关重要的作用。

4．我国建筑装饰行业对美的资源有特殊的需求和吸引力、凝聚力、感召力，特别是从业女士。因为所从事的是美化建筑、美化生活的职业。长像——美，可作为本业从业的市场准入条件之一。

5．我国建筑装饰行业的这些稀缺资源是行业必定兴旺发达的标志和可持续发展的重要动力。如何格外爱护、尊重、合理配置我国装饰行业的这些稀缺资源？

与时俱进　开拓创新
全面开创五金业跨入强国之林新局面

中国建筑装饰协会理事　建筑五金委员会常务副主任委员兼秘书长　**郑纪文**

中共十六大报告，全面总结了过去5年的工作和13年的基本经验，提出了"与时俱进，全面建设小康社会，开创中国特色社会主义事业新局面"的奋斗目标。这给我国建筑五金业提出了很值得思考的问题：中国建筑五金业发展得怎么样，目标是什么？应当怎么办？

我认为，结合我国建筑五金行业的实际，应以实现跨入世界建筑五金强国为目标，为全面建设小康社会做出贡献。本人主要有三点意见。

一、坚持改革创新，实现了建筑五金业由"弱小五金"发展成为现代的充满生机和活力的重要产业

我国建筑五金业从历史发展看，基础相当薄弱。企业规模小、经济实力差、设备陈旧、技术水平低、质量档次低、配套能力差、企业管理落后等。改革开放以来，特别是近13年以来，在"三个代表"重要思想的指引下，坚持改革创新，进一步解放了生产力，加快了建筑五金业发展的步伐，实现了由"弱小的五金业"向建筑五金生产大国的转变：

一是，建筑五金产品从建筑装饰装修工程的辅助配件发展成为能起主导作用的主体材料之一。

二是，建筑五金业从单一的、落后的传统小五金发展成为多品种、多门类、多功能、高品质的现代新型产业。

三是，建筑五金业从小五金、小企业、小行业的弱小五金业发展成为在国民经济社会发展和人民生活中发挥重要作用的重要行业，发展成为建筑五金生产大国。其主要表现在：

1．行业生产快速发展

随着建筑业、建筑装饰业的高速发展，我国的建筑五金业得到了快速发展。预测2002年，全国建筑五金行业规模生产企业将超过1.3万家，工业总产值将超过900亿元人民币，年均递增10%以上。出口贸易超过20亿美元，年均递增12%以上。出口贸易增长幅度高于总产值的增长速度，体现了我国建筑五金产品国际市场竞争能力的提高和增强。这就是说：我国建筑五金业已经发展到其产值占GDP的0.9%左右，出口20亿美元。对国民经济增长、拉动内需、扩大就业、增加税收、提高人民生活、繁荣市场，满足国家建设的需要等发挥着重要作用。

2．行业结构发生深刻变化

全国建筑五金业的行业结构、企业结构发生了深刻变化。随着建筑装饰业的发展和人民生活水平的提高，建筑装饰五金、建筑不锈钢五金和安全防火等新兴行业迅猛发展起来。通过改革开放，民营、股份制、合资、外资企业发展很快，已占行业企业的99%以上，特别是民营企业已发展成为建筑五金业的主力军。

被授予"中国锁都"的温州，20世纪80年代中期，锁具生产以集体企业为主导，形成年产值达3000万元的产业群。80年代末期锁具企业就发展到了200多家，2001年发展到了400多家，总产值50多亿元，锁具产品约占全国份额的65%以上。出口交易值16亿元，产品远销世界60多个国家和地区，形成了以天宇、五洲、宝得利、坚士、霸力、华光等一批品牌企业为龙头的锁具生产基地。为适应发展需要，温州计划兴建占地2000多亩的中国（温州）锁都产业园区，集生产、科研、展销为一体，成为中国最大的制锁生产基地。

广东省中山市小榄镇现有工业企业3825家，其中五金类企业1224家，2001年全镇经济收入152亿元（税收9亿元），其中五金及配套产业65亿元，五金制造业现已形成以固力、华锋为代表的锁具制造企业，以史丹利、长青为代表的铰制造企业，以威卡、万里为代表的脚轮制造企业，以力高为代表的电动工具制造企业，以广合为代表的钣金制造企业等。

市场经济的发展，部门垄断、地区封锁格局的打破，结构的调整和机制的改变，大大促进了生产力的发展。一批国有、集体所有制企业，通过改制也增添了活力。如江苏无锡迪达锁业有限公司，原是一个乡镇集体所有制的制锁小厂(原无锡羊尖锁厂)，年产值不足300万元。由集体改为民营以后，把"满足国内外客户的需求"作为永恒追求的质量方针，严格按照质量管理体系的要求实施和运作。由于产品质量过硬，先后打入东南亚、中东、欧美和日本，2001年实现销售8000万人民币，出口创汇900万美元。台州市东升金属制品有限公司原是一个家庭小作坊，现已发展成为一个占地3.7万m²，员工200多人，所生产的阀门水龙头等产品全部向德、法、意、美等近20个国家出口，年创汇800余万美元。

3．创出了一批有竞争力的名优产品

通过产品结构调整和科技创新，创造了一批如北京森德散热器、广东固力保安制锁、温州五洲、浙江博民等一批在国内外有竞争力的名优产品。温州五洲、浙江博民等企业产

品全部或大部分出口，在国际市场享有盛誉。北京森德散热器有限公司生产的钢管多柱散热器，外形美观，节约能源，承压力高，重量轻，采暖性能和装饰效果合为一体，卖的非常火，年销售额成倍增长，1998年投产实现销售2000万，1999年5000万，2001年达到1亿多元，税金2000多万元，2002年又研制开发成功了森德无限防腐散热器，25年以上无需维护。浙江杭州金星铜饰工程材料厂、金星铜世界装饰材料厂等创作的铜装饰制品，被称为世界之门的人民大会堂、北京钓鱼台、亚洲最高建筑的上海浦东金茂大厦、南京希尔顿酒店、普陀山南海观音大殿等重点工程普遍选用，他们为人大会堂香港厅制作的铜门高2.9m，宽3.4m。为香港回归创作的金属书(共同的心愿)被我国故宫博物院、历史博物馆等七大博物馆收藏。新作雷峰塔是“古有秦砖汉瓦、今有金星铜瓦”，增添杭州一景，载入史册。我国建筑五金业充满着生机和活力。所谓“小五金”没有大品牌的历史已将成为过去。

4．产品生产专业化基地逐步形成

建筑五金产品向专业化基地发展，是生产力发展的必然趋势和具体体现。如锁具、卫浴五金配件、铜装饰制品、电动工具、阀门、灯饰等已经形成和逐步形成专业生产基地。浙江玉环县生产阀门和卫浴五金件的企业大大小小800余家，年产值50亿元人民币，出口25亿元人民币，从业人员3万余人，阀门生产约占全国的60%以上，形成了以浙江博民机电股份有限公司等一批科研、生产、出口企业为龙头的阀门生产基地。我看了其中6个厂，感到他们的特点：一是精，产品质量精；二是严，质量标准执行企业管理严格；三是专，产品专业化程度很高；四是快，生产效率高，企业发展快。五是强，区域产品的配套性强。

安徽工贸实业公司，将在安徽蚌埠投资1亿美元，创造世界一流汽配、五金产业园。一流的产品、一流的模具加工中心、一流的表面处理技术，再加上一流的技术和员工队伍，实现85亿出口贸易额的目标。

5．建筑五金专业市场进入发展期

2002年，全国已有经营建筑装饰材料和建筑五金的综合交易市场2500余家，年交易额2200亿元左右，北京的已近150家。市场中经营门窗五金、水暖五金、家具五金、装饰五金、工具五金的商家一般占市场商家的30%。建筑五金市场交易额达到400～500亿元，进入发展期。综合性、摊位式的建材五金综合市场已进入整合期，逐步向“超市型、超市摊位型”和“专业化”方向发展。五金专业化市场的发展是体现市场经济的标志，是市场经济发展和建筑五金行业发展的必然产物，也是广大消费者和五金生产厂家所希望的。

浙江永康五金城创业10年打造信用市场，已有2300多家中外厂商，3000多个摊位，2000多个品牌落户。2001年成交额100亿元，2002年将达到120亿元。二期工程占地500亩也已动工，成为全国首家最大的龙头五金专业市场。北京兴隆灯饰批发市场创业不到5年，营业面积由最初的8000m^{2}发展到30000 m^2，2002年营业额达2亿多元，并先后在哈尔滨、济南开了两家连锁市场。上海要投5亿元巨资打造上海五金城。北京和全国一批五金、灯饰专业市场、超市已逐步发展起来。

6．五金专业展会越做越强大

专业五金展会越做越强大，这也是市场经济发展的必然结果。2003年5月1日北京举办的全国五金商品交易会暨国际五金商品博览会，展览面积超过35000 m^2，标准展位1800余个，参展厂商1000余家，专业采购商数万人，被业界公认为当前中国规模最大、也是亚洲规模最大的知名度最高的国际性五金专业展会。2004年展出面积将达到42000 m^2，标准展位2300个。3年内办成国际一流展会。

“上海中国国际五金展”，要用5年时间，于2006年秋“第49届世界五金大会”在上海召开之际培育一个能够与美国芝加哥、德国的科隆两大名展相媲美的国际五金展。永康五金展，国际标准展位超过1000个，成为知名的专业五金展会之一。

回顾改革开放以来，特别是近13年来，我国建筑五金业辉煌发展的历史充分证明，建筑五金业的发展，已实现了历史性的突破和转变：已经发展成为一个在建筑装饰装修工程中起主导作用的建筑五金业；发展成为一个现代的新型的建筑五金业；发展成为一个在国民经济、社会发展中起重要作用的重要产业；发展成为一个建筑五金生产的大国。

那种“小五金、小行业”的“弱小五金”的历史已成为过去，那种小五金没有大品牌的历史也将成为过去。建筑五金业充满了生机和活力。必须重新认识建筑五金业在国民经济社会发展和人民生活中的地位和作用，给予客观而公正的定位，从传统认识、习惯势力和偏见中解脱出来。为实现建筑五金业由生产大国向强国的转变努力奋斗。

但是，我们也必须清醒的看到，我国建筑五金业与国际先进水平相比还有很大差距，产品档次需要提高，产品配套需要加强，南北发展也不平衡，装饰五金需加速更新换代，要在竞争和挑战中大发展、大提高。

二、抓住机遇，把建筑五金业的发展提高到一个新水平

1．国家已经给建筑五金业发展创造了极好发展环境

中共十六大提出了全面建设小康社会的目标，提出了一系列解放生产力、发展生产力的指导方针，为我建筑五金行业生产力的大解放、大发展、大提高指明了方向。十六大报告明确指出：“在社会变革中出现的民营科技企业的创业人员、个体户、私营企业主等新的社会阶层，都是中国特色社会主义的建设者。”“一切合法劳动收入和合法的非劳务收

入都应得到保护。不能简单地把有没有财产，有多少财产当作判断人们政治上先进和落实的标准。”“营造鼓励人们干事业，支持人们干成事业和气氛。”“放手让一切劳动、知识、技术、管理和资本的活力竞相迸发，让一切创造社会财富的源泉充分涌现，以造福于人民。”“必须毫不动摇地支持鼓励和引导非公有制经济发展。个体、私营等各种形式的非公有制经济是社会主义市场经济的重要组成部分。”“各种所有制经济完全可以在市场经济中发挥各自优势，相互促进，共同发展”。

我国建筑五金业企业绝大多数是中小企业，而主要是民营企业，要在这个极好的发展环境下进一步促进生产力的大解放、大发展、大提高，让建筑五金业行业企业更快的发起来、富起来、大起来、强起来。为改善中小企业经营环境，促进中小企业健康发展，发挥中小企业在国民经济和社会发展中的重要作用，国家还制订了《中华人民共和国中小企业促进法》，对有利于满足社会需要，增加就业，符合国家产业政策的中小企业，实行积极扶持，加强引导，完善服务，依法规范，保障权益的方针。为中小企业的创立和发展创造有利的环境。国家对中小企业将给予资金支持，创业扶持，技术创新、市场开拓、社会服务等方面的支持和扶持。

中小企业不仅在中国，在发达的资本主义国家也是大多数，在国民经济中同样扮演着越来越重要的角色。在英国有中小企业140多万户，在日本小企业占企业总数的72.3%，法国占78.7%，意大利占86%，中国内地占90%以上。60%的总产值和40%的利税来自中小企业。我国建筑五金业中小企业所占比例则更大，这些中小企业小而精，小而美，小而活，船小掉头快，经营灵活自由，销售快捷方便，资金流动自如，产品专业化很强，在竞争和挑战中也具有很强的生命力和很大的优势。

2．从北京和全国装饰业的发展看五金业发展前景

北京奥运建设、北京国际大都市建设、重点工程项目陆续开始启动。北京2008年奥运会，总投资16.5亿美元；50项重大工程总投资1228.5亿元；从2002年到2007年300多个星级酒店都要装修改造。同时还将再建一批新的星级酒店；装修费及投资近100亿元；五年内完成危房改造300万m^2，住房1000多万m^2；房地产每年开复工面积5000万m^2，其中住宅3000多万m^2。总建筑面积72万m^2的北京财富中心、46万m^2亚洲最大的新国展、14.95万m^2的国家大剧院、6万m^2的首都博物馆、100万m^2的北京金融街中心区、16.5万m^2的北京电视中心、16.8万m^2的中国第一座文化酒城等一批重点工程都已陆续开工建设。

全国“十五”期间，住宅新增57亿m^2，其中城镇住宅竣工面积27亿m^2，农村住宅竣工面积30亿m^2。中国住宅建设在未来10年仍是建设高速发展期，并将起到拉动经济增长的作用。去年底中国人均居住面积为20.4 m^2，到2005年城市人均住宅面积达到22 m^2。

浙江省不仅是建筑五金产品的生产大省，而且是建筑五金产品的需求大省。据了解，2001年全省建筑业完成总产值1768亿元，列全国第一位，建筑业增加值达377亿元，占全省国内生产总值的5.4%，建筑业被省委、省政府列为增势强劲的优势行业。房地产业发展迅速，2001年完成投资额536亿，高出全国22.7个百分点，居华东首位，全国第四，其中商品房建设投资达382亿元，房屋施工面积6242万m^2，竣工面积1937万m^2。建筑装饰业的发展给建筑五金业带来光辉的发展前景。

3．从市场对建筑五金产品的需求看行业发展商机

建筑与建筑装饰业快速发展，带动了建筑饰材业和建筑五金业的快速发展。专家预测“十五”期间全国建筑饰材年需求量将达到4000～5000亿元。建筑五金产品年需求量将达到1000～1200亿元。这个测算是从“十五期间”城镇年均新建住宅5.4亿m^2，现有住宅每年有10%即6亿m^2进行装修改造；农村年均新建住宅6亿m^2，现有住房每年有3%进行装修改造；全国新建涉外宾馆饭店1500万m^2，现有宾馆饭店约3000万m^2进行装修；新建办公、文化、体育、旅游等1.2亿m^2；全国现有1400万个商业设施、21万家文化场所和21万家旅馆饭店陆续进行装修改造等。逐项测算，合计年均需求量为4700亿元。如果按建筑装饰工程产值估算，2000年全国装饰工程产值约5500亿元，“十五”期间每年按10%的速度递增(实际预计增幅20%)，年均工程产值为8000亿元左右。饰材按60%计算，年需4800亿元左右。如果按2000年实用装饰材料3300万元为基数，每年按10%递增计算，其需求量为5000亿元左右。

所以，我们把“十五”期间建筑装饰材料年均需求量测算为4000亿～5000亿元是有依据，而且是留有余地的。其中建筑五金产值“十五”期间，年需求量也将达到1000～1200亿元，将以年均12%～15%的高速发展。对建筑五金1000～1200亿的需求量是实实在在的。这对建筑五金行业来讲是个极好的发展机遇，但对一个企业来讲就未必都能抓得住。

4．从“入世”后的影响看建筑五金业的发展机遇

“入世”是中国改革开放的又一个里程碑，对建筑五金行业企业来说，是一个难得的机遇与挑战。一般的讲法是，机遇与挑战并存，但对一个企业来讲，是“机遇与挑战并存”，是“利大于弊”，还是“弊大于利”等，不尽相同，应具体分析，具体对待。但我认为，从战略的角度，从不利方面，多想些谋略，则更为主动。但对建筑五金行业的整体发展是利大于弊。

2001年居全球五金工具销售前三位的是：美国1420亿美元、德国324亿美元、日本273亿美元。亚洲五金制品生产大国除日本外，依次是中国、韩国、中国香港和台湾。我国2001年产值为650亿人民币——约合80亿美元，只占美国的 1.25%、德国的 24.6%、日本的 29.3%。

要充分利用"入世"后的有利因素发展自己，提高自己。入世后，更有利于扩大产品出口和企业跨国经营；更有利于扩大利用外资促进产品结构调整；更有利于推动企业科技进步和技术创新；更有利于利用国外优质低价原料提高产品质量，降低成本等。要充分利用这些有利因素发展自己，提高自己。

对入世后的不利因素要认真对待。关键是要认真分析认识不利因素，采取相应对策，把不利变为有利。如入世后一些国外高档建筑五金产品纷纷进入中国，分抢我们 1000～1200 亿的大蛋糕。这对我国内同类产品的冲击就比较大。据调查，上海有的五金市场的门窗五金、水暖五金、家具五金、装饰五金、工具五金五大类，上千种商品，进口的已占 40%，国产只占 60%。

又如，在东京召开的亚洲地区发展前景大型研讨会上，3 次研讨中国。结论是：10 年内中国可能成为实力突出的全球制造业中心。理由是：它拥有无与伦比的成本结构和源源不断的廉价劳动力，它能把大量信息融入资本设备，再加上纪律严明的劳动大军，生产力直线上升。他们断言：10 年内，它必定成为实力突出的全球制造业中心，"中国将成为实力雄厚的生产大国"，将在各行各业崭露头角。在中国做生意的好处只会增加不会减少等。

国外高档建筑五金产品的冲击，外资的进入，外商在中国办厂等等，对我国同类产品，对我民族工业无疑是个冲击，但我们也完全可以利用这些因素，结合本企业情况，找出利用、合作、提高发展自己的切入点。在全面建设小康社会的新的历史时期，在我国建筑五金业全面开创跨入世界强国之林的新的发展阶段，存在着极好的发展环境，发展前景和发展机遇。但在机遇面前，有些或者说多数企业可以也能够抓得住，但有一些企业想抓抓不住，这也是历史的必然。

据调查，当前我国建筑五金行业企业的竞争实力和对入世的态度，大致有三种情况：

第一类：竞争能力比较强，思想准备比较充分，不怕狼来，敢于在国内外两个市场与国外企业进行竞争，迎接挑战。从我最近在浙江的温州、玉环、永康走访的 10 个企业看，均属这一类。这些企业抓住世界建筑五金产业大转移的机遇，开发产品，打造品牌，开发市场，扩建企业，具有一种朝气蓬勃，奋发向上的动人景象。他们的共同点是居安思危，开拓创新，走持续发展战略。对这类企业要扶持、培育，使其逐步发展成为有竞争力的，能够带动行业发展的大型企业或企业集团。

第二类：在 5 年宽限期内或者说在当前还能维持一阵子，还能过得去，但竞争能力不强，经不住激烈竞争的考验。这类企业必须增强危机感和紧迫感，在入世保护期有限的时间内积极调整产品结构，采取应对举措，提高竞争力，对这类企业，要支持帮助他们渡过难关。

第三类：对入世毫无思想准备，产品无竞争力，甚至继续生产劣质产品，坑害国家和人民。这些企业如不立即改进，势必被淘汰出局。

三类中，一类和二类是大多数，三类虽是少数，但危害很大。在机遇与挑战中，有些企业发展了，提高了，而有些企业破产了，淘汰了，优胜劣汰，这就是市场经济发展的必然规律。

在市场经济发展过程中，多数企业发展了，壮大了。一些企业大体占 20%左右倒闭了，破产了，这种情况不仅在中国，在国外也是如此，美国每年有 20 万家小企业倒闭，而同时又有 60 万家企业诞生。一些企业为什么倒闭，究其原因：一是短期行为，只顾暂时能赚到钱就行，甚至采取一系列非常手段，导致破产；二是急于求大，造成投入产出失当，陷入困境；三是多个领域投入，在干什么都成功干什么都赚钱的思想支配下盲目在一些不相干的领域投入，造成精力资源分散，使自己陷入困境；四是决策失误；五是管理混乱等等。这些教训应予以警惕，一个成熟的、成功的企业家非常善于从自己和他人成功的经验中吸收精华，善于从自己或他人的失误或失败中吸取教训，从正反两方面经验中不断完善自己，提高自己，发展自己。

我国建筑五金企业一定要从本企业的实际情况出发，充分认识和抓住面临的非常难得的发展环境、发展前景和发展机遇，全面提高企业的国际竞争能力，把建筑五金业的发展全面提高到一个新水平。

三、与时俱进，全面开创建筑五金业跨入世界强国之林的新局面

新形势给我国建筑五金业带来了极好的发展机遇，同样也带来了竞争和挑战。有机遇就有竞争和挑战，竞争、挑战存在于机遇之中，同样机遇也存在于竞争和挑战之中，挑战竞争才能带来更好的发展机遇和发展成果。

我国建筑五金业，虽有很大的发展和提高，但从总体上看水平还比较低。要从一个建筑五金生产大国转变为建筑五金世界强国需要做出极大的努力。建筑五金强国，一般要看三条：一是建筑五金销售额在国际市场的排序；二是建筑五金产品在国际市场的占有率；三是建筑五金品牌在国际市场的知名度。

这个任务是相当艰巨的，在当前，我国建筑五金业的发展要注意四个问题：一是产品功能要根据国家的产业政策和国内外市场的需求，要符合环保、节能、节水、安全、防灾、装饰和艺术化的要求；二是产品质量要向高质量、高档次、高科技含量方向发展；三是企业管理要逐步实现管理手段的现代化；四是发展速度，必须继续坚持持续、健康、高速发展的势头，以满足国内外市场的需求，满足建筑及建筑装饰业高速发展的需求，使中国建筑五金业在国民经济、社会发展和人民生活中发挥更大的作用。

当前主要应做好以下几个方面的工作：

1．要学习

学习贯彻十六大精神是首要的政治任务和中心工作，我建筑五金业各企业要把学习十六大精神和本企业的发展实际结合起来。按照“发展要有新思路，改革要有新突破，开放要有新局面，工作要有新举措”的要求，制订和落实本企业的发展目标、发展思路和发展举措。同时要学习WTO 基本知识，提高自我保护的能力。要学习和掌握WTO 的原则和规则，了解和熟悉 WTO 的贸易争端的解决机制、反倾销机制；知识产权保护的有关规定等。只有掌握了这些规则、机制和规定，才能利用 WTO 的技巧，保护自身的利益。同时还要善于利用行业协会来维护自己的合法权益，当国内五金企业受到国外商品倾销的威胁时，可以求助于行业协会来维护权宜。反倾销案件的申诉一般都是通过行业协会，行业协会在规范行业行为、协调企业立场、维护企业合法权宜、沟通各方面的情况、协调行业内出口商品价格等方面都发挥着重要作用。温州五金商会创造了很好的经验，黄聪弟会长要专题介绍。各企业都要客观地分析“入世”后面临的新形势和新问题，充分利用有利因素，善解各种不利因素，采取有力举措，在激烈产竞争中发展壮大自己。

2．开拓创新，全面提高企业竞争力

如何适应新形势，关键要创新。创新是企业发展源泉和动力：首先思想要创新，切实树立与时俱进的新思想，开拓新的发展思路；其次是技术要创新，要靠科技兴企，把科技渗透到新工艺、新材料、新技术、新产品中去；第三是管理、机制、经营等都要创新，都要适应，都要与 WTO 接轨。

全面树立企业新形象，提高企业竞争力。创新的集中点是体现在产品的品牌上。品牌是一个企业核心竞争力的集中体现，是发展之策，兴企之根，强国之本。产品品牌又集中体现在产品的质量和服务的水平上。各企业要按照产业政策，打造自己的品牌，在创中国名牌的基础上创造国际名牌。我五金委员会要根据“扶优、扶强”的品牌发展战略，全面实施品牌工程战略。以产品品牌为基础，打造企业品牌，支持、培育、发展专业化生产基地品牌、专业五金市场品牌、专业五金展会品牌。给企业创造一个良好的发展环境，体现行业整体优势，推动行业全面发展。我会将通过《装饰与五金》、《中国建筑装饰》、《装饰名品》、《中华建筑报》、《中国建筑装饰装修》、《中国建材报》、《首都建设报》等新闻媒体，利用工程信息发布会、名优品牌推介会等多种形式，宣传品牌，推介品牌，把品牌的名声叫响，做强。

3．以大型优势企业为龙头走联合之路

针对我建筑五金行业企业多、产品整体水平低、竞争实力差的情况，要通过资产重组、兼并、改革等，实行各种形式的联合和合作。企业之间要提倡优势互补。避免相互排斥，优势互相抵消。要支持、培育、发展以名牌产品优势企业为龙头的能够带动产业升级和推动行业技术进步的有竞争能力的大型企业或企业集团。我建筑五金业要以这些有经济实力的大企业和大集团为龙头带动产业升级，推动行业技术进步，参与国际市场竞争。协会要把支持、扶植、培育这类大企业和大集团作为工作的重点。同时也要支持培育有名牌产品的中小企业发展。行业企业之间要加强团结，加强自律，搞好协作，互相支持，联合起来，保护自身利益。

4．要选好市场定位，积极开拓国内外市场

市场是企业的中心环节，各企业要以市场为导向，结合本企业的实际情况，加强市场调查，确定市场定位，开拓国内外市场。国内市场很大，重点地区也很多。如上海、西部大开发、北京国际奥运工程和国际大都市建设几千亿投入的商机等。加入世贸组织之后中国已变成了国际大市场，我们有些企业在开拓国内市场的同时应走出国门积极开发国外市场。而有些外向型企业要在开发国外市场的同时，开发国内市场。在国外国内两个市场和国外企业竞争。在国内，我们不仅要巩固发展已占绝对优势的中档市场，还要积极打造品牌，参与高档市场竞争。我协会将为企业开拓国内外两个市场服务。

5．协会之间要优势互补，共同为发展行业服务

服务是协会工作的灵魂，协会的根本任务就是为会员单位服务，为行业企业服务，为发展行业服务。我会是建设部所属的中国建筑装饰协会的建筑五金委员会，我们的根本任务就是为发展建筑五金行业和为建筑装饰工程及广大投资者、消费者推介名优建筑五金产品服务。

我会在北京，北京有事尽量找我们，我会是全国建筑五金业同仁在北京的办事处，是诸位在北京的一个家。大家的任务目标是一致的，就是让企业兴旺起来，让行业发展起来。

我国建筑五金业在历史上是个弱小的行业，而且是被部门分割的行业，处于谁也管谁也不管的状态，随着市场经济的发展，部门垄断的格局被打破了，民营企业发展起来了，各个行业协会组织起来了，这是市场经济发展的必然结果。现在全国各个五金行业协会、商会其目标都是一个，而各个行业协会都有各自的优势和特点。因此应充分发挥优势，从不同的角度为行业企业服务，为发展行业服务。各协会都有自己的活动，而有些相同的活动应逐步联合起来，加强联合与合作，共同发展，形成整体优势。这是企业所欢迎的，也是市场经济发展的必然趋势。

让我们紧密团结起来，在十六大精神的指引和鼓舞下，与时俱进，开拓创新，为全面开拓我国建筑五金业跨入世界强国之林的新局面而努力。

北京装饰行业在全面建设小康社会中的地位作用任务

北京市建筑装饰协会　理事长　**朱希斌**

2002年11月党的十六次代表大会提出了全面建设小康社会的宏伟蓝图，这已成为今后20年各项工作的总目标。实现全面建设小康社会，就是要使国家繁荣富强，人民生活幸福美满。北京建筑装饰业，作为充满生机与活力的行业，在完成这一具有历史意义的任务中，具有举足轻重的地位作用，并越来越发挥着重要作用。党的十六大全面建设小康社会的精神，将推动我们国家继续全面迅猛发展，提高人民的物质、文化生活水平。兹把我自己的学习心得体会与装饰行业同仁共同探讨，以利工作开展。

一、全面建设小康社会的目标

1．党中央提出的要求。要用20年时间，每年国民经济增长要大于7.18%的速度，才能实现全面建设小康社会。北京市提出要提前在2008年实现全面建设小康社会，上海提出2010年全面建设小康社会。全国到2030年实现全面建设小康社会总的目标。人均年收入由现在的1000美元，提升到8000美元。

2．产业结构调整。主要是农业和非农业结构调整。我们现在农业劳动力占整个劳动力的比例的72%。国际统称标准：低等收入国家农业劳动力占整个劳动力的比例是49～50%。中等收入国家农业劳动力占整个劳动力的比例是30%（人均年收入2000到3000美元）。高等收入国家农业劳动力占整个劳动力的比例10%（人均年收入8000美元）。发达国家农业劳动力占整个劳动力的比例是5%。人均年收入12000美元以上。美国农业劳动力占整个劳动力的比例1%多一点，人民的生活非常富裕。

3．生活改善的指标。以食品支出为标准，我们国家目前人均收入的60%用于食品。我们国家还有一定数量的人口没有解决温饱问题，还算贫困。按国际统称标准，人均收入用于食品支出低于59%算温饱。人均收入用于食品支出达到40%以下，算是小康。人均收入用于食品支出达到30%至20%算富裕。人均收入用于食品支出达到20%以下算极富，城市富裕，乡村宽裕。

我们国家距离富裕国家还差的很远。再加我们的自然条件远不如西方国家。只说一件事，我们国家每年风沙化土地3000多万亩，全国现在有2080个县，等于每一年风化一个县的土地，是个很严重的问题。我们国家自然条件如此，就要从实际出发，经过长时间的奋斗，采取有力的措施，实现我们未来的目标。

4．三项指标。精神文明建设、人的素质提高、科技含量的指标，还有很多的具体要求，都基本实现了，中国才能实现全面建设小康社会的目标。

二、全面建设小康社会的主要矛盾

今后20年国家经济增长速度，平均每年不能低于7.18%，前10年平均每年不能低于7.2%。现在的主要矛盾是：

1．高效益增长和高失业并存。目前我们国家国民经济增长是持续、稳定、快速的，但城镇失业率占10%，农村失业率占20%。城镇劳动力按2亿人，失业率2%，就是400万人失业；还有200万人提前退休，隐蔽失业可能达到2000万人，这个数字是不好判断。农村劳动力5亿人，现在进城做工1个亿，在乡镇企业做工1个亿，留在农村务农3个亿；农村失业1亿人占20%。

国际上统称的失业率红灯线是7%，劳动力失业超过7%，社会就容易出现不稳定因素；就容易闹事动乱。我们国家这么高的失业率怎么办?只能走扩大内需，拉动需求的路子。国民经济每增长1%，就能给170万人提供就业机会。

2．高效益增长和高紧缩并存。目前我们国家物价多年是稳定下降趋势，这样就必然带来通货紧缩，结果不好，通货紧缩带来的矛盾是需求不足，需求不足刺激不了扩大再生产发展。目前我们国家民间金钱存款达10万亿，这是一个不健康现象。

3．高效益增长和收入增长差距扩大。效率与公平不能并存，我们要效率优先。改革开放20年以来，资本效益提高900倍，是劳动者收入的900倍，这是建立在资本与劳动对立条件下的，这种收入增长差距拉大容易产生社会动乱。在屡屡出现贪污、漏税的情况下，更容易产生社会动乱的因素。

4．高效益增长与高污染的发展环境并存。我们国家努力吸取国外一些国家发展过程中的教训，发展中注意环境保护，但仍然不能避免破坏环境的问题，这方面的问题严重制约着我们国家长远发展。只说两件事：

一是我们国家淡水严重不足，用量占世界的1/4，可是水资源远远不够，采取了很多措施，也不能解决根本问题。水不足是我们国家将来生存、发展的特大问题。

二是我们国家石油不足。大庆油田每年产5000万吨原油，占全国产油1/3。按照我们国家需要每年要进口用量的40%，其中大部分来源于中东，我们对中东石油依赖太大，占进口量的60%，美国进口石油量的30%来自于中东。所以中东战争打起来对我们国家影响也是很大的。

三、影响我国今后国民经济指标增长的因素

一类是指令性因素。既体制改革推进速度。体制改革加快，带来效益加快。世界上国民经济高速度增长一般来讲超不过20年，但中国推进体制改革，产生的资本效益提高，国民经济的高速增长已24年，没出现波动，这其中有中国的很多特点。产业结构政策调整，加快市场化，加强民营经济等，24年带动经济效益持续高速增长。只要我们国家在

党的领导下，继续坚持体制改革，国民经济高速度增长会持续下去的。

有人说中国的极限人口最高值是16亿人，按照现在的人口增长政策速度，预计到2028年中国人口将达到15亿，将是最高峰。因为我们国家的土地资源有限，960万km^2，现在不够了，和邻国边界谈判，让出去了20000km^2。中国每年净增人口1600万，是负担，也有好处，它能扩大消费，拉动内需，可以拉动经济增长4%。

二类是固定资产投资的因素。今后20年内国内固定资产投资增长每年应不低于10%～15%，可以拉动国民经济每年增长2%。

三类是出口。2002年比2001年全国出口增长14%。今后20年国家出口增长每年应达到10%以上，这样可以带动每年国民经济增长1.5%。

四、装饰行业在全面建设小康社会中的地位作用

1. 装饰行业发展的规模和速度，可以扩大内需，促进国民经济增长。建筑装饰行业的形成与发展是建筑业专业化分工的产物，是社会生产力进步的表现，更是改革开放、经济增长、人民生活水平提高、现代化进程加快的具体体现。全国年度装饰工程总产值已达7200亿元（其中北京800亿元），并且继续以年递增20%的速度增长，已成为国民经济新的增长点。为人民提供了新的适时适量适度的消费市场。成为我国由温饱型向小康型消费结构转换中的亮点。它创造、培养和扩大了新的内需领域，使广大人民群众变持币与储蓄，为改善生活环境而进行居室装修的消费，在繁荣市场，激活经济方面起到很大作用。

2. 装饰行业的发展可以扩大就业。推进我国经济体制改革的一个大问题，就是如何创造更多的就业机会。经济要发展、人民要乐业、社会要稳定，完成大规模的装饰工程任务，需要大量的劳动力，据有关部门估算包括装饰材料流通在内，全国从事装饰工程活动的达1400万人以上，给这么多人创造了就业机会。除了为城市人口扩大了就业门路外，绝大多数是吸纳了农村剩余劳动力。因此，建筑装修行业成为大批农业人口进入城市的渠道和被接收的土壤，使他们切身感受到城市生活方式和现代的生产方式，有利于缩小城乡差别，有利于城镇化比例提高。在增加农民收入，提高农村生活水平的同时，也影响着农村的生活方式，改变着农村的生活习惯，这些变化，都直接成为推动城市水平提高和加快小城镇建设的物质与思想基础。

3. 装饰行业的发展可以推动相关产业发展。在全部装饰工程产值中，有50%是材料消耗，这就给冶金、化工、建材、纺织、机电、家俱、饰品、花卉等十多个相关产业部门提供了巨大的市场。建筑装饰工程技术、环保标准的不断提高，为相关产业的产品升级和更新换代提供了原动力、催化剂，带动了相关产业的科技进步、更新换代、规模发展，达到社会资源优化配置的目的。

4. 装饰行业的发展，可以推动相关服务业发展。北京、乃至全国最火爆的市场是装饰材料市场，举办最多的是建筑装饰材料的展览会、博览会，由此推动了商业物流业、展览展示业、报纸、电视新闻媒体业、广告业、运输服务业，以及进出口贸易等的发展。建筑装饰工程美化了城市环境，提高了建筑物的质量，完善了功能，提高了设施配置档次；也成为我国旅游饭店业、娱乐休闲服务业、餐饮业等等服务行业高速发展的物质基础，第三产业的蓬勃发展，进一步调整、优化了我国国民经济结构。

5. 装饰行业的发展，可以改善工作环境、居住环境。可以使人温馨舒适，可以改善人的身体健康，可以提高人的工作效率，可以提高人的期望寿命，可以提高人的生存价值。

建筑装饰行业的发展，可以全面改善和优化建筑物内、外环境，将极度大地影响着人们的工作情绪，对人们保持饱满、充沛的工作精力，提高工作效率，以及保持和谐友善的人际关系都具有重要作用。建筑装饰行业对全社会各项事业的发展，都提供了物质条件的支持和保障。

装饰行业的发展，也促使改善人们的生活环境的文明程度，不仅影响着人们的精神世界，也提高了人们的道德水准，使人们的行为趋于规范。在一个高雅环境生活，自然会增强人的自豪感和成就感。当前建筑物的档次在不断提高，建筑装饰的设计水平、材料水平、工艺水平已成为建筑物档次的重要组成部分，并成为建筑业技术进步水平的重要标志之一。大批装饰工程的出现影响着世界各国人民对中国的认识，使中国充满现代化的朝气蓬勃的形象展现在全世界面前，促进和加强了国际交往。

装饰的发展，特别是住宅装饰的发展，完善了功能、布局、流程，提高了人民居住的环境质量水平和生活的舒适度，推动人们逐步建立起文明、科学、卫生的生活方式，达到促进身心健康，延年益寿的目的。人在优雅健康的环境中，也增强了对环境保护、生态平衡的渴望，从而推动全社会热爱大自然和环境保护事业的发展。

6. 装饰发展可以促进文化艺术发展。装饰文化和设计创作的发展，不仅能繁荣我国的文化、艺术，也形成了对全民的美学、科学的教育，使人们切身感受建筑装饰文化艺术魅力的同时，提升了文化、艺术修养水平和艺术审美情趣，提高了装饰文化品味，使装饰文化融入了人民的日常生活。住宅的装饰已成为一个有中国特色的行业，成为一个有鲜明特点的社会、经济和文化现象。

7. 建筑装饰的发展，可以推动相关教育的进步、拓宽。全国200多所大专院校开设有建筑装饰类专业，在校学生2万多人，由院校、企业设立的科研机构光北京就有十多家，基础研究、应用研究都取得了一些成果，提高了科教事业对经济建设的配合程度，形成了对我国科教事业发展的推动。

8. 建筑装饰业发展，可以推动民营经济发展。装饰行业的发展，为资本小的投资者提供了投资领域，从而推动了民营经济的发展，成为培养民营企业家的摇篮，成为我国调整所有制结构的有力杠杆之一，而民营经济在装饰行业的成

功运作，在一定程度上成为体现我国经济与政治民主，市场经济更具活力及开放性的重要标志。

9．装饰行业的发展，可以增加国家税收。推动国家财政收入增长，为增强国家综合实力做出贡献。

五、北京市装饰行业在全面建设小康社会中的任务及做法

建筑装饰行业是实现全面建设小康社会目标必须大力扶助发展的行业，建筑装饰行业发展的速度规模，将影响着全面建设小康社会的进程。所以要以三个代表的思想去统领建筑装饰行业的发展，充分认识装饰行业在政治、经济、文化方面所具有的中国特色。加快建筑装饰行业生产力水平的提高，使其更好的代表社会先进生产力发展的要求，更好的体现先进文化发展的方向，做社会、群众满意的装饰工程，以此体现代表广大人民群众的根本利益。结合建筑装饰行业实际实践"三个代表"思想，是推动北京建筑装饰行业发展的根本指导思想。为此：

1．要扩大装饰产业规模，发展是永恒的硬道理。北京市装饰行业以及任何一个装饰企业在全面建设小康社会中的作用，关键是把企业做强做大，把产业做出规模。北京市的装饰行业前十年在"一年进客房、二年进大堂、三年占市场"的号召下，走出了扎实的一步，取得了可喜的成绩，奠定了良好基础，今后十年、二十年就要在党中央全面建设小康社会的号召下，按照立足北京、走向全国、奔向世界的战略部署，培训一批骨干企业，完成历史赋予的任务。

2．要提高装饰产业自身水平，提高装饰企业综合竞争能力。立足北京、走向全国、奔向世界，适应完成历史性任务的要求。办法就是千方百计扎扎实实的落实以下几项措施：

（1）重视人才资本、创建人才基地。为企业培养在国际装饰市场竞争的精英，强化培训，全面提高全行业员工素质。我们提倡：首先全行业要营造一个人人重视人才，个个成为人才的氛围，使人才就是企业财富的"人才资本"概念，企业竞争归根结底是"人才竞争"。第二，加强人力资源管理，搞好人事制度改革，完善人尽其才的良好机制，加强事业留人、感情留人、待遇留人的人员保全机制，即有利于人才发展，能引进人才和留住人才机制，在职称评定、工资、奖金分配、出国考察及各种福利待遇，都向专业人才倾斜，使企业成为培养造就人才的基地。第三，重点抓好项目管理层，分公司管理层人力资源管理，这两个环节是公司整个管理的重要环节，抓住这两个环节，公司的整个管理就有了基础，因此对这两个环节的人才选拔和任命，必须建立规范的程序，必须有完整的决策依据；第四，着力抓好专业人员培训，实行持证上岗。着力抓好技术工人的普及培训，提高技术工人的技能水平。第五，经过不断的培训和优化，使企业员工的综合素质和企业的整体实力有一个全面的提高，成为企业进入国际市场竞争的持久竞争力。

（2）重视设计，提高设计水平。一是要积极培训自己的设计师，特别是要培养自己的设计大师，创造更多的条件和机会，让有才华的设计师脱颖而出，积极投身于国际市场竞争。二是要认真学习境外的先进设计理念和优秀设计大师经典工程的设计范例，大胆引进国外优秀设计人才，优化我们自己的设计队伍，使我们的设计理念和设计水平尽快和境外同行接轨。三是要发挥自己的优势，积极寻求与境外设计单位或设计大师的合作机会，做到优势互补；吸引团结境外一定数量紧密的或松散的优秀设计人员，形成品牌化、多元化工作氛围。设计风格多元化，将有效覆盖市场的广度，具有规模效应；设计风格的品牌化会有效开发市场的深度，满足高水平客户的需求，创造精致的作品和高额的效益。四是积极参加行业的装饰设计作品竞赛和设计人员"沙龙活动"，面对面的交流心得体会，促进提高自身的设计水平。我们提倡设计立足于民族文化，致力于创新，吸取民族文化的精髓，寻求现代文明、传统思想和当地特色文化相结合的途径，创造丰富多彩的设计作品。五是根据国外建筑业运行机制，提倡实行设计、施工分离，有利于提高专业水平，提高企业的技术含量；同时提倡装饰设计在建筑设计中早期介入，让两者融合沟通，真正一脉相承，共同创造完美和谐的建筑空间环境。六是提倡有设计资质的单位，组建内部独立核算的装饰设计公司，充分调动全体设计人员积极性，迅速地全面地提升装饰设计人员积极性，迅速地全面地提升装饰设计水平。

（3）重视实施品牌战略、形成品牌效应品牌就是形象，品牌就是信誉，品牌就是实力，品牌就是利润，实施品牌战略是企业生存和发展的关键。企业实力增强了，如果没有形成品牌效应，那么企业的实力就不能得到最大程度的发挥，企业的目标就不能得到很好的实现。如何建立品牌，树立品牌，我认为：1．要创造以优质工程为标志的企业品牌，这是入世后对企业判断的一个重要标志。要想创优质工程，必须提高项目管理水平，项目是企业生存的基础。提高项目管理水平的关键是要选好项目经理，用好项目经理，培训项目经理，更新知识，增强全面驾驭的能力。观察一个装饰公司水平重要的是观察有过什么优质工程业绩、工程质量得到的认可程度，以及企业在社会上的知名度。要想创优质工程，必须坚持四新，即在工程中采用"新技术、新材料、新工艺、新设备"，才能做出优质工程。2．把企业做强、做大，对国内外好的大的合作伙伴，可以走各种的合作道路、联合道路，可以走设分公司的道路、特许店的道路、连锁经营的道路。可以走一业为主多种相关经营的道路，走各种各样可行的道路，目的是壮大发展自己的企业。3．要用优质工程、精品工程塑造企业的形象，要加强企业优质精品工程的宣传工作，要使社会上知道我们自己公司的企业规模、施工水平、代表性的工程和诚信程度。

（4）重视参与国际竞争，积极开拓国际市场。现在有一个情况需要谈清楚，即国内市场已经国际化，是要按国际规则参与竞争。国外市场，加入WTO后我们也享受所在国的国民待遇，哪里能赚钱，我们就应该到哪里去。所以我建

议北京的装饰企业、特别是重点装饰企业要把企业的长远发展目标定位于国际化的坐标上，不能目光短浅。

3. 确定行业发展新的战略目标。我们北京的重点装饰企业，都要以国际市场为背景，以国际同类型知名公司为坐标，重新调整自己的发展目标，通过优势、劣势的比较，确定自己的新的战略目标，并从以下几个方面扎扎实实地做实际准备工作：

（1）增强服务意识，强化服务体系。强调服务思维方式上的接轨，提高商业服务意识，是提高竞争能力的重要组成部分。

（2）增强合作意识。在竞争中合作，在合作中竞争，是一般的商业规律。当今世界，强强联合、优势互补是提高竞争力的重要方法。

（3）增强居安思危意识。市场经济中的企业，竞争是主旋律，有竞争必有淘汰。我们熟悉的海尔、联想、华为等国内著名企业，正是因为有以危机为核心的经营理念及企业观，才创造出国际一流的跨国集团的辉煌。所以我们北京的重点装饰企业，都要居安思危，以国际市场为背景，以国际同类型知名公司为坐标，重新调整自己企业的发展目标。当务之急是把企业做好做特，形成自己的核心技术，打造自己的品牌，做有特色的“小巨人”，在一定的层次参与市场竞争。

（4）增强合同意识，加强合同管理。入世后，合同是作为双方合作的法律性文件。国际工程承包合同对未来双方的责任和义务记载得十分详尽，语言是十分规范的，要有专人吃透文件，各方面都严格按合同办事，又要学会用合同保护自己。合同不仅是建立合作关系的需要，又是规范双方行为和利益的需要。不断深入研究文件，不能用自己的理解代替合同准确的含义。要培养本公司的合同专家，是开展国际性承包的重要条件。还要提高执行合同的风险意识。在国际工程承包中不存在没有风险的项目，要强化项目的风险分析，研究实施排除风险措施，提高履行合同过程中抗风险能力。

还要增强索赔意识。我们中国企业入世后在国际市场竞争中最大弱点是不懂索赔。国际市场上低价竞标，索赔赚钱，已成惯例。只有低价才能中标，这是一种惯例，索赔赚钱是重要的手段。我们的建筑装饰公司没有这种索赔意识，又缺乏这方面的专业知识。要善于利用设计咨询公司和业主的错误所造成的损失创造赚钱的机会。有经验的承包商都有这方面索赔的经验，它同为业主服务是不矛盾的。

（5）要增强按规则办事的意识，规范自己企业的商业行为。“开放市场，遵守规则”是我们国家加入 WTO 后的基本承诺。

要做好人员、资金、管理等业务准备。过去在国内搞工程是一个成本、质量、工期控制过程，今后在国内外搞工程则是法律的过程、货币、金融过程、公共关系过程。今后参与国际市场竞争，不能无准备的蛮干，也不能迈不开步，要解放思想，转变观念，扎扎实实的真抓实干。

（6）要建立工程施工文件管理制度和运作体系，严格在工程施工中实行文件管理。要结合工程质量 ISO9000、绿色环保 ISO14000、安全生产 ISO18000 认证、贯标，检查落实。

（7）要引进国外先进机具，走工厂化加工生产的道路，全面提高工程施工效率和工程质量水平。木工部分国外已基本实现工厂化生产，现场拼装，其他工种方面工厂化生产也达到了 70%以上。我们要积极创造条件，赶上国际水平，增强我们的施工能力。

4. 重视建立现代企业制度，从体制机制上和管理机制上提高企业综合竞争能力。

（1）企业改革的目标是实现“产权清晰、政企分开、责权明确、管理科学”。改制是实现产权清晰的重要途径，不改制就无法建立现代企业制度，就无法实现管理科学目标。重点装饰企业要有计划的创造上市的条件，一般装饰企业也要建立符合 WTO 原则、符合中国国情的企业管理制度，尽可能从纯家族式的管理模式中解放出来，实现符合实际情况的制度创新。改制本身决不是目的，更重要的是完善企业经营机制，提高企业现代管理水平。

在企业经营机制方面，突出的是要解决好分配机制问题。加入 WTO 以后，不能充分调动全体员工的积极性，就很难适应入世后激烈竞争的需要。

（2）提高现代企业管理水平方面，首当其冲的是要强化市场经营管理，企业多接工程才能多赚钱，才能发展壮大自己。要及时调整经营策略，全面对接国际装饰市场。

（3）建立现代企业管理制度，必须走管理法制化之路。制订严谨的管理制度，编制出一套既有前瞻性、指导性、全面性、科学性，又有实践性、操作性的公司管理汇编，通过 ISO9000、ISO14000、OHSASl8000 等的贯标认证，建立起一整套同国际标准接轨的管理文件，以此来规范整个公司的运作和每个职工的行为。还要建立健全公司内部执法体系，保证各项规章制度的有效执行。公司上下要形成企业管理法制化氛围。尤其在内部工程分包、劳务队伍选择、材料采购、资金的管理以及招投标过程中的法制化管理必须强化，教育培养公司各级领导者和全体员工学法、懂法、守法、用法、执法的意识，形成公司企业管理法制化的氛围。

（4）建立现代企业决策科学化制度。“谋定而后动”、“预后则立”的古人论断，都说的是科学决策的重要性。作为有规模、图发展的建筑装饰设计施工企业，必须要建立领导层的“议事规则”、“重大问题决策程序”、“工作纪律”等基本制度，以“决策民主集中化”杜绝“决策独断化”，最终达到“决策科学化”。同时，应该建立决策责任追究制度，因决策失误的要追究决策者责任。

（5）建立现代企业运作规范化制度。各项企业管理应当有序进行，特别是在资产管理、资金管理、项目管理、信息化管理方面要有具体的运作程序，提高企业集约化管理水平，提高公司科学管理水平。

5. 重视建立企业自律制度，树立诚实守信意识。竞争不是欺诈，竞争不是垄断，竞争是向市场、向社会的一种郑重承诺——“履行承诺”，这也是入世的基本准则。只有100%地诚实守信履约，才能立足市场，获得业主和社会的广泛支持。所以已经加入WTO的今天，北京建筑装饰企业一定要建立严格企业自律制度，树立企业的诚实守信意识，保持良好的信誉记录，对社会、对业主做出明确承诺，建立与社会的信誉体系，保持与业主或总承包方的信誉，避免甚至杜绝恶性竞争，压低造价、相互诋毁等不利公司形象的发生；同时在资源、信息方面，尽可能互动和联合，抵消不利因素，避免两败俱伤，旁人得利。千万不要做假广告，欺骗业主、欺骗社会，最终欺骗了企业自己。

6. 注意发挥行业协会作用。参加WTO以后，行业协会有了政府不可替代的作用，并能成为政府间谈判的缓冲组织。只有行业协会能公开代表企业利益，行业协会一定要学好世贸规则，并要结合行业实际研究规则，形成保护行业协会会员企业利益的能力。在中国目前：一方面要提高行业协会素质，另一方面要增加行业协会的权威性，这样才能逐步做到保护本国本行业会员企业利益的目的，这是入世以后我们行业协会工作努力的方向。

我们还要用新型工业化的发展方法改造传统密集型装饰行业，加快技术创新、管理创新速度，走科技兴业的发展道路。技术创新着重引导工厂化生产，现场组装式施工，提高施工的机械化水平，减少现场作业，缩短工期，提高质量，减少扰民；规范装饰工程的工艺作法，规范现场作业，提高手工操作产品质量。管理创新要认真研究改革开放后发展起来的装饰行业所有制结构特点，建立适应行业、企业实际情况的现代企业制度，研究改造后的原国营企业、合资企业和民营企业制度创新和运行机制的完善，从体制上、机制上解放生产力。要探讨装饰行业内部结构的调整，促进企业间的重组、联合，形成可以同国际大公司相竞争的旗舰式企业；要引导企业做精、做强、做大，形成企业核心竞争力；探讨专业化发展方向，使装饰行业市场形成更为细化的专业市场，在细化的专业市场上提高企业的实力水平；提倡走出去的战略，到国际市场上承接工程，不但适应中国市场国际化的挑战，也要享受全球经济一体化带来的利益，力争在国际大循环中发展壮大北京装饰企业。

还要加强对装饰消费的引导，提高装饰消费者理性程度。要引导建立科学的装饰投资与消费的理念，摈弃虚荣、摆阔、豪华材料的堆砌，树立重视功能完善为先的理念，要引导树立正确、合理的工程标准，以追求简洁、明快、舒适、温馨、平和适度的态度去参与工程的运作过程和认识建筑装饰工程作品档次的高低之说；要加强对建筑装饰工程，特别是家居装饰工程消费者业主的引导，鼓励消费者、业主与设计师的互动沟通，积累经验，探讨问题，促进装饰行业快速进步。

还要整顿市场，强化自律。要完善建筑装饰法律、法规体系，健全技术规范、工艺标准及工艺做法，建立行业自律；制定并严格执行市场准入制度，特别是在细分行业市场的基础上，实行对不同专业市场的设计、施工资质的管理和材料的市场准入标准；要进一步整顿装饰市场秩序，清除不合格的施工队伍和材料，规范行业的设计、选材和施工，确保装饰工程的质量，做广大人民群众满意的工程。

与时俱进　开拓创新
推动河南省建筑装饰行业的发展和提高

——2003年4月8日在河南省建筑装饰协会四届四次会议上的讲话

河南省人大常委会法工委主任　河南省建筑装饰协会会长　**洪　瀛**

今天，我们河南省建筑装饰协会四届四次会议在这里隆重召开，这是“十六大”之后我省装饰行业召开的第一个行业大会，为我们全面落实“十六大”精神，认真实践“三个代表”重要思想，与时俱进，继往开来，抓住机遇，加快发展，开创我省装饰行业新局面又是一大促进。刚才，晓惠同志回顾了2002年协会所做的工作，对今年的工作做了精心的安排。赵亚平副厅长把全省建筑装饰行业的现状以及今后的发展，进行了分析和部署。河南省建筑装饰协会在省建设厅的直接领导下，做了大量的富有成效的工作，涌现了一批优秀的装饰企业，创出了一部分具有代表性的国优、省优工程，培育和造就了一批经验丰富、能力较强的行业技术人才，使全省建筑装饰行业有了长足的发展，在行业和社会上赢得了良好的声誉。在这里，我代表协会向支持行业发展的各级领导同志、为行业发展做出贡献的先进集体和先进个人以及全行业所有的从业人员表示衷心地感谢!

刚刚结束的“十六大”，是我们党在新世纪召开的第一次代表大会。会议高举邓小平理论伟大旗帜，坚持党的基本路线，贯彻“三个代表”重要思想，全面回顾了五年工作和十三年的经验，根据国内外形势的深刻变化，对全面建设小康社会、实现中华民族的伟大复兴做出全面部署，是划时代的宣言书和行动纲领。“十六大”的召开，表明了一个伟大时代的开启，我国进入了一个重要的发展时期，中国经济的再次腾飞，将给我们建筑装饰行业注入极大的活力，又增添了新的发展机遇。面临新的形势，我们将肩负更光荣更艰巨的任务，这就需要我们解放思想、更新观念、实事求是、与时俱进，开创我省建筑装饰行业的新局面。

下面我讲几点意见。

一、建筑装饰行业在全面建设小康社会中的作用

近年来，随着人民生活水平的不断提高，建筑装饰行业有了较大的发展，已成为市场经济发展中的朝阳产业。江泽民同志在党的“十六大”报告中描绘了全面建设小康社会、开创中国特色社会主义事业新局面的宏伟蓝图，这不仅为我们建筑装饰行业的发展指明了方向，而且为我们建筑装饰行业提供了更大的发展空间。因此，建筑装饰行业，在全面建设小康社会中，将发挥其他行业无法替代的重要作用。

1．建筑装饰行业是实现小康社会物质基础的重要组成部分

就我们河南而言，我省建筑装饰行业虽然起步较晚，但经过十几年来的不断发展，已形成了一定的规模。2002 年全省建筑装饰行业年工程产值 80 多亿元，建筑装饰行业年增长率达到 30%以上，不仅为我省国内生产总值贡献了积极的份额，而且增长幅度高于整个国民经济的增长速度。因此，无论从投资还是消费角度上讲也是拉动国民经济增长的主要组成部分。建筑装饰行业的发展带动了相关产业的发展，建筑装饰工程的物质消耗，为建材、轻纺、森工、冶金等产业提供了巨大的市场空间，形成了相关产业技术进步和产品升级换代的动力；建筑装饰工程的自身特点，美化了城市，美化了环境，也成了商业旅游饭店业、餐饮业等行业发展的物质基础。同时，建筑装饰行业激活了投资与消费市场，扩大了就业，加快了扩大内需的步伐，特别是住宅装饰装修，为人民提供了适时、适度、适量的新消费市场，变人们持币与储蓄为现实的消费，繁荣了市场，缓解了国民经济整体运行的压力，提高了整体运行质量。我省建筑装饰行业的迅速发展，是我省实现小康社会的重要组成部分。

2．建筑装饰行业可以促进我省经济结构的优化

河南省是一个农业大省，农村富裕劳动力较多，城乡差别较大，建筑装饰行业的发展可以促进我省经济结构优化。一是建筑装饰行业可以为社会提供近以万计的就业岗位，安置农村富裕劳动力，让他们取得比农村更为丰厚的报酬，同时让他们认识城市生活方式和现代生产方式，这样会直接影响农村的生活方式和生产方式，这就为改变城乡二元经济结构，加快城市化水平提高，缩小城乡差别奠定了物质基础。二是优化消费结构，加快由温饱型消费结构向小康型消费结构的转化速度，在促进和优化消费结构调整的同时，提高人民生活质量，使人们充分体会到更为殷实、富足的生活方式。三是有利于所有制结构调整。建筑装饰行业内的企业多数是民营企业，而且是中小型企业占绝大多数，这就为大量小民营资本的投资提供了市场，形成了民营企业集中的行业，行业的不断发展，提高了民营经济在整体经济中的比重，对所有制结构调整及增加经济活力都发挥了重要作用。

3．建筑装饰行业对精神文明建设具有重要作用

小康社会不仅是物质上的满足，同时包括思想道德素质、科学文化素质和健康素质的提高。首先，建筑装饰所具有的文化、艺术属性，成为具有中国特色的文化现象，建筑装饰文化不仅成为我国文化的一个组成部分，也已经成为人们持久学习、终生学习的新领域，有利于人们更全面的发展。其次建筑装饰优化了环境，它将影响人们的精神境界，提高了人们的道德水准，使人们的行为受到了约束和节制，从而促使人们的行为更为规范，增强了社会责任感和成就感。特别是住宅装饰装修，改善了人民的生活环境，有利于人们培养文明、科学、卫生的生活习惯，从而达到保障人民身心健康，提高身体素质的目标。人们居住、工作环境的改善，有利于保持和谐、友善的人际关系，提高人们的自豪感和保持积极、勤奋的追求意识，提升人们的思想境界。

二、实现全面建设小康社会目标，建筑装饰行业的市场环境

为贯彻落实党的“十六大”精神，实现全面建设小康社会的奋斗目标，我们必须全面分析 2003 年建筑装饰行业发展的各种环境。

1．从全国市场环境看，建筑装饰行业发展的有利因素

一是 2008 年奥运的举办和上海申博成功，不仅增加建设规模，还将大幅度提高以装修为主要内容之一的公共建筑及配套设施的档次；

二是随着入世后三年过渡期的临近，外商投资步伐加快，中国市场的国际合作机会加大；

三是全面建设小康社会目标的推动，以及人民生活水平提高而引发的家庭装饰投资能力增强；城市流动人口增加、二手房交易活跃，加快了旧房装饰装修的改造速度。特别是国家加快小城镇建设，建筑装饰装修的市场空间由城市扩展到农村的趋势日渐明显；

四是房地产发展势头仍然见好，旅游业的发展导致旅游设施需求更旺，更新速度加快；

五是公共建筑的二次装修容量在逐步增加，一方面是早期的装饰装修工程已不适应发展的需要，需要更新，另一方面政府从环境、环保、市容等角度出发，要求规定每隔几年必须装修一次。因此，全国装饰装修市场前景依然广阔。

从河南省内市场趋势看，省十届人大一次会议确定我省今后五年的奋斗目标是：经济增长速度要达到 9%左右；城镇居民人均可支配收入年均增长 8%；城镇化率达到 33%。为实施城镇化战略，省委、省政府曾提出了建设大型中心城市、中小城市和小城镇“三头并举”的城镇化发展方针，把郑州市建成全国性区域中心城市，加快豫南、豫北、豫东、豫西区域中心城市建设，加大对 26 个重点县（市、区）的建设力度，完善 117 个重点镇为典型的小城镇建设。按照我省的发展目标，今后 5 年，我省城镇化率平均每年增长 1.4 个百分点，以此推算，每年我省要新增城镇人口 130 万左右，每年要新增城镇规模 100km^{2}左右，每年要新增市政基础设施投资 150 亿元以上。要满足这些新增人员的住房需求，按人均住房建筑面积 23 ㎡计算，今后 5 年就有 1.5 亿㎡的住房需求，如果再加上现有城镇居民改善住房条件和旧城改造等因素，每年住宅的需求将在 4000 万㎡以上。这仅仅是就城镇主要基础设施和住房等方面进行的测算，如果再加入商业贸易、文化娱乐、社会保险、医疗卫生等设施，每年的城镇建设投资较之目前要大大提高。由此可见，随着我省经济的快速发展，人民生活水平的日益提高，小城镇建设的加快

实施，建筑市场容量将会逐渐增大，无疑给我们建筑装饰行业提供了更大的发展空间和新的机遇。所以，从总体上看，我们建筑装饰行业的发展形势较好，基础条件有利于建筑装饰行业的发展。

当然，我们在看到有利条件的同时，也必须清醒地认识到，我们建筑装饰行业的发展也面临前所未有的严峻的挑战。

2. 建筑装饰行业面临的严峻的挑战

一是建筑装饰市场国际化的速度将进一步加快，入世后所面临的国际化竞争也逐步现实化，相当多的企业在与外国企业竞争中的弱点会逐步表现出来，作为设计和材料，以及诚信和服务等所反映出来的弱点日见凸显，随着3年过渡期的临近，企业面临更加艰巨的考验。特别值得注意的是，我们还有一些企业对狼来了和真的狼来了缺乏必要的思想和业务准备。

二是作为改革开放后发展起来的行业，所有制结构的多样性在促进行业生产力进步中显示了十分明显的作用。但是无论是早已实观股份制的企业，还是正在进行改制的企业，都将面临新一轮制度创新的考验，建立现代化企业制度、确立符合形势要求的企业战略、企业文化，以及真心的而不是走形式的 ISO9000 及其他认证落实于企业管理的全过程，也是对我们企业的新的考验。

三是长期以来以手工操作为主的建筑装饰业，基于劳动密集和成本方面的考虑，导致无论在思想意识和实际工作中对技术创新，特别是拥有专利技术、形成经营特色、技术特色、寻求提高占领市场制高点的专业化发展方向等方面，都不同程度存在着一定的差距，这些差异影响着行业技术发展进步的步伐。

四是随着市场经济环境的逐步完善，公平、公正、公开的市场环境将有所改善，但招标中的暗箱操作、压价、拖欠等现象屡禁不止，严重影响企业经营的外部环境。与此同时，行业自律意识及企业行为远未达到自我约束和社会公允的程度，来自企业内外两方面不利因素的交义，使净化市场变得更加困难。

有利条件增强了全面推动行业发展的信心，不利因素将成为推动行业发展的动力。2002 年，协会在建设厅的领导和支持下，克服了困难，抓住了机遇，已经做了大量切实有效的工作，积极协助建设行政主管部门，加强了对装饰装修行业的管理和指导；开展了评优表彰活动；组织了省内外行业交流；举办了不同形式的宣传活动；加强了项目经理培训工作，取得了一定的成绩。面对 2003 年的新形势，我们要有新的思想、新的举措，要不断地开拓创新，下大气力，提高行业生产力水平，全面推动设计技术进步，积极引领正确的建筑装饰文化消费观念，坚持做群众满意的工程，提高企业的诚信和服务水准，经得起群众对行业、企业的考验，我们建筑装饰行业是大有可为的。

三、全面建设小康社会，我省建筑装饰行业的发展目标

建设小康社会，不仅表现在人民生活水平的提高上，而且表现在人们的文化教育水平的提高上。作为建筑装饰行业，既是建设小康社会的标志，同时也是“代表先进文化”的具体实践。于是，我们明确在全面建设小康社会中肩负的责任，摆正自己的位置，要根据形势和任务的发展要求，准确把握形势，认真总结经验，以创新的思路，积极的态度，推动我省建筑装饰行业的快速发展。

1. 加快行业体制和结构的调整步伐

我省建筑装饰行业经过十几年的发展，取得了长足的进步，已经形成多种所有制结构并存的局面，但必须深化建立现代化企业制度的改革。从我们装饰企业组织结构看，我省建筑装饰行业内企业规模普遍偏小，在激烈的市场竞争中，抗风险、抗冲击能力较弱，我国加入 WTO 后，实行“扶大、扶优、扶强”的行业发展策略，需要组织建设具有同国内外大公司竞争实力的建筑装饰行业的企业，把企业“做大、做精”是我们应对市场的必然选择。壮大中小企业实力，提高抗风险能力，把企业“做精、做专”，这不仅是适应市场化的要求，也是提高参与市场竞争能力，应对加入 WTO 的需要。

入世后我国企业间的并购成为主要形式。外资的并购、中资的并购、互相的并购，是企业再发展的途径。装饰企业的经营模式一定会发生变化，这种变化突出的一个方面是全球化视野下的本土经营模式，即使在国内经营也要有全球化意识，这种全球化下的本土化经营模式是未来经营模式的一个突出特点。我们要适应市场的发展需要，不断完善和壮大我们的企业。

2. 发挥装饰工程设计的龙头作用，推进行业的发展和技术进步

设计是装饰工程的龙头，装饰行业一大特点，除个别情况外，是集设计与施工于一身。我省装饰行业经过多年来的发展，在工程设计上已经取得了很大的进步，设计作品的艺术风格、文化品位正在逐步提高，但是我省建筑装饰行业毕竟起步较晚，无论是设计理念、空间处理、色彩和材料综合运用等方面还有待提高。我省装饰企业要认真研究技术发展战略，大胆进行技术创新，提高企业实力和素质水平；要在设计思想上创新，在项目管理上创新，提高企业实力和素质水平；在材料生产和运用上创新，推广工厂化、模数化、标准化施工技术，提高建筑装饰行业技术水平，形成自己的优势技术领域，并借以增强市场覆盖能力。

3. 营造良好的行业发展环境，促进我省装饰行业的快速发展

国务院相继出台了整顿和规范建筑装饰行业市场的有关文件，我省制定了相应的整顿和规范建筑装饰行业市场管理措施，我们要有效地贯彻、落实，加强行业的管理和指导，加强行业自律，为企业创造出一个公平、公正、公开竞争的市场环境。要进一步研究行业管理职能国际化问题，做好政府职能转变赋予行业协会的工作责任，适应加入 WTO 后行业管理同国际接轨的需要。要建立行业相对独立、完整的统计方法，以求全面掌握行业的整体情况，从宏观上比较准确反映行业整体水平。同时要帮助企业解决住宅一次性装修到位对装饰行业的影响，以及压价、拖欠工程款的问题、行业自律问题，要解决好当前行业管理的交叉问题，要解决好从

业人员的资格认证问题，营造良好的行业发展环境，为企业提供宽松的发展环境。

4. 尽快建立我省装饰企业信用体系

在经济全球化的今天，诚实守信已越来越为社会所重视。江泽民同志说过，没有信用就没用秩序，市场经济就不能健康发展。由此看来，要使市场经济健康有序发展，诚信经营，建立企业信用体系和自律体系十分重要。市场经济一定程度就是信用经济，对市场经济中的企业而言，从融资到信用担保等，无不与诚信有密切联系。忽视信用建设，企业就不能有长远发展。因此，企业信用已不仅仅关系到自身发展，而且是关系到规范市场秩序和社会长远发展的问题。所以，建立企业信用体系迫在眉睫，我们要尽快建立企业信用体系，完善企业信用档案和公示制度等，提高企业综合竞争力，增强企业信用观念和信用防范意识，规范企业市场行为，规范建筑装饰市场秩序，营造良好的信用环境和投资环境。

四、以积极的态度、创新的精神，做好协会工作

1. 发挥职能作用，当好“参谋”和“助手”

改革的深化培育了协会，而改革的继续深化又需要行业协会的进一步发展，需要行业协会为政府机构改革和政府转变职能提供支撑。由于建筑业是支柱产业，因而建筑装饰协会这个民间社团组织将随着我国市场经济的成熟，在经济生活和行业发展上发挥越来越重要的作用。国家经贸委已下文取消46项行政审批项目，建设部已确定取消135项行政审批项目，这其中有一系列关系到装饰装修行业，随着时间的推移，政府职能转换的速度和幅度将加快加大，我们将会承接更多的政府职能委托的业务。

2. 解决瓶颈问题，促进行业生产力发展

首先，要促进设计水平的提高，设计是装饰工程的龙头，也是装饰行业技术含量较高的部分。目前，我省建筑装饰设计理念和表现技巧等水平都有了一定的提高，但发展不均衡，特别是面对全球经济一体化条件下，同国际先进水平相比还有较大差距。加快提高设计水平，已成为当务之急。要积极开展多种形式的学术交流活动，诸如组织专家报考会、创作观摩会、经验交流会和媒体宣传等形式，活跃学术气氛，开阔设计人员的视野，切实加强设计工作体现先进文化发展方向方面的探索，加强与房地产协会、监理协会等相关协会的合作，有针对性地开展饭店及其他公共建筑和住宅装饰设计研讨活动，加快对青年设计师的培养。尽快促成对建筑装饰设计人员技术职称和执业资格的认定以及家装设计员的从业资格认定工作，肯定设计人员的创造性劳动，调动他们的积极性。

其次，提高企业的技术创新能力与新材料相匹配的新工艺新技术。科学技术的迅猛发展和日趋激烈的市场竞争，企业已成为技术创新的主体。所以企业要加大对新技术和适用技术的投入和引进，推进关键技术创新和成果推广，逐步把成熟技术由单项向成套转化，强化技术集成能力；要下决心改变效益增长方式，在形成核心技术、专利技术上下功夫，要坚持以工程项目为载体的技术创新方向，降低创新成本，并提高其生命力；要积极推广工厂化生产的经验，逐步用技术密集型的工厂化的工业生产替代劳动密集型的现场的手工业生产，这是提高装饰行业科技含量和劳动生产率的必由之路。交流与推广工厂化生产经验，将要成为今年协会在推进技术创新和提高工艺水平方面的工作重点。

第三，抓住关键环节，提高管理创新能力。大量的事实证明，技术创新的效益被管理落后给抵消已是不争的事实，今年要抓好以下工作：

一是要加快企业制度创新，推广和交流符合形势发展要求和符合企业实际情况的制度建设，组织有关调研，深入挖掘优秀企业的制度建设经验，举办包括报纸、刊物、电视等媒体参与的不同类型的经验交流会，启发企业主动总结、学习、推广管理制度。

二是要全面提高项目管理水平，加快与国际接轨能力。项目是企业生存的基础，项目管理水平能够充分反映企业的管理水平。项目既是企业管理的着重点，同时也是与国际接轨的结合点，全面提高项目管理水平，是提高企业核心竞争能力的一个重要组成部分，协会准备连续3年把提高项目管理水平作为提高行业生产力进步的重点来抓，争取使项目管理水平有一个大的提高。同时，提高项目经理的荣誉感和知名度，组织对项目经理的表彰，推出一批优秀项目经理。

三是要总结推广企业发展战略、文化建设、人才培训，特别是专业化发展方向的经验，推动企业形成自己的技术特色、经营特色，逐步形成企业核心竞争力。

四要交流企业实行 ISO9000 认证及其他认证的运行经验，促进企业真正执行有关的认证程序，切实提高企业的管理水平。不搞形式主义，不做表面文章。

3. 继续完成涉及行业发展的专题调研，解决好行业普遍关心的问题

理论是实践的总结，也是行动的先导，为使协会工作能够上升到一个更高层次，行业有个新的发展水准，会员企业有个更好的经营环境，协会将在过去完成和将要完成的课题基础上，继续完成一些涉及行业发展的方针性、方向性课题的调研工作，尤其是对企业所关心的“住宅一次装修到位对装饰行业的影响”，以及“最低价中标”、“工程款拖欠”等方面的调研，力求协助政府提出政策措施，指导行业的健康发展。

4. 从行业发展的战略高度，抓好培训工作

逐步建立和完善行业培训体系，团结动员社会培训资源，利用市场化的机制，加大行业培训项目开展力度，根据国家改革专业技术人员持证上岗制度，逐步建立行业从业资格制度的精神，在对行业从业人员岗位调研的基础上，进一步完善装饰行业从业资格培训制度。开展建筑装饰设计员从业资格培训和装饰造价的从业资格培训的试点。开展装饰工程监理工程师培训。继续在建设厅指导下，围绕建筑装饰行业工人职业技能培训，进行更深度开发和培训模式的探索以及师资培训等工作。继续完善装饰项目经理培训，创造条件，积极争取向注册建筑师的过渡。在抓好专业人员培训的同时，积极开展企业管理者的培训、协会工作者的培训以及为适应形势发展要求的国际工程方面的培训。

5. 加强信息交流，促进行业提高

当前，我们不仅面临经济全球化的挑战，同时面临信息

社会、知识经济的到来。全行业广大企业和从业者迫切需要及时了解当今建筑装饰设计流行趋势、技术发展动态、市场资源情况。这不仅是行业发展的需要，也是社会发展的必然。因此，协会在继续办好会刊《河南省建筑装饰》的同时，办好“河南建筑装饰网站”，通过网络进行信息交流。协会要利用网站，做好信息收集与传递工作，把收集到的信息及时传递给会员单位，并通过网络让全国乃至世界了解河南建筑装饰企业，为企业的快速发展提供服务。

6. 切实加强协会改革和自身建设

完成协会任务的关键是提高协会工作人员的素质，提高办事能力、效率和质量。首先要进一步加快协会秘书处自身建设，与此同时必须看到，协会是一个整体，只有理事、常务理事都能尽职尽责，协会才能更好完成任务。

（1）加强秘书处的工作改革和自身建设。一是加大发展会员工作的力度，提高覆盖面，提高代表性，并注意吸收装饰材料生产和经销厂商以及房地产商入会，扩大协会的群众基础。二是继续加强协会的制度化建设和规范化管理，靠制度管理协会事务，靠制度推动协会工作。加强协会秘书处与专业委员会的工作协调，保证协会工作的整体性。三是完善协会秘书处工作人员的岗位聘任制，逐步形成明确的工作目标和工作责任。

（2）进一步认识协会工作规律，提高协会工作水平。以服务为宗旨是协会的重要工作特征。作为一个民间机构，自养、自立、自强，协会才能有开展工作的能力，必须把上述两项结合起来，协会才能生存和发展；协会工作不能仅仅停留在礼仪活动上，力所能及地抓住一个涉及行业发展的方向性、方针性问题开展工作，才能使协会工作上一个新台阶。其次，协会工作有很大的灵活性，实践证明，如果协会工作人员自己不给自己出题目，不主动地策划项目，不主动地创造工作，不去营造协会和谐气氛，不能很好经营协会资源，很难达到推动行业发展的目的；其三，活动和服务是协会的生命，这是长期以来的工作体会，也是协会发展的财富，但组织什么样的活动，多一点好，还是少一点好?把组织活动仅仅表现为协会的存在，还是一切活动力求同推动行业发展联系起来等，都是协会工作者要进一步研究的课题。我们应该看到，会员企业区别很大，需求不一，各地方协会区别也很大，需求也不一，这就决定了协会活动的多样性，有效性，参加活动的自愿性。

（3）发挥理事、常务理事的作用，坚持用协会章程指导协会工作。协会能否完成工作任务，作为常设工作机构的秘书处有不可推卸的责任。但只有协会理事、常务理事都很好地发挥作用，协会才能更好开展工作。每位理事、常务理事都应该严格要求自己，把自己看成协会局内人，不是局外人，要同协会共荣辱。作为省装协的理事、常务理事是企业的荣誉，是个人的身份，爱惜它是自己的责任。为了使河南省建筑装饰协会成为一个有力量的协会，协会秘书处作为理事会闭会期间的工作机构，要对理事会负责。当前，按协会章程办事，严肃协会管理纪律，是加强协会建设的一个重要内容。秘书处要对不按规定缴纳会费的会员企业，不能按章程规定出席理事会、常务理事会会议的人员，经研究后做出相应的处理；同时，也将要对长期支持和热心协会工作的会员单位予以表彰。

十六大描绘了全面建设小康社会，开创中国特色社会事业新局面的宏伟蓝图，面对新的形势，我们要以江泽民同志的“三个代表”重要思想总揽工作全局，遵循“十六大”提出的“继往开来，与时俱进”的精神，解放思想，实事求是，扎实工作，开拓创新，推动全省建筑装饰行业的发展和提高。

与时俱进　迎接挑战
促进深圳市装饰业持续发展

深圳市装饰行业协会　会　长　**何文祥**

一、2002年深圳装饰行业发展和协会工作

1. 深圳市装饰行业概况

2002 年是对我们国家发展具有深远意义的一年，也是我们深圳装饰业战胜各种困难、继续开拓前进，取得优异成绩的一年，行业产值再创新高。

近年，特别是过去的一年里，行业竞争进一步加剧，装饰市场的单体工程量在缩减，企业普遍利润率降低。行业统计显示，造价在千万元以上的单项工程量明显少于往年。加上市场不够规范，投标中恶性竞争等因素，企业的经营风险增高，生存难度加大，市场形势严峻。

我市各企业根据市场的变化和要求，积极应对，通过艰苦地努力，继续在全国占有较大市场份额，行业产值连年增长。2002 年行业产值总计 52.04 亿元，比上年增长 9.3%。其中，公装 41.89 亿元，幕墙 7.79 亿元，家装 2.35 亿元（家装采用年审数据）。一级企业完成产值合计为 41.35 亿元，占全行业产值的 64.5%，其骨干作用与主导地位十分突出。

至 2002 年底，我市共有公装一级企业 41 家，二级 52 家，三级 94 家。幕墙门窗专业公司 26 家，家装企业 137 家。家装持证上岗者近 2000 人。首批中初级室内设计持证上岗人员分别为 188 人、105 人。设计持证人员较多的公司有：设计装饰、洪涛，装饰集团，南利、美术、文业，深圳高职院、以及晶宫、华丽、深港建筑、拓步等。

在巨大的市场压力下，企业在不断地优化提高，继续在科技、商贸、金融、税务、海关、通信、文教、卫生、公安、

司法等各行业系统承接完成了一大批类型多样的高档项目和精品工程。如华为培训中心、创维数字研究中心、青岛高新区创新服务中心、中证天慧网络中心、武汉凯迪技术中心、北师大国际学术交流中心、北京海关总署大楼、杭州海关办公楼、深圳龙岗海关、国家经贸委综合楼、公安部装备局、新疆高级法院、新疆自治区公安厅、南京检察院、浙江省司法培训中心、中国电信北京冠华大厦、浙江电信综合楼、安徽电视台、北京武警总医院、山东临沂、潍坊人民医院、北京铁路西山疗养院、上海新世界百货、山西国际贸易中心、昆明集大沃尔玛广场及一大批五星级酒店、会所和大型写字楼工程，特别是：继洪涛承接完成了人民大会堂国宴厅装饰后，维业公司先后承接完成人大会堂国家接待厅和江西厅等目前国内最高档次的装饰项目。三鑫公司在完成了广州新白云国际机场 15 万m²的施工图设计（设计费达 640 万元）后，又完成了目前国内最大的机场之主楼玻璃幕墙施工任务。该工程幕墙面积为 34000 m²，产值 7200 万人民币。这批在全国和各地有重要影响的项目精品，再一次显示了深圳装饰的超群实力和在全国行业中所处的重要地位。

在 2002 年全国建筑装饰奖评选中，华南、华丽、文业、装饰集团、科源、南利、洪涛、海外、长城、汉顿、新鹏都共 13 家公装企业获公共装饰类 14 项工程的施工奖，7 项设计奖，占全国的 12.8%；维业获一项单项设计奖，占全国的 20%；华辉、金粤各获一项幕墙奖，占全国的 9%；拓步、汉顿、海外、至尚轩、时代 5 家公司获家装类 6 项奖，占全国的 5.8%。此外，2002 年度长城、南利、洪涛、文业、海外 5 家公司各有一项装饰工程获得鲁班奖。

一年一度的深圳优质样板工程评审，经严格筛选有 49 项工程获此殊荣。金鹏奖桂冠分属建艺公司完成的“深圳证券卫星地球站”室内装饰和深建华辉公司完成的“深圳邮电信息枢纽大厦”幕墙工程。协会还特别授予金鹏奖工程的项目经理以优秀项目经理的荣誉称号。

我市两年一届的设计作品展，已成为行业的品牌活动，其展出规模、参展作品数量、质量均一届超过一届。同时，深圳设计展还代表着中国装饰设计的部分水平，通过展览，我们看到了行业的进步，记录了深圳各个时期的设计发展水准。

2002 年的设计展，在精品众多、作品水准普遍较高的情况下，大赛评选竞争尤为激烈，作品获奖难度大。经评委反复甄选，认真评审，共评出各类获奖作品 113 件。公装一等奖 5 名，由集团公司、设计院、洪涛、设计装饰、文业公司夺得，其中洪涛独占两元。幕墙一等奖 1 名由方大公司荣获；家装一等奖荣归派尚设计公司和福之星家装公司。虽然获奖率达到 30%，但受名额的限制，还有一些好的作品未能入选，深感遗憾。

深圳装饰的成功，项目经理功不可没。我们拥有为数众多的全国最优秀的项目经理，在我市首次行业优秀项目经理评选中，荣获优秀项目经理称号的一级 103 人，二级 31 人，三级 41 人。

2002 年，全行业经受住了考验，公共装饰业取得了丰硕的成果，其发展继续走在全国前列。

2. 家装业发展

过去的一年，家装行业经历了诸多困难，发展艰辛。2002 年底家装队伍总数为 137 家，118 家企业参加年审，完成产值 2.35 亿元。除海大公司年产值超过 2000 万位居第一，居众 600 万元、北新 520 万元分列第二、第三外，有 50 家公司未达到 200 万元的产值指标，还有个别企业零产值。

2001 年，曾有相当数量的企业产值超过千万，家装市场也一度是群雄争霸，列强操戈，仅一年时间，2002 年家装业出现了正规公司普遍效益下滑，市场流失，游击队再度猖獗的情况，许多企业风光不再，从市场的天平上开始坠落。而在同样的市场环境下，讲诚信、重服务、声誉好的企业正在良性稳步发展。市场变化之大、之快，发人深省！今年家装投诉受理 826 宗，调查解决 281 宗。在处理纠纷过程中，因水电部分引起的占 54%；材料质量占 25%；设计虚报、价格欺诈、工期延误 、拖欠款问题占 21%。

家装是个新的行业，有许多新的问题要探讨和解决。我们必须积极地探索和总结，深入探讨行业管理如何服务，怎样为企业发展创造更有利的环境，使家装市场能够健康发展，百姓和企业都更加满意。

3. 协会工作

我国加入 WTO 后，社会对政府的要求越来越高，随着政府职能的转换，协会将发挥越来越重要的作用，政府对行业协会的要求也越来越高。2002 年，在局领导的关怀、指导和各位理事、会员单位的大力支持下，协会以“三个代表”思想作指导，团结一致，圆满地完成了各项工作任务，取得了一定的成绩。

党的十六大为我国建设小康社会、加快推进社会主义现代化建设规划了新的蓝图，全党、全国人民无比的欢欣鼓舞，对祖国的未来更加充满希望。协会组织全体人员观看了十六大召开的实况转播，抽出时间专门组织学习十六大文件。通过学习，协会结合装饰业发展实际，更加深刻地认识到，落实贯彻十六大精神，就是坚持解放思想、实事求是、与时俱进、开拓创新，进一步做好双向服务。创新是深圳装饰业发展最主要的成功经验，探索服务创新、行业创新，是新时期行业发展对协会工作的新要求。

二、2002 年协会工作体会

回顾 2002 年协会工作，主要有以下几点体会：

1. 再换新址，更上一层

协会为了解决培训教室和便于管理，于九月底以售卖原址和集资方式购买了新的办公物业。使长期无教室问题得以解决，并顺利通过了有关方面对本会培训资质的考核、认定，使久拖未决的培训资质很快得到落实。办公环境也得到根本改善，协会的实力进一步增强。

2. 开展行业调研，积极向政府反映企业需要，为改善政府工作提建议，服务行业

（1）2002年，协会在政府职能调整、专项设计管理归口不明，企业办事难的情况下，征得常务理事会同意，协会一方面请市政协委员叶远西副会长向政府反映情况，一面将企业有关意见的联名信送达政府，阐明利弊，为减轻企业负担，施工、设计统一归口管理的问题最终解决做出了努力。

（2）企业对招投标工作提出意见时，协会随即与有关方面取得联系，索取装饰工程招投标汇总表，选择其中价格过低的中标单位及投标单位进行调查走访，并了解其他城市招投标工作中较成功的做法。协会在充分调查的基础上汇总情况，把低价中标的危害、甲方资格预审造成的大量浪费及企业为逃避风险退出投标，致使挂靠再度抬头的情况向局里提交了书面报告，如实反映了企业意见，并就招标工作提出了三条建议。

开展行业调研，及时发现和反映了行业发展的困难和问题，协助政府正确决策，维护企业利益，充分发挥桥梁作用，是协会始终坚持的一项基本任务和职责。

3．建立了我国首个家装网上市场，利国、利民、利行业

为了帮助家装企业进一步占领市场，同时为广大市民提供方便、快捷的家装服务，在邹国华局长的倡导支持下，经过半年多时间的筹备，深圳市网上家装市场2002年6月正式开通，并召开了新闻发布会。网上市场的家装产品内容丰富、类别多样，登录了全行业140多家家装公司的信息，供消费者上网选择企业。消费者还可按自己的需要在网上选择不同造价的方案，可随时将施工中的问题在网上投诉，以及时处理。这是利用互联网技术，在推动行业规范发展、提高行业服务水平、促进社会消费方面的又一创新。建立网上家装市场也是对现有市场交易方式的补充和完善。至2002年底，家装网首页访问人次已达到9万多。入网的企业公装84家、家装114家、幕墙3家。网站的建立，使政府、协会、企业间的信息更加畅通和快捷。2002年，局里实行网上无纸化办公，协会的所有信息发布也基本上在网上进行，从而节约了资源，提高了效率，优化了服务。

4．举办了2002年装饰设计作品展暨设计沙龙

设计是装饰的龙头。设计出新、设计发展是深圳装饰业持续发展的关键所在。举办展览是行业两年一次的总结和检阅。通过展览评选，推出新人、新作，促进交流，找出不足，激励设计师更加努力，不断提高行业的设计水平。本届展览得到企业的高度重视和支持，7月25日开展，展位早在5月上旬就预定一空，后来虽增加了场地和展位，仍供不应求。本次参赛作品380多个，展版500多幅，但精品众多，从北京来的特邀评委和其他教授评委、来宾高度赞扬了赛事水平，《中华建筑报》以一个整版的篇幅对作品展进行了报道。展出期间还举办了内容丰富的沙龙活动，回顾总结了设计发展道路，对参展作品进行了点评，从不同的角度、不同的层次进行了广泛的交流，并探讨了装饰创作的发展方向，希望能通过展览与研讨推动设计的更快发展。

5．培训工作

2002年，是开设培训内容、班次和受训人员较多的一年。全年开设项目经理岗位证、继续教育、五大员、室内设计师、建筑规范、税务、投标班共18期，受训人数1600人。

培训中心克服人员少、设备条件不足及一些外部不协调因素等多种困难，一面完善各项管理程序，协调各方面关系，在巩固开设原有培训项目的同时，根据行业需要积极开发新的培训项目，把培训中心逐步办成管理规范、项目设置合理、办学方式方便企业的一个行业技术学习基地，促进整个行业素质的提高。

6．修改印发了《深圳市室内设计师从业资格评定办法》

开展了中、初级室内设计师从业资格评审、发证工作，受到了设计师和企业的好评。今年还将继续申报评定，为最终实施设计师执业资格的考核打下良好基础。

7．召开了塑料门窗骨干企业座谈会

深圳市的塑料门窗行业在近几年发展得非常迅速，由于其外型美观，隔声效果好等特点，成为许多发展商在门窗类型方面的重要选择，成为我市建筑系统发展最快的行业之一。由于发展过快，所带来的一系列问题已影响到行业的正常发展，出现了生产能力过剩，供大于求，致使大量设备能力闲置浪费；各类企业一轰而上，鱼目混珠，缺乏有序管理；行业的基础管理跟不上等问题。针对上述问题，协会召开了相关企业座谈会。会议对充分发挥行业协会的作用、支持正规企业、对型材和主要配件进行质量评定、以控制产品质量、切实加强生产许可证的管理等进行了讨论。

8．率先签定首份行业工资协商协议

七月份，协会与行业工会在市人大会堂隆重举行《深圳市装饰行业工资协商协议书》签字仪式。协议在市总工会、建设工会、市建设局、劳动局的大力支持下，由工会代表员工方与企业方平等协商、平等对话的原则下，通过充分酝酿最终达成。由工会代表员工方与企业平等协商确定员工的工资标准，是市场经济发达国家的通行做法，符合国际惯例，体现了企业尊重劳动价值的现代文明精神，对促进社会稳定、协调劳动关系具有积极意义。协议的签定在社会上引起了较大反响，并受到建设部领导及三方机制的高度重视和赞扬。协会还将继续推进本项工作的开展。

9．组织开展工程评优、放心家装及家装设计方案比赛和国外考察活动

（1）2002年，建设局把市工程评优工作交给协会，在建设局的监督指导下，我会圆满完成了市优装饰工程申报评审工作。经各专家组现场检查、实测，对评出的51项优质工程进行了表彰。

（2）完成了中国建筑工程装饰奖广东片区的组织申报和初评工作。

（3）完成全国诚信家装企业的评选、推荐。我市有13家企业被中装协授予“全国诚信家装企业”荣誉称号。

（4）评选了深圳市放心家装企业24家。

（5）举办了“富通杯”设计方案比赛，该赛事以密卷方式进行投票评比，体现了公正、公平，对提高设计水平和密切发展商与企业的关系有一定的促进。

（6）组织了两批赴欧考察、学习队伍。加深了考察人员对欧洲建筑文化的理解、认识，开扩了视野，对我市行业如何创精品有一定的启示和促进。

10．圆满完成我市工艺美术师职称评审工作

为解决装饰行业技术人员的资格认证和探索、发挥行业作用，市职管办将工艺美术师职称评审委员会设在我会。我会一面组建评委会，一面在网上发布通知和评审文件，进行宣传、发动。目前2002年职称评审工作已结束，通过评审的有30人。职管办还提出了有关设计师执业资格考核认证的试点工作，现已在筹备中。

11．组织开展了对家装公司的检查、整顿

协会按局建字[84]号文对家装公司进行了检查，印制家装调查表，对30多家企业逐个进行了调查，将调查情况向局里做出了书面报告。报告中还向局里建议，联合执法、打击“游击队”，净化市场，取消违规企业的资质，修改家装分公司成立有关条件。

12．处理投诉，为民排忧，设立第三方监管，保障工程质量

2002年，协会的投诉受理中心协助市信访、建设局、市消委会、地产发展商及受法院委托，处理了多宗家装纠纷。共受理消费者电话咨询投诉826宗，现场调查解决281宗。为了从根本上解决管理难、投诉居高不下的问题，必须建立健全家装工程的第三方监察与验收。经批准，协会设立了家装监管分会，制定了家装工程监管条例、家装工程监管流程等规范，探索我国家装工程管理方法，切实保障消费者和企业权益的新途径。

13．会刊、信息工作

2002年完成了会刊编辑工作，印发《深圳装饰》四期。编发了各类专题信息、论文、作品等共计40余万字。为深圳年鉴、中国装饰年鉴撰写提供了深圳装饰业发展情况的文稿，2002年，再次被市年鉴编委会评为先进单位和优秀作者。在特区报、信息快报、中华建筑报刊发了有关年会、设计展、家装网的信息报道。主持编辑出版了第二套两卷设计精品集。为了方便企业投标报价、成本核算和成本控制，同时也为业主提供材料价格参考，协会推出了《装饰材料信息》月刊。《装饰材料信息》由协会主办，海外装饰公司承办。刊物将提供全面、系统的装饰材料市场信息，为增进材料商、企业和业主的协作服务。

14．成立了协会党支部

协会近年党员数量有所增加，成立了党支部。加强党的组织建设，加强党对协会工作的领导，是行业发展的要求。教育、提高党员干部职工政治思想觉悟，在工作中起好模范带头作用，使协会工作更加朝气蓬勃。

15．协助政府工作，完成政府交办的各项任务

2002年，在入世的推动下，政府加快了职能转换的步伐，更加注重培养、发挥行业协会作用。市建设局于3月15日召开会议，将企业资质初审、培训、工程评优等工作交给协会。这些工作一般都具有政策性、专业性、时间性较强，事务量大的特点，对工作人员的政治素质、思想作风、工作效率、服务态度提出了相应的要求。协会在组织完成繁重的工作任务的同时，经常开会、学习和教育，防患于未然，及时纠正不良倾向，较好地完成了局交办的各项工作任务。

（1）完成了企业资质就位的申报、复核、初审工作；

（2）完成了公装、幕墙、家装企业设立、增营的申报、初审，并起草拟定了家装新企业标准；

（3）完成了设计单位资质年审的申报、初审；

（4）完成了设计资质的申报工作；

（5）完成了项目经理年审申报、人员核对、申报工作；

（6）完成了家装企业年审申报、初审工作；

（7）受托组织专家起草了《深圳市建筑玻璃安全使用规定（草案）》。

为此组织召开了多次技术研讨会，有关规定参照北京、上海、广州三大城市规定，针对深圳气候特点，考虑到使用者的承受能力，征求了有关生产加工企业和相关单位的意见拟定。

以上工作与行业的生存和发展关系紧密。协会在工作中，一方面坚持贯彻、落实有关政策和规定，一方面采取电话或召开咨询会，起草发布申请资料指南等形式，对企业办事人员进行帮助辅导，方便了企业，提高了工作效率。

随着政府职能转换，协会还将担负更多的工作，发挥更加重要的作用。因此，协会必须加强自身建设，提高人员素质，从思想上、行动上进一步强化服务政府、服务企业的意识，讲究科学的工作方法，不断优化服务、提高效率，贯彻落实“三个代表”重要思想。始终把企业的需要作为协会一切工作的出发点和落脚点。深入研究行业服务如何创新，不断解决装饰行业发展面临的新问题。

协会及全行业都必须认真学习、贯彻十六大文件，用十六大精神统一思想、统一行动。十六大提出的全面建设小康社会、推进社会主义现代化建设的奋斗目标，必将为装饰业带来更加广阔的发展空间。我们要倍加珍惜这个新的历史机遇，团结一致，真抓实干，为实现十六大提出的奋斗目标，为深圳装饰更加美好的未来，做出我们应有的贡献。

三、2003年协会工作和行业发展要点

2002年，全行业在市场竞争空前激烈的严峻形势下，经受住了考验和挑战，取得了骄人的成绩，行业向前迈进，有了新的起跑线。

2003年，我们将从更高的起点出发，沿着十六大指出的全面建设小康社会、加快推进社会主义现代化建设的目标，以“三个代表”为指针，解放思想、实事求是、与时俱进、开拓创新。在新的一年里以新的思路、新的面貌做好各项工作，把我们的事业推向前进。

2003年协会工作计划要点如下：

1．加强与发展商的联系，统一组织企业进驻楼盘或小

区，按照统一推荐、统一监理的方式，以规模经营、规范管理、行业诚信等优势，帮助企业扩大和占领家装市场。

2．吸收发展合格的材料商入会，建立商用联系，相互促进，共同发展。

3．加强和政府及教育机构的联系，进一步落实设计师执业资格考核认定试点的各项准备工作。

4．完成1～2批室内设计师从业资格评审认证。

5．密切紧跟建造师管理进程，及时提供相关培训，以适应市场及新的行业管理改革要求。除根据企业需要继续做好现有行业培训，并不断拓展培训项目，提高培训质量。

6．按照市职管办的要求，继续做好工艺美术师职称评审工作。

7．继续做好工会签定工资协议的工作，争取在2003年完成全行业工资协议签定工作。

8．开展艺术插花行业的技术讲座和培训。

9．认真做好我市年度优质样板工程、优秀项目经理的评选工作。激励企业和工程技术人员创精品，树品牌、不断扩大市场，始终走在行业发展的前列。

10．进一步搞好装饰网站的建设，办好会刊及做好其他信息工作，畅通信息渠道，优化服务质量，提高工作效率。

11．加强行业的国际交流，适时组织一至二次专业考察和交流。

12．加强协会自身建设。

（1）定期组织协会工作人员学习党和政府的方针政策，不断提高政治素质、思想觉悟、政策水平和专业水准。

（2）完善各种收费制度。

（3）在经济条件允许的条件下，分批更新办公设备，提高效率。

（4）招聘水平高、工作能力强的人员，充实协会队伍，优化人员结构。

13．积极配合市建设局的工作，完成政府交付的各项任务。新的一年，新的希望，新的征程，新的责任。

我们要以邓小平理论和“三个代表”的重要思想为指导，认真学习、贯彻十六大文件，解放思想，坚持创新求实效，促进提高行业的国际竞争力，进一步拓展发展空间，为开创装饰业发展的新局面奋斗不止。

努力促进山西省装饰装修行业的快速发展

山西省建筑装饰协会　会　长　**史应标**

一、要充分认识建筑装饰装修行业的重要性

装饰装修行业是既古老又新兴的行业，是当前最有活力最有朝气的朝阳产业，是永不衰败的行业。我们知道，有人类就有建筑，有建筑就有装饰，装饰既是建筑的组成部分，又是建筑业的延伸和发展。我国的装饰行业真正形成产业是改革开放20多年以来逐步形成的，因此，装饰行业的发展既是建筑专业化分工的产物，又是生产力进步的表现，更是国家经济实力和人民生活水平有巨大提高的真实写照。

装饰装修行业在国民经济和人民生活中具有十分重要作用，我们从事这项事业的同志首先要有足够的认识。只有认识到位，工作才能不断进取、不断创新。从近几年我省行业实践分析，装饰装修行业突出的作用至少有以下几点：

1．培育和扩大了内需领域，拉动了国民经济发展。人民群众尤其是城镇居民近几年的消费热点。最突出的是住宅需求，购新房要装修，旧房也要装修，家装是最广大群众的需求。同时随着国家经济实力的提高和旅游业的发展，酒店、写字楼、文化娱乐设施、餐饮服务业以及办公场所都在不同程度的进行装修，装修档次不断提高，装修周期逐步缩短。内需的扩大和投入的增加，必然拉动国民经济的发展。据有关资料介绍，2001年全国装饰装修业产值达6600亿元，并每年按20%的速度递增。我省在全国较低，也有40多亿元，按产值排序，在建设行业排在建筑施工和房地产之后，居第三位。预测用5年左右的时间，城镇对装饰装修的需求量要大于对住房面积的需求量，发展前景无限好。

2．拉动了相关产业的发展。装饰装修有50%的资金是材料消耗，这些材料包括3000多个品种，分布在十多个行业。由于装饰装修市场的兴起，拉动和激活了许多产业和许多部门，为它们提供了市场空间和发展机遇。同时，由于装饰装修技术和标准不断提高，推动了相关产品的更新换代和产品升级，带动了相关产业的技术进步。

3．为社会提供了更多的就业机会。随着产业结构调整和生产技术进步，下岗职工较多。同时，由于小城镇建设扩大和农村劳动力过剩，大量农民要涌入城镇寻找致富门路，装饰装修业就是他们选择的重要行业。据有关资料介绍，全国目前从事装饰装修的有850万人，同时还带动相关产业1400万人，这个势头有增无减，装饰装修业已经成为城镇居民扩大就业的门路和农民奔小康的重要渠道。

4．推动了建设事业的改革和发展。装饰装修产业的形成和发展过程就是我国产业结构调整和进步的过程。装饰装修企业绝大多数属非公有制，打破了国有企业一统天下的格局，为建设事业的发展注入了新的活力。装饰装修企业采取全新的管理模式，为建设行业培育了大批民营企业家，带动了民营经济发展。特别是装饰装修企业集设计、施工、材料为一体，多数又以设计为龙头，把艺术和技术有机地结合起来，为建筑业的发展提供了新的思路。可以预见，随着改革和发展的不断深入，装饰装修队伍会愈来愈多，行业规模会

愈来愈大，事业会愈来愈进步。

5．促进了人民群众的精神文明建设。由于装饰装修改善和提高了人民群众的工作和生活环境，必然带来了工作和学习积极性，带动了人民群众文明、科学、卫生的生活方式。由于装饰装修推动了建筑设计和文化艺术的发展，建筑更加合理、适用，更富有美学，再加上装饰装修以人为本，突出个性，促进和提高了人们的艺术品位和文化修养，改变了许多与文明社会不适应的不良现象。

装饰装修行业对国民经济和人民生活的贡献还可以列举许多，它在国计民生中的地位和作用已愈来愈重要。装饰装修行业必将为国民经济发展和全面建设小康社会发挥更大的作用。现在社会上流传的谚语："小康不小康，关键看住房"。我们还可以加一句"住房达小康，主要看装潢"，可见装饰装修在群众心中的地位。

二、当前面临的困难和我们的重任

装饰装修行业是随着改革的发展逐步壮大的，山西省装饰装修行业同经济发达的省市比较相对落后，就我省而言，太原市和大同市的装饰装修行业要比其他地市发展得快一些，总体上看，我省装饰装修行业相对较弱，主要表现是：

1．企业规模小、技术素质和管理素质较低，占有市场份额偏小。通过 2002 年的资质就位，我省装饰企业现有一级装饰施工资质的只有 3 家，二级的近 200 家，还有半数以上的企业资质未能就位。装饰装修设计资质，我省还没有甲级资质的。全国一级装饰施工资质的企业 471 家，二级有 2.5 万家，全国有甲级装饰设计资质的 341 家，另外还有同时具备装饰设计和施工双一级资质的 180 家，而山西省占有比例太少。2001 年全国装饰装修产值 6600 多亿元，山西省只有 40 亿元，仅占 0.6%，我省较大的公装项目有半数被外地企业承包，我们能承包到的项目，多数也是几家甚至十几家在一个工程上零碎分割。

2．发展后劲不足，竞争能力和抗风险能力十分脆弱。装饰装修市场十分活跃，竞争又十分残酷，优胜劣汰是市场经济的必然结果。一个企业没有一定的抗风险能力，就有可能在某个时候被淘汰出局。发展后劲不足主要表现在技术人才少，尤其是工艺美术设计人员少，高级技术人才和高级管理人才更少，有的企业就没有高级职称的技术人才。另外，经济实力不强，家底薄，资金周转困难。

3．工程拖欠款严重。全省装饰装修企业都有工程拖欠款，每年拖欠总额大多在 5 亿元左右，许多企业拖欠款大于注册资金和固定资产总额。

4．家装管理混乱，质量低劣，是群众投诉的热点之一。据山西省消协通报，全省十大消费投诉热点，商品房和家装服务居第四位，在家装方面，主要是马路游击队充斥家装市场，装修质量无保障；家装价格陷阱多；家装材料质量参差不齐，虚假绿色装饰材料泛滥。多年来我省家装多头管理，资质标准不一，也是造成市场比较混乱的重要原因。

上述四个问题是我省装饰装修行业比较突出的问题，也是影响行业发展的主要问题。

建筑装饰装修行业多数是民营企业，发展势头较好。当前面临的困难既是前进道路上的困难，也是必须帮助解决的难题。政府主管部门和行业协会应该主动地搞好服务，为企业创造良好的发展环境和竞争秩序。

三、装饰装修行业发展之路在于改革

按照十六大和刚刚闭幕的全国人大十届一次会议的精神，全面建设小康社会是我国今后二十年的中心任务。经济学家预测，未来三年我国将结束入世过渡期，计划经济要彻底切换成市场经济。因此，我们只有抓住机遇，加快改革步伐，才能实现跨越式发展，赶上先进水平。

1．企业要深化改革。从全国装饰装修行业看，国有企业和民营企业目前改革已进入攻坚阶段，国有企业的改革已经开始改制，将单一的全民所有制变革为资本多元化，实现混合所有制，有的企业在改制的基础上进行专制，真正变成了法人实体和市场主体。民营企业的改革已从原始资本积累发展到规模扩张，开始向产权优化推进，称"第三次创业"。我省装饰装修行业改革比较滞后，多数民营企业还未完成第二次创业。

2．改革首先要解决认识问题。特别是投资主体或者称企业法人的认识问题，只有深化改革，企业才能在市场经济中站稳脚跟，加快发展。满足现状，小家小户，既无继续发展的思路，又无做大做强的愿望，这类企业随着市场经济不断完善，很难有大的发展，甚至连现有的技术人才和职工队伍都难以巩固。"创业容易，守业难，发展更难"，希望各装饰企业的董事长、总经理都能增强改革意识，增加一点危机感和紧迫感。

3．改革要有思路，思路在于学习。我国入世后，经济要向国际接轨。国际先进的管理模式和运行机制是怎样建立和发展的，我国先进企业是如何改革的，自己如何实现跨越发展，企业的发展目标是什么，不仅投资者和决策者要清晰，更要让全体员工都明白，都要明确企业自身的发展规划和奋斗目标，增加员工的自信心和企业的凝聚力。双向互动比单项推动的成功率要大。要通过办培训班、研讨班和对内对外广泛开展经验交流，开拓思路，增长见识。

4．企业改革才能推动行业发展。我省装饰装修行业从数量、规模、占有市场份额等多种因素考虑，总体上测算占全国比例不到 1%，行业的整体素质比较低，不适应我省经济发展的需要，同我省的经济地位也不相适应。我们将实行"扶优、扶大、扶强"的政策，骨干企业带头，形成企业核心竞争力，尽快涌现龙头企业和骨干企业。不仅要占领本地市场，而且要走出去。同时，市场既要开放，又要规范，要建立行业自律机制和家装市场中介服务，培养一批国家级的优秀工程和先进企业，使山西省装饰装修事业有较大发展。

第三部分

行业表彰

2002 年度表彰通报

中国人民解放军建筑装饰协会

（二〇〇二年十二月六日）

金榜企业

[2002]军装协奖字第 01 号

在“三个代表”重要思想的指引下，我国国民经济持续增长，建筑装饰行业蓬勃发展，我军队建筑装饰企业与时俱进，开拓创新，一年来，靠自身优势，奋力拼搏，取得了良好的经济效益和社会信誉，经本会评审，批准下列 13 家企业为 2002 年度“全军建筑装饰行业金榜企业”（排名不分前后）。

1. 武汉凌云建筑装饰工程有限公司
2. 上海蓝天房屋装饰工程公司
3. 上海海直建设工程公司
4. 石家庄市海山建筑装饰工程总公司
5. 芜湖天航建筑设备安装工程公司
6. 中国人民解放军第 6108 工厂九鼎网架公司
7. 徐州环海机电网架厂
8. 石家庄四站铝合金装饰工程处
9. 中国人民解放军第五七〇一工厂
10. 陕西武功盛达建筑安装工程公司
11. 武汉凌云建安工程有限公司
12. 晋城市晋翔建筑装饰工程有限公司
13. 当阳市雄风建筑安装装饰工程公司（凌云航地特种厂房建设公司）

金奖工程

[2002]军装协奖字第 02 号

建筑装饰工程的质量既是企业的生命，又是企业市场竞争制胜的法宝，一年来，我军队建筑装饰企业注重质量管理，增强精品意识，树立了一批具有时代特色的建筑装饰工程，经本会评审，批准下列13家企业承建的工程为2002年度“全军建筑装饰金奖工程”（排名不分前后）。

一、上海海直建设工程公司

鸿艺豪苑会所装饰工程

二、石家庄市海山建筑装饰工程总公司

1. 河北科技会堂科技馆 1 号穹幕复合外壳装饰工程
2. 郑州银基商贸城三期幕墙工程
3. 北京豪景大厦铝板幕墙工程

三、武汉凌云建筑装饰工程有限公司

1. 湖州市政府行政综合楼幕墙工程
2. 辽宁省人民会堂幕墙工程

四、芜湖天航建筑设备安装工程公司

淮北体育馆网架屋面工程

五、石家庄四站铝合金装饰工程处

1. 石家庄康泰广场幕墙工程
2. 巨鹿电力生产调度楼幕墙工程
3. 河北医科大学第四医院综合楼门窗、幕墙工程
4. 石家庄人民商场点驳幕墙、铝板幕墙工程

六、涿州蓝天网架厂

1. 涿州中心广场商厦 2 号钢结构工程
2. 北京西三旗建材城工业厂房钢结构工程

七、南京华亭建设工程公司

1. 信息产业部第二十八研究所 901 号系统科研楼装饰工程
2. 南京市集合村国家粮食储备库简四、五号仓改造工程

八、武汉凌云装饰设计工程有限公司

1. 武汉凌云电子大厦室内装饰工程
2. 湖北省政府办公楼 10-11 层装饰工程
3. 湖北省省委组织部培训综合楼装饰工程
4. 湖北省移动通讯支撑中心大楼首层装饰工程

九、吉林市吉翔建筑安装工程有限责任公司

中航一集团五七〇四厂职工住宅 95 号楼建设工程

十、武汉凌云建安工程有限公司

1. 武汉凌云电子大厦建设工程
2. 伊尔 76 飞机喷漆厂房建设工程

十一、中国人民解放军第 6108 工厂九鼎网架公司

1. 中国人民解放军 63979 部队 8 号库房网架及屋面工程
2. 中国人民解放军总装备部通用设备保障部器材库网架工程
3. 滕州市圣泰电缆有限责任公司厂房网架工程

十二、武汉特凌节能门窗有限公司

惠园大厦金属门窗工程

十三、当阳雄风建筑安装装饰工程公司

新乡陆军航空兵米八直升机修理厂房建设工程

优秀企业经理

[2002]军装协奖字第03号

我国加入WTO后，面对更加开放的市场形势，我军队建筑装饰企业的领导者，勇于挑战，捕捉商机，塑造企业形象，提升企业品牌，圆满完成各项任务，为行业发展做出了积极贡献。经本会评审，批准下列14位同仁为2002年度“全军建筑装饰行业优秀企业经理”（排名不分前后）。

1. 上海蓝天房屋装饰工程公司　总经理　洪兆雄
2. 上海海直建设工程公司　总经理　唐海金
3. 武汉凌云建筑装饰工程有限公司　总经理　曾文涛
4. 石家庄市海山建筑装饰工程总公司　总经理　史永平
5. 中国人民解放军第五七〇一工厂　厂　长　梁　力
6. 中国人民解放军第6108工厂九鼎网架公司　总经理　刘星宇
7. 芜湖天航建筑设备安装工程公司　总经理　胡银发
8. 武汉凌云装饰设计工程有限公司　总经理　余武社
9. 石家庄四站铝合金装饰工程处　总经理　李占伟
10. 当阳雄风建筑安装装饰工程公司　总经理　孙　健
11. 大连辽南建筑设备安装工程处　处　长　李志刚
12. 武汉凌云建安工程有限公司　总经理　邓中生
13. 晋城市晋翔建筑装饰工程有限公司　总经理　石正乾
14. 武汉特凌节能门窗有限公司　总经理　江　峰

优秀项目经理

[2002]军装协奖字第04号

造就和培养一支懂技术、会管理、善经营的项目经理队伍，这既是企业的财富，又是行业发展的骨干力量，一年来，我军队建筑装饰企业涌现出了一批注重质量、严格管理、保证安全的项目经理。经本会评审，批准下列16家企业的同仁为2002年度“全军建筑装饰行业优秀项目经理”（排名不分前后）。

1. 上海海直建设工程公司

缪连忠　计海凌　陶　宏　王志林　陆逸程　黄堂斌
余付友　孙啸虎　芮志和　薛朝福　马丹章

2. 上海蓝天房屋装饰工程公司

田　荣　郭夕山　顾正国

3. 石家庄市海山建筑装饰工程总公司

史永平　范玉玲　胡德军　李建林　杨　明　刘春晖
赵正平　曲　明　王长力　石作高　王学勇　姚树搀
丁良铁　许宏亮　邱中国

4. 武汉凌云建筑装饰工程有限公司

朱小军　黄昌凯

5. 中国人民解放军第6108工厂九鼎网架公司

张华斌　朱　龙

6. 芜湖天航建筑设备安装工程公司

郭志安　胡捍东　奚正江　胡春利

7. 南京华亭建设工程公司

徐建农　吴惠铮

8. 武汉凌云装饰设计工程有限公司

张深根　李　军

9. 陕西武功盛达建筑安装工程公司

金科社　代瑞华　李文辉　康建明

10. 石家庄四站铝合金装饰工程处

陆卫民　曹敬良　贾丽荣

11. 当阳市雄风建筑安装装饰工程公司

朱发涛　郑为利　万金超

12. 中国人民解放军第五七〇一工厂

曾西国

13. 吉林市吉翔建筑安装工程有限责任公司

刘文权

14. 徐州环海机电网架厂

高晓峰　李　健

15. 陕西澳达轻钢建筑工程有限公司

钮　旭　王福明　王永力

16. 武汉凌云建安工程有限公司

余红雄　史光新　董利文

优秀联络员

[2002]军装协奖字第05号

协会既是企业之家，又是企业的连结纽带，一年来，各企业的联络员发挥了重要的作用，他们为沟通协会与企业的联系，完成协会所交办的工作做出了积极贡献。经本会研究决定，授予下列20位同仁为“2002年度全军建筑装饰协会优秀联络员”称号（排名不分前后）。

1. 武汉凌云建筑装饰工程有限公司　米　沙
2. 上海蓝天房屋装饰工程公司　路占山
3. 上海海直建设工程公司　邱维德
4. 石家庄市海山建筑装饰工程总公司　任凤章
5. 武汉凌云装饰设计工程有限公司　李惠英
6. 芜湖天航建筑设备安装工程公司　王全生
7. 中国人民解放军6108工厂九鼎网架公司　仝君莉
8. 武汉凌云建安工程有限公司　付继红
9. 南京华亭建设工程公司　吴惠铮

10. 陕西武功盛达建筑安装工程公司 谷台生
11. 辽南建筑设备安装工程处 王茂华
12. 武汉特凌节能门窗有限公司 曹清明
13. 陕西澳达轻钢建筑工程有限公司 张 锋
14. 晋城市晋翔建筑装饰工程有限公司 刘 君
15. 石家庄四站铝合金装饰工程处 陆卫民
16. 涿河蓝天网架厂 许国杰
17. 当阳市雄风建筑安装装饰工程公司 林尚华
18. 旅顺金山建筑工程公司 梁玉琦
19. 全军建筑装饰协会 梁亚平
20. 全军建筑装饰协会 刘艳霞

推荐品牌

[2002]军装协奖字第06号

为对应我国入世后的国际竞争态势，保护我国民族工业的发展，展示国产名牌产品的新形象，扩大产品在行业内的影响，为用户提供高质量产品。经本会研究决定：

浙江凌志精细化工有限公司生产的“凌志牌硅酮密封胶”，为本会2003年度推荐品牌。

[2002]军装协奖字第07号

随着我国建筑装饰行业的快速发展，设计理念、设计风格、设计手段、与时俱进、不断创新，为满足广大用户需求，经本会研究决定：

广州市圆方计算机软件工程有限公司所开发的“圆方室内设计系统计算机软件”为本会2003年度推荐品牌。

[2002]军装协奖字第08号

为对应我国入世后的国际竞争态势，保护我国民族工业的发展，展示国产名牌产品的新形象，扩大产品在行业内的影响，为用户提供高质量产品。经本会研究决定：

南海市嘉俊陶瓷有限公司生产的“嘉俊牌抛光砖”，为本会2003年度推荐品牌。

[2002]军装协奖字第09号

为应对我国入世后更加开放的国际市场，促进我国民族工业的发展，展示国产名牌产品的新形象，扩大产品在行业内的影响，为用户提供高质量产品。经本会研究决定：

郑州市中原应用技术研究所生产的“思蓝得”硅酮聚硫密封胶系列产品，为本会2003年推荐品牌。

2003年全国幕墙行业推荐企业及其产品名单

中国建筑装饰协会铝制品委员会

（二〇〇三年三月十五日）

下述企业，我会进行了重审和检查，质量优良者继续给予推荐，希望用户监督我会推荐企业的产品质量。（排名不分先后）

一、铝合金玻璃幕墙公司

1. 深圳华加日铝业有限公司 （0755-26611749）
2. 广东省铝合金建筑装饰公司 （020-83189023）
3. 深圳中航幕墙工程有限公司 （0755-83446188）
   广州铝质装饰工程有限公司 （020-83854877）
4. 深圳市光华中空玻璃工程有限公司 （0755-25802393）
   上海华艺铝制品有限公司 （021-65040228）
5. 沈阳黎明门窗幕墙制造安装工程公司（024-24382092）
   沈阳强风铝业工程有限公司 （024-86532499）
6. 江苏省建伟幕墙装饰工程有限公司 （0510-6608358）
   上海金桥瑞和装饰工程有限公司 （021-54311113）
7. 西安飞机工业装饰装修工程股份有限公司（029-6629082）
   南海市兴发幕墙门窗有限公司 （0757-5334156）
8. 石家庄市海山建筑装饰工程总公司 （0311-6215738）
   秦皇岛渤海铝幕墙装饰工程有限公司（0335-3100888）

二、点支式玻璃幕墙、玻璃深加工

1. 深圳市三鑫特种玻璃技术股份有限公司（0755-6063666）

三、镀膜玻璃厂家

1. 佛山市中南玻璃有限公司 （0757-2121587）
2. 苏州华东镀膜玻璃有限公司 （0512-65282672）

四、建筑铝型材厂家

1. 顺德市大明铝合金型材厂 （0765-3351676）
2. 广东开平铝业集团股份有限公司 （0750-2215623）

五、粘胶产品

1. 郑州中原应用技术研究开发有限公司
   硅酮结构胶 MF881（双组分），MF899（单组分）（0371-7612203）
2. 广州白云粘胶厂
   硅酮结构胶SS622（双组分）、SS621（单组分）（020-87232885）

3. 杭州之江有机硅化工有限公司
硅酮结构胶 JS-8000（双组分）、JS-6000（单组分）
（0571-82367166）

六、氟碳喷涂单层幕墙铝板（含铝幕墙板成型）

1. 香港成功国际（集团）有限公司　（0769-3313854）

七、铝塑复合板

1. 常州中化勤丰塑料有限公司　（0519-8812721）

八、建筑五金配件

1. 深圳市鸿日实业有限公司　（0755-83663287）

九、高档铝合金门窗

1. 上海国仕幕墙工程有限公司　（021-50891666 转各部门）
2. 青岛腾龙铝业有限公司　（0532-7806528）

十、超薄型石材蜂窝板

1. 常州长青艾德利复合材料有限公司（0519-5912888-8000）

十一、点支式玻璃幕墙配件

1. 深圳市坚朗建材有限公司　（0755-82403000）

十二、石材幕墙

1. 北京磊鑫装饰设计工程有限公司　（010-63810456）

十三、三元乙丙胶条、山都平胶条

1. 江阴华东塑胶制品有限公司　（0510-6204828）
2. 青岛美德橡塑有限公司　（0532-7252034）

2003 年度（首批）中国建筑五金行业知名品牌

中国建筑装饰协会建筑五金委员会

（二OO三年一月六日）

为贯彻实施名牌发展战略，推进中国建筑五金行业的发展，中国建筑装饰协会五金委员会在北京建材行业协会和北京建筑五金门窗行业协会的支持下，开展了中国建筑五金行业知名品牌企业的认定与推介活动。在组委会进行行业调查的基础上，经企业申报，专家组重点考察和评审认定，以下企业及其产品为 2003 年度（首批）中国建筑五金行业知名品牌：

1. 首都航天机械公司橡胶塑料制品厂	神箭牌　塑钢门窗　塑料异型材　门窗密封胶条
2. 北京市新型防火装备厂	天明牌　防火门系列　防火卷帘门系列
3. 北京玉港精工装饰工程有限公司	不锈钢门窗　楼梯扶手　广告灯箱
4. 北京仙台门业制造厂	仙台牌　防火卷帘门系列　自动上滑门系列
5. 北京北玛建筑装饰材料厂	圆三角牌　防火门　四防门
6. 杭州金星铜世界装饰材料有限公司	金星牌　铜装饰系列材料
7. 杭州金星铜工程有限总公司	金星牌　铜装饰工程
8. 上海康宇铜门设计工程有限公司	康宇牌　金融艺术铜门　旋转门　云石灯饰
9. 北京金秋铜装饰材料厂	京 B 牌　铜装饰材料
10. 北京市水暖器材一厂	中字牌　卫浴洁具配件
11. 北京市建筑五金科研实验厂	菱形牌　陶瓷片水嘴系列产品
12. 北京三叶散热器厂	三叶牌　采暖散热器
13. 北京森德散热器有限公司	Zehnder 森德牌　散热器
14. 温州华光五金锁具有限公司	G牌　执手门锁
15. 固力保安制品有限公司	固力牌　门锁
16. 无锡羊尖迪达锁业有限公司	118 牌　锁具　锁芯
17. 温州市利益实业有限公司	神飞牌　闭门器　地弹簧　防火锁
18. 杭州月兔灯饰有限公司	月兔牌　客房灯　筒灯　月高牌　客房灯
19. 上海士商家居建材有限公司	士商　Ezlantz 牌　橱柜及衣柜配套功能五金
20. 台州市东升金属制品有限公司	阀门　洁具　管道配件
21. 玉环县鹤梦管件有限公司	HTM　HBF 牌　铝塑管接头　铝塑管阀门
22. 玉环县双龙水暖设备厂	皇冠牌　水暖铜阀门系列
23. 玉环县丰泉阀业有限公司	丰泉牌　铜阀门　水嘴
24. 台州飞环阀门制造有限公司	飞环牌　阀门系列

中国建筑装饰协会建筑五金委员会
北京建材行业协会市场流通专业委员会
北京建筑五金门窗行业协会

公　告

（二〇〇三年十一月十一日）

散热器“畅销品牌”（11家）

根据国家质检总局、国家工商总局、建设部等9部委对建材市场进行专项整治的精神，贯彻“扶优、扶大、扶强”的发展战略，规范北京散热器市场。我们在对北京建材市场、散热器超市、工程单位、生产企业进行调查、考察和征询消费者意见的基础上，按照市场评价和“公平、公正、公开”的原则，经研究决定：授予北京11家散热器产品为“2003年北京散热器畅销品牌”称号。

北京森德散热器有限公司　森德牌
北新建材（集团）有限公司——龙牌采暖系统
北京金泰格散热器有限公司——金泰格牌
北京三叶散热器厂——三叶牌
瑞特格散热器（天津）有限公司——瑞特格牌
北京中意思乐科技发展有限公司——思乐牌
北京艺海世界经贸有限公司——佛罗伦萨牌
北京北方众合暖通设备厂——众合牌
上海努奥罗散热器有限公司——努奥罗牌
兰州陇星散热器有限公司——陇星牌
沈阳市吉水暖气片厂——吉水牌

散热器畅销品牌企业“太阳天使奖”（11家）

为表彰北京森德散热器有限公司等11家北京散热器畅销品牌企业为首都建筑及建筑装饰装修业的发展，为北京散热器业的发展和市场的繁荣，为维护消费者的合法权益所做出的贡献。经研究决定：授予北京11家散热器畅销品牌企业“太阳天使奖”。望11家“太阳天使”奖获奖单位，要像太阳一样给居家百姓送温暖、送健康、送舒适、送安全。开拓创新，继续为北京和我国散热器业的发展和市场的繁荣做出新的贡献。

北京森德散热器有限公司
北新建材（集团）有限公司
北京金泰格散热器有限公司
北京三叶散热器厂
瑞特格散热器（天津）有限公司
北京中意思乐科技发展有限公司
北京艺海世界经贸有限公司
北京北方众合暖通设备厂
上海努奥罗散热器有限公司
兰州陇星散热器有限公司
沈阳市吉水暖气片厂

中国新型散热器创新奖

北京森德散热器有限公司，创建于1998年，投资3.5亿元，开拓了我国新型散热器的新篇章，带动了我国新型散热器业的迅猛发展。2002年该公司又研制开发了“森德无限防腐散热器”。该公司参与制定我国钢管散热器行业标准，以环保、健康、装饰的经营理念，不断科技创新，坚持独特的高档品牌，诚信优良的服务体系，促进了企业的快速发展，被业内誉为我国新型散热器的开拓者，成为带动我国散热器业发展的龙头企业。为表彰该公司对行业发展所做出的突出贡献，经研究决定：向该公司总经理郭占庚博士颁发“中国新型散热器创新奖”。

关于表彰2002年度沈阳市装饰装修行业先进施工企业的通报

沈装协发[2003]4号

为提高我市装饰装修行业的整体素质，促进我市装饰装修行业的发展，现决定对2002年度在工程质量、安全生产、文明施工、遵章守纪等各方面均达到标准的装饰装修施工企业进行表彰。经考核，沈阳强风铝业工程有限公司等25家单位被评为沈阳市2002年度装饰装修行业先进施工企业。

附：沈阳市2002年度装饰装修行业先进施工企业名单。

沈阳市建筑装饰协会

二〇〇三年四月十日

沈阳市2002年度装饰装修行业先进施工企业名单

1. 沈阳强风铝业工程有限公司
2. 沈阳远大铝业工程有限公司
3. 沈阳沈飞集团铝业幕墙工程有限公司
4. 沈阳黎东幕墙装饰有限公司
5. 辽宁泰丰铝业装饰工程有限公司
6. 辽宁荣昌装饰装修工程有限公司
7. 沈阳天野装饰工程有限公司
8. 沈阳凯达铝业工程有限公司
9. 沈阳瑞德装饰工程有限公司
10. 鲁迅美术学院艺术工程总公司
11. 沈阳天地建设发展有限公司
12. 沈阳市中元建筑装饰工程公司
13. 沈阳大洋装饰工程有限公司
14. 辽宁嘉春装饰工程有限公司
15. 沈阳建筑装饰装修有限公司
16. 沈阳市雅美装饰有限公司
17. 沈阳迅兴建筑设计装饰工程有限公司
18. 沈阳市崇博装饰工程有限公司
19. 沈阳融科计算站系统工程有限公司
20. 沈阳市飞翔装饰有限公司
21. 沈阳市博雅装饰工程有限公司
22. 沈阳新晶艺工程装饰有限公司
23. 沈阳市海天家庭装修有限公司
24. 沈阳市辰星装饰装修有限公司
25. 沈阳正丰装饰装修工程有限公司

关于表彰2002年度沈阳市装饰协会优秀会员单位的通报

沈装协发[2003]5号

为提高会员单位的综合素质，促进协会健康发展，决定对认真执行政策法规，遵守行业自律原则，按时交纳会费，关心协会发展，积极参加协会举办的各项活动和具有良好会员形象的会员单位进行表彰，授予2002年度装饰协会优秀会员单位荣誉称号。

附：沈阳市2002年度装饰协会优秀会员单位名单。

沈阳市建筑装饰协会

二〇〇三年四月十日

沈阳市2002年度装饰协会优秀会员单位名单

1. 沈阳强风铝业工程有限公司
2. 沈阳天地建设发展有限公司
3. 沈阳建筑装饰装修有限公司
4. 沈阳沈飞集团铝业幕墙工程有限公司
5. 沈阳黎新玻璃幕墙有限公司
6. 辽宁荣昌装饰装修有限公司
7. 沈阳市中元建筑装饰工程公司
8. 沈阳凯达铝业工程有限公司
9. 沈阳瑞德装饰工程有限公司
10. 鲁迅美术学院艺术工程总公司
11. 辽宁嘉春装饰工程有限公司
12. 沈阳市雅美装饰有限公司
13. 沈阳黎天装饰工程有限公司
14. 沈阳市崇博装饰工程有限公司
15. 沈阳市骄阳建筑装饰工程有限公司
16. 沈阳市天界广告装饰有限公司
17. 辽宁金盛建筑装饰工程有限公司
18. 沈阳艺腾装饰工程有限公司
19. 艺林（香港）有限公司
20. 沈阳市博雅装饰工程有限公司

21．辽宁海益装饰工程有限公司
22．辽宁金轮装饰工程有限公司
23．辽宁易林装饰工程有限公司
24．沈阳市宗盛装饰工程有限公司
25．沈阳东港装饰工程有限公司
26．沈阳雅帅装饰工程有限公司
27．沈阳天宇装饰工程有限公司
28．沈阳辽海装饰工程公司
29．沈阳五林装饰工程有限公司
30．沈阳科林建筑智能化系统工程有限公司
31．沈阳科通建筑装饰工程部
32．沈阳国大装饰工程有限公司
33．沈阳好地装饰工程有限公司
34．沈阳市龙太装饰工程有限公司
35．沈阳梦美装饰工程有限公司
36．沈阳时苑装饰工程有限公司
37．沈阳市成运装饰工程有限公司

关于表彰2002年度沈阳市家装行业品牌企业的通报

沈装协发[2003]6号

为进一步规范和提高我市家庭居室装饰装修工程的整体质量和水平，促进我市家庭装修行业的健康有序发展，决定对2002年度模范遵守行规行约、业绩良好、重合同守信誉、无消费者投诉，各方面表现出色的家装企业进行表彰，授予2002年度家装行业品牌企业称号。

附：沈阳市2002年度家装行业品牌企业名单。

沈阳市建筑装饰协会

二〇〇三年四月十日

沈阳市2002年度家装行业品牌企业名单

1．沈阳市海天家庭装修有限公司
2．沈阳市辰星装饰装修有限公司
3．沈阳统代装饰工程有限公司
4．沈阳鑫弛装饰工程有限公司
5．沈阳善美装饰设计工程有限公司
6．沈阳黎建装饰工程有限公司·都室家装
7．沈阳辰风建筑装饰设计工程有限公司
8．沈阳建亚装饰工程有限公司
9．沈阳赛百装饰工程有限公司
10．沈阳天地建设发展有限公司
11．沈阳迅兴建筑设计装饰工程有限公司
12．沈阳富而特装饰工程有限公司
13．沈阳五林装饰工程有限公司
14．沈阳港华装饰工程有限公司
15．沈阳辽海装饰工程公司
16．沈阳华新建筑装饰工程有限公司
17．沈阳梦美装饰工程有限公司
18．沈阳鸿基装饰工程有限公司
19．沈阳伟洪装饰工程有限公司
20．沈阳时苑装饰工程有限公司

关于表彰2002年度沈阳市装饰行业优秀项目经理的通报

沈装协发[2003]7号

为加强我市装饰装修业项目经理队伍建设，提高从业人员素质和企业的施工技术与管理水平。为此，沈阳市建筑装饰协会决定对装饰装修行业能熟悉并遵守政策法规，对项目管理中有一定突出业绩者给予表彰，授予装饰装修行业优秀项目经理荣誉称号。

附：沈阳市装饰行业优秀项目经理名单。

沈阳市建筑装饰协会

二〇〇三年四月十日

沈阳市装饰行业优秀项目经理名单

高文正	张　强	周利友	陆克启	魏　鹏	隋青春	罗文生	张　浩	关　宇	张士臣
王志斌	赵铁桥	黄　宁	周德利	时文忠	何明全	鹿　岩	马国强	张　毅	张　旭

大连市建筑装饰协会15周年获奖单位和个人

大连市建筑装饰协会

（二○○三年三月七日）

15年最佳装饰企业

大连建筑设计装饰工程有限公司
大连红太装饰工程公司
大连盛大建筑装饰工程有限公司
大连乾豪建筑装饰工程有限公司

大连住宅产业装饰一体化最佳示范企业

大连嘉丽住宅产业配套有限公司

15年优秀装饰企业

大连嘉丽装饰工程有限公司
大连阿尔滨集团装饰工程有限公司
大连中信建筑设计装饰工程有限公司
大连北洋酒店工程有限公司
大连开建集团装饰工程公司
大连泰桑建筑装饰工程公司
大连海王建筑设计装饰工程有限公司
大连亿达装饰工程有限公司
大连通信装修工程有限公司
大连华美装修设计工程有限公司
深圳南利装饰工程公司
大连嘉源装饰工程有限公司
澳连建筑装饰工程有限公司
大连鑫诚装饰装修有限公司
大连豪特建筑装饰设计工程有限公司

15年最佳装饰企业经理

周文麟　金丽华　赵文广　王晓光　罗淼麟　张继甫　方荣植

装饰行业发展贡献奖

乔松年　肖桂莲　魏　兵　张继良　蔡源珍　刘显福　梁春茹　刘玉萍

装饰企业发展成就奖

董　学　杜曼曼　宋茂升　丁兆连　王　震　李　健　姚礼贵　黄宝鉴　曲永武　徐开军　孙广胜　陈泽伟
张　华　袁汝胜　孙学金　韩世伦　韩鸿原

15年最佳装饰项目经理

大连红太装饰工程公司　李长杰
大连阿尔滨集团装饰工程有限公司　袁　东
深圳南利装饰工程公司　方伟羡
大连建筑设计装饰工程有限公司　栾文浩
大连乾豪建筑装饰工程有限公司　付义东
大连盛大建筑装饰工程有限公司　张传涌　周文鹏　王　强
澳连建筑装饰工程有限公司　曹洪滨
大连豪特建筑装饰设计工程有限公司　曲永洪

优秀装饰材料会员单位

大连兴业材料市场崇凌建材商场
大连日松住宅设备有限公司
大连银帆卫浴用品有限公司
大连兴业建筑装饰材料交易市场
大连亚仕涂料有限公司
大连天泰空调设备有限公司

优秀家装企业

大连市甘井子区雅轩装饰设计工程部
大连中国家饰城顺意诚信装饰装修工程部
大连市甘井子区艺鑫装饰设计工程部
大连鸿升室内设计工程有限公司
大连中国家饰城鸿运装饰设计中心
大连九阳装饰设计工程有限公司
大连中国家饰城一德装饰部
大连岩松装饰工程有限公司

著名室内建筑师

任文东　大连轻工学院艺术设计学院院长、教授
刘士海　大连海地装饰艺术有限公司
唐　建　大连理工大学建筑艺术学院系主任、教授
盖永成　大连中信建筑设计装饰公司总设计师、高级工程师
陈晓蔓　大连大学土木建筑系副教授

大连优秀室内建筑师

顾　逊　大连轻工学院艺术设计学院
张　虎　大连理工大学建筑艺术学院

黄世岩　大连大学土木建筑系
官　强　大连艺特电脑彩绘有限公司
于延年　大连开建装饰公司
蒋怀宁　大连艺特电脑彩绘有限公司
樊　亮　大连阿尔滨集团装饰工程有限公司
徐长清　大连嘉园装饰设计公司
孙宝宏　大连宏美装饰工程公司
邢文伦　大连盛大建筑装饰工程有限公司
吴兆生　大连海王建筑设计装饰工程有限公司
刘洪明　大连中信建筑设计装饰工程有限公司
程广达　深圳南利装饰工程公司
张津墚　大连阳光灿烂建筑室内设计工程有限公司
姜　浩　大连海地装饰艺术有限公司
孟　宁　大连美术室内装饰设计工程有限公司
李　斌　大连泰桑建筑装饰工程公司

大连优秀青年室内建筑师

欧阳曙光　欧阳设计工作室
于　雷　大连建筑设计装饰工程公司
郭　强　美国正泰公司
匡　飞　大连柏德装饰设计工程公司
冀　立　大连通信装修工程公司
高　靖　大连红太装饰公司
朱海滨　大连市建筑工程学校
牛　军　大连北洋酒店工程有限公司
王　江　大连正和装饰公司
刘晓东　大连鑫诚装饰装修有限公司
纪　纬　大连英特利装饰设计工程公司
王德志　大连雅正装饰设计有限公司
赵晓方　大连美一佳装饰设计工程有限公司
张明书　大连豪特装饰设计工程有限公司
王　嵩　香港雅庭装饰装修工程有限公司
郭　冬　大连彩惠图像有限公司
王　波　大连盛大建筑装饰工程有限公司
迟克胜　大连中信建筑设计装饰工程有限公司
刘明范　大连泰桑建筑装饰工程公司
初　霞　大连嘉丽装饰工程有限公司
高　巍　大连轻工业学院艺术设计学院
赵成智　大连乾豪建筑装饰工程有限公司
唐　剑　深圳市南利装饰工程有限公司
翟晓东　大连华美装修设计工程有限公司
付景春　大连名嘉艺术装饰工程有限公司
张浩然　大连嘉源装饰工程有限公司
李学峰　大连开建集团装饰工程公司

2002 年大连首届嘉丽杯设计大赛公建设计一等奖

国信大酒店	郭　冬	大连彩惠图像有限公司
辽宁国际会议中心	盖永成	
大商集团沈阳新玛特外立面	官　强	大连艺特电脑彩绘有限公司
某空间设计	黄世岩　陈晓蔓	大连大学
虹源大厦		大连壹阁设计事务所
圣鑫商城入口	高　靖	大连红太装饰工程公司
市报业大厦共享空间	王　波	大连盛大建筑装饰工程有限公司

2002 年大连首届嘉丽杯设计大赛公建设计二等奖

沈阳移动通信办公楼		大连中信建筑设计装饰工程有限公司
沈阳桃仙机场贵宾区	盖永成	
冠恒盛世健康俱乐部	张津墚　李海鹏　蔡万昌　王清生	大连阳光灿烂建筑室内设计工程有限公司
大连电力学校 1#楼大厅	官　强	大连艺特电脑彩绘有限公司
某银行大堂	樊　亮　杜　森　袁　东	大连阿尔滨集团装饰工程有限公司
开发区五彩城 A 区 7#楼外立面	孙宝宏	大连宏美装饰工程有限公司
百年城公共空间方案	周　斌	
庄河工商行政管理局办公大楼	刑文伦	大连盛大建筑装饰工程有限公司
德记酒店大餐厅	陆列平	大连嘉丽装饰工程有限公司

2002 大连首届嘉丽杯设计大赛公建设计佳作奖

某飞机制造公司办公楼	张　虎	大连理工大学建筑艺术学院
某办公大楼会议室	张　虎	大连理工大学建筑艺术学院
长春市吉隆坡酒店夜总会	郭　冬	大连彩惠图像有限公司
实德集团办公楼		大连中信建筑设计装饰工程有限公司
辽宁移动通信大厦大堂		大连中信建筑设计装饰工程有限公司
威海国税局		大连中信建筑设计装饰工程有限公司
辽阳移动通信办公楼		大连中信建筑设计装饰工程有限公司
大连老虎滩水上休闲规划方案		大连中信建筑设计装饰工程有限公司

万盛音乐广场	张津墚　王清生　邓天奎　王　丽	大连阳光灿烂建筑室内设计工程有限公司
盘锦双兴宾馆（二期）	郭　强	美国正泰公司
莲花阁茶艺馆	赵　明　张　琳	美国正泰公司
大商集团沈阳新玛特		大连海地装饰艺术有限公司
胡同里饭店包间		大连海地装饰艺术有限公司
海事大学西山教学楼	张瑞丰　高　巍	大连轻工学院艺术设计学院
开发区法院外立面	樊　亮　杜　森　袁　东	大连阿尔滨集团装饰工程有限公司
数码大厦大堂	冀　立	大连通信装饰装修公司
某酒吧	王兆君	大连泰桑装饰工程公司
某酒店大堂	刘晓东　刘福智	大连鑫诚装饰装修有限公司
电力学校 1#楼培训中心	车锦欣	大连高百装饰公司
某信托大楼内装		大连美术建筑装饰设计工程有限公司
曼哈顿某写字间	纪　伟　华　涛	大连英特利装饰设计工程有限公司
某学校学术报告厅	吕广军	
大连百年商城大堂	方荣植　姜　涛	深圳市南利装饰工程有限公司
大连星海会展中心大堂	方荣植　姜　涛	深圳市南利装饰工程有限公司
轻工学院体育馆室内设计	刑大恒	大连轻工学院艺术设计学院
火车站二层大厅		大连盛大建筑装饰工程有限公司
火车站夜光照明鸟瞰		大连盛大建筑装饰工程有限公司
火车站夜光照明鸟瞰		大连盛大建筑装饰工程有限公司
市人大会议楼大堂		大连盛大建筑装饰工程有限公司
人大办公楼大堂	邢文伦　曹　阳　王为民	大连盛大建筑装饰工程有限公司
人大办公楼主任会议室		大连盛大建筑装饰工程有限公司
博览酒店 22 层包间	陆列平	大连嘉丽装饰工程有限公司

2002 年大连首届嘉丽杯设计大赛公建工程一等奖

双 D 港 1#内装	陈晓蔓　大连大学	
公司办公楼外装	修世江　高　靖	大连红太装饰工程公司
万紫千红 KTV	匡　飞	大连柏德装饰设计工程有限公司

2002 年大连首届嘉丽杯设计大赛公建工程二等奖

大商集团中兴商业大厦	官　强　蒋怀宁	大连艺特电脑彩绘有限公司
现代博物馆内展		大连海地装饰艺术有限公司
大连铁道学院新图书馆		大连理工大学室内设计研究所
“金龙号”船内设计	于延年	
金石滩影视艺术中心	修世江　高　晴　关立群	大连红太装饰工程公司
大连金石滩国际会议厅	方荣植　姜　涛	深圳市南利装饰工程有限公司

2002 年连首届嘉丽杯设计大赛家装设计一等奖

青岛凯伦花园别墅	王　嵩	

2002 年大连首届嘉丽杯设计大赛家装设计二等奖

青云林海家装		大连海地装饰艺术有限公司
椅子的一天	王　江	大连正和装饰工程有限公司
某家装	刘明范	大连泰桑装饰工程公司

2002 年大连首届嘉丽杯设计大赛家装设计佳作奖

某家居	黄述宾	大连阳光灿烂建筑室内设计工程有限公司
某住宅客厅	樊　亮　李大鹏　苏士一	大连阿尔滨集团装饰工程有限公司
某家居	李　皓	大连美术室内装饰设计工程有限公司
海城金色家园某家居	刘闻良　聂　群　王　丽	大连阳光灿烂建筑室内设计工程有限公司
某家居	付景春	大连名嘉装饰工程有限公司

2002 年大连首届嘉丽杯设计大赛家装工程类一等奖

某家居	朱海滨	大连建筑工程学校

2002年大连首届嘉丽杯设计大赛家装工程类二等奖

家庭室内装饰	张　虎	大连理工大学建筑艺术学院
半跃式住宅装饰	欧阳曙光	

2002大连首届嘉丽杯设计大赛家装工程类佳作奖

某家居	靳世民　王　岩	大连阳光灿烂建筑室内设计工程有限公司
海岸花园样板间	赵成智	大连乾豪建筑装饰工程有限公司
高档单身公寓	王　江	大连正和装饰工程有限公司
某家居	段嘉娜	

2002大连首届嘉丽杯设计大赛新人新作奖

某住宅	战　辉	大连建筑工程学校
某住宅	张　电	大连建筑工程学校
优豪斯住宅	孙丽立	大连建筑工程学校
新希望花园住宅	原　旦	大连建筑工程学校
胜利花园住宅	陈　东	大连建筑工程学校
某住宅	贺　帅	通才电脑学校
多媒体某会议室	徐　真　郭鹏鹏　牟永春　洪慧慧　刘明阳	大连大学

优秀兼职教师

余　明	东北财经大学副教授	于濂洪	大连大学副教授
李维仁	大连大学教授	李　刚	大连大学副教授
陈晓蔓	大连大学副教授、建筑系主任	谷庆连	大连工商旅行社总经理

协会优秀工作者

张兆发	孟　宁	陈文政	张　毅	杜宏军	刘　鑫	金宏颖	房　丽	刘晓蕾	史立波	李云岭	杨爱娜
刘文慧	白利燕	周丽伟	施　宏	胡金平	刘　楠	宋焱伟	陈茂昆	苏士一	郑松泉	孙胜利	于慧艳
张连勇	姜　娟	左增润	石云海	刘成华	王宗江	孙功胜	王玲民	栾景杰	唐淑轩	黄　清	王　壮
赵家国	张战友	郭增学	王德军	彭宗军	陈卫国	国志刚	卢俊良	陆增钊	于　珉	蔡永生	张　艳

2002年装饰工程奖

单　位	工程名称
大连中信建筑设计装饰工程有限公司	大连东北财经大学“学术交流中心”装修工程
大连红太装饰工程公司	大连星海大厦玻璃幕墙工程
大连红太装饰工程公司	大连现代博物馆工程
深圳南利装饰工程公司	大连市现代博物馆公共空间工程
大连海地装饰艺术有限公司	大连市现代博物馆布展施工工程
深圳海外装饰工程公司	大连亚太国际金融中心
大连盛大建筑装饰工程有限公司	大连商场新玛特购物休闲广场内装修
深圳南利装饰工程公司	大连市百年商城装修工程大堂装修
大连鑫诚装饰装修有限公司	大连友好大厦室内装修(六层)
大连金州阿尔滨装饰有限公司	大连阿尔卑斯电子有限公司装修工程
大连金州阿尔滨装饰有限公司	大连北良港海关楼工程
大连开建集团装饰工程公司	新港疗养中心主楼装饰工程
大连开建集团装饰工程公司	新港海水游泳馆
大连红太装饰工程公司	大连金石滩名水温泉会馆工程
大连乾豪装饰工程有限公司	大连开发区管委会办公楼改造工程
大连泰桑建筑装饰工程公司	大连建设银行瓦房店支行装饰改造工程
大连红太装饰工程公司	大连亿达世纪城会所幕墙工程
大连盛大建筑装饰工程有限公司	大连市工商局新办公楼室内装饰
大连建筑设计装饰工程有限公司	大连市图书馆内装修工程
大连阳光灿烂建筑室内设计工程有限公司	海城冠恒盛仕桑拿健身俱乐部工程
大连北洋酒店工程有限公司	北京市船舶重工酒店
大连建筑设计装饰工程有限公司	辽宁省政府交通厅办公大楼工程

2002年度长春市建筑装饰装修行业先进集体　先进个人和“君子兰杯”优质工程奖

长春市建筑装饰装修协会

（二〇〇三年二月十日）

长春市建委、长春市建筑装饰装修协会发文，隆重表彰优秀企业、优秀企业家、优秀项目经理、“君子兰杯”优质工程。

2002 年是长春市建筑装饰业持续、快速、健康发展的一年。一年来，全市建筑装饰业广大干部职工认真贯彻落实国家、省、市有关方针、政策，以整顿规范建筑市场为载体，以提高工程质量为目标，以强化管理为手段，各项工作都取得了优异的成绩，涌现一批先进集体和先进个人。经组织认真评选，决定授予吉林省凯基建筑装饰工程有限责任公司等 11 家企业为长春市优秀建筑装饰企业荣誉称号；授予祝庆俊等 5 位企业经理为长春市优秀建筑装饰企业家荣誉称号；授予安宏伟等 18 位项目经理为长春市建筑装饰企业优秀项目经理。

2002 年长春市建筑装饰装修企业继续开展了争创“君子兰杯”优质工程活动。通过这一创优活动，工程质量得到了进一步提高，质量通病得到进一步治理，受到用户的欢迎，也创出了一批代表性工程。经认真组织现场查验、回访和评选，决定授予由吉林省凯基建筑装饰工程有限责任公司施工的吉林省电信公司四平分公司电信枢纽大楼装饰工程等 26 项工程为长春市建筑装饰装修 “君子兰杯”优质工程奖荣誉称号。

本次获奖的 26 项工程中，一级企业 12 项，二级企业 14 项。今年二级资质企业上升较快，势头也猛。这 26 项工程中，吉林省凯基建筑装饰公司占 5 项，处于领先地位，他们的工程体量大、质量好、投资多，设计具有时代感。根据国家装饰协会的要求和企业的意愿，我们从中选出 4 项工程，申报中国建筑装饰奖。它们是：凯基公司的四平电信、正业通公司的吉林省公安厅指挥中心、东方公司的空军二航院信息大厦、百洋公司的光大银行。

从总体来看，这 26 项工程符合“君子兰”杯优质工程标准。每项工程或多或少都有一处或几处点睛之笔，有的工程设计独具创意，适应时代要求，设计、形式服从功能，主体思想明确，尺寸把握准确，装饰空间设计合理，条线流畅，色彩协调、清新、典雅、明快，体现出较高的设计层次。有的工程使用了较多的国内领先的装饰材料，施工质量也优良、精细。比如使用了乐思龙蜂窝板、法国欧瓦矿棉板、微晶石等新型材料。并且采用了几项较为突出的新技术，有一定的领先性，对我市乃至吉林省装饰行业有一定的指导意义。当然，这 25 项工程中，无论从设计到施工，也存在着一些遗憾之处，不细不精之处，需要进一步的改进和加强。

长春市建筑装饰装修协会希望获奖的集体和个人，希望获得“君子兰杯”优质工程奖的企业、项目部，再接再厉，继续争创更多的“君子兰杯”优质工程。市建筑装饰装修协会号召全市建筑装饰装修业企业和职工向他们学习，把长春市的建筑装饰装修工程质量稳步的提高到一个新的台阶，为春城人民奉献出更多的“君子兰杯”优质工程。

一、2002年度长春市优秀建筑装饰装修企业名单

1. 吉林省凯基建筑装饰工程有限责任公司
2. 长春东方装璜工程有限公司
3. 长春长江装饰装璜有限公司
4. 吉林省创艺装饰装璜工程有限公司
5. 吉林省百洋装饰集团有限公司
6. 吉林省浩昌装饰工程有限公司
7. 吉林省宝鑫建筑装饰工程有限责任公司
8. 吉林省泰格装饰工程有限公司
9. 吉林省正业通建筑装饰有限责任公司
10. 吉林省华冠装饰有限责任公司
11. 长春市新世纪建筑装饰工程有限公司

二、2002年度长春市优秀建筑装饰装修企业家名单

1. 祝庆俊　吉林省凯基建筑装饰工程有限责任公司
2. 冯晓刚　吉林省浩昌装饰工程有限公司
3. 安宏伟　吉林省正业通建筑装饰有限责任公司
4. 曾金培　吉林省华冠装饰有限责任公司
5. 李禹志　长春市新世纪建筑装饰工程有限公司

三、2002年度长春市建筑装饰装修企业“优秀项目经理”名单

1. 安宏伟　吉林省正业通建筑装饰有限责任公司
2. 于秋波　吉林省百洋装饰集团有限公司
3. 孙立夫　吉林省百洋装饰集团有限公司
4. 徐凤德　吉林省百洋装饰集团有限公司
5. 西志学　吉林省太阳神建筑装饰工程有限公司
6. 王树义　吉林省太阳神建筑装饰工程有限公司
7. 贾福利　长春建工温馨鸟建筑装饰有限公司
8. 张丽平　吉林省正业通建筑装饰有限责任公司
9. 曾金培　吉林省华冠装饰有限责任公司
10. 杨绍卿　吉林省创艺装饰装璜工程有限公司
11. 卫　中　吉林省泰格装饰工程有限公司
12. 马　雷　吉林省凯基建筑装饰工程有限责任公司
13. 耿　直　吉林省凯基建筑装饰工程有限责任公司
14. 赵　亮　吉林省凯基建筑装饰工程有限责任公司
15. 马　骥　吉林省凯基建筑装饰工程有限责任公司
16. 任安辉　吉林省凯基建筑装饰工程有限责任公司
17. 姚志广　吉林省宝鑫建筑装饰工程有限责任公司
18. 陈亚林　长春市新世纪建筑装饰工程有限公司

四、2002年度长春市建筑装饰装修“君子兰杯”优质工程奖工程名单

工　程　名　称	承　建　单　位
1. 吉林省电信公司四平分公司电信枢纽大楼	吉林省凯基建筑装饰工程有限责任公司
2. 吉林省公安厅指挥中心楼	吉林省正业通建筑装饰有限责任公司
3. 中国空军第二航空学院信息大厦	长春东方装璜工程有限公司
4. 光大银行长春分行营业大厦外环境室内写字间及公共区域部分	吉林省百洋装饰集团有限公司
5. 图门海关综合楼外装饰工程	吉林省华冠装饰有限责任公司
6. 通化钢铁集团招待所改建	吉林省太阳神建筑装饰工程有限公司
7. 吉林省人民政府政务大厅室内	吉林省凯基建筑装饰工程有限责任公司
8. 延吉市地方税务局办公楼	吉林省名宇装饰有限责任公司
9. 吉林省电信公司松原分公司电信枢纽大楼	吉林省凯基建筑装饰工程有限责任公司
10. 吉林省邮电规划设计院	吉林省凯基建筑装饰工程有限责任公司
11. 图门海关综合楼内	吉林省泰格装饰工程有限公司
12. 吉林省邮政电话会议室	吉林省邮政建筑公司
13. 一汽技术中心设计楼	吉林省凯基建筑装饰工程有限责任公司
14. 吉林省公安厅服务楼	吉林省正业通建筑装饰有限责任公司
15. 第一汽车会堂内	长春一汽实业建筑装饰工程有限责任公司
16. 中科院长春光电子产业园区研发大厦	吉林省华冠装饰有限责任公司
17. 吉粮大厦写字楼室内	吉林省太阳神建筑装饰工程有限公司
18. 二十一世纪国际商务总部	长春建工温馨鸟建筑装饰有限公司
19. 一汽大众经管会办公楼	长春一汽实业建筑装饰工程有限责任公司
20. 吉林省高级人民法院审判综合楼室内	吉林省百洋装饰集团有限公司
21. 63850部队办公楼	吉林省一建装饰公司
22. 新元木业办公楼	吉林省名宇装饰有限责任公司
23. 敦化市富临园宾馆	吉林省名宇装饰有限责任公司
24. 长春市交通局1#信息配载楼	吉林省宝鑫建筑装饰工程有限责任公司
25. 吉林省林业厅宾馆多功能厅	吉林省名宇装饰有限责任公司
26. 中国科学院长春应化所主楼改造外	长春建工集团吉润建设股份有限公司

关于表彰“2003年度先进装饰企业和优良建筑装饰工程”的决定

并装协字[2003]第6号

各会员单位：

根据我会并装协字[2003]第1号文《关于申报2003年度〈优良建筑装饰工程〉及〈先进装饰企业〉》评审活动的通知精神。我会在企业申报的基础上，组织了评审委员会，对申报的《优良建筑装饰工程》进行了认真的检查评审，对《先进装饰企业》的资料进行了审核，经过评审委员会的严格评比，评出“山西省建筑装饰工程总公司”等24个先进企业，“梅园百盛”的内装饰装修等16个优良工程。现将名单予以公布。

附：1. 2003年太原市建筑装饰优良工程名单

2. 2003年度太原市建筑装饰先进企业名单

太原市建筑装饰协会

二OO三年十月十日

附1：

2003年度太原市建筑装饰创优良工程企业名单

承建单位	工程名称
1. 山西省建筑装饰工程总公司	省人大培训中心西楼改造
2. 太原市建筑装饰有限公司	呼延净水厂综合办公楼及职工食堂装饰装修
3. 太原市现代建筑装饰工程有限公司	山西梅园商厦内部装修四层西部
4. 山西三利装饰有限公司	山西证券有限公司装饰工程
5. 北京中建海外装饰工程公司	华厦银行分理处 光大银行北城支行
6. 太原市晋粤装饰有限公司	省展览馆内装修
7. 山西博艺装饰有限公司	少年宫通信超市及办公室内装潢
8. 太原市城建装饰公司	绿草堂酒楼
9. 山西浩海装饰设计工程有限公司	万国汽贸园商务大楼 中国农行山西分行营业大厅一、二层、三层职工食堂、一至十六层电梯间
10. 太原四达时代装饰有限公司	中行太原市漪汾支行旱西关分理处
11. 山西聚豪装饰装潢有限公司	中国农行山西分行6～7层高档办公室，4～5层客房，4～15层走廊，8～15层公共卫生间，4～7层服务员休息室
12. 太原鼎隆装饰公司	大连大通证券股份太原营业部
13. 太原市裕德装饰设计工程有限公司	5～10层室内装饰及照明配置、广告架
14. 山西南北建筑装潢有限公司	省煤炭厅内装饰
15. 太原市赛南方装饰工程企业公司	太原市雪山冷饮厅
16. 山西五一广告设计装饰工程有限公司	太原天仓隆商务大厦室内装饰工程

附2：

2003年度太原市建筑装饰先进企业名单

1. 山西省建筑装饰工程总公司
2. 太原市现代建筑装饰工程有限公司
3. 山西三利装饰有限公司
4. 香港神采设计装饰工程山西有限公司

5. 太原市建筑装饰有限公司
6. 太原市晋粤装饰有限公司
7. 山西森永建筑装饰工程有限公司
8. 山西浩海装饰设计工程有限公司
9. 山西万兴隆装潢设计有限公司
10. 北京中建海外装饰工程有限公司
11. 山西博艺装饰有限公司
12. 山西东城装饰设计工程有限公司
13. 太原市长江装饰工程有限公司
14. 太原星港艺术装潢公司
15. 太原市城建装饰公司
16. 山西聚豪装饰装潢有限公司
17. 太原五方装饰工程有限公司
18. 山西南北建筑装潢有限公司
19. 太原四达时代装饰有限公司
20. 山西唐明装饰广告有限公司
21. 太原新格装饰工程有限公司
22. 太原市赛南方装饰工程企业总公司
23. 太原市裕德装饰设计有限公司
24. 山西五一广告设计装饰工程有限公司

山东省第二届装饰装修工程质量“泰山杯奖”获奖工程和单位名单

根据山东省装饰装修工程质量“泰山杯”奖评选办法，省建设厅、省建管局组织了山东省第二届装饰装修工程质量“泰山杯”奖评选活动。通过各市推荐、复查小组复查和山东省装饰装修工程质量“泰山杯”奖评审委员会评审，报省建设厅、省建管局审核批准，确定获得山东省第二届装饰装修工程质量“泰山杯”奖的工程34个，现予以公布。

山东省建设厅　山东省建筑工程管理局

二〇〇二年十二月四日

工程名称	承建单位	设计单位
济南市房产大厦	济南盛顺装饰有限责任公司	济南市民用建筑设计院
上海浦东发展银行济南分行	山东德泰装饰有限公司	山东德泰装饰有限公司
山东省交通厅职工活动中心	中国建筑第八工程局第一建筑公司	中国航天建筑设计研究院济南分院
天同证券旧楼改造工程	山东万得福装饰工程有限公司 山东省天太实业有限公司	山东万得福装饰工程有限公司
中国国际贸促会山东省分会办公楼改造工程	山东省中鲁建筑集团总公司	山东鼎达装饰工程有限公司
济南九中综合体育馆	济南市第二建筑工程总公司	济南市建筑设计研究院
济宁市客运北站候车楼	济宁市建筑安装工程公司	济宁市建筑没计研究院
威海卫大厦改造工程	威海新世纪装饰有限公司	陈永超建筑师有限公司
山东省电信公司威海分公司办公楼	威海阳光装饰工程有限公司	威海阳光装饰工程有限公司
胜利石油管理局勘探开发综合楼维护与加固工程	胜利油田胜利工程建设（集团）有限责任公司	胜利石油管理局勘察设计研究院
烟台市地税局办公楼	烟台市正泰装饰工程有限公司	烟台市正泰装饰工程有限公司
烟台市北海医院病房楼	山东中允建设有限公司	山东中允建设有限公司
烟台市莱山区地税局办公楼	烟台市黄海建筑工程装饰分公司	烟台市黄海建筑工程装饰分公司
烟台开发区邮政大楼	烟台市飞龙建筑开发公司装饰分公司	迈克电脑图文制作事务所
泰安市建设大厦	泰安市金缔建筑装饰工程有限公司	泰安市金缔建筑装饰工程有限公司
泰安市自来水公司供水大厦	泰安市建筑设计院室内设计装饰公司	泰安市建筑设计院室内设计装饰公司
泰安移动通信综合楼	山东精英装饰有限公司	山东精英装饰有限公司

新泰市钓鱼台宾馆	新泰金鼎广告装饰有限公司	新泰金鼎广告装饰有限公司
昌润大酒店	山东万得福装饰工程限公司 聊城市万美达建筑装饰工程有限公司	山东万得福装饰工程有限公司
淄博市建设工程质量监督站检测楼	淄博美达装饰设计工程有限公司	淄博美达装饰设计工程有限公司
淄博市工商局干部培训中心	山东新城建工股份有限公司设计装饰公司	山东新城建工股份有限公司设计装饰公司
周村区电信局通信楼	淄博市王村建工实业总公司	山东省邮电规划设计院
临淄区地税局办税服务厅	山东高阳建设公司	淄博市新空间建筑设计有限公司
博兴县地税局办公楼	博兴县北关建筑公司	博兴县工程设计院
山东滨洲移动通信综合楼	滨洲城建集团公司	山东邮电设计院
莱芜发电厂招待所	山东省永隆装饰工程有限公司	山东省永隆装饰工程有限公司
德州市太阳楼酒店	德州大地装饰工程有限公司	德州大地装饰工程有限公司
德州市邮政局综合楼	山东德泰装饰有限公司	山东德泰装饰有限公司
日照市国土资源局办公楼	山东雅都装饰有限公司	山东雅都装饰有限公司
日照市人民医院病房楼	山东蓝天实业有限公司	山东蓝天实业有限公司
青岛市企业经营者评荐中心创业园	青岛东亚建筑装饰有限公司	青岛东亚建筑装饰有限公司
海尔国际培训中心二期装饰工程	青岛市装饰集团公司	青岛市装饰集团公司
海尔国际培训中心二期装饰工程	青岛雅托装饰有限公司	青岛雅托装饰有限公司
菏泽电视台演播厅装饰工程	菏泽市建筑工程总公司	菏泽市建筑规划没计院

关于公布济南市2002年度优秀装饰工程的通知

济建管字[2003]19号

各县(市)、区建设局，各建筑施工企业，有关建设单位：

为促进我市建筑装饰设计、施工质量水平的不断提高，济南装饰协会受济南市建设委员会、济南市建筑管理局的委托，于4月上旬邀请省、市有关专家对全市2002年度竣工的装饰装修工程进行了评选。经过自下而上的申报、推荐和评委们严格认真的评审，评选出11项装饰装修工程为济南市2002年度优秀装饰工程，现公布如下：

山东三箭建设股份有限公司装饰总公司施工的山东省邮政技术中心装饰工程

济南四建(集团)有限责任公司装饰公司施工的中国人民银行济南分行金库营业楼内装修工程

山东省建设建工(集团)装饰装潢有限责任公司施工的山东建工燕苑4号楼室内装修工程

山东省建设建工(集团)装饰装潢有限责任公司施工的山东艺术学院教学实习综合楼装饰工程

山东省齐鲁装饰设计院施工的山东农业银行营业办公楼室内装修工程

山东福缘来装饰有限公司施工的山东农业营业办公楼室内装修工程

山东省鸿鑫工程有限公司施工的中国人民银行济南分行金库营业楼铝合金幕墙工程

山东省永隆装饰工程有限公司施工的济南市中心医院综合病房楼内装修工程

深圳市深装总装饰工程有限公司施工的中国人民银行济南分行金库营业楼内装修工程

山东津单幕墙有限公司施工的山东电力鲁能中心幕墙工程

山东金网通讯发展有限公司施工的济南联通第一营业厅装修改造工程。

济南市建设委员会
济南市建筑管理局
济南装饰协会
二〇〇三年四月十六日

关于表彰2002年江苏省建筑装饰优质工程的决定

苏建管质[2003]7号

南京市建委，各市建设局、建工(管)局，省各有关厅、局，苏州工业园建设局，各市建筑装饰协会：

根据省建管局、省建筑装饰协会《关于2002年"江苏省建筑装饰优质工程奖"申报评审工作的通知》和苏建管质[1998]30号文件精神，各级建筑行政主管部门和装饰协会认真对照江苏省建筑装饰优质工程的评选条件进行推荐，省装饰协会对申报的82项工程的申报材料进行核查。并组织工程复查组到工程项目实地检查，征求使用单位意见、提出审查意见，最后经省装饰优质工程评审委员会评审、投票确定，共有62项工程获2002年江苏省建筑装饰优质工程奖(见附件)，其中金奖4项、银奖58项，现予以公布，通报表彰。

希望获奖单位再接再厉，不断提高工程质量水平，其他各单位要学习获奖单位的先进经验，强化设计，完善管理，争创优质工程，共同将我省装饰工程质量水平推上一个新台阶。

附：2002年江苏省建筑装饰优质工程奖项目名称（排名不分先后）。

江苏省建筑工程管理局
江苏省建筑装饰协会
二〇〇三年一月十七日

附：

一、荣获2002年江苏省建筑装饰优质工程金奖项目名称

序号	工程名称	工程造价（万元）	施工单位	项目经理
1	北京东直门国际公寓扩建工程公寓楼	3500.00	江苏省建筑工程公司	曾　固 周天勇
2	天目大厦(原江苏地税大厦装饰工程)1～3层、12层、18层	1200.00	苏州金螳螂建筑装饰有限公司	孙咏新
3	中国人民银行泰州市中心支行综合楼	1125.00	江苏华盛装饰工程有限公司	杭晓阳
4	栖霞地税稽查分局办公楼	327.00	南京金鸿装饰工程有限公司	李若凡

二、荣获2002年江苏省建筑装饰优质工程银奖项目名称

序号	工程名称	工程造价（万元）	施工单位	项目经理
1	南京市鼓楼区检察院办公楼	545.80	苏州工业园区美瑞德建筑装饰有限公司	吕伟民
2	苏州会议中心接建工程	310.00	苏州苏明装饰公司	周　刚
3	苏州市国家安全局指挥中心	343.00	苏州市荣华装饰有限公司	陈建伟
4	苏州市国家税务局直属局办公楼	640.00	苏州工业园区国发国际建筑装饰工程有限公司	徐建康
5	江阴海澜集团国际会议中心	2650.00	苏州金螳螂建筑装饰有限公司	夏明泉
6	南京丁山香格里拉大酒店大堂	415.00	苏州金螳螂建筑装饰有限公司	杨　震
7	金螳螂企业董事楼	380.00	苏州金螳螂建筑装饰有限公司	李年明
8	苏州图书馆主馆	640.00	苏州金螳螂建筑装饰有限公司	魏国忠
9	江苏省太湖明珠国际大酒店	1300.00	苏州金螳螂建筑装饰有限公司	朱兴泉
10	苏州日报社新闻大楼	363.00	苏州市华丽美登装饰有限公司	莫勇刚
11	吴江市松陵镇芦香茶社	307.00	苏州市新创意广告装饰有限公司	谢元明
12	苏州工业园区同明装饰工程有限公司办公楼	302.00	苏州工业园区同明装饰工程有限公司	陆　勇
13	苏宁环球大厦25～27层	1000.00	南京装饰联合总公司	陆　君
14	苏宁环球大厦（贵宾接待室、16～17层、总裁办公室）	800.00	南京柏森实业有限责任公司	钱　伟

序号	工程名称	工程造价（万元）	施工单位	项目经理
15	高淳县地税局综合楼	552.00	南京宁志装饰工程有限公司	吴中贵
16	南京长江二桥监控管理楼	600.00	中惠（江苏）装饰园林工程有限公司	吴　畏
17	国投大厦8～16层客房及13～16层公共走道	875.00	苏州金螳螂建筑装饰有限公司	杨　震
18	苏宁环球大厦酒店21～24层	1690.00	苏州金螳螂建筑装饰有限公司	潘美康
19	南京军区预备役军官训练团教学办公综合楼及生活服务楼	445.00	南京深圳装饰安装工程公司	欧锦镜
20	南京电视台演播中心大堂及走道	370.00	南京金鸿装饰工程有限公司	费　嘉
21	南京电视台演播中心（演播厅、排练厅、14～17层办公区）	350.00	南京长岛建筑装饰工程有限公司	李晓斌
22	江东社区服务中心（1～6层）	620.00	南京市室内装饰工程成套总公司	徐莉莉
23	盐城悦达国际大酒店（大堂）	370.00	江苏港宁装潢有限公司	刘安平
24	徐州师范大学师资培训中心	530.00	江苏港宁装潢有限公司	李志东
25	江宁县国税局报缴中心（一标段）	437.00	南京市室内装饰工程成套总公司	陈　明
26	江苏悦达集团办公楼1～3层改造工程	330.00	南京深圳装饰安装工程公司	戚小龙
27	南京卷烟厂易地改造工程第二标段	326.00	南京金陵建筑装饰有限责任公司	夏　元
28	隆盛大厦（大堂、电梯厅、楼层公共走道）	600.00	南京金陵建筑装饰有限责任公司	李明宝
29	浙江省玉环县国税局大楼	1067.00	南京市室内装饰工程成套总公司	张冠楠
30	南京电视台演播中心2层餐厅、3层多功能厅、18层台长办公室	359.00	南京富海装饰工程有限公司	张卜均
31	南京天丰大酒店	584.00	南京富海装饰工程有限公司	仇学富
32	上海紫金山大酒店（大堂、电影厅、宴会厅、二层等）	898.00	南京柏森实业有限责任公司	庄　毅
33	武汉市博物馆陈列展览一期工程	377.30	南京百会装饰工程有限公司	张　冰
34	南京湖滨金陵饭店	612.00	南京金陵国际装饰设计工程实业有限公司	张宝合
35	江苏省电信实业公司长乐路9号办公楼	437.00	深圳市美术装饰工程有限公司	姚天香
36	南京裕国宾馆（大堂、会议室、餐厅、客房等）	492.00	南京装饰工程公司	卜　志
37	南京地税下关稽查分局办公楼	300.00	南京金鸿装饰工程有限公司	陆　宁
38	金陵之星宾馆	1958.00	南京金鸿装饰工程有限公司	李若凡
39	海南三亚亚龙湾海景国际酒店	1226.00	南京香江华建工程有限公司	朱广荣 邓可亮
40	江苏边防指挥中心（1、2、7层）	345.80	深圳市南利装饰工程公司	陈露梅
41	泰州市自来水公司中控楼（一标段）	328.00	扬州日模邗沟装饰工程有限公司	黄甫连 李德良
42	姜堰市烟草公司办公大楼	509.00	姜堰市振亚建筑装饰有限公司	戚成兵
43	北京建国饭店宴会厅改造	390.00	镇江市建筑装饰工程公司	贺安顺
44	北京康城高尔夫会所	355.00	镇江市建筑装饰工程公司	杨希奎
45	镇江市恒顺宾馆改造	422.00	镇江市建筑装饰工程公司	袁士龙
46	江苏金捷摩托制造有限公司办公楼	347.00	无锡市锡山三建实业有限公司	朱林章
47	江阴市先锋大厦（综合楼A幢）	389.38	江阴市信德建筑设备装饰工程公司	吴　强
48	上海瑞苑公寓A座（10～18层）	589.00	南通市建筑装饰装潢公司	高新益
49	如东工行营业办公楼	396.00	南通五建天一建筑装饰工程有限公司	周　俊

序号	工程名称	工程造价（万元）	施工单位	项目经理
50	常州法警训练基地	312.00	常泰建筑装潢工程有限公司	庄仲行 岳林祥
51	三门峡电力负荷控制中心	344.50	常泰建筑装潢工程有限公司	谢哲钧
52	上海出入境边检总站机关业务楼	700.00	溧阳市建筑装潢工程有限公司	金林芝
53	秦山核电公司检修培训文档中心	1073.00	江苏华盛装饰工程有限公司	王泽勤
54	江苏石油勘探局钻井处 1 号办公楼	380.00	江苏省新江南营造集团华宇装饰有限公司	顾进喜
55	扬州市劳动力市场（一、二层）	332.00	扬州市华发装饰装潢配套公司	孙黎明 陈　明
56	江都市人民医院急诊楼（3～5 层）	311.00	扬州市华磊建筑装饰工程有限公司	华景涛
57	兰鼎中试基地 B 区	320.00	江苏省装饰幕墙工程有限公司	庄斌舵
58	北京陶然宾馆餐厅改造	358.48	江苏省建工工程有限公司	王先华

关于表彰 2002 年江苏省家庭装饰优质工程的决定

苏建装[2003]3 号

各市建筑装饰协会、有关家庭装饰企业：

根据江苏省建筑装饰协会苏建装(2002)21 号《关于开展 2002 年“江苏省家庭装饰优质工程”申报评审工作的通知》精神，各市建筑装饰协会家装委员会共推荐 69 项家庭装饰工程参加“江苏省家庭装饰优质工程”评比。在资料审查、现场核验与征求用户意见的基础上，经江苏省家庭装饰优质工程评审委员会投票决定，确定 61 项工程荣获 2002 年度江苏省家庭装饰优质工程奖，现予以公布、通报表彰。

附：2002 年江苏省家庭装饰优质工程奖项目名称（排名不分先后）

江苏省建筑装饰协会

二〇〇三年二月十七日

附：

荣获 2002 年江苏省家庭装饰优质工程项目名称

序号	工程名称	施工单位	项目经理
1	苏州时代花园 3—304	苏州市港隆装饰设计工程有限公司	邓万其
2	苏州桂花新村 102—303	苏州市大陆装饰工程有限公司	薛文华
3	苏州市南环西路龙港花园 8—101	苏州工业园区新城瑞佳建筑装饰工程有限公司	郑小东
4	苏州润福园 4—03	苏州市红蚂蚁装饰设计工程有限公司	陆永林
5	苏州润福园 3—01	苏州市红蚂蚁装饰设计工程有限公司	陆永林
6	苏州吴中区美之国花园 59 号	苏州市贝特装饰设计工程有限公司	孙生林
7	苏州工业园区韶山花园 3—03	苏州百姓装饰有限公司	邵亦请
8	苏州狮林苑 27—302	苏州市百顺装饰工程有限公司	谢林海
9	苏州景德路 252 号	苏州市台北装饰工程有限公司	马根元
10	苏州市龙西路莫厘苑 26—504	苏州工业园区金房子室内装饰有限责任公司	曹蔚骏
11	苏州东吴花园 16 幢 302 室	苏州市吴中区东吴建筑装饰工程公司	汪淳康
12	苏州市西山叶山别墅 3—6	苏州市吴中区金象家庭装饰有限公司	朱培良
13	常熟市大坝桥颜家角 35 号	江苏百姓装饰工程有限责任公司	沈坤保
14	太仓市景仓花园 7—303	苏州楸饰建筑装饰有限公司	吴志新
15	无锡市吉品名人苑小区 11 号—102 室	无锡市创佳装饰装潢有限公司	冯俊山
16	宜兴市新茶东小区 178 号—402 室	无锡市豪格装饰服务有限公司	殷志良

序号	工程名称	施工单位	项目经理
17	无锡市新世纪花园25号西502室	无锡市精工建筑装饰工程有限公司	顾振杰
18	无锡市银杏苑65号—101室	无锡市江海装饰装潢有限服务公司	何其昌
19	无锡市锦树花园20号—2803室	无锡市雅风装饰装潢有限公司	高亚峰
20	无锡市长庆大厦280号—602室	无锡市南洋装饰有限公司	邓瑞斌
21	无锡市轻院小区60号—501室	无锡市锡佛装潢有限公司	过森元
22	无锡市梁溪苑22号—402室	无锡市华亚装饰装潢有限公司	张标龙
23	宜兴市锦绣新村8号—303室	宜兴华利来装饰工程有限公司	蒋国清
24	无锡市新世纪花园1号—501室	无锡市东方新格环境设计装饰有限公司	周志强
25	无锡市刘潭黄岸头花园7号—301室	无锡市世家装饰装潢有限公司	项德存
26	无锡市新江南世代雅居89号—1501室	无锡市佰盛装饰装潢有限公司	杨正权
27	南京市苜蓿园大街58号01幢604室	南京金水装饰设计工程有限公司	徐　卿
28	南京市百家湖罗马城10幢203室	南京白兰家居装饰工程有限公司	林爱泉
29	南京市华侨新村紫薇苑3幢10号	南京兰友装饰工程有限责任公司	肖瑞玥
30	南京市虎啸花园8幢504室	南京超凡装饰工程有限公司	厉　群
31	南京市中山东路534号11幢101室	南京超凡装饰工程有限公司	厉　群
32	南京市中山门半山花园9—605	江苏锦华装饰工程有限责任公司	张金方
33	南京市虎啸花园9幢104室	南京佳思达室内装潢有限公司	唐献明
34	南京市太平门街1号月新大厦1007室	南京品居装饰有限公司	谢宗能
35	南京市宏运国际村H幢401室	南京钟凯丽装饰工程有限公司	袁世文
36	南京市虎啸花园07幢604室	南京钟凯丽装饰工程有限公司	成忠新
37	常州市体育花苑13幢303室	常州市大成建筑装潢设计公司	邱良庆
38	扬州市施工井西苑9幢404室	扬州新城江南雅筑室内外装饰装潢中心	谢茂松
39	扬州凯莱中心花园148—502	扬州新城百姓家庭装饰装璜有限公司	张旭辉
40	扬州康华小区4幢303室	扬州新城百姓家庭装饰装璜有限公司	张旭辉
41	镇江市丁卯桥路236号2幢204室	镇江市嘉禾装饰有限公司	韦国俊
42	镇江市东方花苑9幢604室	镇江市居嘉装饰有限公司	沈志和
43	镇江市阳光花园梧桐花园18号	镇江市千豪装饰有限公司	何海山
44	镇江市北湖花苑11幢604室	镇江市乙品环境艺术工程有限公司	方　军
45	镇江市东方花苑6幢306室	镇江市今典装饰有限公司	王月龙
46	镇江市何家门84幢104室	镇江永圣装饰有限公司	王国强
47	丹阳市和平广场B座2单元501室	丹阳市浪潮装饰有限公司	庄保华
48	南通市颐和花园7—508室	南通洋艺装饰装潢有限公司	田善明
49	南通市中诚大厦1102室	南通金房子装饰设计有限公司	翟勇华
50	南通市中诚大厦1101室	南通金辉装饰工程有限公司	邵青松
51	南通市锦绣花园2—601室	南通金辉装饰工程有限公司	支何鋆
52	南通市佳成花苑9—301室	南通文博装饰设计有限公司	曹中林
53	南通市光明东村32—604室	南通市崇川雅居装饰装潢服务部	耿明峰
54	南通市颐和花园12—307室	南通万艺广告装饰有限责任公司	丁志刚
55	南通市天虹公寓1—202室	南通万艺广告装饰有限责任公司	丁志刚
56	南通市北濠山庄12—209室	南通天成装饰装潢工程有限公司	曹锦炎
57	南通市翡翠花苑12—201室	南通市家庭装饰市场金泉装饰部	叶荣建
58	南通市濠滨别墅2—301室	南通鑫房子装饰设计有限公司	王军华
59	南通市濠西园78—206室	南通馨尔装饰装璜有限公司	张建兵
60	南通市百昌宴园3幢301室	南通市崇川金屋室内装饰中心	朱卫国
61	南通市顺遂楼3幢301室	南通市崇川金屋室内装饰中心	何锦杰

关于公布2003年安徽省建筑工程装饰奖评选结果的通知

皖装协[2003]17号

有关建管处（局）、装饰办（装协），有关装饰企业：

2003年安徽省建筑工程装饰奖的评选工作自今年3月30日开始，历时4个多月，于8月7日评选结束。根据装饰企业的申报，有关建管处（局）、装饰办（装协）组织检查组对申报工程进行检查、初评，省装饰协会组织复查组进行复查评审，省装饰工程评审委员会进行评审并表决通过，共评选出9项工程荣获2003年安徽省建筑工程装饰奖（其中，1项玻璃幕墙工程装饰奖）。

现将获奖工程和承建单位公布如下：

获 奖 工 程	承 建 单 位
一、合肥市（共4项工程）	
1．安徽省徽商集团综合楼	安徽省徽商集团创元装饰工程有限公司
2．华安证券有限责任公司办公楼	安徽安兴装饰工程有限责任公司
3．合肥测绘大厦内	合肥景龙设计装饰工程有限责任公司
4．中国科技大学礼堂综合装饰工程	合肥科大科苑装饰有限公司
二、铜陵市（共2项工程）	
5．铜陵工商银行营业办公楼一、二层大厅及外立面	合肥建工装饰工程有限责任公司
6．铜陵邮政局营业大厅	安徽三户建筑装饰工程有限公司
三、宿州市（共1项工程）	
7．宿州市国税局办公楼	宿州市三联广告装璜公司
四、六安市（共1项工程）	
8．六安市邮政生产楼	安徽天成建设公司
五、滁州市（共1项工程）	
9．滁州市地税局地税征收营业楼玻璃幕墙	皖东兴达幕墙装饰工程有限公司

安徽省建筑装饰协会

二〇〇三年九月一日

关于表彰2002年度浙江省优秀建筑装饰工程的通知

各地、市、县建筑装饰协会，各会员单位：

2002年度浙江省优秀建筑装饰工程的评选工作，在主管部门的领导和支持下，在各单位积极申报基础上，经评审委员会评委对申报资料的验审，工程现场质量考评及征求用户意见后，并于9月20日经评委会议无记名投票产生决定，以下47个工程项目为2002年度浙江省优秀建筑装饰工程（见附表）特此通知，并予通报表彰。

浙江省建筑装饰协会

二〇〇二年九月二十六日

2002年度浙江省优秀建筑装饰工程获奖项目名单

（排列不分先后）

1．浙江省血液中心综合大楼
　设计单位：杭州民用建筑设计院
　　　　　　浙江华能建筑装饰设计所
　施工单位：浙江省建工集团有限责任公司

2．中国工商银行杭州市羊坝头支行营业楼
　设计单位：杭州市建筑设计研究院
　　　　　　浙江万迪建筑装饰有限公司设计所
　施工单位：浙江省建工集团有限责任公司

3．杭州标力广场C楼外墙及二层室内装饰
　设计单位：深圳市洪涛装饰工程公司
　施工单位：浙江省建工集团有限责任公司

4．杭州红星文化大厦剧场观众厅装饰工程
　设计单位：杭州典尚建筑装饰设计有限公司
　施工单位：武林建筑工程有限公司

5. 杭州历史博物馆
设计单位：南京百会装饰工程有限公司
施工单位：武林建筑工程有限公司
杭州建工集团有限责任公司
6. 余杭瓶窑大厦装饰工程（1）标段
设计单位：武林建筑工程有限公司
施工单位：杭州天工装饰工程有限公司
7. 萧山经济技术开发区综合服务大楼
设计单位：深圳海外装饰工程公司
施工单位：杭州萧山第二建筑工程有限公司
8. 浙江省高级人民法院审判大楼
设计单位：浙江省建筑设计研究院
浙江金鼎建筑装饰工程有限公司
施工单位：龙元建设集团股份有限公司
中天建设集团有限公司
9. 杭州百货大楼北楼改建工程
设计单位：杭州市城建设计研究院
施工单位：浙江省一建建设集团有限公司
10. 杭州汇丽绣花制衣有限公司综合楼
设计单位：浙江富厦建筑装饰设计院
施工单位：浙江省长城建设集团股份有限公司
11. 邵逸夫医院医疗科教综合楼
设计单位：浙江中南建设集团有限公司设计院
施工单位：浙江省长城建设集团股份有限公司
浙江中南建设集团有限公司
12. 浙江省卫生厅办公综合楼
设计单位：深圳美术装饰工程有限公司
施工单位：杭州三箭建设集团有限公司
湛江经济技术开发区耀华建筑装饰工程公司（参建）
浙江富厦建筑装饰工程有限公司（参建）
13. 杭州市下城区财税局财税大楼
设计单位：浙江省建筑设计研究院
施工单位：广厦建设集团有限公司总承包公司
14. 萧山宝盛宾馆办公楼及宾馆1～3层装饰
设计单位：杭州萧山建筑装饰实业有限公司
施工单位：杭州萧山建筑装饰实业有限公司
15. 中国农业银行杭州市下沙支行办公楼
设计单位：浙江省装饰有限公司
施工单位：浙江华天装饰工程有限公司
16. 耀江发展中心
设计单位：浙江泛华工程有限责任公司设计院
杭州市城建设计研究院
施工单位：浙江耀江建设集团股份有限公司
17. 宁波经济技术开发区创业大厦一、二层室内装饰
设计单位：武林建筑工程有限公司
施工单位：武林建筑工程有限公司
18. 舟山南海实验学校会议中心
设计单位：上海工程勘察设计有限公司
施工单位：舟山市新世界装饰实业有限公司
19. 海宁市交巡警大楼
设计单位：浙江开元建筑工程设计院
施工单位：浙江省建工集团有限责任公司
20. 海宁市电信局综合楼
设计单位：西湖装饰工程有限公司
施工单位：海宁市宏厦建筑装饰工程有限公司
21. 嘉兴市行政中心
设计单位：杭州国美建筑装饰设计院有限公司
浙江亚厦装饰集团有限公司设计院
施工单位：浙江省一建建设集团有限公司
浙江亚厦装饰集团有限公司
22. 德清县会展中心
设计单位：同济大学建筑设计研究院
施工单位：中天建设集团有限公司
23. 湖州电力能源调度中心
设计单位：杭州国美建筑装饰设计院有限公司
施工单位：浙江广艺建筑装饰工程有限公司
24. 嘉善烟草公司综合大楼
设计单位：浙江亚厦装饰集团有限公司
施工单位：浙江泛华工程有限责任公司
25. 盘安县广电新闻中心
设计单位：浙江省建筑装饰公司设计部
施工单位：浙江歌山建设集团有限公司
26. 浙江师范大学艺术教学楼（音乐厅）
设计单位：金华恒建城市建筑设计院
施工单位：浙江省一建建设集团有限公司
27. 浙江移动通信永康分公司大楼
设计单位：浙江银建建筑装饰设计研究院
施工单位：浙江银建装饰工程有限公司
28. 永康市急救中心综合楼
设计单位：杭州萧山建筑装饰实业有限公司设计所
施工单位：杭州萧山建筑装饰实业有限公司
29. 温州将军大酒店
设计单位：温州市云艺建筑装饰设计院
杭州大宇装饰有限公司设计所
施工单位：浙江福田建筑装饰工程有限公司
杭州大宇装饰有限公司
30. 温州大学共享会议中心
设计单位：杭州大宇装饰有限公司设计所
施工单位：杭州大宇装饰有限公司
31. 温州市鹿城文化活动中心
设计单位：温州市云艺建筑装饰设计院

施工单位：温州建设集团公司建筑装饰工程分公司

32. 平阳县人民政府综合办事中心

设计单位：温州市鹿城中天装饰设计室

施工单位：浙江飞耀装璜工程有限公司

33. 缙云县仙都度假村

设计单位：缙云县建筑设计所

施工单位：缙云县配套装潢工程有限公司

34. 浙江移动通信绍兴分公司综合楼

设计单位：绍兴市现代装饰设计有限公司

施工单位：绍兴市现代设计装潢有限公司

35. 台州市立医院门诊综合楼

设计单位：浙江省建筑设计研究院

施工单位：方远建设股份有限公司室内装饰分公司

台州市大自然建筑装饰工程有限公司

36. 绍兴市城市广场二期装饰工程

设计单位：杭州国美建筑装饰设计院有限公司

施工单位：浙江环宇建设集团有限公司

绍兴第一建工集团有限公司

37. 台州市公安局指挥大楼

设计单位：杭州市城建设计研究院

施工单位：浙江省一建建设集团有限公司

台州市大自然建筑装饰工程有限公司

38. 绍兴市国家税务局一层营业厅装饰工程

设计单位：绍兴长成装饰设计工程有限公司

施工单位：绍兴第一建工集团有限公司

39. 临海市烟草大楼

设计单位：广东建雅室内工程设计施工有限公司

施工单位：浙江中联建设有限公司

40. 绍兴市东街口电信楼立面改造工程

设计单位：浙江华汇建筑设计咨询有限公司

施工单位：浙江宝业建设集团有限公司

41. 绍兴咸亨大酒店多功能厅

设计单位：绍兴县工业民用建筑设计所

施工单位：浙江广艺建筑装饰工程有限公司

42. 绍兴县农行柯桥金融大厦

设计单位：绍兴县工业民用建筑设计所

施工单位：浙江广艺建筑装饰工程有限公司

43. 台州市财税干校综合楼

设计单位：深圳长城家俱装饰工程有限公司

施工单位：浙江泛华工程有限责任公司

44. 金华今日大酒店

设计单位：浙江银建建筑装饰设计研究院

施工单位：浙江银建装饰工程有限公司

45. 上海浦东发展银行杭州分行解放路支行

设计单位：杭州天澜建筑装饰设计院有限公司

施工单位：杭州大昌盛建筑装饰工程有限公司

46. 湖州市妇幼保健院新门诊综合楼

设计单位：湖州市建筑设计研究院

施工单位：湖州市建工集团建筑装饰有限公司

47. 上海浦东发展银行杭州分行余杭支行办公楼

设计单位：杭州典尚建筑装饰设计有限公司

施工单位：浙江亚厦装饰集团有限公司

关于表彰2002年度杭州市优秀建筑装饰工程的通知

杭装协[2003]4号

各县（市）、区建筑业协会、各会员单位：

根据杭州市建筑装饰协会杭装协字[2002]05号《关于2002年度杭州市优秀建筑装饰工程评选工作的通知》精神，在企业申报、资料审查、现场核验与征求用户意见的基础上，经杭州市优秀建筑装饰工程评审委员会投票后决定，中国江南水乡文化博物馆陈列布展工程等26项工程被评为杭州市2002年度优秀建筑装饰工程，新华大厦8～12层室内装饰工程等2项工程为表扬工程。现将评审结果公布于后，并予通报表彰。

附件：

1. 2002年度杭州市优秀建筑装饰工程名单（26项）
2. 2002年度杭州市建筑装饰表扬工程名单（2项）

杭州市建筑装饰协会

二OO三年四月二十九日

附件一

2002年度杭州市优秀建筑装饰工程名单

（排名不分名次，括号内为项目经理）

1. 中国江南水乡文化博物馆陈列布展工程（二标段）

承建单位：杭州三箭建设集团有限公司（谢卓谊　潘三红）

设计单位：浙江省装饰有限公司

2. 留学生创业园1～3层室内装饰，室外幕墙装饰工程

承建单位：杭州三箭建设集团有限公司(赵华君)
设计单位：杭州市光明建筑设计院

3. 金都杰地大厦1～8层室内装饰工程
承建单位：杭州三箭建设集团有限公司(金华伟)
设计单位：浙江省建筑设计研究院

4. 余杭市心商厦1～3层室内装饰，室外幕墙装饰工程
承建单位：杭州三箭建设集团有限公司（方茂才）
设计单位：浙江城建建筑设计院

5. 滨江区省级高教园区E区1#楼1～3层食堂室内装饰工程
承建单位：杭州三箭建设集团有限公司（葛　伟）
设计单位：浙江城建建筑设计院

6. 余杭区政府办公中楼大堂与1～3层室内装饰工程
承建单位：浙江圣大建筑装饰有限公司(龚忠勇)
设计单位：浙江圣大建筑装饰有限公司

7. 省总工会工人疗养院室内改建装饰工程
承建单位：浙江中南建设集团有限公司(王铁民)
设计单位：杭州国美建筑装饰设计院有限公司

8. 南都·银座公寓1～6号楼室内精装饰工程
承建单位：武林建筑工程有限公司（朱　开）
设计单位：杭州典尚建筑装饰设计有限公司

9. 黄龙体育中心训练馆室内装饰工程
承建单位：浙江省建工集团有限责任公司(卓建民)
设计单位：浙江省建筑设计研究院

10. 白马公寓2号楼会所装饰工程
承建单位：恒木建设(集团)有限公司(谢伯意)
设计单位：中国美术学院风景建筑设计研究院

11. 杭州市总工会综合楼室内装饰工程
承建单位：浙江省长城建设集团股份有限公司(俞向阳)
设计单位：浙江省建筑设计研究院

12. 杭州海关大楼大堂、1～5层室内装饰工程
承建单位：浙江省长城建设集团股份有限公司(杨建民)
设计单位：江苏省建筑设计研究院

13. 浙江省公安厅指挥中心和技术用房室内装饰工程
承建单位：浙江耀江建设集团股份有限公司(柴汉峰)
设计单位：同济大学建筑设计研究院

14. 浙江省委党校综合楼1～2层室内装饰工程
承建单位：浙江耀江建设集团股份有限公司(俞伯金)
设计单位：中国联和承造实业有限公司

15. 拱墅区政府办公楼 1～9 层室内装饰装饰，附楼 1～4层室内装饰工程
承建单位：浙江广通装饰工程有限公司(杨东栋)
设计单位：浙江城建建筑设计院有限公司

16. 杭州陈经纶体校教育综合楼室内装饰工程
承建单位：杭州建工集团有限责任公司(李士珍)
设计单位：中国美术学院风景建筑设计研究院

17. 雷峰塔景区建筑工程室内装饰工程
承建单位：浙江亚厦装饰集团有限公司(谢兴龙)
设计单位：清华大学建筑设计研究院

18. 富阳富春山居一期配套别墅室内装饰工程
承建单位：中天建设集团有限公司(吴昌文)
设计单位：浙江省建筑设计研究院

19. 余杭第一人民医院病房楼1～2层室内装饰工程
承建单位：浙江圣大建筑装饰有限公司(龚忠勇)
设计单位：浙江圣大建筑装饰有限公司

20. 浙医二院门诊科教综合楼18、20、21、22层室内装饰工程
承建单位：浙江中南建设集团有限公司(徐友国)
设计单位：深圳市美术装饰工程有限公司

21. 杭州市第六人民医院医疗综合楼装饰工程
承建单位：浙江省建工集团有限责任公司(邵祖强)
设计单位：中国美术学院风景建筑设计研究院

22. 南都·银座公寓1～6号楼幕墙装饰工程
承建单位：浙江中南建设集团有限公司(包立忠)
设计单位：上海美特幕墙有限公司

23. 滨江区中心花园3#号综合楼幕墙装饰工程
承建单位：浙江中南建设集团有限公司(童林明)
设计单位：浙江省江南建筑装饰工程公司

24. 杭州滨江大厦幕墙装饰工程
承建单位：浙江华天装饰工程有限公司(洪国昌)
设计单位：杭州市嘉威门窗幕墙装饰工程有限公司
　　　　　武林建筑工程有限公司

25. 浙江建工发展中心A座幕墙装饰工程
承建单位：浙江省建工集团有限责任公司(许传惠)
设计单位：浙江省建工集团有限责任公司建筑幕墙公司

26. 杭州市总工会大楼及工人文化宫活动大楼幕墙装饰工程
承建单位：武林建筑工程有限公司（黄　刚）
设计单位：武林建筑工程有限公司

附件二

2002年度杭州市建筑装饰表扬工程名单

1. 新华大厦8～12层室内装饰工程
承建单位：浙江耀江建设集团股份有限公司（金峙岚）
设计单位：杭州尚方建筑装饰设计有限公司

2. 杭州市土管局综合楼4～7层室内装饰，室外幕墙装饰工程
承建单位：杭州建工集团有限责任公司（李　瑶）
设计单位：杭州市建筑设计研究院

2003年杭州市室内装饰设计比赛获奖名单

由杭州市劳动和社会保障局、杭州市总工会举办的2003年杭州市室内装饰设计比赛，在赛区组委会同心协力、组织领导下，在有关各方的大力支持和积极参与下，圆满结束。经评委对参赛选手应知、应会考试成绩的评定，赛区组委会审定，现将比赛结果公布如下：

一、获得2003年杭州市室内装饰设计比赛第一至第八名的选手分别为：张一良、张新华、熊见安、王浩琦、江军、黄文清、沈翱、沈建平。根据杭装饰赛（2003）1号文件规定：获得前三名的选手将被授予“杭州市技术能手”称号；获得前四至八名的选手将被授予“杭州市职工经济技术活动能手”称号。（附件1）

二、张一良等62位选手，应知、应会两门考试合格，将获得由劳动和社会保障部门发给的室内装饰设计员国家职业资格证书（高级工）。

三、杭州市上城区建筑业协会等四家单位获优胜组织奖。杭州二建建设有限公司等五家单位获组织奖。（附件2）

四、张一良等前六名选手将组成杭州代表队，参加浙江省室内装饰设计比赛。

根据杭州市市级技术比武领导小组有关通知精神，本赛区获得第一名至第八名的选手将参加杭州市统一召开的表彰大会并领奖。对获奖选手和单位，颁发荣誉证书，以资鼓励。

附：

1. 2003年杭州市室内装饰设计比赛第一至第八名获奖名单；

2. 2003年杭州市室内装饰设计比赛优胜组织奖、组织奖获奖名单。

杭州市建筑装饰协会

二〇〇三年十月

附件1

2003年杭州市室内装饰设计比赛第一至第八名获奖名单

第一名	张一良	杭州铭品装饰工程有限公司
第二名	张新华	杭州亚加装潢有限公司
第三名	熊见安	浙江飞耀建筑装饰工程有限公司杭州分公司
第四名	王浩琦	浙江港澳建筑装饰工程有限公司
第五名	江　军	杭州正源室内装饰有限公司
第六名	黄文清	浙江港澳建筑装饰工程有限公司
第七名	沈　翱	浙江港澳建筑装饰工程有限公司
第八名	沈建平	杭州同济建筑装饰工程有限公司

附件2

2003年杭州市室内装饰设计比赛优胜组织奖、组织奖获奖名单

（排名不分先后）

优胜组织奖名单

1. 杭州市上城区建筑业协会
2. 新时代家装市场
3. 杭州市私营企业协会
4. 杭州亚加装潢有限公司

组织奖获奖名单

1. 江干区建筑业协会
2. 拱墅区建筑业协会
3. 杭州二建建设有限公司工会
4. 杭州武林建筑工程有限公司
5. 浙江九鼎建筑装饰工程有限公司

关于公布“2003 年江西省建筑工程装饰奖”获奖名单的通知

赣装协字[2003]08 号

各装饰联络处、有关单位：

由江西省装饰行业协会和江西省建设工程装饰装修管理站共同开展的“2003 年江西省建筑工程装饰奖”评选工作业已结束。经过企业自愿申报、联络处推荐、资料审查、媒体公示、专家现场复查和评委会审定，受理参评项目 52 项，评出获奖工程 41 项，现予公布。

此次评选活动得到了各设区市建设行政主管部门的大力支持，企业参评的积极性很高，参评项目的整体水平也较过去有了明显的提高，不乏一些精品项目，同时在科技创新和设计构思等方面都有新的突破。此项活动的开展，对我省装饰装修的设计、施工水平的提高有着积极的推动作用。希望获奖单位再接再厉，继续努力，不断创新，为我省装饰装修业的发展作出更大的贡献!

由于历史和机构撤并等原因，多数地市对装饰业的归口管理问题刚刚理顺，因此，有少部分参评项目未在建设行政主管部门备案，鉴于历史现状，本着客观、公平、公正的评优原则，本次评选活动包括了原轻工部门质量监督的项目，特作说明。

“2003 年江西省建筑工程装饰奖”获奖名单如下：

序号	获奖单位	项目名称
1	南昌金昌装饰设计工程有限公司	中国江西人才市场室内装饰工程
2	江西利达装饰工程有限公司	省委滨江招待所 18 号楼室内外装饰工程
3	江西南方建筑装璜配套公司	赣州移动通信大楼营业厅装饰工程
4	南昌铁路智新建筑装饰有限责任公司	南昌东站基本站台改造工程
5	江西省康盛广告装饰工程有限公司	江西省电信公司研发中心装修工程
6	江西科苑建筑装璜工程有限公司	九江联通新桥头营业厅装饰工程
7	江西广辰装饰工程有限公司	万安水电厂芙蓉假日大酒店装饰工程
8	赣州装饰工程公司	龙南电力培训中心装饰工程
9	江西乐金工程有限公司	江西省一附院制剂楼净化工程
10	江西圳昌装饰工程(集团)有限公司	南昌太平洋百货装饰工程
11	江西融城建筑装饰工程有限公司	锦峰大酒店锦锈厅、瑞香阁改造装饰工程
12	江西乐金工程有限公司	余江制药厂针剂车间空调净化工程
13	赣州装饰工程公司	华东地质学院办公楼装饰工程
14	江西省赛春江工程有限公司	金源大厦第十六、十七层装饰工程
15	江西南方建筑装璜配套公司	景德镇电信分公司办公楼装饰改造工程
16	南昌金昌装饰设计工程有限公司	联通赣州公司至圣路营业大厅装饰工程
17	江西陆海建设工程有限公司	南昌烟草局办公楼室内装饰工程
18	江西融城建筑装饰工程有限公司	南昌烟草局办公楼外装、5～7 楼内装工程
19	华康建筑安装装璜有限公司	萍乡市国税局综合业务楼装饰工程
20	江西省康盛广告装饰工程有限公司	上海证券有限公司南昌营业部装饰工程
21	江西省建华装璜有限责任公司	金源大厦第十四、十五层装修工程
22	赣州市跨世纪装饰有限责任公司	赣州交警大楼装饰工程
23	江西伟谊装饰工程有限公司	工行胜利路支行外汇买卖中心装饰工程
24	赣州市三马广告装饰工程有限公司	赣州城建投资有限公司办公楼装饰工程
25	深圳市茂华装饰工程有限公司	鹰潭建行大堂装饰工程
26	赣州市跨世纪装饰有限责任公司	赣南宾馆九号楼室内装饰工程
27	江西省美华建筑装饰工程有限责任公司	贵溪利群所金融理财中心装修工程
28	南昌铁路智新建筑装饰有限责任公司	南铁后桶巷 A 楼室内装饰工程
29	赣州银兴装饰工程有限公司	于都县检察院综合办公楼外装饰工程
30	江西省吉水县吉深装璜工程公司	吉安邮政生产大楼装饰工程

序号	获奖单位	项目名称
31	江西伟谊装饰工程有限公司	工行解放西路分理处装饰工程
32	深圳市茂华装饰工程有限公司	余干宾馆大堂装饰工程
33	江西省室内装饰成套工程总公司	安源科技工业园装饰工程
34	江西龙华建筑装饰工程有限公司	吉安海关综合大楼装饰工程
35	江西省华建装饰设计工程有限公司	铁道部井冈山培训中心大楼装饰工程
36	江西利达装饰工程有限公司	高技术产业综合信息大楼装饰工程
37	深圳市茂华装饰工程有限公司	余干供电局调度大楼装饰工程
38	赣州市环城装饰工程有限公司	信丰县农业银行装饰工程
39	吉安装饰工程总公司	吉安市海关综合大楼装饰工程
40	江西建工装潢公司	南昌市国土局土地交易大厅装饰工程
41	江西民建装饰工程有限公司	建行南昌市阳明支行办公楼装饰工程

江西省装饰行业协会　江西省建设工程装饰装修管理站

○　二○○三年十一月十一日

关于公布2003年福建省优质建筑装饰工程评选结果的通知

各有关单位：

根据福建省建委《关于同意在全省开展优秀建筑装饰工程评选活动的批复》（闽建筑[1996]50号）精神，由福建省建筑装饰协会、省工程建设质量管理协会联合组织，自2003年1月份开始在全省建筑装饰行业内开展申报评选福建省2003年优质建筑装饰工程活动。在工程所在地质量监督、监理、建设单位对工程项目竣工验收核定为优良的基础上，由各装饰企业自荐，工程所在地建筑装饰协会推荐及本届评委会专家复查，经省优质建筑装饰工程评委会审定，共评出福建省2003年优质建筑装饰金奖工程5项、银奖工程21项。现公布如下。

福建省建筑装饰协会　福建省工程建设质量管理协会

二○○三年七月十五日

一、2003年福建省建筑装饰工程金奖（5项）

工程项目	施工单位
1. 厦门国际银行办公楼室内	福建京华装饰装修有限公司
2. 武夷山庄大王阁室内	武夷装修工程（福州）有限公司
3. 石狮电信大厦室内	福建嘉华装饰工程有限公司
4. 福州置地广场建筑幕墙	福建建工集团总公司
5. 福建闽南（漳州）经济发展股份有限公司办公楼室内	福建省七建装饰工程公司

二、2003年福建省建筑装饰工程银奖（21项）

工程项目	施工单位
1. 厦航金雁酒店中庭、大堂区域及客房改造	厦门东方设计装修工程有限公司
2. 南安大酒店（二标段）	福建省泉州宏星装璜有限公司
3. 南安大酒店（9～21层）	合程（厦门）建筑装饰工程有限公司
4. 厦门悦华酒店海宇0#楼	厦门辉煌装修工程有限公司
5. 泉州出入境检验检疫局室内	泉州亚特装璜有限公司
6. 永安五洲大酒店室内	福建省泉州市金帝装璜有限公司
7. 泉州建设大厦1～2层	福建省五建装修装饰工程公司
8. 厦门ABB公司光明楼二次装修	厦门市建筑装饰公司
9. 龙岩山水大酒店大堂、2～3层室内	福建雅利达安装装修工程有限公司

工　程　项　目	施　工　单　位
10．漳州中银大厦室内	泉州市豪太装饰工程有限公司
11．石狮电力大厦1层、11～21层室内	福建金亨装饰设计工程有限公司
12．泉州东海电信综合楼1～3层	泉州粤港装饰有限公司
13．厦门影剧院维修改造	厦门艺发装饰有限公司
14．福州世纪联华中亭街超市店室内	福州星美装饰绿化工程有限公司
15．厦门青少年科技馆A标段	厦门市港龙装修工程有限公司
16．南平建行办公楼1～2层室内	福建国广一叶建筑装饰设计工程有限公司
17．长安福特（福州）4S专营店	福建隆泰装饰设计工程有限公司
18．南安电信大楼室内	福建金三角装饰工程有限公司
19．泉州交警高速公路大队办公楼室内	福建隆恩建筑装饰工程有限公司
20．福州心连心文化桑拿城	福建兴雅达装饰装修工程有限公司
21．厦门驻军73111部队大门装修	厦门华丽设计装修工程有限公司

关于公布“福建省2002年度信得过建筑装饰企业”评选结果的通知

闽建协装饰[2003]020号

各有关单位：

根据《福建省信得过建筑装饰企业评选办法》的规定，本会自今年5月份开始组织在全省范围内开展“福建省2002年度信得过建筑装饰企业”评选活动。在各装饰企业申报、企业所在地装饰协会推荐的基础上，经协会秘书长联席会议初审，提请常务理事会审定，共评出福建国广一叶建筑装饰设计工程有限公司等41家“福建省2002年度信得过建筑装饰企业。”

希望获奖企业能再接再励，认真贯彻党的“三个代表”重要思想，与时俱进，开拓进取，继续为振兴我省建筑装饰行业而努力。

现将荣获“福建省2002年度信得过建筑装饰企业”称号的单位名单公布如下：(排名不分先后)

颁奖大会定于2003年10月份召开年会同时举行。

1．福建国广一叶建筑装饰设计工程有限公司
2．福建省兴雅达装饰装修工程有限公司
3．福建永盛设计装饰工程有限公司
4．福建喜来登设计装饰工程有限公司
5．福州经济技术开发区时代装修有限公司
6．福州星美装饰绿化工程有限公司
7．福州人文装修建筑工程有限公司
8．福州市直形象策划有限公司
9．武夷装修工程(福州)有限公司
10．中国建筑装饰工程有限公司（福建分公司）
11．福建京华装饰装修有限公司
12．福建雅利达安装装修工程有限公司
13．福建隆泰装饰设计工程有限公司
14．福建省华远设计装饰工程有限公司
15．厦门市泉艺设计装饰工程有限公司
16．厦门辉煌装修工程有限公司
17．厦门市华盟装修工程有限公司
18．厦门金威集团有限公司
19．厦门新吉兰装饰工程有限公司
20．厦门市路桥景观艺术公司
21．厦门华丽设计装修工程有限公司
22．厦门市建筑装饰公司
23．福建省泉州宏星装璜有限公司
24．泉州亚特装璜有限公司
25．福建金三角装饰工程有限公司
26．福建隆恩建筑装饰工程有限公司
27．福建省泉州市恒达信装饰工程有限公司
28．福建嘉华装饰工程有限公司
29．泉州市豪太装饰工程有限公司
30．泉州粤港装饰工程有限公司
31．福建金亨装饰设计工程有限公司
32．福建省泉州市金帝装璜有限公司
33．福建省晋江市国安家私装饰有限公司
34．福建省五建装饰装修工程公司
35．福建省七建装饰工程公司
36．长泰县丽发装饰工程有限公司
37．宁德市建设发展工程公司
38．宁德市时新设计装饰工程有限公司
39．龙岩市西陂建筑工程有限公司装饰装璜部
40．南平市惠鸿装饰工程有限公司
41．莆田市新潮装饰设计有限公司

福建省建筑装饰协会

二〇〇三年八月九日

关于公布 2003 年度湖北省优质建筑装饰工程评选结果的通知

鄂建[2003]54 号

各市、州、直管市、林区建设局（建委）：

根据鄂建饰字[2003]02 号《关于开展 2003 年度湖北省优质建筑装饰工程评选活动的通知》的要求，全省共推荐 43 项建筑装饰工程参加湖北省优质建筑装饰工程的评选。按《湖北省优质建筑装饰工程评选办法》，经对申报工程的资料初审、现场复查和省优质建筑装饰工程评审委员会严格评审、无记名投票，确定武汉体育中心精装修室内建筑装饰工程等 31 项工程为 2003 年度湖北省优质建筑装饰工程。推荐武汉邮电科学研究院光通信培训中心大楼幕墙工程等 8 项工程为 2003 年度全省建筑装饰观摩工程。现将获奖建筑装饰工程、推荐观摩建筑装饰工程名单予以公布。

附件：

1. 2003 年度湖北省优质建筑装饰工程名单
2. 2003 年湖北省推荐观摩建筑装饰工程名单

湖北省建设厅

二OO三年七月二十一日

附件 1

2003 年度湖北省优质建筑装饰工程名单

（排名不分先后）

公共建筑装饰部分

工 程 名 称	施 工 企 业	法人代表	项目经理
1. 武汉体育中心精装修室内（室内看台除外）	武汉澳华装饰设计工程有限公司	童 林	夏 霖
2. 武汉市皇都大酒店室内	武汉市科艺建筑装饰设计工程有限公司	杨杰宗	杨剑聪
3. 武汉邮电科学研究院光通信培训中心大楼室内（三楼以上部分）	武汉市科艺建筑装饰设计工程有限公司	杨杰宗	苏森辉
4. 湖北省移动通信黄冈分公司办公大楼室内	武汉市科艺建筑装饰设计工程有限公司	杨杰宗	杨剑聪
5. 武汉市政府会务中心室内	武汉经济技术开发区建开装饰工程有限公司	童建国	周文祥
6. 武汉交通管理信息中心大楼室内外	深圳市美术装饰工程有限公司	衣宏伟	衣宏伟
7. 滨湖大厦室内	武汉旺轩物业有限公司	高 健	张 扬
8. 中南民族学院综合实验教学楼门楼室内（除二楼、三楼会议室外）	深圳市文业装饰设计工程有限公司武汉分公司	陈耀福	葛 佳
9. 武汉市财政局办公楼室内	深圳市文业装饰设计工程有限公司武汉分公司	陈耀福	葛 佳
10. 鲁巷广场购物中心室内	武汉东湖设计装饰工程有限责任公司	李 重	曹 昺
11. 罗田县政府大别山宾馆	武汉宣恒装饰设计工程有限公司	吴汉生	肖胜利
12. 武汉电信分公司综合大楼室内	湖北当代建筑装饰工程有限公司	杨庆和	王思念
13. 七一九研究所总体科研设计试验大楼室内外	武汉一冶建筑安装工程有限公司	龙惠均	吕永焰
14. 武汉吴家山台商投资区招商大楼室内外	湖北龙泰建筑装饰工程有限公司	许春建	熊松桥
15. 黄石市商业银行室外	中建三局深圳装饰设计工程公司	毛国强	李 涛
16. 武汉证券青山交易营业部室内	湖北美格建筑装饰设计工程公司	张代贵	高 峰

工程名称	施工企业	法人代表	项目经理
17. 长江三峡水利枢纽梯调中心室内	湖北鼎元建筑装饰工程有限公司	程新明	李来林
18. 宜昌市中心医院肿瘤病房室内	宜昌坤发建筑有限责任公司	何泽坤	吴继贤
19. 宜昌国宾花园酒店室内	深圳市特艺达装饰设计工程有限公司	陈远尖	贾　青
20. 襄樊市地税局综合楼室内外	武汉豪强装饰工程有限公司	陈志钊	方　楠 刘智军
21. 孝感市教研中心大楼及宾馆室内外	湖北艺美建筑装饰工程有限公司	陈运新	陈运新
22. 孝感市地税局干训中心别墅群室内	湖北艺美建筑装饰工程有限公司	陈运新	陈运新
23. 孝感市传输局光缆控制楼室外	孝感市扬子江建筑安装工程公司	熊青林	李自成
24. 湖北省通信指挥调度中心室内	汕头市美高装修有限公司	谢继忠	谢继忠
25. 襄樊汉江国际大酒店（大堂、餐厅部分）室内	深圳长城家俱装饰工程有限公司	张朝煊	杨学军

幕墙部分

工程名称	施工企业	法人代表	项目经理
1. 武汉市商业银行大厦	武汉凌云建筑装饰工程有限公司	曾文涛	李生信
2. 武汉邮电科学研究院光通信培训中心大楼	湖北高艺装饰工程有限公司	胡圣明	田金祥
3. 湖北省移动通信综合楼	湖北高艺装饰工程有限公司	胡圣明	陈　然
4. 俊华大厦	湖北凌志装饰工程有限公司	欧阳德志	欧阳华
5. 武汉市长江大酒店	湖北凌志装饰工程有限公司	欧阳德志	欧阳华
6. 恩施州工商银行综合楼	恩施州蓝盾建筑装璜工程有限公司	张彦胜	张彦胜

附件 2

2003 年度湖北省推荐观摩建筑装饰工程名单

（排名不分先后）

工程名称	施工企业	法人代表	项目经理
1. 武汉邮电科学研究院光通信培训中心大楼幕墙工程	湖北高艺装饰工程有限公司	胡圣明	田金祥
2. 武汉邮电科学研究院光通信培训中心大楼室内建筑装饰工程	武汉市科艺建筑装饰设计工程有限公司	杨杰宗	苏森辉
3. 襄樊市地税局综合楼室内外建筑装饰工程	武汉豪强装饰工程有限公司	陈志钊	方　楠 刘智军
4. 武汉市商业银行玻璃幕墙工程	武汉凌云建筑装饰工程有限公司	曾文涛	李生信
5. 武汉吴家山台商投资区招商大楼室内建筑装饰工程	湖北龙泰建筑装饰工程有限公司	许春建	熊松桥
6. 孝感市教研中心大楼室内建筑装饰工程	湖北艺美建筑装饰工程有限公司	陈运新	陈运新
7. 武汉长江大酒店幕墙工程	湖北凌志装饰工程有限公司	欧阳德志	欧阳华
8. 武汉交通管理信息中心大楼室内外建筑装饰工程	深圳市美术装饰有限公司	衣宏伟	衣宏伟

关于公布2003年度湖北省优秀住宅装饰工程评选结果的通知

鄂建饰[2003]5号

各市、州、直管市、林区建筑装饰协会（建筑业协会）：

根据鄂建饰字[2003]02号《关于开展2003年度湖北省优质建筑装饰工程评选活动的通知》的要求，全省共推荐17项住宅装饰工程参加湖北省优秀住宅装饰工程的评选。按《湖北省优质建筑装饰工程评选办法》，经对申报工程的资料初审、现场复查和省优质建筑装饰工程评审委员会严格评审、无记名投票，确定湖北省移动通信黄冈分公司公寓楼室内住宅装饰工程等15项住宅装饰工程为2003年度湖北省优秀住宅装饰工程。现将获奖优秀住宅装饰工程名单予以公布。

附：湖北省优秀住宅装饰工程名单

湖北省建筑装饰协会

二〇〇三年七月十八日

湖北省优秀住宅装饰工程名单

工程名称	施工企业	法人代表	项目经理
1. 湖北省移动通信黄冈分公司公寓楼室内	武汉科艺建筑装饰设计工程有限公司	杨杰宗	李志刚
2. 宜昌502地矿所22号住宅楼	江苏省新江营造集团城建有限公司宜昌分公司	唐宏元	卞大斌
3. 宜昌502地矿所24号住宅楼	重庆市万州区渝升建筑工程有限公司第二分公司	吴继荣	谭务华
4. 松湖小区四期1号住宅楼	宜昌广厦建筑有限责任公司	崔新杰	陈岩松
5. 松湖小区四期2号住宅楼	宜昌华宇建设集团第一工程有限公司	付高权	王朝春
6. 宜昌大富公寓1001号	宜昌市三木装饰有限责任公司	韩峡涛	依　宁
7. 孝感烟草专卖局住宅样板间	湖北艺美建筑装饰工程有限公司	陈运新	黄晓辉
8. 百步亭杨卫南住宅	武汉市雅居装饰工程有限公司	周其亮	万端迈
9. 胡军林住宅	武汉天立装饰工程有限公司	冯道明	袁　青
10. 城开波光园样板房	武汉澳华装饰设计工程有限公司	廖　林	许建强
11. 南湖中央花园样板房	武汉澳华装饰设计工程有限公司	廖　林	罗　平
12. 东方恒星园	武汉雅庭装饰设计工程有限公司	吴　莉	吴文广
13. 刘宅复式楼	湖北百姓装饰股份有限公司	熊常培	柳　伟
14. 袁玉峰住宅	武汉嘉禾装饰工程有限公司	钱俊雄	鲁　林
15. 李云乐住宅	武汉嘉禾装饰工程有限公司	钱俊雄	鲁　林

武汉市建筑工程（装饰）黄鹤奖2002年度获奖项目名单

武汉建筑装饰协会

经评审小组资料审查和现场复查，提出初评意见，评审委员会在初评的基础上进行评议，并以不记名投票方式，决定下列工程项目被评为武汉市建筑工程（装饰）黄鹤奖：

序号	项目名称	施工单位	项目经理	工程造价（万元）	工程地点	评审意见
1	丽岛花园会所室内	武汉丽岛科技有限公司	王元成	700	武汉市珞狮路特1号	金奖
2	湖北省通信指挥调度中心室内	汕头市美高装修有限公司	谢继忠	1180	武汉市汉口常青路	金奖
3	066基地设计所科研楼	武汉市东辰装饰设计工程有限公司	莫　山	325	武汉市古田二路	银奖
4	武汉汽车客运总站	湖北王氏建筑装饰设计工程有限公司	王慕琪	1480	武汉市江汉区发展大道170号	银奖
5	阳逻柴泊苑宾馆	武汉经济技术开发区建开装饰工程有限公司	童建国	440	汉施公路边	银奖

序号	项目名称	施工单位	项目经理	工程造价（万元）	工程地点	评审意见
6	武汉勘察设计大厦	武汉经济技术开发区建开装饰工程有限公司	童建国	174	武汉市江汉区台北路106号	银奖
7	佳海华苑会所	武汉澳华装饰设计工程有限公司	童　林	178	汉口竹叶山东方恒星园	银奖
8	武汉体育中心室内	武汉澳华装饰设计工程有限公司	童　林	1560	武汉经济技术开发区	银奖

2002年度武汉地区先进建筑装饰施工企业、优秀企业经理、优秀项目经理名单

武汉建筑装饰协会

（排名不分先后）

先进建筑装饰施工企业

1. 武汉华达建筑装饰设计工程有限公司
2. 武汉特凌节能门窗有限公司
3. 武汉豪强装饰工程有限公司
4. 武汉澳华装饰设计工程有限公司
5. 武汉旺轩物业有限公司
6. 武汉科艺建筑装饰设计工程有限公司
7. 武汉经济技术开发区建开装饰工程有限公司
8. 武汉嘉禾装饰工程有限公司
9. 湖北高艺装饰工程有限公司
10. 湖北今人装饰工程有限公司
11. 武汉天立装饰工程有限公司
12. 德信物业发展（武汉）有限公司
13. 武汉东湖设计装饰工程有限责任公司
14. 湖北百姓装饰股份有限公司
15. 武汉市银翰艺术工程有限公司
16. 普时（武汉）建筑安装工程有限公司
17. 武汉市东辰装饰设计工程有限公司
18. 武汉大洋暖通工程有限公司
19. 中建三局东方装饰设计工程公司武汉分公司
20. 中外建南方建设有限公司中南分公司

优秀企业经理

1. 武汉华达建筑装饰设计工程有限公司　潘耀生
2. 武汉豪强装饰工程有限公司　黄　曼
3. 武汉经济技术开发区建开装饰工程有限公司　童建国
4. 武汉科艺建筑装饰设计工程有限公司　杨杰宗
5. 武汉澳华装饰设计工程有限公司　魏惠燕
6. 湖北高艺装饰工程有限公司　胡圣明
7. 中建三局东方装饰设计工程公司武汉分公司　蔡明盛
8. 普时（武汉）建筑安装工程有限公司　梁书金
9. 中建三局一公司装饰分公司　邹　俊
10. 武汉东湖设计装饰工程有限责任公司　李　重
11. 湖北百姓装饰股份有限公司　孙爱民
12. 武汉嘉禾装饰工程有限公司　钱俊雄
13. 武汉天立装饰工程有限公司　李　刚
14. 武汉市银翰艺术工程有限公司　杨继东
15. 武汉大洋暖通工程有限公司　谭　波

优秀项目经理

1. 武汉科艺建筑装饰设计工程有限公司　李玉辉
2. 武汉科艺建筑装饰设计工程有限公司　苏森辉
3. 武汉科艺建筑装饰设计工程有限公司　杨剑聪
4. 武汉惠通安装装饰工程有限公司　管祥林
5. 武汉惠通安装装饰工程有限公司　谢　伟
6. 武汉经济技术开发区建开装饰工程有限公司　周文祥
7. 武汉经济技术开发区建开装饰工程有限公司　周　桥
8. 武汉豪强装饰工程有限公司　方　楠
9. 武汉豪强装饰工程有限公司　李少杰
10. 武汉豪强装饰工程有限公司　严正明
11. 武汉市东辰装饰设计工程有限公司　汪子华
12. 武汉市东辰装饰设计工程有限公司　莫　山
13. 武汉市东辰装饰设计工程有限公司　林　劲
14. 中外建南方建设有限公司中南分公司　朱思雄
15. 中外建南方建设有限公司中南分公司　朱　岩
16. 中建三局深圳装饰设计工程公司武汉分公司　姜海燕
17. 中建三局深圳装饰设计工程公司武汉分公司　刘卫军
18. 武汉澳华装饰设计工程有限公司　夏　霖
19. 武汉华达建筑装饰设计工程有限公司　潘　俊
20. 武建集团装饰工程有限公司　张远明
21. 武汉益建装饰工程有限公司　章　频
22. 武汉百姓装饰股份有限公司　梁立钢
23. 湖北新叶装饰设计工程有限公司　王双桥
24. 武汉市坚恒建筑装饰工程有限公司　蔡梅夫
25. 湖北今人装饰工程有限公司　张应根
26. 武汉大洋暖通工程有限公司　胡　驰
27. 武汉佳诚装饰工程有限公司　冯伯杰
28. 武汉嘉禾装饰工程有限公司　鲁　林

29. 武汉天立装饰工程有限公司　梅时平
30. 武汉市银翰艺术工程有限公司　姜　焱
31. 武汉旺轩物业有限公司　朱金平
32. 中建三局东方装饰设计工程公司武汉分公司　况龙飞
33. 湖北高艺装饰工程有限公司　胡圣舫
34. 武汉东湖设计装饰工程有限责任公司　杨本江
35. 武汉新世界制冷工业有限公司

关于表彰2002年度广州市装饰优质工程奖的决定

穗建装协[2003]18号

各有关单位：

根据穗建联[2003]001号文《关于开展广州市建筑装饰装修优良样板工程评选活动的通知》的精神和有关规定，我会会同工程委员会共同组织开展了2002年度广州市装饰优质工程的评选活动，对今年申报优质工程的项目进行了检评。通过对工程技术资料审查和现场检查评分，评选出广东奥林匹克体育场装修工程等19个工程项目为2002年度广州市装饰优质工程，现予以公布（见附表），特此通报表彰。

希望获奖单位继续努力，再接再厉，不断创新，多创精品，为我市装饰行业的发展和进步，再创佳绩。

附件：2002年度广州市装饰优质工程名单

广州市建筑装饰协会

二〇〇三年六月二十八日

2002年度广州市装饰优质工程名单

（排名不分先后）

序号	获奖单位	获奖工程名称	工程地点
1	广东省建筑装饰集团公司	广东奥林匹克体育场装修工程	广州市天河区东圃镇
2	广州市第四装修有限公司	广州市司法局办公楼维修改造工程	广州市连新路19号
3	广州市建筑置业公司	广东广播中心二次装修工程	广州市人民北路686号
4	广州市第四装修有限公司	广州市社会科学院办公楼装修工程	广州市白云区新市云安路119号
5	广州铝质装饰工程有限公司	广州市城市规划勘测设计研究院科研楼建筑幕墙工程	广州市建设大马路
6	广州铝质装饰工程有限公司	广东亚洲国际大酒店幕墙工程	广州市环市东路326-328号
7	广州珠江建筑装饰集团公司	广州都市华庭装修工程	广州市天河区体育东路
8	广州铝质装饰工程有限公司	广州市检察院侦察技术用房建筑幕墙工程	广州市黄埔大道
9	广东开平建邦集团有限公司	广东省委党校学员综合楼装修工程	广州市建设大马路
10	广州铝质装饰工程有限公司	中山市古镇大酒店建筑幕墙工程	中山市古镇兴中大道
11	广州珠江装修工程公司	花园酒店西楼18F、19F客房装修	广州市环市东路368号花园酒店内
12	广东建雅室内工程设计施工有限公司	南方通信大厦室内装饰工程	广州中山大道105号
13	广东省装饰总公司	工商银行广东分行办公楼装饰工程	广州市东山区大沙头路29号
14	广州市第三装修有限公司	广州地铁二号线车站公共区搪瓷钢板装修工程	广州地铁二号线海珠广场站
15	广州珠江装修工程公司	珠岛宾馆十一号楼餐厅装修工程	广州市珠岛宾馆内
16	广州市美术公司	广州文化中心酒店装修工程	广州市环市东华侨新村光明路28号
17	广东省装饰总公司	广州文化中心酒店装修工程	广州市环市东华侨新村光明路28号
18	广东省建筑装饰集团公司	骏业阁建筑裙楼室内装饰工程	广州市文昌路88号骏业阁
19	广东省装饰总公司	广州市二沙岛十一区新校舍装修工程	广州市二沙岛十一区

关于表彰2002年度河南省建筑装饰行业先进单位和先进个人的决定

豫建装字[2003]3号

各会员单位及有关单位：

2002年，我协会全体会员单位面对入世后带来的机遇和挑战，强化管理，提高水平，取得了可喜的成绩，涌现了一批效益高、信誉好的先进单位和懂经营、会管理的先进个人，促进了全省建筑装饰行业的快速发展。

为鼓励先进，在各市主管部门和各专业委员会组织推荐的基础上，我协会组织了评审小组，按照先进单位和先进个人的评审原则进行认真评审，经研究决定授予郑州康利达装饰工程有限公司等67个单位为“2002年度河南省建筑装饰行业先进单位”，授予赵安敏等68位同志为“2002年度河南省建筑装饰行业先进个人”，希望受表彰的先进单位和个人继续努力，再接再厉，与时俱进，开拓创新，开创全省建筑装饰行业工作的新局面(名单见附件)。

附件：河南省建筑装饰行业先进单位及先进个人名单

河南省建筑装饰协会

二〇〇三年三月二十四日

附件

2002年度河南省建筑装饰行业先进单位名单

(共67个单位　排名不分先后)

1. 洛阳市建筑装饰协会
2. 开封市建筑业协会
3. 禹州市装饰装修行业协会
4. 郑州康利达装饰工程有限公司
5. 中建七局建筑装饰分公司
6. 河南凯利装饰工程有限公司
7. 郑州市联升建筑装饰设计有限公司
8. 郑州泰运装饰设计工程有限公司
9. 河南锦隆装饰工程有限公司
10. 河南大地装饰设计工程有限公司
11. 中国建筑第七工程局
12. 河南易居装饰有限公司
13. 郑州市星星装饰有限公司
14. 河南丰源装饰安装工程有限公司
15. 河南超凡装潢设计工程有限公司
16. 河南中泓装饰设计工程有限公司
17. 河南省第一建筑工程有限责任公司
18. 河南科瑞装饰工程设计有限公司
19. 河南时代装饰设计工程有限公司
20. 河南宇超装饰工程有限公司
21. 北京日照天门装饰设计公司郑州分公司
22. 郑州粤发装饰设计工程有限公司
23. 郑州妙正装饰设计工程有限公司
24. 河南省江海集团建筑装饰工程有限公司
25. 河南美巢荣欣家庭装潢有限公司
26. 北京业之峰装饰有限公司郑州分公司
27. 河南省建达装饰工程有限公司
28. 河南佳乐装饰工程有限公司
29. 河南云爵装饰工程公司
30. 河南鹰承建筑装饰工程有限公司
31. 洛阳天鹰装饰工程有限公司
32. 中建二局洛阳装饰工程公司
33. 洛阳航空建设发展公司
34. 洛阳鸿阳装饰工程有限公司
35. 洛阳佛阳装饰工程公司
36. 洛阳国脉通装饰工程有限公司
37. 洛阳市东兴实业(集团)总公司建筑装饰工程公司
38. 洛阳市天鹤装饰设计工程有限公司
39. 洛阳丰泰铝业有限公司
40. 漯河市天桥建筑工程装饰公司
41. 河南大鹏装饰工程有限公司
42. 河南元洲装饰有限责任公司
43. 鹤壁市天艺装饰工程有限公司
44. 焦作市万方铝材有限责任公司
45. 焦作市平光仕德铝业安装有限公司
46. 焦作市春光装饰工程有限公司
47. 河南省第二建筑工程有限责任公司装饰工程公司
48. 南阳市建总装饰分公司
49. 南阳市豫兴建筑装饰工程有限公司
50. 河南亚鹰钢结构幕墙工程有限公司
51. 河南省税银建筑装饰有限公司
52. 周口豫深装饰工程有限公司
53. 郑州金海贸易有限公司
54. 郑州东升实业有限公司
55. 郑州富林地板有限公司
56. 郑州市金水区风格壁柜门销售部
57. 郑州东建材大世界达利建材商行
58. 郑州联益装饰材料有限公司
59. 郑州市金水区恒兴建材经营部
60. 河南精品建材新方圆木业商行

61. 郑州现代建材有限公司
62. 河南戴丽居室用品有限公司
63. 河南永明厨房设备有限公司
64. 郑州市郑汴路喜通地板商行
65. 上海斯米克建材有限公司郑州经营部
66. 郑州东富装饰装潢有限公司
67. 河南精品建材晟达木业商行

2002年度河南省建筑装饰行业先进个人名单

（共68人　排名不分先后）

赵安敏　刘亚峰　张春生　张国顺　黄海军　李忠平　赵峰伟　王　凯　许　巍　陈　铎　马新春
伍新杰　李铁亮　刘世尧　王登攀　马保钦　郑立东　王开宇　赵乐丽　张　帆　尤　涛　丁　辉
王小滨　弓保印　贾建军　张志田　徐永革　王文兴　雷从庚　崔四德　王瑞东　魏根献　石松乐
张领涛　李丙寅　邢振才　常传立　崔宗杰　王　健　沈　辉　肖　敏　杨　坤　闫　辉　赵　勇
刘如意　代筱丽　孔令伟　赵曙光　任铁栓　韩秀波　王根发　谢军昌　王藏豹　要　建　刘　晔
韩　静　赵明喜　张学亮　陈晔文　赵剑波　李海涛　张忠民　孙金学　王飞跃　韩　利　杨　栋
兰　红　史付全

关于表彰2003年度成都市建筑装饰“金蓉杯”奖获奖工程的决定

成建装字[2003]19号

各会员单位：

为了鼓励我市建筑装饰企业发挥创造性，努力实施品牌战略，打造精品工程，不断提高企业的管理、施工水平，为全面建设小康社会作贡献。今年4月协会发出了评选2003年度装饰“金蓉杯”奖评选工作的通知。7月上旬，协会组织专家评审组对申报工程经过认真的审查工程资料、现场实地考察、评议、表决；共评出2003年度建筑装饰“金蓉杯”金奖工程三项、银奖工程三项、铜奖工程两项，现予以表彰和公布（名单附后）。希望各会员单位向他们学习，大家都来开展创优活动、争创精品工程，力争把本企业打造成强势企业而努力！

附：成都市建筑装饰“金蓉杯”获奖工程名单

成都市建筑装饰协会

二〇〇三年七月三十日

成都市建筑装饰“金蓉杯”获奖工程名单

金　奖

获奖单位	获奖项目
1. 成都建工装饰装修工程有限公司	成都市建筑工程服务管理中心
2. 中铁二局集团装饰装修工程有限公司	内江电信枢纽网管楼
3. 成都恒基装饰工程有限公司	重庆后勤工程学院科技大楼

银　奖

获奖单位	获奖项目
1. 成都导向设计装饰工程有限公司	绵阳嘉莱温泉山庄宾馆会议中心
2. 成都建工装饰装修工程有限公司	凯莱帝景花园会所
3. 四川华西建筑装饰工程有限公司	四川省移民培训中心

铜　奖

获奖单位	获奖项目
1. 成都市华达建筑装饰工程有限公司	红色村住宅小区综合楼
2. 四川省展览馆广告装饰工程中心	省展览馆3A、3B装饰工程

关于公布“成都市第四届建筑装饰设计作品大赛”获奖作品的通知

成建装字[2003]020号

各会员单位：

为鼓励各装饰企业努力提高设计水平，多创精品工程，争创品牌企业，促进成都建筑装饰业尽快走出四川、走向全国，协会举办了“成都市第四届建筑装饰设计作品大赛”。全行业广大设计人员在努力抗非典的同时，积极踊跃参赛，本次共收到公装设计作品36项，家装设计作品127项。

协会邀请九名专家经过三轮无记名的公平、公正、认真地评审，共评出公装设计一等奖2项、二等奖8项、三等奖15项；家装设计一等奖5项、二等奖10项、三等奖21项、佳作奖48项。现将获奖作品名单予以正式公布（名单附后）。

本次参赛作品的水平普遍高于往年，大多数作品创意新、简洁、注重环保，其功能适用性和文化艺术性都展现出了时代的风貌。获奖作品代表了成都市目前的优秀装饰设计水平。

本次大赛，我们还从众多的设计师中评出了田浩等9位优秀设计师（名单附后）。

这次大赛，赛出了成绩，赛出了水平，促进了交流，但从这次大赛中也看出了一些不足，即一是个别单位对这次大赛不够重视，参赛作品水平不高，获奖率低；二是个别设计人员创新意识不够，作品风格水平与三年前的获奖作品差别不大，跟不上时代步伐，以致不能获奖；三是个别作品本身可能较好，但是照片量少、质差，不能如实反映作品的水平，造成落选；四是参赛作品中上乘作品相对较少。希望全行业设计人员不断努力向书本学习，向先进学习，向同行学习，加强交流，不断提高自己的综合素质，不断创新，开拓进取，与时俱进，为把自己打造成品牌设计师，把企业创成品牌企业而努力奋斗！

附：1．评委名单

2．优秀设计师名单（排名不分先后）

3．成都市第四届建筑装饰设计作品大赛获奖作品名单（排名不分先后）

成都市建筑装饰协会

二〇〇三年七月三十日

专家评审组名单

组　长：周方中　国家建筑设计大师

副组长：刘有达　高级建筑师

组　员：汪其楷　教授级高级建筑师

陈振民　教授级高级建筑师

刘小舟　教授级高级建筑师

张文聪　教授级高级建筑师

陈卫东　一级注册建筑师

牟　江　副教授

张桂芳　高级工程师

9位“优秀设计师”

田　浩　成都豪新空间设计事务所

刘冰兵　成都市华达建筑装饰工程有限公司

陈友国　成都全兴广告装饰有限公司设计事务所

邹　昱　成都恒基装饰工程有限公司

刘　彬　成都家和装饰工程有限责任公司

刘　刚　成都市雅舍实业有限责任公司

张　灿　四川创视达建筑装饰设计有限公司

张国强　成都中铁二局建筑装饰设计有限公司

郭　磊　成都市华达建筑装饰工程有限公司

成都市第四届建筑装饰设计作品大赛
获奖作品名单（公装）

公装一等奖（2项）

序号	作品名称	获奖单位	设计者
1	上海川上江南酒楼	成都豪新空间设计事务所	田浩、胡宏、陈波
2	北斗星会所	成都市华达建筑装饰工程有限公司	刘冰兵

公装二等奖（8项）

序号	作品名称	获奖单位	设计者
1	雅典国际社区会所	成都倍特新时代装饰工程有限公司	周勇、卿枫、杨勇

序号	作品名称	获奖单位	设计者
2	数码大厦办公楼	四川鸿艺装饰工程有限公司	张强
3	重庆奉节夔州宾馆	四川华西建筑装饰设计有限公司	宋立、陈家斌、刘斌、　陈秋翔
4	某宾馆内装	成都市华达建筑装饰工程有限公司	郭磊
5	四川大陆集团董事长办公室	四川创视达建筑装饰设计有限公司	张灿
6	CSD 设计公司办公室	四川创视达建筑装饰设计有限公司	张灿
7	内江电信枢纽网管楼	成都中铁二局建筑装饰设计有限公司	张国强
8	四川省工行攀枝花分行办公楼	成都中铁二局建筑装饰设计有限公司	张国强

公装三等奖（15 项）

序号	作品名称	获奖单位	设计者
1	新华社四川分社新华苑	四川泰兴装饰工程有限责任公司	刘洋、乔伟、杨磊、司继伟
2	未来@世界中庭	成都海明一川环境艺术有限公司	童秦川
3	君临天下·花园别墅之休闲会所	成都全兴广告装饰有限公司设计事务所	陈友国、肖波、赵晓燕、钟其明、毛婧、张平
4	君临天下·花园别墅之售楼中心	成都全兴广告装饰有限公司设计事务所	肖波、陈友国、邱明、王廷忠、钟其明、毛婧、刘松
5	海南三亚市海湾酒店	四川华西建筑装饰设计有限公司	卢大国、陈宇、朱兴盛
6	汉席大酒楼	成都上林设计装饰工程有限公司	吴小霖、李奕、李育兵、屈光友、冉崇福
7	成都迪康集团办公楼	成都市华南建筑装饰有限公司设计所	李奕、唐卓韧、李育兵、穆俊玲、张华、田建明
8	江西南昌某酒店	成都市高吴室内外环境艺术设计事务所	吴伟忠、李明
9	浣花溪兰桂芳竹林吧	成都东鹏建筑装饰设计有限公司	刘琅、刘加
10	仁寿县卫生局办公大楼	四川省红地装饰艺术有限公司	何英、李明
11	鳍合轩大酒楼	成都恒基装饰工程有限公司	邹昱、袁琴
12	中江电信	成都田园装饰工程有限公司	彭鸿
13	一花一世界一椅一春秋（东门大桥大自然茶楼）	成都家和装饰工程有限责任公司	何春梅
14	四川大陆药业公司工厂写字楼	四川创视达建筑装饰设计有限公司	张灿
15	成都东软信息技术学院	成都中铁二局建筑装饰设计有限公司	周穗茹、徐进

成都市第四届建筑装饰设计作品大赛
获奖作品名单（家装）

家装一等奖（5 项）

序号	作品名称	获奖单位	设计者
1	君临天下·花园别墅之样板间	成都全兴广告装饰有限公司设计事务所	陈友国、肖波、周窃火、王廷忠、刘松
2	N 住宅示范单位	成都豪新空间设计事务所	田浩、陈波
3	河滨印象	成都市雅舍实业有限责任公司	刘刚、兰怡
4	中华家园 A 型样板房	成都恒基装饰工程有限公司	邹昱、袁琴
5	简与空（康馨园）	成都家和装饰工程有限责任公司	刘彬

家装二等奖（10项）

序号	作品名称	获奖单位	设计者
1	清华坊F型样板房	成都倍特新时代装饰工程有限公司	邹勇、周兰兰
2	西延锦绣雷女士居家设计	北京元洲装饰有限责任公司成都分公司	王怀庄
3	中华家园A型样板房	历程空间设计工作室	刘渝旻、刘恋妮
4	筑居别墅	成都海明一川环境艺术有限公司	童秦川
5	舜苑别墅马姐雅宅	成都市华达建筑装饰工程有限公司	王晓华
6	罗浮世家	成都市华达建筑装饰工程有限公司	郭磊
7	中华家园C型样板房	成都恒基装饰工程有限公司	邹昱、袁琴
8	线条组构（新城俊园）	成都家和装饰工程有限责任公司	王晓伟
9	巴黎阳光	成都市雅舍实业有限责任公司	王成
10	银都花园欣园	四川创视达建筑装饰设计有限公司	张灿

家装三等奖（21项）

序号	作品名称	获奖单位	设计者
1	N1住宅示范单位	成都豪新空间设计事务所	田浩、张凌、陈波
2	万科城市花园王宅	成都豪新空间设计事务所	田浩、胡宏
3	成都龙泉玉龙别墅	成都景山环境设计有限公司	伍亚萍、陈世均
4	锦鸿西苑样板房	成都蜀源装饰工程有限公司	郑伯其、黄静
5	嘉逸花园罗宅	成都蜀源装饰工程有限公司	郑伯其、黄静、王春焱
6	河滨印象张宅	四川泰兴装饰工程有限责任公司家装部	许丽娅
7	蜀都花园错层	四川省豪雅装饰工程有限责任公司	李晓
8	中华家园B型样板房	历程空间设计工作室	刘恋妮、刘渝旻
9	色彩之魅力与情感居所（桂花小区）	广汉市胜明装饰设计工程公司	徐胜明
10	成都花园蒋先生	成都市华达建筑装饰工程有限公司	鲍晓琤
11	银都花园黄先生	成都市华达建筑装饰工程有限公司	蔡晓东
12	中海名城李先生	成都市华达建筑装饰工程有限公司	蔡晓东
13	齐力花园刘宅	成都市华达建筑装饰工程有限公司	邓巍
14	万科城市花园	成都市华达建筑装饰工程有限公司	郑红菊
15	置信丽都王氏住宅	四川新空间建筑装饰实业有限公司	周晶、李敏
16	以时尚的名义	成都多维装饰设计工程事务所	刘艺
17	白与黑（中海名城）	成都家和装饰工程有限责任公司	赵亚莉、唐立俊
18	乐山汇景园	成都市雅舍实业有限责任公司	胡轶、黄桥辅
19	建信奥林匹克花园	成都市雅舍实业有限责任公司	孙晓波
20	香榭名苑	成都市雅舍实业有限责任公司	叶小俊
21	府河怡风花园C型4楼	四川创视达建筑装饰设计有限公司	王渝萍、袁明洪

家装佳作奖（48项）

序号	作品名称	获奖单位	设计者
1	清华坊E型样板房	成都倍特新时代装饰工程有限公司	邹勇、周兰兰
2	仁寿香榭丽花园向先生家别墅	北京元洲装饰有限责任公司成都分公司	薛建国
3	森宇音乐花园B型样板房	成都市华森建筑装修工程公司	苏霞
4	成都花园电梯公寓	成都龙徽装饰工程有限公司	唐翔

序号	作品名称	获奖单位	设计者
5	成都花园别墅	成都蜀源装饰工程有限公司	郑伯其、黄静、王春焱
6	华西美庐 H 型	成都蜀源装饰工程有限公司	郑伯其
7	聚美居	\	刘婕
8	青城白鹭洲	四川省豪雅装饰工程有限责任公司	舒春海
9	华阳府河花园跃层	四川省豪雅装饰工程有限责任公司	赵建伟
10	简约主义　雪域温情	成都市洋龙装饰工程有限公司	刘建
11	和谐对比　溢彩空间	成都市洋龙装饰工程有限公司	哈登朗
12	翠云庭样板间 A 型	成都市倍特装饰工程有限公司	刘洪强
13	结庐在人境（东林苑）	成都市杰奥装饰工程有限公司	谢华君
14	简、明、新	成都林源装饰工程有限公司	邹剑飞
15	美领居舒先生	成都市华达建筑装饰工程有限公司	赵成记
16	简约、温馨—居家	邛崃市善多建材装饰有限公司	刘建明
17	置信大华情溶园	四川美家堂装饰工程有限公司	李江
18	黄田坝电梯公寓	四川美家堂装饰工程有限公司	袁红强
19	肖家村东一路	四川美家堂装饰工程有限公司	谢清铸
20	杨先生家装	四川省红地装饰艺术有限公司	何英、李明
21	蜀都花园王宅	成都市鑫芮装饰有限责任公司	王勇
22	博瑞都市花园邹氏住宅	四川省新空间建筑装饰实业有限公司	曾伟
23	齐力花园杨氏住宅	四川省新空间建筑装饰实业有限公司	李琳嘉
24	平安苑复式楼	成都兴泰兴装饰工程有限责任公司	毛泰荣
25	府河音乐花园	成都田园装饰工程有限公司	刘玉明
26	府河音乐花园	成都田园装饰工程有限公司	易钢
27	武城碧云天	成都田园装饰工程有限公司	张涛
28	御都花园	成都田园装饰工程有限公司	彭鸿
29	个性张扬的个性空间（北丽苑 A3 型）	成都家和装饰工程有限责任公司	刘益守
30	色彩演绎—美丽心情（会所花园）	成都家和装饰工程有限责任公司	刘孟
31	简约的雅（肿瘤医院宿舍）	成都家和装饰工程有限责任公司	刘孟、张娅
32	简约之美丽（大华情融园）	成都家和装饰工程有限责任公司	唐立俊、赵亚莉
33	轻波绿影（新闻出版局宿舍）	成都家和装饰工程有限责任公司	何春梅
34	少女情怀（全兴花园）	成都家和装饰工程有限责任公司	王晓伟
35	小空间大作为	\	黄志利、张华
36	绵阳会所花园	成都市雅舍实业有限责任公司	胡轶、黄桥辅
37	锦西花园	成都市雅舍实业有限责任公司	刘春江
38	锦官新城	成都市雅舍实业有限责任公司	宁翼
39	冠林广场	成都市雅舍实业有限责任公司	杨明山
40	浣溪沙	成都市雅舍实业有限责任公司	黄红蓝
41	丽阳天下	成都市雅舍实业有限责任公司	刘刚、兰怡
42	香榭名苑	成都市雅舍实业有限责任公司	孙晓波
43	双流弘民新城	成都市雅舍实业有限责任公司	孙晓波
44	中海名城	成都市雅舍实业有限责任公司	孙晓波
45	浣花溪山庄	成都市雅舍实业有限责任公司	陈思言
46	翠堤雅筑	成都市雅舍实业有限责任公司	张渝军
47	中海名城某住宅	成都中铁二局建筑装饰设计有限公司	唐妮
48	懋园—国际住宅平层	四川省豪雅装饰工程有限责任公司	赵发甫

关于公布成都市2002年度优秀家装工程获奖项目的通知

成建装字（2002）039号

各会员单位：

为了鼓励家装企业争创精品工程，提高家装企业的竞争能力，推动我市家装行业不断发展，成都市建筑装饰协会于2002年10月中旬，组织专家对申报2002年度优秀家装工程的40个项目的各项资料进行了认真审查和充分评议，专家组认为，今年申报参评的家装工程总体水平高于去年，设计比较简练，大方，有一定创新，使用功能较合理，制图水平较高，客户满意。但我市家装工程在设计理念、选材等方面与全国同行比还有差距，希望各家装企业努力提高管理、设计和施工水平，与时俱进，多出精品工程，创品牌企业，促进我市家装上水平、上台阶。

现将评出的2002年度家装工程优秀奖9项，佳作奖18项（共27项）公布如下：（排名不分先后）

成都市建筑装饰协会

二〇〇二年十月二十三日

2002年度家装工程优秀奖名单（9项）

序号	单　位	项　目
1	成都市华达建筑装饰工程有限公司家装分公司	四川托普集团别墅B1型装饰工程（别墅）
2	成都市华达建筑装饰工程有限公司家装分公司	新绿季节A幢3单元
3	成都田园装饰工程有限公司	碧云天8号楼4单位2B
4	成都田园装饰工程有限公司	成都花园朗庭苑12-106
5	成都恒基装饰工程有限公司	成都博瑞*都市花园3A、3C套房
6	成都华森建筑装修工程公司	府河音乐花园B型样板房
7	成都兴泰兴装饰工程有限公司	绿杨新村3号楼3806号
8	金牛龙徽装饰公司	锦官新城金榕园D-506号
9	金牛龙徽装饰公司	懋园堪培拉602室（一期跃层）

2002年度家装工程佳作奖名单（18项）

序号	单　位	项　目
1	四川省新空间实业有限公司	天鹅星座徐氏住宅
2	四川省新空间实业有限公司	置信丽都花园C区D型
3	四川省新空间实业有限公司	置信丽都花园C区A型
4	四川美家堂装饰工程有限公司	成都花园11幢1单元802室
5	四川美家堂装饰工程有限公司	芳草东街新玉林3单元802室
6	四川美家堂装饰工程有限公司	府河音乐花园29幢1单元102室
7	成都市华达建筑装饰工程有限公司家装分公司	禾嘉花园家装工程
8	成都雅舍实业有限责任公司	战旗新区群康路2-1-4住宅
9	成都雅舍实业有限责任公司	清水绿苑1-4-4-13住宅
10	成都雅舍实业有限责任公司	锦城花园某住宅
11	四川省红地装饰艺术有限公司	万科城市花园一期样板房
12	成都市奥丽达建筑装饰有限公司	成都花园唐女士住宅
13	成都雅兴装饰工程有限责任公司	电信局宿舍
14	成都兴泰兴装饰工程有限公司	督院府邸一单元7楼C型
15	四川伟强装饰设计工程有限责任公司	电信宿舍吴氏住宅
16	成都市杰奥装饰工程有限公司	督院府邸范氏住宅
17	成都市蓝建装饰有限责任公司	菁华园汪女士
18	徐胜明（个人）	付先生家居

关于表彰2002年度建筑装饰行业先进企业的决定

成建委发[2003]123号

各区(市)县建设局，各装饰企业：

2002年，我市建筑装饰行业认真学习邓小平理论和“三个代表”重要思想，积极迎接入世挑战，更新观念，开拓进取，强化管理，狠抓质量，拓展市场，全行业取得了可喜的成绩。由四川华西建筑装饰工程公司和中铁二局集团装饰工程公司承建的人民大会堂四川厅、川农逸夫楼、省地税局综合楼、皇城老妈餐饮中心等4项装饰工程荣获了“2002年全国建筑工程装饰奖”，一些骨干家装企业走出成都，积极发展外地市场，他们为我市经济发展和建筑装饰行业水平的提高作出了积极的贡献。

为促进我市建筑装饰行业持续、稳定、健康的发展，由市建筑装饰协会推荐，经我委研究，决定表彰四川华西建筑装饰工程有限公司等46家企业为“成都市2002年度建筑装饰行业先进企业”。希望受表彰的企业继续发扬成绩，带动全行业认真学习十六大精神，面对新形势，迎接新挑战，为促进企业和行业上水平、上台阶，为全面建设小康社会而努力奋斗！

附：成都市2002年度建筑装饰行业先进企业名单

成都市建设委员会

二〇〇三年三月六日

成都市2002年度建筑装饰行业先进企业名单

1. 四川华西建筑装饰工程有限公司
2. 中铁二局集团装饰装修工程有限公司
3. 四川金惠建筑装饰工程有限公司
4. 四川泰来装饰工程有限公司
5. 四川兴泰来装饰工程有限责任公司
6. 成都金圣装饰有限公司
7. 成都市华达建筑装饰工程有限公司
8. 成都建工装饰装修有限公司
9. 成都恒基装饰工程有限公司
10. 成都平原装饰工程有限公司
11. 成都粤海装饰工程有限公司
12. 成都导向设计装饰工程有限公司
13. 成都精诚建筑装饰工程有限责任公司
14. 四川省天艺装饰设计工程有限公司
15. 四川华亚建筑装饰工程有限公司
16. 成都兴雅装饰工程有限公司
17. 四川禾嘉装饰工程有限责任公司
18. 成都倍特装饰工程有限公司
19. 成都市奥丽达建筑装饰有限公司
20. 成都文化艺术建筑装饰工程有限公司
21. 成都明石装饰工程有限公司
22. 成都天科装饰有限责任公司
23. 成都全兴广告装饰有限公司
24. 四川省展览馆广告装饰工程中心
25. 成都市建筑装饰工程公司
26. 成都市大立装饰有限公司
27. 四川省宏美建筑装饰工程有限公司
28. 成都市雅舍实业有限责任公司
29. 成都田园装饰工程有限公司
30. 四川美家堂装饰工程有限公司
31. 四川省新空间实业有限公司
32. 成都市华森建筑装修工程公司
33. 四川省红地装饰艺术有限公司
34. 成都市杰奥装饰工程有限公司
35. 成都市洋龙装饰工程有限公司
36. 成都市家和装饰工程有限责任公司
37. 四川华西建筑装饰设计有限公司
38. 成都多维设计事务所
39. 四川省展览馆纵横设计事务所
40. 成都中铁二局建筑装饰设计有限公司
41. 四川创视达建筑装饰设计有限公司
42. 成都富森美家居现代装饰材料物流中心
43. 西南建材中心
44. 东方家园有限公司成都分公司
45. 成都正泰木业有限责任公司
46. 成都圣象木业有限公司

关于表彰成都市 2002 年度建筑装饰优秀项目经理的决定

成建装字[2003]04 号

各会员单位：

2002 年，为提高装饰行业的管理及工程质量水平，行业内开展了建筑装饰工程评优，会员单位的多项工程荣获了中装协“全国建筑工程装饰奖”、“成都市 2002 年度建筑装饰优秀工程奖”、“2002 年度优秀家装工程奖”等。为提高获奖项目经理的知名度，鼓励更多的企业创精品工程，创品牌企业，理事会研究，决定将 2001 年至 2002 年间获中装协、市装协装饰奖及“天府杯”、“芙蓉杯”奖的工程主管项目经理评为“成都市 2002 年度建筑装饰优秀项目经理”予以表彰，经审查有李哈京等 13 名项目经理获此殊荣。希望受表彰的项目经理再接再厉，更上一层楼，做出更多更好的精品工程，同时希望各会员单位的项目经理向他们学习，以项目管理为中心，努力创精品工程，为企业和行业的发展贡献自己的力量！

附：成都市 2002 年度建筑装饰优秀项目经理名单。

成都市建筑装饰协会

二〇〇三年三月三日

成都市 2002 年度建筑装饰优秀项目经理名单（13 名）

李哈京　黄元雷　白成冀　陈家正　王才旭　郭新建　曾官粟　万正权　姚文明　孙中和　孙德华　邹蜀梁　张　建

关于表彰 2002 年度协会活动积极分子的决定

成建装字[2003]05 号

各会员单位：

我会在各会员单位的支持帮助下，2002 年开展了丰富多彩的活动，圆满地完成了各项任务，受到了业内外人士的好评，其间涌现出了许多热心协会活动、支持协会工作的好同志，经理事会研究，决定将表现十分突出的陈小龙等 84 名同志评为“2002 年度协会活动积极分子”，予以表彰和奖励。希望在新的一年里，全体会员向他们学习，大家都来积极关心、支持、参与协会的各项活动，把我会办成全国一流协会。

附：2002 年度协会活动积极分子名单。

成都市建筑装饰协会

二〇〇三年三月三日

成都市建筑装饰协会活动积极分子名单（84 名）

陈小龙	赵　平	徐　杨	龙　韬	邵长铭	杨先蓉	杜其友	柳荣春
邵　春	杨艺专	王晓鸣	先永定	杜　星	刘世忠	唐卓韧	黄长明
徐　彬	冉春林	彭　建	聂　鑫	黄　彦	黄道君	谢华君	杨永大
何　英	黄　超	陈　海	何绍林	陈卫东	刘有达	张修齐	张　灿
肖　波	张晓莹	吴小霖	何　杰	田　浩	刘云华	王金蓉	张向明
赵　勇	朱玲英	钟维兴	车天祥	周继光	邓筱蓉	张　涛	夏　锦
王霞美	孙文强	李清盛	蔡兵兵	杨　波	张世忠	王木兰	张　华
乔开发	淳　盛	许泰华	刘蓉萍	刘　宇	蔡　平	廖礼敏	韩　峰
刘　军	方晓虹	黄新德	申建祖	田　梅	卢　兴	钱杉杉	周渝成
侯舒信	祁战敏	程　成	赵开义	夏　木	唐　妮	汪　注	黎天春
刘　松	刘学玲	毛　萍	姚自然				

关于表彰陕西省建筑装饰优秀设计、优质工程的决定

陕建装发（2002）019号

各会员单位、建筑装饰企业：

为了进一步提高我省建筑装饰装修工程设计、施工水平，经省建设厅批准，省建筑装饰协会组织了2002年度“陕西省建筑装饰优秀设计、优质工程”评选活动，得到了广大企业的积极参与和大力支持。经协会组织专业技术人员对所报工程项目进行了认真考察、评审，分别评出：建筑装饰优秀设计一等奖2项、二等奖4项、三等奖2项；住宅优秀设计2项；建筑装饰优质工程一等奖3项、二等奖5项、三等奖5项。现予以表彰。

希望各会员单位、装饰企业向获奖企业学习，精心设计，精心施工，设计和承建更多的精品工程，提高企业的市场竞争力，为我省经济发展做出更大的贡献。

附：陕西省2002年建筑装饰优秀设计、优质工程获奖名单

陕西省建筑装饰协会

二〇〇二年十一月十九日

2002年建筑装饰优秀设计、优质工程获奖名单

设计单位	优秀设计工程名称
优秀设计一等奖	
1. 西安飞机工业装饰装修工程股份有限公司	陕西省出版发行大厦建筑幕墙工程
2. 陕西大洋立恒装饰有限公司	大唐电信综合楼建筑装饰工程
优秀设计二等奖	
1. 陕西艺林实业有限责任公司	西安咸阳国际机场客货运中心建筑幕墙工程
2. 陕西中金装饰工程有限公司	陕西银河大酒店建筑幕墙工程
3. 陕西大洋立恒装饰有限公司	陕西省蓝海风生产科研楼建筑装饰工程
4. 陕西中金装饰工程有限公司	西北航空中心大厦建筑幕墙工程
优秀设计三等奖	
1. 陕西艺林实业有限责任公司	建行宝鸡市分行开发区支行建筑幕墙工程
2. 西安飞机工业装饰装修工程股份有限公司	西安市国税局干部培训中心综合楼建筑幕墙工程
住宅装饰工程优秀设计奖	
1. 西安发记营造建筑有限公司	高山流水别墅V10型样板房住宅工程
2. 陕西大洋立恒装饰有限公司	赵先生住宅工程
承建单位	**优质工程名称**
优质工程一等奖	
1. 西安发记营造建筑有限公司	陕西中大国际大厦建筑装饰工程
2. 西安西航祥和铝业装饰工程有限公司	咸阳财苑大厦建筑幕墙工程
3. 陕西中金装饰工程有限公司	西北航空中心大厦建筑幕墙工程
优质工程二等奖	
1. 西安西航祥和铝业装饰工程有限公司	大唐电信综合楼建筑幕墙工程
2. 陕西省镜寰装饰实业有限公司	工行北大街支行办公营业楼建筑装饰工程
3. 西安飞机工业装饰装修工程股份有限公司	陕西省出版发行大厦建筑幕墙工程
4. 陕西艺林实业有限责任公司	西安咸阳国际机场客货运中心建筑幕墙工程
5. 陕西省汉中市大河装饰幕墙有限公司	西安深业商城建筑幕墙工程
优质工程三等奖	
1. 西安飞机工业装饰装修工程股份有限公司	西安市国税局干部培训中心综合楼建筑幕墙工程
2. 陕西艺林实业有限责任公司	建行宝鸡市分行开发区支行建筑幕墙工程
3. 陕西省汉中市大河装饰幕墙有限公司	汉中中银大厦建筑幕墙工程
4. 西安大愚装饰工程有限责任公司	陕西粮食经济中心建筑装饰工程
5. 陕西大洋立恒装饰有限公司	陕西省蓝海风生产科研楼建筑装饰工程

关于表彰先进建筑装饰企业、优秀会员单位的决定

陕建装发（2002）021号

各会员单位、建筑装饰装修企业：

近几年来，随着西部大开发和我省国民经济的持续发展，全省建筑装饰装修行业取得了很大成绩，行业整体素质、市场开拓能力都有了较大提高，涌现了一批市场信誉好、工程设计水平高、工程质量好、经济效益和社会效益好的企业和积极支持、踊跃配合承担协会各项工作，为行业进步和发展做出贡献的会员单位。

为了激励先进，经秘书处推荐，并经协会常务理事会审定，决定授予西安飞机工业装饰装修工程股份有限公司等26家企业为1999～2001年先进建筑装饰企业称号，授予西安西航祥和铝业装饰工程有限公司等26家单位为1999～2001年优秀会员单位，以资表彰和鼓励。

希望广大建筑装饰企业和全体会员单位向他们学习，为我省建筑装饰装修行业发展做出更大贡献。

附：1. 陕西省建筑装饰协会1999～2001年先进建筑装饰企业名单

2. 陕西省建筑装饰协会1999～2001年优秀会员单位名单

陕西省建筑装饰协会

二〇〇二年十二月二十四日

陕西省建筑装饰协会1999～2001年度先进建筑装饰企业名单

1. 西安飞机工业装饰装修工程股份有限公司
2. 西安西航祥和铝业装饰工程有限公司
3. 陕西中金装饰工程有限公司
4. 西安洪涛装饰设计工程有限责任公司
5. 西安市鑫龙建筑装饰工程有限公司
6. 陕西镜寰装饰实业有限公司
7. 西安市彼特装饰工程公司
8. 陕西艺林实业有限公司
9. 西安市多国建筑艺术装潢公司
10. 西安发记营造建筑有限公司
11. 西安市建筑装饰工程总公司
12. 陕西金华龙设计装饰工程有限责任公司
13. 耀华建筑装饰工程有限责任公司
14. 陕西省建筑装饰工程公司
15. 西安青云空调装饰安装公司
16. 陕西大洋立恒装饰有限公司
17. 西安市蓝码克装修工程（集团）有限公司
18. 西安市四腾工程有限公司
19. 陕西秦泾装饰冷气工程有限公司
20. 西安市建筑装饰工程公司
21. 西安市银锚幕墙装饰有限公司
22. 陕西正大装饰工程有限公司
23. 西安环岳装饰设计工程有限公司
24. 西安德凌装饰工程有限责任公司
25. 西安天公楼宇配套装饰工程有限责任公司
26. 陕西华强装饰工程有限公司

陕西省建筑装饰协会1999～2001年度优秀会员单位名单

1. 西安西航祥和铝业装饰工程有限公司
2. 西安飞机工业装饰装修工程股份有限公司
3. 陕西中金装饰工程有限公司
4. 西安发记营造建筑有限公司
5. 西安市鑫龙建筑装饰工程有限公司
6. 西安市多国建筑艺术装潢公司
7. 陕西艺林实业有限责任公司
8. 耀华建筑装饰工程有限责任公司
9. 陕西镜寰装饰实业有限公司
10. 西安市建筑装饰工程总公司
11. 西安市彼特装饰工程公司
12. 西安洪涛装饰设计工程有限公司
13. 陕西金华龙设计装饰工程有限责任公司
14. 陕西省建筑装饰工程公司
15. 西安青云空调装饰安装公司
16. 陕西正大装饰工程有限公司
17. 西安市蓝码克装修工程（集团）有限公司
18. 西安市四腾工程有限公司
19. 西安环岳装饰工程有限公司
20. 西安市建筑装饰工程公司
21. 陕西大洋立恒装饰有限公司
22. 陕西秦泾装饰冷气工程有限公司
23. 西安市银锚幕墙装饰有限公司
24. 西安德凌装饰工程有限责任公司
25. 西安天公楼宇配套装饰工程有限责任公司
26. 陕西华强装饰工程有限公司

关于表彰西安建筑装饰“信得过企业”的决定

西建装字[2003]010号

近几年来，随着我国国民经济的迅速发展，建筑装饰行业涌现出了一批认真贯彻党和国家的方针政策，自觉遵守行业自律的原则，市场信誉好、质量服务好的信得过企业。为了表彰优秀，树立典型，促进我市建筑装饰装修业更快、更好的发展。

根据企业申报，经评委员考核评审，我会决定对30家“信得过企业”，在全行业中予以表彰。希望各建筑装饰企业以此为榜样，不断开拓创新，加强行业自律，努力把我市建筑装饰装修行业的质量服务工作提高到一个新的水平。

西安建筑装饰装修业协会

二〇〇三年五月十六日

西安建筑装饰“信得过企业”名单

（排名不分先后）

企业名称	法人代表	企业名称	法人代表
1．西安市多国建筑艺术装潢公司	李精忠	16．西安天工建筑装饰工程公司	罗　钟
2．西安发记营造建筑有限公司	刘兆培	17．西安市阎良区第三建筑工程公司	杨新亭
3．西安市鑫龙建筑装饰工程（集团）有限公司	冯　林	18．陕西博雅装饰工程有限责任公司	王　睿
4．陕西省镜寰装饰实业有限公司	苑　康	19．西安秦丽建筑装饰有限责任公司	姚锋利
5．中大耀华实业有限公司	唐荣玉	20．陕西环艺装饰有限公司	熊　飞
6．西安市彼特装饰工程公司	杨东生	21．西安远华建筑装饰工程有限责任公司	吕南田
7．江苏省建伟幕墙装饰工程有限公司西安分公司	刘宜安	22．陕西港华建筑饰业工程有限公司	肖　毅
8．中天建设集团有限公司西安公司	楼永良	23．陕西中广实业有限责任公司	王新光
9．浙江省嵊州市环影装饰工程有限公司西安分公司	钱越栋	24．陕西中金装饰工程有限公司	张　志
10．西安市建筑装饰工程总公司	夏德忠	25．西安北方环境工程有限公司	李建新
11．西安市蓝码克装修工程（集团）有限公司	淡　勃	26．陕西吉达装饰工程有限公司	谢开楼
12．西安市建筑装饰工程公司	赵　凯	27．西安向阳吉利门窗厂	丁玉生
13．陕西大洋立恒装饰有限公司	杨坤伟	28．西安雅图建筑装饰工程有限公司	周晓东
14．西安博亚装饰工程有限公司	叶　航	29．西安潮兴建筑装饰工程有限责任公司	赵之东
15．陕西长城家俱装饰工程有限公司	沈建民	30．西安航空发动机公司装饰工程公司	赵　武

关于表彰2002年度“西安市建筑装饰优质样板工程暨雁塔杯”工程的通知

市、区、县及外地驻西安各建筑装饰施工企业：

根据企业的申报，经评审委员会评审，决定授予下列10个工程项目为“西安市建筑装饰优质样板工程”称号。（排名不分先后）

1．西安发记营造建筑有限公司施工的开元商城室内装饰工程，装修面积：80000m^2，造价：1200万元。一层至四层室内外装饰，包括墙面、门窗、吊顶等装饰工程。

2．西安市蓝码克装修工程（集团）有限公司施工的西安锦园新世纪售楼中心工程，装修面积：5561m^2，造价：1036万元。室外广场装修、室内装修、室外照明等。

3．陕西长城家俱装饰工程有限公司施工的长庆实业大厦装饰工程，装修面积：5250m^2，造价：556.06万元。一至八层为三星级酒店，九至十九层为高档写字间，二十层为大中型会议室。

4．浙江环影装饰工程有限公司西安分公司施工邮区中心局邮政重件中心装饰工程，装修面积：11000m^2，造价：1143.3万元。一层为大堂和接待厅，二层为餐厅，三层为会议室和多功能厅，四层以上为办公用房。

5．西安市多国建筑艺术装潢公司施工的陕西省国家安全厅综合楼工程，装修面积：18000m^2，造价1389.37万元。大楼东半部分一层为大堂和接待厅，二层以上为办公、会议室；大楼西半部分一层为接待厅、餐厅；二层是包间，三层以上为客房。

6．西安潮兴建筑装饰工程有限责任公司施工的中国人民解放军临潼第二疗养装修工程。装修面积：1660m^2，造价：67.6 万元。主要是客房、餐厅、通道、外墙等装饰工程。

7．西安市建筑装饰工程公司施工的第四军医大学航医系教研楼工程，装修面积：6700m^2，造价：534 万元。室内外装修，重新设计、安装强弱电系统等。

8．西安博亚装饰工程有限公司施工的西安立丰百盛购物广场装饰工程，装修面积：15200m^2，造价：1100 万元。门头、橱窗、外墙面和铝合金安装工程；一至四层室内装饰、各商品区的装饰等工程。

9．西安北方环境工程有限公司施工的西安市第一医院门诊楼装修工程，装修面积：2600m^2，造价：505.1 万元。墙面，门头、地面装饰工程等。

10．浙江环影装饰工程有限公司西安分公司施工的西安高新邮政综合大楼装饰工程，装修面积：12000m^2，造价：1154.68 万元。一、二层为营业区；三层为餐饮区；四层以上为办公区。

同时授予下列 8 个工程项目为“2002 年度西安市雁塔杯工程”称号。

（排名不分先后）

1．西安发记营造建筑有限公司施工的开元商城室内装饰工程，装修面积：80000m^2，造价：1200 万元。一层至四层室内外装饰。包括墙面、门窗、吊顶等装饰工程。

2．浙江环影装饰工程有限公司施工的西安邮区中心局邮政重件中心装饰工程，装修面积：11000m^2，造价：1143.3 万元。一层为大堂和接待厅，二层为餐厅，三层为会议室和多功能厅，四层以上为办公用房。

3．陕西长城家俱装饰工程有限公司施工的长庆实业大厦装饰工程，装修面积：5250m^2，造价：556.06 万元。一至八层为三星级酒店，九至十九层为高档写字间，二十层为大中型会议室。

4．西安市蓝码克装修工程（集团）有限公司施工的西安锦园新世纪售楼中心工程，装修面积：5561m^2，造价：1036 万元。室外广场装修、室内装修、室外照明等。

5．西安市多国建筑艺术装潢公司施工的陕西省国家安全厅综合楼工程，装修面积：18000m^2，造价 1389.37 万元。大楼东半部分一层为大堂和接待厅，二层以上为办公、会议室；大楼西半部分一层为接待厅、餐厅；二层是包间，三层以上为客房。

6．浙江环影装饰工程有限公司施工的西安高新邮政综合大楼装饰工程，装修面积：12000m^2，造价：1154.68 万元。一、二层为营业区；三层为餐饮区；四层以上为办公区。

7．西安市建筑装饰工程公司施工的第四军医大学航医系教研楼工程，装修面积：6700m^2，造价：534 万元。室内外装修，安装强弱电系统等。

8．西安潮兴建筑装饰工程有限责任公司施工的中国人民解放军临潼第二疗养装修工程，装修面积：1660m^2，造价：67.6 万元。主要是客房、餐厅、通道、外墙等装饰工程。

望荣获表彰的“西安市建筑装饰优质样工程暨雁塔杯”工程的建筑装饰施工企业，继续努力，认真贯彻《建筑法》、《建设工程质量管理条例》和《工程建设标准强制性条文》健全质量保证体系，切实加强施工质量管理，再创精品工程，使我市建筑装饰装修工程质量再上新台阶。

西安建筑装饰装修业协会

（二〇〇三年九月十六日）

第四部分

政策法规

物业管理条例

中华人民共和国国务院令

第379号

《物业管理条例》已经2003年5月28日国务院第9次常务会议通过，现予公布，自2003年9月1日起施行。

总　理　温家宝

二○○三年六月八日

第一章　总　则

第一条　为了规范物业管理活动，维护业主和物业管理企业的合法权益，改善人民群众的生活和工作环境，制定本条例。

第二条　本条例所称物业管理，是指业主通过选聘物业管理企业，由业主和物业管理企业按照物业服务合同约定，对房屋及配套的设施设备和相关场地进行维修、养护、管理，维护相关区域内的环境卫生和秩序的活动。

第三条　国家提倡业主通过公开、公平、公正的市场竞争机制选择物业管理企业。

第四条　国家鼓励物业管理采用新技术、新方法，依靠科技进步提高管理和服务水平。

第五条　国务院建设行政主管部门负责全国物业管理活动的监督管理工作。

县级以上地方人民政府房地产行政主管部门负责本行政区域内物业管理活动的监督管理工作。

第二章　业主及业主大会

第六条　房屋的所有权人为业主。

业主在物业管理活动中，享有下列权利：

（一）按照物业服务合同的约定，接受物业管理企业提供的服务；

（二）提议召开业主大会会议，并就物业管理的有关事项提出建议；

（三）提出制定和修改业主公约、业主大会议事规则的建议；

（四）参加业主大会会议，行使投票权；

（五）选举业主委员会委员，并享有被选举权；

（六）监督业主委员会的工作；

（七）监督物业管理企业履行物业服务合同；

（八）对物业共用部位、共用设施设备和相关场地使用情况享有知情权和监督权；

（九）监督物业共用部位、共用设施设备专项维修资金（以下简称专项维修资金）的管理和使用；

（十）法律、法规规定的其他权利。

第七条　业主在物业管理活动中，履行下列义务：

（一）遵守业主公约、业主大会议事规则；

（二）遵守物业管理区域内物业共用部位和共用设施设备的使用、公共秩序和环境卫生的维护等方面的规章制度；

（三）执行业主大会的决定和业主大会授权业主委员会作出的决定；

（四）按照国家有关规定交纳专项维修资金；

（五）按时交纳物业服务费用；

（六）法律、法规规定的其他义务。

第八条　物业管理区域内全体业主组成业主大会。

业主大会应当代表和维护物业管理区域内全体业主在物业管理活动中的合法权益。

第九条　一个物业管理区域成立一个业主大会。

物业管理区域的划分应当考虑物业的共用设施设备、建筑物规模、社区建设等因素。具体办法由省、自治区、直辖市制定。

第十条　同一个物业管理区域内的业主，应当在物业所在地的区、县人民政府房地产行政主管部门的指导下成立业主大会，并选举产生业主委员会。但是，只有一个业主的，或者业主人数较少且经全体业主一致同意，决定不成立业主大会的，由业主共同履行业主大会、业主委员会职责。

业主在首次业主大会会议上的投票权，根据业主拥有物业的建筑面积、住宅套数等因素确定。具体办法由省、自治区、直辖市制定。

第十一条　业主大会履行下列职责：

（一）制定、修改业主公约和业主大会议事规则；

（二）选举、更换业主委员会委员，监督业主委员会的工作；

（三）选聘、解聘物业管理企业；

（四）决定专项维修资金使用、续筹方案，并监督实施；

（五）制定、修改物业管理区域内物业共用部位和共用设施设备的使用、公共秩序和环境卫生的维护等方面的规章制度；

（六）法律、法规或者业主大会议事规则规定的其他有关物业管理的职责。

第十二条　业主大会会议可以采用集体讨论的形式，也可以采用书面征求意见的形式；但应当有物业管理区域内持有1/2以上投票权的业主参加。

业主可以委托代理人参加业主大会会议。

业主大会作出决定，必须经与会业主所持投票权1/2以上通过。业主大会作出制定和修改业主公约、业主大会议事规则，选聘和解聘物业管理企业，专项维修资金使用和续筹方案的决定，必须经物业管理区域内全体业主所持投票权2/3以上通过。

业主大会的决定对物业管理区域内的全体业主具有约束力。

第十三条　业主大会会议分为定期会议和临时会议。

业主大会定期会议应当按照业主大会议事规则的规定召开。经20%以上的业主提议，业主委员会应当组织召开业主大会临时会议。

第十四条　召开业主大会会议，应当于会议召开15日以前通知全体业主。

住宅小区的业主大会会议，应当同时告知相关的居民委员会。

业主委员会应当做好业主大会会议记录。

第十五条　业主委员会是业主大会的执行机构，履行下列职责：

（一）召集业主大会会议，报告物业管理的实施情况；

（二）代表业主与业主大会选聘的物业管理企业签订物业服务合同；

（三）及时了解业主、物业使用人的意见和建议，监督和协助物业管理企业履行物业服务合同；

（四）监督业主公约的实施；

（五）业主大会赋予的其他职责。

第十六条　业主委员会应当自选举产生之日起30日内，向物业所在地的区、县人民政府房地产行政主管部门备案。

业主委员会委员应当由热心公益事业、责任心强、具有一定组织能力的业主担任。

业主委员会主任、副主任在业主委员会委员中推选产生。

第十七条　业主公约应当对有关物业的使用、维护、管理，业主的共同利益，业主应当履行的义务，违反公约应当承担的责任等事项依法作出约定。

业主公约对全体业主具有约束力。

第十八条　业主大会议事规则应当就业主大会的议事方式、表决程序、业主投票权确定办法、业主委员会的组成和委员任期等事项作出约定。

第十九条　业主大会、业主委员会应当依法履行职责，不得作出与物业管理无关的决定，不得从事与物业管理无关的活动。

业主大会、业主委员会作出的决定违反法律、法规的，物业所在地的区、县人民政府房地产行政主管部门，应当责令限期改正或者撤销其决定，并通告全体业主。

第二十条　业主大会、业主委员会应当配合公安机关，与居民委员会相互协作，共同做好维护物业管理区域内的社会治安等相关工作。

在物业管理区域内，业主大会、业主委员会应当积极配合相关居民委员会依法履行自治管理职责，支持居民委员会开展工作，并接受其指导和监督。

住宅小区的业主大会、业主委员会作出的决定，应当告知相关的居民委员会，并认真听取居民委员会的建议。

第三章　前期物业管理

第二十一条　在业主、业主大会选聘物业管理企业之前，建设单位选聘物业管理企业的，应当签订书面的前期物业服务合同。

第二十二条　建设单位应当在销售物业之前，制定业主临时公约，对有关物业的使用、维护、管理，业主的共同利益，业主应当履行的义务，违反公约应当承担的责任等事项依法作出约定。

建设单位制定的业主临时公约，不得侵害物业买受人的合法权益。

第二十三条　建设单位应当在物业销售前将业主临时公约向物业买受人明示，并予以说明。

物业买受人在与建设单位签订物业买卖合同时，应当对遵守业主临时公约予以书面承诺。

第二十四条　国家提倡建设单位按照房地产开发与物业管理相分离的原则，通过招投标的方式选聘具有相应资质的物业管理企业。

住宅物业的建设单位，应当通过招投标的方式选聘具有相应资质的物业管理企业；投标人少于3个或者住宅规模较小的，经物业所在地的区、县人民政府房地产行政主管部门批准，可以采用协议方式选聘具有相应资质的物业管理企业。

第二十五条　建设单位与物业买受人签订的买卖合同应当包含前期物业服务合同约定的内容。

第二十六条　前期物业服务合同可以约定期限；但是，期限未满、业主委员会与物业管理企业签订的物业服务合同生效的，前期物业服务合同终止。

第二十七条　业主依法享有的物业共用部位、共用设施设备的所有权或者使用权，建设单位不得擅自处分。

第二十八条　物业管理企业承接物业时，应当对物业共用部位、共用设施设备进行查验。

第二十九条　在办理物业承接验收手续时，建设单位应当向物业管理企业移交下列资料：

（一）竣工总平面图，单体建筑、结构、设备竣工图，配套设施、地下管网工程竣工图等竣工验收资料；

（二）设施设备的安装、使用和维护保养等技术资料；

（三）物业质量保修文件和物业使用说明文件；

（四）物业管理所必需的其他资料。

物业管理企业应当在前期物业服务合同终止时将上述资料移交给业主委员会。

第三十条　建设单位应当按照规定在物业管理区域内配置必要的物业管理用房。

第三十一条　建设单位应当按照国家规定的保修期限和保修范围，承担物业的保修责任。

第四章　物业管理服务

第三十二条　从事物业管理活动的企业应当具有独立的法人资格。

国家对从事物业管理活动的企业实行资质管理制度。具体办法由国务院建设行政主管部门制定。

第三十三条　从事物业管理的人员应当按照国家有关

规定，取得职业资格证书。

第三十四条　一个物业管理区域由一个物业管理企业实施物业管理。

第三十五条　业主委员会应当与业主大会选聘的物业管理企业订立书面的物业服务合同。

物业服务合同应当对物业管理事项、服务质量、服务费用、双方的权利义务、专项维修资金的管理与使用、物业管理用房、合同期限、违约责任等内容进行约定。

第三十六条　物业管理企业应当按照物业服务合同的约定，提供相应的服务。

物业管理企业未能履行物业服务合同的约定，导致业主人身、财产安全受到损害的，应当依法承担相应的法律责任。

第三十七条　物业管理企业承接物业时，应当与业主委员会办理物业验收手续。

业主委员会应当向物业管理企业移交本条例第二十九条第一款规定的资料。

第三十八条　物业管理用房的所有权依法属于业主。未经业主大会同意，物业管理企业不得改变物业管理用房的用途。

第三十九条　物业服务合同终止时，物业管理企业应当将物业管理用房和本条例第二十九条第一款规定的资料交还给业主委员会。

物业服务合同终止时，业主大会选聘了新的物业管理企业的，物业管理企业之间应当做好交接工作。

第四十条　物业管理企业可以将物业管理区域内的专项服务业务委托给专业性服务企业，但不得将该区域内的全部物业管理一并委托给他人。

第四十一条　物业服务收费应当遵循合理、公开以及费用与服务水平相适应的原则，区别不同物业的性质和特点，由业主和物业管理企业按照国务院价格主管部门会同国务院建设行政主管部门制定的物业服务收费办法，在物业服务合同中约定。

第四十二条　业主应当根据物业服务合同的约定交纳物业服务费用。业主与物业使用人约定由物业使用人交纳物业服务费用的，从其约定，业主负连带交纳责任。

已竣工但尚未出售或者尚未交给物业买受人的物业，物业服务费用由建设单位交纳。

第四十三条　县级以上人民政府价格主管部门会同同级房地产行政主管部门，应当加强对物业服务收费的监督。

第四十四条　物业管理企业可以根据业主的委托提供物业服务合同约定以外的服务项目，服务报酬由双方约定。

第四十五条　物业管理区域内，供水、供电、供气、供热、通讯、有线电视等单位应当向最终用户收取有关费用。

物业管理企业接受委托代收前款费用的，不得向业主收取手续费等额外费用。

第四十六条　对物业管理区域内违反有关治安、环保、物业装饰装修和使用等方面法律、法规规定的行为，物业管理企业应当制止，并及时向有关行政管理部门报告。

有关行政管理部门在接到物业管理企业的报告后，应当依法对违法行为予以制止或者依法处理。

第四十七条　物业管理企业应当协助做好物业管理区域内的安全防范工作。发生安全事故时，物业管理企业在采取应急措施的同时，应当及时向有关行政管理部门报告，协助做好救助工作。

物业管理企业雇请保安人员的，应当遵守国家有关规定。保安人员在维护物业管理区域内的公共秩序时，应当履行职责，不得侵害公民的合法权益。

第四十八条　物业使用人在物业管理活动中的权利义务由业主和物业使用人约定，但不得违反法律、法规和业主公约的有关规定。

物业使用人违反本条例和业主公约的规定，有关业主应当承担连带责任。

第四十九条　县级以上地方人民政府房地产行政主管部门应当及时处理业主、业主委员会、物业使用人和物业管理企业在物业管理活动中的投诉。

第五章　物业的使用与维护

第五十条　物业管理区域内按照规划建设的公共建筑和共用设施，不得改变用途。

业主依法确需改变公共建筑和共用设施用途的，应当在依法办理有关手续后告知物业管理企业；物业管理企业确需改变公共建筑和共用设施用途的，应当提请业主大会讨论决定同意后，由业主依法办理有关手续。

第五十一条　业主、物业管理企业不得擅自占用、挖掘物业管理区域内的道路、场地，损害业主的共同利益。

因维修物业或者公共利益，业主确需临时占用、挖掘道路、场地的，应当征得业主委员会和物业管理企业的同意；物业管理企业确需临时占用、挖掘道路、场地的，应当征得业主委员会的同意。

业主、物业管理企业应当将临时占用、挖掘的道路、场地，在约定期限内恢复原状。

第五十二条　供水、供电、供气、供热、通讯、有线电视等单位，应当依法承担物业管理区域内相关管线和设施设备维修、养护的责任。

前款规定的单位因维修、养护等需要，临时占用、挖掘道路、场地的，应当及时恢复原状。

第五十三条　业主需要装饰装修房屋的，应当事先告知物业管理企业。

物业管理企业应当将房屋装饰装修中的禁止行为和注意事项告知业主。

第五十四条　住宅物业、住宅小区内的非住宅物业或者与单幢住宅楼结构相连的非住宅物业的业主，应当按照国家有关规定交纳专项维修资金。

专项维修资金属业主所有，专项用于物业保修期满后物业共用部位、共用设施设备的维修和更新、改造，不得挪作他用。

专项维修资金收取、使用、管理的办法由国务院建设行政主管部门会同国务院财政部门制定。

第五十五条　利用物业共用部位、共用设施设备进行经营的，应当在征得相关业主、业主大会、物业管理企业的同意后，按照规定办理有关手续。业主所得收益应当主要用于补充专项维修资金，也可以按照业主大会的决定使用。

第五十六条　物业存在安全隐患，危及公共利益及他人合法权益时，责任人应当及时维修养护，有关业主应当给予配合。

责任人不履行维修养护义务的，经业主大会同意，可以由物业管理企业维修养护，费用由责任人承担。

第六章　法律责任

第五十七条　违反本条例的规定，住宅物业的建设单位未通过招投标的方式选聘物业管理企业或者未经批准，擅自采用协议方式选聘物业管理企业的，由县级以上地方人民政府房地产行政主管部门责令限期改正，给予警告，可以并处10万元以下的罚款。

第五十八条　违反本条例的规定，建设单位擅自处分属于业主的物业共用部位、共用设施设备的所有权或者使用权的，由县级以上地方人民政府房地产行政主管部门处5万元以上20万元以下的罚款；给业主造成损失的，依法承担赔偿责任。

第五十九条　违反本条例的规定，不移交有关资料的，由县级以上地方人民政府房地产行政主管部门责令限期改正；逾期仍不移交有关资料的，对建设单位、物业管理企业予以通报，处1万元以上10万元以下的罚款。

第六十条　违反本条例的规定，未取得资质证书从事物业管理的，由县级以上地方人民政府房地产行政主管部门没收违法所得，并处5万元以上20万元以下的罚款；给业主造成损失的，依法承担赔偿责任。

以欺骗手段取得资质证书的，依照本条第一款规定处罚，并由颁发资质证书的部门吊销资质证书。

第六十一条　违反本条例的规定，物业管理企业聘用未取得物业管理职业资格证书的人员从事物业管理活动的，由县级以上地方人民政府房地产行政主管部门责令停止违法行为，处5万元以上20万元以下的罚款；给业主造成损失的，依法承担赔偿责任。

第六十二条　违反本条例的规定，物业管理企业将一个物业管理区域内的全部物业管理一并委托给他人的，由县级以上地方人民政府房地产行政主管部门责令限期改正，处委托合同价款30%以上50%以下的罚款；情节严重的，由颁发资质证书的部门吊销资质证书。委托所得收益，用于物业管理区域内物业共用部位、共用设施设备的维修、养护，剩余部分按照业主大会的决定使用；给业主造成损失的，依法承担赔偿责任。

第六十三条　违反本条例的规定，挪用专项维修资金的，由县级以上地方人民政府房地产行政主管部门追回挪用的专项维修资金，给予警告，没收违法所得，可以并处挪用数额2倍以下的罚款；物业管理企业挪用专项维修资金，情节严重的，并由颁发资质证书的部门吊销资质证书；构成犯罪的，依法追究直接负责的主管人员和其他直接责任人员的刑事责任。

第六十四条　违反本条例的规定，建设单位在物业管理区域内不按照规定配置必要的物业管理用房的，由县级以上地方人民政府房地产行政主管部门责令限期改正，给予警告，没收违法所得，并处10万元以上50万元以下的罚款。

第六十五条　违反本条例的规定，未经业主大会同意，物业管理企业擅自改变物业管理用房的用途的，由县级以上地方人民政府房地产行政主管部门责令限期改正，给予警告，并处1万元以上10万元以下的罚款；有收益的，所得收益用于物业管理区域内物业共用部位、共用设施设备的维修、养护，剩余部分按照业主大会的决定使用。

第六十六条　违反本条例的规定，有下列行为之一的，由县级以上地方人民政府房地产行政主管部门责令限期改正，给予警告，并按照本条第二款的规定处以罚款；所得收益，用于物业管理区域内物业共用部位、共用设施设备的维修、养护，剩余部分按照业主大会的决定使用：

（一）擅自改变物业管理区域内按照规划建设的公共建筑和共用设施用途的；

（二）擅自占用、挖掘物业管理区域内道路、场地，损害业主共同利益的；

（三）擅自利用物业共用部位、共用设施设备进行经营的。

个人有前款规定行为之一的，处1000元以上1万元以下的罚款；单位有前款规定行为之一的，处5万元以上20万元以下的罚款。

第六十七条　违反物业服务合同约定，业主逾期不交纳物业服务费用的，业主委员会应当督促其限期交纳；逾期仍不交纳的，物业管理企业可以向人民法院起诉。

第六十八条　业主以业主大会或者业主委员会的名义，从事违反法律、法规的活动，构成犯罪的，依法追究刑事责任；尚不构成犯罪的，依法给予治安管理处罚。

第六十九条　违反本条例的规定，国务院建设行政主管部门、县级以上地方人民政府房地产行政主管部门或者其他有关行政管理部门的工作人员利用职务上的便利，收受他人财物或者其他好处，不依法履行监督管理职责，或者发现违法行为不予查处，构成犯罪的，依法追究刑事责任；尚不构成犯罪的，依法给予行政处分。

第七章　附　则

第七十条　本条例自2003年9月1日起施行。

工程建设项目施工招标投标办法

工程建设项目施工招标投标办法

中华人民共和国国家发展计划委员会
中华人民共和国建设部
中华人民共和国铁道部
中华人民共和国交通部　　令
中华人民共和国信息产业部
中华人民共和国水利部
中国民用航空总局

第30号

为了规范工程建设项目施工招标投标活动，根据《中华人民共和国招标投标法》和国务院有关部门的职责分工，国家计委、建设部、铁道部、交通部、信息产业部、水利部、中国民用航空总局审议通过了《工程建设项目施工招标投标办法》，现予发布，自2003年5月1日起施行。

国家发展计划委员会主任：曾培炎
建设部部长：汪光焘
铁道部部长：傅志寰
交通部部长：张春贤
信息产业部部长：吴基传
水利部部长：汪恕诚
中国民用航空总局局长：杨元元

二〇〇三年三月八日

第一章　总　则

第一条　为规范工程建设项目施工（以下简称工程施工）招标投标活动，根据《中华人民共和国招标投标法》和国务院有关部门的职责分工，制定本办法。

第二条　在中华人民共和国境内进行工程施工招标投标活动，适用本办法。

第三条　工程建设项目符合《工程建设项目招标范围和规模标准规定》（国家计委令第3号）规定的范围和标准的，必须通过招标选择施工单位。

任何单位和个人不得将依法必须进行招标的项目化整为零或者以其他任何方式规避招标。

第四条　工程施工招标投标活动应当遵循公开、公平、公正和诚实信用的原则。

第五条　工程施工招标投标活动，依法由招标人负责。任何单位和个人不得以任何方式非法干涉工程施工招标投标活动。

施工招标投标活动不受地区或者部门的限制。

第六条　各级发展计划、经贸、建设、铁道、交通、信息产业、水利、外经贸、民航等部门依照《国务院办公厅印发国务院有关部门实施招标投标活动行政监督的职责分工意见的通知》（国办发[2000]34号）和各地规定的职责分工，对工程施工招标投标活动实施监督，依法查处工程施工招标投标活动中的违法行为。

第二章　招　标

第七条　工程施工招标人是依法提出施工招标项目、进行招标的法人或者其他组织。

第八条　依法必须招标的工程建设项目，应当具备下列条件才能进行施工招标：

（一）招标人已经依法成立；

（二）初步设计及概算应当履行审批手续的，已经批准；

（三）招标范围、招标方式和招标组织形式等应当履行核准手续的，已经核准；

（四）有相应资金或资金来源已经落实；

（五）有招标所需的设计图纸及技术资料。

第九条　工程施工招标分为公开招标和邀请招标。

第十条　依法必须进行施工招标的工程建设项目，按工程建设项目审批管理规定，凡应报送项目审批部门审批的，招标人必须在报送的可行性研究报告中将招标范围、招标方式、招标组织形式等有关招标内容报项目审批部门核准。

第十一条　国务院发展计划部门确定的国家重点建设项目和各省、自治区、直辖市人民政府确定的地方重点建设项目，以及全部使用国有资金投资或者国有资金投资占控股或者主导地位的工程建设项目，应当公开招标；有下列情形之一的，经批准可以进行邀请招标：

（一）项目技术复杂或有特殊要求，只有少量几家潜在投标人可供选择的；

（二）受自然地域环境限制的；

（三）涉及国家安全、国家秘密或者抢险救灾，适宜招标但不宜公开招标的；

（四）拟公开招标的费用与项目的价值相比，不值得的；

（五）法律、法规规定不宜公开招标的。

国家重点建设项目的邀请招标，应当经国务院发展计划部门批准；地方重点建设项目的邀请招标，应当经各省、自治区、直辖市人民政府批准。

全部使用国有资金投资或者国有资金投资占控股或者主导地位的并需要审批的工程建设项目的邀请招标，应当经项目审批部门批准，但项目审批部门只审批立项的，由有关行政监督部门批准。

第十二条　需要审批的工程建设项目，有下列情形之一的，由本办法第十一条规定的审批部门批准，可以不进行施工招标：

（一）涉及国家安全、国家秘密或者抢险救灾而不适宜招标的；

（二）属于利用扶贫资金实行以工代赈需要使用农民工的；

（三）施工主要技术采用特定的专利或者专有技术的；

（四）施工企业自建自用的工程，且该施工企业资质等级符合工程要求的；

（五）在建工程追加的附属小型工程或者主体加层工程，原中标人仍具备承包能力的；

（六）法律、行政法规规定的其他情形。

不需要审批但依法必须招标的工程建设项目，有前款规定情形之一的，可以不进行施工招标。

第十三条　采用公开招标方式的，招标人应当发布招标公告，邀请不特定的法人或者其他组织投标。依法必须进行施工招标项目的招标公告，应当在国家指定的报刊和信息网络上发布。

采用邀请招标方式的，招标人应当向三家以上具备承担施工招标项目的能力、资信良好的特定的法人或者其他组织发出投标邀请书。

第十四条　招标公告或者投标邀请书应当至少载明下列内容：

（一）招标人的名称和地址；

（二）招标项目的内容、规模、资金来源；

（三）招标项目的实施地点和工期；

（四）获取招标文件或者资格预审文件的地点和时间；

（五）对招标文件或者资格预审文件收取的费用；

（六）对招标人的资质等级的要求。

第十五条　招标人应当按招标公告或者投标邀请书规定的时间、地点出售招标文件或资格预审文件。自招标文件或者资格预审文件出售之日起至停止出售之日止，最短不得少于五个工作日。

招标人可以通过信息网络或者其他媒介发布招标文件，通过信息网络或者其他媒介发布的招标文件与书面招标文件具有同等法律效力，但出现不一致时以书面招标文件为准。招标人应当保持书面招标文件原始正本的完好。

对招标文件或者资格预审文件的收费应当合理，不得以营利为目的。对于所附的设计文件，招标人可以向投标人酌收押金；对于开标后投标人退还设计文件的，招标人应当向投标人退还押金。

招标文件或者资格预审文件售出后，不予退还。招标人在发布招标公告、发出投标邀请书后或者售出招标文件或资格预审文件后不得擅自终止招标。

第十六条　招标人可以根据招标项目本身的特点和需要，要求潜在投标人或者投标人提供满足其资格要求的文件，对潜在投标人或者投标人进行资格审查；法律、行政法规对潜在投标人或者投标人的资格条件有规定的，依照其规定。

第十七条　资格审查分为资格预审和资格后审。

资格预审，是指在投标前对潜在投标人进行的资格审查。

资格后审，是指在开标后对投标人进行的资格审查。

进行资格预审的，一般不再进行资格后审，但招标文件另有规定的除外。

第十八条　采取资格预审的，招标人可以发布资格预审公告。资格预审公告适用本办法第十三条、第十四条有关招标公告的规定。

采取资格预审的，招标人应当在资格预审文件中载明资格预审的条件、标准和方法；采取资格后审的，招标人应当在招标文件中载明对投标人资格要求的条件、标准和方法。

招标人不得改变载明的资格条件或者以没有载明的资格条件对潜在投标人或者投标人进行资格审查。

第十九条　经资格预审后，招标人应当向资格预审合格的潜在投标人发出资格预审合格通知书，告知获取招标文件的时间、地点和方法，并同时向资格预审不合格的潜在投标人告知资格预审结果。资格预审不合格的潜在投标人不得参加投标。

经资格后审不合格的投标人的投标应作废标处理。

第二十条　资格审查应主要审查潜在投标人或者投标人是否符合下列条件：

（一）具有独立订立合同的权利；

（二）具有履行合同的能力，包括专业、技术资格和能力，资金、设备和其他物质设施状况，管理能力，经验、信誉和相应的从业人员；

（三）没有处于被责令停业，投标资格被取消，财产被接管、冻结，破产状态；

（四）在最近三年内没有骗取中标和严重违约及重大工程质量问题；

（五）法律、行政法规规定的其他资格条件。

资格审查时，招标人不得以不合理的条件限制、排斥潜在投标人或者投标人，不得对潜在投标人或者投标人实行歧视待遇。任何单位和个人不得以行政手段或者其他不合理方式限制投标人的数量。

第二十一条　招标人符合法律规定的自行招标条件的，可以自行办理招标事宜。任何单位和个人不得强制其委托招标代理机构办理招标事宜。

第二十二条　招标代理机构应当在招标人委托的范围内承担招标事宜。招标代理机构可以在其资格等级范围内承担下列招标事宜：

（一）拟订招标方案，编制和出售招标文件、资格预审文件；

（二）审查投标人资格；

（三）编制标底；

（四）组织投标人踏勘现场；

（五）组织开标、评标，协助招标人定标；

（六）草拟合同；

（七）招标人委托的其他事项。

招标代理机构不得无权代理、越权代理，不得明知委托事项违法而进行代理。

招标代理机构不得接受同一招标项目的投标代理和投标咨询业务；未经招标人同意，不得转让招标代理业务。

第二十三条　工程招标代理机构与招标人应当签订书面委托合同，并按双方约定的标准收取代理费；国家对收费标准有规定的，依照其规定。

第二十四条　招标人根据施工招标项目的特点和需要编制招标文件。招标文件一般包括下列内容：

（一）投标邀请书；

（二）投标人须知；

（三）合同主要条款；

（四）投标文件格式；

（五）采用工程量清单招标的，应当提供工程量清单；

（六）技术条款；

（七）设计图纸；

（八）评标标准和方法；

（九）投标辅助材料。

招标人应当在招标文件中规定实质性要求和条件，并用醒目的方式标明。

第二十五条　招标人可以要求投标人在提交符合招标文件规定要求的投标文件外，提交备选投标方案，但应当在招标文件中做出说明，并提出相应的评审和比较办法。

第二十六条　招标文件规定的各项技术标准应符合国家强制性标准。

招标文件中规定的各项技术标准均不得要求或标明某一特定的专利、商标、名称、设计、原产地或生产供应者，不得含有倾向或者排斥潜在投标人的其他内容。如果必须引用某一生产供应者的技术标准才能准确或清楚地说明拟招标项目的技术标准时，则应当在参照后面加上“或相当于”的字样。

第二十七条　施工招标项目需要划分标段、确定工期的，招标人应当合理划分标段、确定工期，并在招标文件中载明。对工程技术上紧密相连、不可分割的单位工程不得分割标段。

招标人不得以不合理的标段或工期限制或者排斥潜在投标人或者投标人。

第二十八条　招标文件应当明确规定评标时除价格以外的所有评标因素，以及如何将这些因素量化或者据以进行评估。

在评标过程中，不得改变招标文件中规定的评标标准、方法和中标条件。

第二十九条　招标文件应当规定一个适当的投标有效期，以保证招标人有足够的时间完成评标和与中标人签订合同。投标有效期从投标人提交投标文件截止之日起计算。

在原投标有效期结束前，出现特殊情况的，招标人可以书面形式要求所有投标人延长投标有效期。投标人同意延长的，不得要求或被允许修改其投标文件的实质性内容，但应当相应延长其投标保证金的有效期；投标人拒绝延长的，其投标失效，但投标人有权收回其投标保证金。因延长投标有效期造成投标人损失的，招标人应当给予补偿，但因不可抗力需要延长投标有效期的除外。

第三十条　施工招标项目工期超过十二个月的，招标文件中可以规定工程造价指数体系、价格调整因素和调整方法。

第三十一条　招标人应当确定投标人编制投标文件所需要的合理时间；但是，依法必须进行招标的项目，自招标文件开始发出之日起至投标人提交投标文件截止之日止，最短不得少于二十日。

第三十二条　招标人根据招标项目的具体情况，可以组织潜在投标人踏勘项目现场，向其介绍工程场地和相关环境的有关情况。潜在投标人依据招标人介绍情况作出的判断和决策，由投标人自行负责。

招标人不得单独或者分别组织任何一个投标人进行现场踏勘。

第三十三条　对于潜在投标人在阅读招标文件和现场踏勘中提出的疑问，招标人可以书面形式或召开投标预备会的方式解答，但需同时将解答以书面方式通知所有购买招标文件的潜在投标人。该解答的内容为招标文件的组成部分。

第三十四条　招标人可根据项目特点决定是否编制标底。编制标底的，标底编制过程和标底必须保密。

招标项目编制标底的，应根据批准的初步设计、投资概算，依据有关计价办法，参照有关工程定额，结合市场供求状况，综合考虑投资、工期和质量等方面的因素合理确定。

标底由招标人自行编制或委托中介机构编制。一个工程只能编制一个标底。

任何单位和个人不得强制招标人编制或报审标底，或干预其确定标底。

招标项目可以不设标底，进行无标底招标。

第三章　投　标

第三十五条　投标人是响应招标、参加投标竞争的法人或者其他组织。招标人的任何不具独立法人资格的附属机构（单位），或者为招标项目的前期准备或者监理工作提供设计、咨询服务的任何法人及其任何附属机构（单位），都无资格参加该招标项目的投标。

第三十六条　投标人应当按照招标文件的要求编制投标文件。投标文件应当对招标文件提出的实质性要求和条件作出响应。

投标文件一般包括下列内容：

（一）投标函；

（二）投标报价；

（三）施工组织设计；

（四）商务和技术偏差表。

投标人根据招标文件载明的项目实际情况，拟在中标后将中标项目的部分非主体、非关键性工作进行分包的，应当在投标文件中载明。

第三十七条　招标人可以在招标文件中要求投标人提交投标保证金。投标保证金除现金外，可以是银行出具的银行保函、保兑支票、银行汇票或现金支票。

投标保证金一般不得超过投标总价的百分之二，但最高不得超过八十万元人民币。投标保证金有效期应当超出投标有效期三十天。

投标人应当按照招标文件要求的方式和金额，将投标保证金随投标文件提交给招标人。

投标人不按招标文件要求提交投标保证金的，该投标文件将被拒绝，作废标处理。

第三十八条　投标人应当在招标文件要求提交投标文件的截止时间前，将投标文件密封送达投标地点。招标人收到投标文件后，应当向投标人出具标明签收人和签收时间的凭证，在开标前任何单位和个人不得开启投标文件。

在招标文件要求提交投标文件的截止时间后送达的投标文件，为无效的投标文件，招标人应当拒收。

提交投标文件的投标人少于三个的，招标人应当依法重新招标。重新招标后投标人仍少于三个的，属于必须审批的工程建设项目，报经原审批部门批准后可以不再进行招标；其他工程建设项目，招标人可自行决定不再进行招标。

第三十九条　投标人在招标文件要求提交投标文件的截止时间前，可以补充、修改、替代或者撤回已提交的投标文件，并书面通知招标人。补充、修改的内容为投标文件的组成部分。

第四十条　在提交投标文件截止时间后到招标文件规定的投标有效期终止之前，投标人不得补充、修改、替代或者撤回其投标文件。投标人补充、修改、替代投标文件的，招标人不予接受；投标人撤回投标文件的，其投标保证金将被没收。

第四十一条　在开标前，招标人应妥善保管好已接收的投标文件、修改或撤回通知、备选投标方案等投标资料。

第四十二条　两个以上法人或者其他组织可以组成一个联合体，以一个投标人的身份共同投标。

联合体各方签订共同投标协议后，不得再以自己名义单独投标，也不得组成新的联合体或参加其他联合体在同一项目中投标。

第四十三条　联合体参加资格预审并获通过的，其组成的任何变化都必须在提交投标文件截止之日前征得招标人的同意。如果变化后的联合体削弱了竞争，含有事先未经过资格预审或者资格预审不合格的法人或者其他组织，或者使联合体的资质降到资格预审文件中规定的最低标准以下，招标人有权拒绝。

第四十四条　联合体各方必须指定牵头人，授权其代表所有联合体成员负责投标和合同实施阶段的主办、协调工作，并应当向招标人提交由所有联合体成员法定代表人签署的授权书。

第四十五条　联合体投标的，应当以联合体各方或者联合体中牵头人的名义提交投标保证金。以联合体中牵头人名义提交的投标保证金，对联合体各成员具有约束力。

第四十六条　下列行为均属投标人串通投标报价：

（一）投标人之间相互约定抬高或压低投标报价；

（二）投标人之间相互约定，在招标项目中分别以高、中、低价位报价；

（三）投标人之间先进行内部竞价，内定中标人，然后再参加投标；

（四）投标人之间其他串通投标报价的行为。

第四十七条　下列行为均属招标人与投标人串通投标：

（一）招标人在开标前开启投标文件，并将投标情况告知其他投标人，或者协助投标人撤换投标文件，更改报价；

（二）招标人向投标人泄露标底；

（三）招标人与投标人商定，投标时压低或抬高标价，中标后再给投标人或招标人额外补偿；

（四）招标人预先内定中标人；

（五）其他串通投标行为。

第四十八条　投标人不得以他人名义投标。

前款所称以他人名义投标，指投标人挂靠其他施工单位，或从其他单位通过转让或租借的方式获取资格或资质证书，或者由其他单位及其法定代表人在自己编制的投标文件上加盖印章和签字等行为。

第四章　开标、评标和定标

第四十九条　开标应当在招标文件确定的提交投标文件截止时间的同一时间公开进行；开标地点应当为招标文件中确定的地点。

第五十条　投标文件有下列情形之一的，招标人不予受理：

（一）逾期送达的或者未送达指定地点的；

（二）未按招标文件要求密封的。

投标文件有下列情形之一的，由评标委员会初审后按废标处理：

（一）无单位盖章并无法定代表人或法定代表人授权的代理人签字或盖章的；

（二）未按规定的格式填写，内容不全或关键字迹模糊、无法辨认的；

（三）投标人递交两份或多份内容不同的投标文件，或在一份投标文件中对同一招标项目报有两个或多个报价，且未声明哪一个有效，按招标文件规定提交备选投标方案的除外；

（四）投标人名称或组织结构与资格预审时不一致的；

（五）未按招标文件要求提交投标保证金的；

（六）联合体投标未附联合体各方共同投标协议的。

第五十一条　评标委员会可以书面方式要求投标人对投标文件中含义不明确、对同类问题表述不一致或者有明显文字和计算错误的内容作必要的澄清、说明或补正。评标委员会不得向投标人提出带有暗示性或诱导性的问题，或向其明确投标文件中的遗漏和错误。

第五十二条　投标文件不响应招标文件的实质性要求和条件的，招标人应当拒绝，并不允许投标人通过修正或撤销其不符合要求的差异或保留，使之成为具有响应性的投标。

第五十三条　评标委员会在对实质上响应招标文件要求的投标进行报价评估时，除招标文件另有约定外，应当按下述原则进行修正：

（一）用数字表示的数额与用文字表示的数额不一致时，以文字数额为准；

（二）单价与工程量的乘积与总价之间不一致时，以单价为准。若单价有明显的小数点错位，应以总价为准，并修改单价。

按前款规定调整后的报价经投标人确认后产生约束力。

投标文件中没有列入的价格和优惠条件在评标时不予考虑。

第五十四条　对于投标人提交的优越于招标文件中技术标准的备选投标方案所产生的附加收益，不得考虑进评标价中。符合招标文件的基本技术要求且评标价最低或综合评分最高的投标人，其所提交的备选方案方可予以考虑。

第五十五条　招标人设有标底的，标底在评标中应当作为参考，但不得作为评标的唯一依据。

第五十六条　评标委员会完成评标后，应向招标人提出书面评标报告。评标报告由评标委员会全体成员签字。

评标委员会提出书面评标报告后，招标人一般应当在十五日内确定中标人，但最迟应当在投标有效期结束日三十个工作日前确定。

中标通知书由招标人发出。

第五十七条　评标委员会推荐的中标候选人应当限定在一至三人，并标明排列顺序。招标人应当接受评标委员会推荐的中标候选人，不得在评标委员会推荐的中标候选人之外确定中标人。

第五十八条　依法必须进行招标的项目，招标人应当确定排名第一的中标候选人为中标人。排名第一的中标候选人放弃中标、因不可抗力提出不能履行合同，或者招标文件规定应当提交履约保证金而在规定的期限内未能提交的，招标人可以确定排名第二的中标候选人为中标人。

排名第二的中标候选人因前款规定的同样原因不能签订合同的，招标人可以确定排名第三的中标候选人为中标人。

招标人可以授权评标委员会直接确定中标人。

国务院对中标人的确定另有规定的，从其规定。

第五十九条　招标人不得向中标人提出压低报价、增加工作量、缩短工期或其他违背中标人意愿的要求，以此作为发出中标通知书和签订合同的条件。

第六十条　中标通知书对招标人和中标人具有法律效力。中标通知书发出后，招标人改变中标结果的，或者中标人放弃中标项目的，应当依法承担法律责任。

第六十一条　招标人全部或者部分使用非中标单位投标文件中的技术成果或技术方案时，需征得其书面同意，并给予一定的经济补偿。

第六十二条　招标人和中标人应当自中标通知书发出之日起三十日内，按照招标文件和中标人的投标文件订立书面合同。招标人和中标人不得再行订立背离合同实质性内容的其他协议。

招标文件要求中标人提交履约保证金或者其他形式履约担保的，中标人应当提交；拒绝提交的，视为放弃中标项目。招标人要求中标人提供履约保证金或其他形式履约担保的，招标人应当同时向中标人提供工程款支付担保。

招标人不得擅自提高履约保证金，不得强制要求中标人垫付中标项目建设资金。

第六十三条　招标人与中标人签订合同后五个工作日内，应当向未中标的投标人退还投标保证金。

第六十四条　合同中确定的建设规模、建设标准、建设内容、合同价格应当控制在批准的初步设计及概算文件范围内；确需超出规定范围的，应当在中标合同签订前，报原项目审批部门审查同意。凡应报经审查而未报的，在初步设计及概算调整时，原项目审批部门一律不予承认。

第六十五条　依法必须进行施工招标的项目，招标人应当自发出中标通知书之日起十五日内，向有关行政监督部门提交招标投标情况的书面报告。

前款所称书面报告至少应包括下列内容：

（一）招标范围；

（二）招标方式和发布招标公告的媒介；

（三）招标文件中投标人须知、技术条款、评标标准和方法、合同主要条款等内容；

（四）评标委员会的组成和评标报告；

（五）中标结果。

第六十六条　招标人不得直接指定分包人。

第六十七条　对于不具备分包条件或者不符合分包规定的，招标人有权在签订合同或者中标人提出分包要求时予以拒绝。发现中标人转包或违法分包时，可要求其改正；拒不改正的，可终止合同，并报请有关行政监督部门查处。

监理人员和有关行政部门发现中标人违反合同约定进行转包或违法分包的，应当要求中标人改正，或者告知招标人要求其改正；对于拒不改正的，应当报请有关行政监督部门查处。

第五章 法律责任

第六十八条 依法必须进行招标的项目而不招标的，将必须进行招标的项目化整为零或者以其他任何方式规避招标的，有关行政监督部门责令限期改正，可以处项目合同金额千分之五以上千分之十以下的罚款；对全部或者部分使用国有资金的项目，项目审批部门可以暂停项目执行或者暂停资金拨付；对单位直接负责的主管人员和其他直接责任人员依法给予处分。

第六十九条 招标代理机构违法泄露应当保密的与招标投标活动有关的情况和资料的，或者与招标人、投标人串通损害国家利益、社会公共利益或者他人合法权益的，由有关行政监督部门处五万元以上二十五万元以下罚款，对单位直接负责的主管人员和其他直接责任人员处单位罚款数额百分之五以上百分之十以下罚款；有违法所得的，并处没收违法所得；情节严重的，有关行政监督部门可停止其一定时期内参与相关领域的招标代理业务，资格认定部门可暂停直至取消招标代理资格；构成犯罪的，由司法部门依法追究刑事责任。给他人造成损失的，依法承担赔偿责任。

前款所列行为影响中标结果，并且中标人为前款所列行为的受益人的，中标无效。

第七十条 招标人以不合理的条件限制或者排斥潜在投标人的，对潜在投标人实行歧视待遇的，强制要求投标人组成联合体共同投标的，或者限制投标人之间竞争的，有关行政监督部门责令改正，可处一万元以上五万元以下罚款。

第七十一条 依法必须进行招标项目的招标人向他人透露已获取招标文件的潜在投标人的名称、数量或者可能影响公平竞争的有关招标投标的其他情况的，或者泄露标底的，有关行政监督部门给予警告，可以并处一万元以上十万元以下的罚款；对单位直接负责的主管人员和其他直接责任人员依法给予处分；构成犯罪的，依法追究刑事责任。

前款所列行为影响中标结果，并且中标人为前款所列行为的受益人的，中标无效。

第七十二条 招标人在发布招标公告、发出投标邀请书或者售出招标文件或资格预审文件后终止招标的，除有正当理由外，有关行政监督部门给予警告，根据情节可处三万元以下的罚款；给潜在投标人或者投标人造成损失的，并应当赔偿损失。

第七十三条 招标人或者招标代理机构有下列情形之一的，有关行政监督部门责令其限期改正，根据情节可处三万元以下的罚款；情节严重的，招标无效：

（一）未在指定的媒介发布招标公告的；

（二）邀请招标不依法发出投标邀请书的；

（三）自招标文件或资格预审文件出售之日起至停止出售之日止，少于五个工作日的；

（四）依法必须招标的项目，自招标文件开始发出之日起至提交投标文件截止之日止，少于二十日的；

（五）应当公开招标而不公开招标的；

（六）不具备招标条件而进行招标的；

（七）应当履行核准手续而未履行的；

（八）不按项目审批部门核准内容进行招标的；

（九）在提交投标文件截止时间后接收投标文件的；

（十）投标人数量不符合法定要求不重新招标的。

被认定为招标无效的，应当重新招标。

第七十四条 投标人相互串通投标或者与招标人串通投标的，投标人以向招标人或者评标委员会成员行贿的手段谋取中标的，中标无效，由有关行政监督部门处中标项目金额千分之五以上千分之十以下的罚款，对单位直接负责的主管人员和其他直接责任人员处单位罚款数额百分之五以上百分之十以下的罚款；有违法所得的，并处没收违法所得；情节严重的，取消其一至二年的投标资格，并予以公告，直至由工商行政管理机关吊销营业执照；构成犯罪的，依法追究刑事责任。给他人造成损失的，依法承担赔偿责任。

第七十五条 投标人以他人名义投标或者以其他方式弄虚作假，骗取中标的，中标无效，给招标人造成损失的，依法承担赔偿责任；构成犯罪的，依法追究刑事责任。

依法必须进行招标项目的投标人有前款所列行为尚未构成犯罪的，有关行政监督部门处中标项目金额千分之五以上千分之十以下的罚款，对单位直接负责的主管人员和其他直接责任人员处单位罚款数额百分之五以上百分之十以下的罚款；有违法所得的，并处没收违法所得；情节严重的，取消其一至三年投标资格，并予以公告，直至由工商行政管理机关吊销营业执照。

第七十六条 依法必须进行招标的项目，招标人违法与投标人就投标价格、投标方案等实质性内容进行谈判的，有关行政监督部门给予警告，对单位直接负责的主管人员和其他直接责任人员依法给予处分。

前款所列行为影响中标结果的，中标无效。

第七十七条 评标委员会成员收受投标人的财物或者其他好处的，评标委员会成员或者参加评标的有关工作人员向他人透露对投标文件的评审和比较、中标候选人的推荐以及与评标有关的其他情况的，有关行政监督部门给予警告，没收收受的财物，可以并处三千元以上五万元以下的罚款，对有所列违法行为的评标委员会成员取消担任评标委员会成员的资格并予以公告，不得再参加任何招标项目的评标；构成犯罪的，依法追究刑事责任。

第七十八条　评标委员会成员在评标过程中擅离职守，影响评标程序正常进行，或者在评标过程中不能客观公正地履行职责的，有关行政监督部门给予警告；情节严重的，取消担任评标委员会成员的资格，不得再参加任何招标项目的评标，并处一万元以下的罚款。

第七十九条　评标过程有下列情况之一的，评标无效，应当依法重新进行评标或者重新进行招标，有关行政监督部门可处三万元以下的罚款：

（一）使用招标文件没有确定的评标标准和方法的；

（二）评标标准和方法含有倾向或者排斥投标人的内容，妨碍或者限制投标人之间竞争，且影响评标结果的；

（三）应当回避担任评标委员会成员的人参与评标的；

（四）评标委员会的组建及人员组成不符合法定要求的；

（五）评标委员会及其成员在评标过程中有违法行为，且影响评标结果的。

第八十条　招标人在评标委员会依法推荐的中标候选人以外确定中标人的，依法必须进行招标的项目在所有投标被评标委员会否决后自行确定中标人的，中标无效。有关行政监督部门责令改正，可以处中标项目金额千分之五以上千分之十以下的罚款；对单位直接负责的主管人员和其他直接责任人员依法给予处分。

第八十一条　招标人不按规定期限确定中标人的，或者中标通知书发出后，改变中标结果的，无正当理由不与中标人签订合同的，或者在签订合同时向中标人提出附加条件或者更改合同实质性内容的，有关行政监督部门给予警告，责令改正，根据情节可处三万元以下的罚款；造成中标人损失的，并应当赔偿损失。

中标通知书发出后，中标人放弃中标项目的，无正当理由不与招标人签订合同的，在签订合同时向招标人提出附加条件或者更改合同实质性内容的，或者拒不提交所要求的履约保证金的，招标人可取消其中标资格，并没收其投标保证金；给招标人的损失超过投标保证金数额的，中标人应当对超过部分予以赔偿；没有提交投标保证金的，应当对招标人的损失承担赔偿责任。

第八十二条　中标人将中标项目转让给他人的，将中标项目肢解后分别转让给他人的，违法将中标项目的部分主体、关键性工作分包给他人的，或者分包人再次分包的，转让、分包无效，有关行政监督部门处转让、分包项目金额千分之五以上千分之十以下的罚款；有违法所得的，并处没收违法所得；可以责令停业整顿；情节严重的，由工商行政管理机关吊销营业执照。

第八十三条　招标人与中标人不按照招标文件和中标人的投标文件订立合同的，招标人、中标人订立背离合同实质性内容的协议的，或者招标人擅自提高履约保证金或强制要求中标人垫付中标项目建设资金的，有关行政监督部门责令改正；可以处中标项目金额千分之五以上千分之十以下的罚款。

第八十四条　中标人不履行与招标人订立的合同的，履约保证金不予退还，给招标人造成的损失超过履约保证金数额的，还应当对超过部分予以赔偿；没有提交履约保证金的，应当对招标人的损失承担赔偿责任。

中标人不按照与招标人订立的合同履行义务，情节严重的，有关行政监督部门取消其二至五年参加招标项目的投标资格并予以公告，直至由工商行政管理机关吊销营业执照。

因不可抗力不能履行合同的，不适用前两款规定。

第八十五条　招标人不履行与中标人订立的合同的，应当双倍返还中标人的履约保证金；给中标人造成的损失超过返还的履约保证金的，还应当对超过部分予以赔偿；没有提交履约保证金的，应当对中标人的损失承担赔偿责任。

因不可抗力不能履行合同的，不适用前款规定。

第八十六条　依法必须进行施工招标的项目违反法律规定，中标无效的，应当依照法律规定的中标条件从其余投标人中重新确定中标人或者依法重新进行招标。

中标无效的，发出的中标通知书和签订的合同自始没有法律约束力，但不影响合同中独立存在的有关解决争议方法的条款的效力。

第八十七条　任何单位违法限制或者排斥本地区、本系统以外的法人或者其他组织参加投标的，为招标人指定招标代理机构的，强制招标人委托招标代理机构办理招标事宜的，或者以其他方式干涉招标投标活动的，有关行政监督部门责令改正；对单位直接负责的主管人员和其他直接责任人员依法给予警告、记过、记大过的处分，情节较重的，依法给予降级、撤职、开除的处分。

个人利用职权进行前款违法行为的，依照前款规定追究责任。

第八十八条　对招标投标活动依法负有行政监督职责的国家机关工作人员徇私舞弊、滥用职权或者玩忽职守，构成犯罪的，依法追究刑事责任；不构成犯罪的，依法给予行政处分。

第八十九条　任何单位和个人对工程建设项目施工招标投标过程中发生的违法行为，有权向项目审批部门或者有关行政监督部门投诉或举报。

第六章　附　则

第九十条　使用国际组织或者外国政府贷款、援助资金的项目进行招标，贷款方、资金提供方对工程施工招标投标活动的条件和程序有不同规定的，可以适用其规定，但违背中华人民共和国社会公共利益的除外。

第九十一条　本办法由国家发展计划委员会会同有关部门负责解释。

第九十二条　本办法自2003年5月1日起施行。

关于印发《工程勘察设计咨询业知识产权保护与管理导则》的通知

建质[2003]210号

各省、自治区建设厅，直辖市建委，国务院各有关部门，总后营房部，新疆生产建设兵团：

现将《工程勘察设计咨询业知识产权保护与管理导则》印发你们。请结合本地区、本部门工程勘察设计咨询企业的实际情况贯彻执行，执行中有何问题和建议及时告我部工程质量安全监督与行业发展司。

附件：工程勘察设计咨询业知识产权保护与管理导则

中华人民共和国建设部
中华人民共和国国家知识产权局
二〇〇三年十月二十二日

工程勘察设计咨询业知识产权保护与管理导则

目　录

序　言

工程勘察、设计、咨询是富有创造性的智力劳动。工程技术人员利用工程勘察设计理论、技术与实践经验所完成的每项工程勘察设计咨询成果都凝结着他们的心血、智慧和创新精神。

对这种原创或创新性智力劳动成果的保护，是对工程技术人员创新与发展的鼓励，有助于工程勘察设计咨询业的技术进步，同时也符合建设单位（业主）和公众的利益。

我国已经加入世界贸易组织（WTO）。作为WTO的三大支柱之一，知识产权保护问题越来越突出。面对日益激烈的市场竞争，我国勘察设计咨询业迫切需要增强自身知识产权保护意识，同时承认并尊重他人的知识产权及合法权益。为此我们制定了《工程勘察设计咨询业知识产权保护与管理导则》，指导全行业增强知识产权保护意识，做好知识产权保护工作，提高市场竞争能力。

1　总　则

1.1　为了保护与管理勘察设计咨询企业的知识产权，鼓励技术创新和发明创造，丰富与发展原创性智力成果，增加企业自主知识产权的数量并提高其质量，增强企业自主创新能力和市场竞争力，同时尊重并合法利用他人的知识产权，根据国家有关知识产权的法律、法规，制定本导则。

1.2　本导则所称的知识产权包括：

1　著作权及与著作权有关的权利（后者以下简称邻接权）；

2　专利权；

3　专有技术（又称技术秘密）权；

4　商业秘密权；

5　商标专用权（以下简称商标权）及相关识别性标志权利；

6　依照国家法律、法规规定，或者由合同约定由企业享有的其他知识产权。

1.3　本导则所称的勘察设计咨询，包括工程勘察、工程设计和工程咨询。

1　工程勘察是指根据建设工程和法律法规的要求，查明、分析、评价建设场地的地质地理环境特征和岩土工程条件，编制建设工程勘察文件的活动。包括工程测量，岩土工程勘察、设计、治理、监测，水文地质勘察，环境地质勘察等工作。

2　工程设计是指根据建设工程和法律法规的要求，对建设工程所需的技术、经济、资源、环境等条件进行综合分析、论证，编制建设工程设计文件，提供相关服务的活动，包括总图、工艺、设备、建筑、结构、动力、储运、自动控制、技术经济等工作。

3　工程咨询是指运用工程技术、科学技术、经济管理和法律法规等方面的知识，为工程建设项目决策和管理提供的咨询活动，包括前期立项阶段咨询、勘察设计阶段咨询、施工阶段咨询、投产或交付使用后的评价等工作。

1.4　本导则所称有关知识产权的法律、法规包括但不限于：

1　《中华人民共和国著作权法》及《中华人民共和国著作权法实施条例》；

2　《中华人民共和国专利法》及《中华人民共和国专利法实施细则》；

3　《中华人民共和国商标法》及《中华人民共和国商标法实施条例》；

4　《中华人民共和国反不正当竞争法》；
5　《中华人民共和国合同法》；
6　《中华人民共和国促进科技成果转化法》；
7　《计算机软件保护条例》；
8　《建设工程勘察设计管理条例》。

2　知识产权的范围

2.1　勘察设计咨询业的著作权主要包括勘察、设计、咨询活动和科研活动中形成的，以各种载体所表现的文字作品、图形作品、模型作品、建筑作品等勘察设计咨询作品的著作权。勘察设计咨询作品包括以下内容：

1　工程勘察投标方案，专业工程设计投标方案，建筑工程设计投标方案（包括创意或概念性投标方案），工程咨询投标方案等；

2　工程勘察和工程设计阶段的原始资料、计算书、工程设计图及说明书、技术文件和工程总结报告等；

3　工程咨询的项目建议书、可行性研究报告、专业性评价报告、工程评估书、监理大纲等；

4　科研活动的原始数据、设计图及说明书、技术总结和科研报告等；

企业自行编制的计算机软件、企业标准、导则、手册、标准设计等。

2.2　勘察设计咨询业的专利权系指获得授权并有效的发明专利权、实用新型专利权和外观设计专利权，包括各种具有新颖性、创造性和实用性的新工艺、新设备、新材料、新结构等新技术和新设计，以及对原有技术的新改进、新组合等的专利权。

2.3　勘察设计咨询业的专有技术权系指对没有申请专利，具有实用性，能为企业带来利益，并采取了保密措施，不为公众所知悉的技术享有的权利，包括各种新工艺、新设备、新材料、新结构、新技术、产品配方、各种技术诀窍及方法等。

2.4　勘察设计咨询业除 2.3 所述技术秘密以外的其他商业秘密，系指具有实用性，能为企业带来利益，并采取了保密措施，不为公众所知悉的经营信息，包括生产经营、企业管理、科技档案、客户名单、财务账册、统计报表等。

2.5　勘察设计咨询业的商标权及相关识别性标志权，系指企业名称、商品商标、服务标志，以及依照法定程序取得的各种资质证明等依法享有的权利。

2.6　勘察设计咨询业其他受国家法律、法规保护的知识产权。

3　知识产权的归属

3.1　勘察设计咨询业著作权及邻接权的归属，一般按以下原则认定：

1　执行勘察设计咨询企业的任务或主要利用企业的物质技术条件完成的，并由企业承担责任的工程勘察、设计、咨询的投标方案和各类文件等职务作品，其著作权及邻接权归企业所有。直接参加投标方案和文件编制的自然人（包括企业职工和临时聘用人员，下同）享有署名权。

建设单位（业主）按照国家规定支付勘察、设计、咨询费后所获取的工程勘察、设计、咨询的投标方案或各类文件，仅获得在特定建设项目上的一次性使用权，其著作权仍属于勘察设计咨询企业所有。

2　勘察设计咨询企业自行组织编制的计算机软件、企业标准、导则、手册、标准设计等是职务作品，其著作权及邻接权归企业所有。直接参加编制的自然人享有署名权。

3　执行勘察设计咨询企业的任务或主要利用企业的物质技术条件完成的，并由企业承担责任的科技论文、技术报告等职务作品，其著作权及邻接权归企业所有。直接参加编制的自然人享有署名权。

4　勘察设计咨询企业职工的非职务作品的著作权及邻接权归个人所有。

3.2　勘察设计咨询业专利权和专有技术权的归属，一般按以下原则认定：

1　执行勘察设计咨询企业的任务，或主要利用本企业的物质技术条件所完成的发明创造或技术成果，属于职务发明创造或职务技术成果，其专利申请权和专利的所有权、专有技术的所有权，以及专利和专有技术的使用权、转让权归企业所有。直接参加专利或专有技术开发、研制等工作的自然人依法享有署名权。

2　勘察设计咨询企业职工的非职务专利或专有技术权归个人所有。

3.3　勘察设计咨询企业在科研、生产、经营、管理等工作中所形成的，能为企业带来经济利益的，采取了保密措施不为公众所知悉的技术、经营、管理信息等商业秘密属于企业所有。

3.4　勘察设计咨询企业的名称、商品商标、服务标志，以及依法定程序取得的各种资质证明等的权利为企业所有。

3.5　勘察设计咨询企业与其他企事业单位合作所形成的著作权及邻接权、专利权、专有技术权等知识产权，为合作各方所共有，合同另有规定的按照约定确定其权属。

3.6　勘察设计咨询企业接受国家、企业、事业单位的委托，或者委托其他企事业单位所形成的著作权及邻接权、专利权、专有技术权等知识产权，按照合同确定其权属。没有合同约定的，其权属归完成方所有。

3.7　勘察设计咨询企业的人员，在离开企业期间形成的知识产权的归属，一般按以下原则认定：

1　企业派遣出国开展合作设计、访问、进修、留学等，或者派遣到其他企事业单位短期工作的人员，在企业尚未完成的勘察、设计、咨询、科研等项目，在国外或其他单位完成而可能获得知识产权的，企业应当与派遣人员和接受派遣人员的单位共同签订协议，明确其知识产权的归属。

2　企业的离休、退休、停薪留职、调离、辞退等人员，在离开企业一年内形成的，且与其在原企业承担的工作或任务有关的各类知识产权归原企业所有。

3.8　勘察设计咨询企业接收的培训、进修、借用或临时聘用等人员，在接收企业工作或学习期间形成的职务成果的知识产权，按照接收企业与派出方的协议确定归属，没有协议的其权利属于接收企业。

4　知识产权的保护与管理

4.1　勘察设计咨询企业应当重视知识产权保护与管理工作，明确归口管理部门，配备专职或兼职的工作人员，负责知识产权保护与管理工作。知识产权归口管理部门的主要职责是：

1　结合本企业的实际情况，拟定知识产权保护与管理工作的规章制度并监督执行；

2　负责知识产权信息的收集、分析、跟踪与利用，加强知识产权战略研究，提出企业知识产权工作规划并组织实施；

3　负责组织本企业知识产权的鉴定、申请、登记、注册、评估、维持等工作；

4　负责审核本企业的知识产权开发、使用和转让合同；

5　负责技术进出口中的知识产权工作，参与谈判及合同拟定工作；

6　负责组织企业职工知识产权法律法规的宣传教育和培训，提高企业知识产权保护与管理意识；

7　负责协调解决知识产权方面的争议和纠纷，依法维护本企业的利益，并防止侵犯他人的知识产权；

8　其他在知识产权保护与管理工作中应当履行的职责。

4.2　勘察设计咨询企业的职工在知识产权保护与管理中的权利与义务是：

1　职工对本企业的知识产权保护与管理工作有监督权和建议权；

2　职工对自己直接参加工作形成的职务发明创造、职务技术成果、职务作品等企业知识产权，依法享有署名权；

3　职工在开发和保护知识产权工作中做出贡献的，有获得报酬和奖励的权利；

4　职工有遵守国家知识产权法律、法规，遵守企业知识产权保护与管理的规章制度，保护本企业知识产权的义务；

5　根据企业有关规定，职工有与企业签订知识产权保护协议书、保密协议、竞业限制协议的义务。

4.3　勘察设计咨询企业应当建立健全知识产权保护与管理的规章制度。制定本企业著作权、专利和专有技术、商标及商业秘密管理办法。企业的生产经营、科技开发、档案管理、保密管理等规章制度中应有知识产权保护和管理方面的内容。

4.4　勘察设计咨询企业可根据实际情况，与本企业职工签署知识产权保护协议书，或者在与职工签署的劳动合同（聘用合同）中增加知识产权保护的内容。

勘察设计咨询企业应与关键岗位的专业技术人员和经营管理人员，以及对本企业的技术、经济权益有重要影响的人员签订竞业限制协议，明确竞业限制的具体范围、期限及违约责任等。

勘察设计咨询企业应与离休、退休、停薪留职、调离、辞退等人员中仍对本企业的技术、经济权益有重要影响的人员达成保密协议，明确保密事项、期限及违约责任等。

4.5　勘察设计咨询企业应当规范和加强有关知识产权合同的签订、审核和管理工作。在签订勘察设计咨询合同、技术开发合同、技术引进合同、技术转让合同时，应当明确知识产权的归属以及相应的权利、义务等内容。

4.6　勘察设计咨询企业的档案管理部门应当对涉及知识产权的档案作为特殊档案妥善管理。未经许可，任何人不得私自保留或向外扩散。

4.7　勘察设计咨询企业要加强生产经营和科技开发中的保密工作，对涉及专有技术和其他商业秘密的勘察设计咨询文件、技术方案、科研成果、经营信息等，均应在显著位置明示“专有技术”或“商业秘密”等标识，采取严格的保密措施，认真保护，严格管理。

勘察设计咨询企业的职工在开展国内外技术交流与合作中，对不属于交流与合作范围的本企业的其他专有技术和商业秘密要严格保密。

4.8　勘察设计咨询企业在勘察设计咨询工作中要做好以下知识产权保护与管理工作：

1　勘察设计咨询企业应当在投标文件中书面提出保护企业知识产权的要求，除招标文件中有特别约定外，企业应当及时索回未中标的投标方案，整理归档，防止企业知识产权流失。

2　勘察设计咨询项目执行过程中，项目负责人对该项目知识产权的保护与管理负责，落实企业知识产权管理制度，杜绝企业知识产权的流失，同时防止侵犯他人的知识产权。

3　勘察设计咨询项目完成后，项目负责人负责将该工程项目的勘察设计文件、设计图及其说明书、计算书、原始记录、修改通知单、工程总结报告等收集、整理交档案管理部门归档。

4.9　勘察设计咨询企业在科研工作中要做好以下知识产权保护与管理工作：

1　在科研工作立项、技术与产品开发前，要进行相关技术专利文献的检索和分析，确立研发对策；研发过程中要进行专利文献跟踪，避免重复研发或涉及他人专利保护范围。

2　在科研、技术开发、产品开发过程中，应当认真填写科研日记，详细记录进展情况、存在问题，及启发和构想等。

3　科研工作完成后，项目负责人应当将合同书、背景资料、科研记录、试验数据、科研总结等与科研项目有关的资料收集、整理交档案管理部门归档。

4　科研工作完成后，企业知识产权管理部门应当及时组织科研成果的审查、鉴定。对其中符合专利申请条件的，应当在科研成果鉴定前办理专利申请手续；对不适宜申请专利但具有商业价值的技术诀窍，应作为专有技术加以保护。

5　直接或间接参加科研工作的人员，未经企业许可，不得在国内外刊物、学术或技术交流会上发表企业科研成果，不得擅自组织和参加技术鉴定会。

4.10　建设项目需引进技术或设备时，凡涉及专利或专有技术的，勘察设计咨询企业应当建议并协助建设单位（业主）进行专利法律状况或专有技术情况的调查，提供相关的技术服务。

4.11　勘察设计咨询企业将具有自主知识产权的新设备用于建设项目时，新设备制造文件只能提供给签有保密协议的制造厂，对没有签订保密协议的建设单位（业主）只提供总装图、易损件图和使用说明书。

建设单位（业主）要求自行制造的，应当在签订专利、专有技术许可或转让合同，以及专有技术保密协议后再提供新设备制造文件。

4.12　勘察设计咨询企业自行开发的计算机软件，应在软件内设置版权保护声明，并采取相应的保护措施，必要时办理软件登记注册。

勘察设计咨询企业应当定期检查监督企业外购及使用中的软件，防止使用盗版软件等侵权事件的发生。

4.13　勘察设计咨询企业选派职工出国或到外单位学习、进修、工作、科研6个月以上者，以及企业临时聘用人员，在离开企业前须将工作中涉及知识产权的技术资料交回企业有关部门，不得私自留存或擅自复制、发表、泄露、使用、转让。

4.14　勘察设计咨询企业职工在申请非职务专利、登记非职务计算机软件、转让或许可非职务技术成果或非职务作品前，凡与企业经营有关的，应向本企业知识产权管理部门申报，接受审核。对符合非职务条件的，企业应当出具相应的证明。

企业职工对外发表与本职工作有联系的科技论文、作品，参加学术交流会等，应当经企业知识产权管理部门审查，企业知识产权管理部门对不宜公开的技术资料要严格把关。

4.15　勘察设计咨询企业要加强对本企业知识产权的管理，随时掌握企业自主知识产权的变化情况。

勘察设计咨询企业以知识产权作价投资入股、合资创办企业，或进行知识产权转让、许可使用的，应当对其进行资产评估。

4.16　勘察设计咨询企业应当把知识产权保护法规制度纳入企业教育培训计划，加强对知识产权专业人员的培养，定期开展对企业各级领导和全体职工的培训教育。

4.17　勘察设计咨询企业应保证知识产权工作经费，用于知识产权管理、培训教育，专利申请、审查与维持，商标注册与续展，知识产权诉讼及竞业限制等项开支。

5　侵权与处理

5.1　著作权及邻接权的权利人依法享有著作人身权和财产权，即发表权、署名权、修改权、保护作品完整权、复制权、发行权、改编权、信息网络传播权等。他人未经著作权人同意，不得发表、修改和使用其作品。发生以下行为或情况的为侵犯或者侵占他人的著作权：

1　勘察设计咨询企业或工程技术人员不遵守行业道德和从业公约，抄袭、剽窃他人的勘察、设计、咨询文件（设计图）及其作品的；

2　勘察设计咨询企业的职工，未经许可擅自将本企业的勘察设计文件（设计图）、工程技术资料、科研资料等复制、摘录、转让给其他单位或个人的；

3　勘察设计咨询企业的职工，将职务作品或计算机软件作为非职务成果进行登记注册或转让的；

4　勘察设计咨询企业的职工未经审查许可，擅自发表、出版本企业业务范围内的科技论文、作品，或许可他人发表的；

5　任何单位或个人，未经著作权人同意或超出勘察设计咨询合同的规定，擅自复制、超范围使用、重复使用、转让他人的工程勘察、设计、咨询文件（设计图）及其他作品等。

5.2　专利权人对其发明创造享有独占权。任何单位或个人未经专利权人许可不得进行为生产经营目的制造、使用、许诺销售、销售和进口其专利产品，或者未经专利权人许可为生产经营目的使用其专利方法，以及使用、许诺销售、销售和进口依照其专利方法直接获得的产品。

专有技术是受国家法律保护的具备法定条件的技术秘密，任何单位或个人不得以不正当手段获取、使用他人的技术秘密，不得以任何形式披露、转让他人的技术秘密。

发生以下情况为侵犯或者侵占他人的专利权或专有技术权：

1　勘察设计咨询企业的职工违反规定，在工程项目或科研工作完成后，不按时将有关勘察设计文件、设计图、技术资料等归档，私自保留、据为己有的；

2　勘察设计咨询企业的职工违反规定，将应属于单位的职务发明创造和科技成果申请为非职务专利，或者将其据为己有的；

3　勘察设计咨询企业的职工，擅自转让本企业或他人的专利或专有技术的；

4　勘察设计咨询企业或工程技术人员，未经权利人允许，擅自在工程勘察设计中使用他人具有专利权或专有技术权的新工艺、新设备、新技术的；

5　任何单位或个人，采用盗窃、利诱、胁迫或者其他不正当手段获取、使用或者披露他人含有专有技术标识的文件、设计图及说明的；

6　任何单位或个人，违反双方保密约定，将含有专有技术标识的文件、设计图及说明转让给第三方，以及第三方明知是他人的保密文件、设计图及说明仍擅自使用等。

5.3　商标权的所有人对其注册商标依法享有专用权。他人未经商标权人的同意，不得在经营活动中擅自使用。发生以下行为或情况的为侵犯他人的商标及相关识别性标志权：

1　勘察设计咨询企业擅自在其勘察设计咨询文件上使用其他勘察设计咨询企业的名称、注册商标、资质证明、图签、出图专用章等企业标识的；

2 任何单位或个人，未经勘察设计咨询企业授权，以勘察设计咨询企业的名义进行生产经营活动或其他活动的。

5.4 国家依法保护公民和法人的商业秘密。发生以下行为或情况的为侵犯他人的商业秘密：

1 勘察设计咨询企业的职工，私自将与本企业签有正式业务合同的客户介绍给其他企业，给企业造成损失的；

2 勘察设计咨询企业的职工，违反企业保守商业秘密的要求，泄露或私自许可他人使用其所掌握商业秘密的；

3 第三人明知或应知有本条第 1－2 款所述的违法行为，仍获取、使用或者披露他人的商业秘密等。

5.5 勘察设计咨询企业的离休、退休、离职、停薪留职人员将离开企业一年内形成的，且与其在原企业承担的工作或任务有关的知识产权视为己有或转让给他人的，均为侵犯了企业的知识产权。

勘察设计咨询企业的离休、退休、离职、停薪留职人员泄露在职期间知悉的企业商业秘密的，均为侵犯了企业的商业秘密权。

5.6 发生侵犯或侵占知识产行为的，权利人在获得确切的证据后，可以直接向侵权者发出信函，要求其停止侵权，并说明侵权的后果。双方当事人可就赔偿等问题进行协商，达成协议的按照协议解决；达不成协议的，可以采取调解、仲裁或诉讼等方式解决。

6 奖励与处罚

6.1 勘察设计咨询企业应当依法保护下列人员的合法权益，对其中作出突出贡献的给予物质和精神奖励。

1 直接参加职务发明创造、职务技术成果及职务作品的工程勘察、设计、咨询、研究人员；

2 直接参加企业专利、专有技术开发的工程勘察、设计、咨询、研究人员；

3 对企业知识产权的产生、发展、保护与管理做出贡献的人员。

6.2 勘察设计咨询企业将其知识产权或职务发明创造、职务技术成果转让给他人或许可他人使用的，按照国家有关规定，应当从转让或许可使用所取得的净收入中，提取一定的比例，奖励在该项职务发明创造、职务技术成果及其转化工作中做出突出贡献的人员。

上述人员的奖励可以以奖金方式兑现，也可以作为技术入股，投入本企业或本企业投资的其他企业。奖金折算为相应的股份份额或出资比例投入企业的注册资本后，该持股人依据其所持股份份额或出资比例享有相应的权益。

6.3 勘察设计咨询企业的职工有侵害本企业知识产权行为的，企业有权责令其改正，并可依据情节轻重和造成的损失情况，分别给予行为人不同的处分及经济处罚。

6.4 勘察设计咨询企业的各级管理人员，因忽视知识产权保护工作给本单位造成重大损失的，应追究直接责任人和主要负责人的责任，并视其情节轻重，给予相应处分及经济处罚。

7 附 则

7.1 本导则供勘察设计咨询企业在知识产权保护与管理工作中参照执行。

附录：名词和术语

知识产权

知识产权是指公民或法人依据法律的规定，对其从事智力创作或创新活动所产生的知识产品所享有的专有权利，又称为“智力成果权”，包括工业产权和著作权两部分。

著作权及其邻接权

著作权，又称版权，是指文学、艺术和科学作品的作者及其它著作权主体依据著作权法对其作品享有的权利。

著作权有广义和狭义之分，狭义的著作权是指作者依法享有的权利，包括著作人身权和财产权，即发表权、署名权、修改权、保护作品完整权、复制权、发行权、信息网络传播权等。广义的著作权不仅包括上述狭义著作权的内容，还包括著作邻接权，即作品传播者依法享有的权利，主要指：表演者的权利、录音录像制品制作者的权利、广播电视组织的权利、图书出版者的权利。

专利权

专利权是指一项发明创造（包括发明、实用新型或外观设计）向国务院专利行政部门提出专利申请，经依法审查合格后，国务院专利行政部门向专利申请人授予的在规定时间内对该项发明创造享有的专有权。

专有技术

专有技术即通常所称的技术秘密（Know-How）,是指不为公众所知悉，具有实用性，能为权利人带来经济利益，并经权利人采取保密措施的非专利技术。

商标权

商标权是指商品生产经营者或服务的提供者，依法对其经国务院工商行政部门商标局核准的注册商标享有的专用权。

商业秘密

根据我国“反不正当竞争法”第十条，商业秘密是指不为公众所知悉，能为权利人带来经济利益、具有实用性并经权利人采用保密措施的技术信息和经营信息。商业秘密包括技术秘密（即专有技术）和经营秘密两类。

竞业限制

是指单位在劳动合同、知识产权权利归属协议或技术保密协议中，与对本单位技术权益和经济利益有重要影响的有关行政管理人员、科技人员和其他相关人员协商，约定竞业限制条款，即有关人员在离开单位后一定期限内不得在生产同类产品或经营同类业务且有竞争关系的或者其他利害关系的其他单位内任职，或者自己生产、经营与原单位有竞争关系的同类产品或业务。凡有这种约定的，单位应向离职的受竞业限制的有关人员支付一定数额的补偿费。竞业限制的期限最长不得超过三年。

关于印发《建筑安装工程费用项目组成》的通知

建标[2003]206号

各省、自治区建设厅、财政厅，直辖市建委、财政局，国务院有关部门：

为了适应工程计价改革工作的需要，按照国家有关法律、法规，并参照国际惯例，在总结建设部、中国人民建设银行《关于调整建筑安装工程费用项目组成的若干规定》（建标[1993]894号）执行情况的基础上，我们制定了《建筑安装工程费用项目组成》（以下简称《费用项目组成》），现印发给你们。为了便于各地区、各部门做好《费用项目组成》发布后的贯彻实施工作，现将《费用项目组成》主要调整内容和贯彻实施有关事项通知如下：

一、《费用项目组成》调整的主要内容：

（一）建筑安装工程费由直接费、间接费、利润和税金组成。

（二）为适应建筑安装工程招标投标竞争定价的需要，将原其他直接费和临时设施费以及原直接费中属工程非实体消耗费用合并为措施费。措施费可根据专业和地区的情况自行补充。

（三）将原其他直接费项下对建筑材料、构件和建筑安装物进行一般鉴定、检查所发生的检验试验费列入材料费。

（四） 将原现场管理费、企业管理费、财务费和其他费用合并为间接费。根据国家建立社会保障体系的有关要求，在规费中列出社会保障相关费用。

（五）原计划利润改为利润。

二、为了指导各部门、各地区依据《费用项目组成》开展费用标准测算等工作，我们统一了《建筑安装工程费用参考计算方法》和《建筑安装工程计价程序》（详见附件一、附件二）。

三、《费用项目组成》自2004年1月1日起施行。原建设部、中国人民建设银行《关于调整建筑安装工程费用项目组成的若干规定》（建标[1993]894号）同时废止。

《费用项目组成》在施行中的有关问题和意见，请及时反馈给建设部标准定额司和财政部经济建设司。

附件一：建筑安装工程费用参考计算方法

附件二：建筑安装工程计价程序

中华人民共和国建设部
中华人民共和国财政部
二〇〇三年十月十五日

建筑安装工程费用项目组成

建筑安装工程费由直接费、间接费、利润和税金组成（见附表）。

一、直接费

由直接工程费和措施费组成。

（一）直接工程费：是指施工过程中耗费的构成工程实体的各项费用，包括人工费、材料费、施工机械使用费。

1. 人工费：是指直接从事建筑安装工程施工的生产工人开支的各项费用，内容包括：

（1）基本工资：是指发放给生产工人的基本工资。

（2）工资性补贴：是指按规定标准发放的物价补贴，煤、燃气补贴，交通补贴，住房补贴，流动施工津贴等。

（3）生产工人辅助工资：是指生产工人年有效施工天数以外非作业天数的工资，包括职工学习、培训期间的工资，调动工作、探亲、休假期间的工资，因气候影响的停工工资，女工哺乳时间的工资，病假在六个月以内的工资及产、婚、丧假期的工资。

（4）职工福利费：是指按规定标准计提的职工福利费。

（5）生产工人劳动保护费：是指按规定标准发放的劳动保护用品的购置费及修理费，徒工服装补贴，防暑降温费，在有碍身体健康环境中施工的保健费用等。

2. 材料费：是指施工过程中耗费的构成工程实体的原材料、辅助材料、构配件、零件、半成品的费用。内容包括：

（1）材料原价（或供应价格）。

（2）材料运杂费：是指材料自来源地运至工地仓库或指定堆放地点所发生的全部费用。

（3）运输损耗费：是指材料在运输装卸过程中不可避免的损耗。

（4）采购及保管费：是指为组织采购、供应和保管材料过程中所需要的各项费用。

包括：采购费、仓储费、工地保管费、仓储损耗。

（5）检验试验费：是指对建筑材料、构件和建筑安装物进行一般鉴定、检查所发生的费用，包括自设试验室进行试验所耗用的材料和化学药品等费用。不包括新结构、新材料的试验费和建设单位对具有出厂合格证明的材料进行检验，对构件做破坏性试验及其他特殊要求检验试验的费用。

3．施工机械使用费：是指施工机械作业所发生的机械使用费以及机械安拆费和场外运费。

施工机械台班单价应由下列七项费用组成：

（1）折旧费：指施工机械在规定的使用年限内，陆续收回其原值及购置资金的时间价值。

（2）大修理费：指施工机械按规定的大修理间隔台班进行必要的大修理，以恢复其正常功能所需的费用。

（3）经常修理费：指施工机械除大修理以外的各级保养和临时故障排除所需的费用。包括为保障机械正常运转所需替换设备与随机配备工具附具的摊销和维护费用，机械运转中日常保养所需润滑与擦拭的材料费用及机械停滞期间的维护和保养费用等。

（4）安拆费及场外运费：安拆费指施工机械在现场进行安装与拆卸所需的人工、材料、机械和试运转费用以及机械辅助设施的折旧、搭设、拆除等费用；场外运费指施工机械整体或分体自停放地点运至施工现场或由一施工地点运至另一施工地点的运输、装卸、辅助材料及架线等费用。

（5）人工费：指机上司机（司炉）和其他操作人员的工作日人工费及上述人员在施工机械规定的年工作台班以外的人工费。

（6）燃料动力费：指施工机械在运转作业中所消耗的固体燃料（煤、木柴）、液体燃料（汽油、柴油）及水、电等。

（7）养路费及车船使用税：指施工机械按照国家规定和有关部门规定应缴纳的养路费、车船使用税、保险费及年检费等。

（二）措施费：是指为完成工程项目施工，发生于该工程施工前和施工过程中非工程实体项目的费用。

包括内容：

1．环境保护费：是指施工现场为达到环保部门要求所需要的各项费用。

2．文明施工费：是指施工现场文明施工所需要的各项费用。

3．安全施工费：是指施工现场安全施工所需要的各项费用。

4．临时设施费：是指施工企业为进行建筑工程施工所必须搭设的生活和生产用的临时建筑物、构筑物和其他临时设施费用等。

临时设施包括：临时宿舍、文化福利及公用事业房屋与构筑物，仓库、办公室、加工厂以及规定范围内道路、水、电、管线等临时设施和小型临时设施。

临时设施费用包括：临时设施的搭设、维修、拆除费或摊销费。

5．夜间施工费：是指因夜间施工所发生的夜班补助费、夜间施工降效、夜间施工照明设备摊销及照明用电等费用。

6．二次搬运费：是指因施工场地狭小等特殊情况而发生的二次搬运费用。

7．大型机械设备进出场及安拆费：是指机械整体或分体自停放场地运至施工现场或由一个施工地点运至另一个施工地点，所发生的机械进出场运输及转移费用及机械在施工现场进行安装、拆卸所需的人工费、材料费、机械费、试运转费和安装所需的辅助设施的费用。

8．混凝土、钢筋混凝土模板及支架费：是指混凝土施工过程中需要的各种钢模板、木模板、支架等的支、拆、运输费用及模板、支架的摊销（或租赁）费用。

9．脚手架费：是指施工需要的各种脚手架搭、拆、运输费用及脚手架的摊销（或租赁）费用。

10．已完工程及设备保护费：是指竣工验收前，对已完工程及设备进行保护所需费用。

11．施工排水、降水费：是指为确保工程在正常条件下施工，采取各种排水、降水措施所发生的各种费用。

二、间接费

由规费、企业管理费组成。

（一）规费：是指政府和有关权力部门规定必须缴纳的费用（简称规费）。包括：

1．工程排污费：是指施工现场按规定缴纳的工程排污费。

2．工程定额测定费：是指按规定支付工程造价（定额）管理部门的定额测定费。

3．社会保障费

（1）养老保险费：是指企业按规定标准为职工缴纳的基本养老保险费。

（2）失业保险费：是指企业按照国家规定标准为职工缴纳的失业保险费。

（3）医疗保险费：是指企业按照规定标准为职工缴纳的基本医疗保险费。

4．住房公积金：是指企业按规定标准为职工缴纳的住房公积金。

5．危险作业意外伤害保险：是指按照建筑法规定，企业为从事危险作业的建筑安装施工人员支付的意外伤害保险费。

（二）企业管理费：是指建筑安装企业组织施工生产和经营管理所需费用。

内容包括：

1．管理人员工资:是指管理人员的基本工资、工资性补贴、职工福利费、劳动保护费等。

2．办公费：是指企业管理办公用的文具、纸张、帐表、印刷、邮电、书报、会议、水电、烧水和集体取暖（包括现场临时宿舍取暖）用煤等费用。

3．差旅交通费：是指职工因公出差、调动工作的差旅费、住勤补助费，市内交通费和误餐补助费，职工探亲路费，劳动力招募费，职工离退休、退职一次性路费，工伤人员就医路费，工地转移费以及管理部门使用的交通工具的油料、燃料、养路费及牌照费。

4．固定资产使用费：是指管理和试验部门及附属生产单位使用的属于固定资产的房屋、设备仪器等的折旧、大修、维修或租赁费。

5．工具用具使用费：是指管理使用的不属于固定资产的生产工具、器具、家具、交通工具和检验、试验、测绘、消防用具等的购置、维修和摊销费。

6．劳动保险费：是指由企业支付离退休职工的易地安家补助费、职工退职金、六个月以上的病假人员工资、职工死亡丧葬补助费、抚恤费、按规定支付给离休干部的各项经费。

7．工会经费：是指企业按职工工资总额计提的工会经费。

8．职工教育经费：是指企业为职工学习先进技术和提高文化水平，按职工工资总额计提的费用。

9．财产保险费：是指施工管理用财产、车辆保险。

10．财务费：是指企业为筹集资金而发生的各种费用。

11．税金：是指企业按规定缴纳的房产税、车船使用税、土地使用税、印花税等。

12．其他：包括技术转让费、技术开发费、业务招待费、绿化费、广告费、公证费、法律顾问费、审计费、咨询费等。

三、利润

是指施工企业完成所承包工程获得的盈利。

四、税金

是指国家税法规定的应计入建筑安装工程造价内的营业税、城市维护建设税及教育费附加等。

附表：建筑安装工程费用项目组成表

- 建筑安装工程费
  - 直接费
    - 直接工程费
      - 1．人工费
      - 2．材料费
      - 3．施工机械使用费
    - 措施费
      - 1．环境保护
      - 2．文明施工
      - 3．安全施工
      - 4．.临时设施
      - 5．夜间施工
      - 6．二次搬运
      - 7．大型机械设备进出场及安拆
      - 8．混凝土、钢筋混凝土模板及支架
      - 9．脚手架
      - 10．已完工程及设备保护
      - 11．施工排水、降水
  - 间接费
    - 规　　费
      - 1．工程排污费
      - 2．工程定额测定费
      - 3．社会保障费
      - （1）养老保险费
      - （2）失业保险费
      - （3）医疗保险费
      - 4．住房公积金
      - 5．危险作业意外伤害保险
    - 企业管理费
      - 1．管理人员工资
      - 2．办公费
      - 3．差旅交通费
      - 4．固定资产使用费
      - 5．工具用具使用费
      - 6．劳动保险费
      - 7．工会经费
      - 8．.职工教育经费
      - 9．.财产保险费
      - 10．财务费
      - 11．.税金
      - 12．其他
  - 利　润
  - 税　金

附件一：

建筑安装工程费用参考计算方法

各组成部分参考计算公式如下：

一、直接费

（一）直接工程费

直接工程费＝人工费 +材料费+施工机械使用费

1．人工费

人工费＝Σ（工日消耗量×日工资单价）

日工资单价（G）＝$\sum_1^5 G$

（1）基本工资

$$基本工资（G_1）=\frac{生产工人平均月工资}{年平均每月法定工作日}$$

（2）工资性补贴

$$工资性补贴（G_2）=\frac{\sum 年发放标准}{全年日历日-法定假日}+\frac{\sum 月发放标准}{年平均每月法定工作日}+每工作日发放标准$$

（3）生产工人辅助工资

$$生产工人辅助工资（G_3）=\frac{全年无效工作日\times(G_1+G_2)}{全年日历日-法定假日}$$

（4）职工福利费

职工福利费（G_4）＝（$G_1+G_2+G_3$）×福利费计提比例（%）

（5）生产工人劳动保护费

$$生产工人劳动保护费（G_5）=\frac{生产工人年平均支出劳动保护费}{全年日历日-法定假日}$$

2．材料费

材料费＝Σ(材料消耗量×材料基价)＋检验试验费

（1）材料基价

材料基价＝［（供应价格＋运杂费）×(1＋运输损耗率（%））］×(1＋采购保管费率（%））

（2）检验试验费

检验试验费＝Σ(单位材料量检验试验费×材料消耗量）

3．施工机械使用费

施工机械使用费＝Σ(施工机械台班消耗量×机械台班单价）

机械台班单价

台班单价＝台班折旧费＋台班大修费＋台班经常修理费＋台班安拆费及场外运费＋台班人工费＋台班燃料动力费＋台班养路费及车船使用税

（二）措施费

本规则中只列通用措施费项目的计算方法，各专业工程的专用措施费项目的计算方法由各地区或国务院有关专业主管部门的工程造价管理机构自行制定。

1．环境保护

环境保护费=直接工程费×环境保护费费率（%）

$$环境保护费费率（\%）=\frac{本项费用年度平均支出}{全年建安产值\times 直接工程费占总造价比例（\%）}$$

2．文明施工

文明施工费=直接工程费×文明施工费费率（%）

$$文明施工费费率（\%）=\frac{本项费用年度平均支出}{全年建安产值\times 直接工程费占总造价比例（\%）}$$

3．安全施工

安全施工费=直接工程费×安全施工费费率（%）

$$安全施工费费率（\%）=\frac{本项费用年度平均支出}{全年建安产值\times 直接工程费占总造价比例（\%）}$$

4．临时设施费

临时设施费有以下三部分组成：

（1）周转使用临建（如，活动房屋）

（2）一次性使用临建（如，简易建筑）

（3）其他临时设施（如，临时管线）

临时设施费＝（周转使用临建费＋一次性使用临建费）×(1＋其他临时设施所占比例（%））

其中：

① 周转使用临建费

$$周转使用临建费=\sum[\frac{临建面积\times每平方米造价}{使用年限\times365\times利用率(\%)}\times工期(天)]+一次性拆除费$$

② 一次性使用临建费

$$一次性使用临建费=\sum临建面积\times每平方米造价\times[1-残值率(\%)]+一次性拆除费$$

③ 其他临时设施在临时设施费中所占比例，可由各地区造价管理部门依据典型施工企业的成本资料经分析后综合测定。

5. 夜间施工增加费

$$夜间施工增加费=(1-\frac{合同工期}{定额工期})\times\frac{直接工程费中的人工费合计}{平均日工资单价}\times每工日夜间施工费开支$$

6. 二次搬运费

二次搬运费＝直接工程费×二次搬运费费率(%)

$$二次搬运费费率(\%)=\frac{年平均二次搬运费开支额}{全年建安产值\times直接工程费占总造价的比例(\%)}$$

7. 大型机械进出场及安拆费

$$大型机械进出场及安拆费=\frac{一次进出场及安拆费\times年平均安拆次数}{年工作台班}$$

8. 混凝土、钢筋混凝土模板及支架

（1）模板及支架费=模板摊销量×模板价格+支、拆、运输费

摊销量=一次使用量×（1+施工损耗）×[1+（周转次数－1）×补损率/周转次数－（1－补损率）50%/周转次数]

（2）租赁费=模板使用量×使用日期×租赁价格+支、拆、运输费

9. 脚手架搭拆费

（1）脚手架搭拆费=脚手架摊销量×脚手架价格+搭、拆、运输费

$$脚手架摊销量=\frac{单位一次使用量\times(1-残值率)}{耐用期\div一次使用期}$$

（2）租赁费=脚手架每日租金×搭设周期+搭、拆、运输费

10. 已完工程及设备保护费

已完工程及设备保护费=成品保护所需机械费+材料费+人工费

11. 施工排水、降水费

排水降水费=Σ排水降水机械台班费×排水降水周期+排水降水使用材料费、人工费

二、间接费

间接费的计算方法按取费基数的不同分为以下三种：

（一）以直接费为计算基础

间接费＝直接费合计×间接费费率（%）

（二）以人工费和机械费合计为计算基础

间接费＝人工费和机械费合计×间接费费率（%）

间接费费率（%）＝规费费率（%）+企业管理费费率（%）

（三）以人工费为计算基础

间接费＝人工费合计×间接费费率（%）

1. 规费费率

根据本地区典型工程发承包价的分析资料综合取定规费计算中所需数据：

（1）每万元发承包价中人工费含量和机械费含量。

（2）人工费占直接费的比例。

（3）每万元发承包价中所含规费缴纳标准的各项基数。

规费费率的计算公式

Ⅰ 以直接费为计算基础

$$规费费率(\%)=\frac{\sum 规费缴纳标准\times 每万元发承包价计算基数}{每万元发承包价中的人工费含量}\times 人工费占直接费的比例(\%)$$

Ⅱ 以人工费和机械费合计为计算基础

$$规费费率（\%）=\frac{\sum 规费缴纳标准\times 每万元发承包价计算基数}{每万元发承包价中的人工费含量和机械费含量}\times 100\%$$

Ⅲ 以人工费为计算基础

$$规费费率（\%）=\frac{\sum 规费缴纳标准\times 每万元发承包价计算基数}{每万元发承包价中的人工费含量}\times 100\%$$

2．企业管理费费率

企业管理费费率计算公式

Ⅰ 以直接费为计算基础

$$企业管理费费率（\%）=\frac{生产工人年平均管理费}{年有效施工天数\times 人工单价}\times 人工费占直接费比例（\%）$$

Ⅱ 以人工费和机械费合计为计算基础

$$企业管理费费率（\%）=\frac{生产工人年平均管理费}{年有效施工天数\times（人工单价+每一工日机械使用费）}\times 100\%$$

Ⅲ 以人工费为计算基础

$$企业管理费费率（\%）=\frac{生产工人年平均管理费}{年有效施工天数\times 人工单价}\times 100\%$$

三、利　润

利润计算公式

见附件二 建筑安装工程计价程序

四、税　金

税金计算公式

税金=（税前造价+利润）×税率（%）

税率

（一）纳税地点在市区的企业

$$税率（\%）=\frac{1}{1-3\%-(3\%\times 7\%)-(3\%\times 3\%)}-1$$

（二）纳税地点在县城、镇的企业

$$税率（\%）=\frac{1}{1-3\%-(3\%\times 5\%)-(3\%\times 3\%)}-1$$

（三）纳税地点不在市区、县城、镇的企业

$$税率（\%）=\frac{1}{1-3\%-(3\%\times 1\%)-(3\%\times 3\%)}-1$$

附件二：

建筑安装工程计价程序

根据建设部第107号部令《建筑工程施工发包与承包计价管理办法》的规定,发包与承包价的计算方法分为工料单价法和综合单价法,程序为：

一、工料单价法计价程序

工料单价法是以分部分项工程量乘以单价后的合计为直接工程费，直接工程费以人工、材料、机械的消耗量及其相应价格确定。直接工程费汇总后另加间接费、利润、税金生成工程发承包价，其计算程序分为三种：

1．以直接费为计算基础

序号	费用项目	计算方法	备注
1	直接工程费	按预算表	
2	措施费	按规定标准计算	

3	小计	(1)+(2)	
4	间接费	(3)×相应费率	
5	利润	((3)+(4))×相应利润率	
6	合计	(3)+(4)+(5)	
7	含税造价	(6)×(1+相应税率)	

2．以人工费和机械费为计算基础

序号	费用项目	计算方法	备注
1	直接工程费	按预算表	
2	其中人工费和机械费	按预算表	
3	措施费	按规定标准计算	
4	其中人工费和机械费	按规定标准计算	
5	小计	(1)+(3)	
6	人工费和机械费小计	(2)+(4)	
7	间接费	(6)×相应费率	
8	利润	(6)×相应利润率	
9	合计	(5)+(7)+(8)	
10	含税造价	(9)×(1+相应税率)	

3．以人工费为计算基础

序号	费用项目	计算方法	备注
1	直接工程费	按预算表	
2	直接工程费中人工费	按预算表	
3	措施费	按规定标准计算	
4	措施费中人工费	按规定标准计算	
5	小计	(1)+(3)	
6	人工费小计	(2)+(4)	
7	间接费	(6)×相应费率	
8	利润	(6)×相应利润率	
9	合计	(5)+(7)+(8)	
10	含税造价	(9)×(1+相应税率)	

二、综合单价法计价程序

综合单价法是分部分项工程单价为全费用单价，全费用单价经综合计算后生成，其内容包括直接工程费、间接费、利润和税金（措施费也可按此方法生成全费用价格）。

各分项工程量乘以综合单价的合价汇总后，生成工程发承包价。

由于各分部分项工程中的人工、材料、机械含量的比例不同，各分项工程可根据其材料费占人工费、材料费、机械费合计的比例（以字母“C”代表该项比值）在以下三种计算程序中选择一种计算其综合单价。

（一）当 $C > C_0$（C_0 为本地区原费用定额测算所选典型工程材料费占人工费、材料费、和机械费合计的比例）时，可采用以人工费、材料费、机械费合计为基数计算该分项的间接费和利润。

以直接费为计算基础

序号	费用项目	计算方法	备注
1	分项直接工程费	人工费+材料费+机械费	
2	间接费	(1)×相应费率	
3	利润	((1)+(2))×相应利润率	
4	合计	(1)+(2)+(3)	
5	含税造价	(4)×(1+相应税率)	

（二）当 $C < C_0$ 值的下限时，可采用以人工费和机械费合计为基数计算该分项的间接费和利润。

以人工费和机械费为计算基础

序号	费用项目	计算方法	备注
1	分项直接工程费	人工费+材料费+机械费	
2	其中人工费和机械费	人工费+机械费	
3	间接费	(2)×相应费率	
4	利润	(2)×相应利润率	
5	合计	(1)+(3)+(4)	
6	含税造价	(5)×(1+相应税率)	

（三）如该分项的直接费仅为人工费，无材料费和机械费时，可采用以人工费为基数计算该分项的间接费和利润。

以人工费为计算基础

序号	费用项目	计算方法	备注
1	分项直接工程费	人工费+材料费+机械费	
2	直接工程费中人工费	人工费	
3	间接费	(2)×相应费率	
4	利润	(2)×相应利润率	
5	合计	(1)+(3)+(4)	
6	含税造价	(5)×(1+相应税率)	

关于印发《第二届中国建筑涂料产业发展战略与合作论坛会议纪要》的通知

建科研函[2003]055 号

各有关单位：

现将《第二届中国建筑涂料产业发展战略与合作论坛会议纪要》印发给你们。请各地、各单位加强组织领导，切实推动建筑涂料产业发展。

全国化学建材协调组秘书组
建设部科学技术司
二OO三年五月二十日

第二届中国建筑涂料产业发展战略与合作论坛会议纪要

为了加强国内外建筑涂料技术交流，研讨建筑涂料产业发展战略与合作及相关政策，促进我国建筑涂料产业可持续发展，全国化学建材协调组秘书组和建设部科学技术司于 2002 年 10 月 14 日～16 日在上海召开了"第二届中国建筑涂料产业发展战略与合作论坛"，会后与会代表参观了第七届中国国际涂料及油墨展览会。本届论坛在会议规模及展示内容上都超过了第一届，会议纪要如下：

一、会议概况

本次研讨会由全国化学建材协调组秘书组和建设部科学技术司主办；由全国化学建材协调组建筑涂料专家组、中国建筑装饰协会化学建材委员会、全国涂料工业信息中心承办；由中国涂料工业协会建筑涂料分会、上海市建筑科学研究院、中化建常州涂料化工研究院、上海市化学建材协会、四川省建筑材料工业科学研究院、中国化工学会涂料涂装专业委员会、中国建筑装饰装修材料协会建筑涂料专业委员会、中西部涂料信息中心、江苏省化学建材协会、福建省建筑涂料科技情报网、江苏省建筑涂料科技情报网、全国涂料标准化技术委员会、浙江省粘结技术协会建筑涂料粘结委员会、浙江省涂料工业协会协办。来自全国 25 个省、市、自治区及香港特别行政区的化学建材协调组及相关行政主管部门，国内外建筑涂料生产企业及原料、设备、仪器等相关企业，建筑涂料研究开发机构，施工企业及设计监理单位和新闻媒体的近 500 名代表参加了会议。

全国化学建材协调组秘书组组长、建设部科技司陈宜明副司长等领导作了重要讲话，阐述建筑涂料发展的政策和战略问题。全国建筑涂料专家组组长汪维作了"抓住机遇、提倡环保，促进我国建筑涂料产业可持续发展"的学术报告，指出了建筑涂料发展的形势及面临的发展机遇，强调倡导环保是保持建筑涂料产业可持续发展的重要手段。上海、北京、山东、江苏、浙江五省市在会上交流了建筑涂料生产与应用的情况和主要管理经验。18 位国内外专家分别就国家发布的有关建筑涂料环保标准规范、纳米技术及水性氟碳涂料在建筑领域中的应用、建筑涂料生产及原料作用机理的关键技术和应用的成套技术等备受关注的内容宣讲了学术论文。代表们还进行了热烈的分组讨论，对建筑涂料产业持续健康发展提出了许多建设性的意见和建议，特别是对建筑涂料涂装系统表现出极大关注。本次会议为与会代表提供了包括 68 篇论文和 27 篇标准规范的论文集和文件汇编，内容丰富，受到了与会代表的欢迎。

二、会议共识

（一）与会代表一致认为本次论坛是在建筑涂料快速发展，面临有利形势的情况下召开的，非常及时和必要。围绕"科技环保先行，政策法规引导，加强建筑涂料专业化、规模化、产业化进程"的主题，会议交流的论文内容翔实且具有针对性，并取得了一定的成效。

（二）通过领导讲话、专家发言和分组讨论，与会代表充分认识到有利形势是行业发展的根本，技术创新和科技进步是行业健康持续发展的动力，团结协作是行业发展的关键，政策法规是行业发展的保障。一致认为本次大会取得了"认清形势、明确方向、交流经验、研讨措施、促进发展"的成果。

（三）与会代表在充分肯定建筑涂料行业取得成绩的同时，也指出了当前行业内部存在的一些问题并对今后的发展提出了很多积极的建议：

一是在我国加入 WTO，市场竞争日趋激烈的形势下，应促进民族工业健康发展。尽管行业科技进步主要依靠大中型企业，但对众多小企业也应加以引导和规范。

二是进一步明确建筑涂料，特别是内墙涂料应处理好有害物质限量指标（VOC）和物理性能指标之间的关系，引导建筑涂料健康发展。

三是建筑涂料重生产、轻涂装现象广泛存在，对建筑涂料的继续发展造成了不利影响，应积极倡导涂装系统的开发和应用。

四是应加强行业自律，企业及产品之间应展开公平、合理、有序的竞争，培育中国建筑涂料的名牌企业和产品。

三、下一步工作建议

（一）各省、市、自治区化学建材协调组及相关行政主管部门、学会、协会等行业组织、有关媒体，应积极宣传贯彻本次论坛成果，体现论坛所倡导的“创新、环保、可持续发展和专业化、规模化、产业化”的主题。

（二）进一步贯彻《关于加强建筑涂料生产与应用管理工作的意见》（建科[2002]209 号）和《中华人民共和国建设部第 27 号公告》的精神，开展推广应用先进技术、限制淘汰落后产品的相关工作。积极做好调研论证工作，为以建筑涂料替代瓷砖、马赛克作外墙装饰创造政策环境。

（三）进一步加强技术创新与科技进步，加强基础理论研究及施工配套技术开发工作，提高从业人员素质，尽快培养出一批新的学术带头人。发挥全国建筑涂料专家组和部级建筑涂料工程研究中心作用。通盘考虑全行业技术规划；继续开展建设部重点科研项目的研究开发和重点成果推广应用工作。

（四）组建产业化基地，推动科技成果转化和产业化。以技术水平高、规模大、质保体系齐全、创新能力强的大中型企业为依托，组建产业化基地。增强知识产权保护意识，推动全行业技术进步。

（五）加强市场监管和行业自律工作，整顿规范建筑涂料市场秩序，保证产品与工程质量。培养成熟型消费者群体，促进全行业健康发展。

（六）继续发挥行业协会、学会和专家组的作用，为政府制定行业发展政策提供咨询。组织开展行业调研和技术研讨、交流、培训等工作，最大限度地利用社会资源，为行业和市场有序发展做好服务工作。

会议决定，第三届中国建筑涂料产业发展战略与合作论坛将于 2003 年 10 月在四川省成都市举办，由全国化学建材协调组建筑涂料专家组、四川省建材工业科学研究院、中西部涂料技术信息中心、建设部建筑涂料工程研究中心承办。请各地、各单位认真积极地做好筹备工作，为建筑涂料行业持续健康发展做出新的更大的贡献。

关于纳税人销售自产货物提供增值税劳务并同时提供建筑业劳务征收流转税问题的通知

国税发[2002]117 号

各省、自治区、直辖市和计划单列市国家税务局、地方税务局：

现对纳税人销售自产货物、提供增值税应税劳务并同时提供建筑业劳务征收流转税问题通知如下：

一、关于纳税人销售自产货物提供增值税应税劳务并同时提供建筑业劳务征收增值税、营业税划分问题

纳税人以签订建设工程施工总包或分包合同（包括建筑、安装、装饰、修缮等工程总包和分包合同，下同）方式开展经营活动时，销售自产货物、提供增值税应税劳务并同时提供建筑业劳务（包括建筑、安装、修缮、装饰、其他工程作业，下同），同时符合以下条件的，对销售自产货物和提供增值税应税劳务取得的收入征收增值税，提供建筑业劳务收入（不包括按规定应征收增值税的自产货物和增值税应税劳务收入）征收营业税：

（一）必须具备建设行政部门批准的建筑业施工（安装）资质；

（二）签订建设工程施工总包或分包合同中单独注明建筑业劳务价款。

凡不同时符合以上条件的，对纳税人取得的全部收入征收增值税，不征收营业税。

以上所称建筑业劳务收入，以签订的建设工程施工总包或分包合同上注明的建筑业劳务价款为准。

纳税人通过签订建设工程施工合同，销售自产货物、提供增值税应税劳务的同时，将建筑业劳务分包或转包给其他单位和个人的，对其销售的货物和提供的增值税应税劳务征收增值税；同时，签订建设工程施工总承包合同的单位和个人，应扣缴提供建筑业劳务的单位和个人取得的建筑业劳务收入的营业税。

二、关于扣缴分包人营业税问题

不论签订建设工程施工合同的总承包人是销售自产货物、提供增值税应税劳务并提供建筑业劳务的单位和个人，还是仅销售自产货物、提供增值税应税劳务不提供建筑业劳务的单位和个人，均应当扣缴分包人或转包人（以下简称分

包人）的营业税：

（一）如果分包人是销售自产货物、提供增值税应税劳务并提供建筑业劳务的单位和个人，总承包人在扣缴建筑业营业税时的营业额为除自产货物、增值税应税劳务以外的价款。

（二）除本条第一款规定以外的分包人，总承包人在扣缴建筑业营业税时的营业额为分包额。

三、关于自产货物范围问题

本通知所称自产货物是指：

（一）金属结构件：包括活动板房、钢结构房、钢结构产品、金属网架等产品；

（二）铝合金门窗；

（三）玻璃幕墙；

（四）机器设备、电子通讯设备；

（五）国家税务总局规定的其他自产货物。

四、关于纳税人问题

本通知中所称纳税人是指从事货物生产的单位或个人。

纳税人销售自产货物、提供增值税应税劳务并同时提供建筑业劳务，应向营业税应税劳务发生地地方税务局提供其机构所在地主管国家税务局出具的纳税人属于从事货物生产的单位或个人的证明，营业税应税劳务发生地地方税务局根据纳税人持有的证明按本通知的有关规定征收营业税。

五、关于税款调整及执行时间问题

本通知自 2002 年 9 月 1 日起执行。本通知发布前已按原有关规定征收税款的不再做纳税调整，未按原有关规定征收税款的按本通知规定执行。

国家税务总局

二〇〇二年九月十一日

建设部信息化工作管理办法

建科[2003]150 号

第一章　总　则

第一条　为贯彻落实党的“十六大”关于推进信息化工作的要求，以及《国民经济和社会发展第十个五年计划信息化重点专项规划》和《中共中央办公厅国务院办公厅关于转发国家信息化领导小组关于我国电子政务建设指导意见的通知》(中办发[2002]17 号)精神，切实推进建设事业信息化工作，规范建设事业信息化工作行为，根据建设部工作规则以及建设事业信息化工作特点，制定本办法。

第二条　建设事业信息化工作主要包括建设事业电子政务建设、建设行业信息化建设、建设企业信息化建设三个方面。本办法以建设部电子政务建设为重点，指导和带动各地建设行政主管部门的信息化，并积极推动和引导整个建设行业和建设企业信息化工作。

第三条　建设事业信息化工作目标：

1．通过电子政务建设，提高各级建设行政主管部门科学决策水平，转变政府职能，推进依法行政以及政务公开，强化政府监督，提高工作效率和服务质量。

2．利用信息技术改造和提升传统的建设行业，建立建设事业信息化标准体系，完善信息化技术政策，规范建设领域信息系统建设行为。

3．鼓励和引导建设企业信息化，优化企业资源配置，提高企业管理水平，提升企业市场竞争能力。

第四条　建设部政务信息化工作实行统一规划、统一领导、统一组织、统一标准、统一验收，促进资源共享，推动建设事业政务信息化健康发展。

第二章　组织机构

第五条　设立建设部信息化工作领导小组(以下简称“领导小组”)。领导小组为建设部信息化工作领导决策机构，统一归口管理建设事业信息化工作。领导小组组长由建设部部长担任。

第六条　建设部信息化工作领导小组下设办公室(以下简称“信息办”)。信息办为领导小组的办事机构，挂靠在部科学技术司；信息办主任由科技司司长兼任。

第七条　建设部机关各司局指定一名司局级领导负责本单位信息化工作，指定一名处级干部负责本单位信息化的具体工作。

第八条　领导小组成员和信息办成员分别由相关司局负责信息化的司局级领导和处级干部组成。其调整由科技司会同人事司商有关司局提出意见，报部领导批准。

第九条　组建建设部信息化专家委员会。专家委员会为领导小组与信息办的咨询机构，其成员由领导小组聘任。

第三章　工作职责

第十条　领导小组职责

1．贯彻党中央、国务院关于信息化工作的方针政策。

2．审定建设事业信息化发展规划、电子政务建设总体规划方案等。

3．研究审定并发布建设事业信息化建设工作的相关政策文件。

4．研究决定建设事业信息化建设中的重大事项。

5．建立建设事业信息化工作激励机制。

第十一条　信息办职责

1．组织开展建设事业信息化发展战略、总体规划等重大问题的调查研究，负责起草建设事业信息化发展战略、规划，向领导小组提出政策建议。

2．负责推进部电子政务各项工作的开展，组织审查电子政务各系统建设方案，按照国家有关电子政务工程建设信息安全和保密管理的有关规定，组织建设事业电子政务安全保障体系建设。

3．配合标准定额司，组织建设事业信息化相关标准的制定。组织协调信息共享平台、数据库等的建设，建设部重要信息资源的开发利用与共享，促进跨行业、跨部门的互联互通，协调建设实施中的问题，避免重复开发和重复建设。

4．组织建设事业信息化试点示范，指导建设行业信息化与建设企业信息化的发展。组织相关的统计调查与培训工作。

5．负责组织建设事业软硬件测评。组织开展与建设事业信息化相关的国际合作与交流。

6．负责组织建设事业信息化工程和产品的质量分级与评审工作。

7．负责与国务院信息化工作办公室、国家发展和改革委员会、信息产业部等国家信息化建设主管部门进行联系；负责部内各单位信息化工作的组织协调与督促检查：指导地方建设行政主管部门信息化工作。

8．落实领导小组决议，组织完成领导小组交办的其它工作。

第十二条　建设部有关业务司局在信息化工作中的职责

1．各业务司局根据建设事业信息化工作总体规划，负责提出本行业信息化发展总体需求分析报告与规划建设方案，负责本行业内的具体建设工作。

2．各业务司局根据建设事业信息化工作总体规划，积极配合信息办开展工作。

3．综合财务司负责已列入部计划的政务信息化项目建设与运营资金的筹措以及审定工作。

4．办公厅负责协调部政务信息化项目建设过程中的相关问题。

5．标准定额司负责组织信息化标准的制定、审批和发布工作。

6．科技司负责部信息化科技项目的立项与组织实施。

7．信息中心负责部局域网网络资源、安全管理和信息资源的维护、培训、服务和日常管理工作。

第十三条　建设部信息化专家委员会的工作职责

1．研究建设事业信息化发展动态，向领导小组及信息办提供信息和工作建议；

2．参与研究建设事业信息化发展战略、技术政策，发展规划、年度计划以及重大科技项目的选题论证工作。

3．参与部信息化项目的可行性研究报告、规划设计方案、项目验收的审查。

4．承担领导小组及信息办委托的其它工作。

第四章　工作程序

第十四条　会议制度：

1．例会制度。领导小组一般每年召开一次工作会议，听取信息办的汇报，并研究商议部信息化工作有关问题，审议信息办提交的年度工作总结和第二年工作计划；信息办一般每半年召开一次办公室成员会议，研究建设事业信息化有关工作。

2．专题会议制度。针对建设事业信息化工作某一重要问题，由领导小组组长或副组长召开领导小组成员参加专题会议。

3．例会与专题会议议题由信息办向领导小组副组长并组长签报，并根据领导批示安排会议。会议通知一般提前2日送达与会人员。会议材料由信息办负责组织准备。会议由信息办指定专人记录并整理会议纪要。会议纪要经信息办主任核改后送领导小组组长或副组长审定签发。

4．会议决定事项，按会议明确的职责分工认真开展工作，信息办负责按会议决定要求落实协调与催办。

第十五条　信息办负责起草部信息化年度工作计划和总结，提出相关工作的经费，报领导小组审定。

第十六条　部政务信息化项目的管理

1．信息办负责组织起草建设事业信息化重点项目的可行性研究报告，经专家评审后报领导小组审批，负责向国家主管部门申请立项。

2．各业务司局提出的信息化拟建项目，须向信息办报送项目可行性研究报告，由信息办组织召开专家评审会并报领导小组批准后，方可实施。

3．信息办对列入部政务信息化项目的建设方案要认真研究把关，对实施过程要认真督促检查并协调解决实施过程中出现的问题。

4．各司局负责实施的部信息化项目，在建设过程中，项目负责单位要定期向信息办报送项目建设情况报告。项目完成后，要提交项目建设的工作总结。信息办负责组织项目验收，并将验收结果报告领导小组。

中华人民共和国建设部

二〇〇三年七月十八日

关于印发《工程质量监督工作导则》的通知

各省、自治区建设厅，直辖市建委，国务院有关部门建设司，新疆生产建设兵团建设局：

现将《工程质量监督工作导则》印发给你们，请结合实际贯彻执行。

中华人民共和国建设部

二〇〇三年八月五日

工程质量监督工作导则

1．总则

1.0.1　为加强建设工程质量监督管理，规范质量监督行为，制定本工作导则。

1.0.2　本工作导则适用于对新建、改建、扩建的房屋建筑和市政基础设施工程的质量监督工作。

1.0.3　工程质量监督是建设行政主管部门或其委托的工程质量监督机构(统称监督机构)根据国家的法律、法规和工程建设强制性标准，对责任主体和有关机构履行质量责任的行为以及工程实体质量进行监督检查，维护公众利益的行政执法行为。

1.0.4　工程质量监督除应执行本工作导则的规定外，还应符合国家有关法律、法规和工程技术标准等规定。

2．术语

2.01　本导则所称的建设工程质量责任主体是指参与工程建设项目的建设单位、勘察单位、设计单位、施工单位和监理单位。

本导则所称的有关机构是指工程质量检测机构。

2.0.2　本导则所称的质量行为是指在工程项目建设过程中，责任主体和有关机构履行国家有关法律、法规规定的质量责任和义务所进行的活动。

2.0.3　本导则所称的监督注册是指建设单位在申领建筑工程施工许可证前，按规定向监督机构办理的工程项目监督登记手续。

2.0.4　本导则所称的质量监督工作方案是指监督机构针对工程项目的特点，根据有关法律、法规和工程建设强制性标准编制的、对该工程实施质量监督活动的指导性文件。监督工作方案应明确监督重点和基本监督方式。

2.0.5　本导则所称的监督检查是指监督机构根据有关工程技术标准及规定，对责任主体和有关机构履行质量责任的行为、以及对有关工程质量的文件、资料和工程实体质量等随机进行的抽样检查活动。

2.0.6　本导则所称的见证取样检测是指在建设单位或监理单位人员的见证下，由施工单位有关人员对工程中涉及结构安全的试块、试件和材料在现场取样，并送至具备相应资质的检测单位所进行的检测。

2.0.7　本导则所称的监督检测是指监督机构在施工现场使用便携式仪器、设备随机对工程实体及建筑材料、构配件和设备进行的抽样测试。

2.0.8　本导则所称的工程竣工验收监督是指监督机构通过对建设单位组织的工程竣工验收程序进行监督，对经过勘察、设计、监理、施工各方责任主体签字认可的质量文件进行查验，对工程实体质量进行现场抽查，以监督责任主体和有关机构履行质量责任、执行工程建设强制性标准情况的活动。

2.0.9　本导则所称的工程竣工报告是指施工单位在工程完工后，按照《建筑工程施工质量验收统一标准》要求向建设单位或监理单位提交的以证明工程项目具备竣工验收条件的文件。工程竣工报告应包括分项工程验收表、子分部工程验收表、检测报告、隐蔽工程验收记录、材料设备合格证、材料设备进场检验及复试报告等证明工程质量符合工程技术标准的各类技术文件。

2.0.10　本导则所称的工程质量评估报告是指监理单位提交给建设单位的以证明工程项目已完成施工合同的全部内容、工程质量符合工程技术标准规定、具备竣工验收条件的文件。

2.0.11　本导则所称的工程质量检查报告是指勘察单位或设计单位提交的以证明工程满足设计文件的要求、设计变更内容已在工程项目上得以实现的文件。

2.0.12　本导则所称的工程竣工验收报告是指建设单位组织的工程竣工验收所形成的以证明工程项目符合竣工验收条件可以投入使用的文件。

2.0.13　本导则所称的工程质量监督报告是指监督机构在建设单位组织的工程竣工验收合格后向备案机关提交的、在监督检查(包括工程竣工验收监督)过程中形成的、评估各方责任主体和有关机构履行质量责任、执行工程建设强制性标准的情况以及工程是否符合备案条件的综合性文件。

2.0.14　本导则所称的不良记录是指对责任主体和有关机构违反国家有关法律、法规所规定的质量责任和义务、以及违反工程建设强制性标准的行为记录。

3．基本规定

3.0.1　监督机构的主要工作内容包括：

（1）对责任主体和有关机构履行质量责任的行为的监

督检查；

（2）对工程实体质量的监督检查；

（3）对施工技术资料、监理资料以及检测报告等有关工程质量的文件和资料的监督检查；

（4）对工程竣工验收的监督检查；

（5）对混凝土预制构件及预拌混凝土质量的监督检查；

（6）对责任主体和有关机构违法、违规行为的调查取证和核实，提出处罚建议或按委托权限实施行政处罚；

（7）提交工程质量监督报告；

（8）随时了解和掌握本地区工程质量状况；

（9）其他内容。

3.0.2　监督人员岗位条件应符合国家有关规定。

3.0.3　监督机构应建立业务管理的有关制度。

监督人员在履行工程质量监督职责时应持证上岗，并不得少于2人。

在履行监督职责时，对发现责任主体和有关机构违反法律、法规和违反工程建设强制性标准行为的应及时发出监督整改通知、限期整改。

3.0.4　监督机构应根据本地区年度建设规模、质量状况和年度质量工作目标以及本身资源情况，制定本地区年度或阶段工程质量监督工作计划。

3.0.5　监督机构应要求建设单位在办理质量监督注册手续时提供下列资料：

（1）施工图设计文件审查报告和批准书；

（2）中标通知书和施工、监理合同；

（3）建设单位、施工单位和监理单位工程项目的负责人和机构组成；

（4）施工组织设计和监理规划(监理实施细则)；

（5）其他需要的文件资料。

3.0.6　监督机构可根据工程项目的规模和特点、投资形式责任主体和有关机构的信誉和质量保证能力制定工程项目质量监督工作方案，并根据监督检查中发现问题的情况及时对监督方法作出调整。

3.0.7　监督机构应查阅施工组织设计、监理规划(监理实施细则)和施工图设计文件审查报告，在工程项目质量监督工作方案中明确以下监督重点；

（1）责任主体和有关机构质量行为的监督检查具体内容和方式；

（2）工程实体质量的监督检查(包括监督检测)的具体内容和方式；

（3）工程竣工验收的监督内容。

3.0.8　监督机构应将工程项目质量监督工作方案的主要内容书面告知建设单位。

4．责任主体和有关机构质量行为的监督

4.0.1　监督机构对责任主体和有关机构质量行为进行监督应遵守以下一般规定：

（1）抽查责任主体和有关机构执行有关法律、法规及工程技术标准的情况。

（2）抽查责任主体和有关机构质量管理体系的建立和实施情况。

（3）发现存在违法违规行为的按建设行政主管部门委托的权限对违法违规事实进行调查取证，对责任单位、责任人提出处罚建议或按委托权限实施行政处罚。

4.0.2　监督机构应对建设单位的下列行为进行抽查：

（1）施工前办理质量监督注册、施工图设计文件审查、施工许可(开工报告)手续情况；

（2）按规定委托监理情况；

（3）组织图纸会审、设计交底、设计变更工作情况；

（4）组织工程质量验收情况；

（5）原设计有重大修改、变动的，施工图设计文件重新报审情况；

（6）及时办理工程竣工验收备案手续情况。

4.0.3　监督机构应对勘察、设计单位的下列行为进行抽查：

（1）参加地基验槽、基础、主体结构及有关重要部位工程质量验收和工程竣工验收情况；

（2）签发设计修改变更、技术洽商通知情况；

（3）参加有关工程质量问题的处理情况。

4.0.4　监督机构应对施工单位的下列行为进行抽查：

（1）施工单位资质、项目经理部管理人员的资格、配备及到位情况；主要专业工种操作上岗资格、配备及到位情况；

（2）分包单位资质与对分包单位的管理情况；

（3）施工组织设计或施工方案审批及执行情况；

（4）施工现场施工操作技术规程及国家有关规范、标准的配置情况；

（5）工程技术标准及经审查批准的施工图设计文件的实施情况；

（6）检验批、分项、分部(子分部)、单位(子单位)工程质量的检验评定情况；

（7）质量问题的整改和质量事故的处理情况；

（8）技术资料的收集、整理情况。

4.0.5　监督机构应对监理单位的下列行为进行抽查：

（1）监理单位资质、项目监理机构的人员资格、配备及到位情况；

（2）监理规划、监理实施细则(关键部位和工序的确定及措施)的编制审批内容的执行情况；

（3）对材料、构配件、设备投入使用或安装前进行审查情况；

（4）对分包单位的资质进行核查情况；

（5）见证取样制度的实施情况；

（6）对重点部位、关键工序实施旁站监理情况；

（7）质量问题通知单签发及质量问题整改结果的复查情况；

（8）组织检验批、分项、分部(子分部)工程的质量验收、参与单位(子单位)工程质量的验收情况；

（9）监理资料收集整理情况。

4.0.6 监督机构应对工程质量检测单位的下列行为进行抽查：

（1）是否超越核准的类别、业务范围承接任务；

（2）检测业务基本管理制度情况；

（3）检测内容和方法的规范性程度；

（4）检测报告形成程序、数据及结论的符合性程度。

5. 工程实体质量监督

5.0.1 监督机构对工程实体质量的监督应遵守以下一般规定：

（1）对工程实体质量的监督采取抽查施工作业面的施工质量与对关键部位重点监督相结合的方式；

（2）重点检查结构质量、环境质量和重要使用功能，其中重点监督工程地基基础、主体结构和其他涉及结构安全的关键部位；

（3）抽查涉及结构安全和使用功能的主要材料、构配件和设备的出厂合格证、试验报告、见证取样送检资料及结构实体检测报告；

（4）抽查结构混凝土及承重砌体施工过程的质量控制情况；

（5）实体质量检查要辅以必要的监督检测，由监督人员根据结构部位的重要程度及施工现场质量情况进行随机抽检。

5.0.2 监督机构应对地基基础工程的验收进行监督，并对下列内容进行重点抽查：

（1）桩基、地基处理的施工质量及检测报告、验收记录、验槽记录；

（2）防水工程的材料和施工质量；

（3）地基基础子分部、分部工程的质量验收情况。

5.0.3 监督机构应对主体结构工程的验收进行监督并对下列内容进行重点抽查：

（1）钢结构、混凝土结构等重要部位及有特殊要求部位的质量及隐蔽验收；

（2）混凝土、钢筋及砌体等工程关键部位必要时进行现场监督检测；

（3）主体结构子分部、分部工程的质量验收资料。

5.0.4 监督机构应根据实际情况对有关装饰装修、安装工程的下列部分内容进行抽查：

（1）幕墙工程、外墙粘(挂)饰面工程、大型灯具等涉及安全和使用功能的重点部位施工质量的监督抽查；

（2）安装工程使用功能的检测及试运行记录；

（3）工程的观感质量；

（4）分部(子分部)工程的施工质量验收资料。

5.0.5 监督机构应根据实际情况对有关工程使用功能和室内环境质量的下列部分内容进行抽查：

（1）有环保要求材料的检测资料；

（2）室内环境质量检测报告；

（3）绝缘电阻、防雷接地及工作接地电阻的检测资料必要时可进行现场测试；

（4）屋面、外墙和厕所、浴室等有防水要求的房间及卫生器具防渗漏试验的记录必要时可进行现场抽查；

（5）各种承压管道系统水压试验的检测资料。

5.0.6 监督机构可对涉及结构安全、使用功能、关键部位的实体质量或材料进行监督检测，检测记录应列入质量监督报告。

5.0.7 监督检测的项目和数量应根据工程的规模、结构形式、施工质量等因素确定。

5.0.8 监督检测的项目宜包括：

（1）承重结构混凝土强度；

（2）要受力钢筋数量、位置及混凝土保护层厚度；

（3）浇楼板厚度；

（4）砌体结构承重墙柱的砌筑砂浆强度；

（5）安装工程中涉及安全及功能的重要项目；

（6）钢结构的重要连接部位；

（7）其他需要检测的项目。

5.0.9 监督机构经监督检测发现工程质量不符合工程建设强制性标准、或对工程质量有怀疑的应责成有关单位委托有资质的检测单位进行检测。

6. 工程竣工验收监督

6.0.1 监督机构应对以下工程竣工验收文件进行审查：

（1）施工单位出具的工程竣工报告包括结构安全、室内环境质量和使用功能抽样检测资料等合格证明文件、以及施工过程中发现的质量问题整改报告等；

（2）勘察、设计单位出具的工程质量检查报告；

（3）监理单位出具的工程质量评估报告。

6.0.2 监督机构应对验收组成员组成及竣工验收方案进行监督。

6.0.3 监督机构应对工程实体质量进行抽测，对观感质量进行检查。

6.0.4 工程竣工验收监督的记录应包括下列内容：

（1）对工程建设强制性标准执行情况的评价；

（2）对观感质量检查验收的评价；

（3）对工程竣工验收的组织及程序的评价；

（4）对工程竣工验收报告的评价。

7. 工程质量监督报告

7.0.1 监督机构应在工程竣工验收合格后 7 个工作日内向

备案机关提交工程质量监督报告。

7.0.2 工程质量监督报告应根据监督抽查情况客观反映责任主体和有关机构履行质量责任的行为及检查到的工程实体质量的情况。

7.0.3 工程质量监督报告应由负责该项目的质量监督人员编写，有关专业监督人员签认，工程质量监督机构负责人审查签字、加盖公章。

7.0.4 工程质量监督报告应包括以下内容：

（1）工程概况和监督工作概况；

（2）对责任主体和有关机构质量行为及执行工程建设强制性标准的检查情况；

（3）工程实体质量监督抽查(包括监督检测)情况；

（4）工程质量技术档案和施工管理资料抽查情况；

（5）工程质量问题的整改和质量事故处理情况；

（6）各方质量责任主体及相关有资格的人员的不良记录内容；

（7）工程质量竣工验收监督记录；

（8）对工程竣工验收备案的建议。

8. 工程质量监督档案和信息管理

8.0.1 监督机构应建立工程质量监督档案管理制度。

8.0.2 工程质量监督档案应推行信息化管理。

8.0.3 工程质量监督档案应包括以下主要内容：

（1）监督注册及工程项目监督工作方案；

（2）质量行为的监督记录；

（3）地基基础、主体结构工程抽查(包括监督检测)记录；

（4）工程质量竣工验收监督记录；

（5）工程质量监督报告；

（6）不良行为记录；

（7）施工中发生质量问题的整改和质量事故处理的有关资料；

（8）工程监督过程中所形成的照片(含底片)、音像资料；

（9）其他有关资料。

8.0.4 工程质量监督档案应及时整理，并符合档案管理的有关规定。

8.0.5 工程质量监督档案保管期限分为长期和短期两种，长期为15年，短期为5年。

8.0.6 工程质量监督档案案卷的装具、装订应做到统一、整齐、牢固，符合相关规范标准的要求，便于保管与查阅。

8.0.7 监督机构应加强工程质量监督的信息化建设，运用工程质量监督信息系统，实现监督注册、行为监督、实体质量监督、不良行为记录、竣工验收备案等工作的在线作业。

8.0.8 监督机构应建立工程质量监督信息数据库，将工程建设责任主体和有关机构信息、在建及竣工工程信息、监督检查中发现的工程建设责任主体违规和违反强制性标准信息、工程质量状况统计信息、工程竣工验收备案信息等纳入数据库。

8.0.9 市(地)级以上工程质量监督机构及有条件的县(市)级监督机构应设置质量信息局域网，其设置应满足上级部门对质量信息管理及数据传递的要求。

8.0.10 监督机构应将所发现的工程建设各方责任主体和有关机构的不良行为进行记录、核实，按规定的程序和权限，通过信息系统向社会公示并向上级有关部门传递。

四川省建筑装饰装修管理办法

四川省人民政府令

第168号

《四川省建筑装饰装修管理办法》已经2003年1月10日省人民政府第87次常务会议通过，现予发布，自2003年4月1日起施行。

省 长 张中伟

二〇〇三年二月十日

第一章 总 则

第一条 为加强建筑装饰装修活动的管理，保障建筑装饰装修的质量和公共安全，维护装饰装修活动当事人的合法权益，根据《中华人民共和国建筑法》、《建设工程质量管理条例》和《四川省建筑管理条例》等法律、法规，结合四川省实际制定本办法。

第二条 在四川省行政区域内从事建筑装饰装修活动以及有关行政管理，应当遵守本办法。

第三条 本办法所称建筑装饰装修，是指为使建筑物、构筑物达到一定的环境质量和使用要求，使用装饰装修材料，对外表和内部进行修饰处理的建筑活动，包括建筑工程装饰装修和城镇住宅室内装饰装修。

第四条 建筑装饰装修应当保证质量，确保安全，体现美观，符合城市规划、消防、市容市貌等相关规定和标准。鼓励采用先进技术、先进工艺、新型材料。

第五条 省建设行政主管部门对全省建筑装饰装修实施统一监督管理。市、州、县(市、区)建设行政主管部门依照本办法的规定对本行政区域内的建筑工程装饰装修实施监督管理。市、州、县(市、区)房地产行政主管部门依照本办法的规定对本行政区域内的城镇住宅室内装饰装修实施监督管理。

第二章　一般规定

第六条　从事建筑装饰装修的企业应当按照国家有关规定取得县以上建设行政主管部门颁发的资质证书，在其资质等级许可的范围内承揽工程。

第七条　建筑装饰装修不得拆改建筑主体结构、承重结构或者明显加大荷载。确需拆改或者加大荷载的，应当经原设计单位或者具有相应资质等级的设计单位对装饰装修设计方案的安全性进行审定后，方可进行装饰装修。

第八条　建筑装饰装修应当依据施工图设计文件施工。施工中需要修改设计文件的，应当经原设计单位或者具有相应资质等级的设计单位修改，其中，对经审查批准的设计文件进行修改的，必须报原审查单位审查批准。

第九条　建筑装饰装修应当保证建筑物、构筑物的整体性、抗震性和结构安全，严格执行装饰装修的质量标准，遵守有关施工和安全的强制性规范。

危险房屋或者验收不合格的房屋不得装饰装修。

第十条　建筑装饰装修改动卫生间、厨房间防水层的，应当符合防水标准，并做闭水试验。

第十一条　用于建筑装饰装修的材料和设备应当符合设计要求和产品质量标准，必须有质量检验合格证明。禁止偷工减料，禁止使用不合格的或者国家明令淘汰的材料和设备。

第十二条　建筑装饰装修应当采取措施，加强对易燃材料物品的管理，严格遵守操作规程，做好安全防范工作；控制施工现场的各类粉尘、有害气体、固体废弃物、噪声、振动等对环境的污染和危害。

第十三条　建筑装饰装修装修人(以下简称装修人)和装饰装修施工方应当签订建筑装饰装修书面合同，明确双方的权利、义务。

建筑装饰装修书面合同应当包括以下主要内容：

（一）双方当事人的姓名或者名称、地址、联系方式；

（二）装饰装修项目的地址、位置、房屋间数、建筑面积；装饰装修的内容，方式、规格、质量要求及验收方式；

（三）开工、竣工时间；

（四）项目的保修内容、期限；

（五）价格、计价和支付方式、时间；

（六）合同变更和解除的条件；

（七）违约责任及解决纠纷的途径；

（八）合同的生效时间；

（九）双方认为需要明确的其他条款。

建筑装饰装修书面合同格式，由省建设行政主管部门统一规定。

第十四条　建筑装饰装修竣工后，装修人应当按照装饰装修合同约定和相应的质量标准进行验收。验收合格后，装饰装修施工方应当出具装饰装修质量保修书。保修期限按国家有关规定执行，双方约定超过国家规定的保修期限的，按双方约定执行。

第十五条　建筑装饰装修发生纠纷的，当事人可以协商解决，不愿协商或者协商不成的，可以依法申请仲裁或者向人民法院起诉。

第十六条　任何单位和个人对建筑装饰装修中出现的影响公众利益的质量事故、质量缺陷以及其他影响周围住户、用户正常工作、生活的行为，有权检举、投诉、控告。

第三章　建筑工程装饰装修

第十七条　建筑工程装饰装修应当根据工程规模及特殊要求，选择具有相应资质等级的企业进行，发包时不得压级压价，不得将一个建设工程项目肢解后发包。

第十八条　下列建筑工程项目的装饰装修必须进行招标：

（一）大型基础设施、公用事业等关系社会公共利益、公共安全的项目；

（二）全部或者部分使用国有资金投资或者国家融资的项目；

（三）使用国际组织或者外国政府贷款、援助资金的项目。

前款所列项目的具体范围和规模标准，按国家和省人民政府的有关规定执行。装修人不得将建筑工程装饰装修项目肢解，规避招标管理。

第十九条　建筑装饰装修企业应当自行组织完成承包的建筑工程装饰装修项目，不得转包和违法分包。严禁挂靠承包。

第二十条　凡投资 30 万元以上，或者涉及建筑物、构筑物结构安全或者公共安全的建筑工程装饰装修项目，在开工前装修人必须向工程所在地的县级以上建筑行政主管部门申请领取施工许可证。与主体工程一并发包的建筑工程装饰装修项目应当随主体工程一并办理施工许可手续。

装修人不得将建筑工程装饰装修项目肢解，规避施工许可管理。

第二十一条　装修人申请领取施工许可证，应当具备下列条件，并提供相应的证明文件：

（一）已经确定装饰装修施工企业；

（二）有满足施工需要的施工图纸及技术资料，施工图设计文件已经按规定进行了审查；

（三）有保证装饰装修质量和安全的具体措施，并按规定办理了工程质量、安全监督和消防审核等手续；

（四）按规定应当委托监理的，已经委托监理；

（五）装饰装修资金已经落实；

（六）法律、法规规定的其他证明文件。

第二十二条 装修人对建筑工程装饰装修项目验收合格后，应当在15日内将有关资料报建设行政主管部门和其他有关部门备案。

第四章 住宅室内装饰装修

第二十三条 住宅室内装饰装修应当遵守本办法第二章规定。

第二十四条 装修人依法享有住宅室内装饰装修自主权。任何单位或者个人不得对装修人指定装饰装修单位和强制推销装饰装修材料。

鼓励装修人选择具有相应资质等级的装饰装修企业承接住宅室内装饰装修。

非业主的住宅使用人对住宅室内进行装饰装修，必须征得业主的书面同意。

第二十五条 装饰装修施工应当将产生噪声、振动等工序的时段妥善安排，避开周围住户正常的休息时间。产生的建筑垃圾应当及时清运，妥善处置，不得乱丢乱倒。

第二十六条 装饰装修施工人员及装饰装修材料进出住宅区，应当遵守房屋管理单位的有关规定。

第二十七条 房屋管理单位有权对住宅室内装饰装修活动进行监督。发现装修人或者装饰装修施工方违反本办法有关规定的，应当予以制止、责令改正或者报告有关部门查处。

第二十八条 在正常使用条件下，住宅室内装饰装修质量的最低保修期限为2年，有防水要求的厨房、卫生间和外墙面的防渗漏期为5年。保修期自住宅室内装饰装修竣工验收合格之日起计算。

第二十九条 因装饰装修活动造成相邻住宅的管道堵塞、渗漏水、停水停电、物品毁坏等，装修人应当负责修复和赔偿；属装饰装修施工方责任的，装修人可以向其追偿。

第五章 法律责任

第三十条 违反本办法规定，无证或者超越资质等级从事建筑工程装饰装修的，由县级以上建设行政主管部门给予警告，责令停止违法行为，没收违法所得，可并处项目造价0.5%～2%的罚款；情节严重的，降低资质等级或者吊销资质证书。

第三十一条 违反本办法规定，未按规定办理建筑工程装饰装修项目施工许可证擅自动工的，或者擅自修改施工图设计文件并影响房屋结构安全的，由县级以上建设行政主管部门给予警告，责令限期改正；逾期不改正的，处以2万元罚款。

第三十二条 违反装饰装修质量标准、施工和安全等强制性规范的，或者拆改建筑主体结构、承重结构或者明显加大荷载的，由县级以上建设或者房地产行政主管部门给予警告，责令停止施工，并可处项目合同价2%至4%的罚款；情节严重的，降低资质等级或者吊销资质证书。

第六章 附 则

第三十三条 具有文物保护价值的建筑、古建筑以及军事设施工程、保密设施工程的装饰装修依照有关规定执行。

第三十四条 本办法所称建筑主体结构，是指建筑实体的结构构造，包括屋盖、楼盖、梁、柱、支撑、承重墙体、连接接点和基础等。

本办法所称承重结构，是指直接将本身自重与各种外加作用力系统地传递给基础地基的主要结构构件和其连接接点，包括承重墙体、立杆、柱、框架柱、支墩、楼板、梁、屋架、悬索等。

第三十五条 本办法自2003年4月1日起施行。

徐州市建筑装饰装修管理办法

徐州市人民政府令

第85号

《徐州市建筑装饰装修管理办法》已经2003年2月25日市人民政府第二次常务会议讨论通过，现予发布，自2003年4月1日起施行。

市 长 潘永和

二〇〇三年二月二十六日

第一条 为加强对建筑装饰装修活动的管理，保证建筑装饰装修工程的质量和安全，维护装饰装修市场秩序和当事人的合法权益，根据《中华人民共和国建筑法》、《中华人民共和国招标投标法》和国务院《建设工程质量管理条例》等法律、法规规定，结合本市实际，制定本办法。

第二条 本办法所称建筑装饰装修是指为使建筑物、构筑物内、外空间达到一定的环境质量要求，使用装饰装修材料，对建筑物、构筑物的内、外表面和内部设施进行装饰装修处理活动。

第三条 凡在本市行政区域内从事对新建、改建、扩建建筑工程内部以及对原有建筑物、构筑物装饰装修及其相关活动的，均应遵守本办法。

第四条 市建设行政管理部门是本市建筑装饰装修管

理的主管部门，其所属的市装饰装修管理机构受其委托具体负责本市市区建筑装饰装修的监督、管理和行政处罚。

县(市)区人民政府负责建筑装饰装修的行政主管部门管理本辖区内的建筑装饰装修工作，业务上接受市装饰装修管理部门的指导。

工商、税务、规划、房管、公安消防、环保、城市管理行政执法等相关部门应当依法各司其职，协同实施本办法。

第五条　政府鼓励公民、法人或者其他组织投资设立为建筑装饰装修消费者提供工程承包、材料供应、劳务交易、信息咨询、设计、监理、质量评估等服务的市场或者企业。

第六条　从事建筑装饰装修建设、设计、施工和监理的单位和个人，应当依法遵守国家和省、市有关建设程序的规定，并依法办理相关建设手续。

第七条　投资额在50万元以上的建筑装饰装修工程项目，应当依法招标投标。

投资额在30万元以上的建筑装饰装修工程项目，应当依法到装饰装修管理部门办理项目报建和申请领取施工许可证，并在领取施工许可证前，依法办理工程质量和安全的监督手续。

第八条　投资额在30万元以下的非住宅建筑装饰装修工程项目和居住小区无物业管理企业的住宅建筑装饰装修，应当到装饰装修管理部门办理开工登记。

第九条　投资额在200万元以上的建筑装饰装修工程项目，必须实行工程监理。

第十条　发包人应当将装饰装修工程的设计、施工、监理依法发包给具有相应资质等级的承包人。

发、承包双方应依法签订建筑装饰装修工程合同，明确双方的权利和义务。

第十一条　装饰装修工程施工企业和设计、监理等单位应当持有相应等级的资质证书，并在资质等级许可的范围内承接工程。

第十二条　取得建筑装饰装修专业三级以上资质的施工企业，应当依法办理安全资格证。

第十三条　装饰装修施工企业申请领取资质证书，应当向装饰装修管理部门提出申请，对材料齐全，符合法定条件的，装饰装修管理部门应当按规定上报发证机关审批。

第十四条　承接住宅装饰装修工程的企业，应当具有装饰装修施工资质或者是资格证书。

无装饰装修施工资质证承接住宅装饰修工程的企业，应当向市装饰装修管理部门申请领取《徐州市住宅装饰装修资格证》；市装饰装修管理部门应自收到申请之日起10个工作日内给予书面答复，对材料齐全，符合条件的，发给《徐州市住宅装饰装修资格证》。

第十五条　申请领取《徐州市住宅装饰装修资格证》，应当符合下列条件：

(一)依法办理了工商登记；

(二)注册资金在10万元以上；

(三)具有相应的施工机械和设备；

(四)工程技术、施工人员不少于10名，其中，专业技术、经济管理人员不少于3名；

(五)技术负责人应具有2年以上装饰装修的施工管理经验，并具有初级以上的技术职称。

第十六条　凡在本市从事装饰装修施工的管理人员和技术人员必须经市装饰装修管理部门专业考核合格，领取上岗证后方可上岗作业。外市在本市施工人员已取得当地县级以上装饰装修管理部门考核合格证的，应经市装饰装修管理机构认证。

施工企业应加强对施工人员的教育培训和管理，严格遵守施工作业规程。

第十七条　装饰装修工程施工企业变更名称、法定代表人、资质等级、经营场所或者分立、合并、终止的，应当在变更或者终止之日起30日内，向装饰装修管理部门备案。

第十八条　装饰装修工程施工企业资质证和住宅装饰装修资格证，应当按规定年检。

装饰装修工程施工企业资质证和住宅装饰装修资格证以及施工人员的上岗证不得转让、出借、出租、涂改、伪造和复制。

第十九条　建筑装饰装修工程设计、施工、监理应当严格依照国家、地方或者行业规定的规范和标准进行。装饰装修工程设计、施工的安全和质量应当符合规定的标准。

建筑装饰装修工程的室内环境质量，应当符合国家有关强制性标准的规定。

第二十条　建筑物、构筑物外表装饰装修应当符合规划设计的外部立面要求。

第二十一条　房屋等建筑物、构筑物有下列情形之一的，不得进行建筑装饰装修：

(一)新建的房屋等建筑物、构筑物主体结构经验收质量不合格的；

(二)原有的房屋等建筑物、构筑物存在结构安全隐患且未进行修缮加固的。

第二十二条　房屋在装饰装修过程中，不得擅自变动房屋建筑主体或者承重结构。

对原有房屋装饰装修，涉及拆改主体结构和明显为加大荷载的，房屋产权人应当依法向房屋安全行政主管部门提出核准申请；对符合房屋结构安全要求的，由房屋安全行政主管部门核发房屋装饰装修安全核准书，取得核准书后方可办理有关施工手续。

第二十三条　未交付使用的新建建筑物、构筑物涉及建筑主体、承重结构变动的装饰装修工程，建设单位应当在施工前委托原设计单位或者具有相应资质等级的设计单位提出施工图设计文件，并报经装饰装修管理部门审查。

没有施工图设计文件或者施工图设计文件未经审查或者经审查不合格的，不得施工。

第二十四条　装饰装修工程施工企业应当建立健全施工质量检验制度，严格工序管理，做好隐蔽工程的质量检查和记录。隐蔽工程在隐蔽前，施工单位应当通知建设单位和建设工程质量监督机构验收，未经验收的，不得进行下道工序的施工。

第二十五条　建筑装饰装修活动，禁止下列行为：

(一)将没有防水要求的房间或者阳台改为卫生间、厨房间；

(二)拆、改承重墙，拆除连接阳台的砖、混凝土墙体；

(三)将雨水管道用于排放生活污水；

(四)损坏房屋原有节能设施，降低节能效果；

(五)其他影响建筑物结构和使用安全的行为。

第二十六条　从事房屋装饰装修活动的单位和个人，未经批准，不得有下列行为：

(一)搭建建筑物、构筑物；

(二)改变建筑外立面，在非承重墙上开门、窗；

(三)拆、改供暖、煤气、消防管道及其他配套设施；

(四)占用公共空间、公共部位和设施。

第二十七条　住宅装饰装修人和施工企业在房屋装饰装修前应向所在的物业管理企业办理开工登记，并在办理开工登记时，与所在的物业管理企业签订住宅装饰装修管理服务协议（以下简称"服务协议"）。

第二十八条　物业管理企业有权按照服务协议实施管理，对装修人或者施工企业违反服务协议的，应当立即制止；经制止拒不改正的，物业管理企业应当及时报告有关部门。有关部门接到物业管理企业的报告后，应当及时到现场检查核实，并依法处理。

第二十九条　建筑装饰装修工程施工企业和个人在进行施工作业时，应当依照有关环保法律、法规、规章的规定，采取相应措施，减少废气、废水、粉尘和固体废弃物的排放量及噪声、振动对环境的危害。

施工企业和个人不得在午间的 12 时至 14 时和夜间的 22 时至次日 6 时进行产生噪声的施工作业。

第三十条　建筑装饰装修使用的材料、构配件和设备，必须有产品质量检验合格证明，有中文标明的产品名称和生产厂厂名、厂址等产品标识，并符合有关保障人体健康和人身财产安全的国家标准、行业标准。

涉及公共场所和公共设施的建筑装饰装修工程项目，施工企业应当按照工程设计要求、施工设计标准和合同约定，将建筑装饰装修材料、建筑物配件送有检测资质的检测机构对其有害物质的含量进行检测，未经检测或者检测不合格的，不得使用。

第三十一条　居民住宅的建筑装饰装修工程竣工后，当事人应当按照合同约定的方式进行验收。

非居民住宅的建筑装饰装修工程竣工后，发包人应当依法组织竣工验收，并自验收合格之日起 15 日内将竣工验收报告和有关资料报装饰装修管理部门备案。

对经有检测资质的机构检测，室内环境质量达不到国家规定的强制标准的建筑装饰装修工程，视为不合格工程，不得交付使用。

第三十二条　建筑装饰装修工程的保修范围和期限，按照国家和省的有关规定执行。

第三十三条　建筑装饰装修工程的建设单位和个人有下列行为之一的，由装饰装修管理部门责令其改正，并可按下列规定给予处罚：

(一)违反第八条和第二十七条规定，未办理开工登记的，处 200 元以上 1000 元以下罚款。

(二)违反第二十五条第一、三、四项的，处 200 元以上 500 元以下罚款；违反第二、五项规定的，处 5000 元以下罚款。

(三)违反第九条、第二十三条、第三十条、第三十一条第二款规定的，按照国务院《建设工程管理条例》的有关规定处罚。

前款第二项是指新建房屋未交付使用前的建筑装饰装修行为。前款第一、三项规定的处罚，不包括住宅装饰装修人。

第三十四条　有下列行为之一的，由装饰装修管理部门责令其改正，并可按以下规定处罚：

(一)未领取《徐州市住宅装饰装修资格证》承接住宅装饰装修工程的，处 500 元以上 3000 元以下罚款；

(二)管理和技术人员无上岗证进行施工作业的，按使用人数，每使用一人处 50 元罚款；

(三)违反第十七条规定，未办理备案的，处 200 元以下罚款；

(四)未按规定对装饰装修资质证、资格证年检的，处 1000 元以下罚款。

第三十五条　建筑装饰装修活动违反本办法其他规定的，依法应由房产、规划、环境、城市管理行政执法和公安消防等有关部门处罚的，由其相关部门依据相关的法律、法规、规章的规定处罚。

第三十六条　住宅装饰装修产权人或者使用人未按规定办理开工登记发生纠纷投诉的，装饰装修管理部门可以不予受理。

第三十七条　装饰装修管理部门工作人员玩忽职守、滥用职权、徇私舞弊，尚不构成犯罪的，依法给予行政处分；构成犯罪的，依法追究刑事责任。

第三十八条　军事房屋、用于抢险救灾的房屋和农村村民自建供自己使用的房屋的建筑装饰装修，不适用本办法。

第三十九条　本办法自2003年4月1日起施行。1998年8月17日，市政府第53号令发布的《徐州市室内装饰管理办法》同时废止。

关于对主项为建筑装修装饰工程专业一级资质的承包企业可增项房屋建筑工程施工总承包二级及以下资质进行试点工作的有关规定的通知

京建管[2002]876号

各区、县建委，各有关单位：

根据建设部《关于对〈主项为建筑装修装饰工程一级承包企业可增项房屋建筑工程施工总承包二级及以下资质的请示〉的复函》的有关批示精神，经我委认真研究，决定在北京市行政区域内开展对主项为建筑装修装饰工程一级承包企业增项房屋建筑工程施工总承包二级及以下资质的试点工作，现将有关规定通知如下：

一、申请资格：凡在本次资质就位期间（2001年7月1日至2002年9月30日）经我委审核并上报建设部批准的主项为建筑装修装饰工程专业承包一级的施工企业（以下简称装修一级企业），均可根据本企业的实际能力，按本通知规定的《建筑装修装饰工程专业一级承包企业增项房屋建筑工程施工总承包二级及以下资质的房屋建筑工程施工总承包审核标准（试行）》（见附件）选择申请二级或三级房屋建筑施工总承包增项资质。

二、申请及审批程序：申请及审批严格按照《北京市建设委员会行政审批程序性规定》的“建筑业企业晋升、增项二级以下资质”的有关规定执行。

三、申请及受理时间：2002年12月10日始至2003年1月15日止。

四、申请房屋建筑工程施工总承包二级及以下资质增项，经我委按程序审批获得相应增项资质的装修一级企业其主项仍为装修一级，不得更换主项。一级装修企业如获准增项房屋建筑施工总承包三级资质，只可配合期以装修工程为主要内容而涉及的房建结构等工程施工，其增项的房建三级，不得以任何方式独立承担房屋建筑工程总承包施工。

特此通知

附件：建筑装修装饰工程专业一级承包企业增项房屋建工程施工总承包二级及以下资质的房屋建筑工程施工总承包审核标准（试行）

北京市建委

二〇〇二年十二月四日

附　件

建筑装修装饰工程专业一级承包企业增项房屋建筑工程施工总承包二级及以下资质的房屋建筑工程施工总承包审核标准（试行）

一、增项房屋建筑工程施工总承包三级标准

1. 技术负责人除具备装修一级要求标准外，还须具有5年以上从事建筑结构施工技术管理工作经历。

2. 工程技术人员中从事结构工程施工人员不少于6人，其中中级以上房建结构工程师不少于3人。

3. 企业具有的三级资质以上项目经理不少于10人，且从事房建工程的项目经理不少于5人。

4. 企业具有与配合装修工程的结构工程相适应的施工机械和质量检测设备。

5. 企业具有与三级房建结构工程相应的安全与质检控制人员。

6. 申请三级房屋建筑工程总承包可不考核其房建业绩。

二、增项房屋建筑工程施工总承包二级标准

1. 企业具有的二级资质以上房建项目经理不少于12人。

2. 企业其他条件均须达到房屋建筑工程施工总承包二级资质各项标准。

关于发布北京市地方标准《北京市建筑装饰装修工程设计文件编制深度的规定》及《北京市建筑装饰装修工程设计制图标准》的通知

市规发[2002]1185号

各有关单位：

根据北京市建筑设计标准化办公室北京标字[2002]12 号文，经我委批准编制的《北京市建筑装饰装修工程设计文件编制深度的规定》（编号 DBJ01-612-2002）及《北京市建筑装饰装修工程设计制图标准》（编号 DBJ01-613-2002）已由北京市建筑装饰协会编制完成并通过审查，现批准为北京市地方标准，自 2002 年 9 月 15 日起执行。

该标准由北京市规划委员会技术归口单位北京市建筑设计标准化办公室出版发行并负责管理，由北京市建筑装饰协会负责具体解释工作。

北京市规划委员会

二〇〇二年九月五日

北京市建筑装饰装修工程设计文件编制深度的规定

1　总则

1.1　为加强对建筑装饰装修设计以及设计文件编制工作的管理，确保设计质量，明确建筑装饰设计师的责任范围，规范各阶段工作范围与深度，以便于有效控制施工质量以及施工进程，特制定本规定。

1.2　本规定编制依据

1.2.1　建设部颁《建筑工程设计文件编制深度的规定》建设[1992]102 号。

1.2.2　建设部 2000 年颁《中华人民共和国工程建设标准强制性条文　房屋建筑部分》。

1.3　本规定的适用范围。

1.3.1　适用的工程范围：凡民用建筑和一般工业建筑的新建、改扩建、已有旧建筑改造的装饰装修工程，均应纳入本规定的有效范围之内。

1.3.2　适用的专业范围：本规定主要适用于建筑装饰及装修专业。一项完整的建筑装饰装修工程设计所涉及到的其他相关专业，如结构、给排水、电气、采暖通风以及工程经济概预算等专业，其设计文件编制的内容和深度不在本规定中作出具体要求。但以上专业应依据《建筑工程设计文件编制深度的规定》（建设[1992]102 号），并针对建筑装饰设计有别于建筑设计的特殊性质，在设计文件编制工作中作出相应的调整。

1.3.3　适用的设计文件范围：建筑装饰装修工程设计各阶段所编制的设计文件，均应纳入本规定的有效范围之内。但是艺术品陈设和装饰部品（如壁画、浮雕、立体雕塑、家具陈设等），以及特殊工艺设计（如厨房工艺、园艺、舞台照明、音响和视觉设计等），其设计表达方式及图纸文件深度在本规定中不作具体要求。

1.4　建筑装饰装修工程设计主要分为方案设计和施工图设计两个阶段，比较复杂的大型工程还应该包括初步设计阶段，本规定将其纳入施工图设计阶段。

1.5　各设计阶段的性质及目的。

1.5.1　方案设计阶段：根据建筑室内外空间环境的功能及形态要求，运用技术和艺术的处理手段，表达总体设计思想，以此作为施工图设计阶段的设计依据。

1.5.2　施工图设计阶段：在既定设计方案基础上进行深入设计，协调与其他相关专业之间的关系，解决技术问题以及各专业间矛盾，提供申报有关部门审批的必要文件，根据订货、加工和施工需要绘制完整的施工图，明确施工做法，制定技术措施，选定装饰材料、装饰配置、部品以及技术设备，以此作为工程的现场施工以及设备、装饰配置、部品安装的依据性文件。

1.6　建筑装饰装修工程设计应能遵照本规定的要求，各阶段设计文件必须经过严格校审，做到准确、清晰和完整。除此之外，设计文件的编制还应该贯彻执行国家有关工程建设的政策和法规，符合国家和北京市现行有效的相关规范和标准。

1.7　本规定是针对建筑装饰装修工程设计的一般情况而编制的。在进行一项具体的建筑装饰装修工程设计时，通常应根据工程的实际情况和设计任务书的要求，按照本规定作出相应调整。当工程项目中有本规定未列入的内容时，应补充和增加相关内容，参照本规定编入设计文件中。

1.8　本规定与北京市建筑装饰装修工程设计制图标准相互配套、同时颁布。本规定的解释权在北京市建筑装饰协会。

2　方案设计

2.1　在建筑装饰装修工程的方案设计之前，应研究设计任务书所提出的要求，对工程项目的实际情况进行调查，明确与工程设计有关的基本条件，搜集必要的设计基础资料，对相关问题进行认真仔细的分析研究，确定设计思想和整体构思。

2.2　方案设计文件的内容及其深度应能真实、准确地反映设计特点，全面完整地表达方案设计意图，表明其他相关专业配套技术设计的可能性，并进行必要的文字说明。

2.3　方案设计文件按照编制顺序应该依次为：封面、扉页、文件目录、设计说明书、设计图纸、设计效果表现图、建筑装饰表等。

2.4　方案设计文件封面。应包括建筑装饰装修工程的项目名称、建设单位名称、设计单位名称、设计阶段（方案）、文件编制日期等。

2.5　方案设计文件目录。应包括序号、文字文件和图纸名称、文件号、图号、备注、编制日期等。

2.6　方案设计说明书。设计说明书是方案设计文件的重要组成部分，是对建筑装饰装修工程在总体设计方面的文字叙述，宜简捷明了和重点突出。一般应包括以下几个方面的内容：

2.6.1　工程总概况。

1）工程的基本状况和规模；

2）工程设计的规模、范围与项目组成；

3）工程中存在的必须解决的关键问题；

4）主要经济技术指标，包括建筑面积、主要房间面积和数量等。

2.6.2　设计依据及现行的国家和北京市有关的政策、法规和规范。

2.6.3　方案设计的主要特点。

1）设计思想和主要方法；

2）关于设计所采用的新技术、新工艺、新设备和新材料的说明；

3）关于防火、环保节能、生态利用以及持续发展方面的说明。

2.6.4　方案设计的具体说明。可根据实际情况进行说明，但一般应包括：

1）对建筑室内外空间环境设计的总体功能布局和组织关系进行分析说明；

2）对主要房间的使用功能和设计方法进行分析说明；

3）阐述建筑室内外环境的空间效果和空间形态的创造及其主要手法；

4）关于建筑材料、装饰部品和配置等方面的分析说明。

2.7　方案设计图纸。方案设计图纸是设计文件的主要组成部分，图纸的内容、数量和深度应与建设方商议确定。在通常情况下，图纸应包括主要楼层和部位的平面图、顶棚（天花）平面图、立面图和剖面图，所有图纸上都应标注设计出图日期。具体要求如下：

2.7.1　平面图。规模较大的建筑装饰装修工程的平面图宜完整详细，包括主要楼层的总平面图、平面布置图、地面装饰图等。平面图中应表示出以下的内容：

1）标明原有建筑条件图中被装饰设计保留的以及新发生的柱网和承重墙、主要轴线和编号。轴线编号应保持与原有建筑条件图一致，并注明轴线间尺寸及总尺寸；

2）标明装饰设计调整过后的所有室内外墙体、门窗、管井、电梯和自动扶梯、楼梯和疏散楼梯、平台和阳台等。房间的名称应注全，并标注主要部位的尺寸。标明楼梯的上下方向；

3）尽可能全部标明固定的和可移动的造型、隔断、构件、家具、卫生洁具、照明灯具、陈设以及其他装饰配置和部品的位置。标注主要部位名称和主要尺寸。对门窗、橱柜或其他构件的开启方向和方式应予以表示；

4）装饰材料、材料的拼接线和分界线等应表示清楚；

5）标注室内外地面设计标高和各楼层的地面设计标高。标注主要平台、台阶、固定台面等有高差处的设计标高；

6）标注索引符和编号、指北针（画在首层总平面图中）、图纸名称和制图比例。

2.7.2　顶棚（天花）平面图。

1）应与平面图一致，标明柱网和承重墙、主要轴线和编号、轴线间尺寸和总尺寸；

2）标明装饰设计调整过后的所有室内外墙体、管井、电梯和自动扶梯、楼梯和疏散楼梯、雨棚和天窗等的位置，注明必要部位的名称，并标注主要尺寸；

3）标明照明灯具、通风口、防火卷帘、装饰造型以及顶棚（天花）上其他装饰配置和部品的位置，并标注主要尺寸；

4）标明顶棚（天花）主要装饰材料、材料的拼接线和分界线等；

5）标注各楼层的室内外顶棚（天花）设计标高的特殊顶棚（天花）造型的各部位主要尺寸；标注索引符和编号、图纸名称和制图比例。

2.7.3　立面图。方案设计图纸最好能包括一定数量的立面图，以比较真实和准确的反映设计意图和效果。立面图中应表示出以下的内容：

1）标明立面范围内的轴线和编号，标注立面两端轴线之间的外包尺寸；

2）绘制立面左右两端的内墙线，标明上下两端的地面线、原有楼板线、装饰设计的顶棚（天花）及其造型线。标注楼层的标高、层高和净高尺寸；

3）绘制墙面和柱面、装饰造型、固定隔断、固定家具、装饰配置和部品、门窗、栏杆、台阶等的位置，可移动的家具、装饰配置和部品无需绘制。标注主要部位的定位尺寸和相关尺寸；

4）标注立面装饰材料、材料的拼接线和分界线等；

5）标注索引符和编号、图纸名称和制图比例。

2.7.4　剖面图。剖面图包括局部剖面图以及大剖面图。局部剖面图主要是为了反映特殊部位的特点，表现其他图纸无法表达的设计意图，而大剖面图则是为了反映室内外的空间关系，剖在层高和层数不同、室内外空间比较复杂的部位。剖面图应符合以下几个要求：

1）剖切部位的楼板、梁、墙体等结构部分应按照原有建筑条件图或者实际情况绘制；

2）剖面图中可视的物体立面应按照其立面图内容，选择主要部分绘制；

3）标注各楼层地面标高、顶棚（天花）标高、净高、建筑总高尺寸，标注室外地面、室内首层地面以及建筑最高处的标高；

4）标注索引符和编号、图纸名称和制图比例。

2.8 设计效果表现图。设计效果表现图可与其他设计文件一起编制成册，也可单独装裱。其内容应能表现工程主要或特殊部位的设计手法和效果，与设计图纸表达的内容相对应并且保持一致，注重真实性。图面上一般应标注所表达的建筑空间名称、建设单位名称、设计日期等。

2.9 建筑装饰表

方案阶段的建筑装饰表应根据建设方的要求进行编制，在此不作具体规定。

2.10 本规定对方案设计文件的签署不作具体规定，应根据建筑装饰装修工程方案设计的征集、竞赛、招投标、委托设计等不同方式酌情决定。

3 施工图设计

3.1 建筑装饰装修设计的施工图设计文件应根据已获批准的方案设计进行编制，内容以施工图设计图纸为主，文件编制顺序应该依次为：封面、扉页、图纸目录、设计及施工说明书、图纸、建筑装饰（材料）做法表等。

3.2 施工图设计文件内容和深度的总体要求：

3.2.1 应能据以编制工程预、决算和作为进行施工招标的依据；

3.2.2 应能据以安排设备、材料订货和非标准设备的制作；

3.2.3 应能据以进行施工和安装；

3.2.4 应能据以进行施工验收。

3.3 施工图设计文件封面。应写明建筑装饰装修工程项目名称、设计单位名称、设计阶段（施工图设计）、设计证书号、编制日期等；封面上应盖设计单位设计专用章。

3.4 施工图设计图纸目录。应逐一写明序号、图纸名称、图号、档案号、备注等，标注编制日期，并盖设计单位设计专用章。规模较大的建筑装饰装修工程设计，图纸数量一般很大，需要分册装订，通常为了便于施工作业，以楼层或者功能分区为单位进行编制，但每个编制分册都应包括图纸总目录。

3.5 设计及施工说明书。

3.5.1 工程概况。应包括以下内容：

1）应写明工程名称、工程地点和建设单位；

2）应写明工程的原始情况、建筑面积、装饰等级、设计范围和主要目的；

3）工程实际情况中存在的问题分析。

3.5.2 施工图设计的依据。应包括以下几点内容：

1）设计所依据的国家和北京市现行政策、法规、标准化设计及其他有关规定；

2）经国家、地区上级有关部门审批获得批准文件的文号及其相关内容；

3）应着重说明装饰设计在遵循防火、生态环保等规范方面的情况。

3.5.3 施工图设计说明。

1）应写明装饰设计在结构和设备等技术方面对原有建筑进行改动的情况；

2）应包括建筑装饰的类别、防火等级、防火分区、防火设备、防火门等设施的消防设计说明；

3）对工程所可能涉及到的声、光、电、防潮、防尘、防腐蚀、防辐射等特殊工艺的设计进行说明；

4）对设计中所采用的新技术、新工艺、新设备和新材料的情况进行说明。

3.5.4 关于施工图设计图纸的有关说明。应能说明图纸的编制概况、特点以及提示看图施工时必要的注意事项。同时还应对图纸中出现的符号、绘制方法、特殊图例等进行说明。

3.5.5 施工说明。可采用文字和图表的形式进行说明。

1）文字说明。应逐一按照所有楼层的主要房间，对墙面、顶棚（天花）、地面、固定隔断等的施工用料和做法进行说明，标注所引用的相关图集和重复利用其他工程施工图纸的有关内容和代号，其中的一些部分可直接在图纸上引注或加注索引号；

2）图表表格。应在图表表格上逐一填写所有楼层主要房间的墙面、顶棚（天花）、地面、固定隔断等的施工用料和相应的施工做法，并标注所引用的相关图集和重复利用其他工程施工图纸的有关内容和代号，其中的一些部分可直接在图上引注或加注索引号；

3）所有施工说明都应标注编制日期，并加盖设计单位设计专用章。

3.6 施工图设计图纸。施工图设计图纸应包括平面图、顶棚（天花）平面图、立面图、剖面图、局部大样图和节点详图。图纸应能全面和完整的作为施工的依据，一些普通做法或者是重复做法的房间和部位，应在施工说明中交代清楚。所有施工图上都应标注设计出图日期，并加盖设计单位设计专用章。对于一些规模较小或者设计要求较为简单的装饰装修工程，施工图纸的编制可以依据本规定作相应的简化和调整。

3.6.1 平面图。平面图包括所有楼层的总平面图、平面布置图、平面尺寸图、地面装饰图、索引图等。

3.6.1.1 所有平面图应共同包括以下内容：

1）标明原有建筑条件图中被装饰设计保留的以及新发生的柱网和承重墙、主要轴线和编号。轴线编号应保持与原有建筑条件图一致，并注明轴线间尺寸及总尺寸；

2）标明装饰设计变更过后的所有室内外墙体、门窗、管井、电梯和自动扶梯、楼梯和疏散楼梯、平台和阳台等。房间的名称应注全，并标明楼梯的上下方向；

3）标明固定的装饰造型、隔断、构件、家具、卫生洁具、照明灯具、花台、水池、陈设以及其他固定装饰配置和部品的位置；

4）标注装饰设计新发生的门窗编号及开启方向，对家具的橱柜门或其他构件的开启方向和方式也应能予以表示；

5）标注各楼层地面、主要楼梯平台的标高；

6）标注索引符和编号、图纸名称和制图比例。

3.6.1.2　总平面图。总平面图除了必须符合第1点之外，还应表达以下内容：

1）应能全面反映各楼层平面的总体情况，包括家具布置、陈设及绿化布置、装饰配置和部品布置、地面装饰、设备布置等内容；

2）在图纸中可以对一些情况作出文字说明；

3）标注指北针。

3.6.1.3　平面布置图。平面布置图有很多种类，除了必须符合第1点之外，还应分别表达以下内容：

1）家具布置图。应标注所有可移动的家具和隔断的位置、布置方向、柜门或橱门开启方向，同时还应能确定家具上摆放物品的位置，如电话、电脑、台灯、各种电器等等。标注定位尺寸和其他一些必要尺寸；

2）卫生洁具布置图。卫生洁具布置图在规模较小的装饰设计中可以与家具布置图合并。一般情况下应标明所有洁具、洗涤池、上下水立管、排污孔、地漏、地沟的位置，并注明排水方向、定位尺寸和其他必要尺寸；

3）绿化布置图。绿化布置图在规模较小的装饰设计中可以与家具布置图合并，规模较大的装饰设计如需园林专业配合，则必须根据建设方需要，另请专业单位出图。一般情况下应确定盆景、绿化、草坪、假山、喷泉、踏步和道路的位置，注明绿化品种、定位尺寸和其他必要尺寸。

4）电气设施布置图。一般情况下可省略，如需绘制，则应标明地面和墙面上的电源插座、通讯和电视信号插孔、开关、固定的地灯和壁灯、暗藏灯具等的位置，并标注必要的材料和产品编号或型号、定位尺寸；

5）防火布置图。应注明防火分区、消防通道、消防监控中心、防火门、消防前室、消防电梯、疏散楼梯、防火卷帘、消火栓、消防按钮、消防报警等的位置，标注必要的材料和设备编号或型号、定位尺寸和其他必要尺寸；

6）如果楼层平面较大，可就一些房间和部位的平面布置单独绘制局部放大图，同样也应符合以上规定。

3.6.1.4　平面尺寸图。平面图除了必须符合第1点之外，还应表达以下内容：

1）标注装饰设计新发生的室内外墙体和管井等的定位尺寸、墙体厚度与材料种类、并注明做法；

2）标注装饰设计新发生的室内外门窗洞定位尺寸、洞口宽度与高度尺寸、材料种类、门窗编号等；

3）标注装饰设计新发生的楼梯、自动扶梯、平台、台阶、坡道等的定位尺寸、设计标高及其他必要尺寸，并注明材料及其做法；

4）标注固定隔断、固定家具、装饰造型、台面、栏杆等的定位尺寸和其他必要尺寸，标注材料及其做法；

5）如果楼层平面较大，可就一些房间和部位的平面尺寸单独绘制局部放大图，同样也应符合以上规定。

3.6.1.5　地面装饰图。地面装饰图除了必须符合第1点之外，还应表达以下内容：

1）标注地面装饰材料的种类、拼接图案、不同材料的分界线；

2）标注地面装饰的定位尺寸、标准和异形材料的单位尺寸、施工做法；

3）标注地面装饰嵌条、台阶和梯段防滑条的定位尺寸、材料种类及做法；

4）如果楼层平面较大，可就一些房间和部位的地面装饰单独绘制局部放大图，同样也应符合以上规定。

3.6.1.6　索引图。规模较大或设计复杂的装饰设计需单独绘制索引图。应注明所有的立面、剖面、局部大样和节点详图的索引符及编号，必要时可增加文字说明帮助索引。

3.6.2　顶棚（天花）平面图。顶棚（天花）平面图应包括所有楼层的顶棚（天花）总平面图、顶棚（天花）布置图等。

3.6.2.1　所有顶棚（天花）平面图应共同包括以下内容：

1）应与平面图一致，标明柱网和承重墙、主要轴线和编号、轴线间尺寸和总尺寸；

2）标明装饰设计调整过后的所有室内外墙体、管井、电梯和自动扶梯、楼梯和疏散楼梯、雨棚和天窗等的位置，注全名称；

3）标注顶棚（天花）设计标高；

4）标注索引符和编号、图纸名称和制图比例。

3.6.2.2　顶棚（天花）总平面图。顶棚（天花）总平面图除了必须符合第1点之外，还应表达以下内容：

1）规模较小的装饰设计可省略顶棚（天花）总平面图，如需绘制，一般应能全面反映各楼层顶棚（天花）平面的总体情况，包括顶棚（天花）造型、顶棚（天花）装饰、灯具布置、消防设施及其他设备布置等内容；

2）在图纸中可以对一些情况作出文字说明；

3.6.2.3　顶棚（天花）布置图。顶棚（天花）布置图除了必须符合第1点之外，还应分别表达以下内容：

1）顶棚（天花）造型布置图。应标明顶棚（天花）造型、天窗、构件、装饰垂挂物及其他装饰配置和部品的位置，注明定位尺寸、材料和做法；

2）顶棚（天花）灯具及设施布置图。应标注所有明装和暗藏的灯具（包括火灾和事故照明）、发光顶棚（天花）、空调风口、喷头、探测器、扬声器、挡烟垂壁、防火卷帘、防火挑檐、疏散和指示标志牌等的位置，标明定位尺寸、材料、产品型号和编号及做法；

3）如果楼层顶棚（天花）较大，可就一些房间和部位的顶棚（天花）布置单独绘制局部放大图，同样也应符合以上规定。

3.6.3　立面图。立面图中应表示出以下的内容：

1）标明立面范围内的轴线和编号，标注立面两端轴线之间的外包尺寸；

2）绘制立面左右两端的内墙线，标明上下两端的地面线、原有楼板线、装饰设计的顶棚（天花）及其造型线；

3）标注顶棚（天花）剖切部位的定位尺寸及其他相关所有尺寸，标注地面标高、建筑层高和顶棚（天花）净高尺寸；

4）绘制墙面和柱面、装饰造型、固定隔断、固定家具、装饰配置和部品、广告灯箱、门窗、栏杆、台阶等的位置，标注定位尺寸及其他相关所有尺寸。可移动的家具、艺术品陈设、装饰部品及卫生洁具等一般无需绘制，如有特别需要，应标注定位尺寸和一些相关尺寸；

5）标注立面和顶棚（天花）剖切部位的装饰材料、材料分块尺寸、材料拼接线和分界线定位尺寸等；

6）标注立面上的灯饰、电源插座、通讯和电视信号插孔、开关、按钮、消火栓等的位置及定位尺寸，标明材料、产品型号和编号、施工做法等；

7）标注索引符和编号、图纸名称和制图比例；

8）对需要特殊和详细表达的部位可以单独绘制局部立面大样，同样应符合以上规定。

3.6.4　剖面图。剖面图包括大剖面图以及局部剖面图。

3.6.4.1　大剖面图应剖在层高和层数不同、地面标高和室内外空间比较复杂的部位，应符合以下几个要求：

1）标注轴线、轴线编号、轴线间尺寸和外包尺寸；

2）剖切部位的楼板、梁、墙体等结构部分应按照原有建筑条件图或者实际情况绘制清楚，标注各楼层地面标高、顶棚（天花）标高、顶棚（天花）净高、各层层高、建筑总高等尺寸，标注室外地面、室内首层地面以及建筑最高处的标高；

3）剖面图中可视的墙柱面应按照其立面图内容绘制，标注立面的定位尺寸和其他相关尺寸，注明装饰材料和做法；

4）应绘制顶棚（天花）、天窗等剖切部分的位置和关系，标注定位尺寸和其他相关尺寸，注明装饰材料和做法；

5）应绘制出地面高差处的位置，标注定位尺寸和其他相关尺寸，标明标高；

6）标注索引符和编号、图纸名称和制图比例。

3.6.4.2　局部剖面图。局部剖面图应能绘制出平面图、顶棚（天花）平面图和立面图中未能清楚表达的一些复杂和需要特殊说明的部位，应表明剖切部位装饰结构各组成部分以及这些组成部分与建筑结构之间的关系，标注详细尺寸、标高、材料、连接方式和做法。

3.6.5　局部大样图。局部大样图是将平面图、顶棚（天花）平面图、立面图和剖面图中某些需要更加清楚说明的部位，单独抽取出来进行大比例绘制的图纸，应能反映更详细的内容。

3.6.6　节点详图。节点详图应以大比例绘制，剖切在需要详细说明的部位，通常应包括以下内容：

1）表示节点处内部的结构形式，绘制原有建筑结构、面层装饰材料、隐蔽装饰材料、支撑和连接材料及构件、配件以及它们之间的相互关系，标注所有材料、构件、配件等的详细尺寸、产品型号、做法和施工要求；

2）表示面层装饰材料之间的连接方式、连接材料、连接构件等，标注面层装饰材料的收口、封边以及详细尺寸和做法；

3）标注面层装饰材料，详细尺寸和做法；

4）表示装饰面上的设备和设施安装方式及固定方法，确定收口和收边方式，标注详细尺寸和做法；

5）标注索引符和编号、节点名称和制图比例。

3.7　建筑装饰（材料）做法表。

3.7.1　家具（订货和制作明细表）详图；

3.7.2　灯具（订货和制作明细表）详图；

3.7.3　卫生洁具与配件（订货）明细表；

3.7.4　门窗（订货和制作明细表）详图；

3.7.5　装饰配置和部品明细表；

3.7.6　特殊设备和设施订货明细表；

3.7.7　所有做法表上都应标注编制日期，并加盖设计单位设计专用章。

3.8　施工图设计文件的签署。

3.8.1　所有施工图设计文件的签字栏中都应完整的签署设计负责人、设计人、制图人、校对人、审核人的姓名；

3.8.2　有其他相关专业配合完成的设计文件，应由各专业设计人员进行会签。

附加说明

本标准主编单位和主要起草单位及人员名单

主编单位：

北京市建筑装饰协会

清华大学建筑设计研究院

北京市辛迪森建筑装饰装修工程设计有限公司　联合建筑装饰设计研究中心

黑龙江国光建筑装饰装修工程有限公司

主要起草单位：

清华大学建筑设计研究院

北京市辛迪森建筑装饰装修工程设计有限公司

主　　编：

李　琇　胡绍学　庄惟敏

主要起草人：

李　劲　张　伟　官力维　黄昌宜　杨红宇　曾　坚
张世礼　周家斌　白　山　黄志忠　杨渭根　曹涵芬
贺卫平　魏　光　胡永宜

安徽省建筑装饰装修管理暂行办法

安徽省建设厅

第一章　总　则

第一条　为了加强对建筑装饰装修行业的管理，规范市场行为，确保工程质量和公共建筑设施安全，保障当事人的合法权益，促进建筑装饰装修业的健康发展，根据《中华人民共和国建筑法》、《中华人民共和国招标投标法》和国务院《建设工程质量管理条例》等法律、法规，结合我省实际，制定本办法。

第二条　凡在本省行政区域内对新建、改建、扩建工程和原有建筑物、构筑物进行装饰装修的，均适用本办法。本办法所称建筑装饰装修，是指为使新建建筑物、构筑物和原有房屋内、外空间包括住宅室内装饰装修达到相应的环境质量要求，使用装饰装修材料，对新建筑物、构筑物和原有房屋外表及内部进行装饰装修处理的建筑活动。

本办法中所称原有房屋，是指已投入使用的各类房屋。具有文物保护价值的建筑、古建筑的装饰装修，依照有关规定执行。

第三条　建筑装饰装修应坚持安全、美观、经济、适用的原则，并符合城市规划、设计、消防、物业管理、供电、通讯、抗震、环保等有关规定和标准。

第四条　省建设行政主管部门负责全省建筑装饰装修行业统一管理。

市、县人民政府建设行政主管部门负责本行政区域内建筑装饰装修行业管理。

市、县人民政府房地产管理部门负责本行政区域内的住宅室内装饰装修活动的管理工作。

第二章　资质、资格管理

第五条　建筑装饰装修企业是指依法成立的从事装饰装修活动的独立法人实体。

第六条　凡从事建筑装饰装修的企业，必须经建设行政主管部门进行资质审查，取得相应的设计、施工资质证书后，方可在其资质等级允许的范围内承包工程。资质申请办法、资质等级标准和经营范围分别按建设部《建筑业企业资质管理规定》、《建筑业企业资质等级标准》和《建设工程勘察设计企业资质管理规定》、《建筑装饰设计资质分级标准》执行。住宅室内装饰装修企业资质管理按照《安徽省住宅室内装饰装修企业资质管理暂行办法》执行。

第七条　在本省行政区域内从事建筑装饰装修工程设计、施工、监理等活动的外省企业，必须持所在省、市、自治区建设行政主管部门出具的外出设计、施工证明、资质等级证书、法人营业执照等证件到本省建设行政主管部门登记备案。

第八条　业主不得将建筑装饰装修工程发包给无资质证书或不具备相应资质条件的企业。

第九条　省建设行政主管部门对建筑装饰装修企业实行分级资质年检制度。凡在规定期限内没有参加资质年检的企业，其资质等级证书自行失效，且一年内不得重新申请资质。年检不合格的企业不得承接建筑装饰装修业务。

第十条　建筑装饰装修企业变更名称、法定代表人、经营场所或者分立、合并、终止的，应当在变更或终止后的一个月内，到原发证部门办理手续。

第十一条　从事建筑装饰装修活动的项目经理及专业技术人员，应当依法取得相应的执业资格证书或岗位证书，并在证书许可的范围内从事建筑装饰装修活动。

第三章　施工许可

第十二条　本省行政区域内的建筑装饰装修工程，应当办理施工许可手续。投资额在 30 万元以下或建筑面积在 $300m^2$ 以下的建筑装饰装修工程是否需要办理施工许可或备案等手续，由各市建设行政主管部门确定。

住宅竣工验收合格后，业主或者使用人(以下简称装修人)对住宅室内进行装饰装修的建筑活动按照建设部发布的 110 号令规定办理开工申报手续。

第十三条　与主体工程一起发包的建筑装饰装修工程应按照有关规定，一起办理施工许可手续。单独发包的装饰装修工程应单独办理施工许可手续。

单独发包的建筑装饰装修工程在办理施工许可证时应具备以下条件：

（一）原有房屋的使用人装饰装修房屋，已征得房屋所有权人的同意，并签订协议，协议中明确了装饰装修后修缮、拆迁和补偿等内容，并已报主管部门备案；

（二）施工图纸已由相应资质的设计单位进行了设计，并按规定通过建设行政主管部门的审查；

（三）应监理的工程办理了委托监理手续；

（四）应通过招标发包工程，中标通知已经下达；

（五）业主或装修人和施工单位按规定经过审查并依法正式签订了工程承包合同；

（七）业主按照工程建设质量安全管理的有关规定，到工程所在地的质量安全监督部门办理了装饰装修工程质量安全监督手续；

（八）工程建设资金已经落实；

（九）其他必备的条件。

凡不具备上述规定条件的建筑装饰装修工程，建设行政主管部门不得发放工程施工许可证。对未取得建设行政主管部门颁发施工许可证的建筑装饰装修工程，施工、监理单位不得进行施工和监理。

第四章　发包与承包

第十四条　按照《安徽省实施〈中华人民共和国招标投标法〉办法》，凡应采取招标的建筑装饰装修工程，必须通过招标方式发包。

第十五条　招标人具有编制招标文件和组织评标能力的可以自行办理招标事宜。但必须向当地建设行政管理监督部门备案。凡不具备自行招标条件的，招标人应委托招标代理机构办理招标事宜。

第十六条　承包单位必须在核准的资质等级范围内承揽工程，不得越级承包、挂靠承包和层层转包。

第十七条　发包方不得损害承包方的利益，强迫承包方购入合同约定之外的装饰装修材料和设备。

第十八条　承发包双方应当使用建设部和国家工商行政管理局颁发的合同示范文本。

第五章　质量与安全

第十九条　建筑装饰装修企业必须严格执行国家强制性标准和施工安全技术规范等有关标准和规定，按照工程设计图纸和施工技术标准施工，不得擅自修改设计，不得偷工减料，确保装修工程质量。

第二十条　凡涉及建筑主体和承重结构变动的建筑装饰装修工程，业主必须在施工前委托原设计单位或具有相应资质的设计单位提出施工图设计文件，并报县级以上地方人民政府建设行政主管部门审查，无施工图设计文件或施工图设计文件未经审查批准的不得施工。

第二十一条　建筑装饰装修工程使用的材料必须有质量检验合格证明和有中文标明的产品名称、规格、型号、生产厂名、厂址。

第二十二条　建筑装饰装修设计、施工和材料使用，必须严格遵守装饰装修防火规范。施工现场必须建立严格的防火管理制度。

第二十三条　建筑装饰装修企业，必须采取措施，控制施工现场的各种粉尘、废气、固体废弃物以及噪声、振动对环境污染和危害，文明施工，以保护人们的正常生活、工作和人身安全。

第二十四条　建筑装饰装修工程竣工后，由业主组织设计、施工、监理单位按照《建筑装饰装修工程质量验收规范》等相关规范进行验收。办理施工许可或备案手续工程应在验收合格之日起十五日内向工程所在地的县级以上建设行政主管部门(或其授权机构)备案。不合格工程和未经验收备案的工程不得交付使用。

第二十五条　建筑装饰装修工程发生重大事故的，由县以上人民政府建设行政主管部门会同有关部门调查处理，并按有关规定向上级建设行政主管部门报告。

第六章　住宅室内装饰装修

第二十六条　本办法所称住宅室内装饰装修(以下简称住宅装修)，是指居民为改善居住环境，在住宅竣工验收合格后，业主或住宅使用人对住宅室内进行装饰装修的建筑活动。

第二十七条　省建设行政主管部门负责本行政区域内的住宅室内装饰装修活动的管理工作。市、县人民政府房地产行政部门负责本行政区域内的住宅装饰装修活动的管理工作。

第二十八条　从事住宅室内装饰装修的企业，应当持有建设行政主管部门颁发的《建筑业企业资质证书》或《住宅室内装饰装修企业资质证书》。

第二十九条　未取得主管部门颁发的资质证书的单位，不得承接住宅室内装饰装修业务；居民应当按规定选择持有资质证书者承接其住宅装修。

对未办理装饰装修工程开工申报手续的业主和非业主使用人，建筑企业和室内装饰装修企业不得承接装饰装修业务。

第三十条　住宅装修活动必须保证建筑物结构和使用安全，符合物业管理、消防、供水、供电、燃气、环境保护等有关规定和标准。

从事住宅装修活动不得干扰周围居民的正常生活，不得造成房屋渗漏。

第三十一条　住宅装修活动应当签订书面合同，合同统一使用由省建设行政主管部门统一印制的住宅装修工程施工合同示范文本。

装修人和装饰装修企业，应当与物业管理单位签定住宅室内装修管理服务协议。

第三十二条　住宅装修工程当事人发生合同纠纷，可以向省、市消费者协会投诉或申请调解，或者直接向人民法院起诉。

第三十三条　住宅装修管理方面的具体规定，按建设部110号令《住宅室内装饰装修管理办法》办理。

第七章　法律责任

第三十四条　装饰装修发包方违反本办法，有下列行为之一的，由县以上建设行政主管部门责令改正或限期改正，拒不改正的按《建筑法》、《建设工程质量管理条例》、《安徽省建筑市场管理条例》中规定进行处罚。

（一）明示或暗示设计单位或施工单位违反工程建设强制性标准、降低工程质量的；

（二）明示或暗示施工单位使用不合格建筑材料、建筑构配件和设备的；

（三）未按规定进行施工图设计审查或审查不合格、擅自开工的；

（四）应招标而未采取招标形式发包工程的；

（五）发包给无资质等级证书的或承包任务与资质等级证书不符的企业的；

（六）未按照国家规定办理工程质量监督手续的；

（七）涉及建筑主体或者承重结构变动擅自施工的；

（八）未办理建筑装饰装修工程施工许可证或开工报告未经批准，擅自施工的；

（九）未经竣工验收备案就交付使用的工程；

（十）应实行监理而未实行工程监理的。

第三十五条　建筑装饰装修工程承包方违反本办法，有下列行为之一的，由县以上建设行政主管部门分别予以责令纠正，限期整改，停止施工，降低或吊销资质的处罚，并按《建设工程质量管理条例》中有关条款进行处罚。

（一）未取得建筑装饰装修资质证书承包工程的；

（二）伪造、涂改、买卖、借用资质证书和设计图签的；

（三）擅自超出资质等级范围从事经营活动的；

（四）将承包工程转包或者违法分包的；

（五）企业被降低或取消资质后仍按原资质从事经营活动的；

（六）破坏房屋结构或造成环境污染，危及人身安全的；

（七）拒绝接受质量安全监督机构监督检查的；

（八）将不合格的材料、设备用于建筑装饰装修工程、偷工减料、不按技术标准施工的。

第三十六条　因装饰装修造成质量安全事故的，按照国家的有关法律法规追究事故单位和个人的责任。

第三十七条　住宅室内装饰装修的违法行为按《住宅室内装饰装修管理办法》(建设部110号令)规定执行。

第三十八条　国家机关工作人员玩忽职守、滥用职权、徇私舞弊，构成犯罪的，依法追究刑事责任；尚不构成犯罪的，依法给予行政处分。

第八章　附　则

第三十九条　本办法由安徽省建设厅负责解释。

第四十条　本办法自发布之日起施行。

关于印发《大连市装饰装修企业资质管理暂行办法》的通知

大建委发[2002]153号

各区、市、县建设行政主管部门、建筑业主管部门、各装饰装修企业：

现将《大连市装饰装修企业资质管理暂行办法》印发给你们，请认真贯彻执行。

附件：1. 大连市装饰装修企业资质管理暂行办法

2. 大连市装饰装修企业资质等级标准

大连市城乡建设委员会

二〇〇二年十月十一日

大连市装饰装修企业资质管理暂行办法

第一条　为加强对我市装饰装修企业的管理，规范市场行为，根据建设部《建筑业企业资质管理规定》等有关法规、规范，结合我市实际，制定本办法。

第二条　凡在我市行政辖区内从事装饰装修施工的企业和各区市县建筑业管理部门都应遵守本办法。

第三条　市建设行政主管部门负责全市装饰装修企业资质管理工作。装饰装修企业的资质管理要纳入建筑业企业资质范畴，统一管理。

第四条　符合装饰装修企业资质标准，经市建设行政主管部门审批批准，取得了建筑业企业资质证书的企业，才能从事装饰装修施工。

第五条　企业申请资质，应当向建设行政主管部门提供下列资料：

1. 建筑业企业资质申请表；
2. 企业法人营业执照；
3. 企业章程；
4. 企业法定代表人身份证、任职文件；
5. 证明企业达到标准要求的有关资料。

第六条　企业应在取得企业法人营业执照后，持本办法第五条所要求的资料，到企业所在地区市县建筑业主管部门申办资质证书。

区市县建筑业管理部门在收到申请材料20日内，提出审查意见，合格的上报市建筑业管理部门。市建筑业管理部门，20天内提出审批意见。

符合资质等级标准要求的，发给由市建设行政主管部门统一印制的建筑业企业资质证书。企业资料不符合要求的，应告知申请人。

第七条　建设行政主管部门对装饰装修企业资质实行年检制度。年检不合格的，将吊销其资质证书，且两年内不得申报资质。

第八条　装饰装修企业因破产、倒闭、撤销、歇业的，应将企业资质证书交回原发证机关销毁。

第九条　装饰装修企业资质及资质证书，按照各级建设行政主管部门颁布的建筑业企业资质管理的有关规定，进行管理。

第十条　本办法与国家、辽宁省有关规定相抵触时，执行国家和省有关规定。

第十一条　本办法由大连市城乡建设委员会负责解释。

第十二条　本办法自发布之日起施行。

大连市装饰装修企业资质等级标准

企业资质等级分为一级、二级、三级。

一级资质标准：

1. 企业注册资本金30万元以上。
2. 企业具有相关专业技术员或高级工以上的技术负责人。
3. 企业具有初级以上木工、砖瓦工、抹灰工、油漆工、水暖工、电工等技术工人不少于30人，其中，中、高级工不少于12人；企业作业人员持证上岗率100%。
4. 企业近3年最高年完成结算收入100万元以上。
5. 企业具有与装饰装修承包范围相适应的机具。

二级资质标准：

1. 企业注册资本金20万元以上。
2. 企业具有高级工以上的技术负责人。
3. 企业具有初级以上木工、砖瓦工、抹灰工、油漆工、水暖工、电工等技术工人不少于20人，其中，中、高级工不少于8人；企业作业人员持证上岗率100%。
4. 企业近3年最高年完成结算收入50万元以上。
5. 企业具有与装饰装修承包范围相适应的机具。

三级资质标准：

1. 企业注册资本金10万元以上。
2. 企业具有中级工以上的技术负责人。
3. 企业具有初级以上木工、砖瓦工、抹灰工、油漆工、水暖工、电工等技术工人不少于10人，其中，中、高级工不少于4人；企业作业人员持证上岗率100%。
4. 企业近3年最高年完成结算收入30万元以上。

5. 企业具有与装饰装修承包范围相适应的机具。

承包范围：

可承担各类装饰装修工程施工。一级企业可承担单位工程造价50万元以下的装饰装修工程。二级企业可承担单位工程造价30万元以下的装饰装修工程。三级企业可承担单位工程造价20万元以下的装饰装修工程。

关于印发《聊城市建筑工程装饰装修管理办法》（试行）的通知

聊建字[2003]1号

各县（市区）建委（建设局）、市直有关部门、装饰装修企业：

现将《聊城市建筑工程装饰装修管理办法》（试行）印发给你们，请认真贯彻执行。

山东省聊城市建设委员会

二〇〇三年一月八日

聊城市建筑工程装饰装修管理办法（试行）

第一条　为了加强建筑装饰装修活动的监督管理，维护装饰装修市场秩序，促进装饰装修业的发展，根据《中华人民共和国建筑法》、国务院《建设工程质量管理条例》、建设部《建筑装饰装修管理规定》、《山东省建筑市场管理条例》和《山东省建筑工程装饰装修管理办法》等法律、法规、规章，结合本市实际，制定本办法。

第二条　聊城市建设委员会是聊城市建筑装饰装修行业主管部门，负责全市建筑装饰装修管理工作，依法对建筑装饰装修市场进行监督管理。

各县（市区）建设行政主管部门负责本行政区域内的装饰装修活动的监督管理。

聊城市建筑建材管理处是聊城市建筑装饰装修行业的业务职能部门，受市建委委托具体负责：

（一）负责全市建筑装饰装修单位的资质和个人从业资格初审、申报、年检和管理；

（二）负责市外建筑装饰装修队伍进入本市从事装饰装修活动的管理；

（三）负责市城区内独立发包或二次装饰装修工程的报建、招标投标、施工许可、质量和安全监督管理；

（四）负责全市装饰装修单位负责人、项目经理及管理人员的业务培训及从业人员的技能培训；

（五）负责查处建筑装饰装修市场中的违法、违规行为；

（六）受理装饰装修工程质量、安全的投诉。

第三条　市城区内独立发包或二次装饰装修的工程项目，建设单位在开工前，应到市建管处装饰办办理报建手续和施工许可手续。

第四条　原有房屋装饰装修时，凡涉及变动房屋的建筑主体和承重结构的，建设单位应委托原设计单位或具有相应资质的设计单位提出新的设计方案。并由房屋安全鉴定单位对装饰装修方案的使用安全进行审定。

第五条　凡从事建筑装饰装修的单位，必须经业务职能部门进行资质或资格审查，并取得资质或资格证书后，方可在资质证书规定的范围内承包工程。

第六条　市建筑装饰装修业务职能部门对已取得资质或资格证书的建筑装饰装修企业每年进行一次年检，未参加年检或年检不合格的企业，不得从事建筑装饰装修活动。

第七条　外地建筑装饰装修企业进入本市从事建筑装饰装修活动，中标后到市装饰装修业务职能部门注册登记、进行备案。

第八条　承包装饰装修工程的建筑装饰装修企业必须在其核准的资质等级范围内承揽工程，不得超越资质承包、挂靠承包和层层转包。

第九条　装饰装修企业必须按照设计图纸施工，不得擅自变更设计图纸。

第十条　装饰装修企业对工程的施工质量和工程所用建筑材料的质量负责，对工程所用建筑材料、建筑构配件和设备进行检验和验收。

第十一条　所有装饰装修活动禁止下列行为：

（一）未经原设计单位或具有相应资质等级的设计单位提出设计方案变动建筑主体和承重结构的；

（二）改变或者封闭给排水管道、接口和检查口的；

（三）改变暖气片数及暖气片组的位置的；

（四）改动卫生间、厨房间防水层的；

（五）拆改住宅外立面，在住宅外立面安装设备、招牌、灯饰等的；

（六）拆改燃气、通讯等各类管线及其他公共设施的。

第十二条　原有房屋建筑的装饰装修改造工程，必须经过核定质量等级；否则，不准交付使用。

第十三条　装饰装修企业必须采取措施，控制施工现场对环境的污染和危害。

第十四条　按规定应检测的装饰装修材料应进行检测，对可能含有氡、甲醛、苯、氨等挥发性有机化合物的材料，必须进行检测，未经检测或不符合标准的，不准使用。

第十五条　建筑装饰装修工程竣工后，建设单位应及时组织有关单位进行竣工验收，并到所在地业务职能管理部门备案后方可使用。

第十六条　对违反本办法的有关单位和个人，依照相应法律、法规予以处罚。

第十七条　当事人对行政处罚决定不服的，可以依法复议或诉讼。当事人逾期不进行复议、诉讼，也不履行处罚决定，由做出处罚决定的行政机关申请人民法院强制执行。

第十八条　建筑装饰装修职能管理部门工作人员在实施装饰装修市场的管理工作中，玩忽职守、滥用职权、徇私舞弊的，由主管部门给予行政处分；构成犯罪的，依法追究刑事责任。

第十九条　本办法由聊城市建设委员会负责解释。

第二十条　本办法自颁发之日起执行。

和龙市装饰装修管理暂行规定

吉林省和龙市装饰工程管理处

（二〇〇三年四月三十日）

第一章　总　则

第一条　为加强装饰装修管理，保证装饰装修工程质量和安全，维护公共安全和公众利益，根据国务院、国家建设部及其他有关部委制定的《中华人民共和国建筑法》、《建设工程质量管理条例》、《建筑装饰装修管理规定》、《住宅室内装饰装修管理办法》、《住宅室内装饰装修一次到位实施细则》、《家庭居室装饰装修管理试行办法》等有关法律、法规，结合本市实际，制定本规定。

第二条　在本市行政区域内对新建、改建、扩建工程和原有建筑物、构筑物进行装饰装修，实施监督管理，应当遵守本规定。

本规定所称装饰装修，是指建筑工程竣工验收合格后，业主或者住宅使用（以下简称装修人）对其进行装饰装修的建筑活动。

第三条　装饰装修应当保证工程质量和安全，符合工程建设强制性标准。

第四条　市建设局是本市装饰装修活动的行政主管部门，市装饰工程管理处是本市的装饰装修管理机构，负责全市装饰装修活动管理、监督的日常工作。该处隶属建设局管辖。

第五条　市工商、税务、物价、公安消防、环保、质量技术监督等有关部门，应当按照各自职责，协同做好装饰装修管理工作。

第二章　一般规定

第六条　凡承接装饰装修工程的单位，应当持有工商营业执照和资质证书。

第七条　对于承接家庭居室装饰装修工程的个体装饰装修从业者，应当持务工证明、本人身份证、暂时居住证向装饰工程管理处登记备案，实行“身体检查、登记注册、培训考核、技能鉴定、持证上岗、凭证办照”的制度。

第八条　凡没有工商营业执照、资质证书或不具备相应资格及个体装饰装修从业者上岗证书的单位和个人，不得承接装饰装修工程。

第九条　凡在本市从事装饰装修施工的人员必须经市装饰工程管理处专业考核合格，领取上岗证书后，方可上岗作业。

施工企业应当加强对施工人员的教育培训，不得使用无上岗证书的人员进行施工作业。

第十条　外市进驻我市进行装饰装修活动的企业，必须出具工商营业执照、资质证书、取费证书、所在地建设行政主管部门出具的出境施工证明等材料，到装饰工程管理处办理临时入市手续，个人出具上岗证书。取得工程中标通知单后，方可办理入市注册和合同鉴证等手续。

第十一条　有上岗证书的个人只能从事零散的装饰装修活动。

第十二条　除自行装饰装修外，居民对家庭居室装饰装修工程应当选择并委托具有《建筑业企业资质证书》的施工单位，或者有个体装饰从业者上岗证书的个人进行。

第十三条　在本市建立装饰装修交易市场应当经市装饰工程管理处同意，并依法办理有关手续。

第十四条　装饰装修交易市场是开展装饰装修材料营销、装饰承包等活动的交易场所，可以开展信息咨询、投诉、质量评估等服务，以满足家庭居室装饰装修消费者和经营者需求。装饰工程管理处要加强对装饰装修交易市场的管理。

第十五条　从事装饰装修的单位和个人应当遵循以下规则：

（一）采用的装饰材料不得以次充好、弄虚作假；

（二）施工应符合有关规范要求，不得偷工减料、粗制滥造；

（三）不得野蛮施工，危及建筑物自身的安全；

（四）不得欺行霸市，强迫交易；

（五）不得冒用其他企业名称和商标；

（六）不得损害居民和其他经营者权益；

（七）国家和地方规定和其他规则。

第十六条　装饰装修活动禁止下列行为：

（一）未经原设计单位或者具有相应资质等级的设计单位提出设计方案，变动建筑主体和承重结构；

（二）将没有防水要求的房间或者阳台改为卫生间、厨房间；

（三）扩大承重墙上原有的门窗尺寸，拆除连接阳台的砖、混凝土墙体；

（四）损坏房屋原有节能设施，降低节能效果；

（五）其他影响建筑结构和使用安全的行为。

本规定所称建筑主体，是指建筑实体的结构构造，包括屋盖、楼盖、梁、柱、框架柱、支墩、楼板、梁、屋架、悬索等。

第十七条　装饰人从事住宅室内装饰装修活动，未经批准，不得有下列行为：

（一）搭建建筑物、构筑物；

（二）改变住宅外立面，在非承重外墙上开门、窗；

（三）拆改供暖管道和设施；

（四）拆改燃气管道和设施。

本条所列第（一）项、第（二）项行为，应当经城市规划行政主管部门批准；第（三）项行为，应当经供暖管理单位批准；第（四）项行为应当经燃气管理单位批准。

第十八条　住宅室内装饰装修超过设计标准或者规范增加楼面荷载的，应当经原设计单位或者具有相应资质等级的设计单位提出设计方案。

第十九条　改动卫生间、厨房间防水层的，应当按照防水标准制订施工方案，并做闭水试验。

第二十条　装修人经原设计单位或者具有相应资质等级的设计单位提出设计方案变动建筑主体和承重结构的，或者装修活动涉及本规定第十七条，第十八条，第十九条内容的，必须委托具有相应资质的装饰装修企业承担。

第二十一条　装饰装修设计、施工和材料使用必须严格遵守防火规范，装修前装修人必须持《装修许可证》和施工设计图纸报公安消防部门进行消防安全核准。

第二十二条　装饰装修双方本着自愿的原则在开工前向装饰工程管理处交纳信誉或质量保证金。

第二十三条　装饰装修企业必须按照工程建设强制性标准和其他技术标准施工，不得偷工减料，确保装饰装修工程质量。

第二十四条　装饰装修企业从事装饰装修活动，应当遵守施工安全操作规程，按照规定采取必要的安全防护和消防措施，不得擅自动用明火和进行焊接作业，保证作业人员和周围住房及财产的安全。

第二十五条　装修人和装饰装修企业从事住宅室内装饰装修活动，不得侵占公共空间，不得损害公共部位和设施。

第三章　开工申报与监督

第二十六条　装修人在装饰装修工程开工前，应当向市装饰工程管理处申报登记办理装修许可证。

非业主的房屋使用人对房屋进行装饰装修，应当取得房屋所有权人书面同意。

第二十七条　申报登记应当提交下列材料：

（一）房屋所有权证（或者证明其合法权益的有效凭证）；

（二）申请人身份证件；

（三）装饰装修方案；

（四）变动建筑主体或者承重结构的，需提交原设计单位或者具有相应资质等级的设计单位提出的设计方案；

（五）涉及本规定第七条行为的，需提交有关部门的批准文件，涉及本规定第七条、第八条行为的，需提交设计方案或者施工方案；

（六）委托装饰装修企业施工的，需提供该企业相关资质证书或资格证书的复印件。

小型家装委托装饰装修单位的，需提供从业人员许可在和龙市进行施工的资格证书和有效证件。

非业主的住宅使用人，还需提供业主同意装饰装修的书面证明。

第二十八条　装饰工程管理处应当将装饰装修工程的禁止行为和注意事项告知装修人和装修人委托的装饰装修企业。

第二十九条　装修人进行装饰装修前，应于装修三日前以适当方式将装修的时间、地点、施工单位等情况告知相邻住户。

第三十条　装饰施工时应当采取有效措施，减轻或者避免施工过程中产生的废气和噪声对相邻居民正常生活所造成的影响。

第三十一条　每日晚 20 点至第二天早 7 点为禁止从事敲、凿、刨、钻等产生噪声的装修活动。

第三十二条　装饰装修所形成的各种废弃物，应当进行袋装并按照有关部门指定的位置、方式和时间进行堆放及清运。严禁将各种固体、可燃液体等废弃物堆放于垃圾道、楼道或者其他地方。严禁从楼上向地面或由垃圾道、下水道抛弃因装修产生的废弃物及其他物品。

第三十三条　装饰工程管理处接到关于装修人或者装饰装修企业有违反本规定行为的报告后，应当及时到现场检查核实，依法处理。

第三十四条　禁止装饰工程管理处向装修人指派装饰装修企业或者强行推销装饰装修材料。

第三十五条　装修人不得拒绝和阻碍装饰工程管理处对装饰装修活动的监督检查。

第三十六条　任何单位和个人对装饰装修中出现的影响公众利益的质量事故、质量缺陷以及其他影响周围住户正常生活的行为，都有权检举、控告、投诉。

第四章　委托与承接

第三十七条　承接装饰装修工程的装饰装修企业，必须经装饰工程管理处资质或资格审查，取得相应的建筑业企业资质证书或从业资格，并在其资质等级或从业资格许可的范围内承揽工程。

第三十八条　装修人委托企业承接其装饰装修工程的，应当选择具有相应资质等级的装饰装修企业。

小型家装装修人委托装饰装修工程的，应当选择有上岗证书的装饰装修从业人员。

第三十九条　装修人与装饰装修企业应当签订装饰装修书面合同，明确双方的权利和义务。

第四十条　装饰装修价格按照市场经济原则随行就市，实行“实际量、市场价、优质优价”的原则。

第四十一条　装饰装修合同应当包括下列主要内容：

（一）委托人和被委托人的姓名或者单位名称、住所地址、联系电话；

（二）装饰装修的房屋间数、建筑面积，装饰装修的项目、方式、规格、质量要求以及质量验收方式；

（三）装饰装修工程的开工、竣工时间；

（四）装饰装修工程保修的内容、期限；

（五）装饰装修工程价格，计价和支付方式、时间；

（六）合同变更和解除的途径；

（七）合同的生效时间；

（八）双方认为需要明确的其他条款。

第四十二条　下列大中型装饰装修工程应当采取公开招标或邀请招标的方式发包：

（一）政府投资的工程；

（二）行政、事业单位投资的工程；

（三）国有企业投资的工程；

（四）国有企业控股的企业投资的工程。

前款规定范围内不宜公开招标或邀请招标的军事设施工程、保密设施工程、特殊专业等工程，可以采取议标或直接发包。

前款规定以外的其他装饰装修工程的发包方式，由建设单位或房屋所有权人、房屋使用人自行确定。

第四十三条　装饰装修工程发生纠纷的，可以协商或者调解解决。不愿协商、调解或者协商、调解不成的，可以依法申请仲裁或者向人民法院起诉。

第五章　室内环境质量

第四十四条　装饰装修活动，应当严格遵守规定的装饰装修施工时间，降低施工噪音，减少环境污染。

第四十五条　装饰装修工程使用的材料和设备必须符合国家标准，有质量检验合格证明和有中文标识的产品名称、规格、型号、生产厂厂名、厂址等。禁止使用国家明令淘汰的建筑装饰装修材料和设备。

第四十六条　装修人委托企业对室内进行装饰装修的装饰装修工程竣工后，空气质量应当符合国家有关标准。装修人可以委托有资格的检测单位对质量进行检测。检测不合格的，装饰装修企业应当返工，并由责任人承担相应损失。

第六章　竣工验收与保修

第四十七条　装饰装修工程竣工后，装修人应当按照工程设计合同约定和相应的质量标准进行验收。验收合格后，装饰装修企业应当出具装饰装修质量保修书。

第四十八条　装饰工程管理处应当进行现场检查，对违反法律法规和装饰装修管理的，应当要求装修人和装饰装修企业改正，并将检查记录存档。

第四十九条　装饰装修工程竣工后，装饰装修企业负责采购装饰装修材料及设备的，应当向业主提交说明书、保修单和环保说明书。

第五十条　在正常条件下，装饰装修工程的最低保修期限为两年，有防水要求的厨房、卫生间和外墙面的防渗漏为五年。保修期自装饰装修工程竣工验收合格之日起计算。

第七章　法律责任

第五十一条　装修人使用无上岗证人员从事装饰装修活动的，由装饰工程管理处责令改正，对装修人处100元以上500元以下的罚款。

第五十二条　房屋所有权人或使用人因装修损坏毗连房屋的，应负责修复或赔偿。

第五十三条　因装饰装修活动造成相邻建筑内的管道堵塞、渗漏水、停水停电、物品毁坏等，装修人应负责修复和赔偿、属于装饰装修企业责任的，装修人可以向装饰装修企业追偿。

第五十四条　装修人擅自拆改供暖、燃气管道和设施造成损失的，由装修人负责赔偿。

第五十五条　装修人因住宅室内装饰装修活动侵占公共空间，对公共部位和设施造成损害的，由装饰工程管理处责令改正，造成损失的，依法承担赔偿责任。

第五十六条　装修人未申报登记进行装饰装修人活动的，由装饰工程管理处责令改正，对装修人处 100 元以上500元以下的罚款，对装饰装修企业处200元以上500元以下的罚款。

第五十七条　装修人将装饰装修工程委托给不具有相应资质（资格）企业的，由装饰工程管理处责令改正，对装修人处 100 元以上 500 元以下的罚款，对装饰装修企业处200元以上500元以下的罚款。

第五十八条　装饰装修企业自行采购或者向装修人推荐使用不符合国家标准的装修材料，造成空气污染超标的，由装饰工程管理处责令改正，造成损失的，依法承担赔偿责任。

第五十九条　住宅室内装饰装修活动有下列形之一的，由装饰工程管理处责令改正，并处罚款：

（一）将没有防水要求的房间或者阳台改为卫生间、厨房间的，或者拆除连接阳台的砖、混凝土墙体的，对装修人处200元以上或500元以下的罚款，对装饰装修企业处1000元以上1万元以下的罚款；

（二）损坏房屋原有节能设施或者降低节能效果的，对装饰装修企业处500元以上2000元以下的罚款；

（三）擅自拆改供暖、燃气管道和设施的，对装修人处200元以上500元以下的罚款；

（四）未经原设计单位或者具有相应资质等级的设计单位提出设计方案，擅自超过设计标准或者规范增加楼面荷载的，对装修人处200元以上500元以下的罚款，对装饰装修企业处500元以上5000元以下的罚款；

（五）违反本规定第三十条、第三十一条、第三十二条规定的，对装修人处 200 元罚款。对装饰装修企业处 200 元以上500元以下的罚款。

第六十条　未经城市规划行政主管部门批准，在装饰装修活动中搭建建筑物、构筑物的，或者擅自改变房屋外立面、在非承重外墙上开门、窗的，由城市规划行政主管部门按照《城市规划法》及相关法规的规定处罚。

第六十一条　装修人或者装饰装修企业违反《建设工程

质量管理条例》的，由装饰工程管理处按照有关规定处罚。

第六十二条　装饰装修企业违反国家有关安全生产规定和安全生产技术规程，不按照规定采取必要安全防护的消防措施，擅自动用明火作业和进行焊接作业的，或者对建筑安全事故隐患不采取措施予以消除的，由装饰工程管理处责令改正，并处1000元以上1万元以下的罚款；情节严重的，责令停业整顿，并处1万元以上3万元以下的罚款；造成重大安全事故的，降低资质等级或者吊销资质证书。

第六十三条　装饰工程管理处接到对装修人或者装饰装修企业违法行为的报告后，未及时处理，玩忽职守的，依法给予行政处分。

第八章　附　则

第六十四条　房屋竣工验收合格前的装饰装修工程管理，按照《建设工程质量管理条例》执行。

第六十五条　本规定由和龙市装饰工程管理处负责解释。

第六十六条　本规定自2003年6月1日起施行。

关于开展河南省建筑装饰设计师资格认定工作的通知

豫建设标[2003]60号

各省辖市建委、省建筑装饰协会：

为了加强我省建筑装饰市场管理，提高建筑装饰工程质量，强化建筑装饰设计人员的法律责任，进一步促进建筑装饰设计水平的提高，根据国家有关规定，并结合我省的实际情况，经研究决定在全省建筑装饰行业实行设计师从业资格制度。建筑装饰设计师实行资格认定，具体工作委托河南省建筑装饰协会负责。

为保证建筑装饰设计师资格认定工作的顺利进行，各市、各有关部门应加强领导，并按规定认真做好建筑装饰设计师资格认定的各项准备工作。今后，建筑装饰设计人员从业必须持有建设厅颁发的建筑装饰设计师资格证书，其他部门发放的证书一律无效。

附件：河南省建筑装饰设计人员资格评审办法（试行）

河南省建设厅

二〇〇三年九月五日

附件

河南省建筑装饰设计人员资格评审办法（试行）

第一章　总　则

第一条　为了加强建筑装饰市场的管理，保证建筑装饰工程质量，发挥设计人员的积极性，促进装饰设计水平的提高，结合河南省装饰设计队伍实际，特制定本办法。

第二条　建筑装饰设计人员资格评审标准是为河南省境内从事建筑装饰设计人员设置的专业资格标准。

第三条　建筑装饰设计人员的资格分为：助理建筑装饰设计师（初级）、建筑装饰设计师（中级）和高级建筑装饰设计师三级。

第四条　建筑装饰设计人员应对所承接的装饰工程设计图纸的技术指标和质量负责。其职责主要是根据建设方要求，在满足国家技术规范标准的情况下，对室内室外空间、室内建筑构件、室内家具陈设、照明、绿化等进行技术、经济分析与设计。做到安全适用、优化环境、经济合理，并符消防、供电、通信、环保等部门的要求。

第五条　建筑装饰设计人员资格的基本要求是：遵守国家法律、法规，恪守职业道德，并具备相应专业教育和职业条件者，经过业务能力综合考核后取得建筑装饰设计师资格证书。

第二章　评审条件

第六条　在符合学历条件的要求下，必须满足下列业绩或从业能力中其中一条的，可申请河南省助理建筑装饰设计师（初级）资格认定：

1. 学历要求

1--1：本专业本科以上学历，在建筑装饰设计岗位工作1年以上；相近专业本科以上学历，在建筑装饰设计岗位工作2年以上；相关专业本科以上学历，在建筑装饰设计岗位工作3年以上。

1--2：本专业大专以上学历，在建筑装饰设计岗位工作2年以上；相近专业大专以上学历，在建筑装饰设计岗位工作3年以上；相关专业大专以上学历，在建筑装饰设计岗位工作4年以上。

1--3：本专业中专以上学历，在建筑装饰设计岗位工作3年以上；相近专业中专以上学历，在建筑装饰设计岗位工作4年以上；相关专业中专以上学历，在建筑装饰设计岗位工作5年以上。

2. 业绩

2--1：在市级以上的建筑装饰设计竞赛评优中，获得二等奖 1 项或三等奖 2 项；

2--2：在市级以上有正规出版刊号的刊物上公开发表建筑装饰设计作品两幅以上者，省级以上有正规出版刊号的刊物上公开发表建筑装饰设计作品一幅以上者。

3．从业能力

3--1：独立完成 2 项 300 ㎡或 5 项 100 ㎡以上的公用建筑工程装饰设计；

3--2：独立完成 6 个住宅居室装饰设计。

第七条　在符合学历条件的要求下，必须满足下列业绩或从业能力中其中一条的，可申请河南省建筑装饰设计师（中级）资格认定：

1．学历要求

1--1：本专业硕士以上学位，从事本专业工作 2 年以上；相近专业硕士以上学位，在建筑装饰设计岗位工作 3 年以上；相关专业硕士以上学位，在建筑装饰设计岗位工作 4 年以上。

1--2：本专业本科以上学历，从事本专业工作 4 年以上；相近专业本科以上学历，在建筑装饰设计岗位工作 5 年以上；相关专业本科以上学历，在建筑装饰设计岗位工作 6 年以上。

1--3：本专业大专以上学历，从事本专业工作 5 年以上；相近专业大专以上学历，在建筑装饰设计岗位工作 6 年以上；相关专业大专以上学历，在建筑装饰设计岗位工作 7 年以上。

1--4：本专业中专以上学历，从事本专业工作 6 年以上；相近专业中专以上学历，在建筑装饰设计岗位工作 7 年以上；相关专业中专以上学历，在建筑装饰设计岗位工作 8 年以上。

2．业绩

2--1：在全国装饰设计竞赛评优中获三等奖 1 项，省级装饰设计竞赛评优中获二等奖 1 项或市级装饰设计竞赛评优中获一等奖 1 项。

2--2：在有正规刊号的刊物上公开发表过有价值的学术论文两篇或装饰设计作品两幅以上。

2--3：独立撰写著作中的部分章节并已公开出版。

3．从业能力

3--1：独立完成 3 项 300 ㎡以上的公用建筑工程装饰设计；

3--2：独立完成 8 个 120 ㎡以上住宅居室装饰设计；

第八条　在符合学历条件的要求下，必须满足下列业绩或从业能力其中一条的，可申请河南省（高级）建筑装饰设计师资格认定：

1．学历要求

1--1：本专业硕士以上学位，从事本专业工作 6 年以上；相近专业硕士以上学位，在建筑装饰设计岗位工作 7 年以上；相关专业硕士以上学位，在建筑装饰设计岗位工作 8 年以上。

1--2：本专业本科以上学历，从事本专业工作 8 年以上；相近专业本科以上学历，在建筑装饰设计岗位工作 9 年以上；相关专业本科以上学历，在建筑装饰设计岗位工作 10 年以上；

1--3：本专业大专以上学历，从事本专业工作 10 年以上；相近专业大专以上学历，在建筑装饰设计岗位工作 11 年以上；相关专业大专以上学历，在建筑装饰设计岗位工作 12 年以上；

2．业绩

2--1：在全国装饰设计竞赛评优中获一等奖 1 项（二、三等奖 2 项）或省级装饰设计竞赛评优中获一等奖 2 项。

2--2：在国家级有正规出版刊号的刊物中公开发表过有价值的学术论文两篇或装饰设计作品两幅以上。

2--3：独立撰写并已公开出版著作。

3．从业能力

3--1：独立完成 3 项 500 ㎡或 4 项 300 ㎡以上的公用建筑工程装饰设计；

3--2：独立完成 10 个 120 ㎡以上住宅居室装饰设计；

本专业是指：室内设计、环境艺术设计、建筑学、工业与民用建筑。

相关专业是指：水、电、暖、通等。

相近专业是指：城市规划设计、园林设计、工业设计、家具设计、舞台美术设计、绘画专业等；

第三章　评审和考核

第九条　河南省建筑装饰设计人员资格的评审和考核工作，由河南省建设厅委托河南省建筑装饰协会组织实施，由省建设厅颁发相应等级的资格证书和资格专用章。

第十条　建筑装饰设计人员申报初级、中级、高级建筑装饰设计师资格时，须经申请人所在单位推荐，当地建设行政主管部门或其委托的相应协会出具意见后报送省建设行政主管部门委托的河南省建筑装饰协会进行评审和考核。

第十一条　评审、考核条件：

1．建筑装饰设计人员资格评审，按本办法第二章规定的条件进行，并参加省级以上的有关业务知识等方面的考试。

2．已取得国家一、二级注册建筑师资格人员可从事建筑装饰工程设计。

第十二条　评审和考核程序

1．申报人在当地建设行政主管部门或其委托相关协会报名；

2．由当地建筑行政主管部门或其委托相关协会报送材料；

3．河南省建筑装饰协会受理申报资料并进行初审；

4．参加省级有关业务能力考试；

5．组织有关专家评审；

6．河南省建设厅颁发相应证书及资格专用章。

第十三条　申报材料：

1．建筑装饰设计人员资格申请表（一式两份）

2．学历证明（原件、复印件各一份）

3．满足相关业绩或相关从业能力的证明材料（原件、

复印件各一份）

4．人事关系证明材料（原件、复印件各一份）

5．过去和现在单位出具的反映其执业实践年限、职业道德证明材料（原件、复印件各一份）

6．申报中、高级建筑装饰设计师须提供省级以上有关部门外语考试成绩合格证（原件、复印件各一份）

7．其他有关参考价值的材料（两份）

所有材料原件审核后退回。

第四章　资格管理工作

第十四条　河南省建筑装饰协会受河南省建设行政主管部门委托，负责全省建筑装饰设计人员资格管理工作。

第十五条　凡违反本《办法》的有关规定，以不正当手段取得建筑装饰设计人员资格证书者，按有关规定，由省建筑行政主管部门收回资格证书和资格专用章。

第十六条　取得建筑装饰设计师资格证书的人员，在从事设计工作中因设计引起重大质量问题，所在单位须上报河南省建设行政主管部门，经有关部门审查核实后，取消其设计资格，收回资格证书和资格专用章，3年以后方可重新申请相应资格。

第十七条　受委托的河南省建筑装饰协会对建筑装饰设计人员资格评审工作每年进行一次。

第五章　附　则

第十八条　本办法由河南省建设厅负责解释。

第十九条　本办法自发布之日起执行。

关于试行《遵义市建设工程二次装修管理办法》的通知

遵市建（1999）080号

各县（区、市）建设局、建委各科室：

为进一步加大建设管理工作的力度，加强工程质量管理，规范我市建设市场，使我市建设工作健康有序的发展，现将《遵义市建设工程二次装修管理办法》印发，并从印发之日起试行。在试行中的情况及时向市建管委进行书面汇报，以便充实、完善。

遵义市建设管理委员会

一九九九年四月二十二日

遵义市建设工程二次装修管理办法

（试行）

第一章　总　则

第一条　为了加强对我市建设工程二次装修的管理，促进建设工程装饰装修行业的发展，规范行业行为，保障装饰装修活动当事人的合法权益，根据建设部《建筑装饰装修管理规定》、《贵州省建筑市场管理条例》的规定制定本办法。

第二条　本市行政区域内的新建、扩建、改建工程和对原有房屋等建筑物、构筑物进行二次装修的，均适用本办法。

具有文物保护价值的建筑、古建筑的装饰装修，依照有关规定执行。

本办法所称原有房屋，是指取得房屋所有权证书，并已投入使用的各类房屋。

第三条　本市行政区域内所有房屋所有权人、使用人、装饰装修建设单位(业主)、设计单位、施工企业、质量安全监督单位、监理单位、房屋安全鉴定单位，均应遵守本办法。

第四条　建设工程二次装修应当做到安全适用、优化环境、经济合理，并符合城市规划、消防，供电、环保等有关规定。

第五条　遵义市建设管理委员会是全市建设工程二次装修行业管理的行政主管部门，归口管理全市建筑装饰装修和建设工程二次装修工作。

各县(区、市)建设局归口管理本行政区域内的建筑装饰装修和建设工程二次装修工作。

建设工程二次装修管理按项目隶属关系，规模和投资数额实行分级和限额相结合的管理办法。

（一）市建设管理委员会管理下列项目：

1．市级行政和市属企事业单位(含房地产开发)的二次装修工程；

2．市以上单位在遵义的二次装修工程；

3．市工商行政管理部门登记注册各类经营实体进行的二次装修工程；

4．各县(区、市)200万元以上的二次装修工程。

（二）各县(区、市)建设行政主管部门管理本行政区域内除(一)项以外的二次装修工程和上级管理委托管理的项目。

第六条　本办法所称建设工程二次装修是指工程已办理竣工验收手续或经初装饰竣工验收以及主体工程验收合格后，独立发包的装饰装修工程。

第二章　工程的报建和施工许可

第七条　独立发包的投资额在20万元以上(含20万元)的二次装修工程，应参照《贵州省建设工程项目登记管理办法》到建设行政主管部门或其授权机构办理建设项目登记手续。

第八条　原有房屋的使用人二次装修房屋，应征得房屋所有权人同意，并签定协议。协议中应明确二次装修后的修缮、拆迁和补偿等内容。

第九条　原有房屋进行二次装修，凡涉及拆改主体结构和明显加大荷载的，应按下列办法办理：

（一）房屋所有权人、使用人必须向房屋所在地房产行政主管部门提出申请，并由房屋安全鉴定单位对装饰装修方案的使用安全进行审定。

（二）房屋装饰装修的申请人持批准书向建设行政主管部门报建，并领取施工许可证。

第十条　建设单位(业主)应按照工程建设质量安全监督管理有关规定，到工程所在地质量安全监督部门办理二次装修工程质量安全监督手续。

第十一条　未办理报建和质量安全监督手续的二次装修工程，有关的主管部门不得为其办理招投标手续和发放施工许可证。

第三章　二次装修工程的发包与承包

第十二条　凡从事二次装修的企业，必须经建设行政主管部门进行资质审查，并取得资质证书后，方可在资质证书规定的范围内承包工程。

建设单位（业主）不得将二次装修工程发包给无资质证书或不具备相应资质的企业。

第十三条　外地施工企业到本市承接二次装修业务的，应到建设行政主管部门验证登记办理相关手续。

第十四条　下列二次装修工程其投资额在 20 万元以上(含 20 万元)的，应当采取公开招标或邀请招标的方式进行发包。

（一）政府投资的工程；

（二）行政、事业单位投资的工程；

（三）国有、集体企业投资的工程；

（四）国有、集体企业控股的企业投资的工程；

（五）法律、法规规定的其它工程。

前款规定范围内不宜公开招标或邀请招标的军事设施工程、保密设施工程、特殊专业等工程，可以采取议标或直接发包。

前两款规定以外的其他二次装修工程的发包方式由建设单位或房屋所有权人、房屋使用人自行确定。

第十五条　实行招标发包的二次装修工程，应按《贵州省建设工程招标投标管理条例》、《贵州省建设工程施工招标投标实施办法》、《贵州省建设工程施工招标投标工作规定》的要求办理。

第十六条　从事二次装修工程的发包、承包双方，应当按照统一的建筑装饰装修工程施工合同示范文本签订合同。

第十七条　发包方不得损害承包方的利益，强迫承包方购入合同约定之外的装饰装修材料和设备。

第四章　二次装修工程的质量与安全

第十八条　建设单位及设计、施工单位必须按照基本建设管理程序办事，严格执行建筑装饰装修的质量评定标准，施工安全技术规范及验收规范等有关规定和标准。

第十九条　建筑装饰装修设计、施工单位必须按照有关规定承接二次装修的设计和施工任务。

建筑装饰装修企业必须按照图纸施工，不得擅自改变设计图纸。

第二十条　原有房屋装饰装修需要拆改结构或改变使用用途、增加荷载的，装饰装修设计必须保证房屋的整体性、抗震性和结构的安全，其装修设计未经有关部门审查同意，不得进行二次装修。

整栋危险房屋不得进行二次装修。

对严重损坏和有险情的房屋，应当先修缮加固，达到居住和使用安全条件后，方可进行二次装修。

第二十一条　建筑二次装修设计、施工和材料使用，必须严格遵守建筑装饰装修防火规范。完成装饰装修施工图纸设计后，建设单位应报公安消防部门进行安全消防核准。

未进行安全消防核准的工程，建设行政主管部门不予发放施工许可证。

第二十二条　建筑装饰装修企业必须采取措施，控制施工现场的各种粉尘、废气、固体废弃物以及振动对环境的污染和危害，保护人们的正常生活、工作和人身安全。

第二十三条　二次装修施工现场管理必须符合安全生产要求，施工企业应采取措施加强施工期间的消防管理，控制易燃易爆物品，配备必要的消防器材，防火灾、防中毒、防触电，文明施工，安全施工。

第二十四条　质量安全监督机构应当按照有关标准，对二次装修工程进行质量和安全监督。

总投资额大于 300 万元(含 300 万元)以上的二次装修工程应当委托监理。

第二十五条　二次装修工程施工禁止使用不合格产品。

二次装修工程竣工后，必须经质量监督机构认证合格，否则不予验收。未经验收的工程，不得投入使用。

未办理施工许可证的施工项目不得办理竣工验收手续。

第二十六条　二次装修工程发生重大质量、安全事故的，由建设行政主管部门会同有关部门调查处理；发生火灾事故的，由公安消防部门会同有关部门调查处理。

第五章　罚　则

第二十七条　二次装修工程发包方违反本办法有关条款，有下列行为之一的，由县级以上地方人民政府建设行政主管部门或其授权的部门给予警告、通报批评、限期改正、责令停止施工的处罚，并可处以装饰装修工程造价 3%以下的罚款；因责令停止施工而造成的经济损失，由发包方承担。

（一）未按照规定进行报建的；

（二）该招标的工程未按照规定进行招标的；

（三）未按照规定办理质量安全监督、工程监理手续的；

（四）发包给无资质证书的或承包任务与资质证书等级不符的企业的；

（五）未办理施工许可证的；

（六）使用未验收工程的；

（七）对已鉴定为危房的工程进行二次装修的。

第二十八条 二次装修工程承包方违反本办法有关条款，有下列行为之一的，由县级以上人民政府建设行政主管部门给予警告、通报批评、停止施工、停业整顿、降低资质、吊销资质证书、没收非法所得的处罚，并可处以装饰装修工程造价 3%以下的罚款：

（一）未取得装饰装修资质证书而进行装饰装修设计、施工的；

（二）擅自超越资质证书许可范围承包工程的；

（三）未按设计方案进行施工的；

（四）拒绝接受质量安全监督机构监督检查、验收的；

（五）将不合格的材料、设备用于装饰装修工程的；

（六）破坏环境、危及人身安全的；

（七）出卖、转让、出借、涂改、复制、伪造资质证书的；

（八）违反安全生产管理规定和施工操作规程，违章作业，造成质量、安全事故的。

第二十九条 对未按规定申请批准、未进行房屋安全性能鉴定、擅自拆改房屋结构或明显加大荷载，对原有房屋进行装饰装修的，由房地产行政主管部门或有关部门责令修复或赔偿，并给予行政处罚。

第三十条 房屋安全鉴定单位工作人员不如实对装饰装修方案的使用安全性能出具结论的，由其所在单位或行政主管部门给予行政处分。

第三十一条 房屋所有权人或使用人因装饰装修损坏毗连房屋的，应负责修复或赔偿。

第三十二条 因装饰装修原有房屋发生纠纷的，当事人可以向房屋所在地的房地产行政主管部门申请调解或者向人民法院起诉。

第三十三条 当事人对主管部门给予的行政处罚不服的，可以根据国务院《行政复议条例》申请复议。复议期间原处罚决定照常执行。

第三十四条 有本规定第二十七条、第二十八条、第二十九条、第三十条所列行为，情节严重、构成犯罪的，由司法机关依法追究刑事责任。

第六章 附 则

第三十五条 本办法由遵义市建设管理委员会负责解释。

第三十六条 本规定自公布之日起施行。

关于调整社会团体会费政策等有关问题的通知

民发[2003]95 号

各省、自治区、直辖市民政厅（局）、财政厅（局）、计划单列市民政局、财政局，新疆生产建设兵团民政局、财政局：

为贯彻落实国务院关于行政审批制度改革工作实施意见的有关精神，促进社会团体健康发展，经研究，现将调整社会团体会费政策等有关事项通知如下：

一、社会团体登记管理机关批准成立的社会团体，可以向个人会员和单位会员收取会费。国务院和省、自治区、直辖市民政、财政部门不再核定统一的社会团体会费标准，社会团体可依据章程规定的业务范围、工作成本等因素，合理制定会费标准。

二、社会团体会费标准的制定或修改须经会员大会（或会员代表大会）讨论，其决议须经到会会员（或会员代表）半数以上表决通过方能生效。

社会团体通过的会费标准决议，应在 30 日内分别报送业务主管单位、社会团体登记管理机关和财政部门备案。

三、社会团体应遵守国家有关法律法规和章程，并按照国家统一的会计制度的规定进行会计核算。

四、社会团体会费应当主要用于为会员提供服务以及按照该社会团体宗旨开展的各项业务活动等支出。

社会团体会费不属于政府收入，可以不纳入国家收支两条线管理范围。

五、社会团体收取会费，应按照规定使用财政部和省、自治区、直辖市财政部门印（监）制的社会团体会费收据。其中，全国性社会团体收取会费使用财政部门印（监）制的社会团体会费收据，地方性社会团体收取会费使用省、自治区、直辖市财政部门印（监）制的社会团体会费收据。社会团体会费统一收据式样（见附件）由财政部会同民政部统一制定，财政部和省、自治区、直辖市财政部门印（监）制。为做好新旧社会团体会费收据的衔接工作，新的社会团体会费收据从 2004 年 7 月 1 日开始启用。

社会团体领取会费收据时，只缴纳会费收据工本费。

六、社会团体应定期向会员公布会费收支情况，接受会员大会（或会员代表大会）的审查，并在社会团体年检时向社会团体登记管理机关报告会费收支情况。

七、社会团体会费标准的制定、修改，以及会费收取、使用和管理不符合本通知规定的，社会团体登记管理机关可依据《社会团体登记管理条例》的有关规定，给予相应处罚。

社会团体登记管理机关和财政部门应对社会团体会费的收支情况进行监督检查，发现问题，及时处理。

八、社会团体收取会费不符合本通知第二条和第五条规定的，社会团体会员有权利拒绝缴纳，并可向有关部门举报。

九、本通知所规定的原则和具体办法自 2003 年 8 月 1 日起试行，试行期二年。《民政部、财政部部关于社会团体收取会费的通知》（民社发[1992]27 号）同时废止。

中华人民共和国民政部

中华人民共和国财政部

二〇〇三年七月三十日

行业协会四大问题

国家工商总局市场规划司

如何更好地发展行业协会等类组织，当前必须迅速统一认识并解决四个问题。

第一，必须清醒地认识到至今为止，我国的市场结构存在着一种缺陷。

行业协会等民间组织是市场经济条件下市场结构的重要组成部分。我国虽然有不少行业协会，但由于它们的产生基本上是作为行政上的延伸而发生的，所以一般只能作为政府的附庸而存在和被认识。

在二元化的社会结构下，政府往往必须直接面对广大的各自独立的企业，所以其负担极为沉重。政府职能的转变也由于这种结构性的欠缺而失去稳妥的着陆点，在实际上发生着包括腐败在内的各种体制、机制性的滞障。

这种滞障的后果体现在直接为迎接入世而进行的法律法规修改时，由于缺少行业协会的承接，使得广大企业和群众造成一种错觉，即：法律法规修改掉的内容都是错误的东西，而不是只不过根据 WTO 规则不能再以政府行为和法律成果表现的内容。

这种滞障的后果体现在对待行政审批的态度上，就是单纯的无限度地约束着本国政府各部门、各地区的行为，以追求行政审批被去掉的数量为主要目的，其间有许多属于只要由行业协会等组织承接，就能继续发挥保护国家根本利益甚至政府利益的审查、审批和许可，也被彻底丢掉和废止，从而彻底开放了国门。

这种滞障的后果体现在入世后对广大企业的正确有效引导上，由于政府不能再出面发号施令，广大企业只好自行其事，甚至惶惶然、茫茫然地无奈地面对外资的大举进攻。

第二，尽快确立一整套有关行业协会类组织的理论，为促进其今后发展，摆顺与政府与企业的关系，做好基础的探索。

在完善成熟的市场经济体制下，政府与企业之间存在着“市场经济中间服务体系”。市场经济中间服务体系分为两个侧面：“市场中介服务体系”和“市场中间服务体系”。前者单指那些盈利性的非政府、非企业的市场中介服务组织，如律师事务所、咨询公司、资产评估所、调查公司、信用征信公司、婚姻介绍所、职业介绍所等等。后者指那些非盈利性的非政府、非企业的市场中间服务组织。根据性质不同，“市场中间服务体系”可以分为五大类甚至更多；“市场主体类中间服务组织”，如同企业组成的行业协会、同业公会。“市场行业类中间服务组织”，如企业投资协会、融资租赁协会。“市场成分类中间服务组织”，如商会、个体劳动者协会、私营企业家协会、消费者协会、船东协会。“市场目的类中间服务组织”，如企业信用协会、重合同守信用协会。“公益福利类中间服务组织”，如慈善总会，见义勇为基金会等。总之“市场中间服务”这一概念的设定与出现，打破了以往“中介”含混的统辖一切非政府、非企业的市场行为的传统观念，澄清了由于“中介”行为具有的盈利性而在理论与思维中给企业与群众所带来的混乱，改善了过去行业协会只能在政府行政权力延伸的轨道上生存与活动的格局，确立了行业协会等类组织得以独立存在于法学与经济范畴内的概念和地位，为今后一段时期政府更好地实施法定的有效的监管创造了良好的条件。去年的《政府工作报告》，首次将“行业协会”与“中介机构”分开论述，就是一个极好的开端。

第三，行业协会等市场中间服务组织要进一步发展，必须克服其只能“自律”的传统的片面性概念。

行业协会必须实施对同业企业的市场行为的各种自律性的行业管理，这是必然的职能，但不是唯一的职能。在做好自律的同时，行业协会等市场中间服务组织更重要的职能体现在“律他性”方面，这就是对国内市场的主导与对行业合理发展进行行业规范的职能。这些职能可以表现为：根据企业的实际发展状况和市场消费需求阶段的不同，制订行业技术标准，并将比较成熟的行业标准经由国家有关部门修改审定后，作为国家技术标准颁布执行。通过对全行业的历史、现状及发展方向的调查研究，结合现代市场体系的要求，做出行业发展建设规划，并在此基础上，汇总相关行业的各类规划，最终形成不断更新的国家经济发展规划。为国家立法提出全行业的共同意见和建议，甚至代拟法律法规草案。充分运用大量行规的制定，为同业企业的进入市场制定符合中国国情的市场规则，特别是那些有利于国内企业入市的规则，只要这些规则是面向所有本业进入中国国内市场的企业，就不违反 WTO 的规则，从而达到合理地运用非贸易壁垒保护国内市场正常健康有序发展的目的。

在行业发展发生畸形、滞胀，包括企业产品形成买方市场时，运用行业的整体力量，积极地控制与主动地掌握企业发展的节奏与布局。对政府及其部门的行政行为实施监督，要求组织对某些行政决定的公开听证会，参与政府的机构改革论证。

在市场中开展同业企业的信用评估。代表同业企业向国家外经贸部反倾销局提出在国内市场中发生倾销问题时的反倾销诉讼申请，同业企业在国际市场中被提起反倾销诉讼时，以低成本组织行业的整体力量积极主动地应诉，并努力取得胜诉。把目前多由各行政部门自行组织的对职工的业务培训工作承接过来。这时的行业协会，不再是行政的延伸，更不是政府的附庸，而是在政府与企业中间，与政府与企业同样发挥着几近平等的对社会主义市场经济体制的调整和规范作用。这时的行业协会，既是政府与企业之间的桥梁和纽带，更是市场经济结构中不可缺少的一方重要成分，就好像中国的非公有制经济终于从重要补充上升为社会主义市场经济的重要组成部分一样。

当然，这时的行业协会远不是人们习惯思维中只能自律的市场中间服务组织了。

第四，行业协会在中国的进一步健全和发展，必须克服目前的法律障碍。

早在陕甘宁边区；我们党和边区政府就曾颁布了两个与民间社团相关的规定。1942 年 4 月 3 日公布的《陕甘宁边区民众团体登记办法》规定了社团申报的程序；1949 年 10 月 31 日公布的《陕甘宁边区人民团体登记办法》明确了分级登记的程序和办法。全国解放后不久，在周总理亲自主持下，政务院于 1950 年颁发了《社会团体登记暂行办法》。现在看来，该《办法》仅就解放后一段时期内的社会团体的登记阶段的有关工作进行了一定的规范。

“文化大革命”结束到 1989 年《社会团体登记管理条例》出台，当时全国性的社会团体由“文革”前的近百家发展到 1600 多个，地方性社会团体由 6000 多个发展到 20 多万家。但正如该《条例》的名称一样，这种“管理”基本只限于社团组织的登记程序阶段，对于社团的功能和对于社会，主要指行业如何影响和引导几无涉足。

到 1998 年重新修订该《条例》，仍然只是强化了社团组织的市场准入程序方面的行政审批职能。因此，目前工业经济类行业协会的生存与发展还存在着一定的法律障碍。

由于已有《社会团体登记管理条例》、《民办非企业单位登记管理暂行条例》和《事业单位登记管理暂行条例》等三部行政性法规，一般认识中大多认为，包括行业协会在内的市场中间服务体系的法律建设工作已经基本完成，因而可以在一段时间内不必再从立法的角度考虑该问题了。实际上，这三部条例出台时均在 1998 年，距离中国入世有四年之久。中国国内市场的架构与发展情况又出现了很大的变化，这三部条例在很多方面已不适用和过时了。

无论是“社会团体”，“民办非企业单位”，还是“事业单位”，它们的定义与概念对于现今市场主体多元化的发展现实相比较：一，可能有相当多不严谨不准确的地方；二，对于行业协会类的市场中间服务组织及其体系由于不能充分认识它的地位、价值和作用，从而处于这三个条例所规范的主体间比较含混的地段。《社会团体登记管理条例》第三条规定：“成立社会团体，应当经其业务主管单位审查同意”；第九条规定：“申请成立社会团体，应当经其业务主管单位审查同意”；《民办非企业单位登记管理暂行条例》第三条规定：“成立民办非企业单位，应当经其业务主管单位审查同意”；第八条规定；“申请登记在办非企业单位，应当具备下列条件：(一)‘经业务主管单位审查同意’；《事业单位登记管理暂行条例》第三条规定：‘事业单位经县级以上各级人民政府及其有关主管部门(以下统称审批机关，批准成立’；第三条规定：‘申请事业单位法人登记，应当向登记管理机关提交相关文件’；(二)审批机关以批准文件”等等。

且不分析这三部条例针对不同市场主体所采取的登记程序中惊人的一致性，这种必须经上级主管机关首先审查批准的程序，在今天看来，由于有限责任公司和外商投资企业的纷纷出现，已经大为落后和陈旧，显然它也已成为大量行业协会成立的法律障碍。当然，我们主张行业协会的组织的出现，不要沿袭传统的必须有“上级主管”部门的观念，还有一个不一定需要在这里就马上论证和予以解决的理由，这就是产权的明晰问题。所谓“明晰”，既有参加行业协会的广大企业的产权首先必须明晰的问题，也有行业协会本身的产权必须明晰的问题。

由于行业协会属于市场中间服务组织性质，由于它的生存主要以组成行业协会的所有工作人员的富于高度责任感的高智商型的创造性的劳动为前提，所以它的出现与成立，理论上几乎不需要任何产权问题的羁绊与限制，也就回避了是否存在投资方或者投资人的问题。继而呈现在级别明显高于民政部门那三个《条例》的法律面前的结论，就是行业协会没有任何理由必须拥有“上级主管部门”。

为逐步解决这些法律环境不足的障碍，有必要从整个社会方面采取一定措施，付出一定努力，从而使行业协会以真正意义上的派生和发展，藉以创造一个具有中国特色的社会主义市场经济的机构与秩序的良好局面。

关于印发《北京市建设委员会行业协会管理办法（试行）》的通知

京建法[2003]281号

市建委系统各协会、各有关单位：

《北京市建设委员会行业协会管理办法（试行）》已经市建委党组、主任办公会同意，现印发给你们，请各协会及有关单位遵照执行。

特此通知

北京市建设委员会

二OO三年六月四日

北京市建设委员会行业协会管理办法（试行）

第一章　总　则

第一条　为促进市建委系统行业协会健康发展，规范对行业协会的管理，进一步发挥行业协会的积极作用，根据国务院《社会团体登记管理条例》、中共中央办公厅国务院办公厅《关于进一步加强民间组织管理工作的通知》（中办发[1999]134号）等有关政策、法规，结合本委行业协会工作实际，制定本办法。

第二条　北京市建设委员会（以下简称市建委）对行业协会的培育发展与管理监督适用本办法。

本办法所称行业协会（以下简称协会），是指经市建委审查同意，市社团登记管理机关核准登记成立的行业性社会团体组织。

第三条　市建委对协会的管理坚持"培育发展与管理监督并重"的原则，支持协会依据法律法规和章程开展活动，充分发挥职能作用。

第四条　市建委是本系统协会的业务主管单位，履行下列管理职责：

（一）贯彻执行国家和本市有关政策法规，拟订协会发展规划和管理措施，并组织实施；

（二）负责协会筹备申请、成立登记、变更登记、注销登记前的审查并出具相应的批准文件；

（三）负责协会年度检查的初审；

（四）负责协会人事、财务工作的业务指导和监督；

（五）负责协会对外交往、对外宣传及重要研讨活动的监督管理；

（六）监督指导协会依照其《章程》开展活动；

（七）协助登记管理机关和其他有关部门查处协会的违法行为；

（八）政策法规规定的其他监督管理职责。

第二章　协会的性质和职能作用

第五条　协会是同业企事业单位及其他经济组织和个人自愿组成的非营利性社会团体法人。

协会由同业会员组成，按行业设立，实行"一业一会"制；协会内部可按业内专业和服务功能设立专业委员会。

协会应积极吸收同业中非公有制企业和在京的外地、外商投资企业入会。

第六条　协会的基本职能是行业服务、行业自律、行业代表、行业协调。

协会的具体职能，由各协会依据有关政策法规，结合协会实际，在《章程》中予以确定。

第三章　协会的培育与发展管理

第七条　协会要依据政策法规和规章不断加强自身建设，建立健全各项规章制度，积极自主开展各项活动，充分发挥职能作用。

市建委应根据协会健康发展的需要，适时对协会布局结构和职能配置进行调整（包括充实、合并、重组或撤销），并制定方案，组织实施，以为协会充分发挥职能作用创造条件。

第八条　市建委贯彻执行市委市政府《关于进一步优化发展环境的意见》（京发[2003]6号）的有关规定，逐步将市建委承担的部分社会服务职能从行政职能中剥离出来，移交给具备承担一定行业管理职能条件的相关协会。

第九条　市建委机关及所属事业单位，都要加强与相关协会的信息沟通、业务指导和协作，充分发挥协会的桥梁和纽带作用。

第十条　市建委委托协会承担的工作，可以政府购买服务的方式给予协会相应的经费等支持。

第十一条　市建委定期组织召开协会工作会议或专题会议，通报市建委年度工作安排和重大工作部署，听取协会有关行业发展和协会管理工作的意见和建议。

第四章　协会的设立、变更、终止和年检管理

第十二条　协会依据法定程序办理筹备申请、登记成立申请、法定登记备案事项及其变更、终止等事项，须经市建委审查同意后，到登记管理机关办理相应的登记手续。

市建委；应在接到符合法定条件的有关材料之日起15个工作日内，做出审查同意或不同意的书面答复意见；不同意的，应说明理由。

第十三条　协会办事注销登记前，应在市建委及有关部

门指导下，成立清算组织，完成清算工作。

第十四条　协会参加年检，应按有关规定向市建委报送有关材料，经初审同意后，再到登记管理机关参加年检。

第五章　协会的党建工作

第十五条　协会应按照《中国共产党章程》和中央组织部《关于加强社会团体党的建设工作的意见》（中组发[2000]10号）有关规定，在市建委机关党委的领导下，成立党的基层组织，开展党的建设工作。

协会党组织应全面贯彻执行《党章》规定的基层组织的基本任务，其主要职责是：

（一）宣传和贯彻党的路线、方针、政策，执行上级党组织和本组织的决议、决定。监督协会遵守国家法律、法规，坚持正确的政治方向；

（二）支持协会及其负责人按照协会《章程》开展工作；

（三）加强党组织自身建设，做好党员的教育管理工作和发展党员工作，发挥党员的先锋模范作用；

（四）领导协会的政治文明、精神文明建设，思想政治工作和统一战线工作。

第十六条　协会常设办事机构专职工作人员中，有3名以上50名以下正式党员的，都应成立党的支部委员会；其中党员人数不足7名的，可不成立支部委员会，只设书记1名。正式党员不足3名，尚不具备成立党的支部委员会的协会，经批准可与业务范围相近的协会党组织建立联合党支部，参加党的组织活动。

第十七条　会员单位派驻协会的党员工作人员，以及协会借调、聘用驻会的党员工作人员，在协会工作时间超过6个月的，都应将其党组织关系转入所在协会的党组织。

派驻、借调、聘用到协会的党员工作人员，在返回原单位或与协会解除聘约关系时，所在协会的党组织应及时向该党员所在单位的党组织提供其在协会工作期间的政治表现和工作鉴定。

第六章　协会领导成员管理

第十八条　协会的领导班子成员必须按照章程规定和民主程序产生或罢免。

协会领导干部应实行任期制。会长（理事长）、监事长、秘书长任期一般不得连续超过两届。会长（理事长）一般应由企业的现职领导担任，任职年龄最高不超过70周岁。秘书长应为专职，监事长和秘书长任职年龄一般不超过65周岁。不能任满一届的，不再提名为协会领导职务的候选人。

第十九条　协会领导班子建设应注重优化年龄结构和专业知识结构，提高领导班子整体素质。会长（理事长）、监事长、秘书长原则上应由有大专以上学历、身体健康，并具有一定的专业知识、熟悉本行业情况或在本行业中有一定的知名度，以及具有较强的组织领导能力和管理协调能力的人担任。

严格执行党政机关领导干部不兼任社会团体领导职务的有关规定。协会法定代表人，不得同时担任其他协会的法定代表人。

会长（理事长）、监事长、秘书长在产生或罢免前，应报经市建委审查同意；产生和罢免后，应报市建委备案。

第七章　协会的人事和财务管理

第二十条　协会专职人员的编制，按规定可向登记管理机关申请。编制方案须经市建委审查同意后，报登记管理机关核准。

第二十一条　协会应有一定数量和相对稳定的专职工作人员。专职工作人员可面向社会公开招聘，实行岗位聘任制（工作实行劳动合同制），人员上岗采取双向选择和竞争上岗的方式。聘任的专职干部中，离退休人员应控制在40%以内。

第二十二条　协会专职工作人员的工资、社会保险及各种福利待遇等可参照市建委自收自支事业单位的办法执行。

第二十三条　协会专职工作人员的技术职称考评，可纳入市建委专业技术职称考评管理，协会可根据需要自主聘任。

第二十四条　协会会费缴纳标准，由协会在章程中规定。

第二十五条　协会的财务，参照市财政局、市建委制定的《北京市建设委员会财务管理办法》（京财经二[2003]266号）执行。

第二十六条　协会设立的财务机构和银行账户，须报市建委备案。

第二十七条　协会法定代表人和主管财务的负责人离任时，协会应对其进行任期经济责任审计。离任审计工作应接受市建委监督。

第八章　协会对外交往管理

第二十八条　协会应严格遵守国家的有关外事纪律和管理制度。

协会组团或工作人员出国考察、学习、培训等活动，按照市建委《关于加强出国考察管理的若干规定》（京建市[2002]853号）执行。

第二十九条　协会接待国外相关组织和团体来本市考察交流，接受国际组织、境外企业资助和境外相关机构提出的调查研究课题，组织参加国际组织召开的有关会议和国际性展览、展示活动，应事先向市建委报告。

协会吸收境外成员或应邀以单位会员名义加入境外民间组织，应经市建委同意，按国家有关规定报批。

第九章　附　则

第三十条　系统各类学会、研究会等非行业性协会，参照本办法有关规定执行。

第三十一条　本办法自发布之日起施行。市建委原有关规定，与本办法不一致的，以本办法为准。

第三十二条　本办法由市建委负责解释。

关于转发自治区民政厅《关于促进行业协会商会发展的指导意见》的通知

新政办发[2003]167号

伊犁哈萨克自治州，各州、市、县（市）人民政府，各行政公署，自治区人民政府各部门、各直属机构：

行业协会、商会是市场经济发展的产物。改革开放以来，尤其是在经济转轨、社会转型和政府职能转换的推动下，我区行业协会数量逐年增加，作用日益增强。

为扶持、促进行业协会的发展，规范行业协会的工作，现将自治区民政厅《关于促进行业协全商会发展的指导意见》转发给你们，请各地各部门认真贯彻执行。

新疆维吾尔自治区人民政府办公厅

二〇〇三年十二月三日

关于促进行业协会商会发展的指导意见

新疆维吾尔自治区民政厅

行业协会、商会（以下统称“行业协会”）是社会团体组织的重要组成部分，是市场经济发展的产物。行业协会由同业经济组织自愿组成，是行业性、自律性的非营利性社会组织。作为社会主义市场经济活动中的一个重要组织，行业协会具有协调市场主体利益、提高市场配置效率的功能。发展行业协会，是规范市场经济秩序，转变政府职能的重要举措。中共中央《关于完善社会主义市场经济体制若干问题的决定》强调要“积极发展独立公正、规范运作的专业化市场中介服务机构，按市场化原则规范和发展各类行业协会、商会等自律性组织。”按照完善社会主义市场经济体制和西部大开发的要求，我们必须尽快培育和发展行业协会，使行业协会在自治区建设中充分发挥作用。

目前，我区行业协会存在着行业代表性差、分布不合理、自身功能不健全、行政依附性强等问题，很难适应市场经济体制的深化和WTO的要求。为此，在加强和改善社会团体管理的基础上，特制定自治区促进行业协会发展的指导意见：

一、行业协会发展的指导思想、工作方针和发展目标

发展行业协会，要以企业发展的需要为基点，把握新形势下行业协会工作的规律和要求，努力建立协会与产业发展的良性互动机制。要营造有利于行业协会健康发展的市场环境，按市场化原则规范和发展行业协会组织，充分发挥行业协会的作用。

对行业协会坚持培育发展与监督管理并举的方针，要坚持以培育发展为主线，以培育发展促调整改革，通过发展新的行业协会，为现有行业协会的改革和调整提供经验和示范；要坚持行业协会自主办会和政府依法管理相结合，进一步完善登记管理机关、行业业务主管部门相结合的管理体制。

通过努力，基本形成行业协会市场化生成发展机制；基本形成行业协会分布合理、覆盖广泛的布局结构；基本形成符合社会主义市场经济要求、与国际通行规则相衔接的运作机制；基本形成保障行业协会健康有序发展的法律规范；初步建立起与我区实际相适应、市场化运作、规范化管理的行业协会体系。

二、扩大行业协会的社会覆盖面

行业协会发展会员要打破部门、兵团、地方、所有制界限。要特别注意吸收行业内民营企业、外资企业等各类经济组织入会，进一步提高行业协会覆盖面。要适当放宽入会条件，允许与行业相关的本区高等院校、科研机构和符合条件的外地在疆同业经济组织入会，增强行业协会的代表性。我区在国内具有产业、产品和市场优势的行业，可以积极申请组建全国性的行业协会。

三、优化行业协会的布局和结构

要根据市场发展的情况制定我区行业协会的发展规划，不断优化行业协会的布局和结构。鼓励和支持在优势行业、新兴产业和WTO相关领域中，发展和培育一批行业协会，形成有利于自治区经济发展和产业升级、符合国际惯例的行业协会。行业协会也可以根据社会经济发展，以政府和企业的双向需要为标准，按照产品、经营方式、经营环节及服务功能设立；允许不同行业协会的服务领域有所交叉。同一企业根据自身的需要，可以自愿参加不同的行业协会。对大类行业协会和经法律、法规授权或者接受政府委托、具有一定行业管理职能的行业协会，实行“一业一会”。对同一名称的行业协会，在同一行政区域内只设立一个。设立行业协会从实际出发，不搞上下对口。

四、完善和落实行业协会的职能

结合政府机构改革和职能转变，完善和落实行业协会的职能，是培育和发展行业协会的重要内容。行业协会的职能大致分为：为企业服务的职能；自律、协调、监督和维护企业合法权益的职能；协助政府部门加强行业管理的职能等三类。具体是：

1．开展行业调查研究，提出有关经济政策和立法方面的意见和建议，参与有关法规、规章以及行业规划的研究、论证；

2．经行业行政主管部门授权进行行业统计，收集、整理、分析、发布行业信息、资料，编辑、出版刊物；

3．组建信息网络，搜集、整理国内外有关科技、经济、管理等信息资料，加强与国内外同行的联系，组织开展考察、交流、合作等活动；

4．组织人才、技术、职业培训；

5．组织举办本行业的各种展览会、展销会、博览会、招商会等活动；

6．开展行业咨询活动；

7．受行政主管部门委托，组织开展对科技成果的鉴定与评估以及技术攻关、技术交流，新技术、新产品的推广活动；

8．反映会员要求，协调会员关系；

9．制定并监督执行行规行约，规范行业行为，协调同行业价格争议，维护公平竞争；

10．经政府部门授权和委托，参与制定行业规划，对行业内重大的技术改造、技术引送、投资与开发项目进行前期论证；

11．参与行业生产、经营许可证发放的有关工作，参与资质审查；

12．组织开展行业检查、评比和创优活动；

13．发展行业和社会公益事业；

14．承担政府部门委托的其他任务等。

五、支持行业协会自主办会

政府支持行业协会的发展，充分发挥行业协会在经济建设和社会发展中的作用。各地各部门应当扶持和促进行业协会的发展，将行业协会的发展规划纳入社会团体的发展规划。清理不适应行业协会发展的政策规定，进一步转变政府管理社会经济活动的方式和方法。支持行业协会协助政府从事行业管理。在实现行业管理的过程中，政府行为和非政府行为要密切配合，有机衔接。

要把推进政会分开作为发展、改革行业协会的重要切入点，从目前主要由政府发起组建行业协会改为原则上由企业自发组建。政府有关职能部门要在机构、人事等方面与行业协会分开，行业协会办事机构不得与政府有关部门的工作机构合署办公。行业协会的领导一般由企业经营者担任；按协会章程民主选举产生；会长、副会长经推荐、提名的也要通过选举后确定。秘书长采取选举、聘任等形式产生，应选择熟悉行业情况，有责任心、有协调和管理能力的同志担任。已兼任行业协会领导的政府现职工作人员，应逐步退出。

切实推进政会分开，支持行业协会实行“自愿入会、自理会务、自筹经费”。行业协会要有广泛的会员基础，要以企业为依托，以服务会员为宗旨。章程是协会的基本规范，必须由会员代表大会审议通过。要依照章程和有关规定，健全行业协会选举制度和内部组织制度，完善民主监督机制。鼓励行业协会走市场化的道路。行业协会经费主要来源于向会员收取会费，接受企业捐赠和政府资助，以及在章程核准的业务范围内开展服务的收入等方面。政府有关部门委托行业协会承担有关行业管理职责，可给予相应的经费支持；政府要求行业协会提供服务，应通过“购买服务”的方式进行。行业协会可以按本行业建立人事分配制度和社会保障制度，在职称评定、医疗福利等方面与国家事业单位职工同等对待。对由机关流动进入行业协会的工作人员，按机构改革的有关政策规定办理。行业协会应按《中国共产党章程》和有关规定，建立健全党的基层组织。

六、推动现有行业协会的改革和调整

要根据现有行业协会的实际情况，加大改革调整的力度。现有的行业协会要与原发起的单位实行分离。要面向全社会的同行业企业，扩大行业协会的覆盖面，注意吸收民营企业、外资企业等各类经济组织入会，增强行业协会的代表性。

对一些行业覆盖面过大和行业特点不明确的行业协会，要经过梳理，进行细化。对一些不符合产业升级要求和行业日趋萎缩的行业协会，要进行归并、重组。对现有行业协会的调整改革的具体方案由行业协会业务主管部门制定。

不能代表会员利益和缺乏行业代表性的行业协会，应自行解散或由政府行业业务主管部门引导解散，并依法办理注销登记。对一些长期不开展活动、内部管理混乱的行业协会，应予以撤销登记。行业协会注销登记和撤销登记的，要依法进行资产清算。

七、构建有利于行业协会规范发展的管理体制

行业协会不同于其他中介组织，具有自己的特点，民政部门作为民间组织登记管理机关，要为行业协会发展创造好的法制环境。在制定有关政策时，除解决好社会团体共同存在的人、财、物和其他一些问题以外，还要会同业务主管部门，就长期制约行业协会发展的“地位不顺、职能不顺、体制不顺”等突出问题进行调整，要积极开展对行业协会负责人和专职工作人员的培训和经验推广等工作。

社团登记管理机关要切实履行法定职能，负责行业协会的设立、变更、注（撤）销的登记和备案，对行业协会实施年检和监督检查。业务主管部门负责行业协会所涉及的产业发展、行业规范等事务的业务指导和监督，并承担所属行业协会的组织、人事、对外交往、接受境外捐赠、资助等管理事务；监督、指导行业协会遵守宪法、法律、法规和国家政策，依据其章程开展活动。各业务主管部门必须对其所主管的行业协会加强管理和指导。各有关部门和相关单位也要加强对行业协会的监督、支持、指导，共同促进行业协会沿着正确、健康的方向发展。

装饰装修工程定义范围及其法律依据

中国建筑装饰协会信息部 《中国建筑装饰》编辑部

装修装饰属于建筑业的活动范围并在迅速发展，修订时将现行的“建筑业”门类中的“土木工程建筑业”、“线路、管道和设备安装业”、“勘察设计业”调整为“土木工程建筑业”、“线路、管道和设备安装业”和“装修装饰业”三大类。

装修装饰业，门类E，大类49，中类490，小类4900，包括从事对建筑物的内、外装修和装饰的施工活动，车、船、飞机等装饰、装潢活动也包括在内。

——1994年8月国家技术监督局国家标准《国民经济行业分类与代码》(GB/T4757—94)

本规定所称的建筑装饰装修，是指为使建筑物、构筑物内、外空间达到一定的环境质量要求，使用建筑装饰装修材料，对建筑物、构筑物的外表和内部进行修饰处理的工程建筑活动。

——1995年8月7日建设部令46号《建筑装饰装修管理规定》

任何建筑物、构筑物一般都是由地基基础、主体结构和装饰装修三部分组成，其室内、室外装饰装修都依附于建筑物、构筑物主体，都是建筑工程不可分割的重要组成部分。

——1996年10月14日建设部“关于认真贯彻执行《建筑装饰装修管理规定》的通知”(建建[1996]523号)

建筑装饰设计是建筑工程设计的一个有机组成部分，是建筑或室内设计专业人员根据建筑的功能及其环境的需要，为使建筑室内、外空间达到一定的环境质量要求，运用建筑工程学、人体工程学、环境美学、材料学等知识而从事的一种综合性的设计活动。建筑装饰设计的内容主要包括：建筑物室内、外各界面（顶面、墙面、柱面、地面等）和各界面上与建筑功能有关专业及其设备、设施装饰(不含一般粉刷)以及与之相关的室外环境、绿化设计及经济概预算等。

——1992年11月9日建设部《建筑装饰设计资格分级标准》(建设[1992]786号)

随着国民经济的发展，人民生活水平的提高，人们对美化城市、美化建筑及美化生产和生活环境的要求越来越高，建筑装饰设计与施工作为一门新兴的专业由此得到迅速地发展。

——1993年7月28日建设部《关于加强对建筑装饰工程质量监督管理的通知》(建建[1993]552号)

建筑装饰装修是建筑工程的组成部分，它依附于建筑物的主体和空间环境，只有通过基础、主体和室内外装饰的设计与施工，才能构成一个完整的建筑物。它们之间有许多内在联系，是不应该分开的。

——1991年8月3日建设部致国务院《关于明确建筑装饰行业由建设部归口管理的请示》(建施[1991]541号)

建筑装饰工程，是建筑工程不可分割的组成部分，历来由建设行政主管部门统一归口管理。我们所说的建筑装饰，是建筑物和构筑物的内外装饰，是建筑装饰工程不可分割的重要组成部分。建筑装饰本身都依附于建筑物的主体或环境空间。房屋建筑工程一般是由地基基础、主体结构和内外装饰等三个部分组成的整体，每个部分都不是独立存在的。

——1991年10月11日建设部致国家机构编制委员会《关于建筑装饰行业管理问题的报告》(建施[1991]669号)

改革开放以来，我国建筑装饰装修行业发展迅速，为美化城市、改善城乡居民的生活条件，满足人民精神和物质文化的需要，扩大我中对外开放，加强国际交流做出了重要贡献。

——1996年1月8日建设部致国务院“关于请示国务院批转《建设部关于加强装修装饰行业管理意见》的请示”(建建[1996]16号)

为了规范建筑装饰工程市场行为，维护承发包双方权益，现将建筑装饰工程施工合同甲种本（GF—96—0205）和乙种本（GF—96—0206）两个示范文本印发给你们。建筑装饰工程施工的界定，建议以工程造价为界定依据，由各地区、各部门具体规定。

——1996年11月12日建设部、国家工商局《关于印发建筑装饰工程施工合同示范文本的通知》(建监[1996]585号)

根据《中华人民共和国建筑法》、《建设工程质量管理条例》、国家标准《国民经济行业分类与代码》和国务院批准的建设部的三定方案，建筑装修装饰属于建筑活动，建筑装修装饰业是建筑业的重要组成部分。

国务院批准建设部三定方案（国办发[1998]86号）提到：“住宅建成后住户室内装饰的指导职能，下放给地方人民政府”，其中的“住宅建成后住户室内装饰”，是指家庭居室的装修装饰，其主要属性是建筑装修装饰。这部分家庭居室装修装饰由地方建设行政主管部门管理，会更有利于保障建筑工程的质量和住户生命财产的安全。我们认为地方人民政府应该把家庭居室装修装饰的管理职能定给地方建设行政主管部门。

——2000年6月7日建设部致河南省建设厅《关于建筑装修装饰归口管理问题的复函》(建建函[2000]181号)

在“术语”中，对建筑装饰装修（building decoration）定义为：为保护建筑物的主体结构、完善建筑物的使用功能和美化建筑物，采用装饰装修材料或饰物，对建筑物的内外表层及空间进行的各种处理过程。

在“条文说明”中指出：随着我国经济的快速发展和人民生活水平的提高，建筑装饰装修行业已经成为一个重要的新兴行业，年产值已超过1000亿元人民币，从业人数达到500多万人。建筑装饰装修行业为公众营造出了美丽、舒适的居住和活动空间，为社会积累了财富，已成为现代生活中不可或缺的一个组成部分。

——2001年11月1日，建设部批准国家标准《建筑装饰装修工程质量验收规范》（GB50210—2001）（建标[2001]221号），建设部会同国家质量监督检验检疫总局联合发布

有关装饰装修的国家法律条文

▲涉及建筑主体和承重结构变动的装修工程，建设单位应当在施工前委托原设计单位或者具有相应资质条件的设计单位提出设计方案；没有设计方案的，不得施工。——《中华人民共和国建筑法》第四十九条，1998年3月 1日起施行。

▲违反本法规定，涉及建筑主体和承重结构变动的装修工程擅自施工的，责令改正，处以罚款；造成损失的，承担赔偿责任；构成犯罪的，依法追究刑事责任。——《中华人民共和国建筑法》第七十条。

▲本条例所称建设工程，是指土木工程、建筑工程、线路管道和设备安装工程及装修工程。——《建设工程质量条例》第二条，2000年1月30日起施行。

▲涉及建筑主体和承重结构变动的装修工程，建设单位应当在施工前委托原设计单位或者具有相应资质条件的设计单位提出设计方案；没有设计方案的，不得施工。房屋建筑使用者在装修过程中，不得擅自变动房屋建筑主体和承重结构。——《建设工程质量条例》第十五条。

▲违反本条例规定，涉及建筑主体和承重结构变动的装修工程，没有设计方案擅自施工的，责令改正，处50万元以上100万元以下的罚款；房屋建筑使用者在装修过程中擅自变动房屋建筑主体和承重结构的，责令改正，处5万元以上10万元以下的罚款。有前款所列行为，造成损失的，依法承担赔偿责任。——《建设工程质量条例》第六十九条。

▲公共场所室内装修、装饰根据国家工程建筑消防技术标准的规定，应当使用不燃、难燃材料的，必须选用依照产品质量法的规定确定的检验机构检验合格的材料。——《中华人民共和国消防法》第十一条，1998年9月 1日起施行。

▲在已竣工交付使用的住宅楼内进行室内装修活动，应当限制作业时间，并采取其他有效措施，以减轻、避免对周围居民造成环境噪声污染。——《中华人民共和国环境噪声污染防治法》第四十七条，1997年3月 1日起施行。

▲建筑工程应当采取节能、节水等有利于环境与资源保护的建筑设计方案、建筑和装修材料、建筑构配件及设备。

▲建筑和装修材料必须符合国家标准。禁止生产、销售和使用有毒、有害物质超过国家标准的建筑和装修材料。——《中华人民共和国清洁生产促进法》第二十四条，2003年1月1日起施行。

▲违反本法第二十四条第二款规定，生产、销售有毒、有害物质超过国家标准的建筑和装修材料的，依照产品质量法和有关民事、刑事法律的规定，追究行政、民事、刑事法律责任。——《中华人民共和国清洁生产促进法》第三十八条。

第五部分

业内重大活动

·中国建筑装饰协会五届二次理事会·

中国建筑装饰协会召开五届二次理事会

《中国建筑装饰》编辑部　观察员

2003 年 1 月 9 日，中国建筑装饰协会五届二次理事会在北京友谊宾馆召开。出席会议的有名誉会长张恩树、会长马挺贵、常务副会长兼秘书长徐朋；副会长：北京港源建筑装饰工程有限公司董事长王波，深圳市建筑装饰（集团）有限公司董事长兼总经理汪家玉，建设部建筑市场管理司原副司长、巡视员符曜伟，上海市建筑装饰工程有限公司总经理谢建伟；副秘书长：张京跃、房箴，以及理事单位的代表共 294 人。

会议的主要议题有四：一是听取并审议常务副会长兼秘书长徐朋的“五届二次理事会工作报告”；二是听取并审议副秘书长张京跃的“财务报告”，关于调整和增补理事、常务理事、副会长的提案；三是听取会长马挺贵的会议总结报告；四是参加两位著名学者的报告会和 2002 年全国建筑工程装饰奖颁奖大会。会议由副会长汪家玉主持。

会议通过的《五届二次理事会工作报告》分两大部分：

第一部分，2002 年的协会工作回顾和体会，分 8 个方面：一是迎接入世挑战，做了必要的准备工作；二是围绕行业和企业的需求，开展了一系列形式多样的活动；三是加强了涉及行业方向性、方针性问题的调研，完成和正在完成几个重点课题；四是培训工作在更高层次上不断发展；五是信息及出版工作得到进一步加强。六是国际交流工作开创了新的局面；七是圆满完成 2002 年全国建筑工程装饰的评选工作和政府委托的其他工作；八是协会自身建设工作有了新的进展。

第二部分，是 2003 年的工作安排，分 7 个方面：一是抓住薄弱环节，提升行业生产力进步水平；二要继续完成涉及行业发展的专题调研，解决好行业普遍关心的问题；三要加强国际交流，支持企业开拓国际市场；四要从行业发展的战略高度，抓好培训工作；五要整合协会资源，搞好信息及出版工作，加强行业的对外宣传，提升社会对行业的认可；六要全面推进行业自律管理工作；七要切实加强协会改革和自身建设。

会议决定不再担任理事和常务理事的共有 11 人，其中吴成方、张宜贵、苏有玉、李少奎、严振华、陈重、谢少宁、安静等 8 人是因工作岗位发生变动，不再担任理事或常务理事职务。傅鹏和唐澄 2 人是因超过政府有关部门规定的任职年龄，不再担任理事和常务理事职务。原理事和常务理事彭政国则是因病去世。

会议决定增补理事 19 人，其中代表企业的 15 人，占 79%，代表协会工作者的 4 人，占 21%。其中田厚春、任树东、刘海云、张志林、邬盛永、王燕鸣 6 人是分别接替吴成方、张宜贵、苏有玉、李少奎、严振华、安静 6 人，出任原理事单位的代表。张汉清、白宝鲲、何永富、王金生、叶德才、温铁义、吴晞、周智勇、赵文广、冯林、周锡全、邓千、王永强13人为新增补的理事，其中王金生、温铁义、吴晞、周智勇、赵文广5人是由企业所在地建筑装饰协会推荐；张汉清、白宝鲲、何永富、叶德才、冯林、周锡全、邓千、王永强8人是由中国建筑装饰协会秘书处直接提名的。

会议决定增补常务理事13人，其中代表企业的9人，占69%，代表协会工作者的4人，占31%。13人全部由中国建筑装饰协会秘书处提名。

这次不再担任理事和常务理事的原因，增补的理事或常务理事的提名程序，代表企业和非企业的人数比例等，均符合《中国建筑装饰协会章程》和有关管理规定。

经省、直辖市、自治区建筑装饰协会提名的中国建筑装饰协会副会长候选人共17位，中国建筑装饰协会从中选择了7位并征求了副会长的意见。会议决定增补7位民营建筑装饰企业家为副会长（按姓氏笔划为序）：重庆港庆建筑装饰有限公司总经理丁域庆、深圳市广田装饰设计工程有限公司董事长叶远西、西安市鑫龙建筑装饰工程有限公司董事长冯林、苏州金螳螂建筑装饰有限公司董事长朱兴良、上海荣欣家庭装潢有限公司董事长兼总经理陈国宏、北京业之峰装饰有限公司董事长兼总裁张钧、黑龙江国光建筑装饰工程有限公司总经理魏光。

新当选的副会长丁域庆、叶远西、冯林、朱兴良、张钧、魏光走上主席台，向与会领导和代表致意。

中国建筑装饰协会自2001年6月6日五届一次理事会后，进行了三次调整：2001年12月24日五届一次常务理事会（北京）、2002年7月16日五届二次常务理事会（佛山）和2003年1月9日五届二次理事会。现有理事368人，常务理事122人，常务副会长1人，副会长14人。

马挺贵会长做了题为“实践‘三个代表’全面建设小康社会 开创中国建筑装饰协会工作新局面”的会议总结报告，报告分三部分：

第一部分，阐述了全面贯彻十六大精神，充分认识建筑装饰业在全面建设小康社会中的作用，指出一是建筑装饰行业促进了整个国民经济的发展；二是建筑装饰行业可以促进我国经济结构的优化；三是建筑装饰行业对精神文明建设具有重要作用。

第二部分，论述实现全面建设小康社会的奋斗目标必须加快中国建筑装饰行业的发展的五点建议：一是要加大行业体制和结构的调整步伐；二是要提高设计水平，推进行业技术进步；三是要切实营造行业发展的良好环境，稳妥解决行业发展中的实际问题；四是要推动相关产业发展；五是建立中国装饰企业信用体系迫在眉睫。

第三部分，提出推动行业发展，做好协会工作三点要求：一是为更多地承担政府职能打好基础；二是要健全地方协会，与地方协会（合作）积极发展会员；三是加强协会自身建设，以创新的精神进行工作。

会议为“2002年全国建筑工程装饰奖”中的104个住宅装饰奖、5个公共建筑装饰单项设计奖颁发了奖杯、证书。

中国建筑装饰协会专门安排了参加五届二次理事会的代表和参加“2002年全国建筑工程装饰奖”颁奖大会的代表共同出席了两项活动：

一是1月9日下午，为了更好地理解“十六大”提出的全面建设小康奋斗目标在国民经济发展中的作用，了解中国可持续发展——建筑装饰与绿色的关系，听取了的北京大学经济管理学院院长刘伟博士所做的“小康社会目标与中国国民经济发展”、中国环境科学研究院副院长夏青教授做的题为“建筑装饰装修与绿色环保”的报告。

二是1月9日晚，在首都剧场观看了由北京人民艺术剧院濮存昕、宋丹丹主演的反映北京危房改造题材的话剧《万家灯火》。演出结束后，建设部特邀顾问、原副部长、中国科学院院士、中国工程院院士、中国建筑装饰协会第三、四、五届理事会高级顾问周干峙，中国建筑装饰协会名誉会长张恩树、会长马挺贵、常务副会长兼秘书长徐朋等领导会见了全体演职员，并代表中国建筑装饰协会和观看演出的代表，对演员的精湛演技和倾情表演表示感谢。

中国建筑装饰协会向上述代表赠送了《2001年中国建筑装饰行业年鉴》、《2002年全国建筑工程装饰奖获奖作品集》、会刊《中国建筑装饰》和《中华建筑报》、《中国建筑装修》、《装饰名品》等资料。

五届二次理事会召开前一天，中国建筑装饰协会还组织了工程、五金、信息咨询、铝制品、厨房卫生（筹）5个专业委员会，北京、上海、天津、黑龙江、辽宁、深圳、吉林、福州、河南、山西、江苏11个地方建筑装饰协会讨论了《中国建筑装饰协会自律工作委员会工作规则》和《中国建筑装饰协会专家工作委员会组织方案》，会议由副秘书长张京跃主持。

会议希望抓紧落实这两个专业委员会的工作。

中国建筑装饰协会五届二次理事会工作报告

中国建筑装饰协会　常务副会长兼秘书长　**徐　朋**

（二〇〇三年一月九日）

各位理事：

现在，我受中国建筑装饰协会秘书处的委托，向五届二次理事会作2002年工作报告，请予审议。

第一部分

关于2002年工作回顾和体会

2002年，我国政治生活和经济生活都是不平凡的一年。党的十六大的胜利召开，预示着中国特色社会主义事业，在马列主义、毛泽东思想、邓小平理论和三个代表重要思想的指导下，在新的党中央领导下，继往开来，与时俱进，在新的世纪里将不断推向前进，在全面建设小康社会的征途上不断取得新的成就。2002年，在世界经济普遍不景气的情况下，我国积极迎接入世挑战，扩大开放，深化改革，实现了经济持续、快速、健康的发展。伴随我国各项事业的大好形势，中国建筑装饰协会积极推进行业发展，各项工作也取得了新的成绩。

一、迎接入世挑战，做好必要的准备工作

2002年是我国正式加入世贸组织第一年，摆在我们面前的首要任务是了解和把握世贸组织的基本规则和操作实务，利用有限的过渡期，提高企业的综合素质，增强企业的国际竞争力，为此，协会于2002年5月在武汉市召开了“全国建筑装饰企业应对WTO战略研讨会”，来自22个省市的近200名代表参加了会议。会议听取了有关专家学者的报告，25位企业的代表作了大会发言和书面发言。这次会议对提高会员企业应对入世的思想认识水平、增强企业关于对策方面的思考具有一定的指导意义。为这次会议做准备，协会于3月在长春召开了“东北三省大型装饰企业应对WTO座谈会”，也收到非常积极的效果。

针对加入WTO后面临的新形势新任务，2002年6月，协会在上海召开了有8省市建筑装饰协会出席的“应对WTO协会工作研讨会”，会议听取了上海市政府有关部门领导和上海市装饰行业协会的工作经验介绍，会议交流了各地协会工作的经验，在思想上形成了不等不靠向前看，发挥协会优势，主动搞好工作的共识。

2002年10月，协会在北京召开了“全国建筑装饰工程项目管理经验交流会”，来自18个省市的200多名代表参加了这次会议。会议听取了2位菲迪克条款和国际索赔专家的讲座，11位企业负责人作了项目管理经验介绍。这次会议的主题是在中国市场国际化和中国企业贯彻“走出去”的发展战略的大背景下，研究解决装饰企业如何以项目为载体，加快与国际惯例接轨的能力，并逐步形成以工程项目为品牌和形象的企业核心竞争力。会议代表普遍反映，这次会议是一次务实的大会，对促进企业引入国际工程承包的理念，提高项目管理水平具有非常现实的意义。

二、围绕行业和企业需求，开展系列形式多样活动

（一）关于设计方面的工作

2002年10月，我会作为青岛国际设计节的主办单位之一，成功组织了青岛国际设计节的室内装饰设计专业的活动。这是中国也是亚洲第一个综合性设计节。设计节期间，开展了国际设计论坛、设计精品博览、设计大赛等丰富多彩的国际交流活动，欧洲室内设计联盟协会会长、英国室内设计协会会长、香港室内设计协会会长、美国西雅图大学室内设计系主任等，以及部分省市装饰协会负责人及200多名设计人员出席了论坛，设计节期间，协会还组织了“设计管理论坛”。设计节不仅向世界介绍了当前我国室内设计的现状，更重要的是与国际室内设计界建立了广泛的联系。上述活动，活跃了建筑装饰设计界的学术气氛，对推动设计水平提高起到了积极作用。

为推动装饰工程设计水平的提高，协会与企业联合，成功举办了“第二届欧典杯全国居室装饰设计大赛”和“吉事多中国第二届卫浴空间设计大赛”，通过设计竞赛，激发了设计人员的创作热情，涌现了不少好的作品，发现了不少新人。

（二）关于住宅装饰装修方面的工作

针对住宅装饰面临的新形势，4月份协会与成都、重庆装饰协会共同主办了“西部地区家装企业峰会”；6月与山西省装饰协会共同主办了“三北地区重点装饰装修企业工作研讨会”；9月份与中国房地产协会在福州共同主办了“全

国住宅成品房高峰论坛”，10月份与浙江省装饰协会在杭州共同举办了“首届住宅装饰装修产业发展论坛”，上述会议与会人员就住宅装饰装修面临的管理和发展等方面问题及措施进行了高层次研讨，对于提高住宅装饰装修企业素质，整顿和规范市场，保证住宅装饰装修行业的可持续发展起到了一定的推动作用。

（三）关于推进装饰装修环保方面的工作

当前社会对装饰装修的环保问题日益关注，工程将面临更多环境质量要求，为加强企业的环保意识，贯彻有关环保要求，2002年3月在北京举办了以建筑装饰与环境保护为主题的“第二届装饰行业高峰论坛”，220多人与会，有关权威人士的报告引起了较大反响。7月份为配合《民用建筑工程室内环境污染控制规范》和“10类主要建筑装饰材料有害物质限量强制性标准”的出台，在北京人民大会堂组织了百家建筑、建材、装饰企业发起的《北京宣言》活动，有关国家和部委的领导出席了大会。这之后，协会又支持北京市、重庆市和广州市装饰协会召开了同类性质的会议。10月在上海又召开了“第二届中国建筑涂料产业发展战略与合作论坛”，近500人参加了会议，会议围绕提倡环保，促进我国建筑涂料产业的可持续发展的主题，进行了广泛的研讨交流，会议开得很好。

（四）关于展览展示活动

成功举办了“第九届全国建筑装饰行业订货会”、“第九届中国国际星级饭店建筑装饰材料博览会”、“第五届中国(北京)国际家俱及木工机械展览会”，并在上海、黑龙江、辽宁、广东、福建、云南、陕西等地同地方协会联合举办了一些展览展示活动。这些活动为沟通行业供求信息、推广新材料、新技术、新产品、新工艺起到了积极作用。

（五）成立了中国建筑装饰协会认证指导中心和材料与室内环境检测评价中心

为加强各项认证和质量检测工作，推动企业的管理和技术进步，为会员单位提供有关的咨询服务，协会成立了中国建筑装饰协会认证指导中心和材料与室内环境检测评价中心。目前，这两个中心的工作已经起步。

三、加强了涉及行业发展方向性、方针性问题的调研，完成和正在完成几个重点课题

完成了《建筑装饰行业在国民经济和社会进步中地位和作用》、《国有建筑装饰企业改制》等课题的收尾工作。上述课题首次定性、定量地对我国建筑装饰行业的发展现状以及地位和作用进行了系统论述，课题得到了建设部领导和有关新闻媒体的重视。

与国务院发展研究中心合作，启动了《住宅装饰装修消费特点和规律》课题，力图从扩大内需、拉动经济增长和增加就业等几个角度，进一步深入探讨行业发展的动因和机制，提高对行业发展的理论认识水平。该课题已取得了阶段性成果，目前正在深入进行。

开展了民营装饰企业建立现代化制度的课题调研。针对民营企业在行业占绝大多数的实际，如何引导企业管理创新，促进其健康发展，应该说是行业面临的一大课题，关系到行业的持续发展。该课题目前仅取得了初期成果，将作为今年的重点继续进行。此外，还研究和解决了一些方针、政策性问题，特别是政府和企业关心的问题，诸如完成了“一级装饰施工企业从事二级土建施工”的调研，并得到建设部的肯定，已决定在北京、上海试行。

另外，我们还围绕行业的技术进步、住宅一次装修到位对装饰行业的影响等问题开展了相应的研究工作，所有这些工作都加深了对行业发展规律的认识。

四、培训工作在更高层次上不断发展

建筑装饰行业的高速发展，急需大量的高素质的人才支撑，这就给行业培训工作提出了更高的要求。把培训工作摆到行业发展的战略高度，下大力气抓实抓好是协会2002年的一项突出的工作。

2002年1月，协会对全行业的培训资源、培训现状和培训需求进行了调查，为有针对性地制定培训规划、设计培训项目、增加培训内容、推动全行业培训工作深入开展奠定了基础。

2002年7月，协会在北京成功召开了第一次行业培训工作会议，全国11个省、直辖市、自治区，16个城市的行业主管部门、协会及培训机构、大专院校和3个专业委员会的代表出席了会议。会议贯彻协会提出的“加大培训力度、加快培训速度、扩大培训对象、增加培训内容、确保培训质量”的培训工作方针，提出了逐步建立行业培训的组织体系、项目体系和证书体系的培训工作思路。会议就如何加强中国建筑装饰协会与地方协会合作，创造资源共享、互利双赢的合作培训模式，以及建筑装饰装修技术工人岗位技能标准，装饰施工管理层从业人员资格的专业设置等问题展开了热烈的讨论，并取得了十分积极的成果。

为配合2002年实施的《住宅装饰装修工程施工规范》、《民用建筑工程室内环境污染控制规范》、“10项主要装饰材料有害物质限量标准”，以及《住宅室内装饰装修管理规定》，我会培训中心除开展常规培训外，组织编写了专用教材，并于各地方协会合作开展了一系列培训工作，共培训学员5900多人，对实施上述规范标准产生了良好效果。

各专业委员会也根据各自的专业特点，举办了专业培训：信息咨询委员会对施工人员免费进行了博世电动工具技术培训，五金委员会举办了锁艺培训，铝制品委员会与培训中心合作举办了幕墙项目经理培训，化学建材委员会举办了涂料工岗位技能培训，建筑电气委员会举办了职称评定和岗位技能培训等。培训中心在5省4市举办了9场关于新经济时代的企业管理的公益性讲座，参加者1500人，效果很好。

五、信息及出版工作得到进一步加强

2002年7月对协会的“中国建筑装饰网”进行了全面改版，并更新了设备，加强了电子商务、电子政务和信息交流的建设力度，日点击已超过5000人次，力争将该网建成国内装饰类网站中库容量最大、功能最全、专业性最强的、最具权威性的行业网站，并计划与各地方协会充分合作，建立全国性的装饰信息网络。11月在深圳召开了“建筑装饰企业媒体信息工作座谈会”，重点研究了加强企业文化建设、树立企业形象、促进业内合作，推动行业信息工作等问题，为整合行业信息资源创造了条件。

2002年4月9日，经国家新闻出版署批准，原由中国建筑工程总公司主管主办的《中华建筑报》，正式变更为中国建筑装饰协会主管、主办。经过一段时间的努力，目前该报在办报指导思想、版式、内容等方面已初步完成了由企业报向行业报的转变，每周一期的“装饰周刊”已达16个版面，假以时日，相信它一定能够成为一个代表行业、宣传行业、深受行业欢迎、推动行业发展的新闻媒体。

2002年2月6日，经国家新闻出版署批准，《中国建筑装饰装修》杂志正式成为国内外公开出版物。经过反复论证，我们把这个刊物定位于能够反映装饰行业技术进步，可供国际交流，具有一定的学术性、权威性，以专业人士为主，兼顾业余爱好者，实施商业运作的高品位月刊。10月份试刊号出版，得到了业内的认可和肯定。

公开出版的一报一刊目前还处于创业阶段，我们这方面的经验还不足，希望会员企业和专业人士多多给予支持，使其尽快成熟起来。

作为内部工作刊物的《中国建筑装饰》月刊，2002年由84页增加到96页，每期约20万字，图文并茂，从内容和形式上都有了进一步的提高。它已成为协会工作者、会员企业离不开的工作刊物。

2002年，协会首次独立编辑出版了《2001年中国建筑装饰行业年鉴》，这是装饰行业建设上的一次历史性突破，具有重要意义。这项工作得到了信息咨询委员会以及各地协会和会员企业的大力支持。

此外，结合行业和企业的需求，协会与有关专业委员会、地方协会和企业联合编辑了《建筑装饰装修行业最新标准法规汇编》、《建筑装饰企业管理体系认证手册》、《住宅室内装饰实例（图集四）》等，均已由建工出版社出版，住宅建筑装饰装修政策法规文件汇编已由内部出书。上述书籍的出版不仅方便了业内人士，也进一步繁荣了建筑装饰出版市场。

六、国际交流工作开创了新的局面

2002年7月协会成立了国际部。国际部以促进我国建筑装饰行业的国际交流与合作为中心，开展了富有成效的工作，目前对内已与建设部、国家外国专家局、国家经贸委、对外经贸部、对外承包商会等部门的相关机构建立了工作关系，对外与欧洲建筑师协会、美国室内设计师协会、美国室内设计师资格认证委员会、英国欧洲设计联盟协会、德国工商人才管理协会、法国室内建筑师协会、国际室内建筑师联盟、香港室内设计协会、台湾财团法人联合营建发展基金会等建立了广泛的联系，与德国工商人才管理协会共同举办了德国企业室内工程技术研讨会；聘请香港室内设计协会主席何周礼先生、法国室内建筑师协会主席宝瑞拉女士、著名室内设计大师罗锦文先生等多位国际知名设计界人士为《中国建筑装饰装修》杂志和《中华建筑报》的特约撰稿人，与英国欧洲设计联盟协会洽商了合作协议备忘录；与美国室内设计师协会和美国室内设计师资格认证委员会开始洽商长期合作，特别是培训和设计师资格认证方面的合作；目前正筹组赴台湾交流访问团，预计明年2～3月间成行。

国际部成立后，已多次接待外国企业的咨询，上述活动弥补了我会对外联络工作的空白，加强了我会与境外相关组织的联系，为我会今后的对外交流工作打下了良好的基础。

七、圆满完成2002年全国建筑工程装饰奖的评选工作和政府委托的其他工作

2002年全国建筑工程装饰奖的评选工作从7月中旬开始，11月对所有申报工程进行了全面的复查，12月进行了终评，评选结果向社会各界进行了公告。虽然今年启动的时间较晚，但评选工作的各项工作均严格按评选办法的程序进行，得到了各地方协会和企业的积极参与和大力支持，在社会上也产生了较大的影响，相信会对行业发展产生积极作用。

受建设部人事教育司的委托，我会承担了全国建筑装饰行业工人职业技能标准、鉴定规范、题库和教材的编制工作，目前已通过了有关专家的论证。全套材料共约350万字，填补了行业职工培训方面的空白，受到建设部人事教育司领导的高度评价。

受建设部建筑市场管理司的委托，我会组织专家对2002年度申请晋升甲级装饰设计资质的企业的资料进行了专家审查，共审查了107家企业。完成了建设部提出的建筑装饰装修工程赔付问题的法律咨询，另外，受建设部委托目前正在进行的工作有：建筑装饰装修工程内容的法律界定和家装企业资质问题的调研。

八、协会自身建设工作有了新的进展

根据建筑部关于加强协会党建工作的要求，2002年协会认真抓了协会党组织的建设工作。针对协会党员人数大大增加的情况，经请示上级党委，协会成立了党总支，下辖协会秘书处和《中华建筑报》社两个支部，通过选举，配齐了总支及各支部的领导班子。在抓好组织建设的同时，协会还着重抓了协会工作人员的思想建设，召开了学习贯彻党的十六大精神的座谈会，认真学习，深刻领会“三个代表”重要

思想和十六大精神，推动了协会的思想建设。

为在协会逐步建立起符合社会主义市场经济体制要求的、具有激励和约束机制的用人制度，促进协会工作人员的合理流动和公平竞争，协会秘书处于 2002 年 6 月开始进行人事制度改革，部门负责人及以下工作人员全部实行聘用制，此举冲击了协会秘书处长期以来实行的铁饭碗的用人制度，为协会的人事制度注入了活力，激发了工作人员的积极性。

根据形势发展和建设部、民政部关于社团工作的要求，协会对卫生洁具委员会、家装委员会和铝制品委员会进行了重组和新的人事安排，按照民政部、建设部对社团工作的要求，明确了这些委员会的职责和义务，规范了各委员会人、财、物的管理职能，使我会的分支机构管理逐步走向规范化、制度化。为加强协会的自律工作和专家工作，协会正在积极筹备成立协会的自律工作委员会和专家工作委员会。

各位理事：

2002 年协会工作取得的成绩，是与五届理事会的正确领导和在座各位理事的大力支持分不开的，在此，我代表秘书处向各位表示衷心的感谢。

2002 年工作中，还存在不少不尽人意的地方，有些活动缺乏必要的论证和周密的安排，活动效果不够理想；行业自律工作相对薄弱；某些原计划内工作尚未完成；秘书处的建设还有待进一步加强等。此外，在探索协会工作规律上，虽有一定进步，但还有待加强。协会会员区别较大，如何使协会的活动更适应不同会员企业需求，并更好地体现自愿的原则，都有待进一步摸索。

回顾一年来的工作，我们深刻体会到，中国建筑装饰协会的工作能够形成今天这样良好的局面，关键在于始终以“三个代表”重要思想总揽工作全局。把“双向服务”放在工作第一位，协会工作才能坚定正确的工作方向。其次，只有坚持创新才能紧跟时代，与时俱进，才能有思想观念的更新和奋发有为的精神状态，为协会工作注入强大的活力。第三，只有进一步加强中国建筑装饰协会同地方协会的合作、协作，才能共同完成行业发展的任务。

第二部分

关于 2003 年的工作安排

全面贯彻党的十六大精神，牢牢把握发展这个执政兴国的第一要务，为实现全面建设小康社会的奋斗目标，加快建筑装饰行业的发展是 2003 年协会工作的指导方针。

全面分析 2003 年建筑装饰行业发展的社会、经济及行业环境，可以总结出以下的有利因素：

1. 奥运、特别是上海申博成功，不仅增加建设规模，还将大幅度提高以装饰装修为主要内容之一的公共建筑及配套设施的档次。

2. 随着入世后三年过渡期的临近，外商投资步伐加快，中国市场的国际合作机会加大。

3. 全面建设小康社会目标的推动，以及人民生活水平提高而引发的家庭装饰投资能力增强；城市流动人口增加、二手房交易活跃，加快了旧房装饰装修的改造速度。特别是国家加快小城镇的建设、建筑装饰装修的市场空间由城市扩展到农村的趋势日渐明显。

4. 房地产发展势头仍然见好，旅游业的发展导致旅游设施需求更旺，更新速度加快。

5. 20 年来，中国建筑装饰行业的超常规模发展，企业管理和技术水平有了极大提高，企业改革已见成效，竞争能力不断增强，冷静和科学地对待市场、对待竞争，不断更新发展思路的能力有了很大提高，行业和企业逐步成熟和进步。所有这些，都使我们对中国建筑装饰行业美好的发展前景充满了信心。

但是，我们也必须清醒地认识到，我国建筑装饰行业的发展也面临前所未有的严峻的挑战。

其一，建筑装饰市场国际化的速度将进一步加快，入世后所面临的国际化竞争也逐步现实化，相当多的企业在与外国企业竞争中的弱点会逐步表现出来，作为设计和材料，以及诚信和服务等所反映出来的弱点日见凸显，随着三年过渡期的临近，企业面临更加艰巨的考验。特别值得注意的是，我们还有一些企业对狼来了和真的狼来了缺乏必要的思想和业务准备。

其二，作为改革开放后发展起来的行业，所有制结构的多样性在促进行业生产力进步中显示了十分明显的作用。但是无论是早已实现股份制的企业，还是正在进行改制的企业，都将面临新一轮制度创新的考验。建立现代企业制度、确立符合形势要求的企业战略、企业文化，以及真正的而不是走形式的 ISO9000 及其他认证落实于企业管理的全过程，也是对我们企业的新的考验。

其三，长期以来以手工操作为主的建筑装饰业，基于劳动密集和成本方面的考虑，导致无论在思想意识和实际工作中对技术创新，特别是拥有专利技术、形成经营特色、技术特色、寻求提高占领市场制高点的专业化发展方向等方面，都不同程度存在着一定的差距，这些差异影响着行业技术进步的步伐。

其四，随着市场经济环境的逐步完善，公平公正公开的市场环境将有所改善，但招投标中的暗箱操作、压价、拖欠等现象屡禁不止，严重影响企业经营的外部环境。与此同时，行业自律意识及企业行为远未达到自我约束和社会公允的程度，来自企业内外两方面不利因素的交叉，使净化市场变得更加困难。

有利条件增强了全面推动行业发展的信心，不利因素将成为推动行业发展的动力。坚持实践“三个代表”重要思想，并把它具体化，将成为行业发展的灵魂。与时俱进，下大力气提高行业生产力进步水平，是协会工作的核心。全面推动设计技术进步，使其作为既有物质消费功能，又有精神消费功能的建筑装饰产品，代表先进文化的前进方向，并成为同群众生活环境、文化质量相关的社会主义文化建设的组成部分，积极引领正确的建筑装饰文化消费观念，是协会工作的重点。坚持作群众满意的工程，通过一系列自律活动，改善行业公众形象，提高企业的诚信和服务水准，以能否代表人民群众根本利益作为出发点，做群众满意的工程是对行业、企业的考验。结合行业实际、企业实际、协会工作实际，全面实践"三个代表"重要思想，已成为推进行业"二次创业"的历史性任务。

2003 年的工作要以与时俱进的精神，紧紧抓住管理制度创新和技术创新这两个中心环节，带动协会的全面工作，使 2003 年要成为全行业的管理、技术创新年。

一、抓住薄弱环节，提升行业生产力进步水平

（一）促进设计水平的提高

设计是装饰工程的龙头，也是装饰行业技术含量较高的部分，装饰行业一大特点，除个别情况外，是集设计与施工于一身。目前，我国建筑装饰设计理念和表现技巧等整体水平都有了一定的提高，但发展不平衡，特别是面对全球经济一体化条件下，同国际先进水平相比还有较大差距。加快设计水平提高，已成当务之急。

1．坚持双百方针，繁荣建筑装饰创作。要积极开展多种形式的学术交流活动，诸如组织专家报告会、创作观摩会、经验交流会和媒体宣传等形式，活跃学术气氛，开阔设计人员的视野，切实加强设计工作体现先进文化发展方向方面的探索。加强与房地产协会、旅游协会的合作，有针对性地开展饭店及其他公共建筑和住宅的装饰设计研讨活动。

2．继续办好青岛国际设计节，使其成为建筑装饰设计方面有品牌的国际盛会。在提高我国建筑装饰设计的国内外的影响，提高优秀设计人员的知名度的同时，促进国际交流与合作。

3．大力开展综合性和专业性的设计竞赛活动。继续与相关企业合作，办好不同类型的全国性或区域性的设计竞赛，要开辟新的设计竞赛项目，创造更多设计师参与的机会，2003 年一定要抓好已由建设部批准，由中央电视台和中国建筑装饰协会联合主办的全国电视家居设计大赛。要赛出水平，赛出经验，赛出业内人士踊跃参与，群众高度重视的局面。

4．尽快促成对建筑装饰设计人员技术职称和执业资格的认定以及家装设计员的从业资格认定工作，肯定设计人员的创造性劳动，调动他们的积极性。

5．加强与院校的合作，提高设计人才的培养质量；采取措施，加快对青年设计师的培养；2003 年协会将按章程积极发展设计人员作为个人会员入会，根据职业特点，开展一些个人会员愿意参加的活动。

（二）提高企业的技术创新能力与新材料相匹配的新工艺新技术

科学技术的迅猛发展和日趋激烈的市场竞争，企业已成为技术创新的主体，要从以下几个方面着手工作：一要加大对高新技术和适用技术的投入和引进，推进关键技术创新和成果推广。逐步把成熟技术由单项向成套转化，强化技术集成能力。二要下决心改变效益增长方式，在形成核心技术、专利技术上下功夫。要坚持以工程项目为载体的技术创新方向，降低创新成本，并提高其生命力。三是加强企业和行业的工法建设，全面提高工艺水平。四要积极推广工厂化生产的经验，逐步用技术密集型的工厂化的工业生产替代劳动密集型的现场的手工业生产，这是提高装饰行业科技含量和劳动生产率的必由之路。交流与推广工厂化生产经验，将要成为今年协会在推进技术创新和提高工艺水平方面的工作重点。

（三）抓住关键环节，提高管理创新能力

大量事实证明，技术创新的效益被管理落后给抵消已是不争事实。当前要抓好以下几项工作：

1。加快企业制度创新，推广和交流符合形势发展要求和符合企业实际情况的制度建设。组织有关调研，深入挖掘优秀企业的制度建设经验，举办包括报纸、刊物在内的不同类型的经验交流会，启发企业主动总结、学习、推广先进管理制度。

2．全面提高项目管理水平，加快与国际接轨能力。项目是企业生存的基础，项目管理水平能够充分反映企业的管理水平。项目既是企业管理的着重点，同时也是与国际接轨的结合点，全面提高项目管理水平，是提高企业核心竞争能力的一个重要组成部分，协会准备连续三年把提高项目管理水平作为提高行业生产力进步的重点来抓，争取使项目管理水平有一个大的提高。在努力使每年一度的装饰奖的评比工作逐步规范化、制度化的同时，策划一系列活动，扩大获奖项目、企业的知名度：现场观摩交流会；为调动项目经理的积极性，提高获奖工程项目经理的荣誉感和知名度，组织对获奖工程项目经理的表彰，推出一批优秀项目经理。

3．总结推广企业发展战略、文化建设、人才培养，特别是专业化发展方向的经验，推动企业形成自己的技术特色经营特色，逐步形成企业核心竞争力。

4．交流企业实行 ISO9000 认证及其他认证，认证后的运行经验，促进企业真正执行有关的认证程序，切实提高企业的管理水平。不搞形式主义，不作表面文章。

5．加强同有关方面的合作，推进材料技术水平的进步。

以"三个代表"重要思想指导全年工作，以发展作为第一要务，以提高建筑装饰行业生产力水平作为全年工作重点。坚持与时俱进，坚持创新。协会决定在今年六七月份召开全行业技术创新大会，推动行业生产力水平的大提高、大发展。

二、继续完成涉及行业发展的专题调研，解决好行业普遍关心的问题

理论是实践的总结，也是行动的先导，为使中国建筑装饰协会的工作能够上升到一个更高层次，行业有个新的发展水准，会员企业有个更好的经营环境，协会将在过去完成和将要完成的课题基础上，继续完成一些涉及行业发展的方针性、方向性课题的调研工作，推进行业发展的理论建设。

（一）抓紧完成与国务院研究发展中心合作的“住宅装饰装修消费特点和规律”的研究报告，并尽快集中力量形成“建筑装饰企业管理制度”的调研活动，并启动“建筑装饰装修与小康社会奋斗目标”的课题。

（二）同地方协会合作，对企业所关心的“住宅一次装修到位对装饰行业的影响”，以及“最低价中标”、“工程款拖欠”等方面的调研，力求协助政府提出政策措施，指导行业的健康发展。

（三）加强与中国建筑学会、中国房地产协会、中国建筑金属结构协会、中国对外工程承包商会、中国建材工业协会等社团的合作，共同解决诸如设计人员的职称问题、装饰企业与开发商的合作问题、推进建筑幕墙行业的管理和技术进步问题、推进国际市场的开拓、共同推进装饰材料的进步等问题。

通过上述合作，不仅有助于整合协会之间资源，加大协会工作力度，更有助于提高行业社会知名度。

三、加强国际交流，支持企业开拓国际市场

2003年协会要把推进国际合作作为重点工作来抓。重点抓好以下几点：

（一）总结已经进入国际市场的会员企业经验，组织必要的案例交流。

（二）提供有关国际市场资料，收集有关信息，提供必要的咨询。

（三）加强在中国市场上与外国企业的合作，创造会员企业发挥本土优势，低成本取得国际经验的机会。

（四）有针对性、有重点地加强同有关国际组织与机构的联络与合作，重点抓好同美国室内设计师协会、欧洲室内设计联盟协会、香港室内设计师协会在学术交流、培训及资格认证方面的合作。

（五）组织会员企业开展富有成效的出境考察活动，目前，要组织为赴台考察团。要积极接待外国相应团组的来访，为已进入中国市场的外国企业开展咨询服务。

四、从行业发展的战略高度，抓好培训工作

进一步落实行业培训工作会议精神，逐步建立和完善行业培训体系，团结动员社会培训资源，利用市场化的机制，加大行业培训项目开发力度和培训网络的建设力度，根据国家改革专业技术人员持证上岗制度，逐步建立行业从业资格制度的精神，在对行业从业人员岗位调研的基础上，进一步完善装饰行业从业资格专业目录。开展建筑装饰设计员从业资格培训和装饰造价员从业资格培训的试点。开展装饰工程监理工程师的培训。继续在建设部指导下，围绕建筑装饰行业工人职业技能培训，进行教材深度开发和培训模式的探索以及师资培训等工作。继续完善装饰项目经理培训，创造条件，积极争取向注册建造师的过渡。

在抓好专业人员培训的同时，积极开展企业管理者的培训、协会工作者的培训以及为适应形势发展要求的国际工程方面的培训。

五、整合协会资源，搞好信息及出版工作，加强行业的对外宣传，提升社会对行业的认可

充分开发和整合中国建筑装饰协会、地方协会和会员企业的信息资源，对于提高中国建筑装饰协会和地方协会的综合服务能力，提升行业优势，形成行业实力具有至关重要的作用。重点抓好以下几点：

（一）全面规划行业的信息化建设，促进行业内各类网站、公开和内部出版物的全面合作与交流，加快信息资源的开发和网站建设，促进资源共享。提高运用信息化技术改造传统产业的能力，促进装饰行业的现代化。

（二）《中华建筑报》要努力成为我国第一份建筑装饰装修专业报纸，并逐步形成自己的特色和优势。全面提高办报质量和对接市场、服务企业的能力，加大发行力度，成为社会、行业和会员企业喜闻乐见的报纸。

（三）《中国建筑装饰装修》杂志，一定要按“专业、权威、交流”的办刊宗旨，成为反映中国建筑装饰装修设计水平、具有权威性的国际交流的学术性刊物，成为培养室内设计师的园地，造就室内设计名家的摇篮。

报社、杂志社要牢牢把握行业发展的舆论导向，在宣传会员企业、交流经验等方面发挥作用，同时还要利用媒体的优势，配合地方协会和会员企业开展一些大家希望开展的社会活动，协会也支持报社、杂志社在完成办报、办刊任务后，组织一些必要的社会活动，但一定要把握好为企业服务的宗旨。会员企业也要尊重报社、杂志社作为一级法人，一个经济实体，要进行经济核算的特点，以及作为社会性媒体的工作规律。协会拥有公开发行的一报一刊，是包括地方协会、全体会员企业在内的全协会共同拥有的资源和优势，希望各地方协会和会员企业共同努力，办好协会公开发行的一报一刊。

（四）改善对行业宣传的思维方式。宣传行业、企业、工程项目，宣传完成任务过程中的集体主义精神是非常必要的，但必须注意到，人是生产力发展的最积极最活跃的因素，在宣传上述内容的同时，注意宣传对象的人格化。诸如在宣传2003年获奖工程时，一定要注意宣传为完成这些项目的企业负责人，即企业家，要宣传项目经理、设计师和其他有功人员。在上述职业逐步社会化的市场经济中，这样的宣传

更有助于调动各方面的积极性和协会开展工作的社会基础。

六、全面推进行业自律管理工作

把坚决贯彻代表最广大人民群众根本利益、做群众满意工程作为行业奋斗目标，行业自律就不能仅是一个口号，应该是企业的自觉行为。根据建设部和民政部的批复，已同意协会成立自律工作委员会，在国家工商局和中消协的支持下，协会将加快组织落实，把机构成立起来，并制定相应工作条例和计划。其一，在调研和总结相关行业和地方协会的经验的基础上，制定简便可行的建筑装饰行业自律公约。其二，配合建设部企业信用档案制度，启动企业不良记录工作，并接收有关方面投诉。其四，会同有关部门适时恢复全国信得过建筑装饰企业的评选工作。通过行检行评，奖优罚劣，全面推进行业自律管理。

目前，开展行业自律工作难度较大，但一定要起步，否则协会作为一级民间组织的职能是不完善的。完成好这项工作更需要地方协会的配合和广大会员企业的积极支持。中国建筑装饰协会自律工作委员会将要以认真的态度，公正、公平、公开地开展工作，逐步扩大自律工作的影响力和权威性。

七、切实加强协会改革和自身建设

完成协会任务的关键是提高协会工作人员的素质，提高办事能力、效率和质量。首先要进一步加快协会秘书处自身建设，与此同时必须看到，协会是一个整体，只有理事、常务理事都能尽职尽责，协会才能更好完成任务。

（一）关于秘书处的改革和自身建设工作

一是加大发展会员工作的力度，提高覆盖面，提高代表性。并注意吸收装饰材料生产和经销厂商以及房地产商入会，扩大协会的群众基础。二是继续加强协会的制度化建设和规范化管理，靠制度管理协会事务，靠制度推动协会工作。加强协会秘书处与专业委员会的工作协调，保证协会工作的整体性。三是继续完善协会秘书处工作人员的岗位聘任制，逐步形成明确的工作目标和工作责任。四是进一步加强协会党的工作，按建设部党组和社团第一党委的要求，建立健全党组织及党的活动的各项制度，加强协会工作人员的思想政治工作。

（二）进一步认识协会工作规律，提高协会工作水平

以服务为宗旨是协会的重要工作特征。作为一个民间机构，自养、自立、自强，协会才能有开展工作的能力，必须把上述两项工作结合起来，协会才能生存和发展；协会工作不能仅仅停留在礼仪活动上，力所能及地抓住一个涉及行业发展的方向性、方针性问题开展工作，才能使协会工作上一个新台阶。其次，协会工作有很大的灵活性，实践证明，如果协会工作人员自己不给自己出题目，不主动地策划项目，不主动地创造工作，不去营造协会和谐气氛，不能很好经营协会资源，很难达到推动行业发展的目的。其三，活动和服务是协会的生命，这是四届理事会的工作体会，也是协会发展的财富，但组织什么样的活动，多一点好，还是少一点好？把组织活动仅仅表现为协会的存在，还是一切活动力求同推动行业发展联系起来等，都是协会工作者要进一步研究的课题。我们应该看到，会员企业区别很大，需求不一，各地方协会区别也很大，需求也不一，这就决定了协会活动的多样性，有效性，参加活动的自愿性。其四，我会与地方装协的法律地位是平等的，但在工作中，我会对地方装饰协会有指导的责任，因此，加强我会与地方协会的沟通和合作，才能推动行业的发展，这是大家的共识。在市场经济不完备，协会职能不能完全到位的情况下，这种沟通和合作更显得必要了。由于这种合作是自愿的行为，合作过程中的真诚、尊重和团结就显得尤为重要。为表达对地方协会给予我会工作的支持的感谢，加强我会同地方协会之间的工作交流，2003 年将对优秀地方协会进行表彰奖励，并初拟于二季度组织协会负责人联谊会。

（三）发挥理事、常务理事的作用，坚持用协会章程指导协会工作

协会能否完成工作任务，作为常设工作机构的秘书处有不可推卸的责任。但只有协会理事、常务理事都很好地发挥作用，协会才能更好开展工作。每位理事、常务理事都应该严格要求自己，把自己看成协会局内人，不是局外人，要同协会共荣辱。作为中国建筑装饰协会的理事、常务理事是企业的荣誉，是个人的身份，爱惜它是自己的责任。为了使中国建筑装饰协会成为一个有力量的协会，协会秘书处作为理事会闭会期间的工作机构，要对理事会负责。当前，按协会章程办事，严肃协会管理纪律，是加强协会建设的一个重要内容。秘书处准备对不按规定缴纳会费的会员企业，不能按章程规定出席理事会、常务理事会会议的人员，在交换意见后做出相应的处理；同时，也将要对长期支持和热心协会工作的会员单位予以表彰。

同志们：

2002 年我们面对行业飞速发展和入世的新形势，提出了“二次创业”的目标，在学习了江泽民同志的“七一”讲话，和对党的十六大精神的学习后，我们对“三个代表”重要思想的理解更全面、更深刻了，对“二次创业”也有了更深层次的认识。这就是以“三个代表”重要思想为指针，以发展行业生产力，实现代表先进文化的前进方向、做群众满意工程为目标，探索协会工作规律，自养、自立、自律、自强，为全面实现小康社会奋斗目标做出贡献。

各位理事：

面对 2003 年的繁重工作，秘书处要振奋精神，改进作风，真正做到，发展要有新思路，改革要有新突破，各项工作要有新举措。在会员企业、理事、常务理事的支持下，为实现十六大提出的全面建设小康社会的目标而团结奋斗。

谢谢大家。

实践“三个代表” 全面建设小康社会
开创中国建筑装饰协会工作新局面
——在中国建筑装饰协会五届二次理事会上的总结报告

中国建筑装饰协会 会 长 **马挺贵**

（二〇〇三年一月九日）

各位理事：

新年好！

从2001年6月五届一次理事会到现在，过去整整一年半了。在建设部的领导下，在各兄弟协会的合作支持下，在各位理事及会员单位的共同努力下，中国建筑装饰行业的发展和协会的工作都取得了很大的成绩。我们的工作不仅得到了政府主管部门的肯定与鼓励，在行业及社会上也赢得了良好的声誉。在此，我代表协会对大家的辛勤工作表示衷心地感谢；同时，也对大家能够在新春之始、百忙之中来到北京，参加五届二次理事会，共商我国建筑装饰行业发展大计，表示衷心地感谢。

一年多来，中国经济在全球经济萧条中一路高歌，持续高速增长，令世界瞩目，21世纪的中国进入了一个快速发展的时代。

刚刚结束的党的“十六大”，是中国发展史上的一个里程碑，会议高举邓小平旗帜，坚持党的基本路线，贯彻“三个代表”重要思想，全面回顾了5年工作和13年的经验，对全面建设小康社会、实现中华民族的伟大复兴作出了全面部署，是划时代的宣言书和行动纲领。中国建筑装饰协会面临的工作光荣而艰巨，我们要肩负重任，全面贯彻十六大精神，以行业发展为动力，推动全面建设小康社会宏伟目标的实现。

下面我讲三点意见。

一、全面贯彻十六大精神
充分认识建筑装饰业在全面建设小康社会中的作用

江泽民同志在党的十六大报告中描绘了全面建设小康社会、开创中国特色社会主义事业新局面的宏伟蓝图，不仅是对中国建筑装饰业的巨大鼓舞，同时也为行业的发展指明了方向。

实现现代化建设“三步走”的战略目标，建筑装饰行业，将发挥其他行业无法替代的、极为重要的作用。

第一，建筑装饰行业促进了整个国民经济的发展，是实现小康社会物质基础的重要组成部分。首先，建筑装饰行业6600亿元的工程产值，为国内生产总值提供了6%以上的份额，建筑装饰行业年增长率达到20%以上，要高于整个国民经济的增长速度，是拉动国民经济增长的主要组成部分，对我国国民经济实现年增长8%做出重要贡献。其次，建筑装饰行业带动了相关产业的发展，建筑装饰工程的物质消耗，为建材、轻纺、森工、冶金等产业提供了巨大的市场空间，也形成了相关产业技术进步和产品升级换代的动力。建筑装饰工程不仅美化了城

市，美化了环境，同时也成为了商业旅游饭店业、餐饮服务业等行业发展的物质基础。再次，建筑装饰业激活了投资与消费，扩大内需市场，增强了我国抵御国际风险的能力，特别是住宅装饰装修，为人民提供了适时、适度、适量的新消费市场，变人们持币与储蓄为现实的消费，繁荣了市场，缓解了国民经济整体运行的压力，提高了整体运行质量。

第二，建筑装饰行业可以促进我国经济结构的优化。首先，建筑装饰行业为社会提供了近千万个就业岗位，其中绝大多数是农村富裕劳动力，这就为改变我国原有的城乡二元经济结构，加快城市化水平提高，缩小城乡差别奠定了经济、思想基础。其次，优化了我国的消费结构，加快由温饱型消费结构向小康型消费结构的转化的速度。再次，建筑装饰行业对我国所有制结构的调整，也发挥了重要作用，建筑装饰行业内的企业多数是民营企业，而且是中小型企业占绝大多数，形成了民营企业集中的行业，行业的不断发展，提高了民营经济在整体经济中的比重，对所有制结构的调整及增加经济活力都发挥了重要作用。

第三，建筑装饰行业对精神文明建设具有重要作用。小康社会不仅是物质上的满足，同时包括思想道德素质、科学文化素质和健康素质的提高。首先，建筑装饰所具有的文化、艺术属性，成为具有中国特色的文化现象，建筑装饰文化不仅成为我国文化的一个重要组成部分，也已经成为人们持久学习、终生学习的新领域，有利于人们更全面的发展。其次，建筑装饰优化了环境，它将影响人们的精神境界，提高人们

的道德水准，中国的古人也有“衣食足，知礼仪”之说，人们居住、工作环境的改善，有利于保持和谐、友善的人际关系，提高人们的自豪感和保持积极、勤奋的追求意识，提升人们的思想境界。

由此可见，建筑装饰行业是惠及广大人民群众和群众利益的行业，“小康社会”基本要求是“全面”，一是地域覆盖面广，二是惠及大多数人，三是在内容上是物质和精神的统一。这一内涵是建筑装饰业贯彻“三个代表”重要思想的具体体现：中国建筑装饰装修业要成为先进生产力发展的促进者，在不断满足文化艺术品位的同时，保持先进文化的发展方向；坚持做群众满意的工程，把更多的精品奉献给社会，以代表最广大人民群众的根本利益。因此在全面建设小康社会中，建筑装饰行业将发挥着极其重要的作用。

二、实现全面建设小康社会的奋斗目标必需加快中国建筑装饰行业的发展

全面建设小康社会，落实“三个代表”的要求，就要坚持与时俱进的精神。“与时俱进”为我们提出的是一个创新的精神和思想，就是要根据形势和任务的发展要求，准确把握时势，以创新的思路，前瞻性、开创性地全面推进建筑装饰行业的发展。

经过20多年的发展，我国的建筑装饰行业，无论是在企业的规模、数量、从业者素质的提高方面，还是设计、管理水平、工程质量、技术进步方面，还是企业的所有制结构，组织结构调整方面，都取得了长足的进展，并为国民经济的发展做出了重要贡献。但是，从装饰业未来的发展趋势看，从应对入世挑战，适应市场经济的要求看，从“全面建设小康社会”目标应发挥的作用看，还存在很大差距：

从改革的意义上说：虽然市场经济的初步框架已经确立，但从总体上看并未真正进入市场经济，目前国内专家普遍认为中国的市场化程度仅在50%以上，以加入WTO为标志，开放倒逼改革，是未来3年我国经济运行的新特点，改革的步伐将加大加快。也就是说未来3年中国结束入世过渡期，将实现计划经济向市场经济的彻底切换。因此，虽然装饰业所有制改制走在前列，但现代企业制度的建立和完善还远未到位。

从市场环境看：一个公正、公平、公开的市场环境还远未形成，法律体系、标准体系、自律体系都有待加强。

从装饰业技术水平方面看：无论是设计、管理水平，材料的更新换代，施工工艺的改革、创新以及从业者队伍素质都有待提高。以上这些都制约和影响着行业的发展。

中国建筑装饰业协会作为政府和企业的桥梁，就是要为行业发展把脉，为行业的创新和发展建立良好的环境，为此实现全面建设小康社会的目标，必须开拓创新，与时俱进，加快建筑装饰业的发展。

1．加大行业体制和结构的调整步伐

经过20余年的发展，我国建筑装饰业取得了长足的进步，从所有制上看：多种所有制结构并存的局面已经形成，但必须深化企业建立现代企业制度的改革。从组织结构上看，我国建筑装饰行业内企业规模普遍偏小，抗风险、抗冲击能力较弱，入世后企业间的并购成为主要形式。外资的并购、中资的并购、互相的并购，是企业再发展的途径。加入WTO后，实行“扶大、扶优、扶强”的行业发展策略，组建具有同国际大公司竞争实力的建筑装饰行业的旗舰式企业，把企业“做大、做精”是我们的必然选择。中小企业如何壮大实力，提高抗风险能力，把企业“做精、做专”，不仅是适应中国市场国际化的要求，也是提高参与市场竞争，应对加入WTO的需要。

2．提高设计水平，推进行业技术进步

我国建筑装饰行业经过20年的发展，在工程设计上已经取得了很大的进步，设计作品的艺术风格、文化品位正在逐步提高，在民族传统文化和国际审美情趣的结合上有了很大的进步，但是，我国建筑装饰行业毕竟是在改革开放后才兴旺起来的，发展的历程还很短，很多方面还有待提高。因此要大胆创新，搏采人类最先进的文化，设计理念，融汇为我国新的现代多元化装饰设计风格；要加快青年设计师的培养，造就一批我国的建筑装饰设计大师。同时要加强大专院校的培养教育力度，提高我国工程设计创作水平。建筑装饰企业要认真研究技术发展战略。技术创新是民族发展的灵魂，是行业发展的动力，是提高企业实力和素质水平的基本要求，也是参与国际竞争的条件，要在设计思想上创新，项目管理上创新，施工工法上创新，在材料、部品的生产上创新，推广工厂化、模数化、标准化施工技术，提高建筑装饰行业技术水平，形成自己的优势技术领域，并借以增强市场覆盖能力。

3．切实营造行业发展的良好环境，稳妥解决行业发展中的实际问题

要全面落实国务院整顿和规范建筑装饰行业市场的有关要求，加强行业的政策、法律、标准体系建设，加强行业自律，创造出一个公平、公正、公开竞争的市场环境。要进一步研究政府与行业协会相关职能的调整，适应加入WTO后我国行业管理同国际接轨的需要。要建立行业相对独立、完整的统计体系，以求能从宏观上比较准确反映行业整体水平。同时要解决好住宅一次性装修到位对装饰行业的影响，以及压价、拖欠工程款的问题、行业自律的问题，要解决好当前行业管理的交叉问题。基于建筑装饰工程是一个由建筑业专业化分工出来的行业，还应加强行业培训工作并解决好从业人员的资格认证问题，保证行业从业者素质的提高和队伍的稳定。

4．推动相关产业发展

建筑装饰行业的发展，带动了装饰装修产业链上上下游相关产业的发展。建筑装饰工程产值50%以上是材料价格，而建筑装饰工程质量很大程度上又取决于装饰材料质量，为此装饰业对相关产业产品质量、档次等方面的需求也日益提高。近些年，我国在建筑陶瓷、五金、涂料、门窗、地板等装饰材料领域，科技含量不断提高，新产品不断涌现，其所提供的产品从外观到质地都有了长足的进步，呈现出大发展，大提升的局面。近年来人们对居住环境质量的要求，再次引发了装饰材料行业新一轮的产品升级换代。针对住宅装饰装修市场，每年国家行政主管部门都要明令淘汰一批落后的材料，更加速了产业的技术升级和产品的更新换代。为此

在相关产业发展上建筑装饰装修行业应发挥更多的作用。

5．建立中国装饰企业信用体系迫在眉睫

在经济全球化的今天，诚实守信已越来越为社会所重视。要使中国经济健康有序地发展，建立企业信用体系和自律体系已刻不容缓。企业信用已不仅仅关系到自身发展，而且是关系到整个国家和社会长远发展的大问题。对协会而言，在建立企业信用管理体系，在全社会营造诚信环境氛围中同样起着非常关键的作用。

为此我们即要在行业内研究：行业协会在营造良好信用环境中的作用；如何建立同国际接轨的企业信用体系；当前我国企业信用体系建设面临的问题、对策及未来趋势等问题。尽快建立企业信用体系完善信用档案和公示等制度，为增强企业信用观念和信用防范意识，规范企业市场行为，营造良好的信用环境和投资环境。

总之，实现全面建设小康社会的目标，必须加快中国建筑装饰业的发展，充分发挥装饰业在国民经济和社会生活中的作用，为此要做的工作很多。徐秘书长2002年的工作总结和2003年工作安排，讲得很全面、很深刻、很具体，都是围绕着这一创新的精神和思路展开的，我就不再重复了。

三、推动行业发展　做好协会工作

五届一次理事会提出了“二次创业”的目标，这是在协会17年工作基础上作了前瞻性分析而提出的：中国过去走过的20年是向市场靠近的20年，未来20年中国建筑装饰协会，将面对中国经济市场化，给行业带来结构调整的责任；面对从“政府入世”到“企业入世”、政府主管部门职能调整，协会工作亟待加强的责任；面对行业飞速发展与行业管理不到位、市场亟待规范的责任；面对协会会员单位迅速增加、会员单位素质参差不齐亟待提高的责任。我们从未承担如此多的历史责任，时代从未对我们提出如此高的要求；竞争的激烈需要娴熟的专业知识作保证，政府和企业需要服务的意识做后盾，产业的变化需要国际化的视野做参考。为此我们提出“二次创业”的目标。面对新的一年，新的形势，特别是“十六大”提出 “全面建设小康社会的目标”，我们必须与时俱进，开拓创新。需要对“二次创业”增添新的内容，赋予新的内涵。我们要掌握使命，把握未来发展方向，推动协会发展。

1．为更多地承担政府职能打好基础

改革的深化培育了协会，而改革的继续深化又需要行业协会的进一步发展，需要行业协会为政府机构改革和政府转变职能提供支撑。因而建筑装饰业协会将随着我国市场经济的成熟，在经济生活和行业发展上发挥越来越重要的作用。国家经贸部委已下文取消46项行政审批项目，建设部已确定取消135项行政审批项目，这其中有一系列关系到装饰装修行业，随着时间的推移，政府职能转换的速度和幅度将加快加大。协会要做好承接更多的政府职能的思想、组织、业务准备。

2．健全地方协会，与地方协会（合作）积极发展会员

协会是企业之家、会员之家、协会是行业利益的代表（维护人），但目前协会工作存在协会和会员覆盖面小的问题，我国有600个城市，仅地市级城市有300多个，但我们却仅有72个地方协会。因此，首先要在地级以上城市，加快组建地方性行业协会，要认真研究由企业自发组织行业协会的经验，使协会真正成为行业大多数企业利益和要求的代表，使协会的工作既有代表性又有权威性。另外，据不完全统计，国内装饰企业有20多万家，其中有资质的装饰企业5万家，但是全国协会会员单位却仅有2万家，而且部分会员（重复）入会，中国建筑装饰协会仅有3千家。为此组建和发展地方协会和扩大会员队伍，是加强协会建设、行业建设的重要工作。另外会员的发展不均衡也是一个很大的问题。因此，协会不仅要在国有企业、民营企业发展会员，还要在外资企业发展会员，不仅要在大企业，还要在中小企业发展会员，特别是吸收具有活力和发展前景的中小企业加入协会；不仅在经济发达地区，还要在经济欠发达的地区发展会员。我们还要抓紧相关产业的企业成为装饰协会会员的发展工作，特别是建材厂家、商家，目的是加强合作，带动相关产业的发展和产品的升级换代，推进建筑装饰业和相关产业的共同发展。

3．加强协会自身建设，以创新的精神进行工作

自律、自立、自强是协会的根本，责任、诚信、毅力、创新，是协会工作者应必备的基本素质，也是我们自励的标准。协会要在提高自身素质的基础上，主动争取主管部门的支持；要打破行业、部门的界限，以长期共存，公平竞争的心态，加强同相关协会、兄弟协会的交流与合作；要与时俱进，不断创新，坚持服务宗旨，不断深入探索协会工作规律，把握协会工作的特点；要继续探索走企业家办会的路子，把在行业中有影响，有成就的企业家吸收到协会的领导岗位上，增加民营企业家、住宅装修企业在副会长、常务理事队伍中的数量，并积极发挥理事、常务理事及副会长的作用，提高协会工作水平。

我们要继续在完善协会的工作制度、办事程序的基础上，建立协会内部新的用人机制、激励机制，充分调动协会工作者这个最革命、最活跃、最积极的因素，在协会各项工作中开创出新局面。

我们要积极改变协会的办公条件，创造协会完成使命，拓展工作的硬件条件；要继续健全、完善协会秘书处的组织机构，按照“三个代表”重要思想和“全面建设小康社会”的要求和协会面临的工作任务，建立健全专业委员会和新的职能部门，使协会工作真正和国际接轨，真正发挥桥梁、纽带作用，真正成为企业利益的维护者、代表者。

各位理事：

马年已成为历史，羊年即将到来，面对新的形势，“全面建设小康社会”的目标，我们要努力实践“三个代表”的重要思想，遵循“十六大”提出的“继往开来，与时俱进”的要求，在建设行政主管部门领导下，在各地方协会相互支持下，在各位理事和会员单位的共同努力下，不断创新，开创中国建筑装饰行业工作的新局面。

谢谢大家。

关于增补中国建筑装饰协会副会长候选人的决议

中国建筑装饰协会五届二次理事会

（二〇〇三年一月九日）

根据2002年7月16日五届二次常务理事会通过的《关于增补中国建筑装饰协会副会长的决议》，在各省、自治区、直辖市、解放军装饰协会和中国建筑装饰协会秘书处推荐的基础上，经会长办公会研究，秘书处提名，五届二次理事会通过，下列7位同志为中国建筑装饰协会副会长（按姓氏笔画排序）。

1. 丁域庆　重庆港庆建筑装饰有限公司总经理
2. 叶远西　深圳市广田装饰设计工程有限公司董事长
3. 冯　林　西安市鑫龙建筑装饰工程有限公司董事长
4. 朱兴良　苏州金螳螂建筑装饰有限公司董事长
5. 陈国宏　上海荣欣家庭装潢有限公司董事长兼总经理
6. 张　钧　北京业之峰装饰有限公司董事长兼总裁
7. 魏　光　黑龙江国光建筑装饰工程有限公司总经理

关于调整、增补部分理事、常务理事的决议

中国建筑装饰协会五届二次理事会

（二〇〇三年一月九日）

自中国建筑装饰协会五届理事会、常务理事会成立以来，部分理事、常务理事因各种原因，已不具备担任本会理事或常务理事的条件，按协会《章程》应及时进行调整。同时，根据各理事推荐单位提名增补部分理事，根据秘书处提名增补部分常务理事，并经五届二次理事会同意。

一、以下同志不再担任五届理事会理事

1. 吴成方　中建三局东方装饰设计工程公司原总经理
2. 张宜贵　西安西航祥和铝业装饰工程有限公司原总经理
3. 苏有玉　深圳市建艺装饰设计工程公司原总经理
4. 李少奎　深圳市美术装饰工程有限公司原总经理
5. 严振华　武汉建工集团装饰工程有限公司原董事长
6. 陈　重　中国建筑设计研究院原副院长
7. 谢少宁　中国建筑装饰协会原副秘书长
8. 安　静　中国建筑装饰协会培训中心原主任
9. 傅　鹏　中国建筑装饰协会工程委员会主任
10. 唐　澄　中国建筑装饰协会建筑五金委员会主任
11. 彭政国　中国建筑装饰协会铝制品委员会原主任

二、以下同志不再担任五届常务理事会常务理事

1. 谢少宁　中国建筑装饰协会原副秘书长
2. 傅　鹏　中国建筑装饰协会工程委员会主任
3. 唐　澄　中国建筑装饰协会建筑五金委员会主任
4. 彭政国　中国建筑装饰协会铝制品委员会原主任
5. 陈　重　中国建筑设计研究院原副院长

三、以下同志增补为五届理事会理事

1. 田厚春　中建三局东方装饰设计工程公司总经理
2. 任树东　西安西航祥和铝业装饰工程有限公司总经理
3. 刘海云　深圳市建艺装饰设计工程公司总经理
4. 张志林　深圳市美术装饰工程有限公司总经理
5. 邬盛永　武汉建工集团装饰工程有限公司董事长
6. 张汉清　深圳市维业装饰设计工程有限公司董事长
7. 白宝鲲　深圳市坚朗建材有限公司总经理
8. 何永富　杭州之江有机硅化工有限公司
9. 王金生　青岛金楷装饰工程有限公司董事长兼总经理
10. 叶德才　青岛德才装饰安装工程有限公司董事长兼总经理
11. 温铁义　长春长江装饰装璜有限公司董事长兼总经理
12. 吴　晞　北京清华工美建筑装饰工程有限公司董事长兼总经理
13. 周智勇　重庆金飞建筑装饰工程有限公司董事长兼总经理
14. 赵文广　大连红太装饰工程公司总经理
15. 冯　林　西安鑫龙建筑装饰工程有限公司董事长
16. 周锡全　中国工程建设标准化协会秘书长
17. 王燕鸣（女）　中国建筑装饰协会培训中心主任
18. 邓　千（女）　《中华建筑报》总编辑
19. 王永强　《中国建筑装饰装修》常务副社长

四、以下同志增补为五届常务理事会常务理事

1. 李介平　深圳瑞和装饰工程有限公司总经理
2. 邱锦生　福建嘉华装饰工程有限公司总经理
3. 梁　铭　深圳金粤幕墙装饰工程有限公司董事长兼总经理
4. 裘之星　杭州亚加装潢有限公司总经理
5. 王　冶　广东省装饰总公司总经理
6. 陈　军　东莞市三立灯饰有限公司经理
7. 赵文广　大连红太装饰工程公司总经理
8. 冯　林　西安鑫龙建筑装饰工程有限公司董事长
9. 丁域庆　重庆港庆建筑装饰有限公司总经理
10. 周锡全　中国工程建设标准化协会秘书长
11. 张世礼　中国建筑学会室内设计分会会长
12. 邓　千（女）　《中华建筑报》社总编辑
13. 王永强　《中国建筑装饰装修》常务副社长

中国建筑装饰协会新当选 7 位副会长简介

2003 年 1 月 9 日，中国建筑装饰协会五届二次理事会在北京友谊宾馆召开，会议决定增补 7 位民营建筑装饰企业家为副会长（按姓氏笔划为序）：重庆港庆建筑装饰有限公司总经理丁域庆、深圳市广田装饰设计工程有限公司董事长叶远西、西安市鑫龙建筑装饰工程有限公司董事长冯林、苏州金螳螂建筑装饰有限公司董事长朱兴良、上海荣欣家庭装潢有限公司董事长兼总经理陈国宏、北京业之峰装饰有限公司董事长兼总裁张钧、黑龙江国光建筑装饰工程有限公司总经理魏光。

现将当时作为会议文件之一的增补 7 位民营建筑装饰企业家为副会长的简介刊发如下。使所有会员及全行业都了解他们，这也是我们信息公开，为会员和行业服务的一项本职工作。

中国建筑装饰协会信息部　《中国建筑装饰》编辑部

二〇〇三年二月二十六日

丁域庆

姓　　名	丁域庆	性　　别	男	出生年月	1954 年 9 月
政治面目	农工民主党	职　　称	高级建筑师	职　　务	总经理
最高学历	大学本科	从业年限	10 年	工程管理资历	10 年
何校、何专业毕业		中央工艺美院室内设计专业			
所在单位名称	重庆港庆建筑装饰有限公司				
企业类型	有限责任	注册资本	1700 万元	企业资质	装饰施工一级、设计甲级
年营业额	8000 万元	年上缴利税情况		550 万元	
社会兼职	中国建筑装饰协会理事，重庆市建筑装饰协会副理事长。				
工作简历	由何年、月至何年、月		在何单位、从事何工作、任何职		
	1978～1982		中央工艺美院室内设计专业学生		
	1982～1983		重庆陶瓷公司美术设计		
	1983～1989		重庆市设计院从事设计工作		
	1989～1990		重庆建筑大学进修		
	1990～1991		重庆设计院厦门分院从事设计工作		
	1992～1994		重庆港庆建筑装饰有限公司副总经理兼总设计师		
	1994 至今		重庆港庆建筑装饰有限公司总经理		
企业简介	重庆港庆建筑装饰有限公司成立于 1992 年，现有员工 160 人,其中高中级专业技术人员 60 人,公司承建的人民大会堂重庆厅获“2000 年全国建筑工程装饰奖”。 重庆人民大会堂、重庆人民日报社等多项工程获“重庆市建筑装饰优质工程奖”。1998 年、2000 年、2001 年获重庆市建委及市建筑装饰协会“重庆市装饰行业先进企业”称号。 本人连续获重庆市建筑装饰行业“优秀经理”称号。农工民主党重庆市委委员，重庆市政协委员。				

叶远西

姓　　名	叶远西	性　　别	男	出生年月	1962 年 10 月
政治面目	群　众	职　　称	工程师	职　　务	董事长
最高学历	研究生	从业年限	19 年	工程管理资历	16 年
何校、何专业毕业		中南财经政法大学国民经济专业			
所在单位名称	深圳市广田装饰设计工程有限公司				
企业类型	有限责任	注册资本	2800 万元	企业资质	装饰施工一级/设计甲级
年营业额	2.8 亿元	年上缴利税情况		1380 万元	
社会兼职	中国建筑装饰协会常务理事，深圳市政协委员，深圳市青年企业家联合会会长，广东省青年企业家协会副会长，深圳市中级人民法院特邀培审员兼廉正监督员，深圳市光彩事业促进会副会长，深圳建设工程招投标评审专家库专家。				

续上表

工作简历	由何年、月至何年、月	在何单位、从事何工作、任何职
	1983～1991	深圳市文业装饰公司任副总经理兼工程部经理
	1991 至今	深圳市广田投资发展有限公司任董事长
	1992 至今	兰州商业银行任股东
	1993 至今	深圳市广田装饰设计工程有限公司任董事长
	1995 至今	香港广田集团有限公司任董事局主席
	1997 至今	北京中远广田装饰设计工程有限公司任副董事长
	2002 至今	深圳市京基置业有限公司任董事长
企业简介	深圳市广田装饰设计工程有限公司成立于 1993 年，注册资金 2800 万元，1999 年通过了 ISO9001 国际质量体系认证。公司现有员工 368 人，其中高级职称 13 人，中级职称 43 人，大专以上学历 80 人，已经建立了一支高素质的各专业配套齐全的技术人才队伍。公司是集室内装饰、建筑幕墙、中央空调的设计施工、建筑装饰材料生产销售、家私配套生产、销售为一体的专业化程度，综合实力强的装饰企业。公司具有企业新、起点高、技术先进、管理超前的特点，在短短的几年里异军突起，后来居上，公司的规模和实力迅猛发展，连年被评为“重合同守信用”企业，先后被深圳市委、市政府授予 1997～1999 年度先进集体称号和文明企业，2000 年被广东省委、省政府授予广东省先进集体称号，在行业中树立了良好信誉。	

冯　林

姓　　名	冯　林	性　　别	男	出生年月	1963 年 4 月
政治面目	群　众	职　　称	建筑师	职　　务	董事长
最高学历	大学本科	从业年限	15 年	工程管理资历	15 年
何校、何专业毕业		西安冶金建筑学院建筑学专业			
所在单位名称	西安鑫龙建筑装饰工程有限公司				
企业类型	有限责任	注册资本	1000 万元	企业资质	装饰施工一级、设计甲级
年营业额	3.5 亿元	年上缴利税情况		960 万元	
社会兼职	陕西省建筑装饰协会副会长，陕西省青年企业家协会常务理事。				

工作简历	由何年、月至何年、月	在何单位、从事何工作、任何职
	1982.7～1985.7	西安冶金建筑学院学习
	1985.8～1986.8	西安翠华装饰队任副队长
	1986.9～1989.12	西安装饰工程队任队长及技术负责人
	1990.6～2001.8	西安鑫龙建筑装饰工程有限公司任总经理
	2001.8 至今	西安鑫龙建筑装饰工程有限公司
企业简介	西安鑫龙企业集团是一家集建筑装饰、房地产、物业管理、建筑材料的生产与销售等为一体的多元化企业集团，至今已有 15 年的历史。拥有固定资产近亿元。公司在“团结、和谐、勤奋、效率”的理念指导下，对集团所属各公司进行科学管理，促进企业资源优化调整，实现企业规模化经营，并为各公司制定投资开发中长期总体经营战略、发展战略。 集团所辖主要企业有西安市鑫龙建筑装饰工程（集团）有限公司、陕西金丝路置业有限公司、西安曲江旅游建设开发有限公司、鑫汇石材有限责任公司、西安鼎信物业管理有限公司等。鑫龙装饰公司是集团的核心企业，2001 年通过了 ISO9001 质量认证。	

朱兴良

姓　　名	朱兴良	性　　别	男	出生年月	1959 年 5 月
政治面目	群　众	职　　称	工程师	职　　务	董事长
最高学历	大　专	从业年限	25 年	工程管理资历	20 年

续上表

何校、何专业毕业	苏州城建环保学院工民建专业				
所在企业名称	苏州金螳螂建筑装饰有限公司				
企业类型	中外合资	注册资本	200 万美元	企业资质	装饰施工一级、设计甲级
年营业额	4.8 亿元	年上缴利税情况		2500 万元	
社会兼职	中国建筑装饰协会常务理事，江苏省建筑装饰协会副会长。				
工作简历	由何年、月至何年、月	在何单位、从事何工作、任何职			
	1977.08～1982.12	吴县市文教建筑公司工人、施工管理员			
	1983.01～1985.08	吴县市文教建筑公司副经理			
	1985.09～1987.08	苏州城建环保学院工民建专业学习			
	1987.09～1988.10	吴县市建筑装潢园林工程公司技术科长			
	1988.11～1992.12	吴县市建筑装潢园林工程公司副总经理,分管工程管理工作			
	1993.01～1997.11	苏州金螳螂建筑装饰有限公司副董事长兼总经理			
	1997.11～2002.04	苏州金螳螂建筑装饰有限公司董事长兼总经理			
	2002.05 至今	苏州金螳螂建筑装饰有限公司董事长			
	其中：2001.03 至	苏州金螳螂企业投资发展有限公司董事长兼总经理			
企业简介	苏州金螳螂建筑装饰有限公司成立于 1993 年，占地面积 130 亩，公司注册资本金 200 万美元，年度销售额为 4.8 亿元,资产规模超过 2 亿元。已通过 ISO9001。经过近十年的奋斗和努力,已发展成为一个融幕墙设计施工、室内设计施工、电器设计施工、家具设计制作、艺术品配套在内的集团化企业。在全国 20 多个城市承接了大批中高档装饰工程。近年来，相继在北京、上海、南京、重庆、杭州、无锡等地设立了分公司和办事处。公司现有专业技术人员和管理人员 686 人，其中设计人员 203 人，专业项目经理 110 人。公司所做装饰工程多项获得鲁班奖（国优）、全国建筑工程装饰奖、中国室内设计大奖等荣誉。连年获得江苏省建筑业最佳企业等称号，2002 年 6 月公司被江苏省人民政府授予“建筑装饰十强企业第一名”。				

陈国宏

姓　名	陈国宏	性　别	男	出生年月	1956 年 9 月
政治面目	中共党员	职　称	工程师	职　务	董事长兼总经理
最高学历	MBA	从业年限	10 年	工程管理资历	10 年
何校、何专业毕业	电大，澳门亚洲公开大学 MBA				
所在单位名称	上海荣欣家庭装潢有限公司				
企业类型	有限责任	注册资本	500 万元	企业资质	装饰施工二级(暂定)
年营业额	2.5 亿元	年上缴利税情况		960 万元	
社会兼职	中国建筑装饰协会常务理事，上海市装饰装修行业协会副会长兼家装委员会理事长，华东理工大学室内装饰文化研究所所长。				
工作简历	由何年、月至何年、月	在何单位、从事何工作、任何职			
	1975.3～1980.3	海丰农场元华七大队任支部书记			
	1980.4～1985.6	新丰电子器材厂任厂长			
	1985.7～1988.9	海滨无线电厂任厂长			
	1988.10～1992.12	红鹰无线电厂任厂长			
	1993.1～1994.3	虹兴电器厂任厂长			
	1994.4 至今	上海荣欣家庭装潢有限公司任董事长、总经理、党总支书记			
企业简介	上海荣欣家庭装潢有限公司成立于 1993 年 4 月，更名于 1994 年 4 月，是目前上海市开办最早、规模最大的家装公司。2000 年销售额达 2.035 亿元，2001 年销售额达 2.5 亿元。 公司先后被评为全国家装优秀设计施工企业、全国家装标兵企业、上海市十大放心企业、上海市十大优秀家装企业、上海市重合同守信誉企业。				

张　钧

姓　　名	张　钧	性　　别	男	出生年月	1966年8月
政治面目	群　众	职　　称	工程师	职　　务	董事长兼总裁
最高学历	大学本科	从业年限	13年	工程管理资历	13年
何校、何专业毕业		湖南大学工民建专业			
所在单位名称	北京业之峰装饰有限公司				
企业类型	有限责任	注册资本	500万元	企业资质	装饰施工二级
年营业额	4亿元	年上缴利税情况		1520万元	
社会兼职	中国建筑装饰协会常务理事，北京市建筑装饰协会家装委员会副会长。				
工作简历	由何年、月至何年、月	在何单位、从事何工作、任何职			
	1989.7	北京第六建筑工程公司工作			
	1989.7～1990.1	新大都饭店高档装修工程任工长			
	1990.2～1990.10	科委情报所宿舍楼土建工程任主管工长			
	1990.11～1991.12	中央电视台宿舍楼土建工程任项目经理			
	1992.1～1993.12	科委信息业务楼土建工程任项目经理			
	1997.4至今	北京业之峰装饰有限公司任董事长			
企业简介	北京业之峰装饰有限公司是一家股份制民营企业，成立于1997年，主要从事家装，兼营公装。公司到2002年底发展成为由设在北京的总部和全国具有30家直营分公司、12个特许加盟连锁公司组成的阵容。公司现有员工2000余人，工人12000余人，在家装行业中居领先地位，2002年工程产值达4亿元。				

魏　光

姓　　名	魏　光	性　　别	男	出生年月	1954年8月
政治面目	群　众	职　　称	高级工艺美术师	职　　务	总经理
最高学历	研究生	从业年限	20年	工程管理资历	20年
何校、何专业毕业		哈尔滨建筑大学城市规划与设计专业			
所在单位名称	黑龙江国光建筑装饰工程有限公司				
企业类型	有限责任	注册资本	1300万元	企业资质	装饰施工一级、设计甲级
年营业额	11200万元	年上缴利税情况		470万元	
社会兼职	中国建筑装饰协会常务理事，黑龙江省建筑装饰协会副会长，黑龙江省美协理事。				
工作简历	由何年、月至何年、月	在何单位、从事何工作、任何职			
	1971～1982	哈尔滨市动力商业局美工，助理美术师			
	1982～1990	黑龙江省艺术装饰公司设计室主任，工艺美术师			
	1990～1993	哈尔滨国际经济技术合作公司国际工程项目负责人，高级工艺美术师			
	1993至今	黑龙江国光建筑装饰工程有限公司总经理兼总设计师			
企业简介	黑龙江国光建筑装饰有限公司成立于1993年，现有员工411人，其中高、中级专业技术人员82人。公司承建的俄罗斯克拉斯诺亚尔斯克叶尼塞宾馆和剧院工程获前苏联部级奖励。公司承建的多项国内装饰工程获黑龙江建筑装饰优质工程、全国建筑工程装饰奖。公司获黑龙江省1995～1999年度建筑装饰优秀企业称号。 本人获1995年～1999年度黑龙江省建筑装饰优秀设计师、优秀企业家称号。				

·中国建筑装饰协会五届三次常务理事会·

中国建筑装饰协会五届三次常务理事会工作报告

中国建筑装饰协会　常务副会长兼秘书长　徐　朋

（二〇〇三年九月二十日）

各位常务理事：

现在，我受协会秘书处的委托，向五届三次常务理事会报告自今年一月五届二次理事会召开以来秘书处的工作，以及今年下一个阶段的主要工作，请予审议。

根据五届二次理事会确定的2003年协会工作要“全面贯彻党的十六大精神，牢牢把握发展这个执政兴国的第一要务，为实现全面建设小康社会的奋斗目标，加快建筑装饰行业的发展”的指导方针，秘书处对行业现阶段的发展形势进行了认真地分析，提出2003年具体工作意见，4月初召开了地方建筑装饰协会秘书长工作会，共同确定了协会今年的十项重点工作，简称十件大事。这十件事是：一是召开全国建筑装饰行业科技大会；二是开展2002年全国建筑装饰行业百强企业推介活动；三是开展室内建筑师资格认定；四是与中央电视台合作举办第二届全国家居电视设计大奖赛；五是加强行业技术、工法建设，召开全国建筑工程装饰奖优秀项目经理表彰大会；六是建立行业信息系统，召开行业信息及出版工作会；七是颁布行业自律公约，建立行业自律体系；八是完成住宅装饰装修投资与消费的调研课题，启动民营企业现代企业制度课题；九是继续做好2003年全国建筑工程装饰奖的评选工作；十是推动地方成立装饰协会，加大发展会员力度，提高协会的代表性。

全国建筑装饰行业科技大会是今年工作的重中之重。这是针对目前行业普遍存在的企业科技意识薄弱、核心技术不突出、管理手段陈旧、设计与施工技术相对落后，以及行业尚未建立起有效的科技进步机制等，影响行业可持续发展和在经济与社会发展中进一步发挥作用的问题，协会从贯彻落实“三个代表”重要思想，确立“科技是第一生产力”的发展方针的角度，采取的一个重大工作步骤。为了开好这次会议，秘书处和有关专业委员会投入了大量的精力，做了大量艰巨细致的筹备工作。大会将于明天正式召开，按计划建设部部长汪光焘，科技部党组成员、秘书长石定寰同志将出席开幕式并分别做重要讲话。大会将由三个主题报告和五个专业论坛组成。将有40余位专家、学者和企业家做讲演。预计将有千人到会。为了全面系统地分析和认识当前行业的科技进步状况，提出对行业科技进步的设想，协会提出了《关于建筑装饰行业科技进步的若干意见》，本文件经多次专家论证和六次修改，并由建设部科技司帮助审查，做为本次大会资料，也同时作为中装协文件，在本次会上发给大家。最早，协会曾力图组织部分专家编制建筑装饰行业科技进步“纲要”，但由于受时间和水平的限制，改为“若干意见”，使这个文件有一定弹性。我们希望能在执行一个阶段后，再集思广义把它变成能够全面指导行业科技进步的纲要性文件。

关于开展2002年度中国装饰行业百强企业评价推介活动。这是协会为适应我国加入世贸组织，参照国际惯例，运用市场评价的方式，委托《中华建筑报》向社会推介行业企业的一种尝试。目的是更好地贯彻协会“扶大扶优扶强”的战略方针，增强企业的知名度，提高本土企业的市场占有率，促进行业的可持续发展。本次活动将本着公平、公正、公开，以及自愿和为企业严守商业秘密的原则进行。这项工作得到了各地方协会和广大企业的积极响应，目前评价工作已结束，推介活动已经开展，包括新闻发布会和以协会文件的形式发送相关行业协会，相关招标机构，以及会员企业推介的投资企业等。百强企业同包括《中华建筑报》在内的媒体合作进行的宣传活动也将按企业自愿的形式开展。对于百强企业的评价推介活动，协会没有经验，一直是在注意听取不同意见中完善程序、总结经验、改进评价方法。这项工作结束后，协会将通过本次评价工作的实践，做认真的总结，使其更有利于企业发展和行业发展。

关于室内建筑师的认定工作。上半年协会与相关单位积极沟通，已经达成了基本协议，完成了相应的制度准备，一待时机成熟，就将以协会的名义，在会员当中推行。我们非常理解这个问题的解决，不仅是对设计人员劳动价值的一种社会认可，有利于调动积极性，更重要的是将对装饰行业的健康发展和规范市场秩序产生积极的影响。

关于与中央电视台合作举办第二届全国家居电视设计大奖赛工作。这次大赛得到了广大设计人员，特别是青年设计人员的响应，共征集到412件作品，经过专家评审，评出2003年最佳家居设计师和优秀陈设奖、优秀创意奖、优秀概念奖、优秀生态奖。8月8日在大连市召开了隆重的颁奖大会。8月21至23日连续三天在中央电视台播送获奖作品介绍，8月24日晚黄金时段中央电视台播出了一个半小时的决赛及颁奖大会实况。这项活动不仅表彰了一些优秀的家居设计人员，更重要的是起到了引导消费者理性消费，提高消费者的文化鉴赏能力、倡导先进的家居装饰文化的作用，是一次先进文化的社会普及实践。

关于召开全国建筑工程装饰奖优秀项目经理表彰大会。这次大会于8月11日在北京召开，共有206家装饰企业的250项工程279名项目经理获得表彰。在抗击非典斗争中做出突出贡献的8名项目经理也同时受到表彰。为提高项目经理的全面素质，会议还有针对性地邀请了资深专家作了专题报告和经验交流。这项活动是全国建筑工程装饰奖工作的延续，是协会调动生产力中最活跃的因素——人的积极性的一个具体措施。优秀工程是企业管理者、项目经理和设计师共同努力打造的，其中项目经理的作用至关重要。协会今后还要不断地推出一批优秀的项目经理，促进工程水准的全面提高。

关于行业自律工作。行业协会通过制定行规行约进行自律性行业管理，是市场经济体制的一个重要组成部分，也是行业协会性质与作用的体现。秘书处通过研究，认为应首先在制订全行业普遍遵守的自律公约上取得突破，以此推动行业自律体系的逐步建立。为此，今年上半年秘书处在以往工作的基础上，又先后在四个省、市召开了座谈会，听取了近200名企业和部分地方协会的意见，对行业自律公约的内容和表述又作了进一步的完善，并在4月召开的全国地方协会秘书长会议上又进一步征求了意见，形成了现在提交各位的审议稿。应该说，在目前市场经济秩序未得到根本好转的情况下，一个行业自律公约不可能解决行业中存在的全部不规范行为，但是，我们制订这个公约的意义就在于要向全社会表明，中国建筑装饰协会是一个负责任的协会，不允许任何破坏行业健康发展的现象进一步蔓延，并且要通过一定的方式制止这些行为，从而保证行业的健康发展。

关于全国建筑工程装饰奖评审工作。通过总结以往两届建筑装饰奖评审工作经验，秘书处对今年的装饰奖评审规则作了局部的调整和完善。目前申报工作已经基本结束，将进入资料审查和复查阶段。我们将全力以赴的完成好此项工作。

关于推动地方成立装饰协会，加大发展会员力度，提高协会的代表性。这项工作是协会的一项长期的、重要的基础性工作，是使协会真正成为行业利益的集中代表，成为行业管理主体的必要条件。根据我们的观察，凡是有较健全的行业协会体系的地方，行业协会的代表性就高，行业的凝聚力就强，行业管理的力度就大，对企业的服务就比较到位，同时也更容易得到当地建设主管部门的信任与支持。今年协会领导加强了对地方建设主管部门的宣传工作，使一些地方的建设主管部门对组建地方建筑装饰协会的认识和积极性有了较大的提高，并取得了一定的效果。同时秘书处还根据我国民主建设的进程，积极推动装饰企业自主组成行业协会，开展行业自律管理。

除了今年确定的十项重点工作取得了进展外，秘书处还在推动其他工作方面作了很大的努力，并取得了积极的效果：

成功召开了全国装饰协会秘书长会和会长工作会。4月21日在北京召开了全国装饰协会秘书长会，会议通报了中装协今年的工作计划和活动安排、讨论了行业自律公约和2002年中国建筑装饰行业百强企业评价推介活动方案，布置了中国装饰企业走向国际市场开展国际化经营的调查。8月7日在黑龙江召开了2003年度会长工作会，会议听取了中装协今年的工作计划和活动安排，重点是科技大会的筹备情况、讨论了加强执行中国建筑装饰协会理事会议事条例的决议，听取了马挺贵会长关于加快地方装饰协会建设的讲话。这两次会议，是在协会较高管理层召开的工作会议，特别是会长工作会是一个创新，将来要成为例会，重点研究对全行业发展具有前瞻性和战略性的大事，使所有的会长都能肩负起推动行业发展的历史责任。

关于培训工作，今年前期已完成了装饰行业五个工种工人的技能标准、鉴定规范和试题库的编制和发布工作，在京召开了工人技能培训工作研讨会，对下一步组织工人培训提出了工作思路；完成了建设部委托的一、二级注册建造师装饰装修专业考试大纲和考试指导用书的编写任务；在天津等地建立了新的培训工作站。

编辑出版了《2002年中国建筑装饰行业年鉴》,《中国建筑装饰装修》成功出版了9期，刊物受到了广大设计师的爱戴，并引起了广大业主和相应的国外行业管理机构的重视。杂志社不久前与中国旅游饭店业协会联合召开的关于饭店设计论坛，收到了很好的效果。《中华建筑报》加强了同地方协会和会员企业的合作，报纸质量明显提高，8月份还主持召开了关于空调及健康环境的高峰论坛，近300多位专家、学者、企业家与会，中央台予以专门报导，《中华建筑报》作为行业报的影响力也得到了进一步的提升。

与英国欧洲设计联盟签署了合作备忘录，双方同意分别在室内设计和建筑设计领域进行密切合作，加强双方人员互访，在人才培训、材料技术方面进行合作交流。

完成了建设部委托的家装企业资质管理办法的调研与制订工作；开展了家装企业质量服务诚信企业的评比工作。

各专业委员会结合各自的工作领域举办了形式多样的咨询服务工作，如成功地召开了第十届国际门业及五金展、第十届全国建筑装饰材料订货会、首届全国建筑电气行业发展论坛、第六届中国（北京）国际家具及木工机械展览会等。

今年上半年由于非典疫情的影响，许多工作受到了一定干扰，但在秘书处全体工作人员的努力和各专业委员会及地方协会的大力支持下，上半年的工作基本上开展得比较顺利。围绕年初确定的十项工作，下半年工作重点如下：

一、抓好落实全国建筑装饰行业科技大会精神的工作。召开全国建筑装饰行业科技大会，是推动全国建筑装饰行业进一步落实“三个代表”重要思想的一个重要举措。开好大会是协会的一个项重要工作，但不是根本目的。根本目的在于今后行业和企业发展中，真正把科技进步和技术创新摆在重要位置，促进行业和企业发展模式由粗放向集约、由速度效益型向质量效益型转化，通过提高行业的科技含量，全面提升行业发展质量和竞争力，使行业真正走上一条依靠科技进步的良性发展轨道。因此，这次会议成功与否的关键是要在行业发展中落实好科技大会提出的目标和措施。这方面，今后我们大家还有大量的实际工作要做。我非常希望常务理事单位在这方面能早走一步。一是利用这次大会的东风全面提升本企业的科技意识；二是形成本企业的科技进步规划和方案；三是逐步形成行业和企业的推进科技进步的管理机制和工作机制，加大科技投入，加快人才培养，加快成果转化。这次大会要宣布一批我们这个行业的科技示范工程名单，这项工作目前是做为试点来开展的，先从一些有积极性的企业和地方协会作起，摸索经验后再进一步推广。

二、着重研究如何推进家装行业的发展问题。学习贯彻“三个代表”重要思想，最终要落实到代表最广大人民群众的根本利益上。从这个高度分析认识家装中存在的问题，就不仅是一个经济问题，很有可能就会发展成为一个社会问题或政治问题。家装是具有鲜明中国特色的社会、经济、文化现象，涉及千千万万的普通老百姓的切身利益。人人搞家装，已经成为一个社会现象；人人投资家装，已经成为消费热点和经济增长点；人人都希望介入家装设计，力图表现出自己的文化情趣；人人都想为自己建设一个环保的健康环境，以家装为起点，全社会的环保意识有了极大提高。研究这些现象，提升家装的社会地位，提高家装的服务水平和行业管理质量是我们的一项重要任务。能不能提出一个与时俱进、切实有效的对家装行业的发展思路和管理思路，是对协会认识水平和工作能力的一个严峻考验。协会已经决定，要把对家装的发展研究做为明年主要工作，今年下半年将要做一些必要准备。

三、加强行业的信息化建设工作。整合行业的信息资源，挖掘行业信息潜力，是促行业生产力水平进步的重要组成部分。与此同时要研究行业的信息化手段问题。党的十六大提出要用信息化改造传统产业，这也是摆在建筑装饰行业面前的一个重大的课题，同时也是一个影响行业发展的带有方向性、战略性的大事。下半年要择机召开全行业的信息工作会议，研究装饰行业信息化建设方针、技术政策、和实现途径，交流有关企业的先进经验，

四、进一步加强培训工作。根据中央提出的“广泛动员社会力量，推动培训模式和工作机制的创新”的要求，积极探索建设、劳动主管部门、各地方协会和培训机关四位一体的、开放式的联合培训模式，重点加强对工人技能的培训组织工作，同时做好建设部委托的有关注册建造师的工作，做好项目经理向注册建造师过渡期的培训和继续教育工作，启动设计、造价和监理从业人员的培训。

五、认真抓好今年的全国建筑装饰工程奖的评比工作。

全国建筑装饰工程装饰奖的评奖活动一直受到各省、市建筑装饰协会和会员企业的重视，特别通过两届的评审和宣传工作，这个奖项的价值已被社会普遍肯定。因此，今年申报的企业和工程数量大大超过年初秘书处下达的指标。我在这里要强调说明两点：上个月在会长工作会议上，大家一致认为，一定保证这个奖项的含金量。最近，秘书处专门召开了会议，并下发了紧急通知。考虑今年的实际情况，总量可以适当放宽，但一定要保持设立这个奖项优中选优的初衷，获奖项目总数一定不要突破去年。中装协和地方协会一定要一起把关，特别是地方协会要把好关，矛盾不要上交；第三，一定发挥好专家复查和评审中的作用，严格按专家评分排序决定取舍。第四，确保复查过程的一系列制度和纪律要求，保证评奖工作的公正、公平和公开。希望大家能够理解和支持。

六、加强对外联络工作。协会成立国际部以来，对外联络工作开创了新的局面。下半年协会要组织三个出访团组。一是应欧洲室内设计师联盟的邀请，于10月中旬组团访问英国、德国，考察上述两个国家建筑装饰行业最新的产品、技术动态，讨论相关的交流和合作。二是12月初组织中国室内建筑师代表团，参加在印度召开的国际室内建筑师/设计师联盟（IFI）2003年年会，加强国内设计人员与国际的学术交流。三是组织赴台湾商务访问交流团，加强海峡两岸同行的交流与合作，推进行业进步，促进和平统一大业。

七、着手协会成立20周年纪念活动的筹备工作。20周年的活动要有明确的指导思想，即全面的贯彻“三个代表”重要思想，研究新情况，分析新问题，以实现“二次创业”为目标，全面的推动行业的大提高、大发展。整个活动要以“建筑装饰行业要在全面建设小康社会中做出更大贡献”为主题，要特别强调每项活动都要有实际效果。本次会议我们将提出一个初步意见，会后我们将组成专门的筹备工作小组，提出具体活动安排。

八、上半年未完成的工作任务，仍然是下半年的工作内容，包括未完成的课题，会员企业中的室内建筑师资格认定，行业自律公约的贯彻实施，继续推动和支持成立地方协会等。要保证今年工作同明年工作的衔接，安排好明年工作计划。

各位常务理事，要实现五届二次理事会提出的协会2003年各项工作目标，就必须要用与时俱进的精神，以创新带动全年的工作，通过锐意改革，特别是加强自身建设，全面提高服务水平，使协会工作能够在以往工作基础上上一个新台阶。2003年剩下的时间不足四个月，可需要做的工作却是大量的，我相信，在常务理事的大力支持下，协会的工作一定会实现年初提出的工作目标。上述报告请审议。

谢谢大家。

在中国建筑装饰协会五届三次常务理事会上的讲话

中国建筑装饰协会　会　长　**马挺贵**

（二〇〇三年九月二十日）

各位常务理事：

五届三次常务理事会今天就要闭幕了，会上协会秘书处向各位常务理事汇报了今年的工作安排和上半年的工作情况，听取了大家的意见，会议开得非常成功。下面我谈几点意见。

我国建筑装饰行业近年来发展很快，取得了巨大的成就，得到了全社会的关注。明年是中国建筑装饰协会成立20周年，20年来，协会伴随着我国建筑装饰行业的发展历程，做了大量工作，五届会员代表大会以后，协会秘书处更是加强了思想建设、组织建设和制度建设，为实现“二次创业”奠定了基础，形成了很好的工作机制。

2003年的工作是经秘书长会、会长会议研究确定的，都是关系全行业发展的大事，也是关系加强行业协会建设，协会在行业中发挥作用的很重要的工作。今年是中央换届后的第一年，也是全面建设小康社会的开局之年，推动经济发展和社会进步的重要一年。协会就今年的工作做了全面安排，并确立了10件主要工作。徐秘书长工作报告中所说的，包括召开“全国建筑装饰行业科技大会”，进行专题调研、组织行业内百强企业的评比推介，发展和健全地方协会组织，加强协会的自身建设，开展建筑装饰专业注册建造师和室内设计师的职称评审等一系列工作。通过今年上半年协会秘书处及广大会员、理事、常务理事及副会长单位的共同努力，尤其是经历了抗击非典的伟大斗争的过程后，计划中的工作大部分已经落实和正在落实，特别是今年重中之重的“全国建筑装饰行业科技大会”，经过紧张的筹备工作，明天就将开幕了，可以说，协会各项工作对推动建筑装饰行业生产力水平提高，促进行业的可持续发展，为会员企业办实事，为行业整体素质的提高都取得了应有的效果，形成了越来越强的凝聚力，得到社会和行业内的赞誉。

中国加入WTO后，随着市场的国际化，我国经济体制改革和政治体制改革的步伐将会加快，协会做为行业管理的主体，行业利益的代表，行业发展的指导者，其作用将越来越重要，地位也越来越突出，工作任务也会越来越艰巨。但当前我国协会建设还存在很多问题，从全社会看，有协会交叉和竞争，行业归口管理难度大，并影响行业管理、高层管理的问题。从协会内部看，存在着地方协会数量少，没有形成协会完整的工作网络；会员数量少，协会的代表性差；有些地方协会的人数少，工作机制不健全，这些问题，都直接影响政府职能的转移；影响行业健康、有序的发展；影响行业管理和市场管理作用的发挥；中国建筑装饰协会在自身建设中也存在着薄弱环节，影响作用的发挥。抓住工作的重点，解决当前困扰经济、政治体制改革和影响协会开展工作的主要问题，把协会工作提高到新水平，是协会的一项非常紧迫的工作任务。

本次常务理事会，审议通过了徐秘书长对上年工作及今后工作做的部署安排，通报了明年协会成立20周年纪念活动的设想，表决通过了关于自律公约和严格执行理事会议事条例两个提案，这些工作都是关系全行业发展的大事，本次会议是协会历史上非常重要的一次会议，是一次关系全行业今后发展的会议，对加强协会真正为企业服务，为行业服务自身建设，把中国建筑装饰协会办成一个有组织纪律性、有工作效率的协会有重要意义。各位都是协会的常务理事，按照协会章程，常务理事会是协会的决策机构，各位常务理事在协会工作决策中，都具有平等的地位，也应该承担相应的责任和义务。常务理事会的工作质量和每位常务理事作用的发挥，都直接影响着协会工作，影响到行业的健康发展。为此，在今年召开的会长工作会上，通过了常务理事的工作议案，对更好的发挥常务理事的作用有了明确的规定。大家一定要提高对协会常务理事担负的历史使命的认识，认真思考行业发展的大事，积极为行业发展献计献策，不辱使命，真正履行常务理事的职责。齐心协力把中国建筑装饰协会建设成一个具有行业专业指导性、权威性和代表性的组织，更好的完成行业、社会赋予我们的职责。

各位常务理事，明天大家还要参加“全国建筑装饰行业科技大会”，在北京还要逗留几天，祝愿大家在会议期间心情愉快，身体健康！

谢谢大家！

·中国建筑装饰协会五届三次理事会·

中国建筑装饰协会召开五届三次理事会

《中国建筑装饰》编辑部　观察员

一、大会简况

2003年12月28日，中国建筑装饰协会五届三次理事会在北京友谊宾馆召开，理事单位代表300多人参加了会议。建设部副部长黄卫为大会发来贺信。出席大会的有建设部人教司杨忠诚副司长，中国建筑装饰协会名誉会长张恩树、会长马挺贵，副会长重庆港庆建筑装饰有限公司总经理丁域庆，西安市鑫龙建筑装饰工程有限公司董事长冯林，深圳市建筑装饰（集团）有限公司董事长兼总经理汪家玉，上海荣欣家庭装潢有限公司董事长兼总经理陈国宏，北京业之峰装饰有限公司董事长兼总裁张钧，建设部建筑市场管理司原副司长、巡视员符曜伟，上海市建筑装饰工程有限公司总经理谢建伟，黑龙江国光建筑装饰工程有限公司总经理魏光，以及理事单位的代表300多位。会议由副会长汪家玉主持。

会议的主要议题有五：一是听取常务副会长兼秘书长徐朋所做的"新起点　新局面　为全面建设小康社会做贡献"的工作报告；二是审议关于调整、增补部分理事、常务理事、副会长，修改协会章程中会员交纳会费条款，举办中国建筑装饰协会成立20周年活动，在会员单位内开展建筑装饰设计师上岗能力认证工作等四个提案；三是听取会长马挺贵所做的"为全面提高建筑装饰行业的发展质量而努力"的总结讲话；四是听取由国务院政策研究室宏观司司长宋宁、中国旅游饭店协会会长韩明主讲的专场报告会；五是出席12月29日在人大会堂举行的"2003年全国建筑工程装饰奖颁奖大会"。

大会期间，与会理事还与参加颁奖大会的代表共同出席了中国建筑装饰协会12月28日晚举行的盛大的"迎新春联谊晚会暨晚宴"。

出席大会理事包括35个地方建筑装饰协会的领导人，他们是：北京市建筑装饰协会理事长朱希斌、常务副秘书长郭仁智，天津市环境装饰协会秘书长王文焕，上海市装修装饰行业协会会长李洪鑫、副会长潘根林，重庆市建筑装饰协会理事长喻上沛、副秘书长肖能定，中国人民解放军建筑装饰协会秘书长沙启云，河北省建筑装饰协会秘书长刘纪堂，石家庄市装饰协会会长刘亚东，山西省建筑装饰协会会长史应标、秘书长赵劲彬，太原市建筑装饰协会秘书长杨凯，内蒙古建筑装饰协会副秘书长张伯荣，黑龙江省建筑装饰协会秘书长吴景阳、常务副会长赵兴斌、副秘书长赵兴武，鸡西市建筑装饰协会会长王世德，大庆市建筑装饰协会秘书长龚璞，吉林省建设厅副厅长兼省建筑装饰业协会会长邱久才、秘书长张文学，长春市建筑装饰装修协会秘书长周玉春，辽宁省装饰协会副秘书长刘小波，大连市建筑装饰协会副秘书长孙普，山东省建管局装饰处处长兼建筑装饰协会副会长刘玉涛、济南市建管局装饰办副主任兼装饰协会副秘书长徐文东，青岛市建筑装饰协会副秘书长徐金良，江苏省建筑装饰协会会长毛家泉，苏州市装修装饰行业协会会长孔全林、安徽省建筑装饰协会会长王金平、常务副会长兼秘书长李增堂，合肥市建管局装饰办主任兼市建筑装饰协会秘书长罗伟民，浙江省建筑装饰协会会长董宜君、秘书长陈孟坡，江西省装饰行业协会办公室主任高瑾，福建省建筑装饰协会常务副会长张福如，河南省建筑装饰协会会长洪瀛、秘书长王小惠，广州市建筑装饰协会副秘书长关帆，深圳市装饰行业协会会长何文祥，东莞市建筑装饰协会副秘书长张树清，成都市建筑装饰协会秘书长张桂芳，陕西省建筑装饰协会副秘书长哈波，西安市建委装饰办主任兼市建筑装饰装修业协会秘书长白磊、常务副秘书长赵洁心，甘肃省建筑装饰协会常务副会长韩学政等。

二、建设部黄卫副部长贺信

建设部黄卫副部长为大会发来贺信，全文如下：

中国建筑装饰协会五届三次理事会会议

贺　信

中国建筑装饰协会：

欣悉中国建筑装饰协会五届三次理事会和2003年全国建筑工程装饰奖颁奖大会召开，我谨代表建设部并以我个人的名义预祝理事会会议和颁奖大会举办成功，向各位理事表示亲切的问候，并通过你们向全国建筑装饰行业广大员工表示亲切的问候！

中国建筑装饰行业作为建筑业的重要组成部分，已经成为全面建设小康社会的重要内容，在我国物质文明和精神文明建设中发挥了重要作用。多年来，中国建筑装饰协会充分发挥了联系政府与业内企业的桥梁和纽带作用，紧紧抓住影响行业发展的方向性、方针性的大事，提高为会员企业的服务层次，为推动行业健康、有序发展做了大量卓有成效的工作。

衷心祝愿中国建筑装饰行业能够在学习贯彻十六大精神，全面建设小康社会中做出更大贡献！

预祝五届三次理事会和2003年全国建筑工程装饰奖颁奖大会圆满成功！

建设部　副部长　黄卫

2003年12月28日

黄卫副部长的贺信为五届三次理事会和 2003 年全国建筑工程装饰奖颁奖大会取得圆满成功奠定了良好的基础，给予参加全体代表很大的信心和鼓舞。

三、徐朋秘书长的工作报告

徐朋的“新起点　新局面　为全面建设小康社会做贡献”的工作报告，分两大部分，一是关于 2003 年工作回顾和体会；二是关于 2004 年工作安排。

第一部分中分为八个方面：一是推动行业技术进步，召开了“全国建筑装饰行业科技大会”；二是迎接入世挑战，抓住行业发展的薄弱环节，提高行业、企业的管理水平；三是加强行业发展调研，并完成政府委托的工作；四是加强了协会的出版工作和相关的信息交流；五是培训工作进一步发展；六是国际交流有了突破性进展；七是关于展览展示工作；八是探讨协会工作规律，加强协会自身建设。徐朋指出，2003 年是我们国家发展具有深远意义的一年，党的“十六大”报告中描绘了全面建设小康社会、开创中国特色社会主义事业新局面的宏伟蓝图，这不仅为我们建筑装饰行业的发展指明了方向，也为我们建筑装饰行业提供了更大的发展空间。2003 年我国建筑装饰行业不仅经受住了 SARS 的严峻考验，而且在新的形势面前，紧紧抓住了发展机遇，做了大量的富有成效的工作，无论行业还是协会工作都有了长足的进步。

第二部分中分为十个方面：一是继续落实和贯彻科技大会的目标和措施，促进行业生产力水平的提高；二是加快信息化改造装饰装修传统产业的步伐，并力求取得实际效果；三是全面推进家装行业的发展，改善行业诚信形象；四是大力促进设计水平的提高，增强行业技术实力；五是围绕提高项目管理水平，开展一系列活动；六是认真抓好评比和展览活动，增强行业影响力；七是搞好协会成立 20 周年活动，推动行业发展与提高；八是加强培训和国际合作；九是加强协会的自身建设，提高协会自身素质；十是解决 2003 年未完成的工作。徐朋强调，面对 2004 年的繁重工作，我们一定要把学习贯彻“三个代表”重要思想新高潮不断引向深入，紧紧围绕全面建设小康社会的宏伟目标，找好发展定位，争创发展优势，把思想和行动统一到中央对明年经济工作的总体要求和部署上来，坚持为会员企业办实事、求实效。在会员企业、理事、常务理事的支持下，为全面推动我国建筑装饰行业的快速、健康发展而努力。

四、大会提案

副秘书长张京跃宣读了《关于调整、增补部分理事、常务理事、副会长的提案》和《修改协会章程中会员交纳会费条款的提案》，并就此二项提案作了说明。副秘书长房箴宣读了《关于举办中国建筑装饰协会成立 20 周年活动的提案》和《关于在会员单位内开展建筑装饰设计师上岗能力认证工作的提案》，并就此二项提案作了说明。

值得指出的是，在大会前一天晚上召开的预备会上，与会各地方建筑装饰协会的领导对“关于在会员单位内开展建筑装饰设计师上岗能力认证工作的提案”给予非常的关注。

大会采取同意、不同意、弃权三种情况举手表决的方式，征询与会代表意见。工作报告和四个提案全部获得一致性通过，没有不同意或弃权的。

五、马挺贵会长的总结讲话

马挺贵会长题为“为全面提高建筑装饰行业的发展质量而努力”的总结讲话分为三大部分：一是对 2003 年中装协工作的基本评价；二是对当前形势和任务的分析；三是 2004 年的工作部署。

他表示，在这次会上，徐朋秘书长所作的报告对中国建筑装饰协会 2003 年的工作做了全面的、客观的总结。从这个报告中可以得出这样一个基本结论：即将过去的一年是中装协围绕行业发展方向性问题进行探索，提高为会员企业服务层次取得新突破的一年；是克服各种困难，拓展协会生存空间取得新成果的一年；是协会创造工作、策划项目、主动进取，取得跨跃式发展的一年。这些成绩的取得，与各位理事的大力支持、热诚工作是分不开的，它是大家心血的结晶。中国建筑装饰协会感谢大家一年来恪尽职守的工作。

他强调，2004 年的工作安排是以贯彻十六大精神及中央经济工作会议总体要求为指导，结合行业实际情况，在分析目前的形势和任务的基础上，经秘书长会、会长会议研究确定的。2004 年的工作安排概括起来就是“十件大事，六项重大活动”。这些都是关系全行业发展的大事，也是企业发展的大事，同时也是关系加强行业协会建设，协会如何在行业、在市场经济中发挥作用的很重要的工作。这些工作在徐朋秘书长的工作报告中已经叙述的很深刻、很细致了。

他指出，守望过去是为了展望未来，展望未来是为了走得更高更远。我们不能沉湎于过去的成绩，要乘势而上，从战略角度充分认识建筑装饰行业在国民经济和可持续发展中的重要意义，增强紧迫感和责任感，持之以恒地在行业发展中不断完善我们的工作，为实现我们的战略构想和工作目标而努力奋斗。

六、专场报告

国务院政策研究室宏观司司长宋宁作了全面介绍当前我国经济发展的形势报告，也可以说是“中央经济工作会议”的辅导讲话，使我们学习到把握判断经济形势的方式方法和思维方式。他的报告分三大部分：一是 2003 年的经济形势；二是 2004 年经济的预期；三是关于改革发展的几个问题。

关于 2003 年的经济形势，他认为非常好，扭转了我国遇到金融危机后 8 年来的影响，有三个标志：一是实现了速度与效益的平衡，GDP 达 11.58 万亿元（约 1.48 万亿美元），相当于美国经济总量的 1/9，超过了英、法，居世界第四位。我国经济自 1998 年来逐年下降，2003 年初出现了转折，年初预计 9.9%,实际 8.5%。控制 SARS 的时间比较短，三个月问题不太大，但是一年以上则十分严重，此次疫情仅旅游业就损失 2000 多亿元。经济比预期恢复得要快，实际上也是对一季度过热经济的降温。中国经济基本上还是一个速度型的经济，全国盈亏相抵利润有 8000 亿元，同比增长 40%，财政收入约为 21500 亿元，同比增长 40%，超收 3000 亿元，其中 55%为经济，30%为征管。二是投资，出口拉动很强，全年投资增长30%，特别是房地产和基建最快，这是80年代中期以来所没有的，现在投资多由市场决定，民间投资增多，出口4200亿美元，此外美元持续贬值，也使中国的经济搭上了顺风车。如美国的蓝领的工资是中国的40倍。我国的GDP主要靠投资。如今户均四五万元的装修很一般，消费结构的升级带动整个消费的升级。三是政府投资力度相对减弱，企业行为是紧盯着市场——有市场有效益的投资，整个经济活力增强。

他认为2003年的主要问题，一是SARS主要影响低收入者。二是就业形势严峻，600万下岗工人还未就业，20多万大学生未找到工作，2004年将有2400万人要就业，GDP每增长一个百分点只能解决80万人就业。三是“三农”问题，粮食减产，耕地减少，年产量8500～8600亿斤，缺口1000多亿斤。

关于2004年的经济形势，他强调经济并不过热。但是GDP达到8%以上，电力十分紧张，美国经济2003年第四季度达到8.2%，全年可达4%，美国经济是中国的9倍，日本止住持续10年的经济下滑开始增长。WTO3年过渡期到期。改革投融资体制。2004年的经济目标是7%。关键是引导经济可持续发展。我国的能源消耗是美国的5～10倍。国家要强大——就是别人对付不了你的东西。强，不是靠钱，而是靠科技，中国GDP是俄国的3倍，但是在美国眼中中国不如俄国强。中国的经济要从主要由投资拉动转为靠消费拉动，防止通胀。

关于改革发展问题，农业税每年要降低一个百分点，要解决“三无”（无地、无业、无保障）农民问题，商业银行改制，国有企业改革，混合所有制的形成，政府职能转移，目前政府还是管了很多不该管的事，越权、越位，因此要严格执行《行政许可法》，加强中介组织包括行业协会的作用。应建立科学的发展观——全面可持续。由SARS引发的启示是：人与自然、人与人、国与国、单位与单位要互相依存。

中国旅游饭店协会会长韩明介绍了旅游饭店业的发展现状及其趋势。她指出，饭店业是一个传统产业，计划经济时期表现为短缺经济。改革开放后发展十分迅速，现已成为第三产业中的支柱。到2002年底，全国有宾馆饭店30多万家，营业收入2500亿元，其中星级饭店8880家，营业收入915亿元；现有社会旅馆8.4万家，个体旅馆18.4万家，营业收入1200亿元，其他旅馆2万家，共产生工农业收入400亿元，占总产值的8%。目前饭店业与国际接轨趋于细分市场：商务、经济、度假、会议型，强调在专业化竞争中形成比较优势，并形成核心竞争力。目前单店经济的占80%，集团企业不多。110多家酒店管理公司管理着上千家饭店，我国百强饭店前20位的均为管理型企业，其中有10家进入世界饭店500强。她认为，消费服务业市场化发展最快的是饭店业，世界饭店业500强中的前20强均在中国从事经营活动，由此推动中国饭店业国际化步伐加快。一年365天，其中假日114天，因此假日经济、会展经济迅速发展起来，并对饭店业产生巨大推动作用。

她指出，目前全国有餐饮网点350万多个，其中96%为个体私营企业，从业人员170万人，2002年营业额5094亿元，同比增长16.6%，连续15年以两位的速度增长。发展趋势是连锁经营，企业规模化。

她表示，饭店业与装饰业有着天然的联系，饭店的室内设计要依据市场细分的原则从饭店的需求和定位出发。韩明会长希望与中国建筑装饰协会保持良好的合作关系。

七、迎新春联谊晚会暨晚宴

2003年12月28日晚，中国建筑装饰协会邀请参加理事会和颁奖大会的500多位代表共同出席在友谊宾馆友谊宫聚英厅举行的盛大的“迎新春联谊晚会暨晚宴”。席间，业内同仁表演了节目，如广州市美术公司总经理助理黄立的京剧、长春建筑装饰协会的东北二人转、《中国建筑装饰装修》杂志记者的小提琴独奏、北京集美家居建材城大合唱、以及芭蕾舞等，演出由中国建筑装饰协会常务理事深圳金粤幕墙装饰工程有限公司总经理梁铭、北京东易日盛装饰有限公司办公室主任羊枣主持。

演出精彩，气氛热烈，体现了中国建筑装饰协会的凝聚力，展示了中国建筑装饰行业职工的文化风采。

八、百强企业推介暨新闻发布会

2003年12月27日，中国建筑装饰协会在五届三次理事会召开前夕举行“全国建筑装饰百强企业推介暨新闻发布会”，新闻由中国建筑装饰协会常务副会长兼秘书长徐朋发布，《中华建筑报》总编邓干主持。出席会议的有5家相关行业社团的负责人：中国建筑业协会李燕鹏主任、中国房地产业协会王惠敏主任、中国旅游饭店协会秘书长蒋齐康、中国饭店协会秘书长陈新华、中国建材工业协会秘书长陈国庆，相关媒体30家，百强企业代表12家，苏州金螳螂建筑装饰有限公司董事长倪林、深圳市建筑装饰（集团）有限公司董事长汪家玉、上海市建筑装饰工程有限公司总经理谢建伟等企业家分别作了介绍。参加会议的还有中国建筑装饰协会副秘书长房箴、信息部主任兼《中国建筑装饰》主编黄白、行业发展部主任王本明等共30多人。

向相关行业协会推介全国建筑装饰百强企业，是中国建筑装饰协会进行全国建筑装饰百强企业评价活动的重要组成部分，就是要通过这种方式，让全国建筑装饰百强企业享受到应得的行业的利益和市场份额，以体现“扶大扶优扶强“的战略方针，创造我国建筑装饰行业最优企业良好的发展环境。今后中国建筑装饰协会将把此项工作策划调整得更好。

中国建筑装饰协会的上述活动在中国建筑装饰协会领导的精心策划、大会指挥房箴和副指挥田万良、黄白、王毅强的具体领导以及协会全体工作人员的努力下进行的十分顺利，与会代表对中国建筑装饰协会有条不紊的大会组织工作表示满意。

借用马挺贵会长在理事会上的总结讲话作为本报道的结语：2004年春天来得早，1月22日就是春节了。这次大会是我们理事会羊年的最后一次聚会，在此我代表中国建筑装饰协会向各位理事提前拜个早年，祝大家在新的一年里工作突飞猛进、事事顺心如意、合家幸福安康。

新起点 新局面 为全面建设小康社会做贡献

——中国建筑装饰协会五届三次理事会工作报告

中国建筑装饰协会 常务副会长兼秘书长 **徐 朋**

（二〇〇三年十二月二十八日）

第一部分：关于2003年工作回顾和体会

2003年是我们国家发展具有深远意义的一年，党的“十六大”报告中描绘了全面建设小康社会、开创中国特色社会主义事业新局面的宏伟蓝图，这不仅为我们建筑装饰行业的发展指明了方向，也为我们建筑装饰行业提供了更大的发展空间。2003年我国建筑装饰行业不仅经受住了SARS的严峻考验，而且在新的形势面前，紧紧抓住了发展机遇，做了大量的富有成效的工作，无论行业还是协会工作都有了长足的进步。

一、推动行业技术进步，召开了“全国建筑装饰行业科技大会”

经建设部批准，协会召开了有千余位业内人士参加的“全国建筑装饰行业科技大会”。本次会议实现了预定目标即贯彻落实“三个代表”重要思想，发展行业生产力，确立“科技是第一生产力”的思想，增强行业科技创新意识，探索技术创新的方法和途径，通过科技进步，全面提高行业的发展质量。会议期间，协会下发了《关于建筑装饰行业科技进步的若干意见》，提出了“建筑装饰行业十项推广技术”，公布了首批“建筑装饰行业科技示范工程项目计划名单”。会议除建设部、科技部和国家信息中心的3位专家做主题报告外，在分别举行的五个论坛上，有49位业内专家、学者做了学术报告。做为历史上首次全行业的科技大会，此次大会不仅得到社会的广泛关注，同时也得到了建设部、科技部领导同志的支持和全体与会代表的好评，对于推动行业的科技进步既是一次动员，又是一次交流，产生了极为深远的影响。

二、迎接入世挑战，抓住行业发展的薄弱环节，提高行业、企业的管理水平

（一）开展了百强企业评比推介活动

面对入世，中国企业将面对规模和抗风险能力的挑战，协会为贯彻“扶大扶优扶强”的行业发展战略，首次开展了“2002年度中国建筑装饰行业百强企业”评比推介活动。本次活动本着公平、公正、公开，以及自愿和为企业严守商业秘密的原则进行。这项工作得到了各地方协会和广大企业的积极响应，今后将成为我国建筑装饰行业年度例行的评价活动。百强企业评出后，协会专门召开了新闻发布会，并向相关有投资能力的协会、各省、市招标机关发出了情况通报，召开了有部分百强企业参加的以“如何做大做强”为题目的座谈会和记者招待会，在推介中扩大活动影响，为企业“做大做强”创造氛围和环境。

（二）召开了项目经理经验交流会，完成了“全国建筑工程装饰奖”评审工作

2003年8月11日协会召开了全国项目经理经验交流会、观摩会，表彰了全国建筑工程装饰奖获奖工程项目经理，共有206家装饰企业的250项工程、279名项目经理获得表彰。在总结过去二年全国建筑工程奖工作的基础上，顺利地完成了全国建筑工程装饰奖评奖活动。此项工作从3月份开始，8月份各地共推荐工程201项，经过资料审查，10月份对工程进行了全面的复查，11月进行了终评，共评审出115项建筑装饰工程、24项建筑幕墙工程荣获2003年全国建筑装饰工程装饰奖。全国建筑工程装饰奖评奖活动仅完成二届，已在社会上产生极大影响，这是好事，但也为评审工作带来了新的课题。今年的评奖工作一直得到各地方协会和会员企业的支持，基本上做到了控制数量、保证质量。

（三）促进设计水平的提高和着手开展了对材料的评价活动

2003年内协会组织了一系列关于设计方面的活动，同旅游饭店业协会举办“饭店设计高峰论坛”；与中央电视台合作举办第二届全国家居电视设计大奖赛。本次大赛共征集到412件作品。8月21至23日连续三天在中央电视台播送获奖作品介绍，8月24日晚黄金时段中央电视台播出了一个半小时的决赛及颁奖大会实况。这项活动不仅表彰了一些优秀的家居设计人员，更重要的是起到了引导消费者理性消费，提高消费者的文化鉴赏能力、倡导先进的家居装饰文化的作用，是一次先进文化的社会普及实践。与此同时协会加强了同材料商的合作，同中国房地产协会共同通过市场评价来推介科技含量高的建筑装饰材料。

（四）加强诚信建设

企业诚信建设是行业发展一大弱项。为推动行业自律体系的逐步建立，今年上半年秘书处在以往工作的基础上，又先后在四个省、市召开了座谈会，听取了近200名企业和部分地方协会的意见，对行业自律公约的内容和表述作了进一步的完善，并在4月召开的全国地方协会秘书长会议上又进一步征求了意见。2003年协会常务理事会通过了“中国建筑装饰行业自律公约”，为下一步建立行业信用制度打好了基础。

三、加强行业发展调研，并完成政府委托的工作

（一）开展了行业调研和研讨

在去年的“建筑装饰行业在国民经济和社会进步中地位和作用”和“国有建筑装饰企业改制”等课题的基础上，协会开展了“民营装饰企业建立现代企业制度”的课题调研，主要针对民营企业在行业占绝大多数的实际，探讨如何引导企业管理创新，促进其健康发展。该课题目前仅取得了初期成果，将作为今年的重点继续进行。另外，与国务院发展研究中心合作，启动了“住宅装饰装修消费特点和规律”课题的调研，力图从扩大内需、拉动经济增长和增加就业等几个角度，研究挖掘消费潜力、完善消费服务、改进消费习惯，使建筑装饰行业在全面建设小康社会中发挥更大作用。协会

已于近期同国务院发展研究中心交换了意见，将于近期以不同形式反映课题成果。

（二）围绕应对“非典”，开展了一些活动

突如其来的非典为行业发展带来了新课题，在调研基础上，协会举办了一些专项研讨会。6月份协会举办了“北京家装研讨会”。8月份协会与中国建筑学会暖通空调专业委员会、中华建筑报社三单位联合主办了“空调与健康室内环境高峰论坛暨新技术新产品展示会”，有400余名生产厂家、专家学者、装饰公司负责人出席，就如何改进空调健康指标进行了广泛研讨，中央电视台做了详细报导。11月份协会与中国医师协会共同举办了“中国医院建筑设计与装修主题峰会”。有150多家医院领导、负责人及部分装饰设计施工单位共200人参加了会议。会议针对SARS后如何提高我国医院在建筑规划设计、结构设计与装饰装修方面的水平，进行了16个专题报告发言，使医疗卫生界和建筑与建筑装饰界形成了提高医院建设水平和卫生安全水平的共识，为协会跨行业间的合作积累了经验。

（三）完成了政府委托的工作

受建设部委托，协会开展了家装市场调研工作，编写了《住宅装饰装修施工企业资质管理办法》、《住宅装饰装修施工企业资质标准》的送审稿。参与了建筑装饰企业资质升级评审工作。承担了2003年全国建筑装饰设计资质换证的初审工作以及全国建筑装饰设计资质等级标准的修订工作，通过在全国范围内广泛征求地方装饰协会和设计单位意见，经专家反复论证，起草和编写了新的设计资质等级标准，已上报建设部有关主管部门。

四、加强了协会的出版工作和相关的信息交流

由协会主管、主办的公开出版物《中华建筑报》质量不断提高，已逐步成为建筑装饰行业唯一大报，读者群不断扩大。今年还主持召开了关于空调及健康环境的高峰论坛，承办了中国建筑装饰行业百强企业评比推介活动，其作为行业报的影响力得到了进一步的提升。国内外发行的《中国建筑装饰装修》逐步得到业内认可和肯定，成为设计师喜欢的一本“专业、学术、权威”刊物。杂志社不久前与中国旅游饭店业协会联合召开的关于饭店设计论坛，收到了很好的效果。上述一报一刊已经成为行业发展、协会工作的媒体资源。

作为内部工作刊物的《中国建筑装饰》，2003年由96页增加到100页，每期约20万字，图文并茂，从内容和形式上都有了进一步的提高，已经成为会员企业必备的工作手册。其他各专业委员会出版的内部刊物《装饰与五金》、《装饰名品》、《建筑电气资讯》、《石材》、《建筑幕墙》的质量也不断提升。此外，协会还出版了《2002年中国建筑装饰行业年鉴》、《2003年首届全国建筑装饰行业优秀科技论文集》、《全国建筑装饰行业科技大会演讲论文集》。以及结合行业和企业的需求，协会与有关专业委员会、地方协会和企业联合编辑出版了《中国优秀建筑装饰企业运作示范集》、《建筑装饰装修行业最新标准法规汇编》、《建筑装饰企业管理体系认证手册》、《住宅室内装饰设计实例图集》、《家庭装饰装修行业技术标准汇编》、《建筑幕墙技术标准规范汇编》等书籍，上述书籍的出版不仅方便了业内人士，也进一步繁荣了建筑装饰出版市场。

为了提高中国建筑装饰协会和地方协会的综合服务能力，提升行业优势，提高服务层次，加强行业管理，一年来协会多次到各地进行了信息化工作调研。在此基础上，结合我国建筑装饰行业的实际情况和特点，围绕行业信息资源的开发利用，在国家“统筹规划、国家主导、统一标准、联合建设、互通互联、资源共享”二十四字方针的指导下，协会对行业的信息化建设进行了全面规划，起草了《关于我国建筑装饰协会信息化建设的指导意见》（讨论稿），下发给各地方协会进行讨论，为明年的信息化工作会议做了准备。

五、培训工作进一步发展

2003年，协会围绕策划培训项目，编写培训教材，实施培训指导，提供培训服务的工作目标，开展一系列工作。全部完成了建设部委托的建筑装饰行业工人职业技能岗位标准、鉴定规范、习题集和培训教材的制定、编写和出版工作。完成了建设部委托的建造师装饰装修专业一级大纲和指导书的编制工作。在建立并逐步完善协会培训体系方面：一是完成了项目经理向建造师转型过渡期内项目经理培训的定位和课程改造、教材更新；二是推出了装饰监理、装饰设计和装饰造价从业资格培训项目；三是正在组织编写智能建筑师和装饰水电工的岗位标准和培训教材，推出了《全国建筑装饰装修行业培训系列教材》，对项目经理、装饰监理、装饰设计和装饰造价项目启用了《中国建筑装饰行业从业资格证书》，对工人技能师资培训启用了《中国建筑装饰行业师资培训合格证书》，在全国建立了45个培训工作点站。组织召开了全国建筑装饰行业培训项目发布暨工人职业技能培训研讨会。建立了专家、师资、教材、试题、培训站和学员六个信息资源库以及证书查询系统。全年共计新编和改编并出版教材35种、970万字、15.9万册；截至11月份，自办培训和与全国各培训工作站合作培训项目经理、装饰监理、装饰设计、装饰造价、工人职业技能师资和考评员等3062人，393人接受了继续教育。另外，铝制品委员会与协会培训中心合作，举办了两期幕墙方面的培训班，共培训人员200多人。

六、国际交流有了突破性进展

协会成立国际部以来，对外联络工作开创了新的局面。2003年共接待7次来访的国外使馆机构及公司，为他们提供在华开展业务的咨询服务。今年协会组织了3个代表团分别赴英国、台湾考察访问和赴印度出席国际会议。通过这些出访，创造了协会和会员企业国际交流与合作机会。英国欧洲设计联盟已表示明年上半年访华；英国、台湾的部分企业同参加此次出访的某些会员企业的实际性合作正在探讨之中；国际室内建筑师/设计师联盟已表示今后将加强同中装协在设计领域的合作。应该看到，今年是我们第一次组团出访，没有经验，今后要进一步研究协会组团的规律，总结经验和不足，把今后的国际交流做好。

七、关于展览展示工作

成功地召开了第十届中国国际门业暨建筑装饰五金展、第十届全国建筑装饰行业订货会、第十届中国国际星级饭店装饰材料博览会、首届全国建筑电气行业发展论坛、第六届中国（北京）国际家具及木机械展览会、第四届中国国际建筑装饰材料及配套产品博览会、2003 年秋季全国五金商品交易会暨第四届国际五金商品博览会、第三届中国（厦门）国际石材工业及技术装备展览会等。这些活动为沟通供求信息、推广新材料、新技术、新产品、新工艺起到了积极作用。

八、探讨协会工作规律，加强协会自身建设

（一）召开了协会高层工作会议

为加强中国建筑装饰协会与地方装饰协会的合作，共同推动我国装饰行业的发展，2003 年 4 月 21 日协会第一次召开了全国装饰协会秘书长工作会议，就协会全年重点工作向各地装饰协会征求了意见。8 月 7 日协会在黑龙江召开了第一次会长工作会议，研究了中装协今年的工作计划和活动安排。同志们反映，这是一次行业领袖峰会，创造了协会所有领导人为行业发展做贡献的机会。

（二）推动了地方成立装饰协会

为了适应行业和协会工作的发展，协会领导加强了对地方建设主管部门的宣传工作，使一些地方的建设主管部门对组建地方建筑装饰协会的认识和积极性有了较大的提高，并取得了一定的效果。目前，我国地级以上城市成立装饰协会的有 75 家，会员单位 1 万多家。

（三）加强了协会组织建设、制度建设

加强了组织机构建设。协会先后两次调整了秘书处工作部门。加强了协会制度建设，逐步完善了协会的会议制度、公文管理制度、大型活动管理制度及各项办公规定。完成了协会标识的注册工作，为打造协会品牌和长远发展创造了条件。

人事制度改革有了新的进展，在实行全员聘任制基础上落实了末位淘汰制。制定了《岗位聘任制管理办法》和《岗位工资分配管理暂行办法》。根据建设部关于社团领导进行工作述职的要求，协会除对领导以外，也按聘任制要求对全体工作人员进行述职、测评、总结。协会参加了“第三届北京建筑及房地产行业人才资源招聘会”，面向社会招聘了部分有较高学历（MBA）、年富力强的年轻同志充实到协会工作人员中，协会秘书处已增加到20人。

成立了党总支。2003 年经报请建设部社团党委批准，中装协成立了党总支和两个支部，建立健全了协会党的组织，有力促进了党对协会工作的领导。

协会 2003 年 9 月底搬迁了新址，不仅改善了办公环境，而且使协会成为有不动产的协会。在这里，我向为协会乔迁新址做出贡献的会员企业表示谢意。

现在，我将协会的财务状况向理事会报告一下。

自五届二次理事会以来，协会一天天壮大起来。由于工作需要，工作人员的增加，特别是 2003 年既要交付购办公用房的一期付款，又要支付原办公室 1～10 月份的房租，加上新办公室又要增加设备，本年度费用支出规模较大。

五届二次理事会以来，协会的总收入：395 万元。其中包括：会费收入：113 万元；咨询服务收入：241 万元；其他收入：41 万元。

总支出：415 万元。其中包括：管理费、交通费、电话费、印刷费、邮寄费共：74 万元；差旅费、会议费共：14 万元；职工工资及福利费共：92 万元；房租：55 万元；购置固定资产：167 万元；其他支出：13 万元。

以上收支相抵尚结亏 20 万元。协会剩余的应付购房款：639 万元。目前协会的账面余额为：106 万元。

我们相信 2004 年协会经费将会有进一步好转，除会费稍微会有增加外，在支出方面不会再出现房租费用，协会有能力维持收支平衡。

各位理事：

2003 年协会工作取得的成绩，是与五届理事会的正确领导和在座各位理事的大力支持分不开的，在此，我代表秘书处向各位表示衷心的感谢。

成绩是要肯定的，但也存在不足。11 月 4 日民政部对我协会未经民政部批准成立“室内环境检测评价中心”和“质量认证工作指导中心”给予处罚。接到通知后，协会正确对待了民政部的处罚决定，采取有效措施进行整改。民政部根据我协会的实际工作情况和整改措施，已于 12 月 9 日提前两个月正式下文解除对我协会的处罚。尽管处罚使协会工作受到了一些影响，但是，中装协作为一个成熟的协会，坏事已经变成了好事。

当前协会面临的一项十分重要的工作就是按章程完成协会的组织建设。有的会员企业长期不交会费，有的理事、常务理事多次不出席会议，长此以往，必然造成协会组织上的涣散。协会五届二次常务理事会已通过对不能按时参加会议的理事、常务理事的处理决定，协会秘书处将坚决贯彻。协会将进一步研究严明协会纪律、整顿协会组织的工作，本次会上将对连续二年未交会费的企业按自动退会处理。

其次，原列入 2003 年的某些内容，因不同原因，有的未能完成，这将会增加 2004 年工作压力。

第二部分：关于 2004 年工作安排

协会将全面贯彻党的十六大和十六届三中全会精神，牢牢把握发展这个执政兴国的第一要务，以实现全面建设小康社会为奋斗目标，以加快发展为总的基调，以“二次创业”为主题，以制度创新和技术创新为强大动力，以提高行业生产力水平为根本出发点，继续实施科技兴企、科技兴业的战略，加快行业社会信用体系的建立，提升行业信息化水平，推动全行业的健康发展。

一、继续落实和贯彻科技大会的目标和措施，促进行业生产力水平的提高

全国建筑装饰行业科技大会期间，我们曾明确指出：开会不是目的，贯彻才是根本。2004 年协会将全力落实好科技大会提出的目标和措施，全面提升行业发展质量和竞争力，使行业真正走上一条依靠科技进步的良性发展轨道。一要加大对建筑装饰行业 10 项新技术的推广和应用。逐步把成熟技术由单项向成套转化，强化技术集成能力，形成企业技术特色。二要继续搞好科技示范工作。争取通过一到两年的努力，使获奖工程和 10 项新技术结合起来，坚持以工程项目为载体的技术创新方向，降低创新成本，并提高其生命力。三是加强企业和行业的工法建设，继续完善行业技术标准，做好工法审查和定稿工作，全面提高工艺水平。四要积极推广工厂化生产的经验，逐步用技术密集型的工厂化、社会化的工业生产替代劳动密集型的现场的手工业生产。交流与推广工厂化生产经验，将要成为今年协会在推进技术创新和改进生产方式方面的工作重点。

二、加快信息化改造装饰装修传统产业的步伐，并力求取得实际效果

党的十六大提出要用信息化、工业化改造传统产业，这是摆在建筑装饰行业面前的一个重大的课题，同时也是一个影响行业发展的带有方向性、战略性的大事。协会要把行业的信息化建设作为明年的一项重要工作来抓，计划召开行业信息化工作会议。由于会议内容和参加人员的不同，信息化工作会议准备分两次召开。初步计划于3月份召开以媒体资源为主要内容的信息化工作会议，充分开发和整合中国建筑装饰协会、地方协会和会员企业的各类网站、公开和内部出版物，加强全面合作与交流，加快信息资源的开发和网站建设，实现资源共享。

以计算机技术为内容、以网络技术为特征的系统工程建设的信息化工作会议计划于明年5月份召开，借以提高行业的整体技术装备水平。网络技术在有的会员企业中已达到相当的水平，但发展的很不平衡，我们已经具备了召开这样会议的条件。会议期间将下发经过征求意见的《关于我国建筑装饰协会信息化建设的指导意见》，邀请一些知名专家及企业做专题学术报告和企业之间的经验交流及现场演示。各地方协会和企业要根据自己的实际情况，加大投资、加快培训、提高研发能力，并加强制度配套。从而使计算机技术在企业决策、内部管理的全程运作及监控等中得到广泛应用。同时实现网上招、投标，网上交易等商务活动，降低管理成本，实现内部资源的优化配置，提高企业的经济效益和管理水平。在此基础上，促成行业电子政务及电子商务网络的建立与应用，使其成为今后行业内管理与协调、控制、指导的主要形式。逐步将会员管理和行业管理的具体工作转为网上进行，同时进一步推动行业内其它政务活动的公开和网上作业，沟通信息，调节供求，提高行业管理效率和透明度。

三、全面推进家装行业的发展，改善行业诚信形象

住宅装饰装修在扩大内需，创造就业机会，实现企业利润和国家税收，以及带动相关产业发展等方面发挥着重要作用，其不仅成为消费热点、经济增长点和全面建设小康社会的重要组成部分，同时也成为体现中国特色和中国国情的社会、经济、文化现象。为此，协会把对家装的发展研究做为2004年主要工作，拟于2004年下半年召开全国家装行业发展大会，以提升家装的社会地位，提高家装的服务水平和行业管理质量，并向社会提供老百姓可以信赖的家装信息和必要的咨询服务。

1．做好家装调研

为了开好家装发展大会，要集中协会力量，会同有关部门做好专门调研。一是调研市场及百姓消费需求。二是系统地总结家装行业的理论和实践，了解家装企业的现状，研究其发展规律。三是总结交流企业发展战略、制度、文化、人才培养，特别是专业化发展方向的经验，推动企业形成自己的经营特色，探讨提高企业的核心竞争力的方法和途径。四是研究进一步提高一次性精装修工程比例，以推进家装“工业化”。五是会同有关政府部门全面论证“家庭装饰装修与全面建设小康社会的关系”，提高行业的社会认知度。

2．加快建立家装行业的信用服务体系

进一步整顿家装市场、提高诚信能力，在全面提高企业素质中，提高做群众满意工程的能力。完善行业自律、舆论监督，维护和健全市场秩序。在行业里引领装饰装修科技进步的潮流，宣传提倡先进、科学、环保健康的装饰装修活动，引导科学和健康消费。积极有效地协调好装饰装修企业和广大消费者在装饰消费领域里的关系，使企业得到发展，人们得到实惠，推动社会主义市场经济和小康社会建设与发展。

3．对家装发展大会的构想和安排

此次大会力求开的有声势、有内容、有影响、有实际效果。除动员家装企业积极参加外，还要动员政府、研究机构和社会人士参加。除举办“家装和小康社会研讨会”外，还要举办一系列企业经验交流活动，同时还要举办有消费者参加的“家装企业诚信建设论坛”、有房地产商参加的“家装企业生产工厂化和一次性精装修”论坛。另外，还要进行一些奖项评比及家居博览会、作品展示、消费者咨询服务等活动。

四、大力促进设计水平的提高 ，增强行业技术实力

目前，我国建筑装饰设计理念和表现技巧等整体水平同国际先进水平相比还有较大差距，因此要继续把提高设计水平作为一项在近几年常抓不懈的工作来抓。

一是开展多种形式的学术交流活动。明年计划举办一次高水平的国际设计论坛，要组织国际和国内有影响的设计大师、专家做专题报告，研讨建筑装饰设计的新思想、新理念、新技术、新成果。举办多种形式，包括和有投资能力的协会联合举办的设计竞赛，造就名家，培养新人。

二是配合中装协成立20周年活动，开展评选全国有成就的资深室内建筑师和杰出的中青年室内建筑师活动。

三是尽快促成对建筑装饰设计人员上岗资格的认定以及家装设计人员的从业资格认定工作，肯定设计人员的创造性劳动，调动他们的积极性。明年要同部分地方协会合作，开展全国室内建筑师上岗资格的认定工作。

四是积极发展设计人员作为个人会员入会，根据职业特点，开展一些个人会员愿意参加的活动，扩大协会在设计单位和设计人员中的影响。

五、围绕提高项目管理水平，开展一系列活动

明年协会继续组织有关获奖项目的观摩和交流以及对获奖工程项目经理的表彰活动，与获奖工程的项目经理颁证工作结合起来，继续推出一批优秀项目经理。在地方装饰协会的配合下，策划一至二次现场观摩和经验交流活动，扩大获奖项目、企业的知名度，调动项目经理的积极性，提高获奖工程项目经理的荣誉感和知名度。

六、认真抓好评比和展览活动，增强行业影响力

全国建筑装饰工程装饰奖的评奖活动从2001年开始，一直受到各省、市建筑装饰协会和会员企业的重视，特别通过三届的评审和宣传工作，这个奖项的价值已被社会普遍肯定，给行业发展和进步注入了极大的推动力。当前要认真总结三年评审工作中的经验和不足，形成更加完善和可行的评审程序、制度和纪律。一定要确保这个奖项的含金量，除组建高质量的专家库以外，还要进一步研究如何发挥好专家复查和评审中的作用，保证评奖工作的公正、公平和公开。

继续与中国房地产协会和中国建筑科学研究院进行合作，开展全国建筑装饰装修材料优质品牌推介工作。这项工作对于协会来说是一个新的工作领域，也是协会工作很有发展前途的领域，开展好这项工作有利于加强装饰装修施工企业、设计单位与材料生产厂商的合作。

继续开展2003年度全国装饰行业百强企业评价推介活动。2002年度的评价活动虽然是第一次进行，但是引起了社会各界的重视，特别是新闻媒体和有关协会和相关招标机构得知我们的评价依据以后，都认为百强是包括企业信誉在内的综合实力的象征，不仅有利于行业发展，也是对社会负责任。今年要在办法上有所改进，减少一些繁琐的报表，减轻企业工作量。我们也希望更多企业参加这项活动。

继续做好对2002年评出的“全国住宅装饰装修质量服务诚信企业”的复查认定工作，以及做好2004年的评选推荐工作。

要做好以下展览和展示活动：

第十一届中国国际门业暨建筑装饰五金展览会、第十一届全国建筑装饰行业订货会、第十一届中国国际星级饭店装饰材料博览会、第十二届中国（昆明）建筑装饰材料博览会及中国——东盟住宅与建筑科技展览会、2004年全国建筑装饰材料及配套设备内蒙古博览会、第七届中国（北京）国际家具及木机械展览会、第六届中国国际建筑装饰材料及配套产品博览会、首届中国百家建筑五金行业龙头企业“三大”发展战略高峰论坛暨知名品牌与新技术、新产品交流推广展示会、春季国际五金展暨第五届国际五金商品博览会、秋季第六届国际五金商品博览会、亚洲五金交易会等。

七、搞好协会成立20周年活动，推动行业发展与提高

在20周年活动中，协会将以“全面贯彻‘三个代表’重要思想，研究新情况，分析新问题，实现大提高，推动大发展。”为指导思想，力求热烈、简朴、有实效。相当多的活动要与协会其它工作结合起来，力求不增加会员企业的负担。整个活动的安排将以议案形式在本次会议表决，这里不再讲了。

八、加强培训和国际合作

积极探索建设、劳动主管部门、各地方协会和中装协四位一体的、开放式的联合培训模式，组织完成二级建造师考试大纲和指导书的编写；继续丰富和扩展培训体系，改良老项目，策划新项目，完成正在进行的项目，提升层次和水平；配合建造师培训的需要，与大学合作开设成人在职学历教育；为适应市场和企业的需求，开展装饰设计人员培训考评、地方互认试点工作；在继续扩建培训网络的同时，加强培训管理，规范办学行为，提高培训质量；择机召开全国培训工作站工作会议。

在国际交流与合作方面，要有针对性、有重点地加强同有关国际组织与机构的联络与合作，开好国际设计研讨会，并争取获得更多的同业国际信息，做好明年的组团出国考察工作。目前，已能确定下来的是应美国室内装饰协会和美国建筑师协会邀请组团赴美国交流、考察，并探讨对装饰企业高级管理人员和设计师的培训、交流项目。其它组团活动，我们将在听取会员企业的意见后再做安排。

九、加强协会的自身建设，提高协会自身素质

协会要想成为行业利益的代表，行业管理的主体，行业发展的领路人，必须有健全的工作系统，有扎实牢固的会员单位基础，有较高的自身素质。因此，协会要进一步加强自身建设，提高自身素质。

一是要继续加大发展会员工作的力度，支持和推动组建地方装饰协会，提高覆盖面，提高代表性。并注意吸收装饰材料生产和经销商以及房地产商入会，扩大协会的群众基础。要加强与地方装饰协会和会员企业的交流、联系与合作，形成协会开展工作的骨干力量。

二是要继续加强协会的组织建设、制度建设和规范化管理，完善协会机构，健全协会制度，提高协会工作效率和政策水平。加强协会秘书处与专业委员会的工作协调，保证协会工作的整体性、一致性。继续完善协会秘书处工作人员的岗位聘任制，逐步形成明确的工作目标、工作责任和工作纪律。

三是进一步加强协会党的工作，建立健全党组织及党的活动的各项制度，提高协会工作人员的思想政治素质，形成抓实事、办实事、讲实效的工作作风。

四是要加强协会业务建设。中国建筑装饰协会是一个没有政府行政职能的行业社团，这就特别需要协会在市场经济条件下找准自己的位置。在科技大会以后的新的高度和起点上，创出为会员企业服务的新水平。

十、解决2003年未完成的工作

2003年未完成的工作任务，仍然是明年的工作内容，包括未完成的家装方面的课题，会员企业中的室内建筑师资格认定，行业自律公约的贯彻实施，继续推动和支持成立地方协会等。要保证今年工作同明年工作的衔接，安排好明年工作计划。

2004年的工作十分繁重，上述报告所涉及的课题，诸如2004年“全国建筑工程装饰奖”评奖办法的改进和名额分配，围绕协会成立20周年的全国文艺演出大会的部署和安排，有成就的资深室内建筑师和杰出的中青年室内建筑师及优秀地方协会、优秀协会工作者、优秀企业家的评选尚需做出更具体的安排。总结2003年的工作经验，我们将于3月中旬召开全国的秘书长工作会议，上下结合做出具体计划。此外，我们将召开会长办公会，共同决策重大事宜。同志们，这里我需再一次陈述。协会换届以来，我们一直强调，中装协和地方协会是合作关系，有个别协会在章程里把中装协当成是自己的上级领导机关，是不准确的。但是也需说明，中装协作为全国性协会对省、市协会具有指导的责任。各省、市协会作为中装协的团体会员，也应该履行会员的义务，积极参加中装协组织的活动是不可推卸的责任。中装协和地方协会共同承担着推动行业发展的任务。

各位理事：

面对2004年的繁重工作，我们一定要把学习贯彻“三个代表”重要思想新高潮不断引向深入，紧紧围绕全面建设小康社会的宏伟目标，找好发展定位，争创发展优势，把思想和行动统一到中央对明年经济工作的总体要求和部署上来，坚持为会员企业办实事、求实效。在会员企业、理事、常务理事的支持下，为全面推动我国建筑装饰行业的快速、健康发展而努力。

谢谢大家。

为全面提高建筑装饰的发展质量而努力

—— 在中国建筑装饰协会五届三次理事会上的总结讲话

中国建筑装饰协会　会　长　**马挺贵**

（二〇〇三年十二月二十八日）

各位理事：大家好！

2003年即将过去，我们聚首北京，盘点中国建筑装饰协会过去一年工作的得失，共同商议新一年行业的发展大计。在岁末最繁忙的时候，大家能够放下手边的工作，专程赶来参加本次理事会，充分体现了大家对行业发展的关心、对中装协工作的热忱。对此，我代表中装协向大家表示衷心的感谢。

在这次会上，徐朋秘书长所作的报告对中装协2003年的工作做了全面的、客观的总结。从这个报告中可以得出这样一个基本结论：即将过去的一年是中装协围绕行业发展方向性问题进行探索，提高为会员企业服务层次取得新突破的一年；是克服各种困难，拓展协会生存空间取得新成果的一年；是协会创造工作、策划项目、主动进取，取得跨跃式发展的一年。

这些成绩的取得，与各位理事的大力支持、热诚工作是分不开的，它是大家心血的结晶。中装协感谢大家一年来恪尽职守的工作。

本次会议通过了关于明年具体工作的几项提案，就明年的工作做了详细的部署。现在，我就2003年中国建筑装饰协会工作的基本评价，目前面临的形势和任务，2004年工作部署的工作谈几点意见。

第一部分：对2003年中装协工作的基本评价

2003年是在全面建设小康社会的开局之年，是国家领导集体新旧交替的换届之年。这一年里，在新一届党和国家领导人的带领下，我们战胜了突然袭来的“非典”病魔，继续保持了国民经济的快速增长，在世界面前又一次展示了面对考验无坚不摧的中国人民的气概。

在过去的这一年里，中国建筑装饰协会工作也取得了显著成效，尽管工作受到了“非典”等方面的影响，但大家克服困难，经受考验、努力工作，仍然圆满完成了全年的任务，特别是今年重中之重的“全国建筑装饰行业科技大会”，开得尤为成功，得到了上级主管领导及社会各界的好评。正如徐朋秘书长工作报告中所陈述的：召开全国建筑装饰行业科技大会，进行针对性的专题调研、组织行业内百强企业的评比推介，发展和健全地方协会组织，加强协会自身建设，开展全国建筑装饰专业注册建造师和室内设计的职称的评审等一系列工作，对推动建筑装饰行业生产力水平的提高，促进行业的可持续发展，为会员企业办实事，为行业整体素质的提高方面都取得了应有的效果。这些成效可以用三个“增强”来概括：一是协会在为会员企业提供高层次服务的过程中，扩大了与各大相关部委、政府主管部门、相关兄弟协会及其他社会团体各界的联系，由此带来的中装协在社会各界中认可度明显增强了；二是协会总揽全局、高层次提升“双向服务”的调控能力增强了；三是协会在对各地方协会、会员企业的凝聚力增强了。这是协会两年来坚持“扶大、扶优、扶强”方针，积极为建筑装饰业“入世”策划准备的结果；是紧紧抓住“扩大会员企业覆盖面，发展地方协会”这一根本点，一心一意谋发展的结果；也是坚决贯彻落实十六大精神，不断深化改革、最大程度地发挥协会桥梁、纽带作用，针对行业中出现的新情况和新问题加强引导的结果。

2003年已成为历史，新的一年即将到来，中国建筑装饰协会的工作将全身心地投入新的工作中。

第二部分：对当前形势和任务的分析

中央经济工作会议刚刚闭幕，会议以邓小平理论和“三个代表”重要思想为指导，贯彻党的十六大和十六届三中会精神，明确了明年经济工作的总体要求和主要任务。

我国建筑装饰行业已经发展成为年工程产值超过8000亿人民币的行业，在培育和扩大内需，创造更多的就业机会，带动相关产业发展和产品更新换代，推动国民经济和社会发展方面具有重要的作用。从行业的特点和行业发展的经济规模、社会地位和行业具有的物质消费与文化消费的属性上分析，都要求有一个跨部门的社会团体去协调、指导、管理、组织行业内的各项专业活动。在行业培训、行业评比、行业信息交流等方面发挥协会的服务指导作用，从而使行业资源得到优化配置，促进行业生产力的发展。这项使命责无旁贷的落到协会的身上，特别是我国建筑装饰行业民营企业多，了解和反映他们的意见和要求，发挥企业的经济优势、专业技术与管理优势，提高行业管理的整体水平和效率，这都需要协会发挥作用。为此，协会必须明确行业形势和任务，分析行业的发展的优势及面临的困难和挑战，从行业发展的角度为行业提供远景预测。

第一方面我谈一谈行业及协会工作呈现的利好态势

一是市场商机利好。中央经济工作会议确定明年我国固定资产投资规模将近5万亿元，比2003年增加12%，相应装饰行业的投资规模也同比增长。在具体工作部署中强调“振兴东北”，恢复士气，这是我国继实施沿海发展战略、西部大开发后的又一重大战略决策。目前“振兴东北”的总投资为610亿元的首批100个大型建设项目已启动。

2004年是全面建设小康社会的第二年，全国住宅工程竣工面积将超过17亿m²，较2003年增加19%，预计住宅装饰装修的产值将达4800亿元。以北京为例，今年建筑工程开复工面积达到12000万m²，住宅销售达2400万m²，代表首都经济格局的中关村、中央商务区、金融街等重要区域建设项目不断增加，全市573家星级饭店有110家计划在两年内改造。

2004年是奥运工程的开工建设年。据悉，北京将有4～5项大型奥运场馆项目12月份开工建设。一大批大型奥运项目在全国上马，不仅为我们的装饰企业提供了市场空间，同时也为我们的装饰企业提供了施展才能、创造时代装饰精品的广阔舞台。

二是政策利好。中国加入 WTO 五年过渡期即将结束，随着市场的国际化，我国经济体制改革和政治体制改革的步伐将会加快，政府转变职能的步伐也将加快。上海市人民代表大会常务委员会下发了关于《上海市促进行业协会发展规定》的公告，很多政府的职能在逐步转移，为促进行业协会的发展提供了政策上的支持。可以说协会在政策利好态势下，可以找到一条发展的道路、一个极为广阔的发展空间，并且可以成功转型为自治性的与国际接轨的行业协会。

基于这上述利好的态势，中国建筑协会要研究政策，把握良好的市场机遇，促进协会工作向国际化、市场化的全面接轨。

第二我谈一谈行业发展及协会工作面临的挑战

一是，为兑现加入 WTO 的承诺，我国政府目前已经允许境外建筑企业注册独立法人，并享受国民待遇。我们预测在重大项目上的碰撞不久将成为现实。最近有消息报道，日本在华注册的独立法人企业正在迅速增长。这些企业将会以其强大资金实力、技术实力与我们的企业展开激烈的竞争。

我们以已经结束设计招标的六个北京奥运建设项目为例，境外设计师拿走了相当一大部分大型工程设计权，只有两个小一些场馆为中方独立设计。在奥运工程设计上，所呈现的中外设计师主客场易位现象，为中国建筑装饰企业承接奥运工程的装饰项目带来挑战。我们必须在危机感、紧迫感抓紧人才、技术水平的提高，争取在竞争中取胜。

二是市场运作极不规范。肢解项目、最低价中标，垫资和拖欠工程款以及行业内企业素质（部分）低等问题严重影响着行业的发展。

第三部分：2004 年的工作部署

2004 年的工作安排是以贯彻十六大精神及中央经济工作会议总体要求为指导，结合行业实际情况，在分析目前的形势和任务的基础上，经秘书长会、会长会议研究确定的。2004 年的工作安排概括起来就是"十件大事，六项重大活动"。这些都是关系全行业发展的大事，也是企业发展的大事，同时也是关系加强行业协会建设，协会如何在行业、在市场经济中发挥作用的很重要的工作。这些工作在徐朋秘书长的工作报告中已经叙述的很深刻、很细致了，我不再重复。

下面我仅就"中国建筑装饰企业信誉评价中心"的建设问题谈一下协会的工作部署。

建立中国建筑装饰企业信誉评价体系是建立良好的公开、公平、公正的市场竞争环境的需要，是规范企业行为维护行业整体利益的需要，也是提高企业素质，与国际接轨的需要。它不仅需要通过加强法制的措施（诸如企业资质、市场准入、合同公证制等），还必须辅之以职业道德规范的建立和职业道德水平的提高，还要完善行政执法、行业自律、舆论监督、群众参与相结合的市场监督体系。中装协九月份颁布的"全国建筑装饰行业自律公约"，应当成为全行业塑造企业市场信誉、规范行业行为的准则，必须自觉遵守、执行。中国建筑装饰协会一年一度进行的"全国建筑工程装饰奖"的评选，"全国建筑装饰行业百强企业"的推介，"全国建筑装饰工程科技示范工程"的推介，"全国建筑装饰优秀项目经理"的评选，"全国建筑装饰材料优质品牌"推介工作以及协会明年对"全国住宅装饰装修质量服务诚信企业"的评选认定工作都是基于建立一个全国性的对企业业绩及信誉评价体系的角度来策划的。在经济全球化的今天，诚实守信已越来越为社会所重视。企业信用已不仅仅关系到自身发展，而且是关系到整个国家和社会长远发展的大问题。规范企业市场行为，营造良好的信用环境和投资环境已成为行业协会的使命。协会要研究当前我国企业信用体系建设面临的问题、对策及未来趋势等问题，对如何建立同国际接轨的企业信用体系、建立行业相对独立完整的统计体系、建立完善信用档案和公示制度、建立企业信用观念和信用防范意识，是我们和各兄弟协会、地方协会要认真研讨的。

我们高兴地看到，建设部正加紧进行建筑行业的诚信体系建设和信用制度建设的工作。很多地方协会也在加紧完善行业公约的修订工作和建立企业良好业绩和不良行为的记录档案，并组织更多的企业参加到"守信企业"的公示活动中来，企业的诚信意识在不断提高。

我国加入世贸组织已有两年。按照国际惯例和市场经济的要求，政府是通过法律、行政的手段对经济进行间接的、宏观的管理，由行业协会实施对行业、企业的直接管理。因而协会工作的任务将越来越繁重，无论是从长期来看，还是从 2004 年的工作讲，还是从建立信誉评价体系来讲，有两件事情必须，一是大力发展地方协会，二是加强协会自身建设的问题。这是基础工作，否则其它工作就变成了无源之水、无本之木。

从行业看，存在着地方协会少、会员覆盖面小，没有形成协会完整工作网络问题。即使是在经济发展快，建筑装饰市场繁荣的沿海地区，很多城市也没有组建装饰行业协会，行业协会的组织机构系统不健全。这意味着协会所能掌握的企业和行业的信息不充分，协会的协调作用就难以发挥。不仅在行业发展、管理、政府职能转移，维护企业和消费者利益方面带来影响，也严重影响了协会工作的力度，信誉体系也建立不起来。因此必须加快地方协会的建设，扩大协会的覆盖面。

从长远看，随着中国的入世与国际接轨，政府职能的转变，要求协会独立的完成工作。转变思想工作作风，把强调客观、埋怨的情绪转变到"工作靠努力"、"有为才能有位"工作状态中来。同时还要提高思想认识，创造性的开展工作。我们一直强调，没有敬业精神就干不了协会工作，没有能力和水平也干不好协会工作，关键是协会要从行业发展的全局考虑问题，创造性的开展工作。要与时俱进，不断创新，坚持服务宗旨，不断深入探索协会工作规律，把握协会工作的特点，加强组织建设、制度建设、思想建设、文化建设，在协会各项工作中开创出新局面。

同志们!

守望过去是为了展望未来，展望未来是为了走得更高更远。

我们不能沉湎于过去的成绩，要乘势而上，从战略角度充分认识建筑装饰行业在国民经济和可持续发展中的重要意义，增强紧迫感和责任感，持之以恒地在行业发展中不断完善我们的工作，为实现我们的战略构想和工作目标而努力奋斗。

2004 年春天来得早，1 月 22 日就是春节了。这次大会是我们理事会羊年的最后一次聚会，在此我代表中装协向各位理事提前拜个早年，祝大家在新的一年里工作突飞猛进、事事顺心如意、合家幸福安康。

关于调整增补部分理事、常务理事、副会长的决定

中国建筑装饰协会五届三次理事会通过

（二〇〇三年十二月二十八日）

自中国建筑装饰协会五届理事会成立以来，部分理事、常务理事、副会长单位由于企业法人的调整及其人事变动，希望能按协会《章程》及时进行调整。同时，根据有关地方协会推荐增补了部分理事，根据秘书处提名增补部分常务理事，并经五届三次理事会同意。

一、不再担任五届理事会理事（19人）

1. 杨乾芳　四川省建筑装饰协会原会长
2. 郑　强　四川亨帝建筑装饰有限公司原总经理
3. 柏春宇　重庆市建筑装饰协会原副秘书长
4. 陆浩生　苏州市装修装饰行业协会原会长
5. 张克勤　广西建工集团桂港建筑装饰有限公司原总经理
6. 黄柏青　天津华惠安信装饰工程有限公司原董事长
7. 钟晓春（女）　中国建筑装饰协会家庭装饰委员会（筹）原秘书长
8. 陈一龙　北京中建华腾装饰工程有限公司董事长
9. 王志杰　辽宁省装饰协会原秘书长
10. 周德才　营口东林瑞那斯股份有限公司原董事长
11. 于　兵　丹东画院装饰工程有限公司原董事长
12. 唐定发　合肥市建筑业协会原秘书长
13. 董立武　洛阳天鹰装饰工程有限公司原总经理
14. 胡建强　河南银龙装饰工程有限公司总经理
15. 陆铁军　南京装饰（集团）有限公司原董事长兼总裁
16. 张志林　深圳市美术装饰工程有限公司原总经理
17. 张　哲　陕西中金装饰工程有限公司总经理
18. 唐荣玉　中大耀华实业有限公司
19. 郎　伟　长春星宇家装广场原总经理

二、不再担任五届理事会常务理事（6人）

1. 杨乾芳　四川省建筑装饰协会原会长
2. 郑　强　四川亨帝建筑装饰有限公司原总经理
3. 钟晓春（女）　中国建筑装饰协会家庭装饰委员会（筹）原秘书长
4. 于　兵　丹东画院装饰工程有限公司原董事长
5. 董立武　洛阳天鹰装饰工程有限公司原总经理
6. 陆铁军　南京装饰（集团）有限公司原董事长兼总裁

三、不再担任五届理事会副会长（1人）

1. 陆铁军　南京装饰（集团）有限公司原董事长兼总裁

四、增补为五届理事会理事（35人）

1. 陈建文　四川省建筑装饰协会秘书长
2. 何　勇　四川亨帝建筑装饰有限公司总经理
3. 肖能定　重庆市建筑装饰协会副秘书长
4. 孔全林　苏州市装修装饰行业协会会长
5. 刘定真　广西建工集团桂港建筑装饰有限公司总经理
6. 康　庄　天津华惠安信装饰工程有限公司董事长
7. 眭志华　北京中建华腾装饰工程有限公司总经理
8. 田　平　辽宁省装饰协会副会长兼秘书长
9. 金丽华（女）　大连建筑装饰设计工程有限公司董事长
10. 石俊庆　辽宁荣昌集团董事长
11. 罗伟民　合肥市建筑装饰协会秘书长
12. 赵建波　洛阳天鹰装饰工程有限公司总经理
13. 黄海军　河南银龙装饰工程有限公司总经理
14. 倪　林　苏州金螳螂建筑装饰有限公司董事长
15. 蒋　英　北京豪邦涂料有限公司董事长
16. 陈金荣　广州市美术公司总经理
17. 张海文　重庆金字塔装饰有限公司总经理
18. 张仁希　重庆金梭装饰设计工程有限公司董事长
19. 张安龙　厦门市港龙装修工程有限公司总经理
20. 叶家豪　深圳市奇信装饰设计工程有限公司董事长
21. 刘声元　济南盛顺装饰有限责任公司董事长兼总经理
22. 杨杰宗　武汉科艺建筑装饰设计工程有限公司总经理
23. 李建新　宜昌市建筑装饰协会秘书长
24. 龚　璞　大庆市建筑装饰协会秘书长
25. 郑秋霖　福州星美装饰绿化工程有限公司总经理
26. 刘兆培　西安发记营造建筑有限公司董事长
27. 张立海　天津市龙川汇腾装饰工程有限公司董事长
28. 邓仕能　甘肃兰穗装饰工程有限责任公司总经理
29. 胡圣明　湖北高艺集团董事长
30. 徐锦刚　江西建工装潢公司总经理
31. 蔡培辉　甘肃辉丽建筑装饰工程有限公司董事长
32. 肖汉光　宜昌市建筑装饰协会会长
33. 衣宏伟　深圳市美术装饰工程有限公司董事长兼总经理
34. 施伟民　南京装饰（集团）有限公司总经理
35. 刘京超　长春星光大厦总经理

五、增补为五届理事会常务理事（20人）

1. 许和铁　广州市建筑装饰协会会长
2. 陈建文　四川省建筑装饰协会秘书长
3. 何　勇　四川亨帝建筑装饰有限公司总经理
4. 赵建波　洛阳天鹰装饰工程有限公司总经理
5. 张　颖（女）　澳连建筑装饰工程有限公司副总经理
6. 孔全林　苏州市装修装饰行业协会会长
7. 肖汉光　宜昌市建筑装饰协会会长
8. 肖能定　重庆市建筑装饰协会副秘书长
9. 周智勇　重庆金飞建筑装饰工程有限公司总经理
10. 陈华芳　北京市建筑装饰设计工程公司总经理
11. 张汉清　深圳市维业装饰设计工程有限公司董事长
12. 高　健　武汉旺轩建筑装饰工程有限公司董事长
13. 叶德才　青岛德才装饰安装工程有限公司董事长兼总经理
14. 刘兆培　西安发记营造建筑有限公司董事长
15. 胡圣明　湖北高艺集团董事长
16. 蔡培辉　甘肃辉丽建筑装饰工程有限公司董事长
17. 何　星　广州市第四装修有限公司董事长
18. 林　擘　山东万得福装饰工程有限公司总经理
19. 杨建强　青岛东亚装饰总公司总经理
20. 施伟民　南京装饰（集团）有限公司总经理

关于公布中国建筑装饰协会五届理事会第四次调整增补后名单的通知

中国建筑装饰协会自2001年6月6日召开第五届会员代表大会并组成第五届理事会后，进行了四次调整增补：第一次是2001年12月24日五届一次常务理事会；第二次是2002年7月16日五届二次常务理事会；第三次是2003年1月9日五届二次理事会。第四次是2003年12月28日五届三次理事会。现将第四次调整增补后的名单公布如下。

附：中国建筑装饰协会第五届理事会四次调整增补一览表

中国建筑装饰协会秘书处

二〇〇四年二月十日

附：　　中国建筑装饰协会第五届理事会四次调整增补一览表

协会职务	2001年6月6日五届理事会	2001年12月24日五届一次常务理事会			2002年7月16日五届二次常务理事会			2003年1月9日五届二次理事会			2003年12月28日五届三次理事会		
		调整	增补	合计	调整	增补	合计	调整	增补	合计	调整	增补	合计
名誉会长	1			1			1			1			1
高级顾问	3			3			3	1		2		1	3
荣誉理事	4			4			4			4			4
会　长	1			1			1			1			1
常务副会长	1			1			1			1			1
副会长	7			7			7		7	14	1		13
常务理事	85	3	3	85	6	35	114	5	13	122	6	20	136
理　事	287	2	4	289	13	84	360	11	19	368	19	35	384
秘书长	1			1			1			1			1
副秘书长	2		1	3	1		2			2			2

中国建筑装饰协会五届理事会第四次调整增补后名单

（二〇〇三年十二月二十八日·中国建筑装饰协会五届三次理事会通过）

中国建筑装饰协会第五届理事会

名誉会长　高级顾问　荣誉理事

名誉会长： 张恩树　中国建筑装饰协会第四届理事会会长

高级顾问： 叶如棠　全国人大环境与资源保护委员会副主任委员　建设部原常务副部长

中国建筑装饰协会第三届理事会高级顾问

周干峙　建设部原副部长　中国科学院院士　中国工程院院士　中国建筑装饰协会第三、四届理事会高级顾问

郑一军　建设部原副部长　中国建筑业协会会长

荣誉理事：（按姓氏笔划为序）

石连峰　中国建筑装饰协会第四届理事会副会长

刘正发　中国建筑装饰协会第四届理事会副会长

徐正忠　中国建筑装饰协会第四届理事会副会长

窦以德　中国建筑装饰协会第四届理事会副会长

中国建筑装饰协会第五届理事会领导机构

会　　长： 马挺贵　中国建筑工程总公司原总经理

常务副会长兼秘书长： 徐　朋　中国建筑工程总公司原副总经理

副　会　长：（13人　按姓氏笔划为序）

丁域庆　重庆港庆建筑装饰有限公司总经理
王　波　北京港源建筑装饰工程有限公司董事长
王素卿　建设部工程质量安全监督与行业发展司司长
叶远西　深圳市广田装饰设计工程有限公司董事长
冯　林　西安市鑫龙建筑装饰工程有限公司董事长
朱兴良　苏州金螳螂企业（集团）有限公司董事长兼总经理
汪家玉　深圳市建筑装饰（集团）有限公司董事长兼总经理
陈木林　凌云科技集团有限责任公司董事长
陈国宏　上海荣欣家庭装潢有限公司董事长兼总经理
张　钧　北京业之峰装饰有限公司董事长兼总裁
符曜伟　建设部建筑市场管理司原副司长
谢建伟　上海市建筑装饰工程有限公司总经理
魏　光　黑龙江国光建筑装饰工程有限公司总经理

副 秘 书 长：张京跃　中国建筑装饰协会第四届理事会副秘书长
房　箴　中国建筑装饰工程公司原总建筑师

常务理事

（136人・按姓氏笔划为序）

丁域庆	马挺贵	孔全林	孔祥清	王素卿（女）	王　波	王　跃	王文焕
王儒明	王　冶	王永强	邓　千	尤东明	毛家泉	冯　林	史应标
史是伟	石超刚	叶远西	叶大岳	叶德才	孙建峰	孙尚高	孙爱东
朱希斌	朱兴良	朱葆荣	许和铁	刘晓一	刘仲麟	刘年新	刘兆培
关宇壮	师　健	忻国梁	李洪鑫	李晓东	李淳凌	李爱森	李　宁（女）
李增堂	李魁舜	李介平	邱锦生	邱久才	张京跃	张　颖（女）	张　鸣
张福如	张建民	张朝煊	张玮文	张　钧	张乙明	张文学	张玉军
张世礼	张汉清	沙启云	肖汉光	肖能定	杨建强	杨志凌	何星华
何文祥	陈木林	陈英松	陈小龙	陈　辉	陈　军	陈国宏	陈婵英（女）
陈建文	陈华方	苏建青	苏少彬	何　星	吴元炜	吴葆生	吴建荣
何　勇	汪家玉	汪　维	沈汉通	花恒久	严克明	孟建国	房　箴
屈　智	林芷珊（女）	林　擘	罗自超	罗醒民	周文麟	周建中	周锡全
周志勇	姜代云	胡家奇	胡圣明	董宜君（女）	钟传荣	施伟民	施森彬
洪　涛	洪　瀛	赵　敏	赵建国	赵建波	赵兴斌	赵文广	郭忠山
高振川	高　健	袁大陆	徐　朋	徐忠义	黄志同	符曜伟	崔　勇
曹永清	曹安闽	梁　铭	粟立民	彭国云（女）	程曾惠	韩学政	程新明
蓝　政	谢建伟	裘之星	蔡培辉	潘耀生	潘育明	薛景霞（女）	魏　光

理　事

（384名・按地区、按姓氏笔划为序）

北京市（55）

刁艳燕	女	北京市红星建筑涂料厂	总工程师
马挺贵	男	中国建筑工程总公司	原总经理
王　波	男	北京港源建筑装饰工程有限公司	董事长
王宗礼	男	北京市人大常委会城建环保委员会	主　任
王素卿	女	建设部工程质量安全监督与行业发展司	司　长
王燕鸣	女	中国建筑装饰协会培训部兼培训中心	主　任
王永强	男	《中国建筑装饰装修》	常务副社长

邓　千	女	《中华建筑报》	总编辑
孙建峰	男	北京建峰建设装饰工程集团	董事长
田万良	男	中国建筑装饰协会信息咨询委员会	副理事长兼秘书长
刘仲麟	男	北京弘高建筑装饰设计工程有限公司	副董事长
刘晓一	男	中国建筑装饰工程公司	党委书记
朱红革	男	北京乾图室内环境设计有限责任公司	总经理
朱希斌	男	北京市建筑装饰协会	理事长
闫志人	男	中信室内装修工程公司	总经理
苏建青	男	北京贝盟国际建筑装饰工程有限公司	总经理
张利杰	男	北京城建长城装饰工程有限责任公司	总经理
张　鸣	男	北京建谊建筑装饰有限公司	总经理
曹安闽	男	北京阔达建筑装饰工程有限责任公司	董事长
张世礼	男	中国建筑学会室内设计分会	会　长
张京跃	男	中国建筑装饰协会	副秘书长
张玉军	男	中国建筑进出口总公司	总经理
吴　晓	男	北京大钟寺家居广场有限责任公司	董事长
吴元炜	男	中国建筑装饰协会暖通空调委员会	理事长
吴　晞	男	北京清华工美建筑装饰工程有限公司	董事长兼总经理
陈　辉	男	北京东易日盛装饰有限责任公司	董事长
陈华方	男	北京市建筑装饰设计工程公司	总经理
陈立飞	男	中国建筑业协会	副秘书长
李　秀	女	北京市建筑装饰协会	总顾问
何玉如	男	北京市建筑设计研究院	总建筑师
何星华	男	中国建筑装饰协会化学建材委员会	理事长
孟建国	男	北京筑邦建筑装饰工程有限公司	总经理
房　箴	男	中国建筑装饰工程公司	原总建筑师
杨怀谦	男	首都航天机械公司民品集团	副总经理
严克明	男	中国建筑装饰协会石材委员会	理事长兼秘书长
郑纪文	男	中国建筑装饰协会建筑五金委员会	理事长
胡家奇	男	北京北方建磊装饰装修中心	总经理
费　祺	女	北京花旗建设发展有限公司	董事长
赵丽萍	女	北京晨光马宝装饰公司	总经理
高　峰	男	北京伟业达展览有限公司	总经理
周锡全	男	中国工程建设标准化协会	秘书长
徐　朋	男	中国建筑工程总公司	原副总经理
顾国华	男	中国建筑装饰协会工程委员会	秘书长
常显忠	男	北京菲尼有限公司	原总经理
符曜伟	男	建设部建筑市场管理司	原副司长
黄　白	男	中国建筑装饰协会信息部	主　任
		会刊《中国建筑装饰》	主　编
眭志华	男	北京中建华腾装饰工程有限公司	总经理
崔　勇	男	中国建筑装饰协会信息咨询委员会	理事长
蔡　强	男	北京市建筑工程装饰公司	总经理
翟庆祥	男	中国建筑科学研究院建筑装修研究所	原所长
沈汉通	男	北京住总装饰有限责任公司	董事长
张　钧	男	北京业之峰装饰有限公司	董事长兼总裁

李国田	男	北京佳莹漆业有限公司	总经理
刘素玲	女	北京蓝格赛海龙星电器设备商业有限公司	经　理
蒋　英	女	北京豪邦涂料有限公司	董事长
天津市（9）			
王文焕	男	天津市环境装饰协会	秘书长
张立海	男	天津市龙川汇腾装饰工程有限公司	董事长
陈康权	男	金丰环球装饰工程(天津)有限公司	董事长
张建民	男	天津市建设装饰工程公司	总经理
赵　敏	男	天津市建委建筑业管理办公室	处　长
张和平	男	中国建筑第六工程局装饰工程公司	总经理
李文鹏	男	天津市南洋装饰工程公司	总经理
李秋盛	男	天津市康居新住宅发展有限公司	总经理
康　庄	男	天津华惠安信装饰工程有限公司	董事长
上海市（19）			
田厚春	男	中建三局东方装饰设计工程公司	总经理
朱桂棠	男	上海市建筑装饰协会	原理事长
张永定	男	上海汇丽(集团)公司	董事长
忻国梁	男	上海市装饰装修行业协会	常务副会长
陈　丽	女	上海新丽装饰工程有限公司	总经理
陈　新	男	华鼎建筑装饰工程有限公司	总经理
汪　维	男	中国建筑装饰协会化学材料委员会	秘书长
罗云贵	男	上海宏誉建筑装璜有限公司	董事长
施森彬	男	上海康宇铜门设计工程有限公司	总经理
洪兆雄	男	上海蓝天房屋装饰工程公司	总经理
唐海金	男	上海海直建设工程公司	总经理
高振川	男	上海金茂建筑装饰有限公司	总经理
谢建伟	男	上海市建筑装饰工程有限公司	总经理
潘志昌	男	上海市建筑装饰协会	顾　问
戴嘉桢	男	上海大华装饰工程有限公司	原常务副总经理
张洪星	男	上海建筑装饰（集团）有限公司	董事长
李洪鑫	男	上海市装饰装修行业协会	会　长
陈国宏	男	上海荣欣家庭装潢有限公司	董事长兼总经理
朱建涛	男	上海百姓家庭装潢有限公司	副董事长
重庆市（13）			
丁域庆	男	重庆港庆建筑装饰有限公司	总经理
刘佳杰	男	重庆建筑大学兴城工程总承包公司	总经理
陈宗云	男	重庆四维瓷业股份有限公司	董事长兼总经理
李淳凌	男	重庆西南铝型材装饰装修工程公司	总经理
肖能定	男	重庆市建筑装饰协会	副秘书长
张天虹	男	重庆宏图装饰工程有限公司	董事长兼总经理
钟传荣	男	重庆渝远建筑工程设计装饰有限公司	总经理
喻上沛	男	重庆市建筑装饰协会	理事长
邓思宁	男	广厦重庆一建（集团）装饰工程公司	总经理
周　勃	男	重庆港鑫建筑装饰设计工程有限公司	董事长兼总经理
周智勇	男	重庆金飞建筑装饰工程有限公司	董事长兼总经理
张海文	男	重庆金字塔装饰有限公司	总经理

张仁希	男	重庆金梭装饰设计工程有限公司	董事长
河北省（10）			
王　跃	男	石家庄常宏建筑装饰工程有限公司	总经理
王保山	男	石家庄雅虹装饰设计工程有限公司	董事长
刘亚东	男	石家庄市装饰协会	会　长
李爱森	男	秦皇岛渤海铝幕墙装饰工程有限公司	总经理
张铁军	男	石家庄宏昌建筑装饰集团公司	董事长兼总裁
侯建军	男	河北省四建装饰工程公司	经　理
赵秀民	男	石家庄市通力建筑装饰工程有限公司	董事长兼总经理
贾　轩	男	河北斯特龙装饰工程有限公司	总经理
赵春旺	男	河北省建设厅市场处	副处长
		河北省建筑装饰协会	秘书长
蓝　政	男	河北省建设标准化办公室	副主任
		河北省建筑装饰协会	会　长
山西省（7）			
马凤祥	男	山西五一广告设计装饰工程有限公司	总经理
史应标	男	山西省建筑装饰协会	会　长
杨　凯	男	太原市建筑装饰协会	秘书长
周仁德	男	山西宏德建筑装璜工程有限公司	总经理
屈　智	男	山西省建筑装饰工程总公司	常务副总经理
霍小强	男	香港神奇设计装饰工程山西有限公司	董事长
石　磊	男	山西森永建筑装饰工程有限公司	总经理
内蒙古自治区（5）			
杨　英	男	呼和浩特市建筑工程管理局	局　长
杨志凌	男	中国天诚集团新雅建筑工程设计装饰有限公司	董事长兼总经理
张　雪	女	内蒙古永新建筑装饰工程有限公司	董事长兼总经理
甄小兵	男	内蒙古自治区建筑厅建筑业处	处　长
刘历程	男	呼伦贝尔纵横安全技术装饰工程有限公司	董事长
黑龙江省（7）			
王世德	男	鸡西市建筑装饰协会	会　长
赵兴斌	男	黑龙江省建筑装饰协会	常务副会长
张乙明	男	黑龙江高维建筑装饰工程有限公司	总经理
魏　光	男	黑龙江国光建筑装饰工程有限公司	总经理
吴景阳	男	黑龙江省建设厅建管处	副处长
		黑龙江省建筑装饰协会	秘书长
冯雪冬	男	哈尔滨麻雀装饰工程有限公司	董事长
龚　璞	男	大庆市建筑装饰协会	秘书长
吉林省（11）			
孙爱东	男	吉林省建筑装饰集团有限公司	董事长
西志敏	男	吉林省太阳神建筑装饰工程有限公司	董事长
刘京超	男	长春星光大厦	总经理
张文学	男	吉林省建筑装饰业协会	秘书长
周玉春	男	长春市建筑装饰装修协会	副会长
袁大陆	男	长春东方装璜工程有限公司	董事长兼总经理
温铁义	男	长春长江装饰装璜有限公司	董事长兼总经理
邱久才	男	吉林省建设厅	副厅长
		吉林省建筑装饰业协会	会　长

祝庆俊	男	吉林省凯基建筑装饰工程有限公司	总经理
冯晓刚	男	吉林省浩昌装饰工程有限公司	董事长
庞海林	男	吉林省蛟河市天岗经济开发区	主　任
辽宁省（15）			
田　平	男	辽宁省装饰协会	副会长兼秘书长
石俊庆	男	辽宁荣昌集团	董事长
冯玉良	男	沈阳飞机制造公司铝合金结构工程公司	总经理
纪　十	男	鞍山工商联装修工程有限公司	总经理
张　颖	女	澳连建筑装饰工程有限公司	副总经理
金丽华	女	大连建筑装饰设计工程有限公司	董事长兼总经理
杨昭富	男	大连市建筑装饰协会	秘书长
周文麟	男	大连盛大建筑装饰工程有限公司	董事长兼总经理
赵铁利	男	沈阳黎东幕墙装饰有限公司	总经理
赵文广	男	大连红太装饰工程公司	总经理
高超伦	男	沈阳穗港装饰工程公司	董事长
郭忠山	男	沈阳远大铝业工程有限公司	副董事长
戴纪峰	男	沈阳市建筑装饰协会	秘书长
于秋生	男	辽宁省建设厅建管处	副处长
		辽宁省装饰协会	副会长
李耀庚	男	沈阳市富恒装修工程有限公司	董事长
山东省（17）			
王建森	男	济南市建筑装饰协会	秘书长
王培欣	男	山东省齐鲁装饰设计院	院　长
王　喆	男	山东永隆建筑装饰工程有限公司	总经理
王金生	男	青岛金楷装饰工程有限公司	董事长兼总经理
叶德才	男	青岛德才装饰安装工程有限公司	董事长兼总经理
赵建国	男	青岛市装饰集团公司	总经理
孙宪华	男	山东华兴（石材）机械集团公司	总经理
李晓东	男	山东德泰装饰有限公司	总经理
刘声元	男	济南盛顺装饰有限责任公司	董事长兼总经理
邹红军	男	山东省中鲁建筑集团总公司装饰公司	经　理
杨建强	男	青岛东亚装饰总公司	总经理
林纪国	男	青岛市建筑装饰协会	秘书长
逄桂华	女	山东省装饰集团总公司	总经理
程曾惠	男	山东省建筑装饰协会	秘书长
李文芝	男	山东文芝建筑装饰工程有限公司	总经理
林　璧	男	山东万得福装饰工程有限公司	总经理
秦卫东	男	烟台宫苑建筑装饰有限公司	董事长
江苏省（22）			
孔全林	男	苏州市装修装饰行业协会	会　长
毛家泉	男	江苏省建筑装饰协会	理事长
史树之	男	丽宝第集团公司	总经理
刘安平	男	江苏港宁装璜有限公司	董事长
孙帼强	男	南京金陵建筑装饰工程有限责任公司	总经理
许　炯	男	南京装饰联合总公司	总经理
朱兴良	男	苏州金螳螂企业（集团）有限公司	董事长兼总经理

李文甲	男	江苏日出(集团)公司	董事长
李　宁	女	江苏省建筑装饰设计研究院	院　长
李德田	男	扬州日模邗沟装饰工程有限公司	董事长兼总经理
余信祥	男	南京市建筑装饰协会	理事长
吴葆生	男	南京市室内装饰工程成套总公司	总经理
何天定	男	镇江市建筑装饰工程公司	总经理
倪　林	男	苏州金螳螂建筑装饰有限公司	董事长
赵　亮	男	南京长岛建筑装饰工程有限公司	总经理
施伟民	男	南京装饰（集团）有限公司	总经理
查佐良	男	锡山市金城金属门窗安装有限公司	总经理
何亚光	男	常泰建筑装璜工程有限公司	总经理
刘星宇	男	徐州九鼎网架公司（解放军 6108 工厂）	总经理
尤东明	男	苏州市贝特装饰设计工程有限公司	董事长兼总经理
陈志平	男	江苏华润（集团）公司	董事副总经理
唐春潮	男	江苏常熟开关厂	董事长
安徽省（5）			
卫先嘉	男	合肥建工装饰有限责任公司	董事长
邵增志	男	马鞍山市第一建筑装饰安装公司	总经理
李增堂	男	安徽省建筑装饰协会	副会长兼秘书长
罗伟民	男	合肥市建筑装饰装修管理处	主　任
		合肥市建筑装饰协会	秘书长
王金平	男	安徽省建筑装饰协会	会　长
浙江省（13）			
吴建荣	男	浙江中南建设集团公司	董事长
周锦云	男	温州云艺装饰有限公司	董事长
于利生	男	武林建筑工程有限公司	副总经理
陶友森	男	杭州市建筑装饰协会	原理事长
何永富	男	杭州之江有机硅化工有限公司	总经理
徐建光	男	杭州月兔灯饰有限公司	董事长
崔承毅	男	浙江省室内装饰公司	副总经理
蒋敖树	男	浙江省建筑设计研究院	副总建筑师
董宜君	女	浙江省建筑装饰协会	理事长
丁欣欣	男	浙江亚厦装饰集团有限公司	董事长
裘之星	男	杭州亚加装潢有限公司	总经理
周建中	男	杭州中冠装饰工程有限公司	总经理
饶应军	男	杭州长城精细化工有限公司	总经理
湖南省（5）			
石超刚	男	湖南省建筑装饰协会	原会长
谷波涛	男	湖南华天集团公司	总经理
周芳文	男	株洲市建设局	副局长
李　忠	男	湖南六建装饰设计工程有限责任公司	总经理
陈忠平	男	湖南鸿杨家庭装饰设计工程有限公司	董事长
江西省（11）			
王儒明	男	江西省装饰行业协会	理事长
包秋胜	男	江西省康盛广告装饰工程有限公司	总经理
苏少彬	男	江西圳昌装饰工程有限公司	董事长兼总经理

邹诗耀	男	南昌市建筑管理局	局　长
龚龙彪	男	江西利达装饰工程有限公司	董事长兼总经理
粟立民	男	江西南方建筑装璜配套公司	总经理
雷小平	男	赣州装饰工程公司	总经理
汪红屏	男	南昌金昌装饰设计工程有限公司	总经理
汤瑞兴	男	江西省美华建筑装饰工程有限责任公司	董事长
李小平	男	南昌家庭装修服务有限公司	董事长
徐锦刚	男	江西建工装潢公司	总经理
福建省（11）			
王　业	男	福建天华建筑装饰工程有限公司	副总经理
邓　捷	男	福州市建筑装饰协会	理事长
连俩进	男	厦门市建筑装饰协会	原秘书长
邱锦生	男	福建嘉华装饰工程有限公司	总经理
张福如	男	福建省建筑装饰协会	常务副会长
张安龙	男	厦门市港龙装修工程有限公司	总经理
郑秋霖	男	福州星美装饰绿化工程有限公司	总经理
林　鹰	男	厦门华丽设计装修工程有限公司	总经理
叶　斌	男	福州国广一叶建筑装饰工程有限公司	董事长
戴健全	男	福建省五建装饰装修工程有限公司	总经理
潘雨铮	男	福州经济技术开发区时代装修有限公司	董事长
河南省（9）			
刘智龙	男	洛阳有色金属加工设计院	总设计师
杨东洲	男	河南新大地装饰工程有限公司	常务副总经理
杨　坤	男	河南省大鹏装饰工程有限公司	总经理
洪　瀛	男	河南省建筑装饰协会	理事长
赵安敏	男	洛阳市建筑装饰协会	秘书长
赵建波	男	洛阳天鹰装饰工程有限公司	总经理
薛景霞	女	郑州康利达装饰工程有限公司	董事长
王晓惠	男	河南省建筑装饰协会	秘书长
黄海军	男	河南银龙装饰工程有限公司	总经理
湖北省（15）			
张晓曦	男	湖北省建筑装饰协会	副会长
陈木林	男	凌云科技集团有限责任公司	董事长
沙启云	男	中国人民解放军建筑装饰协会	副会长兼秘书长
杨杰宗	男	武汉科艺建筑装饰设计工程有限公司	总经理
李建新	男	宜昌市建筑装饰协会	秘书长
肖汉光	男	宜昌市建筑装饰协会	会　长
彭国云	女	武汉建筑装饰协会	理事长
程新明	男	湖北鼎元建筑装饰工程有限公司	董事长兼总经理
潘耀生	男	武汉华达建筑装饰设计工程有限公司	董事长兼总经理
阳德广	男	武汉凌宏建筑装饰工程有限公司	董事长兼总经理
许春建	男	湖北龙泰建筑装饰工程有限公司	董事长兼总经理
胡圣明	男	湖北高艺集团	董事长
高　健	男	武汉旺轩建筑装饰工程有限公司	董事长兼总经理
童　林	男	武汉澳华装饰设计工程有限公司	总经理
邬盛永	男	武汉建工集团装饰工程有限公司	董事长

广东省（54）

王炽文	男	广东省建筑装饰工程有限公司	副总经理
陈婵英	女	广东省建筑装饰集团公司	董事长兼总经理
区荣大	男	广东世纪达装饰工程有限公司	董事长
叶荣恒	男	广东三水市博德精工建材有限公司	总经理
叶远西	男	深圳市广田装饰设计工程有限公司	董事长
叶大岳	男	深圳远鹏装饰设计工程有限公司	总经理
叶家豪	男	深圳市奇信装饰设计工程有限公司	董事长
祁汉斌	男	广州市城总装饰有限公司	总经理
许和铁	男	广州市建筑装饰协会	理事长
何　星	男	广州市第四装修有限公司	董事总经理
关宇壮	男	开平二建集团公司装饰工程公司	董事长
陈　军	男	东莞市三立灯饰有限公司	营销总经理
白宝鲲	男	深圳市坚朗建材有限公司	总经理
庄大建	男	汕头经济特区金刚玻璃幕墙有限公司	总经理
庄伟明	男	深圳市科源建筑装饰工程有限公司	总经理
孙尚高	男	深圳海外装饰工程公司	董事长
刘年新	男	深圳市洪涛装饰工程公司	董事长兼总经理
刘海云	男	深圳市建艺装饰设计工程公司	董事长兼总经理
何显光	男	佛山市新景实业有限公司	董事长
何文祥	男	深圳市装饰行业协会	会长兼秘书长
衣宏伟	男	深圳市美术装饰工程有限公司	董事长兼总经理
李魁舜	男	广东省华侨建设工程公司	总经理
李介平	男	深圳瑞和装饰工程有限公司	董事长兼总经理
李碧辉	男	顺德市建筑装饰协会	秘书长
陈英松	男	广东省建筑业协会	秘书长
陈耀福	男	深圳文业装饰设计工程有限公司	总经理
陈金荣	男	广州市美术公司	总经理
杨　扬	男	广东省建筑业协会装饰委员会（筹）	副秘书长
汪家玉	男	深圳市建筑装饰（集团）有限公司	董事长兼总经理
沈俊强	男	深圳市晶宫设计装饰工程有限公司	总经理
王翠霞	女	深圳康利石材集团	董事长
彭国水	男	深圳市新国俊建筑装饰设计公司	董事长
胡志滨	男	深圳市海川实业公司	总经理
张朝煊	男	深圳长城家俱装饰工程有限公司	董事长兼总经理
张汝成	男	中山市盛兴幕墙有限公司	总经理
张玮文	男	深圳市南利装饰工程公司	总经理
张汉清	男	深圳市维业装饰设计工程有限公司	董事长
肖临骏	男	深圳市中航装饰设计工程有限公司	原总经理
罗　忆	男	珠海市晶艺玻璃工程有限公司	总工程师
宋　祥	男	珠海市建设委员会工程科	副科长
林芷珊	女	广州珠江装修工程公司	总经理
林杭洲	男	汕头市豪华装饰工程总公司	总经理
林勇生	男	深圳方大装饰工程有限公司	总经理
林俊生	男	深圳市安星装饰设计工程有限公司	总经理

罗自超	男	深圳市设计装饰工程公司	原总经理
姚锐红	男	深圳华加日铝业有限公司	总经理
唐同海	男	广州市第三装修有限公司	董事长
崔志忠	男	华辉装修建筑工程公司	董事长
温尚霖	男	TCL 国际电工（惠州）有限公司	总经理
王　冶	男	广东省装饰总公司	总经理
谢　军	男	广州市天河华厦冷气装饰工程公司	总经理
梁　铭	男	深圳金粤幕墙装饰工程有限公司	董事总经理
潘育明	男	深圳市新鹏都装饰工程有限公司	董事长
庄志伟	男	深圳市深建华辉装饰工程有限公司	董事长
海南省（5）			
王　飞	男	海南金海岸装饰工程公司	总经理
刘仕伦	男	海口南光幕墙装饰工程有限公司	总经理
吴乾武	男	海南省建筑装饰协会	理事长
姜代云	男	海南金厦工程实业公司	董事长兼总经理
郑　涛	男	海南雅园装饰工程有限公司	董事长
广西壮族自治区（6）			
王世园	男	广西自治区建筑装饰协会	副理事长兼秘书长
刘学勤	男	南宁市建设局建筑管处	处　长
刘定真	男	广西建工集团桂港建筑装饰有限公司	总经理
黄志同	男	广西建林装饰工程有限公司	董事长
李杨柳	男	广西南宁市装饰工程有限公司	总经理
黎　明	男	南宁美格装饰公司	总经理
四川省（11）			
张桂芳	女	成都市建筑装饰协会	秘书长
王竹宏	男	成都王安产业有限公司	董事长
陈小龙	男	中铁二局集团装饰装修工程有限公司	董事长兼总经理
陈建文	男	四川省建筑装饰协会	秘书长
何　勇	男	四川亨帝建筑装饰有限公司	总经理
赵　平	男	四川华西建筑装饰工程有限公司	总经理
秦　钢	男	四川省建材工业科学研究院	副院长兼总工程师
常　健	男	四川省建筑装饰协会	原副会长兼秘书长
谢　宇	男	四川兴泰来装饰工程有限责任公司	总经理
杜其友	男	四川泰兴装饰工程有限公司	董事长
黄　燕	男	四川省新空间实业有限公司	总经理
贵州省（4）			
刘炎斌	男	中建四局装饰工程公司	副总经理
陈　林	男	贵州通海装饰工程有限责任公司	董事长兼总经理
罗醒民	男	贵州省建筑装饰协会	理事长
彭有庆	男	贵州省建筑装饰协会	秘书长
云南省（5）			
史建祥	男	云南省建设厅建筑业处	科　员
刘　燕	女	云南白杨室内设计工程有限公司	总经理
朱葆荣	男	云南省建筑装饰行业协会	理事长
黄地怀	男	云南同力建筑装饰有限公司	总经理
张达昆	男	云南旅游装饰工程有限公司	董事长

青海省（6）

马丽琼	女	青海致丰设计工程有限公司	总经理
师　健	男	青海省建筑装饰协会	秘书长
侯宝良	男	青海深青建筑装饰工程有限公司	董事长
索跃宁	男	西宁市建设局	总工程师
刘　砖	男	青海四宁建筑装潢有限公司	总经理
马静宇	男	青海海天实业有限责任公司	董事长

宁夏回族自治区（5）

王东河	男	宁夏自治区建筑厅建管处	处　长
李国梁	男	宁夏华丽建筑装饰有限公司	总工程师
史是伟	男	宁夏建筑装饰协会	理事长
徐　庆	男	银川市建委	副主任
丁梅霞	女	银川百姓住宅装饰工程有限公司	总经理

陕西省（18）

王　锋	男	陕西省建运工程有限责任公司	总经理
王跃民	男	陕西新艺华室内设计装饰有限公司	总经理
孔祥清	男	陕西省建筑装饰协会	理事长
白　磊	男	西安建筑装饰协会	副会长兼秘书长
许建富	男	西安蓝宇建筑装饰工程有限责任公司	总经理
任树东	男	西安西航祥和铝业装饰工程有限公司	总经理
张叔韬	男	西安鸿雁电器厂	厂　长
李精忠	男	西安多国建筑艺术装潢公司	总经理
刘兆培	男	西安发记营造建筑有限公司	董事长
杨东生	男	西安市彼特装饰工程公司	董事长
花恒久	男	中国建筑装饰协会陶瓷卫生洁具委员会	理事长
苑　康	男	陕西省镜寰建筑装饰实业公司	总经理
洪　涛	男	《新居室》杂志社	总编辑
冯　林	男	西安鑫龙建筑装饰工程有限公司	董事长
徐忠义	男	西安飞机工业装饰装修工程股份有限公司	总经理
崔家勤	男	中国建筑装饰协会建筑电气委员会	副理事长
樊曙阳	男	陕西金华龙设计装饰有限责任公司	董事长
付　强	男	西安大彩设计工程有限责任公司	总经理

甘肃省（6）

邓仕能	男	甘肃兰穗装饰工程有限责任公司	总经理
倪敏德	男	甘肃省建筑装饰工程公司	经　理
温　浩	男	甘肃省陇海装饰工程有限责任公司	总经理
刘　武	男	甘肃省建筑企业兰山装饰设计工程公司	总经理
韩学政	男	甘肃省建筑装饰协会	常务副会长
蔡培辉	男	甘肃辉丽建筑装饰工程有限公司	董事长

新疆维吾尔自治区（5）

刘燕虹	男	新疆城市建筑装饰设计院	董事长
赵俊卿	男	乌鲁木齐市建委	总工程师
侯　炜	男	新疆华凌建筑装饰设计工程有限公司	原总经理
钱少华	男	新疆建工(集团)二建公司	副总经理
曹永清	男	新疆建设厅建筑业处	处　长

·2002年全国建筑工程装饰奖颁奖·

中国建筑装饰协会在人民大会堂举行 2002年全国建筑工程装饰奖颁奖大会

《中国建筑装饰》编辑部 观察员

一、大会简况

2003年新春，1月10日，人民大会堂三楼小礼堂洋溢着春意，中国建筑装饰协会在这里举行“2002年（第二届）全国建筑工程装饰奖”颁奖大会，2001年12月25日“2001年（首届）全国建筑工程装饰奖”颁奖大会，也是在这里召开。再次重逢，使与会的领导和近700名代表倍感亲切，会场内人气颇旺。

在主席台前排就座的有全国政协副主席万国权，建设部副部长郑一军，中纪委驻建设部纪检组组长姚兵，中国建材工业协会会长张人为，建设部工程质量安全监督与行业发展司司长、中国建筑装饰协会副会长王素卿，建设部建筑市场管理司巡视员、中国建筑装饰协会副会长符曜伟，中国建筑业协会秘书长徐义屏，中国建筑学会秘书长周畅，中国建筑装饰协会名誉会长张恩树、会长马挺贵、常务副会长兼秘书长徐朋。在后排就座的有：河南省人大常委会法工委主任、河南省建筑装饰协会名誉理事长洪瀛，内蒙古建设厅副厅长吴龙，大连市建委副主任王忠国，中国建筑学会室内设计分会会长张世礼，清华大学建筑学院教授王炜钰，济南市建管局副局长赵世忠，中国建筑装饰协会副秘书长张京跃、房箴。

出席大会的有荣获“2002年全国建筑工程装饰奖”109个公共建筑装饰工程、22个建筑幕墙工程、5个公共建筑装饰单项设计、104个住宅装饰工程的代表。有参加中国建筑装饰协会五届二次理事会的294位代表。

大会由中国建筑装饰协会常务副会长兼秘书长徐朋主持。

二、建设部部长贺信和装饰协会会长致辞

大会首先宣读了中共中央委员、建设部部长汪光焘向大会发来的贺信。贺信表示：欣闻2002年全国建筑工程装饰奖颁奖大会召开，我谨代表建设部并以我个人的名义预祝颁奖大会举办成功，并向荣获这一象征着中国建筑装饰行业最高荣誉的企业表示热烈的祝贺！

汪光焘部长指出，奖掖先进，树立典范，引导行业发展，这是中国建筑装饰协会的一项重要工作。我们高兴地看到全国建筑装饰工程奖的获奖企业为社会奉献出了如此多的建筑装饰工程精品，同时我也希望能有一批新的建筑装饰企业登上下一届的领奖台。多年来，中国建筑装饰协会充分发挥了联系政府与业内企业的桥梁和纽带作用，并在加强行业自律、推动建筑装饰行业的结构调整与产业升级等方面做了大量工作。党的十六大描绘出了全面建设小康社会的宏伟蓝图，为中国建筑装饰业的快速发展提供了千载难逢的历史机遇，同时也提出了更高的要求。我希望中国建筑装饰协会在今后的工作中努力实践“三个代表”的重要思想，为全面提高装饰行业的发展质量做出更大贡献。预祝2002年全国建筑工程装饰奖颁奖大会圆满成功！

汪光焘部长的贺信对与会代表和建筑装饰行业是极大的鼓舞。

马挺贵会长在颁奖大会上致辞，他向建设部及各地建设

行政主管部门、建筑装饰协会对此次评奖工作的积极支持和辛勤工作表示衷心感谢，并向长期关心我国建筑装饰行业发展的各界朋友和同志表示诚挚的谢意！

马挺贵会长指出，伴随改革开放的20年，我国建筑装饰行业得到了迅猛的发展，现在建筑装饰不仅成为国民经济一个新的增长点，而且成为全面建设小康社会的重要标志。经建设部批准设立的“全国建筑工程装饰奖”，是为了表彰行业内的先进企业、精品工程、优秀企业家、设计师和项目经理，是行业建设与发展的一件大事。今年增加的几个单项奖，是符合装饰工程的特点，得民心，喜行业的举措，是切实体现“三个代表”重要思想，与时俱进的具体表现。2002年的评奖工作，经过各省、自治区、直辖市建筑装饰协会的认真组织，进行了申报、初评、筛选，推荐和公示，并经过了由中国建筑盗卖协会组织的专家开展的复查、评审的严格程序。比较第一届评奖，“2002年全国建筑工程装饰奖”获奖项目的整体水平有了明显提高，获奖工程代表了我国现阶段建筑装饰工程的最高水平，是行业内的精品与典范工程。”

马挺贵会长表示，中国建筑装饰协会将举办各种技术、管理经验交流会，设计心得报告会，以及观摩会等活动，以此提高设计人员、项目管理人员及企业家们的业务水平，增强整个行业驾驭工程和市场的能力，创造出更多不仅具有完善功能，又有丰厚文化、艺术内涵的无愧于时代装饰工程精品。

在欢快的乐曲声中，获奖企业登上主席台接受领导们颁发的奖杯，台上台下喜气洋洋。

三、获奖企业代表发言

中国建筑装饰协会常务理事单位、深圳市海外装饰工程公司总经理高岗代表获奖企业在大会上发言。他说，新年伊始，我们迎来了今天这一隆重的“2002年（第二届）全国建筑工程装饰奖”颁奖大会。在行业同庆喜获硕果的激动时刻，请允许我代表全体获奖单位的同仁们，对大会的胜利召开，表示最热烈的祝贺！同时，借此机会，向长期给予我们装饰企业关心支持的建设部领导、各级地方建设行政主管部门、中国建筑装饰协会及各地方装饰协会，向长期和我们密切合作，共创精品工程的广大业主、设计单位、监理单位，以及长期以来一直关注和支持我们装饰行业发展的新闻单位及社会各界朋友们表示最衷心的感谢！

高岗总经理指出，“全国建筑工程装饰奖”是建设部继“全国建筑工程鲁班奖”之后批准设立的一项全国性装饰工程大奖。这无疑标志着中国装饰行业已走向成熟，受到国家和社会各界的关注，装饰行业对社会的奉献及涌现出的精品工程已被国家和社会肯定和认同。“全国建筑工程装饰奖”的设立和评选办法的不断改进，给我们装饰企业注入了巨大的推动力。它不仅对企业的业绩给予了充分肯定，更对企业开拓市场给予了有力的支撑，极大地满足了广大企业对外开拓市场和对内加强管理的需求和愿望。实践使我们认识到，评奖活动有利于促进和提高企业在市场的竞争力；有利于促进企业加强管理和不断追求工程质量的高标准；有利于企业充分向社会展示实力和水平，创建更多更好的精品工程；有利于企业获取更大的经济效益和社会效益。两年来被荣评为“全国建筑工程装饰奖”的工程已为企业品牌增添了光彩，使获奖企业在市场竞争中有了可打的王牌，尝到了获大奖的甜头。为此，我们再一次向国家建设部、中国建筑装饰协会，以及所有关注和支持“全国建筑工程装饰奖”评选活动，并为之付出艰辛努力和辛勤工作的同志们表示诚挚的问候和衷心的感谢！

高岗总经理强调，成绩只能说明过去，荣誉将化作企业新一轮发展的动力。我们一定要珍惜今天所取得的成绩和荣誉，在新的一年里，在党的十六大精神指引下，与时俱进，求实创新，勇攀工程质量的新高峰，向社会奉献更多的精品工程，为国家的发展和行业的兴盛增添新的光辉。

四、建设部领导讲话

建设部副部长郑一军发表了重要讲话，他对建筑装饰业的健康发展提出四点要求：

第一，衷心希望建筑装饰行业把评奖作为促进全行业整体素质提高的一个活动。同时正确处理好两个关系。一是创建获奖作品和大量的其他工程项目的关系。力争每一个作品都成为精品，使企业的整体水平不断得到提高，这是我们的目的。二是要处理好质量和效益的关系。质量、效益兼顾，才是我们全行业整体素质提高的表现，也是我们建筑装饰业为群众服务的一个表现。

第二，衷心希望装饰企业正确处理好追求企业效益和履行社会责任的关系。装饰行业负有重要的社会责任。这些年来的一个热点就是室内污染很严重，要通过装饰装修活动引导提高全民的审美品位，这是我们的社会责任，同时认真执行国家的有关法律法规和标准，保护人民的身体健康，是更为重要的责任。这两个责任履行的如何，就在在座的同志们的手中。认真贯彻三个代表的重要精神，为广大人民群众的利益服务，对建筑装饰企业不是口号，而是实实在在的责任。

第三，希望在评比过程中学习其他一些社团的做法，不仅仅是打分评出项目，还要在评比过程中进行分析，对项目进行评价，如它好在什么地方，建筑艺术上、质量上有何特色，存在哪些不足？把每一个优秀作品、每一项精品所取得的成绩和经验在行业内加以推广。

第四，建筑装饰业是一个充满朝气的行业，人气很盛，人气很旺。2002年国家固定资产投资接近4万亿元，建安2万多亿元，其中装饰业就占了6600亿元，在拉动国民经济增长上作用非同小可，对于全面建设小康社会也有很大贡献。这两年来，在会长马挺贵和常务副会长兼秘书长徐朋的领导下，大家团结一致，共同研究一些关系全行业的问题，在行业自律方面作了很多工作，把建筑装饰协会建设得不错，发挥了协会的作用。预祝协会的工作能够在大家的共同努力下不断取得新的成就，在推动全行业的建设方面发挥越来越大的作用。

郑一军副部长勉励全国建筑装饰企业“百尺竿头，更进一步”。“2001年（首届）全国建筑工程装饰奖”颁奖大会上，也是郑一军副部长作的重要讲话，与会代表感到十分振奋。

五、领导和与会代表合影

出席大会的国家领导人、建设部领导和中国建筑装饰协会、有关方面的负责人同与会代表合影；获奖代表手捧奖杯，在人民大会堂争相留影纪念，久久不愿离去。

出席大会的还有中国建筑装饰协会副会长汪家玉、谢建伟，新增补的副会长：重庆港庆建筑装饰有限公司总经理丁域庆、深圳市广田装饰设计工程有限公司董事长叶远西、西安市鑫龙建筑装饰工程有限公司董事长冯林。

有中国建筑装饰协会综合部主任王毅强、行业发展部主任王本明、信息部主任兼会刊《中国建筑装饰》主编黄白、国际部主任樊淑玲；有5个专业委员会的负责人：信息咨询委员会理事长崔勇、秘书长田万良，化学建材委员会理事长何星华，电气委员会理事长花恒久，工程委员会秘书长顾国华，以及为大会服务的全体工作人员。

有中国人民解放军建筑装饰协会秘书长沙启云和35个地方建筑装饰协会的负责人：北京市建筑装饰协会理事长朱希斌、总工程师彭纪俊，上海市装饰装修行业协会常务副会长兼秘书长忻国樑，天津市环境装饰协会秘书长王文焕，重庆市建筑装饰协会会长喻上沛、副秘书长肖能定，内蒙古建筑装饰协会秘书长杨志凌、副秘书长张伯龙，安徽省建筑装饰协会常务副会长兼秘书长李增堂，福建省建筑业协会装饰工程委员会常务副会长张福如，福州市建筑装饰协会秘书长叶斌，厦门市建筑装饰协会会长刘伟可，河北省建筑装饰协会会长蓝政，石家庄市装饰协会会长刘亚东、秘书长赵秀民，黑龙江省建筑装饰协会常务副会长赵兴斌、秘书长吴景阳、副秘书长赵兴武，鸡西市建筑装饰协会会长王世德，吉林省建筑装饰业协会秘书长张文学，长春市建筑装饰装修业协会丛廷才，江苏省建筑装饰协会会长毛家泉，南京市建筑装饰协会副秘书长周立芹，苏州市装饰装修行业协会顾问陆浩生，山西省建筑装饰协会史应标，广州市建筑装饰协会会长许和铁、副秘书长关帆，深圳市装饰行业会长何文祥，顺德市建筑装饰协会副秘书长黄少棠，湖北省建筑装饰协会副秘书长何木松，武汉建筑装饰协会会长彭国云，浙江省建筑装饰协会会长董宜君，辽宁省装饰协会刘国军、行业服务部部长李晓波，大连市建筑装饰协会秘书长杨昭富，济南市建筑装饰协会会长赵世忠，青岛市建筑装饰协会副秘书长徐金良，泰安市装饰装修行业协会秘书长陈建英，河南省建筑装饰协会秘书长王晓惠，洛阳市建筑装饰协会秘书长赵安敏，成都市建筑装饰协会副秘书长张桂芳，西安装饰装修协会秘书长白磊、副秘书长赵洁心，云南省建筑装饰行业协会办公室主任俞文娜。以及深圳市海外装饰工程公司董事长孙尚高、总经理高岗，中国建筑东北设计院院长周文连，武汉华达建筑装饰设计工程有限公司董事长潘耀生等企业家。

以上的大部分人士在全体合影时前排就座。

六、首都媒体报道

此次中国建筑装饰工程颁奖大会受到首都30多家主流媒体的关注并进行了专题报道。

中央人民广播电台与当日中午新闻节目进行了报道。中央电视台一套节目当日下午两次报道了大会盛况，北京电视台在晚间新闻联播节目播出。大连等地电视台来北京专题采访，并在当地电视台进行了报道。

2003年1月11日《人民日报》海外版（第四版）“要闻·社会”栏目指出，全国建筑工程装饰奖体现了当前我国建筑装饰行业设计、施工的最高水平。获奖项目具有以下特点：项目管理逐步完善，设计和施工结合更加紧密，质量问题大范围得到克服，多元化、多品种装饰材料的运用日趋明显，环保的重视程度有很大提高，设计的采光、音响、环境等方面更加协调，个性化正在成为发展趋势。

2002年12月12日《光明日报》（第三版）、1月18日《经济日报》（第二版）认为：全国建筑工程装饰奖类似于建筑业的鲁班奖（国优），是国家批准设立的行业大奖，旨在“展示行业最新成果，激励企业创优创新”。本次评奖是2001年以来的第二届，与上一届相比，本次获奖项目整体水平有了明显提高，体现了当前我国建筑装饰行业设计、施工的最高水平。与此同时，本届评奖也反映出各地区发展水平不平衡等特点。

2003年1月15日《工人日报》（第三版）强调：全国建筑装饰奖是国家批准设立的行业大奖，旨在鼓励企业管理创新和技术创新，加快中国建筑装饰工程项目与国际接轨的能力，为今后的行业发展和提高明确了方向。此次评奖坚持了公平、公正和公开的原则，基本体现了当前我国建筑装饰行业设计、施工的最高水平。

2003年1月15日《中国信息报》（第三版）、1月17日《中国质量报》（第六版）认为：比较第一届评奖，2002年全国建筑工程装饰奖获奖项目的整体水平有了明显提高，基本体现了当前我国建筑装饰行业设计、施工的最高水平。本次评奖在坚持公正、公平、公开原则的基础上，进一步从体制机制入手增强评奖的权威性活动有助于鼓励企业管理创新和技术创新；有助于加快工程项目与国际接轨的能力；有助于加强项目之间的横向交流；有助于激发更多的企业负责人、项目经理、设计师创造优秀工程项目的热情。这对我国建筑装饰行业蓬勃发展，必将产生巨大的推动作用。在此次评奖工作中，也反映出各地区发展水平不平衡等不足，从另一个方面为今后我国建筑装饰业的发展和提高明确了方向。

2003年1月17日《中国消费者报》（第二版）指出，从住宅装饰获奖项目看，总体呈现出逐步走向成熟的态势，在注重功能、环保的同时强调美观、个性化，正在成为发展趋势；比较第一届评奖，本次评奖在坚持公正、公平、公开原则的基础上进一步从体制机制入手增强评奖的权威性，做到由各地方协会先将推荐项目在地方报刊上公示，然后由中装协派出专家小组复查，复查后再由全国评委会作决定，评委会全部由专家组成，全过程在公证机关监督下进行。

此次颁奖大会开得隆重、热烈。盛会，最重要的是人气颇旺，大家对行业发展充满信心。

2002 年全国建筑工程装饰奖颁奖大会

贺　信

中国建筑装饰协会：

欣闻 2002 年全国建筑工程装饰奖颁奖大会召开，我谨代表建设部并以我个人的名义预祝颁奖大会举办成功，并向荣获这一象征着中国建筑装饰行业最高荣誉的企业表示热烈的祝贺！

奖掖先进，树立典范，引导行业发展，这是中国建筑装饰协会的一项重要工作。我们高兴地看到全国建筑装饰工程奖的获奖企业为社会奉献出了如此多的建筑装饰工程精品，同时我也希望能有一批新的建筑装饰企业登上下一届的领奖台。

多年来，中国建筑装饰协会充分发挥了联系政府与业内企业的桥梁和纽带作用，并在加强行业自律、推动建筑装饰行业的结构调整与产业升级等方面做了大量工作。

党的十六大描绘出了全面建设小康社会的宏伟蓝图，为中国建筑装饰业的快速发展提供了千载难逢的历史机遇，同时也提出了更高的要求。我希望中国建筑装饰协会在今后的工作中努力实践“三个代表”的重要思想，为全面提高装饰行业的发展质量做出更大贡献。

预祝 2002 年全国建筑工程装饰奖颁奖大会圆满成功！

建设部　部　长

二〇〇三年一月九日

在 2002 年全国建筑工程装饰奖颁奖大会上的讲话

建设部　副部长　**郑一军**

感谢各有关部门、兄弟协会对我们建筑业、建筑装饰业的关心。这些年来，建筑业、建筑装饰业取得了巨大的进步，我代表建设部向获奖单位表示热烈祝贺，希望明年再次见到你们。

我讲几点意见。第一，还是从评奖说起。我们衷心希望建筑装饰业把这个评奖活动作为促进全行业整体素质提高的一个活动，因此我认为要正确处理好两个关系。一个就是创建获奖作品和大量的其他工程项目的关系。什么意思呢？大家都是业内人士，你要是集中人力、物力、财力搞一个获奖作品，对我们一些有实力的企业不是难事，但每一个作品都力争成为精品，使企业的整体水平不断得到提高，我看很不容易。但这恰恰是我们的目的。所以我衷心希望大家能处理好这个关系。再一个就是要处理好质量和效益的关系。装饰行业尤其如此。用好材料，不惜血本搞出一个精品，在装饰上比一些建筑的结构更容易一点，但这不是我们的目的。我们的目的是质量、效益兼顾，这才是我们全行业整体素质提高的表现，也是我们建筑装饰业为群众服务的一个表现。今天，在 100 多个企业获奖这样一个心绪难平的时刻，我要给大家提醒这两点。

第二，装饰业有自己的特点，我衷心希望装饰企业正确处理好追求企业效益和履行社会责任的关系。装饰行业负有重要的社会责任，这些年来的一个热点就是室内的污染很严重。隔行如隔山。一些甲方，尤其是广大家装的用户，他们不知道你的哪种大芯板是否合格，哪种乳胶漆含有甲醛、甲苯？一切要靠我们装饰企业替他们出主意、替他们选用材料。不只家居，一些大型公共建筑也是如此，所以我想一方面通过装饰装修活动引导提高全民的审美品位，这是我们的社会责任，同时认真执行国家的有关法律法规和标准，保护人民的身体健康，是我们更为重要的责任。这两个责任履行得如何，和同志们的工作有很大关系。认真贯彻三个代表的重要精神，要为群众的利益服务，对建筑装饰企业不是口号，而是实实在在的责任。

第三，希望在评比过程中学习其他一些学会（协会）的做法，不仅仅是打分评出项目，还要在评比过程中进行分析，对项目进行评价，如它好在什么地方，建筑艺术上、质量上有何特色，存在哪些不足？把每一个优秀作品、每一项精品所取得的成绩在行业内加以推广。出的书不仅是图集，还要对每个作品都进行评价，把优秀企业创作精品的经验在全行业加以推广。

第四，建筑装饰业是一个充满朝气的行业，人气很盛，人气很旺。去年我们的固定资产投资接近 4 万亿，建安按 60%计算，是 2 万多亿，建筑装饰业就占了 6600 亿，在拉动国民经济增长上作用非同小可，对于全面建设小康社会也会有很大贡献。我感觉，这两年来，中国建筑装饰协会在会长马挺贵和常务副会长兼秘书长徐朋领导下，大家一起把我们的建筑装饰协会建设得不错，发挥了协会的作用。大家很团结，共同研究一些关系我们全行业的问题，在行业自律方面作了很多工作，我也借今天这个机会预祝我们协会的工作能够在大家的共同努力下不断取得新的成就，在推动全行业的建设方面发挥越来越大的作用。

再次向大家表示祝贺，希望大家百尺竿头更进一步。在春节前夕召开这个会，我也代表建设部、代表主席台上的各位同志给大家拜个早年！

谢谢大家。

在2002年全国建筑工程装饰奖颁奖大会上的致辞

中国建筑装饰协会　会　长　**马挺贵**

各位领导、各位嘉宾，各位代表、同志们：

新年好！

在2003年新年的钟声刚刚敲过，我们在人民大会堂隆重举行第二届全国建筑工程装饰奖颁奖大会。首先，让我代表中国建筑装饰协会向所有获奖单位表示热烈的祝贺，向出席今天大会的各位领导嘉宾、理事们代表们朋友们表示热烈的欢迎！向各地建设行政主管部门、建筑装饰协会对此次评奖工作的积极支持和辛勤工作表示衷心的感谢！向长期关心我国建筑装饰行业发展的各界朋友和同志表示诚挚的谢意！

在建设部的领导下，在全行业企业员工的共同努力下在各兄弟协会和社会各界和支持下，伴随改革、开放的二十年，我国建筑装饰行业得到了迅猛的发展，现在建筑装饰不仅成为国民经济　个新的增长点，而且成为全面建设小康社会的重要标志；不仅行业整体素质有了显著的提高，而且创造了一批让世界瞩目的作品；不仅满足了社会和人民群众的物质需求，而且在精神文明建设方面发挥了重要的作用；建筑装饰行业的发展，越来越为社会各界所关注，其在全面贯彻党的十六大精神，实现全面建设小康社会奋斗目标中的作用越来越突出。

为了表彰行业内的先进企业，精品工程，优秀企业家，设计师和项目经理，经建设部批准设立了“全国建筑工程装饰奖”，这是行业建设与发展的一件大事，今年又增加了几个单项奖，它是符合装饰工程的特点，得民心，喜行业的举措，是切实体现“三个代表”重要思想，与时俱进的具体表现。今年的评奖工作，经过各省、自治区、直辖市建筑装饰协会的认真组织，进行了申报、初评、筛选、推荐和公示，又经过中国建筑装饰协会组织的专家开展复查、评审的严格程序，最终有109项公共建筑装饰工程、22项幕墙装饰工程、55项装饰设计工程、103项住宅装饰工程荣获“全国建筑工程装饰奖”，获奖工程代表了我国现阶段建筑装饰工程的最高水平，是行业内的精品与典范工程。

举办全国建筑工程装饰奖的评奖工作，不仅是为了表彰优秀企业，精品工程，更重要的是通过评奖，推动行业设计、施工水平的提高，为社会提供更多的精品工程，为人民提供更多放心、安心、舒心的作品。因此，我们不仅要将获奖作品汇集成册，供业内交流，同时，将举办各种技术，管理经验交流，设计心得报告会，以及观摩会等活动，提高设计人员、项目管理人员及企业家们的业务水平，增强整个行业驾驭工程和市场的能力，创造出更多无愧于时代，不仅具有完善功能，又有丰厚文化、艺术内涵的装饰工程精品。

中国加入世贸组织已经一年多了，面对新形势、新任务、新要求，我们要深入学习十六大精神，以三个代表的重要思想为指导，贯彻协会“二次创业”的方针，努力开创我国建筑装饰行业发展的新局面，为全面实现小康社会做出更大贡献！

最后，祝大家在新的一年里身体健康，事业发达！

谢谢大家。

·中国建筑装饰协会会长工作会议·

中国建筑装饰协会召开会长工作会议

《中国建筑装饰》编辑部　特约观察员

一、会议简况

2003年8月7～8日，中国建筑装饰协会会长工作会议在黑龙江镜泊湖召开。出席会议的有中国建筑装饰协会名誉会长张恩树、会长马挺贵、常务副会长兼秘书长徐朋，副会长（按姓氏笔划为序）：重庆港庆建筑装饰有限公司总经理丁域庆，北京港源建筑装饰工程有限公司董事长王波，深圳市广田装饰设计工程有限公司董事长叶远西，西安市鑫龙建筑装饰工程有限公司董事长冯林，苏州金螳螂建筑装饰有限公司董事长朱兴良，深圳市建筑装饰（集团）有限公司董事长兼总经理汪家玉，北京业之峰装饰有限公司董事长兼总裁张钧，建设部建筑市场管理司原副司长、巡视员符曜伟，上海市建筑装饰工程有限公司总经理谢建伟，黑龙江国光建筑装饰工程有限公司总经理魏光。

中国建筑装饰协会特邀北京市建筑装饰协会理事长朱希斌、上海市装饰装修行业协会会长李洪鑫、广州市建筑装饰协会会长许和铁、黑龙江省建筑装饰协会常务副会长赵兴斌、吉林省建设厅副厅长兼吉林省建筑装饰业协会会长邱久才、辽宁省装饰协会会长杨帅邦等三市三省建筑装饰协会的会长出席会议。中国建筑装饰协会副秘书长张京跃、房箴，综合部主任王毅强、行业发展部主任王本明、信息部主任兼《中国建筑装饰》主编黄白参加了会议。出席会议的共24人。

会议的主要议题：一是听取房箴关于中国建筑装饰协会2003年10项重点工作的汇报；二是听取徐朋和王本明关于筹备"全国建筑装饰行业科技大会"的工作汇报；三是听取黄白关于百强装修承包商评价活动的工作汇报；四是听取张京跃关于2004年中国建筑装饰协会成立20周年的活动方案和加强执行《中国建筑装饰协会理事会议事条例》的说明；五是听取王毅强关于《中国建筑装饰协会会长工作会议条例》的说明。

会议由常务副会长兼秘书长徐朋主持。马挺贵会长、张恩树名誉会长作了讲话。与会的10位副会长和6位地方建筑装饰协会会长作了发言。会议还对会长、副会长颁发了证书。

会务工作由黑龙江省建筑装饰协会和黑龙江国光建筑装饰工程有限公司承办。

二、马挺贵会长关于会长工作会议的讲话

马挺贵会长说，今天我们欢聚在牡丹江畔，召开中国建筑装饰协会的会长工作会议，对大家在百忙中积极参加本次会议表示感谢！五届二次常务理事会上，按照企业家办会的宗旨，我们增加了企业会长单位的数量，这次有很多新的副会长到会，对他们表示热烈的欢迎！对为开好本次会长办公会提供了巨大支持的黑龙江国光建筑装饰工程有限公司及魏光副会长表示衷心的感谢！

他指出，今年是新一届党和国家领导人换届后的第一年，虽然受到非典疫情的影响，但我国经济和社会生活仍取得了巨大的成绩。受奥运会、世博会等国际大型活动及房地产等相关产业的拉动，全国建筑装饰行业继续保持了较强的发展势头，同时社会政治、经济、文化、卫生等需求的增长，也对行业发展提供了更高的要求和新的目标，我国建筑装饰行业发展面临着提高档次、增强实力、增加科技含量、更好满足社会需求的新台阶，因此，我们必须与时俱进的改进我们的工作，担负起我们的历史责任。

他强调，本次会议，是在全国人民抗击"非典"取得决定性胜利后，中国建筑装饰协会召开的一次非常重要的会议，是中国建筑装饰协会成立近20年来，第一次召开的会长办公会，也是在全国人民深入贯彻党的十六大精神，学习"三个代表"重要思想，在全面建设小康社会中昂首前进时，就行业发展召开的一次重要会议；是我国建筑装饰行业持续蓬勃发展，在国民经济发展和社会进步中日益发挥更大作用时，召开的一次重要会议；同时是五届理事会提出"二次创业"奋斗目标，经过二年的努力，工作取得一定成绩和经验，今后将继续努力时召开的一次重要会议，也是中国加入WTO后，我国建筑装饰行业面临机遇和挑战，需要协会发挥更大作用时召开的一次重要会议，因此，本次会议的意义十分重大。

本次会议，协会秘书处将向各位会长通报秘书处今年下半年的工作，其中重点包括"全国建筑装饰科技大会"的筹备情况、建筑装饰行业百强企业排序工作的进展情况、室内设计师的职称评定和注册建造师的考评工作、为庆祝中国建筑装饰协会成立20周年计划举办的系列活动等，这些工作都是在今年4月份北京九华山庄全国秘书长工作会议上确定的工作，都是对行业发展具有重要影响的工作，是协会贯彻实施"扶大、扶优、扶强"的行业发展策略的具体体现，是我们逐步规范行业市场，使协会成为行业管理主体的基本方法，因此，今年的各项工作，中国建筑装饰协会要坚定不移的完成，协会的决心和信心是坚决的，本次会长办公会的内容非常丰富，开好本次会议就更加重要。

马会长希望大家在本次会议中，能够认真履行会长职责，积极为我国建筑装饰行业的发展和不断完善中国建筑装饰协会工作献计献策。同时，本次会议既有工作压力，同时也

安排了一些休闲活动，调剂一下大家的紧张和疲劳，希望把本次大会开成既严肃、高效又活泼、轻松；既能完成会议的预期任务，又能使大家得到很好的休整的会议；开成一个团结、紧张、严肃、活泼的大会；开成一个鼓舞斗志，奋发图强的大会。再一次对为本次会长工作会议胜利召开做出贡献的所有同志表示感谢！并预祝会圆满成功！祝各位会长在会议期间工作愉快、心情舒畅、身体健康！

三、马挺贵会长关于发展地方装饰协会的讲话

马会长说，支持和推动成立地方建筑装饰协会，是2003年协会10件主要工作之一，也是协会一项重要的基础性工作，关系到协会今后很长一段时期工作的很多方面，为了更好的把此项工作推向深入，并取得阶段性成果，特制定此工作计划。

他指出此项工作的意义，我国现有地级以上城市689个，到2002年底，我国地级以上城市成立建筑装饰协会仅72家，只占全国的10%，装饰协会覆盖面较低。全国25万家装饰企业，会员单位不足2万家，只占全国的10%。协会作为引路人的工作比较困难。这两个10%应引起我们极大的重视。由于组织机构系统的不健全，严重影响了协会工作的力度，削弱了协会在行业内的影响力和号召力，因此，加快地方城市建筑装饰协会的建立，是落实协会“二次创业”，使协会真正成为行业利益的代表、行业管理的主体和行业发展领路人的一项重要工作内容。如果能够利用2～3年时间，在全国地级以上，特别是在沿海地区和经济较发达省份，再成立30～50个城市的建筑装饰协会，将对今后协会各项工作的开展打下坚实的组织基础，也将为更好的推动行业的发展提供组织保障。我们2003年争取成立10～20个，2004年争取成立20～30个。

他强调组建地方建筑装饰协会的必要性，成立地方建筑装饰协会，需要得到上一级建设行政主管部门的同意与支持，因此，需要中国建筑装饰协会向省级建设行政主管部门做说服、动员、鼓动工作，提高其认识水平和组织地区建筑装饰协会系统的积极性。

一是从我国建筑装饰行业的实际情况看，也需要完善地方建筑装饰协会体系。我国建筑装饰行业已经发展成为年工程产值近8000亿元的行业，在培育和扩大内需，创造更多在就业机会，带动相关产业部门发展和产品更新换代，推动国民经济和社会发展方面具有重要的作用。行业发展的经济规模、社会地位和行业具有的物质消费与文化消费的属性，都要求有一个跨行业、跨国民经济部门的社会团体去协调关系，组织行业内的各项专业活动。

从我国行业发展的情况看，地方建筑装饰协会组织比较健全的省份，行业管理就比较到位，行业管理的效果就比较好，江苏等省的经验值得借鉴。由于地区有了比较完整的协会组织体系，省级协会开展的各项工作可以很快的传达到地级协会，无论是在行业培训、行业评比、行业信息交流等方面，都搞得有规模、有档次，受到业内企业的好评。由于有了协会的服务、指导作用，行业资源得到了优化配置，地区建筑装饰行业的发展就比较规范，发展的水平就比较高。另外，我国建筑装饰行业民营企业多，要求管理民主的呼声高，也是建筑装饰行业的一个特点。在我国建设政治民主的过程中，也需要更多的与民营企业家的沟通，了解和反映他们的意见和要求，这就需要有一个民主性很强的行业组织，具体组织和完成这项工作。地方建筑装饰协会，可以把大量有成就、有实力的企业家吸收到协会组织内部中，更好的听取他们的意见和建议，发挥出他们的经济优势、专业技术与管理优势，提高行业管理整体的效率和水平。

二是政府职能转移的需要，随着我国市场经济框架的建立和不断完善，市场机制的作用越来越重要，必然引起政府职能的转移，协会将会更多的承担行业的管理职能，如果地方没有建筑装饰协会，当地建设行政主管部门的职能就无法移交给相关的团体，必然会引起市场秩序的混乱和管理的空白，将会严重影响到行业的健康发展，因此，要建立和健全地方建筑装饰协会的组织机构，为政府职能转移建立组织保障，保证在市场经济条件下，行业管理职能切实有效的由行业协会完成。

三是有利于解决管理交叉，规范和整顿市场秩序，当前建筑装饰行业的管理交叉是客观存在的事实，所以在行业管理方面存在着竞争，主要是原轻工系统的室内装饰协会，现在还在实施对行业的管理职能。要解决这一历史遗留下的问题，需要有一段时间，也需要做一些前期的基础工作。特别是轻工系统在全国建立有较广泛的地方室内装饰协会系统，而建设系统的建筑装饰协会组织的缺乏，会造成建筑装饰行业归口管理的难度。成立地区的建筑装饰协会，赋予一定的职能，使其有效的开展工作，形成在行业内的凝聚力和号召力，就不仅能满足当前行业管理竞争的需要，也为下一步实行归口统一管理奠定了组织基础，有利于妥善解决行业管理交叉问题。

四是从中国加入WTO后的形势上看，也需要成立建筑装饰协会，以满足政府职能转移的需要。中国入世，首先是政府的入世，就是要改变以往计划经济条件下形成的政府直接管理企业的模式，按照国际惯例和市场经济的要求，政府是通过法律、行政的手段，间接的、宏观的管理经济，由行业协会实施对行业、企业的直接管理，所以，政府在具体管理企业方面的职能要转移到协会来，才能同国际行业管理的模式接轨，从入世后我国建筑装饰市场的国际化，国内外的交流上看，这是整个经济管理发展的必然结果，也为入世后国际接轨做好了组织准备。

五是维护消费者利益的需要。建筑装饰行业涉及的社会面很广，特别是家庭住宅的装饰装修工程，更是直接关系到千家万户的利益，管理的难度大，承担的社会责任强烈，是社会的热点问题，其投诉率近8年一直居于消费者投诉的前10位，排解社会纠纷的工作量十分艰巨，需要及时进行大量调解、引导和说服教育工作。作为建设行政主管部门，如果此类工作全部由建设行政主管部门来处理，会增加他们的工作量及工作难度，成立了建筑装饰协会以后，由协会这样

一个行业社团组织去处理这方面的工作，发挥协会的纽带和桥梁作用，不仅能够极大的减轻建设行政主管部门的压力，同时有利于及时缓解复杂的社会矛盾，有利于社会的稳定和发展。

四、关于当前协会的重点工作

房箴副秘书长通报了协会当前的重点工作。他说，中国建筑装饰协会今年安排的10项重点工作，受SARS的影响，有些工作顺延，但策划和筹备工作却一直没有停止。一是“全国建筑装饰装饰行业科技大会”，这是自中国建筑装饰协会5月21日抗击SARS正式恢复上班后每星期研究工作的重中之重，将于9月20日左右在北京召开，估计参会人数在800～1000人。二是4月21日～23日在北京九华山庄召开的地方建筑装饰协会秘书长工作会议，经与会的30个地方建筑装饰协会70多位代表的讨论，对中国建筑装饰协会今年的10项重点工作表示赞成。三是百强装修承包商评价活动，得到了各地方建筑装饰协会和会员企业的积极支持，特别是北京、上海、广州、辽宁、江苏、浙江等地建筑装饰协会。四是与中央电视台二频道“生活”栏目共同举办的家装设计大赛，征集到420多件作品，8月8日在大连市颁奖，并在8月15～24日播出。五是关于装饰企业工法的经验交流会，将推迟到2004年组织。六是行业信息出版工作会议，将在科技大会后考虑。七是组建协会自律委员会的工作正在进行。八是关于家装消费在国民经济中的地位和作用的课题研究正在结尾。九是今年的全国建筑工程装饰奖，各地报名十分踊跃，有关地方建筑装饰协会积极争取名额。十是扩大会员覆盖面的工作正在积极进行，最近湖北省宜昌建筑装饰协会成立，马会长亲自出席。

此外，《2002年中国建筑装饰行业年鉴》经过极大的努力，即将开机印刷，将在科技大会上发行。我会还接受建设部建筑市场管理司的委托，正在修订《建筑装饰工程设计专项资质分级标准》，起草了《住宅装饰装修工程专业承包企业资质管理办法》及其标准，制定了装修建造师培训考试大纲、题库，本月底定稿，本年度底考试。

五、关于科技大会等相应工作

常务副会长兼秘书长徐朋首先作了说明，他指出，经过四个多月的筹备，大会的组织已基本就绪，我们认为这是一个具有深远意义的会议，它不仅是贯彻十六大精神的会议，也是在全国建筑装饰行业进一步落实“三个代表”重要思想的举措，这个大会已在业内产生影响，预计参会人数逾千人。相信这个会议会进一步提高对“科技是第一生产力”的认识，全面提升全行业科技进步和技术创新水平，会产生实际工作成果。我和马会长已先后向建设部郑一军副部长和汪光焘部长作了汇报，他们表示坚决给予支持，建设部已经下文件批准。《关于建筑装饰行业科技进步的若干意见》，我们已经修改了10多稿，提交给会长工作会议，请大家会后将书面意见报告给我们，以便进一步修改。为筹备好科技大会，协会全力以赴，我们秘书处把吃奶的劲使出来了，严防死守。大会组织的企业家、设计师、施工技术及工厂化、材料及部品、幕墙等五个论坛现已基本成形，当前的核心问题是报告人和报告题目，会后我们将抓紧完善，发出大会通知。我们在大会上，还要表彰优秀科技论文、科技示范工程和颁发科技进步特别奖。家装产品制造过程、社会的反馈体系与公装不一样，科技大会上原本想办论坛，今后单独运作。他强调，在建设部的支持下，科技大会一定要开出成果来，为全行业科技进步创造条件。

随后，王本明主任对“关于建筑装饰行业科技进步的若干意见”、科技示范工程和科技进步特别奖作了说明。

黄白主任对《关于开展2002年度中国建筑装饰行业百强承包商排序评价活动》作了说明，本项活动得到了各地建筑装饰协会和大骨干建筑装饰企业的积极参与，有望收到比较好的效果，他提出是按总分还是按地区排序的问题，请会长工作会议研议。

张京跃副秘书长就庆祝协会成立20周年活动的方案作了说明，他回顾了1994年9月我会与建设部共同召开的“全国建筑装饰管理工作会议暨庆祝中国建筑装饰协会成立10周年大会”，意义深远，影响很大。强调20周年庆典活动要隆重、热烈、简朴，有意义有效果，成为全行业发展具有划时代意义的里程碑。

张京跃副秘书长“关于加强执行《中国建筑装饰协理事会议事条例》的决议”作了说明，他指出，按照我会章程，理事或常务理事无特殊原因，连续两次缺席理事会或常务理事会议，视为自动放弃理事或常务理事职务，秘书处将在会刊上给予通告，并由原推荐单位推荐他人替补。

王毅强主任作了关于《中国建筑装饰协会会长工作会议条例》的说明，强调副会长均是行业的排头兵，研究行业发展的大事，是十分重要的沟通、交流的机会。

六、会长工作会议议事

中国建筑装饰协会10位副会长和6位地方建筑装饰协会会长在会长工作会议上就协会和行业发展的大事进行了议事，综合有以下六个方面。

1．关于全国建筑装饰行业科技大会。大家表示，非常重要和及时，中国建筑装饰协会抓到了行业发展的要害，五个论坛很吸引人，与会地方建筑装饰协会领导均表示将带领由多方面人才组成代表团参会。

对装修技术有个定位问题。要研究从建筑到装修的过度科技问题。技术决定了企业发展的轨迹。如上海建工集团每年约有200多项科技发展项目，但装饰只在2项，只占1%，最近集团总工程师经过调研认为，装修与土建科技一样重要，因为装修是个新的行业。科技对企业最大的好处：

一是提高了劳动生产率，如工厂化，上海市建筑装饰工程有限公司三年前提出了工厂化，强制执行了两年，如今装修饭店标准间只需8天，劳动力成本降低50%，与4家社会化的工厂建立了合作关系，现场实行电脑作业，大学生代替了传统的工长，固定人工由2600多人减少到1500人以内。黑龙江国光建筑装饰工程有限公司也尝到了工厂化的甜头，人工减少50%。工厂化高级工只运作两头——弹线和组装，中间是熟练工，这样20个项目部立刻自觉执行。道理很简单，工厂的成本降低了，工程的成本也随之降低，你让他看到了好处，企业自然乐于执行。工厂化应实行社会化。

二是提高工程的中标率，技术研究的重点是信息技术，包括信息的收集、整理、应用、推广，上海市建筑装饰工程有限公司有一个在上海装饰行业中惟一的技术部，由8人组成，主要工作是通过网络发挥信息作用。如一外资装饰工程，业主说你公司如能提出解决一系列技术难题，工程就由你们做，技术部利用网络技术，用了6个小时解答了全部技术难题，第8个小时将解决方案放在业主面前。协会应加大信息组织的力度。如北京港源建筑装饰工程有限公司承建上海APEC大会圆球，原为金属烧结板，18m直径，他们改为轻钢龙骨双层双面石膏板，质量不错。

《建筑装饰行业科技发展若干意见》写得很好，提出了行业面临的问题和发展的目标。

科技大会论坛可否采用新形式，如几个人同时到台上，由一个人主持，让社会认识到，我们行业有能做而且有能说的人才。论坛要有煽动性、生动性和吸引力。

一些代表提出，装修示范工程不同于土建的示范工程，工期短，工程多被业主分成几块，协会检查人手也有困难，程序不能减，可操作性不强，建议暂不搞，待时机成熟再考虑。装饰奖可替代示范工程。科技进步奖也可纳入装饰奖中。

2．关于百强装修承包商评价活动。会议强调，协会秘书处根据2003年1月五届二次理事会所作出的2003年协会10项重点工作之一的百强装修承包商评价活动是引导企业向前发展的好事。指出一些企业站的高度不够，有些顾虑可以理解，后来有了很大的转变，是个不小的进步。排序有排序的好处，使企业有了明确的目标，激励企业急起直追的斗志。市场占有率，反映的是企业“强”。如深圳的市场竞争力就比上海强，比较优势体现了企业核心竞争力。江苏省排20强有两年，效果良好，不影响招投标。但担心一些人为因素，可否先内部排序，总结经验，三年后再排序。选择一下，看哪一种形式更有利于行业发展。公装企业与幕墙企业分开排序为宜。协会应向大型高档装饰工程业主推荐优秀承包商，让他们得到应得到的行业利益和市场实惠。家装企业现参加评价时机还不太成熟。

3．关于全国建筑工程装饰奖。一些代表提出，规定的工程竣工周期可从一年缩短至6个月，时间太长了容易由于业主的原因使工程变化较大，影响评奖。应加大装饰奖宣传力度，数量不宜太多，不应再增加，名额应定死，以保证含金量。

4．关于室内设计师从业资格的职业认定工作。会议再次给予高度的关注，强调应加快工作力度，装饰行业发展都20多年了，中国建筑装饰协会成立也将20年了，设计师的职业认定还没解决，有些晚了，建议抓紧抓紧再抓紧。目前，制定室内设计师从业资格认定办法的有北京、上海、深圳、辽宁、大连、武汉等地方建筑装饰协会，建议统一名称，有利于全国流通，并便于将来与全国接轨。

5．关于家装业发展。会议强调要对家装业给予足够的重视。家庭装修是个很大的市场。SARS对家装提出新的要求，家装借鉴公装会很有帮助，北京最近倒闭了10多家家装市场，百安居在上海做家装今年可达10亿元，上海“游击队”占250亿家装市场份额80%以上，北京、广州、沈阳等地也是如此，有资质的队伍只占10%～20%，形势非常严峻，公装是“西装”，家装是“棉毛衫”，应加紧研究对策。上海市建委非常开明，家装一条龙行业管理全部交协会，2002年上海市建筑装饰协会共受理投诉6000多起，解决了95%，受理并解决投诉是协会行业管理能力高低的重要标志。应多研究一些行业基础性的工作——用法律的手段，一是行业立法，二是企业资质，三是从业人员资格，如上海2002年评定建筑室内设计师700多人。建议科技会议后迅速抓起家装工作。家装不仅是经济问题，更重要的是个政治问题，是贯彻“三个代表”最好的体现，百姓之事无小事。

6．关于协会和企业发展。协会覆盖面一定要加大，否则难于代表行业。协会有两项基础性的工作要积极去做，一是吸收会员，二是解决多头管理。多头管理问题的解决，关键是发挥建筑装饰协会的作用，要从战略的高度进行研究，站得高一些。

代表们提出，要把现代制造业的一些理念引进到装饰行业，否则作为服务业的装饰企业透支太大。企业处于转型期，协会“二次创业”也处转型期。可就近学习日本、台湾、韩国的施工技术，与他们进行多方面的交流与合作。使协会在这一转型期促进行业发展既有速度又有质量。

我国装饰公司绝大多数为民营企业，我们应更多地关心他们的发展空间，不但是大企业，而且包括中小企业。我们要重视一个重要问题，土建公司多数含有装饰企业，如江苏省占到80%，由于其专业化不够，长期以来处于小而散的状态，但是他们一旦意识到了这个问题发展也很快。北京市建筑装饰协会不久前成立了“兄弟省市装饰企业联谊会”，协调企业与建设行政主管部门的关系，到北京的企业越多、竞争越激烈，工程水平提高越快。

七、张恩树名誉会长讲话

张恩树名誉会长在讲话中谈了四个方面的问题：一是协会肩负着推进行业发展到一个新高度的重大责任，这就要求副会长们放眼全国全世界，以各种方式反映业内的意见建议，赞成王波的提议，将行业的重大课题委托给副会长做。二是必须树立起行业的一批领头羊，并使其中一部分强大起来，不能搞拉平头，企业之间、地区之间不平衡是正常的，副会长单位是行业的姣姣者——行业的领头羊，要带领行业走向新的高度。三是协会五届理事会领导班子组成后，有一个重要的历史使命就是将中国的建筑装饰行业引向国际化，突破口：首先是协会定位；其次是科技创新。要有敢为天下先的精神，作对了的就坚持，不对的就修正，没有十全十美的事情。建筑装饰行业是工程加艺术加科技，中国建筑装饰企业决不能甘当外商的二包和小伙计，吉林有个我国第一个建筑装饰学院，但是现在我国还没有完整的建筑装饰教材，应抓紧研究。四是与时俱进，当今社会，信息化引导装饰企业发展，我们都应当定性定量的分析我们自己的企业、区域及全行业到底与先进国家有什么差距，制定什么样的措施超越。大企业要盯住大城市、盯住大项目。

他还指出，个别地方不成立建筑装饰协会，令人莫明其妙，一些地方建筑装饰协会成为当地建设行政主管部门的附属，应与国际接轨，协会应当监督政府。SARS后各行各业都在重新认识自己，重新，就是有个新起点，进行“二次创业”。

八、常务副会长兼秘书长徐朋的会议总结

在会长工作会议上，大家发表了许多很好的意见和建议，我们回去后要认真加以研究。会长工作会议制度坚持下去，将有助于提高协会的工作质量，提高推动行业发展的能力。本次会议精神贯彻下去，协会工作和行业发展将会有新的起色。有的同志讲，这是行业领头人的一次会议，我想这不过分。

协会自2002年换届以后，我们不断研究探讨协会的工作规律，并且有了三方面的基本认识：

一是一定要抓住影响行业发展的方向性、方针性的大事，提高对会员企业的服务层次。前年，我们研究了行业在国民经济和社会进步中的地位和作用问题，以改善行业的社会生存和发展环境；接着抓了国有装饰企业改制的经验交流，并提出一些推进企业改制的工作思路，2001年9月的南京建筑装饰企业改制座谈会产生了积极的效果；根据入世的需要，2002年春天，在长春召开东北三省骨干装饰企业会议，2002年5月在武汉举行了全行业的应对入世战略研讨会，通过系统的研究，我们对涉及协会和行业发展的大事有了更新的认识。我们希望各位副会长能如同张恩树名誉会长所倡导的，都能研究一下行业发展中的重大的或具有战略性的问题，必将对推动行业进步发挥积极的作用。这次会议上，有的同志提出与协会共同或受协会委托完成相关课题，这个意见非常好。五届二次理事会增选了新的副会长以后，我们一直在考虑如何发挥副会长作用的问题，如果说理事、常务理事是来自会员的代表，我想副会长不止是会员代表，应该是行业的代表，要负有责任的参加协会工作，要负有责任的从全局考虑问题，与协会工作休戚与共，为行业发展贡献力量，这样必将受到会员企业拥戴。

二是一定要用“三个代表”重要思想统领协会工作。协会换届以后的第一次会议就是学习江泽民同志2001年7月1日在中央党校的讲话，这个讲话成为协会换届后开展工作的指导思想。前一个阶段在学习十六大文件中，特别是近一阶段在掀起“三个代表”重要思想学习新高潮中，我们一直在考虑协会如何实践“三个代表”重要思想的问题？现在有了一个初步思路。这就是紧紧抓住推动行业生产力发展不放。一是走科技兴企、科技兴业的道路；二是推进生产关系的调整，在继续推动改制的过程中，加强对企业制度的探讨和交流，从体制和机制上解放和发展生产力；三是抓生产方式的变革，加大推广建筑装饰行业生产工厂化、社会化力度；四是抓好培训工作，提高生产力最活跃的部分，人的素质。至于说在实践代表中国先进文化的前进方向和代表中国最广大人民群众根本利益，做老百姓满意的工程方面，我们也有一些工作思考，这些将通过一些活动和工作安排上体现出来。同志们一定要注意到，我国的建筑装饰行业已经是同全面建设小康社会相联系的大行业了，经我们保守估测，2003年我国建筑装饰工程产值达7200亿元，成为消费热点和经济增长点，目前全行业从业人员为900～1000万人，装饰装修创造如此多的就业机会是对全社会的最大贡献。应该突出提出的是家装去年年产值达4200亿元，家庭装饰装修已经成为具有中国特色的社会、经济、文化现象，全民搞装修，人人在投资、人人都希望介入家装设计，以求反映文化品味和个性化需求，家装所体现出来的文化现象对社会进步是个促进，为精神文明建设和人们的文化素养的提高做出了贡献。总之，我们要从代表人民根本利益，实践“三个代表”重要思想的高度研究行业发展，从而把协会工作的理解上升到新的层次上来。

三是要不断的探讨协会的工作规律。探讨协会工作规律中，我们深深体会到协会不是政府、不是权力机构，协会更不是大企业集团的首脑，同会员企业没有以资金为纽带的关系，协会既要推动行业发展又要为会员企业服务，在服务方面既有高层次的又有一般层次，既有普遍性的又有对个别企业的服务。但协会的许多服务工作在不具备政府职能的情况下，相当一部分是通过组织活动体现出来的。老会长恩树同志对此体会至深，他认为协会没有活动就没生存的载体了。这些年里，我们在探讨协会工作中有一个非常能体现我们的事业心和敬业精神的体会，这就是“策划项目、创造工作”，与此同时，要营造协会内外的和谐气氛，经营协会资源，在发展壮大中提高协会的服务能力，这就是我们通常讲的“营造协会、经营协会”。这两年在安排协会活动的时候，一直想把握好开展活动的频率，掌握好活动的内容，多了不好，少了也不好，并注意对会员企业服务的公益性，同时也注意协会的较大活动一定要反映多数会员企业的需求，多数地方协会的需求。在为会员企业服务和推动行业发展的过程中，能不能策划出好的项目，反映着协会的工作水平；能不能主动为自己创造工作，反映着协会专职工作者的精神状态；能不能使各项活动收到实际效果，反映着协会工作质量。我非常希望协会秘书处要站得高一些，看得远一些，在勤奋学习和刻苦工作中，把为会员企业服务落实到实处，我也非常希望我们所有的副会长在支持协会秘书处工作中，提高自己总揽全局的能力，把握行业发展方向和发展机遇，为探讨协会工作规律和会员企业服务上做出成绩。

下面我想就本次会议讨论的几个问题讲一下个人意见。

一是科技大会，协会现正在不遗余力的努力做筹备工作，建设部领导对这次会议给予很大支持，并于四月初下文批准召开这个会议。地方协会和会员企业也给予了很大支持，我们要尽最大的努力开好这次大会，争取开出效果来。真正把“科技是第一生产力”的思想贯彻到行业里来，逐步形成企业、行业在科技进步上的思路和措施，建立以企业为主体，以项目为载体、协会组织交流的科技创新制度，使科技在行业中的贡献率有大幅度提高。这里必须说明的是，开会不是目的，目的在于提高全行业的科技意识，形成加大科技投入，加快人才培养、创造性的形成建筑装饰企业的科技工作机制和管理机制。我非常希望副会长单位要在科技进步上先走一步。关于科技示范工程，会上的意见我们将认真加以研究，我们可以先从愿意试点的单位做起，总结经验后推广。

二是百强装修承包商评价活动。中建总公司自 1984 年参加由美国《工程新闻纪要》杂志进行的对全球 225 家建筑承包商的排序，以后几乎每年都参加，此举增加了国际市场对中国的了解和对中国公司的了解。我的印象里 2001 年达到第 20 位，排序给中建带来的效果是很好的。一般在国外，排序不是政府行为，多是媒体或协会、商会的行为；我们这次活动也不是赢利性的商业活动，而是在市场经济条件下协会为会员企业的一项重要服务工作；对企业进行社会性的评价，不是我们的创造，而是国际惯例；我们这次不是评价单一指标，而是对企业发展质量的综合评价。本次活动构思起源于武汉应对 WTO 战略研讨会，这次会议确定了在全行业实施“扶大扶优扶强”的发展方针。扶持排头兵企业，提高国际竞争力，应是协会一贯坚持的工作方针。为了搞好此项活动，我们非常慎重，进行了大量的调研和多种方案的论证。大家知道，搞好企业要靠练内功、提高素质，但也靠各方面的推介，行业协会对企业的推介是企业依靠自身能力所办不到的。目前我们正在尽职尽责的工作。我们相信，经过今年的试点，企业会感到此项活动是必要的。

有的人担心活动是否会变味，这也是有道理的，因为社会上就存在这种可能。一是担心是否为赢利活动，我们一再强调活动过程中不收费，活动结束后颁发证书、铜牌、刊登公告、新闻发布，我们决不多收一分钱或全部由协会出资，不增加企业负担；二是是否会强迫企业参加，我们的原则是自愿，我们十分理解和体谅不参加本次活动的企业；三是担心会不会“人有多大胆，地有多大产”，虚报各方面指标。我个人想，一定要相信我们的会员企业；另外我们会在工作中严格把关，特别是已经经过了地方装饰协会的初审，基本上可以杜绝数字上的偏差。我们相信通过此项活动，能进一步扶持、提高企业的诚信水平。至于说个别企业以后出了点问题，也不会影响全局。根据大家的意见，单项指标不再排序，只进行综合评价。本次活动无经验，我们想，先做起来，不争论，失败了总结，成功了继续进行下去。

三是室内设计师从业资格评定。这是协会四届理事会延续下来的工作。建设部认为不论是执业还是职业资格都是政府行为，且要由人事部确定，纳入注册建筑师序列。2002 年 12 月，中国建筑学会室内设计分会开始评定室内设计师职业资格，考虑室内设计师绝大部分在装饰企业中，于是希望与我会合作共同进行。双方共同认为应该开展这项工作，理由：一是有利于调动设计师的积极性，繁荣设计创作；二是有利于整顿装饰设计市场秩序；三是轻工系统已经在搞了，我们这样做有利于净化市场；四是这是协会会员企业提议，符合章程规定，只在会员企业中进行。我们现正在积极努力，寻找一个工作途径，并且不给政府出难题。中国建筑装饰协会能否自己搞，业内呼声越来越高。但是，我们一定要十分积极，又要十分慎重的处理此事。

四是家装施工资质，建设部委托我会制定，送审稿已报到建筑市场管理司，目前我们正在按部里的意见作进一步的修改。

五是国际交流，这一阶段工作比较有效率，赴台湾考察团已经组成了，等待成行，赴英国法国考察团及赴印度出席国际室内建筑师/设计师联盟 2003 年年会都正在组团。通过这些活动，肯定会有实质性国际交流的工作成果。

六是《中国建筑装饰装修》杂志，基本上得到业内的承认。《中华建筑报》向前迈出了一大步，所以承包商评价活动的承办工作交其办理。我衷心的希望大家多为刊物和报纸撰稿，多支持他们的工作。

九、东道主的接待

会议期间，黑龙江省建设厅副厅长、省建筑装饰协会会长史殿臣，省建设厅建管处处长柴千等当地业界负责人看望了与会领导和代表。

会议代表还参观了黑龙江国光建筑装饰工程有限公司牡丹江市北山贵宾楼装饰工程、木制半成品和家具制造厂。会议指出，国光装饰公司特别值得学习，总经理魏光是东北地区惟一的副会长，是最好的装饰企业，装饰工程设计施工达到了很高的水平。国光装饰公司人才济济，团队精神，企业文化渗透力很强。以董事长刘学书、副董事长于立军、总经理魏光为核心企业领导层团结坚强有力，层次高，由副总经理黄祖敏、副总经理朱光、总经理助理孟毅辉、设计所所长慕惠敏、办公室主任田慧荣、艺术工作室张德祥、项目经理杨建赤等组成的会议服务的 10 人小组，为代表们提供了很好的服务，体现了敬业精神，亲切周到，体贴入微，感人至深，会议提出特别的感谢。

与会代表还会见了黑龙江锦秀建筑装饰工程有限公司总经理王永枫、黑龙江高维企业集团副总裁赵月书、哈尔滨金铎建筑装饰公司总经理刘铎、哈尔滨市瑞和建筑装饰工程有限公司总经理王巍等黑龙江省建筑装饰协会副会长单位的企业家，进行了有效率的沟通。

中国建筑装饰协会会长工作会议纪要

中国建筑装饰协会秘书处

（二〇〇三年八月七日）

2003年8月7～8日，中国建筑装饰协会会长工作会议在黑龙江镜泊湖召开。出席会议的有中国建筑装饰协会名誉会长张恩树、会长马挺贵、常务副会长兼秘书长徐朋，副会长（按姓氏笔划为序）：重庆港庆建筑装饰有限公司总经理丁域庆，北京港源建筑装饰工程有限公司董事长王波，深圳市广田装饰设计工程有限公司董事长叶远西，西安市鑫龙建筑装饰工程有限公司董事长冯林，苏州金螳螂建筑装饰有限公司董事长朱兴良，深圳市建筑装饰（集团）有限公司董事长兼总经理汪家玉，北京业之峰装饰有限公司董事长兼总裁张钧，建设部建筑市场管理司原副司长、巡视员符曜伟，上海市建筑装饰工程有限公司总经理谢建伟，黑龙江国光建筑装饰工程有限公司总经理魏光。

建设部质量安全与行业发展司司长王素卿、凌云科技集团有限责任公司董事长陈木林、上海荣欣家庭装潢有限公司董事长兼总经理陈国宏因事请假。

中国建筑装饰协会特邀北京市建筑装饰协会理事长朱希斌、上海市装饰装修行业协会会长李洪鑫、广州市建筑装饰协会会长许和铁、黑龙江省建筑装饰协会常务副会长赵兴斌、吉林省建设厅副厅长兼吉林省建筑装饰业协会会长邱久才、辽宁省建筑装饰协会会长杨帅邦等三市三省建筑装饰协会的会长出席会议。中国建筑装饰协会副秘书长张京跃、房箴，综合部主任王毅强、行业发展部主任王本明、信息部主任兼《中国建筑装饰》主编黄白参加了会议。出席会议的共24人。

会议的主要议题：一是听取房箴关于中国建筑装饰协会2003年10项重点工作的汇报；二是听取徐朋和王本明关于筹备“全国建筑装饰行业科技大会”的工作汇报；三是听取黄白关于百强建筑装饰装修承包商评价活动的工作汇报；四是听取张京跃关于2004年中国建筑装饰协会成立20周年的活动方案和加强执行《中国建筑装饰协会理事会议事条例》的说明；五是听取王毅强关于《中国建筑装饰协会会长工作会议条例》的说明。

会议由常务副会长兼秘书长徐朋主持。马挺贵会长、张恩树名誉会长作了讲话。与会的10位副会长和6位地方建筑装饰协会会长作了发言，徐朋常务副会长兼秘书长做了会议小结，会议还对会长、副会长颁发了证书。

会议讨论通过了《中国建筑装饰协会会长工作会议条例》和《中国建筑装饰协会理事会议事条例》，会议认为按照协会章程，重申对于连续两次本人不能出席常务理事会、理事会的常务理事、理事以自动放弃处理，这是协会一项重要纪律和制度建设，一定要强化协会章程执行力度，保证和规范协会的正常发展。

关于协会成立20周年的各项活动。与会代表认为，应着重对行业的宣传，提高全行业的凝聚力。建筑装饰行业对社会的贡献是就业，对国家的贡献是税收。要把中国建筑装饰协会成立20周年的庆祝活动同全行业共同总结工作、推动行业发展结合起来，从而使建筑装饰行业有一个新起点，有一个新发展。建议协会搞一些征文活动，并评选出一批优秀企业家、优秀协会工作者，评选出室内设计大师和优秀青年室内设计师。

会议认为，本次会议是中国建筑装饰精英和领袖的聚会，也是行业最高层次的论坛。会议开得高效务实。大家对会议题畅所欲言的发表了意见。大家对协会的未来、行业的未来充满信心，特别是会长人数的增加及年轻化，使协会领导层充满生机和活力。会长工作会议特邀了部分地方建筑装饰协会会长出席，是个好办法，通过交流经验，更有利于做好协会工作。

会议强调，站得高一些，看得远一些，多研究一些全行业发展的方向性、方针性大事，应该是每一位会长的责任，也应该是会长工作会议的重要议题。行业发展过去多是顺其自然，现在要更多的主动研究行业的发展规律、共商行业发展大计。副会长在发言中一致表示，要积极支持秘书处工作，主动提出，有些课题可以分配给企业做或联合起来一起做，把行业资源统一运用起来。

会议指出，本届协会领导工作能力强，大气，有见识，有经验，做出了很多成绩，特别是体现在企业家办会上有了长足的进步。大家认为，今年工作力度很大，但也要量力而行，多做一些企业和地方装饰协会想做而只有中国建筑装饰协会能做的事情。

会议期间，黑龙江省建设厅副厅长、省建筑装饰协会会长史殿臣，省建设厅建管处处长柴千看望了与会领导和代表。

会长工作会会务工作，由黑龙江省建筑装饰协会和黑龙江国光建筑装饰工程有限公司承办，与会者高度评价了国光公司的企业文化、领导班子的团队精神和员工的敬业精神。与会者也一致称赞国光公司对会议的接待工作，亲切周到，体贴如微，感人至深，对国光公司表示由衷的感谢。

·地方装饰协会秘书长工作会议·

中国建筑装饰协会召开地方协会秘书长工作会议

《中国建筑装饰》编辑部　观察员

一、会议简况

2003年4月21～23日，中国建筑装饰协会地方协会秘书长工作会议在北京九华山庄召开。出席会议的有中国建筑装饰协会名誉会长张恩树、会长马挺贵、常务副会长兼秘书长徐朋，建设部人事教育司直属干部处处长刘平星，民政部民间组织管理局社团管理处余永龙，中国建筑装饰协会副秘书长张京跃、房箴。

会议的主题：一是通报中国建筑装饰协会2003年10项重点工作；二是研究建筑装饰行业自律公约、建筑装饰行业承包商排序、技术创新大会三项专门工作；三是听取协会领导和建设部主管负责人关于社团改革发展和当前主要工作的意见。会议由徐朋主持。

出席会议的有30个省、市、区建筑装饰协会的33位秘书长（理事长）：北京市建筑装饰协会理事长朱希斌、常务副秘书长郭仁智，天津市环境装饰协会副理事长兼秘书长王文焕，上海市装饰装修行业协会副秘书长赵海，河北省建筑装饰协会副秘书长刘纪堂，山西省建筑装饰协会秘书长赵劲彬，内蒙古建筑装饰协会常务理事王晓恩，黑龙江省建筑装饰协会副秘书长赵兴武，鸡西市建筑装饰协会会长王世德，辽宁省装饰协会副秘书长兼行业部主任李晓波，济南市建筑管理局建筑市场管理处处长、济南装饰协会副会长兼秘书长王建森，江苏省建筑装饰协会秘书长朱志明，南京市建筑装饰协会副秘书长周立芹，安徽省建筑装饰协会常务副会长兼秘书长李增堂，合肥市建筑装饰协会秘书长罗伟明，湖南省建筑装饰协会秘书长戴志刚，江西省装饰行业协会办公室主任高瑾，福建省建筑装饰协会办公室主任翁凤英，河南省建筑装饰协会副秘书长赵乐丽，副秘书长兼郑州市装饰装修行业管理办公室主任李春献，副秘书长兼洛阳市建筑装饰协会秘书长赵安敏，湖北省建筑装饰协会副秘书长何木松，武汉建筑装饰协会秘书长郭伟，广州市建筑装饰协会副秘书长罗焕良，深圳市装饰行业协会会长何文祥，广西建筑装饰协会副秘书长庞云，四川省建筑装饰协会副秘书长许醴，成都市建筑装饰协会秘书长张桂芳，陕西省建筑装饰协会副秘书长哈波，西安市建筑装饰业管理办公室主任兼西安建筑装饰装修业协会秘书长白磊、常务副秘书长赵洁心，西安市建委组织部部长杜崇信，云南省建筑装饰协会副秘书长李健，青海省建筑装饰协会副会长徐治信。

中国建筑装饰协会6个部门的12位负责人及相关人员：综合部主任王毅强、副主任杜桂玲、职员张军莉、张熳红，行业发展部主任王本明，信息部主任兼会刊《中国建筑装饰》主编黄白、文员郑建平、张兰美，质量技术部副主任熊翔、张振路，国际部主任樊淑玲，培训部主任兼培训中心主任王燕鸣。10个专业委员会的12位秘书长（副秘书长）：工程委员会秘书长顾国华，信息咨询委员会秘书长田万良、副秘书长高世彦，建筑五金委员会秘书长郑纪文，铝制品委员会副秘书长邱建辉，化学材料委员会副秘书长孟小平，石材委员会副秘书长高峰，建筑电气委员会副秘书长杨柳、何志祥，设计委员会（筹）秘书长田德昌，住宅装饰装修委员会（筹）副秘书长张爱宁、张仁，厨房卫浴委员会（筹）副秘书长张俊朋，以及会长秘书张效平、《中华建筑报》总编邓千、副总编华敬友、记者廖嘉琳、阎瑶、王丽华，《中国建筑装饰装修》副社长王永强、记者李龙丽等，共70多人。

二、会议主要内容

常务副会长兼秘书长徐朋首先通报了“中国建筑装饰协会2003年工作计划和活动安排”，并给予说明。然后会长马挺贵作了关于推动和支持组建地方建筑装饰协会工作的讲话（全文另发）。

徐朋对2003年中国建筑装饰协会安排的10项重点工作进行了简明扼要的说明：

一是为推动行业技术进步，将召开全国建筑装饰行业技术创新大会。4月17日、18日我与马会长分别向建设部郑一军副部长、汪光焘部长作了工作汇报，得到了建设部领导的重视和支持，他们认为此项工作抓得好，涉及整个国民经济发展和全面建设小康社会，部领导届时将出席大会。目前我会已向建设部办公厅、市场司、发展司、科技司等相关部门作了报告。此会将集中召开大会，由有关领导和专家作关于技术创新的报告，同时召开部分专业的论坛。一是企业家论坛，研讨制度、战略、文化的创新；二是设计师论坛，探讨室内设计思想、技巧的创新；三是生产论坛，讨论工厂化、材料技术的创新。我们将按照部里的要求，与地方装饰协会合作筹备并开好这个大会，现准备起草关于促进我国装饰行业技术进步的若干建议的指导性文件。

二是今天召开的这次会议，目的是通报协会工作安排，研讨协会2003年有关重大活动方案。

三是制定开展建筑装饰行业承包商排序工作的可行方案，迎接入世挑战，推行扶大扶优扶强方针。这是一项与国际惯例接轨、迎接WTO挑战的工作。

四是同中央电视台合作举办全国家居电视设计大赛。中央电视台第二套经济信息“生活”栏目现每天正在公布大赛消息和规则，我们正在积极组织。

五是加强行业技术标准、工法建设，并召开经验交流会。我们现在正进行现状的研究，并提出工作思路，准备在举办“全国建筑工程装饰奖获奖工程项目经理表彰活动”时，对这项工作做出具体部署。

六是适应信息时代要求，提高协会信息服务功能，全面建立行业信息系统，提升《中国建筑装饰装修》、《中华建筑报》的社会影响力，使其成为权威刊物和权威行业报，召开信息出版工作会。当前的主要工作是将协会、行业的信息整合、管理起来，总体规划、综合协调，掌握市场、工程、材料、人才等方面的情况，促进信息资源社会化。各地方装饰协会要与公开的一报一刊加强联系，大力支持发行工作。要做好行业年鉴的编辑出版工作，一个行业有无年鉴、有无历史太重要了，写好行业发展史，总结经验指导未来。信息部要与信息咨询委员会联合策划，组建全国装饰信息网，建设好现在的“中国建筑装饰网”。下半年将召开“走出去”的座谈会或经验交流会。

七是颁布行业自律公约，建立行业自律体系，交流行业自律建设经验。这项工作由四届理事会提出，五届理事会决定成立自律委员会，我们认为行业自律的突破口是建立自律公约，进而建立行业信用制度。

八是完成住宅装饰装修投资与消费调研课题，启动民营企业现代企业制度调研等课题。中国家装 2000 年产值已达 4200 亿元，这是一个巨大的经济规模，在世界上是独一无二的。通过与国务院发展研究中心的合作，研究我国家装业的特殊性，为全面建设小康社会做贡献。建设部郑一军副部长对这一课题很重视，要求我们向他送一份课题调研报告。

九是全国建筑工程装饰奖的评比活动。这方面我们已积累了两年的工作经验，今年将进一步完善。

十是支持与推动成立地方装饰协会，加大发展会员力度，扩大覆盖面。

此外，我们目前还正在进行 2004 年 9 月 11 日中国建筑装饰协会成立 20 周年的庆祝活动的筹划。

副秘书张京跃对建筑装饰行业自律公约做了说明：一是制定的过程，二是制定的意义，三是公约主要内容，四是建立行业自律体系。他强调，行业自律公约是行业协会性质的体现，是当前整顿规范市场和行业可持续发展的需要。协会自律委员现正在筹备，我们要使自律公约真正成为维护行业整体利益、规范市场行为的作用。修改后的行业自律公约将在今年召开的五届三次常务理事会上通过。

副秘书长房箴对 8 项具体工作做了说明：

一是建设部委托进行的装饰装修建造师执业资格教材、审核工作的重要性和必要性，执业范围及有关管理和审核程序，传达了建设部《关于调整建造师执业资格有关专业考试大纲编制组织工作函》（建市监[2003]6 号），确定装饰装修作为独立专业，其执业资格考试大纲由我会负责编制。

二是与中国建筑学会共同进行的室内建筑师职业资格认定工作，这是当前室内建筑师的迫切要求，我会近年来为此项工作做了大量必要的准备，我会与中国建筑学会及其下属的室内设计分会共同操作此项工作十分必要，资格证书将由两会颁发。

三是装修承包商的排序，这是国内市场竞争、装饰市场日益成熟、扶大扶优扶强、国际市场和入世后的需要，实施原则是自愿、真实、客观、自下而上。

四是家装质量信得过企业评比，此项工作为两年一次，根据企业的要求，2004 年前继续好复查和重新申报工作。

五是 2003 年全国建筑工程装饰奖，组织方法参照上届执行，略有微调，取消单项奖（设计、家装），评比奖项仍为公装（含幕墙）100 项，评比时间段为 2000 年 7 月 1 日～2002 年 6 月 30 日竣工交付使用的项目。申报时间为 2003 年 4 月 10 日～6 月 30 日。为加强复评和终审的科学性，实行计分评审办法。

六是为加强装修承包商与材料制造厂商的合作，今年将安排两项活动，一是我会会同国家统计局中国行业企业信息发布中心联合举办的装饰材料厂商产品销量领先信息发布会；二是我会与中国房地产协会合作共同推荐装饰材料。上述活动厂商自愿参加。

七是专家委员会的组建，得到各地方装饰协会的大力支持和响应，已报送了名单，目前我们正在积极筹备。

八是两项家装设计竞赛——中央电视台 6 月将在大连颁奖，吉事多厨卫设计年底将在上海颁奖。

会议分两个小组，分别由郭仁智、张桂芳主持，王本明、黄白为联络员，进行了认真、积极的讨论，重点是技术创新大会、成立地方装饰协会、企业排序和自律公约问题，提出了很多十分中肯的意见和建议。张恩树、马挺贵、徐朋，张京跃、房箴分别参加了小组会议。

在总结会上，首先由顾国华、田万良、王燕鸣、华敬友四人通报了各自的工作。然后由刘平星处长作了关于建设部社团基本概况、问题及今后改革工作思路的讲话。马挺贵会长作了会议总结讲话（全文另发）。张恩树名誉会长发表了关于促进装饰行业创新思考的讲话。

刘平星处长说，现归建设部业务管理的社团共有 40 家，其中直接管理的 32 家，挂靠的 8 家。她指出当前社团的五个主要问题：一是对政府的依附性强，行政化色彩浓厚，大多数社团是 1980～1992 年计划经济时代成立的。二是基本职能不清楚，发挥作用不到位，原因是政府职能转移不到位，协会自身建设薄弱；三是会员覆盖面不大，代表性不强；四是思想、观念、体制、作风均不适应形势发展，靠机关，等工作，要条件；五是社团工作本身不规范，专职工作人员少，经济实力弱，办的比较好的行业协会有中国建筑装饰协会、中国建筑业协会、中国房地产业协会、中国建筑金属结构协会等，由于社团自我监督、自我约束不强，也影响了政府职能的转移，自律机构尚未建立起来。

关于加强社团的自律机构问题，她说建设部将采取七项措施，现已上报汪部长，待部党组研究批准。

第一要加快政府转移职能的步伐，凡是该转移的要全部转移，凡是暂时转移不了的要逐步转移，凡是本应由社团办的工作全部交给协会，如培训、展览、资审和管理等。政府职能没到位的问题，一是社团具体承担工作的界限不清；二是无工作程序和协议；三是社团人员、能力等条件不具备，缺乏必要的经费，政府交办的工作完成不了，自律性不强，搞变相的经营活动，不收费的收费，少收费的高收费等。

第二是如何改进这方面的工作，她强调，一是要建立对社团的检查、监督机构；二是工作要有透明性，包括工作程序，由社团提出，政府与社团签订协议，政府给予经费支持，实行政府采购；三是明确收费项目，明确政府职能转移、授权工作。其次是重点培育、发展行业协会。建设部对社团试点工作的内容包括：自律、工作机制、全面人事聘任制、政府委托和授权、行业调研和行规、行约、信用评价、等级的建立。建设部将在政策、指导、人才、经费等方面向行业协会倾斜。

第三要加强对社团领导班子的建设。一是要进一步充实年轻干部；二是从行业协会内部提拔干部；三是实行秘书长专职化。目前建设部管理的 40 个社团，只有 2/3 实现了秘书长专职化。

第四要强化分类指导，行业协会主要是进行行业管理，而学会多为个人会员，主要是学术、教育、培训工作。

第五要健全社团管理制度，包括企业资质审查、培训、评优等项工作。

第六要建立健全社团党的组织，建设部已成立了两个社团党委，中国建筑装饰协会在第一党委。

第七要提高社团民主办会、独立开展工作的能力，政府下放权力，如社团中层干部实行备案制、人才代理制等。

刘平星处长认为中国建筑装饰协会在促进行业发展、“双向服务”等方面的工作卓有成效，成绩不小，希望中国建筑装饰协会工作更上一层楼。她对与会代表的敬业精神表示敬佩。

张恩树名誉会长在讲话中认为，此次会议名为地方协会秘书长工作会议，实际上是贯彻落实十六大精神、促进装饰行业发展的会议。建议大家重新读一下中国建筑装饰协会发表在 2001 年 12 月 24 日《经济日报》上关于建筑装饰行业在国民经济和社会发展中的地位和作用的文章，马挺贵、徐朋发表在 2003 年第 2 期《中国建筑装饰》上关于发展建筑装饰行业，为全面建设小康社会做贡献的新春致辞。中国建筑装饰协会 2001 年 6 月换届后，第五届理事会把协会和行业推进到了一个新的高度。他指出，我们现在要重新认识一下装饰行业在国民经济和社会发展中的地位和作用，十六大后装饰协会的路子怎么走？

第一个思考：首先要对我国装饰行业的再认识。我国与国际化差距很大，我们现在有多少装饰企业能达到国际化水平呢？是否该出现一批国际化的企业？装饰协会应领导行业在国际上开展工作，大大地提高行业的国际化水平。其次是我国装饰行业的创新能力很低，装饰材料方面，大量使用我国紧缺的木材资源，设计全国一个模式，理论严重滞后，特别是设计，包括建筑设计与室内设计严重脱节。

第二个思考：对协会工作的再认识。协会的政治方向，就是要贯彻“三个代表”，为全面建设小康做贡献，使国家的财富最大化，人民的舒适最大化。我们不仅要有承接政府职能的能力，而且还有在社会生活中发挥作用的能力。因此我们要自己解放自己，如中国建筑装饰协会招聘上岗，打破了大锅饭，实行招聘上岗，突破了一些条条框框，协会的工作就是要贴近市场、贴近企业。应大力发展地方装饰协会和会员，如汕头市装饰协会，自发组织，政府认可，可能是中小城市组建装饰协会的一个方向。建设好协会秘书处，发挥秘书长的关键作用，使协会工作创造一个新高度。协会也应代表本行业的利益，具有监督政府的职能。

三、会议成果

会议认为，中国建筑装饰协会地方协会秘书长会议，体现了建筑装饰行业贯彻“三个代表”为全面建设小康做贡献的精神。中国建筑装饰协会 2003 年 10 项重点工作，与贯彻“三个代表”为全面建设小康做贡献有着直接或间接的关系。建设部刘平星处长，中国建筑装饰协会马挺贵会长、张恩树名誉会长的讲话十分重要，对与会代表很受启发。

常务副会长兼秘书长徐朋希望与会代表抓紧落实会议精神。他说，经中国建筑装饰协会研究的保守数字，2002 年全国建筑装饰行业产值高达 7200 亿元，其中家装为 4200 亿元，这样一个巨大的经济规模，在世界上是独一无二的。希望各地方装饰协会都能深入地研究一下本地区的行业发展和协会工作的规律。协会工作要创新，要有克服困难的能力；要有推动协会前进的责任心和韧劲，策划项目，创造工作的能力。他指出，中国建筑装饰协会与各地方装饰协会所处的工作环境及工作条件，特别是各地方装饰协会之间，都是有区别的。但大家都要因地制宜、力所能及地开展工作，自己找活干。我们到中国建筑装饰协会工作近两年了，建设部及其有关部门并没有给我们下达什么工作任务和指标，这些工作都是出自对行业的忠诚自己找的，靠觉悟，靠大家共同努力利用好行业资源，创造内外部环境和条件。

他还指出，不要以为协会越综合、越少就越好，协会越专业化，服务的程度就越高。创新既是装饰行业的重大命题，也是装饰协会的奋斗目标。加强中国建筑装饰协会与地方装饰协会的合作非常重要，我们愿与大家共同推动我国装饰行业的发展。他认为，土建的创新能力、压力、意识和成果均远高于装修，装修平均利润率高于土建 10 多个百分点，同时也抑制了装修的创新，家装的过于强调个性化反而阻碍了装修的装配化，这些有关行业特殊性的重大问题，都值得我们大家共同探讨。

徐朋宣布，暂停本会质量体系认证、环境检测两个机构的工作。本会准备年内召开地方装饰协会会长联谊会。

他强调，希望大家要实实在在地进入创造工作、策划项目的状态，防止协会出现政府机关化作风，按照新目标、新要求努力工作。

会议安排了全体代表在北京九华山庄国际体检中心进行了全身体检，代表们深感满意。

与会代表参观了北京宝贵石艺科技有限公司，听取了该公司总经理、中国建筑装饰协会信息咨询委员会专家组成员张宝贵关于用混凝土创造石艺的讲座，并观看了中央电视台“东方之子”栏目对他的专访，代表们兴趣盎然，给予高度评价。会议还组织了一场“业之峰杯”保龄球比赛，由中国建筑装饰协会副会长、北京业之峰装饰有限公司董事长兼总裁张钧主持，参与者踊跃。

中国建筑装饰协会地方协会秘书长工作会议开得很好，引起了与会代表对行业发展中的许多重大问题的思考，将对我国装饰协会工作和装饰行业发展产生重要影响。

关于推动和支持组建地方建筑装饰协会的工作

——2003年4月21日在中国建筑装饰协会地方协会秘书长工作会议上的讲话

中国建筑装饰协会　会　长　**马挺贵**

各位秘书长：

大家好！关于推动和支持组建地方建筑装饰协会的工作，我讲三点意见。

一、我国地方建筑装饰协会的现状

我国现有省、自治区及设市城市行政区689个，到2002年12月，成立建筑装饰协会的仅72个，占现有城市总数的11%，其中地级以上省、市296个，已成立协会67个，占22.6%。

上述数字说明在我国建筑装饰行业中，地方装饰协会的数量少，覆盖面小，整体代表性差；特别是在经济发展快，建筑装饰市场繁荣的沿海地区，很多城市还没有组建装饰行业协会，存在着大量的空白，组织机构系统不健全，覆盖面小，不仅对行业发展、管理、政府职能转移，维护企业和消费者利益方面带来影响，也严重影响了协会工作的力度和代表性，削弱了协会在行业内的影响力和号召力。这种局面必须尽快改变，才能使协会真正成为行业利益的代表、行业管理的主体和行业发展领路人。

二、组建地方协会的必要性

1. 行业发展和行业管理的需要：地方装饰协会不健全将影响行业的发展

我国建筑装饰行业已经发展成为年工程产值超过7500亿元人民币的行业，在培育和扩大内需，创造更多在就业机会，带动相关产业发展和产品更新换代，推动国民经济和社会发展方面具有重要的作用。行业的特点和行业发展的经济规模、社会地位和行业具有的物质消费与文化消费的属性，都要求有一个跨部门的社会团体去协调、指导、管理，组织行业内的各项专业活动。在行业培训、行业评比、行业信息交流等方面发挥服务、指导作用，使行业资源得到优化配置，促进行业生产力的发展。特别是我国建筑装饰行业民营企业多，了解和反映他们的意见和要求，发挥出他们的经济优势，专业技术与管理优势，提高行业管理整体的效率和水平。这都需要有行业协会存在并发挥作用。

2. 政府职能转移的需要：地方装协不健全将严重影响政府职能的转移

随着我国经济体制和政治体制的改革，政府的职能由微观管理转变为宏观调控；由直接管理转变为政策、法规引导企业的间接管理；由对行业的管理转变为对建筑产品的管理；由对行业负责转变为对社会负责。协会为政府职能转移建立和提供了组织保障。大家都很关心职能转移，希望承接更多的职能，如果地方没有协会就无法转移，特别是有很多职能是上下对口，统一部署实施的，如行业评比、企业资质、执业资格、专业培训等，部分地方没有协会，是空白，将会影响整个行业的政府职能转移，影响整个行业的工作。

现在我国已加入世贸组织，按照国际惯例和市场经济的要求，政府是通过法律、行政的手段，间接的、宏观的管理经济，由行业协会实施对行业、企业的直接管理，中国的行业管理、行业国际交流要同国际行业管理的模式接轨，更需要成立各级行业协会，并按国际惯例运作。

3. 有利于解决管理交叉，实施归口管理，规范和整顿市场秩序

当前建筑装饰行业多头管理矛盾交叉的问题是客观存在的事实，原轻工系统的室内装饰协会，在全国建立有较广泛的地方室内装饰协会系统。它们做了大量工作，对行业发展有很大贡献，而建筑装饰做为建筑工程的重要组成部分，建设系统的建筑装饰协会组织不健全，不仅会对行业发展、政府职能转移造成影响，也会造成建筑装饰行业归口管理的难度。成立地方建筑装饰协会，就不仅能填补当前行业管理上的空白，也为下一步实行归口统一管理奠定组织基础。

另外有些地方，建筑装饰协会设在建筑业协会中，是建筑业协会中的专业委员会，这种做法也要改变。从行业技术特点上看，装饰业更具有复杂性、多样性，具有个性化，艺术性和文化内涵，人文特征，具有比较强的独立性。从社会影响上看，建筑装饰行业的涉及面广，社会性强，与国民经济其他部门的联系有综合性。从工程性质上分析，建筑装饰工程的更新周期很短，材料、施工工艺的发展变化很快。因此，建筑装饰行业要有独立的专业社团组织，更有利于装饰行业的健康发展。

4．维护消费者利益的需要

建筑装饰行业涉及的社会面很广，特别是家庭住宅的装饰装修工程，是当前社会的热点问题，投诉率居于消费者投诉的前 10 位，需要及时进行大量调解、引导和说服教育工作。发挥协会作用，不仅能减轻建设行政主管部门的压力，也更有利于缓解复杂的社会矛盾，维护社会的稳定和发展。

正因为如此，中国建筑装饰协会经认真研究，认为推动和支持组建地方协会工作是落实“二次创业”目标，使协会承接更多职能，推动协会工作走上正轨，真正成为行业利益的代表，行业管理的主体和行业发展领路人的重要工作，把它列为 2003 年的十件大事之一，及今后一段时期的重点工作。

另外，我再谈谈关于会员发展的问题，行业协会存在的基础是有广泛的代表性，因此，会员单位的规模和数量，也是考核协会基础是否牢固的重要指标，我国从事建筑装饰行业的企业，据协会测算有 25 万家，但加入协会的会员单位仅有一万余家，会员的数量少，会员占行业企业总量中的比重低，严重影响了协会的代表性。做为行业协会，其根本宗旨是协调全行业的关系，因此，不仅要管会员单位，同时要管理行业，会员单位在行业内的比重低，将制约协会工作的全面、深入展开，也影响了协会工作的整体水平，阻碍行业管理措施的深入贯彻执行，必将会对行业的健康发展产生极大的负面影响。因此，加大会员单位的发展力度，也是各级协会的一项重要工作。

关于发展会员单位，协会一定要消除歧视性的态度和作法，加大发展的力度和速度，我们不仅要在大、中型骨干企业中发展会员，还要在小型企业中发展会员，因为这些企业更需要协会给予支持和帮助；我们不仅要在国有和合资企业中发展会员，更要注意在民营经济中发展会员，因为随着我国建筑装饰业的改制，民营经济不仅是我们行业的主体，也将成为我们行业的中坚；我们不仅要在施工企业中发展会员，还应该注意在设计单位、材料、部品生产厂商销售单位中发展会员；不仅发展单位会员、也可以发展个人会员。这样才能提高协会的代表性和权威性，从而把协会工作推向新的水平。

各地方协会都应把加大会员的发展力度作为一项重要工作，把行业内的企业都吸收到协会的组织中来。上海的做法很好，行业内企业都是当然的会员，这对协会开展工作就有了很强的力度。当然这种做法要看各地装饰协会的具体情况，但各地装饰协会要尽快增加会员单位数量，提高行业代表性的任务是紧迫的，这点必须引起各级协会的高度重视。

三、组织实施工作

1．工作计划

协会计划利用 2～3 年时间，在全国地级以上，特别是在沿海地区和经济较发达省份，再推动成立 30～50 个城市的建筑装饰协会。原则上省、省会城市以及条件成熟，建筑装饰市场有一定规模，有协会开展工作基础的地级市和经济比较发达，建筑装饰行业有较大发展的县级市都应组织成立行业协会。今年山东的泰安、潍坊、安徽的合肥及江苏的宿迁、徐州等已经成立了协会，还有一些省的地级市也准备成立协会。只要我们认真工作，目标就一定能够完成。

2．具体安排

（1）确定方针。首先协会秘书处统一认识，把这项工作作为重点工作、长期工作，各专业委员会，各部门都要相互配合，积极、认真的参与到这项工作中来，发挥各自的优势，利用各种机会开展工作，把这项工作扎实、有效的开展起来。

协会的媒体、网站要加大宣传力度，《中国建筑装饰》、《中华建筑报》、“中国建筑装饰网”要就成立地方建筑装饰协会的意义、作用等进行宣传，协会秘书处所有人员，要利用到外地开会、讲课等机会，对地方建设行政主管部门和企业做好宣传、说服和推动工作。

重要的是请各省市装饰协会积极支持和推动城市装饰协会的组建。城市装饰协会的建立和完善，是各省装饰协会的一项重要的基础性工作，将为省装饰协会开展工作创造更好的条件。因此希望省装饰协会发挥联系各地级城市比较紧密的优势，推动省内条件成熟的城市尽快组建装饰协会。

推动组建地方协会工作，还要发挥中国建筑装饰协会和各省装饰协会的专业委员会的作用，利用他们联系企业紧密的优势，把地区行业优势明显，如石材、陶瓷在全国有较大影响的地区，尽快组建地方装饰协会和发展会员。

（2）秘书长工作会上通报中国建筑装饰在支持和推动组建地方装饰协会的原则、计划和方法，希望得到各地方装饰协会的支持、帮助和参与，调动行业各方面的积极性、主动性，共同把这项工作搞好。

（3）专题走访。今年计划进行三次专题考察、走访，推动此项工作的开展，分别由协会主要领导带队，有行业发展部及信息部参加开展工作。将专题走访河南、河北、山东三省；专题走访广东、福建两省；专题走访安徽、湖北、江西三省。借此机会向各省装饰协会秘书长先打个招呼。

以上仅供大家讨论参考。

最后，祝各位身体健康，工作有更大成绩！

统一思想　积极为完成2003年工作任务做贡献

——2003年4月23日在中国建筑装饰协会地方协会秘书长工作会议上的总结报告

中国建筑装饰协会　会　长　**马挺贵**

各位秘书长：

全国建筑装饰协会秘书长工作会议圆满完成了预期的内容，今天就要闭幕了。会议通报了中国建筑装饰协会2003年的工作安排及10件大事，大家进行了认真的讨论，提出了很多宝贵建议。今天几个专业委又通报了近期工作，建设部人事司刘处长又做了重要讲话。本次工作会是一次创新的大会，我们第一次采取了联谊的形式，既有紧张的工作，又有一定的休闲活动，既完成了工作任务，又检查了身体，大家对这种会议形式感到很满意。同时，本次会议是中国建筑装饰协会第一次将全年的工作重点向各地装饰协会进行通报，征寻各地方协会意见，会议体现了与时俱进的精神，也是一种创新。

中国建筑装饰协会2003年的工作和10件大事，即是全行业亟待解决的问题，也是全行业长期性的工作。中国建筑装饰协会安排的这些工作，同样是各地方协会应该着力解决的重要问题，是广大企业和业内人士关心的大事。

大家对中国建筑装饰协会2003年的工作安排进行了认真的研究和探讨，会议气氛热烈，发言踊跃，形成了共识。大家一致认为，中国建筑装饰协会2003年的工作安排非常全面，重点突出，站得高、看得远，抓住了全行业发展的脉络，具有前瞻性和指导性，同时大家对各项工作进行了认真的研究，提出了很多很好的修改和补充意见和建议，这对更好地实施上述工作将起到积极作用。

下面，我就本次会议再讲两点意见。

一、对重点工作的讨论意见

大家对2003年的10项工作进行了认真的研究、讨论，取得了一致的看法，概括会议讨论情况，比较集中在几个方面，因此，重点总结以下几个问题。

1. **关于科技创新大会**。大家一致认为：技术创新是关系到行业发展的一件大事，是我们以现代工业思路改造传统产业，推动行业生产力发展的最根本途径。中国建筑装饰协会召开这方面的会议是关系行业发展全局的大会，也是当前科技快速发展，社会和装饰行业亟待解决的问题，非常重要、非常及时。对几个专题论坛大家认为很好，是今后技术创新的关键领域，大家表示：各地装饰协会将全力支持大会召开，要以本次大会为动力，掀起行业技术创新的高潮。同时希望本次大会能够开成一个务实的大会，不仅专题报告要有权威性和针对性，同时要大量展示我们行业技术创新的成果，加快技术立法的速度，尽快出台技术创新指导意见，鼓舞我们行业技术创新的士气。我们认为这些意见都很好，在会议的筹备过程中要认真加以注意。同时也有人认为，为了更突出技术进步的主题，还应把管理创新、企业制度创新、战略创新和文化建设创新作为一个课题，开展调研，形成经验后专门召开一次全行业的管理创新大会，这些意见也都很好，我们要继续认真研究。对技术创新大会要做大量细致的准备工作，争取满足大家的要求。在会议筹备期间，也希望得到各地协会在人力、技术上的大力支持和帮助。

2. **关于行业自律**。大家一致认为：加强行业自律，建立行业的诚信体系很有必要，也是关系到行业健康有序发展的一件大事。在当前的社会环境条件下，由协会出台行业自律公约是适时的，有行业自律公约比没有好。大家表示，行业自律公约是行业发展的需要，是市场规范的需要，也是业内企业的迫切要求。对中国建筑装饰协会公布的行业自律公约，要在各地进行宣传、实施。有些同志对公约的具体条款和文字提出了修改和调整的意见，这些意见来源于工作的第一线，提的都很好。这次公约的讨论稿起了抛砖引玉的作用，我们将做进一步的修改，然后再交给各地方协会和企业认真讨论，最后形成文字。大家比较集中的意见是行业自律要有执行的机构，同时要有惩处机制，才能真正达到规范市场的目的。协会认为，协会是行业管理的主体，是企业自愿参加的社会团体，在当前政府职能转移没有完全到位、市场很不规范的条件下，当前的主要工作是：一方面要加强同建设行政及工商行政主管部门的联系，采取切实有效的措施，支持行业自律和行业诚信体系工作。另一方面，通过各级协会及其他社会团体，以通报、批评、警告、媒体曝光及表彰等现在可利用的方式，开展工作。企业以诚信为本，靠行业道德和自觉，同时以法律、法规、标准等加以制约。有的同志提出加入公约的受到约束，不加入公约的就不约束。我们认为，公约是对全行业的，不论是不是会员，加入不加入协会，应该一律对社会、对消费者、对行业负责，因此，不论是否是会员，都要受行业自律公约的约束，诚信企业希望有公约，非诚信企业才不希望有公约，有比没有好，通过建立机构，完善奖惩制度等等的逐步完善，使行业自律工作逐步得到加强。

3. **关于建筑装饰企业排序工作**。大家一致认为：进行行业内的评强排序，是行业协会的一项重要工作，也是贯彻扶大、扶优、扶强，贯彻行业名牌发展战略的重要内容。有些地区已经开展了地区内的评强排序工作，也有经验和效果，大家对中国建筑装饰协会的这项工作都表示了支持。同时很多人认为，建筑装饰行业分为幕墙、公装和家装三大部分，各自在技术上有很强的独立性，企业的经济规模、运作模式上差别很大，统一评强有可能只评大，评不出优和强，我们认为很有道理，我们将认真研究不同类型的评强标准。大家还提出全国经济发展的不平衡和地区建筑装饰市场的差异，不要划死100强，可以搞200强或300强，或者采取先易后难的办法，即先评强，后再排序的形式。这些意见是积极的。是百强还是多些？多多少？我们再研究，征求意见。同时为更好的开展这项工作，我们建议有条件的、有基础的省、市，也可以自己搞百家或几十强的地区评强排序工作，这样影响面会更大。有人建议在评比指标上，既要考核绝对值指标，更应该考核相对值指标，如万元产值创利率，人均产值、利润率等，这些意见，都很中肯，我们要尽快的研究，并制定出具体实施细则。

4. **关于注册建造师和室内建筑师资格认定工作**。大家一致认为行业内长期存在的无技术职称的问题这次得到了解决，这对企业稳定技术队伍，提高行业整体素质和调动设计人员的积极性都将起到积极的作用，为行业、企业大家办了件好事。前段时间各地协会对中国建筑装饰协会自己搞认证体系的呼声很高，有的地方协会自己也搞了，但社会认可度受到影响，没有地方协会的就更无所适从了。此次职称评定工作，是经建筑学会、中国建筑装饰协会共同组织的，其权威性和社会认可度都很高。有的同志对注册建造师的标准提出了看法，如幕墙行业的注册建造师，老的项目经理学历不高，但有丰富的现场经验，新的虽然学历很高，但缺乏施工现场的经验，很多有丰富施工经验的项目经理无法转为注册建造师，就无法承接工程。为了让更多有经验的老项目经理持证上岗，我们将研究解决具体办法。也有人建议将“室内建筑师”中的“室内”两字去掉，改为建筑装饰设计师，以涵盖幕墙及外装工程。我们认为这个提议很有道理，按国际通常提法，室内建筑师就是“室内装饰、装璜”，与我们现在所提室内建筑师涵盖的内容有很大的区别，我们将建议有关部门对此进行修改。同时我们也要尽快同有关方面联系，研究解决完善职称评定体系的意见。

5. **关于推动、支持成立地方协会和发展会员问题**。大家普遍认为地方协会覆盖面小，将严重影响政府职能的转移和行业的健康发展。会员比重低将影响行业代表性和权威性，影响企业的工作力度，必须加大发展力度，加快发展速度，扩大会员单位范围和覆盖面，提高协会在行业内的影响力和号召力。中国建筑装饰协会安排的这项工作，不仅是中国建筑装饰协会的重要工作，也是各省装饰协会今后的一项重要工作，是对各省建筑装饰协会工作的支持。应该看到，随着市场经济机制建立，政府职能更多的转移，协会的作用越来越突出，协会的工作将按国际惯例运作，成为行业管理的主体和行业利益的代表。因此，建立地方协会、扩大会员覆盖面是行业发展的需要、规范市场需要、与国际接轨的需要。部分省装协如安徽、辽宁等，已经制定了具体的目标和计划，加强对地级市建设主管部门的说服工作及对企业的工作。在加大发展会员力度上，很多地方介绍了很多的好的经验，如合肥采取先入会，后办营业执照的办法，天津的降低家装企业资质门槛，增加家装企业会员数量等作法，都值得在行业内借鉴。

会上还有很多宝贵的建议，对2003年工作及新提意见，会议结束后，有的要在征求意见的基础上，再做修改、完善；有的要尽快制定出配套的实施细则再转给大家，供各地方协会参照执行和参考。

二、加强协会自身建设，是搞好协会工作和完成2003年工作的组织保障

各地方建筑装饰协会的工作有很大的差距，即有我国经济发展存在着东西部较大差异的问题，又有协会自身建设的水平问题，很多地区没有协会，有了协会又存在着人手少、素质不高、办公条件差等问题。我们认为：办事要靠组织、要靠人，因此，加强协会自身建设，提高协会自身素质，一直是协会的一项重要和基础工作。中国建筑装饰协会换届以来，一直把协会自身建设作为一项重要工作来抓。

加强协会自身建设，首先要提高思想认识，创造性地开展工作，长远的看，政府职能的转变随着入世接轨，将交给独立的协会去完成。当前各地方协会的情况不同，工作有很大差异，协会领导要与时俱进，转变思想工作作风，不把强调客观、埋怨的情绪转变为强调工作上靠自己努力，“不等不靠”，坚持“有为才能有位”，协会的工作就不能搞好。我们始终认为，尽管外部环境不同，但协会工作空间仍很大。协会一定要有策划项目，创造工作的能力，我们一直强调，没有敬业精神就干不了协会工作，没有能力和水平也干不好协会工作，关键是协会要从行业发展的全局考虑问题，创造性的开展工作。

刚才建设部刘处长讲的话很振奋人心，从七个方面谈了协会的工作，都是当前协会包括建筑装饰协会存在的问题，这即是对协会管理工作的加强也是对协会工作的支持，认真贯彻执行建设部关于协会工作的意见，中国建筑装饰协会和地方协会的工作步伐就会加快。

加强协会自身建设，搞好协会的组织建设、制度建设和业务建设是关键内容，提高行业协会的整体素质和建立适应开展工作的体制和机制。协会工作要有人员的保证，很多工作开展活跃的地方协会，首先是人员配备比较齐，人员的年龄结构比较合理，人员的知识水平和专业素质较高。因此，要将协会秘书处工作人员的年轻化、专职化作为协会秘书处整顿和提高的重要内容。同时要建立协会的工作制度，提高协会工作效率和政策水平，否则，就不能承担更多的政府职能转移。

协会要成为行业利益的代表，行业管理的主体，行业发展的领路人，没有健全的工作系统不行，没有扎实牢固的会员单位基础也不成，没有协会自身建设更不成。2003年的10项工作都是关系到行业发展的大事，需要有坚强的组织保障来落实完成，因此，中国建筑装饰协会把支持和推动组建地方装饰协会和扩大会员单位队伍作为一项长期工作来抓，同时把加强协会自身建设，提高协会素质，完善协会机构，健全协会制度，拓展协会业务作为一件大事常抓不懈。希望各地方协会认真努力，保证今年工作的顺利完成。

非常感谢大家在百忙中来京共议大事，并祝大家身体健康，工作顺利！

·全国建筑装饰装饰科技大会·

迎接中国建筑装饰行业科技进步的春天

——记全国建筑装饰行业科技大会

《中国建筑装饰》编辑部　特约观察员

一、大会意义、目的和主要内容

经建设部批准，2003年9月21～23日，由中国建筑装饰协会组织，来自全国各地千余位业内人士参加的“全国建筑装饰行业科技大会”在北京京丰宾馆举行。这是建筑装饰行业召开的第一次全国科技大会。

本次大会召开的意义，是在全国人民深入学习贯彻党的十六大精神和“三个代表”重要思想，实现全面建设小康社会奋斗目标的形势下召开的一次大会；也是在科学技术高速发展，我国建筑装饰行业经营规模不断扩大，对经济发展和社会进步作用日益显著的条件下召开的一次行业盛会；是与时俱进，开拓创新的大会；是在我国建筑装饰行业发展史中，具有里程碑意义的大会。

本次会议的目的，旨在全行业树立“科技是第一生产力”的思想，增强行业科技创新意识，提高工程科技含量，通过科技进步，全面提高行业的发展质量，更好的发挥出建筑装饰行业在促进国民经济发展和社会进步中的作用，为全面建设小康社会做出新的贡献。旨在探索技术创新的方法和途径，依靠技术进步提高企业核心竞争力，提高我国建筑装饰企业参与国际竞争的能力，赶超国际先进水平。

中共中央委员、建设部部长汪光焘，科技部石定寰秘书长出席了大会开幕式并作了重要讲话。大会聘请了建设部、科技部和国家信息中心的3位专家作了大会的主题报告，聘请了49位业内资深专家、学者和企业家，分别在企业家、设计师、施工技术和工厂化、材料与部品及建筑幕墙五个专业论坛上进行了演讲。

会议期间，公布了《关于建筑装饰行业科技进步的若干意见》。为 “全国建筑装饰工程科技奖”和“2002 年度中国建筑装饰行业百强企业”颁了奖。公布了首批“建筑装饰行业科技示范工程项目计划名单”。表彰了“2003年首届全国建筑装饰行业优秀论文”。同时，出版发行了《2003年首届全国建筑装饰行业优秀论文集》、《2003 年全国建筑装饰行业科技大会报告演讲论文集》和《2002 年中国建筑装饰行业年鉴》。

中国建筑装饰网、《中国建筑装饰》、《中华建筑报》和《中国建筑装饰装修》等中国建筑装饰协会主要媒体对大会进行了全方位的集中报道，中央电视台、北京电视台、《人民日报》、《科技日报》、《经济日报》、《光明日报》、《中国建设报》等国家主要媒体对大会进行了不同侧面的报道。中央电视台于开幕式当日和闭幕式当日作了多次报道。

二、大会开幕式

9月21日，大会举行了隆重的开幕式。出席大会并在主席台前排就座的领导有中共中央委员、建设部部长汪光焘，全国人大常委会环境与资源保护委员会副主任委员、建设部原常务副部长叶如棠，科技部党组成员、秘书长石定寰，中国建材工业协会理事长张人为，建设部党组成员、办公厅主任齐骥，建设部人事教育司司长李秉仁、建设部科技司司长赖明，国家工商总局消费者权益保护局副局长刘小平，国家环保总局原科技司司长陈尚芹，中国建筑装饰协会名誉会长张恩树、会长马挺贵、常务副会长兼秘书长徐朋。

在主席台上就座的还有建设部市场管理司副司长王早生，建设部工程质量安全监督与行业发展司副司长徐波，中国建筑业协会常务副会长兼秘书长徐义屏，中国建筑学会秘书长周畅，中国建设监理协会会长田世宇，中国土木工程协会秘书长张雁，中国勘察设计协会秘书长郑春源，中国建筑金属结构协会副秘书长黄圻，中国安装协会副秘书长赵爱兰，吉林省建设厅副厅长、吉林省建筑装饰业协会理事长邱久才，原北京市建委副主任吴国兴，中国建筑装饰协会荣誉理事石连峰，以及中国建筑装饰协会副会长（按姓氏笔划排列）丁域庆、叶远西、朱兴良、汪家玉、陈木林、陈国宏、符曜伟、谢建伟、魏光。

开幕式由中国建筑装饰协会常务副会长兼秘书长徐朋主持。

大会首先由中国建筑装饰协会会长马挺贵会长致开幕词，他在阐述了本次大会的意义、目的和主要内容后，希望各位代表重视、珍惜这一重要的学习、交流机会，全力以赴的开好大会，实现大会的预期目标。这就是在提高认识的基础上，把科技进步摆在重要的位置上来，在全行业形成尊重科学、尊重知识、尊重人才的氛围，加大科技投入，搞好科技示范，形成一系列科技进步的工作机制和管理机制，使我们行业更好地适应全面建设小康社会的需要，更好地迎接入世的挑战，在建设有中国特色社会主义事业中做出更大的贡献。

接着，中共中央委员、建设部部长汪光焘发表了题为“加快科技创新促进建筑装饰行业新发展” 热情洋溢的重要讲话，他对建筑装饰行业的地位和作用给予了充分的肯定，讲话分三部分：第一是要充分认识建筑装饰行业在国民经济和社会发展中的重要地位和作用；第二是要加快科技创新，积极推进产业化现代化，提高建筑装饰装修行业整体水平，保障广大人民群众的根本利益；第三是对建筑装饰协会的四点希望和要求：一是继续发挥协会的桥梁纽带作用，为会员单位提供更好的服务；二是加强行业自律，推动建立建筑装饰装修行业诚信体系；三是促进住宅装饰装修市场发展，满足群众提高住房质量需求；四是努力推进行业技术进步，提高行业整体素质。他希望建筑装饰行业继续努力，做出新的业绩。

科学技术部党组成员、石定寰秘书长作了题为"努力实践'三个代表'重要思想，全面推动建筑装饰行业科技进步"的重要讲话，他代表科学技术部并代表徐冠华部长向大会的召开表示热烈的祝贺。他指出，此次大会是新时期我国建筑装饰业努力实践"三个代表"重要思想，进一步落实"科技是第一生产力"的方针和科教兴国战略、可持续发展战略的重大举措，对于推动建筑装饰业的技术创新、管理创新和体制创新，切实提高我国建筑装饰业科技水平，加速推广应用新技术、新材料和新产品，以及促进建筑装饰业的可持续发展，必将产生深远的影响。这次大会盛况空前，有上千名代表参加了大会，表明这个行业正处在兴旺发达的时期，充满活力和机遇，表明了广大企业对科技进步的渴望和需求。

他讲了四个方面问题：一是与时俱进，实现建筑装饰业科技发展新跨越；二是"以人为本"，推动建筑装饰业可持续发展；三是整合资源，加强建筑装饰业力量集成；四是规范管理，提升建筑装饰业整体素质和水平。他强调，科技部将一如既往与建设部密切合作，大力支持和推动行业科技进步。建筑装饰业的科技创新，已成为历史发展的必然要求，科技必将在建筑装饰业中发挥越来越重要的作用。

3 位领导讲完话后，在主席台上就座的领导与全体代表在会场外集体合影。

在合影前排就座的还有建设部有关部门的负责人、中国建筑装饰协会部分部门及专业委员会负责人、30 个地方建筑装饰协会的领导、论坛演讲专家及有关部门的负责人：

建设部公司社团管理办公室刘平星处长，建设部社团第一党委办公室主任周维贵。

中国建筑装饰协会副秘书长房箴、张京跃、信息部主任兼《中国建筑装饰》主编黄白、行业发展部主任王本明、信息咨询委员会理事长崔勇、秘书长田万良、建筑电气委员会理事长花恒久、铝制品委员会执行主任曾文涛，中国人民解放军建筑装饰协会秘书长沙启云。

北京市建筑装饰协会理事长朱希斌，天津市环境装饰协会秘书长王文焕，上海市装饰装修行业协会会长李洪鑫，重庆市建筑装饰协会副秘书长肖能定，河北省建筑装饰协会会长蓝政、秘书长刘纪堂，山西省建筑装饰协会秘书长赵劲杉，黑龙江省建筑装饰协会常务副会长赵兴斌、副会长郭长军、副秘书长赵光武，吉林省建筑装饰业协会秘书长张文学，长春市建筑装饰装修协会秘书长丛廷才，辽宁省装饰协会会长杨帅邦、秘书长田平，大连市建筑装饰协会秘书长杨昭富，济南市建管局副局长、济南市装饰协会会长赵世忠、秘书长王建森，泰安市建筑装饰协会秘书长陈建英，江苏省建筑装饰协会会长毛家泉，苏州市装修装饰行业协会会长孔全林，安徽省建筑装饰协会常务副会长兼秘书长李增堂，合肥市建筑装饰协会秘书长罗伟明，浙江省建筑装饰协会常务副秘书长陈孟坡，江西省装饰行业协会理事长王儒明、秘书长章雪儿，福建省建筑装饰协会常务副会长张福如，洛阳市建筑装饰协会秘书长赵安敏，武汉建筑装饰协会会长彭国云，广州建筑装饰协会会长许和铁，四川省建筑装饰协会秘书长陈建文，成都市建筑装饰协会秘书长张桂芳，绵阳市建筑装饰协会秘书长石凤珍，云南省建筑装饰行业协会会长朱保荣，宁夏建筑装饰协会会长史是伟，陕西省建筑装饰协会会长孔祥清、副秘书长哈博，甘肃省建筑装饰协会会长张国杰，乌鲁木齐市建筑装饰协会秘书长曹永清等和中国建筑学会室内设计分会会长张世礼，论坛演讲专家来增祥、李宁、姜峰等。

出席中国建筑装饰协会五届三次常务理事会的代表，以及参加大会展示活动的部分优质装饰材料生产厂商的代表也参加了合影。

三、主题报告和论坛演讲

开幕式结束后，3 位专家进行了一天的主题报告会。

一是科技部党组成员、石定寰秘书长所作的题为"关于'十五'期间国家科技发展概述"的报告，他在推动我国科技发展思路中提到，第一要调整科技创新战略的指导思想，更加强调原始性创新，力争实现科学技术发展的跨越；第二调整科技创新的理念和管理体制，牢固树立"以人为本"的价值观；第三调整科技创新的工作方针，切实做到有所为，有所不为，集中力量办大事；第四调整科技创新的模式，从注重单项创新转变为更加强调各种技术的集成，强调在集成的基础上形成有竞争力的产品和产业；第五要调整科技创新的政策对象，在注重科研院所的同时，更加注重动员和组织全社会科技力量，对指导我国建筑装饰行业科技进步，具有重要的意义。

二是建设部科技司司长赖明博士所作的题为"加强技术创新推动建筑装饰行业科技进步"的报告，建筑装饰行业是建筑业的重要组成部分，建筑装饰行业的发展，始终得到建设部的高度重视，汪光焘部长的重要讲话，对建筑装饰行业的地位和作用给予了充分的肯定，是对我们的鼓励和鞭策，给我们科技进步工作增加了压力，如何推动建筑装饰行业的科技进步成为重要课题，他从技术创新的重要性，如何加强行业的技术创新，从建筑业到建筑装饰行业做了深入分析，对提高建筑装饰企业树立科技是第一生产力的认识，具有重要的指导意义。

三是国家信息中心副主任胡晓明研究员所作的题为“我国信息化建设现状及发展”的报告，党的十六大提出，实现工业化仍然是我们现代化进程中艰巨的历史性任务，信息化是我国加快实现工业化和现代化的必然选择。坚持以信息化带动工业化，以工业化促进信息化，走出一条科技含量高、经济效益好、资源消耗低、环境污染少、人力资源优势得到充分发挥的新型工业化路子，对我国建筑装饰行业的科技进步具有重要指导作用。他用通俗的语言，讲述了信息化建设的重要性，也对我国信息化的现状及未来的发展做了比较全面的介绍，对我们加强行业信息化建设具有很大的帮助。

49 位专家、学者、企业家分别在五个论坛作了很有份量的精彩演讲。

企业家论坛——主题：企业制度、战略、文化及核心竞争力

论坛负责人：中国建筑装饰协会行业发展部主任、高级经济师王本明。

主持人：中国建筑装饰协会常务理事、北京市建筑装饰协会理事长朱希斌，中国建筑装饰协会常务理事、吉林省建设厅副厅长、吉林省建筑装饰业协会理事长邱久才，中国建筑装饰协会副秘书长、高级建筑师房箴。

致词：中国建筑装饰协会副会长、高级工程师符曜伟。

演讲（10位，以演讲先后排列，下同）：

1. 国务院发展研究中心技术经济部主任、研究员郭励弘：中国企业制度的现状及发展趋势

2. 中国建筑装饰协会常务理事、深圳市新鹏都装饰工程有限公司董事长、高级工程师、潘育明：企业改制后的制度创新与完善

3. 中国建筑装饰协会副会长、深圳市广田装饰设计工程有限公司董事长、高级工程师叶远西：中国企业家的社会责任

4. 中国建筑装饰协会副会长、上海建筑装饰工程公司总经理、高级工程师谢建伟：关于建立装饰企业技术创新体系的若干问题

5. 中国建筑装饰协会常务理事、深圳长城家具装饰工程有限公司董事长兼总经理、高级工程师张朝煊：文化　战略　执行力

6. 苏州金螳螂建筑装饰公司总经理、高级建筑师倪林：企业管理模式的创新与核心竞争力

7. 中国建筑装饰协会副会长、深圳市建筑装饰（集团）有限公司董事长兼总经理、高级政工师汪家玉：创建有装饰行业特色的企业文化

8. 中国人民大学商学院副院长、教授、博导李平：企业核心竞争力的形成与提高

9. 深圳海外装饰工程公司总经理、高级工程师高岗：建筑装饰企业生产力要素分析及优化政策

10. 武汉建筑装饰协会副会长、工商管理学硕士、武汉嘉禾装饰公司总裁钱俊雄：装饰企业的人力资源开发

设计师论坛——主题：思想与技巧 环保与高科技材料应用

论坛负责人：中国建筑装饰协会设计委员会（筹）秘书长、教授级高级建筑师田德昌。

主持人：中国建筑装饰协会常务理事、上海市装饰装修行业协会会长李洪鑫，中国建筑装饰协会常务理事、黑龙江省建筑装饰协会常务副会长、教授级高级建筑师赵兴斌，中国建筑装饰协会设计委员会（筹）秘书长、教授级高级建筑师田德昌。

致词：中国建筑装饰协会常务理事、清华大学美术学院教授张世礼。

演讲（12位）：

1. 清华大学美术学院环境艺术系主任、教授、博导郑曙旸：科技进步与建筑装饰设计的发展

2. 大连轻工业学院艺术学院院长、教授任文东：经济性原则——对中国建筑装饰设计方向的研讨

3. 深圳市建筑装饰（集团）有限公司总工程师兼设计院院长、高级建筑师姜峰：走向世界的中国建筑装饰设计

4.《中国建筑装饰装修》杂志主编、北京装华文化发展公司副总经理、建筑学硕士、副编审于冰：以创新为己任的新生代——论青年室内建筑师创作思想的若干特点

5. 上海市装饰装修行业协会副会长、同济大学建筑系教授、博导来增祥：现代室内设计是科技平台上的艺术创作

6. 中央美术学院设计学院研究室主任、教授王铁：旧建筑改造与建筑外观设计

7. 深圳长城家具装饰工程有限公司总设计师、高级工程师成湘文：关于五星级酒店室内设计的比较研究

8. 上海现代设计集团主创设计师、高级工程师卢铭：金融建筑装饰设计

9. 山东齐鲁装饰设计院院长、高级工程师王培新：医疗建筑装饰与环境设计

10. 苏州金螳螂建筑装饰有限公司总设计师 、高级建筑师王琼：建筑装饰设计的地域性和文化性

11. 中国建筑装饰协会常务理事、江苏省建筑装饰设计研究院院长、一级注册建筑师李宁：星级旅游酒店的动态化设计

12. 清华大学美术学院环境艺术系副主任、教授苏丹：艺术与设计——论艺术在室内设计中的价值与创新

施工技术与工厂化生产论坛——主题：以科学技术实现装饰施工现代化

论坛负责人：中国建筑装饰协会工程委员会秘书长、高级经济师顾国华。

主持人：中国建筑装饰协会常务理事、江苏省建筑装饰协会会长毛家泉，中国建筑装饰协会常务理事、江西省装饰

行业协会会长王儒明，中国建筑装饰协会工程委员会秘书长、高级经济师顾国华。

致词：中国建筑装饰协会副会长朱兴良。

演讲（10位）：

1．中国建筑装饰协会工程委员会秘书长、高级经济师顾国华：建筑装饰施工技术的现状及发展趋势

2．国家化学建筑材料测试中心副主任、中国建筑科学研究院装修所研究员孟小平：建筑装修法规建设的现状及思考

3．广州珠江装饰工程公司总工程师、高级工程师曾东：谈建筑装饰装修施工组织设计中的技术创新问题

4．中国建筑装饰协会理事、上海市建筑装饰集团有限公司董事长、高级工程师张洪星：近代文物建筑的修旧如旧施工技术

5．山东福斯特建筑装饰有限公司董事长、山东舜和酒店管理公司董事长、高级经济师任建国：关于建筑装修工业生产部品集成的理论与实践

6．大连万佳嘉丽住宅产业配套有限公司、大连嘉丽装饰工程有限公司董事长、辽宁省住宅产业协会副会长、高级工程师罗森麟：工厂化生产——建筑装修的革命

7．北京盖德龙软件科技有限公司总经理 、高级工程师汪逸：利用Buzzsaw对装饰行业的设计、施工进行信息化管理

8．德国博世电动工具（中国）有限公司资深培训师、工商管理硕士叶蔓茂：当前世界及中国装修机具现状和发展趋势

9．速得化工（上海）有限公司总经理、上海交通大学工程力学学士、比利时罗文大学工业企业管理硕士屠子民：应用新型粘结技术改进传统木制作工艺

10．中国建筑装饰协会石材委员会副秘书长、北京洪涛石材养护有限公司总经理、高级工程师王京江：石材现场施工新技术的应用。

幕墙技术论坛——主题：科技 引领幕墙行业潮流

论坛负责人：张京跃　中国建筑装饰协会副秘书长。

主 持 人：辽宁省装饰协会会长杨帅邦，中国建筑装饰协会理事、广州市建筑装饰协会会长许和铁，中国建筑装饰协会铝制品委员会执行主任、高级工程师曾文涛。

致词：中国建筑装饰协会副秘书长张京跃。

演讲（9位）：

1．中国建筑装饰协会铝制品委员会专家、高级工程师张芹：中国对世界建筑幕墙技术发展的新贡献

2．沈阳远大铝业有限公司总工程师、高级工程师谢海状：科技创新是企业不断发展的原动力

3．武汉凌云建筑装饰工程有限公司总经理、MBA、高级工程师蔡继红：提高自身科技实力，加强国际合作

4．中国斯泰国际集团总裁徐跃华：抓住WTO有利时机，抢占知识产权的制高点

5．中国建筑装饰协会理事、广东金刚玻璃科技股份有限公司董事长、高级工程师庄大建：用新型高强度防火玻璃及其在建筑上的应用

6．中国建筑装饰协会理事、上海康宇企业发展有限公司董事长兼总经理施森彬：新型复杂曲面金属材料在建筑幕墙装饰上的应用前景

7．中国建筑装饰协会铝制品委员会专家、教授级高级工程师龙文志：双层幕墙与生态幕墙

8．杭州之江有机硅化工有限公司常务副总经理、高级工程师刘明：建筑密封胶应用的设计、选材与施工

9．清华大学建筑玻璃与金属结构研究所学术委员会副主任、教授罗忆：特种玻璃帷幕技术

装饰材料与部品论坛——主题：科技、环保、生态、健康

论坛负责人：中国建筑装饰协会质量技术部副主任张振路

主持人：中国建筑装饰协会常务理事、宁夏建筑装饰协会会长史是伟，中国建筑装饰协会常务理事、陕西省建筑装饰协会会长孔祥清，中国建筑装饰协会信息咨询委员会秘书长田万良

致词：中国建筑装饰协会副会长、高级建筑师丁域庆。

演讲（8位）：

1．建设部住宅产业促进中心副主任、高级经济师、投资管理硕士梁小青：新时期住宅产业化发展新思维

2．中国建筑装饰协会常务理事、化学材料委员会秘书长、上海建筑科学研究院副院长、教授级高级工程师汪维：生态建筑技术发展迎来装饰装修材料发展新机遇

3．中国建筑科学研究院防火所所长、研究员李引擎：建筑装饰材料与防火

4．中国新型建材学会副理事长、教授级高级工程师王少南：美国建筑装饰材料的发展、应用和特点

5．中国科学院理化研究所研究员李毕忠：纳米技术在装饰材料方面的应用

6．国家建筑材料测试中心主任、教授级高级工程师马振珠：奥运场馆对装饰材料的需求

7．原北京建材集团有限公司副总工程师、教授级高级工程师李怀之：新型建筑装饰材料发展动态

8．广东东鹏陶瓷股份有限公司总工程师、高级工程师蔡初阳：传统陶瓷与现代科技

四、大会闭幕式

9 月 23 日上午，大会举行闭幕式，在主席台上就座的领导有中国建筑装饰协会名誉会长张恩树、会长马挺贵、常

务副会长兼秘书长徐朋，建设部市场管理司副司长王早生，中国建筑装饰协会副会长朱兴良、陈国宏、张钧、符曜伟、魏光，江苏省建筑装饰协会会长毛家泉。

闭幕式由中国建筑装饰协会马挺贵会长主持，他宣布：首届全国建筑装饰行业科技大会各项报告、论坛议程已圆满完成，现在进行大会表彰和总结。

大会为 50 项首届“全国建筑装饰工程科技奖”和“2002 年度中国建筑装饰行业百强企业”举行了隆重的颁奖典礼。马会长说，让我们以热烈的掌声，对获奖单位表示祝贺，向我们行业内的精英企业表示祝贺！希望获奖单位，为我国建筑装饰行业做出更大贡献！获奖企业代表和领导合影留念。

大会公布了首批 12 项“建筑装饰行业科技示范工程项目计划名单”。马会长说，让我们以热烈的掌声，对列入科技示范项目的工程及企业表示祝贺和鼓励！希望列入计划的项目认真按科技示范工程科技进步计划逐项实施，并总结好实施示范工程的经验。

表彰了 130 位业内有成就人士所撰写的 110 篇“2003 年首届全国建筑装饰行业优秀论文”。马会长说，让我们以热烈的掌声，向获奖论文的作者表示祝贺！

接着，中国建筑装饰协会常务副会长兼秘书长徐朋作了题为“以科技进步　促行业发展迎接中国建筑装饰行业的春天”的大会总结讲话，讲话分四个部分：一是要深入学习和贯彻汪部长的讲话精神；二是一定要在科技进步上取得实质性的工作效果；三是要认真研究和贯彻《建筑装饰行业科技进步若干意见》；四是关于百强企业的评价推介工作。

他指出，在“全国建筑装饰行业科技大会”即将落下帷幕之际，作为我国建筑装饰行业首届科技大会，在以科技促进行业、企业发展的共同理想下，来自全国的近千名代表齐聚一堂，共同商讨行业科技发展大计，迎来了大会的圆满成功。两天半的时间是短暂的，但此次大会的意义是深远的。你们将作为“一粒种子”，将此次大会的精神“撒播”到祖国各地，将建筑装饰行业科技进步的“春天”带进千家万户！这是中国建筑装饰行业具有里程碑意义的一次会议，必将成为整个行业发展的新起点。

他强调，历时两天半的全议即将结束了，会议像一缕春风，为我们留下了生机盎然的科技进步，我们完全相信，有 20 年蓬勃发展的历史，有几百万名职工，有一大批忠诚于行业发展的专家、学者、企业家、设计师、项目经理的共同努力，一个以科技进步武装起来的中国建筑装饰行业，在全面提升行业的社会地位，全面提升行业发展质量，全面提升建设小康社会的贡献能力中，将以新的姿态迎接 21 世纪的挑战，走向新的辉煌。

最后，马挺贵会长宣布：我们开了一个务实的大会，成功的大会，团结、奋进的大会。本次科技大会，是我国建筑装饰行业向科技要效益、谋发展的誓师大会，是调整发展战略、开展科技攻关的动员大会，是具有行业发展里程碑意义的大会，必将对推动我国建筑装饰行业的科技进步和行业整体发展质量，对提高企业设计、施工能力和装饰工程质量与环保水平，将起到巨大的推动作用，历史将记录所有与会代表、报告人的功绩和贡献，本次大会必将载入我国建筑装饰行业发展的光辉史册。现在我宣布：全国建筑装饰行业科技大会已经圆满完成了各项议程，胜利闭幕！

五、大会总结

大会结束后，中国建筑装饰协会及时进行了大会工作总结。10 月 8 日“十一”长假后上班的第一天，中国建筑装饰协会在新乔迁的办公楼大会议室召开的第一个会议，就是进行包括全体 19 名工作人员参加的大会工作总结。会议由会长马挺贵主持，常务副会长兼秘书长徐朋进行了四方面的总结：

第一，立意高，指导思想正确，寻找到了行业发展的新思路，把握住了行业发展的脉搏。协会工作规律显示，做好工作需要兼顾两头，一头是贯彻“三个代表”，中国建筑装饰协会通过科技起步推动行业发展，符合形势发展，因此得到建设部、科技部等有关方面领导及各方面的重视；一头是适应会员企业的需求，中国建筑装饰协会多年来尽心研究并努力抓住关系行业发展方向的战略性、方针性问题，寻找新的行业发展思路，提升行业发展质量，因此得到业内良好的反响。

第二，大会准备工作充分、认真，精心策划，精心实施。中国建筑装饰协会为准备科技大会，会长马挺贵、常务副会长兼秘书长徐朋亲自抓，而且是事无巨细，从内容到形式、主题、论坛、会务、报道等均亲力亲为，非常细致。协会专门成立了以副秘书长房箴为总指挥，王毅强、田万良为副总指挥的大会指挥部，下辖会务、文件、联络、宣传、展览展示组，并分别由王毅强、王本明、黄白、邓千、田万良负责，3 位专家的主题报告、49 位论坛演讲，四个多月的准备工作非常不易，工作量非常大，会务组很好地完成了工作，达到了预期的效果，各部门、各工作人员均很努力，特别是王毅强、黄白、田万良等人，信息咨询委员会、工程委员会、培训中心、《中国建筑装饰装修》杂志社、《中华建筑报》社全力配合，都很好地完成了工作，值得表彰。

百强企业评价推介，信息部和《中华建筑报》全力以赴，工作完成得很好。

宣传策划，《中华建筑报》9 月 21 日、23 日和 26 日出版的三期报纸效果很好。《中国建筑装饰装修》第 9 期专门是“科技建筑室内装饰”。会刊《中国建筑装饰》第 9 期专为大会所出，加印后与会代表人手一册。此会还创造了装修承包商与材料生产厂商合作共同发展的机会和气氛，如广东东鹏陶陶瓷有限公司、鹰牌陶瓷有限公司、嘉俊陶瓷有限公司、杭州之江有机硅化工有限公司等，扩大了装修承包商在材料生产厂商中影响力，田万良、王永强、于冰等人为此做出了很大的努力。

此次大会对中国建筑装饰协会是一次极好的练兵和检阅，证明中国建筑装饰协会是一个有能力完成更艰巨任务的行业社团。这种兢兢业业工作的精神值得继续保持下去，同做工程一样，目标就是精品，才会出现精品过程，过程精品，保持这种精神，就是一个能干事、团结的协会。

第三，得到了地方装饰协会和会员企业的大力支持。中国建筑装饰协会通过今年4月底北京九华山庄的全国装饰协会秘书长工作会议和8月初哈尔滨的中国建筑装饰协会会长工作会议，得到了广大地方装饰协会和会员企业的普遍大力支持。本次会议实行的是由各省市区装饰协会组团制，各地均积极组团，人数较多的有北京（101 人）、江苏（75 人）、广东（67 人）、辽宁（57 人）、江西（48 人）、湖北（39 人）、吉林（34 人）、山东（30 人）。不少装饰企业，如黑龙江省国光、深装集团、苏州金螳螂、湖南华天等装饰公司，均派出一二十位高层管理人员与会并分赴各相关论坛听讲，体现了这些公司企业家的战略眼光和综合实力。所有演讲人均十分认真，如深圳长城装饰公司的董事长兼总经理张朝煊6 易其稿，均表现出了业内资深人士的水平。

第四，本次大会为中国建筑装饰协会提出了新的要求。具体表现在：

一是通过这次大会使协会工作上了一个新的台阶，会员企业期望值更高了，工作难度更大了，也可以说是自己给自己出了难题，更需要努力工作。如何在新的高度、新的起点进一步推动协会工作发展，如何创造性的开展高层次、前瞻性、预见性的工作，是摆在当前协会工作“二次创业”的主要课题。因此，协会工作也要更新观念，摸索协会的工作规律。

二是中国建筑装饰协会是一个没有政府行政职能的行业社团，这就特别需要协会在市场经济条件下找准自己的位置。自1978年全国科技大会以来，由行业协会召开行业科技大会，中国建筑装饰协会也许是第一个。本次大会的成功举行表明，在市场经济中，行业协会发展的空间很大，但是协会要找到自身的位置，就一定要加强自身建设，包括思想、组织、制度、作风等建设，思路要对头，大家要齐心努力干。只有提高工作质量，协会才能生存和发展。中国建筑装饰协会将进一步在市场经济的环境中寻求对会员企业满意的服务。干好工作，能够体现个人价值，提高协会经济实力，进而能更高质量地为会员企业和行业服务。

三是一定要加强与地方装饰协会和会员企业的交流、联系与合作，形成一批行业骨干力量，同时要加强与政府主管部门的请示与汇报，以创造更好的外部发展环境。对外要谦虚谨慎。

四是如何搞好协会工作，关键是“认真”二字。要象抓过程精品一样抓科技大会，象抓科技大会一样抓日常的工作，如果各部门均能如此，充分利用行业和社会资源，协会工作就一定能上一个新台阶。当前协会工作面临各种挑战和竞争，关键是把自己的事情办好，自己的工作干好。

9 月 20 日，中国建筑装饰协会召开了五届三次常务理事会，听取了常务副会长兼秘书长徐朋的工作报告，审议并通过《全国建筑装饰行业自律公约》和《中国建筑装饰协会理事会议事条例》两项工作提案，马挺贵会长作了重要讲话。大会期间，中国建筑装饰协会还召开了部分副会长和地方装饰协会负责人会议，常务副会长兼秘书长徐朋听取了关于2004年中国建筑装饰协会成立20周年庆祝活动的建议和意见。大会结束后的当天下午，中国建筑装饰协会召开了2003年全国建筑工程装饰奖复查工作会议。

六、业内评论

全国建筑装饰行业科技大会召开期间和结束之后，业内好评如潮，主要集中在：

建筑装饰行业召开千人大会，这在我国建筑装饰行业发展历史上是第一次。建设部部长出席建筑装饰行业的会议，这在我国建筑装饰行业发展历史上是第一次。汪光焘部长的出席和讲话，使与会的业内精英十分兴奋，受到了极大的鼓舞。科技部的领导出席建筑装饰行业的会议，在我国建筑装饰行业发展历史上也是第一次，石定寰秘书长的重要讲话，使与会代表精神振奋。

3 个主题报告、5 个行业论坛、3 位报告人和 49 位演讲人的成功，是中国建筑装饰协会自 SARS 取得阶段性成果恢复正常工作后，历时 4 个多月、经过每周至少一二次的研究，精心策划、全力以赴努力的结果。这些高水平、高层次，体现建筑装饰行业特点和科技发展要求的内容，必将发挥出指导行业科技进步的强大推动力。

值得指出的是，从大会主持人宣布开幕式结束，请与会领导和全体代表到室外合影，到合影完毕领导乘车先行离开，整个合影过程井然有序，用时仅为 15 分钟，与中国建筑装饰协会在人民大会堂举行 600 人规模的 2001 年、2002 年全国建筑工程装饰奖颁奖典礼所用时间相当，充分体现了建筑装饰行业的素质和会务策划实施水平。

综上所述，首届全国建筑装饰行业科技大会，建设部和科技部评价均很高，各方面均表示满意，对行业和社会影响非常大，意义深远，展示了中国建筑装饰协会和全行业的水平和可持续发展的能力，行业协会和行业信誉都有了极大的提高，是中国建筑装饰行业发展史上的一个里程碑。让我们满怀激情，在行业发展的新起点上，迎接中国建筑装饰行业科技进步的春天！

加快科技创新　促进建筑装饰行业新发展

——在全国建筑装饰行业科技大会上的讲话

建设部　部　长　汪光焘

（二〇〇三年九月二十一日）

同志们：

今天，全国建筑装饰行业科技大会隆重召开了，我代表建设部表示热烈的祝贺。依靠科技进步，加快科技创新，走新型工业化发展道路，是实现党的十六大提出全面建设小康社会宏伟目标的重要途径。建筑装饰行业科技大会的召开，对促进建筑业与房产业的健康发展将起到重要的作用。下面，我讲几点意见。

一、充分认识建筑装饰行业在国民经济和社会发展中的重要地位和作用

经济发展带动社会全面发展，改革开放以来，房地产业、建筑业的快速崛起已是我国的重要支柱产业。建筑装饰装修行业已经成为国民经济和社会发展中的新兴行业。

建筑装修装饰行业的发展，拉动了国民经济的快速增长，对国民经济的增长起着重要的作用。2002 年我国建筑装饰行业工程总产值已达到 7200 亿元，占国民经济总产值的 7.0%，其中公共建筑 3000 亿元，居民住宅装修近 4200 亿元，年平均增长速度达到 20%左右。建筑装饰行业年增加值在 1750 亿元左右，占全国建筑业增加值的 30%左右。据国家旅游局统计资料表明，每年仅宾馆饭店新建改造带来的装修工程量在 500 亿元左右。可以预计，居民住房消费有效启动，住宅一二级市场交易活跃，住宅的装饰装修在建筑装饰行业中的份额逐步增大；随着经济发展和社会进步及奥运会、世博会等大型国际活动的举办，对写字楼、宾馆等公共建筑的装饰装修的需求也在扩大，为装饰装修行业发展提供了较大的发展空间。装饰装修行业涉及建材、林工、轻工、化工、冶金、纺织、机电等二十几个行业，建筑装饰装修市场的繁荣带动了相关产业的发展。据统计，每年直接为建材业提供 2750 多亿元的市场容量，使建材行业较长时期内保持了 10%以上的增长速度，年增长额在 150 亿元以上，其中化学建材，如建筑涂料、石膏板、塑钢等新型建材的需求量增长速度超过了 20%。建筑装饰装修行业的发展为林工产品也提供了巨大的市场份额，国家林业年鉴统计资料表明，我国木材销量中的 20%用于建筑业，全年为林工行业提供 682 亿元左右的市场。建筑装饰装修工程量的增长，直接带动了物流产业的繁荣与发展。据对北京市的统计，全市现有大中型建筑装饰材料市场 113 家，加上专卖店、小型综合市场等，数量超过 1200 家，总摊位量超过 20 万个。按照去年我国家居装饰装修工程 4200 亿元测算，每年建筑装饰装修材料流通总量超过 2100 亿元，直接拉动商业零售额增长近 10%。同时，建筑装饰装修行业的发展，也促进了进出口业、旅游业、交通运输业等行业的发展。装饰装修消费的增长，还推动了日用百货、服装、家具及家电销售的增长和商业的持续稳定发展。建筑装饰装修行业的发展对扩大内需，刺激消费需求的增长起到了积极作用。

建筑装饰装修行业的发展，为扩大就业，促进城乡共同富裕起到了积极的作用。建筑装饰装修行业的发展，扩大社会就业门路。据统计，我国建筑装饰装修行业企业近 20 万家，从业人数 1100 多万人，85%的人员来自农村，是吸纳农村富余劳动力的重要方面。装饰装修市场的扩大，引发了对人才的强劲需求，为全国 200 多所大专院校每年近万人的毕业生提供共了广阔的就业和发展空间。

建筑装饰装修行业的发展，推动建筑产品的更新换代，促进产业结构调整。建筑物外观质量和内在环境质量的要求不断提高，建筑装饰装修在建筑工程总造价中的比重不断提升，建筑物的品质也在不断提高，提高了建筑业的科技含量，促进了建筑业现代化水平的提高。建筑装饰装修行业对建材产业的升级作用尤为突出。建材产品科技含量增加、新技术推广应用，使主要装饰性建材生产技术有了质的飞跃，使我国的建材产品规模扩大，适用性能和技术水平大大提高，推动了建材行业整体升级和林工产品的结构调整和更新换代。建筑装饰装修工程的新技术在建筑中的应用和发展，加快了科技成果的转化，成为人们现实生活中应用高、新技术最多的领域。以光纤卫星接受与数字式通讯网络、室内环境与设备控制计量、物业管理信息系统、纳米建材、环保产品等为代表的现代化新技术在建筑装饰装修工程中广泛应用，极大地促进了建筑技术的发展，促进了产业结构和消费结构的合理化，促进了建筑业和房地产业的结构调整，也大大改变了居民的消费结构。

二、加快科技创新，积极推进产业化现代化，提高建筑装饰装修行业整体水平，保障广大人民群众的根本利益

提高建筑装饰装修行业整体水平，关键是要紧紧依靠科技进步，加快科技创新，探索适合我国国情的建筑装饰装修新路子，逐步实现建筑装饰装修行业从粗放型向集约型的根本性转变。

积极推进产业现代化，实现建筑装饰装修生产方式的根本性变革。产业现代化就是以市场需求为导向，以科技

进步为依托，以模数化、标准化、信息化为基础，以科学的组织和现代化的管理为手段，将建筑产品生产全过程的开发、设计、施工、部品生产、管理和服务等环节联结为一个完整的产业系统，从而实现生产、供给、销售和服务一体化的生产组织形式。目前，我国的建筑装饰装修行业整体上仍属于粗放型行业，产业的特点表现为"四低二高"：工业化水平低、成套技术集成度低、劳动生产率低、建筑产品的综合质量低；资源消耗高、建筑产品的生产造成的污染程度高。推进装修产业现代化是一项紧迫的任务。加快完善建筑标准体系，提高建筑设计、产品生产的标准化、模数化水平。加强基础技术和关键技术研究，建立和完善技术标准保障体系是推进产业现代化的基础和根本保证。完善标准和规范体系、建筑与部品模数协调体系，开展标准化、多样化与工业化相结合，功能质量、工程质量和环境质量相结合的标准设计，为实现技术体系的通用化、配套化、系统化提供技术支持。加快研究和制定新型结构体系、环境保障技术、节能技术、装修技术等新技术应用标准和技术导则，为加快新技术推广提供标准依据。大力发展通用部品体系，提高建筑产品的工业化水平。通过通用部品体系的发展，加大工厂化生产的比重，减少现场湿作业工作量，走工厂化生产现场组装、安装的施工路子，实现由施工现场到工厂的转变，提高工程施工精确度，缩短建设周期。推行土建装饰装修一体化设计，提高建筑装修设计水平。设计是推进工业化的基本环节，提高设计水平是实现产业现代化的基础。加强建筑装修施工机具、技术和管理的研发，提高装饰装修企业的装备水平和管理水平。建筑装饰装修业要适应形势的变化，加快技术开发，增加工程施工现场的机械化、自动化机具的质量和数量，加强现代化管理意识，不断提高技术装备水平和管理手段。加快信息化建设，建立有序、协调的建筑装饰装修物流体系。坚持以信息化带动工业化、以工业化促进信息化的方针，应加快建筑装饰装修材料流通管理的信息化建设，逐步形成生产、供给、销售和服务一体化的社会化大生产组织体系，加快产业现代化快速发展。

依靠科技进步，加快科技创新，提高建筑产品的综合品质。建筑业的科技进步，要以建筑产品的舒适、适用、环保、经济为出发点，以缩短工期、减少能源消耗、安全环保、降低运营成本、提高工程质量为目标，加快科技创新，积极推广先进适用成套技术，不断提高建筑装饰装修的工业化水平和建筑装饰装修产品的综合品质。要加快科技创新，积极研发先进适用成套技术。要围绕"节能、节水、节地、治污"等制约城乡建设可持续发展的关键环节，加大科技投入，扶持重点攻关项目、重大技术开发项目，开发研究适合各地区自然条件和经济发展水平的适用技术和产品，加快建筑装饰装修业产业现代化的进程。要大力推广应用新技术、新产品，提高建筑产品的科技含量。积极推广新型装饰装修材料、环保建材、防水保温隔热材料、轻质隔断、节能门窗、节水便器、新型高效散热器、经济型电梯和厨卫成套设备以及以水质水压保障、中水处理、垃圾处理等为主的建筑环境保障技术，不断提高建筑产品综合质量。各地政府和有关部门要通过财政、金融等经济政策，引导和鼓励企业投资于科研项目，尽快把专利转化为现实生产力。扶持和引导企业进行技术开发、技术推广、创造推进产业现代化的市场环境。

加强行业管理，保障广大人民群众根本利益。当前，建筑装饰装修行业引发的社会矛盾很突出。尤其是装饰装修的环保问题，已经引起了国家领导人的高度重视。要严格实行产品的准入和建筑工程室内环境检测验收制度。逐步推行产品标示制和产品成分标签制，提高产品品质透明度。我国已经颁布了10种主要装饰材料有害物质限量标准和民用建筑室内环境控制规范。要积极开展产品认证工作，加快淘汰不符合环保和产业发展要求的技术和产品，禁止未经国家有关部门认证的产品上市流通。要加强建筑装饰工程施工过程环境指标控制，高度重视装饰工程竣工后的室内环境检测和验收工作，确保广大人民群众的身心健康。要在装修装饰工程建设中实行企业和项目经理质量责任制，通过工程管理的手段，确保在装饰装修工程中使用环保达标材料和部品。各级地方建设行政管理部门要加人执法力度，制止和淘汰不符合环保要求的产品生产和流通，坚决打击假冒伪劣产品的销售行为。要严格执行国家强制性标准和工程竣工验收制度，加大对房地产开发企业、建筑企业的检查和监督力度，对违法行业予以严厉处罚。

三、对建筑装饰协会的几点希望和要求

中国建筑装饰协会经过近20年的发展，积累了丰富的行业管理经验，具备了从事行业管理的条件。随着市场经济体制的不断深化和政府职能的转变，在市场经济体制中必将发挥重要的作用。对协会今后工作提出点希望。

1. 继续发挥协会的桥梁纽带作用，为会员单位提供更好的服务。发展社会主义市场经济要充分发挥企业的作用，协会是企业之家，是政府的纽带和桥梁，这几年来，中国建筑装饰协会受建设部的委托，在15个中心城市开展了家庭居室装饰装修试点工作，起草了建筑装饰专项设计、施工资质标准，负责建筑装饰专项设计资质的初审工作，参与建筑装饰施工企业资质审查工作，编制建筑装饰装修工程建造师考试大纲和考试指导书等，都取得了很好的效果。当前，政府职能转变工作在稳步推进，协会将承担更多的工作。协会要健全机构，加强组织建设、思想建设和业务建设，提高自身素质和能力，协助政府加强行业管理。协会既是行业管理者，更是行业服务者，一切工作要以为会员服务为出发点，要为企业搭建市场信息及服务平台，提供政策信息、市场信息及商务信息，研究和解决企业发展中存在的问题。

2. 加强行业自律，推动建立建筑装饰装修行业诚信体系。总体来说，我国的建筑装饰装修行业的发展是健康的，但在其迅速发展中也存在一些问题，比如行业内过渡竞争，无序竞争，企业间竞相压价，恶意拖欠；一些企业不守诚信，在装饰装修施工中使用劣质建材，偷工减料，随意降低质量标准，给业主留下安全隐患，等等。这些行为严重影响和损害了行业形象。目前，部里正组织建立部管各行业的企业信用体系。协会要充分发挥中介组织作用，加快行业内的诚信体系建设，提高企业、行业自律水平，共同抵制不诚信行为。要通过建立企业、人员的信用档案，记录并公布企业、个人的不良行为，让不守法、不诚信的企业和个人名誉扫地，直至清出市场。行业协会要与有关部门加强联系，及时沟通情况，采取切实有效手段，奖优罚劣，提高行业、企业的诚信度。

3. 促进住宅装饰装修市场发展，满足群众提高住房质量需求。群众利益无小事。住宅装饰涉及千家万户，关系到老百姓的切身利益，住宅装饰市场还很不规范，装饰施工质量低劣、价格欺诈、使用劣质建材等总是相当普遍，严重损害了广大群众的切身利益，这些方面的投诉时有发生。要管好家装市场，管好家装队伍，大力发展家装企业，严防不符合国家规定的材料进入市场，防止不符合国家标准的材料转移到农村装饰市场。

4. 努力推进行业技术进步，提高行业整体素质。要充分发挥行业协会了解行业、熟悉企业的优势，积极参与行业标准、规范及行业发展指南等编制工作，不断完善行业技术、法规体系。协会要大力宣传普及建筑装饰装修行业的政策法规和装饰装修知识，要加大与国内外同行的技术交流与合作，引进先进的理念，繁荣装饰创业。要认真落实《建筑装饰行业科技进步的若干意见》，通过组织科技示范项目的实施、交流和推广，提高建筑装饰工程的科技含量。通过全国建筑工程装饰奖的表彰，鼓励和激发行业的技术创新。要通过制定并完善工艺工法，加大施工队伍的培训，为全面提高工程质量提供支持和保障，保证提供质量过硬、人民满意的工程。

希望建筑装饰行业继续努力，做出新的业绩。

预祝全国建筑装饰行业科技大会圆满成功！

努力实践“三个代表”重要思想　全面推动建筑装饰行业科技进步

——在全国建筑装饰行业科技大会开幕式上的讲话

科学技术部　秘书长　*石定寰*

（二〇〇三年九月二十一日）

尊敬的叶如棠副主任、汪光焘部长、马挺贵会长，各位来宾、同志们：

盛世逢佳期，正在全国人民落实党的“十六大”精神，全面建设小康社会第一年的金秋时节，在全国兴起学习“三个代表”重要思想新高潮之际，中国建筑装饰行业协会在北京隆重召开首届全国建筑装饰业科技大会，我谨代表科学技术部、并代表徐冠华部长向大会的召开表示热烈的祝贺！

此次大会是新时期我国建筑装饰业努力实践“三个代表”重要思想，进一步落实“科技是第一生产力”的方针和科教兴国战略、可持续发展战略的重大举措，对于推动建筑装饰业的技术创新、管理创新和体制创新，切实提高我国建筑装饰业科技水平，加速推广应用新技术、新材料和新产品，以及促进建筑装饰业的可持续发展，必将产生深远的影响，这次大会盛况空前，有上千名代表参加了大会，表明这个行业正处在兴旺发达的时期，充满活力和机遇，表明了广大企业对科技进步的渴望和需求，刚才汪部长作了重要讲话，我完全同意。

建筑装饰业在国民经济和社会发展中处于十分重要的位置。建筑业已经成为我国国民经济重要支柱产业之一，建筑业对推动国民经济和社会的发展、拉动内需，推动广大人民群众生活水平的提高和对外开放的发展起到了重要作用。而装饰装修业的发展，在整个建筑业中所占的比重不断提高，已成为一个充满活力的新兴行业，得到快速的发展。

建筑装饰业是典型的技术密集与劳动密集相结合产业，不仅可拉动内需，而且可吸纳大量富余劳动力。目前，全国共有装饰装修企业近 20 万家，从业队伍达到 1250 万人，为城乡待业人员创造了大量的就业机会。同时，建筑装饰业的发展对相关产业的带动作用也十分显著，不仅可以直接推动建筑结构、建筑室内外环境、建筑材料、给排水、电气、空调暖通等领域和设备的研究开发，而且还可以大力促进冶金、化工、机电、电子、新材料、轻工等产业的快速发展。

然而，我们应该清醒地看到，我国建筑装饰业面临诸多问题。譬如，我国建筑装饰业与国外相比，起步晚、差距大。我国建筑装饰业由于受传统习惯和体制的影响，处于粗放型阶段，突出表现为：整体科技水平水和从业人员素质不高，技术创新能力不强，设计水平和管理水平较低，装饰装修材料科技含量不高、环保性能较差，特别是一些企业科技意识不强，科技投入较弱，全行业科技创新机制不够健全。

针对全面建设小康社会的新形势，和走新型工业化道路的新要求，特别是针对城市的大发展与农村城市化的新要求，推动建筑装饰业的科技进步，进一步提高科技对支柱产业及国民经济建设和社会发展的贡献率。下面我谈四点建议和意见：

1. 与时俱进，实现建筑装饰业科技发展新跨越。我国建筑装饰业要依靠科技进步，努力走出一条科技含量高、经济效益好、资源消耗低、环境污染少、人力资源优势得到充分发挥的新型工业化道路，在行业发展模式上有新突破，在企业核心竞争力方面有新突破，在行业科技创新体系建设上有新突破。特别要抓住以设施为龙头的技术创新，全面推进行业技术进步。我国建筑装饰行业经过 20 年的发展，在工程设计上已经取得了很大的进步，设计作品的艺术风格、文化品位正在逐步提高，在民族传统文化和现代审美情趣的结合上有了很大的进步，但是，毕竟发展的历程较短，无论是设计理念、空间处理、色彩和材料综合运作的经验还有待提高，建筑装饰企业要认真研究技术发展战略，努力形成自己的优势技术领域，并借以增强市场竞争力和覆盖能力。要充分利用当代纳米科技和新材料领域，以及信息、生物、新能源、机电、环保领域的大量科技成果，通过系统集成创新，把这些成果应用到建筑装饰工程当中。要加强施工工艺水平，提高工厂化生产比重，提高工程安装精度，通过一系列技术进步措施，加快对传统的手工操作和劳动密集型行业的改造，实现建筑装饰业科技新发展和新跨越。

2.“以人为本”，推动建筑装饰业可持续发展。前一阶段的非典给我们敲响了警钟，使我们看到，关注和改善室内环境，杜绝和防止室内环境污染，已经不仅是为了提高人们的生活质量的问题，而且直接关系广大人民群众的身体健康和生命安全，直接关系改革、发展、稳定的大局。现今，人们在进行建筑装修的时候，不仅注重建筑室内的装饰性和美感，而且日渐意识到建筑室内污染对自身健康和人身安全的严重影响。由于市场上装饰装修材料质量良莠不齐，有些装饰装修材料有害物质含量没有得到有效控制，给我们的建筑室内空气带来了一定程度的污染，由此所诱发的各种疾病，严重影响了人民群众的身心健康，广大消费者为此反映强烈。这一问题已引起党中央和国务院领导的高度重视。温家宝总理就曾在“互联网信息择要（特刊）”“室内装修污染严重、规范市场刻不容缓”一文中做过重要批示：“此事关系居民生命健康，应引起重视。”我们在推进城镇化过程中，要从我国国情出发，除了考虑建筑自身问题外，还需充分体现可持续发展的思想，在满足建筑功能需要的同时，体现建筑装饰装修文化内涵和个性化要求。家庭装饰装修工程要运用环保的家装材料、合理的家居设计和科学的功能分区，为人们的日常生活，创造“舒适、健康、安全”的生活空间和环境。同时处理好建筑装饰与建筑节能、环境保护的关系，推动建筑装饰业健康、快速和可持续发展。

3. 整合资源，加强建筑装饰业力量集成。建筑装饰业涉及建筑、建材、化工、轻工等诸多部门。因此，要把积极调动和发挥各部门积极性放在十分重要的位置。要建立各行业、各部门会商和联动机制。科技部一直十分重视建筑及其他相关行业包括装饰业的科技创新工作。在“九五”期间，科技部联合建设部等 8 个部门共同实施了“小康住宅科技产业工程项目”，推动了我国住宅产业的快速发展；“十五”期间我部又推出了“居住区与小城镇建设关键技术研究”、“绿色奥运建筑评估体系研究”和“小城镇发展重大科技专项”；最近又将“城市发展和城镇化问题研究”纳入正在进行的国家中长期科技发展规划。科技部将一如既往地为建筑装饰业提供有效的科技服务和科技支撑。

4. 规范管理，提升建筑装饰业整体素质和水平。要进一步完善建筑装饰协会的功能。加强职业道德规范建设，纠正并制止企业违规违约行为；宣传贯彻国家法律法规标准，提高从业者的法制水平和业务素质；坚决揭露并严厉打击假冒伪劣产品和粗制滥造工程，整顿和规范建筑装饰市场秩序；维护行业利益，维护消费者利益、保证业内企业的合法经营，揭露并抵制社会上坑害业内企业的违法行为；对企业资信状况进行评定，表彰自律优秀企业，推广企业先进事迹和经验。

要加强建筑装饰业科技培训。针对我国建筑装饰业从业人员素质参差不齐的现象十分突出，对不同层次人员进行技术培训，扩大培训规模，确保培训质量，以适应我国建筑装饰行业发展对人才的强劲需求，并逐步培养出一批本行业高素质的企业家和领军队伍。今后凡是从事装饰装修的人员必须持证上岗。

要加快建筑装饰业的体制创新和机制创新。特别是从建筑装饰业的实际出发，既抓国有装饰企业改制，又抓中小型企业的培育和发展，仍是建筑装饰业的一项艰巨任务。我国建筑装饰业企业规模普遍偏小，要实行“扶大、扶优、扶强”的发展策略，把企业做大、做强，使其不仅适应中国市场国际化的要求，还要具备参与国际市场竞争的能力，应对加入 WTO 的机遇和挑战。

要切实营造行业发展的良好环境。加强行业法规、政策、标准体系建设，创造出一个公平、公正、公开竞争的市场环境。进一步研究加入 WTO 后行业管理职能国际化问题，做好政府与行业协会相关职能的调整，适应加入 WTO 后我国建筑装饰业管理同国际接轨的需要。

同志们：

我国正处在全面建设小康社会的新阶段，随着经济的快速发展和人民生活水平的日益提高，人们对生活环境和工作空间的质量要求越来越高，对于建筑装饰业来说，是一次极为宝贵的历史机遇；对于科技行业来说，也是一次难得的发展契机。如何使传统建筑装饰业焕发新的生机和活力，除了巨大的市场牵引外，离不开现代科学技术的支掌。科技部将一如既往与建设部密切合作，大力支持和推动行业科技进步。建筑装饰业的科技创新，已成为历史发展的必然要求，科技必将在建筑装饰业中发挥越来越重要的作用。

最后，预祝大会圆满成功！

谢谢大家！

在“全国建筑装饰行业科技大会”开幕式上的致词

中国建筑装饰协会　会　长　**马挺贵**

（二〇〇三年九月二十一日）

尊敬的汪光焘部长、石定环秘书长，各位来宾、各位同仁：

大家好！

经建设部批准，由中国建筑装饰协会组织召开的“全国建筑装饰行业科技大会”今天正式开幕了！首先，让我代表中国建筑装饰协会对各位领导和各位嘉宾在百忙中出席本次大会表示衷心的感谢！对各地方协会组团参加本次大会表示衷心的感谢！对参加本次大会的所有代表表示热烈的欢迎！

本次大会，是中国建筑装饰业召开的第一次全国科技大会；是在全国人民深入学习贯彻党的十六大精神和“三个代表”重要思想，实现全面建设小康社会奋斗目标的形势下召开的一次大会；也是在科学技术高速发展，我国建筑装饰行业经营规模不断扩大，对经济发展和社会进步作用日益显著的条件下召开的一次行业盛会；是与时俱进，开拓创新的大会；是在我国建筑装饰行业发展史中，具有里程碑意义的大会。

21 世纪科学技术的发展十分迅猛，科技兴国、科技兴业、科技兴企已经成为经济发展的主流。创新是一个民族的灵魂，更应该成为企业的灵魂。我国建筑装饰行业经过近 20 年的发展，取得了辉煌的成就，经营规模不断扩大，科技管理水平不断提高，创造了一大批建筑装饰精品工程，培养和造就了一大批企业家、设计师等技术与管理人员队伍，为我国经济发展和社会进步做出了重要贡献。但我们也必须看到行业发展中存在的问题，其中企业规模小，技术水平低、生产作业方式陈旧是最突出的问题。按照中央提出的“以信息化带动工业化，走出一条科技含量高、经济效益好、资源消耗低、环境污染少、人力资源优势得到充分发挥的新型工业化路子”的方针，实现以现代技术推动建筑装饰行业产业升级的目标，任务十分艰难。

本次会议，旨在全行业树立科技是第一生产力的思想，增强行业科技创新意识，提高工程科技含量，通过科技进步，全面提高行业的发展质量，更好的发挥出建筑装饰行业在促进国民经济发展和社会进步中的作用，为全面建设小康社会做出新的贡献。

本次会议，旨在探索技术创新的方法和途径，依靠技术进步提高企业核心竞争力，提高我国建筑装饰企业参与国际竞争的能力，赶超国际先进水平。

中国建筑装饰协会将通过技术创新，推动实现“扶大、扶优、扶强”的行业发展方针，造就一批拥有自主知识产权和核心技术，在国内、国际建筑装饰工程市场有较强竞争力的旗舰式企业。

本次大会，聘请了建设部、科技部和国家信息中心的 3 位专家作大会的主题报告，同时，我们还将聘请著名的专家、学者和业内的资深人士共 49 位同志，分别举行企业家、设计师、施工技术和工厂化、材料与部品及建筑幕墙五个专业论坛。会议期间，将公布《关于建筑装饰行业科技进步的若干意见》；并对一批科技含量高的工程进行表彰，颁发“全国建筑装饰工程科技奖”；同时公布首批“建筑装饰科技推广示范项目”；会议期间还将宣布“2002 年度中国建筑装饰行业百强企业”名单。为了配合本次会议，还将出版《2003 年首届全国建筑装饰行业优秀论文集》和《2003 年全国建筑装饰行业科技大会报告演讲论文集》，这些高水平、高层次，体现建筑装饰行业特点和科技发展要求的内容，必将发挥出指导行业科技进步的强大推动力。

希望各位代表重视、珍惜这一重要的学习、交流机会，全力以赴开好大会，实现大会的预期目标。这就是在提高认识的基础上，把科技进步摆在重要的位置上来，在全行业形成尊重科学、尊重知识、尊重人才的氛围，加大科技投入，搞好科技示范，形成一系列科技进步的工作机制和管理机制，使我们行业更好地适应全面建设小康社会的需要，更好地迎接入世的挑战，在建设有中国特色社会主义事业中做出更大的贡献。

同志们，我们肩负着重要使命，让我们团结一致，借这次大会的东风，开动和依靠科技进步的力量，扬帆远航，再创辉煌！

祝大会圆满成功！祝各位领导、来宾、会议代表身体健康！工作顺利！祝我国建筑装饰行业兴旺发达！

谢谢大家！

以科技进步　促行业发展　迎接中国建筑装饰行业的春天

——在全国建筑装饰行业科技大会闭幕式上的讲话

中国建筑装饰协会　常务副会长兼秘书长　**徐　朋**

同志们：

在“全国建筑装饰行业科技大会”即将落下帷幕之际，作为我国建筑装饰行业首届科技大会，在以科技促进行业、企业发展的共同理想下，来自全国的近千名代表齐聚一堂，共同商讨行业科技发展大计，迎来了大会的圆满成功。两天半的时间是短暂的，但此次大会的意义是深远的。你们将作为“一粒种子”，将此次大会的精神“撒播”到祖国各地，将建筑装饰行业科技进步的“春天”带进千家万户！这是中国建筑装饰行业具有里程碑意义的一次会议，必将成为整个行业发展的新起点。

此次大会，建设部、科技部的领导高度重视并给予了极大的关注。汪光焘部长亲自出席大会并发表重要讲话。科技部徐冠华部长亲自为大会做了安排，委托石定环秘书长到大会讲话，并做学术报告。同志们一致认为，汪部长的讲话指明了行业发展方向，深受鼓舞，极大的增强了对行业发展的信心。

会议期间，建设部、科技部和国家信息中心的3位专家作了大会的主题报告，五个论坛别开生面，49位学者、专家、企业家和设计师，以及其他方面的专业人士，从理论和实践两方面，在关系建筑装饰行业发展的诸多方面的科技进步、技术创新、以及学术领域的课题，进行了深入的交流与研讨，有内容、有特色、有营养，颇受启迪。与会代表一致认为，建筑装饰业发展到今天，已不是要不要技术进步的问题，而是必须以最快速度提高科技水平，推进技术进步的问题。在这个日新月异的时代里，没有技术进步的企业是无法生存的企业，没有技术进步的行业只能走向没落！

在会上，2002年度中国建筑装饰行业百强企业评价公布并授牌，会上我们还为50项工程项目颁发了“全国建筑装饰工程科技奖”，对“2003年首届全国装饰行业优秀科技论文”进行了表彰，会议公布了第一批科技示范工程。总之，这次会议不仅重要、内容十分丰富，为了巩固会议成果，我讲以下几个方面的问题供同志们参考。

一、深入学习和贯彻汪部长的讲话精神

汪部长的讲话是我们这次会议最重要的文件、今天《中华建筑报》已全文刊登了，汪部长在讲话里希望我们充分认识建筑装饰行业在国民经济和社会发展中的重要地位和作用，要求我们认清自己的历史责任，立足本职工作，为国家为人民做出最大的贡献。汪部长希望我们加快技术创新、积极推进产业化、现代化、生产出更多的安全、环保健康的建筑装饰工程、确保广大人民群众的身体健康，确保广大人民群众的根本利益。汪部长在讲话里对协会提出了希望和要求，希望我们切实做好行业管理，发挥好协会桥梁纽带作用；希望我们加强行业自律、建筑立诚信体系；通过技术进步提升行业整体素质。汪部长的讲话是对中国建筑装饰协会的信任，也是对我们的鼓励，我们一定要保持清醒的头脑，不负重托，在实践“三个代表”思想过程中，落实好汪部长交给我们的任务。

二、一定要在科技进步上取得实质性的工作效果

这次大会是坚持以科技进步发展行业生产力的重要举措。但是，同志们一定要注意到，开好会议是我们的一项重要工作，但不是根本目的。我们的目的在于全面提高行业的科技意识，提高对科技是第一生产力的认识，下决心通过走科技进步道路振兴行业，提升企业的竞争力，提高企业发展质量。会议结束以后，在落实会议精神方面抓这么几件事情：

第一，要抓提高认识的工作，特别是企业决策层的思想认识。吸收建筑业抓这项工作的意见，要坚持一把手抓第一生产力。同时还要有一个工作班子。只有这样，才能在企业形成尊重知识、尊重人才，人人关心企业技术进步的氛围。

第二，要有一个体现本企业优势的和实际情况的科技进步规划和工作方案。有目标、有措施、抓实效。

第三，要抓好适应本企业需要的科技示范工程，并注意在推广新技术中进行二次开发。要在推广中创新，在创新中推广。要从我们是生产单位而不是科研单位的实际出发，坚持以项目为载体低成本的开展技术创新活动，加大开发力度，加快成果转化。

第四，要尽可能建立起使科技进步持之以恒的管理制度和工作机制，一方面要下决心加大科技投入，一方面要下决心加大科技进步的激励机制，使创新机制能够得到分配机制的保证。总之，我非常希望不要热一阵子，要有紧迫感，坚持不懈的抓下去。也非常希望地方协会力所能及的多开展一些活动，如果需要中国建筑装饰协会支持，我们将全力以赴。

三、认真研究和贯彻《建筑装饰行业科技进步若干意见》

为了配合开好本次大会，协会曾准备提出一个关于指导行业科技进步的纲要性文件，但限于时间和我们的能力，一下子很难达到这样的目的。但是，如果没有一个对行业技术现状的分析和对下阶段技术发展方向和实现途径的综合思考，完全靠企业一家一户的去单打独创，很显然不利于行业整体科技进步的发展，中国建筑装饰协会秘书处下决心要起草一份可供企业参考，并且有一定指导能力的文件，这就是现在这份《若干意见》。这份文件共修改六次，几经专家讨论，最后由建设部科技司帮助把关定稿。在这次会上已经作为中国建筑装饰协会的文件，又作为本次会议的资料发给大家了。这个文件分析了我们这个行业科技水平现状和存在的问题，提出了行业科技进步的指导思想和目标，在这里提出了十项重点推广的施工技术，同时也提出了推动科技进步的若干意见。其他包括建议成立推动科技进步的组织机构，加强行业技术立法、加大科技投入、加强科技工作调研和工程示范、加大培训和教育，建立行业科技进步的奖励机制等等。这里我着重谈一下十项施工技术，我们非常希望大家一定要研究十项新技术。对十项重点推广的施工技术的确定，我们有过不同的认识过程，一是想确定得具体一些；二是想不要确定得太狭窄，以便有一个发展和创新的空间；我们采用了第二个意见。我们非常希望地方建筑装饰协会和会员企业一定要研究这个文件，特别是要研究十项推广的施工技术。当然也要研究这个文件里提出的实现科技进步的目标和措施。这里我特别要强调一下，大家一定要积极的参与科技示范工程的试点工作。为贯彻好《若干意见》，我们下发了《关于科技示范工程管理办法》，并在这次会上，公布了第一批列入计划的科技示范工程项目名单，这个名单是企业自报，省、市协会推荐，中国建筑装饰协会批准的。我们希望凡是列计划的项目、申报单位一定要认真按管理办法来完成任务，省、市协会和中国建筑装饰协会一定要善始善终的搞好试点，总结出更适合于我们行业工程特点的科技示范工程管理规律，中国建筑装饰协会准备过一个时期专门研究关于科技示范工程的有关问题，以便今后逐步推广。同时也将专门招集有关负责人会议，研究《若干意见》执行过程中的问题，使其更加完善，以便更好的指导行业科技进步。

四、关于百强企业的评价推介工作

开展百强企业评价推介活动，目的是为了迎接入世的挑战，贯彻“扶大、扶优、扶强”的行业发展方针，加快造就中国建筑装饰行业旗舰式企业的一项重要举措。这次活动由中国建筑装饰协会举办、中华建筑报社承办，省、市建筑装饰协会推荐，企业自愿参加的一项公益性活动，是对企业规模、经济效益、社会效益和市场评价的综合性评价。这项活动得到了地方协会和广大会员企业的支持，这项活动已在社会上产生了一定影响。我们必须指出，评价不是目的，有助于百强企业发展才是目的。向社会推介百强企业是我们要加大力度做的一项工作。我们非常希望无论是中国建筑装饰协会，还是地方协会都要积极向政府主管部门、工程招标部门、工程业主、相关行业管理机构和社会广为推介，使推介活动产生实际效果。

这项工作我们是第一次搞，没有经验，在进行的过程中我们不断地吸收大家好的建议，并对方案进行了局部修改，我们现在仍希望大家集思广益，在总结经验的基础上，把明年的百强企业评价推介活动做得更好。同志们，百强企业是一个动态过程，特别今年是初次评价，并不是所有有实力的企业都参加了，希望进入百强的企业百尺竿头、更进一步。

同志们：

历时两天半的全议即将结束了，会议像一缕春风，为我们留下了生机盎然的科技进步，我们完全相信，有 20 年蓬勃发展的历史，有几百万名职工，有一大批忠诚于行业发展的专家、学者、企业家、设计师、项目经理的共同努力，一个以科技进步武装起来的中国建筑装饰行业，在全面提升行业的社会地位、全面提升行业发展质量、全面提升建设小康社会的贡献能力中，将以新的姿态迎接 21 世纪的挑战，走向新的辉煌。

谢谢大家。

关于印发《关于建筑装饰行业科技进步的若干意见》的通知

中装协[2003]42 号

各地方建筑装饰协会、解放军建筑装饰协会、各会员单位：

《关于建筑装饰行业科技进步的若干意见》，由协会秘书处编制，经向部分地方建筑装饰协会、部分企业以及专家等单位和个人征求意见和召开论证会，又于 2003 年建筑装饰协会会长工作会上发予会长征求意见，几易其稿后，经建设部科技司指导与修改成文。现印发给你们，望参照执行，以指导地区建筑装饰行业及企业的科技进步工作，并在实施中日臻完善。

特此通知。

附：《关于建筑装饰行业科技进步的若干意见》

中国建筑装饰协会

二OO三年九月二十一日

关于建筑装饰行业科技进步的若干意见

我国建筑装饰行业是改革、开放之后，由于建筑业生产力进步而发展形成的一个专业化生产领域，具有巨大的市场容量和非常广阔的发展前景。经过 20 多年的发展，逐步成为具有中国特色的社会、经济、文化现象。到 2002 年，我国建筑装饰行业产值已达 7200 亿元左右，业内共有企业近 20 万家，从业者队伍达到 1250 万人，年实现增加值超过 1500 亿元，不仅成为消费热点，也已经成为新的经济增长点。

建筑装饰行业的发展，对扩大和培育内需，增强我国消费市场活力；增加就业岗位，特别是转移农村剩余劳动力，改变我国城乡二元经济结构；带动相关产业的发展，推动国民经济持续、稳定增长，具有非常重要的作用。同时，建筑装饰行业在满足人民群众文化需求和精神享受方面，也具有重要作用。因此，建筑装饰行业的发展，得到社会和各级政府的高度重视，并已成为全面建设小康社会的重要内容。编制本意见，是要具体指导今后 5 年我国建筑装饰行业的科技进步工作，使行业在经济发展和社会进步中发挥出更大作用。

一、我国建筑装饰行业科技水平的现状及存在的主要问题

（一）建筑装饰行业技术状况

建筑装饰行业是一个既古老而又新兴的行业，技术基础建立在中国传统建筑业之上，除幕墙工程施工技术已突破传统的技术外，主要是传统的木、油、瓦、电、水等建筑业工种的施工现场手工制作与组装技术。20 年来，建筑装饰行业在设计与施工技术、专业教育、技术立法等方面有了很大进步，并取得了可喜成绩。在设计理念、施工工艺、材料运用和施工机具等方面有了很大进步，主要表现在工程的质量水平、文化品位、环保水平有了很大的提高。我国建筑装饰行业，已经具有独立承包五星级宾馆、饭店装饰装修工程的能力，已经生成了一批资质等级高，装备较现代化，在设计、施工管理方面有特色，在科技创新上有进展的优势企业。也创造出一大批社会满意、人民满意，在国际上有一定知名度的标志性精品工程。

综观行业发展，行业科技进步的发展速度相对缓慢，科学技术对行业发展的贡献率低，已经成为阻碍行业可持续发展的重要因素。从经济角度分析，工程造价构成上劳动力支出比重较高，大约有 35%～40%是设计、施工组织管理和现场操作人员的人工费用。新创造的价值，主要体现为大量使用劳动工人，创利能力不强。从企业接受新技术能力角度分析，企业技术吸收能力差。施工技术的传播，主要是以传统的原始方式为主，接受新事物慢，对新技术的引进、消化能力差。从技术进步对行业发展的作用分析，技术贡献率低，主要依靠新的资金、劳动力的不断追加投入，没有形成行业技术上的重大突破，以技术发展拉动市场扩展的作用和效果不明显。从社会资源利用角度分析，资源消耗严重，材料复合化和深加工程度低，资本有机构成低，劳动强度大，产生粉尘、噪声、污水等环保问题多。从行业劳动力角度分析，从业者队伍多是农村转移的富余劳动力，文化及专业技术素质较低，接受正规专业教育少，对新技术、新材料、新工艺的理解和掌握上均有难度。从行业市场运作上看，技术在市场中的地位低，多数 企业间技术档次没有明显的差距。拥有自主知识产权的核心技术少，因而都在同一技术水平上进行市场竞争，只能运用商业手段，如价格、广告等进行激烈争夺。

1. 设计科技进步的状况。在方法和手段方面有了很大进步，计算机辅助设计已经普及，软件的开发已经达到了一定的水平，但在设计理念、思想、审美情趣和文化、艺术表现手法上同国际先进水平有较大的差距，照搬照抄，缺乏独特的设计风格。在处理功能与美观、准确选材及应用高科技材料、形成有深度的专业化设计等方面还有差距。

特别是在国际招标的大型项目的室内设计上，中国公司优势不明显。

2. 材料、部品的科技进步状况。很多材料如陶瓷板材、建筑玻璃等的产量居世界第一，但材料、部品的科技含量、质量水平总体上看仍然较低。除表现在品种、规格、花色等质量、性能、技术上与国际先进水平有很大差距外，更多的表现在节能材料、环保材料的研发与推广仍有很大缺欠。

3. 施工手段的技术状况，与国际先进水平也有很大差距。虽然通过引进和自主开发，一些施工机具已在工程中应用，如单元式幕墙工程，机具装备水平已经较高，但总的看，施工现场的机具装备比重不高，装备结构层次较低，传统的工具仍占有一定的比重

4. 施工组织技术落后。虽然使用了现代化的先进设备，如电子计算机、通讯设备等，但利用的深度、配套的系统化和发挥作用不足。交叉施工多，相互干扰大；总体水平不高；返工多、矛盾多。

（二）形成行业科技相对落后的原因

1. 企业起点低、传统意识强。行业内绝大部分是新企业，运营时间短，企业实力弱，专业性差，科技进步与创新的投入力度小。

2. 现行工程管理制度的制约。在招、投标中，高新技术的投入在招、投标过程中没有得到承认，工程的技术含量被严重贬值。

3. 市场扩张迅速，企业发展空间较大。以技术创新创造市场的态势尚未形成，建设单位或业主对科技进步要求不高，企业技术创新的热情受到抑制。

4. 企业管理体制形成的阻力。企业分为专业承包商和专业劳务分包商，劳务分包商在施工第一线，应该是技术创新的重点，但工程由有工程承包资质的承包公司承接，注重的是经济收益，很难对劳务分包商进行技术创新的资金、物力和人力的投入，影响到新技术、新机具、新工艺的推广与应用。

5. 来自国际及相关产业的竞争压力不大。建筑装饰装修是一个劳动密集型行业，就施工过程来讲，来自国际上的竞争较少，上、下游的产业部门竞争虽然存在，但对行业内企业整体发展的影响不大。

6. 行业自身的特点。建筑装饰行业是一个流动性施工作业的行业，每项工程是单件式的生产，在人们普遍追求和张扬个性化的条件下，实现工业化生产有很大的困难和阻力。

7. 市场不规范。诸如，很多项目是由业主控制材料采购和分包商的选择，很难准确选择科技含量高的材料和技术力量强的队伍，业主投资力度不足，但期望值很高，过分追求表面的豪华，忽视材料及工程的科技含量。

二、建筑装饰行业科技发展的指导思想和目标

（一）建筑装饰行业科技发展的指导思想和目标

按照党的十六大提出的我国经济发展的要求，中国建筑装饰行业科技进步的发展目标，是以“三个代表”重要思想为指导，全面贯彻“科技是第一生产力”的方针，努力走出一条科技含量高、经济效益好、资源消耗低、环境污染少、人力资源优势得到充分发挥的新型工业化道路，具体表现在以下几个方面。

1. 在行业发展模式上有所突破。通过行业的科技进步和技术创新，加快产业结构调整和升级，使行业发展模式由粗放型向集约型转变，由依靠简单的扩大规模转向依靠科技进步，提高发展质量，使行业走上可持续发展的轨道。

2. 在企业核心竞争力方面有所突破。逐步形成以专有技术、专利技术为核心竞争力的发展模式。加速专利技术的转化，形成具有行业特色的自主知识产权体系。加大管理创新、设计创新、施工技术创新的力度，通过科技进步与技术创新，促使企业的分化、联合或重组，逐步形成一批通过科技进步使企业做强做大做精，拥有企业自主知识产权，有较强核心竞争力的企业。

3. 在行业科技进步体系建设上有所突破。逐步建立起行业的科学技术研发、支持体系。在确立企业是行业科技发展和技术创新的主体地位的基础上，通过政策、法规等宏观手段；行业内评奖、示范工程等中观手段，以及指导企业引进资金、人才、技术等微观手段，增强企业的科技创新能力，要建立扶助企业科技进步的资金保障机制，使企业在科技投入、风险规避等方面得到财政、金融上的扶助。

（二）建筑装饰行业科技创新的分类目标

1. 关于设计创新的目标，重点是解决设计思想、设计理念和实施手法上的提高与升级。争取在中国传统文化与国际审美情趣的结合上，国际建筑装饰设计思潮的掌握和表现上，具有中国特色的建筑装饰文化的研究和实践上，以及新型材料的掌握与运用等方面有所突破。使行业整体设计水平得到提升。还要在加快青年室内设计师的培养和造就一批中国著名的建筑装饰设计师方面取得突出成绩，全面提高建筑装饰设计方面的国际竞争力。要创作一批具有标志性的建筑装饰设计精品。

2. 关于住宅装饰装修的创新。要以推动一次性精装修成品房为目标，推动住宅装饰装修设计、施工的创新。在探索新的市场运作模式的过程中，对适应我国国情的家居环境功能与质量、文化品位、艺术情趣、卫生条件等进行全方位的研究和评估；推出广大人民群众满意、能够满足家庭生活功能需求的家居环境设计方案和工程精品；将个性化、专业化、标准化与人们生活的舒适化有机的结合；在规范市场的同时，提高住宅装饰装修施工的工业化生产比重，减少住宅装饰装修施工中的污染和扰民。到 2007 年，一次精装修成品房达到新建住宅的 80%以上，形成既

有中国特色又符合国际住宅房地产开发惯例的设计、施工、选材模式。

3. 改造传统建材的创新目标。重点解决节能、环保和质量通病，要在严格市场准入的基础上，以现代的技术、环保标准，对传统功能性装饰材料进行改造，建筑陶瓷、五金配件、金属型材、木质材料等进行技术更新和产品升级换代，增加花色品种，完善材料性能，提高传统功能性材料的质量水平和技术性能。要开发出一批适应今后装饰工程工艺要求的新型防水材料、五金配件、功能性涂料、紧固连接配件、粘胶剂等，简化施工工艺，提高工程质量，消除装饰工程中的跑、冒、滴、漏和功能性缺陷。到2007年，新型材料与制品在工程中的应用率提高10个百分点。

4. 新型装饰材料的创新目标。可再生、可降解的环保型材料，高效节能材料，精深加工制造的复合型材料和具有保健、卫生、安全功能的材料与部品研发要有突破。到2007年，要有一批环境亲和力强、环境负荷低、装饰效果现代、技术性能及节能性能优良的材料、部品，如新型涂料、铝塑复合型材、钢塑复合型材、石塑复合材料等替代传统材料的新材料及玻璃、金属深加工部品问世。可再生的玻璃、金属材料占整个工程中材料的比重在20%以上，淘汰一批有污染或资源消耗性材料，使环保性能达标的材料在工程中占的比重达到90%以上。

5. 施工机具的创新目标。推动适合建筑装饰工程特点的测量、加工、组装、修缮机具与设备的研发和应用，提高企业的机具装备率；调整企业管理与施工的机具装备结构，推广计算机在管理网络化、施工现场辅助制造、施工中的应用；普及小型电动工具的使用，重点是施工现场的防尘、消声的新型切割、打磨工机具和安装机具的推广应用；鼓励对劳动工具的小发明、小改造、小革新；研发和推广一批适合装饰工程施工要求的小型探测仪器、检验设备、小型吊装工具等，在完善工法、提高施工规范化的基础上，要研究制定与工厂化施工相配套的施工机具装备标准、工艺和操作规程；并对施工作业人员进行专业技术培训。到2007年，要使装饰工程的作业方式产生重大变革，提高工程的施工效率与施工精度，增强施工的安全性，减轻工人的劳动强度，提高劳动生产率。企业现场施工的机械化程度达到80%以上。

6. 幕墙工程创新目标。是要在技术含量已经较高的幕墙工程中，加大科技进步与管理创新的力度，进一步提高幕墙工程的科技含量。到2007年，要继续赶超或引领国际先进水平。要按照建筑物的各项功能要求，完善各类幕墙工程的使用功能、装饰功能、安全性能，提高设计与施工水平，加大单元式幕墙的推广，淘汰一批落后的技术和产品，提高各类幕墙工程的质量水平。

7. 企业管理与工程项目管理创新目标。要在ISO系列认证的基础上，利用计算机网络技术、现代企业管理知识和国际建筑工程项目运作的法则，创造出适应我国国情的建筑装饰企业管理与工程项目管理的新模式、新机制。到2007年，通过现代企业制度的改革，增加企业活力和竞争力，完善企业内部的管理体制和用人、奖励、分配机制；提高装饰工程的优良率和工程项目的创利能力；要在学习、掌握和运用FIDIC条款上进一步同国际接轨；使我国部分优秀施工企业，具备到国际市场承接工程的竞争能力，并在开拓国际市场上取得一定成绩。

8. 在企业文化建设方面要有新的突破，引导企业在形象建设、制度建设和文化建设方面进行创新。在经营理念、价值观念和发展目标上同现代企业文化进一步接轨，使企业注重科学管理、科技进步、技术创新及分包企业的科技进步。到2007年，要通过实施行业内扶大、扶优、扶强方针，使企业普遍重视企业文化建设，形成一批代表先进装饰文化发展方向，在国内、国际建筑装饰工程市场上有较强影响力，符合中国国情和建筑装饰行业特点，并有较高知名度的建筑装饰企业。

（三）当前重点示范、推广的10项新施工技术

1. 计算机应用技术。包括：计算机在企业管理、项目管理、材料及部品加工、现场施工中测量、放线、放样等的应用技术。

2. 幕墙施工技术。包括：单元式幕墙、点式幕墙的生产加工及安装施工技术。

3. 天然及人造块材精加工及挂装技术。包括：材料精加工（异型加工）、挂装（干挂、背栓、背粘）、整体打磨等技术。

4. 木制品工厂化生产及安装技术。包括：木制品加工与制作工厂化（成品化）、现场组合安装等技术。

5. 金属、玻璃应用技术。包括：金属板、玻璃表面精加工（异型加工）、组合安装等施工技术。

6. 新型胶粘及连接技术。包括：高强度、抗裂、抗老化粘胶剂的粘结施工技术、新型铆栓配件等应用技术。

7. 新型复合材料技术。包括：新型保温、隔音材料、复合型管材、新型涂料、新型面材等施工技术。

8. 小型施工机具技术。包括：小型金属活动脚手架、石材切割、吊装搬运、测量放线、安装维修等机具的应用技术。

9. 建筑物翻新技术。包括：即有建筑物的清洗、补强、外保温等施工技术、石材翻新、木制品等整修翻新施工技术，古建筑、文物等修复保护技术。

10. 节能、环保、安全设备应用技术。包括：6升水以下卫生设备、太阳能技术、资源再利用技术、新型消防等技术。

三、推动行业科技进步的建议

（一）建立推动科技进步的组织机构，提高全行业技术创新意识

1. 尽快成立各级建筑装饰行业科技进步领导（或指导）

小组。负责制定行业技术资源优化配置和高效应用的具体措施、方法，实现途径等，建立起适应市场经济要求和行业特点的科技创新运行机制和管理体制。

2. 尽快成立专业的建筑装饰行业科技研究机构。从科技创新目标选择、科技创新投资成本与收益的比较，行业科技进步的实现途径等进行深入的理论研究。鼓励企业成立技术创新的研发机构，鼓励企业以工程项目为载体组织技术创新小组，使技术创新落到实处、收到实效。

3. 要加快《建筑装饰行业发展战略》及《建筑装饰行业发展规划》纲要的编制和实施，形成前瞻性、指导性的行业科技发展的战略蓝图。根据国家科技发展和经济发展的总要求，营造出以国家法规、政策、标准体系为主的科技创新的社会环境和思想文化氛围。

4. 要进行科技进步宣传和鼓动工作，提高全行业对科技是第一生产力的认识。通过行业内新闻媒体、各级领导及专家、学者的文章、讲话，以及技术创新的经验，组织召开专门的技术创新动员大会，把技术创新提到行业发展的重要位置。

（二）加快行业技术立法、完善法规体系。

1. 对原有规范、标准进行复审、修编、深化与配套，使其在科技进步中发挥出更为有效的推动作用。

2. 加强专业规范、标准的制定。行业内已经细分出专业的市场，需要相应的技术法规予以规范，督促和引导企业加强科技投入，提高工程的专业科技含量和质量水平。

3. 加强对专业劳务分包企业的技术立法，以法制推动相应的标准，施工组织规范、施工工艺细则等的实施，明确专业劳务分包商同总承包商及其它劳务分包商的关系及应承担的责任，建立起更为有效的工程管理、协调、监督机制。

4. 要对我国现行的工程管理制度进行改革，特别是定额管理和招、投标制度的改革和完善。要在定额管理中加入装备水平的内容，在招、投标管理中，要坚决制止技术落后，但报价低的低价中标的现象，施工企业的装备水平、技术水平应成该为审标、中标的内容。

5. 建立起健全、完善的市场准和市场管理方面的技术标准、法规体系，形成更为严格的质量技术监督管理、市场的技术准入和市场管理标准。

（三）加大对行业科技进步的调研与示范

1.进行行业科技进步状况的调查研究，通过行业调研，摸清行业科技进步的状况，并找出制约行业发展中技术上的薄弱环节、制定打破技术瓶颈的战略措施，利用国家国民经济发展计划中的相关产业政策，为行业的技术创新争取更为有利的社会环境。

2.要通过对当今科技发展状况及对建筑装饰行业产生的影响调研，认真研究国家的科技政策、科普政策，抓住机遇，推动行业科技进步，促进建筑装饰行业与高新技术产业的结合。

3. 要通过行业调研，选择重点企业和技术进行试点，取得经验和成果后，在行业内予以推广。当前重点选择施工中变现场湿作业为组装、拼装式的干作业；更具有环保特性；能够带动材料、部品制造业的模数化、标准化和成品化发展；提高工程的技术精度和环保水平的技术。要以行业当前重点示范、推广的10项新施工技术为内容，在行业内树立一批科技试点项目和科技示范工程。加大对科技示范工程的宣传力度，扩大示范项目、示范工程和示范企业的市场影响。要坚持在创新中推广、在推广中创新，形成“开发研制——示范推广——普及应用”的良性循环，使科技示范工程在发展中产生实际效果。

4. 研究企业参与行业科技创新的方法和途径。通过科技示范项目的申报、审核和推广，提高企业参与行业科技创新的程度。找出科学、合理的方法和途径，探索出多种企业参与行业科技进步的方式，帮助和指导企业开展科技进步工作。

（四）加大企业科技投入力度

1. 要进一步明确企业技术创新的主体地位。要制定企业参与科技进步的相应政策、措施，保护企业的权益，降低企业投资技术创新的风险，以此提高企业科技进步的积极性。

2. 加大企业自有技术的研发力度。从抓企业管理与技术的小改、小革入手，积小成大，由易到难，以渐进的演化性创新，逐步提升企业的技术创新能力，递次增强市场竞争地位。对有研发能力的大企业，要利用他们资金雄厚、科技力量强大、人才聚集、设备先进的优势，参与到行业科技进步的具体项目之中，承接项目或课题，将成果转化成企业的经济收入，推动企业科技进步资金的滚动，并为企业带来经济效益。

3. 加大企业技术装备结构调整和水平提高的力度，以提高施工的机械化水平带动施工工艺的改革与创新。要对技术装备进行改造与升级，用现代化的设备替代陈旧设备；用适应于装饰工程的小电动工具代替传统的手工工具。

4. 在抓住提高项目管理水平的同时，加大新材料、部品的推广力度，特别是加大工程中应用成品、半成品、标准化产品的比重，要从提高工程的环保、质量标准入手，在加强项目管理控制模式创新的同时，利用材料制造技术的发展成果，为项目取得更大的社会效益和经济效益。

5. 促进企业间以技术创新为纽带的联合。组织各专业领域的骨干企业，联合进行该领域的科技进步项目攻关，尽快解决当前技术上影响行业发展的主要障碍，使科技进步能够尽快形成阶段性的研发成果。并利用几家骨干企业在行业内的影响力和示范作用，使创新成果尽快推广。

6. 要支持和鼓励有实力的大企业提高自我半成品、成品材料、部件、构件的加工制造能力，提高加工装备的现代化水平。并帮助其开拓市场，促使其向社会化方向上发展。

（五）加大行业科技进步的培训、教育力度

1. 加大对行业内企业家科技进步的培训力度。提高企业决策者的科技进步意识、创新决策水平和管理创新能力；提高技术创新的成功率和经济效益水平；提高企业决策者技术预测与决策的能力和水平，特别是民营企业家对科技创新的热情和能力。

2. 加大对技术人员的培训。提高行业科技人员的技术发展预测能力和技术创新的责任感。科技人员是科技创新最积极、活跃的因素，通过培训，提高他们捕捉行业科技发展的最新信息动态和成果的能力，通过结合企业实际情况的分析，开展科技创新的试验，并通过反复改进取得成果。

3. 加大对施工人员的培训。提高工艺纪律和进行工艺小改、小革的意识。加强对工人的工艺纪律教育，严格按操作程序、工艺要求进行施工，保证技术创新成果在工程中切实有效的发挥作用。要在执行中发现其缺陷，提出改进的意见、建议，使工艺技术处在持续改进的创新状态。

（六）建立行业科技进步的激励机制

1. 组成“建筑装饰行业科技进步奖励基金”。由中国建筑装饰协会牵头，组织一定量的资金，构成“建筑装饰行业科技进步奖励基金”，作为对在科技进步方面做出突出贡献的个人予以物质奖励，并制定相应的政策、措施，使获奖人在职称评定、资质晋级、执业资格升级上给予优惠。

2. 利用现有的奖项，进行对工程项目科技进步的奖励。在“全国建筑工程装饰奖”中加设“科技进步奖”单项奖，对在工程项目中应用新材料、新技术有突出成绩的予以精神上的奖励。

3. 建立并启动“科技进步优秀企业”的评选活动，对在科技进步方面有突出成绩的企业予以表彰。形成一项长久的、在行业内有影响力的奖项，提高企业家对科技进步的重视程度。推动行业科技进步持之以恒的开展下去。

4. 为了保证科技进步各项奖项的公正性和权威性，要建立起较完整的工作体系。如果能由建设部和中国建筑装饰协会共同公布、表彰，推动行业内科技进步的作用会更显著。此类奖励要在工程的招、投标中给予加分、优惠，体现出获得科技进步奖的企业、项目经理、设计师在市场竞争中的优势。

（七）加强国内、外交流与合作

1. 加强国际交流与合作，引进人才和技术，力争实现建筑装饰行业技术创新的跨越式发展。通过许可制度有选择地获取专有的知识，走一条引进、消化、吸引、创新的科技进步道路，通过国际性的科技成果、新材料、部品、新机具装备等的展览展示活动，实现中外技术交流与合作，推动国际人才、资金和创新成果在我国的推广应用。

2. 加快行业的信息化建设。尽快建立和完善行业的信息网络，提高网络的覆盖面，通过行业的信息化建设，加速国际最新科技信息的交流，加快创新技术的推广应用。同时，要加大网络技术在工程设计、施工中的应用，使行业在以信息和网络为主体的知识社会中享受利益，以信息化带动全行业的技术创新能力的提高。

3. 加强国际交流。要通过组织专业考察与交流的团队，赴建筑装饰行业发展水平较高的国家和地区，进行考察、交流，同时加强国内建筑装饰工程项目的国内、国际合作，在工程实践中进行学习与交流，通过合作、学习引进国外先进管理经验和技术，引进国外科技人才。

·SARS与装饰·

SARS对室内设计的影响及对策专家研讨会召开

（10位专家提出思路性应对意见）

《中国建筑装饰》编辑部 观察员

会议背景：

2003年5月21日中国建筑装饰协会秘书处恢复正常上班后的第一次会议，决定着重抓紧研究SARS对我国建筑装饰行业的影响及对策。5月23日秘书处研究此项工作的开展，认为设计是龙头，应首先召开一次SARS对室内设计的影响及对策的高层次专家研讨会，由中国建筑装饰协会设计委员会（筹）牵头，联合信息咨询委员会专家组、《中华建筑报》社和《中国建筑装饰装修》杂志社四单位共同承办。

6月1日，全国因SARS丧生者首次为零，SARS攻坚战取得阶段性重大胜利。于6月2日上午在《中华建筑报》社召开此会，大家心情颇佳。

主 持：

房 箴 中国建筑装饰协会副秘书长 高级建筑师

领 导：

马挺贵 中国建筑装饰协会会长 教授级高级工程师

专 家：（10位 依发言顺序）

王炜钰 清华大学建筑学院教授

莫英光 天津华泰幕墙设计有限公司总经理 中国建筑装饰协会铝制品委员会专家组成员 教授级高级工程师

耿 滨 中国建筑装饰协会铝制品委员会专家组成员 高级工程师

张世礼 清华大学美术学院环境艺术系教授 中国建筑学会室内设计分会会长

何星华 中国建筑装饰协会化学材料委员会理事长、中国建筑科学研究院顾问总工程师、教授级高级工程师

饶良修 中国建筑学会室内设计分会副会长 高级建筑师

马怡西 清华工美环境艺术设计所总设计师 高级建筑师

郑曙旸 清华大学美术学院环境艺术系主任 教授

王 铁 中央美术学院设计学院副教授

孟建国 中国建筑设计研究院室内设计研究所所长 高级建筑师

房 箴：十分感谢各位专家、有关部门负责人和新闻媒体的到来。这是中国建筑装饰界SARS暴发后举办的第一次会议，专门研究SARS对室内设计的影响及对策，给研究SARS对我国建筑装饰行业的影响及对策带了个好头。

马挺贵：SARS给我国国民经济带来很大影响，使人们思维方式产生很大变化。一是改变了人们对大自然和传染病的认识，无限度索取要遭到报复；二是改变了人们许多生活习惯和恶习，如吐痰等；三是改变了人们对环境的认识，尤其是建筑装饰行业，特别是室内设计，重点是通风、采光、层高等。这里面的核心问题有两个：一是设计；二是材料。作为设计师身负重任，追求环保、舒适、安全、健康、卫生等，责无旁贷。此会很好，不完全是研究室内设计预防SARS的应急措施，更重要的是给予全行业以指导，思考是长远的，这将成为我会将召开的行业技术创新大会的重要内容，能拿出比较成熟的意见，也是我会今年10项重点工作关于制定相关技术标准的重要内容。我希望本次会议对行业发展具有指导性，既对当前又有长远的。

王炜钰：SARS的突如其来，使人们都产生过不能自控的恐惧，把设计的思路给打乱了。我们应认真考虑：一是SARS与建筑设计、室内设计，如医院的"发烧门诊"，数量要适当，布局要合理，标准要合格；二是SARS的经验非常宝贵，很值得设计、规划等方面汲取，要尽快修订、制定相应法规，但要像防火、抗震一样要分级处理。以法治SARS，防止片面性，依靠科学，长远与近期综合考虑，如对所有医院都按传染病院考虑是不合理的，设计应随地点、环境、功能等不一样而改变；三是作为研究项目加强对新材料、新设备的研发，分级防疫，装饰材料防污染是最基本的，还能杀菌、防疫，装饰协会应大力鼓励新材料、新技术的创新。我主要强调两点：一是建筑和室内设计要考虑防疫，合理、科学、适当，防止片面性；二是修订制定法规，分类、分级防疫。

莫英光：我是学空气动力学的，强调指出三点：一是幕墙和现行规范很少关心人的舒适度和环保，如幕墙上开窗是考虑防火而非换气，国际上公认的换气量，医院和公共建筑是40～50m^3/（人·h），小学是35～40m^3/（人·h），住宅25 m^3/（人·h）。第一代的幕墙问题非常严重，北京85%的幕墙不合格，最大的失败是全包幕墙，开启扇只有2cm，建议协会去考察，对现有幕墙进行改造，并修订现行规范；二是幕墙设计要根据国情，我不主张医院、小学校搞幕墙，光污染每上升0.5℃细菌提前繁殖一个月；玻璃尽可能不用彩色的，现在欧洲都是用通透的，绿色比蓝色更损害眼睛；三

是幕墙在结点附近出现的细菌腐蚀和有害气体，主要是通风问题；四是应急方案推荐采用双通道自动换气幕墙系统，建议协会成立几个专门研究小组。决定了就去做，而且要快，将此会精神落实几条，我愿积极参与。

耿　滨：SARS 给幕墙带来的最大的问题是通风和采光。我们要大力进行技术创新，如用每层建筑新风系统上独立的世界先进的智能幕墙，如 Low-E 玻璃使采光达到 80%，但大面积反射玻璃如何解决光污染问题，建议制定法规选择玻璃。

张世礼：SARS 给我们室内设计带来很多重要启示，很多观念都在改变。一是防控 SARS 等传染病是长期的，而非权益之计，是一项战略措施；二要研究 SARS 对室内设计的影响，就要深入研究 SARS 对人的生理、心理的影响，包括材料、家具；三要提高室内设计从业人员的科技修养，提高室内设计的科技含量，这方面我们十分薄弱；四是要研究加强通风带来的结构安全等新问题，制定相应的法规。室内设计的根本出路在于装配化、工厂化。

何星华：SARS 使人们更多的关心环境质量，一是平面布局，二是装修材料，三是通风，四是上下水。当前的最大误区是，装修材料和施工过程是环保的，但不一定这项装修工程就是环保的，原因在于室内设计人员不熟悉具体指标，不会进行合理配置，如在满铺地毯的情况下，饰面板甲醛限量是 $0.03mg/m^3$，若 $20m^2$ 的房间，只能用 $10\ m^2$ 左右的饰面板（包括家具）。要加快健康装饰材料的研发，如纳米二氧化碳涂料，协会应给予积极支持。此外，上下水，就材料而言主要是管材和管件问题。欧洲建筑窗间墙通常设有通风智能洞，值得我们学习。

饶良修：SARS 对人类及室内设计是一个极大的震动，SARS 的重灾区是大城市，在加快城市化进程的同时，我们要力求健康住宅，着重研究 SARS 这类无法预知、避免的疫情的应急方案。由于 SARS，健康住宅现已由一般概念的炒作改变为人们迫切的需求，为此我们要提升建筑卫生学的水平和人们良好的卫生习惯及公共卫生道德。按照国际惯例室内环境质量有四方面要求：一是生存和居住；二是健康，包括阳光、通风、饮用水、空气等；三是舒适；四是效率，有利于人们提高生活和工作效率。室内设计研究人的生活，过去我们有意无意的破坏了人与自然、野兽之间的和谐共处，忽略了环境卫生安全，因此要强调健康住宅的核心理念——提高人的生命和质量。此外，装饰材料反映的是一国一地区的生产力发展水平，不可脱离国情过高过急要求。

马怡西：厕所，辞海中的解释为“猪圈”，是肥水不留外人田、最受歧视之地，又与“方便”相联，反映了不受公共卫生约束的意思。现文明称谓“卫生间”、“洗手间”，成为防控 SARS 的重点，包括上下水的水封、排气、洗手质量等。国外室内设计的档次最高的关键部位是卫生间和厨房，让我们进一步与国际接轨，解除设计偏见，让厕所走向光明。

郑曙旸：室内设计应与相关行业共同创新。一是治理人工环境，核心是风、水，SARS 是这部分出问题了，但是现有技术条件很难由一个专业达到，故需要由多个学科共同协作，优化设计，尽可能利用一切条件自然通风，强化自然通风的意识，给水——洗手方便，排水——干净；二是优化交通流线，最短且无交叉是最合理的，但在我国却长期被忽视，出于保安理由多采用封闭式的建筑设计及管理，所以这次 SARS 医院成了最大的污染源，我去年应中华医学会之邀请，做了些有关医院建筑设计及室内设计的调研，发现问题很多；三是增设过渡空间，我们的住宅 80%无玄关，是先洗手还是先换衣，成了难题，预留空间太少；四是关注人的行为，室内设计最深层次的问题是人的心理问题。

王　铁：人要尊重自然，建筑室内更需要自然。我长期在日本从事室内设计，回想起来日本早有防疫意识，如很多空间既有空调也有电扇，窗能开启。合理调整人与自然的关系。当前重要的是建筑的改造。我们的室内设计不是不想开窗，原因之一是构件太粗糙。今后工程的验收标准应加上有关通风的条款。SARS 的出现改变了人们对居住生活方式和对工作空间的环境再认识。就目前的实际情况来看，能做到的是首先要利用现有的条件改造旧建筑室内空间环境，实现四季中室内外环境温差得到有机补充，实现人与自然的对话，这就是人们常说的通风换气。对于室内无空调的应从春末至秋初范围内做到常开窗，利用电扇增加空气的流动性。对于现有空调的室内要做到机械通风与适当引入自然风相结合，对那些高层全封闭开窗少的大楼室内要加补新风机组。保证有足够的新鲜空气进入所需要的环境中。要强调的是：

一是建造新的建筑及装修设计时，评判一个作品的新标准，首要的就是看它是否适合现代人对生活、工作环境的基本要求、环境卫生标准。特别是在室内装饰装修工程、设计上，把自然通风和人工通风写进规范，交工的项目必须达到这一标准。在设计吊顶，决定标高时要尽可能提高防止低矮扁长的形态，一般常识证明混浊的空气都在 2m 左右的高度内，为此提高层高，加强通风是今后室内空间环境设计上的强制规范。具备通风换气条件的室内空间环境，在有条件的地方要考虑盆栽绿色环境，创造室内空间环境的小气候。

二是合理使用能源，保护大环境。在日本，就有许多公共场所，电扇与空调配合使用，空调器吹出冷风后用电扇吹风将其匀均散开，其效果是良好的。在机械通风与自然通风相结合的范例中，日本东京国际会议中心共享大厅的通风设计是比较成功的，由于大厅墙顶是玻璃材料，设计者将利用顶部开口引自然风进入室内，结合机械送风，经过四季的使用成功，验证了设计要求，使进入这一空间中的人有一种舒适的感受。

三是新的室内装修标准应该把环保建材和自然通风写进去。建筑是人创造的，它是人类生存工作必不可少的文明体现，建筑、室内空间环境应该像人一样具备生命力，是活着的，一座建筑物要具备对季节和对自然气候有足够调节机能的综合建造物体条件，这就是现代建筑、室内空间环境追求科学性的本源。再加上有了得当的设计与艺术美化，建筑、室内空间环境就更具备感染力了。

孟建国：SARS 对自己触动非常大，现在看来我们的建筑设计、室内设计都存在很多致命的问题，如过渡空间、洗手间、饮食的分餐制等，都改变着设计思想。作为装饰企业，要认真进行环保认证，装饰材料要发展防疫产品。现代科技与大自然的和谐是多么的重要，否则必遭到大自然的反击。

房　箴：诸位谈的都非常好，希望各位学科带头人继续发挥作用。对于本次会议精神，我会设计委员会（筹）将进行总结，并分诸项专题组织相关专家进行深入研究；我会媒体将及时传达到业内，以促进相关问题的立法，带动室内设计的创新与繁荣，推动建筑装饰行业的可持续发展。

参加会议的有中国建筑装饰协会行业发展部主任王本明、信息部主任兼会刊《中国建筑装饰》主编黄白，信息咨询委员会秘书长田万良、副秘书长高世彦，专家组办公室主任鲁心源，设计委员会（筹）秘书长田德昌、副秘书长郭红星、办公室刘剑，《中华建筑报》社总编辑邓千、编辑董浩、刘瑞芳、阎瑶、记者朱丽华、齐颂等，《中国建筑装饰装修》杂志社编辑梁万、王云等，以及中央电视台、北京青年报、北京晚报的记者，共 30 多人。

中国建筑装饰协会专家委员会（筹）企业管理组召开

装饰企业管理与 SARS 启示座谈会

《中国建筑装饰》编辑部　观察员

一、会议背景

5 月 28 日，中国建筑装饰协会召开专家委员会（筹）专门会议，决定分 6 个专业组开展活动，研究了各专业组的正副组长由 3 人组成，其中 1 人为协会秘书处工作人员，以便有效率地运作，专家委员会（筹）有委员约 80 人，另设专家库。根据建设部的相关规定由专家委员会（筹）办公室起草中国建筑装饰协会专家委员会管理办法。这 6 个组是（第一个人为组长）：室内设计：张世礼、王铁、田德昌，施工技术：贾中池、韦章裕、熊翔，企业管理：顾国华、陈晋楚、黄白，材料：鲁心源、李怀之、张振路，环保与安全：夏青、李引擎、王本明，幕墙：刘志龙、班广生、邱建辉。此会由副秘书长房箴主持，参加者有王本明、黄白、李卫青、熊翔、鲁心源、郭红星。专家委员会（筹）办公室，联系人：李卫青（电话：010-68482633、68485050）。

5 月 30 日，中国建筑装饰协会专家委员会（筹）企业管理组召开第一次工作会议，研究组建和当前亟待开展的工作，会议由副秘书长房箴主持，顾国华、陈晋楚、黄白参加。会议认为，按照 5 月 28 日专家委员会（筹）会议的精神，在各地推荐的基础上，建立并逐渐完善企业管理组专家库，在此之上，成立由 15 人组成的企业管理组委员会。当前的主要工作是研究装饰企业应对 SARS 等突发传染病灾害的对策，将于 6 月中上旬分别召开公装、家装两次专题座谈会，将其成果尽快与业内分享。

二、会议情况

2003 年 6 月 1 日 10 时至 2 日 10 时，北京 SARS 新收治、疑似转确诊、死亡人数首次均为零。三个“零”的出现使 6 月 4 日参加中国建筑装饰协会专家委员会（筹）企业管理组召开的首次预备会暨装饰企业管理与 SARS 启示座谈会的 10 位代表，心里多了一份欣喜和振奋，加之与会者企业现都平安无事，又平添了许多好心情。这是中国建筑装饰协会自 SARS 暴发以来与装饰企业见面的第一次重要会议。

6 月 4 日上午，中国建筑装饰协会专家委员会（筹）企业管理组首次预备会在北京港源建筑装饰工程有限公司召开，会议的主题有二：一是讨论筹备成立全国装饰企业管理专家组；二是研议装饰企业管理与 SARS 的对策。会议由全国装饰企业管理专家组组长、中国建筑装饰协会工程委员会秘书长顾国华主持。

参加会议的有全国装饰企业管理专家组副组长、原北京市建筑装饰设计工程公司原总经济师陈晋楚，中国建筑装饰协会信息部主任兼会刊《中国建筑装饰》主编黄白，企管组办公室、工程委员会陈京明。4 家知名装饰企业，其中公装和家装各 2 家：中国建筑装饰协会副会长、北京港源建筑装饰工程有限公司董事长王波、副总经理李瑞林，中国建筑装饰协会理事、香港金丰环球装饰集团有限公司（下辖控股北京金丰环球远大装饰工程有限公司、金丰环球装饰工程（天津）有限公司和天津建工幕墙工程有限公司）董事长陈康权、副总裁李雨涵，中国建筑装饰协会常务理事、北京东易日盛装饰集团有限公司董事长陈辉，北京龙发建筑装饰工程有限公司董事总经理王振杰。

三、会议说明

顾国华首先说明了中国建筑装饰协会专家委员会（筹）企业管理组成立的背景、目的、意义、标准、组成、工作方向、近期工作方向。他指出，中国建筑装饰协会在 SARS 暴发以来正常上班后 5 月 21 日召开的第一次秘书处工作会议上，决定的几件近期协会重大工作，就有专家委员会的筹备工作。5 月 23 日协会秘书处开会确定了专家委员会（筹）分企业管理等 6 个专业小组和各组的正副组长，各组的活动今天是第一次，体现了有关人员与时俱进的工作态度。企管组的特点：一是力量强，包括了中国建筑装饰协会信息部、会刊《中国建筑装饰》编辑部和工程委员会 3 个部门；二是企业管理在全行业中的作用最重要；三是企业家俱乐部，特别是业内骨干排头兵企业家之家；四是研究的问题代表行业发展的方向，代表企业家的共同利益，代表全行业的企业管理水平。

接着，顾国华通报了由各地建筑装饰协会推荐上来的全国装饰企业管理专家库成员有 40 多位，出席今天会议的王波、陈康权、陈辉和王振杰是第一批成员，在充实专家库成员的同时，我们将按中国建筑装饰协会的规定，成立由 15 人组成的全国装饰企业管理专家委员会。

黄白认为，我们近期分专题研究的重点：第一是总结全行业在抗击 SARS 期间的经验教训，一是总结直接参与 SARS 定点医院改造装修企业的经验，如北京港源做的中日友好、华腾做的小汤山、新兴做的 402、建工做的胸科、宏美特艺做的朝阳、苏州金螳螂做的南京南山医院、太原 6 家装饰企业做的太原市后备医院等；二是总结被通报的企业的教训，如上海大华、甘肃粤兰、北京乾坤元、建谊、南京远墨等；三是总结传染上 SARS 但被有效防控住的企业管理要点，如中建二局装饰公司、北京金丰环球、沈阳远大等。第二是研究 SARS 期间的企业管理，如现场管理、民工管理、劳资纠纷处理、防控成本等。他指出，要使装饰企业在防控 SARS 的过程中促进管理水平提高，并提出相应的对策，建立企业和行业防控 SARS 等突发性传染病灾害的应急预案。

四、会议共识

与会代表进行了认真而有效的讨论，形成了以下两大方面的共识。

第一方面：关于全国装饰企业管理专家组

1．企管组的成立。非常有必要，SARS 的出现更有必要。以前行业的最大不足，就是没有专门的机构去研究这一业内最重大的问题，在市场经济和行业发展中，企业家具有重要作用。建议中国建筑装饰协会成立装饰企业家委员会或企业家联谊会。

2．作用的发挥。真正为装饰企业谋利益谋发展，沟通企业之间的信息，给业内企业带来共同利益。调解承发包双方和劳资双方两大方面矛盾。决不能流于形式，挂名无任何意义。同时为企业咨询服务，在业内推广共性研究成果。

3．研究的方向。研究的是全国装饰企业发展方向的问题，针对企业发展中重大的难点、热点问题，抓住企业家的心理，进行务实的研究，踏踏实实的研究点事，解决点实际问题，一个一个的研究透，体现全国的水平。

4．当前研究的重点问题

一是对 SARS 应进行深入的反思。当前企业的安全性越来越差，SARS 对企业很危险，企业处于生死边缘。没有沾上 SARS，一方面是防控措施得当，另一方面是有运气。应从多方面认真反思，建立企业和行业防控突发传染病疫情灾害的应急预案。

二是履约担保，一方面是银行的授信，随着 WTO 的进程，预估三年内企业资质将很有可能淡化，企业应与银行建立良好的关系并在大工程中获得保函，体现出企业的核心竞争力，如港源近在上海承接一项 5000 多万元的外资装饰工程，提供的银行保函 3000 多万元，工期 500 多天，这是一个按国际惯例的发展趋势，同时遏制了挂靠、淘汰一批综合实力不强的企业；另一方面是信誉对等的装饰企业之间的互相担保，这是“强强联合”。

三是借 SARS 之机扭转企业之间的恶性竞争，并改变装饰企业=包工头的不良行业形象。

四是呼吁政府改善市场环境。如北京十分不合理的 2000 年定额，招标的不公正性等，使企业难有大的能力改善民工卫生条件。装饰企业要取得在人格、权益、地位等方面的行业保障，总体改善装饰企业处于不利的境地。

5．利用公众媒体保护企业的共同利益。目前社会主流媒体与协会的关系“虚”的多一些，协会的作用还没有真正发挥出来，应更好地保护企业的切身利益，在主流新闻媒体上多一些协会之声，使企业听到本业协会的正面声音。

第二方面：SARS 对装饰企业管理的启示

1．对民工要实行以人为的管理。要把自己企业的民工当作自己的亲人。中国的民工最可爱。关键是企业领导的决心，将人性化的管理与企业规范化的管理相结合。

2．对防控 SARS 的企业管理成本的看法。如港源，SARS 期间有 20 多个在施工地、2000 多民工，投资了药品、板房、电视机、空调、工作服、高低床等 80 多万元，拉网式排查，交叉检查，返回原籍民工体检合格后通知当地建设行政主管部门，公司每位副总经理分管 2 个工地，责任到人，劳资双方感情拉近，民工十分高兴，焕发出了更高的生产率。虽然一次性投资比较大，但是从长远来看则不大，关键是企业要进行有效的管理，实行责任制，防控 SARS 的成本会慢慢消耗、折旧掉。防控 SARS 的成本如果和企业一项重大决策失误、一项重大的浪费相比要小的多。

3．家装有特殊性。如龙发，SARS 暴发时有 1000 多个在建工地、5000 多民工，比公装企业住地还分散，如何稳定民工，需要拿出实实在在的东西，4 月 20 日公司做出决策——董事长致全体员工的一封信“竭公司全力保工人健康——民工传染 SARS 公司承担全部费用”，民工一下就都稳定下来了，公司给民工送药品，由于防控措施得当，至今没有发生一例。家装要学习公装，研究如何实行集中管理。

4. 发生SARS疫情的装饰企业为抗击SARS做出了特殊贡献。如北京东黎广场，在中建二局装饰工程公司和沈阳远大铝业工程有限公司各有一民工患SARS之后，北京金丰环球远大装饰工程有限公司一民工在工地外住宿地也感染上SARS，公司立即成立的防治SARS领导小组，投资60多万元进行紧急处置，将此民工马上送医院，隔离相关民工，为全部在京员工包括其家属购买了保险、发放药品等，由于措施及时得力，工地一天都没有停工，在京的20多个工地至今没有再发生一例疫情，挺过了战争般艰难困苦。发生SARS疫情的装饰企业不但不应受到业主及同行的歧视，反而应受到全行业及全社会的理解、尊重和敬意。

会议注意到北京、广东、山西、河北、内蒙古等SARS疫情流行曾比较严重地区的装饰企业的反映，为改善民工居住生活和卫生安全环境加大投资是必要的，但是长期下去则加大了企业管理成本，希望政府考虑提高工程暂设费用，支持企业长期抗击SARS。

会议强调，全国装饰企业管理专家组的工作，干就要干明白、干好、干实，应学习抗击SARS的医护人员：我们就是干这个的，干就要尽量干好。要注意倾听企业家的心声，多做得行业人心的实事。

会议对港源等装饰企业一线抗击SARS的英雄行为给予高度评价；对北京金丰环球远大等发生SARS疫情的装饰企业为抗击SARS做出的特殊贡献表示由衷钦佩。

会议向与会企业和全国装饰行业从业人士祝福：远离SARS，健康、平安、幸福！

现代室内设计应关注人的健康需求

清华大学美术学院环境艺术系教授　中国建筑学会室内设计分会会长　**张世礼**

现代人类社会面临着人满为患、能源危机、生态破坏、灾害频繁等各种问题，目前发生的“非典”疫情也是因此产生的灾害。

这种灾害也能够长期危害人类，和病毒作斗争可能伴随着人类的生存史。因此作为营造人类生存环境之一的建筑装修室内设计，不能不严重关切人的健康，需要在人的生存环境设计、营造中注重抗击病毒的问题。

室内设计及其工程所营造的是人的生存空间，包括物理环境和心理环境。物理环境反映的是物质效应；心理环境反映的是精神效应。心理环境和物理环境是相互关联的，我想从这两个方面探索室内设计，关注人的健康需求的问题。

去繁求真有益身心健康

人的大脑处于兴奋、活跃状态应是短暂的，而长时间应和于平稳、舒展、放松的状态，这样才能恢复疲劳，保持旺盛的精力、愉快的心情，才能有良好的免疫力。因此人们长时间所在的空间的设计不宜豪华、繁复，更不能杂乱，而应当简洁，富有节奏、韵律，如界面大面简洁，局部精细，光、色大面柔和，局部加强对比与强度，装饰线形大面宜简约、抽象、富有韵味。简装修不是简单而是在艺术上求真宜少，求节奏、韵律、高水准，有益人的身心健康。

阳光和通风

任何病毒都存活繁衍于动物体内或温度适宜潮湿阴暗的角落，在空气流通和阳光充足的空间里是要灭亡的。因此，建筑及其室内设计针对“非典”病毒，主要的对策，是让室内空间最大限度地获得阳光和通风。室内设计在结构许可的范围内要扩大采光面，设置充分的通风。这一点过去在有些工程中是被忽略了。

前不久参观的一个重要的政府办公大楼，十几间外事接待厅室，没有回风设施，有的房间进去就感到明显的憋闷。

一个部门新改造的宴会厅为挡掉不好看的室外景，设计了整面墙厚重的窗帘，拉动、开启窗扇很困难。内部分隔过死，过封蔽，不利采光通风。

有的重要厅室为了内部装饰效果，竟然把全部窗子封掉，完全依靠人工采光和通风，上述室内设计存在两个大问题：

一是没有阳光，缺乏新鲜空气，不利无菌消毒。

二是耗费能源，排放有害气体和物质，不利环保。

一个住宅设计、一个宴会厅改造设计。中国驻德国使馆，大使会客厅设计，屏墙活面组合。

室内装修、陈设要便于清洁、消毒

一是大面积围挡不易清洁，宜藏污。

二是软包易藏污，不易清洁，应用防污布、涂料。

三是满铺地毯易藏污纳垢，活毯好。

四是橱架过多敞开不易清洁。

五是活面组合沙发好。

创造生态小环境，改善小气候

一是有充足的阳光，创造茂盛的室内植物。

二是提高室内空气质量，提高生理需要的负离子浓度，宜盆栽。

三是花木美的要素是最好的装饰，增添平和的心境与愉快生活乐趣。

工厂化加工、装配式工艺是室内设计的发展方向。

SARS的启示——室内设计要解决功能问题

清华大学美术学院环境艺术系主任　教　授　郑曙旸

在建筑内部空间以满足人的使用与审美需求进行的环境设计称为室内设计。然而在社会层面的一般认识中，室内设计就是装饰装修，仅解决美化环境的问题。

实际上人类自进入现代化进程之后，建筑的内部空间就在不断扩大，使用功能也日趋复杂。仅靠建筑设计已经很难全面满足人的行为、生理、心理上的需要。室内设计及其相关行业就是要担负起自身的社会责任，创造实用、舒适、美观、愉悦的室内物理与视觉环境。SARS疫情从反面为我们敲响了警钟，同时从专业角度给予启示：室内设计要解决功能问题。

一、治理人工环境

风和水是人类赖以生存的根本。

风——空气的流动，提供生命动力的氧气源流；水——氢和氧的最普遍的化合物，生命的源泉。人体对空气的依赖以分秒计；人体对水的依赖以十数小时计。

因此，通风和给排水系统是人工环境的核心。SARS疫情的流行，恰恰反映出人工环境核心系统存在的致命弱点。

恒温条件下的自然通风问题本来就是实现生态建筑的拦路虎。一个关键的难以在现有技术条件下解决的问题。只有相关专业的通力合作，依靠科技进步，才能逐步摆脱人工气候——封闭式空调的控制，在高技术的层面回归于自然。目前，只能在技术可能的条件下优化设计，改进与维护现有空调体系，尽一切可能使用自然通风。这就要在建筑设计和室内设计方面强化自然通风的意识，创造现代建筑的自然通风条件。

给排水系统是一个问题的两个方面。给水的方便与足量是防治SARS的基础技术条件，而排水则是感染SARS的一个源头，香港淘大花园的群体感染事件是这方面的典型例证。这是在目前的技术条件下经过科技攻关能够解决的问题。但是需要修改相关的建筑规范使之适应防治SARS的要求。

二、优化交通流线

室内使用功能所涉及的内容与建筑的类型和人的日常生活方式有着最直接的关系。在这里交通流线的设计与SARS感染的途径有着直接的联系。

室内建筑平面的划分因人的行为特点表现为建筑平面上的交通面积和使用面积。在建筑平面上区分两类面积成为室内功能设计的主要内容。现在看来这种设计工作的优劣对于防治SARS具有重要的意义。

从室内设计的专业角度来看：最短的交通流线，没有交叉的交通流线，是最理想的交通流线。

目前的现状：

传统的封闭式建筑内部空间交通流线管理模式。导致公共建筑(包括医院)交通空间的流向处理普遍较差，大量人流必须同时进出惟一的出入口，预留的可变空间较少。

建立符合防治SARS的建筑内外空间理想交通流线：

· 人流与车流

以医院为例的四种人流与四种车流的分流模式：

病方人流：病人与陪护流、病人探望流。医方人流：医护人流、后勤保障人流。病方车流：自备机动车、自备非机动车。医方车流：救护与公务机动车、医疗与设施转运非机动车。

· 主交通线与次交通线

必须设置的主交通线，次交通线与主交通线合理衔接。

· 垂直交通的概念

保证足够运量的电梯、坡道与楼梯的关系。

· 交通枢纽的概念

合理交通枢纽位置的确定，交通枢纽空间形态的确定。

三、增设过渡空间

各类建筑的内部空间普遍忽视过渡空间的预留，往往是交通空间直接功能空间，没有缓冲的余地。如医院的门诊室、住宅的客厅，造成内外不分、人员混流的局面。这种状况与防治SARS的基本原则也是相违背的。

增强设计者的防病意识，在各类室内设计中注意安排内外空间的过渡面积，避免内外物品的混流。

四、关注行为心理

对于人的活动而言，室内是一个包容的空间，人在这个包容的空间中活动其行为必定会受到某种限定。“空间一旦固定，也就有了限定生活方式的能力。”这种限定在某种程度上限制了人的活动自由，从而产生一系列行为心理方面的矛盾与问题。

关注不同人群的行为心理特征，并根据所需去解决问题，是实施人文关怀的室内设计本质。实际上也是防治SARS在室内设计专业领域最深层次的问题。面对人的行为需求，是顺向解决还是逆向解决，是一个关系到公共卫生系统能否合理运行的大问题。诸如洗手、吐痰、丢弃垃圾等等。显然顺向解决是理想的出路。

重视室内装饰装修材料的科学配置

国家建筑工程质量监督检验中心　何星华　熊　伟

“非典”疫情使人们的健康、环保意识大大增强，人们对室内装饰给室内空气质量带来的影响给予了更大的关注。影响室内空气质量的因素是多方面的，而建筑装饰装修材料所释放的有害气体对室内空气的污染是一个突出的问题。

政府对这个问题极为重视，组织有关科研和防疫等单位经过几年的努力，于 2001 年以来相继发布了《民用建筑工程室内环境污染控制规范》（以下简称《控制规范》）和 10 项室内装饰装修材料有害物质限量标准（以下简称《限量标准》）。这些标准规范发布后，大量生产企业纷纷调整生产工艺，按要求生产符合有害物质限量标准的产品;装饰施工企业也注意选用符合《限量标准》要求的产品;各地建筑质量监督部门和业主也注意按《控制规范》的要求来进行竣工验收，在较短的时间内已使建筑装饰工程室内空气污染的程度大大降低，装饰工程室内环境的合格率不断提高。

在某些装饰工程中，虽然采用的装饰装修材料的有害物质限量都符合《限量标准》的要求，但对室内空气质量的检测结果却是超过《控制规范》的限量。经分析可能主要有三个原因：一是能释放有害物质的装饰装修材料的用量比较多，二是室内的通风换气量不足，三是施工时对某些能释放有害物质的材料应采取的饰面封闭处理的措施没有做到位。本文着重论及对有释放有害物质的装饰装修材料用量的配置问题。

《限量标准》是对各种装饰装修材料提出了允许有害物质含量或释放量的最高限量，只有低于这个限量，这种产品才属于合格品，才能在市场上进行销售，否则不准销售。

《控制规范》除了从装饰工程的实际需要出发对装饰装修材料的有害物质含量或释放量作了规定以外，主要对房屋空间内的主要几种有害气体的含量作了严格的规定，我们按《控制规范》对房间进行检测的数值是反映在房间内设置的各种装饰装修材料所释放的有害气体含量的总和，这个总和不能超过《控制规范》规定的限量，这是装饰工程验收的主要指标之一。

《控制规范》与《限量标准》对装饰装修材料的有害物质含量或释放量的限量规定是基本一致的，但并不表明房间内设置的各种合格的装饰装修材料所释放出来的有害物质的总量是一定会符合《控制规范》规定的房间有害物质限量的要求。这个总量既与材料的有害物质含量有关，还与材料的用量有关。

每一种装饰装修材料的有害物质含量的测定都是采用单位面积、单位重量或单位容积的材料试样在一定的试验条件下进行的，也即反映的只是单位面积、单位重量或单位容积材料的有害物质含量或释放量。例如用穿孔法测定胶合板中的甲醛含量表示为每 100g 干板材中甲醛的含量（mg）。因此在同一容积空间里的空气中有害物质的含量就必然与装饰装修材料的用量有关。用同一种装饰装修材料来比较，在同一容积空间里所用的材料量愈多，其空气中的有害物质含量就愈高。即使材料的有害物质含量符合要求，但在材料用量达到一定的数量后其空气中的有害物质含量就可能会超过《控制规范》规定的限值。

对于各种装饰装修材料的有害物质含量的限量值指的是最大允许值，如果采用有害物质含量更低的材料，则在同一容积空间内可以相对增加装饰装修材料的用量。

下面就一个房间配置装饰装修材料的量化值进行分析，供业内参考。

现有一间 $20m^2$ 的住房，净高为 2.5m，此房间的容积为 50 m^3。主要装饰装修材料为地毯和饰面人造板。若以空气中甲醛的限量为控制指标，在满铺地毯的情况下，可以允许再使用多少饰面人造板？

首先我们估算满铺地毯时，该房间空气中甲醛的含量。合格品地毯的甲醛释放限量为≤0.05mg/（m^2 h），因为该数据是在容积为 1 m^3 的测试舱中对 0.4 m^2 地毯试件进行测试和计算得来的，由此可以估算为每平方米的地毯在一个立方米的空间中一个小时的甲醛释放量为 0.05mg。现用地毯 $20m^2$，房间的容积为 50 m^3，则可以推算出其房间内的甲醛含量为 0.02 mg/m^3。

按照《控制规范》的规定，住房的空气中甲醛的含量的限值为≤0.08mg/m^3，现在地毯释放的甲醛含量已为 0.02mg/m^3，则允许在该房间设置的饰面人造板释放的甲醛含量最多为 0.06mg/ m^3。

饰面人造板的甲醛释放限量为 0.12mg/m^3,该数据是在容积为 1 m^3 的测试舱中对 0.5 m^2 饰面人造板试件进行测试取得的，即可认为 0.5 m^2 的合格饰面人造板在 1 m^3 空间中的甲醛释放量为 0.12mg。若空间中的甲醛限量只允许为 0.06mg/m^3，则可推算在 1 m^3 空间中只能放置 0.25 m^2 的饰面人造板，现住房的空间为 50 m^3，即可估算出允许放置的饰面人造板面积约为 12.5 m^2，如果饰面人造板非暴露面能够被有效的封闭，则其用量还可以适当增加。这里尚未考虑其它装饰装修材料（如壁纸、胶粘剂等）的使用。

以上例子中的地毯和饰面人造板释放甲醛的限量值是可以用来估算每平方米材料在每立方米空间的释放量并推算材料使用量。但大多数材料的有害物质限量值的表示法是难以进行此类推算的。这需要有关单位在这方面进行研究，提出各种材料有害物质限量值与材料使用量的相关关系的估算方法。

当前，装饰公司可以通过对一些装饰工程的空气质量检测结果和使用材料的品质及数量进行分析，从中取得一些经验性的资料，以指导装饰设计的选材工作。

关于 SARS 引起的对健康居住环境的思考

中国建筑学会室内设计分会　副会长　高级建筑师　**饶良修**

这场突如其来的 SARS 灾难，在短短几个月的时间里，波及世界许多国家和地区，感染逾 8000 多人，其中死亡人数高达 700 多人，这场来势凶猛，迅速蔓延的灾情，严重影响到政治、经济、文教、卫生等社会生活。面对新一轮传染性疾病对人类的袭击，我国政府启动了应急机制，开展世界范围内的大协作，找出 SARS 病毒的元凶，探寻 SARS 传播的途径，研发治疗 SARS 的方法、药物、疫苗，相信在这场抗击和预防非典的战斗中我们一定会取得最后的胜利。抗击和预防 SARS 不仅仅应从医学的角度上寻求技术对策，更重要的是要到 SARS 之外去分析原因，面对未来城市化进程中无法避免的灾情的不确定性，做到未雨绸缪。这次 SARS 肆虐与蔓延的重灾区发生在人口稠密经济发达的城市，如香港、广州、北京、多伦多等等，这不能不引发人们的思考。最近《中华建筑报》组织了很多专家、工程院士、设计大师、建筑师、工程师就现代建筑面对 SARS 的挑战而引发的，城市的规划与建设、城市的防灾机制、预警机制、生态城市环境保护等方面的问题发表了很多带有启迪性的见解。在城市的建设与发展中“非典”带来的启示、教训将拓宽我们的思路。

突如其来的“非典”灾难，使我们对于生命、对于健康更为关注，健康的居住环境，成为人们关注的热点，对于“健康的居住环境”已经超越了概念的关注而成为现实的需求，建筑卫生学从医学的观点出发，将有关的医学、卫生学研究成果用于建筑设计的各个阶段，从而使最终完成的建筑环境能符合相应的医学、卫生学要求，以保障人们拥有健康卫生的生产、生活、工作环境，建造健康、“绿色”的人居建筑，在满足建筑基本要素的基础上，以可持续发展的理念，保障居住者生理、心理和社会等多层次的健康需求，营造出舒适、便捷，安全、卫生、健康的居住环境。

据调查，由建筑物及其内部设备造成的对危害人体健康的疾病达数十种，根据其疾病的性质，致病的病源等，大致可分为三大类：

1．急性传染病。

2．过敏性疾病(包括过敏性肺炎、加湿器热病)。

3．“病态建筑物综合症”，其根本原因就是通风不够，我国现行室内空气质量标准是满足生理标准的正常需求每人每小时获得 30 m^3 新风，美国标准达 50m^3/h。

国外有这样的界定，如果一幢建筑中有 30%的人都有近似的不适感，就基本判断为“病态建筑”。健康的居住环境首先周围不能存在污染源，要保护场地的自然生态环境，如青山、绿水、林木植被，使人与自然亲和。应保证有足够的日照与通风。阳光普照、空气流通是阻断传染源的最佳手段。住宅区应有足够的绿地和娱乐健身场所。公私动静分区是保证居民心理健康的有效措施。各种废弃物处置，垃圾收集、污水处理，洁污分区是生理健康的保证条件。

“生态住宅”不是一个空泛的概念。建设部住宅产业促进中心制定的《绿色生态住宅技术导则》，在能源、水环境、气环境、声环境、光环境、热环境、绿化、废弃物管理与处置、绿色建筑材料九个方面提出了相关要求。即使满足了以上条件，居住者如果没有良好的卫生习惯和社会道德，健康的居住环境仍将是个梦想。随地吐痰的恶习，随处抛撒垃圾等不文明的行为在“非典”时期受到全社会的谴责，“非典”过后，一切有损于公共卫生和道德的行为仍将受到鞭鞑。

室内是人类生活、工作的主要场所，室内环境的好坏直接关系到人类的健康。室内环境质量表现为四个层次：

1．基本层次：满足人们的生存居住基本要求，起居、修仙、餐饮、收纳、洗漱、如厕等。

2．健康层次：有充足的阳光，良好的通风，有清洁的饮用水，尽量杜绝或减少室内空气中有毒、有害的含量。

3．舒适层次：在健康的基础上，满足人生活和工作所需的适宜温度、湿度、照度。

4．效率层次：有利于提高生活和工作效率的环境。

环境恶化迫使人们从新审视人与自然的有机关系，随着现代环境深入人心，“绿”色生活方式，“健康”生活方式，已成为新的时尚。室内设计其实就是在设计生活。在满足人们需求的过程中，过去我们过多地依赖于现代技术而忽略了大自然丰厚的赐与，有意无意破坏了人与自然的和谐共处。

健康的居住环境安全是第一要素、室内环境安全包含了以下几个方面：

1．构造安全。

2．防火安全。

3．燃器、电器设施安全。

4．居住防范安全。

5．室内空气和供水安全。

安全是构筑美好家居的基础。在环保意识日益深入人心的时候，“绿色”二字出现最为频繁，“绿色”建材、“绿色”设计、“绿色”家装…在这里似乎“绿色”已成为安全、放心的代名词。“绿色”在这里有概念抄作之嫌，以“绿色”建材为例，这里的“绿色”应指材料全生命过程的“绿色”，即从产品开发、原料选择、生产工艺、安装使用、使用终结后可回收利用的全过程的“绿色”，才能真正称为“绿色”建材产品。目前我国对“绿色”的认同尚有分歧，“绿色”标准尚在研讨制定中。

环境安全关系到人类的健康和生存。材料是设计师构筑各种理念与形式的最基本的物质元素，选择材料，应选用无毒无害、安全环保的材料，不但在常态下不会释放任何有毒物质，即使在高温或燃烧情况下，也不会产生任何对人体有害物质。材料反映了时代特征和生产能力，在“绿色”建材尚不能全面支撑起建材市场的时候，国家颁布了室内装饰装修材料有害物质含量的十个国家标准，这是环境安全的最低限制，生产、销售、使用这类材料，其有害物质及VOC不应高于以上十个国家标准规定的限量。

另外还有一点必须明白，即使我们选用的每种装饰装修材料都符合以上十个标准的规定，但如果在同一室内空间里使用数量过大，有害物质及VOC仍可能超标，危及人类的健康。建设部颁布的《民用建筑工程室内环境污染控制规范》（GB50325-2001），是检验室内空气质量的关卡。以上的规定是健康居住环境的硬指标。

健康理念的核心是提升人的生命质量。在抗击“非典”的过程中，我们体会到打造健康的居住环境不仅是专业工作者的责任，离开了全民的参与也是不可能的。健康的居住环境不是梦想，不是概念，它的实现也许就在明天。

关于装饰行业在SARS中的表现及其成本收益的初步评估

黄　白

SARS，中国俗称“非典”，属于突发传染病疫情灾害。此类灾害是指突然发生，造成或者可能造成社会公众健康严重损害的重大传染病疫情、群体性不明原因疾病以及其他严重影响公众健康的灾害。

以2003年4月20日中共中央宣布撤消张文康卫生部党组书记职务由高强接任，同时撤消孟学农北京市委副书记、市委党委职务由王岐山接任为标志，北京暴发SARS；以6月24日世界卫生组织正式宣布解除北京地区的“旅游警告”，并将北京从“近期有当地传播”的疫区名单中删除的“双解”为标志，全国防治非典由应急转为常态，全国抗击SARS取得了决定性的胜利。

SARS对于我国国民经济和社会发展以及对建筑装饰行业的影响是极为深刻的。当SARS战争正在过去，和平正在到来之时，重要的是反省和思考SARS给我国建筑装饰行业带来的思路性和思维方式的启示，以及制定企业和行业的相应对策。

为此，若能从经济学的角度做出关于装饰行业在SARS期间所受影响的表现及其成本收益的初步评估是重要的。本文多是问题的提出及其探讨，愿与同业同仁共同深入研究。

一、装饰行业对防治SARS的直接贡献

装饰行业对防治SARS所做出的直接贡献，也是装饰行业抗击SARS所付出的成本。据初步统计，我国已有13家装饰企业直接参与了相关SARS定点医院的紧急改扩建装修工程，在危急时刻，都表现出国家有难匹夫有责的觉悟和为了医护人员、人民生命安危争分夺秒的拼命工作精神，均受到当地政府的表彰，他们是：

北京中建华腾装饰工程有限公司和北京中建华奇亚装饰工程有限公司4月22日参加7天抢建北京小汤山医院。

北京市建筑工程装饰公司4月24日参加北京胸科医院500 m^2隔离墙和1600 m^2遮阳篷施工，现场距离SARS病房只有几米，几乎每班工人均作业10多个小时，连续4昼夜。

中国新兴建设开发总公司装饰工程公司4月29日参加解放军402医院搭建临时食堂、安装SARS隔离区电梯、病房装修、修建隔离墙、办公楼装修等。

北京港源建筑装饰工程有限公司4月29日参加中日友好医院隔离区铝合金隔断制作安装工程，连续3昼夜。

还有北京宏美特艺建筑装饰设计工程公司5月1日做的北京朝阳医院、苏州金螳螂建筑装饰有限公司5月21日奋战60小时做的新建南京市南山医院。

5月1日太原市现代建筑装饰工程有限公司、香港神采装饰工程山西有限公司、山西三利装饰有限公司、太原市宏展装饰工程有限公司、山西聚豪装饰装潢有限公司、太原市晋粤装饰有限公司6家装饰企业共同承担了20天新建7.8万 m^2太原市防治SARS后备医院——第四人民医院的装修。

装修战士与白衣战士共同在一线抗击SARS，同白衣战士一样英勇无畏，体现了同呼吸，共命运，心连心。建筑装饰行业为抗击SARS做出了直接的较大的贡献，应该得到行业的表彰、学习和全社会的尊重、敬意。

这些装饰公司不仅均为一级装饰施工、甲级装饰设计企业，而且是当地乃至全国的骨干企业。国难当头，打仗还需子弟兵。

此外，还有装饰承包商的捐款，装饰材料制造商的优惠供货。如苏州金螳螂建筑建筑装饰有限公司在5月12日“国际护士节”，通过苏州市防非指挥部向奋战在苏州及南京等

地抗 SARS 一线的医护人员捐款 50 万元，其中 30 万元为员工的。这是苏州当时当地企业最大的一笔捐款。

如山东贺友集团，支援建设北京小汤山非典医院，当该公司接到北京小汤山非典医院需要 20 万张中密度板的时候，毅然停下比中密度板利润高 60%的高密度板的四条生产线，紧急生产中密度板，而且每张优惠 5 元钱，仅此一项就少收入 100 多万元，5 月 14 日中央电视台“焦点访谈”节目对此进行了表扬。

二、装饰企业防控 SARS 的管理成本

1. 公装企业防控 SARS 的管理成本。如北京港源建筑装饰工程有限公司，SARS 期间有 20 多个在施工地 2000 多民工，公司采取封闭式工地管理，投资了药品、板房、电视机、空调、工作服、高低床等 80 多万元，拉网式排查，交叉检查，返回原籍民工体检合格后通知当地建设行政主管部门，公司每位副总经理分管 2 个工地，责任到人，劳资双方感情拉近，民工情绪稳定，焕发出了更高的生产率。北京市建筑工程装饰公司、北京宏美特艺建筑装饰设计工程公司等装饰企业建立防治 SARS 组织机构、防控措施、工地封闭式管理、加强监测，均投入 30 多万元改善民工的居住生活条件，现均无一例感染，且没停工。

2. 家装企业防控 SARS 的管理成本。家装有其特殊性，如北京龙发建筑装饰工程有限公司，SARS 暴发时有 1000 多个在建工地、5000 多民工，比公装住地还分散，如何稳定民工，需要拿出实实在在的东西，4 月 20 日公司做出决策——董事长致全体员工的一封信“竭公司全力保工人健康——民工传染 SARS 公司承担全部费用”，民工情绪稳定下来了，公司给民工送药品，由于防控措施得当，至今没有发生一例感染。北京阔达建筑装饰工程有限责任公司认真落实市建委防控 SARS 措施，提出“北京有难，人人有责”的口号，工作场所天天消毒、员工天天测量体温，发放口罩等防护用品，使公司上万名外地民工全部留在北京至今无一人感染。

3. 发生 SARS 疫情的装饰企业的管理成本。装饰企业防控 SARS 的所付出的最大成本或最大的困难是易感染易传播的弱势群体——民工的生活卫生和施工现场的管理问题。以位于北京市朝阳区左家庄的东黎广场在建项目为例，业主指定 12 家分四个城区住有上千民工的分包商。其中，中建二局装饰工程公司（111 人）、沈阳远大铝业工程有限公司（270 多人）、北京金丰环球远大装饰工程有限公司（200 人）分别于 4 月 27 日、5 月 4 日和 5 月 8 日民工中确诊 SARS 各 1 人，分别隔离 45 人、6 人（9 人疑似住院）和 14 人。

仅施工总包中建一局五公司为分包方防治 SARS 采取的发送药品、隔离设施、民工班车租赁等 24 项措施，就投资 130 多万元——为了 3 个 SARS 病人、9 个疑似病人住院、66 人隔离、上千人的防控 SARS 所付出的成本，平均一例约 40 万元。

分包 1500 万元装饰工程的北京金丰环球远大装饰工程有限公司一民工在工地外感染了 SARS，公司立即成立了防治 SARA 领导小组，投资 60 多万元进行紧急处置，将此民工马上送医院，隔离相关民工，为全部在京员工包括其家属购买了 SARS 保险、发放药品等，由于措施及时得力，工地一天都没有停工，在京的 20 多个工地至今没有再发生一例疫情，挺过了战争般的艰难险阻。

发生 SARS 疫情的装饰企业非但不能受到业主和同仁的歧视，反而应得到全行业及全社会的理解、尊重和敬意。发生 SARS 疫情的装饰企业为抗击 SARS 做出了特殊贡献。

据此估算，在民工中发现一例 SARS 企业所付出的管理成本，特别治疗、隔离的成本：土建总包 40 万元，装饰企业 60 万元，共约 100 万元。

5 月 31 日北京市教委要求，来京的长期外籍教师、留学生、中小学生等外籍人士投保 SARS 不低于 40 万人民币。6 月 9 日中国保险监督管理委员会公布，6 家寿险公司赔付 202 例 SARS 索赔 281.59 万元，其中身故赔付 198.50 万元，住院治疗赔付 83.09 万元。这也表明了治疗 SARS 的成本。

如按每家装饰企业为防控 SARS 平均投资 10 万元计，北京市近 2000 家有资质的装饰企业，约投入 2 亿元；全国 2.5 万家有资质的装饰企业，约投入 25 亿元。这只是这次北京和全国装饰行业为防控 SARS 至少付出的直接管理成本。

三、装饰企业防控 SARS 管理不力的成本

自 4 月 21 日北京 SARS 疫情暴发后，北京市建委根据为落实市委、市政府《关于加强北京防治非典型肺炎工作的决定》和《关于进一步加强民工和建筑工地防控非典型肺炎疫情的紧急通知》的要求，对全市来自全国 25 个省市 300 多个县 90 万民工的 3200 多个在建工地的防范 SARS 工作进行拉网式的反复检查。被北京市建委公开通报批评的装饰企业现有 4 家：上海大华装饰工程有限公司、甘肃粤兰装饰有限公司、北京乾坤元建筑装饰工程有限公司和北京建谊建筑工程有限公司。

从全国、主要是从北京来看，由于装饰企业也没有应急预案，被动所带来的六方面的经验教训值得业内共同汲取。

1. 北京市施工现场和民工的防控工作。据 5 月 23 日中央电视台一频道“新闻调查”栏目以“城市・非典・民工”为题对北京防控 SARS 措施的报道，全市发现 SARS 病例的有 31 个工地、91 人，特别是位于宣武区大观园附近 548 人在施工的“中华家园”工地有 26 人感染 SARS，北京市政法委书记吉林亲临现场指挥隔离，根据《传染病防治法》和中央以及北京市政府的相关规定，为防止民工情绪激动向外冲，担任隔离任务的是公安局的刑警队，经过多方解释疏导，未发生任何不测。市建委主管此项工作的一位副主任强调，民工平常省吃简用，自我防护意识差，生产、生活条件差，

是防治 SARS 的“弱势群体”。在这期间，市建委组织了 8 个督导队对全市施工工地进行严格细致的防控 SARS 检查，不容许睡通铺，每间至多 15 人，每人不少于 $2m^2$。最有效的总体措施是现场封闭式管理，“新闻调查”还报道了财富工地、苏州建总的施工现场的经验。江苏省建设厅游厅长在北京视察江苏工地时指出，苏中建筑集团 1.2 万人无一人感染SARS，江苏共有17万人在京施工，这是对江苏抗击SARS最大的支持。

对于全北京市由 2600 多公共卫生人员组成的流行病学调查大队来说，东城区金港 101 工地民工 SARS 疫情处理是令人难忘的。101 工地是北京第一个暴发 SARS 疫情的建筑工地，也是北京第一个集中隔离的建筑工地。一天内就有 6 人发病。6 月 21 日《北京晨报》是这样描述东城区流调队员赶赴现场时所看见的一幕：刚刚踏进民工宿舍的情景让流调队员终身难忘，破旧的宿舍只有 200 多平方米，里面却居住着 390 多人，平均每人 0.51 m^2，与 $2m^2$ 的要求相差 4 倍。

2．民工擅自返回乡造成企业被清出京城。5 月 15 日，北京市建委做出《关于对上海大华装饰工程有限公司防控“非典”期间管理失控进行处理的通报》，通报全文为：4 月 30 日，市建委发布了《关于对上海大华装饰工程有限公司管理失控问题的通报》（京建管[2003]0216 号），对上海大华装饰工程有限公司在“荣丰 2008”项目工程中招用江苏籍零散民工并拖欠民工工资以致发生民工与房地产开发企业发生冲突的事件进行了通报批评，责令上海大华装饰工程有限公司按照市委、市政府的有关要求，采取果断措施稳定施工人员，严禁施工人员擅自离京。上海大华装饰工程有限公司在冲突事件发生后，其在京负责人及该工程项目经理不仅迟迟不出面解决问题，致使冲突事件进一步激化，而且在《通报》发出后，该公司仍未对施工现场实行严格封闭管理措施，甚至在民工中有一名工人发热被送进医院观察情况下，公然违背市委、市政府关于对“非典”疑似病人隔离的规定，使 101 名民工全部离京，返回原籍，严重违反了中央提出的“健康人员就地预防，有接触史的就地观察，已确诊的就地治疗”的原则，对控制疫情向全国蔓延带来恶劣影响。鉴于以上情况，经市建委研究，决定取消上海大华装饰工程有限公司在京施工资格。

3．施工现场管理混乱造成企业被责令限期改正。5 月 15 日北京市建委责令甘肃粤兰装饰有限公司正在施工的北京华联金太阳店装饰工程限期改正。市建委在通报中解释做出这一决定的理由是：为落实市委、市政府的有关要求，5 月 7 日市建委对建设工地防控“非典”工作进行了再部署。按照市建委的部署，区县建委于 5 月 11 日、12 日对属地建设工地进行了拉网式检查。检查中发现一些建设单位和施工单位现场管理混乱，建设工地不同程度的存在没有实行严格封闭管理、民工居住条件不达标、未按规定设立隔离室、未按规定进行体温测试、未按规定进行消毒、炊事人员没有健康证以及卫生状况差等问题。这些单位不认真落实市委、市政府及市建委防控要求，对待防控工作敷衍了事，置施工人员健康和安全于不顾，情节比较严重。

4．施工人员健康和安全工作管理不利。5 月 23 日，北京市建委做出《关于对北京乾坤元建筑装饰工程有限公司等 11 家单位及责任人防控“非典”工作不力进行处理的通报》（京建管[2003]239 号），通报批评的有 2 家装饰企业：北京乾坤元建筑装饰工程有限公司、北京建谊建筑工程有限公司。责令前者在施的黄土岗新村建设二期 7、8、9、10、31、32、35、36、37、38、39、40 楼工程，后者在施的北京医院综合楼工程立即整改。

通知指出：为防止“非典”疫情在建设工地蔓延，保证工地施工人员身体健康和生命安全，市委、市政府印发了有关通知，要求各有关单位按照通知要求认真、负责地落实各项措施。在市建委的部署下，区县建委 5 月 13 日继续对属地建设工地进行拉网式检查。检查中发现一些建设单位和施工单位仍然无视《通知》要求，施工现场管理混乱，建设工地仍不同程度的存在没有实行严格封闭管理、民工居住条件不达标、未按规定设立隔离室、未按规定进行体温测试、未按规定进行消毒、炊事人员没有健康证以及卫生状况差等问题。这些单位不认真落实市委、市政府及市建委防控要求，对待防控工作敷衍了事，置施工人员健康和安全于不顾，情节比较严重，市建委决定对这些单位和责任人做出处理。

5．劳资纠纷装修工诈称患 SARS 被警方行政拘留。4 月来京务工的陈福到昌平某装饰公司上班，因工程业务少，只干了 16 天就离开，公司对其工资核算后他于 5 月 15 日来领钱，因嫌钱少而与老板吵闹，并竟然诈称自己有 SARS，接报后警方和 120 急救中心均立即赶到，体检时他还故意打坏体温计，经查实他无任何 SARS 症状，经讯问陈福承认用 SARS 威胁他人安全，警方处以他 5 天行政拘留。

6．擅用民工 SARS 疑似造成 300 人被隔离。南京远墨装饰设计工程有限公司 4 月 23 日～25 日违反规定擅自留用从疫区的阜宁县民工孙某在南京洪武路施工工地，当地街道来登记，该公司瞒报并把日期 4 月 23 日修改为 4 月 6 日，5 月 5 日该民工被诊断为SARS疑似，造成该工地300多民工被隔离。南京市建委通报了工程总包南京三建三公司项目经理虞进良，并给予装饰公司项目经理张国兴行政记过，装饰公司停接工程一年的处分。5 月 30 日《中华建筑报》做了报道。

四、北京及全国相关行业的成本

戴口罩的春天给 14 年来一直保持 10%左右经济增长的北京带来真正的考验。首都主流媒体认为直接受到突出影响的行业是：餐饮、旅店、旅游、娱乐、商业（特别是大型百货商场）、民航及交通运输、展会、美容美发、摄影冲印等，以及装饰材料、家装、服装、花卉等专业市场。据北京市统计局的测算，4 月份直接经济损失至少 25.5 亿元（表 1）。

北京及全国相关行业成本一览表　　**表1**

行　业	北　京	全　国
消费品商业	市商委的监测显示，全市消费品市场跌入低谷，10家主要大型商场销售收入和客流量同比下降60%以上，SARS使全市社会消费品零售损失17亿元，比正常情况下降10%。据北京市商委5月24日的统计，4月份SARS期间全市60%以上的商店关门，政府决定进行财政补贴，减免商场场租50%	国家统计局在6月17日《经济日报》上发表报告，5月份社会消费品零售总额3463亿元，同比增长4.3%，为五年来新低。在6月21日《人民日报》发表报告，5月份社会消费品零销总额3463亿元，增幅比上月下降3.4个百分点，增幅之低是上世纪90年代以来所没有过的
旅游业	增加值损失4.4亿元。5月24日《北京晚报》称这次SARS是继1989年以来对北京市旅游业的又一次重创。4月份全市接待海外游客11.6万人次，同比下降59.9%。其中，外国人9.9万人次，同比下降60.1%；港澳台同胞1.7万人次，同比下降58.6%。2003年1月到4月，全市累计接待海外游客67.6万人次，同比下降17.2%，由上月累计的正增长转为负增长	中国旅游饭店业协会5月30日发表报告，全行业受到建国以来最严重打击，为整体性损失，2003年行业业绩肯定普遍下降
旅店业	4月初开始出现退房，下旬日趋严重，5月达到高峰，受到的冲击巨大，住房率同比损失90%以上。4月份北京旅店几乎全部关门，包括郊区1400多家“农家乐”，除政府征用的74家中低档饭店外作为抗SARS一线医护人员的场所外，其他饭店入住率均为零，全市旅游业损失10多亿元。北京市旅游局5月31日在中央电视台一频道公布统计，SARS期间全市旅游旅店业休眠，300多家旅行社为零接待，旅店减少收入2亿美元	5月营业收入下降65.1%
餐饮业	全市餐饮业共有网点2.23万家，SARS期间歇业率达70%，4月减少零售额2.8亿元，同比下降4个百分点，为近三年来的首次下降。5月同比收入损失90%以上。据6月3日《北京晚报》估计，SARS使餐饮业淘汰率高达30%，将导致5000家餐饮企业倒闭。6月23日《经济日报》估计市区内一级餐饮企业停业率60%以上，中小餐馆停业率80%以上	餐饮业受到重创，市场销售增幅明显下滑。5月下降零销额359亿元，同比下降15.5%
交通运输业	增加值减少1.3亿元。对京城6万辆京B牌照的出租汽车减免5月~7月的养路费	5月同比下降41.5%，下降幅度比4月扩大34.6个百分点
专业市场	饰材家装、服装、花卉等专业市场门庭冷落。6月20日中央人民广播电台早间新闻联播证实，全市200多家“家居建材市场”90%以上关门	
社会服务业	几乎跌到零	11个行业中，5月有10个行业营业收下降，旅馆业下降65.1%、娱乐服务业下降45.3%，沐浴业下降58.3%，理发及美容化妆业下降38.9%，出租汽车业下降35.6%

5月29日，北京市地税局决定，将集贸市场和经营农副产品的个体工商户减免六大税费的期限从3个月延期5个月，而且将减免税的范围扩大到餐饮、旅游、旅店、娱乐、个体客运以及外埠在京经营粮油、蔬菜的所有座商等受SARS影响较大的行业的个体工商户。6月1日，北京市地税局根据SARS期间出台的部分行业税收优惠政策发放免税申请表，这些行业是：饮食业、旅店业、旅游业、出租汽公司、个体出租汽车经营者、民航旅客运输业、会展业、集贸市场，直接抗击SARS的医疗单位和机构、免费向职工发放抗击SARS物品的单位，向各级民政部门、卫生部门以及通过红十字会、中华慈善总会及各分会

捐赠防治SARS实物和现金的各企事业单位、社会团体。北京地税局估计，今年将少收10亿元，免税期为5月1日至9月1日。广东省地税局减免六大行业税10亿元。

受SARS影响，截止到5月底，北京市私营经济累计纳税32亿元，同比增长34.9%；5月份实际完成纳税4.1亿元，比4月份减少3亿元，下降42.5%。北京市计委在2003年6月20日《北京晚报》等媒体上公布，经初步测算，1至5月SARS影响北京经济总量累计为24.1亿元，影响经济增下降1.8个百分点，主要在服务业，占损失总量的90.9%。

国家认为，受SARS影响较大、影响比较严重，决定实行财政甚至是税收补贴政策的是：餐饮、旅店、娱乐、旅游、民航等行业，其中重点是疫情直接影响比较突出的餐饮、旅店等行业。上海旅店住房率4月平均为30%、5月只有15%。广东旅游业4月同比下降68%，旅店直接损失18亿元。广东省委省政府减免税收60%~70%。

5月9日，国务院决定自今年5月1日~9月30日对“受SARS影响较大”的餐饮、旅店、娱乐等行业减免行政事性收费。同日，财政部决定对“受SARS影响比较严重”的餐饮、旅店、旅游、娱乐减免15项政府性基金。5月11日，国务院对“疫情直接影响比较突出”的餐饮、旅店等部分行

业自今年5月1日～9月30日实行税收优惠政策。6月25日财政部在向全国人大十届三次会议汇报工作时指出，SARS对财政的影响已显露出来，今年除了防汛等外财政支出零增长。

8．受政府疫情灾害保护的三大类行业。综上所述，受国家财政补贴和税费优惠的行业有三大类，既可以看作政府对相关行业的保护，也可以视为政府的转移支付。保护期是5个月（5月1日～9月1日)。

第一类：餐饮业、旅店业、旅游业、娱乐业、出租汽车公司、个体出租汽车经营者、民航旅客运输业、会展业、集贸市场。特别是餐饮、旅店、旅游、娱乐四大行业，4月22日香港用110亿港元补贴的也是这四大行业。

第二类：直接抗击SARS的医疗单位和机构、免费向职工发放抗击SARS物品的单位。

第三类：向各级民政部门、卫生部门以及通过红十字会、中华慈善总会及各分会捐赠防治SARS实物和现金的各企事业单位、社会团体。

6月12日《北京晚报》报告，全国自3月份起，境外游客减少了约80%，大部分餐馆的客流量减少了50%～70%，旅行社的入境业务减少90%以上，国内业务减少70%以上。世界旅游组织的专家们研究认为，包括直接的和间接的，中国将承受高达1694亿人民币的巨额损失。

五、装饰行业防控SARS的成本

1．装饰市场八成受到负面影响。若按国家统计局《1998年中国建筑业统计年鉴》中各类建筑竣工面积占整个建筑竣工面积的比例(%)：住宅38.1、办公用房20.1、商业和居民服务用房19.7、其他用房9.9、厂房8.7、文化教育用房3.3、医疗用房0.9、科研用房0.3。

我们可以看出，除了8.7%厂房和9.9%其他用房，即18.6%的建筑用房与SARS无直接关联外，其他81.4%的建筑用房均受到SARS的直接影响。具体比例大致为：住宅38.1%、办公用房20.1%、商业和居民服务用房19.7%、文化教育用房3.3%、医疗用房0.9%、科研用房0.3%。其中，38.1%的住宅和19.7%商业和居民服务用房受到的SARS的直接影响，而且最大，占总建筑面积的57.8%。

除0.9%医疗用房是正面的影响，能引起中央和地方政府对医疗用房的大量投资外，其他80.5%的建筑用房是受SARS的负影响。由此可见，从面积来看，八成装饰市场受到SARS的直接影响，特别是对占近四成市场份额的家装行业影响很大，北京的家装企业5月产值均下降80%～90%。

2．装饰是不受政府疫情灾害保护的行业。全国餐饮业若按2002年5000亿元营业额计算，此次全行业将被免征2.8%的税费140亿元。中国旅店协会5月30日报告，1～4月全国旅店业同比下降2个百分点。全国旅店业若按2002年1650亿元营业额计算，此次全行业将被免征2.8%的税费46亿元。全国仅餐饮业和旅店业就因SARS损失净利186亿元。

受国家财政补贴和税收优惠的餐饮、旅店、娱乐、旅游等行业，占装饰行业的二成市场份额。因此，装饰行业受到的间接影响及损失也相应比较大。

北京、广东、山西、河北、内蒙古等SARS疫情比较严重地区的装饰企业的反映，为改善民工居住生活环境加大投资是必要的，但是长期下去则加大企业管理成本，希望政府考虑提高工程暂设费用；鉴于企业几乎全部停工，希望国家能给予适当减免税费的扶持政策；在家装交易市场中的家装企业，希望政府能出台酌情减摊位租金。以支持装饰企业共度SARS难关，长期抗击SARS。但是，装饰同广告、家具以及金融、IT，特别是建筑等行业一样，在SARS等突发传染病疫情灾害中是不受政府财政补贴税收优惠的行业(表2)。

2002年装饰等六大服务行业市场评价　　**表2**

行业	产值（亿元）	企业数（万家）	从业人员数（万人）	企业年均产值（万元）	人均年产值（万元）
广告	820	7	64	117	12.8
装饰	7200	25	1250	288	5.8
家具	924	3	200	308	4.6
餐饮	5000	350	1500	14	3.3
旅店	1650	30	800	55	2.1
美容	1680	100	1120	16	1.5

3．全行业防控SARS所付出的成本。劳动和社会保障部在6月7日《北京晚报》上发表的报告表明，今年总体职工平均工资增长幅度会在6%～8%，大大低于2002年14.3%的水平，下降了1/2左右。

如果把装饰企业在SARS期间几乎全部停工所付出的成本进行计算，北京市装饰行业约为20亿元左右，全国装饰行业约达到200亿元左右。

国家统计局发言人在5月30日中央电视台一频道发表关于SARS对GDP影响的谈话，他认为今年GDP将下降1个左右百分点。这是迄今为止的第一个权威官方意见。此前在媒体上作此评估的清华大学国情中心主任胡鞍钢教授等经济学家原引世界银行等方面的预测，均认为如果SARS延期两个月，GDP将下降0.2～1.1个百分点。世界银行副行长兼首席经济家尼古拉斯•斯特恩在6月6日中央电视台四频道预测，今年中国 GDP 将下降 0.5～1 个百分点。

如果中国 GDP 因 SARS 降低 1 个左右百分点的话，北京和全国装饰行业产值将为此降低 2 个左右百分点。200 亿元既是装饰行业为抗击 SARS 所付出的成本，也是装饰行业抗击 SARS 的贡献率。

4. 医疗卫生消费和投资带给装饰行业正面影响。值得指出的是，医疗卫生也是服务行业，医疗卫生也是消费行为，其特点是高消费，与其他消费行为不同的是使人们感到医疗卫生消费足够的高，以促使人们产生锻炼身体的动机、动力及其实践，少消费或降低消费，最好是不消费。

此次 SARS 为全国性的，其中以广东、北京、山西、内蒙古、河北等地疫情为重，换句话说就是，因 SARS 全国进行了为期数月的医疗卫生集中大消费，其中疫情重点地区也为医疗卫生高消费地区，如北大医院在 SARS 期间已投资 2000 多万元，其中用于隔离区新购置的专用医护设备就达 1040 万元。卫生部常务副部长高强 5 月 30 日说，自发生 SARS 以来，中央政府和地方政府已拨付资金 100 多亿元，用于购置防治 SARS 医疗设备、药品和防护用品，并对农民和城镇困难居民实行免费救治政策。国家发展改革委员会已安排专项投资 155 亿元用于全国疾病预防控制网络的建设。6 月 8 日《北京晨报》，SARS 定点医院——中日友好医院将进行大规模装修改造，改造原因是其接治过 SARS 病人，进行过临时改造，使原有结构布局受到一定影响和破坏，加之楼内基础设施已十分陈旧，改造重点是主楼，包括通风系统、消防系统、管道系统、楼宇自控系统和更新电梯，使医院具有现代化一流水平。国家统计局在 6 月 21 日《经济日报》上报告，医药业生产和销售 5 月同比增长 35.4%，列工业各行业增速之首，增速比上月加快 13.5 个百分点。

SARS 极大地拉动了中国医疗卫生方面百姓的即期消费和政府、医疗企业的投资，并将长期保持下去。

一个消费行业的高涨一般能同时带动多个行业消费和投资。医疗卫生消费也将有力地带动了家装消费和公装投资。家装消费和公装投资的业主都增加了防控 SARS 等突发传染病疫情灾害的新需求。与此同时，防控 SARS 也将积极地带动受 SARS 打击最严重的诸多行业的装修改造。

六、防控 SARS 期间装饰行业的收益

1. 政府公共政策。此次防控 SARS，政府进行了十分有效率的市场干预，反映出新一届政府的宏观调控能力，体现在一系列公共政策的颁发和实施上，具体在建筑业及装饰行业上，有两大方面：

第一方面：空调和施工现场管理。

一是制定建筑空调通风系统应急措施及修编建筑系列规范。建设部、卫生部和科技部等有关政府部门对于建筑本身防控 SARS 的注意力，主要是建筑空调通风系统。4 月 30 日，建设部办公厅和卫生部办公厅共同发出《关于做好建筑空调通风系统预防非典型肺炎工作的紧急通知》（建办电[2003]13 号）。5 月 16 日，建设部、卫生部和科技部联合做出“关于共同印发《建筑空调通风系统预防“非典”确保安全使用的应急管理措施》的通知”（建科电[2003]17 号）。很快北京市建委、市政管委、国土资源和房管局、卫生局、科委等六单位联合发出了《北京建筑空调通风系统预防 SARS 确保安全使用应急管理措施实施细则》的通知。

建设部正紧急编制《健康住宅标准》、《确保今夏空调系统安全的紧急措施》，以解决“非典”时期现有建筑中空调运行中的二次污染问题；修改《采暖通风空气调节设计规范》，以对新建项目空调系统的设计、系统形式、安装、新风量等都要根据空气的品质和健康性的要求做出强制性的规定；建设部与卫生部正在紧急编制《中央空调通风系统运行管理规范》；建设部年内编制完成《建筑生物安全规范》等一系列建筑规范。

二是防治 SARS 施工务工人员管理。建设部办公厅于 4 月 28 日印发了《关于做好建筑施工务工人员就地务工和防控“非典”工作的紧急通知》（建办质[2003]26 号），5 月 27 日，建设部办公厅做出《关于在防治“非典”期间做好建筑施工务工人员管理工作的紧急通知》（建办电[2003]18 号）。北京市卫生局、市建委要求，从 2003 年 5 月 21 日起，凡外地来京（返京）施工人员必须进行健康体检，取得《健康凭证》后方可办理其他务工手续。

第二方面：对家装采取了特殊的应急管理措施。

从北京、辽宁等地的情况看，政府对公共建筑装饰工程的管理，采取了将其纳入对整个建筑工程管理范畴的办法，而独对家装采取了特殊的应急管理措施。4 月 30 日辽宁省建设厅发出紧急通知，为防治 SARS 要求全省各地立即停止所有家装活动。北京进行了家装市场管理创新：

一是由社区居委会、物业管理单位进行属地化管理。北京现有社区 2590 个、住宅房屋 2.2 亿 m^2，实行物业管理的约占 2/3，物业管理企业 1700 多家，员工 15 万人，其中 70% 为外地来京民工。

5 月 23 日，为防控 SARS，特别是加强零散装修施工工地居民的 SARS 防控工作，中共北京市委城市建设工作委员会、市建委、市国土资源和房屋管理局共同做出《关于加强房屋装饰装修管理，进一步抓好民工和社区防控非典工作的通知》[京城字（2003）59 号]，包括五个方面：一是明确民工防控 SARS 工作责任制；二是入户装修实行登记申报制度；三是房屋装修实行分类管理；四是加强装修施工现场和员工的 SARS 防控和管理；五是加强监督检查，严格执法。通知强调了坚持属地管理的原则，装修现场所在地行业管理部门要严格审查装修企业资质，证照不全的企业一律不得承揽业务；社区居委会、物业管理单位（房屋管理单位，以下统称物业管理单位）负责日常监督检查；承接房屋装修业务的装饰装修企业，对装修期间施工工地和民工的防控 SARS

工作承担责任。

通知特别指出，小区内住宅室内装修，必须严格执行登记申报制度。其中，尚未入住居民的新建小区的住宅室内装修，履行相关手续后即可施工。已入住居民的小区的室内装修，装修企业与装修业主已签订合同并已经开工的必须补办登记申办手续后于6月1日后方可继续施工；装修企业与装修业主签订了装修合同但尚未开工的以及新签订装修合同的项目，必须办理登记申报手续后于6月10日后方可开工。另外，因处于特殊时期，社区居委会、物业管理单位有权在装修期间对装修人员测试体温和监督检查，对家装企业非典防控措施不到位、造成环境污染或拒绝检查的，社区居委会或物业管理单位有权停止其装修活动。装修业主应配合社区居委会或物业管理单位对装修企业的监督管理。因装修业主干预停止装修，导致出现非典疫情或造成严重后果的，装修业主须承担相应的法律责任。

5月24日《北京晚报》、5月25日北京电视台等首都媒体报道此讯后引起京城装饰业积极反响，认为这是政府SARS疫情暴发以来第一个有关装饰市场防控SARS的明确具体的管理措施，特点是社区居委会和物业单位实行属地化管理，非常及时到位，表示坚决贯彻执行。此间装饰界人士还认为，以党的文件、由市委党的机构与建设行政主管部门共同发布有关装饰市场管理规定，在北京市乃至全国还是第一次。北京同时迈出解决装饰行业多头问题的实质性步骤。

二是实行装修工人《健康凭证》制度。北京市卫生局、市建委要求，从5月21日起，凡外地来京（返京）施工人员必须进行健康体检，取得《健康凭证》后，方可办理其他务工手续。来京务工人员可到市卫生局指定的医疗单位进行体检，体检项目包括的测量体温、相关流行病学接触史、胸部透视、肝功能检查、大便常规检、对于有发热、咳嗽等疑似传染性非典型肺炎症状的人员，体检医疗单位应详细登记，并要求即刻到发热门诊就诊。承担健康检查的医疗卫生机构要为外地来京人员提供方便、快捷的卫生服务。严格执行北京市物价局制定的体检收费标准，不得超项、超标准收费，外地来京（返京）人员体检收费最高不得超过30.50元。目前首批公布的197家健康检体医疗机构，分布在全市12个区县及地区。

三是北京社区防SARS装修管理基本到位。北京市国土房管局在5月27日《北京晚报》上报告了该部门随机抽取对全市250个居住小区和130个写字楼落实防控SARS情况的调查。其中包括装修管理：调查的250个居住小区中，有228个小区已全部停止装修活动，占91.2%（6月12日《北京晚报》报道，4月21日后北京93%的社区完全停止了装修活动）其余22个小区都采取了严格的装修监督管理措施，要求装修企业在进入社区前，向物业管理企业进行登记申报，每天对装修人员测量体温，限制施工人员出入等。该局认为，北京社区防SARS装修的封闭式管理基本到位。北京现有社区2590个，占总数85.2%的2207个无一例感染SARS。

2．应非常熟悉相关法律法规。以法治非，科学防典的公共政策是防控SARS最重要的收益。

一是《传染病防治法》。这次灾害再次提醒我们“法治”的重要。如果不是此次SARS的肆虐，我们有多少人知道早在1989年就生效的《传染病防治法》？此次疫情发展到如此严重的程度，不能不说与某些官员前期未“依法办事有关”，他们的处置失当更多的是依过去的“成例”。在以往的不少时候，出于种种考虑，“成例”往往重于法律。事实说明，依“成例”而不依法律，很可能给企业、行业、社会乃至个人带来严重损害。

正如5月24日中央电视台一频道“面对面”记者王志采访北京人民医院院长吕厚山，当问及他医院将解除22天隔离最大的感想是什么时，吕厚山强调无论是院长还是医护人员都要非常熟悉《传染病防治法》。这是人民医院以SARS感染医护人员93人、其中2人殉职的高昂成本换来的真知灼见。我们装饰行业的从业者无论作为百姓还是作为装饰装修专业人员，也都应该非常熟悉《传染病防治法》。

二是《刑法》。5月14日，最高人民法院和最高人民检察院在共同做出的《关于办理妨害预防、控制突发传染病疫情等灾害的刑事案件具体应用法律若干问题的解释》中定义：故意传播突发传染病原体，危害公共安全的，依照刑法第114条、第115条第1款规定，按照“以危险方法危害公共安全罪”定罪论处。室内设计与装修若涉及“妨害预防、控制突发传染病疫情等灾害的刑事案件”——可能是间接的，所适用的法律是“以危险方法危害公共安全罪”。

三是《突发公共卫生事件应急条例》。5月12日国务院公布实行，至此，全国性的公共卫生事件应急机制的建立有了法律的依据。

3．相关行业协会对SARS的反应。在抗击SARS的战争后期，我们也听到了相关行业协会的声音。

5月15日，北京市美发美容行业协会发出通知，号召全市美发美容企业在防控SARS中正常营业，为市民提供安全消费环境。这是4月21日北京暴发SARS后，第一个行业协会的声音。其次是第二天中国建筑装饰协会的声音。

5月16日，中国建筑装饰协会工程委员会发出《关于在防治非典型肺炎期间，对建筑装饰企业施工现场和施工人员加强管理的紧急通知》（中装工[2003]特字01号），紧急通知要求会员企业，制定出一套科学、有效、适合建筑装饰工程施工现场要求的防治措施，通过抓防治SARS提高现场管理水平。

5月23日中国家用电器维修协会规定家电维修者须戴“健康达标胸卡”，要求从6月10日起家电维修人员上门服务时必须佩戴“健康服务达标胸卡”，并做到“一客一换一消毒”，没有佩戴“健康服务达标胸卡”的上门服务人员以及家电维修服务场所的工作人员，消费者有权拒绝其提供服务，还公布了消费者投诉的会长热线。

5 月 25 日中国商业联合会发出通知，要求商业企业迅速建立公共卫生安全系统的应急预案。5 月 29 日，由中国商业联合会等六大行业组织制定、国家质检总局批准发布了“《商业、服务业经营场所传染性疾病预防措施》非典流行期间实施指南”，商业、服务业包括：旅店、餐饮、美发美容、照相、洗染、家电维修、会展业等。

5 月 30 日中国旅游饭店协会在《中国旅游报》上发表“非典对中国饭店行业的影响及对策”的报告，这是目前所见到的受 SARS 影响相关行业协会的第一份对策报告。

4. 医院室内设计与装修的经验教训。研究表明，医院是这次 SARS 猖狂的主要起源之一。

一是北京人民医院的教训。北京大学人民医院是有 85 年历史第一座由中国人模仿国外自建的医院，为北京 13 家三级甲等医院且门诊量居大型医院之首，自 4 月 5 日接收首例 SARS 患者后不到 20 天全院医护被感染上 SARS 的高达 93 名，占全院 2000 多医护人员的 4.6%，且有 2 位殉职。从 4 月 23 日起，整座医院被主动申请隔离 22 天，包括 1000 多医护人员，成为新中国首例。5 月 19 日《北京晚报》报道中国疾病控制中心流行病学首席专家曾光教授分析 SARS 在人民医院迅速传播的原因，建筑的主要问题有两：

一是医院的建筑结构和医疗流程不合适收治传染病人，一层急诊室（正对着国家卫生部南大门）不仅与门诊室相通，而且在四楼与病房也相通。无论病人在哪个门诊看病，若透视、化验，都要通过上百米距离到放射科、化验室办理，SARS 能造成大半个门诊楼被污染。二是通风条件差，医院被严重污染，人民医院的 SARS 门诊居然设在医院大楼中间的天井内，结果 SARS 病毒通过天井传染其他的病人和医护人员，而被传染的医护人员再照顾别人，又会造成传染新的病人。

6 月 24 日《北京晚报》报道，经清华大学建筑专家设计，天井内进行了改造，新开了 6 个通风口。

二是落实国家的应急要求。5 月 14 日，卫生部、建设部共同发布《收治非典型肺炎患者医院建筑设计要则》，就配合各地改、扩建集中收治传染性非典型肺炎患者医院的需要做出细致的具体指导。要则详细列出了给排水、电气、消防、环境等具体要求。为配合设计要则，两部同时下发了《收治传染性非典型肺炎患者医院建筑示范图》。制定要则的目的是，为严格控制院内交叉感染，严防污染环境，从硬件设施方面为一线医护工作者提供安全可靠的工作环境，为患者提供舒适便捷的就医环境，为社会提供不污染周围环境的传染病医院。

5. 信息的有效率和责任政府责任协会的公信力。应急，就要使信息有效率。此次 SARS 的横行提醒我们信息的公开、披露和发布的重要性。SARS 从 2002 年年底南方的局部地区发展为全国性的疫情，与信息披露缺乏性保障有着密切的关系，导致医院一度成为重要的感染源。各种影响社会的谣言和恐惧心态，与信息不公开化也有着密切的关系。我们装饰行业对此要认真反思。我们需要改变传统的“内外有别”，通过信息的公开和透明向外界告知真实。因为一个高度流动的全球化的社会只有在将必要的信息告诉知道的人的时候，才会有良性结果。过去的“内外有别”之所以有效，是由于社会的流动性不大，全球化和市场化的程度不高，信息流动的控制可以与对人口流动的控制相结合。今天的社会巨大的流动性已经无法用这种习惯的思维方式来管理了。

谣言止于公开，危机让我们走向成熟，政府经受了考验，因而政府的公信力在提高。SARS 考验了我们社会所有组织，特别是政府的公信力，以及我们装饰协会的公信力。政府负有向社会公开信息的责任，恰恰是信息的公开给了政府巨大的公信力，这也是对人民的信任和承诺。装饰协会也有向行业公开信息的责任，恰恰是信息的公开给了协会很大的公信力，这也是对行业的信任和承诺。

6. 促进医院防疫室内设计与装修的理论与实践。由于 SARS 的原因，全国的各类医院，特别是各大中型医院都将成为政府及医疗企业投资的重点，掀起一轮从未有过的建筑及装修改造高潮。这将给装饰行业带来新的挑战和机遇。医院，特别是传染病院的室内设计与装修，将成为一门最时兴的学问。我们对参与装修 SARS 定点医院的企业的宝贵经验的总结，将成为医院及有相关疗养院、相关室内空间防疫室内设计与装修的示范。

7. 室内装修环境污染与 SARS 间接关系的处理及一次性全装修的推广。中国疾病预防控制中心环境与健康相关产品安全所空气质量安全监测室主任徐东群博士 4 月 10 日指出，SARS 属于呼吸系统疾病，装修房室内空气中的甲醛、苯、氨等多项污染物质能导致人体免疫力下降，因此装修与 SARS 之间有一定间接关系。在密闭空间中工作和生活的人患呼吸系统和神经系统疾病比一般人高出 45%，目前因室内空气污染导致人体各种疾病的发病率以年均 17% 的速度上升。据 5 月 22 日《北京晚报》报道的一项调查，目前，不少民用和商用建筑室内的空气污染程度是室外空气污染的 2～5 倍。卫生部、建设部、国家环保总局在室内装饰材料的抽查中发现，具有毒气污染的材料占 68%，挥发出 300 多种挥发性的有机物，能引发呼吸道、消化道、神经系统等 30 多种疾病。

SARS 再次引起人们对一次性全装修的重视，有可能成为今后住宅市场的主流产品，据 5 月 22 日《北京晚报》报道，北京市的居民愿意购买精装修住宅的占 60%以上。

8. 装饰企业的专业化比较优势。北京人民医院院长吕厚山在回答央视记者王志关于为什么感染 93 位医护人员的提问时解释，人民医院不是专门的传染病医院，而是综合性医院，没有传染科和专门的医护人员。SARS 告诉我们：对付SARS这类突发传染病疫情灾害，像人民医院这样的北京市16家三级甲等综合医院都不行，分散在90多家医院的SARS病人，还得集中在政府从4月22日起建立的市内16家SARS定点医院才能解决问题。我们的装饰企业无论规模大小现在都是“综合性医院”，而非“专科医院”，且总想实行多元化战略。SARS告诉我们：装饰公司首先只能是“医院”而不是经营别的什么的企业，然后才是既要有“综合性医院”也要有“专科医院”。

王志还问吕厚山：人民医院发生了这样痛心的事，还有人来你这看病吗？吕厚山肯定地说：会有，因为我院治疗白血病等在全国知名。SARS告诉我们：既便是“综合性医院”，也得有几项专科特别突出。我们装饰企业也应如此，做专做强做精。

七、由SARS引发对一些问题的讨论

1. 建立装饰企业及行业危机管理机制。面对SARS为“21世纪出现的第一种严重和易于传染的疾病”（世界卫生组织），“危机”的含义中绝不仅仅只是“危难”这个内容，它更意味着“机会”。我们已经进入了一个充满危机的社会和全球化开放的社会，这次是SARS，下次可能是金融危机、财政危机、战争危机、自然灾害、恐怖活动、重大事故等，都可能随时降临。如按北京市政府在2003年6月22日《北京晚报》上征求对《建立北京市应急指挥系统研究》工作方案的意见，包括九大子系统：反恐和刑事案件、消防安全、交通安全、安全生产、突发公共卫生事件、防汛、抗震救灾、城市公用设施突发事件。研究内容包括领导体制和指挥体系、主要职责和工作预案、信息网络建立、工作机构和队伍建设、应急指挥系统和突发事件处置立法、技术支撑体系等。

突发传染病疫情灾害应急预案的建立与完善，彻底改变了建筑设计的传统，并导致了室内设计与装修理念的根本性变革，也极大地改变了政府市场管理和协会行业管理的理念和模式。

装饰企业出现一例SARS，所付出的管理成本高达100万元。通过这一成本收益的比较，装饰企业和行业需要建立与政府突发传染病疫情灾害应急预案系统相衔接的公共卫生安全应急预案，培养处理危机能力，建立危机管理机制。如何科学立法，避免一种倾向掩盖另一种倾向？

2. 制定装饰企业和行业降低成本扩大收益的对策。在这次抗击SARS中，从新加坡及东盟、加拿大、香港等国家和地区的第二产业建筑业来看，装饰作为服务行业均被政府排除在疫情灾害保护的行业之外，看来是国际惯例。以此为先例，在今后发生的突发传染病疫情灾害中，装饰仍为不受政府保护的行业。究竟是比旅游业（占GDP5.5%）高5个百分点的装饰行业所遭受到的打击没有旅游等行业大，还是与疫情具有密切相关度的装饰行业抗危机能力比他们强？

两个月的防控SARS，全国八成装饰市场受到影响，尤以占装饰市场份额二成的餐饮、旅店、旅游、娱乐四大行业和近四成的家装市场为甚，特别是北京、广东及华北地区。今年装饰行业业绩将下降2个左右百分点，约200亿元。防控SARS，能限制短期、促进长期的装饰消费与投资，灾害过后很有可能提高装饰企业和行业的增加值，装饰企业和行业如何变危机为机遇，以及调整在全面建设小康社会中的地位和作用？

3. 防疫室内设计与装修的创新。SARS的出现引起人们对防控突发传染病疫情灾害、健康安全的空前重视，将极大地推动防控突发传染病疫情灾害室内设计与装修理念、理论与实践的形成、发展和提高，包括私人空间环保和公共卫生安全，家装和公装。建议大学开设此专门学科，装饰企业成立专门研究机构，进行新的理论与实践的创新。

如何处理室内装修环境污染与SARS等突发传染病疫情灾害的间接关系，以及一次性全装修的推广？

4. 推广北京家装市场管理新模式。在防控SARS中北京对家装市场采取党政齐抓共管、社区居委会和物业管理单位联合属地化管理的新措施，实践表明，管理基本到位，成效显著。北京对家装市场的管理创新，可成为政府管理家装市场的新模式，值得推广。SARS与家装室内环境污染有间接关系，将成为今后家装投诉的新热点。装饰协会面对SARS等突发传染病疫情灾害怎样进行行业管理创新呢？

5. SARS对装饰企业管理的启示。应积极总结SARS期间装饰企业管理的经验教训，特别是施工现场管理、民工居住生活和卫生安全环境管理、劳资纠纷处理、防控疫情成本收益等问题。防控SARS虽企业一次性投资比较大，但从长远来看则不一定大，关键是企业要进行有效的管理——实行责任制，防疫成本陆续折旧掉，可能要比企业一项重大决策失误和浪费相比要小的多。家装要学习公装，集中封闭式管理是个发展方向。企业家和企业管理的关键作用，在防控SARS中，企业家的决策和企业管理至关重要，在全行业的地位和作用中，设计还是“龙头”吗，纲举目张指谁？

6. 对民工实行人性化管理。据国家劳动和社会保障部就业司在2002年2月24日《北京晚报》发表的对京、津等全国24个大中城市2002年需求招用新民工行业的调研报告，称主要集中在四大行业，居首位的是“建筑家庭装饰行业”，占48%。2003年第4、5期《中国市长》报道国家统计局报告，2002年我国新增就业840万人。若预测是准确的话，2002年我国家装业创造新就业机会400万人。中国建筑装饰协会调研指出2001年全行业的就业人员为850万人。这样，目前我国装饰行业的从业人员约为1250万人，其中家装750万人，公装500万人。

装饰企业和行业如何把弱势群体——1250万装修民工当作自己的亲人，将与人为本与规范化的企业管理相结合？

关于 SARS 对我国装饰行业影响的一点思考

黄　白

面对突如其来的 SARS，我们突然发现自己的理性暂时缺失，那些对学问、事业、成功、名利的复杂思考突然暂停，思维的指向突然逆转，常时间的思考许多平时认为简单甚至幼稚的问题，如洗手、戴口罩、自然通风、卫生、健康、感情、生存等。SARS，人们总习惯于用“突如其来”这种词汇来形容。但是，从人类的历史来看，突如其来的事往往不能随风而去，温故知新。

一、受 SARS 影响装饰行业的就业机会

实行市场经济的国家，政府的一个重要目标是保证充分就业。此次 SARS 对今年我国的就业压力非常之大。2003年6月23日《经济日报》发表就业专家专论“非典对我国就业的影响与对策”，文章指出，全国受 SARS 影响的有三大类行业，受冲击的就业岗位共达 890 万个：一是在商业、餐饮、饭店、娱乐、洗浴、理发及美容化妆、歌厅、网吧等行业就业的约有 5000 万人，受影响程度按 8%估计，受冲击的就业岗位达 400 万个。二是在旅游、建筑、房地产、社会培训、社区保姆等服务性行业就业的约有 1 亿人，受冲击的程度按 5%估计，受冲击的就业岗位达 400 万个。三是在交通服务业就业的约有 1800 万人，受冲击的程度按 5%估计，受冲击的就业岗位达 90 万个。

2003 年全国城镇各行业将吸收新增劳动力约 400 万人，下岗再就业约 300 万人，建筑业和其他行业吸收农村剩余劳动力增量约 300 万人。SARS 对上述的影响分别为 5%、5%和 10%，将减少 85 万个就业机会。我国有 1 亿农民工在城市和发达地区务工，SARS 时期有约 800 万人返乡。今年首次扩招的高校毕业生比上届增加 46%、达 212 万人，就业率约 50%，低于 2002 年 60%的水平。总之，SARS 影响全国今年就业机会 400 万个，加上年初原来已存在的 1400 万个就业缺口，2003 年全国总共失去就业机会 1800 万个。

据国家劳动和社会保障部就业司在 2002 年 2 月 24 日《北京晚报》发表对京、津等全国 24 个大中城市 2002 年需求招用新民工行业的调研报告，称主要集中在四大行业，居首位的是“建筑家庭装饰行业”，占 48%。2003 年第 4、5 期《中国市长》国家统计局报告，2002 年我国新增就业 840 万人。若预测是准确的话，2002 年我国家装业创造新就业机会 400 万人。中国建筑装饰协会调研指出 2001 年全行业的就业人员为 850 万人。这样，目前我国装饰行业的从业人员约为 1250 万人，其中家装占 60%、750 万人，公装占 40%、500 万人。

建筑装饰行业承担了我国 48%的就业压力，如就业受 SARS 冲击的程度按 5～10%估计，今年新增就业仍按 2002 年的 400 万估计，原估计的 1650 万人的就业，估计将减少 80～165 万人。

二、装饰企业和行业的危机管理机制

在这一场突如其来的 SARS 灾害面前，人们的第一反应往往不是从容应对。面对我们不熟悉的问题，有一些慌张实在是人之常情。但是，作为一个高效的行业，作为一群生活在现代文明中的人，我们必须汲取一次次危机给予我们的教训，从而能在常情之外，建立更有效的危机管理机制，使我们的生活更加安全健康，安居乐业。

SARS 自然是场灾难，但它同时也给了我们机会。面对 SARS 为 “21 世纪出现的第一种严重和易于传染的疾病”（世界卫生组织），“危机”的含义中绝不仅仅只是“危难”这个内容，它更意味着“机会”。在痛定思痛之后，人们想到的问题，是应该在发生危机之后才相到危机管理，还是应该经常性地提防危机、提前建立危机管理制度和体系？是因为有了 SARS 才需要体温计，还是应该随时携带体温计。

在我们将 SARS 归入社会危机范畴之内的时候、在我们身临其境感受到 SARS 对我们的生活、工作、思维方式改变的时候，我们欣喜地看到政府已经意识到了这个问题并在积极地应对，包括那些及时制定坚决执行的隔离措施等。于是在 SARS 肆虐了数月后的今天，我们得以在逐渐健康起来的环境中来讨论这场灾难，总结我们的得失。

此次抗击 SARS，建筑装饰企业每发现一例 SARS 的成本约为 100 万元，包括隔离密切接触者的成本。全行业业绩损失将达到 200 亿元左右，约降低年产值 2 个百分点。从建筑面积来看，装饰业 80%的市场受到影响，其中餐饮、旅店、娱乐、旅游四大行业占 20%。这大约就是装饰行业在这次 SARS 危机中所付出的直接成本、贡献或损失。

从建筑面积来看，八成装饰市场受到 SARS 的直接影响，特别是占近四成市场份额的家装，具体比例大致为：住宅 38.1%、办公用房 20.1%、商业和居民服务用房 19.7%、文化教育用房 3.3%、医疗用房 0.9%、科研用房 0.3%。其中，38.1%的住宅和 19.7%商业和居民服务用房受到的 SARS 的直接影响，而且最大，占总建筑面积的 57.8%。除 0.9%医疗用房是正面的影响，能引起中央和地方政府对医疗用房的大量投资外，其他 80.5%的建筑用房均受 SARS 的负影响。

从此次国家财政补贴和税收优惠对象餐饮、旅店、娱乐、旅游等行业来看，建筑装饰是不受国家疫情危机保护的行业，说明装饰行业抗危机的能力比他们强，与世界旅游组织专家对中国旅游业包括直接和间接损失将高达1694亿元的估测相比，装饰业才占旅游业的12%。

国际上的定义，"危机是指在任何组织系统及其子系统中，因其外部环境或内部条件的突变，而导致的对组织系统总体目标和利益构成威胁的一种紧张状态；这一不确定性的重大事件，可能对组织及其相关成员、产品服务、资产和声誉造成巨大的损失。"即一个会引起潜在负面影响的、具有不确定性的大事件，这种事件及其后果可能对组织及其相关成员、产品服务、资产和声誉造成巨大的损失。

我们是否可以将装饰业的危机界定为：装饰业危机是指由于不确定性的、突发性的重大事件的发生，而对装饰业造成的重大破坏和后续不良潜在影响的状态。装饰业危机的影响范围可以是全行业的，也可以是区域性的。

北京在SARS暴发的四五月间，93%的家装全部停工。因此说，装饰装修是一个产业关联度很高的行业，一旦危机到来或其他行业有个风吹草动，装饰业将不可避免地受到牵连，这在一定程度上决定了装饰业先天的产业脆弱性。

当装饰危机的发生已经不可避免时，能够做出快速反应的危机管理机制就显得十分关键。一个高效的装饰业危机管理机制应覆盖危机发展的全过程，主要包括以下三个环节：

一是危机的早期预警——其目的是快速识别危机，准确地判断危机的可能发展方向与趋势，以便为装饰业下一步将采取的宏观战略及企业的行动提供决策依据；

二是危机的中期挽救——其工作中心将集中于高效率、全方位地整合各类社会资源，最大限度地降低危机对装饰业造成的损失，缩短装饰业恢复的时间；

三是危机的晚期修复——其核心是全面修复装饰业已遭受危机创伤的相关业务领域和整体形象，逐步恢复公众对装饰业的消费投资信心与信任关系。

如按北京市政府在2003年6月22日《北京晚报》上征求对《建立北京市应急指挥系统研究》工作方案的意见，包括九大子系统：反恐和刑事案件、消防安全、交通安全、安全生产、突发公共卫生事件、防汛、抗震救灾、城市公用设施突发事件。研究内容包括领导体制和指挥体系、主要职责和工作预案、信息网络建立、工作机构和队伍建设、应急指挥系统和突发事件处置立法、技术支撑体系等。

建筑装饰企业和行业也应该建立起危机管理机制。

三、建筑装饰行业技术创新

中国建筑装饰协会将举行全国建筑装饰行业技术创新大会。6月13日协会秘书处召开专门会议，研议《关于全国建筑装饰行业技术创新的若干意见》（讨论稿）。会议气氛热烈，引起我一些联想。

何谓"建筑装饰业"，经国家标准化管理委员会批准，由国家统计局全部按国际标准产业分类标准修订的1994年制定的国家标准《国民经济行业分类》（GB/T4754--2002）做出了权威解释。新的"分类"将建筑业划分为四大类行业：房屋和土木工程建筑业、建筑安装业、建筑装饰业、其他建筑业。建筑装饰业：是指对建筑工程后期的装饰、装修和清理活动，以及对居室的装修活动。包括十类：门窗的安装；玻璃的安装；防护门窗、防护栏、防盗栏的安装；地面、地板处理、安装；墙面、墙板处理、粉刷；天花板的处理、粉刷；涂漆；室内其他木工、金属制作服务；工程完成后室内装修与保养；房屋的一般维修、装修和保养；其他竣工活动。

一些专家建议用"科技"代替"技术"。查《现代汉语词典》（商务印书馆，1979年），[科学]：反映自然、社会、思维等客观规律的分科的知识体系。[技术]：人类在认识自然和改造自然的反复实践中积累起来的有关生产劳动的经验和知识。

看来，科学重在反映知识体系，而技术则侧重总结经验和知识。科学技术加起来——科技，则是反映自然、社会、思维等客观规律的分科的知识体系，并积累有关生产劳动的经验和知识。或简而言之：反映知识体系与总结经验和知识。

问题是我们究竟想研究反映建筑装饰行业的知识体系，还是讨论建筑装饰行业在反复实践中积累起来的有关生产劳动的经验和知识。技术创新，显然是后者，欲探讨有关装饰装修生产劳动的经验和知识的创新。

建筑装饰行业技术创新——建筑装饰行业在反复实践中积累起来的有关生产劳动的经验和知识，有关生产劳动，主要是指生产建筑装饰工程产品的室内设计与装修施工的劳动。传统认为，建筑装饰行业包括设计、施工、材料三大行业。但是当我们放眼世界的时候会发现，装饰材料制造商和经销商认为自己从属于装饰材料行业，属于建筑装饰工程产品的材料供应商，而不是建筑装饰工程产品的制造商。生产建筑装饰工程产品的室内设计与装修施工的劳动，是制造商的行为。

那么，6月13日会议显然是在研究制定"全国在建筑装饰工程产品制造的反复实践中积累起来的有关设计施工经验和知识的创新"的若干意见。如果是这样，我的思路是：

首先是这份文件是给谁看——给政府看，以解决相关问题。二是文件的结构——模式化的三段式：现状、问题、建议，先有研究报告，后有建议书。三是写作的方式方法——宏观比较研究。目的是使行业由自发创新到自主创新——建立一项建筑装饰行业进行技术创新的制度，核心是在总结的基础上提出技术创新政策及措施的建议。

参照物不要乱，国内或国外，因国外不太清楚，还是以国人为宜；正面和负面、成绩和缺点、优势和劣势；公装和家装、内装和幕墙；抓住重点、一一对应，数字说话。

万事开头难，现状要清楚，评价应客观准确——全国建筑装饰行业生产劳动经验和知识都积累了些什么？如谈行业的技术含量或储备，室内设计——建筑设计院做不了，幕墙——建安做不了；目前我国学建筑学的设计人员有 2 万多人，而学室内设计（环境艺术、美术、艺术设计等）的设计人员却高达 25 万人；技术标准中建筑装饰行业只有装修防火设计、公装施工验收、家装施工工艺三个国标，我国建筑装饰行业的人才结构，1250 万从业者中 85%以上是农民，这些都说明什么，如何评价。

重要是进行创新成本收益的分析及评估，企业是创新的主体，企业为什么要创新，或说创新的动力和动机是来自对创新利润最大化的追求，如果企业看不见创新利润，他肯定不会去创新的。创新有风险，若收益大于成本，创新就可以说是成功了，创新利润当然应由创新者享受。企业的创新利润组成了行业的创新利润。行业协会比企业的高明之处或说其指导性就在于前者向后者指出了创新利润在何处——文件的最后，提出的每一条技术创新建议——所描绘的技术创新利润，都有相关的措施给予保障——赢得技术创新利润的办法。

此外，还应考虑装饰行业在这次防控 SARS 疫情中的表现，装饰装修是不受政府疫情灾害保护的行业，如装饰业与旅游业相比，同是产业关联度高的行业，是否说明装饰抗危机的能力比受政府保护的旅游等四大行业强，抗危机的能力包括科学和技术能力。

2003 年 6 月 24 日国务院总理温家宝批准制定《国家中长期科学和技术发展规划》，说明科学和技术是相辅相成的。

有人说救治 SARS 病人是“以生命抢救生命”，北京协和医院副院长李学旺指出：“我不同意这种说法，救治不是一命换一命，而是讲科学。”专家们说，治疗 SARS 没有专家，对它谁更勤奋，谁就是专家。依靠科学，依靠专家，是这次抗击 SARS 的一条重要经验。

综上所述，能否这样认识：建筑装饰行业技术创新，是指在建筑装饰工程产品制造的反复实践中积累起来的有关设计施工的经验和知识的创新。建筑装饰行业科技创新，则是指反映建筑装饰工程的知识体系与总结有关设计施工的经验和知识的创新。

四、室内设计的“龙头”作用

一般认为，自 4 月 20 日中央宣布免除卫生部部长和北京市市长的第二天，即 4 月 21 日，是北京暴发 SARS 的日子。据北京医疗救治指挥中心的统计，从此半个月内，4 月份全市的 SARS 患者还分散在 90 多家医院中，到 5 月 7 日就都安全转移到北京市政府指定建立起来的 26 家 SARS 定点医院，其中市区 19 家，郊区县 7 家，开放床位 3717 张，舆论普遍认为，从分散到集中收治是北京对 SARS 医疗救治的第一次重大转折。

据 6 月 17 日《北京晚报》透露，除佑安和地坛 2 家原本就是传染病医院外，其他都经过了由普通医院到传染病医院这一改造装修过程，由于是临时改造，各家医院的情况又都不同，也没有经验可循，只有从各自实际出发，医务人员成了工程设计师和监理工程师，医疗专家们成了把关者。全市医院改造方案的总体审定和验收负责人是北京医疗救治指挥中心院感染组的吕超英，各医院则由相关科室的负责人主持，如北京胸科医院改造的设计师和监理工程师是北大医院呼吸科的主任王广发。现在还没有得到哪位室内设计师参与了 SARS 定点医院的改造装修设计的信息。而已知北京有 6 家、全国有 13 家建筑装饰企业参加了 SARS 定点医院的改造装修施工。

设计是“龙头”，这一句话从何而来现无从考证。顾名思义，“龙头”为头、领导、负责、主持之意。有常见的合成词 “龙头老大”为证，也有第一位作用之意。

在 3 个多月抗击 SARS 的期间，SARS 定点医院的改造装修，广义上说设计是“龙头”，因为设计师不是室内设计业内人士，而是一线的医疗专家。从建筑装饰行业的角度，本业没有参与 SARS 定点医院改造装修设计，业内的设计还是“龙头”吗？是第一次突发传染病疫情灾害 SARS，室内设计无从应对或没有机会介入，还是室内设计本身就没有疫情灾害设计、特别是突发传染病疫情灾害设计的能力？

室内设计从建筑装饰工程产品制造的流程上看，是“龙头”，但从制造建筑装饰工程产品的技术决策程序来看，特别是建筑装饰企业面对 SARS 疫情灾害的应急措施，其决策者是企业家，而不是室内设计师，当然也不是其他什么人。还有一种力量——企业家决定室内设计。是否在疫情灾害、特别是突发传染病疫情灾害中，只有装修施工的参与而无室内设计的作用？疫情灾害、特别是突发传染病疫情灾害对室内设计是特例吗？

在行业总结 SARS 对室内设计的影响中我们发现，装饰企业是总结亲历的施工实践，而室内设计则是根据 SARS 的发生、发展及公众舆论加之自己的学识来推断。两种思维方式有多么的不同。

设计还是“龙头”吗？在纲举目张中，“纲”到底是指谁？是否是因为室内设计与装修施工在法人地位上暂没两相分离所致？两相分离后就一定能行吗？无论如何，建筑装饰行业的产、学、研都应联合起来，积极研究疫情灾害、特别是突发传染病疫情灾害室内设计，建立相应的知识体系。

SARS对装饰设计影响的思考

中国建筑装饰协会行业发展部 主 任 **王本明**

SARS的突然袭击，给人们的健康和生命造成了极大的威胁，也给经济生活，特别是服务性行业造成了很大影响，建筑装饰行业，特别是住宅家庭装修受到了很大的冲击。在强有力的防控措施下，我们付出了高昂的成本，现在SARS攻坚战已取得了初步的成效，今后我们的任务是万众一心抗非典，迎难而上进求发展，把建筑装饰行业搞的更好。

随着SARS疫情的稳步下降，人们的心理由初始的恐惧，已经转向更深层的思考，开始思考国家环境安全问题，反思人与自然的关系如何协调，考虑如何建立和完善社会公共卫生体系等，这些思考的结果，必然带来行为方式上的转变，会对很多行业的发展产生长远的、深刻的影响。建筑装饰行业作为有极高社会性的新兴行业，不仅有反思的必要，同时必须对以往的某些行为加以改变，其中对建筑装饰设计的反思尤为重要。

建筑装饰设计是工程的龙头，设计的专业质量和深化程度，直接决定了工程竣工后的使用功能、心理效能和安全技能，在经历SARS冲击后，我国原本就比较幼稚的建筑装饰设计，能否从中汲取新的知识，将是由被动变主动，力争在未来的市场竞争国际化中能够有所作为的重要内容，认真总结和反思我国建筑装饰设计的发展历程，展望今后的发展，应该在以下几个方面有所突破。

1. 要进一步时确建筑装饰设计的目的和宗旨是什么，应该追求什么样的效果，"以人为本"应该包括哪些内容，其中最本质的体现是什么。业内资深人士长期呼吁建筑装饰设计要摈弃奢华和浮躁，但没能引起投资者和设计师的真正重视，这次通过SARS的侵袭，人们真正认识到，建筑装饰设计的根本目的是使用舒适、方便、安全，在抵御突发事件中，安全就显得更为突出，这在以往经常被忽视，在建筑装饰设计中突出安全性，应该包含几个层面的内容。

首先要保护自然环境的安全，人们在装饰工程设计选材时，要考虑所用材料对生态平衡的破坏、自然环境的影响等因素。人类不仅不能大吃野生动物，同样也不能无限制的向大自然索取有限的资源，特别是对不可再生资源的掠夺性开发和利用，将会使人类在损失了直接消耗性资源以外，损失更多的关联性资源。因此，在装饰设计用材上，要尽量使用与自然亲和性强的材料，使可再生、再利用、可降解的材料，这在装饰设计中要有准确的体现。

其次是要保证生活环境的安全。人们在追求感观美和豪华气势时，往往忽略了安全、节能和环保，有些装饰设计为了达到效果，采取了降低环境安全性的作法，例如封堵或拆改窗户等，都会降低公共卫生安全，消防安全，甚至造成重大安全隐患，使生活环境抵御突发事故的能力大幅度降低。特别是在装修施工中，大量使用含有有毒有害物质的材料，会降低人的免疫能力，使传染性疾病易于传播、感染，严重的会直接引发多种疾病。因此，装饰设计要增加同大自然的更多直接接触，要对生活空间的通风、采光等给予更多的关注。

最后是人们对生活空间需要的是健康舒适空间。无论是公共空间还是家庭居室的装饰装修，都要以满足人的全面发展需求为出发点进行设计，生存是发展的基础，所以其根本是使人的身体和心理健康得到最大限度的保障，这是以人为本的基本点，以牺牲健康安全换取的任何美，都是自掘坟墓。我们保护大自然的根本目的，也是为了保护人类的长远利益，其根本也是为了人类的健康发展。装饰健康空间，将是建筑装饰设计人员一个要长期研究、学习、认识的重要课题，对人的审美观念和设计的思路与方法都将产生深远的影响。

2. 要进一步严格、完善建筑装饰的设计标准。标准是行业的技术立法，是规范设计的基础，也是促进行业设计水平提高的保障。通过SARS的冲击，反映出我国建筑装饰设计上的很多问题，当前我们要解决的问题，主要集中在以下几个问题。

首先是应该制定哪些设计标准，才能使建筑装饰设计标准体系健全。我们建筑装饰行业的发展起步时间晚，其中设计对比国际先进水平差距较大，其中最重要的一个差距就是标准、规范不健全，设计的随意性大，特别是对公共卫生防御的设计没有得到普遍的重视。在抗击SARS的过程中，我们发现，不仅建筑物内部装修的分部工程设计缺乏规范，如供暖、通风、给排水、采光等直接关系人们健康的系统没有装饰设计标准，不同种类的建筑物的装饰装修也没有规范，如医院、学校、图书馆、宾馆饭店等，这就降低了建筑物预防突发事故的能力，因此，应该就不同种类的建筑物和不同分部工程制定出强制性的装饰设计标准。

其次是标准规范的程度和水平问题。我国制定的标准、规范，往往过多的考虑我国当前的状况，因此制定的标准非常原则化，有很多迁就我国的能力和水平，同国际先进水平就会有差距。随着经济的发展，我国建筑物的体量越来越大，已经与国际先进水平接轨，特别是加入WTO后，我国建筑装饰设计市场已经国际化，装饰装修设计的标准也要同国际接轨，其中对人的安全、卫生的关心与实施的程度，按中国人口众多的国情，相关标准应该高于国际标准。

最后是标准的执行问题。有了标准、规范，不执行或执行不力也起不了作用，装饰装修防火设计规范已颁布实施8年，但因装修引发或扩大灾情的火灾案例并未灭绝，表明装饰设计人员没有全面严格执行。今后我们制定的关于公共卫生安全的设计标准，必须要保证能够得以认真贯彻执行，一方面要加大对装饰设计人员的培训力度，另一方面不是加大对设计图纸的审核力度，要严格审查装饰设计的布局、流程、安全设施和应急装备的设计，同时要严格审查关系到卫生安全的分部系统的设计。

3．装饰设计师的专业化问题。我国建筑装饰设计人员什么样的装饰工程都能设计，这也就决定了什么都不专、不精、不准，此次SARS侵袭，很多建筑物或内部设施被限制使用，反映了我国装饰设计师的专业化水平的不足，要提高我国建筑装饰设计师队伍的专业化水平，需要做以下几个方面的工作。

首先是要在市场细分化的基础上实现设计师队伍的专业化调整，逐步实现设计师的专业化建设。建筑物的类别很多，各类建筑物对使用和安全的要求有很大区别，如金融机构、医院、宾馆、商店、图书馆、博物馆等，在进行装饰设计时，有很多极为专业的特殊要求，有很多专业标准、规范要求，需要进行专业、系统的学习的研究才能掌握，随着我国法律、规范要求，需要进行专业、系统的学习和研究才能掌握，随着我国法律、法范的不断完善，装饰设计人员除了要求掌握装饰装修空间环境设计的基本技能外，还要掌握大量的专业法规、标准，因此，在建筑装饰设计的承揽和实施中，市场将逐步细分化，形成更为细分的专业市场，促进企业的专业化、细分化的发展，带动装饰设计师专业化水平的不断提高。

其次是要建立装饰设计师的责任制，特别是对大型专业建筑物的装饰设计，设计负责人要对防火、卫生等安全全面负责，承担相应的责任。以使设计师的能力和水平与承揽的工程设计类别、规模相匹配，提高装饰设计人员的责任感，促进设计人员的不断学习和完善，增强装饰设计师的专业素质，推动装饰设计师专业化的发展。

最后是要通过装饰设计师队伍的管理，引导装饰设计师专业化水平的提高。我国在建筑装饰设计师的管理上有很多的空白，特别是在设计师专业资格的认证管理上还没有形成完整的体系，这种状况应该尽快改变，不仅要对设计师的知识、能力、业绩进行全面考核，同时要在专业设置上细化，逐步实现细分专业上的执业资格管理，并通过装饰工程设计的招标、投标、评标等程序的严格管理，引导和促进建筑装饰设计师队伍的专业化建设，提高各类建筑装饰工程的设计质量。

SARS 的侵袭是一场突发的灾难，它给我们敲响了警钟，我们在应对灾难的同时，要有所思考、有所作为，把这场灾难作为优化结构、规范市场的一个机遇，积极采取相应的改变措施，我们就一定能够取得抗击SARS和行业发展的双胜利！

后“非典”时期的健康住宅

中国建筑装饰协会行业发展部　主　任　**王本明**

长期以来，我们就倡导健康住宅建设，包括住宅的装饰装修要以健康为主题，即要从有利于人的身心健康出发，进行装饰装修的设计、选材和施工，但并没有引起人们的重视。现在，当SARS突袭我们之后，使我们付出了高昂的生命代价，也给我们再一次的敲响了警钟，人们开始在新的高度注重健康安全，因此，对健康住宅必然会有新的认识，这种认识将影响到住宅的开发建设、装饰装修和装饰材料的变化和发展。

当前人们普遍认识到公共卫生安全的重要性，提高了对卫生健康的全面要求，也涉及居住的健康安全，并有了新的要求，扩展了健康住宅的内容。健康住宅应该包括两个大的方面，一方面是住宅的公共健康安全水平，这部分是由房地产开发商完成的；另一方面是家庭居室环境的健康安全水平，是由住宅装修专业施工企业完成的。

住宅建设的公共 健康安全水平，反映的是房地产开发的健康卫生质量，是实现健康住宅的基础，也是实现家庭营造卫生健康居家环境的先决条件，从保护人的健康角度看，健康住宅在社会公共健康安全上，应该包括以下四个方面的具体内容。

第一是住宅开发建设规划的公共健康安全质量，从公共卫生安全的角度看，这是非常重要的一个环节，无论是地理、地貌，还是环境的质量都直接决定了住宅的卫生安全水平，健康住宅的建设，应该是低密度容积率的住宅；要有超大距离的楼间距离；要有高比率的植被覆盖率，有大面积的绿化和丰富的树种；要远离工业污染区，周边生态环境好；最好是处在城市的上风上水，空气清新，水质洁净，以保证室外空气和水源的卫生质量；住宅室外环境优雅，最理想的是能依山傍水，而且是山青水秀。

第二是健康住宅的建筑设计要充分注重公共卫生标准，楼层要高，窗户占外墙的比例要高，洞口的尺度要大，室内通透感强，户内没有无窗户的房间，即要能充分利用自然光，节约能源，又保证有高质量的自然通风，高比例、通透窗户，使人能与大自然有更多的亲密直接交流的机会。同时在建筑室内布局上，不仅住宅户内布局合理，同时要有足够的公共交通安全空间，电梯间要适用，电梯的数量要多，保证共用空间人与人的接触能够保持安全的距离，提高共用空间的卫生质量，建筑室内设计还应留有充足的过渡空间，住宅内的人流，垃圾流与气流等设计合理。

第三是健康住宅的建筑结构和公用设施安装要能够充分满足健康卫生安全的要求，特别是公用的给排水、供暖等管道的建筑安装质量，要求具有良好的封闭性能，保证户与户之间封闭、隔声、防水，不仅有一个家庭私密得到最大限度的保护问题，同时也是卫生安全的需要，防止细菌、病毒沿管道的垂直传播，在遭到突发的传染性疾病侵袭时，保证家庭室内的卫生健康安全。

第四是健康住宅要有一套完善的公共卫生管理办法，并能使所有的家庭都能自觉的遵守相关的规定。公共环境卫生不仅每个家庭要维护，同时物业管理要有清洁、消毒的措施。对住宅公共卫生既要有硬件条件，更要有软件条件，再好的住宅，不同文明素质的人，可以住出不同的卫生健康状况，在非典之后，对“孟母三迁”与“择令而居”可能会有新的卫生、健康、文明方面的注释，社区住户的文明程度，将成为健康住宅的重要条件之一，对集中式住宅楼中的个别害群之马的惩罚，也将是保证实现健康住宅的一个重要方面。

实现健康住宅的另一方面的就是家庭的装饰装修，是实现健康室内环境的最后手段，装修健康住宅是每一个从业者的责任和行业义不容辞的社会义务，我们在经历“SARS”突袭后，对住宅的装饰装修也会有了新的认识，这其中包括以下几个方面的具体内容。

第一是健康住宅设计要以人为本，怎样体现以人为本呢，就是要以保证人的全面发展与完善为出发点，充分关注人的健康，主要应该表现在设计思路的人性化和设计手法的简洁化，设计思想的人性化就是要充分体现对人身心健康的关注、体贴，要根据每个家庭，每个成中的具体情况和需要，设计室内空间环境。色彩、质地、造型要以人的最大舒适度和最高安全性考虑，包括利用最好的空间设计手段，保证人的健康卫生安全。

设计手法的简洁化，就是在设计上要多用减法，尽量避免繁琐和累赘，不追求视觉上的赏心悦目，不追求表面的豪华，更多的追求家居环境整体温馨、安全、舒适气氛的营造，注重居住生活的安全与实用。只有简洁，才不会形成室内卫生死角，才有助于提高室内卫生环境状况，我们为什么一定要在地角设计上踏脚板呢，电视背景墙能够给家居生活带来什么实质性的方便与舒适吗，这些都要在后非典时期加以研究。

以人为本更多的是要考虑人与自然的关系，要尊重自然，和大自然进行更多和谐、亲密的接触，在设计中就要给人更多的与大自然交流的机会，以培养健康的心理和体魄。事实已经证明，低吊顶降低了层高，而细菌、病毒在室内2/3以上高度容易滋生，吊顶后正是人们呼吸系统所处高度，就会大幅度提高受感染的比率，对人的健康形成了威胁。如果没有吊顶，再加上开窗通风，就可有效的排除细菌、病毒，从而大大提高室内环境的卫生安全性。

第二是健康住宅的选材要环保、安全。这里有几层含义，首先是装饰装修使用的材料要不含有毒有害物质，材料中的甲醛、苯、氡等有害物质，都会造成人的免疫力下降，加速疫情的传播，有害物质严重超标时，还会直接危及身心健康，引发多种疾病。其次是材料的生产过程是环保的，包括材料的来源不会造成生态破坏，生产过程不会污染空气、水源，不损害工人的身体健康。再次是材料的整个生命周期都是环保的，包括报废后也不会污染环境，是可降解，可再生产利用的材料或部品。最后是材料的质地、色彩、功能，既能够满足人们的审美情趣，同时利用材料的性能和作用，达到促进人们身体健康和心理完善的目的。

随着科学的发展和技术的进步，人类在制造加工方面成果丰硕，人们在营造健康住宅的选材上有很大的余地，当前，很多的功能性材料不仅达到环保标准，而且具有杀菌、灭菌等卫生保健功能，如中华制漆生产的“康保丽型”乳胶漆，就有很好的杀菌作用。人们完全有可能在即保护了环境的条件下，又美化了家居环境，同时达到健康卫生的要求。当前在装饰用材上，既要提倡大胆创新，推动装饰工程用材多样化，但同时要加强安全、环保意识的养成和提高。现在人们明白了，不是什么都能吃，野生动物就决不能吃。同样，装饰也不是什么都能用，装饰工程选材、用材必须考虑国家环境安全、社会公共卫生和家庭卫生健康要求，要善待大自然，如果以牺牲环境，牺牲健康为代价，换取任何感观上的美都是不值得的。

第三是住宅装修的施工组织方法和技术对健康住宅的作用。通过此次抗击非典的过程，应该看到将有三个方面的变化，首先是要推行一次精装修，在突发事件中，二次装修暴露出的公共卫生安全问题是以前没有料想到的；其次是工厂化生产的问题，也由于“非典”的作用，显得更为紧迫；最后就是轻装修、重装饰的问题，应该作为一个重要的课题，研究推广。这是健康住宅在后非典时期要解决的三个重要问题。这三个问题有很强的内在联系性，需要同步研究、共同解决，这也是行业技术发展要取得突破性进展的三个关键问题。

关于推行一次精装修，这是个老问题，在2000年就已经提出一次精装修商品房的要求，但实施的速度过慢，推广力度不够。二次装修暴露出的一个很敏感的问题是工人的封闭式管理，没有封闭式管理，在疫情地区发生病案时，就无法实施隔离，业主与工人就都没有安全感，因此，住宅装修很快就被社会全面叫停。从卫生安全这个意义上看，减少装修施工员与业主的直接接触，保证各方的健康安全，推动一次性精装修的优势就更为明显，而且，为了更大限度的降低各类施工人员的流动、转换，推行一次性全配置精装修，即交钥匙式的家居装饰装修，也更具有市场推广价值。

工厂化生产，现场组装式施工，能够大幅度的缩短工期，提高施工效率，减少施工人员在业主家庭的作业时间，对于防止疾病的传播，有重要的作用。加强工厂化生产的比重，实现家庭装饰装配式施工，既有技术上的问题，也有管理上的问题。从技术层面上看，不仅有材料、部品的成品化、模数化的技术标准性要求，需要制造厂商的技术创新、设备更新，同时也有配套的施工机具的研发，以满足材料部品的运输、安装、调试的需要，保证工程质量。从管理上看，既要有家庭业主及施工企业之间的沟通、配合、理解，也有装修企业从工程管理中人员调配、材料管理等组织方式上的变革问题，所以推动工厂化生产，是一个综合性课题，需要全方位的推广措施。在后非典时期，在人们增强了健康住宅需求，要求施工现场卫生水平不断提高的条件下，改变传统的住宅装修施工方式，推行工厂化式施工，就更具有极大的市场价值。

轻装修、重装饰；轻感观、重功能；轻表面、重配置，摈弃奢华，提倡简洁一直是住宅装修倡导的方向。追求豪华，就必然繁琐，就不易清洗和保洁，就容易藏污纳垢，最后危及人的身体健康。通过些次非典疫情，人们追求公共卫生和家庭卫生、个人卫生时，对建筑物顶、墙、地的修饰应该尽量减少，而是通过对室内空间家具、艺术品、生活用品的摆设，营造一个和谐、有节奏感、疏密适度的家居环境；通过现代化设施的使用，创造一个更适合人们生活要求的温度、湿度环境，提高生活的舒适度；通过自然和人工的手段，提高居室的光、风、水的质量，排除室内有害物质，创造一个卫生健康的生活环境；通过现代化设施的使用，创造一个更有效率，更有生活乐趣的居家环境，这是住宅装饰装修业的一次升华，也是推动健康住宅建设和行业可持续发展的重要环节。

中国的房地产及住宅装修行业，在经历了这次非典的冲击之后，将会变得更为成熟，非典过后的房地产及住宅装饰装修业，将在认真反思、总结的基础上，进一步研究制定行业健康、卫生、安全方面新的标准、规范，使行业能够在新的高度上得到持续的发展，更好的体现行业存在的社会价值，为人们营建更多的健康住宅。

从SARS看职业道德

中国建筑装饰协会常务理事 深圳长城家俱装饰工程有限公司董事长兼总经理 **张朝煊**

一、从“非典战役”看职业道德

让人深感可恶而又可怕的SARS，这场突如其来的灾难，像一场没有硝烟的战争，在爱好和平的中华大地上骤然打响!几个月来，全国人民在党中央和各级政府的领导下，团结一致，万众一心，同病魔顽强搏斗，展开了一场围歼SARS的全民战争。

打开电视，“焦点访谈”节目中再现着一幕幕战斗在前线上的“白衣天使”可歌可泣的感人场面，稍有良知的人都会为之心灵震撼，热泪潸潸。

他们响应国家和医院的召唤，有的离开了正在襁褓中的婴儿，有的中断了初婚的蜜月，有的甚至是夫妻、父子或母女双双与亲人惜别，把个人安危置之度外，义无返顾地奔赴到战争的最前线。而在随时都有可能被病魔缠身甚至夺去生命的战场上，他们临危受命，恪尽职守，日夜奋战，为遏制疫情扩散和挽救垂危病人做出了重要贡献。他们的可贵精神和高尚行为令人不由地肃然起敬!

我在电视上看到了广州第一人民医院的一位护士长张积慧接受中央电视台“面对面”记者王志采访的过程。她在介绍夜以继日地战斗在SARS病区的医务工作者的感人事迹时，一边说着，一边禁不住泪流满面。她谈到了一位年轻瘦小的小护士，上级为了照顾她体弱，要她撤离病区，她却怎么也不愿离开这个既熟悉又牵挂的战斗集体，坚持不下火线。最后在护士长的强制性命令下，她才极不情愿地服从了指示。“我看到她弯着瘦弱的腰身，拖着疲惫的双腿的背影时，忍不住哭了!”护士长说着说着，眼泪止不住又涔涔而下。这时候，记者也用纸巾在不停地擦着眼泪。

这位记者尔后又采访了广州 SARS 防治小组组长钟南山院士。当钟院士听到记者要跟他进入病区现场采访时，连连摆手：“不行不行，那太不安全了，不能进去。”

“那你们不是也要进去吗?”记者反驳道。

到了隔离区，院士忽然站住了。他几乎是在下通牒：“里面是重病区，非常危险，绝对不准进去!你们就在外面隔着玻璃窗也照样可以拍嘛。”

在外面是可以拍摄，但无法现场录音。于是，记者只好违规冲了进去。

白衣天使和无冕之王都是我们这个社会普通的工作者，也许平时我们没有太多地留意和关注他们。但在这场抗击 SARS 的战役中，我们才深切地感受到他们是最可爱的人。救死扶伤，战地报道，无私无畏，爱岗敬业，在个人安危和工作使命之间，他们毅然选择了后者。其精神何其伟大，何其令人崇敬!那又是什么力量在支撑着他们的这种精神呢?他们的回答很简单：“我不去，谁去？”“这是我的工作，是我应该做的。”“这是一种职业道德，义不容辞啊!”

一种倒下叫站起!

凛然于疫魔，并超越了自己!

以自己生命的沉寂来唤醒他人的生命!

生死边缘谁又给他们这份忠诚?

仅仅是“职业道德”——多么神圣的四个字!

对此，我感慨良多，思绪万千，内心久久不能平静。假如我们的社会人人如此，何愁民族不能强盛?假如长城人人如此，何愁企业不能振兴?我又联想起“阻力来自何方”和“肃清时弊，端正作风”两篇文章，我觉得我们的员工是否应该扪心自问，从英雄们的事迹中有所启迪和感悟?如果长城人个个能树立这种良好的职业道德，能将“小我”献身到“大我”的集体事业中去，则阻力何从产生，时弊又何从谈起?!

二、抗击 SARS 战争的反思

这一段时间，我们原有的生活和工作秩序都被一场突如其来的 SARS 瘟疫打乱了，人们甚至似乎有点谈“非”色变的味道。眼下，我国各级政府在紧抓经济建设的同时，也将反击、防治 SARS 作为一项头等大事来抓。举国上下都在为抗 SARS 而战。

SARS 着实可怕，并让人深恶痛绝。但如果将问题一分为二，我们会发现这场灾难竟也给了我们意外的收获。首先，“白衣天使”在这场攻坚战中忠于职守、救死扶伤，表现出了大无畏的精神，全国人民真切地感受到了他们是最可爱的人。其次，在抗击 SARS 的战斗中，政府应急机制得以建立，公民公共卫生和公共道德意识有所增强，公众科学理性精神得到锻造和发扬，应对重大突发事件的心理逐渐成熟，国民素质得到进一步提高。再次，也许是“国难”当头，让人们更深地感悟到生命的意义，体会到民族情感和道义的重要，因此全国人民在这场战役中表现得空前团结，大家齐心协力，众志成城，共同谱写了一曲新时代民族精神的赞歌。

生命是最宝贵的，它给予每个人的机会只有一次。我们不敢说那些可爱的“白衣天使”就毫无恐惧心理，但明知身处于随时可能会牺牲生命的危险境地，他们仍然恪尽职守，前仆后继，义无返顾。其精神支点究竟是什么呢?我在《长城成功之路》中的“从 SARS 战役看职业道德”一文中讲过，他们的回答是那样的简单、朴实——“这是我的工作，是我应该做的。”“这是一种职业道德，义不容辞啊!”最近我一直在反复琢磨这四个神圣的字眼：职业道德，在这场战役中难道仅仅是这些“白衣天使”应该承受的使命吗？如果从广义上去演绎，我想它至少包括四层含义：一是社会责任感和爱心，二是爱岗敬业的精神，三是无私奉献的精神，四是互动互助的团队精神。而这些崇高的精神和情操需要个人长期不断的学习、修炼，也需要一种良好的文化氛围的陶冶。

相反，我们也看到了一些人的丑陋：玩忽职守，弄虚作假，损人利己，甚至贪污舞弊。不知这些人扪心自问，是否会感到惭愧和羞耻?作为普通的社会民众，也许我们不能为这场战争做出更多的贡献，但至少在上述事例的对比中可以深刻地反思，以此鞭笞自己。

联想到我们的长城，我就生发诸多感慨。为什么我们屡反屡禁的不正之风长期存在，几乎没有随着物质文明和精神文明的整体发展而消减，没有因为苦口婆心的宣传教育而肃清呢?因此，我写下了那篇“从 SARS 战役看职业道德”，把它和另几篇批评、教育性的文章放在一起，就是为了做出对比，寻找差距。希望大家认真学习反思。这是一方面。另一方面我们要从制度着手，加大立法、执法力度；对于无视法纪者采取强硬措施，加大惩罚力度。只有约之以法，才能导之以德。

借着长城这几年强劲的发展势头，我们提出了建设小康长城的目标。“小康”包含物质和精神两个层面的指标。生意兴隆，企业强盛，员工富裕，固然重要；但我认为，在精神思想战线上打胜仗更显可贵。以物质为基础，精神为先导，两者互相促进，相得益彰，才能使长城持续、健康发展，才能早日实现小康长城。而在这一建设过程中，长城文化就是我们真正的核心竞争力，是我们的不二法门。

因此，我们号召全体员工人人关心长城文化，人人学习长城文化。公司规定，从现在至6月底的这段时间为长城文化学习月，要求大家把《文化篇》和《长城的成功之路》两本书通读一遍，并对“阻力来自何方”、“肃清时弊，端正作风”、“从SARS战役看职业道德”以及“再谈纠正企业内部的不正之风”、“关于长城文化的一点感想”等五篇文章进行精读，然后我们再结合企业和个人的实际情况来学习、讨论，并在六月下旬组织考试。

我希望大家远离 SARS，身心健康，同时也希望这场SARS之灾让大家从反思中有更多的启悟和收益。

方显出英雄本色——

记北京建工装饰公司装修SARS定点医院——北京胸科医院

中国建筑装饰协会信息部　《中国建筑装饰》编辑部“SARS与装饰”课题组

正当首都的建设者们积极准备为奥运工程建设大显身手的时候，SARS却意外肆虐而来。

4月19日，一个普通的夜晚，当北京市民在家里看着电视的时候，北京市副市长刘敬民召集了一次由市建委及市政府有关部门参加的紧急会议，专题研究扩建北京胸科医院的问题。3月27日北京胸科医院开始收治SARS病人，到4月19日已有200多名SARS确诊病人入院治疗，胸科医院已成为当时北京市收治SARS病人最多的医院。连日来新增的确诊和疑似SARS病人数量呈上升趋势，北京各大医院已出现病床严重不足的紧急状况。市委市政府决定，要尽快在几天内完成胸科医院的扩建，以迅速缓解其他医院接诊能力不足的紧急状况。

2003年6月19日《北京晚报》作了这样的回顾：作为老年医院的北京胸科医院完全不具备传染病医院的条件，但他们无条件收治SARS病人，这不能不说是一种牺牲式的贡献。从3月27日开始收治SARS病人，短短16天，病床由20张扩大到60张，由60张扩大到120张，又由120张扩大到全院均收治SARS病人。以国家利益为重，在建委、规委、区政府的大力协助下，8天建成了6000 ㎡板房病房，医院最终扩大收治达540张床。50台100kg洗衣机洗坏了2台，在市卫生局、指挥中心的协调下，友谊医院、北大医院、广安门医院、安贞医院、首钢医院、煤炭总医院先后派出支援医疗队来共同收治SARS病人，被称为“八路军”的白衣使者最高达到1745人。

北京市建委对全市五大建筑集团作了具体分工，建工集团承担胸科医院病房改建任务，包括92间病房，184张病床共6200m^2。北京市建筑工程装饰公司负责的是500 m^2隔离墙和1600 m^2遮阳篷的施工。

俗话说：养兵千日，用兵一时。接到任务后，建工装饰公司立即召集紧急会议布置任务，委派常务副总经理高忠亲自带队，于4月24日当晚进驻施工工地。高忠接到命令后，立刻调集人马，以上前线的速度，以上战场的状态，向胸科医院进发。

在施工现场，北侧是两个SARS病房区，住着已确诊的240多名SARS患者，两边是太平间和焚烧炉；南面和东面是运送SARS死亡者的必经之路。正常情况下同样工作量需要大约一个月的时间才能完成，但胸科医院扩建工程是救命的工程，如果提前一天建成，就意味着可以多挽救一批生命。

在到达现场的当晚,高忠把自己当作一个项目经理,亲自指挥并统一部署。在只有设计方案无图纸的情况下，他与现场的技术人员们一齐画草图，凭着以往的工作经验协调组织施工。晚上7点，电焊工、放线工就已到位，进行部分钢架的焊接和测量、勘探、放线等前期工作，为第二天的施工做好了充分的准备。由于胸科医院地处海淀区温泉乡，地理位置很偏僻，布置完工作后已近深夜，走出很远也找不到住宿和用餐的地方，无奈，大家只好在汽车里凑合了一宿。

第二天一大早，这场紧张的直接抗击SARS的装修施工战役就打响了。由于现场的施工人员与SARS病房只几米之隔，施工的人员经常能看到SARS死亡者的尸体从身边经过被推进太平间，而每天一辆辆从身边呼啸而过的救护车，一批批全副武装的医护人员……面对死亡，没有人可以无动于衷，施工人员们心理的恐惧是可想而知的。

高忠在目睹了这种情况之后，临危不乱，主动与施工人员交谈，把恐惧心理转化为荣誉感和自豪感，并与工人们同吃同住，无形当中打消了工人们的思想顾虑，作为一名现场的指挥员，他的头脑每天就像电脑般的运转着，除了部署作战方案，很多具体的细节也都统统的汇总到他的脑海里。防控 SARS 不仅是内心，还要落实在衣食住行上。在三昼夜的奋战中，如果防护措施和吃饭等问题不能保障的话，军心势必会动摇，于是他频繁的联络公司总部,安排专人专车给现场施工人员按时定点送饭，配备了口罩、手套、工作服等必备防护设备,使施工人员们在前沿也感受到了后方同仁的亲切关怀与慰问，确保了施工人员们的身体健康。

原本遮阳篷和隔离墙在正常情况下都应由厂家制作完成，但由于时间紧，整体结构厂家做不了，而装饰企业有这方面的优势，所以这项工作义不容辞的落在装饰公司头上。在施工中，经常遇到一些棘手的问题：一是材料供应紧张。二是由于胸科医院均是民用用电，不能满足施工动力要求，只好调动一台新买的配电柜。三是连续昼夜作战，人困马乏。当时，公司每个施工队在装饰二三个项目，只能从各项目部中抽调人员，而且要求每班工人完成相应工序才能撤离,所以几乎每班工人都要工作十几个小时。做隔离墙时,为确保下道工序的进行,一批工人连续施工了 36 个小时，工程前后共用了七八支队伍,人数达 90 余人。在这种特殊的情况下，确保了施工任务的完成。

北京胸科医院的工程刚一结束，参与施工的人员回到公司还来不及细心感受一下大家关切的询问，就又立刻投入到其他装饰工程的生产和经营工作中。

北京建工集团下达了在 SARS 期间“目标不变，指标不减”的指令。使建工装饰本来大好的形势由于 SARS 的干扰，增加了几片阴云，如市重点工程五洲大酒店七层施工、东方广场东公寓楼二次结构施工人力资源紧张，急得项目分包负责人紧锁眉头；阳光新干线为确保几百家业主进驻，四五月是施工高峰，工期紧任务重，需要进场的工人进不来，只能眼睁睁的看着有效工期一天天减少。

建工装饰公司 2003 年经营额 3 亿元，生产指标 2 亿元，更重要的是很多项目是涉及千家万户老百姓切身利益的工程，如不能按期完工，经济效益和社会效益将蒙受巨大损失。“五一”期间，“中华家园 19 人患 SARS”的事件给建工集团各公司敲了警钟。针对这种情况，中国建筑装饰协会理事、北京建工装饰公司蔡强总经理和高忠副总经理，加强防控 SARS 措施，亲自组织召开项目经理及分包联席会议，亲自解决施工中的各种实际问题，以保证工期和工程质量。蔡强总经理根据建工装饰的具体情况提出以下要求：

一是公司各级负责人要认清形势，提高认识，正确处理好 SARS 防治工作和经营生产的关系，坚持“两手抓”。

二是各项目经理部的经理是项目部抗 SARS、抓生产的第一负责人，在真正落实抗 SARS 各项措施的基础上——封闭管理、消毒、体温测试、设立观察室、居住条件，要稳定人心，稳定队伍，安排好生产，认真落实工程进度计划，加工订货和材料供应，抓好现场管理，确保安全、消防工作。

三是公司各部要深入施工现场，解决施工过程中出现的问题和困难，检查、监督施工进度、安全、消防、工程质量问题。要加强服务，落实加工、订货，材料供应，特别是在外埠供货进京困难的情况下，千方百计保证供应，确保工程顺利进行。

四是抓好投、招标工作，保证企业后续任务和后劲。

五是做好在 SARS 疫情基本过去时，大干快上的物资、人力、施工准备和思想准备，充分利用有利时机，夺回损失。

六是成立建工装饰公司防治 SARS 办公室，专门负责公司的防治 SARS 日常工作。

七是政令必须畅通，公司上下统一领导，统一指挥，信息反馈及时。

5 月 27 日和 28 日，建工装饰公司由蔡强总经理经理和夏书仁书记带队，组织公司技术质量部、工程管理部、物资部和企业管理部对在施的建工大厦、华彬庄园、宏源大厦和阳光新干线进行巡回办公。两天的巡回办公，不仅解决了在防 SARS 工作和生产管理、施工进度中存在的具体问题，而且极大地鼓舞了士气，各项目部及分包单位领导均表示，一定克服困难，同舟共济，共渡难关，争取防 SARS 和抓生产的双胜利。

不可否认，在那些最艰难的日子里，“非典”这个可怕的病毒几乎在我们每个人的心灵都投下了不同程度的阴影，或者说都不同程度地影响和改变了我们每个人的内心生活。不管是在一线工作的战士，还是一线战士的家属，还是一位普通的社会人，当面对这个可怕的病毒时，我们的内心都曾经历过一段复杂的心路历程。我们忧虑过，我们担心过，我们不安过，我们胆怯过，我们也曾恐惧过；我们伤心过，我们无助过，我们焦灼过，我们揪心过，我们也曾脆弱过。

但不管怎样，我们还是凭借着心理的坚强挺了过来，当我们回首那一段心路历程时，我们彼此无限欣慰。这是一段我们共同的难忘经历，这是一段无法忘却的心路历程，这更是一段我们内心最真实的心灵记录。把这一段心灵中最难熬、最难忘、最深刻的记忆记录下来，把内心最真实的感受记录下，从而组成一份特殊的心灵档案。当往事过后，让我们一同通过这些文字来触摸彼此的心灵，体会人心灵中最坚强的元素，从而让我们学会如何更加坚强地直面磨难，战胜脆弱。这是我们装饰企业、行业和这个社会共同的宝贵财富，它有助于我们装饰企业、行业和整个社会心理的成长和成熟。

沧海横流，方显出英雄本色。

同白衣战士一样英勇无畏

——记中国新兴建总装饰公司装修SARS定点医院——402医院

中国建筑装饰协会信息部
《中国建筑装饰》编辑部"SARS与装饰"课题组

一、接到SARS定点医院改造装修的信息

2003年4月21日，北京暴发SARS疫情。8天后，仍然是人心恐慌。4月29日，上午8点多，中国新兴建设开发总公司装饰工程公司第五项目经理部副经理刘凤斗接到一个工程信息：一项普通建筑的改造装修，面积不大，技术难度不大，工程款保证到位。从工程本身要素看来，这样的工程应该是一块"肥肉"——简单易行而且利润有保障。

然而，刘凤斗脸上的神态是凝重的。

因为此时，位于北京市海淀区玉泉路南路的解放军402医院的左焕仲院长心急如焚，402医院作为北京市接治SARS的定点医院之一，时处北京SARS疫情最紧张阶段，入院SARS患者已达百人，并且不断增加，原有设施捉襟见肘。SARS楼电梯负重、容量远不能满足需要，医护人员需要将沉重的药品、用具从一楼抬到七楼，必须加装电梯；越来越多的垃圾堆放得像小山一样来不及运送，加建垃圾池迫在眉睫；医院家属区需要开辟临时通道，以达到封闭管理的要求；医护人员和SARS患者需要临时食堂，SARS楼本身也需要紧急改造和装修……。但是，平时打破头抢着工程干的承包商对这个唾手可得的工程却表现出前所未有的挑剔，402医院联系了五六家承包商一听是SARS区内的工程，不是避之不及，就是提出一些苛刻条件。可是抗击SARS如何耽误得起？！

不可否认的是，从承包商考虑，在SARS定点医院施工，困难是显而易见的：不说建材不易购买，不说人员管理不易，不说工程紧急，单是考虑现实存在的SARS感染可能性，就足以使不少承包商望而却步。

刘凤斗接到的这个工程信息，正是402医院的紧急改扩建装修工程——搭建临时食堂、安装SARS隔离区电梯、病房装修、修建隔离墙、办公楼装修等。

二、402医院项目经理部组成

第五项目经理部迅速向公司领导做了详细汇报，公司党委书记王振堂马上表明了态度："越是困难，我们越是要干，而且一定要干好！这不仅是一项工程，而且是一个政治任务！"

4月29日当天下午，这个艰险的任务就正式交给了新兴建总装饰工程公司第五项目经理部。

402医院左院长愁眉顿解。

4月30日晚，402医院项目经理部召开动员会，不出所料，有的工人当场提出："为了这点钱，跑到医院招惹非典，值得吗？"

项目经理方军的回答是："如果你们不敢上，我第一个带头上！"紧接着项目经理部的6名管理人员也表明了同样的态度。

工人们沉默了。

方军宣布项目经理部的决定："参加402医院改造装修的所有人员，经理部补贴平常3倍的工资。如果感染SARS，经理部负责到底。"

5月1日，402医院项目经理部23人进场，开始了紧张的突击施工。建材商将材料送到医院门口，再也不肯进去，2车沙子、1车石子、2万块砖以及水泥、大芯板等在院门口堆积如山。

能买到这些材料已经非常不容易了。不少厂商一听是给SARS定点医院施工，拒绝者有之，乘机抬价者有之，平日轻松购买到的建材，材料主管刘向林这次几乎跑遍京城——无奈之下，20多人像蚂蚁一样来回穿梭，用推车、肩膀、双手，在连续19个小时搬运之后将材料全部准备就绪。

三、真正的考验

5月2日，真正的考验来了：在SARS楼走廊打隔断。

直面医护人员和SARS患者，这足以考验一支建设队伍。工人们向经理提出："其他的活都能干，这个活我们不干。"方经理二话没说，带领3名管理人员穿上隔离服，戴上眼罩，在工人们的注视下，走进了SARS楼。工人们在他们领导的示范和感召下，20分钟后和他们的经理并肩工作。施工声震动了SARS楼，大为惊奇的医护人员相互议论说："还真有来给我们施工的！"

SARS楼外挂电梯安装位置在该楼惟一一个出口处，因为这里的台阶可以利用作为部分基座，这至少可以节约1个星期的工时——早1分钟安装好电梯，就可以为日夜奋战的白衣战士们减少一份搬运医疗物资的辛苦。5月3日一天内，5 m^3、2万块砖的组合基座，在工人从天明到次日凌晨的努力下搭建成功。和医护人员同样穿着的工人，手持几十斤重的工具，在高高的脚手架上将电梯每一个安装步骤完成得无可挑剔，一下脚手架，几近虚脱。5日5日，电梯开通运行。

402医院临时食堂施工

100 ㎡的临时食堂1天之内搭建起来；

7m×2.5m×3m的集装箱式垃圾房3天加工、焊装完成；

120m的家属区临时通道6天完成；……

在所有的施工中，管理人员完全和劳务队伍奋战在一起，干同样的活，吃同样的饭。面对一些危险区，管理人员冲锋在前，没有一个退缩落后。公司领导从总经理、党委书记到4位副总经理，几乎每天都出现在工地上。开工那天，年过半百的党委书记王振堂在炎炎烈日下站了足足4个小时。

工人们说："没有领导的带头，我们肯定不敢干。"——这就是榜样的力量。

四、这样的建设队伍让我们非常感动

从接受任务到进场施工7天后，5月5日，中国新兴建设开发总公司就收到402医院特地送来的感谢信："在我院成为SARS定点医院并已接治SARS病患者的情况下，贵公司勇敢承担起我院基建工程，我们全院职工对你们表示感谢，感谢贵公司员工对首都抗击SARS工作的支持！"

这样的队伍的确有理由让人感动：

特殊时期，院方办公设施紧张，经理部没有向院方要求一张办公桌，更别提办公室；

402医院临时食堂施工

经理部专门给院方配了5个维修工人，负责办公楼、医护楼的水电维修，随时听从院方调遣；

工人昼夜不息的抢工，常常连续工作在10多个小时以上；

为了防止交叉感染，工人们自愿住在工地上，而好几名管理人员的家人，至到5月中旬还不知道他们的亲人在SARS定点医院奋战了近一个月；

为了保证这个工程，经理部甚至停下了其他三个工地的工作，把人员都抽调到402医院，经理方军一再向其他业主表示："请支持我们抗击非典的工作，我们完成这个工程后，决不会耽误你们的工程。"

企业的根本目的在于赢利，可是402医院可能没有想到的是，经理部不仅没有向院方多要一分钱，反而主动提出让利，理由是：医院经费紧张，多节约些钱可以更好地医护SARS患者。

难怪左焕仲院长拉着公司总经理梅玉宝的手由衷地说："你们新兴人真是了不起，我代表402医院所有医护人员以及SARS患者感谢你们！这样的建设队伍让我们非常感动。"

这样的建设队伍让我们非常感动，既是SARS定点医院——402医院的评价，也是我们——建筑装饰界的心声。在402医院，装修战士与白衣战士一样英勇，体现了同呼吸，共命运，心连心，一道谱写了共同抗击SARS的赞歌。

此次SARS攻歼战，使我们充分体验到何谓"人间天使"。我们听到我国科学文化程度最高的群体之一的医护人员说的最多的一句话是：我们就是干这个的，干就要干好。质朴的语言反映了职业精神。中国新兴建设开发总公司装饰工程公司也体现了这种职业精神。

我们不断体会着感动，体会着和平时期的英勇无畏。

（背景资料、照片提供：中国新兴建设开发总公司装饰工程公司办公室　张晓松）

冲在抗击 SARS 一线的装饰企业家

——记北京宏美特艺建筑装饰设计工程公司总经理钱宏伟

装修 SARS 定点医院——北京朝阳医院

中国建筑装饰协会信息部　《中国建筑装饰》编辑部“SARS 与装饰”课题组

提起北京宏美特艺建筑装饰设计工程公司的总经理钱宏伟，在北京建筑装饰行业里颇有名气。宏美特艺作为国家建设部批准的一级资质建筑装饰工程专业承包企业，工程质量和企业信誉口碑良好。钱宏伟作为北京市政协委员、市工商联常委、市青联委员、九三学社成员，在今年市政协全会上，他的一项有关环路上放置垃圾桶的提案及时得到落实，北京主要新闻媒体均有及时报道。在北京市 SARS 肆虐期间，钱宏伟和他的企业经受了一次严峻的考验，他们义无返顾地冲在了抗击 SARS 的第一线。

一、临危受命

北京 SARS 肆虐期间，首都医科大学附属朝阳医院处于抗击 SARS 第一线的定点医院。由于 SARS 的突如其来，为了尽快更好地医治 SARS 病人，北京市委、市政府按照党中央国务院的防治 SARS 战略部署，要求朝阳医院在很短的时间里，尽快建立起符合收治 SARS 病人的较大规模的专门病房，进一步扩大隔离区，新建 SARS 发烧门诊临时病房。

北京朝阳医院的领导领命之后，及时与有关施工企业进行联系。然而，全城的恐慌，任务重，时间紧，寻找施工队伍极为困难，这可如何是好?朝阳医院的院长王晨和副院长肖云良闻知此情，顿时心急如焚。这可是党中央国务院的重托，北京市委、市政府的硬任务!马上就是“五一节”了，4 月 30 日下午，他们作为市政协委员，只好把希望寄托在同为市政协委员的钱宏伟身上。经朝阳医院党委院办研究，决定找北京宏美特艺建筑装饰设计工程公司来施工，把这项硬任务全盘托出，新建 SARS 病房，必须在 5 月 10 日前完工，并符合接收 SARS 病人条件。在任务重，时间紧的情况下，只能边设计边施工。

面对猖狂的 SARS 肆虐，面对北京人民的期望，面对党和政府的重托，钱宏伟感到自己作为一名市政协委员所应承担的责任。在这种关键时刻，自己绝不能退缩，再大的风险也要勇于承担!临危授命之际，他没向朝阳医院谈任何条件，坚定地点点头说：“我们来干，你们放心吧!”

二、严峻考验

钱宏伟总经理 4 月 30 日晚 5 点回到公司立刻召开生产会。当时就有人问：“在哪儿干活?”钱宏伟如实讲，在医院的传染病房附近。有的员工担心 SARS 传染，施工人员的身体安全有问题。钱宏伟正色道：“这是一次对我们的严峻考验!有党和政府和我们在一起，有广大的人民群众关心着我们，我们决不能退缩!公司的干部带头，党、团员带头!”在他的主持下，公司决定由第一项目部 70 多名员工投入到这项工程中去。

工地距离朝阳医院传染病房仅有 2m，每一名在工地的员工都有可能随时感染 SARS。这真是一种非常严峻考验。面对着呼啸而入的一辆辆救护车，面对着病房推入的一名名 SARS 病人，他们临危不惧，沉着应战。钱宏伟身先士卒，每天都赶到工地，与员工们同甘共苦，协调各方面事情。副总经理韩永生为北京市劳动模范，负责现场施工，现场副经理陈维星负责工人的保健。为了广大员工的健康和安全，公司对参加施工的人员，提供了充足的防护资金。公司每天有专人负责监督员工定时服用预防 SARS 的药品，定时量体温，每人配备了专用防护用品，确定了营养配餐。参加施工员工，身着与 SARS 病房医护人员一样的工作服一天一件，在公司制定的严密而科学的防护措施保护下，无一人感染 SARS。

在施工中，首先碰到了原材料采购难题。许多供应厂商家因 SARS 而休假或不送货，公司物资供应部只好把材料供应商厂家从家里找到单位，自己把原材料装车搬运到施工现场。施工中传染病房的排污管线要求标准很严格，他们就认真按照要求施工一丝不苟。经过现场人员不分昼夜的艰苦努力，终于在 5 月 9 日，按时完成了新建 SARS 病房的工程，经医院专家现场一次验收通过，质量完全符合标准。钱宏伟和韩永生相对一笑，在场的员工们，都发出了会心的微笑。

三、最大的政治

在北京宏美特艺建筑装饰设计工程公司临危授命之时，北京市副市长、市工商联会长孙安民闻讯后，专门打电话叮嘱钱宏伟，在施工中一定要注意人员身体健康，采取好严密的防护措施。市工商联党组书记、常务副会长宁长庆也专门打电话，叮嘱钱宏伟要给员工采取好防护措施，注意人员健康、施工安全。市政协、市委统战部、市青联、九三学社及朝阳区的有关领导，也通过电话关心钱宏伟和公司施工人员的健康情况。

施工期间，中共北京市委副书记强卫代表市委市政府，亲临施工现场视察。各级领导的关心，给予了钱宏伟和北京宏美特艺建筑装饰设计工程公司全体员工最大的支持和鼓舞。钱宏伟清楚地意识到：当前抗击 SARS，战胜 SARS，是最大的政治，是全市人民和全国人民的最大期望，也是世界的期望。自己和公司员工冲在抗击 SARS 的第一线，是一种难得的机遇和考验。我们胜利地完成了这项硬任务的施工，为全市和全国人民抗击 SARS，最终战胜 SARS，贡献了自己一份菲薄之力。我们不仅锻炼了队伍，而且每个参战人员经历了一次人生严峻的考验，我们都合格了。

钱宏伟的家人事后才知道这些事情，妻子为丈夫健康担心，边听边潸然泪下。钱宏伟微笑着说："你不用担心。我们有党和政府关心，有全体人民作后盾呢！"

在抗击 SARS 的战斗中，北京宏美特艺建筑装饰设计工程公司除了胜利完成朝阳医院传染病房的装修外，其他装修工地没有停一天工。

四、感　谢

5 月 13 日，首都医科大学附属北京朝阳医院给北京宏美特艺建筑装饰设计工程公司一封感谢信，全文如下：

在 SARS 疾病严重危及着全市人民生命安全的时刻，为了尽快更好地医治 SARS 病人，奉上级指示，我院需进一步扩大隔离区，新建发烧门诊临时病房。

在任务重，时间紧，寻找施工队伍极为困难的情况下，经党委院办决定找北京宏美特艺建筑装饰设计工程公司来施工。该公司没有提出任何条件，保证质量，按期完成。北京宏美特艺建筑装饰设计工程公司项目经理韩永生负责现场施工，总经理钱宏伟亲自到现场指挥，急全市抗击 SARS 之所急，不顾个人的安危。他们放弃了"五一"假日休息，每天奋战近 20 小时，连续施工 9 昼夜，付出了艰辛的劳动，圆满地完成了任务，结出了一朵鲜艳的精神文明之花，得到了市、区两级疾病防控中心及市督导组的好评，为全市抗击 SARS，做出了很大的贡献。

他们这种临危不惧、忘我工作的思想品德，一丝不苟、严谨求实的工作精神。我们十分敬佩，对他们的辛勤劳动，顺致深深的谢意。我们坚信，在以胡锦涛同志为总书记的党中央正确领导下，在北京市委、市政府的统一安排下，全市人民一定能万众一心，排除万难，战胜疾病，夺取抗击 SARS 的最后胜利。敬礼！

来自抗击一线医院业主的感谢，是对我们装饰企业的最高嘉奖。这不仅是北京宏美特艺装饰公司总经理钱宏伟以及全体员工及其家属的光荣，也是我们建筑装饰行业的光荣。

SARS 与 Victory

——山西三利装饰有限公司参加装修山西省城防治 SARS 后备医院——太原市第四人民医院纪实

中国建筑装饰协会信息部　《中国建筑装饰》编辑部"SARS 与装饰"课题组

2003 年这个戴口罩的春天，中国人说的最多的英文是 SARS，人们看见最多的英语手势是 V。

正值春光明媚的季节，百花盛开得姹紫嫣红，孕育了一冬精力的人们，正沐浴着春色在工作和生活。可是，一场突如其来的灾难 SARS，有着极危险的传染性，像一个噬人的恶魔，使万紫千红的并州春色，被蒙上黯淡的阴影。

SARS 肆虐，人民群众的生命健康受到严重威胁的紧急关头，山西省、太原市的领导果断决策，用最短的时间、最快的速度、最好的质量建设抗大病、防大疫的后备医院——太原市第四人民医院，山西三利装饰有限公司积极响应山西省委、省政府的号召，总公司领导连夜组织召开了"关于扩建第四人民医院的紧急部署会议"，要求各部门将在施的其他装修工地全部停工，全体人员集中投入支援后备医院的建设，以保证如期完工。

疫情就是命令，5 月 9 日，三利装饰公司将太原市的工地全部暂停，全体人员及车辆整装待命，奔赴第四人民医院工地集中作业。由于特殊的政治任务影响着三利装饰公司正在施工的工地，经三利装饰公司做了相关业主大量的工作，包括正在施工的两大项目"交通银行外立面装饰工程"及"山西安业集团写字楼装饰工程"的业主领导，均对"因扩建后备医院暂时停工"一事给予了很大的理解和支持。三利装饰公司承担的施工任务是第四人民医院三病区北三排的建设，约 2700 余立方米，包括病房、内走廊、外走廊、医护办等，170 个第一线工人轮流作业，同所有的建设工人们一道昼夜奋战，工地上，彩旗飘扬、机声隆隆、车辆穿梭。从此，在太原市第四人民医院的工地现场，无论是白天，还是黑夜，都活跃着我们三利人辛勤工作的身影。

当时最高气温每天都在 26℃以上，在烈日下奋战的工人们浑身都湿透了，但没有一个人叫苦叫累，表现最为突出的是李完生，他是一名油漆工人，在当时急需人员扛板的情况下，他积极主动的开始在工地与车辆之间一趟一趟的穿梭着，沉重的板子压得小伙子头都抬不起来，可是李完生却连续几个小时没有停下来，直至圆满完成任务。

安装保温管是很重要的一道工序，工期要求短、任务重，卫进军这个组里的人员比其他组的人员少，可他积极动脑筋想办法，合理组织安排工作，最后以最少的人员，最快的速度完成了此区域的全部保温管的安装，且工程质量最优。

三利的工人确实称得上是一支召之即来、来之能战有着坚强意志的队伍，在压锌钢管理处理过程中，其中有一道工序均必须用角磨机打磨，因为工期紧，现场任何防护措施都没来得及准备，角磨机磨得四处火星乱溅，工人们没有退缩，与火星顽强的搏斗着，导致最后 10 余人的眼睛被火星溅得疼痛难忍，可是他们只稍稍的休息了片刻，又继续默默地投入了火热的工作当中，因为他们始终没有忘记自己的使命：

“我们身负重任，我们一定要战胜SARS”。

三利装饰公司还有很多员工在关键的时刻，将个人生命的安危置之度外，安装屋面板，属于高空作业，当时现场缺乏防护措施，赵自德带领7名人员，积极想办法，将所有屋面板一次性安装成功，他们7名工作人员均未有过此项工作的经验，最后却很出色的完成了这项非常艰巨的任务，而且没有出任何质量及安全问题。

当工程进行到5月13日时，总公司再度调各部门所有行政管理人员全部赴四院一线支援，主要从事搬运、后勤等工作，这些看上去文质彬彬的管理人员，关键时刻都是英雄好汉，干起活来个个都不逊色，尽管在夜间作业光线较暗，但由于分工明确，卸车搬运工作有条不紊地进行着，你争我抢地搬运各种材料，个个干得大汗淋漓，他们心中只有一个念头，那就是要与SARS疫情争时间，抢速度，确保扩建工程按期完工，使SARS疫情尽快得到控制。

总之，工地上感人的事迹太多了，上到太原市副市长乔亮生、三利装饰公司总经理庹贵宾、副总经理朱海、工程总指挥赵华琛、史建飞，下到每个员工，都是在争分夺秒地苦干，没有抱怨、没有计较报酬，大家吃住在工地几个昼夜了，每天只能睡两三个小时，有的人一干就是连续40多个小时。90%的领导和40%的员工的嗓子都哑了。公司安排工人白天黑夜轮流倒班，可是工人却都悄悄的留下来连续作业。庹贵宾总经理更是亲临工地，现场指挥，同工人一道连续几个昼夜奋战在抗击SARS战斗的第一线上。

工地上一天开四顿饭，早7：00（早点）午12：00（午餐）晚8：00（晚餐）午夜1：00（夜宵），中间的时间隔的特别短，路上送饭的时间就得40分钟左右，每天大概有200个人吃饭，连续20天，王师傅几乎没有一天能睡上三个小时，每天紧张地炒菜，焖米饭，从没耽误过大家的吃饭时间。

5月18日，已经到了快要交工的时候了，总公司再次调动全体女员工奔赴一线清理卫生及处理彩钢板上的塑料薄膜。下午3：00，一线工地上又多了一道特殊的风景线，红红绿绿的身影在各病区不停地奔波穿梭着，从来没有下过工地的姑娘们，谁也没被工地那么多的尘土及垃圾吓退缩，没过半个小时，每人头发上脸上都是“尘埃累累”，互相对视着“面目全非”的脸，她们只相对一笑，依然是各忙各的，当整个病区所有病房打扫的干干净净时，清晨的第一缕曙光已经将整个病区照亮。5月20日，三利装饰公司的工程按时、保质、保量完成了，经太原市建委等相关部门领导们亲自验收合格，被评定为优质工程，并且得到了工地指挥部的多次表扬，也得到了乔副市长的高度认可，并荣获“太原市第四人民医院扩建工程集体一等功”的荣誉称号。

20天奋战的日日夜夜，480小时的分分秒秒，并州大地，玉门河畔，一座现代化的新型专业医院拔地而起，这是一座凝聚了建设者们意志的钢铁长城，这是一个奇迹，意味着三利装饰已打响了战胜SARS的第一仗，表明了三利装饰战胜SARS疫情的决心和信心。

胜利：一解为在斗争或竞赛中打败对方；二解是工作、事业达到预定的目的。（《现代汉语词典》商务印书馆，1979）。Victory——胜利属于时代英雄，SARS——非典终将被战胜。山西三利装饰有限公司等6家参加山西省城防治SARS后备医院建设，以及全国所有参加SARS定点医院装修的建筑装饰企业，是我们这个时代建筑装饰行业的英雄。

非常时期的职业责任

——苏州金螳螂建筑装饰有限公司装修南京市SARS定点医院——南山医院侧记

中国建筑装饰协会信息部　《中国建筑装饰》编辑部“SARS与装饰”课题组

为了更好的抗击SARS，满足公共卫生突发事件的应急救治需要，保障公众身体健康和生命安全，根据江苏省委、省政府指示精神，南京市委、市政府决定，在交通方便、地域开阔、环境优美的南京市江宁铜井南山建设一座永久性定点防控SARS等突发传染病疫情等灾害现代化医院。

在南京市政府的统一领导和部署下，在由南京市建委、市建工局等政府主管部门领导组成的“南京市南山医院建设指挥部”的组织安排和指挥下，南京市南山医院由一百多家参建单位仅用了15天的时间，便以一流的质量和速度建成了。中国建筑装饰协会副会长单位、苏州金螳螂建筑装饰有限公司作为惟一一家参建的装饰企业，装修只用了3天，就胜利完成了任务，企业和全行业倍感光荣和自豪。

金螳螂员工在这场声势浩大的建设中，以顽强的拼搏精神赢得了江苏省、南京市政府领导的赞誉，又一次展示了金螳螂的品牌形象，为金螳螂争得了荣誉。

这是一场超常规的建筑施工，15天内必须完成建设任务；这是一场多队伍、多工种、多交叉的工程会战，高峰作业人数多达7133人。建设过程中，江苏省、南京市领导先后到现场进行检查指导，在这种领导出征、特事特办、团结协作、昼夜苦干精神的支持下，占地275.6亩，配置了集中供氧、吸引、独立空调、可视电话、网络、污水处理、危险废弃物焚烧处理等现代化功能的永久性医院仅用了15天即告建成。

2003年5月21日的晚上，金螳螂装饰公司接到“南京市南山医院建设指挥部”的电话，立刻安排项目经理和设计师直奔工地，现场出图、报价。本着为同舟共济，共抗非典，为南京争光，为企业争气的指导思想，以低于成本的报价，以高度的思想觉悟、职业责任感，夺得了这一具有高度政治性和极为艰巨任务的装修工程建设。

项目经理勇挑重担，毫无怨言地连续72小时安排施工进度、人员调遣、材料进场、机械设备、交通工具及后勤保障等一系列计划，一直到凌晨三四点钟才休息。在施工中，工程管理人员以青天黄土为办公场所，白天曝晒，夜晚露寒，石块做凳，双腿为桌。由于工程是边设计边施工，经常出现当大家正在商讨方案时，会有各种运货车、压路车贴身开过。灰尘、噪声和沥青的刺鼻味、热灼感令人苦不堪言，然而工人们却是24小时轮番工作，马不停蹄，英勇无畏。

在这3天60小时的奋战中，金螳螂装饰公司全体装修施工人员没有昼夜之分，有的只是战胜困难，夺取胜利的决心和信心；没有领导和工人之分，有的只是共同拼搏、团结协作的努力和作为；更没有推诿、没有退缩、没有埋怨，有的只是齐心协力、顾全大局的姿态和风格。金螳螂在建设中充分表现出了吃苦在先、不怕困难、敢于拼搏、始终在一线作战的硬骨头精神，获得了“南京市南山医院工程建设指挥部”和南京市建委颁发的“南京市南山医院建设先进单位”的奖牌，获得了南京市人民政府颁发的“南京市南山医院参建纪念牌”，牌上题写着：“拼搏南山，铸造精神”8大个字。在工程竣工颁奖大会上，金螳螂装饰公司还受到了南京市戴永宁副市长的赞扬：“金螳螂不愧为金螳螂，具有高度的政治敏感性；金螳螂急工程所急，在接到任务后的第一时间里，进行现场出图和报价；并且保质保量、按时地完成了工程任务，这种精神值得大家学习。”

如果不是SARS肆虐、疫情横行，许多久违了的东西可能会离我们越来越远。比如责任意识、道德意识、使命意识，比如个人在社会中应当扮演什么角色、承担什么义务、履行什么职责，比如面对突如其来的严重灾害，是冷静观察、从容应对，还是惊慌失措、无所适从；是隐瞒真相、麻痹群众，还是公开疫情、报道真相；是同心同德、和衷共济，还是离心离德、一盘散沙；是尊重科学、拿出办法，还是一般号召、抽象指导；是依法办事、有章可循，还是主观臆断、随意为之，这些都是摆在我们面前的必须回答的问题。中央电视台“面对面”多次报道的广州第一人民医院抗击SARS的英雄护士长张积慧说：“我们就是干这个的，干就要尽力干好。”解放军306医院接诊第一例SARS患者的呼吸科主任王萍说：“我凭着良心和尊严行使我的职业。”这就是对所谓职业责任最好的诠释。

之所以说“多难兴邦”，故然是指灾难能激发起我们昂扬的精神和斗志，更指灾难最能促使我们意识、克服自己的弱点。但愿这场灾难能够成为我们民族的集体记忆，惟其如此，建筑装饰行业及社会才会不断进步，我们才能更加成熟。

“拼搏南山，铸造精神”——金螳螂激情60个小时，以非常时期的职业责任谱写了一曲抗击SARS胜利凯歌。

SARS考验

谁对北京负责　谁对生命负责

建设市场报　**徐　燕**

面对甲方指定分包，总包扮演什么角色，这是业内人士不言而喻的事情。在这个大前提下，东黎广场工程项目的总承包方在抗击非典的斗争中，演绎了一段令人心酸的故事——

一、首例“非典”的出现

4月23日，北京东黎广场工地上的民工黄堡振发高烧了，立即被送往协和医院。4月27日晚，总包接到北京市东城区防疫站的通知，此人被确诊为“非典”病人。

这是一个来自山东省东明县的青年，是负责该工程部分装饰工程的中建二局装饰工程公司的工人。二局装饰公司是甲方指定分包单位之一，共有111名工人。这支队伍施工在东城，生活住地在朝阳，与黄堡振同住的还有45人！

北京市政府关于疫情重点区采取隔离控制措施的《通告》，已经让人们谈“非”色变。黄堡振收治后一个最紧急的问题产生了：45个密切接触者必须隔离观察，疫情不能进一步扩散!总承包方——中建一局五公司连夜召开紧急会议，按照北京市委办公厅《紧急通知》和市建委《疫情工地隔离管理的实施方案》的要求，安排隔离问题。东城区防疫站建议，立即将45人转移到施工已完结构楼中，总包方和分包方一致赞成。分包商行动尤其迅速，当下将45人和行李拉到工地门口。没想到，这一方案遭到甲方的坚决反对。45人没下车在大门口苦等一小时后又被拉了回去。第二天早晨，在朝阳区政府的帮助下，才将45人安排在朝阳区金盏乡某度假村。

与此同时，总包除协助分包对香河园15号采取消毒措施，对没有隔离的65名工人实行封闭管理以外，还做了几件事：一是按照京办发文件“层层建立责任制”、“依法追究责任单位和责任人的经济责任、行政责任以至于刑事责任”等精神，起草了包含甲方、总包、分包三方签署的责任状；二是按照市建委“成立疫情工地隔离控制指挥部”的规定，成立了由总包和甲方、监理、分包以及左家庄街道办事处共同组成的“东黎广场工程工地隔离控制指挥部”，三是购置了大量口罩、温度计、中药、过氧乙酸、紫外线杀菌灯等，协助分包方做好其他民工的封闭管理。

二、12家分包3家有“非典”

中建一局五公司自己使用的民工共400多人，全部居住在施工现场外的生活区内，已经在第一时间达到封闭管理的要求，无一例“非典”发生。而甲方指定分包的12家施工队伍，共有1000多人，分散在东城、朝阳、丰台、大兴4个区，有的租住宾馆地下室，有的租住农民房，有的集体居住，有的带着家属单独居住，还有属本市户口回家住的。

5月3日下午，正在朝阳区某度假村隔离的45人中又有9人出现发烧症状，晚上在隔离区大夫的护送下至金盏乡医院，经检查不是“非典”，5月4日下午送回度假村。5月4日早上的例行检查中，有9人仍有低烧，被120送往垂杨柳医院和安贞医院留观。截至目前，2人被送往小汤山医院，3人出院，4人继续留观。

5月3日晚上，另一甲指分包沈阳远大铝业工程公司的队伍里，江苏省铜山县的刘永感觉不舒服，擅自去协和医院看病，5月4日上午东城区疾控中心的通知：确诊为“非典型性肺炎”。

5月6日，北京金丰环球远大装饰公司居住在香河园6号院的民工奚建东发烧，服药后，反复地退烧、发烧。8日上午，120送至北京第六医院，晚上被通知确诊为非典。与奚建东同住的有5人，一同吃饭的有15人。

疫情如火，责任如山!隔离、隔离、还是隔离！

沈阳远大的队伍共有270多人，其中120人住在朝阳区左家庄小关甲45号，与刘永同住的有6人。6个密切接触者必须马上隔离，北京金丰也有14人必须马上隔离，朝阳区左家庄小关甲45号、香河园6号院必须马上消毒，并严格按照市建委要求做到封闭管理，民工宿舍每间不超过15人，且通风良好、生活区每天至少消毒两次，民工每天进行两次体温监测，并有记录。

中建一局五公司领导班子全体出动，董事长蒋丽云和总经理张连忠带队，又是一番“救火”。隔离地点越来越难找了，老百姓听说是工地民工租房子，给多少钱也不愿意出租。总包与甲方几位老总几经周折寻找隔离地点，即使签订了租赁合同，由于老百姓不同意也无法入住。

进入该工程尚未装修的结构楼，是一个没有办法的办法。

中建一局五公司面对这一严峻形势，当即决定：立即进楼集中隔离相关人员。总包再次提出的这个方案，得到上级部门的同意，却再次受到甲方的否定。经过反复协商，最后甲方迫于政府的压力和总包的建议，不得已同意腾出现场甲方的办公楼，和总包的办公楼一起划为隔离区。

三、当总包必须行使权力的时候

甲方指定分包，与总包在表面意义上是总分包关系，而实际上这些分包是甲方招标、甲方支付工程款，有的甲指分包下面还有甲方指定的分包，在众多的分包和复杂的关系中，总包除了现场作业的进度和质量外，甚至缺乏对分包的了解，更谈不上制约分包的手段。如果说解决这个建筑市场深层次的问题还需要一个过程，那么，面临疫情如火、人命关天的严峻时刻，总包必须行使它的权力，使12家分包的1000多名民工处于受控状态。

这是命令。北京市政府的《通告》、市委、市政府两办《紧急通知》、市建委关于疫情工地和施工现场的两个《实施方案》，都在要求总包必须这样做。

这是责任。1000多名民工的生命健康，北京市民的生命健康，各省市农民兄弟的生命健康，都要求国家建筑业的“正规军”，北京市的大中型国有企业，必须毫不犹豫地这样做!

中建一局五公司做出一系列决定并立即实施：

——从总部抽调30名管理人员，连夜与项目经理部职工一道，分成6个组，每组2到3人，从晚七点开始，分头突击清查。清查组每到一个分包居住地点，都要对分包名称、总人数、姓名、原籍、身份证号、现住址、宿舍人数、健康状况、宿舍条件、环境卫生、上下班交通如何解决等进行详细登记。同时给12家分包方发放《东黎广场工程甲指分包工人住宿情况填报表》，要求尽快如实填报人数、住宿地点、居住房间的负责人以及居住情况是否达标等。

——与甲方和分包共同签订责任制，责任状中明确：如分包不达到总包要求，停止其施工并进行经济处罚。

——对工地以外达到封闭管理条件的民工生活区，立即解决上下班的班车及班车消毒等问题，形成民工流动的专门通道。

——将分散居住且不具备封闭管理条件的民工转移到东黎广场施工现场结构已完工的公寓楼内实行封闭管理。公司把领导干部、卫生防疫、保安、生活后勤等方面的主要力量集中到了东黎广场，不仅解决了沈阳远大6个隔离人员的房间，分包还为隔离人员配备了电视、书籍、报纸。总包在最短的时间内安装了楼外临时上下水、污水管线，建成了临时盥洗池、洗澡间、更衣室，还在工地设立了医务室、小卖部、理发室、IC卡电话……

如果总承包方所做的这一切，都能顺利进行，也就没有了总包的悲哀。就在中建一局五公司举九牛之力解决甲方指定分包防控“非典”问题的时候，又遭遇来自甲方的阻力。

四、竟被说成“强蛮的行动”！

东黎广场工程项目的甲方，在抗击“非典”斗争中，有4名高层管理人员一直在现场。和所有投入抗击“非典”斗争的总包人员、分包人员、政府部门工作人员一起战斗。一样的开会，一样的紧急处理问题，一样的熬夜，一样的带病工作。然而，甲方真正的决策人在“非典”高发期间离京，之后甲方内部出现了来自“非典”一线和境外遥控的纷争。

战斗在“非典”一线的甲方人员，无疑知道控制疫情蔓延的重要性。各级领导多次到工地视察工作，看望民工。民工和工地防控“非典”工作引起各级领导的高度重视。

5月4日，沈阳远大公司出现疫情，甲方人员也紧急出动，四处寻找隔离地点。一处不行再找一处，好不容易找到一个适合隔离的场所，地方老百姓又不同意。总包方提出进楼隔离的方案，甲方人员一次又一次通过越洋电话请示未果。最后总包方负责人在电话中与甲方决策者进行了较长时间交涉，甲方决策者才勉强同意甲方老总的建议，腾出双方办公楼作隔离点的方案。

5月6日，各甲方指定分包商接二连三出现疫情，总包急于签订三方责任状的时候，现场的甲方人员表示坚决支持总包对分包的管理，如不按照总包要求去做必须追究其责任。而甲方内部，却因是否在责任状上签字而意见不一。一名甲方高层人员看到情况紧急，义不容辞，毅然现场拍板：签!另外两名高层人员也给予了积极的支持，但事后他们都受到老板的斥责。

5月10日以后，北京市“非典”疫情仍处于高峰平台，按照北京市京办发19号文件“建设单位和总承包单位可以利用已经竣工未交用或已经完成结构施工设施的房屋设施作为宿舍”的精神和市建委要求工地和民工生活区必须达到封闭管理标准的时限，中建一局五公司不得不通过一次次越洋电话和开会磋商，与甲方反复协商民工进驻东黎广场已完结构楼问题，又一次遭到甲方的坚决反对。双方的函件往来言辞激烈，意见难以统一。甲方竟然把总包采取封闭管理的措施说成是“强蛮的行动”! 函件中指出：“鉴于贵司强蛮的行动，而且身为我司本项目的总承包，现场一切责任与权利均委托贵司统管。在我司无力阻止贵司强行将各分包民工迁入现场的情况下，我司特此声明由此造成的一切后果与责任由贵公司承担。”

五、没有鲜花的解禁和违约索赔的威胁

5月20日，北京防治非典型性肺炎联合工作小组举行的第七次新闻发布会上，市政法委书记向中外记者宣布，工地和民工防控非典措施的效果是明显的，当前，民工中的疫情和全市一样，是非常平稳的。

在全市3000多个工地，来自25个省市的64万民工这个易受感染又易传播的群体，疫情得到及时控制，没有造成大面积的蔓延，得益于像东黎广场工程项目总包和分包们的艰苦努力。

记者5月18日在东黎广场施工现场，看到已竣工结构楼里，民工住得宽敞而有序，每个宿舍的墙上都贴着生活区管理规定，体温测试记录，出现病情后本区的防治工作流程图等。楼的外檐延伸着用于解决民工生活的临时上下水和污水管线。楼下是共有6间淋浴室、6间更衣室和6个热水器的洗澡设施，50m长的盥洗池。

然而，管理人员的心情却不轻松。中建二局装饰公司项目经理张义对记者说，当疫情出现的时候，我们做了我们应该做的一切。45人被隔离，租用朝阳区某度假村一项，我们就支出30多万元；为了减少当地其他人员包括民警被感染的可能，我们派人24小时在隔离现场；22名民工闹着要回家，我们千方百计做工作留住他们；实行封闭管理，为了稳定民工情绪，我们为他们买药品，买电视，买报纸；为了达到封闭管理的标准，我们一直在投入、投入，疫情发生后，我们一直工作在最前沿，可我们没有像医疗人员那样的防护条件；45名隔离人员解禁时，也没有鲜花和掌声。而现在，甲方要求我们按期完工，按照合同约定，工期推迟一天罚款30万元，难道我们还要承担这些吗?

其他甲方指定的分包商也纷纷对记者说，虽然我们自己没有防护措施，但我们为进入隔离区的服务人员购买了防护服；为了改善隔离区的生活，稳定民工情绪，我们买水果配餐，甚至为他们买烟。这一切都是为了控制疫情这个大局。可是，甲方在抗击“非典”期间只提前支付10万元，连给民工发放生活费都不够，还声明：这10万元要从4月份的工程款中扣除。

5月20日，一分包向甲方提出，给予一些经济支持，用来对抗“非典”，但遭到了甲方的拒绝。

项目经理，也是工地防控非典第一责任人李汉军对记者说，项目经理部50名干部没日没夜，全力投入抗击非典的工作。到目前，我们用于发放防非药品、消毒、改善伙食、增加临时生活设施、隔离设施、民工班车租赁等24项措施，共支出100多万元。公司机关的干部，无论节日、假日，都在我们这个项目上加班。五公司的领导班子，为了这个项目，确切地说为了这个项目的12家甲方指定分包商，没有吃过一顿踏实饭，没睡过一个踏实觉。可就在昨天，甲方召集总、分包单位开会，没有慰问，没有赞扬，而是要求我们抓紧施工，如期完工。“非典”时期，监理会不开了，材料商不来了，设计方面的文件都得从门缝里塞进去；民工情绪不稳，劳动力效率不可能不受到影响，如果这些因素都不考虑，我们就面临延迟工期的罚款。

SARS考验，谁对北京负责，谁对生命负责!

抗击SARS的特殊贡献

——记北京金丰环球远大装饰工程有限公司抗击SARS战斗

中国建筑装饰协会信息部　《中国建筑装饰》编辑部“SARS与装饰”课题组

一场突如其来的SARS疫情，几乎搅乱了人们的正常的生活秩序和工作秩序。特别是北京金丰环球远大装饰工程有限公司，广东籍员工占绝大多数。他们春节回乡休假时，正值广东SARS高峰，而节后回京时间不长，4月21日北京的疫情暴发，不可避免地造成一定的心里恐慌和思想混乱。

面对SARS疫情和金丰环球远大装饰公司实际情况，公司领导层保持了高度的理智，他们不慌不乱，沉着应对，表现出对社会、对员工高度责任感和整体意识，通过敢于领导、善于领导的实际行动，使广大员工的情绪很快稳定下来，能够以科学的态度面对突发的疫情，迅速控制了局面，进而使公司的向心力和凝聚力得到了又一次升华。

一、总体防控措施

金丰环球远大装饰公司在北京有20多个在施工地，他们主要采取了下列一些办法和措施：

1. 为使抗SARS工作有组织有计划的进行，4月21日，公司成立了以中国建筑装饰协会理事、金丰环球装饰集团有限公司（下辖控股北京金丰环球远大装饰工程有限公司、金丰环球装饰工程（天津）有限公司和天津建工幕墙工程有限公司）董事长陈康权为组长，集团副总裁李雨涵、北京公司副总经理胡清利和办公室主任仉国政为副组长的抗SARS工作领导小组。公司各职能部室及各工地项目部的负责人均为领导小组成员，领导小组共计有20余位成员。在领导小组成立的第一次会议上，即明确抗击SARS工作实行领导分工负责制，公司及各项目部的一把手为抗SARS工作第一责任人。

2. 领导小组每周召开一次例会，及时学习领会和宣传市区有关SARS工作文件精神，分析公司工作形势，研究所出现的问题和应该采取的措施。

3. 上下保持通畅的通讯联系，每天收集一次情况汇报，特殊情况立即上报。

4. 公司和各工地都要设一间临时隔离室，为发热人员观察专用。

5. 公司专门安排并改造了一辆面包车，用于接送发热人员到医院就诊。

6. 明确3名员工为抗SARS工作志愿者，专门护送发热人员去医院就诊，并按要求为他们配置防护用具。

7. 每天上班前对所有员工进行体温测试，并作详细登记。

8. 到公司联系业务的外部人员，必须在前台经测量体温无异常者方可进入办公区域。

9. 办公区域和员工宿舍、工地每天消毒两次。

10. 员工因公外出一律使用公司自有车辆。

11. 不在公司住宿的员工，上下班一律骑自行车。

通过以上措施的陆续出台和迅速到位，使该公司各项工作在非常时期没有受到太大冲击，抗SARS工作和业务工作始终有条不紊的进行，使北京市委市政府“一手抓抗击非典，一手抓经济发展”的要求在公司得到了很好的贯彻和落实。

为确保抗击SARS工作的需要，公司在资金相当紧张的情况下，投入了专项资金60余万元，主要用于以下方面：一是为公司本部全体员工和各工地民工共计200余人购买了防SARS专项保险。二是为患SARS的民工支付住院费和医药费。三是为采取隔离措施的民工购买生活必须品、防护用品及电视机、象棋、扑克等娱乐用品。四是为隔离人员增加伙食费，发放经济补偿。

二、突发SARS疫情应急措施

东黎广场位于北京市东城区东直门立交桥东南侧，民工居住地为该立交桥东北的香河园6号院。该项目有3家装饰企业，土建总包方为中建一局五公司。4月下旬，其他2家装修队伍出现了SARS患者。尽管金丰环球远大装饰公司项目负责人采取了多项措施，无奈5月6日居住在香河园6号院的江苏泰兴籍民工奚建东不幸也患上了SARS。

面对严峻的形势，公司领导知难而上，李雨涵副总裁连夜组织相关人员研究部署患者住院和其他员工的隔离工作，总包单位也尽其所能，特事特办，给予金丰环球远大装饰公司多方面的关心、帮助和支持，终使各项工作在次日一点多钟全部安排就绪。5月8日上午，120医疗救护车把奚建东送至北京第六医院，晚上被通知确诊SARS，因措施得力，患者得到了及时救治，已于5月31日康复出院。

5月9日密切接触者14人被隔离在原业主办公楼的二层和四层，由于组织有方，措施得当，没有出现新的感染，5月21日东城区卫生局通知，正式解除医学观察。金丰环球远大装饰公司该工程项目部为此耗资近40万元。

在工地发生疫情的情况下，金丰环球远大装饰公司为此付出了极大努力和沉重的代价，竭尽全力，从而使疫情得到了有效控制，没有继续扩散。应该说，金丰环球远大装饰公司在抗击SARS工作中经受住了考验，为北京市抗SARS斗争取得阶段性胜利贡献了一份特殊力量。由于措施及时得力，包括该工程在内的在京的20多个工地一天都没有停工，至今没有再发生一例疫情，挺过了战争般的艰难险阻。

三、紧急通知的份量

北京金丰环球远大装饰工程有限公司东黎广场项目经

理部在突发SARS病例期间，先后颁发了多次紧急通知及工作汇报，我们选择了其中三份。从中我们可以认识并体会到"发生SARS疫情装饰企业的应急管理"的要点。这是装饰行业抗击SARS极其宝贵的财富。正如5月3日中央电视台一频道报道广州胸科医院院长的要求，每个病房应至少安装3个排风扇，他强调，就是这个不大起眼的措施，却是医护人员用血的教训和代价换来的。

2003年4月30日，预防SARS紧急通知：

面对突如其来的SARS灾害，我项目部已采取了大量积极措施，为切实进一步落实北京市建委有关文件规定，积极响应政府主管部门号召，我司将有关重点工作再次重申：

1. 在通告期间，禁止外地施工人员进京。

2. 在通告期间，禁止工地之间人员的流动调配。

3. 对于工人宿舍，每间房屋居住人员不得超过15人，每人床铺面积不得小于2㎡，并且保持屋内通风良好。

4. 每天早上7：30之前将本单位职工前一天的体温情况表报于项目部(各施工队队长签字)。

5. 每天中午11点前将本单位的人员数量情况向项目部汇报，数量必须准确，不得瞒报、漏报、虚报。

6. 积极做好生活区的卫生消毒工作，到时由我项目部经理进行检查，对卫生不合格将实行经济处罚。

7. 给职工做好预防工作，配备个人了卫生用品，作好记录，使每个职工每天能喝上开水、洗上热水澡。

8. 做好职工思想工作，不要随便外出。

9. 若家里有特殊情况，必须要离京的，必须要有县区级以上的医院开的健康证明方可离开。

以上各条希望各施工队从大局出发，本着对职工负责的态度，坚决予以贯彻执行，如果出现由于没有执行政府、建委等相关文件而发生任何疫情，由你队承担相应的全部责任。

2003年5月7日，强化防控SARS紧急通知：

鉴于北京SARS疫情的实际情况，为做好防控工作，切实对全体工人的身体健康负责，积极落实北京市政府、市建委、以及工程总承包方关于防控的各项规定，我司现将有关要求再次明确如下，希望各施工队严格执行，否则造成的一切责任均由你方承担。

1. 严禁各工地之间人员相互流动。

2. 非典期间不得新增劳动力。

3. 及时对全体工人进行思想教育，做好工人思想工作，稳定职工情绪，杜绝工人流失。

4. 每天对生活区进行消毒，组织工人服用预防中药，给工人发放足量的口罩、消毒洗液等防非必需品。

5. 每天由专人为职工测量体温两次，由本人及时填写记录表，将记录表贴在宿舍的显要位置，并在早上7：30分之前将前一天的工人体温情况如实上报我司，如发现有发烧患者应立即上报。

6. 每天11：00前将施工队的人员情况报于我司，包括人数、有无增减、健康状况等。人数必须准确，严禁漏报、误报。

7. 若因确实有特殊情况需离队回家的，应具有县区级以上医院的健康检查证明方可离京，离队人员名单必须在每日11：00一并报于我司。

8. 为保证工人上下班路上安全，我司从即日起开通职工班车，各施工队长应组织工人在规定时间在指定站点有序乘车。

9. 由专人负责生活区、食堂环境卫生，专人采购，严把蔬菜、肉禽等生活原料关，保证工人身体健康。

希望以大局为重，本着对自己、对他人、对社会负责的态度，把抗非典工作落到实处，我司将随时进行检查。

2003年5月10日，预防SARS所采取的措施：

自北京市出现SARS患者起，我司项目部十分重视此事，积极配合总包及有关部门做好防控工作，主要措施是：

1. 对工人进行了关于如何预防SARS及SARS病情症状等相关情况的教育。

2. 组织工人服预防SARS的中药，并给各队工人发放口罩、体温计、消毒液等防非用品，给各施工队发各种防非宣传资料。

3. 要求工人注意自己的身体健康，适时穿衣，尽量不要感冒，并给各施工队发放治疗感冒的药物。

4. 要求工人每天测量两次体温，并将测量数据如实上报项目部，若有异常情况马上与项目部取得联系。

5. 安排专人每日两次对办公区及施工区域进行消毒。

6. 要求工队负责对各自的生活区进行消毒，每天至少两次。要求工人做好个人卫生，勤洗手、勤洗澡、勤换衣，室内外的垃圾及时清理。

7. 要求各施工队改善工人的住宿条件，室内必须要通风良好。

8. 要求工人下班时尽量在生活区内活动，不到人多的地方活动，在此期间不要参加大型聚会等。

9. 项目部经常召开各种防非专题会议，要求各施工队队长做好工人的思想工作，稳定工人情绪，采取各种正确的措施防治非典。

10. 北京市非典疫情不容乐观，我司将工作重点转移到了防非工作上，与各施工队签定防非责任状。要求各施工队在此期间控制好工人的思想情绪，在此期间不得随意让工人回家，不得让工人在工地与工地之间流动，严禁新增人员，5月6日我司准备了专车接送工人上下班。（附件：非典预防措施、强化预防SARS工作通知、预防非典责任书）

四、树立整体意识

当SARS开始随着春天的远去而开始谢幕的时候，人们的生活在短暂的波折后开始恢复了正常。在医学家们仍忙于寻找SARS疫苗和完备的治疗方案的时候，经济学家们也开始了关于SARS对今年我国的GDP到底有多大影响的分析。对于财富的热望在短暂的休息之后，以更大的热情迸发出来。然而，经历过SARS的社会生活，已经不可避免地发生了变化。人们从来没有像今天这样强烈地感受到，我们所有的人是一个整体，抗击SARS是场全民、全球的战争。

海明威在“丧钟为谁而鸣”中写道：所有的人其实是一个整体，别人的不幸就是你的不幸，不要以为丧钟是为谁而鸣，它就是为你而鸣。英文中也有一句名言：One man's tragedy is all man's tragedy。意思是说，一个人的不幸是所有人的不幸。这种不幸是指因为某种非个人的因素所引起的，譬如疾病、贫困、饥饿、肮脏、愚昧等。它们以个体的形式表现出来，然而却需要社会性的解决措施。就如这次SARS疫情的暴发，虽然疫情的源头是一个偏远的地方，病患也只是独立的个体，但在全球化的今天，它迅速地远涉重洋，成为20多个国家和政府面临的共同问题。如今，在我们反思疫情扩散的原因，提出要改善公共卫生习惯，向各种陋习宣战的时候，人们更意识到这不是个人的努力能够完成的。

发生SARS疫情的装饰企业非但不能受到业主和同仁的歧视，反而应得到全行业及全社会的理解、尊重和敬意。对此，6月4日召开的中国建筑装饰协会专家委员会（筹）企业管理组首次预备会，对发生SARS疫情的装饰企业表示亲切的慰问，指出北京金丰环球远大装饰工程有限公司等发生SARS疫情的装饰企业为抗击SARS做出了特殊的贡献。

把优势资源变成企业核心竞争力

——记北京港源建筑装饰工程有限公司装修SARS定点医院及其十年实力储备

《中国建筑装饰》编辑部

一、装修SARS定点医院

2003年6月20日《北京晚报》以“医护天职永远写满奉献”为题报道：4月29日下午，中日友好医院召开职工大会，何惠宇院长宣布了卫生部副部长朱庆生传达的指示，中日友好医院将成为SARS指定医院。“我们没有经验，但我们有综合实力……灾难面前，中日友好医院没有一个孬种……”会场静悄悄的，院长话音未落，医生护士们就爆发出热烈的掌声。

从5月8日正式收治SARS患者至5月25日，中日友好医院共收治SARS患者223名，其中危重病患者56名，出院患者42名，死亡6人，病死率为2.7%左右，医护人员感染率为零。

在SARS重症治疗中，中日友好医院发挥综合技术优势，如在无创呼吸机使用中合理使用镇静剂可减少气管插管和气管切开；积极开展深静脉置管，进行血流动力学监测，加强静脉营养的应用，全面了解病人状态；探索阻断重症SARS病程恶化的新方法，注重SARS患者合并症的治疗等，这些都为提高治愈率、降低病死率提供了保证。

中日友好医院心血管外科的刘鹏主任是中日改为SARS医院后，被任命为13病区的主任。13病区接收了一位产后一个月患SARS的新妈妈。她不能面对现实，一口咬定自己不是SARS，要冲出隔离区回家看宝宝。刘主任在患者床旁耐心在唠家常：“你早一天治愈，才能早一天见到宝宝。”在长谈一个小时后，妈妈欣然接受了治疗。

4月29日～5月1日，中国建筑装饰协会副会长单位——北京港源建筑装饰工程有限公司接受北京市朝阳区建委下达的紧急重要任务：承担非典救治定点医院——中日友好医院改建工程隔离区的铝合金隔断制作安装任务。为了高标准、高速度、高质量地配合工程及时交付使用，公司安排连夜加工制作，前后共有35名工人参加制作安装，共为医院隔离区安装玻璃隔断50樘、隔离传物窗50扇。工人们不怕困难、不怕疲劳的精神得到了朝阳区建委的好评。

5月6日，北京市朝阳区建委致北京港源建筑装饰工程有限公司感谢信，全文如下：在非典定点医院——中日医院的改建工程中，勇敢地承担起铝合金隔断的制作安装任务，连夜投入加工制作，为按时高标准、高速度、高质量地完成改造任务做出了积极的贡献。我委对你们在这次抢修工程中给与的大力支持表示衷心的感谢！对企业在危急时刻，表现出的国家有难匹夫有责的高尚觉悟及为了人民的生命安全争分夺秒的拼命工作精神表示崇高的敬意！并向所有参加抢修战役的工人和管理人员表示亲切的慰问！

6月4日召开的中国建筑装饰协会专家委员会（筹）企业管理组首次预备会对港源装饰公司在一线抗击SARS冲锋陷阵的英雄行为给予高度评价。

二、成立十年来实力储备

1993年1月18日北京港源建筑装饰工程有限公司在北京五洲大酒店举行了隆重的成立仪式，到2003年1月18日该公司已经走过了10年的风雨征程。10年的艰苦创业，不仅砺练出一批务实自强、开拓创新的港源人，也铸造出一块崇尚诚信、追求卓越的港源品牌。10年中，港源公司累计完成装饰竣工面积80余万平方米，实现利税上亿元；工程质量优良品率达70%以上，获得了46项设计、施工荣誉奖励；尤其是在管理上进行了不懈的追求和探索，取得了长足的进步，陆续获得了建筑装饰装修工程施工一级资质、建筑装饰设计甲级资质、建筑幕墙施工一级资质、工业与民用建筑施工二级资质、设备安装施工二级资质，获得并保持着北京市优秀装饰企业、重合同守信用单位和银行信誉 AAA 级等信誉称号，在业内率先通过了 ISO9001 质量管理体系认证和 ISO14001 环境管理体系认证，从而使港源品牌越来越亮。

港源公司最初是由北京城建四建设工程有限责任公司和香港中成建材国际有限公司共同投资设立的中外合资企业。设立公司的决策者们力图集出资双方之优势，建立一个具有资金优势、设计优势、技术优势和管理优势以及政策环境优势的建筑装饰企业。10 年来，通过优势企业陆续加盟和股权重组，公司目前的合营各方已经变为北京城建集团有限责任公司、美国大纽约企业有限公司、北京港源幕墙装饰工程有限公司和台北大地工艺室内装修设计有限公司。

港源公司 10 年所取得的辉煌成就，充分说明公司的经营管理者们已经成功地整合运用了各家股东的优势资源，并把这些优势资源变成了公司的核心竞争力。

1. 努力掘取"第一桶黄金"，为公司发展奠定坚实的基础。港源公司成立之初，中外双方合作者认为，要想在人才、技术、资金、设备等资源都很有限的基础上，尽快完成公司的原始积累，选聘一位勤奋务实、具有开拓创新精神的公司总经理是关键，经过中外双方多方挑选，最终在拥有近五千名职工的中方公司，选中了时任装饰分公司经理的王波同志。于是王波被聘为中方董事，出任港源公司第一任总经理。1993 年北京建筑装饰业刚刚起步，受命于公司初创之际的王波总经理，从中方公司精选了 17 名部下，拉开了港源装饰公司"18 人创业"的序幕。他们承接的第一个工程，是中国历史博物馆室内装修改造工程。

为了让公司尽快积累起优良的业绩和厚实的家底，王波决心迈好第一步，从第一个工程开始就要做到效益、信誉双丰收。为此，他带领全体管理人员，亲临施工现场，既当指挥员又当施工员。他们在花钱上精打细算，在施工上精益求精。如工地装卸和搬运周转材料时，他们舍不得用 20 元/工的价格雇用装卸工，而是由总经理带领所有管理人员，亲手装卸和搬运了 220t 钢管、1200 块钢脚手板和 3 万多个卡子，配合架子工搭设脚手架，把省下来的钱用在产品的精工细作上。就这样，港源人以创业者的苦干与精明，按期、优质地完成了第一个装饰工程。凭着这种创业精神，港源公司第一年就实现利税 136 万元，第二年、第三年利税总额呈几何级数增长，到 1997 年实现利税已接近 1500 万元，人均利税达到 18.2 万元。公司"掘得第一桶金"之后，以王总为首的港源人，真切地体会到了李嘉诚先生在赚到第一个一千万时对创业艰辛的感慨和萌升赚取第二个、第三个一千万元的十足信心。在王波的领导下，港源人老老实实做人，扎扎实实做事，一步一个脚印。公司从三级装饰施工资质起步，第二年晋升为二级，第四年晋升为一级；自 1997 年以来，公司一直被北京市人事局和市建委评为优秀建筑装饰企业并名列前茅。卓越的公司业绩在业内产生了重要的影响，得到了同行的肯定，2001 年，王波董事长被推选为中国建筑装饰协会第五届理事会副会长。

2. 崇尚诚信，全力建造业主满意的装饰工程。建筑装饰业是由业主出钱委托建筑装饰公司进行工程设计和施工的服务性行业。王波总经理经常告诫自己的部下，作为建筑装饰公司就必须把诚信放在首位，建造装饰精品工程，为业主提供满意服务。他始终按照"干一个工程、树一块丰碑、交一方朋友"的管理思想，带领公司精心做好每一项工程，以至诚赢得每一个业主的信赖。其中同国务院机关事务管理局的合作就是一个典型的例子。1996 年 7 月，港源公司承接了国务院机关事务管理局为接待人大代表开会住宿而进行结构改造和内外装修的第二招待所顺成楼施工任务，该工程建筑面积 9800 m²，从开工到代表入住仅有 6 个月时间，而且基础施工恰在雨季，装修施工正值严冬。工期紧，难度大，政治性强。

港源公司充分发挥自己的优势，采取一系列有效的管理措施、技术措施和环保措施，克服了酷暑严寒等种种困难，终于在 1997 年 1 月 31 日前竣工交用。代表们如期住进这崭新而没有异味的新房感到很满意，国管局把一面写着"建筑铁军"四个大字的锦旗送给了港源公司。冲着这种敢打必胜的功夫和一心为业主分忧的精神，国务院管理局又把接待党的十五大会议代表而新建的国谊宾馆主楼工程交给港源公司施工。这项工程按定额工期需要 26 个月才能完成，而在 1996 年 12 月 5 日开工时，距十五大召开却只有 9 个多月时间。又是一项时间紧、难度大的政治任务。港源公司成立了以王波总经理为总指挥的工程指挥部，组建了施工经验丰富的项目班子，科学组织，精心施工，17 个楼层同时施工，连续近百天组织立体平行作业，放弃所有节假日，每天 24 小时不间断施工，终于用 270 天的总工期完成了这项三星级饭店工程，保证了党的十五大会议代表按时入住，又一次出色地满足了业主的需求，被业主誉为"装饰精英"称号，工程也被评为 1997 年度北京市优质样板工程。港源人一诺千金的实在劲儿，赢得了国管局的充分信赖，多年来双方一直保持着良好的合作关系。

3. 创优质，造精品，牢牢抓住企业的生命线。为了确保公司能够持续创造出用户满意的工程，港源公司从 1996 年就按照 ISO9002 标准建立质量保证体系，并于 1997 年通过了认证，1999 年又把设计控制纳入质量体系，通过了 ISO9001 标准认证。在运行质量体系的过程中，他们把《施工组织设计》作为质量体系对工程项目进行质量策划的首要环节来控制，为施工质量控制提供基本依据。

1998 年在首都国际机场新航站楼精装工程的深化设计与施工中，公司质量体系充分发挥了控制工程质量的作用。设计师根据机场进出港客人和迎送人员的需求，对机场新航站楼进行了以人为本的设计；公司组建了优秀的项目经理班子，项目经理和工程师们则在吃透图纸的基础上，编制出了优秀的施工组织设计及专项施工技术方案，选用了优秀的劳务分包队伍和优质的工程材料；施工中项目管理人员狠抓过程控制，发现不符合立即进行纠正和验证，创出了一个个优良的过程质量，保证了工程的整体质量，获得了国家优质奖。港源公司正是通过 ISO9001 质量管理体系的有效运行，实现了工程质量的持续改进，质量优良品率达到 70%以上。到 1998 年质量管理体系更趋成熟，工程质量跃上了一个新台阶。1999 年以来，有 30 多项工程被评为局优、市优、国优，获得了多项科技进步奖。

4．大力开展市场营销，为公司发展开辟光明的前途。 我国建筑装饰行业是一个既古老又新兴的行业。10 年来建筑装饰行业以每年 20%的速度快速发展，市场容量不断增大，但竞争也越来越激烈。港源公司根据市场竞争形势，审时度势，不断改善市场营销体系，制定市场营销战略和策略，在市场细分中选准自己的位置。首先把立足点和营销重点放在北京市场，先后在北京地区承接了中国历史博物馆、新东安市场、首都国际机场新航站楼等一大批有影响的装饰工程。还逐步加大外埠市场的营销力度，先后设立了上海分公司、天津分公司、抚顺分公司、秦皇岛分公司。平均每年承揽外埠工程占公司承揽工程总规模的 10%。

同时也适时涉足国外市场，于 1994 年陆续承揽了蒙古国首都乌兰巴托的国家贸易发展银行、首都机场行政办公楼、成吉思汗酒店娱乐中心等装饰工程。在家装市场容量逐年增大的形势下，港源公司又适时进入家庭装饰市场。并于 2000 年投资成立了港源佳居装饰公司，正式向家装市场挺进。通过实施正确的营销策略，公司承接订单的范围和数量逐年增大。承接的单位工程数量和开复工面积分别以年均 21.5%和 32%的速度增长。逐年增长的任务订单为公司的持续发展创造了条件。

5．舞起设计龙头，带动公司整体。 业内普遍认为，设计是建筑装饰公司的龙头，龙头舞向哪里就会把龙身引向哪里。港源公司从成立那天起，就把设计放在重要位置，成立了设计部。通过院校分配和社会招聘等多种途径，广集英才，先后有清华大学、中央工艺美术学院、建工学院等院校毕业的高材生被招聘进来，使港源公司设计队伍拥有了一批专业理论基础扎实，接受新事物快、创作热情高的设计人才。同时他们还实施了持续教育计划，采取请进来、走出去的方式，同清华大学、中央工艺美院建立合作关系，聘请国外设计师进行指导，对设计人员不断进行教育培训。很快提高了公司的设计实力。在设计手段上也从最初的手工设计很快发展到使用设计专业软件设计。

到 1997 年已经独立完成了中国历史博物馆、蒙古国贸易发展银行、枫苑饭店、国谊宾馆等一批优秀装饰设计作品，获得了乙级设计资质。为了把握现代设计理念并逐步形成港源设计理念，港源公司充分发挥中外合资企业的优势，面向国内外招聘设计大师，并通过联盟形式，汇集社会优势设计资源，利用各方设计高手的才能，逐渐形成了自己的特色。1999 年晋升为甲级设计资质。港源设计在“精取东西文化，雕塑艺术精品；粹集古今装饰，创造时代空间”的方针指引下，创造出了一个个让用户满意，令业主叹服的设计方案，设计水平上升到了新的层次。如公司在参加上海科技馆大堂直径为 18m 的球型四维影院装饰方案投标时，聘用的美国设计师根据原设计使用金属烧结板施工无法保证工期的情况下，大胆改用美国进口石膏板装饰材料，向业主提交了既能满足使用功能，又能大大缩短施工工期的设计方案，一举中标，完全满足了 2001 年上海 APEC 会议的要求；在烟台张裕酒文化博物馆装饰工程设计中，设计师从张裕酒厂百年历史中和欧洲葡萄酒故乡寻找和把握用户需求，提出的设计方案征服了业主。1999 年以来，港源设计获得了 10 余项设计奖，而来自业主的奖赏——订单就更多了。

保持资金良性循环，确保企业血脉畅通。资金是企业的血液，血液畅通是肌体健康的前提。由于建筑市场秩序一度比较混乱，建筑市场垫资陷阱和拖欠工程款导致很多大企业陷入“为民工找活，给银行打工”的艰难境地。对此，港源公司的领导始终保持高度警惕，从不轻易承接垫资工程，即使垫资也是在确认业主信誉良好且有支付能力的前提下才予以承接。在买方市场的不利情况下，坚决做到信守合同，并有理有利有节地促使业主履约。坚持“收欠款重于签订单”的原则，及时采取有效手段回收资金。在支付上则坚持“量入为出”的原则，从而保持了足够的支付能力，使公司的资金收支处于良性循环状态，从未出现过靠银行贷款过日子的情况。做到了“五不拖欠”：一不拖欠国家税金，二不拖欠股东红利，三不拖欠员工工资，四不拖欠分包方工钱，五不拖欠供应商货款。保持了工商局授予的“重合同守信用单位”和银行授予的“信誉 AAA 级”称号。

6．努力建立适合企业发展的管理体制。 港源公司是改革开放的产物，从她按照《中外合资企业法》设立之日起，就把进行企业管理体制创新的历史责任放在了自己的肩上。公司成立的 1993 年，正是中国共产党第十四届三中全会通过《关于建立社会主义市场经济体制若干问题决定》的那一年。如何在企业一诞生就避免计划经济时代所形成的企业管理模式的影响，建立起适合市场经济发展要求的企业管理体制，是港源公司决策者们认真思考并不断实践的大问题。

公司第一任董事长、中方国有资产出资人代表阎国祥坚定地按照中央精神，依法治企，严格按照《中外合资企业法》和《公司章程》办事，顶住来自各方面不利于这个新生企业发展的影响和压力，实行董事会领导下的总经理负责制。中方出资企业主动承担了来自政府各部门和党群组织机构对企业的传统管理要求，使公司董事会真正发挥决策机构的职能，经理层发挥执行层的职能。如何在中国共产党执政条件下，做到合资企业党群组织健全，执政党的主张得以实现，公司第二任董事长、书记王波进行了深入的研究和大胆的实践。建立了隶属于北京城建集团有限公司党委的港源公司党总支部委员会。公司的党组织是健全的，但政工人员均由各级岗位上的党员同志兼任。工会和共青团组织也是如此。公司党组织主要通过发挥党员在岗位工作中的先锋模范作用来实现共产党在企业里的领导和影响作用。这些作法，被上级党组织作为党建创新经验给予肯定。从而形成了符合市场经济发展要求和先进生产力发展要求的公司管理体制。

7. 建立健全科学有效的管理模式，追求利润的最大化。港源公司是按照管理型公司的模式构建和运行的，施工操作层则由劳务分包企业承担。作为管理型公司，实现利润最大化的有效途径就是追求管理成本的最低化。港源人一直在改进自身的管理模式，在管理幅度和管理层次之间寻找最优组合，力求用最短的管理线路和最高的工作效率实现公司的经营目标。港源公司在起步阶段，生产规模较小，管理和技术人员也比较少，采取一级管理一级核算制。随着经营规模和人员的增加，公司实行两级管理一级核算制。近两年随着分支机构的增加，实行了两级管理一级核算和两级管理两级核算的混合管理核算制度。在对管理幅度和管理层级进行调整的过程中，港源公司始终遵循项目法施工原理构建管理模式。即承接一项工程成立一个项目经理部，工程竣工交付后项目经理部解体，人财物退回到公司各业务系统和内部生产要素市场，形成以项目经理部、业务管理系统和生产要素市场为基本内容的项目管理体系。

在岗位人员配备上，管理人员既当官又当兵、一人多岗、身兼数职，最大限度地减少了非生产人员和非生产性开支。项目经理部的配备，除项目经理和主任工程师为必配人员外，其他人员根据实际情况确定。有的专业工作集中由公司业务系统主管部门承担，如项目经理部的财务核算工作一律由公司财务部门承担；有的专业工作，如预结算、质量、安全、物资等管理工作，则由公司业务系统主管部门指定一名专业人员承担一个或多个项目经理部的专业工作；并逐步把计算机配备率提高到70%。从而使各级管理人员精干高效，项目经理部人数被控制在2～7人范围内，比传统配置大大缩减。如他们在二次承建历史博物馆装修改造工程时，与另外三家大公司同场施工，在各家施工面积相当的情况下，港源公司的项目经理部人数仅为其他公司的五分之一左右。由于抠紧了每一个发生费用的管理环节，港源公司的管理成本被控制在较低的水平上。在生产规模以每年 41.5%的速度增长的情况下，公司的人员规模年增加速度仅为20%。严格精细的管理换来了丰厚的利润，公司的利润总额每年以73%的速度递增，股东回报率也逐年上升，多年保持在30%以上。

8. 建立人才激励机制，保持企业人才优势。企业兴衰成败的关键在于是否拥有满足企业发展需要的各类优秀人才。港源公司创业阶段的前五年拥有一批不足百人的创业型人才。这批人吃苦耐劳，忠于职守，为公司的原始积累立下了汗马功劳。随着公司的不断发展，需要补充新的人才。王波董事长常常告诫下属，企业的发展就象钢筋的屈服点一样，在到达屈服点之前必须增加合金，确保钢筋不致折断。不断补入各类优秀人才就是增加“合金”的重要措施。港源公司通过建立员工能进能出、干部能上能下、收入有高有低的人才激励机制，以及实施事业留人、待遇留人、感情留人、股权留人的留才策略，促使适合公司发展的各类人才不断流入公司并被留住，不适宜的员工则被淘汰出去。

在使用干部上，不拘一格，量才任用，能者上，庸者下。10 年来，无论是总经理、副总经理、总经理助理，还是部门经理、项目经理都有被降职使用的；在公司经理班子任职的既有60岁以上的，也有30岁以下的。在分配制度中充分体现员工素质和工作业绩对收入水平的决定作用。港源公司通过实施有效的激励机制和人才策略，平均每年都有 20%的新员工补充进来，也有 5%～10%的员工流动出去，从而保证了公司人才的学历结构、专业结构、年龄结构都与公司发展要求比较适应。

9. 培育企业文化，塑造港源品牌的良好形象。一个普通人与一个明星人物的价值有着天壤之别，企业也是一样。港源公司十分重视港源品牌的塑造。在公司业绩不断积累、人才日益增多、管理水平上升、经济实力趋强的同时，也十分重视按照CI和VI原理，培育企业文化。公司从“内在”和“外在”两个方面塑造港源品牌的良好形象，共同的理念也在逐步积累和升华。在“内在”方面，王波董事长一心要把港源公司做成国内最讲诚信的装饰企业，希望能为北京乃至中国建筑装饰业的发展做出更多贡献。当选为中国建筑装饰协会副会长之后，积极为协会工作，经常把自己的一些心得体会和港源公司的一些成功做法，写成文章发表出来，介绍给同行共勉。十分注重通过自身的一言一行来影响和树立本企业乃至中国建筑装饰行业的良好形象。他把事业、企业、行业融为一体，总结形成了一些较好的企业理念。如企业作风、经营哲学、质量方针、环境方针等等。并创办了《港源人》期刊，持续地宣传、总结、提炼共同的理念。在“外在”方面，设计并注册了港源徽标和企业色，设计使用统一的工作服、胸卡、名片、信封、文件袋，以及公司的业绩册、网页，等等。并利用一切机会对员工进行礼仪形象知识的培训教育。

港源公司经过10年的艰苦创业，取得了全方位的进步。但他们决心在10年成就的平台上重新起步，进行第二次创业。再用一个10年，把港源装饰公司做优、做强，做成国内知名品牌。用更加辉煌的业绩，为首都建筑装饰行业的持续健康快速发展做出更大的贡献，在全面建设小康社会的进程中发挥应有的作用。

非常战役展风采

——北京中建华腾装饰工程有限公司参加小汤山医院装修纪实

《中华建筑报》记者　袁　丽

抗击“非典”的危急时刻，时间就是生命，速度则是与“非典”抗争的利器。在承建小汤山医院的战役中，北京中建华腾装饰工程有限公司用速度与时间赛跑，他们所体现的精神是企业多年沉淀的结果。在“非典”的阴影还未散尽之时，记者走访了北京中建华腾装饰公司。

4 月 23 晚，中建华腾装饰公司项目经理谷满军接到公司电话，要求他们参与到小汤山医院的建设中去。

第二天一早，谷满军精选了 85 名工人进驻小汤山施工现场，这是中建华腾进驻小汤山的第一支施工队伍。

在此期间，中建华腾装饰公司为确保现场施工人员的及时调配，要求项目经理以上人员手机 24 小时开机。

4 月 25 日下午，项目经理陈建东接到电话通知后赶赴工地。他是从另一个项目抽调过来的，当时每个工地的人员都比较紧张，但为确保小汤山工程，公司还是在有限的人力资源里不断抽调人员，参加施工的人数最高时达 430 人。

要在有限的时间里超速度完成施工任务，只有在一个操作面上进行交叉作业，增加人力才是抢夺时间的有效方法。

然而在人员密集的地方，同样存在被感染的危险，当时在小汤山医院现场有近 7000 多人在施工，人员密度极大，几乎人挨着人。在这样恶劣环境下，一边要做工人的思想工作，一边组织施工，管理人员的嗓子喊哑了，几乎说不出话来。

施工期间，华腾董事长陈一龙亲临现场督导，总经理畦志华带着两位副总经理坐镇指挥。看到公司领导身先士卒，施工人员的工作热情很是高涨。当时工人 24 小时不间断施工，甚至有的工人四天四夜没有合眼，持续作战，身体极度疲劳。

在小汤山“非典”医院的建设中，中建华腾主要承担第 7、8 病区的 52 套病房装修，包括病房、卫生间、屋面、屋顶、走廊的施工，以及病房门、外大门的制作安装，病房污染区与半污染区缝隙的封闭工程等。这样的工程对于专业装饰队伍来说算不上什么，但在有限时间里，完成工程任务的同时，要解决由于施工条件不具备带来的各种难题，这是他们以前从未遇到的。

在采访中记者了解到，在施工开始时，没有施工图纸，后期才有一个施工草图，而且对传染病医院的施工标准，没有明确指令，一边施工一边完善，无形中为施工增加了难度。

在施工现场，没有必备的施工条件，他们只能自己创造。路没修好，材料就靠人工扛到现场；电的负荷不能满足用电要求，就用小型柴油发电机发电；缺水，自己动手从别处运。

另外，材料供应曾一度成为施工的难题。为保证施工材料的及时供应，中建华腾装饰公司的施工现场有两家材料供应商随时听候调度，但是也有棘手的问题出现。4 月 29 日晚，根据传染病医务专家的意见，地面上铺地板革不符合要求，由于消毒剂浓度较高，易腐蚀，只能采用医用的橡胶地板。于是他们连夜联系材料厂家，紧急调几百平方米橡胶地板，有效地保证了 4 月 30 日交付验收。

中建华腾装饰公司所承建的小汤山工程，在交付使用后，得到了济南军区领导及护士长高度赞扬。参与这项工程的人员在谈及感受时对记者说，虽然很苦、很累，但不象医护人员那样危及生命，强烈的社会责任感要求他们保质保量地完成任务。据了解，自 5 月 1 日开始收治病人到 5 月 20 日最后一批病人入院，小汤山医院共收治病人 680 人，1383 名医护人员没有一人受到感染。这是对小汤山医院工程的有力检验。

小汤山正式接收非典病人后，中建华腾还担负起了保驾工程任务，维修人员在医院的生活区内，一旦工程出现问题，就要穿上隔离服进入病房。为达到工人的零感染率，在进入病区前，他们通过电话详细了解问题的出处，策划多种方案，以确保进入后能一步到位解决问题，到 5 月 26 号最后一批进入病房的工人才被解除隔离，至此，中建华腾装饰公司参加小汤山医院装修划上了圆满的句号。

6 月 20 日，最后 18 名 SARS 康复者笑意盎然地走出小汤山医院，这座全国最大的 SARS 收治定点医院在高速运转了 51 天后，完成了它的历史使命。医护人员和中建华腾装饰公司高呼：我们胜利了！

·社团运作　·

辽宁省装修装饰设计师资格认证暂行办法

辽宁省装饰协会

（二〇〇二年八月二十八日）

第一章　总　则

第一条　为评价并肯定装修装饰设计人员的能力水平，规范装修装饰工程设计，提高我省装修装饰业设计水准，参照建设部有关专业技术职务、职称、注册师评审标准等规定，结合我省装修装饰业基本状况，制定本办法。

第二条　装修装饰设计师资格标准是为装修装饰工程及相关专业(如金属门窗、园林古建筑、绿化等)设计人员设置的专业从业资格标准。

第三条　装修装饰设计师按个人学历、资历、专业理论和业绩等综合情况的不同分为三个等级，分别为：高级设计师、设计师、助理设计师，逐步与国际接轨，并为过渡到注册设计师奠定基础。

第四条　装修装饰设计师资格称谓：统称——装修装饰设计师；按专业划分——专门从事室内设计的称内装设计师，专门从事建筑幕墙设计的称外装设计师；同时具备内装修、外装修两个资格的称装修装饰设计师。

第五条　辽宁省装饰协会负责全省装修装饰设计师的资格考核、评审、认证工作。

第二章　资格条件

第六条　装修装饰设计师(以下简称设计师)应热爱祖国，遵纪守法，具有良好的职业道德和责任感；应具备本专业或相关专业的学历、有从事本专业设计的经历、业绩；申报资格认证还应按申报级格规定的各项标准接受考核，缺项的应通过参加培训取得合格证书。

第七条　高级设计师资格标准

一、学历、资历要求

1．大学本科毕业，从事设计工作 10 年以上；

2．大学专科毕业，从事设计工作 15 年以上；

3．博士学位、或具有高级职称，从事设计工作 2 年以上；

4．硕士学位或双学士学位，2 年以上研究生毕业，从事设计工作 6 年以上；

5．学士学位、从事设计工作 9 年以上；

6．设计师 3 年以上。

二、业绩、综合能力要求

1．内装修高级设计师

能主持大型装饰工程设计，已独立承担工程造价在 1000 万元以上的工程设计三项以上；

2．外装修高级设计师

能主持大型幕墙工程设计，已独立承担过两项高度在 100m 以上的建筑幕墙设计或幕墙工程造价在 800 万元以上的设计项目三项以上；

3．设计的作品获得国家、省以及行业的嘉奖，已在省级刊物上发表过 3000 字左右装修装饰方面较有影响的学术论文两篇或有学术专著；

4．全面系统掌握建筑装修装饰基础理论和专业技术知识；

5．参与过国家、省装修装饰行业有关法规、标准和规范的起草；

6．能熟练掌握一门外语，有省、市级职称外语考试合格证书；

7．辽宁省装修装饰设计师资格认证考试合格。

第八条　设计师资格标准

一、学历、资历要求

1．大学本科毕业，从事设计工作 5 年以上；

2．大学专科毕业，从事设计工作 7 年以上；

3．中专毕业，从事设计工作 10 年以上；

4．硕士学位、学士学位、研究生毕业或具有中级职称，从事设计工作 2 年以上；

5．助理设计师 4 年以上。

二、业绩、综合能力要求

1．内装修设计师

能独立主持工程设计，已完成装饰工程造价在 1000 万元以上的工程设计一项或主持完成工程造价在 500 万元的设计三项以上；已独立完成 20 个家居装饰设计，且风格各异，反映出较好的设计水平；

2．外装修设计师

能独立主持工程设计，已完成三项高度在 60m 以上的建筑幕墙工程设计或完成工程造价在 500 万元以上的幕墙工程设计三项，且反映出较好的设计水平；

3．所设计的项目(作品)获得过有关部门的嘉奖；在市级以上刊物上发表过 2 篇专业论文；

4. 较全面掌握建筑装修装饰基础理论和专业技术知识；

5. 能较熟练掌握装修装饰设计技能、标准和规范，了解与装修装饰相关的法律、法规；

6. 能掌握一门外语，有省、市职称外语考试合格证书；

7. 辽宁省装修装饰设计师资格认证考试合格。

第九条　助理设计师资格标准

一、学历、资历要求

1. 大学本科毕业，从事设计工作 1 年以上；

2. 大学专科毕业，从事设计工作 3 年以上；

3. 学士以上学位现从事设计工作；

4. 中专毕业，从事设计工作 5 年以上；

二、业绩、综合能力要求

1. 内装修助理设计师

独立完成 5 个工程造价在 50 万元以上的公共建筑装饰设计项目；或能独立完成面积在 100 ㎡以上 10 个风格不一的家居装饰设计项目，有辅助完成复杂设计方案的能力；且能独立完成设计项目说明，具有一定的设计水平；

2. 外装修助理设计师

独立完成两项以上高度在 30m；或能独立完成工程造价在 100 万元的幕墙工程设计项目；且能独立完成设计项目说明，具有一定的设计水平；

3. 掌握必要的专业基础理论知识和专业技术知识，具有基本的艺术修养；

4. 了解本专业的标准、规范、规程、技术规定和行业管理制度；

5. 辽宁省装修装饰设计师资格认证考试合格。

第十条　破格晋升高级设计师资格标准

一、已取得装修装饰设计师资格 3 年以上；

二、在装修装饰工程设计中成效显著者(具备以下条件中的三项)：

1. 作为装修装饰工程设计的负责人，且该工程在国家及省建筑工程装饰奖中获得荣誉；

2. 直接主持完成过重大装修装饰工程设计(工程造价在 3000 万以上)；

3. 在国内外学术会议或刊物上发表过三篇以上装修装饰方面有价值的学术论文；

4. 正式公开出版由本人撰写的装修装饰方面有价值的专著和译文。

第三章　受理、评审和考核

第十一条　辽宁省装饰协会秘书处负责受理设计师资格认证的申报。

第十二条　辽宁省装修装饰设计师资格的评审和考核，由辽宁省装饰协会专家学术委员会组织设计师资格评审组统一进行。

第十三条　评审组设组长 1 人，副组长 2 人，评委若干人。由资深专家组成。

第四章　资格管理

第十四条　辽宁省装饰协会负责对全省装修装饰设计师的认证和管理工作。

第十五条　装修装饰设计师资格评审工作每年进行一次，6 月 30 日前截止报名，8 月末结束当年的工作。

第十六条　通过认证的设计师发《辽宁省装修装饰设计师资格证书》和设计资格印章，证书和印章由辽宁省装饰协会统一印制、刻发，在辽宁省装饰协会开展的相关工作和活动中承认并普遍适用。

第十七条　设计师资格，每两年复查一次，未按期复查或复查不合格的取消其资格，一年后方可重新申报。

第十八条　已获资格的设计师达到上一级资格认证条件的，可申请晋级。

第十九条　对违反本办法，以不正当手段取得《辽宁省装修装饰设计师资格证书》的，辽宁省装饰协会有权取消和收缴其资格证书；并通报批评，发生相应责任由其本人承担。

第二十条　本暂行办法由辽宁省装饰协会负责解释。

第二十一条　本暂行办法自公布之日起实施。

上海市装饰装修行业协会建筑室内设计师出图专用章使用管理办法

上海市装饰装修行业协会装饰设计专业委员会

（二〇〇三年十月二十八日）

第一条　为了加强对建筑室内设计人员的管理，提高建筑室内设计质量和水平，增强设计师的权威性和责任感，维护消费者合法权益，根据上海市建设和管理委员会的指示精神，特制定本办法。

第二条　本办法适用于上海市装饰装修行业协会所属会员单位（包括装饰装修企业及装饰装修设计单位）的各级

建筑室内设计师。

第三条 凡具有上海市装饰装修行业协会(以下简称协会)评审认定的各级建筑室内设计师资格的设计人员可申办建筑室内设计师出图专用章（以下简称“出图专用章”)。

第四条 各级建筑室内设计师必须接受“出图标准、行业规范、出图专用章使用管理办法及有关法规”等的技术培训，并经考核合格后，方可申领“出图专用章”。

第五条 未经协会评审认定的建筑室内设计从业人员、未办理装饰设计专业委员会个人会员手续的均不得申领“出图专用章”。

第六条 各装饰装修企业或设计单位，从事经营性建筑室内设计所提供的施工图纸、现场修改设计通知单，必须加盖“出图专用章”，用章印应加盖在底图单位图签方框的下方。

公共建筑和幕墙建筑设计图纸必须是盖有中级建筑室内设计师（含中级）以上的“出图专用章”方为有效。

第七条 对未加盖“出图专用章”的施工图纸不得施工，各建设单位、招投标部门、业主用户等均可不予认可。

第八条 各建设工程质量监督站（包括区、县质监站）和工程监理单位，在进行项目质量监督或工程监理时，应检查建筑装饰工程设计图纸上是否盖有“出图专用章”，如发现未盖章的施工图纸责令停止施工，并追查设计单位和施工单位的责任。

第九条 设计师“出图专用章”由上海市装饰装修行业协会统一制发。任何单位和个人不得复制或刻印，不得出借印章牟利。

第十条 设计师“出图专用章”有效期为两年。有效期届满需要继续申领“出图专用章”的，应当在期满前30天内办理申领手续。

第十一条 违反本法的单位或个人，由协会按行规行约有关条款进行处罚。

第十二条 本办法自2004年1月1日起施行。

汕头市装饰协会行业诚信公约

汕头市装饰协会

（二〇〇三年一月十八日）

“人无信难立，业无信不兴”。汕头市装饰协会同仁响应汕头市委市政府“建信用，树形象”的号召，决心规范汕头装饰装修市场，避免协会会员之间的无序竞争，维护消费者的正当权益，维护行业共同利益，树立协会会员企业诚信形象。根据会员的倡议，特定本公约，全体会员共同遵守执行。

第一条：遵守国家和地方的法律，法规，依据《中华人民共和国合同法》和建设部颁布的《住宅室内装饰装修管理办法》规范企业经营活动，遵守行规行约。

第二条：提倡诚信经营，公平有序竞争，不欺行霸市，强迫交易，不冒用其他企业名称和商标，不损害消费者和其他经营者的合法权益。

第三条：提倡以合同形式明确装饰装修企业与业主的权利和义务，减少商业纠纷的发生。

第四条：严格执行合同约定价格，合理收费，按质论价，质价相符，优质优价，不高估冒算和哄骗造价。

第五条：禁止不正当竞争，扰乱市场秩序。

第六条：禁止以不实广告欺骗和误导消费者。

第七条：实行装饰装修设计最低限价，共同约定家居设计费不低于每平方米人民币30元。

第八条：严格执行国家质监总局强制实施的《建筑装饰装修材料有害物质限量》标准，推广使用绿色环保材料。

第九条：接受社会监督，认真受理客户投诉。

第十条：违反《汕头市装饰协会行业诚信公约》的会员，协会可以根据其情节予以警告，行业内部通报批评，直至取消会员资格。

徐州市装饰装修行业公约（试行）

徐州市装饰装修行业协会

（二〇〇三年一月十日）

根据徐州市装饰装修行业的现状，为提高业内企业的自律能力，促进装饰装修市场的有序竞争，推动行业的健康发展，特制定《徐州市装饰装修行业公约（试行）》，以便共同遵守。

一、总　则

1. 制定公约的依据：为振兴和发展徐州装饰装修行业，维护市场经济秩序，保护行业合法权益和企业声誉，依照国家有关法律、法规而制定。

2. 制定公约的宗旨：在政府有关部门的领导和支持下，建立行业和企业自律机制，规范行业与企业的生产经营行为，提高行业整体素质，树立行业良好的形象。

3. 遵守公约的范围。全市从事建筑及市内住宅装饰装修管理、设计、施工、材料、装饰装修用品生产、销售及有关科研教育企事业单位。

4. 公约的管理：徐州市装饰装修行业协会理事会负责公约的制定、修改，实施监督、检查和管理工作。日常管理工作由协会秘书处负责。

二、行业道德

1. 提高文明生产经营，优质服务水平，坚持执行并自觉规范行业生产、经营、服务管理行为。

2. 提倡严格管理，加强基础建设，建立和健全企事业单位各项规章制度，提高企事业单位生产经营管理水平。

3. 提倡学知识、学科学、学技术，不断提高全员素质，全心全意为投资者和消费者服务。

4. 提倡行业团结、互助、协调、自律，共同承担市场责任。发挥行业整体优势，对行业中发生的热点、难点和重大问题，采取研讨、协商等方式解决。

5. 提倡遵纪守法、遵守社会公德，讲求信誉；严格依法生产经营管理，依法办事；完善行业中的企业形象和精神文明建设。

三、行业规范

1. 在生产经营管理活动中遵循公开、公平、公正和诚实信用、正当竞争的原则；严格执行国家有关装饰装修方面的法律、法规、规定，自觉维护行业的正常秩序。

2. 维护行业声誉，执行行业规范。装饰装修企业坚持执照（工商营业执照）、执证（资质等级证或资格登记证）经营。

3. 严格执行生产经营的有关工艺、技术、质量标准和规范，坚持质量第一；严格执行商标法，禁止伪造商标；禁止采购、生产、销售和使用不合格原材料及产品。

4. 严格执行合理的产品和服务价格，不得任意抬价和压价，不得搞价格欺诈；不得互相拆台相互贬损。严禁损害同行其他经营者以及消费者的利益。

5. 严格遵守工商、税务、环保等有关法规，依法缴纳各种税费，重视环境保护。

四、行业管理

1. 为政府和企业提供决策依据和对策建议；组织技术交流，经济合作。

2. 根据行业特点制定行规公约，建立行业自律机制，促进行业平等竞争，保护行业整体的合法利益。

3. 对行业新开办的企业由行业协会进行前期调查研究、论证后提交工商行政管理部门登记注册。

4. 参与制定、修订行业各类标准，组织推行标准的贯彻实施。积极协助、配合参与有关部门开展行检、行评工作。对不符合质量标准和其他标准的产品及企业督促整改，以至建议政府有关部门采取行政措施。对业内企业资质、资格进行前期评审。

5. 收集、整理、分析行业统计资料，为政府制定产业政策提供依据，并为企业经营决策服务。

6. 协助政府及企业对重大投资、改造、开发项目的先进性、经济性、可靠性进行论证，推荐本行业的新技术、名产品和技术成果。

五、公约管理

1. 促进行业公约的执行，开展评比活动，对执行规约成绩突出的单位给予表彰奖励，并以多种形式公开宣传。

2. 接待和受理来信来访，并做好处理工作：在消费者协会的授权下，接受消费者的投诉工作。

3. 对违规违约的单位，进行调查并提出处理意见。

4. 对违反规约的行为，在调查掌握事实后，主要采取批评教育、违反规约者向受害受损者赔礼道歉、赔偿损失等形式，以达到纠正错误的目的。对严重违规违约或抵触协会处理意见的单位采取内部通报批评、行业曝光以至建议政府有关部门给予行政处罚，以维护行规行约的严肃性。

5. 凡不服处理的，可提出复议申请，由协会复查后提交常务理事会审议。

经徐州市装饰装修行业协会第一次会员大会通过。

苏州市装修装饰行业公约（试行）

苏州市装饰装修行业协会

（二OO二年十月三十日）

根据苏州市装修装饰行业的现状，为提高业内企业的自律能力，建立行业诚信机制，促进装修装饰市场的有序竞争，推动行业的健康发展，特制定《苏州市装修装饰行业公约（试行）》，经苏州市装饰装修行业协会第一次会员大会通过，以便共同遵守。

一、总　则

1．制定公约的依据：为苏州市装修装饰行业可持续发展，维护市场经济秩序，保护行业合法权益和企业声誉，依照国家有关法律、法规而制定。

2．制定公约的宗旨：在政府有关部门的领导和支持下，建立行业和企业自律机制，规范行业与企业的生产经营行为，提高行业整体素质，树立行业良好的形象。

3．遵守公约的范围：全市从事建筑及室内住宅装修装饰管理、设计、施工、材料、装修装饰用品生产、销售及有关科研教育企事业单位。

4．公约的管理：苏州市装修装饰行业协会理事会负责公约的制定、修改，实施监督、检查和管理工作。日常管理工作由协会秘书处负责。

二、行业道德

1．提高文明生产经营，优质服务水平，坚持执行并自觉规范行业生产、经营、服务管理行为。

2．提倡严格管理，加强基础建设，建立和健全企事业单位各项规章制度，提高企事业单位生产经营管理水平。

3．提倡学知识、学科学、学技术，不断提高全员素质，全心全意为消费者服务。

4．提倡行业团结、互助、协调、自律，共同承担市场责任。发挥行业整体优势，对行业中发生的热点、难点和重大问题，采取研讨、协商等方式解决。

5．提倡遵纪守法、遵守社会公德，讲求信誉；严格依法生产经营管理，依法办事；完善行业中的企业形象和精神文明建设。

三、行业规范

1．在生产经营管理活动中遵循公开、公平、公正和诚实信用、正当竞争的原则；严格执行国家有关装修装饰方面的法律、规范、规定，自觉维护行业的正常秩序。

2．维护行业声誉，执行行业规范。装修装饰企业坚持持照（工商营业执照）、持证（资质等级证或资格登记证）经营。

3．严格执行生产经营的有关工艺、技术、质量标准和规范，坚持质量第一；严格执行商标法、禁止伪造商标；禁止采购、生产、销售和使用不合格原材料及产品。

4．严格执行合理的产品和服务价格，不得任意抬价和压价，不得搞价格欺诈；不得相互拆台相互贬损。严禁损害同行其他经营者以及消费者的利益。

5．严格遵守工商、税务、环保等有关法规，依法缴纳各种税费，重视环境保护。

四、行业管理

1．为政府和企业提供决策依据和对策建议；组织技术交流，经济合作。

2．根据行业特点制定行规公约，建立行业自律机制，促进行业平等竞争，保护行业整体的合法利益。

3．对行业新开办的企业由行业协会进行前期调查研究、论证后提交工商行政管理部门登记注册。

4．参与制定、修订行业各类标准，组织推行标准的贯彻实施。积极协助、配合参与有关部门开展行检、行评工作。对不符合质量标准和其他标准的产品及企业督促整改，以至建议政府有关部门采取行政措施。对业内企业资质、资格进行前期评审。

5．收集、整理、分析行业统计资料，为政府制定产业政策提供依据，并为企业经营决策服务。

6．协助政府及企业对重大投资、改造、开发项目的先进性、经济性、可靠性进行论证、推荐本行业的新技术、名产品和技术成果。

五、公约管理

1．促进行业公约的执行，开展评比活动，对执行规约成绩突出的单位给与表彰奖励，并以多种形式公开宣传。

2．接待和受理来信来访，并做好处理工作；在消费者协会的授权下，接受消费者的投诉工作。

3．对违规违约的单位，进行调查并提出处理意见。

4．对违反规约的行为，在调查掌握事实后，主要采取批评教育、违反规约者向受害受损者赔礼道歉、赔偿损失等形式，以达到纠正错误的目的。对严重违规违约或抵触协会处理意见的单位采取内部通报批评、行业曝光以至建议政府有关部门给予行政处罚，以维护行规行约的严肃性。

5．凡不服处理的，可提出复议申请，由协会复查后提交常务理事会审议。

江苏省建筑装饰协会自律工作委员会工作条例

（2003 年 3 月 20 日江苏省建筑装饰协会四届一次理事会通过）

一、本会自律委的性质

1．江苏省建筑装饰协会自律工作委员会(简称自律委)是受江苏省建筑装饰协会常务理事会领导、委托并授权的江苏省建筑装饰行业的自律性组织机构。

2．本会自律委是江苏省建筑装饰协会的非常设议事工作机构。

二、本会自律委成员的资格和组成

1．本会自律委成员必须是江苏省建筑装饰行业中有较大社会影响、政治可靠、诚信自律、从事本行业多年、经验丰富、威望较高的企业领导或高级经济、技术管理人员。

2．本会自律委成员必须是热爱本行业、热心公益活动、身体较好、有工作热情和一定的组织活动能力，作风正派，公正廉明的人员。

3．本会自律委成员暂定 7～9 人组成，采取民主集中制的方式，由各省辖市协会和本会专业委员会推荐（推荐表式另附)，秘书处具体负责组织筹划，会长会议审定。由省协会颁发聘书，任期四年。

三、本会自律委工作内容

1．研究起草有关建筑装饰行业和各个专业的行规、行约，逐步建立严格的行业自律机制。

2．宣传、贯彻政府有关行业管理、市场管理的政策、法规，监督业内企业及从业人员对上述政策、法规以及行规行约的贯彻落实。

3．对全省建筑装饰行业内所有企业、事业单位和从业人员违规行为的检举、申诉进行调查取证。揭露假冒伪劣材料，粗制滥造工程和违规市场交易，协助政府有关部门整顿市场秩序。

4．依据事实情况，提出对违规企业、事业单位和从业人员的处理意见，除向有关管理部门反映外，在全省建筑装饰行业内给予通报。

辽宁省装修装饰行业自律公约

辽宁省装饰协会

（二〇〇三年三月）

为了在全省装修装饰行业建立和完善符合社会主义市场经济体制要求的企业信用体系，鼓励企业依法经营，建立行业道德规范，净化市场环境，引导有序竞争，维护企业合法权益和行业整体利益，制定本公约。

一、自觉遵守国家《建筑法》、《反不正当竞争法》、《合同法》等有关法律、法规。接受政府有关部门的监督、管理。守法经营、依法纳税。

二、坚持公开、公平、公正的市场交易原则，以真实的技术、经济实力、管理水平和服务质量参加市场公平竞争。

三、坚决抵制在工程招投标中的压价、扰乱市场的恶性竞争。自觉维护本行业的职业道德和行业的合法利益。

四、坚持以诚信为本。守合同，重信誉，不高估冒算，不使用假冒伪劣材料，不偷工减料，不贬损同行。

五、保证在工程承包中不搞出卖、转让证照、违法转包、资质挂靠。

六、坚持质量第一，严格按照国家有关标准、规范从事设计，从事施工；确保工程质量，确保合理工期，确保合理造价。

七、坚持用户至上原则，自觉维护用户的合法权益，做好工程的维修及售后服务。

八、提高企业和从业者自律意识，自觉遵守，相互监督，如违背本公约的有关规定，愿接受辽宁省装饰协会的核查处理。

徐州市装饰装修行业诚信公约

徐州市装饰装修行业协会

（二〇〇三年三月十二日）

“人无信难立，业无信不兴。”徐州市装饰装修行业协会为规范我市装饰装修市场，避免协会会员之间的无序竞争，切实维护消费者的正当权益和行业单位的共同利益，树立行业协会及企业诚信形象，根据会员单位倡议，特制定本公约，以便全体会员共同遵守。

一、遵守国家和地方的法律。依据《中华人民共和国合同法》、建设部《住宅室内装饰装修管理办法》、江苏省《住宅装饰质量标准》和《徐州市建筑装饰装修管理办法》规范企业经营活动，严格遵守行业公约。

二、提倡诚信经营和公平有序竞争，不欺行霸市、强迫交易、不冒用其他企业名称和商标，不损害消费者和其他经营者的合法权益。

三、提倡以合同形式明确装饰装修企业与业主的权利和义务，减少商业纠纷的发生。

四、严格执行合同约定的条款，合理收费、按质论价、质价相符。不高估冒算和哄骗造价。

五、禁止不正当竞争和扰乱市场秩序行为。禁止以不实广告欺骗和误导消费者。

六、装饰装修设计按国家有关规定执行。

七、严格执行国家质监总局强制实施的《建筑装饰装修材料有害物质限量》标准，推广使用绿色环保材料。

严格执行国家《民用建筑工程室内环境污染控制规范》(GB50325)、《室内空气标准》(GBl8883)。室内环境质量不达标的装饰装修工程，视为不合格工程，不得交付使用。

八、严格遵守工商、税务、环保等有关法规，依法缴纳各种税费。

九、接受社会监督，认真受理客户投诉，服从调解或仲裁。

十、违反《徐州市装饰装修行业诚信公约》的会员单位，行业协会可以根据其情节轻重，予以警告、行业内部通报批评，行业曝光、取消会员资格、直至建议政府有关部门给予行政处罚，以维护行规行约的严肃性。

关于修订印发《深圳市装饰工程金鹏奖评选办法》的通知

深装协[2003]13号

各会员单位：

为逐步规范和完善市优装饰工程奖评选及管理，协会在组织实施评选中，听取了多方面的意见和建议，并据之对原评选办法进行了修订。修订后的《深圳市装饰工程金鹏奖评选办法》已经各理事单位审议通过，现予公布，自即日起实施。

附：《深圳市装饰工程金鹏奖评选办法》

深圳市装饰行业协会

2003年11月24日

深圳市装饰工程金鹏奖评选办法

第一章 总 则

第一条 为了贯彻执行“质量兴业”的方针，鼓励我市装饰企业加强管理，增强质量意识，提高工程质量，促进经济的健康发展，特制定本办法。

第二条 深圳市优质装饰工程奖是我市装饰工程市级质量奖，奖项命名为深圳市装饰工程金鹏奖（以下简称金鹏奖）。

第三条 金鹏奖评选工作遵循“协会组织、社会参与、政府监督、专家评审”的原则，组成金鹏奖评审委员会（以下简称评委会）。评审工作由评委会负责具体实施。

第四条 金鹏奖每年评选一次。每年评选原则上不超过60个项目。每年3～5月份评选上年度已完成并验收合格的装饰工程。

第二章 评审机构与职责

第五条 每年评选前，组成评委会，评委会是金鹏奖评选的审定机构。协会主要领导任评委会主任；评委会成员在专家库中选择。

评委会下设办公室，负责日常工作，办公室由协会工作人员组成。

第六条 评委会的职责

制定年度评审方案；聘请评审人员；组织实施评审工作以及审定获奖装饰工程项目。

第七条 评委会下设若干个评审组，其职责为：执行评委会制定的方案；审查工程竣工验收资料；到工程现场进行观感评分和进行实测实量工作，提出初评意见。

第三章 申报范围及要求

第八条 评审范围

(1) 在深注册的装饰、幕墙企业；

(2) 在本市及外地完成的工程项目，其中室内外装饰工程要求投资在500万元以上（含500万元），幕墙工程1000万元以上或单位工程量6000平方米以上；

(3) 竣工验收合格时间截止日期为上年度12月31日。

第九条 申报金鹏奖工程，应由主要施工单位负责申报，如设计由其它单位完成，该设计单位可作为参建单位一同申报。

第十条 申报条件

(1) 符合国家和建设部颁布的有关标准、规范的要求，设计合理、有特色，使用功能完善；

(2) 施工精益求精，工艺水平先进，技术资料齐全；

(3) 工程验收合格，取得了消防验收合格证；

(4) 申报单位（含参建单位）应具有建设行政主管部门颁发的相应工程施工和设计资质证书，且本年度无质量和安全事故和不良行为记录；

（5）自评得分85分以上。

第十一条 申报材料

(1)《深圳市装饰工程金鹏奖申报表》；

(2) 工程施工合同复印件 ；

(3)"建设工程竣工验收备案证明书"的复印件；

(4) 消防工程验收证明复印件；

(5) 反映工程概况及设计特色的彩色照片八张，统一规格为7英寸照片，并用相册保护。为确保专辑汇编质量，建议请专业人员拍摄。

第四章 评 审 程 序

第十二条 评审程序如下：

(1) 组建评委会；

(2) 网上发布评审通知；

(3) 企业在网上下载申报表，并如实填写；

(4) 办公室接受企业申报，并审查申报材料；

(5) 评审小组对项目逐个进行资料和现场检查，听取用户对工程质量的意见，并进行初评；

(6) 评委会研究金鹏奖的候选名单；

(7) 登报征询社会各界人士的意见或建议；

(8) 评委会审定市金鹏奖名单。

第五章 奖 励

第十三条 获金鹏奖的单位，市装饰行业协会授予证书和奖杯。

第十四条 获奖单位可对在创优工作中做出贡献的有功人员予以奖励。

第十五条 深圳市装饰协会负责组织编辑出版《深圳市装饰金鹏奖工程专辑》，介绍获奖工程及单位基本情况。

第六章 评审纪律

第十六条 申报单位对申报的工程要求事实是，不得弄虚作假，否则，将撤消申报资格。

第十七条 参加评审的工作人员及专家要秉公办事、廉洁自律、在检查评审过程中，不得接受任何礼物，不得以检查为名游山玩水，一经发现，要严肃处理。

第六章 附 则

第十八条 本办法由深圳市装饰行业协会负责解释。

第十九条 本办法于2003年12月修订后自颁发之日起执行。

关于印发《深圳市建筑装饰施工企业优秀项目经理评选办法（试行）》的通知

各会员单位：

为了不断提高深圳市装饰工程项目经理管理水平，使装饰施工企业优秀项目经理的评选有据可依，协会经多方调查与协商，结合我市装饰企业具体情况，特制定《深圳市建筑装饰施工企业优秀项目经理评选办法（试行）》，并经各理事单位审议通过，现予公布，自即日起实施。

附：《深圳市建筑装饰施工企业优秀项目经理评选办法（试行）》

深圳市装饰行业协会

2003 年 11 月 24 日

深圳市建筑装饰施工企业优秀项目经理评选办法（试行）

第一条　为不断提高深圳市建筑装饰工程项目经理管理水平，培养和造就一支过硬的项目管 理队伍，鼓励装饰企业项目经理在项目管理活动中创品牌，高效优质的搞好工程建设，特制定本办法。

第二条　深圳市建筑装饰施工企业优秀项目经理每年12 月进行评选（以下简称项目经理评优），分优秀一级项目经理和优秀二级项目经理。

第三条　优秀项目经理评选条件：

（一）爱岗敬业，遵纪守法，关心员工，信誉良好，能自觉维护企业与行业的利益。在项目管理中取得优异成绩。

（二）在岗并具有建筑业一、二级施工项目经理资质，或取得一、二级建造师注册资格并受聘项目管理岗位。

（三）有较强的综合管理能力和较高的专业技术水平，能认真执行各项建设法规、技术标准。积极探索和应用新技术、新工艺，富于创新精神。

（四）优秀一级项目经理业绩要求：
三年内担任项目经理的施工项目获得一项国优或两项市优荣誉称号的。

（五）优秀二级项目经理业绩要求：

1.从事室内装饰施工的，三年内担任项目经理的施工项目获得一项市优奖或完成单项工程造价 300 万以上工程两项，且工程项目已竣工验收合格。

2.从事建筑幕墙施工的，三年内担任项目经理的施工项目获得一项市优奖或完成 3000 ㎡幕墙工程两项，且工程项目已竣工验收合格。

（六）三年中未发生过质量、安全事故或因不文明施工受到有关部门处罚或通报。

第四条　申报办法：

（一）　由各单位根据本评选条件进行推荐申报。

（二）优秀一级项目经理凡符合评选条件的均可推荐申报。

（三）优秀二级项目经理，由企业选拔推荐。每年度每企业可推荐符合评选条件的室内装饰、建筑幕墙专业的项目经理各壹名。

（四）当年获得优秀项目经理荣誉，已申报过的工程业绩，不得在下年度评选时再次申报。

（五）每一项业绩原则上只用于 1 人，最多不超过 2 人。

（六）申报单位的推荐评语不得少于 200 字，并由申报单位领导和技术负责人签字，加盖公章。

第五条　提交的申报资料[以下（二）—（五）项申报时核对原件；申报一级优秀项目经理只提供（一）—（三）]

（一）优秀项目经理申报表一式两份；

（二）申请人的项目经理资质等级证书或建造师执业证书复印件；

（三）获奖工程奖项证书复印件；

（四）所承担的未获奖项的代表工程合同、竣工验收证明书复印件；

（五）其他证明资料复印件。

第六条　评选程序：

（一）由评委会对申报材料初审，提出初审意见；

（二）常务理事会评议审定。

第七条　被评为优秀项目经理者，由本会发给荣誉证书，并在深圳建设信息网、深圳装饰网、本会会刊及有关报刊上予以公告和宣传。

第八条　采取欺骗、隐瞒事实等不正当手段获得深圳市建筑装饰施工企业优秀项目经理的单位或个人，一经查实，取消称号收回荣誉证书，在原刊登公告的媒体上消除影响，并课以两年内不得申报的处罚。

第九条　评审委员会工作人员，必须严格遵守工作纪律。对违反评审纪律者，将根据情节轻重给予相应处罚。

第十条　本办法由深圳市装饰行业协会负责解释。

第十一条　本办法自颁布之日起试行。

江苏省建筑装饰协会专家工作委员会工作条例

(2003 年 3 月 20 日江苏省建筑装饰协会四届一次理事会通过)

一、本会专家委的性质

1. 江苏省建筑装饰协会专家工作委员会(简称专家委)，是受江苏省建筑装饰协会常务理事会领导、委托并授权的江苏省建筑装饰行业的专家组织机构。

2. 本会专家委是江苏省建筑装饰协会的非常设议事工作机构。

二、本会专家委员会的资格和组成

1. 本会专家委成员必须是江苏省建筑装饰行业具有较大社会影响，政治可靠、诚信自律，并在某一专业领域有其建树的高级技术或经济管理人员。

2. 本会专家委成员必须具有热爱本行业，身体条件良好，有工作热情和组织工作能力，作风正派，有奉献精神的人员。

3. 本会专家委暂定 9～11 人组成，采取民主集中制的方式，由各省辖市协会和本会专业委员会推荐(推荐表另附)，任期四年。秘书处负责组织筹划，会长会议审定。由省协会颁发专家聘书。

三、本会专家委工作内容

1. 为政府主管部门制定有关行业政策，协助编制本行业的标准、规范，为行业主管部门提供咨询，反映企、事业会员单位呼声。

2. 研究行业发展中存在的主要问题，提出前瞻性的建议。推动作业技术创新，组织学术及信息交流、技术推广。

3. 代表协会参加行业有关检查和行业评比、评审工作。

4. 可受聘代表协会参加建设工程和装饰、幕墙设计、施工工程的招标、评标工作。

5. 为会员单位提供各种技术、学术和经济、业务的咨询服务和推荐工作。

6. 促进行业协会与国际间交流合作、组织参观访问，使行业加速与国际市场接轨。

7. 其他由江苏省建筑装饰协会委托的咨询服务等工作。

关于评选2003年度“中州杯”奖(河南省优装饰工程)的通知

豫建装字[2003]5号

各有关单位：

为提高我省的装饰装修工程质量水平，强化建筑工程装饰企业的创优意识。受河南省“中州杯”奖评审委员会办公室的委托。现将2003年度河南省建设工程“中州杯”奖(省优装饰工程)申报与评选的有关事宜通知如下：

一、评选依据

依据河南省建设厅关于印发修订后的《河南省建设工程“中州杯”奖(省优质工程)评审管理办法》(豫建建[2002]41号文件)精神，结合《河南省建设工程“中州杯”奖(省优装饰工程)评选实施细则》进行2003年河南省“中州杯”奖(省优装饰工程)的评审工作。

二、时间安排

1．申报　5月15日以前将申报资料报送河南省建筑装饰协会，逾期不候；

2．初审　5月30日前初审结束；

3．复查　由河南省建筑装饰协会组织复查专家，对全省申报的装饰工程进行复查，预定于6月初开始，7月中旬结束，7月下旬集中汇报并提出复查意见。

三、申报程序

1．各市建筑装饰协会(或相应协会)与有关部门负责河南省建设工程“中州杯”奖(省优装饰工程)的申报、初审和推荐工作。

2．评选范围和申报条件，由申报单位向工程所在地的市装协(或相应协会)和有关部门领取申报表并向其申报。

3．单位申请参建奖，应向申报单位提出书面申请，由申报单位审查后将其填入《申报表》内一同申报。

4．各市装协(或相应协会)与有关部门应对申报河南省建设工程“中州杯”奖(省优装饰工程)的有关资料进行认真初评，优中选优，根据分配名额出据正式文件向省装协推荐，并附所有申报资料。

各市装协(或相应协会)与有关部门推荐两个以上工程时应排序并在文件中说明排序意见。

5．各市装协(或相应协会)与有关部门应将推荐情况通报各申报单位。

四、评选范围

1．所申报的工程应是2000年12月31日至2002年6月30日期间竣工交付使用的建筑装饰工程项目，并且符合《河南省建设工程“中州杯”奖(省优装饰工程)评选实施细则》中的要求。

2．凡在河南省境内的建筑装饰工程项目，总体建筑装饰工程施工达到优良，装饰工程的面积不低于5000 m²，或装饰工程造价不低于人民币500万元(不含设备)。

3．古建筑、保护性文物建筑(含近现代文物建筑)的修复性建筑装饰工程和纪念性建筑装饰工程，装饰工程的面积不低于1000 m²。

4．确属优秀的单项建筑装饰工程项目，也可申报。其中建筑幕墙工程，幕墙面积在1000 m²以上，其他单项不受规模限制。

5．下列建筑装饰工程不列入评选范围

（1）我省企业设计、施工的境外工程。

（2）竣工后被隐蔽的工程或保密工程。

（3）主体及装饰工程有质量隐患的。

（4）虽已建成使用，但未通过质量和消防验收的工程。

（5）已经参加过“省优装饰奖”评选而未被评选上的工程。

五、评选条件

1．符合国家和建设部颁布的有关标准、规范要求，设计合理，使用功能完善。

2．凡申报“中州杯”奖(省优装饰工程)，必须由有资格的建设工程质量监督站核定的装饰等级，若无核定等级者，应由河南省建筑装饰协会委托河南省建设工程质量监督总站装饰工程监督站一次性核定级。否则不予受理。

3．申报评选“中州杯”(省优装饰奖)的工程，是在已获得市级以上有关建设行政主管部门评定的优良工程奖的基础上进行，并应具有经市及其以上建设行政主管部门出据的先进合理的设计证明材料。从国外引进技术装置的工程项目和中外合资建设的工程项目，其国外设计部分，需经项目主管部门审定，确定其达到了先进水平。通过项目法人或投资单位组织的全面验收，竣工备案符合要求。交付使用12个月以上，主体及装饰工程未出现质量问题和隐患。

4．申报单位为建筑装饰工程的主承建单位，主承建单位应与有关单位鉴定了有效装饰施工合同。其主承建的工程量应占该建筑装饰工程量的大部分。

大型、超大型建筑装饰工程可由两个以上主承建单位申报。有建筑装饰工程总承包的，由该建筑装饰工程总承包单位申报。

5．为鼓励参与装饰施工的其他参建单位共同创优，同一建筑装饰工程最多允许有两个主要参建单位同时申请该建筑装饰工程的参建奖，参建单位应与有关单位签订有效建筑装饰施工合同。每个参建单位所完成的工作量应占工程总量的20%以上。

6．一个装饰企业只能选择其施工的一个工程申报“中州杯”奖。

7．各市、省直有关部门申报“中州杯”奖工程数额为三项，但对达到申报条件且工程项目多的市允许适当增加申报数额(经有关部门研究认定)。

六、申报资料及要求

1．申报资料

(1)申报资料总目录(注明各种资料的份数)。

(2)《河南省建设工程“中州杯”(省优装饰工程)奖申报表》一式两份。

(3)承建单位、设计单位、参建单位的营业执照、资质证书复印件各一份，加盖本单位公章。

(4)建筑装饰工程设计和施工合同书复印件一份(合同的主要部分)，加盖本单位公章。

(5)工程竣工验收和消防验收的证明文件复印件一份，加盖本单位公章。

(6)设计说明书，主要部位的平、立、剖面图，以及相应的设计修改证明文件。

(7)与申报工程设计和施工有关的其他证明文件和材料。

(8)反映工程概况和设计意图的彩色照片10张，建议请专业人员拍摄。

(9)配有解说词的实况摄像，长度在8分钟以内。实况摄像的内容包括：工程简介，设计意图说明，新技术、新工艺、新材料、新设备介绍及运用等，内容应重点突出。

(10)工程施工和设计主要负责人身份证复印件一份。负责人应是工程的施工和设计的直接负责人，与相应图纸和工程施工管理档案上的签字一致，并具有相应的资格。

(11)建筑幕墙工程的申报材料除满足上述要求外，还应将《申报表》中有关建筑幕墙内业资料要求的内容一并报送，建筑幕墙内业资料单独成册。

2. 资料要求

(1)一式两份的《申报表》应单独成册，根据《申报表》样表及填表说明A4纸打印。

(2)彩色相片统一为7英寸规格，并用相应规格厚度的相册保护，单独成册，不得与其他资料混订。封页标注申报工程名称、类别、申报单位。计算机打印图片无效。

(3)实况摄像统一制作成VCD2．0格式的光盘，相应解说词应准确，并与相应的内容协调，背景音乐适中。VCD光盘统一用方形塑料盒保护，封页标注申报工程名称、类别、申报单位。实况摄像应为一个节目段，不得有与工程无关的内容，更不得带有计算机病毒。

(4)设计图纸应为标准2号图纸，折叠成A4幅面大小单独装订成册。封页标注申报工程名称、类别、申报单位。

七、其　他

企业自愿申报，与河南省建筑装饰协会鉴定技术服务协议书；并交纳技术服务费。

联系地址：郑州市金水路102号1号楼六楼606房间
河南省建筑装饰协会
联 系 人：张项　赵峰伟
电　　话：0371-6254526、6229939

河南省建筑装饰协会
二〇〇三年三月二十一日

杭州市优秀建筑装饰工程评比办法

杭州市建筑装饰协会

（二〇〇二年十二月二十日）

第一章　总　则

第一条　为促进我市建筑装饰行业的发展，提高建筑装饰工程质量，鼓励建筑装饰企业争创名优工程，特制定本办法。

第二条　杭州市优秀建筑装饰工程每年评选一次。

第三条　申报或推荐参加“浙江省优秀建筑装饰工程”评选的项目，必须是获得杭州市优秀建筑装饰工程的项目。

第二章　评选范围和条件

第四条　参评工程的范围与规模

1. 申报的项目应于当年竣工，并已经验收通过的建筑装饰工程(包括建筑工程的装饰分部)。

2. 工程的地点：在杭州市行政区域的范围内。

3. 工程的规模：装饰工程单项造价在200万元以上和施工面积在200㎡以上(进行二次装饰的工程其造价不包括土建结构部分的造价)。

4. 对古建筑或纪念性建筑装饰工程，虽达不到第3款要求，但工程设计风格独特，施工质量优良的也可申报。

5. 凡在杭州地区内从事建筑装饰和建筑施工的单位，有建设行政主管部门颁发的资质证书，均可报名。

第五条　参评工程的条件

1. 设计要求：申报项目的设计必须符合国家和部颁装饰设计标准和规范，设计单位必须具有相应的装饰设计资质。

2. 工程施工质量达到国家和部颁施工技术标准和验收规范的要求，并经工程所属地区质量监督站、消防等部门验收合格。

第三章　申报资料

第六条　申报企业如实填写杭州市优秀建筑装饰工程申报表一式二份。

第七条　申报工程应提供如下材料：

1．申报工程的施工许可证、竣工验收证明(或备案文件)、消防验收证明设计单位资质证书等有关资料复印件；

2．工程建设情况的简要文字说明一份；

3．工程的主要平、立、剖面建施图各一份，效果图若干份；

4．工程竣工照片若干张。

以上资料装订成册。

第四章　评审程序及评审纪律

第八条　评选程序

1．由市建筑装饰协会组织专家组成评审委员会，评审委员会下设工作小组。工作小组的主要工作是：审查申报表和有关申报资料；复查工程质量实况，并进行观感质量评分；听取用户(建设单位)和质量监督部门(或监理单位)对工程质量的意见，查阅工程的有关施工技术与经营行为资料。

2．评委查看工程，召开评委会，经评议后以无记名投票方式评选获奖工程。参加评选的委员应占评委人数的2/3以上，获奖工程应获参加评选的评委人数2/3(含2/3)以上选票方为有效。

3．评审内容包括设计与施工两个方面。其中设计占40%，施工占60%。设计方面要求构思新颖、富有创意、选材得当、设计图纸与资料完整，并符合国家设计标准和规范；施工方面要求各分部(如楼面工程、水卫电气工程、结构工程等)均达到优良，质量保证资料基本齐全，并符合消防规范、室内环境污染控制规范要求。

4．评选结果由市建筑装饰协会发文予以公布并上报杭州市建设委员会备案，并作为推荐浙江省级优秀装饰工程的必要条件。

第九条　评审纪律

1．企业申报的工程和提供的资料，要实事求是，不弄虚作假，对违反者视其情节轻重给予批评警告，直至撤消申报和获奖资格。

2．评委和工作人员要秉公办事，严守纪律，自洁自律，严格把好参评工程的质量关。对违反者视其情节轻重予以批评警告，直至撤消其评委资格。

第五章　其　他

第十条　获奖的建筑装饰工程由杭州市建筑装饰协会对施工单位授予荣誉证书和奖牌，对设计单位授予证书。

第十一条　本办法由杭州市建筑装饰协会负责解释。

关于开展广州市建筑装饰装修优良样板工程评选活动的通知

穗建联[2003]001号　　穗建装协[2003]1号

各装饰装修施工企业及有关单位：

为贯彻“百年大计、质量第一”的方针，加强企业质量管理，促进科学技术进步，推进建筑装饰行业的不断发展，广州市建筑业联合会和广州市建筑装饰协会联合开展广州市建筑装饰装修优良样板工程评选活动，鼓励建筑装饰装修企业广大员工发挥积极性和创造性，努力提高工程设计、施工质量，争创精品工程。根据我市优良样板工程评选办法的精神，研究制定《广州市建筑装饰装修优良样板工程评选办法》（试行）。现印发给你们，请接《通知》后，认真组织有关工作人员进行学习贯彻。从2003年起，按本评选办法开展创优活动。

在贯彻实施过程中，有什么问题，请向我们反映。

附件：广州市建筑装饰装修优良样板工程评选办法（试行）

广州市建筑业联合会　　广州市建筑装饰协会

二〇〇三年一月八日

附件：

广州市建筑装饰装修优良样板工程评选办法（试行）

第一章　总　则

第一条　为贯彻“百年大计、质量第一”的方针，鼓励建筑装饰装修企业发挥积极性和创造性，争创精品，推进广州地区建筑装饰装修施工的技术进步，切实提高建筑装饰装修工程质量，为美化社会环境和人居环境做出贡献，表彰创造优质工程的施工企业，广州市建筑业联合会、广州市建筑装饰协会决定开展广州市建筑装饰装修优良样板工程评选活动（以下简称“建筑装饰评优活动”）。

第二条　建筑装饰评优活动每年举行一次。活动设立“广州市建筑装饰装修优良样板工程”奖项。“广州市建筑装饰装修优良样板工程”是设计与施工完美结合，设计创意与工程质量达到广州地区一流水平的装饰精品。

第三条　建筑装饰评优活动在广州市建设委员会领导下，由广州市建筑业联合会和广州市建筑装饰协会共同组织。

第二章　评审机构

第四条　成立广州市建筑装饰装修工程质量评优领导小组（以下称“领导小组”），由广州市建设委员会、广州市建筑业联合会、广州市建筑装饰协会和广州地区建筑工程质量安全监督站有关人员组成，领导小组负责广州市建筑装饰装修优良样板工程奖的评选领导和审定工作。

第五条　成立“广州市建筑装饰装修优良样板工程评选工作办公室”，成员由广州市工程质量评优工作办公室及广州市建筑装饰协会有关人员组成，负责对装饰装修优良样板工程的评选组织及对评审细则、专家库名单、初评意见等的审核工作。

第六条　在领导小组和评优办公室的领导下，广州市建筑装饰协会负责日常的评审工作安排，包括拟定评审细则，组织建筑装饰质量评优专家库，随机抽取、安排专家小组，确定工程资料审查和工程实物验评，整理评选资料、上报初评结果。

第三章　评选范围与条件

第七条　凡在广州区域范围内的建筑装饰装修工程（包括新建、扩建和改建），属上一年度竣工、经质量验收合格并交付使用、符合相应的规模条件的项目，都可参加建筑装饰评优活动。

第八条　评选条件：

（一）申报施工企业有相应资质等级，并在广州市建设主管部门注册；

（二）建筑装饰装修工程：工作量达到500万元以上或幕墙面积在5000m^{2}以上；如具有特别意义的项目，经领导小组同意可以参加申报；

（三）参评工程必须符合基本建设程序，办有施工许可证及工程质量报监登记等合法手续；

（四）参评工程必须经竣工验收、质量优良，水电、消防等配套完善，并经过验收，质量良好的工程；

（五）申报项目必须主体明确、手续完善、资料齐全，符合国家、省、市各种规范、标准，执行强制性条文；

（六）申报项目应得到业主（用户）、设计、监理和监督部门同意推荐。

第九条　建筑装饰评优分以下三种类型进行：

（一）建筑装饰装修工程与单位工程同步进行、同时竣工，符合广州市优良样板工程和“五羊杯”奖评选办法（穗建筑[2001]29号）所规定条件的装饰装修工程与市优良样板工程一起评选。

（二）建筑装饰装修工程单独进行施工（即二次装修或改建装修），符合第八条规定的。

（三）对未达到上述参评工作量规定的家居装修工程，但装饰装修工作量达到10万元及以上的工程可以另行申报参评，由市建筑装饰协会单独组织评选表彰公报。

第十条　有下列情况之一者，不能参加建筑装饰评优：

（一）虽已竣工，但未能通过质量和消防等专项验收工程；

（二）保密性工程；

（三）领导小组认为不宜参评的工程。

第四章　申报程序和评选办法

第十一条　各施工企业应在开工前认真制定工程创优目标计划，每年可作滚动，没有创优目标计划的工程项目不能参评。

第十二条　申报建筑装饰评优由该工程装饰装修承包施工企业负责申报（也可由两个以上的企业共同申报，但必须以中标通知书、施工许可证和合同为依据）；每项申报工程可填写符合条件的参建单位两个。

第十三条　广州市建筑业联合会、广州市建筑装饰协会具体组织评选：

（一）企业应在规定时间内，填好《广州市建筑装饰装修优良样板工程申报表》一式两份，连同申报资料送广州市建筑装饰协会审查；

（二）资料初审：组织对报送资料审查并给予评分，对达到基本齐全以上的工程项目方可进行现场检评；

（三）现场检评：组织专家进行现场检评。根据专家们的现场打分，结合资料的分值，初定入选名单送广州市工程质量评优工作办公室初审后报领导小组审核。

第十四条　广州市建筑装饰协会应把评选过程各阶段的情况（包括申报情况、资料审定、现场实物检评情况等）及时报送到广州市工程质量评优工作办公室备案，并及时把参加“广州市建筑装饰装修优良样板工程”评选中的质量突出者，优中选优，及时报到“广州市建筑装饰装修优良样板工程评选办公室”，以便组织检评。

第十五条　经领导小组研究确定广州市建筑装饰装修优良样板工程奖名单，报广州市建设委员会审核后公布。

第五章　表彰奖励

第十六条　获得广州市建筑装饰装修优良样板工程奖的项目，由广州市建筑业联合会和广州市建筑装饰协会给予申报企业颁发奖牌和证书，给予参建单位、监理单位和项目经理颁发荣誉证书。

第十七条　对获奖工程承建、参建、监理企业以及项目经理，给予通报表彰；符合条件的项目，推荐参加上一级优秀装饰工程评选。

第六章　评审纪律

第十八条　申报单位必须实事求是，不得弄虚作假，不得请客送礼。对违反者视情节轻重给予教育或取消该项目获奖资料，直至取消企业的申报资料，并给予通报批评。

第十九条　参与广州市建筑装饰评优的一切工作人员都必须严肃认真，遵守纪律，做到行为规范、公正，廉洁自律；对违反纪律的视情节轻重予以严肃处理，并取消其参加参与评优工作的资格。

第七章　附　则

第二十条　本办法从2003年1月1日起试行。

关于开展建筑装饰行业评先评优活动的通知

穗建装协[2002]11 号

各会员单位：

为贯彻落实“质量兴企”的方针，加强企业管理，促进科学技术进步，推动建筑装饰行业不断发展，鼓励广大装饰行业员工的积极性和创造性，争创精品工程，运用典范工程的示范作用，提高装饰行业的整体水平。为美化社会环境和人居环境作出贡献，结合我会的实际，经研究决定在我装饰行业内开展相应的评先、评优活动。现将有关评选办法和评选方案印发给你们，请接通知后，根据本单位实际进行学习贯彻。如有什么问题，请向我会秘书处反映。

具体评先、评优时间安排，另行通知。

附件：一、广州市优秀家装企业评选办法（试行）

二、广州市家居装饰优秀项目评选办法

三、“信得过建筑装饰材料产品”评选方案

广州市建筑装饰协会

二〇〇二年十一月二十八日

附件一：

广州市优秀家装企业评选办法（试行）

第一条　为了推动广州市家庭居室装饰装修设计和施工水平的不断提高，根据国家建设部建办[2001]38 号文和 2002 年 7 月 9 日建设部的通知精神，经我会研究决定在广州市家庭居室装饰装修设计和施工企业中开展“广州市优秀家装企业的评选活动”。并结合广州市家装企业的特点，制定本办法。

第二条　申报参加广州市优秀家装企业的单位应当是广州市建筑装饰协会的会员单位，具有广州市家庭居室装饰装修企业资格证或广州市建筑装饰设计施工企业资质等级证书。

第三条　从 2003 年起，每两年组织一次评选，申报时间从 3 月 1 日至 20 日。为确保企业的先进性，高标准、树典型，组织评选优秀家装企业。

第四条　申报广州市优秀家装企业应当符合下列条件：

1．上一年度营业额达到人民币 500 万元以上的企业。

2．自 2002 年元月开始至 2002 年 10 月止，承造的家装工程客户满意率达 95%以上，并在广东省、广州市两级消委会无不良记录，无重大施工质量、安全事故，无违反有关建筑市场管理规定，无报刊批评，依法经营管理，经济和社会效益良好，社会信誉较高的家装企业。

3．有企业品牌和标徽，有规范化的企业管理制度，内部管理完善，有较强的企业技术文化素质，装饰设计、施工、管理人员固定人数 30 人以上的家装企业。

4．建立了良好的职业道德，能自我约束，自我规范，遵守法纪，在同行中享有良好的声誉，无违法、违纪的受罚记录。

第五条　申报广州市优秀家装企业程序：

1．申报企业参照第三条之标准自行向我会秘书处申领《本年度广州市优秀家装企业评选申报表》一式两份并按内容的要求填写、盖公章。

2．申报企业递交资料时间定于 3 月 20 日前，派专人呈送我会秘书处。

3．申报企业用 A4 规格，提供企业《营业执照》副本复印件，会员证副本复印件，资格证或资质证副本复印件各一份并加盖公章。

4．申报企业在递交申报资料的同时，需要缴交报名费 500 元，评审费，含奖牌、评审劳务、表彰、宣传资料费等，所需费用按实际收取。

第六条　广州优秀家装企业的评审工作由我会组织评委严格依照本办法的标准进行。凡符合本办法之标准的申报企业经评审认定为“广州优秀家装企业”，名额不限制。

第七条　经评审认定为“广州优秀家装企业”的单位，召开颁奖大会，授予“广州优秀家装企业”奖牌（铜牌）一面和获奖证书一本，并在我会编辑出版的《广州装饰》上通报表彰和介绍。

第八条　参加广州优秀家装企业评审的工作人员要秉公办事，廉洁自律，不得接受任何邀请和礼物。对违纪者，取消评审资格。

第九条　申报企业要坚持实事求是的原则，不得弄虚作假。对违纪者，取消参加资格。

附件二：

广州市家居装饰优秀项目评选办法

第一条　为推动我市家庭装饰行业整体水平的不断提高，参照中国建筑装饰协会《建筑工程装饰奖（住宅）试点评选暂行办法》，决定在我市开展2002年度优秀家居装饰项目的评选。

第二条　申报“家装优秀项目”的建筑工程应当是设计与施工的完美结合，符合室内环境污染控制规范要求，设计创意和施工工艺达到先进水平的优质工程，包括新建、改建、扩建的各类家居建筑装饰工程。

第三条　“家居装饰优秀项目”由该建筑装饰工程项目的承建单位自愿申报。广州市建筑装饰协会组织评审并发证。

第四条　家居装饰优秀项目的评选奖项：

1．家居装饰优质工程奖。

2．家居装饰优秀设计奖。

第五条　申报市“家居装饰优秀项目”的建筑装饰工程项目应符合下列条件：

1．申报单位应为该建筑装饰工程的设计或承建单位，独立完成设计或施工，并符合省、市颁布的各有关标准、规范、要求、设计合理，使用功能完善。

2．通过有关部门或业主的全面验收，未出现质量问题和业主投诉。申报项目工程面积不低于100 m^2或工程造价在10万元以上（不包含设备）。

3．一个家居装饰优秀项目可同时申报二个奖项。

4．承建单位、设计单位应具有建设行政主管部门颁发的相应施工和设计的资质证书及市装饰协会颁发的家居装饰资格证书。

5．承建、设计单位应与有关单位或个人签定有效的建筑装饰设计合同和施工合同。

6．承建、设计单位在本市有良好的信誉，无不良社会反映，本年内无因施工和设计出现的工程质量和安全事故。

7．设计单位应对所申报工程设计的知识产权负责。

第六条　“广州市家居装饰优秀项目”奖的申报程序：

1．各装饰工程公司根据评选范围和申报条件，自行向市装饰协会领取申请表，然后向其申报。

2．由市装饰协会负责邀请业内权威人士对申报“市家居装饰优秀项目”奖的有关资料进行评审并颁发证书。

第七条　“家居装饰优秀项目”奖的申报资料：

1．《广州市家居装饰优秀工程项目奖申报表》，一式二份。

2．建筑装饰工程设计和施工合同书、工程竣工验收证明文件的复印件一份，并加盖本单位公章。

3．承建单位、设计单位的营业执照、资质证书，家装资格证书（复印件）各一份，并加盖本单位公章。

4．申报项目的设计说明书，主要部分的平、立、剖面图，以及相应的设计修改证明文件。

5．反映工程概况和设计意图的主要部位效果图（A2）一幅及室内局部彩照8～10张（R4），照片单独成册，封面标明申报单位，工程项目名称，以免混肴。

6．书面材料介绍。

7．工程施工和设计的主要负责人身份证复印件一份，其应是工程施工中的工程及设计的直接负责人，并要与相应图纸与施工管理档案上的签字一致。

8．所申报资料应统一用A4规格的文件袋（盒）装好，并在其上标注申报单位、工程、名称、类别、参选奖类。

第八条　凡具备上述参报条件的公司，所申报的I程项目申报费为500元，获奖项目奖品、资料及宣传推广费用等按实际收取。

第九条　参加家居装饰优秀项目奖评选的评审委员、专家及工作人员要秉公办事、廉洁自律，不得接受以任何名目出现的礼品、礼金。对有违反者，视情节轻重给予批评教育至撤消评委资格。

第十条　申报单位要坚持实事求是，不得弄虚作假，对有违反者，一经发现，即取消获奖资格。

附件三：

广州市建筑装饰材料行业“信得过产品”评选办法

第一条　为进一步扩大我市建筑装饰材料企业及名牌产品在国内外市场的占有率。充分发挥供应商与设计施工单位的桥梁纽带作用，使优秀企业产品在国内外广为传播。经协会批准，广州市建筑装饰协会装饰材料委员会常务理事会议通过，决定在我市装饰材料生产、销售及相关单位中开展“信得过产品”评选活动，特制定本办法。

第二条　申报参加广州市建筑装饰行业“信得过产品”的单位必须是广州市建筑装饰协会会员单位。且专门从事装饰材料生产、销售业务的企业。

第三条　从2003年起，每年组织一次评选，申报时间从3月1日至20日。

第四条　申请“信得过产品”的企业和产品应具备以下

条件：

1．企业具有独立法人资格；

2．企业有完备的生产条件和必要的检测手段，有健全的质量管理体系，有产品生产许可证，产品质量负责；

3．企业生产过程满足环保要求，产品符合国家有关产业政策，不属限制或即将淘汰的产品；

4．产品能正常批量生产，各项技术指标符合国家有关规定范围；

5．产品知识产权权属明确；

6．企业有完善的售后服务保证，重合同，守信誉；申请日前一年内未受到质量技术监督行政主管部门的处罚。

第五条　申请“信得过产品”的企业，须提供下列材料和文件：

1．填报由广州市建筑装饰协会印制的“信得过产品”申报表；

2．企业法人营业执照副本（复印件）；

3．经国家质量监督检验部门或省级以上建设主管部门确认的检测机构证明文件和质量检验机构出具的产品质量检验报告或抽样检验报告；

4．产品生产许可证；

5．注册商标复制件；

6．关于产品和企业的简介（600字以内）。

第六条　申报程序：

1．申报企业参照第五条标准向我会秘书处领取（年度广州市建筑装饰行业“信得过产品”申报表）一式两份并按内容的要求填写，盖章。

2．申报材料统一用A4规格纸，申报单位将申报表及第六条规定的材料于3月10日前派专人报送协会秘书处。

3．申报企业在报送申报资料的同时，需缴交报名费500元，评审费（含奖牌、评审劳务、表彰、宣传资料费等）所需费用按实际收取。

第七条　申报“信得过产品”的单位，先到广州市建筑装饰协会或所属的装饰材料委员会领取“申请表”按要求填写并提交有关材料；受理后由广州市建筑装饰协会组织有关专家、评委严格依照本办法规定的标准对申报产品进行评审，凡符合本办法之标准的申报企业经评审认定为广州市建筑装饰行业“信得过产品”，名额不限制。合格者颁发“信得过产品”奖牌和证书，并在相关媒体上公布。

第八条　经评审认定为“信得过产品”的单位，召开颁奖大会，授予“广州市建筑装饰行业‘信得过产品’奖牌一面和获奖证书一本，并在我会编辑出版的会刊《广州装饰》上通报表彰。

第九条　“信得过产品”有效期两年，并实行年检制度，未办理年检的产品单位“信得过产品”的奖牌和证书无效。

第十条　参加上述评审工作的有关人员要秉公办事，廉洁自律，不得接受任何邀请和礼物，申报企业也要坚持实事求是的原则，不弄虚作假，违者取消其评审和参评资格。

上海市建筑装饰施工企业优秀项目经理评选办法（试行）

上海市装饰装修行业协会

第一条　为提高本市建筑装饰（含建筑幕墙，下同）工程项目管理水平，鼓励建筑装饰施工企业项目经理敬业爱岗，发挥“品牌”效应，高质量、高效益、高水平地搞好工程建设，努力培养和造就一支高素质的项目经理队伍，上海市装饰装修行业协会（下简称本会）决定每年进行一次上海市建筑装饰施工企业优秀项目经理评选活动，由建筑装饰专业委员会具体组织实施。

第二条　上海市建筑装饰施工企业优秀项目经理，是本会在行业内授予企业施工项目经理的荣誉称号。

第三条　上海市建筑装饰施工企业优秀项目经理每次评选原则上不超过80名，其中一级项目经理不低于70%，二级项目经理不高于30%，推荐名额原则上以企业完成的年度产值确定，年产值1亿元及其以下的1名，1～2亿元的2名，2～4亿元的3名，4亿元以上的4名，特殊情况可适当平衡。

第四条　为了不断推出新的优秀项目经理，凡已评上优秀项目经理的，须轮空一次方可再参加评选。

第五条　认真从严把好推荐、评选关，凡发生重大质量、安全事故和项目成本亏损的，不得推荐，不予评选。

第六条　上海市建筑装饰施工企业优秀项目经理评选条件：

（一）坚持党的四项基本原则，坚持两个文明一起抓，热爱事业，无私奉献，有开拓创新精神，在工程项目管理实践中取得优异成绩。

（二）在岗并具有建筑业一、二级施工项目经理资质满二年及其以上者。

（三）对工程项目进行有效控制，严格履行合同，遵守各项法规，认真执行技术规范和强制性标准，积极推广应用新技术、新工艺、新材料，工程项目管理处于同行业领先水平。

（四）工程质量管理好，至少获得过一项市级以上工程质量奖或二项区（县）级以上工程质量奖。

（五）严格财务管理制度，强化项目成本核算，有效地控制工程建设成本，并取得明显的经济效益。

（六）施工现场管理好，在评选年度内未发生过安全事故或因不文明施工而受到管理部门的处罚或通报。

（七）有丰富的工程项目管理经验，至少承担过一项500万元以上或两项200万元以上的代表工程，且工程项目已竣工验收。

（八）以身作则，廉洁自律，遵纪守法。能正确处理国家、集体和个人三者关系，关心员工，团结同志，塑造项目管理班子良好的社会形象。

第七条　申报办法：

（一）企业按照评选办法、评选条件进行对照，认真研究，做好申报推荐工作。

（二）申请参加评选的项目经理须填写《上海市建筑装饰施工企业优秀经理申报表》（以下简称申报表）一式两份，并附下列资料，一并报送上海市装饰装修行业协会建筑装饰专业委员会：

1. 申请人项目经理资质等级证书复印件；
2. 获奖工程奖项证书复印件；
3. 所承担的代表工程合同、竣工验收证明复印件；
4. 其它业绩资料复印件。

（三）上海市装饰装修行业协会建筑装饰专业委员会对申报材料进行初审，并提出初审意见。

（四）召开评审委员会会议评议审定。

第八条　被评为上海市建筑装饰施工企业优秀项目经理者，发给荣誉证书，并在本会会刊及有关报刊给予公告（施工队伍，建筑时报），并上报市项目经理管理部门备案。

第九条　采取欺骗、隐瞒事实等不正当手段获得上海市建筑装饰施工企业优秀项目经理者，一经查实，取消称号及收回荣誉证书，在原刊登公告的报刊上消除影响，停止三届推荐申报资格，并建议行政主管部门给予降低项目经理资质等级一级的处罚。

第十条　评审委员会工作人员，要严格工作纪律，在评审工作中玩忽职守，徇私舞弊的，根据情节轻重给予相应处罚。

第十一条　本办法由上海市建筑装饰装修行业协会负责解释。

第十二条　本办法自颁发之日起试行。

在宜昌市建筑装饰协会成立大会上的讲话

中国建筑装饰协会　会　长　**马挺贵**

（二○○三年七月二十五日）

各位领导，各位同仁：大家好！

在全国人民抗击非典取得决定性胜利之际，非常高兴参加宜昌市建筑装饰协会成立大会，首先让我代表中国建筑装饰协会，向宜昌市建筑装饰协会的成立表示热烈的祝贺！向在本次大会上当选的理事、常务理事、各位会长表示热烈的祝贺！向宜昌市建筑装饰行业的同仁们表示崇高的敬意！向长期以来支持和关心协会工作的宜昌市政府、建设局、民政局的领导表示衷心的感谢！

宜昌市建筑装饰协会的成立，是宜昌市各级政府站得高、看得远，高度重视协会作用的结果，是宜昌市领导与时俱进、改革创新的产物，也是宜昌市建筑装饰企业和广大从业者，积极努力、认真工作的结果。

宜昌是长江沿线经济开发的重点城市，也是举世瞩目的三峡大坝所在地，三峡建设的前景，为宜昌地区建筑装饰行业的发展提供了巨大的市场空间。当前宜昌市装饰行业不仅总产值已超过5亿，并形成了一批具有一定实力的企业。宜昌市建筑装饰协会是一个高起点、高标准的协会，它标志着宜昌市建筑装饰行业发展的成熟，也预示着宜昌地区建筑装饰行业美好的明天。希望宜昌市建筑装饰协会明确工作方向和目标，加强自身建设，发挥桥梁和纽带的作用，为政府、企业、消费者服务方面多做工作，不仅在行业管理、规范市场，推动行业健康有序发展方面发挥重大作用，同时在工作中取得更大成绩，创造更多成功的经验，真正成为行业管理的主体，行业利益的代表，行业发展的引路人。

建筑装饰行业是我国国民经济发展中一个新的增长点，同时在全面建设小康社会中也具有重要的地位，“小康不小康，关键看家装”，表示了建筑装饰业已成为建设小康社会的重要标志。不仅对于推动国民经济增长和人民生活品质的提高，对于推动精神文明建设，提高人民文化、艺术素质，对于带动国民经济相关产业的发展，提高国民经济整体运行质量和扩大内需、增加就业等方面，都有着重要的作用。行业发展需要加强协会建设，在加入WTO后，行业协会的职责将越来越重，作用越来越突出。但从全国建筑装饰行业协会建设中，还有相当数量的省、市没有建立建筑装饰协会。在已经成立的协会的省、市中也存在着自身建设薄弱、管理职能不到位、多头管理、重叠交叉等问题，需要我们进一步加强工作，把我国建筑装饰行业协会建设好，把协会工作不断推向新的高度。

2003年是我们全面贯彻落实党的十六大精神，与时俱进，开拓进取，全面建设小康社会的第一年。中国建筑装饰协会在总结五届会员代表大会以来工作的基础上，今年安排了10项重点工作，包括科技创新、行业自律、企业排序、设计竞赛、管理交流等等，其中重要的一件工作就是要推动和支持成立地方装饰协会，健全协会工作体系，加大吸收会员的力度，提高协会工作覆盖面和行业代表性，为承接更多的行业管理职能奠定组织基础。希望宜昌能提供更多成功的经验，也希望看到宜昌市建筑装饰协会在工作中的更多成果和绩效。

最后，再次祝贺宜昌市建筑装饰协会成立！祝宜昌市建筑装饰行业兴旺发达！祝在座的各企业、会员单位兴旺发达！

谢谢大家！

值得推广的一项行业创新

——记汕头市装饰协会成立一周年

中国建筑装饰协会名誉会长　**张恩树**
信息部主任兼会刊《中国建筑装饰》主编　**黄　白**

一、问题的提出

经过一年的观察，我们于2003年1月17日～20日到广东省汕头市，出席了1月18日汕头市装饰协会成立一周年庆典活动和1月20日汕头市装饰行业发展座谈会，期间还考察了当地优秀装饰企业参观了典型装饰工程。

我们近距离的进一步认识、了解、思考了这一由民间自发组织，经政府法定注册的汕头市装饰协会的创新运作及其良好效果，感慨不少，收获颇多，愿向业内作一介绍和推荐。

二、汕头的装饰业

汕头地处广东省的东部，1928年建市，有悠久的文化、经贸传统，并以在海外的华人数量多且有巨商驰名，如李嘉诚、林百欣等，汕头人素有中国“犹太人”之称，世界华人十大首富中汕头籍者有4人。因汕头市下辖潮阳市，故又称“潮汕”地区。改革开放后汕头市为我国5个经济特区之一。

据我们统计，全国现有一级装饰施工企业470家，其中广东有66家，包括深圳37家，汕头5家（广东建华、建安、晶莹、振侨、特区建华）；全国甲级装饰设计267家，其中广东有51家，包括深圳28家，汕头2家（广东建华、特区建华）；全国一级幕墙施工企业90家，其中广东有18家，包括深圳8家，汕头1家（广东金刚）。

业内戏称：广东装饰行业有两大宝——开平出“人工”（尤以木工见长），汕头盛产“项目经理”（企业家）。广东装饰行业在全国居领先地位，深圳在广东居领先地位，一级装饰企业中有一批老板是汕头人士，著名的如长城的张朝煊、华辉庄志伟等，又如广东省建筑装饰集团公司董事长兼总经理女企业家陈婵英，深圳的装饰企业几乎每家管理层和项目部都有汕头人。汕头市年均装饰工程产值30多亿元，其中家装占50%。现在外从事装饰行业的人士约有十几万人。多年来在业内和社会上的诚信良好，口碑颇佳。

由此可见，汕头是我国装饰行业的发源地之一，行业发展十分发达，规模和水平居全国前列，对全国装饰行业的发展贡献很大。

三、汕头市装饰协会的筹备与成立

随着汕头装饰行业的迅速发展，业内迫切需求有自己的行业社团，以服务、维权并自律。于是，一批汕头装饰企业家自发主动相商成立装饰协会，他们的想法得到了政府登记主管部门的积极支持。同意的主要理由是，按照“三个代表”的重要思想，在政府引导下，汕头市首先成立在区域经济中有特色、有优势和重点、强项的行业，重点发展纯民间行业协会，一业一会。目前经市民间组织管理局批准注册成立的共有装饰、纺织服装、制药、美容、塑胶等5大行业纯民间协会。市建筑业协会在2003年春节前后组建。《汕头市行业协会暂行办法》将由市政府发布。

2002年1月18日，全部由个人会员组成的汕头市装饰协会召开成立大会，出席会议的有关方面领导有汕头市委宣传部副部长林小斌，市经贸局局长周勤宜、副局长林夏阳，市民间组织管理局局长刘松明、副局长黄锡强，市质量技术监督局林程泽，汕头大学艺术学院副院长陈志民；有从事装饰设计、施工、材料生产、营销、中介等方面的代表132人。

119名会员以无记名书面的方式选举产生17人组成的第一届理事会及其领导机构，全部是装饰企业家。会长：广东建华装饰工程有限公司董事总经理陈展群，常务副会长：汕头特区雅达环境艺术设计事务所总经理陈维，副会长（5人）：广东建华装饰工程有限公司设计室主任方亮、汕头市百得建筑装饰设计有限公司总经理王淳、广东金刚玻璃科技股份有限公司董事长庄大建、汕头市爱富兰装饰工程有限公司董事长肖汝朋、汕头博一景观设计有限公司总经理郑少文。秘书长：汕头市网鹰网络有限公司总经理辛忠。

2002年2月22日，汕头市民间组织管理局做出《关于同意汕头市装饰协会办理社会团体法人登记的批复》（汕民间批[2002]3号），汕头市装饰协会正式登记注册，取得合法地位。

四、汕头市装饰协会的工作特点

1．大行业的概念，协会会员包括装饰承包商的设计和施工、材料制造商、经销商，以及网络、法律等中介机构。

2．会员全部是个人会员，平均每个季度以 20 人的速度发展，到 2002 年底已达 205 人。会费缴纳率达 95%，标准是每人每年 300 元，协会认为，随着协会服务质量供给能力的提高，将来再由理事会讨论适当增加。

3．家装市场基本上被会员企业所控制。

4．推行室内设计取费最低限价制度，家装设计不低于 30 元/m^2。

5．制定了《汕头市室内装饰装修工程施工合同》、《汕头市室内装饰设计合同》等行业规矩。

6．组织会员 20 多人赴澳大利亚参加“第 14 届商业和住宅室内设计展览与国际研讨会”，组织会员 80 多人参加“香港室内设计研讨会暨广州国际家具博览会”等行业交流活动。

五、汕头市装饰协会成立一周年庆典

2002 年 1 月 18 日，汕头市装饰协会成立一周年庆典在五星级君华大酒店举行。出席此活动的有汕头市副市长欧阳志鸿，市经贸局副局长林夏阳，市民间组织管理局副局长黄锡强等当地主管领导，有汕头大学艺术学院副院长陈志民，汕头市装饰协会会长陈展群，常务副会长陈维，副会长方亮、王淳、庄大建、肖汝朋、郑少文，秘书长辛忠，办公室郑闽燕，以及会员代表 230 多人。大会由郑少文副会长主持。

大会首先由辛忠秘书长作协会 2002 年工作总结和 2003 年工作安排的报告。接着由陈维常务副会长宣读《汕头市装饰协会行业诚信公约》，与会代表以签字表示支持并承诺。陈展群会长致辞。大会以无记名书面的方式选择汕头市装饰协会会徽。与会领导相继作了重要讲话。

黄锡强副局长指出，汕头市装饰协会是全市 20 多个协会，特别是 5 个纯民间行业协会中工作比较好的，在装饰行业发展作用很大，发挥了政府难以起到的作用，我们感到很满意。他强调，过去是“政府搭台企业唱戏”，而现在是“协会搭台企业唱戏”，因此协会要认真履行“服务”宗旨，加强行业自律，从诚信做起，广为宣传，监督执行。

欧阳志鸿副市长代表市政府对汕头市装饰协会成立一周年表示热烈祝贺。他认为，汕头市经济发展好于预期，包括建筑装饰这一有影响力的行业，装饰行业是全市经济发展的一个典范，有凝聚力、号召力，非常具有生命力，今天来这么多人也是一个证明。他同意陈展群会长工作报告中提出的行业发展思路和黄锡强副局长提出的协会工作要求，根据市场经济的规律，政府职能将大量转移给行业协会承担。他强调政府各部门都要加强服务意识，为协会、为企业发展多做实事。

我们也在大会讲了话，指出汕头市装饰行业组织了具有民间性质的协会，没有官方色彩，这在全国是个首创，是市场经济发展的必然趋势，符合“三个代表”的重要思想。汕头市装饰协会经过一年的运作，效果良好，工作很有成就，我们感到非常欣慰。汕头市装饰协会的创举是具有方向性的，要学习、总结并推广汕头好的经验。祝愿汕头市装饰行业在新一年中大发展大提高，协会工作更上一层楼。

值得一提的是，虽然会议主持人没有通知关于手机的问题，但 1 个小时的会议却只有一声手机响，令人叹服。

六、汕头市装饰行业发展座谈会

1 月 20 日，汕头市装饰行业发展座谈会在四星级龙湖宾馆举行，参加会议的有汕头市装饰协会常务副会长陈维，副会长王淳、庄大建、肖汝朋，协会常年法律顾问辛挺。座谈会由秘书长辛忠主持。大家就企业资质和设计人员从业资格等市场准入、生态与环保、雕塑与环境、设计趋势、人与自然等业内感兴趣的问题，广泛、深入、民主、有效率的交换了意见。

我们进一步感受到，汕头市装饰行业虽然才成立一年，但是工作很有成效，协会工作者十分敬业、勤奋，从业者十分智慧，有战略眼光，行业发展很有前途。

参加座谈会汕头装饰企业还有丽景的经理兼设计总监李伟光、自由设计人容大齐、艺华的经理杨伟明、旅游的设计师邹旋波、森艺的经理陈木池、卓发的设计师张文发、盘古的设计师郑盈洪等 20 多位。

七、汕头当地媒体反映

汕头当地媒体对装饰协会的活动显示出热情。《汕头特区晚报》总编蔡谦、首席记者郑宇晖、专刊副刊部记者周才豪到会作了深入采访。1 月 19 日，汕头电视台晚间新闻立即作了报道，1 月 19 日《汕头特区晚报》头版作了报道并配发了照片，重点是行业自律。1 月 20 日《汕头日报》作了长篇报道，称装饰协会是业界的“娘家”，乐于牵线搭桥。

八、考察当地优秀装饰企业

我们在汕头市装饰协会会长陈展群、常务副会长陈维和秘书长辛忠陪同下，考察了 1 家理事单位——汕头市大斑马环境设计公司和 4 家副会长单位——汕头特区雅达环境艺术设计事务所、汕头博一景观设计有限公司、汕头市爱富兰装饰工程有限公司、广东金刚玻璃科技股份有限公司。

汕头市大斑马环境设计公司所设计施工的金新花园家装 4 套样板房，设计有特色，施工水平上乘，价格为 800 元/m^2，北京同类家装至少比其高 300 元/m^2，问其奥妙，总经理兼设计总监陈友发指出，这是会员企业（设计、施工、材料生产、供应）协作的结果。

汕头特区雅达环境艺术设计事务所以“坐等”工程见长，总经理陈维的业务能力、职业道德、行业公益心和号召力在当地口皆颇佳，行业威信很高。

汕头博一景观设计有限公司总经理郑少文以作方案设

计而远近知名，并形成了专业化作业。

汕头市爱富兰装饰工程有限公司近两年以专门承接广东地区农业银行系统的装饰工程为长项——以专业化发展为目标模式，进步神速，并编写出《中国农业银行广州分行营业网点装饰工程施工图集》，为此 2003 年晋升甲级装饰设计资质。其运作的思路是：信誉第一，服务至上，时刻关注客户焦点；质量第一，激情创艺，持续改进与时俱进。品质方针是：装饰工程合格率 100%，优良率 80%。该公司位于市中心广场上万平方米的爱富兰家居商场在汕头市十分出名。

广东金刚玻璃科技股份有限公司董事长庄大建是中国建筑装饰协会在汕头市的惟一一位理事，是我国最好的幕墙企业之一，其经营理念不是赶潮流而是瞄准世界最先进的技术，科技创新意识和市场运作能力都很强，如铯钾防火玻璃和光电玻璃达到世界先进水平，目前只有个别国家能生产，防火玻璃已纳入国标《建筑用安全玻璃防火玻璃》（GB15763.1—2001）（金刚公司为起草单位之一）等多部规范中，市场前景甚佳。金刚公司近在新加坡机场、泰国机场承接了高新技术玻璃幕墙工程，年出口深加工玻璃 5000 多万港币，2003 年企业将上市，将成为我国继深圳方大、深圳西林、武汉凌云之后第四家上市的幕墙企业。

通过此次汕头之行，我们相信：汕头市装饰协会这一符合市场经济规律和“三个代表”重要思想的新鲜事物，将进行更加有益的探索，是值得推广的一项行业创新。我们感到：汕头市装饰协会的作法，尤其适应还没有成立装饰协会的中小城市，发展才是硬道理。

行业协会要当好一个代表，做好两项维护，处理好三个关系，发挥好四项职能

——2003 年 9 月 16 日在北京市建筑装饰协会三届六次常务理事会上的讲话

北京市建委行业协会改革领导小组副组长 工作小组组长 纪委书记 **朱二宏**

永富主任（北京市建委主任、市建委行业协会改革领导小组组长）分工让我对协会工作进行一些研究，做一些工作，满打满算大概半年了，协会这块儿我是门外汉，对协会不了解，对企业更不了解。我是 2002 年 9 月份来建委的，来之前建委到底是干什么的不知道，所以一直在学习，今天来也是学习，另外也想听听情况，听后有这么三点感受。

一是建筑装饰协会确实在服务企业、促进行业发展、在行业的标准的制定以及行业行为规范和行业的组织协调方面以及促进提高企业管理水平、增强企业市场竞争力和拓展市场发挥纽带桥梁作用等方面做了不少实事，发挥了很好的作用，尤其在服务内容、服务手段、服务方式创新上有思路，做了些实事，也迈出了步子。比如：设计联谊、古建联谊、国际采购联盟等等，包括对下一步建造师等的着手培训，都体现了协会在服务内容上、服务的手段上、服务的方式上的与时俱进。应该说在建委系统协会中，装饰协会还是办得有声有色的，是大有希望的。

二是建筑装饰业在建筑业当中的地位和作用越来越突显出来。比如从建筑业的投资比例上来看，在整个工程的投资比例上装饰的投资比例在日益变化，比例多少我说不太清楚，但我有一种感觉，尤其是随着人民群众生活质量物质需求的日益提高，对装饰业的要求也越来越高，在建筑业当中装饰的科技含量水平，艺术水平是一个标志，装饰在建筑业当中是血肉，你这个建筑物活不活，有血有肉才是生动形象的。只是单独一个主体结构放哪儿没用，没形象没内容，也没有实际的功能，因此，我认为它是建筑艺术的凝结。所以我觉得装饰业的发展从古到今，从大到小，再大的工程再大的建筑都得上装饰，再小的每家每户的房子也得装修，而且涵盖面是很大的，环保问题、健康问题、舒适问题、安全问题，装饰质量都是每家每户老百姓最关注的问题。协会作为企业的一个家来说，确实非常重要，怎样发展我们这个行业，我看你们有目标：“立足北京，走向全国，奔向世界”，也有企业的行业的精神“开拓创新，诚信守法，务实高效，团结奋进”，这些都已经提出来了，我非常赞同。由于是外行，所以说不大清楚，反正我觉得装饰业是非常重要的，行业发展的水平、行业发展的程度，也是北京建筑业乃至我们中国建筑业的形象，或者说在世界上你能不能打出去，看我们的装饰业，不在土建上，工艺的东西在这儿，精华的东西在这儿。

三是想说说行业协会，行业协会我认为第一要当好一个代表，现在讲“三个代表”，我说行业协会要 “当好一个代表，做好二项维护，处理好三个关系，发挥好四项职能”。

当好一个代表：行业协会它是一个市场经济的产物，协会应该是利益代表者、利益反映者为基础的一个社会组织，代表我们同业企业、代表我们的会员单位，是他们的利益的代表者，而且是他们的利益的反映者；我觉得这是我们协会从计划经济走过来，走到今天，在市场经济下在入世的条件下，觉得这个问题尤显突出，换句话说，你行业协会谁是基础呀?企业是基础，企业信不信你，企业依靠不依靠你，也就是认同度如何，认同不认同你，协会的工作标准就是一个，你的会员单位拥护不拥护你，赞成不赞成你，支持不支持你，所以说就是一个认可度的问题。如果你的会员单位就是我们

的同业企业认可，是我们大家办起来的，是我们利益的代表者，是我们利益的反映者，那我们支持他，他就是我们的家，就是我们自己的，那么协会就办好了，应该是这么一个衡量标准，一个认可度的问题。

做好两个维护：一个叫维护好会员单位的利益，一个叫维护好市场秩序。协会的服务功能和协会的自律功能，现在大家一提自律觉得不好，实际上我们行规行约的制定或者我们行业协会的自律，我个人看法是一个我们所有企业共同受益的一个机制，在这个问题上和政府的职能是相连接的，所有的企业竞争是肯定的，难免的，但我们竞争是为了发展，竞争不是要把别人都打败，把别人都消灭，不是这个概念。而是我们在这个过程中共同发展，寻求一种发展的机制，自律是大家共同受益的一个机制，比如我非常赞同混凝土协会解决垫资款的问题，垫资现在已经把我们的施工企业搞到破产的地步了，已经不是发展的问题，而是生存吃饭的问题，这个问题政府发个文是解决不了的，怎么解决呢?我赞成他们，如果用混凝土你要这么拖欠的话，那我们全行业拒绝，给你发个律师函，我是代表行业维护会员的利益，维护他的利益本身就是维护我们所有企业的利益，所以特别是在市场经济的条件下，好多东西政府不能管，政府也不便于管了，你比如北京市场问题，现在是两种声音，一种声音是上面批评北京不开放，现在又有一种声音希望政府把门槛关一点，现在北京市场太开放了，对我们有点保护吧，进来企业太多了。但不管什么声音，核心问题是市场，政府不可能去把市场门槛垒高了，政府不便管，政府也不能管，市场也不好解决，行业协会就应该在这里插进来，行业协会还可以干呀，你要建立一种绿色的屏障，我们行业协会在现在市场竞争非常激烈的情况下，怎么使得它有序，我希望你们协会能迈出步子，能创新走出新路子来。

处理好三个关系：一个是与政府的关系，一个是协会与企业的关系，再有就是协会与社会的关系，或者说与市场的关系。比如刚才说的采购联盟，但有一条必须说明，协会在这里不能再成为淘金者，这是不行的，协会就是为企业的，协会的资产都是属于我们会员的，都是大家的，应该是这么一个概念，所以我觉得要处理好这三个关系。与政府是什么关系呢?这需要一个过程，但终究的方向是协会和政府是合作的伙伴，是合作者，是伙伴，是平等地位的协商。那么协会和会员和企业是什么关系呢?你得代表他的利益，反映他的利益，而且你得服务他，之间的问题你要协调，不仅协调我们的同业企业，还要去协调会员单位以外的，创造条件，帮助他们打开市场，拓展市场。

发挥好四项职能：协会要发挥好行业服务，行业自律，行业代表和行业协调四个职能，这是目前已经在全国取得共识的，就是行业协会到底他的基本职能是什么?具体到四项职能就比较多了，有的十条，有的二十条，那就看我们的发展程度如何了。

我想借这个机会说这么三点，另外向大家通报一个情况，就是关于协会的发展问题，从近两年北京的政府文件，京政办发[2001]27号文，就是入世后北京行动纲领里其中有一大段关于大力培育各类行业协会，充分发挥行业协会在制定行业标准，收集行业市场信息，指导行业发展，维护市场秩序和解决国际贸易争端方面的作用。在现在市场经济全球化的状态下，这些问题怎么办呢?协会就得解决，就得出面。还有京政发[2003]4号文，就是政府的职责功能里头的第46条，倡议大力培育各类行业协会，健全和规范社会中介组织，转移政府承担的社会职能。市委的6号文，进一步优化发展环境意见中第26条也提到要按照市场经济的要求，将政府承担的部分社会服务职能逐步从政府行政职能当中剥离出来，移交给各类行业协会和社会中介机构。京办发9号文也是要制定行业协会和社会中介机构管理办法，对现有行业协会工作现状进行调查，加强指导和监督工作。按照这些文件要求，2003年北京市应该说对行业协会和社会中介组织的发展问题已经列入市委市政府的重要工作内容。刘淇书记已经在2003年3月批示着手调研，明年人大要对行业协会立法，上海已经立法了，深圳已经立法了。国家法制办也在研究社团管理办法。总而言之，就是为什么协会的发展这样快呢?协会的发展可能随着市场经济体制的完善进一步的发展，它会越来越加速，现在已进入一个提速期，应该说我对这方面工作非常着急。

协会的发展依赖于政府职能转移和市场的经济化程度，政府很多职能肯定是要转移出来的，甚至马上就要转移出来，比如说搅拌站我们过去是审批，现在政府不再批了，怎么办呢?协会能不能管呢?协会可以补空挡啊，你补得上补不上，再继续用审批的方式恐怕不是一个办法，但是怎么管呢，协会可以去管啊，可以在市场预测、定价、组织方面去协调，可以做很多工作，方式可以改变。总而言之，我觉得很快就能落实，所以我就觉得政府委托协会的或者说政府转移出来的很多不再管的一些职能，取决于我们协会自身发展的成熟度。还有一个就是你社会覆盖面的问题，比如现在政府授权，像上海现在就是采取授权的方式，他们的授权方式就是你这个协会必须是同行业企业相当大的面，我们现在很多协会还处在只能国有企业才能入会，“十六”大提出一个很重要的概念就是叫做混合所有制经济，“十六”大报告中第一次提出这个概念，那么现在所有制是多种形式了，从行业协会的角度我觉得不认公和私，大家都是一分子，应该发展这个覆盖面，《北京内参》上有一条报道说：洋企业抱团，协会亟待增容。我觉得非常好，不要再去分姓公姓私了，你的代表性强，你能代表这个行业，那么行业管理的职能自然就转移到你哪去了，很简单，就这么个概念，所以我希望在这些方面我们能有所突破，希望我们协会有更大的发展。

（根据录音整理　未经本人审阅）

怎样做好行业协会的秘书长

丛廷才

以“三个代表”重要思想为标志，我们国家的改革开放进入了一个新阶段。新阶段的特点就是应对我国加入WTO后建立社会主义市场经济体制。而建立这种体制的前提是政企分开。政府职能由对企业的微观管理转为宏观调控。实现这种转变后，政府宏观管理与企业微观活动之间的路断了，需要由中介组织——社团，在两者之间架起一座桥。行业协会，就成了政府与企业的桥梁和纽带。我们长春市建筑装饰装修行业协会就是在这种情况下，在联系企业、联结市场、协调关系、服务行业等方面将发挥着越来越重要的作用。

行业协会是改革的产物，同时对改革又有巨大的反作用。它既要服务于政府和企业，又要独立于政府和企业，这样，从长远的角度出发，行业协会秘书处组成人员，尤其是秘书长，如同政府公务员和职业企业家一样必将走向职业化。因此，我们必须从现在起，培养和造就一批德才兼备、年富力强、热爱行业协会工作，愿终身以从事行业协会工作为职业的优秀人才。

一个行业协会是否有活力，是不是能按章程为广大会员企业服务，就目前情况来看，秘书长起着关键性的作用。秘书长是行业协会常务领导者，应该是行业协会组织的核心人物，行业协会工作的关键人物，行业协会活动的策划、导演、指挥人物。同时，又是会员企业的公仆、参谋、助手和顾问。所以，选好秘书长关系到行业协会的声誉和活力。那么，作为特殊岗位上的秘书长应该有什么样的职业特点、具备哪些能力呢？

一、组织协调能力

行业协会工作不同于政府的行政工作。行政工作是靠权力和命令来推动的，而行业协会工作完全是靠组织和协调来开展的。完全是靠自身的能力，没有什么可以依靠政府职能的便利，没有现成的作法可以借鉴，这样，不管是组织活动，还是组织研讨，都需要较高的统筹规划能力，协调人际关系的本领，调动会员企业积极性的办法和体现出社团工作的鲜明特色。这就要求秘书长精通理论、了解实际、拿出点子、把握大局。

工作中既要组织又要指挥；既要有种子的作用，又要发挥磁石的功能，只有这样才能把会员团结在自己的身边，形成合力，把行业协会工作做得有声有色。在实际工作中，秘书长上有领导，需要请示工作，反映情况；下有会员单位，要做大量的联系协调工作；前后左右还要与其他相关行业协会、综合部门及有关单位联系、公关。秘书长应该是位出色的外交家、社会活动家。

二、优质服务能力

行业协会与会员企业没有行政隶属关系，企业参加与退出行业协会全凭自愿，这就决定了行业协会的宗旨只有两个字，服务。为政府服务、为会员服务、为行业服务、为社会服务。作为秘书长优质服务是事关行业协会工作方向的大问题，也是行业协会凝聚力甚至生命力的关键所在。秘书长应该永远是一滴水，只有溶入企业，汇入会员单位这个大海中，才能永不干涸，才会涌起美丽多彩的浪花。秘书长要通过多方面的周到服务，为广大会员办实事、办好事，使会员能够切身体会到参加行业协会组织的优越性。

秘书长要把坚决维护会员企业的合法权益作为头等大事来抓，把社会热点、企业难点，作为自己工作的重点，要勇敢的代表会员企业利益和要求，向政府、向社会呼吁。秘书长应凭自己的人格、学识、才能、威望，产生一种影响力、号召力、亲合力，由此唤起人们对自己的信赖感、敬重感、亲密感，以此广交朋友。同时用自己兢兢业业、勤勤恳恳、任劳任怨、甘当人梯、做铺路石的精神和高度事业心、崇高职业感赢得支持和信任。

三、捕捉信息能力

当今时代，是个网络信息时代。企业在社会主义市场经济活动中，急需交流信息。秘书长应把捕捉信息作为自己开展工作的重要手段，通过一切机会、场合、形式、渠道和手段，了解市场信息、网络信息、经济信息、产业信息、投资信息、改革信息、科技信息、工程建设信息、社会信息、法律政策信息等，及时掌握政府部门工作重心，领导者决策者的兴奋点，了解熟悉会员企业的经济状况、工作情况，领导层、管理层、作业层的喜怒哀乐，经过去粗取精，去伪存真一番筛选，博采众议，群策群力，组织信息交流、经验交流、工作交流、研讨交流。

使会员企业不仅了解一个单位、一个部门、一个地区；还了解了市场、了解了全国、了解了世界。秘书长从了解信息到掌握信息，到开发信息，内存有价值的信息，删除垃圾信息、假信息，签约信息共享，连网朋友情感，帮助会员企业，从而开阔视野，拓宽思路，启发思维，打开局面，提高市场占有份额，形成规模经营，达到规模效益。

四、总结宣传能力

在改革大潮中，秘书长要与企业同命运共呼吸，不失时机地抓典型，推广经验。利用各种新闻媒体和宣传手段评先进、树样板、鼓士气，宣传包装企业，提高会员企业的知名度。使先进的会员企业，优秀的企业经理，网络奇才在电视上有影，在广播中有声，在报刊上有名，在网络中有形，通过实事求是的宣传，扩大这些建筑精英、行业典型、时代骄子的影响力，造就一支宏大的职业企业家队伍。

关于培训管理活动的一些思考

西安建筑装饰装修业协会副秘书长 陕西西安建筑装饰培训中心主任 **赵洁心**

改革开放以来，我国的各项事业得到了长足的发展，建筑装饰业作为国民经济支柱产业——建筑业的三大行业之一，腾飞猛进。形势喜人，形势逼人。如何抓住这一大好机遇，使建筑装饰行业再创辉煌，是摆在建筑装饰行业领导者和培训者面前的严峻考验。

现将培训管理活动中的思考叙述如下：

一、管理活动的实施概况

陕西西安建筑装饰培训中心本着“求实、创新、严谨、奉献”的教学宗旨，于2002年底订立了2003年教学管理活动纲要与执行计划。经过半年来的实施，在管理工作中，我利用已学的理论知识来指导自己的工作，在全体员工的努力拼搏下，已经初见成效，一些项目获得突破性进展，为教学培训打下了较坚实的基础。现按六项内容分叙实施概况。

1.为实现我们的培训宗旨。在当今竞争激烈的条件下，为了争取更多的培训学员，开拓更宽广的服务区域，获得更好的经济效益和社会效益，我们按着预先安排的计划广泛地进行社会调查和市场调查，经过这些调查，为我们指引了工作方向，使我们注意到，哪些地区、哪些领域、哪些企业、哪些人员需要我们去为他们培训急需的和适度的人员。

2.为了实现我们的一流教学效果。使经过我们培训的每一个学员都能在工作能力上有明显长进。我们先从选拔教师入手，广泛招聘有理论知识还有实践经验的老技术人员当讲课教师，大大强化了我们的师资队伍。这些教师，能利用图形教具形象地深入浅出地讲解，层次分明，逻辑性强，使一些文化水平本不高的学员也都能听懂，能接受所讲的知识与技能，学员反映良好。提高教学质量的另一重要途径是要有自己的教材，我们广泛收集社会上各专业的流行教材，对其进行分析比较，选优汰劣，保证教材的质量和适应性，对不完善的教材，组织教师补充编写，达到满足要求。

在教师教材这一教学的核心环节的精选与锤炼之下，教学质量较去年有明显提高，学员考试的合格率由原来的89%提高到95%。成绩优秀率则由原来的28%提高到35%，出现了明显上升的可喜局面，这是教与学管理活动的胜利。

3．教学管理活动中另一重要内容是开展建筑装饰专业英语培训。发展中的中国，建筑装饰系统仍是一个后进环节，建筑上的技术与设备从国外引进相对较少，考虑到我国加入WTO后，国外建筑设备与投资必将涌入我国。为了迎接这一新形势的到来，为了增强我国与外国之间又竞争又联合的实际需要，考虑到建筑行业从人才到管理，从技术到设备材料均要迅速与国外接轨。因此，对培养建筑专业英语人才是势在必行，而且估计人才需要量不小，加上2008年奥运会场馆等建设项目国外的介入，对建筑英语人才需要更加迫切，基于这种思路，我三年前就领悟到这点，就着手要编辑一套英语教材的构想，广泛地收集资料。

4.日夜忙于编辑，寻求专家们的指导帮助。三年的辛勤笔墨终于在今年编审出一套较完整的建筑专业英语培训教材：《建筑市场实用英语》、《建筑工程英语》、《建筑装饰英语》、《建筑英语 900 句》、《工程索赔英语》、《建筑阅读英语》、《建筑例句及词语》这七本英语教材，并有相应的四册谐音英语《建筑装饰》、《建筑工程》、《物业管理》、《的哥英语》。填补了我国建筑专业英语教材的空白，为国内在这个领域的培训提供了唯一的教科书。该书目前已经审核定稿，即将制版印刷。如果一切顺利该书在八月份就要问世了。这是我们下半年计划开办的《建筑英语900句》、《工程索赔英语班》、《招投标实例英语班》培训准备的教材。

5. 教学检查。在 2003 年的管理活动中的另一项计划安排是进行教学检查，“尽管要持续监察的是结果本身的质量，但人们却称这种系统为质量管理系统，原因是这个系统的目的，是要在系统运作的各个层面上，监控所实施的各种程序能产生预期中期待结果，以确保结果的质量”。我们的教学检查就是为了保证最后结果的质量而进行的。我们进行了广泛的内容检查，包含教学活动的检查、教学管理的检查，以及这些活动的效率和效益的检查。检查的内涵是：在教学活动方面，及时检查教师的备课教案及进度安排与完成情况，检查学员听课的效果、作业完成情况以及考试的合格率与优秀率。在教学管理方面，主要是检查教学管理人员的工作状况。例如每期培训前的教师、教材、学员、教室等的筹备状况，教学活动中的人员生活、环境及活动支援状况，与所在环境的相容性和适应性如何。培训结束后的工作总结检查。工作总结中应有教学结果的质量分析、效益分析等重要内容，特别是培训学员的合格率与优秀率，以及在保证各项活动正常而必须的经费开支满足之下，平均培训一个学员要花去多少钱，为中心的发展能挣多少利润来支援再发展工作。

6.社会效益的调查对于改进教学工作，发展教学规模起着深远的影响。一次成功的培训，学员们经培训后取得显著提高。在他们新的工作中产生的业绩会给他们的领导以深刻的反响，使这些领导意识到，花点钱送人去培训是值得的，将使他们更自愿陆续输送各类人员来“造就”一下，这就是社会效益。这种效益又倒过来刺激我们培训中心的“生源”扩大，为我们产生经济效益。

二、监评与反思

根据前述介绍，所订立的计划虽然基本完成，但还有部分教学因人手紧张未能开展。例如，建筑师的培训与装饰设计人员的培训等科目将待后安排，已执行的计划部分，其取得的成果与存在的问题也要进行反思，任何活动只有总结经验教训才能提高，特别是我通过一系列教育管理课程的学习、策略、质量与资源的原理性理论的武装之后，花些时间按成功标准来衡量和检测我们的活动，监评我们的工作，反思我们的作为，特别是存在的弊端，将会使我们今后的教学管理提升到一个新的水准。

我们通常会用以下三大形式的标准：比较式：与其他地方类似的情况比较我们做的怎样？进展式：与过去比较，我们现在做的怎样？目标式：与我们自己定下的或其他人为我们定出的特定标准或目标比较，我们现在做的怎样？根据上述三大形式的标准我们来监评反思。

1.培训宗旨为“求实、创新、严谨、奉献”。正是围绕这一宗旨，我们在执行2003年计划中，才紧锣密鼓地办着各类学习班。

2.掀起社会各企业的培训热潮。为了输送更多更好的技术管理人才，我中心不惜斥巨资在电视台和报纸做过广泛宣传，这使我想到，任何一个事物要有蓬勃的生机，一定要有发展的机理，后来的事情启发了我们。政府部门提出：定资质的企业必须具备相应数量和相应级别的技术人员与管理人员要达到一定的比例要求时，并提出若干岗位要上岗，必须具有上岗资格证书才行时，在政府的这一要求下，培训形势聚然升温。为企业派人来学习有了新的活力，产生了巨大的环境压力。各建筑装饰单位主动寻找培训中心，要求参加学习，而我中心的良好教学管理，培养出高质量的人才产生的社会效应，使中心成为众目群心的培训目的地，生源蜂拥而来，这一事实经历令我反思：社会的客观需要才是培训的强大动力，而培训的良好效果才是中心发展的原动力，中心发展不能离开社会的进步要求和政府的政策支持，宣传广告在初期是必要的，但当它的“名字”已融入社会时，新内容的宣传也必须是直接对工程界才会有效。

3.培训的成功标准。一个学习班的培训，成功的标准要素是多方面的，过去我们多把目光盯在培训之后的考试成绩上，认为成绩合格拿到培训结业证书就是培训达到目的，达到标准，成功了，其实不然，在我们进行培训后的跟踪调查发现，真正成功的标准应该是在学员经过这些理论深造，标准规范的武装，应该具有更强大的实践能力来解决一些工程上的问题，才算培训成功。为此，我们作了一些教学变更，我们要求教师讲课中增加实例，增加实践，使学员从中得到启发，使学员动脑动手，将学的知识活化，而不是一味追求考试的分数，教育培训的成功就在于能解决工程中发生的问题，而培训期间的实践与作业就是启发和提高学生的这种能力。

4.编制英语教材。这套英语教材的成功编制，就在于它有以中国加入WTO为生命力的推动，就在于我三年来收集积累了广泛而丰富的中外资料，就在于经我编辑后又选拔了一批专家为我审校把关，使这套教材应运而生，应运而立。由于时间仓促教材中也存在一些问题，其中之一是用英语来表达汉语的水平有限，很多原理性的结构描述均缺乏中国式的文字表达，难免有些显得深奥难懂，这些只能依靠高水平的外语教师讲课时来弥补了。待到打开英语培训艰难的起步之后，试用的教材将会在一段时间之后修正改版。我一定要为出版一部较完善的讲义而持续努力。这套教材中《建筑英语900句》为外语交流创造了一个捷径，它加速了人们对必须掌握的日常用语的靠近可达到事半功倍的效果。

5.关于建立一支教师队伍。有效和灵活地运用高层次的发问技巧；清晰地解说和阐释……；清晰地阐明教学重点；与学生建立和谐的关系……；按照上述描绘勾勒出来的教师功能形象，我们教师现实情况与之相比较，就有较大差距。目前我们筹建的这支教师队伍，虽然具备较高的文化素质和一定的实践能力和经验，但是对于教育学的理论教学方法的研究还是欠缺的，值得关注的有以下三方面：

一是在这仅100个学时的短暂培训中，要把一个系统的完整知识传授给学员这不仅需要有效地利用课堂上的每一分钟，还要求教师要有较高的表达能力和讲解能力，也就是解说和阐释能力，使学生一听就懂，这既取决于教师的讲解要符合逻辑思维，也要求教师阐释问题时应用通俗浅显的事例来解释深奥的道理，并多用些图形来启发学生。

二是明确课程中的重点，这也是教学法的一绝，眉毛胡子一把抓，等量齐观的原则，不符合短训班形式的教学要求，重点的东西总是与非重点的东西有着千丝万缕的联系。学员中发生一些感觉学过的理论原理有些朦胧，这就是因为抓不住教学阶段的重点内容，从社会学而言没有重点就没有效果，从自然科学而言，没有重点就会失去学习研究的方向。

二是教师整体技能的有效和灵活地运用高层次的发问确实是一种行之有效的教学法，因为教师“发问”，便打开了每个学员的思维机构，他们就要在教师“一问”面前在自己已学过的知识内涵中去寻找各定义、定理、原理、公式及它们之间的关系，以便能解释教师所提出的问题，发问使学生从被动听课转为积极思维，并激起他的求知欲。我的反思结论是：教师的阐述能力，指出课程重点，以及高层次的发问技巧是我们提高教师讲课效能的重要考核标准之一，也即是教学法，必须给教师补上一课。

6.对教学管理活动的反思。教学管理工作它能给教学工作一个环境图，一个路线图，一个格式图，使教学的全过程按规按序进行，在我们的管理活动中，各个环节表现了不同的水平。

一是在筹备生源办班的过程中，我们联系办班时是到各地区直接通过询问各企业单位需要培训的专业与人数，这是一种被动的索取与接纳，我们知道教育也要纳入市场，实质上成了商品化的培训活动。是市场就有竞争，是竞争就有顾客，检讨起来，过去我们缺乏与各建筑安装企业作高层次的沟通，我们应该启动与企业家交流企业发展与竞争的前景对人才的需求是什么？介绍建筑装饰行业的新工艺、新技术、新设备、新材料为技术人员必备的信息知识，开拓他们去认识入世后，选拔精干的人才去参加外语培训的前瞻性，为未来建筑行业的国际工程准备人才。与此同时，还应该向任何一个客户阐明我们为培训所作的承诺，表达我们对他们的责任感，只有这样去“宣传鼓动沟通”，我们的培训工作才能变被动为主动。市场自然才会在我们的行为下开拓，这样在教学管理的龙头环节筹备生源才会有生机。

二是教育管理活动中的另一环节是效果检查，而效果检查我们缺少标准，我们常常是以合格率、优秀率为标准。我们清楚地知道：标准是人的期望的水平；而标准是来自于顾客和其他人。从这两点思索，我深深感到我们还没有从书面以文字形式书写出一套表现水平的标准，更没有认识到标准是来自顾客，需要动员组织顾客来辨别提出要求。这一理论的指导，为我们培训中心以后编制各专业班的培训标准指明了方面，为搞好我们的培训管理工作有了检查的规范，这是莫大的收获。

三是对于培训方向确定在全省的重点行业、重点领域展开工作是对的。因为这些地区与企业承担的工程量大，需要的技能人员也多，经济实力也强，我们与之的人际关系也是熟悉的，为较大规模的教学工作的开展找到强劲的市场后盾。但我分析反思也认为，重点地区，重点行业，与重点领域，毕竟是整体的一个小部分，重点之外有着更广大的领域在陪衬着，那里有成百上千的小企业、小工程，有着档次稍低但人数庞大，这些人员按照今天形势的要求，他们都应该进行培训，应该提高。领域的提高，意味整体素质的提高，如果我们今后重点之外再抓这一块，就意味着建筑业的培训规模巨变，整体产生的飞跃，这才是我们培训的整体，才是我们既定的完整目标。

四是一个组织要搞好管理，管理构架是关键，一个组织在目标任务确定之后，建立完善的合理的构架机制是十分必要的。它是完成任务的组织保证，我中心创立了人力资源部、技能部、翻译部、网络部等，这些部职责明确，人员岗位合理，彼此按程序工作，相互间能团结协作，机构运转正常顺利。但此项反思质疑，我又认为机构运转的间歇性大，缺少一种前瞻性、发展性，这表现在人员的活动性缺乏。例如宣传部门当实现了要在某地办一个培训班后，一段时间内就有些待业等待着另一个班的开始，而不能着手在同一个地区或另外的地区立即开展宣传“攻势”，往往等待领导布置。另外在宣传的形式上缺乏广告语，既然培训已商品化，我们的员工都应该是广告员，教师在课堂上也可以发布广告语。例如“同学们，你们认为我们的培训搞得好，请你告诉你的同事和单位领导；你若认为我们的培训搞得不好，请你告诉我们的主任”。以教学为龙头各项管理工作跟上，一切就无往而不胜。

三、个人胜任力

我个人的胜任力选择在业务管理能力与技术培训能力这两方面。选择业务管理能力这个方向为胜任力的基点是因为我是培训中心主任，负领导职责，整个培训中心为实现组织既定的宗旨和目标的全盘活动都责无旁贷地由我来策划和指挥，而我亦有从事管理方面的长期实践经验。因此心中是胸有成竹的，至于选择技术培训能力，是因为我是懂专业技术的领导，深知教学工作在培训中心是一个核心，一切管理都是围着它而运转的，势必用我懂教学懂技术的优势再深入到教学的第一线去探索出更高一级的搞好教学的新途，这样使我锻炼成既运筹帷幄的管理，又能应手地搞技术培训，达到一个完善型的干部。

通过这半年来的实践锻炼，我得出了一个理念：管理者懂技术培训才能有机管理，而技术培训需要管理工作才能有条不紊。

1.我把提高个人胜任力的主攻方向放在业务管理上。我们必须仔细描述所获取的结果，建立明确的职责构架……。一个组织的管理，如果离开了组织的目标和结果，那就是盲目的管理，同样组织管理，如果离开了职责构架那就是杂乱无章的瞎管理，作为我管理的第一步是使全体员工明确我们培训中心的宗旨和目标，自愿成为这个组织的利益团体的职员，并通过协商明确这个宗旨和目标，从而为达到实现它而“冲锋陷阵”，经过全体员工三次的学习、讨论、商订我们终于形成了一个团队的总体精神，解决了在这种团队的旗簇下拥着一批忠诚的“战士”。管理的第二步，是职责构架，构架是根据我们工作的阶段性与内容性，而组分缩编成三个部：综合部、教学部、翻译部。在目标明确，阵势摆妥之下，就靠人去活动了，实践证明人人有活干，事事有人管，出现了一派勃勃生机。

2.管理者的一个重要任务是“要影响或改变别人的行为”。据此，我把管理工作的重心，首先放在对人的管理上，其中的重点又是，领导层的管理。因为一切的工作靠人去做，以人为本；而人的因素构成又是极复杂的。例如人的思想、知识、文化、责任心、敬业精神、主动性、刻苦性、灵活性、奉献精神等等都决定了他对完成组织目标任务的贡献大小。因此，管理人是第一位的，这是人的取舍和为何使用。领导层的管理又是管人的核心，为了领导班子中能同心协力地工作，我作为主任给各级领导及其下属人员编写了一整套岗位责任制，分工明确，定期召开各部门碰头会，布置检查总结各阶段的工作，使中心的工作全面展开，通力协作，运转正常，取得了较好的功效，对下属员工的管理，我激励员工的工作动机，营造积极的气氛，关心员工生活，使他们自觉地积极地安心工作。我采取的措施之一是“按劳分配”、“多劳多得”的价值观原则，每个人的工作完成多少，质量优劣度，以及工作态度、责任心都直接与他（她）的回报挂钩，这就有力地保证了各项工作全面高效地进行着。

3.教学培训胜任力方面，我没能更好的实现。当初订下此想法，只考虑了需要而缺乏宏观可能性的分析，问题出现，我对自己的时间和精力上估计不足，抽不出时间披甲上阵到一线去作技术培训的讲课，因此这项计划落空，我也无法去当一名教师讲课时的实际体念，也就为教师讲课应该把握一二而提不出什么，但这种教师经历我最终还必须要有的，我将订在明年的计划中来补上。

4.我的胜任力之另一行为是培植员工的团队精神。我们知道，团队精神是我们培训中心事业胜利的保证。我们的培训任务是兵团作战性质的。因为他一方面是牵涉的人员多，有管理人员、有教师、有学生、有各工程相关单位的企业领导和地区的行业领导；另一方面是涉及地区广，西安市有,在远离西安的全省范围内都有，在执行这项培训任务时，有的是独个儿去完成，有的是群体形式去完成，有时是在艰苦条件下去战斗，在这种复杂的形式下，就要求我们的员工从上到下，从集中到分散，从市内到市外，都要求铸有一种团队精神，团队精神建立和培养的关键是要把这个组织的目标变成全员为之奋斗的目标，每个成员愿意为这个目标去忘我战斗，这种战斗的精神就是团队精神，要具体化就是诸如：培训中心一盘棋的思想，局部服从整体的服从意识，认真负责，艰苦朴素，求实创新的工作作风，坚持不懈忘我拼搏的战斗精神，只有具备上述的思想意识作风，才能使这个组织的员工打造出优良的团队精神，过去我们口号化，标语化多些。大家通过一周时间的学习讨论，整顿思想，明确了目标，每个人都有精神支柱，有了工作动力，确有无往而不胜之力，这精神是我们的团队之魂，半年来确实使我们成了一支拖不垮，打不烂，无坚不摧的队伍。团队精神的培植，反过来大大增强了我的工作胜任力，因为它毕竟是在我的努力下塑造出来的，我为之骄傲。

5.加强组织文化建设。半年来的实践，提高我的胜任力另一有效手段是放在组织文化上，其中管理文化是最具有意义的，我要从繁琐的事务中解放出来，抓组织的方向和目标这一大事，我就必须建立法治文化，就是说要由人治转为法治，要建立一整套的规章制度，要编出一系列的工作程序，使每个员工工作中事事有规可循，办事有程序可依。至目前止，我们新编管理制度 12 个，编出工作程序 7 个，例如为培训学员全过程“宣传到招生，到讲课，到考试发证，到培训效果回访，各阶段都编有程序控制，另外诸如员工的业绩考核制度、奖惩规定、员工提高素质的每周三下午自身学习制度……”由于这些制度、程序的建立，这个机构就健康而有效地运转，无需我事事过问，处处关照了。因为这个机构中每个成员都分别是一颗螺丝钉或 1 个齿轮在把守着。当我实现了由人治转为法治时，我感到我的管理能力，我的胜任力又发生了一个飞跃，能更好地驾驭这一工作了。

但是学海无涯苦作舟，通过理论学习指导我的实践是我终生努力的方向。

四、过程与结果的分析

在半年来的培训工作中，我们之所以能取得较好的结果，分析原因主要是三点：

1.利用了组织环境的优越。在《学习指导》的单元三第 6 页中有……而联监的结构、活动和成果在很大程度上受到环境因素的影响。这样一段话，正是它的启示，我们百般分析利用自己的组织环境的优越性。因为我们中心有着由陕西省建设厅领导，西安市成教委管理的优势，几百家建筑装饰企业就是我们的工作对象——市场，在这样优越的环境下，全方位开展着五大员与 40 个工种的技能培训等工作是前景可观的举手之劳。几年来，我们的培训取得了一年胜过一年的成果，为建筑装饰工程输送了一批新鲜血液，在利用组织环境方面可谓逐见满意的，因为有利的条件，总是使我们事半功倍。

2.干部的引领作用。根据理论指导：“管理者的权力大小取决于他自己的知识、经济和权力资源”。我们清楚群体的行动，必须是有统一指挥的，有统一领导的行动，这领导就是干部，选拔优秀的员工来领导干部是我一贯的既定方针。说其优秀，就是他必须具备这种能力，因为一个干部如果靠权力来工作，那是工作不好的，而必须是靠他的能力来工作，诚然只要有了权力，赋予了他权力他才能有资格名正言顺地来指挥安排一切，对人和物科学正确地调动和使用，而指挥安排的好坏，其结果是成功还是失败，这就是他的能力所致。因此说，权力只是给了他资格，权力只是对违背他的正当行动而持反对态度的人才是起作用的令箭，因此管理者要以自身的知识，阅历经济来增强实力，以强化干部的引领作用。

在管理工作中，我明确了领导干部的责、权、利。由于有着这样一批中层干部在管理策划，指导扶正各项工作，一切进行就顺利。我的体会是：必须选好干部，因为强将手下无弱兵，有了强将，这些弱的会被淘汰或会转弱为强。

3.投身挤入市场部分的前列。培训产生了价值观，商品化的东西必然带来市场竞争，市场竞争是不可避免，使我估摸着前程的艰难与险阻，为使管理机制能在市场激烈竞争的环境下给培训中心以创造生存和发展的客观空间：

一是我们坚持市场竞争的经营原则。

二是我们坚持用智慧、劳动创新做奉献而获取社会回报的价值原则。

三是在员工中实行按业绩按贡献大小来获得回报的多少而确立分配原则。

四是坚持以人为本，选拔德才兼备的优秀人才放在各个岗位上的用人原则。这种经营、价值、分配、用人的四大原则坚定了组织的方向目标，我们团聚了一批优秀人才，为社会、为集体、为自身而战斗，最终导致了培训中心从小到大，从弱到强，矗立于建筑装饰工程界，成为工程前面耀眼的旗帜。

五、学习与改进

在上述一系列的成果与不足的分析中，我感到今后需要继续学习和改进的是：

1.要加强质量策略的学习和实施。特别是理论与实践的训练，除了建立正常工作的管理构架外，还应建立质量管理构架，诸如完善质量方针、实施策略，建立机制和改进措施以此来达到从质量取胜的目的。

2.要加强策略规划的学习和实践。策略规划为何是一个管理的一个重要过程。它是如何使机构的价值观和目标协调一致的，又为何为服务质量的改进和资源的调动提供依据的，策略规划应该怎样具体融入组织文化。

在当我解决了或者说有针对性地实现了上述两条理论时，深信我的胜任力会升到一个新的高度。学而后知不足，有理论指导的实践才是无往而不胜的实践。

中国建筑装饰协会
举行专业委员会秘书长工作会议

《中国建筑装饰》编辑部　观察员

2003 年 3 月 14 日，中国建筑装饰协会召开所属专业委员会秘书长工作会议，主题有两：一是由协会秘书处通报今后的工作计划；二是由各专业委员会秘书长汇报今年各自的工作打算。出席会议的有协会名誉会长张恩树、会长马挺贵，副秘书长张京跃、房箴。会议由协会常务副会长兼秘书长徐朋主持。

参加会议的有协会秘书处 6 个部门的负责人、11 个专业委员会的秘书长及《中华建筑报》的领导：综合部主任王毅强、张熳红，行业发展部主任王本明，信息部主任兼《中国建筑装饰》主编黄白，培训部主任兼培训中心主任王燕鸣，国际部主任樊淑玲，质量技术部副主任熊翔、张振路，信息咨询委员会秘书长田万良，工程委员会秘书长顾国华，建筑五金委员会秘书长郑纪文，石材委员会秘书长严克明，铝制品委员会副秘书长邱建辉，暖通空调委员会秘书长赵文德，化学材料委员会秘书长汪维，电气委员会副秘书长何志祥，设计委员会（筹）秘书长田德昌，住宅装饰装修委员会（筹）副秘书长张爱宁，厨房卫浴委员会（筹）副秘书长张俊朋，《中华建筑报》副总编张兵，共 20 人。

徐朋首先通报了协会 2003 年准备进行的 10 件主要工作，然后对协会秘书处的聘任工作做了说明，他指出，改革协会的人事制度在于形成新的用人机制，不这样不足以调动积极性。他希望协会工作人员不仅工作要努力，还要有工作思路，这样才能完成任务。他通报了近期建设部建筑市场管理司就项目经理转换为建造师——建筑装饰行业单列的情况，市场管理司已委托本会制订装饰装修建造师的考试大纲、培训教材。对专业委员会的工作，徐朋强调，一定要研究本专业委员会专业的方向性、方针性问题，加强专业理论建设，进行专项课题研究。

马挺贵着重就推动、支持成立地方装饰协会发表了意见，他指出，据统计我国 31 个省市区，现还有广东省、新疆维吾尔自治区和西藏自治区 3 个省区没有成立装饰协会；1600 多个城市，74 个城市有装饰协会，只占 12%；250 个地级市，23 个市有装饰协会，只占 9%；300 个县级市，5 个县有装饰协会，只占 2%。如果装饰协会在全国不普及，就无法与国际接轨，很难承接政府转移职能，也难于适应相关行业协会之间的竞争。覆盖面太小，无法代表全行业。他认为，发展地方装饰协会的目标：今年计划成立 10 个，两年内成立 20～30 个，重点是省会及地级城市，工作方法主要是与当地政府建设行政主管部门的领导沟通。这项工作由本会行业发展部和综合部负责，同时希望各专业委员会发挥作用，他形容道：出去一把抓，回来再分家；筑渠引水，筑巢引凤。

张恩树认为要密切注意这次政府机构的改革，估计要减少 1/2～1/3，协会应积极适应。他赞成大量发展会员。他指出这次“两会”代表主要是谈家装，由协会推动的家装业要更加健康发展。鼓励团结一批铁杆企业、铁杆朋友。

三位协会领导讲完话后，各专业委员会秘书长相继作了扼要发言。

田万良：当前协会秘书处思路明确，工作力度加大，节奏加快，信息咨询委员会的工作压力也相应加大，我们要适应这一工作变化。2003 年我们将着重加强协会网站、会刊、年鉴、会员发展、重大活动五项工作。《2002 年中国建筑装饰行业年鉴》将努力于 7 月出版，在行业科技创新大会上发行。配合协会组建行业信息网络系统，召开信息出版工作会议，协会媒体相互借力，资源共享。今年是信息咨询委员会成立 10 周年，我们正筹备庆祝活动。

严克明：3 月 20 日石材委员会在厦门举行第二届国际石材展，厦门是我国重要的石材生产加工基地，有 4000 多家厂商，占全国年进出口石材的 70%。要努力推动我国高档石材的突破，我们正培育吉林蛟河市石材业的发展，准备在那里组织“东北石材节”。我们还在进行石材防护技术的研发，如天安门广场地面口香糖的清除。目前，我们与广东一家石材厂商合作编辑出版《中华石材》一书。目前我们会刊编辑出版成本过大，出了一期 5000 册 5 万元。会员发展困难，石材委员会 1985 年成立累计发展有 1200 多家，陆续减少了一半，我们将尽力而为。石材放射性的检测暂无能力，因为我们没有资质和检测手段。

赵文德：今年暖通空调委员会将召开换届大会，积极发展会员。9 月将在济南举行“室内电热膜采暖研讨会”，我们还将研究居室的中央空调、装修中的空调安装等关系行业发展方向性的一些问题。《暖通空调》杂志现每期发行量 3 万份，今年将由双月刊改为单月刊。

顾国华：工程委员会当前着重进行 6 项工作：一是 5 月组织项目经理经验交流表彰会；二是组织工法拍摄，计划 10 集；三是《实用建筑装饰工程施工手册》已再版 6 次，发行 1.8 万册，7 月修订再版；四是参加 2003 年全国建筑工程装饰奖工作；五是组织落后地区装饰企业到先进地区装饰企业“留学”活动；六是专业委员会由理事会制向主任制过渡，我们将召开年会。

郑纪文：建筑五金委员会工作的主要思路是走联合之路

——创新、务实、重点突出。目前我国同五金业有关的协会有中国五金制品协会、中国五金化工交电协会、中国五金矿产协会、中国建筑金属结构协会等，只有我会叫"建筑五金"，是五金的使用者，这就是我们的优势，我们正进行"建筑五金业"课题的研究，将比较优势提升出来。此外，我们还进行品牌战略，方法是推荐新产品。重点培育我国自己的五金展会，借助2006年世界五金展在我国举办之际，在上海参与主办展会。

何志祥：4月28日我们将有关单位在北京共同举办电气发展论坛，估计能来500人。5月29日在重庆组织西部家装装饰材料展。考虑家装综合布线培训班。

王燕鸣：今年将建立协会的培训体系，正组织力量建立装饰装修建造师培训制度。

汪　维：在上海的化学材料委员会的比较优势是国内惟一的"化学材料委员会"，我们工作的思路是：突出重点，找准定位，发挥惟一。我们有两大优势：一是我会是五部委组织的全国化学建材领导小组成员，理事长何星华（涂料小组组长），我也在其任职；二是有两个强大科技创新的依托单位——中国建筑科学研究院和上海市建筑科学研究院。我们有三个依靠：建设部、中国建筑装饰协会、专家组，建设部有多项政府职能的委托，包括四大工作：一是承办10月第三届全国建筑涂料产业发展论坛；二是建立涂料产业化基地，目前全国5000多家涂料厂商，平均每家年产30万t，调研后将分层次发展；三是涂料施工技术的培训；四是建筑内部环境的检测。我们的困难，也是我们重点研究的课题是：材料如何与施工相结合。

最后，徐朋作了会议小结。他指出，2002年协会工作成果大家有目共睹，会员企业基本满意，2003年协会工作要突出重点，树立新目标，提出新要求，登上新台阶。他强调三点：一是协会工作要有计划性和预见性，确保完成协会全年工作计划；二是加强协会秘书处与各专业委员会经常性的沟通，专业委员会也要与《中华建筑报》和《中国建筑装饰装修》保持经常性的联系，用好媒体资源；三是加强协会的思想、组织建设，不能以个人得失来判断事物的是非。他指出，目前铝制品委员会工作较为困难，要大胆创新。设计、家装、厨卫三个筹备委员会，要尽快进入实质性工作状态。

正向全国最高水平发展的济南装饰行业

——记济南装饰行业发展座谈会

《中国建筑装饰》编辑部　观察员

2003年2月21日，由中国建筑装饰协会信息部、济南市建筑管理局装饰装修管理办公室和济南装饰协会共同组织的"济南市装饰行业发展座谈会"在四星级酒店济南新闻大厦召开，主题是：从企业运作的需求看行业发展。

参加座谈会的有装饰行业社团部门、建设行政主管部门和济南乃至山东省的骨干装饰企业三方面的负责人：中国建筑装饰协会信息部主任兼会刊《中国建筑装饰》主编黄白，济南市建筑管理局市场处处长、济南装饰协会秘书长王建森，济南市建筑管理局装饰装修管理办公室主任徐文东、副主任李莉，中国建筑装饰协会理事、一级装饰施工、甲级装饰设计企业——山东万得福装饰工程有限公司总经理林擘、办公室主任商雪梅、项目经理黄河，一级装饰施工、甲级装饰设计企业——山东剑桥装饰工程有限公司总经理陈蕾、副总经理王洪强、质量控制部经理刘永伦、办公室主任李井安，一级装饰施工、乙级装饰设计企业——济南盛顺装饰有限责任公司董事长兼总经理刘声元、副总经理于燕，一级装饰施工、甲级装饰设计企业——山东省鸿鑫工程有限公司董事长陈红心，中国建筑装饰协会常务理事单位、一级装饰施工、甲级装饰设计企业——山东德泰装饰有限公司副总经理谢本政，二级装饰施工、乙级装饰设计企业——山东福缘来装饰有限公司副总经理程兴圣等16人。

会议期间，山东省建筑工程管理局装饰装修处处长刘玉涛、济南市建筑管理局副局长、济南装饰协会会长赵世忠到会看望了大家。会议由济南装饰协会副秘书长徐文东主持。

座谈会经过十分有效率的沟通与研讨，产生如下倾向性的认识：济南装饰行业不断兴旺发达并正最大限度的接近全国最高水平，其标志：

1. 政府主管部门领导重视，2002年全省17个地市均成功地解决了多头管理问题，济南市有望今年解决，山东省建委、省建工局、济南市建管局召开多次专题会议研究行业发展问题。全国惟有山东省和省会城市有专门的装饰装修业管理机构，专门领导，力度不断加强。

2. 装饰协会领导人事业心强，如济南装饰协会秘书长王建森，是济南市第十届、第十一届政协常委、民建济南市副主委，是全国各地建筑装饰协会，在中心城市政协和民主党派中地位最高的协会领导。济南市建管局装饰办主任徐文东、副主任李莉，前者是学建筑学出身，后者是中文系高才生，均为三四十岁年富力强有丰富业内实践经验的领导干部，对协会和行业发展有独到的见解并形成了运作思路。

3. 装饰企业已进入选择装饰工程阶段，向全国最高水平发展已成为第一要务，表现形式是"默默地"。

4. 工程业绩和市场评价逐步提高，一批装饰工程具有全国最高水平，其代表作品为已评定了二届的由山东省建设厅、省建筑工程管理局共同组织的"装饰装修工程质量'泰山杯奖'”和由中国建筑装饰协会主办的“全国建筑工程装饰奖”。如正准备参评、由万得福装饰公司设计施工总承包的五星级临沂双月园会所装饰工程——现代与传统相结合比较好且做工比较精致（颇具南方情调）、剑桥装饰公司承建的五星级贵和皇冠假日大酒店共享空间部分——正规化的大兵团作战与规范化的运作相结合比较好且质量上乘。盛顺装饰公司已在济南最高档的写字楼——中银大厦内办公。

5. 装饰企业很少互相贬低，并能和睦、友善、平等地在一起聚会、相商及娱乐，颇象深圳、苏州等地装饰行业。

6. 装饰企业老板年轻化、高学历、善学习、有修养、个性强、讲诚实，如 36 岁、正在北京大学读 MBA 的万得福装饰公司总经理林擘；28 岁、正在山东大学读 MBA 的剑桥装饰公司总经理陈蕾，是我国一级装饰企业中最年轻的总经理且为女性。一级装饰企业中层以上的干部均为二三十岁，如从山东财政学院金融系毕业一年多的万得福装饰公司办公室主任商雪梅，敬业、投入、稳定，已成为山东大型装饰企业中坚力量比较突出的一位。

7. 装饰企业发展有后劲，力量源自中国传统文化的发祥地——山东曲阜孔子学说，加上 2002 年山东省 GDP 跃居全国第三的现代化经济发展实力。经济发展到一定阶段，文化就是至关重要的因素。

8. 对装饰企业核心竞争力——心胸豁达，有偏好：其形成包括人的素质、认真、诚实、见识、舍得、友情、思维能力、襟怀坦白，有多大的心胸就能干多大的事。

9. 对打造装饰企业的品牌——有独特见解：业绩、团队精神、忠诚度、功高盖主、挣钱容易给钱难、职业经理人。

10. 会议认为，尽快形成专业化的比较优势是企业和行业发展的突破口，由协会经常组织各种形之有效的活动以提高信息交易效率是发展的捷径，包括装饰企业家、办公室主任、女从业者、设计师、项目经理、材料供应商、大型企业、中小企业、公装企业、家装企业、出访优秀地区和学习先进企业、办好会刊、鼓励企业向业内高水平媒体撰文等不同层次、不同类别的活动。深入挖掘中国传统文化与现代化相结合——提高室内设计水平为发展的当务之急，包括请权威人士到本地讲学，聘请方案设计师高手等。

此座谈会给予行业的最大信号是：以民营经济为主体的济南装饰行业正朝气蓬勃地向全国最高水平追赶发展。

2003 年 3 月底济南市装饰协会将召开第二次会员代表大会，我们衷心祝愿此会成为协会和行业发展的第二个里程碑，以专业化和区位的比较优势在全国独树一帜。

用先进的文化鼓舞人　以业内的先进示范人

大连市建筑装饰协会举行庆祝成立 15 周年颁奖晚会

《中国建筑装饰》编辑部　观察员

2003 年 3 月 7 日，由大连市建委主办、大连市建筑装饰协会承办的“庆祝大连市建筑装饰协会成立 15 周年颁奖晚会”在大连市广播电视中心演播厅隆重召开。

出席此活动的有中国建筑装饰协会名誉会长张恩树、会长马挺贵、行业发展部主任王本明及会长秘书张效平，辽宁省装饰协会会长杨帅邦，大连市原常务副市长李振荣，市人大常委会副主任付明德、贾崇斌，市总工会主席肖盛峰，市政协副主席郑全慈，市人大城乡建设委主任陈学群、副主任沈海生，市建委主任孙吉春、副主任郝方林、张传吉、王忠国，市规划局党组书记李长吉，市工商局副局长于喜寿，市建筑装饰协会会长魏作全、秘书长杨昭富，市建筑业协会会长张容安，市勘察设计协会会长郭昌惠等有关方面负责人，以及大连市建筑装饰行业的从业者一千多人。

晚会在开场曲《气贯山河》擂鼓舞狮节目中开始，大连市歌舞团、市杂技团、市京剧团、市时代模特舞蹈艺术团、市海王文化艺术中心、市中山区少年宫、市模特培训基地、市中俄友好之声合唱团等文艺团体与中国音乐学院、沈阳音乐学院舞蹈系、大连民族学院艺术专科学校等文艺院校及大连开建集团等单位的文艺工作者，演出了精彩的文艺节目，整个会场喜庆热烈，弘扬主旋律，激奋人心。

晚会节目中间，大连市建筑装饰协会表彰了为大连市建筑装饰行业发展做出突出贡献的单位和个人。

获得“最佳装饰企业经理奖”的有：大连市人大常委会委员、盛大建筑装饰工程有限公司董事局主席兼总裁周文麟，建筑设计装饰工程有限公司董事长兼总经理金丽华，红太装饰工程公司总经理赵文广，乾豪建筑装饰工程有限公司总经理王晓光，嘉丽装饰工程有限公司董事长兼总经理罗森麟，澳连建筑装饰工程有限公司总经理张继甫，深圳南利装饰工程公司大连分公司经理方荣植。获得“装饰行业贡献奖”的有：市建筑设计研究院总建筑师乔松年、市建筑科学研究院股份有限公司董事长肖桂莲、市公安消防局副处长魏兵、市建委勘察设计处处长张继良、市建委副总工程师蔡源珍和副总规划师刘显福、政信土木监理公司高级工程师梁春茹、市建委处长刘玉萍。

中信建筑设计装饰工程有限公司董宇、鑫诚装饰装修有限公司宋茂升等 17 名优秀经理获得“装饰行业成就奖”。红太装饰工程公司李长杰、深圳南利装饰工程公司方伟羡等 10 名项目经理获得“最佳装饰企业项目经理奖”。大连建筑市场装饰工程有限公司、盛大建筑装饰工程有限公司、红太装饰工程公司、乾豪建筑装饰工程有限公司 4 家企业获得“15 年最佳装饰企业奖”。嘉丽装饰工程有限公司、开建集团装饰工程公司、阿尔滨集团装饰工程有限公司等 15 家企业获得“15 年优秀装饰企业奖”。甘井子区雅轩装饰设计工程部、艺鑫装饰设计工程部、装饰城鸿运装饰设计中心、一德装饰部、顺意诚信装饰装修工程部等 8 家企业获得“优秀家装企业奖”。兴业材料市场崇凌建材商场、银帆卫浴用品有限公司等 6 家企业获得“大连优秀装饰材料会员单位”称号。嘉丽住宅产业配套有限公司获得“大连住宅产业装饰一体化最佳示范企业”称号。

大会还对装饰设计进行了表彰，郭冬设计的国信大酒店、盖永成设计的辽宁国际会议中心、官强设计的大商集团沈阳新玛特商场外立面等 7 项获得“2002 年嘉丽杯室内设计公建设计类”一等奖；陈晓蔓设计的双 D 港 1 号内装，修世江、高靖设计的公司办公楼外装等 5 项获得“公建工程类”一等奖；王嵩设计的青岛凯伦花园别墅获“家装设计一等奖”；朱海滨设计的某家居获“家装工程类一等奖”；任文东教授、唐健教授、陈晓蔓教授、刘仕海总设计师、盖永成高级工程师 5 人被评为“大连著名室内建筑师”。同时，评出优秀室内建筑师 17 名；优秀青年室内设计师 27 名。

大会对装饰工程质量进行了表彰，大连东北财经大学学术交流中心装修工程、大连星海大厦玻璃幕墙工程、大连现代博物馆工程等 19 项工程获得“2002 年度大连建筑工程装饰奖”；北京市船舶重工大酒店工程、辽宁省政府交通厅办公大楼等 3 项工程获得“2002 年度外埠优秀装饰工程奖”。

与会领导分别为获奖单位和个人颁发了奖杯、奖章和证书。马挺贵会长在颁奖现场就大连装饰行业目前的状况和未来接受了主持人的采访，他指出，非常高兴参加大连市建筑装饰协会成立 15 周年颁奖大会，代表中国建筑装饰协会对获奖的企业、个人和工程表示热烈祝贺！大连市是我国改革开放的重要城市，也是装饰业水平较高的地区。本次获奖的企业，不仅是大连市的优秀企业，也是全行业的典范和楷模。获奖的工程作品，不仅代表了大连市装饰业的最高水平，也当之无愧地代表了当代中国装饰行业的最高水平。衷心的希望大连装饰行业的同仁们，继续为全行业的发展，为把美丽的大连早日建成现代化城市，实现“大大连”的目标，为实现全面建设小康社会的目标，做出新的更大的贡献。

周文麟代表获奖企业和个人也接受了媒体采访，他代表获奖单位和个人向与会领导对企业的支持和帮助表示感谢，指出企业的发展离不开领导的支持、党和国家的好政策和大好的经济环境，获奖单位和个人要再接再厉，为使大连率先实现现代化，为全面建设小康社会的奋斗目标做出新的贡献，不辜负领导和人民的期望。

颁奖晚会演出在歌舞《祝福祖国》中结束，张恩树名誉会长、马挺贵会长、杨帅邦会长、魏作全会长等业界领导走上舞台，向演员表示感谢并合影留念。大连市电视台全程录制了晚会内容，并于近期播出。

由地方建筑装饰协会承办大型颁奖晚会，在全国还是第一次。大连市建筑装饰协会在全国带了个好头。晚会结束后，企业家和行业领导在现场合影留念，久久不愿离去，反映了大连建筑装饰协会在业内很强的凝聚力和受到的尊重。

服务　自律　代表　协调

--记上海市装饰装修行业协会首届二次会员大会

《中国建筑装饰》编辑部　观察员

2003年4月25日上海《文汇报》发表时牧言对上海市装饰装修行业协会3月26日召开首届二次会员大会的报道，并配发了照片。

文章报道了有关领导在大会上的讲话（摘要），中国建筑装饰协会会长马挺贵指出，上海市装饰装修行业协会是众多协会中的明星，也是承担政府职能最多的协会，是服务力度最突出最有成效的协会，也是我们整个行业中最完善、工作成效最显著、经验最多、各方面素质最高的地方协会。自协会成立以来，明确了目标、加强了自身的建设，引进了人才、构筑了人才高地，并且组建了“上海家庭装饰网”。在为政府为企业和消费者的服务上做了大量工作。这不仅是行业管理，规范市场，推动行业发展方面发挥了重要作用，提高了协会权威。同时，也在家庭装饰装修建材市场管理，承接政府职能转移方面，创造了很多宝贵经验，为全国各地方协会开展工作树立了样板。

上海市建设和管理委员会副主任黄健之建议在政府职能转变中加大政府力度，给行业协会三个建议权。一是建议处罚企业权。会员企业的资质降级、处罚、公布、曝光，由你们建议，行政部门来处理。二是建议表彰优秀企业权。哪些企业可以升级、加分、同等优先、表彰等等，协会有权建议。三是建议行业政策权。既然是行业协会，你们又成立了研究发展中心，对于行业的规划发展，行业的培训，行业的交流等其他方方面面涉及有关政策的，协会有建议权。可以向建管办提，也可以向建委提。

上海市行业协会发展署刘庆副署长强调，今天，我一走进会场，就感到一种震撼：如果没有一点气魄，没有一点胆略的话，谁敢在上海影城的第一放映厅召开这样一次千人以上的会议？这说明了什么？说明行业协会这种社会的需求已经悄悄地，不知不觉地在我们身边形成。上海市装饰装修行业协会是上海166家行业协会中的一颗明星，他们会动脑子，愿意接触社会；同时，他们又能想政府所想，做了一些很精到的、有战略眼光的事情。

文章报道了上海市装饰装修行业协会制定的2003年新的工作计划：

一、以服务于“两头”为特征，努力作好家装的服务工作

1．了解动态，调查“三个指数”。为及时了解行业经营状态，使工作方向更贴近会员需求，推进会员单位服务质量的提高，继续做好“会员单位需求度指数”、“会员单位业务量排行榜指数”、“顾客满意度指数”等基本情况的调查工作。

2．加强自律，完善“三项制度”。为强化行业从业人员的管理，加强行业协会的凝聚力。协会将继续完善和推行《会员单位从业人员有序流动管理办法》、《会员单位广告宣传的有关规定》、《常务理事单位理事管理办法》三个自律办法。

3．抓大扶小，采取“三项措施”。根据家装企业规模小，数量多，分布广的特点，按所在地划分若干大组，由常务理事担任组长，以加强协会与小企业的联系，便于协会工作的上传下达。继续做好“上海市信得过家庭装饰企业”的评比工作和住宅小区装修规范管理工作的试点和推广。

4．集中力量，研究“三大问题”。针对行业中出现的质量问题协会将组织力量，深入研究，拿出应对措施。其中包括如何清除“马路游击队”；家装企业如何应对住宅全装修的推行；家装企业如何通过工厂化、装配化提升行业形象，走品牌化和规模化的道路。

二、以重视材料应用为特色，开展饰材推广工作

协会将发挥拥有大量装修企业会员的特色，继续做好材料应用方面的工作。

一是大力推广优质装饰材料。协会将大力推广优质装饰材料的应用，帮助优质装饰材料生产和经营企业做大、做强。把经过专家论证、权威机构检测，特别是符合十项国家强制性标准，达到绿色环保要求的装饰材料，通过现场交流会、产品推介会和协会专刊宣传报道等形式在行业中推广。

二是规范装饰材料市场秩序。协会将充分发挥行业协会在行业自律、质量监督、投诉处理、组织协调等方面的作用和优势，积极配合市建委和建管办开展“整顿规范装潢建材市场秩序”的具体工作。

三是帮助企业完善质量保证体系。针对装饰材料生产和流通企业市场抽样合格率不高的问题，协会将组织企业集中研究，提出进一步完善质保体系的建议和方案。

四是积极推进团购工作。继续推进中小企业积极响应的装饰材料团购活动，帮助中小企业保证质量，降低成本，提高效益。

三、以专业人材培养为特点，推进多层次的行业培训工作

行业要发展关键在于人才的培养和整体素质的提高，协会将按照行业发展的需要开展工作。

一是管理人员培训突出重点。根据行业中项目经理缺乏，质量和预算合同问题较多的状况，重点加强项目经理、质量员、预算员的培训。

二是设计技术人员培训重在专业。根据《上海市装饰装修行业协会建筑室内设计师从业资格认定暂定办法》的规定，积极组织非本专业的设计人员，参加专业培训，促进本市设计人员提高从业水平。

三是技术工人培训拓展规模。为了提高行业整体素质，保证施工质量和新技术、新工艺的推广应用，2003年技术工人的培训总数将扩大一倍。

四是采取有力措施，保证培训质量，协会将实行“企业资质与持证上岗制度挂钩”和“各类评优办法与持证上岗制度挂钩”两项措施确保持证上岗率。并通过对指定培训单位的监督检查和交流等多种办法提高培训质量。

四、加大扶优治劣的力度，提升行业信誉度

质量是行业和企业的生命线。协会将继续推广和实施“家庭装饰工程质量保证金制度”，提高行业的社会信誉度。在2002年33家知名企业参加试点的基础上，进一步总结经验，争取年内发展到50家。

家庭装饰纠纷依然是当前消费者投诉的热点，社会普遍关注的焦点，协会将以极大的热忱，高度的责任感做好投诉处理工作，对月投诉量超过2起的企业，协会要召集该企业开质量分析会，切实做到事实不搞清不放过、原因未查明不放过、整改措施不到位不放过、责任人未处理不放过。进一步配合上海仲裁委员会装饰装修争议仲裁中心发挥仲裁机制的作用，提高家装企业和消费者的法律意识。

太原市建筑装饰协会举行成立10周年庆典

《中国建筑装饰》编辑部 观察员

一、大会简况

2003年9月8日，是太原市建筑装饰协会成立10周年的日子。10月21日，太原市建筑装饰协会在太原市中心的三晋国际饭店召开成立10周年庆典。饭店广场外10只庆贺气球携带着大幅标语迎风飘舞，由50人组成的女子锣鼓队在门口的充气庆贺牌楼下尽情起舞，营造了一个十分喜庆的气氛。

出席庆典大会的有山西省建设厅副厅长张立光、纪检委书记董克平、建管处处长张新民、副处长吕安峥、郝竹清，中国建筑装饰协会信息部主任兼《中国建筑装饰》主编黄白、住宅装饰装修委员会（筹）副秘书长张爱宁，山西省建筑装饰协会会长史应标、秘书长赵劲杉，山西省建业协会副会长兼秘书长郑福寿，太原市建筑装饰协会会长姚吉生，太原市建管委建管处副处长兼太原市建筑装饰协会秘书长杨凯，太原市民政局副局长白少敏、处长伍丽华，太原市建筑装饰协会第一任秘书长连大海等有关方面负责人，以及太原市建筑装饰协会的会员企业代表200多人。

大会由太原市建筑装饰协会副会长马凤祥主持。

大会主要议程：一是宣读有关方面的贺词；二是听取姚吉生会长关于太原市建筑装饰协会成立10周年工作报告；三是对太原市2003年度先进装饰企业和优良装饰工程进行颁奖典礼；四是听取有关方面领导讲话；最后是与会全体代表与领导合影共享宴会。

太原市建筑装饰协会专门为大会编辑出版了《太原建筑装饰十年辉煌》的画册和2003年第1期会刊《太原建筑装饰》。中国建筑装饰协会也为大会准备了专门报道“全国建筑装饰行业科技大会”的2003年第10期会刊《中国建筑装饰》。

二、大会祝贺

中国建筑装饰协会领导的题词，张恩树名誉会长：弹指十载行业兴，并州装饰百花红。马挺贵会长：装点太原古城，美化多彩生活。常务副会长兼秘书长徐朋：千年龙城蹉跎岁月，十年装协璀璨长青。

中国建筑装饰协会贺信，由中国建筑装饰协会住宅装饰装修委员会（筹）副秘书长张爱宁宣读，全文如下：

太原市建筑装饰协会：值此太原市建筑装饰协会举行庆贺成立10周年大会，中国建筑装饰协会向大会表示热烈的祝贺！太原系晋府，在中国历史上曾具有举足轻重的文化、经商传统和现代革命、改革的创举。太原市建筑装饰协会工作位居全国前列，太原建筑装饰行业，不仅对山西省建筑装饰行业的发展产生重大影响，而且在我国建筑装饰行业发展中具有重要的地位和作用。中国建筑装饰协会与太原市建筑装饰协会具有深厚的历史渊源和情谊。

当前国家形势非常之好，党的十六届三中全会刚刚胜利闭幕，“神五”圆满完成首次载人航天，国家统计局宣布SARS影响基本结束，我国国民经济正在快速恢复发展，预计今年GDP将超额完成年初预期7%的目标，达到8.5%，中国建筑装饰协会不久前在北京召开了具有里程碑意义的全国建筑装饰行业科技大会。这一切都预示着我们建筑装饰行业新的发展机遇的到来。希望太原建筑装饰界站在历史新的起点、新的高度，以专业化竞争形成比较优势，发挥传统与现代相结合的区位优势，推动太原乃至山西省建筑装饰行业的可持续发展。祝太原市建筑装饰行业兴旺发达，建筑装饰企业运作和建筑装饰行业发展迈向全国先进行列！祝太原市建筑装饰协会成立10周年庆典活动圆满成功！

太原市副市长乔亮生书面致词：在庆祝中华人民共和国成立54周年，庆祝太原市建城2500周年的喜庆日子里，太原市建筑装饰协会迎来了成立10周年。在这值得纪念的日子里，向战斗在建筑装饰这一古老而又新兴行业的建设者表示由衷的祝贺。10年来，太原市建筑装饰行业为扮靓太原这个具有2500年悠久历史的文化古城，推进全市经济建设，改善人民群众的居住环境和生活质量中付出了巨大的心血和汗水，做出了不可磨灭的贡献。

党的十六大规划了21世纪头20年的宏伟蓝图，即“全面建设惠及十几亿人口的小康社会，使经济更加发展，民主更加健全，科教更加进步，文化更加繁荣，社会更加和谐，人民生活更加殷实。”我市也提出要实现率先发展，把我市建设成为中西部经济强市的目标。经济越发展，人民的物质文化生活水平越提高，对建筑装饰的需求就越大，要求也越高。希望太原市建筑装饰协会在今后的工作中以更好的精神状态，与时俱进，开拓进取，更好地发挥政府和企业之间的桥梁纽带作用，为建筑装饰企业服好务，团结带领建筑装饰企业为全面建设小康社会，改善人民的居住环境和质量做出新的更大贡献。

太原市建设管理委员会书面贺词：在庆祝中华人民共和国建国54周年，太原建城2500周年的喜庆日子里，太原市建筑装饰协会迎来了成立10周年庆典。在此，太原市建管委向太原市建筑装饰协会表示热烈祝贺！ 向建筑装饰行业的建设者表示由衷的祝贺！太原市建筑装饰行业经过10年的培育和发展，已经成为我市城市建设和经济发展的一支重要生力军，为扮靓太原市的一座座高楼大厦，改善人民的居住条件，推动经济发展付出了极大的心血和汗水。千姿百态的建筑装潢设计和产品给我们的城市增添了美感，给人们的居家生活带来了温馨。

太原市建筑装饰队伍发展的10年，是一个从小到大，从弱到强的历程。太原市建筑装饰行业发展10年所取得的一切成果是太原市建筑装饰协会坚持全方位发挥桥梁和纽带作用，全心全意为政府，为企业服务的结果，是装饰行业广大员工辛勤奋斗的结果。党的十六大提出了“要在本世纪头二十年全面建设小康社会的奋斗目标”，我市也提出了要实现率先发展，用三到五年时间把我市建设成中西部经济发展强市。这一切都为建筑装饰行业提供了一个新的大发展的舞台。希望太原市建筑装饰协会以更好的精神状态，与时俱进，开拓进取，更加充分地发挥桥梁和纽带作用，把我市的建筑装饰行业打造得更加辉煌，为把我们的城市打扮得更加靓丽、使人民的生活居住环境更加舒适、温馨做出更大贡献。

发来贺信的还有山西省建筑装饰协会、省建筑业协会、省勘察设计协会、省建设监理协会、省房地产业协会、大同市建筑装饰协会、运城市建筑业协会、晋中建筑业协会等兄弟社团。

三、大会报告

太原市建筑装饰协会会长姚吉生作了题为“团结拼搏锐意进取 全力开创建筑装饰事业新局面”的庆典工作报告。他指出，在庆祝中华人民共和国建国54周年、庆祝太原城建2500周年的喜庆日子里，我们迎来了太原市建筑装饰协会成立10周年庆典。在此，我代表太原市建筑装饰协会向今天前来参加大会的各位领导、各位来宾、各位同志、各位朋友表示热烈的欢迎和诚挚的谢意。

姚吉生回顾，太原市建筑装饰协会是在太原建管委、太原市民政局批准，于1993年9月8日正式成立的。并于同年

10月25日加入了中国装饰协会，成为了中装协的团体会员。10年来，在中装协和太原市建管委、民政局等部门的大力支持，亲切关怀，热情指导下，在各位理事、常务理事和广大会员单位的共同努力下，太原市建筑装饰协会紧紧围绕协会宗旨，积极发挥政府与企业之间的桥梁和纽带作用，大力开展双向服务活动，促进了我市建筑装饰行业快速健康发展，为改变人民的居住环境，提高人民生活品质，推动社会经济发展发挥了重要作用。突出表现在以下几个方面：

一是装饰队伍迅速壮大。10 年来，我市装饰行业施工企业从93年的93家，发展到现在的182家，其中一级装饰施工资质企业3家、施工和设计“双一级”资质企业从零发展到2家；二级装饰施工资质企业65家。

二是装饰工程质量整体水平显著提高。10 年来，全市重点装饰企业的96项装饰工程先后被评为市优，有21项装饰工程获省优，10 余项工程获全国建筑工程装饰奖及鲁班奖。这些获奖工程代表了我市建筑装饰行业发展水平。10年来，先后有23家企业获得优秀装饰企业光荣称号。有46家企业先后共117次获得先进装饰企业光荣称号，带动全市装饰行业的发展。

三是装饰业对全市经济发展的贡献率持续增长。全市装饰行业的年产值由10年前的2.88亿元增长到现在的将近25亿元，特别是近5年来随着我市家装的迅猛发展，装饰业持续以20%的速度增长。我市的装饰企业不仅在太原地区承接工程，还在全国10多个省、市、地区承接工程，拉动了全市的经济增长。

10 年来，我市建筑装饰行业的发展，给协会工作创造了广阔空间，协会坚持为政府服务、为企业服务的宗旨有力地促进和推动了建筑装饰业的发展，10 年来，协会着力抓了以下几方面的工作：

一是切实加强了协会的自身建设。协会创建以来，始终把健全协会组织，壮大协会队伍作为一项经常性的工作常抓不懈。协会创建伊始，我们就设立了协会秘书处、咨询部、培训部等办事机构。随着形势的发展，1998 年，我们又组建了家装管理委员会，进一步健全了协会工作机构。

为了保证协会工作正常运转，根据协会章程，10年来，先后召开了24次常务理会议，四次理事长会议，两次代表大会，9次年会，并及时对因工作、年龄、身体状况等因素不能胜任协会工作的部分常务理事和理事进行了调整，从组织上保证了协会工作的活力。

随着协会发挥出的越来越大的作用和装饰业的兴旺发达，协会的凝聚力也日益增强。会员单位由10年前的几十个发展到目前的182个。

二是狠抓了党和国家有关方针、政策和法律法规的宣贯工作。协会始终把宣传、贯彻党和政府的有关方针政策及相关法律法规作为协会工作的一项重要任务来抓，先后组织120 多个会员单位认真学习了《建筑法》、《招标投标法》、《建设工程质量管理条例》、《安全生产条例》、《建筑装饰装修管理规定》等法律、法规、规章，并利用彩车、黑板报、锣鼓队传单多种形式多次在街头进行了大规模宣传，为规范装饰市场行为营造了浓厚的法制氛围。为使老百姓“明明白白搞家装”，协会组建了“家居装饰广场”出台了“家装质量验收标准”、“家装合同示范文本”并通过报刊、电视、板报等方式对家装知识进行了广泛宣传，为规范家装市场营造了浓厚氛围。

三是全方位开展了装饰行业经营管理和业务技术培训。随着建筑装饰业的迅速发展，特别是新技术、新材料、新知识的广泛应用，对装饰业的经营管理、人员素质、业务、技术都提出了新的要求。为适应不断发展的新形势、新任务的要求，10 年来，协会始终把教育培训工作作为一个大事来抓，先后举办了22 期培训班，培训项目经理280余人次。此外，协会还选派企业经营管理人员参加了“中国型CI战略”高级研讨班；分5次组织企业技术人员项目经理赴深圳、珠海、烟台等先进城市参观，进行业务学习。通过各种形式的培训，对提高装饰企业的整体素质起到了一定作用，从而保证了装饰工程的质量稳步提高。

四是积极开展了信息咨询服务工作。传递工程信息、沟通交流渠道是协会的一项重要工作。为使会员单位能够及时了解、掌握装饰市场的行业发展趋势，新材料、新技术、新工艺等方面的信息，协会创办了装饰会刊，与全国60个装饰协会进行了交流，90 多项装饰业新技术、新材料在会刊上进行了交流。

为了提高装饰设计水平和装饰工程质量，互通有无，取长补短，协会先后举办了“建筑装饰工程设计作品展览”、“太原市现代杯家庭装饰设计大奖赛”，参展、参赛的单位65 家，作品 448 件。2000 年在三利装饰公司举办了 2000年中国室内设计大赛巡回展。全国各地 430 多名设计师的353个参赛项目、2000多幅作品参加了展出。此外，我们还组织会员单位多次赴北京、天津、石家庄等地参观学习，使我市装饰设计水平和装饰装修质量有了明显提高。

五是狠抓了装饰队伍建设和行业自律工作。随着装饰业的迅速发展，装饰队伍也急剧膨胀，装饰市场中各种队伍鱼龙混杂，为了提高会员单位诚信守法经营的意识，我们在会员单位中开展了诚实守信的职业道德教育，配合工商部门持续开展了“重合同，守信誉”的评审工作，开展了“装饰工程质量信得过企业”评比活动，组织会员单位进行了设计质量，施工质量相互观摩评议，从而强化了行业自律，维护了行业秩序和市场秩序。为了进一步贯彻安全法，我们对全市装饰行业进行了安全生产培训和安全生产检查，推广了太原市建筑装饰公司的安全生产措施。评选了现代装饰公司装饰的“梅园百盛”和太原建筑装饰公司“呼延净水厂综合办公楼”两个安全文明工地。

我市的建筑装饰队伍是一支特别能战斗的队伍，2003年4月，当“非典”袭来的时候，按照省、市政府的安排，要以最快的速度和最好的质量扩建太原市第四人民医院。

当人民需要的时候，我们建筑装饰协会的6个常务理事单位，积极参加了施工，完成了7.8万㎡彩钢板的拼装工程。他们调集精兵强将，昼夜奋战，圆满地完成了建设任务，充分体现了我们的装饰队伍是一支特别能战斗，特别能吃苦的队伍。

回顾10年的发展历程，我市建筑装饰行业跃上了一个新的台阶；展望下一个10年，我市建筑装饰行业将更加辉煌。党的十六大规划了21世纪头20年的宏伟蓝图，明确提出了全面建设小康社会的奋斗目标。我市也提出了要实现率先发展，把我市建设成为中西部经济发展强市，这就为我们建筑装饰行业提供了一个新的大发展时期，协会作为政府与企业之间的桥梁、纽带，在新的历史时期将以十六大精神为指导，深入学习实践“三个代表”的重要思想，认真落实政府委托的工作，坚持为会员服务的思想，以改革的姿态，开拓创新的精神，在全面提升装饰行业综合能力上下功夫。我们将进一步贯彻2003年9月在北京召开的全国建筑装饰行业科技大会上提出的《关于建筑装饰行业科技进步的若干意见》，努力提高我市建筑装饰行业的科技含量和科技水平。为会员多办事，多服务，真正把协会办成会员之家，成为会员利益的代表者和组织者。

面对建筑装饰行业大发展的历史机遇，太原装饰行业的全体同仁要携起手来，与时俱进，开拓创新，诚信守法，团结奋进，继续创造新的业绩，为全面建设小康社会，不断改变人民的居住环境和生活质量做出新的贡献。同时，太原市建筑装饰协会诚恳地希望各位领导、各位朋友、各位同仁一如既往继续给予我们关心、支持和帮助，共同开创建筑装饰事业新局面。

四、有关方面领导讲话

山西省建设厅副厅长张立光指出，山西省、特别是太原市建筑装饰行业近年来得到长足的发展，这与太原市建筑装饰协会的不懈努力是分不开的。当前建筑装饰行业发展形势看好，协会起到了良好的桥梁纽带作用。随着政府职能的转换，将会有更多的工作交办给协会。希望太原市建筑装饰协会和行业发展与时俱进，跨入全国先进行列。

山西省建设厅建管处处长张新民提出几点具体要求：一是大力促进室内设计发展，使“枪手”为我所用，向外地发展，首先是设计，装饰作为一个产业，不但要有社会效益，还应有经济效益；二是一定要把自身的事情办好，认真研究装饰，特别是家装的运作规律和需求，家装是事小影响大。协会要加强自律，我们考虑将装饰材料测试、装饰工程监理、环境检测等工作交由协会。

山西省建设厅纪检委书记董克平强调，太原市建筑装饰企业是一支特别能战斗的队伍，我们对太原市建筑装饰行业充满信心。

山西省建筑装饰协会会长史应标代表全省6万多名从业人员向比自己早成立7年的太原市建筑装饰协会成立10周年表示热烈祝贺，他认为山西省建筑装饰行业是一个以民营经济为主的行业，改变了建筑业以公有制为主的传统格局，对国民经济和社会发展是一个历史性的贡献。他指出，正当全国发达地区建筑装饰行业进行“第三次创业”这时，山西省装饰行业还处于第一次至第二次创业的过渡阶段，仍处于原始积累，抗击风险和市场部分能力均较弱。为此，希望山西装饰行业加快改革步伐，特别是三利等装饰企业应带个好头；二是进一步发挥协会作用，政府靠行政制度管理，企业靠市场经济管理，协会要靠自律机制管理；三是要积极进行培训工作，走出低水平徘徊之路，把农民培养成现代工人；四是更新观念，特别是家装管理，家装投诉历年居全省第五位，希望太原市装饰行业带个好头，发挥龙头骨干作用。

太原市民政局副局长白少敏指出，太原市建筑装饰行业为太原市经济建设做出了重要贡献，他希望太原市建筑装饰协会根据市委市政府的要求，率先发展。

中国建筑装饰协会信息部主任兼《中国建筑装饰》主编黄白传达了刚刚在北京结束的“全国建筑装饰行业科技大会”精神，并就当前业内关心的几个问题作了说明：一是国家对建筑装饰行业发展的宏观政策主要集中在三个方面：家装、装修材料清洁生产和物业，主要思路是发展以家装为重点的建筑装饰行业。二是行业发展要保持一定的速度，据对建筑装饰行业与国民经济发展速度之间关系多年的研究，当GDP在7%以上时，装饰行业发展可达20%以上，如果2003年GDP为8.2%，建筑装饰行业则可达25%左右。三是SARS对装饰行业的影响，主要是成本太高，每出现一名SARS病人将付出100万元的防治成本，再者是80%的市场受影响，特别是占四成市场份额的家装，因此要建立以人为本与规范化运作相结合的危机管理机制。四是要重视行业结构四个层次分离的调整：公装与家装、设计与施工、顾问咨询与设计、专业化与多元化。他强调，最重要的是专业化的竞争所形成的比较优势，是企业产生核心竞争力的源泉。

五、太原建筑装饰行业发展大事记

1993年9月8日，太原市建筑装饰协会成立，大会选举协会首届领导机构，名誉会长王晓林，顾问张希升、范敬荣，会长徐永根，秘书长连大海。中国建筑装饰协会石连峰秘书长等领导出席。

1997年9月8日，太原市建筑装饰协会召开成立4周年庆典，中国建筑装饰协会副秘书长霍明远等领导出席。

1997年10月30日～11月1日，中国建筑装饰协会在太原市召开“中国建筑装饰协会四届二次常务理事会暨全国秘书长工作会议”，会长张恩树、建设部建筑业司副司长张鲁风、人事司社团管理办张京跃、协会秘书长石连峰、副秘书长霍明远等领导出席。中国建筑装饰协会常务理事、10个专业委员会、31个地方建筑装饰协会负责人共140多位与会。会议通过张恩树会长所作“学习十五大，贯彻十五大，进一步解放思想，推进我国建筑装饰行业上新台阶”的讲话，石连峰秘书长所作的“高举邓小平理论伟大旗帜，把我国建筑装饰行业推向新的高度”的工作报告。调整、增补了一批理事，中国建筑装饰协会四届理事会共有常务理事 53 名、理事 259 名。会议交流资料 25 篇。

1997 年 11 月 3 日，建设部建筑业司与中国建筑装饰协会共同以建建企[1997]45 号文件做出《关于在部分城市开展家庭居室装饰装修管理试点工作的意见》，决定联合组成试点工作办公室，在太原、北京、天津、上海、沈阳、大连、鞍山、南京、合肥、济南、深圳、武汉、郑州、成都、西安等 15 个城市试点。

1999 年 5 月 14 日，太原市建筑装饰协会召开第二次会员代表大会，选举产生第二届理事会及其领导机构，会长：市建委副主任姚吉生，秘书长：市建委企业管理处副处长杨凯。

2001 年 9 月 8 日，太原市建筑装饰协会召开理事会暨庆祝协会成立 8 周年庆祝大会，会长姚吉生对协会过去一年来的工作进行了总结，并提出了下一步工作意见。大会向 2000 年度 26 家先进装饰企业、12 家装饰工程创优先进单位、3 家家装工程创优先进单位颁发了奖牌和证书。

2002 年 6 月 18 日～19 日，中国建筑装饰协会在太原市三晋国际酒店召开有 130 多人参加的“三北地区（东北、华北、西北）重点住宅装饰装修企业研讨会”。会议的主题是：管理、技术、机制、人才。出席会议的有中国建筑装饰协会名誉会长张恩树，山西省建设厅厅长马骏，副厅长夏志朴、李俊明，建管处处长张新民，副处长吕安峥、郝竹清，中国建筑装饰协会常务理事、山西省建筑装饰协会会长史应标，秘书长赵劲杉，副会长陈瑞明，太原市建筑装饰协会会长姚吉生，太原市建委建管处副处长兼太原市建筑装饰协会秘书长杨凯，副秘书长王振琪等。会议由中国建筑装饰协会副秘书长张京跃、房箴分别主持。张恩树、夏志朴、史应标、姚吉生分别在会议开幕式上作了讲话。14 位代表在会议上作了重点发言。

以上诸条，均已载入 2001 年和 2002 年《中国建筑装饰装饰行业年鉴》中。

太原市建筑装饰企业不仅具有晋商的光荣传统，而且具有行业精英的风范，特别是在今年的防控 SARS 中的表现尤为突出。全国共有 13 家优秀装饰企业参与了防治 SARS 医院的建设，太原就占了 6 家，太原市建筑装饰协会 6 家会员单位——香港神采设计装饰工程山西有限公司、太原市现代建筑装饰工程有限公司、山西三利装饰有限公司、太原市宏展装饰工程有限公司、山西聚豪装饰装潢有限公司、太原市晋粤装饰有限公司承担了太原市第四人民医院 7.8 万㎡彩钢板拼装工程艰巨任务。6 家装饰企业在时间紧、任务重、难度大非常情况下，站在国家利益的高度，讲政治、顾大局，以强烈的社会责任感、使命感和高度的主人翁意识，发扬不畏艰难和连续作战的精神，倒排工期，人停工不停，24 小时交叉作业，吃住在工地，夜以继日，争分夺秒，抢工期保进度，顽强拼搏，科学施工，高标准、高质量、高速度地圆满完成了建设任务，受到工程总指挥部的高度评价。太原市劳动局劳动竞赛委员会为太原市现代建设装饰工程有限公司、山西三利装饰有限公司、太原宏展装饰工程有限公司记集体一等功，为香港神采设计装饰工程有限公司山西有限公司记集体二等功，为山西聚豪装潢有限公司太原市晋粤装饰有限公司记集体三等功。这 6 家装饰公司是太原市建筑装饰行业，以至山西省装饰界颇有名气和有较强实力的企业。他们在省城防治 SARS 后备医院建设工程中立了功，获了奖，赢得了荣誉。为省城夺取防治非典战役的最后胜利，做出了重大贡献。他们是我们装饰界的骄傲，是省城人民的骄傲。

2003 年 6 月 10 日，太原市建筑装饰协会发出通知，号召全体会员及全行业向这 6 家装饰企业学习，他们是我们装饰行业的骄傲，学习他们迎难而上、顽强拼搏、敢于胜利的精神；学习他们顾全大局、不讲报酬、敢于牺牲的精神；学习他们确保进度、严格标准、尊重科学的精神。继续强化企业管理，注重人才培养和储备，增强发展后劲，坚持可持续发展。团结一致、齐心协力、为使太原市建筑装饰业再上一个新台阶而共同努力。并向他们的亲属、朋友及邻居致以亲切的问候，感谢各界对我们装饰企业和行业的关爱、理解、尊重和支持。

六、行业发展座谈会

在太原市建筑装饰协会成立 10 周年庆典期间，还举行了行业发展座谈会。座谈会由太原市建管委建管处副处长兼太原市建筑装饰协会秘书长杨凯主持。主要议题，一是如何开展行业信息化建设，二是如何进行家装行业管理。

参加座谈会的有中国建筑装饰协会信息部主任兼《中国建筑装饰》主编黄白、住宅装饰装修委员会（筹）副秘书长张爱宁，山西省建筑装饰协会秘书长赵劲杉，山西三利装饰有限公司董事长兼总经理庹贵宾，山西宏德建筑装潢工程有限公司总经理周仁德，神采设计装饰工程（山西）有限公司董事长霍小强，山西森永装饰工程有限公司总经理石磊，山西知本装饰有限公司总经理陈瑞明，山西泓海环保装饰有限公司总经理刘海瑞，山西浩海装饰设计工程有限公司总经理王林章，山西圣通装饰工程有限公司董事长兼总经理刘林彪等当地骨干装饰企业董事长或总经理 20 多人。

会议指出，行业信息化建设，当前主要是利用网络进行信息的高效率传递，包括远程设计、业内会议、企业内部管理。会议认为家装行业已被实践证明，政府管不了、管不好，应由协会领导，只有这样才能降低企业运作和行业管理的成本。关于现存的多头管理，与会的协会工作者表示，今后仍将不厌其烦的向上级主管部门反映，直至彻底解决。

中国建筑装饰协会两位部门负责人在山西省、太原市建筑装饰协会秘书长的陪同下还重点考察了三利和森永等当地装饰企业。

中国历史上曾出过非常有名的“晋商”，其留下的传统至今仍十分灿烂，我们将很快地看到，全国建筑装饰行业的“晋商”将再度辉煌，对此我们很有信心。

装饰行业信息化工作座谈会在苏州召开

《中国建筑装饰》编辑部 观察员

2003年10月23日，中国建筑装饰协会信息部、信息咨询委员会与苏州市装修装饰行业协会共同在苏州召开“装饰行业信息化工作座谈会”，会议的目的是为中国建筑装饰协会年内举行的“全国建筑装饰行业信息化工作会议”进行调研并做准备。

参加会议的有中国建筑装饰协会信息部主任兼《中国建筑装饰》主编黄白、信息咨询委员会秘书长兼《装饰名品》主编田万良，苏州市装修装饰行业协会会长孔全林、顾问陆浩生、常务副秘书长王家国、副秘书长黄静贤，苏州金螳螂建筑装饰有限公司办公室主任阴皓明，苏州工业园区美瑞德建筑装饰有限公司办公室主任杨建中，苏州市建筑装饰工程有限公司董事长兼总经理倪钧乐、董事常务副总经理卫群，苏州华宇建筑装饰工程有限公司董事长秦达仁、董事副总经理王开良、副总经理袁立群，苏州工业园区国发国际建筑装饰工程有限公司董事总经理刘耀，苏州苏明装饰公司副总经理张磊，江苏苏鑫装饰（集团）公司一级项目经理金建红，苏州国贸建筑装饰工程有限公司董事长马朝明，苏州建瓴装饰工程有限公司总经理薛心磊，苏州金鼎建筑装饰工程有限公司办公室主任马丽萍，苏州贝特建筑装饰工程有限公司总经理龙东明，苏州市红蚂蚁装饰设计工程有限公司总经理李荣等12家苏州装饰行业骨干企业的负责人，共17人。

会议由孔全林会长主持。

黄白和田万良说明了将要举行的“全国建筑装饰行业信息化工作会议”的目的和意义。为了贯彻“全国建筑装饰行业科技大会”精神，落实中国建筑装饰协会2003年10项重点工作，中国建筑装饰协会准备于年内召开“全国建筑装饰行业信息化工作会议”。此会的目的：一是从行业管理的角度把业内的信息化资源综合利用好，提高共享水平；二是从技术的角度把业内电子商务发展起来。建筑装饰协会在业内组织的活动，一要得人心；二要办实事。此行苏州，就是向大家请教如何开好这个会议。

会议首先听取了黄静贤副秘书长关于苏州建筑装饰行业发展和协会工作的汇报，她说，自2002年10月3日建设与轻工的两家装饰协会合并后，苏州市现有装饰企业298家，其中公装的152家，家装的145家，材料厂商10家；152家公装企业，其中一级12家、二级25家、三级15家，公装企业65%已入会，家装企业80%已入会。行业入会涵盖率达74%，今年年底可达到80%。据不完全统计，2002年苏州市装饰行业产值达28亿元，其中公装为21亿元，占全市建筑业总产值的13%，家装7亿元。2003年全社会固定资产投资可达1200亿元，月均120亿元，比上海市还要多，现已成为我国一大投资热点区域。

目前苏州装饰界信息的来源：一是网站，如中国建筑装饰、江苏建设、苏州建设等；二是业内报刊，如中国建筑装饰、装饰名品、中华建筑报、中国建筑装饰装修等；三是业内会议、协会会刊的交流、上级主管部门的文件等。宣传企业的渠道主要是苏州建设网、苏州日报、姑苏晚报、苏州电视台、苏州消费报（协会在上面专门开辟有主办的版面），协会会刊、积极参加市省全国的装饰工程评优、展示会等。

下一步工作：一是完善网页，江苏省建筑装饰协会要求各地市协会全部联网；二是正与江苏省建筑装饰装修发展中心共同制订“装饰行业统计标准”，加强信息化统计、收集和利用；三是加强与中国建筑装饰协会、江苏省建筑装饰协会和各地方装饰协会、会员企业的联系与沟通。

会议讨论气氛轻松、认真、积极，大家认为：

1. 当前业内亟需的信息化产品：一是政策法规，特别是具有导向性、方向性的重要文件，用以降低企业制定发展战略的成本；二是企业管理，以降低企业运作的成本；三是科技动态，包括新技术、新工艺、新技术，以降低企业研发的成本；四是市场准入，以降低企业开拓市场的成本。

2. 信息化产品的质量的需求：一是经过加工整理的信息化，包括分门别类，以降低企业获取信息化的渠道很多但是汇总起来却十分困难的成本，只有依靠协会整合，以调整行业、企业信息化流程。

3. 信息化产品供给的原则是：效率优先，兼顾公平。信息化交流是有范围的，共享信息化是有条件的。目前企业普遍使用网络，利用网络传送信息化是最有效率的，但并不排除传统媒体。业内对于信息化产品的积极性来自于企业运作成本和规范行业成本的大幅度降低。

会议指出，目前全国有340家装饰企业通过ISO9000认证，江苏省通过者继广东（80家）、北京（38家）后居第三位，共33家，其中苏州13家。目前全国有一级装饰施工企业473家，江苏省的继广东（67家）、北京（61家）后居第三位，共46家，其中苏州9家：苏州金螳螂建筑装饰有限公司、苏州工业园区美瑞德建筑装饰有限公司、苏州工业园区国发国际建筑装饰工程有限公司、苏州市建筑装饰工程有限公司、苏州金鼎建筑装饰工程有限公司、苏州市华丽美登装饰装璜有限公司、苏州苏明装饰公司、常熟市新苑地建筑装饰工程有限公司和苏州华宇装饰工程有限公司。

江苏省20强装饰企业，2001年苏州装饰企业是第一、三、九位；2002年转变为第一、二、三位——金螳螂、苏鑫、苏明。2002年度中国建筑装饰行业百强企业，江苏有7家，其中苏州有2家，有排名第一的苏州金螳螂建筑装饰有限公司和排名第四十九位的苏州苏明装饰公司。建筑装饰行业江苏省的前三名、全国的第一名在苏州。据了解，2004年将还有苏州装饰企业跻身江苏省及全国百强先进行列。

苏州建筑装饰行业现已初步形成专业化发展的比较优势，如苏州金螳螂建筑装饰有限公司很少向外流动的300多位室内设计师，现分成酒店类、图书馆类、办公建筑类等若干个方向团组；苏州市建筑装饰工程有限公司以承建复杂的水暖电风装修改造工程见长；苏州建瓴装饰工程有限公司则以专门做高档娱乐设施为优，如“苏州水台湾会馆”就十分有味道；苏州贝特建筑装饰工程有限公司以专做中高档家装在业内知名等。专业化竞争的结果，使苏州一批装饰企业形成自己独特的核心竞争力，并显现出苏州市的区位优势。

这是我国建筑装饰行业发展中一个非常值得重视的现象，会议建议设课题专门研究装饰行业的“苏州现象”，以推动苏州乃至全国建筑装饰行业的可持续发展。

中国建筑装饰协会主管信息化工作的两个部门负责人此行苏州，感到收获颇丰，对推动建筑装饰行业信息化工作有了进一步的认识，认识到建筑装饰行业信息化工作也要不断创新。

·对外交流·

中国建筑装饰协会组团访台促进两岸交流与合作

中国建筑装饰协会国际部

为促进海峡两岸建筑装饰技术与学术的交流，提倡规划技术的研究和改进，加强并推动两岸建筑装饰企业的共同合作与发展，应台湾财团法人联合营建发展基金会邀请，中国建筑装饰协会赴台考察访问代表团在团长——中国建筑装饰协会名誉会长张恩树率领之下，一行14人，包括北京、江苏、辽宁、山西、陕西等五省市协会领导和知名企业家或专家，10月26日自北京起程，11月4日圆满结束。

代表团在台期间，受到台湾财团法人联合营建基金会的热情欢迎和接待，先后与台湾省建筑公会联合会暨乡林建设集团董事长赖正鎰，财团法人联合建发展基金会董事长肖新禄、执行长管国英、谭俊杰，雲林科技大学营建管理系教授落乃欣，啟宇营造工程(股)公司副总经理冯财傑，台湾省景观工程同业公会联合会理事长李勝腾，台湾省园艺公会联合会董事长，大中联合建筑事务所等台湾著名业内人士及设计师分别进行了座谈和交流；先后参观了台湾新建东台禅寺、超五星级酒店涵碧楼酒店、园林项目、度假村建筑，福野大饭店、老爷大酒店、欧式宫廷度假村——远東大饭店、台北故宫博物院以及即将竣工的目前世界最高建筑——台北101大楼（台北世贸中心，高508m）等项目。

访问期间对方为代表团举办了三次招待餐会，气氛热情洋溢，双方互商合作事宜。代表团团员感触颇多，收益颇多，归纳起来主要有以下几点：

1．行业公会组织必须为会员企业服务，起到政府与企业的桥梁作用。台湾的各种行业公会、同会都是由骨干企业或专家学者发起，经过有关部门批准成立的，针对企业的需要开展各种活动，如各种训练业务、技术开发、人才培训、职称培训、建筑材料质量的鉴定、工程质量的鉴定、市场准入及管理办法两岸同行业交流、促进技术升级立足国际管建社会等，行业组织工作开展有生气，颇受同行成员的拥护和政府的支持

2．建筑装饰行业必须把设计放在第一位，不断推动国内外设计交流合作，不断提高设计水平，不断提高设计竞争能力。代表团成员通过座谈参观对此深有感触。台湾在各种工程项目设计中，都提倡表现传统中华民族传统文化、提倡伦理人体工程学、提倡工程个性化品味、提倡乡林品味、提倡建筑物与大自然的和谐、提倡各种风格、提倡与高科技结合、提倡国际竞争合作，设计以香港的酒店设计文化、园林设计文化、宗教庙宇设计文化等都有特点(涵碧楼大饭店8个石像)。我们认为这也是我们国内建筑等行业应该着力提倡，以便不断提高装饰环境艺术设计水平，提高设计竞争能力。大家一致认为：有了好的设计方案才能中标，才能做出具有代表性的品牌工程，才能降低工程成本。

3．广交朋友，为以后两岸同行业的交流打下了基础。代表团成员都有针对性的与对方交换了资料及名片，商议今后合作事宜与方法。

通过此次参观访问，加强了海峡两岸建筑装饰行业的交流与合作，加深了双方之间的感情和相互了解。代表团不仅了解了台湾的社会及风俗情况、建筑市场、建筑风格及设计理念等情况，也了解到台湾的行业协会及企业的体制、管理模式、运做方式等。双方在交流中确定了下一步的合作方式、合作伙伴和合作内容，并确定了台湾相关协会和企业访问北京的时间，以便进一步洽谈并开展有关在大陆投资、建造等合作适宜。大家深感到不虚此行。

图为台湾财团法人营建基金联合会主席萧新禄（左一）在为中国建筑装饰协会来访举行的座谈会上致欢迎辞，右为中国建筑装饰协会名誉会长张恩树。

考察团全体成员与赖正镒董事长在台湾乡林建设事业股份有限公司办公楼前合影留念

前排左起第3人：中国建筑装饰协会名誉会长张恩树，前排居中者为赖正镒先生，前排右起第3人：北京市建筑装饰协会会长朱希斌，前排左起第1人：北京市港源建筑装饰工程有限公司王波董事长，左起第2人山西省建筑装饰协会会长史应标，前排右起第一人：西安祥和铝业装饰工程有限公司总经理任树东，右起第2人：江苏省建筑装饰研究设计院院长李宁。

后排左起第1人：陕西省建筑装饰协会秘书王卫国，第2人为大连中信建筑设计装饰工程有限公司董事长兼总经理董学，第3人：台湾乡林建设公司特别助理洪胜义，第4人：北京筑邦建筑装饰工程有限公司总经理孟建国，第4、5人分别为深圳海外装饰工程有限公司总经理高刚及其北京分公司经理秦玉。

访 台 随 笔

中国建筑装饰协会　名誉会长　**张恩树**

2003 年 10 月 26 日～11 月 4 日，应台湾财团法人——联合营建发展基金会的邀请，中国建筑装饰协会一行 14 人赴台进行了考察访问。这是中国建筑装饰协会首次组团访台。在此之前，台湾方面已三次访问大陆，与中国建筑装饰协会交流。

一、联合营建发展基金会

基金会以非营利为目的，旨在结合政府、学术及民间营建机构之力量，得以将新兴技术理论与实务连接，让理论与实务相结合，以求策略联盟发展，突破营建业成长瓶颈，促使技术升级立足国际营建社会。故将致力于技术之研发，营建自动化及接受政府或业界委托办理教育训练，以全面提升工程技术能力。

组织机构图：

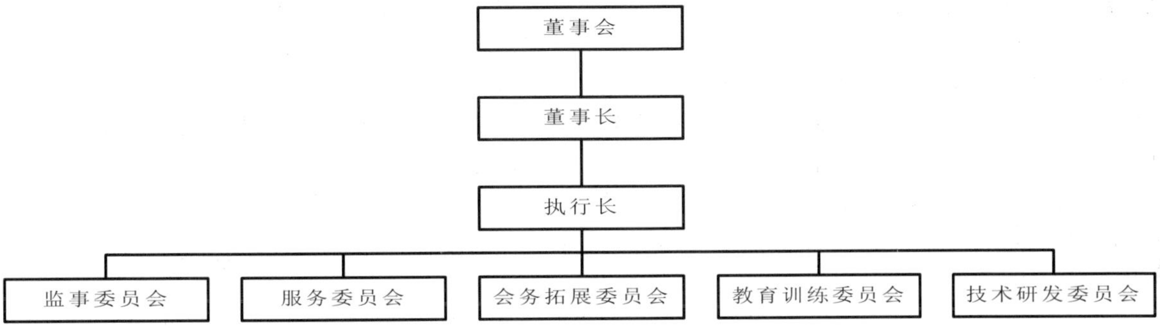

办事地点：还设有实验室及教室等。

培训取证照的人员：董事长肖新禄，逢甲大学土木系教授；执行长谭俊杰，逢甲大学校友会总干事；副董事长兼执行长管国英。

薪水：除专职人员由基金会发薪水外，其余兼职人员均不领取薪水。

企业：台湾有 1 万多家营厂，装修设计由建筑师执行，工程由专业营造厂执行。

基金来源：由啟阜建设工程股份有限公司捐助，并接受捐赠及服务收入。基金为 1000 万台币（合 250 万人民币）。

基金会活动服务范围：营建管理研究、营建法规研究与建议、营建技术与材料研究、营建技术与自动化训练、营建资料收集分析及传播、其它与营建等有关问题研究与建议、接受各主管机关委托办理有关营建工程鉴定与公共安全检查相关业务；提升企业竞争力，减少劳工受害发生并接受各主管机关委托推广劳工安全卫生及营建品管、室内装修、公共安全检查及消防等有关教育训练。

二、东台禅寺

东台禅寺是个新建筑，是佛教圣地，用 30 亿台币（合 11 多亿人民币），用时 7 年建成，共 18 层的高大建筑，结构新颖，采用山西产的石材塑成的大天王，作为建筑的承重柱，铜佛由山西一家工厂铸造。

全部采用世界精品材料，如有的佛像采用巴西的玉石。其规模大有气魄。电梯、电气、消防等采用现代先进的设备。

全寺现有僧人百余人，其文化水平较高，据说大学毕业的不少。领我们参观的师父，对建筑很熟悉，介绍得很内行。目前一层已经开放，上部尚在整修中。

这个地区曾是台中地震受害之地，附近的房屋大部分倒塌，但该寺毫无影响，可见其工程建造之牢固。参观该寺的建筑，接待者，主要想叫我们了解这是正在施工的大型建筑。室内装饰完全以佛教的要求进行。

想到不仅两岸的佛教信仰相同，而且采用佛教建筑的用材，也有两岸交流采用之处（如台中东台禅寺用了山西的石材，用了山西的工厂进行铜佛铸造）。如果两岸早日三通，相互的运输，就省时省钱多了。

三、日月潭、六星级饭店

“我站在海岸上，把祖国的台湾省遥望，日月潭碧波在心中荡漾。”日月潭是台湾地区最大的淡水湖，北半部形如日轮，南半部状似月钩而得名。日月潭的湖水碧绿如玉，山光水色非常美丽。坐落于湖中的拉鲁岛是原住民部族的祖灵圣地。

日月潭历来是旅游宝地。据说历来是达官贵人的度假休息之所，曾是警戒森严的神秘之地。

在日月潭西北部岸边，由乡林集团建成了一个园林渡假村式的六星级饭店，乡林集团董事长赖正镒先生向代表团介绍时，视为是自己的得意之作，也是台湾地区高档次的依山傍水，亲近大自然的最佳去处。独具的别墅及套房设计，让日月潭湖光山色尽收眼底。

饭店名为涵碧楼。共有 96 间客房，各种设备和服务设施，都很齐全。其中：湖景套房（单房），使用面积 75m^2，订价 12，300 元台币/日（合人民币 3075 元）。湖景套房（双房），使用面积 111 m^2，订价 20，000 元台币/日（合人民币 5000 元）。庭园别墅（单房），使用面积 303 m^2，户外面积 195 m^2，订价 16，800 元台币/日（合人民币 4200 元）。庭园别墅（双房），使用面积 636m^2，户外面积 351 m^2，订价 32，200 元台币/日（合人民币 8050 元）。总统套房，使用面积 252 m^2，户外面积 51m^2，订价 52，500 元台币/日（合人民币 13，125 元）。

涵碧楼的设计，独具匠心，借鉴了园林建筑手法，在装饰装修方面，注重色彩的协调，高雅而不繁杂。注重环境优化协调，追求舒适而不贪求豪华材料的堆积。

乡林集团董事长赖正镒先生是善于在房地产业创新的企业家，曾到过北京了解市场情况，近期拟再到北京，拟投资建四合院式的房子。

四、阿里山、小火车

“阿里山林涛在耳边震响……”

进入阿里山风景区，体味着大森林区的天然氧吧。阿里山是台湾名不虚传的森林公园。各种奇形的树型、树种，许多笔直的杉木林，又大又粗的老树根，到处呈现，据说是日本占领时期，砍了不计其数的木材，其树根留其见证。日本占领台湾时期，把阿里山当成其木材砍伐基地，为此，专门修建了近山运送木材的铁路，通行窄轨小火车。现在成为人们进入阿里山的旅游交通工具。阿里山海拔 3000 多米，至高点可观望日出的情景，游客们必然乘小火车到达山顶，去观日出。

台湾地区得益于气候有利，绿化率高，生态环境保持的好，美丽的宝岛，森林茂盛，槟榔林、椰子林到处可见。台湾人喜槟榔，行走的沿途，到处是卖槟榔的店铺。

除了森林外，山区还有人文和自然景点，如：姊妹潭，面积不大，以两湖相连得名，建有双亭，在湖中倒影，甚为美妙，到此游人，无不留恋拍照。

五、花莲市、温泉、石材

花莲市地处台湾东部，临太平洋。因有温泉，建有东方夏威夷遊乐园区，实际是因地制宜，建立的渡假村型的住、吃、玩、乐一体的景点区。利用温泉的条件，吸引人们度假，休闲游。其建筑造型是园林形的楼房建筑，房间不少，设施齐全，装饰装修应当说是“简约”的，以客人的方便、服务周到著称，客房利用率高，是台湾地区有名的景区。

花莲市还是石材加工地区，是台湾的石材产地，石材加工厂生产各种石材成品，大到建筑石材，小到首饰宝石（号称猫眼石产地）。本地产的石材、进中的石材毛坯，都在此加工，多家石材加工厂，都建有现代化生产线。

在莲花市西北部，有太鲁阁公园，这个公园成名，是驰名的一个大峡谷，峡谷山区内是大理石产区，为保护景点，禁止开采。从峡谷观望，非常漂亮，峡谷内瀑布、小溪长期冲刷，露出的大理石面层，非常好看。

举个石材老板拉商机的例子，我们逛到商店后，立即送给客人一个石头手镯，讲手镯对人体健身有好处，说得头头是道，然后领客人看各种建筑石材，艺术石材等，察颜观色，看你的表情而有兴趣时，专项介绍。看你是游客，最后请你坐在柜台前，拉开档板，逐层介绍宝石，最后一层是精品。他讲这是任何产地都没有的“猫眼”奇石，价格可以双方协议。真是一个经商的手法。

六、高雄市

台湾只有台北和高雄市是两个直辖市，其他都是过去台湾省的建制，有的是市和县平行，如花莲县、花莲市，有的是县领导市。高雄市是台湾的军事基地，许多军事部门在此地。又临海，是台湾第二大港。

高雄也是台湾工业的生产地区，各种门类的工厂——重工业的产地。据说对生态环境管理很严格，虽有工业区，但控制污染，以保持城市的清洁。高雄的建筑是有规划的，没有高层建筑，多为四五层，很少见到玻璃幕墙，个别的是一点点点缀。砂建筑的外墙，是清水砖墙，其砖的质量好，看起来也很漂亮。

临海建有中山大学，台湾的教育较发达，各种大学很多，多是私立大学，中山大学是公立的，学系也多，其校舍宏大，其建筑造型是符合当地情况，没有高层，红砖外墙。学校的署名，搞的很明显，其公共建设，如体育场对外开放。因天色很晚没能进去参观。就是外景来说，在海边地区是游人去的景点，可以在海边看日落。

同去的中国建筑装饰协会副会长王波，有业务合作熟悉的旺业集团董事长李厚业先生，宴请代表团一行，请来他的朋友作陪，多是六七十岁的老人。有的退休后经商，如有代理青岛啤酒。

据说台湾人很喜欢青岛啤酒，生意不错，有的去过大陆。当时气氛很好。有人说：希望早日三通。李厚业董事长还唱了大陆流行歌曲。

七、台北市

台北市是台湾地区的首府，200 多万人口，占台湾地

图 3　台北歌剧院

图 4　台北园山大酒店

区 2000 多万人口的 1/10。市场较繁华，交通方便，有公共汽车、地铁、轻轨等公交工具，私人汽车更多。据说，台湾产的轿车，每户都有一辆以上。台北的道路较宽畅，实行严格的管理，全部是单行线，上下班高峰期间，也发生堵车。

台北的城市建设，按规划进行，从建筑行业看，有营造条例，室内设计条例，我们也要了这些条例，台湾地区非常注重设计工作。设计取费是 7.5%。一些大型公共建筑，如：故宫博物馆；中山纪念馆。歌剧院、园山大酒店等等，都是民族形式的大屋顶建筑，黄色硫璃瓦屋顶，园山大酒店室内大堂部分，还有彩绘装饰。正门对面，还建有彩画的牌楼。市内高层建筑不少，代表的是 101 贸易中心，101 层，高 508m，号称是世界第一高，形象为一高塔。据说高速电梯运行，一次只 48 秒。这一工程还在施工中，2004 年全部竣工。在台北市很少见到玻璃幕墙大楼，见到的也只是局部用玻璃装饰。台北市的外墙装饰多为涂料，也有瓷砖，清水砖墙。商品房的开发区不少，在台北商品房的价格是最高的。据说中心地带 6 万台币（合人民币 15000 元/㎡）。台北的建筑装饰装修，有严格的管理，室内设计管理条例，即为例证，注重质量、舒适宜用。

参观故宫，见到许多中华民族的文化瑰宝，精品是轮换展出，主要是当年从北京故宫和大陆地区运去的。

台北市新开业的一家规模大的百货商场，也是新型建筑的作品。整个商场的外形是个球状，内部结构为内外两层园形的商店布局。楼高 7 层，有上下自动、步行电梯。内墙有干掛石的装饰。外墙使用的是紫红色的涂料，体积大，很壮观。夜景更为漂亮。

台北街道两旁相连的旧楼，供人避雨的“骑楼”走廊，如同在广东看到的一样，在城市中另有气味，是南方城市具有的潮湿清洁。据说台北市绿化面积已达 1000 公顷以上。台北的绿化是美丽的。商店的招牌是各式汉字，和大陆人们的交流语言是相通的，台湾人讲普通话很熟练，都具有炎黄子孙的共同之处。两岸骨肉同胞，都盼望能早日实现统一，以中华民族之振兴，树立在世界之林。

图 5　台北 101 层贸易中心 508m 高的最上层部

台湾室内设计装修管理办法草案

台湾室内设计装修商业同业公会

第一章 总 则

第一条 本办法依建筑法（以下简称本法）第九十七条之三规定之。

本办法未规定者，适用其他相关法令规定。

为有效辅导与管理室内设计装修业，维护建筑物公共安全，确保建筑物使用品质，特订定本办法。

第二条 本办法之主管机关为主管建筑机关。

第三条 本办法用语定义如下：

一、室内设计装修业：系指经向中央主管机关办理登记及营利事业登记，始得从事建筑物室内设计装修业务之厂商。

二、室内设计师：系指通地室内设计装修技能检定，取得证照，从事室内装修之设计或监造之人员为本业专业人员。

三、专业人员：需具国内大专以上室内设计、建筑、美工、舞台设计、室内布置等相关科系毕业者。及具十年以上经验或经验覆合格者。

第四条 室内设计装修业得接受委托从事建筑物本体结体以外室内空间之色彩计划、造型设计、动线安排、环保控制、家具布置及装修工程之业务。

第二章 室内设计装修之申请设立

第五条 室内设计装修向中央主管机关申请登记接受管理辅导，应具下列条件：

一、公会会员。

二、资本额新台币叁佰万元以上。

三、室内设计师一人以上。

四、专业监工人员一人以上。

前项登记事项，中央主管机关得委托地方主管机关办理。

前项第二款最低资本额，内政部得视实际需要调整之。

室内设计师资格及考训规定由内政部及相关部会另订之。

室内装修业登记许可者，应发给登记证书，并接受本办法之管理辅导。

第六条 室内设计装修业应于完成公司登记三十日内具备登记申请书，连同下列证件一份，向主管机关申请登记：

一、经济部公司登记证明文件。

二、公会会员证书。

三、资本额证明文件。

四、室内设计师学经历证明文件。

第七条 前条登记申请书，应载明下列事项备查，变更时亦同。

一、公司名称及所在地。

二、公司及负责人印鉴。

三、公司组织及章程。

四、负责人、室内设计师、专业监工人员之姓名、年龄、身份证字号、住址、学经历。

五、其他必要事项。

第三章 室内设计装修之经营

第八条 室内设计装修业经营范围不受登记地域之限制。

第九条 室内设计装修业接受委托办理业务，其工作范围及应收酬金，应订定书面契约，本诚信原则履行义务。

第十条 室内设计师应负工程设计责任；其受委托监造者应负监督该工程之责任。

第十一条 室内设计装修从事供公众使用建筑物及公众得出入场所室内设计装修，应于施工前，依本法有关建筑许可规定，检具申请书、权利证明文件及工程图说向地方主管建筑机关申报核可后施工。

前项审查许可规定，主管建筑机关得委托公会办理，并予建档备查。

第十二条 前条申请书应载明下列事项：

一、建筑物所有权人之姓名、年龄、住址。

所有权人为法人者，其名称及事务所及代表人。

二、室内设计师之姓名、住址、证书字号及签章。

三、建筑物之地址及用途。

四、工程概算。

五、装修期限。

前项第四款工程概算包括室内设计及装修工程，应分别计价。

第十三条 第十一条工程图说包括下列各款：

一、建筑物位置图。

二、建筑物装修空间之平面、立面、剖面图，其比例不得小于百分之一。

三、室内空间各部之尺寸构造及材料，其比例不得小于三十分之一。

四、装修设备图说。

五、施工说明书。

第十四条　室内设计装修业者之负责人及室内设计师不得为他室内设计业之负责人及室内设计师。

第四章　室内设计装修之管理

第十五条　室内设计装修业者有下列情形之一者，应重新办理登记，原领之登记证书应予注销。

一、变更组织。

二、改易名称。

三、更换负责人。

第十六条　室内设计装修业者有下列情形之一者，由所在地主管机关注销登记，层报中央主管机关备查。

一、申请登记不实者。

二、丧失营业能力者。

三、登记证书借与他人使用或冒用他人登记证书者。

四、无正当理由停止营业六个月以上者。

五、停业时，不将登记证书缴存者。

六、违反第十一条规定者。

七、设计或装修行为有重大违失者。

八、连续三年内违反本案或建筑法规规定达三次以上者。

第十七条　室内设计装修业者有下列情事之一者，应向地方主管机关申请核转中央主管机关备查。

一、变更室内设计装修技术人员者。

二、变更公司地址者。

第十八条　室内设计装修业撤销登记或停业处分者，自处分受达日起，不得再行受理委托业务，但已受理委托者，得准其继续至竣工为止。

自行停业者，准用前项规定。

第十九条　主管机关得视需要随时派员检查室内设计装修之业务及财务状况，如有发现不当情事，得限期改善。

室内设计装修业对前项要求不得拒绝。

第二十条　主管机关为辅导室内设计装修业经营，得视需要召集室内设计装修业从业人员办理讲习。

第二十一条　地方主管建筑机关依本办法受理申报案件应予建档，以为建筑管理之依据。

第五章　公　会

第二十二条　室内设计装修业应在省（市）、县（市）成立同业公会，并成立全国联合会，

除商业团体法赋予任务外，应执行下列任务：

一、室内设计装修业功能之宣导。

二、与主管机关之沟通协调。

三、办理从业人员之在职进修。

四、业者业务纠纷之协调处理。

五、业界之辅导，纪律维持及法规讲习。

六、受理执行主管建筑机关及其他机关委办事项。

七、其他法令应办理事项。

第二十三条　室内设计装修业之省（市）、县（市）及全国联合会成立仲裁委员会，调解业务营运纠纷。

前项所发生之纠纷，经仲裁后，若归责业者过失，应负损害赔偿之责，并依情节轻重受该主管机关惩戒。

第二十四条　有关室内设计装修业之辅导管理、纪律维持、法规讲习等，由公会研拟具体职业章则条规，经由大会通过后，报请主管机关核定后实施。

第六章　奖　惩

第二十五条　室内设计装修业之奖惩办法如下：

一、嘉奖。

二、颁发奖状。

三、公共建筑物室内设计装修优先受领权。

四、其他相关奖励事项。

第二十六条　室内设计装修业者有下列情事之一者，省（市）主管建筑机关得予奖励；特别优异者，层报内政部奖励之。

一、对建筑法规、室内设计装修技法、防火材料襄助研究及建议，有重大贡献者。

二、对襄助办理公共或灾害预防等有关室内设计装修事项，成绩卓著者。

三、对室内设计装修、国际竞图或学术研究有卓越表现者。

四、对协助进行室内装修实务著有贡献者。

第二十七条　室内设计装修业之惩戒处分如下：

一、警告。

二、申诫。

三、三个月以上二年以下之停业。

四、吊销营业证照。

第二十八条　室内设计装修业违反本办法规定，经撤销其登记，倘归责于负责人、室内设计师之行为者，视情节轻重，得限制其担任本办法登记之负责人、室内设计师。

第七章　附　则

第二十九条　本办法发布日前，已领有登记证书之室内设计装修业者，应于三年内重新办理登记，符合本办法规定者，发给登记证书，逾期未申办者，注销其营业资格。

第三十条　本办法自发布日施行。

台湾建筑物室内装修管理办法

台湾"内政部营建署"

● 1986年5月29日 "内政部"台（八五）内营字第8572676号

● 1999年6月29日"内政部"台（八八）内营字第8873690号令修正发布第十条条文

● 2000年9月1日"内政部"对（九八）内营字第8985763号令修正发布

● 2003年6月24日"内政部"台营字第0920087393号令修正发布第二条、第十四条、第十五条、第十六条、第十九条、第二十条、第二十四条、第二十五条、第二十六条、第二十九条；增订第二十九条之一；并删除第三十七条条文

第一条　本办法依建筑法（以下简称本法）第七十七条之二第四项规定之。

第二条　供公众使用建筑物及经"内政部"认定有必要之非供公众使用建筑物，其室内装修应依本办法之规定办理。

第三条　本办法所讲室内装修，指固着于建筑物构造体之天花板、内部墙面或高度超过1.2公尺固定于地板之隔屏或兼作橱柜使用之隔屏之装修施工或分间墙之变更。但不包括壁纸、壁布、窗帘、家具、活动隔屏、地毯等之粘贴及摆设。

第四条　本办法所讲室内装修从业者，指开业建筑师、营造业及室内装修业。

第五条　室内装修从业者业务范围如下：

一、依法登记开业之建筑师得从事室内装修设计业务。

二、依法登记开业之营造业得从事室内装修施工业务。

三、室内装修业得从事室内装修设计或施工之业务。

第六条　本办法所讲之审查机构，指经"内政部"指定置有审查人员执行室内装修审核及查验业务之直辖市建筑师公会、县（市）建筑师公会办事处或专业技术团体。

第七条　审查机构执行室内装修审核及查验业务，应拟订作业事项并载明工作内容、收费基准与应负之责任及义务，报请直辖市、县（市）主管建筑机关核备。

前项作业事项由直辖市、县（市）主管建筑机关制定规范。

第八条　本办法所讲审查人员，指下列办理审核图说及竣工查验之人员：

一、经"内政部"指定之专业工业技师。

二、直辖市、县（市）主管建筑机关指派之人员。

三、审查机构指派所属具建筑师、专业技术人员资格之人员。

前项人员应先参加"内政部"主办之审查人员讲习合格，並领有结业证书者，始得担任。但于主管建筑机关从事建筑管理工作二年以上并领有建筑师证书者，得免参加讲习。

第九条　室内装修业应依下列规定置专任专业技术人员：

一、从事室内装修设计业务者：专业设计技术人员一人以上。

二、从事室内装修施工业务者：专业施工技术人员一人以上。

三、从事室内装修设计及施工业务者：专业设计及专业施工技术人员各一人以上，或兼具专业设计及专业施工技术人员身份一人以上。

室内装修业申请公司或商业登记前，应具申请书，检附前项规定之专业技术人员登记证，向"内政部"申请许可；其名称并标示室内装修字样。

第十条　室内装修业应于"内政部"许可六个月内办理公司或商业登记；如有正当理由者，得跓延期一次。但不得超过三个月；逾期未办理公司或商业登记者，"内政部"应停止其许可。

第十一条　室内装修业应于办理公司或商业登记后六个月内，检附下列文件，向"内政部"申请室内装修业登记证。逾期未申请者，内理部应停止其许可，并通知公司或商业登记主管机关停止其公司或商业登记其中之一以内装修业营业项目。

一、申请书。

二、公司或登记证明文件。

三、原许可文件。

室内装修业经许可登记者，"内政部"应核发登记证。未领得登记证者，不得执行室内装修业务。

室内装修业变更登记事项时，应申请换发登记证。

第十二条　直辖市、县（市）主管建筑机关得随时派人员查核所辖区域内室内装修业之业务，必要时并得命其提出与业务有关文件及说明。

第十三条　本办法所讲专业技术人员，同内下部办理登记，从事室内装修设计或施工之人员；依其范围可分为专业设计要、认员及专业施工技术人员。

第十四条　专业技术人员，应具下列资格之一：

一、领有建筑师证书者。

二、领有建筑物室内设计乙级以上技术士证，并参加“内政部”主办或委托专业机构、团体办理之建筑物室内设计训练达21小时以上者。

第十五条　专业施工技术人员，应具下列资格之一：

一、领有建筑师、土木、结构工程师证书者。

二、领有建筑物室内装修工程管理、建筑工程管理、装潢木工或家具木工乙级以上技术士证，并经参加“内政部”主办或委托专业机构、团体办理之建筑物室内装修工程管理训练达21小时以上者。其为领得装潢木工或家具木工技术士证者，应分别增加46时及60小时以上，有关混凝土、金属工程、叠砌、粉刷、防水隔热、面材铺贴、玻璃与亚克力安装、油漆塗装、水电工程及工程管理等训练课程。

第十六条　技术人员向“内政部”申请登记证时，应检附下列文件：

一、申请书。

二、建筑师、木工、结构工程技师证书；或前条规定之技术士证及讲习结业证书。

本办法2003年6月24日修正施行前，曾参加由“内政部”举办之建筑物室内装修设计或施工讲习，并测验合格经检附讲习结业证书者，得免检附前项第二款规定之技术士证及讲习结业证书。

第十七条　专业技术人员登记证不得供他人使用。

第十八条　专业技术人员应接受“内政部”主办之有关训练。

第十九条　供公众使用建筑物或经“内政部”认定之非供公众使用建筑物之室内装修、建筑物起造人、所有权人或使用人应向直辖市、县（市）主管建筑机关或审查机构申请审核图说，审核合格并领得直辖市、县（市）主管建筑机关发给之许可文件后，始得施工。

非供公众使用建筑物变更为供公众使用或原供公众代用建筑物变更为他种供公众使用，应办理变更使用执照涉室内装修者，室内装修部分应并同变更使用执照办理。

第二十条　申请室内装修审核时，应检附下列图说文件：

一、申请书。

二、建筑物权利证明文件。

三、前次核准使用执照平面图、室内装修平面图或申请建筑执照之平面图。但经直辖市、县（市）主管建筑机关查明档案资料确无前次核准使用执照平面图或室内装修平面图属实者，得以经开业建筑师签证符合规定这现况图替代之。

四、室内装修图说。

前项第三款所称现况图为载明装修楼层现况之防火避难设施、消防安全设备、防火区划、主要构造位置之图说，其比例尺不得小于1/200。

第二十一条　室内装修图说包括下列各款：

一、位置图：注明装修地址、楼层及所在位置，其比例尺不得小于1/500。

二、装修平面图：注明各部分之用途、尺寸及材料使用，其比例尺不得小于1/100。

三、装修立面图：比例尺不得小于1/100。

四、装修部面图：注明装修各部分高度、内部设施及各部分之材料，其比例尺不得小于1/100。

五、装修详细图：各部分之尺寸构造及材料，其比例尺不得小于1/30。

第二十二条　室内装修图说应由开业建筑师或专业设计技术人员署名负责。但建筑物之分间墙位置变更、增加或减少经审查机构认定涉及公共安全时，应经开业建筑师签证负责。

第二十三条　直辖市、县（市）主管建筑机关或审查机构应就下列项目加以审核。

一、申请图说文件应齐全。

二、装修材料及分间墙构造应符合建筑技术规则之规定。

三、不得妨害或破坏防火避难设施、防火区划及主要构造。

第二十四条　直辖市、县（市）主管建筑机关或审查机构受理室内装修图说文件之审核，应于收件之日起7日内指派审查人员审查完毕。审核合格者于申请图说签章；不合格规定之处详为列举，一次通知建筑物起造人、所有权人或使用人限期改正，逾期未改正或复审仍不合规定者，得将申请案件予以驳回。

第二十五条　室内装修不得妨害或破坏消防安全设备，其申请审核之图说涉及消防安全设备变更者，应依消防法规规定办理，并应于施工前取得当地消防主管机关审核合格之文件。

第二十六条　室内装修图说经审核合格，领得许可文件后，建筑物起造人、所在权人或使用人应于规定期限内施工完竣后申请竣工查验，逾期未申请者，许可文件失其效力。

第二十七条　室内装修施工从业者依照核定之室内装修图说施工；如于施工前或施工中变更设计时，应依本办法申请办理审核。但不变更防火避难设施、防火区划，不降低原使用装修材料耐燃等级或分间墙构造之防火时效者，得于竣工，备具第三十条规定图说，一次报验。

第二十八条　室内装修施工中，直辖市、县（市）主管建筑机关认有必要时，得随时加以查验，发现与核定装修图说不符者，应以书面通知申请人或室内装修从业者停工或修改；必要时依建筑法有关规定处理。

直辖市、县（市）主管建筑机关派人员查验时，所派人员应出示其身份证明文件；其未出示身份证明文件者，申请人及室内装修从业者得拒绝查验。

第二十九条　室内装修工程完竣后，应由建筑物起造人、所有权人或使用人会同室内装修从业者向原申请审查机关或机构申请竣工查验合格后，向直辖市、县（市）主管建筑机关核发之合格证明。

新建筑物于领得使用执照前申请室内装修许可者，应于领得使用执照及室内装修合格证明后，始得使用；其室内装修涉及原建造执照核定图样及说明书之变更者，并应依法第三十九条规定办理。直辖市、县（市）主管建筑机关或审查机构受理室内装修竣工查验之申请，应于7日内指派查验人员至现场检查。经查核与验章图说相符者，检查表经查验人员签证后，应于5日内核发合格证明，对于不合格者，应通知建筑物起造人、所有权人或使用人限期修改，逾期未修改者，审查机构应报请当地主管建筑机关查明处理。

室内装修涉及消防安全设备者，应由消防主管机关于核发室内装修合格证明前完成消防安全设备竣工查验。

第二十九条之一　申请室内装修之建筑物，其申请范围用途为住宅或申请楼层之地板面积符合下列规定之一，且在装修范围内以一小时以上防火时效之防火墙、防火门窗区划分隔，其未变更防火避难设施、消防安全设备、防火区划及主要构造者，得经第八条之审查人员查核室内装修图说并签章负责后，准于进行施工。工程完竣后，检附申请书、建筑物权利证明文件及经审查人员竣工查验合格签证之表，送请直辖市、县（市）主管建筑机关申请核发审查合格证明：

一、10层以下楼层及地下室各层，室内装修之楼地板面积在300平方公尺以下者。

二、11层以上楼层，室内装修之楼地板面积在100平方公尺以下者。

前项装修范围贯通2层以上者，应累加合计，且合计值不得超过任一楼层之最小允许值。

第三十条　申请竣工查验时，应检附下列图说文件：

一、申请书。

二、原领室内装修审核合格文件。

三、室内装修竣工图说。

四、其他经“内政部”指定之文件。

第三十一条　室内装修从来者有下列情事之一者，当地主管建筑机关应查明属实后，报请“内政部”视其情节轻重，予以警告或6个月以上1年以下停止室内装修业务处分：

一、变更登记事项时，未依规定申请换发登记证。

二、因可归责于其之事由，致订约后未依约完成工作者。

三、施工材料与规定不符或未依图说施工，经通知限期修改逾期未修改者。

四、拒绝主管机关业务督导者。

五、受委托设计之图样或说明书或其他书件经主管建筑机关抽查结果与相关法令规定不符者。

六、由非专业技术人员从事室内装修设计或施工业务者。

第三十二条　室内装修业有下列情事之一者，经当地和管建筑机关查明属实后，报请“内政部”废止室内装修业登记证。

一、登记证供他人从事室内装修业务者。

二、受停业处分累计满3年者。

第三十三条　室内装修业申请登记证所检附之不实者，当地主管建筑机关应查明属实后，报请“内政部”撤销室内装修业登记证。

第三十四条　技术人员有下列情事之一者，当地主管建筑机关应查明必实后，报请“内政部”视其情节轻重，予以警告或6个月以上1年以下停止，执行职务处分。

一、无正当理由拒不参加“内政部”主办之训练者。

二、受委托设计之图样或说明书经主管建筑机关抽查结果与相关法令规定不符者。

三、未依审核合格图说施工者。

第三十五条　专业技术人员有下列情事之一者，当地主管建筑机关应查明属实后，报请“内政部”废止登记证：

一、专业技术人员登记证供所受聘室内装修业以外使用者。

二、10年内受停止执行职务处分累计满2年者。

第三十六条　经依第三十二条、第三十三条或前条规定废止撤销登记证未满三年者，不得重新申请登记。

第三十七条　（删除）

第三十八条　审查机构评鉴与优良室内装修从业者评选及奖励要点由“内政部”另定之。

第三十九条　本办法所需书表格式，由“内政部”定之。

第四十条　本办法自发布之日起施行。

拉斯维加斯的酒店“怪兽”的启示

中国建筑装饰协会信息咨询委员会专家组　成　员
北京345酒店设计研究中心　总经理
王　奕

美国拉斯维加斯是世界著名的赌城和度假旅游圣地，也是世界上超大规模酒店的竞技场和博览会。我们在惊叹如此不可思议的酒店“怪兽”们的同时，也看到了美国人摆弄酒店资本市场和操作酒店经济的手段。

在拉斯维加斯，凡是这些“巨无霸”酒店都是主题式酒店，都要借用一个鲜明的历史、地域和文化背景来打造这家酒店，如：卢克索(埃及金字塔风格，硕大的酒店大堂可以同时停放四架波音747飞机)、凯撒(古罗马奢糜风格)、威尼斯（几乎是意大利威尼斯水城的再现，见图)、纽约(无论从外观还是室内都像是拍摄纽约电影的一台布景)，还有最近开业的老桥·里兹卡尔顿酒店，这是照搬了意大利佛罗伦萨那座著名的“老桥”作为主题形象的又一个典型的“拉斯维加斯”式的酒店，虽然不太大，手法却如出一辙。

拉斯维加斯在40多年前还是一片寸草难生的荒漠，没有文化，没有历史。如果不搞赌博业，不搞出酒店“怪兽”，就无法找到生路。而酒店一大就会空、乏，必须要有足够的文化内容和艺术形象去填补，去充实，去丰富。可是，主题越鲜明，信号越强烈，给人的刺激越清晰、越快，人们的兴趣也就越难以重复。如果没有赌场，没有精心的服务、合理的流程和多姿多彩的旅游项目，以及那么多风格迥异的酒店，拉斯维加斯的回头客不会太多。

所以，我们不一定有条件要学这一类“主题怪兽”的做法。但是，他们象组装一部超级商业机器那样来规划设计酒店，其全面、精致、细微、合理、科学，又不乏热情和创意的工作，确实值得我们研究，尽管是设计较小的酒店。

让我们拿出老桥·里兹卡尔顿酒店的一些资料和数据，看看他们(业主和建筑师)都考虑和做了些什么？

○ 耗资1.7亿美元的拉斯维加斯湖里兹·卡尔顿度假酒店及水疗馆(Ritz-Carlton，Lake Las Vegas Resort & Spa)于2002年11月开始营业。她的建筑是以佛罗伦萨的老桥和老桥上的建筑为蓝本。

○ 拥有350间客房的这家里兹·卡尔顿酒店是拉斯维加斯湖度假酒店的核心部分。

○ 除酒店外，在拉斯维加斯湖的北岸，还有耗资5亿美元的度假设施和高档商业设施，并于2002年底开始营业。

○ 占地50英亩的湖前，还有一组欧式的建筑群，包括一个$4000m^2$的赌场、豪华公寓、办公室、零售店、餐馆和散步广场。

○ 这一度假设施创造了1200个工作机会，包括里兹·卡尔顿度假酒店的600个职位，赌场的300个职位，零售业和餐饮业的200个职位，以及高尔夫球场的100个职位。

○ 酒店为9层建筑，面积约36000㎡。她的设计带有一种怀旧感，有着浓郁的地中海地域主题和独到的建筑细节，如藤草、阳台、栏杆、凉廊以及华丽的“老”桥，都一一再现在水景花园之中。

○ 仿造的佛罗伦萨“老桥”上，有精品店、水上餐厅和户外咖啡厅；在这里客人可以从桥的一面散步到桥的另一面。桥的第二层和第三层是67间客房。

○ 另有283间客房位于酒店的主楼，包括44间套房和2间以“里兹·卡尔顿”命名的大套房。另外，酒店还设有2500㎡的会议和宴会设施，包括一个1200 m^2的大宴会厅。

○ 酒店的水疗馆为3000㎡，提供全套的菜单式水疗服务，还包括一个健身中心和两个加热游泳池。

○ 作为酒店的附属设施，还设有两个18洞高尔夫球场。

美伦美奂的七星级迪拜 Burj Al 酒店

姜　峰

在世界众多顶级豪华饭店中，阿联酋迪拜 Burj Al 酒店（亦称帆船酒店）可以说是最著名的一间，号称“七星级饭店”。笔者前段时间去到迪拜，亲眼目睹了它的风采。

帆船酒店坐落在迪拜碧蓝的海水中，距离海岸边近 300m，整栋建筑高 321m，是目前世界上第十五高建筑，而且是在人工岛上建造的最高建筑。建筑师抓住了迪拜历史上海上航行的风俗习惯，恰到好处地结合了现代高科技游艇帆船的造型，创造出了世界上独一无二的经典建筑，使之成为迪拜的象征，其设计被赋予无限的想象力和创造力，获得世界的高度评价。

酒店外观

中庭

门厅

中庭

据介绍，设计师在着手设计时，首先是去了解当地的文化、气候、人文等，其次是去体会阿拉伯人的热情好客。因为按照阿拉伯的传统，每一位客人来到他们的家都应该受到热情的接待，就好象他是神的先知的显现，这些都直接地反映到了室内设计的细节当中。

进入酒店，入口门厅是一个椭圆形空间，地面上铺着厚厚的阿拉伯风格手工编织地毯，天花板上金色的橄榄形造型中央镶嵌着水晶和白镜，熠熠生辉。门厅两侧是两个金色的贝壳造型，十分突出和别致。两部自动扶梯旁是巨大的观赏鱼缸，典型的热带鱼畅游其中。

酒店的中庭高约 180m，其完美的空间可容纳自由女神像。无论你身在何层，目不暇接的美景都会映入眼界。闪烁耀眼的彩虹、神奇的热带水族馆、一排排绚丽多彩的喷泉、巨大的金色柱身以及多种式样和颜色镶嵌的地面，简直可以称为美伦美奂。

乘坐喷泉旁的自动扶梯，来到宽阔的大厅。壮观的水柱流向一排排如宝石般多彩的玻璃喷泉中，24 对彩色的纤维光束照射着喷泉，随着音乐翩翩起舞，而当它们相互撞击时形成了耀眼的光芒，创造了令人兴奋的视觉效果。

AL IWAN 餐厅是酒店的一个主要餐厅，这里有中东和世界各地的佳肴。它有三个相对私密且相连的用餐空间，整体的装饰色彩是深红、黑色、白色和金色。餐厅内使用了昂贵的玻璃镶嵌工艺，樱桃木板上雕刻着阿拉伯式的金色叶片，红色漆物上镶金，餐桌上有精挑细选的意大利威尼斯玻璃器皿，还有来自东方的手工漆器。

贝壳餐厅

电梯厅内有六部客梯，另外两部观景电梯可直达 27 层的 Al Muntaha 餐厅，中间不做停歇，电梯厅的装饰以红、黄、金为主，突出了电梯厅的豪华感，给客人以强烈的印象。

乘上模拟潜水艇，来到贝壳深海餐厅。在类似潜艇的空间中，人们可以体验航海生活的感觉，虽然只有三分钟，但也让人十分难忘。来到海下 60ft 的地方，出现一个拱形的贝壳通道，通向主要的 AQUARIVM 餐厅。在厅中央，椭圆形的玻璃缸中成千上万种颜色的热带鱼游弋于珊瑚中。餐厅还有三个额外的包间，并拥有自己的玻璃鱼缸，同样有深海的美景映入眼中。

贝壳餐厅的装饰主题是受诸如珊瑚、牡蛎、鲍鱼和珍珠这类海洋生物的启发，这在地毯的设计上有所体现。家具上也镶嵌着贝壳，并特别设计了发光体。

室内游泳池的设计也是匠心独具，其设计灵感来自于传统的阿拉伯和土耳其浴室。泳池由昂贵的蓝色和金色的玻璃及五颜六色的瓷片镶嵌而成。两个安静的室内泳池还可以俯瞰大海和迪拜风光。

上至 27 层就到了 AL FALAK 宴会厅，厅里有一个金黄色的圆形层叠式舞台，看起来有点像婚宴蛋糕的装饰品，主体是粉红和橙色，带点黑色点缀。天花是圆形的，直径有 11m，有金色叶片装饰，上面还垂挂了厚重的树枝形的水晶装饰灯，这种华丽的装饰是仿制王室风格设计的。宴会厅能容纳 400 人就餐，这个富丽堂皇的大厅在任何一处细节都精心装饰，这让它成为世界上最高贵的社交场所之一。圆柱或采用镀金，或采用大理石刻花，墙板采用石膏浮雕，而地面则是巨大手工纺织图案地毯。

宴会厅

站在 27 层的观景餐厅看天空有种伸手可及的感觉。这里悬挑出主体建筑 20 多米，距海平面 200 多米，可以俯瞰远处的迪拜景色和蔚蓝的阿拉伯湾，聆听现场乐队的演奏，享受欧洲和地中海的美食，这种感觉真是无与伦比。

帆船酒店的建造是阿联酋经济和实力的体现，也是建筑师和设计师卓越才华的结晶。我们去欣赏它，去感受它，从中会领悟很多我们不曾具备的天份和经验，这对于我们今后从事的设计创作会有或多或少的帮助和启迪。

加拿大蒙特利尔2003年公共建筑装饰项目设计奖

中国建筑装饰协会　国际部主任　**樊淑玲**

据2003年6月1日美国今日建筑新闻报道：加拿大的蒙特利尔市举办的年度“蒙特利尔公装项目大奖赛”今日揭晓。该活动始于1995年，是由蒙特利尔市府、魁北克市府发起，蒙特利尔市发展协会、魁北克建筑师协会等单位联合主办的。以其积极、主动的创新精神促进商界与专业设计师们的合作来活跃经济并改进市区环境而获得了国际城市市区协会颁发的最高荣誉奖：“2002 年杰出成就奖 ”。

以下向大家介绍一些代表性的获奖作品：

饭店　酒吧　咖啡店

高尔特旅馆

设计师：　保尔　贝尔尼等

高尔特旅馆

作品介绍：30 间客房，正面用铸铁柱结合最新、纯粹的美学加以重新装修：接待大厅空间华丽，充分结合了现代装饰、装修和饰物。

英格莱旅馆

设计师：MVS 设计公司

作品介绍：整个设计是一件极好的艺术品。一个小的前厅，一条窄窄的走廊和一间没有窗户的顾客接待室看起来很吸引人。家具，一排不锈钢和磨砂玻璃的推拉门，银灰色的靠垫，龟背石地砖以及异国情调的木板（积层）；定做设计，电动的人体工程配置。

英格莱旅馆

阿尼斯

设计：让-比艾尔　维奥

阿尼斯

作品介绍：柔和的金黄色色调，间杂着形状优雅的壁突式烛台，装饰以红木台阶，就餐分为三个不同高度的区域，营造出不同亲密程度的就餐区，一层为长形的红色靠背椅，散发出友爱的邀请的气氛；中层刻意营造出的静谧；包厢则象一个私密的小沙龙。

里斯托勒 2

设计师：LDC

作品介绍：被称为建筑学的路标。远看，玻璃角像一个小小的雕塑风景向你示意。正面像旧时光工薪阶层的快餐吧。室内气氛是可爱热情的、伯希米亚城市中产阶级饭店所特有的，烘托出原设计意图中的隐藏的魅力。

阳光地带咖啡店

设计：大卫泊立业设计公司

作品介绍：原址是联合工业大楼的码头，设计师才华横溢地利用其特殊的建筑特征在原地重建了一个三层的咖啡店：宽阔的拱形入口改造成临海湾的窗户；两个坡道上的室内平台保留下来建成一个休闲室；外伸码头改造成眺望海景的酒吧。

绿洲氧吧

设计：福地　宙安

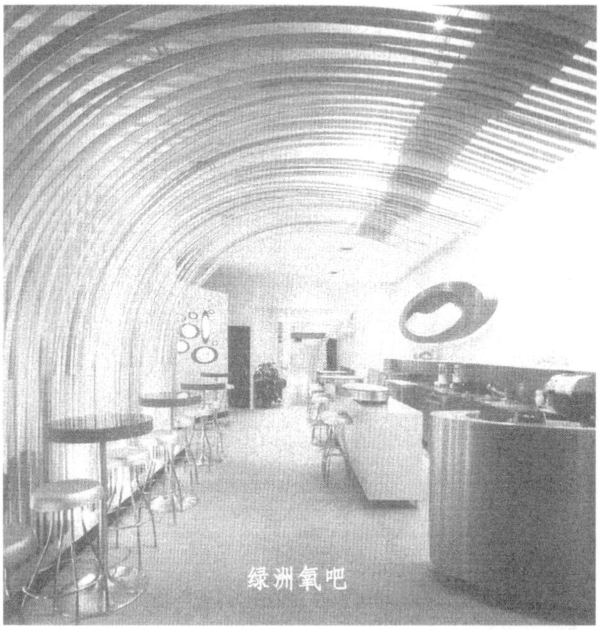

作品介绍：氧气、健康食品、加按摩椅：闹市中的和平港湾，现代水吧文化和身体护理沙龙的结合，自然元素和精密科技产物，红木地板和剑麻地毯，条板拱顶，综合吸入系统，喷泉和绿色的美景尽收眼底。

商场和时装店

蓝色克莱奥

设计：安妮　拉凯尔

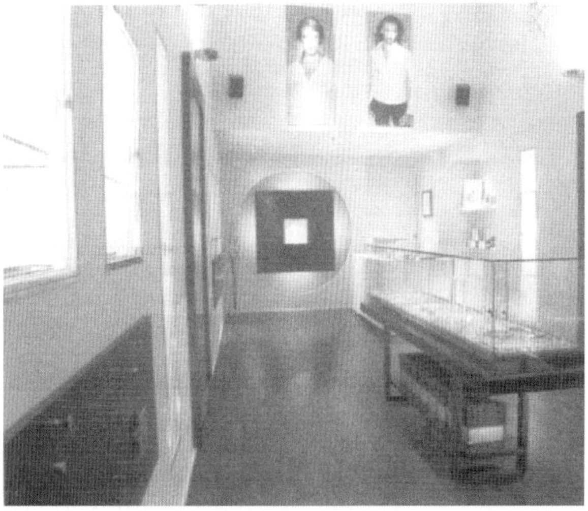

作品介绍：设计新奇的珠宝店。正面大量的玻璃装饰，使室内显得明亮、宽敞，地板的巧克力色调与视线平视的玻璃铬合金相对应，精心调配的卤素和荧光灯的光彩，让人进入了一种无重状态。

拉考斯特

设计：耶利　梅尔联合设计公司

作品介绍：一幅开门可见的风景，更好的展示色彩缤纷的服装。在一片椭圆，略显倾斜，白色的星空下，不平衡的画面与转角处的全玻璃的立地镜相辉映，设计技巧的运用，转移了人们投向三根结构立柱的视线。

麦克　布里森时装店

设计师：索西耶+贝鲁特设计公司

作品介绍：设计为高档男性时装店做出暗示、幻想的展示，从过廊上看，浅色橡木非常醒目，博得时尚展示的效果，每个细节装饰似乎都暗示出衣饰做工的精良与高贵。

艾希特拉公司

设计：克里夫设计公司

作品介绍：男士高档成衣店。内装修显露出一种和谐、精于世故的阳刚之气；有深度的空间的表现手法；四周美妙的通透感；蜂窝铝板及中空玻璃干净的线条和透明感；对细节显著、悉心的处理四处可见。

第六部分

地方行业

北京市建筑装饰行业

北京市建筑装饰协会

【行业概况】2003 年，是北京市全面实施《北京奥运行动规划》和《加入世贸组织北京行动计划》，向着率先基本实现现代化目标迈进的第一年。全市建筑工程开复工面积达到 1.2 亿㎡，住宅销售 2400 万㎡。巨大的建筑市场为我市建筑装饰行业发展创造了大舞台。全市建筑装饰施工资质企业已达 1600 家，其中一级企业 64 家，具有甲级装饰设计资质企业 30 家，核准 2129 名家装从业资格设计人员。装饰施工人员已达 40 万人。全市装饰工程产值达 800 亿元，其中公共建筑装饰 310 亿元，幕墙工程 190 亿元，家装工程 300 亿元。

2003 年，是协会成立 10 周年。在庆祝活动中，提出了“开拓创新，诚实守信、务实高效，团结奋进”的北京装饰行业精神。在这一年里，协会团结广大会员，以学习贯彻党的十六大精神为动力，抓住建设新北京，办好新奥运的历史机遇，改革创新，争创一流，加快发展北京市建筑装饰行业，实践市领导提出的“北京装饰业要立足北京，走向全国，奔向世界”的奋斗任务。

在 2003 年协会理事扩大会暨表彰大会上，对 33 家公装企业和 11 家家装企业 2001～2002 年度北京市建委系统优秀建筑装饰企业，66 项 2002 年度北京市建筑装饰优质工程、30 项优良工程，85 名北京市建筑装饰协会成立 10 周年特殊贡献奖、45 名贡献奖、76 名优秀项目经理和 6 名“非典”时期医院建设工程项目经理受到表彰。在 2003 年 9 月 25 日的家装委员会二届一次理事会上，还对 13 个“信得过家装市场”、16 家“优秀家装企业”、18 家“先进家装企业”进行了表彰。

在市建委的指导下，协会加大了行业规范化建设。对 1996 年的《北京市高级建筑装饰工程质量检验评定标准》、2000 年《北京市家庭居室装饰工程质量验收标准》和 1996 年的《北京市建筑工程工艺规程》中的“装饰工程工艺规程”、“幕墙工程工艺规程”和“古建工艺规程”进行了重新修订。并颁布实施，对我市建筑装饰整体水平的提高起到了规范和促进作用。

【协会简介】本会由北京市建设委员会、北京市规划委员会发起成立，并实施业务指导，经北京市社会团体登记管理机关核准登记，于 1993 年 2 月 18 日成立，具有社团法人资格，非营利性的全市建筑装饰业组织。

名誉理事长：张百发(原常务副市长，首规委副主任)
王宗礼(原市建委主任，市人大城建环保委主任)

总顾问：李　秀

顾　问：范魁元　侯承儒

理事长：朱希斌(法人代表)

常务副理事长兼秘书长：西广智

常务副秘书长：郭仁智

副秘书长：周利华　石　澜　黄飞莉

总工程师：彭纪俊

培训中心副主任：周利华

建筑装饰设计委员会秘书长：石　澜

家装委员会秘书长：李玉洁

幕墙门窗委员会执行会长：班广生

幕墙门窗委员会副秘书长：杨　丹

专家组办公室主任：贾中池

协会地址：北京市西城区二七剧场路 19 号楼

邮编：100045

电话：010-68016279（秘书处）、68049110（培训中心）、68039048（设计委员会）、68011265（家装委员会）、68029607（幕墙门窗专业委员会）

传真：68042829

网址：www.bbda.com.cn　E-mail：bjzsxh@263.net

本会宗旨：以经济建设为中心，坚持四项基本原则，坚持改革开放，遵守社会道德风尚，推动有关建筑装饰的设计、施工、材料生产供应单位，为促进北京市建筑装饰行业的发展而努力。

本会接受业务主管单位北京市建设委员会和北京市社会团体管理办公室的业务指导和监督管理。

本会工作方针：在企业和政府间发挥桥梁纽带作用，进行双向服务。

主要任务：

1. 宣传贯彻党和政府的方针政策，协助建设主管部门推动行业管理。

2. 接受政府主管部门委托，编制有关建筑装饰技术标准、规程。

3. 对行业的重点问题进行调查研究，提出对策建议，供政府主管部门参考。

4. 积极开展国内外学术、技术、经济信息交流，举办技术讲座，产品展览等项活动，推广新技术、新产品、、新材料、新机具、促进建筑装饰行业的技术进步。

5. 积极开展人才培训，树立高尚职业道德，不断提高行业整体素质。

6. 促进企业加强质量管理，协助主管部门进行优秀工程评选，提高建筑装饰工程质量。

7. 编辑出版刊物、样本、手册、教材及其他有关学术、技术资料。

8. 进行装饰工程咨询，装饰技术服务，开办与装饰有关的实体企业。

9. 维护会员单位的合法权益，协助政府部门规范建筑装饰市场，促进其健康有序的发展。

【协会工作】2003 年北京市全面实施《北京奥运行动规划》和《加入世贸组织北京行动计划》，向着北京率先基本实现现代化目标迈进的第一年。在这一年里，协会紧密团结广大会员，以学习贯彻党的十六大精神为动力，抓住“建设新北京、办好新奥运的历史机遇，改革创新，以争创一流加快发展北京市建筑装饰行业，实践市领导提出的“北京装饰业要立足北京，走向全国，奔向世界”的奋斗任务。在认真做好双向服务中，完成了三届五次常务理事会确定的工作任务。全市装饰工程产值可达800亿元，其中，公建装饰工程310亿元，幕墙工程190亿元，家装工程300亿元。成绩是我市广大建筑装饰企业 40 多万从业人员共同努力的结果。一年来，主要做了八个方面的工作：

一、努力夺取抗击“非典”和发展生产的双胜利

2003 年，经历了一个不平凡的工作时段，在抗击“非典”的战斗中，经受了考验。广大会员单位认真执行市政府、市建委的各项决定、指示，坚守岗位，落实各项防控措施，取得了显著成果，涌现出了许多做出突出成绩的单位和个人。以建工装饰、中建华腾、北装公司、港源和中建装饰公司为代表的建筑装饰企业出色完成了小汤山医院、胸科医院、中日医院、武警总院等抢建“非典”定点医院的建设和改造任务。各公司领导都亲临一线，一面指挥施工，一面认真做群防群控工作，协会秘书处工作人员坚守岗位，保持与会员单位的联系。

在“非典”肆虐的日子里，大家战胜各种困难，做到了生产不停，工地不乱，队伍不散，反映出了广大员工不怕牺牲精神和良好的职业道德，既使在多数家装企业停工的状态下，涌现出了象阔达装饰公司领导的高度的政治热情和责任感，他们毅然提出包括外地民工在内的所有人员就地留京的决定，在认真做好全面防控措施的同时，积极研究企业经营工作。总之，在抗击“非典”的关键时刻，企业的领导者体现了一种对社会为人民负责的精神，大家在这场突如其来的战斗中，经受了考验，战胜了困难，锻炼了队伍。

二、从提高装饰行业整体水平出发，认真抓好建筑装饰业标准化工作

受市建委的委托，协会把修订 1996 年的《北京市高级建筑装饰工程质量检验评定标准》；修订 2000 年的《北京市家庭居室装饰工程质量验收标准》和修编 1996 年《北京市建筑工程工艺规程》中的“装饰工程工艺规程”、“幕墙工程工艺规程”和“古建工程工艺规程”。这三项内容的修订和修编，一方面因为装饰行业发展很快，国家相应颁布了许多新的标准，另一方面，也是为了提高我市建筑装饰业施工整体水平。这项工作得到了许多会员单位的支持，参编人员认真负责。经报送建委审定，高级工程质量检验评定标准和家装工程质量验收标准已于今年 10 月 1 日开始执行。装饰工程工艺规程也进入审定阶段，很快也将通过。

三、借庆祝协会成立十周年之际，推动我市装饰行业发展

2003 年，为庆祝协会成立 10 周年，做了四项工作：

1．组织编辑出版了《北京建筑装饰 10 年成就》大型画册，对 42 家公建重点企业的业绩和协会工作进行了报道，向社会展示了我市建筑装饰行业和企业发展成果。

2．借新春佳节联谊之机举办“北京市建筑装饰协会十周年庆典”活动，向社会各界宣传我市装饰业发展成就。

3．提出了“开拓创新、诚实守信、务实高效、团结奋进”的北京装饰行业精神，集中表达了行业发展的价值取向，是行业和企业发展的精神动力。

4．设立“北京市建筑装饰协会成立十周年贡献奖”，表彰十年来为行业和企业发展做出突出贡献的企业领导者、专家和有关人员。

四、抓好服务，促进重点企业发展，努力实践市领导提出的“立足北京，走向全国，奔向世界”的奋斗任务

为此，协会重点抓好两件事：一是坚持举办“重点企业经理研讨会”，6 月召开了“抗‘非典’，拓宽建筑装饰市场，适应市场竞争”的研讨会，就行业自律，参予奥运工程项目和北京重大工程建设，以及把企业做强做大等问题展开研讨，这次会议对开拓思路，扩展市场，推动协会建设起到了促进作用。二是发挥行业资源优势，积极筹建北京国际环保装饰材料采购联盟，为企业提供优质价廉的产品。

五、为企业打造品牌，认真做好市建委委托的市优秀装饰企业、市优质装饰工程评选工作和协会开展的优秀项目经理的评选工作

2003 年，评选 2001～2002 年双年度优秀装饰企业工作与往年有了变化，一是家装企业首次纳入了市级评选范围，二是评选数额增加到 50 个，三是参予评选的企业增多。按照评选程序，最后经市建委，市人事局批准，33 家公装企业和 11 家家装企业被评选为 2001～2002 年度的北京市建委系统优秀建筑装饰企业。

从评选出的优秀企业的业绩和经验看，突出表现了以下四个特点：

第一，持续保持较快的发展势头。44 家企业 2001 年产值达到 443 亿元，2002 年为 499 亿元，增长 204%，其中，33 家公装企业增长 176%，11 家装企业增长 37%。

第二，注重市场研究，不断调整经营策略和企业机制，把企业做强做大。他们与国外设计单位采取多种方式合作，并改革自身设计部门运作机制，提高设计水平；不断拓宽市场，多数企业已在外省市建立分公司；十分重视信息工作，全面提升企业素质；扩展工程和合作项目，增加经营效益。

第三，坚持质量第一，努力打造企业品牌。在创优秀企业活动中，大多获得多项市优工程，34 家公装企业 2 年共获 119 项市优工程，16 家家装企业两年共获优质工程 36 项。

第四，依靠科技进步，不断提升企业管理水平。明显的变化是企业从提高综合素质入手，加强了企业管理，注重管理的科学化，学习国内外先进的管理经验，为企业上规模上水平打下了基础。通过国际管理认证标准的企业逐年增加，会员单位中已有 33 家通过 ISO9000 体系认证，其中通过质量、环保、安全三项认证企业的有 11 家。

2003 年，评选 2002 年度市装饰优质工程，在市人事局、市建委支持下，与往年有两个变化，一是参评企业的范围扩大了，建筑施工总承包单位也申报了参评装饰工程，外地进京企业在京做的装饰工程，以及幕墙、古建装饰工程都列入了评选范围。第二个变化是申报参评项目 135 个，是历史最多的一年，比上年增加73%，建筑面积达1467万m²，比上年增加119%。经过建委专家库组成的专家组逐项考评和优质装饰工程评审委员会审定，已报市建委、市人事局待批，共评定出2002年度北京市建筑装饰优质工程66项和30项优良工程。

2003年度评出的市优工程明显好于往年，具体表现在四个方面：

第一，企业的品牌意识增强。集中体现在把工程质量视为企业的生命，加强了项目管理体系的建设，坚持质量第一，预防为主的方针，狠抓工程质量通病和施工薄弱环节，做好全过程的质量监控，施工组织更加严细。一些知名度较高的连续获奖企业保持着排行领先的地位。比如中建装、建谊公司、港源公司、弘高公司、建工装饰、侨信等公司。

第二，一批优质工程的设计更加具有艺术品位和文化内含，反映了现代装饰、质朴、简洁、明快的风格。在选材、色调、灯光、饰品等方面的运用更加精心、得当，使得一些工程可谓精品工程。值得大家借鉴的工程如建谊公司施工的法律出版社综合楼工程，华开公司施工的王府世纪F7-9的装饰工程等。

第三，增强了环保意识，重视工程的室内环保达标。为了实现装饰工程的室内空气质量和十种材料达到新的国家标准，大家都十分重视认真选用符合国家标准的环保材料，优先采用取得国家环保标志的材料和部品，重视施工设计对室内环境质量的预评估和完工后的室内环境质量检测。

第四，积极推广新技术，提高施工工艺水平。从企业在创优工程中开展"四新"为内容的技术创新活动可以看出，大家针对新材料应用，针对装饰施工中的薄弱环节，重视装饰工艺的改进，在保证工程质量的同时也提高了施工效率。比如在治理石材反碱、污染，石膏板隔墙开裂、板材铺装排列、木护墙的实木阳角等的施工技术都取得明显进步，再加上各种装饰玻璃、铝塑板等许多新材料的应用，都使得装饰工程质量得到提升。

由协会首次组织开展的装饰行业优秀项目经理评选活动，共评选出76位优秀建筑装饰项目经理，这项活动将会进一步促进项目管理水平的提高和提高工程质量。

六、发展专业组织，扩展协会服务范围，促进行业整体发展

2003年，为了加强专业交流，协会组建了"设计联谊会"和"古建联谊会"挚友联谊会。2月17日成立的设计联谊会得到了弘高、筑邦、建谊、清华工美等公司的支持。先后开展了设计资质管理交流会和张绮曼教授的生态设计专题报告会。

幕墙委员会成立一年多来，相继开展了"2003'北京幕墙门窗高层研讨会"，开办了幕墙项目经理培训班，组织专家编写了幕墙施工工艺规程。

家装委员会，一年来，首先突出了科学环保家装主题，抓好家装环保达标措施的落实，相继组织二千多人参加设计环保预评价培训班，确保家装工程环保达标；其次是在规范家装市场工作中，对五统一的制度重新进行了修订。再有召开年度理事扩大会暨，进一步明确了下一年度的工作任务，推进了我市家装业健康发展。

协会培训中心在完成项目经理、质检员、安全员、设计为内容的培训班共计578人的同时，正着手准备开展建造师及6个工种职业技能培训。

古建装饰联谊会是依据我市古都的特定情况和市建确定古建装饰优质工程评选由协会负责的要求，于2003年3月28日成立的，集纳了十几位古建专家和46个古建企业在成立会上明确了联谊会的活动内容和活动方法，大家非常欢迎。现已开始编制古建工程的工艺规程，列入市建委建筑工程规程系列，促进古建工程装饰水平稳步提高。

七、加强信息交流，努力办好展会，为企业拓展市场做好服务工作

2003年的信息交流工作主要开展了北京市重点工程信息发布；加强网站建设，拓宽了协会网络信息，北京家庭装饰会刊改版，以及新材料推介活动。

2003年成功举办了"第四届美化家居展和首届环保装饰装修材料展"以及"秋季科学环保家装义务咨询大会"，在会员单位的积极支持下，展会取得了成功。

八、加强了秘书处建设

在市建委和社团办的领导下，协会秘书处加强了全体工作人员的思想作风建设，把协调、服务作为协会工作的宗旨，保持与会员单位的紧密联系，在坚持为会员办实事的思想指导下，增加了诸如采购联盟、检测、维修中心等服务的组织落实，以及设计和古建两个联谊会的成立等都加大了协会的工作量，秘书处依托广大会员和重点企业，完成了协会常务理事会确定的各项任务。

上海市建筑装饰行业

上海市装饰装修行业协会

【协会简介】

1. 上海市装饰装修行业协会成立于2002年6月，秘书处设在上海市金陵东路531号501室，电话：021-63557626。

2. 协会宗旨：为企业、行业发展服务，为装饰装修客户服务，为政府管理服务。做企业与政府、企业与社会之间的桥梁和纽带。

3. 协会职能和业务范围：实行行业自律管理，规范行业行为；进行行业调查，制定规划，促进发展提高；协调会员之间以及会员与社会各方的关系，保障平等竞争；组织行业评比、业内交流和对外合作；进行人员培训，接待咨询、投诉，承担行政管理部门委托的其他职能。

4. 协会组织：协会下设五个专业委员会——建筑装饰、建筑幕墙、家庭装潢、装饰材料和装饰设计。

5. 会刊及传媒：会刊——《上海装饰》、《上海家居》、《空间印象》；报纸——《装饰周刊》；电视栏目——上海电视台生活时尚频道《装饰说法》；广播节目——东方电台都市 793 调频 104.5《家庭装潢 3 0 分》；网站——《上海家庭装饰网》www.home.online.sh.cn

【行业概况】

1. 会员：协会现有会员 4000 个，其中，单位会员 1700 家，个人会员（设计师）2300 人。

2. 行业产值：全行业年产值约 470 亿，其中，建装约 250 亿，家装 220 亿。全员劳动生产率约 15 万元/人。行业从业人员约 30 万人。

3. 问题和发展：市场不规范、家装企业小、管理落后、行业创新能力不足，仍然是影响行业发展的主要因素。世博会的商机和上海全装修住宅的发展，将给装饰行业带来新的机遇。

【协会工作】

1. 组织、督察家装行业“防非”工作，胜利完成行业“抗非”任务。我会成立了指挥部，历时一个多月，出动 540 人次，对 340 个企业的 1620 个工地进行了督查，并实行长效管理，为本市“抗非”工作做出了贡献。

2. 在市文明办领导下，组织、发动家装企业开展“行业规范服务达标”活动。首批签约创建达标的有 45 家企业。组织装饰行业参加 “上海市重点工程实事立功竞赛”活动。荣获“优秀公司”1 家，“优秀集体”8 家，“建设功臣”3 名，“记功个人”15 名，“优秀组织者”3 名，“优秀企业装饰杯”12 家。

3. 评选 2003 年度装饰行业“信得过企业”，经过申报、初评、公示和最终评定，53 家建装企业、12 家幕墙企业和 57 家家装企业获年度“信得过企业”称号；建装行业评选“优秀项目经理”，根据申报人的业绩、职称和承担的项目，最终评定 95 人为“优秀项目经理；试行幕墙装饰企业“排行榜”，经综合考评，9 家企业名列前茅。

4. 配合市建委进行整顿规范家装市场和装潢材料市场、实行木制品（板材）备案登记。对符合家装专业级资质的企业进行初审和推荐，对 6 家年检“基本合格”企业出示了“黄牌”。抽查了 87 家企业的 110 个竣工工程，质量均有提高。

5. 开展建筑室内设计师从业资格认定。根据“资格认定办法”，2003 年共有 1221 人获得资格认定；编制《建筑装饰室内设计制图统一标准》、《家居住宅室内设计文件编制深度规定》，颁发“建筑室内设计师出图专用章”，制定《上海市住宅室内设计收费参考价》。

6. 开办设计专业培训班、安全消防培训班和项目经理培训班。全年培训 5820 人次。

7. 与《都市文化报》合作，自主编创《装饰周刊》，公开发行，每期达 10 万份以上。与传播公司合作，制作周版电视专栏——上海电视台“生活时尚”频道《装饰说法》。自办“上海家庭装饰网站”，日均浏览量 58 万人次。创编以设计师为阅读对象的会刊《空间印象》。公开发行《上海家居》月刊，内部发行《上海装饰》双月刊。

8. 做好家装投诉接待和咨询工作。全年接待有效投诉 306 起，接待咨询 6749 人次。

解放军建筑装饰行业

中国人民解放军建筑装饰协会

中国人民解放军建筑装饰协会成立于 1993 年，为军队建筑装饰业的群团组织，现有会员单位 26 家，成员中有从事建筑装饰、建筑幕墙、建筑安装、建筑门窗、金属结构、建材生产、建筑设计及岗位培训等企业和单位，年产值达 18 亿元。其中 8 家企业为一级施工企业和甲级设计单位。秘书处设在武汉市建设大道 417 号凌云科技集团内，工作人员共 4 人。

本会成立 10 多年来，在军队主管部门领导下，在中国建筑装饰协会的指导下，与各地行业主管部门、地方协会、企事业单位建立了密切的联系，使协会工作健康稳定发展。本会中有几家骨干企业，如武汉凌云建筑装饰工程有限公司、上海海直建设工程公司、上海蓝天房屋装饰工程公司、石家庄市海山建筑装饰工程总公司都发展很快，成为全国的著名企业。2003 年本会有 3 家企业进入全国建筑装饰百强企业行列，有 5 项工程荣获全国建筑工程装饰奖。本会的会员单位分布在全国各地，都发挥着各自的优势，受到当地政府和行业的好评。

2003 年本会积极参与中国建筑装饰协会组织的有关活动，推荐企业参加中国建筑装饰协会开展的评比工作，及时宣传企业的先进事迹，为企业资质申报及岗位培训提供咨询服务，受到了广大会员单位的好评。

本会为了总结经验、表彰先进，坚持一年一度的年会和评比活动。2003 年我会评出“金榜企业”10 家，“金奖工程”46 项，优秀企业经理 13 名，优秀项目经理 49 名，在年会上进行表彰，为行业树立了典型，推动了行业的发展。

2004 年本会推出 8 项创新工作要点：

1.以制度创新，提高管理水平；

2.以技术创新，提高竞争实力；

3.以质量创新，提升企业品牌；

4.以培训创新，提高队伍素质；

5.以职能创新，发挥桥梁作用；

6.以服务创新，深入考察研究；

7.以信息创新，提供资源共享；

8.以评优创新，共创美好明天。

石家庄市建筑装饰行业

石家庄市装饰协会

【协会简介】石家庄市装饰协会成立于 1989 年，主管部门为石家庄市建设局。本届为第五届理事会，主要领导成员如下：

名誉会长：王进泽　石家庄市建设局局长

顾　　问：杨立众　石家庄市建设局副局长

　　　　　王文章　石家庄市建设局总工程师

会　　长：刘亚东

常务副会长：刘　成　石家庄市建设局建筑管理处处长

副会长：(按姓氏笔画为序)

王　跃　王万华　史永平　朱宋顺　吉瑞森

邢洪涛　张铁军　张增福　赵秀民　贾　轩

柴维月　董文军

秘书长：赵秀民(兼)

常务副秘书长：张永学

副秘书长：邹鸣杰　张会玲(女)　钟志强　康清源(女)

【行业概况】近年来，我市装饰行业企业的数量、规模、实力、水平和经营状况有了不同程度的发展和提高。到目前，我市建筑装饰工程专业承包一级资质企业 11 家，幕墙工程专业承包一级资质企业 1 家，建筑装饰工程设计甲级资质 12 家，幕墙工程设计甲级企业 1 家，建筑装饰工程专业承包二级企业 70 多家，有 6 家企业通过了 ISO9000 国际质量体系认证，河北斯特龙装饰工程有限公司、石家庄雅虹装饰设计有限公司、石家庄市海山建筑装饰工程总公司等三家公司被评为 2002 年度中国建筑行业百强企业，常宏、通力、特艺达、长城、博宏、海山、斯特龙、雅虹等公司先后被评为河北省建筑装饰十强企业。

在家居装饰方面，我市也有了飞跃发展，家装队伍不断扩大，素质不断提高。北京、上海、广东等地装饰队伍的涌入，不仅使家装市场更加活跃，竞争更加激烈，而且给我市带来了新思维、新理念、新技术，大大促进了我市家装行业的发展和家装水平的提高。

【协会工作】

一、抓住行业热点，规范家装市场

1. 为了加强对家装市场的管理，维护良好的市场秩序，协会在大力宣传贯彻建设部《住宅室内装饰装修管理办法》的基础上，狠抓落实，并在市科协组织的“专家建议”活动中，就我市家装管理方面的 4 个关键性问题，写出专题报告，引起了市主要领导的重视。

2. 协会与市房屋安全管理办公室、市房地产业协会、河北红房子家居广场协同动作，贯彻《石家庄市住宅室内装饰装修管理办法》，对从事家居装饰装修的从业者进行家装上岗培训，加快实现市政府规定的 2004 年 5 月 1 日起家居装饰装修人员持证上岗的管理目标。

3. 在家装环保越来越受消费者和社会关注的情况下，为推动环保家装，提升家装水平，协会印发了装饰材料环保标准，并与国家环保产品质量监督检验中心建立了合作关系，组织部分家装公司和装饰材料市场负责人参加的座谈会，研讨如何选择和检验装饰材料，确保符合环保要求等。现在，许多家装公司都将环保装修列为重要目标并纳入合同条款，大大提升了装修质量。

二、积极参与创优活动和社会活动，为协会增光添彩

随着我市建筑装饰施工水平的不断提高，协会积极组织会员单位参与各级开展的创优活动。近几年，常宏公司有 3 项工程、斯特龙和海山公司各有 1 项工程获全国建筑工程装饰奖；省室内和海山公司各有 1 项工程的获得了全国建筑业最高奖—鲁班奖(国优)；在 2003 午全国建筑装饰行业科技大会上，常宏公司和斯特龙公司分别有 1 项工程荣获全国建筑装饰工程科技奖，雅虹公司 1 项工程被评为首批建筑装饰行业科技示范工程项目。同时，在省、市优质工程评比中，每年都有多项获奖工程。

本协会常务理事晏钧参加北京奥运会会徽设计的作品，在全国 1994 件作品中脱颖而出，获得前 10 名，并出席了揭晓盛会和颁奖仪式，深受业内同仁的仰慕。

本协会副会长兼秘书长、通力公司董事长赵秀民获得了石家庄市首届企业家创业奖，同时被选为石家庄市政协委员，副会长、常宏公司总经理王跃被选为石家庄市科协第七届委员会委员。

三、几项主要活动

1. 2003 年春节之际，我市《燕赵晚报》刊登了一篇关于武汉某装饰公司经理所谓自暴内幕的文章。一石激起千层浪。该文在我市装饰界引起强烈反应，产生了很大的负面影响，许多企业纷纷打电话给报社或找协会，表示对该文的不满。经协会与报社协商，共同召开了部分家装公司经理参加的座谈会，并在该报详尽刊登了座谈会情况，基本挽回了影响，同时也维护了企业的合法经营。

2. 协会与北京中德利装饰有限公司联合举办了“乐家——欧洲时尚卫浴产品推销会”，推介现在比较流行的中高档卫浴产品。

3. 组织部分家装公司参加第六届中国(石家庄)国际建筑装饰材料博览会及首届石家庄家居装饰设计展示洽谈会。

4. 组织承办了由蒋一良先生主讲的“家装全息管理法研讨会”，参加会议的百余人，反映良好。

5. 组织部分企业参加了河北省建筑装饰优质工程评比工作。

四、召开了协会第五次会员代表大会

河北省装饰协会副秘书长刘纪堂、石家庄市建设局局长王进泽、副局长杨立众、市工业经济联合会会长白起林、市民政局民间组织办公室主任王拥军等出席会议，王进泽局长、白起林会长在会上讲了话。

大会通过了上届工作报告、财务工作报告，通过了行业自律公约，选举产生了新一届协会领导班子。

大同市建筑装饰行业

大同市建筑装饰协会

【协会简介】大同市建筑装饰协会成立于 1993 年，是国内成立较早的一家地方行业协会，具备法人资格，同年作为团体会员加入中国建筑装饰协会。

会　长：郭　荣　原大同市建设委员会副主任

秘书长：张广礼　原大同市美术设计院院长

【行业概况】大同市现有建筑装饰企业 150 多家，其中等级企业 40 家，非等级企业 50 家，2003 年全年产值约 6 亿元。当前存在的问题，市场管理滞后，企业规模小，实力弱，竞争力不强。随着经济发展，市场的逐步规范，建筑装饰行业前景还是乐观的。

【协会工作】2003 年大同市建筑装饰协会经过广泛深入社会调研写出了“大同市家装市场调查报告”，并上报有关部门，供决策参考。与《大同晚报》合作撰写了一篇较有影响的文章“家装业的是是非非”，通过舆论引导，引起各方面的关注。2003 上半年由于“非典”影响，给我们的生活、工作带来诸多不便，我会和全国人民一道在抗击“非典”斗争中做出我们的贡献，向战斗在“非典”一线的人员捐了款，以表达我们装饰行业职工的心愿。

2003 年 8 月 5 日召开了会长办公会议，主要议题：一是确定燕志强为协会副秘书长；二是做上届协会财务报告；三是提出下半年工作安排；四是《中华建筑报》大同记者站工作汇报；五是讨论家装事宜。

协会积极支持配合企业的工作，“想企业所想，急企业所急”，一是参与了第二届大同（云城）名优装饰产品展示暨家装咨询会；二是应广东千色花公司、大同金鼎城之邀，和《大同日报》举办了“千色花”健康漆杯家居装饰知识大赛；三是受市建委的委托，协会对持有大同市《家庭居室建筑装饰装修资质证》的企业进行了 2003 年年检工作。

2003 年 12 月 20 日协助大同市建筑业协会举办了“大同市建筑业改革发展研讨会”，原中国建筑业协会副秘书长陈立飞从全国角度谈中小建筑业如何发展壮大、山西省建设厅副厅长张立光从山西省的角度谈建筑业的改革发展和具体要求，山西省内的企业家也讲了各自企业发展壮大的经验，讨论会取得了很大成功。

行业协会是社会中介组织，他必须是以同行业的企业为主体，必须以谋取和增进全体会员企业的共同的合理合法利益为宗旨。为了广大会员单位谋取利益，协会就得多做事，积极主动找事去做，有作为的协会，为企业办事的协会，才是好的协会。

中国特色的行业协会现阶段又离不开政府主管部门支持。实践证明，在政府职能没有彻底转换之前，协会离不开政府。尽管行业协会在我国近 20 年来的转型时期取得了一定程度的发展，但还没有取得实质性的创新，协会基本没有脱离政府“附属物”的位置，协会离开了政府主管部门，肯定难运转，所以协会在日常工作中，必须妥善处理好与政府主管部门的关系。我协会换届以来，取得了主管部门的更大信任和工作支持，开创了协会工作的新局面，前景看好。

黑龙江建筑装饰行业

黑龙江省建筑装饰协会

【协会简介】协会宗旨：遵守宪法、法律、法规和国家政策，遵守社会道德风尚，坚持党 的基本路线，贯彻改革开放的总方针，提高效益，为提高我省建筑装饰行业整体水平而奋斗！

业务范围：行业管理、信息交流、业务培训、书刊编辑、专业展览、咨询服务、国际合作。

【行业概况】黑龙江省建筑装饰协会现共有会员单位 100 余家，其中一级建筑装饰施工企业 15 家、幕墙施工企业 1 家，2003 年共完成产值近 60 亿元（由于黑龙江省现还存在多头管理现象，故不包括轻工注册企业的产值）。

【协会工作】随着中央关于振兴东北老工业基地的战略方针的提出，黑龙江省建筑装饰行业借此东风，省建筑装饰协会在省建设厅、民政厅、中装协及全体会员单位的关心支持下，为行业发展做了很多具体工作并取得了很大的成绩，深受会员单位的欢迎。

1. 团结会员单位，为企业办实事。为了提高我省建筑装饰企业的整体水平及从业人员的综合素质，我们举办两期工长、项目经理培训班，参加培训人员 500 多人。评选省优质建筑装饰工程 32 项，其中向中装协推荐并获全国建筑工程装饰奖四项。为会员单位的专业技术人员办理高、中、初级职称 160 多人。

2. 搞专业技术研讨会，提高会员单位理论水平。我协会针对东北地区寒冷、干燥的气候特点，组织专业工程技术人员共同研讨如何防止装饰石膏板开裂的问题，此论文获全国建筑装饰行业优秀论文奖。

“非典”过后，协会专门组织设计人员参加针对建筑装饰行业的特点“非典过后的思考”研讨会，使与会者增强了战胜信心，走出某些设计、材料方面的误区，为今后的设计、施工、使用装饰材料提供了宝贵的经验。

我们还和会员单位共同合作搞装饰设计大奖赛，从而鼓励设计人员参与、竞争提高手绘水平。

随着政府职能的转换，需要行业协会来做的工作越来越多，同时对协会工作人员的要求也越来越多，所以我省协会工作人员为落实十六大精神，不断学习充实自己，以满足不断发展的形势需要，为发展我省建筑装饰行业的整体水平做出应有的贡献。

鸡西市建筑装饰行业

鸡西市建筑装饰协会

【协会简介】黑龙江省鸡西市建筑装饰协会成立于1998年，在市业务主管部门的正确领导下，以高度负责的精神，发奋图强、与时俱进、开拓进取、转变观念，将管理融于服务之中。不断创新服务手段，优化服务方式，提升服务水平，服务于经济发展这个第一要务，充分发挥了协会在政府与企业之间的桥梁纽带作用。

会　长：　王世德

副会长：　孟金树　张书安　孔繁国　马京城

秘书长：　王世德（兼）

副秘书长：李玉琴　李艳华　毕诗宽

常务理事：高玉德　吕志杰　严　俊　郑德利　衣君倩　王宇明　李世进　姜旭东　靳为忠

协会下设机构：

秘书处、培训部、信息部、行业管理办公室

协会现有会员单位25家、会员个人58位。其中建筑装饰企业21家、装饰材料生产厂家1家、装饰材料销售商2家、设计单位1家。

【行业概况】黑龙江省鸡西市建筑装饰企业结止到2003年末共有32家，其中有二级资质2家，三级资质10家，从业人员近万人，固定工人约4000人，其中技术工人近3000人，马路游击队约6000人。鸡西市的装饰装修企业大部分都是弹性队伍，所以马路游击队的工人比固定的多。年产值公装达600万，家装9000万，同比年增长12.8%。

随着建筑业的发展，增大了装饰市场的需求，装饰装修生产业不断扩大，拉动了内需，已成为全市经济的增长点，为人民提供了新的适时、适量、适度的销费市场，成为我市由温饱型向小康型消费结构转变的亮点。由于装饰装修行业的发展，给再就业增加了门路，使下岗职工增加了再就业的机会。装饰装修业的发展，也拉动了相关产业的发展。装饰装修改善了我市人们的居住环境，提高了人们的文化品味，为我市实现全面建设小康目标，装饰装修业起到了促进作用。

【协会工作】鸡西市建筑装饰协会，在2003年工作中，在“三个代表”重要思想和“十六大”精神指导下，在主管局的信任支持下，在会员参与配合下，较好的完成全年的工作。

一、发挥协会的桥梁纽带作用，为会员单位提供服务

1．宣传普及建筑装饰法律、法规和装饰知识。运用一切有效宣传形式，向主管领导、向社会、向群众、向装饰装修企业、向会员宣传贯彻《中华人民共和国建筑法》、《建筑装饰装修管理规定》、《住宅室内装饰装修管理办法》；在2004年1月1日实施的由黑龙江省人大颁布的《黑龙江省建筑市场管理规定》。通过召开会员单位和企业领导人会议，利用鸡西日报、鸡西矿工报、鸡西晚报、鸡西电视台办专栏，宣传《关于建筑装饰行业科技进步的若干意见》和有关专业知识。

通过召开贯彻法规会议，印发文件，向装饰企业领导及从业人员宣传、落实《建筑装饰装修工程施工验收规范》、《民用建筑工程室内环境污染控制规范》、《商品住宅室内装修一次到位实施细则》等法规及国家强制性标准。

2．开展培训工作，提高从业人员素质。举办项目经理培训班，按教学大纲及规定的教材，请专家、教授讲课、考试、发结业证书。

与市消防支队联办企业经理、项目经理、工长人员培训班，讲授建筑装饰装修工程防火规范、《消防法》等法规，通过考试合格，核发了上岗从业证。

3．开展创优评选活动，促进装饰工程质量提高。通过开展创建先进企业和优秀经理、优秀项目经理活动，于2003年6月末评选奖励了7家先进企业、4名优秀经理、3名优秀项目经理。在《鸡西日报》、《鸡西矿工报》发了消息，并发布了先进企业经理签认的《先进企业的承诺书》，宣传先进企业诚信的自律行为规范。推选省建筑优质工程奖3项，推选全国2003年建筑装饰工程奖1项。

4．推广新技术、新工艺、新产品。召开新工艺、新产品发布会，推广介绍先进的装饰材料，并协助企业建立联营代销点。协助金洲、阳光、昊月三家装饰企业建立现代化生产加工木型配件工厂，并召开专门会议宣传推广室内装修配件工厂加工，现场装配，加快了走工厂化的步伐。

5．搭建市场信息平台，收集行业信息，及时向会员传递。将中华建筑报、中国建筑装饰、各省、直辖市协会交流来的会刊等信息，认真收集整理，及时传递给会员单位。于8月份在兴凯湖举行了会员、会员单位领导人信息发布联谊会。

二、发挥协会的桥梁纽带作用，当好行政主管部门的参谋和助手

1．为解决室内装饰装修管理的职能，提供专题报告。针对我市轻工系统成立了室内装饰管理办公室，执行室内装饰行业管理职能，并拟成立室内装饰协会等问题，我会从给政府建设行政主管部门当参谋的角度，做了以下工作：

2003年7月，市轻工系统室内装饰行业管理办公室发出《鸡西市室内装饰行业管理办法》征求意见稿，在市法制办召开征求有关委办局的意见会前，我会向市建设局提供了室内装饰含在建筑装饰业内，应归建设行政主管部门管理的法规确定的涵义、法规确定的职能归属、建设行政部门执法的依据、建设行政部门执法主体合法等法律、法规资料。并提供了原轻工部颁发的“室内装饰行业管理暂行办法”是国务院体改“三定方案”实施前出台的，现已废止无效的依据，使市建设局主管局长在市法制局两次召开的会上，依法依据和建设行政部门的职能进行了申辩。

2003 年 11 月，以市长令下发了轻工系统提出的《鸡西市室 内装饰行业管理办法》后，我会及时向市建设局报告，并将该办法原文电传了省建筑装饰协会，为省里理顺管理职能提供信息。

2. 代市建设局起草了地方规范文件。为了更好地依法管理规范我市建筑装饰市场，强化建设行政主管部门依法归口统一管理。于 7 月份起草了实施建设部《建筑装饰装修管理规定》细则，并呈报给了市建设局。

3. 进行建筑装饰市场调查。为了进一步贯彻执行《中华人民共和国建筑法》、《建筑装饰装修管理规定》、《住宅室内装饰装修管理办法》、《黑龙江建筑市场管理规定》，进一步把握我市装饰装修行业发展的脉搏，抓住行业发展方向的战略性、方针性问题，寻找新的行业发展的思路，提高各装饰企业在激烈的市场竞争中的整体水平，与时俱进，实现建筑装饰业科技发展新跨越。我会于 2003 年 11 月中旬至月末，对全市建筑装饰企业的发展及市场进行了调研，并写出了专题报告。

三、加强自身建设，拼搏办会

1. 以“三个代表”重要思想统领协会工作。重点抓了常务理事和协会机关人员学习“三个代表”重要思想和十六大精神。共识是建筑装饰行业的发展不仅是经济问题，而是社会和政治问题，发展和管理好这个行业是实践“三个代表”的体现。紧紧抓住行业发展这个命题，一是走科技兴企、科技兴业之路；二是抓好生产方式变革，加大推进建筑装饰装修行业生产工厂化、社会化的进程；三是抓好设计人员、技工培训，提高从业人员素质；四是狠抓名企业、名牌产品的创立；五是以贯彻“行业自律公约”为主线，开展创诚信企业，促进服务质量提高的活动。

2. 充分发挥理事、常务理事的作用。第一季度召开理事会，贯彻中国建筑装饰协会五届二次理事会精神，讨论通过我会全年工作要点。第二季召开常务理事会，传达贯彻中装协秘书长会精神，讨论确定下半年工作重点，通过奖励先进企业、优秀经理、优秀项目经理决定，确定向省推荐优秀装饰工程奖名单。第四季度末召开常务理事会，讨论通过 2003 年协会工作总结，确定明年工作要点的思路。

3. 拼搏办会，当好行业的代表。千方百计做会员拥护、社会认可、主管局信任的“双向服务”的协会。协会工作人员事事处处发挥为行业服务、行业自律、行业协调、行业利益的四个职能作用，做到了对上常汇报、勤请示，解决难事当帮手，重大事当参谋；对下常深入到单位听取呼声、传达游说法规政策，送达信息、协调解决矛盾，为会员排忧解难，介绍活源，为企业推销产品找门路等。由于协会依赖政府主管局，把企业作为服务基础，维护了行业利益，维护了会员利益，较恰当地处理了与政府的关系、与企业的关系、与社会的关系，从而树立了协会威望。

长春市建筑装饰行业

长春市建筑装饰装修协会

【协会简介】长春市建筑装饰装修协会是经长春市人民政府社团管理办公室 1997 年 4 月 10 日长社办复字（1997）4 号文件批准成立的。领导机构组成人员如下：

会　长：　杨洪斌

副会长：　周玉春　吕丰日　西志敏　袁大陆　孙爱东　杜伯洋　冯晓刚　祝庆俊　温铁义　鲁章奎　陈兴海

秘书长：　从廷才

副秘书长：田长海　安宏伟　王树文　孟杰　杨绍卿

协会下设：信息咨询委员会、幕墙委员会、家装委员会、石材委员会。

长春建筑装饰网：WWW.CCBD.ORG

【协会概况】目前,长春市共有一级建筑装饰装修企业 8 家，二级 25 家，三级 55 家，还有兼营 16 家。据不完全统计，年完成产值 20 亿元。

【协会工作】2003 年是长春市建筑装饰业持续、快速、健康发展的一年。一年来，全建筑装饰业广大干部职工认真贯彻落实国家、省、市有关方针、政策，以整顿规范建筑市场为载体，以提高工程质量为目标，以强化管理为手段，各项工作都取得了优异的成绩，涌现一批先进集体和先进个人。经组织认真评选，决定授予吉林省凯基建筑装饰工程有限责任公司等 11 家企业为长春市优秀建筑装饰企业荣誉称号；授予祝庆俊等 5 位企业经理为长春市优秀建筑装饰企业家荣誉称号；授予安宏伟等 18 位项目经理为长春市建筑装饰企业优秀项目经理。

2003年长春市建筑装饰装修企业继续开展了争创“君子兰杯”优质工程活动。通过这一创优活动，工程质量得到了进一步提高，质量通病得到进一步治理，受到用户的欢迎，也创出了一批代表性工程。经认真组织现场查验、回访和评选，决定授予由吉林省凯基建筑装饰工程有限责任公司施工的吉林省电信公司四平分公司电信枢纽大楼装饰工程等26项工程为长春市建筑装饰装修 “君子兰杯”优质工程奖荣誉称号。

本次获奖的26项工程中，一级企业12项，二级企业14项。今年二级资质企业上升较快，势头也猛。这26项工程中，吉林省凯基建筑装饰公司占5项，处于领先地位，他们的工程体量大、质量好、投资多，设计具有时代感。根据国家装饰协会的要求和企业的意愿，我们从中选出4项工程，申报并获得中国建筑装饰奖。它们是：凯基公司的四平电信、正业通公司的吉林省公安厅指挥中心、东方公司的空军二航院信息大厦、百洋公司的光大银行。

从总体来看，这26项工程符合“君子兰”杯优质工程标准。每项工程或多或少都有一处或几处点睛之笔，有的工程设计独具创意，适应时代要求，设计、形式服从功能，主体思想明确，尺寸把握准确，装饰空间设计合理，条线流畅，色彩协调、清新、典雅、明快，体现出较高的设计层次。有的工程使用了较多的国内领先的装饰材料，施工质量也优良、精细。比如使用了乐思龙蜂窝板、法国欧瓦矿棉板、微晶石等新型材料。并且采用了几项较为突出的新技术，有一定的领先性，对我市乃至吉林省装饰行业有一定的指导意义。当然，这26项工程中，无论从设计到施工，也存在着一些遗憾之处，不细不精之处，需要进一步的改进和加强。

长春市建筑装饰装修协会希望获奖的集体和个人，希望获得“君子兰杯”优质工程奖的企业、项目部，再接再厉，继续争创更多的“君子兰杯”优质工程。市建筑装饰装修协会号召全市建筑装饰装修业企业和职工向他们学习，把长春市的建筑装饰装修工程质量稳步的提高到一个新的台阶，为春城人民奉献出更多的“君子兰杯”优质工程。

一、2003年度长春市优秀建筑装饰装修企业名单

1. 吉林省凯基建筑装饰工程有限责任公司
2. 长春东方装璜工程有限公司
3. 长春长江装饰装璜有限公司
4. 吉林省创艺装饰装璜工程有限公司
5. 吉林省百洋装饰集团有限公司
6. 吉林省浩昌装饰工程有限公司
7. 吉林省宝鑫建筑装饰工程有限责任公司
8. 吉林省泰格装饰工程有限公司
9. 吉林省正业通建筑装饰有限责任公司
10. 吉林省华冠装饰有限责任公司
11. 长春市新世纪建筑装饰工程有限公司

二、2003年度长春市优秀建筑装饰装修企业家名单

1. 祝庆俊　吉林省凯基建筑装饰工程有限责任公司
2. 冯晓刚　吉林省浩昌装饰工程有限公司
3. 安宏伟　吉林省正业通建筑装饰有限责任公司
4. 曾金培　吉林省华冠装饰有限责任公司
5. 李禹志　长春市新世纪建筑装饰工程有限公司

三、2003年度长春市建筑装饰装修企业“优秀项目经理”名单

1. 安宏伟　吉林省正业通建筑装饰有限责任公司
2. 于秋波　吉林省百洋装饰集团有限公司
3. 孙立夫　吉林省百洋装饰集团有限公司
4. 徐凤德　吉林省百洋装饰集团有限公司
5. 西志学　吉林省太阳神建筑装饰工程有限公司
6. 王树义　吉林省太阳神建筑装饰工程有限公司
7. 贾福利　长春建工温馨鸟建筑装饰有限公司
8. 张丽平　吉林省正业通建筑装饰有限责任公司
9. 曾金培　吉林省华冠装饰有限责任公司
10. 杨绍卿　吉林省创艺装饰装璜工程有限公司
11. 卫　中　吉林省泰格装饰工程有限公司
12. 马　雷　吉林省凯基建筑装饰工程有限责任公司
13. 耿　直　吉林省凯基建筑装饰工程有限责任公司
14. 赵　亮　吉林省凯基建筑装饰工程有限责任公司
15. 马　骥　吉林省凯基建筑装饰工程有限责任公司
16. 任安辉　吉林省凯基建筑装饰工程有限责任公司
17. 姚志广　吉林省宝鑫建筑装饰工程有限责任公司
18. 陈亚林　长春市新世纪建筑装饰工程有限公司

四、2003年度长春市建筑装饰装修“君子兰杯”优质工程奖工程名单

1. 吉林省电信公司四平分公司电信枢纽大楼装饰工程
——吉林省凯基建筑装饰工程有限责任公司承装
2. 吉林省公安厅指挥中心楼装饰工程
——吉林省正业通建筑装饰有限责任公司承装
3. 中国空军第二航空学院信息大厦装饰工程
——长春东方装璜工程有限公司承装
4. 光大银行长春分行营业大厦外环境室内写字间及公共区域部分装饰工程
——吉林省百洋装饰集团有限公司承装
5. 图门海关综合楼外装饰工程
——吉林省华冠装饰有限责任公司承装
6. 通化钢铁集团招待所改建装饰装修工程
——吉林省太阳神建筑装饰工程有限公司承装
7. 吉林省人民政府政务大厅室内装饰工程
——吉林省凯基建筑装饰工程有限责任公司承装
8. 延吉市地方税务局办公楼装饰工程
——吉林省名宇装饰有限责任公司承装
9. 吉林省电信公司松原分公司电信枢纽大楼装饰工程
——吉林省凯基建筑装饰工程有限责任公司承
10. 吉林省邮电规划设计院装饰工程
——吉林省凯基建筑装饰工程有限责任公司承装
11. 图门海关综合楼内装饰工程
——吉林省泰格装饰工程有限公司承装
12. 吉林省邮政电话会议室装饰工程
——吉林省邮政建筑公司承装
13. 一汽技术中心设计楼装饰工程
——吉林省凯基建筑装饰工程有限责任公司承装
14. 吉林省公安厅服务楼
——吉林省正业通建筑装饰有限责任公司承装
15. 第一汽车会堂内装饰工程
——长春一汽实业建筑装饰工程有限责任公司承装
16. 中科院长春光电子产业园区研发大厦
——吉林省华冠装饰有限责任公司承装

17. 吉粮大厦写字楼室内装饰工程
——吉林省太阳神建筑装饰工程有限公司承装

18. 二十一世纪国际商务总部
——长春建工温馨鸟建筑装饰有限公司承装

19. 一汽大众经管会办公楼装饰工程
——长春一汽实业建筑装饰工程有限责任公司承装

20. 吉林省高级人民法院审判综合楼室内装饰工程
——吉林省百洋装饰集团有限公司承装

21. 63850部队办公楼装饰工程
——吉林省一建装饰公司承装

22. 新元木业办公楼装饰工程
——吉林省名宇装饰有限责任公司承装

23. 敦化市富临园宾馆装饰工程
——吉林省名宇装饰有限责任公司承装

24. 长春市交通局1#信息配载楼装饰工程
——吉林省宝鑫建筑装饰工程有限责任公司承装

25. 吉林省林业厅宾馆多功能厅装饰工程
——吉林省名宇装饰有限责任公司承装

26. 中国科学院长春应化所主楼改造外装修工程
——长春建工集团吉润建设股份有限公司承装

辽宁省建筑装饰行业

辽宁省装饰协会

【协会简介】辽宁省装饰协会成立于 1992 年，是辽宁省装饰行业的社会团体组织，由全省范围内从事室内外装修装饰设计、施工企业、有关材料、用品的生产经营单位，相关科研、教学、中介机构及个人自愿参加联合组成的。在主管部门辽宁省建设厅和登记管理机关辽宁省民政厅的指导、监督下开展各项活动。

辽宁省装饰协会领导机构及秘书处机构设置：

名誉会长：丛正龙　辽宁省人大常务副主任

总顾问：　周宏煜　辽宁省建设厅副厅长

顾　问：　邵　武　辽宁省建设厅厅长助理

会　长：　杨帅邦　辽宁省建设厅原常务副厅长

副会长兼秘书长：田　平

秘书处办事机构：综合部、行业部、培训部、材料部、技术部、财务中心五部一中心及分支机构门窗幕墙委员会、住宅装饰装修委员会；中国建筑装饰协会培训中心辽宁工作站、《中华建筑报》辽宁记者站，辽宁三鼎展览服务有限公司、辽宁金廊建筑装饰工程监理有限公司。

协会各项工作的开展紧紧围绕政府对行业管理的政策、法规，把“双向服务”作为一切工作的出发点和归宿，得到了主管部门和行业的认可，先后三次被中国建筑装饰协会授予“全国先进建筑装饰协会”，“优秀建筑装饰协会”称号；两次被辽宁省民政厅、辽宁省人事厅评为“先进社会团体”；是辽宁省“省级示范社团”；2003 年中华建筑报辽宁记者站获优秀记者站荣誉，中装协培训中心辽宁工作站为先进工作站。

【行业概况】 2003 年是我国经济发展具有深远意义的一年，党的“十六”大提出全面建设小康社会的宏伟目标和振兴东北老工业基地的战略决策为我省装饰行业的发展带来了新的机遇。

2003 年辽宁省装修装饰行业广大职工和全国人民一道取得了抗击非典的胜利；在激烈的市场竞争中，我省建筑装饰企业稳步发展，企业实力进一步增强，具有一级装饰施工企业 19 家，居全国第八位，一级幕墙施工企业 10 家，在全国居第四；甲级建筑装饰设计单位 33 家，居全国第三，幕墙甲级设计企业 14 家，居全国第三。

随着加入 WTO 和北京申奥成功，企业抓住机遇，寻求发展，出省、进京企业增多，辽宁队伍遍及全国，并打入国际市场；外省入辽企业增多，为辽宁装饰业注入新的活力。

52 家企业获辽宁省装饰行业先进企业称号；34 个企业在辽宁境内的 41 个工程项目获辽宁省建筑工程装饰奖荣誉；13 个获辽宁省建筑工程装饰奖的工程项目在“全国建筑工程装饰奖”榜上有名，其中：公共建筑装饰类：8 个；建筑幕墙类：5 个。

8 家装饰企业跻身全国百强承包商行列。

辽宁省装饰协会住宅装饰装修委员会于 2003 年 9 月 27 日在沈阳成立。

建筑装饰材料市场繁荣，以装饰材料为主体宣传的展览、订货会在会展业中异常活跃；沈阳家具城、东北陶瓷城等 60 多个专业市场遍及全省。

从业人员素质不断提高，由辽宁省装饰协会组织评审的辽宁省装修装饰行业设计师资格认证工作对规范设计市场，发挥设计人员的积极性起到了积极的促进作用。

适应信息时代发展，提升信息服务水平，构筑行业信息平台，建立信息网站，辽宁建筑装饰网、北方装饰网等行业网站陆续开通。

辽宁省第一家装饰装修监理咨询工程公司成立，加大了对全省装修工程施工质量的监管力度，改变以土建监理代替装修监理的局面，并设置家装工程监理咨询中心。

【协会工作】2003 年在省建设厅、省民政厅和中国建筑装饰协会领导下，在广大会员单位的大力支持下，我会努力适应新形势的发展，在行业中开展了卓有成效的工作。

1. 完成秘书处领导和机构调整

根据协会工作需要，经二届四次理事会通过：田平同志为秘书长，法人代表；秘书处部门岗位职责逐步调整、健全，确定“承前、务实、创新、奉献”的工作方针，为做好“双向服务”提供了强有力的组织保证。

2．做好政府助手，完成政府交办的任务

随着加入WTO，政府职能转换步伐加快，省建设厅更加注重培育协会，发挥协会作用。自2002年全国建筑业施工企业资质就位工作开展以来，我会先后14人次参加历次资质评审工作，协助政府把握企业基本情况及等级标准，为主管部门公正、合理评审企业资质提供参考意见。同时，负责全省建筑业施工企业资质、监理企业资质证书打印、档案整理等基础工作。

3．健全分支机构，扩大服务领域

为充分体现企业办会，在2003年3月15日召开的我会门窗幕墙委员会会员代表大会上，沈阳沈飞集团铝业幕墙工程有限公司总经理冯玉良当选主任，选举产生了委员、常务委员和副主任委员，制定了工作计划，成立了专家组。

住宅装饰装修关系到百姓的切身利益，为贯彻“群众利益无小事”，把工作落到实处，酝酿多年的辽宁省装饰协会住宅装饰装修委员会于9月27日在沈阳成立。沈阳海天建筑装饰工程有限公司董事长肖碧富当选为主任。

至此，我会在建筑装饰行业的三大专业领域（公共建筑装饰、幕墙装修、家庭装饰装修）工作专业分工更细，服务领域更加广阔。

4．开展十强企业排序、评先创优工作，提升行业整体水平

为贯彻“扶大、扶优、扶强”的方针和全国百强承包商推荐活动，首次在全省范围内开展十强企业排序评价活动，沈阳远大铝业工程有限公司等七家幕墙企业、沈阳白云穗港装饰工程有限公司等十家装饰企业和沈阳海天建筑装饰工程有限公司等十家从事家庭装修的企业分别获2002年辽宁省装修装饰行业（专业）十强企业称号。沈阳远大铝业工程有限公司、沈阳黎东幕墙装饰有限公司、沈阳白云穗港装饰工程有限公司、日林建设集团有限公司等8家企业跻身全国百强行列。

辽宁荣昌装饰装修工程有限公司等52家企业获辽宁省装修装饰行业先进企业称号；澳连建筑装饰工程有限公司等装饰公司承建的41个工程项目获2003年辽宁省建筑工程装饰奖荣誉；其中：13个工程项目获全国建筑工程装饰奖，公共建筑装饰类8项，建筑幕墙类5项。

5．开展设计师资格认证工作

按照《辽宁省装饰装修设计师资格认证暂行办法》，在省建设厅的关心指导下，在中国建筑装饰协会的支持下，首次在全省范围内开展了装饰设计师资格认证工作，这项工作的开展是行业协会在规范设计管理方面的有益尝试，有利于促进和提高装饰装修行业设计队伍的整体素质，为政府在行业管理政策制定方面提供了有利素材。

6．行业培训工作

适时对行业各类人员的专业理论、管理水平、技术水准等综合素质的培养历来是协会的重要工作之一，我会按照建设厅、中装协的工作部署先后开展了项目经理、施工员、质量检查员、项目经理继续教育、设计师等岗位和技术培训，促进了行业的发展、技术进步，充分发挥了行业协会的作用。

7．举办装饰材料展览

为繁荣东北地区的建筑装饰材料市场，自1995始，每年春季在沈阳举办“全国建筑装饰材料展览订货会”，为促进装饰材料更新换代，提高工程质量起到了积极促进作用。

大连市建筑装饰行业

大连市建筑装饰行业协会

【协会简介】成立于1988年1月22日的大连市建筑装饰协会，经市民政部门批准更名为“大连市建筑装饰行业协会”。协会下设主要组织和服务机构有：室内设计研究分会、装饰材料专业委员会、会员管理部、培训部、信息中心、家装中心、会刊编辑部等，并建有“大连建筑装饰信息网”，网址：http://www.dlbuilding.com，并有自己的刊物《大连装饰》和《大连建筑装饰材料价格信息》。协会现有装饰企业会员302家，家装企业会员97家，装饰材料生产经销企业会员100家，装饰室内设计分会会员377人。

大连优美的环境和城市建设的高档次、高水准，为大连装饰行业的发展提供了条件，也为行业协会的发展创造了契机，全市2003年装饰工程施工量近50亿元，其中家装近20亿元。

【行业发展】改革开放以来，随着城市建设发展，大连市装饰业发生了巨大变化。队伍总体能力不断提高，为大连经济发展，为美化城市付出了努力，成为建设“大大连”不可缺少的一支力量。协会在行业中起到了组织、服务、协调作用，成为政府得力的助手、信赖的会员之家。

一、装饰企业迅速发展，较好地满足了市场需要

1．队伍日趋壮大，施工力量跃上新台阶。10余年来，大连市装饰队伍不仅在数量上有了发展，而且在综合实力上也有较大提高。有资质资格的企业由140家达到240余家，装饰从业人员也由0．5万人增加到3．5万多人。装饰工程产值也逐年增长，10年前年完成工程量不足5亿元，目前已超过50亿元人民币。就其综合能力来说，也有了跨越式发展，十年前，我市装饰企业具有国家资质的一级企业仅2家、二级11家、三级41家，目前已发展到一级5家、二级32家、三级73家。目前对于大型、高档次装饰工程，我市装饰企业均有能力承担，形成一批行业骨干队伍。去年评选出的大连十强企业，盛大、红太、大装、阿尔滨、乾豪、开建、嘉丽、泰桑、永春、嘉源及通信、中信、海王、鑫诚等一批企业成为行业的领头羊。

2. 技术水平不断进步，工程质量攀上新高。一批优秀装饰工程成为大连装饰行业的亮点，星海会展中心、大商新玛特、现代博物馆、金石滩国际会议中心、市委办公楼、大工伯川图书馆等一大批工程凝结着大连行业员工的心血。与此同时，室内建筑设计水平也有长足发展，以任文东、唐建、陈晓蔓、刘士海、盖永成为代表的优秀设计师，代表了大连市装饰设计水平，他们先后参与了台湾五星级酒店、俄罗斯远东地区大型装饰工程及东南亚和国内一批工程的设计，受到业内人士的一致好评。为了促进设计水平的提高，每年都举装饰设计大赛，涌现出一大批优秀作品。在施工管理上逐步走上了规范化、标准化，涌现了张传涌、李长杰、方荣羡等一批优秀项目经理。

3. 装饰行业推动了相关行业的发展。装饰行业的发展带动了装饰材料行业、配套部品行业、绿化环境行业等行业的发展。目前，我市装饰材料市场(市内四区)超过了20家，其中兴业、洁具城、金三角、五一广场大世界、华南几个市场已形成规模， 一些专业性的市场也相继形成，金州陶瓷城、南关岭木材市场、甘井子灯具市场、西站石材市场、三八广场布艺市场等都具有一定规模。以兴业市场为例，占地8万㎡，500家业户经营，年销售量超过10亿元。

装饰行业的发展，吸引了国外名牌装饰材料的进入，也激励了大连地区本土装饰材料的生产和销售，日本通世泰已在开发区建厂。崇凌、银帆、永明、亚仕、思米克、华美等一批企业成为大连装饰材料行业的龙头企业。

总之，大连市装饰队伍，经过十年的洗礼，得到快速发展，综合设计施工能力得到进一步加强，各项工作都受到了社会的肯定。

【协会工作】

1. 提高协会自身素质，保证协会工作顺利开展。首先，加强了协会秘书处工作，调整增强了秘书处机构。秘书处人员增加到 28 人。其中，党员占 60%、大专以上学历和有专业职称人员占 90%以上，在年龄结构上实现了老中青相结合。同时，办公条件也有了改善。组建了装饰协会党支部，并开展了正常的组织活动。其次，完善协会各项制度建设。目前已建立了档案、财务、会员管理等办法，制定了“员工手册”、工作指标考核管理办法，健全了重大问题议事制度，坚持了协会例会制和“大事记”制度，做到日常工作有计划、有总结，使各项工作善始善终，较好地适应了企业和市场竞争需要。再其次，发展和稳定会员队伍。目前装饰企业团体会员 302 家、家装企业会员 96 家、装饰材料生产经销企业会员 100 家、装饰室内设计分会会员 377 人。现在还有很多企业正在申请入会。

2. 发挥桥梁纽带作用，开展双向服务活动。一是协助政府抓好行业归口管理。采取多种形式向市人大、市政府反映多头管理弊端和产生的危害，团结引导行业组织起来走正规化管理的路，使企业深刻体会到行业管理的意义，积极向建委管理靠拢。

二是主动做好交办的工作。受市建委委托，我们参与了对大连装饰企业设计资质的初审，装饰材料备案初审，市级装饰企业资质审批等项工作，比较圆满的完成任务。目前已对120项装饰材料进行了初审，多数已通过了备案。大连市装饰企业资质已通过120余家。

三是组织专家组参入了火车站、市委办公楼、棒棰岛宾馆、现代博物馆、金石滩国际会议中心等重点大型工程和天津街、中山路等商业区的方案评审和技术指导工作；参与了各项工程招投标评标210多项；参与了有关部门对装饰工程质量的检查、指导和重大技术问题的协调；应邀为希尔顿大酒店、大连饭店等多项工程做技术顾问和技术指导。

四是组建“家庭装饰中心”开展住宅装饰管理活动。按区域设了五个分部，负责对从业户的组织管理和合同、质量、投诉等协调和管理。中心组建以来，举办家装大集及咨询活动40多次、维权恳谈会3次、对外咨询60余万人次，行车15万多公里检查家装质量1.6万多户(项)，较好地保证了家装质量，解决了从业户和客户的矛盾纠纷，使家装工作得以规范。到目前为止，家装近2万户，投诉率为万分之六，有8家企业获“全国优秀家装企业”，大连金帜和鸿升装饰公司，被誉为“全国标杆企业”，协会也被评为全国家装行业优秀协会，还被民政部门授予“示范性社团”。

五是组建了装饰材料专业委员会。在市区主要材料市场设了四个联络站，对外进行咨询，指导企业和消费者购销。针对百姓投诉较多的材料，联络市消协技术监督站开展了产品推介活动。2001年推介了16种地板，2002年推介了涂料，并纳入备案材料优选产品之中。

六是开展业务技术培训活动。近五年来协会通过各种办学形式为企业培养人才，先后对全行业预算、档案、质量和材料等人员进行多次岗位培训，办班8期，培训人员500多人。培训工程监理174人，项目经理544人，培训执业资格人员195人，培训档案人员70多人，培训设计师88人。为了提升装修技术和理念，为企业与国际接轨打基础，协会还组织企业9次出国学习，使企业进一步解放思想，开阔眼界。尤其，我们开办的首批设计师班，还博得了全国同行业好评。协会培训中心成为中国装饰协会首批授牌的全国培训工作站之一。

七是开展信息交流活动。为了使企业跟上现今社会瞬息万变的市场竞争形势，我们建立了装饰协会信息管理中心，组建了“大连建筑装饰网”，帮助企业组建了自己的网站或网页。先后创办出刊了《大连装饰》会刊64期，发行近10万册，双月刊的《装饰材料价格信息》9期，《大连建设名录》4期，《优秀作品集》3期和《大连装饰行业十五周年纪念画册》等。另外，我们还举办了十期国际建筑装饰材料及配套设备展览会。尤其是第十期展会，协会积极响应政府关于“住宅产业化”号召，会同有关部门、企业，将全装修楼盘、建筑装饰部品及装饰工程招标备案产品，一并拿到会上层洽和展示，不仅使企业和百姓及时掌握了装饰市场的变化，也加大了落实政府要求和宣传企业的力度。

总之，大连装饰业发展壮大了。这是上级领导支持、关怀和重视的结果，也是广大装饰企业和协会共同奋斗的结果。

对今后装饰行业工作的建议：

1.增强企业和协会的综合能力，深入抓好经常性的工作。过去，我们企业和协会已经开展的经常性工作，如企业方面有施工项目承揽、企业管理、创优质工程、质量贯标、安全生产、成本核算、改善施工手段、提高经济效益等；协会方面有如何更好地为企业服务，如何当好政府助手，如何加强自身建设，如何把行业规划好建设好等。这些工作，在长期实践中，我们已经积累了一定的经验，基本形成了条理化。今后的关键是如何抓好这些工作；使之上层次、上水平；如何使之专业化、规范化和科学化；如何使各项工作适应市场竞争需要的问题。所以，企业和协会都要认真的下功夫研究，特别是对一些关系企业和行业生死存亡的大问题，要下定创新的决心，拿出管用的办法，本着“保护企业、发展行业，理顺关系、疏通渠道，坚实基础，扩大服务”的宗旨，尽快把各自该做好的工作做好。形势不等人，商场是战场，争得了机遇，就是争得了效益。

2．抓好”全装修”试点，逐步在行业内推行。建设部在推进住宅产业化若干意见中指出，要积极推广装修一次到位的方法。市里也对搞好住宅产业专业化做出了明确安排，宋增彬副市长在第十届装饰材料展会新闻发布会上也深刻阐述了搞好住宅产业化的重大意义，并对如何搞好住宅产业化提出了具体要求。这是装饰行业当前的中心工作，我们一定要认真学习、深刻领会，紧紧抓住这个契机，做好自己的工作。有势力的大企业应率先趟出路子，与有势力的开发商拉关系互相提携、搞好合作。产业化本身是一个大市场，决不能忽视。合作中，企业和协会要协调好开发商与住户在装修上的统一风格与个性化装修的要求，协调资金的投入，协调好建筑质量与装修质量的关系，高标准、高质量、多方位服务，去赢得开发商和住户的信赖，以便发展长期友谊与合作。这项工作，协会要求在两年内抓好 1～2 个企业作为试点，总结经验。争取三年内评选出的“十大企业”，各自都有自己的一个新建住宅全装修小区。

3．抓好行业整合，把企业做强、做专、做活。 当前的国内外装饰市场竞争十分激烈，小作坊式的经营规模，将被市场淘汰。企业必须形成自己的人才、技术、资金、信息和决策等竞争核心力。这种力量的形成，在我市装饰企业中，还有很大差距。我们必须通过企业间的兼并、破产和低成本扩张等手段，对企业实行整合。形成以能力强的企业为首的联盟合作关系。这样，才能把一些企业做强、做专、做活，以强势企业的形象，参与国内外大项目的竞争。这项工作，协会早在 2002 年就做了安排，但由于当时条件未成熟，效果不太明显。经过几年来的实践，我们认为，要真正做好这项工作，首先必须转变观念，克服心里障碍，不要一提到合作，就首先想到谁吃掉谁、谁管谁、谁说了算，宁肯大家都不挣钱，也要守住自己那块“小天地”。这样，我们行业就永远不会有新的作为。其二，要解决好合作的方式。就目前大连装饰行业骨干企业少、小企业多，到手的大项目少、小项目多的特点，我们认为可以搞多种机制的合作。如以能力强的企业为主，搞企业间的股份合作，中小企业间的专业股份合作，也可搞行业联盟。具体形式可由企业间的实际情况来定。但我们相信，只要有一个企业挑起头来，大家响应，事情就好办了。其三，要有时间观念。不能等上级政策和安排，政策和安排该有的都有了。当前的关键，就是用大气魄、大气力来干这件事，于中总结经验，逐年发展。大连装饰业把希望寄托在我们会员企业身上，希望大家来主动挑这个重担，能够在 3～5 年内，在我市形成 1～2 个有核心竞争力的“旗舰”式企业。为大连装饰业大发展，大连装饰市场任务有限，几百个企业加上外埠队伍共抢一口食，很难长期生存。走出市门、国门天地宽。有作为的企业，应把眼光放远一点，到境外谋求生机是长久发展的大计。

根据大连装饰业现状，我们认为目前应着重抓好三项工作：一是解决观念问题。克服“小富即安”思想，树立争高低：于大事观念；二是联手创世界。企业之间发挥各自特长，共同承接装饰项目，利益同享、风险共担。这是解决目前我市装饰队伍“小而散”的一种主要途径。当然有条件的企业单独承揽境外项目，同样是今后发展的方向；三是抓好“缝隙”战略。出境承揽项目，开始不能“贪大求洋”，要量力而行，防止受骗上当造成损失。可干一些小项目、简单项目和别的大企业不想干的项目，也可承接一些特色项目。以此总结经验，完善自己，为以后大干和干大做准备。

4．抓紧行业建设，紧跟时代发展步伐。与时俱进，是落实十六大精神的具体表现。当今时代已经走向法制化和现代化，而我市装饰业仍存在着“观念陈旧，思想保守和施工手段原始的问题，这是我们上不了层次的主要原因。因此，全行业都应把注意力放在重视人才、重视先进技术上，通过培养和引进高级人才、改革和引进先进施工手段，使人员的思想观念、作业手段、高科技含量、资本积累和运营等各方面，都有较大提高。使我们能真正担负起领导大项目的装修施工，应对好市场形势突变所带来的困惑。

另外，我们还要认真抓好长短期计划和规划的制定。它是行业和企业进步和发展的指南。协会和企业都应该在纷繁的事物中，抓好这项工作。在制定计划和规划时，要进行科学分析和论证，对企业和行业的现状、奋斗目标、实施措施、预想效果，都应有数字要求、数字分析。并通过制定计划和规划，逐步建立自己的数字库。协会要求，这项工作会员单位都要抓好，明年内行业和企业都要制定出3～5年的长期发展规划来。小企业也要有1～2年的工作打算。计划和规划制定后，要认真抓好落实，定期检查和修改，以保证规划和计划的正确实施。在新形势下，协会将带领行业广大员工，认真贯彻党的十六大精神，落实党中央、国务院和省市领导对行业协会有关指示精神，团结拼搏、自强不息、奋发进取，不断创新，夺取大连装饰业新辉煌，为建设“大大连”做出自己的更大贡献。

安徽省建筑装饰行业

安徽省建筑装饰协会

【协会简介】安徽省建筑装饰协会创建于1988年12月24日，创建时的名称为“安徽省建筑业联合装饰协会”。经会员代表大会选举产生理事41名，常务理事13名，理事长马贵波，副理事长张易生、葛锦祯，秘书长蒋祥林，副秘书长尤军、李金海。1993年，经安徽省民政厅注册登记，改为“安徽省建筑装饰协会”，成为省一级的建筑装饰行业协会。1999年，根据《社会团体登记条例》及有关文件精神，重新修改章程，进行严格审查，经安徽省建设厅批准推荐，报送安徽省民政厅社会团体核准登记。2002年，经省质量技术监督局核验，颁发了组织机构代码。现任理事长王金平，常务副会长、秘书长、法人代表李增堂，副会长（兼职）陈幼年。

协会机关设培训部、财务部、办公室三个职能部门。其中：培训部于2002年经省建设厅有关部门核定为省二级培训资质。2003年，协会有专职工作人员6名，其中：正高级工程师和高级工程师各1名，高级政工师2名，工程师1名。为了适应工作需要，协会于1999年建立了会议管理制度、文件档案管理制度和财务管理制度。除会议制度外，文件档案管理制度和财务管理制度执行较好。文件管理有序，每年清理立卷归档一次，保证了协会历史资料的完整性。财务实行一支笔审批，严格资金支出，确保开支合理，经省建设行政主管部门审查，均为合格。

【协会概况】我省按新资质标准就位的建筑装饰企业有998家（含土建兼营企业）。其中一级企业13家（其中，主营10家，兼项3家），二级企业161家（其中，主营112家，增项49家），三级企业782家（其中，主营518家，增项264家）。建筑幕墙企业42家，其中，二级11家（主营4家，增项7家），三级31家（主营2家，增项29家）。住宅室内装饰企业正在申报核准。施工产值近100亿元，从事装饰设计、施工的员工约20万人。

2000年省编委下文，将轻工管理的住宅建筑装饰的职能划归为省建设厅。经过多方面的努力，职能交叉关系基本理顺。装饰行业的健康发展，人民生活水平逐步提高，人民对生活质量和环境质量的要求亦随之提高。以室内装饰而言，成套房装饰标准，由90年代装饰费用2～3万元，发展到现在的5～6万元，有的已超过10万元以上。在公装方面，高层建筑、旅游宾馆、饭店、商场、机场、车站等工程的内外装饰档次不断更新换代。由此看来，我省建筑装饰业已经处于快速发展时期。特别是近几年民营企业的兴起，逐步形成了自己的装饰队伍，涌现了一批经营管理有方的企业家，培养了一大批项目经理和专业技术人才。因此近几年来，我省建筑装饰业呈现了新的发展势头，不仅完成了一大批住宅工程竣工面积，而且打造了12项国优、省优精品工程。

在看到成绩的同时，也要看到行业内存在的问题。目前，我省装饰企业存在的主要问题是：大企业少，素质不高，竞争力不强。

全省10家主营一级专业公司，仅占企业总数的1.19%，且分布不均衡，其中9家企业均在省会——合肥市。

素质不高。有些企业高层次技术管理人员仅有3～4人，一级项目经理也很少。

竞争力不强。我省规模在1000万元以上的装饰工程，大多数被外省、市企业承包。省内工程由于发包分割，工程量分解，很难形成总承包的装饰企业。

上述问题说明：在今后相当一段长时间内，我省的装饰行业还需要在加大培训力度、提高队伍素质和扩大企业规模上下大气力。

【协会工作】2003年是我省建筑装饰行业快速发展的一年。这一年，我们在中装协、省建设厅和省民政厅的指导下，在各位理事和广大会员企业的支持下，弥补了“非典”干扰所造成的损失，较好地完成了全年的各项任务。

1．坚持以人为本，狠抓建筑装饰人才的培养。我们积极主动地同全省各市建管部门、装饰办、装协联系，先后同合肥、黄山、铜陵三市举办建筑装饰施工员和装饰项目经理继续教育培训班4期，636名学员参加培训并拿到了培训合格证书，有效地提高了他们的管理水平和技术水平。

2．树立品牌，首次开展安徽省建筑装饰工程装饰奖的评选工作。经过自下而上的申报和检查评审，共评选出合肥建工装饰公司承建的铜陵工商银行营业办公楼一、二层营业大厅、行长室及外立面建筑幕墙等室内装饰装修工程、安徽省徽商集团创元装饰公司承建的省徽商集团综合楼装饰工程、安徽安兴装饰公司承建的华安证券公司办公楼装饰工程、合肥景龙设计装饰公司承建的合肥测绘大厦内装饰工程、合肥科大科苑装饰公司承建的中科大礼堂综合装饰工程、安徽三户建筑装饰公司承建的铜陵邮政局营业大厅装饰工程、宿州市三联广告装璜公司承建的宿州市国税局办公楼装饰工程、安徽天成建设公司承建的六安市邮政生产楼装饰工程、皖东兴达幕墙装饰公司承建的滁州市地税局地税征收营业楼玻璃幕墙工程共9项工程荣获2003年安徽省建筑工程装饰奖。其中：合肥建工装饰公司承建的铜陵工商银行营业办公楼一、二层营业大厅、行长室及外立面建筑幕墙室内外装饰装修工程被推荐评为2003年全国建筑工程装饰奖。

3．从实际出发，加强家庭装饰业管理。针对目前我省家装队伍过多、管理混乱、装饰水平不高和群众投诉时有发生的现状，协助省建设厅开展了以下工作：一是，利用年初召开建筑装饰行业发展研讨会的有利时机，组织到会的各市管部门领导和各位理事认真学习了省建设厅制定的《安徽省建筑装饰装修管理暂行办法》和《安徽省住宅室内装饰企业资质管理暂行办法》；二是，利用本会会刊《安徽装饰》这个宣传阵地，大力宣传省内外加强家庭装饰业的管理经验和新型家装材料的信息；三是，会同合肥市装饰装修管理处和家庭装饰专业委员会等单位联合调查了合肥市保文商场、东方商城等6个建材市场的建材商品和营销情况，为帮助其他市建立家装市场和加强家装业的管理奠定了基础。

4. 坚持科技兴业，认真贯彻全国建筑装饰行业科技大会精神。为了落实“三个代表”的重要思想，推动建筑装饰行业先进生产力的发展，中装协于2003年9月下旬召开了全国建筑装饰行业科技大会。会前，我会推荐李增堂、陶余桐、杨海波、张虎四同志撰写的“加强装饰行业管理、理顺职能交叉关系”、“从入世谈建筑装饰业发展”、“安徽装饰企业在加入WTO缓冲期内应有的策略”和“住宅室内空气污染及其控制”四篇科技论文参加中装协的评选，被中装协评为“2003年首届全国建筑行业优秀科技论文”，受到中装协领导的表彰。会后，我会发出关于认真贯彻中装协召开的“全国建筑装饰行业科技大会精神”的通知，要求各理事和会员单位认真传达学习建设部部长汪光焘同志在科技大会上关于“加快科技创新，促进建筑装饰行业新发展”的重要讲话和“关于建筑装饰行业科技进步的若干意见”，引导他们用科技进步推动建筑装饰业的发展。

5. 热情服务，努力完成中装协和省建设厅交办的行业管理工作。中装协召开理事会、常务理事会、“2003年全国建筑装饰行业科技大会和培训工作研讨会”，我会领导都积极参加。对中装协布置的各项任务，我们都热情接受，如期完成。比如：根据中装协的布置，撰写了《2002年安徽省建筑装饰行业年鉴》资料，进行了《中华建筑报》发行工作的调查，推荐了3名同志为中装协专家库人员，推荐了4篇“2003年建筑装饰行业优秀科技论文”，协助开展了“2003年全国建筑工程装饰奖”评选活动，协助开展了“全国建筑装饰装修材料优质品牌”推荐工作等等。

省建设厅召开的各类行业管理的重要会议，我会领导都积极参加，并按照会议的布置情况开展各项工作。比如，根据厅建管处的要求，我会抽出人员参加了省建设厅开展的建筑企业项目经理认证复查工作等。

6. 从实际需要出发，为企业提供信息服务

会刊《安徽装饰》是我会的宣传工具，全年出刊5期。会刊从企业实际需要出发，以行业公告、政策法规、社团运作、精品之窗、从业心得、幕墙工程、技术创新、家庭装饰、装饰材料、业内资讯等栏目，宣传了国家的政策法规、交流了企业的工作经验，提供了省内外的装饰信息，为装饰行业的发展起到了一定促进作用。每期会刊，除发往全省100多个会员单位外，还同全国30多个省、市协会进行了交流。

7. 加强自身建设，较好地发挥协会的桥梁纽带作用

为了落实“三个代表”的重要思想，脚踏实地的搞好“双向服务”，为会员企业的发展搭设平台，协会人员切实地加强了自身建设。首先是抓组织建设。协会将要召开第二届会员代表大会，筹备工作正在抓紧进行；二是抓思想建设。协会订阅的《中国建设报》、《建筑时报》、《中华建筑报》等业务性报刊，协会人员每天坚持阅读。协会领导每次从外地开会回来后，都及时地传达会议精神，使大家开阔眼界，领会精神。通过学习，有效地提高了协会人员的思想水平和业务知识，增强了服务意识；三是抓作风建设。上半年，由于防治“非典”，办班培训和召开会议不能按计划进行。但是协会的工作人员没有为此而停顿工作，而是从内业上下功夫、做准备。防治“非典”工作告一段落后，协会工作人员立即同相关单位联系，开展了各项工作。协会工作员少，但分工不分家，只要有工作，大家都主动去干。不仅干好本职工作，对中装协和主管部门交办的工作，也都及时迅速保质保量地完成。对各市建管部门、市装饰办和企业来我会办事的同志，做好热情接待，尽量满足他们工作上的需求。

总之，一年来，我们的工作取得了一定的成绩，但也有不足之处。主要是：由于防治“非典”影响，协会开展的活动项目不多，培训班办的较少，家装管理抓得不够；装饰行业实行资质就位后，发展会员工作进展不快，特别是会费收缴工作很不理想。这些问题，在新的一年内一定要认真加以解决。

合肥市建筑装饰行业

合肥市建筑装饰协会

【协会简介】合肥市建筑装饰装修业实行归口统一管理后，为加快行业管理职能转变，进一步加强对我市建筑装饰业的管理、指导、协调和综合配套服务，使之适应加入WTO形势的发展，以整体推进行业进步，提高行业素质，促进行业发展。由合肥市建筑装饰装修管理处申报并筹组合肥市建筑装饰协会。本着“一业一会”的原则，对原“合肥市室内装饰协会”按规定程序申请予以了注销。2003年1月，经合肥市建筑业管理局批准和合肥市民政局核准登记，合肥市建筑装饰协会正式挂牌成立。

2003年1月20日，合肥市建筑装饰协会成立暨第一次理事会在合肥百花宾馆隆重举行，中国建筑装饰协会会长马挺贵，以及省建设厅、省建筑装饰协会、市政府、市建委等领导出席了大会。一届理事会共吸纳会员162个，其中理事135个，包括建筑装饰装修、装饰设计、专业市场、物业公司等单位及其相关管理部门等。2004年2月，合肥市建筑装饰协会在成立一周年之际，又成功召开了一届二次理事会。截至统计有团体会员174个，其中理事单位139个。

【行业概况】自改革开放以来，建筑装饰业得以蓬勃发展，业已成为国民经济的重要增长点，并呈现出良好的发展态势。合肥装饰业亦正是伴随着改革开放而从小到大，由弱变强，从无序走向有序不断发展壮大。截至2003年末报表统计：具有建筑装饰装修施工资质（包括家装）的企业223家，其中：一级资质10家，二级资质58家，三级资质131家，家装资质12家。行业从业人员达1.7万人。外地进肥从事装饰业办理备案企业45家，其中家装4家。2003年装饰产值11.5亿元，完成增加值2.85亿元。外出施工产值3.86亿元。

【协会工作】合肥市建筑装饰协会成立一年来，在主管部门的正确领导和民政部门的业务指导下，坚持以党的十六大精神和“三个代表”重要思想为指针，以合肥市“千亿规划”为统揽，以促进建筑装饰行业健康发展为己任，结合行业实际与协会特点，紧紧依靠全体会员单位乃至全行业的共同努力，认真开展各项工作，并取得了较好的工作业绩。

1．协会的基础工作得到建立与加强。自2003年1月20日成功召开成立大会暨第一次理事会后，合肥市建筑装饰协会便致力于基础工作的建立与完善。首先明确协会秘书处的机构设置，确立03年协会工作重点和领导分工，进一步修订协会章程，制定协会财务管理等制度，整理编纂协会成立专辑和有关档案资料；组织设计了寓意开拓、创新、进取的协会标志（会标），并制作与发放了协会会员证书和会员单位标牌，铺垫了全面推进协会工作的基础；同时又申报组建了有关专业组织——协会家装委员会，为家装业的规范管理与发展创造条件。

2．“管理、服务、协调、指导”功能逐渐显现。在建立基础工作的同时，协会强化对行业的服务与管理，先后制定出十多项有关行业管理、行业发展、行业自律的措施、方案，并发布实施。2003年协助行政管理部门，核发建筑业企业业绩信用登记管理手册535份；核发并登记编号项目经理业绩信用等级管理手册825份。验证登记装饰企业项目经理875人，统计备案建筑装饰专业设计人员161人，登记备案装饰企业信息员170人。在对合肥宝文家装市场进行规范指导的基础上，又建立了安徽家饰佳装饰市场。同时积极帮助企业协调企业与政府、与消费者的关系，2003年解决有关装饰投诉案70件,其中接受市长热线电话办公室交办的投诉12件。特别是2003年上半年，一场突如其来的“非典”灾难，使得正常的工作生活秩序受到干扰，对此，在建管局党组的坚强领导和统一部署下，协会与装饰企业沉着应对，并肩战斗，并借用新闻媒体及时致全市装饰协会会员单位及装饰企业的一封信，要求行业“坚定信心抗‘非典’，勇渡难关求发展”，努力夺取防治非典和经济建设双胜利，在社会上产生了积极影响，同时大大增强了行业的凝聚力。

3．活动形式多样且卓有成效。生命在于运动，协会在于活动，卓有成效地开展一系列有利于推动行业健康发展的活动，是协会的一项重要职能。2003年9月，在全国装饰行业首届科技大会召开之际，协会组织有关装饰企业参加，积极引导行业和企业实行科技兴业、科技兴企。同时我市装饰企业的2篇论文也被推荐入选《2003年首届全国建筑装饰行业优秀科技论文集》。11月，又组织11家装饰企业21名木工选手参加合肥市建筑业首届职工技能大赛，以推动装饰企业普遍提高职工技能。协会家装委员会在03年春、秋两季分别于省“红三环”体育馆和宝文装饰市场举办家装咨询展览会，两起展会共吸纳51家企业参展，参观、咨询、洽谈的消费者达1.6万人次,消费者与各参展企业签订意向性协议3000余份,当场签订设计、施工协议500余份。在秋季展会期间，还同时举办了“合肥市首届家装设计大奖赛”，大赛对参赛的17家公司43套作品，通过消费者参评、业内人士评价和专家评审，共评出一等奖2个、二等奖3个、三等奖5个、优秀奖14个。8月份，还举办了合肥市家装行业发展论坛会，近20家装饰企业和3家建材市场老总以及相关业内人士，在会上就行业发展问题献言献策。10月期间，还组织了部分家装公司老总赴深圳、广州、南宁等先进地区参观考察，开阔视野，汲取经验。这些活动的开展，扩大了装饰协会家装委员会的社会影响力，为推动合肥家装市场健康发展起到了积极的作用。

4．行业信息化建设初步形成。为推进办公自动化和信息化管理进程，以装饰管理处和装饰协会为主办单位，建立了“合肥装饰网”。网站根据建筑装饰装修行业特点，在行业管理上突出开展互动式服务，以加强企业与企业、企业与个人、个人与企业的交流，实现政府、协会和各装饰企业间的信息互通、互动，推进网上办公，简化办公程序，提高办事效率。目前会员单位入网率达90%以上。同时，为加快推进我市建筑行业信息化建设，适应网络化管理需求，也为减轻企业管理人员的工作量，协会还从十月份起取消了原每月六日召开的装饰行业例会，以利用市建管局的局域网与合肥装饰网等现代化的办公设备与网络，将一些重要的文件、通知、信息等，第一时间在网上发布，此举受到了装饰企业和会员单位的普遍欢迎，也为加快网上办公奠定了基础。

5．行业培训工作成绩斐然。为综合提高装饰行业职工素质，协会把业内人员的教育与培训作为一项重要工作来抓。2003年共组织各类人员培训近800人次，其中组织装饰企业项目经理继续教育培训386人次，聘用项目经理资格证书培训40人次，电工、焊工等特种作业人员、技术工种技能培训206人次，装饰企业统计人员、报建人员培训近200人次。

6．行业评选焕发出企业蓬勃生机。为促进装饰企业积极向上，引导企业争先创优，树立良好形象，以整体推进行业进步和在社会上的影响力，协会从2003年初就陆续制定出台《合肥市建筑工程“装饰杯”奖评选办法》、《装饰工程安全文明施工示范工地评选办法》、《家庭装饰示范工程评选办法》和《家庭装饰先进企业评选办法》等相关方案，并认真组织实施。通过一系列的检查和考核、评审，今年共评出装饰工程安全文明示范施工工地4个,装饰工程奖7个，其中4个工程被评为省级装饰工程奖；住宅室内装饰示范工程4个；优秀装饰企业10家，优秀项目经理24名；住宅室内装饰先进企业5个；安全文明施工先进集体4个，安全先进个人17名，质量先进集体9个，先进个人22名；输出兴业优秀企业1个。行业争先创优活动的扎实开展，使装饰企业不断焕发出蓬勃生机，为行业健康发展营造出良好氛围。

杭州市建筑装饰行业

杭州市建筑装饰协会

【行业概况】杭州是世界闻名的风景城市，市政府、市建委积极实施城市化建设，为建筑装饰行业的发展提供了有利条件和机遇,推动杭州市建筑装饰行业的发展。

2003年杭州市建筑装饰企业队伍不断扩大,具有建筑装饰企业资质的企业有214家（比上年增长19.5%），其中：一级企业11家（比上年增长57%），二级企业45家（比上年增长66.6%），三级企业158家（比上年增长9%）；专业幕墙施工企业现有11家，其中：一级1家，二级8家，三级2家。有4家建筑装饰企业被列入全国百强企业。

2003年度杭州市建筑装饰企业完成施工产值50亿元，是2002年的2.73倍（不包括家庭装饰和房屋建筑企业完成的装饰产值）。

【协会简介】杭州市建筑装饰协会成立于1995年1月，由建筑装饰施工企业、装饰材料、装饰设计等企事业单位志愿组成的地方性行业性社会团体。现有会员单位70家，业务主管部门是杭州市建设委员会。杭州市建筑装饰协会设置秘书处和技术咨询工作委员会。2003年经中国建筑装饰协会批准，建立了“中国建筑装饰协会培训中心杭州市建筑装饰协会培训工作站”，已经开始运转。最近经杭州市民政局同意增设杭州市建筑装饰协会家庭装饰工作委员会。

【协会工作】杭州市建筑装饰协会2003年在市建设委员会领导和关心下，市民政局的指导下，在全体会员单位的支持下，理事会成员通力合作，按十六大提出的精神“发展要有新思路、改革要有新突破、开放要有新局面、各项工作要有新举措”，2003协会作了以下工作：

1．开展杭州市优秀建筑装饰工程评选活动。经过企业申报评委核查有26项工程被评为杭州市优秀建筑装饰工程。并有16项工程获省优秀建筑装饰工程奖。有3项工程取得了2003年的全国建筑工程装饰奖。通过评优活动大大推动了杭州市建筑装饰工程的质量。

2．开展调研工作，加强行业管理。针对行业发展中的热点、难点开展专题调研。当好政府助手，反映企业呼声。先后撰写“对当前建筑装饰市场招投标活动中若干问题的探讨”、“当前装饰行业管理存在的问题”等，为市建委领导对行业管理决策提供参考。

3．实实在在为企业服务。

(1) 协助市建委职改办做好装饰企业技术职称评定工作。今年装饰专业参评人员60人，经评审26人评为助理工程师，32人评为技术员。

(2) 为骨干家装企业的资质就位做好咨询服务工作，使28家家装企业正式审批为三级装饰企业。

(3) 承办杭州市劳动局和总工会举办的2003年室内装饰设计技能大赛。77人参加比赛，经过赛前准备和辅导，有3名选手获得杭州市技术能手称号，5名选手获得职工经济技术创新能手，62名选手取得室内装饰设计员（高级工）证书，我会获得优胜组织奖。

(4) 认真做好行业专业人员的培训工作。开展技工上岗、施工规范、安全生产知识、全面质量管理、项目经理等培训，并协助中装协举办第二期幕墙工师资、考评员培训班。有的装饰企业还参加了QC小组成果发布会。

4．加强协会自身建设。2003年对协会进行制度化管理建立了《会员管理制度》、《财务管理的若干规定及财务人员岗位责任制》、《协会办公制度》、《协会行政管理办法》。聘用了两位年轻有学历的青年人，给协会增添了活力。为了加强信息化管理，协会添置了数台电脑、投影仪、数码像机等设备。

2003年杭州市建筑装饰协会在各方面均有很大的飞跃。

河南省建筑装饰行业

河南省建筑装饰协会

【协会简介】河南省建筑装饰协会成立于1986年，经河南省民政厅批准注册，是全省从事建筑装饰行业的科研、设计、施工、生产、销售、教育、质量监督检测、管理、信息等有关企业、事业单位自愿结成的行业性非营利性社会组织。下设工程委员会、家装委员会、材料委员会、设计委员会、环境污染控制委员会、培训委员会、信息委员会、专家委员会。现有公装、家装、材料、设计等会员单位228家。

理事长：洪　瀛

副理事长兼秘书长：王晓惠

协会宗旨是：坚持党的基本路线，贯彻改革开放的方针，以经济建设为中心，在经济体制改革中遵纪守法，组织动员全行业抓管理、练内功、增效益、促进全省建筑装饰行业科学、健康、有序和快速的发展。

【行业概况】随着我国改革开放的不断深入，人民生活水平不断提高，尤其近年来房地产、建筑业的崛起，为装饰装修行业提供了较大的发展空间，已成为市场经济发展中的朝阳产业。而我们河南装饰装修行业经过近十几年的快速发展，得到了不断提高和进步，已形成了一定的规模，涌现了一批优秀的装饰企业，创出了一部分具有代表性的国优、省优工程，培育和造就了一批经验丰富、能力较强的行业技术人才，为河南省美化环境、经济发展起到了一定的推动作用。

据有关资料测算，河南省建筑装饰行业年工程产值104亿元，其中公共装饰约50亿元，家庭装饰约54亿元，建筑装饰行业工程产值年增长率达30%。

自 2002 年资质就位以来，河南省现有建筑装饰企业338 家，其中一级施工资质企业9家，二级施工资质企业135家，三级施工资质企业194家。从业人数达10万余人。

【协会工作】2003年是我国发展具有深远意义的一年，党的"十六大"报告描绘了全面建设小康社会、开创中国特色社会主义事业新局面的宏伟蓝图，为我们建筑装饰行业的发展指明了方向，提供了更大的发展空间。一年来，我协会在省建设厅的关心和支持下，在常务理事、理事和会员单位的共同努力和积极配合下，本着"搞好双向服务，促进行业发展"的原则，坚持"一年一小变，三年一中变，五年一大变"的发展目标，紧紧抓住发展机遇，克服突如其来的非典疫情，组织会员单位广泛开展活动，不断进行省内外行业交流，充分发挥协会的职能作用，有目的、有计划地开展服务工作，促进了全省装饰装修行业的稳定、安全、健康发展。

一、积极配合省建设行政主管部门，加强对行业管理和指导

1．积极协助厅有关处室开展装饰企业资质、项目经理资格的初审工作。建筑企业资质审批是省建设厅的中心工作之一，我们积极协助厅建管处、设计处进行装饰企业施工、设计资质及项目经理资格的初审工作。首先我们组织协会工作人员认真学习《建筑业企业资质管理规定》、《建筑装饰装修工程专业承包企业资质等级标准》、《建筑装饰设计资质分级标准》，掌握建筑业企业资质审批的标准、方法、步骤以及应注意的问题，分别安排工程委员会、家装委员会、设计委员会参与厅建管处、设计处组织的装饰施工企业资质、设计企业资质、项目经理资格的初审工作。在厅建管处和设计处的指导下，我们认真审查企业提交的资料，核实企业申报条件，堵塞申报资料虚假漏洞，保证资质审查工作的质量，这样不仅规范了我们行业的资质管理，而且壮大了我们的队伍。截止2003年年底，在装饰企业资质审查工作中，我们共初审装饰施工企业资质资料200多家、装饰设计资质资料10余家，项目经理资格资料300多份。

2．协助建设厅开展河南省建筑装饰设计师资格认定工作。为了加强我省建筑装饰市场管理，强化建筑装饰设计人员的法律责任，提高建筑装饰设计水平，建设厅从2003年开始进行建筑装饰设计师的资格认定工作，实行全省建筑装饰行业设计师从业资格制度，此项工作建设厅委托我协会负责进行。我们按照建设厅下发的豫建标[2003]60号文《关于开展河南省建筑装饰设计师资格认定工作的通知》指示精神，在厅设计处的指导下，起草了《河南省建筑装饰设计人员资格评审办法》，制定了《河南省建筑装饰设计师资格认定申报表》、《河南省建筑装饰设计师资格认定备案登记表》等表格，并向全省下发通知，通过协会《会刊》进行宣传，提高从业设计师参加认证的积极性，帮助从业设计师早日通过资格认证，纳入行业规范管理。举办了建筑装饰设计师资格认定培训班，邀请省外知名专家为培训班授课。目前首批培训已经结束，培训学员230人，取得建筑装饰设计师资格证156人。

3．积极采取措施，加强"非典"疫情的防控工作。2003年上半年"非典"病魔席卷全国，一场没有硝烟的战争在全国打响，我协会按照建设厅的部署，采取积极主动的防范措施，克服行业人员来源广泛，流动性大的困难，加强了装饰装修行业非典的防范工作。我们一方面向会员单位宣传防非知识，提高防非意识，加强防范措施，另一方面向会员单位发慰问信，亲临现场指导，稳定从业人员的情绪，保证了非典期间我省装饰装修行业的安全、健康发展，得到了上级主管部门和会员单位的称赞。

4．编辑出版了两本装饰装修行业专业书籍。为适应市场经济的发展需要，提高装饰装修工程质量，扩大行业宣传，提高企业知名度，解决广大消费者的疑难问题，我协会从2003年着手编写《河南省建筑装饰装修大全》和《百分百家装必读·住宅装饰装修问答》两本专业书籍。我们组织业内经验丰富人士，经过市场调研，多方搜集资料，结合实战经验，从政策法规、设计、施工、材料、环保、现场管理等方面进行了系统编写。目前这两本书已正式出版发行，这在我们河南省乃至全国属首次出版装修装饰行业专业书籍。这两本书的出版不仅为消费者了解政策法规、监督工程质量、维护自己的合法权益提供了依据，而且也为从业者掌握专业知识、提高工程质量、促进行业发展有着参考价值。

二、开展评优表先工作，促进行业的发展和进步

1．组织了"2003年度河南省建设工程'中州杯'奖"（省优质装饰工程）的评选工作。2003 年是我协会接受主管部门委托开展"河南省建设工程'中州杯'奖"（省优质装饰工程）评选工作的第二年，我们认真总结上年评审工作经验，结合实际操作情况，修改了"河南省建设工程'中州杯'奖"（省优质装饰工程）的评选办法，完善评审、服务体系，保证专门成立了装饰工程"中州杯"奖初审专家组，从"查内业资料、听取建设单位及使用单位意见到实地考察工程"都认真落实，严格把握每个环节，保证了装饰工程"中州杯"奖的评选质量，为"河南省建设工程'中州杯'奖"评审委员会提供了真实、可靠的推荐意见。经评审委员评审，河南省税银建筑装饰有限公司承建的"郑州市中医院"、河南省红革玻璃幕墙装饰工程有限公司承建的"河南日报报业大厦玻璃幕墙"、漯河天桥建筑工程公司承建的"漯河市图书馆"、河南亚太装饰工程有限公司承建的"平顶山市电业局教育综合楼餐厅、客房"、郑州联升装饰设计工程有限公司承建的"巩义市急救中心大楼"、河南省鹰承建筑装饰工程有限公司承建的“周口市国家税务局”、开封市第一建筑工程公司承建的“河南大学学生中心食堂”等7项装饰工程，分别获得了“河南省建设工程‘中州杯’奖”（省优质装饰工程）。

2．组织推荐“全国建筑工程装饰奖”工程。2003年，由于受“非典”疫情影响，“全国建筑工程装饰奖”评选工作推迟进行。“非典”解禁后，中国建筑装饰协会以中装协[2003]10号文下发了“关于开展2003年全国建筑工程装饰奖评选工作的通知”，面对时间短，任务重的特殊情况，我们立即安排此项工作，一方面组织企业申报资料，一方面组织专家复查工程，按照“全国建筑工程装饰奖评选办法”的要求，在我省评选装饰工程“中州杯”奖的基础上，我们经过认真筛选推荐了5项工程参加评选，于2003年10月21日迎接了“2003年全国建筑工程装饰奖”复查组专家在我省为期三天的复查验收。经过最后评审，河南省税银建筑装饰有限公司承建的“郑州市中医院”、河南省红革玻璃幕墙装饰工程有限公司承建的“河南日报报业大厦”、漯河天桥建筑工程公司承建的“漯河市图书馆”、河南省鹰承建筑装饰工程有限公司承建的“周口市国家税务局”等4项装饰工程，获得了“全国建筑工程装饰奖”。2003年12月29日，我省四家获奖单位在北京人民大会堂参加了“2003年全国建筑工程装饰奖”的颁奖仪式。

3．开展了第二批“绿色建材产品”推荐活动。为了加强对会员单位经营产品的宣传，提高绿色环保产品的知名度，满足广大消费者的消费需求，抵制假冒伪劣产品，引导装饰装修材料市场的规范发展，2002年11月份，我协会开展了首次“绿色建材产品”推荐活动，推荐公告在《郑州日报》刊发后，在社会上引起了强烈的反响，受到了广大消费者的赞扬。2003年我们根据消费者的再次要求以及会员单位的呼声，结合市场实际发展情况，又一次组织“绿色建材产品”推荐活动，对知名品牌产品进行检测。收交木制品、陶瓷洁具、油漆涂料等产品39个，这些产品经过“国家建筑工程室内环境检测中心”检测，符合国家标准，我们为送检单位颁发了证书和铜牌并在有关媒体进行了公告。

4．开展了建筑装饰行业的表先工作。近年来，随着我省建筑装饰行业的不断发展和壮大，涌现出了一批效益高、信誉好的先进单位和善经营、会管理的先进个人，我们不断开展评先活动，给予及时的表彰，树立行业的榜样。2003年有63个单位被评为“2003年度河南省建筑装饰行业先进单位”，64名同志被评为“2003年河南省建筑装饰行业先进个人”。我们推荐的郑州康利达装饰工程有限公司被评为“2002年度中国建筑装饰行业百强企业”。更可喜的是，郑州康利达装饰工程有限公司董事长薛景霞被当选十届全国人大代表，是2003年“两会”的全国唯一一位建筑装饰行业的代表，也是我国建筑装饰行业第一位全国人大代表，为我们河南省建筑装饰行业赢得荣誉，是我省建筑装饰行业的光荣。

三、组织省内外行业交流，促进装饰行业的发展

1．组织企业学习交流，提高自身素质。为了帮助企业适应进入WTO以后的市场环境，提高企业自身素质和管理水平，加强项目管理，我们分两次组织企业，参加了北京途锦教育集团举办的高层论坛讲座，参加企业30多家，参加人员80多人次。通过学习交流，使企业开阔思路，更新观念，找出自己管理中的差距和漏洞，为企业的今后发展找准位置，提供了帮助，受到了大家的称赞。

2．组织省内装饰材料厂商赴上海考察。2003年3月25日～27日，我们针对材料市场变化快，产品更新频繁的特点，组织了省内装饰材料厂商一行20余人，赴上海市进行了为期三天的考察活动。在上海考察期间，我们组织参加了“第五届中国国际地面材料及铺装技术展览会”、“中国装饰材料博览会”，帮助企业了解国内外市场新型装饰材料，掌握市场流行趋势，同时我们还与上海市装饰装修行业协会材料委员会进行了座谈，探讨装饰材料行业与市场的发展前景。这次活动，不仅为会员单位更新产品、扩大经营提供了依据，而且为我省装饰材料行业的发展起到了一定的推动工作。

3．协助会员单位举办不同形式的交流活动。为了加强会员单位的沟通交流，促进装饰行业的发展，2004年我们协助会员单位组织举办了“室内设计高峰论坛”、“TCL国际电工与家装企业沟通会”、“美涂士漆全国产品推广会”等多项活动，为企业提供了学习交流的机会，进一步促进了企业间的交流与合作。此外，我们还组织参加了北京龙发装饰公司郑州分公司、河南大地装饰工程有限公司、郑州新宜家装饰工程有限公司、郑州美巢荣欣家庭装潢有限公司等多家单位举办的各类活动，有效地发挥了协会的职能作用，受到了会员单位的好评。

四、加强行业信息传递交流，为行业的发展服务

1．认真编辑出版《河南省建筑装饰》会刊。长期以来，《河南建筑装饰》是我们坚持宣传国家和省有关政策法规、介绍装饰技术知识、传授发展管理经验的主要阵地，也是我们与省内外相关单位沟通交流的主要渠道之一，因此，我们把提高刊物的质量放在首位。今年我们除对封面进行改版外，并且扩大刊物的信息量，提高稿子的编审质量，从不同角度、不同方位介绍各方面的专业知识，充分体现专业刊物的特点，增加刊物的吸引力，提升会刊的知名度，从而达到了宣传行业，服务于会员单位的目的，得了业内人士的称赞。

2．利用新闻媒体，加强行业宣传。多年来，我们十分重视新闻媒体对行业的宣传报道工作，与《大河报》、《郑州晚报》、《河南商报》、《东方家庭报》、河南电视台等多家主流媒体建立了合作关系，并不断通过媒体宣传行业动态，举办有影响力的活动。2003年，我们除与《郑州日报》继续开办“设计师之窗”栏目外，还与《河南商报》开展“绿色建材产品”推荐活动，与《郑州晚报》开展了“品牌家装企业”推荐活动，并组织企业参加了中央电视台举办的“全国家居电视设计大赛"活动。在全国家居电视设计大赛中，我省参赛单位郑州泰运装饰工程有限公司在这次大赛中获得了"金雀奖"，这些工作的开展，为行业的宣传、企业形象的塑造、居民合理的消费、装饰市场的规范起到了一定的作用。同时也为我省装饰企业发展壮大，走出河南，提供了展示的空间。

五、加强协会自身建设，提高服务质量

2003 年，协会秘书处在贯彻执行上级有关文件精神的同时，认真学习《河南省建设厅社团管理办法》及《社团领导干部实施细则》，明确工作人员的职责，实行工作岗位责任制，完善工作制度、考核制度、财务制度、文档管理制度、考核奖惩制度，加强了秘书处的工作管理。同时我们不断组织工作人员学习党的各项方针，学习行业专业知识，学习深入实际调查研究的工作方法，提高工作人员的业务水平，增强了为会员单位服务的意识，并且在整顿经济环境中，较规范的办理收费许可证书，加强了行业的规范管理。此外，2003 年又购置两台电脑，增添了必要的办公设备，改善了协会的办公环境，并为协会全体工作人员进行了体检，保证了工作人员的身体健康。协会自身力量的加强，为今后的各项工作的顺利开展创造了良好条件。

湖北省建筑装饰行业

湖北省建筑装饰协会

【协会简介】湖北省建筑装饰协会现有会员单位 102 家，理事 100 名，常务理事 31 名。

会　长：傅梦飞　原湖北省建设厅建管处副处级调研员

副会长：彭国云　武汉建筑装饰协会会长

程新明　湖北鼎元建筑装饰工程有限公司董事长兼总经理

许春建　湖北龙泰建筑装饰工程有限公司董事长兼总经理

潘耀生　武汉市华达建筑装饰设计工程有限公司董事长兼总经理

蔡继红　武汉凌云建筑装饰工程有限公司董事长

毛国强　中建三局深圳装饰设计工程有限公司总经理

胡圣明　湖北高艺装饰工程有限公司董事长兼总经理

秘书长：张兆鹏

副秘书长：何木松

秘书：马　潇

协会的常设机构为协会秘书处

地址：武汉市武昌中南路 14 号

电话：027－87126645

邮编：430071。

【行业概况】2003 年，湖北省建筑装饰业在中共湖北省委、省政府的正确领导下，在业内广大员工的努力下，继续保持了较好的发展势头。主要表现在：

1. 企业资质就位后，行业整体素质了较大的提升。2003 年，全省建筑装饰业资质就位后，共有建筑装饰企业 411 家，其中一级建筑装饰企业 20 家（包括建筑幕墙企业，下同），二级建筑装饰企业 179 家，三级建筑装饰企业 212 家。同建筑装饰业资质就位前相比，一级企业增加 8 家，二级企业增加 2 家，三级及其以下企业减少 96 家。可以看出，资质就位后，全省一级建筑装饰企业数量有了较大程度地上升，而三级企业有较大程度下降。企业素质的提高不仅表现在一级企业的上升和三级企业的下降，还有以下几个方面的进步。

（1）设计能力有了新的提高。特别是在重点工程设计方面，市场份额进一步先后承担了湖北剧场等一批重点工程设计任务，整体设计能力和水平上，我省的建筑装饰企业也都有了新的提高，体现湖北地域文化特点的设计工程明显增多，不少的设计单位积极开拓省外市场，企业的外向度有所提高。

（2）施工能力和水平有了新的提高。尤其是在木作工艺上，更加趋向于"精、细、美"，在石材的工艺方面，无论是从石材的选择方面还是石材的加工方面，以及施工的工艺方面，都有了较大程度的提高。像湖北高艺建筑装饰设计工程有限公司、武汉科艺建筑装饰设计工程有限公司、湖北鼎元建筑装饰设计工程有限公司等企业的石材施工能力和水平都有了较大程度地提高。绝大多数企业都很注重细部的处理，如墙纸收口、木制品造型、钉眼处理、吊顶收口、软包装边角处理等等，改变了过去细部处理比较粗糙的状况。

（3）注重总体装饰风格的协调。在 2003 年的湖北装饰市场上，各方主体注重通过环境创新提升装饰品味，注意建筑装饰同整个建筑物的使用功能、地理环境及与周围的建筑群体相协调，装饰的理念、品味和档次向前迈进了一大步。

（4）企业的管理水平有了新的进步。企业的管理水平，是衡量企业素质的一个重要方面。2003 年，全省建筑装饰企业普遍注重提高自身的管理水平。加强了工程施工的现场管理，文明施工有了很大的进步，基本上做到了现场材料摆放有序，工序搭接合理，为科学地缩短工期创造了条件。不少企业利用计算机来实行成本管理，加强成本控制，取得了较好的经济效益。加强工程的质量管理和安全管理，工程质量水平有了新的提高。亿元安全事故率处于较低的水平。信息化建设取得了新的进展，全省计算机的推广应用上了一个新的台阶，目前二级以上的建筑装饰企业大部分都建立了自己的内部网络，实现了资源共享，并在工程设计、工程招投标、材料管理、资料管理、工程预算和结算、资质管理、项目经理管理等方面发挥着越来越重要的作用，计算机已成为大多数企业管理的有力工具。

2. 全省建筑装饰管理体制已经基本理顺。省政府于2003年11月8日下发了《省人民政府关于行业管理办公室行政管理职能划转的通知》(鄂政发[2003]42号),明确规定建筑装饰归口到省建设厅统一管理,使困扰我省多年来的装饰行业多头管理的问题得到了圆满解决,为全省建筑装饰业的健康发展创造了良好的政策环境。

3. 全省建筑装饰在国民经济中的地位和作用进一步得到提升。2003年全省建筑装饰行业总产值比前年同期增加15%以上,实现增加值比历史同期增加10%以上。它在建筑业产值中所占的比重不断增加。住宅装饰业发展迅速,全省在宜昌市等地进行住宅建筑装饰资质管理试点工作,进展顺利,行业管理进一步规范,工程质量明显提高。

【协会工作】

1. 协助政府做好清理拖欠工程款的工作。认真贯彻落实《国务院办公厅关于切实解决建设领域拖欠工程款问题的通知》和全国、全省电视电话会议精神以及省政府102号文件要求,积极协助政府有关部门做好工作。认真接待群众的来信来访,并及时向政府有关部门反映。努力完成政府交办的有关具体工作,与此同时,做好宣传解释工作,提高全社会对解决这一问题的思想认识。将解决拖欠问题纳入企业评先评优活动,实行一票否决。

2. 认真做好全省优质建筑装饰工程的评选工作。组织开展了第三届"湖北省优质建筑装饰工程"评选活动。经过各地企业申报,各地建筑装饰协会(建筑业协会)认真审查,协会认真组织了现场复查工作,省评审委员会按照条件认真评审,全省评定武汉邮电科学研究院室内建筑装饰工程、武汉邮电科学研究院建筑幕墙工程等31项公共建筑装饰工程为2003年度"湖北省优质建筑装饰工程"即"装饰楚天杯奖",宜昌市松湖小区四期1号楼住宅装饰工程、武汉城开波光园住宅装饰等15项工程为"湖北省优秀住宅装饰工程"。评优活动的开展,有利于形成建筑装饰企业重视工程质量的风气,提高建筑装饰工程质量和建筑装饰企业的技术素质,发挥了积极的作用。

3. 组织企业积极参与"全国建筑工程装饰奖"的评选活动。按照中国建筑装饰协会的要求,积极组织企业争创"全国建筑工程装饰奖"。2003年,全省申报全国建筑工程装饰奖的工程共有10项,经中国建筑装饰协会专家组现场复查和评选,武汉邮电科学研究院建筑幕墙工程、中国人民银行武汉分行滨湖大厦室内建筑装饰工程、襄樊市地税局综合楼室内装饰装修工程、襄樊市国税大厦(汉江国际大酒店)室内装饰装修、孝感市教研中心大楼室内装饰装修等5项工程荣获2003年度全国建筑工程装饰奖。

4. 积极开展创先争优活动,不断提高建筑装饰企业的竞争力。为了充分发挥先进典型的示范带动作用,积极组织开展评选"湖北省先进建筑业企业"、"湖北省优秀建筑业企业经理、湖北省优秀建筑业项目经理"即评"三优"的活动。2003年全省共评选先进建筑业企业11个,优秀建筑业企业经理10名,优秀建筑业企业项目经理23个。

5. 积极推广应用建筑装饰新技术,促进行业科技进步和技术创新。在2003年召开的首届全国建筑装饰科技大会上,武汉凌云建筑装饰工程有限公司总经理蔡继红、武汉嘉禾装饰工程有限公司董事长兼总经理钱俊雄在大会上作了管理交流。湖北鼎元建筑装饰设计工程有限公司副总经理兼总工程师胡春波的《浅谈百叶窗在装饰中的作用》获全国装饰科技进步论文奖。

2003年,省建筑装饰协会还在会员中开展了推广应用新技术、新材料的活动,促进全省建筑装饰施工工艺和技术水平的提高。积极推广应用建筑装饰10项新技术,推广计算机在建筑装饰施工管理、企业管理、工程设计等方面的应用,使全省的施工能力和施工水平又上了一个新的台阶。

6. 会同武汉建筑装饰协会积极组织开展住宅装饰装修管理工作研究。住宅装饰装修,是整个建筑装饰市场的重要组成部分,与老百姓的关系十分密切,也最为老百姓所关切。为了抓好住宅装饰装修的管理工作。2003年,省建筑装饰协会会同武汉建筑装饰协会组织了多次家装赶集会活动,武汉嘉禾装饰工程有限公司等企业多次拓展经营门点,造成强大的宣传声势,并和长江日报社、武汉电视台等新闻媒体联合开展了评选武汉地区住宅装饰10强企业的活动,向社会推荐信誉好的企业,借以规范住宅装饰装修市场。

7. 加强协会自身建设,提高双向服务水平。一是对协会领导班子如正副会长,工作变动了的就及时进行调整,增补;二是秘书处有专职工作人员,并且保持了人员的连续性和稳定性;三是注意提高秘书处工作人员的素质,从提高思想素质入手,努力学习和钻研技术业务知识,广泛联系和团结会员单位,树立求是精神,不断提高政策理论水平和做协会工作的能力,为会员单位排忧解难,得到众多会员单位的赞扬;四是按照协会章程规定,抓好会费的收缴和使用管理工作,节约开支;五是全省各市州建筑装饰协会(建筑业协会)积极支持省建筑装饰协会的工作,较好地发挥了联络、协调、指导、服务的职能,在为企业排忧解难、维护企业合法权益方面做了大量工作,提高了协会的凝聚力。

8. 开展行业自律建设,参与市场公平竞争。业内的凝聚力和团结协作精神增强了。在加强行业自律方面,协会秘书处找一些企业的负责同志交心谈心,交换思想,沟通想法,要求大家在招标投标中遵守"游戏"规则,实现公平竞争,各方主体自觉精诚团结,共同发展。借鉴深圳市的经验,建立诚信公布制度,对一些存在较严重问题的单位和个人,在业内公开曝光,有效规范了市场秩序。

9. 同湖北省建筑业协会一起,搞好会刊《湖北建筑业》的编辑出版工作。根据行业发展和市场需要,栏目设置上作了适当地调整,新增了秘书长论坛等栏目。紧密联系施工企业的实际,及时反映业内动态,信息容量、刊物质量及可读性都有了很大提高。

武汉市建筑装饰行业

武汉建筑装饰协会

【协会简介】

高级顾问：李梅芳（原武汉市人大常委会主任）

高顺龄（原武汉市人大常委员副主任、武汉仲裁委员会主任）

名誉会长：陈邂馨　武汉市建委建筑业管理办公室 主任

会　　长：彭国云

常务副会长：熊彦琼　武汉市建筑市场管理站 副站长

副会长：潘耀生　武汉华达装饰设计工程有限公司 总经理

蔡继红　武汉凌云建筑装饰工程有限公司 总经理

熊刚发　武汉建工集团装饰工程有限公司 董事长

楼创洪　中建三局深圳装饰工程有限公司武汉分公司　经理

许春健　湖北龙泰建筑装饰工程有限公司 董事长

高　健　武汉旺轩物业有限公司 董事长

廖　林　武汉澳华装饰设计工程有限公司 总经理

周文祥　武汉建开装饰工程有限公司 副总经理

钱俊雄　武汉嘉禾装饰工程有限公司 总经理

秘书长：郭　伟

协会机构设置：

秘书处：综合服务部、行业发展部、家装管理部

分支机构：家装专业委员会、住宅装修工程质量监理服务中心

【行业概况】武汉市建筑装饰行业在 2003 年又有了较大的发展，全行业施工产值约 80 亿元（包括公共建筑装饰工程、建筑幕墙工程和住宅室内装饰工程），年施工产值接近和超过亿元的企业有武汉华达、湖北高艺、武汉凌云、武汉嘉禾、湖北龙泰、武汉澳华和武汉雅庭等公装和家装公司。2003 年 11 月 18 日湖北省人民政府下发了《省人民政府关于行业管理办公室行政职能划转的通知》明确将室内装饰行业管理办公室建制划转到建设主管部门。

【协会工作】2003 年协会在市建委、市民政局社团管理处的领导下，在广大会员单位的共同努力和积极参与下，以“三个代表”重要思想为指导，紧围绕“双向服务”的宗旨，协助建设行政主管部门在装饰市场规范管理，促进行业健康发展，扶优扶强，活跃市场以及为行业服务，交流互动，评优评先，技术进步，行业自律和自身建设等方面做了大量工作，取得了一定的成绩。

一、协助建设主管部门，做好建筑装饰企业资质管理的相关工作

1. 至 2003 年底，协会管理新办企业资质申报 70 家，其中已核发资质 20 家，网上已公示 12 家，待批 38 家。

2. 受理并初审上报装饰企业资质年检 140 家。

二、开展评优评先活动，提高行业整体水平

1. 组织武汉地区先进建筑企业、优秀企业经理和优秀项目经理的评选活动。20 家公司被评为“先进建筑装饰企业”、15 位企业老总被评为“优秀企业经理”、35 位项目经理被评为“优秀建筑装饰项目经理”。

2. 组织武汉市建筑工程（装饰）黄鹤奖的评选。武汉丽岛科技有限公司施工的丽岛花园会所装饰工程、汕头市美高装修有限公司施工的湖北通信指挥调度中心装饰工程获黄鹤金奖；武汉建开装饰工程有限公司施工的武汉勘察设计大厦、阳逻紫泊苑宾馆装饰工程、武汉澳华装饰设计工程有限公司施工的武汉体育中心、佳海华苑会所装饰工程、武汉东辰装饰设计工程有限公司施工的 066 基地设计所科研楼装饰工程以及湖北王氏建筑装饰设计工程有限公司施工的武汉汽车客运总站装饰改造工程获黄鹤银奖。

3. 评选首届“武汉市十佳家装企业”。嘉禾、澳华、雅庭、天立、百姓、名仕、今字企业、居众、弘润、唯美等企业获首届“武汉市十佳家装企业”称号。

4. 根据武汉市建委《武汉地区建筑业企业信誉等级评定试行办法》，华达、天立、澳华、豪强、东辰、建开、东湖设计、湖北高艺等 8 家企业通过 AAA 等级评定，益建、惠通、方正、桥王等 4 家企业通过 AA 等级评定。

三、协助政府做好家装管理，活跃家装市场

1. 小区的家装管理得到进一步完善

本着一切从实际出发的观点与市室内装饰行办联合，在小区共同设立家装管理站，2003 年对 25 个小区 3500 余户家装进行了监管，制止违章施工 300 余起，受理投诉和调解纠纷 162 起。

2. 家装赶集会成为活跃市场的有效手段

在 3.15、5.1、10.1 期间，协会在武汉国际会展中心举办了 3 次家装赶集会，其 60 多家家装公司参加，布置展位 600 余个，吸引了众多家装消费者参加，家装公司业务订单达数千万元。

3. 家装监理服务得到社会、行业和企业的认可

2003 年 4 月武汉市建委批准协会设立“武汉建筑装饰工程（住宅）质量监理服务中心”开展家装工程监理服务，去年底，监理中心先后对 19 家公司的 2300 余户家装工程进行了监理，有监理中心的监督，业主利益有保障，心中踏实；有监理中心的服务，家装公司也多了一份诚信，社会和消费者反映较好，家装企业也十分认可这一形式。

4. 家装仲裁工作有成效

自 2003 年 5 月协会成立了建筑装饰工程仲裁中心，并在 28 个新建住宅小区设立了家装纠纷调解室，及时、就近地调处了一大批家装纠纷，受到了家装企业和广大业主的普遍欢迎。2003 年调解室接待家装投诉纠纷共 162 件，调解成功率 100%，其中用调解方式解决 127 件，采用仲裁方式解决 35 件，占投诉总数的 22%。武汉仲裁委对协会仲裁中

心的工作给予了充分肯定，认为协会为企业服务的意识很强，成果显著，有为有位。

四、倡导行业自律，发挥品牌企业示范作用

1．发起百万质保金先行赔付活动，组成家装企业诚信联盟

2003年2月在武汉名噪一时的深盟装饰公司突然“携款蒸发”，造成很坏的社会影响，也给家装行业造成极大的信任危机，为维护行业整体形象，协会面对现实，公开谴责深盟公司的违法行为，同时利用这一事件，在武汉家装行业进行守法经营、诚信经营的宣传教育，并在“3.15”期间发起“百万家装质保金先行赔付”活动，由七家企业共同出资100万元组成质保基金，公开向社会承诺七家企业若出现质量问题可由协会在百万质保金中先行赔付，在社会和业内引起强烈的反响，较好地解决了信用危机，使企业经营走出低谷。

2．制定行规行约，完善行业规范

2003年，协会结合国家、省、市在建筑装饰方面的法规和标准，以及武汉地区的实际情况制定了《武汉家装企业设计师执业规则》、《武汉地区家装工程人工费行业指导价》等业内规定和规则，使行业自律自约机制更加完善。

五、组织新产品、新技术交流活动

1．配合中装协在武汉组织博世工具展示会，有300余名建筑装饰行业施工及管理人员参加了展示会，并接受德国专家的示范训练。

2．应广东欧神诺陶瓷公司的要求，协会组织武汉地区装饰企业的设计人员及相关管理人员100多人参加了欧神诺陶瓷（武汉）装饰设计文化论坛。

3．协会与TCL电工联合在天安大酒店举办了产品推介会，来自武汉地区的装饰公司、设计院、大专院校、经销商、设计人员和施工管理人员共200多人参加了这一活动。

六、组织行业调研活动

2003年7月至8月份，协会组织对武汉地区装饰企业、外地来汉企业进行调研，调研中企业提出了把好市场准入关，打击无证无照经营和坑害消费者的违法行为，规范市场，支持正规企业发展的意见和建议，外地来企业建议政府应在市场准入、税收、工商管理方面为装饰企业开绿灯，减轻企业负担，协会都直接或间接地向政府有关职能部门进行了反映并提出建议。

七、组织行业培训，提高从业者素质

1．举办监理员岗位证书培训班。2月份、7月份和12月份，协会根据行业对家装企业工程监理人员持证上岗的要求和企业管理的需要，举办了三期监理人员从业资格证书培训班，共有200多名在岗人员参加了培训，并经考核和考试取得了中装协培训中心颁发的监理从业资格证书。

2．开展了项目经理培训和项目经理继续教育的培训。

八、加强自身建设，促进协会发展

1．积极发展企业会员，全年新发展会员90余家，加强了协会的力量。

2．加强秘书处建设，调整、充实了秘书处机构设置和人员，设立了综合服务部、家装管理部和行业发展部。

3．实行岗位竞聘和目标管理。

协会对下设三个部门多个职位实行岗位竞聘，制定了竞聘方案和职位条件，在协会作了广泛动员并组织了考试、考核，完成了评聘工作。

4．建立装饰企业信用档案管理系统

为了评价企业的市场诚信度，反映企业的综合实力，协会编制了“武汉建筑装饰企业信用档案管理系统”，并从2003年度起在全行业建立企业信用档案，将企业基本信息、年度信息和统计报表信息、资产规模、经营状况、人才结构、企业获奖及业绩、不良记录等统一登录入管理系统，也作为企业评优评先、资质升级、信用评定的参考依据之一。

九、积极参加中装协的活动

2003年我会积极参加中装协组织的活动，协助中装协发展地方会员，为行业组织的发展做了一些工作。9月20日协会组织了由28人组成的武汉代表团出席由中装协组织的在北京召开的全国建筑装饰科技大会。

汕头市建筑装饰行业

汕头市装饰协会

【协会简介】汕头市装饰协会是经广东省汕头市政府有关部门批准组建的非营利性行业性社会团体，正式成立于2002年1月18日。汕头市装饰协会本着自愿的原则，按章程要求发展会员。现已发展会员260家，包括具有相当实力和知名度的装饰公司、材料供应商、家具饰品商等。

会　长：陈展群

副会长：陈　维（常务）　方　亮　王　淳

　　　　庄大建　肖汝朋　郑少文

秘书长：辛　忠

【行业概况】汕头市毗邻港澳台，是我国著名侨乡及最早的四大经济特区之一，社会经济发展较快，人民生活较为富裕。汕头人的生活方式、生活态度深受港澳台地区的影响，无论装饰理念、风格，还是装饰用料，都紧跟时代潮流。汕头人杰地灵，潮汕工匠对工艺精益求精，在汕头装饰界涌现出了一大批精通设计，精通施工的装饰人才，创造了一大批风格各异，工艺精湛的优秀作品。汕头的设计、施工人员遍布全国各地，很多高水平的宾馆、商场、办公楼、写字楼的内部装修是由潮汕人设计施工完成的。

除了在全国各地承建公共装修外，家装业也是汕头装饰行业的一个重要支柱，汕头目前有300多家家装企业。汕头

市是一个最适宜居住的城市，人们对居住环境和质量要求较高，人们买房后一般都投入较大资金加以装修，因此也刺激了整个家装市场向规模化、工艺化、高档化发展，在此基础上也造成了一大批专业家装企业。这些企业在获得家装的丰富经验后，正迅速向周围城镇发展，争取扩大市场份额。

由于政府管理企业方式的改革及市场竞争有序化的要求，汕头市装饰协会应运而生。协会成立以来积极开展行业调查，组织会员签订诚信公约，引导会员企业守法经营，正当竞争。多次组织会员到外地进行参观、学习、调研，努力提高会员的业务水平，积极鼓励会员进行横向联合，将企业做强做大，鼓励会员努力开拓市场，向周边城市和国内其他城市发展。据不完全统计，目前从事装饰工作的人员已超过10万人，其中相当部分人员长期驻外从事装饰工作。目前协会有一级建筑装饰施工资质企业5家，甲级装饰设计资质4家，幕墙一级施工企业1家。

【协会工作】

2003年协会主要做了以下的工作：

1．成功举办了2003年年会。邀请了包括中国建筑装饰协会名誉会长张恩树、信息部主任兼《中国建筑装饰》杂志主编黄白、汕头市副市长欧阳志鸿等领导及装饰协会170余名会员参加了年会，一方面营造了会员欢聚一堂互相交流的喜庆气氛，另一方面也达到通过外界力量和媒体把汕头市装饰协会这种纯民间团体的经验和信息在全市乃至全国装饰行业中进行推广。年会期间，会员还踊跃参加了《汕头市装饰协会行业诚信公约》的签名活动。

2．组织多次外出考察与同行交流。包括1月4日，中国建筑学会室内设计分会深圳地区委员会与汕头市装饰协会的交流会在广东金刚玻璃股份有限公司会议厅举行，共有近百名深圳及汕头设计师参加了此次交流活动； 3月23～26日，协会组织近20位会员前往上海参加《第十届中国国际建筑及装饰博览会》，与上海市建筑装饰行业协会联谊，并参观上海当地大型装饰公司；4月19日组织20位会员前往深圳进行为期二天的“2002 年亚太地区暨深圳地区优秀装饰设计作品展”参观活动，并与中国建筑学会深圳地区委员会进行了学习交流；9月21～22日装饰协会组织了近20名会员前往东莞参加《设计增值～2003国际设计大赛、设计论坛》，听取了包显辉、张智强等多名国际设计大师对室内设计、家具产品设计的精彩演讲，并组织了会员单位20多幅设计作品赴东莞国际展览中心现场展示，与同行进行交流。

3．举办行业座谈会，探讨问题，谋求发展新思路。1月20日中国建筑装饰协会名誉会长张恩树、《中国建筑装饰》杂志主编黄白参加了装饰协会在龙湖宾馆举办的“汕头市装饰协会行业发展座谈会”；2月22日装饰协会假坐龙湖宾馆会议中心举行了“汕头市装饰协会装饰设计企业座谈会”，近60位企业负责人参加了会议，大家一致认为：协会内部应该资源共享、精诚合作、共存共荣、优势互补。

4．多次与房地产开发商等单位联手举办材料、设计展。装饰协会分别与汇涛雅居、帝景苑等单位联合举办了“绿色家居”设计咨询暨“环保建材”展示会及“帝苑”三期、“帝景苑”最佳样品房评选活动；组织会员单位设计作品100多幅参加“汕头澄海首届房地产交易会”的现场展示，并与汕头科技局协办组织了“2003 年汕头首届建筑装饰材料暨家装设计展示展览会”。

5、组织会员参加专业展会竞赛。如第十一届亚太地区室内设计大奖赛、2003年“华耐杯”中国室内设计大奖赛、2003 年东莞国际设计大赛及第二届全国电视家居设计大赛等活动，充分介绍汕头设计水准，将汕头的装饰设计水平与国内同行进行比较。

6．参加汕头市工商业联合会和总商会。7月25日，汕头市装饰协会经汕头市工商业联合会和总商会的审议通过，正式成为汕头市工商业联合会、总商会的团体会员，希望通过工商联的社会面广、海外联络沟通渠道多，政府部门沟通密切等优势，提高装饰协会在社会的影响并推荐部分会员企业参加工商联的常委、执委，以提高会员企业的社会地位。

7．编辑出版会刊。共编辑出版八期《汕头市装饰协会会员通讯》，向会员传递行业动态、政策法规及市场信息，受到会员的普遍欢迎。

广西壮族自治区建筑装饰行业

广西建筑装饰协会

【协会简介】广西建筑装饰协会成立于1995年3月18日，2002年9月13日换届选举产生了第三届理事会领导班子，由自治区建设厅副厅长王芳春任名誉理事长，广西建工集团董事长张家炳任理事长，区建设厅重点工程办公室助理调研员王世园任副理事长兼秘书长。协会成立9年以来，十分注重自身建设，协会秘书处现有专职工作人员4人，办公地址在南宁市鲤湾路10号柳沙大厦11楼。

【行业概况】全区建筑装饰企业有227家，其中一级资质2家，二级资质17家，三级资质208家。甲级设计资质企业1家，乙级设计资质企业1家，丙级设计资质企业5家，另已有10家企业申报了装饰设计资质正在审批之中。90%以上的建筑装饰企业的所有制为非国有经济。

装饰施工企业近年来取得了较好成绩。2003年全国建筑工程装饰奖我区申报了四项工程，有三项工程榜上有名。获奖单位和项目是：广西南宁饭店东三号楼，由广西建林装饰工程有限责任公司承建；柳州饭店八号楼，由深圳市美术装饰工程有限公司承建；广西招生考试院业务楼，由广西建工集团第一建筑工程有限责任公司承建。广西建筑装饰工程优质奖评选活动我们已经开展了三年，评出了一批具有代表性的优质工程，2003 年共有 7 项工程获得了此项荣誉。为了提高我区家庭装修水平，2003 年首次开展了家庭装修工程优质奖评选活动，共有 6 项工程获此荣誉。

【协会工作】

1. 协助区建设厅，加强行业管理，做好装修施工企业资质初审工作。施工企业资质的初审是区建设厅委托协会的一项重要工作。协会在区建设厅建管处的指导下，对申报资质的施工企业，认真审核其申报资料及条件，对新办和晋升资质的企业配合区建设厅建管处进行实地考核，考核情况如实报告建设厅，最后由建设厅审批发证。2003 年，共有 1 家三级装饰施工资质企业晋升为二级企业,30 家新办企业获得三级装饰施工资质。另外，还负责对装饰施工企业年检的初审工作，共审查装饰企业 200 家，按规定完成了企业资质年检工作任务。

2. 指导装饰施工企业申报设计资质。设计是装饰工程的龙头。装饰行业的一大特点，就是集设计与施工于一身。然而，我区 200 多家具有建筑装饰施工资质的企业，仅有 7 家具有建筑装饰设计资质，这不仅不利于整个建筑装饰市场的规范管理，也极大地影响企业在市场中的竞争力。因此，为了规范设计市场管理和帮助建筑装饰企业提高竞争力，我会于 2003 年 8 月制定了一个《关于建筑装饰装修企业申请办理建筑装饰设计资质的指导意见》，提出了发展计划和要求，指明具体的申报程序，指导企业积极申办建筑装饰设计资质，到了年底，已有 10 家企业申报了装饰设计资质并通过了审批或正在审批之中。

3. 开展“家装”调研工作，为规范和加强“家装”行业管理出谋划策。家庭装修，关系到千家万户老百姓的切身利益，是一个庞大的复杂的系统工程，是大家共同关注的造福于人民大众的一项事业，但也是消费者投诉率高的一个行业。根据建设厅的工作计划要求，我会开展了我区家庭装修行业的调研工作，通过召开座谈会，走访相关单位，电话采访，查阅资料等办法，对我区家庭装修行业的现状及存在的主要问题，作了认真的调查，并对如何解决存在问题提出了建议。区建设厅已根据协会的调研报告，正着手制订整顿建筑装饰市场的具体措施，计划用二至三年时间整顿和规范我区家装市场，使建筑装饰行业逐步走上规范、健康发展的轨道。

另外，为了指导和帮助群众了解和掌握“家装”业务技术的一些基本知识，避免或减少进入“家装”误区，提高装修质量，多出合格和好的产品，协会编辑出版了《住宅建筑装饰参考手册》一书。该书涵盖了从设计到施工的基本常识，对于帮助一般老百姓搞好家庭装修很实用，反映良好。

4. 开展评先评优活动，推动行业发展。根据区建设厅的授权，几年来，我会均与建筑业联合会一起联合行动，开展建筑装饰企业的评先评优工作。经过企业的申请，市协会审查上报，最后广西建筑业联合会和建筑装饰协会组织评委评定，2003 年评选出先进企业 6 家、优秀企业经理 5 位和优秀项目经理 39 位，为行业树立了榜样。

广西建筑装饰工程优质奖评选活动我们已经开展了三年，评出了一批具有代表性的优质工程，2003 年共有 7 项工程获得了此项荣誉。通过装饰奖的评选，促进企业建立内部质量管理保证体系，加强质量管理，全面提高了建筑装饰装修企业的管理水平。

为了提高我区家庭装修水平，今年首次开展了家庭装修工程优质奖评选活动，共有 4 项工程获此荣誉。

此项评选工作的开展，对目前仍较为混乱的“家装”市场起到引导和规范的作用。同时也引导和鼓励家装企业逐步树立品牌意识，提高“家装”质量。

5. 贯彻“科技是第一生产力”方针，推动建筑装饰行业科技进步。21 世纪是科学技术迅猛发展的时代， 2003 年中国装饰协会首次开展“全国建筑装饰行业优秀科技论文”竞赛活动，并在北京人民大会堂隆重召开首届全国建筑装饰科技大会，对获奖的人员予以表彰。我们协会积极响应了这一重大活动，并组成代表团参加了全国建筑装饰科技大会。由我协会推荐上报的广西建林装饰工程有限责任公司谭谦的论文“浅谈绿色建材与装修”、周永毅的论文“明框玻璃幕墙现场施工技术”及广西建工集团桂港建筑装饰有限公司刘宇青的论文“建筑室内设计施工图水平的提高及能力培养”、张克勤同志的“装饰工程管理的特点分析”均榜上有名，并刊登在《中国建筑装饰》2003 年第 9 期和 10 期上。

6. 加强信息交流，促进行业快速发展。当前，我们不仅面临经济全球化的挑战，同时面临信息社会、知识经济的到来。全行业广大企业和从业者迫切需要及时了解当今建筑装饰设计流行趋势、技术发展动态、市场资源情况等。2003 年，协会秘书处编辑印发了《广西建筑装饰》刊物四期，编发了各类信息、论文、作品等共计 40 余万字，另外，为撰写广西建筑业年鉴和中国建筑装饰年鉴提供了广西装饰业发展情况的文稿。同时，筹建“广西建筑装饰网站”，已基本完成，很快即将开通运行。网站开通后，我们将把各装饰企业、装饰工程招标、材料价格、招商项目及新产品、新材料的推广应用等信息在网上发布，把市场管理制度、交易规则、办事程序以及社会关心的热点、难点问题在网上公开，从而提高装饰装修行业信息传播速度和扩大信息量，为社会为企业提供高效优质服务。

7. 联络会员单位出国考察。2003 年 10 月，经建设厅批准和组织，由协会负责具体承办，开展了一次赴澳大利亚的业务考察学习活动，协会部分会员单位和部分理事参加了此次的考察，通过这样的活动使大家开阔视野，了解和学习国外先进的技术和管理经验，并为企业开拓国际市场和开展国际业务技术交流与合作提供方便和机会。

8. 协会秘书处不断加强自身建设。2003 年，协会重视协会秘书处工作人员的思想建设，认真学习贯彻党的十六大精神，深刻领会“三个代表”重要思想，切实做好双向服务，顺利完成了区建设厅布置的各项工作任务，并为大家做了一些有益的工作，如为会员单位到外地参观考察牵线搭桥提供各种咨询服务。经常接受家装投诉，通过协调解决纠纷，使大家把协会看作是自己的家一样。

贵州省建筑装饰行业

贵州省建筑装饰协会

【协会简介】我会成立于 1992 年，由于多种原因未进行换届工作，2003 年 4 月 28 日进行了二届理事会换届选举，秘书处现有工作人员 4 人。

名誉会长：张 鹏 贵州省建设厅副厅长

会 长：罗醒民

副会长：程 锐 贵州省建设厅质安处处长

彭友庆 贵州省建设工会主席

苟银敏 贵州省建设厅市场处副处长

秘书长：钟建华。

【协会概况】贵州省建筑装饰企业 100 多家，其中一级企业 1 家、二级企业 60 家、三级企业 80 家。据不完全统计从业人数近 4 万人，建筑装修装饰产值 28 亿元。

【协会工作】2003 年，协会工作在三个代表重要思想指引下，全面贯彻双向服务的宗旨，与时俱进、开拓创新，协会工作迈出了新步伐。

1. 通过开展技术培训、技术职称评定工作，提高行业整体素质，扩大就业门路。

（1）我省建筑装修装饰行业近年来发展较快，到目前省属建筑装修装饰企业 170 余家（包括归口管理的消防企业）。在企业的发展中，由于企业的项目经理、施工员、质安员等严重不足，不能满足施工的要求，影响到企业的发展。为了全面提高企业的整体素质和发展需要，协会与贵州省建设电视广播大学协商，在年初举办了项目经理培训班，参培学员达到了近百人。同期举办了施工员，质检员、安全员培训，学员达到了近 200 人，既体现了以专业人才培养为特点的多层次的行业协会培训工作，同时也扩大了就业门路。今后协会将按照行业发展的需要，开展更广泛的培训工作。

（2）受建设行政主管部门委托 2002 年协会对在筑的无主管部门会员单位进行 2003 年度建筑装饰系列工程专业技术职务申报初评推荐工作。一批达到工程技术要求的人员，获得了技术职称。由于刚起步，企业报送职评较少，只达到企业数量的 7%。协会将加大对企业的引导，促使企业对人才的重视，在培养人才、企业发展方面做更多的工作。

2. 组织举办展会，参观学习，提高企业科技创新意识，加强企业品牌宣传，提高行业发展质量。

（1）从 2002 年始至今年协会已成功地主办了两届以“车子、房子、好日子”为主题的大型联展活动，装饰材料、装饰施工企业积极参与，给企业带来了效益，给市场带来了繁华，提高了居民对环保建材的认识和对品牌企业的认识，有效地扩大了参展企业的知名度，对促进我省装饰行业的发展有着实际的重要意义。

（2）为推动我省建筑装饰行业施工管理和技术进步，提高企业科技创新意识，协会于 2003 年 6 月 12 日组织了 40 余家二级以上装饰施工企业到由中铁建厂集团施工的省广播电视大楼装修施工现场参观学习。让我们的企业认识到了自身的落后，大家积极地向该项目施工单位探询技术创新的方法和途径，增强了对科技创新意识，这对于今后我省建筑装饰行业的科技进步和行业整体发展，起到推动作用。

3. 开展行业调研，发挥协会桥梁作用，当好政府职能部门的“参谋”和“助手”。5 月底，协会在接到一些企业对省目前装饰市场一些不规范行为危及到众多企业生存与发展的反映后，随即对存在的若干问题进行调查研究，并于 6 月下旬召开了常务理事及部分理事单位参加的二届一次常务理事扩大会，对当前我省装饰企业面临的诸多困难和存在的问题进行了讨论。会上讨论的焦点集中在两个方面：

（1）装饰工程招投标问题。由于本地企业均属二级资质（中建四局装饰公司系唯一的一级企业），许多参与招投标的企业大多采取了到省外挂户的办法。因为有些二级企业就能承包的工程，建设单位必须要一级企业投标，建设单位偏重于省外队伍，造成了本省企业投标困难。

（2）行业发展问题。随经济的发展，装修装饰业在整个建筑业中所占的比重不断提高，已成为了一个充满活力的新兴行业，且发展迅速。然而我省装饰队伍的发展比较滞后，不适应装饰业的发展，有历史的原因，也有市场不规范的因素，由于有的企业盲目接工程，技术人员不足、不按规范施工、工程质量上不去、企业的知名度也上不去，企业没有业绩资质也上不去，企业就得不到发展，无序竞争对企业、对市场的冲击非常严重。协会将这些问题书面汇报了厅领导，引起厅领导的高度重视。协会急企业之所急，于 11 月下旬召开协会二届二次常务理事会，本着企业做大做强推动行业发展的原则，传达了厅领导关于帮扶企业发展的指示，动员有一定实力的二级企业通过自愿重组或完善自身创造条件成为具有实力的一级企业，借助西部开发带来的机遇将我省装饰行业的发展带入快车道。

4. 加强和规范建筑装修装饰市场。为了维护企业合法权益和行业整体利益，在厅领导的支持下，协会发布实施了《贵州省装修装饰行业自律公约》。针对我省建筑装饰行业发展中存在无序竞争、过度竞争等制约行业发展的问题，协会制定了《贵州省建筑装饰行业自律公约》，得到厅领导和广大会员单位的大力支持，于 2003 年 9 月 18 日在全省范围内发布实施。这对今后协会开展工作就有了很强的力度，提升了协会的社会地位，从而把协会工作推向新的水平。协会对省装饰行业今后的发展，将发挥越来越重要的作用。

5. 配合建设厅加强行业管理，参加企业资质管理的初审工作。协会在厅市场管理处的指导下完成了厅交给的建筑装饰企业（包括消防）资质初审任务。同时通过初审工作扩大会员队伍，并基本掌握了装饰企业的情况，为开展行业发展调研、双向服务以及协会今后更大量的开展工作奠定了基础。

云南省建筑装饰行业

云南省建筑装饰行业协会

【协会简介】本会成立于1987年6月。

理事长：赵正洪　云南省建设厅副厅长

常务副理事长兼秘书长：朱保荣　原云南省建设厅副厅长

秘书处地址：云南昆明西城路169号5楼

邮编：650034

电话：0871-4162691。

【行业概况】我省装饰行业总体水平有很大提高，2001年有三家企业荣获"全国建筑工程装饰奖"，2002年有一家企业荣获"全国建筑工程装饰奖"、一家企业荣获"全国建筑工程装饰（住宅装饰）奖"，2003年有一家企业荣获"全国建筑工程装饰奖"，云南白杨建筑装饰工程有限公司是我省一家企业荣获"全国建筑工程装饰奖"两个奖的第一家企业。

据对会员单位不完全统计，2003年共完成12亿元产值，在完成产值中一级企业平均完成产值约5000万元左右；二级企业平均完成1000万元上下；三级企业完成约500万元。

党的十六大召开，给企业指明了前进方向。一场突如其来的"非典"影响，不少企业一面抗击"非典"，一面加强自身建设，进一步完善企业内部管理，建立健全各项规程制度；有的企业调整组合，调整经营方向，提出立足昆明覆盖全省；由于全省装饰任务减少，有的企业以建筑装饰为主业，同时向横向开拓，兼营其它行业，以达到自养自存，开拓前进。

经对拖欠农民工工资检查，我会会员单位无拖欠企业。

【协会工作】

1. 积极配合省建设厅建管处做好新办企业的资质申报和升级企业资质的申报初审工作。

2. 努力办好《云南建筑装饰》会刊，在版面、内容、质量上有所创新，提高可读性、指导性、参考性。协会与昆明日报合作创办装饰周刊，宣传国家对建筑装饰行业的方针政策，报道装饰企业的先进事迹和先进人物。

3. 积极协助装饰企业搞好职称评定工作。

4. 积极开展"全国建筑工程装饰奖"和"云南省建筑装饰优质奖"的评审工作，引导企业提高建筑装饰工程规范管理，树立诚信、质量第一、优质服务思想，推动我省装饰行业整体水平的提高。

5. 延续举办"第十一届中国建筑装饰材料（昆明）博览会"。原订2003年5月13日举办，因受"非典"影响，推迟到7月25日开展。有200家厂商参展。据不完全统计成交额在7000万元以上，是历届展会中较成功的一次。

6. 宣传贯彻《全国建筑装饰行业科技大会》精神，召开常务理事扩大会传达大会精神；《云南建筑装饰》会刊出专刊及论文选登。

7. 认真贯彻中装协常务理事会和秘书长会议安排的各项工作，组织落实到位。求真务实为会员单位服务，解决会员单位存在的困难。积极发展新会员、廉洁自律，不增加会员企业的负担，起好协会桥梁纽带作用。

陕西省建筑装饰行业

陕西省建筑装饰协会

【协会简介】陕西省建筑装饰协会成立于1996年5月，于2002年12月召开第二次会员代表大会，进行了改选换届。

会　　长：孔祥清

常务副会长兼秘书长：王卫国

陕西省建筑装饰协会是由陕西省从事建筑装饰工程的施工单位、设计单位、建材生产营销等企业和有关科研、教学单位自愿参加组成的全省性建筑装饰行业组织。本协会的宗旨是全面贯彻十六大精神，努力实践"三个代表"重要思想，坚持党的基本路线，坚持四项基本原则，遵守宪法、法律、法规和国家政策，以经济建设为中心，贯彻改革开放的总方针；协助建设行政主管部门加强建筑装饰行业管理，充分发挥政府与企业的桥梁纽带作用；反映行业呼声，维护行业利益，全心全意为会员单位服务，促进会员单位适应市场和我国加入WTO后的形势，转换机制，提高效益，开拓创新，与时俱进，进一步提高我省建筑装饰装修行业整体水平，改善人们工作生活环境，为西部大开发、陕西大发展作贡献。本会业务主管单位为陕西省建设厅，登记管理机关为陕西省民政厅。本会地址：陕西省西安市东新街486号新城国际A座一层D室。

组织机构：

本会的最高权力机构是会员代表大会，会员代表大会的职权：

1. 制定和修改章程；
2. 选举和罢免理事；
3. 审议理事会的工作报告和财务报告；
4. 决定其他重大事宜。

会员代表大会每届五年。因特殊情况需要提前或延期换届，需由理事会表决通过，报业务主管部门审查并经社团登记机关批准同意，延期换届最长不超过一年。理事会是会员代表大会的执行机构，在闭会期间领导本会开展日常工作，对会员代表大会负责。

理事会的职权：

1. 执行会员代表大会的决议；

2. 选举常务理事，选举和罢免会长、副会长、秘书长；

3. 筹备召开会员代表大会；

4. 向会员代表大会报告工作和财务收支状况；

5. 决定会员的吸收或除名；

6. 决定设立办事机构、分支机构、代表机构和实体机构；

7. 决定副秘书长、各机构负责人的聘任；

8. 领导本会各机构开展工作；

9. 制定内部管理制度；

10. 决定其他重大事项。

【行业概况】随着国民经济的迅速发展，人民生活水平的提高，城市化进程的加快，特别是“西部大开发”战略的实施，我省建筑装饰装修行业得到了快速发展。截至 2003 年底，我省从事建筑装饰装修（幕墙）施工的企业共 223 家，其中一级 16 家、二级 98 家、三级 109 家；从事建筑装饰装修（幕墙）设计企业共 54 家，62 个设计资质，其中甲级 16 家、乙级 35 家、丙级 3 家。

【协会工作】2003 年度省建筑装饰协会在省建设厅的领导下，在中国建筑装饰协会精心指导下，在建管处及有关处室的具体指导下，在广大会员企业的支持下，依据年初制定的工作计划，协会全体人员尽心尽责，较好地完成了各项工作任务。

一、完成了我省建筑装饰企业各类资质申报材料的初审、报批及年检工作

1. 建筑装饰装修工程施工资质的初审工作：今年协会对我省新申办的建筑装饰企业资质申报材料进行了初审和报批，并参加了建管处组织的资质评审工作。我省有 45 家新办企业取得了建筑装饰装修工程施工资质(其中二级企业 14 家，三级企业 31 家)；对已取得资质的建筑装饰企业申报的升级及增项材料进行了初审及上报，有 9 家企业的资质升级，11 家企业办理了资质增项。

2. 专项设计资质的初审工作：今年协会协助省厅勘察设计处对 22 家企业申报的专项设计资质材料进行了初审及报批。有 7 家建筑装饰专项设计甲级资质企业、4 家建筑幕墙甲级设计资质企业、1 家轻型房屋钢结构甲级设计资质企业的材料已报建设部待批；经省建设厅批准，有 9 家企业取得建筑装饰工程专项设计乙级资质，1 家企业取得建筑装饰工程专项设计丙级资质。

3. 资质年检：受省厅委托，今年协会对全省具有建筑装饰工程专项设计资质、建筑幕墙工程专项设计资质、轻型房屋钢结构专项设计资质的企业进行了年检，有 40 家企业的 44 个专项设计资质通过了年检。建筑装饰工程施工资质今年是第一次试行网上年检，协会对企业在参加网上年检中提出的各类问题一一解答，以帮助企业完成年检工作。

二、组织我省建筑装饰企业施工人员技能培训

为不断提高建筑装饰企业各类施工人员的技能，增强企业的市场竞争能力，2003 年协会先后在西飞、西航分期分批举办了建筑幕墙安装施工人员的岗位技能培训，共有 182 人参加了培训并取得了上岗证书。此外，协会还协同陕西省标办举办了建筑装饰企业项目经理继续教育培训，我省建筑装饰企业共有 548 名项目经理参加了继续教育培训。

三. 组织建筑装饰企业项目经理申报材料的初审和报批工作

受陕西省建设厅委托，今年协会对省内建筑装饰企业申报的项目经理材料进行了初审及报批工作，有 31 名取得一级项目经理证书，有 95 名取得二级项目经理证书，有 37 名取得三级项目经理证书。此外依据省厅[2003]44 号文件，协会对省内建筑装饰企业符合年检条件的 461 名项目经理进行了年检，其中：一级项目经理 84 名，二级项目经理 231 名，三级项目经理 146 名，由地市进行年检。

四、组织了我省推荐申报全国建筑工程装饰奖工程的审查及上报工作

依据中国建筑装饰协会《关于评选全国建筑工程装饰奖的评选办法》，结合我省的实际情况组织了我省今年“装饰奖”的推荐、申报工作，对企业申报的材料进行了认真的审查，对申报的工程进行了实地考察，经过认真筛选将我省三项优秀工程于 7 月底报送中国建筑装饰协会，10 月下旬中装协“装饰奖”复查组对我省的三项工程进行了复查，经全国建筑工程装饰奖评审会议通过，我省西飞装饰公司承建的省出版大厦幕墙工程；西航集团铝业公司承建的杨凌示范区创业中心综合楼幕墙工程；西安艺格建筑装饰工程有限责任公司承建的西安咸阳国际机场客货运中心装饰工程被评为“全国建筑工程装饰奖”。

五、组织我省企业参加中装协组织的各项活动

依据中装协[2003]19 号文件，2003 年中国建筑装饰协会进行一年一度的中国建筑装饰行业百强企业评价活动，协会组织我省企业参加了此项活动，依据条件我省有三家企业获得中国建筑装饰行业百强企业称号。他们是：西安飞机工业装饰装修工程股份有限公司、西安西航集团铝业有限公司、西安市鑫龙建筑装饰工程(集团)有限公司。此外，我会还组织参加中国建筑装饰协会开展的首届“全国建筑装饰工程科技奖”，建筑装饰行业科技示范工程的评选活动，我省西安飞机工业装饰装修工程股份有限公司施工的“上海植物园展览温室装饰工程”获首届“全国建筑装饰工程科技奖”，西安西航集团铝业有限公司承建的西北工业大学科技园天虹大厦荣获建筑装饰行业科技示范工程。

六、召开了我省建筑装饰企业改革与发展研讨会

为共同探讨建筑装饰企业改革发展的路子，提升我省建筑装饰行业的整体水平，2004 年 9 月中旬协会组织我省建筑装饰企业常务理事在金融宾馆召开了建筑装饰企业改革与发展研讨会，会上各位常务理事从企业发展的实际争相介绍经验，交流研讨企业改革发展的思路，会后协会将研讨会的发言已摘登《陕西建筑装饰简讯》发放给各会员企业。

七、中华建筑报陕西记者站工作逐步展开

2003 年《中华建筑报》陕西记者站在人员兼职的情况下，努力开展工作，向中华建筑报投稿刊登四篇，督促企业征订中华建筑报 180 多份，在 6 月份召开的全国记者站站长会议上，陕西记者站被授予优秀记者站，哈波同志被评为优秀记者，10 月底接待中华建筑报社来陕进行调研工作。

八、编印了《陕西建筑装饰简讯》7 期

为了及时沟通信息，指导企业工作，协会编写《陕西建筑装饰简讯》，及时将建设部、建设厅对建筑市场的各项政策、法规及规定以及中装协的有关行业规范文件、工程的新技术、新材料等编印发放给会员企业，使企业及时了解国家及省上装饰行业的有关政策，学习并借鉴好的经验，以尽快增长我省建筑装饰企业的市场竞争能力。

九、加强协会自身建设，努力做好“双向服务”

为提高协会工作人员的业务素质和水平，提高办事效率，协会先后派人到中装协培训中心进行了学习培训，积极参加中装协组织的各类会议，以学习其他省行业管理的先进经验；同时购置了固定的办公用房，购置了电子计算机、复印机等，为更好地为行业、企业、政府服务奠定了基础。

深圳市装饰行业

深圳市装饰行业协会

【行业概况】深圳装饰先于全国形成独立行业，其发展始终以市场为导向，企业创新经营理念、改革管理机制，集理念、机制、队伍、资金、技术、资讯多项优势，在各地承接完成了国家、省市及地区的标志性工程或有重要影响的大中型高档装饰工程，创造了中国装饰史上的多项第一：中航幕墙公司 1984 年承建中国第一座自行设计、施工的玻璃幕墙；装饰集团公司 1992 年完成中国第一个自行设计、施工的五星级酒店室内装饰工程；洪涛装饰 03 年承接单项造价最高的（1.2 亿元）装饰工程；长城装饰 02 年企业独家承接五星级酒店 8 项；洪涛装饰于 03 年将独家承接五星级酒店记录改写为 10 项。还有人民大会堂、中华世纪坛、中银大厦、北京饭店、威尼斯酒店、摩托罗拉、爱立信、华为、创维、中国电信、上海新世纪、上海大剧院等等，这些大量的具有高规格、高技术要求的文化、科技、智能化项目精品确立了深圳在全国装饰业的龙头地位，获得了行业“排头兵”的美誉，成为深圳市在全国最具辐射力和影响力的行业。

深圳现有装饰企业（公装、幕墙、家装）总数约 400 家，拥有施工一级、设计甲级企业共 54 家。年完成施工产值 100 多亿（不包括家装）。产值一直持续增长.行业拥有一批全国知名品牌的装饰企业和遍布全国的业内最优秀的项目经理群。深圳的装饰、幕墙、家装队伍均为国内该专业的主力队伍，行业的整体优势十分突出。

【协会简介】深圳市装饰行业协会经深圳市政府（1986）310 号文批准，于 1986 年 6 月成立，为独立社团法人机构。1997 年，按要求与政府脱钩，成为在经济、行政与人事上独立的行业组织。协会通过努力，在经济上基本达到自给自足，2002 年购置 450 ㎡办公物业，其中包括一间教室。解决了协会 15 年无固定办公地址和培训到处租教室的问题。

协会内设机构有：办公室、培训中心、会刊编辑部、资料室、家装委员会、幕墙门窗委员会、装饰设计委员会、艺术插花委员会、家装工程监理分会。为进一步完善协会职能，协调劳动关系，保障职工权益，协会创办了全国首家地方性行业工会。为加强协会的政治领导，发挥党员骨干带头作用，成立了协会党支部。

现拥有会员近 400 家，主要是从事公装、家装、幕墙施工的企业和材料厂商、专业设计公司。

协会的主要经费来源有会费、培训费、资料销售（合同、施工表格等）。

会员代表大会是协会的最高权利机构，会员代表大会每年召开一次。协会现任领导机构为第六届理事会，专职会长、副会长兼秘书长各一人，其余 8 位副会长为企业领导，39 位理事由企业领导和协会有关负责人担任。现有专职工作人员 13 名（含会长、秘书长）。

【协会工作】深圳装饰协会按照章程的规定，多年来坚持双向服务，较好地发挥了桥梁与纽带作用,在立足行业需要，创新管理服务，维护企业利益方面取得了突出的工作成绩，通过优化和深化行业服务，使协会职能得到完善和拓展，为促进行业规范化发展、维护社会稳定，发挥了积极的作用。

1. 与时俱进 创新管理服务。为促进和引导行业规范发展，在缺乏国家相关制度和标准的情况下，协会探索制订、印发了自律管理、服务标准和设计专业系统化管理等一系列行规文件，强化了行业自律管理，填补了国内空白、完善了本市行业管理。

这些行规文件主要有：行业除名制、家装规范服务标准、绿色环保家装企业认定办法、建筑幕墙设计收费标准、室内装饰设计收费标准、装饰设计合同文本、装饰设计文件编制深度的试行规定、室内设计师从业资格评审管理办法，对设计师从业资格开展评审认证等。还配合市建设局起草完成了“深圳市家庭居室装修管理规定”、“深圳家装工程质量验收规范”、“深圳市装饰工程设计评优及管理办法”、“深圳市建筑门窗工程管理的暂行规定”等行业管理文件。

2. 规范家装行业，助企业赢市场。处理投诉，为政府、为百姓分忧。面对大量投诉，政府没有精力管、消委会管不过来，协会承担起了社会责任。设立投诉受理中心，接受建设局、消委会、甚至司法机关委托，对家装投诉进行处理。每年处理投诉（包括电话咨询）近千宗，为社会安定作出了积极地努力。

3. 优化服务 建立全国首个家装网上市场，创办家装招投标市场。

（1）协会利用互联网技术，建立全国首个家装网上市场，突破传统的交易模式，达到了提高行业服务水平、促进社会消费、帮助家装企业扩大占领市场的目的。还利用网站资源，实施行业无纸化办公。协会的所有信息均发布在网上，使政府、协会、企业间的信息更加畅通、快捷，从而节约了资源、提高了效率、优化了服务。

（2）完善现有管理，创办家装招投标市场。为了治理家装公司经营困难、“游击队”猖獗的问题，协会探索把“游击队”纳入规范化管理轨道，将合理的贯以合法，变劣势为优势的管理措施。协会拟定了开设家装招投标交易市场，向家装消费者提供设计、材料、造价、监理咨询、服务，业主经登记免费入场招标，取得入场资格的家装项目经理进场投标，全部工作流程及双方履约情况均在受控范围的方案。目前已在试运行中。

4. 完成职称评定、承担职业技能鉴定考评，在深化服务中拓展协会职能。行协的一系列创新服务工作，得到企业和政府主管部门的高度肯定和信任，政府的建设、人事、劳动部门，先后赋予协会更多职能。深圳人事局在深装协设立职称评审机构，自 2002 年起，协会承担起工艺美术系列中、初级职称的评定工作。深圳市劳动局在协会设立建筑岗位技能鉴定机构，完善健全了行业培训体系。行业培训教育之路越走越宽。

5. 开展行业调研，反映企业意愿，发挥桥梁作用。协会通过行业调研，及时向政府反映了专项设计管理、招投标市场和家装发展方向等问题，并提出了多项建议协助政府正确决策，维护了企业利益，履行了协会职责，发挥了桥梁作用。显示了协会对促进政企协调的不可替代的作用。

6. 成立行业工会，完善协会职能，首创行业工资协商协议，促进社会稳定和行业持续发展。员工是企业之本，企业发展是行业进步的前提。成立工会组织，维护职工权益，就是从根本上维护行业利益，协会通过工会更进一步发挥桥梁与纽带的作用。深装协于 2000 年 8 月成立了装饰行业工会，并同步发动建立企业工会组织。工会、协会职能互补，为行业发展增添了新的动力。通过工会组织的建立，协会认识到：行协服务在做好当前工作的同时，必须着眼于行业的长远发展。

行业工会及企业工会成立后，协会乘此东风，把保障职工权益进一步落在实处，协会和工会选择了工资收入这个劳动关系中最关键的环节，开展工资协商。

协会与行业工会通力合作， 2002 年 7 月 23 日，《深圳装饰行业工资协商》签订仪式在市人大会堂举行，由协会和行业工会的领导分别代表百家企业和 12141 名员工在协议书上签字。首份装饰行业工资协商协议的出炉在社会上引起了广泛、积极地反响，各新闻媒体对协议的签订以极大地关注。工资集体协商，有利于职工、有利于企业、有利于行业、有利于社会，完全体现了职工、企业、国家利益的一致性。

7. 完成首部装饰业誌编写，参加中国建造师装饰装修考试大纲和指导书编委工作。 1999 年，协会按照政府要求，承担了《深圳市誌·装饰业誌》的编写任务。这是全国首部装饰业誌书。书中全面记录了深圳装饰业 20 年的发展历史，在企业的大力支持下，历时两年多以 8 万多字成稿交市誌办，完成了这件功在当代、利在千秋的行业大事。

作为装饰发达地区的协会，深装协曾对全国设计、施工企业资质标准提出修订意见，被政府采纳。继而为建造师执业资格装饰装修专业的独立划分，从建筑装饰法规、技术标准、国家行业分类代码、经济地位、市场规模、专业发展架构、培训教材等已独立为据，呈书阐明装饰专业应独立划分的迫切性和必要性，为建造师装饰专业的独立付出了努力。

2003 年，国家建造师执业资格考试工作正式启动。作为唯一的地方协会代表，参加了一、二级建造师装饰装修专业考试大纲和指导书的编写工作。深装协何文祥会长以装饰业唯一的行业专家代表身份参加了全国一级建造师考试大纲和指导书审定工作。深装协的长城家具、洪涛、新鹏都、晶宫、装饰集团、粤航、远鹏、广田、华辉、北方国际、美术、瑞和、设计装饰、中建三局装饰、华丽、新科、茂华、黎源、科源、中航（幕墙装饰）、方大、城市、华剑、广胜达、工业总、三鑫、奇信、文业、宝鹰等 30 家理事单位通过协会对一、二级建造师装饰装修专业考试大纲和指导书的编写会议给予大力支持。

8. 做好日常服务 创办品牌活动，扩大行业影响，推动行业进步。协会日常服务工作对促进行业的协调发展具有重要的作用。协会长期开展行业培训、企业评优、设计与工程评优、编辑刊物、出版设计精品和优秀装饰工程书籍等服务。两年一届的装饰设计作品展已成为行业的品牌活动，其规模和作品质量一届胜过一届，始终代表着中国的部分水平。通过展览和论坛、讲座扩大行业交流，促进了设计水平的提高。协会会刊《深圳装饰》在全国行业中享有较高的声誉，受到多方好评。通过评优、展览、会刊编辑等活动，促进了行业内部的竞争。

随着政府职能的转移，行业协会还将发挥越来越重要的作用，培育和发展协会以及行协自身的建设和成长是市场经济发展的必然要求。深装协将毫不动摇的坚持为企业服务的宗旨，为促进行业发展作出新的贡献。

第七部分
室内设计

·工程实践·

深圳市证券卫星通信有限公司办公大楼室内装饰工程

中国建筑装饰协会信息部“优质装饰工程”专题组

深圳市证券卫星通信有限公司办公楼

2002年6月26日，深圳市装饰行业协会公布《关于表彰2001年度深圳市优质样板工程的决定》（深装协[2002]017号），其中，优质样板工程51项；“金鹏奖（首届）”仅为2项——深圳市证券卫星通信有限公司办公大楼室内装饰工程就是其中之一，由中国建筑装饰协会理事单位、一级建筑装饰

大堂立面

施工、甲级建筑装饰设计企业——深圳市建艺装饰设计工程公司承建。

深圳市证券卫星通信有限公司办公大楼装饰工程简介

深圳市证券卫星通信有限公司办公大楼，位于深圳市海滨大道福田汽车站以北。建筑面积为7500m^2，装饰工程总造价1300万元。装饰工程内容为全部室内部分，主要包括：大堂股票交易中心机房、多功能报告厅、贵宾接待厅、大小会议厅、展示厅、休闲厅、办公区域以及职工餐厅、豪华包间等。

大门入口处，是一个“灰空间”，站在雨篷下面，看到的是水池、喷泉、太湖石及树木、花草；大堂内，白色微晶石墙、地面与楼梯、灰色铝板天花与弯曲梁面；而正面微微前倾的柱子，犹如卫星发射支架，一个个圆满型的全玻观光电梯在三层高的大堂内上上下下，加之一层正面暖黄色松香黄大理石透光背景墙的衬托，这一切都营造出一个正要“升腾”的空间氛围，象是要带着人们到时空隧道去遨游。

大堂左侧是贵宾接待与阶梯式会议厅，是接待中国证监会并探讨中国股市的发展与走向的地方。（暗）红色地毯与座椅，以及地面中央醒目的红色Logo（标识），让人预期到飙红的“股市”与蓬勃发展的中国经济。

大堂侧立面

贵宾接待厅

四层圆型展示厅，是为中国证监会及各级领导观看证券卫星地球站中心机房正常运作而设的。蓝色的座椅和灯光，好似人类幻想中的宇宙太空。

五层圆型休闲厅，天花是由网架拼成的玻璃穹顶，几块高低错落的白色胀膜薄板，像一片片白云飘浮在空中，但是整个空间氛围却是让人轻松的落在了地上。甚至在中间还“砸”了一个方坑（地面局部下沉）可谓“天圆地方”，这正是中国的文化内涵。

整个工程从设计、施工与材料及色彩的运用，浑然天成，处处体现着高科技的时代感，是非常前卫的现代派力作。

小会议厅

深圳市建艺装饰设计工程公司运作理念

1．精益求精。“外师造化、中得心源”，精——不仅是一种工作的结果，也应该是一种工作态度。精美的设计，精湛的工艺，精心的施工，是建艺人对社会的承诺，而精明强干，精益求精则是建艺人自己的座右铭。

2．行成于思。“工欲善其事必先利其器。”一个公司的管理亦是如此，善于总结吸纳世界成功企业优秀的管理经验，并结合自身特色创造相应管理理论和模式，是人尽其能，事半功倍的前提条件。建艺人总结的“项目施工管理组织控制”理论便是一个经过千锤百炼的致胜“利器”。

3．人尽其能。“问渠哪得清如许，谓有源头活水来”。人是公司管理之本，发展之源。通过完善的激励机制充分发挥人的主观能动性和创造力，于是企业便拥有了不断发展创新的源源动力。

4．步步为赢。“路漫漫其修远兮，吾将上下而求索”。放眼神州，建艺的汗水和智慧已换来了累累硕果，并取得社会的广泛认同，但建艺人不会因此而知足，根植本土，走向世界，“创造人类理想的生活空间”，是建艺人不断的奋斗目标。

深圳市建艺装饰设计工程公司的市场评价

1995 年 5 月所承建的深圳建艺大厦 18 楼被深圳市建设局评为“1994 年度深圳市优质样板工程”，1999 年 3 月所承建的上海浦东世界广场 1～5 层室内装饰工程被深圳市建设局评为“1997 年度深圳市优质样板工程”，2000 年 9 月被中国建筑装饰协会评为“1999 年～2000 年优秀单位会员”，2001 年 6 月 13 日通过深圳质量认证中心的 ISO9001（2000 版），2001 年 3 月被深圳市工商局授予“重合同守信用企业”。

2002 年 1 月被中国资信评价中心和中国调查统计事务所联合评定为“中国建设系统企业信誉 AAA 级单位”，2002 年 6 月 4 日被鹏元资信评估有限公司评审为“AA 资信单位”，2002 年 6 月被中国质量协会用户委员会列为“放心建筑装饰企业”。

建艺装饰公司法人代表兼总经理刘海云

2002 年底，深圳市建艺装饰设计工程公司原法人代表兼总经理苏有玉升任深圳市建艺实业股份有限公司副总经理。深圳市深装总装饰工程工业有限公司原董事长兼总经理刘海云，接任深圳市建艺装饰设计工程公司法人代表兼总经理。

我们衷心祝愿：深圳市建艺装饰设计工程公司在“二次创业”中开拓创新，把握时机，与时俱进，继续成为行业的先进。

洪忠轩作品二

洪忠轩简介及主要成就

汕头大学美术设计系毕业，学士学位，室内建筑师。中国建筑学会室内设计学会第三专业委员会（深圳委员会）委员、香港室内设计协会中国（深圳）代表处委员。致力于文化酒店的研究和设计。

一、主要成就

2001年，杭州大剧院获2001年中国室内设计大奖赛佳作奖。广东河源移动通信大楼、南京滨海大酒店、兰州安庆广场、北京莲花苑酒店等作品选刊《中国室内设计优秀作品集》。论文“文字与空间”分别在韩国《亚洲室内设计年刊》和《中国室内》、《中华建筑报》中发表。

2002年，香蜜湖·水榭花都获第一届中国（青岛）国际设计节室内设计一等奖，东京文化艺术中心获深圳市装饰设计展优秀奖。多项作品入选《2002年中国优秀设计作品集》及《中国室内设计年刊》，广东移动通信河源营业厅选刊《现代装饰》封面，静颐茶馆选刊《建筑技术及设计》及《现代装饰》，2002年获中国金海螺设计大赛8项优秀奖及“全国室内设计大展”3项大奖。主持完成中国电信北方八省营业专门店环境VI系列设计。

二、主要作品

1. 棒槌岛宾馆（五星级）
2. 大连凯伦饭店（五星级）
3. 东京文化艺术中心
4. 东莞虎门明苑度假村（四星级）
5. 哈尔滨金鹤宾馆
6. 杭州大剧院
7. 焦作市国瑞酒店（五星级）
8. 静颐茶馆
9. 南昌丰源餐厅
10. 南京滨海渡假大酒店（五星级）
11. 宁波奉化银凤度假酒店
12. 宁波邱溢剧院
13. 宁波天明山温泉渡假大酒店
14. 宁夏国际宾馆（五星级）
15. 深圳市晶仕国际公寓酒店
16. 深圳文化中心
17. 深圳市水榭花都
18. 四川省成都民族宾馆（四星级）
19. 北京国家电力调度中心办公楼
20. 青海黄河水电开发公司调度大楼
21. 黑龙江省电力调度大楼
22. 北京莲花小区
23. 北京电信公司青年路分局、卢沟桥分局
24. 广东移动通信河源办公楼
25. 宁波鄞州区人民政府办公大楼
26. 芜湖电力实业公司办公大楼
27. 丰田深圳经营店及办公楼
28. 大连上海路电子广场
29. 吉林龙华股份有限公司
30. 云南省曲靖电视中心
31. 四川成都广播电视中心
32. 大连司法局办公楼
33. 华中师范大学体育馆
34. 广东五叶神办公楼
35. 公安部光盘源检测中心办公楼

广东五叶神办公楼

设计单位：深圳市南利装饰工程公司
设计师：洪忠轩　林海乔
撰　文：马侠华
总建筑面积：1.2万 m^2
总建筑层数：地上8层
总建筑高度：38m
结构形成：框架结构
建筑外墙面材料：玻璃幕墙、花岗石
建筑内墙面材料：复合铝板、乳胶漆、防火板、微晶石
建筑天花板材料：铝板、乳胶漆

设计日期： 2003 年 4 月

通过运用现代环保、健康的材质，以简洁生动的装饰语言，将企业文化贯注融入，体现企业致力生产低危害香烟产品的主旨和精神，使企业的形象更为鲜明、企业的文化品位得以宣扬。

休息厅

休息厅： 圆形的休息厅亦为茶厅，为休息接待之用。大幅的落地的玻璃窗使室内光线太强，减弱了休息的静恬悠闲的气氛。设计师别具匠心，于窗前下半部分设木栅状隔栏，上半部分为薄纱，玻璃与栅栏之间竹株在薄纱上形成投影，竹影幢幢中，空间的清高幽雅自不必用言语阐述。垫高的木

董事长室

总经理室

台上置洽谈区，玻璃台阶为地毯和木地板作巧妙的过渡，可活动又各成一组的茶座呈扇形分散，可发光的茶台为设计师特别设计的。

董事长办公室： 柔和的暖色调，既端庄大方，体现主人不凡的身份，高效严谨的风范。材质考究而含蓄。

总经理办公室： 大块面的红色与黑色对比呼应，营造一个现代、极富活力、朝气向上的气氛。象征该企业年轻有为，卓越不凡的领导人的特殊气质。延伸至墙面的地毯材质，使空间更为整体块面化。

入口： 简约概括的形体，属于大楼的文化内涵和时代特征。增加的半室外空间与大堂紧接，虽有玻璃隔挡，但满目的翠苍，却是登堂入室而来，使大楼有充满科技含量同时将人性化的温情在室内漫溢延展。

五叶神入口

空中花园： 位于大楼顶层，营造一世外桃源。水体和植物、山石和休息椅，供娱乐的球台等，使办公之余增加一个休闲的好去处。由于大楼顶层设有水塔，与园林极不协调且产生噪声，设计师设置一弧形围墙，遮挡水搭，隔阻噪声，并使园林有了高低错落的美感，墙上作叶状镂空的小洞，透过窗洞，刚好是苍翠的绿色植物。于是错觉那墙上正是无数绿色的叶子，扣紧企的名称，形成极具神韵的生态主题墙，也使花园的意义更为深远。

空中花园

会议室： 会议室在材质上选取符合环保及声学的要求，不仅符合空间的功能性要求，也为人的视觉及心理提供适宜

的环境，为办公大楼提供必备的功能空间。

卫生间：素雅现代的卫生间，提升了本楼的文化品位，也展示本企业的文明高尚。

国家网络安全信息中心设计说明

工程名称：国家网络安全信息中心

设计单位：深圳市南利装饰工程公司

设计师：洪忠轩、尚建中

撰　文：马侠华

总建筑面积：5 万㎡

总建筑层数：地上 13 层、地下 2 层

总建筑高度：60.3m

结构形成：框架结构

建筑外墙面材料：玻璃幕墙

建筑内墙面材料：复合铝板、花岗石、乳胶漆

建筑天花板材料：铝板、乳胶漆

设计日期：　2002 年 8 月

本工程建筑面积49998.33m^2；结构类型为框架结构类；综合楼层数为地上6～13层，地下2层；地下车库无地上层，地下为1层；综合楼檐高60.3m；基础形式是满堂红；室外标高为－0.9 m。

通过室内与原建筑形态的有机融合，由大体量的块面及适当的细部体现建筑的特性。高科技材料及工艺的运用，使各形体更为简洁、清晰，充分展现高效率办公空间的人文特质，以及充满人性的科技空间。

国安中庭（方案一）：地面横向分割从视觉上均衡空间的狭长构图，同时简洁、分明的线条，体现了办公空间严谨气质；两侧立面用原建筑材料与分割方式延续建筑的语言。大尺度点驳接玻璃幕墙与轻钢结构玻璃顶，组合成一个通透的玻璃盒子。两道轻盈的天桥底部以钢拉索加固结构，栏杆上方起保护作用的两片飞翼象鸟儿的翅膀，视觉上加强了桥的轻盈与动感，与天桥呼应。顶部加设一道天窗，工业感十足的过滤通风阀门随室内温度，以及气候变化，可自动调节开启关闭。空间由此进行呼吸，天窗起到“肺”的作用。

国安中庭（方案二）：除具有方案一的一些特点外，两道天桥改为封闭式，圆钢管衍架，四面以玻璃围合，通

透中表现出强烈的立体感与整体感，空间左侧加设一道木质墙面，在其上不规则开洞，以避免闭塞感，又加强了空间的趣味性。木质面的色彩与纹理使空间更富于人温情，将两道玻璃桥被有机的连贯起来，使桥体有所依附，空间构图更加丰富。地面右侧与墙交界处，增加水池，水中倒影丰富了人的视觉，使空间得到延续。细长的水池尽头，一道由轻钢结构与清玻璃构架的水幕，仿佛飞流从天直下，通透中更显富含气势。

中庭方案二

休息厅：纯净澄清灰色的色块稍加变化，一片静谧，这是一个纯粹休憩、会人舒适写意的空间，创造的是一种意境，一份安宁。

休息厅

门厅及走廊

走　廊：地面、墙面延缓中庭，大方而温情。

会议室：选取企业的 CI 色彩、材质单一、手法简洁概括，呈扇形的桌椅保证了与每一个会者清晰优越的视野角度。

大会议室

展示厅：运用多媒体技术，创造一个神秘的宇宙空间。给人丰富的联想，体现高科技无边际的发展前景，也为新技术及产品的展示提供了一个具有强烈视觉效果的窗景空间。

展示厅

北京国宾酒店室内装饰工程设计说明

中国建筑装饰协会常务理事单位 深圳海外装饰工程公司鼎盛设计工作室

2002 年全国建筑工程装饰奖——五星级北京国宾酒店装饰工程，室内设计始于 1998 年 3 月。设计之初，业主中实集团以及管理方 RADDISION 酒店管理公司就给酒店明确定位为：欧式风格，现代化的五星级商务酒店。同时，业主特别聘请了国际著名的资深酒店管理专家 Chars.Bell 先生和资深室内设计师 Dale.Keller 先生做酒店功能及装饰设计的顾问。由于两位专家的参与，总体设计概念得以迅速确立起来：

1．在欧式风格的前提要求下，现代功能带来的现代技术语言与欧式古典审美情趣为主调的西方传统文化特征，异域文化风格与酒店的地域特征，这两对矛盾能否协调好就成为设计成败的关键。

2．包容古今，融汇中外文化，在变化中寻求两组矛盾的结合点并努力贯彻到内部空间的每个区域的装饰设计中，力求在追求酒店整体统一的风格中体现多元化、多视角的文化内涵；在构造高雅、华贵的五星级酒店的室内空间的同时，创造出别具一格的“现代化的传统文化观”、“外国人眼里的中国”等文化艺术氛围成了本设计的构思出发点。

3．用纯净的、淡雅、明快的米黄色调作背景，衬托高品位的家具、灯具及艺术品陈设，以此来烘托酒店的高雅的文化氛围，并配以突出重点装饰的灯光照明设计，以增强空间的立体感与节奏感，这成为贯穿酒店各区域设计的基本手法。

这些基本原则贯穿设计全过程并贯彻到装饰工程的各个区域，使得酒店的整体装饰在相当程度上达到了豪华与高雅并重的装饰效果。

一、酒店的公共区域

作为按五星级标准建造的酒店，国宾酒店的公共区域内容丰富，设施全面，除了标志性的大堂空间外，餐厅及宴会设施、高档会议中心及康体设施在功能安排及装饰处理上可谓各具特色。这些公共设施主要集中在酒店 1～4 层，是该酒店室内装饰工程中的重要部分。

（一）由大型壁画、柱廊和棕榈树出演的大堂空间

国宾酒店的公共空间建筑结构本身就有着许多酒店无可比拟的优势——一个通达五层、直采室外光线的共享空间，正是大堂吧的所在地。无论从交通功能或装饰处理上看，它既是酒店大堂空间中人气最旺的区域，也是酒店公共区域的中心。南、北两面分别是建筑物两栋高层的垂直交通井筒，不同之处在于南侧是两部观光电梯的井道朝向大堂吧。客人们不论是置身于大堂吧中还是随观光电梯上落，都会处于“赏风景”与“被当作风景赏”的有趣的身份转换中。而大堂吧的北侧，“坐北朝南”位置绝好的一片通高五层的实墙上，迎面就是一幅高 8m、宽 6m 的巨幅金碧山水壁画，其金碧辉煌的主调与米黄云石墙面相衬，无论在灯光下还是在白天下都有着绝对的和谐搭配。壁画的题材是传统的，而内容是由中央美院的多位画家特为酒店创作的；壁画的形式是传统的、中国的，然而当其经过抽象的变形和分解之后，重新以组合的形式出现在一个具有 12 根典型的罗马装饰柱围和大堂空间之中时，它常给人们很多不同的感受。这正是酒店大堂的魅力所在，它所具有的气势和控制全局的位置自是不言而喻了。

围绕着这个大堂吧的，或者说限定了大堂吧空间的正是这 12 根独立的、毫无结构功能的装饰柱。它采用了经典的罗马柱式之中科林斯柱式的形制，柱身与柱础的石材纹理与配有灯光照明的金饰柱头相对比，将酒店的大堂空间点缀的无比华贵，尤其在夜晚灯光的照射下，12 颗柱

头更是闪闪发光。也许 Dale　Keller 先生对此的描述最恰当地概括了柱廊对大堂空间的喻义："象是一串美丽的珍珠项链"。

在大堂空间，甚至在整座酒店中，唯一的、纯粹的欧式语言就属这 12 根料材斯柱了。纯粹的装饰、纯粹的古典、纯粹的欧式出现在大堂空间，出现在恰恰是中国最传统的金碧山水壁画前，又一次带给人们无限的联想，又一次展现给人们大堂的与众不同的魅力。

为了能使这个与众不同的大堂吧，在超尺度的空间中更添生机与人气，本设计不仅为大堂吧配置了造型不同的家私组合，还在其中设置了 6 组共 11 棵高达 8m 的棕榈树。它们的存在使原本空旷有余的共享空间热闹了起来，也使原本稍感严肃的对称布局因为有了姿态各异的绿色高大植物而活泼起来。它们的存在使大堂吧更有生机，使人们品味柱廊和及与壁画的对话时，时刻不会忘记自己身处国宾酒店的大堂空间里。

（二）可领略多种艺术风格的餐饮宴空间。

从功能角度上讲，酒店的餐饮宴会空间的重要性是举足轻重的。作为五星级酒店，该部分的设置包含了相当多的内容。在酒店管理公司经营理念的指导下，该酒店的餐饮宴会设施包含以下几个部分。

1. 位于首层的咖啡厅，功能上为客人提供咖啡、茶点及自助餐。装饰上通过砂岩墙面、仿古地砖和装饰性的木梁、装饰柱，描绘了一种室外欧式花园的感觉。墙面上 3 幅以灿烂的花卉为主题的壁画更鲜明的点明了咖啡厅设计主题，并与咖啡厅的名字相应成趣："花园咖啡厅"。

2. 位于大堂 2 层的西餐厅：曼哈顿扒房。和一般西餐厅不同的是，酒店管理公司将经营定位在"美式扒房"的概念上，因此，空间的布局及家私的布置乃至装饰处理上少了很多西式的繁琐与华丽，多了几分轻松、随意。在餐厅的中部抬高了一片就餐区，配以舒适宽大的餐桌。大厅的一角靠近吧台处，辟为酒吧区；展示厨房和明档扒炉成为客人用餐同时可直接观赏的效果；深色的胡桃木板配以大片的镜面以及造型简洁略有现代气息的金属灯具，配以墙面上出现的现代的绘画作品，使客人们在品味异国美味的同时品味着异国的文化。

3. "皇朝王苑"的中餐厅与西餐厅成左右之势，遥相呼应。其设计概念摒弃传统的纯中式风格，追求的是一种"外国人眼里的中国"味道。一切装饰手法界乎中西之间，所有看似中国传统的造型装饰语言都源自外国人的改造与变化，包括黑漆描金的仿中式隔扇门和位于餐厅中央的描金鸟笼，甚至连餐椅都是出自 18 世纪英国著名的家具设计师 Chippen　Dale 之手，这款餐椅被他称为"仿明式椅"（MING　STYLE　CHAIR）。中餐厅设计的主题是鸟，因此中央有一个纯装饰的鸟笼，地毯也是以鸟为图案的。

4. 同处于 2 层的大宴会厅是餐饮宴会部分的重要组成部分，它也是整座酒店不可缺少的重要部分。大宴会厅由前厅和主厅两部分组成，四组可全部折叠收起的大门将前厅及主厅合二为一，形成一个可容纳 800 人的超大宴会厅。主厅的净高达 4.2m。一道通长的活动隔断，又可将主厅一分为二，满足多种需要。为了满足宴会、观演、会议等多种需要，主厅一侧设置了可供国际会议使用的支持译员间同声传译的功能。两组大型的水晶吸顶灯占据了主厅天花的主要位置。地面的地毯及墙面的木饰将大宴会厅塑造成极尽华贵富丽堂皇的所在，以符合其建成后将承担重大国事礼宾活动的重任。

5. 在两层高的大宴会厅楼上是位于四层两栋主楼之间的裙楼屋顶花园。它也是酒店中特设的独立的酒吧——四季花园吧。与首层的咖啡厅相比，这里更象是欧洲某一小城镇的街心广场：包围在其四周的高层部分的墙面及客房的外窗被米黄色的仿石涂料和米白色的窗套、线角所装饰，给人一种欧式古建筑外墙的感觉；顶棚和大堂一样，是玻璃网架的，除了几根白色的喷塑的圆形逆风管之外，再没有任何可以遮挡室外阳光的了；花园的中央是一个八角形的自助餐台，两层台面之上是一个仿青铜的大型花托，四周围以石材的栏杆，从此向四方发散的石材甬道配以马赛克围边更强化了人们身处室外的感觉。四周则是绿色的人工草坪，一组组藤椅摆放其中。四组高达 6m 的大榕树摆放在其中成为屋顶花园中的又一重要景观。铁艺的亭子及绿篱栅架，更象是一组组舞台的布景散落地布置在花园的两侧。与之仅一道通透玻璃之隔的是一池碧水，那就是酒店的室内游泳池。尤其在夜晚，泳池池水的波光与花园的点点灯光、烛光交相辉映，清幽、宁静的感觉在人心底油然而生，仿佛只要留心，就能听到四株大榕树上的蝉鸣一样。

（三）以世界著名河流命名的酒店会议中心

酒店的会议中心由大小共 12 间会议室组成，分别设置在主楼的 2、3 层中。在 2 层自动扶梯的东侧的 8 间会议室，因其就近宴会厅厨房，在使用功能上又有了多功能的可能。此 8 间会议室根据房间的大小和装修的等级分为三种形制：A 型会议室三间面积 72 ㎡；B 型会议室 2 间面积 64 ㎡；C 型会议室 2 间，在三种会议室中级别最高，董事会私人餐室面积 54 ㎡，可供 12 人使用。三类 8 间会议室中的会议用桌椅均可根据需要的变化而灵活更换功能。每间会议室中均设有先进的数据线接驳口，可供召开远程电视电话会议。另四间一般功能的小型会议室设在 3 层的客房层电梯厅的入口处附近，交通便利，可供住店客人及团队的日常会议使用。值得一提的是，根据酒店管理公司经营方面的考虑，2 层的八间会议室因其位置的特殊性，亦可成为在晚餐时间独立的高档贵宾房用餐区。以世界著名的河流名称命名的会议室（贵宾餐室），连同与之相呼应的室内艺术品陈设，定会给来此用餐的贵宾带来美味佳肴之外别具特色的艺术文化享受。

（四）空间紧凑、功能健全的康体健身设施

正如上文所提及的，在 4 层宁静、清幽的屋顶花园酒吧旁紧邻的便是酒店的室内游泳池。两者可谓互为借景，相应成辉；游泳池因毗临充满绿意的花园酒吧而更显生机勃勃，屋顶花园亦因一池碧水之势而成就了“池畔酒吧”的美名。游泳池面积不大，但其特殊的位置使人置身其中犹显视野开阔。顶部 12 个方格藻井中，柔和的暖光透过白色的索膜透射下来，象冬日里的阳光照在人们的身上。主景墙面上一个高 4m 宽 8m 的半圆砖拱横跨泳池两岸，拱内是一片郁郁葱葱的竹林。在模拟室外自然光线的灯光效果的烘托下，置身于室内的人们被带到了充满野趣的大自然中。

这是集中设置在 4 层的康体设施的一部分，与泳池相邻的是男宾、女宾的桑拿、更衣区，空间面积不算奢侈，但合理的布局使其在有限空间中，拥有良好的功能配备和紧凑合理的使用流线。健身房设在康体健身区的尽端，分为力量练习区和有氧舞踏区，另有通道与未来近期规划中拟建的更大的二期康体健身中心相连，在流线组织上使其具备了酒店合理的持续发展的可能。

酒店的大堂空间和屋顶花园酒吧都是国宾酒店公共区域中设计的重点，也是酒店的两大主要“卖点”。两者的空间位置关系的特殊性，使得位于 4 层的两个空间之间的区域成了极具特色的观景空间。同属于酒店康体设施内容的却相对安静、高雅的棋牌室、台球室，恰恰安排在紧邻四层客用电梯厅的两侧，置身于此地的客人既可将北侧的大堂吧共享空间的全貌尽收眼底，又可观赏到仅几步之遥的开敞的花园酒吧的绿色。尤其在夜晚，灯光下的大堂吧和夜色中的四季花园的景色更是美不胜收，使得棋牌室、台球室成为许多有品味的客人会谈的理想场所。

二、客房部分

酒店的客房部分从第 3 层直到第 16 层，其中，3 层到 13 层为标准客房，因平面格局和家布置方案的不同共分为多种标准客房。此外还有多种套房。每间客房均配备有五星级酒店所必备客房设施，通过淡雅、明快的色调与中西合壁的家组合，向客人传达着一种家一样的温馨、舒适的感受。现代化的网络设施深入每一间客房之中，使酒店客房设施进一步的满足现代人生活的需要。

根据五星级酒店硬件设施标准，该酒店将 14、15、16 层统一划定为行政贵宾层，配有相当于五间客房面积之和的行政贵宾厅，以满足高档商务客人商务会谈、早餐及午茶的需要。

行政层中的客房以两间套类型为主，包括 16 层的 3 套总统套房，每一间客房中深色的木色和暖褐色的壁纸配以华丽的灯饰，衬托出行政层客房的高雅与华贵。除了专用电脑上网的数据线插口之外，每间客房均可配有满足可视电话的装备条件，加之电控窗帘等一系列更高档次的设施，此 3 层客房为酒店客人提供了最高等级标准的服务。

位于 16 层的 3 套超豪华总统套房总面积近 1000 ㎡，被分别从装饰风格及艺术氛围的定位上加以区别。其中 PI 型的装饰风格以简约主义为主调，通过简洁的手段、洗练的造型语言和素雅、纯净的面饰材料，表达欧美流行的崇高简约的生活理念。家俱的配置以及灯具、艺术品选配莫不依此风格而行。P3 型为酒店中面积最大（450 ㎡）的总统套房的设计中，也将风格定位在突出古典式的极尽豪华的宫廷氛围上。每一件家私、每一块面料，都可以当作工艺品来欣赏。艺术品的陈设更着意于给人们带来无限美感，同时令人恍若置身于 16、17 世纪的欧洲君主国的皇宫之中。它的装饰效果无愧于酒店为其所定的特有名称：“皇家套房”。3 套中最小面积的 P2 套房在风格定位方面介乎两者之间，采取折衷主义作为装饰及艺术品设计的主调。多元化的家私风格、多元化的艺术风格同时并存于这一空间，使得此套房的艺术氛围有着与其他两套总统房更独特的韵味。

总统套房在某种程度上是与公共区域一样，反映了酒店的档次、艺术气氛、现代化程度。有所区别而且更为重要的是，后者是最为开敞、最为公众化的场所，而前者恰恰是最私密，只涉及少数贵宾服务的设施。但是，国宾酒店的总体装饰设计，正是在把握全局的装饰风格基调的基础上，兼顾了一个极开放、极大众化，另一个又极私密，又极具个性的装饰风格，从而使国宾酒店无论是在装饰设计的层层深入中，还是在建成后，客人们无论是在进入大堂之初，还是进入各功能空间直至客房的动态感知酒店后，都给人们展现了一幅幅观赏性及艺术性并重的画面。

国际接待厅

古典与现代的融合

——记江阴海澜国际会议中心装饰工程

中国建筑装饰协会信息部“优质装饰工程”专题组

2002年全国建筑装饰工程奖

设计单位：苏州金螳螂建筑装饰有限公司

设计师：姜亚洲、陈卫潭、白继忠、史勤武、孙静、黄懿

施工单位：苏州金螳螂建筑装饰有限公司

总建筑面积：16000m^2

建筑总高度：23m

结构形式：框架、网架顶

建筑外墙面材料：花岗石，烧毛板干挂

建筑内墙面材料：沙安娜米黄，樱桃木

建筑天花板材料：烧漆铝板，纸面石膏板

建筑地板材料：沙里土红花岗石，木地板

该装饰工程位于江苏省江阴市海澜集团厂区内，与海澜科技楼、人才楼、商务楼、圣凯诺写字楼和五星级的海澜宾馆，共同组成气势宏伟的欧式建筑群——凯诺广场。是香港凤凰卫视外景基地和全国惟一的工业旅游景点。

海澜国际会议中心建筑面积16000m^2，内部空间分为：门厅、国际接待厅、国际会议厅、多功能会堂和三层的贵宾剧场。

门厅是一个交通集散、人流活动的重要空间，设计中，既要考虑到与各个功能区相互联系，各种空间在此拓展与延伸。同时强调了主题性空间的驻留感。迎面高大的拱形门和二层共享空间，两侧圆弧形石材扶梯和整墙面的沙安娜米黄石材，宝瓶栏杆、石材造型、线脚、金箔柱头和纹饰，拱门两边的巨幅古典油画，以及古典风格的景桌与沙发，均充分表达设计师对欧式建筑空间的认知与理解。设计中，严格把握室内用材的材质与色彩，米黄石材，赤金柱头，古铜灯饰，柚木家具和非钻石材，加上布面油画，斜插旗帜，动静结合，软硬搭配，色彩温和协调，统一变化，戏剧性的激发人们对欧式皇宫的联想，同时恰如其分地把握古典建筑的元素与现代设计手法的统一性，对空间尺度，线条造型，柱饰纹样……均不照搬古典的传统模式，取其形，变其式。使你感觉到它既有皇家宫殿的宏伟气势，高贵典雅，但又明显感受到这是现代建筑空间和装饰设计。

拱形过厅是进入多功能会堂的通道，台阶设计丰富门厅、过廊的空间层次，又具有重要的导向作用。

拱形过厅左侧的国际接待厅，方正、对称、围合的平面布置，意在强化视觉中心，突出空间的庄重感。黑白根云石方柱和深色樱桃木墙面，局部金箔点缀，力求空间的向上感。巨幅油画布置在正中墙面，形成鲜明的主次关系，突出主宾的中心位置。两侧大块的玻璃透镜，加强室内空间开阔与景深，也是古典室内建筑惯用的手法。顶部设计延续了方圆结合的概念，强调顶地设计的互动关系。

右侧的国际会议厅，设计中引用意大利品红纤维墙纸，满铺墙面，结合古典油画，营造世界最高艺术殿堂——罗浮宫的室内感觉。在空间布置上，前区为30人长方形会议室，后面是阶梯式座位区，前、后之间有轨道式移动隔断，可分可合。配置先进多媒体技术，同声翻译系统，又让你知道身处在智能化、高科技的会议场所中。

多功能会堂，长64m，宽50m，加上两层观众席，可容纳3000人会议，也可举行2000人酒会（会堂中区地坪标高相同，2/3的座椅可以拆卸重组，多功能使用）。舞台口长28m，高10m。为了减少舞台与观众席的1.2m高差，台口设计成的阶梯式，台上台下可直接交流，也缓解了前排观众的视觉障碍，这是特殊空间的特殊处理。标准化舞台设计，一流的灯光音响，配置电动升降幕系统，可举办大型歌舞演出。大会堂吊顶采用广州金霸2.5mm烤漆铝板，双曲造型，冲孔与平板结合。应业主要求，墙面全部是石材干挂，设计中，加强顶部与两侧墙面凹凸、曲折的造型变化，有效控制声音的反射和混响时间，经过技术测试，各项数据均达到设计要求。

该工程从开工到竣工验收，仅用45天，施工速度创苏州金螳螂建筑装饰公司高效快速之最，按期保质完成项目施工，得到业主的好评。

寻求功能与艺术的完美结合

——记石家庄市人民会堂室内设计

中国建筑装饰协会信息部 《中国建筑装饰》编辑部“优质装饰工程”专题组

石家庄市人民会堂位于河北省省会石家庄市人民广场的北端，总占地面积0.98公顷，总建筑面积38630m^2，为多层建筑，建筑物高度21.7m(局部32.2m)；是一座大型综合性建筑，兼有会议、文艺演出、多功能会展、电影、礼仪接待、新闻发布、群体活动等多项功能。石家庄市人民会堂被石家庄市人民政府定位为2002年的第一号重点工程，当年顺利竣工，是石家庄市的标志性建筑(《中国建筑装饰》2003年第5期封面和彩色插页图1、图2---本文略，下同)，现已获国家级新技术应用示范工程和优秀设计奖，并已申报2003年鲁班奖（国优），准备申报2004年全国建筑工程装饰奖。

石家庄市人民会堂室内装饰设计方案，由中国建筑装饰协会理事单位、一级建筑装饰工程施工、甲级装饰工程设计企业——河北斯特龙装饰工程有限公司中标承接。在方案设计过程中得到了清华大学美术学院环艺系教授、中国建筑学会室内设计分会会长张世礼、清华大学美术学院环艺系教授黄林、清华大学美术学院环境艺术研究所总工程师王弘等我国著名室内设计专家的多次亲临指导，并提出了不少颇具创意的修改意见和建议。

河北省省委书记王旭东，石家庄市市委书记吴振华、市长臧胜业、常务副市长王海洋等有关方面领导十分关注设计与施工，并多次亲临施工现场视察指导工作。同时得到了业主——石家庄市行政事业单位项目建设管理中心李斌主任等有关方面负责人的大力支持，建筑设计单位——北方设计研究院，监理方——河北中原工程建设监理有限公司的积极协助，土建施工总承包方——石家庄建工集团有限公司和装饰施工的总承包方——石家庄雅虹装饰设计有限公司的密切配合。石家庄市人民会堂的圆满落成并达到令人满意的效果，是有关方面领导的重视和工程各方共同协作努力的结果。

认识、了解、理解并分享石家庄市人民会堂室内设计的理念及其实践，对我们业内是十分重要的。

一、室内设计原则

1．格调清新：运用清新的设计理念，采用创新的艺术手法，选用新材料、新技术、新工艺体现夺目的时代特征。

2．文雅大方：强调空间环境的艺术性氛围，选材和造型与建筑风格协调、与使用功能和谐；形体简练、装饰精致体现了优雅的文化特征。

3．特色鲜明：注意选用具有河北地方特色的装修装饰材料及构件，合理运用其特殊的地域文化符号和建筑语汇，来组织体现独有的燕赵文化特征。

4．舒适宜人：功能分区顺畅，细节设计周到，材料选用适当，照明配备合理，建声处理适当，方便使用，体现完善的服务特征。

5．经济高效：构思完整，选材细致，组织巧妙，注重效能，便于施工，有利管理，体现合理的经济特征。

二、艺术风格定位

民族化与现代化的统一，建筑造型与内装修的统一，装修形式与功能的统一，鲜明个性与深厚地域文化内涵的统一。

中轴线空间的艺术风格，走了两条路线：一是民族传统与现代结合；二是鲜明的时代感与艺术、新技术结合的高技派风格，突出体现了石家庄文化艺术的传统与创新的结合，继承与开拓的结合。

三、空间四个功能分区

空间与形式的关系是建筑艺术和建筑科学的本质。贝聿铭先生说“建筑就是空间的感觉。”建筑的核心在于内部空间。人民会堂的室内设计很好地体现了建筑的意图，组织了富有节奏变化的空间序列。在功能空间上分为四个区：

Ⅰ区：空间设计主要围绕观众厅的室内空间进行。观众厅设计主要是解决声学、光学与装饰效果三者之间的关系；如何在整个装饰设计中，既要满足功能的需要，又要注重装饰效果的完美；在冲突中寻求功能与艺术的完美结合。

首先，明确观众厅的功能要求，根据业主要求观众厅要满足会议、文艺演出、数码电影放映等多项功能。所以观众厅的混响时间设计为1.27 s，整个观众厅的空间造型设计也是依据声学混响时间的要求进行的。

观众厅吊顶采用了传统的折板式，在做施工图设计时，首先想到的是如何实现这种折板式造型？建筑结构顶面是球形网架，依照球形网架的结构要求受力点必须在球节点上，而装饰吊顶要求吊杆间距最大不能超过1.5m。在这种矛盾冲突中，为了实现我们的设计造型，必须在球形网架与造型顶之间加钢结构转换层。顶面选用“乐思龙”蜂窝板作为吊顶材料（观众厅全景见图3）。

顶面造型根据光学要求也做了相应调整，参照国际照明委员会CIE标准（1986）规定，观众厅照度标准为300～750lx，所以顶面主光源采用2×26w“索恩”调光筒灯，次光源为反光灯槽的日光灯管，辅助光源为长条灯光片，灯光片选用了透光性能较弱的PC板（观众厅顶面见图4）。

墙面设计主要是以大块面的体量造型提加侧墙的变化，并与一层池座和二层楼座木质墙面形成对比，表现了形体穿插组合现代构图法则。根据声学功能的具体要求：

1．一层、二层1.4m以下均为木墙裙，面积约290 m^2（为反射面），具体做法为，100的轻钢龙骨双向@500，进口三厘板基层，进口三厘板面层。

2．一层后墙、木墙裙以上至挑台顶，二层后墙、木墙裙以上至顶棚，挑台下面天花板，弧形墙区、台口以外至门口、木墙裙以上至顶棚，为标准孔径“乐思龙”铝板，面积约700 m^2（为吸声面）；其做法为，“乐思龙”铝板专用龙骨，后面罩50mm玻璃棉毡，包玻璃丝布，表观密度28～32kg/m^3。

3．一楼观众厅，直线部分、木墙裙至顶棚，二楼观众厅，木墙裙以上至顶棚，为无孔“乐思龙”铝板，（为硬面反射面）（观众厅墙面见图5）。

在墙面设计中，还需要与电声专业配合。为了达到最佳的视听效果，电声设计专业人员与业主协商后，建议将音箱组移位到第一、第二道耳光室之间。但这样改动为整个装饰效果的处理带来了一定的难度。为了满足电声功能的要求，又要使整个装饰效果完美统一，所以在原有音箱井的位置采用乳白色梭子形铝百叶进行装饰，正好与顶面的铝百叶上下呼应、左右贯通，与整个观众厅装饰效果和谐统一起来。移位后的音箱组，采用分组安装的方式，在三层、四层耳光室之间分设两个方形洞口作为音箱井，它与下部的液晶显示屏及顶部的耳光观察窗自成序列；再加上它位于第一、第二道耳光室之间，使这个部位自然形成了一个声学和光学的功能角（观众厅声光角见图6）。

座椅选用有书写功能的枣红色全皮座椅，地毯采用暗红色调纯毛地毯，观众厅以暖色调为主，使整体色彩柔和高雅，表现了观众厅杨春白雪的艺术氛围。

会堂室内空间是综合专业最多的设计，在各专业配合的问题上给我们最深刻的感受是，应始终把功能需求放在第一位，一切形式上的东西均以满足功能需要为原则，在冲突中寻求功能与艺术的完美结合。

Ⅱ区：是整个大厦的中轴线空间，突出了强烈的空间序列，空间处理强调了流动感及序列感，像一首交响曲的几个乐章。二区大厅室内设计简洁大气，突出了空间形式的变化。综合考虑了原建筑设计中所表现得简洁、现代的风格，以及具有工业美学特征的悬索结构的外立面造型。在富有节奏变化的空间序列中，各个界面没有刻意装饰性的线和面的叠加，而是认真推敲饰面材料的分块、比例、尺度、构图的完整，界面的完美。整体风格以暖灰色调为主配以深灰与中灰的色彩组合，浅灰色花岗岩占据了主要地位，形成了暖灰的建筑基调。浅灰色石材饰面的一宫会堂既能显出稳重高雅的会堂建筑的性格，又能彰显文化空间的内涵(见图7)。

二区设有三个通向广场的大门，南面是主要入口，东西方向是两个辅助入口。由南入口进入会堂，依次经过前厅、中厅、共享大厅进入观众厅。前厅、中厅与共享大厅之间采用通透式设计，强调了中轴线的导向性及空间使用的灵活性。在东西方向两个入口处，设计了宽而低的门廊，经过这压低的空间，一旦进入高大的共享大厅，立即产生豁然开朗、异常宽阔的感觉。由共享大厅进入观众厅，空间又压低，形成不同形式的收——放——收的空间变化。共享大厅是一个层次丰富的空间，它的两侧有两部自动扶梯，乘自动扶梯便可到达观众厅二层楼座。在北墙中心部位有两部观光电梯，使整个大厅的全部景观尽收眼底。中厅与共享大厅相连，中厅上空圆形灯池中悬挂着由奥地利订做的镶嵌着筒灯的不锈钢圆环吊灯，雕塑般的造型精美前卫（见图8）。

与地面的石材拼花以及地上的绿色植物环岛上下呼应，成为空间的视觉中心，强烈地吸引着人们的视线。在不同的角度都形成构图变化的优美画面，散发出清新宜人的自然气息，耐人寻味。地面采用正方形的石材加条形石材以及块状石材组合而成的图形为母体重复出现，形成强烈的序列感（见图9）。

各个墙面平整，利用建筑本身不同功能的部件——窗、风口、灯具等自然形成丰富的层次变化。风口的设计也考虑得细致周到，为了削弱大厅栏板的笨重感，风口采用了通长的金属篦子，并在风口的内部设有暗藏灯槽，灯光打在金属篦子上形成了一道银白色的光槽，自然、柔和的对栏板进行了分割，是线与面结合的一个范例（见图10）。

置身大厅中，使人感到空间形式生动独特，空间层次丰富，处处变现了形式美。浅灰色庄重典雅的基调统一协调了空间，密斯.凡德罗提出的现代主义装饰风格“少就是多”在这里得到充分的展示。

Ⅲ区：空间功能比较明确单纯，空间设计尊重了原建筑设计。三区的球类馆,完全按正规的体育场馆设计,整体效果色彩鲜明，灯具照明合理，观众席与比赛区域功能划分合理，符合其功能要求（见图11）。

根据体育场馆的功能需要，在球类馆的设计中着重是声学设计，在确定球类馆声学处理方案时，主要是处理馆内吸声、反射声、和避免声缺陷等问题。所以在立面装饰上采用了吸声的材料（6mm穿孔的水泥加压板，穿孔率是12.8%），西立面的折板式造型也是为了满足声学功能的要求（见图12）。

Ⅳ区：平面功能布局，考虑到其中礼仪功能的特殊性，强调空间的庄重、均衡、注重立面构图及厅堂的序列关系。对门厅及贵宾厅的布局做了适当调整，将贵宾厅的入口移至东墙中央，改善了空间对应关系，增加过渡空间，对实际的使用十分有益。贵宾厅的布局采用了对称的空间布局，空间形式设计了传统与现代两种风格，把现代造型和传统装饰语言融为一体，寓传统文化神韵与现代感之中，使整个空间高大而气势恢宏（见图13）。

顶面为埃特板造型顶，四周喷白色乳胶漆，穹顶内贴金箔，穹顶内几何形凹凸面，在灯光下具有光芒四射的效果。穹顶中央悬挂着由奥地利订做的莲花形水晶吊灯，成为空间的视觉中心，是设计的焦点之一（见图13）。

主立面屏风为巨幅写意国画“红梅颂”，两侧立柱表面为透金属底色的白色裂纹漆，两立柱间的折板式造型刷金属色漆，庄重而华贵（见图15）。

墙面为埃及进口的新雅米黄大理石，根据立面构图需要对窗的形式做了适当处理，两侧墙面利用原建筑柱间空间做灯光龛，通过新型冰裂纹玻璃半透明的丰富效果扩展空间，灯光龛有窗的感觉，使空间具有开敞感（见图16）。

材料做法现代新颖。地面铺有象征石家庄市市花图案的机织整块抽象月季图案的地毯（见图17）。

在贵宾接待厅的设计中特别强调了照度标准，其照度是依照北京人民大会堂接见厅的标准设计的。所以顶部筒灯全部采用了大功率的2×26W “索恩”调光灯，间距控制在1.2m，使照度达到了750～1000lx，完全满足了摄像功能的要求。在灯具的布置上采用了环形布置，使其产生强烈的围合作用，达到了众星捧月的设计效果。

四区中型会议室（小电影厅）的设计，整体风格简洁、富于动感。以木装饰为主，立面造型丰富。采用“乐思龙”穿孔吸音铝板，树叶形拼装。顶面为弧形艺术吊顶与平面布局和谐统一（见图18）。

小电影厅的装修严格按照声学要求，竣工后测试的混响时间在0.7～0.9s之间，它是目前石家庄市装修档次最高、视听效果最佳的电影空间。

四、装饰装修材料选用

石家庄市人民会堂在选材上可谓是费尽心思，因为灰麻石材品种繁多，要想找到一种各方面性能良好，且面积如此之大（2万多平方米），没有明显色差的石材实在不易。在石材订货的过程中，人民会堂项目中心主任李斌、装修施工总承包方石家庄雅虹装饰设计工程有限公司董事长王宝山和室内总设计方河北斯特龙装饰工程有限公司总经理贾轩，三下深圳考察，几乎遍访全国石材生产大厂，最后确定用国产石材芭啦花（JH8088、JH8018）。

为此，人民会堂整个地面采用了国产灰色芭啦花花岗岩（JH8088）及黑金砂大理石，墙面几乎全部采用浅灰色芭啦花花岗岩（JH8018）。二、三、四区三个主入口墙面完全一致，且地面、墙面石材分块一一对缝，所有的分格线均前后左右、上下交圈，装修效果非常完美。在整个会堂内部有一气呵成之感，使相邻的各大小界面形成了内在的有机联系，加强了室内空间的整体感，提高了建筑的观赏性，使建筑锦上添花。

只有在共享大厅的一至四层后墙采用了红樱桃木饰面的木墙板，给相对严肃的大厅里增加了一份亲切感和暖意（见图19）。

值得一提的是，卫生间的装饰，人民会堂所有公共卫生间墙面均采用2600mm×900mm大板整块进口大花白大理石饰面，没有零碎的分块，体现出现代卫生间使人舒适乃至幸福的理念，达到了比较完美的装饰效果（见图20）。

人民会堂使用的石材中，浅灰色花岗岩占据了主要地位，形成了暖灰的建筑基调。浅灰色石材饰面的人民会堂既能显出稳重高雅的会堂建筑的性格，又能彰显文化空间的内涵。

综上所述，石家庄市人民会堂为一座多功能的大型综合性建筑，其室内设计涉及到建筑、结构以及声、光、电、水、暖、风等各个专业。在整个室内设计中，既要满足功能的需要，又要注重装饰效果的完美，追求在冲突中寻求功能与艺术的完美结合。

2003年初，石家庄市委、市政府领导及有关部门领导视察了人民会堂装饰工程，对设计、施工、选材给予了高度评价和赞赏，认为国外的也不过如此，比我们的想像还要好。

石家庄市人民会堂装饰工程现以优质的质量竣工交付使用，这座庄重、典雅、有特色的建筑为石家庄市增加了一道靓丽的风景线。从总体上来看，石家庄市人民会堂装饰工程确实较好的体现了原定的设计原则，实现了预期的装饰效果，达到了功能与艺术的完美结合。

关于五星级酒店室内设计的比较研究

深圳长城家俱装饰工程有限公司　**成湘文　郭利欣**

引　言

我们只要粗略地回顾一下驿站——客栈——酒店的演绎历史，就不难看出酒店的经营特色、规模在过去几个世纪中经历了崎岖发展的历程。自 19 世纪中叶以后，随着宾客对酒店功能要求的复杂性的不断增加，随着设计师表现出的不断丰富的想象力，酒店除了拥有住宿、餐饮、聚会等基本特征之外，已逐渐成为乡村、都市的文化空间。目前在我国有两种类型的酒店已成为了酒店经营的主旋律。

本文提及的 8 个五星级酒店由以下室内设计师设计：

刘　波：张家港华芳金陵国际酒店、东莞御龙山庄、无锡太湖国际会议中心、丹枫白露公寓式酒店。

何潇宁　邓承斌：义乌锦都大酒店、南通有斐大酒店、大梅沙雅兰酒店。

李新忠：杭州西湖国宾馆。

一、酒店的分类

第一类：假日酒店

酒店不仅仅是提供客房与服务，不仅仅是高级生活的辅助住处，它还是一种思想，一种文化，一个故事。吸引宾客来到这个独一无二的世界，享受旅游的乐趣。

我们 2002 年完成室内装修设计的南通有斐大酒店、东莞御龙山庄和义乌锦都大酒店就是如此。特别是南通有斐大酒店，是由著名实业家张謇在百年前创建的。张謇是慈禧钦点的清朝末代最后一名状元，后来他兴办丝绸纺织业，奠定了中国轻纺工业的基础，成为了中国轻纺工业历史上的一块丰碑。有斐酒店经历百年历史，阅尽人间悲欢离合，蕴含了多少传奇故事！经过几代人的挣扎与磨砺后， 她向人们诉说了在历史考验面前谋求生存与发展的艺术，以至许多宾客是慕名来凭吊张謇，寻找往事的回忆而入住有斐大酒店的。

假日酒店经营方式不断外延扩大，近年来它又衍生出两种形式：

其一是分时度假酒店（又称独立产权式酒店），这是为了吸引宾客，尽快回收资金，酒店经营者用“合股购买客房产权”的方式来让不同的购买者每年轮流使用同一间客房。而若某人独立购买了一间客房，除每年自己来享受之外。平时则由酒店方代为出租。前些年，我们设计、施工完成的“深圳大梅沙雅兰酒店”就是这种形式。

其二是“公寓式酒店”，这是近年来又新推出的一个品种，将客房原有的使用功能上增加了一个自助厨房，便于客人自助餐饮，适合于长年租住或家庭型的客源，使酒店客房成为不仅是“睡觉的地方”，而且是居住的空间。丹枫白露公寓式酒店就是如此。

第二类：商务酒店

近一二十年来，最大的酒店常常被用来承办大型会议或商务活动，酒店功能延伸，商务酒店应运而生，我们今天对一间酒店动辄接待成百上千人的大型会议已不再感到吃惊。在这类酒店中也分支出两类，其一是以满足政府接待功能为主的商务酒店——国宾馆。这是一种具有中国特色的酒店经营方式。如我们设计的杭州西湖国宾馆。其二是接待各种大型商务会议的酒店——国际会议中心。如我们正在施工的东营精攻石油大酒店和无锡太湖国际会议中心就是典型的代表。

其实，更多的五星级酒店为了扩大经营，往往把“度假”和“商务”结合起来构成一家大型或超大型的综合酒店，从酒店的功能设置，客房设施的选用和经营管理都具备了消化上述两大功能的能力。我们设计、施工的“张家港华芳金陵国际酒店”即是最好的例证。

酒店类型图

我们在进行各种酒店的室内设计时，常常遇到一些业主或领导提出一个同样的问题：我们的酒店应该做成一个什么

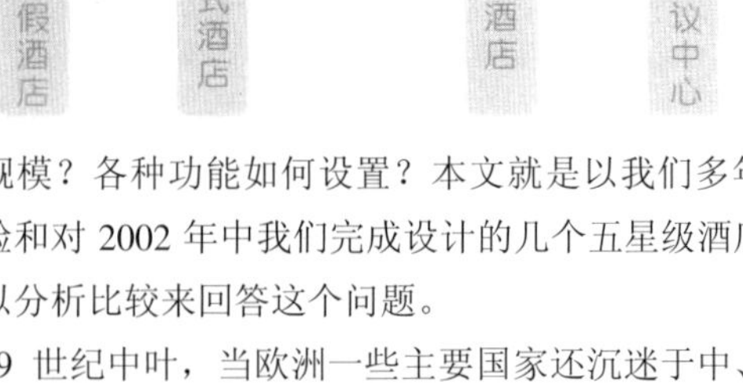

样的规模？各种功能如何设置？本文就是以我们多年的设计经验和对 2002 年中我们完成设计的几个五星级酒店的规模加以分析比较来回答这个问题。

19 世纪中叶，当欧洲一些主要国家还沉迷于中、小规模酒店的经营时，美国则由于电梯在酒店建筑中的广泛使用，开始建造大规模的酒店，1960 年后美国已建造了上百家客房数超过 500 间的酒店。可到了 90 年代时，美国的城市酒店又开始流行个性化服务的欧式酒店。这是因为经营者

与设计师经过多年经营策划和分析比较后，发现了酒店经营与酒店规模的最佳结合点，为使酒店经营的行政效率最佳，对于其规模的大小，世界著名学者瓦尔特 A·鲁茨曾提出下列观点：

□ 200 间左右的客房是酒店规模的一个基点。

□ 少于 200 间客房的酒店，经营管理要个性化些，员工的工作效率相对高一些，故人数可减省些，尽管没有大酒店在市场营销和预订的优势，但这个规模可以获得利润。

□ 客房为 200 间时，员工工作效率达到最高，经营管理费用最合理。

□ 客房数为 500～600 间，管理上效率不会很高，其特点是面积大、服务人员多、厨房设备多，但因此容易占据市场，获得贷款。

□ 中等规模的酒店，一定要努力降低成本以弥补较低的效率。

□ 规模较大和较小的酒店在较高的收益下，可在设计装修上多下功夫。

下面是我们在 2002 年中设计的 6 家五星级酒店的规模分析比较，见表 1。

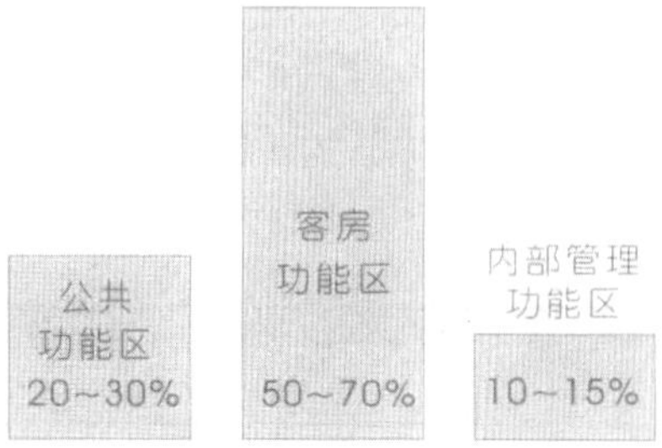

酒店功能区域面积指标分析：

酒店内部空间的使用一般分成三个主要功能区域：

功能分区值关系示意图

2002 年长城装饰公司设计的 6 家五星级酒店的规模分析比较　　表 1

要素＼指标＼名称	张家港华芳金陵国际酒店	南通有斐大酒店	义乌锦都大酒店	东莞御龙山庄	无锡太湖国际会议中心（一期）	无锡太湖国际会议中心（二期）	深圳丹枫白露公寓式酒店
面积（万m²）	6	2.7	2.6	1.5	0.7	2	3.8
客房数（间）	364 套	235	249	138	280	19	300 套
类型	综合	假日	假日	假日	商务	商务	假日
地点	市中心	市中心	市中心	市中心	市郊	市郊	市区

各五星级酒店分区指标分析比较　　表 2

区域	功能	华芳金陵	南通有斐	义乌锦都	御龙山庄	太湖国际	丹枫白露
公共功能区	大堂/餐饮 娱乐/会议 内部交通　（m²）	16000	5000	5130	7241	8000（不含原有会议中心）	1700
	占总面积（%）	26.66	18	19.8	48	29.62	4.5
客房区	客房及客房走廊,客房电梯厅（m²）	29000	17400	16760	6200（不含待建的客房楼）	15000	25000
	占总面积（%）	48.33	62	64.4	41	55.55	65.8
内部管理区	设备用房 内部人员用房/厨房 后场用房　（m²）	10050	5600	4110	1650	4000	4000
	占总面积（%）	16.75	20（含地下车库）	15.8	11	14.81	10.52
其它	出租写字楼（m²）	5000					7300
	占总面积（%）	8.33					19.21

二、公共功能区域分析

无论是酒店业主、酒店经营者，还是设计师对酒店公共功能区的重视已到了无以复加的程度。的确，酒店公共功能区直接展现出酒店的级别和豪华档次。公共功能区包括有大堂、服务、餐饮中心、娱乐中心、会议中心、交通面积等等，而大堂和共享空间则历来被视为重中之重。

欧洲酒店和美国酒店对酒店大堂常有不同的诠释。在 20 世纪 70 年代前，欧洲的酒店大堂比较小，入口也较为封闭，其环境气氛比较讲究贵族气，大部分酒店大堂的面积为客房数×0.6～0.9 m²。但美国的酒店大堂比较大，约为客房数×1～1.4 ㎡，比较讲究气派和大众化。特别是著名建筑师波特曼首创出“共享空间”的概念后，美国大型酒店经常把酒吧、咖啡厅甚至餐厅与大堂连在一起，可能使大堂看起来更大，却又不必增加面积，目前在国内做五星级酒店大堂设计多沿用美国酒店的设计思路，往往规划得比较宽敞，其面积指标一般是床位数×1～1.5 ㎡左右。但到具体某个酒店的设计中，往往要根据建筑平面提供的条件来规划，往往指标都偏大。

由于大堂是大人流区，所以其设计主要要解决交通问题，使宾客去前厅、电梯、餐饮、宴会、娱乐、商务等其他空间的路线非常明确，不至于在大堂中迷失方向，找不到通道。

公共功能区有众多的功能，其面积指标的规划要由市场分析、投资规模、经营方式和客房数量来综合确定。

表 2～表 3 是对几个酒店的比较分析表。

公共区域主要功能面积比较　　**表 3**

序号	功能＼面积指标	华芳金陵	南通有斐	义乌锦都	太湖国际（一期）	太湖国际（二期）	御龙山庄	丹枫白露
1	大堂（㎡）	500	609	500	700	260	320	247.5
2	前台（m）	15	13.5	12	12	4	16	9.5
3	首层电梯厅（㎡）	54	60	80	63	——	——	30
4	电梯数量（台）	6	4	6	3	——	——	2
5	咖啡厅（㎡）	——	——	——	260	——	——	——
6	大堂吧（㎡）	640	262	200	234	——	120	——
7	零点餐厅（㎡）	248	306	——	324	72	800	——
8	中餐包房数量（间）	23	12	44	9	——	——	2
9	中餐包房面积（㎡）	920	660	2400	375	——	——	58
10	宴会厅（㎡）	740	550	594	700	250	——	——
11	会议室数量（间）	9	8	3	——	3	——	——
12	会议面积（㎡）	1080	800	520	——	250	——	——
13	商务中心（㎡）	64	30	64	180	——	——	——
14	精品店（㎡）	380	——	900	346	——	——	——
15	西餐厅（㎡）	276	87	——	170	——	540	453
16	风味餐厅（㎡）	——	277	——	200	——	——	——
17	康体中心（㎡）	1965	——	1040（含网球场）	800	——	——	——
18	美容美发厅（㎡）	40	——	200	30	——	——	——
19	娱乐中心（㎡）	2431	——	300	928	——	5400	——
20	多功能厅（㎡）	800	——	600	——	120	——	——
21	露天茶座（㎡）	——	——	400	——	——	——	——
22	室内茶厅（㎡）	——	77	——	——	——	——	——
23	酒吧　（㎡）	300	——	——	——	——	——	——
24	游泳池（㎡）	1480	——	——	——	——	——	——
25	旋转餐厅（㎡）	550	——	——	——	——	——	——

公共功能区的功能设置一般都在裙房或低层，这样便于酒店内外的宾客使用，亦便于大量的人流、物流的调度安排和公众性与私密性空间的处理。当然，也有的大酒店将顶层设置为餐厅，这主要是经营者想制造出一个更优美的用餐环境来吸引客人，而且垂直交通已得到很好的解决时才可以采用这种处理方式（表 4）。

张家港华芳金陵国际酒店的公共功能的设置及指标　　**表 4**

序号	楼层	公共功能设置及指标		
1	负一层（㎡）	棋牌室 341	迪斯科餐厅 840	
2	首层（㎡）	大堂 500 行李房 8	总服务台 15m 保险间 8	前台办公室 70 商务中心 64

续表

		大堂吧及 VIP 房 640 花店 20 电梯间 54	西餐厅及 VIP 房 270 书屋 50 内线电话 4	西饼屋 21 公共卫生间 120 精品店 380
3	二层（m²）	零点餐厅 305 宴会厅 720	封闭酒吧 340	中餐包房 850
4	三层（m²）	桑拿 1737 健身房 100 美容美发 40	壁球室 64 夜总会 1250	乒乓球室 64 游泳池 1480
5	四层（m²）	多功能厅 740	贵宾休息室 144	各种会议室（9 间）1080
6	二十四层（m²）	旋转餐厅 550		

三、客房功能区分析

1. 客房空间的构成

酒店的主要收益来自客房，客房面积占酒店总面积的50%～75%左右，设计师总是在每层客房层的设计中尽量节省空间，增加数量，尽可能来解决垂直、水平交通的问题和保证客房的基本支持面积。

从建筑设计提供的基础条件来分析，最经济的客房空间通常是一个建筑柱距间分割成两个自然间。建筑柱距呈下列状况时，客房的空间尺寸，见表 5。

客房的空间尺寸　　　　表 5

建筑柱距（m）	7.2	7.5	7.8	8	9
客房开间尺寸（m）	3.6×7.2	3.75×7.5	3.9×7.8	4×8	4.5×9
客房面积（m²）	25.9	28	30.42	32	40

在经多次分析客人在客房中的各种活动、停留的时间等因素之后，从建筑成本的经济核算与客房的舒适度的关系来看，我们宁可将客房的长度延伸一些，客人在其中就会感到舒适很多，因为将客房加宽所需的建筑成本要高一些，而对客房舒适度的影响却可能会小一些。

20 世纪 80 年代时，客房的柱距多采用 7.2m×7.2m、7.5m×7.5m，到 90 年代多采用 7.8m×7.8m。近几年来，五星级酒店多采用 8m×8m、9m×9m 的柱距，使客房越做越大，标准越来越高，其空间尺度越来越接近美国标准，当然舒适性也越来越好。

2. 客房的使用功能分区

客房的使用功能分为睡眠区、工作起居区、壁柜及过廊、卫生间，其各种指标等的比较见表 6～表 8。

五种不同柱距的标准客房的对比　　　　表 6

柱距 区域（m）	7.2	7.5	7.8	8	9
睡眠区（m²）	6	6.5	6.5	7	8
工作起居区（m²）	10	11	12	13	16
壁柜及过廊（m²）	3.0	3.3	3.8	4	4.5
卫生间（m²）	4.0	4.4	4.6	4.8	7

（注：以上面积指标为房间内的净面积）

各种房型指标比较　　　　表7

房型	酒店	华芳金陵	南通有斐	义乌锦都	御龙山庄	太湖（一期）	太湖（二期）	丹枫白露
标准型	开间尺寸（m）	4×8	3.7×8	4×8	4×9			
	房间面积（m²）	32	29.6	32	36			
商务型	开间尺寸（m）	6×8	4.3×8	4×8		4.5×9	4.5×8	
	房间面积（m²）	48	34.4	32		40.5	36	
	睡眠区（m²）	10	10	10		8.75	9.4	
	工作起居区（m²）	3.2	6.2	6		6	6	
	卫生间（m²）	10	6	5.6		9	6	
双间套房	开间尺寸（m）	8×8	8×8	4×8×2 间		9×9	4.5×8×2 间	
	总面积（m²）	64	64	64		81	72	
	卫生间（m²）	10	10	5.6		14	10	
	会客区（m²）	22	22	24		15	25	
	卧室（m²）	21	21	24		25	19	

公寓型	开间尺寸（m）							6×8.5
	房间（m²）							51
	卫生间（m²）							7.5
	厨房（m²）							4.5
	起居室（m²）							18
	卧室（m²）							12

酒店客房数量比较　　　　表 8

序号	客房形式	华芳金陵	南通有斐	义乌锦都	太湖一期	太湖二期	御龙山庄
1	双床标准间（间）	176	136	140	218	2	80
2	单床间（商务套）（间）	178套	80	98		13	58
3	二套间（套）	10	18	10	62间	2	
4	部长套间（套）	1				1	
5	总统套（m²）	447	200	400		465	
6	客房总套数（套）	364	235	249	280间	19	138
7	客房楼层数（层）	14	12	14	5	2	4
8	床位数（张）	542	372	390	350	26	216

三、内部管理功能区分析

酒店能否正常经营，很大程度上取决于酒店行政管理与后场区域的设计是否合理。其设计原则是：

酒店管理层为员工提供各种服务和指导，员工则分为两类：一类员工面对客人提供直接服务，如前厅部、管家部、管饮部；一类员工间接为客人提供服务，他们保证酒店的各种设备正常运行，很少与客人见面，如工程部、厨房部。酒店设计亦要为这几部份的酒店人员安排好工作环境。我们通常称为酒店后场设计。酒店内部管理功能区约占酒店总面积10%～15%。

总服务台是所有办公部门中，最直接面对客人的部门，它的布局分为前台和后面的工作区，前台长度与客房数量的多少相关，一般以 200 间客房数为基点，也就是10m 左右，客房增加，前台也相应要加长，客房减少，前台可短一些。前台后面办公室的面积计算公式：客房数×0.3～0.5 m²。

行政管理办公区主要由 7 大部门构成：人力资源部、销售部、公关部、餐饮部、管家部、财务部、秘书室。这几大部门常常是合在一起办公（亦有分开办公的），行政管理办公室的装修与酒店的其他两个功能区一样重要，它对于增加员工士气、提高管理效率、提高酒店档次具有不可低估的价值。

内部管理区功能图

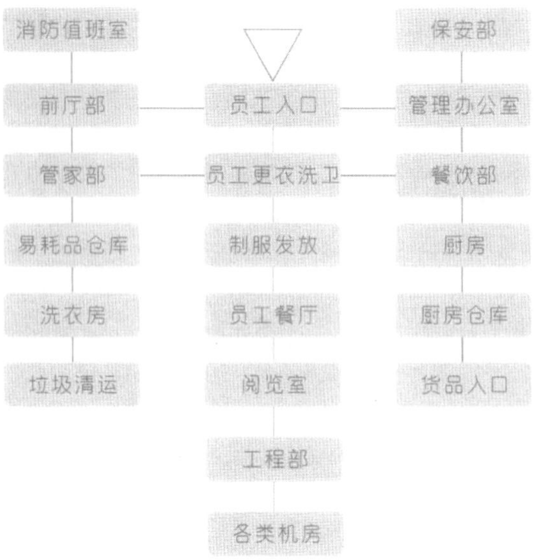

大堂前厅功能图

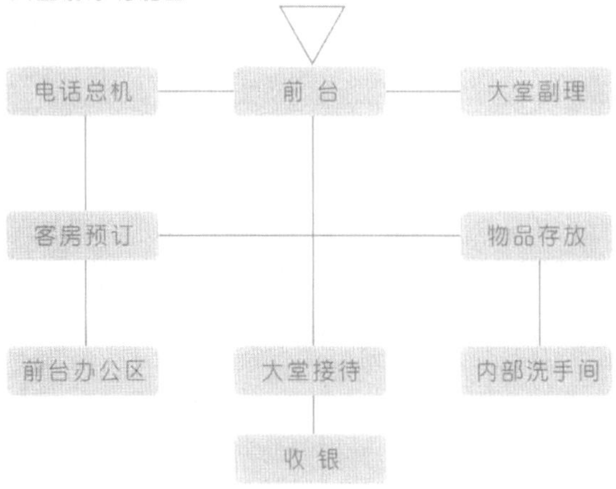

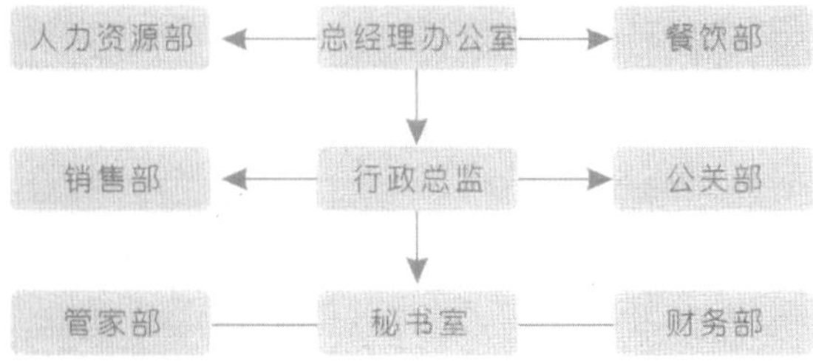

上海张江集成电路产业园室内设计

苏州金螳螂建筑装饰有限公司 设计师 **朱伟刚 孙天文 魏永康**

上海张江集成电路产业园（综合楼）由苏州金螳螂建筑装饰有限公司总承包室内设计与装饰施工。

一、投资商及工程简介

上海张江集成电路产业区开发有限公司（ZSIP）由上海市张江高科技园区开发有限公司和上海市浦东土地发展（控股）公司共同投资6亿元人民币，于2001年4月10日注册成立。公司是集成电路产业区的开发主体，负责对集成电路产业区的规划、开发和建设，并提供相关的配套服务。

公司以张江高科技园区为依托，以发展集成电路产业为主导，以有效的资金资本融通为保证，以优质、高效、完善的服务为手段，以数字化企业为平台，积极参与中国集成电路产业大发展。公司在上海市委、市政府"聚焦张江"的战略下诞生，在国家鼓励集成电路产业政策的推动和台湾微电子产业向内地转移的形势下成立，在软件产业规模化、计算机和通讯产业日新月异的大环境中脱颖而出。公司的成立将为21世纪中国集成电路产业的发展提供优良的硬件和软件，同时也将激发国内集成电路产业的兴旺和相关科学技术的提高。公司主要引进国际先进的集成电路设计、研发、生产和相关配套企业，同时将在集成电路产业区内发展诸如TFT-LCD、光电子等先进科技产业，以期建设世界一流水平的、具有鲜明专业特色的、集科研和生产为一体的高科技产业区。

A区1.54km^2土地包括龙东大道以南、祖冲之路以北、申江路以东、外环线以西的地区，地块中央自西向东被吕家浜分为南北两部分。在A块的北区，将建设相对集中的以设计、研发等为主的集电港建筑群。在该区域中的研发中心、综合办公楼、商务办公、会议中心、酒店公寓、商业服务和娱乐餐饮，将适合各种类型的高科技企业的入驻。

多媒体展示中心

B栋宾馆中庭

B区1.2 km^2，有效开发面积约98万㎡，以引进大型生产制造企业为主。

C区1.0 km^2，有效开发面积约81万㎡，为产业配套区。

二、A楼+B、C楼+裙房室内设计思路

●**主导思想**

1. 高科技形象——A B C 裙房
2. 人性化氛围——A B C 裙房
3. 绿色“设计”
4. 激发创意的环境——A
5. 各种文化元素的拼贴
6. “人文景观”——裙房

●**公共空间——设计系统**

1. 设施系统——主要功能布局
2. 人流组织/通道系统——横向、纵向
3. 集散区域系统
4. 休息系统——停留、座椅
5. 景观系统——绿化/水、艺术/装饰品
6. 采光系统——自然光（采纳/遮挡）、人工照明
7. 标识系统
8. 色彩系统——色彩、肌理（用材）
9. 招商企业装修引导系统

三、设计理念

本设计力求创造高效而又充满人文意识的办公会务及研发环境，通过将开放式的办公与传统的空间组合相结合，及自然要素的引入，创造出激发创意的环境，从而达到高科技形象与人性化氛围的完美结合。

空间组织：

●A 栋＋B、C 栋＋裙房

■ 沿横向中轴线展开

■在带状矩形中略加局部轴线偏移和波动形状，规则而律动。

■ A 栋为 12 层的高科研办公楼，中心部分为贯通 12 层的共享。作为建筑的“出气口”，其上的玻璃顶充分吸纳自然光的射入，使之成为整幢建筑与自然联系的纽带。设计师在此通过景观的“自由形”与建筑自身的矩形形成对比。在南侧多媒体展厅处外立面设置休息展示廊，共筑轻松、怡人的环境。在 1～12 层共享空间中厅中布置了一片竹林，再次营造了自然景观与人文景观的相融相生，形成此空间的视觉中心。同时一层整个“T”形空间通过一个接待台和一片深色墙面将其分割成前后两个空间，也随透视的递进形成一个取景框，设计师取中式园林“移步换景”的手法来营造一种与环境有机的交融，一并诠释现代办公空间的人文情趣。

●A 栋一层

设计在体现人文景观与自然景观结合的同时，又不失现代商务办公空间的形象。在 1～12 层电梯厅和公共空间的设计上，设计师尽可能给每一层用户提供一个简洁、高雅、现代的空间环境。不锈钢素材与大面积居焗釉玻璃的运用，充分体现了设计师的意图和思路，为整个 A 区创造了一个宁静舒适的空间环境。

●B、C 区裙房

通过一个二层采光中庭将B、C栋和裙房部分连成一体，中庭通过原有建筑中轴线的步行梯和平面布局上的咨询台，把整个空间有机的分成主通道和休闲区两个空间，在主通道的两侧结合原有空间分别布置两个展厅，利用现有楼梯作背景，采用人造绿化和地坪分割将休闲区、通道和两侧出租空间灵活的分割开来，防火玻璃隔断、灰色铝框架、浅色人造云石墙面、深色乳胶漆墙面、木饰墙面和高出二层栏杆的中庭人造树以及变化丰富的休闲家具把整个空间协调的统一在一起，使之交相呼应，同时二层会议区大小空间配套齐全，材料色彩和质感上都达到了功能和美学的高度统一。

●休闲、客房和中庭

另外 B 栋作为该建筑群的主要单体，业主要求将其按四星级标准进行设计，1～2 层为酒店大堂和桑拿休闲中心，3～8 层为客房层。而针对客房层我们把它分出若干大小不等的豪华客房，一定数量面积在 40 ㎡左右的商务房和面积在 120 ㎡左右的超豪华客房。

同时，还在其带采光中庭的过道进行重点装饰，使其商住和休闲空间配套齐全，满足了客户在此建筑群中工作、生活的多种需要。整个室内设计中从空间到通道流线,从材料到色彩运用上作了深浅、明暗、大小、宽窄有机搭配和互补，给客人以全新的、温馨舒适空间。

入口，方便流通。

三、系统设计

●照明系统

整体的空间照明，采取了主灯渲染，局部光点缀的方案，如 A 栋东西两部分的共享顶棚其有光泄出；从共享顶棚垂下的球型吊灯呼应地坪图案，成为空间的主体照明；“L”形柱廊间隙内及球形树下设有布局照明；形成空间中光照高、中、低的层次感。

●色彩系统

高级灰色调，整体的造型，不锈钢，焗釉玻璃，等离子屏幕等现代装饰语汇诠释了空间的现代风格。B 栋层面客房主体墙面采用一种暖灰色系的涂料，地面拼花采用同为暖色系的理石，如啡网、香槟红，配合家具的天然木本色，局部点缀清玻璃及纯粹的色块，给人以既温馨、惬意又自然、现代的感觉。

●景观系统

取庭园的情趣所布置的景观系统，如绿岛、树球、“水池”、柱廊高低穿插错落有致。设计语汇以线状及几何板块为基本要素，将装饰艺术品设置在厅堂的各个角落，使人文艺术与自然景观交相辉映。

声学系统：顶面造型的倾斜造型吊顶，满足会议室议室反射的声学高要求。在线与深度的组合的交替中产生动感。侧墙以板状吸声材料为主，形成声扩散和共鸣吸声，使声场分布均匀，会议室后部的扩散体也是对其空间的声学设计。

建筑装饰与艺术设计的完美结合

——记石家庄市佳林装饰工程有限公司的河北省高级人民法院综合审判楼大堂设计

中国建筑装饰协会信息部　《中国建筑装饰》编辑部　石家庄市装饰协会

河北省高级人民法院综合审判楼大堂装修工程由石家庄市佳林装饰工程有限公司设计施工。公司先后到各地法院实地考察，收集了大量关于法文化方面的第一手资料，借鉴各法院的装饰优点和特点，经过认真研究和数次修改，以对法文化的透彻理解和独特的设计理念得到了河北省高院领导的认可与信任，最终在30多家装饰企业激烈的设计竞标中一举中标。工程顺利竣工后，达到了令人满意的效果。该工程在"2003年度石家庄市第三届建筑装饰设计评比展览"中被评为公装最佳设计奖。

人民法院是国家的执法机关，这一性质决定了它的装饰效果的特殊性。该设计方案以黑、白、灰为主色调，主要采用现代装饰材料，以简洁明快、黑白分明为主要设计特色，贯穿于整体设计中，同时与室外建筑造型相协调，并利用雕塑艺术品加强传统与现代法文化的结合，力求使整体设计风格庄重大方，简洁明快，使整个空间稳重中求变化，体现人民法院处理事物黑白分明的工作作风。

综合审判楼台阶采用天然成品青石，象征着执法机关的清正廉明、铁面无私，台阶上由四对直径1200mm的灰麻(JH8088)圆柱并列组成，此8根圆柱造型简单、气势雄伟，顶部为青白色，蕴含了传统法文化的"青天"之意。

穿过门厅上的四对圆柱是三扇无框玻璃自动门，随之映入眼帘的是大堂中心的四根方柱，此四根方柱直径同样为1200mm，柱基选用黑金沙石材，主材采用瓷砖干挂，造型简洁、稳重大方，与台阶上八根圆柱相对应，隐含着"四平八稳"之意。

大堂是综合审判楼的重要公共活动空间，是整个大楼的交通枢纽，既要突出人民法院的庄严肃穆的环境氛围，又要给人以舒适的视觉美感，故大堂的设计力求使整体风格庄重典雅、简洁大方，充分展现了建筑装饰与艺术设计的完美结合。

大堂地面大胆采用新型材料微晶石，其亮度、质感、装饰效果远远高出普通地砖。纯白色的微晶石象征着执法机关的神圣、纯洁。

墙面采用东鹏瓷砖特制的1200mm×1800mm的新产品——目前国内最大的瓷砖"砖王"，弥补了普通规格瓷砖接缝过多的缺点。接缝处采用"八"字横缝，增强了美感，又展现出整个大堂空间的简洁明快，给人气势恢弘的强烈感受。

大堂顶部中心悬挂直径3.5m圆形水晶灯。地面与吊顶相对应设计了直径相同黑白相间的方形拼花，寓意着"天圆地方"。水晶灯四周环绕着筒灯，使整个大厅上下呼应，融会贯通。

大堂东西两侧电梯间及北面两个门均采用莎安娜米黄门套线，门上方为莎安娜米黄雕刻造型，图案外部是国徽，中间是象征公平公正的天平，天平周围以麦穗环绕，寓以国家执法机关与人民群众鱼水情深，不可分割的涵意。大堂顶部饰以同样造型的玻璃，采用了玻璃雕刻的工艺，南北两侧各6块，共12块，与门上方四个图案相对应，象征一年四季、12个月，蕴含着法律制度的岁月。

大堂正面墙上正中是由公司设计顾问、河北师范大学美术学院油画系副主任、河北省雕塑研究会副会长杜建奇教授设计的7400mm×4890mm的锻铜壁画"千古潇潇燕赵风"。杜建奇教授历时11个月，经过对十几个名胜古迹的再三实地研究和考察，翻阅古今历史资料，经过仔细推敲，在中央美术学院壁画系副主任李林卓大师的精心指导下，终于顺利完成了这幅具有历史意义的雕塑"千古潇潇燕赵风"。

整幅壁画采用高浮雕的雕凿方法，呈"S"形构图，增强动感。以古代传说舜帝时期的法官皋陶和独角兽为中心，象征着法律制度的源远流长。周围依次环绕河北省的名胜古迹和著名历史人物：中华三祖堂、大镜门、西柏坡、娲皇宫、郭守敬、景县舍利塔、沧州铁狮、赵州桥、邺城三台遗址、天下第一关——山海关、李大钊、直隶总督署、避暑山庄、磬锤峰。万里长城贯穿整幅画面，其中有辽阔的东北草原和秦皇岛渔船，增添了壁画的和谐与艺术感染力。此壁画为紫铜锻造，增强了历史感，与大堂整体的设计风格相统一，构思新颖，含意深刻，气势恢弘，体现了历史与现代艺术的完美结合。

石家庄市佳林装饰工程有限公司连续四年被评为石家庄市"重合同守信用单位"，2001年通过ISO2000:9001质量管理体系认证。在1999年"河北省首届装饰设计评比展览会"中获家装设计三等奖；2000年"石家庄市第二届家装设计大赛"中获家装设计一等奖；2002年"石家庄市第三届建筑装饰设计评比展览"中获家装优秀设计奖；2002年"石家庄市第三届建筑装饰设计展览"中获公装最佳设计奖。业绩突出，行业及社会口碑良好。

石家庄市佳林装饰工程有限公司的经营运作理念是：用我们的思想，实现您的理想。以ISO9001质量管理体系为指导方针，强化管理，科技领先，创建名牌工程，不断追求完美，为石家庄、河北省乃至我国建筑装饰行业的可持续发展做出新的更大的贡献。

(**背景资料提供：**石家庄市佳林装饰工程有限公司孟凡镇、冯天敬、黄克培、赵红英)

清华工美为“神五”发射装修五彩路

——记清华工美建筑装饰工程有限公司承建酒泉卫星发射中心东风宾馆、贵宾楼装修工程

清华工美建筑装饰工程有限公司　副总经理　王善林

宾馆大门

2003年10月15日上午9时，中国甘肃酒泉卫星发射中心载人航天发射场，一声惊天动地的巨响，巨型运载火箭，喷射出一团桔红色的火焰，托举着“神舟五号”载人飞船拔地而起，直刺云霄。飞船在太空遨游一天，顺利返航，载人飞行取得圆满成功。捷报传来，举国欢腾。在这激动人心的历史时刻，在这具有划时代意义的喜庆日子里，我们清华工美人与全国人民一道群情振奋，欢欣鼓舞。同时，我们清华工美人能为承建“神舟五号”发射配套工程东风宾馆、贵宾楼装修工程付出辛勤汗水和艰苦努力而感到骄傲与自豪。

2003年3月下旬，酒泉200多千米以外的巴丹吉林沙漠腹地——酒泉卫星发射中心寒风刺骨，但是肩负着为航天事业增砖添瓦重任的清华工美建筑装饰工程有限公司的装饰队伍冒着严寒开拔到这里，开始了装修施工。这里的自然环境非常恶劣，施工条件异常艰苦，尤其是江苏籍的工人们极不适应这里的风沙和干燥、寒冷的天气，不习惯这里的饮食，但是责任感和使命感鼓励工人克服水土不服、气温不适、

宾馆会议室

生活不便的困难。为了完成施工任务，工人们经历了流鼻血、感冒、腹泻等生理病痛的折磨，艰难地坚持下来。

东风宾馆是党和国家领导人来酒泉卫星发射中心视察工作时下榻的宾馆，是这次参与“神舟五号”发射任务的科技人员居住与生活的宾馆。由于2003年五月六月间防治“非典”工作的影响，酒泉基地作为特级保护单位严格控制人员和物资进入发射基地，给施工带来极大的困难。

随着装修施工进度的全面展开，施工人员需要逐步增加；当地的装修材料匮乏，并且质量很差，主要装饰装修材料都要从北京运输来，人员和材料的紧缺都直接影响到工程进度。关于工程进度，基地领导要求，7月初“神舟五号”的试验人员将要进入发射基地，7月1日前工程必须交工，提供给专家们舒适、温馨的生活环境。

宾馆入口

面对时间紧、困难多的紧张形势，清华工美人发扬了不畏艰难、敢于拼搏、英勇善战的精神，迎难而上。北京的工人无法出京，项目部与施工队商议直接从江苏调人，乘车经过四天四夜的路程到达酒泉基地，解决了燃眉之急。为了及时供应材料，从北京选购后，马上办好防治“非典”工作检查手续并安排运输。3000多千米的路程马不停蹄，直运现场，有力地保证了工程实施。东风宾馆的改造设计单位是解放军总装备部设计院，施工现场的实际情况有较多变化。我们的设计人员在满足国家强制性标准的要求下，经业主授权、同意，现场进行设计调整，在保证建筑物安全和完善使用功能的前提下提出具体修改意见，使宾馆室内装修改造得更加舒适、实用。

贵宾楼装修工程是酒泉基地基建工程的重中之重。早在2003年伊始，酒泉卫星发射中心就邀请了国内五家建筑装饰企业参加贵宾楼室内装饰方案设计投标。经行业内专

宾馆外景

家评审和总装备部各级领导评议，清华工美环境艺术设计所主任设计师王建国主持的设计方案中标。该方案设计理念新颖别致，既紧紧围绕航天科技、载人飞天的主题，又充分反映当地风土人情、历史文脉的多元文化，营造了简洁实用、舒适大方的全新空间环境。优秀的设计为清华工美承接贵宾楼施工任务赢得了资格，也引起了部队各级领导的高度重视。中央军委委员、总装备部部长、"神舟五号"载人航天工程总指挥李继耐上将在酒泉基地视察工作时，要求把工程建成"世纪工程、标志工程、科技工程、艺术工程和精品工程。"

贵宾楼大堂

贵宾楼工程土建施工原计划2003年5月底完工，随后立即开始装修。但因"非典"的影响，材料不能按时进场，土建单位机构调整，人员变动，致使6月底结构未能封顶，水、暖、电等设备管线没有安装，严重影响了装修进度。但是"神舟五号"发射日程已确定，各项准备工作都按计划进行。酒泉基地指挥部明确要求，9月20日贵宾楼装修工程必须竣工交用，不得延误。

工期就是命令，工地就是战场。清华工美没有强调客观现状，面对施工计划、人员安排、材料调配的困难，项目部针对工期短，施工环境恶劣的情况，多次研究部署施工任务。面对与土建工程交叉的施工现场，打破了正常的施工程序，与土建人员协调配合，见缝插针，既要确保施工进度，又要保证施工质量，合理科学地调整施工计划。为了加快土建的施工进度，给了土建方很大的支持和帮助。清华工美的水、电安装工人跨越了企业的界限，承担了土建安装的任务。

为了确保工期，工人吃住在工地，没有临时设施，就在露天搭帐篷，夜以继日、努力奋战。为了保证工程质量和艺术造型的风格，设计人员一线跟班作业，工人严格执行施工工艺，为了挑选符合设计的材料，多家看样，几经对比。

我公司对酒泉基地的工程项目十分重视，在承接项目时，明确提出项目列为公司的重点工程，创优工程。为祖国的航天事业做贡献。在项目实施中公司领导多次到现场与项目部商讨施工情况，针对存在的问题给与指导和支持，对困难给与帮助和解决。对工程的安全、质量、进度、技术要求及时发文，给与指导监督。

贵宾楼首长会客室

酒泉基地司令员、"神舟五号"发射场系统总指挥张建启高度关注清华工美装修施工的情况，自从清华工美进场后，施工现场就经常看到司令员的影子。设计的认可、施工的组织、质量的肯定……酒泉基地的官兵给了清华工美大力支持和积极配合。随着工程进展，陆续到酒泉基地参加"神舟五号"发射的科技人员都愿意到贵宾楼装修工地去看一看。当得知项目是清华工美设计施工后，都感到惊讶和赞叹。

几分耕耘，几分收获。酒泉卫星发射中心的东风宾馆、贵宾楼如期竣工交付使用，为"神舟五号"发射提供了优美的环境和一流的设施。清华工美为祖国的载人航天事业添砖加瓦，默默奉献，圆满地完成了历史使命。

贵宾楼首长主卧室

广东金刚玻璃科技股份有限公司办公厅设计

汕头经济特区雅达环境艺术设计事务所　**周哲雄　陈　维**

项目名称： 广东金刚玻璃科技股份有限公司

设计单位： 汕头经济特区雅达环境艺术设计事务所

设 计 师： 周哲雄　陈　维

建筑面积： 1900 ㎡

主要装修材料： 玻璃、金属构件、胶版

一、突出现代企业（上市公司）形象

作为一家即将上市的现代企业，鲜明、简约的公众形象至关重要。其办公场所传递的信息应该是：这是一家分工明晰又团队协作、打破等级分列又高效运作的企业。因此，在设计上实施了敞开式的办公厅设计构思，同时兼顾中国传统堪舆学说，分隔若干企业领袖办公室。在总体分布上，显示门厅有“百川归海”的寓意，在圆形的厅面上，分设三条通道与三个功能区域（管理层区域、营销层区域、及设计工程管理部门）相连。

二、突出行业专业特征

玻璃，既是本企业的产品，又是本次设计的主要装饰材料，使玻璃材料在不同环境区域中发挥重要作用和扮演重要角色。目的，起着一种推广企业产品的示范作用。

三、突出科技特征

本次设计着力创造环境人性化、通讯设备现代化、管理自动化的智能型办公环境，显示高科技现代企业的形象。充分考虑运用玻璃产品在物理学、化学、力学的优点，在装饰办公厅同时，集中展示公司高科技产品的功能特征。

四、突出人文关怀精神特征

公司办公布局，采用了全开放式格局，改变了以往封闭式分割的间隔，消除分工不同导致的等级分列的隔阂感，摆脱了传统的职务级别及工种细分的组织模式，有利于培养团队协作精神和调动职员主动性和责任心。

福建省室内设计十大影响人物：通往成功的路上

《福建经济快报》记者　**吴文斌　叶传杰**

1——叶斌：要有超前眼光

理解成功：

在人们的眼里，设计师大多是关起门做设计的，很少在社会上抛头露面，而叶斌则不同，作为一个公众人物早被业界和社会认同。对此，叶斌自有看法，他认为，一个公众人物不但需要自身良好的社会人缘，还必须有精湛的专业技能让同行和社会信服。作为一个成功的设计师，不但要练好内功，更要有超前的眼光，看到最新、最全面的信息，有一个坐标式的对比，从而在不断模仿学习中提升自己，并形成自己的设计语言和风格。

在叶斌看来，成功就是要永远领先，这不但要意识领先，更要作品领先，自然这是一个需要努力的过程，而成功正好是一个人在这样一个阶段所付出的一种回报。

猜测未来：

作为一个公众人物，叶斌极力构建一个交流的平台，认为设计的成果需要用来交流。对此，叶斌向记者坦言，在今年他会把公司的一些优秀设计作品结集出版，目前已经跟出版社签好了协议，并拟一次性推出五本书。通过这样的一个形式，让社会更好地认识“国广一叶”，同时也听听社会上的声音。

2——谢崔昀：努力做个“通才”

理解成功：

年轻的谢崔昀谦虚地认为，自己的成功离不开优秀前辈的指导，在这方面他受益匪浅。他说，从某种意义上来讲，设计师应当是“通才”，服务面广，各方面的知识都要知道一些，但不一定要很精。因此，设计师提高自身的修养非常重视。“功能是基本的，形象是第一的。”谢崔昀认为，设计作品应从理性的、实用性的角度出发，在此基础上提高文化氛围，让人精神愉悦。

猜测未来：

谢崔昀坦言，在目前群众艺术欣赏水平还是很高的大环境下，设计师要形成自己的设计风格是比较难，他自己也还没有形成自己的风格。“但三五年后肯定要形成，这应是发展趋势吧。”他说，今年打算参加国内室内设计的年会及一些大赛和展会，开阔眼界，交流信息，修炼内功，提升自己的业务水平，为日后形成自己的设计风格打好基础。

3——刘琦：把职业当事业

理解成功：

从闽北山区走出来的刘琦依旧保留着闽北人的质朴、实在，话语也是朴实的。他说，要成为成功的设计师，应当是理论和实践并重，除了在学校里学到的知识外，还要大量进行实践，要善于运用新的工艺、新的材料和新的施工技术来提高效果，降低成本，因此设计师自己本身要不断“充电”。

猜测未来：

刘琦称业界很多人说他是“执着的艺术家，无奈的商人”，他说：“我已在这条路走了20年了，吃了很多苦，有时真的感觉很累，身心疲惫，有时真的很想放下画板改行去，但我对室内设计这一行很热爱。对我来说，室内设计不仅是一种职业，更是一种事业。”他说，今后将保持明快、稳重的格调，坚持走更加人性化设计的路子。

4——林海默：深刻理解艺术

理解成功：

在这次“十大影响人物”评选活动的20个候选人中，林海默是一个“江湖经历”最长的人。因此，影响人物的评选，无论是行业排资论辈，还是用作品说话，林海默都是一个理所当然的影响人物。作为这样一个“老字号”的人物，林海默还是认为，作为一个优秀的设计师，必须具备很好的文化艺术素质，室内设计是一门边缘学科，要求从业人员必须对工程和艺术都要有深刻的理解，对各个流派的衍变有自己的脉络，这样才能在追求设计的文化氛围和艺术性上凸现自己的风格。

在林海默看来，成功是一种水到渠成的收获，是靠实践不断磨练，一点一滴积累来的。

猜测未来：

面对即将到来的精装修市场，有人叫好，也有人慌忙，但林海默却提出了一种“家具集成”的套餐思路。林海默说，精装修市场是国家所倡导的一个方向，目前正在被市场逐步认可，但目前各家装修公司并没有一个详细的操作方式，在这种情况下，“家具集成”的提出，无疑是一种创新，也是一种尝试，通过工厂化生产的方式把装修和家具成本节约下来。

5——史家声：升华敬业精神

理解成功：

史家声的“江湖”经历已有20年了，在福州也算是业界“元老”。昨天记者向他讨教成功的“秘诀”时，史先生很谦虚，一再表明自己“还不是很成功”。再三“追问”下，史先生开了口，他说：“我个人认为成功要有三个条件：一是为人好。从事室内设计，为人处世最为重要，虽然我现在也在做公司搞商业，但我始终认为诚信经营是根本。二是心态好。做室内设计要跟形形色色的业主打交道，没有好的心态是很难坚持下去的。三是要有敬业精神。将敬业精神升华到一定程度，方方面面替业主着想，就会得到肯定。”

猜测未来：

谈及今后的打算，身兼学校教师的史先生说，要将自己的知识毫无保留地传授给更多的人，同时，要致力于将传统和现代结合起来，将中华传统文化中的精神发挥运用到现代的家装中。

6——陈孝生：灵魂在于创新

理解成功：

陈孝生早先在一家省级新闻出版单位作美工，上个世纪90年代下海，到上海、江苏一带创业，前几年回到福州拓展事业。见多识广的他认为，创新是设计的灵魂，室内设计的作品一定要有原创性，要创新。室内设计是建筑的延伸和深化，不是一般的表面装修，要体现出深层次的文化内涵来，因此设计师必须要有一定的文化素质，要有内涵。

猜测未来：

谈及今后的打算，陈孝生淡淡地说：“我只想认真做好每一件事，尽量多做些公益事业。有机会的话，多跟国外先进水平交流、学习，我有信心跟上国外先进潮流，为这个行业带点好头。”

7——康延补：追求没有封顶

理解成功：

追求简约时尚的康延补，对福州目前的装修业界来说，带来的无疑是股清新的空气。而作为我省在全国装修设计大奖赛获奖最多的一个人，康延补对优秀设计师自身素质的界定，就是一句话：用作品来说话。康延补说，一个设计师离开了作品就不叫设计师了，而一个成功的设计师如果没有成功的设计作品，那也就是徒有虚名。同时，康延补认为，一个成功的设计师，必须要对目前的潮流有个正确的判断，并用自己的设计理念，为今后装修潮流起一个正确的引导。

正像自己对简约风格一如既往的追求，康延补把成功理解为是一个永远没有封顶的追求。

猜测未来：

在谈及2003年自己所要突破的地方时，康延补表示，在坚持一种简约式的总体设计风格的基础上，今年可能会考虑尽量多地采取一些新工艺、新材料，毕竟，材料越多，给设计师提供的灵动空间就越大，更何况，适当的新材料应用，可以给人以一种耳目一新的感觉，这对自己一如既往的简约风格可以说，是一次重新塑造。

8——张建琛：立足本土文化

理解成功：

一幅成功的设计作品，必须经得起时间的考验和人们挑剔目光的审视，而对客户来说，作品更关键的是体现它的价值，让客户感觉物有所值。这是张建琛对设计作品的理解，也是对一个成功设计师的理解。当然，作为一个成功的设计师，张建琛认为关键不要“忘本”，特别在目前这样一个流派纷纭错杂的环境里，对一个设计师考验更大的应该是如何立足本土文化特色，发挥传统文化的精华，借鉴外来流派的修饰手法，对传统的表现方式进行再加工，从而表现出自己个性的一种灵动。

在此基础上，张建琛把成功理解为是一种作品的成功，让社会对这个作品的认可。

猜测未来：

张建琛认为，设计是一种服务行业，也需要面对自己的客户，因此，设计要让客户满意，也必须提出一种售后服务，而这恰恰是以往这个行业所缺少的，目前市场所必须的。对此，张建琛表示，今年他将重点突出售后服务，这不仅是对客户负责，也是对自己的作品负责。

9——孙建华：定位自身风格

理解成功：

孙建华远在厦门，在电话中听得出他很忙，但他还是抽空接受了采访。“要获得成功，首先是要热爱室内设计这个职业!”孙先生掷地有声。“室内设计在中国刚起步不久，社会还不是很认同，设计师在工作中会遇到很多阻力，有许多是非技术性的，只有热爱这个职业，才有信心和决心战胜重要阻力，”他接着说：“第二，要有广泛的兴趣和合理的知识结构。第三，要敏锐地捕捉外界的各种信息，将这些信息深挖下去，变成自己的东西。将这三方面结合起来，离成功应该就不远了。”

猜测未来：

孙建华说，他现在正在思考如何定位自己的设计风格的问题。“以前中国的室内设计师都是学港台、学欧美，一会儿豪华风格，一会儿简约风格，很混乱。现在一些设计师开始探索在本土的大环境下如何定位自己的设计风格，这也是我努力的方向。”

10——曹军：做好每件作品

理解成功：

采访曹军时，他刚好从泉州到福州来出差办事。从遥远的黑龙江到闽南泉州发展的曹军直言不讳地认为，在福建同行业间的交流较少，比较封闭，而在北京，同行经常聚集在一起相互切磋，对提高业务水平有很大帮助。对于成功设计师的素质，他认为，要有很好的空间理解能力，能将窗帘、家具、装饰画等软性材料和石材、砖块、不锈钢等硬性材料完美结合起来。他将自己获得成功归因于“兢兢业业、认认真真地做好每一件作品”，不是为了赚钱而去搞设计。

猜测未来：

“每做一件作品，我都会用百分之百的努力做好，每件作品能达70%以上的满意度就好。”谈到今后的发展，曹军沉默了片刻后说：“我今后有一个研究方向，就是把具有中国传统特色的符号用全新的创作手法来演绎空间。”

新天地大酒楼室内设计

THE INTERIOR DESIGN OF NEW WORLD RESTAURANT

设计/撰稿：李舟 重庆金宇塔装饰公司高级室内建筑师

坐落地点：重庆市渝北区龙溪镇

设计时间：2002.9

完工时间：2003.1

本案位于重庆市渝北区龙溪镇龙华大道，这里紧邻加州花园小区，是一条以餐饮业著称的新兴商业街。这条街上餐厅酒楼林立，有多家知名的餐厅、酒楼进驻。本案位丁新天地商住楼的平街二层，原建筑设计为商场，已闲置多年。业主欲将其改造为中高档酒楼，包括接待大堂、酒楼及配套的茶楼等几个功能区域。装修面积 $2600m^2$，可同时容纳 500 人就餐。

该建筑为框架剪立墙结构，建筑空间不是按餐饮空间设计的，特别是其主要通道需通过底层商场中心进入，无法满足酒楼经营的需要。本案的设计首先从建筑空间改造入手，在不破坏原建筑结构的情况下，用室内建筑的手法对建筑空间做适宜性处理，将原底层商场通过的主楼梯封闭，在大楼平街面的左右两侧新增一钢制楼梯和天桥。另外结合地形处理，新增设了茶楼的次要人口及员工、货物通道，重新改造了上下水管道，并新增消防、空调设施，以满足商业空间功能需要。经过改造后的建筑平面布局趋于合理，室内设计优化了建筑空间，解决了人员分流及消防疏散的难题。接着设计师对原天井进行了改造，将其加上了采光玻璃顶，精心布置了绿化、水景，利用天光、盆树、水影等自然元素营造出一个室内绿色生态空间。玻璃采光顶架在制作时留下了用于调节通风的窗口，以保持室内空间的自然通风以减少室内环境对空调的依赖。

室内绿色景观的形成，拓展了就餐大厅的景深，使人们在人工环境内也能感受到自然生态的园林景观及轻松的就餐氛围，借景生情，有利于人与自然的关系，使内外空间相互渗透，自然延伸，形成室内空间的视觉焦点。两边的装饰壁柱自然形成镜框效果，抓住了就餐宾客的眼光，成为室内空间的一大“卖点”，也是其室内最显著的特色。

通过新增的钢制楼梯步入二层的接待大堂，本案中在二层入口处规划出较大的区域作为酒楼的接待空间。接待大堂是酒楼设计中的关键部分，是体现酒楼整体形象的窗口，由于建筑层高的制约，大堂的空间高度上难有突破，如果按照通常的方式进行吊顶和空调安装空间会显得压抑。本案在大堂的处理上采取扬长避短的原则，重点在大堂的墙面、地面部分做文章，采用柔和、温暖的银线米黄大理石作为其墙面、地面的主要饰材，以构成大堂统一和谐的基调，大堂地面的圆形图案拼花与金色的天花造型相互呼应。圆藻井中心的一组吸顶式的水晶灯起到了空间限定作用。大堂空间以圆形地花为中心，除有酒楼的形象墙外，另有休息等候区、收银台、海鲜池等功能，平面紧凑，过渡自然，极具向心力。在大堂与酒楼就餐空间的过渡区域设置了一组点驳玻璃水幕，水流潺潺自上而下，周而复始，使大堂静中有动，增添了环境的亲和性及生机，这也是空间设计中安排的一个亮点，不断循环的水幕取“财源广进、生意兴隆”之意，符合中国传统文化中“吉地有吉水”的说法。

大堂休息等候区的墙面，一幅由本土青年油画家创作的反映山城重庆民居风貌的大型油画吸引了人们的视线，在中式酒楼里采用油画这种艺术形式，使人感觉新颖，也有别于本地酒楼的通常做法。这幅油画与另外几幅油画组成了一组山城民居系列，分布在酒楼空间组织的几个控制节点上，衬托出酒楼的地域文化背景，统一构成了空间的文化气息。画中传统民居的古朴清新，与现实环境高贵、时尚形成对比和反差，使商业空间与地域文化产生对话，加深了环境的人文特征，提升了空间的文化品位。

在酒楼大厅的临街一面设置了大面积的落地白玻幕墙，局部留有可换气的窗，使临窗的宾客有了良好的景观，开阔的视野，街上的行人也会感受到酒楼的鼎鼎人气和优雅氛围，同时室内外空间相互渗透，阳光等自然元素引入了室内，缓解了室内空间吊顶后压抑、封闭的感觉，与室内庭院形成对景，可保持自然通风。本案统一考虑了消防、空调，电气等管道在吊顶上的铺设，造型尽量躲过管道及结构梁的限制将吊顶提高。为改变原空间单调平淡的印象，大厅的天花吊顶采用圆形藻井作为造型元素，突出重点，反复运用，形成统一规律，并结合暗槽暖色光带，吸顶水晶灯，使空间气氛热烈、温暖。酒楼根据经营需要，设置了 27 个大小不一的包间，装饰风格及标准各不相同。但在包间外面，整个酒楼用统一色彩基调、造型语言，给人风格统一而富有变化的整体印象。

本案虽是以中餐为主的商业空间设计，但有浓重的传统文化味道，设计师很少用具象的中式符号和程式化的设计语言，很多处理手法均注入现代的理念，通过现代的材质、色彩及光线的运用去诠释空间的魅力。本案的设计重视地域文化特点，强调生态环保，力求在商业与文化之间找到平衡，体现时代特征，营造出个性化十足并符合市场导向的就餐环境。

茶楼是中式咖啡馆。上茶楼喝茶，原来是一件再平常不过的事，不知道什么时候开始，它逐渐与时尚的生活方式联系在一起。遍布重庆的茶楼已成为时尚人士交友、倾谈、消遣、休闲的最佳去处。而茶楼的室内风格大多表现传统的怀旧感，但在“新天地”设计师有自己的看法：空间环境轻松、休闲，优雅的氛围是上茶楼成为时尚的主要原因，因此在茶楼的设计定位上，设计师放弃传统茶楼模式化的设计语言，采用了现代的手法和设计语言，来营造一个相对安静、优雅、舒适的品茗空间。在这里，你可以不一定要懂茶，但也能享受茶。

茶楼位于室内庭院的另一面，面积约 370 ㎡，设有通道与酒楼相联系，成为酒楼的配套功能区域。另有独立的出入口，可自成一体。原建筑空间的柱网与不规则的平面给设计带来一定的困难，通过对环境及人流的分析，在平面布置上在酒楼和茶楼之间增设了一个副厅，成为两个功能区域之间的过度空间，也是人流组织中的一个节点。在茶楼外入口的左侧布置了一组由铁艺、竹景组成的室内景观，丰富了室内空间的层次，同时也点出了茶楼空间轻松、休闲的意味。茶楼的入口处设有一白色大理石饰面的屏风，背后为尺度很小的钢琴演奏台（主持台），灯光的配置及复式地台的处理使表演台成为空间的视觉中心，茶楼以开敞的大厅为主，结合不规则的平面划分了四个雅间，使茶楼大厅的空间相对完整。在大厅的墙面处理上利用建筑结构壁柱统一设计了一组造型壁龛，壁龛虽占去了部分实际使用空间，但经压花玻璃、暗槽灯光及细部处理后却扩大了心理空间，减弱了空间封闭的感觉。茶楼大厅原建筑结构柱尺度较大，影响空间的整体效果，后经清水木做与镜面造型处理后加上射灯，淡化了柱实体的厚重感，成为空间造型的主要特点。另在室内关键的墙面设置了室内景观，以营造一种园林气氛，配合轻盈的冰纹玻璃、绿色竹子、白色卵石，使室内空间有了室外感，也使室内墙面的表情丰富了起来。

茶楼的吊顶天花形式让人感觉非常轻松、随意，其实却让设计师煞费苦心。原来的建筑结构梁较底，且梁下各种管道交错，为吊顶带来很多麻烦，如果采用通常方法吊顶，空家会变的非常压抑，设计师一直找不到合适的切入点解决这个难题，后来设计师到工地偶然间见到一块被工人打碎的大理石，其断裂后的碎片给设计带来灵感：吊顶天花同样可以打破，不一定是整块。于是设计师采用流动的曲线划分空间的吊顶，形成几组流动的凹槽，结合天棚漫射光槽的处理，天花好象漂浮在空中，改变了建筑空间压抑的感觉，同时室内环境动感、活泼，现代感极强，吊顶天花成为最具特色的部分。

在本案中最后呈现在人们眼前的是现代纹样的羊毛地毯、藤制沙发、绿色植物衬托的整体空间效果及优雅、轻松休闲的氛围。

·理论探讨·

中国当代室内设计的地域文化特征

清华大学美术学院环境艺术设计系　郑曙旸

地域文化成为设计保持鲜明个性，在世界上立于不败之地的利器。面对外来强势文化的挑战，我们原来所具有的地域文化优势能否继续保持，同时又不断发扬光大，成为每一个设计者需要深思的两难课题。一方面需要吸取强势文化的精华为我所用，另—方面又需要发掘地域文化的精髓不断创新。对于中国的室内设计者来讲，我们正处在这样一个关键的历史时期。

1．中国室内设计地域文化产生的本质

1.1 地域文化的基本概念

地域：特定区域的地理环境构成了地域的称谓，地域具有相对确定的地理位置和相当大的区域面积。

文化：广义指人类在社会实践过程中所获得的物质、精神的生产能力和创造的物质、精神财富的总和。狭义指精神生产能力和精神产品，包括一切社会意识形式、自然科学、技术科学、社会意识形态。有时又专指教育、科学、文学、艺术、卫生、体育等方面的知识与设施。作为一种历史现象，文化的发展有历史的继承性，同时也具有民族性、地域性。不同民族、不同地域的文化又形成了人类文化的多样性。作为社会意识形态的文化，是一定社会的政治和经济的反映，同时又给与一定社会的政治和经济以巨大影响。

地理位置：国家、地区的自然或社会客体(如山脉、河流、居民点、港口等)与外在客观事物间的空间关系总合。以赤道和本初子午线为标志，表明其在经纬网上方位的数理地理位置；以海陆、地形等自然地理要素为标志，表明其在自然地图上方位的自然地理位置；以具有经济意义的自然条件或经济事务为标志，表明其在经济地图上方位的经济地理位置；以政治上军事上与邻国或邻区的相对位置，确定其在政治和军事战略地图上方位的政治地理位置。

地理环境：通常指环绕人类社会的自然界，包括作为生产资料和劳动对象的各种自然条件的总和。是人类生活、社会存在和发展的物质基础和经常必要的条件。包括自然地理环境和人文地理环境。前者是气候、地貌、水温、土壤、植被与动物界有机组合的自然综合；后者是人类通过历史的和现代的经济、政治、社会、文化等活动在原先的自然地理环境基础上所造成的人为环境。它可以加速和延缓社会发展的进程。随着社会生产力的发展，人类社会将更广泛、深刻的作用于地理环境。

地球村：是形容信息时代我们生存环境的夸张对比词组。“地球”是人类生存的环境物质基础，是人类环境系统中最大的实体。“村”是人类聚居形态的最小单位。大与小的对比与综合生动地勾画出信息时代我们生存环境既大又小的现实。“大”指物质的实体空间。“小”指感觉的心理空间。也就是说随着交通工具的日益快捷，通讯条件的日趋便利，我们生活的这个世界在生理的感觉上变得越来越小，如同生活在一个村子里的人那样易于交流。

通过以上几个词组的概念罗列，我们不难看出“地域文化”中地理与历史的概念占据了十分重要的位置。这也就是设计界对新世纪地球村形成后能否继续保持地域文化特征的设计思维要点。

地理的概念包括时间与空间、信息与交流、封闭与开放三个层面的问题。

时间与空间的相对性不仅表现在现代物理学中，它们之间的相对理念同样处于地域文化概念的核心位置。同是一块地域徒步行走贯穿东西可能需要 1 个月，而驾驶汽车在高速公路上奔驰则只需要 12 小时。意大利马可波罗中国之旅和唐代玄藏漫漫取经之路的疆域印象，远比今日飞车观景的地域感觉要大得多，古人需要一生的时间去体验的景观，今人也许要短短的几个月。也就是说今日世界的空间印象在时间飞逝的作用下无形地变小了。过去时代的行万里路之所观所学远胜于今天也在于时间的作用，万里之遥在今天只不过是协和式超音速客机的 3 个小时。 信息与交流作用于地域文化同样与时间有关。单位时间内信息传播的速度快慢，人际交流的程度深浅，直接影响到不同的地域范围。信息传播的速度愈慢，作用于地域的范围愈小，而人际交流的程度却愈深；信息传播的速度愈快，作用于地域的范围愈大，而人际交流的程度却愈浅。前者代表了工业化时代之前信息与交流的主要模式。当时的声音语言只能够口传身授，文字语言的传播受制于交通工具和地理环境。反而产生了具有鲜明特征的地域文化。后者代表了：工业化时代之后信息与交流的主要模式。尤其是 20 世纪末开始的信息革命所带来的数字化生存方式，对地域文化的存在产生了非常巨大的影响。强势文化的最新信息借助于迅捷的传播工具能够在一夜之间深入到全球的每一个角落。

封闭与开放的程度也直接影响地域文化的形成。这里所说的封闭与开放的概念是指由于自然地理环境所造成的气候、地质、交通条件对人的生理或行为产生影响的问题。高

山大海密林曾经造就了各自独立的文化圈层，形成了各具特色的地域文化。封闭愈甚地域文化的特点愈强，开放愈甚地域文化的特点愈弱。随着人类的足迹依仗先进交通工具遍及地球的每一个角落。除去刻意保护的文化遗产和生活方式，原先深入到生活各个层面的地域文化特征逐渐被流行的强势文化所取代。

历史的概念包括社会与政治、风格与传统、时尚与流行三个层面的问题。

社会形态与政治体制无疑对地域文化的形成起到了推波助澜的作用，历史上形成的各类地域文化无不与当时的社会与政治发生着千丝万缕的联系。中国历史上的儒家学说被当时的统治者奉为经典，使大一统超稳定的封建宗法制度延续了两千年。从而造就了君君臣臣、父父子子、男尊女卑、上下有序、长幼分明的居住建筑平面格局和与之相应的城市形态。建立在古罗马废墟上的欧洲中世纪封建制度，战乱纷争四分五裂，领主们的封地割据，使所有的国家都名存实亡。因此才会出现一个个孤立于田野上和山岭间的城堡。

风格与传统体现于艺术风格的世代相传，是地域文化得以存在并不断发展的基础。艺术风格的产生一方面来自于创造者的主观愿望，而更主要的方面则是受当时当地本氏族生活方式的影响。当风格积淀到一定的深度，就成为一种样式流传下来，变为特定地域文化传统的组成部分。

时尚与流行是地域文化中最具变数的要素，当时的风尚既有特定地域内部某种风格受技术条件影响所发生的变化，但更重要的因素还在于外部文化的渗透，尤其是受当时强势文化的巨大影响。至于能否流行或者流行的长短，都在于和特定地域文化的同化程度，浅层同化的流行只能风行一时，而深层同化则可能演变为新的样式作为地域文化的传统流传下来。

1.2 地域文化的传统理念

对人们的社会行为有无形的影响和控制作用，由历史沿传下来的思想、文化、道德、风俗、艺术、制度以及行为方式等称为传统。之所以能够在一个特定的地域形成特定的文化，其关键在于传统的作用。在传统的所有理念中，观念性的要素处于支配的位置。观念是人思维活动的结果，人的思维活动除了业已形成的主观思想之外，主要来自于外界的信息刺激。生活在地理环境相对封闭且历史久远文化圈层的社会群体，在自然经济的农耕时代接受本地域之外信息的机会极小，受其影响主导的思想观念主要受地域的传统所控制。中国的历史和地理恰恰符合于这样的推理。因此在漫长的发展过程中形成了独特的传统。体现于建筑的室内，突出地表现于装饰手法与空间处理两个方面。

中国古典建筑室内的装饰手法，体现于构件实体的造型与界面图式的综合运用。“以木构架为结构体系的中国古建筑，它们的柱、梁、枋、檩、椽等主要构件几乎都是露明的，这些木构件在用圆木制造的过程中大多进行了美的加工。柱子做成上下两头略小的梭柱，横梁加工成中央向上微微拱起，整体成为富有弹性曲线的月梁，梁上的短柱也做成柱头收分，下端呈尖瓣形骑在梁上的瓜柱，短柱两旁的托木成为弯曲的扶梁，上下梁枋之间的垫木做成为各种式样的驼峰，这些构件的加工都是在不损坏它们在建筑上所起结构作用的原则下，随着构件原有的形式而进行的，显得自然妥贴而毫不勉强。”由于是木构架，室内空间组合灵活多变，空间的阻隔主要由各种木制的构件组成，从而形成了隔扇、罩、架、格、屏风等特有的木构形式。这些构架本身就有丰富的图案变化，装饰的效果已经很好，再加上藻井、匾额、字画、对联等装饰形式，以及架、几、桌、案上各种具有象征意义的陈设，就构成了一幅完美的空间装饰图画。

中国古典建筑室内的空间处理，体现于完整理论指导下的设计实践。从《易经》的阴阳之道，老子（道德经）的“三十辐，共一毂，当其无，有车之用。埏埴以为器，当其无，有器之用。凿户牖以为室，当其无，有室之用。故有之以为利，无之以为用。”一直到神秘的风水理论。在天地人相互交融的中国环境观念中，空间从来就是动静相宜的。内外融会相辅相成的空间系统因此成为木构造建筑最显著的特征。象征着建筑内部空间的“家”和象征着建筑外部空间的“庭”，在汉文字中构成了社会最基本的单位——家庭。中国古典建筑空间体系的全部内容就浓缩在这两个字中。

1.3 地域文化的社会因素

每一个特定时代和特定地域的社会、经济、政治，文化特征都会影响到艺术的风格；风格的产生必定有着特殊的形态表象作为支撑，这种形态的表象积淀到一定程度就成为一种定式作为传统流传下来。新的时代开始社会的价值观念发生变化，整个评价体系的改变必然对传统产生影响，从而开始新一轮文化艺术风格的探索。一般来讲在社会形态新旧交替的历史阶段，最容易产生新的艺术样式并成为设计创新的收获期，由这些社会因素促成的特定艺术风格组成当时特定地域设计文化的主体。

社会是以共同的物质生产活动为基础而相互联系的人们的总体。人类是以群居的形式而生活的。这种生活体现在各种形式的人际交往联系上，就会产生丰富多彩的社会活动。社会活动的各种物质需求，带来了艺术设计者的创作机会。深入了解社会就成为设计者创造力完善的基础。中国目前正处于社会体制转型的过渡时期，在由计划体制向市场体制的转换过程中，人际关系与社会活动变化十分剧烈。因此很难确立一种相对稳定的社会形态作为设计的依据。

经济作为社会物质生产和再生产的活动，在它发展的不同阶段总是形成一定的社会经济制度，作为社会生产关系总和的经济基础，成为一个国家发展的根基。作为艺术设计者不了解经济运行的基本状态，就把握不住设计定位的方向。

中国经济正处于高速发展的上升期，旺盛的需求为设计者提供了广阔的市场。

政治是经济的集中表现，产生于一定的经济基础，又为经济基础服务，给予经济发展以巨大影响，并在社会上层建筑中居统率地位。无论艺术设计者在主观上愿意不愿意，由于所处的位置，都不可避免地受到当时社会政治因素的制约。

文化作为人类社会历史发展过程中所创造的物质与精神财富的总和，表现出无比深厚的内涵，不同地域的文化又呈现出完全不同的特征。文化积淀所反映出的传统理念，以及物化的风格样式，成为设计者取之不尽的创作源泉。

2. 形成当代中国地域文化特征的因素

2.1 跳跃发展的影响

改革开放，商品经济的发展，为当代中国室内设计的起飞奠定了基础；单个空间的个性化要求，为设计者提供了相对于工业产品设计更为自由的设计天地；高额的商业投资利润，成为设计施工行业发展的催化剂。三种因素的合力，使中华大地上空升腾起一股前所未有的室内装修热潮。这股热潮造就了一大批室内装修公司，带动了相关行业的发达兴旺。在这里我们暂且不论其风格的差异和水平的高低，就其过程而言，在20年的时间中，中国室内设计以跳跃发展的态势迅速走过了西方国家近百年所经历的路程。

2.1.1 逆向发展的奇特现象

在世界室内空间的全部设计总量中，居住空间占据了最大的份额，其次是工作空间，最后才是公共空间。这样的排序符合人类生活行为需求的本能。大多数发达国家的室内设计也是这样发展起来的。室内最终脱离建筑成为一个独立专业，这样的一个发展顺序是符合逻辑的。

然而中国的室内设计却走过了一条逆向发展的道路，从公共空间开始到工作空间，然后再到居住空间。而且集中表现在最具功能特点的三类建筑。即：酒店——写字楼——住宅。

打开国门的最初年代，需要吸引大量的境外投资者进入中国，住的问题首当其冲。开拓具有丰富资源的旅游市场，首要解决的问题也是住。受这种双重刺激，依靠灵活的投资政策，从20世纪80年代初到90年代的十年间，在中国的大地上从无到有地冒出了数以万计大大小小符合国际标准的酒店。现代意义的中国室内设计由此迈出了第一步。从空间形象的审美概念出发，追求表面效果的设计成为主流。

标准化的工作空间代表了现代。而office概念的各类工作场所，诸如：办公室、办事处、事务所、营业所之类。符合现代office概念的室内空间在中国出现是在20世纪90年代的中期，至今还有相当一批工作空间未能够达到这样的标准。现代标准化工作空间的设计，强化了大陆设计师的室内功能概念，促进了室内设计功能化特征的体现。

真正具有现代室内设计意义的住宅，在中国的出现是在20世纪90年代的后期。因为只有当人们的钱包日益鼓胀，人均占有的建筑面积日益增大时，设计的委托才能变为现实。国内居住空间的室内设计在短短的五六年间实现了从公共空间(酒店)到工作空间(写字楼)设计概念的转换。这是一个十分有趣的现象。从最初追求酒店豪华的空间氛围回归到注重实用功能方便生活的本原。

2.1.2 市场需求的拉动作用

中国大陆的各类行业自20世纪90年代中期才开始真正按照市场经济的规律运行，至今还不到十年光景。因此发展很不平衡，仍然处于转型的阵痛之中。

室内设计行业的发展必须靠市场作为动力才能运行，市场是否规范又直接影响行业的发展。由于室内设计本身是一种综合性很强的行业，与这个行业相关的市场涉及材料、工程施工、设计三个大的方面。20年来这三个方面的市场发展是极不平衡的。其中发展最快种类最全的数材料市场相对成熟定位趋稳的是工程施工市场；只有设计市场还在步履艰难的初期阶段。

在改革开放室内设计行业发展的初期，困扰业内人最大的问题是“巧妇难为无米之炊”，不要说新型装饰材料，就是一般建筑材料的供给也十分紧张。由于建国后特定的历史社会环境，我们既没有自己的装饰材料生产体系，也不可能或不需要进口此类材料。许多新型的材料不要说用，连见都没有见过。当时的设计者对材料的奢望只能是在梦中实现。今天这种材料供应商踏破门槛的盛况是想也不敢想的。在经过20年的发展之后，现在我们面对的是一个相对完备的装饰材料市场，这个市场由进口合资与国内开发两部分组成，已经能够满足室内设计各方面的需求。

室内设计装饰工程施工市场的建立得益于建设的飞速发展，在初期我们只有建筑施工的概念，而缺乏室内施工精装修的概念，工具落后施工水平低。广东深圳受靠近港澳的地理优势的影响，和特区所具备的开放政策环境，最先开始发展了室内装饰的工程施工市场，一大批年轻的专业技术工人在实践中迅速成长，一个个专业装饰公司相继成立。这股风在短短的数年中由南向北迅疾席卷全国。形成了今天分属于建设口与轻工口的两大装饰工程施工队伍。相对廉价的国内劳务市场和国家的政策性保护，几乎使所有境外投资设计建造的各类建筑高档室内装修施工都被国内公司承揽。高质量的技术要求逼迫我们向世纪一流的施工水平看齐。于是在很短的时间内有一大批工人掌握了目前最先进的技术。加上原有的各类工种以及不同档次的公司，形成了国内高、中、低三个层次的装饰工程施工市场。

与前两类市场蓬勃发展形成鲜明对比的是设计市场。由于知识产权概念的淡漠，和长期以来在人们思想中对脑力劳动价值的漠视，目前的室内设计市场极不规范，甚至可以说尚未建立。虽然经过这些年来各类学校的培养，已经有了一支数量可观的设计师队伍。每年的出图量难以数计，甚至能有一个工程的透视效果图堆满几间房的现象。设计者非但拿不到应有的报酬，还要忍受所谓“免费设计”的盘剥。加之招投标的不规范，不少装饰公司在工程前期的设计投入十分巨大。由于不是统一设计方案的施工竞标很难形成公平竞争。因此将设计从施工市场中彻底剥离，以形成与建筑设计同样的室内设计市场，才能从根本上改变目前这种无序的状况。

2.2 多元文化的冲击

我们所处的这个时代是一个多元文化并存的时代。各种文化思潮无不对室内设计的发展造成影响。当代全球政治运行的焦点，围绕着建立单极世界还是多极世界的纷争。在这样的大趋势下任何一种地域文化都不会成为世外桃源。目前中国的地域文化至少受到三种外来文化的冲击。

2.2.1 强势文化

所谓强势文化毫无疑问就是代表当今惟一的超级大国美国生活方式的文化。借助于信息时代强大的传媒，这种文化已经深深地渗透在我们生活中衣食住行的各个方面。我们喜欢有着摩天高楼的城市景观，我们穿着牛仔裤，吃着麦当劳、肯德基，向往汽车文化带来的一切。借助于猖獗的盗版和无所不在的网络，代表着美国价值观的意识形态已经完全深入于我们的头脑。所有的一切都对集中体现生活方式的室内设计造成影响。

2.2.2 商业文化

所谓商业文化的冲击具有典型的中国国情特点，它只可能出现在从计划经济向市场经济转型期的社会形态下。这种张扬的商业文化往往具有很强的推销意识，哗众取宠的炫耀性成为其基本的特征。强烈眩目的感官刺激是这类设计外在表现最常用的手法。体现于室内设计主要表现于滥用材料与色彩。这一点不仅表现在我们公共建筑和居住建筑的室内装修，甚至影响到体现国家形象的政府建筑，比如人民大会堂的室内装修。

2.2.3 宗教文化

我们的宪法规定公民有宗教信仰的自由。但是由于历史的原因，尤其是文革的影响，在 20 世纪 50 年代到 80 年代中期，宗教文化在当时的中国仅表现为民族政策落实的概念。随着改革开放时代的到来，宗教文化才以自身本来的面貌重返中国大陆。问题并不在于实际信仰与否，而在于各种宗教文化所带来的生活表象形态，诸如过圣诞节、以基督教堂为背景拍婚纱照、庙会进香等等。尽管在三种文化中宗教文化相对微弱，但却是一个不可忽视的文化现象。

面对多元文化的冲击，持排斥的态度既不可取也不可能。“一切外国的东西，如同我们对于食物一样，必须经过自己的口腔咀嚼和胃肠运动，送进唾液胃液肠液，把它分解为精华和糟粕两部分，然后排泄其糟粕，吸收其精华，决不能生吞活剥地毫无批判地吸收。”历史的经验告诉我们，代表中国地域文化核心的汉文化具有对外来文化极强的同化能力。在地球村的时代，中国的地域文化是否还具备这样的能力，是需要当代学者深入研究的社会学课题。至少在目前我们还没有形成既有时代特点又具民族传统的中国室内设计地域文化。由于艺术设计领域几十年的禁锢，缺乏与外部世界的交流。改革开放以后的 20 年时间是远远不够的。面对世界艺术设计领域多元化的趋势和商业化的冲击，在设计上不免出现一种兼容并蓄的局面。多种风格共处一室的现象随处可见，颇像中餐冷菜的大拼盘。虽然近几年情况有所好转，但要真正形成一种文化恐怕还需要时间。

2.3 世俗文化的围城

作为中国地域当时社会风俗习惯的世俗文化，我们这一代面对的是一个十分尴尬的局面，两千年封建宗法制度所建立的世俗文化早已被革命的年代所打破。就像我们津津乐道的旧日北京四合院的生活场景已经一去不复返一样。而新的具有普遍意义的世俗文化在社会转型期迅速变换的生活中尚未建立。从室内设计的理论意义上来讲，世俗文化是其赖以生存的基础。离开世俗文化的”阳春白雪”从来都不会成为地域文化的主流。问题在于世俗文化的整体水平。应该说我们正处于中国历史上世俗文化整体水平的低潮。虽然低潮预示着高潮的到来。但是作为身处低潮的设计者其处境可想而知。作为设计之城内部的设计者和设计之城外部的使用者，相互都有着不低的期望值。合格的设计者期望在使用者那里充分体现自己全部的设计价值，包括技术功能和艺术风格。世俗的使用者期望在设计者那里得到自己镜花水月般的理想境界。以为设计者个个都是身怀绝技的魔术师。于是在一轮又一轮的磨合中，风格样式个性特点的棱角被全部抹平，就连最基本的功能也得不到保证。综合，综合，再综合。最后设计者逃出城使用者攻进城。完成的设计双方都不满意。世俗文化的整体水平得不到提高，这样的围城游戏就将继续地演下去。而能够真正代表时代水平，作为传统流传下去的地域文化也就建立不起来。

3. 中国室内设计地域文化的发展前景

3.1 冲破狭隘的传统观

在世界的东方有一个神秘的国度……以至于当世界已经进入数字化时代，而在相当多数西方人的脑海里，当代中国人还是张艺谋早期那些获奖影片中的形象。换言之由于中国长达几千年文明的积淀。两千年的封建宗法制度烙印至今还深深地遗留在人们的脑际。这种地域文化的传统理念依然在社会的各个层面顽强地体现。作为体现艺术与科学的设计领域自然不会幸免。尽管我们已经生活在 21 世纪，而我们的设计依然摆脱不了地域文化传统理念的控制。毛泽东在 1940 年有关这个问题的一段论述值得我们深思，“中国的长期封建社会中，创造了灿烂的古代文化。清理古代文化的发展过程，剔除其封建性的糟粕，吸收其民主性的精华，是发展民族新文化提高民族自信心的必要条件；但是决不能无批判地兼收并蓄。……中国现实的新文化也是从古代的旧文化发展而来，因此，我们必须尊重自己的历史，绝不能割断历史。但是这种尊重，是给历史以一定的科学的地位，是尊重历史的辩证法的发展，而不是颂古非今，不是赞扬任何封建的毒素。”从历史唯物主义的角度出发，代表资本主义生产关系的以突出实用功能的现代建筑室内体系，要比注重表面装饰效果体现封建秩序的古典建筑室内体系先进。实际上前者是在吸取了后者的精华并去其糟粕后的发展。而且从专业理论的角度出发，西方现代建筑的空间理论只能从东方的历史典籍中找到根源。可以说西方现代建筑的空间理论是对自己过去的彻底背叛。我们地域文化中经典的部分恰恰就是这个空间的理论，而我们自己却只看到了外在的表象。稳定正统、雍容大度、富丽华贵的封建宫廷风格在世俗的社会观念中根深蒂固。我们的酒店大堂追求宏大的空间与富丽堂皇的装饰效果，乃至影响到各种类型的办公大楼。我们的住宅起居室同样喜欢在墙面添加累赘的装饰。当代中国人的审美观依然保留着明显的封建秩序意识，一部早已被别人淘汰的车型——捷达，却一直高居私车购买的榜首，其主要原因就在于其外表符合国人正统大度的预期轿车形象。有着后屁股的三厢与封建时代的轿子何其相似乃尔，能够为车主挣足面子。害得夏利与富康趋之若鹜地也给自己加了一个多余的屁股。可见传统的观念有多么大的力量。中国的室内设计要创建符合时代要求的地域文化非冲破狭隘的传统观念不可。

3.2 摆脱经济一体化的束缚

我们生活的这个世界日趋同化，文化的界限越来越模糊，一种新产品的应用，一种新风格的流行，用不了多久就会在全世界普及。虽然民族化个性化是设计师梦寐以求的。但在全球经济一体化大趋势的冲击下，却很难在发展中国家实现。就如同“麦当劳”“肯德基”“必胜客”之类洋式快餐在中国大行其道，而具有悠久历史享誉全球的中餐，却很难在快餐业上与之匹敌。想当初冰箱在中国的普及比之发达国家晚了几代人，而今天VCD视盘机的普及却只有短短的几年。因此，在环境艺术和室内设计领域同样存在着这样的问题。尤其是在中国这样一个没有经历过现代设计文化洗礼的发展中国家，要想发扬本民族的地域文化将是一件非常不容易的事情。首先我们的经济必须保持现在这样的一个发展势头，并且在全球化的市场份额中占据相应的位置。然后才能逐渐使具有自己知识产权的产品引领潮流，而不只是成为世界的工厂。只有在产品设计方面居于世界的前列。才能使运用产品进行空间环境设计的建筑室内摆脱经济一体化的束缚。当然这已经不是单一设计门类的事业，而是涉及到中华民族地域文化复兴的伟大事业。

3.3 回归于绿色大地的向往

毫无疑问，迄今为止人工环境的发展(自然包括室内环境)是以对自然环境的损耗作为代价的。于是从科技进步的基本理念出发，可持续发展思想成为制定各行业发展的理论基础。可持续发展思想的核心，在于正确规范两大基本关系：一是“人与自然”之间的关系；二是“人与人”之间的关系。要求人类以最高的智力水准与道义上的责任感，去规范自己的行为，创造一个和谐的世界。作为室内设计行业在可持续发展战略总体布局中，是处于如何协调人工环境与自然环境关系的重要位置。因此绿色设计成为行业依靠科技进步实施可持续发展战略的核心环节。

作为中国传统地域文化的核心恰恰强调的就是人与自然的和谐相处，强调人与大地同处于一个有机的整体之中。英国剑桥达尔文学院的唐通(Tong B.Tang)在《中国的科学和技术》一书中指出：“中国的传统是很不同的。它不奋力征服自然，也不研究通过分析理解自然。目的在于与自然订立协议，实现并维持和谐。在中国的传统是整体论的和人文主义的，不允许科学同伦理学和美学分离，理性不应与善和美分离。”李约瑟认为中国的科学人文主义建立在两个主要的基础之上：“它从来不把人与自然分开，而且从未想到社会以外的人。”这种人与自然和谐的思想与两方人过分强调人的中心作用，从而导致人与自然分离的作法大相径庭。西方人是在面对种种社会危机的情况下，转而注视东方文化的。回归于绿色大地的向往本来就是我们地域文化的精髓。

我们按照人工环境与自然环境融会的程度来区分建筑的内部空间——室内的发展阶段。以界面装饰为空间形象特征的第一阶段，开放的室内形态与自然保持最大限度的交融，贯穿于过去的渔猎采集和农耕时期；以空间设计作为整体形象表现的第二阶段，自我运行的人工环境系统造就了封闭的室内形态，体现于目前的工业化时期；以科技为先导真正实现室内绿色设计的第三阶段，在满足人类物质与精神需求高度统一的空间形态下，实现诗意栖居的再度开放，成为未来的发展方向。

室内作为建筑的组成部分，其专业的发展必然依托于建筑。绿色的生态建筑在目前尚处于试验的阶段，我们今天看到的世界上已有的“生态建筑”，基本上呈现两类状态：一类是从生态到建筑，一类是从技术到自然。前者利用地形特征以最小空间的可能性、以地上生出的体量、以走近自然景观的景观元素来开发建筑；或者利用景观改造以及创造居住建筑的生态学来与自然结合。后者利用高技派的进化、高效能的立面和生物气候的屋顶来营造建筑；或者利用技术手段直接将自然要素运用于建筑本体。这些散在于世界各地的探索性建筑体现了未来发展的方向。即便要把这些观念性建筑推而广之，普及成为社会大规模建筑的主流尚有待时日。作为过渡阶段的室内设计自然也不可能超越建筑的发展而另辟蹊径。因此设计的多元化就成为时代典型的特征。在这个时期室内设计首先要实现观念的转换，在技术条件许可的情况下，以绿色设计的概念创造符合时代要求的多种风格并存的室内空间形象。

建立与生态建筑相符的室内环境系统，最终实现室内的绿色设计，成为我们对地域文化未来的展望——实现人类诗意地栖居于大地的理想。

室内设计与市场需求

湖北省建筑装饰协会　副秘书长　何木松

一、室内设计必须符合市场的需求

大家知道，室内设计是建筑装饰施工的先导，要做出一个优质建筑装饰工程，必须先要有一个好的设计，没有好的设计，再好的施工工艺也做不出优质工程，甚至做不出合格工程。而做不出优质工程，特别是如果做不出合格工程，你的设计就不会被社会承认，也就是说，你的劳动就不能被社会承认，那么你的价值就不能实现。不被社会承认的劳动，当然就不能很好地开拓占领市场。这就是说，我们的设计要同其他劳动一样，必须符合市场的需求。

当前，人们无论是选择公共建筑还是选择住宅，都注意从周边环境开始，商店注意人气，要能吸引顾客，客流量要大；办公要求闹中取静，方便人们办事，而且要比较庄重；而住宅小区，重要的是方便人们的生活，既要有良好的绿化，又要相对安静，交通还要方便。对每个家庭的装饰装修既要体现个人的情趣，又要满足一些基本的使用功能。也就是说，我们的室内设计首先是满足使用功能，其次才是美观，这是我们在室内设计中应当遵循的一个重要原则。再者，我们的设计必须要满足人们的健康需求，这就是大家所说的绿色装饰。否则你设计的工程再美观，也不会被市场认可。这就是说，我们的设计师既要懂得室内设计，又要懂得如何满足市场需求。

二、室内设计中标的关键是深入了解市场

目前从我们湖北乃至全国的实际情况看，有相当一部分设计师对设计本身很重视，但对建筑装饰的设计市场却了解不够，因而他们的设计在工程投标中，往往不容易中标。如在我们湖北，有的设计师喜欢跟风，你搞隐框玻璃幕墙，我也搞隐框玻璃幕墙；你搞石材干挂，我也搞石材干挂；你搞外墙面砖，我也搞外墙面砖；就连一些建筑物的外形也有不少雷同的地方，到一个地方看装饰，都有点似曾相认的感觉，而根据建筑物本身的特点进行创造性的设计就比较少。

对星级酒店的设计太过于教条，比如在选料方面，不一定所有的酒店都要选择大理石。大理石当然是比较高档的材料，但大理石价格高，石材质地较软，破了不好修补，有的大理石还有一定程度的幅射，它还不耐风化。2001 年，我到山海关参观万里长城的起点，它是一个大理石的建筑，被风化得很厉害，现在用一个有机玻璃罩子把它给罩起来了，但被完全风化掉的趋势是不可逆转的，这段长城是明代重修的，明代到现在也就是几百年的时间。我看见我们黄石路的安定小区的外墙大理石也开始腐蚀。所以我们要因地制宜。如果外墙非要使用石材不可，用花岗石比较好，花岗石比大理石耐风化、耐腐蚀。有的可以用人造石材。国外的很多酒店用的是很漂亮的磁砖，既便宜又美观，而且便于清洁，无须用特殊的药水冲刷，同时环保意识得到了很好的体现。当然我不是一概反对使用大理石和花岗石，该使用的还得使用，这就要看建筑物的装修档次和实际需要。

就我们湖北当前的实际情况看，也有一些工程设计的很不错，有创意。如省委洪山礼堂，从其正立面看，九只编钟造型和其外型像一只展翅欲飞的九头鸟，喻意湖北的经济要腾飞，还有湖北剧场的设计，既像一架钢琴，又像一个古琴，象征着“高山流水，琴台觅知音”。当然这些外形的相似只可意会，不可言传。形象太相似了，反而还没有诗的意境。我这里说的是实际上是要把现代科技同民族地域文化很好地结合起来，既要把现代科技应用在我们的建筑装饰中，又要有我们中华民族的传统建筑美，这样的设计自然有市场，自然能中标。现在我们很多设计师不注意提高自己适应市场的能力，喜欢自己闭门造车搞设计，在图纸上下了不少功夫，但考察建筑物的特点，研究建筑物的功用不够，发挥创造性的思维比较少，这样的设计自然不能赢得用户的青睐。

三、室内设计师应具备的基本素质

要提高我国室内设计师的设计水平，适应市场的需求，必须致力于提高设计师的素质。所有的装饰设计师都应具备以下三个方面的基本素质：

1. 技术素质即设计手段。这主要包括绘图能力(含手绘、电脑制作)，以及建筑学、造型基础、人体工程学、材料应用、施工工艺等相关的基础知识。

2. 设计人员自身心理素质。也就是室内设计师自身心理的内在素质。前者是客观的，是有据可依的，而后者则是主观的，是通过设计师大脑创造性的艺术劳动结果。

在当前设计队伍中有一部分人较多重视技术素质的培养和训练，忽视了思想素质的培养和提高。往往出现了设计图纸的图面很好看，从制图角度看无可非议，但毕竟缺少设计的“新意”和“构思”，使作品显得平淡、苍白而无感染力。这样的设计人员作图再出色，充其量也只能称其为“制图员”，至少不能算一名合格的设计员。尤其现在一些年轻的从事装饰设计的同志，虽然设计功夫不够扎实，但他们有非常娴熟的计算机操作技术，他们利用软件、网上下载、借鉴模仿资料拼凑出一幅幅装饰设计图，但一送到委托设计用户手里后，常听到“无创意”、“似曾相识”、“太平常，没有能让人感到一见钟情似的新感觉……”等等批评意见。娴熟的计算机技术是好事，老设计师要下苦工夫去钻研它和掌握它，年轻的同志不要学着走捷径。

经过 20 多年改革开放的磨练，我们的客户在审美上的意识已发生了变化，他们通过学习，接受了新观念，对设计方案的挑剔自然就显得很尖锐。不要以为非建筑专业用户不懂建筑装饰的工艺美。往往一些用户的设计思潮是比较新潮的。应该说，这是一件好事，他逼迫我们的设计师要努力提

高自己的设计水平，去适应激烈竞争的市场。竞争是个好东西，有竞争才能有提高，我们的老百姓得到竞争的好处太多了，如服装、家电等产品。也吃了不少不竞争的苦头。如现在的电信，尤其是移动通信，基本是垄断式的经营，所以价格利润奇高。

3．思想素质。我们要欢迎我们的建筑装饰领域的设计和施工要开展竞争。任何一个好的设计作品，其设计师的主观成份常常高于客观成份。因此设计师必须掌握扎实的技术素质，也就是基础素质，同时不断努力提高自身心理的内在素质，才能使自己的设计水平有所提高。从我个人接触的实际看，技术素质是基础知识，仅能解决作图、制图的需求，而真正制约设计水平高低的是思想素质。我们很多从事设计的同仁往往只重视技术素质的培养和训练，而忽视思想素质的培养与提高，使设计的工程缺乏创意。

四、室内设计创意的来源

在设计评标和竞赛评比中，其中重要的是看你的设计是不是有创意。如何提高设计创意呢?在此谈点不太成熟的看法。

1．善于接受新事物，不断转变自己的观念。 室内设计是一门综合艺术，它涉及建筑工程、装饰装修、工艺美术、园林绿化等方面。因此，它对设计从业者的知识需求是“点多面广”，有的还要有较高程度的“纵深”。当今世界，社会经济迅速发展，人类的观念也在不断地更新。尤其近几年来国外文化、科学技术的大量涌入，对认识和接受新观念的争论日趋激烈，无论是纯艺术或是实用美术领域，民族性与时代感的争议从来都未停息，众说纷纭。在这种背景下，对室内设计观念的冲击是不可避免的，它符合社会发展的一般规律。

如果设计者只重视纸面上绘制效果图，或者总是在国内外同类作品的模仿框架中去挣扎，在制图技巧和工艺上做文章，而不去研究新作品的构思计划，那就可能落后于时代大潮，你的作品就很可能难被用户接受，即不能被市场认同。原因很简单，用户在改革开放思想的熏陶下，观念已发生了变化，审美观、消费观都已超前，而我们设计师自己还在求“稳”、求“顺眼”、求“规范”。那么，面对那些思想解放、设想大胆并超前意识很强的客户，我们则显得设计上束手束脚，逐步落伍于社会大潮。这一大潮给所有的设计者带来了巨大的压力，谁能承受这一压力，不断转变自己的观念，谁就能迎接新思潮的挑战，谁就能赢得市场。

要转变观念，还必须善于学习。学习不仅是书本知识的学习，还要善于接受新事物，善于思考。孔子曰：“三人行，必有我师焉。”要善于从业内外人士中学习，如从用户对自己作品有哪些方面不满意中学习，同样一个装饰工程，人家是怎么设计的，有哪些优点，这也是一种学习，要善于从生活中捕捉新的信息，看到一个好的艺术品要能引起联想，要善于学习外国装饰中对我们有用的东西。头脑中积累新的观念多了，在设计时就会有新的思想飞跃。

2．热爱社会，热爱生活，从生活中寻求创作灵感。从我们当前的实际情况看，很多设计师不知如何寻求创作灵感。而设计师的大忌是将别人的东西拿来，做些模仿性的小修小改，或是死守传统设计的那套陈规戒律。

只满足于把别人的作品拿来做些简单的拼凑和修改，用模仿为主要设计手段的设计往往表现出设计者的心头无数，加之又急于求成，所以虽然产量高，但没有新意，更谈不上创意。这些人大都是埋头于图纸堆中，沉湎于忙碌的制图工作中，有点像电脑的复制、粘贴功能。这样说，是不是有点过分，当然这只是一种比喻。我们也不能一概反对复制、粘贴，在某个局部当然是可以借鉴的。但如果失去了敏锐的捕捉、周密而细致的思维、大胆而明智的构思等功能，而代之以迟钝、机械的感觉，是设计不出好作品来的。他们只重视手的劳动，而忽视了思维的劳动。殊不知，从设计本身来讲，手的劳动同思维劳动相比，思维的劳动要比技巧训练复杂得多，难度高得多，手的技巧劳动仅仅是完成构思的一个表现手段，通过思维的设计构想才是取决作品优劣的关键。思维的培养是需要灵感来充实与实现的。我们应该看到，当今知识的更新、观念的更新、充实而又有节奏的现代生活方式是设计师们灵感不断喷涌的源泉。

要有好的创作灵感，就必须热爱社会、热爱生活，善于从日常的生活中捕捉灵感。如大自然带给人们的种种联想、乡村巧手妈妈给孩子们绘的胸饰、国内外各民族人文景观中的素材、古今中外名建筑的特点、从人们日常对建筑装饰的谈论中对某种设计风格的肯定、某种新装饰材料的出现到流行的规律等等都可以成为开启设计师创作灵感的火花。

要想有新思路就必须有新的创作灵感，这灵感靠每个设计人员用心灵去感受现代生活的脉搏，学会在生活中持之以恒地探索、寻求，才能不断激发出灵感的火花，使之成为你艺术创作的思维动力，让你完成有价值的设计成果。

3．要形成自己独特的设计风格，珍惜和培养个性。作为一个室内设计师，必须要在设计实践中逐步形成自己独特的设计风格，王院长就是王院长的，李院士就是李院士的，程新明就是程新明，拿同一个工程叫他们设计，会有不同的式样，各人有各人的特点，这样才会被市场认同，才会满足设计市场的需求。不能回到前些年，我们的住宅全都是千篇一律的火柴盒，不管地点、不管朝向、不管风水、不管需求，爱住不住。那个设计只是照标准图纸办事，设计人员没有自己创造性的劳动，那不是市场经济，那是计划经济下的产物。

上面我们说到每个设计师要有每个设计师的个性。所谓个性是指一个人特有的性格特征，这是区分其他人的识别标志。心理学家认为，每个人都是一个独立的单位，都有与他人不同的个性。即有桀骜不驯的个性也有温文尔雅的个性，单从装饰设计方面看，就已经感觉到不同的个性，也体现在不同的作品风格上：有北方磅礴的气势，有南方的小巧玲珑。设计者的个性是决定作品风格的因素。大千世界，就是要有林林总总的装饰作品，不同的风格，不同的流派，长期共存，共同发展。我们需要呵护个性，但也要反对狭隘、偏执不愿接受新事物的思想方法。

在承认和尊重个性的同时，我们也要求个性能接受新的思维方法，接受和容纳不断出现的新观点，把它融入自己的个性之中。尤其是我们室内设计行业是一项很开放的工作，它的作品随时随地开放在公众之中，它要面对社会的需求，面对形形色色客户的选择，面对市场的冲击，那么，我们的个性也要时时接受市场的考验。

五、室内设计要启动和开拓市场

我们的设计不仅要适应市场的需求，还要启动和开拓市场，要对投资者的消费者进行正确的引导，而不是去被动地适应市场。如在当前的家庭装饰市场中，我认为要提倡简洁实用的装饰，而不能在追求奢华上下功夫。家庭居室不是宾馆饭店，要多在方便、实用、温馨上下功夫。像武汉市一年的家庭装饰消费据估算有几十亿元，这一巨大市场不是天上掉下来的，也不是用户主动送到你的面前。原因是多方面的，其中也有我们建筑装饰界的各位同仁奋力开拓和启动这一市场的结果。那么我们现在要继续引导我们的消费者进行正确的装饰，要用正确的设计、科技作为先导，来引导和激活市场。

我们的室内设计只有适应市场需求，才能促进行业不断发展，并得到社会的支持和认可。

关于对当前我国室内设计创新的一点认识

黄　白

一、室内设计的几项创新

1．80位当今我国室内设计行业知名人士

2003年2月20日，中国建筑学会室内设计分会发出《第五届理事会理事征求意见表》，称“您的意见将作为第五届理事会产生的重要依据”，并附上18个省市区80位理事的第四届理事会名单。新一届理事会推荐理事的条件是：本会会员，并遵守学会章程，在室内设计行业有一定的业绩和知名度，积极参与学会的各项活动，热爱学会工作，愿为大家服务。我认为，中国建筑学会室内设计分会这种方式是民主办会的一项创新。此外，我们还能从中得知令人高山仰止的当今我国“在室内设计行业有一定的业绩和知名度”的人士。

80位当今我国室内设计行业知名人士一览表

地区	人数	姓　名
北京	16	张世礼　劳智权　饶良修　李书德　李书才　周家斌　孟建国　郑曙旸　奚聘白　邹瑚莹　陈静勇　马怡西　王　铁　徐金川　谢剑洪　苏　丹
天津	5	张文忠　李炳训　李　沙　张　强　阚曙彬
上海	8	来增祥　王世慰　张皆正　张　伟　沈立东　王传顺　左　琰　叶　铮
重庆	2	陈永昌　沈渝德
江苏	7	吴涤荣　杨文嘉　周浩明　李宁　王琼　宋微健　赵毓玲
黑龙江	4	史春珊　赵兴斌　吕勤志　王兆明
吉林	2	董　赤　齐伟民
浙江	4	陈耀光　王炜民　王国梁　王明道
广东	7	史庆堂　黄维纲　叶军　焦山　林学明　刘年新　温少安
福建	4	薛光弼　陈孝生　孙建华　叶　斌
山东	3	周长积　韩　勇　赵一凡
四川	4	张文聪　刘有达　牟　江　张晓莹
陕西	4	安志峰　霍维国　余　平　吴　昊
辽宁	2	马可辛　任文东
河南	2	马建民　孙华峰
湖北	3	辛艺峰　罗果志　陈顺安
云南	2	石克辉　赵建国
广西	1	黄文宪

2．室内设计是全行业创新的源头

根据中国建筑装饰协会与建设部原勘察设计司2000年对全国室内设计市场的调研，当时全国的室内设计人员有20多万人，三年过去了，推算现在的室内设计者约在25万人左右，占目前全国建筑装饰行业900万从业者的3%。余下的875万人是装修施工人员，其中管理者约占10%，作业层占90%。劳务者均来自农村，文化程度均在初中。

25万具有大专以上学历且没有专业技术职称的室内设计人员与790万只有初中文化程度且无专业技术上岗证的民间工匠，20多年来在行业年均发展速度20%以上的背景下，两大部分没有从业资格的专业人员每年共同和睦和谐地制造产值12位数的装饰工程产品或作品（2002年8250亿元），这不能不说是世界历史上的一个奇绩。两者都很了不起，尽管室内设计人员是我国建筑装饰行业中最稀缺的资源。

3．室内设计最大的创新及可能成为行业的出路

一个23年来25万人不挣装饰工程业主钱而主要挣装修施工企业钱的“行业”，或说室内设计是主要挣装修施工企业钱的“行业”——装修施工企业是室内设计的业主，室内设计能称作是一个“行业”吗？这大概就是在1994年、2002年分别两次修订的国标《国民经济行业分类》（GB/T4754-2002）至今尚未有“室内设计行业”的原因吧？

20多年来我国室内设计最大的问题，是这个行业挣不来装饰工程业主的钱。个人高收入而企业入不敷出。这在国际上是不可思议的。当前我国室内设计最大的创新，是由主要挣装修施工企业的钱转变到主要挣装饰工程业主的钱——挣钱方向的根本改变，只有这样才能按国际惯例设计与施工分离，成为一个被世界公认的行业。

出路是行业自律。汕头市装饰协会2003年1月公布的《汕头市装饰行业诚信公约》值得借鉴：实行室内设计最低限价，共同约定家居设计费不低于30元/m^2。这是个好兆头。

4．效果图与施工工厂化装配化带来的创新成本

如今业内在积极提倡装修施工作业的工厂化和装配化，

这是行业的发展趋势。这个方向的本质并不完全是制造若干生产线和快速技术，而是引进现代工业化的理念。

装修施工的工厂化和装配化可能带来的成本是：装修同时还是门手艺，手艺有高附加值，手艺还有失传的可能——这是最大的成本，而机械化的前景是随着效率的提高而平均价格下降。难道我们还没有从室内设计的照抄模仿千篇一律的“工厂化和装配化”——“效果图大战”中汲取对施工发展趋势的经验教训吗？

普遍而习惯性的模仿也是一种创新，其收益是提高了工作效率，特点是工厂化和装配化，结果是单体效率与行业价格成反比，企业和行业长期成本大于收益。同样是业内的工厂化和装配化，在装修施工中提倡，而在室内设计中反对。

一种倾向掩盖着另一种倾向，我们在提倡一种东西的时候不要忘记它所带来的成本。创新是有成本的，只有在收益大于成本的前提下才能创新。同时，创新是有利润的，当创新成功时，主创人员当然要享受其利润。利润越高，创新的动力和动机就越强，无论是学术、技术还是经济、政治。

二、室内设计公司得是真正的企业

2003 年 6 月 23 日，建设部建筑市场管理司发文委托中国建筑装饰协会组织修订《建筑装饰工程设计专项资质分级标准》（建设[2001]9 号），要求修订后的标准体现三点：一是要适应市场经济的要求，既有利于促进专业化发展，又有利于保证工程质量。二是分为甲、乙、丙三个级别，乙、丙级资质审批权下放到省级建设行政主管部门。三是考核具体条件要具体、准确，尽可能量化，便于考核；要符合我部资质管理规定的要求，同时考虑与原有资质分级标准的衔接。要求 7 月 30 日前完成。7 月 10 日，中国建筑装饰协会在北京召开“征询修订《建筑装饰工程设计专项资质分级标准》意见座谈会”，同时征求有关地方建筑装饰协会的意见。

因工作关系，我曾参加了《建筑装饰工程设计专项资质分级标准》1990 年的制定以及 1992 年和 2001 年的两次修订工作，同时也参加了《建筑装饰工程施工企业资质等级标准》1989 年的制定以及 1995 年和 2001 年的两次修订。有一些横向和纵向对比的经验与体会。如今第三次修订《建筑装饰工程设计专项资质分级标准》，颇有一些感触。

资质标准集中了行业的热点、难点问题。当时一度是先进的，现在则很难适应市场和行业发展需求，修订十分必要。第三次修订《建筑装饰工程设计专项资质分级标准》拉开了新时期我国室内设计行业改革的序幕。设计是“龙头”，设计兴则全业兴。

本文在对装饰工程设计资质标准制定、修订的回顾及行业现状的说明的基础上，发现业内长期存在的三大问题是制约行业发展的主要障碍。主要障碍导致了设计施工两相分离与设计收费关系的扭曲，同时。三大问题也是装饰工程设计市场的主要缺陷。政府应进行有效的市场缺陷干预，在新资质标准中重新做出制度性的安排以及政策的引导。

根据中国建筑装饰协会对 2002 年底、2003 年初要求转正或晋升甲级装饰设计资质的 121 家企业初审结果有关数据的统计分析，并参照美国百强室内设计公司的评价条件，本文提出了修订资质标准的建议。认为突破口是使装饰工程设计公司成为真正的企业。为此，提请采取两项重大措施：一是在资质标准中增加年工程设计结算收入的条件；二是建立政府对设计企业资质认定与行业协会对设计人员从业资格认定相结合的制度。为保障措施的实行，同时提出若干相关修订建议。

本文重点是从修订《建筑装饰工程设计专项资质分级标准》看行业发展。进行了装饰工程设计与施工两相分离与设计收费关系、行业结构需做四个层次分离调整的思考。

1. 装饰工程设计资质标准制定、修订的回顾及行业现状的说明

(1)资质标准制定、修订的历史沿革

我国政府对于建筑装饰设计市场和行业实行管理始于 1989 年。以 1989 年 5 月 30 日建设部做出的“关于发布《施工企业资质等级标准》的通知——《建筑装饰施工企业资质等级标准》”[（89）建施字第 224 号]为标志。这个名为《建筑装饰施工企业资质等级标准》，其企业营业范围包括“设计和施工”。因此，我国对于装饰工程设计市场和行业的管理始于 1989 年。

1990 年 11 月 17 日建设部做出“关于试行《建筑工程装饰设计单位资格分级标准》和确保建筑工程设计整体性的通知”[（90）建设字第 610 号]，是装饰工程设计从施工中分离出来的标志。

1992 年 11 月 9 日建设部进行第一次修订，改称《建筑装饰工程设计企业资质等级标准》，以建设[1992]786 号文件颁发。2001 年 1 月 9 日建设部进行第二次修订，改称《建筑装饰工程设计专项资质分级标准》，以建设[2001]9 号文件公布，增加了工商注册资本和业绩的要求。

期间，幕墙工程设计从装饰工程设计中单列出来，2000 年 6 月 30 日建设部公布《建筑幕墙工程设计专项资质分级标准》（建设[2000]126 号）。此前，幕墙工程施工从装饰工程施工中单列出来，1996 年 12 月 3 日建设部颁发《建筑幕墙工程施工企业资质等级标准》（建建[1996]608 号）。

由于 1989 年 5 月 30 日颁发的《建筑装饰工程施工企业资质等级标准》，在 6 年后的第一次修订——1995 年 11 月 7 日以建建[1995]666 号文件修订后，才将企业营业范围中的设计与施工分离，因此，我国真正对装饰工程设计市场和行业进行专门的管理，是 1990 年 11 月 17 日《建筑工程装饰设计单位资格分级标准》公布后的 5 年后才得以实现的。

综上所述，我国政府对于装饰工程设计的市场和和行业管理，始于 1989 年；提出专门管理，始于 1990 年；进行专门管理，始于 1995 年。1992 年和 2001 年对资质标准进行了两次修订。2000 年幕墙工程设计从装饰工程设计中单列出来。

(2)装饰工程设计行业现状

根据中国建筑装饰协会与建设部原勘察设计司2000年对全国室内设计市场的调研，当时全国的室内设计人员有20多万人，三年过去了，推算现在的室内设计者约25万人，占目前全国建筑装饰行业1250万从业者的2%。余下的1225万人是装修施工人员，其中管理层约占10%，125万人，作业层（劳务层）占90%，1100万人。

现有有资质等级的装饰工程设计单位1500多家，比2000年的2000家减少33%，现有甲级资质装饰工程设计单位342家。同时具有一级装饰施工和甲级装饰设计资质的企业占68%，231家，其余的111家，除个别者，如当地建筑设计院全额投资的江苏省建筑装饰设计研究院、大连市建筑装饰设计研究院外，均为与二级装饰施工企业合二为一的单位。简而言之，342家装饰工程设计单位，七成是一级装饰施工企业投资的产物，三成是二级装饰施工企业投资的结果。个别只做设计不做施工的独立者现还为业内特例，不具备普遍意义。

1100万劳务者均来自农村，文化程度均在初中。自1978年改革开放23年以来，我国建筑装饰行业年均为全社会创造并增加40万个就业机会，其中2002年创造就业机会400万个，占当年我国城市就业人口840万人的48%。是我国极少数创造高就业机会的行业之一，为我国国民经济和社会发展做出了突出贡献。

由于本业的从业者87%是农民工，文化程度偏低，这就造成了本业文化内涵颇多而科技含量不高的局面。农民无穷无尽的智慧均体现在施工技术中。又由于装饰材料，特别是高档装饰材料多依赖进口，国产化程度偏低，导致装饰材料产业升级能力的严重不足和结构调整的困难。

装修施工和装饰材料科技创新能力的匮乏，是造成我国室内设计落后的原因之一。之所以说是原因之一，是在于大家都充分肯定设计是“龙头”。何谓“龙头”，即起纲举目张作用。究其我国建筑装饰行业亟待创新的原因，源头是设计创新能力不强，从而导致装修施工和装饰材料科技创新能力的疲软。设计、施工、材料在装饰行业创新中是互相促进的关系。

2.阻碍装饰工程设计行业可持续发展的三大问题

(1)一个依附于装饰施工企业而不收费的行业

如果说室内设计不是一个行业吧，显然不符合事实，现有25万从业人员，100多所大学、200多所中专中技，每年毕业学生上万人，学校此专业一直十分热门，市场需求远大于供给。

说室内设计是一个行业吧，显然也不符合实际，问题是一个23年来25万人不挣装饰工程业主钱而主要挣装修施工企业钱的“行业”，或说室内设计是主要挣装修施工企业钱的“行业”——装修施工企业是室内设计的业主，室内设计能称作是一个“行业”吗？这大概就是在1994、2003年分别二次修订的国标《国民经济行业分类》（GB/T4754-2002）至今尚未有“建筑装饰工程设计行业或室内设计行业”的原因吧？

20多年来我国室内设计最大的问题，是这个行业挣不来装饰工程业主的钱。个人高收入而企业却入不敷出。这在国际上是不可思议的。当前我国室内设计最大的创新，是由主要挣装修施工企业的钱转变到主要挣装饰工程业主的钱——挣钱方向的根本改变，只有这样才能按国际惯例设计与施工分离，成为一个被世界公认的行业。

出路：装饰工程设计单位应是真正的企业，真正走向市场。

(2)一个市场和和行业管理覆盖面很小的行业

我国现有30多万家装饰施工企业，有资质等级的企业约占7%、2万多家。2万多家装饰施工企业中，有装饰设计资质的约占7%、1500多家。如北京现有有资质的装饰施工企业1600多家，有装饰设计资质的仅占4%、60多家（其中甲级25家）。即便是大型装饰企业也不太乐观，全国29个省市区现共有建筑装修装饰工程专业承包一级资质企业471家，同时具有一级装饰施工和甲级装饰设计资质的企业占49%、231家。

(3)一个没有从业人员资格的行业

目前我国有25万具有大专以上学历而没有从业人员资格或专业技术职称的室内设计人员，这在世界上同样是不可思议的。

反观美国自20世纪70年代建立起来的室内设计师从业资格制度。美国认为，经过专业考试的高水准的从业人员正是对公众利益的承诺。美国室内设计师的工作范围是建筑的内部空间，工程包括住宅、商业楼、教育设施等。室内设计业关系到空间规划、进出设计、无障碍设计；国家、州和地方建筑规范、标准；建筑材料包括阻燃、无害、防滑等；室内空气质量，人类工程学，遗产保留，照明，公众安全、健康和利益。

经美国室内设计师资格委员会（NCIDQ）认定的室内设计师，可在美国19个州内以及哥伦比亚（波多黎哥）从业，在美国之外的23个国家，如非洲，亚洲，欧洲和南美地区获得承认。在美国，只有符合规定的学历、从业经验要求并需要通过专业考试后，才能成为注册为室内设计师。NCIDQ是一个独立的、非盈利性质的组织，目的是为社会提供证明室内设计师具备最基本的从业资格，通过考试的地方。自1974～1999年，全美已有13500名室内设计师通过了NCIDQ的考试。考核内容为七方面：

一是理论课：设计要素、原则、设计理论，人类与环境关系学，基础和创造美术，包括二维、三维设计基础学。二是室内设计：设计过程包括方案、三维空间发展的解决、人类因素、空间规划、家具、装修材料、装饰及照明。三是专业知识：图纸、材料、规范、估价、安装、施工、建筑、环境、法律、规范、制度、标准等确保公众安全、健康、和利益的知识。四是交流技巧：形象陈述、说写技巧、计算机应用、图解和其他交流手段。五是有关课程：道德规范，项目管理，管理学，合同、行政管理等。六是历史：美术史、建筑学史，室内设计史，及相关历史，以及档案学。

3.装饰工程设计与施工两相分离与设计收费关系的思考

(1)设计施工两相分离与设计收费的关系

我国现有20多家装饰工程设计单位称“装饰设计院”，但是只从事设计而不搞施工者，可谓凤毛麟角，原因在于极少数独立的设计单位无法与绝大多数设计施工二合一的装饰工程专业承包企业竞争。

长期以来，业内最大的呼声：一是强调按国际惯例装饰工程设计应与施工两相分离；二是收不到设计费。

我们可以沿着这样的思路进行考察：装饰工程设计为什么不能与施工两相分离？——是收不到设计费。为什么收不到设计费？——是设计投标的目的是为了承接工程施工，竞争施工合同的手段是减免的设计费，4.5%～7.5%（原为3%～5%，增加了50%）的设计费本质上是承包商与业主签订施工承包合同的交易费用或交易成本，这也是一种公平；设计合同谁做主？——是施工企业老板或项目经理做主。为什么施工做设计的主？——是设计不挣钱。设计与施工是什么关系：——业内戏称好比“小 Miss 傍大款”。设计收费，是设计产品的市场交易的行为，交易了设计产品去争取足额的收费的动机和动力是什么？——得是真正的企业——具有独立法人地位。

我国现行《建筑装饰工程设计专项资质分级标准》（建设[2001]9号)，只有注册资本的要求，而无“工程设计结算收入”的要求。因此现行标准还不是一个对真正企业的要求。既然不是一个真正的企业，怎能产生争取足额的收费的动机和动力。而装饰工程施工企业却一直有产值的要求，施工企业是真正的企业。

(2)在资质标准中增加产值“工程设计结算收入”条件的理由

a．企业资质标准本身的要求

资质：人的素质，主要指智力。(《现代汉语词典》1979年商务印书馆）企业资质，则可以理解为企业的素质，主要指企业的市场信用。企业资质制度，实际上是行业的市场信用制度。如果是真正的企业，产值则是企业信用的充分必要条件。

b．与施工资质相比公平的要求

建设部自1989年5月30日公布《建筑装饰工程施工企业资质等级标准》[（89）建施字224号]，后经1995年11月7日(建建[1995]666号)和2001年4月20日(建建[2001]82号）二次修订，现叫做《建筑装修装饰工程专业承包企业资质等级标准》，由工程产值改称为工程结算收入，数额由1000万元、5000万元到3000万元。

c．国际惯例的要求

如美国100强商业(公共建筑装饰工程)室内设计公司，据美国室内装饰协会网2002年9月报道，《美国室内设计》杂志1999年对100家大型商业室内设计公司进行评价，全美共有3万多名在室内设计公司就职的室内设计人员，其中100强中有8000多名设计师，平均每家80名；设计费总收入为11.32亿美元，美国大型室内设计公司平均每家为1132万美元，约合9000万元人民币。

美国百强装饰工程施工企业1999年装修总面积为4.01亿㎡，平均每家400万㎡；总产值220亿美元，平均每家18亿元人民币。

又如世界建筑设计300强，2003年1月英国出版的《世界建筑》杂志根据“过去一年参加设计工作并取费的建筑师人数”评出2002年度世界建筑设计300强，日本建设设计公司以1054人、收入2.8亿美元排名第一，美国HOK居第二名。前25名中，美国有15家，英国4家，日本2家，瑞典、德国各1家。前100名中有香港公司3家：利安（第39位)、王董（第46位)、巴马丹拿（第53位)，中国大陆建筑设计单位无一家在这份排名表中。

没有“工程设计结算收入”，就无法按国际惯例对装饰工程设计企业进行以“工程设计结算收入”为第一指标的市场评价。

4．建筑装饰行业结构四大调整的思考

2003年1月9日建设部汪光焘部长在给“2002年全国建筑工程装饰奖颁奖大会贺信”中指出，中国建筑装饰协会在推动建筑装饰行业的结构调整等方面做了大量工作。当时自己不太理解，现在多少有了点体会。行业需进行四个层次的结构调整。

一是公装与家装分离的调整。

按国际惯例，行业组成产业。

行业：是指工商业中的类别；泛指职业。产业：一解旧指私有的土地、房屋、工厂等财产。二解指关于工业生产的（用于定语)：产业工人，产业部门，产业革命。(《现代汉语词典》1979年商务印书馆）

1994年国家统计局第一次修订的国标《国民经济行业分类与代码》(GB/T4754—94)，将原有“建筑业”门类中的“土木工程建筑业”、“线路、管道和设备安装业”、“勘察设计业”，调整为“土木工程建筑业”、“线路、管道和设备安装业”、“装饰装修业”。2003年经国家标准化管理委员会批准，国家统计局公布全部按国际产业分类标准进行了第二次修订的《国民经济行业分类》(GB/T4754—2002)。新的“分类”将建筑业划分为四大类行业：房屋和土木工程建筑业、建筑安装业、建筑装饰业、其他建筑业。

因此，建筑业由1994年的第一产业调整成为2003年的第二产业。建筑装饰行业也由第一产业调整为第二产业；同时由1994年建筑业的三大行业之一调整成为2003年的四大行业之一。值得注意的是，从产业划分的角度，公共建筑装饰属于第二产业，而家庭装饰则属于第三产业，确切是属于现代第三产业中的第二个层次——为生产和生活服务的居民服务业。

二是设计施工二合一结构分离的调整。

按国际惯例，企业结构组成行业结构。在确定行业结构之前，先要明了何谓“建筑装饰行业”。

《国民经济行业分类与代码》（GB/T4754—94）中对建筑装饰行业的定义是：装饰装修属于建筑业的活动范围并在迅速发展。包括从事对建筑物的内外装修和装饰的施工和安装活动。至此，国家不仅正式承认而且从法定上确定了建筑装饰行业为我国建筑业中的三大行业，准确地定性了建筑装饰行业在我国国民经济和社会生活中的地位和作用。

在《国民经济行业分类》（GB/T4754—2002）中，对建筑装饰业的定义：是指对建筑工程后期的装饰、装修和清理活动，以及对居室的装修活动。包括十一类：门窗的安装；玻璃的安装；防护门窗、防护栏、防盗栏的安装；地面、地板处理、安装；墙面、墙板处理、粉刷；天花板的处理、粉刷；涂漆；室内其他木工、金属制作服务；工程完成后室内装修与保养；房屋的一般维修、装修和保养；其他竣工活动。

综上所述，建筑装饰装饰行业的主体是建筑装饰工程企业，包括设计和施工；建筑装饰行业生产的产品是建筑装饰工程，包括设计和施工产品。但不包括装饰材料的制造和营销。我国建筑装饰工程企业的结构是设计施工合二为一。我国建筑装饰行业的结构是设计施工一体化，这一行业结构是市场配置资源的结果。

要按国际惯例、市场经济和行业发展的趋势进行调整，调整的方向是设计施工两相分离。调整的办法，主要是依靠市场的力量，同时辅以政策的引导。

自改革开放以来我国现代建筑装饰行业的兴起形成，20多年来设计一直就依附于施工，这种设计施工二合一的体制，在历史上发挥了重要而积极的作用。因设计比较施工至今仍幼稚，施工直接培养着设计的发育成长，施工所付出的培养成本是3%～5%的设计费，如以2002年全行业产值7200亿元的3%计，装饰施工为设计所付出的培养成本是216亿元。

三是顾问咨询与设计分离的调整。

按国际惯例，以装饰工程设计项目招投标为界限，将设计顾问咨询与方案及施工图设计两相分离。按国家发展计划委员会、建设部等七部委2003年3月8日联合发布的《工程建设项目施工招标投标办法》，设计顾问咨询主要是做“招标项目的前期准备”，包括项目论证、投资消费分析、估价、效益评估等。

四是专业化分离的调整。

室内设计公司装修施工企业也应向医院、律师事务所一样，实行专业化经营，以形成比较优势——核心竞争力。按国际惯例，专业化程度越高，设计取费就越有保证。

以上四个层次的分离，均是市场配置资源的结果。政策引导的思路是鼓励分离，不可强制，允许并保护多种模式同时并存、竞争和发展。调整的力度，以比较温和为宜。市场缺陷的干预体现在资质标准、市场和行业管理办法，实质上是重新进行市场和行业管理制度的安排，特别是在建筑装饰工程的招投标中，将设计与施工分开进行。

此外，不赞成叫什么“装饰设计院”，一是计划经济色彩太重，二是现有的8家装饰设计院（江苏省建筑装饰设计研究院、深圳市建筑装饰（集团）有限公司设计院、大连市建筑装饰设计研究院．山东齐鲁装饰设计院、温州市云艺建筑装饰设计院、杭州天澜建筑装饰设计院有限公司、浙江港澳建筑装饰设计研究院、新疆建筑装饰设计研究院），每家平均20多人，与建筑设计院相比也叫“院”，至多称为“所”，勉为其难。况且目前勘察设计院也在进行按国际惯例的改革。因此称“事务所”或“工作室”为宜，且以个人或个性化名称为上。

综上所述，幕墙工程设计也应沿着为这个大的趋势，进行幕墙业分四个层次的结构调整。

5．装饰工程设计企业资质标准修订的建议

为适应装饰工程设计市场发展的需求，应对WTO挑战，向国际惯例接轨，本文认为修订《建筑装饰工程设计专项资质分级标准》、促进行业可持续发展的突破口是使装饰工程设计公司成为真正的企业。

为使装饰工程设计公司成为真正的企业，本文主张当前应采取二项重大措施：

一是在资质标准中增加年工程设计结算收入的条件。目前，我国年工程结算收入超过8000万元的装饰施工企业约有100家，如平均年产值按1亿元、设计收费按3%计，年设计结算收入为300万元。故甲级装饰工程设计企业年工程设计结算收入可在500万元以上考虑。

二是从业人员资格与企业资质认定相结合。面对注册制度需要3～5年才能建立的现实，目前以建立政府对设计企业资质认定与行业协会对设计人员从业资格认定相结合的制度为宜。可由中国建筑装饰协会或会同中国建筑学会（室内设计分会）制定考评标准、认定程序。如能实行，则应强化从业资格；如暂时不能，则应作相应弱化。

为保证这二项重大措施的实施，资质标准中需对以下的相关问题进行研定：

(1)资质标准的名称

从《建筑工程装饰设计单位资格分级标准》到《建筑装饰工程设计企业资质等级标准》，再到《建筑装饰工程设计专项资质分级标准》。兼顾我国传统与国际惯例，以称《建筑装饰工程室内设计企业专项资质分级标准》为宜。

(2)建筑装饰工程设计的定义

原有对建筑装饰工程设计的定义：我国官方对建筑装饰工程设计的定义，最早见1992年11月9日建设部《建筑装饰设计资格分级标准》（建设[1992]786号），10多年来没有没有更改：建筑装饰设计是建筑工程设计的一个有机组成部分，是建筑或室内设计专业人员根据建筑的功能及其环境的需要，为使建筑室内、外空间达到一定的环境质量要求，运用建筑工程学、人体工程学、环境美学、材料学等知识而从事的一种综合性的设计活动。建筑装饰设计的内容主要包

括：建筑物室内、外各界面（顶面、墙面、柱面、地面等）和各界面上与建筑功能有关专业及其设备、设施装饰（不含一般粉刷）以及与之相关的室外环境、绿化设计及经济概预算等。

此外，1993 年 7 月 28 日建设部《关于加强对建筑装饰工程质量监督管理的通知》（建建[1993]552 号），也有间接的说明：随着国民经济的发展，人民生活水平的提高，人们对美化城市、美化建筑及美化生产和生活环境的要求越来越高，建筑装饰设计与施工作为一门新兴的专业由此得到迅速地发展。

按《国民经济行业分类》（GB/T4754—2002）的推论：按《国民经济行业分类》（GB/T4754—2002）中对建筑装饰业的定义的推论，建筑装饰工程设计，是指建筑工程后期的装饰装修和清理，以及对居室装修的设计活动。包括十一类：门窗的设计；玻璃的设计；防护门窗、防护栏、防盗栏的设计；地面、地板的设计；墙面、墙板的设计；天花板的设计；涂漆设计；室内其他木工、金属设计；工程完成后室内装修与保养设计；房屋的一般维修、装修和保养设计；其他设计活动。

新的建筑装饰工程设计的定义：建筑装饰工程室内设计作为一门新兴的专业是建筑工程设计的一个有机组成部分，是建筑或室内设计专业人员根据建筑的功能及其环境的需要，为使建筑室内外空间达到一定的环境质量要求，而从事的建筑工程后期的装饰装修和清理，以及对居室装修的一种综合性的设计活动。其内容主要包括：门窗的设计；玻璃的设计；防护门窗、防护栏、防盗栏的设计；地面、地板的设计；墙面、墙板的设计；天花板的设计；涂漆设计；室内其他木工、金属设计；工程完成后室内装修与保养设计；房屋的一般维修、装修和保养设计；其他设计活动。

(3)注册资本的调整

注册资本，其中重要的是体现偿还的独立的民事能力。我国平均每家为 1664 万元，其中占 13%的 16 家为专业装饰设计公司，平均为 257 万元。原标准中甲级单位注册 100 万元可调整为 200 万元。甲、乙、丙级注册资本可分别人 200 万元、100 万元和 50 万元。

(4)专业技术骨干和室内设计人员的调整

我国平均每家技术人员为 35 人，其中专业室内设计人员为 9 人。原标准中甲级资质的“专业技术骨干”，可由 15 人调整至 20 人。其中“从事建筑装饰设计的人员”，可由原标准中的不少于 8 人可调整为 9 人。若每人年薪 10 万元，20 人为 200 万元，办公费用 200 万元，500 万元产值——承接 2 亿元以上装饰工程的设计，应能使甲级装饰工程设计企业生存及发展。

甲、乙、丙级专业技术骨干—从事建筑装饰设计的人员可分别为 20 人～9 人、10 人～5 人和 6 人～3 人。

(5)取消原标准中的第 4、5、6、7 条

原第 4 条为：参加过国家或地方建筑装饰设计标准、规范及标准设计图集的编制工作或行业的业务建设工作。原第 5 条为：有完善的质量保证体系，技术、经营、人事、财务、档案等管理制度健全。原第 6 条为：达到国家建设行政主管部门规定的技术装备及应用水平考核标准。原第 7 条为：有固定工作场所，建筑面积不少于专职技术骨干每人 15 ㎡。均很难做出定量的考察，可取消。

(6)家装设计与公装设计分离

家装设计与公装设计的特点完全不同。美国等先进国家和地区均分离。中国建筑装饰协会受建设部建筑市场管理司委托制定的《住宅装饰装修工程专业承包企业资质标准》的管理办法已于 6 月有 7 日上报，既然施工单列，设计也单列。

中国室内设计：反思与展望

刘年新

中国的室内设计近 20 年来得到了迅速的发展，与发达国家的差距越来越小，与世界相融指日可待。但我们也将面临加入 WTO 后的严峻挑战，同时也看到中国室内设计令人担心的局面。中国室内设计的特点在哪里?优势在哪里?精品在哪里?未来的发展道路是什么?这不得不引起我们的反思和展望。以下是自己对中国室内装饰设计的现状和未来的一孔之见，请行家、专家指导赐教。

一、呼唤室内设计精品

中国在 20 年的改革开放中，固定资产投入达到了前所未有的高峰。100m 以上的超高层建筑和 30000 ㎡以上的超大型建筑在中国大地上如雨后春笋层出不穷。据不完全统计，有近万栋超高超大型的建筑每年产值都在 2000 亿元左右，为中国的建筑师、室内设计师提供了大显身手的舞台。但由于设计师的素质和政府的管理存在问题，导致大部分的建筑室内设计粗制滥造，没有特点、没有内涵，不是色彩搭配不当，就是造型杂乱无章；不是文化内涵缺乏，就是功能不足。现在室内设计艺术上存在的问题主要有以下几个方面：

1．抄袭成风

天下文章一大抄，室内设计也存在“天下设计一大仿”的问题，模仿成了设计师的怪癖。

一是风格上抄袭。生搬硬套的欧式，随意性的古典，不伦不类的中式，有些更严重的采取全盘端，完全没有自己的特点。如某些酒店模仿香港的君悦，某些酒店模仿深圳的阳光、富苑等。

二是材料上的抄袭。而且天、地、墙同时抄，所以中国近十年进口最多的材料就是大花白、西班牙米黄、沙安娜米黄、银线米黄、美国白麻石材以及榉木、红影木、樱桃木，达到了泛滥成灾的地步。

三是造型上的抄袭。什么地方出现了新潮高档的装饰工程，大家就蜂拥而上，全盘抄袭。北京国际俱乐部开业后，就有很多酒店工程模仿其材料、造型、色彩、绿化。在中国建筑市场上，外国设计师一直统领着中国的建筑装饰潮流，长此下去中国的设计师将更加落后，更无市场立足点。抄袭实际上是一种自欺欺人的做法。

2. 室内设计师综合知识差

中国的室内装饰存在的另一个问题是大部分设计师综合知识差，高档工程遇到不当的设计师。据不完全统计，中国设计师设计的高档饭店有 80%以上不尽合理，已有 60%的饭店急需改造，造成了严重的浪费，也给中国的设计师带来了不好的口碑，很值得我们反思。

酒店设计的主要通病有几方面：

一是重装饰、轻设计：天地墙堆砌着高档豪华的装饰材料，室内空间却死气沉沉，工艺品不到位，摆设不合理，没有把小世界丰富多彩的内容营造出来，只给人腹中空空的感觉。

二是重装饰、轻功能：只追求表面的观感，不注重使用的功能。不是总台的服务半径不到位，就是其他功能不具备；不是卫生间使用不方便，就是房间电源开关工作状态不正常；不是房内色彩搭配不合理，就是隔声效果不到位。有些酒店由于隔声不好，造成严重客源流失。还有一酒店要显示多功能厅的豪华气派，只顾厅内的面积，但由于没有多功能厅的前厅，主通道和疏散口不够面积，每举行一次会议都会被客人抱怨，影响到了整个酒店的声誉。

三是重造型、轻文化：很多室内装饰的造型都是从多个建筑中拼凑而成的，没有超前创意，经不起时间的推敲。从竣工的那天起，就已经落伍了。只有具有文化底蕴和独特风格的设计，才永远不会落后。物质、精神和艺术显然是整个文化的框架，建筑装饰文化也不例外。对于建筑装饰文化而言，材料的选择仅仅是最基层的物质文化而已，艺术的表达也仅仅是装饰文化体系中的一件外衣，真正统领建筑装饰文化的是建筑装饰本身的语言，它所要表达给我们的东西是有时空概念的空间——这就是建筑装饰的精神文化，核心要传达的就是设计师对各自的建筑的精神文化的理解和区域性、不同生活基调的主张。

3. 中国的室内设计精品很少

也存在很多客观因素。一是政府的管理不到位，不重视人才的培养，现在室内设计师的职称资格都还没有得到解决。二是市场上存在违反设计客观规律的恶性竞争，也没人管。通常设计一座五星级酒店，建设方只给 30 天时间和 2%的设计费，甚至更少。三是施工队伍粗制滥造，豆腐渣工程多，以上种种因素造成了中国建筑装饰工程精品甚少，令人担忧。

二、呼唤中国自己的室内设计大师

据不完全统计，中国目前专业室内设计师及涉足装饰设计的建筑师已达到 25 万人，相当于世界上总专业人数的15%，人数众多，名师却极少。像张绮曼、郑曙旸、来增祥、张世礼一样的大师寥寥无几、屈指可数。平心而论，中国有几项著名的作品是中国设计师自行设计的?尤其是室内设计，我们现在知道的一些大建筑、知名酒店，大多是外国或香港设计师设计的，如上海金茂、上海大剧院、北京中银大厦、北京国际俱乐部、北京凯宾斯基、中国大饭店、深圳阳光酒店、深圳香格里拉等。20 世纪 80 年代以前中国连三星级以上档次的建筑装饰设计都要请外国设计师，20 世纪 90 年代后大量高档次建筑装饰慢慢地由中国自己的设计师承担，可惜的是，我们做出来的精品太少了，我们的设计大师也太少了。设计大师的称谓是和著名的业绩联系在一起的，如上海大剧院的室内设计师，美国的 JACKY 先生，原来在中国的设计界没什么名气，但当上海大剧院设计成功以后，他的名字就如雷贯耳。他在中国人甚至外国的设计师眼里就正式跨入了大师级的行列了。接着上海浦东的工商银行大厦的室内装饰也委托他设计，又获得了成功。我们中国有这么多室内设计从业人员，为什么培养大师这么难呢?究其原因如下：

1. 中国在培养建筑师和室内设计师的教育定位上有偏差

建筑系属工科，入学不用考美术科。在五年的本科中，色彩、素描课达不到 10%的学时。室内环艺系属美术科，不用考理科，在四年的本科中，学建筑知识的学时达不到 10%。所以学建筑学的人美学、色彩、工艺造型基础较差，学室内环艺系的人对空间、人体功能学、建筑构造知识肤浅，这样就使他们的缺陷都暴露在工程设计中。学建筑专业的设计师设计的工程，大部分单调呆板，艺术氛围太差，学工艺美术专业的设计师设计的作品，显出小气、繁杂、功能不适、缺乏建筑文化。所以时下很多设计师毕业后进行再续教育。学建筑本科的再去研读室内研究生，学室内本科的再去读建筑研究生，这样会使未来的设计师水平有很大提高。我建议教育部门最好像国外的教学一样同时培养建筑师和室内设计师，因为建筑师和室内设计师两者是分不开的。现有的室内设计师都缺乏系统的学习和训练，室内设计是一门学科多专业交叉的体系，不仅在于美化环境，更在于全面提高人民的生活质量。所以中国现有的延续了几十年的传统教育是远远不够的。

2. 设计师素质低下、铜臭味太浓

时下中国的设计界教育界现状都令人堪忧，学生一读大学就开始炒更，老师是以炒更为主、教学为辅，不是为了实习的炒更，而是为了钞票的炒更，所以大部分设计师从学生时代开始就培养了炒更意识，而没有长远意识、精品意识、发展意识。在单位踏踏实实地学本事的人太少，设计师能抄则抄，能搬则搬。遇上好的机遇，不加以重视，不去动脑筋搞创作，为赚钱而赚钱，与精品工程擦肩而过。有些设计师在一个装饰公司设计部，一年就能承担3～5个四星级档次以上的酒店或写字楼的室内设计，如果能做出精品的话，那成为设计大师岂不是眼前的事吗?难道他们就不想出名吗?不是。这是一种坏的习惯、不良的职业道德在作祟，铜臭味太浓在起作用。真可惜，泱泱大国，巨巨建筑，就被一大批不负责任的设计师浪费了。一大批设计师就是与“大师”无缘。希望今后我们的学院、企业都能加强对学生、职工的素质教育，要培养出精品意识、创新意识，不想当“大师”的设计师不是好设计师。

3．中国设计师不值钱

凡是请外国人来设计的工程，设计费都高得惊人。凡是中国设计师设计的工程，设计费都低得可怜。这不是一倍、二倍的差距，而是十多倍的差距。这是中国人自己在掉自己的价。

现在招标的工程竞标单位少则十多家多则几十家，竞标环节少则两轮，多则四轮，不中标者没有任何补偿费，中标也最多2%的设计费。高额的投标费加重了设计师的负担，设计师为了生活，为了达到甲方20天至50天完成一项五星级酒店设计的苛刻要求，只好委曲求全，违反规律，天天疲于奔命，再也无力去搞创作。这也是培养人才、培养设计大师的最大障碍。希望政府能够反醒，还给设计师一个宽松的环境。

在这里我呼吁我们的室内设计师要有忧患意识，大局意识，迅速改变现状，尽快出精品，成为设计大师是你们的无形资产，是国家的无形资产，也是中国加入WTO后与外国设计师抗衡的最大的力量。

三、呼唤有自己民族特色的室内设计

中国不论在古代还是在近代都有着辉煌灿烂的科学、文化、艺术，尤其是在改革开放的20年，经济飞速发展，大国风范更加突出。作为一个大国，它的文化特征和建筑艺术风格是体现一个国家形象和尊严的标志。如古典欧式、新古典、巴洛克风格，都是欧洲人，尤其是法国、意大利人为之骄傲的建筑艺术风格，永盛不衰。伊斯兰风格、纹样也有着很鲜明的特征。

随着改革开放的深入发展和市场的日趋国际化，国外室内用品的大量涌入，欧美的生活方式，室内装饰的样式、设施、消费观念也随之全面进入中国市场，在丰富我国人民的物质和精神生活的同时，也对我国传统的文化、建筑艺术产生了强大的冲击。盲目照抄照搬国外的室内装饰样式，导致大量的中国室内装饰中不中、洋不洋、不伦不类的工程随处可见。有一个市政府的贵宾接待室，天地墙按现代风格装饰，但家具却选用了法国路易十四时期的沙发，据说要体现豪华气派，真是贻笑大方。

以皇家帝王的宫殿、亭台、楼阁为首的中国式的建筑也很有特征。但在新的发展时期，在与世界设计的交融中，抄来主义、拼凑主义涌进市场，我们的设计师把自己的特色忘记得一干二净。民族的文化、民族的精神，民族的艺术要永放光芒，需要靠我们去继承和发扬。用中国自己的式样、自己的造型、自己的色彩，去提炼一种涵义深、造型美、艺术性强的固定形象，光复我中华民族灿烂的文化艺术，只要设计师努力去创新，不信东风唤不回。开创21世纪建筑和室内装饰艺术风格的先河，是我们这一代设计师义不容辞的使命。

四、展望21世纪，建筑室内精品、室内设计大师将在中国辈出

中国的经济在飞速发展，中国的建筑装饰更是史无前例，世界上有史以来投入最大、规模最大的建设，必将带动建筑艺术、室内装饰艺术纵深发展。21世纪的建筑市场将是中国的市场，中国将是出精品出人才的市场，何以见得呢?

一是有功底有业绩的年青设计师正不断涌现，近来由各地兴建由国内设计师设计的五星级度假酒店、高档建筑装饰，受到了国内外专家的好评。如中央工艺美术学院的系主任苏丹，30岁出头，就有较为扎实的功底，设计作品屡屡获奖。同济大学的陈忠华教授，40岁出头，作品遍神州，人民大会堂国宴厅获得较大成功，尽显其设计风采。深圳的设计师姜峰、顾伟、杨邦胜、魏雪松，都有良好的业绩。这一代新人预示着中国的室内设计必将走向世界、赶超世界!

二是中国的室内设计师有得天独厚的本土优势，庞大的市场份额为设计师提供锻炼机会。

三是中国的室内设计及装饰已有忧患意识，已有充分的思想准备，誓将赶超世界先进水平。

四是中国加入WTO后，建筑向世界开放，必将吸引一大批国外著名设计大师在中国市场大显身手，中国的设计师可以从大师身上学到不同档次、不同风格的设计知识，能取长补短，再加以发展，未来的中国将是设计人才辈出的地方。

五是精品意识不断加强，创新能力不断提高，有较多的高档建筑、五星级宾馆获得了成功。如深圳的特区报业大厦、五洲宾馆、东莞的湖景大酒店、宁波南苑饭店、北京亚洲大酒店等。

好的作品也初露头角，2001年在广东省就有2座五星级休闲度假酒店是由中国人自己设计自己建造的，获得了国内外专家的好评。

位于广州番禺长隆野生动物园内的长隆酒店，是针对野生动物园主题公园而设计的，在集休闲、观光、度假功能为一体的酒店这方面做出了成功的探索。

深圳的圣廷苑酒店，是中国首家生态式五星级酒店，设计上不仅利用建筑有利的空间进行园林式的布置，而且按生态环境、生态植物、生态平衡的要求进行安排，得到了各方专家的好评，取得了五星级酒店当年开业当年盈利的好效益。只要中国的室内设计师孜孜不倦地学习，大胆地借鉴，融会中西文化，创新民族特色，中国的建筑市场将是世界的建筑博览市场，中国的未来将是精品林立、设计大师辈出的时代。

室内设计随想

深圳市洪涛装饰工程公司　总工程师　江崇元

近几年我国的室内设计水平有较大提高，从总体上说，已经摆脱了改革开放初期的港澳风和抄袭摹仿阶段，走向独立创作的时期。大规模的建设给中国的室内设计师提供了实践与锻炼的机会，也涌现出了一批优秀的室内设计作品和出色的室内设计师。当然也不能不看到，和国外高水平的室内设计相比还有较大的差距。过低的设计费和过短的设计周期，使不少室内设计作品只能是粗制滥造，加上有些室内设计师的业务素养不高，知识面不够宽，致使有的室内设计作品存在不同程度的问题。

本文就是笔者就工作中碰到的问题，以随想的形式和室内设计师们作个交流，希望引起年轻的室内设计师同行们的注意。

一、室内设计与环境营造

1. 光照环境

光照设计是设计师不可推卸的责任。不管从使用性还是从艺术性的角度，设计师都不应放弃对光照环境的设计的责任。而在很多室内设计作品中，室内设计师把灯光照明的任务完全交给了电气设计师。由于缺少室内设计师和电气设计师的配合，或是设计师缺乏经验，导致一些装饰工程室内光照环境存在不同程度的问题。有的获奖的作品，室内照明是清一色的筒灯。有的会议室只有天花暗槽灯，照度严重不足，有的电脑设计部显示器上的反光无法避免，严重影响电脑操作。有的酒店客房用镜前灯取代台灯，写字台照度严重不足。有的接待室采用的弧形镀膜玻璃产生光聚焦。使来访者无法呆下去，有的酒店3层空间的大堂天花灯具要由3层的配电箱控制。有的歌舞厅在收场时需从灯光音响控制室关灯后，打着手电走到出口。也有的电源开关、插座固定在软包上。这些问题都说明光照设计不容忽视。

光照设计应满足实用和审美两个方面的要求。对灯具的要求可归结为：

（1）足够的照度

人们在室内能清楚与舒适地看清室内的东西，是照明设计的基本要求。也是工程建设强制性标准的内容。涉及采光、照明的建筑设计标准就有：

《民用建筑照明设计标准》（GBJ133-90）（表 1），《工业企业照明设计标准》（GB 50034-92），《民用建筑电气设计规范》（JGJ/T 16-92）。

《民用建筑照明设计标准》（GBJ133—90）对各类建筑照明照度标准值的要求　　表 1

类　别	部　　位		参考平面及高度	照度标准值（lx）		
				低	中	高
办公楼	办公室 报告厅 会议室 接待室		0.75m 水平面	100	150	200
	设计室 绘图室 打字室		实际工作面	200	300	500
	门厅		地面	30	50	75
图书馆	一般读者阅览室 研究室		0.75m 水平面	150	200	300
	老年读者阅览室		0.75m 水平面	200	300	500
	陈列室 目录厅 出纳厅 视听室		0.75m 水平面	75	100	150
商　店	柜台		台面上	100	150	200
	收款处		收款台面	150	200	300
	一般区域		0.75m 水平面	75	100	150
旅　馆	多功能厅 总服务台 餐厅柜台		0.75m 水平面	150	200	300
	门厅 休息厅 邮电		0.75m 水平面	75	100	150
	西餐厅 酒吧间 咖啡厅 舞厅		0.75m 水平面	20	30	50
	烹调 配餐		0.75m 水平面	200	300	
	客房	床头	0.75m 水平面	50	75	100
		写字台	0.75m 水平面	100	150	200
		卫生间	0.75m 水平面	50	75	100
		会客间	0.75m 水平面	30	50	75
公用场所	走廊 厕所		地面	15	20	30
	盥洗间		0.75m 水平面	20	30	50
	电梯前室		地面	30	50	75
	楼梯间 浴室		地面	20	30	50

（2）合适的色温

物体在色温较高的自然光线下显示出的色彩自然、真实，而在灯光下由于色温的不同，而显示不同的色彩效果。在公共性的活动场所要求色温接近自然光，以保证人们以较高的效率和兴致进行活动。在家庭居室中，人们希望偏低的色温，以形成温暖舒适的宜人气氛。而在那些咖啡、酒吧、夜总会等场合，则选用极高或极低的色温，以达到特殊的光照效果。

（3）尽量减少眩光

视野中的物体亮度过高，光源的表面亮度过强，或物体与背景之间的亮度对比过大，都会使人产生刺目的感觉，这种感觉称为眩光。眩光使人的视觉感到疲劳，轻微的眩光只会使人感到不舒服，长期的眩光刺激还会导致视力受损。在美术馆、博物馆、等展览场所，眩光直接影响建筑的使用功能。消除眩光的途径有：

●减少灯具的表面亮度。

●适当减少物体和背景的亮度对比。

●灯罩或暗槽灯的保护角设计得当。

●对过强的自然光采取弱化处理，玻璃窗内加活动百叶或各种遮光帘、薄纱帘，天窗加活动窗帘或活跃空间气氛的彩色拉膜。

●利用柔和的反射光或漫射光照明，或反射与直射相结合的照明方法作环境照明。

●要求分辨率较高的工作环境可加局部照明。

（4）灯具是造型要素

●电灯不仅是照明的实用物，同时又是装饰品，甚至是室内空间中的视觉中心。

●利用投射灯展示家具、古董、工艺品、挂画、绿化等的重点照明。

●照明设计的艺术性还表现在照明灯具与水电空调等专业设施亲密无间、天衣无缝的配合上。那些照明灯具、空调风口、消防喷洒头、感烟探头、扬声器、以及天花造型毫不相干。

●酒店客房和家庭卧室应考虑休闲与读书、看报的需要而设置可调光。

●照明模式控制系统的使用。

●澳洲家庭照明开关的启示——电灯开关设在紧靠门把手的门套内侧，一开门就可以很方便地摸到电灯开关。

2．声学环境

以声学功能为主的建筑如音乐厅、电影院、剧场等的室内设计，在建筑设计阶段就会有通晓建筑声学的专家或建筑师参与声学设计，其声学效果自不会太差。对于那些并非以声学功能为主的建筑中，一般没有精通声学的人介入。而其中同样存在声学问题。从事精装修设计的如缺乏建筑声学知识，全然不管其中的声学效果，就会出问题。如有的电话会议室无法用，墙面净是玻璃、金属、木板等反射材料，墙面无一点吸声材料；有的培训班讲课教室不能使用扩音器，隔墙虽到顶，但封闭不严，隔墙内无吸声材料；有的卡拉OK包房，包房隔墙不到顶或缝隙密封不严，隔壁的歌声还大过自己唱的。有的大会议厅无法听清报告人的讲话；不一而足。

声学环境包括音质设计和噪声治理两个方面：

（1）音质设计

室内声学质量包括听得清楚和音质优美两个方面，这就要求声音有一定的响度、清晰度和丰满度。音质设计的任务就是，根据室内空间的功能要求，通过室内空间的体形设计和不同吸声材料的合理布置，控制适当的混响时间：

●以语言清晰度为主的室内空间，如会堂、报告厅、多功能厅等，混响时间一般应控制在1.1s以内。

●以声音的丰满度为主要要求的室内空间，如歌剧院、音乐厅、交响乐厅等，混响时间一般不应低于1.5s。

●语言清晰度和声音丰满度二者兼顾时，可取适中并偏语言清晰度要求的混响时间。必要时可辅之以电声。

（2）噪声控制

噪声控制在室内设计阶段，主要是隔绝建筑之外的交通噪声、商业噪声等环境噪声和建筑物内部产生的噪声——相邻房间的噪声和空调机等机械噪声。主要手段是提高建筑和房间的维护结构包括隔墙和门窗的隔声性能。对本房间内发生的噪声，则要采取适当的吸声措施。

隔声

材料的隔声性能符合质量定律。材料的容量越大，其隔声性能越好。在隔声问题上特别要重视缝隙的处理，重点处理好门窗缝隙和装配式墙体的板缝。有的卡拉OK包房隔墙不到顶，吊顶又无隔声措施，进入这种环境简直是找罪受。各种房间的隔声要求属强制性标准。（表2）

部分房间建筑隔声要求 **表2**

建筑类型	隔墙位置	隔声等级（dB）		
		一级	二级	三级
住宅	分户墙	≥50	≥45	≥40
学校	有特殊安静要求的房间与一般教室间的隔墙	≥50		
	一般教室与活动间的隔墙		≥45	
	普通教室间的隔墙			≥40
医院	普通病房间的隔墙	≥45	≥40	≥35
	手术室与普通病房间的隔墙	≥50	≥45	≥40
	手术室、病房与有噪声的房间之间的隔墙	≥50		≥45
宾馆	客房与客房间的隔墙	≥45	≥40	
	客房与走廊间的隔墙（包含门）	≥40	≥35	≥30

降噪

●降低环境噪声的主要手段是提高外维护结构的隔声性能，因为门窗是城市噪声进入房间的主要通道，所以重点处理好门窗的隔声问题。塑料门窗在声密闭性方面的独特优点使它在欧美等发达国家得到普遍地采用。吸声性能好坏取决于材料吸声系数的大小。

●各种风机、空调机等设备的机械噪声，应采用减振器、消声器、柔性连接等方法，控制噪声的传播。

●对于室内产生的噪声，可采用增加吸声材料的办法降低噪声。一般表观密度越小，吸声性能越好。现在有一些既有一定的吸声性能、又有一定装饰性能的材料，为室内设计师设计既满足声学要求又有一定的装饰效果的室内环境提供了很大的方便。

3．热工环境

小热工环境(包括采暖、通风、空调等的空气质量环境)的设计主要靠暖通空调专业的人员去作，然而，对于怎样创造比较宜人的室内小气候的基本方法和相关的设备、管道及其空间要求，室内设计师必须心中有数。那些与室内空间造型设计配合默契、相得益彰的水电空调等专业的设计，没有室内设计师的总体策划是不可想象的。更不用说在现代设计中将设备作为造型艺术构件来对待已成为一种艺术倾向。

室内热工环境的主要要求是：

●室内的温度、湿度、气流和环境热辐射应在允许范围之内,并应尽量利用大自然提供的阳光和室内外空气的对流，无法自然通风的房间要有机械通风，并应有新风系统。

●冬季采暖的房间维护结构内表面温度不应低于室内空气露点温度。

●夏季自然通风房屋维护结构内表面最高温度不应高于当地夏季室外计算温度最高值。

在装饰设计行业内有一种不正之风，为了立面好看而把有条件利用自然通风的房间变成封闭空间。这种为了装饰效果而牺牲使用功能的做法不可取。

热工环境与节能密切相关，欧洲的酒店门窗密闭性好，节能效果明显。冬天几天不开暖风也不冷，夏天几天不开空调也不热。

尽量减少自然资源的消耗，充分利用自然能和太阳能。国家规定的节能指标，室内设计师也有责任。

二、室内设计与经济设计

我国目前室内设计存在着一个不良倾向，就是盲目追求豪华。

1．经济型的设计符合中国的国情

室内设计亦应贯彻实用、经济、在可能的条件下注意美观的建设方针。当然，不同性质的建筑，其实用、经济、美观三者的比例也不尽相同，某些特殊建筑的美观成分可能是第一位的。但是，对一般建筑来说，使用功能还是第一位的。少花钱、多办事、用较少的钱设计出既满足功能要求、又有一定审美情趣的设计，是设计师应追求的目标。

2．克服盲目追求高标准和进口材料的倾向

我国目前室内设计界存在着一个不良倾向，就是盲目追求豪华，大量使用高档材料和进口材料，大量使用石材。有的建筑几十层楼高，公用部分空间的墙面地面几乎全部采用石材。撇开造价因素，其室内生硬、冰冷、缺乏亲切感的气氛也未必就好。况且还有个放射性污染的问题存在。

3．克服选材的理想主义与过分苛求的倾向

在与国外材料商打交道的过程中，常常碰到材料色差的问题，为此扯皮、甚至红脸是常事。这多反映在一些业主和监理那里。要是木纹石，不仅要求颜色一致，甚至要求上下对纹。要是水晶白石材，则会要求纯白，容不得半点色斑。要是实木家具，可能要求是用一棵树加工出来的，还不能有丁点节疤。这种对于材料的苛求，反映出国人的审美情趣存在问题。这种理想化的材料就是找得到，其价格也一定是天价。其实人们崇尚天然石材或天然木材，正式因为他们所具有的自然的纹理和质感，正是这种色差和纹理的大同小异，才向人们宣示，那是天然石材或是天然木材，而不是人造材料。

4．经济设计是可持续发展的需要

我国地大物博不错，但是按人均拥有量，我们还算不上富有。天然石材不是用之不尽的，天然木材的生长速度也是远远赶不上砍伐的速度。今天我们少用一些天然石材和木材，其意义不仅是少花点钱的经济性的，更是可持续发展的需要，也是为我们的子孙后代着想的需要。

5．国外建筑装饰给我们的启示

●大量使用涂料，石材用得并不多。号称石材大国的意大利，用石材装饰的建筑也不多，更少见用异型石材包柱。美国是世界上十大产石材的大国之一，按装饰石材使用量排队却排不上队。美国新建的星级酒店也很少看用石材包柱。大量使用的材料是涂料。

●彩色水磨石被大量使用，在一些新建的大型公共建筑，包括机场候机楼、会展中心、五星级酒店和大型超市，彩色水磨石被大量使用，可以拼花，或加上少量的石材拼花，其平整度自不必说，就是论装饰效果也不亚于石材。造价却远比石材便宜。

●大量使用清水墙，包括仅作勾缝处理的砖墙或砌块墙，其装饰效果亲切、古朴、有乡土气息。

●适当采用清水模板混凝土，其粗犷雄浑的材质与其它建筑材料的质感所形成的对比，给人以美感。

●大面积的石材装饰，在色差方面的控制，远不如中国严，有的在中国是根本不能接受的。

三、室内设计与洗手间文化

洗手间是一个单位乃至一个国家文明的缩影，是每个人别处可以不去、这里却必须去的地方，也是常常被设计师忽视的地方。这里结合在洗手间设计中常犯的毛病，谈谈在洗手间设计中应注意的问题。

1.洗手间设计应注意视线遮挡

注意视线遮挡，这是保护隐私的需要。特别是不要让男厕所内的小便斗暴露在门外人的视线之内。让厕所外面的人（特别是女性）无遮挡地看到正在小解中的人，是一件十分尴尬和很不雅观的事。其实不少存在这类问题的洗手间，只要在布置上稍作调整就可解决视线遮挡问题，关键是头脑里面要有这根弦。

2.洗手间设计要体现对各种人的关怀

（1）方便残疾人和老年人及其他体能弱者

●方便残疾人

方便残疾人的无障碍设计的规范早在1989年就已经颁布实施，但是，在规范规定范围内的不少建筑，在建筑设计和装饰设计时均不考虑方便残疾人洗手间和残疾人厕位。有的考虑了供残疾人轮椅通行的坡道，却不考虑方便残疾人洗手间或残疾人厕位。在对这一弱势群体的关怀上，西方发达国家做得远远好过我们。在美国的各种公共场合，几乎找不到没有设置方便残疾人厕位的洗手间。

●方便老年人及其它体能弱者

在公用洗手间内，大便器采用蹲式被认为是更卫生的地方，设置一定比例的坐便器（或称马桶），对那些不便下蹲的人以及孕妇等的体能弱者，也是一种关怀。

（2）方便儿童

能够独立活动的儿童，由于他们的身高比成年人矮得多，为他们设置一些较低的小便斗和洗手盆，会给他们带来很大的方便，也体现了社会对他们的关怀。

（3）方便携带幼儿者

携带很小的孩子外出，上厕所是个很麻烦的问题。曾经听到一个真实的故事，讲江苏南通一个外婆带着小外孙外出，上厕所时不方便，就托人抱一下，不幸的是上完厕所出来，孩子却被人抱走了。老太太从此便精神恍惚，成了祥林嫂式的人物。在国外的公共厕所中有一种较大的厕所单间，在大人厕位的前面一角设置可以用皮带固定的幼儿座位，给携带幼儿的父母带来极大的方便和安全感。深圳人对女性的关怀也已经进行到厕所，笔者获悉："适当增加厕位，设立母婴单间"已纳入到深圳市妇女发展"十年规划（2001年—2010年）"，并已经获得通过。

(4)方便携带婴儿者

年轻的父母携带婴儿外出，无论是大人要解手或是给婴儿换尿布，都是一件令人头痛的事。在国外一种 BABY CHANGE 的更换婴儿尿布安全台非常成功地解决了这一难题。更换台的整体设计呈弧形，有效地防止孩子跌落的可能性，另外还配有一条安全带，更进一步确保了它的安全性。更换台用时打开，不用时可以折叠到墙壁上，以节约空间。有的还配有宽达800mm 的纸盒，换尿布时，超大的卫生纸可作婴儿的衬垫用。

(5)方便搁置随身携带物品

挂衣钩、放包架或放包台在公共洗手间里，是不可缺少的。外出的人，特别是出远门的人，手上总会带一些行李、手袋、拎包之类的东西，在设计中应当给进洗手间的人，放置这类东西的地方。一些发达国家在这方面做得比较好。小厕间的门上有衣帽钩；小厕间的壁上有放包台，它是用工程塑料或金属制成的架子，不用时可以折叠到侧壁上，不占空间。小便斗背靠的那面墙上，或洗手台的靠墙一侧都有200mm左右的放包台，给如厕的人以极大的方便。

（6）给女士多一点关照

女洗手间厕位少、如厕排队是一个普遍存在的问题。在进行洗手间硬件配置的时候，应考虑男女厕所厕位的合适比例。根据实际如厕时间的调查统计，女士上一次洗手间约需3分钟左右，男士只需1分多钟，相差近3倍。而现状是男洗手间的厕位一般均明显多于女洗手间，往往女士上洗手间要排长队，甚至在女士密集的地方，如深圳妇幼医院的男士有6个厕位，而女士却只有3个厕位的"错位"现象。因此公共洗手间设计应充分考虑男女厕位的合适比例。例如日本食环署规定女厕和男厕的厕位数量之比为 6∶4。据报道某单位的女士由于长期不堪忍受如厕排队之苦，提出和男士换洗手间，得到同意，结果女士不要排队了，男士也未见不方便，终于皆大欢喜。

3.要防止交叉感染（尤其在医院内的洗手间）

●洗手盆自动感应供水或脚踏控制供水。

●大便器脚踏或自动感应冲水。

●门可不设，但要注意视线遮挡。日本高速公路旁服务中心的公共洗手间，门洞宽达2000mm左右，厕位部分人流排队位置都有考虑。

4.注意节能

●大便器的冲洗控制钮分大小两挡位，小便时用节水挡冲洗。

●洗手用水可用来冲洗马桶。在澳洲见到过在马桶的水箱上面设洗手盆。洗手水流到水箱里，可作冲洗马桶用。

5.创造舒适美观的环境

●洗手间应有良好的通风，暗洗手间应有机械排风，并有送新风，并有合适的照明设计。

●在面积许可时，设计一个带等候区、配备沙发座椅的前厅和化妆间，洗手间的品味更加不凡。

●一些重要场所的洗手间，墙上挂一些有趣味的装饰艺术品，摆一点盆景绿化，甚至配上背景音乐，摆一些香料，增加洗手间的文明和温馨气氛。

●要强调的是，洗手间设计要从我国的国情出发，不能盲目追求豪华、高档次。但是，在可能的条件下，把洗手间设计的实用一些，文化味浓一些，给使用洗手间的人带来更大的舒适感，是每一个设计师应当努力追求的。

四、室内设计与使用安全

1.防止因设计错误或不周而带来的人身伤害

在安全问题上有一种误解，以为那是结构专业的事，而建筑设计和室内设计出不了大事。新闻开放以来，报纸上报道的因建筑装修引起的房屋倒塌和人身伤害事故屡见不鲜。

（1）室内设计不得任意改变结构

●任何牵涉到结构安全的、对结构承重体系的改变，均需得到原建筑结构设计单位或具有相应资质的设计单位的认可。绝对不可为了室内空间的需要随便拔掉承重柱，打掉或削弱承重墙。

●在原有楼板上增加较重的楼面荷载，如水池、大型雕塑、书库等，亦应进行结构核算。较大的悬挑阳台进行封闭改造成房间使用时，应切实注意安全。挑阳台坠落的事故不止一次地发生过。

（2）　在设计细部上杜绝事故隐患

●防护栏杆要有足够的强度和高度，内蒙古某中学的伤亡事故教训深刻（某中学教学楼内的1000多个学生下课时从楼上蜂拥而下，挤垮了楼梯栏杆，导致40多人被踩死，100多人受伤）。

●室内一步台阶应尽量避免，地面高差可用坡道解决。在国外曾看到过这样的安全标牌，“一步台阶，注意安全”。

●浴室、洗手间、以及可能淋到雨的室外平台等处应切实注意地面防滑。因为地面滑而摔伤甚至摔死的例子不胜枚举。

●家装中要特别注意老年人和小孩的安全。现在有的室内设计师把玻璃地面和玻璃楼梯也引入了家装，应该反思一下是否合适。

（3）大面积的透明玻璃隔断应有明显的防撞标记

应该使用安全玻璃的部位，应当采用安全玻璃。北京、广州等地建委均发布过规定，在下列部位应当使用安全玻璃：

●7层以上（含7层）建筑物的外向窗，包括装有玻璃的阳台门。

●单块大于1㎡的窗玻璃和落地窗，包括装有玻璃的阳台门。

●玻璃幕墙。

●裙楼围蔽、内墙围蔽、朝向内庭的窗、内庭栏板、楼梯、阳台、平台走廊的栏板。

●采光篷、雨篷、出入口通道上盖、天花。

●公共场合的室内玻璃隔断、玻璃门。

●人群稠密的街道两旁、车站，露天集市的各类构筑物，立交桥、天桥、隧道。

●建筑物和构筑物的玻璃制标牌。

●观光电梯及其电梯井。

（4）使用绿色、环保材料

防止因使用有毒材料对人造成的伤害。室内设计师要熟悉材料，不要再使用那些被宣布淘汰、禁止使用的材料，这些材料被禁止使用的原因往往也是不符合环保要求、对人的健康有害。

2.作好防火设计，减少火灾伤亡事故

美国9.11事件给我们很多启示：原来预计遭恐怖分子袭击的纽约世贸大厦的死亡超过一万人，而实际不到三千人。世贸大厦的消防设计无疑是一流的：

●畅的消防疏散和完善的消防疏散指示标志，特别是在离地300mm左右的墙面上装设安全疏散夜光指示标志，在火灾情况下非常有用。因为通常设在天花板下的疏散指示标志在火灾情况下，很容易被烟雾遮挡，失去作用。

●疏散门的开启方向不能搞错。不少室内设计师不注意这个属于常识性的问题。 在一些获奖作品中也不乏这种常识性的错误存在。疏散门绝对不能上锁。管理上必要时可采用压杠式门闩。（深圳一工厂一场火灾烧死80多个女工，重要原因就是疏散门上锁，教训惨痛。）

●按防火规范规定一个疏散出口不满足疏散要求的房间，应设第二疏散口，必要可设置室外楼梯。日本在消防设计方面的做法可作借鉴。

●疏散楼梯间的双扇门开启后不得影响疏散通道的宽度。实际上多数双扇门存在问题。设在梯跑一侧，且距梯跑比较近的门应尽量避免采用双扇门。

五、对今后室内设计评比和评奖工作的一点建议

1．在重视觉环境的同时，也要看设计的使用功能

设计评比和评标时，不能只看效果图或照片，也要看平面设计是否合理。现在的设计评比往往是效果图大战，谁效果图的画得好，谁赢的机会就多。有的效果图甚至是从某个类似项目中拷过来的。有的为了空间效果任意夸张。这里面当然还有个职业道德问题。

2．要看设计符合国家规范标准的情况

当前在个别的获奖作品中不同程度地存在着违反国家工程建设标准强制性条文的情况。如：消防疏散门开启方向搞错，按规定应有第二疏散口的房间却只有一个疏散出口。不执行国家政策法规、违反工程建设标准强制性条文的设计要扣分，降低或取消其获奖资格。

结　语：

室内设计的多功能性要求室内设计师要有丰富的专业知识和相关的外围知识，室内设计的技术性和艺术性要求室内设计师从工程技术和艺术修养两个方面充实自己。为了促进室内设计水平的提高，为了使中国的室内设计毫无逊色地立于世界室内设计之林，让我们共同努力。

关于建筑设计与室内设计有机联系的一点研究

北京港源建筑装饰工程有限公司　总经理　**沈　凯**

一、前　言

在我们从事建筑设计与室内设计的社会实践中，不仅经常会遇到一个新的设计案例，从规划、群体设计、单体设计、建筑细部设计之间，内外装设计到各阶段施工图设计之间，被划分成不同的段落，由不同的项目管理者和不同的设计单位、设计师（组合）分别完成的情况，而且会遇到有些工程（如烂尾楼）被不同的业主开发和转接后重新拆改、设计、装修的情况，还有许多建筑会出现在使用过程中被业主不同时间的需求和使用者的观念、功能调整而经常被拆改的情况。

在这些事件过程中，有些项目因为不断的修改、否定、再否定，而最终成为具有独立特性、风格、形式及功能的优秀作品，也有许多项目则因此而形成不伦不类、毫无特性、平庸无奇甚至大煞风景的低劣作品。究其原因，可以分析为以下几种问题：一是设计师自身；二是业主的定位、决策；三是业主对于项目设计的“粗暴”干涉及对设计师的尊重；四是在项目的实施过程中缺乏整体观念和控制，造成终生遗憾等。

前三个问题均带有人为因素，而后一个问题则除了人为因素之外，更重要的是应当建议设计者执行科学、合理的项目评价和工作程序规则，形成良性的工作链，形成各工作环节之间的有机内在联系，以使一个优秀的定位决策思想得以贯穿项目设计的全过程。在这个过程中，包括项目可行性分析、项目选址、项目规划、项目环境评价、项目整体设计、技术评价、项目单体设计、项目内外装饰设计、项目综合机电设计、项目生态环境设计等等诸多环节。

在国外，建筑设计发展到今天，已有越来越多的政府建设规划控制部门和建筑设计师（机构）接受、提倡和执行着整体设计（Total design）的工作概念，以努力使每一个建筑设计作品都能达到满足功能要求、具有文化特点、适应地理条件、具有自身主题和特色、具有环保特质、具有环境与建筑内外形象有机结合、具有历史感与时代特征的融技术、艺术、人文、自然于一体的境界，真正成为“凝固的音乐”。

而人作为鉴赏、使用建筑的主体，与一个建筑的接触过程中，建筑技术、形体、内外装是最直接对人产生影响的形和面。从雅典神庙石结构到赖特先生亲自拆除落水别墅的钢砼模架，从古罗马斗兽场到上海 8 万人体育中心，从埃及金字塔到贝聿铭先生的法国卢浮宫改造，无不体现着建筑物从构造、形体到内、外装饰、工艺、技术等内外浑然一体的有机联系。因此本文作者在此以最直接体现建筑与人互动关系的两个关键设计环节——建筑设计及室内设计入手，试图以其内在联系的分析来有效指导自身工作，并与同业共同研讨。

二、概念及范畴

对于建筑设计来讲，首先要明确建筑的概念，建筑是随着人类社会发展的需要而形成的，依靠技术和工艺条件营造的可以满足人类生活、生产活动各种功能环境要求，并具有丰富表现形态和文化内涵的以物质形态来表现的空间和空间关系，建筑是一种表现艺术；因此，建筑设计是由设计师（人）为了满足人类社会需要（人），通过其思想创造以及利用各种社会资源（人及人类成果），而产生的对建造实物建筑起指导作用的物化成果的活动，包括形成文字、图纸、模型、绘画等制作及实施过程指导。正是由于建筑经过设计而蕴涵文化和思想，通过创造而被赋予了生命，因此，在深层的意义上，建筑与建筑物这两个概念是有着本质的不同。

而对于室内设计，首先应从两个方面理解“装饰”的概念，一方面是，建筑装饰是在建筑设计的成果已产生或建筑物的本体已被完成后（After Architecture Design or After Building），对内外空间的造型、饰面、工艺、空间等的进一步完善及声、光、电、视效果的综合配置和完善；另一方面，装饰包括装修和配饰两个方面，装修是指固定附着物方面，配饰是指与建筑内外空间配套完善所需的各类饰品、饰物（包括各类摆设、绿化、工艺品、绘画、布艺、家具、其他艺术品等等）。而室内设计同样也是由设计师（建筑设计师或室内设计师）依据建筑设计已明确的工作指导思想或整体环境因素和功能需要，通过其创造性思想活动，并组合、利用各种社会资源（专业的、技术的、文化的、艺术的等等），而产生的对完善和美化建筑内外造型、饰面、工艺、空间、配饰等方面起指导作用的物化成果的活动。它同样包括文字、图纸、绘画等制作及实施过程指导，而最终配合建筑设计共同指导完整的建筑创造，并形成各种不同形态、功能、效果的内、外空间，也更加丰富了建筑的艺术表现和内涵气质。

建筑设计和室内设计同样属于表现艺术范畴。从其相互依存、相互延伸、相互渗透、相互融合的互动上看，建筑设计和室内设计之间决不仅仅是外在修饰和附加的关系，而是应当具有更深层次的内在互通、交流和共存的关系，是有机的关系，是不可分割的关系。

三、建筑设计和室内设计内在联系的有机关系

主要从以下四个方面分别分析这种内在联系的有机关系。

1．从建筑设计的前期工作方面分析

我们在从事相应设计工作的时间过程中，尤其是在装饰设计和施工阶段，由于针对原有建筑设计缺乏修正，或是为了新的功能需要，常常会对现有建筑物进行不少的拆改和补充。而新建工程由于不同建筑阶段的思路和需求变化，也同样会发生大量的拆改和修复，这都会造成许多无谓的人力、物力、时间、金钱的消耗及至浪费。究其原因，主要有以下几种：

（1）在建筑前期所确定的空间定位和功能需求出现变动；

（2）不同的业主接手后的决策思路和审美判断不同；

（3）不同设计师对建筑空间、构造、表现、审美、功能的定位不同；

（4）建筑设计阶段与建筑装饰阶段的脱节，或建筑师由于缺乏整体把握和装饰设计的经验而无法有效控制阶段衔接，等等。

综上分析，究其根本原因，都归结于以下三大方面：第一，决策思路不延续；第二，建筑设计定位不准确；第三，前提正确但主导性的设计思路不能贯彻始终，不能整体控制。

上述分析中的第四种问题更是造成建筑设计（空间、技术、做法）及其连带的机电设计都未能有效考虑装饰阶段的需要和条件的创造，而到装饰工作阶段大量建设工作木已成舟，只能忍痛大量拆改，有时还会由于结构安全问题而造成遗憾。

因此，在结合分析大量国内外成功建筑设计案例的实施过程和借鉴国外先进规划设计工作流程的基础上，国内的很多业主和建筑设计师已开始认识到，在建筑设计的前期工作阶段即已开始完整的考虑其环境与内外装饰的设计定位工作，或在建筑师不能有效整体把握该项工作的情况下，在前期阶段就邀请室内设计师参与工作，以求在建筑设计的前期阶段就得以有效把握建筑与装饰的内在有机联系，并进一步修正和完善建筑设计和综合机电配套设计工作，保证优秀的建筑设计作品得以实现。

2. 从深化设计阶段来看

深化设计也即我们通常所说的初步设计，是在确定建筑设计思想和空间创作概念的基础上，进一步通过构造技术、细部分析、效果模拟和机电专业配合，对实现建筑整体成果和使用功能的进一步可行性分析，是建筑设计工作中将概念性成果有效地向施工图设计工作转换的关键环节。如果在这个环节中，不能充分的将建筑设计与装饰设计整体配合，势必就会出现我们在实际工作中经常会遇到的那样，不仅在建筑设计图中会注明多处“详见二次装修设计”的情况，也会出现综合机电设计工作无法完成的情况。

进而无法确保设计师整体概念的实施，对进一步的建筑设计造成不利影响，以至用一套不完整的施工图指导施工作业，不仅同样造成系统变更和围护结构拆改的不利影响，而且对于建设工作的周期、经济评价等方面，也会造成诸多不可控的未知因素，不得不将完整的程序分段实施。

以下原因也许是造成这类情况出现的根源：

（1）我国的建筑学教育的宽度和外延不够。尚未能将最终实现建筑这种视觉艺术表现的表面修饰和空间效果等与装饰设计或环境艺术设计的各种必要知识很好的结合起来，也未能将一个真正完整的设计工作流程或正确的建筑设计实践规则融入到建筑学课程中去，以致许多建筑师走上工作岗位后只能照本宣科地默守“基本建设工作程序”，不能真正地将思想、意识与建筑设计融为一体，不能从历史、文化、地理环境到审美的更宽、更深的层次去思考建筑及其设计工作，从而造成脱节（建筑、环艺、室内设计专业之间的基础脱节和教育的急功近利也是原因。）。

（2）我国社会主义初级阶段尚未形成真正的行业市场规则。建国 54 年来，从“破四旧”到“文革”，从“大跃进”到“批林批孔”，从“大屋檐”到“塔式、板式楼房”，从“中式的”到“欧式的”，从“不中不西”到“现代派”、“后现代派”、“新古典主义”，我们许多城市建设经历着从“废墟”到“新生”的过程。建筑业界经历着一次一次的政治动荡的影响，而后又随着改革开放之后开发商们的“卖点”求索而东飘西荡 。行业管理、市场、建设工作程序、规划审批条件、各层级的不同干预，都或多或少地残留着计划经济衍生过来的影子。也造成了行业之间、工作流程之间、产业链之间的条、块分割，必然产生建筑设计各阶段的工作链接是无法连续一致的结果。

（3）政策方面的制约因素。由于以上述及的市场规则不成熟的问题，加上有一些建设单位、开发单位、设计单位（或设计师）在实际工作中存在着投机取巧、急功近利的行为现象，甚至不顾国家规范和行业道德准则，因此在政府的监督力度上就有显得不足的情况。在国内行业规则演化的过程中，不同行业界定关系混淆，如建筑业划分时，将装饰专业划为服务业的有过，划为轻工系统管理的也有过。但最终实施仍应该归于建筑业的范畴，而所谓“饰”也仅是由设计师利用那些工艺品、艺术品、轻工产品等，而不能因其产品被使用，就人为地拆分行业关系。对于以表现艺术为设计目标，以完成设计产品实质的物化视觉效果为最终目标的设计与工程关系，是在一个主导行业和主导工作思路领导下的实施过程和资源组合方式。

而相关政策将其条块分割之后，其设计、审批、实施也受到不同程度的切割和制约，造成设计和实施的分段和脱节。因此，当以国家建设为主的阶段过去之后，就进入“大跃进”的满足基本功能阶段，再进入初级市场经济开发阶段，直到 20 世纪 90 年代之后的一哄而上的商业开发阶段，加上各阶段“政治”和人为的因素对规划建设审批原则的影响，无论从城市规划、市政建设、房屋建设、设计与施工方面，虽然成果辉煌，但也损失惨重。我们目前的市政工程仍不断给道路反复地“开膛剖腹”，那么多的违章建筑和烂尾楼被拆除，那么多妨碍城市规划和有碍市容的建筑被拆除，也都说明，不仅在行业管理上应当具有完整的指导思想、前瞻性的规划和设计、实施程序，在其中某一阶段，如设计工作阶段，也应保持明确的指导思想、超前意识和整体工作的连续性，才能保持好的创造成果。

（4）经济层面的制约因素。众所周知，“经济基础决定上层建筑”，而设计工作属创造性思维活动，又跨接政治、文化、艺术、技术等领域，在行业中必然属于“上层建筑”，也就离不开经济基础的各种影响。上述国家建设各发展阶段都受到过此方面影响。建国初期，为了体现国家形象，政府在首都十大建筑上投入巨大，也成就了至今仍被所有专业人员和老百姓们津津乐道、赞不绝口的建筑精品。而在“三年自然灾害”等困难时期，则由于经济条件的限制，设计则只能为满足最基本的生活和生产功能需要的建设工作服务，根本谈不上艺术、工艺和修饰。

到了改革开放的年代，无论是国家还是企业，为了能够搞好城市环境和形象，在建设上都投入巨资，并造就了深圳、浦东等堪与国外城市建设发展媲美的新型开发区。而由于我国历史沿革过程有相当时期因经济条件制约对设计需求也不高，造成国内设计师队伍精英匮乏，大量优秀设计作品都是以境外及港台设计师的方案为蓝本设计的，如SOM的金茂大厦、波特曼的上海商城和贝聿铭的中银大厦等等，国家和企业也为之付出了大量的外汇。经济条件支持房屋建设最典型的例子当属国家大剧院工程，法国设计师安德鲁的设计费用是国内配合设计院费用的十几倍，而由于设计师的整体控制，我们因此获得了举世公认的代表国家开放形象的建筑设计精品，由于完成精品需要先进的工艺技术和高档的选材，因此建设投入也相当不菲。而在现实工作中，往往从建筑设计到室内设计由于经济条件的制约无法形成高标准的设计方案，无法自始至终贯穿一套设计理念和制作标准，甚至由于预算限制分阶段设计、低标准实施，在建筑设计上已经留下不足，到装饰设计阶段则难以弥补各种缺陷。

（5）业主行为对设计工作的制约。上述各个领域的建设主体均可能成为业主，因此，上述各类原因也或多或少地影响着业主的行为。无论是行业干预，还是商业目标驱动，或是经济预算的限制，都会使业主对建筑设计师的方案设计产生不利影响，也都会造成建设设计整体意图不能有效贯彻，建筑设计阶段和装饰设计阶段被人为切断分别执行。对于不能有效把握建筑设计内在因素的后续设计师，就可能导致建筑设计和装饰设计貌合神离的结果。

3．从建设工作实施角度看

尊重设计，忠实执行设计师的设计成果，执行设计师的指令，最终实现实物成果，应当被作为一个基本的执行建设工作的原则，才能够保证设计师的概念从项目规划到最终完成全过程的整体控制和贯彻始终。但往往从业主行为及行业普遍对设计的尊重上看，由于前述各种社会发展的、行业发展等客观原因及设计师自身能力等方面的主观原因，造成在实践工作中对设计师的创造性成果普遍存在着不尊重的问题。在方案设计阶段，业主无论出于商业目的还是预算问题甚至个人喜好，对设计师的方案横加修改。而在方案实施阶段，施工人员也由于个人习惯、自身技术能力限制以及经济目的，也经常会对设计方案提出干预，以至有些方案实施后面目全非。

而由于工作责权限制，设计师已无法全过程对方案执行承担责任。因此，建筑设计意图被有效尊重和实施指导，室内设计工作在满足业主新需求的情况下尽量忠实和改善原建筑设计意图和成果，也就是无论从社会利益上看，还是从业主利益上看，人为地切断或拆分设计工作程序和设计方案意图，最终都会导致浪费和损失（成果不佳也是一种无形的损失）。

4．从项目成果评价方面来看

在我们对一件优秀建筑成果或设计方案进行评价时，基本评价思路主要有以下几方面：

一是方案的社会效果如何：即指与社会需要、自然条件、周边环境、绿色环保、基本的美学条件，及其对人的生活和城市形象的影响；

二是方案自身的功能设计和建筑体系是否合理：包括建筑内、外平面功能分区设计、人流动线设计、空间的共享效果设计、结构构造体系设计等方面；

三是方案自身的设计创意及建筑内外装修、环境体系及配饰效果评价：包括建筑设计方案是否有新意、建筑外部环境设计、建筑内外装修及配饰设计与建筑设计是否高度和谐，是否具有内涵及韵意等等；

四是方案综合机电系统设计的合理性及环保标准，等等。

而往往第二、三项评价最为直接和占分量。总的来讲，设计成果和实物成果的整体性、合理性、表现艺术效果仍是最根本的评价依据。比如拿法国建筑师安德鲁先生设计的国家大剧院的案例及实施过程来分析，可以看到如下主线条：

（1）整体规划及建筑设计。设计师从项目在整体城市中的定位开始逐渐分析过渡到单体建筑形式。在设计上，不仅现代、新颖，还象征着中国政府改革开放的决心；设计师从两平方公里范围内的整体规划入手，以水和植物创造出了人工生态环境；建筑物的造型浑然一体，与周边的古建筑、近代建筑、现代建筑之间均不会产生冲突，而且气质独特突出；建筑物虽然体量不大，但大部分体量藏于地下，整体高度和地面规模均未超过代表全国人民大团结的人民大会堂；新结构的体系和工艺的引用也充分体现着时代发展的先进性；方案设计独特、缜密而周全。

（2）建设实施过程。不仅业主委员会赋予了建筑设计师统揽全部深化设计的权力（建筑、装饰、机电、幕墙、配套等各专业均如此），还派出设计师代表常驻现场指导和监督施工过程，主设计师也定期亲临现场指导工作，以有力地保证工程项目建设能按照被业主批准的设计方案执行。也必然可以有效保证项目实施的整体性、连贯性和最终结果的满意度。

而在最终结果的表现实现上，建筑设计与建筑装饰的深化设计密不可分、紧密地联系在一起实现，才是正确的工作方法。

四、结论——对行业管理的建议

综上所述，对建设工作全过程的分析以及对建筑设计和室内设计之间关系的分析，都是为了说明：它们是在整体设计思想指导下的双向影响、互利互动、不可分割、彼此互融的具有密切外在延伸和内在联系的不同阶段的链接工作。打个比喻，可以说建筑设计是灵魂，结构设计是骨架，机电设计是脉络，装饰设计是肌肉、皮肤和服饰，它们之间通过设计思想相互有机地组合在一起才使建筑具有自身特质和生命力，是灵与肉的关系。

1．对行业管理方面的建议：

（1）深入研究和借鉴国外的成功的行业政策和管理经验，改进自身的行业规则。

（2）行业政策要有利于建筑设计师工作的整体把握和控制。

（3）行业管理对市场的引导要使各类业主、开发机构、规划评审机构能够充分尊重设计师。认识到优秀的设计一定是整体贯穿实施的，其结果将带来价值回报的收益高于过程中费用扣减的成本。

（4）推行建筑设计师和建筑室内设计师执业制度，让优秀设计师（尤其是室内设计师）从依附施工的阴影下走到舞台上来充分施展。

（5）在设计资格审核认证方面，鼓励由执业设计师牵头成立独立的设计机构或设计团队，同样参与市场竞争和规范行业收费规则。培养我们自己的设计师，形成与境外设计师共同平等竞争市场的格局。否则，随着 WTO 的进一步深入实施，我们的设计师只能去做境外设计师的助手。

建筑设计师和室内设计师要在加快学习、引进和发掘经验、技术、理念和管理方法及手段，努力快速地提高设计竞争能力，切实承担起整体把握和统筹建筑及装饰设计的工作环节。

2．对室内设计师的建议：

（1）切实认清建筑设计与室内设计的内在有机联系、不可分割的关系，在努力补充、学习专业知识的同时大量充实建筑学知识。

（2）在新建工程，由建筑师整体主导设计工作时，应当充分尊重和理解建筑设计的意图和内涵，主动配合并向建筑师提出合理化建议，并忠诚执行深化设计工作。

（3）在对被业主拆分工作阶段或对旧建筑进行装饰改造工程时，一方面要充分认识、理解建筑设计已完成果的意图和内涵；另一方面要充分结合业主提出的要求，努力做出正确的判断，提出改进方案，还应尊重原建筑设计师的意见。

（4）对于在已完成建筑物本体内进行局部装饰设计时，应在充分了解原有建筑设计和结构关系，深入理解原有建筑设计理念和内涵的情况下，结合业主的功能要求和意图进行设计。

（5）要认识自身工作在建筑过程中的重要地位，不仅与建筑设计紧密相关，而且更有着对实现最终表现艺术效果的承上启下的作用。因此，不仅要深入探索，而且更要大胆创新，设计出建筑的性格和内质，也同时塑造业主形象和自我形象。

愿我们的建筑设计师与室内设计师互通有无，紧密合作，共同为中国城市建设的发展和人民生活质量的提高奉献出大量的精品工程！

从环境的创造谈室内设计艺术

周长积

进入 21 世纪，人与环境的关系问题已越来越得到人们的重视。同样，从人与环境关系的高度来认识环境的发展与创造，也是近年来环境艺术学认识上的一大进步。由于社会政治、经济、文化、科学技术以及信息交流有了飞速的发展，人类生存和行为在设计范围上已经豁然扩大，设计内容上也大大丰富与加深，环境问题已不仅仅要满足人们最基本的生存要求，而且要协调人类与环境的可持续性发展，充分地满足人们置身环境中的生理与心理需求，从而提高生存环境中的生活质量。因此，人们对其身环境生存与行为质量认识程度，以及环境的艺术化、科学化、合理化和完善化的程度越来越受到人们的重视。

一、环境的感知效应对室内设计发展的影响

作为室内空间主要在于为人们创造一个良好的合理的生活和工作环境，其本质是人们为进行各种生存活动而对环境进行改造，创造出物质、精神特性上与人相通的环境，以支持人类生存的各种意义。室内环境应当满足人们在生理上、心理上的各方面要求，应有舒适的功能设施、良好的空间视觉形象、合适的湿度与温度，必要的风速，新鲜的空气，充足的光线和不受周围环境的热、光辐射与噪声干扰的影响。要想使室内达到好环境，就必须使人的感觉效果应达到最佳的状态。

室内环境具有以人为主体的空间的基本属性和特征，它是由特定的环境空间同人之间产生的相互关系所形成的。空间环境的主体是活动着的人，而环境的感知效应是人与空间环境的媒介。它所产生的形式特征与其主题的象征性、文化内涵有着必然的联系。我们所进行的室内设计只是将生活世界的各种因素反映在室内的空间形态、界面、结构、陈设等感觉体上，使得这种空间具有很强的感知效应，成为一种载有人的情感意识的感觉空间。当人们处在这样的空间中，由于形式与内容的统一而使人不自觉地将该空间与历史进程、社会环境、人文心态等联系在一起，当形式和内容与人们心理状态相吻合时，该室内空间便能支持人们活动时的情感，使心理结构稳定。此时的室内空间环境与人的关系是和谐的，人们会产生归宿感、安全感、舒适感。

要处理好室内环境与人的关系，使人的感知效应达到最佳状态则需要室内设计师的精神创造，室内设计师在进行室内设计中要研究人们的环境心态，使空间的形式具有精神的成分，具有情感的意识。它可以在人们的心理上产生作用。如果设计师没有这样的精神创造，室内的环境空间也不会引起人们内心活动情感特征。人们也无法区别这类空间的特质，无法在情感上与空间进行交流，因而使得空间形式的感觉效应无法建立起来。所以，一个良好的室内空间环境的建立主要取决于环境的形式是否实现了人们生活世界的种种精神要求，取决于人们的生存状态反映在室内环境上的思想程度；取决于室内设计师在社会结构、生活方式、文化体系中对室内环境进行人性化的处理与创造。

室内环境是为人们室内活动提供的场所，它随着人们生活的拓展而扩大，并逐渐发展成为互相渗透不可分割的环境整体，人们通过自身的感觉效应，在生存活动中不断调整人与环境的关系。人们对室内空间环境的感觉效应实际上是对空间的一种体验，在不同的环境、不同的人群对空间的理解、对空间的感受也是不一样的。这其中主要包括人们自身行为以及心理与环境空间相聚合的秩序。这些实际例子不胜枚举，如莱特的考夫曼别墅、米斯-凡德罗的范斯澳斯住宅、勒·柯布西埃所强调“阳光、空气和绿地”、格罗皮斯对住宅的日照、层高、间距等关系的研究等等，把人与环境的关系处理得非常和谐，使人、环境、风格、形式融为一体，充分表现了一种对人的关怀；一种环境的气氛；一种完整的、自由的个人空间。

在当今社会中，人们环境心理的变化将会越来越丰富。现代的室内环境设计更需要对环境进行人性化的处理和意念的赋予，把人们的主观感受渗透到环境中去，使其成为具有个性和时代性的环境模式，成为能反映新时代的精神和物质技术发展的标志。

二、环境创造的要求对室内设计发展的影响

首先，从环境的创造要求来看，人们对室内环境的要求，不仅要创造一个对身体健康的有益的工作、生活的环境，而且还要创造一个文雅、舒适、美观的环境，以美化生活。因此，现代的室内环境设计必须要考虑人们的社会风俗、文化氛围、生活习惯和个性特点等因素，在这世纪之交的年代，人们盼望着环境与人关系和谐，人们在对生存环境与生活质量的深刻认识与反省以及在科学技术飞速发展所带来的“异化”现象中，努力寻求环境与情感上的平衡。而室内设计也正向着更丰富的环境设计理念发展，其环境理念包含了室内环境文化：室内环境表现层次与表现系统；室内环境艺术与审美信息传播；室内环境与人的心理行为；室内环境与形态构成学；室内环境与社会学；室内环境与民俗学等等。这些理念发展与研究必将开阔室内设计师的眼界，使我国的室内设计创造进入一个崭新的高度。

第二，从环境的创造要求来看，室内设计成为了一个综合性的设计学科。

在创作中体现了自然科学、人文科学、社会科学等多学科交叉渗透。它可以更广泛、更直接、更生动地传递各种信息。新的世纪正是新的边缘学科与综合性学科不断出现的时代，许多新的学科既是分化的产物又是综合的产物。作为室内设计的发展也正是处于分化与综合的辩证过程。它借助多学科的理论、方法和研究手段去探讨室内环境设计的发展规律，从“室内环境学”的角度来研究和预测其发展前景，从而调节、控制以达到利用、改造室内环境的目的。

第三，从环境的创造要求来看，室内设计的研究方法更加深入。

它已不再仅仅是对环境空间的美学要素或是主观情感的某一方面分析，而是在识别室内环境的各种构成要素时，不只是去分析情感的本身，而是在分析产生情感的复杂的刺激物，这样，人们就可以通过发现那些产生情感的先决条件，而对室内环境情感效应做出解释。这是因为分析研究环境空间的目的是为了解释环境对人产生的影响及环境与人的关系，是把人的情感和环境实体空间放在一起研究。室内设计师在进行环境空间的创造时，把客观对象的性质与人的心理因素结合在一起描述，并加以综合分析，形成主客观相结合及交叉的研究方法。

第四，从环境的创造要求来看，对现在以及未来的室内设计师提出了更高的要求。

其一，从室内设计在现代环境艺术中所占的重要位置来看，室内设计师应具有更高的素质、修养、知识、技能和文化心理结构，应具有丰富的室内环境的工程设计经验。

其二，从室内设计师的审美心理结构来看，室内设计师应对环境的空间有着敏锐的感知能力；它是丰富人们内在情感的重要手段，也是室内设计师捕捉创作灵感的重要手段。室内设计师应对环境空间有直觉的理解能力；其作用是在整体把握感受的基础上，抓住审美信息所传递的特有意味，进行多层次、多方面的思维。

其三，室内设计师应对环境空间有着丰富的想象能力；室内设计师在进行室内环境设计时，除了培养自身的情感效应外，更重要的是培养自身的认知能力，从对环境的细致观察、细致分析入手，大力扩展想象的空间。

三、对室内设计发展前景的展望

综上所述，我们认识到，现代社会的发展使室内设计面临的课题越来越多因素化与复杂化，现代的室内设计理念给予未来的室内设计师是一种能力，一种创造精神，一种把握环境空间的观念和方法。我们看到，对室内环境本质的研究就是室内环境如何体现人对环境的把握，如何创造人性化的空间。如何处理好人与环境的最佳关系。室内环境氛围的完善程度决定人们生存空间的理想化程度。这也是新世纪赋予我们设计师的责任。为了创造人们心目中理想的而又美好的室内环境，需要室内设计师与人们心灵的沟通；需要室内设计师的艰苦创造。设计要以人为本，新世纪的环境设计、环境氛围必将更有诗意。

室内设计的根本宗旨是以人为本，现代社会中充满了各种纷繁无序的现象。杂乱喧嚣的街道、拥挤不堪的人流，还有现代人面对来自事业、生活、社会的各种压力，这诸多因素使人们对于室内审美的要求日趋简约、大气，追求凝练、疏朗的感觉。室内界面的处理要服务于室内的空间气氛，满足人的心理、生理要求。我们的行为规律、生活要求是室内设计的根本参照系，这是由人与外在环境的“非确实关系”决定的。（即自然界没有为人们提供现成的生存条件，而是人通过自己的设计来使环境为自己服务，人与动物的不同就在于人对外在世界必然的超越性。）

随着社会经济的发展，人对自己生活质量提出来越来越高的要求，每一代人都有各自新的要求，新的创造和新的享受，人类寄希望于通过环境的创造来改善自身的生存条件，追求生活的理想境界。只有这样才能真正推动室内设计的发展。

关于对我国室内环境设计的若干思考

华中科技大学建筑与城市规划学院　教　授　辛艺峰

一、继承·超越·创新

世纪之交，我们的世界正在迅速地由工业时代向信息时代转化，新世纪带给人类的是一个高度信息化的时代。在这个新的世纪里，设计本身将成为人类面向未来生存和发展的一种方式，并将成为一种文化，成为新世纪最引人关注的世纪现象。从全球的文化格局来看，随着新世纪的来临也呈现出新的表现特征：一方面伴随着全球文化与大众传媒的国际化进程，世界真正成了“地球村”，其结果就是导致社会非地方化，经济与文化的世界性趋向日益加强；另一方面则表现在世界的“全球化”所带来的社会“市场化”。从20世纪90年代以来出现的以消费者为主导、大众传媒所支配、以实用精神为价值取向的多样化新时代，结束了某些文化的支配地位。而在世界文化的发展中，回归传统已成为不可逆转的文化现象，人们逐渐变得冷静与成熟起来，重新开始思考自我，并探索本民族与国家当代设计的发展和地域文化的有机融合，以形成有时代精神和文化特色的设计发展趋势，世界各国的建筑室内环境设计也不例外，其空间的文化个性特色塑造更是成为不同民族与国家努力追寻的设计之魂。

1. 我国建筑室内环境设计的发展概况

从建筑室内环境设计来看，它是一个包括现代生活环境质量、空间艺术效果、科学技术水平与环境文化建设需要的综合性艺术设计学科，其任务是根据建筑设计的意念进行内部空间的组合、分割及再创造，并运用造型、色彩、照明、家具、陈设、绿化、传达设计与设备、技术、材料、安全防护措施等手段，结合个体工学、行为科学，环境科学等学科于一体，从现代生态学的角度出发对建筑内部环境作综合性的功能布置及整体艺术处理的空间环境设计。若从室内环境设计的社会基础来看，一个国家的经济发展能力、科学技术水准、文化艺术传统及其民间风俗习惯等多种因素均对其有影响，而经济的发展程度则起着根本的作用。室内环境设计的发展，可以追溯到自有人类以来也就有了人类的建筑活动，同时也就有了室内的环境设计，从此，也就揭开了建筑室内环境设计的发展历史……

我国现代室内装饰设计的发展，可从20世纪50年代末期北京迎接建国的“十大工程”的室内装饰算起，到20世纪70年代中期，其设计可说是侧重于为政治性建筑服务的；其后伴随着改革开放形势所带来旅游事业的发展需要，设计的重点又转向了旅游和景园建筑，以及为其服务的公共建筑上；直到20世纪80年代末期，由于各类公共建筑、特别是居住建筑的大量营建，加上人们“环境意识”的觉醒及迫切要求提高生活环境质量的呼唤，室内环境设计才真正走向民众，并开始为广大人民群众息息相关的室内环境装饰设计服务[1]。回顾我国现代室内环境装饰设计行业的发展，伴随着20世纪90年代以来市场经济的大潮，中国的建筑室内环境设计遇到了一个前所未有的发展良机。广阔的建筑与室内环境装饰市场，不仅为各类室内环境装饰企业的成长与壮大提供了优良的沃土，也为我们的设计师们施展自己的才华提供了广阔的舞台，促使建筑装饰材料加工等相关行业共同发展，使室内装饰行业成为生机勃勃的“朝阳产业”，整个室内装饰市场呈现一派兴旺发达的景象。

然而面对飞速发展的商品经济热潮在给我国室内环境设计与实践带来勃勃生机及众多发展机遇的同时，国外室内环境设计方面的许多新思想、新理论与新观念被引入了国内，促使我们的设计师们眼界大开、思维活跃。但与此同时我们的室内环境设计创作与工程实践也受到了来自多个方面的冲击，其中最主要的就是“商业主义”倾向，至使我国尚处于启蒙时期的现代室内环境设计发展受到很大影响。最主要的问题表现在室内设计风格方面照搬袭模仿之风盛行，这种港台风格从20世纪80年代开始就影响到国内室内环境设计的发展，进入90年代更是受到以“欧陆风格”为主流的各种设计新潮与流派的冲击。虽然有不少设计师还是坚持不懈地对具有本土文化风格的现代室内环境设计的探索，但面对“商业主义”的倾向及新奇怪诞的设计思潮，显然从设计文化方面提高我们的建筑室内环境设计水平已成为当务之急。

随着世界经济一体化的快速发展，人类已经进入“地球村”的时代，现代设计中对人类文明的珍惜与环境的保护应该受到更好地重视，未来的设计是多元化的设计时代，各个国家的设计文化特色与鲜明的地方风格设计作品理应受到尊重和推崇，这是因为文化的塑造与建构才是我们面向未来的设计发展方向。

2. 面向未来的建筑室内环境设计思考

作为当代文化一个重要组成部分的中国建筑室内环境设计，在经历了对走进国门的诸多现代设计流派，如“后现代主义”、“解构主义”、“晚期现代主义”、“新古典主义”等的探索与思考后，当代中国的设计师们更关心的则是走向新世纪的中国建筑室内环境设计的未来发展。今天，中国已经加入WTO，中国的室内设计师理应在世界面前向国外同行展示出自己特有的建筑室内环境设计文化个性特色，理应建立对每一个设计项目精益求精和负责任的意识。并且我们的设计师在思考走向未来的中国建筑室内环境设计发展趋势的同时，还应该勇敢地承担起建设有中国文化特色及时代精神的建筑室内环境设计职责。随着改革开放的深入和市场经济建设的需要，中国必将成为一个世界上最为宏大的建筑及内外环境创作领域，这千载难逢的机会无疑也给我们的建筑师、设计师、管理者与施工企业提供了众多施展才华的机会，当然也有不少的困难与问题将要摆在我们的面前，需要我们去克服、去解决，这是因为有了机遇就必定会有更大的挑战。同时应加强对各相关学科知识的学习，提高自身的素质，设计出更多的精品。

首先，我们必须明确：作为走向新世纪的建筑室内外环境设计师所肩负的历史使命，就是"如何在高速发展的经济及文化建设进程中，为人民建造出相对良好的并能持续发展的生活环境，以及如何利用创新的观念设计出具有中国特色的现代建筑。"[2] 从中国当代建筑室内环境设计来看，就是要在设计创作中注重继承和发扬中国的优秀传统设计文化，去芜存真，并处理好设计中传统文化与现代科技、时代精神和地方特色的有机结合关系，走出一条有中国特色的建筑室内环境设计创新之路来。

其次我们也应明白建筑的室内外环境设计也应向与国际接轨的方向发展，要用新的技术手段改造传统的设计手法，以提高我们的设计工作效率，并注重新材料、新工艺、新设备在现代建筑室内装饰工程中的推广运用，把握好新技术更新换代的速度与方向，开拓出设计的崭新局面。

再者，我们还须进一步提高设计人员的文化素质和专业设计水平，加强施工队伍的管理与培训，使设计师的设计成果能由技艺精湛的施工队伍来实施。同时，我们还要维护和提高设计师的社会地位，以便其设计成果能得到应有的尊重。只有这样才利于设计的创新、施工质量的提高，并促使建筑室内外环境设计市场竞争机制的日益完善，以尽快改善当前的发展现状，促进中国当代建筑室内外环境设计的健康发展。

3. 具有中国文化特色的建筑室内环境设计探索

纵观 20 世纪以来世界设计发展的历程，我们不难发现：当今设计随着电子技术的普及和信息的快速传播，国际化与同一化的倾向越来越严重，从而造成各个国家与民族的传统、地域、个性与文化的差异不断地丧失，人类在追求高度物质化与功能价值的同时，常常忽略对精神、文化价值的重视，致使许多优秀的传统文化遗产得不到继承。然而我们也应该清醒地看到，在现代设计走向国际化、现代化与同一化的趋势中，也有不少的国家和民族，结合自己悠久的历史文化传统，走出了一条超越传统、充满本国文化特色又有时代精神的现代设计之路来，诸如我们近邻的日本与韩国，乃至许多发展中国家的建筑室内环境设计，他们成功的经验，颇值得我们很好的学习和借鉴。

中国是一个具有五千年文字记载历史的文明古国，又是一个有着 56 个民族共同组成的大家庭，源远流长的中国建筑与室内装饰文化，无不值得我们自豪与骄傲，从而促使我们从理论和实践中去研究与发掘、继承、乃至发扬光大。而当前由于商业化的冲击，出现那种放弃理想、丢掉传统、丧失文化、随波逐流、模仿抄袭、急功近利、唯利是图、粗制滥造等不负责任的现象，必将被时代及有良知的中国设计师们所唾弃。中国当代的建筑室内外环境设计，是应该具有当代中国的文化特征与时代精神的。这也正如当代著名的中国建筑界前辈、两院院士吴良庸先生所言：中国一切有抱负的建筑师，应当学习外国的先进东西，但各种学习的最终目的，在于从本国的需要和实际出发进行探索，创造自己的道路。吴先生身体力行，一生从未间断过实现这一崇高理想的设计创作实践。由他主持设计的北京旧城菊儿胡同改造工程，荣获"世界人居奖"等三个世界大奖，成为被人们所推崇的成功范例（图 1）。又如著名的华裔建筑大师贝聿铭先生设计的北京香山饭店，就注重吸收了中国传统建筑文化中民居和园林的设计语于现代建筑与室内环境设计，使中国的地方风格与国际化语汇交融，开创了现代建筑与民族文化结合的典范。最期落成的北京中国银行建筑与室内环境设计，贝聿铭先生又在建筑室内四季厅的大空间中融入了北京四合院的神韵，并与庭园绿化设计有机结合，使其空间设计中的文化性受到了很高的评价。

图 1

图 2

由此可见，对于中国这样一个有着悠久历史文化传统的发展中大国来说，一味地抄袭西方某些商业化的设计模式，显然是不可取的。近年来一大批有理想的室内设计师们，立足本民族的文化根基，继承传统，超越传统，在建筑室内外环境设计方面进行了一系列探索实践，创造出一系列具有中国文化特色、又有时代精神、风格多样的建筑室内外环境设计作品来，例如北京人民大会堂香港厅（图 2）、澳门厅、全国政协办公楼、中国国际贸易中心、中国工艺美术馆、国际饭店（图 3）；上海大剧院、博物馆、浦东新世界商厦与时代广场；广州白天鹅宾馆（图 4）、花园酒店与中信广场，以及武汉佳丽广场（图 5）及同济医院住院部新内科大楼（图 6）

图 3

图 4

图 5

等等建筑的室内外环境艺术设计。如果从居住建筑室内外环境设计方面来看，富有中国文化特色与时代风貌的作品更是不少。另外，近几年由中国室内设计学会组织国内外专家评选出的中国室内设计各项大奖的优秀作品，如公共建筑类的浙江杭州新隆达大酒店、江苏苏州春兰展览馆、辽宁省文化艺术中心室内设计、中国民航学院天津新区图书馆室内设计、吉林长春市月亮神酒店室内设计及住宅建筑类的富怡雅居 A 栋 24 层双拼房室内设计等，这些作品在继承和发扬民族传统文化精神的基础上，又与展示时代风貌的现代科学技术、材料及装饰技艺有机结合，从而创造出既有传统特色又有时代美感、令人耳目一新的当代建筑室内空间环境来。同时也展示出青年设计师们在现代建筑室内外环境设计方面走向成熟的设计文化观念，以及明确的设计责任感来。

图 6

从世界各国当代一切优秀的设计作品中，我们可以看出，它们对传统文化的继承并不是一“承”不变的，因为如果这样只会是仿古与复古，只能是走向僵化。我们主张应该结合时代的需要，吸取传统文化的精华，在传统的基础上推陈出新，才能使设计作品焕发出新的生命力来。当然，要达到这样的深度，需要我们的设计师下功夫去研究本国的传统建筑与室内装饰文化，才能从传统文化的精神上去领会，而不是仅仅停留在一些皮毛的模仿。作为中国的设计师，还需了解中国的国情，脚踏实地、实事求是，在设计创新中不但关心公共建筑室内环境的创造，还要把更多的精力投入到与大众息息相关的住宅建筑室内环境的设计研究与工程实践中去，从整体上使中国当代的建筑室内环境设计具有鲜明的文化特色。因此，立足于中国的国情，继承和发扬中国的传统文化精神，广泛吸收世界上一切优秀、有时代特点的文化成果，“纳百川于一流”，才可能使中国的当代建筑室内环境设计走向世界与未来。让我们以满腔的热情去创造中国当代建筑室内环境设计文化，走出一条有中国特色的建筑室内环境设计创新之路来。

二、持续发展的绿色住区环境设计研究

住是人类生活的四大要素之一，人的一生大约有三分之二的时间可说是在住宅与住区环境中度过的，因此住区环境质量的高低对人们的影响是巨大的。为此在当今社会住宅与住区环境建设即成为整个人类社会关注的焦点之一。1996

年6月，联合国在土耳其历史文化名城伊斯坦布尔召开了第二届人类居住会议，到会各国政府首脑及相关人士在会议上共同探讨了两个具有世界性的重要主题，即“人人有适当住房”和“城市化世界中的可持续人类住区发展”。并促使世界各国对人居环境问题更加重视，且将“人人有适当住房”的理解上升到营造出适当、方便、安全、卫生、舒适、优美的人居环境建设的高度来认识，这也是世界各国在新世纪里将为之奋斗的目标。

所谓人居环境，主要是指人类周围的一切自然要素与社会要素。若从城市人居环境来看，它还包括有建筑、道路、绿化等物质环境与政治、经济、文化等非物质环境。而住区环境作为人居环境的重要组成部分，则对改善整个人居环境起着十分重要的作用，目前这点已获得世界各国广泛的共识。并且近年来随着人们对自己所处生活与生存环境质量要求的提高，加上绿色设计与可持续发展研究在全球的兴起，其研究成果也被大量运用到人类住区环境设计之中，从而促使“绿色住区环境”观念的提出及设计实践工作的开展，所有这些无疑对提高住区环境质量，促进城市现代化与可持续发展具有非常现实的意义和实际应用的功能。

1. 人居环境研究与绿色住区环境设计的意义

人居环境研究是20世纪中后期在国际上逐渐发展起来有众多学科共同参与的综合性研究领域。从历史上来看，人居环境研究的学术思想是随着工业革命的发生、城市现代化的发展以及人类对生态环境认识的提高而逐渐形成的，并经历了从片面到全面、从简单到综合的发展过程。若从世界各国及相关组织对人居环境研究的进程来看，在20世纪70年代初联合国科教文组织发起的“人与生物圈”计划，就开始组织世界各国专家从生态学的角度研究人与自然的关系，1973年，前西德提出了利用生态学来研究城市更是为合理地规划人类住居打下基础，而1976年联合国在加拿大温哥华召开的题为；“生态环境——人类社区”国际会议，并发表了“温哥华人类住区宣言”，从而将人类住区建设提高到一个关系到人类健康生存与发展的高度来认识；1992年联合国组织在巴西里约热内卢召开的“联合国环境与发展大会，以及1996年在土尔其伊斯坦布尔召开的“联合国第2次人类居住大会”更是成为人类人居环境思想上的两件大事[1]。在这两次会议上，世界各国政府首脑纷纷参加，并分别签署了《21世纪议程》和《人居环境议程：目标和原则、承诺和全球行动计划》，还使其成为一个世界性的纲领。我国政府总理与副总理代表中国分别在这两个文件上签字。这是非常有意义的大事，它表明人类已开始关心自身的人居环境建设问题，且使人居环境科学研究从往日少数专家的学术研讨逐步发展成为改进居住建筑、改造城市环境与整个社会的世界性运动。1999年6月，第20届世界建筑大会在北京召开，大会议题为《21世纪的建筑学》。会议就“建筑与环境”等六个专题内容进行了讨论，而人居环境建设问题在会上更是受到与会代表广泛、深入地探讨。会后发表的“北京宣言”，对我国乃至世界未来人居环境的建设，尤其是绿色住区环境的设计实践将产生深远的影响和巨大的推动作用。

就绿色住区环境来说，它是一种以生态学的基本原理为指导，规划、建设、经营、管理的城镇人居环境。由于绿色意味着生命和生长，它又来自于大自然，所以绿色即成为活力与希望的象征而被人们所向往。为此绿色住区环境的意义就可以理解为具有生命与活力的城镇住区环境了，它们是具有优化的生存条件和使人们能够在住区环境中可持续健康发展的生活空间[2]。除此之外，绿色住区环境还可理解为是自然资源消耗少、能源消耗少、无污染、无公害、具有地方特色的高居住质量、高性能、高生活品位及具有文化意韵的住区环境空间场所。

绿色住区环境观念的提出，对我国建国50多年来在住宅与住区环境中所确立的以满足人们居住基本需求为目的建设指导思想将产生巨大的冲击，并且随着人们物质生活水平的进一步提高，走向未来的我国住宅与住区环境建设必将以改善住区环境生活质量为起点，努力营造出以生态学原理为指导的绿色住区环境来。这也是未来城市可持续发展战略得以实施的根本所在，它对绿色住区环境的建设来说，其意义是非常深远的。

2. 绿色的住区环境形成的基本条件与构成要素

住区是一个城市的重要组成部分，其面积往往占城市用地的30%以上，可见住区环境质量的优劣将直接影响到城市环境质量的好坏印象。从绿色住区环境建设来看，形成绿色住区环境的基本条件包括以下几个方面的内容：

2.1 绿色住区环境必须能给住区居民提供较高的生存与生活环境质量，即在住区的各个环境要素方面应具备符合国家标准的整体生态环境质量。此外住区环境还应有较好的日照、空气与通风条件，并远离释放有害气体的污染源和噪声源；

2.2 从绿色住区环境宏观层面来看，还应为人们或可被人们利用的各种生态因子，诸如水、食物、能源、土地、气候、建筑、交通、区位等的集合，以及反映住区的现状对于人类各种活动的适宜程度及吸引力的大小；若从微观层面来看，绿色住区环境为住区居民提供的居住条件在物质空间方面虽有差异，但在生态方面则应相差不大，并给每个住区居民提供的生态条件是公平的；

2.3 应建立以绿主的住区环境规划结构模式，这就要求在进行住区规划时应树立以绿为主的设计思想，并将住区环境绿地系统规划设计提高到一个前所未有的高度来认识。此外在绿地系统规划布局上，应注意将其与居住、服务、交通等系统结合起来进行考虑，且改变绿地指标的计算方法，将以能反映植物环境效益的绿化三维指标计算方法引入到绿色住区环境的绿地计算中去；

2.4 在绿色住区环境中还应预留出一定具有自然化程度的空间场地来，这是因为这些具有自然化程度的空间场地能有效地调节住区的生态环境，增强住区的环境容量。这些具有自然化程度的空间场地其功能作用主要表现在保持水土、固碳制氧、维持大气成份稳定、调节气温、增加空气湿度、改善住区气候、净化空气、吸尘滞尘、消减噪音等方面；

2.5 绿色住区环境还应表现出对住区地域自然景观、自然生态及除人之外物种的尊重与关怀，并对住区地域生物多样性的重视。另外绿色住区环境对地域自然界的干扰与冲击要小，并尽可能地利用自然资源，诸加太阳能、风能、地热能与降雨为住区环境服务。再就是绿色住区环境中采用的包括建筑材料在内的各种物质应具有对自然界和住区居民无害的"绿色"特征[3]。

所有这些均为形成绿色住区环境的基本条件，需要我们的规划设计师们更新观念，把握其要点，并在具体设计实践中予以正确地应用。而关于绿色住区环境设计的构成要素，若就绿色住区环境来说，它主要由人类及其所处生存环境两个部分组成，其中人类的生存环境主要包括自然环境、生物环境、物质环境与社会环境四个方面的内容，其构成关系如图1所示：

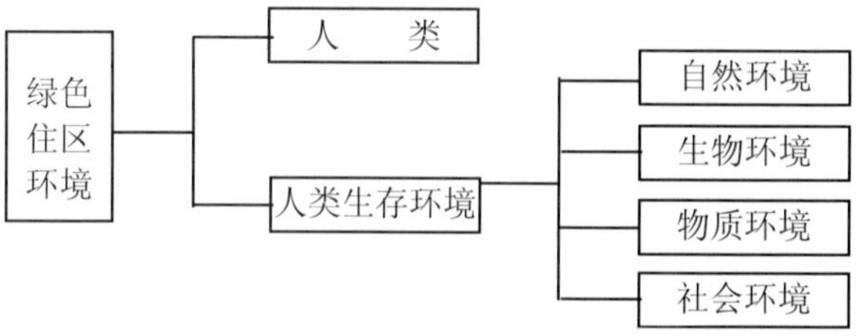

图1　绿色住区环境的构成关系

而具体到绿色住区环境设计实践来说，其设计的构成要素主要可分为建筑外部环境与内部环境两个部分，其构成内容为图2所示：

3. 绿色住区环境设计的特征及应遵循的原则

3.1 绿色住区环境设计的特征：

人是住区环境的主体，设计必须以人为本。进行未来绿色住区环境的设计实践，即需首先把握住绿色住区环境设计的特征，以及在设计实践中应遵循的原则。而作为绿色住区环境设计的特征，主要表现在可持续特征、循环特征、时代特征与文化特征等方面，即：

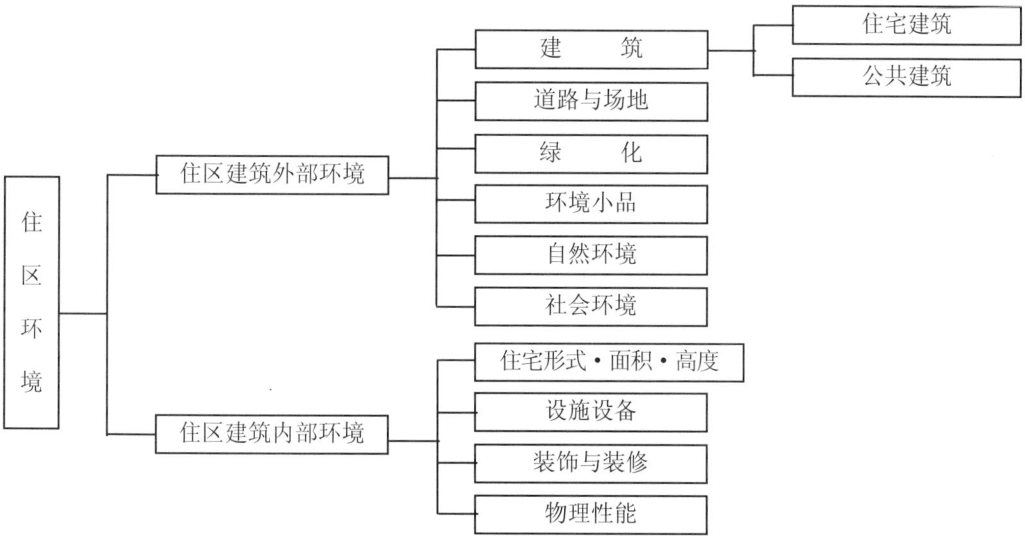

图2　住区环境的构成内容

3.1.1 可持续特征：

绿色住区环境的可持续发展特征意为住区环境设计在满足当代人需求的同时，应不危及后代人的需求及选择生活方式的可能性。具体在其规划设计的构思、平面布局结构与各类设施的设置方面应尊重住区内土地和环境及栖居者的自然属性，全面考虑住区室内环境与室外环境及周围环境的各种关系，强调人类活动与住区环境所处地域的不可分割性。此外绿色住区环境还应注意用地功能的多样，例如居住、休闲、娱乐、活动、交往、育人等，从而提高住区的吸引力，并使其成为稳定且可持续发展的社会细胞。

3.1.2 循环特征：

这是指在绿色住区环境中的生活与生产活动所消耗的能量、原料及废料能相互循环利用，自行消化分解。即在住区规划设计中能使其各系统在能量利用、物质消耗、信息传递及分解污染物方面能形成一个卓有成效的相对闭合的循环网络，这样既对住区外部区域不产生污染，周围环境的有害干扰也不易入侵住区环境内部，故循环特征就成为绿色住区环境的一个重要标志。

3.1.3 时代特征：

从绿色住区环境的提出可知：它是城市社会经济水平发

展到一定高度后才出现的，为此绿色住区环境应利用当代社会发展中产生的各种先进科技成果，以使其住区的建设标准、环境标准与设施标准具有先进性与时代性。而绿色住区环境的时代特征具体应体现在住区环境与信息技术的有机结合，并使之为创造一个高质量的人居环境服务；另外住宅智能化将被引入住区环境建设之中，住区环境中住房的概念将被扩展，使其不仅仅被理解为家庭居住，而是集工作、学习、居家、娱乐等于一体的居住场所。

3.1.4 文化特征：

我们知道，住区环境作为城市人类居住的空间，也是住区文化的凝聚地与承载点。因此在绿色住区环境的规划设计中要认识到文化特征对于住区居民健康高尚情操培育的重要性，所谓“人能够改造环境，环境反过来又能够塑造人”即表现在这里。而营造绿色住区环境的文化氛围，首当其冲的就是要在绿色住区环境中设置较高水准的文化教育设施，这是赋予住区文化的物质基础。然后在具体规划设计中，应注重住区所在地域自然环境的特征及地方色彩，挖掘、提炼和发扬住区地域的历史文化传统，并在规划中予以体现。同时，还要注意到绿色住区环境文化构成的丰富性、延续性与多元性，以赋予绿色住区环境中单体建筑、建筑组群、公共设施、绿化环境小品能具有高层次的文化品位与特色。

3.2 绿色住区环境设计应遵循的原则：

正是绿色住区的环境设计具有上述这样一些特征，为此在具体的设计实践中还应遵循以下设计原则：

3.2.1 整体性原则：

作为城市整体环境中重要组成部分的绿色住区环境，无论是其人工环境还是自然环境的开发，都必须考虑到与整体环境的联系，如住区环境的规模、内容、功能、结构与布局，以及住宅建筑的密度、高度、造型、色彩、材质与风格等都应纳入整体环境关系中去思考。此外还应将人、社会与自然视为一个完整和睦的系统，从而把设计与绿色生态系统的稳定性结合起来，以利用自然规律进行设计。

3.2.2 多样性原则：

在绿色体区环境设计中，其多样性被赋予了丰富的社会涵义，它不仅包括物种的多样性，还包括宏观功能与人类活动场所的多样性等。它能通过各种人类居住的基本功能单元的生态位重叠，在狭小的空间内创造出多样性的住区空间环境来。如北京菊儿胡同的“类四合院”设计即在保持单元式公寓的私密性与四合院的基础上，进行既有传统风貌特点又有时代感的四合院创作就是一次成功的探索。

3.2.3 方便性原则：

绿色住区环境设计的方便性主要体现在其内外交通、公共设施配套与服务方式的方便程度方面。从住区内外交通系统来看，不仅要满足住区居民出行的需要，还必须为住区内部交通提供方便。至于住区公共服务设施，即应依据住区内居民的生活习惯和活动特点，采取合理的分级结构、宜人的建筑尺度与良好的服务方式，从而为住区居民提供便利的生活服务。

3.2.4 安全性原则：

绿色住区环境设计的安全性由环境安全、社会安全两方面共同组成，其中前者又称之为“绿色安全。”而住区的环境安全就是要求其设计能使住区避免因环境恶化而造成对居民生存的威胁，它是住区安全中最基本的安全要求。此外住区环境的社会安全即指绿色住区环境应具有完善的治安措施，能有效地保证居民的人身安全，并能抵御各种突发事故和自然灾害，在不同情况下均能保证居民的安居乐业。

3.2.5 舒适性原则：

绿色住区环境设计应努力营造出阳光充足、空气清新、无污染及噪声干扰的环境空间，并且有广阔的绿地和户外活动场地，有完善的识别特征及良好的环境景观效果等等。

在绿色住区环境的设计实践中，我们只有遵循这样的原则进行设计，未来的绿色住区环境才能成功地塑造出来。

4. 绿色住区环境的设计实践探索

世纪之交，绿色住区环境设计理论与实践的研究在我国正处于方兴未艾的发展时期，由于我们的国家幅员辽阔，东西南北差异较大，加上各地生态因素也不尽相同，这样作为绿色住区环境设计的研究领域必然十分宽广，为此一定会产生出许多结合地域特色来研究绿色住区环境的设计理论与工程实践探索范例。

陕西省延安市枣园村的绿色住区环境设计就是这类探索范例之一，这个设计研究项目由西安建筑科技大学承担并完成。其设计首先按照绿色住区环境生态良性循环的原则，对枣园村的绿色生态系统、农工业生产系统与建筑生活系统进行了综合整治。此外还在综合应用、节能节地、可再生自然资源利用、污染物的资源化处置等绿色技术的基础上，制定出了枣园村绿色住区（村、乡）可持续发展的总体规划；确定绿色村（乡）的合理布局与空间结构；调整、完善交通道路系统；改进传统窑居；建设新型绿色生态住宅和公共设施；通过一系列从整体到局部的生活环境设计及示范点的建设，使枣园村达到了村庄园林化、住户庭园化、产业经济生态化，为延安及陕北地区村镇建设提供可推广的经验[4]。而从绿色住区环境的设计实践来看，北京市房山区的北潞园绿色住宅小区、上海市浦东新区的御桥花园民乐苑居住小区、万里示范居住小区、锦华住宅小区[5]、广州市郊的山水庭苑住宅小区、深圳市的中城康桥花园居住小区、龙岗世纪山庄居住小区等，也都结合各个地区的特点进行了绿色住区环境设计实践方面的探索。

从武汉市的绿色住区环境设计实践来看，对住区环境建设质量的关注还是近几年的事情，随着房地产业的蓬勃发展，在2000年夏季以后举办的各次房地产交易会上，“绿色住区环境”的观念开始导入住区环境建设之中，并逐渐成为购房者比较关心的问题之一。当然，纵观整个武汉房地产开发市场，将“绿色住区环境”的设计理念真正引入住区环境建设实践有之，如位于汉口近22平方公里的后湖地区，在新世纪伊始就集中了东方恒星园、世纪家园、后湖生态花园、梦湖花园、佳海华苑与竹叶苑等住区开发项目，其中后湖生态花园的开发商就将在400亩的建设用地上，按照“绿色住区环境”的设计原则来规划与建设，以使绿色住区环境设计理念能真正得到落实。然而也有对“绿色住区环境”的设计理念在认识上存在误区，以为在住区环境中种了点草、栽了些树就是“绿色”住区环境了。还有甚者借“绿色住区环境”的设计理念进行炒作，根本不作任何实际工作，也在自已开发出的房产项目上贯以“绿色”住区环境的招牌，使得购房者步入近期的房地产交易会，好似全市在建的住区一夜之间都成了“绿色”住区环境，搞得人们也难分真假。

针对武汉地区的住区环境建设的这种状况，在新世纪首个联合国世界人居日举办的“武汉绿色住宅论坛”上，市房管局有关领导明确指出：我市住宅正由温饱型向舒适型转变，绿色住宅是未来的一个发展方向，但绿化加楼盘并不等于绿色住宅。从住区环境上讲，既使拥有35%的草坪，也不是完整意义上的绿色住区环境。与会的常青花园、福星惠誉、金银湖高尔夫等几个小区的负责人也认为，绿色住宅不只是种树、种草，而是一种低能耗、高舒适度的环保型住宅，是自然、建筑与人的和谐与统一。从武汉地区的住区环境建设来说，真正意义上的“绿色住区环境”建设在我市才刚刚起步。确实如此，1999年底当我们接手位于武昌洪山广场旁的香格里嘉园住区建筑与环境设计任务时，业主们对“绿色住区环境”设计理念在开发建设中的引入虽然表示支持，但许多设及到资金投入和销售风险上的问题时，开发商内部意见就在短期上得不到统一。既使这样，“绿色住区环境”的设计理念最终还是有很多内容被开发商所接受，并将用于已经开工的建设实践之中，可见未来在绿色住区环境设计实践探索中我们要走的路还有很长。

未来的住区环境是与绿色息息相关的，人类的取向与选择必然是生态化，愿绿色住区环境设计实践与人居环境研究能促进住区环境的可持续发展，以使人类能够拥有更加广阔、更为美好的绿色世界。

三、建筑室内与环境艺术设计人才的素质及能力培养

从建筑室内与环境艺术设计涉及的专业范畴来看，它是一门建立在现代环境科学研究基础之上的新兴边缘性学科，其设计的对象包括自然生态环境与人文社会环境的各个层面，是一个与可持续发展战略有着密切关系的艺术设计研究领域，其任务主要包括对整个人类生存和生活相关的自然环境、人工环境及社会环境的规划与设计。为此对其室内与环境艺术设计人才的素质及能力的培养也就显得至关重要，尤其是面对当今社会的激烈竞争与科学技术的高速发展，怎样立足未来社会发展对高素质室内及环境艺术设计人才的培养需要，着眼于学生创新能力与终身学习能力的培养，则是面向新世纪高等学校艺术设计教育中必须面对与思考的重要研究课题之一。

1. 素质的理念及其建筑室内与环境艺术设计人才培养的意义

所谓素质，即指人在先天禀赋的基础上，通过教育和环境的影响形成的适应社会生存和发展的比较稳定的基本品质，它是能够在人与环境的相互作用下外化为个体的一种行为表现。素质教育，就高等教育来说，就是以全面贯彻党的教育方针，全面提高教育质量、人才素质为宗旨的教育。具体地说，素质教育应包括政治思想、道德素质、文化素质、健康的身体心理素质及专业技术业务素质四个方面的内容。其中政治思想道德素质是方向、是先导，应放在首位，文化素质是基础，健康的身体心理素质是条件，专业技术业务素质是本领。要实现素质教育，有两个最关键的环节必须首先建立起来，那就是必须构建一个适应素质教育要求的教学体系；另一个就是要建立起与素质教育相适应的监督、引导和评估制度。否则，全面推行素质教育，提高对人才的合格培养水准，就会成为一句空话。这是我们在推行素质教育的过程中必须弄清的关键问题，切不可等闲视之。

而从相关院校中环境艺术设计人才的能力培养来看，历经十多年艰难征程成长起来的我国室内与环境艺术设计教育，在世纪之交我国城市建设突飞猛进的今天，正成为一门发展前景广阔、社会急需与独具个性特色的艺术设计教育门类，并必将在走向新世纪的环境文化建设与可持续发展中为我国的城市建设事业起到至关重要的作用。由此可见，对未来人才的素质与能力培养的探讨，就显得意义深远了。

2. 建筑室内与环境艺术设计人才应具备的素质与能力

我们知道，作为一个合格的建筑室内与环境艺术设计师来说，他们所从事的工作基本上都是一种创造性的劳动，因此对这类设计人才的培养，更应在素质与能力等方面的培养上多下功夫。然而作为一个面对现代社会与市场激烈竞争的合格设计人才来说，所具备的素质主要包括德、识、才、学四个方面的内容，其中“德”，主要指设计人才应具有明确的政治观、道德观、人生观、事业观、民族自尊观、自信观与正义感等；“识”即为见识，指设计人才应对事物的发展能够看到非常深远，并具有科学预见的能力；“才”则指才能，指设计人掌握的专业能力与实际操作技能等；“学”是

指设计人才应该具有渊博的知识和学识，从而建构起自己的智能构架与系统。通俗地讲，从现代社会与市场所需要的合格设计人才应该具备的素质来看，作为一个合格的设计人才，首先必须具有强烈的事业心与献身精神；其次设计思路应非常开阔，具备超前意识；其三必须具有创造性的设计思维与实现创造的实际操作及表达的能力；其四应有较宽的知识面，且能成为一专多能的“博才”。

基于建筑室内及环境艺术专业设计人才培养在素质教育方面所确立出来的这种目标，结合当前经济建设给整个国家带来的种种变化，尤其是高新科技日新月异的发展，新科技、新结构、新材料与新工艺的不断涌现，CAD 的普及，都促使我们传统的设计教育培养模式被迅速地打破，迫切需要我们的设计教育在观念、内容和方法上做出重大的调整与改进，以适应社会与市场对专业设计人才培养的需要。依据我们多年在教学第一线的教学体会，以及对未来与设计市场对人才需求的综合分析和预测，我们认为作为一个高素质且能适应社会需要的环境艺术专业设计人才来说，必须具有这样的专业素质与设计能力。

2.1 设计构思方面的创造与思维能力

建筑室内及环境艺术设计创造的关键在于构思，因此构思是其设计创作的灵魂。作为一个合格的环境艺术设计师，要养成勤于构思的良好习惯，并能在创造方案时，为了获得一个良好的设计构思而能达到废寝忘食的境地。

针对环境艺术及相关专业各种不同的设计对象，具体来说通过几年的学习，学生应该掌握这样几个方面的构思方法。其一，进行专业设计对象的构思，应能把握“由外到内”和“由内到外”地进行构思的方法，使其设计对象的外因(基地环境、现场条件、空间布局)与其内因(使用功能、技术、经济、美观要求等)能有机结合，并能在繁杂的设计关系中，能化不利的制约条件为有利的构思契机，从而激发出设计创作的火花；其二，能从环境艺术设计对象的立体形态研究开始，运用“加”与“减”的方法来展开体型上的构思；其三能够运用历史的、民族的、地方的建筑形态和文化特征，对其设计对象进行“历史文脉”与“文化意境”方面的构思；其四，能从结构带来的空间形象及其所产生的艺术效果，以及技术特征来进行设计构思；最后，还能利用设计艺术形式美的创作规律，从艺术构图规律和构成法则来展开设计，以创造出崭新的有时代特色和文化内涵的环境艺术设计形象。

而思维是设计创造的源泉与基础，作为设计人才一旦学习和掌握了设计的多种思维方法，在设计过程中同样能增加其设计的悟性，启迪自己的设计思路，直至创造出设计精品来。由此可见在设计人才的培养过程中，对其进行创造性思维方面的开发与培养，就显得至关重要。而作为设计创造思维的培养，一方面在于训练学生多想出智慧，这是因为人脑智力开发的潜力极大，若勤于思索就会思路敏捷、视野开阔、构思奇特、方案多变；另一方面在训练中要强调学生学会变换观察角度来进行设计构思，以达到“曲径通幽”及“柳暗花明”的效果。可见，对环境艺术专业设计人才创造性设计思维能力的培养，是在更深层次上提高设计人才综合素质与能力所必须进行的一项工作。

2.2 环境空间方面的认识能力

在建筑室内及环境艺术设计中，空间是其设计的本质与主体。作为一个合格的环境艺术设计人才，在几年的设计学习中，一定要掌握从环境空间设计入手的艺术设计方法，由浅入深地了解与把握其设计的规律与手法，使之表达的设计对象，能成为名符其实的环境空间艺术设计作品，而不至于使设计对象的表达语言被异化。从这一点来说，每一个设计师都必须明确其所表现的所有内涵都是围绕环境空间艺术设计来展开的。

2.3 形象塑造方面的观察能力

人类都生活在不同类型的建筑所限定的空间场所之中，而环境艺术设计师是依靠形象来塑造空间的，为此作为一个合格的专业设计人才，对环境空间中各种类型的形象都应具有敏锐的分析与观察能力，以及良好的记忆能力，这也是作为环境艺术设计师必须具备的专业素质之一。所以帮助设计师记忆形象，也就成了其训练的一种基本技能。

2.4 设计信息方面的筛选能力

当今世界，是一个知识大爆炸的时代，各种信息与资料充斥着人们的生活空间。因此作为一个合格的专业设计人才来说，准确及善于发现信息、选取信息并为自己所用，已成为当今世界合格人才立足现代社会必备的能力。而善用与选取则建立在日积月累的大量积累与获取信息及知识的基础之上，所以勤于阅读与收集信息资料，无疑是设计人才成长的又一项基本的技能训练内容。

2.5 设计意图的表达能力

作为建筑室内及环境艺术专业的设计人才，在设计构思确立下来后，即要寻求能体现设计意图的表达来进行设计表现。这种能够运用自如的设计意图的表达能力，在于平时学习过程中的反复磨练与积存，需要平时的切题筛选。因此，作为一个合格的设计师，必须具有能用“图示语言”来娴熟地表达设计构思意图的能力。这样在几年的学习中，就需要熟练掌握徒手画、工具画、渲染图与 CAD 绘图，以及制作设计模型等方面的设计意图表达技能，并且能够较好地掌握设计艺术的形式美学规律，以创造与成功地表达出设计师心灵中美好的艺术形象。

2.6 设计方案的鉴别能力

作为合格的建筑室内及环境艺术设计人才，还必须通过长期的努力，训练出一双具有审美鉴赏能力的眼睛来。而这双具有审美鉴赏能力的眼睛，是建立在长期的分析与比较以及较高的审美鉴赏能力培养基础之上的。它也是展示设计人才艺术水准、格调高低的主要内容之一，更是评价设计人才合格的一个重要依据。

除此之外，在建筑室内与环境艺术设计中，设计师往往处于整个专业设计中的龙头地位，它要协调与带动许多相关专业的诸多技术设计人员，共同协力才能完成好所担负的设计任务。为此作为一个合格环境艺术的设计人才，必须具备全盘指挥的能力、组织能力与协调能力。同时还要具备同甲方、审批单位、施工单位及其各级领导交往的能力，以便使对方了解自己的设计意图，并获得各个方面的支持，最终实现自己的设计意图。

由此可见，作为一个合格的建筑室内与环境艺术设计人才应具备的素质与能力还有很多，并且要完成一个合格设计人才的培养仅靠学校中短短几年的培养与训练是不够的。因此面对社会与市场的各种需求，设计人才能在社会实践中不断地完善自己就显得非常重要，这也是我们的教育从过去的一次性教育向终身教育转变的根本原因。

3．对未来我国建筑室内与环境艺术设计人才素质与能力培养的思考

世纪之交，我国的经济建设也正处在一个历史性的转型时期，而市场经济的汹涌大潮无疑给我们的环境艺术设计教育带来了强烈的冲击。新的情况在不断地出现，诸如学生培养机制的转换，招生制度的改革，专业教育的评估及将要进行的相关设计师资格考试等，都给走向新世纪的建筑内外环境艺术设计教育提出更大的挑战。尤其是素质教育及能力培养观念的提出，更加促使我们必须对面向未来的设计教育作出根本性的转变，归纳起来看我们认为有以下几点：

首先，走向未来的建筑室内与环境艺术设计教育必须紧跟时代的步伐，以迎接市场的需求与挑战。同时还需充分认识到，挑战即是机遇，要抓住这个有利的时机，探索与建立一条适合我国国情发展需要的素质教育和人才能力培养的系统。这不仅要建立起新的艺术设计教育标准体系，还需建立起新的教育管理体制与保障机制，以使教学改革得以顺利地进行。

其次，要转变教学观念，要把提高学生的综合素质与能力作为教学发展的方向。为此在建筑内外环境艺术设计教学中必须实现这样几个大的转变。即由过去比较封闭的办学模式向开放型办学模式转变，与社会接轨，与市场需求接轨；由以传统的教学方式为中心向以教学、科研为中心的方向转变，以形成教学、科研、生产三结合的设计教学新形式。作为环境艺术与室内设计专业更应面向经济建设的主战场，在科技、环境、节能、生态与可持续发展等方面进行教学内容与方式的更新与探索；设计教育还应从过去单一的学科发展向学科群的方向转变，以发展交叉学科与发挥多学科的优势；对学生的培养应由过去重视设计技能和表现技巧的建筑设计教育观，向综合型艺术设计教育，即重视设计技能和表现技巧的培养，加强CAD和环境艺术设计师所承担的各种社会职能的学习方向转变。除此之外，教师对学生的培养也应由重知识的传授，逐步转变为重学生创造能力的培养，直至个性与素质的培养上来；往日那种熏陶式的设计教学形式也应逐渐向理性与熏陶式相结合的教学形式转变。从面将环境艺术设计人才培养成能适应多方面需要的设计、科研与管理等方面的专业设计人才。

其三，面向未来的建筑室内与环境艺术设计人才培养，在其专业设计所涉及到的范围应更为广泛，围绕着城市与建筑环境，可说是大到大地与城市环境景观，小到一个居住区与街道的标志导向牌设计，都将是环境艺术设计师所要面对的工作。由此可见，这必将对室内与环境艺术设计人才素质及能力的培养提出更高的要求，以适应社会对环境艺术设计人才的实际需要。并且在室内与环境艺术设计的教学中，应更多地指导学生怎样去思考、怎样去学习、怎样自己提出问题与回答问题，以促使学生明确在人生道路的每一步上，自己所应承担的责任。“良师授以则，拙师授以法”。学习能力和责任感是拓展其他能力的基础，学生只有具备了学习能力和责任感，才能够不断吸取新知识，不断学到新本领，也才能为社会负责、为大众服务。

毫无疑问，加强未来建筑室内与环境艺术设计人才培养的素质教育，加强学生的能力培养，所应采取的措施与方法是多方面的。随着我国环境艺术设计教育的进一步发展，以及我们对室内与环境艺术设计人才素质及能力培养认识的提高，我们的建筑室内与环境艺术设计教育必将培养出更多高素质的合格的设计与建设人才来。

参考文献.

1. 张绮曼.中国当代室内设计趋向.建筑学报，1995（11）P49～52

2. 叶如棠.庆祝韩国建筑学会成立50周年大会上的讲话.建筑学报，1995（12）P12～13

3. 吴良庸.“人居二”与人居环境科学[J] 城市规划，1997（3）

4. 刘志峰，刘光复.绿色设计[M] 北京：机械工业出版社，1999

5. 开　彦. 探索住区未来－－对小康住宅规划设计导则的认识 [J] .建筑学报，1998（11）

6. 李立敏，王竹. 绿色住区可持续发展机制研究－－从控制论角度探讨延安枣园村规划设计[J] 新建筑，1999（5）

7. 刘 杰. 试论绿色建筑及其在上海的实践[J] 新建筑，2000（3）

星级旅游酒店的动态化设计

——全国建筑装饰行业科技大会设计师论坛演讲论文

李　宁

前　言

自改革开放以来，我国的建筑装饰业首先是从涉外星级酒店起步并随之发展的。多年来涉外星级酒店的建筑设计及装饰是从一个侧面折射着我国经济的发展和社会的进步，同时也是反映着我国建筑装饰业发展的一个重要“窗口”；另一方面社会实践进一步表明，星级旅游酒店的设计是一项动态的系统工程。近年来特别是世纪之交以来，我国星级旅游酒店的建筑装饰发生了很大变化，同时随着社会环境的变化，客源结构性的调整，特别是随着体制改革的深入，酒店业主的变更以及管理模式的变化，必将对星级旅游酒店的设计产生更为深远的影响。

另外，面广量大的星级酒店都面临着周期性的更新改造，因此星级旅游酒店的动态化设计，即在更为宏观的角度上、更为综合的科学范围内、依据更为细化的资料，进行系统的动态的分析与研究；从而在设计观念、理论基础、方法原理、技术手段等各方面探索一系列的变革，有一定的现实意义。这也是建筑学科在可持续性发展方面一个重要的探索和实践。

一、星级旅游酒店设计的动态趋向

世纪之交以来，随着我国加入 WTO 以及我国经济发展和体制变革，我国涉外星级酒店的设计因外部环境、客源结构、管理型制等的转变而逐步发生着较大的变化，呈现了动态化的发展趋势。其主要反映在以下几方面：

1. 总体观念的变化

涉外星级酒店社会形象由注重标志性而趋向社会服务性，其空间组织由封闭型趋向开放型，服务项目由综合性趋向突出品牌与特色性酒店类别由旅游酒店为主趋向多层次、多类别的星级酒店，装修风格由单一取向多元化，由只注重社会效益趋向更注重经济效益，管理型制方向趋于人性化的社会服务。

2. 服务项目的变化

□ 客房

作为酒店主要服务项目之一的客房，其类别由过去双人标准型客房为主趋向含有单床间、双床间、灵活的三床间、商务套房等多元型客房组成，客房平面形状，面积大小也更趋多样化。

客房家具由通常连体三连柜转变成分体多样式的独立家具，其风格在强调统一协调时，有时有意表现个别家具的特色性或文化性；客房卫生间设施从常用卫生间三大件趋向多样性，洁具有选择的组合（例如经济实用的淋浴房在三星级以下酒店取代浴缸），卫生间普遍增加人性化服务的小配件等。

□ 餐饮空间

酒店的餐饮空间是酒店服务项目的重要组成部分，也是酒店多年来变化动态最大的项目。过去酒店餐饮主要为住店客人为主，并较多的考虑“涉外”因素，普遍要求咖啡厅、正式西餐厅、封闭式酒吧等设置，脱离了中国日益开放的社会大环境的国情，影响酒店餐饮经济效益，而勉强设置后又不能提供正规地道的服务，日益开放的社会大环境对餐饮服务语种和服务时间过多要求也显多余。

3. 服务功能的变化

□ 服务功能的社会化

星级旅游酒店已脱离过去仅仅“涉外”的封闭状态，而面向全社会，其服务功能呈社会化、大众化的趋向，酒店餐饮、康健休闲、娱乐购物等都有市民参加，市民的婚庆、高考、会友等光顾酒店客房也是常事而酒店客人也常依托社会设施进行多样化消费。这样酒店根据实际需要自主选择服务功能类别和项目才成为可能，避免饭店企业资源浪费和闲置，使之得以更好地生存和发展。

□ 服务功能的多层次化（转下页）

由于酒店客源结构的变化，不同客源需求不同层次的市场，要求市场定位和分工更加细化，使其服务功能更加专业化，更加高质量，例如高星级酒店行政层（廊）专业服务区设置，商务酒店客房对宽带网介入，智能化管理需求等都体现了服务功能多层次化的需求。

二、《旅游饭店星级的划分与评定》（2003 版）简析

《旅游涉外饭店星级的划分及评定》是由国家旅游局提出经国家技术监督局批准发布的国家级标准。这本标准多年来一直是我们国家星级旅游饭店建设和评定的指南，也是设计人员进行酒店设计的一个重要功能依据。它 1988 年试行，1993 年首次颁布，1998 年首次修订至今，五年来经反复修改已批准将于近期发布实施，并正式更名为《旅游饭店星级的划分与评定》。

新颁布的标准主要从以下五个方面体现出酒店设计的动态变化：

1. 客流主体结构的变化： 取消了“涉外”题目，表

明了中国加入 WTO 以后面向世界的社会开放。

2. **加强了酒店的动态管理**：增加了开业后一年内的预备星级，取消了星级终生制，限制五年的有效期限，与国际接轨。

3. **开了星级设置档次**：适应更广泛的不同消费层次，首次增设了“白金五星级”。

4. **加大了社会开放性和对市场适应性**：特别针对不同星级的餐饮空间服务项目的设置和要求加以简化，如对西餐厅、咖啡厅、封闭酒吧要求及服务时间、服务语种等。

5. **增强了人性化服务的理念**：例如对四星级以上酒店核心区域提出“整体舒适度”的要求，增加特色性，可选择性的有关条款。

三、星级旅游酒店动态化设计的基本理念

1. 人性化的设计准则是星级酒店动态化设计的主要方向

多年来星级酒店一直以高档消费场所出现，星级酒店的设计趋向于表现地位、显示财富，也往往是高档奢华的象征。在大批高档材料的堆砌之下，装修的豪华掩盖了对消费者身心的关注与呵护。随着社会的进步，时代的变革，这种浮躁逐渐被人性化的设计理念所代替，并势必成为星级酒店动态化设计的主要方向。因为毕竟星级酒店服务的对象是人，而人类有其基本的共性，为此努力使酒店的使用功能合理与完美；满足客人的精神追求，塑造更为温馨如家的环境氛围，满足人们求新、求异、求变的本性；摈弃繁琐奢华彰显财富的设计手法，提炼文化内涵，以更亲近自然的设计语汇体现设计个性，反映创新意识。这样关爱人群的人性化设计才能为酒店动态化设计注入持久的生命活力。

2. 用生态价值观规范人们的社会行为是酒店动态化设计的技术准则

“人类只有一个地球”的生态观越来越深入人心，生态价值观也越来越规范着人们的社会行为，酒店动态化设计中积极提倡人为环境与自然环境的融合与共生，室内空间再创造的同时也应是人类生态环境的继续和延伸。

酒店动态设计认真实行绿色设计的原则。对生态系统和生物圈内不可能再生资源建立循环资源系统，积极利用再生资源、充分利用自然光、太阳能，积极组织被动式的自然通风，节约能源，加强天然资源的利用和保护，积极开发和使用真正环保型的装饰材料。

3. 不断追求全新的时代气息是酒店动态化设计的持久动力

建筑装饰行业也类似服装行业，一定程度上反映着一种时尚。随着经济的发展、社会的进步、行为方式的改变、审美情趣的变化，建筑装饰跟动着时代的脉搏，反映着时代的气息，酒店建筑装饰更是如此。

随着科技的进步，新材料、新技术、新工艺的层出不穷，为酒店装饰行业追求全新的时代气息提供了取之不尽的语汇；木材石材等天然材料继续运用反映着人类追寻渊源，亲近自然的情怀，金属和玻璃等富有时代特点的新材料，给人们带来全新的时代情趣，特别是近年来玻璃在室内装饰中的运用，从加工工艺到装备技术带来视觉和心理的强烈冲击。

当今信息时代的到来，改善着全人类的生活模式，而酒店设计中智能技术的应用，提高了室内环境的整体品质，同时还将继续影响着酒店的动态设计。

4. 寻求地域文化与国际审美情趣的有机结合是酒店动态化设计的文化取向

星级旅游酒店设计既是一项建筑活动，又以酒店形象反映一种文化观点。由于其存在于某一地域环境之中，主要服务于某一人类群体而呈现其地域性；设计中始终感悟地域文化，追求个性化理念，彰显独特风格是做好酒店动态化设计的一个重要方向。

高星级酒店作为一个开放性的服务空间，在面向世界的社会环境中，建筑文化的外来元素逐渐渗透于传统文化内涵之中，并与其重新整合形成相对统一的国际审美情趣；高星级酒店室内设计是最能反映和代表设计潮流的一个领域，同时作为城市形象主要视窗之一，成为时尚性的重要载体。

四、星级酒店动态设计的技术措施

1. 将星级旅游酒店溶入城市聚居的大环境

美好的建筑环境是人类良好的社会环境的反映。建筑学科涵盖了城乡规划、建筑设计、景观环境规划、室内设计等诸方面，是研究人类聚居环境的综合性学科。星级旅游酒店的动态设计需要建筑设计与室内设计相结合，更需要立足于建筑学科进行分析与综合相结合。多年来由于专业设置的制约，人们在分析上的自觉远大于综合上的自觉。从事酒店室内设计的人员往往不去现场，不熟悉总图关系，仅凭几张平面图热衷于在单个空间的六个面上做文章，缺少对“室内环境——建筑环境——建筑组团和街坊——城市环境”这一“整体环境链”的综合意识。要做好酒店的动态设计，需要在更为宏观的角度上去深入了解酒店所在城市的聚居总体环境，去研究酒店在这总体环境中的地位和作用及将来发展趋向，这是做好酒店的动态设计的关键。

2. 在星级酒店设计中引入“城市广场”的理念

追溯人类城市建设发展史，“城市广场”起着不可低

估的作用。当今开放的社会大环境，使功能综合、设施齐全的酒店越来越成为城市生活的组成部分，酒店客人消费的多元化依托于社会环境的支撑，而酒店经营者也希望借助社会消费来提升酒店的社会效益和经济效益。在酒店设计的空间安排与人流组织上引入“城市广场”的理念；在保证酒店客人活动相对独立的同时，公共活动空间向社会开放，组织社会人流便捷地到达各个服务项目。另外酒店作为城市广场，应注重与城市大环境的“衔接点”与“绵延带”的处理。酒店的各种动线的出入口即是与城市环境的“衔接点”，而人们视觉上，心理上与城市空间的交流面即是“绵延带” 。例如酒店客流、物流、服务人流的出入口位置合理，流线的便捷是保证酒店永久性正常运转的关键；又例如选择合理的朝向，为重要客人选择美好的室外视觉效果远比选择墙上一幅画要重要和永久。

3. 组织“可持续发展”星级酒店的空间构架

星级酒店作为一栋（组）建筑，在其物质生命周期中会发展、变化，其服务项目会有增减，服务内容也会有调整，各个装修周期中装修风格流派纷呈，作为星级酒店动态设计，必须组织“可持续发展”的空间构架。首先以交通流线为脉络，动线即客流、物流、服务人员交通流线要分明且流畅，这就好像一株参天大树的主干和次干，组成流线脉络；其次各功能空间按其内容和服务对象，组织各功能分区成为单元，要分区明确，布置合理，就像大树上的各分枝；每个服务项目既归属于各自功能分区又相对独立，就像挂在各个枝干上的果实。主干和支干的挺拔是参天大树健康成长的基本骨架，各个枝干可以延伸扩展，留有充分发展余地，而果实可以增减或更换，具有充分的灵活性不影响大树的成长，而动态设计的基本理念则是参天大树成长壮大的基础。本文拟就大树生长的形象语汇来描述酒店设计的可持续发展理念，以期抛砖引玉。

当前饭店室内设计与装修需注意的几个问题

中国旅游协会 副会长 **佟华龄**

在改革开放以来的20年中，中国旅游饭店业有了快速发展。1982年，全国涉外饭店仅有362座，1.58万张床位，到2001年底，全国星级饭店达到7358座，153.3万张床，固定资产 2153 亿元，其中外合资星级饭店固定资产 703 亿元。进入新世纪，北京申奥成功，中国加入WTO，上海取得2010年世博会申办权，这些举世瞩目的大事，无疑将掀起一轮新的投资热潮，也为旅游饭店的建设与改造带来机遇。据媒体报道，上海世博会将于2010年5月1日至10月31日期间举办，预计将有7000万次参观世博会，若其中4000万人住宿，人均逗留两天，每天则需要床位40多万张（现上海星级饭店床位为9万张），按每张床位平均收入300元计算，上海饭店业每天收入将超过1.2亿元。此外，7000万游客将会有35%的人顺道去周边城市和地区去旅游，这将促进长江三角洲地区旅游业的发展。旅游业的发展带动饭店生意兴旺，中国旅游饭店正迎来新一轮黄金发展期。

我们应抓住这一机遇，准确把握旅游饭店建设与改造的方向和原则，在确保星级饭店国际标准的前提下，使饭店建设改造更加符合中国国情，引导饭店向集团化、个性化、品牌化方向发展。

目前我国饭店业存在的主要问题是：各自为战、包袱沉重、因循守旧、创意不足。如何适应新世纪市场多元化需求，挖掘市场潜力，走中国旅游饭店可持续发展道路，是当前需要研究和解决的主要问题。

一、旅游饭店的建设与改造首先要讲求经济效益

由于饭店供求关系逐年变化，出租率和价格下降及高成本等因素，我国星级酒店1998年以来已连续四年全行业亏损，亏损总额达326亿元，总体利润一直在负数徘徊。2001年，全国星级饭店总体亏损23.3亿元（上海、北京、浙江、湖南四省、市星级饭店实现盈利）。在旅游饭店业面临扭亏为盈的形势下，饭店业主和投资者、经营者应保持冷静的态度，切不可一味追求建造高档、超豪华饭店，或盲目改造升级。实践证明，对所有饭店建设、改造投资都报有乐观回报的预期想法，显然是不现实的。

饭店的建设和改造要讲求经济效益，避免贪大求奢，应从本地区客源市场的实际需求出发，注意规模控制，减少没有经济收益的空间。在奥运、世博会主办城市和旅游业发达的城市和地区建设商务饭店或超豪华饭店也应注意布局合理，不宜都规模过大。国外许多商务饭店要求客房及卫生间宽敞明亮、环境舒适、功能齐全、室内设计与装修典雅、简洁、实用。饭店档次高主要体现在管理和服务不断创新，能为客人提供优质服务。美国芝加哥一家商务饭店没有标准客房，全部是双套间豪华套房，该饭店除为客人提供早餐服务的一间咖啡厅外，饭店内没有餐厅，客人吃饭要到饭店外一家餐馆，由于饭店客房舒适、住宿设

施完善，受到商务客人的欢迎。

二、饭店建设和改造要重视舒适度和保护环境

进入新世纪，保护环境和追求舒适已成为人们在旅游过程中的共同需求。保护大自然生态环境、减少对水和空气的污染、节省资源已成为创建绿色饭店的新理念。饭店建设和改造不仅要考虑客人生理上对饭店环境的要求，而且要考虑客人心理上对饭店环境的要求。概括起来有以下几点：

1.视觉环境：饭店的装潢设计能够为客人提供良好的视觉环境和效果，客房及卫生间有充足的阳光、明亮灯光。

2.听觉环境：客房、卫生间、会议大厅、宴会厅等噪声控制。我国的一些饭店忽视防止噪声等细节，如饭店客房、宴会厅隔声系统太差，噪声污染已严重影响到饭店的服务质量。

3.嗅觉环境：饭店客房和餐厅必须保持有清新空气、无异味。近年来一些国外品牌饭店推出了“嗅觉客房”新概念，在客房增加芳香系统，客人可以选择自己喜欢的香味。

4.热工环境：饭店提供客人所需要的温度、湿度环境。

5.生态环境：客房提供洁净水；不使用含磷洗涤剂清洗布草，防止对水的污染；对游泳池水质有严格要求；采取节约资源和能源的各项措施；实行垃圾分类；床上用品及布草选用纯棉、羽绒或天然材质；使用可降解的塑料制品；饭店装修使用“绿色建材”；不提供野生风味菜肴，不卖野生动物皮草，不养野生珍禽；为客人提供“绿色食品”等。

三、饭店建设和改造要适应客源市场细分化、服务个性化的需求

近年来，随着旅游市场供求关系和消费需求差异的变化，各类主题饭店营运而生，这种主题为有各种需求的个人和群体提供个性化对应服务。主题饭店的设计和经营可以是整体，也可以是饭店的局部。

主题饭店与星级饭店市场定位的不同之处在于，它不是以客人的消费水平而是以客人或群体的特殊属性作为依据。客人的特殊性大致有以下几种：

1.客人的兴趣爱好属性，如文化、音乐、体育、探险、绘画、娱乐、收藏等。

2.客人的职业属性，如金融家、文化名人、运动员、演员、律师、老师、科学家、医生等。

3.客人的性别、特征属性，如老年人、妇女、儿童等。

4.客人的生理需求，如残疾人，健康人健身、理疗、温泉疗养、回归自然等。

主题饭店或个性化饭店要营造精致文化的氛围，提供细致周到的个性化服务，在国家法律允许的范围内开展经营活动。

四、饭店改造要着眼于现有的经济型酒店、旅馆，致力于打造符合国际水准的经济型酒店、汽车旅馆的连锁品牌

打造符合国际水准的经济型酒店、汽车旅馆的连锁品牌，是提升我国饭店业整体素质，满足国内旅游市场需求，建设世界旅游强国的重要举措。

近年来，我国的入境旅游和国内旅游均有较大幅度增加，特别是国内旅游的增长幅度较大。2001年，我国公民国内旅游总人数为7.84亿人次，国内旅游总收入为3522.37亿元。国内旅游者的人均花费为450元/人次。目前，我国东南沿海一些城市的人均GDP已达1600美元～4000美元，这一地区的高速公路网已建成，使自驾车出游的人数逐年增长，仅北京市就有80多万辆私家车，但北京的周边城市和景区，还没有几家符合国际标准的汽车旅馆。据调查，2001年国内旅游者有近50%的人选择住在饭店、旅馆、招待所。对1.16万国内旅游者的调查结果表明，只有546人对饭店、招待所服务质量的评价是很好。这说明我国大量的经济型酒店、旅馆、招待所服务质量不高、卫生条件差、管理不规范，不能满足国内旅游者的需求。

从饭店供给看，目前我国旅游城市和景区、饭店供过于求的状况短期内难以改变。除现有的星级饭店外，我国还有8.5万家社会旅馆（包括未评星级的饭店）和18万家个体旅馆。如何将这些饭店、旅馆存量盘活，使其达到国际标准，是当前有待解决的问题。

近一两年来，一些国外饭店管理集团的经济型酒店品牌开始进入我国，除极少数管理集团自己投资建设经济型酒店外，多数管理集团都是采取有权收购、合同管理、特许经营的扩张方式。如：万豪集团的万怡品牌、巴斯集团的假日快运品牌、圣达特集团的华美品牌、雅高集团的美居品牌等。雅高集团计划至2008年将美居品牌店发展到50家。未来3～5年内，国外经济型酒店品牌进入我国的力度和速度都会不断加大。

我国许多国有饭店集团也看准经济型酒店的市场，如上海锦江之星，自1997年开业至今已在江苏、浙江等地开设13家连锁店，客房出租率均在90%以上。此外，上海的新亚之星、北京的中江之旅等也都在组建自己的连锁店。尽管还有不少困难，这些饭店集团定会冲破地方保护的阻力和地域的制约，采取收购、联合、资产置换等方式，创建更多的经济型酒店、汽车旅馆的连锁品牌，实现经济型饭店的存量盘活与资产升值。

厕所文化营造与公厕室内设计

深圳新科特种装饰工程公司　总工程师　**楚梦兰**
深圳市洪涛装饰工程公司　总工程师　**江崇元**

一、厕所文化是一面镜子

公共厕所是一个单位乃至一个国家文明的缩影，此话绝非夸大其词与危言耸听。许多年来，厕所一直是人们在解燃眉之急的时候，最打怵去又不得不去的地方，更是到中国来旅游的外国人议论最多的问题之一。

20世纪80年代是中国旅游业大发展的年代，由于没有环境卫生法，厕所又少又脏，许多游客为如厕所苦。这曾经严重障碍了我国旅游业的发展。有的外国游客说，到中国就怕上厕所。一位来北京旅游的外国人在谈到颐和园的厕所时说："在颐和园不愁找不到厕所，距厕所300m以外，闻到哪里臭就往那里走，准能找到。" 笔者在国内的旅游胜地旅游的过程中，常常听到游客对那种屎尿横流、臭气熏天、满屋苍蝇、遍地蛆虫的厕所的埋怨。许多大城市的水冲厕所，也往往是下水管堵塞、蹲坑里堆满粪便、马桶上没有垫圈、揩屁股没纸、洗手没水。即便北京这样的大都市，也不乏这种令人心惊胆战的公厕。北京的6870个公共厕所，绝大部分是极为糟糕的四类厕所。甚至在 些旅游饭店里的厕所，为如厕的人配备手纸、纸巾、洗手液等清洁用品的亦为数不多。

号称文明古国的中国有"吃、喝、拉、撒、睡"的民谚，说明中国人对"拉"早有认识。古书中也不乏对厕所卫生的讲究。中国古人把厕所写作"溷"、"圊"、或"轩"。"溷"有猪圈的意思。厕所像猪圈，可想而知干净不了。"圊"和"轩"有围起来的草坪和书斋的意思，理应不该是个令人恶心的地方。在河南省商丘市芒砀山汉墓群中的一位西汉国王的陵墓中，除了有前厅、储藏室、前窖、厨房之外，还有一间独立的厕所。讲解人员说，这间厕所是世界上第一个坐式水冲厕所。用石头打制成的座椅上，还有一个扶手。其冲水系统也颇为类似今天我们所司空见惯的马桶。原来2000年前，我们的祖先就已经把卫生和享受带进厕所。可见中国古代的厕所是"两极分化"。但可惜那些讲究厕所要洁而净的好的传统没有发扬光大，而那些不讲卫生的坏习惯，倒沿袭了下来，直到给外国人留下个中国人不讲卫生的坏印象。

几年前的一期《了望》杂志说到某名牌大学的厕所问题，因研究生宿舍改造，住在研究生楼的中国学生临时住在外籍留学生的楼里，不几天，外籍留学生便在厕所的醒目位置贴出了"中国学生请便后自觉冲洗。"有的外国旅游者开玩笑说，在中国找厕所十分方便，用鼻子闻闻即可。在外国出版的旅游小册子，也曾有这样的忠告："在中国旅游时不要喝过多的饮料，以免使用公共厕所，那里是中国最肮脏的地方，令人不堪进入"。有的国家的旅行社表示要等中国的厕所问题解决之后再组团来华旅游。 厕所问题对中国的旅游业乃至整个中国带来的负面影响实在太大。一位外国游客说："如果中国能够把厕所的卫生条件来个根本的改善，对游客的吸引力不亚于又发现了一座兵马俑"。

美国总统克林顿携夫人希拉里游长城时，他们的先遣人员就曾经因为厕所问题给中国提出外交交涉。他们说美国的第一夫人不能到没有水冲的便坑上"解决个人问题。"最后中国方面花了近20万元在克林顿夫人到访的长城附近，修了一个装有空调和坐便器的冲水厕所。

改革开放以后，有机会去国外看看，对西方发达国家的厕所文化有所了解。深感国人之不如。有着强烈民族自尊感的笔者，每当看到一个外国朋友去中国那些没有档次的厕所方便的时候，总会感到情不自禁的脸红，怕他们把厕所的脏和差与中国联系起来。

厕所的确是一面镜子，它反映出国民的卫生习惯、公德水准、审美意识、受教育程度和国家经济发展水平和科学文化水平。厕所在一定程度上代表着一个国家的文明程度和管理水平。一个国家是否是文明之国，看看厕所的状况就一目了然。笔者有个习惯，在到国外进行建筑装饰考察时，总要对厕所给予较多的关注。无独有偶，在一次国际室内装饰设计高峰论坛上，曾听到一位建筑师说过， 他在去国外考查时，大堂可以不看，厕所是必须看的，因为厕所是一个建筑、一个单位、乃至一个国家文明程度和管理水平的缩影。

在一些发达国家，公共洗手间设施齐全，干净、舒适，对各种人的关怀无微不至，不少洗手间不但没有臭味，反倒有一种淡淡的清香。加上洗手间内典雅的装修和工艺品的摆设，有的甚至摆供小息用的沙发，上洗手间不但不是负担，而且还有一种艺术享受的感觉。难怪美国人称厕所不叫"厕所"，而叫"休息室" （在美国，厕所的英文名称是：restroom）。

1988年2月，在日本东京举办的"国际厕所科学文化研讨会"上，提出了一个"公共厕所是一个国家的象征"的伟大口号。随后日本还成立了"全国公厕科学文化协会"。规定每年11月11日为日本的"厕所文化节"。另一个叫做"WTO"的组织——世界公共厕所组织（World Toilet Organization）于2001年11月19日到21日在新加坡举行的首届世界厕所高峰会议上宣告成立。这意味着厕所问题今后将像食品、保健和贸易等问题一样登上国际议事的大雅之堂。据到会讲话的新加坡环境发展部长说，目前讨论厕所问题，主要还不是锦上添花，而是雪中送炭。因为世界上还有40%的人口缺少合理的卫生设施，因厕所不卫生导致的传染病每年夺走200万人的生命，其中大部分是5岁以下儿童。

二、将厕所革命进行到底

有着悠久文明的中国在厕所文化方面，比西方发达国家确实落后了一大截。出席“第一届厕所高峰会议”的一位中国代表在发言中承认，游客对北京公厕的印象不好的确是个现实问题。中国代表还讲了这样一句话：“不注意厕所卫生的国家没有文化和未来。”

随着改革开放的逐步深入，今日之厕所也在发生变化。中国的厕所革命首先从旅游界开始，1992年7月国家旅游局首先颁发红头文件并投入巨额资金，在全国重点旅游景区建公共厕所。1994年9月经北京市政府批准，制定“三年规范”，新建扩建100个厕所，使北京主要的旅游景区告别“脏、乱、差”。为迎接2008年奥林匹克运动会，北京还将再投资2.4亿人民币增建和更新2003个公共厕所。

首都文明发展基金会曾组织过一次公共厕所设计大赛，监督建造了38个“高级厕所”。这些公厕不仅有自来水、良好的排污系统、专供残疾人使用的设施，而且有休息区和阅览区，有公用电话、宣传橱窗和报刊亭。在广州的街头最近几年也出现了“五星级厕所”，人们除了可以在厕所里方便，还可以在那里发传真。据了解北京近几年将对3000座公厕进行改造，使之节水且卫生。上海市政会已宣布改善厕所为“天下头等大事”。上海近10年将花30多个亿，新建、改建1180座公厕。农村卫生厕所的建设也纳入了规划，有报导说，中国政府已经专门制定了一个发展规划，向国际社会做出庄严承诺：中国农村卫生厕所普及率在2000年底将达到百分之四十。广大农村将告别“人无厕所猪无圈”的历史。

国际著名旅游城市桂林自2000年4月起，历时6个月，新建、扩建、改建了500座公厕，全部免费交付使用。走近桂林公厕，造型别致、似建筑也似雕塑。走进公厕，洁净明亮，既有蹲位也有马桶。有脚踏式冲洗阀、自动感应洗手装置、烘干机、空气清新器、紫外线灭蚊灯…。一些健康、幽默的谜语、楹联、小词、漫画等，让来此方便的人大饱眼福、忍俊不禁。人们说，桂林的公厕开始与国际接轨了。一种崭新的厕所文化在桂林有了雏形。现在人们去桂林旅游，不仅看山水，还看厕所。不仅赞美山水，也夸奖厕所。

2002 年 11 月 23 日，南京市市容局组织专家对征集的 45 个艺术公厕设计方案进行评审，标准是“方便、舒适、环保、科学、生态”，共评出一等奖 1 名、二等奖 3 名、三等奖 6 名，鼓励奖 3 名。这些获奖作品将于 2003 年实施。一等奖获得者是江苏省建筑设计院的周雷，方案以红、黄、绿、灰为主调，外观简洁，线条明快；内部分休息厅、管理间、盥洗室，并设计了残疾人卫生间，男女厕 7 个蹲位，还配备了老年厕位、婴儿台板、残疾人坡道、大小便池合理分开，通风采光良好。

一项旨在推进厕所卫生、厕所文化、用厕文明、卫生洁具革新等为主要内容的“厕所革命”，正在全国范围内积极地酝酿和实施中。

厕所问题，重在管理。在美国，每一个公共厕所都有专门的管理单位，管理不善者是要受罚的。据说仅缺少手纸一项，就要罚款一万美元。难怪在美国走了上百个洗手间，没有一个缺少手纸。这是个管理问题。可喜的是厕所承包制也在中国悄然兴起，北京市东城区的一个公共厕所被一个曾到内蒙插队、40岁才回到北京的林先生承包。他的承包月纯收入估计至少有数千元。据2001年4月23日《华西都市报》报道，成都新华辖区、黄瓦辖区内的21座公厕，定于4月26日进行管理承包竞标。据悉竞标中获胜的公厕经营管理者，预计年收入40000左右。

桂林的厕所革命采取市场化运作，实行以商养厕，厕所与商亭、报刊亭、摊位等商业门面捆绑招标，向社会公开拍卖50年的经营权。46岁的普通女市民文源美以8万元中标。湖南永州人李解福以47万元中标获得了9个厕所的建设和经营权。

然而，从全国范围看，厕所革命还刚刚开始，在一些中小城市，厕所的“脏乱差”仍相当严重。有的城市搞了食品一条街，建了几十家餐馆，却没有一家餐馆有厕所，更别讲现代化的厕所。厕所的设计多有不合理处。下面专门讨论公厕室内设计的有关问题。

三、公厕设计

1. 公厕的布局

在人流量较大的繁华地区按300～500m的距离设置一座，流动人口密集的街道应小于300m，一般街道按每750～1000m的距离设置一座，新建小区每平方公里不得少于3座，公共绿地按每10000m²或每隔500m设一座。在居住小区内建公共厕所是很有必要的，因为小区的发展越来越注重社区文化。每个小区都有一个公共的活动广场和配套的运动健身场所，没有公共厕所是很不方便的。逢年过节时，小区都要搞大量活动，人多起来，建公共厕所就显得更加必要。厕所内的厕位数量和男女厕位的比例应当根据具体情况合理确定。

2. 平面设计

注意视线遮挡。这是保护隐私的需要。特别是不要让男厕所内的小便斗暴露在门外人的视线之内。让厕所外面的人（特别是女性）无遮挡地看到正在小解中的人，是一件十分尴尬和很不雅观的、很不文明的事（**图1**）。

图 1 不注意视线遮挡的公厕

厕位的数量与配置。满足规范要求的前提下安排更多的厕位，特别是一些剧场、会议室等处的厕所，因集中使用率高，更应当安排尽量多的厕位，以减少上厕所排队。

符合人体工学。厕所面积、厕位小间尺寸合理、洁具布置合理、厕所小间的标准尺寸为 900mm×1200mm（门向外开），900mm×1400mm（门向内开）。洗手盆的标准中距尺寸为 700mm。小便斗的标准中距尺寸为 700mm，最少也不应少于650mm。

入口、通道宽度以及厕所小间前面的空间，特别是厕所小间与小便斗之间应留有足够的空间，以避免人流堵塞。

3．以人为本—— 对各种人的关怀

●给残疾人和老年人以方便

残疾人和老年人—— 这是一个有先天或后天肢体残疾与有体能障碍、年老多病以及行动不便者的群体，应当为他（她）们使用的厕位与洗手盆设置用不锈钢管制作的安全抓杆。（**图2**）对这一群体，要考虑在厕位的前头有方便轮椅旋转的回转面积，通往公厕的走道两侧，设置为体能障碍者服务的扶手。甚至连停车场车位的安排上，也应一些发达国家那样把最靠近公厕的车位定为残疾人车位，不准其他人占用（**图3**）。

图 2 方便残疾人的安全抓杆

图 3 方便残疾人专用车位

●给儿童以方便

儿童—— 能够独立活动的儿童，由于他们的身高比成

图 4 方便儿童使用的低位小便斗

图 5 方便儿童的低位洗手盆

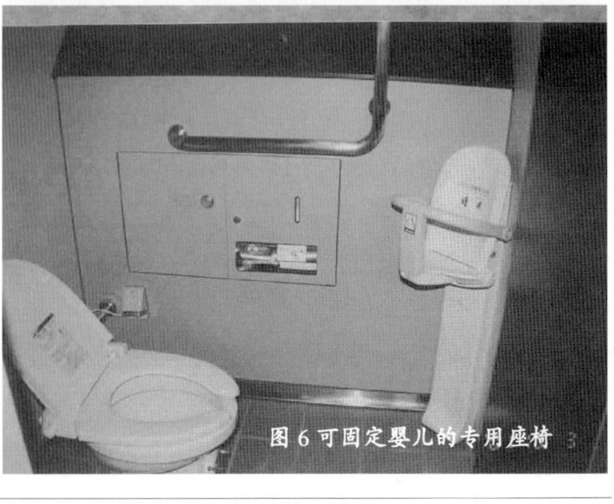
图 6 可固定婴儿的专用座椅

年人矮得多，为他们设置一些较低的小便斗和洗手盆，会给他们带来很大的方便，也体现了社会对他们的关怀。（**图4和图5**）。

图7 带儿童用小垫圈的马桶

●给携带幼童者以方便

携带幼童者——携带很小的孩子外出，上厕所是个很麻烦的问题。曾经听到一个真实的故事，讲江苏南通一个外婆带着小外孙外出，上厕所时不方便，就托人抱一下，不幸的是上完厕所出来，孩子却不见了，被人抱走了。老太太从此便精神恍惚，成了祥林嫂式的人物。在国外的公共厕所中有一种较大的厕所单间，在大人厕位的前面一角设置可以用皮带固定的婴儿座位，给携带婴儿的父母带来极大的方便和安全感（**图6**）。有的还在座便器的座垫圈上增加了一个适合儿童用的小座垫圈，小孩大便时把小垫圈放到大垫圈上，正适合小孩用（**图7**）。深圳人对女性的关怀也已经进行到厕所，笔者获悉：“适当增加厕位，设立母婴单间”已纳入到深圳市妇女发展“十年规划（2001～2010年）”，并已经获得通过。

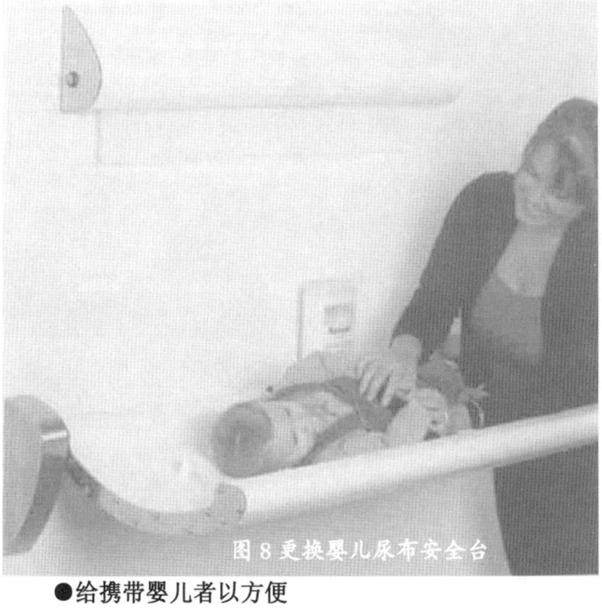

图8 更换婴儿尿布安全台

●给携带婴儿者以方便

携带婴儿者—— 年轻的父母一人携带婴儿外出，无论是大人要解手或是给婴儿换尿布，都是一件令人头痛的事。在国外一种 BABY CHANGE 的更换婴儿尿布安全台非常成功地解决了这一难题。更换台的整体设计呈弧形，有效地防止孩子跌落的可能性，另外还配有一条安全带，更进一步确保了它的安全性。更换台用时打开，不用时可以折叠到墙壁上，以节约空间。有的还配有宽达 800mm 的纸盒，换尿布时，超大的卫生纸可作婴儿的衬垫用。（**图8～图10**）

图9 小厕间内的换尿布安全台

图10 小厕间内的换尿布安全台

●给女士多一点关照

女洗手间厕位少、如厕排队是一个普遍存在的问题。在进行洗手间洁具配置的时候，应建筑的功能特点，考虑男女厕所厕位数的合适比例。根据实际如厕时间的调查统计，女士上一次洗手间一般约需 3 分钟，男士一般只需 1 分钟左右，相差近 3 倍。而现状是男洗手间的厕位一般均明显多于女洗手间，往往女士上洗手间要排长队，甚至在女士密集的地方，如深圳妇幼医院的男厕有六个厕位，而女厕却只有 3 个厕位的“错位”现象。因此公共洗手间设计应充分考虑男女厕位的合适比例。例如日本食环署规定女厕和男厕厕位数量之比为 6∶4。据报道某单位的女士由于长期不堪忍受如厕排队之苦，提出和男士换洗手间，得到同意，结果女士不要排队了，男士也未见不方便，终于皆大欢喜。 让女士上厕所少排点队，其实根本谈不上什么关怀，只不过需要设计师们克服以往的习惯势力，在厕所设计中真正体现一下男女平等而已。

注意防止交叉感染

不少疾病的传染是通过人的皮肤接触（包括直接接触和间接接触）来实现的，在公共厕所设计中，尤其在机场、车站、码头等使用频繁的交通枢纽处以及医院内的公共厕所设计中，注意防止交叉感染是一个很重要的问题。这主要从以下几个方面来解决。

首先，洗手盆和大便器采用自动感应供水或脚踏控制供水。自动感应式龙头和冲水控制，多在一些重要建筑档次较高的厕所内使用。因为它避免了手触水龙头可能产生的交叉感染，符合卫生要求，成为医院内或一些高档建筑中的公厕的理想产品。由于这种自动感应装置价格较高，脚踏开关水龙头与洁具冲水控制踏板是经济可行的方案。

其次，外门可不设，但要注意视线遮挡。国外高速公路旁服务中心的公共洗手间基本不设门，只有个门洞，且门洞较宽，一般不小于 1.2m，方便人的进出。有的厕所连特别多的人集中使用厕所时的人流排队位置都有考虑。

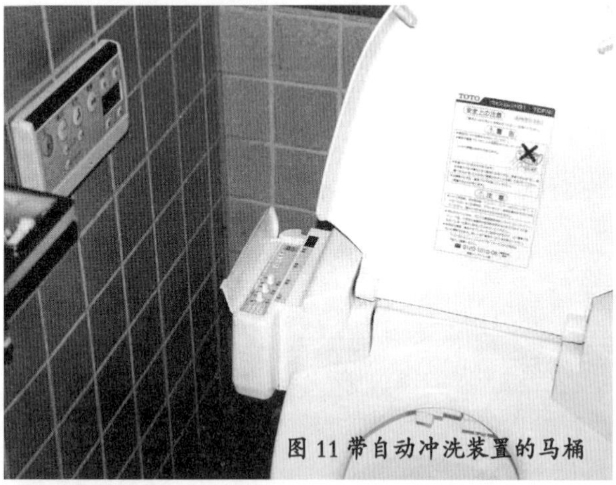
图 11 带自动冲洗装置的马桶

图 12 冲洗用小型花洒

图 13 自动更新座垫布马桶

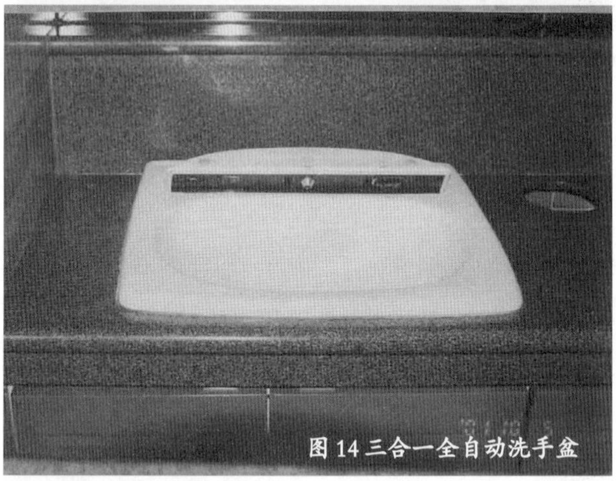
图 14 三合一全自动洗手盆

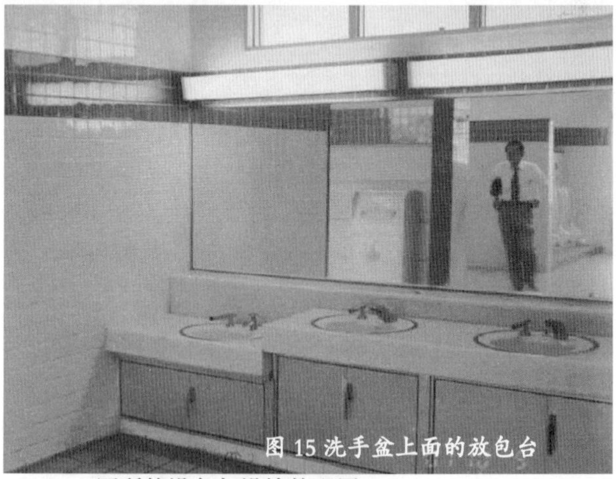
图 15 洗手盆上面的放包台

4. 厕所的设备与设施的配置

大便器、小便器、洗手盆号称厕所的三大件。大便器又分坐式大便器（马桶）与蹲式大便器。在公共厕所里，蹲式大便器比较卫生，一般档次的公共厕所可以蹲式大便器为主，同时设置一定数量的坐式大便器，供那些蹲下比较吃力的人用。对于档次较高的厕所，则应以坐式大便器为主，卫生要求可以通过准备马桶座圈垫纸、加强管理等办法解决。小便器—— 在男厕所中小便器的数量不应少于大便器的数量。洗手盆的设置数量一般应为厕位总数的1/3左右，女厕所中的洗手盆数量还应适当多些，因为女士们整理化妆上花不少时间，有的进厕所可能就是为了整一下妆，所以洗手盆的使用率远比男士要高。

5. 国外的厕所新设备

国外在厕所设备方面进行了大量的工作，开发出了不少新型的先进的卫生洁具，这里作一个简要介绍：

●**带自动冲洗马桶**　马桶里头装置一套电脑控制的自动调节喷水压力的冲洗系统。它不仅具有女士用的净身盆的功能，而且对所有的痔疮病患者，都是一个福音。在普通的马桶上装上这样一套冲洗装置，就相当又增加了一个净身盆。其使用之方便和实用性均比一个净身盆好得多（**图11**）。

●**冲洗用小型花洒**，安装在座便器或蹲便器的旁边，男女大便器的旁边都可以设置，使用时可调节喷水方向和喷水速度，使用非常方便。从经济上比上面提到的电脑控制冲洗系统要便宜得多（**图12**）。

●**自动更换座垫圈布马桶**　一种可以自动更新马桶座垫布的坐式大便器，是确保安全卫生、防止交叉感染的又一创新。只要把手往感应器前一放，马桶座垫布便会自动由一侧向另一侧旋转，用过的被卷了进去，新的座垫布覆盖在座圈上。坐上去又舒服、又卫生（**图13**）。

图 16 小便斗上面的放包台

●**三合一式全自动洗手盆**　集感应式自动出水、自动供洗手液、自动烘干的三合一式全自动洗手盆是厕所设备的另一创新，带来另一种全新的感觉（**图14**）。

●**放包架或放包台**　在公共厕所里，放包台放包架或放包搁版，是应考虑的设施，但在国内公厕设计中却往往被忽视。外出的人，特别是出远门旅行的人，手上总会带一些行李、手袋、拎包之类的东西，在厕所设计中应当给进厕所的人，放置这类东西的地方。一些发达国家在这方面做得比较好。小厕间的门上有衣帽钩；小厕间后面有放包台，或在小隔间的侧壁上设置放包搁版。它是用工程塑料或金属制成的架子，不用时可以折叠到侧壁上，不占空间。小便斗背靠的那面墙上，或洗手台的靠墙一侧都有约200mm宽的放包台，给如厕的人以极大的方便（**图15～图18**）。这种放包台在改造的厕所内还可以和管道的隐蔽结合起来。

图 17 小厕间内的放包搁版

●**立式鱼嘴式烘手器**　烘手器是洗手之后把手烘干的装置，一般为挂墙式下出风。最近在日本还看到一种侧出风式的烘手器，我们暂时称它为立式鱼嘴式烘手器，因为它像一个张开的鱼嘴，烘手时把双手插入"鱼嘴"内，手上的水滴到"鱼嘴"的"嗓眼"里，同时一面吹出高速热风，烘干的速度比一般的烘手器高出数倍（**图19**）。

●**有特殊考虑的公厕应考虑相应的设备**　伊斯兰教地区专用的洗手间要有足够量的洗手盆和一定数量的洗脚盆（**图20**）。

●**管道与洁具五金配件**　的品质的好坏，直接影响整个厕所的使用功能与外观效果。那种污水横流臭气熏天的公厕，多半是地面排水不畅、设备和管道跑冒滴漏。究其原因，则多半是管道与洁具五金配件品质低下造成的。有人说，厕所的状况在一定程度上也反映出一个国家的工业制造水平。我们的火箭可以帮别国发射卫星，可见我们的加工制造工艺已经达到世界一流水平。可是我们却制造不出可与国外产品比美的厕所用洁具与五金配件。恐怕还是个观念和认识问题，即重视与不重视的问题。

图 18 小厕间内的放包台

5. 建筑细部设计与环境设计

●防水、防潮、防漏

这是厕所设计中的一个重要问题。管道接头不紧密，防水处理不当，致使漏水渗流到墙身，致使墙面装饰层受潮发霉变质。这除了管道与洁具五金配件品质低下的原因之外，设计不当和施工质量差也是重要原因。厕所属多水房间，按照防水设计原则，应当采用多道设防的方法——刚性防水和柔性防水相结合的防水方案，重点处理好洁具与排水管道的接口密封和各种阀门、接头的安装质量。有条件时可将男女厕所之间设计一个管道夹层，便于检修。厕所室内地面应略低于室外地面，并应有坡向地漏的坡度。这是在对厕所清洗时保持厕所排水畅通的需要。

●防臭

是公厕的老大难问题，防臭的重要办法是粪便污水立管应接排气管至屋面或专用排臭管道，所有下水均应有存水弯，地漏应有水封。再加上水压正常，通风良好，在保持厕所洁净的情况下，臭这个公厕的老大难问题必然迎刃而解。

图 19 鱼嘴式电烘手器

●防滑

厕所地面应采取防滑措施，因地面光滑而发生摔伤或骨折的事故屡见不鲜，设计选材时应给予足够重视。目前国内较高档次的厕所地面多采用磨光花岗石或大理石材料，且密缝法铺贴，这种选材和施工方法并不可取。一则太滑，不利安全；二则不耐一些厕所清洗材料的腐蚀和污染；三则不利防水。

笔者考察过多个国外的高档次的公共厕所，其地面和墙面材料基本上是不同规格的墙地砖，离缝法施工，缝宽6mm左右。缝内嵌填高质量嵌缝材料，地面和墙面缝隙均相互照应。由于材料品质的卓越和施工工艺的精到，其装饰效果不亚于高档石材。而且由于其嵌缝材料的防水性能，使地面成为一层有效的防水层，增加了地面的防水性能.

图 20 公厕内的洗脚盆

●防撞

防撞构造是公共厕所特别是机场、车站、码头等交通枢纽等处的公共厕所，靠通道处的墙角、门洞处墙面阳角位置上应当采取防撞措施。那些没有采取防撞墙角或柱角，多半有不同程度的损伤和破坏。防撞做法可以采用不小于2mm厚的不锈钢板作1100mm高的护角。独立柱的柱脚防护可用不锈钢板作1100mm高的护裙，或在离地300mm左右处设置厚壁不锈钢管护脚。

●通风

公共厕所应有良好的对流通风，这对保持公厕的空气清新至关重要。暗厕所一定要有机械排风，并有送新风，以确保空气质量。

●**采光与照明**

公共厕所应当尽量利用自然采光，同时辅之以人工照明。照明设计也很讲究，不仅有厕所的环境照明，还有厕位的局部照明。厕位部分的照明有灯带式的和一位一灯的点式照明。洗手盆处的照明应满足化妆要求。选用灯具的色温和照度，也应使人有舒服感。

●**美化环境**

公共厕所的装修上应尽量注意美观、整洁，厕所内适当摆一些花草、盆栽；墙面上可以挂一些装饰画，甚至还可配上背景音乐，增加公厕内的文化气氛和温馨的感觉（**图21～图25**）。

最后要强调的是，厕所设计要从我国的国情出发，不能盲目追求豪华、高档次。但是，在可能的条件下，把厕所设计的功能齐全实用一些，环境宽敞明亮、舒适美观一些，文化味浓一些，给使用厕所的人带来更大的舒适感，是每一个设计师应当努力去作的。笔者在审图和评图的过程中，经常看到有的厕所设计存在多处不合理，稍加修改就会好得多，只不过要设计师在设计时多用点心而已。

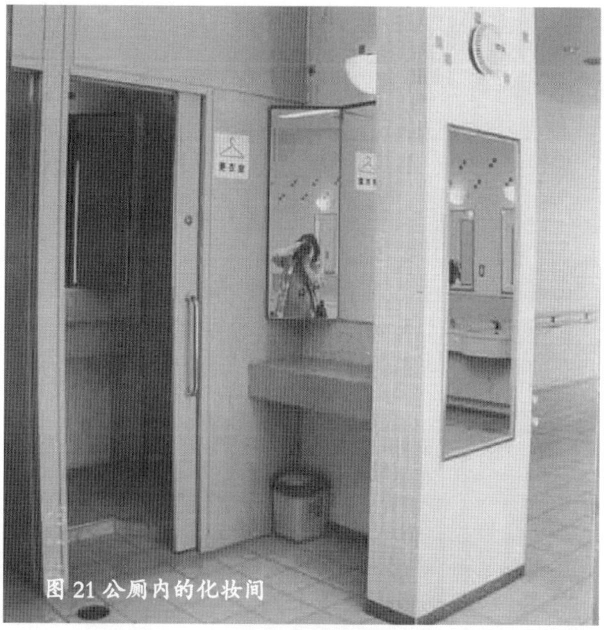
图 21 公厕内的化妆间

图 22 配置沙发的公厕

图 23 停车场旁的公厕之一

图 24 停车场旁的公厕之二

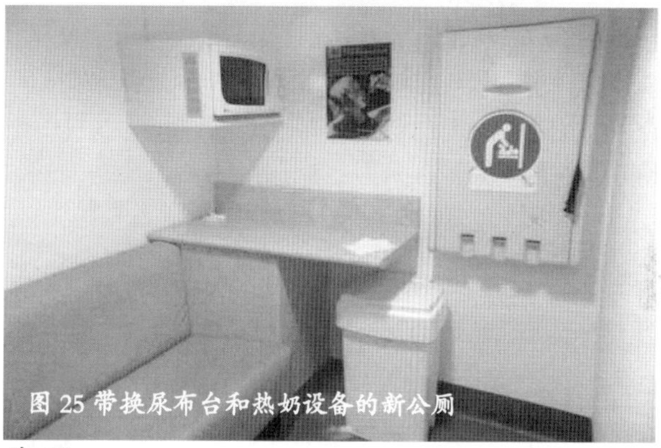
图 25 带换尿布台和热奶设备的新公厕

结　语

厕所的革命势在必行，首先，要有全新的观念，厕所建设和管理水平的提高是物质文明和精神文明建设水平的重要体现。它不但影响我国旅游事业的发展，而且直接影响我国在全世界人民中的形象。要增加厕所内的文化内涵，让厕所在解决人们方便问题的同时，发挥赏心悦目的功能。要在厕所建设中，体现对各种人的关爱。其次，要健全法制，要有能和世界接轨的环境卫生法和公厕管理法。要加强公共厕所的管理，健全公厕的承包责任制。使用厕所的人要自尊自爱，讲究社会公德。共同维护我们“国家的象征”。第三，要增加厕所建设和管理的科技含量，推广应用先进的卫生洁具，解决生态厕所、环保厕所、和流动厕所的技术难题。

我们相信在政府相关部门的领导下和全体人民的努力下，我国的厕所革命一定能成功，我国厕所文化和室内设计现代化也一定会实现。

让厕所走向光明

清华工美环境艺术设计所 总设计师 **马怡西**

卫生部最近制定了公共场所预防传染性非典型肺炎的指导原则，第一次把卫生间纳入卫生行业的重点消毒监控对象，给中国几千年来的厕所文化洒上了第一缕阳光。

在辞海中厕所的另一释义是猪圈，这决定了厕所在人们生活中的地位和卫生状况。查遍了《中国建筑技术史》、《中国民族建筑史》等巨著，均无对厕所的描述记载，可以说厕所是我们民族生活空间中最受歧视的空间。中国的文明史，城市表情最丰富，与生活联系最紧密的，同时又是最难看的、最黑暗的、最污秽的、最恐怖的空间，没有再比厕所给我们留下的印象更深的了！在我们行游于祖国的大好河山时，每一次我们上厕所都是好心情进去，坏脾气出来，并且长时间处在阴暗的噩梦中，久久不能摆脱。

厕所，一个我们不屑一顾，却又不得不每日光顾的地方。

不知何时，"方便一下"成为我们民族上厕所的代词，我们什么时候觉得上厕所方便过的呢?方便一下看来是有随意之谦，随便之意，实为不受公共行为规范约束，了结个人行为的称谓为方便。

也许，在我们民族的若干次大瘟疫史中，厕所都是罪魁祸首，都给我们民族的心理投上了阴影，按照心理学的规律，最痛苦的经历， 往往在人的记忆中最容易形成"空白"期，最痛苦的也是最没有记忆的。

粪坑——这个散见于农村，跨越几千年，"肥水不流外人田"的地方，见过的人，无不痛苦不堪，用过的人，无不犯人一样的处境。

茅房——这个殷实家庭最后的待客之地，运气好的时候，你要鼓足勇气，像侧身闯进门帘一样去撞击明暗交界处密集轰鸣的绿头苍蝇，而后心安理得。如果运气不好，进去以后不得安宁，你必须拿个柴火棍不停地敲打，哄吓向你迎来的大肥猪，还要胆战心惊地不时从楼板缝向下望去，那厚厚一层涌动的灰白色生物。……

官茅厕——民国时期的舶拍来品，那狭长的高空间，为了排放氨气而设计的高带窗，淡蓝色的粉墙据说是为了防止白色变黄而想出的嗖主意，里面永远是阴冷的，里面永远是刺眼的，里面的人永远都是象牛鬼蛇神。那些口头聊斋故事，谋杀案件，那些变态情节，给过往的人们留下的只有噩梦般的记忆。

厕所——这个解放初期逐步普及起来的新事物，虽然从袁世凯时期的棍棒喝斥到后来的自觉享用，其变化也只是从满屋粉墙，到局部磁砖，再又磁砖到顶，但那人与人 1m 之内距离的咳咳吭吭，满地污秽，全然是一幅煤炭中毒早期征兆的群体写照。那怪味、臭味、酸味的复合气味，相信我们每个人，50m 以外，不用眼睛，只用鼻子就能找到。

卫生间——这个带有自留地意味的文明空间，终于把公与私，国与家，分得清清楚楚的了，也因此开始干净起来了。这是自己的，这是个人的，这是家庭的，这是本单位的，界线是如此的清楚，首先不是公共的。不知何时开始的最初几次坐厕，失去压力的正襟危坐浪费了时间，浪费了精力，还没有把事情办好。但有一点是肯定的，方便的地方开始卫生了。

洗手间——这个乌托邦式的境界之地，仿佛已经把我们带入文明的用厕新起点。相当一段时间里，我们把它与高档消费连在一起，但相当多的人却没有认真利用它的洗手功能，把洗手间仍然当厕所在用，这有设计习惯问题，也有使用习惯问题。它主要是由设计师的使用习惯决定的。

阳光开始洒向卫生间，洒向了公厕。从设计界，确切地说从国外传来的消息是：装修别的地方都不重要，关键是厕所、厨房要高档。厕所，这个犄角旮旯的污秽之处，可以和厨房一起进厅堂，入卧室了。用尽各种高档材料，装备最昂贵的洁具，更有甚者电视音响理应俱全，在最不愿意花钱的地方，大把大把地投置钞票，仿佛要把祖先节约下来的钱都花光。最不动声色地愿意让客人参观的地方是卫生间，它反映了主人对生活质量的重视程度。言外之意，主人在卫生间方面是最愿意花钱的。最喜形于色的是客人赞叹卫生间，它反映了主人的格调和趣味。毋庸置疑，主人在卫生间方面已经与国际接轨。

从此，卫生间成了设计师与房主较量学识和胆识的重要地方，卫生间的地位提高到夸张的高度，仿佛我们的厕所文化已经一步到位。

非典的突然袭击，卫生间又成了我们的怀疑对象。淘大花园大量非典感染者，使我们感到卫生间比厕所、比官茅厕更阴险、更危险！人们开始放心不下水封不满，埋怨水封为什么存水量太小，开始怀疑座便器抽完水后有空气的声音，怀疑排气管道在静态条件下，或者在负压条件下，会把别人家的废气倒贯进自己的家。

非典的惊吓刺激，卫生条件的讲究已经在我们面前永远树起禁止调买的警示牌，从卫生部到卫生间，花大把大把的钱并没有使我们的卫生条件有太大的变化。究其原因，可以看出对于我们的卫生间和公厕，设计师们仍然没有从思想上把用厕问题摆在阳光下考虑：

1. 厕所仍然是最边远、最隐蔽、最封闭、最见不得人的地方；

2. 厕所仍然是人口最稠密、最拥挤、最缺乏卫生距离的地方。排队上厕所和人挤人的情况不在少量，仍然是最受歧视的空间，人均拥有面积的规范是否应该重新考虑；

3. 空间低矮，大量的设备管道压低的空间能否有革命性的变化，水封的设计能否作到存水量大而不占据过高的空间；

4. 排气排烟道的出口处能否安装永动强排装置，使之在任何自然条件下都能向外强排废气；

5. 坐便器抽干了污水以后的空气声，非典以前我们都认为只要有了这种声音就证明污水已经抽干，现在看来这种空气声是最危险的，是否预示着改进的商机；

6. 卫生间的进步说法叫洗手间，非典之后，不用厕，我们的洗手习惯都养成了，但洗手与用厕的比例不配，不用厕也洗手的大量人群更没有考虑，而洗手质量所需的条件就更谈不上了；

7. 非典之际，我们最害怕的是这种病从农村包围城市。我们无力改变千百年来“肥水不流外人田”的习惯，但是拒绝污染的生物技术有没有可能在农村大量推广，除臭——分解——酵化——消灭这一全过程的微生物技术，是完全可以解决农村大面积污染的，关键在教育，改变千百年来“方便一下”，分文不花的习惯。在信息时代，电视机能同步发行到最边远的农村，而我们用厕文化的光明，广大农村边远地区，相信是能够接受的；

8. 城市流动人员集中用厕的地方，如剧场、体育场、广场、风景区、工地、轮船、火车等地，无排放，生物型、生态型、环保型、节水型等科技手段，相信在不久的将来会提升我们卫生间的内在品质，关键一点，改变用厕见不得人的旧理念，让移动式、流动式厕所也能成为真正的洗手间。

事实证明：我们没有什么设计是能够一步到位的，这就是设计师的激情所在。

生理照明设计概述

中国建筑装饰协会副会长单位　苏州金螳螂装饰有限公司设备设计所　**蒋晓芳　杨　丽**

室内照明设计有两个特性：一是它的艺术性，用各种不同的照明手法和色彩会产生各种不同的心理效果。各种形状的显示和立体感、境深及不同的建筑风格都需要通过照明设计来产生不同的效果，二是它需要按照不同区域的功能来选择不同的光源和照度，以满足人们生理上的需要。也就是说各种不同类别区域的照度，人们在生理上是有要求的,我国乃至国际照明委员会也是有标准的。而我们有的设计师在进行照明设计时单纯地追求艺术性,而往往忽略了人们生理上的需要。目前，我们有一部分设计师对国家的照明设计标准知之甚少，甚至有部分设计师对我国的照明设计标准一无所知，以至于在某些工程的照明设计上出现偏差。

所以，为了使我们的装饰设计更加完美，我们设计师在进行照明设计时也要了解国家的照度标准，并根据不同区域的功能进行照度计算。我国目前的照明设计标准和规范有《民用建筑照明设计标准》(BJ133-90)，《工业企业照明设计标准》(GB 50034-92)，《民用建筑电气设计规范》(JGJ/T 16-92) 和《照明计算指南》及有关规范。

为了方便设计，我们从以下五个方面和大家交流。

一、有关照度标准和最简单的照度计算方法

照度估算表　　　　**表　1**

类别		中华人民共和国国家标准 GBJ133-90 推荐值	国际照明委员会 CIE 标准 1986	推荐值	节能灯高效荧光灯功率 (W/m²)	白炽灯功率 (W/m²)	PAR灯　功率(W/m²)			
							H=3.0 4.0m	H=4.0 6.0m	H=6.0 8.0m	H=8.0 10.0m
							PAR38 FLOOD 60W	PAR38 SPOT 80W	PAR38 SPOT 120W	PAR56 SPOT 300W
办公楼建筑照度标准	普通办公室 大进深办公室	100～200	300～750 500～100	300	14.4	107.14				
	计算机工作站 设计室、绘图室、打字室	200～500 200～500 200～500	300～750 500～100	300 400 300	14.4 19.2 14.4	107.14 142.86 107.14				
	营业厅、陈列厅 接待室、会议室、多功能厅	100～200 100～200	300～750	300 300	14.4 14.4	107.14 107.14	23.44	26.79	37.5	46.88

续表

办公楼建筑照度标准		档案室 休息室、接待室	75～150 50～100		200 150	9.62 7.21	71.43 53.57				
		楼梯间、电梯间 走道、交通区	20～50 15～30	100～200 50～150	100 50	4.81 2.41	35.72 17.86				
		贮藏室、库房 厕所 盥洗室	20～50 15～30 20～50	100～200	100 100 100	4.81 4.81 4.81	35.72 35.72 35.72				
旅馆建筑照度标准		客房	20～50	50	50	2.41	22.33				
		客房床头	50～100		100	4.81	44.66				
		客房写字台	100～200		200	9.62	89.32				
		客房卫生间	50～100	100～200	200	9.62	89.32				
		梳妆台镜前	150～300		300	14.4	107.18				
		会客室	20～50		100	4.81	44.66				
		厨房	100～200	200～500	200	9.62	89.32				
		主餐厅	50～100	200～500	150	7.21	66.99				
		西餐厅、酒吧	20～50		50	2.41	22.33				
		咖啡厅、舞厅	20～50		50	2.41	22.33				
		大宴会厅	100～200	200～500	200	9.62	89.32	15.6.3	17.86	25	31.25
		大厅休息厅	75～150		150	7.21	66.99	11.72	13.4	18.75	23.44
		总服务台	150～300		300	14.4	133.98				
		主餐厅柜台	150～300		300	14.4	133.98				
		客房酒吧柜台 美容室	50～100 200～500		100 300	4.81 14.4	44.66 133.98				
		邮电	75～150		150	7.21	66.99				
		健身房（器械室） (游泳池、蒸气室)	100～200 30～75		150 75	7.21 3.61	66.99 33.5				
		游艺厅	50～100	100	100	4.81	44.66				
		台球	150～300		300	14.4	133.98				
		保龄球	100～200		200	9.62	89.32				
住宅建筑照度标准	起居室	一般活动区	20～50		50	2.41	22.33				
		书写、阅读	150～300	200～300	300	14.4	133.98				
	卧室	床头阅读	75～150	150～200	150	7.21	66.99				
		精细作业	200～500	300～500	500	24.04	222.3				
	餐厅	一般作业	20～50		50	2.41	22.33				
	厨房		30～75	300～500	75	3.61	33.5				
	卫生间		10～20	100～200	100	4.81	44.66				
	通道、楼梯		5～15		15	0.72	6.7				
商店建筑照明的照度标准值	一般商店营业厅	顾客流通区	75～150		150	7.21	66.99				
		柜台	100～200		200	9.62	89.32	15.6.3	17.86	25	31.25
		货架	100～200		200	9.62	89.32				
		陈列柜、橱窗	200～500		500	24.04	222.3				
	自选商场营业厅		150～300		300	14.4	133.98				
	试衣间		150～300		200	9.62	89.32				
	收款处		150～300		300	14.4	133.98				

以高度 h=3m、房间面积 S=25 ㎡ 为例计算公式如下：

$$P= P_0 \times A \times C_1 \times C_2$$

式中　P——在设计一般照明时房间需要安装的总功率（W）

P_0——上表对应照度查到的单位容量（W/m^2），见表 1

A——房间面积（m^2）

C_1——当房间内各部分的光反射比不同时的修正系数，见表 2；

C_2——当灯具效率不是 70%时的校正系数

当 η=60%时，C_2=1.22

当 η=50%时，C_2=1.47(当采用防水玻璃罩时)。

反射比不同时的修正系数 C_1　　表 2

反射比	顶棚	0.7	0.5	0.4	0
	墙面	0.4	0.4	0.3	0.4
	地面	0.2	0.2	0.2	0.2
修正系数		1	1.15	1.27	1.6

顶棚、墙面及地面反射系数的近似值　　表 3

白色顶棚	70
带有窗子（有白色窗帘遮蔽）的白色墙壁	70
纯混凝土及光亮的木质顶棚	70
潮湿建筑物内的白色顶棚	50
无窗帘遮蔽窗子的白色墙壁	50
污秽建筑物内混凝土顶棚、木质顶棚、有窗子的混凝土墙壁，用光亮纸装饰的墙壁	50
一般混凝土地面	50
带有大量暗色灰尘建筑物内的混凝土及木质顶棚及墙壁	30
全为玻璃面无窗帘的红砖墙，木板及其他有色地面	10
黑色顶棚	0

每盏灯的功率：W =P/N

式中　N－－灯具数量（盏）；

P——在设计照度条件下房间需要安装的总功率（W）；

W——每盏灯的功率（W）。

二、照明设计要注意的问题

1．注意消除火灾隐患，如卤素射灯、冷光射灯和功率>60W 的白炽灯的射灯距 B2、B3 级装饰材料直射距离须>0.5m,灯丝管、荧光灯的灯槽净宽须>0.1m，美耐灯灯槽净宽须>0.08m，且不得直接甩在灯槽内，须安装在隔热、散热的支架上。

2．照明的质量：办公室、阅览室等工作房间一般照明的最低照度与平均照度之比不宜小于 0.7；体育场所内的主要摄象方向上，垂直照度最小值与最大值之比不宜小于 0.4，观众席的垂直照度不宜小于场地垂直照度的 0.25。

3．若设计面积和高度与表 1 不同时(除 PAR 灯外)，单位容量 P_0 要参照有关设计手册进行调整，比如层高为 4m，则 P_0 要乘 1.1，面积为 50 ㎡，则 P_0 要乘 0.9，若采用带安全强化玻璃罩的筒灯时 P_0 要乘 1.2。

4．照明小品，或要灯光渲染的树、墙以及雕塑等重点照明(可采用 PAR 灯)应为一般照明照度的 3～5 倍，柜台内照明的照度宜为一般明照度的 2～3 倍(可采用冷光射灯)，否则会带来不适。

5．一般灯最小照度系数 Z=L/h=1 较佳，即灯具布置的间距 L 约等于计算高度 h 较好。但若采用深照型灯具或 SPOT 光源时，应根据其配光曲线来确定灯具布置的间距 L。

6．容量 P_0 系采用利用系数法计算的结果，不包括装饰渲染所用的灯光容量。

7．设计时尽量选用发光效率较高的灯具或光源，以达到节能和可持续发展的目的。

三、光源灯具的选择

1．要注意光源的色温和发光效率。如办公楼及工作场所色温宜选择 4000K 及以上，娱乐或休闲场所色温宜选 3000K 及以下的光源；对画或纺织品的局部照明宜采用紫外线少的冷光射灯，以避免被照物体退色或损坏；对显色性要求高的场所，应采用高显色性的光源。

2．要注意灯具效率。国家规定，一般灯具的效率不得低于 70%，装有遮光格栅的灯具效率不得小于 55%，而国外的要求更高，如一般灯具的效率≥80%，格栅灯的效率≥65%，而国内我公司用的云石灯的效率一般小于 10%，所以我们在设计中千万不能把云石灯作为照明的手段，而且只能看作是一种装饰品，否则将会是一种误导。

3．计算高度 h 对光源、灯具选择的要求。一般计算高度 h＜4m 时，宜采用白炽灯、PAR38 灯或节能灯，h≥4m 的办公、展示或演播场所宜采用 PAR38 灯，h≥6m 时宜采用 PAR56 和灯深照型金卤灯具。另外在做灯龛设计时冷光射灯、聚光灯距可燃物的距离须大于 500mm。

4．采用较强光源。灯具宜采用钢化玻璃或格栅遮光，以减少眩光。

5．采用 PAR 灯加智能调光系统的造价比采用金卤灯和节能灯的造价低，而照明效果要好得多。

四、照度计算举例

例 1：某餐厅面积 S=50m^2，计算高度 h=3m，采用 30

套白炽筒灯，设$\rho_{顶}$=0.7，$\rho_{墙}$=0.4，$\rho_{地}$=0.2，灯具效率是70%。求每套筒灯的功率？

解：查表1得推荐照度为150lx，P_0=66.99W，查表2、表3，得C_1=1、C_2=1则P=66.99×50×0.9=3000(W)，每套灯的功率W=3000/30=100(W)。

例2：某宾馆走道宽2.0m，长10m，面积$S=20m^2$，计算高度h=3m，采用4套小口径节能筒灯，设$\rho_{顶}$=0.7，$\rho_{墙}$=0.4，$\rho_{地}$=0.2，灯具效率是60%，求每套筒灯的功率？

解：查表1得推荐照度为15lx，P_0=0.72W，查表2、表3得C_1=1、C_2=1.22，则P=0.67×20×1×1.22=16.4(W)，W=P/N=16.4/4=4.1(W)取5W。

例3：某会议、接待室面积S=100m，计算高度h=3m，采用35套PAR38 SPOT筒灯，设顶棚为毛毛虫石膏板。$\rho_{顶}$=05，$\rho_{墙}$=0.4，$\rho_{地}$=0.2，灯具效率是70%。求每套筒灯的功率？

解：查表1得推荐照度为300lx，P_0=26.79W，查表2、表3，分别查得C_1=1.15、C_2=1.0则P=26.79×100×0.9×1.15×1=2772.8(W)，W=P/N=2772.8/35=79.2(W)，取80W。若该会议室有电动窗帘和多媒体会议系统时，建议采用智能调光系统，效果较好。

例4：某普通办公室面积$S=50m^2$，计算高度h=4m，采用12套方形格删荧光灯，灯具效率是70%，设$\rho_{顶}$=0.7，$\rho_{墙}$=0.4，$\rho_{地}$=0.2，求每套荧光灯的功率？

解：查表1得推荐照度为300lx，P_0=14.4W，查表2、表3，分别查得C_1=1、C_2=1，又因h>4m、$S>25m^2$，则P=14.4×50×1.1×0.9×1×1=712.8(W)。W=P/N=712.8/12=59.4(W)，取60W既3×20W。

例5：某宾馆大堂面积$S=100m^2$，计算高度h=8m，采用18套PAR56 SPOT筒灯，灯具效率是60%。设顶棚为黑色$\rho_{顶}$=0，$\rho_{墙}$=0.4，$\rho_{地}$=0.2求每套筒灯的功率？

解：查表1得推荐照度为150lx，P_0=23.44W，查表2、表3分别查得则C_1=1.6、C_2=1.22，又因h>4m、$S>25m^2$，则P=23.44×100×0.9×1.2×1.6×1.22=4941.5(W)，W=P/N=4941.5/18=274.5(W)，取300W。建议采用智能调光系统，效果更好。

五、特殊场所照明

1．体育场、体育馆须采用无眩光灯具。

2．乒乓球室、壁球室不应采用荧光灯，否则会产生频闪和重影。

3．特别潮湿的环境即相对湿度在95%以上，充满潮气或常有凝结水出现的场所它使灯具绝缘水平下降，易造成漏电或短路。人体阻抗也因水分多而下降，增加触电危险，且灯具易锈蚀。为此，灯具的引入线处应严格密封，以保证安全。在选择灯具时应注意其外壳防护等级要符合防潮气进入的要求（防潮型）。特别是浴区.游泳池的悬挂高度低于2.5m的灯具应采用12V安全电压并采用漏电保护，0区最好采用光纤等无电压光源。

最后,还要向大家说明，虽然以上的照度计算方法比较简单，但照度计算最好还是采用利用系数法比较准确。因为即使是同样的光源，不同的功率其发光效率是不同的,同样的光源同样的功率不同的灯具其光通利用系数也是不同的。

略谈酒店装饰照明的设计

张建民

从爱迪生发明白炽灯至今，人类应用电光源进行电气照明已有一百多年的历史。近年来，我国建筑装饰行业的电气照明技术有了很大的发展。电气照明技术作为专门的学科，在各个领域得到了充分的重视，新型的电光源不断出现，新的照明技术得到充分应用。

在酒店的专业规划设计中，酒店照明设计是非常重要的，在照明工程设计中通常把工厂车间、学校、教室、办公室、实验室及体育场所等，以功能为主的照明系统，称为普通照明或一般照明。而把宾馆酒店、广告、橱窗、舞厅、餐厅等称为装饰与艺术照明(简称装饰照明)。

一、照明设计的基本概念

1．光和光谱

光是能引起视觉的辐射能，它以电磁波的形式在空间传播，人眼所感觉到的光仅是电磁波中很小的一部分，称为可见光。可见光的波长度量单位是纳米(nm)，一般在370～780nm范围之间。人眼对各种波长的可见光具有不同的敏感性。实验证明正常人眼对波长为555nm的黄、绿色光最敏感。光源辐射的光往往由许多波长的单色光组成。把光线中不同强度的单色光按波长长短位次排列，称为光源的光谱。

2．光通量和发光效率

光源在单位时间内通过某一面积的光能，称为该面积上的光通量。其符号为Φ，单位为流明(lm)。1lm 相当于波长为 555nm 的单色辐射，功率为 1/680wh 的光通量。每消耗 1W 电功率所发出的光通量(1n/w) 称为发光效率，简称光效。

3．发光强度

桌上有一盏灯，有灯罩时比没有灯罩时亮，此时灯泡发出的光通量没有变化，只是光通量在空间分布的状况有了变化，由灯罩反射向下时光通量增加了，光通量在空间的分布密度，即发光强度。发光强度是表征光源发光能力大小的物理量。它表示光源向空间某一方向辐射的光通密度。符号为 I，单位为坎德拉(cd)。

4．亮度

即使两个光源发光强度相同，它们在视觉上引起的明亮程度也会不同。例如功率相同的一个白炽灯泡和磨砂灯泡。看起来后者不如前者亮，这是因为磨砂玻璃表面凹凸不平，发光面积较大的缘故，通常把光源表面每单位面积的发光强度，称为光源的亮度，符号 L，单位为 cd / ㎡，L=I / A。

5．照度

受照物体表面每单位面积上接收到的光通量称为照度，用 E 表示，单位为勒克司(lx)。

被光均匀照射的平面照度为 E=Φ / A。Φ-A 面上接收的总光通量，单位为流明(lm)。A-被照面积，单位为平方米(㎡)。

6．色表、显色性和色温

□人眼观看光源所发光的颜色，称为光源的色表。

□光源照到物体上，物体所显现出来的颜色，称为光源的显色性。

□当热辐射光源(如白炽灯)所发射光的颜色与黑体加热到某一温度时，所发射光的颜色相同时，黑体被加热的这个温度称为该光源的颜色温度，简称色温。用绝对温标 K 来表示（K=℃+273.15），白炽灯的色温为 2700～2900K。荧光灯则为 2700～6500K。

二、酒店照明的设计主要部位范围

□室外装饰照明：

1．建筑物的立面照明；2．庭院照明；3．广场道路照明；4．喷泉及造型照明。

□室内装饰照明：

1．大堂、客房、餐厅、咖啡厅、酒吧宴会厅、健身娱乐、舞厅、会议厅等；2．艺术装饰品照明（如雕塑、浮雕、壁毯、壁画等）和重点目的性照明；3．办公室、厨房等。

三、酒店照明设计的参考指标

照明部位	参考照度（lx）
储藏间、楼梯间、公共卫生间	10～20
衣帽间、库房、冷库、客房走道	15～30
客房电梯厅、台球室、健身房、蒸气浴、器械室	30～75
洗衣房、客房卫生间	75～150
酒吧、咖啡厅、茶艺吧、游泳池、四季厅	50～100
餐厅、商场、休息厅、会议厅、网球房、美容美发室	100～200
宴会厅、大门厅、厨房	150～300
多功能厅、总服务台	300～750

四、酒店装饰照明设计的色彩与装饰环境协调

1．酒店客房是以休息为主的。应使用低照度和光线柔和的照明，以构成宁静、舒适的气氛。考虑到客人需要工作或学习，通常局部装有壁灯、台灯、落地灯、床头灯，最好加上调光装置，所用灯罩的颜色和造型也要适合环境与客房装饰设计相协调。

2．餐厅和宴会厅需要暖色和较高的照度，多采用有较丰富红黄色成分的光照和较好的显色性能，使食物色泽鲜美，有助于增强食欲。

3．咖啡厅、酒吧需要轻松、宁静的气氛，应使用低照度加调光开关照明，在每张台面上点 1～2 支若明若暗的蜡烛将使环境更加具有亲密遐想的感受。

4．舞厅照明则需要强烈的灯光对比，多种鲜艳的色彩加上旋转闪烁等特殊效果，更加烘托出兴奋热烈的气氛。

五、酒店装饰照明设计中的专业性

酒店装饰照明是一项综合的专业技术，在设计中我们要充分考虑到：

1．节能性：利用自然采光和顶侧采光应选择适合酒店使用、节能效果较好的灯具和材料，以达到较好的设计效果。

2．协调性：按使用功能设计不同的光度使各项活动保持自如，使照明设计与装饰设计效果相协调，更符合酒店的需要。

3．目的性：按照装饰设计对室内特殊装饰如壁画、艺术品和绿色植物、水景等进行重点照明。

4．技术性：在酒店装饰照明设计中，采用新的照明技术，按照国家的有关技术标准和规范，以满足酒店各项服务功能的要求。

酒店照明设计应充分调动光的一切特性，结合酒店的各项功能和酒店设计理念，创造一个理想的光的世界，一个艺术的世界，以达到舒适性、艺术性、统一性、安全性的设计效果。

游泳馆的照明设计

苏州金螳螂装饰有限公司　蒋晓芳

在游泳馆的装饰设计中如何做好电气照明设计，乃是一个值得重视和探讨的问题。

首先，在当今人们都推崇“以人为本”的设计理念时，千万不要忽略了人的生命安全。对于游泳馆和浴室，国际电工委员会（IEC）标准和国家 JGJ/T 16-92 规范都把它列入特殊环境。国家对这类场所的灯具安全也有专门的《游泳池和类似场所用灯具安全要求》（GB7000.8-1997）规范。

其二是我们在进行灯光设计，渲染空间气氛的同时，如何能做到即满足照明要求，又避免眩光效应呢，我想从以下两个方面来进行论述。

一、游泳馆照明的特殊性

游泳馆是特别潮湿或浸水场所，在这种场所充满潮气或常有凝结水出现，它使灯具绝缘水平下降，易造成漏电或短路。人体阻抗也因皮肤浸湿而显著降低，电击危险大大增加，因此这种场所的电气安全应予以足够重视。

按电气危险程度，游泳池划分为四个区域，见图 1，图中：

0 区——水池内部；

1 区——离水池边缘 2m，其高度止于人能达到的高度 2.5m 处，对于跳台或滑槽，该区的范围包括其边缘 1.5m，高度 2.5m 处；

2 区——1 区至离 1 区 1.5m 的水平垂直面内，其高度止于离地面或人能达到的 2.5m 处；

3 区——2 区至离 1 区 2.4m 的水平垂直面内和 0 区、1 区、2 区高于 2.5m 至顶面处。

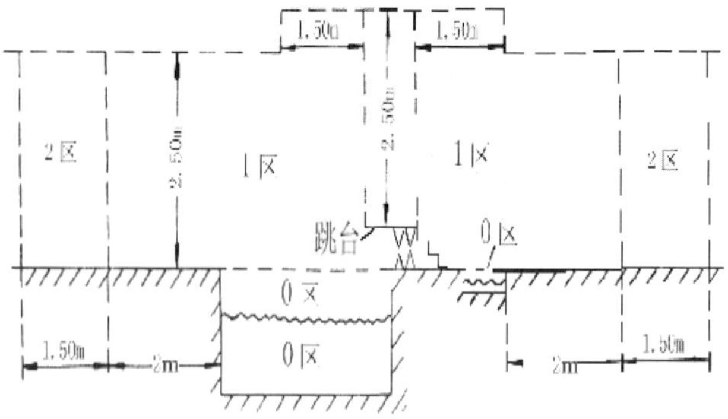

图 1

在 0 区内只允许用 12V 及以下的隔离特低电压（SELV，即不接地的特低电压）供电，其电源（如特低电压变压器）应设在 0 区以外，0 区、1 区内不允许设插座，在 2 区内设插座应由隔离特低电压供电或用额定动作电流 $I_{\Delta n}$<=30mA 的漏电保护器保护。

在 0 区、1 区、2 区内应作局部等电位联结（LEB），做法见《等电位联结安装》（97SD567）第 10 页国家标准图。灯具等电气应具备以下防水等级；

0 区内为 IPX8 级（能按制造厂规定的条件长期潜水）；

1 区内为 IPX4 级（任何方向溅水无有害影响）；

2 区内为 IPX2 级（当外壳从正常位置倾斜 15^0 以内时，垂直滴水无有害影响）；

3 区内为 IPX1 级（垂直滴水无有害影响）。

防护等级代号 IP X X 表示的含义见表 1。

防护等级代号　　　　**表 1**

第一位特征数字	防护等级	
	简短说明	含义
0	无防护	没有特殊防护
1	防大于 50mm 的固体异物	人体某一大面积部分，如手（但对有意识的接近并无防护）。固体异物直径超过 50mm
2	防大于 12mm 的固体异物	手指或类似物，长度不超过 80mm，固体异物直径超过 12mm
3	防大于 2.5mm 的固体异物	直径或厚度大于 2.5mm 的工具、电线等。固体异物直径超过 2.5mm
4	防大于 1mm 的固体异物	厚度大于 1mm 的线材或片条。固体异物直径超过 1mm
5	防尘	不能完全防止尘埃进入，但进入量不能达到妨碍设备正常运转的程度*
6	尘密	无尘埃进入

* 如带电部件绝缘失效。

第二位特征数字	防护等级	
	简短说明	含义
0	无防护	没有特殊防护
1	防滴	滴水（垂直滴水）无有害影响
2	15^0防滴	当外壳从正常位置倾斜15^0以内时，垂直滴水无有害影响
3	防淋水	与垂直成60^0范围以内的淋水无有害影响
4	防溅水	任何方向溅水无有害影响
5	防喷水	任何方向喷水无有害影响
6	防猛烈海浪	猛烈海浪或强烈喷水时，进入外壳水量不致达到有害程度
7	防浸水影响	浸入规定压力的水中经规定时间后进入外壳水量不致达到有害程度
8	防潜水影响	能按制造厂规定的条件长期潜水

注：表中第二位特征数字为7，通常指水密型。第二位特征数字为8，通常指加压水密型。水密型灯具未必适合于水下工作，而加压水密型灯具应能适用于这样的场合。

二、游泳馆的照明方式

首先，我们要处理好游泳池水面反射引起的眩光效应。

眩光的强度和光线与水面形成的入射角大小成正比，如图2所示。

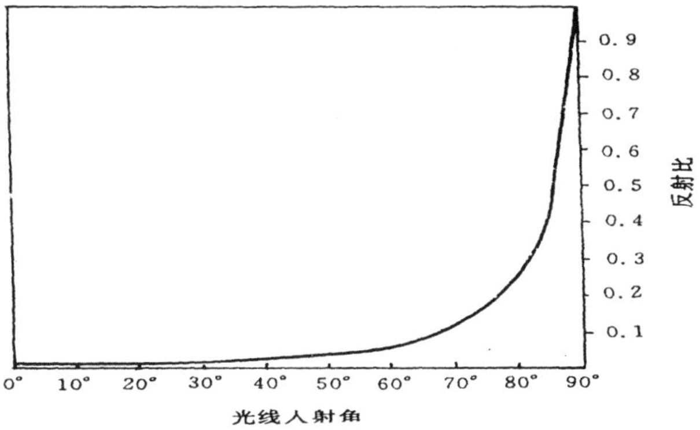

图2

所以要避免采用安装在墙上的光源作为游泳池照明。因为入射角大的光线，光不能很好的透入水中，反而会反射出眩光。最好在吊棚上安装IP21级的防水点光源作为泳池照明或在泳池边柱子上用点光源朝吊棚并通过反射使光线射入水池的入射角减小，同时在水池内设置IP68级12V防水点光源作泳池照明，做法见图3。

如果资金允许的话，建议水池内采用光纤点光源，这样既安全（光纤点光源没有电压），又便维修,还能根据需要将水渲染成蓝色、绿色、黄色等产生较好的意境，甚至能使装饰效果起到画龙点睛的作用。

宾馆内游泳池的照度宜控制在150lx左右，游泳馆的照度标准要按照各种比赛项目比赛级别来确定。一般训练用游泳池的水面照度控制在600lx左右，比赛用游泳池的水面

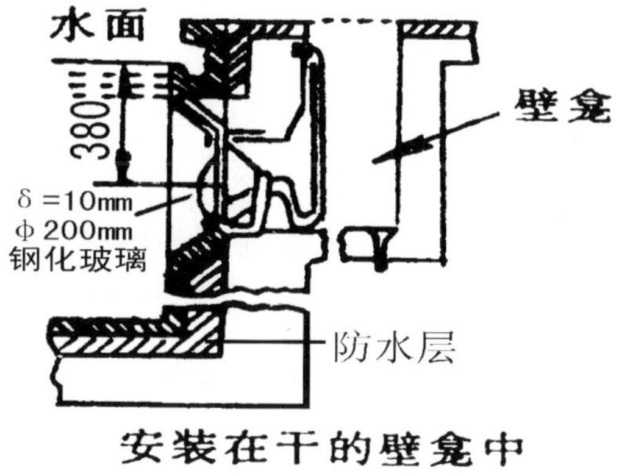

图3

照度控制在1200lx左右，需彩电转播的游泳池的水面照度控制在1800lx左右。

泳池外1区、2区的地灯和照树的射灯应采用IP54级防水灯具，有条件采用光纤点光源最好。洗墙灯应采用满足IP21级的防水灯座装40～80W防水PAR灯，投射方向应与泳池相背。顶棚应考虑应急照明，采用满足IPX1级的防水点光源灯具，并结合做一些灯槽或采用在柱子上装满足IP22防水射灯打顶棚做发光顶棚，但灯槽内的荧光灯须采用满足IPX1级的YG4-1荧光灯。0区、1区、2区、3区的照明和插座均应采用$I_{\Delta n}$<=30mA的漏电保护。线路的敷设应采用非金属管以达到使导线双重绝缘的目的。

总之,要保证泳池类照明的安全性,一是要做好LEB,二是在0区内尽量采用无电压的光纤光源,三是在0区、1区、2区的灯具一定要满足国家有关规范要求的防护等级。

要做好游泳馆的照明设计，一是要避免水面反射造成的眩光，二是要根据游泳馆的使用功能确定相应的照度标准。

壁画的建筑理念

山东建筑工程学院艺术设计系　张　炜

壁画的产生由来已久，甚至早于文字，在原始社会的露天岩壁上、居住的洞窑内壁，人们有意无意地涂抹和雕刻着一些与生产生活有关的内容，在今天看来，这些都是壁画的雏形。如今，现代化发展的今天，人们还是在描绘着壁画，不过，壁画所处的位置，以及壁画所要表现的内容、手法都要比以前严谨和进步了许多。尽管壁画在近代和传统上的观念、定义、内容等诸多方面出现偏离的趋势，但其本质却并没有改变：壁画是利用建筑空间及其室内外环境在室内墙壁、天花板、柱体以及室外墙壁上进行绘画或通过其他工艺手段制作的绘画作品。

与壁画的发展一样，建筑的发展变化，体现了一定的生产力发展水平，人们的社会思想意识以及不同时代的民族文化特征。建筑是人们的劳动产品，它首先要满足人们社会生活的需要，又要满足人们一定的审美要求。建筑的基本构成要素主要为：① 功能要求。这是建筑物的基本要求，随着社会的发展，建筑的功能日趋复杂多样。② 材料、结构、设备等物质技术条件。建筑必须用各种材料以各种不同的结构形式及其他技术条件构成。新材料、结构和科学技术的发展为建筑提供了更大的可能性。③ 建筑形象。建筑物通过它不同的平面、空间布局、装饰等处理，构成一定的建筑形象，产生艺术效果。建筑形象通常反映社会和时代的特点，表现建筑物一定的内容。例如，希腊神庙、罗马斗兽场、中国古代宫殿等，都有它不同的建筑形象、环境特征和空间特征。在三个基本构成要素中，功能要求是建筑的主要目的，材料结构等物质技术条件是达到目的的手段，而建筑形象则是建筑功能、技术及艺术内容的综合表现。

在构成建筑形态的美学形式过程中，壁画和建筑是一个完美结合的统一体，是建筑的重要组成部分。建筑所造就的空间虽给壁画设计从体量上限定了框架，但并未完全决定了壁画设计的命运。时至工业发展的今天，物质材料的丰富，技术条件的先进，空间的创造也因此有了充分的自由度。和建筑一样，人们所得的壁画概念应该来自于建筑物本身所特有的人文环境形态，而不在于它的平面特点及立面装饰。

1．壁画与建筑空间

壁画就装饰的环境意义来讲，它是从属于墙壁的，在装饰环境的同时，它必须要保持墙的特质，而不能任意改变它。众所周知，任何一幅壁画的创造都存在于一个建筑的空间里，而壁画的创造过程则是一个选择的过程，每幅壁画创造的开始也就是壁画艺术与建筑完美结合的开始。建筑艺术本身决定着壁画的形式以及壁画艺术风格的选择，室内外的建筑壁画，受形体的局限，自然人文环境影响，因而壁画的形式选择也会受到一定的限制，但使建筑艺术得以升华，使人与自然相融合，却是壁画追求的最终目标。壁画与建筑具有相辅相成的关系，壁画艺术的本身源于建筑，并高于建筑，是建筑的深化，并以其深沉的意念而独立存在。

壁画设计在一定意义上讲，是建筑艺术的继续，并非是壁画与建筑的机械相加，它可以改变建筑的视觉空间形体。无论建筑师是用主观和客观的思维来设计空间艺术，都离不开“壁”这个空间意念，而壁画并不是与这种“壁”同时存在于空间和谐的秩序中，它能使建筑的本体更具有悬念与美感，具有变化与深度，具有神秘与虚幻。壁画本身存在于建筑空间的环境中，它不同于一般的绘画形式，不可随意移换，是一种具有相对固定形态的绘画。因此，不能忽视周围建筑物的风格，以及周围景物的色彩、形式和人类活动等因素的影响，壁画是与建筑浑然一体的组成部分，当人在空间中活动时人就是壁画的动态部分，壁画是建筑空间与人对话的艺术载体和媒介。

应当指出，壁画对于建筑空间的从属关系并不是消极的，壁画可以利用特殊的表现手段去改变建筑的空间形态，对空间进行优化调节，使其产生良好的空间效果。① 扩大空间。当建筑室内空间过深或过小时，可以通过加强壁画空间层次的手法来扩大空间的感受。② 缩小空间。墙面过长，空间过宽时，采用缩小空间的手段，使之形成节奏序列。可将墙面空间分成几个部分来进行装饰处理，可用壁柱等形式将画面分成中心和两翼部分，中间做画。这样，视觉上两边向中心收缩，从而产生缩小的感觉。③ 整理空间。壁画积极适应建筑的构造关系，建筑构造空间过于繁杂时，可将它们有机地组织到壁画画面中去，使零乱的空间转化为整体空间。④ 升降空间。壁画可以改变壁画建筑空间的高度效果，当在低矮空间中设计壁画时可采用竖向分割和增加画面竖向形体结构，还可以将壁画主要形象安排在上部，或提高上部明度，这样，在视觉上就可以达到升高空间的目的。反之亦然。

2．壁画与建筑装饰、建筑环境

壁画艺术是环境艺术的一个因素。虽然具有独立的思想、独立的内容，但又必须与周围环境相结合，共同组成一个整合的境界。壁画作为建筑装饰的组成部分 ，一般说来，必须保持壁画的二维性和建筑空间的整体效果，而不应该破坏统一的空间秩序。这是壁画区别于一般绘画的主要特征。从广义上讲，壁画与装饰有着共同的特点，壁画艺术和装饰艺术对建筑本身承担着同一种关系。但其表达的观念则有所不同，壁画艺术融合客观、理智、美感为一体。就建筑风格而论，它又具有独立的思想内容，瞬时的内心体验，隐秘的灵性意念，体现着创造主体的精神世界。而建筑装饰则仅仅是建筑形体的装饰，这种装饰意念和主题并不重要，重要的是它起到了强化建筑主体的目的，并能使人在视觉上改变建筑本身的形体结构，增强了空间的生存环境及建筑本身的感染力。

从建筑的发展来看，尤其是现代主义的“少就是多”“装饰是罪恶”的主张涌现以后，很多建筑师对建筑的装饰大多采取回避的态度，以理性的实用观念否定环境艺术对人的精神作用。于是社会上出现了许多现代高层建筑组群，建筑上没有任何装饰，单调的建筑形象，给人一种冷漠而阴森的感觉。试想人们长期创造这样的环境并生活在其中将是多么可怕的事情。随着后现代主义的出现，从客观上逐渐改变了这种倾向，使装饰艺术恢复了应有的地位。近代建筑艺术的发展对建筑装饰艺术产生着积极的影响，尤其是 19 世纪室外艺术的兴起，20 世纪现代雕塑的发展和普及都对建筑装饰艺术的进步起到了催化作用。在建筑中装饰艺术的主要目的是，对人在环境中所产生的精神意念起到相应的调解作用，使建筑达到除本身的功能作用之外兼具平和与激荡的心理调解和美感，有强化建筑的主导作用。建筑艺术本身就是文化的产物，装饰艺术丰富了建筑艺术的语言，强化了建筑艺术的空间物象，以不同的环境、形体、空间与不同的艺术风格相呼应，使环境对人的心理产生具有节奏感的组合。而壁画则是建筑装饰中极为重要的因素，在协助建筑风格的艺术再现、协调人与建筑的亲和感受中，起到了举足轻重的作用。

另外，壁画装饰不仅与建筑空间、构造、尺度等相关，而且与建筑环境也是紧密相关的。由于壁画是建筑中的有机组成部分，它是为特定的环境而存在的，并不是外加工的附属，因此，壁画在建筑环境中的协调作用极为重要。①色彩环境。壁画的色彩处理必须与建筑环境的色彩形成有机的整合关系，壁画的色彩可以不完全受主题内容的真实性限制。壁画的用色可以说是主动的、主观的。②明度环境。壁画的明度设计主要依据它所处的环境明度。倘若壁画的位置处在较暗的环境中，就应强调画面的明度反差关系，当然为了表现特定的环境气氛，也会有意强调某种明度氛围。③质地环境。现代壁画突破了古典主义的手法和程式的限制，对形式感要求提高了，质地设计已出现在重要位置上。如在质地光滑富丽的大厅中作壁画设计，适当选用粗而麻的粗糙材料。在总体上形成质感对比，进而产生美感效果。这就如同在室内设计时，精心装修的房间中装饰一面毛石墙，不仅不会减少空间美感，反而会更增加高雅华贵之韵。④空间环境。壁画的尺度大小取决于观赏者与墙壁画面的距离。倘若人的视点距墙壁高而远，那么壁画的形体尺度就要相对放大，色彩要相对加强。壁画的风格也宜于简洁明快。例如，室外环境的壁画，由于观赏距离远、往往多处于交通空间，不要求长时间欣赏，对于画面结构、色彩或形象都要求生动、鲜明、一目了然。而室内环境的壁画由于基本上处于停留空间，视觉距离近，可以长时间欣赏，一般要求画面充实具体。

3. 壁画与建筑艺术品性的整合

早在古罗马、古希腊时期，艺术分为五类：建筑、音乐、绘画、雕刻、诗。后来意大利人提出了第七艺术宣言，艺术从此又产生出戏剧、电影。其中，建筑作为艺术之首，可见在人类社会的艺术发展中建筑具有极其重要的意义。无论是在过去还是在现在，建筑以其特有的功能要求满足了人类社会生活的需求，征服了人类的艺术观念。随着社会技术的不断发展，建筑的功能性也将越来越显著。然而，人们在重视了建筑的实用性功能之后，往往忽视了它的艺术品性。就建筑设计本身而言，它具有独立的艺术性。我们通常认为一个优秀的建筑，它不仅是新材料、新工艺、新文化的融合体，而且还是建筑、环境与人之间情感相互交流的艺术群体；流动的建筑形体变化，有序的节奏对比，能够使人对原本冷漠呆板的建筑产生亲和的感受。因此，现代人又称高低错落、起伏跌宕的建筑群体景观为“凝固的永恒乐章”。

作为一门较为成熟的艺术门类壁画也具有其独立发展的艺术品性。虽然壁画的存在需要和建筑中的“壁”产生一定程度的依附关系，但从艺术上讲，壁画却具有独立存在的审美品格。无论从设计理念，还是从构图、内容、比例关系、色彩等方面，壁画以一种画的形式存在着其独立的艺术风格和艺术品性。在壁画与建筑这两种艺术中，壁画属于建筑的装饰，是建筑思想的集中体现，而建筑则是壁画艺术的载体和陪衬。一幅壁画虽然具有相对独立的艺术性，单从画面看无所挑剔，但如若与建筑空间、环境不协调，那它就不能称之为好作品；而好的壁画作品，如果脱离了它所处的空间环境，也会十分逊色，甚至不堪一提。

壁画与建筑虽是能够相对独立存在的艺术个体，但它们之间又存在相互能动的整合关系。可以说壁画足以使建筑得到艺术升华，而建筑也足以使壁画增色生辉，壁画与建筑是一对相互依附存在的姊妹艺术因素，它们之间相互影响，相得益彰。在我们看来，壁画与建筑从空间体量，形体结构上具有悬殊的差距，壁画可能微乎其微，但是壁画对建筑的作用却十分重要，甚至是使建筑得以扬名的根本。米开朗基罗创作的以“创世纪”为主体的拱顶壁画使得意大利的西斯廷教堂名垂世界艺术史。中国名扬中外的敦煌莫高窟也是借以其洞窟内大量的艺术壁画而被世人瞩目。壁画，可以说是建筑的一部分，它应该与建筑共存。因此，我们说：壁画并不是附加在建筑上的艺术，壁画和建筑在诸多方面存在着独立的审美品性，它们之间具有相辅相成的整合关系。

一言以蔽之，壁画反映了特定的人类社会历史、文化、经济等方面的发展变迁，确立了不可替代的完整的艺术体系，壁画与建筑息息相关，现代的建筑需要壁画增色，而现代生活却又为壁画设计者和建筑师提出了更高的审美要求。建筑是构成城市景观的主体，壁画是否能与建筑完美结合并构成一个有机的环境，是否能构成优美的城市轮廓，对建筑的机制起着至关重要的作用。如果说建筑作品是一个美丽的丰碑，那么壁画作品便是为这座丰碑艺术再造的另一道风景。

从思维方式的协同看科学与艺术的融合

——兼谈素质教育

清华大学美术学院环境艺术设计系　蔡　琴

科学家和艺术家是世界上最令人尊敬、最富有创造力的两类人，他们对人类的文明和进步做出了突出的贡献。科学家和艺术家的创造力源于他们杰出的思维能力。一般认为，科学家和艺术家的思维方式间有着较大的差异——科学家更多地运用逻辑思维能力，艺术家则主要依靠其形象思维能力。

然而，科学家和艺术家的思维之间并没有截然的鸿沟。实际上，一个出色的科学工作者和艺术工作者都不仅限于运用逻辑思维或形象思维——形象思维经常成为科学家们解决问题的重要手段，逻辑思维也并非与艺术家无缘。同时，杰出的科学家和艺术家都有着良好的直觉思维能力，并会在直觉思维过程中涌现“灵感”，并把灵感作为科学创造和艺术创作的钥匙。

本文试图从人的思维方式分析科学与艺术的关系，探讨科学与艺术的融合，并探讨学习工程技术和艺术、艺术设计专业的学生如何通过有意识的思维训练提高自己的素质和创造力，在个人思维结构上实现科学与艺术的融合。

1．逻辑思维、形象思维与直觉思维

人的思维方式主要有逻辑思维、形象思维与直觉思维三种形式。

1.1 三种思维方式的心理学定义

思维有多种区分方式。从心理学的角度，通常根据思维时的凭借物或是载体的不同，来划分不同的思维方式。

形象思维是借助于具体事物的形象进行的思维。更具体地说，形象思维是在形象地反映客体的具体形状或姿态的感性认识基础上，通过形象分析和形象综合形成反映事物形象一般特征的意象，再运用意象进行联想和想象，从而揭示对象的本质及其规律，或完成设计及艺术创作。

逻辑思维又称抽象思维，与形象思维不同，它是以抽象的概念为思维的基本单元，以抽象的分析与综合、归纳与演绎以及类比为基本的思维方法，以抽象的语言、符号为基本表达工具的思维样式。

直觉思维是仅借助于直觉，没有经历明确的逻辑步骤，没有明确的过程意识，而得到结论或结果的思维形式。那么，什么是直觉呢?著名的美国认知科学家西蒙认为，直觉是指不经有意识地推理而了解事物的能力或行为。直觉思维过程中需要敏锐的洞察、天才的猜断和总体的把握，并常常伴随着“灵感”。

通常，形象思维和直觉思维又称为感性思维，抽象逻辑思维又称为理性思维。

1.2 个体思维发展的三阶段理论

三种思维方式在人的成长过程中，并非同时获得的。心理学研究表明，从幼儿起，人们经历了直觉行动思维、具体形象思维和抽象逻辑思维逐渐发展的三个阶段。

3 岁前的儿童主要发展直觉行动思维能力。其思维主要依赖于儿童的动作进行感知和直觉的思考，并仅反映所能触及的事物。相对于新生儿出生时只有本能反射而言，儿童在动作中的直觉思维是一个巨大的跳跃。

3～7 岁的儿童逐步获得具体形象思维能力。儿童通过直觉行动思维的发展积累了较多的事物的意象，从而逐渐可以运用事物的形象和意象进行思考，并由直觉行动思维阶段被行动支配发展为主观支配行动，从而实现儿童思维能力的第二次跳跃。

7～12 岁以上的儿童逐步获得抽象逻辑思维能力。在具体形象思维的发展过程中，儿童开始探索事物内部的原因，并逐步积累超越形象的抽象概念。7 岁以后，儿童逐渐可以借助于直观形象理解抽象的概念，并运用抽象的逻辑思维方法进行思考，从而实现思维能力的第三次跳跃。

思维发展的阶段性说明人的思维能力是一个由低级到高级的发展过程，直觉思维、形象思维和逻辑思维是思维由低级到高级的三种形式。但是，当思维由低级向高级发展时，低一级的思维将继续发挥作用，并获得高度的发展。在人的思维体系中，三种思维方式各自发挥着作用，并无高低之分。虽然对于不同的思维对象会形成以某种思维方式为主的情形，但其他思维方式可以发挥重要的辅助作用，并可能形成极佳的协同效果。

2．科学与艺术的融合及思维方式的协同性

现在我们再来看科学和艺术在思维方式方面的差别和共同点。

首先，我们有必要明确科学和艺术的内涵。科学是系统化的学问，是一种知识体系，可以细分为自然科学、技术科学、社会科学、人文科学等。本文论及的科学主要指自然科学和技术科学。艺术则是用语言、动作、线条、色彩、音响等不同的手段构成形象以反映现实生活，并表达艺术家、作家的思想感情的一种特殊载体。

2.1 科学与艺术思维的差异与两者的分离

由于科学与艺术本身的特点，使得两者之间存在着差

异，甚至导致科学和艺术出现分离。

科学注重实在，求同；艺术注重想象，求异。科学家相当冷静，进行有意识的逻辑思维；艺术家富于情感，注重下意识的直觉思维和形象思维。科学思维是以逻辑思维为主要特征，是一种锁链式、递进式的思维方式；而艺术思维是一种连续的、波状推进的思维方式，是以形象思维为主要特征。很多人认为这两种思维是互不相关的，独立发展的，即科学和艺术是不相通的。例如，英格兰诗人爱仑.坡、科勒律治、济慈等人就认为，科学与艺术是“人类精神的对立的两极，两者所要求的敏感性与才能是不一致的，甚至是截然相反的。”德国美学家鲍姆嘉通和古典哲学家黑格尔主张“把科学和艺术决然分开”。

科学与艺术的分化，其根源在于现代西方社会制度的建立过程中资产阶级学院制度“把科学分析和哲学思辨分开，技术和科学分开，科学和艺术分开”。艺术与科学的分野，说明两大学科有了本质的区别和完整的自我属性，是其成熟的表现，也是人追求不同目标和分工的结果。对两者差异的强调和专业划分，使两者的分化成为一种普遍性的社会现象和认识。

但是，对科学与艺术差别的过分强调并不符合科学与艺术的本质关系，忽略了两者的共通和协调，违背了辩证规律，形成了对科学和艺术的制约作用，同时也对科学与艺术教育产生了很大的影响。在教育中，许多理工科的学生称自己天生没有艺术细胞，五音不全，而艺术专业的学生称自己不善于逻辑思维，并忽视接受全面的素质教育和科学的思维训练的重要性，对人才的成长非常不利。

2.2 多种思维方式的协同及科学与艺术的融合

实际上，人们很早就注意到科学与艺术之间存在共同点。19世纪的哲学家、科学家亚历山大·冯·洪堡认为“直觉知识与理性知识的最崇高的焕发，光辉远照的最高峰，像我们所知道的，叫做艺术和科学。艺术与科学既不同而又相互关联；他们在审美方面交会，每个科学作品同时也是艺术作品。”

随着现代科技的发展和对思维科学研究的进展，人们越来越发现科学和艺术有其相通、互补的一面。李政道、钱学森等著名科学家从科学、哲学、美学的高度提出了科学与艺术应该融合的观点。

我国著名科学家钱学森教授对科学和艺术的关系作了精辟的分析：“从思维科学的角度看，科学工作总是从一个猜想开始的，然后才是科学论证。换言之，科学工作是源于形象思维，终于逻辑思维。形象思维是源于艺术，所以科学工作是先艺术，后才是科学。相反，艺术工作必须对事物有个科学的认识，然后才是艺术创作。在过去，人们总是只看到后一半，所以把科学和艺术分了家，其实是分不了家的。科学需要艺术，艺术也需要科学。”“文学艺术在整个现代科学技术体系中，虽有其特点和特殊的地位，但其内容、思维形式与科学技术是相互贯通、互相促进、融为一体的。”李政道确信：“科学和艺术是不能分割的。她们的关系是智慧和情感的二元性密切关联的。”科学与艺术同根共源，是互为条件的，并具有尼尔斯.波尔曾指出的那种“互补性”(并协)。“艺术和科学的共同基础是人类的创造力，它们追求的目标都是真理的普遍性。”

思维心理学、大脑科学等的研究表明，思维的差异和协调性有着解剖学的基础。人的大脑两半球有着不同的思维功能，左脑主管逻辑分析、抽象概括、推理演绎等逻辑思维；右脑主管包括想象、直觉、猜想、审美等形象思维。因此，艺术与科学的思维方式确实主要分别由左右半脑支持，而每个个体也必然会存在某种思维能力占优势的可能。然而，更进一步的研究表明，具有高度创造性的科学与艺术却需要左右脑全部思维能力的支持，每一个伟大的科学与艺术作品必然是融合了人的全部创造力的结晶。

事实也证明了这一点，凡是有成就的科学家和艺术家，大都是文理兼通的人。例如，狄更斯、巴斯卡、牛顿、拉格朗日、高斯、希尔伯特、爱因斯坦、杨振宁、钱学森、李四光、达·芬奇、歌德、鲁迅……这些人之所以对人类做出伟大的贡献，都和他们的左右脑思维功能全面开发有关。

很多巨大的科学发现，往往源于某种基于形象的想象。例如，阿基米德浮力定律的发现、化学元素周期表的发明、牛顿万有引力定律的发现等，都是从某个场景的形象或意象出发触发了灵感，而最终再通过严密的逻辑思维完成的。同样，艺术创作中大量体现着理性和科学。西班牙著名现代艺术大师达利的某些作品明显地包含着来自相对论的灵感，再通过特殊的艺术形象予以表现。

3. 思维方式的拓展与素质教育

3.1 传统教育模式与思维方式的训练

不同教育类型对人的思维能力的影响非常重要，这在中小学教育和高等教育中都有明显的体现。

我国传统的教育模式受传统学科分类的影响，将科学与艺术的教育截然分开，从高中起将学生根据其原有的思维优势分成文理科，理科教育偏重开发左脑思维的能力，而文科教育只偏重提高右脑思维能力，都忽视了思维能力的全面拓展。但是，无论他将来是进行科学或艺术工作，只有一个人的大脑思维功能达到全面开发，他才能成为一个全面的人，成功的可能性才会最大。

首先，我们考察美术学院的学生就可以发现，美术学院的学生由于家庭环境或青少年时期教育的影响，从小就对艺术有着良好的感悟力，显示出良好的形象思维能力和绘画才能。中学阶段基本被分在文科班，进一步强化了这些学生的形象思维和直觉思维能力，但与此同时在逻辑思维方面未能得到进一步的训练。考取美术学院后，美院的艺术和专业教育使学生们获得了艺术创作和设计的能力，但绝大多数同学也感到他们的思维方式与理工学科的高度抽象的逻辑思维间存在着较大的差距甚至难以逾越的鸿沟。

与美术类院校形成鲜明的对照，理工科大学的学生都有着较强的抽象思维能力，一般从初中起就在数理逻辑方面显示了良好的思维和学习能力，并在高中阶段经受了强化的理科教学模式的训练。进入大学后，理工科沉重的课业负担和传统的高等教育的教育模式使学生们大部分时间进行着以抽象逻辑思维为基础的理工科课程的学习，在获得专业知识的同时，思维方式更加严谨、抽象。从理工科大学开设的专业课程及这些学校的老师和同学们身上，你可以感受到处处浸润的、严谨的、强调理性思维的风格，这与艺术类学院开设的课程以及艺术院校师生身上弥漫的自由、感性思维的气息形成了极为鲜明的对照。虽然理工科学生中不乏具有艺术细胞者，但是长期的理工科教育使他们养成了强调抽象逻辑思维的思维习惯。

3.2 传统教育模式的欠缺

对于本科教学而言，美术学院和理工科大学培养的学生均具备了相应的专业技能，并在各自的职业中发挥作用。然而，社会需要更高层次的科技和艺术人才，对高层次人才有着更全面的素质要求。一方面，高层次的艺术和设计人才的培养已不仅仅限于基本的艺术表现和艺术设计技能的教育，更重要的是，要求艺术专业的研究生必须具备深入、系统地研究艺术创作和艺术设计理论的能力。显然，这要求艺术类的研究生们必须加强抽象逻辑思维能力的训练。另一方面，高层次的工程技术人才的培养也不仅仅限于掌握基本的专业知识，更重要的是要求理工科研究生必须具备科学技术创新的能力，这不仅需要较强的抽象逻辑思维能力，也需要良好的直觉思维和形象思维能力。

显然，传统的教育模式，在人才的培养上不能满足对高层次人才的要求。不仅如此，一些学科更直接要求科学与艺术的和谐与统一，建筑设计和环境艺术设计学科就是科学与艺术融合最典型的体现。具体而言，从事建筑设计和环境艺术设计必须同时具备大胆、自由的艺术想象力和严谨、细致的科学精神。我们可以从每一位国际建筑大师身上强烈地感受到科学与艺术令人赞叹的和谐。或许，国内建筑大师的缺乏正源于国内教育模式的欠缺。

3.3 素质教育及科学与艺术的融合

我国从事素质教育的研究人员已经开始对在高等教育中体现科学与艺术的融合引起了相当的重视，研究结果认为不仅在研究生教育中，而且在本科生教育中也应该实施类似的素质教育。

除了通过开设加强素质教育的课程、增设辅修专业、跨类别第二学位、跨专业攻硕攻博、开设第二课堂、组织兴趣社团等措施外，艺术类院校与理工类院校的联合与交流也为科学与艺术的融合提供了有效的形式。清华大学与中央工艺美术学院的合并就是科学与艺术融合的成功范例。工艺美院并入清华大学后，美术学院的学生在接收着美术学院传统的课程教学和艺术氛围的熏陶的同时，切身感受到了清华严谨的学风，并通过选修清华大学的课程在学习过程中接受清华教师严谨的思路，加强抽象逻辑思维能力。这种艺术与科学相结合的教学方式使美术学院的学生对所学学科和研究方向有了更加严谨、更加理性、更加系统、更加深刻的认识。从另一方面看，美术学院的并入也使清华学风中融入更多的自由、浪漫、大胆的想象和艺术的感性因素，提高艺术和美学的素养无疑有了更好的条件和氛围。

4. 结束语

通过对科学与艺术思维方式的分析，从思维能力培养的角度，艺术与科学的融合对于科学与艺术都是很好的促进。也许，科学与艺术联姻会为我国造就一批建筑大师；也许，随着高等教育的改革、素质教育的推广、科学与艺术的融合，未来我国将诞生一代代国际级的艺术大师和科学家。

以创新为已任的新生代

——简论青年室内建筑师创作思想的若干特点

《中国建筑装饰装修》杂志主编　建筑学硕士　副审编　于冰

引　言

在当代，我国改革开放和现代化建设以及所处的国际环境，构成了有利于各行业发展的极好机遇。这种机遇对我国室内设计界，特别是青年室内建筑师的创作思想，提供了难得的发展空间。在学习中探索，在实践中创造，在蜕变中升华，在超越中创新，已经成为当今室内设计界新生代创作思想的基本脉络。

综观近年来青年室内建筑师设计的作品及其所折射出的设计思想，我们发现，作为以创新为已任的新生代，他们的设计思想和作品在继承与发展，传统与现代，科学与艺术，借鉴与创新，本土的民族的与多元的世界的等等诸多方面，越来越鲜明地呈现出建筑装饰装修作品与历史、文化、技术、信息和艺术的有机结合，体现出鲜活的或扬或抑的个性，多元无羁的求索与探究、创新与发展等诸多特征。

本文通过对2003年第6期《中国建筑装饰装修》（青年室内建筑师专辑）中收录的36位40岁以下的青年室内建筑师的83个设计作品的解读，从弘扬继承创新，铺陈建筑表情；融会中西文化，把握适度设计；善择材料工艺，讲究表现形式；崇尚人文怀想，体现人本主义；张扬创作母题，镂刻个性品味；追求意境表达，注重营造场所……等六个方面所凸现的创新思想特征进行分析，简要论述我国当代青年室内建筑师创作思想的若干特点。

以此为契机，达到《中国建筑装饰装修》杂志作为中国建筑装饰协会会刊，同时作为企业间、行业间、乃至国际间交流的平台，推荐中国自己的名牌装饰设计作品，培养中国自己的名牌室内建筑师，打造本土企业及设计者个人的知名度，传播优秀设计思维与理念等目的。

一、弘扬继承创新，铺陈建筑表情

将传统室内设计风格，运用在现代空间里——继承和创新是当代青年室内建筑师努力探求并在实践中不断提升的基本创作思想。众所周知，室内设计创作思想的确立，须基于对建筑设计的充分解读之上，在某种程度上是使建筑设计理念不断深化、细化的过程。继承与创新的设计思想在现代室内设计中体现着传统与现代的链接与结合。“现代”的释意，既包含了当今的材料、技术与工艺，也包含了当代的审美精神与取向。青年室内建筑师在其创作思想中把继承视为对传统的扬弃，把创新当作对传统的革命与发展。

青年室内建筑师在弘扬继承与创新设计思想中，在设计构想和表现方法上或使用“局部采用”的手法将传统元素“片断”化，使传统元素或成为背景设计所构筑之“图”，或化为“点睛之笔”，或是以“古式新做”将传统元素的材料、做法、信息传达模式进行某种程度的转换，改变和增加视觉元素的信息量，由此产生古今结合，具有强烈现代气息的新颖感。

青年设计师尹思谨在其人大会堂河北厅的设计构思中把设计构思的重点确定为传统文化的现代展现，设计中“片断”的传统元素增加了古典元素片断的造型感。其天花设计采取了中国古典建筑屋檐的形式，但进行了一定材料和观感形式上的转换。仰瓦和俯瓦的空间组合，现代灯光造型和光带的烘衬，共同组成了一个界于“现代”与“传统”、“熟悉”与“陌生”的空间环境(《中国建筑装饰装修》2003第6期——下同，P18图1、图3、图4，---图略，下同)。

青年设计师卢铭本着对历史、人文、环境的尊重和继承，在华夏银行上海分行外滩支行的改造设计中，确立“让历史与未来在时空中交流对话”的设计思想，将始建于1919年上海外滩的密斯兴基逊凯沙大楼的改造设计既充分反映出具有80多年历史建筑的文化内涵，又力求体现现代公共建筑装饰设计的功能与时代风采。该方案的大堂改造设计用装饰语言表达其原有的建筑装饰风格，由此给人以对历史的认同感。石材与紫铜花饰、锻铁花饰的运用，使之与原有建筑外墙的花饰相呼应。新材料、新工艺的运用为“时空对话”注入了时代活力。该设计重现了华夏银行在外滩金融街的风采，同时又展现了其现代的品质和风格(P30～33、图1～9)。

建筑作为一种文化，装饰设计作为建筑设计的延伸，空间设计作为建筑表情的铺陈，它所表述和揭示的是历史的发展，是一系列繁杂演变进化的历程。为此青年室内建筑师在设计思想的表述上努力地用装饰语汇、建筑表情去喻示每个城市所蕴含的内在特质，去表现每个时期所具有的代表性建筑，去烘托每栋建筑所引以为豪的特点。在表现方式与方法上他们把室内设计作为建筑空间的演化，作为建筑空间的动态，不懈追求与创作思想相对应匹配的装饰语言。

青年设计师田宁辉所作的辽宁省高级人民法院的设计无论是设计思想、表现手法还是材料运用都注重用现代装饰语汇去铺陈，让建筑的符号在室内空间达到延伸和统一。设计语言上讲求的简单、现代、大方、稳重与法院执法权威性功能要求相吻合。横平竖直的粗旷线条体现着法院的威严。法厅通过多使用木质材料减弱黑白石材运用所造成的空间冷漠感等设计，无不闪现着对固有设计模式突破的创造性的灵感（P42图2，P44图4、图5、图6）。

青年室内建筑师许捷在甘肃省博物馆门厅方案设计中刻意用当代设计语汇表达建筑表情。为体现“历史”的古老与神秘，通过造型、灯光及材料的运用，烘托“地宫”的氛围。倾斜的砂岩墙面、幽深的门洞、铜浮雕的大门与放大的“竹简”无不叙述着历史的原貌（P59图1～图3）。

优秀的空间及布局，本身就是漂亮的建筑语汇。青年设计师潘向东在博鳌东屿岛区域会议中心宾馆设计中将玉带沙滩、椰风海韵、黎苗风情、传统建筑的雕梁彩绘和石刻等作为建筑表情和装饰语汇，使该项目与作为亚洲经济论坛（BFA）永久会址的会议中心相得益彰（P155图1～图3，P156图5）。

二、融会中西文化，把握适度设计

当代设计不是西方现代设计的克隆，也不是传统文化的“语汇新编”，更不应是中西建筑文化、风格简单任意的拼凑和胡乱堆砌。青年室内建筑师在其设计思想的形成和发展中，注意中西文化的比较，坚持从优秀的文化遗产中吸取与时代合拍的精髓，善于借鉴西方建筑文化的精粹，兼容并包，兼收并蓄，把建筑装饰风格与现代功能带来的技术语汇相协调，使中西方建筑文化相融会。以鲜明的时代特征，现代的审美要求，娴熟的创作技巧，努力在变化中创新，在创新中寻求整体设计风格中体现多元化、多角度的文化内涵与相对统一的国际审美情趣的吻合。使“古为今用，洋为中用”、“中而不古，新而不洋”成为融会中西文化创新思想的生动写照。

青年室内建筑师张石红在首都大酒店中餐厅改造设计中，努力把握既中国又国际的，既属于中国人自己的又不被什么主义或什么风格所羁绊的，融会东西方文化为一体的创作思想。该方案以颇具传统特色的回纹纹样和金色波纹装饰板作为贯穿各厅室的标志性符号，使各具特色的厅室风格浑然一体。该设计凸现出只有民族的才是国际的，民族的才是文化的，文化的才是发展的融会创新思想，整个设计以民族题材为主题，以国际化的材料和民族化的形式相组合，形成了雅俗共赏，气度非凡的空间形式（P79～82 图）。

青年室内建筑师姜峰在集政府、人大、博物馆、会堂等多功能为一体的综合性现代建筑——深圳市市民中心室内设计中，引入带有民族特色和国际风格的多元要素，体现民族文化与外来文化的结合，力图在创造与国际化接轨的公共空间方面有所创新。市民中心的主门厅，利用中轴线上的对景主墙设计了反映深圳精神及历史文脉的艺术壁画，室内运用中国园林中的借景手法把室外的景观引入室内，局部点缀园林小品，使其在极富现代感的空间里民族文化情结若隐若现。借鉴采用象征四季颜色进行的区域划分，体现了国际潮流中对于色彩的运用（P116～117 图 5、6）。

创新是设计的灵魂，而设计的“适度”以及对适度的把握，是当代青年室内建筑师在创新设计中遵循的重要原则。不言而喻，室内设计是建筑创作不可割裂的组成部分，是建筑设计构思中的深化、延伸和升华。室内建筑师所做的一切创造性的工作，无非是为某种“场合”创造性地制作一个“背景”，这个“背景”依“场合”性质的不同而不同。青年室内建筑师任文东在大连市免税店的创作构思中，不刻意张扬环境设计自身，以特定的消费群体为设计对象，运用现代商业设计理念，通过合理的设计使整体商场流向趋于合理，商品类别划分得当，购物路线便捷顺畅。本案充分运用高举架的空间优势，运用柱端造型等手法，既体现其特性又尽显高级商场的宽阔与明亮。在色彩设计中，地面、天花大面积空间多用白色，以营造洁净感强烈的购物环境。以木作色彩给人以温馨的亲和力。在化妆品、服饰区域，以紫色体现商品的华贵，同时又给人以华美的女性气息。该案设计的造型手法力求简洁与时尚，曲线的造型使空间具有活力与动感，面积的对比，增强了平面设计的趣味性。在材料选用上，以不同材料的质感拼合，使空间在协调之中存在对比之美（P47～49 图 1～图 7）。

三、善择材料工艺，讲究表现形式

设计是时代的缩影，但凡优秀的设计作品无论设计风格、表现形式和手法如何成熟或有何异同，都离不开工艺与材料的表达。作为紧步时代发展潮流，以创新为己任的国内青年室内建筑师，把对于新技术、新材料、新工艺的洞悉、把握和应用作为表现设计内涵，传达意境信码，张扬个性特质，塑造作品品味，实现创新要求的重要前提。

作为设计的最终体现，材质和构造是不可或缺的。建筑空间中的吊顶、墙面无论比例的划分是否精细，变化起伏是否复杂，每一种材质的性能及搭配，以至于安装节点的处理，都是青年设计师追求形式表现和造型设计的重点。

综观青年设计师优秀作品发现，讲究表现形式的完美是设计师永恒的理想。善于选择和运用现代技术、工艺和材料在整体设计和局部细划的表现形式上有所创新，是青年设计师的不懈追求。

青年设计师在构思作品表现形式的进程中，广泛了解现代科技成果在建筑空间应用的信息，缜密考虑新材料在表达装饰语汇方面的作用，积极寻求新技术、新工艺对设计表现形式和新材料应用的技术、工艺支撑，从而把造型与工艺构造有机地统一起来。青年设计师李瑞君在浙江桐乡科技会展中心的设计作品中，突出科技和现代文化的结合，力求作品简洁、庄重、新颖的造型处理。该作品大堂的设计，以简洁的造型语言表达丰富的文化内涵，以合乎观演建筑使用功能的最简洁的流线来形成、组织空间，以最简洁的材质组合丰富视觉的感受，以光影的游移变化与材质之间的对比渲染整个空间的氛围。材料、造型、色彩、照明和设计空间浑然一体，结构、功能、装饰实现了有机组合（P86～88 图 1～图 5）。

承担上海浦东发展银行上海总部设计的青年设计师蔡文亮，把作品定位于创新、前进、高质量的特质 CI 形象。为使其表现形式达到设计要求并成为真正的艺术表现，对所需材料和工艺设计进行了精心运筹。日本的不锈钢、广东的玻璃、意大利的灯饰等，成为满足设计要求和整体表现形式的重要构成元素。该作品以精选的材料和成熟的工艺形成有机的统一。简约的空间布局，墙面及柱身大幅进口拉丝不锈钢板和背加钢板的新材料、新工艺的使用，保证了大跨度不锈钢板的平整度，地面进口蓝珍珠花岗岩的选用、天花钢结构灯栅的造型，生动表达了简洁、前卫的表现形式，使上海浦东发展银行伫立于陆家嘴这个银行林立的国际金融中心并熠熠生辉（P147 图）。

当代室内设计对于青年室内建筑师而言，独特的创意是成功设计的基础，规范准确的图纸是表达设计思想的语言，经施工将图纸所表达的内容变成形式、功能俱佳的室内空间是真正完成的作品。为此，满足设计对材料、工艺、造价、工期等方面的要求，对建筑装饰新材料的深入了解，对施工工艺与工序的熟悉，对水、暖、电、风、声、光等相关知识的掌握，对环保要求的体现等等，无不成为青年室内建筑师实现其设计理念，体现其创新思想的必要条件。青年设计师刘意对荣获长城杯和鲁班奖的北京市第二中级人民法院室内空间的整体设计中，注重功能定位的准确，色彩心理学的运用，人性化的处理和新材料的运用，充分展示法院建筑的形式表现。作品中为了充分体现人民法院的“人民”之意，在二层大堂，一改普遍沿用的黑白灰石材及其构成的威严效果，代之以“白沙米黄”，以材质的选择和其形式的表达对法院内涵和形象作了崭新的诠释（P50～52 图 1～3）。

四、崇尚人文怀想，体现人本主义

任何建筑空间都是一个系统，都是一个人、物、自然之间距离与互动组成的有机整体。这个空间系统存在于一定的自然环境之中，是自然环境的一个有机组成部分。同时，建筑空间系统也是一个人工系统，是为了实现某种功能而创造，为了满足人们的需求而存在和发展的。深入探寻人与室内环境的关系，着力于尊重人们自身的价值和多元的文化背景，使设计作品确立以人为本的思想，并通过设计适时地传达崭新的信码和符号，与使用对象的行为心理、物质需求与文化层面、欣赏品味相协调，与时代发展相吻合，是当代青年室内建筑师所锐意提升并在实践中不断赋予设计作品创意的创新思想特征。

伴随社会的发展，面对社群的复杂化，社会活动的多样化，文化现象的多元化和因时而变的人们情感与审美意识的演化与变化，作为新生代的青年室内建筑师从创新求变的角度，以拓展思维的广度和以人为本的深度，探询人文的本源与本质，寻觅人与自然的和谐共处，在有限的建筑空间激昂地或平静地抒发着具有“天人合一”思绪的人文怀想。青年设计师卢海峰在其广州长隆酒店的设计中拂华去躁，深入思考，提出以人为本，就是以人的生存与发展为本，以人的生存和可持续发展须依赖的自然的生态平衡和自然环境的可持续发展为本的创作思想和设计理念。该作品将动物、植物、石头、水等自然的事物与人、艺术、功能、情感、热情等等人文的事物联结在一起，建立起有机的系统秩序，营造出人与自然在建筑空间中的亲密对话，洋溢着人与自然的自由和谐的气息，给人以重回大自然的真实感觉和享受（P34～38 图）。

青年设计师陈大卫在北京百合春天女子俱乐部设计创意中，基于人与自然的依存、默契、和谐的理念，通过运用细嫩的色调，柔和的灯光，流畅活泼的曲线等设计手法，着力渲染清新典雅的氛围。通过墙角抹圆，卵石贴面，墙面彩色涂料，大幅壁画等手段的变化运用，致力营造地中海式气候的心理幻觉，使人们置身此处在享受水疗、美容、运动达到健美身心的同时，感受犹如自然般的舒适环境（P110～113 图）。

为了表达设计中浪漫的人文怀想，青年设计师左加在其创作构思中努力使自身平静，重温心中最美好的记忆，在“时光倒流”咖啡酒廊的设计中倾力注入丰富的人文情结，在仿造远古建筑空间形态的基础上，有机的将各种风格融入其中。亲切的自然形态被赋予了 e 时代的情趣，跨跃年代的文化差异给人以时光倒流的时空体验，有效达到了“远古的怀念”的创作目的与效果（P40 图 4～图 6）。

五、张扬创作母题，镂刻个性品味

作为室内设计师的设计创意和构思乃至设计语言的表达，无不受其现有建筑结构和特定使用功能的限制和约束。在已有的建筑面前，他们几乎不能改变建筑结构，也不能左右项目投资。他们的天职是在有限的环境条件制约中，寻找能够与之相形相生的装饰语汇。通过建筑空间与周边环境相呼相应的母题创作，产生装饰语言的表现力；通过建筑表达的分析，构成母题建筑语汇的表达方式；通过室内造型母题设计的张扬和序列，形成空间在其风格上的和谐统一。

青年室内建筑师在其创作思想中注重装饰语言的表现力，发掘装饰与结构的紧密结合，以创新的视角，塑造空间的特色和铸就设计的生命。实践证明，室内设计是建筑设计的深化与延伸，同时也具有品格和表现上的独立性。它依附于建筑空间，但也可根据自身的功能特点对原有空间和形象加以丰富和进行再创造。当代青年设计师以严谨的求实作风和科学的精神，通过分析研究对其结构的利用，在建筑设计的结构与装饰中筛选和提炼设计语汇，作为设计的母题与符号，选择最具时代特点的工艺技术或结构特征的几何元素作为设计的“单元”，重复组合和整体发展，在强化设计整体性的同时，镂刻设计作品的个性与品味。

作为办公空间，公共空间是设计的灵魂，它主导着空间形态的象征意义，而它所创造的空间氛围和品味都与使用单位的经营观念、文化理念紧密相连。青年设计师蔡松从事鑫泰大厦设计的过程中，在把握建筑功能与形式以及设计风格充分体现企业文化理念的同时，在建筑设计的造型语言中寻找语汇和母题，通过外在的建筑装饰细部和内在的设计语汇，表现企业的实力与信誉。在室内设计的造型母题上，选择了立面上最具特征的“壁柱十短墙”的竖向构图“片断”作为几何单元，通过材质搭配、比例划分，将其凝炼、提高并运用于室内空间的创作中。大堂空间以大堂壁柱加短扶墙的组合变化和重复，上空吊顶半弧形藻井的连续列阵和具有现代感的金属吊灯，地面装饰色彩和块面的虚实、正负及点、线、面的丰富层次，张扬了空间轴线的延伸与引导，表现了现代办公空间大堂整洁、明快、大方的艺术效果，体现了设计语言中技术与艺术、功能与形式的完美结合。达到了整体风格与手法统一中求变化、和谐中求个性的设计追求（P142～145 图 1～图 8）。

青年设计师陈卫基于扎实的建筑学基础和深层的设计思考，在其作品中通过装饰语汇的表达赋予作品以时代的生命感。在天津金海湾公寓杨宅设计中，强化色彩的装饰功能，把每个局部和“单元”的设计作为艺术品加以雕琢，努力帮助房主找到“家”的感觉。特别是在厨房设计的用色方面以明黄与深铁锈红色墙砖和黑色地板形成鲜明对比，使烹饪者置身厨房极易兴奋，在心理上削弱了进厨房的“恐惧感”（P105 图 9、图 10）。

酒吧设计风格迥异。各种酒吧都有自己的酒吧文化与个性化的设计风格，以表现出不同的酒吧主题。青年设计师赵铁力在其酒吧的设计中极尽个性的发挥，在有限的空间添加个性化的设计元素，使色彩与空间达到有机的融合。沈阳巴克斯酒吧的设计，从大的环境到小的细部装饰，尽显中世纪欧式古典风格。本案以厚重低调的室内装饰造型，配以昏黄柔和的室内光线效果，表达丰富的异域情调和鲜明的酒吧文化内涵；利用建筑图案、装饰色彩的组合形成丰富且格调一致的视觉享受；利用墙壁油画、典型家具、细部装饰以及灯光的色调，渲染整个酒吧的空间氛围。为了表现怀旧这一个性化主题，设计师着力镂刻细节个性品位：弧形的天花、欧式的吊灯、半旋转楼梯和楼梯扶手的精细做工、厚重而高格的横式吧台、陈列的美酒、彩色的玻璃背景衬托下的表演台等等，每一处细部的设计都充满异域怀旧的情调，洋溢着浓浓的个性化韵味（P122～125 图 1～图 6）。

为尽显江南园林建筑的个性品味，青年室内建筑师在室内设计中，大量运用江南园林建筑的元素，使园林建筑更加接近现代生活所需求的“情境”休闲空间。青年设计师赵铁坚所作沈阳梅龙镇酒家设计方案，将传统中式装饰造型元素，运用于现代空间并巧妙融入江南园林风格。以质感细腻的仿红木式的色彩为基调，摆设具有浓郁江浙风味的餐桌与复古餐椅，搭配高雅的落柜，运用古雅传统的装饰并配以各种绿色植物、古典字画和大小不一的仿古瓷瓶等，使地处东北大地的酒家充满了个性品味俱佳的江南文化气息（P126～129 图 1～图 5）。

六、追求意境表达，注重营造场所

作品意像的创造是设计师思想、手法融会的结果，体现出设计师对项目特征、尺度等综合的理解和运用。作品意境的表达则包蕴着设计师的情感和专业水准、文化积淀。追求设计作品意境的表达，是青年室内建筑师创新思想的重要特征。青年室内建筑师的作品无论是在整体意境上的创造，还是在细节设计上的精心，无论是对设计理念的整体把握，还是对诸如施工、工艺、比例、尺度、材质等细部的思考和推敲，无不反映着青年设计师在追求意境表达方面所体现出的设计深度、构造方法和整体的控制能力。

注重对空间的感受与表述，对空间现场的体验与理解，对空间“特质”和需求的研究与把握，是青年室内建筑师在其作品设计中捕捉灵感，体现内涵，表达意境的重要方式。青年设计师张强在辽宁省快速客运中心的设计中，着力要表达的是该作品所要表现的力度和动势，创造一个具有大“势”、厚重、震撼力的空间。该方案空间中构件力度的传递具有一定的节奏性，浑厚的局部个性和整体态势展现于造型的组织之中，而弧形的棚面造型是这种“势”的收束点。完成后的作品无处不在传递着设计者所要表达的意境信码（P74～77 图 1、图 5～图 7）。

为了表达文化给予空间以生命的内涵，青年设计师洪忠轩在静颐茶馆的设计中，将传统文化的元素和茶文化的元素相组合，着力打造独具禅味意境的幽雅空间。该作品注意功能区域的合理划分，通过弧线、地面高低界定区域，构成以茶为主题的空间。潮汕民间的花木门、清朝贵妇头饰式样的门套、古色古香的屏风、清俊的古家具无不细述着文化的内蕴；白色卵石、“茶花”瓷片营造着妙境茶韵。置身其中无不感受到设计作品所表现的意境呼之欲出（P118～121 图 1～图 7）。

意境的表达是设计师的追求，而场所的营造是室内空间意境所表述历史、地域、文化、自然等装饰语汇的承载。设计师通过对于形式的把握来体现、传达设计空间的内涵，运用有效的表现方法营造符合场所内在要求的环境氛围。青年设计师刘向华在张裕葡萄酒博物馆室内设计中，突出室内环境作为场所所应承载的人文历史、自然文化的信息含量，注入近 100 年来“品重礼泉”的企业精神，通过设计中对于形式（包括光、形、色、质等方面）的深入推敲和把握，努力营造博物馆这一室内环境场所在展现张裕百年文化所浸透出的，融开放性、传奇性、融通性、创造性于一体的张裕酒文化所独具的面貌与风格。贵宾接待厅的设计，既强调承载一定的历史文化因素，又通过抽象的体块、线条及灯光的处理，使博物馆呈现出既基于地方文脉，又适合现代人们心理需求的环境氛围（P55 图 5、P56 图 7、P58 图 10、图 11）。

青年设计师陈涛在其绍兴饭店的设计中，为营造饭店空间中式的古朴和寺庙建筑的气势氛围，在二层的空间吊挂大型的宫灯，中式的宫灯形式被夸张变形成为装饰的主题，原有的土建横梁也成为装饰构件。现代的玻璃和传统的青砖石板相结合，现代简约的形式和中式的符号相结合，有效构成了古朴的中式时尚空间这一诠释本地文化释义的场所（P106～109 图 1～图 7）。

三星堆遗址作为中华文明灿烂的奇观，在世界和人类文明史中具有重要价值和鲜明的文化特征。为展现距今已有 3000 至 4000 年历史的古蜀文化和瑰丽、怪异、古朴、浪漫的文化风韵，青年设计师潘召南在四川省广汉三星堆游客接待中心室内环境设计中，以宽泛的文化共性特征作为表达的主脉，将古朴、浪漫、瑰丽的古风与当代设计简约、大气、灵动的主调相融会，结合功能与要求，在空间处理上弱化界面，突出环形建筑人流互通、视野开阔的特点，风格上以简洁的直线为造型要素，结合杆栏式建筑特征形成设计语汇，将窗、家具、灯具的造型有机联系。材料运用追求单纯，色彩上突出简洁对比，中庭布景采用水景与旱景结合，营造出具有强烈的古风特征，且简约大气的文化旅游环境的氛围（P150～153 图 1～图 5）。

结束语

《中国建筑装饰装修》杂志自创刊以来，在社长兼总编辑徐朋关于努力发现培养和宣传扶植国内优秀设计师特别是青年室内建筑师的指示精神指导下，一直把推荐和支持国内青年室内建筑师，使之立于当今时代的潮头，作为我们始终不变的责任。本文窥斑见豹，通过对 2003 年第 6 期《中国建筑装饰装修》（青年室内建筑师专辑）中收录的 36 位 40 岁以下的青年室内建筑师的 83 个设计作品的解读，提示出现代室内建筑设计作为当代文化传承的载体，随着新生代青年室内建筑师设计理念的不断变化，加之新材料新工艺新技术的日新月异，正在不断地吐故纳新，不断地与时俱进。

*本文被评为“2003 年首届全国建筑装饰行业优秀科技论文”。

室内设计师的“十多十少”

——在“吉林省首届室内设计师沙龙”活动上的讲演

吉林省建筑装饰业协会常务理事　专家委员会主任　　董　赤
吉林艺术学院设计学院　副院长　副教授

改革开放 20 多年来，吉林省建筑装饰业伴随着地方经济的提升、人们视野的拓宽和生活水平的需求，而进入我们的现实生活。装企与设计师这样的行业与职业被人们接受，成为现实生活中不可缺少的一大产业。据不完全统计，吉林省内有 300 多家装饰企业，可见从业人员的规模是相当可观的，而马路边上从事建筑装饰的人员多得更是数不过来。就室内设计师（自封）而言，下岗者、工人、领导、经理、工匠、艺人、学员、美术工作者及专业设计师等等，其“设计”之旅如泉水涌入狭窄通道，你争我夺好不热闹。市场带来的竞争，已逐渐使从业者“沙里淘金”，展示出“适者生存”之道，专业素质的提高已成为行业加入者必备的生存条件。

高校为培养室内设计师做出了重大贡献，中专、大专、本科直到研究生，学科建设也相对完善，所培养的设计人才正为吉林省建筑装饰业发挥着重要的积极作用。每年在全国室内设计大奖赛中频频获奖，就充分证明了这些室内设计师的实力水平。作为这一行业的主力军，引领着设计理念，推动着流行趋势，影响着施工企业，发展着经济产业，实实在在地为人民服务着。

但是，从全国装饰行业来看，我省的室内设计师的整体水平还是不高的，国内国际间行业交流不多，理论水平和实践水平尚待提升，地域性与个性的设计需要探索，设计还没有形成自己的文化形态。针对目前从设计创作与设计师自身的关系状况上看，我认为有十个方面的问题，需要每一位室内设计师认真思考，作为议题用“十多十少”来表述如下：

一、无序从业多　规范运作少

吉林省内众多的装饰装修公司中，一级企业只有 5 家，绝大部分是二级、三级企业，众多公司的办公场所只能称得上有一间办公室，几个人员构成，一个电话就能承接工程。社会上的“能人”在这一领域更是大显身手，他们先把工程联系好，然后再成立公司或挂靠某一公司来做工程。另外，只要我们在马路边问一下拿着“锯”、“斧”之人，就会得到肯定的回答“我是做装修的”，“设计我们也能做”。而那些工程业主的企业领导、学校学员、兴趣者、美术工作者们对“设计”的答复更是不在话下，“设计者”在装饰装修业中，真可谓层面繁多，鱼目混珠，设计水平参差不齐，有的甚至造成工程质量事故。只要同这一领域或个人有过联系的，都能自称为懂得设计，似乎室内设计不应该是一个专业。

室内设计是一门艺术，更是一门技术，它涉及了解建筑设计原理、室内使用功能、建筑结构的安全、消防、设备及对建筑内部的美化和装饰等等重要内容。目前，在众多的从业者于设计者之中，仍有很多的人并不懂得设计是怎么回事，不了解设计规律、规范与程序，没有设计技能，甚至只用“效果图”或口授方式来指挥做施工，可见真正懂得设计并按设计规范、行业规律运作的人从市场角度上看太少了。

二、设计配角多　企业重视少

在很多装修企业中，设计及设计师的重要性企业领导并没有充分地认识到。目前由于市场的不规范，至使装修装饰企业承接工程时其主要精力并不放在“设计”本身上，“内定”、“走形式”与“陪衬”总是让室内设计师感到非常尴尬。设计的“配角”与“点缀”作用只是用来说明装饰企业的人员配置与组织的完善，这不能不说是室内设计界的悲哀了。工程中甲乙双方的领导意识决定着室内设计的真实思想，无论专业的室内设计师试图对室内空间设计做出怎样回答，都很难在企业管理与设计学科不平等层面上有着真实的对话。

三、眼低手差多　实力强者少

对于刚刚从业的设计者来说，“专业”表面现象的背后常常缺乏必要的社会内涵与文化内容。眼低手差者表现为理性较差、基础识知欠缺、语言表达不清、绘图技术偏低，这样的能力去承接工程不出问题那才叫怪呢？而眼高手低者则充满自信，他们善于强调设计师的主观性，忽视现实的客观性；喜欢艺术化感性的判断，缺少为设计逻辑的思考；依赖资料上的“经典”样板，仿造“式样”而不讲究实际情况；大谈理论或主义观念，模糊现实人文对应，尽而形成对对象夸夸其谈，这应该这样设计，那应该那样设计，而真正去做那就是另外一回事了。眼高手低与眼低手差之人都不能很好的驾驶设计，这样的设计师在现实中混行业，一知半解，不求新知也是大有人在的。

显然，这样的“设计师”需要提高自己的专业水平，脚踏实地，敬业学习，把专业当作事业去经营，用哲思的智慧去反观现实生活，真诚去面对探索是增强设计师“内力”的前提。

四、奉献设计多　应得费用少

“奉献设计”的事在目前众多工程的投标中屡屡见到，装修装饰企业为了把工程揽到手，其手段之一就是我不要“设计费”，可见，在这样的公司中，室内设计师是没有发言权的。行业运作的不规范，让室内设计师的劳动得不到应有的回报。本来设计、施工、监理三者应是独立存在，现在各自的作用被装饰装修企业一家独揽，又怎能各自制约，让业主们得到公正呢？工程中，业主作为甲方也无视这样的现状，还以为得到了很大的利益，殊不知，让这样的公司去完成既有设计又有施工的全套工程，甚至用“设计”作为一个取得工程的商业砝码，那么，专业的设计师付出创造性的艰苦劳动就很难同应得回报有关，如果乙方再处理不好同设计师的关系，工程的设计质量就很难讲了。

设计应在装修装饰企业中独立出来，应该为创造性的设计劳动得到应得的费用，这样不仅有利于行业管理，发挥设计的地位、作用与价值，也有利于设计师专业化，提高理论水平与实践水平，并使之有序健康地发展。

五、绘图人者多　设计师者少

现在装修装饰企业中大多都有“室内设计师”（有些公司是临时聘请），社会上、学校中也都有一批为企业从事室内设计的专业人士。但从目前的“设计师”整体素质来看，那些在电脑旁的“设计师”，多数是一般的绘图者而不是设计师。他们利用电脑把别人的（老板或设计师）想法或自己从书中印刷资料上汇集而来的“式样”进行一番为实际工程对应的拼贴、修改工作，这算不上真正的室内设计师所作的工作。

设计师是为解决问题而谋划之人，他需要主动、善意的寻求解决问题的方法和过程。以人为主，利用物化元素进行机能的空间定位，实现室内设计健康、安全、便捷、经济、可持续发展与有品质生活环境。这样的专业设计师在我们的团体内还不多。

六、模仿流行多　原创设计少

作为室内设计师，设计的方法很多。拷贝、复制是一种途径，临摹仿造更是学习的重要过程。但这种方式成为设计师创作的源泉与依赖，我们就无法提高自身的设计能力和业务水平，而论为某一流行观念的献媚推销者。

作为室内设计师，只有不断地在实践中总结理论，寻找成因，启迪悟性，开发创造思维，逐渐形成自己的个性设计，才能在行业的坐标上建立自己的位置，支撑起自己的一片天空。

设计师要有思想，有理念，有追求。我们推崇原创的设计，在区别与蜕变中坚定信念并把它作为进步的目标。一个靠模仿生存的人是没有实力的设计师，他只能是一个言听即从的原创者们的观念流行的传播者或非专业老板们想法的实现工具，而那些原创者们的发现和成功后的欣喜感觉是永远不会体验到的。

七、各行其是多　交流沟通少

工程工期紧，设计任务忙，造成很多设计人各行其是。公司与公司之间、设计师与设计师之间、内地与外地之间交流越来越少，这带来的直接不良后果是设计师在行业信息、学术研究、经验研讨等方面上缺乏必要的资源同享。交流与支持的滞后在行业内发挥设计师的社会作用，维护室内设计师权益，发展与同行间的合作等方面对设计师与设计界的健康发展都是有负面影响的。

交流应在健康的层面上去发展，集会、沙龙、展览、论坛、网络、竞赛等等。畅所欲言，各抒己见，从设计文化、设计理念、个性化、地域性、技术、材料、环保等方方面面发表见解，增进沟通，从而进一步提升室内设计的整体水平。从社会发展的角度上看，交流与沟通将成为新时期室内设计师作为与时俱进的逻辑必然。

八、粗制滥造多　精品实现少

精品或具有设计理念的室内作品，是每一位室内设计师的必然追求，可惜的是，在我们的环境中这样的作品实在是太少了。一方面反映出设计师的真实能力与水平问题。一方面也存在着客观现状条件的限制问题。另一方面业主与施工方对设计作品带来的影响问题也是极为客观现实的。利欲的作用，会使室内工程设计在工程资金、偷工减料、利润效益、技术简化、工期速成等方面形成必然的结果，作品的质量自然就会受到影响。

对于室内设计追求精品来说，一般需要有好的建筑空间、好的业主、好的设计师、好的经济支持、好的技术和好的施工组织者，这几个方面缺一不可。设计在这里是核心，是作品施工的依据，没有较为理想的设计方案，是不可能实现好的室内空间环境设计的。

九、吾土争者多　域外出征少

吉林省的室内设计工程逐年增多，于宾馆、饭店、家居、娱乐健身等各种功能场所应有尽有，应该说大工程不多，小工程不断。市场中的工程就象放在盘子上的蛋糕，对于围着它的人谁都想吃一口，竞争自然是十分激烈的，为了揽到工程人们真可谓是“八仙过海，各显其能”。

20 多年来装饰装修业的发展事实是，我省业内企业一心都用于地方的工程上，重内耗、轻外争，重利润、轻质量，重名气、轻实力，重使用非正常手段、轻视设计投入，重短期发展、轻建企业文化，至使省内专业室内设计师的竞争意识不强，心理素质不高，互相拆台的现象很普遍（目前，招投标工程的前提条件是看施工资质，而少看设计资质。有些招标单位认为施工就能设计，因而没有独立设计单位参与的份）。多年来，我省大工程被外省的装企所垄断，甲方也极尽可能把工程送给外省同行，让那些与我们同龄人或刚出校门的新手来做设计，其中不良因素不必细说，但对我省的室内设计界及装企发展的负面影响是长远的。

“远来的和尚会念经”，其实不全是。他们有些雇佣当地的设计师作“枪手”来完成，而有些作品完成之后，并不见得有什么特别之处，甚至观念上还都落后于本地的设计师。尽管现实是残酷的，但对我省的设计界是有警示作用的。我们应该在实战中锻炼自己的队伍，建立信心，提高设计师水平，走出去赚别人家的钱，这样的事情多了，才能说明我省的装修装饰业的设计水平提高了，实力增强了，行业才算是真正的发展了。

十、专业教育多　美学哲思少

就长春市而言，目前各个大学几乎都增设有设计专业，室内设计作为一个专业方向“环境艺术设计”于高校中，再加上中等学校、社会上的各种电脑培训，每年都有大批毕业生走进这个行业中来，反映出社会对这行业的认知程度及教育层面的多样性。但是，作为一个专业性极强的学科来讲，这样的教育现状不能不说它带来设计者在专业设计认知、设计基础、设计技能、设计理论等方面的“体质不良”，即使在大学专业教育中也不一定都具备培养室内设计人才的条件，进而，真正设计人才的出现在我们的设计界可谓是凤毛麟角。

作为设计师，我认为在一般专业基础上应有不断对学科进行深层文化研究的能力，尤其是对设计理论，文化技术，历史哲学及美学的探讨，它们将成为设计创新的根，是设计师成熟的内涵，是建立新文化精神的源泉。虽然专业教育给设计师的素质提升了很多，但专业分工细化的今天，它们在从事的设计于局限与利欲之中很少有发展愿望，文化作为自身素质提高的“内力”并没有得到高度重视。

当我们在纸上为室内设计绘出第一个线条时，美的意识就会悄然融入神思，文化在人文情怀中构建，价值观念与思维方式进行着创造性追问，深厚而广博的“内力”就会成为我们健康成长的营养。

你可以不坐汽车，不看电视，不去商店也不思考建筑及城市广场，但设计在你的周围于物化的娱乐、应用及教化早已影响着你，成为生活中你躲都躲不开的真正的设计艺术。

室内设计是设计艺术中的一个领域，作为我们栖身之所，不仅被使用，它还会成为欣赏的对象，它让深刻意义在“关系”之中揭示设计艺术的价值，使设计的力量让理想成为表情，让生机成为动力，让环境寄予心语，让人性与个性的时代成为一种成熟的文明，每一个历史阶段的设计师都会留下我们值得回忆与希望，使室内环境设计在功能与机能、现实与理想中鼓舞着人、激励着人和教化着人。

总之，有关我省室内设计界设计师存在的一些问题，也是国内室内设计界普遍存在的问题。“十多十少”的提出，是以点带面，还不能详尽说明，但思考是建立在反思怎样提高设计师的理论水平和实践水平，怎样提升我省室内设计师的整体素质的层面上展开的。抛砖引玉，直面发展。在 21 世纪的设计行业与世界接轨的机遇中，我们省的设计师应如何面对世界？如何面对自己？如何发挥行业管理的作用？

这次吉林省首届室内设计师沙龙活动，目的就是团结室内设计师致力于提高室内设计的理论水平和实践水平，探索具有特色的室内设计风格，发挥室内设计师的社会作用，维护室内设计师的权益，开展与同行间的交流与合作，为我省建筑装饰业的行业管理服务。

这次活动得到了社会有关人士及相关部门的极大关注，建筑师、室内设计师、平面设计师、美学专家、行业管理者、在长高校室内设计系（环境艺术）主任、专业教师、装修公司及各大新闻媒体等众多人士汇集一堂，畅所欲言，各抒己见，是开省内室内设计界学术研讨之先河。作为设计文化的挚爱者们，探索学术则是室内设计师永无止境的求索。

你的空间有阴影吗

宫 泉

1. 光是第一要素

对室内而言，照明显得日益重要。原因是，在总体审美趋向归于极简主义的今天，无论是空间规划、形体造型还是色彩配制，均已达到了一个比较成熟的阶段。排他也罢，随和也罢，不同地域、不同设计师都在自信地使用各自的设计语言。在这样一种情况下，要形成个性和特质，陈设和照明似乎就显得格外的重要。因此，对大部分室内设计师来说，如何提高对照明的认识并转而付诸实践，是迫在眉睫的事。实际上，把照明说成是第一要素，就现状而言，是不为过的。

2. 你的空间有阴影吗

室内设计之所以比装饰设计在更高一个层面上生存，是因为室内设计更加讲究空间的形态、关系、厚度和质感。从视觉和触觉的角度营造空间的价值。因此，空间以及空间内所存在的形体的立体关系的表达就显得极其重要，也就是说，所有的形体元素是否准确地被描绘到位是室内设计的关键。形体是通过光影表现其面目的，从表面上看，一个有活力、有体量感的空间一定具有程度不同的阴影。简单地说，空间内如果有适量的阴影，才是正确的。如何通过照明的安排，制造适量阴影，表达出空间的块感和线感，是高效能的手段。室内设计作品品质如何，看阴影也就够了。

3. 明与亮是矛盾关系

中文总是把明与亮摆在一起，叫做明亮。实际“明亮”所表达的意境是一种平衡。平衡了，“明亮”这个词语才能存在意义。明与亮其实是一种矛盾关系，太明了，也就不亮了；太亮了，也是不明的。很不幸的是，室内设计很容易走极端，就目前而言，大部分室内都是太明了，因而不亮。原因很多，其实最关键是，在很多室内设计师来看，照明是一种边角活，顺手做做便了事。实际上，很多设计师是在玩填空游戏，天花上只要有空位，一定是填上筒灯。结果就是满天星。满天星使空间显得毫无神采，没有韵味，不耐看。满天星的祸害很明显，明而不亮就不说了，数不胜数的灯具的设置增加了工程造价和运营成本更是不可饶恕。

关于明与亮这一点，其实最普通的审美手法也是适用的。简单说来，就是对比。就空间而言，有意识地作适当的暗层设置是极其必要的，好比是绘画的留白，也像是旋律的节奏。

实际上，室内界有种新叫法，称为表情设计。一个空间是否有表情，色彩的结构是一方面，照明的节奏和变化的重要性也是不言而喻的。

明与亮如何平衡，当然没有公式可以算得出来。设计师的感觉和经验显然是很重要的，但是观念改变恐怕更是紧迫。

4. 物有所照

一个实用而又有美感的空间有许多形体要表现，而富有不同个性的陈设和家具需要灯光的关怀，这其实是一种共识。

在照明设计中有一个术语，叫强视照明，说的就是强调室内特质形体的照明。通常会使用比较大的照度来引导视线，以传播特有的设计语言。

然而，实践上却很容易忽略这种细节或者是太过于强调，变得夸张。

比如，私家的照明一般情况都是不够充足的。这其实也是错误观念所致。因为很多设计并不认为家具是室内的有机的要素，因而不把家具列入照明对象。结果是，墙面天花明亮无比，而在空间占据主要视线的家具则糊成一团，完全与空间脱节，一副清汤寡水的样子，很多努力也就白费了。

物有所照，照有所指，按理也是很容易做到的，但是程度的把握也是极难的。比方说，有些设计太强调艺术陈设的照明，结果是普通的商业或居住空间很容易“艺术”馆化。业主会感到尴尬。这也是时常发生的事。

所以，强调照明也是要从整体上调配控制，以达到适度的平衡。

5. 灯具不是主角

照明自然是离不开灯具或者灯饰。但是，灯具决不可以成为空间的主角。这个观点源于对现状的感悟。换句话说，目前大多数的室内作品让零零碎碎的灯具抢了风头。实际上，这是一件很不痛快的事。很多设计师把精力放在天花的造型，结果也很不错。但不幸的是，由于忽略了灯光及灯具的平面造型，灯具的随意布置不经意间伤害了顶部整体感觉。这是其一。更重要的是，很多设计在投资上并不怎么考虑灯具的份额。用很劣质的灯具去打发一个花了不少心血的作品。所有依葫芦画瓢所制造出来的仿冒灯具带来的结果是，只见灯具不见光。

纵观经典作品，灯具决不自炫，无一例外地躲在暗处“默默奉献”。

在大空间里，较大尺度灯具也是常用的。但是其功能通常是用于弥补空间原本的不足，以达到空间的视觉平衡。比如，如果空间的板块效果过重，加上线状的灯饰就可以造成点线面的平衡，这也是很常用的手法。但无论如何，灯具总归不能是空间的主宰。

6．理性照明，方法在先

照明是一种科学的行为，是理性的，因此，方法论在照明上就大有用武之地。也就是说，照明的手段千种万种，其原理是共通的。

作为视觉艺术，照明有其自身的个性，但其审美范畴并没有超出我们的理解能力。其实，通常的审美定义和手法是完全适用于照明工业的。比如说：

6.1　点线面

从形式上讲，光的造型也分为三大类，点光、线光和面光。合理、有节制的点线面的搭配，是造就美感的必备措施。

6.2　节奏与韵律

光作为一种形体，其排列顺序和节奏能带来相应的韵律，装修形体所采用的形式美同样适用照明设计。

6.3　阴与阳的平衡

平衡与否在照明中，更具敏感性。比如，在照明中，有明光和隐光之分，这两种光如果在适当的场所里表现出适当的光量，达成平衡，就可以营造美妙的效果。

6.4　曲则为美

光的方向和造型也是曲直之分，如果有意地设置曲直搭配，以突出曲的美感，也是不错的思路。

6.5　万绿丛中一点红

照明从形式上借用空间的配色的原理，也是很妙的事。从色彩的角度分，光分为冷暖两相，如果大面积的冷光包围比例较小、色相较暖的光，整体就很自然了，这也是符合自然规律的。

6.6　蓝天白云

蓝天白云的代名词是阳光明媚。这样的日子是清爽而温暖的。照明应照追随。为达到这种效果，上冷下暖就是原则了。在照明设计时考虑使用冷调子和暖调子的有机组合，一定快意。

为了实现照明的不同审美要求，设计手段的多样化，不同的场所，不同的经营方式，不同的成本预算，都有不同的照明手段的组合。设计师如果乐于规划，可以营造既经济又其乐无穷的光效。举些例子：

（1）倒置法

光源自上而下是通常的观念，如果把光源置于地面，向下而上，让物体的倒影在画上形成梦幻般的效果，不仅有戏剧性，也柔化了空间。

（2）仿生法

通过特殊光源和家具营造特别效果，以模仿大自然的景象，从而达到了种天人合一的美妙境界。比如用光纤的特性表现星空的闪烁效果，就是很经典的例子。

（3）瀑布法

就大多数建筑而言，由于强调功能而使空间生硬，此时如何把“围墙”打破，使空间变得柔和就很有必要。因此，在照明上使用瀑布法就很有效果了。此法的关键是用排列密集的聚光型照具，使光束交叉形成既有面又有线的光墙，从而使原墙面变得虚幻而柔和。

（4）雕塑法

光雕是一种比较新潮的说法，作为特殊的、游离的雕塑形式，自然有其欣赏价值，但如果把这种手法结合到室内设计，其价值就变得很现实了。

（5）去边法

建筑空间往往由于块面之间衔接得突然而显得生硬。通过照明引入线块光带比如隐光带，通常可以使装修物的轮廓变得柔和。

（6）红杏入墙法

相关的室外环境加上适量的照明，使室外景象自然地进入室内范畴，使得室内空间变大变虚，这种照明设计也是相当有效的。

（7）林荫法

在林荫大道上散步自然是心爽的无比，如果在室内也能有这种感觉，当然好。实际上，通过空间的测算，使用特别灯具和相应的平面形体是可以获得的。

此外，还有平面法、夜光法等等，不一而足。

7．算一笔照明账

一个优秀的设计决不仅仅盘算视觉是否过关，而是同时要考虑如何为业主带来低成本的经营。在营运过程中，照明所占的开支比例是极为可观的。因此，如何策划设计照明的可观性和经济性则变得极其重要。

关于照明的经济性能，可从两个方面讲，首先是灯具的数量与质量的关系。其实，现在流行的满天星，对很多设计师来说，有时也是出于无奈。因为灯具质量太差，无法满足基本的照度，不得已增加数量凑合凑合。灯具数量大了不仅增加了日后的维护和更替的成本，日常运作更是负担。

所以在设计照明的时候，要谨慎地选择所用灯具。其实，在灯具供应方面，有很多国际知名品牌，有很好的造型和很高的光效，可以营造较高品质的照明效果。单价可能是贵了些，但合理地搭配使用，也是无妨的。

另外，使用科学设计手段，也是必须考虑的。照明界不断地推出许多新招。实践表明是有效的。比方说，日光调节系统就是很好的例子。这种体系使室内的照度依据日光的强弱不断变化。很明显，这种体系是节能的。再比如，光纤系统虽然首次投入会大一些，但其美妙的视觉效果和低能耗大概也是可以值得算一算的。

因此，从工程投入和日常运作这两个角度，照明设计的经济性能不可掉以轻心。

室内装修中舒适感的设计要点

沈阳大学艺术工程学院　徐　姝

舒适感的“舒”是指伸展、宽解(拘束、憋闷的状态)的意思，舒适是指舒服安逸，相近的意思有“舒心”，心情舒展适意，“舒畅”开朗愉快，舒服痛快，“舒散”活动筋骨消除疲劳和不愉快的心情。这些含义的核心都是“舒”，人们在现代的室内装饰装修中主要的设计目标是使人在室内使用时感觉舒适温馨，心情放松愉快，增加舒适度，即舒适的程度，提高使用质量，可以说人在任何条件下追求舒适都是为了放松精神、缓解肌体的疲劳。舒适感实际上是人体生理肌体的舒展、心理的舒畅、精神的放松所形成的一种有益于人体生存机能的感觉。

人在舒适的情况下其生理的感觉，如心跳、脉搏趋缓、血液流通平稳、肌肉放松，从而使人心情舒畅适宜，有益身心健康。

生理的感觉极其复杂，表现多样。有身体表面的，如各种外界对人体各种感官的刺激，有视觉的，也有触觉的，还包括体内的一些变化，如血流、神经、脉搏等，如果受到某种不良刺激，生理功能发生紊乱或不适于人体正常的生理现象，会引起体内脏器的不适，就会对人体造成不良的影响，导致肌体生病或不适。

心理的变化是源于生理习惯的反映后形成的，包括视觉习惯，行为习惯所形成的联想反应和象征意义。

因此室内设计的宗旨是应以人的行为需要为核心，其目的是在使用过程中保证人的生理与心理能得到最适宜的舒适感，也就是说要感到实用、舒适、惬意、有效。在室内设计中涉及舒适感主要包括四个方面：人的行为动作是否舒展适宜；人的视觉、知觉是否舒适；人的触感是否舒服及室内环境质量是否良好舒适。

1. 人的视觉舒适

人的视觉舒适是指人在室内进行活动，视觉观察周围的物体形态、色彩时，其视觉知觉度或感觉效果对人的生理、心理健康没有不良的反映，感觉舒展适意。主要包括形态与色彩两个方面。

对于形态主要是考虑室内设施、空间造型要稳定均衡，从总的来看要整体性强，不要太琐碎。形态要以圆弧形和平直线型为主，尽量减少尖锐和不稳定的造型出现，避免对人体生理与心理造成伤害和不适。

对于色彩的选择可以从两个方面来考虑，一方面是消费对象的心理、心理适应什么色彩，一方面是消费者喜欢什么样的色彩。

通常人们说色彩有温度感，实际上是人在观察环境与物体的色彩时，视觉神经细胞会相应的发生变化，观察红色系时，视神经细胞会引起扩张反映，为了使细胞扩张就必须加快血液流通，使心脏加快跳动，这样身体会出现体温发热现象，神经开始紧张，如果长时间持续下去就会产生狂燥现象。但如果观察蓝色系，视神经细胞会引起收缩现象，因此血液流通会减缓，相应的心脏与脉搏的搏动减慢，人的体温会实际上降低，人们会感到凉快，但时间长了由于体温持续降低，除了会感到“冷”以外，人的大脑反映变慢，产生麻痹，使各种行为活动效率降低。而只有明度较高、灰度较高或中性的色彩，才不会引起人的视觉细胞较大的扩张与收缩变化，生理感觉平稳舒适。因此在确定室内的色彩时，要求冷暖适宜，尽量不采用红蓝等原色，而用中性或淡雅色彩，以减弱色彩对人视觉的刺激，保证血液流通、脉搏搏动平稳。要明确室内空间环境的功能，根据功能确定室内能够导致身体舒适的色彩主调，然后再根据室内人的志趣爱好、性格行为习惯，色彩的象征意义，确定局部调节色彩，这实际上就是心里感觉了，但是这种调节色彩的体量、比例宜小不宜大，不能使神经处于紧张状态，不能影响主体气氛。

至于消费者喜欢什么样的色彩，要考虑使用者的职业、年龄、性别、性格特点、志趣爱好和生理习惯的差异。

2. 人的行为活动舒展适宜

主要是强调人在室内发生居住、使用行为时，室内空间的规模、功能应适应人的个体、群体的相应活动要求，空间大小相宜，感觉舒服安逸，满足行为需要。

舒适度既有个体的舒适，也包括群体的使用行为构成的使用状态是否处于舒适状态。在家庭的室内装饰装修中除卧室、书房等空间以外，其他房间与公共环境一样都应考虑群体使用的舒适度是否合适，应考虑的是人与人之间的行为活动能否保证最低的功能使用区域或空间，如果不能保证最低的使用空间，或在单独的空间内使用功能与用途过于复杂，其每一项行为动作都会受到干扰和制约，使人感到不便，即不舒适。

人与人之间实际上存在一定的心理距离，这个距离随着关系的疏密而发生使用空间的远近变化，它是人体交往行为构成的心理行为安全距离，实际上也决定人与人之间交往行为所需要的空间体量上的变化。例如在家庭住宅中，使用客厅的人应考虑客厅的使用与其他房间不同，所谓“客”、“客客气气”就是主人与客人之间固有的一定心理上的安全差距。因此客厅内由于人与人之间的行为需要保持一定实际距离，表现在空间上客厅的面积就应稍大一些，否则会使人感到拘谨，相互之间行为不便，但是随着关系的进一步密切，或使用的人数发生变化，其行为间距可以有所变化。

卧室内使用者的关系或是个体，或是夫妻，相互之间关系亲密，更主要的是没有相互之间的戒备心理，心理安全距离近乎零，因此空间可以相对较小，满足使用的功能条件即可。但是从舒适度的角度分析，即使夫妻之间也会由于生理行为的差异，出现相互干扰，如打鼾、排气等影响相互休息睡眠效果的现象。如果经济条件较好或舒适度要求较高也应采取分房睡眠休息的办法，这样可以保护双方心理隐私，同时中国也有久别胜新婚的说法，增加卧室使用的舒适感。可以说每一种行为动作都应与相应的行为空间规模相协调，不能过大或过小。

空间过于窄小，人的心理安全距离被迫缩小，人体必不可免地产生避免碰撞、行为交叉的警戒心理，使精神，肌肉紧张，导致人的行为拘谨，不方便，这不仅是生理实际存在的现象，也是一种心理反应，在较小的区域空间中如果行为功能过多，则会在使用行为上相互制约，这种情况在设计时就要保证主要的功能需要，而空间过于空旷，人的心理安全距离不着边际，人的心理无法确定正常的警戒状态，心里有一种不确定的失落感。同时，空间过大，精神与肌肉过度放松，导致行为效率降低，人反而不舒服。人的行为活动只有在房间的使用成员要与房间的规模相适应，才能有舒适安全的感觉，即一切活动行为应以心理安全距离为核心，保持足够的行为空间。

因此，在各种空间环境的使用上要想获得最佳的舒适度，就要简化功能区域或空间的使用功能，建立专用环境空间。经济条件和居住环境稍差的可在室内设定充裕的功能区；经济条件和居住环境较好则可以设置单独的功能房间，单独的房间不受干扰。单元内的舒适水平与功能之间的关系是房间具有的共用功能越少越好，其生活舒适水平就越高。如日本在住宅的空间单元(卧室户型）划分的发展上，就经过食(就餐)寝分离、居(起居)寝分离、就寝(父、母、子女)分离几个阶段。从中国近些年来观察来看也经历了这几个阶段：上个世纪 70 年代以前是食(就餐)寝合居，一般家庭都是卧室内兼作餐厅，有些家庭甚至不存在厨房；70 年代开始了食(就餐)寝分离，80 年代部分家庭实现了居(起居)寝分离；90 年代大部分家庭实现了就寝(父、母、子女)分离；现在则向能够充分满足人的个体、群体的行为活动需要过渡，尽量扩大室内行为空间的规模，这是科学合理的，也是生活质量提高的需要，只有这样才能保证行为活动的最佳舒适度。

3．人的触感舒适

是指人在使用室内各种设施和家具时，身体直接接触各部位的感觉，如触感、质感是否符合人的生理、心理需要。要求家具和设施适应人体骨骼正常活动姿态，各部分肌肉，神经符合自然放松状态，神经处于不紧张或适量紧张的工作状态，肌肉不能过渡地拉伸或压缩，保持身体各部分生理压力正常、血流舒畅、不扩张也不收缩，这时人的心理是愉悦的。如果局部压强增加，即所谓的“硌人”就会使身体产生疼痛感或使神经麻木。因此要求各种家具设施的贴身部位与作用部位不能过硬或过软，尽量扩大接触面积使触感圆润，能减弱局部压强。反之，局部压强增大，神经处于紧张状态。

同时室内设施要保持使用方便，家具陈设灵活、摆放合理，符合人体工学。保证交通通畅，应考虑以无障碍设计为主。符合上述条件人体触感才能感觉舒适。

4．室内环境质量的舒适

有了适宜的空间环境与良好的视、知觉舒适度，还要考虑各种功能空间内的生物环境气候质量是否适应人的生存健康。

室内环境的舒适度，主要是看室内的个体或群体是否处于良好的室内气候状态下。科学研究表明，人的行为不仅受大脑的支配，还受着气候条件的影响。生活在热带地区的人，由于人体始终处在高温条件下，性情易暴躁而发怒；居住在寒冷地区的人，因为血液流通相对较缓，性情平和；居住在湿暖宜人环境的人，对周围环境事物非常敏感，因此容易多情善感；气温过高、气压降低会使人口干舌燥、焦虑不安、心情郁闷。湿度增加、气温降低会使人阴冷异常。由此可见环境舒适度对人的影响是很大的。所以室内的环境设计要考虑温度、湿度是否符合人的正常要求，尽量不能使人有“热”或“冷”的感觉。以及有无烟雾、辐射等污染，对于噪声、有害物质应消除、调节、缓冲的调整弹性。一般来说室内空间较大，空气比较流通，温度升降、温度变化、气体流动、气压波动的上升下降幅度较小，人体的生理活动功能稳定，外界气候不会给人体带来较大的刺激，能够使人保持较舒服的状态。

除上述各点以外，设计师还要从各方面综合考虑，如从生物气候学的角度设计室内空间，合理采用先进的替代性材料和生物系统装修与布置空间。合理就是慎重选用各种天然环保材料、无毒涂料，例如用木材和植物纤维、聚乙烯、聚丙烯材料代替各种 PVC 等化学材料，消除各种有害气体及减少各种氡气、福尔马林、甲醛可导致皮肤过敏的有害的刺激性较强的异味污染，包括各种油烟、香烟雾气的污染；调节控制室内温、湿度，减少噪声污染。还可以吸收二氧化碳、二氧化硫、氟化氢和放射性物质；户型采光充分，多面朝阳，室内 100%自然通风。对于较封闭户型要考虑选择各种排烟、排风、空气调节、负离子发生器等进行空气质量调节的设备，控制室内的温、湿度和空气质量，但要尽量减少电器污染。只有这样才能保证人的使用舒适。

浅析现代校园环境中的室内设计

李舟

现代校园是培养人才的摇篮，又是具备独特气质的文化场所。校园在每个学生学习生涯中有着一段抹不去的记忆。各个院校的校园环境往往各具特色，有着深厚的文化底蕴和内在气质，反映其环境个性及治学精神。而室内空间这个学生在校园中接触时间最长的场所，却大同小异，缺乏个性：乏味的教室、简陋的食堂、拥挤的寝室、单调的色彩，简而不能再简的装修，当然谈不上进行室内设计了。

随着我国经济的急速发展，教育产业的蓬勃发展，原有的校园环境已不能适应形势发展的需要。如今恰逢盛世，校园内大兴土木，设计实践机会之多令人羡慕，这为室内设计师、建筑师进入这个新的执业范围提供了契机。室内设计与校园环境因此而联系起来，校园成为了室内设计师、建筑师大显身手之舞台。

室内设计真正进入校园还是近10年来的事，设计完成的作品很多，但是如清华大学设计中心楼、清华大学主搂门厅等此类优秀作品还较少，存在许多客观原因：

一是尚无与之相配套成熟的学术理论体系，在校园环境设计领域行业内公认的设计名师还不多。专业从事校园环境理论研究多数是建筑学学院的教师和建筑师，很少是室内设计师。

二是室内设计行业重造型，重装饰，轻理论，轻文化。结果是没有理论支持的室内设计大多粗制滥造，尚停留在模仿的阶段，缺乏实质的创新，缺乏对文化教育建筑内在气质的把握，功能与形式的关系也不恰当。

笔者结合实际工作对现代校园室内设计进行初浅的探讨，归纳的特点如下。

1. 注重室内环境的文化氛围，室内风格应与校园环境整体风格融合

校园生活是一个人一生中最重要的一段经历，随着社会经济的发展，学生们在获取专业知识的同时，需要学校其提供舒适、健康的学习生活环境。而室内空间作为一个接触时间最长的主要场所，成为校园生活中不可或缺的一环，校园环境是服务与学生这一特定的群体，这区别于一般的公共场所。服务对象的差异也与人们的文化背景相关联，人们希望在一个与其心理与情感特征相吻合的环境中生活。学生作为一个特定的青年群体，他们的思维活跃，朝气蓬勃，特别善于接受新生事物，各种多元文化思想在校园内相互交流、碰撞。相对而言设计师在校园室内环境这个新领域有相当宽松的环境，没有太多固定的设计模式可以借鉴、搬用；没有设计思想上的束缚；没有约定成俗的条条框框。这需要设计师思路开阔，大胆尝试创新，可以采取多元化的设计风格，针对服务对象的需要来进行设计定位，有的放矢，将室内设计融入到校园的整体环境中去，在风格上反映现代校园文化教育建筑的内在气质，注重与环境协调，提升室内空间的文化内涵，以适应学生对环境空间的需要。注重文化氛围这是一个基本特点，也是现代校园室内设计的一个趋向。

2. 将建筑室内外与自然紧密联系，建立新的建筑空间生态观，提倡在室内设计中运用绿色设计理念

建筑内外空间设计是现代校园环境设计中一个重要内容

人与自然之间存在内在和谐共生关系，人有亲近自然的特性。因此在室内设计中运用自然的因素作用，注意人为的生态环境设计，用自然要素改善室内小环境气候，塑造具备高层文化品质和生态科技含量的生活环境，这才是真正“以人为本”。这需要设计师能熟练运用现代建筑语言，把握建筑空间的特性，善于挖掘新材料和新技术潜力，选用合适的风格形式、恰当的设计语言，去把握空间尺度，充分体现空间的特性，把空间重新塑造优化，将建筑设计的特点深化，协调人工环境与自然环境的关系，才能达到事半功倍的效果。所以设计师应从此入手，依其活动规律，理顺功能关系，创造健康、舒适的需求环境，科学地应用自然的阳光、水、通风、绿化等可再生能源，有意识地在设计中接近自然，发挥自然因素的作用，可改变传统文化教育空间严谨有余，活泼不足的状况，创造令人轻松愉悦、健康的环境，这无疑将减少学习的疲劳，大大提高学习的效率，使校园充满活力，减轻学生学习的压力，这也是一个行之有效的办法。

3. 经济性设计原则

现代校园室内设计必须坚持经济型设计原则，经济型设计应是其室内设计的出发点。校园室内环境在进行必要设计装修时，投资额往往是非常有限的，目前我国的国情也不允许我们在校园中设计过分超前享受高档、华而不实的室内环境，也与校园的清新高雅的文化气氛相抵触。量力而行、经济型的设计才符合现代校园的实际情况。因此设计师应该从校园实际出发，站在校方的角度上进行设计，把校方的每一分钱都用在刀刃上。这要求设计师在设计的过程当中就要充分的考虑经济因素，合理控制造价，首先满足使用功能需要，注重实用性，根据业主的经济条件来选择合适的材料和相应的设计标准。实践证明，一个优秀的设计并非必须使用高档昂贵的材料，而应该进一步发挥所谓“低档材料”的设计价值，可以采取“精材选用、粗材广用”的经济原则，使校园的室内装修建立在最经济的造价基础上，避免浮化的表层装饰，通过设计处理达到低造价，低成本，高品质的室内环境。

4. 笔者的实践与体会

笔者几年前就已涉足校园室内环境这个新兴领域，近年来陆续完成了数个校园内的室内设计项目，在工程设计实践中运用以上设计理论指导设计，获益匪浅。

实例一：重庆大学 B 区（原重庆建筑大学）二食堂改造工程（**见图**）

该案原有建筑空间设计的非常有特点，室内设计师在改造之前试图用建筑师的眼光去把握室内空间，尽量保持建筑空间的整体感，延续建筑师对室内空间体量的塑造，在设计时保留了原有的水磨石地面，只做抛光和翻新处理，把设计重点放在天花上，围绕建筑结构的特征——井字梁藻井，用普通建材做几何造型处理，在细节处理上借鉴中国民居的符号，在大厅中央点缀了四盏藤制灯具，形成独特的光影效果，成为空间中的点睛之笔。另外，为了满足食堂照明，在井字藻井中有规律的布置了几组中式风格吸顶式灯箱，并在大厅四周环绕了一圈漫反射光源，起到烘托大厅气氛的作用，使天花和围廊之间的相互呼应，加强了大厅的向心感和亲近感。大厅四周原有的铝合金窗在设计中保留了下来，以保持自然采光和通风。另外，在主入口处的墙面上设置了一组中国象棋残局造型，墙面因此而变得丰富而有趣。

该工程整个的设计风格简洁雅致，质朴大方，将民族文化的意境和校园环境结合了起来，造价也相当低，每平方造价只有二百元人民币左右，是一个典型的低造价设计。建成后营运的效果也非常好，广大师生的评价是“很有文化气息”。

实例二：重庆大学 B 区综合教学楼大厅及室内中庭设计方案（**见图**）

综合楼是重庆大学 B 区的一座核心建筑，该建筑的整体形象在校园中十分突出，具有简洁明快的现代建筑风格。大厅是教学楼人流聚散的场所，视角要求流畅，空间划分简洁明了，设计中力求体现高等院校特有的文化气质，设计指导思想首先表现简洁大方及现代感，从

功能出发，采用现代简约设计手法来塑造室内空间，使室内设计成为建筑设计的延续和深入，两者有机结合成为一个整体。在空间处理上拒绝表层繁琐复杂的装饰，宁简勿繁，强调室内空间的开放性及流通性，墙面、地面均铺设以石材，色调以浅灰色为主，与建筑室内外风格统一协调，不用过多花巧的色彩，以满足空间人流组织、疏散的要求。

与门厅紧邻的室内中庭加上采光玻璃顶盖，引入阳光、绿化等自然因素，构成一个绿色生态空间，在中庭的主要楼梯两边设置三层台阶式花台，阳光下大面积的生机盎然的绿草香花使空间明朗活泼起来，使得大门入口处有良好的景观，利用加宽的楼梯平台及堡坎形成一个讲演台，背景结合堡坎设计为砂岩质地的抽象艺术浮雕墙，以此强化空间的文化气氛。中庭上方自然天光泻下，倒影生动，回廊不作过多的装饰，保持建筑设计清新自然的本来面目。中庭对缓解紧张的学习压力很有帮助，也有利于人际交流。

总之随着国民经济的发展，现代校园与室内设计的关系将越来越紧密，成为设计师执业领域中不可忽视的部分，越来越多的室内建筑师（设计师）将关注这一领域，相信将会有更多优秀的设计作品出现在校园。

文字·空间

从中国汉文字谈建筑及室内设计

深圳市南利装饰工程公司　洪忠轩

一、引论：从中国汉文字的角度，提出具东方文化色彩的建筑及室内设计的思维结构

什么样的建筑或室内空间才具有真正东方韵味？这正是设计师不断探索的课题，那么，东方文化与西方文化的根本区别在哪里？我想，文化固然是一种很宏观的概念，但文字却是文化的重要组成部分，不同的国家有不同的文字。如中国以象形方块字为主。西方文字则以字母音节为主，而且，作为东方文字的一种艺术形式—书法，它正是中、日、韩等国家作为文化交流的主要艺术形式之一，既然东方文字体系有别于西方文字体系，由此，我想从中国汉文字入手，尝试寻求出本土文化与建筑及室内设计的关系，从而建立起一种具东方文化色彩的建筑室内设计思维结构。

浏览一下中国汉文字，我们发现：汉文字与建筑室内设计息息相关，它们既有相同的形象基础，又有共同审美法则，且在生活中互被应用，尤其汉文字的书法艺术形式，对其更有着深远的影响。

二、汉文字与建筑及室内设计“形”的构成形式相似，它们之间存在相互转化的机能

汉文字与建筑及室内设计“形”的构成形式相类似，它们之间存在相互转化的机能。汉文字是一种符号，它的基础是“象形”，“写字就是画画”（《门外文谈》），我们习惯把文字称为“方块字”或“象形字”，就是因为这种“方块”中的“形”起初都带有图形的某种轨迹，既是记事和交际的符号，又包含着形象的特征，其有着一种造型美的因素。那么汉文字是如何以自身的“形”描绘建筑物的形象的呢？我们先追溯到原始时代，祖先存在着“构木为巢”的“巢居”和“穴而处”的“穴居”两种构筑方式 ，以巢居为例：四川出土的青铜“镦于”上有一个显示悬空窝棚的象形文字，徐中舒说它“象依树构屋以居之形”，杨鸿勋释为“巢居”的象形字，它像是在四棵树上架屋的“多树巢”（《中国建筑美学》），仅仅一字就足以为我们再现了古代原始的建筑物形象。甲骨文中，京的形象像架立檐柱而提高居住面的建筑形象，是很明显的“干阑”象形字。此外凭字形可知其建筑及室内形象的还有“穴”字、“宫”字等等。由这些文字可见，我们的祖先以人工立桩取代天然树干来架立棚屋时，巢居就演进为干阑建筑，干阑建筑的室内同样设计成木梁木柱，由此开始奠定了中国建筑及室内设计的主体—木构架体系。

既然单独一个汉文字就可以记录建筑及室内空间的形象，那可不可以反过来运用文字特征塑造建筑及室内空间的形象呢？我们尝试一下把汉文字与设计相结合，于是把“方块字”的轮廓线简化为单纯的几何特征，这里把这些文字称为“几何文字”，如把“日”简化为“○”，“金”简化为“△”，“四”简化为“□”等等，这些单纯的“几何文字”恰恰正是中国建筑或室内设计中常用的基本语言，中国自古有“北京四合院”广东四点金等建筑布局形式。为何以“四”命名呢？因为“四”字外形就是一个矩形，而“四”字内部的点划就代表院内房的布局路线，古建筑布局可以用文字作依据，现代设计师是否也可以用文字作依据呢？美籍华裔设计大师贝聿铭设计的法国罗佛宫的玻璃“金字塔”是否是以“金”字为依据呢？如果不是，他在新加坡华侨银行中心大厦的正立面设计上，是一个很明显的“贝”字（《贝聿铭》），这是否也是巧合呢？无可否认，几何文字在当代设计中可以有其独特的应用，它不仅造就许多各具特色的优秀作品，更赋予建筑物以深远的文化内涵。

汉文字与建筑及室内设计艺术构成形式相同，审美法则相同。

三、书法艺术与建筑及室内设计艺术构成基础相同，审美法则相同

汉文字的艺术形式首推书法，它与绘画艺术，设计艺术审美要求相同，它们都遵循均衡对称，宾主得宜、对比和谐、疏密适度的艺术构成形式。

首先，它们注重均衡对称。这是形式美的重要表现形式，客观物体的结构本身就包含着这种规律性。人的四肢，鸟的两翼，无不严格地体现着均衡对称的关系。书法也是如此，结字讲究“平正安稳”、“四满方正”、“长短合度”，要“审量其轻重，使相负荷；计其大小，使相副称”（《书法十讲》）。其实，中国自古以来，无论书法或建筑及室内设计都包含这一形式美的原则，根据这种原则，建筑布局大都追求中心定位。《吕氏春秋》中有：“择天下之中而立国，择国中之中而立宫”，宫殿的布局也大都以中心轴对称图形布置。如北京紫禁城宫殿，北京故宫等都属于此类布局。当然，均衡不仅仅包括对称性的平衡也包括非对称性的平衡，称盘中的物体与称砣达到平衡时，它就形成了均衡关系，建筑及室内设计中的大小轻重都以这种法则为基础。

其次，它们讲求宾主得宜。凡事讲求主次先后，这是一种美学秩序，建筑有主楼与副楼的从属配置，室内空间有主厅与副室的从属关系。音乐中有所谓“主调”，“副调”

书法也讲究“宾主”法则。这是在构思经营中分清主次，突出重点的艺术手法。布颜图《画学心法回答》中对宾主之间的关系作了形象的比喻：“一幅画中，主山与群山如祖孙父子然，主山即祖父山也，要庄重顾盼而有情，群山要恭谨顺承而不背”。书法、设计同为姊妹艺术，不但意趣上相通，而且在结构布局上也可彼此参照，互为影响。因此观察，探讨和把握整体形态中的主、次关系，立主定宾，是我们设计师在布局构思中必须考虑的重要问题。

第三，它们讲求对比和谐。只有对比建筑物才具有趣味性和可读性，事物不可能是单一性的，如果缺乏对比，就没有矛盾，也就不能构成完整的事物。宇宙的万事万物都处于永恒的运动之中，不可能没有矛盾的差异。书法通过字与字的对比，达到变化中寻统一。建筑和室内设计通过形、色、质的对比，也达到变化中存在和谐的效果。歌德说：“题材与表现它的方式，还必须与明显的艺术规律有联系，那就是‘和谐、清晰，匀称、对比’等等，这样，艺术品看上去就会变得美丽”。对比与和谐是一切美的依据，没有和谐对比书法就不能成为遍章。没有和谐对比，建筑及室内设计就象一潭死水，毫无生机。黑川纪章在日本现代美术馆和歌山县博物馆的设计中均采用简洁的几何形式，入口大厅是新月形的平面，为使建筑物具有识性性和对比性，美术馆外立面采用黑色面砖，而博物馆则采用白色面砖（《黑川纪章》），从而达到对比和谐的效果。

第四，它们注意疏密适度。疏密关系是集中与分散的对比，也即大与小的对比，室内设计中故意留出空白墙体，这使空间产生大的面，同其它细致的工艺造型产生对比，这与写书法中字的结构一样，书法家将笔画未到的空白处也计算在它的造型之中，写字中的留白就相当于室内设计中的面，组织紧凑的笔画相当于室内设计中的工艺造型，只有点、线、面具备才能形成一个完整的艺术形体。文字的具体结构形态里的空间感可以因书体，时代和各人风格的不同而有差别，就像宫殿、园林、宅院等建筑因其性质、结构的差异而呈现不同的空间感一样。因此，在疏密布置上，书法与建筑及室内设计又是相通的。

四、汉文字在建筑及室内设计中广泛运用。它把文学、哲学、书法、雕刻、工艺美术、建筑学融汇贯通，合为一体

汉文字应用于建筑装饰中，它能引伸哲理，突破建筑景物的有限时空，它能指引鉴赏者从心里的角度产生人生的、历史的、宇宙的哲学感悟。在中国文学金库中，有大量描述建筑物的诗、赋、文章。这些咏景颂物的诗词文字，多数通过碑刻、崖刻、屏刻、夹纱字画等形式，含蓄地展现于建筑和室内环境中。碑刻分为诗碑和文碑，碑式有卧式和竖式，这些碑的碑首，碑趺以及碑身周边，刻有龙、凤、鹿、鹤、花、草、树木以及各色人物，文字与图案形成了一种装饰，而整个碑又是一件建筑艺术小品。崖刻主要在峻壁摩崖上刻字，这些文字给岗峦山岩抹上神秘的文化色彩（《中国建筑美学》）。如果说碑刻和崖刻属室外景观建筑的话，那么“屏刻”和“夹纱字画”则应属室内设计的范畴。苏州狮子林燕誉堂，在鸳鸯厅隔扇的正中部闰，把“贝氏重修狮子林记”刻在八扇屏门组成的屏壁上，大面积的屏刻与燕誉堂匾、楹联一起，大大浓郁了堂中室内空间的文化意蕴。在北京故宫的许多殿屋内，常常在精致的隔扇夹纱上，镶上小幅的诗文和绘画，称为“臣工字画”，这也是文字溶入建筑室内环境的一种很高雅的方式。

五、总论：以中国汉文字为例，借此挖掘传统文化，开发新思维形式，营造具东风韵味的国际识别性空间

自古以来，简短精炼的文字题句则又是通过牌匾、对联等方式穿插于建筑及建筑室内空间中。众所周知，牌匾给予建筑空间以简明强烈的主题意义，对联也是一种独特的文学及文字的艺术形式。它利用汉字的一字一音一义的特点，组成上下联对称的形式，体载可长可短，十分灵活，适用于各种大小不同的建筑室内外空间。而且对联有三种基本方式：一是当门；二是抱柱；三补壁。通过这三种方式，对联与门、柱、壁合成一体，取得建筑化的载体，成为建筑装修的一个品类。其中抱柱式的对联，通称“楹联”，是三种方式中运用最广泛的一种，许多重要的名胜建筑，从室外到室内，常常集众多楹联于一堂。它们通常是不同历史年代的著名历史人物或名人学者留下的吟颂、赏评，是建筑中的文化积淀的一种体现。匾额、对联把文字性的东西转化为建筑的构件，取得文学手段和建筑手段的自然焊接。

此外，文字在建筑装饰中曾被运用的还有文字瓦当、文字瓦脊、文字方砖和图形字等。以上种种文字形式作为一种建筑体裁，它给凝固的建筑物注入了生命，建筑空间也因此而充满个性和气质。

随着信息时代的飞速发展，未来的世界趋于一体化，人们不再有太多语言文字或文化交流的隔阂，建筑及室内设计也随着技术和工艺的发展，向单一的国际式演变，各国传统的文化将很容易受到覆盖。那么，要使优秀的传统文化中精髓部分得以继承，只有将传统文化理念灌输入现代设计思维中，建筑室内设计作品才充满魅力和竞争性，也才能在国际上成为一种个性突出的识别性空间。

参考文献

1. 侯幼彬 著.中国建筑美学.哈尔滨黑龙江科学技术出版社，1997

2. 王天锡 著.贝聿铭.北京中国建筑工业出版社，1998

3. 茹桂 著.书法十讲.西安陕西人民美术出版社，1999

4. 郑时龄、薛密 编译.黑川纪章.北京中国建筑工业出版社，1997

人性化的医院环境设计

—— 武汉同济医院高干高知病房大楼

深圳海外装饰工程公司　设计师　**梁　晖　李　阳**

一、设计原则

医疗环境是社会文明进步的重要标志之一，它的发展不但体现了社会卫生事业的进步，更与国计民生息息相关。而人们对就医环境的要求也在不断改变，从七八十年代强调“以病人为中心”的观念，到21世纪“既以病人为中心，也为医护人员改善环境”的理念，直至随着计算机和网络的出现，数字化技术在医疗设备中的应用及医疗设备的小型化、便携化，又使医院有向家庭化回归的趋向，追求自然也成为新的时尚。总而言之，人们在要求医疗环境更舒适的同时，也要求功能更全面。这就使医院的建筑设计变得越来越复杂，同时也对设计师的要求越来越高。

二、设计分析

同济医院高知高干楼的服务对象整体文化素养相对比较高，那么如何创造一个高层次的情感健康的康复环境，如何使患者在就医过程中有一个令人愉悦和感觉温馨的空间，如何使医生保持一个平和的心态，如何体现对病人、医护人员的关怀，如何体现高效率、快节奏，同时又能尽量降低日常运行成本，这是我们设计追求的目标。

三、设计理念——人性化空间

作为与人的生命健康息息相关的医院环境，空间氛围给人带来的影响是绝不能忽视的，由于功能要求的限制，医院的环境往往是最“普通”的，但这种“普通”的设计也往往是最“诚实”的，它们必须恰当地反映出医疗行业的特点。在设计中，我们本着真实以及以人为本的原则竭尽专业所能，从功能出发，摆正艺术追求在整个医院设计中所处的位置，从小处着眼发挥艺术创造的潜能。

根据现代医疗理论，患者接受诊治和康复的过程中，其心理和精神状态的表现情况发挥着相当重要的作用。所以，在对就医环境的设计上必须高度重视和关怀患者的心理以及精神状态，力求使患者在就医的过程中保持平和、轻松的心境，从而更好地配合医生的治疗，提高治疗的效果。

四、各空间的室内环境设计

在人性化医院环境的创造方面，各空间的室内环境设计也发挥着重要的作用。

大堂

通过对国内外新建医院项目的反复比较和研究，我们在公共空间的组织上采取了与传统医院截然不同的处理手法。例如：在住院部的底层入口大厅中，不再只局限为设立一些鲜花礼品店、小卖部等设施，而是将银行自动提款机、咖啡厅、商店、休息厅、健康咨询、网络查询等全方位、多功能的公共服务设施引入医院公共空间之中，甚至在空间形式上还采用了酒店所惯用的“共享大厅”概念，从而在相当大的程度上改变了传统医院那种过于冷峻、肃穆的形象。在这种空间环境中，患者甚至可能会忘却了自己正置身于医院之中，而用一种轻松平和的心态来进行整个就医过程。医院公共空间设计上的这种变化，顺应了当前社会发展趋势下对医院定位和功能的变化以及新的健康医疗要领的要求。

监护病房

在监护病房，我们设计了开敞式格局，以不锈钢玻璃做推拉门，也可旋转，配以医疗窗帘。普通病房采用半开敞式格局，子母门上嵌长条玻璃窗。通过这种布局方式，患者一方面可以切实地感受到自己时刻处于医护人员的护理之中，同时也加强了患者之间的交流，从而减少恐惧感和孤独感；同时也便于医护人员及时地观察和了解每位患者的状况，对紧急情况做出及时的应变处理，提高医护质量。而对于患者的隐私问题，可以通过病床周围的活动围帘，单独的治疗病房等措施得到很好的解决。

电梯

电梯厅采用一体化设计，天花墙面和地面一次成型，材料采用钢板喷漆。天花脚线和地脚线处为倒小圆角，利于卫生清洁。照明采用圆形灯片，光线明亮柔和，且不易于藏污纳垢。另外在色彩和标识系统方面我们也作了专门的设计。

病房走廊

走廊采用动态照明形式，天花铺设大块铝板，靠近病房处用一条灯带贯穿，其余点缀以筒灯。在照明功能上强调了病房入口处。在每个病房门旁边设地灯。

墙面1m左右有一条PVC扶手。病房门和医护门用色彩做功能区别。

病房

病房采用软膜天花，既抗菌又清洁。房间不设顶部照明。在每个床头设长条形墙壁灯。光线既柔和又方便医生观察病人的气色。每张床设围帘，保护病人的隐私。

五、医院环境的色彩与尺度设计

色彩和尺度是处理医院室内空间的两个重要手段，病人及家属对医院形成的印象也主要是通过这些空间形象获得的。

1. 在高知高干的建筑外观上我们采用了灰蓝色的点缀，

加强了建筑的层次感。

2．外科楼的旧楼改造，外装饰部分我们提供了两个方案：第一方案我们采用了铝扣板。第二方案采用了新产品：德国外墙涂料漆，优点是不用打基层，施工无噪声，不影响正常工作，工期短，造价低，保修期与铝板幕墙相同，效果与铝板完全一样，且有自洁功能。

3．在内部的交通空间中，我们也尽力选择了浅色的面材或玻璃，以加强建筑的通透感和明亮感。病房走廊的地面铺设了塑胶地板，分三种颜色，以功能分区，靠近病房入口处是粉红色，护士站用浅灰色，中间走廊是蓝灰色。配以白色的墙面和天花，清新爽目。为了增强护士站的视觉焦点，在冷调的空间中，我们把护士站设计成温暖的黏土红。

4．在病房的室内，我们将主墙面选择了以苹果绿为主的色调，配合以绿色的塑胶板，体现了家庭感和舒适的氛围。

六、标识设计和室内环境的统一安排

医院内部的标识系统是个十分重要的设计部分。这个系统的出现来源于人们在所有医院中遇到的突出问题——找路问题。作为一种图标化的系统，它还可对室内空间的气氛起到辅助的作用。

医院标识系统的设计在有效引导车流、人流、指示方位等方面发挥着重要作用。标识系统设计得是否简洁明了、条理明确、规范严谨，直接影响着整个医院动作的效率和职能发挥，同时也直接关系到每位患者能否方便地使用医院的各种设施、迅捷地到达该去的部门，从而减少由于这方面的原因所造成的就医时间延误以及情绪上的波动和急躁。

进入医院各个部门以后，又有更为详尽的指示标志和说明引导患者方便地到达具体的科室，并在地面上以不同颜色的标线和图示进行直接的指引。其图示符号均采用国际通行标准，通俗易懂，避免产生歧义，标识牌和图表上对各种房间均采用统一的色彩加以标识，便于识别和记忆。

在室内环境的设计中，我们依据美学和行为心理学的部份原理，充分考虑了在这种特殊环境和条件下患者与家属紧张、不安的情绪，尽可能在色彩、灯光、装饰及音响等方面采取相应的措施，来降低紧张的气氛，创造温馨和谐的氛围。例如在色彩方面，对急诊室和一些抢救用房，采用的是令人情绪稳定的蓝色；对住院病房，采用的是令人心情平和的暖色调；在灯光方面，注意了灯具色温和装配方式的选择，以避免眩光等现象的出现；在装饰方面，则选择了更多的艺术作品，以大型壁画和装饰画的形式布置在公共活动空间；此外我们还大胆尝试用现代抽象画来布置各检查科室，通过一些轻音乐的播放来制造平和亲切的气氛，以帮助患者舒缓紧张和不安的情绪。

论建筑室内设计硬性条件与弹性条件

广州市第三装修有限公司　孔德波

建筑室内设计是在建筑空间的基础上，根据业主使用功能及要求，进行二次空间分割的一种艺术表现手段，是科学加艺术的创造综合体，更是一门大众艺术。生活在当今时代大环境里，随着科学设计与艺术的不断普及，室内环境空间将成为人人共享生活艺术化的追求。因此，在建筑室内设计的创造和实践中，自然而然存在着室内设计的硬性条件及弹性条件的两种概念。

一、硬性条件与弹性条件的概念

在建筑室内设计过程中，设计师主要受到来自三个方面条件的约束和限制：一是业主（建设方）根据实际使用需要给出的条件，如限定投资额使用功能或特定风格等方面规定。二是国家、地方有关规定的条件，如城规要求相关行业规范标准和专业技术等规定。三是设计师的自我规定，即设计师的专业水平及积累的设计经验和形成的习惯自身潜意识的规定。

前两种不容设计师以自我意志加以改变，并必须按规定在设计中遵守的条件，即属于室内设计硬性条件的范畴。如业主委托设计三星级宾馆的装饰设计方案，室内设计师则不能擅自按五星级宾馆功能配置来设计；图书馆老人阅览室室内照明设计，在建筑照明设计标准中规定照度标准值是300lX，设计师就不能设计配置成 100lX。违反硬性条件的规定就等于设计师对自己的否定，然而业主在给出条件时，于某些方面未加限定，或者限定笼统，这属于硬性条件的概念可使室内设计师在一定范围内按自我思路进行选择、发挥。这种没限定或笼统的条件及设计师自我规定即为建筑室内设计的弹性条件。如业主委托设计酒店大堂，规定了大堂功能和空间色彩为中性暖色，这规定只控制了区间的分割使用功能和笼统的色相，而在局部饰面的结构形式上和颜色的纯度、明度上有很大弹性，特别是在区间的巧妙过度中也任由设计师自我发挥来决定。这就是弹性条件的概念。

二、硬性条件与弹性条件在室内设计中的相对论

建筑室内设计硬性条件与弹性条件的概念在辩证逻辑论中其含意是相对的，而且不是僵化的，是可流动的，两者之间存在内在联系，在设计构思过程中，尽管受各种硬性条件的制约，但通过充分发挥弹性条件的空间，运用形象的思维逻辑，同样能创造出尽善尽美的室内设计艺术作品。硬性条件与弹性条件实质上是一种规定的两个方面，因为规定的具体程度不可能达到具体的极限，有一定的自由空间，那么

规定要求中不可逾越或违背的界线即为规定的硬性方面，而硬性界线另一则容有的自由度即是规定的弹性方面。如设计某综合娱乐中心、业主要求按星级标准配置功能和规定了风格定位进行设计。设计师不可能在功能配置上和风格定位上做，但可以从空间型体、细部质感、灯光色彩等方面充分发挥其整体创造力，展现出其独特性、文化性、亲和力的整体感。因此娱乐中心的功能配置和风格规定就是硬性的，而分割型体、细部质感及色彩方面却具有弹性。

另外，硬性条件与弹性条件之间同样成反比关系，即硬性条件限定得越具体，弹性的空间围就越小，如设计限定具体化程度：设计、室内设计、室内公共空间设计、室内公用洗手间设计……。即硬性条件加强了、具体了，弹性条件的范围缩小的过程。若设计规定的“硬性界限”趋近“具体极限”，那么设计师在设计过程中仅仅充当完成设计任务的操作者，论为业主的设计机器，而其想象力和创造力却被限死，无法真正设计出好的室内设计作品来，更无法体现出设计师的水平。近年来，在建筑室内设计领域，随着社会科技的飞速发展，世界设计文化的不断涌入，全民文化素质的不断提高，社会环境状况不断改善，经济物质的逐步丰富，生活习俗的不断衍化，审美情趣的逐渐提高，业主对建筑室内设计质量要求更高了，在委托室内设计项目时对“硬性界限”的规定有了明智的宽松，任由室内设计帅在弹性的空间里发挥其智慧和创造力，然而涌现出不少的室内装饰设计佳作，这就是其两者之间的相对结果。

三、硬性、弹性两种条件与设计能力的关系

从建筑室内设计的方法论上来说，设计条件不仅是开展室内设计的必要依据，同时也会成为束缚建筑室内设计师创造与想象的枷锁，如何对待、运用在设计中的硬性条件与弹性条件，是衡量建筑室内设计师的设计能力重要标尺。我国建筑室内装饰设计行业刚走过二十多年，这是一个很年轻的行业，同时设计队伍都来自不同学科或半路转行的设计人员，设计师们的整体水平参差不齐，国内国际间的交流也不多，理论水平和实践经验尚待提升，室内设计还没有形成自己的文化形态和完整体系。针对目前设计创作与设计师自身的关系状况来看，归纳设计能力与两种条件之间的关系，可得出以下几种形式。

第一种是：设计能力低下，设计者非但不会运用弹性条件，而且对硬性条件都难已满足（特别是很难满足国家行业规范和标准是常见的），表现在设计方案上，即功能关系既不合理，形式处理又很拙劣，并常以临摹、仿造、复制别人的作品，依赖于别人的拼奏成自己的方案来生存，这类室内设计者是没有实力的设计者，只能是一个的原创者们流行观念的传播者，或非专业老板们随心欲想的实现工具，可谓是从事建筑室内设计的“低能儿”。

第二种是：设计能力是一般，设计者在设计过程中能基本满足硬性条件，但对弹性条件缺乏开发、运用，思想守旧，方法雷同，对新事物、新观念难接受，悟性差，开发创造思维跟不上，作品形式无特色可言，老是停留在旧的水平线上，这类设计者在当今为建筑室内设计师之多数。

第三种是：设计能力较强，设计者在设计过程中不仅能满足硬性条件，而且能在一定程度上开发利用弹性条件，特别是能充分理解其设计项目的内涵对空间环境理解，截取与设计作品有必然联系的文化元素进行再创造，形成自己的风格特点，这类设计者是当前我国室内设计师中的优秀者。

第四种是：设计能力很强，设计过程中不但能满足硬性条件，还能充分开发、运用弹性条件，这类设计者对世界室内设计动态、时代历史前景、地方文化特色，建筑技术水平的发展，对多种学科专业技能的了解都能紧紧把住脉搏，他们的设计作品表现出超群的个性与时代风采，是当前我国建筑室内设计师中的杰出人物。

第五种是：比较特殊办亦属超常类型，即设计者在设计过程中往往突发其想，在开发、运用弹性条件方面颇有独到之处，其作品独具非凡的抽象艺术，虽然作品构思绝妙，形式奇特，但往往也缺乏实际使用意义，超出时代的时空界限，对硬性条件不能很好的满足，只能是做上纸上谈兵一类的幻想主义者，甚至可以是建筑艺术的预言家，这类设计者可谓是建筑室内设计师的“怪杰”。

综上所论，硬性、弹性条件与设计能力的关系来看，设计师能否充分开发，运用在设计中的弹性条件，是鉴别和测定室内设计能力的关键。因此对如何开发运用弹性条件，把设计理论、建筑技术、工艺美术充分应用于室内设计中，很有必要作进一步的探讨，就象黑格尔的美学观点一样，把建筑装饰艺术的最高境界比作是一种无声的诗的艺术，也就是说在建筑室内设计中，弹性条件发挥到极限，其建筑室内设计作品就像一首无声的诗，充分表达了设计者的内心感受及理念。

四、如何开发、运用建筑室内设计的弹性条件

如何衡量和鉴定建筑室内设计师设计能力的高低主要表现在怎样利用和满足硬性条件，如何开发、运用弹性条件的两个方面，如果业主委托设计时给出的硬性条件比较合理，那么满足前一要求并非难事；而对弹性条件又应怎样来开发、运用他，这就看设计师的设计能力了。

一般来说，应从以下角度来进行。先是设计师对委托人的要求和约定在策划前进行周密的分析，划分出哪些条件是硬性（包括国家设计规范和地区相关行业标准），硬性条件的范围覆盖到整个设计项目的什么程度了，并从硬性之中分出其弹性点。了解和认识硬性规定的具体程度及空留的弹性点范围后，便可以确定开发想象与创造的突破口，如设计酒店大堂时，业主给出大堂面积范围的体量上有硬性规定，设计师可在功能分割上做文章；若对各功能分割上再有硬性规

定，设计师则可在装饰材料上多动脑筋；若材料也有硬性规定，那么设计师再可在饰面肌理和色彩上有弹性处理的可能。总而言之，“硬性界限”与“具体极限”两者之间不会完全重合，必然存在弹性点领域，理清了硬性之中的弹性成份，再回到整体的弹性条件成份的分析，认清进一步可发挥想象与创造的范围，然后才能更有效、更迅速地进行整体策划设计。其实广大室内设计师在平时设计中也早已采用了这种方法，不足的是，可能并没有真正有意识、有目的地划分两种条件在设计中的相互关系，并缺少对弹性条件作深入研究和开发，或是开发了，但也不够系统和深入，使其设计方式仍处于传统的经验阶段。

其次，作为建筑室内设计师，应力求解脱旧观念束缚，首先打破自我规定中老化的硬性条件，从积累的经验与形成的观念中把有用的继续利用，老化的要不断更新。现实中往往出现这种现象，一些有碍设计质量的硬性条件，不是来自业主或国家相关规范，而是出于设计师自身，跳不出自我固有的圈子，这是人的惰性本能的一种表现，要克服这一点，设计师就必须勇于怀疑自己的经验和观念，有自知之明和敢于大胆更新旧的知识体系，充实新的思想内容，紧跟时代步伐，这样才能把自己脚上的羁绊除掉，树立全新的设计观。

五、研究建筑室内设计两种条件的现实意义

从建筑设计理论意义上讲，室内设计应与建筑设计一脉相承，是对建筑空间进行再创造，这项研究属建筑室内设计方法论的范畴。我们抛开在室内设计的具体内容，将硬性及弹性条件从客观存在中抽出来，对其概念、相对意义设计能力之关系以及如何开发、运用弹性条件进行理论上的探讨研究，这对丰富建筑室内设计方法论的内容，完善其理论体系是有一定价值的。我国建筑室内装饰设计这一新兴设计领域，从理论上研究方兴未艾，我们有必要从更多的角度来探讨其方法论，以早日形成我国建筑室内装饰设计方法论的完整体系。

从建筑装饰装修行业实践的发展意义来讲，通过这项研究，可积极开发室内设计师的创造和想象，提高设计师们的综合素质，使他们清醒认识到，建筑室内设计是一门多学科专业配合的设计领域，从结构到机电、空调、消防、给排水、弱电、门禁、智能化网络、工艺美术等设计，只有从各专业配合设计中认清了硬性条件与弹性条件，才能更好地在设计中把握好现代装修、装饰材料特性，把建筑室内空间改造成装饰艺术化、色彩科学化、空间环境文学化，即能满足功能要求，又有文化内涵的现代室内环境。所以提倡在建筑室内设计领域进行对两个条件的研究是具有十分重要现实意义的。

*本文被评为“2003年首届全国建筑装饰行业优秀科技论文”。

建筑室内设计施工图水平的提高及能力培养

广西建工集团桂港建筑装饰有限公司　设计师　工程师　**刘宇青**

室内设计是一门多行业多专业交叉的学科，它不仅在于美化环境，更在于提高人民的生活质量。今天经济的高速发展，固定资产投入的增加，使室内设计师有了更广阔的体现自我价值的舞台。而日趋激烈的市场竞争，所引发施工技术的频繁更新，业主素质的提高，都对设计师提出了更高的要求。而作为新兴的学科，建设部对室内设计专业的技术规范、行业标准尚不完善，各公司都有自己不同的表达方式。现实中，国内的设计行业普遍存在的设计费低，设计周期短，极易造成施工图图纸质量低下，而由于设计人员素质参差不齐，因竞争的原因存在重视效果图轻施工图的思想，校对、审核、审定过程的不完善、不重视，均对图纸质量造成极大的影响。长此以往，恶性循环，极不利于行业的发展。

装饰企业面对广大的客户（业主），沟通首先体现在设计的方案的效果，沟通的优劣同时也反映一个企业在设计上的实力。施工图作为装饰施工的指导和依据，必需准确到位，作为设计师首要任务就是不断提高自己的理解水平，树立设计的威信，为更好地将设计方案转换为施工图，设计师必须思考采用何种材料更经济，何种工艺更利于施工，把握各种尺度以满足客户的使用要求，以较低的工程成本达到较高的艺术效果，满足方案设计的意图。

近年来，已有很多的国外设计事务所已进驻国内的沿海城市，而在我国加入WTO后，未来的几年里会有更多的国外企业参与到建筑装饰领域的竞争，如何才能迅速提高设计水平，在竞争中保持一定的市场份额，成为摆在我们面前的重要课题。

一、图面效果

在文字诞生之前，人类就已开始使用图形符号来传情达意，把自己的思想，经历的事件记录下来。而图纸就是指导现场施工人员进行工作的依据。目前，国家对于装饰设计的图例还没有一个规范范本，各地各公司都有自己不同的表现方式，而装饰行业人员流动性较大，如公司内没有一套制图标准，就很容易出现一套施工图内出现多种不同符号表达相同的意思，这样既不利于与业主、施工单位的沟通，也使施工图图面效果大打折扣。对材料的称谓也各有差异：如对等边40角钢的表达就有40×40角钢，40×4角钢等，至于石

材的名称由于种种原因，就更难统一。

在实践中认识到室内装饰是从建筑中延伸出来的，建筑设计行业已有多年的规范和标准，因此装饰的图例符号应在建筑图例的基础上完善，只有完善的规范，设计表达才能准确。首先根据《房屋建筑制图统一标准》（GB/T 50001—2001），对公司的图标图框进行重新设计。线形、字体及比例、剖切符号、索引符号与详图符号、引出线、定位轴线及尺寸标注要求均按照该标准的规定。对楼梯、坡道、空洞等图例参照《建筑制图标准》（GB/T 50104-2001）。参照国外室内制图的图例，结合公司的实际情况，增加了材料索引号，立面索引号等，为使图纸电子版的使用方便，暂定采用 window 宋体字。各种常用的图框图标、文字、图例、符号均制作样图，并组织设计人员学校，熟悉使用各种符号，保证出图时图面符号文字统一，从最基础的方面开始图纸质量的控制。

二、材料熟悉与运用

设计人员经历走出校门，进入企业，往往会感到迷茫，觉得英雄无用武之地，在学校里获得的理论知识，包括环境心里学，室内设计理论，家具灯具及装饰设计，建筑热环境与节能等书本上的知识运用不起来，根本原因就在于对材料的不熟悉，一个项目不知从何下手。要成为一名优秀的施工图设计师必须从这方面着手，提高自己的设计水平。

近年来，科技不断地进步，技术不断地更新，潮流不断地变化，新型材料不断地推出，作为时尚地推行者，潮流地引导者，设计师必须了解这些材料的物理特性，经济性，使用的范围，施工的方法，以及如何搭配以达到最好的效果。

首先，所谓材料的物理特性，即是材料吸水率、膨胀系数、耐火等级、容重，是否为环保材料，环保材料是近年新兴的材料，由于国家去年新颁布的《民用建筑工程室内环境污染控制规范》（GB50325-2001），作为设计师就应该认真学习，以此为工作标准，选择符合规范要求的材料；了解材料的物理特性，可以对比不同材料的优劣，在工程材料选用上，能给客户提出合理的建议。而国家标准《建筑设计防火规范》、《建筑内部装修设计防火规范》（GB50222—95）对建筑内各处室内装饰材料的耐火等级有详细的条文，为材料的选择提供了依据。

其次，材料的经济性，装饰材料多种多样，能相互替代的产品很多，而不同材料必定存在或多或少的差价，大量表面处理工艺的进步，能够使用价格相对便宜的材料取代价格昂贵的材料，本者客户利益至上的原则，设计时就应在保证装饰效果、使用安全的前提下，选择使用施工工艺简单的材料，有效的控制工程造价。

再次，材料的使用范围，熟悉材料应用于何处，可以有效控制造价，延长成品的使用寿命，例如白色石材运用于室外空间，容易出现变色，出现锈迹。将未进行处理的薄装饰面板过多厨卫空间，则很快会受潮变色，甚至腐朽。当然材料的运用也不是一成不变的，有时我们也需要扩展思维，创新的运用材料，外墙漆本来是运用在室外，作为外墙的涂料，它的防水性耐久性必然优于室内用乳胶漆，因而我们可以在卫生间内采用外墙乳胶漆，如此可以运用色彩营造出活泼动感的空间，不必千篇一律的使用瓷砖，避免了瓷砖施工的留缝，使墙面更为简捷，适合运用简约的时尚设计，投资相当于中档瓷砖的价位。

至于施工方法，在以往的设计中往往会只给出平面、立面图，具体的施工方法则有施工方自行解决，这种工作方式在行业发展的初期是比较常见的，随着工程监理制度的日见成熟，客户素质逐渐提高，弊端凸现淘汰在即，主要的原因是造成施工无序，成本结算不清，极易造成纠纷。设计人员除了要经常深入工地之外，增加现场施工经验之外，还应该多看国内外的材料施工资料，毕竟我们不能抱着陈旧技术不思进取，而应更多采用新型建材。随着电脑普及，网络也应该成为我们了解世界的主要手段之一，很多大型的材料生产厂家会在自己的网站介绍新产品的技术参数和施工技术要求，这就为设计师提供很好的工作平台。

当然经验不是一朝一夕就能积累起来，想要成为合格的设计师，材料的熟悉并不是材料抄袭，而是材料的运用，使我们的图纸真正的成为指导施工的依据。

三、规范的熟悉与运用

施工图的设计首要任务是保证客户使用的安全，其次才是装饰效果，如何才能保证客户的使用安全？国家对建筑设计有着很多针对不同方面的专业规范，对于一些特殊行业还有专门行业标准，而每年国家都会对部分规范进行修订和更新，前面已经对制图规范进行阐述。

《建筑设计防火规范》、《建筑内部装修设计防火规范》（GB50222—95）、《高层民用建筑设计防火规范》（GB 50045—95）更是涉及人生命安全的规范；建筑内部装修采用可燃、易燃材料多、范围大，则火源接触到其的机会就多，因而引起火灾的可能性增大，为保证建筑的消防安全，防止和减少建筑火灾的发生，减少火灾的损失，建筑内部装修防火设计应妥善处理装饰效果和使用安全的矛盾，积极采用不燃材料和难燃材料，尽量避免采用在燃烧时产生大量浓烟和有毒气体，做到安全舒适，技术先进，经济合理。

设计师应对规范内的条文要求熟知，规范的数据能迅速查阅，了解建筑物的耐火等级，民用建筑的耐火等级、层数、长度和面积的要求，民用建筑的安全疏散要求，对建筑构造的要求，规范的名词解释，装修材料的分类和分级，单层、多层民用建筑内部各部位装修材料的燃烧性能等级，常用建筑内部装修材料燃烧性能等级划分举例，高层民用建筑内部各部位装修材料的燃烧性能等级，地下民用建筑内部各部位装修材料的燃烧性能等级。

在室内装饰设计中经常将壁挂、雕塑、模型及标本作为室内装饰内容之一，为避免这些饰物引起火灾，公共建筑内不宜采用B3装饰材料制成的壁挂、雕塑、模型及标本，当需要设置时，不应靠近火源或热源。为了确保消火栓在火灾的扑救中充分发挥作用，要求建筑内部消火栓箱的门不应被装饰物遮掩，消火栓四周的装饰材料颜色应与消火栓门箱的颜色有明显区别。建筑内部装修不应遮挡消防设施和疏散指示标志及出口，并且不应妨碍消防设施和疏散走道的正常使用。建筑室内装饰设计中尽量不要改变原建筑设计中功能性房间的面积、位置及功能。

在我们的设计中还要注意，特别是改建工程中，有些工程设计建造时间较早，有些设计不符合现行规范的要求，就应针对这些问题进行整改，不能一味考虑效果装饰和投资，忽略细节的设计。某宾馆的装饰工程设计中，原窗台设计只有0.7m高，根据现行《民用建筑设计通则》(JGJ 37—87) 要求窗台低于0.80m时，应采取防护措施。在不改变外立面的情况下，采用了在室内增加维护栏杆的作法。在另一项目中，原土建设计的连廊的栏杆高度只有0.85mm，根据栏杆高度不应小于1.05m，在原砖砌栏杆上增加0.2m高的不锈钢扶手，既到达美观耐用，又满足规范的要求。这些看似微不足道的小问题，正是设计师应该注意的问题。

四、工种之间的协调

建筑室内设计所涉及的工种很多，技术要求各有不同。装饰设计与其他工种配合可归纳为：建筑结构；管道设备类——空调、水、电、采暖、消防；艺术饰品类——雕塑、字画、饰品等；园林景观类——植物、绿化布局及采光要求；厨具办公类——家用电气、办公设备；种类繁多，正因为这些因素，要求装饰设计过程中必须要多沟通，多了解，根据上述工种的特点，与其使用要求，这样才能把设计完善。在项目设计特别是大型公用建筑设计的时候，尤其需要大量的相互协调的工作，牵涉到业主、施工单位、经营管理方、建筑师、室内设计师、结构、水、电、空调工程师以及供货商之间方方面面，相互协调，充分合作，解决复杂工程中的复杂问题，达到各个方面都能满意的结果。

设计合同、中标方案设计（包括效果图及平面布置图）及土建设计施工图是室内装饰设计的设计依据。设计开始前对设计依据的深入细致的研究是必不可少的工作环节因而，在设计前期项目负责人根据设计合同所签订的完成时间，权衡部门内人员的工作情况和能力，进行人员的任务安排，并制作《项目设计计划表》，然后正式开始项目的设计工作。

为能准确地完成设计任务，首先要通读土建施工图，了解建筑门窗的尺寸，以及结构梁柱的尺寸，确认方案设计的可行性，保证主体结构的安全，在此基础上结合甲方对使用、功能的具体要求，对原建筑平面设计进行优化和补充。另外一些旧房改造的装饰工程，常常会遇到砖混结构的建筑，业主按现有的业务要求，设想改变原有的空间，需要拆除承重结构墙体，此时必须经过原土建设计单位或具有相同资质的土建设计单位验算处理后方能进行装饰设计，否则会有严重的安全隐患。框架结构的建筑，非承重墙虽然可以拆除，但需考虑改建后是否符合消防规范的要求。由于建筑承重结构是属于不能进行改动的部分，因而室内设计与结构工种主要关系是如何美化或弱化结构梁柱对装饰的影响，使之与整个室内空间和谐、统一。

空调、给排水及消防管道的高度和位置是影响吊顶、墙面造型的重要因素。在施工图的设计开始前，设计师就应仔细研究各种管道的布置和高度，与其余各工种协调，尽量满足装饰工程的要求，对管线进行修改，在平面布置图、天花平面图及立面图初步完成后，向设备工种提资，协商后进行设备工种需改动的部分进行重新设计。但工程的实际情况往往是土建设计由土建专业设计院完成，土建主体竣工前才进行室内装饰设计，协调工作阻力大，联系不密切，造成整改不及时，而设备安装早在装饰工程施工前已开始，装饰效果得不到保证，这就促使室内设计师必须把协调工作做在前期，向业主提出调整原设计的要求，让业主有足够的时间与原土建设计单位协调，保证装饰效果、使用功能，减少业主的损失。

灯光的布置是凸出装饰效果的主要措施，而灯光的布置既要求对电气部分进行重新设计，也要求室内设计师能根据业主投资规模及效果的要求选定相应适用的灯具和光源，这也需要设计师对电气材料的熟悉和运用。在设计和服务的过程中，设计师还必须设计和监督特制陈设品的制作，设计特殊灯具并加以详细说明技术上的要求。为进一步保证设计的质量，室内设计师参与家具陈设品的选购、植物绿化的布局，使其与固定装饰相辅相成，营造良好的空间氛围。

五、结束语

我们的设计师多来自艺术专业或建筑系，艺术院校毕业的设计师在美学、色彩、工艺造型方面基础较为扎实，而建筑工程系的毕业生则对空间、人体工学、建筑构造方面有更深入的了解。在实际设计工作中，在工程的实践，资料收集阅读，对自己设计的反思，对国内外优秀设计的学习中，各人针对自己的不足，有忧患意识，加强学习，迅速提高设计水准，改变现状，大胆创新，发扬民族特色、地域特色，多创精品。

参考文献

1. 2002亚洲室内设计联合会论文集，天津大学出版社
2. 建筑防火，中国建筑工业出版社

---

*本文被评为“2003年首届全国建筑装饰行业优秀科技论文”

服装设计与环境艺术设计

大连轻工业学院　艺术设计学院院长　教　授　任文东　讲　师　王　翩

服装是流动的建筑，建筑是凝固的服装，服装艺术和建筑艺术从本质上来讲，都是围绕人体的空间造型艺术。服装依存于人体造型的固有特点，针对其的空间构成变化相对小一些，而主要由建筑艺术所引发的环境艺术则要丰富一些。

从空间艺术的美学特征来分析，服装艺术和环境艺术都是典型的视觉艺术学科，通过由点、线、面、形、色、质等造型元素的穿插与组合关系形成艺术形象。服装艺术具有时间上的瞬间性和空间上的流动性，环境艺术则有相对的恒久和静止性，综合这两者的先天属性就会发现，因为最终艺术的本质是为人来服务，作为空间当中活动的人的行为状态是表现的本质，穿着在其身上的服装和运动在其中的环境，就相互依托构成一个新的艺术整体，从人与周边自然物某一瞬间的形态抓取一个具有典型特征的画面来表现更多的内容，显然这要比单独其一种艺术门类的表现具有更多的拓展领域和精神内涵。魏晋时文人刘伶裸体于室内，客人指责时刘伶竟言道："我以天地为栋宇，屋室为衣，诸君何为入我中？"就从辩证的角度对人、服装、环境这三者间的关系进行了独特的思考。

一、服装设计与场合

特定的环境就必定有合乎要求的服装风格与之搭配，办公室风格的两件式深色西装、大胆条纹的衬衫和领带，会传达出穿着者的活力和决心，但同样的装束就不一定适合小型野餐会的随意气氛。《礼记》中说："燕衣不逾祭服。寝不逾庙。"即是说平素的衣装不能超越祭祀的礼服，寝室的华丽应让位于祖庙的辉煌。就是古人从另一个侧面论述了服装风格与穿着场合的内在联系。

一代时装大师伊夫·圣洛朗的告别演出选择了著名的乔治蓬皮杜国家艺术文化中心作为演出场所，也源于该建筑的设计思想：一个悬空的大玻璃盒子，内部是活动的，可以拆卸，进行各种各样的组合，表现当今艺术创造的各种体面来，它不是一座简单的建筑，而是灵感交流的生动场所，是现代技术工艺的标志，也是与时代相连的象征。也只有这样的环境，才能跨越时空，与伊夫·圣洛朗不同时期不同风格的经典时装作品交相辉映，从而为观察者引入更多的思考和想象。

二、服装设计作为环境艺术设计中的设计因素

丰富的视觉构成

在环境艺术当中，服装作为人的外观包装，起到了形式美法则当中点所蕴含的美学意义，并且在环境艺术设计的构成手法当中，由于着装者个人或群体的出现，形成随意的动态的韵律美，很富有生机，其点缀作用相当于硬朗的风衣外套上纵横线条中变化的几粒扣，不仅丰富了构成元素，并且丰富了空间的形象，充分体现了形式感富于变化的视觉语言，因为服装设计本身又有着视觉属性的丰富变化，所以又从动态视觉构成的角度再一次印证了环境艺术设计当中的服装设计作为丰富设计因素而存在的合理性与重要性。

活跃的色彩构成

西方的新人在教堂完成婚礼，新娘的婚礼服不在于具体的款式而在于气氛，婚礼服的颜色以白色为主，如雪白、奶白、粉白、象牙白，这些纯正无暇的颜色很符合教堂所要求的圣洁感，再加上制作考究的工艺，大量运用精选材料如亮片、蕾丝、饰花、饰珠等，这样礼貌得体的婚礼服会把教堂婚礼的神圣庄严发挥得淋漓尽致。这也充分证明了从宏观角度观察环境语言和服装语言的角色划分，即以足够大的空间眼光审视一定环境下的服装设计，造型必定屈色彩之后居于次席，服饰色彩作为环境色彩的重要点缀和补充，在很大程度上进一步完善了空间的色彩构成，并在环境艺术的色彩分析当中引入了与动态着色点的交流与对话，使空间的色彩构成更加活跃，更富美感。

动态的空间构成

人们选择着装应遵循的 TPO 原则，即时间原则(Time)、地点原则（Place)、场合原则（Occasion)、TPO 原则决定了服装的大致风格属性和内涵，任何服装的意义，都如同讲话一样要视环境而定，也就是说不能够一成不变，或以不变应万变，任何地点和时间的改变，都可能改变服装的意义，改变空间所赋予服装的灵魂和精神。试想一位穿着洁白缎地婚纱的新娘，手捧大束鲜花站在地铁站前，将会构成怎样的一幅奇怪景象。

三、服装作为环境艺术中的功能形成

1. 服装象征、暗示空间的性质

色彩鲜艳款式简单的运动装与色调明快光线充足空气流动的运动场空间，年轻护士的白色套装与医院病房中的窗明几净，西装和西装套裙与办公室、写字间，大礼服如燕尾服和袒肩长裙与宴会厅、大剧院、音乐厅等要求礼仪的隆重场合等，可以看得出服装的美不是独立的，只有先服而后才能装，装也要根据不同场合、不同环境因地制宜的考虑服装的选择，因为还有空间作为外在的因素在起到相当大的作用，环境对服装的衬托也是服装风格得以完全展现的重要手段。

2. 服装在环境中物理的功能

大型的剧场、歌剧院、音乐厅的声音通道都会有精心的计算和设计，观众群体的服装选择习惯、造型特征、服装面料材质、服饰吸声作用、面料吸声系数，以及由此带来的坐立姿态和方向的变化等，都会以微观和宏观的角度同其他常规因素，诸如立面吸声材料，顶部声音反射版，空间回声等共同构成此类场所声音通道设计的重要参考系数。

而在另外一些特殊场合，比如生物、化工、卫生等领域，一些特种功能性服装发挥着不可多得的作用，例如运用高科技手段，赋予服装隔离细菌、吸收有害气体、灰尘等神奇本领，在不适合人体直接接触的环境当中立下汗马功劳。

环境为服装作背景，而人作为服装的主角，在所有环节当中起到举足轻重的作用，人的行为、意识、举止将为由服装语言和环境语言共同书写的氛围添加最终的注脚。

服装设计和环境艺术设计都是强调以人为本，最人性化的设计学科。都不约而同的因设计语言而传达出针对空间的拓展、象征、暗示、想象作用。在由服装风格所代表的环境空间的性质，隐含着穿着者的活动空间和范围，再进一步引申出穿着者大致所属的社会阶层、生活态度和生活方式，力图表达服装、时间、环境之外的更多的内容，并最终使服装与环境在相同的时空当中互相衬托、交相辉映，共同将艺术感染力表现到理想的程度，这也就是形成服装设计作为环境艺术设计中的功能化的重要作用之一。

揭开艺术学院“室内设计”招生黑幕

新华社“新观战”记者　**乔　华　胡　辛**

■ 怪事多多

美术专业前两名几乎不会画画

2003 年 4 月，海南大学艺术学院美术系教师张志强来到 2002 级“室内设计”班给该班学生打分时，发现有 2 名学生在画“色彩肖像”时表现很差。他与任课老师张森一同给这 2 名学生打了“不及格”。

之后，张志强又在 2002 级其他几个班发现了同样的现象：6 个班级每个班里都有二三个，甚至四五个学生处于这种水平。张评价为“差得没底，根本不是画画的状态”。

5 月 16 日，学校教务处对上述两名学生进行了突击测试，鉴定老师是教务处指定的 3 名副教授。学院美术系副教授李铸是打分老师之一，他说：“2 名学生测试的最高分是 30 多分，最低分为 7 分。成绩差得离谱。”

张志强老师随后在教务处了解到的另一个事实让他更为震惊：这 2 名学生的高考专业成绩竟然是海大艺术学院 2002 级美术系 100 多名考生的头 2 名。

随机抽检专业基础最低分只有两分

6 月 17 日，海南大学校方从 2002 级美术系总共约 100 名学生中随机抽出 43 名学生，进行素描、色彩、创作三门专业基础课的突击检查。学校安排 5 名副教授进行鉴定，为保公正、还专门请来了两名海南师范学院艺术系的老师。

易武、李铸是海南大学艺术学院的两位打分老师。考试结果大大出乎他们的意料，他们记得当时的测试结果是：考卷共 120 张，其中不及格 60 张左右，30 分以下 30 张至 40 张。色彩和创作的最低分分别是 5 分、2 分。

李铸副教授在谈到评出最低分 2 分的情景时说：“当时那幅画上只画了几根线条。我们先请海南师范学院的老师打分。他们说，太糟了。我说，打 10 分行不行？他们说，不行。我又说，打 5 分行不行？其中一个教授说，我看只够 2 分。”李铸说：“2002 级学生入学已近一年，经过了这么长时间的学习，成绩依然如此。连海南师范学院的教授也不住地摇头说，太差了，太差了！”

■ 原因何在

俩学生承认高考专业课考试作弊

在与教务处的谈话中，最先被发现问题的两名学生承认高考专业课考试中作了弊：有的是临摹别人的，有的是请别人代画的。

张志强老师说，课堂上布置了题目，大家都在画，这样的人不动笔，一下课，就有人来到教室帮他们画。所以第一天课堂上你看他们的画面还什么都不像，第二天就大不一样，变得有模有样了。

另一件事或许能说明一些问题，在 2002 级美术系新生刚入学不久，学院就发生过一起学生因高考作弊被学校作退学处理的事情。

海南大学高职学院副教授、原海大艺术学院美术系副教授牧之谈了这件事的始末：“2002 年 8 月份，我刚来海南大学工作。开学后所带的第一个新生班就是 2002 级装饰本科班。这个班一名学生第一天上课，就在我正讲课的时候打断我，招手把我叫到门外走廊说，他是通过非正常方式考进来的，有关系但画得不好，让我帮他及格。最让我不能容忍的是，他公然叫来高年级老乡（也是本院美术系学生）在课堂上帮他完成作业，被斥责后，他跟我交了底：他是河南某中学考来的，那边老师收了他的钱，担保他一定能够考上海南大学。这名学生说：‘每年海南大学来招生的都是那几个人，他们心里都很清楚。老师你就不要太认真了，我后面的课也不打算上了，打分时候交给你两张画打分就可以了。'"

招生没有专业老师怎能招来专业人才

有教师认为，这种情况频繁暴露并不是专业考试中个别学生作弊可以解释的。一些教师的矛头直指海南大学艺术学院现行的招生程序和制度。原海南大学艺术学院工艺系主任易武副教授说："一届学生有这么大数量的差生，明显是招生中出了问题了。"

海大艺术学院音乐系留日归国的副教授刘明安说："去年我来到海南大学，看到音乐系学生素养差，1.4m 的学生能上舞蹈专业，大四还有学生不会看五线谱，而学院毕业生出去以后搞专业的极少，我就感到很吃惊。后来才知道，招生没有专业老师直接参加，不懂专业怎么能招来专业人才？

据李铮、张志强等人介绍，学院从 1999 年到 2002 年每年美术系的招生均由包括学院一名主要领导在内的两三个人主持，招生范围圈定在山东、河南、江西和湖南几省，从出题、考试（监考）到打分、录取都由他们全包。

前工艺系主任易武说："以往海大艺术学院招生并不是这个样子。过去出题的老师是不监考的，但可以评分。评分的老师一般都有 5 名。国内艺术院校一般也都这样。现任院长来了后，就成了他自己出题自己招生。回来评分也只是那几个人。"

记者一直未能联系上海大艺术学院院长张风。学院党支部副书记符美霞在电话中对记者说，她对招生的情况不太清楚，教务处进行的那次考试结果她也不知道。她说如果存在上述问题，应该是个别的，少数的。海南大学艺术学院培养的大部分学生的水平是符合标准的。

■ 省长批示

组成调查组彻查此事

学校工作出了问题，学生总是最大的受害者，包括那些作弊进来的学生。"这样其实是害了他们，因为在学校学不到东西。"音乐系教授马剑平说："艺术专业是混不出来的，那些不具备专业基础的学生，进来跟不上，学了四五年也没有用。"他就遇到过考进钢琴专业的学生不会弹钢琴。"这学生其实很聪明，如果学别的会不错，但学钢琴很难赶上别人。"

生源水平良莠不齐，导致艺术学院学风涣散，对教学质量和声誉都造成了负面的影响。老师教学上难把握，不易教；一些学生产生厌学情绪，经常逃课。近两年，这个学院还出现过几次学生罢课的事情；学院学术氛围淡薄，从 1997 年至今没有办过画展；学院在校外的口碑也越来越差，一些成绩很好的学生毕业后难找到工作，用人单位听说是海南大学艺术学院的，就不想要了。这对那些凭真才实学考进来的学生来说，是极大的不公平。

据了解，海南大学艺术学院暴露出的问题，已引起海南省委、省政府领导的高度重视。省委书记、省长汪啸风已经严厉地批示，要求海南省监察厅牵头，教育工委及有关单位组成调查组，彻底调查此事，坚决惩治教育腐败。

第八部分

企业运作

·企业家·

总承包的成功　行业的楷模

中国建筑装饰协会名誉会长　**张恩树**

深圳长城家俱装饰工程有限公司董事长、中国建筑装饰协会常务理事张朝煊先生送给我《长城的成功之路》、《2002年中标8个五星级酒店装饰工程专辑》两本著作，我看后极为兴奋，深感我国建筑装饰行业出现了总承包企业成功的范例，标志着建筑装饰企业出现了如长城公司这样具有独家设计、施工总承包能力的装饰企业，完成了一些国际水平的大型装饰工程。

联想到很长时间内，在建筑及建筑装饰市场上，多是业主在发包中肢解项目，虽然发包方也能说出不少理由，但是投标方疲于奔波拼抢，形成的人力物力浪费，多头交叉，整体风格不协调，管理不统一的弊端是显而易见的。有的工程质量还受影响。还时有发生不正之风和腐败事例。主管部门也曾规定，不能过度肢解工程的发包。

长城公司2001年在深圳完成威尼斯酒店大型工程的装饰设计，施工总承包项目后，为2002年一年内能中标8个五星级酒店装饰工程，打下了“品质、信誉、服务、效率”的基础。其中，张家港华芳金陵国际酒店（7万m^2），南通有裴大酒店（3万m^2），义乌锦都酒店（3.3万m^2），都是长城公司独家设计、施工总承包。一年中标8个五星级酒店装饰，这在业内也属首创纪录。长城公司进行总承包方式，都是由公司直接管理，不搞队队分包，而是公司负责全过程的管理，管理人员、施工队伍、都由公司掌管，各类人员，明确责任，严守责任状，每个项目开工前的誓师大会，也是动员大会，从思想动员到组织落实，都严格规范化了。董事长张朝煊还善于搞总结，写出的企业文化——管理文化，成为公司的传统理念，都要始终贯彻到每个项目实践中去，要求每个员工都要学习和熟悉。在工程进行中善于和业主及时沟通，协调、交流。公司的主要领导要亲临现场指导，在深圳威尼斯酒店装饰工程中，张朝煊就身穿工作服，全过程的亲临现场。对施工的员工，一律培训上岗，严格执行各项规范规程，确保“质量第一”，因为他们善于总结，把成功的经验和出现问题的教训，整理成规范性的文字，在全公司形成传统，加以贯彻。公司员工认真的，一丝不苟的维护公司的信誉，这就是为什么一年内中标8个五星级酒店的装饰工程的源泉所在。而且每个工程都完成的很好。

我读过张朝煊董事长总结的“文化篇”、“管理篇”，现在又读了《长城的成功之路》对张朝煊先生善于思考和总结，我非常赞赏，多么希望业内的同仁们，既能善于开拓市场，努力发展和提高企业能力，又要善于从实践中总结经验，提升理念，形成自己独具特色的经营。

值得指出的是长城公司完成的深圳威尼斯酒店工程。这项装饰工程已成了长城公司的招牌工程，他产生的连锁影响，在以后中标的五星级酒店装饰项目，起到了助力作用。2001年11月中国建筑装饰协会在深圳开会期间代表们参观后，获得一致好评。我认为具有“国际水平”。从设计到施工，独家承包搞的很精细，对我印象很深的是他们提出的石材工程木作化，边角隐蔽之处，也一丝不苟的精作，可以说是全过程的精品化。这个工程在深圳也算是上乘吧！所以深圳市接待美国前总统克林顿安排在威尼斯酒店发表演讲。克林顿赞许：“美丽的酒店，美丽的宴会厅，这是深圳的成功”。

借介绍上述情况的题目，我希望多出现一批能够独家从事总承包（包括设计、施工全过程）五星级大型工程装饰项目的企业，而且具有国际竞争能力。大家公认的事实是装饰工程市场国内市场国际化，境外各路公司到国内来抢蛋糕，我说过不要形成境外公司总承包，国内公司只当分包伙计。为什么国内公司能干的，老叫外国公司干？有其奥妙，先不去埋怨。先从行业自身努力，增强能力和素质，培养一批具有国际水平的规模和强劲的装饰企业，敢于和善于和外国公司竞争，能够“走出去”在海外市场上去拼搏。

我认为这是新时期造就一批国际化装饰企业的战略性的任务。加快从总承包到国际化的进程，希望政府主管部门和协会工作，都把此事摆到重要日程上来。

企业家的社会责任之我见

中国建筑装饰协会副会长　深圳市广田装饰设计工程有限公司董事长　**叶远西**

前言：企业家支配的社会资本和资源比平民百姓要多，他们相应地就应该比平民百姓承担更多的社会责任，这是毋庸置疑的。在前不久进行的一次针对企业家群体进行的专项调查中，创新、竞争力和社会责任感成为企业家精神的构成部分。这表明，对于企业家来说，社会责任感永远是必须具备的，而且在当今中国经济大转型的时候，“社会责任感”作为一种企业家的精神还将继续延伸。

当代中国企业家的社会责任是什么？通常看来，企业家向社会出资、捐款，为慈善事业作贡献，就完成了他的社会责任，这种认识是极为片面的。关于企业家的社会责任，我们必须从宏观上去把握，必须从社会经济、文化、政治等方面去综合衡量。

一、企业家的本质、地位及作用决定其必须承担重大的社会责任

随着社会发展，企业已成为影响社会进程的重要力量。当今世界经济的全球化特征，正是那些实施全球化战略的现代企业——跨国公司通过对外投资和一体化的国家生产体系将世界许多国家经济联系在一起，成为世界经济全球化的核心。国际竞争也日益体现为国家之间综合国力的竞争，国家经济实力是其中的重要因素。我国处于转轨经济时期，企业的国际竞争力弱。因此，我国企业的发展问题已成为事关国家强盛、民族兴衰、个人贫富的重大问题。

企业家是企业发展的第一推动力，是企业发展的灵魂与核心。正是企业家的运筹帷幄，企业才能决胜千里，迅速发展。企业家的本质是创造经济价值，这种创造不仅仅为个人，而且是为广大民众、为整个社会创造经济价值，这是社会与时代赋予企业家的重大使命。

企业作为一个经济组织，其最大目的就是追求利润最大化。企业经济实力的上升，最直接地反应到企业内职工收入的增加，从而惠及民众。企业的发展关系到国家经济实力的增强。如果国家在国际竞争中具有强大的经济优势，那么，这种经济的优势必然会转化并体现在国家或民族在国际政治中的影响力。因此，企业家的经济价值的实践过程，也就是推动社会经济发展的过程。如果企业家不能或不能很好地创造经济价值，就不可能承担起这重大的社会责任。

二、企业家的精神、企业家营造的企业文化是整个社会文化的重要构成

1. 企业家自身的创新与奋斗精神不仅造就了自己的企业，也推动了社会的进步

优秀的企业家和优秀的企业文化往往并存于一个企业之中，两者具有内在的统一性。企业家以自己的创新精神、经营理念、价值观念等塑造变革着企业，同时对全社会公众的人生观、价值观产生影响。

创新精神是企业家精神的核心。在竞争激烈的市场经济条件下，任何一个经济主体都面临盈、亏甚至破产的可能性。而正是风险以利益和财产增加的诱力和破产的压力作用于企业，从而鞭策着企业管理者改善经营管理，更新技术。往往正是企业家在管理与经营上，有新的态度和视觉的转变，在为企业获得新的生机时，创造了新的观念。我们看到：在改革开放、建立市场经济的实践中，企业家带领自己的企业在市场搏击中所体现的锐意改革精神——一种融合了民族灵魂、企业精神和个人智慧的创新意志，使企业家群体成为新事物、新方法、新机遇、新观念、新态度的创造者。

创新源于竞争，是企业在困难面前的抉择，多数竞争中都以创新者取胜。我国改革开放以来，企业家的创新精神及其实践，已形成新的观念和思潮深入社会公众心里，它不仅是企业发展的动力，“创新”已经成为推动民族进步、国家发展的不竭动力。

2. 企业家通过造就成功的企业，承担其社会责任

企业家首先承担的是本企业的生存与发展的责任，成功的企业会带给员工更多的福祉。除经济收入稳定、生产安定外，企业的人文关怀还体现于内部的各种培训、教育。这些每一个局部的稳定都是对整个社会稳定、提升国民素质的有效促进。反之，企业发展不好、员工失业、内部劳资纠纷不断，就会带给社会动荡和不安。

除此，企业还承担着将国家新的科技成果向市场转化的责任。企业将科技成果的有效转化，在造福于民并产生其经济价值的同时，也承担起推动先进生产力发展的社会责任。

三、企业家对国家和民族命运的关注，不是停留在表面，而是实实在在地承担起社会责任

1. 公司的社会责任

不久前，深圳宝安一家生产电器和玩具的大型制造企业，经过充分准备迎来了德国某著名音响公司的社会责任验厂。检查人员在照例核查员工档案记录时，发展一个员工进厂时年龄不足 16 岁，当即叫来员工查证，结果情况属实。验厂人员随即离去。就这样，一个遗留童工问题让这家丢掉了一次与跨国公司合作的机会。

据统计，绝大多数的欧美著名公司的年报中，都应股东要求增加社会责任审核的内容。今年，深圳当代社会观察研究所受到委托，为一些跨国公司评价其年报中的社会责任内容。

社会责任验厂一般要查两到三天，验厂人员大多是跨国公司委派的中介机构，拥有大批专业人士。业内人士表示，这些专业人士在企业里查上两三天，企业存在的问题往往很难逃脱他们的目光。比如，按照要求员工守则以及相应的企业规章制度，必须公开张贴在车间里。这原本是一件小事，但是，一些企业的负责人就是由于思想上不重视，只是随便在办公室里贴贴而已。又比如消防设施放置的高度、洗手间蹲位与员工人数之间的比例等等。正是这些“小事”往往使得检查难以通过。实际上，无论跨国公司进行的社会责任验厂采用的是哪一种标准，劳工权益保护，人权尊重、安全生产等方面的规定，绝大多数与我国《劳动法》、《安全生产管理条例》等相关法律法规精神相吻合。

中国加入世贸之后，越来越多的跨国公司将他们的订单从其他发展中国家转移到中国，如果中国工厂违反公司社会责任的基本要求，它们就可能面临关门的危险，甚至会影响到一个地区的对外出口市场。有关研究也显示，国际资本中国商品链的形成，正在改变着中国经济的发展格局，但是少数企业的经营模式与国际商业伦理有着较大的差距。例如，广东是中国外来劳工最密集的地区，流动打工者达到 3100 万，其中有超过 2000 万人是来自广东之外的内地农村地区。保障这些外来工的合法权益，不仅关系到企业的道德形象，

而且关系到企业的生死存亡。经济发展和市场竞争的需要，都要求所有中国本土企业必须按照新的商业规则来架构通向未来之路。

2．诚信是市场经济的基石，更是企业家的社会责任

市场经济是诚信的经济，是有严格规则的经济。企业家是规则的遵守者，更是维护者。以企业家的诚信，承担起遵守和维护市场经济秩序的责任，在现阶段往往要以牺牲企业的部分经济利益为代价。企业家甚至面临社会责任与企业暂时利益的抉择。而目前的市场环境，特别是装饰市场，对企业家责任的呼唤尤其迫切。

应该看到，较之过去，装饰市场秩序已有了较大的好转。但诚信的问题始终在困扰着市场的发展和企业的经营。一方面业主不讲诚信，发布假工程信息，蒙骗企业；另一方面，企业不讲诚信，在市场上，或先以低于工程实际造价20%～30%以上的价格中标，然后再用种种方式增加造价，不能提高造价便停工；或挂靠围标，谁“中”都是我“中”；或串通业主内定中标人，却仍接受投标，造成大量人力、物力的浪费，企业经营风险加大。造成市场秩序混乱，除管理体制和其它原因外，很大程度上是企业诚信问题造成的。即：参与混战者，也是混战的受害者。在所有企业不能联合起来，恪守诚信，维护公平的情况下，讲诚信、守规则的企业就可能在混战中失去部分市场。从短期讲，承担维护公平的社会责任就意味着企业需要暂时牺牲自己的局部利益。这里还不可避免地可能使一些制造混乱、乘乱捞取利益的投机者获得发展机遇。因此，在市场经济的建设和形成过程中，需要更多有社会责任感，勇于做出牺牲的企业家。虽然这对于企业家而言暂时是痛苦的。

四、企业家应该通过关注公益及慈善事业，担负起为社会公众谋利益、扶助社会弱势群体的社会责任

慈善事业发达与否，体现出一个社会的文明及进步的程度，慈善事业需要每一个公民的参与，也需要企业家的热情支持，这是整个社会对企业家寄予的天然的道德期望，这种期望没有理由，这种要求也不是强制，但却是一种道义上的责任。不支持公益及慈善事业的企业家，绝不是一个有社会责任感的企业家。

关于慈善事业，中华慈善总会荣誉会长阎明复先生曾这样说：“慈善事业是永恒的。人类出现以后就有了慈善，慈善随着人类历史的发展而发展，慈善存在于人类社会的各个形态之中。”

商界巨子李嘉诚，因其个人生活简朴而被美国《财富》杂志评为全球富商中最简朴的人，然而，他为公益及慈善事业却“挥金如土”，“一掷亿金”，其各类慈善捐款已达45亿元港币。仅捐建的汕头大学就达5.7亿元，1991年他与属下集团捐给中国残疾人联合会1亿元……。

李嘉诚确实是一个合格的大慈善家，如在汕头大学的创建中，他并不是一次投入资金了事，而是给予不断地关注。有这样一个故事：一次，汕头大学医学院的院落长来到香港，与李嘉诚约好在午饭时间商谈筹建汕头大学医学院眼科中心事宜。而在此之前，他的儿子在生意上的事要与他商谈。李嘉态说：给你5分钟，5分钟之后我约了汕头大学的人谈公益。对于那些要用钱的公益项目，他谈论两三个小时还嫌少，然而对那些赚钱的生意，却只给儿子5分钟，这就是大富之后的李嘉诚。李嘉诚可供我们学习的不仅是他的为人与经商之道，其深深的爱国情感与强烈的社会责任感同样是我们企业家的典范。

中国有句俗话：叫做“先做人，后做事”，普通人如此，企业家更应如此。作为企业家，应先做好“企业家”这个“人”，再做好“经营企业”这个“事”。

今天中国的企业家，肩负繁荣经济、强国富民、造就发展能够在世界经济中发挥重要作用和影响力的企业的责任，我辈企业家将不辱使命。

再就业路上的全国装饰女劳模

——记沈阳春霞装饰有限公司总经理王春霞

中国建筑装饰协会信息部　《中国建筑装饰》编辑部“装饰企业家”课题组

2003年4月18日，中华全国总工会召开新闻发布会，公布了2003年全国“五一劳动奖章”和“五一劳动奖状”获得者。我国建筑装饰行业有二家装饰企业荣获“五一劳动奖状”：一家是中国建筑装饰协会副会长单位、一级装饰施工、甲级装饰设计企业——上海市建筑装饰工程有限公司；另一家是中国建筑装饰协会常务理事单位、一级幕墙施工、甲级幕墙设计企业——深圳金粤幕墙装饰工程有限公司。有两位装饰企业家、且为女企业家荣获“五一劳动奖章”：一位是十届全国人大代表、中国建筑装饰协会常务理事——郑州康利达装饰工程有限公司董事长薛景霞；另一位是沈阳春霞装饰有限公司总经理王春霞。

2003年4月29日中央电视台晚间新闻联播报道，国家副主席曾庆红接见了当天参加“全国劳动模范座谈会”的代表，他们是荣获2003年全国“五一劳动奖章”和“五一劳动奖状”的代表，报道突出了三位代表的发言，其中第三位是今年46岁的沈阳春霞装饰有限公司总经理王春霞，她的

事迹是“带领下岗职工再就业”。

4月29日，首都北京，中央在中南海怀仁堂里召开“全国劳模代表座谈会”，会上一位女劳模的创业报告，迎来了长久的掌声。可谁会想到，这位女劳模曾是一名下岗女工呢？下岗女工是怎样当上全国劳模的？

1979年18岁的王春霞分配到沈阳市第三建筑工程公司当油工，那时的她年轻、热情、肯钻研、不怕苦，对工作、对事业充满着无限的希望，曾被沈阳市建工局命名为“油工技术状元”，并连续多年被评为辽宁省、沈阳市优秀共产党员。然而，人生的道路是坎坷的。

1994年4月17日，对于当时是沈阳市建三公司五分公司油工班长的她来说永远难忘——公司召开职工大会宣布油工班、抹灰班放长假的决定。王春霞被分到别的工区上班，会后，许多职工愁眉苦脸，唉声叹气，有的还流下了眼泪，望着这些，王春霞的心里不是滋味，一连几天吃不下饭，睡不好觉。她想，虽然自己有班上，但她们怎么办呢？特别是一想起党旗下庄严宣誓的时候，她的心里就一阵震颤，作为一名共产党员，在职工遇到困难的时候，有责任挺身而出，挑起这副担子。她把油工班的同志召集到一起，对大家说“部分职工下岗是大势所趋，不这样，我们的企业就不能生存和发展。我想把我的一技之长传授给大家，只要有我王春霞的饭吃，就有大家的饭吃。”

就这样一支由14人组成的“杂牌军”成立了。王春霞是惟一科班出身的油工，为了让大家尽快掌握技术，她一方面自费买来工具和书籍，教大家学习，一方面抓紧练兵。当时她二哥家回迁，家具和地板需要刷油，二哥家的新房成了他们的“练兵场”。油家具是技术活，尽管大家很认真学，还是把家具刷了个“大花脸”，结果反反复复了四五次，大家终于掌握了油工技术。

创业是艰辛的，俗语说，万事开头难，揽活是头一道工序，也是最难的，对于一个女同志来说就更难。从大街小巷的建筑工地到新竣工的住宅楼，都留下了王春霞的身影，有时人家一听是“杂牌军”，马上把头摇，甚至有的还冷言挖苦，尖刻嘲讽。

一次，王春霞听说某企业一宿舍楼要装修，就千方百计地找负责工程的厂长协商承揽该工程，可是由于是“杂牌军”，人家不信任，王春霞没有打退堂鼓，一次又一次地到厂长家拜访，厂长家没人，她就坐在门口等，就是靠着这样的韧劲，这样的忘我工作精神，厂长被感动了，他说：“就凭着你干工作这个劲，这个工程交给你我放心。”

再就业的路上充满辛酸也充满希望，市场经济中充满挑战，同时也给了王春霞动力与信心。她相信机会永远青睐肯于拼搏的人！

1998年初，沈阳春霞装饰公司在王春霞精心筹划下成立了，王春霞的装饰队伍壮大了，同时也安置了许多下岗职工。公司从原来的只干油漆活发展成为从选材到油漆的一条龙服务的具综合施工能力的公司，并且王春霞提出一个沉甸甸的承诺：“上门装修一次，终生免费维修”企业靠真诚赢得信任，靠质量赢得了市场，原来是他们出去找活干，现在是活上门找他们干。

王春霞就是这样凭着不等、不靠、自强、自立，艰苦创业，走出了一条下岗职工再就业的成功之路，不仅为下岗职工、也为我们建筑装饰行业的业内同仁树立了榜样，是我们建筑装饰行业的骄傲和光荣。

·人力资源·

建筑装饰企业生产力要素分析及优化对策

深圳海外装饰工程公司　总经理　**高　刚**

长期以来，中国建筑装饰行业一直是作为土建行业的附属行业而存在，装饰只是建筑的一部分，因此装饰的设计施工基本上沿用土建工程的规范，很少有把装饰作为独立的行业来进行管理探索。直到改革开放后，装饰行业才获得独立发展，并随着外商投资增加和我国经济、社会的高速发展和人民生活水平的日益提高，其市场需求不断增长，所占市场份额日渐增大，据有关资料统计，到 2001 年，装饰行业的年总产值已经达到 6600 亿元。

但由于国内建筑装饰企业在设计和施工上一直没有一个完整统一的行业规范，尤其是在高级装饰装修方面，相应的劳务、施工机具、装饰材料和工艺技术也没有完整统一的准入、使用标准，使用能力也不强，因此无法很好地满足市场的需求。

同时，加入 WTO 后，国外装饰企业更关注中国庞大的市场。我们与国外装饰同行的竞争差距也日趋清晰。特别是在设计领域表现得尤为明显，国外设计师的设计思路与手法新颖，对新的装饰材料、新的工艺技术的见解与使用均有独到之处，而我们的设计师理论水平虽不差，但实际水平没法比，究其原因，主要是输在视野不够开阔，头脑中缺乏新材料、新工艺的数据库。这些差距表明，如果我们不努力提高国内装饰行业的生产力水平，便无法应战携强势而来的众多海外兵团，更谈不上长远的发展。

作为国内最早成立的专业装饰工程公司，我们试图通过二十多年的实践与摸索，总结探索一套适应装饰企业管理与发展的经验与规范。“装饰行业生产力要素信息管理优化系统”即是我们的探索之一。

建立“装饰行业生产力要素信息管理优化系统”主要基于两个基本点：一是生产力和生产关系的辩证关系；二是装饰行业的行业特点。

作为一种物质生产方式，建筑装饰的生产经营活动自然也跳不出生产力和生产关系的辨证矛盾规律。因此，识别行业生产力要素，改善和提高生产力水平同时调整不适应生产力发展的生产关系，是提升装饰行业发展水平的关键所在。

根据长期实践总结，我们将建筑装饰行业中最主要的、起决定性作用的生产力要素归纳为人员、机具、材料、技术四大方面。即：劳动者素质、机具使用开发程度、材料质量与特性、技术先进程度，代表着建筑装饰行业的生产力水平，同时决定着建筑装饰行业的资源配置、市场份额、分配比例等生产关系；而这些生产关系是否与装饰行业的生产能力相匹配，又制约着建筑装饰行业各生产力要素的发展。如何优化装饰行业的生产力与生产关系，使之相互促进而发展，就是我们这个系统需要解决的问题。

而相对于土建行业而言，装饰行业则具有自身的特点，概括起来大致有：其一，项目规模普遍较小，平均工程量为 300～400 万元，要维持市场份额必须扩大工程数量；其二，工程项目区域分布广，装饰公司难以整合和发挥集团优势。相反，企业规模越大，工程项目越多，管理的难度和幅度也越大；其三，装饰工程生产周期短，平均生产周期只有 2 个半月，因此通常是多项工程同时开工，这样就需要大量的人才储备。

鉴于以上分析结果，本着进一步加强企业的即时服务控制能力，解决项目经理部工程运作中的难题，全面支持工程投标和项目管理，更新管理思路、开拓管理视野、提升管理水平的目的，从 2002 年开始，我们着手开发“装饰行业生产力要素信息管理优化系统”，并在 2003 年上半年进行了完善。下面就这个系统作一下具体介绍。

该信息系统的搭建平台是互联网。

搭建流程为：制定准入信息准则、按准则收集编入信息、将输入信息转化为输出信息、不断优化信息四个环节。

首先，我们对系统的准入信息和资源做出了明确规定，制定了筛选信息和资源的准则和方法，如：在材料信息方面，我们统计了以往和公司打交道的合格供应商名录并编制了《合格供应商清单》；在劳务信息上，先在程序文件中确定资格能力要求，后制定了《项目经理部劳务清单》、《劳务管理办法》；机具信息和资源的选择也在质量、环境、职业安全健康体系文件的《施工过程质量控制程序》中作了规定。

而后按照上述相关的标准和方法，我们通过供、需方的内外沟通和反馈渠道，收集了公司项目经理部及总部相关部门以往的经验并进行甄选，列出必要的资源和信息，支持系统的有效运作，并将输入的信息和资源转化为输出的信息资源，提供服务并实现增值。

同时该系统秉承持续改进原则，根据“PDCA”的循环方法，授予部分权限给提供信息资源的相关部门随时进行修订更改，再由系统管理员统一定期管理维护，致力于营造一个动态、发展的模式，不断更新信息，精练栏目，优化整合，去粗取精，去芜存菁。

该系统的内容主要针对人员、机具、材料和技术四大要素的管理，相应地搭建有劳动力、施工机具、材料信息、施工技术等四个子系统，并同时具备信息功能、管理功能以及优化功能。

1. 劳动力子系统

人、机、料和技术作为装饰行业的最主要生产力要素，只有在生产关系中才能良性互动、对立统一。而些单独的生产力要素都必须在“人”这个最重要也最活跃的生产力要素的作用下，在实际的生产过程中结成一定的生产关系，不断地相互作用、相互转化，才能形成现实的生产力。因此，**劳动力子系统**是其中最重要的组成部分。

劳动力子系统将劳动力分成三大类：管理人员、设计人员及操作人员，共设置了6个栏目：最新信息、最新人力信息、优秀员工、劳务相关法律法规、每周一星和劳务管理办法。目前该系统共收集了134个施工班组，1872个劳务人员、235个优秀施工班组的信息，可以快捷地查询各级管理人员及设计师的详细个人资料；也便于项目施工班组的选择，每成立一个项目经理部，都可以通过网络挑选要素组建成自己想要的班组，甚至在施工过程中由于淘汰了一些不合格的班组后也可以到网上挑选班组应急。

劳动力子系统不但使企业能够组合最适合的人选干好自己的工程，还便于对从业人员进行管理，提高劳务素质，从而能更好地调动其它生产力要素的积极性和有用性，提升生产力水平。

2. 材料信息子系统

装饰材料的质量直接关系到装饰工程的造价和效果，而且材料往往牵制着施工技术和工艺的发展。一个装饰工程做下来，所涉及的材料种类很多，材料价格占到整个装饰工程造价的70%～85%。所以掌握大量的材料信息对经济管理与项目施工管理就很重要。

在材料信息子系统中，信息分为材料和供应商两部分，有新材料推介、最新材料信息、供应商推介、新加入供应商、合格供应商评定标准、材料法律法规等栏目，其主要特点是信息容量大，涵盖十二大类材料价格信息近10000条，材料供应商800多家。每一家材料供应商都严格按照体系文件中的合格供应商评定标准来进行评定。该系统的另一特点是大部分的材料信息都配有图片，能直观地反映材料的原貌和特性。此外，系统还可以帮助查询各类材料的国家验收标准。

系统完全面向市场、紧跟市场，按市场规律收集、代谢材料信息，指导企业的市场经营活动，注重对各种新材料的推介以及价格信息的不断更新，是一个完全动态的系统。

作为材料信息平台，系统规范了材料的使用标准，为项目投标报价提供了价格参考，为设计师构思选材提供了数据库，也为企业集中采购材料控制成本提供了便利；施工单位能及时、快捷地查询自己所需的材料，满足了开工前准备期短的需要；装饰行业各企业也可以通过此系统分享材料信息和价格，起到规范材料市场的辅助作用，由于共享了一批质优价廉、环保健康的材料，也从工程源头上保证了顾客满意。

3. 施工机具子系统

装饰工程现场分隔较细，主要靠简单且常用的小型电动工具，大型机械设备几乎没有，但新型工具层出不穷，因此，对新型工具及使用方法的掌握也显得尤为重要。

施工机具子系统注重推介新机具的使用方法及合格的机具供应商，包括展示常用机具和最新机具，介绍使用、检测维修方法和注意事项，合格的机具供应商名录。

4. 技术支持子系统

由于装饰行业新工艺、新材料的更新较快，系统紧跟整个装饰行业劳动生产率的革新与改进动向。**技术支持系统**主要注重“四新”技术的推介，精品工程策划书、施工工法在项目施工中的推广，设置了技术动态、最新技术信息、推陈出新、推介书目、材料验收、法律法规、书库、精品工程策划书、工法等栏目，能够为项目部提供“零距离”的技术支持。

该系统的作用：“工欲善其事，必先利其器”。随着建筑装饰行业分工越来越细，对各种要素的优化整合及支配能力成为企业制胜的核心竞争力，“装饰行业生产力要素信息管理优化系统”建成后，为我们企业对人和物的有序管理提供了极大便利，它将原来分散的、静止的生产力要素组合成了系统的、动态的信息平台，方便了大家从各系统中找到自己需要的信息资源，并利用网络支持功能使各要素自由组合，优化配置，满足了设计施工各环节、各步骤的具体要求，为投标报价、设计选材、施工选材、成本分析、材料采购等方面提供了很大的支持，在编写施工组织设计、选择技术骨干、组建项目经理部、安排工艺流程、查询标准规范、远程技术疑难回应、优化劳务队伍等方面也发挥了积极的作用；同时也为设计师们提供了强有力的数据库支持。

“科学技术是第一生产力”，“装饰行业生产力要素信息管理优化系统”即是用科技来推动企业发展、提高生产力水平的一次尝试。目前它已在我们的企业中显示了局部优势，如果在整个行业中推广，相信也将对行业的发展有所助益。在座的都是行业内的专家，我们也更希望得到行业同仁的指正乃至参与，使其进一步完善和更广泛应用，并最终成为建筑装饰从业者手中的一把锋利宝剑，成为推动行业科技进步的奠基石！

论装饰行业建立执业资格制度的项目经理培训工作

中国建筑装饰协会培训部主任兼培训中心主任　王燕鸣

一、看似无情却有情

自从建设部取消了关键岗位持证上岗制度，以建造师执业资格制度取代项目经理岗位培训资质认证制度后，在新形势下，不少原来专门进行项目经理培训的同仁感到茫然：

有的在叹——原本红红火火的项目经理培训大势已去，下一步怎么办？

有的在问——项目经理培训还要不要搞？发不发证？发什么证？

有的在“抢”——想方设法再培训一批，抢搭资质认证最后一班车。

有的则在等——等政府出台新政策、新办法。

无疑，从计划经济转向市场经济，从按照行政命令工作转向按市场需求运作，需要一个过程；而这个过程的长短，取决于人的观念的转变和心态的调整。建筑装饰行业的培训工作也不例外。

面对新形势，新规则，我们应该清晰并且理智地认识和思考一个基础问题：我们的培训目的是什么？

众所周知，作为职业教育，简言之就是：干什么学什么，缺什么补什么，通过培训提高被教育者的适应能力、生存能力、自我发展能力和参与竞争能力。然而要实现这一目标，就要求我们的培训工作者必须率先转变传统观念，打破惯性思维，树立培训市场化和培训社会化思想，要根据市场和企业需要培训有能力的人才，而不是按照某一项政策培训有证书的人才。

项目经理顾名思义，就是对项目实施经营和管理，项目经理的水平决定项目经营和管理的水平。项目经理资质管理制度可以取消，但项目却永远存在，项目管理者也自然与项目同在，因此，培养适应项目管理需要的、高素质、高水平的现代项目管理人才就是现实的、长期的任务。

特别是在推行建造师执业资格制度的不远的将来，一个毫无专业工作经历者——不论你有多么高的文凭——也是根本踏不进建造师的门槛的！换言之就是，一个从未有过项目管理实践的人，连考取建造师的资格都不具备。这一点，已在国家人事部和建设部合发的《建造师执业资格制度暂行规定》第十条中明确规定。这不能不说——制度无情。

随着企业用人制度的改革和企业实力竞争的需要，“唯学历”、“唯证书”一定会被重人品、重能力的用人观念和用人标准所取代，企业不会轻易任用一个没有任何从业经历而且也没有接受过任何专业培训的人员去承担关键岗位的工作，——尽管他（她）可能会有很高的学历证明——因为企业不会拿自己的生死存亡开玩笑。反之，一定会慎重挑选并使用具备相应资格和能力的人，又不能不说——企业无情。

然而看似无情却有情，正是这种严格的从业资格管理制度和企业现代用人制度将为我们的职业培训机构提供巨大的空间！项目经理培训不是大势已去，而是方兴未艾。因为未来的项目经理要由两种人来担任，一种是取得建造师执业资格者，另一种是取得从业资格者。我们要紧紧围绕这种市场需求开展培训，也就是说，首先，我们要为尚未取得从业资格者进行从业资格——建造员培训，既为其铺设走上项目经理岗位的台阶，又为其创造向建造师过渡的入门条件；第二，要为尚未取得建造师执业资格者进行考前培训以及取得资格后的继续教育。

随着中国加入WTO和市场机制的逐步健全和完善，随着全民学习、终身学习的学习型社会的日趋形成，我们培训工作者必须要与时俱进，迅速转变观念，变靠政府为靠市场，变等任务为找任务，变发证培训为能力培训。注入了现代的培训理念，瞄准了潜在的培训市场，我们就会发现：项目经理培训不是终点而是起点；装饰行业的培训项目也绝不仅仅是一个项目经理！

二、用新眼睛看世界

由于人从一问世便有家长、老师告知什么是对，什么是错；什么该做，什么不该做，因此，从小到大，人们对于身边的人和事，大多习惯于用大众化的眼光去看，用传统的思维模式去想，用家长、老师、领导认可的方式去做。人们崇尚不越雷池、循规蹈矩的本分之举，而视标新立异、特立独行者为不轨之徒。

今天，随着时代的变化，社会的进步，一切都在变，都在不依人们的主观意志为转移发生着剧变、多变、快变。为了适应这种变化，人们看事物的眼光、想问题的模式和做事情的方法也随之改变。假如我们能够用新的眼睛去审视世界和我们身边的一切，以一种新的思维方式去思考我们的今天，我们就会创造出我们的辉煌的明天。

用新眼睛看世界， 应该具有与自己以往不同的眼光。要敢于发现自身不合时宜的问题，要敢于向自己固有的理念挑战，要敢于冲破过去熟悉并给自己带来成功的先例形成的思想束缚。现实中,很多人还都习惯于沉湎于过去的成功之中,津津乐道于过去的经验,事事照搬以前的模式,不愿承认对新事物、新知识、新思想的“不知道”。其实，“不知道”很正常，而能够迅速将“不知道”变成“知道”，就奠定了你获得新的成功的基础。“一无所知”，可以接受新事物；“质疑一切”，可以冲出束缚；打破常规，可以实现创新。这些都是成功者必须具有的素质和条件。

用新眼睛看世界， 应该具有与他人不同的眼光。要能够看到别人看不到的东西，要能“鹤立鸡群”。没有新意，没有特色，只会随波逐流，人云亦云，不能独领风骚，不能数一数二，就没有竞争力，就不能生存，就不能发展。要学会创造他人意想不到的商机。

有一个例子：美国有两家制鞋厂，为扩大自己的业务，都瞄上了太平洋一个岛屿上的拖鞋市场，于是各自派人去搞市场调查。调查员甲去了拍回电报说：岛屿上所有人都不穿拖鞋，这儿没有市场；而调查员乙去了，却拍回一份截然不同的电报，说岛上所有人都没穿拖鞋，这儿有巨大的市场潜力可以开发。面对同样一个现象，得出完全相反结论，证明两人的眼光不同，思维方式不同。

逆流而上，走另一条路。如果其他人都用一种方式来处理某件事情，那么你就应该沿着完全相反的方向前进，你就可以在那里找到很好很多的机会。

用新眼睛看世界，应该具有丰富的想象力。如果一个想法吸引了你的想象力，那么它也会吸引别人。星巴克的成功在很大程度上要归功于其丰富的想象力，星巴克的创始人霍华德。

舒尔茨在参加意大利的一个贸易展览会时，看到了意大利的咖啡屋，并被深深地吸引了。

于是，他就想到了美国人需要一个在家和工作地点之外的地方，交谈、阅读、使用电脑，需要一个轻松、安全的环境与客户交流、畅想未来。从这些想法出发，舒尔茨和他的公司实实在在创造了这样一个环境。如今，在星巴克有异国情调的环境中品味咖啡饮品，几乎为每个人提供了在价格上可以接受的优雅和奢侈。又是这种想象力星巴克又将其服务扩展到了更广阔的领域。丰富的想象力创造力星巴克的未来。

新趋势的迹象随处可见，但只有能够捕捉这些迹象，同时看到这些现象的本质，并以一种具有独特想象力的思维方式挑战现实，而这种独特的想象力首先要吸引自己，感动自己，这种想象力就会变成我们的未来。

装饰行业建立执业资格制度，新形势下项目经理培训工作，带给我们很多思考。我愿意与装饰行业的同仁一齐探讨，以适应装饰培训市场新的需求。

关于当前我国培训建筑装饰特殊工种问题的讨论

赵洁心

一、培训管理导论

策略管理归类为管理工作，但它同时要把管理的各个“职能”范畴综合和结合起来，以“决策”的手段和“鸟瞰式”的视角来策划整个工作。

当今世界科技文化飞速发展，人类一代接一代地与时俱进，涉及建筑装饰行业特种作业的操作盘根错节地关系着建设者的安全和工程质量。因此，培训合格的特种作业工，做到人人持证上岗已是建筑工程系统的基本使命和要求。

在培训管理工作中，分析组织与其外在的环境时，突出的表现是人与人和人与物的辩证关系。培训的领导者要洞察三个培训要素，这三个要素就是：教师、讲义和学员。教师是这三个要素中的核心。教师与讲义的关系是教师编写了讲义，教师“消化”了讲义，教师还可把整个讲义隐含在脑海里；而讲义，是学员所求的，一部好的讲义，将给学员以系统的全新的知识，它强有力地改变着学员的文化技术层次；在谈到教师与学员之间，教师始终是起主导作用，课堂上教师铿锵的逻辑语言，深入浅出的比喻和黑板上从粉笔中倾泄出来的流利的象形文字都静静地投向了学员的眼、耳、手和脑，学员被引进到知识的殿堂，思维被知识吸引，他的最终被教师造就。这就是通过与他人合格并运用某些概念来完成策略管理的工作。

如何将教师、讲义、学员统一在一起并将学员升华成一个合格的特种技工，这就要狠狠抓住教师这一要素，特别是在今天的环境下，市场经济也冲击着培训教育，以教学质量优良为目标的竞争正在澎湃展开，要取得竞争的胜利，组织的发展规划是不可少的。其重点又应放在优秀教师的选拔上和地区宣传争取生源上，对培训的管理者，特别是管理的领导者，这是两个重点也是两个难点，但它却是打开策略管理之门的两把钥匙。

二、培训的宗旨和范围

培训的宗旨，是组织文化中的重要内涵，正确的宗旨能在应变各种环境中得到发展，如西安建筑装饰培训中心是一个为建筑装饰培训和管理合格人才的中心，它的职能是：管理注册、查验建筑装饰工程系统合格人才的档案；教学培养新生力量，提高他们的技术和文化档次，上个新台阶，取得高一级的职务或岗位并颁发证件；参与本行业的专业系统工程交流，形成系统网络，构成部门拳头，使我国的建筑装饰工程工作日新月异、蓬勃发展。为此，我们确定的培训宗旨是：

1．要选拔优秀的教师和选择高质量的讲义，把知识经验系统而完善地传授给学员；

2．要求学员认真听课刻苦复习，结合实践，深刻理解所学知识和技能，提高施工操作能力；

3．严格培训管理工作程序，保证教学按部就班地进行，随时掌握教学动态，有效利用教学时日，决不放弃一个参加学习而有困难的学员，要百分之百地完成教学的任务。

4．培训范围包括组织活动的内容中所涉及的项目。

我们根据学员所报专业的种类举办培训班，编制了电工、焊工、登高架设工、机械工、幕墙工五个特种作业班进行分班培训。为了加强对培训的领导，对基本构架中的班组织，设定由专业任课教师担任班主任，负责学员考勤和保证教学顺利进行的工作。从培训的整体构架上我们派出了一名中心副主任负责领导并主持外部关系的协调工作。另外配备一名管理有方的教员协助主任工作，共同协调培训中心各种关系，建立好外部的良好的人文环境，良好的生活福利环境，使培训任务能在理想的时空中进行。

三、培训成功的标准

成功意味着干一项工作达到预期的目的，而目的是策划活动的终结。英国教育家理查法•莫科特在“组织效能”一文中提出，为了评鉴表现，我们必须先得选定一些准则。这包括思考要评鉴的工作特性或范围，以及订立标准。

评估组织效能的指标有三个：一是效果指标；二是过程指标；三是构架指标。根据这些指标所含盖的内容，我们规定培训的评鉴特性应该是教与学，教师要尽其才干，艺术地倾吐知识技能，学员最终成为在一张白纸上，学会并绘出了一幅美丽的工程图画，五个专业的范畴虽不同，但评估效能衡定成功的标准应该一样。效果指标，目前只停留在文化的内涵上考察，真正的实践检查还要等待最终结果。过程指标，针对组织活动的数量和质量而评鉴。构架指标，用来评鉴组织有效的运作能力。

综观这三个指标，培训特种专业工的成功标准应定为：

1．学员通过了培训考试合格，证明他已掌握了培训大纲所要求的必须掌握的知识范畴，完成了本期的学习任务；

2．教师完成了授课计划，向学员讲解了应该授予的知识，并取得了好的效果；

3．顺利地完成了培训程序的每一步，证明了培训计划的可行性与效果性。

三项标准的并列实现，标志着培训工作的全面成功。

四、组织环境

正如英国教育家汉纳在“开放式的组织系统”一文中所说的：“具有生命的系统都是开放式的系统”。我认为开放式的系统完成了有机体与外部环境之间的新陈代谢，不言而喻，组织与环境，组织是有生命的，而环境关系着组织的兴衰存亡，像我们培训中心这个组织，由它构架出来的培训领导小组就是在与学员、与教师、与讲义、与地域等等外在环境中处理着各种各样的微妙关系而不停地运转着。又如，厚望这期培训班为他们地区建筑装饰工程的技术力量输送又多又好的新鲜血液，使工程的塑造力拔高一步，而学员本身指望着抓住这宝贵的光荫，发奋学习，迅速从知识的必然王国走向自由王国，希望教师能多教多讲解些知识。而教师何其不盼着将自己的知识技能转交给年轻一代继承和延续。

如此多种层面环境的强劲表现，促使着培训构架因素中的互动，在组织的领导下，使这些环境最终汇聚在共同完成培训教学任务而协调工作，组织中的人员最终在一种文化理念——知识应给予为社会发展做出贡献的共识下结为一体，同心同德完成组织任务。

这种环境的活化，表现在要为教学提供了一个安静、新颖、宽敞、舒适的良好环境。使教师们业余辛勤备课，讲课时想方设法使学员接受，画图形、作比喻一直讲到所有学员懂了为止，教书育人。使学员们暂时忘却原单位的紧张与烦恼，抛掉顾虑与干扰，一心一意学习，焕发出非凡的刻苦与勤奋，一面学知识，一面学做人。我们力图在这个组织内，塑造出以我们自己和学员的比较优势，造就能适应任何艰难困苦环境的人。

得力的组织一定会有得力的领导，驾驭环境，营造组织，整合资源，而这些转化，都是组织管理和策划管理的硕果。

五、领导与团队

有团队必须有领导，“领导”两字在这里赋予了两重含义：一是代表人，是团队的带头人；二是策划行动和进行决策。英国教育家迪宾认为：领导是“行使权威和做出决定”的决策者，英国教育家格林菲尔德指出：“领导是一个要尝试为他人建构社会世界而刻意采取的行动”。前者强调决策者，后者强调是行动。但两者的观念都是表现价值观，正如格林菲尔德所说：“领导者会设法协助他人接受领导者本身认为是对的价值观。”

综上所述，领导者在团队中必须具有权威，领导者在遇到问题时，特别是遇到有关全局的、关键性的问题时，必须做出决策，拿出措施以改变局面。这些决策将改变组织的环境，将改变一些人的价值观，从而使团队在实现自己的构想，奔向一个目标中跨越到一个新的境界，从而完成一个目的的飞跃。团队的兴衰关键在领导，作为培训中心的首席执行领导，在团队中享有这种权威，就必须要有权威的实力。

我们从事培训工作的协会工作者需要继续塑造自己，树立权威的实力和资本。这就要求我们具备比团队中任何一个成员都更高的文化素质和策略管理方面的真知灼见；必须具备从事培训的一整套的理论与经验；必须具有团结教育团队中各个成员的领导艺术，使他们自愿地、高昂地跟随我去为实现组织的目标而奋斗。否则就谈不上权威了，我们正在向着这个高度攀登。

领导者对决策的正确与否，全在于对被决策事件的成功规律的掌握。只有情况清、方向明，才能拿出具有针对性的决策和措施，才能做出正确的决定。

培训是对人做的一种教育工作，即是企业对雇员人力资本的投资，也是个人对自己人力资本的消费。培训组织的领导应成为一个“棋艺大师”，能“调兵遣将”进行教与学的“搏杀”，以实现培养出一批合格人才的最终目标。

六、培训的计划与考试

英国教育家温德林强调：“要使你任职学校的效能更高，你首先需要认识它的文化，然后制订和修正一些没有明言和大家视为理所当然的规则，而这些规则正支配着员工的日常行为。”

制订培训计划与考试方案，正是学校和培训机构不可少的文化内涵，确实是大家视为理所当然的规则，这些规则并支配着员工的行动。

在教师复习与答疑中，要求使学员的知识系统化，检查学员所学的知识是否学懂了、记牢了、会应用，使知识变为学员自己的。考试是一个收获的时节，是通过有代表性的试题检查学员的学习效果，并从中检验培训有没有达到既定目标。

我们深深地感到，培训中除前述的培训三要素：教师、讲义、学员之外，理应另一个元素考试也应是重要因素。考试意味着艰苦，意味着对团队人员中的考验。

七、发　展

发展计划可说是将一个策略计划转化成短期运作程序或行事方式的方法。发展是硬道理。建筑装饰企业需求培训的资源是我们培训工作发展提高的不竭源泉。

我国建筑装饰行业的培训是一项战略性的工作，必将促使我们的培训组织、团队的迅猛发展，全行业积蓄的学习热潮，将通过各种适应市场需求的培训活动像雨后春笋般地涌现出来，并开花结果。我们西安建筑装饰装修协会及西安建筑装饰培训中心愿与中国建筑装饰协会、各地方建筑装饰协会及培训机构一道，共同繁荣我国建筑装饰的培训事业。

企业发展靠高素质人才的创新精神

陕西省建筑装饰协会　理事长　**孔祥清**

一个企业要不断发展，取得日益增长的经济效益、社会效益、环境效益，靠什么?靠政策指引，靠市场导向，最重要的是靠高素质的人才（包括管理层、技术层、劳务层），靠高素质人才的创新精神。在市场中学习，在实践中探索，在创新中前进，这是企业成功之道。我们建筑装饰装修企业的发展也必须遵循这个规律，方能有所作为。

一、思维创新

建筑装饰装修精品，是与历史、社会、文化、环境、技术、经济、信息、材料、艺术、市场相结合的产物，是不断创新的结果。

创新离不开继承。继承不是照搬照套。近几年，在西安掀起了一股建欧式建筑热潮，已建成的许多“欧式建筑”，我看不能算真正的欧式建筑，说它是仿欧建筑比较确切。创新也不是对继承的全盘否定。创新是对传统的扬弃、革命和发展。

创新要体现鲜明的个性。个性和共性是对立统一。个性离不开共性，个性是在共性基础上，根据环境、社会、时代特征、民俗风情和市场需求凸现出来。一项优秀的建筑装饰装修工程，必须做到布局合理、功能到位、选材环保、空间优美、色彩协调、质量优良、安全可靠、个性突出。亮点在个性，亮点在特色。

创新要营造人与自然的和谐气息。一项装饰装修工程，家装也好，公装也好，都是一个人、物、自然的有机整体。要坚持以人为本的思想，注重使用者的行为心理、物质需求、文化层面、欣赏品味，将人的情感与自然融合起来，使使用者感到舒适、安全、愉快，利于增进心理和生理健康。这是每一位建筑装饰装修工作者的崇高职责。

二、机制创新

建筑装饰行业是竞争性行业，企业机制必须适应市场的要求，而不可能让市场适应企业。我省建筑装饰装修行业和全国一样，国有企业占少数，多数是民营企业。从社会主义市场经济的发展趋势看，大部分国有装饰企业要退出国有，实行民营，变成股份有限公司、股份合作公司或集团性的股份公司。非公有经济的装饰公司也要在机制上创新，摆脱作坊式、“家族式”的经营模式，建立现代企业制度。我们提倡，做大做强做专做精，就要在机制上创新。强强联合在国内已有成功的经验，我们可以借鉴。

营销机制创新也是企业发展中的一个重要问题。根据一些企业的经验，建立一个完整的全员营销大系统，包括市场、设计、经营、财务、生产、监控、回访等多个环节，环环相扣，整体联动，取得了好的效果。所有企业从高层管理人员到具体操作人员，都要树立强烈的责任意识、危机意识、市场竞争意识、自我提高意识和服务意识，形成良好的内外人事环境和开放沟通环境，这是企业发展的有效保障。

此外，各企业还要根据企业发展的实际和市场变化，在分配、奖励等机制上有所创新。

三、管理创新

一是战略管理。每个建筑装饰企业要在总结已有的实践经验的基础上，面对市场经济的发展，制订企业可持续发展战略。这个战略规划，要力求思路清晰、目标明确、重点突出、措施扎实。高层管理人员和全体员工人人皆知，团结一心，分步实施，重点突破，整体推进。

二是人才管理。要从发展战略的高度，纳才、用才、育才、留才，由物本管理转向智本管理，实现自己的价值最大化。

三是文化管理。企业文化被誉为新世纪企业管理的“第四次革命”。在企业文化创新的内容上，要特别注意塑造适应知识经济要求的知识文化，以企业价值观为核心的个性文化，以适应经济社会和企业可结合发展的绿色文化，坚持诚信经营、诚信服务的商誉文化，树立企业的良好形象，增强企业的凝聚力和发展原动力。

四是信息管理。信息是重要的资源，对企业发展来说至关重要。要运用现代信息技术，加快企业管理信息化、网络化建设。企业管理信息化的核心，是运用现代信息技术，把先进的管理理念和方法引入到管理流程中。

四、科技创新

建筑装饰行业是一个古老的传统行业，又是一个新兴的朝阳产业。装饰行业的技术基础建立于传统的建筑业。20多年来，装饰行业取得了长足的技术进步，幕墙工程施工技术有所突破，许多企业涌现了一批科技成果。但总的来说，行业科技进步的发展速度相对缓慢，科学技术对行业发展的贡献率仍然偏低，这已成为阻碍行业可持续发展的重要因素。2003年9月中国建筑装饰协会召开的“全国建筑装饰行业科技大会”，是我国建筑装饰行业强化“科技是第一生产力”意识、提升全行业技术水平的一次盛会。建设部部长汪光焘到会发表重要讲话，提出加快科技创新，积极推进产业化、现代化，提高建筑装饰装修行业整体水平，保障广大人民群众的根本利益。中国建筑装饰协会印发了《关于建筑装饰行业科技进步的若干意见》。这对我省建筑装饰行业的科技创新有重要的指导意义。

科技创新，最重要的是开发人力资源这个最重要的科技资源。招聘选人，精心培训，合理用人，是管理好人才资源的重要途径。

科技创新，还包括设计创新、材料创新、工艺创新、机具创新等等。要加大企业科技投入的力度，建立有效的激励机制，加强国内外交流与合作，努力走出一条科技含量高、经济效益好、资源消耗低、环境污染少、人力资源优势得到充分发挥的新型工业化道路，为全面建设小康社会做出新的贡献。

让建筑装饰企业的员工更优秀

——略论建筑装饰企业的人才发展

金螳螂建筑装饰有限公司 茹 健

通过笔者在建筑装饰企业人力资源管理的多年经验，观察到建筑装饰企业的项目经理、中高级设计师、业务经理、预决算师等优秀员工，都希望在专业方面一展所长。

我国古语有言“宝剑锋自磨砺出，梅花香自苦寒来”，如何促进装饰企业的优秀员工加强学习并实践新知识、新技术，通过这一被马斯洛描述为“自我实现”的过程，提高员工自身的价值，同时也提高其对企业的价值，这是一个值得探讨的课题。

让这些关键员工以最快的速度成长是非常重要的。不要担心当他们羽翼日益丰满就有可能离开你。如果员工感觉自己仍有发展余地，而你给他这种空间，他就会留下来。

你要认识到当员工成长时，他们需要更多的机会来运用智慧和专业知识来帮助你的公司，并发展自己的职业生涯。他们会寻找挑战、新的挑战。给他们这种机会，每个人都会从中受益的。

把教育和培训一股脑地抛到员工身上也不是明智之举。聪明的做法是为团队的每一位成员制定一个适合于个人的发展计划。精心设计该计划，使其重点放在达到某一特定目标上以支持员工的职业生涯，但也要保持其灵活性。

有些计划也许强调获得大学学位，其他计划也许面向其他方向，最有效的方式是提供不同的学习经验来使员工有全面的背景。根据你的需要和欲达到的目标来选择个人或群体、团队的学习方法。为每个员工设计个人计划会增强自尊心，并加强对组织重要性的感觉。这些计划应当成文并定期检查。

一、给予员工挑战的责任

一种让员工成长的方式就是增加他的责任。让他们尝试新工作，接受交叉培训以便从多种角度来看待问题。认清员工的专业知识和经验，并找到利用这些无价的资源方式。当遇到一种新工作，面临新问题、新挑战或令人感到刺激的机会时，要寻求员工的建议。你会感到惊讶：一个小小的灵感会产生这么大的效果，即使这些灵感来自那些与需讨论的问题不存在直接联系的员工。

我们这里是鼓励员工开动脑筋。这些人有许多绝妙主意，即使他们只是在装饰施工现场或者制成品生产车间的工人。他们从不同的角度来看待问题，并成长于不同的背景中。因为某个管理员无意听到了一次谈话并且能够大胆地来提出相反意见，往往可以使公司解决某个问题。置于问题之中而找不到解决方式的高级管理人员会为此大吃一惊，之后便欣然接受。团队中的每个成员都是可以出把力的。

二、支持正规教育

对那些有兴趣参加正规教育的员工要给予财务上的支持，他们感兴趣的也许是建筑学院，大学设计课程或 MBA 研究生课程，有些企业仅限于支持与工作有关的课程，其实还有一些其他的方法。

是支持与工作相关的课程还是支持与员工能从事的无直接联系的课程呢？你也许对前者的支持力度更大一些，但无论如何，你一定要支持他们，注意在你支持他们时不要过于狭隘，尽管员工所学的科目也许与工作无具体联系，但这会增强其自律性和自尊心。当员工结束课程，取得毕业证之后，就会因其具有了学位而变得更加抢手，这时，你要支持他们实现职业目标，以此来保证他们对公司的忠诚。

三、为个人成长提供学习资料

建立一个能够外借图书、录音带、录像带和期刊的图书馆，员工借这些学习资料可以继续其个人发展或专业发展。图书馆里的这些学习材料应是关于管理模式、管理方法、销售技巧及各种技术方面的资料，关于个人技能如倾听、人际关系、健康、压力管理和时间管理等的书籍和盒带都非常有价值。现时的期刊，甚至是过刊也都是非常有价值的材料，你还要考虑在图书馆里增添当地的报纸、商业报、各种行业期刊以及技术或专业方面的学术刊物，它们涉及的领域是你所经营的领域或相关领域，或是你的客户感兴趣的领域。一个新手刚进入公司时，他的辅导人也许想带领他在图书馆看些资料，这些资历较深的员工可以指导，鼓励其被辅导人来阅读某种资料，从专业磁带中汲取知识，阅读应用性强的期刊，当然，在指导被辅导人的过程中，辅导人自己也可以找到其感兴趣的事物来继续自身的发展。

四、派员工参加外部的研讨会

通过参加高质量的研讨会和培训班，可以使你的员工获益甚多。这种研讨会的机会多得数不清，有的只有半年，有的为期几天，都是在各大中心城市举办，由专门从事商业研讨会公司、高校或行业协会主办。

例如：参加装饰行业的岗位证书班，取得各类必备的上岗证书，参加设计学会的年会，参观国际材料展，参加各类管理培训班，出国参加专业考察等。

五、让学习者把接受到的培训传递给其他人

当你的员工参与了上一节描述的各种培训，并学到了各种经验之后，要鼓励他把所学的知识传递给团队的其他成员，你会发现，尽管不是每个主题方面的知识都能够全部传达得到，但的确有很多是可以传达的。交流知识的方法根据员工、知识的性质和公司的设备因地制宜，不要让每种机会都固定在一种模式中，有些知识让两个人之间相互交流可以达到最佳效果，有些通过研讨会或作报告的方式可以更有效地传达。

当你的公司为员工在外培训而支付费用时，你要这样想：它的回报是获得知识可以与他人分享，你不要期待员工会一字不漏地记住研讨会的每一内容，多数研讨会的参与者并没有研讨会领导者的知识和表现技能。要邀请员工把其在研讨会上听到的最精彩的部分传达给经理和其他人，使其受益，尽量让员工自己选择交流知识的方式，有些人对站起来演讲感到极为恐惧，不要强迫员工做这些令其不舒服的事情。为保证员工把所学有用知识传递给其他人，要给予他们所需的时间和空间，延长午餐时间，提供会议室，一块书写板或翻动卡片都会使员工进行有效地沟通。如果员工知道他们在研讨会或培训班上了解到的信息回来之后还要传达给其他人，他们就会更加集中精力，当学习变成工作的一部分，而不是与取得更好的工作业绩无关的额外工作时，每个人都会获得更多的收益。

例如：参加出国专业考察或建筑装饰行业年会的员工回来后开办一些研讨会和报告会。

六、让员工承担更重要、更高级的工作，籍此发展

虽然“彼得原理”认为员工不断提升会最终达到某个使其无法胜任的职责，但要强调的是：许多员工在发挥其全部潜力时受到了阻碍。在太多的组织中，管理人员和监督人员投入过多的时间来保护自己的职位，包括保守关于项目上细

节之类的秘密，抬高自身的重要性或阻止下属的职业发展。这些被引入歧途的人认为如果其属下变得太优秀，他将得到提升甚至会超过上司的职位，这些保护意识很强的上司认为存在着危险。

但事实上，情况正好相反，衡量一个主管工作的有效性尺度之一就是其下属业绩如何，如果他们得到了很好的培训和发展，就会更加胜任自己的工作，也会更容易接受组织中其他的任务。当这些人被委任以具有挑战性的新职位时，别人就迫切地想知道他们的老板“是何许人也”，并把他当作“人梯”。这类主管是最有价值的，因为他们证明了自己有能力来教育并鼓励员工的发展，当主管被委以负有更多责任的职位时，其属下就相信他有能力在任何实际情形中营造高效的团队。

许多主管或低层管理人员因为不能使下属得到发展以胜任自己的工作而阻碍了自己的提升，如果你想得到提升，就应该培训更多的下属。如果你让员工承担范围更广的工作、更多的责任或更高的职位，他们的能力就会得以提高，并作为团队员工作得更好。你在培养员工发展方面投入时间、精力、兴趣以及其他资源，会给你带来短期的和长期的收益。你的员工理解到你的兴趣和支持就会对你更加忠诚并留下来。

促使员工发现自身的才华，我们每个人都有能力做许多事情，在岁月的成长中，我们已拥有了各种各样的才华、能力、专业知识、经验，所有这些都构成了巨大的潜力。先别说你自己，你对员工的真正潜力到底有多少了解呢？如果跟多数人一样，忙于应对各种工作上的挑战，并带领员工向更高的目标迈进，你往往不会深入地思考这种问题。你的员工是否参加社区活动呢？他们是否是这些团体的领导呢？他们在这些活动中所积累的经验是否增强了在组织中的工作能力，所获得的技能和背景是否使其有资格承担另一种工作或在工作中担当领导者的职位。通常，积极参与社区活动有助于员工形成担当领导者和取得成就的潜力，而这些潜力并未应用到工作中，他们来上班，渴望下班的到来，以便去做他真正喜欢的事情，他们的重点会逐渐放在工作以外的活动中，其结果是：对业务渐失忠诚，更易于接受其才华得到肯定和施展的职位。

员工有很多种方式来学习新技能，巩固原有技能，并在工作中不断锻炼和加强自己的能力。给员工布置特殊的任务，进行交叉培训，传授经验以及提供各种机会让其获取新知识，培养新的能力，允许他们做试验，尝试新生事物。不是每个员工的尝试都会取得成功，有些人有使用机器的天赋，有些人推理和逻辑思维能力很强，有些人组织能力强，或者很善于劝说他人，在压力不大的环境下检验一下下属的能力，这会给他和你机会，发现并应用才能。员工提高了对自我价值的认识，并且在工作中取得了成就和发展，就会加强他的自信和忠诚，他们的个人成长就成为了工作的一部分。

七、鼓励智力开发

很多公司的培训和发展都是针对技术技能、管理和领导能力、销售、客户服务、技术应用以及个人成长方面的主题，如管理应付压力、决策等。但其中很少有哪一方面能够激发学员开发智力，使员工学会清晰、理性的思索获益甚多，逻辑创造性方面的试验性课程可增强组织解决问题的能力。“思索”这一标志在工作场所随处可见，但我们仍然遇到许多由于员工不会思索而产生的问题，电视节目预报、快餐店，消遣类的期刊，以及其他潮流使得我们不用深刻的思索仍能生活得很好，企业会找出办法帮助员工更好地思索。

组织为获得最高回报而对人力资源进行投资，这就为员工的相互交流创造了条件，他们发现进取的员工有许多东西要相互交流，在自己的职位上的确有一些权力。通常，每个人都忙于把一天的工作做完，很少有时间(或能够花些时间)来坐下来交谈，花费一点点时间让员工来讨论问题，尤其在得到专业促导员的帮助下，会带来难以想象的进步。从工作中稍事解脱一下你会惊讶于所发生的事情，甚至仅用一两天的时间就成功地与客户建立起联系的事例，甚至不需要第二次接触。

例如：多组织一些新老员工座谈、项目经理座谈及设计师论坛等，“你有一个想法，我有一个想法，我们交换一下，我们都有 2 个想法”，很多技术灵感和管理创意都在思想的碰撞中产生。

员工确实需要学习并实践思考和合作的基本技能，令人惊讶的是，有许多人不敢独立思考，如果员工想发挥出全部潜力就必须克服这种危险的倾向。

八、委派特殊项目

你要给员工委派一些超过其正常工作压力限度的项目，以便让他扩充知识、开阔视野、增加经验，这些项目不应是“为工作而工作的”的任务，而是会推动组织工作向前进展的正当工作。为应对这种挑战，你要提供资源，包括时间。为了让员工能够学习、发展、取得成绩，你要提供所需的数据、人手和专业知识。

任务不一定非是重要的、能够改变组织发展的方向的项目不可，虽然一些员工会从此类研究中受益，我们有一个客户要求中层经理进行评估，看看公司是否应当保留多处工作地点，或是否公司与工厂都合到一处，或是把所有东西都移动到全新的大楼里。这些人就对整个公司的情况作了大量的研究，而这些就超出了其职责范围。越来越多的公司让生产线上的小时工去参加行业展示会，这些员工了解到了最新的技术、其他公司的情况、怎样做出购买的决定以及行业中的各个部分是如何相互关联的，他们回到工作岗位时就获得了全新的视角。有时，一道出行的员工还可以与同事们互相交流新知识。

还有一些其他的做法。让网络管理员在设备安装过程中获取经验，这个想法如何？通过招标然后评判这一过程，提供客户服务的员工会获益。你是否派遣安全监督员或质量控制员去拜访客户呢？要有创造性！让员工参与市场调研、公共关系活动以及行业协会，要拓宽他们的视野，让这种新视角和活力为企业、为员工和整个组织服务！

九、刻意培养能力

越来越多的公司开始为员工(尤其是那些被认为是有发展前途的员工)进行职业规划,这种做法非常有价值。当你们确认每一名员工在职业发展方面需要能力时，可以列出清单，把员工现有的能力和组织今后所需要的能力进行对比，把你们双方都列出的能力作为重点进行培养，并确定多长时间之后需要这种能力：一个月，一年，还是三年？根据这一清单设计一个计划，让团队成员通过细致的、有条不紊的能力培养计划来增强其专业能力。要指出谁应对计划的每一部分负有责任，是否应当让员工参加某一课程的培训或者获得某种特殊的技能？这是否需要主管和属下共同学习？实施计划时需要何种资源？员工学习时是在业余时间还是带薪学习？培训计划或大学课程要承担费用吗？为了学习经验要暂停正常的工作吗？

在制定了实际的时间表之后，要启动发展过程。定期会见员工来跟踪其进展情况，对计划做出适当的调整，要在员工的个人档案中保留书面介绍材料。你的员工取得了进步，一定要认可他的成绩，可以由上司写恭贺信或表扬信，或者佐以提升或者特殊的任务。

为成长提供激励如果你只是鼓励并允许员工去学习、发展而不付任何工资，你也许会遇到一些风险。一种风险就是员工会感觉希望渺茫。他们期待得到什么和把新知识付诸于实践的机会，或至少希望在组织中的地位得以提高，如果被拒之门外，他们就会失去对个人发展的热情。另一种风险就是你也许使员工在专业方面更精通，更有生产力，但到头来却是“为他人作嫁衣裳”。要做好准备利用员工获得将要学到的知识和新技能，帮助他们在组织中以可行的方式利用他们。要使所有的经验、学习和应用富有意义。

的确，为学习而学习也是有价值的。但是，公司资金的合理应用表明投资到员工发展方面的金钱应当给公司带来回报。你的员工有同样的感受：他们投入的时间和精力应当有所收获。尽可能制定在员工发展之后应当怎样做的标准。讲清楚你希望员工怎样做，以及员工希望你怎样做。除非情形的变化使它变得不可能，否则你一定要履行诺言。如果你不能履行诺言，而且又不对员工加以解释，你就会失去别人的信任，也许你还会失去一位有价值的员工。

遵从这些策略，争取为所有人取得最佳回报。

嘉禾装饰公司的人力资源管理策略

武汉市建筑装饰协会副会长　嘉禾装饰集团公司总裁　**钱俊雄**

嘉禾装饰公司在企业经营发展历程中，经历并解决了企业所面临的许多困难，形成了独特的管理方法和经营模式。其中在人力资源管理方面，我们也经历了几起几伏，也曾陷入过人才危机的困境，这一点我们有深切的体会。但是通过不断探索新的人才理念，总结成功的经验和失败的教训，学习和借鉴成功企业人力资源管理方法，我们最终形成了适合本企业的人力资源管理思路，有效地解决了本公司人才选、育、用、留的问题，为企业跨越式发展打下了良好的基础。

在此，我们将本公司人力资源管理的具体做法展示出来，真诚希望与家装行业的同仁共同探讨本行业人力资源管理方面的问题。

一、家装企业共同面临的人才困境

1．家装行业是一个新兴的行业，家装企业绝大多数是年轻的企业，其经营体制基本是属于民营或个体性质企业，其经营规模也大多处在中小型企业的范围，这些特点决定了家装企业在人才吸引上面临较大的困难。

2．家装行业市场经济行为占主导地位，面对的是千千万万千变万化的每一个客户，其工程特点是涉及专业多，单个工程业务量小且零散，协调管理困难，经营成本高，因此家装企业经营利润都相对低下，无法为企业员工提供高薪金和高福利。加之家装行业正处在发展阶段，从业者的思想观念、经营理念和综合素质参差不齐，整个行业的成熟性还不是很高。这些因素造成高素质专业人才不愿意进入家装行业。

3. 家装行业需要的人才特点是知识面广，专业技能精，善于沟通和协调，简单的说就是要综合素质高的人才。但目前大专院校的学科设置中，家装专业非常少，设置家装专业本科或硕士的几乎没有，家装行业得不到国家教育体系基础学科的支持，大专院校不着重培养家装专业的人才，也是家装企业人才缺乏的一个重要原因。

4. 企业内部管理不规范，特别是人力资源管理不规范，致使许多不正常的人才流失。主要表现在没有建立完整的人力资源管理体系，对人员的招聘、培养、使用、考核没有规范的制度和计划，没有适合本企业的完善的薪酬设计方案。特别在人才培养方面不愿意投入，错误的认为人才培养是别人的事，企业只是使用人才的地方。人力资源管理方面的不足是大多数中小型民营和私营企业的通病。

5. 许多家装企业忽视企业文化建设对企业发展的重大影响，认识不到企业文化在留住和吸引人才方面的巨大作用。"一个没有自己特色文化的企业，是一个没有生命和活力的企业"。企业文化以共同的价值观为核心内容，在此基础上形成企业的行为准则、道德规范、群体意识、习惯、性格等等。强势企业文化，强烈影响员工的思想，激发员工的热情，激励大家朝共同的目标而努力。家装企业是年轻的企业，在企业文化建设方面更具优势，重视并强化企业文化建设，让每个人在企业内都有美好的发展愿景，这是企业留住和吸引人才关键而有效的手段。

二、更新人才理念，重新对人才进行定位

"思路决定了出路"，面对企业人才缺乏的困境，嘉禾装饰公司首先改变了狭义的人才观，从更深的层面来界定人才的概念。

1. 人才的多样性：企业需要的是方方面面的人才，企业经营的每一个环节都需要人才，如：技术人才、管理人才、营销人才、公关人才等等。我们认为只要有特殊技能和才干的人都是人才，企业都会创造条件让他们发挥出技能和才干。认识到人才的多样性，在选择和使用人才时，就不会仅仅局限在家装这个有限的范围内。

2. 人才多层次性：人才不仅仅存在于企业的高层管理，我们认为在企业的基层，无论管理、技术、设计、施工各层次都需要人才，基层工作的优秀者就是人才。嘉禾装饰公司把握住人才的多层次性，培养出一大批基层业务骨干，他们已成为企业经营发展的中坚力量。

3. "金无赤足，人无完人"：摈弃"人才完美"的观念，我们认为"人才不一定完美"，只要在某一方面有突出的能力就是可用之才，并不计较其在其他方面是否存在不足甚至缺陷，用人就是要用其所长，避其所短。

4. 满足人才的需求：有些人片面的认为人才就是为了追求事业的成功，对物质需求并不很在意。人才首先也是人，在市场经济环境下，个人价值的体现和认可不再仅仅以事业成功来衡量，"人才要事业，也要生活"。嘉禾装饰公司深切体会到人才的需求不是单方面的事业成功，舍得投入一定的资金，为有一技之长并为公司发展做出贡献的员工，提供良好的生活环境，保证较高的生活质量。

5. "人才为我所用"：嘉禾装饰公司重用人才的一个重要标准是"是否认同公司的企业文化"。如果不能认同本公司的企业文化，实际上这种人的任何才能都不能为本企业所服务，我们认为这种人才是"其他企业的人才，不是本企业的人才"，无论他有多强的能力，我们都不会重用。

三、嘉禾装饰公司人力资源管理的具体措施

1. 建立人力资源管理体系，对人员的招聘、培养、使用、考核规范化、制度化。在职务管理方面，每一个岗位都编制了"职务说明书"，严格按"职务说明书"的要求招聘和使用员工。在薪酬设计方案中，首先强调员工基本薪金和福利待遇的保证，同时又强调"多贡献多报酬"的原则，实行业务量奖励提成制。为体现新老员工对企业的贡献差异，在基本薪金中实行了年功工资制，按为企业服务的年限给予工资补贴。公司还设立了许多特殊奖励基金，如：总经理奖励基金、优秀设计方案奖励基金、样板房奖励基金、优秀服务代表奖励基金等等。在绩效考核方面，设计了《员工工作日志》，重点考核员工的工作过程和工作态度，参照考核工作效果和业务量，失误责任则重点考核主管人员，使员工工作中注重的是把事情做好。人力资源管理体系的建立和完善，使公司人才选、育、用、留步入规范化管理的轨道，为保持员工队伍稳定，为吸引大量人才进入公司，打下了良好的基础。

2. 高度重视企业文化对经营发展的巨大推动作用。嘉禾装饰公司专门成立了文化资源部，形成了丰富多彩催人奋进的强势企业文化，《嘉禾人》内部刊物成为展示公司企业文化的良好载体。我们将人力资源管理作为企业文化的重要组成部分，人员内训资料中加入了大量的企业文化内容，引导员工认同公司的企业文化，形成共同的价值观，认清企业未来的发展方向，让每一个员工都看到企业的希望和实现个人价值的希望，激发起员工积极奋进的工作热情。在企业文化建设方面，我们还开展了形式多样的文体活动，如：成立公司足球队、集体到度假村度假、中秋文艺晚会、集体春游活动、歌曲舞蹈大赛、书法棋类比赛等等，丰富了员工的业余文化生活。同时我们还请员工家属参加公司活动、不定期进行员工家访、向员工生日祝贺、为新婚员工举办婚礼等。公司还创立了职工互助基金，利用互助基金帮助员工解决家庭或个人生活上遇到的一些困难，如：今年 4 月本公司一位工程经理夫妇不幸出车祸身亡，公司利用职工互助基金和内部员工捐款，筹集了一万多元资金给予该工程经理家属抚恤。所有这些活动使员工真切感受到公司的关怀，增强了对

公司的认可度和忠诚度。嘉禾装饰公司的企业文化建设，为留住和吸引人才做出了巨大贡献。

3. 建立学习型组织，强化员工培训工作，形成低成本的知识共享机制。我们认为“培训是最好的福利”，在公司还不能提供高薪金和高福利的现实条件下，给予员工更多更规范的培训，满足员工的求知欲望，提升员工的个人价值，也是留住和吸引人才的一项有效手段。嘉禾装饰公司形成了一套完整的培训体系，每年固定进行三次全员培训，即春节后实现年度奋斗目标的综合培训，8 月份业务高峰来临前的动员培训，年终工作总结培训。临时培训包括新员工上岗前为期 7 天的综合培训，设计师营销和设计技巧培训，中层干部管理知识培训，施工人员工艺技术培训，监理专业知识培训等等。授课人一般由公司内部员工担当，这样在内容和形式上更贴近公司实际情况，员工更容易理解并接受。为提高培训的层次，我们还邀请了各方面的专家对员工进行培训，如邀请加拿大籍华人设计大师雷克文先生进行设计理念和技巧的培训；邀请中装协高级咨询师刘斌先生进行行业发展、管理理念、流程再造等方面的培训；请湖北省室内装饰监理中心进行专职家装监理培训；请相关专业部门进行水电工工艺操作的培训；请供应链联盟的装饰材料专家讲授材料方面的知识等等。另外我们对新员工全部实行“传、帮、带”的方式进行培养，新员工进入公司后，首先安排一名老员工负责为期三个月的“传、帮、带”，双方签订“传、帮、带”协议，明确承担的义务和责任，保证新员工在良好的条件下，尽快适应公司的环境，迅速胜任本职工作。完善的培训体系和知识共享机制，使员工体会到在嘉禾装饰学习的速度，不断提升和优化个人价值。

4. 在人才使用方面，我们实行授权管理形式，给予中高层管理人员充分的信任和充分的授权。公司尽可能为中高层管理人员提供更广阔的发展平台，多安排从事挑战性强的工作，让他们更充分地施展个人的想象和才华，挖掘出个人的潜能。公司积极认可他们的工作成绩，随着公司的发展壮大，让中高层管理人员都有一种成就感。在干部提拔方面，我们尽量提拔公司自己培养的对公司忠诚度很高的干部，这些人对公司企业文化理解深透，具有一定的公信，对公司内员工比较了解，利于迅速进入角色，顺利开展工作。这种做法让公司员工体验到只要努力工作，把个人的发展与公司的发展密切地结合在一起，就一定有提升个人价值的广阔空间。但我们也不拒绝引进外来人才，聘用不同背景和经历的人才从事公司管理工作，对管理层接受不同经营管理思想，保持整个管理团队活力，都有积极的作用。公司广告策划和人力资源等部门的许多干部都是从社会上引进的。

5. 对一些优秀的设计人才进行“明星包装”，具体做法是：在各种新闻媒体上投入针对个人的广告宣传；创造条件让他们参加各层次的室内设计大赛；安排他们与行业最著名的室内装饰设计师面对面进行交流；策划在行业内评选 DK 设计师活动，推动成立 DK 设计师联盟等。通过这些手段，嘉禾装饰推出的精品设计室和各运营部大户室的多名 DK 设计师，在行业内已小有名气。“明星包装”活动表明了嘉禾装饰真心实意的尊重人才，不遗余力的培养人才，不仅要体现人才的个人价值，同时也要体现人才的社会价值。

四、对人力资源管理进一步的思考

1. 与家装行业的著名设计师或管理专家建立合作关系，有效地运用行业最高端知识为公司发展服务，是家装行业利用社会资源的一个新思路。在这方面嘉禾装饰做了一些有益的尝试，如聘请专家作为公司的咨询顾问；某一时间段内聘用专家解决某项课题；以钟点付费方式向专家进行管理咨询等。怎样摸索出一套行之有效的利用社会资源为企业服务的方法，可以从根本上解决家装企业人才缺乏的问题，是值得积极探索的一条途径。

2. 在其他行业的中小型企业中，实行企业内部股权奖励制度已经较为普遍，能不能将这一制度引入到家装行业呢？内部股权奖励制度将人才个体的利益与企业的利益紧密地联系在一起，形成“企业与个人利益的共同体”，更能增强人才的责任心，激发他们的积极性和创造性。嘉禾装饰也正在积极探索实行企业内部股权奖励制度的可能性和具体操作方法。

3. 怎样把企业远景和个人远景有效地结合为一个整体，让个体真正成为企业有机整体中的一部分，让他们随着企业的发展壮大而不断成长并成熟？我们设想在企业内部实行“个人职业生涯规划”管理，以企业的长期发展战略为基础，参照企业规划中的近期目标和远期目标，以及要达到目标将要采取的具体措施，用这些信息为企业员工进行“个人职业生涯规划”。在这个规划中应明确设计出某阶段个人应达到怎样的能力，采取什么方式才能达到应有的能力？某阶段个人在企业中应处于怎样的位置，在这个位置上应做哪些工作和享受什么待遇？“个人职业生涯规划”将使员工清晰地看到企业的未来和自己的未来紧密联系在一起，明确自己该做什么以及该怎样去做。这种方法对留住和吸引人才肯定会起到一定的作用，嘉禾装饰正在探索怎样将这种方法应用到公司人力资源管理的实践中。

总结：人力资源是企业最大最有价值的资源，如何挖掘人力资源的潜力，吸引并留住人才，让人才为企业经营发展服务，一直是企业经营者探讨的热门话题。家装行业面临越来越激烈的市场竞争，其中人才竞争是一个重要方面，本文结合嘉禾装饰公司的实际，探讨了一些人力资源管理方面的策略，展示了嘉禾装饰公司在人力资源管理方面的一些初见成效的做法，愿与家装行业的同仁共同分享。

·企业管理·

有效管理者十要点

——2003年员工培训讲义

中国建筑装饰协会副会长 上海市建筑装饰工程有限公司总经理 **谢建伟**

什么叫管理?我认为：管理就是把一项工作通过程序、标准、规范、制度等进行组合运作，来达到目标的系统组织工程。

什么是有效?就是：在同等的条件下，达到某一个目标的效率和效益状况。

我们每天都在面临着各种各样的矛盾和困难。因此，面对问题，实际上就是生活的一种状态。

建筑装饰设计和施工行业，面对的不是一个个重复产品，每一项工程由于业主、地点、投资、工期的不同，管理工作则面临更复杂的、不断变化的各种问题和矛盾。如果没有坚强的意志，没有吃苦耐劳的精神，没有出类拔萃的组织能力，是不可能成为一个优秀管理者的。

在今天的讲课中，我要着重就“怎样做一个有效的管理者?”的问题，谈谈我个人的十点体会。当然，我没有读过MBA，讲课内容也不一定有系统的理论，但有一点可以肯定，我所讲的东西，都是针对我们这个行业特点的，是我多年从事管理工作的切身体会，我认为是对各位有用的，至少是可以有所启发的。

1. 极其注意组织的作用，注重团队的配合。现代装饰作为相对独立于建筑业的新兴行业，涉及的专业面非常广泛，分工非常细致。在一个工程合同订单中，对各方面的协调、对各供应商的选择、对劳动力的组织，都存在着系统管理的问题，强调的是团队配合，作为管理者，良好的团队意识和组织能力，是成功与否的关键。

2. 在繁杂的矛盾中善于抓住主要矛盾，解决主要矛盾。工程管理千头万绪，过程变数很多，因此各种矛盾也错综复杂，相互影响。作为管理者，最忌的是缠在各种矛盾中，不知所措，疲于奔命。要学会分清主要矛盾和矛盾的主要方面，抓住问题的关键，去认识问题和解决问题。

3. 任何目标的实现，都要花精力去事先计划，策划、设计。要做成一件事情，实现某个目标，有设想是好的，也是相对容易的。但任何目标的提出和实现，都必须有扎扎实实的基础作为保证，这种保证来源于市场论证、专家咨询、模拟演练等一系列事先的策划活动中。

4. 把复杂的事物变简单。工程项目管理涉及多方面的配合协作，是一项比较复杂的系统工程。作为管理干部要学会“约分”，把复杂的数字，简化到最小。把复杂的过程通过分解，重新组合，用辩证的有针对性的思路去对待，这样你才能使自己站在较高的位置上，看清问题，把握实质，才有可能把复杂的事物变简单。

5. 时间是你的最大敌人。时间对一个有理想、有抱负的管理者而言，永远不够用。问题是，在时间的运用上，要避免因你的犹豫不决，因你的决策失误或因你不懂得如何利用时间，而被浪费掉，使你错失良机，无法追赶。

6. 不断把想法变成行动。这其实和第5个问题紧密结合的，人一生的有效工作时间很短，要做成一件事，并不在于你有没有好的想法，每一个人，在工作实际中，肯定有一些新观点、新想法，这其实很好，但为什么有的人成功了，有的人却没成功呢，我认为关键是想好了就行动，而不要象哈姆雷特那样，总背着“生存还是死亡”的思想包袱，或沉浸在“永远的计划中”。

7. 把主要精力放在发挥自己的特长上。做任何事，其实并没有百分之百的把握，也没有百分之百的效率，更没有百分之百的完美，想把事情的前因后果弄完美了，再去动手做，是不现实的，也不要幻想把任何事情都做完美。重要的是，我们做自己擅长的东西，把主要精力放在追求特长上，不要一味陷在追求完美的误区里。

8. 安排任何事都要明确责任者。前面讲过，公司的运行须由程序、制度和措施来保证，所推出的制度、措施和流程，都必须有严格的、严密的配套管理办法，做到政令畅通，令行禁止。要做好这些事情，执行人的责任落实非常重要，古语说，事在人为，毛泽东也说过，路线和政策制定之后，干部就是决定因素，讲的都是这个道理。

9. 尽量不抱怨、少发牢骚，保持自信。遇到困难就抱怨和牢骚，是没有信心的表现，既搞坏了自己的心态，也影响了别人乃至整个团队的协作氛围。因此，抱怨和牢骚，要么是你的性格缺陷，要么是你不适合这个岗位。总之要记住，自信才能从容，才能优雅，才能做好工作。

10. 对部属鼓励多于指责。要做好一件事，或完成好一项工作，心态好坏很关键。从管理层面来讲，专制性的管理关注的是命令、强力、迫使的手段，应当说这是较低级的方法，比较适合原始积累阶段的要求。而走向国际社会的现代企业，更注重以启示、激励、鼓动等人性化的管理方法，使团队中的每个人自觉地、有责任心地发挥最大的能力。

管理模式创新是企业发展的原动力

金螳螂建筑装饰有限公司总经理 倪 林

金螳螂自1993年成立以来，公司产值每年以超过30%的增长速度递增，2002年度，公司施工的工程获得了2个鲁班奖、3个全国建筑工程装饰奖，2个设计奖，12个省优质工程，公司已连续多年被评为“重合同、守信用”企业，自成立以来，银行对本公司的评级一直是AAA级，在刚刚公布的江苏省装饰企业排名中，又获得第一名。

在金螳螂的经营理念中，我们十分注重融入社会、回报社会，我们的目标是要将金螳螂建设成为一个对社会有很大贡献、对员工有稳定保障、对股东有可观回报的企业。公司自成立以来，已累计向国家上交各类税收超过1亿元，累计向社会捐赠超过 500 万元。目前公司已通过 ISO9001、ISO14001和GB/T28001三位一体管理体系认证，“金螳螂”这一品牌已被江苏省工商局认定为著名商标。

在过去的10年中，我们取得了一些成绩，更存在许多的不足，跳出这个行业来看金螳螂，我们还是一个很小型的企业。如果说我们能取得一点成绩的话，是由于金螳螂的管理模式和管理体制不断在创新，不断在调整，不断朝着适应市场需求的方向在发生变化。管理模式是一个系统工程，它是企业经营管理形式、制度、方法的集合，是对企业进行有效管理的保障。金螳螂在成立之际就以建立高效活力、适应市场经营机制的现代企业制度为目的，逐步实现了公司产权关系明晰，部门职责分明。

金螳螂成立之初，因为是一个民营企业，公司股东会、董事会、监事会、总经理及各部门职责分明，经过多年的摸索，已经形成了一套比较规范的运作机制。现在，每年的财务决算、下一年度的财务预算、经营目标、都必须经过股东会投票表决通过后才能执行；重大投入、重大决策都有董事会集体讨论并在年度股东会上予以通报；总经理室具体负责各项计划的实施与落实，各职能部门按照工作的性质形成了业务、设计、投标、施工与后勤服务五大块，所有的工作都围绕前期工程（业务）与后期工程（施工）来开展，各职能中心紧密配合，通力合作、协调发展，如此形成了一个合力推动企业持续、稳定、健康地向前发展。

管理模式必须处在一个动态的变化中，企业内外部条件不断发生变化，就要求管理模式不断调整，因此从1999年底，公司实行了内部股份制改造，在自愿的基础上，公司的40 位主要骨干成为了公司的股东，今年，公司又拿出一部分股权让近年新增的骨干持股，公司的股东将增加到近 70位。公司各部门的骨干成立公司的股东以后，身份的转变会更加促使大家增强对企业的关注程度。我们感到，这一举措对企业的发展是有相当积极的促进作用的。

管理模式调整就是为了提高企业的核心竞争力，使企业能够取得更高的市场份额，金螳螂的发展模式，靠的是高起点、舍得投入。公司发展的前五年，公司股东从未从公司拿过一分钱红利，而是将所有的积累都用于公司的建设。目前公司不仅在苏州市中心拥有一个投资 3000 多万、占地 30余亩的园林式行政中心，还在苏州工业园区拥有一个占地100亩、一期建筑面积达12000 m²的加工中心，目前正在加紧进行二期工程建设。二期建成后，工程共投资3000多万元。从1996年开始，公司内部就建立了局域网，现在已基本实现了无纸化办公。所有这些的投入，硬件上向业主展示了一个良好的企业形象。

高投入、高起点也同时反映在人才的培养与引进中。我们建立起了比较好的员工收入与福利体系，除了国家规定的福利、保障措施外，我们还陆续出台了员工医药费定额报销、汽车与电话费补贴、午餐补贴、工休咖啡、独生子女医疗保险、员工出差平安保险、国内旅游、出国学习、考察福利措施，这些措施的出台，在人才的引进与培养上起到了很好的作用。

金螳螂根据对市场的积极调研，并对装饰行业的未来发展态势做出了科学的分析和判断，通过对企业发展战略进行研究和实施，并根据生产力要素优化配置的原则和方法，不断创新企业的管理模式。比如公司坚持以设计为龙头打造金螳螂品牌，在公司的发展过程中，我们始终将设计部门放在发展的战略高度来对待，高起点打造设计师队伍，无论从硬件投入还是从设计师收入、培训等方面，公司的政策均有一定程度的倾斜。现在公司拥有设计师 350 名，其中教授 4名，硕士研究生12名，本科以上的设计师占公司设计师的70%。公司对设计师的业务培训、设计质量考评、业绩考核已经形成了一套较为科学的体系。目前公司又在上海成立了由美国、香港和海归派设计师组成的金螳螂设计研发中心。

管理模式的创新并不意味着全盘否定，而是意味着“扬弃”，意味着必须继承和发扬以往经过实践证明适应公司发展的各种管理模式和体制。比如金螳螂长期坚持质量优先原则，不挂靠、不转包。公司成立之初，我们就提出“业务是基础、设计是灵魂、质量是关键”的口号，金螳螂坚持不管工程大小、不管地域远近，均由工程管理部派出施工部门承担施工任务。我们深知质量对企业意味着什么。挂靠可能会给公司带来暂时的利益，但如果管理体系不能满足对挂靠队伍的管理，挂靠所带来的是“有限的收入、无限的责任”，最终会危及品牌。与此相适应公司近年来公司还建立了比较完善的现场施工管理规范与作业规范，合格材料供应商认证制度，材料的供应始终有公司统一把关，由施工部门和材供部门一起向社会进行询价、比价，建立公司统一的材料信息体系并向各施工部门公开，保证各施工部门拿到质优价廉的材料。

管理模式创新是为了坚持走做强企业之路，提升企业的核心竞争力。每一个企业的发展，都会遇到“做大”与“做强”

之间选择与权衡的难题，我们金螳螂理念是：如果必须在“做大”与“做强”之间作一个选择，我们宁愿选择“做强”，在金螳螂发展的前五年，因为人力、物力、财力等方面的制约，我们也是在专注于装饰。但企业的发展，必须提升其核心竞争力，必须要有别于其他企业，目前金螳螂已经初步发展成为一个以室内外装饰设计、施工为主体，家具、广告、艺术品、景观及其他配套产业为辅助的装饰企业集团。做大主业、做强其他配套产业是一个企业的核心竞争力的体现。在装饰工程中，对业主来讲完成室内装饰仅仅是完成了一部分工作，因此，在金螳螂未来的发展规划中，与装饰行业的相关配套产业始终是我们关注的重点，当然我们发展其他产业的先决条件是我们是否有管理能力、专业人才及相应的财力，是否会成为这一行业的专家。

我们也不断通过对企业科技发展的分析研究，找出管理、技术上的薄弱点，通过现代管理、技术攻关，取得优势技术，并配以系统的措施推广应用，带动企业管理模式的创新，并逐步形成自主知识产权。公司努力探索工业化、现场装配化的施工新模式，装饰企业要发展必须紧跟世界装饰的发展潮流，工业化生产、现场装配化施工是装饰企业未来发展的必由之路，金螳螂在这一方面正在做出了不懈的努力。目前在工业园区，投资2000多万元，为施工现场作配套的加工中心二期建设已经全面展开，与此相配套，公司已经从着手从设计环节解决现场装配化的问题，在青岛香格里拉大酒店工程中，我们在装配化施工中已取得了一点经验，其工期和质量各方面都受到了甲方的高度评价。公司计划在部分工地推行现场装配化施工试点的基础上，将在技术逐步成熟以后，在公司内部全面推广。

不管金螳螂在以前的发展过程中取得了多少成绩，在装饰行业，任何企业始终在做完一个工程以后，所有的工作是从零开始的；不管金螳螂以前拥有过一些经验，由于企业管理经验始终是滞后于企业发展的，金螳螂今后需要学习的还有很多很多，因此管理模式的创新将是公司发展的一个永恒话题。以上所说只是抛砖引玉，希望各位同行 批评指正，共同推动中国建筑装饰行业的可持续发展。

深化国有企业改制　加快企业市场化进程

中国建筑装饰协会副会长　深圳市建筑装饰（集团）有限公司董事长兼总经理　**汪家玉**

党的十一届三中全会以来，推进国有企业的改革和发展是一项重要而紧迫的任务。1993年，党的十四届三中全会上提出企业改革的方向是：“建立适应市场经济要求、产权清晰、权责明确、政企分开、管理科学的现代企业制度”。然而，如何真正做到“产权清晰”呢？又如何体现“管理科学”呢？转眼间，十年过去了，虽然国有企业的改革与发展在不断地向前推进，但客观地说，国企改制困难很大、阻力很大、成效不太理想。1999年，党的十五届四中全会通过了《中共中央关于国有企业改革和发展若干重大问题的决定》，吹响了深化国有企业改制的号角，紧接着深圳市政府出台了国企改革的“1+11”个文件，全方位启动了深圳市的国企改革与发展。我们深装集团是深圳国企改制的第一批试点单位，两年多来的研讨和实践，我们对国有企业的弊端，对国有企业改制的紧迫性与必然性有了更深入的认识。实践证明，加快企业市场化进程是企业唯一的出路与希望。

一、国有企业的弊端：不得不承认的现实

国有企业有过她的辉煌，也有过她的贡献，至今还发挥着巨大的作用。从宏观角度看，虽然不能说是全部，但确有一部分国有企业是靠银行贷款、政府扶持、地方保护、利润虚报艰难地生存着、维持着，亏损面相当大，国有资产流失相当严重。国有企业有种种弊端，这已是一个无可争辩的客观事实。

首先，国有企业最大的一个弊端是产权不清晰。国有企业由国家投资，这种投资往往有很强的行政色彩，很强的计划经济特色，导致不少国有企业一出娘胎就先天不足，经不起市场经济的风浪。从理论上说，国有资产属“人民”所有，属“国家”所有。而“国家”和“人民”是一个抽象概念，在国企实际运作中，往往是某一级行政部门或某一个资产管理机构甚至某一个董事长或总经理在行使投资主体的职权。国家投资缺乏人格化，产权主体缺位，必然导致产权难以清晰，必然带来政企不分，必然造成国有资产流失。

其次，国有企业的经营管理者和党政工团负责人，象政府官员一样，往往是论资排辈，走马上任。他们不是真正的“老板”，而往往有太大的权力又缺乏强有力的监控，这就容易导致腐败。有的人不适合当企业主要负责人却又在这个位置上，他们不是按经济规律和市场不断变化的实际办事，而是凭自己编造各种理由、想当然地“瞎指挥”，造成企业亏损，给国有企业带来巨大损失。这种人，只要不触犯法律，这个企业搞亏了、搞垮了，凭资历凭关系，换一个企业再当总经理或董事长，这恐怕只有我国国有企业才有这个现象，这就是为什么我国有那么多国有企业亏损、破产，却没有一个企业负责人跳楼的原因。投资与管理严重脱节。责任不到位，这是国有企业第二个主要的弊端。

第三，管理与分配严重脱节。受计划经济影响，国有企业吃大锅饭现象严重：干多干少一个样，干好干坏一个样。员工和经营者的收入往往是依据资历和级别来制定的，没有体现出生产要素参与分配的市场经济原则，奖惩难以兑现，难以调动经营者与技术人员的积极性与创造性。

第四，经营机制不灵活，不适应市场经济的需求；管理体制机构重叠、效率不高，严重滞后于市场发展变化，加之企业负担过重，企业可持续发展前景堪忧……

国有企业的这些弊端是一个客观现实，企业界已有广泛的认同。为什么在这里重谈这个问题呢？两年多的改制实践中，我们碰到了许多困难，这些困难直接或间接都和对国有企业的弊端认识不足有关。很多事情，认识是一个问题，而要把认识变为自觉的行动又是另一个问题，这其间是有差距的。深刻认识到国有企业弊端的严重性，这才能在改制与转制的实践中树立紧迫性与自觉性，努力把国企改制与转制工作落到实处。

二、深化国有企业改制：不能不面对的挑战

国有企业的改革与发展是一场革命。革命的实质是所有制的变化与权益的再分配。国有企业改革的关键是改制，改制的关键是对国有企业的所有制进行变革，这是不能不面对的挑战。企业所有制的变革，就是要把国企单一的全民所有制变革为资本多元化，即产权主体多元化，实现混合所有制经济。历史经验证明：凡是不触动所有制的改革仅仅是一种改良行为，往往是不彻底的，治标不治本，不能从源头上、根本上解决国有企业的种种弊端，不能真正把企业推向市场，从而加快企业市场化进程。事实上，单一的国有经济形式不利于生产力的发展，也不等于就是社会主义。江泽民同志在十五大报告中明确提出：“公有制实现形式可以而且应当多样化”，并号召我们“要努力寻找能够极大促进生产力发展的公有制实现形式”。深化国企改制，一定要深入到投资主体多元化，特别是在如装饰这样的竞争性企业中，国有资产可以从单一向控股、相对控股、占一定比例的股份、直至全部有序地退出。一旦资本多元化了，企业经营者和员工，既是股东，又是雇员，经营者与员工同企业命运息息相关，达到利益一体化了，这样，投资、管理、分配就不可能严重脱节了。投资者出于对资本投资要求利润回报的考虑，一定会慎重物色经营者，一定会加强对管理的监控；而经营管理者出于对股东负责，一定要追求经营效益；员工一定要追求工作效率，否则，他就不可能在这个岗位上干下去了。

深化国有企业改制，还必须改革国有企业员工对企业的终身依附制，变为自然人身份的市场雇佣制，真正做到国有企业能够精简机构，人员可进可出，职务可高可低，工资可升可降，而其依据的标准一是市场需求，二是个人实际能力及其具体为企业带来的效益。国有企业员工通过改制身份变换以后，企业人力资源的利用与发挥将起到更大的作用。

三、转换国有企业的经营机制：不能不完成的任务

有一些人认为，这次国企改制不过是国有企业在产权上作点调整，增加几个股东，有点变化而已。这种观点不符合中央国企改革的精神，是十分有害的。改制只是一种手段，转制才是目的。在改制与转制过程中，有权不放、有利不让，不按中央精神与相关政策办事，导致改制不深入、转制不彻底，搞成“夹生饭”，必须出现“回潮”。我们下属一个企业的改革就出现过这种问题，致使改革成本加大，企业受损，员工受害。因此，在国企改革过程中，我们要坚决、彻底防止“改制不转制”的现象。

转制，首先是要转换企业经营机制，要把受计划经济影响的经营机制转换为市场经营机制，实现公有制与市场经济的有效组合，真正做到经营市场化，效益最大化。在转换经营机制的过程中，企业本身的定位与作用也要转换。面对市场经济，转制后的企业一定要成为自主经营、自负盈亏的法人实体和市场主体。作为法人实体，企业不再是隶属于哪一级行政部门的单位，企业无级别，它将独自承担经营的法律责任；作为市场主体，它不能接受行政干预，它有权作出自己的经营决策，并承担决策风险。其次，转制，还要转换企业的管理体制，为此，企业经营者一定要有正确的思路。正确的思路是方向，是作出决策的前提和保证。我们集团提出了“三变”工作方针，即“把思路变为制度，把制度变为行动，把行动变为效益”，作为集团管理的指导思想，收到了良好的效果。转换管理体制的目的是真正做到管理科学化，向管理要效益。企业身份与定位的转换、经营机制的转换、管理体制的转换，这是我们在国企改革过程中不得不完成的任务。只有当这个任务完成了，我们才能说国企的改革基本上成功了。

四、加快企业市场化进程：企业的出路与希望

江泽民同志在十五大报告中进一步提出了“要加快国民经济市场化进程”。企业是国民经济最基本的组成单位，它是一个经济组织。从大处说，企业的市场化进程关系到整个国民经济的市场化进程；从小处说，企业的市场化进程决定着企业的生存与发展。

企业和市场是对立统一的，没有市场就没有企业，没有企业也就没有市场。俗话说：企业硬不硬，市场是杆秤。能占有一定的市场份额，能开拓市场的企业，才能生存与发展，欣欣向荣，立于不败之地；没有一定的市场份额，不能开拓市场的企业，即使是政策有倾斜、银行有贷款，这种企业也不会有饭吃，最终还是要被市场经济淘汰。加快市场化进程，就是要加快开拓市场，不断增加市场占有份额。为此，企业一定要树立市场意识，包括风险意识，一切以市场为出发点，按市场经济规律办事。为了开拓市场，还必须树立质量意识，质量是企业的生命线。目前建筑装饰市场还存在一些问题，诸如无序竞争、不公开竞争、不规范操作、不重视质量、不负责任等等行为。从计划经济转变为市场经济，进一步发展成为成熟的市场经济，在这个转变过渡期中，这些问题是难免的。然而，它亦是十分有害的。加快企业市场化进程，还必须树立市场法治意识。市场需要法治，市场需要道德：法治与道德也培育、塑造着市场。市场竞争无情，但不能无法无序；市场无常，变化多端，但不能无德无义。在市场经济中唯利是图，不讲诚信，不讲商德，一害国家，二害企业，三害朋友和自己。企业真正面对市场了，不断地加快市场化进程，企业就有了出路和希望。

企业改制后的制度创新

中国建筑装饰协会常务理事　深圳市新鹏都装饰工程有限公司董事长　**潘育明**

我公司改制近4年里，在探索中前行，在不断总结中进步，在此我将一些心得和体会与大家交流。我想讲的第一个观点是：改制后的企业如何对国企的精华进行继承？

一、继承国有企业的精华

国有企业并不是像有些人认为的那样一无是处。的确，长期受计划经济模式的影响，国有企业在市场经济环境下显得反应迟缓、竞争能力弱，同时，由于历史的原因，国有企业普遍机构臃肿，缺乏激励机制，没有人真正承担企业发展的责任。但是，国有企业隐含的一些优势是民营企业所不具备的。在我看来，国有企业至少有下面几个方面的优势：第一，员工的凝聚力和归属感强；第二，员工的责任心强；第三，管理上有制度化的传统；第四，有一批“卧龙式”的优秀人才。

只要看看中国从建国到现在的发展历史，看看国有企业多年来在社会中的地位，就会明白国有企业的归属感和凝聚力为什么会很强了。国有企业长期处于社会的主流地位，国有企业员工长期接受思想政治工作的熏陶，人与人之间有一种发自内心的亲切感，在工作之中甚至会衍生出亲情，人情味非常浓，相互会关心同事在工作之外的生活状况。从这个角度看，国有企业其实有很好的人际氛围，人与人之间的沟通变得容易。

而且，长期以来形成的社会习惯是：在国有企业工作的人，他们对单位有一种依赖和信任，对单位有一种家庭般的归属，对工作的认知和对前途的考虑也是同单位联系在一起的。国有企业通过党工团的活动，关心员工的思想和生活，增加了员工的这种职业感情。在待遇留人、事业留人和情感留人这三种留住人才的方式里面，很多国有企业将情感留人放在了很重要的位置，由此可以看出“情感”在国有企业中的地位和作用。

国有企业员工的责任心也是值得探讨的。我发现由于体制的原因，国有企业的员工不能对企业的发展前途负责任，但是不能因此而说他们没有责任心，相反，国有企业员工的责任心很强，他们对单位的事情也很积极主动，只是大环境把他们的责任心淹没掉和淡化掉了。这种淹没和淡化，不是单个员工力所能及可以改变的。

说到国有企业里面的人才，有一点很明显，那就是国有企业员工的基础扎实，熟悉专业知识。举例来讲，国有企业的一个建筑总工程师，他是按照国家规定的程序，一步步地走到这个位置，他在企业内部也是通过评选推荐等竞争方式脱颖而出的，每上升一步，都需要有成绩做铺垫，所以专业很扎实。计划经济造成了国有企业的发展缓慢，也让这些专业人才必须符合各种程序一步步地成长。说到底，是体制限制了这些优秀人才施展才能。

之所以将国有企业的这些优势提出来，是相对民营企业而言的。在体制上，民营企业很灵活，市场反应快，但是有一点，民营企业容易患“情感短缺症”。其中至少有两个方面的原因，第一个是社会对民营企业的定位，尽管民营企业经过这么多年的发展，成为了中国经济的主要组成部分，但是很多人投奔民营企业，考虑的是个人的前景和个人的收益，双方“谈恋爱”的初衷大部分不是出于感情，而是出于利益，这就为以后的不亲密关系定下了基调。第二，在民营企业中培养情感氛围的代价很大，需要老板付出情感，需要时间和精力，更需要言行一致地推动，然而，劳资双方天然存在的不同角色，让民营企业的情感培养难上加难，如果要考虑到短期的市场目标，情感很有可能就被放在了不重要的位置。

凝聚力、归属感和责任心，综合起来，就会影响到员工对企业的忠诚度，就会涉及到团队的整体生产力，涉及到企业能不能留住优秀的人才。

所以，像新鹏都这样从国有企业改制而来的企业，体制改变了，基本上还是那一帮人，整个文化氛围、情感关系等等都继承下来了。它的好处是不用花费代价和时间去做情感培养，也不用考虑信任感的问题，大家共事多年，彼此非常了解，只要在管理和激励机制上进行市场化调整，大家的积极性就会很快被调动起来。

新鹏都改制后还保留了党支部，经常举办组织生活，有效地增强了向心力。进入市场的企业与传统国有企业的一个重要区别，在于围绕企业形成了多元化的利益主体。发挥企业党组织的作用是重点保证、监督党和国家的方针政策在本企业的贯彻执行，协调不同利益主体之间的关系，并将他们凝聚在一起实现企业的目标。这也是新鹏都与民营企业相比的一大优势。

如今在新鹏都，员工精诚团结，凝聚力很强，士气也很高，公司的氛围活跃而又严谨，同事之间除了工作关系，还有一份感情。同时，管理层是“自动波”，不需要催促大家就很积极，各个板块有管理者，部门经理不会直接找董事长。所以，我不会为公司日常管理问题分太多心。

从国有企业继承的这些精华很重要，但仅仅是企业创新中最基本的要素，要想把企业的活力焕发出来，要想在市场中赢得机会，必须正视第二个问题：只有树立起企业人的人格，才能调动员工内在的力量。

二、塑造企业人的人格

新鹏都改制前，企业的状况是一言堂，内部实行的是生产队长式的管理，叫干啥就干啥，而且人浮于事，没有人愿意承担责任，更没有人愿意冒犯错误的风险去创新；在业务上，员工畏于建筑市场的不规范运作，害怕做多错多，吃力不讨好；改制后，员工体现出主人翁的精神，对公司表现出巨大的关注和热情的参与，对公司的各个制度自发地思考、热烈地讨论，并且想各种办法拓展业务；公司有效地控制了成本，最大限度地提高了效益，保证了工程质量和生产安全。

从形式上看，这些变化是产权转变带来的，但是更深层的原因，是产权转换带来的人格上的变化。这里所说的人格，不是人们通常所说的道德品质，而是指作为权利、义务主体的资格。

在传统体制和一言堂的作风之下，人人都是主人，人人又都不是，财产人人都有，人人都没有，员工没有财产处置权和效益分红权，企业的赢利与个人的业绩之间没有关联度，即使有部分关联，关联度不大或者不彻底。在这种情况下，员工根本没有发言的机会，甚至没有负责任的机会，员工作为企业的一员，他应该具备的权利和义务都没有真正实现，企业人的人格缺失了。

产权转变唤醒了企业人的人格。买断新鹏都的出资者不是一个人，而是新鹏都的员工，没有谁掌握控股权。大家绑在一条船上，风雨同舟，兴衰与共，经营、管理、激励和约束等机制发生了质的变化，以前这些制度只是一个个的口号和摆设，现在则是铁板钉钉，落在了实处，并且与每一个人的利益休戚相关，没有谁会对企业的发展漠不关心，创业热情在集体力量的汇聚中强烈地发散出来。

建立现代企业制度让员工的企业人格得到了长期的保证。新鹏都按照现代企业管理规范运作，实行法人治理机制，经营班子对董事会负责，董事会向股东大会负责，监事会监督企业的运作。同时，通过章程规范决策机制、主要管理人员的职权范围和行为规范，岗位职责明确，激励约束机制完善，员工的权利和义务得到了合理的体现。

人格重塑体现在心态和观念上的转变。改制后，公司酝酿出台新的工资、奖金及福利待遇方案，有一些股东对此存在着不同的看法，认为股东就是老板，应该比普通员工享受更高的待遇。这个时候，就需要股东改变这种传统的看法，因为不应该有老板和非老板的区别，股东是投资者，可以享受分红的权利，但是如果股东同时又是员工，在员工这个身份上，应该与所有人一样，没有任何特殊的地方，其他人的工资和奖金超过自己是很正常的事情。新鹏都处处维护这种平等的氛围，改制三年来，员工的工资增长了两次，每次递增10%，相比1999年，出差补贴提高了1.5倍，年终奖提高了3倍。公司每次发放过节费和服装费等，清洁工和董事长享受一样的标准。有股东对这种观点和做法持保留意见，但是一年以后，他就从公司的变化中发现这种做法是很对的。

塑造企业人的人格，就是要从股东、企业和员工的整体利益来考虑，有效地配置企业内部的资源，让企业资源达到价值最大化。只有这样，才能让大家找回做主人的感觉和自信，才能调动员工的积极性和创造性，才能为企业制度的创新挖掘到根本的源动力。

三、创新过程中的几个到位

1．所有权到位

大家知道，国有企业管理制度与民营企业管理制度不同的根源在于所有制的不同、法人治理机制的不同，反映到企业的运作中，就是责、权、利之间的关系不同。

国有企业是在传统计划经济体制下为完成政府计划而建立的生产单位，其赖以生存的条件是国家的计划，长期以来，国有企业结构性的缺陷不断沉淀和积累，成为当今最棘手的问题。在国有企业内，企业所有者（代表）缺位，难以形成正常的动力和约束机制。政府远在企业之外行使所有者职能，企业内并无所有者（代表）。同时，政府管理着成千上万家企业，鞭长莫及，对于每个企业来说，来自所有者追求经济效益的压力并不强烈，来自所有者的监督更加不力。在这种情况下，企业的前途往往是个人说了算，并没有决策机制和监督机制。传统国有企业适应的土壤是计划和价格双轨制的经济体制，不能适应市场经济发展的需要。

所有权到位就是解决产权不清晰的问题，使企业具备真正的所有者，使所有者能够真正行使其合法权利，使企业在市场上具备竞争力。

新鹏都的成功实践让我们认识到，国有企业改革的根本出路就是产权结构的转变。

2．制度到位

企业改革说到底是伴随着经济体制变革而进行的制度创新。通过结构调整，促进建立规范的公司法人结构，这是当前企业制度创新中非常重要的问题。如果法人治理结构不规范，所建立的现代企业制度就是走过场。

在新鹏都，员工出资将企业买断，从而成为了企业的出资人，同时，他们还是公司的员工，对他们这双重身份的科学处理非常重要。一方面，出资人行使所有权，就是保证对公司的最终控制地位，这是维护所有者权益所必须的，所有权必须到位；另一方面，他们作为员工的时候，就只能是员工，不能搞特殊化，更不能在具体的岗位上和职责上行使股东的权利，只能在股东大会上行使所有权，也就是说，所有权不能越位。同时，经营权、管理权和监督权的行使也必须条理清晰、依法行事。

新鹏都通过建立股东会、董事会和经理人之间的分权制衡机制，形成了有效的公司治理，同时建立监事会，代表股东对公司进行监督。由于严格按照公司法的规定和现代企业制度来运行，股东的权益得到了保障，所有权到位而不会出现越位，董事会成为公司的经营决策机构，管理层执行董事会的决议，主持公司的日常经营管理，监事会对公司进行有效监督。理顺其中的关系后，通过法律的程序建立起可靠的机制，大家知道自己的位置在哪里，明确该做什么，不该做什么，也明确了自己的权利和义务。

建立科学的法人治理结构后，新鹏都完善了公司的决策机制，使公司有关发展的战略方针和重大的经营决策更加科学、合理，避免了决策家长制的失误，这是新鹏都可持续发展的重要保证。

有效的法人治理结构是制度到位的第一个层面，也是关键性的一环，关系到企业的经营能否规范化和有效率；制度到位的第二个层面是落实到经营管理上，建立各种经营管理制度。新鹏都实行流程化管理，用制度来保证流程得到执行。

举例来讲，业务部在进行业务洽谈后，进行招标文件的评审，决定是否参与投标，然后进行标书审核，包括预算审核；接下来进行合同审核，对付款条款、工期条款、违约责任条款等都有明确的规定；评审合格后，经业务部负责人、主管副总经理和法人代表签字同意后，与评审表一起交给办公室盖章，完成了合同的签定；然后公司与委派的项目经理人签定责任书。业务部把有关工程资料交工程管理部一份，工程管理部分派专人负责跟踪检查工程，被委派的工程人员持工程管理表，按照工程部规范的工作指引开始跟踪检查。同时，业务部将合同原件交财务部统计归档，另将记录工程信息资料的通知单交给财务部经理，财务部经理根据项目通知单及有关财务规定，办理工程款支付项目经理部的手续。

通过建立规范而科学的流程，新鹏都每开展一项新的业务，都必须经历管理上的这一条“流水线”，环环相扣，每个环节都在保证质量和降低风险，同时在流程设计上也实现了有效的监督。公司以制度的形式规定必须严格按照流程和规范执行，保证了整个管理的统一性和规范化。

建立岗位责任制度后，管理层和员工都明确了各自的职责。对业务和工程管理人员派出洽谈及管理项目时，主管领导都以任务单的形式明确需办事项、所需资料以及要注意的问题等等，并在工作完成信息反馈栏中，要求相应的责任人填写任务完成情况，以及是否存在问题，有什么意见和建议。有关资料由主管领导存档，哪个工程在洽谈或者施工时出现了问题，马上可以追查相关责任人。

用制度规范管理后，有了明确的业务和工程管理流程，公司整体运作更加顺畅，减少了部门之间和领导层之间的摩擦及矛盾，工作效率大幅度提高。

3. 观念到位

观念到位就是企业的观念要符合市场的需求，要从以前计划的模式改变到市场经济的环境中来。企业改制本身就是一次对观念的强烈冲击。改制后的观念能不能到位，也是企业能不能创新的重要因素。

首先是对企业的认识。以前国家是企业的所有者，又是看不见的所有者，企业的资产、规模和发展与自己没有多大关系，一切由领导说了算。进行企业改制后，成为了股东，对企业的发展有了发言权，这是很大的进步。但是，如果将企业当成了个人的私有财产，认为可以随心所欲了，就是一种错误的认识，前面提到的有股东认为自己应该比员工领更多的工资和奖金就是这种错误认识的一个表现。

企业是一个利益共同体，是所有投资者实现投资回报的载体，也是经理人实现个人抱负的一个平台。对企业的操作和运行必须严格遵循法律规定。同时，要允许在这个平台上实现双赢甚至多赢，只有蛋糕做大了，每个人所获得的蛋糕份量才能够最大化。

所以，必须改变所有人对企业的认识，尤其是在建立法人治理结构的初期，要让大家明白这种新的体制，明白每个人的责、权、利。

其次是对人的评价。在传统的国有企业中，由于个人的能力没有与经营业绩挂钩，个人的发展没有与企业的成长进行紧密的关联，对人的评价是往往与市场没有关系。企业改制后，尽管企业肩负着为社会做贡献的责任，但是“企业”的特殊定义就注定了它的最大目标是实现赢利，为股东、员工和社会创造最大的价值。所以，对人的评价应该实行市场标准，而不能完全按照个人的喜好或者其它的因素。当然，评价一个人本身就是很复杂的过程，会综合考虑到能力、道德等各个方面。我想说的是，企业的制度创新，就意味着对人才的评价不能沿用以前的传统标准，而必须充分考虑到市场的效益，这样才能将合适的人放到合适的位置，从而实现人才资源的合理配置，将团队的生产力提高。

第三是对市场的认识。改制前，企业长期实行计划、集权、粗放式的管理，员工对市场的变化缺乏敏感性，竞争意识、危机意识不足，存在错误的就业观念，大锅饭情结严重。企业制度创新，也要求全体员工建立市场导向的意识，清楚地知道每个人在市场中的表现和行为都与公司的发展有关，与个人的利益有关。

观念的形成是长期习惯的结果，要改变它并不容易，需要耐心、信心和毅力。改制企业在制度创新中面对的困难很大程度上就是观念问题，包括：观念一时难以转变；对现代企业制度的运作不了解；《对公司法》等有关法律不熟悉；对新管理制度体现的责、权、利关系不适应等等。为了让大家明白改制的意义和对每个人的价值，我多次与员工交流沟通；为了推动新的竞争策略，也要经常与管理层探讨，为的就是让管理层的观念到位，然后再在企业中广泛推广。

4. 利益安排到位

利益安排就是奖罚分明，建立合理的激励机制，让员工的表现和业绩与利益挂钩，与个人的发展挂钩。新鹏都还对工作完成出色的员工，经董事会讨论决定给予适当奖励；对违反公司规定或者在工作中由于不负责任造成失误的人，给予扣罚奖金等经济处罚。利益安排到位了，公司在市场上的表现比以前更加强大。

四、品牌是有效的营销手段

现在中国的企业界在大力推行企业品牌，一些面向大众消费的行业，比如家电行业、IT 行业等等，品牌策略成为了非常重要的竞争策略。

我认为企业的制度创新也包含品牌的建立和创新，建筑装饰行业的企业同样需要实施品牌战略，通过品牌的影响力来辅助实现企业业务的扩张和规模的扩大。

关于品牌的概念很多，我觉得最简单的理解是：品牌就是社会上如何看你这个企业。品牌好的企业，社会上的认知度高，投标方选择你的可能性就更大。所以说，品牌可以减少交易成本，是一种有效的营销手段。

在我看来，建筑装饰企业的品牌有三个部分：项目品牌、技术品牌和企业品牌。

所谓项目品牌，就是精心打造样板工程，让项目成为别人传诵的对象。新鹏都实施制度创新和ISO9001质量管理体系，树立了一批精品工程，比如深圳中洲城市广场、华润木棉花酒店、武汉工行江岸支行、长沙奥林匹克体育馆等等，都取得了市优或国优奖项。

技术品牌就是通过把公司的技术个性发挥出来，在业内形成技术上的典范。2001年，新鹏都承接了木棉花酒店的装饰工程，澳大利亚的设计师为酒店做了方案构思，业主方委托新鹏都做深化设计，并总包施工。新鹏都从施工图设计开始，从区域功能的划分，空间尺寸的定位，到材料材质、颜色的选择，家具、灯具的布置，装饰画、装饰品的摆设等等，精雕细琢，用工考究，营造出传统酒店不具备的清爽，制造出了现代酒店的“简约美”。木棉花酒店的特色得到了住客的赞誉，该工程获得“2002年度深圳市优质样板工程奖”，业内资深专家丁培道在评优总结会上说，深圳市搞装饰的公司，都应该到木棉花酒店参观一下。荣誉以及专家的肯定是对新鹏都技术优势的最大鼓励。

企业品牌是企业的整体形象展示，强调企业的定位、理念和经营等等。新鹏都改制后，重新设计了公司的标志和宣传画册，请专业公司进行CI设计，还请专业人士拍摄以前的工程图片，企业展示的面貌焕然一新；同时，公司搬到了新的办公室，办公室的设计符合现代企业的特性。企业品牌是综合因素的凝聚，有很多看不见的力量蕴涵在里面，比如员工整体的工作风格和气质等等，这些都需要用心经营。

项目品牌和技术品牌是子品牌，企业品牌是总品牌。三者有机结合，就能展示企业制度创新的成果，能够突出现代装饰企业的独特个性。

五、企业文化不是口号

前面提到的继承国有企业的精华，很大部分是在文化上的继承。然而，如果继承以后不进行创新，这样的文化与以前并没有任何区别，也就不会散发出新的活力，不会对企业的经营发展有积极的推动作用。

企业文化听起来很玄乎，但是它很实在地存在于企业里面，甚至有人断言，21世纪企业的竞争，是文化层面上的竞争。我认为，企业文化不是口号，不是简单的舞会和集体活动，也不是单纯的企业宣传册，这些只是企业文化的表现形式。真正的企业文化，是影响员工行为模式的真实想法和价值观。比如说，员工积极加班，企业文化不是他加班这件事，而是他为什么积极加班；企业文化不是“怎么做”和“如何做”，而是“为什么这样做”。

作为一级建筑装饰施工、甲级建筑装饰设计企业，新鹏都形成了有本企业特点的企业文化，它的核心可以归纳为一个“和”字，即：体现在经营运作上的“和顺”；职能部门配合上的“和谐”；内部人际关系上的“和气”；与政府部门沟通上的“和睦”；与建设方合作上的“合拍”。

建立企业文化是一个漫长的过程，甚至是潜移默化的过程，要求企业的高层管理者身体力行，言传身教，一方面要告诉员工如何做，另一方面要通过管理层的示范和日常的行为让员工感悟到为什么这样做。新鹏都的管理层以“和”为核心，在经营管理中贯彻这个文化特色，用自己的一言一行来影响到企业文化的形成。

企业制度创新归根结底是企业文化的创新，将以前僵化、沉闷甚至空泛的企业文化，转变为适应市场经济的文化，转变为推动企业不断发展的具有市场活力的文化。

六、建立核心竞争力

企业的核心竞争力，就是企业所拥有的独一无二的、无可替代的能力。这里面有两个关键词，一个是独一无二的，一个是无可替代的。两者之中缺少任何一个，都不能称为企业的核心竞争力。企业核心竞争力的构成有很多方面，包括研究开发能力、持续的动态创新能力、转化能力、组织协调能力、应变能力和资本营运能力等等。

当前建筑装饰企业的行业准入条件相对较低，装饰企业众多，规模和素质参差不齐，导致行业的竞争白热化和复杂化；同时随着社会的发展，人们的生活水平提高，对建筑装饰的要求和审美观也在提高；而且，整个行业进入了高质量和微利润的时代。在这样的竞争环境下，建立企业的核心竞争力显得非常必要和迫切。我们可以将装饰企业的核心竞争力构成概括为很多方面：先进的信息获取和处理的能力；科学完善的管理能力；先进的技术能力和科学合理的资本营运能力。

核心竞争力的形成是一个系统工程，核心竞争力的不可取代性也在于它的系统性和独特性，而不是仅仅依靠单个优势和纯粹技术上的力量。打个比方，假如有一家企业有一位很优秀的设计师，他的水平是全企业里最顶尖的，有一天他离开了公司，他能带走的只能是自己的优势——设计技术，而不能将公司的经营模式和企业文化等特色带走，哪怕他想模仿建立一家类似的公司，也无法成功复制。这里面就是系统的特性，就是核心竞争力的力量。所以，有位经济学家这样说：“优秀而成功的企业不在于它拥有多少杰出的人才，而在于它建立了一个优秀的系统。只有系统运行，人们才可以在各自才能的组合中完成伟大的事业。无论任何人离开这个系统，系统照常运行，离开者所做的事情只能是一个个的片段。” 所以说，企业的品牌、管理、机制以及创新的惯性等等都是构成核心竞争力的重要资源。而企业文化是核心竞争力的重要基石。

我们所讨论的企业制度的创新，其最终的目标就是要建立起这样的一个系统，建立起企业的核心竞争力。

中国民营企业第三次创业面临的环境与战略抉择

王新彦

民营企业三次创业问题的提出和深化是中国民营企业发展史上的一个重要里程碑。一次创业完成了企业的原始积累过程，二次创业完成了企业的规模扩张，三次创业的核心问题则是企业的可持续发展问题，主要是解决民营企业一次创业和二次创业遗留的机制退化和产业结构不合理等问题，是如何实现从量的扩张到质的飞跃问题，完成企业蜕变和再生的问题。当前中国的经济体制改革已经进入深水区，WTO对中国的影响将是深远和巨大的。在这种社会大背景下，中国民营企业三次创业将面临新的环境和战略抉择。

一、由重视产权清晰到重视产权优化

产权是指财产的所有权，它是对于非人力资产的剩余控制权和剩余索取权，产权是一种带有责任性质的权利，明晰产权从根本上讲是明晰财产所有者和财产所有者的权利和义务，只有实现产权清晰才能调动产权所有者的积极性，为完善内部的法人治理结构，建造机制优势打下基础。但是产权清晰仅仅是产权改革的第一步，接下去的一个重要工作是产权优化。产权优化是指产权结构的多元化和开放化。只有实现产权优化才能调动产权所有者、经营管理者、主要劳动者三者的积极性，才能改变“一股独大”造成的“一个人说了算”的治理结构，才能从根本上建立企业良好和健康的运行机制。

中国有很多民营企业（包括“联想”和“四通”）在一次创业的过程中，为了寻求“政治保护伞”和享受“利益最大化”，都不同程度地戴上了“红帽子”，在二次创业的过程中，成为影响企业发展最头疼的问题。因此明晰产权是民营企业二次创业的一个主要课题。有为数众多的民营企业通过多方努力，最终明晰了产权。其中的一部分佼佼者还向第三次创业迈进。但要想从根本上解决民营企业二次创业过程中没有解决的家族化和机制退化等问题。就必须从产权问题上找根源，进行进一步的改革。

产权优化的途径有三条：一是股权转让，即转让部分股权给有一定实力的第三方；二是吸引战备合作者；三是经营层持股，其中最重要的方式是股票期权，将经营层的收益与企业的效益挂钩。需要指出的是我国的产权评估和交易制度相对落后，在企业产权改革的过程中，主体需要发挥主动性和创造性。

在产权制度改革方面，广厦集团于1993年进行了股份制改造，明晰了产权，1998年实现了经营层持股。在三次创业过程中，正在考虑成员企业推行股票期股和引进战略合作者。

二、由家族制到规范的公司制转变

家族制是民营企业发展早期一个普遍存在的现象，这是整个社会的信誉情况和企业家的心里情节多方面作用的结果。在当前中国民营企业的家族制还广泛存在，这有两个重要原因。一个原因是民营企业创业者的素质偏低，据前年《国际金融内参》的一份调查显示，在大陆1000名资产上亿元的民营企业家当中，有70%的人是小学以下文化程度，有70%的人是农民，他们当中的绝大多数人仅依靠几千元以内的资产在十年内完成创业，他们主要从事初级产品的加工和服务领域。他们与国外西方发达国家的企业家相比有很大的不同：一是个人文化素质明显偏低；二是创业手段明显简单；三是创业时间较短。这就容易直接导致企业家盲目自信，企业制度不完善，经营随意性强，创新机制不健全等弊端。第二个原因是中国市场经济走过的路还不是很长，职业经理人的市场还不完善，缺乏高素质的职业经理人队伍。

市场经济竞争的加剧，必然会导致中国第一批民营企业家退出前台，让更年轻更有知识的后辈和职业经理人填补空缺。在产权改革进一步到位的同时，企业的法人治理结构必将更加科学和合理，出资者所有权和法人所有权分离。

广厦集团目前正在以产权为纽带进行组织结构的调整，进一步完善成员企业的法人治理结构，并花大力气培养和引进大批的职业经理人队伍。

三、由重点抓外部机遇到重点抓内部改革

在经济转轨时期，容易造成一部分人依靠政策和勇于冒险实现暴富。随着国家市场经济的不断深入，市场不断规范和成熟，这种机遇越来越少。从目前房地产市场土地的竞拍就可窥见一斑。这样就逼迫企业家的主要精力从找政府要政策，到找市场要销售，以市场为中心，不断深化内部改革，提高自身的素质，增强市场的适应性和竞争力。

从重点抓外部机遇到重点抓企业内部改革的实质是从外延式改革向内涵式发展转变。企业的内部改革包括产权的改革、管理模式的改革、经营方式的改革等诸多内容。内部改革的核心是适应环境，不断创新，促使企业不断适应市场和战略。

四、由产业多元化向产业相对专业化集中

中国的很多民营企业在发展的过程中，几乎是不约而同地选择了多元化经营，这有着深刻的历史背景。一是短缺经济时代下遍地是黄金，民营企业创业者不用出远门，蹲下身

子就可以拣到钱；二是短缺经济向过剩经济过渡期，受政策“剪刀差”影响，民营企业创业者受短期利益的诱惑，常常追着经济热点跑；三是在民营企业二次创业后期，过剩经济出现，企业不好做，不少民营企业开始寻找新的利润增长点，进入了其他一些行业。产业的多元化与民营企业的管理能力和资金实力造成了很大的矛盾和冲突。现代社会强调社会分工和专业化，品牌只是代表某个企业在某个产业或者某个行业具有的独特优势，如果企业的产业链延伸的太宽太长，那么企业的资源就会短缺，企业的品牌形象就会模糊，在消费者心中的品牌忠诚度就会降低。可口可乐公司在创业初期，也曾涉足到药品领域，并且取得不俗业绩，但是决策者经过缜密考虑，还是选择了专业化的道路，最终成为世界饮料业的第一品牌。

民营企业三次创业的中心工作是形成企业的核心竞争力，产业的核心竞争力是企业核心竞争力的关键。企业的资源总是有限的，要形成产业的规模经济，必须集中精力，删其侧枝，壮其主干。

五、由国内市场竞争向国际市场竞争转变

加入WTO，中国将融入到世界经济一体化的潮流当中，对中国经济和中国企业的影响和冲击将是深远的，必将促进产业结构的调整和资源的重新配置，竞争将更加激烈，出现国内竞争国际化，国际竞争国内化的局面，与此同时，企业的发展空间将得到极大程度的拓展，对于那些产品具有独特优势，员工素质较高的国内企业来讲是难得的发展机遇。

国际市场与国内市场无论是资源、规模还是游戏规则都有很大的不同。这就要求国内的企业必须早做准备，以国际市场为导向，找准企业的定位，调整企业的战略和组织结构，迎接新的挑战。

在国内体制转轨时期，民营企业较早较快地适应了市场，获得了市场的丰厚回报。面临国际市场的挑战，国内民营企业面临提高内部素质和外部竞争力的双重任务，归纳起来要做的工作有三个方面。一是战略的国际化，即以国际市场需求为导向，确立企业是做高端市场还是做低端市场，是选择合作还是重组的定位和战略；二是人才的国际化；三是资源配置的国际化。

很多人都对德隆公司在二级市场的表现关注，其实该公司在国际化战略方面的成就也非常突出。德隆公司控股的新疆屯河早在1997年就从区域特色资源出发，确立了番茄种植和加工的产业目标，获得美国普林斯顿银行支持，并与美国加州农业公司合作获得世界上最好的番茄种子，并收购美国的一家番茄酱销售公司，产品直接进入世界市场，目前新疆屯河的番茄产量已经占到世界市场的15%，是世界第二大番茄公司。德隆公司控股的湘火炬和合金投资也都与美国和欧洲的企业建立合作关系，产量也都名列全国前茅。

六、由单向推动向双向互动的企业文化价值观过渡

企业文化代表着企业的价值取向，是企业一切行为的根源。中国民营企业是“速生儿”，先天患有“骨质疏松症”，许多民营企业说道底是一种“能人经济”，“能人”常常存在“企业是我的”、“员工都是打工仔”、“我的决策最英明”、“员工的忠诚是听话”等思想。孰不知道，现代的社会是知识爆炸的信息社会，是民主平等思想日益深入人心的社会，是人的素质不断提高的社会，民营企业昨天的经验并不能支持明天的成功。

一个人的智慧和能力毕竟是有限的，一个企业如果寄托在一个人身上那是非常危险的，现代社会的竞争说到底是企业综合实力和综合素质的竞争，企业要发展必须调动全体员工的积极性，群策群力。

现代企业的管理手段已经由技术层面上升到文化层面，即由“管理者想尽办法让被管理者做”到“我们大家一起来做，一起分享劳动果实”，这是企业和员工一种新型的互动的劳动关系，具有辨证性，一方面员工为企业创造财富，另一方面企业为员工提供个人财富分配和个人价值实现的机会。企业要有意识的建设公平、开放、平等、竞争和创新的文化。民营企业尤其要走出地域文化和乡土情节的限制，在更为广阔的空间，寻找人才，寻找市场，做出更宏伟的事业。

七、由重视外部人际关系向重视内部人力资源过渡

总的来讲，中国市场是一个不规范的市场，缺乏公平的法制环境，这样就造成许多民营企业宁可找市长，也不去找市场，因为找市场太累，找市长要政策钱来得就快多了。随着中国市场经济体制的深入，随着国内市场与国际市场的接轨，中国的法制环境会得到改善，估计在民营企业三次创业时期会达到相对公平。

这时期企业将会逐渐认识到“员工是宝”和“市场竞争关键是人才的竞争”的真正含义，面临的一个最大问题是如何调动员工的积极性。现代的人力资源管理以人为本，把人作为生产要素里最重要的资源，从挖掘人的潜能入手，符合了当今社会的潮流。

在中国的民营企业里，对人才往往采用“拿来主义”，忽视了内部培养，其实这是一个很大的误区。孙中山先生有着强烈的爱国主义和革命精神，但早期他把革命胜利的希望寄托在改良派和军阀身上，护国和护法运动相继失利后，他确立了武装革命的道路，并主要依靠黄埔军校，灌输三民主义，学习军事，培养干部，取得了东征北伐和革命的最终胜利。商场如战场，企业如果不培养一支忠诚和能干的队伍，那是很危险的。

广厦集团在2000年就提出了培养人才，建立黄埔军校的想法并付诸实践，投资2亿元成立了广厦职业教育学院，把东阳三建作为广厦建筑业的黄埔军校，把杭州房产作为广厦房地产业的黄埔军校，把中南国际作为广厦外经人才的黄埔军校。企业的整体素质和竞争力得到很大提高。

八、由风险型财务向稳健型财务过渡

过高的财务风险是民营企业早期发展的一个重要特点，

在外部环境相对较好的情况下，凡是挺过来的民营企业都获得了大发展。在民营企业三次创业的时候，外部的环境越来越与国际惯例接轨，竞争的白热化也导致企业的风险进一步加大，稍有不慎，就有“落马”的可能，国内许多民营企业的失利也常常与此相关；从内部环境来看，民营企业的规模已经庞大，如果继续走钢丝，不仅加重了企业的经营风险，而且也会降低员工对企业的忠诚度。

财务稳健是经营稳健的基础，财务不稳，地动山摇。财务稳健的主要措施是：一、保持适当的资产负债率；二、保持稳定的收入来源；三、保持适当的扩张规模；四、引进战略合作伙伴。

九、由重视有形资产向重视无形资产过渡

无形资产是企业的无形财富，世界上一些名牌企业的无形资产甚至超过了企业的有形资产。无形资产是企业的形象、声誉、信用等的综合体，是名牌的重要组成部分。随着科学技术的进步，同一产品在质量上的差异越来越少，许多企业在技术创新的同时，开始推广名牌战略，提升企业的形象，获得了极大的成功。

无形资产的积累是企业有意识的策划和传播的过程，它以企业的有形资产为依托，对企业形象进行定位，并通过活动和媒体进行传播。CI 战略、广告、公共关系、企业文化都是塑造企业形象的好的方法。

目前世界上很多企业都非常重视企业的品牌经营，如摩托罗拉和世界上的一些大的服装公司都委托其他厂家生产，它们主要抓研发和品牌管理。广厦集团把建立自己的品牌经营理念和品牌经营手段作为可持续发展和建立比较竞争优势的一项重要工作。从品牌的建设、维护和提升整体考虑，出台了相关的质量管理、财务管理、形象管理和项目管理办法，吸引了大批项目经理的加盟，逐渐形成了品牌经营（OEM）的特色。

十、由重视商品经营向重视资本经营过渡

商品经营和资本经营都是企业经营方式的一种，企业的产品最终要到市场上去销售，从这个角度考虑，商品经营是企业经营工作的重心。资本经营是以企业整体资本的营运为导向，把经营的视野放大到产权购销、资本融通等市场经济的广大领域，把资本增值的范围和跨行业地域发展拓展到最大范围，从而使资本获得了最大的增值机会，资本经营的作用也是很大的。通过第一次和第二次创业，民营企业获得了超常规发展，但是也造成了许多民营企业资产负债率过高、产业多元化等问题，通过生产经营很难解决这些问题，只有通过资本经营来解决。

通过资产重组，对企业的资源进行重新配置；通过上市和股权改造，改善企业的资产状况和治理结构；通过购并，形成企业的规模优势，优化产业结构。这都是中国民营企业三次创业过程利用资本经营手段，发展壮大企业的重要途径和举措。中国是一个新兴的资本市场，中国经济的持续走强为中国资本市场相对快速发展创造了前提，金融工具及其衍生工具层出不穷并不断创新，民营企业能否在充满诱香的国内资本市场（包括国外资本市场）分得一杯羹，是对民营企业家胆量和素质的一个检阅。

民营装饰企业如何建立现代企业制度

中国建筑装饰协会常务理事　山东德泰装饰有限公司总经理　**李晓东**

我国经济发展已进入以经济优先升级和提高国际竞争力的核心产业调整阶段，特别是加入 WTO 之后，面临的国际市场竞争日益加剧。民营企业家族化管理已成为企业发展的障碍，因此，民营企业需保持自身的竞争优势，提高应变能力，迎接新的挑战，首先应以制度创新为前提，突破家族化管理的重围，建立现代企业，构建新的管理模式。

一、民营企业家族化管理的局限性

所谓家族式管理是指家族成员不仅仅是企业的所有者，而且是企业的经营者，企业的经营运作是通过血缘、亲缘、地缘纽带维系，家族式管理的企业相对于正式组织来说是一种较松散、不稳定的非正式组织，它更多地运用非正式规则来管理企业，人治”行为明显，容易限制企业进一步发展壮大。但不容否认，在民营企业初创阶段，企业处于小规模，从事单一产品生产的时候，管理者集企业的所有者和经营者于一身，大权在握，独断决策，这种家族式管理和家族的结构特点及运作方式两者之间是相辅相成的，起着一定的积极作用，但随着企业规模的不断扩大，市场竞争的日益加剧，技术进步速度加快，家族式管理的局限性就越来越突出。

1．家长式的独断专横决策导致企业投资的随意性与非持续性

投资的正确与否对一个企业来讲是至关重要的，它决定着企业的兴衰。严格地说一个企业要进行投资行为时，首先要对投资风险有一定的预测与防范，经过充分的市场调查做出理性的决定，这样投资不仅对资金的运作与市场占有具有先前的预见性，而且，更重要的是对经济变化的大趋势有一个宏观的认知，从而使企业能够稳定发展。但纵观我国民营企业，由于渗透着家族式的管理方式，所以投资行为缺乏长远的规划，短期行为较严重。有些企业决策上的失误，往往是民营企业家的主观随意性，依靠个人的经验决策造成的，见什么行业当前能够盈利就投资于哪个行业，今天生产这类产品能够赚钱就生产该类产品，明天另类产品能够赚钱就转

而将资金从原来的领域中抽出投向该领域。虽表现投资的灵活性、多变性，但缺乏对该行业以及经济发展进行整体动态的分析，呈现投资随意性与非持续性，企业的跟风现象比较严重，一哄而上，低水平的重复建设普遍存在。这些现象均在一定程度上反映出民营企业在管理上缺乏科学的决策机制，存在非理性的投资心理。

2．企业投资主体的单一制约着企业规模的进一步扩展

没有投资主体的多元化，很难建立规范的法人治理结构。在民营企业中，企业资本绝大部分来自于个人资本。

3．人才机制的传统性，限制了企业对人力资源选择的范围

企业的运作需要多方面的人才，并且人才的素质高低、结构的合理与否直接影响着企业的发展潜力，民营企业家族化管理是建立在特定的人际关系基础之上，如家族、朋友、亲属、同学，这种人际关系具有对一些人群的聚集力，相对地，也意味着对另一些人群的相斥力，而且，这种聚合力并非以社会现代化、知识经济、信息社会所需要的整合力为准则。企业的封闭性和不规范性，使得民营企业对人力资源的引进具有排他性，那些具备管理与技术才能却游离于信任圈子以外的人无法被任用。

二、家族式管理制度"突围"的难点

随着企业规模的不断扩大及外部条件（市场、政策、环境）的变化，家族式管理对民营企业的瓶颈制约日益严重，体现在专业化分工与专业化管理水平低下之间的矛盾、加快资本积累、扩大企业规模与投资主体单一化之间的矛盾日趋激化。如何突破家族式管理的束缚，实行现代企业制度仍然是民营企业面临的难点。

1．企业的内在动力不足

民营企业凭着爱拼才会赢的精神，淘到了第一桶金改革开放初期。民营企业把家庭运作模式引入到企业管理模式中，一方面找到了企业发展的最低有效启动点，资金、劳动力、场所等生产要素较易解决，从而加速了资本的原始积累；另一方面，由于家族管理在一定程度上更能节约管理费用，从而降低产品成本，企业得到了一定的发展。但由于家族管理模式本身存在的管理模式简单，适合于规模较小的企业等局限性，使企业在引进现代企业制度时暴露出了内在动力的不足，从而制约了企业的发展。

2．缺乏外部环境的压力

民营企业凭着机制灵活的优势在缺乏其他类型企业竞争的环境下，迅速地成长起来。一是在我国未加入WTO情况下，外资企业难于大举进入我国市场，这使民营企业能够较为顺利地发展壮大；二是国有企业处于脱困之中，企业缺乏竞争力，也为民营企业发展提供较宽松的环境。这些外部条件的存在使得民营企业缺乏制度创新的外在压力。

3．社会资本积累不足

企业制度的创新与非经济的社会资本积累是密切相关的，所谓社会资本是人们在一个组织中为了共同的目的相互信任，相互合作的能力，由于社会资信程度较低，导致了对民营企业成长至为重要的社会资本先天不足，市场秩序的混乱，司空见惯的"假、冒、伪劣产品"，这一切又进一步削弱了社会资本，使民营企业家认为自己艰苦创业建立起来的企业、积累起来的财富让外人来管理心里总是觉得不踏实，不放心，因此企业家对人才普遍具有一种敬而远之的心理。当前的人才市场缺乏的并不是有能力的人，而恰恰是有道德的人，这个外部环境问题并不是企业能解决的，如果没有信得过的人，他就不敢贸然将企业社会化，宁肯自己的企业小一些，也不愿意长大后却变成了人家的了，所以说摆脱家族化管理不单是企业自身的问题，同时也是社会问题。

三、制度创新是做大做强民营企业的必然选择

综上所述，家族式管理的局限性，并不是说家族化管理对小作坊、小企业经营没有适应性，恰恰相反，在企业规模处于初期阶段采取家族式管理方式更适合、更有利。但当企业规模得到进一步扩张，实力壮大后，必须按照现代企业的经营观念管理企业，实行专业化管理，实施投资多元化，企业的经营者同管理者分离等，这样才能消解家族化管理的弊端，才有利于增强企业竞争能力。

1．实行产权多元化

一股独大虽不会影响企业发展，但个人的资产是有限的，只有产权放开，让企业接受外部的金融资产，这样才能发展得更快。如果没有投资主体的多元化，企业就很难建立规范的法人治理结构，使民营企业产权实现多元化，这就要求企业的出资人，创始者具有自我革命的精神，让管理骨干和技术骨干分享利润，吸纳他们的股份，形成所有权的相对分散，把企业利益与员工利益紧密联系在一起，这样既调动企业法人的积极性，又可以激励员工主人翁责任感。

2．突破人才家族化的屏障

民营企业需要什么类型的人才，这些人才从何处可得？得到后如何使用以及如何留住人才等问题是民营企业认识人才使用人才的主要内容。首先要树立家族企业发展对人才需要的合理的人才观，才能保证稳定、合理的人才结构，保证企业人才优势、技术优势，使企业走出自身发展的困境，让企业在不断创新的前提下获得不断增长的市场份额。其次是积极吸纳和利用社会管理资源，依法规范职业经理人的经营行为，面向社会招聘经营者。企业应由一支高级管理人员进行管理、改变出资人既是所有者，又是经营者现状，这是冲破家族式管理的关键环节，为走出家族局限的民营企业创造一个良好的外部环境。

3．建立相对完备的企业管理制度

企业制度创新的核心是管理创新，管理包括财务管理、成本管理、质量管理、营销管理、人力资源管理等等，是一个内容丰富的系统工程。一个企业管理水平如何，在很大程度上决定着企业的命运。民营企业主要是中小型传统企业，因此必须以新的思维和新观念，吸收国外企业的先进管理理念，结合企业的实际，不断进行管理创新，规范企业制度，在企业内部建立健全各种制度，如企业领导制度、企业用工制度、企业财务制度、企业民主制度，使企业管理走上制度

化、规范化和法制化的轨道。促进企业管理水平有一个较大的提高，以在日趋激烈的市场竞争中求得生存与发展。

4．淡化个人“英雄主义”

就我国的民营企业来说，大多数是由民营企业家独自创业或合股经营发展起来的，它们在发展的道路上，暴露出许多非解决不可的问题。民营企业的凝聚力主要是经营者个人的魅力，企业没有形成一套完整的经营管理制度。由于种种缺陷，民营企业做大做强成了一件难事。要解决这些问题，首先要解决一股独大和人才持股问题，人才持股是留住人才和引入人才的一个重要方法。这里所说的人才包括两部分，一是企业家，二是各类专业人才。在经济全球化和网络化时代，个人的力量总是有限的，个人英雄主义的色彩该淡化了。

大多数民营企业家是控股者，基本不存在是否持股的问题，而是如何解决民营企业家减持股的问题。这个问题说起来容易，做起来难，要想让员工持股的话，一般都需要民营企业家转让一部分给他们。因此，民营企业家必须转变观念，支持员工持股，以此建立和完善一支高效的管理队伍，共同把公司做强，把蛋糕做大。

民营企业发展壮大的另一个关键问题，是确保“长官”称职。这个问题可以从三方面去解决：一是“长官”自身充电，二是引入职业化企业家，三是聘请顾问、专家参与公司的决策与管理。

5．加大引入风险投资力度

就我们国家实际情况而言，只存在战略投资风险资本，暂不存在天使投资者，亦即在企业处于产品研发阶段和企业处于产品试销期的创业阶段，是没有什么风险投资者加入的；当企业具备生存能力且需快速发展时，有的风险投资者会加盟。这一企业扩张阶段的风险投资对民营企业至关重要，这是企业产品能否造就名牌最为关键的资本投入。所以各民营企业应清醒地认识自己，客观地判断自身发展的阶段，创造条件引入风险资本，尽快使自己的企业跻身’于品牌企业的行列。否则，靠自己一步一步地爬山，就会有被变幻莫测的市场抛弃的危险。

6．建立和完善公司法人治理结构

公司法人治理结构是现代企业制度的核心，是民营企业制度建设的纲。伍先生认为，民营企业不存在政企不分、所有者缺位现象，但普遍存在一股独大的问题。因此建立和完善法人治理结构具有相当重要的现实意义。为此，民营企业家必须注意以下几个问题：

为了保证公司注册的规范性，一要落实注册资本，二是具体落实股东、董事及监事人员，并按《公司法》要求，设立应有的机构，执行具体公务事项。

提高财务监督职能和监事会工作质量。实际上财务管理在现代企业中起着相当重要的作用。要提高财务负责人的素质和能力，加强财务监督职能，提高监事会工作质量。

引入独立董事，提高决策科学性。独立董事只是代表中间立场，代表公司利益。一方面独立董事大多是财务、管理类专家，有较高的理论水平和丰富的实践经验，他们参与公司管理决策，有利于提高决策科学性。另一方面，独立董事不受制于民营企业家、经理人，敢于发表不同意见，有利于公司建立有效的监督机制。

四、创建优秀的企业文化，打造核心竞争力

当前，我国的装饰行业的发展格局很不平衡，全国的装饰公司也是鱼龙混杂，随着中国加入 WTO，我国的装饰公司会越来越多地面临国际上知名企业的竞争，整个装饰行业也面临着重新“洗牌”这一巨大的挑战和机遇。面对这样一种竞争格局，山东德泰装饰公司如何进行市场细分，又如何给自己的企业进行定位，是摆在我们面前的严峻的课题。通过我们对市场冷静的分析，我们提出了要苦练内功，提高装饰产品的科技含量，扩大我们的市场份额的战略思想。

作为战略发展的重要一步，山东德泰装饰公司于 2000 年投资 2000 多万元成立了山东德泰装饰木业公司，将装饰装修的木制作产品实现了工业化、工厂化集成，由于山东德泰装饰木业公司引进的都是德国、意大利当今最先进的机械设备及制作工艺，极大地提高了装饰装修产品的科技含量，它能大大地提高产品的质量，同时能缩短工期近 2／3，并且所有产品都达到了绿色环保，使产品实现了高附加值，达到了装饰公司与建设单位“双赢”的局面。山东德泰装饰木业公司的成立大幅度提高了德泰装饰公司承揽工程的能力，也提高了建设单位对装饰公司的信任度，成为了公司新的利润增长点。这也增强了公司将自身定位于承接大型公共建筑装饰市场，与国内外知名企业竞争的决心。

但是，是不是一个企业有个好产品就能建立起企业的竞争优势呢?我们认为仅有好产品是不够的，企业要想立于不败之地，还要形成自己的核心竞争力。因为任何产品都有一个从成长到成熟，再到衰落的过程。从长远考虑，具备核心竞争力的企业才能长期生存。

山东德泰装饰公司认为，当前企业之间的竞争已经到了核心竞争力竞争的时代。核心竞争力是指在外部环境的作用下，使企业保持可持续发展的能力。核心竞争力是不能通过交换、购买得到的，换言之，通过交换能够得到的都不是核心竞争力。核心竞争力也不是仅仅通过学习与模仿就能够取得的，它必须自己建构，具有很强的排他性。核心竞争力不是企业中几个要素的简单组合，还具有很强的整体性。有人描述核心竞争力具有四大特征，即：“偷不去，买不来，拆不开，拿不走”可以讲是十分贴切的。

核心竞争力为企业提供了进入多样化市场的可能性，同时能够为最终产品提供巨大的附加价值，可以讲，哪个企业拥有了核心竞争力，就会赢得在市场上的主动和竞争优势。

对于山东德泰装饰公司来说，打造什么样的核心竞争力一直是公司领导考虑的问题。根据我国装饰行业的特点，结合本公司的实际情况，我们认为，优秀的文化应该是自己公司领先于竞争对手的、一种独一无二的关键性力量，是山东德泰装饰公司企业的核心竞争力。

一提到企业文化，我们往往会想到员工统一的着装，企业独特的仪式、传奇故事、别具一格的装饰、布局，或是几句得到普遍流传记的口号。实际上，它们都只是文化的外在

表现。山东德泰装饰公司认为，企业文化是组织的提倡或拥有的共同价值体系，是全体员工所认同的，能予以持续传递和保持的观念和行为方式。它分为三个层次：一是核心价值观，即企业对自身及环境(顾客、员工和社会)的总的看法和根本观点。由此影响到企业对自身使命和根本观点，由此影响到企业对自身使命和根本目标的理解。二是体现在管理制度、系统中的原则及行为依据，它是价值观的具体化，起到行为的主要力量。最后一个层次才是员工(包括管理者)做事的方式、风格、企业特殊的仪式等等，它们是可见的(可感觉到的)文化载体。

我们认为，企业文化的最大价值在于它回答了有关企业经营的根本问题，从而对经营业绩做出重大贡献。企业文化不仅仅是“锦上添花”使事情变得更好，而是成为一种可以有意识运用的宝贵资源。在山东德泰装饰公司，文化作为一种无形的，但却是关键性的力量被有意识地用来推动企业发展。

那么，一个有意识地要推动文化建设的企业，应该如何去做呢?山东德泰装饰公司认为，文化是“软”的观念、意识，要建立和实施良好的企业文化，就要使企业文化与“硬”的组织结构、制度相融合。

首先，我们看到，领导者的高瞻远瞩和充分重视是文化建设的首要因素。文化的核心反映了组织对客观环境的主观认识，而创业者或领导者的观念、意识则是这一认识的最初来源。

其次，文化决不仅仅是几句口号或是理念可以表达的，制度、系统才是推动文化的主要力量。这一作用主要体现在人力资源系统中，事实上，企业文化正是作为“大”人力资源系统的一个主要组成部分而发挥其功能。要使文化为员工所认同，制度必须体现一种“行为导向”的作用。

再者，领导者是文化的创立者，但文化的主要推动力量却是企业的中层管理干部，企业经营业绩无一不是源自企业员工对企业基本价值观念的信仰程度，同时源自他们在实际经营中贯彻这些观念的可信程度。因此，必须使中层干部成为文化建设的中坚力量。

最后才是有意识地建设文化的外在“表象”，如企业内部统一的舆论环境，“视觉识别系统”、特殊的仪式、惯例等等。把它放在最后一个层次并不是说山东德泰装饰公司认为它不重要(相反，它是文化的主要外在表现)，而是如果没有搞清上面几个层次，就很可能偏离文化建设的根本宗旨。

基于以上对企业核心竞争力和企业文化的理解，以及分析了装饰行业的特点和我们公司自身的具体情况，我们把山东德泰装饰公司的企业文化定义为：“德泰是一个平台，因为有你而精彩；德泰是一个家庭，共同的价值观使我们的工作愉快和谐；德泰是一个学校，一个学习型的团队是德泰可持续发展的保障。”

通过对山东德泰装饰公司的企业文化的分析不难看出，公司非常注重“以人为本”的管理经营理念。这种理念体现在企业管理制度里，体现在经营实践中，体现在员工的行为方式上，由此也形成了一种良好的组织氛围，增加了员工的工作热情和凝聚力。公司认为，正是这些理念和企业文化才能使“客户的利益高于一切”成为现实中的可能，它也正以巨大的力量推动着公司向前发展。在公司的管理上，公司非常重视人力资源的开发，打造一支成熟、稳定、能征善战的管理团队是山东德泰装饰公司的战略目标之一。山东德泰装饰公司致力于成为学习型的组织，通过几年来的不懈努力，公司无论在年龄、学历、经验等方面都形成了良好的梯形结构，为公司的可持续发展奠定了雄厚的基础。

民营装饰企业财务总监的作用

苏州金螳螂建筑装饰有限公司财务部经理　**李俊奇**

我国建筑装饰行业中，民营企业的经济成分占 95%以上。由于建筑装饰产业是一个传统行业，市场准入门槛低，竞争相当激烈，行业中的民营企业成长初期都是依靠亲情组带建立起来的，不像国有企业那样有一整套行之有效的管理制度，从经营管理角度来讲，一般不考虑这些，如何发展，依然靠的是亲情。企业发展到一定的规模时，随着企业的名气在外，对企业理财的理解出现思维上的偏差，如何进行监管和引导，成为非常突出的问题。

回想起来，以往成功的民营企业或者曾经成功的民营企业借助对机遇的特别敏感，最大程度地释放出其个人的智慧和才能，完成了原始资本的积累。使行业中的民营企业家们形成一种旺盛的以高速扩张追求利润最大化的心态，这种心态导致企业过盛的增长冲动，这种冲动主要取决于老板们的利益冲动，因为他不受所谓行政约束和资金约束，行业协会也不会去干预，他们不考虑企业内部管理上存在什么问题，也不考虑经营成本的高低，投资扩张是老板们的唯一。

为了约束决策者的经营行为，防止已取得的经营成果受损，保护所有者的利益，最大限度要地发挥民营装饰企业的经济效益和社会效益，作为财务总监，其作用体现在以下六个方面：

1. 发挥财务信息交流的作用

民营企业的资本为自然投资人所有，一般情况下第一大股东（民企的老板）在决定企业的命运，其在做出某项重大战略决策时，作为财务总监应通过各种财务信息主动与其交流，分析利与弊，同时鼓励其他股东积极参与，有意识地引导所有者们的决策取向，应更多的面向市场变化、政策变化、行业动向；财务总监需要提供决策所需的真实、可靠的财务资料，对所提供的财务信息资料进行解释；协调各职能部门联合提供决策前的信息，在企业内部员工的多元化而带来的理财多元化理念加以调整和统一，通过从上到下多次信息的流动和沟通，使决策人的决策更趋科学、合理。

2. 发挥财务参与决策的作用

承接项目决策是在充分考虑各种可能的前提下，按照客观规律的要求，通过一定程序对未来实践的方向、目标、原则和方法做出决定的过程，决策既是企业经营管理的核心，也是财务总监的主要工作。由于民营企业做出决策比行业中的国有企业等其他经济性质的企业来得容易，因为它不受任何职能部门的约束，这时财务总监的作用尤为重要，所以本人认为，首先要分析企业内部的经济环境和外部的经济环境，防止决策人在高度亢奋中，盲目追求百分之百的增长速度和高利润回报，使企业处于高风险的惊涛骇浪之中，财务总监要很好地运用新的衍生理财工具的出现，给企业带来可能获利机会的同时也带来的巨大财务风险进行分析，比如：静态评价法和动态评价法、财务历史资料分析法。正确评估自身企业的承受能力，管理水平，人员素质，适时地引导企业决策人以谋求风险最小化来实现利润正常化。

3. 发挥财务监督机制的作用

所谓财务监督：如果说防患于未然是事前监督，那么对企业的经营成果进行分析、评价、考核则是事后监督，所以财务监督就是对各项决策通过财务技术手段进行全过程的分析和控制。民营企业一般内部的管理水平相对落后（当然好的也有），经营好坏直接影响到企业今后的战略决策，所以财务总监的工作重点，首先应对人的监督，即对企业经营者（他不是所有者）自我责职履行方面，监督其工作能力，对所有者所负的责任，并通过年度所完成的财务指标来评价和监督经营人所履行的业绩；其次，对企业行为的监督，可以根据企业所处的行业、规模、企业文化等不同实施监督，求得合理配置资源、营运顺畅、风险最低、收益最大。监督的功能应逐步从数字性监督过渡到战略发展性监督。当然也要对所有者（股东们）提出善意的建议，提醒他们，对所有权和经营权的分离，应趋于清晰、合理，法人治理结构的完善。财务总监通过监督的方法、范围、手段、力度、监督履约情况一整套财务监督机制，来发挥更好的作用。

4. 发挥财务预警分析的作用

企业的发展总是有一个成长的周期，民营企业在不同程度上都有企图将产值一直以翻番速度增长的欲望惯性，从而必定会导致财务失败，所谓财务失败是指一个企业无力偿还到期债务的困难和危机。比如承接某工程项目，如果甲方要求你垫资该项目造价的50%以上，本企业本身资金不充足，靠银行贷款来进行。这时财务总监就应发挥其作用来，应及时制定一套行之有效的财务预警系统来，对有可能出现的财务危机进行分析，探究可能产生风险的原因，提前做好防范措施，很好地节制民营企业老板们快速“成家”的欲望。财务预警系统的内容：

一是重大战略资本性投资预警分析；二是提供贷款、担保、抵押的预警分析；三是工程项目成本开支的预警分析；四是财务比率预警分析；五是年度财务预算执行情况预警分析；六是组织机构设置预警分析；七是人员增长预警分析；八是项目招投标实施过程预警分析。

通过财务预警分析系统地运用，保证企业在一个可以接受风险水平和一定程度的增长比例上，以提示决策当局或所有者等相关利益主体运用财务预警分析系统进行正确决策。

5. 发挥财务管理体系的作用

为了保护所有者的利益，实现所有者财富最大化，企业内部所制定的一系列财务管理制度在不违反国家政策法规的前提下应满足所有者的需要，为了这个目标，财务总监应成为推行先进的财务管理方法的先导者，发挥重要的作用。如何保证并实现整个企业预定的经营目标和战略目标，本人认为，一方面，财务总监应理性地制订企业财务管理体系，将其管理的职能充分发挥出来。该体系可以从二个方面体现：

一是组织体系：财务总监——财务科长——各项目部财务核算人员——各项目基本情况的统计；

二是指标评价体系：年度业绩评价制度——年度业绩评价操作方法——年度业绩评价差异分析——年度业绩评价报告（该报告由财务总监来编写），根据年度业绩评价报告，提出企业以后的发展方向、投资结构，产业结构。使企业决策人以此为依据，更好地驾驭内、外经济环境的不确定性，减少决策上的盲目性和随意性。另一方面，财务总监作为财务策划人，要请相关职能部门一起完善财务治理结构。

6. 发挥财务道德文化的作用

民营企业要发展壮大，必须走一条“以人为本”的兴业之路，建立自身的企业文化。财务总监要有爱企业为家的境界，由于民营企业的所有者（或决策人），经营理财具有超常地想象力，作为财务总监就应遵循财务工作的职业道德，勤免尽责的工作，以谨慎实质追求卓越，以自身的人格去影响决策人，避免决策人做出错误的决策；财务总监是最了解企业财务报表和经营状况，正因为多面向的专业知识作后盾，面临决策时，财务总监的直觉判断，其实是建立在专业知识背景与经验的完备基础上，精炼职场中累积的智慧，在第一时间以直觉做出评价，并将其提供给决策人，作为决策前的参考依据。

综上所述，财务总监的作用越来越重要，因为他所起的作用一切以股东价值，企业价值为中心而发挥的，最能体现在企业历史演变之中，而且能够由此看到企业的未来，成为装饰行业中的主导者。对内，完善民营企业的股权结构、治理结构、整合资源、从而提升核心竞争力；对外，立足于维护行业中民营企业在社会公众面前的形象，使民营企业在行业中起到带动作用而有序发展。

先进资金结算法

上海市建筑装饰工程有限公司 **谢家耀**

企业成立内部资金结算中心（以下简称结算中心），将公司内部某一项目闲置的资金调剂到急需资金的另一个项目，无疑会使公司整体利益最大化。但是这将涉及一些必须解决的问题。本文拟对此进行分析和研究。

1. 如何确定内部资金结算中心的地位

从组织机构设置上看，结算中心的职责是资金的管理，属于财务管理的范畴，财务与会计应该分离。所以，结算中心宜单独设立，与会计部门平行。结算中心也不是集团公司下的财务公司，不应作为一个独立核算、自负盈亏的利益主体。若是以营利为目的，则可能与公司发生利益冲突，有悖公司的经营目标。

结算中心集银行金融管理和企业资金管理于一身，通过“结算管理”和“信贷管理”做好企业资金的调剂工作，并及时把企业高层的经营意图，贯彻于各部门和项目承包责任实体，为企业的正常运营提供资金保障。因此，急需资金的项目在运用别的项目的闲置资金时，应该支付利息，筹措资金的分公司需要付息。而为了不使借出资金的分公司担心钱不能被归还，应由公司的结算中心作为偿还借款的责任人，因为总公司的信誉要比分公司高。

2. 结算中心的功能

结算中心要与银行签订有关协议，确保融洽合作。

A. 实现公司内部各类账户资金的全面监控和调度资金的瞬时到位。结算中心通过与银行合作，设立企业银行终端并利用其企业结算系统，使公司总部能通过终端随时查询各分支机构账户上的资金余额，全面及时地掌握公司的整体资金状况，同时根据公司的资金预算、计划，使需要调度的资金能够在瞬间到账，解决资金调度上存在的时间、地区差异问题。

B. 实现网内资金融通。如果公司下属某个单位急需现金而账面存款不足，这时只要总公司在合作银行系统存款总额高于需用的资金数，即可由该单位当地开户行先垫支，此笔款项银行不收短期拆借利息，等该单位资金调度到后偿还这笔款项。

C. 强化内部结算，实现内部单位无“三角债”，公正反映各事业部经营业绩。由于公司内部相互提供产品或劳务，因此各单位间会频繁发生债权债务关系且数额较大。实现内部结算后，一方面各个分公司的报表能够直实反映资产负债的情况，另一方面，为了公正反应各个分公司的经营业绩，资金占用者应及时向结算中心支付利息，而结算中心也须及时向资金被占用者转付利息。

3. 结算中心的运作

结算中心应考虑合作银行结算网络的实际功能和运行情况，在运行中应不断地根据实际情况进行改进和完善。

A. 账户的设立是公司与银行合作运转资金结算中心的基础。为便于资金结算中心能更好地运用银行结算网络，各分公司要统一在所在地合作银行开立结算账户，并有计划地撤销原来其他银行开设的账户。

B. 为防止企业银行系统被盗用，同时也组织计算机病毒的侵入，企业银行系统的登录采用银行提供的密码保护系统，同时企业资金调拨须坚持专人密码操作、权限设定原则，即对于每一笔资金的划拨应在数量上设定权限，专人必须有其专用密码，并与特定数量资金的调拨权限相对应。

4. 结算中心的日常管理

除密码专用及权限设定等内容外，资金结算中心应结合总部与各分公司资金借贷流向情况及会计报表情况，于月末结账后 10 日内确定公司总部每月利息分摊数额，完成利息分摊工作。各单位应针对其在合作银行开立的收入户和支出户分别登记银行存款日记帐，并每天与银行核对，做到业务发生次日必须结清。月末编制银行对账单调整账务，并每月与结算中心核对账目。

运用资金结算网络的远程查询功能，对于各分公司的支出户开支情况予以监督，了解其月度资金收支计划的执行情况，并将其纳入月度资金收支计划的考核，严格兑现相应奖罚，由此简化公司资金管理程序，且极大地提高了公司资金管理的效率。

5. 单据的传递及资金调拨指令

结算中心要单独制作资金收、付单据，发生资金收付业务时，进行账务处理并填制资金收支单据，其程序应与银行相仿。单据在每月财务会议上发放或由来往人员携带，并发放对账单，结算中心根据资金收支计划调度、调拨资金时，以“资金调度令”为准，电话和传真通知有关分公司。

6. 组织机构设置及分工职责

资金结算中心行政上隶属于公司财务部，负责全公司资金管理业务及结算中心的日常管理；业务人员可设 3 人：资金管理员、记账员及银行出纳员。

资金管理员依据其设定权限进行公司日常资金管理，包括公司资金收支情况的了解及月度资金计划编制、考核；权限内资金调拨及超权限资金调拨的建议等，负责根据总部与各分公司往来计收(付)内部转贷款利息。记账员负责结算中心资金收付的账务处理，同时监管相应银行单据及结算中心内部单据的审核工作，并负责与会计科账务的接口和与开户分公司核对科目。出纳员负责结算中心内部单据及各种银行单据的处理、银行业务的办理、现金的存取等，同时账务部会计科的出纳岗位不再负责银行业务，仅负责日常现金收支业务，其所用款项全部通过结算中心银行出纳获得。

建筑装饰工程合同及合同索赔

中国建筑装饰协会信息咨询委员会专家组成员　**吴承辉**

公共建筑装饰工程合同，是投资方（计划经济时称甲方，市场经济时称业主）与承包商建筑装饰施工企业（乙方）双方为完成装饰工程任务，明确相互权利、义务关系所签订的书面协议，它是社会主义市场经济情况下法人之间为实现一定经济目的的法律表现形式。

20 世纪 90 年代，我国经过 13 年以市场为取向的成功改革，于 1992 年正式向世界宣告，实行社会主义市场经济，并于 21 世纪初 2001 年 12 月 11 日正式加入世贸组织，成为 WTO 具有法人资格的第 143 位成员。

市场经济是法制经济、信誉经济，也是合同经济。为此，我国在吸收各国立法有益经验的同时，重视研究我国国情，讲述法的实际效用和可操作性，充分考虑改制转轨并与国际市场接轨。加速制定调整、修改了各类法，包括合同法。1999 年 3 月 15 日九届全国人大二次会议通过了新的、统一的《中华人民共和国合同法》，自 1999 年 10 月 1 日起施行。

建筑装饰施工工程，在商品交换过程中，属于预售商品推向市场，并以货币形式反映其价值。商品在生产制做过程中也就是装饰工程在施工过程中，会有很多因素制约着产品最后价值。因此，依法签订工程施工合同是市场经济的规则，也是 WTO 的游戏规则。当事人的合同权利，受法律的保护；当事人的合同义务，受法律制约；当事人违反合同，要承担法律责任。为此，合同法是市场经济的基本大法。

建筑装饰施工企业，面对没有国境边界的国际大市场，若想把企业做精做强，学习掌握合同法的基本知识，尤其是工程合同及合同索赔，是很重要的。有见于此，笔者浅述此题。

一、什么是合同？合同法？

合同是规范市场主体和主体行为上，维护社会经济秩序，促进社会主义现代化建设起着重要的积极作用。是法人之间为实现一定技术、经济目的明确相互权利、义务关系的书面协议。它是商品经济在交换过程中的法律表现形式。

在我国经济合同制是建立在以社会主义公有制经济为主导，多种经济成分并存的基础上，为发展社会主义商品经济服务的法律武器，它调整当事人之间的法律关系，保护其合法权益，维护社会主义市场经济秩序，提高全社会的经济效益，发展社会生产力，保证国家计划的执行，促进社会主义现代化建设的发展。

合同法是调整法人之间以及法人与个体工商户，农村承包经营户，个人合伙之间因技术、经济合同而产生的权利和义务关系的法律规范的总称。

合同法有狭义和广义的理解：

狭义的合同法专指 1999 年 10 月 1 日起施行的《中华人民共和国合同法》。

广义的合同法是指调整各种技术，经济合同关系的法律、法令、法规的总称。它包括合同法和各类技术经济合同条例，以及国务院和省、直辖市、自治区人民政府、特别行政区政府，颁布的关于合同的行政性法规。此外还包含经国家最高权力机关批准的有关合同的国际法和国家法律明示或默示承认的不是法律组成部分的国际惯例。

有关合同的国际法是两个以上国家关于政治、经济、法律、科技、文化等方面规定其相互之间权利、义务的各种协议。我国签署或加入的国际法，经国家最高权力机关批准后，就成为我国法律的一种形式。例：20 世纪我国于 1981 年 9 月 30 日签署了《联合国国际货物销售合同公约》，我国政府于 1986 年 12 月 11 日正式核准了该公约，于 1988 年 1 月 1 日生效。因此，这一公约也是我国合同法形式之一，但我国声明保留的条款除外。

国际惯例，不是法律组成的部分，并不具有法律的约束力。国际惯例的法律效力依赖于国家法律的规定。国际惯例虽然不能直接产生法律效力，但是，在一定条件下，国际惯例可以获得法律效力。什么情况下，在大多数国家可以产生法律效力呢？主要有三个条件：

其一，国家法律以明示或默示的方式承认国际惯例可以产生法律效力；

其二，国际惯例所规定的是与法律不相抵触的事项；

其三，国际惯例不违背一国的社会公共秩序。

对于国际惯例，我国的法律采取了明示的支持态度，那么，在我国就可以适用，并可以填补法律的空缺。具体到我们这个行业，我国法律明示支持的是国际咨询工程师联合会制定，推荐的 FIDIC 招标程序和 FIDIC 合同条款和形式，这个国际惯例已为业内人士所熟知和熟悉。

二、工程合同的性质是什么？

在工程实行招标、投标的承发包制条件下，承发包双方必须签订工程承发包合同，以明确各自的权利和义务。

工程合同也称工程承发包合同，它是技术、经济合同中的一种。合同有以下主要性质：

1. 合同的法律性

一切合同都是缔约双方或多方为共同实施某一特定事件，对各方责任、义务和权利的具体规定的书面文件。合同一旦签订，必要时经法律公证，就具有法律的效力。它对缔约各方都具有法律的约束力。缔约的任何一方，如果违反合同规定或不履行合同规定的责任和义务，他要对其它各方所造成的经济损失进行赔偿。直至承担法律责任。受损方有权要求违约方赔偿经济损失，直至向法院起诉，由法庭判决。

2. 合同的专一性

任何一份合同，只对某一具体技术、经济事件有效，而不适用于合同范围以外的任何事件，也不能“比照”或“类推”。

3．协商一致性

任何一份合同的订立，必须是平等、自愿、公平、诚实信用、守法、尊重社会公德、不损害社会公益，这是合同订立的基本原则，具体到合同中的任何一项条款，必须是平等互利的，缔约各方在协商谈判中坚持协商一致的原则，谈判各方只要有一方不同意，则就不能达成协议，为了达成协议，有时作必要的让步和妥协也是必要的。

4．合同的时间性

任何一份技术、经济合同，只从它正式生效之日起直到它终止之日的时间内才是有效的。

三、工程合同分多少类型?

合同的种类很多，建筑装饰工程合同，常见的有工程承包合同、材料和设备订货合同、运输合同、机械设备租赁合同等，作为建筑工程就工程范围而言，常见的合同有以下几种：

1．按工程承包工作的内容不同可分为

（1）勘察合同；

（2）设计合同；

（3）工程承包合同；

（4）材料或设备订货合同；

（5）运输合同；

（6）机械设备及三大工具租赁合同等等。

2．按工程承包的关系不同可分为

（1）总包合同；所谓总包合同是施工企业与建设单位之间，就全部工程建设内容所签订的工程承包合同。这种合同的承包单位为“总包”，总包对建设单位负责。

（2）分包合同；总包人将从建设单位承包来的工程中一部分转包给其它施工企业承建，这种从总包处承包部分施工任务的施工企业称为分包单位（或称“二包”），总包单位与分包单位之间所签订的合同为分包合同。在工程建设中，分包单位对总包单位负责。

（3）联合承包合同；这是几个施工企业联合起来，共同对一项工程参加投标，中标后联合与建设单位签订的工程承包合同。在这种联合企业之间是合作关系，而不是总包与分包之间的关系，他们各自完成自身所承担的工程任务，并对建设单位负责。他们之间也需要有一个组长单位牵头，负责协调联合体内的关系和对建设单位进行联系，当工程完成后，这种联合关系即自行解除。实行联行承包工程时，各联合企业之间，要有一个明确而详细的书面协议书，以保证各联合人履行自己的责任和义务。

3．按工程结算方式不同可分为

（1）总价合同（固定总价或者单价合同）。在合同约定的风险范围内不可调整。又称一次包定，其特点：

总价合同（固定总价）。双方以议定的合同总价作为工程款结算的最高限额施工企业要在合同总造价的范围内完成工程建设任务，建设单位在合同总价内支付工程进度款，如果工程费用超过合同总造价时，建设单位不负责支付超过部分的工程款。

固定单价合同（工程预算加技术经济洽商）。是建施双方以审定的合同单价作为结算工程款的依据，而且在整个工程施工期内，合同单价不作变动。如果施工中工程量发生变化，则实际所增减的工程量价款，可按合同单价进行增加或减少。

（2）可调价合同。合同总价或者单价在合同实施期内根据合同约定的办法调整。

（3）成本加酬金合同。这种合同的特点是工程成本由承包企业按实际支出向建设单位报销，另外在签订合同时，双方议定一笔由建设单位支付给承包单位的酬金（包括企业利润在内）。这种合同对承包单位来说，企业盈利可能要少一些，但他可以不承担施工过程中出现的任何风险。对建设单位来说，则恰恰相反，而且还有突破建设总投资的风险。所以这种做法，只在招标时设计尚不完备而工程又急需上马建设的条件下才被采用。

四、工程合同文件包括哪些?合同签订原则是什么?

1．工程合同文件

（1）工程承发包协议书；

（2）工程招标文件；

（3）工程中标通知书；

（4）工程投标书及其附件；

（5）本合同专用条款；

（6）本合同通用条款；

（7）图纸；

（8）标准、规范及有关技术文件；

（9）工程报价单或预算书；

（10）招标、投标过程中，以及工程施工过程中，双方往来的正式信件和图纸，工程洽商、变更等书面协议或文件。

2．合同签订原则

工程承包合同，必须遵守国家法律，符合国家政策，并经建、施双方的法人代表（或有书面正式委派的代表）签字，方为有效。合同依法成立，即具有法律效力。从签字之日起，直到合同任务完成，双方都要无条件的履行合同规定的责任和义务，如前所述，当事人的合同权利，受法律的保护；当事人的合同义务，受法律制约；当事人违反合同，要承担法律责任，忠实的信守合同是企业树立社会信誉的重要条件。

五、协议书和合同条款

依据《中华人民共和国合同法》、《中华人民共和国建筑法》以及国家法律明示或默示的国际惯例，建设部与国家工商行政管理总局制定，推行出 GF-1999-0201 建设工程施工合同示范文本。示范文本对依法规范建筑市场具有代表性、典型性。

合同示范文本是由两个部分组成的：

1．协议书

遵循平等、自愿、公平和诚实信用的原则，简练的概述发包人、承包人（全称）以及工程概况、工程承包范围、合同工期、质量标准、合同价款、组成合同的文件，有关词语含义《通用条款》中分别赋予它们的定义，承包人向发包人承诺按照合同约定进行施工，竣工并在质量保修期内承担工程质量保修的责任，发包人向承包人承诺按合同约定的期限和方式支付合同价款及其它应支付的款项，合同生效，包括合同订立时间、地点、生效日期。

2. 合同条款

分为合同通用条款和专用条款。

（1）合同通用条款，是指国家主管部门，根据国家的法律、法规，参照国际惯例结合建筑装饰工程施工的特点和要求，来规定合同当事人应当履行的义务内容，它是双方合同谈判的依据。其合同条件的组成是由以下 11 个部分组成共 177 条 256 款（见表 1）：

合同条件的组成　　**表 1**

1. 词语定义及合同文件	31 条	40 款
2. 双方一般权利和义务	20 条	38 款
3. 施工组织设计	11 条	18 款
4. 质量与检验	16 条	21 款
5. 安全施工	6 条	6 款
6. 合同价款与支付	12 条	19 款
7. 材料、设备供应	12 条	18 款
8. 工程变更	10 条	17 款
9. 竣工验收与结算含质量保修	17 条	21 款
10. 违约与索赔争议	8 条	24 款
11. 其它	34 条	34 款

“其它”包括：工程分包，不可抗力，保险、担保、专利技术及特殊工艺，文物和地下障碍物，合同解除，合同生效与终止，合同份数，补充条款等 10 个方面的条款。

（2）合同专用条款（协议条款）是指合同当事人，依据合同条件，结合具体工程就需要协商的内容达成一致的结果。它是合同谈判的结果。它的条款内容与合同条件数量相等，内容相对应是合同当事人履行合同的依据。

六、FIDIC 工程施工合同条件

FIDIC 是“国际咨询工程师联合会”现有成员协会近 60 个，中国国际咨询工程师协会是该会的成员。FIDIC 土木工程委员会在规范建筑业方面出台了许多有关合同的文件，人们习惯称之为 FIDIC 条款。

1. FIDIC 条款的特点

（1）FIDIC 条款系国际惯例。所谓国际惯例是在国际交往中逐步形成的。最初为某些国家反复采用，其后又为各国或各地区所接受和沿用的一些原则，规则和习惯做法。其特点在于它具有稳定性和效益性，长期为人们所适用证明它是成功的，因为它为各国法律所尊重和保护。

（2）FIDIC 条款适用于单价合同。单价合同比较固定总价合同更具有实用性和对合同双方当事人更具有公平性。

（3）FIDIC 条款实施竞争性招标确定承包商，为确保工程“三目标”（质量、工期和成本）控制奠定了基础。

（4）FIDIC 条款对工程施工实行监理制，确立了工程师（监理工程师）独立于雇主作出某些重要决定并在合同双方之间公正行事。

（5）FIDIC 合同条件内容详尽、全面、用语严谨，合同各方的权利、义务和责任分配比较合理和明确。但对承包商的要求非常严格。

（6）风险分担的原则，雇主承担那些不可能合理预见的，合是双方不可能控制的，且不能包含在保险范围内的风险，还包括无法预测的地下条件的风险。

2. FIDIC 条款在我国的应用

（1）建设部与国家工商行政管理总局出台的建设工程各种合同示范文本，铁道部关于铁路工程施工合同条件，以及交通部关于公路施工合同条件，分别参照等效和等同 FIDIC 条款的内容和方法。

（2）我国使用世界银行，亚洲银行及所有外资贷款的工程项目，全部或基本上采用 FIDIC 条款管理工程。

（3）我国贷款的众多的重点和大工程也采用 FIDIC 条款管理工程，如三峡工程、几座长江大桥工程、奥运工程等。

无论从 FIDIC 条款的特点来看，还是从我国目前应用情况来看，FIDIC 条款在我国应用的广度和深度将是十分可观的。

3. 应用 FIDIC 条款的基本程序

（1）选择工程师，订立协议书。

（2）通过竞争性招标，确定承包商和施工合同文件。

（3）承包商办理履约担保、预付款保函、保险等事项，并取得雇主的批准。

（4）雇主支付动员预付款。

（5）承包商提供合同约定的施工组织设计、施工技术方案、施工进度计划和现金流量估算等。

（6）工程师发布开工令，雇主移交现场占有权。

（7）承包商按照合同各项约定，精心设计、精心施工，做好各方面的管理工作；工程师进行日常监理工作。

（8）日报表及支付。

（9）竣工验收，验收合格后，缺陷责任期开始。

（10）承包商申请移交，工程师签发移交证明，业主归还部分保留金。

（11）承包商提交竣工报表，工程师签发付款证明。

（12）缺陷责任期满，且承包商完成了缺陷责任期的义务，工程师签发缺陷责任证书。业主归还履约保证金及剩余的保留金。

（13）承包商提交最终报表。最终报表的总额款项和履约担保书退还承包商之后，结清证书生效。

（14）工程师签发最终证书，合同终止。

4. FIDIC《建筑（土木）工程施工合同条件》文本的构成

FIDIC 红皮书由协议书，通用条件（合同条件的第一部分）和专用条件（合同条件的第二部分）构成。

（1）协议书。在被邀请订立合同时，承包商应按招标文件的要求订立和履行合同协议书。协议书是合同文件的首要文件。其内容（略）。

（2）通用条件。一般每个国家都有其本国的合同条件，合同条件主要由通用条件和专用条件组成。所谓通用条件，是指依照本国的法律法规，参照国际惯例结合建筑（土木）工程施工的特点和要求，来规定合同当事人应当履行义务的文件，它是双方当事人进行合同谈判的依据。FIDIC 红皮书的通用条件由 25 个方面，72 条，194 款组成。25 个方面的内容包括：定义与解释；工程师及工程师代表；转让与分包；合同文件；一般义务；劳务；材料、工程设备和工艺；暂时停工；开工和误期；缺陷责任；变更、增添和省略；索赔程序；承包商的设备，临时工程和材料；计量；暂定金额；指定的分包商；证书与支付；补救措施；特殊风险；解除履约合同；争议的解决；通知；业主违约；费用和法规的变更；货币与汇率。

（3）专用条件。所谓专用条件，是指合同当事人依照合同通用条件的要求，结合具体承包的工程，双方协商的结果文件。专用条件的内容和条款安排与通用条件相对应。可见，专用条件的必要性起因于以下原因：

① 在通用条件的措词中，专门要求在专用条件中提供进一步的信息，如果没有这些信息，合同条件则不完善。

② 工程类型，环境或所在地区要求必须具备的条款。

③ 工程所在国法律法规要求必须具备的条款。

5．FIDIC 合同内容和形式的发展

随着国际工程承包市场的发展，工程承包合同的内容和形式也有新的发展，就 FIDIC 制定的《土木工程施工合同条件》其第 4 版的应用指南，指导用户正确使用通用条件和根据工程具体情况及工程所在国有关法律编写专用条款。1999 年又发行了 4 种新的标准合同格式。

（1）《建筑安装工程施工合同条件》，推荐适用于业主或其代表——工程师提供设计的建筑安装工程施工，也可包括由承包商设计的某些土木、机电部分的施工工作。

（2）《成套设备及其设计——建造合同条件》推荐适用于承包商根据业主要求提供机电成套设备及其设计建造的工程技术工作的实施，也可包括任何与之相关的机电工程及其施工。

（3）《EPC/交钥匙项目合同条件》EPC 是英文 Engineering，procurement construction 的缩写，意为工程技术、采购、施工，实际就是通常所说的“交钥匙”工程。这种合同适用于以交钥匙为基础的工厂生产线，电站或其他设施，或基础设施及其他类型的开发项目，这些项目要求最终价格和工期高度准确，并由承包商对项目的设计和实施负全部责任，业主少有干预。通常在交钥匙项目的安排下，承包商完成全部工程技术，采购和施工（EPC）在交钥匙的时候，提供一套装备完全，可以运营的设施。

（4）简短的合同格式，推荐适用于投资价值相对较小的建造或工程技术工作。根据工程类型和条件，这种形式也适用于价值较大的合同，特别是相对简单或者重复及工期短的工程。通常在这种类型合同的安排下，承包商根据业主或其代表提供的设计施工，但也适用于包括一部分或全部由承包商设计的土木、机械、电工的设计和施工工作。这种合同格式包括通用条件、专用条件的编写，争议、裁决规则，协议书、报价书及接受报价书格式，其特色是简洁明了。

七、合同谈判策略

建筑装饰企业法人代表和委托参加合同谈判的人员，必须具备一定的素质和才能以及谈判的技巧和策略，否则在工程中标后的合同谈判中，难以充分表达，既尊重招标文件又客观，既实事求是又全面体现出企业的合法权力和利益，造成执行合同过程中的被动局面，甚至造成不该造成的经济损失。合同谈判的双方，各自代表法人的权益，由于所占角度不同，往往产生合同条款内含的意见分歧，尤其是涉外合同，如何使缔约方接受条款，又不放弃企业的合法权益，是一项艰苦、细致的工作，谈判素质和谈判策略简述如下：

1．应予具备的素质

（1）要有丰富的人情味，懂得一些人际关系学的知识。

（2）要有经商的才能（含管理、组织、指挥、控制、执行、法律、经济、技术等）。

（3）要有经商的气魄，善于竞争，敢于竞争，口齿伶俐，善于表达。

（4）要有热爱企业的精神和忠于职守的职业道德，树立敬业精神——创新能力——团队精神。

（5）要具备工程技术知识，建筑装饰设计、施工知识，经济财务知识，劳动工资知识，法律知识，公共关系学知识，外语知识等。

（6）学会普通话。

2．谈判策略

（1）谈判桌上，参加合同谈判的双方，各自代表自己法人的权益，出现分歧意见是很正常的现象，这就需要先易后难，通过交谈，容易统一认识的条款优先定案，分歧较大的条款，要通过合同条款的内含与该项工程实际反映的特殊情况，哪些出入应予补充，充分表达清楚求得共识。

（2）发包方对承包方工程的附加条件的处理，在签订合同时，发包方对某种及某些材料要求指定供应商或需采用进口材料时，要在合同中明确差价、行情、汇率及发包方能预支付的外汇等条款。

（3）期货贸易的物资，合同难以确定价格时，合同条款中要留活口。

（4）建筑装饰工程总承包，投资包干或一次包定时，对市场上材料，设备上价格调整要预测精确，对政策上的价格调整要留活口，或测定风险包干系数。

（5）图纸设计粗糙，节点和作法难以在图示中表达清楚的地方，要在合同中明确得出统一的共识，防止事后造成人为的扯皮。

（6）工程预算加技术经济洽商的承包方式，在合同中对项目单价，货源渠道、材质规格、色调等阐述清楚。

（7）投资包干，一次包定的承包方式，在合同中应把建筑装饰工程的承包范围叙述清楚。设计变更，增减项量，材料代用等情况，合同条款中应规定上限和下限，超限部分，另行增减工程造价。

（8）对工程总价不大的变更，承包方谈判代表，不要斤斤计较适度让步，以示大将风度。

（9）在签订建筑装饰工程合同时，如果发包方指定另一个专业施工单位承包部分工程。发包方要补偿工程总承包方现场配合，交叉施工影响而增加的现场经费，并在合同条款中阐述清楚。

总之，合同谈判策略，与参加谈判的代表素质关系很大，即要把问题谈细又要具有大将风度，即要谈吐清楚又要让对方听的贴切、顺耳、诚恳，易于接受，其方式方法需要恰到好处。除此之外还要主动起草合同，因为谁写合同，在合同的条款内含上，由于占的角度不同，可能都有不可避免的倾向性和测重点，这也是谈判策略中的一个重点。

八、合同索赔

开展工程建设合同索赔工作是发展和完善建筑市场一项重要内容，也是社会主义市场经济规范建筑市场的客观要求。这项工作的开展有利于强化合同意识，依法进行工程建设，提高合同履约、管理水平，有利于落实缔约双方权利、义务关系。强化企业内部管理提高企业素质及管理水平。也有利于我国工程建设与国际接轨，国内企业走出国门参与国际工程承发包市场竞争，随着我国已经全面加入世界贸易组织，国内的建筑市场已经走向了国际化。

开展工程建设合同索赔工作，对保护企业合法权益，建立中国特色的社会主义市场经济新秩序，提高工程建设的效益，进而加快经济建设的发展都具有非常重要的意义和作用。

由于受长期粗犷型计划经济体制的影响，当前我国的承发包双方对工程索赔的认识不够全面、正确；合同管理及企业内部管理与索赔工作的要求，也有一定差距，实施索赔的方法，程度及问题依法处理还不够熟悉，有关方面还不同程度的存在着不敢索赔、不会索赔、不能索赔、不让索赔的现象。要使我国企业的索赔和处理索赔工作能力达到国际先进水平，还要作大量艰苦、细致的工作，应该在立法、健全法规的基础上，广泛宣传和引导，使承发包双方都能有一个正确的认识、理解这项工作的重要意义，促进索赔的健康发展，强化合同管理，提高索赔工作的水平。杜绝不懂法、不懂规则，使国人及企业蒙受经济损失。

索赔是当事人在合同实施过程中，根据法律、合同规定和法律明示或默示的国际惯例，对并非由于自己的过错，而是属于应由合同对方承担责任的情况造成，且实际发生了损失，向对方提出给予补偿的要求。索赔事件的发生，可以是一定行为造成，也可以由不可抗力引起；可以是合同当事一方引起，也可以是任何第三方行为引起。索赔的性质属于经济补偿行为，而不是惩罚。索赔的损失结果与被索赔人的行为并不一定存在法律上的因果关系。

索赔工作包括施工企业向建设单位要求索赔，也包括建设单位对索赔要求的处理。索赔工作是承发包双方之间经常发生的管理业务，是双方合作的方式，而不是对立。承包方不敢索赔，害怕影响与建设单位的合作，发包方认为索赔是额外的支出，损失自己的声誉，因而不让索赔都是目前特别需要克服的错误作法，需要加强引导、教育和改进。

工程合同索赔工作的健康开展，正确掌握索赔和处理索赔的方法和技巧，可使缔约双方依据合同和实际情况，实事求是的协商调整工程造价（投标报价）和工期，有助于政府转变职能，并使繁锁的调整预算和协调双方关系等微观管理工作中解脱出来。并把原来计入工程报价的一些不可预见费用，改为按实际发生的损失支付有助于降低工程报价，使工程造价更加合理。

合同是索赔工作的依据，合同的全面履行是索赔工作的必要前提，严格的合同管理是索赔成功的保证。促进索赔的健康开展，双方必须依法签订完备、严密、真实、有效的合同。中华人民共和国建设部与国家工商行政管理局制定、推行并推荐使用的 GF-1999-0201 建设工程施工合同示范文本是目前国内普遍认为具有完备性、适用性、规范性和最有法律依据的文本，各地建设主管部门应该继续作好《文本》的推行工作。要大力提高双方的合同观念和履约意识，强化管理，提高履约率，为索赔工作提供依据。要加强合同纠纷的调解和仲裁工作，使有争议的索赔能够尽快得到公正的解决，促进索赔的健康开展。

工程合同索赔是一项专业性很强的工作。我国很多施工企业不熟悉这项工作，大部分施工企业不掌握索赔的方法和技巧，在对外工程发包和对外承包中，受到许多不应有的损失。各地行业协会应从实际情况出发，普及与提高并举，大力提高业内索赔工作的水平。要加强宣传和交流，使我国建设企业尽快掌握索赔的内容、程序和技巧。要逐级开展培训，培养一批索赔工作的骨干，使这项工作尽快开展起来。要大力发展咨询代理，法律服务等中介服务机构，使这项工作向专业化发展，提高索赔工作水平。

1. 施工索赔的意义

由于业主或其他有关方面原因，致使承包人在项目施工中付出了额外的费用（只要不是自身的责任），承包商通过合法的途径和程序，要求业主偿还他在施工中所遭受的费用损失，这项工作就称为施工索赔。

施工索赔工作是一门涉及面广，学问颇繁的学科。参与索赔工作的人员，必须具有丰富的施工技术和施工管理经验，熟悉施工中的各个环节，通晓各种建筑合约和法律、法规，并且有一定的财会知识，由于工程项目复杂多变，现场条件以及气候和环境的变化，标书及施工说明中的错误等等因素不可避免，索赔在承包工程施工过程中是必然存在的。目前建筑市场竞争非常激烈，工程施工措施性消耗，间接消耗、间接费费率较前大幅度降低，因此，建筑装饰施工企业在事业上的成功，在很大程度上将取决于其是否善于索赔。在世界性的工程招、投标工作中，工程承包方为了进入市场、融入市场、占领市场、赢得市场、投标取胜，往往采取中标靠低价，赚钱靠索赔，即低价中标，索赔增效。

索赔工作的关键是证明承包人提出的索赔要求是正确的，但仅仅证明承包人正确还不能收回损失的费用，只有准确的计算出来要求索赔的数额，并证明此数额合情合理，索赔才有效。工程索赔一般涉及到两个方面：其一要求延长工期，其二是要求赔偿款项，索赔要求的成立，必须同时具备三个条件：

（1）依据合同有正当索赔理由，且有索赔事件发生时的有关证据；

（2）造成工程费用增加或工期延长按合同约定不属于承包商的责任；

（3）承包商提交的索赔意向通知索赔报告和有关资料在合同规定的时限内。

2．索赔的依据

工程项目的资料是索赔的主要依据，资料不完整，索赔难以顺利进行，为了确保索赔成功，承包人必须保存一套完整的工程项目资料，这是作好索赔工作的基础。因此，承包人应指定专人负责下述几方面的工作资料的收集与分类保管。

（1）定期与业主雇聘人员的谈话资料，他们必须有资格代表业主，掌握合同和工程实际情况的第一手资料。与他们交谈的目的是摸清施工中可能发生的意外情况，会碰到什么难以处理的问题，以便作到事前心中有数，一旦发生进度延误或费用支出，承包人即可提出，说明原因是业主造成的，为索赔埋下伏笔。

（2）各种施工进度表，包括承包人、业主代表、分包商编制的工程进度收集和妥善保存。

（3）来往信件，包括一时期工程进展情况总结，以及工程有关当事人往来的具体事项。

（4）施工备忘录，施工中发生的影响工期或工程资金的所有重大事项记入存档。

（5）会议记录，业主与承包人，承包人与分包人之间定期或临时召开会议的记要。

（6）工程照片，注明日期，便于查阅资料和有效地显示工程进度。

（7）驻地工程师填写的工程施工记录表，提供关于气候，施工人数，设备使用情况，局部竣工等等。

（8）工资薪金单据和索款单据。

（9）工程检查和验收报告。

（10）合同文件，包括标书、图纸资料和经修改的图纸。

（11）施工人员计划表和人工日表。

（12）施工材料，设备报表。

3．加强财务管理

承包商应建立一套科学、完整、准确的会计制度，加强对每一项工程的购物管理，并能及时提供有价值的成本资料，以便及时发现索赔机会，准确的计算索赔款项（额），争取收回合理应得的金额。没有完整的工程会计资料，就无法有效地提出索赔。需要收集保存的工程基本会计资料如下：

工卡、人工分配表、注销工资薪金支票、工人福利协议书、经会计师核准的工资薪金报告单、材料购买订单、收讫发票、收款票据、设备使用单、注销帐应付支票、帐目、有关图表、总分类账、财务信件，经会计师核证的财务决算表、工程预算、工程成本报告书、工程内容变更通知书等。

4．可以索赔的费用

施工企业提出索赔，除承包项目的人工费、材料费、机械台班使用费、分包费用外，还有保险费、保证金、管理费、利润、工程贷款利息、税金（两税一费）等，涉及现场条件变化索赔，施工范围变更索赔，加速施工索赔，工程延期索赔等等，视其发生索赔的具体情况确定是否列入项目。不列入项目者，则另行补偿。

5．编制索赔报告应注意的事项

所有索赔必须以文字形式提出索赔报告，在最终仲裁开始之前，索赔报告必须经有关方面（例如工程项目的咨询工程师，监理工程师）的核实与审定。为使索赔报告写得令人信服，应注意以下三点：

（1）实事求是。

索赔的计算方法和要求索赔的款项应当实事求是，使业主或其他有关审核部门看后第一个印象觉得合情合理，不会立即予以拒绝。

（2）准确无误。

基本资料和计算结果应准确无误，必须反复核对清楚，不能有任何差错。数字计算上的粗枝大叶或笔误，往往会导致索赔的失败。

（3）文字简练，组织严密，资料充足，条理清楚。

要使索赔报告有说服力，必须注意文字简明扼要，并无遗漏或含混不清之处。如果业主或工程师审阅了所提出的索赔要求，而提不出大的疑问，也不要求补充任何证明资料或数据，则该项索赔款项就有成功可能。

6．索赔的内容

引起索赔的原因多种多样，其内容繁多，在合同履约中，常见的索赔内容有：施工条件变化、工程变更、工期延误、加速施工、暂停终止合同、物价上涨、法定货币汇率变化、拖延支付工程款、特殊风险、不可抗力、其他承包商干扰以及第三方引起（邮路延误、港口压港）等，按照建设部和国家工商行政管理总局制定推荐的合同范本 GF-1999-0201 承包商可引用的索赔条款见表 2。按照 FIDIC 红皮书中承包商可引用的索赔条款见表 3。

承包商可引用的索赔条款　　表 2

序号	条款编号	条　款　主　题　内　容
1.	6.2	工程师指令错误发生的追加合同款，延误工期
2.	6.3	工程师未能按合同约定履行义务，造成工期延误，追加合同款
3.	7.3	采取保证人员生命和工程财产紧急措施
4.	8.2 和 8.3	发包人部分工作委托承包人办理
5.	9.1	发包人委托图纸设计及场地交通防噪音、环保、安全按规定办理有关手续

续表

6.	11.2	发包人未按协议规定开工
7.	12.	因发包人原因造成停工
8.	13.	发包人未按约定提供图纸及开工，支付预付款、进度款所需指令，批准及设计变更和工程量增加，一周内停水、停电、停气累计超过8小时，不可抗力等工期顺延
9.	14.3	发包人需提前竣工
10.	16.3	质量检查检验不应影响正常施工，违者除检查检验不合格，损失由发包方负责
11.	16.4	检查和返工指令失误
12.	18.	剥离开孔重新检查，除检验不合格，其重新覆盖或修复损失发包方负责
13.	19.5	设计原因试车达不到验收要求，需拆除重新安装（设备由发包方采购的）
14.	20.2	因发包人原因导致的安全事故
15.	21.1 和 21.2	安全防护措施费用
16.	22.1 和 22.2	发生重大伤亡及其他安全事故有争议时，按政府有关部门的认定处理
17.	23.3	可调合同价款、法律、法规、政策变化、停水、停电一周内超过8小时，其他因素
18.	24.	迟付工程预付款
19.	26.3 和 26.4	超过约定时间不支付工程款（进度款）
20.	27.3	发包人供应的材料、设备交予承包人清点保管，支付保管费
21.	27.4 和 27.5	发包人的材料、设备与一览表不符，以及检验试验费用由发包人负责
22.	28.5	工程师同意使用代用材料时，增减合同价款双方书面议定
23.	28.6	承包人采购的材料设备，发包方不得指定生产厂或供应商
24.	29.1	因设计变更导致合同价款增减和延误工期
25.	32.8	工程未经竣工验收，发包人强行使用由此发生的质量问题及其他问题发包人承担责任
26.	33.3	发包方收到竣工结算报告，按约定不支付结算款项，付息并承担违约责任
27.	33.4	发包方收到竣工结算报告56天内仍不支付，可协议折价或由承包人申请法院依法拍卖
28.	35.1	发包人违约，赔偿经济损失，顺延工期
29.	36.2	发包人未按合同约定履行义务或发生错误，按约定时间索赔承包人损失
30.	39.3	不可抗力工程本身损害和导致第三人人员伤亡、财产损失、工地材料待安、设备损害停工时，现场必要的管理人员保卫生员费用，工程所需清理修复费用由发包人承担工期顺延
31.	40.1 和 40.2	保险、发包人为现场自有人员及第三人人员生命财产及材料、设备办理保险
32.	41.1	担保、发包人向承包人提供合同，履约担保，承包人亦应向发包人提供履约担保
33.	42.1	发包人要求使用专利技术或特殊工艺，应负责申报，承担申报、试验使用等费用
34.	43.1 和 43.2	文物及地下障碍物保护、处置、费用

按照 FIDIC 红皮书中承包商可引用的索赔条款　　表3

序号	条款编号	条款主题内容
1.	5.2	合同论述含糊
2.	6.3 和 6.4	延误发放施工图纸
3.	12.2	不利的自然条件
4.	17.1	因工程师提供错误数据导致放线错误
5.	18.1	工程师指令钻孔和勘探开挖
6.	20.3	业主风险造成的损失和修复
7.	27.1	发现化石、古迹或地下构筑物
8.	31.2	为其它承包商提供服务
9.	36.5	进行合同内未规定的试验
10.	38.2	指示剥露和穿孔检查
11.	40.2	中途停止施工
12.	42.2	业主未按时提供现场
13.	49.3	修补非承包商原因的缺陷
14.	50.1	指示调查缺陷原因
15.	51.1	工程变更
16.	52.1 和 52.2	对变更工程的估价
17.	52.3	增减超过15%对结算总价的调整
18.	65.3	特殊风险引起的工程破坏
19.	65.5	特殊风险引起的其他费用增加
20.	65.8	合同被迫终止
21.	69	业主违约
22.	70.1	成本增加或减少
23.	70.2	后续法规的变化
24.	71	货币和汇率的变化

7. 索赔的作用

本文侧重提到承包商向业主的索赔，实质上作为合同双方当事人均有权向对方提出索赔。索赔的性质属于补偿性，而不是惩罚性，索赔是一种尚未达成协议的行为。具体到索赔的作用：

（1）保证合同的实施，它能落实及合理调整合同双方权利义务关系，同时又能对违约者起警戒作用，以保证合同的顺利实施。

（2）索赔是合同和法律赋予受损者的权利。

（3）索赔是市场经济的需要。

建筑装饰工程合同及合同索赔是法制国家依法治理市场的举措。面对不分国籍、不分肤色、没有国境边界的国际大市场，企业之间的竞争是激烈的，我们的企业要在市场上立足、发展，在承接工程合同谈判与合同签约中维护自身的权利和义务，学法、懂法、用法、护法、守法是前提，在僧多粥少，利润空间越来越小的形势下，工程优质、高效、低耗，并能做到索赔增效是关键。

论装饰企业信息化的重要性

深圳海外装饰公司企业策划部　信息中心

随着经济全球化的发展："企业信息化"已经成为企业迎接新经济的挑战，大力发展自身，在经济的浪潮中永葆活力的致胜武器。所谓企业信息化，就是有效利用信息技术和信息知识资源，对企业的各种生产经营活动进行全方位改造，充分开发，利用企业的人、财、物资及企业内外信息资源进行生产经营活动，降低生产和管理成本，提高经济效益，使企业的生产、设计、经营、管理、采购、仓储等全面实现自动化、智能化的过程。这次我国的SARS，也充分反映了信息的重要性，包括信息的有效率、公开化、真实性。

信息主要包括三方面的内容：一是生产过程信息化，二是企业管理信息化，三是企业商务活动电子化。在我国，由于种种原因，企业信息化起步较晚，许多企业对信息化的追求并不是很强烈。有关资料表明，在15000余家国有大中型企业中，信息化程度很低，有的甚至不知何为企业信息化，虽然约70%的企业拥有一定的信息手段或正在向企业信息化的方向努力，但基本实现信息化或运用信息手段比较好的企业仅占10%，约20%的企业只有少量的计算机，且仅用于财务处理、打字用途。因此，提高认识，加速企业信息化进程，是我国企业当前的一项迫切任务，它关系着企业和国家的未来。

装饰业现已经成为建筑业中的三大支柱性产业之一，作为竞争性的服务行业，其竞争不受保护，直接以市场经营为导向，追求利益的最大化，这就决定了装饰业是市场化最早而且程度最高的行业。深圳海外装饰公司本着在本行业"做强做大"的经营目标，为了在二次创业中赢得新的制高点，争取更多的市场份额，决定铺设局域网，从装饰行业的特点出发，结合公司的实际情况，在生产、管理以及经营各个环节实行信息化。

1．生产环节

装饰行业的产品很特殊，它生产的是建筑业的最终产品，其生产过程始终处于业主的目击见证下，业主完全可以掌握进程；产品既是工程又具艺术性，需要设计与施工的紧密结合，因此它又是技术和智力密集，建筑工程技术与文化艺术、知识分子与工农、建筑行为与社会行为高度相结合的行业。对这样一个行业来说，文化、艺术、技术多方面的要求使得材料、工艺、技术的信息更新成为了竞争的必要手段。

公司以总承包部为主，结合自身在业界的丰富资历和经验，筹划了公司的"装饰工程生产要素管理信息系统"，将工程实施中的人(施工队)、机(机具)、料(施工材料)等要素建成数据库，并征集和介绍有技术含量的精品工程，不定期地更新材料、工艺、技术等行业信息，力求做到各个项目工地共享资源。

2．管理环节

装饰企业一成立即按市场经济运作，管理层与作业层两层分离，这虽然是最初适应市场的方式，但是在建立现代企业制度成为公司做强的保证的今天，这种分离的模式已经给管理带来了诸多不便。就我们公司具体而言，内部分为"公司"-"片区"-"项目经理"三个管理层次，如何明晰经营管理的权责，进行有效的沟通已经成为管理上的"硬伤"；对外，由于装饰做总承包的机会很小，不可能包揽项目施工的全部装饰工作，所以公司之间的管理水平成为竞争要素，如何在技术、材料和工艺都相差不远的装饰力量中脱颖而出，这都需要提高到信息化的层面才能解决。公司之所以下决心建立局域网，就是要在各个层次间建立沟通的渠道，起到上传下达的作用，将公司的管理思路贯彻到片区到施工工地，再把片区的问题和困难反馈到公司，促进下一步的决策。

3．经营环节

经济的全球化及逐渐到来的网络经济正对传统产业的业务模式尤其是商务模式产生巨大的冲击，在知识经济时代和电子商务时代，企业单靠传统手段从事生产经营活动已经远远不够，借助 Internet 应用电子商务手段改善经营，开拓市场，提高企业的竞争力，已被全球企业认为是成本最低而效率最高的方式。中国家电行业的龙头老大"海尔"集团就已经实现了网上电子商务：用户在"海尔"的网页上下定单、物流部门、资金管理部门、生产技术部门等在网上可以同时看到这个信息并做好各自的准备，大大节省了横向沟通、纵向传达的时间，抢占了市场的先机。

企业的生产和经营管理活动需要对资金流、物流、信息进行规范和协调的统一运作和控制才能实现对市场的自适应，信息化管理是企业为达到其经营目标必须使用的一个重要工具和手段。装饰行业虽然也是以经营为导向，但是相对于城建、土建行业来说，经营难度较大。它的生产周期短，一年下来，虽然承修工程数量多，但是合同额并不大，需要频繁地在外承揽业务，与业主打交通，所以信息的来源就尤为重要。资金的支持也在其中扮演了重要角色，公司的财务管理是经营的保障。以往，公司各经营片区在资金管理上各自为政，没有统一的收支标准，又缺乏必要的监控措施，经营信息反映不上来，公司对片区的管理又使不上劲，连年终合同额的统计都不能到位，哪里谈得上“信息化”?公司在体制改革后让档案室专职负责合同、标书等文件的管理，做到时时备案、事事有据；财务管理部建立了资金的统收统支等一系列管理办法，整理汇编成《海外装饰工程公司资金管理办法》,有效地改变了企业的财务状况，充实了公司的资金实力。

在传统的生产管理方式下，企业与供应商之间受到空间和时间的束缚，装饰行业身处业主与施工队、材料商的夹缝更是如此：业主选择哪家装饰公司，装饰公司选择施工队伍和材料供应商都会考虑地域和工期的限制这两方面的因素，这使信息沟通不及时、积累不丰富的装饰公司经常遭受经营中的“滑铁卢”。要抢占市场先机，必须依靠信息。

我们公司现在缺的并不是信息，而是处理信息的手段和技术，以及对信息做出快速反映的能力。加入WTO后，公司面对的是竞争更加激烈的国际市场，也是更为复杂的信息来源。企业为了在竞争中寻求生机，进而发展，就必须建立与国际市场竞争相适应的企业信息管理机制，学习和借鉴国内外先进的企业信息管理经验和模式，尽快建立符合市场经济和入世需要的企业管理组织形式。否则，我们的企业在国际市场上，就没有与国际经济环境进行对话的窗口和与国际大企业集团交流的语言，从而丧失了交流、交易的机会。

令人欣喜的是，公司领导已经意识到企业竞争力提高的过程就是信息资源不断开发和利用、进而获取由信息资源带来经济效益的过程，必须加快企业信息化建设的步伐，推动企业全面的管理变革，提高企业整体素质，才能最终提高企业竞争力，赢得竞争优势，给企业带来实实在在的经济效益，公司也已经做好了建设局域网的前期准备，设备、资金、人员等因素都在筹建之中，建立适应知识经济的企业信息资源平台已被提上了议事日程。我们期待着，在公司的信息资源平台上，每个员工都能亲身参与到公司的管理经营活动中，为公司的决策献智献力，见证公司发展壮大的每一步！

利用现代信息技术 提升装饰企业管理水平

——北京建谊建筑工程有限公司信息化建设实录

北京建谊建筑工程有限公司企业管理策划部 **周巨樟 杨 欣**

信息时代的企业管理不再是对人、财、物等物质资源的单一管理，而是逐渐发展到以信息技术为基础对企业资源进行全面规划利用的综合管理。企业信息化将引发经营思想、组织形态和管理方式的系列变革，成为增强企业竞争力的重要途径。

建筑装饰行业是传统的劳动密集型行业，如何通过信息化建设提高竞争能力，已成为众多建筑装饰企业关注的话题。本文结合北京建谊建筑工程有限公司信息化建设的一些成功经验，阐述信息化管理在建筑装饰企业提升综合管理水平、提高主营业务管理效率，进而提升企业竞争力方面的重要作用，以期对建筑装饰企业实施信息化管理有一定的借鉴意义。

一、北京建谊建筑工程有限公司信息化建设历程

北京建谊建筑工程有限公司早在上个世纪 90 年代末就认识到推行信息化管理是现代企业发展的趋势，公司投入大量资金，购置了服务器、台式计算机等设备，在国内建筑装饰企业中率先组建内部局域网，不仅在公司总部实现了所有员工的计算机办公，而且也在各项目经理部实行计算机管理，为其提供了与公司总部进行信息传递的便捷条件，并且逐步开始计算机辅助设计、会计电算化、计算机预算报价等低层次信息技术的应用。随着各项技术的熟练应用，内部局域网及低层次信息技术在公司内部信息交流、管理成本降低及工作效率提高方面的作用日益显现。

随着公司规模的日益扩大和业务量的不断增长，初步尝到信息化管理甜头的北京建谊建筑工程有限公司逐步认识到，信息化管理不仅仅只是计算机办公、计算机辅助设计等 IT 技术在企业的简单应用，而是一项复杂的系统工程，是管理模式和资源利用上的革新。推行信息化建设的目的，是要使企业能够充分开发和有效利用所拥有的信息资源，快速做出正确的决策，提高企业运行效率，最终创造并不断提高企业竞争优势。针对我国大多数建筑装饰企业长期习惯于粗放式经营，信息化建设起步也较晚，目前国内尚无成熟的建筑装饰企业管理信息化整体解决方案的现状，自2000年末，北京建谊建筑工程有限公司即策划与北京清科锐弛科技有限公司进行合作，在国内较早开发的A模式企业管理平台的基础上，广泛收集国内外成功建筑、装饰企业的管理经验，整理出一套系统的建筑装饰企业管理思想，着手开发一套适用于建筑装饰企业的管理信息系统，用于公司的日常办公和主营业务管理。通过两年多的设计开发、上线运行，目前这套集办公自动化、工作计划考核和公司主营业务管理于一体的综合信息系统已初步展露出在提升企业管理水平方面的强大动力。

二、信息化建设的主要内容及对增强企业核心竞争力的作用

从总体上来讲，建筑装饰企业信息化建设就是要围绕公司基础管理平台及主营业务管理两个方面，进行系统规划和精心设计，通过高效的信息沟通提高企业的成本预控能力、财务监控能力、运行控制能力及对市场信息的反应能力。北京建谊建筑工程有限公司管理信息系统主要划分为项目远程控制、经营管理、物资管理、财务管理及基础平台管理等五大系统，全面覆盖建筑装饰企业的主要管理范围，从不同的侧重点提升企业的核心竞争能力。

1. 项目远程控制系统提高对项目的运行控制能力

项目远程控制系统主要由公司各职能部门及项目经理部按照系统权限的要求，结合项目进展的实际，对公司在施工程的基本信息、商务信息、工程进度信息、产值信息、材料需用计划、项目回款信息、项目各项支出信息、项目质量信息、项目安全信息、项目异常信息进行全过程管理，并且对每个工程信息进行汇总产生各种汇总表供查看分析。

管理信息系统中项目远程管理子系统的实施，使总部可以通过信息系统对项目进行远程控制、统一调度，开展进度调整、物资审批、成本控制等工程管理工作，完成施工项目的成本、质量、技术、进度的综合管理；同时施工一线的各种生产信息也可以快速地反馈到总部。信息化大大压缩了公司总部和项目经理部之间的空间和时间距离，使企业实现设计快、报价快、施工快、结算快、反馈快、决策快，提高企业技术能力，增强了公司对项目的运行控制能力。

2. 物资管理系统提高企业物资成本管理的预控能力

物资管理系统中的信息管理模块在严格的权限机制下，通过web形式，实现项目经理部、公司物资管理部门及供应商等多渠道物资信息、供应商信息的收集，并由物资管理部门集中进行管理，时时进行信息更新，在一定权限范围内发布公司内部物资信息，为公司内部各部门和项目经理部提供指导性的物质价格标准，达到帮助项目经理部控制材料采购价格，降低工程成本的目的。

物资管理系统中的竞标采购模块通过互联网技术，实现网上材料采购竞标，使项目物资采购的成本降低，物资价格更加合理，减少人为因素的参与，加快物资的采购速度。物资管理模块通过物资的总计划管理、月采购计划管理及合同管理、核销管理对物资的全过程实施控制，确保物资按照采购数量、单价控制在计划范围内。

物资信息系统的实施，使得占项目总成本60%以上的材料成本得到有效的预控，对公司合理平衡使用资金及控制经营风险起到良好的效果，对公司实施低成本战略，把握项目计划成本，确保在竞标工作中处于有利地位提供了充分的支持。

3. 财务系统提高公司财务监控能力

财务系统主要分资金管理、费用管理及成本管理三大模块，与项目管理系统、物资管理系统及用友财务管理软件、概预算软件进行接口，实现系统财务报表与会计帐务及项目进展的时时互动，确保公司管理层获得第一手财务数据，为生产经营决策提供参考。通过财务管理系统在北京建谊建筑工程有限公司的实施，项目经理部的工程收支状况、成本一览表、公司管理费用的支出状况可以根据不同权限进行查看，对公司领导层的决策起到了较好的支持作用，公司对项目经理部及各职能部门的财务监控力度大大增强，领导层对公司整体资金的掌握和调度能力明显提高。

4. 营销管理系统提高企业对外部市场信息的反应能力

经营信息库由行业动态、项目信息源、项目档案、项目跟踪管理、投标资料库、竞争对手情报等六个模块组成。用以辅助经营部员工了解本行业最新动态，收集项目信息，建立项目档案，记录每一个项目在跟踪过程中的全部信息，对投标过程中形成的投标资料按项目及类别进行组织和整理，收集竞争对手情报，查看公司与竞争对手之间的投标比较，达到收集信息，方便信息的组织、整理和查询的目的。

当今企业竞争力的高低在很大程度上取决于获取和处理信息能力。企业发展依靠的是正确的决策，而决策的基础则是信息。企业管理者必须及时捕捉市场信息，了解企业自身经营状况，掌握竞争对手的动态。对于企业来说，如何比对手早一步获得并有效利用市场信息显得尤其关键，这也正是信息技术的优势。正如比尔·盖茨所言，在这个快速变化的商业世界中，企业必须具备与对手竞争所需要的反应速度，而这就需要一种类似人类神经系统的“数字神经系统”平稳和有效运行，对紧急情况和机遇做出快速反应，为公司内部需要信息的人快速提供有价值信息的系统，而这种“数字神经系统”的建立则依赖于企业信息化的实现。通过经营管理系统能够对市场信息进行大量收集和筛选，由公司对企业范围内的有效资源进行统一调度，对其中有价值的信息进行系统跟踪。公司可通过系统针对每一跟踪项目下达具体的跟踪计划，并通过跟踪人员填写的跟踪周报了解和掌控项目进展状况。在进行决策时，系统可提供主要竞争对手的相关情报和历史投标记录等，为决策提供全面的信息支持，以便快速做出正确决策，从而使企业在市场竞争中得占先机。

5. 办公平台提高企业综合管理水平

管理信息系统办公平台分为日常办公、共享交流和个人办公三大块，包括请示、发文管理、会议管理、计划考核、授权、公告、电子论坛、制度规范和资料管理、我的

工作、我的邮件和工作日志等办公常用模块。

管理办公平台的建立打破了建筑装饰企业的传统管理模式。建筑装饰企业传统的管理模式按职能展开，其组织结构的特征是纵向分层次，横向分部门。每个层次是一个权力等级，每个职能部门是一个相对独立的单位。这种组织结构使企业的内部信息采集、处理和传递是分散的、独立的，信息管理的效率和质量都得不到保障。

公司管理信息系统办公平台的实施，对原有的工作流程进行了整理和改造，使公司的管理结构更趋向于扁平，办公自动化和信息处理水平得到很大的提高。不仅会议召集、公文流转、工作联系等行政事务可以通过信息系统进行，而且工作计划、监督考核、人事变动、培训管理等重要的管理环节也通过系统进行了流程规范和全程实施。信息化建设加速了企业内信息的流动和知识的传播，便捷的信息处理、交流和规范的工作流程，提高了员工的工作效率，也调动了员工的工作热情，在公司内部形成了客观、求实的工作氛围。从北京建谊建筑工程有限公司系统运行的实际情况可以看出，在日常办公、计划实施、人力资源应用、供应链管理方面为企业既节约了有形的费用成本，又降低了无形的精力和时间成本，同时信息技术也逐渐渗透到企业管理的各个领域中，使各项管理工作更加条理化。

三、建筑装饰企业信息化建设发展展望

企业的发展的过程就是其核心竞争力不断增强的过程，在此过程中需要做出各种决策。而决策从某种角度讲，就是对信息的处理。企业由各个管理层相互联系形成等级链、矩阵链，就链条上的某一环节而言，除了负责做出自身职责范围内的决策以外，都还承担着信息收集、挑选和转发的工作。如果这些工作由信息化的系统来承担，将会更快、更准、更全面。因为简化人为的协调，即可提高效率。据调查数据显示，管理工作中有44%属于常规事务，完全可以由机器代替人工。另外56%的思考工作中，还有一半左右为规律性工作，也可逐步由决策支持、知识管理等高端的商业智能系统来完成。这些规律性的工作由信息系统进行程序化处理，以便管理人员有更多的时间用于无法程序化的决策上。一些研究人员认为，企业中可程序化的决策与无法程序化的比值约为80:20。这就有力的说明：企业中的大部分数据和信息完全有可能用现代化的计算机和数据终端设备进行集中处理，从而促进重要决策的集中化，提高决策的速度和质量，提高企业的竞争力。

由于客观的原因，建筑装饰行业信息化的基础条件比较差，很多建筑装饰企业实施的效果还不是很好。但现在的建筑装饰工程产品已逐步步入精细生产阶段，建筑装饰工程产品已成为精细产品，需要精细加工，对建筑装饰行业生产管理方式提出了越来越高的要求。随着建筑装饰工程项目的类型和特征的日趋复杂化，工程服务方式多样化、市场化，使得各类业主对项目管理的精益程度要求也越来越高，传统的管理手段很难实现精确、高效的项目管理。建筑装饰企业要想在本行业中处于领先地位，持续增强企业的核心竞争能力，完全可以以信息化建设为契机，推动企业管理程序规范化及流程再造，促进企业组织结构及管理模式转变，达到节省管理成本、提高管理工作效率的目的。

总之，坚持不断的企业信息化建设将会带来建筑装饰企业在管理理论及管理工具方面的持续优势，保持建筑装饰企业核心竞争力的持续增强。

参考文献

1. 比尔·盖茨著.未来时速—数字神经系统与商务新思维.北京：北京大学出版社，1999

2. 丁秋林.企业信息化咨询.北京：华夏出版社，2003

3.玉　华.试论建筑企业培育核心竞争力的主要途径.管理与研究，2003（15）

4.王小莹.建筑业信息化任重道远.建筑，2003（4）

关于建筑装饰工程的质量控制

华辉装修建筑工程有限公司　梁　卉

随着经济的高速发展，建筑装饰市场竞争十分激烈，随着装饰市场的逐步规范，社会对装饰工程的质量要求也越来越高，施工企业怎样保证工程质量就显得尤为重要。

一、施工过程中“人、材、机、环、法”五大要素的质量管理

工程质量牵涉诸多的因素。业主应选择高资质、高质素的施工队伍。另外，应认真进行施工图设计和会审，把好工程第一关。在施工过程中，施工单位应组建项目部，配备高素质的项目经理、施工员、质安员、预算员和材料设备管理员。加强施工管理。在现场施工中，人工、材料、机械、施工环节和施工方法对质量和成本都有影响。

1. 人工。装饰工程对劳动力的使用，要进行有计划、有组织、有指挥、有监督和调度的细密管理，不仅有利于提高工程质量，而且有利于降低工程成本。施工过程中难免会出现交叉作业，必须密切协调各工种的工作，充分发挥工人

的积极性，不断提高劳动生产率。例如：在劳务公司引入高级技工和技师，加强专业工种的施工质量，是保证工程施工质量的关键。

2. 材料。装饰材料在装饰工程中占有非常重要的地位。

（1）装修材料的质量管理程序。要确保工程质量，材料的质量是非常重要的一环，对材料、设备的选定、采购、运输、存放及保养均按照严格的程序：

① 订样→② 定量→③ 采购→④ 进场→⑤调用。工程所需的主要材料，采购人员及质检人员须亲赴厂家选材、订货和验收，从而保证主要材料的绝对优质。

（2）装修材料的质量保证工作。 材料（包括成品和半成品的加工），从申请、订货、采购、送料等都应以材料计划及现场进度为依据，以保证按质、按量、按时供应所需的材料。 建立、健全进场后检查验收和取样送验制度，合格证、化验单与材料相符。加强材料和设备的“四验”工作，即验规格、验品种、验质量、验数量。 做好现场和仓库的管理工作，现场施工材料必需档案纪录清楚明了，标牌设置恰当，特殊材料和危险品应设置专项仓库存储。各级材料和设备的管理人员都要加强技术业务学习，掌握常用材料的质量标准和性能，熟悉材料的保管和运输规定。

3. 机械。应根据施工方案的工艺和技术要求进行配置，并应考虑不同机械设备的配套使用问题，使各种机械在施工过程中充分发挥作用。在施工过程中必须严格按照机械设备的性能和有关安全操作规定施工。例如在工程施工中采用大型的界石机，材料石板采购大型板材，在施工现场根据现场尺寸放样开界，亦可根据石材的规格结合施工面的尺寸进行开界铺贴，既可节省材料和保证石材石纹图案的完整完美，亦可避免石材铺贴时产生的拼逢质量问题。多利用材料加工厂商的先进机械设备，如：地面石材复杂拼花，可按图纸放样利用先进的水切割工艺使石材的花样拼接开界达到完美。

4. “环”与“法”的因素。“环”是指施工工序流程（施工环节），而“法”则是指施工的方法，在工程的施工建设中，必须利用合理的施工流程、先进的施工方法，才能更好、更快地完成工程的建设任务。对于在施工过程中能否全面地落实新材料、新工艺的施工方法是确保工程施工质量的关键。只有建立良好的实施体系、监督体系才能按既定设想目标完成工程的施工任务。

例如：在轻钢龙骨石膏板顶棚吊顶施工工艺中，旧工艺与新工艺在材料、人工、机械的使用对比见表 1。

轻钢龙骨石膏板顶棚吊顶施工新旧工艺对比　　　　表 1

方式 工艺	天花吊杆	采用工种	采用机械	施工特点
旧工艺	ϕ6 钢筋、3×3 角铁焊制、拉爆螺栓固定	焊工、油漆工、天花工（木工）	焊机、切割机、钻孔机、冲击钻、扳手等	操作较复杂、工序多、成本较高
新工艺	ϕ6 镀锌丝杆、专用“顶爆”配套固定	天花工（木工）	切割机、冲击钻、扳手	操作方便、简单、节省成本

从表 1 可以看到，新工艺在材料、人工、工序（工艺）都明显比旧工艺优越。

二、施工质量管理组织

除上述五大要素外，ISO 贯标也是装饰企业对工程的施工质量管理行之有效的保证。根据 ISO9002 质量标准，企业应建立一套行之有效的文件化的质量保证体系。该体系包括了从工程项目的投标、签订合同到竣工交付使用，直到交工后保修与回访的全过程。充分体现了 ISO9002 中 19 个要素的要求。以质量手册为核心和指导，以程序文件为日常工作准则，以作业指导书为操作的具体指南。所有质量活动都有质量计划并具体反映到质量记录中，使得施工过程标准化、规范化、有章可循、责任分明。

施工质量管理组织是确保工程质量的保证，其设置的合理、完善与否将直接关系到整个质量保证体系能否顺利地运转及操作，利用组织机构来全面进行质量的管理及控制。

三、建立健全和严格执行各项制度及质量控制体系

按照 ISO9002 标准的全部要素组织施工，建立以总工程师为首的质量监督检查组织小组，横向包括各职能部门，纵向包括公司、项目部直至施工班组，形成质量管理网络，项目部建立以项目经理为总负责，项目质量工程师中间控制，项目质检员基层检查的管理系统，对工程质量进行全过程、全方位、全员的控制。

四、结束语

施工质量控制体系是按科学的程序运转，其运转的基本方式是 PDCA 的循环管理活动，通过计划、执行、检查、处理四个阶段把经营和生产过程的质量有机的联系起来，形成一个高效的体系，来保证施工质量。加强五大要素的质量管理，开展全面质量管理活动，并对重点和难点部位进行重点攻关，加强对新工艺、新材料的运用等，是确保工程质量达到优良标准的重要保证。

装饰企业如何做好安全工作

黑龙江国光建筑装饰工程有限公司工程部　卢国胜

安全工作在装饰企业管理中是一个薄弱环节，存在“口头常说、却难具体落实”的现象。究其原因主要：一是中小型工程不办理安全监督，从而缺少了主管部门强有力的监督；二是没有一个针对装饰工程的检查标准，完全套用建筑施工安全检查标准（JGJ59—99），不太适用；三是部分企业认为装饰工程多数是在建筑工程已完的条件下进行，不安全因素及高空作业少，而室内作业多，忽视了对安全工作的真正重视。

如何使安全工作在装饰企业有序、有效地开展，我们认为可以从以下两大方面进行。

一、建立健全管理制度

1. 重视对现行安全及其相关法律、法规、规章的学习，在思想上充分认识到安全工作的重要性，知道“为什么做”、“如何做”。

2. 工程项目积极办理安全监督手续，公司进行OHSAS18000职业健康与安全管理体系认证，从而寻求外界对企业安全工作的监督和支持。

3. 安全管理活动要体现计划、实施、检查、处理（PDCA）的持续改进的原则。

4. 建立各级人员（公司经理、职能部门人员、项目经理、工长、技术员、安全员、材料员、班组长、施工作业人员）的安全生产责任制。

5. 完善安全管理制度（安全检查制度、安全教育制度、安全活动制度、安全设施验收制度、安全措施及技术交底制度、事故处理制度、安全资料管理制度、现场安全管理制度），并在企业管理活动中贯彻落实。

6. 企业与项目经理部签署“安全目标责任书”，项目经理部与作业人员签署“安全协议书”，明确安全指标、奖惩规定。

二、在施工生产中坚持做到

1. 贯彻实施公司的各项安全管理制度。

2. 项目部成立安全领导小组，根据项目情况设专（兼）职安全员，各班组设兼职安全员（安全员必须经过上级主管部门培训合格，持证上岗，并人、证相符）。

3. 制定项目安全目标（伤亡事故控制目标、安全达标、文明施工目标），进行目标分解到人，责任落实，考核到人。

4. 项目部做好安全自检工作，公司进行不定期抽查和定期检查，搞好隐患整改，并做到定人、定时、定措施。

5. 新入场及变换工种人员必须经过安全教育，熟悉和掌握本工种的“安全技术操作规程”。

6. 特种作业人员（架子工、维护电工、电焊工、卷扬机手）必须经安全技术培训，考试合格，持证上岗操作。

7. 安全防护用品齐全、合格、充足，并能正确使用。

8. 施工现场内严禁穿高跟鞋、塑料底鞋、拖鞋、光脚作业；禁止爬架子和乘坐吊盘上下。

9. 施工中的“四口”（即楼梯口、电梯井口、预留洞口、通道口）、“五邻边”[尚未安装栏杆的阳台周边、无外架防护的层面周边、框架工程楼层周边、跑道（斜道）两侧边、卸料台的外侧边]必须有严密、牢固的安全防护措施，任何人不许改动和破坏。

10. 现场的机电设备、电动工具、供电设施的线路铺设由持证电工操作，严禁非电气工人乱接乱动。

11. 在工序施工前，按安全措施所采取的安全设施及垂直运输装置的安装、脚手架的搭设，安全网的支挂，供电设施的安装、线路的架设，需经工地负责人组织工长、技术员、安全员、专业班组负责人进行验收合格后，方可进行此工序施工。

12. 危险部位和场所应设置安全标志牌。

13. 每天上班前作好班前安全教育（包括班前快会和安全训话），每周召开安全例会，并保存记录。

14. 工程开工前，根据施工过程具体情况编制有针对性安全技术措施，并履行审批程序。

15. 施工工长根据操作规程，结合作业环境分工种按不同的操作部位及时用文字对从事作业人员进行安全技术交底，交底时必须履行签字手续，交底人和被交底人要人人签字，严防代签，并填写交底日期。一般现场应有如下交底资料：拆除工程、各种脚手架搭与拆、高处作业、垂直运输机械设备安与拆、“四口”及“五邻边”防护设施、电气作业人员操作、机械操作、力工作业、季节性施工、特种工程作业、各分项工程作业。

16. 做好安全管理资料的收集、整理。安全管理资料内容如下：

安全组织机构、安全生产规章制度、安全生产教育及培训、安全技术资料（计划、措施、交底、验收等）、采用新工艺、新技术、新材料安全交底书和安全操作规定、安全检查考核（包括隐患整改）、特种作业人员验证记录、伤亡事故档案、有关文件、会议记录、班组安全活动、奖罚资料、分包工程安全文书资料。

·市场开拓·

诚信也是生产力

江苏省建筑装饰协会　会　长　毛家泉

在市场经济中，诚信也是企业的生产力。诚信度高的企业，在市场中朋友多，客户多，任务多，企业兴旺发达。相反，诚信度差的企业，则在市场中难以生存。

在大量实践活动中，使我深深体会到，市场经济不仅是法治经济，同时也是诚信经济，市场经济最讲究“诚信”二字，那种以为市场经济可以投机取巧，可以欺诈蒙骗，那就大错特错了，必将被市场所淘汰。可见，诚信对企业的生存和发展是何等重要。其重要性具体表现在：

一、诚信的地位和作用

1．诚信已成为企业在市场竞争中的核心竞争力

市场竞争在某种程度上是实力的竞争，资本的竞争，谁拥有资本，谁有融资能力，谁就能占有更大的市场份额，谁就能抢占市场的制高点。我省吴江市建设工程（集团）有限公司，通过改制以后，企业增强了活力，生产经营有了很大的发展，经济效益显著，企业的信誉度有了很大的提高，凭着公司的信誉，可以在一个月内融资到一个亿，这充分说明该公司具有较强的融资能力，为企业的发展增添了后劲。也为企业向 BOT 方向经营创造了条件，按照国际标准提升了自己的市场竞争力，因此，诚信已成为企业在市场中的核心竞争力。

2．诚信是企业文化的一项重要内容

作为一个建筑装饰企业要生存要发展，必须要有自己的企业文化，企业文化实质上就是企业的灵魂，是企业管理的精髓，是企业更高层次管理的体现，并将其作为企业发展的源动力和激励员工的重要手段，通过企业文化的宣传教育，使企业的全体员工牢固树立企兴我荣，企衰我耻的理念，把员工的利益与企业的利益紧紧地捆在一起，通过企业文化宣传教育还要使企业全体员工自觉维护企业的整体形象，做到全心全意为用户诚信服务，塑造企业的良好形象，一般企业都把诚信作为企业文化的一项重要内容，例如，海外装饰公司就把诚实守信、诚信为本作为企业文化的重要内容，要求全体员工共同遵守，从而促进企业不断发展。

3．诚信是整顿规范建筑装饰市场秩序的治本之策

江泽民同志说过，没有信用就没有秩序，市场经济就不能健康发展。建筑装饰市场秩序之所以不规范，实质上就是市场主体不讲信用，不讲诚信，拖欠工程款这个顽症，至今未能很好解决，合同不能得到很好的履行，都是不讲诚信的后果，制约着建筑企业生存发展。据工商部门统计，全国合同履约率仅 50%。合同履约率这么低，还谈得上什么市场秩序呢？因此，要整顿规范建筑装饰市场秩序，就要使市场主体各方在市场经济交往活动中都要增强法制观念，诚实守信，严格按合同办事，建筑装饰市场秩序就能得到进一步规范，使建筑装饰市场秩序得到标本性的好转。

4．建立诚信秩序也是加入 WTO 的迫切需要

为了应对入世，必须坚守诚信理念，优化市场环境。入世以后，国内建筑装饰市场国际化， 国外的投资商和承包商都要进入中国市场，与外商打交道，最讲究的也是诚信，就是要按世贸组织规则办事，否则，就要受到法律制裁和世贸组织规则的处罚，这样不仅有损于企业的形象，更有损于国家的形象。我国一些倒爷在俄罗斯和东欧市场上，以次充好，欺骗当地客户，造成很坏的影响。因此，我们的企业一定要诚实守信，依法履行合同，遵守世贸组织规则，树立中国企业良好形象，维护国家的光辉形象。

二、企业诚信的实践

那么，诚信具体表现在哪些方面，作为建筑装饰企业我认为应当做好以下几方面工作：

1．首先是把工程质量做好

工程质量好不好，这是一个企业能否取信于市场的重要标志，只有质量好，企业信誉才好，没有好的工程质量，就不能取信于业主，就不能取信于市场。工程质量是企业的品牌，是企业综合实力的体现，也是企业的形象。工程质量做不好的企业，就没有诚信可言。因此，建筑施工企业一定要高度重视工程质量，视工程质量为企业的生命。把每一项工程都要做好，多创优质工程、精品工程，为企业树立品牌，这是市场经济中是至关重要的。今天的质量就是明天的市场，有了质量，就有了信誉，有了信誉，企业就有市场，由此可见，诚信既是企业的生产力，也是企业的资源。

2．承诺一定要兑现，绝不食言

建筑装饰企业都已普遍贯标，贯标中总结出三句话，即“说你所做的，做你所写的，写你所做的”，实质上就是一句话，说到的，写到的，一定要做到。合同中写到的一定要兑现，即使在这个工程项目上做亏了，也要按合同保质保量做好。这样才能取信于业主，只要诚恳待人，即使在这个工程上做亏了，那么，业主可能在下一个工程上补上你的损失。江苏一些建筑企业之所以能在外地建筑装饰市场中获得业主的青睐，能够在市场中立住脚，而且能够不断地开拓市场，靠的就是诚信。例如，我省海门建筑公司，在上海建筑市场上能够保持强劲的势头，就在于他们与业主交往中，坚持以诚信为本，例如他们在开始承接某开发商的一个工程中，明知干下去要亏本，但是，他们坚守信用，严格按合同办理，在工程施工中绝不马虎，坚持把工程做好，取得了开发商的信赖，感动了业主，业主认为与这样的承包商打交道放心。

从而建立了长期的可信赖的朋友关系。开发商说："只要我有任务，必找你们队伍施工。"他们就是凭着诚信，赢得了一个个业主的信赖，因而，企业的施工任务不断增加。当诚信与企业当前利益发生矛盾时，必须把诚信放在第一位，牺牲暂时的经济利益，换取企业长远的信用，从而获得在市场中的长期利益。

3. 诚信要体现在对业主全过程的服务上

要取得业主的满意，要取得业主的信赖，必须从项目开工到竣工，直到竣工后的保修阶段都要做到诚信服务，做到随叫随到，使业主满意，海门建筑公司在上海建筑市场上，坚持服务为本，全心全意为业主服务，解决了业主后顾之忧，随着一个个小区的建成，他们都留下了几个工人负责小区的正常维修工作，从不马虎，开发商非常满意，相比之下，这与一些不讲信用的承包商房子盖好以后，再找就很困难，形成鲜明对比，海门建筑公司总经理陈祖新对开发商说："只要是我们施工的工程，我们对工程质量负责到底，做到随喊随到。"由于承包商的承诺和全过程的服务，业主非常满意，既提高了承包商的信誉度，开发商的信用度也随之提高了。房子也更好卖了，工程款又能及时到位，走上了良性循环，现在形成开发商开发到哪里，他们的施工队伍就跟到哪里。

4. 承包商的人格魅力是取信于业主的重要因素

孔子曾经说过，益者三友，友直，友谅，友多闻，益矣。意思是，朋友中对自己有益的有三种，正直的朋友，讲信用的朋友，知识渊博的朋友，对自己是有益处的。因此，我们要交正直的朋友，交讲信用的朋友，交知识渊博的朋友。在市场经济中我们也要交朋友，同样我们也要交有益于自己的朋友，特别是要交讲信用的朋友，尤其是要交在困难时候能够帮自己一把的朋友。上海市某开发商在开发初期，由于资金困难，一时不能到位。而我省海门建筑公司不是趁人之危，捏人一把，而是尽其所能，为业主承担一些暂时困难，主动为业主分忧，帮助业主度过难关，使开发商非常感激。人是有感情的，朋友之间更重感情，业主和承包商之间也是讲感情的，海门建筑公司负责人的高尚人格，征服了业主，赢得了开发商的信赖，并从此建立了深厚的感情，也为海门建筑公司赢得了更多的施工任务。像这样的例子在我省还能举出很多。他们都是凭着人格魅力开拓市场，而人格魅力的实质就是诚信。

5. 守法经营是企业建立诚信最基本的条件

在市场经济中，不守法经营，不遵守建筑装饰市场规定的企业，必然受到法律的制裁，现在建设部已经建立了建筑企业不良行为记录制度，目的就是使那些不守法经营企业在市场中无立足之地，使他们为不诚信经营付出沉重的代价。不这样做，企业就无诚信可言，不这样做，建筑装饰市场秩序就难以从根本上得到好转。因此，要成为一个诚信企业，就必须守法经营，按章纳税，遵守建筑装饰市场规定和世贸组织规则。只有守法经营的企业才是诚信的企业，只有守法的企业，才是业主信赖的企业。

未来的市场竞争，既是人才的竞争，也是信用的竞争，建筑装饰市场的各方主体，都应本着诚信为本，守法经营，建筑装饰市场秩序就能得到根本好转，建筑装饰行业就能得到健康发展，建筑装饰企业就能与时俱进，不断攀登新的高峰。

入世后我国建筑装饰企业出路的思考

中国建筑装饰协会常务理事　广东省建筑装饰集团公司董事长兼总经理　**陈婵英**

建筑装饰作为我国建筑业的三大行业之一，涉及民用和商用建筑、建材、环境保护、旅游、高新技术产业等领域，和人民的生活息息相关。改革开放以来，从现阶段的装饰行业的发展来看，基本上满足了国民经济和社会发展的需要。然而，随着经济体制改革的不断深入，宏观经济环境和市场供求关系正在发生深刻的变化，1993 年以来，我国的经济转型，从卖方市场转入买方市场，供求关系发生了变化，供大于求全面形成。建筑装饰行业同样面临竞争加剧，适者生存的局面。消费者的要求越来越高，其主动权也越来越大，使得我们企业处于被动地位，想要取得主动，就必须提高自己。

我国加入 WTO，使我国的对外开放进入了新的阶段，市场开放程度普遍提高，入世协议和条款中写明：我国建筑业对外开放具体承诺是这样的，即中国入世后 3 年内允许外商设立独资企业，国际金融资助或根据贷款条款进行招标的这些建筑项目，外商是可以承揽的，另外外商投资占 50%以上的中外合资企业、合作企业建设的工程，外商也可承揽。也就是说，在入世后 3 年后，中国的建筑和装饰市场将更全面地开放。

对于国内的建筑装饰企业来说，一方面要适应新形势下的国内市场日趋激烈的竞争，譬如建筑装饰行业质量标准化，操作规范化和环境保护方面的压力增大，另一方面要尽快与国际接轨，适应入世后的越来越强的外部环境的冲击，我们相信，建筑装饰企业将面临新的生存环境，按市场经济的法则，优者胜，劣者汰。对每个企业来说，机遇与挑战并存。

一、与国外装饰企业相比国内企业的优势和不足

孙子兵法云，知己知彼，才能百战百胜，对于建筑装饰企业更是如此。在新形势下，要知道自己有哪些优势，哪些不足，根据装饰行业的特点，结合我们企业的实际，入世后，与国外装饰企业相比，我们有自己的优势，也有相当的不足，对于优势和不足，我们要有一个清醒的认识和分析，看到优

势，才能有信心，找到不足，才能有针对性地通过改革促进发展。

优势：

1．具备了竞争条件。经过近20年的发展，国内已有一批有一定实力和影响力的装饰企业，他们引入了国内外先进的装饰设计及施工技术，创建了一批精品工程，具备了与外商竞争的条件。

2．有先进文化。装饰作为一种文化，与民族传统和建筑艺术息息相关，如何继承和发扬我国的传统的装饰文化，国内企业有这方面的优势，外商初进入中国的装饰市场，也要对中国装饰市场和环境有个了解和适应。

3．有管理低成本的比较优势。相对于外商，我们的管理成本低，设计成本低，有低成本竞争的优势。

4．有劳务组织低成本的比较优势。根据当前的情况看，建筑装饰属劳务密集性行业，我们在劳务与组织施工上有一定的优势。

劣势：

同国外发达国家的企业相比，我国企业与企业家的意识上相对落后，差距较大，存在很大的不足，主要有：

1．市场意识上的不足。现代市场竞争的最终手段是人力资源、技术创新，现代市场经济的最高原则是以人为本，消费者至上，而国内企业离这个要求还有一定的距离，由于国内企业长期以来受计划经济和政企不分的影响，这种市场意识还未充分体现出来。在装饰行业，目前项目经理的建设显得极为突出，从工程业务信息到参与招投标，项目经理始终处于主导地位。装饰行业的发展过程中，他们对开拓市场做出了很大的贡献，所以说，国内企业真正树立了市场意识，重视了人的作用，才能真正提高我们的技术创新能力，市场作用才能真正体现出来。

2．诚信意识上的不足。做生意，从事商业活动，诚信意识最重要，这是企业立足市场的无形资本，目前，国内市场缺乏诚信意识的主要表现有：假冒产品泛滥，三角债严重，还有的提供假信息，采取欺骗和不正当的手段，这足以可见缺乏诚信意识的危害了。当然，国外也有不讲诚信的企业，相比之下，我国的企业的诚信问题更为严重。

3．质量意识不足。在市场竞争中，质量是企业的生命线，但不少企业对质量抱着马虎的态度。有人说，我们的不少精品工程是评出来的，其实际质量颇受人怀疑，涉及装饰工程的质量和施工技术。管理技术，我们同欧美、日本等国家相比，有较大差距，怎么样利用入世的大好机会，将国外的先进的技术和理念，国外先进企业管理经验引进来洋为中用，是非常关键的。

由上所述，我们的装饰企业规模不大，抗风险的能力较弱，加上不熟悉国际惯例，在管理上和操作上都存在一些不规范的行为，进入世贸以后，我国的装饰行业和市场进一步国际化，竞争将非常激烈，面对这个新形势，新挑战，我们的确要找准自己的出路和明确发展方向，给企业定好位。

二、转变经营观念，调整经营策略，增强企业的竞争实力

面对激烈的市场竞争，我们要实现规模经营，追求经济效益最大化，没有一定的任务储备是不行的，而加强公司的规范和管理是至关重要的。

早在两年前，我和公司领导班子为了增强市场竞争力，对规范公司的管理方面提出了四点要求：

1．公司适应整个宏观市场的能力要增强。不是市场适应于公司而存在，一个不能适应市场的企业是注定要被淘汰的。规范对市场的管理，必须进一步加大对公司对市场的宏观调控能力，市场的布局和取舍，市场进入的时机，对象的选定，总体市场策略的制定等，必须在公司的统一规划和调整中进行，保证公司整体市场开拓的良性秩序，保证公司总体市场策略的针对性和有效性。

我公司根据国家近几年的政策和方向，结合企业自身的实际，在经营上，立足广东、广州市场，重点拓展北京、内蒙及华东市场，适时瞄准国际装饰市场，将这些地区作为我公司经营生产的主战场，集中优势兵力，抢占更大的市场份额；此外，公司将积极探索多种灵活的联营和经营模式，结成利益联盟，及时调整经营策略，全面对接国际装饰市场，尽快构筑适应国际竞争环境的国内建筑装饰企业的构架。

2．对市场信息和市场分析、市场策略的制定要及时且准确。信息时代中准确的信息和决策是企业致胜法宝，一个没有目标，瞻前顾后的企业在市场经济的大海中找不到自己的定位和方向，必然没有战斗力。

3．公司必须树立良好的市场意识、质量意识和经营理念。必须树立服务的思想，服务于顾客，服务于社会。

根据我公司所处的环境和面临的形势，我们对企业员工提出要强化市场意识，树立市场唯大，经营唯先的理念，这就要求各方面的工作都要进入状态，服务经营，经营工作，无大小，无你我之分，在自身从事的本职岗位上，以优质的工作质量服从和服务于大局，2001年，我公司承接并完成了广东奥林匹克体育中心贵宾区和内蒙古自治区神东宾馆、北京天元大厦等大型装饰工程多项，在中国建筑装饰协会举办的2001年（首届）、2002年（第二届）全国建筑工程装饰奖的评审中，我司承接施工的广东星海音乐厅、广州市经济技术开发区培训中心、内蒙古神东宾馆等工程分别获得全国建筑装饰界的最高荣誉。

这是我公司注重质量第一、信誉第一，加强施工管理所取得的成绩。同时，也得出一个结论：服务对于一个人，对于一个企业应放在重要的位置，质量是服务的最终目的，完善的服务和优质产品能让客户、企业本身、社会实现三赢局面。公司取得了ISO9001国际质量体系认证，还为通过ISO14000国际环保认证和ISO18000国际安全认证做准备。入世后，我们面对的是更多的市场，同时也有更多的

同行和竞争对手，所以强化服务意识，树立业主的满意才是我们最大满意的理念，是非常迫切和重要的了，这其中包括充分考虑到顾客的要求，本公司提供的服务要跟上等等。我公司在承接了内蒙神东宾馆装饰工程等项目的一期工程后，为什么在众多的竞争对手中脱颖而出，相继承接到二期、三期工程呢?就是因为我们贯彻了这种过程服务的统一意识。

三、转变用人观念，积极发挥人力资源的整体优势，提高人力资源利用率

公司决策者通过建立人力资源库，对公司现有的人才进行动态地掌握、以随时为公司的人事决策提供参考和依据。

1．加强人力资源管理。要为人才提供一个发挥潜能的环境，切忌妒贤忌能，一个企业，一个员工，有好心情才能办好事，有合理的激励机制才能有动力。

2．要进一步加强感情留人、事业留人、待遇留人的人员保全机制。

3．推进岗位责任制，实行末位淘汰制。创造竞争和淘汰的机会，使优秀人才尽快脱颖而出。

四、调整创新机制，努力提高企业的技术创新能力

推动企业的技术创新，首先要明确创新内容、方式和手段，主要包括三个方面：

1．开放创新。在经营全球化、一体化的过程中，关起门来搞创新是不会成功的，也不会有真正的创新，可加大与大专院校及科研机构等的合作，以提高自己的总包装饰能力和技术开发实力。

2．自主创新。在开放创新的基础上，通过技术创新逐步形成自己的核心业务。

3．系统创新。从全局的角度，将技术创新与企业的战略定位和制度、结构结合起来，针对企业现状，提高使用和推广新技术、新工艺、新设备的能力，我公司在承接施工的广东省奥林匹克体育中心贵宾厅等项目时，广泛采用工厂化加工制作，现场拼装作业的施工工艺改革，将传统做法变为现代化工艺，提高了施工精度，加快了施工进度，为大面积、短期限内施工闯出了一条新路、并以此为契机，促进了我公司技术创新体系的建立和运作。

创新是一个国家，抑或一个企业走向成熟和成功的关键之所在。调整创新机制，就是要求我们公司发挥自己在技术、人才和管理上的优势；建立健全自己的技术创新体系，在迎接入世中，找到一条适合省建筑装饰集团公司发展的路子。

五、调整企业机制，创造良好的发展空间

调整企业机制的目的，是为了让企业适应入世和新形势的发展要求，进行自我调整，增强企业的市场竞争力。

1．树立危机意识。市场经济体制下的企业，有竞争必有淘汰，国内外著名的大企业，大多将危机意识列为企业经营的核心，海尔创造了国内外同行中的辉煌业绩，他们的老总张瑞敏曾坦言：每天的心情都很沉重，压力很大，逆水行舟，不进则退。联想国内外许多大企业，短短的时间内就一蹶不振，甚至销声匿迹，如曾经风光的爱多、巨人等等，他们的沉寂，除了经营与市场的因素外，缺乏必要的危机意识，也是关键之所在。

2．树立大局观念。公司上下一盘棋，合理优化配置资源，充分发挥企业人、财物集中的整体优势，抵御各种市场风险，壮大企业的核心竞争力。

3．建立诚信为本的观念。装饰装修既是一种经济活动，也强调服务和质量，树立诚信为本的观念，就是要更好地为客户服务，为社会服务。也只有100%地诚信履行，才能立足市场，获得社会的支持。

4．坚持效益最大化的原则。我们办企业：要正确处理好规模与效益的原则，有规模但亏损的企业，不能体现增值或效益，也是不可取的，规模太小，又抵御不了外界的冲击和风险，所以我们提出了：不盲目追求最大，但求最好的办企业原则。经过多年来的实践，认为这是比较适合我们省建筑装饰集团的实际的。

总之，转变经营理念和思想观念，找准企业发展的市场定位是企业从生存到发展的关键，不同的企业有不同的经营特点和经营模式，装饰企业只有在新环境和新形势下不断学习，并结合自身的实际作出合理的调整，才能在市场竞争中立于不败之地。

建筑装饰装修市场运行及其管理

中国建筑装饰协会信息咨询委员会专家组成员　**陈晋楚**

一、当前装饰市场的现状和行业协会的作用

我国现代装饰装修行业产生于改革开放年代，不论是20世纪80年代末90年代初成立的国有建筑装修企业，或是90年代初中期风起云涌般成立的民营装饰装修企业和家装公司，它们都不曾经历过计划经济时代的规范管理培育，一起步就是按市场经济运作。没有哪一个部门为装饰企业分配工程任务或调拨材料，都由企业自己承揽工程，到市场采购材料。在装饰市场管理方面，建设部及各地建设行政主管部门相继颁发了不少的政策法规标准规范。

由于绝大部分企业属于无上级主管或无对口上级的民营企业，行业的政策法规标准规范有时不能及时有效下达到企业贯彻执行；也由于装修装饰工程发包方市场行为的不规

范，有些该进入交易市场实行招标投标的不进入，有些不按规定办理招标投标手续，目前建筑装饰装修市场比较混乱，所以规范建筑装饰装修市场已刻不容缓。

建设部1994年曾做出《关于选择中国建筑装饰协会为建筑装饰行业管理中转变政府职能试点单位的通知》，指出：中国建筑装饰协会8项主要任务之一是“在部建筑业司的指导下，加强建筑装饰行业和市场管理”。

2001年建设部明确，在市场经济条件下，政府管理市场；社团管理行业，并协助政府管理市场。6月，建设部副部长郑一军在中国建筑装饰协会第五届会员代表大会闭幕式上的讲话中，明确指出协会的职能：“应该协助政府做好资质初审和其它事务性工作，草拟行业标准规范，制订行业规划，加强企业自律等工作。”

2002年11月，建设部部长汪光焘在中国建筑业协会党员领导干部民主生活会上指出：“协会要为政府机构改革职能转变提供支撑”，他说：“在社会主义市场经济中，企业是深化改革，完善社会主义市场经济体制的关键和中心环节，政府的主要职能是规范市场，市场的主体活跃取决于企业，而市场主体活跃的组织机构就在行业协会”。由此可见，在整顿规范建筑装饰市场和加强市场管理过程中，协会应该起到“维护法律尊严、维护市场秩序、维护企业权利、维护大众利益”的作用。

在市场经济条件下，应该说行业协会要做的工作很多。问题是政府如何真正把权力放到行业协会，似乎又不太明朗，很难到位，可谓“只听楼梯响，不见人下来”。有人总是担心行业协会没有能力担当此任，殊不知“没有压力，何来能力”，当然也有个加强自身建设问题。面对WTO，无论如何政府转变职能已是大势所趋，建筑装饰协会应该做好这方面准备，要在装饰行业管理中起主体作用，并协助政府主管部门管理市场。

二、建筑装饰装修市场的运行

（一）市场的概念

“市场”是商品买卖的场所，也是商品交换关系或买卖关系的总和，又是生产者之间进行商品交换的场所或领域。按市场的功能划分，如批发市场、零售市场以及各种专业市场，它们将工厂生产的商品在市场直接到出售给消费者，或说消费者直接购买。

按企业之间订购加工划分，称之为“产业市场”或“企业市场”，其特点是：购买者数目少、产品规模大、市场缺乏弹性需求和波动需求，属于投资者和消费者的专业购买、间接购买。装饰市场就属于这种“企业市场”，装饰工程资源数目少、规模大，卖方是装饰工程设计施工企业，买方是工程发包方，承、发包方交易的活跃，构成了今天繁荣的装饰市场，给社会经济增添了新的活力。

（二）市场准入

装饰市场是由装饰工程的发包方和承包方共同构成的。承、发包双方都必须具有市场准入资格才能合法存在，这是进入市场最基本的原则。2001年10月《国务院办公厅关于进一步整顿和规范建筑市场秩序的通知》中指出：要“继续完善并严格执行建筑市场准入清出制度。”“所有工程勘察、设计、施工、监理、招标代理企业，都必须依法取得相应等级的资质证书，并在其等级许可的范围内从事相应的工程建设活动。禁止无相应资质的企业和无职业资格的人员进入工程建设市场。”

1．承包方的市场准入资格

企业法人营业执照、法人代码和税务登记装饰施工企业、幕墙施工企业专业承包资质等级证书（分一、二、三级）施工企业安全许可证投标资格卡。

2．发包方的市场准入资格

企业法人营业执照、法人代码和税务登记装饰工程项目批准文件资金到位证明。

（三）市场资源

建筑装饰装修市场的主要活动是“为保护建筑物的主体结构、完善建筑物的使用功能和美化建筑物，采用装饰装修材料或饰物，对建筑物的内外表面及空间进行的各种处理过程”。根据建筑装饰市场活动的特点，其市场资源应该包括各类建筑物。有关方面将各类建筑物装饰装修依使用功能划分了等级。

1．特级装饰

国家级纪念性建筑、大会堂、国宾馆、国家级博物馆、美术馆、图书馆、剧院、宾馆、国际会议中心、贸易中心、体育中心、国际大型港口、国际大型俱乐部等。

2．高档装饰

省市级博物馆、图书馆、档案馆、展览馆、高教楼、科研楼、高级俱乐部、会堂、大型医院、疗养院、门诊楼、大型体育场馆、室内溜冰场、游泳馆、火车站、候机楼、省部级办公楼、电影院、邮局、四星和五星级宾馆、综合商业大楼、高级餐厅、地市级图书馆、银行、证券交易所等。

3．中档装饰

旅馆、招待所、邮电所、托儿所、幼儿园、综合服务楼、商场、小型车站、重点中学教学楼、试验楼、电教楼、三星级宾馆、大型超市、大型建材市场、社区服务中心、房屋开发公司的售楼处、高级别墅等。

4．一般装饰（中低档装饰）

一般办公楼、中小学教学楼、阅览室、蔬菜门市部、杂货店、粮站、公厕、汽车库、消防车库、消防站、一般住宅等。

全国装饰市场资源数目虽少但量却非常丰富。据中国建筑装饰协会“建筑装饰行业在我国国民经济和社会发展中的地位和作用”课题组公布的数据：

新建厂房类装饰 217亿元

办公用房 340亿元

商业服务用房 478亿元

文教、医疗、科研用房 186亿元

其他建筑 300亿元

合计：1521亿元

公共建筑 新建 1500亿元

改建 1000亿元

住宅 新建 2000亿元

改建 1000亿元

合计：5500亿元

按年均20%增长计算，2001年完成产值达6600亿元，2002年为7920亿元，预测2003年市场为9504亿元。装饰市场资源十分乐观。

（四）市场交易

一般商品，也就是有具体形态的商品，由工厂生产，通过流通渠道走向市场，消费者直接到商场用货币购买。这项交易便算完成。

装饰工程的市场交易远比一般投资和消费产品的交易复杂得多，它是由招标投标方式来进行的。所谓招标投标，是"在市场经济条件下进行大宗货物的买卖，工程建设项目的发包与承包，以及服务项目的采购与提供时所采用的一种交易方式"。《房屋建筑和市政基础设施工程施工招标投标管理办法》（建设部第89号令）中指出："本办法所称房屋建筑工程，是指各类房屋建筑其它附属设施和与其配套的线路、管道、设备安装工程及室内外装修工程。"由此可见，装饰工程的市场交易，发包与承包方必须通过招标投标来进行。

1．招标投标的主要政策法规

（1）《中华人民共和国招标投标法》（1999年8月30日九届全国人大常委会第十一次会议通过）；

（2）《工程建设项目招标代理机构资格认定办法》（建设部第79号令）；

（3）《评标委员会和评标方法暂行规定》（2001年国家计委、经贸委、建设部、铁道部、交通部、信息产业部、水利部联合颁发）；

（4）《房屋建筑和市政基础设施工程招标投标管理办法》（建设部第89号令）；

（5）《工程建设项目招标范围和规模标准规定》（国家计委发布）；

（6）《关于禁止串通招标投标行为的暂行规定》（国家工商局第82号令。

2．招标人条件

招标是依照《中华人民共和国招标投标法》中规定：招标人是提出招标目标、进行招标的法人或者其它组织，自然人不行。招标人应该具备下列条件：

（1）依法成立的企业；

（2）有必要的财产或者经费；

（3）有自己的名称、组织机构和场所；

（4）能独承担民事责任。

"招标项目"按照国家有关规定需要履行项目审批手续，应当先履行审批手续，取得批准。

3．资金保障

招标人应当有招标项目的相应资金或者有确定的资金来源，应具备的招标条件：

（1）按照国家有关规定需要履行项目审批手续的，已经履行审批手续；

（2）工程资金或者资金来源已经落实；

（3）有满足施工需要的设计文件及其它技术资料；

（4）法律、法规、规章制度、规定的其它条件。

4．必须招标

凡是必须招标的工程，"办法"规定：工程的施工单项合同估算价在200万元人民币以上，或者项目总投资在3000万元人民币以上，必须进行招标。分为公开招标和邀请招标两种。所谓"必须招标"的工程，即全部使用国有资产投资或者国有资产投资占控股或者主导地位的工程项目。（经国家计委或者省、自治区、直辖市人民政府依法批准可以进行邀请招标的重点建设项目除外）；其他工程可以实行邀请招标。根据《招标投标法》规定，取消以往曾经采用过的"议标"。因为它不具有公开性和竞争性，失去了市场竞争的实质性意义。因此说"议标"不是一种法定招标方式。在明确了"必须招标"并已创造了招标条件以后，便可向地方建设行政主管部门和建设交易市场申请办理招标手续。

招标的全过程为：招标—投标—开标—评标—决标。

5．招标应办理的手续

一是将要招标的工程项目及设计图纸，向地方建设行政主管部门申请办理招标登记，在获得建筑交易市场批准以后，便可以领得一套招标文件。包括：招标文件（格式）一份、投标资格预审通知书及投标资格预审表、投标书（格式）、中标通知书（格式）、施工合同签订备案登记表（格式），二是委托工程设计，招标程序：

（1）招标方、投标方；

（2）填写招标申请书报批获取工程项目信息；

（3）编制招标文件和标底；

（4）递送企业资质有关资料；

（5）制定评标和定标办法；

（6）发出招标公告或招标邀请书接受投标邀请；

（7）向被邀单位发出投标资格预审通知及预审书表，接受预审通知，填写预审表，并返回招标单位；

（8）审核被邀单位资料，必要时进行考察接受招标单位考察；

（9）审定核准参加投标单位，并通知领取招标文件及图纸领取招标文件及图纸；

（10）组织现场考察，设计交底，组织投标小组参加现场考察，听取设计交底；

（11）接受投标单位提出的质疑报告，投标小组进行图纸审阅，详细阅读招标文件规定的各项条款，结合交底和考察提出质疑，向招标单位发出书面材料；

（12）组织答疑会，参加答疑会；

（13）投标小组开始研究投标策略，报本企业总经理决策；

（14）造价部详细计算工程量、材料、工时消耗量；

（15）由招标人负责依法组建评委，市场价格咨询；

（16）编制投标报价；

（17）编制施工组织设计；

（18）企业总经理决策；

（19）填写投标书；

（20）按时接受标书，封标书，送递标书；

（21）参加开标会；

（22）接受中标通知书；

至此，一项装饰工程的市场交易完成了它的发包方与承包方之间的法律程序，确立了承发包方的关系。

6. 按不同的投资渠道招标

除此以外还有几种情况，即按不同的投资渠道招标：

第一种：虽然是国有资产投资，但工程造价不超过200万元人民币。这就不受“必须招标”之限。

第二种：非国有资产投资或国有资产控股的工程，也不受“必须招标”之限。

第三种：家装，一般由消费者直接进入家装市场委托设计和施工，签订了工程合同。

前两种投资的工程，投资者也参照招投标办进行邀请招标。但一般不经地方建设行政主管部门备案，也不到建筑交易市场登记，他们委托招标代理机构，或自行组织招标，但程序并不规范，要求也不严格。开标、评标也不受公证部门监督，很难说遵守“公开、公平、公正、诚实信用”的原则，特别是在程序方面，往往发标书至投标之间只给四天或一周，给人以“内定”之嫌。招标仅仅是走走过场，掩人耳目而已。

在国有资产投资不超过200万元人民币的工程一项，有些地方政府另有具体规定。比如：北京市人民政府的招标投标管理办法中规定“鼓励100万元以内工程实行招标投标”，所以实行招标的限额，应该根据各地政府的规定执行。

(五) 产品实现

“产品实现”(即装饰施工过程) 是装饰市场运行的一个重要组成部分。我们不能认为通过招标投标获得中标并签订了工程发承包合同便完成了市场交易。因为工程合同的签订只是确立了发包方与承包方的法律关系。

《合同法》第二条：“合同是平等主体的自然人，法人其它组织之间设立、变更、终止民事权利义务关系的协议。”第十六条：“当事人应当按照约定履行自己的义务。”第二百六十九条：“建设工程合同是承包人进行工程建设，发包人支付价款的合同。”

“合同”是有履行过程的，履行合同的过程也可以看作是完成招标投标后的市场运行过程。既然是履行合同，发包方和承包方都要承担民事权利和义务。这个过程我们把它看作为“产品实现”过程。根据工程项目的大小，其“产品实现”过程的时间也不一样，少则几个月，多则超过一年。在这个过程中，发包方与承包方都将担负着更繁重的责任，直到工程交工，终止合同，才是真正意义上的交易结束。在这个过程中，我们首先要进行的还是法规学习。

1. 装饰施工阶段应该执行的法规

（1）《建筑工程施工许可管理办法》；

（2）《中华人民共和国合同法》 第四章 合同的履行、第五章 合同的变更和转让、第六章 合同的权利和义务、第七章 建设责任；

（3）《中华人民共和国消防法》；

（4）《中华人民共和国环境噪声污染防治法》；

（5）《中华人民共和国环境保护法》；

（6）《房屋建筑工程质量保修办法》；

（7）《工程建设若干违法违纪行为处罚办法》；

（8）《建筑安全生产监督管理办法》；

（9）《建筑工程施工现场管理规定》；

（10）《实施工程建设强制性标准监督规定》；

（11）《民用建筑节能管理规定》；

（12）《建筑装饰装修管理规定》；

（13）《建设工程管理规范》；

（14）《工程建设监理规定》；

（15）《建设工程监理范围和规模标准规定》；

（16）《建筑内部装修设计防火规范》；

（17）《建筑装饰装修工程质量验收规范》。

根据发展以上法规可能会进行修订，应该及时关注。还有一些地方法规也必须要遵循的，比如北京市的《建筑装饰预算定额》、《取费定额》等相关文件，每季度发布的《建筑市场信息》网上信息等。

2. 产品实现过程三阶段

即开工准备阶段、产品实现（施工）阶段和产品（竣工）移交阶段。

开工准备阶段：

申办“施工许可证”。发包方主办，承包方协办。由发包单位向当地建设行政主管部门领取建筑工程施工许可申请表，逐项填写后再报批。

报批条件：

（1）已经办理立项审批手续；

（2）已经取得建设工程规划许可证(对有扩建的项目而言)；

（3）施工场地已经基本具备施工条件(改建工程时使用单位已迁走，新建工程主体工程已经完工)；

（4）已经确定施工企业；

（5）施工图纸及技术资料能满足施工需要；

（6）有保证工程质量和安全的具体措施；

（7）有施工企业编制的施工组织设计；

（8）已委托监理；

（9）资金已落实；

（10）法律及行政法规规定的其它条件。

3. 在开工前应办理的手续

发包方：

（1）办理“装修工程规划许可证”；

（2）领取“工程质量监理注册登记表”；

（3）向消防部门领取、办理“建筑内装修设计防火审查申报表”和“审核意见书”。

承包方：

（1）向当地城管部门、派出所等部门进行工程施工备案；

（2）指定项目部技术负责人到当地经委进行安全培训、领取“安全施工许可证”；

（3）向消防门领取、填报办理“建设工程施工现场消防审核申请表”。

4．办理民工录用手续

以上手续办妥，便可以正式开工。在施工阶段，发、承包双方工作更加繁重。发包方一般均委托监理单位进行施工过程监理管理，所以整个运行过程便是监理方与承包方之间的交道。

5．施工方甲方（监理）

（1）提供施工组织设计(这时候的施工组织设计已经不是投标时具有竞争性的内容，而是具有可操作性的内容。技术方案、质量标准、施工进度、材质检验）审核施工组设计符合工程实际，方案先进，质量标准有规范，按规范执行，无规范要编写标准，应满足发包方工期要求，材质符合设计要求，选择封样凭样验收；

（2）提请隐蔽工程检查进行隐蔽工程检查；

（3）编写施工日志审阅施工日志；

（4）编写绘制洽商记录会签洽商记录；

（5）提请分项工程检查进行分项工程检查；

（6）按月报进度计划并申请工程进度款，审进度计划并报发包方申请进度款；

（7）领取进度款，通知领取进度款；

（8）每周由发包方、监理方、施工方共同参加工程协调会，并执行会议决定。

这一流程贯彻整个施工全过程，直至工程竣工。

6．产品交付(竣工交工阶段)

承包方监理

（1)施工项目工程量复核——工程量复核并签署意见；

（2）工程竣工质量自检竣工质量预验收并签署意见；

（3）竣工资料整理竣工资料复核并签署意见，竣工图绘制竣工图复核并签署意见；

（4）整理洽商记录复核洽商记录；

（5）议定洽商部分的材料、设备市场价格，参与议论材料价格；

（6）做好增减帐复核增减帐；

（7）编制结算书并接受审计，审计部门审计并出审计报告书，交发包方；

（8）向发包单位领取工程结算款，发包方向承包方支付工程结算款。

至此一项装饰工程的交易才算基本结束，合同执行完毕，但还留有两年质量保修期的保修合同。承包方应向发包方交付一定数量的保修金，两年期的保修合同后结清。

三、建筑装饰装修市场管理

市场管理包括：公司登记、物价监督、市场运行的监督指导，以维护市场正常秩序。装饰市场由哪些部门来对其管理及监督，根据上述“市场运行”全过程可以发现，装饰市场是个多部门管理的市场。

1．企业法人注册营业执照

这是由工商行政管理局负责办理的。申请人应具备：企业名称、公司章程、验收报告、公司地址、法人代表姓名、经济性质、营业场所的房屋使用权证明、经营范围、注册资金等条件，可向县、市、级工商行政管理局申请登记，经过审核符合规定，即核准登记，发给营业执照。未经核准登记的所谓企业，不准开业、不准刻制公章、签订合同、银行不予立帐户。可见营业执照是市场准入的重要前提。有了营业执照，同时办理法人代码证书，进行税务登记，银行开立帐户。

2．建筑装饰装修工程专业承包企业资质等级证书

《建筑业企业资质管理规定》：“在中华人民共和国境内申请建筑业企业资质，实施对建筑业企业资质管理。”“建筑业企业应当按照其拥有的注册资本、净资产、专业技术人员、技术装备和已完成的建筑工程业绩等资质条件申请资质，经审查合格，取得相应等级的资质证书后，方可在其资质等级许可的范围内从事建筑活动。”

建筑装饰装修业是建筑业企业的一个专业，称为“建筑装饰装修工程专业承包企业”，其资质等级标准分为一、二、三级。

申请资质应具备的条件：

（1）建筑业企业资质申请表；

（2）企业法人营业执照；

（3）企业章程；

（4）企业法定代表人和企业技术、财务、经营负责人的任职文件、职称证书、身份证；

（5）企业项目经理资格证书、身份证；

（6）企业工程技术人员和经济管理人员的职称证书；

（7）其他有关证件和资料。

未取得“资质证书”承揽工程，予以取缔并罚款，违法所得予以没收。超越资质等级承揽工程，责令停止违法行为，并处以罚款，停止整顿。降低资质等级，吊销资质证书等。可见“资质等级证书”是装饰企业市场准入的另一个决定性条件。

“资质等级”由各地建设行政主管部门负责办理。一级资质报建设部审批。

四、对当前建筑装饰市场运行及管理中若干问题的探讨

1．综合管理力度不够

目前政府虽然已经发布了各种有针对性的管理办法、规范及制度，也有十几个部门在对建筑装饰市场进行监督管理，但这些办法和规定只是下达到省、市、县一级或出版成书在专业书市出售。装饰企业大多是无上级企业，没有接受这些“办法”、“规定”的直接渠道，不像计划经济时期那样有专业管理部门负责下达贯彻。现在的建筑集团总公司，大多是专业局转变过来的，他们虽然属经济组织，但同时兼有替政府执行管理的职能。装饰施工企业基本上没有这种专业总公司，所以政策法规不能直接下达。文件再多，对这些企业起不到很好的制约作用。就目前的管理部门来说，均是垂

直专项管理。

一个装饰施工企业及施工管理所涉及的管理部门：

（1）企业法人营业执照——工商行政管理局；

（2）资质等级证书——各地建设行政主管部门；

（3）组织机构代码证——国家质量技术监督局；

（4）税务登记——税务局；

（5）安全认可证——经委；

（6）投标登记卡——建设市场；

（7）定额管理——建委造价处；

（8）施工许可证——建委；

（9）城市规划许可证——规划局；

（10）工程质量监督注册登记——建委质检站；

（11）临时占用道路许可证——交通队；

（12）室内装饰设计防火审查——消防局；

（13）安全许可证——经委；

（14）施工现场消防检查——消防监督处；

（15）劳动备案——城管、派出所。

从上述管理内容及管理部门可以发现，没有一个综合管理部门对市场运行进行监督控制，而且相互之间缺乏横向制约。比如工商行政管理部门，他们根据国家《公司法》办理企业法人营业执照，可是建筑装饰企业是实行资质等级制度管理的，申请企业法人营业执照的条件并不包含资质等级的条件。

《建筑业企业资质管理规定》（建设部第89号令，2001年4月18日发布）第三十三条规定：未取得《建筑业企业资质证书》承揽工程的，予以取缔，并处合同价款2%以上4%以下的罚款；有违法所得的予以“没收”。这里所说的“取缔” 应该是指营业执照，可工商部门并无此条规定。这样，给建设部资质等级管理留下了隐患。一些无资质企业依然活跃在市场上。

室内设计部门完成的设计图纸，应该得到城市规划和室内设计防火部门的审核才能交投资方用来招标。可他们之间也没有严格的制约。

由于各专业管理部门从自己的业务出发，都需要一定的办事时间，所以给企业管理上带来时间上的失控。

2．管理环节中按顺序所需时间

（1）招标、投标 20～22天；

（2）施工许可证 15天；

（3）城市规划 20天；

（4）现场消防 10天；

（5）室内设计防火 7天；

（6）安全许可证 3天；

（7）从招标到开工为70天，中标以后为50天。

一般建设单位在中标以后，不可能留50天时间来办理手续，所以如何缩短办手续的时间是改进装饰市场管理的一个重要课题。

在装饰施工企业及工程项目管理中，有些管理环节是可以省略或进行协调的。比如“城市规划” 、“室内设计防火”可以在室内设计阶段进行会签审核，不必等完成招标投标确定中标以后再办。“安全许可证” 是为施工现场特设的培训。其实在项目部，项目经理及专职安全员也已进行过专业培训，完全可以省略，只要审查一下上岗证即可。“施工许可证”的办理期限也应该缩短到一周内办完，因为装饰工程项目比建筑工程项目的施工要求要简单得多。装饰工程的一个重要特点，是投资方在决策阶段的时间会很长，短则几个月，长则一二年。可是一旦决策，便要求以最快速度完工，投入使用。国家规定发招标文件到送投标书最低期限为20天，现在有些单位只给7～4天，而且要求，中标第二天就开工。逼得施工单位苦不堪言。这也是装饰市场运行中一种不正常现象，可又没有一个部门对其进行监督。

4．价格管理形同空白

目前建筑装饰工程的价格，原则上实行定额量、市场价、竞争费。所谓定额量即按设计图纸及工程量计算规则计算工程量，工时、材料、机具消耗量凡定额子目中有的项目。可以照章办事，但定额子目总是有局限性的，由于室内设计的不断翻新，装饰材料品种迅速发展，新工艺不断出台，所以“定额本”上的子目始终跟不上市场需要。

所谓市场价，应该包括：人工费、机械折旧费和材料费，其中最难掌握的是材料费。市场管理应该包括市场价格管理和监督。计划经济时期，建筑工程价格完全由建委制订定额并管理，建设银行进行预算和结算审核。如今装饰工程实行市场价，其核心问题是材料价格。那么谁来管理装饰材料的价格，实行宏观调控，这是目前装饰业实行“市场价”的又一重要课题。

目前装饰材料的价格处在一种失控状态。同一种材料其价格可以有10%～80%的差别。至使同一份工程报价高低差可达40%。装饰材料市场是一种商业行为，已经不属于建委系统管理范围，建议工商部门应该尽快加强对装饰材料市场的价格管理，尽快建立装饰材料网站，有利于装饰工程投标报价规范化。

3．资质标准定员有待改进

建筑装饰施工企业实行资质等级管理，是目前规范装饰市场的必要措施，是对装饰企业实行市场准入的一个重要考核标准。资质管理有力地促进企业聚集人才，推动人才培训，从而有效加强企业管理和工程施工项目管理，提高全行业的管理素质，推动装饰行业的全面发展。

2001年全国完成装饰产值6600亿元，其中50%为公共装饰（暂不分析家装）达3300亿元，有资质企业使用劳务共617万人，人均产值53484元，工资含量按20%计算，则人均年工资为10697元；据权威部门2002年5月公布的资料称全国装饰工人年薪为10570元，行业工人排列第31位。这说明上述数据是符合市场实际的。同时也证明装饰工人的收入是不高的，并非社会流传的所谓装饰业是高利润行业。

公共装饰产值3300亿元，有资质企业约25000家，平均每家市场占有额达1320万元，我们对现有施工能力作一测算：

全国一级企业470家，平均年产值按8000万元，计：376亿元；

全国二级企业16100家，平均年产值按2000万元，计：3220亿元；

全国三级企业8430家，平均年产值按500万元，计：421亿元；

合计：4017亿元。

供需比例为1.22∶1

以上是有资质企业的市场分析，再分析一下无资质企业。全国现有注册装饰企业25万家，减去2.5万家有资质企业，再减去5万家兼营企业，无资质企业为17.5万家，一般将这部分企业列入家装企业，其实也不尽然。家装企业、公装企业没有明文界限。公装兼营家装，家装兼营公装（小型工程）是极普遍的现象。我们将17.5万家无资质企业的10%列为公装企业来测算，则无资质企业为1.75万家，每家平均户值100万元，共计年产值175亿元。加上有资质企业4017亿元，共计4192亿元，市场供需比例为1.27∶1。

这充分反映出装饰市场竞争的激烈程度。市场是靠优胜劣汰来调节的，但资质等级管理也不失为是政府宏观调控的一种有效手段。因此说，加强资质管理力度，仍然是现阶段整顿建筑装饰市场管理的首要任务。目前整顿的主要内容应该是严格控制无资质企业承接工程，继续清理已有资质等级企业中的鱼龙混杂现象。

目前我国的建筑装饰市场总的形势是人才严重匮乏，需求超过供给。从资源上分析，装饰行业发展20多年，至今大专院校还没有装饰专业课程来培训装饰专业人才，充其量是一些不规范的培训班。比如项目经理这类专业人才大都利用建筑专业。国外主持装饰施工的主要技术人员是室内设计师，可我们连室内设计师这样的职称评审制度都没有建立。现在装饰施工企业都是利用建筑业安装专业中的专业人员。

从资质等级标准分析，对有职称人员的指标过高，试测算：

全国一级建筑装饰装修专业企业470家，每家定员50人，计23500人；

全国二级建筑装饰装修专业企业16100家，每家定员35人，计563500人；

全国三级建筑装饰装修专业企业8430家，每家定员20人，计168600人；

全国无资质建筑装饰装修专业企业17500家，每家定员20人，计350000人；

小计：　1105600人。

家装157500家，每家定员6人，计945600人。

公装家装两项合计：2051200人，占从业人数850万的24.13%。

计划经济时期，建筑企业管理人员定员为全员的22%，现在的定员已超过了计划经济时期的标准。

我认为装饰施工企业资质等级定员应该实行基本定员与聘任制相结合的原则。

一级企业　设高级工程师任总工程师，注册高级会计师任总会计师，高级经济师任总经济师。大专以上室内设计专业从事本专业5年以上设计师任总设计师。设计师1名，土建工程师1名，暖卫工程师1名，电气工程师1名，造价师1名，专业预算员2名，项目经理3名，质检员、安全员、技术员、施工员各1名，共计18名。

二级企业　设工程师任总工程师，会计师任总会计师（兼任总经济师）。大专以上设计专业从事本专业3年以上设计师任总设计师。土建助理工程师1名，暖卫助理工程师1名，电气助理工程师1名，预算员2名，项目经理2名，其它专业人员2名，共计12名。

三级企业　设助理工程师任主任工程师，助理会计师任会计师。设计专业学校毕业从事本专业3年以上设计人员任设计师（兼项目经理）。预算员1名，共计4名。

按此定员标准测算：

一级企业470家，定员20人，计：9400人；

二级企业16100家，定员16人，计：225400人；

三级企业8430家，定员6人，计：50580人；

无资质企业17500家，定员6人，计：105000人；

小计：390380人。

家装 157500家，定员6人，计：945600人；

两项合计：1335980人。占从业人员850万的15.7%。

各企业根据工程任务需要再行聘任。

五、假冒伪劣面面观，维护市场秩序和企业权利

由于装饰市场发展迅猛，市场竞争激烈，市场管理不规范，装饰市场上出现了一些违法分子，运用各种诈骗手段，引诱一些装饰企业上当，给企业造成不应有的经济损失。

以下列举几种行骗实例和几种常见的行骗手法，以示业内警觉。

1. 洽谈地漂泊不定

一般的诈骗工程，首先从谈判的形式上可以觉察一二，以下几种谈判方式应引起注意。

（1）马路洽谈

由介绍人作引见，约好某日某时取图纸、标书，时间约定多数是上午10时半或下午4时半。实例一：1999年9月，解放军某部一干部引见，到天津洽谈一项古建工程，先到某公司，某公司领导介绍因自己无技术能力，所以求助北京，以合作方式共同承接。之后驱车前往甲方取图纸。40分钟后，此时已华灯初上，来到一处十字路口，下车见几个人夹着一卷图纸，说找一个餐厅边吃边谈。北京方提出到办公室谈，对方说公司离此太远，晚饭由他们招待。北京方不等入套留下引见人就驱车离去。后来引见人说，看图要押金，否则不让见甲方，洽谈到此结束，完全是个骗局。

（2）家庭洽谈

有一种人，他们坐在家里等你上钩。实例二：1991年，某公司总经理亲自带领工程部人员，由朋友介绍到南城某家接洽。进门后对方介绍，该工程项目由中央某领导的子弟负责，绝对可靠，但要保证回扣，中间环节共8个，每个环节1%，先付4%，要求见甲方时，对方迟疑不说。只好离开，再也不谈，后来知道并无该项目，只想骗钱。

（3）中介洽谈

1994年，通州一中介公司推荐一项工程，先要交中介

费，才能见甲方，并说可以订合同。

（4）总包洽谈

实例三：1996 年，怀柔，门口挂的是北京市第四建筑工程公司怀柔分公司。对方称，已经将京东几十幢六层居民楼全部承接下来，每幢楼装饰费 100 万元。需要找分包单位，每幢预付 10 万元，汇总后交甲方。接着拿出几份合同和交预付款支票及发票。确实有交预付款的。当驱车前往京东考察时发现里面已经有施工队在施工，一打听说工程早已发包出去。这又是骗局。几个月后北京某公司邀请洽谈一项工程，正巧又是京东居民楼，他们已承接两幢预付 20 万元，出示合同，果然是四建怀柔分公司的。至此真相大白，这家公司已经入套，想找替身。所谓京东居民楼装饰工程纯属子虚乌有。后来又得知南方有两家公司也预付上百万元。经查对北京市第四建筑公司，该分公司早已撤消，完全是招摇撞骗。

（5）辗转洽谈

首先介绍人与你介绍工程，绘声绘色，之后把你引到另一层介绍人。这位更是煞有介事，保你万无一失，再领你与更高、更深层次人物洽谈，可到与甲方见面还不知有几道关。把你留在宾馆大堂，那人却在客房操作，如果不能前期垫款，一切免谈。最后只好不了了之，不过损失几顿餐费和时间。

2．出示证件真假难辩

（1）假证件

一般均能出示工程项目的一切证件，有些还是原件。如上海某公司将区政府、区委批准的合资改建某工程原件出示。

（2）假合同

就是以总包名义与发包单位签订的合同。往往也有原件，互相为托。

（3）假图纸

几年前出示复印图纸，现在有了新技术，可以出示蓝图。限期作预算报价，一切如同真事。报价出去便要条件。某旅游区有一个项目，送报价要先谈条件，不谈条件不收报价。所谓条件就是要先“意思意思”，看你的出手如何，再决定是否给你工程。实际上还是欺诈。

（4）假执照

南方某装饰公司在北京承接了京宜公司分包任务，先要 8 万元。整个洽谈在招待所客房进行，并已订完合同，公章很清晰是京宜装饰公司，在交付押金前，南方公司刘经理为慎重起见，到京宜公司本部进行落实，经出示合同，公司的公章是假的。刘经理约好对方到某餐厅付款。对方来了 8 个人。此时，京宜公司总经理出场找对方问谁是某某总经理，对方还自称“我是”。真假总经理相遇，京宜公司也来了 8 个人，双方动起手来，终因邪不压正，110 报警后，将 8 人全部抓获，经审讯是一个行骗团伙，在北京已多次行骗，最后为首者判 8 年徒刑。

（5）假工程

领你看一栋结构已完成的工程，慌称急需装饰，包设计包装饰施工。这类骗局最为普遍，笔者亲自经历有密云、上海两处、青岛，都因要押金而终止洽谈。之后了解，这些工程都只是诱饵。双桥某单位用一项农业工程骗取北京一家著名大公司下属一个工程处 30 万元，并订了合同，后称资金没到位。当你追回 30 万元时，又说暂时没有，一定还。至今也未归还。时过境迁，人员更迭，一些案情永远石沉大海。

3．洽谈条件现钱交易

（1）要押金

这是最普遍的骗术。拿图纸要押金，拿招标文件要押金。甚至拿一张复印的平面图要 1 万元。

（2）要考察

有的骗家洽谈时也有冠冕堂皇的写字间、办公人员进进出出，毫无半点虚假。两位常年在上海蹲点的老干部介绍，驻北京南方某公司与上海闸北一公司洽谈，由上海某公司与香港某公司合作改建娱乐城，工程造价 800 万元，一切证件申报审批手续齐备。看证件、查资金、考察现场一切正常。看不出半点破绽。于是提出要考察。到了北京，一进宾馆就要“小姐”，临走时提出要 6 万元现金、5 万元开票作质保金、1 万元做活动经费，给办公室人员打点打点。本来骗子嘴脸已经暴露，可眼看一块肥肉到口，不忍放弃。经过谈判先给 2 万元，同往上海签订合同，看来并无虚假。可是到了上海，对方却称港方老板不在，要等一些时候。以后再找那位工程部经理，说是出差了。一场骗局到此结束，京沪之间，数次来回，总费用已过 10 万元。

驻北京南方某公司经理一口恶气难忍，与在上海的同乡沟通，等候那位经理出现，将其一条脚打骨折。这位经理也叫自食恶果。

（3）要中介费

这是一块合法照牌。他们的做法: 先提供一项工程图纸，谈甲方条件，等着施工单位签订合同。初估 500 万元工程，先付中介费 15 万元。到签订完工程合同再决定多退少补(总造价 3%)。

（4）要标底费

甲方出面一人与你密谈，为了保你中标、将标底向你透露，并同意可以带走。曲先生到北京房山谈一项工程，花 2 万元买回一份标底，如获至宝，第二天将投标书及报价送往甲方，竟想不到，甲方大门已被区政府贴上封条，真叫人啼笑皆非。

（5）要周转金

这也是当前出现的一种骗术。不过这不是“空手套白狼”，而是企图“白手起家”，属于一种附体作法。其目的也是要你的钱。给你一项工程，一切手续办齐、签订正式工程合同，附带条件是先进场干一个月，到 25 日报量，按完成量支付 30%。如果你一旦上钩，将陷入进退两难境地。北京某公司在顺义某工程投入 20 万元，竟分文未回。下狠心撤走，留给下一位的又不知是哪位迷途者。更有甚者，一位自称佛门长老，展示完设计图纸以后便要化缘。

4．由大到小，步步诱骗

（1）一顿饭策略

他们约你洽谈总是在上午 10 时半下午 4 时半，希望在餐桌上成交。谈得投机，继续深入，领你到所谓的工程所在地考察。与北京交界的河北某市，有一项宾馆改造工程，竟然在北京装饰行业内转展骗吃骗喝多年，有一家著名公司不仅赔吃赔花，还付出设计力量为其设计了全套图纸。

（2）无条件策略

一些骗家知道一开始提条件施工企业会不谈，所以他们先说不要任何前期条件，并许诺“不给预付款你们不要付一分钱”。听来心里确实塌实，可是经过考察，深入洽谈，看出施工企业的诚意和实力，要签订合同时，条件就来了。他说“不是我们要条件，是其他部门不干”，这种无诚信的行径说明还是有诈。

（3）由浅入深策略

领你去看工程、拿图纸、吃饭，毫不客气点菜点酒要好烟，等甲方来订合同，对方办事十分利索，不由你不信。可真到订合同时，对方便毫不掩饰要先拿5万元，甲方才到场。你说没带那么多钱，于是饭桌上人一个一个离去，把你晾在那儿，真是哭笑不得。

（4）样板房策略

多数出现在别墅工程。一栋别墅装饰不下20万元，你要先垫付，做得好，订合同；做得不好，给材料费，空口说白话，不要一字一纸，只能是愿者上钩。

（5）双保险策略

有些骗家知道直接要施工单位的质保金已不现实，于是另出一招“双保险”。你把钱打入银行，甲乙双方印鉴有效。如果工程不成，如数退还。此法看似公正，有可能成为呆账，有的甲方用此款作抵押贷款，更显阴损。

笔者接触过一些受骗企业的老板，他们无不对这些诈骗者深恶痛绝。希望业内人士在洽谈工程时小心谨慎，免遭其害。

2001年10月国务院办公厅《关于进一步整顿和规范建筑市场秩序的通知》中要求“规范有形建筑市场的运行，创造公开、公正、公平的竞争环境。”而在当时的一份资料中反映的建筑市场基本情况是“规避招标和招标弄虚作假占违法违规总数的26.3%”。

事实是建筑装饰业内的招标弄虚作假情况更为严重。目前一般改建工程的承包，多数是凭关系获得的。所谓“关系”，有长期在一个圈内施工，相互了解，建立了良好关系。比如宾馆饭店、银行、医院、写字楼等。他们都有自己的施工圈，一般难以切入。

有与该系统领导关系密切，借用领导干部职权获得的。有以前期投入为条件获得的。有完全以个人关系，里应外合获得的。

5．不正当投标

原因很多，不限以上几种。不论哪一种，前提是先内定再履行招标投标手续。所以在招投标运行中，不论有形建筑市场如何严格控制，也难以堵塞浩瀚的装饰市场。笔者根据多年接触的部分招投标项目，大体归纳几种不正当投标现象。

（1）一手遮天标

甲方将招标一切手续交乙方代办，甲方只提供盖章，连费用也不支付，包括请评标专家。如果是5家竞标，标书也全由一家组织，到开标时自然100%中标。

（2）内应卧底标

这种标甲方不必把组织招标手续全部由你代理。但甲方领导早已安排内应，并故意设置玄机，使一般投标者难以掌握。有一项1亿多的工程，领导早已内定，招标负责人在编写招标文件时，设一条“凡百分数必须以中文书写”。例：3%应写作百分之三。因为招标文件都有一条不按招标文件要求投标即为废标。对方再三向内定单位示意必须详细阅读招标文件。开标时，所有投标单位，只有内定一家写中文，其余都成废标。内定单位顺理成章中标。

（3）预先测定标

这也是甲方授意的一种投标方式。为了保证“内定”单位中标，由招标代理机构将标底及五家投标报价预先测定出5组价格，将中标价格神秘告之“内定”单位。这样也就万无一失。

（4）甘愿抬轿标

前面三种投标都离不开有单位“甘愿抬轿”，条件是“相互提携”，做到与人方便自己方便，今后自己有“内定标”时可以“互抬”。

（5）长期跟踪标

甲方决策往往是个漫长的过程，一项工程从建议到决策少则几个月，多则二三年。如果施工单位早期获取信息，长期进行追踪，获中标机遇率极高，不过前期投入也会很可观。据悉，某省一项工程决策期两年多，跟踪者招待费达50万元之多，但甲方无一人受贿。幸好工程到手，不枉两年多的时间，到也称得上“心诚则灵”。

（6）盲目乱投标

这是一些初涉装饰市场的企业容易发生。他们得到一项信息，如获至宝，能够被邀请投标更是兴奋不已。这种单位招标往往不遵守招标规则，从发标书到开标不超过4天到1周（标准为20天）。也许你还来不及深入看明白图纸和招标文件，时限已到，只好“日夜兼程”突击编写。其实内定单位图纸、文件早已经到手，可以从容不迫，“盲目投标者”不过给人家做个陪衬。

（7）中介邀请标

这种标与行骗不同，因为确有其事。比如：某材料商为了推销其产品洽谈一项工程，甲方要求包施工，于是他找上二三家前往投标，但有一个条件，中标后必须用他的材料，材料也由他控制。材料商一手托多家，他是旱涝保收（因为甲方已经敲定），你去投标也带一定冒险性，因为他不让你见甲方决策人。

其他还有层层转手标、中途夭折标等，在此不一一介绍，业内人士定有体会。

所有这几种招投标方式，都在进入交易市场开标前操作完毕，到了交易市场，完全是一派公开、公平、公正的程序。因为你看到的标书全是“真”的。

我国建筑装饰行业是一个年轻而新兴行业，装饰市场是包容在建筑市场内，其运行机制远比建筑市场复杂，整顿规范装饰市场，有关部门应对其市场运行特点进行深入研究，制订对策，以促进装饰行业的发展。

江西省装饰行业协会参与省人大常委会实施招投标法立法听证会

立法听证会上的陈述

南昌金昌装饰设计工程有限公司　副总经理　芦　玲

我们荣幸地参加了今天举行的《江西省实施〈招标投标法〉办法（草案）》的立法听证会。这是我省加强民主与法制建设的新举措，是我们党的群众路线的优良传统在新时期的体现和运用。我们热烈欢迎并坚决拥护。

现在，我受省内几家高资质企业和江西省装饰行业协会的委托，就我省实施《招标投标法》的有关问题作如下陈述：

装饰装修行业，发展到今天，已成为国民经济拉动内需的一个重要增长点，和招标投标活动密切相关。根据省人大常委会办公厅关于此次立法听证会的通告有关听证内容的要求，我们先谈谈相关条文的意见。

一、《草案》中关于招标文件的规定是否能保证所有潜在的投标人公平参与竞标?

我们认为，招标文件的内容应该是基本上反映甲、乙双方责、权、利的原则规定，所谓“公平、公正”，应该是有关各方在法律地位上一律平等的前提下，体现甲、乙双方以及潜在的多位乙方的“机会均等、责任均等、权利均等和风险均等”。

因此，《草案》第十九条的规定原则是对的，但空间太大，不够具体明确，应该细化、量化，增加其他相关内容。原文中的“资金来源和落实情况”，稍嫌笼统。应改为：“由银行出具的建设资金证明和工程款的支付方式及预付款的百分比；”这也许能防止某些甲方“空手套白狼”的问题。

招标文件应该列具“工程量清单”。这是国家建设部前不久就建设工程招投标活动出台的一个专门文件中的规定。目的是避免过去笼统地以工程项目造预算，出现缺项、漏项、材质要求不明确，各投标单位的报价缺乏科学的可比性。也可以防止有的无良投标者一味地以“漏项、低价”来获取中标，然后在签订合同后大搞增项，置甲方于无奈境地的弊端。

关于投标担保的方式和金额，应明确规定交纳的比例，交给哪个第三方（中介组织）的银行、账户？

建设部在关于建设工程招标投标办法中规定可按工程规模大小、资金多少来确定投标担保金，最高不超过一千元。我们的《草案》中可以吸收这个意见。

中标后招标人、中标人提供履约担保的方式和金额，双方都应把此款汇入共同商定或法定的第三方银行属于“双控”的账户。这种设置有利于减少和防止双方的意外风险。

这是由于目前建筑市场的招投标行为还很不规范，所谓投标担保金、履约担保金的规定，实际上只约束乙方；而且这种担保金的数额又没有比例上的规定，造成许多不良后果。轻则甲方“狮子大开口”，以众多的担保金来填补他资金不到位的“窟窿”。如某市某区检察院一个二三百万的装修工程，竟然要每个入围投标者每家交100证金；某县某事业单位一个80万元的装饰工程，要每家打60万元到他单位账上做保证金。这种无序的单方面无理规定，大大增加了投标方的风险和投标成本，招标方“稳坐钓鱼船”，旱涝保收，这显然有失公允。

更为严重的是，过去不管是什么押金、担保金，统统打到招标人（甲方）的账上，投标人对该款项完全失控。这就给犯罪分子以可乘之机。去年媒体多次报道的所谓香港某公司操作的宜春五环宾馆装修招投标项目，就被卷走多家企业交纳的几十万保证金，受害人报了案也无可奈何，不了了之。

招标文件应该明确提出对工程的质量要求。比如达到“合格”、市优或是省优、国优，及其相应的奖罚办法。这是因为“按质论价，优质优价”原则是市场经济的一条基本原则。有些人一味地追求“低位报价”、“优质工程”的做法是违背经济规律的。那种“又要马儿跑，又要马儿不吃草”的观念是违背市场经济规律的。何况企业还应该有自己合法的利润空间，以建立可持续发展的机制。

招标文件应呼应《招标投标法》的关于不得肢解工程的规定；标段的划分要考虑到工程的统一性、科学性和相对独立性。防止有人照顾“人情关系”，把标段搞得又多又小，以便获取资料费和担保金。

《草案》第二十条　应规定招标人应按工程规模，项目性质和相对应的资质组织招标活动。防止业主一味地追求高资质投标人，一个几十万、百把二百万元的工程也一定要“一级”资质或“总承包”才能入围，而把大多数中、低资质、专业承包企业排斥在市场之外。这种“高射炮打蚊子”的做法，势必会造成社会资源配置的倚轻倚重，行业的畸型发展。使许多中、小企业长期处于“饥饿状态”，成为社会的潜在不稳定因素。我们招、投标的立法，就要从法律保障的层面上予以宏观调控，为社会生产力的均衡健康发展、社会资源的合理、有效配置服务。

《草案》中第三十四条的原则是对的。但是，评标委员会专家对投标文件进行系统评审比较时，专家无权对有争议的内容妄加评议和解释。如10月份在吉安某宾馆的装饰招投标活动中，甲方的招标文件规定投标方需报送“银行出具的资信证明”;获“冠名质量奖”（如白玉兰奖）、“优质样板工程奖”可加分。结果评标时，上海某装饰公司出具的却是一家会计事务所出具的资信证明，评委会专家竟然认可打分；而经江西省建设厅正式文件规定的由江西省装饰行业协会评定的“省优质装饰工程奖”他们却以没有“冠名”，“不算优质样板工程奖”为借口而不予加分。众所周知，“白玉兰”是上海市优奖，江西没搞冠名，也属于省优奖，也是装饰工程中的样板，两者仅是形式上的冠名不同而已，而其实质是一样的，同属一个级别。吉安那次评标专家的错误明显在于滥用权力的随意性，会计事务所的资信证明可以认可为银行的资信证明；对江西省建设行政主管部门认可评定的省优工程奖的属性妄加解释，明显地侵权和带有歧视性。结果可想而知，中标的“桂冠”落在上海那家公司头上。尽管我省企业当场作了辩解和事后立即书面申诉，都不能还江西企业一个公道。

第四十五条　《草案》关于“不得要求招标人或投标人承担招标文件和投标文件以外的义务，或者修改投标文件的实质性内容”这段话不完整。既然“不承担文件以外的义务”，关联了招标、投标双方；那么后面的“不得修改文件的实质性内容”从语式和逻辑来看也应该是关联双方，而不仅仅是投标方。

这一条是很重要的。实践证明，有的招标方就以明显故意违反这一条来达到他把“中标”的绣球改抛给他原倾向的“心目中人”。比如，开标后，招标方在和得分排序第一中标人谈判合同时，　甲方会在“招标文件”以外提出垫巨资、压工期等刁难苛刻条件，拖拉蛮缠，使造成双方不能在法定时间内签订合同的事实，并以此为借口立即向“后一个中标后选人”发出中标通知书。

对于出现这种情况，在第59条的法律责任中虽然作出了处罚规定，却应在第四十五条中规定发生这类问题时非违规方应如何依法维权、谁来受理的程序。否则，第59条的处罚就是空话。

二、《草案》中关于为规范投标行为的禁止性规定能否有效地防范投标过程中违法行为的发生?

第二十九条、四十三条的规定是可行的。但它的法律效力用一句通俗的话来说是“只锁君子，锁不了小人”。尤其是难以防止招、投标双方早已“暗渡陈仓”的幕后交易。

在当前招投标实践中，明显而又能感觉到的违法行为是：

1．私泄标底。一个200多万元的工程，投标人的报价与招标人的标底上下仅几十元，几乎可以忽略不计。在没有实行工程量清单的情况下，这种高精度的报价其命中概率恐怕不亚于彩票中500万元的大奖。

2．预设歧视性规定。如前述所谓获“冠名优质奖”的可以加分。因为国内各省评奖冠名者仅为少数，是各省、市的行为，这是招标方有意预设的隐性指向规定，具有歧视性和排他性。

3．抬高入围门槛。搞变相垫资。如某个三千万元的工程，竟然要求投标人打进他账上一千万元的担保金。明显违反《建筑法》关于禁止垫资、带资的规定。评标打分时厚此薄彼。如给江西本土企业打分普遍偏低，而对沿海外来企业大多给高分。有的企业甚至没有办理进赣备案手续，即没有取得江西市场准入资格，却可堂而皇之参与投标、中标。被人举报后仅仅补办手续了事。有些地方采取摇号抽签入围办法，借助“运气”来维系公平、公正；有的入围了采取有偿转让卖号，谋取不正当得利。现行的商务标、技术标同时评分有诸多弊端。

这些问题同样反映出在招投标过程中存在着有法不依、执法不严，存在相当程度的腐败。以至有些招投标活动以形式上、程序上的“合法”，而掩盖实质上的“幕后交易”。

三、《草案》中关于评标委员会成员行为规范的规定问题

第三十四条、六十二条的内容是正确的，没有异议；只对第三十二条作点补充。（1）评标专家库最好分省、设区市两级组建，其成员分布应涵盖实行招投标的行业与部门。分工程规模管理。可以考虑与工程招投标管理权属相对应；（2）各级评标委员会应有总人数（五人以上单数）及各类专业组成人员的配比规定。其中技术、经济类专家应占三分之二以上。

我们注意到“《草案》说明”中关于建立全省统一的评标专家库的意见。这种高度集中统一的评标专家库可能难以适应市场经济中多地域、多行业、多专业、多层次的招标需求。任何专家虽然专业知识精通、深厚，但毕竟有局限性。他不可能是“百科全书”，不可能“万能”。而且，专家库的高度集中统一，意味着权力的高度集中统一。这就有可能强化招投标活动的政府色彩，淡化市场色彩；无形中将政府的监督职能转换成主导职能。有鉴于此，建议这个问题表述为“建立各级政府指导下不同层次、不同行业的专家库”。条件成熟的行业，政府可以委托其相关行业协会进行专家库的成员推荐或专家库组建。

《草案》第十三条的内容与“《草案》说明”对该条款的文字表述不一致，建议予以修正。

四、建议

除按立法听证会通告对上述几方面的陈述外，我们就《草案》其他条款还有如下建议：

1. 第二章第六条“关系社会公共利益、公众安全的公用事业项目的范围”第五款“公共建筑”中建议增加包括“宾馆、酒店、娱乐场所”内容。

2. 第四章第四十一条关于“评标报告应当如实记载的内容”中，应增加签署招投标监督部门及人员的意见并签名，以示真实、有效、负责。

3. 第四章第四十二条中，应在评标报告产生并确定中标人后，设置一个为期一周（七天）的公示阶段。以接受社会监督和对招、投标、评标过程有无违纪违规的检验。公示期满无投诉举报中标方可生效。公示应在指定媒体（报纸）上进行。

4. 第五章“监督”问题，列举了省政府及各行政主管部门、财政部门、监察部门对招投标活动进行监督这都是完全必要的。补充一点：当事人对招投标活动中违法行为提出异议或投诉后，谁来受理、处理和予以答复?受理时限如何规定?一般来说，应由被投诉单位的上一级主管部门或主送单位受理并答复投诉人，其他抄送单位有督办之责。这一点建议在《草案》中予以明确规定。

5. 第五章第五十二条关于建立信用制度问题。《草案》中只对违法行为建立信用记录。我们认为，这实际上是如何在全行业、全社会建立诚实信用机制及如何监督的一个系统工程。因此，建议在招投标过程中表现好的人和事也应记录在案。而且定期向社会公布，彰显优劣。

6. 有关招投标活动中违法行为的处罚问题，首先应是没收其违法所得，然后是按情节轻重处以罚款，决不能让其在“罚”后仍有大利可得。否则，不足以惩戒和以儆效尤。

陈述完毕。谢谢！

在首次“立法听证会”上补充发言

江西省装饰行业协会　副秘书长　**曾凡珩**

今天有幸参加我省首次立法听证会，深受教育和启发。亲身感受到在“三个代表”重要思想和十六大精神指引下，我国政治生活中改革开放进程的加快，这是省人大在民主与法制建设上良性互动的创举。立法听证，也是我们党优良传统“三大法宝”之一的群众路线的延续和发展。

就《办法（草案）》我补充三点意见：

一、关于招标失败以及投标人条件相同无法定标怎么办?

过去实践中有“抽签入围”、“抽签中标”的做法，似乎“公平、公正”，其实是我们工作方法的单一和无奈，带有唯心色彩。事实上，竞标者的条件绝对相同的因素是不存在的。各方必然会存在差异。比方说，在各竞标人条件相等情况下，可以从已知条件中来确定入围，从未知条件中来决定胜负。仿照体育竞技中“加时赛”、“罚点球”等办法，诸如由评委专家去各方实地查看相等数量的工程，查资料看管理水平，查质量看企业实力；或者从各方总产值纳税率多少来了解其守法诚信度；还可以各抽等额员工进行相关测试等等。这样做虽然麻烦一点，但胜负结果令人信服。远比抽签碰运气科学可信，这既能保证招标工程的质量和高履约率，也能促使行业综合素质的提高，一举数得。

二、关于“监督”问题

《草案》列举了政府、行政主管、财政、监察等部门对招标投标活动的监督职能，这完全有必要，但有所欠缺。从字面上看，有四家监督，实质上只有一个“大家”即政府。由于招投标活动这一客观事物本身所涉及的多角度、多面体的主体全方位性，我认为再加上一个“社会监督”才相对完整。而目前充当社会监督最恰当的角色人选是民间社团组织。这是因为，改革开放以来和中国入世后，民间组织作为一个新生事物，已成为与政府机关、事业单位、企业相并列的第四大社会组织。它以“桥梁、纽带”作用在政府和企业间发挥“双向服务”功能。

行业协会所特有的服务性、自律性、代表性和协调性，使它具有“三贴近”的优势：贴近行业、贴近企业、贴近市场；了解相关法律，熟知行业规律。在招投标活动中，如果说，政府监督更多的是看程序是否合法、有效；那么，行业协会则更多的是看内容是否真实、合理。两者结合起来，优势互补，相得益彰。

上届国务院总理朱镕基在第十一次全国民政会议讲话中指出：对行业社团“要坚持培育发展和管理监督并重的方针。把培育发展的重点放在真正按照市场经济要求建立的行业中间组织、社会公益和服务性的民间组织上来。”我建议把行业协会作为“社会监督”介入招投标活动，这正是国家对行业协会“培育发展”的一个良好契机。“从战争中学习战争”，让行业协会在实践中学习、锻炼、提高，“扶上马，再送一程”，这应该是政府部门依据社会规律服务社会的一项光荣历史使命。因为，“小政府、大社会”，是建立完善社会主义市场经济体系，深化行政管理体制改革，推动社会进步的必然趋势。

江西正在实施“中部崛起”战略，我们的立法，更要以超常、前瞻和开拓创新的理念，调动一切积极因素，规范和引领社会的政治、经济建设，健康、高速发展。

三、关于增加的一项内容

在《草案》“附则”中，建议增加“各行政主管部门要依据本《办法》制定本行业的实施细则”和关于“本办法解释权属”的内容。

建筑装饰工程提高中标率需注意的几个问题

中国建筑装饰协会信息咨询委员会专家办公室主任
北京市建委评标专家　辽宁省建设厅评标专家　　鲁心源

随着我国国民经济的快速发展，人民物质生活和精神生活水平的提高，建筑装饰行业仍以年均 20%以上的速度发展。WTO 后国外企业的进入，加剧了国内建筑装饰市场竞争。与此同时，我国建筑装饰工程市场也逐步规范，建筑装饰工程的招投标比重也在不断增加。

建筑装饰企业的中标率直接关系到自己的生存与发展，为了提高中标率，现就其中几个问题与大家探讨。

一、设计标

我国建筑装饰工程设计水平，近期有了较大的提高，设计队伍也有了较大发展。建筑装饰工程首先是设计，评标中先评设计标，当前发现的问题是：

1．工程定位：建筑装饰工程范围很广，既有宾馆饭店、政府机关，也有院校、体育场馆、娱乐餐饮等，性质不同，功能不同，建筑装饰工程设计必须与业主的地位相适应，体现业主的形象及其特征，因此设计不能错位，定位适当，例如不能把宾馆装饰设计搬到政府机关。

2．整体协调：建筑装饰工程是建筑工程的延伸，既是其整体的一部分，又不等同于建筑，因此设计必须从整体出发，处理好相互关系，例如一个既体现民族风格又是现代化的建筑，设计上就要贯彻这样的风格，做到整体协调，内外呼应，特别是局部改造装饰工程，在风格、造型、用材、色彩等相关方面，更要注意到局部与整体的关系。

3．高水平，低造价：建筑装饰设计要根据业主投资意愿或消费倾向，结合工程特点，在方案设计既要发挥科学技术与艺术相结合，也要考虑经济因素，做到高水平设计，低价位。

4．提倡创新，避免抄袭：一般项目相同，但在装饰设计上又都希望能创新，但在实践中往往一个新潮设计就照搬，有的形成生搬硬套，因此常在同类工程项目中碰见设计是熟面孔。

5．提倡时尚，但避免一阵风：如前一段时间我国建筑装饰设计集中在某些用材上，都用柚木，后来是榉木、桃木，石材是大花白、西班牙米黄，没有针对工程特点选用适用的品种。

6．装饰与艺术脱节：往往在局部处理上形成眼花缭乱，没有清新、优雅的气氛，降低了艺术效果。

7．装饰与功能脱节：为了装饰效果而忽略了服务功能，好看不好用。

8．装饰与空间利用脱节：没有考虑到空间的合理利用，如有的设计为了装饰而占用了必要的室内通道。

二、经济标

设计确定以后，企业能否入围，决定于经济标，其中的问题有：

1．工程量的差异：建筑装饰变化多，经常出现定额中没有的项目，如异型装饰，定额以外的项目工程量有高低之差，怎样既能体现设计意图又要降低成本。

2．材料的价差：材料在整个造价中占到 40%～50%，按照设计要求选用同一品种材料价差很大，对工程造价影响较大。

3．取费高低：国家现在是指导费率，企业管理水平不同，费用也不同。

4．利润高低：企业在投标中有的承诺让利，企业结合工程情况取利有高有低，例如有的企业由于淡季或业主还有后续工程而让利，投标中要做到知此知彼，确定利润率。

三、技术标

投标中，商务标是准入，经济标是入围，技术标是投标中最后一环，技术标的问题有：

1．包装与内容：对标书当前普遍注意了包装，注意外观与模式，但经常出现的问题是包装很讲究，但内容很空洞。

2．暗标中的废标：施工组织设计一般是暗标，但有的包装、模式没有按照招标文件统一要求，或者是某一细部出现了企业的特征等，造成废标。

3．内容一般化：施工组织设计注意了模式和条款，工艺和规范套用细而全，但没有结合工程的实际，失去了针对性，有的企业已通过了质量认证和环保认证，但没有针对相关工程制定具体的组织措施。

4．选用标准不当：工程质量标准应当用现行的不能再延用过期的，如不能再用 2002 年已撤消的《北京市高级建筑装饰工程质量验收标准》，但现在还有企业在施工组织设计中提出，有的甚至以优质工程项目来代替标准。

5．可行性差：建筑装饰工程涉及结构、基底、水、电、风、消防、智能等，但在施工进度中只排列了装修部分而忽略了与众多专业与分包方面的交叉衔接，缺乏整体协调。

6．简短适度：有的施工组织设计篇幅很长，一般情况体现较多，但对相关重点却一带而过，避重就轻，遗漏重点环节，例如工程正赶上雨季或冬季，但施工组织设计中却没有具体措施。任何一个工程离不开用电，但在一个施工组织设计中没有体现动力用电量、照明用电量、平时用电和高峰用电量等。

建筑装饰工程招标投标

中国建筑装饰协会信息咨询委员会专家组成员　吴承辉

问题的提出

招标投标制的实施，是社会商品经济发展的必然结果，是商品经济中的一种竞争方式和交易行为，导致了建筑装饰工程施工企业承包工程，在机遇与挑战形势下优胜劣汰，这可不是警世恒言，而是一种铁面无私的经济规律。企业要以科学的管理和经营理念，与时俱进，开拓创新，并以最佳的质量、最短的工期、最低的物耗、规范的服务、融入市场，赢得市场。相反，如果仍然因循守旧、故步自封、不思进取，那么在市场国际化的激烈竞争中，就难以立足和发展。

社会的进步，社稷的百业俱兴，形势的稳定，市场的经济繁荣，促使人民对精神文明建设和物质文明建设要求的越来越高。具体表现在道德情操的提升和工作、生活条件的改善。环境的舒适典雅、清洁大方、经济实用，推动着建筑装饰行业的发展。新技术、新材料、新工艺、新机械、新理念不断涌现，装饰水平不断提高，涉外宾馆饭店等公共建筑的周期更新、改造，家庭装饰的升温，再加上我国西部开发以及 2008 北京奥运、2010 上海世博会的配套设施的建设，标志着建筑装饰市场形势喜人，前景广阔。200 2 年全国建筑装饰行业完成工程产值 7500 亿元，占 GDP 的 7.78%，并以年增长 20%的速度高速发展。建筑装饰行业是一个长盛不衰的朝阳产业，给招标承包制——招标投标工作的开展创造了条件。

招标投标，就是把建筑装饰企业，作为相对独立的商品生产者推向市场，进行竞争，鞭策着企业，重视技术进步，改善经营管理，改进服务作风，赢得社会信誉，以期达到缩短工程期限，确保工程质量，降低工程造价，提高投资效益的目的。

招标投标，就是鼓励竞争，防止垄断，冲破壁垒。这种竞争是企业之间，科学、技术、知识、经营、管理、服务等等水平和实力的竞争。这也是 WTO 的规则。企业的生命在于产品，产品的生命在于科技，科技的生命在于人才。综合一句话：企业的竞争──→产品的竞争──→知识的竞争──→人才的竞争。有的企业，已经迈出：“以财求才，以才发财”之路。应该指出：在市场经济形势下，金钱有诱惑力，但事业更有凝聚力。

总之，实行招标承包制，是基本建设体制改革的一项富有成效的重要措施，它对搞活经济，增强企业活力，将会起到越来越重要的作用。建筑装饰行业为了适应市场国际化，需要重温一下招标投标的基本知识，是很有意义的。

根据 1999 年 8 月 30 日九届全国人大常委会第 11 次会议审议通过的《中华人民共和国招标投标法》，以及国际 FIDIC 制定推荐的招标程序，概述如下：

一、招标投标的概念

招标：是建设单位（发包人）就拟建的工程，提出招标条件，发布招标广告或信函，邀请投标企业前来提出自己完成工程的要求和保证。从中选择优越的投标企业完成工程建设任务的委托方式。建设单位（招标者）通过招标程序，从中选择工期短、造价低、质量好和社会信誉高的承包单位，达到“货比三家”，从中选优的目的。

投标：是施工企业（承包人）获得投标资格后，以同意发包单位招标文件所提出的条件为前提，进行广泛的市场调查，掌握各种信息，结合企业自身能力，掌握好价格、工期、质量等关键因素开列工程估价单、施工方案等。向发包人致函，请求承包该项工程，争取通过投标竞争取得承包工程资格的活动。

建筑装饰工程实行招标投标的承发包制，是建筑装饰行业管理体制中的一项重大改革，它是在公开、平等、择优、一视同仁，坚决反对和杜绝行业垄断、部门保护、地区壁垒而开展的企业竞争。它必将带来建筑装饰行业以及与之相关的各个行业的深刻变化。随着我国已经全面加入世界贸易组织，推动着我国建筑装饰市场的招标投标制要迅速形成“法制健全化、交易规范化、机制完善化”。

二、什么是工程的招标与投标

建设一项工程，不论它是新建、扩建、复建仿古工程或整体改建，更新改造工程，工程业主（建设单位、发包人）将拟建工程的规模、工程内容、建设条件、技术质量要求、工程期限、建设地点等拟成招标文件（简称标函），通过发布招标公告或向施工企业发出邀请信函的形式，招引有能力承建该工程的施工企业，参加该工程的投标竞争，直至签定工程发包合同。这一全过程称为“招标”。

施工企业在获得招标信息后根据业主（发包方）提供的招标文件中各项条件和要求，结合本企业的承包能力以及活劳动，物化劳动的市场行情，提出自己承包该项工程的条件，施工方案、标前设计和工程造价。供业主选择直至签定工程承包合同。这一全过程总称为“投标”。

因此，投标是施工企业为争取承包工程所进行的全部工作。

三、招标投标承发包制的性质

特性：招标投标的承包制，是建筑装饰施工企业之间的竞争，投标企业要想获得承包该项工程的权利，它的标书包括设计标──→平面布置流线图、效果图，技术标──→施工组织设计，经济标──→投标报价，必须受到业主的赏识并为其接受。所以，施工企业所提出的投标文件必须技术先进、措施可靠、价格合理、服务规范、胜过竞争对手。

性质：招标投标是建筑装饰施工企业的管理体质和经营方式的一项重大改革。在商品经济中是建筑装饰产品市场的主要竞争形式。

一个承包施工企业的生存与发展，不再像过去计划经济历史时期单纯靠行政手段分配建设任务，改变了“行政点将，独家经营”的做法，企业只有在本身科学的经营管理、技术进步、社会信誉上狠下功夫，与时俱进、开拓创新才能生存，发展和壮大，增强了企业自身的活力和积极性，体现了在竞争中“优胜劣汰”。

四、招标投标制度——市场经济的产物

实行招标投标制度，改变了过去指令性计划，施工任务由上级主管部门分配的作法，施工企业由过去的买方市场变成卖方市场，投标成了建筑装饰企业承揽施工任务的主要手段，提高了建筑装饰企业经营的主动性，克服了依赖性，强化了竞争性，企业由“坐商”变成了走出办公室的“行商”，打破了建筑装饰企业的“官商”经营作风。

过去指令性计划的自营制管理，喻成“爸爸管儿子”，没钱了“儿子”变着法儿到“爸爸”兜里去掏，而工期则是弹性很大的，“五一”竣工，“七一”献礼，“十一”大捷，都是“胜利”，结果是投资“无底洞”，工期“马拉松”。

投标竞争，有利于推动企业内部改革，有利于促进企业经营管理水平的提高，有利于降低工程成本。

建设单位可以从参加投标的施工企业中选择最理想的施工单位“优中选优”，有利于保证工程质量，缩短工期，有利于节约工程建设投资。有利于提高建设工程的社会效益和企业的经济效益。

通过招标、投标，增强了项目工程的透明度，在公开、公正、公平、一视同仁的竞争中，杜绝暗箱操作，铲掉滋生腐败的土壤。

五、招标投标的一般程序

见下列框图

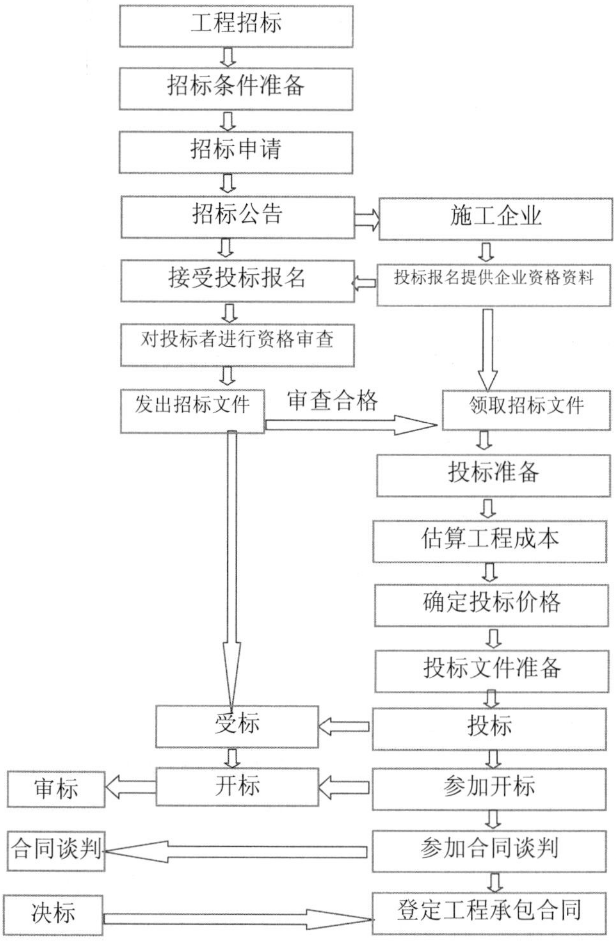

已经具备投标资格，并愿意投标的投标人，可以按照下列的投标工作程序图的步骤进行投标。

投标工作程序图

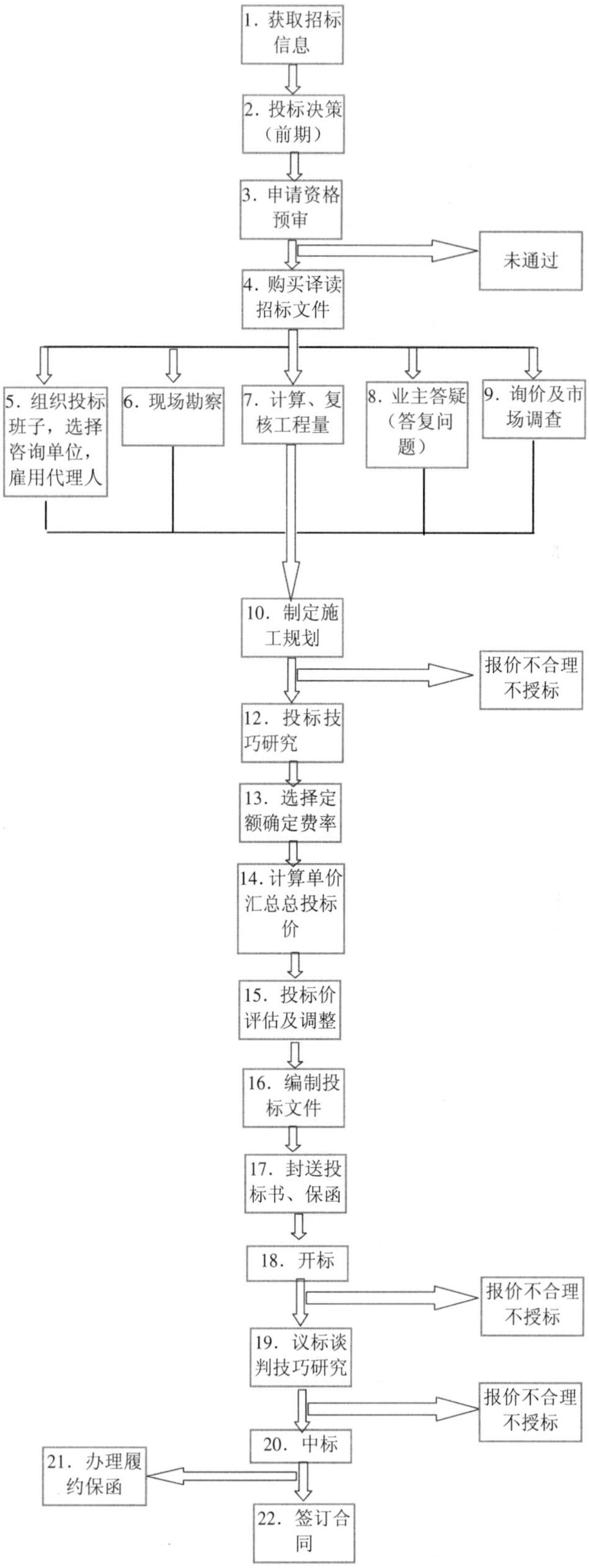

六、招标工程必须具备的条件

1. 工程项目已列入国家、省、直辖市、自治区、特别行政区基本建设计划。

2. 有经国家批准的设计单位负责设计的施工图纸及设计概预算。

3. 建设用地已经证明，场地内的障碍物已经全部拆除。现场施工用水（水源）、电源道路、通讯、排污、燃气、热力管线即“七通一平”，已经落实。

4. 建设资金，业主供应的部分主材，设备、分期交货计划及协作配套条件，均已分别落实并能保证供应。不误拟建、扩建、改建工程连续施工。

5. 有当地建设主管部门批准核发的建设施工许可证。

七、招标文件包括的内容

招标文件是业主招标单位说明招标工程要求和标准的书面文件，也是编制施工组织设计和投标报价的主要依据，所以它应该尽量的完善，一般应包括以下主要内容：

1. 招标工程的综合说明。它应说明招标工程的规模，工程内容和范围，发包方式，对投标人施工能力和技术力量的要求，工程质量和验收规范，施工现场条件和建设地点等。

2. 施工图纸、设计资料、设计说明书，如果是初步设计招标，应有主要结构图纸，主要设备安装图纸和装饰工程的技术说明书，工程（材料）作法，采用什么图集（册）以及要求装饰达到的星级（档次）标准。

3. 工程量清单。

4. 特殊工程和特殊材料的要求和说明。

5. 工程现场地质勘察和水文、气象资料。

6. 材料供应方式和材料，设备订货情况说明。

7. 工程款的结算办法，材料差价的结算办法。

8. 工程期限：开、竣工时间，以及提前或延误的奖罚规定。

9. 辅助条款：包括招标文件的交底日期、时间、地点、投标的截止日期、开标的日期、时间、地点、领勘现场的日期、时间、投标保证的规定，不承担接受最低标价声明，投标的保密要求等等。

八、国际及国内招标方式

跨入新世纪，我国已于2001年12月11日加入世贸组织并成为WTO的正式成员。工程招投标需要与国际接轨。按国际惯例和我国政府法律规定，招标投标方式，从商业角度来讲，其招标单位为买方，投标单位为卖方，大体划分为：

1. 竞争性招标

（1）公开招标：一般适用于大、中型建设项目或专业性较强的工程项目，需要向全国或国际招标时采用。公开招标方式通过报纸、电视、广播、网络等公开发表招标广告，以通知国内外施工企业参加投标，这种招标方式，使得获悉招标信息，并具有承包该工程资质证书的施工企业，都有参加招标工程投标报名的机会。

特点：从招标范围而言，它是一种“无限竞争性”的投标。

做法：感兴趣的承包单位均可应标。

优点：广泛比价，“货比三家”，选择合理价格，降低投资成本。

缺点：增大招标工作量，容易产生不公平的竞争，往往偏向低标。

（2）邀请招标（选择招标）：就是招标单位，通过获取的信息，对一部分有能力承包招标工程的和有信誉的设计施工企业，发出投标邀请信，邀请他们对招标工程进行投标，只有被邀请的设计施工企业才有资格参加投标。邀请单位应尽快了解工程情况，以便确定是否参加投标。

特点：它是一种“有限竞争”的投标。

做法：通过资格审查，公开优选，优中选优。

优点：竞争对手比较接近。

缺点：同行业的后起之秀容易漏掉。

2. 非竞争性招标

（1）协商议标（谈判议标）：谈判合同是指建设单位或招标机构由于某种原因不能采用上述两种招标方式时，约请几家有能力承包招标工程的施工企业，就招标工程的工程造价，承包条件，进行直接协商，一旦达成协议，就把工程包给某一设计施工企业承包，例：专业性较强的消防、防水、防热、燃气等工程。

特点：它是一种“非竞争性”的投标。

做法：小型工程或急待开工、工期紧迫的工程以及专业性很强的工程。

优点：能够接受招标函的专业施工企业，就有可能承接该项工程。

缺点：在承包企业间难以优中选优。

（2）指定招标（独家议标）：就是由建设单位或招标机构直接指定一个施工企业就招标工程提出报价，经双方协商一致后，就将此项招标工程发包给它承包。独家议标，实际上是不进行招标的项目工程，但必须经过项目审批部门批准。例：涉及国家安全或有特殊保密要求的，以工代赈的，特定专利或专有技术或建筑艺术造型有特殊要求的，专业少于3家不能形成有效竞争的，国内外民间组织或个人全额捐赠的，其他特殊情况不适宜招标的，才予采用。

3. 两段招标

特点：是一种无限竞争与有限竞争综合起来的招标方式。

做法：按公开招标方式招标、评标，然后邀请其中入围者几家，再二次投标，招过标底20%重新报价，低于标底有效。

优点：公开、公正、公平优中选优。

缺点：耗时较长。

九、投标企业应提交的证明文件

1. 工商行政管理部门注册核发的营业执照。

2. 当地或外地有关授权部门核发的企业技术级别证明书。

3. 工程所在地建设管理部门核发的承包工程许可证。

4．企业简历表，它应包括企业成立年份，承建过的主要工程项目和达到的质量等级以及是否发生过重大工程事故和安全事故等。

5．企业的技术能力表，它应包括现有工程技术人员、管理人员、技术工人的人数，岗位技术等级（初、中、高、技师、高级技师），学历、施工管理和经营管理经验，技术工人的工种和平均技术等级水平等。以及拟派出的项目经理与主要技术负责人员的简历，业绩证明文件。

6．企业现有施工装备情况表，包括现有主要施工机械、设备、机具、运输车辆的型号、性能和数量以及完好程度和财务状况。

7．目前承建工程项目一览表，对于外国承包商还要提交近年经过法定审计部门审计的企业财务资金和资产报表。以便审查他们在承包工程时支付各项费用的能力。

十、对投标企业的资格审查及其内容

对投标单位进行资格审查，主要是为了保护招标单位的利益，它可以防止没有承包工程能力的或信誉不好的施工企业承包工程任务，也可以预防那些经营管理不善，面临倒闭可能的施工企业承包招标工程，同时对那些缺乏实际承包工程能力的施工企业也有好处，它可以减少他们因投标失败而花费的人力和资金损失。

对报名企业的资格审查，主要审查其承包招标工程的实际施工能力，审查的内容和重点应根据招标工程的规模和特点来确定。

审查的内容一般有：

1．承建过同类或类似工程的管理经验，达到的工程质量等级，实际完成工期，规范服务，社会信誉和特殊工程施工经验。

2．拟派往工程担任项目经理、工程师、技术员和技术工人情况，他们的工作经验、技术水平、学历和人数。

3．可用于本招标工程上的主要施工机械、机具数量、型号和性能等。

审查方法；一般可以采用：“逐项计分法”按其施工经验，技术力量（能力）、工期、质量、信誉造价等以百分制，确定资审合格分数线。

十一、投标前应做的准备工作

投标报价是建筑装饰工程投标（回标）文件中的一项重要组成部分，是编制标书的核心，施工企业在机遇与挑战的激烈投标竞争中，提出管理科学、技术先进、产品优质、成本低耗、工期快速、有竞争能力的工程标价是战胜对手，被业主招标单位赏识并接受，从而承揽到工程的关键。中标签定合同以后，企业能否取得较好的经济效益和社会效益，“投标报价”也是关键的一个环节。

投标报价就是把建筑装饰产品作为商品，推向市场并以货币形式反映其经济价值。

投标前的准备工作；投标工作有很强的时间性，标书必须在规定的日期之前完成，装订成册，并密封盖好公章和法人代表章，交予招标单位，因此，各项准备工作，必须抓紧并为标书服务，其内容：

1．研究和熟悉招标文件

招标文件是报价的基础和依据。通过熟读文件、了解工程规模、结构类型、质量标准、工期要求，现场情况以及建方可能提供的条件。这些都直接影响标价，同时也是编制施工组织设计（标前设计）的依据。

2．现场勘察

这是投标准备工作中一项十分重要的工作，现场条件关系到施工易难和工程造价以及中标签订合同后，组织施工可能遇到的风险，其勘察内容：

（1）工程现场范围，工程测量标记。

（2）现场周围道路、交通运输、供电、供水、通讯、排污、燃气管道、热力管道条件。

（3）工程地质，地貌条件以及水文、气象条件。

（4）当地可供资源及价格水平，以及运输价格和材料、设备的运距。

（5）参加本工程投标单位和对手的实力。

（6）可能发生的风险。

3．拟定施工组织设计（施工方案）

在正式估算以前，要拟定出一个组织上是科学的，技术上先进的，费用上经济的施工方案。因为方案中确定的施工方法，采用的施工装备，采取的技术措施，直接影响到工程成本。要想降低工程成本造价，提高竞争能力，拟定科学的施工方案是很关键的。

但是编制投标报价，不能等到施工组织设计（标前设计）完成以后再进行运作（时间不允许）两项工作需要同步进行。企业临时组建的投标班子，通过熟读招标文件，勘察施工现场，确定施工方案，统一思想，分工合作。

十二、投标文件的内容

投标文件是参加工程投标的施工企业送给招标单位供其审标和决标的书面文件。中标单位的投标文件是承发包双方签订工程承包合同的基础。投标文件内容的完善和严谨，可以反映出企业的经营管理水平和技术素质。

投标文件一般应包括下述主要内容：

1．投标说明书，说明承包招标工程的要求和条件

（1）对招标条件和要求的确认。

（2）承包工程范围和内容，工程报价。

（3）对招标文件要求工期、质量的保证，采取的施工技术措施，开工条件。

（4）对招标文件的意见，例：要求业主配合的条件。

（5）对工程结算办法和奖罚条款的意见和要求。

（6）报价中未含项目说明。

（7）投标报价的有效时限。

2．核实后的工程量表和单价表。

3．保证工程质量、安全、环保的施工技术措施。工程质量达到的等级。

4．施工组织设计（施工方案）和工程进度控制计划（网络计划）。

5. 选用的主要施工机械、设备、机具等。

6. 活劳动劳务安排及项目管理施工组织的确立。

7. 冬雨季施工技术措施。

8. 施工现场平面布置及工艺流程示意图。

十三、企业是否参加某项工程投标的决策

1. 取决于承包企业当前的经营状况和奋斗目标

决定是否参加某项工程投标，首先要根据承包商当时的经营状况（有无剩余劳动力）和参加投标的目标。如果承包商在该国（或地区）已打开局面，信誉颇佳，投标目标主要是扩大影响，可适当提高利润，如果最近不景气，在施工工程较少，在市场激烈竞争中面临危机，或试图打入新的国家或地区，开展新局面，则应选择把握大，易建立（或恢复）信誉的项目，而且标价要压低力求中标。

2. 权衡企业自身是否具备条件

企业经营管理层，在进行可行性研究决策时一般根据以下8条，通过打分订出最低可接受的分数。例：

最低可接受的分数650分，标准划分为上、中、下三等级，每个等级各用10分、5分、0分数值表示。

采用模糊数学

得分=权数×判断等级分数，见表1。

判断等级得分　　表1

序	权衡8项标准	权数	上，10分	中，5分	下，0分	得分
1	工人操作水平	20	10	—	—	200
2	机械设备能力	20	—	5	—	100
3	对以后机会的影响	10	—	—	0	0
4	设备工作量能否承担	5	10	—	—	50
5	对项目工程的熟悉程度	15	10	—	—	150
6	竞争激烈程度	10	—	5	—	50
7	交工条件	10	—	5	—	50
8	过去对此类工程的经验	10	10	—	—	100
9	合计	100	—	—	—	700

几个项目工程，市场上同时招标施工企业选择哪几个项目工程进行投标，企业领导班子可采用风险决策树法进行分析即；

从决策节点——方案枝——概率分义点（自然状态点）——末端（损益值）。

总之，通过测算综合指标、企业效益（经济效益、社会效益），做出可行性决策，然后采取：

隐妥型（不担风险）投标。

确定型（保本稍担风险）投标。

风险型（担风险）的投标方法。

十四、招标单位、审标、评标的几种方法

1. 条件对比法：优选标价最佳施工企业。

2. 打分法：（评定），（定量法，逐项计分法）即分项指标排序计分，如工期、造价、质量、信誉（执行合同情况调查）等。

3. 分项加权计分法，评标小组，包括业主代表和专家对投标人能够反映出整体素质的分项加权打分，然后以总分高低评出优胜者。

即：分项计分×加权系数（权数）

4. 双指标比较法即造价指数、性价比指数。

造价指数——投标报价。

性价比较数——资质等级，质量等级，工期，报价水平（组价合理性），施工组织设计（施工方案合理性，技术措施可靠性）综合考评（管理水平，文明施工，协调能力，社会信誉）等（略）。

总之，根据建筑装饰施工工程的规模、功能、档次、繁简程度造价等，对审标、评标可采取多种可行的方法进行优选。

十五、招标投标的预期目的

招标：利用工程标价的经济手段，实现购买商品（预售商品）的行为。

购买者要以未来商品的使用功能和是否值得投资，是否是最佳建设费用（最少的投资，最好的预期效益）。

是严肃的商品交易行为。

其实质是缩短工期，确保质量，降低造价，提高投资效益，满足两个文明（物质文明、精神文明）的需要。使固定资产增值。

投标：利用报价的经济手段完成售卖预定商品的行为。

生产者则以能否满足招标所提条件，争取在竞争中中标，获得最佳利润（最少的活劳动，物化劳动消耗，最短的工期，最大的效益）。

投标报价的计价方法：

1. 工料单价法：分部分项工程量的单价为直接费。直接费以人工、材料、机械的消耗量，及其相应价格（市场行情）确定。间接费、利润、税金等按照地区政府有关规定另行计算。

2. 综合单价法；分部分项工程量的单价为全费用单价。全费用单价综合计算完成分部分项工程所发生的直接费、间接费、利润、税金等。

招标、投标的核心是竞争。

十六、招标投标的一般规定

根据《中华人民共和国招标投标法》及地方政府行政主

管部门的规定，简述如下。

1. 招标形式：工程施工招标可采用全部工程，单项工程，分部工程，专业工程。

2. 评标：由评标委员会负责。评标委员会由招标人代表和有关专家组成。人员为5人以上单数，其中技术方面的专家不得少于成员总数的2/3。投标人或与投标人有利害关系的人员不得参加评标委员会。

3. 招标项目量化标准可参考2002年1月1日起施行的北京市人民政府第89号令。

（1）施工（含土建施工、设备安装、装饰装修等）单项合同估算价在200万元人民币以上或者建筑面积在2000m^2以上的。

（2）重要设备，材料等货物的采购单项合同估算价在100万元人民币以上或者单台重要设备估算价在30万元人民币以上的。

（3）勘察、设计、监理等服务的采购单项合同估算价在50万元人民币以上的。

（4）单项合同估算价低于（1）、（2）、（3）项规定的规模标准，但项目总投资额在3000万元人民币以上的或全部或部分使用政府投资或者国家融资金额在100万元人民币以上的。

此外，鼓励政府投资或国家融资金额在100万元人民币以下的项目进行招标。

4. 废标：投标文件未经密封的，未按规定格式填写或字迹模糊、辨认不清、内容不全、手续不齐、未加盖单位公章和法人代表印章，逾期送达，投标企业未按时参加开标会议。

5. 补偿金，是否给予未中标单位经济补偿金额，招标人应在招标公告中或招标邀请书中明确。（补偿金额一般为中标价格的万分之一）。

6. 入围标准：投标报价与标底入围标准地方政府，行政主管部门可自行确定。一般住宅建筑装饰工程上3%下5%，公共建筑装饰工程上5%下7%，亦可声明不排除选用最低标价。

7. 招标人，投标人和招标代理机构的法律责任参照《中华人民共和国招标投标法》见表2。

投标人和招标代理机构的法律责任　　**表2**

分项	违　法　内　容	法　律　责　任
招标人	• 规避招标（49）	1. 责令限期改正 2. 处项目合同金额5‰～10‰罚款 3. 暂停项目或资金拨付 4. 对主管人和直接责任人处分
	• 限制、排斥歧视潜在投标人 • 强制投标人组成联合体 • 限制投标竞争（51）	1. 责令改正 2. 处1～5万元人民币罚款
	• 透露潜在投标人名称，数量等 • 泄露标底（53）	1. 警告 2. 处以1～10万元人民币罚款 3. 对主管人和直接责任人给予处分 4. 构成犯罪的，依法追究刑事责任 5. 中标无效
	• 依法必须招标而谈判招标的（55）	1. 警告 2. 对主管人员和直接责任人给予处分
	• 在评委依法推荐的中标候选人外确定中标人 • 所有投标人被评委否决后自行确定中标人（57）	1. 中标无效 2. 责令改正 3. 处以项目5‰～10‰罚款 4. 对主管人员和直接责任人给予处分
	• 不按招标文件或投标文件订合同 • 背离合同实质内容订合同（59）	1. 责令改正 2. 处项目金额5‰～10‰罚款
招标代理机构	• 泄露投标有关机密 • 与招标、投标人串通，损害国家、社会公益或他人合法权益（50）	1. 处5～25万元罚款 2. 对主管人和直接责任人处单位罚款额5%～10%罚款 3. 没收违法所得 4. 情节严重的，暂停直至取消代理资格 5. 构成犯罪的依法追究刑事责任 6. 赔偿损失 7. 中标无效

续表

投标人	• 串通投标。 • 行贿谋取中标的（53）	1．中标无效 2．处中标项目金额5‰～10‰罚款 3．对主管人和直接责任人处单位罚款额5%～10%罚款 4．没收违法所得 5．情节严重的取消1～2年投标资格并公告 6．吊销营业执照 7．构成犯罪的依法追究刑事责任 8．赔偿损失
	• 以他人名义投标或弄虚作假骗取中标的。 • 依法必须招标的投标人有上述违法行为未构成犯罪的（54）	1．中标无效 2．赔偿损失 3．构成犯罪的依法追究刑事责任
		1．处中标项目金额5‰～10‰罚款 2．对主管人和直接责任人处单位罚款额5%～10%罚款 3．没收违法所得 4．情节严重的取消1～3年投标资格并公告 5．吊销营业执照
中标人	• 将中标项目或肢解后转让，违法分包（58）	1．转让分包无效 2．处项目金额5‰～10‰罚款 3．没收违法所得 4．责令停业整顿 5．情节严重的吊销执照
	• 不按招标文件或投标文件订合同 • 背离合同实质内容订合同	1．责令改正 2．处项目金额5‰～10‰罚款
	• 不履行合同（因不可抗力者除外）（60）	1．履约担保不予退还 2．履约担保不足以赔偿损失的还应赔偿 3．无履约担保的赔偿损失 4．情节严重的，取消 2～5 年投标资格并予以公告，吊销执照
其它	• 限制排斥投标 • 指定招标代理机构强制招标 • 利用职权违法（62）	1．责令改正 2．对主管人和直接责任人给予警告、记过、记大过处分 3．情节较重的依法给予降级、撤职、开除处分
	• 国家机关工作人员徇私舞弊、滥用职权、玩忽职守	1．给予行政处分 2．购成犯罪的，依法追究刑事责任
	• 评标人擅离职守不能客观公正履行职务	1．警告 2．取消资格 3．处一万元以下罚款
	• 收受好处、财务、透露对投标文件的评审和比较	1．警告 2．取消资格 3．没收收取财务 4．处3000～50000元罚款

结　论

《中华人民共和国招标投标法》从1994年6月开始起草至1999年8月30日九届全国人大常委会第11次会议审议通过，历经5年多时间终于出台，并于2000年1月1日起施行。体现了我国商品交易制度的重大改革，是深化投融资体制改革的一项重大举措，是将我国市场竞争规则与国际接轨的重要步骤，是政府在投资管理上迈向市场经济的里程碑。

社会主义市场经济，要求按照价值规律，摒弃那些与公平竞争相背离的规定，建筑装饰市场全方位的实施招标、投标是社会商品经济发展的必然结果，前已叙述招标、投标就是要鼓励竞争，防止垄断，打破壁垒，从中优选工期短、造价低、质量好、社会信誉高的企业承包工程。

中标以后，签订合同是法人之间为实现一定经济目的，明确相互权利，义务关系的协议，它是商品经济在交换过程中的法律表现形式。

在实施过程中，为了招标投标制的健康发展，为了体现合同的严肃性，为了维护承发包双方的权利和义务。法制健全、交易规范、机制完善是非常关键的。这就是结论。

关于建筑装饰工程最低投标价中标的探索

深圳市毅恒达装饰设计工程有限公司　总经理　沈　瑜

建设工程领域的腐败行为一直是一个敏感的问题，据有关方面统计，近年来查处的行贿受贿案件中，发生在建筑领域的竟占三分之一以上，大量干部在工程建设中中箭落马，造成这一事实的根本原因是我国现行的建设工程制度还不够完善，尤其是我们的招投标制度还有待进一步修改完善。

几年前，当“标底”作为建设工程招投标中决定能否中标的最关键因素时，“标底”就成了神秘的“金钥匙”，投标人想方设法探听“标底”，而总有一些人要寻租——以权谋私，置公有资产于不顾，通过透露“标底”而大肆收受贿赂，建设工程领域内几乎到了只要有标底存在，就必然有投标企业能摸清确切标底的疯狂程度。

近两年来，随着《中华人民共和国招标投标法》的实施，“标底”的作用已淡化，大部分地区已不再以“标底”价作为衡量工程中标与否的主要因素，投标单位也无需去为探听标底而行贿有关人员。然而这两年来，建设领域内的腐败问题并没有得到明显的遏制，这使我们有必要对“标底”以外的其他评判中标的依据进行分析。

一、确定工程中标价和评标的分类及其分析

自建设工程实行招投标制度以来，确定工程中标价和评标的依据大致可以分成以下六种：

一是最接近“标底”价中标；二是最接近平均价中标；三是以“标底”价为基准的上下限幅度为入围价，其中最接近下限价为中标价；四是以“标底”价为上限，以各投标价的算术平均值下浮一定幅度为下限，其中最接近下限的为中标价；五是合理低价中标；六是最低价中标。

第一种最接近“标底”价中标的评标依据，只要哪家投标企业摸清了“标底”，就必然中标，这一方法为那些编制标底的部门与个人大开行贿之门，以致于有的工程会出现好多家投标企业的报价与标底价均相同，最后便只得以抽签之类的方法来确定中标企业。由于此种方法太容易引起腐败行为，且难以控制造价，最易造成国有资产流失，因此很快就遭到淘汰，便过渡到第二种方法。

第二种最接近平均价中标的评标方法比起第一种有了明显的进步，至少可以避免由于探听标底而造成的腐败行为。然而这种方法仍难以控制造价的超计划，特别是当投标企业互相串通，甚至围标时会大大提高中标价，更难以控制造价，因此这种方法也基本遭到淘汰。

第三种评标方法是以“标底”价为基准的上下限幅度为入围价，其中最接近下限为中标价，这一方法比起前两种方法来又有很大的进步，一方面上下限有时在开标前才公开的，所以打听“标底”作用并非明显。另一方面中标价比标底价低了几个百分点，为国家也节约了一定的基建投资。然而这种方法仍有致命的缺点，投标人仍会不遗余力地去打探标低，然后按照往常标底价下限幅度去调整报价，依然具有很高的中标机会。因此，这种方法仍然摆脱不了腐败的阴影，现已很少采用。

第四种评标方法以“标底”价为上限，以各投标价的算术平均值下浮一定幅度为下限，其中最接近下限的为中标价，这一方法比第三种有了更大的进步，至少这种方法己淡化了标底的作用，可以避免因打探标底过程中的腐败行为。从表面上看相当合理。然而，由于这种方法的使用，建设工程投标中的围标现象逐步出现，并到了越来越严重的程度。下面举个的简单的例子来说明围标可以操纵投标结果的情况：

某装饰工程“标底”价为 1000 万元，有 10 家企业参加投标，企业①～⑤假设为围标企业，企业①～⑤的报价分别为 990 万元、985 万元、980 万元、975 万元、970 万元；企业⑥～⑩为非围标企业，其报价分别为 870 万元、860 万元、850 万元、840 万元、830 万元。该工程评标采用经评审的最低投标法 1-B 限定幅度。评标委员会根据招标文件规定，首先对所有通过符合性审查的投标人的商务标进行评审，废除报价高于标底或低于成本的以及与招标文件实质性要求不符的标书。将上述评审为有效商务标的投标报价取算术平均值作为基准价。标底价与基准价下浮规定的幅度分别为上下限确定合理标价范围。该工程合理标价范围下限为基准价下浮 3%。评标委员会应当对入围报价下限以上投标价最低的前 3 名投标人的商务标和技术标进行评审，经评审的投标报价最低但不低于入围报价下限和成本且技术标合格的 2 名投标人被依序推荐为中标候选人。由于上述十家报价均未高于标底及低于成本，则：

基准价

$$=(990+985+980+975+970+870+860+850+840+830)/10$$

$$=915 \text{ 万元}$$

合理标价下限为基准价下浮 3%，即 $915\times97\%=887.55$ 万元。

由上计算可知，企业⑥～⑩的报价均低于合理报价的下限。如果技术标合格，那么企业⑤将作为中标人，中标价为 970 万元。

这个例子告诉我们，在这样的评标条件下，投标企业只要有 50%的围标率就基本可操控工程投标，围标企业如达到 70%～80%，则中标的可能性几乎是肯定的。需要指出的是，

上述举例的投标中，围标企业勿需与业主或招标单位串通即可达到目的，而假如两者予以串通配合，则要控制招投标局面更是易如反掌。如果以最低价为中标原则，则该工程的中标价为 830 万元，比上述评标法的中标价降低造价：（970-830）／830=16.86%，即可节约投资 16.86%。

第五种合理低价中标的评标方法是目前最普遍使用的方法，该方法已彻底摆脱标底的束缚，标底仅仅作为招标人控制工程造价的最高限价，且标底向所有投标人公开。

合理低价中标法的主要含义是在所有合格的投标文件中，去掉低于成本价的报价以外的最低报价者中标，如果某投标企业的报价低于了成本价那么就不应该成为中标者。《中华人民共和国招标投标法》第二十三条明确指出：投标人不得以低于成本的报价竞标。“合理低价中标法”暗示着投标方如果发现自己的报价由于预算人员的疏忽或不负责的表现而造成报价低于成本价时，可以逃避承担亏损的责任，因为既然此价低于成本，而不管是由评标委员会发现的，还是由投标人自己发现的，都应该作废标处理。

所谓合理低价，就是既要报价最低，又要有一定的利润空间，或者按招投标法的要求这个低价不得低于该工程的成本价，也就是说该报价必须大于或等于成本价，该成本价又叫做临界报价点，用 *po* 表示，当投标价 $p<po$ 时，则因低于成本而废标。从理论上来说，每个工程都应存在这个 *po*，但是在具体实际工作中，这个 *po* 永远是无法确定的。我们知道，工程成本主要由投入到该工程的人工费、材料费、机械费、管理费、施工措施费等多种因素决定的。就仅材料价而言，同一种材料的市场价在同一个城市的各家材料店一般是不相同的；就是在同一家材料店，不同的施工企业去采购同一种材料的材料价格也可能不同。还有一个不可忽视的重要因素是某种质地、规格、颜色完全相同的材料有几种甚至几十种品牌可以选择，而设计师在施工图设计时经常没有限定材料的品牌，不少招标代理机构同样忽视了该问题，这样该材料可能有几十种不同品牌的市场价格可选取，有时两种不同的品牌的材料价格相差一倍以上……这就足以说明在投标报价过程中，仅材料价这一因素就难以确定 *po* 值，况且人工费、机械费、管理费、施工措施费在不同的施工企业其取值也不相同的事实更增加了这个 *po* 值的不确定性。然而，现行的招投标制度要求我们的评标委员会在半天到一天的时间内，有时甚至只有 1～2 个小时的时间内去确定这个 *po* 以决定小于这 *po* 值的投标价作废标处理，这简直是不可思议的，是对广大投标企业的不负责任，更是对国家利益的不负责任。

二、现行“合理低价中标法”招投标制度的主要问题

由于现在以这个 *po* 作为评判是否是废标的基准，使得现行招投标制度不可避免地存在着以下几个主要问题：

1. 有些项目的投标价由于被评标委员会错误地评定为低于成本而不能中标，使投标企业对评标委员会的权威性及公正性产生了动摇。如某装饰工程的标底价为 1400 万元，10 家投标企业的最高报价为 1103 万元，最低报价为 890 元，次低报价为 898 万元，结果次低报价为中标价。很明显，评标委员会把该家最低报价 890 万元作为低于成本而认定为废标，898 万元与 890 万元仅 8 万元之差，两者相差比率不到 1%，如能认定 890 万为低于成本那么 898 万就不低于成本吗?另外即使 890 万低于成本，那么 898 万的利润就必然低于 1%，如果要扣除 3%的保修款在验收合格两年以后支付，那么次低价中标的企业在做完工程时也要亏损 2%以上，待两年以后得到补偿。然后事实告诉我们，在这种相似状态下获得中标的企业不仅没有亏损，反而赚了不少钱。这个结果只能说明要么评标委员会的评标失误，要么就只能说明中标企业在中标后与业主或监理串通在原工程单价或工程量上做了手脚。

2. 这种“合理低价中标法”尽管比起以前的评标方法能不同程度地节约投资，但仍然存在着各种漏洞以使国有投资遭到流失。如某装饰工程招标经过符合性审查后仅有 3 家企业入围，最低投价为 3200 万元，中间报价为 3650 万元，最高报价为 4000 万元，结果评标委员会判定 3200 万元于成本，便确定 3650 万元的报价企业为中标人，此价明显比最低价高出 450 万元，这可是一笔不小的资金，如果用于捐给希望工程，一定能建好几所希望小学呢!

3. 这种“合理低价中标法”仍然无法消除建设行业内越演越烈的腐败行为。容易造成招标人与评标委员会联合起来操控中标结果，使那些认真参与投标尽力压低利润而努力以低价中标的企业冠以“低于成本价”而被废标，让那些与自己有利益关系的投标人以中等报价甚至中高以上报价中标，这是当前招投标活动中暗箱操作的典型做法，更普遍存在于那些议标工程中，名为议标，实为内定中标早已是公开的秘密了。

4.“合理低价中标法”仍然无法避免工程投标中的围标现象。建设工程投标中的挂靠问题迟迟得不到解决，一个包工头可以让其属下的几个或十几个工人以不同公司的名义去投同一个工程的标。一般地说，这个包工头围标的数量越多，则中标的概率也越高，这从前面的例子中可以清楚得知。

5.“合理低价中标法”容易造成这样一种感觉，只要能承揽到工程，施工企业就能产生利润。建筑以及建筑装饰实际上成了不承担经济风险的行业。所以，工程的承发包成了社会的热门活题，工程领域的腐败行为越打越多。

三、“最低价中标法”的成本与收益

第六种评标就是最低价中标法。

在市场经济社会中，卖方总是希望从售价中获得利润，买方则总想花更少的资金买到优质适用的产品，买卖双方到

底在买卖过程中以何种价格成交完全由价值规律决定，买方在购买产品时不会因为知道卖方在亏损出售产品而停止购买行为，相反买方会为获得此种购买机会而乐此不疲。而卖方呢也不会乐于以低于成本价出售其产品，只是出于竞争迫不得已而为之罢了，否则，长此以往这样的卖方很快就会血本无归，最终以破产而告终。

同样，建筑业以及建筑装饰行业只要存在着生产能力的供给量大于其支付能力需求量的现象，建筑产品以低于其价值的价格与其他产品交换的行为就不可避免，也就是说建筑工程的承包价以低于其成本的价格进行承包的现实在理论上是客观存在的。建设工程招投标制度的根本目的是鼓励施工企业参与竞争，竞争的结果是在保证质量的前提下，节约招标人的投入，提高投标人的经营管理水平，使资源得到更合理的配置。

有时候，有的企业为了克服生存危机而参与投标，此时该企业为了争取中标而宁愿采取不盈利甚至赔本也要夺标的态度，只要能克服现阶段资金周转的困难，渡过这暂时的难关，企业就有希望东山再起。然而“合理低价中标法”就意味着不能给这样的企业以最后一丝生存的机会，因为其标书一旦经评标委员会得出低于成本的结论便自然只能名落孙山，从而很可能断送了该企业的前程。

我们一直在高喊着建筑业以及建筑装饰行业要与国际市场接轨的口号，然而国际建筑以及建筑装饰市场上没有“合理低价中标”这一条，FIDIC条款中也没有。说到与国际惯例的接轨问题，我们还要提一下“不平衡报价法”问题，这一点在国际建筑市场上是一种报价的技巧，是司空见惯的现象，然而在我们国内的招投标活动中却行不通，有些地方明确规定只要发现有明显的不平衡报价现象，就作废标处理……这怎么能谈得上与国际接轨呢?

现在社会上有一种认识上的误区，认为最低价中标，如果该价低于了成本就会导致建设工程在施工过程中的偷工减料，容易造成质量事故，甚至把这两者等同起来，即只要报价低于成本而中标的工程，必然会导致建设工程的偷工减料及质量事故。这一观点倒与以前我们有些人认为的高薪养廉的观点十分相似，如果高薪能养廉，那么这几年来这么多在金钱诱惑下而倒下的高官们又作如何解释呢?在建设工程领域中，利润最大化是大部分施工企业和包工头的最重要追求，工程造价再高也阻止不了有些包工头的偷工减料，工程施工质量的优劣完全不必为价格因素所左右，完全可由《建筑法》、《招投标法》等以国家法律的形式确定下来，对验收标准达不到合格要求的企业，要求其返工直至合格为止。情节严重的可取消其一定时间范围内的参加投标的资格，对情节特别严重的可以吊销其营业执照。

“最底价中标法”可有力地使“围标现象”不攻自破。如一个有10家施工企业参加投标的公开招标项目，一个神通广大的包工头去围标，10家投标企业中，只要有1家企业不是他的围标者，他也不一定能非中标不可。一方面，每个投标都要付出一定成本，购买标书费、报价费、标书制作费、投标保证金等等是一笔不小的支出，如果要围9家投标企业，则费用更高，风险更大；另一方面围标者还要支付其与招标方或代理招标单位串通的成本。在这双重成本的压力下，围标者一般倾向于把报价尽量往高处抬，这时另一家唯一不是围标的企业如按微利价报价，则显然会最有可能以最低报价而中标。因为是“最低价中标法”，所以即使招标方与评标委员会中的多数人被围标者所收买，也难以扭转落标的结局。

四、最低价中标并非低于成本的报价投标

实行最低价中标并非鼓励企业以低于成本的报价投标，如果确有这样的施工企业要通过低于成本价进行恶性竞争，那么只能是自取灭亡。一般地说，投标单位的报价低于成本价有以下几种可能的原因：

1. 招标人与投标人内外勾结，为了保证百分之百中标，干脆让该投标人报以明显低于成本的亏损价，到中标后再想办法把造价补上去，如改图纸，改材料，有时甚至把招标时确定的内容全部推翻，再重新出图，重新报价，这就是所谓的假招标的典型方法。

2. 有些投标人基于这样一种考虑：先以低于成本价报出一个最低价，中标后再通过种种手段拉拢业主或监理公司，通过多签证合同外增补工程及虚报工程量等手法把结算价加上去，这就是建设领域内经常出现预算价大大超过结算价的主要原因。

3. 为了克服生存危机而参与某项投标，并对此标志在必得，宁愿不盈利甚至赔本也要夺标，以渡过暂时的难关。

4. 因预算人员粗心大意或失误而报出亏损价。

5. 因预算人员素质不高，缺乏经验而报出亏损价。

前两种原因是投标单位的主观原因造成的，是故意行为。后两种原因则是工程造价人员的个人原因，是由造价人员的业务素质，工作作风，思想道德等因素决定的。造价人员的工作疏忽或低素质轻者使公司的中标率降低，重者使公司亏损甚至倒闭，这说明工程造价人员在整个公司中的地位是举足轻重的。实践也已经证明：那些重视工程造价人员地位和作用的公司在激烈竞争的建设市场中迅速壮大，并始终立于不败之地；而那些不重视造价人员地位和作用的公司则日益衰弱，甚至常常挣扎在破产的边缘。

假如是后两种因素造成的低于成本价，某装饰公司在投标中报出了低于成本的最低价，由于采用了最低价中标法，结果该公司获得中标资格。另外假定我们的投标法、建筑法等法律已日趋完善，各种监管制度齐全，使得该企业在签订施工合同后无法更改图纸，无法更改材料，也无法更改投标文件的所有内容，最后结果也是按实际发生的工程量进行严格审核，那么该工程结束之日就是该公司亏损之时。如果经

过数次这样的经历后，这样的公司自然很快遭到市场淘汰。在激烈竞争的建设市场中，不断有公司遭到淘汰，也不断有新的公司补充进来，这样周而复始的循环下去，使保存下来的企业越来越强大。

综上所述，实行“最低价中标法”有“七个有利于”：一是有利于我国建设领域内的法制廉政建设；二是有利于有效消除建设领域内广泛存在的挂靠、围标、串标、假招标等腐败行为；三是有利于进一步提高我国基本建设的投资效益，大大节约国家投资，避免国有资产流失；四是有利于招投标过程中简化评标过程，防止暗箱操作，提高招投标的效率；五是有利于我国整个建设领域内实行公开、公平、公正的竞争机制，实行优胜劣汰；六是有利于我国造价工程师队伍整体素质的提高；七是有利于我国建筑装饰市场更全面地与国际市场接轨，使我国建筑装饰企业在参与国际市场竞争中立于不败之地。

五、实行最低价中标的建议

1．必须完善我国现行的建设工程有关法律体系，建立工程造价事前、事中和事后整个全过程的有效监管制度。

2．当前应进一步改革和完善评标办法并对合同价进行跟踪管理，加大对建设方主体在确定承发包工程的标底、投标报价、中标价、合同价和结算价等计价行为的监督控制工作，重点研究制定工程中标后造价监督管理的办法和措施，使工程造价计价活动的监督管理法制化，规范化。

3．要完善造价工程师执业资格制度，采取有效措施提高造价工程师执业人员的执业水平和服务质量，构建工程造价人员资格管理体系，在考试、培训、注册和继续教育等方面进行不断的完善，整体提高造价工程师的专业技术素质。

4．对工程造价咨询机构和注册造价师的违法违规行为应坚决查处，应清出的予以坚决清出。

建筑装饰行业的行业特点探讨

深圳海外装饰工程公司　**张　凉**

自1994年国家标准《国民经济行业分类及代码》公布以来，在我国的行业划分中，建筑装饰一直是划分为建筑业的三大行业之一。建筑装饰行业是在改革开放后才作为一个相对单独的行业逐步发展起来的。深圳海外装饰工程公司作为全国第一家注册成立的专业建筑装饰工程公司，见证了中国装饰行业发展的全部历程，现在就我公司20年来发展的一些经验，对我国建筑装饰行业发展的一些特点进行一下总结。

1．建筑装饰行业相比较于土建、房地产等行业规模较小

虽然近年来装饰工程在工程项目中所占的投资比例有所增大，但是，由于装饰工程文化性、艺术性较强，在同一栋建筑物里也允许不同设计风格的单体出现，从业主角度来说，一般倾向于将一个项目分成多个标段，选择不同的装饰施工企业进行施工，既可以达到装饰风格的多样化，又在多家公司中制造竞争气氛，得到价格的最大优惠。同时也是业主协调各方面关系的一种手段。虽然在施工管理中增加了一些工作，但参与施工的企业在施工、服务方面的相互竞争，又在某种程度上提高了施工质量和服务水平。

这种趋势在2000年以后愈发明显，以前我公司经常会有一些单项装饰工程造价五六千万甚至上亿的情况，比如哈尔滨新加坡大酒店、北京国宾花园酒店、厦门国际会展中心、郑州期货大厦、香港中联办办公楼等装饰工程。近两年这样的情况已逐渐减少。以深圳市民中心工程为例，接近2亿的装饰工程造价，业主将整个工程划分成11个标段，1家公司只能参加其中一个标段的投标，只是因为我公司设计中标，样板房施工排名第一，才特许参加2个标段的投标。

在这种情况下，对装饰公司而言，由于单项工程的造价降低，为保证一定的市场份额，必须多点出击，依靠工程数量弥补单项工程造价偏低的不足。以我公司为例，2001年度累计签订合同130项，合同总额6.5亿元，2002年上半年累计签订合同64项，合同总额3.4亿元，两年平均单项合同额510万元。

以上特点决定了装饰工程项目区域分布广泛，每个单项工程经营施工都必须分别进行，难以进行整合，发挥集团优势。大大增加了经营和管理的难度，而且公司的规模越大，工程项目越多，管理难度也越大。

2．装饰行业缺乏高技术含量，不需要大规模投资及大型机具设备，入门门槛比较低

最初的装饰从业者多是从农村出来的剩余劳动力，只需要一把锯子、一柄锤子就可以从事装饰施工。即使发展到今天，这种状况依然没有从根本上得到改变，特别是家装。虽然施工管理人员的素质有所提高，但作业人员仍然以农民工为主，只不过将手中的原始作业工具变成手提式电动工具。而从施工技术的角度上来看，施工企业对新技术、新工艺的使用几乎完全受制于装饰材料制造行业，根本无法拥有自己的核心技术，形成技术上的优势。从目前施工现场的情况来看，装饰公司无论大小、成立先后，施工作业的手段几乎没有本质上的区别。

同时装饰施工对企业的投资压力比较小。装饰工程的作业环境划分得很细，很少有大的空间，不利于大型机具设备的展开，所以装饰工程所需的基本上是中小型机具，特别是手提式电动工具。机具的含量在工程成本中所占的比例较小，更换的频率也很高，如果是单项工程，基本上自己就可以解决机具设备的问题，企业不需要在机具设备上进行储备。同时，由于企业所承包的装饰工程标段规模越来越小，施工保函的数额不大，施工前期对工程款垫付的要求不高，则不需要大量的资金储备。

所以，装饰行业入门门槛很低，从国内装饰行业的发展来看，从 1981 年第一家装饰公司海外装饰注册成立，到现在据不完全统计现有装饰公司包括家装公司在内达到 25 万家，还不包括 20 年来已经被淘汰的大批企业。大量小型企业在管理、技术的竞争力上无法与大公司相比，为了生存便使用各种非市场竞争的手段，例如随意压低价格、采用幕后操作手段等，造成现阶段装饰市场竞争的无序和混乱，对进行正规化管理的企业造成很大的困难。

在这种情况下，大型正规化管理的装饰企业不宜盲目扩大规模，而首先应该注意保持公司在市场竞争中的灵活性，使公司既能够同大企业竞争又同时能同中小企业竞争。等市场条件允许的情况下再逐步进行整合扩张。同时，由于不断有新的企业加入市场，市场占有的情况变化很快，如果因为企业内部调整造成一定时间内市场的流失，重新培育市场就会变得极其困难。因此，装饰企业当前的主要问题不是做大，而是做强做专。

3. 装饰工程生产周期短、、生产要素简单，需要的管理人员较少

装饰工程的施工一般在建筑工程施工的最后阶段，由于装饰工程规模相对较小，同时业主往往将最后工期的压力加在装饰公司身上，造成装饰工程施工周期缩短。根据我公司的现状，一项装饰工程的周期平均在 2～3 个月之间，有些工程甚至工期非常紧张，如我公司施工的深圳园岭沃尔玛商场工程，造价 1100 万元，实际工期仅仅 45 天，而在牡丹江百货大楼工程，2200 万元的工程，工期不过 50 天。无法与土建工程动辄 1 年以上甚至几年的施工周期相比。

装饰工程施工现场分隔较细，不利于大型施工机具的展开，所以生产要素比较简单，机具只是一些简单的手提式电动工具，所涉及的材料种类虽然较多，但一般数量不大。项目周期短，项目管理人员相对土建工程数目较少，根据我公司的情况，一个项目经理部包括“五大员”在内一般只有七八个人。但是，由于装饰公司项目同时开工的数量较多，往往需要大量的人才储备，但是如果在某一个时段开工数量不足，又会造成人力资源的浪费或项目管理人才的流失。

在这种情况下，装饰企业的规模要与其经营规模相适应，企业间简单的合并整合如果没有相应的市场规模，容易导致人力资源的浪费和企业效益的下降。

4. 装饰企业设计投入大，设计管理困难

在目前国内的状况下，装饰设计完全依附于施工企业，施工企业为了施工任务，需要在设计上投入大量的资金，以一个 1000 万元左右的装饰工程为例，业主往往邀请十几家甚至更多的公司参与设计投标，平均每家公司在设计方案上的投入达到十几万元，中标率很低，但如不参加设计投标又会失去施工投标的机会。并且设计中标单位又往往在施工投标中对设计费进行全部或部分的优惠，减少了施工的利润空间。为增加工程利润，施工企业又经常压低设计费，结果造成设计水平和设计现场服务水平的降低。相比之下，建筑设计与施工完全分开，对建筑设计单位而言，投标投入较小，又有保底费，竞争压力不大，而土建施工单位则完全没有设计费的负担。

由于装饰设计涉及的环节较少，需要配合的专业不多，从事装饰设计的人员往往结成很小的组合，一般五六个人，几台电脑便能完成一项装饰工程的设计任务。这种情况造成设计师对公司缺乏归属感，为哪家施工企业服务便打哪家施工企业的牌子。同时，设计人员流动性较大，往往一个设计人员有了一定的设计能力和社会关系就立即从原先的设计组合中分离出去。这样，就造成了设计整合困难，公司虽然成立了多个设计室，但设计室之间缺乏配合和交流，因而无法在设计上形成规模优势。

5. 发达国家装饰行业现状

通过公司组织对国外行业发展情况的考察以及对有关资料的收集，我们发现，目前，在欧美发达国家包括我国香港地区，装饰行业很少有类似国内这样的大型装饰工程公司的存在。经过多年的发展，装饰行业专业分工进一步细化，由于发达国家装饰材料工业发展水平很高，装饰施工多采用工厂加工，现场装配的方法。现场施工人员大多是材料生产企业的后期服务人员，很少有类似国内这样大而全的装饰企业。同时，装饰设计的分工细化程度也很高，不同的设计事务所一般擅长某一类工程的设计，如有些事务所专门从事会所设计，有些专门从事酒店设计等。对比国内的设计师，在他的专长范围内水平明显要高，并且提供的服务更加到位。

根据发达国家和地区的发展经验，今后装饰企业应进一步朝着专业化的方向发展，企业之间的整合应在优势互补的前提下，在不同的专业的企业之间形成比较优势，达到共同扩大市场的目的，而不是简单的同类企业的合并。

综上所述，改革开放以来，由于我国 20 多年来基本建设维持了高速增长，造成我国建筑装饰行业虽基础较差，但行业从无到有得到了很大发展空间，涌现出一大批大型的装饰企业。随着市场的进一步饱和以及我国加入 WTO，国外新的理念和企业对我国建筑装饰市场的冲击将进一步加大。国内装饰企业如何应对新的形势，及时对企业的发展方向做出正确的战略调整，是我们建筑装饰行业从业者面临的重大问题。这个问题解决得不好，将严重影响到企业今后的发展。

关于对建筑装饰业内一些问题的认识和联想

黄 白

(一) 对建筑装饰行业内一些问题的认识

一、国内外装修在国民经济中的划分

读2003年第9期《建筑经济》山东建筑工程学院副院长沙凯逊教授的论文"诠释建筑业"，十分受启发，其中最有价值的是关于"装修"的国际划分。

联合国在1997年颁布的《中心产品分类》（CPG, Version 1.0）中把产品分为十大类，"产品"包括各种服务在内，建筑与建筑服务被列为第五大类。建筑，包括两大类：房屋、土木工程；房屋包括两类：住宅建筑、非住宅建筑。建筑服务包括八类：房屋的一般施工服务、土木工程的一般施工服务、施工场地的准备、预制构件的组装、特殊工种的施工服务、安装工程服务、建筑装修服务、带有操作人员的施工或拆除设备的租赁服务。

在世贸组织WTO中，建筑服务贸易包含在《服务贸易总协定》（GATS）中，称为建筑及相关工程服务，包括五类：房屋的一般施工服务、土木工程的一般施工服务、安装与装配服务、建筑装修服务、其他。由上可见，无论在联合国的CPG中还是WTO的GATS中，建筑装修服务都是在建筑服务中。重要的不仅在于发现了建筑装修的国际出处，而且在于"建筑装修服务"是一个完整的概念。

自二战以后，世界上的国民经济核算分为两大体系，一是以前苏联为首的东欧原经互会成员国采用的物质产品平衡表体系（MPS）；二是以欧美为代表的市场经济国家采用是国民帐户体系（SNA）。联合国采用的是欧美体系。我国计划经济时期选择的是苏联体系。改革开放后有两次大的转变，第一次是由MPS向SNA与MPS两种体系并存的混合体系转变；第二次是由混合体系向SNA转变，且以美国的为主。

1993年，我国根据联合国1968年的SNA标准，并采纳了部分联合国1993年SNA标准，对1992年的《中国国民经济核算体系（试行方案）》进行了重大修改，将我国国民经济分为三大产业，建筑业被划为第二产业。

1994年国家统计局第一次修订的国标《国民经济行业分类与代码》（GB/T4754-94），将原有"建筑业"门类中的"土木工程建筑业"、"线路、管道和设备安装业"、"勘察设计业"，调整为"土木工程建筑业"、"线路、管道和设备安装业"、"装饰装修业"。建筑装饰行业是：装饰装修属于建筑业的活动范围并在迅速发展。包括从事对建筑物的内外装修和装饰的施工和安装活动。指出：从事对建筑物的内、外装修和装饰的施工活动，车、船、飞机等装饰、装潢活动也包括在内。

2003年经国家标准化管理委员会批准，国家统计局公布了全部按国际产业分类标准进行第二次修订的《国民经济行业分类》（GB/T4754—2002）。新的分类将建筑业划分为四大类行业：房屋和土木工程建筑业、建筑安装业、建筑装饰业、其他建筑业。国家统计局根据GB/T4754-2002制定的《三次产业划分规定》，建筑业被划分为第二产业。建筑装饰业：是指对建筑工程后期的装饰、装修和清理活动，以及对居室的装修活动。包括十一类：门窗的安装；玻璃的安装；防护门窗、防护栏、防盗栏的安装；地面、地板处理、安装；墙面、墙板处理、粉刷；天花板的处理、粉刷；涂漆；室内其他木工、金属制作服务；工程完成后室内装修与保养；房屋的一般维修、装修和保养；其他竣工活动。

由上可见，我国是将建筑装饰业纳入被列为第二产业——建筑业中，是指对建筑工程后期的装饰、装修和清理活动，以及对居室的装修活动。

综上所述，无论是国际标准还是我国国家标准，共性是建筑装饰装修都是被划分在建筑之列。区别在于国际标准是依"服务"划分——建筑装修服务；我国国家标准是按"行业"划分——建筑装饰业。

从国际和国内国民经济中对建筑装饰装修的划分，我们可以看出我国建筑装饰行业在理念、标准、惯例、运行等方面与国际上的巨大差距。

二、行业发展现状

1. 行业年产值和发展速度

进入21世纪，我国建筑装饰行业以年均20%以上的速度发展，2000年为5500亿元，2001年为6600亿元，2002年为8000亿元。年均行业产值约占当年GDP的6%左右。

2000年、2001年和2002年行业发展速度分别为25%、20%和21%，年均22%。2001年比2000年下降了5个百分点，2002年比2001年增加了1个百分点。

2000～2003年全国建筑装饰行业产值和发展速度

		2000年	2001年	2002年	2003年	年均
协会研究	行业产值（亿元）	5500	6600	7200	8640	6985
	发展速度（%）	25	20	9	20	18
个人研究	行业产值（亿元）	5500	6600	8000	9840	7485
	发展速度（%）	25	20	21	23	22

2. 从业人员数量和创造的就业机会

2000年和2001年全行业就业人数保持在850万人左右，2002年有了创纪录的发展，按国家劳动和社会保障部就业司年初的预测和国家统计局年底的报告，2002年我国新增就业840万人，其中家庭装饰业占48%、400万人，是20世纪90年代建筑装饰行业年均增加就业人员50万人的8倍。建筑装饰行业创造的就业机会居全国首位。

目前我国装饰行业的从业人员约为1250万人，其中家装占60%，750万人，公装占40%，500万人。室内设计者现约25万人，占全行业从业者的2%。装饰装修施工人员1225万人，其中管理层约占10%，125万人，作业层（劳务层）占90%，1100万人。

我国培养室内设计人才现有100多所大学、200多所中专中技，每年毕业学生上万人，学校此专业一直十分热门，市场需求远大于供给。

3. 建筑装饰企业数量和资质

2000至2002年，我国建筑装饰企业数量保持在25万家左右，经过建设部2001年下半年到2002年中的进行资质重新就位的市场秩序整顿，到2002年底，有建筑装修装饰工程专业承包（施工）资质的企业2万多家，比2000年减少约25%，5000家。有建筑装饰工程专项设计资质企业1500多家，比2000年减少约33%，500家。

25万家建筑装饰企业，其中公共建筑装饰工程企业占8%，2万多家；幕墙工程企业占0.4%，1000多家；家庭装饰工程企业占92%，23万多家。

目前，全国29个省市区现共有471家一级资质建筑装修装饰工程专业承包企业，26个省市区现共有342家甲级资质建筑装饰工程设计企业，同时具有一级装饰施工和甲级装饰设计资质的企业231家。全国18个省市区现共有90家一级资质建筑幕墙工程专业承包企业，20个省市现共有105家甲级资质建筑幕墙工程设计企业，同时具有甲级幕墙设计和一级幕墙施工资质的企业69家。

4. 三项国际资质认证

自1996年我国建筑装饰行业开始推行ISO9000以及ISO14001和OHSAS18001认证以来，到2003年7月，全国共有27个省市区的333家建筑装饰企业通过ISO9000认证。其中，通过ISO9001的293家；ISO9002的40家；ISO9000、ISO14001和OHSAS18001三项认证的有25家；ISO9000和ISO14001两项认证的有16家；ISO9001和ISO9002两项认证的有2家；ISO14001的2家。通过认证最多的排在前六位的是：广东省79（深圳市61）、北京市38、江苏省32（苏州市10）、上海市28、辽宁省23、福建省21家。

5. 全国各地区行业发展

据各地方建筑装饰协会2003年7月为撰写《2002年中国建筑装饰行业年鉴》上报的各地行业发展概况的资料统计分析（详见下表），北京、上海和广州已成为新时期我国建筑装饰行业发展的三大城市，深圳装饰行业的发达程度仍居全国前列。珠江三角洲和长江三角洲的年装饰工程产值均在2000亿元以上。由此形成新时期我国装饰行业的区域发展中心。

2002年全国各地建筑装饰行业发展一表览

地　区	装修产值（亿元）	公装工程（亿元）	家装工程（亿元）	装饰企业数（家）	从业人员数（万人）
北京市	560	250 幕墙160	150	1600	35
上海市	500	250	250	2000	10
天津市	75	39	36		
重庆市				1412	
河北省	270			400	26
石家庄市	20	12	8	153	
黑龙江省	20			295	2
鸡西市	3.6	1.5	2.1	28	8.2
大庆市	4.78			150	1.1
长春市	20				
大连市	30				
济南市	80	60	20	573	6
潍坊市	3.92			117	2
安徽省	100			1200	30
杭州市	18.27			179	1.74
福建省	180	100	80	1024	
厦门市	7.09			133	
湖北省	153				20
广州市	450			225	
深圳市	52.04	41.89 幕墙 7.79	2.35	357	5
汕头市					10
成都市	40			1300	
云南省				311	
贵州省	50	30	20	120	6
山西省	50			295	6
大同市	3			100	1.2
浙江省	800			2000	70
吉林省	80	50	30	200	30

三、拖欠工程款

2003年11月15日《建筑业动态》、12月2日《中华建筑报》报道建设部11月27日的一份关于全国建筑工程拖欠工程款的调研报告，很有说服力。据国家统计局的统计，到2001年底，全国拖欠工程款2787亿元，占当年建筑业总产值15397亿元的18.1%，比1996年增加一倍还多。到2002年底，全国拖欠工程款比上年又增加21%，据建设部对全国现具有资质等级的67336家建筑业企业的调查，2002年全国实际拖欠工程款高达3360亿元，占建筑业总产值18527亿元的18.1%。12月1日《经济日报》公布建设部的最新调研报告，据对全国25106家有资质的建筑企业调查，到2002年底上述企业共被拖欠工程款2475.02亿元，而这些企业又拖欠分包企业工程款382.12亿元、材料设备购置款637.9亿元、农民工工资183.10亿元，合计 1203.12 亿元，占被拖欠工程款的 48.61%。拖欠工资最为严重。

从 20 世纪 90 年代中期就开始的治理建筑工程拖欠工程款近年来不但没有得到有效的解决，反面越来越严重。拖欠工程款现呈三大特征：

一是房地产商把拖欠工程款作为风险转嫁的手段，如广州市高达 91%，装修更是如此，家装企业普遍陷入“一次性装修”的圈套。

二是“政绩工程”、“形象工程”拖欠突出。据国家统计局统计，到 2001 年底，全国各地政府投资工程拖欠的工程款达 660.75 亿元，占全部拖欠工程款的 26.7%。据建设部的调查，广东省占 26%、重庆市占 28%。装饰企业普遍陷入“政府工程” 的圈套。

三是民营企业拖欠工程款后来居上急剧上升，装饰企业普遍对民营企业投资的装修工程倍加小心。

综上所述，以 473 家一级装饰施工、90 家一级幕墙施工企业为例，平均每家被拖欠的装修工程款至少在 1000 万元以上，合计约达 56 亿元之多，若加上一万多家二、三级装饰企业被拖欠的装修工程款，估计到 2002 年底全国装饰企业被拖欠的装修工程款约达 100 亿元以上，占 2002 年全国拖欠建筑工程款 3360 亿元的 2.97%，占 2002 年全国建筑装饰工程产值 7200 亿元的 1.39%。

全国拖欠工程款比例见下表：

	全国拖欠工程款（亿元）	占总产值（%）
建筑企业	3360	建筑业 18.3
装饰企业	100	装饰业 1.39

工程款被大量拖欠，是导致农民工工资被大量拖欠、企业信誉遭到严重损害，引发多头债务纠纷，社会信用关系被极大扭曲、工程质量低水平重复的根本性原因。作为投资者，政府和企业的责任三七开。

四、2003 年全国 GDP 与装饰行业产值

近五年来，我国 GDP 年均增长 6.98%，建筑业总产值年均增长 11.64%。2003 年 11 月 29 日结束的“中央经济工作会议”宣布，2003 年我国 GDP 达到 8.5%。我们对我国装饰行业发展速度有一个经验的判断：当国民经济发展速度 GDP 为 7%～8%时，建筑业发展速度为 11%～13%时，装饰行业发展速度为 18%～25%。

据中国建筑装饰协会公布的数据显示，进入 21 世纪，我国装饰行业以年均 18%的趋缓速度发展，2000 年为 5500 亿元，2001 年为 6600 亿元，2002 年为 7200 亿元。2000 年、2001 年和 2002 年全国建筑装饰行业的发展速度分别为 25%、20%和 9%，年均 18%。2001 年比 2000 年下降了 5 个百分点，2002 年比 2001 年下降了 11 个百分点，年均下降 8 个百分点。年均行业总产值约占当年我国 GDP 的 6%左右。当 2003 年我国 GDP 达到 8.5%时，装饰行业发展速度应在 20%以上。如以 20%为基点的话，2003 年我国装饰行业的产值将达到 8640 亿元。

我个人的研究是这样，如果 2002 年行业发展速度为 9%，则比 2001 年下降了 11 个百分点，成了自 1989 年以来行业的第二次大滑坡。这与当年我国国民经济 7.8%的发展速度是不协调的，且不符合行业发展实际情况。2002 年装饰行业的实际产值应在 8000 亿元以上。2000 年、2001 年和 2002 年行业发展速度则分别为 25%、20%和 21%，年均 22%。进入 21 世纪，我国装饰行业以年均 22%的增幅增速发展。2001 年比 2000 年下降了 5 个百分点，2002 年比 2001 年增加了 1 个百分点。2003 年装饰行业发展速度应在 23%以上，比 2002 年增加了 2 个百分点。如果以 23%为基点的话，2003 年我国装饰行业的产值将达到 9840 亿元，占当年 GDP 的 8.9%。

来自 100 亿元以上被拖欠的存量装修工程款和来自受 SARS 影响减产的 200 亿元，合计约 300 亿元。2003 年全国建筑装饰行业产值如按 8640 亿元计算，行业的效率损失约为 1 个百分点；如按 9840 亿元计算，行业的效率损失约为 3.75 个百分点。

2003 年我国建筑装饰行业是一个高速发展年，12 月 14 日中央电视台晚间新闻联播报道，建筑和装饰材料发展增幅为 151%。2003 年国务院发展研究中心卢中原发表在 2003 年 12 月 8 日《经济日报》上的专题文章表明，2003 年家建材和家装材料消费增长 46.6%。

2003 年 GDP 的贡献率 50%以上是投资，其次是出口，消费还不太足。因此中央经济工作会议把继续拉动消费、培育新的消费热点作为 2004 年的一项重要工作。家装已经成为并将继续成为我国新的消费热点，应该继续大力培育。

值得注意的是，2003 年我国室内设计业仍然没有挣到多少装饰工程投资消费业主的钱，还是依靠装饰施工企业生存，如按 3%～5%取设计费的话，则为 260～490 亿元，即装饰企业为取得装修施工合同在设计上所付出的交易成本，或为装修施工养活室内设计人员报付出的劳动力成本，如室内设计人员按 25 万人计算，则人均 10 万元～20 万元。因此，2003 年全国“装饰行业产值”，确切地说应为“装饰施工产值”。何时我国室内设计才能成为一个赢利且受人尊重的独立行业？！

五、SARS 对旅游业及装饰业的影响

2003 年 12 月 2 日《北京晚报》公布消费者评出“2003 年度国内十大旅游新闻”，其中第三条为“非典极大影响国内旅游业”，据国家旅游局统计，2003 年春节后的 SARS 疫情，使得全国旅游减少收入 40 亿美元，国内旅游减少收入 840 亿元，整个旅游业遭到了重创。根据 2003 年第二季度 SARS 的影响和对疫情趋势的判断，预计 2003 年全国旅游外汇收入将减少 88 亿美元，国内旅游将减少收入 2037

亿元，旅游业总收入将损失2768亿元。

12月1日经国务院批准，财政部和国家税务总局共同决定，因受SARS严重影响民航和旅游业的税收优惠政策（免征营业税、城市维护建设税、教育附加）延长至2003年年底。12月2日《经济日报》指出，截止10月底，全国旅游业损失高达上千亿元。

装饰装修是一个对旅游业依存度很高的行业。改革开放后旅游业的兴起，当时主要是宾馆饭店的建设装修，是我国现代装饰行业起步的开端。从建筑面积来看，装饰业80%的市场受到影响，其中旅游业（包括餐饮、旅店、娱乐）占20%。

如装饰装修对旅游业依存度为20的话，2003年因SARS，装饰行业受旅游业的影响将损失约40亿元。装饰行业因80%建筑面积受影响将损失200亿元。

六、对行业发展中若干问题的思考

1. 建筑装饰行业新的定义和解释

随着我国市场化的进程、行业的发展和人们对事物认识的全面、科学与深化，我国对建筑装饰装修和建筑装饰行业有了最新的权威定义和解释。

一是建筑装饰装修。2001年11月建设部和国家质检总局批准的国家标准《建筑装饰装修工程质量验收规范》（GB50210-2001），建筑装饰装修（building decoration）：是指为保护建筑物的主体结构、完善建筑物的使用功能和美化建筑物，采取装饰装修材料或饰物，对建筑物内外表层及空间进行的各种处理过程。

二是建筑装饰行业。国家统计局制定的国家标准《国民经济行业分类与代码》（GB/T4754—94）中，建筑装饰行业是：装饰装修属于建筑业的活动范围并在迅速发展。包括从事对建筑物的内外装修和装饰的施工和安装活动。指出：从事对建筑物的内、外装修和装饰的施工活动，车、船、飞机等装饰、装潢活动也包括在内。

在2002年修订后的《国民经济行业分类》（GB/T4754—2002）中，建筑装饰业：是指对建筑工程后期的装饰、装修和清理活动，以及对居室的装修活动。包括十一类：门窗的安装；玻璃的安装；防护门窗、防护栏、防盗栏的安装；地面、地板处理、安装；墙面、墙板处理、粉刷；天花板的处理、粉刷；涂漆；室内其他木工、金属制作服务；工程完成后室内装修与保养；房屋的一般维修、装修和保养；其他竣工活动。

三是建筑装饰行业的主体。建筑装饰行业的主体，是指建筑装饰工程企业，包括设计和施工。建筑装饰行业生产的产品是建筑装饰工程，包括设计和施工产品。但不包括装饰材料的制造和营销。

四是建筑装饰工程室内设计。根据1992年11月9日建设部《建筑装饰设计资格分级标准》（建设[1992]786号）10多年来一直没有更改的定义和按《国民经济行业分类》（GB/T4754—2002）中对建筑装饰业的定义的推论：

建筑装饰工程室内设计作为一门新兴的专业是建筑工程设计的一个有机组成部分，是建筑或室内设计专业人员根据建筑的功能及其环境的需要，为使建筑室内外空间达到一定的环境质量要求，而从事的建筑工程后期的装饰装修和清理，以及对居室装修的一种综合性的设计活动。其内容主要包括：门窗的设计；玻璃的设计；防护门窗、防护栏、防盗栏的设计；地面、地板的设计；墙面、墙板的设计；天花板的设计；涂漆设计；室内其他木工、金属设计；工程完成后室内装修与保养设计；房屋的一般维修、装修和保养设计；其他设计活动。

2. 政策走向

进入21世纪，国家对建筑装饰行业的宏观政策主要体现在以下三个方面。

一是家装。在全国人大通过的国策中，有两次是对建筑装饰行业发展的指南，从而确定了20世纪90年代和21世纪前5年我国建筑装饰行业发展和中国建筑装饰协会工作15年的目标。

第一次是：1991年4月9日七届全国人大四次会议通过的《中华人民共和国国民经济和社会发展十年规划和第八个五年计划纲要》中提出：加快住宅建设，发展室内装饰业和新型建筑材料。强调这是“八五”期间我国调整居民收入和消费结构，提高人民生活水平的一项国策。

第二次是：2001年3月15日九届全国人大四次会议通过的《中华人民共和国国民经济和社会发展第十个五年计划纲要》中提出：发展以居民住宅为重点的房地产业和装修装饰业。强调这是我国进一步调整经济结构，发展服务业，提高供给能力和水平，发展面向生活消费和服务业的一项国策。

二是装修材料。2003年1月1日起施行的《中华人民共和国清洁生产促进法》。有关装修材料的有两条。

第二十四条：建筑工程应当采取节能、节水等有利于环境与资源保护的建筑设计方案、建筑和装修材料、建筑构配件及设备。建筑和装修材料必须符合国家标准。禁止生产、销售和使用有毒、有害物质超过国家标准的建筑和装修材料。

第三十八条：违反本法第二十四条第二款规定，生产、销售有毒、有害物质超过国家标准的建筑和装修材料的，依照产品质量法和有关民事、刑事法律的规定，追究行政、民事、刑事法律责任。

三是物业。2003年6月8日国务院令第379号《物业管理条例》。有关装饰装修的共两条。

第四十六条：对物业管理区域内违反有关治安、环保、物业装饰装修和使用等方面法律、法规规定的行为，物业管理企业应当制止，并及时向有关行政管理部门报告。有关行政管理部门在接到物业管理企业的报告后，应当依法对违法行为予以制止或者依法处理。

第五十三条：业主需要装饰装修房屋的，应当事先告知物业管理企业。物业管理企业应当将房屋装饰装修中的禁止行为和注意事项告知业主。

3. 行业发展速度

我们对建筑装饰行业发展速度有一个定性的判断：当国民经济发展速度为 7%～8%时，建筑装饰行业发展速度为 20%～25%。

我国为了达到全面建设小康社会的目的，预定到 2008 年国民经济年均发展速度 7%以上。因此，可以这样推断，建筑装饰行业年均发展速度在 20%以上，仍然是一个高速发展的时期。

也有认为 2002 年建筑装饰行业的保守产值为 7200 亿元。如果是这样的话，那么 2002 年行业发展速度则为 9%。下降了 11 个百分点，成了自 1989 年以来行业的第二次大滑坡。这与当年我国国民经济 7.8%的发展速度是不协调的，且不符合行业发展实际情况。

4. 我国装饰企业与国际先进水平的差距

据美国室内装饰协会网 2002 年 9 月对《美国室内设计》杂志对 1999 年百强室内设计公司和百强装饰工程施工企业评价结果的报道，室内设计费 1999 年总收入为 11.32 亿美元，平均每家为 1132 万美元，约合 9000 万元人民币。美国百强中有 8000 多名设计师，占全美 3 万多名在室内设计公司就职的室内设计人员的 26%，平均每家 80 名。

百强装饰工程施工企业 1999 年总产值为 220 亿美元，平均每家 2.2 亿美元，约合 18 亿元人民币，装修总面积为 4.01 亿㎡，平均每家 400 万㎡。

从大型装饰企业年产值看，室内设计企业美国约为 1 亿元，而我国甲级如为 500 万元，相差 20 倍；装修施工企业美国约为 20 亿元，而我国一级如为 3000 万元，相差 66 倍；若百强装修承包商年营业额为 2 亿元的话，与美国也是相差 10 倍。

通过以上对比，可以看出我国建筑装饰行业与世界先进水平的巨大差距。

5. SARS 对行业发展的影响和启示

一是业绩损失。此次抗击 SARS，建筑装饰企业每发现一例 SARS 的成本约为 100 万元，包括隔离密切接触者的成本。年产值约降低 2 个百分点，如按 19%计算，2003 年建筑装饰行业产值将达到 9500 亿元，全行业业绩损失将达到 200 亿元。

从建筑面积来看，装饰业 80%的市场受到影响，其中餐饮、旅店、娱乐、旅游四大行业占 20%。这大约就是装饰行业在这次 SARS 危机中所付出的直接成本、贡献或损失。

从建筑面积来看，八成装饰市场受到 SARS 的直接影响，特别是占近四成市场份额的家装，具体比例大致为：住宅 38.1%、办公用房 20.1%、商业和居民服务用房 19.7%、文化教育用房 3.3%、医疗用房 0.9%、科研用房 0.3%。其中，38.1%的住宅和 19.7%商业和居民服务用房受到的 SARS 的直接影响，而且最大，占总建筑面积的 57.8%。除 0.9%医疗用房是正面的影响，能引起中央和地方政府对医疗用房的大量投资外，其他 80.5%的建筑用房均受 SARS 的负影响。

从此次国家财政补贴和税收优惠对象餐饮、旅店、娱乐、旅游等行业来看，建筑装饰是不受国家疫情危机保护的行业，说明装饰行业抗危机的能力比他们强，与世界旅游组织专家对中国旅游业直接和间接损失 1694 亿元（其中北京市旅游局估计全市旅游业的损失为 400 亿元）的估测相比，装饰业占旅游业的 12%。

二是就业机会。全国受 SARS 影响的有三大类行业，受冲击的就业岗位共达 890 万个：

一是在商业、餐饮、饭店、娱乐、洗浴、理发及美容化妆、歌厅、网吧等行业就业的约有 5000 万人，受影响程度按 8%估计，受冲击的就业岗位达 400 万个。二是在旅游、建筑、房地产、社会培训、社区保姆等服务性行业就业的约有 1 亿人，受冲击的程度按 5%估计，受冲击的就业岗位达 400 万个。三是在交通服务业就业的约有 1800 万人，受冲击的程度按 5%估计，受冲击的就业岗位达 90 万个。

建筑装饰行业承担了我国 48%的就业压力，如就业受 SARS 冲击的程度按全国有关行业平均水平的 5%～10%估计，2003 年新增就业仍按 2002 年的 400 万估计，原估计的 1650 万人的就业，估计将减少 80～165 万人。

三是对民工实行人性化管理。民工是社会的弱势群体。装饰企业和行业如何把弱势群体——1250 万装修民工当作自己的亲人，将与人为本与规范化的企业管理相结合？

四是建立装饰企业及行业危机管理机制。面对 SARS 这种“21 世纪出现的第一种严重和易于传染的疾病”（世界卫生组织），“危机”的含义中绝不仅仅只是“危难”这个内容，它更意味着“机会”。我们已经进入了一个充满危机的社会和全球化开放的社会，这次是 SARS，下次可能是金融危机、财政危机、战争危机、自然灾害、恐怖活动、重大事故等，都可能随时降临。突发传染病疫情灾害应急预案的建立与完善，彻底改变了建筑设计的传统，并导致了室内设计与装修理念的根本性变革，也极大地改变了政府市场管理和协会行业管理的理念和模式。

SARS 的出现引起人们对防控突发传染病疫情灾害、健康安全的空前重视，将极大地推动防控突发传染病疫情灾害室内设计与装修理念、理论与实践的形成、发展和提高，包括私人空间环保和公共卫生安全，家装和公装。建议大学开设此专门学科，装饰企业成立专门研究机构，进行新的理论与实践的创新。

如何处理室内装修环境污染与 SARS 等突发传染病疫情灾害的间接关系，以及一次性全装修的推广？

五是对装饰企业管理的启示。应积极总结 SARS 期间装饰企业管理的经验教训，特别是施工现场管理、民工居住生活和卫生安全环境管理、劳资纠纷处理、防控疫情成本收益等问题。防控 SARS 虽企业一次性投资比较大，但从长远来看则不一定大，关键是企业要进行有效的管理——实行责任制，防疫成本陆续折旧掉，可能要比企业一项重大决策失误和浪费相比要小的多。家装要学习公装，集中封闭式管理是个发展方向。企业家和企业管理的关键作用，在防控 SARS 中，企业家的决策和企业管理至关重要，在全行业的地位和作用中，设计还是“龙头”吗，纲举目张指谁？

6. 行业结构四个层次分离的调整

一是公装与家装分离的调整。1994 年国家统计局第一次修订的国标《国民经济行业分类与代码》（GB/T4754—94），将原有“建筑业”门类中的“土木工程建筑业”、“线路、管道和设备安装业”、“勘察设计业”，调整为“土木工程建筑业”、“线路、管道和设备安装业”、“装饰装修业”。 2003 年经国家标准化管理委员会批准，国家统计局公布全部按国际产业分类标准进行了第二次修订的《国民经济行业分类》（GB/T4754—2002）。新的“分类”将建筑业划分为四大类行业：房屋和土木工程建筑业、建筑安装业、建筑装饰业、其他建筑业。

由此，建筑业由 1994 年的第一产业调整成为 2003 年的第二产业。建筑装饰行业也由第一产业调整为第二产业；同时由 1994 年建筑业的三大行业之一调整成为 2003 年的四大行业之一。值得注意的是，从产业划分的角度，公共建筑装饰属于第二产业，而家庭装饰由则属于第三产业，确切是属于现代第三产业中的第二个层次——为生产和生活服务的居民服务业。

二是设计施工二合一结构分离的调整。我国建筑装饰工程企业的结构是设计施工合二为一。我国建筑装饰行业的结构是设计施工一体化，这一行业结构是市场配置资源的结果。

要按国际惯例、市场经济和行业发展的趋势进行调整，调整的方向是设计施工两相分离。调整的办法，主要是依靠市场的力量，同时辅以政策的引导。

自改革开放以来我国现代建筑装饰行业的兴起形成，20 多年来设计一直就依附于施工，这种设计施工二合一的体制，在历史上发挥了重要而积极的作用。建筑装饰企业通过设计达到承包施工目的与业主交易的成本是 3%～5%的设计费，这是一种公平的交易。

因设计比较施工至今仍幼稚，施工直接培养着设计的发育成长，施工所付出的培养成本是 3%～5%的设计费，如以 2002 年全行业产值 7200 亿元的 3%计，装饰施工为设计所付出的培养成本是 216 亿元。

三是顾问咨询与设计分离的调整。按国际惯例，以装饰工程设计项目招投标为界限，将设计顾问咨询与方案及施工图设计两相分离。按国家发展计划委员会、建设部等七部委 2003 年 3 月 8 日联合发布的《工程建设项目施工招标投标办法》，设计顾问咨询主要是做“招标项目的前期准备”，包括项目论证、投资消费分析、估价、效益评估等。

四是专业化分离的调整。室内设计公司、装修施工企业都应向医院、律师事务所一样，实行专业化经营，以形成比较优势——核心竞争力。

以上四个层次的分离，均是市场配置资源的结果，主要依靠市场的力量。政策引导的思路是鼓励分离，不可强制，允许并保护多种模式同时并存、竞争和发展。调整的力度，以比较温和为宜。市场缺陷的干预体现在资质标准、市场和行业管理办法，实质上是重新进行市场和行业管理制度的安排，特别是在建筑装饰工程的招投标中，将设计与施工分开进行。

此外，不赞成叫什么“装饰设计院”，一是计划经济色彩太重，二是现有的 8 家装饰设计院（江苏省建筑装饰设计研究院、深圳市建筑装饰（集团）有限公司设计院、大连市建筑装饰设计研究院. 山东齐鲁装饰设计院、温州市云艺建筑装饰设计院、杭州天澜建筑装饰设计院有限公司、浙江港澳建筑装饰设计研究院、新疆建筑装饰设计研究院），每家平均 20 多人，与建筑设计院相比也叫“院”，至多称为“所”，勉为其难。况且目前勘察设计院也在进行按国际惯例的改革。因此称“事务所”或“工作室”为宜，且以个人或个性化名称为上。

幕墙工程设计也应沿着为这个大的趋势，进行幕墙业分四个层次的结构调整。

7. 建筑装饰工程室内设计单位得是真正的企业

我国政府对于建筑装饰设计市场和行业实行管理，始于 1989 年。以 1989 年 5 月 30 日建设部做出的“关于发布《施工企业资质等级标准》的通知——《建筑装饰施工企业资质等级标准》”[（89）建施字第 224 号]为标志。这个名为《建筑装饰施工企业资质等级标准》，其企业营业范围包括“设计和施工”。因此，我国对于装饰工程设计市场和行业的管理，始于 1989 年。

1990 年 11 月 17 日建设部做出“关于试行《建筑工程装饰设计单位资格分级标准》和确保建筑工程设计整体性的通知”[（90）建设字第 610 号]，是装饰工程设计从施工中分离出来的标志。

1992 年 11 月 9 日建设部进行第一次修订，改称《建筑装饰工程设计企业资质等级标准》，以建设[1992]786 号文件颁发。2001 年 1 月 9 日建设部进行第二次修订，改称《建筑装饰工程设计专项资质分级标准》，以建设[2001]9 号文件公布，增加了工商注册资本和业绩的要求。

期间，幕墙工程设计从装饰工程设计中单列出来，2000 年 6 月 30 日建设部公布《建筑幕墙工程设计专项资质分级标准》（建设[2000]126 号）。此前，幕墙工程施工从装饰工程施工中单列出来，1996 年 12 月 3 日建设部颁发《建筑幕墙工程施工企业资质等级标准》（建建[1996]608 号）。

由于 1989 年 5 月 30 日颁发的《建筑装饰工程施工企业资质等级标准》，在 6 年后的第一次修订——1995 年 11 月 7 日以建建[1995]666 号文件修订后，才将企业营业范围中的设计与施工分离，因此，我国真正对装饰工程设计市场和行业进行专门的管理，是 1990 年 11 月 17 日《建筑工程装饰设计单位资格分级标准》公布后的 5 年后才得以实现的。

综上所述，我国政府对于装饰工程设计的市场和行业管理，始于 1989 年；提出专门管理，始于 1990 年；进行专门管理，始于 1995 年。1992 年和 2001 年对资质标准进行了两次修订。2000 年幕墙工程设计从装饰工程设计中单列出来。2003 年 6 月 23 日，建设部建筑市场管理司委托中国建筑装饰协会组织第三次修订《建筑装饰工程设计专项资质分级标准》（建设[2001]9 号），我们增加了年设计产值——工程设计结算收入的要求。

20 多年来我国室内设计最大的问题，是这个行业挣不来装饰工程业主的钱。个人高收入而企业却入不敷出。这在国际上是不可思议的。当前我国室内设计最大的创新，是由主要挣装修施工企业的钱转变到主要挣装饰工程业主的钱——挣钱方向的根本改变，只有这样才能按国际惯例设计与施工分离，成为一个被世界公认的行业。出路：装饰工程设计单位应是真正的企业，真正走向市场。

8. 装饰企业经营房地产

装饰企业经营房地产，由来已久。早年的如深圳南利——因卖不出去致使现在改制困难重重，西安的彼特——因银行贷款过多致使现在难以翻身。如今又有一批装饰企业勇涉足，如深圳的瑞和、远鹏、广田，浙江的广厦、飞耀，吉林的太阳神、西安的鑫龙、江西的圳昌、河北的斯特龙、四川的亨帝、济南的盛顺等 10 多家，约占我国现有 471 家一级建筑装饰施工企业的 2%。持赞成意见的理由主要有两条：一是装修很难做的大，房地产可以；二是装修挣钱太辛苦，还是房地产来得快。这就涉及到二大要害的问题：

一是装修难做大之说。装修与房地产相比是小，但是你能与以 71 亿元名列“2002 年度中国餐饮百强企业”第一的拥有肯德基等 897 家连锁店的百胜（中国）投资有限公司相比吗？你在房地产业内能象你在装饰行业目前的地位一样大吗？其实，这种比法的思维方式本身就是不妥的，大凡事物相比，只能是同类——装修与装修，房地产与房地产相比，装修与房地产不具备可比性。

二是房地产挣钱容易之说。以此类推，其他挣钱容易的事是否都可以考虑去干？你做装修究竟是作为一项职业，还是就是为了挣钱？按国际惯例，一项经营业务在一家企业的经营额如果超过 70%，那么他就是主营此业务的企业，一般而言房地产的产值肯定大于装修产值，那么实际上就意味着装饰企业转业了，是想改行做房地产吗？表面上认为装修挣钱太辛苦，实际上是否说明已经对装修厌倦、疲惫、失望，乃至放弃？

问题的本质是：企业发展战略专业化与多元化的选择——企业的核心竞争力是来自专业化竞争的比较优势的市场经济原理，是否不适用我国建筑装饰行业的一些装饰企业？反观 2002 年幕墙产值 10.5 亿元的沈阳远大铝业工程有限公司和装修产值 7.2 亿元苏州金螳螂建筑装饰有限公司一直是坚持专业化方向，以致成为我国建筑装饰全行业的先进。

9. 从家装看装饰材料市场的发展

2003 年 8 月 3 日，中国建筑装饰材料市场信息网在杭州玉皇山庄召开“中国装饰建材市场新型运营模式研讨会”，我应主办者之邀作了一个小讲座，题目是“装饰行业在 SARS 中的表现及从家装看装饰材料市场的发展”。

如果 2003 年我国建筑装饰工程产值按 8000 亿元计，装饰材料占装饰工程产值按 70%计，那么装饰材料产值可达 5600 亿元。如果装饰工程产值按公装占 42%、家装占 58%计，那么装饰材料用于公装的为 2400 亿元，家装的为 3200 亿元。这是一个行业新的统计。

从装修承包商采购的方向来看有两大方面，一个是公装，另一个是家装。公装采购是为了投资者，面对材料制造商，特点是大宗和集中；家装则是为了消费者，面对流通商，特点是小额和分散。

装饰材料市场主要是服务于家装消费者。这就是装饰材料市场与装饰工程市场以家装为扭带的关系。装饰材料交易市场也成为了 2003 年营业额为 3000 亿元的一个新兴行业。

从政府保护受 SARS 影响较大的行业来看，装饰工程行业不受任何补贴；而装饰材料市场却受到地税部门减免场租等财政优惠。同在一个大的建筑装饰行业，在突发性公共卫生危机中，装修承包商与饰材流通商在同样的打击下，政府的保护态度和措施是截然不一样的。由此可见，饰材流通商的抗击能力不如装修承包商。

近年来，北京的装饰材料交易市场，亏损、勉强保本和赚钱的企业各占 1/3，即使赚钱的市场，也在逐年大幅度降低利润空间。SARS 之后上万平方米规模的装饰材料城接二连三的关张或转行，现首选是汽车配件服务。这一趋势值得认真研究。提出的问题是：经营装饰材料交易市场究竟是投资行为还是事业上的追求。

在国民经济运行中，投资、消费、贸易是三驾马车。贸易的市场经济原理是比较优势，而物流的原理则是产业链。核心竞争力产生于比较优势，而非来自产业链。

2002 年我国户均家装产值约 5 万元。材料市场属于消费服务贸易，装饰材料市场则属于为 5 万元水平的家装消费者的服务贸易。目前营销的模式主要有两种：一种是摊位制，另一种是超市。两者在生存发展——对待入驻厂商的经营原则上本质上的区别是，前者依靠租金，而后者则是依靠业绩。装饰材料市场的发展趋势：材料与家装二合一的超市及专卖店。当务之急是建立行业管理制度，特别是企业的市场准入与清出，从业人员资格的认定与动态管理。

自 1995 年以来家装投诉一直位列全国 10 大消费之中且居高不下。家装投诉的热点，主要集中在材料的假冒伪劣，特别是近年来诈称的“绿色”，已成为国家质检总局公布的2003年上半年10大消费陷阱之一，且位居第三。因此，装饰材料市场最大问题是：假冒环保材料。

10. 装修的精致化

2003年8月9日我陪同中国建筑装饰协会名誉会长张恩树参观了位于长春的一汽大众组装厂，捷达1.5分钟下线一辆，奥迪5分钟下线一辆。一进上万平方米的现代化厂房，就可以看到一横幅——整个厂区惟一的标语：“第一次就把事情做对。”这就是国际著名的大企业德国大众的经营理念。

当我们的企业均把“质量第一，信誉至上”、“精心设计，精心施工”、“顾客是上帝”、“立足某地，走向全国”等耳熟能详的口号喊得震天价响时，德国大众的经营理念却如此质朴、独特，更反观我们的“事不过三”，足令人感到震撼。

七、家装消费在国民经济中的地位和作用

2002年12月29日，中央电视台晚间新闻联播“2002年年终特稿”中播送国家统计局数字，2002年GDP增长8%，其中的贡献：全社会固定资产投资增长19%(民间投资增幅20%)，消费增长3.3%。

我国并非是标准的市场经济——有效需求的拉动主要取决于消费的增长，投资比消费对GDP的贡献高15.7个百分点，当前决定性国民经济发展主要因素是投资，而非消费。

虽然目前我国公装（面对投资者）与家装（面对消费者）的市场份额各占一半，但是从上面的意义上来说，两相比较，还是公装对GDP的贡献大。

因此我认为，当前我国建筑装饰行业发展主要任务之一是：积极满足投资者和消费者的有效需求，提供行业供给。

八、装饰行业创造的就业机会

2002年我国建筑业就业人数为3893万人，其中来自农村剩余的劳动力占72%，2797万人。

2000年和2001年我国装饰行业就业人数保持在850万人左右，2002年有了创纪录的发展，按国家劳动和社会保障部就业司年初的预测和国家统计局年底的报告，2002年我国新增就业840万人，其中家装业占48%、400万人，是20世纪90年代装饰行业年均增加就业人员50万人的8倍。其中90%来自农村。

全面建设小康社会目标的实现，其中取决于城镇化水平的提高。2001年城镇人口占全国总人口仅为37.7%，农村人中仍然高达62.3%。促进城镇化，不仅在于提高农民的收入，而且在于将富裕的劳动力从农村中转移到城市就业并在城市居住。重要的转得出来且留得住。目前我国每年新增富裕劳动力，城市500万人、农村1400万人，GDP每增加一个百分点，可安排70万人就业。就业的出路在于比第二产业吸纳就业人口高5倍的第三产业，特别是居民服务业。家装是一个劳动密集型高就业率的行业，创造的就业机会居全国首位，对于缓解我国就业压力，特别是解决农村剩余劳动力的转移问题做出了积极的贡献，为政府实现充分就业提供了有力的支持。

目前我国装饰行业的从业人员约为1250万人，其中家装占60%，750万人，公装占40%，500万人。室内设计者现约25万人，占全行业从业者的2%。装饰装修施工人员1225万人，其中管理层约占10%，125万人，作业层（劳务层）占90%，1100万人。

我国培养室内设计人才现有100多所大学、200多所中专中技，每年毕业学生上万人，学校此专业一直十分热门，市场需求远大于供给。

全国受SARS影响的有三大类行业，受冲击的就业岗位共达890万个：一是在商业、餐饮、饭店、娱乐、洗浴、理发及美容化妆、歌厅、网吧等行业就业的约有5000万人，受影响程度按8%估计，受冲击的就业岗位达400万个。二是在旅游、建筑、房地产、社会培训、社区保姆等服务性行业就业的约有1亿人，受冲击的程度按5%估计，受冲击的就业岗位达400万个。三是在交通服务业就业的约有1800万人，受冲击的程度按5%估计，受冲击的就业岗位达90万个。

装饰行业承担了我国约48%的就业压力，如就业受SARS冲击的程度按全国有关行业平均水平的5%～10%估计，2003年新增就业仍按2002年的400万估计，原估计的1650万人的就业，估计将减少80～165万人。如按平均值计算，2003年装饰行业就业人员约达1500万人。

九、现代服务业与建筑装饰业

2003年1月13日，北京市人大十二届一次会议召开，市委书记兼市长刘淇作政府工作报告，其中强调，首都要大力发展“现代服务业”。

据当日《北京晚报》介绍，现代服务业，大体相当于现代第三产业，主要包括信息、金融、会计、咨询、法律服务等行业。国家统计局在1985年《关于建立第三产业统计的报告》中，将第三产业分为四个层次：第一层次是流通部门，包括交通运输业、邮电通信业、商业饮食业、物资供销和仓储业；第二个层次是为生产和生活服务的部门，包括金融业、保险业、公用事业、居民服务业、旅游业、咨询信息服务业和各类技术服务业等；第三个层次是为提高科学文化水平和居民素质服务的部门，包括教育、文化、广播电视事业、科研事业、生活福利事业等；第四个层次是为社会公共需要服务的部门，包括国家机关、社会团体以及军队和警察等。

如此说来，我觉得建筑装饰业属于现代第三产业中第二个层次——为生产和生活服务，特别是在居民服务业中的家装业更为突出。社会团体是属于现代第三产业中的第四层次——是为社会公共需要服务的部门。

确切地说：建筑装饰行业，从行业隶属看是属于建筑业，为其三大组成部分；从产业隶属看则属于第三产业，在第二个层次——为生产和生活服务；其中的家装业则是明确在第二个层次中的居民服务业之内。建筑装饰协会属于现代第三

产业中的第四层次——是为社会公共需要服务的部门。

这就是建筑装饰行业在我国国民经济和社会发展中的定性的地位和作用。

十、企业成功后的“水涨船高”

香港《财富》杂志2003年10月号载文《警惕“水涨船高”》，强调一个企业在成功后，如果有什么令人担心的话，那就是“水涨船高”。这种情况就是：成功的取得是由于赶上了好的市场机遇，成功的背后，往往有一支不是靠打硬仗打出来的、而是被市场汪洋海水涨潮推往高处的管理者队伍，水平一般。“水涨船高”式的成功，结果往往是“好事不再重来”。

1. “水涨船高”四大问题

一是容易错误判断队伍的基本素质。尤其是在适应不同环境、取得成功所需的适应性和创新性方面，容易产生错觉。通常情况下，“水涨船高”型管理团队的眼光很高，口气很大，但做判断的根据很不充分，其战略方案的逻辑性较差，适应不同竞争手段的灵活性欠缺，深入分析问题提出有见地的针对性方案较少。所以，在这样的管理队伍领导下的企业，过惯了好日子，开支大手大脚，营销方案简单低级，具有明显的可复制性和竞争弱点。

二是管理基本功较差。对于公司内部的几个基本管理体系如生产、研发、营销等体系的完善和高效，基本上是不求甚解，大而化之，睁一只眼闭一只眼，企业到处存在着可以精细化或精确化管理的地方。其实，由于缺少管理基础，这种企业是非常松软的，经不起市场风浪。

三是抗风险能力差。应对市场波动和行业衰退的“企业体质”较弱。企业的强弱，不仅在于规模的大小，而且在于其组织体系和机制的敏捷性。企业体质弱，就如同人之虚胖，貌似庞大，但距离市场远，对市场的气候变化反应迟缓，容易伤风感冒，甚至不可救药。

四是成功模式的可复制性。由于以往成功的主要因素是外部春天般温暖，在这种成功模式下，其实没有核心竞争力的延续。一旦行业的潮水退潮，企业搁浅触礁便是通常的命运。

2. 如何识别“水涨船高”？

如何识别一个管理者是否是“水涨船高”型管理者呢？

一是要研究他的成功过程。差别就在于整个成功过程的系统运筹上。要研究他为什么做出某些决策，为什么要采取某些方案，其背后的原因和整个公司发展的逻辑是否一致，以及一致性多大。

二是要研究他的决策模式。要分析他在做出一个重大和关键决策的过程中，采用了哪些方法，使用了什么样的支持依据，又如何预测各种可能的情况，从而做出一个最后正确的决定。

三是要分析他的思想逻辑。这时，可以把成功者分为“内向引导型”成功者和“外向引导型”成功者。“内向引导型”成功者是一种主观愿望主导其行为逻辑的成功者，他更多地追求内心成功的感受和成功的标准，有着更为坚定的个人意志。“外向引导型”成功者是一种外部事物或他人信息主导其行为逻辑的成功者，他更多的是善于学习他人的长处，组合市场的资源，抓住稍纵即逝的机会。

一般而言，“内向引导型”成为“水涨船高”型的可能性较小。

3. 怎样避免“水涨船高”？

如何既能抓住外部市场机会，又避免成为“水涨船高”型管理者呢？

一是作为企业管理人员，应当有自己的“基本管理理念”。每一个管理者，无论是创业抑或上任，在出马之初，要腾出时间想想这个问题：我个人对于管理的基本理念是什么？这些基本管理理念，应当包括做企业、做事、做人等几个方面，也就是自己恪守的起码管理底线。

二是作为企业管理人员，应当有自己推崇的成功模式。创办企业或管理企业的过程，其实说到底就是实现自己成功模式的过程，就是在现实中贯彻自己崇尚的意志和行为。

十一、我国装饰行业“短缺”企业家及其精神

香港《信报财经月刊》2003年10月号载文《企业家精神与企业发展》，指出企业的成功发展离不开成功的企业家及其精神。成功的企业家及其精神是企业获得发展的前提和首要条件。由于中国总体上还处于低水平发展阶段，经济体制转轨和经济结构转换还是当前中国国民经济生活面临的一个迫切任务。但是，从发展的角度看，影响更大的首先不是资金和技术，而是企业家及其企业家精神。

1. 何谓企业家？

所谓“企业家”，应当是两种规定性的统一。第一，他不仅是一个能够创办(start-up)企业的人，而且是一个能够经营(running)好这个企业的人；第二，他不仅是一个能够发现和利用一切可能的机会实现企业创新与发展的人，而且必须是一个能够对经营决策全部后果承担最终责任的人。如果这种界定成立的话，那么，对于其具体存在形态，则可以认定，他既可以是一个企业主，也可以是能够对其经营决策的全部后果承担最终责任的大企业经理人。

作为现代企业家，他不仅必须是上述两种规定性的统一，还必须具备一些常人很难具备的特质和功能。按照现代市场经济的观点，企业家最基本的特质和功能就是创新。企业家是企业的化身或人格化。在英文中“创新”(enterpreneur)源于“企业”(enterprise)，从词源学角度看，企业和企业家原本是带着进取、冒险、胆识、兴办、创见精神来到世间的。因此，“创新”是企业家的一个自然禀赋。

2. 何谓企业家精神？

所谓企业家精神，说到底就是企业家的创新精神。在现代市场经济条件下，企业家的创新精神至少包括如下几个方面：

一是不断追求产品创新的精神。这种创新精神的要点在于，不仅能够创造一个好的品牌，而且能够通过不断追求产

品质量的改进与提高，来维护、发展和完善这个品牌，并通过这种创新来获取最大限度的长期收益。

二是不断追求技术创新的精神。技术是企业生存与发展的主动脉。作为一个企业家，必须具有不断追求技术创新的精神。这里说的技术创新，既包括高新技术的创新，也包括生产过程中生产工艺和流程等方面的革新与发明。善于发现新的技术和发明，勇于引入新的技术和工艺，不断创造新的生产方式和方法， 以此来推动企业技术不断升级和生产方式不断发展，是企业家的一个重要使命。

三是不断开拓和创新市场的精神。这种创新精神的要点是，能够根据市场经济发展的实际，对市场结构、市场分布进行分析与比较，并通过分析与比较，发现和开拓新的市场，占领市场发展的制高点，提高企业的生产经营效率与收益。

四是敢于和善于进行组织和制度创新的精神。不仅要善于学习和模仿别人的成功经验与做法，而且要敢于和善于突破与超越别人的成功经验与做法，同时还要敢于在总结和综合前人经验的基础上进行再创新，实现企业组织和制度的新突破，以提高企业的发展力和竞争力。

五是团队合作与不断进取的精神。作为一个企业家，能不能和善于不善于组织一个好的团队，并能够形成很强的团队合作与进取精神，是一个企业家能不能成为名符其实的企业家的关键一环，也是一个企业能不能获得更大发展的重要条件。

3. 目前是企业家“短缺时代”

总之，建筑装饰企业的成功发展离不开成功的企业家及其精神。成功的企业家及其精神是企业获得成功发展的前提和首要条件。

由于我国总体上还处于低水平发展阶段，经济体制转轨和经济结构转换还是当前我国国民经济生活面临的一个迫切任务。在这种情况下，人们重视资金和技术，甚至认为我国目前仍处于资金和技术的“短缺”时代，是可以理解的。但是，从发展的角度看，影响更大的实际上并不是或者说首先不是资金和技术，而是企业家、企业家才能及企业家精神。与其说我国建筑装饰装饰行业目前还处于资金和技术的“短缺”时代，不如说目前正处于企业家及其精神的“新短缺时代”。

十二、行业协会的定义是什么

据美国《经济学百科全书》解释，行业协会“是一些为达到共同目标而自愿组织起来的同行或商人的团体”。日本则把行业协会定义为：“以增加共同利益为目的而组织起来的事业者的联合体”。英国认为：“行业协会是由独立的经营单位所组成，是为保护和增进全体成员的合理合法的利益的组织”。

成员，应理解为会员单位，而非会员以外的同行或商人。行业协会，代表的是会员单位的根本利益。所以政府主管部门要求行业协会，其会员要有同业企业30%以上的覆盖面，特别是业内主要的大型骨干企业。

综上所述，根据美、英、日等国对行业协会的定义，其共同点是：具有共同目标，为了保护和增进全体会员合理合法的共同利益，而自愿组织起来的同业团体。

装饰装修行业协会的定义能否是：以促进装饰装修行业的可持续发展为宗旨，为了保护和增进全体会员合理合法的共同利益，以服务、维权并自律，而自愿组织起来的同业社会团体。

十三、从事装饰行业协会工作的几个要素

1. “双向服务”要调整

在市场经济条件下，只有一个社会组织是为全社会服务的——政府，怎么还会出现一个还为政府服务的社会组织——社团呢？如果社团具有为政府服务的职能的话，则意味着社团的社会责任和权力高于政府，社会对社团的要求和规范高于政府，这显然是荒谬的。那么，在计划经济向市场经济过渡时政府对社团提出的“双向服务”的要求——既为企业，也为自己服务的要求是否过地时了呢？

2003 年初朱镕基总理曾经说过：“行业协会要真正办成代表企业利益的社团组织。”这个结论是非常正确的。目前有的社团已做出了调整，如中国钨业协会常务副会长兼秘书长孔昭庆在2003年10月7日第81期《中国工业经济联合会通讯》上撰文中强调：“行业协会的行为准则就是：一切为了企业，为企业办事。”

2. “以人为本”最关键

毛主席曾经说过：“世间最宝贵的是人，只要有了人，什么人间奇迹都会创造出来。”做好协会工作关键在人，要发现人、使用人、爱护人、培养人，真正做到“以人为本”。

从事行业协会工作的人，知识面要广博，专业知识要专而深，思想素质要高，身体素质要好，社会公关协调和语言文字表达能力要强，既是行业专家，又是社会活动家。做一名合格的行业协会工作者很难，对其要求很高。

特别是协会秘书长（副秘书长）更是一将难求。他要具有企业家的特征和行业专家的特点，工作效率高，有主动进取心和艰苦奋斗的实干精神；要有才智上的特殊能力，富有创新和判断能力；要有处理人际关系的特殊能力，为人表率，能发挥众人的才干，能客观地对待不同意见；有很强的人格魅力。我们建筑装饰协会有一大批这样的秘书长（副秘书长）。

3. 职业精神最可贵

人们常说，对行业协会工作者而言，事业心、责任感和奉献精神是最宝贵的。这的确不错。

记得在2003年5月非典最厉害的期间，媒体中常报道对工作在SARS一线的医护人员的采访，你们怕吗？噢，这是多么令人尊敬的奉献精神啊！以广州传染病医院英雄护士长张积慧为代表医护人员则多回答为：我们就是干这个的，干就要干好。这句话当时非常有名。

我们就是干这个的，实际上就是职业精神，正如军人上

战场、刑警抓嫌犯、学生念书一样。你说他是奉献精神，其实不是，而是职业精神。职业精神比职业道德还重要。如果说职业道德是一种社会伦理、行业规范的话，那么职业精神则是一种信念、理念、追求和理想。

当一个人成为职业协会工作者时，最可贵的精神正是职业精神。这种职业精神体现在协会运作上，既不能象企业运作靠经济运行，也不能象政府运作靠权力行政，而是靠感情——对行业、对企业、对自己所从事的职业的感情。

4. 热爱协会是前提

有了感情，进而才能发展到热爱。热爱协会工作是每一个协会工作者的前提。当一个协会工作者认识到自己在协会工作中的存在的价值和具备了充足的自信后，才能做到与所从事的行业产生内心的共鸣，才能积极主动出色地完成任务。一个人素质再高，但不热爱协会工作，能搞好协会工作是不可思议的。

如果有人在行业协会工作一个时期，热爱上了协会工作，确实舍不得离开协会，甚至有人非常愿意到协会来来工作，协会就大有希望了。

5. 团队精神不可少

行业协会是社团组织，很显然，协会的团队精神必不可少。协会工作者的团队精神，是一种推动协会有效运作和发展的内在动机和动力，是一种凝聚协会工作者的亲和力，对协会工作者的共同意识有一种强化作用。一个团结友爱、思想格调高尚的团队，能使每一位成员感到温情、光荣和自豪，这种情感体验同样可以激发协会工作者的积极性、主动性和创造性。

正是由于这种集体意识、共同价值观、高涨的士气的支配，才会有协会工作者有十分困难的条件下，自愿地将自己的聪明才智献给协会的事业，也使自身价值得以进一步的体现。

十四、怎样进行工作总结

从工作总结中就可以体会或看出一个企业的整体素质、专业化运作水平和比较优势，乃至核心竞争力。

2003年9月21日～23日，中国建筑装饰协会在北京召开有千余人参加的、具有里程碑意义的“全国建筑装饰行业科技大会”。大会结束后，一些参会企业进行了总结。我以为，有2家装饰企业的总结值得推荐。

10月6日～7日，苏州金螳螂建筑装饰有限公司专门集中企业中高层管理人员100多名在一家宾馆分业务、设计、施工、综合四个大组进行了两天的总结，主题是寻找差距。会议由总经理倪林主持，董事长朱兴良分别听取了各组坦诚的讨论并在总结指出：一是要打造一个学习型的团队，养成终生学习的心态和习惯；二是要加强员工培训和人才储备，使大家成为行业的专家和技术骨干；三是提高创精品工程和服务意识，逐步提高装饰工程的科技含量并迅速形成在技术上自己的核心优势；四是提高公司内部资源共享程度，提高工作效率；五是加强考核制度的改革，形成激励制度；六是积极改善企业应收款和现金流；七是加强公司的执行力。会议强调，与人方便就是与自己方便，帮助别人就是帮助自己，一个人、一个部门的胸怀有多大，他的发展空间就有多大。

10月24日，上海市建筑装饰工程有限公司青年工程师联谊会召开座谈会，总经理谢建伟同参加“全国建筑装饰行业科技大会”的5位青年工程师共同畅谈体会，并以百强前列企业为参照物从设计发展、施工管理、技术应用等多方面定性定量的找差距。谢建伟鼓励青年工程师除了要掌握扎实的理工技能外，还要尽可能多的涉猎一些文学艺术、美学历史等知识，以适应更高层面发展的要求。

连总结都不会的企业，只能是“水涨船高”式的成功，老板只是“水涨船高”型的管理者。

十五、我国室内设计师兴起作老板潮

到全国各地走走，并通过业内了解，发现中小装饰企业、特别是家装公司的老板多为室内设计师出身。长期以来，业内对此一是不以为然，二是不解其意。近与汕头市装饰协会常务副会长陈维交谈，有所启示。

由于市场配置资源的结果，室内设计师必然流向不同规模的装饰企业。值得讨论的假设是一部分本应在大企业供职的设计资源却在了小企业的原因和成本。我们常说某人原本比较平庸，后来在某大企业却业绩非凡，这是因为一般而言，设计师在大企业才有机会接触大工程，才能得以迅速成长，乃至脱颖而出。问题出在一些设计师接了几个案子或做了几回包工头，就自认为本事了得，有了管理企业的才能，并企图挣更多的钱。于是就自己做公司当老板。几年后的回顾，我们发现，绝大多数这样的企业仍在低水平上徘徊，难于脱颖而出。其机会成本比在大公司就业的同龄人大得多。需要指出的是，如果你主要是为了经济利益才这样做的话，其经济成本比在大公司就业的同龄人大得多。本事、能力、水平、素质、思路、思维方式、心胸不但有价值而且是有价格的，但它不是来自于主观感受而是源自市场评价。如果是想证明自己的经营管理能力，那么实践表明，你可能或很可能就是做小企业的材料。这个时候就不要抱怨了。

综上所述，这是否是我国室内设计业除了不挣钱的原因以外至今难以产生批量的名设计师的另一个重要出处？假如你是一位本应在大企业中做职业设计师的人选，是否就一定要进行当小公司老板的选择？从全行业的角度看，这是否就是业内最稀缺资源的最大浪费？

十六、室内设计方向专业化的创新

最近，一些优秀装饰企业室内设计的专业化运作又有了新的创新，值得业内关注。

如中国建筑装饰协会副会长单位、2002 年度中国建筑装饰行业百强企业第 1 名——苏州金螳螂建筑装饰有限公司在 300 多名室内设计师中划分为酒店设计等十多个专业方向设计组。

如中国建筑装饰协会副会长单位、2002 年度中国建筑装饰行业百强企业第16名——上海市建筑装饰工程有限公司：推行室内设计专业工作室制，首批推出的有6个，并分为两大专业方向：一是方案的策划和设计；二是设计深化和施工出图。

还如苏州市建筑装饰有限公司在公司写字楼内专设了以室内设计师个人名字命名的设计单元数个。

以专业化形成比较优势，以比较优势形成核心竞争力，这也是我国建筑装饰行业的必由之路。应当说，室内设计应该、有可能、也很可能带个好头。

十七、高档装修兴起使用民间材料潮

20多年来我国装饰工程、特别是高档的均为西式，表现在装饰材料上多为现代的。如今高档装饰工程使用民间装饰材料的在我国渐呈趋势。

2003年11月3日《北京晚报》头版头条以“高档餐厅装修民间找材料——老宅墙砖搬进王府饭店”为题报道：北京各城区拆除了不少老房子，其中的一部分墙砖被王府饭店当作了宝贝。不久前开业的中餐厅“凰庭”的墙砖都是来自于拆迁工程中的百年以上的老房子。位于王府饭店地下二层的这个中式餐厅被建成一座中国明清时代的庭院。厚重的前门以及铁门环都有200年以上的历史。餐厅内的桌椅为明朝风格，全部使用黄桦梨木制作。餐厅的“装修材料”来自全国各地：有200年历史的古董陈列架来自山西大院，现在用于摆放上好的茶叶；松木板及房梁则来自苏州的一栋大宅院；木屏风已经有一百年历史，精致的木格子窗是1800年前的产物，连入口处的一组刻有狮子的石柱也是山西一个有200年历史的大宅门里挑选来的，是当年为骑马准备的马桩。

还如广西桂林市2002年底开业、由上海蓝天房屋装饰工程公司装修施工总承包1亿多元的五星级“瀑布大酒店”的大堂，地面墙面满铺石材，但墙面悬有大面积民间窗扇，整个大堂气氛具有中国特色且不失豪华。又如江苏苏州市2003年9月落成、由台湾名室内设计师设计、苏州建瓴装饰工程有限公司装修施工800多万元的“苏州水”台湾会馆，墙面为大面积纵向叠压的苏州青瓦，地面为大面积的当地瓷碗碎片拼花，空中悬挂一艘具有200多年历史的当地古船，室内气氛极具苏州特点且显十分高档，是一令人感动的装饰工程佳作。各地均不乏这样的先例。具有普遍意义的如茶馆的装修，有特色的如长春长江装饰工程有限公司装修的“七家茶”等。

我们的装饰企业对运作传统与现代相结合的装饰工程还有什么犹豫吗？

十八、美国饭店借装修改造兴起禁烟潮

随着一股禁烟浪潮在美国中小饭店中兴起，很多吸烟客房经重新装修后被改成非吸烟客房。美国饭店业者指出，服务员打扫一间吸烟客房平均每间要多花5分钟时间，包括清洗烟灰缸、把沾上烟灰的地方打扫干净等。吸烟客房里的窗帘、地毯、床上用品及其摆设更换的频率也更高，因为吸烟者经常把这些东西烧出洞。把吸烟客房借装修改造成为无烟客房还让饭店处于更灵活的地位，一般而言，饭店快客满时，不吸烟的客人会被安排进吸烟客房，这样往往招致客人的不满，因为很多不吸烟者无法忍受那种难以消除的烟味。无烟客房是饭店所有宣传品中必不可少的内容，这给饭店带来很多生意，尤其是对带小孩的家庭颇具吸引力，它给人一种更干净、更安全的印象。拥有98间客房的弗吉尼亚州威廉斯堡豪生饭店3年前趁重新装修的机会实行了禁烟。纽约市从2003年夏天起在餐馆和酒吧全面禁烟，位于剧院区的Comfort Inn Midtown饭店实行禁烟已经2年了，2003年前7个月这家有79间客房的饭店客房出租率高达96%。据2003年9月26日《中国旅游报》介绍，美国吸烟客房占饭店客房总数的16%，这一比例近5年来降低了4个百分点，目前无烟客房约有440万间。纽约市的一间以接待《财富》500强企业和婚礼聚会出名的北枫饭店（Noth Mapl Inn）对在房间吸烟的客人加收250美元清洁费。

我们装饰行业的从业者在设计饭店时是否要采用这一新的理念呢？还有一些正在改变了的东西，我们是否也要与时俱进呢？

（二）对建筑装饰行业内一些问题的联想

十九、世界卫生组织健康住宅的标准

根据世界卫生组织的建议，健康住宅的标准有9条：一是尽可能不使用有毒的建筑装饰材料装修房屋，如含高挥发性有机物、甲醛、放射性材料等；二是室内二氧化碳浓度低于1000PPM，粉尘浓度低于0.15mg/m^3；三是室内温度保持在17～27℃，湿度全年保持在40%～70%；四是噪音小于50dB；五是一天的日照要确保3小时以上；六是有足够照度的照明设备，有良好的换气设备；七是有足够的人均建筑面积并确保其私密性；八是有足够的抵抗自然灾害的能力；九是要便于护理老人和残疾人。

健康住宅家装，比照此9条标准，也不错。

二十、家装列北京2002年十大投诉热点之七

2003年1月3日，北京市工商局12315投诉系统显示，2002年10大投诉热点，家装位列第7名，并说明：异地经营成为解决家庭装修的瓶颈。装饰公司多是异地经营，一旦出现质量纠纷，属地工商部门很难与该公司取得联系。此外另一项统计表明，家装位居商品消费投诉量前5名的第5位。

家装进入北京市消费者10大投诉热点之列，始于1995年。据当年北京市消费者协会统计，共受理投诉上万件，其中家装的投诉比上年增长50%以上，遂成为投诉热点。北京市的家装消费1995年是20亿元，2002年则是150亿元，相差7.5倍，而7年来始终居于消费热点和投诉位居前10名。北京如此，全国情况相差无几。新一年的家装行业如何管理，则是摆在政府主管部门和建筑装饰行业社团面前亟待解决的问题。“属地化管理”，是个行业管理新思路。

二十一、室内设计与可能的核辐射

核辐射或通常称之为放射性，存在于所有物质之中，是

正常现象。时听人说，宝石、玉石、“夜明珠”等室内装饰——小摆件虽然体积和重量均较小，但是它们是“庞物”，紧密贴近人，其放射性有时也会伤人。2002 年 12 月 26 日《北京晚报》上“知识小品”栏目中有吴慧山一篇关于生活中的核辐射的短文，读来感觉此人是专家，特录于下，将有益于室内设计的环保作业。

宝石，有名贵的金刚石（钻石）、红宝石、蓝宝石、祖母绿和猫眼及以普通宝石水晶、玛瑙和石榴石等。这类宝石经检测，尚未发现有高放射性的，例如水晶，是石英晶体，放射性就很低，玛瑙放射性也不高。

玉石，包括硬玉和软玉以及多种用于工艺美术雕刻的矿物和岩石，如辽宁的岫岩玉和新疆的和田玉，广东的“广片”，浙江的“青田玉雕”等。其中如大理石以及与之相近的云石、汉白玉、东北红、东北绿、曲纹玉、桃红、艾叶青、曲阳玉等，及其制品都是由灰岩变质而成，放射性都很低。

“夜明珠”，一是由重晶石中的部分钡转换成镭后，并经加工而成的，夜能发光，有强的放射性；二是由萤石经加工而成，在加热或在紫外线的照射下显荧光，以及在受到铀照射后，可具有不同程度的放射性；三是由某种含磷的物质加工而成，一般具有放射性；四是由某些材料加工而成；五是辐射而成。“夜明珠”是否具有伤人的放射性，一要看放射安全证明；二要经过实测，并以国际或国家标准来衡量。（人工的——$70Bq.m^{-3}$；天然的——$350Bq.m^{-3}$）

石雕，其放谢性取决于所用的岩石。例如由上述的多种大理石雕刻而成的，核辐射低；而由花岗石或砂岩雕刻的，其放射性高低应经验测后认准。

化石，系指由自然作用保存在地层中的地史时期的生物遗体或遗迹，它包括实体化石、遗迹化石和模铸化石以及由生物分解形成的有机物的化学化石。由北京核科联环境科技开发中心检测的第一例“恐龙化石”，其放射性为本底 8 倍；最近该中心又检测出的第二例恐龙化石，具更高的放射性。证明这类化石可能会伤人，应引起警惕！

奇石，来源多路，其所具放射性高低相差很大。在核科联的检测过程中，已发现有偏高放射性的鹅卵石。

骨艺品，一般系指动物死后留下的骨头。最近检测的几起骨艺品中，有一起属“不明身份”的动物脊椎骨，有偏高放射性；另一起为“外来的”牛头骨，则有更高的放射性。

陶瓷工艺品，主要成分是黏土，而它又是最易吸收放射性核素的，所以它放射性的高低，取决于所用黏土放射性的高低！据目前少量检测，尚未发现一起高放射性的。

木雕，一般放射性都很低，可放心使用。

二十二、《清洁生产促进法》与装修行业

从 2003 年 1 月 1 日起，我国有一部重要的法律——《中华人民共和国清洁生产促进法》正式实施。该法中第二十四条中有三次提及“装修材料”：建筑工程应当采取节能、节水等有利于环境与资源保护的建筑设计方案、建筑和装修材料、建筑构配件和设备。建筑和装修材料必须符合国家标准。禁止生产、销售和使用有毒、有害物质超过国家标准的建筑和装修材料。我产生的一些联想：

一是，《清洁生产促进法》是我国有关装饰行业的最近的一部国法，提法是“装修”，可否作为今后规范的标准用语。

二是，虽然《清洁生产促进法》直接是针对“装修材料”的，但是该法强调的是主体是建筑工程。而建筑工程包括装修工程。实际上等于是说：装修工程应当采取节能、节水等有利于环境与资源保护的室内设计方案、装修材料、构配件和设备。此段文字应视作对装修工程的法理上的要求。

三是全国人大环境资源委员会主任委员曲格平在 2002 年 12 月 23 日召开的“新型工业化道路与中国环境保护高层论坛”上指出：实施清洁生产是我国走新型工业化道路的一项根本性措施，这项法律的实施意味着我国的工业化生产方式将发生根本性的变革，为走新型工业化道路提供了重要的法律保障。他强调，这部法律虽然是针对一切生产领域的，但也可以说主要是针对工业领域的。

由此想到是：装修材料——装修工程——装修行业是属于工业生产领域的。因此，原“国家建筑材料工业局”叫的是有道理的；装修行业是生产装修工程这一产品的行业是准确无误的。

如此说来，装修行业先进生产力的发展方向是：走新型工业化的道路。无论是装修材料生产厂商还是装修工程生产企业，都要采取改进设计、使用清洁的能源和原料、采用先进的工艺和设备、改善管理、综合利用资源等措施，提高资源利用效率，减少和避免在生产过程中污染物的产生的排放。

根据 2002 年 12 月 24《北京晚报》上相关报道的指点，装修行业实施清洁生产——推动先进生产力的发展，主要应把握好五项基本原则：一是环境影响最小化；二是资源消耗减量化；三是优先使用再生资源；四是循环利用；五是原料和产品无害化。其主要技术路线和措施包括三方面：一是源头削减——改进产品设计，采用无毒无害的原料，使用清洁的或者是强再生的能源，运用先进的物耗低的生产工艺和设备等；二是生产过程控制——改进生产流程，调整生产布局，改善管理，加强监测，减少跑冒滴漏，防止物料和能量损耗等；三是回收利用——包括企业内外，把废物变成可利用的资源。

二十三、美联航破产与“做大”

2002 年 12 月 15 日，——美国联合航空公司向当地法庭申请破产保护的提案得到批准，作为每天能够提供 1800 架次客运航班、飞行网络遍布 26 个国家和地区的全球第二大航空公司落得如此境地的事实引人深思。据 2002 年 12 月 16 日《北京晚报》的专稿，原因之一是企业扩张过度。美联航过于追求经营的规模化，美联航曾预计自己的事业会蒸蒸日上，并打算吞并美利坚航空公司，雄霸天下。虽然最终美国政府断然拒绝了美联航的吞并计划，但雄心勃勃的美联航仍然在拥有运输、储运等主业外，频频涉足餐饮、金融

等领域。美联航时任总裁詹姆士·古得文认为："这就是片面追求规模化、多元化所导致的后果：扩张过度，乃至最终造成目标很大。什么都想干，结果什么都干不好。"

这一事实再次证明，利用比较优势的专业化竞争，是企业发展的方向。

由此我还想到：美国以及日本、韩国等正在为扩张过度——"做大"进行反思。市场经济的国家，为什么很少提倡"做大"？"做大"，实际上就是片面追求规模化、多元化。如此说来，我国曾倡导的"做大，做强，做精"有误区，误区在"做大"——什么都想干，结果什么都干不好，正如中国建筑装饰协会副会长、深圳市建筑装饰（集团）有限公司汪家玉等业内有识之士不久前所认识到的：装饰企业应放弃"做大"，而应在"做强，做精"上下功夫。

我曾寻问过一些一级装饰企业的老总，装饰企业做得多大才算是"做大"了？一般回答为：年装饰工程产值1亿元。那么，苏州金螳螂建筑建筑装饰有限公司2001年装饰工程产值4.8亿元，纳税2500万元（在苏州工业园区居第7位，前6位均为知名跨国外商企业），算不算"做大"呢？2002年金螳螂比上年还有较大进步。我认为，金螳螂是"做强，做精"，其主要标志有三：一是4.8亿元以上的装饰工程产值；二是2500万元以上的纳税；三是有近200位室内设计师的满负荷工作；四是市场评价——2002年2项鲁班奖（国优），3项全国建筑工程装饰奖承建奖、1项设计奖。

能够旁证上述观点的是：2002年12月25日中央人民广播电台早间新闻联播，甘肃省委省政府决定，变农业大省为农业强省。自11月14日中共十六大闭幕后，已有河北等农业大省决定要变成农业强省。他们为什么不提把农业"做大"而决心"做强"呢？

二十四、比较优势——差异性和专业化竞争

2002年黑龙江省装饰业内传递着一个传奇的故事：一家从北京来的不知名的装饰企业，以专门承建医院的手术室为见长，哈医大的领导对哈尔滨一家曾长期做医院装修的一级装饰企业的老板说，那家公司对什么手术室配何种医疗设备、世界上最先进的医疗设备是什么、何类手术室怎样装修最合适均十分地道，甚至比专科医生的知识还丰富。哈医大的领导劝说这家一级装饰企业的老板放弃手术室的装修，认为你什么都能做，但比不过专业化的公司。据说北京来哈尔滨的这家不知名的装饰公司，不做别的，专做哈尔滨市各大医院手术室的装修，年产值1亿多元。

同样有意思的是，2002年北京有一家原做石材贸易的企业，后发现德国有一种十分先进的石材打磨翻新设备，于是就引进了中国，在北京钓鱼台国宾馆芳菲园大堂石材地面等工程中使用，效率、效果均比装饰公司高。他成立了专门的石材翻新工程公司。据说毛主席纪念堂等石材地面的均请该公司施工。

2002年12月，专注于流通业设计的中外合资企业——中海首佳商业设计有限公司在北京成立。据2002年12月23日《北京晚报》称此为我国首家，并断言：商业场所千篇一律、缺乏个性的内外装修布局今后将会越来越少。据了解，所谓商业设计，是指对流通业各个业态进行的相关设计，大致包括：各业态一个点或店铺集群的总体规划、建筑方案设计、内外景观设计、商场内部装修设计、商场平面设计、商场环境艺术设计、设备设施配置规划等。有关专家指出，我国商业流通业目前最主要的不是忙于做大，而是要形成差异经营、定位经营和专业化经营，摆脱"千店一面"的尴尬局面，形成良性的商业发展。

这再次说明，一家公司只有形成并保持差异性，才能战胜其竞争对手。他必须顾客提供更多的价值，或以较低的成本创造可比性的价值，或者两方面都能做到。因此较高的利润就来自于：提供较高的价值使公司获得较高的平均单价，以及通过较高的效率导致较低的平均单位成本。

我们的装饰企业能否从上面三例中得到比较优势——形成并保持差异性——专业化竞争——出奇制胜的启发呢？

二十五、经营有效性的差异与核心竞争力

深圳洪涛装饰工程公司以承建大型高档装饰工程的大堂见长，如上海大剧院、北京中银大厦、国家电力公司办公大楼、钓鱼台国宾馆芳菲园等，以至一般企业在此类项目上的竞争上很难与其匹敌。这是因经营有效性的差异所致。

所谓经营有效性，是指一家公司在从事相同的经营活动时比竞争对手干得更好。经营有效性里面包含了效率，但又不局限于效率。它意味着公司能更好地从事与竞争对手有差异性的经营活动，或以不同的方式从事着相似的经营活动。公司之间在经营有效性上的差异是普遍的。一些公司之所以能比其他公司从投入中获取更多，是因为他们消除了精力浪费、利用了更先进的技术、更好地激发了雇员的积极性，或是它们对某一具体的经营活动或一系列经营活动在管理上有更深的理解。它们在经营有效性上的这类差异性，是它们在竞争中出现获利差异的重要根源，因为这些直接影响到相对成本及差异的水平。

20世纪80年代，经营有效性的差异是日本公司向西方公司进行挑战的核心。日本公司在经营有效性上大大超过其竞争对手，他们可以同时降低成本和提高质量。经营有效性的差异是重要的核心竞争力。

二十六、独特的战略地位与装饰企业运作

北京宜家家居超市，十分火爆。宜家公司，这个总部位于瑞典的全球家具零售商，是一个取得独特的战略地位的示范。它把目标定位于那些追求时尚又图便宜的年轻人。而这种市场理念能注入战略定位，也是其开展的一系列活动的结果。宜家采取了与竞争对手不同的经营活动。让我们来看一看典型的家具商场。其展示厅陈列着各种样品。一个地方可能摆放着25只沙发，另一个地方可能展示了5张餐桌。但那些展示品仅仅代表了顾客需要的一部分。还有许多描绘布制、木制样品以及各种风格的书籍为顾客提供了成千上万种选择。销售员常常伴随着顾客环游商场，回答他们提出的各

种问题，并为他们做出选择提供帮助和建议。谈成后，订单将转到第三方——制造商那里。幸运的话，6～8 周内家具会送到该顾客家中。在这条价值链中，顾客得到了最大尊重，当然花费的成本也高。

与之相反，宜家公司则只为那些更喜欢低价位而不需要提供服务的顾客提供商品。它并不派人紧跟着顾客环游商场，而是用清晰的室内展览为顾客提供自动服务。宜家公司设计了低价位、有标准组件、易于组装的家具作为标准，而不是单纯依靠第三方厂商。在大型商场，宜家在类似居室的环境中展示其各种产品，所以顾客无需再请一个室内装饰设计师来想象应如何把这些家具摆在一起了。与家具展示厅毗邻的是一个仓库，里面堆放在草垫上的装满了家具的盒子。顾客如希望自己组装和运输，宜家公司甚至可以卖给顾客一个汽车顶板，在下次光临时可以退还。尽管宜家的低价位主要来源于"顾客自助"形式，它还为顾客提供许多其竞争者没有的额外服务。店内幼儿看管就是一例，另外还有延时服务等。那些独特的服务与顾客的需要正好相一致，这些顾客年纪较轻，不那么富有，可能有孩子但没有保姆，另外他们要靠工资为生，只能在业余时间去商场。

看看宜家，想想自己企业的运作，会有什么启发呢？

二十七、全国首起家装污染致人伤害案受害人获赔款

2002 年 12 月 31 日，北京市宣武区法院下达民事判决书，依法判决某装饰公司一次性付给秦女士装修费、装修拆装费、木地板费、检测费、医疗补偿费、精神损失费等共计 11.9891 元。事因是 2000 年 4 月秦女士与某装饰公司签定的合同，要求环保装修，但搬进去后一家 4 口就不断的感冒，2001 年 6 月请有关单位检测，结果室内甲醛超出国家标准 9 倍，秦女士多次与装饰公司协调未果遂将其告上法庭。2003 年 1 月 3 日中央电视台晚间新闻联播，以"全国首起家装污染致人伤害案受害人获赔"为题作了报道，与 2003 年 1 月 2 日《北京晚报》报道有所不同的是，中央电视台明确了原告和被告的名字。

2002 年 6 月 29 日，《中华人民共和国清洁生产促进法》经九届全国人大常委会第 28 次会议审议通过，江泽民主席签署 72 号主席令给予发布，自 2003 年 1 月 1 日起施行。规定装修材料必须符合国家标准，禁止生产、销售和使用有毒、有害物质超过国家标准的建筑和装修材料，违反这一规定，将被追究行政、民事、刑事法律责任。

从 2002 年 4 月 1 日起施行的最高人民法院《关于民事诉讼证据的若干规定》的司法解释，明确"环境污染致人伤害"等 8 类民事诉讼举证责任由加害人承担。新规则采用举证责任倒置的原则，将举证责任划给了加害人一方。

如装饰装修造成的环境污染致人伤害，不由业主来证明装饰装修公司或厂商有过错，而要由装饰装修公司或厂商来证明自己的行为无过错。

此为国家《清洁生产促进法》和高法《关于民事诉讼证据的若干规定》的司法解释在建筑装饰行业的首次司法实践，带给建筑装饰行业的影响是重大而深远的。2003 年我国建筑装饰行业，特别是家装企业及其从业人员应着重学习贯彻，依法经营运作。

"全国首起家装污染致人伤害案受害人获赔"还给我们带来什么启示呢？

二十八、国内首例氨气受害者胜诉及三起正审案

虽然北京这几年发生了多起因室内氨气污染而打上法庭的官司，但目前还没有一个消费者获胜。天津市河东区人民法院 2003 年前宣判了一件由于建筑造成的室内空气氨气污染案，消费者一审胜诉。这是到目前为止，国内首例消费者胜诉的室内空气氨污染案，它也让全国消费者看到了胜诉的曙光。

1998 年 10 月 20 日，天津市市民李明亮购买了位于天津市河东区大直沽五号路的一处 110m^2 的商品房，装修入住后即发现室内空气异常，全家人不同程度地出现鼻炎、咽炎、失眠、头发脱落、记忆力下降等症状。后经室内环境检测部门检测，室内氨气含量严重超过国家卫生标准，超标原因是由于建房时使用材料造成的。拿到检测报告，李先生便将德林房地产开发公司告上天津市河东区法院。根据李明亮先生的起诉状和司法鉴定中心的司法鉴定，天津市河东区法院年前依据《中华人民共和国合同法》做出判决：被告房地产公司对原告李明亮的房屋室内氨气作无害处理，并达到国家规定标准，处理期间被告为原告李明亮提供与原房屋同等地点面积的临时住房一处，同时判房地产公司赔偿原告李明亮经济损失和检测费共 1700 元。

另据 2003 年 1 月 12 日《北京晚报》介绍，目前北京至少有 10 件左右的室内氨气污染案尚没有结案。而这几年，全国特别是北京因室内氨气超标而引起的法律纠纷并不鲜见，但大都以消费者败诉而告终，极个别的是通过法官的调节而和解了。

一是，2000 年 12 月国内首例"室内气味"案在北京市崇文区法院开庭宣判，原告刘忠以所购住房内氨气和甲醛浓度超过国家标准，属房屋质量问题，要求被告退还房款并赔偿精神损失 5 万元及其在外租房费用 3.6 万元的请求被驳回。无法接受这一判决的原告上诉到北京市中级法院。此案后经调解解决。

二是，2000 年夏天，北京现代城 2 号楼突然爆出多户业主发现室内有浓烈、刺鼻眼的氨气味道的新闻，祸手是施工单位在冬季施工时使用了防止水泥凝固的含氨防冻剂。事件发生后，现代城发展商采取了为住户添置空气净化器、在媒体上公开道歉等措施，但仍未能根本解决污染问题。有 6 位业主于 2000 年 12 月告上法庭和仲裁委员会，目前未有下文。

三是，国内首例因室内空气污染引发的外国驻京机构与国内房地产开发商之间的租房纠纷案 2001 年 3 月在北京市第一中级法院开庭。原告美国安内维尔技术有限公司称，在其所租用的某大厦中的办事处室内有极浓烈的异常气

味。其委托室内环境检测部门对室内空气质量进行检测，结果证明室内氨的浓度超过国家有关标准16倍。此案目前没有消息。

综上所述，我们建筑装饰行业从业者难道不需要紧迫起来么？

二十九、住宅（装饰装修）是投资还是消费

2003年1月10日北京市政府新闻办公室召开新闻发布会向中外记者宣布，2002年全市GCP增长10.2%，消费需求趋于活跃，增长11.3%，其中住宅、汽车消费持续升温，家具、建筑装饰材料零售额大幅增长（详见1月10日《北京晚报》）。建设部部长汪光焘在2003年1月6日“全国建设工作会议”上指出，要培育和鼓励住宅消费。

住宅，对于房地产商肯定是投资行为，而对居民而言则是消费行为。我们不能因为有人买卖汽车，而就认为购置汽车是投资行为；也不能因为有人买卖住宅，而就认为购置住宅是投资行为；同理，也不能就认为有人买卖装饰装修后的住宅，而就认为购置装饰装修后的住宅是投资行为。判断是投资还是消费的区别：一是从行为目标上看，投资的目标是利润最大化——赚钱最大化，消费的目标是效用最大化——享受最大化；二是从行为主体上看，是主流还是枝节。

三十、消费者隐私将受到保护

2003年1月1日起施行的“新版”《上海市消费者权益保护条例》，首次将个人隐私作为一项单独的权利加以保护。在第29条中做出明确规定：“经营者提供商品或服务时，不得要求消费者提供与消费无关的个人信息，”“经营者未经消费者本人同意，不得以任何理由将消费者的个人信息向第三人披露”。

这给我们从事家装的从业人员提出了更高的要求。建筑装饰行业更应该尊重家装消费者的隐私。怎么尊重，应当制定标准和实施细则。

三十一、“戒备状态”下工作环境的心理学成因

为什么有时人们处于“戒备状态”下的工作环境？

据专家称，西方心理学家经过大量的研究表明，一个人每天要说十几句的“瞎话”。这些“瞎话”包括言不由衷、无奈的曲从、善意的谎言、习惯性在夸大事实、为了躲避难题的委婉之词等。所以多么诚实的人，其实都有说“瞎话”的时候。但以上这些因素所造成的“瞎话”并不严重，一般也不会造成什么恶劣后果。就是被人识破，也很容易得到别人的同情和原谅。

心理学家研究，如果有人每天说超过40句的瞎话，并养成说瞎话的习惯，什么都敢说瞎话，这就成为一种欺骗的行为，就会造成行业以及社会的失信。失信的成本是：会使大多数人处于戒备状态，工作效率极低，感觉很累。

心理学家认为，说“瞎话”过多的人，自己的思维也往往是不准确的。由此变得心情变得恶劣，性格无法开朗，还常常看不到的一面。“瞎话”一旦成为习惯，不但在人群里会失去信任，还会使朋友远离，合作者减少，遇到重大事情时，大家首先想到怎么避开你。你是最先受到损失的人。而平日，这种人说什么，又都会别人猜疑，总在别人的防御中。

美国心理学家指出，立足长远，能把握自己，并能控制外界的人，则是一个“瞎话”相对要少的人。尽量减少“瞎话”对一个人和身心健康和事业发展，都是相当有利的。于个人如此，于一个单位如此，于建筑装饰行业也是如此，

三十二、三位平凡女性荣膺《时代》周刊2002年度风云人物

2002年12月24日出版的著名杂志美国的《时代》周刊的封面是三位平凡的女性：世界通信公司前雇员辛西亚·库珀、联邦调查局员工科琳·罗利、安然公司前主管莎朗·沃特金斯（从左至右）。

“本年度对我们的生活产生的影响最大，不管是好的影响还是坏的影响”，这是美国《时代》周刊年度“风云人物”评选的一贯标准。为什么会选择她们？《时代》周刊在公布的一份声明中给出了这样的答复：“这些女性是即将结束一年中的英雄。她们冒着巨大的职业及个人危险去揭露世界通信公司、联邦调查局以及安然公司的事实真相。”2002年12月24日《北京晚报》对此评论道：她们拯救了诚信危机。

封面上的她们目光如炬，因为在她们眼里，真相比什么都重要；封面上的她们身姿挺拔，因为她们深知自己柔弱的外表里面隐藏着坚定的信念；封面上的她们目标一致，因为她们清楚目前美国乃至全世界迫切需要说真话的人。

正是这三位平凡女性，在第77届《时代》周刊“年度风云人物”的评选中，击败了美国总统布什、本·拉登、伊拉克总统萨达姆在内的各路名家，一举摘得2002年度《时代》周刊“风云人物”的桂冠。2002年12月初，这三位女性还被美国《女士》杂志评为2002年度“风云女性”。

我国建筑装饰行业也有一大批杰出女性——具有“风云人物”的品质。我国建筑装饰行业深恶痛绝“欺诈”，也期待建立“诚信”机制。

三十三、“红木”不能叫了及对装饰行业的影响

近来有时听业内同仁讲，尽管红木的国家标准已有明确规定，销售红木板材和家具时不能使用“红木”这个名称，但是多数生产厂商还是继续打着红木的招牌。于是，中国林业科学院木材研究所的6位专家在2002年12月25日的《北京晚报》上给予澄清。

早在2000年8月，国家质量技术监督局就已颁发了关于红木的国家标准，其中明确规定，“红木”是指下列8类木材的总称：紫檀木类、花梨木类、香枝木类、红酸枝木类、黑酸枝木类、乌木类、条纹乌木类、鸡翅木类。同时还规定，在商业交易中，应当使用紫檀、花梨、酸枝等以代表材质的具体名称，同时还应当标明树种的拉丁名、通用商品名和产地，不能使用“红木”这个统称。

这件事虽不大但对装饰行业发展是有益的，其他的呢？

·比较优势·

装饰企业比较优势的探讨

——如何形成自己的经营特色，技术特色，寻求占领市场制高点的专业化发展方向，办成一流企业

西安市彼特建筑装饰工程公司　常务副总经理　**周培林**

陕西省建筑装饰企业约产生于20世纪90年代初，目前拥有建筑装饰资质的企业为180家，从业人员约5万人。2002年，陕西全行业完成产值约50亿元，其中公装和家装各占一半。

陕西地处西北门户，西安又是西部开发的前沿城市。这里除了本土的装饰公司外，还有来自深圳、北京的一些有实力的装饰公司。他们占据着各自的装饰市场份额，真可谓群龙入海，各显其能。

在激烈竞争的行业中，一个个公司都欲称为“龙”，都跃跃欲试将自己的企业建成一流的装饰公司。那么，什么是一流的装饰公司？怎样管理一流的装饰公司？是当今装饰业和老总们常常思考的问题。其实，打开这些问题的金钥匙就是现代化管理本身——企业成功要走自己特色的路——形成比较优势。

西安市彼特装饰公司是陕西最早成立的一家专家装饰企业之一，由于创业者的超前意识，在企业市场业绩、形象建设等方面，倾注了极大的心血，形成了有特色的企业文化。彼特装饰公司曾被誉为“西北的一面旗帜”。业内外人士提起彼特装饰无人不知无人不晓。而今，企业在经历了法人变故和变更、资产重组、经营战略调整后，愈加认识到具有经营特色、技术特色在企业现代化管理的重要性。能否在一个难得的良好的基础上即往开来“二次创业”，寻求占领市场制高点的专业化发展方向，成了企业亟待重视和付注实践的重要课题。

为此，我们彼特装饰公司从以下几个方面做出了努力和探索。

一、以人为本，以经营管理、现代技术为手段，形成企业的特色

现代管理是以人才为本，以经营管理、现代技术为手段的科学化、系统化管理。我国装饰企业管理的实践与理论，大多是民营企业与建筑企业管理嫁接而来的。近20年没有什么系统、科学的理论。只是在千万个有志之士不断地努力和实践中逐渐凝聚起一些先进的经营方法，就是走在前列的一级装饰企业也是时而年产值几千万，时而年产值几百万。

但有实力的企业倒不一定总有预算师常常做出废标，项目经理常常做不出合格工程，材料员常常采购废品。相反，一个公司若能连连中标，工程连连获奖，它的员工定有一批高水平、高素质者，它所采用的技术往往比其他公司先进。因此，一流的装饰公司首先要拥有一流的人才和员工。

“人”是最重要的因素，是经营特色、技术特色转换的主要因素。企业发展的战略从整个历程来看大致经历了规划、定位、核心竞争力三个阶级，变化是唯一的不变，企业身处和面对的环境和现实绝对不例外，相应地，其内部管理也面临着变化的挑战。况且这种变化是愈来愈快，企业的外部环境的不确定因素也愈来愈高，传统的SWOT战略、企业的定位战略在这个快速变化的现实中已经显不出优势了，战略的制定角度自然而然地由外部转向了内部，简言之，变化的快速化和复杂化给企业带来的挑战，使得核心竞争力成为企业生存和发展的最为根本的战略资源。

“一人能之，已十之，十人能之则百之。”尊重能人，鼓励他们创新，给人才提供一个良好的创业平台，才能使企业走上一个良性发展的轨道。

解决了人才的问题，就不再怕企业所面临的曲折和困境。做事先做人，是我们企业一贯奉行的原则。对于人才，可以把企业当作学校，企业有培养的责任和义务。这些年，从彼特装饰企业就走出了许多成功的项目经理和自立于装饰行业的经营者。我们为他们而骄傲。同时，我们企业逐步形成了造血机制，不断激活着企业的管理潜力；企业员工有了理想抱负，有了奋斗目标。我们的体验是针对不同人要用不同的机制、不同的评价和不同的薪酬标准。

先进的企业管理制度可分为市场机制和竞争机制两个方面：市场机制适用于外部的人员选用方面，竞争机制适用于企业内部的管理。

这些年，人才梯队的构成，使管理队伍不断完善充满着生气和活力，一批新生代伴随着企业与时代的发展同步。企业里有各种各样的高级职称人员，有作家、专家、设计师，更有身经百战和初出茅庐的装饰工程技术人员加盟。彼特装饰还与三资企业管理学院、西工大等院校联手培训在职人员，使得公司员工具有多种科目的结业证、许可证。为了奠定项目经理责任制的管理基础，公司在考核本人实际业绩的前提下，加强专业培训，使得6人取得了建设部颁发的一级

项目经理资格证书，2人获得二级项目经理证书。他们都在各自的专业岗位上发挥出了自己的能力和作用，并为企业在形成自己的经营特色、技术特色上增添了斑斓的色彩，同时也在特色的企业文化的大河中注入了清澈的溪流。

二、企业的走势是品牌
企业形象是高位竞争的手段

打造品牌是管理一流公司的根本。品牌造势论在当今装饰行业叫声最响，品牌就是具有高知名度，能给企业带来增值动力的企业名称。打造出品牌，也可以说管理好了一流公司。

企业成功模式各有不同，但是从价格、质量、创新到品牌，必然是未来企业的走势。在经济不发达时老百姓会首先考虑价格然后是质量。

但是人们不可忽视一个现象，就是虽然市场上质量好价格合理的产品琳琅满目，还是有不少消费者觉得买不到对他们味口的东西，这说明，经济发展到一定程度，消费者并非因为一个产品质量好价格低就选择它，而是看它是否适合自己的需要。更进一步，在满足消费者的个性化需求后，企业逐渐考虑提供超值服务。企业究竟是经营什么、靠什么立足于这个市场？更深层次的考虑是，企业应该探索逐步由推销产品向经营品牌服务，甚至是推销一种经营模式。

彼特装饰公司在20世纪90年代初创建以来，承接了全国各地20多个省市的装饰工程，其经营服务被多数业主所接受认可和欢迎。随着市场的变化，近年来家装工程量陡然增加，社会上家装公司异军突起，彼特家装及时深入市场，走出了彼特装饰品牌延伸服务的又一步。

在以服务延伸品牌的同时，公司还在不断丰富着品牌的实际内容。彼特装饰是陕西省业内首家通过ISO9000认证的企业，在企业管理和工地项目管理中，实施CI战略——统一形象、统一着装、统一标牌模式，增强彼特装饰的视觉和感觉上的冲击和震憾力。近期，又在陕西省业内首家启动了ISO14000环保认证工作。只要有益于企业品牌、企业形象的行为和经营方式，彼特公司往往会以企业发展的战略眼光来认识和实施。彼特人有个共识，特色就是优势，品牌和企业形象就是企业的生命线，是占领市场专业化发展的有利武器。

三、专业化、相互协作是趋势，
企业最终是跟自己竞争

名牌企业各自的成功经验，无法说是一个统一的模式，但是，未来的努力应该是企业走专业化和相互协作之路，各自发挥专业所长。大而全，什么都有、什么都做，在有规模、有市场时经营业绩固然可以较好，而一但市场严峻的时候风险就是最大。

彼特装饰企业曾经有材料公司、铜字加工厂，甚至还有清洁公司、管理咨询公司，还有一些挂靠企业，但一经运作，各自为战，打着彼特装饰品牌，一同走入市场。这样一来，企业的品牌管理容易陷入混乱，带来了诸多不利因素，在社会上一度造成不良影响。总公司在人力、物力上疲于管理，甚至产生了法律及经济纠纷。通过资产重组，就必须将不利于形成比较优势的因素、不良运作行为和经济包袱甩掉，走专业化协作发展道路。装饰向质量服务要市场，以专业化、特色化求发展。企业的管理为品牌服务，同时用优秀的品牌回报服务于社会。

内求管理、外求发展。优秀的、特色的管理是企业实力的体现，企业最终的竞争对手就是自己，是在跟自己的文化底蕴、自身实力、经营团队特别是企业高层领导的竞争，企业发展到最后，最终的文化理念会渗透到产品中去。根据自己的实践情况以及所在行业的不同特点，找到适合自己的模式，一旦形成了自己的经营特色和技术特色，加强相互协作，效率才能发挥出来，这是一条比较务实的道路。

现代企业管理是以市场为中心，以社会需求为出发点。装饰公司建立与发展的本身就是在寻找市场、建设市场和占领市场。

陕西地区数十亿的装饰市场放在各个公司面前，谁找到了，谁开发了，谁守住了，市场就是谁的，谁就会得到发展。谁的经营特色新、技术特色新，坚持以专业化发展为目标去占领市场的制高点，形成并发挥比较优势，谁就终将会成为一流的装饰企业。

市场细分与装饰企业专业化

北京市建筑装饰协会　常务副秘书长　**郭仁智**

北京市建筑装饰行业经过十年的运作，如今的1400多家装饰企业，随着建筑装饰市场的细分，正在发生着变化，一些企业的专业化经营品牌日趋显现出来，涌现出了一批具有经营特色品牌和竞争实力的专业化装饰施工企业。

细看北京市建筑装饰市场

以北京筹办2008奥运会为契机，北京正在全面加快国际化大都市建设，给我市建筑装饰市场创造了历史性发展机遇。建筑装饰市场正在从公共建筑装饰、住宅装饰装修、幕墙施工等专业领域细分成诸如以酒店、写字楼、文化娱乐、商业流通、餐饮健身、医药卫生等行业服务的更

具专业化的装饰装修市场。

宾馆酒店市场

目前，我市已有星级饭店572家，五星级饭店27家，2008年要兑现向国际奥委会承诺的实现星级旅游饭店800家，五星级饭店40家，客房13万间。在此基础上，未来几年我市将着力发展一、二星级酒店，为的是要适应不同层次客人的需求。为此，有关部门将出台有利低星级饭店发展的政策，北京市一、二星级旅游饭店将有较大发展。

当前，我市高档饭店正迎来新世纪的第一个发展高峰年，高档酒店将全面布局京城。CBD 核心区怡和国际中心、中环世贸中心、万达广场、金地国际花园、银泰世贸中心、世纪财富中心、北京蓝宝大厦等7个项目已相继开工建设。2008年奥运会前，北京还将建设18家五星级酒店，其主要分布将选定在奥运村附近和西城地区。总之，2003年北京的酒店建设正迎来新世纪第一个高峰年。

写字楼市场

在我市城市建设快速发展中，整个写字楼的市场还会有比较大的发展需求和发展空间。一方面这是因为北京的特定的城市地位和优势条件使它具有很大的吸引力。近两年来国内的房地产商、企业集团都纷纷在北京地区建立规模较大的写字楼。2002年，北京写字楼市场供应量已达到创纪录的300万m²。另一方面北京自身的经济发展有较大的潜力和后劲，对国外的投资者有很大的吸引力。世界500强企业已有120家以及近百家外资金融机构落户北京，这些企业的办事处一般都需要几百平方米，随着业务的开展，需要也会不断增加到几千平方米甚至上万平方米的写字楼。而且，对写字楼的需求层次的多元化，正在改变着我市的以玻璃幕墙办公大楼为主的单调市场结构。

商铺市场

目前，正值我国流通业新一轮发展的转折时刻，世界级零售业巨头纷纷进驻国内主要城市，国内商家亟待重新整合和提高，加快扩充实力的步伐。我市去年已累计新批准外商投资店铺总数已达28个，其中美国沃尔玛、德国欧倍德、英国百安居、法国欧尚等世界最大的便利店，特色突出的西班牙折扣店等六家外国著名连锁店将入驻我市。

同时，新的商业概念不断涌现："开放式百货零售概念店"、"品牌直销购物中心"等。国内各类型零售商也较活跃，如青岛健身中心进住金融街；赛博数码广场落户中关村；贵友大厦选址方清园，方庄分店开业，以及中关村的20万m²的商铺将缔造该地区的零售航母；西长安街上面积最大的商业中心——今日商业中心开始了市场招商。再加上诸如天津的家和海鲜巨无霸、台湾的鹿源小镇、上海的美林阁等众多的外地餐饮业挥师京城，以及随着近年住宅市场的蓬勃发展，住宅区内的商业配套设施的需求也相应增加。

2003年我市计划新开工的大型流通设施建设项目将达到30个左右，涉及零售、物流配送、农产品流通以及商业中心建设等各个方面。本市城乡居民消费已全面"升级"，发展型、享受型消费成了重头戏。为适应这种消费升级，5年内连锁经营将占据北京市场50%的份额，平均一个月开一家大卖场，一天开两三家超市、便利店。这是一种超常的速度加快推进流通现代化建设。仅2003年，这种类型的连锁店将有1400家左右。

发展装饰企业专业化经营品牌

从上述几个行业发展态势不难看出，诸如金融服务、文化娱乐、体育健身、生物医疗、家庭住宅等行业都将对建筑装饰装修提出新的更高要求。因此，随着我国经济的发展，建筑装饰装修针对不同行业的专业装饰设计施工公司的发展已逐渐成为发展的必然。

在我国的建筑业中，目前，已划分出了建筑装饰装修专业、建筑幕墙专业、古建园林专业。在经济不断发展的形势下，住宅装修也已发展到一定规模和走向专业化。对建筑装饰市场更加细分的发展趋势是市场发展的必然结果。

最近，在北京市成立的中海首佳商业设计公司就是一家专职于流通领域设计的专业公司。在日本，有1000家从事商业设计、咨询的专业公司。其中有十几家从事商业设计的公司每年的经营收益都达到100亿元。近年来，我市的一些装饰企业，有的已经在饭店业中具有较强的设计和施工能力，市场份额不断扩展。有的在金融服务业、文化剧场、餐饮健身、商业流通、医药卫生以及住宅装修行业中，连续创造施工佳绩，成为在这些领域里颇具实力的竞争者。他们在经营运作中，更多的注意吸纳专业人才和收集信息，更有实效地为用户服务，形成了企业的特色经营优势，在市场细分的新的竞争态势下，不断稳固和发展市场占有份额，企业的品牌效益也日益显露出来。值得一提的是近几年来，我市家居装饰装修企业的专业化发展，就是在住宅建设大发展的市场需求下，迅速发展起来的一支专业化施工队伍，如今，有的企业通过特许经营的方式，发展品牌战略，企业的规模不断扩展，年经营产值达三亿元左右，成为全国同行业的佼佼者。

市场细分，专业化竞争，是经济发展的必然结果。企业经营者，如果能够在市场细分的形势下，准确把握本企业的经营特色，针对某一个或几个行业实施更加专业化的设计、施工经营，形成并发展比较优势，无疑这是当前一些装饰企业走出平庸，走出困境进而把企业做专做强的一条发展之路。

要搞“大装饰”

北京市城乡建设集团有限公司 董事长 姜立贵

一、为什么要搞“大装饰”？

这是个发人深省的大问题。通过长时间思考，我认为：随着改革开放的深入，经济发展速度的加快，人民生活水平的提高，“奥运”对城市环境提出了高标准高要求，这些都极大地丰富了装饰行业，造就了千载难逢的装饰发展机遇。

1. 精美的建筑带来了精美的装饰。 据不完全统计，由20世纪90年代初开始计算，大型公建、宾馆、娱乐、中心、教育等工程建设了不下6000多万 m^2；20世纪90年代末至今高档公寓、别墅、精品住宅小区也建设了不下6000多万 m^2；从现在到2008年奥运会召开，还要建设大型金融、宾馆、写字楼、教育、医院、公建等工程不下6000万 m^2 左右，建设精品住宅、高级公寓、别墅等工程也还不下5000万 m^2 左右，再加上老的工程装修改造周期已到，这就为装饰带来了难得的发展机遇。但是，面对这个大市场是一般发展装饰，还是适度发展装饰，甚至是大发展装饰，这个问题摆在了我们高级经营者面前，并要及时地科学地做出答复，不要滑，不犯傻。我意，一定要抓住建筑派生的并蒂莲——装饰产业，积极扩充，精心准备，毫不放松一点时间地大发展装饰行业。这就是天时已定，地利又熟，人和已备，就欠高级经营者的认识与胆略的东风。

2. 装饰投资量不断加大。 建安企业“三角债”严重，而建筑装饰在投资、付款上一般是资金到位不欠钱；甚至有的装饰项目造价相当丰厚，不像建安造价那样低劣。据不完全统计，仅北京地区一年的装饰工作量近600亿元，全国建筑装饰年工作量已达6600亿元，它们均占总建安投资的40％。以后若干年内北京这个数不会低下来，甚至还会往上升。这样一个国强民富的挣钱的好环境在世界上都是少见的。我们没有理由让脑子发晕，也没有理由拱手给别人，更没有理由躺在“富环境”里挨饿，应该下点真功夫，花点真脑筋，动点真格的，千方百计、百计千方地发展大装饰。

3. 装饰业是投资少见效快的行业。 装饰业不比建安业，建筑安装产业投资大，周期长，资金回收慢。而装饰业投资小，周期短，资金回收快，有效益。一般说：“10万㎡的经济适用房”利润不如“1万㎡的精装修”。装饰业的投资主要是四项，其一是，高级设计和人才的投入；其二是，专用现代化工具的配备；其三是，要有一笔适当的流动资金；其四是，市场竞标过程中的投入。这四部分的投入比建安说来还是少的。可以说，花小钱挣大钱，机会抓好，一个好的工程装饰项目就可以收回全部投入资本。这样天大的好事，我们为什么不用心呢?因此，我们建议每个土建公司都要配装饰，而且在3～5年内要形成大装饰，每个公司的装饰工程产值应占各自总产值的50%以上，专业公司应在5亿元以上。今后，土建公司应算两个账，一是，你的建安在全市1亿㎡里应占百分之几，二是，你的装饰工程在全市600亿元产值里应占百分之几。这是真干真抓和假干假抓的分水岭。

4. 装饰业是一种“朝阳产业”，前途无限，长久不衰。 北京地区建筑业能延迟至2007年，2008年以后就会转入乡村和全国，但此行业是有时有晌的。北京的房地产业也就到2006年，2008年以后也就会转入乡村和全国，但那时此行业的品位愈来愈高。唯独装饰业象“一艘不沉的航母”，它虽然有高潮和低潮，但它的周期循环是有规律的。北京盖了上亿㎡的高级房子，5～8年一装修，全国盖了那么多的高级房子，都是5～8年一装修。只要巧妙地掌握它的周期性，装饰公司就没有“休手”的时候。面对这个“黄金产业”，我们各级主要经营者还不动心吗?谁在踌躇，谁就是在放弃“黄金”的机遇，谁就会在将来无颜以对江东父老。

5. 装饰行业是培育新经济增长点的主要产业结构。 建安公司对此并不陌生，它们过去搞过高级装修，也搞过一般装修，还搞过住宅的精装与初装。因此，各土建公司应紧紧依托土建的一级资质、人力、物力的优势，为上装饰夯实基础，扩大影响，有意地宣传自己的装饰，把这个自然相连的新的产业结构建好、扶植好。通过土建找装饰市场，通过土建人才找装饰市场，通过自己的名牌重点高档工程找装饰市场，通过总包有意识地选好分包的装饰队伍。这样上装饰才来的快，走的扎实，让人们相信你不但有一个全优的建安公司。而且还有一个别人比不了的装饰公司。

以上五条都是讲为什么要搞“大装饰”。虽然，我们起手晚了一点，但与目前市场丰富的“装饰矿藏”之需，我们还有的干，而且会有更好的前途。早与晚应辩证地看，南方比北方早，北方比南方起步晚。但早起步的，那时任务少，没有这样复杂和高级，无非在经验积累上多一些；晚起步的，任务多、大、精、复杂、高级，现在有装饰公司一年完成几个亿元，过去才几千万元，无非起步高一点，闯过去就是风光无限。因此，早与晚都是相对的，但一定要把装饰搞起来则是绝对的，一定要转变单一结构培育新的产业结构的观点是绝对的。两个绝对的观念说明要搞“大装饰”的重要性。同时它还表明，市场有，而且需要，并且是客观的需要。企业高级经营领导者对此要予以重视，而且应该快速转变观念，这也是客观的需要。我们再不能徘徊，就象解放战争史上的“三大战役”那样，抓住时机，下决心组织有生力量将

“大仗”打好，彻底转变各家单一产业结构的局面，也是适应市场之需加速培育新市场竞争结构主体产业的重要战略性措施。各家明年初不但要写进工作计划，而且可作为一季度的研讨会的第一内容。借此再统一上下的思想，并且明确今后3～5年的追求目标。

二、怎样搞好“大装饰”？

这也是个发人深省的大问题。在第一部分里重点写了为什么要搞“大装饰”，如果认识上去了，思想方法、措施、思路不对，那效果也就不佳。既起不到培育新的产业结构的作用，又会变相地丧失发展的机遇。到那时，我们就不是个认识问题，而是个“犯罪”。因此，经过多年的调查与实践总结研究，我认为应该从五个方面入手搞“大装饰”。

1. 经营群体要有一个科学地发展思路。发展思路不是凭空就有的，也不是在丘比特天空里杜撰出来的；而是对建筑装饰形势的分析，研究国家投资政策的导向，以及多方面装饰发展的经验与教训里总结研讨制定出来的。这就是：以建筑装饰市场之需为依托，创新市场占有率；以广泛吸收外部和民营资本为根本，创新适应市场的体制与机制；以追求最高目标为动力，创新获取装饰的新局面(3～5年内全集团要实现10亿元以上产值)；以急速扩充人才为重点，创新培养、聘用设计、经营管理、高级技工人才(3～5年要实现150名)；以科学管理为基础，全面创新装饰品牌。这五句话的核心是创新，要创过去我们没有的东西或薄弱的东西，并且有城乡的特点，有各企业的特点。这五句话的目的是发展培育新的产业结构，改变城乡产业结构单一的局面，为全面发展城乡富裕员工做贡献。这五句话的根本是广泛吸引外部和民营资本，尽快地把企业做强做大，创建“东方不亮，西方亮”的新环境。这五句话的措施是人才，加速实现装饰设计现代化，加速落实经营管理科学化，全面提高员工技能化水平，为创城乡装饰新品牌而各显春秋。

2. 经营者群体要有一个科学的共识。制定出一个组建和完善装饰公司的3～5年计划。这既是群众考核我们的指标，又是在不失机遇的条件下各公司自我加压的设想。“八虎”下山各显春秋本色，有的没有装饰资质要积极准备申请，有的有二级装饰资质的公司要积极创造条件上一级，有的基础不足；或专业公司不具备一级、二级资质的，内部可采取联合收些费用的形式合力闯市场。争取在3年左右要实现3个到5个一级装饰资质公司，一大批二级资质公司。五年以内，在资质上再上一个台阶，力争各家装饰产值均在2～3亿元以上，个别专业公司要实现5亿元以上。为达此目标，各家一定认认真真地制定一个3～5年的装饰规划，要突出市场占有率、人才准备、吸收外部和民营资本形式、产值及利润率，员工生活提高率，资质目标，等等。首先说，这个计划必须要制定，并且要报上来；其次是，规划要科学，要出于集体班子之口、之手；再次是，要把追求的目标和奋斗的旗帜亮给广大员工。总之，兵马未到，粮草先行。计划搞好了，我们就有成功一半的希望。因为，它凝结着广大经营者的智慧与设想。正如象过去红军长征过程中走出了一条科学的路，红军就兴旺。十一届三中全会以后又走出了一条科学的路，人民顺心高兴，国富民强。十六大又走出了一条科学的路，全面建小康；中华民族的复兴指日可待。这些路都是有发展蓝图和计划的。我们作为一个企业；经营者群体应从中领悟其精华，发展创新自己。

3. 建安公司最好是从工程项目总承包入手，逐渐蚕食装修装饰部分。这是一种尚好的策略，以往我们往往不注意，只顾承包“黑体”工程部分，不管“白体”工程部分，只知道赚“黑体”结构工程的小钱，而不敢涉猎“白体”装修工程的大钱。近几年更是如此。我们一定要改变这个观点，树整体工程观，既在总承包里干结构工程，又要干装修装饰工程。那么实现这一愿望的根本是，首先摄取工程总承包权，并通过实践不断自觉地与客户磨合，通过承包内容扩大或参与装修装饰招投标，最后实现“整体工程观”的目的。其次，有目的地抓紧组建专业装饰公司，并不断创出500万元或1000万元以上造价的名牌装饰工程，让客户认为你单位确实有此实力。再次，尽快解决专业化住宅小区的菜单式装修工程，此事不可小看，它的利润可能会超过主体工程的利润。抓住它就等于抓住了装修装饰工程的三分之一。因此，策略上要灵活，原则是“主攻大、中型公共建筑项目，狠抓现代化住宅小区的装修，不放大、中、小型的工业与教育、医疗工程项目”。这就叫总攻有方向，侧攻各有特色。各公司一定要在北京乃至全国装饰市场有自己的独到之处。这样，才叫有了香人之处。历史上的蒋介石有那么多爱将，武器装备又那么好，为什么总打败仗?原因很多，但“两面夹击”的老方法和“以不变应万变”的老打仗模式是其失败的一个重要原因。前者叫“肚中无物”盛气凌人，后者叫不顾实际，盲目应付。因此，这叫无数、无变的没有特色的打法。我们的装饰公司面对市场应有棱有角有特色，既不可藐视对方，又不可随帮唱和。

4. 装饰要设计领先，管理至上，“名牌”跟上。无论是搞“大装饰”，还是搞小装修，都要抓好“三部曲”。一是，没有领先的装饰设计是不行的。装饰设计是先导，是赢得客户的第一要素，是市场上与诸家竞争的主体。这个问题千万不可松懈，只弄一两个清华、美院的设计高手不行，而是要配套而又成体系的高手(建筑、美术、电、水、智能、环境等)，假如一时配不齐，可以花点大价钱外聘或外包。这是“三部曲”中的首曲，如“国歌、军歌”，没有它，未来的装修没有喜人并鼓舞人的画面，那也就在外围打半天还得逝者如斯夫。二是，管理是落实总设计最根本最关键的一环。它贯彻在装修装饰整个过程中。要让客户满意，必须做到四香人，即克服装修零活多，做到现场管理洁净香人；克服各种不安全因素，做到管理到位无事故香人；克服工程复杂、技术难点多，做到科学管理既省钱又出精品香人；克服队伍杂、难管，做到管理严格既实现承诺又服务一流香人。这四香人既是赢得客户满意，又是战胜市场、开拓市场的法宝，还是众家多年来实践结晶。真是，谁说我们不行，谁说天要灭我们?市场是自然的，竞争规律是客观的，运用不好竞争的规律，天就要灭你，运用好竞争规律，天不但不灭你。而且让你顺自然发展的更好。不是谁要灭你，而是自己灭自己。这段哲理就是讲“四香”法宝的重要性。三是，“名牌”要跟上，话好讲，但做起来相当难。首先，装饰设计就要创新，做到优秀设计。其次，科学管理要创新，做到管理规范、标准、先进。管理始终在规范行列之中。再次，装饰工程要创名牌，从合同承诺就应该有较高的质量目标，从设计就要创下优秀设计，从管理全过程都应具有先进性，再加上客户、监理相配合，创下喜人的满足不同要求的高质量先进名牌。这一点一定要在不同的装饰工程上打响，干好一个装饰工程赢得一群朋友，干好一个装饰工程赢得一方市场，干好一个装饰工程树立一座丰碑。这就是创名牌产品的真谛。古人云，项羽人有铁军纵横天下，汉曹操七支精锐大军威震东南。我们要创一批带有“铁军”、“精锐大军”性质的名牌装饰工程，首震京城，再震全国。应该立此大志，否则，机不可失，时不再来啊。

5. 在装饰市场竞争上“能联则联”、“能借则借”。这八个字是在装饰市场上的竞争的灵活性原则。实践中看到：竞争对手不是固定的，而是千变万化式的多样性的。今天、本月、今年是对手，而且是一个或几个项目的对手，明天、明月、明年可能是联合的对象；或者是几个项目上的联合者。世界就这么大，这并不奇怪。因此，在社会主义市场经济初期“能联则联”，“能借则借”的原则可能是长期的，这个原则既适应于我们的内部，又适应于我们的外部。然而，为了灵活应用好这一原则，我们要做到：一是，在内部“能联则联”，“能借则借”，为了共同的利益，联之整合，借之优势攻克一个项目，满足一个装饰公司也可以；二是，在外部“能联则联”，“能借则借”，为长远的双方利益；联力之震，借优之强，竞争一个项目，满足双方公司谁都可以；三是，通过联合、借桥，双方建立彼此信任，又表示长期合作，尤其是在大的装饰工程联合建设的过程中使双方关系可再增强，最后达到成立股份公司或相互参股做大做强装饰公司的目的；四是，联的目的是进，借的目的也是进。可以大联、中联、小联，也可大借、中借、小借，为长远发展大装饰做好一切准备工作；五是，与外资联可以，与国有联也可以，与民营联还可以，与个体联仍可以，借也是如此，但国有占股一定比例适度，控股也行，不控股还行，不占大股仍然行，但是，“此联此借”是为了发展，为了富裕职工。江总书记讲“发展要有新思路，改革要有新突破，开放要有新局面，各项工作要有新举措”，这四新既是对13年实践的马克思主义总结，又是用马克思主义分析现实提出新思想新要求，同时，它的核心是创新，它的目的是发展，我们一定要运用“四新”理论指导、分析装饰工作。切记住三国时孔明离荆州而告诫关羽的话，对付东吴要西借曹操东拒吴国，对付曹操要东联东吴北拒曹操，关羽不听，而败北走麦城。我们的联、借之原则既是策略又是思路，是符合江总书记“四新”精神的。

综上五条是发展大装饰的“船”和“桥”，一般又称其为方法。然而，它们之间绝然不是隔裂的，虽然它们各自能独立一体，但是，联系又是紧密的。它们的关系是以科学的思路为发展装饰的前提，以严谨的发展计划为实现“大装饰”的基础，以从工程项目总承包入手为发展“大装饰”的基本原则，以设计领先、管理至上、名牌跟上为发展“大装饰”的根本，以“能联则联”、“能借则借”为发展“大装饰”的策略与动力。一环扣一环，环环又相联系又相对独立。思路是关系到全局的发展，计划是实现全局的保证，总承包工程是促进实现“大装饰”，设计、管理、创名牌是实现各个方面要求的关键，“八字”策略是推动实现全局最好办法。亦然，五条的核心是思路，关键是计划，设计、管理、名牌是根本保证。谁也离不开谁，相互之间既是促进又是影响，尤其是在某一环节发生重大变化时，或好或劣，都会对实现“大装饰”产生不可估量的效果与影响。

三、搞好“大装饰”应该注意的几个问题

这还是一个发人深省的大问题，事物发展是有规律的，但是，要有效地科学地把握其事物的规律性，就要驱除事物外部的假象，拆除掩盖事物本质规律的覆盖物，还其本来面目。搞好装饰难，要搞好“大装饰”更难，因此要有真创业、创新精神。经过一段时间学习，看材料和市场变化；我认为，搞好“大装饰”应注意以下几个问题。

1. 千方百计想办法，先从好的装饰项目作为切入点。“只要功夫深，铁杵磨成针”。只要心用尽，就不怕没有好的装饰项目。只要有好的装饰项目，就百计千方地把它搞好。古人云，万事开头难，这是个千百年来的事实。要破这个难，就要做到五个密切关注：一是，全公司都要密切关注市场，主要精英要研究市场；二是，广泛搜集装饰市场信息，选择主攻和侧攻的方向，并且不断做到细化、筛选精研；三是，一旦确定主攻方向，就采用一切手段，全方位出击、入围；四是，上边和下边交叉作业，不放松，不间断，直到有眉目为止；五是，做好科学投标的一切准备；展现现代化管理特征，一旦拿下，就要把他搞成精品，以此扩大市场。这就叫“用心投石问路，并且有漂亮的回声”。

2. 大胆地聘用装饰设计高手和经营管理高手。这是搞

好装饰项目工程招投标和精管理、创名牌项目的根本。装饰公司除了有一个好的领导群体外，最重要是要有一支难得的招投标人员和难得的装饰工程管理人员。他们不但是熟悉市场和现场的精英，而且是掌握和运用现代操作、管理的精英。我们长期解不开“装饰的困惑”，其主要原因就在这里，这种现象再也不能继续下去了。因此，在该问题上应采取如下措施：一是，一敢于投入，聘用高才生，培养高才生；二是，敢投入，引进先进管理；三是，敢投入，购进基本的现代化设备；四是，敢投入，制定最好的标书；五是，敢投入，承诺于社会与客户。这“五敢”就是面对装饰市场的决心与信心。人心齐泰山移，决心大就一定能闯过火焰山。

3. 大胆地引进外资、民营和个体。这种竞争性行业必须实现体制多元经济成分，机制更加灵活。否则，“一花独放”，“一企独尊”，还是难以适应市场之需。因此，是国有的企业要大胆地退，大胆引；在产权上不一定占控股或大股；最好引进外资企业合股或引进民营企业合股。通过此种形式，我们可以让大家把装饰企业做大做强。不但如此，起步就应该比别人高一点，步子迈的大一点，行动要快一点，早见硕果。这就叫“打蛇打在七寸上”，治病要治到根子上。

4. 建设一支少而精的技术、经营管理队伍，联系几支整建制的优秀装饰队伍。这就是“高级技术管理型”和“整建制的优秀劳务型”相结合。前者是“本”，后者是“沙土”，结合好就能够发挥各自优势，创造出新的成果。但是，此结合应注意：一是技术管理型必须是高级的，决策有方，管理有素，治理科学，尊重劳务密集型，不妄自称大；二是，共同创下的成果，应该允许劳务型分享，不能劳创有份，享受无门；三是，长期稳定联系使用几支劳务型队伍；随叫随到，到则能战，战则能胜，用实践不断促进和密切双方关系；四是，少数劳务型公司或骨干可以入装饰公司的股，使其成为共同利益的享有者，这对双方都有利；五是，劳务型队伍一定尊重技术管理型队伍，遵纪守法，规范施工，通过劳动成果推动双方关系的发展。但是，几支劳务型队伍要适应招投标要求，凭本事竞标要得法，除特殊活外，一般再没有直接给活了。这叫“三国”打仗，统一国家靠实力说话。自由竞标，也要靠实力与本事说话。遇到有点垫款装饰更要找众家凭实力竞标。这应该是一条天经地义的法则。

5. 目前要以土建项目为依托，找准切入点。土建上有两个方面可作为依托。一是，大型公共建筑项目，各公司凡是到手的就应该不让装饰跑掉，或与内部联合竞标一起干，或与外部联合竞标参与干，无论怎么干有自己公司一份，并且以此宣传。二是，大型公建或高级住宅小区，各公司到手的项目里的装修装饰部分绝对不让它漏掉，或自己提前搞样板、定“菜单”，或与外部合作竞标一起做。总之，我们要不嫌小，不嫌苦，只要挣点钱，只要对我们有好处就坚决不放过。大老板都是从小老板起家的，大资本都是由小资本演变开始。只要认准了，就不怕“九头牛”拉，这才是搞好事业的耐力、拼力。

以上五个注意方面都重要，一条未写上是“千重要万重要，领导班子的统一认识最重要，最重要的关键还是在党政一把手。”这里不得不再进一步提醒大家。然而，我们上边探讨了为什么搞装饰?怎样搞好装饰?以及搞好装饰应注意的几个问题，它各自都能成为一个完整的体系，但在宏观上看第一问题是第二、第三问题的基础，第二问题既是第一问题的体现，又是第三问题实现的关键。第三问题既保证第一、第二问题的实现，又起到促进第一、第二问题的发展。

因此，这“三步曲”是相互依赖，相互促进，谁也离不开谁。这种哲学式的宏观联系，微观循环都有它的规律，只要强者、科学者能巧妙的把握运用“三步曲”的循环规律，我们就既会出现朝霞出海的喜人之运，又会出现夕阳美景诱人的魅力。城乡集团上下志士同仁希望这一天早日到来。

小工程做“精”　大工程做“深”

深圳市华南装饰设计工程有限公司　总工程师　**张重光**

在建筑装饰行业，人们习惯于对工程有大小之分。究竟那一类为大、那一类为小，其实也没细分标准。我这里指的大小多以空间面积和工程造价大小来衡量。然而，即便是同一类性质的工程由于大和小的不同，其设计理念和施工标准也不尽相同，但有一条是必须牢牢把握的，就是工程无论大小，都是在营造一个提供人们活动的审美空间。因此，都必须用心的去表现特定的设计思想和良好的施工工艺。

一、小工程做精要着眼于细画龙巧点睛

所谓小工程泛指一些商店、酒楼、餐馆、小型写字楼即工程造价在 500 万元以下的工程。往往这类工程不须采用更多深层文化的手段去刻意地表现。只需适应社会潮流，做到环境舒适宜人，美观大方即可。一般说，这类工程的功利性较强，主要是为了满足使用和盈利需要，它正因为小所以不要求其工程能树碑立传，更不需要能成为一个代表作万古流芳，只要求在设计上简洁典雅，在做工上精益

求精。我想在以下几个方面谈谈自己粗浅的认识。

1．做好小工程靠“巧”取胜

工程正因为小，就必须要求做的好、做的巧。设计要巧：要做到思维巧、用料巧；施工要巧：要做到工艺巧、安排巧。只有设计巧了，工艺到了，质量高了、效果也就自然有了。

当然，小工程因为受其面积、环境空间和单一功能的制约，往往没太多好表现的地方，因此，某些单调的环境必须靠精湛的工艺来体现效果，它除了把局部点缀的部位做好以外，大部分空间都要靠高操的工艺技巧来赢得人们的赞赏。

2．细“画龙”重“点睛”

所谓细“画龙”就是我们前面所说的要以精湛的工艺和优异的质量去获得人们的好评，往往小工程在设计上都要求比较简洁，但简洁又不同于简单，它要求在一个简洁优雅的空间环境里，必须至少有一处是“点睛”之笔，用这一笔来吸引人们的视线，用这一笔来交待整个环境特征，通过这一笔的刻划去收住人的视线，给人达到审美的目的，因此“点睛”之笔在把工程做精的过程中起着不可忽略的作用。

这一笔，它可以点出空间的主题，激活环境气氛，明确功能特征，美化装饰效果，所以，小工程做精就一定要在“点精”上把文章做好。这一笔点好了，做精的目的也就基本达到了，因此在“画好龙”的基础上一定要刻意“点睛”。

3．做精在于把小空间做“大”

我们所说的把小空间做大，不是加大建筑尺寸，而是通过合理的设计和高精的工艺把它做的大气、大方，让其建筑通过装饰的手段达到表现大家的气势。

其次，小建筑的室内空间由于受功能或面积的制约，往往平面布局比较紧凑，这就要求我们在满足功能需要的同时，更要合理地安排好“空余”空间来满足休闲、接待、驻足、等候的需要。在室内营造出适度的环境，来把室内的小空间在气氛和视觉感受上做大。辟如，在布局上提倡办公休闲化，在设计上多一点环境生态化，在功能上考虑一些条件智能化，用不同的环境空间、智能和生态的空间在有限的面积上达到大气的目的。

因此，某种特定的面积虽小，但在感觉上一定要做大，要用装饰的空间来感染人，用其来扩大人们的视野，视野开阔了，空间也就无形地做大了。

二、大工程做深要致力于文化内涵

大型工程一般泛指国家重点工程，城市标志性建筑，大剧院，四、五星级酒，大型办公楼及大型主题性建筑的室内外装饰工程。这类工程不仅要求设计思想超前、现代，而且在材料、质量上要求也相当讲究，更重要的一点是这类楼宇在某个地域有较强的代表性。因此，在装饰上必须具备较强的文化特色，有深层的文化内涵，它的装饰目的早已脱离了单纯的功能需要，而是一个能提供人们审美的空间艺术品。所以，大型工程的装饰应该满足如下条件：

1．建筑装饰是表现美的载体，必须具备审美价值

人们常说，建筑是凝固的音乐，而装饰是组成这个音乐旋律的一个个音符。装饰既然是美的载体，所以它必须艺术地、文化地去表现空间，使其空间成为传播艺术文化和精神文明的园地，这就要求装饰的效果极具文化和美的特性。

2．强化管理过程是表现美的有效途径

大型工程有很多属于标志性建筑，自然它的存在将是一个长期的甚至是永久的，如何来满足后人的审美需求，当然无外乎是提升设计理念、完善施工手段，更重要的就是要靠科学的管理来实现这个目的。

设计是表现方法，它告诉人们如何做、怎样做好。施工是表现手段，它通过各种过程来完成这些表现；而管理过程是实现美的途径，它可确保目标的实现。

大家知道装饰工程早已脱离了原始的工匠行为，它已从早期的做工发展到做工程，又从做工程发展到做公司，现在正从做公司发展到做文化，所以它必须通过有效的管理来实现文化的目的。科学的管理需要文化的支撑，靠管理来实现文化，同时，又要靠文化来完成管理。所以它是保证巧手出精工的重要途径。

3．时间是检验美的重要标准

一个城市标志性建筑，我们可以以一个城市的大剧院为例：它的审美价值远远高于一个城市的著名教堂或其它代表性建筑，千年的古教堂在传播精神文明的岁月中受人仰慕，称之为圣地，但它完成的使命只是单一的行为，但正因为它是圣地，所以，大凡教堂建筑一直都是一种美的展现。

然而，一个城市大剧院的建筑装饰，她的现代文明不仅是体现在精神上，而且还有艺术上、文化上的庞大空间，她除了建筑的本身之外，其包裹建筑的内外装饰及其工艺就可成为永久的艺术品，既能成为永久的它应是不衰的，因此，一个时代装饰美的特征，它不会随着社会的进步而被淘汰，而应该是某一个时期建筑装饰史上的一个丰碑，随着时代的变迁和岁月的流逝，年代越久远，它应该越经得起人们审美的检验，因此某个建筑装饰能够作为一个永久的作品长期保存下来的才是真正的美。

凡是随着时代的变迁和潮流的需要而随时都可以进行改造的装饰作品，它只能是“一件平常的外套”，穿旧了就该换掉，这样的外套往往是满足于当时某种功能的需要，并没有多深的文化内涵和艺术价值。因此，它不能被人记住、不能被社会公认、不能被时代保留，因此，美的东西、文化的东西应该是个永恒的话题。这种美就是我们将大工程做深的真正目的。

向全国建筑装饰行业百强承包商行列迈进

中国建筑装饰协会理事　北京市建筑工程装饰公司　总经理　**蔡　强**

在经济全球化,市场竞争白热化的今天,一家企业要想在市场上占有一席之地,并不断发展壮大,靠什么呢?我的回答是,靠核心竞争力。

装饰,作为建筑的“皮肤”和“衣服”，他的好坏直接关系到建筑的档次和风格，是建筑文化的重要组成部分。近年来，建筑装饰行业的总产值以20%以上的速度递增，而建筑业被公认为我国加入WTO后最具优势的行业之一。在这种有利的大环境下，作为建工装饰的主要领导之一，我意识到，只有发挥公司的整体经营效能，才能适应装饰行业的市场新变化。为此，我们采取了很多举措。

在硬件上，我们首先解决了施工企业至关重要的资质就位申报问题，在全体员工的共同努力下，我们拿到了装饰工程专业承包企业一级、装饰工程专项设计企业甲级、建筑幕墙工程二级、园林三级、设备安装二级等资质证书，这就为将来谋求更大发展奠定了基础，此外，公司和分公司还稳步的推进发展合作经营，整和其他经营群体资源，发挥不同层面的积极性，拓宽经营路子。加强和改进投标工作，因势适时的调整报价策略，使投标中标率得以大幅提高。

多年来在市场上打拼，使我对核心竞争力有着深刻的体会和认识。所谓核心竞争力，是指企业在生产经营过程中积累起来的，协调不同的生产技能和整合多种技术的知识和能力，并据此创造出超越竞争对手的独特的经营理念、技术和服务。

今年上半年，建工装饰的生产形势非常好，几个大工程经过2002年下半年的施工准备，2003年上半年均已具备装修进场条件。正当全体员工和各项目经理部摩拳擦掌，准备大干一场，为实现完成和超额完成集团公司下达的指标出力、流汗的时候，SARS疫情灾害却猝不及防的从天而降，使一些工程受到了不同程度的影响。比如，宏源大厦因闹SARS，业主放假无人定方案；新承接的华彬庄园5号楼精装工程，图纸是业主委托马来西亚一家公司设计的，因SARS设计师迟迟来不了……。鉴于种种情况,我们在公司内部进行了统一部署,以领导班子为核心,组织工程管理部及公司有关部室进行到现场巡回办公,不仅解决了在防非典工作和生产过程中存在的具体问题,而且鼓舞了士气,体现了同舟共济、共渡难关。事实证明，发挥企业内部的核心力量，就没有战胜不了的困难。

市场竞争是残酷无情的，就像曾经不可一世的恐龙会突然灭绝一样，虽然它庞大的身躯曾使之成为世界的霸主，然而它们的生存能力，对环境的适应能力却没有那么强大。因此一旦安逸的环境不复存在，耗能极大的庞大躯体反倒成了累赘，等待它们的也就只有被残酷的生存竞争淘汰的命运了。这种说法虽不完全正确，却也能给我们启迪。物竞天择，适者生存是一个自然法则。如果建工装饰公司一味躺在“北京建工集团”这块金字招牌下停步不前，那么最终是会被市场淘汰出局的。

虽然在过去的几年中，建工装饰在市场上占据了一定的地位，也获得了大量的荣誉，如鲁班奖（国优）4项，全国建筑工程装饰奖1项，北京市优秀样板建筑装饰优质工程2项，北京市建筑装饰优质、优良工程5项等等，但市场竞争犹如推石上山，不能停留喘息，否则就会人石俱下。

适应市场需求，靠的是眼光，战略！本人理解战略，就是能为企业持续创造价值的独特经营方式。方圆800余平方千米的首都城市建设，像一块美味蛋糕，吸引着海内外商家的瞩目，其中不乏寻求合作伙伴者。北京建工集团——中国建筑知名企业,这棵枝繁叶茂的大树格外受到青睐,古语云,良禽择木而栖。机遇滚滚而来，有的跨越省市，有的跨越国家，面对机遇，只有牢牢抓住机遇才能求发展。我们以“强强联合”之势，不失时机的开辟根据地，组建我们建工装饰公司舰队，成立了北京建工装饰公司新疆、湖北、海南、韩国分公司。这仅仅是个开始，公司还将继续链接下去，最终达到优质兵团作战，最大规模的涉入市场。内联外盟，由此则能人才资源共享，信息情报互通，并在不断整合中,朝着正规化、科学化、效益化发展。除此以外，我们还瞄准更大的市场，奥运会是北京城市建设的催化剂，未来3年必将拉动装饰业大发展。这样庞大的市场，我们的管理优势、服务质量优势、产品优势将逐渐显示出来。

我们必须扭转以往陈旧的经营理念，所谓竞争，争的就是一个经营理念，如何拓宽市场的战略。就像高手论剑，最后比的不是剑法，而是心力。

在建工装饰承揽的工程中，我们定位于品牌效应，使我们的工程能更好的体现出“建工装饰”这个优质品牌，从而也拓宽了我们的道路。

在体制上，我们试着打破国企以往的死气沉沉、墨守成规,本着多劳多得的原则，拉开分配档次。公司建立了经营承包机制、管理承包机制、风险抵押承包机制，并相应健全了奖励制度。企业内部体制的改革，是社会发展的必然趋势。纵观商海，不乏成功的范例。海尔的流程改造，科龙的体制改革，长虹的民营化探索，TCL 的渠道整合，……依此类推,实践证明,只有不断改革求新，才能更好的发展。

展望未来，我们信心满怀，经过不懈的努力，我们一定能在激烈的市场竞争中找准位置，把建工装饰发展成为具有较强市场竞争力和行业影响力的优秀企业，向全国建筑装饰行业百强承包商行列迈进。

对我国装饰企业如何建立核心竞争力的一点认识

——读《战略：45位战略家谈如何建立核心竞争力》感想

黄　白

如何建立核心竞争力，是随着我国加入WTO后出现的热点问题，装饰行业也不例外。我也比较有兴趣。

早就想读《战略：45位战略家谈如何建立核心竞争力》（中国发展出版社，2002年4月）一书，乘2003年4月25日～5月5日因防控SARS在家休假，读后颇有点感想。这45位战略家主要是美国哈佛商学院的知名教授、研究机构学者，并兼任相关社团负责人或大企业顾问，其次是英国的同行，均为各自相关领域的权威人物。全书分四篇：原理(Principle of Strategy)、策略（strategic Revolution）、核心竞争力（Core Competence）、为新战略做准备（Preparing For New Strategy）。兹将读后感记录如下，供同业同仁参考。

1．何为战略

美国哈佛商学院教授、商业经济学博士和MBA，全球当今关于竞争战略的最高权威迈克尔•波特认为，人们之所以不明白“何为战略”，问题的根子就在于没有把经营有效性与战略区分开来。

经营有效性：是指一家公司在从事相同的经营活动时比竞争对手干得更好。经营有效性里面包含了效率。它意味着公司能更好地从事与竞争对手有差异性的经营活动，或以不同的方式从事类似的经营活动。

差异性：一家公司只有形成并保持差异性，才能战胜其竞争对手。它必须为顾客提供更多的价值，或以较低的成本创造可比性的价值，或者两方面都做到。因此，企业较高的利润就来自于：提供较高的价值使公司获得较高水平的平均单价，以及通过较高的导致较低的平均单位成本。

良好的业绩毕竟是企业的首要目标，而经营有效性和战略则是取得良好业绩所必需的，不过它们却以极为不同的方式在其中发挥作用。

不断提高经营有效性是获得优厚利润的必要条件，然而它还不是充分条件。第一个原因是：公司很少能长期以经营有效性为基础来获得竞争上的成功，如果那样的话，它将在竞争对手面前处境日渐艰难。因为竞争者会迅速模仿投入要素、管理技能、新型技术，以及提供满足顾客需求的良好方法。第二个原因是：因为竞争趋同是比较微妙、难以察觉的。由于竞争者在质量提高上、周转周期上、供货渠道上相互模仿，战略趋同及竞争便会导致众多公司在同一条道路上赛跑，结果谁也不能取胜。如果竞争仅仅建立在经营有效性上，那是在相互毁灭。由此可见，经营有效性，必要而不充分。

竞争性战略就是要做到与众不同。它要求企业家精心选择一组不同的经营活动来表达一种独特的价值理念。战略的本质在于行动——选择与众不同的方式来实施行动，或者实施与竞争对手不同的经营活动。否则，战略就只能停留在口号的层面上，根本经不起竞争的考验。

我国装饰企业十分缺乏经营有效性，差异性很小或无什么差异性导致很难比竞争对手干得更好。只有产生差异性，才能形成比较优势。互相迅速模仿造成战略趋同及竞争，使大家在同一条道路上赛跑，结果谁也不能取胜，因此竞争还不能仅仅是建立在经营有效性上，否则是相互毁灭。经营有效性，就是干得更好，只有形成并保持差异性，才能干得更好。战略，并不玄妙，简而言之就是与众不同。

美国哈佛商学院管理学教授罗伯特•海因斯和同学院教授加里•皮萨诺共同认为：如果一个公司的惟一目标是与最有实力的竞争对手“做得一样好”的话，它怎么能期待实现竞争优势呢？

我们很多装饰企业把其价值理念贴在公司的墙上，横向比较一下，均是趋同且为口号式的，少有独特的，这就是判别一家企业有无形成竞争性战略的主要标志之一。所谓理念，是指并不是理论、思想以及实践活动本身，而是蕴藏在这些理论、思想和实践活动背后的、起决定和支配作用的某种动机和信念。理念不仅是理性思考的过程，更是实践活动所追寻的终极目标。

建立竞争性战略的关键是：要求企业家精心选择一组具有差异性的经营活动来表达一种独特的价值理念并实施行动。因此说，战略是建立在独特的经营活动上。战略比经营有效性更高一个层面。无战略指导的或无差异性的经营活动，只要满足其中一条，就叫做“模仿”，模仿的结果是趋同，趋同的结果是自相残杀，自相残杀的结果是同归于尽。若想走出恶性循环关键性的第一步是：设法与众不同。然后奋力形成并保持差异性，进而实现经营有效性。

值得注意的是，经营有效性的前提是“从事相同的经营活动”。我们发现，深圳的装饰或幕墙企业几乎全部从事专业化竞争，即除了干装修或幕墙外，其他什么都不做，从而形成了经营有效性。

何谓战略，就是创造一个惟一的、有价值的、涉及一系列不同经营活动的地位。公司要面对的一个简单而又要紧的事就是，发现并抢先占有战略高地以赢得竞赛。战略地位的实质，就是选择与竞争对手不同的经营活动。如此这样，企业就能做到游刃有余，经营有效性就可以决定经营业绩了。

战略是在竞争中进行转换。战略的实质是决定干什么。如果没有转换，就没有选择的必要，因此也就无战略可言。一个试图模仿一个经营体系的竞争者仅靠模仿一些经营活动而不模仿整体就会毫无所获。经营没有改善，业绩就会下降。在其经营活动中适应性强的公司很少引人注意，它们在战略及实施上的优越性只会集合它们的优势，并会抬高模仿者模仿的障碍。战略地位的确立必须有10年或更长的时间，而不是一个单一的计划周期。战略定位的频繁变动，则会使其成本极其高昂，公司不仅必须重新安排经营活动，而且必须重新调整体系。战略，就是在公司经营活动中创造适应性。

2．领导者的作用

在我们很多装饰企业中，领导已退化为只去精心安排经营改善交易上，但事实上，领导者的作用要广泛、重要的多，总经理的职能远远不是做单纯的管理工作，他的工作核心应是战略方面的：确定和说明公司的独特地位，做出定位转换，并在经营活动中创造出适应性。

战略中做出的有所不为的选择与做出有所作为的选择同样重要。对经营活动的某些方面加以限制是领导者的另一项职能。决定哪些目标顾客群、哪些目标种类、哪些需求由公司提供服务，是确定战略的基础，这同时就决定了不为其他顾客或需求服务，不提供某些种类产品或服务。而我们大部分的装饰企业，特别是家装公司，却是什么都做。

提高经营有效性是管理的必要部分，但不是战略。把这两者混淆起来，管理者就会无意识地退回到这样的思维方式，即认为竞争使很多公司直向趋同，这不是任何人的最佳利益，却又是不可避免的。管理人员必须对经营有效性与战略加以明确区分，两者都是基本的，但两者的工作议程却极为不同。经营有效性有使公司业绩持续提高，它不存在转换问题。这件事做不好对拥有好战略的公司也会造成损害。经营有效性就是在适当的位置上寻求稳定的变化、变动性及经过不断努力以取得最佳业绩。相比之下，战略则是在不确定的位置上确定独特的地位，做出明确的转换及强化适应性，它涉及到不断寻求加强和扩大公司地位的途径。战略议程需要原则和持续性。

什么是原则，原则就是不能讨论的东西（问题）。战略的敌人就是混乱和妥协。一家杂乱无章的装饰企业或一个单位，它不会有战略的；一家没有战略的装饰企业或一个单位，路只能是越走越窄。

在一个战略制定的过程中，对成功的定义，伦敦商学院战略与国际管理访问教授加里·哈默尔认为：由一个管理者花半天时间从25岁的年轻人那里学些新东西。

3．领导变革失败所犯的错误

经美国哈佛商学院领导学教授约翰·科特研究，大凡获得成功的企业，其基本目标都是一致的：即对企业经营方式进行根本性的变革，以帮助企业适应一个新的更富有挑战的市场环境。从成功的案例中可借鉴的最普遍的经验是：变革过程要经历一系列阶段。总的来说，这一过程通常需要相当长的时间，跳跃性前进只能产生速度泡沫，而绝不可能带来一个满意的结果。

回想我们很多装饰企业，总想着跳跃性发展，其结果往往是欲速则不达，原因就是速度泡沫所致。

错误一：没有形成一个足够的紧迫意识。高层管理的瘫痪往往是因为经理人员太多而领导者不足所致。管理授权就是要减少风险，并保持现行系统的良好运转。而我们装饰企业却恰恰相反，大权独揽方觉减少风险。只有足够量的真正领导者被推选或聘用高级职位，变革阶段才能顺利发展。

显示竞争力下降的指数包括：新的竞争、边际收益递减、市场份额下降、平均主义分配、收益增长的缺乏等。

错误二：没有建立一个足够强大的领导集团。在管理层中的强烈紧迫感对组建一个领导集团很有帮助。但仅仅如此是不够的，必须有人把这些人召集到一起，帮助他们评估公司遇到的问题和机遇，并建立一个最低限度的信任和沟通。脱离工作一起去休养2～3天，是完成这项任务国际上广泛使用的办法。

错误三：缺乏远见。一个有用的经验法则是：如果你不能在5分钟或更短的时间内同某人交谈公司的经营理念，并且得到对方理解或感兴趣的表示的话，那么你就没有处于变革过程之中。

错误四：仅用1/10的精力将经营管理理念往下传达。没有令人信服的宣传以及大量的工作，公司组织内部员工的心是不会被打动的。信息传达可通过言语和行为来实现，而后者通常是最重要的形式。没有什么比重要人物的言行不一对变革活动所造成的破坏更为严重了。

错误五：没有排除通向新经营理念的障碍。可能最为糟糕的老板是那些拒绝变革、追求与整个努力目标不相一致的老板。

错误六：没有系统地计划和实现的短期目标。经理人员经常抱怨他们被迫进行短期经营，但是这种压力是一个变革努力中有用的元素。

错误七：过早地宣告胜利。实践表明，直到经过5～10年的努力，变革思维深深地融入公司文化之中才相对稳定。

错误八：没有将变革植入公司文化。

人们犯的错误还有很多，但以上八个是最主要的。很少能有一种错误横跨成功与失败的鸿沟。

4．高管在提高效率创造新竞争优势中的作用

伦敦商学院战略与国际管理访问教授加里·哈默尔指出，利用提高效率这种挑战创造新竞争优势，需要高层管理者做到以下几点：

一是制造紧张气氛。通过发送企业现有环境中有必要加以改进的微弱信号，而不放纵懒散使危机真正发生，从而使企业宛如处于危机之中。

二是广泛利用竞争智慧。在企业的每一层次上建立一个竞争目标，每位员工都针对一流的竞争对手定出自己的努力基准，这样竞争就变成自己的事了。

三是向员工提供他们能有效工作所需的技能。比如统计工具、问题解决、价值管理和组建团队方面的培训。

四是在发起另一挑战时给企业以时间来消化当前的挑战。当企业的竞争头绪过多时，管理人员应努力保护员工不致胡乱转变重点。

五是建立清晰的路标指示机制。这样可对操作过程进行跟踪，以确保内部的认可与奖励，对企业所倡导的工作表现予以发扬，目标使公司的第一个人都置身于挑战之中。

要想找到竞争对手的弱点，突破口一般是从细致分析竞争对手的习惯思维开始。

5．竞争创新

竞争创新就象柔道一样：目标是以其人之道还治其人之

身。要做到这一点，并非是向领先者看齐，而是去开发自己的特长与实力。

过去我们的传统思维方式是：向某某看齐。这大概是借用了排队的原理。但是，竞争不是排队。排队不需要有特长与实力，需要的次（秩）序；而竞争则相反，需要有特长与实力。特长，就是经营差异性所形成的比较优势。

竞争创新要发挥作用是基于这样一个前提：已成功的竞争对手可能会拘泥于成功的“诀窍”，也就是说，新竞争者拥有的最有效的武器很可能是一张白纸。在位者的最大弱点就是它对公认惯例十分相信。

合作也可以用于被检验竞争者的优点与弱点。

竞争创新有助于减少短期竞争风险。这种长期的保持一致、中期的精力集中和短期的创造与专注，是用有限的资源实现目标的钥匙。

6．群聚区

按照新竞争经济学的说法，群聚区是特定领域里相互联系的公司和机构在地理上的集中。在我国装饰行业，从一级装饰施工企业数量上看，如广东（67 家）、北京（61 家）和江苏（45 家），在具体一些如深圳（37 家）和苏州（8 家）；从一级幕墙施工企业看，如沈阳（9 家）和深圳（8 家），如各省会城市、副省级城市，装饰行业均十分发达，从而形成了区位优势。

如深圳市，据深圳市装饰行业协会统计，到 2002 年底，深圳市装饰行业共有公装一级企业 41 家（本地 37 家，外地进驻 4 家）、二级 52 家、三级 94 家，专业幕墙企业 26 家，家装企业 137 家；家装持证上岗人员近 2000 人；首批中、初级室内设计师分别为 188 人和 105 人。2002 年深圳市装饰行业总产值 52.04 亿元，比上年增长 9.3%，其中，公装 41.89 亿元，幕墙 7.79 亿元，家装 2.35 亿元；一级企业完成 41.35 亿元，占全市装饰行业产值 64.5%，其骨干作用与主导地位十分突出。

又如江苏省，据江苏省建筑装饰协会统计，全省现共有 3000 多家装饰、幕墙、门窗安装企业（含无资质），约 30 余万从业人员，施工产值从 1998 年的 80 亿元（含省外市场的 15 亿），到 2002 年完成 300 亿元，年均增长 30%以上。在新资质就位中，从总量 6181 家减为 4428 家，全省一级装饰施工企业从 23 家增至 47 家，一级幕墙施工企业从 9 家增至 12 家，均列为全国第三位。现有甲级装饰设计单位 22 家、甲级幕墙设计单位 9 家，均列为全国第四位。江苏正从装饰大省向装饰强省迈进。

群聚区代表了对区位的一种新的思维方式。群聚区很少与标准行业分类体系一致，这种分类体系不能捕获竞争中许多重要的因素和关系。通过了解群聚区，可以使我们重新认识装饰行业发达地区其中的玄机奥妙。

群聚区对竞争的重要性在于其在三个广泛方面影响竞争：

一是提升以地区为基础的公司的生产率。

二是推动革新的步伐，支持今后的生产率增长。

三是促进新企业的形成，从而扩大和强化了群聚区本身。

美国哈佛商学院教授迈克尔•波特接着指出，现代竞争依赖于生产率而不是投入品的使用方式或各个企业的规模，生产率依赖于公司如何竞争，而不是它们参与竞争和特定领域。在新竞争经济学里，最起作用的不是投入和规模，而是生产率——这在所有行业者是正确的。这段结论揭示了一个极为重要的讨论，生产率体现的是“做强、做精”而不是“做大”。 迈克尔•波特的论断是对“做大”的否定。

群聚区生产率的优势来自于：

一是更好的接近雇员和供应商。

二是获得专业化的信息。

三是配套产品。

四是获得机构和公共物品——政府或其他公共机构的投资能提高一个公司的生产率，如得到地方性项目受过培训的雇员会降低内部训练的成本。其他的准公共用品，如群聚区的信息和技术贮备以及声誉，作为竞争的副产品也会自然出现。

这里所指的“公共机构”，应该包括“社团”。我们不难看出，在我国凡是装饰行业发达的地区，政府均比较开明，装饰协会工作均比较有成效，其中培训工作均比较突出。这些地区装饰企业对雇员的训练成本很大部分已摊销到准公共用品中——政府或其他公共机构的投资，从而实现了比较高的生产率。

更重要的发现是：在群聚区，信息、技术贮备、声誉，是作为竞争的副产品自然而然出现的，也是准公共用品。这就对我国装饰发达地区之所以形成的信息、技术贮备、声誉的优势给予了进一步的解释。这也就是为什么在群聚区内的公司通常比孤立的竞争者在市场上具有更好的声誉的原因。

根据美国战略家的研究，几十年里群聚区一直是创新的中心。由此，一方面我们可以认为我国这些装饰行业发达地区是目前我国装饰行业的创新中心；另一方面说明我国这些装饰行业发达地区可以几十年一直是创新中心。那么，有意识的培育我国装饰行业群聚区的创新中心，就是政府、社团及从业者自然而然的责任了。研究表明，群聚区需要 10 年或更长的时间才能向深度发展并具有现实的竞争优势，在我国如深圳的装饰、沈阳的幕墙。

五是群聚区对建立新企业具有诱导性。在这里，来自不同领域的见识、技能和技术融合在一起，触发创新和建立新企业。

7．群聚区对企业的意义

美国哈佛商学院教授迈克尔•波特认为，“高科技”这个标语，正常地用于诸如信息技术和生物技术等领域，已经扭曲了人们对竞争的看法，产生了一错误的观念，即只在少量公司能以高级的方式进行竞争。他接着指出，事实上没有低技术行业这类事情。只有低技术公司——那些不能使用世界级的技术和经验去提高生产率和创新的公司——一个富有活力的群聚区可能帮助任何行业里的任何一个公司使用最先进的相关技能和技术，并以最先进的方式进行竞争。

以上的论断就对“我国装饰行业技术含量低”的说法给

予了否定。以能否使用世界级的技术和经验去提高生产率和创新为标准，也可以将装饰企业划分为高技术公司和低技术公司。

我国装饰行业发达的地区就是“富有活力的装饰群聚区”——帮助装饰企业使用最先进的相关技能和技术，并以最先进的方式进行竞争。相比之下，如发达省市与不发达省市、省会城市与省内其他城市、沿海开放城市与内陆城市、副省级城市与地（县）级城市、城区与郊区、珠江三角洲和长江三角洲与其他地区的装饰行业，其差距不仅在于“使用最先进的相关技能和技术”，而且在于使用“以最先进的方式进行竞争”能力的程度低。

因此，相对装饰行业不发达的地区培育“富有活力的装饰群聚区”，是提高装饰群聚区内任何一个公司使用最先进的相关技能和技术，并以最先进的方式提高竞争程度的基础工作。贫穷的地区缺乏良好的群聚区，只能在市场上廉价的劳动力和自然资源进行竞争，要摆脱这一阶段，发展完善的群聚区是基本的。对那些从中等收入转为发达的地区而言，群聚区变成一个特别有控制力的因素。经济越富裕，越要求更多的创新来支持提高工资、替代因效率提高和标准产品向低成本地区转移而消失的工作岗位。

值得指出的是，深圳的装饰或幕墙企业几乎全部是专业化竞争，即除了干装修或幕墙外，其他什么都不做，从而形成了比较优势的经营有效性。这是深圳等装饰发达地区形成“富有活力的装饰群聚区”的充分必要条件。

8．提高生产率的产业政策

生产率决定了一国或一地区的富裕状况。为此，政府及相关行业社团就努力创造提高生产率的环境。

竞争的微观基础最终决定生产率和竞争力。国家及相关行业社团必须保证高质量的投入品，如有教养的公民、有素质的从业者、有形的基础设施的供给。他们必须制定竞争规则。

回顾起来，我国装饰行业专门的国家法规，只有1994年的建设部46号令《建筑装饰装修管理规定》、2002年建设部110号令《住宅室内装饰装修管理办法》两部行政规章和《建筑装饰装修工程质量验收规范》（GB50210-2001）、《建筑内部装修设计防火规范》（GB50222-95）《住宅装饰装修工程施工规范》（GB50327-2001）三部技术标准。比较起建筑、结构来，相差的还远着呢。因此，进一步积极地制定我国装饰行业的产业政策，是创造提高装饰行业生产率环境的基础性工作。装饰协会也必须对行业发展保证高质量的投入品，制定相应的竞争规则。

9．信息带来的竞争优势

当今，信息革命以下列三种途径影响竞争：

一是改变运作结构，从而改变竞争规则。

二是创造竞争优势，战胜公司战略对手的新方法。

三是酝酿全新业务，通常是从公司现有运作中产生的。

“价值链”是强调信息技术在竞争中起作用的一个重要概念。这个概念把公司的经营活动称为“价值活动”，可分为：企业基础设施、人力资源管理、技术发展、采购、经营、营销与销售、服务等。公司创造的价值要以客户愿意为产品或服务支付的金额来衡量，如果公司创造的价值超过了其完成价值活动所花费的成本，这个公司就是盈利的。为了获得超过对手的竞争优势，公司必须以较低的成本完成这些活动或者以产生差别的方式加以完成，获得溢价。

一个产业的结构体现为五种竞争力量：购买者的力量、供应商的力量、新进入者的威胁、替代产品的威胁、现有竞争者之间的竞争，它们结合在一起决定产业的盈利性。这五种力量的强度随产业而不同，因此，产业的平均盈利性也会不同。这五种力量中的任何一种力量的强度都能改变、提高或削弱产业的吸引力。信息技术能够改变这五种竞争力量的任何一种，从而改变产业吸引力，它也正在消除对运作结构的许多限制，创造变革的要求和机会。

以前我们总是说“调整产业结构”，究竟调整什么呢？不很清楚。现在，我们可以说，调整的是决定产业的盈利性的这五种竞争力量。我国装饰产业的平均盈利性现仍持平或略高于全社会平均盈利水平，说明装饰产业仍保持着其产业的吸引力。问题是：近年来我国装饰产业平均盈利性在大幅度下降，是否表明装饰产业的吸引力被逐渐削弱了？是哪种竞争力量改变了？如家装一次性装修政策的实施，就是来自替代产品的威胁；SARS的出现，一度削弱了购买者的力量并由此产生了深远的影响。那么若想保持现有或在此基础上提高装饰产业的平均盈利性，要调整哪种竞争力量？如现有竞争者之间的竞争。怎样调整？建设部汪光焘部长在2003年1月致中国建筑装饰协会“2002年全国建筑工程装饰奖颁奖大会”贺信中指出，装饰产业要调整结构。按上述思路调整可以吗？怎样运用信息技术进行调整？

信息技术包括：

一是提高了购买者对于那些装配外购部件企业的力量。如装饰工程报价单的处理，使业主更容易评价装饰材料的来源以及做出制造或外购的决定。

二是要求对复杂软件大量投资的信息技术增加了进入的壁垒。如向装饰工程业主提供现金管理服务。

三是灵活的计算机辅助设计和制造系统影响了许多产业中替代品的危险，因为可以更快、更容易和更廉价地改进产品特性。如装饰工程的工厂化、装配化的实施。

四是订单处理和客户票据处理的自动化加剧了销售行业的竞争。在装饰材料新技术替代人工的同时，增加了固定成本，因此饰材销售商必须常常努力争取提高销售量。

10．信息技术创造竞争优势

在任何企业，信息技术都对成本或差别的竞争优势具有强有力的影响，信息技术影响价值活动本身或让公司通过竞争范围的变化获得竞争优势。具体而言：

一是能够降低成本——信息技术能够改变公司价值链中任何一部分的成本。以往信息技术对成本的影响主要是局限于那些重复处理过程占较大比重的产品上，现在则不然，即使如装饰工程这样的装配活动，一种主要与实物处理过程有关的活动，也具有大量信息处理的成分了。

二是扩大差异——信息技术对差异战略的影响同样巨

大。如通过将更多的信息与装饰工程这种实物产品捆绑出售给购买者业主，新技术能影响公司产生差异的能力。

三是改变竞争范围——信息技术能够改变竞争范围与竞争优势之间的关系，它提高了公司在本地区、全国以至全球范围内协调公司活动的能力。

11．协作优势：联盟的艺术

美国哈佛商学院管理学教授诺萨贝斯•穆丝•坎特认为，公司之间的联盟，无论它们来自世界哪个角落或者处于哪个产业，现已成为企业界的一个潮流。公司联盟必然要为合作各方带来收益。各方公认的成功联盟，是建立协作（一起产生新的价值）关系，而不仅仅是彼此的交换（付出并索取）关系。

公司间的联盟可视作一个由弱至强、由远至近的序列。在序列的一端，在互助的服务联营中，同类产业中的同类公司共享资源以获得利益，由于代价太高它们不可能独自去完成，如取得一项领先技术。在序列的中间，在合营企业中，公司追求需要各方参与的机会，如一方提供技术而另一方有市场。

最重要的发现是：挂靠是什么？挂靠，是一方（被挂靠者）提供信用，另一方（挂靠者）有市场的联盟，共享资源以获得利益。值得肯定的挂靠是成功的联盟，双方不仅是商业的交易关系，而且是共同产生新的价值的协作关系。这是企业“使用最先进的相关技能和技术，并以最先进的方式进行竞争”的一种市场运作模式。

成功的联盟通常包括五个可能会有一定交叉的阶段：

第一阶段——追求期——两个公司会面，彼此吸引，并找到之间的兼容性。

第二阶段——签约期——他们拟定计划并达成合作约定。

第三阶段——新组成的联盟成员像新婚夫妇处理家务中遇到的情况一样，发现他们之间对企业应如何运作看法不一。

第四阶段——联盟各方通过磨合运行来减少彼此的分歧，共同探索融洽相处的技巧。

第五阶段——像结婚多年夫妇一样，随着不断适应协作关系发展的需要，每个公司会发现自身已发生了潜移默化的变化。

实际上，成功的公司联盟，几乎总是依赖于其高层决策人员之间建立和保持密切融洽的个人关系。

12．协作伙伴的选择

如果公司找到以下三个标准，选择协作伙伴的过程会更好一些：

一是自我分析。当联盟各方对自身和所处产业有一个客观详实的了解，对变化中的产业条件已进行了充分的估计，并决定要组建联盟时，它们就可能有良好的开端。如果决策者评估潜在合作伙伴的经验，也将大有裨益。他们就不会被第一次所看到的表面兴旺景象所轻易迷惑。

二是人际感情。重视商业关系中人的一面，并不是要彻底否定进行财务和战略分析的重要性，但生意往往取决于首席决策者之间是否融洽。领导人的爱好、信誉和尊重的信息是非常重要的。如在中国和华人世界中，要成为他们的合作者，就必须要给其决策者以“面子”（尊重和赞赏），也就是说这些公司的领导人必须亲自进行感情投资。

三是兼容性。共同体验、价值观和原则，以及对未来的希望。

在一个联盟中，当本地的合作者感到自己被关在决策圈外时，关系就开始紧张了，即使此时当地人的知识对联盟的成功至关重要。这是我们企业“挂靠”解体的主要原因。

应学会协作，协作主要是关系的协调，最有价值有关系是实现五个层次的整合：战略、战术、操作、人际和文化。

协作也是行业协会工作的基础，就是要与会员企业一起联盟产生新的价值，行业协会是行业联盟的领袖。如果一个行业协会连与会员的协作都难以做到，那就别想什么承担政府转移出来的职能、应对 WTO 了，只是图有虚名。

13．资源杠杆的运用

伦敦商学院战略与国际管理访问教授加里•哈默尔和美国密执安州大学商业管理研究院商业管理教授 C.K.普拉哈德共同认为，竞争战略的奥妙在于从资源转向杠杆运用资源。

他们指出，获得更大资源生产率有两个基本方法，无论那些资源是资本还是人力资源：

第一种方法是压缩规模，削减投资及人员长期精简高效——实质上就是减少支付给员工的钱。

第二种方法是资源杠杆性的运用，试图从一个人拥有的资源中挖出更多的东西，即用同样一笔钱雇佣更多的人。

两种方法都能够提高产生率。资源杠杆使用从根本上可以激发活力，而压缩规模则基本上会使道德败坏。我们的装饰企业多用第一种方法。

管理者能杠杆性运用资源，有五种基本方式：

一是将资源更有效地集中到关键的战略目标上。

二是更有效的积累资源。

三是以一种资源补充另一种资源以创造更高的订单价值。

四是在任何可能的地方保存资源。

五是在尽可能短的时间内把资源从市场上恢复。

14．借入资源的方法

借入的动机是利用公司外部资源来补充公司内部的资源。“借入”其它公司的资源是一种积累和杠杆运用资源的方法。你做非常艰苦的发现工作，我们利用那些发现去开拓新市场。

在通过借入杠杆运用资源中，吸收能力跟发明能力一样重要。有些公司比其他公司擅长系统地借入，部分原因是他们处理联盟的合资的态度是学生态度而不是老师态度。傲慢和饱肚子不如谦虚和饥饿那样有利于借入。

从经验中学习的能力取决于以下几个因素：

一是雇员在解决问题上既会思考又训练有素。

二是雇员识别普通的问题用寻找更高层次解决方法的讲座会。

三是能让每一位雇员都能感到对公司竞争力负责的环境。

四是在东西打破之前给以修理的愿望。

五是不断以世界上最佳业绩进行基准问题的测试。

学习不仅仅是用正确的工具和态度问题，它还需要一种公司氛围，在这种氛围中，与顾客和竞争者关系密切的人感到能自由自在地向著名的业绩发起挑战。

平衡是另一种补充资源的方法。为了平衡，一家公司就像一个凳子，至少要有三条腿：很强的开发能力；按世界性的关于成本、质量的标准来生产产品或提供服务；再有充分地广泛分布的流通、营销及服务基础结构。

15．扩张与耐心

我们常听到有的装饰企业说，我们要在尽可能短的时间内完成低成本扩张。以下的道理，说明“耐心”的重要性：当为长期领先目标而设定任一短的时间时，扩张就会招至风险，不耐心就会冒险闯入不完全了解的市场，使研究开发的支出增长难以控制，收购那些不易消化的公司，或冒失地与那些动机和能力都欠了解的同业者结成联盟。如果资源超过了顾客和竞争者观察力的积累，麻烦就不可避免地接踵而至。

高级管理人员的工作不是对未来冒险，而是去帮助收购市场和知识。知识增长，风险就下降，而且有随着知识的增长，公司发展能力也增长。

行政主管制定公司层次战略时关键要处理好两个关键问题：一是什么业务应该属于本公司而非对手公司拥有。二是什么样的组织结构、管理程序和理念会产生更好的业绩。

16．经营单位的战略更新

我们装饰企业一些人认为光干装修风险太大，再干点别的以分散风险，还有的认为装修挣钱太辛苦，不如搞房地产来钱快来钱多。经验表明，经营单位与人的很多想像，人不能什么都擅长，然而有些人肯定会拼死去尝试。美国哥伦比亚大学商学院教授约翰•O威特雷这一论断就像是对我们装饰企业说的。

在多样性可多元化的问题上，尤其是在经营单位层次上，最麻烦的事也许是，它会削弱稀缺资源（人力、金融、技术）的影响。开始就夸下海口的多样化很容易损坏经营环境，丧失核心业务力量，并削弱整个组织。

17．重新确定经营重点

经营单位为什么会迷失方向？在于失去经营重点，其原因有三方面：

一是由于在固定成本及渐增摊派上无效观念。

二是当经营单位的管理者追求非战略增长目标时。

三是由于经营单位不知道顾客、产品和服务的真实盈利性。

由于迷失方向，客户开始减少，市场份额持续下降，优秀的雇员跳槽，最后，像这样的情况就不再解释了，经理得很快弄清事情的起因。没能重新确立重点的原因有三：

一是由于经营单位专注于现在或过去。

二是由于经营单位误解了未来。

三是由于公司没有正式的程序进行修剪，只是种植。

任何一个企业最稀缺的资源就是那些拥有广博的知识、丰富的经验、深谋远虑能够引导企业的人。

价值的新逻辑是：任何产品或服务是一系列复杂活动的结果，是无数的经济交易、供应商和顾客之间、雇员与管理者之间、技术专家和组织专家组成的团队之间的制度安排。

18．企业家如何策划运行战略

美国哈佛商学院教授阿玛•布海德指出，据调研，有41%的公司根本没有商业计划；26%的公司仅有一个初步的、能快速容易确定的计划；5%公司为投资者精心制定了一个财务预测；只有28%的企业家详细准备了一个完善的计划。以上表明企业家投入了很少的精力进行起初的商业计划。

取得企业家成功的关键因素是什么？有三项指导原则可激发创建者：

一是迅速甄别机会以淘汰无前途的商业项目。

二是以较低成本去分析。重点集中于关键问题。

三是综合行动的分析。不要等待所有答案，并准备改变过程。

企业也必须与每个企业家的价值观和所想做的相吻合。要想挺过通往成功之路的不可避免的失望和灾难，需要对所选择的事业倾注热情。企业家应该对照他们正在寻觅的和他们所愿意做出的牺牲来评估一个潜在的新企业。他们是想积累大量财富，还是小富即安？他们追求公认的认知吗？与令人振奋的技术、消费者或同事一起工作的激励对他们很重要吗？他们是准备倾注毕生精力于一项事业，还是见好就收？他们能忍受在一个存在可疑道德标准的产业中工作吗？或者是在一个充满高度不确定性的行业中呢？他们能够应付什么样的财务的职业风险，多长时间呢？

这些深深人格化的偏好决定了能激励和强化一个企业家的企业类型。因此，企业家必须足够了解企业并使其成为自己的长期职业场所，而不是去尽情享受快速收获的果实。

一个创始者不仅要面对同一产品的竞争对手，而且还有潜在的来自于替代品、供应商、购买者以及其它新进入者的压力。一个新创业者甚至可能与其行业之外的公司争夺人才和资本。

空想的企业家必须警惕竞争对手从他们的工作中获取利益。许多概念是很难证明的，但一旦被证明，就容易模仿。除非创业者被持续的进入障碍所保护，否则一个艰难奋斗的革命成果会成为一个公共产品，而不是革新者独享的恩惠。

如我国几乎所有的专业装饰报刊媒体都去做室内设计，无论公装还是家装，如北京的《中国建筑装饰装修》、《装饰装修天地》、《时尚》、《缤纷》、南京的《室内设计与装修》、天津的《家饰》、西安的《新居室》、重庆的《室内设计》、深圳的《现代装饰》等，大家都一味地去模仿先前做室内设计的出版商。至今惟独没有一本做装修施工技术。

19．公司的核心竞争力

美国密执安州大学商业管理研究院商业管理教授 C.K.普拉哈德拉和伦敦商学院战略与国际管理访问教授加里•哈

默尔共同指出，在长期中，竞争力来自于建立比竞争者更以更低的成本和更快的速度提供出人意料的产品的核心竞争力。优势的真实来源在于管理者把全公司的技术及生产技能统一到竞争能力中，这种竞争能力能使单个业务很快适应机遇的变化。

核心竞争力是组织中的集体学习，尤其是如何协调多种多样的生产技术以及把众多的技术一体化。

至少有三个检验可用来确定一个公司的核心竞争力：

一是核心竞争力提供了通向多种多样市场的潜在通道。

二是核心竞争力对最终产品的可见消费者的福利就做出巨大的贡献。

三是核心竞争力是竞争者难以模仿的，如果它是个别技术及生产技能的复杂结合，它将是不易掌握的。竞争对手可能获得构成核心竞争力的一部分技术，但是，它发现复制或多或少的内部协调及学习的综合模式更困难。

识别核心竞争力与终产品之间明显联系的就是我们所称的核心产品——一个或一个以上核心竞争力物质表现。

20．企业文化——新组织之魂

美国麻省理工学院计算机教授、世界著名的企业管理思想家、重级理论和过程中心论的创导者迈克尔·汉默有令人注意力集中的完整论述。

他指出，一个组织不只是一系列产品和服务的组合，它同时也是人文团体。像其他社会团体一样，它也培育了特殊的形式即“企业文化”。大多数当代企业文化尽管存在许多差异，但也存在惊人的相似某些调子随处可听见：互相推诿，互相嫉妒，恶性竞争，得过且过，无所作为。这些共同特征的出现不足为奇。毕竟，当今的许多企业是在相同的商业环境中诞生和成长的，面临相同的压力和问题。而且由于商业世界环境培植因素重于自然造就因素，大多数面临相同环境的企业就产生了相同的文化。

过去企业文化的中心是达成一笔交易：以服从与勤奋换取工作保障，或用工作保障来换取服从与勤奋。但是现在再也不会如此了。顾客对我们的管理结构、战略计划、和财务结构不感兴趣，他们只关心一件事——结果，即我们创造的价值。以顾客为中心驱使人们强调结果，从而塑造一种支持这一传输方向的企业文化。在这一体制下，经理不再是雇员命运的主宰，而顾客却是。公司不会自行倒闭或裁员，而顾客却能以自己所为和不为导致这种结果。某公司挂有一标语：“你属于你自己。”——并不是说没人关心你，而是说谁也管不了你。

现代企业组织新的交易本质是一种交易：进取换取机会。企业为员工提供了机会——经常是培训来达到个人成功；作为回报，员工则向企业保证开拓进取，为顾客创造价值并由此为企业创造利润。

服从和勤奋现已没有意义，只是惟命是从不再是成功的保证，埋头苦干不再成为美德。当顾客就是皇帝的时候，只会埋头苦干而不求甚解，缺乏灵活和热情是无济于是的。必须巧干，目标适度，随机应变来满足顾客的需求。这就需要有想像力、灵活性和专注性。如果目标没有实现，你再也不能推诿：“但我是按要求去做的，我很卖力。”这没用，人们只看结果而不计过程。

没有保障，也就不必服从，也不必死心塌地、忠诚如一了。作为企业产物的忠诚，已被对商业成功的追求所取代。半封建时代对企业员工的要求——企业利益至上以获得责权及保证个人成功——如今已显得荒谬可笑。没有结果，没有商业成功，忠诚是一句空话。如果不能保证企业的成功，也就保证不了个人的成功。实际上，现在企业应敦促员工将对顾客的忠诚置于对企业的忠诚之上，因为这是企业兴盛的惟一办法。

企业不再是“头脑”，员工不再也不是“双手”。现在的员工就是成熟能干自我依赖的成人。企业不再应允照料员工，员工也没有对等的保证。代之以保障，企业如今为员工提供了机会：工作出色，取得成功并得到发展机会。过去员工是作为外在主体“被培训和再培训”，如今已被“提供培训”这一新的交易所替代，过去那种认为企业有责任培养你的观念已一去不复返了。

大公司不再与小公司迥然不同，他们只不过拥有更多的雇员。如果一家大公司本质上与小公司相差无几，那么工作其中的每一个人都应该像小公司所有者那样去思考和行动。我们新的榜样不再是公司经理而是小企业家，在小企业中不需要有人指点，企业主便会接近顾客，保持灵活，降低非赢利开支，迅速适应市场新动态。他们能很清楚地感受到经营业绩与自己个人成功和未来前途的联系。小企业主为取得成功可以不顾一切，因为他明白，过去的成就并不预示未来，往昔的辉煌终将退色，不能确保将来的业绩。一时的成功并不意味着全面的收获。重新养成独立做事的心境与习惯。小公司一般极其依赖个人创造力的发挥和内部新思路的开发。这部分缘自他们对竞争优势的渴望，部分缘自于其内部资源有限的现实。

21．生气勃勃的企业文化

美国 First Data 公司总裁里克·杜库斯认为，维持市场领导地位要克服的弊病包括沾沾自喜、自高自大，但也包括纷至沓来的事务压力。精神高度紧张及对职位可靠性的提拔、员工的身心憔悴像骄傲自满一样会成为未来公司的威胁，特别是公司面临减缩规模，不断通过人少多干事提高效率的趋势时尤其如此。以下因素就构成企业文化的一部分：

一是形成清晰明确、具有凝聚力的公司价值观。

二是在基层第一线了解员工情况，使员工满意。

三是革新试验中的上下沟通。

四是职业保障应与贡献而不是级别相联系。

文化是决定效职公司时考虑的关键因素，它影响个人作为职员的表现，并影响员工做出是否跳槽的决定。为保持市场的领导地位，企业文化应与经营目标保持一致并相辅构成。将来的大公司应有更多的机会成为笑到最后者而不是称雄一时者。

22．新企业会重蹈覆辙吗

美国斯坦福大学商业研究院组织行为学教授杰弗里·佩

弗强调，事实证明，买到技术、策略、甚至产品和服务易如反掌，而要重复一个企业的文化和经营方式则是极其困难的。这便是文化及组织能力日益成为企业成功的根本法宝的原因。但如果确实如此，那接着就要求企业实行业绩出众、高度敬业的工作习惯，同时要对顾客（因为得到顾客显然要比留住顾客成本更高且困难许多）和员工建立良好关系。

一个员工，即使其工资很低，看上去成本很低，但是，假如他没有知识经验或没有为公司赢利的敬业精神，其成本仍是很高的。相反，高工资的员工可能会有很好的成本效益。与众不同的勇气，重要的是要认识到随大流一般难以使某个公司脱颖而出。如果某个企业重复其竞争对手的做法，它如何能超过别人呢？

领导者的自我启示有四方面：

一是什么是我们取得竞争成功的关键？

二是企业在竞争市场中需要哪些核心能力？怎样才能保持在这些核心技术方面的优势？

三是企业在招聘、选拔、收入分配、培训及提高员工能力的组织方面所采取的方针，是否与市场成功所需的核心能力相一致？

四是我们企业与部分竞争对手相比有什么不同之处？

提高建筑装饰企业竞争力之我见

江苏省建筑装饰协会　毛家泉　冷和荣

一、努力提高建筑装饰设计水平，是增强市场竞争能力的外在因素

1. 建筑装饰设计是建筑装饰的灵魂，装饰工程的水平在很大程度上取决于装饰设计水平。

这是搞好装饰工程的重要条件和前提。江苏省建筑装饰协会多次举办过装饰设计讲座，也举办过两次装饰设计竞赛，其目的在于提高装饰设计水平，提高装饰工程水平。

2. 建筑装饰设计水平的高低直接影响到投标的中标率。苏州金螳螂建筑装饰有限公司之所以在市场上中标率很高，正是与他们有一支高素质、高水平的设计队伍分不开的。该公司仅设计人员就有 200 多人，其中有聘请的国外设计人员，公司设计总监王琼主持设计的常州大酒店获得全国室内设计一等奖。可以说不注重提高装饰设计水平的企业，必然会失去市场。

3. 装饰设计人员出身的企业经理或项目经理，承建的装饰工程质量普遍较高。2002 年江苏省建筑装饰优质工程和省家装优质工程评审情况，就充分说明了这一点。省国投大厦装饰工程，就是由设计人员担任该工程的项目经理，客房装饰效果很好，线条简洁明快。无锡雅风装饰装潢公司、南京超凡装饰工程有限公司的老总都在大学里执教过室内装饰设计专业。他们承建的工程装饰设计水平都较高，也很有特色。他们 2002 年申报的家装工程都被评为江苏省家装优质工程。

4.“三个体现”的理念，是提高装饰设计水平的根本。一要体现“以人为本”，即既要满足安全、环保要求，又要满足使用功能要求，为住户营造舒适、温馨、轻松的居家环境。这也是国家质量验收规范中规定必须做到的。二要体现轻装修、重装饰的观点。轻装修就是不要把钱贴在墙上，而是要放在提高设备的性能上。装修设计愈简洁，就愈能体现绿色环保，就愈能降低造价。三要体现个性化和亲情感理念。家装个性化主要是通过装饰，即家具和陈设来体现。一套好的家具不仅具有实用的功能，而且具有艺术性，这也是一些装饰工程取得成功的重要因素。

二、努力提高工厂化生产水平，是增强市场竞争能力的内在要求

1. 建筑装饰工厂化是建筑工业化的重要内容，也是提高建筑装饰效益和效率的必由之路。

实行工业化生产，不仅可以缩短施工工期，提高工效，而且可以降低装修成本 15%～20%，通过现场测量——工厂制作——现场安装，可以做到量体裁衣，既减少浪费，又避免现场污染和噪声。

2. 实行工厂化制作有利于提高装饰工程质量。江苏省优工程评审情况充分体现了这一点。苏州台北、红蚂蚁等装饰公司都实行工厂制作。镇江嘉禾、南京超凡厨柜在也如此，工程质量都很好。因此，有条件的装饰企业都要有自己的后方基地(加工厂)或家具厂。金螳螂承建的装饰工程不仅搞好室内装饰装修，而且把家具业也带动起来，自己设计，自己加工制作．为企业带来可观的经济效益。

三、努力提高装饰工程质量，是增强市场竞争能力的有效途径

1. 质量是企业诚信的重要标志。质量不好的企业，就无诚信可言、没有诚信的企业在市场上是没有竞争力的。装饰企业首先要把工程质量做好，质量做好了，信誉有了，企业的诚信度就高了，这比做任何广告都有效果。

2. 企业品牌靠质量打造。企业品牌是无形资产，但无形资产是建立在有形基础上的，只有好的工程质量才能打造出企业品牌，而工程质量又是建立在科学管理、精心设计、精心施工之上的，我省一些知名装饰企业因工程质量好、设计优而获得社会的广泛认可，2002 年名列江苏省建筑装饰

企业10强的这些企业，创出了自己的品牌，因而在省内外占有较大的市场份额，企业品牌的无形资产为企业带来了有形的效益。

3．治理质量通病，提高装饰工程质量。从江苏省优检查情况来看装饰质量通病主要表现在：卫生间地坪高于客厅地坪；地漏和阳台倒水；墙面、屋面渗水、漏水；插座接线错误；护栏高度不够，栏杆间距过大；木门、木地板翘曲变形、开裂。因此，要加强对施工规范、规程和验收标准的学习，强化对职工业务培训，把职工的继续教育作为一项制度长期坚持下去，以确保装饰工程质量。

4．应用新技术、新工艺提高装饰工程质量。苏州金象家装有限公司地面砖、墙面砖，都是采用电脑切割。有的企业贴面砖用电脑排列，无一块小砖，线条横平竖直、顺畅，深受用户欢迎。

四、重视人才培养和使用，是增强市场竞争能力的关键举措

1．培养人才。加大对现有人才的培训教育力度，提高现有技术、管理人员的业务素质和操作人员的技能。

2．留住人才。要积极采取措施留住人才，更好地为企业服务。人才流失已经成为企业生存和发展的一大危机，必须引起高度重视，要充分尊重员工的积极性和创造性，做到事业留人、感情留人、待遇留人。

3．使用人才。充分发挥现有人才的作用，唯才是举，大胆使用，只有使用好现有人才，才能更好地引进人才，对现有人才不能很好使用，不敢使用，肯定也引进不好人才，即使引进来也不可能很好发挥作用。只要是人才都要一视同仁，都要同一政策，以充分发挥现有人才的积极性。我们有的企业眼睛向外，盯住外面人才，而对企业内的人才、眼前的人才却视而不见，这种舍近求远的用人观是不正确的，不利于人才的培养和使用。

4．引进人才。根据企业当前生产和今后发展要求，高薪聘请急需人才和后续人才，确保企业发展后劲。在引进人才时，既要看其学历更要看其实际工作水平，更多的是要引进高素质的复合型人才，以适应企业今后的发展。同时要树立正确的人才观，不求所有，但求所用，可以一事一聘，也可以阶段性、季节性聘用。

五、注重装饰企业文化建设，是增强竞争能力的重要保障

企业文化是企业发展的灵魂，是企业管理的精髓，是企业经营层次的体现。当今国际上的大企业、大集团都十分重视企业文化的培育，把企业文化作为企业发展的源动力，并作为企业激励员工开拓市场的重要手段。

企业文化说到底，就是尊重人才价值，培育员工团队精神，把企业与每个职工紧密相连，把职工个人价值取向与企业发展紧密相连，在职工中宣传和树立“企兴我荣，企衰我耻”和“只有企业有效益，才有员工的福利；只有员工的努力，才有企业的发展”的理念。

海尔为什么会有今天的辉煌和发展，靠的就是海尔企业文化，就是靠企业文化的无形资产，盘活了有形资产，不断地扩张，做大做强。海尔兼并一个企业，首先是文化先行。没有企业文化去统一员工的思想认识，兼并也不会取得成功，被兼并的企业也不会成为海尔人的一分子。海尔人自豪地说：“海尔最大的优势，最有价值的资产是海尔的企业文化。”

那么如何培育企业文化，如何能有团队精神，企业如何有凝聚力、亲和力和吸引力，就是要尊重每个人，要经常与员工进行沟通，倾听职工意见和建议，实现每个人的自身价值，把员工当作自己人，而不是雇员，员工就能把企业当作自己的家，就能与企业同生死，共患难，即“得人心者得天下”。

如何做强做大建筑装饰企业

——2003年8月9日在福建省装协二届五次常务理事会上的发言

福建省建筑装饰协会　常务副会长　**张福如**

2002年10月全国建筑业企业资质就位时，福建省建筑装饰施工一级企业从16家升到25家，甲级设计从5家增加到17家，排名全国第六位。但企业规模不大、产值偏低。2003年申报福建省“信得过”企业50家中2002年度产值最多的一家只达到6900万元。无论从产值、规模与江苏、浙江省对比还存在一定差距。浙江省6家装饰企业产值就达21.50亿元(据浙江省建设厅公布)，江苏苏州金螳螂公司2002年产值达4.80亿元(排名江苏省建筑业10强)，他们靠的是企业品牌和实力；深圳长城公司2002年中标8个五星级酒店装饰工程设计、施工总承包，同样是一级企业，深圳长城公司以品质、信誉、服务、效率打出自己的品牌。而我们有些企业一旦投标就疲于奔波拼抢，没有自己的经营战略和品牌。企业反映装修市场竞争非常激烈，在某种程度上仍存在“投标不规范”、“标书内容越来越多”、“人为设置门槛”等某些不规范现象。企业要求投标环境和外部条件要改善，但企业的核心竞争力得靠管理、靠人才、靠创新、靠质

量、靠品牌，离开这些基本要素去开拓市场，也许能一时求得“繁荣”但无法长久。

下面我就如何把装饰企业做强做大谈五点意见。

1. 国家政策支持，采取“扶大、扶优、扶强”措施

政府主管部门要制定相关政策并依法规范管理，主要是从政策环境上为企业走出去创造条件。协会要大力宣传，使实力强、信誉好的企业做强做大(企业成立集团或合并重组时，在专项资质上给予支持)，并提倡联合发展、联合中竞争、竞争中联合的观念。寻找本省合作伙伴，形成新的生命力。提到装饰骨干企业的概念，年产值应该达到5000万元以上。

2. 努力打造企业品牌，提高企业核心竞争力

企业的竞争力在某种意义上讲靠企业的品牌，所谓品牌战略，内容十分丰富，就装饰而言，独特的设计水平，专业的施工队伍，优秀的样板工程，企业的融资能力，畅通的物流渠道以及技术创新、信息管理等等，形成具有现代化经营管理特色和优势。只有这样，企业才能在市场中站稳脚跟，并依据其品牌和技术专长开拓市场。消费者买家电先问品牌，买手机选品牌，装修房子找诚信家装，道理就在这里。深圳长城装修公司2002年连续中标8个五星级酒店工程，也是靠品牌。他们设计施工的深圳威尼斯大酒店，大量使用进口石材，做到石材加工工厂化，边角处理如同木材一样精细，去年接待美国前总统克林顿，他在该酒店发表演讲时赞许：“美丽的酒店，美丽的宴会厅，这是深圳的成功。”

核心竞争力的来源不是多种经营或多元化战备的实施，而是专业化经营形成的比较优势所致。

3. 实施积极走出去战略，到省外、西部开拓市场

企业老总反映本省装饰市场竞争太激烈了，入围看业绩，投标找关系，而外省投标中标机会多，比如，我们有的企业采取与本地二级企业合作，共同开拓省外市场，驻外成立分支机构，做长期打算，把自己的先进管理和施工工艺技术完美结合，做到人无我有，不断提升自己，发展自我。到目前为止，福建省一级装饰企业到省外开拓市场已有12家，累计年产值达到5亿多元，他们多数已取得成功经验，并站稳脚跟。以2002年度为例，如福建喜来登公司在山东济南承接鲁能办公楼工程造价4000多万，质量优良，由山东省装协推荐申报全国装饰奖；泉州宏星公司在北京、重庆、大连开拓市场年产值都超过5000万元；还有福建永盛、福建京华、福建五建装饰、厦门合程、泉州金三角等企业的业绩都不错。这些企业都能发挥自己的优势，适应市场的需求，内联外盟，做到人才信息资源共享，并在不断联合中使自己的企业效益最大化，通过占领省外市场树立品牌和形象、提高企业整体实力并进一步巩固省内市场。

在走出去的同时，我们必须尽快转变陈旧的经营理念，研究拓宽市场的经营战略，在联合中发展自己，不断提高企业的综合实力。

4. 走体制创新、技术创新之路，才能更好的发展

福建省装饰企业99%都是民营企业，规模不大，人才留不住，必须摒弃“家族式”的管理模式，在管理体制上有所创新，在思维方式上要注入新的理念，以新的视觉去观察、去思考、去实践，也只有这样才能适应市场经济的发展需要。

市场竞争千万不要“造假”，竞争双方之间不要你死我活，商场是合作的平台，竞争激活了创新，优胜劣汰就是这个道理。

能否留住人才是企业走向成功的关键，因此必须建立人才激励机制和严格的考核制度，大家都要尊重设计师的劳动成果，那种打着免费设计的幌子实际上是骗人的把戏，像苏州金螳螂设计公司设计费低于4%不接，每年任务仍然饱满，我省的国广一叶、福州大天、福建天正设计近两年业绩都不错，这些室内设计龙头企业如何做强、做大，你们应该走出去看一看，扬长避短，发挥优势。

关于技术创新，中国建筑装饰协会2003年下半年将推广10项创新示范施工技术，并于9月份召开“全国建筑装饰装饰行业科技大会”，我们将组织人员前往参加学习与借鉴。

5. 加强企业自律和行业诚信体系建设

前面讲到品牌是做强、做大的有力武器，那么，把诚信作为企业的经营理念，用优质工程和良好信誉去赢得业主和投资者，做一项工程交一批朋友、树一个品牌，只有这样才能产生联动效应，把企业带入良性轨道，这是企业做强、做大的基础。

协会开展评优工程和“信得过企业”评选活动，是企业树立信誉和品牌的良好机会。大家都要遵守市场游戏规则，自觉抵制并举报不守规则的招标代理公司和工程业主，努力维护“诚信为本、公平竞争”的装饰市场秩序，为行业发展营造良好的环境和空间，尤其是政府对市场管理、检查的力度要加大，特别是对业主的投标和招标行为、支付工程款的约束要规范。有人造假，就是没有人出来打假，发现招标文件违规、不平等条件企业要联合抵制，只有这样市场才会规范起来。

行业的发展，企业的壮大，靠的是政府和有关部门共同构筑的公平竞争平台，行业协会要积极倡导行业自律、加强诚信体系建设、鼓励企业打造品牌，以及企业自身加强管理和创新，注重人才，重视工程质量与安全，提升企业核心竞争力。只要我省建筑装饰骨干企业共同行动起来，规范企业经营行业，促进市场健康有序发展，依据自身的实力在市场竞争中发展壮大。我省的装饰企业一定会涌现一批知名品牌企业，到2005年产值上亿元的争取达到5家，产值5000万元以上争取达到10家，骨干装饰企业市场占有率力争达到50%以上而努力。

旅游饭店装修改造经营管理探讨

中国建筑装饰协会专家委员会管理组副组长　高级经济师　**陈晋楚**

一、旅游饭店装饰是我国装饰业兴起与发展的先驱

我国建筑装饰装修业的兴起与发展，首先是从旅游饭店装饰起步的。20世纪80年代初，尽管有部分楼堂馆所也进入现代装饰行列，从质与量上看，主要还是旅游饭店装饰。旅游饭店的发展速度正与装饰装修发展同步，详见表1。

旅游饭店发展统计（1978～1990 十三年）　**表1**

开业时间（年）	1978	1979	1980	1981	1982	1983	1984	1985	1986	1987	1988	1989	1990
新开饭店数（座）		38	54	60	69	62	120	193	209	257	207	103	199
合计	416	454	508	568	637	699	819	1012	1221	1478	1685	1788	1987
增加百分比		9	12	12	12	9	17	23	21	21	14	6	11

从资料分析，自1978～1983年的5年间，旅游饭店发展（以座计算）递增11%左右。而从1984～1988年的5年间，每年递增21%左右，也正是装饰业走向全面发展的5年。旅游饭店的规模大小要看客房的多少。1978～1983年，全国客房年递增7%～11%。1984～1988年，每年递增15%～18%。按投资计算，1978～1983年5年共增加投资65.49%，而1984～1988年5年间，共增加投资近两倍。1978～1988年10年共增加投资近四倍。截止到2001年，全国共有星级饭店7358座，816200套客房，详见表2。

表2

星级	座	客房（万间）	占总数（%）
五	129	5.03	6.2
四	441	10.61	13
三	2287	32.74	40.1
二	3748	29.47	36.1
一	753	3.77	4.6

我们计算工程规模时，是以平方米为单位的。旅游饭店如何测算成平方米，有一个参考标准，详见表3。

表3

星级	综合面积以客房计算基础（m²）	其中客房（m²/间）
五	80～100	23～25
四	74～80	21～23
三	66～72	18～20
二	48～56	15～18
一	50	小于15

根据以上标准可以计算出全国星级旅游饭店工程的规模，详见表4。

表4

星级	客房间数	每间（m²）	合计（m²）
五	50300	80～100	4024000～5030000
四	106100	74～80	7851400～8488000
三	327400	66～72	21608400～23572800
二	294700	48～56	14145600～16503200
一	37700	50	1885000
合计	816200		59514400～55479000

全国星级旅游饭店面积合计最少为5951万m²。

根据北京市资料表明，星级饭店占饭店、宾馆、招待所总数不到10%。北京市2001年星级饭店为502座，而无星级饭店、宾馆、招待所高达4840座。星级饭店仅占总数的9.3%，就全国而言，星级饭店的比例会更小。根据这个比例测算，全国无星级饭店、宾馆、招待所数应达到66222座，每座按50间客房计算，则客房总数为3111100间，每间综合平方米按50m²计算，合计为16555万m²。

依据以上数据，可以推算出每年旅游饭店装饰改造工作量。

星级饭店4951万m²，每年改造一次，年改造990万m²，以造价2800元/m²计算，计算改造费用为277亿元。无星级饭店16555万m²，每8年改造一次，年改造2069万m²，以造价按1200元/m²计算，则改造费用为248亿元。

每年新增旅游饭店按20%计算，则星级饭店约为1500座，每座饭店建筑面积平均6000m²计算，新建装饰按3500元/m²计算，则每座饭店装饰费用达2100万。2100万×1500座=315亿元。以上三项，每年饭店、宾馆、招待所新建改造装饰费用为840亿。

这里还未包括新增无星级饭店招待所。如果按每年10%增长计算，则无星级饭店招待房间可增30万间，每间50m²，计1500万m²，每1200/m²，计180亿元。四项合计为1020亿元。约占公共装饰30%。这个数字应该比较符合市场实际情况的。

2002年全国建筑工程装饰奖中33%为宾馆饭店。

通过以上数字分析，说明旅游饭店装饰是装饰装修行业的重要市场资源和主要份额，详见表5。

装饰装修业发展统计表　**表5**

发展阶段	年　代	年均产值	发展速度(%)
第一阶段	1978年～1988年	150亿	25
第二阶段	1989年～1990年	70亿	4
第三阶段	1991年～1993年	266亿	71
第四阶段	1994年～2000年	4734亿	35

以上时间段的划分正好与旅游饭店发展同步。

1978～1988年 旅游饭店发展达330%，年均33%，而1989年增长6%，1990年增长11%，速度明显下滑。

1990～2000年，星级饭店发展到6029座，为1990年1987座的3倍。与装饰业发展的第三、第四阶段一致。可见，装饰业的大起大落，与旅游饭店的起落相吻合。

可以看出旅游饭店的发展速度直接影响着装饰装修业的发展速度。他在装饰业发展中的具体作用还体现在以下几个方面。

1．先导作用

我国的装饰装修业起于20世纪80年代初。要由一个传统的简易建筑装修一下跨入现代装饰装修，无疑是一个很大难题。从室内设计、装饰材料、连结件到施工机具，操作技能完全要靠国外引进。这个任务就落在涉外旅游饭店身上。从北京装饰市场看，是旅游饭店引进了室内设计，进口了现代装饰材料(如：大芯板、饰面板、玻璃纤维板、大理石薄板、壁纸、金属龙骨等等)，从香港请进了技术工人，同时引入了手提式电动工具。所有这一切，无不是从涉外旅游饭店起步。当时国内的建筑装饰手工操作技能，应该说基础是良好的，但已经不能满足现代装饰的快速施工要求。比如木工的榫接技术、起线技术，已由粘接配件拼装所代替；抹灰工的起线造型也由构件代替。这一切，我们将从头学起。走出国门去学习，在那个年代是不现实的，旅游饭店为我们提供了这种条件，可以说是他们为我国的现代装饰装修业发展提供了学费。

2．楷模作用

我国的装饰装修业前十年发展主要是旅游饭店。旅游饭店的装饰从内容看，对全社会的装饰装修具有普遍指导意义。看一个装饰施工企业的水平，主要看他能否承接旅游饭店的装饰工程。北京市建委在20世纪80年代末就提出奋斗目标，要“一年进客房，三年进大堂”。可见，旅游饭店装饰是全社会装饰的楷模。一座星级旅游饭店装饰内容是很全面的。从他的基本功能结构可以看出装饰比重。

旅游饭店按使用功能分为（占总面积）：客房和出租部分的45%～60%，大堂及接待6%～9%，商场及康乐8%～12%，餐饮11%～18%，行政后勤8%～13%，机房维修7%～13%。

旅游饭店的具体项目有：(以四五星级饭店为例)前厅、总服务台、客房、餐饮(中餐厅、西餐厅、风味餐厅、咖啡厅、大宴会厅)、酒吧、厨房、舞厅、健身房、按摩室、桑拿浴室、游泳池、商店、理发(美容)、商务中心、阅览处、书店、鲜花店、会议场所、多功能厅、银行、邮局、写字间、公寓、电梯厅。

设施有：卫生设备、中央空调、通讯设备、视听设备、防噪音和隔音、背景音乐、残疾人设施。

凡是社会需用的功能装饰，旅游饭店基本囊括。社会上一些装饰工程，无不以饭店装饰为标准，要求达到三星级或四星级标准，所以说旅游饭店的星级标准(装饰工程部分)已经成了装饰装修工程的标准。医院的高级病房除专业设备外，其他均按饭店客房标准装饰。

3．普及作用

饭店装饰不仅对全社会的公共装饰起楷模作用，同时对居民的住宅装饰也起到了借鉴作用。改革开放以后，旅游饭店一改以往高不可攀的形象，由封闭式经营转向开放式经营，寻常百姓只要衣冠整洁，同样可以出入于高级饭店。饭店装饰同样成了家庭居室装饰的参照物。我国政府早在20世纪80年代末便提出要引导百姓进行消费，继家电等耐消费品以后提倡家庭居室装饰。

于是饭店装饰又成了家庭居室装饰的样板。早期的家居装饰无不模仿饭店客房，落地窗帘、满地毯、高档洁具、豪华吊顶，包门窗套、装暖气罩、木墙裙等。经过十多年的实践，家庭居室装饰已经走上了与公共装饰有别的健康之路。目前家居装饰已经发展到产值超过公共装饰水平，这是我国装饰行业的一大特色。

二、旅游饭店装饰应遵循的市场运行规律及管理

经过近25年的发展，我国的装饰装修市场已经逐渐成熟，由过去完全依赖港澳及国外，发展到今天从设计、材料到施工均可自供，施工队伍除满足国内需求外，还可向国外输出。目前全国有装饰施工企业25万多家，有施工队伍1000余万人，从事公共建筑装饰的一级企业473家，其中1/5年产值超过亿元。建设部对装饰装修业已经公布了相关法规达20余个，对规范装饰市场起到重要作用。

当前我国装饰市场特点是：购买者数目少，产品规模大，市场缺乏弹性需求和波动需求，属于投资者和消费者的专业购买。

装饰市场属产业市场或叫“企业市场”。市场运行是在企业之间进行的。一般商品由工厂进入商场，消费者直接以货币购买便完成买卖程序。商品有质量问题可向“315”投诉。企业市场的交易双方(并且买卖关系)是通过招标投标方式后以合同关系来确定甲乙方关系的。如果任何一方违反合同条款，可以向法院起诉。当然前面讲个人消费纠纷发展到“315”不能解决的地步，也可能到法院起诉。

“企业市场”双方都要接受在国家的宏观调控下进行市场交易。比如我们装饰业市场都要遵守：建筑法、合同法、招标投标法、安全生产法、消防法、评标办法、计价法等一系列法规。

旅游饭店装饰作为装饰业的重要市场资源，他被列入高档装饰，同样应该遵守上述法规。装饰市场的运行过程：大

体可分为三个阶段 ：

第一阶段，招标投标阶段。招标—投标—开标—评标—决标—签合同。

第二阶段，产品实现阶段。施工准备—施工—材检—质检—洽商—支付。

第三阶段，竣工验收阶段。计量—清项—清理—质检—洽商—资料—结算。

下面分别介绍这三个阶段的主要内容及市场运行中存在的不健康现象。

（一）招标投标的主要政策法规

1.《中华人民共和国招标投标法》（1999 年 8 月 30 日九届全国人大常委会第十一次会议通过）

2.《工程建设项目招标代理机构资格认定办法》（建设部第 79 号令）

3.《评标委员会和评标方法暂行规定》（2001 年国家计委、经贸委、建设部、铁道部、交通部、信息产业部、水利部联合颁发）

4.《房屋建筑和市政基础设施工程招标投标管理办法》（建设部第 89 号令）

5.《工程建设项目招标范围和规模标准规定》（国家计委发布）

6.《关于禁止串通招标投标行为的暂行规定》（国家工商局第 82 号令）

7.《工程建设项目施工招标投标办法》

8.《禁止串通招标投标办法》（国家工商总局）

关于招标投标：

建设部 89 号令与七部委 30 号令的明显差别，如表 6 所列。

表 6

	89 号令	30 号令
第一章　守则	6 条	6 条
第二章　招标	16 条	28 条
第三章　投标	10 条	14 条
第四章　评标	15 条	19 条
第五章	6 条（罚则）	22 条（法律责任）
第六章　附则	6 条	3 条
合计	59 条	92 条

30 号令特别加强了“法律责任”。

对 “30 号令”中需引起特别注意的有：

第十五条　对招标文件或者资格预审文件的收费应当合理，不得以营利为目的。对于所附的设计文件，招标人可以向投标人酌收押金；对于开标后投标人退还设计文件的，招标人应当向投标人退还押金。

第十七条　资格审查分为资格预审和资格后审。

资格预审，是指在投标前对潜在投标人进行的资格审查。

资格后审，是指在开标后对投标人进行的资格审查。

进行资格预审的，一般不再进行资格后审，但招标文件另有规定的除外。

第二十条　资格审查应主要审查潜在投标人或者投标人是否符合下列条件：

1. 具有独立订立合同的权利；

2. 具有履行合同的能力，包括专业、技术资格和能力，资金、设备和其他物质设施善，管理能力，经验、信誉和相应的从业人员；

3. 没有处于被责令停业，投标资格被取消，财产被接管、冻结，破产状态；

4. 在最近三年内没有骗取中标和严重违约及重大工程质量问题；

5. 法律、行政法规规定的其他资格条件。

第二十九条　在原投标有效期结束前，出现特殊情况的，招标人可以书面形式要求所有投标人延长投标有效期。投标人同意延长的，不得要求或被允许修改其投标文件的实质性内容，但应当相应延长其投标保证金的有效期；投标人拒绝延长的，其投标失效，但投标人有权收回其投标保证金。因延长投标有效期造成投标人损失的，招标人应当给予补偿，但因不可抗力需要延长投标有效期的除外。

第三十条　施工招标项目工期超过十二个月的，招标文件中可以规定工程造价指数体系、价格调整因素和调整方法。

第三十一条　招标人应当确定投标人编制投标文件所需要的合理时间；但是，依法必须进行招标的项目，自招标文件开始发出之日起至投标人提交投标文件截止之日止，最短不得少于二十日。

第三十四条　任何单位和个人不得强制招标人编制或报审标底，或干预其确定标底。

招标项目可以不设标底，进行无标底招标。

第三十七条　要求投标人提交投标保证金。投标保证金除现金外，可以是银行出具有银行保函、保兑支票、银行汇票或现金支票。

投标保证金最高不得超过八十万元人民币。投标保证金有效期应当超出投标有效期三十天。

投标人不按招标文件要求提交投标保证金的，该投标文件作废标处理。

第四十六条　下列行为均属投标人串通投标报价：

1. 投标人之间相互约定抬高或压低投标报价；

2. 投标人之间相互约定，在招标项目中分别以高、中、低价位报价；

3. 投标人之间先进行内部竞价，内定中标人，然后再参加投标；

4. 投标从之间其他串通投标报价的行为。

第四十七条　下列行为均属招标人与投标人串通投标：

1．在开标前开启招标文件，并将投标情况告知其他投标人，或者协助投标人撤换投标文件，更改报价；

2．标人向投标人泄露标底；

3．招标人与投标人商定，投标时压低或抬高标价，中标后再给投标人或招标人额外补偿；

4．招标人预先内定中标人；

5．其他串通投标行为。

第五十条　投标文件有下列情形之一的，招标人不予受理：

未按招标文件要求提交投标保证金的。

第五十三条　评标委员会在对实质上响应招标文件要求的投标进行报价评估时，除招标文件另有约定外，应当按下述原则进行修正：

1．数字表示时，以文字数额为准；

2．单价与工程量的乘积与总价之间不一致时，以单价为准。若单价有明显的小数点错位，应以总价为准，并修改单价。

按前款规定调整后的报价经投标人确认后产生约束力。

投标文件中没有列入的价格和优惠条件在评标时不予考虑。

第五十四条　对于投标人提交的优越于招标文件中技术标准和备选投标方案所产生的附加收益，不得考虑进评标价中。符合招标文件的基本技术要求且评标价最低或综合评分最高的投标人，其所提交的备选方案方可予以考虑。

第五十五条　招标人设有标底的，标底在评标中应当作为参考，但不得作为评标的唯一依据。

第五十九条　招标人不得向中标人提出压低报价、增加工作量、缩短工期或其他违背中标人意愿的要求，以此作为发出中标通知书和签订合同的条件。

第六十条　中标通知书对招标人和中标人具有法律效力。中标通知书发出后，招标人改变中标结果的，或者中标人放弃中标项目的，应当依法承担法律责任。

第六十一条　招标人全部或者部分使用非中标单位投标文件中的技术成果或技术方案时，需征得其书面意同意，并给予一定的经济补偿。

第六十二条　招标文件要求中标人提交履约保证金或者其他形式履约担保的，中标人应当提交；拒绝提交的，视为放弃中标项目。招标人要求中标人提供履约保证金或其他形式履约担保的，招标人应当同时向中标人提供工程款支付担保。

第六十三条　招标人与中标人签订合同后五个工作日内，应当向未中标的投标人退还投标保证金。

（二）施工过程和监理过程。包括：

1．施工准备

（1）开工管理手续—办理施工许可；

（2）编审施工组织设计；

（3）技术交底；

（4）建立现场管理机构（项目部）；

（5）建立技术、质量管理体系及管理制度；

（6）落实上岗证、资格证（专业特种工人）。

2．建立工地例会制

3．落实进度计划

4．质量控制

（1）材料证明检验。

（2）监理人员“巡视”和检查。

（3）隐蔽工程实行“旁站”（包括完工后难以检查的重点部位）。

（4）对质量事故实行“跟踪检查”。

5．造价控制

（1）乙方填写月报和工程款申请表。

（2）监理计量、审定。

（3）监理工程师签工程款与付证书。

6．合同管理

（1）办理变更洽商。

（2）监理未同意不予计量。

（三）产品交付（竣工交工阶段）

承包方、监理方：

1．施工项目工程量复核——工程量复核并签署意见；

2．工程竣工质量自检竣工质量预验收并签署意见；

3．竣工资料整理竣工资料复核并签署意见，竣工图绘制竣工图复核并签署意见；

4．整理洽商记录复核洽商记录；

5．议定洽商部分的材料、设备市场价格，参与议论材料价格；

6．做好增减帐复核增减帐；

7．编制结算书并接受审计，审计部门审计并出审计报告书，交发包方；

8．向发包单位领取工程结算款，发包方向承包方支付工程结算款。

至此一项装饰工程的交易才算基本结束，合同执行完毕，但还留有两年质量保修期的保修合同。承包方应向发包方交付一定数量的保修金，两年期的保修合同后结清。

三、旅游饭店装饰项目管理模式探讨

旅游饭店装饰的核心是装饰效果好、投资少。国家的招标投标法正是解决这一问题的最好良方。可是，实际市场运行中，国家三令五申要避免的“暗箱操作”，始终无法控制。公开、公平、公正只是停留在形式上。

比如：一手遮天标、内应卧底标、甘愿抬轿标、长期跟踪标、预先测定标等等。各种形式的暗箱操作层出不穷。而产生这一现象的原因是市场的供需关系失调。

我国装饰业发展总的趋势是供需两旺，且供大于需。有资质装饰企业年生产能力估计，详见表7。

表7

装饰企业	数量（家）	平均年产值计算（万元）	合计（亿元）
一级	473	12000	940
二级	16100	2000	3220
三级	8430	500	421

总计年生产能力为4581亿元。

而市场公装的投资约为3200亿元，供需比例为143：100。无疑给供方（施工企业）造成了压力，恶性竞争难以避免。建设部为此设定了宏观调控措施。即质资定位和资质复查，以此来限定企业的无序发展。而这一招并不能堵住他的盲目发展。

现代科技的发展，推动了社会进步，同时也被利用来作假。生命领域有克隆技术、文艺领域有摹仿秀、商品领域有假冒伪劣。

装饰材料也出现了克隆板材、商标替换、假检测、假绿色，以次冲好等。

在施工企业则大量出现了"挂靠"、"加盟"、"项目部"之类的假借队伍。

全国现有一级企业473家，"挂靠"之风盛行，有的还公开招摹加盟。一家企业多则挂70余家，少则10余家。平均按20家计算，总计挂靠队伍达9400家。这样一来，资质审批的真正目的就难以体现。

而产生挂靠的原因还在于装饰行业入门容易，称得上是一条无障碍通道，可以长驱直入。装饰市场存在着一种关系群、人性网。战友、学友、"难友"，不管他什么专业出身，只要通过朋友争到任务，便可三五年成气候。好在干活的都是农民工。

旅游饭店是挑起我国装饰行业大旗的排头兵，要想解决以上弊端，还应该由旅游饭店装饰市场管理改革作起。下面提几点建议：

（一）找回被丢失的主题—设计

谁都承认，设计是装饰工程的龙头，设计是装饰的灵魂。建筑装饰之所以成为一个行业来发展，本身就是建筑业的一个提升。谁都知道有建筑就有装饰，他被提升为一个行业，靠的就是室内设计。因为建筑设计已经不能满足时代发展的需要。从某种意义上说，建筑艺术是历史赋予的生命，而装饰艺术是时代赋予的生命，室内设计必须与时俱进。

按国际惯例，设计师不仅要出图，还要出造价、出施工规范，还要列出材料清单并提供样品，最后要主持施工，直至交付使用，这就是国际上流行的设计师负责制。其实，这种做法在20世纪80年代初国内就实行过，可是后来逐渐形成建筑工程市场模式。

现在，设计被人忽略了。设计师的作品成了礼品。为了竞争，施工企业纷纷提出免费设计，而我们的甲方居然接受这种违背经济规律，自欺欺人的做法。这样一来，设计师还有什么积极性去从事艺术创作。好在现代科技提供了方便。大量印刷品提供了借鉴，于是抄袭剪接成风。

还有一种不正常现象。你可能没有注意到，至今还没有被认可室内设计师。给一些只有绘图水平的人也到处标榜自己是设计师的机遇，把一些具有真才实学的设计人才给淹没了。

现在有一种倾向，一方面不承认设计师的价值，另一方面大搞效果图展示战。图幅已经升级到0号图。一到投标现场，满屋巨幅彩图，煞是壮观。每张彩图成本数千元。一送就不低于10张，可多数送展者最终成为公司的虚空业绩。

现在有的企业自养设计师，有的还有资质与施工企业并列。

全国473家一级施工企业中，有178家同时具有甲级装饰设计资质。其中：北京20家、天津2家、上海13家、重庆10家、河北7家、黑龙江3家、吉林2家、辽宁6家、山东8家、江苏17家、浙江3家、湖南1家、江西8家、福建8家、河南4家、湖北4家、广东44家、湖南3家、广西1家、四川5家、海南2家、甘肃1家、陕西8家。

还有10家独立的甲级设计企业。

应该说，我国的设计力量还不够。

如北京昆泰大酒店，2002年6月交工，为2003年度全国建筑工程装饰奖候选项目，考察发现其中大堂设计气势不凡，可是在此之前也曾经装饰过一次，配套工程原装饰风格档次趋低，人们称之为"大车店"，意思是给赶车的人住。可见其装饰水平之低下。现在成为北京市的一个靓点。体现了设计的魅力。没有设计，材料再好，只能是堆砌，施工将无所适从。再牢固也是徒劳无功。

有的饭店他们凭个人爱好，靠做样板间，不设计。他们也许有一定鉴赏水平，见多识广。但你不能代替设计。设计是一门科学，一门艺术学科，几年的冷板不是白坐的，应该尊重设计师。

有的联系了工程，委托设计单位设计或委托私人设计，这种设计一旦中标在施工中将无所适从。因为这种设计都属于一次性服务。

该花的设计费一定要花。其实，现在也不是不花，而是暗花明不花。宁可明花，不要暗花。

设计要实行招标，参照《建筑工程设计招标投标管理办法》。

严格执行国家取费规定的标准。

树立设计文件的权威性，确保设计质量。

国家计委、建设部2002年1月7日颁发《工程勘察设计取费管理规定》（计价格[2002]10号）：

第五条　收费根据建设项目投资额的不同情况，分别实行政府指导价和市场调节价。投资估算500万元及以上为政府指导价；500万元以下的实行市场调节价。

第六条　政府指导价，浮动20%。市场调节价，双方协商确定。

第七条　对采用新技术、新工艺、新设备、新材料有利于提高经济效益，环境效益和社会效益的，可上浮25%。

国内装饰市场运行与国际之比较：

国内实行：设计、施工一体化，项目经理负责制。

国际通行：设计原创过程。“项目管理的变形”。

设计师担负全国管理，从设计策划、计划、方案、进度、质量、安全直至施工、交验。

国内实行：建筑业市场运行，有独特的专业装饰施工企业，装饰施工定额。束缚了装饰业的发展。“装饰施工企业，实质是靠照牌赚钱”。

国际通行：设计投标、中标后交由下线施工队施工，施工不介入投标。

为下一步与国际接轨，应该适时调整装饰行业运行机制。

一切妨碍发展的思想观念都要坚决冲破；

一切束缚发展的做法和规定都要坚决改变；

一切影响发展的体制弊端都要坚决革除。

有人预料，我国加入WTO以后，不久装饰施工企业将论劳务企业。既然看到了这一步，我们为什么不自己先行动。

（二）抓住投资的要害——采购

装饰装修业的发展，一是设计，二是材料配套。所谓配套就是根据设计师的设计资料（甲方认可），提出清单，经甲方认可后交由材料配送单位组织配送。便于发挥专业特长。材料采购同样需要实行招标，择优录用。这样一来，便堵住了施工企业以次充好，以假乱真等弊病。这一做法，也是在20世纪80年代初实行过的，后来被建筑业的包工包料所代替。其实甲方供料关不违背包工包料的承包方式，只是在返回甲方材料款时应扣除1%。现在实行市场价了，不存在价差一说，只是取费基数。1986年，全国举办过一次室内装饰装修展览。当时的国家领导人参观展览会后说：“发展装饰，关键在配套”。现在看来，还应该走“配套”之路。

目前，装饰材料市场十分火爆，材料品种日新月异，以往讲每年有40%产品被淘汰、更新，现在看来此话不假。材料发展强劲之势不可阻挡。同时，假冒伪劣也蒸蒸日上。

材料的成本占工程总价60%以上，材料的质量是工程质量的基础，不能放弃对材料采购的权利。

2003年8月1日《中华建筑报》题为：装饰材料、质量堪忧——假冒伪劣数字惊人，外文“认证”实施工欺骗，“送检”、“抽样”混为一谈，“绿色欺诈”风头正劲。

低压电器生产厂全国上千家，合格厂不足30%。

浙江杭州：以回收塑料、低质铜为原料，产品寿命短，易燃烧。

福建：腻子合格率40.4%，液盐胶泥达20%。

湖南：消防应急灯合格率17.4%。

北京：各种灯具合格率19%，固定式灯具合格率13%，移动式灯具合格率27%，强化地板合格率41.9%，单板贴面胶合板合格率17.9%。

重庆：环境污染、游离甲醛超标92%，有机挥发物超85%，苯超标28%。

假检测报告：以外文充冒，称英国皇家协会认定。以“送检”代“国检”。伪造“检测报告”。

绿色欺诈：如涂料，国标是“准入标准”，非“绿色材料”，仅有10%～30%国标可达到“绿色”。可见材料市场很不平静。饭店装饰一定要把住材料采购关。

（三）拨正被偏重的助力——监理

监理，是投资方委以重任的甲方在工程管理上的代言人，正确发挥监理人员的监督作用，是投资者必须引起重视的一环。有的甲方认为，委托了监理公司，自己可以高枕无忧了，这是误解。监理公司也是一个经济实体，也受利益驱动。甲方应该设法让监理人员发挥应有的力度。因为你赋予监理人员的权力是很大的。不仅是技术质管，还仍经济。每个月的进度款是监理人员签认后支付的（包括结算）。

甲方对委聘监理单位应该实行招标制，严格审查报名和投标资格。比如：注册监理师，这是一个最基本也是最重要的从业资格条件。许多监理师只经过培训，未进行注册，并不具备从业资格的。建设部规定，学业与资格认定分离，毕业证书不能替代执业证书。

必须要求监理人员严格执法，严格按规章制度办事。严禁补签。

要严格执行巡视和旁站制度。

目前有的监理人员反客为主，控制甲方，大有“客”大欺主之势。

北京有座总建筑面积5万余m²的大厦。主体结构造价1500元/m²，结算要2500元/m²。洽商失控，监理、工程部联手。混凝土跑模，照签“合格”。

装饰施工是名牌企业，可惜属挂靠。

大芯板样品116元/张，实际购买的仅86元/m²。

客房施工一年多，室内还有异味，不能住人。

某部一项工程，监理、乙方联手，甲方失控招了标，经过评标决出中标单位，监理、乙方不同意就吹了。

结论：

旅游饭店改造装饰应该在立项以后，实行室内设计招标。由室内设计选送材料样板和工程造价。中标后设计单位选定施工队伍，材料配送。

委托监理公司对材料和施工价格全方位、全过程实行监督，直至竣工验收交付使用，均由设计单位负责。

·企业文化·

企业文化：企业的精髓和灵魂

清华大学博士生导师 浙江广厦独立董事 **魏 杰**

一、企业文化是极其重要的一项工作

为什么这么讲呢?因为企业文化是企业的灵魂，也是企业员工统一思想的载体，最后大家的思想都要统一到这儿来。国外对企业文化是极其重视的，当你们到国外参观，谈到企业文化的时候，人家往往都给你一个文件，叫企业文化白皮书，这个白皮书就是企业文化全部积累的总和。企业文化在某种意义上讲，甚至是比企业制度更强的一个控制工具。

管理企业和管理社会是一样的，管理社会首先靠法律，但是再完美的法律都有失效的时候，比如说这个会议厅不准随地吐痰，没有人在我还是吐了，这个时候法律就失效了，也是监督失效，靠什么约束不随地吐痰，靠社会道德，所以管理社会要依法治国还要以德治国。企业是一样的，首先靠企业的制度，但是再完美的企业制度都有失效的时候，失效了靠什么约束，靠企业文化，所以企业文化是相对制度的内在约束。

广厦能提出企业文化白皮书，并把这作为重要的事情来抓，作为第三次创业可持续、稳定发展来抓，我认为是有重要意义的。我们国家的好多企业之所以到了一定时候出了问题，往往是对企业文化的忽视，导致整个企业缺乏灵魂，缺乏一种内在的自我约束，最后出了问题。

前年，国外有个研究企业文化的专家，到中国考察了几个地方，临回国的时候，我和他聊了一个上午。我问他，从研究企业文化的角度，你发现我们中国企业文化在哪里?你喜欢研究我们企业什么现象?他告诉我最喜欢研究三个现象。

第一个是大锅饭现象严重。说你们中国企业都是大锅饭，国有企业大锅饭是实实在在的，民营企业也是大锅饭，分配好像不是大锅饭，但心里面是大锅饭。虽然分配有差距，但是心里不舒服，老觉得你拿这么多，我就拿这些，实际上心理上的大锅饭很严重，所以他说大锅饭现象是个严重的现象。我问他是什么原因，除了制度，还因为没有一个非常良好的企业文化，在心里没有正确看待差别的理念，所以最后的问题是大锅饭。我觉得这个讲法很有道理。

有一件事：我们国家有一个企业，外国合资，国有股占了 21%，其余大部分是外资股份，共有 9 个董事，有 4 个是外国的董事，我是这个公司的独立董事，担任薪酬委员会主任。开董事会，要对 2002 年底薪酬最后通过，主任提了个议案，找个议案完全按公司成立的时候薪酬规格提案的，各方面算下来，董事长 105 万元，总经理分到 80%，我这个提案下来后首先是 4 个外国董事举手，中国有 3 个董事不举手，其中有一个是国有股派进来的董事，他就提个问题，你这个分配不合中国的法律，我们国家规定，经营班子的收入不能超过普通员工的 5 倍，你都超过多少倍了?这个不好交代，这个会场就讨论起来了。这些外国董事很有意思，其中有个外国董事作了个长篇大论的发言，他告诉这个国有股董事说，你这个说法不对，不能超过 5 倍的说法是违法的，全世界没有这种讲法。

我们最近提出小康，小康有个标志，人均 3000 美元，大家听了很高兴，我说不是每人 3000 美金，有人可能是 5000 美金，有人可能是 1000，这不是个均等的概念，不要弄错了。我们为什么理解为均等，这是深层次理念问题。理念上无法理解，所以导致大锅饭现象严重。

有人提了个问题，说中央的西部开发好像没有什么意思，我们这里还不行啊?我说西部开发不是要你建设得像上海、北京那样，这是不可能的事情，肯定要有差别，在一个国家不可能是平均的，美国也一样，纽约还有富人区和穷人区呢。所以开始大家都很高兴，开发西部给我们钱，其实就做三件事情，修基础设施、环保和教育，别的钱一直没给。到后来幻想东西互动，东部资本到西部来，等了好半天也没有来，后来就吸引外资，去年 500 万美金，西部外资只占 0.03%，为什么这是不可能的事情，为什么人有这个观念，那是思想观念问题，我们开发西部是靠人力流动，形成大的经济圈，不是均等的问题，所以我们均等体现在各个地方。人家讲的很对，大锅饭严重的根本问题是理念没有调整过来，才出现我们的董事讲这样的话。

第二个现象是中国企业的窝里斗。这个现象特严重。他喜欢研究，研究之后告诉我，除了制度安排有问题，是因为你们没有完整的企业文化。现在大量的海外公司在中国办代表处，我认为最适合办的三大城市，上海、北京和广州，这些驻中国的首席代表，我们称首代。

我老想要推荐个人给他们，结果发现他们都很委婉的告诉我，暂时我们不想要你们的人，我说我们人的素质都很高的，他说我很害怕你们。为什么害怕?他说我们的人在这个行当口碑不好。比如说我是某某跨国公司驻北京的首席代表，我来了之后不了解中国情况，肯定要雇副代表，我就要雇你们当副代表，本来你当副代表就好好的当，你们的人不是，当了半年八个月后，情况搞清楚了，就开始

主动的琢磨自己怎么当正代表的问题，偷偷的和总部联系，利用首席代表对北京不熟悉，给他设置陷阱障碍，结果自己当首席代表当了半年之后下岗回家了，你们自己人当上了正代表，我们很害怕你们的人。我们雇你当副代表就好好的当副代表，正代表不是你考虑的问题，是我思考的问题，而你们不是，自己就琢磨这个问题。这种理念必然是窝里斗，讲得很对。烧火的丫头关心主人烧几个菜，你自己把火烧好就好了，其他不是你关心问题。后来首席代表和我聊天的时候说，你们中国保姆都不是好保姆，进入家庭，一天到晚琢磨自己怎么当女主人的问题。我觉得我们关键是深层次的问题没有解决，解决不了最后的结果是窝里斗。

第三个喜欢研究的问题是财务失控。中国企业大部分都财务失控，我问他研究完了什么结论，除了财务制度有问题之外，关键问题是没有一个相应的企业文化。不是我的钱我不能拿，你们人的理念是不拿白不拿，不拿是傻瓜。再好的财务制度都会失控，一旦制度失效就出问题了。这也是企业文化的问题。他的分析有道理。我曾经遇见过，我是北京一家很大民营企业的顾问，当了7年多了，为什么愿意当，因为董事长比较爱思考，有深层次问题。有一次要请我吃饭，结果一坐下来那边电话过来，有事情不能请我吃饭，本来不请我吃饭，告诉我就行了，他特讲义气，叫了个副总陪我，吃好饭一结账，是2300元，我听到副总悄悄地告诉小姐开9700的发票，当时我纳闷了，2300怎么变成了9700呢?是不是财务会计制度调整了，第二天我想明白了，就是制度失效，没有企业文化的约束。为什么制度失效，一是顾问基金报销程序有一条，谁接待谁拿发票去会计那儿领钱，任何人不得过问，这是尊重顾问；第二董事长根本不可能问我，教授，你那天吃了多少钱。这两条制度失效，2300成了9700。过了一年，我碰到董事长，谈到这个问题，你的副总都这么干，那怎么行?这人必须开了。听了我的建议，董事长反应很冷淡，不回答我而是低头喝茶，他想了好半天告诉我，教授，不用把他开了，你把张三开了，李四明天来了还是一样的。他说，教授，我身边是一群狼，他讲的难听但是有道理，我说国外企业文化的主要功能就是把狼变成狗，从理念上把你校正过来，不是你的钱不能拿这就是一种理念，因此国外很重视企业文化。

我想企业文化的问题真的是中国企业应该研究的问题了。因为再好的制度，再完美都有失效的时候，失效必须靠企业文化约束，否则这个企业无法可持续发展。你们是第三次创业，这个提法很对，可持续规范发展，这个时候企业文化就更为重要。我很赞赏你们把企业文化作为战略来考虑；企业文化根本不是可有可无的问题，制度的实施，战略的保证都靠人，而支配人的是理念，没有理念的存在这个企业是很难可持续发展的。

二、可持续发展和规范

企业文化白皮书贯穿一个思想，就是你们的第三次创业的目标，实现可持续发展和规范问题。这不仅是你们企业第三次的问题，也是中国的民营企业下一步能不能做大做强的问题。我是对中国的民营企业寄予有很高期望的经济学家之一，我历来主张中国未来的经济基础是以民营经济为基础。所以每一次民营企业出大问题，我心里都不大舒服，因为未来要担当基础的重任。我发现我们的企业对可持续、规范的问题认识不清，这是企业发展到一定程度时候的第一任务，不能笼统的强调规模的问题，而是可持续、规范的问题。

当然，规范是两方面的问题，一方面是我们企业应该规范，正确理解、利用法律的问题，同时社会要有规范的法律环境，有的企业的不规范是外界法律的扭曲，因为法律不规范它违法，所以另一个还要考虑外部规范的环境。有的企业贷款不肯贷，我只有把行长搞定，我没有办法啊，最后为了事业发展结果违法了。现在讨论民营企业的“原罪”问题，就是第一桶金问题，我一直不参加讨论，为什么?因为我觉得这个问题谈得不对，一方面对他们豁免，既往不咎了，他们没有罪，违反法律叫罪，我没违反法律什么叫罪啊?这个不是现在的法律是过去的法律问题，过去的法律没有讲不能这样干，我干了，我就没有违法，因此“第一桶金”就没有罪。看有没有罪，是看有没有违反当时的法律，不是现在的法律。所以外部的规范更应该解决，我们企业在第三次创业时把这个问题提出来是有意义的。内部要规范，外部环境也要协调。

三、企业文化中等级差别理念

这涉及各个企业的一个本质问题，我们中国企业以前从来不承认有差别，搞到一定程度就麻烦，干到一定程度就分别，不干走了，当老大的思想很严重，导致中国企业很难是百年老店的问题。其实等级差别理念是有意义的，要让全部员工承认这一条还得花点功夫，因为我们的竞争思想太严重了，这个思想在国外的企业文化里到处都是，而且论证很有意思。我也看了你们讲的三个层次，一是人的能力差别导致了企业里的分工差别。我发现我们国家刚好相反，我们老强调只有分工差别，没有能力之分，人的能力差别是由什么决定的?国际上的解释是天赋，我觉得有道理。后天教育很重要，但是不能无限度扩大教育的意义。教育是开发功能，没有素质不行。就像采矿，没有矿产，挖个窟窿也开采不出来，我们的教育制度是考试制，高分低能的很多。我带了很多个博士，但说句老实话，自己满意的就几个，为什么只有这么几个，因为他没有这种素质就开发不出来，人家考上了也不能不读这个博士。所以我提醒大家，博士和博士的差距是很大的，天赋差别是没有办法的，这些博士离开的时候我提醒他，出去爱干啥就干啥，不要老觉得自己是博士。

譬如作家，需要有超常的形象思维能力。这种人能把石头想活，把天上的云彩想得能说话，严肃的命题优化为优美的故事。如果一个人形象思维很强，上大学后逻辑思维、文字功底加以提高，便是一个好作家。如果没有这种形象思维能力，再上大学也当不了好作家。我发现我就不可能成为作家，我在北京住在公主坟附近，经常路过公主坟，但是我就没有想到还珠格格的问题。琼瑶第一次到公主坟就问格格为什么埋在这里，这是不大符合北京地理历史逻辑的，结果就开始琢磨，结果引发出还珠格格的故事，给她赚了那么多钱。我觉得我很亏，没想到这个问题。我不可能啊，没有形象思维能力，再上博士也不可能当作家，他是稀缺资源，为什么，他是天赋决定的。

我们得承认能力的差别，一个人最关键的问题是认识自我，你最应该知道你的优势在哪里，千万别找自己没优势的事情。

能力差别决定人们的分工差别，分工的差别导致收入方式的差别。有人拿薪酬制度，有人拿工资制度，薪酬制和工资制不是一回事，薪酬制是人力资本回报的方式，工资制是一般员工的回报，薪酬制是董事会管的，工资制是企业的劳动人事部门管的，它是两种收入方式，管理机构都不一样，两个不能比。三是收入方式导致人们的收入水平的差别。这个等级差别理念挺重要，国内还没有多少企业把等级差别理念写进企业文化。

美国企业内部的差距是很大的，平均水平接近500倍，但是没有什么问题，我们专门考察了美国一家企业的一个清洁工，是机器设备清洁，有技术含量，他的收入一个月不到2000美金，我说你太少了，你们的首席执行官一年是290万美金，你们两个都是在这个企业就业的人，他被我问愣了，不知道怎么回答我，过了好半天告诉我，我不少啊，因为我不会干那个首席执行官的事，你们中国怎么问这种问题，脑袋有问题，还是教授呢，中国教授问这么低档次的问题。他有个等级差别的理念，你再煽动他都没有革命性，你没办法。我们不用煽动，不煽动都起来了。这就是企业文化的魅力所在，他承认这个差别。一个银行司机向我发牢骚，我觉得我比行长累，我说你拿多少，他说一个月比他少500多，我只能笑笑。我们国家的银行行长与普通员工的差距就一点点，行长是几百亿、几十亿的责任，他应该有差别，他没有差别就琢磨着自己给自己差别，道理简单，企业不规范与银行不规范有关系，银行不规范与不承认等级差别理念有关系，最终结果是连环套的。我很赞成你们大胆地提出等级差别理念，是有意义的。

最近，清华大学搞工资制度改革，教授收入的差别非常大，你是不是教授没关系，关键是在哪个岗位上，有的一年几万，有的几十万，按道理不打起来了?可是大家相安无事。为什么?我们搞的是管理制度改革，责任教授、普通教授，实行竞争上岗，责任都是可操作的责任，每条责任都很具体，你进入这个岗位，每年在国际上发多少文章，有的一辈子也发不出一篇，就不敢竞争这个岗位，竞争别的。清华大学向全世界招聘，美国教授在清华竞争上岗，一年10万美金，比美国还高。所以等级差别理念要慢慢扭转，人本主义与等级差别不矛盾，人本主义强调尊重人权，但不是讲平均主义，强调等级差别理念只要让人们清楚就行了，否则老是平均主义，结果各种矛盾都出来了，你要承认这个事情你干不了，就好办了。

四、诚信理念是企业文化的重要内容

我非常赞成你们把它写进企业文化白皮书。未来企业的发展，某种意义上是诚信的问题。有三种诚信：一是信守契约的诚信；二是信息不对称的诚信，就像很多大夫不诚信，病很小，但给你开了一大堆药；三是为对方利益考虑的诚信，赚钱要考虑对方的利益，比如去饭店吃饭，服务员及时提醒你，菜点多了要吃不了。这三种诚信统一在一起，才是完整的诚信，无论外部诚信、内部诚信都要考虑这个问题，不诚信就麻烦。企业不诚信，最终要出问题。诚信还有个外部环境问题，就你诚信也比较麻烦。最近，我给一个领导提了一个问题，你们有意无意不诚信，去一个企业，秘书写了稿子，不念就拿去发表，你讲的话不是发表的话。诚信得从小事做起。

我们中国也必须考虑这个问题，诚信要从外部开始，慢慢地推动企业的诚信。我们的政府，有些人不理解，政府不是为企业服务的，而是管企业的，老这个观念，上次去一个企业，说街道办事处把我搞得没办法，后来我去开会，对街道办事处主任说，人家这么大个企业，交那么多税。可主任说再大也是企业，我们再小也是个政府，我明白了，就是我是管你的，这一条必须要调整。我们也呼吁政府为企业创造外部环境，让企业走向诚信。否则，不诚信，要毁掉一个国家的经济。我非常赞成你们要把诚信理念写进企业白皮书，而且慢慢地要给员工灌输这个思想，诚信是多方面努力的结果，上级对下级不诚实，下级对上级不忠诚，你骗我，我骗你，最后发现都上当了，成本太高了。

五、把市场理念纳入企业文化中

因为整个企业是建立在市场基础上的，为市场提供产品、提供服务，没有市场理念最终会出问题。任何企业的发展壮大离不开市场，任何企业也不能把自己看得高于市场，往往认为自己可以决定一切的时候就要出事了，市场是你的衣食父母，你忽视市场的变动、市场的需要就完蛋了。因此全世界的对市场理念都是企业文化反复强调的，国外非常害怕技术完美主义，技术能不能赚钱，是看有没有市场的问题，不是技术水平高就能赚钱的问题，一个技术能不能赚钱，取决于两个条件，一是你的技术水平是不是比你现在的这个高，二是你的技术有没有市场需要，就是技术的市场性，吻合了，才能赚钱，否则不行。

北京四通公司连续几年情况不好，就是因为它的技术完美主义害了它，忽视了市场的问题。原来的打字机市场很好，产量很大，后来非要搞技术高到什么程度，连化学符号都能准确无误的打印出来，谁买这个玩意，只有科技出版社买，结果没有市场，投资量很大。后来又搞了收钱的机器，连税都能代收，都要逃税，谁还来买你的东西，这个问题一定要注意。

对所有的企业提个醒：企业是建立在市场基础上的，有了市场才能发展，没有市场是发展不了的，市场的需要就是我的方向，我要围着市场转，离开市场我什么都不干，这一条要经常讲，有市场意识，千万不要忽视市场的问题，要不是这个项目，关键是有没有这个市场需求。你们集团下面有房地产，我建议房地产一定要注意市场需求，这是很关键的问题，而且要预计到哪些会影响到市场需求，要分析才行。SARS来了，我看北京好多好的房地产比较麻烦，通风就不传染，买房子首先考虑是通风问题，低密度的楼房，价格不断上升，要考虑需求。去年讲小户型，现在在北京也麻烦，卖给谁去，建到酒吧一条街，谁买这玩意儿，你要算需求在哪里，没有需求，不能盲目搞，这是很重要的问题，企业一旦对市场判断失误，全局皆输，要思考和研究这个问题。我是竭力主张，未来我们的公司，决策系统要贯穿市场理念，一个企业做大做强的关键是建立在市场的基础上，而不能想当然的，谁都不能支配左右市场。

你们企业我想未来20年没问题。在未来20年里，基础产业会发展很好，包括五个，原材料、能源、建筑业、交通运输业、环境。因为中国进入城市化时代，城市化是中国未来的主旋律，小康要建成，必须实现两个化：市场化和工业化。城市化必然带动基础产业的发展，这是必然。所以前几年，我到煤矿去，他们告诉我，差不多了，完蛋了，我告诉他们，我推算，要二三年，慢的四五年，中国基础产业将进入新的发展时期，这个时候你赶快兼并扩大，那个时候钢都卖不掉，谁去搞，都要割地、卖厂?没有想到很早就来了，比我预想的快一年多。最近，河南一个钢厂老板说，教授，你说的很对，当时听了你的话，买了四个钢厂，一下子来劲了，现在去搞就晚了一点，所以一定要看市场需求，要分析。我建议集团的未来的控制，又是两条线，一个是派人，我就派产权代表，通过人来决定企业的问题；一个是战略控制，干什么得报给我，集团总公司有能力评价你干得行不行，我不管理，我得知道，你的战略行不行，这是战略控制。国外的集团就控制这两条，我能判断你的战略行不行，市场很重要，要加强这方面企业文化的教育。

六、把人力资本理念纳入企业文化中

这很有意义。人力资本不等于人力资源，人力资源是个大概念，所有人都可以称之为人力资源，而人力资本仅仅是两种概念，一个是技术创建者，一个是职业经理人，这两种人是一种资本，强调资本的理念。如果不强调资本的理念，企业运作的活力也会成问题，我建议应该加大对人力资本理念的培训和教育，有些人具有资本的功能，那就是一种人力资本，一个企业发展的关键在于人力资本的培育和使用问题，凡是搞得好的企业，关键在于人力资本阶层的培育和作用的发挥。而我建议我们在人力资本上要加强力度，如果把这两者区别开来了，那么这个企业制度安排上就会优于别人，这个理念一定要告诉所有员工，否则他老觉得我也是人力资源，其实差距很大。当然资本也不是抽象讲谁是人力资本，谁是人力资源，企业中有一种岗位是属于人力资本岗位，上去了你就是人力资本，离开了什么都不是。

有的人过去有能力进入人力资本岗位，随着时代的发展，他没有能力进去了，下来之后就不是了，这是相互交替的问题，因为没有一个人会永远站在世界的最前边，是一个交替的问题，因为形势在变化。有人由于各方面原因，一直处于前沿，有人可能要适当的作一些调整才行。企业也有一个新老交替问题，新老交替不是年龄是能力，企业新老交替很可能会有摩擦，这个摩擦就是对企业人力资本理解有误，人力资本其实是个制度的概念，上去就是人力资本，下来就不是，是个制度的功能，最后由岗位和制度决定着人。这个理念要慢慢地渗透到企业里面去，保证企业有个较强的冲动。这个概念的普及、概念的认识还有个过程。

七、把防危机的能力纳入企业文化中

我要随时考虑到危机意识，而且要有力量去反危机。第一，企业要经常注意到自己的危机问题，反危机理念很对，还要考虑反危机的走势问题。所从事的环境和理念所带来的风险问题，要及早注意有没有风险的问题，譬如说房地产贷款规则的调整，有的企业资金链就会受到影响，这种危机早就该意识到，据我知道贷款条例已经讨论了两年，你就应该早点知道，多一点时间考虑未来怎么办的问题，否则危机出来了你无法应付就完蛋了。

另外一条要增强自己反危机的经济力量，一定要有自身反危机的处理能力，否则你就斗不过这个难关。一个企业能不能成为百年老店，既要有很强的冲劲，同时还能够经得起亏损，不仅能赚钱，还能亏得起，这才是好企业。有的企业很忽视这一条，赚来的钱恨不得全部投进去，结果遇到风险措手不及。这次SARS，有的企业根本就亏不起，免税根本就救不了它，为什么?我就没有赚钱，没有收入要开工资，房租、水费要交，一大批小的服务业彻底完蛋。所以我们都要考虑反危机的理念问题。国外一些好的企业，为什么成为百年老店，就在于钱的使用，第一部分是投资没有任何风险的领域，保证本家族过上等人的生活，投资回报达2000%我都不投，绝对不能碰；第二部分是交朋友的钱；第三个才是投资，一旦投资失误，不要紧，还可以过上等人生活，而且我还有一帮朋友，还可以东山再起。我们是恨不得把所有赚的钱都投进去，而且把向别人借的钱也投进去，一旦出了问题就彻底趴下。

八、企业文化的一个主线：战略

楼总写了个前言，把你们企业分成三次创业，最后强调了战略调整问题，每一次创业要解决什么问题，战略意图很强，应该把战略的意图贯注到所有的决策之中，贯穿到企业最关键的层面上，是很重要的。而且我要提醒大家，考虑战略问题的时候，不要忽视任何一个细节，战略不是空的问题，是实实在在的问题，一点选择失误就全盘皆输，要注意这个问题，我说个很小的例子，中国的制造业，分三种，就是产品、设备和机器制造，现在我们国家产品制作业完全已经过剩了，设备和机器制造非常贫乏，如果沿海较发达地区从事制作业，就要从产品制造转向设备或机器制造，这是一个非常大的战略事情。

日本推出个设备，专门给数码相机洗相片，这个设备不大，所有的机器设备加上门面房六七十万，然后太太雇几个小女孩管这个店。这个设备除了能洗相片还能印挂历，我很吃惊，问印挂历怎么能赚钱?前年打击挂历大战斗不赚钱了吗?富裕起来的人自己给自己印挂历，这是他主要的市场来源，有些人富裕之后，把自己的倩影搞上十二张。有一个女记者给我打电话，说教授，我去年年底给你送的挂历你看了没有?我说我没看，但我知道你送了，她说不行，我的你必须看，打开一看，是自己给自己印挂历，各选了12张照片，底下是年月日，再底下是自己的格言，格言是酸溜溜的格言。人家送了这么一本挂历给你，你得感谢人家，感谢人的最佳方式是打个电话，恭维几句，我拿起电话打给她，说挂历看了，真漂亮，同时我也发现，你人长得真漂亮。我讲完后，她在听筒里放肆地笑了，我想这一笑就是精神享受，现在不仅是物质享受了。我在想这个印挂历的数码设备，中国的市场绝对是很大的。这个小小的事情就可以看到，一个机器设备的战略调整问题。我们企业战略调整都要考虑这个问题，我想你们在白皮书把战略的理念写进去是有很大意义的。

创建具有装饰行业特色的企业文化

中国建筑装饰协会副会长

深圳市建筑装饰（集团）有限公司董事长兼总经理　**汪家玉**

管理是企业永恒的主题。但是，什么样的管理最有可能创造效益？最有可能造就人才呢？管理是一门科学，很值得研究，需要不断实践，不断完善。作为一门科学，管理具有共性，即管理的普遍规律性。但是，不同的行业、不同的企业有不同的管理，这就是它的个性。我在企业干了20年了，其中有16年一直在建筑装饰行业。

我常思考一个问题：怎样创建具有装饰行业特色的企业文化从而促进我们装饰企业可持续发展呢？

一、企业文化管理是企业管理发展的必然趋势

回顾历史，企业管理发展大体经历了四个阶段。第一个阶段是家族式作坊管理。城市兴起之初，在城市中出现了许多作坊，作坊的最高管理者往往是一家之长或是一族之长，作坊中重要的技术岗位、重要的管理岗位都是这个家族中的成员，实行封闭式的家族管理。随着经济的不断发展，这种管理必然要被淘汰。中国曾经有不少的民营企业、乡镇企业都有一个起步时期，但很快也就消失了，其根源就在于靠家族式管理来应对现代市场经济，肯定是不能长久的。

第二个阶段是经验管理。这是现代企业初期的管理模式，大约从1769年到1910年，经历了一个半世纪。经验管理的实质是人治，是最高管理者凭个人经验、个人能力实施个人管理。资本主义初期，第一代创业者创建的许多工厂、企业，一般都管理得很好，很有效益，而换了他的儿子或孙子去管理，结果不一样了。中国也有不少企业，第一代创业者业绩不错，换了一个人就大不一样，其根本原因就是人治化管理。西方的经验管理到中国演变为一种官僚化人治管理，尽管只是一部分企业存在的局部现象，但毕竟是一种倒退。个别国有企业的主要负责人把一个企业搞坏了，只要他的资历、级别还在，只要他的关系还能发挥作用，他照样可以到另一个企业当主要负责人，这恐怕是权力与人治相结合才会出现的特殊现象。

第三个阶段是科学管理，大约从1910年到1980年，经历了70年。这里的“科学管理”是一种管理模式，而不是说这种管理是“科学”的。这种管理的实质是法治。这里说的“法治”同我们平常说的依靠市场经济规则与企业法等国家有关法则实施的法治不是同一个概念。科学管理阶段强调的“法治”，指的是企业规章制度化管理。企业制订一套详细的规章制度，每一个人都必须按此执行。只要规章制度还在起作用，换一个管理者，影响并不大。这种管理模式对生产力的发展起到过很大的推动作用，诸如董事会、经营班子管理规则，岗位责任制，目前仍有其生命

力。建立现代企业制度，严格说，仍然还属于这个管理范畴。但这种管理模式只重视制度而往往忽略了“人”，只重视企业“硬件”，而往往忽略了企业“软件”，亦有其很大的局限性，于是，企业文化管理就应运而生了。

第四个阶段是企业文化管理，一般简称为文化管理。第二次世界大战以后，美国成为唯一的一个经济超级大国。但是到了20世纪70年代，日本经济迅速崛起，而美国经济相比之下，则每况愈下。美国学者深入日本，认真研究日本企业管理经验。美国学者发现，在企业管理中，硬件要素如资金、技术、设备和组织结构等固然十分重要，但企业管理的软件要素如企业价值观、企业形象、企业精神、企业员工及其思想面貌、竞技状态等，对企业的生存与发展更为重要。美国学者认为，日本企业中的团体主义价值观比美国的个人主义价值观更优越。美国学者指出，美国企业管理文化的局限性是症结之所在。“企业文化”问题被提出来了。1982年，迪尔和肯尼迪合著的《企业文化——现代企业精神支柱》一书进一步将“企业文化”理论化，从此，“企业文化”为世界各国广为吸收并不断丰富与发展。

可见，企业文化不是指具体的文化活动，它同文学、舞蹈、音乐、绘画等传统的文化概念也有着本质的区别。企业文化是一种管理哲学，企业文化是继西方科学管理理论、行为科学理论之后而形成的一种新型的现代企业管理模式、现代管理科学。离开企业现代化管理就谈不上企业文化。作为企业现代化管理模式的企业文化，是否可以归纳成以下特点来共同探讨：

1. 作为市场经济产物的企业，它不仅是一个经济实体，同时它也是一个文化实体。

2. 它以人为管理中心，即“以人为本”，在管理实践中贯彻尊重人、理解人、关心人、信任人的原则，重视开发人的精神素质，确立人的主体性地位。

3. 它以企业文化现象为研究对象，有相当广泛的实际内容，如企业精神、企业价值观等。

4. 倡导、管理、领导企业文化，甚至在必要时改变企业文化，这是企业领导者，特别是第一把手不容忽视的职责。没有企业领导的参与，企业文化的建设是难以搞好的。这个职责对企业领导者的文化素质也提出了相应的挑战。不重视企业文化的领导，顶多也不过是一个中世纪作坊的老板，很难担任现代企业家的重任。

从以上四个特点我们可以知道，企业文化理论的创立是企业管理史上的一次根本性的变革，这个变革的实质性内容为：把企业管理的中心由物延伸到人；由硬件延伸到软件；由人的政治地位延伸到人的文化地位，从而使企业文化具有重要的现实意义和深远的历史意义。

家族式作坊管理——经验管理——科学管理——文化管理，顺应了社会生产力由弱到强、市场经济由不规范到日渐成熟、日渐规范的发展，这是社会发展的客观规律，也是企业管理发展的必然趋势。

二、装饰行业有哪些文化特色

企业不仅是一个经济组织，同时也是一个文化组织。一个企业能否生存，取决于经济效益。一个企业能否持续发展不断壮大，则取决于企业文化。知识经济时代，企业文化已成为企业的核心竞争力。

企业文化是一种管理文化，或者说，是一种管理哲学。企业文化建设的目的是寻找一种具有行业特色、符合本企业实际情况的文化管理模式。我们这里所说的“行业特色”是指文化管理特色，简称文化特色。

深装集团十六年来，高度重视企业文化建设，在不断的完善与实践中，初步具有了以下四种文化特色。

1. 区别型人本文化

文化管理必须重视一个基础，一个核心。基础是要建立并不断完善企业相关的规章制度，真正做到有章可循，有法可依。一方面，企业员工必须遵守规章制度，按制度办事；另一方面，企业员工又不是制度的奴隶，而要尽可能发挥人的主观能动性。从努力实践“三个代表”的高度，尊重人、充分发挥人的创新价值，这就是以人为本的基本含义，这就是文化管理的核心。以人为本去建立企业的团队精神，树立企业的价值观，塑造企业形象，提升企业综合实力，这就形成了企业文化建设，或说企业文化管理的基本内容。

然而，“人”是很复杂的，不同行业、不同企业的“人”有不同的特点，真正做到“以人为本”不是一句口号，更不是一种政治表态，必须把“以人为本”落实到管理中去，从不同的管理中区别对待不同的员工，实施双赢战略，尽可能让每一个员工都有自己的发展空间，因此，我们把这种管理叫做“区别型文化管理”，也就是区别型文化特色。

我们知道，装饰行业从业人员很多，层次不一，文化差异、技术差异、发展空间差异等等都比较大。企业的员工不可能都在一个起跑线上，如果不能满足这种种差异的需求，以人为本的文化管理就很难落实，也不能真正发挥作用。

我们认为，装饰行业的员工大体可以分为以下四种类型：一是普通工种员工；二是特殊工种员工，即来自民间的有一技之长的能工巧匠；三是专业技术人才；四是复合型管理人才。

第一种类型的人文化偏低，而且没有专业一技之长，流动性也很大，今天可以在装饰行业打工，明天也可以去别的行业打工，基本上是干体力活。第二种类型的人虽然文化也不高，但却是有一技之长的能工巧匠，他们对装饰行业是不可缺少的。第三种类型的人文化高，有文凭，属于专业科技人才。第四种类型是装饰行业中处于不同领导岗位的复合型管理人才，特别是机关的导向服务和项目经理的指挥运作，起着决策、协调、开拓市场的作用。

对这四种不同类型的人，要区别对待，在管理策略、管理技巧上满足他们不同的需求。才能有效的体现思路、制度、行动、效益的"三变工作方针"。所谓尊重人，我理解有两层含义：一是平等待人，人与人虽然文化、能力、岗位有所不同，但都是平等的；二是每个人都有追求自己发展的权利，从企业管理者角度说，为员工提供充足的发展空间是尊重人的最好形式，也是增强企业凝聚力、留住人才的最佳办法。在管理实践中，对第一种类型的人，我们主要是让他们有安全感，通过培训提高他们的生存能力和工作能力。对第二种类型的人，我们主要是充分发挥他们能工巧匠的专长，通过多劳多得、质优价优的分配原则调动他们的积极性，并鼓励创新，提升他们的技能，让他们有一种特殊工种的优越感。对第三种类型的人，我们本着小平同志"尊重知识、尊重人才"的教导，从感情上亲近他们，在业务上充分信任他们，在发展空间上鼓励他们，让他们有归宿感。对第四种类型的人，则要从职责上严格要求，让他们在实践中以实际业绩证明自己，凭自己的努力去开拓发展空间，有一种成就感。区别不同类型的员工，采取不同的管理方法，这就是区别型以人为本的文化特色。

2．绿色型环境文化

我们搞装饰，目的是改善人们的学习环境、工作环境、生活环境，使人们在一个更美好、更有文化氛围的环境中学习、工作与生活，从而提高人们的生活质量。建筑装饰最能贴近老百姓、贴近现实、贴近生活，它和人民的关系最为密切。改革开放以后，装饰行业发展极快，这是一个根本原因：人民需要装饰、生活需要装饰。

环境本身就是一种文化。以破坏环境为代价来求得经济快速发展，西方发达国家为此付出了沉重的代价。我们也有过沉痛的教训。保护我们的生态环境，这亦是我国的一项重大国策。对此，装饰行业也责无旁贷，任重而道远。

在管理中，我们提出了"绿色环境文化"，并把此作为企业文化建设的一项重要内容。绿色环境文化既要关注环境索取，更要关注环境回报，不仅要考虑到环境的昨天、今天，更要考虑到环境的明天。要特别当心环境影响的规模与环境影响的程度。决不能单方面为了追求某种装饰而破坏了环境，更不能允许有害人们健康的装饰材料进入装饰施工。任何损害环境的行为都是一种犯罪。我们搞装饰的人，要为环境负责，要为人民健康负责，要留给子孙后代一个更好的环境，确保我们的环境文化是绿色的，健康的。

3．学习型互补文化

文化具有民族性和时代性。每一个民族都有自己优质的文化、传统的文化；每一个时代都留下了灿烂的文化。文化是人类共有的最为宝贵的财富。从这个意义上说，文化是跨国界的、跨时代的，文化是互补的。

装饰本身就是一种文化。如何发展装饰文化是我们装饰行业的一项重要任务。因此，我们提出了"学习型互补文化"，即在企业文化建设中，努力学习中华民族传统的优质文化；努力学习西方各国先进的文化，通过不断学习、不断实践、不断创新，达到取长补短、丰富提高的目的。我们认为，学习不仅是一种手段，而且也是一种企业精神，是企业保持与时俱进的精神与动力。在中华世纪坛室内装饰工程的设计与总承包施工中，我们十分重视这种学习，通过学习，我们看到了文化互补的优势，我们也尝到了互补文化的甜头。在设计中，我们从文化互补的高度出发，提出了"三个和谐"和"三个对接"的设计理念。

"三个和谐"：一是人类与大自然应该和谐、协调发展；二是科学精神与道德观念和谐结合；三是传统文化与现代精神，东、西方文化交流和谐融合。这三个和谐既体现出中华民族源远流长的传统文化，又体现出改革开放、开拓创新的时代精神。

"三个对接"：一是历史的中国与现实中国的对接，从历史文化来了解和认识中国，使历史和现实对接起来。二是高文化内涵与高科技水准的对接。装饰是一种文化，其文化含量愈高，效果愈好，装饰的附加值就越大。在当代，高文化又必须要用高科技来表达，二者必须要对接起来。三是现代装饰与民族艺术、传统文化的对接。一个成功的装饰必定有其深厚的民族艺术和传统文化之魂。刻意的抄袭与模仿，昂贵装饰材料的堆砌都不足取。现代装饰一定要同民族艺术、传统文化相对接。

江泽民同志在美国哈佛大学的演讲中指出："现实中国是历史中国的发展。中国是一个有五千年文明历史的国家，从历史文化来了解和认识中国是一个重要的视角。"我们讲装饰文化，首先要重视对中国五千年传统的装饰文化的学习与继承，没有认真的学习与继承，则根本谈不上对装饰文化的发展。我认为，我们装饰界的同仁，在这方面应该补补课，多花一点力气。当然，我们还应当学习、继承别的民族、别的国家，特别是西方国家先进的装饰文化，这也是一个重要的视角。有了这两个"视角"，立足于学习与继承，重视实践与创新，我国装饰文化将是辉煌而灿烂的。

4．价值型奋进文化

十六年来我们重视企业文化建设，我们创办了企业内刊《装饰集团》报，还有一本有国际国内刊号的杂志《现代装饰》。企业报刊对企业文化建设有其特有的作用。十六年来，我们从企业负债经营到成立装饰集团，到企业改制实施产权多元化股份制经营，在经营中始终关注着企业文化建设，逐渐形成了符合公司实际情况的企业文化体系，我们把它称之为"奋进企业文化"。在这个企业文化体系中，有我们自己的经营方针、行为哲学、工作思路、企业价值取向、员工行为准则、文化理念等等。当然，这只是我们公司企业文化建设体系的一个雏形，还有待于在实践中完善与提升。

为什么要提出“奋进企业文化”呢？我们是从价值角度思考定位的。我们知道，装饰市场竞争激烈，即使企业昨天曾有过辉煌，但它已属于历史。市场如水，企业如舟，水能载舟，亦能覆舟。不适应市场发展的需求，企业就可能衰退，甚至破产。市场是有风险的，企业是有风险的。企业的价值存在于企业的可持续发展之中。企业破产是社会的包袱，国家的负担，员工的灾难，企业家的失败。

从企业文化的价值定位出发，我们把文化管理的经验与要求进行了系统的总结和概括，写成员工容易理解、容易记忆，便于实践的语句，设计了一本台历笔记本发给大家。例如，我们的经营方针是：立足装饰、打造精品，拓展市场，建设“奋进企业文化”，努力把深装集团做精做强。在这里，我们不再提企业规模要大，而是强调企业要精、要强。所谓“精”，一是要立足装饰，二是要打造精品。关于激励机制与约束机制，涉及分配体制，我们用“行为哲学”作了如下的概括：公平与效益同在，以效益求公平；认同与差异并存，差异不能损害认同。我们的工作方针是：把思路变为制度，把制度变为行动，把行动变为效益。我们还提出了“三要三不要的行为准则“，即：不要问深装集团能给你什么利益，而先要问你自己对深装集团有什么贡献；不要嫉妒别人，说三道四，而要用实际行动表现自己；不要说自己能力强、贡献大，而要用实际效益来证明。每一个员工如何做好自己的本职工作，我们提出了具体要求与具体标准，即：每一个员工都有自己的岗位。对岗位工作不能“做了就了”。岗位工作一定要努力做好。所谓做好，一是要有始有终，二是要顾全大局，三是要按规章制度办事，四是要做出效益。如何待人待己，作为一种文化素养，思想品德教育，我们也有具体内容。我们的“奋进企业文化”还有其他许多内容，而奋进是我们企业的精神。我想，这种价值型奋进企业文化虽因企业不同而有不同的内容，但作为一种精神，应该也是装饰行业的文化特色之一。

三、企业文化建设的有效途径

如何创建具有装饰行业特色的企业文化？这是一个十分艰巨的任务，也是一个十分复杂的问题，需要我们装饰行业共同来探索。16 年来，在企业不同的发展阶段，我们作了一些工作，当然，这也仅仅是一个开始，还很不成熟。根据我们的初步实践与探索，我们认为，在创建具有装饰行业特色的企业文化的过程中，以下五种途径是行之有效的。

1．市场化途径

无论哪一种企业管理模式，都是市场经济的需求而产生的。企业文化建设也只有在企业不断深入的市场化进程中才能完成。企业文化同别的艺术文化形态有很大的区别，企业文化的实践性更强，与市场经济关系更为密切，与企业生死与共，离开了市场经济，就不可能有企业文化。世界第一 CEO 杰克·韦而奇说：“支撑企业高速发展的‘铁轨’或者说企业精神的脊梁，就是企业文化。”而企业的发展只能在市场经济中完成。企业文化不是“研究”出来的，而是在市场竞争中，在企业的发展中创造出来的。重视企业经营，重视企业可持续发展，在企业市场化进程中去创造自己的企业文化是最为重要的途径。

2．品牌化途径

一个成功的企业一定有自己成功的品牌。朱镕基同志说过：“品牌是企业的信用，是企业赖以生存的基础，是企业竞争能力的综合体现。其实，品牌还往往是企业文化的集中体现。对于我们装饰企业来说，创建装饰企业精品工程十分重要。16 年来，我们做了一批国家、省、市标志性形象工程，做了一批机场、地铁交通枢纽工程，做了一批五星级酒店工程等，特别在中华世纪坛工程和山东省国展中心工程中，我们深刻认识到，通过创建精品工程来促进企业文化建设是最有效的途径。

3．学习、培训途径

企业文化是企业成长的种子。企业文化建设中有一项重要内容，就是要不断提升企业的综合竞争力，不断提升企业员工的综合素质。这就需要不断的学习与有计划、有远见地培训来完成。要在企业中形成一种努力学习的良好风气。新思路、新知识、新技术、新经验，都应该学习。不学习就会退步。知识经济时代，信息、知识、市场发展快，变化大，靠老一套办法是肯定维持不下去的。培训不仅只是针对一般员工，领导层更应该加强学习与培训，不断更新知识层面，这是企业文化建设中不可忽视的途径。

4．制度化、规范化途径

我们认为文化引领经济时代已兴起，但要防止有一种误解，不要认为企业文化重视人的作用，规章制度就不那么重要了。我们说，只重视规章制度而忽视人的作用是片面的，是不正确的；同样，只强调人的作用而忽视规章制度的作用也是片面的，不正确的。我们认为，只有在科学的规章制度中体现出科学性、操作性、真实性，才能更充分地发挥人的作用。目前，装饰行业在市场竞争中，在企业管理中制度化、规范化尤为重要。

5．凝聚力途径

企业文化的核心是价值观，企业文化主要体现为企业的凝聚力。应该说，企业文化建设越有成就，企业凝聚力越强。应该在凝聚力上下功夫来创建企业文化。这涉及很多具体内容，就企业而言，公正公平的奖惩制度；企业广为认同的价值观、经营方针、行为准则以及企业形象等等。就个人而言，人的行为、思想、感情、信念、习惯与整个组织有机地统一起来，凝聚成一种合力，才能激发主观能动性，实现共同目标。可见，加强企业凝聚力是创建企业文化十分重要的途径。

四、装饰企业的发展与企业文化建设

从我们深装集团16年的发展来分析，我们装饰企业的发展大体经历了生存发展阶段、制度管理阶段，目前正在积极进入可持续发展文化管理阶段。

20世纪80年代初期，随着改革开放，随着市场经济的兴起，我国装饰企业应运而生，从沿海地带迅速向内地发展。这个时期，在装饰设计上，大多是抄袭、模仿香港设计师的作品，在施工上也多有作坊式、家庭式的管理现象，市场相当不规范，规章制度不健全，企业的主要目标是求生存、有饭吃，企业发展是被动的，个别单位的发展甚至是盲目的。1994年，中央要求为企业建立现代企业制度，装饰企业在产权清晰、管理科学上花了很大力气。经过多年努力，大多数装饰企业的规章制度建立起来了，也日渐完善了。进入21世纪，受知识经济的影响，受中国加入WTO的推动，中国装饰企业有了很大的进步，市场意识、精品意识、风险意识基本上确立起来了，并且十分热心地开始关注企业文化建设，作了许多有益的探索工作。客观地说，我们认为，我国装饰企业基本上还处于制度管理阶段，重要目标仍还处于规范化操作层面上，离进入文化管理还有一段距离。

中装协举办的这次论坛、研讨会意义重大，我认为这是对中国装饰企业第一、第二阶段发展的一次总结，是中国装饰企业进入第三个阶段，即努力同世界装饰行业接轨、进入全面企业文化建设阶段的开始。这次论坛，很多企业，很多同志谈到了企业文化建设，这就是一个很好的证明。我想，我们应该把这次大会看作是全面进行企业文化建设的一个进军号。企业文化建设还有许多问题需要探讨，还有很多工作需要我们认真去做。但是，我们坚信，只要我们齐心协力，与时俱进，创建具有装饰行业特色的企业文化是一定能够成功的。

文化　战略　执行力

中国建筑装饰协会常务理事　深圳长城家俱装饰工程有限公司董事长　**张朝煊**

长城公司这几年有着快速、持续的发展。2001年，我们承接了中国第一个主题五星级酒店——深圳威尼斯酒店的装饰任务，开创了深圳五星级酒店由一家公司总包装饰施工的先河。紧接着我们在2002年又中标了8个五星级酒店装饰工程，使得该年度的“五星级”工程中标率高达100%。

有人问我：你们的核心竞争力究竟是什么？我的回答很肯定：长城文化。

把握住最根本的经营要素才是企业取得成功的关键所在，其中，文化、战略和执行力乃是首要管理实践。下面，我就长城公司对这三要素的认识向大家作一汇报，以印证我们的结论，并期望有抛砖引玉之效。

文　化

关于企业文化的认识

我认为企业文化从广义上讲可分为三个层面：最外层是表层文化，如产品质量和服务质量的优劣、企业效益的高低、员工的凝聚力、顾客的满意度等；中间层是制度文化，即企业的规章制度、规范、程序、纪律约束等“游戏规则”；最核心的层面是企业的价值观，包括经营理念、道德伦理、管理哲学及企业战略等。而所有的一切都是由价值观产生的。

企业文化核心层是“因”，这是企业的软文化，属于战略体系。它强调我们追求什么，回答了“我是谁？想干什么？”、“往何处去？目标是什么？”的企业战略决策和方向性问题。制度文化是“为”，它强调我们如何追求，强调系统的做事原则，它是企业的硬文化，属于战术体系。它回答了“如何做？”“怎么走？”的企业战术和方法问题。表层文化是“果”，它是企业气质的外在表现，是“因”作用于“为”的必然产物。由此可见，企业文化的内涵存在着因果循环的唯物辩证关系，通俗地说，就是“种瓜得瓜，种豆得豆”，理念指导行为，行为产生结果。

可见，一个企业的兴衰成败取决于它的文化，从根本上说，取决于它的核心价值观。

长城的文化建设

长城在创建初期撰写的《长城企业管理法》（含《文化篇》、《制度篇》、《规范篇》），后来在实践中五易其稿，不断得到修正和完善。它是长城文化的积淀，也是对我们17年奋斗经历的系统总结，成为长城人的“治企纲略”和必修科目。现在，每周五下午，雷打不动，公司都要举行例会，除了谈重要生产业务之外，就是学习、研讨长城文化。对重大工程，一定要举行开工誓师典礼和竣工总结大会；工程出现重大质量、安全事故，必召开现场会议，分析原因，总结教训；不定期地编写“长城装饰简报”，宣传、报道公司的重要新闻。平时还经常开展一些形式生动活泼的专题文化论坛和文化学习竞赛。即使在紧张繁忙的“威尼斯”工程施工期间，我们仍然举办了多次诸如“什么是文化管理和科学管理”、“名牌战略”等文化讲座；在2003年5月，我们又搞了一个有关企业管理知识的专题论坛，大家围绕“什么是有效的管理”这个主题畅所欲言，各抒己见，现场讨论热烈。前不久，公司又搞了个全员学习长城文化竞赛活动：我们把

员工分成三个组，以提问抢答的方式让他们争相发言，气氛非常活跃。内容基本上都是平时大家学习的长城文化及其学习心得。公司拨出了几千元的专款作为活动经费，买一些礼品奖励比赛优胜者。不时地举办这种活动，既可以增强员工对长城文化的兴趣，又能在“游戏”的过程中丰富员工的业余生活，增强团队的凝聚力。长城员工渴望拥有表达自我的空间，在公司能欢笑，也能认真打拼。

战　略

战略定位

长城的战略定位是忠诚于顾客，潜心打造装饰精品，执著走自己的名牌之路。企业只有向顾客履行品牌承诺，才能在顾客的“宠爱”下稳健、持续地发展，才有望成为“百年老店”。因此，长城坚持打造自己的品牌，决不仅仅以赢利为目的。

如今装饰市场狼多肉少，加上管理不够规范，群“雄”混战，市场就像狼烟四起的战场，为的就是抢夺装饰市场这块没有肉的骨头。施工单位在投标过程中竞相以极低价夺标，并委曲求全地接受种种不平等条件，大有飞蛾扑火之势。装饰设计的处境也同样尴尬。长此以往，使得装饰企业的生存空间愈来愈小，于是有的公司在无利可图的情况下就偷工减料、粗制滥造，结果只能带来设计、施工水平的每况愈下，大量制造“豆腐渣”工程，并因此而造成行业信誉的日渐受损和产业利润的大幅缩水。

当诚信成为社会稀有资源，随着人们的审美观点与品位要求越来越高，与其它商品一样，装饰市场追求名牌产品的消费群体正在悄然兴起，谁又能抓住机会，把握时代的脉搏，成为装饰行业的弄潮儿呢？

长城人没有随波逐流，始终坚持走自己的路——为创名牌而不懈努力。价值和价格的游戏构成了市场的空间，长城在这样的游戏里，不敢说游刃有余，但却始终扮演着一个遵循游戏规则、坚持商业操守的角色。我们一贯信守“五不、两保证”的承诺，既是对客户负责，也是对自己负责。“五不”是不偷工减料，不粗制滥造，不偷税漏税，不做垫资工程，不做亏本生意；“两保证”是保证优秀质量，保证合同工期。我们敢于承诺，恪守信用，但原则问题决不含糊，否则就会贬损自己的品牌信誉度，削弱我们的市场竞争力。

品牌建设

实施名牌战略，核心就是要以实造名，用名造实，促进名实循环。长城自 1986 年成立以来，一直将名牌战略作为企业的重要战略，所以我们在工程管理上特别严格，决不允许弄虚作假或粗制滥造。往往有这么个现象，质量甲方认可了，但我们自己却感到不满，主动返工。比如威尼斯酒店三楼贴的墙纸，甲方对施工质量并无异议，但我和总工程师检查后，觉得并没有达到优良标准，于是全部撕掉重新贴过。“威尼斯”之所以能成为中国五星级酒店装饰杰作而饮誉社会，与长城对工程质量近乎苛刻的严格要求分不开。出现类似上述问题每次都立即召开现场会议，我便反复以“品牌承诺”四个字来警醒、教育员工，将名牌观念深入地灌输到我们的干部和工人脑子里去。时间久了，他们也就了解了公司的高标准和严要求，领会了公司的品牌文化。同时，这也是给社会一个强烈的信号：长城人视工程质量和公司信誉为生命，我们敢于通过自我否定赢得肯定。经过长期的磨合，长城员工都已对长城文化有了充分的认同感，因而重视工程质量也就渐渐成为全体员工的价值观念和共同遵守的行为规范。

如同艺术家对待自己的作品，我们对自己的装饰作品也是情系万千，工程做好了自然兴高采烈，充满成就感；做得不好，则深感缺憾，沮丧不已。每每到国外下榻酒店时，我必然要先浏览一番酒店的装饰工艺，企图从中“猎取”点什么，对比之下，或是有所借鉴，或是暗自惊喜：莫非长城在不知不觉中又进步了？

营销策略

市场营销教授斯蒂芬• 布朗认为我们现在应进入“复古营销”时代，即营销者不要老是一味地去迎合、讨好顾客，因为几乎所有的顾客渴望的是真诚，而不是被奉承迎合。营销者的极力讨好反而使之反感、厌烦，因此倒不如以“挑战”的姿态来激发其兴趣。

最近，我们在深圳做了一笔大生意。甲方是深圳的一家地产公司，老板姓李，是一位很杰出的民营企业家。初次见面，李老板很客气。彼此寒暄几句后，她便滔滔不绝地向我介绍了他们的宏伟建设计划。“深圳的装修企业我基本上都摸得一清二楚了，对你们长城我更加熟悉，您张总的《文化篇》我就看了好几遍呢。”李总接着说，“我们很愿意和长城合作，如果谈得好，几个工程都可以交给你们做。不过，我们这里所有的施工单位都必须垫资……”“垫资工程长城绝对不做！”我立即打断了她的话。话题一下子陷入了僵局，场面有些尴尬。双方都没有让步的意思。我这才意识到今天算是遇到一位女强人了。但我仍然很有耐心，我看得出她是个完美主义者，便说：“您李老板不是想做一流的精品工程吗？可以毫不谦虚地说，肯定非我莫属！可您把‘门槛’砌得这么高，我不会进来。”

谈判固然是辛苦的，但最终的结局是皆大欢喜，李老板还是高高兴兴地接受了我们的全部条件：先签设计合同，收到订金后开始做方案设计，方案通过了再画施工图。设计完成，即签施工合同。在短短 2 个月内，我们就签订了 3 份设计合同。9 月份有一个更重大的合同正在谈判中。合作几个月来，双方都很满意，从一开始便注定了这又将是一个“双赢”的故事。

无独有偶。深圳另一家企业正在建造一栋55层的超豪华甲级商务写字楼。竟那么巧合，业主也是民营房地产商，同样是对方主动找上长城，对方的要求都很相似，就连谈判过程也与前一个“故事”几乎如出一辙。当然，结局也同样美好，在长城人的“挑战”下，“有情人终成眷属”！

行销也是一场战争，其中唯一可以为企业指引前进方向的是顾客。因此，经营者必须充分掌握顾客的需求心理，用文化的魅力彰显企业的品牌、实力和业绩，让自己在行销的战场上把握主动。长城的营销理念是在与客户的每一次接触、交流中，通过准确无误地传播我们的企业文化和品牌承诺为企业造势。而兑现这一承诺的实践就是努力塑造精品工程，不断为企业注入生命，真正做到童叟无欺，有口皆碑，从而拥有众多忠诚的顾客群。我们力争在未来的四五年内实现这样一个愿景：公司80%以上的生意是客户慕名主动而来的。

执行力

组织能力

文化、战略是企业成功的前提，执行力则是企业成功的关键，是计划通往目标的桥梁。企业执行力由组织能力和制度性能力构成，而较强的组织能力又必须具备两点：一是机动灵活、快速反应、科学高效的扁平式组织架构，二是工作投入、具有创造力的高素质人才队伍。

关于组织结构，我们的原则是严谨而精简，保证每一个员工满负荷运转，使长城成为一个工作快捷、心灵可自由沟通的组织。我们主张一个人干两个人的活，两个人的“蛋糕”给一个人享受。在权力的分配过程中，我们强调决策、执行、监督权力三分制，充分授权而又分权管理。特别是涉及到核心业务时，更加注意权力的分散和互相制衡，管理注重制度化和程序化，不会因某个员工的突然离去而使管理无法运作。

至于拥有优秀的人才，关键在于要有一套良好的选拔、培训机制和有效的绩效评估机制。我们聘用人才的标准是唯贤是举，并因才施用，各尽其能，优胜劣汰，能上能下，能进能出。为把长城建成一个学习型组织，我们特别重视对员工的思想文化素质和业务素质培训。新聘的员工，上岗之前要先学习企业文化和业务知识；公司每周花半天时间对总部科室员工进行企业文化培训；每年年终，所有员工在总部集中，进行为期一周的企业文化、专业知识培训和考评活动。在绩效考核过程中，我们致力于建立一种绩效导向型文化，创造勇挑重担、鼓励创新和提倡良好道德行为的企业环境。长城凝聚人才依靠四个“法宝”：品牌、待遇、机会和文化氛围。但鼓励员工最直接的方法就是进行物质奖励。长城提出了“利润分享员工”的分配政策，主张向知识层面和优秀员工倾斜，提倡学雷锋，但决不让“雷锋”吃亏。

对员工的考核和奖金评定，我们都实现了量化管理。对工程项目部，我们的考核分为硬指标（工程质量、进度、安全、利润等）和软指标（管理、纪律、团队精神、顾客满意度等）。对于个人的考核，我们则从德、能、勤、绩四个指标进行分项评估，并以对企业的忠诚度和工作业绩为主要考核依据。在总部科室，部门主管对一般员工的表现和业绩进行每日一评，将考核结果分为四个等级，分别用四种颜色标出，并公开于考核栏上。红色表示优秀，黄色表示合格，蓝色表示有待改进，黑色则表示须立即整改。主管副总每10天对其下属各部门经理进行评鉴，总经理每月对副总进行评鉴，方法同上，也照样要公之于众。此外，我们还制订了一项“三七开原则”，即员工工作失控，他本人承担30%的责任，其直接主管领导则要承担70%的责任。管理要从严，关键在领导。我们追求的是责、权、利的有效统一。

制度性能力

企业若仅有组织能力而缺乏制度性能力，还只能说是“一介武夫”，因为只有合理的结构和优秀的人才，但缺乏制度这一行为规范，则将大大削弱执行力。制度是一柄“双刃剑”，它告诉你应该怎么做，同时也约束你不该怎么做。

长城的《制度篇》、《规范篇》以及《企业管理三大环节》、《质量、成本、资金三大控制程序》、《质量手册》、《施工现场违章处罚条例100条》等都是我们在制度文化建设上的丰硕成果。有了这些“游戏规则”，员工在执行过程中就有章可循，就能发挥强大的制度性能力。良好的组织能力与良好的制度性能力的互动便形成了强大的执行力。在企业运营中，全力以赴地执行才是最重要的，它是达成组织目标的关键。

结束语

随着知识经济时代的来临和全球化的加速，企业的竞争已不再是建立在成本基础上的简单竞争，每个公司都在努力修炼内功，这意味着企业将越来越依赖无形资产资源来增强和维持竞争优势，企业竞争上升到了企业文化层面的竞争。

企业的一切有形资产终究会损耗、消失，惟有文化才会生生不息，它是企业最为宝贵的无形资产。这一资产的最大特点在于它具有不可模仿性，偷不去，也带不走。它的唯一性和坚韧性构成了企业的核心竞争优势。把产品价值与文化价值结合在一起，把经营与文化糅合在一起，在商战中最大程度地发挥文化这一核心竞争力的魅力和作用，无疑地，这是长城人明智的选择。在实践中，长城通过为顾客提供品牌承诺这一战略定位而建立的基础性优势，正逐步使我们获得了战略的主动权，并期望最终获得“不战而屈人之兵”的优势，这将是长城努力追求的一种至高境界。

企业文化断想

《装饰集团》报主编　**王朝贵**

受"2002 深圳·中国企业文化建设与传播论坛组委会"委托，写一篇以企业文化和企业报刊为主题的论文。首先要说明的是，这不是一篇正统意义上的论文。北京大学对"论文"提出了三条标准：一是对所涉及的课题的历史、现状、发展要有相当深入的了解，必须解读并掌握大量资料；二是要梳理出该课题还存在哪些问题，还需要解决什么问题；三是你的论文有哪些创新，也就是说，你能解决什么问题，或者在研究方法上有何突破。这样的论文决不是十天半月能写出来的。当然，目前报刊杂志上还有另外一种"论文"。这种论文引经据典、不偏不倚：从左看，不过头；从右看，不保守；每一句话似乎都正确，然而就是没有作者个人鲜明的观点，整篇论文没有新东西。我一时尚不能写出第一种学术式的论文，也不能拿第二种"论文"来交差骗人，因此，只好把这篇文章叫做"企业文化断想"。虽是近似杂文式的断想，但我希望它有自己的观点，有一点新意，即使有一些偏激，有一些错误，也可供大家参考与指正。

一、企业文化是什么

对企业文化有一种误解，把企业文化简单地等同于企业的文化活动，诸如企业文体活动、思想教育、企业形象宣传等等。严格说，这些活动仅是企业文化外延的一部分，而不是企业文化的内涵。

第二次世界大战以后，美国成为唯一的一个经济超级大国，颐指气使，不可一世。但是到了 20 世纪 70 年代，日本经济迅速崛起，而美国经济相比之下，则每况愈下。美国学者深入日本，认真研究日本企业管理经验。通过对日本与美国企业管理的比较，美国学者发现，在企业管理中，硬件要素如资金、技术、设备和组织结构等固然十分重要，但企业管理的软件要素如企业价值观、企业形象、企业精神、企业员工及其思想面貌、竞技状态等，对企业的生存与发展更为重要。美国学者认为，日本企业中的团体主义价值观比美国的个人主义价值观更优越。美国学者指出，美国企业管理文化的局限性是症结之所在。"企业文化"问题被提出来了。1982 年，迪尔和肯尼迪合著的《企业文化——现代企业精神支柱》一书进一步将"企业文化"理论化，从此，"企业文化"为世界各国广为吸收并不断丰富与发展。

可见，企业文化不是指具体的文化活动，它同文学、舞蹈、音乐、绘画等传统的文化概念也有着本质的区别。企业文化是一种管理哲学，企业文化是继西方科学管理理论、行为科学理论之后而形成的一种新型的现代企业管理模式、现代管理科学。离开企业现代化管理就谈不上企业文化。作为企业现代化管理模式的企业文化，有以下四个特点：

1. 作为市场经济产物的企业，它不仅是一个经济实体，同时它也是一个文化实体。

2. 它以人为管理中心，即"以人为本"，在管理实践中贯彻尊重人、理解人、关心人、信任人的原则，重视开发人的精神素质，确立人的主体性地位。

3. 它以企业文化现象为研究对象，有相当广泛的实际内容，如企业精神、企业价值观等。

4. 倡导、管理、领导企业文化，甚至在必要时改变企业文化，这是企业领导者，特别是第一把手不容忽视的职责。没有企业领导的参与，企业文化的建设是搞不好的。这个职责对企业领导者的文化素质也提出了相应的挑战。不重视企业文化的领导，顶多也不过是一个中世纪作坊的老板，不能担任现代企业家的重任。

从以上四个特点我们可以知道，企业文化理论的创立是企业管理史上的一次根本性的变革，这个变革的实质性内容为：把企业管理的中心由物转移到人；由硬件转移到软件；由人的政治地位转移到人的文化地位，从而使企业文化具有重要的现实意义和深远的历史意义。

二、企业文化，以什么为本

企业文化的核心是企业价值观。无论是个人价值观、企业价值观，还是社会价值观，都充分体现在"本位说"中，即体现在"以什么为本"这个公式中。只不过，社会价值观对个人价值观、企业价值观起着主导、决定性作用，也导致了企业文化有先进性与落后性之分。

从人类社会的进程来看，大体上出现过以下五种形态的"本位论价值观"。

1. 官本位价值观

这个价值观的中心是"官"，即"以官为本"。在封建社会中，高官则厚禄，官大一级，如泰山压顶。科举制度中形形色色的举子，甚至商人及普通老百姓，皆把谋求一官半职作为自己，乃至整个社会的价值取向，至于当官者有无能力、有无人品、有无贡献，那是另外一回事了。"官本位"在中国渊远流长、根深蒂固、深入人心。到了 21 世纪的今天，"官本位"对中国企业文化仍发挥着十分巨大而又十分消极的影响。中国企业，特别是国有企业中普遍存在的平均主义吃大锅饭现象，则是与“官本位价值观”同根的小农经济思想的体现。这种观念导致企业职工中干多干少一个样，干好干坏一个样，甚至干与不干也一个样；导致企业的激励机制与分配机制严重脱节，谁要是因贡献大而多得一点，很多人心理就会不平衡，就会在思想上、政治上、管理上引起冲突。在很长一段时期，中国的企业如封建社会的官阶一样，是有官品的，如“副处级企业”、“正厅级企业”等等。现在讲企业无等级，然而，客观上，从部属、省属、市属到一级、二级、三级，中国企业的等级仍十分严格。国有企业的“董事长”、“总经理”是要根据相应的官品来任命的，一旦任命，即使把企业搞亏了，搞垮了，也可以换一个同级别的企业，再当“董事长”和“总经理”，因为他的官品还在。企业严重行政化、政企不分，各种务虚不务实的会一个接一个，各种报喜不报忧的报表一张接一张，……官僚主义作风十分严重。不能否认这也是一种企业文化现象，可以称作“官僚文化”，但它是一种消极的、落后的企业文化现象，是在现代企业文化建设中要努力根除的文化现象……

2．权本位价值观

这个价值观的中心是“权”，即“以权为本”。这个价值观以追逐权利为最高价值取向。一方面是权力的高度集中与滥用；另一方面是权力的失控与无政府主义。马克思研究商品，他忽视了在专制政体中，权力是最有价值的“商品”。有一段时间，深圳乃至全国流行着掌权者的心里话：“我说你行才行，不行也行；我说你不行就是不行，行也不行”。于是有人高喊“权、权、权，官相连”；“有权不用，过期作废”。权本位价值观对社会、对企业造成极大的负面作用，“以权谋私”，“钱权交换”，腐败盛行……这也是一种企业文化现象，可以称作“强权政治文化”。亦是一种落后的文化现象，是目前中国企业可持续发展的最大阻碍。

3．钱本位价值观

这个价值观的中心是钱，即“以钱为本”。一切向钱看成为个人与社会的价值取向。在资本原始积累时期，这种价值观特别盛行，认为金钱万能。当前有许多中国人常说：“金钱不是万能的，但没钱却是万万不能的”。这句话似乎比较高雅，似乎比较辨证，但认真品味，仍让人感到“葡萄是酸的”，其实质依然在“钱本位”观念之中。目前中国有不少企业不讲诚信，大搞假冒伪劣，坑蒙拐骗，其目的就是为了一个“钱”字。有不少人不能正确处理个人、集体、国家之间的关系，其焦点依然是一个“钱”字。可见，钱本位价值观有相当大的负面作用。这也是一种落后的企业文化现象，金钱万能，唯利是图，可以称作“金钱文化”。

相对于“官本位”和“权本位”来说，我个人认为，“钱本位”单纯地以钱为价值标准，何尝不是一种进步。资本主义对人类社会进步的作用不应低估。与时俱进，我们对当前以美国为代表的发达国家的认识，似乎也不应该停留在对资本原始积累阶段的常识里，更不应该迷失在反帝国主义的政治情感中。挣钱是一种能力，君子爱财，取之以道。用钱是一种艺术，人的精神生活应高于物质生活。一方面，企业必须以经济建设为中心，另一方面又必须树立正确的金钱观，这是中国企业文化建设中要处理好的一对矛盾。

4．人本位价值观

这个价值观的中心是人，即以人为本。从价值观历史看人类社会的发展，人本位价值观无疑是人类社会最伟大的一次变革。人本位价值观的确立，人最终从物的奴隶转变为物的主人，人的种种基本权利可望得到尊重，人的积极作用可望得到更好的发挥。美国学者提出的企业文化，它的企业价值观就是以人为本，以经济为基础，可以称作“经济文化”，或是“人本文化”。

5．人才本位价值观

事物是发展变化的，价值观亦不例外。以人为本的企业价值观，毕竟是20世纪80年代初提出来的，经过几十年的发展，形势又有所不同了。判断价值观先进与否的标准是生产力：能推动生产力发展的价值观是先进的，相反，则是落后的。

小平同志说，科学技术是第一生产力。小平同志大力倡导尊重知识、尊重人才。如今，人类社会已步入了知识经济时代，信息化的迅速发展，地球变成了一个小小的村落，中国加入WTO之后，加快了世界经济一体化的进程，在这种形势下，人才的作用更为重要了，人力资本超过了金融资本，成为促进生产力发展最为关键的要素。

作为一个整体概念，作为人的基本权利，人与人是平等而没有区别的。但从生产力发展的角度看问题，人与人是大不一样的。有知识、有科学技术的人与没有知识、没有科学技术的人不一样；有开拓精神、管理能力的人与因循守旧、没有管理能力的人大不一样；而具有高尚情操、敬业精神的人与自私自利、违法犯罪的人则更有正、负值的差别了。人，有大写的人；也有小写的人，还有歪写的不是“人”的“人”，不能一概而论，不能简单地说“人多力量大。”一个爱因斯坦的贡献超过一百万个普普通通的人，用贫下中农的扁担，锄头不能把卫星送上天，一个比尔·盖茨创造的财富，顶得上一个国家的国民生产总值。可见人才、科学技术对生产力发展的巨大作用。科学技术是第一生产力，那么，人才就是这个第一生产力最直接、最具体的体现者，而不是所有的人。

1993年11月21日，《经济日报》提出了“招银模式”。

但什么是“招银模式”一时还说不清楚。笔者受报社委托，1995 年对招商银行进行了深入的调查、采访，掌握了大量资料，经半年时间，写出了一篇文章《招银模式——招商银行八年的发展与探索》。在这篇文章中，笔者认为招银模式的核心是人才战略，招商银行基本确立了以人为本的先进的企业文化。在 1995 年，这是不是第一次提出“人才本位价值观”，这并不重要，也未经过考证。重要的是，我们必须认识到这是一种更为先进的企业文化现象，可以称之为“知识经济文化”。我们认为，当前，现代企业文化，应该从美国学者提出的以人为本的企业文化向以人才为本的企业文化过渡与发展……

三、企业文化建设与企业报刊

企业是一个经济组织，企业必须而且只能以经济建设为中心。这是企业一项最为重要的建设。企业另一项最为重要的建设，则是企业文化建设了。经济建设是物质文明建设，企业文化建设是精神文明建设，“两手抓、两手都要硬”，企业才能持续发展。

企业报刊在企业文化建设中起着十分重要、不可替代的作用。深圳的企业报刊已蔚为大观，这本身就是一种优势文化现象，一定要保持和发扬。

深圳企业报刊能有今天的成绩，首先应该向企业的领导班子，特别是企业一把手，说一声“谢谢”，没有他们的关怀与支持，企业报刊是难以办好的。当然，企业报刊的编辑与记者付出了辛苦的劳动，这是职责所在，义不容辞的。

目前正式出版的报纸版面越来越多，有的甚至多达几十个版；刊物越办越花里胡哨，他们称作“时尚”。这些报刊既让人难以承受版面太多之“重”，又难以承受过于时尚之“轻”。有一些报刊，普遍存在着两种现象：一是不少文章“四话”太多（空话、大话、套话、废话合称为“四话”），人云亦云，形式主义严重，了无新意。读一份报纸，几乎等于看完了全国的报纸，差异性太少，更不能说个性突出、差异制胜了。二是明星及其无聊的绯闻太多，这一点也许赶上甚至超过香港的报刊了。难道这也叫“时尚”？难道这也叫“贴近市民生活”？我们企业报刊，首先是为企业文化建设服务的，切不可出现这两种现象。各个企业属不同的行业，不同的行业不同的企业有不同的特点，企业报刊在把握企业文化建设的共性基础上，应努力突出不同的特点，靠差异制胜，办出自己的风格来。当然，要做到这一点，实在不容易，但也不是办不到。路是从没有路的地方走出来的，事在人为嘛！

办企业报刊，难的是缺乏稿源，巧妇也难为无米之炊呀。企业报刊应该建立自己稳定的“作者队伍”，这需要培训，需要扶持。外稿不是不能用，但应控制在一个较小的比例之内。

不要求企业报刊的编辑有很高的水平，但希望他们能一专多能：既能当编辑，又能当记者；既能写通讯，还能写评论、写散文……

华为老板任正非有一篇文章《华为的冬天》，写得很好，我们分期转载了。企业，特别是国有企业，应该树立风险意识与忧患意识啊。我想，任正非不会来责难我们“侵犯知识产权”吧！在我看来，企业老板就应该是企业报刊责无旁贷的作者，他的作品属企业报刊共有。这不是从法律意义上讲的，而是从情感上讲的。我希望企业报刊今后多转载一些知名企业老板的谈话与文章，因为这些文章言之有物，针对性强，与企业文化建设关系较为密切。

我们还打算分期转载任正非的《北国之春》。该文谈到日本企业从 90 年代起，连续十年低增长、零增长、负增长，绝大多数企业职工近八年没有增长过工资，但企业职工没有任何躁动、不满与怨气，社会治安比北欧还好。中国某些企业中的一些职工一有不满，不顾企业死活，动辄上访，到市政府静坐请愿，而政府官员以稳定为大局，以稳定为政绩，往往要企业不惜代价解决问题。这就看出企业员工的综合素质的差异了，也让人感到中国人从农民运动到文化大革命，“痞子”精神长盛不衰……我甚至想提出这样的建议，希望达成这样的共识：各企业报刊可以无偿转载各自报刊上的优秀文章，更大程度地做到资源共享……

深圳市企业报刊协会和金威啤酒有限公司联合举办了“喝金威啤酒，助国足扬威”征文竞赛活动，这样的活动很好，对办好企业报刊大有益处。希望有实力、有特色的企业在企业报刊上多搞一些这样的活动。

我对海尔产品情有独钟，家中电器，大多数是海尔产品。海尔在深圳已小有影响，已占有一定的市场比例。我为海尔张老板出个点子，建议海尔在深圳一百多家企业报刊上搞一个专栏：为海尔找茬。欢迎消费者给自己的产品挑毛病，这不仅是一种雅量，还是一种很好的形象宣传。这个专栏不说“为海尔找毛病”，而说“为海尔找茬”，源于这样一件小事：有一次我家海尔空调不转了，我打电话给海尔维修人员，维修人员立即来了。一查，不是海尔空调有毛病，而是我家插头接触不良，这不是找茬么？但海尔维修人员很热情，毫无抱怨，还主动帮我修好了插头及开关。我很感动，下一次该换洗衣机了，我们立即决定买海尔全自动洗衣机。这就是“找茬”找出来的结果。消费者也好，企业报刊记者也好；找得出毛病也好，找出的不算毛病也好，有这么一个专栏，多这么一个窗口，既有利于办好企业报刊又有利于宣传企业品牌产品，何乐而不为呢？同样的道理，如果在企业报刊中来一个文化档次更高的“品金威，谈酒文化”专栏，亦有异曲同工之妙。总之，充分发挥企业报刊作用，促进企业文化建设，我们企业报刊大有作为！

公司发展中企业文化建设的重要性

中国建筑装饰协会理事　深圳市建艺装饰设计工程公司　总经理　**刘海云**

21世纪是世界知识经济的时代，中国加入WTO，拉近了中国同世界的距离，民族企业即拥有前所未有的商机，也面临着严峻的考验。如何在竞争中获胜，取决于如何提升企业的竞争实力。而市场实践证明由企业管理建立的企业文化可以有效的提升企业的核心竞争力。

企业管理的话题，在西方资本主义社会，已经讨论了数百年。纵观其历史进程，大致分为三个阶段：

1. 经验管理。特点是“人治”，即主要依靠经营者的直觉和经验进行决策管理。

2. 科学管理。特点是“法制”，主要依靠科学的制度体系实现效益。

3. 文化管理。特点是“文治”，即依靠企业文化建设统一员工思想，树立共同的价值观念和行为准则，从而产生强大的凝聚力，自发的推动企业向前发展。

可见，企业的文化管理是管理的最高境界，是增强企业核心竞争力的重要手段，因为它调动了企业最核心的资源人的积极作用。西方发达国家最早意识到企业文化的重要性，率先开展了企业文化管理，并因此获得了巨大效益。中国企业在总结西方管理经验的同时，也清醒地认识到了文化给企业带来的巨大影响。因此，开展企业的文化建设成为国内一些品牌企业管理工作的重中之重。建艺装饰公司的文化建设就在这种形势的推动下应运而生，并在2003年推向了高潮。

走进建艺装饰公司写字楼，大厅主立面的醒目位置，镌刻着这样几个大字：“以德为先，诚信为本，构筑精品为目标”。可见建艺装饰建立的是以“诚信”为核心价值观的企业文化。公司建立诚信文化基于三方面因素：

1. 中华民族的传统美德。自古就有“重承诺、守信义、以诚立业，以信取人”，君子以厚德载物，正因如此，才形成了延绵不绝的优秀华夏文明。吸取和继承中国传统道德中的诚信精华，对发扬优秀的文化传统，规范市场不良行为有着重要的现实意义；

2. 诚信有利于提升企业竞争力。在市场经济条件下，企业的品牌价值，不仅取决于质量的优化，更取决于诚信程度。企业以信誉取胜的战略，可在市场中建立良好的形象，并由此获得更多的商机。“诚信能招天下客”，这是企业经营的至理名言。信誉不仅是无形资产，更是有效的竞争手段。人无信不立，商无信不盛，企无信不兴。

3. 以诚信回报社会。企业发展的最终目的，是繁荣社会经济，增强国力，提高人民物质文化生活水平。企业在自身发展和积累的过程中，社会各行各业为其提供了大量的基础性的配套服务，它为企业的持续有效发展创造了有利条件。因此，企业理应饮水思源，诚信社会，造福社会。

探究企业的诚信文化它包括了两方面内容：一是企业诚信，二是员工诚信。企业诚信对外表现为遵纪守法，照章纳税，合理竞争，信守承诺；对内则表现为人本化管理，关注员工需要，提供发展空间，创造学习机会，尊重员工意志，提倡人人平等。员工诚信则主要表现为员工道德准则和对企业的忠诚度。任何一个品德优秀的员工，都会由忠于自己而升华为忠于企业，忠于社会。他们真诚做人，踏实做事，尽忠职守，严于律己，视企业兴亡与己有责，视他人哀乐与己相关。他们忠于企业，能为维护企业利益牺牲个人利益，是企业发展的核心动力。

围绕着企业的文化建设，我们进行了大量的研究和实践，归纳起来主要开展了以下几方面工作：

1. 建立企业文化的核心理念。针对新的市场形势及企业内部的实际情况，我们对公司企业文化的核心理念进行了深入的研究和探讨，在原有的基础上提出了新的观点和意见，并同全体员工达成了一致共识。主要内容如下：

经营宗旨：以德为先，诚信为本，构筑精品为目标。

管理方针：守法规，抓预防，提升安全环境意识；重承诺，铸精品，创新发展永无止境。

服务意识：顾客至上，精益求精。发展意识：把握机遇，开拓创新。

岗位意识：饱满的工作热情，诚实的工作态度，科学的工作方法，高效的工作业绩。

发展目标：经营市场化，管理科学化，市场国际化，信息全球化，效益一流化。

我们希望以共同的企业文化理念，形成推动企业走向成功的强大动力。

2. 建立了科学的管理模式和激励系统。全方位的体现企业对员工，企业对客户的人文关怀，也为员工实现自我价值提供了施展空间。同时通过奖优罚劣，鼓励忠诚企业、积极奉献的员工，弘扬高尚的职业道德，引导员工树立正确的人生价值观，从而积极处理好企业与个人、自由与纪律的关系，造就企业和员工之间的以诚相待、互敬互利的良性循环。

3. 培养团队精神。企业的文化铸造了企业精神，而企业精神要依靠全体员工以实际行动展现和发扬。因此建立及培养员工互信互助的合作精神尤为重要，它帮助员工达成信念共识，并在合作中互相尊重，互相帮助，从而形成强大的内部凝聚力，创造出最佳工作效益。为此公司不断通过会议、交流、培训、集体攻坚、文化活动等形式，有效的增强了团队意识，培养了良好的团队精神。

4. 积极建立质量、安全、环境三位一体的管理体系。它在质量管理体系的基础上更加强调改善安全、环境对员工、对客户造成的不良影响，强调对市场、特别是对客户的优质服务及健康保障意识，充分体现了企业真诚服务、关怀到永远的诚信观念。

企业文化建设是一个积累和完善的过程，不能一蹴而就，需要在实践中不断学习和发展，“梧花万里关山路”，我们相信，经过全体员工的共同努力，一定能把企业的文化建设开展得颇具特色，使企业综合素质得到进一步提升，建艺装饰也一定能在世界经济的滚滚浪潮中，尽显英雄本色。

深圳装饰企业再次央视“触电”

力塑主旋律文艺精品

——20集电视连续剧《公安局长Ⅱ》(濮存昕主演)8月26日在央视一套热播

《中国建筑装饰》编辑部　特约观察员

国家2003年公安题材主旋律20集大型电视连续剧《公安局长Ⅱ》(濮存昕主演)已于2003年8月26日起每晚8时在中央电视台一套节目黄金时段播出。这是深圳装饰企业全额投资拍摄的反映公安现实题材的又一个影视巨作。近年来，深圳一些热心文化事业的企业家纷纷投资文化产业，为繁荣深圳的影视文化事业作出了积极的努力。几年来，深圳出品过像《花季雨季》、《钢铁是怎样炼成的》等一批脍炙人口的精品剧目，《公安局长Ⅱ》的推出将为深圳企业投资制作的影视作品增添一个新的亮点。

8月27日，我们对该剧的全资投资人、中国建筑装饰协会理事、深圳市新国俊建筑装饰设计工程有限公司、深圳市新国出国签证服务有限公司董事长彭国水进行了专访。此前中国建筑装饰协会信息部“优秀装饰企业”专题组在2002年第12期《中国建筑装饰》上以“赢得口碑当‘外衣’”为题对彭国水以及《公安局长Ⅱ》做了专门的报道，此文已载入《2002年中国建筑装饰行业年鉴》中。

彭国水指出，该公司主营风险投资、装饰工程、出国签证服务三大业务，投资影视制作还是该公司进军文化产业的首次尝试。谈到投资拍摄此剧的初衷，他表示因为工作的原因，有机会接触到许多从事着平凡或不平凡工作的人民警察，从他们身上真切地感受到了人民警察所具有的无私奉献精神以及爱憎分明、果敢善良的高贵品格。为了将他们的形象搬上银屏，让更多的人了解人民警察，支持人民警察的工作，在接触到剧本的很短时间内，就决定投资这部由中国资深警官创作、央视金牌导演策划、实力派演员出演的反映公安现实题材的电视连续剧。

随着公司投资的首部公安题材电视连续剧的成功，公司将把文化产业作为一个重要的投资方向，全力投资有品牌的影视作品，将那些能真正生动反映改革开放的历史主潮，体现鲜明饱满时代精神及现代化建设劳动者、创业者精神风貌的好作品搬上银屏。彭国水还表示，如果有机会，他还想拍摄深圳人自己创作，反映深圳特区现实生活的文艺作品，以弘扬特区的先进文化、打造特区的文化品牌。彭国水介绍，央视一套黄金时段播出的《公安局长Ⅱ》情节跌宕起伏，引人入胜，堪称一部不可多得的主旋律作品，主要有三大看点：

一是资深警官创作，内容接近现实。濮存昕版《公安局长Ⅱ》编剧之一朱恩涛是原公安部部长助理，从上大学以来他一直对文学保持着执着的追求。多年的警官生涯使他不仅对公安工作非常熟悉，同时也对公安干警充满了深厚的感情，因此刻画的剧中人物激情充沛，有血有肉，性格鲜明。该剧是以一批英雄人物为原型，历时三年创作完成。通过了公安部的严格审查，就是为了避免不必要的艺术夸张，使其更贴近现实的警察生活。另一编剧杨子女士不仅是朱恩涛的夫人，也是资深记者、多产的作家。这对伉俪的合作无疑使该剧锦上添花。

二是金韬、濮存昕首次联手，演员阵容强大。该剧导演金韬是中央电视台知名导演，导过的影视剧有《长征》、《胡雪岩》、《潮起潮落》，其中《长征》还获得了国家“五个一”工程特别奖。德世双馨、深受广大观众喜爱的艺术家濮存昕饰演公安局长黎剑。8年前，他在电视连续剧《英雄无悔》中塑造的公安局长高天的形象给广大观众留下了深刻的印象，加上经过数年的积淀，演艺更加炉火纯青；另一男主角由林京来饰演，他曾主演过18集电视连续剧《远离罪恶》，还与盖丽丽、何政军一起主演了电视连续剧《黑商》。《公安局长Ⅱ》的主题曲和插曲分别由杨洪基、宋祖英主唱；该剧其他演员的面孔此前也经常出现在银屏上。

三是高额投资，制作精良。据了解，《公安局长Ⅱ》在同类公安题材的电视剧中投资相对较大，拍摄过程中动用了飞机、轮船和大批警力，力图真实再现各种现实场景。拍摄前，该剧主创者邀请了多位功勋显著、具有鲜明性格特征、与剧中主角有着相似经历的全国优秀公安局长，同编剧、导演和主要演员进行了座谈、交流，与会的各公安局长讲述了自己具有传奇色彩的经历。通过座谈，导演和演员对剧中人物有了更为贴切的把握。

《公安局长Ⅱ》于2002年11月12日在北京举行了新闻通气会暨开机仪式。之后，摄制组的足迹遍及北京、辽宁、黑龙江、河北、河南、广东和香港等8个省、市和地区，其中，在深圳特区拍摄了4天。2003年7月，《公安局长Ⅱ》顺利完成拍摄制作。随后，又马不停蹄地将其送往国家广播电影电视总局审查。影视业内人士认为，一部电视连续剧从拍成到在中央电视台播出仅用了一个月左右的时间，这是非常少见的，这足以说明《公安局长Ⅱ》的思想性、艺术性具有较高的水准。

·项目管理·

提升项目管理水平加快与国际接轨能力

西安发记营造建筑有限公司董事长　刘兆培

1. 引言

我国自 2002 年加入 WTO 后，按约定，多方面的市场必须向成员国开放，建筑装饰业也不例外，据知，以往我国建筑业（主要指土建或土木工程）的对外开放率仅为 1%左右，今后 10 年左右，需提升到 10%左右。这意味着外国的大型建筑集团将逐步涌入我国，企图从庞大的建筑装饰业市场分一杯羹。我国的建筑装饰企业，将面对财雄势大，经验丰富、人才济济的外企的强大竞争与冲击。

按照市场经济的规律，优者胜、劣者败。如果我国包括建筑装饰企业在内的建筑企业不能认清形势，迅速而有效地提高自身的生产力、提升项目管理水平，从而达到提高企业核心竞争力的目的，我们将难以与国际建筑业的水平接轨；在与外企竞争时，就会处于劣势。一方面大量由中国人投资的生意将被强大的对手抢走；另一方面因不熟悉国际上对大型工程的操作方法，也将失去国际投资者投资的项目，即使中标了，也会因为不善于处理国际合同，特别是索赔方式而拱手把应得利润送给投资人，导致白干一场，甚至赔钱也是有可能的。

我们已经没有多少时间去犹豫，必须坐言起行，快马加鞭地把本事学会，学精通。高管理水平导致生产力的提高。生产力是指在质量达标的基础上，完成一项生产任务所须消耗的资源(人力、物力)。效率是生产力的最重要组成部分，它是靠管理水平创造出来的。生产力高，企业的核心竞争力就相应提高，要与国际接轨，就必须把我们的生产力提高到与国际水平差不多的水平。

2. 对管理的认识

2.1 何谓管理

2.1.1 管理，指通过人（管理者）对另一些人（被管理者）及与之有关的事物（例如机器设备）的组织及控制，以求有效地达到目的的一种方法，也可以说是人对资源（人力、物力）的组织及操纵的一种方法，它是西方的名词，但中国的古代尽管不将这种方法称为管理（它叫做治事），其实意义是一样的。

2.1.2 我国自古就有对事物管理的概念，历代的皇帝，通过他的臣子、国家机器，构成管理。周公、管仲、萧何、诸葛亮、曾国藩、左宗棠以及解放后的人民公仆周总理、朱总理等都是历史上靠有效管理达致成功的典范，可是中国古代的管理，依赖人治，所以，有明君贤相，才有国富民强；但在历史上是不可多得的。

2.1.3 西方的管理的依据是法治，通过严密的逻辑，以科学的方法对事而不对人地制定出规章制度，把群体内所有人的职能、职权界定清楚，使之有职有权，既享受权利又承担责任，这种方法并不过分地依赖某个人的能力，而让他们发挥机器内螺丝钉的作用。每颗钉都能用，零部件就有用，机器也就能发挥出它应有的功能。近代，由于经济发展的需要，西方出现了大量研究管理学的学派及人材，大学里也有专门学管理学的，例如工商管理。企业的管理者，尽管习惯上不被尊为专业人士，如律师、医生、工程师什么的，但他们能从管理的角度来为企业创造利润，故而往往在企业的地位比专业人士还要高。

2.1.4 管理者的职能：计划、组织、指挥、协调和控制。他们扮演三大类互相关联而又不同的角色，分别为：

（1）人际角色：因为他们是头面人物、领导者、联络者；

（2）信息传递角色：因为他们是监控者、传播者、发言人；

（3）决策角色：因为他们是创业者、混乱处理者、资源分配者、判断者。

2.1.5 管理，简而言之，就是对人的组织安排，对事情的安排。因为管理者是通过别人来完成工作的，他们只负责决策、分配资源、指导别人的行为，以达到工作目标，组织管理、安排得当，就会产生较高的效率，从而提高了生产力。

2.2 管理技能

作为管理者，必须具备三种基本的管理技能：

A. 技术技能——所有工作都需要一些专门技能，像建筑师必须懂建筑设计工艺；医生必须懂得如何治病。技术技能通过正式培训获得，在工作中形成；

B. 人际技能——管理者须掌握在人群中与人共事、理解别人、激励别人的能力，才能有效地发挥他的管理能力，技术技能高的人，但欠缺人际技能，就不易成为成功的管理者；

C. 概念技能——指人具备心智能力去分析和诊断复杂

的情况，因为决策需要管理者看准问题，找出可以改正问题的替代方案，评价它并找出最好的方案。

管理者可能在技术和人际技术方面都很出色，但若不能理性地加工和解释信息，他照样会失败。

3. 如何提高项目管理水平

3.1 面向21世纪的管理——如果你想在新世纪获得成功

3.1.1 在过去10年中，工作的领域，特别是工程领域发生了根本的变化，而且还在以比自工业革命以来任何时候都更快的速度变化着，因为计算机及先进的信息系统能让管理者以过去闻所未闻的速度获取信息。

3.1.2 管理环境在不断变化，要跟上这种变化，并有所发展，就得冒点风险，勇于冒险才会有收获；要想取得成功，管理者必须汇聚全体员工的智慧，激发他们的潜能及创造力。

3.1.3 最高决策层的决定向下级层层传达的旧的等级制度已被新制度取代。在新体制中，人和人是协作关系，每个员工都应该为集体做出自己的贡献。

3.1.4 在新的管理模式下，很多存在了数十年的部门正在被更有活力的新部门所取代。方法是：精简机构、培训共同参与决策、共同完成工作、全员工程管理、对员工采取激励制度，按需采购分发物资，重新策划。

3.1.5 须认识管理者是工作的促进者，真正成功的管理者认为，他们的成功在于获得了全体参与人员的真心合作，他们是使每一份努力取得成功的促进者，成功的管理人员鼓励员工成为公司的参与者，而不仅仅是命令执行者。

3.1.6 建立团队，创建一个有内在凝聚力的集体，以团队精神来工作。

团队是为完成一定的共同目标而在一起相互协同工作的一组人员，你必须保证每一个成员以最佳状态投入工作中，在工作中团结协作，从而使你的工程计划启航，驶向成功的彼岸。

3.1.7 结论：

（1）管理者的工作已经发生了变化，颐指气使已成过去，你必须承担领导责任；

（2）人们更拥护参与型的领导者，而不是权威型的领导者；

（3）给员工发挥自己才能、技术和智慧的机会；

（4）一个团队组合远胜于一群人的简单组合，团队是团结合作、相互促进，发挥协同作用的大家庭；

（5）把自己看成是一名推动者，你的工作是创造条件，让员工更容易完成他们的工作。

以上的论述是针对企业的管理方法而言；下面让我们来谈谈一个具体工程项目的管理。

3.2 中外工程项目管理的不同特色

3.2.1 在我们国家，工程项目的管理方式大至可分为传统国内型及中外合资型两种，前者是一般公司（无论是搞土建、土木工程、设备安装、外幕墙还是装饰工程），继承了国内大型建筑（含设备安装）的管理传统，以领导人为主的一种管理方式，中央集权意识比较重，总体上来说，解决问题的能力及速度相对低一些；后者，因外方投资者（无论中外合资或是外方独资，都有外方），他们为了提高生产力，增加利润率，一定会把他们在国外的分权或称开放式管理理念及模式通过外籍员工带来，并能使中方股东及国内员工尝试按照他们的工作方法来处理事情，以提高管理的效能，尽管有时不尽人意，但相信平均来说，效率要高一些，赚钱能力也相应地会好一些。

3.2.2 兹将上述两种管理模式在处理事情时的不同方法，作一对比：

	对客户态度	专业化程度	权力运用	对员工能动性的发挥	团队精神	索赔能力	文件处理
传统国内型	表面恭维，诚信不足，为客户着想少	冗员太多，行政人员太多，专业人员较少，分工不够明确	集中在总经理或项目主管，其他人一般无权	领导权威过大，导致员工能动性较低	稍欠，人治导致派系，协作精神较差	因不注重合同，过分依赖关系，故索赔效果较差	不太重视甚至无记录，有争议时难于说理
中外合资型	不亢不卑，诚信度较高，较能为客户着想	机构精减,，行政人员少，专业人员齐备，水平高，分工明确	分权制，责任分明，各司其职	领导只扮演管理者、推动者角色，员工有充分机会发挥能力	较好，法治使每人都明白自我责任，包括协作的责任	重视合同，执行合同尽力，索赔成果较好	很重视，对内、外均以文件办公，记录齐全，不靠口头方式

4. 如何才能把一个工程项目管理好

4.1 一个工程项目的精义在于标准、时间、金钱这三个要素。

4.1.1 标准，是甲方通过图纸、规范定出来的，只有把标准彻底弄清楚，才有可能达到甲方的要求，不清楚就要问，无论如何，甲方总是要说清楚的，包括图纸规范的借、漏，改正了，补充了，标准就清楚了。1998年，我们在重庆为海逸酒店施工，图纸800张，我司提出了367个问题（包括提议），都答复清楚了，所以才能赶上工期（六个半月完成

5.5 万m²）。

4.1.2 时间，即施工或完成某事的时间，合同上双方必须约定好施工期，因时间的长短，除影响施工质量外，对造价也有影响的。工期短，可能要加班赶工，费用就高了；工期长，也不一定是件好事，因会产生窝工现象，管理费用也相应高了，只有合理的工期，成本才会适中。

4.1.2 海逸酒店因工期太短（是正常工期的一半），所以须不停地加班，费用 600 万元；管理费并不因工期短而节省了，因速度太快，须多加人手以便完善管理，结果多花了 300 万元。

4.1.3 按适中工期最节约成本的说法，假定合同规定的工期太短，乙方为了节约赶工费而以正常速度推进度，但勿忘了有罚款，海逸酒店每延误一天的罚款为 20 万元，延误 45 天将被罚 900 万元，刚好等于上面 600 万元及 300 万元的超支，你认为应该选择哪种方式呢？代价是一样的，与其被罚而名誉受损，不如努力成功受人赞誉。

4.1.5 明知工期不可能达到的，在投标时，应把延误罚款算进成本内，就不会吃亏。处理不现实施工期的另一方法是依法（合同）索赔，把因甲方原因导致的延误及时地记录下来，并通过甲方，最终证明赶工是为了达到甲方的进度要求，赶工期间的加班费当然应该由甲方支付；如无须赶工，工期延长了，则向甲方索取延长期间的管理费用。

4.1.6 金钱，即费用。就工程项目而言，就是造价，金钱与前两者（即标准与时间）有密切关系，大家都知道，标准愈高，费用愈大；时间愈缺或不合理地加长，都将导致成本增大。

4.1.7 在达成上述标准、时间、金钱目标的过程中，管理的好坏，将直接影响其结果。如何通过优良科学管理，在达成目标的过程中，把利润尽量提高，是管理者的目标，也是他的责任。

4.2 科学的管理方法是项目管理成功的主要因素

4.2.1 项目管理班子（结构）是首要的，因为人的因素最重要，如何挑选适当的管理班子，按什么标准选择是非常重要的。我们公司，在香港已有 35 年历史，在国内也有 9 年历史了，选择管理班子，须注重班子成员，特别是项目经理/工程总监的专业水平，同时也着重他们的管理水平，具体而言，按本文第 2.2 条，他们须具备三种基本的管理技能，即技术技能、人际技能与概念技能。即使某人不能同时具备这三种技能，至少也须有两种，第三种过得去，他所缺乏的能力，可由其他人代替，因为在团队里，分工合作得好，一加一可以大于二。

4.2.2 科学的管理方式源自对项目（包括对甲方、对环境因素及自身具备的条件等）的认识，其次是对生产流程的科学性的安排，此中，需要有经验的管理者通过大量精密计算，才能得出最有效率的科学性的安排。

正如我 2002 年 10 月在北京的"全国建筑装饰装饰行业项目管理经验交流会”上所讲的，什么都是算出来的，要有依据，不能瞎猜、瞎搏。

4.2.3 以重庆海逸酒店为例，为了组织好生产，我们做了 80 多个进度表/计划书，包括每个楼层一个进度表（共 37 层），材料审批进度表、材料订购计划、材料运输计划（由外国至香港，再至另一外国、再至香港，然后是深圳、重庆等）、现场供货计划、仓贮计划、运输计划、施工人员及管理人员增、减计划、应变计划、分项工种的计划，完工计划、验收交工计划、维修计划、撤场计划（含材料、人员）、结算计划等，如此大量的计划，必须由有经验的人来专职完成，不是容易的，随着环境的变迁，很多计划还须修改以使适应形势。

4.3 严密的监督制度

光有良好的科学的生产流程而没有严密的工程监督制度不足以使项目达到质量要求。

在海逸酒店，我们的监督制度是这样的：工程总监抓总兼管预算、成本控制，项目经现负责工业行政兼管技术运筹。副项目经理主管技术、进度、质量检查，工程助理负责一般生产安排。管工（即工长）有一庞大系统，每 18 层设总管一名，每个楼层设管工一名，另有各工种的管工，材料管理员、生活管理员等共 150 多人。此外总部尚设材料部、运输部、预算部、行政部、财务部、外联部等。

文职及技术管理人员共 45 人，技术/现场管理人员 150 多人，共约 200 多人，约为总施工人数的 10%，非如此不足以在那么短的时间内（6 个半月）完成 5.5 万m²五星级酒店装修。

对任何一个工种，公司都有很具体的技术指标，例如：墙砖、地砖的平整度，按国家要求，误差容许 0.5mm；但因这是五星级标准，我们要求超国标，专职泥水管工每天拿着平水尺去卡墙砖、地砖的平整度，在气泡对中的基础上，在平水尺之底部拿打印纸（厚度为 90μm，即 0.09mm）穿过尺子，如一张可过就达标；若是两张能过（超过 180μm，即 0.18mm）就得返工。

4.4 与甲方及其顾问们的良好沟通能使双方合作无间，最终达到双赢局面。

4.4.1 沟通的方法靠人际技能，人际技能不单用在内部管理，也用于项目的外联。美国管理学大师摩尔把人际关系看成事情（项目）成功的主要因素之一，所占比重为 80%，我个人的体会是 80%的比重可能偏高了些，但起码也也占 50%。

4.4.2 人际技能是指无论是独自一个人，还是群体中与人共事，理解别人，激励别人的能力。许多人在技术上是出色的，但在人际技能方面却是有些欠缺，例如，他们可能不善于倾听，不善于理解别人的需要，或者在处理冲突时有一定的困难，可却拿不出令人信服的良策，包括折衷办法，结果是问题解决不了或解决不好，影响业务的进展。

4.4.3 我们尊敬的周恩来总理，可说是现代具备人际技能的第一人，他不但受包括毛主席在内的自己人赞誉，也受敌人赞誉，因为他处理问题的人际技能太高明了，在坚持原则的基础上，有理有节地通过接触、交流，把己方的要求技巧地表达出来，最终能说服或迫使对方按自己的意愿办事。宋美龄有一次在西安事变时就对国民党的高层官员说：为什么我们国民党就没有一个像周恩来一样的人。

4.4.4 在重庆海逸酒店，甲方除项目经理部统筹项目外，按香港大工程的操作模式，都聘用建筑师、结构工程师、室内设计师、机电工程师、测量师（主管合同、预决算）等专业人士作顾问，此外还可能有灯光顾问、园林顾问、音响顾问、乃至厨房设备顾问等，他们除负责设计、选材外，还负责代表业主从专业的角度来监督工程的进度及质量（外国没有中国的监理制度），定期开会（有时也应业主要求派员驻地），这种方式与国内把设计与监理分成两个职能是不同的。土建工程，以建筑师为主导；装饰工程则以室内设计师为主导，任何事，均应通知他们，只有他们发出的文件，才具备项目内的行政效力，其他顾问，尽管分管自己专业的事宜（设计＋监督），但均须通过主导人（建筑师或室内设计师），才作为正式工程指示，施工过程乃至结算时，也只认主导人发出的文件。这种方式，我国正在尝试使用，最近建设部制定的合同文本，就用了[工程师]这一名词，[工程师]与上述主导人的职能是一样的，他能决定项目内大小事宜，是业主指定的管理项目的代理人。

4.4.5 作为一个造价十几个亿的大工程，大都会广场项目聘用了上述提及过的所有顾问，并由他们来主持专业的工作。图纸、规范免不了有错漏，或不符合现场的设计，施工过程中，更免不了产生变更，合同执行过程中，因多个行业同时交叉作业，有矛盾是正常的，甚至于某公司对合同中某条款的理解、诠释与顾问们或甲方、或同行有所不同也是可以理解的，一系列的矛盾、观点不一致、误解该用什么方法来解决呢？按合同办事是原则，但亦须通过高度的人际技能才能解决好。

4.4.6 具体地说，我们作为乙方，首先不要把自己摆在低于甲方或他聘用的顾问们的地位，应该明白合同的双方是平等的，只是社会分工不同而已，乙方在尽义务的同时也有权享受合同赋予的权利，甲方及他聘用的人/单位不能也无权凌驾于我们之上，你具有专业水平，难道我们没有吗？我们会犯错误并为此付出代价，一般来说代价付过事也完了，比如返工。你们也会犯错误的，设计上的错误，行政上的错误都会犯，可你们付得起相应的代价吗？顾问犯错误，业主知道了，会要求犯错人付代价，即赔钱，最严重的代价是被开除，作为专业人士，这是绝对受不了的事，甲方雇员犯了错误，顾问们或各施工单位将会向他公司索赔，大老板知道了，会有什么好结果？在大多数情形下，若这些人犯了错误，只有两种处理办法，其一是推卸责任，但如乙方熟悉合同，或因代价太高而不愿，也不能代他隐瞒或出钱为他补过，责任是推卸不了的；其二是央乙方或其他人（包括顾问们）为他解决，此时，被要求的人就会衡量是否值得，要是犯错人惯常地只知拿着鞭子鞭别人，从不饶恕别人，或过于严厉，他的对方将会为这些付出非自愿或不正常的代价，既已付代价，就不存在情义，当你犯错时，就会义无反顾地予以付击，把事情弄大，所以人际技能是互动，而不是单方面的；互动的双方，能力强，人际技能较佳者占有优势。

4.4.7 作为乙方，以平常心，不卑不亢地据理力争，甲方或顾问们也不敢过分，终归这里还有一份能保证包括乙方在内的合同，就算打官司、仲裁，乙方也不一定是输家。当然，如果乙方对合同认识不足，就只好怕了甲方，那付出不必要的代价是必然的。

4.4.8 在重庆海逸酒店，刚开始时，双方关系并不怎么和谐，因为他们对我们不放心，认为我们的标价太低，可能干不下去，甚至有人抱着幸灾乐祸的心态来对我们，工作上也不是那么合理的支持，在这种情况下，我们用了个忍字诀，不正面交锋，可是不停地以每天起码十个文件向甲方/顾问们请示、要求（决定）的方式，暗示他们的工作上也存在不可推卸的错误，包括场地的交接、材料的决定、图纸的错漏、土建质量未达国标、机电单位进度赶不上等，并主动地、善意地提出合理建议，所有这些要求，建议都附了答复时间，要是他们延误了，就得给我们补工期。文件大量引用了合同的条款及项目操作的惯例，使对方不能不管，不能打压，不能不采取有效行动，使他们明白我们是否能在 180 天内完工，很大程度上取决于他们的决定是否正确、及时，他们的协调能力是否优良等等。当他们知道我司有三位高层人士均是富有索赔经验的专业人士（他们称之为[高手]）后，逐渐明白了，延误对他们无有好处，加上大老板李嘉诚先生曾答应为重庆成为直辖市一周年来献礼——创造出重庆市第一个五星级酒店，他们端正了态度，就反过来协助我们工作，终于创造了一个[梦幻组合]，成功地在一周年的前一天（1999 年 6 月 17 日）开业了。时间上来讲是创纪录的；质量来讲，该项目获得了几乎国内可能获得的所有奖项，包括陕西省优、西安市优、鲁班奖、詹天佑奖、项目经理奖等等。

4.4.9 这是个人际技能用于大型装饰项目的一个例子，我们不敢把经验据为己有，今天说出来，与各位在座的同业先进共享。

4.5 科学而有效的文件处理方法，除增加工作效率处，有助于自我保护及增加索赔能力。

4.5.1 在西方、在香港，项目双方的通讯均以白纸黑字的文件为依据，上午双方开了个碰头会，会上，甲方提出的一些要求，给予了一些指示、或答应了乙方一些什么事，.除非有正式的会议记录，否则，下午，甲方就会收到乙方与会人发出的信函，详列上午所谈过的话题，并请求 24 小时内给予确认，如甲方过时未回文，作已确认论，这是受法律保护的。

4.5.2 重庆海逸酒店，因项目庞大，进度太快，开会太多，对话无数，甲方及其顾问们发来的文件每天不下几十封，大部分我方需要回复，为此，我们派两位专职秘书处理文档，共计 51 个厚皮文档夹子，以工作性质分类，例如：甲方通知、甲方指示、建筑师（主导人）指示、图纸、设计师指示、其他顾问的抄送文件等，这是来函；然后，相应地我方回函、请示、送审文件、送审资料、致各施工单位的指示、要求、会议记录（分技术会议、进度会议、专题会议等），文件多了，一个夹子不够，就两个、三个，所有文件均有编号、日期、签字（外国不兴用章子）。

收到文件，要求 10 分钟内送至经办人桌面上，人不在，则请他秘书通知他文件的内容，如须马上回复，但经办人又不能返回写字楼撰写，则口授意思，由秘书/助手代拟文件，重要的，须用电话把文件读一遍给经办人听，同意后方可发出，此外，也可以交工程总监代为审批，一般都即日，或隔日上午回文，同时抄送有关单位，每份文件最少抄送 10 个单位。

公司要求秘书们找出某文件的速度是 30 秒钟，并把相关的其他文件一起找出并送交经办人，因为事情发展得太快了，不这样，不足以产生效率。

4.5.3 我们的客户——[和记黄埔]，是世界前 20 名的大公司，在香港是唯一的，人才济济，有一天，他们老总到我办公室，路过文档室，对文件处理的方法、效率极感兴趣，于是征求我同意，让他们 10 个秘书来参观学习，她们参观时均啧啧称奇，感到很佩服，于是，秘书们也建立了良好的个人关系。这些文件，在撤场时，分别用木箱子装好，共两组，十个箱子，一组发至香港总公司；另一组运回西安。在往后一年的结算期内，这些文件对结算工作确实起了极大的促进作用，使我司的索赔有根有据，至使大部分都被通过了。

4.6 总结经验，使管理阶层知得失，有利改进、提高。

4.6.1 经验的总结，是要数理化的，无根据的空言，不足以证明事情的真实性，空洞的、口号式的语言、文件是毫无意义的，有意义的是找出事情的真相、错误的根源、或成功的因素。

4.6.2 总结并非追究责任。检讨得失，目的在于引导将来，如自以为是，自比天高，何必检讨呢？“满招损、谦受益”这道理相信大家都明白，但知易行难，惟智者方有所得。

5. 面临入关后来自外国的挑战，我们的项目管理者，应如何提高自己的管理水平。

5.1 加入 WTO 以后，我们建筑装饰业面临强大外国同行的挑战，是一个不以人的意志为转移的事实，因应我国相对落后的工程项目管理方式，每个项目管理者，在认清形势后，都必须参照别人的先进经验，排除自己的落后方法，在此，愿与大家一起探讨一下如何自我提高的方法。

5.2 提高素质，培养能力——养成良好的习惯，提高管理者必备的能力。

5.3 管理者应培养五种习惯：

5.3.1 延长工作时间：

因大量工作不能在上班时间内做，电话太多，会议太多，只好把写文件、阅文件、思考等在下班后，乃至节假日做。

5.3.2 始终表现你对公司及产品的兴趣和热爱：

您不热衷自己的公司和产品，客户能对你有信心吗？

5.3.3 自愿承担艰巨的任务：

迎难而上的精神会让人家对产生认同，承担艰巨任务是锻炼你能力的难得机会。

5.3.4 在工作时间避免闲谈。

5.3.5 向有关部门提出部门或公司管理的问题和建议。

5.4 成功的项目管理者，具有下列共同特质：

5.4.1 坚持不懈的毅力；

5.4.2 是企业/项目的创造者，而不是财富的追求者；

5.4.3 善于合作、注重组织建设；

5.4.4 敢于冒险；

5.4.5 把握机遇。

5.5 失败的管理者，都以下列不良习性：

5.5.1 没有创意；

5.5.2 无法与人合作；

5.5.3 缺乏适应力；

5.5.4 浪费时间、金钱；

5.5.5 不注意资讯汇集；

5.5.6 没有礼貌；

5.5.7 缺少人缘；

5.5.8 没有知识，特别是专业知识；

5.5.9 不重视健康；

5.5.10 过于慎重、消极；

5.5.11 摇摆不定、缺乏将才；

5.5.12 自我设限，不思长进。

5.6 提高下列九种最重要的管理能力

5.6.1 综合分析能力；

5.6.2 组织协调能力；

5.6.3 专业工作能力；

5.6..4 检查指导能力；

5.6.5 文字表达能力——在外国，职务愈高，文字表达力要求也愈高，且亲自撰写文件；

5.6.6 激励的能力——对自己的激励，对他人的激励；

5.6.7 控制情绪的能力——不能以情绪影响工作，影响与他人的关系；

5.6.8 幽默的能力—— 幽默不是天生，可以培养，幽默不等于讽刺，是对话中很有效的方法；

5.6.9 演讲的能力

5.7 创建团队精神，丢掉派系陋习

5.7.1 团队精神是现代管理的支柱，传统的管理模式与团队协作模式最大的区别在于：团队更加强调团队中个人的创造性发挥和团队整体的协同工作。如何协调个人成长与团队成长的关系，使他们能够相互作用、共同发展是能否有效地建团队精神的最重要因素。

5.7.2 团队协作模式对个人的素质有较高的要求，在项目管理中（公司管理也一样），除了应具备充分的专业知识以外，还应该有优秀的团队合作能力，这种合作能力有时甚至比你的专业知识更加重要，作为团队中的一员，应该从下列几方面来培养自己的团队合作能力：

（1）寻找团队积极的品质——让缺点和消极品质消灭掉；

（2）对别人寄予希望——重视团队的每一个哪怕是小小的成就、加以赞许，附以期望；

（3）时常检查自己的缺点——承认自己缺点时，不必担心别人会嘲笑，这是坦诚的表现，固执己见将使你无法与他人合作，团队协作从何说起？

（4）让别人喜欢你——把你变成别人的好朋友、好同事、好合作者，事半功倍。保持足够的谦虚——最高明的专家也有不懂的东西，趾高气扬令人讨厌，合作机会就少了，谦虚容易被人接受，主就是[谦受益、满招损]的原理。

5.8 运用现代最先进的科学管理方法——六西格玛管理(6 Sigma Management)

5.8.1 六西格玛管理是近年来倍受推崇的一种管理理念，一些知名的公司，如摩托罗拉、通用、丰田等都是采用六西格玛管理的典范。**西格玛“是一个希腊字母(σ)”是概率统计中的一个数学量（均差），是用于衡量一个流程当中无差错工作能力的度量值，西格玛水平的值越高，表明出差错的概率越小。**

5.8.2 在我们周围，许多事的变化遵循着一种规律，那就是正态分布规律，比如中国男成人的身高，小于 1.1m 的几乎没有，1.1m～1.2m 之间的很少有，1.4m～1.5m 间的就有一些，1.5m～1.6m 间就多了，而最多的人群是在 1.7m～1.8m 之间，大于 1.8m 的又不多了，2m 以上的更少见，这就是一个正态分布规律。

5.8.3 用西格玛把正态分布分为几个部分，比如一西格玛、二西格玛直到六西格玛等等。西格玛越大就表示符合要求的量越大，不符合要求的量越小，比如说一西格玛合格率只是 30%，二西格玛是 70%，三西格玛合格率就达到 99%，而到六西格玛合格率就到了 99.99934%。可见六西格玛的主导思想，就是把不合格的东西降到最低。

5.8.4 概而言之，六西格玛是一种管理的理念，它强调“减少差错、浪费和返工”。它是公司业务的“防御”(错误)的手段，是一种解决战略性问题的方法，能极大地提高顾客的满意度，并成功地提高自己的底线，它帮助员工认识到如何科学地、根本地改进他们的工作方式，并维持他们良好的工作水平。

5.8.5 具体来说，我们的客户对公司的产品有什么要求呢？除了质量好，工期短以外还有价格低。**如果我们想把价格降低，就可采用比六西格玛管理技术，进行定义、测量、分析、改进、控制，逐步达到我们的目标。**六西格玛管理是一个系统工程，需要企业的全体员工参与。

5.9 运用比六西格玛管理更先进的“六西格玛设计”管理方法

5.9.1 六西格玛管理，如前述，是公司业务防御错误的手段。

以生活语言来说，比如衣服破烂了，如何缝补，或机器坏了，如何修理。

5.9.2 六西格玛设计，却是进攻型的管理方法，它为了不让衣服那么容易破烂，机器那么容易损坏，找源头，即设计衣服或机器时，就把可能发生的错漏尽量避免掉，所以，使用这一方法比之六西格玛管理更先进、更有效。

5.9.3 由于时间关系，今天未能在此与各位一起详细地研讨“六西格玛管理”及“六西格玛设计”这两种近年来先进国家流行的新创科学管理办法，有机会再与各位一起学习、参考。

探索建筑装饰企业经营管理新机制

西安鑫龙建筑装饰工程（集团）公司　总经理　**姚伍利**

一、不完全竞争条件下的装饰企业如何建立竞争优势

我们知道企业的竞争优势主要来自以下几个方面：

1. 成本优势：就是在相同服务和品质下，我的成本比别人的低，价格也可以低，所以客户一定愿意买我的产品。

2. 差异化：就是我的产品或服务与别人提供的不一样，更适合客户的需求，客户自然会喜欢我的产品。

3. 目标集聚：我在很专业的细分市场上做得最好，既与别人的不同，又比别人的成本低。因此是客户的最佳选择。

二、上述竞争优势的形成条件

任何正确的理论都有它的适用条件。由于这个理论是由美国著名的企业战略学家迈克尔·波特提出的，可以理解成他是在完全竞争的市场背景下产生的，当市场不存在垄断、腐败和寻租的情况时，这个理论是完全适用的。但在中国当前从计划经济向市场经济转轨(一般称为转型期)的过程中，市场存在一些不同于自由市场经济的特有现象，因此，我们需要对这些理论加以分析运用，不能直接照搬照抄。而这种不完全竞争现象，在我国建筑行业体现得尤为突出。

三、建筑装饰领域的不完全竞争

我国建筑装饰行业虽然起步晚，但发展非常快。当前的建筑装饰市场可以简单地划分成公装市场和家装市场两大部分。这两部分的市场发展和运作方式差异非常大。

公装市场具有明显的不完全竞争现象：

1. 不合理评标。现行招投标办法，业主在选择企业时往往并非选择最优企业，而是选择报价最符合标底的。

2. 关系议标。业主并非选择最优企业，而是选择与其关系最合适的企业。

3. 成本弹性。由于装饰材料品种及价格差异较大，企业并非通过加强管理和提高技术水平来降低成本。而可以以次充好、偷工减料等方法来降低成本。

4. 国家统一定额的存在也在一定程度上限制企业间的自由竞争。

在上述条件下，企业难以通过自身的成本优势来获得竞争力。因为客户并非主要通过价格杠杆来选择装饰企业。同时，客户对企业差异化的敏感程度也十分有限，不同品牌之间的差异难以影响客户的决策。

四、不完全竞争条件下的装饰企业对策

1. 首先应当认识到当前的这种状况是国家经济转型期的特有现象，随着市场经济体制的逐步完善，这种现象将会大有改观，最终一定会走向完全竞争的市场经济，走向公平公正。促进这种转变的主要因素：

一是投资主体的转变，由国家投资为主体转变成企业和私人投资为主体时，业主本身从自身利益考虑，会要求一个自由竞争的市场，这样业主可以选择最适合自己的装饰企业来为它服务。二是招投标方式的改革，与国际惯例接轨——国际惯例的评标办法一般是以不低于合理成本的最低价中标。这种改革将会给现在的装饰企业带来巨大冲击。三是入世以后，外资企业进入建筑市场，带来新的企业运作和市场运作模式，以及新的理念和方法，对形成完全竞争的市场将起到巨大的推动作用。因此我们要树立信心，否则没办法渡过现在的困难。不仅如此，我们还要积极准备，否则真正市场经济到来的时候，我们还没有准备好，没有自己的竞争优势，后悔也来不及。

2. 不完全竞争条件下的装饰市场特点：企业的竞争力=企业基础条件+信息+关系+资金+机遇。企业基础条件包括品牌形象、业绩形象、资格许可、硬件条件、服务及管理水平。完全竞争条件下的市场特点：企业竞争力=企业基础条件+资金+价格（由于信息公开，信息、关系和机遇的影响降低）。

3. 通过上述分析可以得出这样的结论：企业的短期策略和长期策略应有所差异，短期策略应侧重于当前的不完全竞争条件下的竞争优势的建立，而长期策略则应着重研究完全竞争条件下的竞争优势的建立。

五、探索装饰企业经营管理新机制

西安鑫龙装饰公司在2002、2003年度为了适应市场发展，建立“三位一体”的新型企业架构：

1. 建立公司管理层、工程项目营销层与项目施工管理层，专业分离，相互独立又密切配合的三层分离的基本经营模式。公司管理层：核心任务是品牌管理、财务监控、合同管理及对工程营销层、项目管理层的综合协调与服务，形成公司的管理核心竞争力。工程营销层核心任务是开拓市场，承揽业务。项目管理层：核心任务是施工管理，确保工程质量与安全。

2. 建立专业企业间的合作伙伴关系。装饰企业要发展，要适应市场，就必须选择规模化和专业化的道路，不能再搞大而全、小而全——这样的企业缺乏适应环境变化的灵活性。企业规模化的发展有依赖于专业化的发展。没有专业化的支持，规模化就会是大而全，结果将是企业背上深重的包袱。因此，作为国家一级企业，我们要上规模、上档次，就必须突出自己的特长，积极寻求与专业化企业的密切配合。尤其是在融资及项目管理方面，我们要同金融机构、专业劳务队伍、项目管理公司、半成品加工企业、材料供应商等形成长期稳定的伙伴关系。分工协作，取长补短。以往，我们的很多协作单位多是具有单次及单纯的买卖关系，没有从企业长远发展来对这种合作关系加以巩固。为了增强企业的市场竞争力，同时又保持企业的灵活性，考虑到单次交易的成

本以及企业间的默契的协作能够降低管理成本提高效益，我们就应当有意识地选择合作者，与这些相互协作的专业化企业订立长期协议，建立一种相互信任关系，以合同管理为核心，以共同利益为纽带，通过默契合作，降低交易成本，共同开拓市场。

3．坚持以工程项目为载体，提高施工中的工业化科技含量，降低生产成本，提高生产利润，曲江宾馆项目中合同价780万元，整个项目运用PEUJECT项目管理软件进行全程管理，对进度质量主要施工工艺材料进行了全方位的有效控制，施工技艺较为先进，墙面的沙安娜米黄全部采用电脑计算水刀切割的技术，取得了良好的效果，决算价格 1200多万元，获得了良好的经济效益和建设单位的好评。

整合型管理体系的建立与实施

苏州金螳螂建筑装饰有限公司　管理者代表　**杨安明**

为了贯彻质量/环境/职业健康安全管理体系标准，苏州金螳螂建筑装饰有限公司建立了整合型管理体系，并于2003 年 1 月顺利通过认证审核，是江苏省第一家同时获得三个管理体系认证的建筑装饰企业。通过建立和运行整合型管理体系，规范了我们质量/环境/职业健康安全行为，提高工程质量、降低工程返工率；开展污染预防，让顾客和社会满意；开展风险防范，杜绝/减少安全事故的发生，从而扩大了企业的市场份额。下面介绍我们建立与实施的做法。

一、领导重视　保障有力

公司领导层2002年6月决定搞三个标准合一的整合型管理体系，并及时调整了管理者代表、充实了贯标办的成员，对全公司明确：整个体系的建立和实施由贯标办牵头，明确了时间要求，这极大地加快了新体系建立和运行的速度。贯标办6月底组织骨干外出学习标准和文件编写，7月中旬外聘教师对各部门相关人员进行培训。根据具体情况，我们当时就将原本集中一次（6天）的两项内容（内审员和文件编写）分成两次，以便在第一次培训后，各部门马上进行“环境”、“职业健康安全”两个体系的初始评审工作。从实践来看，由于学以至用的针对性和分步实施的合理性，各部门很快就拿出了“环境和职业健康安全”初始评审报告所需的材料，为公司整合型管理方针、目标的制定、程序文件的编写提供了充分的输入资料，也为第二次培训后集中精力编写程序化的文件赢得了时间。

由于三个体系有许多相同的管理要素，我们坚持以ISO9001：2000标准为基础，各职能部门的要素分配保持不变，ISO14001和GB/T28001的要素在对应落实的基础上，作适当的调整，目的是既要有利于体系的相对稳定，更要有利于体系的运转、监督和检查。同时，针对新增的两个体系需要编制一系列新的文件；原有的一些文件要扩大适用范围和增添有关内容，我们在职责分配明晰的基础上，明确全部文件由贯标办负责编写，专业性强的由相关部门配合，这样就压缩了拟稿、审核的时间，既保证了文件与标准的符合性和实际操作的适用性，也为运转、审核争得了时间。整套新版文件（02版）9月送审，及时修改后当月就正式颁布、实施，比同期培训的其他单位早运转2个多月。

为了有利于内部管理，公司近两年共投入60余万元资金，建立了150多台电脑连网的内部网络，使得信息交流、内部沟通十分畅通，公司领导经常关心贯标工作的进展，协调有关事宜；2001 年大院改造时，草坪增至 12800 m²，占大院总面积70% 以上，绿化投资32.8万，极大地改善了办公环境；近两年公司为确保安全生产、减少突发事件带来的损失，在各项目部投资安全设施（电箱、脚手架、灭火器）36.8万。如此的投入，使得到过公司和施工现场的各级领导和相关人员，都有一个共同的感受：金螳螂年年都有新变化，装饰工程交给这样的单位——放心。

二、强化培训　分段实施

公司领导十分清醒地认识到；贯标不是仅仅为了取得认证证书，而是为了提高我们的管理水平；同样，培训不是为了应付检查，而是为了受训者能将工作做得更好，并给他发挥潜在能力的机会。因此，尽管3月我们已通过了ISO9001：2000 的转换审核，4 月份我们还是派出了 6 名员工参加ISO9001内审员的培训。针对新体系的建立，各部门都需要有一个接受和磨合的过程，我们本着“分段实施，逐步推进，职责明确，资源共享”的原则，边培训、实施，边巩固、提高，一步一个脚印地向着标准要求靠拢。

例如：年初我们针对国家新颁布的“室内装饰材料十项强制性标准”，立即着手编制了《建筑及装饰材料有害物质验证作业指导书》，4 月份通过培训下发执行。同时我们通过对设计人员宣讲“十项强制性标准”，在编写“施工图说明”中详细地逐项列出，从源头上杜绝了不合格的装饰材料的选用和采购。近一年来，未发生任何因材料不达准，被业主指令退货的事件。有三个工程竣工后，业主请有关检测单位测定空气质量，均符合国家的有关标准。7月下旬，我们组织了初始评审小组的专题学习班，首先明确评审的范围、目的，同时给出了《环境因素识别、评价作业指导书》、《危险源辨识、评价作业指导书》，使得各部门在程序文件尚未颁布前，就有了一个统一的识别、评价的方法，大幅度地减少了现场评审、公司审核的往返次数，很快集中评价出公司

“环境因素”440个，其中“重大环境因素”8个；“危险源”204个，“重大风险”7个的一致意见。

再如，根据几个月整合型管理体系的运转情况，我们在春节前举办了“如何编制施工现场《质量、环保、安全管理计划》”等基础培训；春节后举办了：如何实现“体系管理”和“项目管理”相结合、如何通过“监视和测量”控制三个体系的过程能力、运用统计方法为持续改进提出建议等提高性的专题学习班。到目前为止，公司共有内审员62名，其中可审三个体系的18名，可审两个体系的31名，审一个体系的13名。

由于我们采取多种形式的培训，领导亲自讲课，加强检查督促，落实了普及与提高相结合的原则，并着重抓了培训效果的考核，全年共有15项、442人次参加了管理体系的培训，还有其他能力、业务、相关的培训61项，2161人次，所有的培训都取得了比较理想的效果。

三、简化文件　注重效果

文件编写一开始我们就是以整合型管理体系为目标，但具体到文件编制的策划时，我们才感到GB/T24001和GB/T28001两个标准条款号一致，整合在一起比较方便，而GB/T19001标准条款号不同，不宜放在一起编制手册。因此，尽管新建立的管理体系没有规定要编写手册，我们还是编制了《环境和职业健康安全管理手册》，并与《质量管理手册》一起，对照三个标准，逐项策划需编写的文件。我们掌握的原则是：能够合并的不分开，暂时不宜合并的，以符合标准为前提，尽量压缩文件的个数（2002版总计27个）。

	GB/T19001-2000	GB/T24001-1996	GB/T28001-2001
明确要编程序化文件的	6个	11个	11个
应作出文件规定的	26处	6处	6处
策划的结果			
三个体系共用的	12个程序文件		
两个体系共用的	——	3个程序文件	
两个体系共用的	2个程序文件	1个程序文件	1个程序文件
两个体系共用的	2个管理规定		——
一个体系专的	2个管理规定	2个程序文件	4个程序文件
单个体系合计文件数	**14个程序　4个规定**	**18个程序 2个规定**	**20个程序**

经过几个月的运转实践，我们感到这种“程序文件”和“管理规定”并存的现象，既不利于文件的统一管理，也不利于明确主管部门的职责。根据2002年度管理评审提出的措施和认证审核的整改意见，我们将四个“管理规定”全部改写成“程序文件”，另对两个程序文件也进行了修改，2003版的文件个数维持不便，三个体系共用的12个、两个体系共用的7个、一个体系专的8个，但程序文件要求的“**5W1H**”更加清晰：

02版改成03版的策划	GB/T19001-2000	GB/T24001-1996	GB/T28001-2001
三个体系共用的	12个程序文件		
两个体系共用的	4个程序文件	6个程序文件	4个程序文件
一个体系专的	2个程序文件	2个程序文件	4个程序文件
单个体系合计文件	**18个程序**	**20个程序**	**20个程序**

实践中我们还体会到：有些程序文件尽管与标准相符，但文件与文件之间的接口，尤其是同一个文件中，三个体系有不同要求，如果都一一阐明，就显得冗长，不利与贯彻执行。例如：GB/T19001标准“8.2.3条”对“过程的监视和测量”、GB/T24001、GB/T28001标准“4.5.1条”对“环境的监测和测量”、对“绩效测量和监视”，虽然已在一个文件中对监测的内容、周期、方法都作了表述，但对收集到的数据如何运用统计的方法，进行汇总分析，特别是如何将有关信息通过交流的渠道，及时反馈给主管部门、及时提出建议供决策者参考，这些都有文件与文件之间的接口关系，在一个文件中不易表达清楚。因此，我们编制了《监视、测量和数据分析的作业指导书》，详细描述了：①数据采集的策划和控制；②统计时间的规定和监督检查；③综合指标的分类和分析；④数据的图表分析。为各职能部门管好这三个核心要素、各项目经理部掌握统计的基本方法和要求，提供了切实可行的方法。

2002年是我公司ISO9001：2000转换复审（3月通过）和ISO14001、GB/T28001整合型管理体系建立、运行的一年，公司共获得鲁班奖2项，全国建筑装饰奖3项、设计奖1项、省级奖8项、市级奖16项；顾客满意率达90.6%；全年有2项工程被评为安全文明标化工地，其他各项环境、安全保护措施全面、合理，得到建设、监理、设计等单位的一致好评，并获得了江苏省建筑装饰十强企业第一名的荣誉称号。2003年1月8日，由公司参与施工的国家质量监督检验检疫总局办公楼被该局授予“诚实可靠、质量一流”铜牌、“优秀项目部”和“优秀项目经理”光荣称号，是28家施工单位中唯一同时获得三项荣誉的企业。

论装饰行业的服务理念

深圳海外装饰工程公司　刘宏洲

从事装饰行业的人经常说："我是做工程的。"很少有人说："我是做服务的。"我们如果能改变人们这种做事与思考的方式，那对装饰业将是一场革命。随着市场的全面开放，竞争的日趋酷烈，这场革命事实上也正一触即发，近在眼前，变革已是刻不容缓的事情。

一、服务需要前提

在装饰行业一谈起服务：很多人都会有一种抵触情绪，不愿意谈，为什么?因为，在由计划经济转向市场经济的时候，整个社会的经济模式变了，人们的思维模式也变，但有一个体系却始终没有变，那就是企业的管理模式，目前仍然处于责、权、利不明晰、不对等的状态，其导致的管理不科学，成为推行服务型装饰企业的最大障碍。

如果把劳动产生的东西叫做产品，那么服务也可以理解为是一种产品。既然是产品，那么就需要以相应对等的价格来购买。尤其在装饰行业，如果把质量、工期、进度作为服务产品，购买者所给付的价钱就应与服务付出是对等的，这样服务才会心甘情愿。举个例子，付 100 万元而要 150 万元的服务，这样的赔本事情谁也不愿做。

所谓"千里之行，始于足下"，服务的第一前提，应该是在谈判合同的时候先谈一个合适的条款，否则以下的工作就很难开展。

投入和产出的价值一定是要对等的，至少是在社会公允的社会价值观下是等价的，在这个基础上才能谈服务。否则，纯谈服务显得牵强。不能没有成本地谈服务。

要想做好服务，就必须尽可能争取一个好的前提，也就是责、权、利对等，尽量避免不对等的情况，在这个基础之上再谈服务。

二、服务需要一体化

目前，在公司总部，大家的职能界定比较清晰，薪酬明确，人员心态也比较平稳，也就是说责、权、利是对等的，在这种已经具备服务前提的情况下，我认为大家在服务方面做得还尚有欠缺。这种欠缺主要表现在两个方面：

一是不重细部，缺乏人人有责的意识。

"钉子缺，蹄铁卸；蹄铁卸，战马蹶；战马蹶，战士绝；战士绝，战事折；战事折，国家灭。"说的是古代飞马传书，因马掌缺了一个钉子，造成马掌脱落，战马仆倒，战士摔死，

信未送到，战役因而失败，其引发的整个战争的失败最终导致了国家灭亡。谁能想到，导致国家灭亡的竟是一颗小小的钉子?而正是一颗小小的钉子，造成了一系列的连锁反应，其后果是不可估量的严重。

谁能想到，有一次航天飞机失事，原因就是一个螺丝没拧紧呢。

二战时期的珍珠港事件，其实，美军基地的雷达已经探测到了机群，却没有引起上级的足够重视，致使美军毫无防备地暴露于日本飞机的炮弹之下，造成千古惨剧。

现在社会劳动分工很细，以致常常使人们看不到自己的工作对于整体的影响。总结这许多事故，都是因为对细小处不够重视，以至疏于管理，才导致不可挽回的后果。因此一定要明白每一个岗位都很重要，并不是说只有总经理、经理的岗位才重要，不能有"我这个岗位可有可无"的观念，服务应是全民性的，哪一个细部环节出错，可能都会导致全军覆没。

二是缺乏持续改进的作风和精神。

把公司所要求的职能做到尽善尽美，这是每个员工份内的服务，如果做到了，可以算做合格。但如果要成为优秀，则需要在工作中不断提出改进，不断在工作中发现新的职能，并把这些新的职能以制度来体现，使之成为共同的约束。只有这样才能把工作做得更好，不断提高。

三、服务需要技巧

我们说装饰行业是服务行业，就要有"顾客就是上帝"的服务意识。但在执行的方法上和酒店、餐馆类的行业有所不同，原因是由于装饰行业本身具有较强的科学规律性与专业性，所有的操作是按照国家行业规定执行的，而大多行业外人士对此了解不多，因此在与业主的双方合作过程中，正是本着一切从业主出发的思想，在某些专业意见上就不能完全依照业主的意思。这也是做好服务的一个方面。但要做好这一点，在坚持原则的基础上就特别要讲究方式方法。良药一定要苦口吗?不见得。项目经理部在对于业主的服务方面，重要的是沟通，一定要与业主建立良好的沟通渠道，保持频繁的接触，在不违反原则的情况下对业主提出的要求尽可能地满足。

其次，把问题先消于无形。对项目经理部内部管理来讲，各种综合施工一定要做到早计划、早安排，心中有一盘大棋，而不能一盘散沙，不能头痛医头，脚痛医脚，对现场问题要先消于无形，这也是整体服务意识的体现。在预测服务质量不可能达到对方要求的时候，宁愿先不达成服务承诺，因为一旦达成承诺而又无法兑现，将是非常痛苦的事情。

四、服务，装饰行业的一场革命

从事装饰业的人经常说："我是做工程的。"很少有人说："我是做服务的。"如果能改变人们这种做事与思考的

方式，那将是一场革命。革命，意味着打破旧的观念，推动整个行业的向前发展；意味着改变人、人的思想、人的行为定规。

"服务"就是要让人感到温馨、舒服，应是一种享受。目前，装饰行业还远没有像商场、酒店、餐饮等行业那样具有成熟的服务体系。如果真能把制造业的服务概念纳入装饰业，并且做到了，那我们的未来将不可同日而语。

项目经理部是公司对外的窗口，是一个实质性的服务组织，是在已达成的承诺(合同)基础上，代表公司来完成具体服务的。在完成具体服务这一点上，我们应该向海尔学习，他们真正做到了"享受服务"。如海尔的服务态度，海尔人员上门服务时，进门就换上自带的鞋套，不接受客户的招待，哪怕是一杯水，总把自己定位在比客户低一点的位置上，这种态度就让人感到很舒服。

我也见过服务做得好的建筑工地，带给人的感觉就完全不一样。那里所有的工人都统一着装，业主进入工地戴特定的安全帽，使工人一看见他们就知道对方的身份，能实施良好的问候与照顾。当然施工水平也是一流的。

海外装饰一直处于行业领先地位，但需要再提高一步，突破管理瓶颈。就服务而言，就是要尽可能把制造业的服务制度用在我们的工人身上。让业主觉得，不仅买了我们先进的技术技能，完成了装饰任务，还买了一种优质的服务。

但要真正做到这一点，目前我们的差距还很大，连服务的概念都还没有完全形成。首先我们要给大家明确，如果海外装饰做到了如制造业一样的服务，将会给我们带来什么样的前景?其次是必须进行全员培训，除了意识外，培训还要解决服务常识和技能的问题。例如：在餐饮业，服务员如何走路、倒茶、上菜，都是有社会公允的服务定义的，但装饰业这套体系还不完善。要达到服务行为一致，该如何进行培训?其三，目前在我们公司，高层领导不缺乏服务意识，但他们的这种意识有没有延续到项目经理、到工人?这中间实际上是存在断层的。面对这些巨大的差距，我们该如何去做?这些都是迫切需要解决的问题。

建筑装饰工程投资控制

杭州市之江工程建设监理有限公司　**周民权**

随着我国经济的持续发展，带动建筑装饰装修行业的迅速兴起。据有关统计，过去的建筑安装费用中，结构、安装、装饰工程的费用比为5∶3∶2，现在已变成为3∶3∶4。重点建筑工程、高级宾馆、涉外工程等建筑装饰费用已占总投资的50%左右，个别豪华建筑已超过60%。招标、投标制实施以后，建筑装饰工程也作为单独的项目进行发包和承包。

近年来我国工程造价管理体制的改革，已逐步由计划经济转变为社会主义市场经济，并以市场形成价格为主的价格机制。随着人民生活水平的不断改善和生活质量的逐步提高，建筑装饰占房屋建筑投资的比重也越来越大。面对新的形势，如何采取有效途径，做好建筑装饰工程的投资控制，降低工程成本，节省建设投资，达到合理使用资金，有效地控制工程造价，已提到议事日程上来。

笔者结合在几项装饰工程的实践，就做好建筑装修工程的投资控制谈几点体会。

一、装饰设计阶段是投资控制的重点

装饰设计阶段的投资控制，要根据不同的设计阶段，依据已确定的设计装饰图纸中的结构造型、设备、材料、型号、档次选用，正确编制出装饰工程的概算、预算。同时，要从有利于节约使用建筑资金，有利于促进企业加强经费核算，提高经济效益出发，加强对建筑装饰施工审查和管理工作，严格按有关规定程序进行动态控制。建筑装饰装修工程产品种类繁多、千变万化、大小各异，和一般工业产品不同，一般工业产品可以重复，连续地进行批量生产，成批合格。而建筑装饰装修工程生产则是根据建设方的具体使用功能要求来设计，指定在某个建筑物体上进行装饰施工，确定了产品量身裁衣的特点。

所以每个建筑装饰装修工程都具有单独的设计、单独的使用功能和单独的施工方案，形成了单独的工程造价。建筑装饰装修施工的地区性、流动性，会造成地区性的材料价格差异，也会增加施工人员补贴。由于建筑装饰装修工程的特殊性、多样性，所以工程造价难以按照主管部门规定统一收费，要通过单独编制每一个工程的概算、预算的方法来确定造价。此外，还要掌握好建筑装饰工程费用的特点。建筑装饰工程的费用按照国家规定由直接费、间接费、其他费、利润和税金等项组成。它的特点是：

一是概、预算定额基价构成不同，有些地区装饰工程的概、预算定额基价中，除了含有人工费、材料费和机械使用费外，还包含一项综合费用。其内容为：建筑物7层(22.5m)以内的材料垂直运输，3.6m以内的脚手架。而一般土建装饰工程概、预算定额中不含有此项费用。

二是，其他直接费和间接费的计算基础不同。一般土建装饰工程中，是以较稳定的直接费(或定额直接费)作为其他费用的计算基础。而装饰工程中，各种材料的价值很高，价差很大，直接费数量受材料的价格影响较大，很不稳定，但其中人工费的数量则是比较稳定的。所以，装饰工程中要以定额人工费作为其他费用的计算基础，其他直接费、施工管理费、计划利润等都以人工费为基础进行计算。

二、做好施工阶段的投资控制

1. 装饰装修施工组织设计控制

建筑装饰工程的施工工序繁多，工种复杂。就拿装饰一套住宅来说，就需要水、暖、电、泥工、木工、油漆等多工种、多道工序轮流作业，要做到有条不紊，衔接紧密，速度快，工期短，就必须严格按照设计图纸和技术规范要求编制好施工组织设计。我们在承接淳安县电力局调度中心大厦 8800 m²的装饰工程中，进行了精心施工组织设计。主要从几方面考虑：

首先，考虑此工程是淳安县的重点工程，必须在确保“西湖杯”的质量前提下，合理地安排装饰施工进度计划，正确选择施工方法，灵活掌握施工顺序。

其次，对工程中需投入的人力、物力进行科学论证，对材料、设备订货的时间安排尽量合理，做到尽可能少地占用资金。例如，刚进施工现场时，按工序的顺序应先施工四周墙立面，石材湿贴灌浆，然后在湿贴干固的石材上安装沿墙吊平顶边龙骨。但石材施工需现场放样后，再由杭州石材市场切割加工这又要一段时间。由于我们在施工顺序上作了灵活调整，在等待石材市场切割加工期间，我们统筹安排施工进度。先施工轻钢龙骨造型吊平顶，后施工湿贴塞安娜米黄墙立面，在安装沿墙边龙骨时，预留石材灌浆的空间，加快了施工进度，避免了窝工现象。

第三，在材料和设备订货上，只要业主确定品牌、型号、样品，就及时安排材料订货，并努力和信誉质量可靠的厂商建立长期的供货协作关系。在诚信的基础上，采取先提货后结算的方法，既较少地占用周转资金，又可把多余材料退回厂家。

由于我们在浙江淳安电力大厦装饰工程中，灵活地控制好施工组织设计，加快了施工进度、减少了物资积压，因而避免了因返工造成的人力、物力、财力的浪费，不但使工程项目工期短，而且工程造价得以控制在目标范围内。2001 年度该工程评为杭州市级“西湖杯”工程，2002 年又被评为浙江省“钱江杯”工程。

2. 材料价格的控制

装饰工程的材料费用，在工程造价中占很大的比例，如何合理准确地确定材料价格是降低工程成本的重要措施之一。

装饰工程不但所需材料种类多、数量大，而且价格对市场反应较敏感，经常处于动态变化之中，虽有市场信息价，但最低、最高的价格都难以反映价格的走势和变化情况。为此，根据我们的经验，经办人员在调查研究的基础上，对一种材料按某一段时间的平均价格作为计算价格较为合理，编制出的概、预算也具有较好的控制作用。其次，要熟悉装饰中多种类型材料材质的优劣和加工质量。例如石材中，同一种大花绿云石，有国产、有台湾产、有意大利进口等，木材中同一个品牌，同一个规格的 18mm 厚的细木工板，还要鉴别得出中间夹心木是柳桉、椴木，还是杨木、杉木、松木等。对加工制作上要鉴别得出夹心木是机拼，手工拼，还是斜拼，直拼等。夹心木质的不同及加工质量的不同，材料价格自然不同。如采购人外行的话，很容易被商家“蒙骗”，国产的当作进口的，手拼的误作机拼的。这样，不仅使材料费用得不到控制，而且使施工质量也达不到预期的效果。

3. 施工中设计变更的控制

建筑装饰装修工程施工中常遇到设计变更情况，因素很多。有的在施工中才发现，土建结构与设计有误差，没法继续施工或没法达到预定的装饰效果。有的是投资方因使用功能的调整而变更，但更多的是，施工单位为了提高经济效益，往往有意无意地找出种种借口，扩大装饰规模、增加装饰内容、提高装饰标准。

例如：某大酒店主楼工期改造装饰工程，业主方为迎合不同档次的消费客源，在装饰工程招投标时，明确规定主楼二层、公共走廊、客房及水上餐厅不属改造装饰范围，走廊吊平顶只作工程墙纸更换。但在施工中施工单位找借口走廊平顶不平，工程墙纸贴不平整，原装消防喷淋不整齐，难以修理，电气线路老化，影响安全等。无奈，业主只得同意走廊、水上餐厅设计变更，拆除重做，增加了几十万元装饰费用。再比如：有的装饰施工单位经常以吊平顶的单层石膏板画层要开裂和变形，建议业主单位把设计吊平顶中的单层纸面石膏板，变更为双层纸面石膏板。这样一来，吊平顶的一项工程至少增加 1/4 费用。其实，轻钢龙骨单层纸面石膏板施工，只要石膏板产品质量好、按装饰施工规范操作安装，完全可以避免吊平顶的开裂和变形。

综上所述，设计变更中首先要认真审核工程变更的原因，做出正确的决策，承认正常范围内的设计变更和使用功能调整变更，及时纠正核减不合理费用的开支或错结重结的投资。只有这样，才能使单位工程的投资得以控制在目标范围内，从而使整个装饰工程项目的总投资得到有效的控制。

建筑装饰装修工程项目的投资控制工作是全过程、全方位的控制。装饰装修工程的设计阶段、施工实施阶段是投资控制的主要阶段。只有在各个阶段，合理使用人力、物力、财力，随时纠正发生的偏差，才能把投资发生控制在预算的限额以内，以取得较好的投资效益和社会效益。

建筑装饰工程实行工程监理势在必行

吉林大学中日联谊医院　国立伟

一、前　言

自 1995 年 12 月国家计委和建设部联合颁发的《工程建设监理规定》实施以来，建设监理日趋正规，当前，我国处于建设的新高潮时期，因此，要求通过建设监理来提高大规模建设的投资效益。许多实践的事例说明，凡是通过监理的项目，其投资效益都是比较好的，建筑装饰工程监理更是如此。由于当前装饰业的取费标准不统一，随意性较大，建筑装饰又必须符合城市规划、消防、供电、环保等有关规定的标准，建筑装饰施工过程是一个再创造过程，业主对建筑装饰工程从构想到完美地实现，需经历设计、采购、经济、质量、工期、合同等一系列协作环节，且更重要的是装饰工程造价和工期约占工程总造价和总工期的 1/3～2/3，加之由于建筑装饰工程的特点，建筑装饰工程监理越显必要并有待发展和不断完善，加强装饰工程监理的规范化、现代化极为迫切。

建筑装饰工程在通过由监理工程师以合同管理为核心的三大控制，精心管理，才能实现业主对装饰工程的最优目标。即以最少的投资，最优质量，达到最好的效益，完善的功能和美观、舒适的效果。

二、做好装饰工程监理工作，应掌握其特点及主要作用

建筑装饰工程是一个再创造过程。在装饰工程的施工过程中，施工人员和监理工程师如果发现装饰设计问题，有责任对设计提出改进的意见和建议。施工人员要主动地实现装饰意图，监理工程师与设计人员密切配合才能达到理想的装饰效果，成功的建筑装饰是设计与施工人员以及监理工程师的共同智慧和劳动成果。

1．建筑装饰的特点。一是建筑装饰具有相对独立性；二是建筑装饰具有动态性；三是建筑装饰施工工期短；四是建筑装饰的耗工多；五是建筑装饰具有特殊功能。

2．建筑装饰的主要作用。一是保护建筑物的主体结构；二是保证建筑物使用功能；三是美化建筑物的环境和气氛。

三、针对特点及其作用，装饰工程监理要满足业主意图和目标实现

监理方为实现业主对建筑装饰的意图和目标，对装饰监理应从设计监理开始：建筑装饰工程没有现成的产品，而是在装饰设计与施工过程中才形成的。业主往往先对装饰工程有一个构想及在投资上限额，但如何有效地实现，即实现投资、质量、工期的最优控制目标，这就需要通过装饰监理这一个环节。因此装饰工程监理极为重要，决非可有可无，否则难以实现项目的三大控制。

装饰工程中各种构件、配件，材料的型号、品种、产地标准类别众多，同一品种材料、设备的价格相差较大，有的达数倍，甚至十多倍，故装饰工程的设计、投资、报价、工程质量、施工以及结算之间相辅相成，关系十分密切：也就是说，装饰工程从业主的意图、构想，包括投资、设计、招标、施工、验收、维修一系列的过程中均环绕着装饰的效果功能、质量、投资、工期等相关的目标控制。

所有这些，正是装饰监理的任务，并且应从装饰设计监理开始，装饰设计不同于建筑设计的特点是前者追求装饰工程的整体效果与细部处理的完美与统一，设计与造材、采购、施工过程中，甚至每一个细节均切切相关，设计人员与监理人员随时现场指导观察装饰过程及其效果。如果设计人员发现需要修改变更设计，即与监理人员、甲方代表协调好并遵照程序履行一切计价、签订手续。因装饰工程的造价、质量、进度相关因素较多，其设计与施工之间联系紧密，故装饰工程从设计与施工监理应连贯进行。

四、装饰设计与施工环环紧扣，装饰工程实行监理势在必行

原因如下：

1．处理各专业之间的关系，必须有监理。众所周知，监理公司是知识密集的高知能科学管理机构，具有各种专业的人才，足以能适应和解决建筑装饰中所遇到的一切疑难问题，这是任何一个自行管理的业主所不能办到的。监理公司可对整个装饰工程全方位、全过程进行监理，正确处理好所有相关专业的工作。建筑装饰工程中会涉及各种建筑规范、防火规范及其他专业工程规范，特别是由于装饰工程而变更其他工程设计时，将会发生装饰工程设计与其他专业设计之间的矛盾与冲突，必须由掌握各相关专业的设计及熟悉各种规范的监理工程师提出合理的处理方法，才能确保工程质量和减少损失。

2．必须实行装饰工程设计与施工过程中的监理。建筑装饰工程监理应包括装饰设计与装饰施工的监理，特别是前者尤为重要，这是装饰工程的特殊性所构成。

当前有若干以建筑设计、装饰设计为主体的监理公司，拥有各类高级专业人才，对承担建筑装饰工程监理更为贴切和有效。业主在选择监理公司时要充分了解、调查各类监理公司的特长，不能单纯以收费低廉或照顾关系为挑选原则，这样往往会因小失大，不能达到应有的监理效果。也可以说，并不是每一家监理公司都能胜任建筑装饰工程监理，特别是对高级装饰工程。

3．材料、设备、构配件的选购须借助监理。建筑装饰材料、设备、构配件的价格可说千差万别，决非一般技术人

员所能全面精通掌握。这同样是一项专业，需要不断积累资料和经验，注意对装饰材料信息的搜集和询价。装饰监理单位则拥有此类专业人才，会向业主、设计人员准确提供各类装饰材料、配件的合理价格、品种、产地、性能的信息，据以选择、比较，最终可优选质量适合、价格较低、满足功能的装饰材料，确定一个使业主、设计人员信服、满意的装饰工程造价。

4．签订和管理合同需要监理。签订好建筑装饰工程的监理合同、设计合同和施工合同是业主的重要工作，其中特别是监理合同，显然应以优选适合本装饰工程的监理单位为前提。业主对本装饰工程的设计、施工、选材、质量、投资、进度、维修等全过程中的要求和目标，详尽的向监理单位提出，签订在监理合同内，即监理方的任务。以后的工作主要将由监理单位来做或协助业主来完成，业主予以适当配合和支持。

装饰工程设计与施工阶段的控制目标是以设计合同、施工合同为核心，对合同的签订、履行和管理，是监理公司的任务，业主主要是选好监理公司就可万无一失了。

5．监理公司可协助业主搞好前期准备工作。业主对建筑装饰工程起初往往只从一个构想或者从某工程、某一图片、资料、广告的启发提出，仅是概念性、原则的功能上、艺术上的意图。监理工程师要充分吃透、了解业主的构思和功能要求，用专业语言整理出“装饰设计要求”的文件，反复与为业主交换意见，最终提出统一的书面资料。而后优选设计单位、方案设计、材料选用、投资估算与平衡(即投资与装饰标准的关系)等，这些均属装饰工程前期准备工作，这将对装饰工程起决定性作用，监理公司将会协助业主来完成。

五、进一步提高对装饰工程实行监理的认识

1．建筑装饰工程监理不同一般工程监理。它具有较强专业性，当前的一些监理公司人员素质多是以搞结构为主，要想搞好建筑装饰工程质量，笔者认为业主在选择监理单位时，必须选择具备相应装饰工程资质条件的公司承担，不得盲目行事。

2．协调关系解决问题。有些承包商为了迎合业主心意，往往要求另有新的构想，对已完成的原结构及各专业工程进行改造，不顾规范要求，任意拆墙、凿洞、重新布局水电管网，一味追求单纯装饰效果，使原有的安全、防火通道、设施取消或更改，非但造成浪费，影响进度及工程质量、结构、防火得不到保证，这是由于专业装饰公司往往只重视装饰工程效果，而不能同其他各专业(如水电、空调、消防等)进行通盘研究、考虑。正是由于专业的局限性，要求专业装饰公司掌握其他专业知识，也是不现实的，这就需要实行工程监理解决这些问题，或避免这些问题的发生。

3．实行装饰工程监理应从设计监理开始应予重视。据统计装饰工程造价占有工程总造价 1/3～2/3 左右，笔者实践体会到，要保证工程质量，避免浪费、损失，建议业主把精力放在超前工作上，从设计阶段开始，避免设计错误，材料、设备选用不当，有较好效果。

室内高档装饰工程监理实践

河南省驻马店市工程建设监理公司 王永刚

随着国民经济的发展和人民生活水平的提高，室内外高档装修已经成为一种时尚且日趋高档。有资料表明酒店等公共娱乐场所室内装修部分的投资已占到工程总价的 60%以上。由于装饰业起步较晚却发展迅猛且有增无减，室内装修监理相对滞后，再加上有轻工和建设两个部门各自为政的“双头管理”，造成装修队伍鱼龙混杂，散兵游勇趁机混水摸鱼，滥竽充数，使业主蒙受大量经济损失。装饰施工过程中经常出现与土建等专业相碰现象，造成前建后拆；装修施工时不顾结构安全乱拆乱改；装修中常用的板材等燃品不作阻燃处理，不执行消防要求而造成安全隐患；装修设计图纸往往简而不详为偷工减料大开方便之门；现行装饰计价依据缺项较多致使高估冒算胡乱报价，投资难以控制等。

本人通过对某四星级大酒店室内高档装饰的监理对此深有体会。通过监理工程师从设计、原材料到施工各阶段的严格监理和有效控制，不仅避免了上述问题的发生，最终使得该工程按期交付使用，被有关部门验收评为优良并荣膺“四星级酒店”涉外酒店。为此，愿把本工程室内高档装饰监理过程中的一得之见供同仁参考。

一、监理工程项目概况

该四星级大酒店由中港澳合资兴建，是一座集餐饮、娱乐、住宿为一体的智能化四星级涉外宾馆，它具有功能齐全、技术先进、系统复杂、装修豪华、设备一流等特点，占地面积 8000 m²，总建筑面积 36000 m²，地下 1 层，地上 9 层，项目总投资 1.6 亿元人民币。底层包括大堂及四季中厅、咖啡厅、西餐厅、商场、面积 4000 m²的多功能豪华会议厅。楼上设有健身房、台球室、投影室及可容纳 200 人的会议室、标准客房、商务套房和总统套房 300 余套，该工程设计有冷暖中央空调、24 小时冷热水供应、电话及拨号上网系统、消防自动报警、自动喷淋及防排烟联动系统、闭路电视及自动监视摄像等一应俱全。

二、前期施工准备阶段的主要监理工作

室内装饰从设计至竣工验收是一个多阶段、多专业相互联系交叉、多工种相互配合的复杂过程，为使设计者的构思能够变成现实，使业主有限的资金发挥出最大的经济效益，同时便于监理工程师对装饰施工阶段的质量、进度及投资进行有效控制，监理工程师在设计初期就应介入以方便工作。该阶段主要从下列方面做起：

1. 按业主的投资目标和设计意愿协助业主编制设计招标文件，筛选中标方案和中标单位，提出设计具体要求。该大酒店设计初期就是由监理工程师协助编写招标文件，邀请国内知名装饰设计公司参与投标，最终从造价、功能等多方面比筛后确定中标单位。

2. 加强对装饰设计图纸及概预算的审查并组织会审。装饰图纸比较复杂，它与弱电、空调、消防等专业交叉较多，它主要侧重整体布局及整体效果，对色彩、比例、线条、质感、体形的搭配要求高度协调统一，不同装饰风格要求又不相同，通过对所选材料的种类及色彩搭配、平面变化来体现其设计风格。因此装饰设计图纸审查时重点要从安全角度看其与结构等专业是否协调，材料选用、装饰格调、节点等细部作法是否与拟定的效果图吻合，其概预算是否合理、可行。该工程初审时监理工程师曾发现预算超出原定目标 800 多万元，随即召集各方一道进行功能成本分析，最终确定把墙面意大利莎安娜米黄石材改为埃及米黄，标准客房地面由全毛地毯改为化纤地毯，既降低了工程造价，又保证了原设计效果。

3. 重视工程前期造价分析，协助业主参与合同谈判，签订施工合同。通过前期造价分析，对楼地面石材等基本框架内日后变动不大，部分所用材料的品种和价格一次包死；对现场情况不明有可能变更的部位要留有活口，最终以实际用材质量“以质定价”按实调整；对属艺术品的灯饰、拼花、浮雕等以暂估价进入合同价，待决算时按实调整。协助业主参与合同谈判，通过洽商合同条款，适当约束施工各方，合同要对主要材料的质量、价格和产地予以明确。

4. 严格审查施工方申报的施工组织设计及施工方案。除审查施工程序及工艺要点等一般性内容外，还要特别注意新工艺及新材料应用部分施工工艺和方案的审查。如该大酒店外墙采用的高 7.5m 面积近 2000 ㎡的吊挂玻璃幕墙这一新工艺便作为重点审查对象，从方案的可行性安全性和可操作性等方面进行复核。

5. 开工前要求施工方提交详细的工程预算书及材料进场计划，并对主要材料进行送样及报价，由监理工程师会同业主必要时由设计师一道予以确认。因装饰所用材料产地、色泽、纹理等直接影响整体装饰效果，同种材料因产地不同价格相差悬殊，为此必须要求施工方对主要材料进行送样，经筛选并与原设计效果图比较，各方面均吻合后封样作为批量采购的参照，监理工程师以此作为以后材料检验及质量控制的标准和工程最终结算的依据。

6. 编制特殊分项工程的质量验收控制标准。该工程正面外墙所用的吊挂玻璃幕墙及四季采光中厅四周大墙面型浮雕制安均属新工艺，国内目前尚无现成的质量验收标准，为此施工前由设计及监理等单位针对上述内容共同制定质量标准作为本工程以后施工检验验收的依据。

三、施工阶段的主要监理工作

室内高档装饰施工阶段监理的关键是材料选用、细部作法、投资控制、现场协调及成品保护。为此我们始终围绕“质量、进度、投资”三大目标，紧紧抓住“原材料质量和价格”这一龙头，运用合同管理及投资控制等手段，对施工中的每道工序、各个细部严格把关，通过投资目标分解动态控制和现场协调，最终取得了预期效果。我们的主要做法有：

1. 严把进场材料的质量和价格关。因装修所用材料日新月异，更新换代较快，其种类、颜色和质量好坏直接影响到整体装饰效果。为达到设计效果，合理控制工程造价，要求施工方在材料进场后及时向监理工程师报验，监理工程师通过与认定样品比较和现场“看、摸、量”等检查方式(必要时见证取样复试)以确认其是否可使用；其价格是否超过预算价格，能否接受。一般材料的质量和价格由监理工程师检查确认即可投入使用，重要材料如布艺、灯饰、大堂石材等必须由监理工程师及设计师共同与设计图及样品比较吻合后方可使用。

2. 大面积施工前要求施工方先按设计图做出样板间。该酒店标准客房、包房等正式施工前均先做出样板间，经设计、业主、监理查看实际效果并征求各方改进意见后推广，并现场实测得出一些结论或技术参数指导以后的施工。如墙面所用迪诺瓦中涂料用量就是在样板间基础上最终确认的。

3. 加强各分项和隐蔽工程的质量控制，做好各细部质量检查。因装修工程大多不涉及结构安全而以外观美感为主，施工方受利益驱动，往往在木地板、吊顶及墙面龙骨、基板厚度和基板防火处理等隐蔽项目上做手脚，监理工程师要加强该部位的质量监控，此外细部做法质量好坏直接关系到工程整体装饰效果，因此也必须严加控制，如吊顶和石材接缝处理、木装饰面油漆等。

4. 做好事前提醒事中监督和事后验收。施工前监理工程师要对可能出现问题的部位予以提醒并作好预控，施工中必须有批准的施工方案，监理工程师要对重要隐蔽工程予以旁站监理；分项工程完成后要在施工方自检合格基础上予以验收评定，通过”一看、二摸、三敲、四照、五靠、六吊、七量、八套”的检验方法对装修各分项工程质量进行检查。通过事前、事中、事后控制，把发现的问题及时扼制在萌芽状态并予以处理，从而保证了工程质量。

5. 选择合适的付款方式，严格控制工程款的支付。由于装修施工不像土建那样容易按分部体或楼层划分进度，因此工程款支付方式的选择除必须按合同执行外，还要结合实

际情况进行选择。该酒店施工前就已经测算材料比重约占总造价的65%，经协商该工程采用按进场材料数量来支付进度款，即每进一批材料经监理工程师验收合格，就按已确认的价格于次日拨付该批材料款作为进度款，这种“货至付款”的方式既解决了施工方的后顾之忧，又使材料质量和投资始终在监理工程师的有效监控之下。

6. 严格控制工程变更与材料代用。 工程变更及材料代用是影响工程投资总额的重要因素，对每项变更及材料代用监理工程师均要从适用、经济、美观的角度确定有无必要。对每项变更及材料代用要准确计算出产生的工程量增减，估算出对投资总额的影响，以保证投资额不突破，是否需要进行功能分析及材料性能分析，力求在一般部位采用优质、实用、低价的材料代替价高的材料。

7. 运用价值工程原理动态控制投资总额。 在保证质量且不影响美观的前提下尽量降低成本，针对合同中可调款项及变更使工程总价款产生的偏差的情况，在实施中要以预期合同价为基础动态分析各影响因素。依据项目投资目标，每月要把工程进度的实际支出与目标值进行比较，发现偏差及时进行分析并制定对策，选择调整幅度，从总价上把投资偏差控制在预期目标值内，不致造成竣工后实际决算价高出合同价很多的局面。

8. 督促参建各方严格履行合同，减少索赔发生。 在施工中要及时答复施工方提出的各种问题，督促设计单位及时提供图纸，主动搞好装饰施工单位与设计、材料、土建、安装等单位之间的协调配合。

9. 让合同中以暂估价进入的艺术装饰部分市场竞价。 因该部分的定价无任何定额和信息指导价可循，完全体现了市场机制。由业主组织对相关生产厂家进行甄选，对比、分析、确定候选厂家，然后在保证品质及工期的前提下进行自由竞价、最终确定。如仅该酒店大堂中直径1000mm的风火球及“盘古开天”大型浮雕两项通过市场竞价后比原预算价节约近80万元。

10. 做好原始材料的收集整理，竣工后督促施工方绘制竣工图。 因装修施工监理环节多，工作繁琐，施工中材料代用、变更频繁，平时更要注意收集原始材料、记录和签证等。为便于使用阶段的检修，竣工决算时对工程量能够准确计算，要督促施工方竣工后绘制详细的竣工图。

11. 在保证质量的前提下运用投资及合同等手段通过现场组织协调去实现进度控制。 首先要保证每道工序一次成型，做到不返工不反复。其次进度安排要考虑与其专业的配合，如吊顶隐蔽前要与管线配合，隐蔽中要涉及风口及消防喷头、灯具安装配合。其三是开工前要有详细的总进度计划及材料、劳力使用计划。其四是要定期召开工程协调会以解决施工中出现的问题，协调各专业之间的关系。其五是对施工中需要其他专业配合的项目(如强弱电、中央空调、消防等)均应提前以文字报监理方，由监理去组织协调。

四、室内装饰施工监理的体会

要想作好室内装饰阶段的监理，首先必须要有详细的设计施工图纸，要清楚了解设计意图，明确监理重点，对设计施工一体的工程最好的在设计阶段就应介入。其次要做好合同签定及材料封样和认价等基础工作。在施工中通过合同管理和投资控制等手段紧紧把握原材料质量与价格这一龙头，主要材料必须由施工方提供样品和报价并经监理工程师认定。

此外，还要严把隐蔽工程和细部质量关，坚持大面积施工前先做样板间。通过事前、事中和事后把关及时发现并解决施工中存在的问题以确保工程质量。

·工程实践·

以精品工程创建企业信誉
以良好信誉促进企业发展

——记前进中的武汉科艺建筑装饰设计工程有限公司

湖北省建筑装饰协会　副秘书长　**何木松**

“滚滚长江东逝水，浪花淘尽英雄”。广袤的荆楚大地，为众多建筑装饰企业的产生和发展提供了肥沃的土壤。武汉科艺建筑装饰设计工程有限公司就是从这片土壤中冲出的一匹黑马。这个二级建筑装饰工程专业承包资质的公司2002年完成产值3000多万元，2003年上半年已完成产值2100多万元，超过申报一级建筑装饰资质公司所要求的工作量。2002年，有3项工程获武汉市装饰工程黄鹤奖。2003年共有4项工程荣获湖北省、武汉市优质建筑装饰工程奖。2002年荣获武汉市先进建筑装饰企业，2003年又荣获湖北省先进建筑装饰企业。由于良好的市场信誉，目前有不少工程业主主动邀请他们参加投标，企业保持了良好的发展态势。

是什么原因使这个名不见经传的公司有着良好的市场信誉，从而迅速崛起呢？这就是以优质工程树企业形象，以优良的服务创建企业的信誉，着眼于调动全体员工的积极性和创造性，使企业保持旺盛的活力。

一、把“质量第一　信誉至上　过程精品”的经营理念落实在平时的质量工作中

经过ISO9000质量体系认证，每个企业都有质量方针、经营理念等。问题是如何扎扎实实地抓好落实，为了把创优质工程变成全体员工的行动，武汉科艺建筑装饰设计工程有限公司紧紧抓好三个环节：

1. 抓好原材料进场关。一个工程能否创优质工程，材料是基础，因此，这个公司注重材料的采购，所有项目的材料都由公司统一采购，由公司指派专人负责，并实行严格的责任制。他们坚持做到，在订材料合同前，一定要看好材料小样，并坚持按小样验收材料，决不马虎。如果发现质量问题，坚决退货，否则追究有关人员的责任。如黄冈电信大楼的石材，当项目部发现石材的色差过大时，坚决予以更换。加工的不锈钢压条，比合同短了3mm，则坚决退货。由于从源头上把住了材料质量关，使这个公司没有因为一起材料质量问题而影响工程质量。

2. 抓好现场施工工艺关。现场施工工艺对于保证施工质量是至关重要的，否则有了好的装饰材料也做不出优良工程。经过几年的实践，武汉科艺建筑装饰设计工程有限公司总结了一套木工、油漆工、石材工施工的工艺，项目经理以主要精力抓好工序的搭接和配合，监督操作工人按工序施工，决不允许偷工减料。一般来说，只要按工艺施工，按操作规程办事，是可以保证工程质量的。对于偷工减料或者不按操作程序操作而造成质量问题的，不仅要求操作者返工，而且要他们赔偿适当的材料损失。对于因工序配合而出现的质量问题，如因调试空调漏水，空调安装又不是本单位施工的，则由公司承担损失。如武汉东湖会展中心，因试水和空调漏水有的木制品被水浸泡，公司则坚决予以更换。这样就做到了施工过程出精品。

3. 抓好三级工程检验关。所谓三级检验就是班组自检和互检，项目检验和公司专职人员的检验。班组自检和互检，可以把质量毛病消灭在萌芽状态，项目检验是工程质量的现场管理的重要一环，很多质量毛病通常在项目检验中就可以发现，如石材铺设得是否平整，油漆有没有偷工减料，这样做的好处是及时发现问题及时纠正，如果等到完工后再发现问题，推倒重来，损失就大了，有时还要延误工期。这个公司的质检人员说：“实际上我们的完工检验，绝大部分工程质量是不错的。对于发现的问题，我们坚决实行一票否决制度。”

正是由于把住了工程质量的这三个环节，使得这个公司的质量稳步上升，用户的满意程度不断提高，武汉市优、湖北省优质建筑装饰工程不断增多，为企业争得了良好的信誉。

二、以心换心民工情，调动全员创优的积极性

“万丈高楼平地起，质量工作也要从基础抓起。工程质量是靠工人一点一滴做出来的，不是检验出来的，检验只是一种手段，关键在于调动工人的积极性。”这是武汉科艺建筑装饰设计工程有限公司董事长兼总经理杨杰宗的深刻体会。

武汉科艺建筑装饰设计工程有限公司在选择民工队伍时，不看关系看技术水平，不看关系看工作实力。第一次接触民工队伍时，先让他们做样板，然后再决定取舍。一旦建立合作关系后，就不轻易变更，因为彼此间有一个互

相适应和了解的过程。目前他们使用的木工队伍主要是安徽和江西的，石材和水电工则以福建为主，有的队伍已和他们合作了7年之久。

从公司成立到现在，他们从不克扣民工的工资。只要是按合同保质保量地完成了工作量，不管多少报酬都照给不误。有的木工工头多的时候曾经拿过6000多元，少的时候则只有2000多元。杨杰宗说："民工离家在外面找活干，不容易，也很辛苦，有时我们赶工期，工人分成两班或三班，24小时施工，但工头睡觉就比较少，因为每个班他要对工程质量和进度负责，有时还要协调班组之间的关系，只能在工地上找个地方随便歪一下。有时眼圈都熬红了，说话的声音都有些嘶哑。这种情况下，我们哪能忍心克扣他们的工资，人心都是肉长的，他们出来，总想多赚几个。"民工也很理解公司，非常配合公司的工作，叫他们加班，毫无怨言，而且非常能吃苦，非常注重工程质量，对工作精益求精，有时有一些小毛病，不等质检人员开口，他们就主动纠正了。这个公司也很少拖欠民工的工资，只要甲方的款一到，首先想到是支付民工的工资。偶尔也有资金不到位的时候，但互相之间都能理解。如武汉东湖会展中心的装饰工程，工程还没有做完，他们已支付了80%的民工工资。

目前，这个公司同民工的关系十分融洽，全员创优的积极性很高，这为他们实施"视责任重于泰山，以专业精神服务客户，塑造民族艺术精品"的质量方针奠定了基础。

三、抓好技术创新，努力塑造建筑装饰艺术精品

要做好一个装饰工程，设计是龙头，因此要大力加强设计队伍的建设。目前，这个公司有工程技术人员40多人，其中高级工程师6人，一级项目经理5人，二级项目经理4人。他们还在采取各种措施，招聘和吸纳人才。为了开拓设计人员的眼界，他们经常组织设计人员参观好的工程，使他们从中受到启发。还组织他们到深圳等地参观，以开拓他们的视野。因此，这个公司常常以较新颖的设计中标。

在武汉邮科院的室内装饰设计中，他们结合该工程的使用功能，并充分考虑到该建筑物的特点，进行创造性地设计，受到了业内有关人士的称赞。这个工程借鉴了传统的构形并融合新的设计理念，以表现建筑物应有的形象，在表达传统理念的同时，也充分体现了现代韵味。装饰以灰色基调为主，空间层次丰富，灯光明亮，使整体赋予动态和韵律，充分体现了通信产业的形象特点。电梯厅的地面采用美国白麻，配以蓝钻镶边或拼花，墙面以微晶石装饰，横向以不锈钢条镶嵌，形成强劲的动感流线，吊顶纵向分割出一条凹槽，中间以条板与方体穿插，构建出具有雕塑感的构成效果，并与地面黑色石材形成的条块地花，构成层层递进的透视效果。特别是四层国际会议厅，设计更有特色，会议厅的墙面以蓝灰色的吸音铝板饰面，做成吸音墙，一条条不锈钢嵌饰，在墙面形成精致的细节，墙面与吊顶铝板、转承连接在一起，犹如时代的车厢。天花以向下倾斜的横面浮板形成漫射反光顶棚，顶棚浮板在暗设灯光的照射下，形成丰富的光辉，犹如现代光雕，简洁繁复。主席台的背景，用乳白铝板制成一尊几何框架，在蓝灰色的墙面与地毯烘托下，显得自然、柔和，充满了现代气息。较好的设计和精湛的工艺，使得该工程倍受业主和业内人士的称赞。

武汉科艺建筑装饰设计工程有限公司并没有因此止步，他们决心向更高的目标努力，争取在两年内，晋升建设部审定的一级装饰施工和甲级装饰设计资质，继续把企业做强做专做精，正如董事长兼总经理杨杰宗所说的："看到自己创办的企业不断发展壮大，我心里很高兴，我不讲究个人的潇洒，也不讲究个人从公司拿到多少钱，而是希望企业向精细化、专业化方向发展，进一步增强企业的信誉，让企业得到社会的认可，这是我最大的心愿。"

与时俱进　开拓创新

——武汉凌宏建筑装饰工程有限公司在发展中创立品牌

中国建筑装饰协会信息部"优秀装饰企业"专题组

2002年，中国建筑装饰协会理事单位——武汉凌宏建筑装饰工程有限公司，在"三个代表"重要思想的指导下，在国民经济快速、持续、稳定的增长过程中，在建筑装饰行业蓬勃发展、市场日益规范的形势下，与时俱进，开拓创新——打基础、拓发展、创优良、树品牌，一跃成为行业中的骨干企业。

一、抓紧企业市场准入建设，形成企业实力特色

一年来由于企业领导层重视，管理班子认识统一，抓紧进行了一系列的企业市场准入的基础建设。

1. 资质就位形成企业特色。武汉凌宏公司以建筑装饰和幕墙为主业，在资质就位中由原来武汉市建委批准的二级施工，经湖北省建设厅审核批准为二级建筑装饰工程施工企

业和二级建筑幕墙工程施工企业(B2034042010305-4/4)。

2．取得设计资质，形成设计施工一体化。凌宏公司2002年经省建设厅批准为建筑装饰工程设计乙级企业，经建设部审定为建筑幕墙工程设计乙级企业。从原来的无设计资质一跃成为乙级建筑装饰和幕墙设计企业。

3．取得了铝合金门窗(XK21-101 8303)和幕墙生产许可证(XK21-105 0328)。门窗、幕墙由于技术难度大，技术要求高，凌宏公司根据国家标准、规范，申报铝合金门窗、幕墙生产许可证，经市、省、国家三级专家的二次审核，由省技术监督局及国家技术监督局批准，取得了铝合金门窗、幕墙生产许可证。

4．与国际接轨，取得了 ISO9001、ISO14001、OHSASl8001 三个标准认证。此项工作，对质量、环境、安全的保证体系更加完善和规范，它涉及质量保证、环境意识、安全保证等各方面。对企业的管理，人员素质都提高到一个新的层次。

5．取得了5个一级项目经理资格证。2002年申报的5个一级项目经理，经武汉市和湖北省审查，得到建设部的批准，并为2003年晋升一级资质企业打下了基础。

6．凌宏商标注册获得成功。为了保护知识产权，增加无形资产，2002 年经武汉市商标事务所向国家商标局申报，凌宏装饰商标得到了法律保护。

7．安全资格证、消防许可证经湖北省建设厅和省消防局验审通过。

8．公司人才更稳定。凌宏公司原在孝感市招聘的 19名工程技术人员，经武汉市人才交流中心许可转由武汉市管理，使凌宏公司人才更加稳定。

9．档案管理规范化。通过上述8方面市场准入的申报工作，形成了凌宏公司资料库和数据库，档案管理更加规范有序。

10．整改和清理加工厂房。规章制度、操作程序上墙，打胶间、养护间、制作间进行了分离，厂容厂貌焕然一新。

二、荣获优良工程，树企业品牌

1.承接华宫大厦装饰工程被湖北省建设厅评为优良工程。

2.武昌金马家居及亚洲大酒店装饰工程被武汉市建委评为优良工程。

三、企业市场评价提高，社会关系良好

1．被武汉市工商局授予重合同、守信用企业。

2．被武汉建筑装饰协会评为先进装饰企业。

3.被中国建筑装饰协会评为1999～2000年度优秀会员。

4.董事长阳德广在2002年7月16日中国建筑装饰协会五届二次常务理事会上被增补为理事。

5．阳德广、李书鸿被湖北省建筑装饰协会、武汉市建委评为优秀项目经理。

6．阳德广董事长参加了2002年4月8日中国建筑装饰协会在武汉市召开的全国建筑装饰企业应对 WTO 战略研讨会。

7．董事长阳德广2002年7月3日参加中国建筑装饰协会人民大会堂召开的百家装饰企业环保《北京宣言》会议。

8．一年来武汉凌宏公司与武汉市江汉区建管站、武汉市建管办、市场站、市质量站、市设计处、市建筑装饰协会、市技术监督局、市人才交流中心、市工商局、市商标事务所、市环保局，湖北省建设厅建管处、设计处、省建筑装饰协会、省设计协会、省检测中心、省技术监督局，建设部、国家技监总局、生产许可证办公室、中国建筑装饰协会、中国建筑金属结构协会等部门和单位建立了广泛的联系，形成了良好的社会关系，对凌宏公司的发展起到了很大的作用。

四、在市场拓展取得新成就

在2002年，凌宏公司通过自己的实力和良好的客户关系承接的工程量有所增加，主要有：北京华联商厦、郑州亚西亚五彩广场、黄石移动、仙桃广电大厦装饰幕墙工程等。

五、2003年的企业运作

1．目标

(1)建筑幕墙工程施工、建筑装饰工程施工企业资质，申报一级。(2)建筑装饰工程设计资质申报甲级。(3)工程合同年产值突破3000万元。(4)创湖北省、武汉市优良工程4个，争取申报全国装饰奖工程1个。(5)各种资格验审一次通过。(6)一、二级项目经理相应增加。(7)技术人员，除公司培训外，外聘高工 3 名。(8)提高总承包大型高档工程能力，争取拿到2个上千万工程。(9)申报 AAA 级企业信誉。

2．措施

(1)加强管理。领导层、执行层、劳务层责任到位，各负其责。(2)以人为本。做好思想工作，稳定职工队伍。(3)与相关政府部门和行业协会加强联系，取得他们的帮助和指导。(4)与有关企业加强合作。(5)集中统一，团结一致，共同发展。

武汉凌宏公司与其董事长阳德广一样，是个实在的企业。新一年的企业运作构思也是实在的。老实人终究不吃亏。

我们衷心希望武汉凌宏建筑装饰工程有限公司在董事长阳德广的领导下，与时俱进，开拓创新，形成专业化比较优势，成为我国建筑装饰行业的品牌企业。

做精品工程 创海外品牌

——记杭州城站广场改扩建装饰工程

深圳海外装饰工程公司　刘　轶

杭州城站广场改扩建装饰工程是浙江省及铁道部的重点工程。这项工程的设计与施工均由我公司承担。该工程于1999年3月开工，2000年11月交付使用，装修面积2万多平米。

整个装饰工程在设计上大面积采用了花岗岩及金属材料装饰，体现了现代工业美，但同时也给施工增加了不小的难度。

本项目施工主要有两项技术难点，一是钢架表面铝板装饰面的双曲面造型天花，二是钢结构基层面覆铝板装饰的柱面。

工程装饰重点是位于候车大厅入口处的钢架表面铝板饰面的双曲面造型天花，它采用方管焊接成型后在表面用铝合金板饰面，由于整个造型是一个双曲面，而且在空间结构上由两个曲面薄片组成，整个构件的刚度及整体稳定性是设计及施工要点。构件安装在一个半开放的空间，由于杭州市地处沿海地区，每年都要经受台风的袭击，其抗风性是重点，但是安装部位距地面近12m高，距边缘最近处要有24m开外，构件的重量不能太大，否则无法吊装到位，而且构件既要轻薄，又要达到安全使用的要求。经与杭州市建筑设计院共同讨论，我们首先进行了一次分包招标工作，邀请了数家厂商进行施工方案投标，最后选定无锡造船厂的施工方案。这也是装饰工程首次与大型制造业厂家进行合作。我们选定施工方案后，由厂家先做出一个样品，加载试验后再正式加工。样品加工成型后，在现场按设计及规范要求做加载试验，各项指标均达到设计及规范要求，满足了安全使用的要求，才开始正式加工，最终达到了装饰设计的要求。整个构件既薄又轻巧，充分体现了独具匠心的设计效果。

在柱子的装饰施工中，由于城站广场人流量大，人员嘈杂，为了保证装饰的柱子经久耐用，设计中采用钢结构基层，表面用1.2mm铝板饰面的方法，钢基础施工的主要难点在于钢材在焊接过程中容易变形，所以对装饰工程施工精度要求很高，少许的变形都是不能允许的。因此，在施工中对钢基础要进行两次纠正过程。首先，钢基层在施工前均在加工厂经加工成半成品，经纠正后再到现场安装，在安装过程中控制加焊点，尽可能减少热应度以保证加工精度；焊接完成后，在现场再次进行纠正方可安装面层铝板。每个完成的钢基层都必须单独放样，在加工场加工出相应的饰面铝板，到现场安装，以确保完全达到设计的要求。

本项目施工管理上我们着重抓了两个方面：

首先是大宗石材以及铝板天花的采购。由于这两项材料用量都在上万平米以上，对工程的实施起着关键作用，业主、监理等各方面对此要求很高。项目经理部经过研究，决定采用邀请招标的方式进行采购。我们制定了详细的材料供货要求，选择了多家加工能力强、信誉好的供应商，同时邀请甲方、监理、设计师共同参加招标活动。通过公开的竞标，我们不仅选到了满意的供货商，保证了材料保质保量按时供应，还满足了业主、监理和设计师的要求，减少了采购、验货的中间环节，保证了工程的顺利进行。

在项目施工过程中，我们严格按照ISO9001标准实施项目管理。首先组建强有力的项目管理班子，明确职责。同时做好项目实施的前期策划工作，从人、机、料、法、环各个方面精心准备，充分考虑工程的特点、难点，编制有效可行的施工方案，严格组织实施。在工程的策划中，项目经理部着重进行了过程识别，从项目整体实施的大过程，直到每一个分项工程的小过程，进行层层划分、层层识别，针对每一个划分出来的过程规定了其运行的程序、过程运行中人员的职责分工，确保了项目实施的每一个步骤都有确定的程序，项目经理部每个人做任何一件事都有确定的程序可以遵循。通过周密的策划，我们大大减少了项目实施过程中的扯皮现象，提高了工作效率，减少了项目管理中的盲点和漏洞，使整个工程管理在一种非常有序的情况下进行。

项目经理部全体人员通过共同努力，使杭州城站广场工程得以顺利的实施，完成了业主和公司交给我们项目部的任务。该工程最终获得2002年度“全国建筑工程装饰奖”。

第九部分

科技创新

关于建立装饰企业技术创新体系的若干问题

中国建筑装饰协会副会长 上海市建筑装饰工程有限公司总经理 **谢建伟**

一部人类发展史，始终伴随着技术创新活动。某种意义上说，离开了技术创新，人类将停止历史，毁灭自身。因此从原始社会，人类祖先创造石制生产工具起，人类就没有停止过技术创新活动。现代技术创新从整体上说仍然是人类创新活动的历史延续，但是，从发展角度看，现代技术创新显然具有非常明显的有组织、有体系、有计划的时代特征和现代内涵。处于我们这个时代，只有把握这些基本特征和内涵，技术创新才能更有力的为企业发展服务。

一、技术创新体系的构建

纵观本公司的发展历程，基本吻合了从自发到有体系、有组织、有计划的一般发展轨迹。

本公司成立于1992年，已经有10多年历史。十余年技术创新的发展历程，基本呈现三个比较明显的发展阶段。

第一，技术创新原生阶段，也可以称为自发行为阶段。

这阶段大致跨越1992～1998年之间。与公司总的创建阶段相吻合。这阶段公司处于接受外来技术状态，不断将外面已经成熟的技术引进到企业生产实践中去，成为企业生产的主体。虽然，基本特征为“接受”，但也不乏自身的创新活动。如木饰面离缝粘贴施工中，有些项目采用粘贴木饰面前，先在木基层板的离缝部位涂刷2cm宽的油漆，改变先粘贴好木饰面再用油漆覆盖缝的做法。这一工序先后的调整，不仅方便了操作，加快了速度，而且使整个饰面的施工质量有了很大提高。

这类创新层出不穷，目前，大部分已经成为公司基本操作方法，只是没有人再认为它是一项技术创新活动罢了。

这一阶段的最大特征：自发和被动。

当时，公司没有专门的技术创新组织管理机构，不管创新的技术含量高与低，全部由项目部组织研究和实施，项目部之所以会研究，是因为这是项目中的技术难题，非克服不可，不存在丝毫前瞻性。

这期间，最突出、影响最深、技术含量较高的要数金茂大厦发光穹顶施工中采用的下沉式可变伸缩操作平台。

金茂大厦发光穹顶位于酒店中厅顶端，高100m，为变截面锥筒体，筒体离共享空间底部26m。

筒体内侧装修如果采用常规脚手架登高，将影响下面楼层的同步施工，在当时条件下脚手架方案不符合实际工况条件，而且成本过高，不符合投标要求。

通过技术人员精心研究，专门设计了一个操作平台。这个平台用两组手拉葫芦挂于穹顶顶端，葫芦下悬挂可随穹顶截面变化而缩放的平台，配以适当的斜拉钢索系住平台外侧若干点，平台类似“倒置雨伞”，可升降，可水平伸缩。平台使变截面锥筒体内的登高施工变得省时、省力又安全，同时还能确保施工区下方同步施工，完全满足当时的工况需要，实现整个作业区域立体交叉施工。

第二，技术创新组织初级阶段，也可以称之为技术推动模式阶段。

这阶段大致在1999～2000年之间，与公司总的突破性发展阶段相吻合。这阶段公司已基本完成外来技术的引进工作。常规施工技术已经成熟，迫切需要新的突破。1999年，公司成立技术部，由技术部统一组织技术创新工作。这阶段技术创新工作以改进施工工艺为核心，一边总结，编写企业标准施工工艺；一边针对生产过程中经常出现的问题，组织一系列技术创新活动。这一阶段显然与前一阶段不同，它具有鲜明的组织性、前瞻性、计划性。公司明确技术创新以改进工艺为核心，由技术部根据技术发展需要确定主攻课题，有组织地开展技术创新活动，取得了一系列技术突破，为整体施工质量提高到更高层次奠定了基础。但是，从发展的角度来认识，这一阶段的创新活动起于技术目的，终于技术目的，在与企业技术创新根本目的衔接上还有一段距离。这阶段在防止石膏板开裂、超重超大巨型门连接安装技术、石材系列安装技术等方面取得了显著进步。

石膏板开裂系统防止技术：

大面积石膏板吊顶开裂一直是装饰工程质量顽症，是阻碍装饰工程质量发展的一个重要“拦路虎”。利用上海国际会议中心4400㎡连续整体轻钢龙骨石膏板吊顶这一特殊工程，展开防止石膏板吊顶开裂的技术创新活动。通过研究，形成一个较为完整的“系统防止技术”，其要点：

1．疏而不堵，释放累积变形应力；

2．保证最佳受力状态，确保板缝呈结构受压状态；

3．针对不同工程类型，选择更合适的石膏饰面板；

4．进一步加强每一单元石膏板吊顶系统自身的牢固性；

5．建立一套完整的质量保证管理系统，确保各项技术措施落实。

“系统防止技术”不仅解决了上海国际会议中心特大石膏板吊顶的开裂问题，该工程从1999年使用至今未出现可见裂缝，而且该项创新技术运用到各种石膏板工程都取得了满意效果。成为保证吊顶质量一项重要技术手段。

超重超大巨型门连接安装技术：

现代装饰工程中常会出现超重超大的巨型木门，现有的合页最大只能承载800 kg/扇，连接合页常常制约超重超大木门扇的设计。上海国际会议中心有五樘宫廷式大型木平开门。其中每一单扇木门扇高4.8m，宽1.8m，重量超过1000kg/扇。

即使采用3个铰链，最大只能承载800kg/扇，合页铰链无法承受木门扇自重产生的竖向剪切力；门上端合页铰链翼缘无法承受门扇重量产生的扭距力。针对这一难题，技术部组织技术创新活动。通过研究，决定摒弃目前常用合页铰链作连接传动装置的常规做法，采用“轴向轴承连接传动装置”。即在钢立柱上、下各焊制一个钢牛腿，将轴承传动装置固定在钢牛腿上，在门扇的钢内胆一侧的上下端，用A_3钢焊接安装门轴，将门轴固定在轴承装置之中。

1. 将剪切力转换回重力，重力由楼板支撑；
2. 用钢牛腿平衡扭矩，其力由楼板支撑；
3. 通过设置调节装置控制安装精度；
4. 通过轴承消化门扇转动过程中的摩擦力。

“超重超大木门扇连接传动装置”不仅解决了使用合页铰链无法解决的承重和抗扭矩的难题，而且还解决了门扇转动的灵活性，以及开启噪声、开启平稳等问题，又能比较方便地更换。

1t 重的木门扇只要用一个手指轻轻一点便能稳稳地无声关闭开启。该项技术创新运用于很多工程，为企业赢得了声誉。

石材系列安装技术创新。

作为一家成熟的装饰企业，石材大面施工质量肯定不成问题。但是石材安装中的各种细部问题必然层出不穷。诸如空鼓、泛色、缝处理失当、石材爆边现象、石材纹路不顺等等，都是石材饰面质量上升到美感层面的重要“瓶颈”。在技术部的统一领导下，项目部根据工程特点，有选择地对某一细部进行创新突破，形成了系列石材拼缝预设计技术，嵌缝材料工厂化加工技术、系列保护技术、石材爆边修色复合技术等等十几项创新工艺，使公司的石材施工从一般质量要求上升到审美层次，奠定了创造石饰面精品工程的技术基础。

第三，技术创新组织发展阶段，也可以称之为需求拉动创新模式阶段。

这一阶段大致从2001年开始直到今日。与公司高速发展阶段相吻合。这一阶段公司整体技术已发展到一定程度：常规技术相当成熟，主要目标正在追赶国际先进技术水平。因此，这阶段技术创新在强化统一组织基础上，更追求创新内容直接与企业长期发展目标、企业经营战略挂钩。公司层面的技术创新核心已经从以工艺创新为核心转移到以企业技术结构创新为核心上来，并形成了项目层面注重工艺创新，公司层面注重技术结构创新的立体创新体系。

这一阶段，公司层面确立了“工厂化加工、现场装配”、“室内有害物质控制”及“构建适应市场竞争的各类技术平台”三大技术创新主题。

通过一阶段的创新活动，目前，工厂化加工、现场装配大型技术创新活动已经取得阶段性突破，如上海国际新闻中心、北京京西宾馆、上海东锦江大酒店、徐汇财政局办公楼、闸北检察院办公楼、明天广场等等几十个项目的木装修、石材饰面装修整体实现现场装配，一次到位，类似港式家具散件到家装配的安装模式。它不仅改变了传统的施工方式，带来一系列变化：提高了现场环保化、文明化程度，成倍地提高施工速度，而且，由于更少依赖操作工人个体技术水准和责任心，施工质量更为稳定，并实现了诸如传统工艺无法实现的超长木饰面无接缝、烧毛石拼缝嵌胶快速无污染饰面表面平整等新的精品质量标准。

工厂化加工、现场装配大型结构性技术创新，将为本公司带来施工方面全新革命，使公司的生产方式更接近国际潮流。

环保施工将是21世纪国内装饰施工的主流。在建立环保实验室基础上，进一步的技术创新主要围绕没有100%环保装饰材料，如何实现环保化施工的主题进行。目前已取得进展的是发现某些有害物质并没有随装饰工程进展而不断在空气中发展，表明装饰工程中的某些后道工序对有害物质的散发具有屏闭作用。因此，有望利用这一现象，改变工序流程，抑制有害气体的快速释放，实现困难条件下的室内环保化施工。

构建适应市场竞争需要的各类技术平台是一项新的创新内容。主要以市场需要为导向，以技术优质资源重组、拓展，重点技术突破为核心的创新活动。目前，在保护建筑等领域已展开拓展性工作。

综观本公司技术创新三个发展阶段，可以清晰地发现贯穿其中的三条发展脉络：

一是技术创新越来越向严密的组织化过程发展；

二是技术创新越来越明确以企业总体发展、企业经营战略为主导，与企业发展总目标衔接的更为紧密；

三是技术创新从单一的工艺创新向企业技术结构创新方向发展，不断丰富创新的层次，不断深化创新体系的层次深度。

通过三个发展阶段，本公司已经初步构建了现代装饰企业技术创新体系，并正在不断加速创新体系本身的现代化发展进程。

二、技术创新体系的完善

虽然，本公司已经初步建立了现代创新体系，但是，按照现代技术创新内涵，仅能算是初步完成了一个雏形，需要全方位的不断完善。

就本企业当前的实际情况而言，我们认为目前亟需在创新源动力、创新战略、创新实施三个方面进行完善。

1. 创新源动力完善

企业现代创新源动力植根于企业的领导层，但是，这仅仅是一个笼统的总概念。实践告诉我们，作为企业创新源动力的领导层，一般分为两个不同层次，搞清两个层次，认识他们不同职责，对于推动企业技术创新具有十分重要的作用。

第一个层次是企业最高领导层，他们是现代意义上的企业技术创新活动的根本源动力。他们的作用主要通过他们强烈的创新意识和坚定的创新决心体现出来。因此，他们最需要具备：1.具有不断创新的意识；2.具有成就意识；3.具有机会意识；4.善于用人。虽然，他们是创新的根本源动力，但是，他们不能替代创新过程管理层。

第二个层次是创新过程管理层。他们直接领导整个创新工作，对技术创新的发展方向、发展深度、技术创新对企业促进程度产生重大影响，也就是说对技术创新活动本身成效起作用。

两个层次之间是相辅相成、缺一不可的。

（1）没有企业领导层的创新意愿和决心，企业现代意义上的创新活动不会发生；

（2）仅有领导层的创新愿望和决心，没有管理层的有效领导和实施措施，创新将停留在动机阶段；

（3）领导层的创新愿望和决心只有通过管理层行之有效的组织、实施，即产生真实的创新活动，创新活动才能形成一定规模，具有相当深度，对企业发展产生影响，真正具有现代意义上的技术创新。

过去，人们不清楚创新源动力的两个层次，不明白两个层次互不相同的职责，缺一不可的关系。朦朦胧胧将其混为一谈，因而，技术创新活动往往流于松散、自发、无深度状态，难于上升到现代涵义的技术创新层面。

本公司后两个阶段的技术创新实践表明，公司领导层具有强烈的创新意识和决心，因此，我们认为，本公司创新源动力的完善重点在于提高第二层次即创新管理层的引导水准，在于通过完善管理层的领导水准，使技术创新更深刻地服务于企业发展。

根据对本企业创新管理层现状分析，我们认为完善的内容主要有：

（1）管理层主攻工作转移。要从参与重大技术创新具体活动为主转化为以企业创新需求识别、创新战略确定、创新组织框架构建、创新激励机制构建、成果总结和推广为主上来；

（2）管理层重点能力转移。要从技术创新能力为主转化为洞察力、机制创新能力为主上来。

通过完善创新管理层，实现加速企业创新体系现代化进程。

2．创新战略完善

企业现代创新体系离不开与之相适应的创新战略，因此，完善创新体系的重点之一，就是确立更适合企业实际需要的创新战略。通过分析研究，初步确立了本公司今后一段时期创新战略的五大内容：

（1）促进技术推动型为主向需求拉动型为主发展。在兼容技术推动和需求拉动创新模式基础上，重点发展需求拉动型创新模式，即重点发展本企业第三创新发展阶段。目的使技术创新更直接、更紧密地服务于企业发展和推动企业进步。

（2）促进个体创新非连续性向企业创新持续性发展。技术创新研究专家缪尔塞（R.Mueser）为技术创新定义：技术创新是以其构思新颖性和成功实现为特征的有意义的非连续性事件。重点指出了技术创新一个极其重要的涵义，即活动的非常规性，包括新颖性和非连续性。确实，个体创新是一个非连续性活动，但是作为企业创新体系，要通过它的组织，将无数不连续的活动，连接成企业整个创新的持续发展，充分展现企业现代创新体系的规模和深度。

（3）重点发展模仿性创新。所谓模范性创新指企业通过学习，模仿率先创新者的创新思路和创新行为，吸取率先者成功经验，在工艺设计、质量控制、成本控制等创新链上进一步完善率先者失败或不成熟的部分，从而在质量、成本方面创造更大的竞争力，以确立自己在这方面的竞争地位，占有市场，获取经济效益的一种行为。

模仿创新不做新技术的开拓探索者和率先使用者，而是做有价值的新技术的积极追随者。

模仿创新是一种极其普遍的市场行为，世界上很多著名公司都依靠它高速发展。

模仿创新在产品市场风险方面，不做开拓探索者，而是做已凸现市场商业价值产品的积极追随者；在技术开发方面，研究开发活动不涉及未知的探索领域，而主要从事渐进的改进、完善和再开发。因此具有无前期市场开拓风险和成本、技术风险低的特点。

因此，模仿创新比较适合产品变化大的装饰性企业，是装饰企业重点发展创新类型。

3．创新实施工作的完善

（1）强化创新计划的制定。创新计划的内涵深度标志着企业创新活动的成熟程度，只有具有完整、深厚的创新计划，才能使创新真正成为企业自觉行为。

创新计划将包括创新总目标、外部环境分析、内部环境分析、内外环境综合分析、具体的目标计划、创新方案论证、计划实施控制等等内容。

创新计划重点内容将放在外部环境分析中的市场、顾客、竞争对手的分析研究上，放在内部环境分析的创新资源、现状、激励机制的力度、内部优势的分析研究上，放在内外环境综合分析中的创新突破条件分析上，放在计划实施控制制度确立上。从而制定出具有可行性的创新计划。

（2）强化技术积累、信息沟通推动技术创新。没有技术积累、创新无坚实基础；没有畅通的信息沟通渠道，将浪费大量时间、人力资源。因此，技术积累、建立畅通的信息沟通渠道，将是技术创新一项基础工作。

技术积累包括知识积累和技术能力积累两个方面。技术积累既包括个人知识技能的积累，又包括企业组织层次的技术积累。因此，重点将做好个人、企业两层次的资料总结方面的组织汇编工作，使企业的资源由无形变成有形，成为真正的企业积累，并为主要信息沟通提供基本资料。

10 年技术创新发展历程，使我们深深认识到：在企业发展进程中，同步构建技术创新体系固然重要，然而，不断完善创新体系，加速创新体系本身现代化发展进程更为重要。只有使技术创新体系更具现代创新内涵，才能具有更强的创新活力，能更有力支撑企业适应市场经济，辅助企业加速向现代化、国际化发展。

加快提高装饰企业科技创新和管理现代化水平

中国建筑装饰协会信息咨询委员会专家鲁心源

我国现代建筑装饰行业兴起于20世纪80年代初，在上个世纪经历了高速发展，在新世纪开始又迎来了一个春天，特别是在十六大提出的全面建设小康社会和继续扩大内需的方针指引下，我国建筑装饰行业既面临着一个大好的机遇，又由于行业发展较快，特别是加入WTO后建筑装饰市场竞争日趋激烈，面临着挑战大于机遇的现实。同时，我国建筑装饰企业面临着“二次创业”，提高企业综合实力和核心竞争力，加快发展的一个严峻时刻。

一、困扰行业的两大问题：科技创新与管理现代化

当前困扰行业发展提高的，主要有以下两大问题：

1．亟待提高装饰企业科技创新水平

我国建筑装饰行业的发展历程并与国外相比，装饰企业的科学管理水平、技术进步和开发工作，都落后于世界先进水平，因此，提高装饰企业的科技创新水平就提到当前的重要日程上来。

我国的现代建筑装饰企业多来自于建筑业，以及房屋修缮业、材料生产与销售、房地产开发和物业管理等相关行业。发展快速，劳动密集型，机械化程度较低，工厂生产少，现场施工多，大部分施工延续着手工业操作的模式。

我国建筑装饰行业与其他行业相同的是缺乏足够熟练的技术工人，突出的矛盾是随着行业对操作工人需求的增多，劳动力不得不大量来自于农村。因此，不仅带来了文化素质较低，缺乏专业技能，接受现代化新事物能力差，而且带来由于企业均实行管理与作业两层分离制度，与劳务层是分包关系，对机械化生产、先进机具的推广、实现科学管理难以实施等问题。往往造成企业只顾保证质量，按期完工，有更多效益，而很难深入研究并追求怎样施工得更好、更快、更省、更先进。

2．亟待提高装饰企业管理现代化水平

虽然我们装饰施工企业内有质量安全、项目管理等多个技术管理部门，但是全国 2 万多有资质的装饰施工企业中 10 万以上的技术管理部门，其中设有专门从事技术进步和开发的职能机构，寥寥无几。虽然我国装饰企业在管理方面有很大的提高和进步，到 2003 年 2 月已有 318 家企业通过 ISO9000 国际质量认证，有的企业还进行了 ISO14001 和 OHSAS18001 认证。但是距真正完全落实到工程项目上差距还很大。虽然有些企业已推广了计算机网络管理工地现场，但是为数还不多，面还不广。因此，提高管理现代化水平是我们面临的一项紧迫任务。

现代建筑装饰工程，是一门科学、技术、艺术和文化相结合的系统工程，特别是起龙头作用的室内设计，虽有较大的提高，但因受到物质基础、施工手段、材料和配件落后的制约，一个先进的设计构思往往不能实现。因此，国外的设计方案，国内企业难以实现；新材料、新设备、新技术，我们企业往往不会利用。设计创新受到严重影响。

二、解决行业两大问题的措施

为使全行业加快提高科技术进步和管理现代化水平，争取短期内上一个新台阶，我建议：

1．转变观念，提高认识，统一思想，在“三个代表”思想指引下，为达到科技是第一生产力的目标，装饰企业在全面总结、分析本单位的科技进步和现代化管理工作的前提下，增强创新的危机感和紧迫感。

2．建立健全企业和行业科技信息工作，了解和掌握国内外有关建筑装饰工程管理、设计、材料、配件、生产方式、先进工艺、新机具等各方面的最新动态。

3．企业一把手要亲自抓，并有专职人员研究开发。

4．企业要制定提高科技水平的规划和年季度工作计划，包括项目安排、主攻目标、时间要求、专人负责、检查奖惩的激励约束机制。

5．在提高设计艺术水平的同时，也要提高施工中相关材料、配件、机具、工艺等的水平，发挥新情况、新动态——信息为工程技术进步的龙头作用。

6．企业在制定规划中，应首先选择关键且易行的项目先上，例如已引起业内重视的工厂化生产、现场安装配件的施工作业，木制品、铝制品、成套厨卫设备等项目应避免重复建设，一阵风上而造成的浪费。提倡企业间的专业化合作，例如有的企业提供木制品配套、专业安装，有的分包金属制品配套、制品安装，形成优势互补。

7．大力进行人才开发，既要引进人才，又要提高现有人员素质。在企业内普及相关科技知识，采取培训等多种形式的继续学习。人才是关键。

提高建筑装饰工程科技质量的一点认识

广州珠江装修工程公司　曾　东

在我公司获得多个装修参建鲁班奖（国优）后，近几年又获得了多个全国建筑装饰奖，特别是广东南海枫丹白鹭酒店和中国银行总行行长层装修，获得业界专家及同行的一致好评，也是对我公司装修施工项目管理水平及装修施工工艺的肯定。

1. 高目标的质量定位

“尽心尽力、尽善尽美”，是我公司的质量方针。长期以来，对不同风格、不同要求的装修工程，项目部均按照ISO9001 程序控制的要求编制针对性较强的《项目质量计划》，并在其中把质量目标分解到每个分部、子分部及分项进行量化控制；在施工组织设计中把质量目标与人、机、料、法、环五大施工要素进行系统的策划和有效的控制，真正地做到目标、责任落实到每个岗位，建立完善的岗位质量业绩考评和激励机制。

2. 高标准的管理要求

我们在管理中，一直坚持一个理念：“好的产品是生产过程中形成的，而不是评定出来的”，所以我们的管理是全过程的管理；项目工程从合同交底开始，严格按公司程序文件的要求，公司合约部、工程部、质监部等职能部门跟进全过程的管理，通过交底、日常巡检、抽检，月度大检查及月度流动红旗评比，促进项目部间的交流，提高项目部的管理水平。

“好的产品是生产过程中形成的”，所以项目部在管理中强化“过程管理、动态管理”，提高施工的一次优良率。在云浮市迎宾馆装修中贴地面仿古砖、中国银行总行行长层地面石材铺贴中，施工技术人员采用全过程的动态管理，每天收工前对当天施工的质量进行验收，达不到优良标准的及时返工，从而保证了施工质量并将材料的损耗减至最低。

3. 对装饰文化的理解

一个装修精品的产生除需要施工人员对设计图纸有准确的理解外，还需对设计师想要表达装饰的文化内涵有一定的了解，更高一个层次是对设计师个人风格的理解。

我公司在香港设计师陈建中设计的枫丹白鹭酒店和广州花园酒店的多项改造装修项目、世界著名建筑大师贝聿铭先生设计的中国银行总行装修施工中得到了很好的体现，我公司现场施工管理技术人员及现场设计师能很准确的体会和理解装修图纸所想表达的内容和要求，在多项与设计师配合施工的项目中，其完成的图纸深化、采用的施工技术、达到的施工质量均完全符合设计师的要求和期望。在多年的装修施工实践中，我们深深地感觉到，室内设计实际上是表里不一的工作，外表装饰固然要求美观和吸引，但内里的工序，如空间策划、用料、结构、细节等基本技术因素其实影响更大。把外观的艺术性与内里的技术性成功融合为一，这是确保任何一项工程成为精品的必要措施，只有设计和施工的完美结合才能产生佳作精品。

4. 建立工程样板引路制度

实行“样板引路”是我公司对“事实”交底的一项质量控制手段，对提高产品的一次成优率起到了关键的作用。样板引路在工程施工中还包含另外两个含意：一是建筑师及业主检验其设计效果的依据；二是确认装修各专业分包商深化设计及施工技术、质量的效果。我公司在广州花园酒店客房装修、枫丹白鹭酒店装修、中国银行总行办公楼装修项目中运用“样板引路”较为成功，通过设计、业主等多部门对样板进行评审，可以优化原设计、明确施工工艺、指导大面积施工.。

“样板引路”一般包含下面几个步骤：

一是选择有代表性的工序和标准间，尽量包含的功能设施齐全。

二是板施工中的全过程的指导和监控，特别是对新材料、新工艺要事前作充分的交底。

三是对样板进行验收、进行优化评审。

四是根据设计师和业主提出的优化要求再进行改造。

五是对优化改造后的样板再进行验收，样板通过验收后挂牌标识。

5. 准确放线，引入“模数”施工概念

随着装修业中引入“工厂化”生产概念，许多半成品、成品都在工厂加工，现场安装，这就对我们的误差提出了新的要求。任何土建结构的误差都会直接影响后续的装修施工，这就要求我们装修时需准确放线，不仅要采用各种方法弥补或平衡土建施工的误差，还要按照模数要求，标识出每一个工序所控制的精确位置，对天花、地面、墙身等要预排模数。在中国银行总行行长层装修等项目中，通过模数控制，所有块料天花、地面均为整块，没出现切割；一些木饰面板通过现场精确复线，准确读数下单，使大部分均在厂家加工制作的木饰面板到达现场后能一次安装成功，从而保证了木饰面板的整体质量。

6. 把好材料采购及检验关

中国银行总行行长层的装修采用了大量的木饰面，工程所用约 14000 ㎡的红榉木皮和约 16000 ㎡红影木皮，且

设计要求全部的木饰面不染色而直接油清漆，这对订购如此大数量的木皮的成色提出了很高的要求。我们向多个供应商发出了有明确技术要求的咨询，经严格筛选最终选择了向德国订购的使用五棵红榉木大树和五棵红影木大树加工的木皮，从而保证了全工程木饰面的观感统一。云浮市迎宾馆选用的较大量的碳化杉木实木板，设计师明确要求碳化色泽深浅、杉木的纹理及板材的平整、光泽等必须按样板选料，所以在每一批进货检验中材料员严把验货关，最后碳化杉木板的退货率达 30%，从源头保证了装修的高标准要求。

材料质量控制的好坏直接影响装修质量，也影响项目工程成本。在采购前一定要对分供方或厂家进行严格的评审，对主要的饰面材料必须交甲方设计师、监理确认样板，材料进场检验会同甲方或监理一起确认，确保进场材料质量符合要求后才分发给班组施工；对业主提供的材料，如未达到标准要求，会影响装修质量的，我司会停止使用该种材料，并发函给业主要求该材料作为不合格品限期退场，从而达到为业主严格把关的服务精神，同时也保证了企业的声誉。

7. 对施工工艺精益求精的要求

施工工艺是装修工程质量灵魂所在，我司在施工组织设计中就按设计要求及施工规范制订施工工艺、质量标准，并对班组进行技术交底，然后进行样板施工，达到工艺标准、质量验收要求后才全面铺开施工。在施工过程中、坚持执行自检、专检、交接检的三检制度，真正做到达不到质量标准的项目不能进入下一工序、杜绝影响质量隐患的发生。

枫丹白鹭酒店全部客房卫生间墙身、地面均使用进口的印尼米黄云石薄片，该种石料存在纹向、颜色差异的弊病；为了消除材料上的差异达到质量效果上统一的高标准，项目部安排专人对 230 多间卫生间使用的八万多件石料进行分拣，按每一个客房卫生间的四个墙面、一个地面尺寸进行对纹对色摊铺，经对排样验收合格，并对石材进行编号后才发给施工班组进行镶贴。

中国银行总行行长层装修工程中，设计师要求所有饰面不得出现钉眼及任何修补痕迹，这是对传统施工工艺的一项挑战，为了解决这一难题，公司技术人员组织了多次的专题攻关活动，不断钻研，针对该种工艺要求开发研制了合金铝挂件，采用此挂件工艺不但满足设计要求，而且使其饰面观感一致，光滑平整，并有效地控制了板面的变形。会议室天花安装的进口阿拉巴斯石材吊灯每盏自重就达 200kg，如何使灯架结构牢固耐用和易于安装，还要方便日后的维修及更换光源却非一件易事。我们的工程技术人员反复多次与加工厂家的专业人员进行研究、试制，最终成功地解决了外观、承重、安装、维修等的一系列问题，200 多组安装在会议室内闪闪生辉的吊灯得到美方设计师的高度评价，解决了美方设计人员也认为是一大难点的问题。

云浮市迎宾馆的卫生间墙身饰面设计师选用图案马赛克镶贴，并且 73 间卫生间选用四种不同的图案。由于宾馆是由一幢主楼、四幢别墅组成，加上设计的特殊要求和土建施工的误差，73 间卫生间就有 73 个不同的尺寸。我司工程技术人员根据其加工及施工的难点，绘制 73 张卫生间四面墙身尺寸展开图，并在展开图上准确标出门、窗、镜、浴缸的位置和尺寸，然后把图纸交给马赛克加工厂家进行加工生产，厂家根据我方的展开图进行编号生产，对每一件马赛克编号装箱，并由厂家在每箱马赛克中提供一张拼装图；为了达到连续图案的美观效果，并对卫生间的墙身进行二次抹灰，使四面墙的宽度都符合马赛克的模数要求，从而保证了四面墙身图案连续完整的美观效果。

8. 良好的服务及保修意识

装修业作为服务业的一部分，它比一般范畴所指的建筑业更强调服务意识。在施工过程中，施工单位所采用的施工工艺要充分考虑业主将来的使用、维修、清洁、更换等的要求和方便，比如光源的更换、浴缸排水管的清洁及维修等都要求装修公司站在使用者的角度去考虑施工工艺。在工程竣工移交时，项目部及时地向业主分发公司编制的《装饰工程使用与保养手册》，主动向业主工程管理人员介绍各种材料的使用与维护方法，避免业主管理人员在不知情的状况下，使用一些不当化学清洁剂损坏一些金属五金表面的镀层或是饰面材料。在投入使用后，我们积极配合业主做好各项保修工作，并坚持做到做好季节性回访、技术性回访、保修期满前的回访工作。特别对酒店客户在几次重要会议接待工作前提出的协助修缮工作要求，公司领导及项目部均给予高度重视，认真地落实节前和重要会议接待前的回访工作，在不影响酒店正常营业的前提下，组织维修保养工作。我司长期的主动为客户提供良好的保修服务的做法，受到了众多客户的一致好评，并为公司赢得了不少的回头客和慕名而来的新客户。

广州珠江装修工程公司从 2000 年通过 ISO9001 国际质量体系认证以来，以“尽心尽力、尽善尽美”的质量方针指导整个公司的经营管理理念，以创“全国建筑工程装饰奖”树企业质量品牌，提升企业的市场信誉。我们将继续不懈地努力，在不断的实践、总结、积累中提高自身的项目管理水平，以一流的服务精神，精益求精的态度，通过技术创新、科学管理、严格设计及精心施工的全过程控制，使每一个项目都达到完美的艺术效果及精雕细刻的工艺要求，为社会创造更多的装修精品。

---

*本文被评为“2003 年首届全国建筑装饰行业优秀科技论文”。

关于当前装饰行业几项科技创新的说明

北京市建筑装饰协会 **贾中池 胡岳威**

一、利用光化学催化法消除室内环境污染

《民用建筑工程室内环境污染控制规范》、10 项“室内装饰装修材料有害物质限量标准”和《室内空气质量标准》的颁布与实施，较完整地构成了对室内环境污染的控制与评价体系。

针对室内环境日趋恶化这一实际情况，采取相应措施，切断污染途径，达到有效的预防和治理，可利用光化学催化法消除室内环境污染。

光化学催化法，是光化学与催化剂两者的有机结合。光化学反应是极其复杂的化学反应，但其总反应为：

$$\text{有机污染物}\xrightarrow[\text{光催化剂}]{hv} CO_2 + H_2O$$

光化学催化剂，则选用纳米二氧化钛（TiO_2），它有普适性、节约能源和无二次污染之优点，且催化剂可重复利用，是一种经济有效的方法。

纳米二氧化钛（TiO_2）属于纳米材料之一，纳米材料是指粒径在 0.1～100nm 间的粒子（$1nm=10^{-9}m$）。纳米 TiO_2 在环境保护方面具有很广泛的应用，这主要归因于纳米 TiO_2 的强烈的光催化氧化效应，它可以迅速完全地氧化有机物，产生 CO_2H 和 H_2O。

纳米 TiO_2 的优点在于：

1．具有巨大的比表面积，因而具有与有机物更充分的接触，可将有机物最大限度地吸附在它的表面。

2．具有很强的紫外光吸收能力，因而具有极强的光催化降解能力，可快速将吸附在其表面的有机物分解。

3．采用表面活性很强的纳米 TiO_2 作为光化学催化剂，可利用极经济的太阳辐射源。

4．纳米 TiO_2 受光照射，可以产生反应活性很高的过氧负离子，过氧化氢自由基和氢氧自由基，它们具有很强的氧化、分解能力，可破坏 C-H，O-H，C-O 等化学键，可用于杀菌、除臭、防老化和消毒等。

5．只需微弱紫外光照射，即可进行光化学反应。

6．纳米 TiO_2 仅起到催化作用，自身不消耗，对环境无二次污染。

7．纳米 TiO_2 不仅能杀灭微生物，而且也能分解微生物赖以繁衍生存的有机营养物。

8．对人体安全无毒。

正由于纳米 TiO_2 以其特有的广泛适用性，较强的降解效率，已日益引起环境科学和材料科学工作者的关注。

利用纳米 TiO_2，可生产多种多功能的应用价值极高的纳米高科技产品。诸如，纳米玻璃、纳米涂料、负载光催化剂的釉面砖和陶瓷卫生洁具、壁纸、布艺等等，以替代传统的装饰装修材料，从而提高装饰性能。真正做到及实现了“环保材料，绿色装修”所赋予的真实内涵，以达到“低能耗，高效益”的可持续发展之目的。

二、关于纳米涂料

纳米 TiO_2 为多晶型化合物，有板钛型（极不稳定），锐钛型（常温下稳定，存在于自然界矿石中，可用人工方法制得，高温下转化为金红石型），金红石型（最稳定，自然界存在不多，多为人工制造）。

制备的 TiO_2 在高温煅烧时，因温度不同，其晶型也不同：<250℃为无定型；500℃左右为锐钛型，>500℃为金红石型。

纳米 TiO_2 的晶型为金红石型，其粒径为普通钛白粉粒径的 1/10。

纳米涂料是在涂料中混有纳米 TiO_2 颗粒，可以氧化去除室内的有机污染气体。其氧化作用原理是当 TiO_2 粒径达到纳米级时，TiO_2 颗粒会出现量子尺寸效应，即催化剂能带结构趋于较高的能量，导带移向较正的电位，而价带移向较负的电位。这意味着纳米粒子获得了比较强的氧化还原能力。

实验表明，当将含有甲醛的气体封闭起来，用紫外灯照射，甲醛浓度降低很慢，20min 后密封室中的甲醛浓度仍在起始浓度的90%以上。当将 TiO_2 涂料玻璃板放进该密封器中，在 20min 内，甲醛浓度迅速降低，从原来的 1.04mg/kg 迅速降解 0.32mg/kg，这表明纳米 TiO_2 粒子对分解甲醛具有很好的光催化活性。同样的情形也可发生在对苯的催化氧化上。

纳米涂料的特性：

1．耐老化，纳米 TiO_2、SiO_2、ZnO、Fe_2O_3 等是优良抗老化剂，可明显提高涂料耐老化性能。

2．抗辐射，纳米 TiO_2 具有透明性和散射紫外线的能力。金红石型纳米 TiO_2 的耐热性、热稳定性、化学稳定性均优于锐钛型纳米 TiO_2。

用含有 0.5%～4.0%纳米 TiO_2 透明涂料是一种良好的永久性紫外线吸收剂，可用于木器、家具和文物保护等方面。

3．不导电性，在涂料工业中，纳米微粒是一种新型抗静电剂，有良好的静电屏蔽性能。涂膜表面的低表面电阻，能使涂膜表面不附尘玷污，提高装饰性能。

纳米涂料的分类：

1．纳米复合涂料，纳米粒子用于涂料中，所得到的一类，具有抗辐射、耐老化或具有某些特殊功能涂料。

2．纳米改性涂料，利用纳米粒抗紫外线等性能，对现有涂料进行改性，提高涂料的某些性能。

3．纳米结构涂料，使用特殊工艺制备的涂料，其细度

在纳米量级。

纳米填料在涂料中的应用：

纳米粒子在有机涂料中的均匀分散，可通过改变制备工艺、纳米粒子表面改性，加入分散剂等方法解决。

对于溶剂性涂料，纳米粒子相的引入，可以通过纳米粉末的填充或纳米粒子分散液的复合来进行。纳米粒子可在树脂合成阶段加入，也可以在涂料配置时加入。分散的方法可以是超声波、高速搅拌、球磨甚至高速喷嘴分散。

对于水性涂料，纳米粒子一般是先配成水分散液，再与乳胶或树脂水溶液复合。另外，也可以先将纳米粒子制成有机—无机复合乳液，再制成涂料。

单靠机械力的方法来分散纳米粒子效果有限，纳米粒子的表面改性是必要的，表面改性所采用的改性剂有：有机酸、偶联剂、表面活性剂、超分散剂、聚合物等。在选择表面改性剂时，除易与纳米粒子键合外，最关键是要使其与所选用的涂料体系相容。

涂料中填料的体积浓度（PVC）可按下式计算：

$$PVC = \frac{V_{填}}{V_{填} + V_{基}} \times 100\%$$

式中 $V_{填}$——填料的体积；$V_{基}$——基料的体积。

研究表明，涂料均有一个临界填料体积浓度，在临界体积浓度以下，随填料体积浓度增加，涂膜的性能会愈益优化。而在临界体积浓度以上，随填料体积浓度增加，涂膜的性能会愈益劣化。

三、清洁玻璃与陶瓷

清洁玻璃也叫纳米玻璃，是用高科技纳米技术，在平板玻璃的两侧分别镀制一层纳米薄膜。该薄膜在紫外线作用下，可分解氧化室内外有害气体，杀灭空气中的细菌和病毒，与普通玻璃价格比仅为1.5∶1，是一种多功能，应用价值极高的纳米高科技产品。

该纳米薄膜有一特殊性质，即超亲水性。在通常情况下，将水滴在薄膜表面，表面同水有较大的接触角，在紫外线的照射下，水的接触角减小，甚至达到 0℃（即水滴完全浸润薄膜表面），显示了薄膜的亲水性。光照停止后，薄膜表面的这种亲水性可以维持数小时甚至到几天左右，随后又慢慢地恢复到紫外线照射前的情况，薄膜具有的这种性质被称为超亲水性。再用紫外光照射，则再次表现出超亲水性，采用间歇紫外光照射就可以使得薄膜表面始终保持超亲水性。利用薄膜在紫外光下产生的强氧化能力和薄膜的超亲水性，可形成自清洁表面。玻璃、陶瓷等建材表面吸附了空气中的有机物和无机物后，有机物不易溶于水，时间一长，形成污垢，表面变脏，而且这些有机污垢在水中的溶解度小，用水很难擦洗干净。若在这些建材表面涂覆一层纳米薄膜，利用光化学催化反应可以把吸附在表面的有机物分解为二氧化碳和水，可以被雨水冲刷干净，这个过程就是自清洁。因为薄膜表面有超亲水性，污物不易在表面附着，太阳光中的紫外线足以维持薄膜表面的亲水特性，可以使薄膜表面长期具有防污的自清洁效应，同时薄膜表面还具有杀菌的效果。

高层建筑的窗玻璃，建筑物外墙砖以及很难清洁的设施，如若在表面涂覆一层纳米薄膜，在白天太阳光的照射下，就能实现其自清洁功能，不仅节省了清洁的人力、物力，而且也利用了太阳能。

纳米高科技产品，将越来越广泛地应用于人们的日常生活中，发挥它无穷的潜力，提高我们的生活质量。

装饰企业发展靠科技资源管理

沈阳黎东幕墙装饰有限公司 董事长 **赵铁利** 总经理 **赵 佳**

科技资源管理在 ISO9001：2000《质量管理体系 要求》标准中是很重要的要求之一，它是这个标准中的五大板块中很重要的一个部分，企业不重视它就不会发展，就不能持续改进向前，也就不会取得应有的效益。

显然，资源是质量管理体系及过程不可缺少的组成部分，也是企业实施质量方针和质量目标的必要条件。由于外界环境的不断变化，质量管理体系为适应这种变化，就要不断地对众多关联和相互作用的质量体系的过程予以改进，而过程离不开资源的投入，所以资源的提供是动态的。当然，资源的需求也来自于企业自身的发展需要。

科技资源管理无非是人力资源、财务资源和物资资源的管理。从资源中抓人的因素，利用财务资源增添基础设施，推动生产向前发展，从资源中取效益。

根据我们黎东幕墙公司十几年发展的历程，在科技资源管理中确有收益，仅从下面几个方面谈点个人体会，愿与同行切磋。

一、人力资源是科技资源中最具有生命力的资源

世间一切事物中人是最宝贵的财富，因为人是企业生产力中唯一具有能动性、创造性的主体因素，再好的管理制度也是需要人来执行与运作的，搞企业首先要搞活人，以人为本是企业长远发展的重要因素。因为企业管理是人、财、物的管理，而人永远是财和物的支配者、组织者、创

造者，人力资源是唯一可以连续开发、层次开发和无止境开发的科技资源。所以说企业兴旺发达靠人，事业成败靠人，有人才有一切，有能人事业才会有成。

建筑装饰行业从事经营生产具有跨地域大而广的特点，人才流动比其他行业大。因此，如何留住人才、培养人才、发挥人才优势，是每个企业都面临的重大课题。

我们认为，招聘选人，精心培训，合理用人是管理好人财资源的重要途径。

1.招聘选人。公司从1985年成立那天起，就非常重视人的因素在企业发展中的重要作用，特别是近几年来更是如此。现在公司每年均面向社会公开招聘员工，广纳精英，充分利用市场机制配置经营管理和技术人员资源，拓宽选择渠道，聘用装饰装修建筑幕墙行业中的精英。

2002年底公司又面向社会招聘了方案设计、工程设计、钢结构设计、项目经理、销售人员、生产管理、质量管理等方面人才60余人，充实到公司技术队伍和各管理部门，扩大了公司的骨干队伍。

2. 精心培训。人的知识是靠在学校中的教育和在企业等有关方面的培训而获得的。教育，应该说主要是在学生年代于学校中受到的教育而获得的基础理论知识。而培训，是使人获得知识的一个重要途径，这主要包括理论知识和实践经验两个方面。

公司特别重视员工的培训，为提高员工的思想素质和技术素质不惜任何代价。为提高2002年底新招聘的员工和公司老员工的素质，公司2003年1月份举行为期10天的大型培训教育，除公司部分领导向新员工进行了企业发展史与管理、质量管理与控制、企业技术、工程设计、方案要求、安装与管理、行政管理、企业营销等方面教育外，还专门请了6名行业领导和专家对公司新老全体技术人员和管理干部，在沈阳民航宾馆进行了高层次的培训教育。

我们邀请了中国建筑装饰协会常务副会长兼秘书长徐朋讲了入世与国际市场，行业领导、专家郑金峰讲了行业管理，行业专家、国家检测中心副主任姜仁讲了新产品技术，上海皮尔金顿有限公司销售副总周一平讲了市场营销，方圆委质量管理专家胡英杰讲了质量管理体系，行业专家徐忠友讲了工程质量与控制。

通过这次大型培训教育，使新老员工获得了行业中新的知识，取得了实践经验，对公司各方面人才提高技术业务能力和素质，起到了推波助澜的作用，这也是对技术人员吸取新知识的一次极好的机会，使新老员工进一步了解了行业，开阔了视野，工作有了方向。

3.合理用人。知人善任，人尽其才。公司本着唯才是举，量才重用的原则，大胆提拔了一批年轻干部充实到有关部门，做骨干起纽带，层层发挥桥梁作用，成为黎东幕墙公司各个部门各个环节的顶梁柱。目前，从产品销售、方案制作、工程设计、采购供应、生产加工、安装施工到产品质量验收和质量管理、乃至到行政管理，均有一批业务能力强、敬业精神好、工作实效高的人。

二、物资资源是科技资源的坚固基础

人不穿衣吃饭不可，工厂（公司）没有一定的生产区域、办公环境、生产设备和技术装备不行。

因为物质是基础。往小说，一个家庭需要有必要的物质基础。往大说，一个国家更需要有雄厚的物质基础。当然，一个企业必须有足够的物资基础，因为物资基础能充分显示出一个企业的大与小和一个企业的强与弱，即能显示出一个企业的实力来。

作为企业要想拿到一个比较像样的合同实在是相当不容易，其程序很多，而其中一个重要程序即是业主（上帝）对施工企业的考查。在考查中除对人力资源进行考查外，更主要的是对企业生产和办公环境的考查，他要看企业的生产占地面积和环境，看生产流水线和生产设备，看办公环境和技术装备等等，这些物质基础是实实在在存在的物质，业主经过考察后形成第一印象，确定你这个企业是否真有实力能干好这个工程，才会放心地将工程交给你干。

根据多年办企业的经验，要想企业能生存下去，永盛不衰，就得对企业不断地进行装备。要扩大占地面积和生产面积，要对生产设备进行不断地更新并提高其先进性，要购置先进的技术装备，要改善办公环境，要改观厂容厂貌。

公司从1996年买地盖厂房和办公楼开始，就没有停止脚步进行扩大再生产。年年有扩建，年年增购进口先进的生产设备和技术装备。目前公司占地面积32000 m²，建筑面积20000 m²，具有从美国、奥地利、德国和意大利等国进口的成套的建筑幕墙和铝门窗先进的生产设备，加工产品效率高、质量好。公司还配置了百余台电脑、打印机、复印机、晒图机和效果图彩色打印机等，从工程方案制定、制作效果图到工程设计全部通过操作电脑来完成。

这些物资基础给予业主（上帝）以美好的印象。有的业主说过，黎东幕墙公司的厂容厂貌很好，真是外看似古典式建筑，内看似现代化宾馆式办公环境，有实力，可信赖。

三、财务资源是科技资源的杠杆

企业发展的根本宗旨是盈利，不盈利没效益，年年瞎忙碌的傻事，哪个企业的老板也不会干。

多年来，随着公司人员在相对稳定的基础上，特别是主力队员（各部门领导层）保持相对稳定的基础上年年进行更新，不断地充实新的血液增强新生力量，更好地发挥出人的积极性。而厂区，厂房不断扩大不断改观，生产设备和技术装备不断增置和更新，改善了生产条件，提高了技术人员的技术水平和生产加工能力、安装技巧，年年扩大销售额度，由突破亿元大关而达到几个亿的产值。

由于有人、有物、公司会进财。销售额年年有突破，年年增加收入，年年有盈利，年年有扩建，年年增置生产设备和技术装备，形成良性循环，适应企业大步向前发展的需要。

资源这个动力威力无穷。没有它，黎东幕墙公司就不能成为首批建设部批准的建筑幕墙一级施工企业，就不能首批获取国家颁发的建筑幕墙和铝门窗生产许可证，就不能率先顺利地通过 ISO9001：2000 版质量管理体系认证，就不能首批获得建设部颁发的建筑幕墙专项工程甲级设计资质证书。

有了资源这个动力，黎东幕墙公司承建的工程才能遍及全国 20 余省 40 多个城市，工程质量全部达到优良工程标准，深受用户好评，部分工程被评为鲁班奖、全国建筑工程装饰奖、东北三省会样板工程奖、省优、市优等。有了它，公司多年来才能获得国家、省、市授予的各种荣誉。

总之，搞企业真是太累，太操心。经过多年的努力，黎东幕墙公司目前已形成一定规模，公司已具有较好的形象，在社会和行业中已小有点知名度。考虑到建筑装饰行业发展的美好前景，能为建筑装饰行业尽一份力，再操心再累也值得，心里也就特别高兴，因为这就是对我们国家我们社会的贡献。

我们将不断地向同行业龙头企业、先进企业学习，取长补短永不停步，继续努力再拼搏，利用科技资源管理这个重要因素，发挥资源这个动力作用，为建筑装饰行业做出应有的贡献。

*本文被评为“2003 年首届全国建筑装饰行业优秀科技论文”。

关于装饰工程“样板”制作·土建与装修中水电施工配合控制程序的讨论

北京港源建筑装饰工程有限公司副总经理兼质量和环境体系管理者代表　**薛忠伟**

装饰工程“样板”制作控制程序

一、目　的

为了满足业主要求，验证装饰设计效果和确定工程质量标准、造价以及装饰材料和施工人员。

二、适用范围

适用于公司承建装饰工程项目的设计和施工全过程。

三、引用文件和支持性文件

1．《高级建筑装饰工程质量检验评定标准》（DBJ01-27-96）。

2．《建筑工程施工质量验收统一规范》（GB50300-2001）。

3.《建筑安装工程资料管理规程》（DBJ01-51-2000）京建质（2000）569 号。

4.《建设工程项目管理规范》（GB/T50326-2001）。

5．《建筑装饰装修工程质量验收规范》（GB50210-2001）。

6．《民用建筑工程室内环境污染控制规范》（GB50325-2001）。

7. 公司质量/环境管理体系文件及其他管理文件。（略）

四、职　责

1. 项目经理部（下称项目部）全面负责工程“样板”的制作。

2. 营销部负责中标后的交底和相关资料的移交及与顾客的沟通联系。

3. 设计部提供设计或深化设计施工图及要求，确定技术质量验收标准并进行设计交底和配合施工，参与“样板”验收评定及确认。

4. 技术部协助项目部接交工程“样板”控制线及相关技术管理。

5. 工程部协助项目部选定适宜的施工队伍，参与对“样板”的验收确认。

6. 物资部门负责制作“样板”所需物资的采购供应并参与验收确认。

7. 质量部负责组织和参与工程“样板”的质量检验评定及确认。

8. 财经部负责相关合同的评审、签订及相关费用的确定。

五、控制程序

1. 当公司投标工程中标后，业主要求或公司确定以“样板引路”时，由公司与业主协商确定样板规模范围，即确定“样板工艺”、“样板间”或“样板层”。

2. 项目部与业主协商确定“样板”所在部位或房间，

编制“样板制作方案”经总工程师批准实施。

3．项目部负责施工准备，包括对上一层相应部位地面的临时防水处置等。

4．物资部门依据项目部所提“样板”需用物资，负责按《采购控制程序》采购，并供应到现场。业主提供物资执行《顾客财产控制程序》。

5．材料进场和贮存，由物资部门和项目部执行《进货检验控制程序》和《产品搬运和贮存控制程序》。凡不合格品均不得投入使用。

6．施工过程由项目部按《建设工程项目管理规范》和公司《施工过程控制程序》等规定控制。技术、工程、质量等部门和机电分公司负责协助或监控。

7．“样板间（层）”完成（包括自检满意）后，由项目部经理组织交验，需约请业主（或监理）、设计代表参加，公司有关部门负责人或代表参加，项目部主任工程师负责“工程样板间（层）验收记录”或“样板验收备忘录”的记录、整理、签证、发放和保存。

8．“工程样板间（层）验收记录”或“样板验收备忘录”应有如下内容：

⑴ 工程名称及建设单位（或业主）；

⑵“样板间（层）”所在部位/房间及施工单位；

⑶ 验收时间和参加验收的业主（或监理）、设计、施工单位负责人姓名记录及签字；

⑷“样板间（层）”的所有施工项目内容，包括其子项目的详细材料及做法；

⑸ 各方代表的验收意见及结论，无论肯定的或否定的意见或建议均应如实记录在案；

⑹ 业主或设计确认的事项，特别是与“样板”不一致需改进的事项；

⑺ 业主或设计确认的材料设备及价位；

⑻ 确认的施工单位或各专业施工队伍；

⑼ 确认的关键工序或特殊工艺、特殊过程及要求；

⑽ 业主或设计确认的技术质量要求；

⑾ 其他应有记录，如改造工程的保留项目及保护措施，工作环境的要求，专业间的配合等。

9．验收后“样板间（层）”，便成为设计的实物标本、施工和造价的重要依据，也是业主验收全部工程的实物参照标准，所以应与业主确定对“样板”的封存或保护方式，即应确定由施工方或业主（建设方）或双方负责看护。

六、有关记录及表格

所有记录均应执行《记录控制程序》相关规定。

1．“样板间（层）验收记录”（附后），应符合程序“工程样板间（层）验收记录”或“样板验收备忘录”的要求；

2．物资和工序检验记录；

3．技术或设计交底记录；

4．《施工日志》及施工中各工序或专业间出现问题及处置或会议记录；

5．书面总结，重点是质量和工艺标准以及施工组织中应注意的事项等；

6．组织相关人员观摩“样板间（层）”和相关资料交底/培训记录；

7．其他应有记录。

七、几点说明

1．装饰工程设计应包括水、电、风、消防等专业的深化设计；

2．“样板间（层）验收记录”（或“备忘录”）填写要求：

⑴ 本记录应由项目主任工程师负责填写；

⑵ 应记录所有参验人员身份及姓名；

⑶ 验收内容、意见建设，或专业技术要求，或特殊工艺要求等，可另附详细记录或“备忘录”。

⑷ 本记录应及时送达参验单位并保存签收记录；

⑸ 本记录在送达时应由参验代表审核签字。

在这里需要特别说明的是，如在留存文件上让参验人员签收时，应说明“收到文件并已核对与此件无误”。因为种种原因，不可能每一位参验者都会签字，但在业主（或监理）、或设计等外单位参验人员中至少应有一人签字。这样才有可能做为一个旁证，以备双方发生歧义或争议时追索。

样板间（层）验收记录

<table>
<tr><td colspan="3">工程名称：</td><td colspan="2">建设单位：</td></tr>
<tr><td colspan="3">“样板间”楼层/房号：</td><td colspan="2">施工单位：</td></tr>
<tr><td colspan="2">项目经理：</td><td>验收时间</td><td colspan="2">年　月　日</td></tr>
<tr><td>施工内容及检查情况</td><td></td><td colspan="3"></td></tr>
<tr><td rowspan="2">验收意见</td><td rowspan="2" colspan="3"></td><td>施工单位</td></tr>
<tr><td></td></tr>
<tr><td rowspan="2">参验人</td><td colspan="2">建设单位</td><td colspan="2">设计单位</td><td>监理单位</td></tr>
<tr><td colspan="2"></td><td colspan="2"></td><td></td></tr>
</table>

土建与装修中水电施工配合控制程序

1. 目的

为了明确土建与水、电、风等专业在施工中相互配合的职责，避免推诿扯皮，确保施工质量、工期、文明施工以及相关方的经济效益，以便从整体上提高企业的管理水平和经济效益。

2. 适应范围

本程序适用于企业承揽的以土建、水电为总、分包方的建筑安装及装饰工程项目。

3. 相关文件

北京市 1999 版《建筑安装分项工程施工工艺规程》

ISO19001-2000《质量管理体系——要求》

ISO14001-1996《环境管理体系——规范及使用指南》

GB/T50326-2001《建设工程项目管理规范》

其它相关管理文件（略）

4. 职责

4.1　工程管理部负责编制和组织实施本程序。

4.2　机电安装分公司为水、电、风专业分包方。

4.3　施工项目部为单位工程的总包，执行本程序并负责按本程序和企业有关规定，为水、电、风等专业分包提供必需的服务。

4.4　其他职能部室

依据本程序和相关文件规定的职责和权限为土建、水、电、风等专业的施工实施监控和提供服务，并且当土建与水、电、风等专业在施工中发生纠纷时，负责调解或裁决。

5. 工作程序

5.1　总要求

5.1.1　各方人员应在施工中做到各工序和工种之间主动协作配合，互创施工条件，从而达到协调施工，同时应爱护他人的劳动成果，不污染、不损坏、不丢失工程成品，力争工程一次成优。

5.1.2　每个单位工程，特别是进入装修期的工程，必须由施工总包方组织水电风等分包方编制各工序、工种相互配合施工的综合进度计划。贯彻“总包关联分包，分包服从总包”的原则。水电风等工序是整个单位工程施工不可分割的组成部分，施工总包方（或施工项目部）在安排施工计划时，不能只安排土建而将水电风等工序排除在外，必须给水电风等工序留出必要的安装施工工期，并创造必要的施工条件。

5.1.3　坚持图纸的自审、会审制度。与水电风等专业安装相关联的土建施工图、施工方案和工程变更、洽商等，施工项目部技术人员应及时送达机电安装分公司或专业技术人员；与土建施工有关联的水电风等安装图、安装方案和工程变更、洽商，机电安装分公司或专业技术人员也应及时送达土建技术主管。以便使对方及时审核，提前了解彼此间的相互关系的和施工程序及方法，有问题时及时协商解决，无异议时即可按图施工，并严格执行施工规范及操作规程。

5.1.4　在施工中凡属土建或水电风等单方面与设计方或建设单位办理的设计变更和洽商，相关人员也应及时送达相应专业技术人员，以便一旦影响到对方的施工工序、质量、进度、以及工程量和造价时，使其能及时办理相应的变更或洽商，并在实施中及时调整计划和相互配合。

5.1.5　各方在施工中如发生纠纷，应按本程序规定进行协商处理，不得扯皮而影响施工。如协商不成，应及时上报公司工程部门协调或委托公司相关部室及公司领导及时得以调解或仲裁。

5.2　建筑基础施工阶段配合

5.2.1　土建人员在基础施工时，应按图预留水电管线穿墙孔洞，在基础施工完毕后，应及时弹出控制标高线和墙中心轴线。水电施工人员应在有管道穿越的墙上划出管道底标高标识线，然后由土建进行房心回填土，第一次暂填至管道底标高。土建在安排此项计划时，必须给水电留出必要的管道施工期，以便水电及时组织铺设各种管道，完成必要的试验、防腐并堵严管口后，再通知土建进行二次回填土至设计标高。土建回填管道旁及管道上部 50cm 以内土时，必须用人工夯实。不得将管道砸坏、挤弯或移位。如有损坏，应及时通知水电施工人员，处理后方可继续回填。

5.2.2　由于客观因素或特殊要求必须在房心土回填后才能做管道时，挖、填土方均应由水暖施工，贴近管道的回填土，必须用人工夯实，回填到管道上皮 50cm 标高后，所剩余的上部回填土及夯实可由水暖委托土建施工，并明确费用（如按施工预算转帐等），应办理相关手续或保存记录。

5.2.3　电气地下预埋管应随土建基础和回填土配合施工，土建应留给其必要的作业时间，避免另行挖沟打洞。设计变更时，执行本程序第“5.1.4”条。

凡是水、电等分包方施工挖的沟道，在管道、地极施工完毕后应及时回填夯实，所剩余土及时清除。

5.3　建筑结构施工阶段配合

5.3.1　在结构墙（板）上凡需支木盒子预留的孔洞，由土建方负责；需预埋套管的，由水电风施工方自制套管并随机配合预留预埋。土建在绑扎或焊接梁、柱、墙、楼板、雨罩等钢筋前，应通知水电风派专人配合预留预埋。在浇灌砼前，必须经土建、水、电、风等专业人员共同检查，确认预留预埋无遗漏时，方可浇注，以避免因遗漏而造成事后的打洞剔凿现开现埋。土建在底筋铺设完后，应给电、气、风等铺管留出必需的工期，待电、气、风管等敷设完毕后，方可绑扎上层的钢筋。

5.3.2　在钢筋砼楼板施工中电气风等配合埋管，应待土建底筋铺扎完后，及时铺设预埋管，并将电线管在灯光盒处弯出灯叉弯，以便钢筋抬起垫水泥等垫块时盒子仍能与模板紧密结合，同时保证有足够的保护层。电气风等线管必须敷设于钢筋砼楼板底筋的上部，而不得铺设于底筋的下面，以免楼板底面无保护层或保护层加厚超过设计要求而降低楼板强度；但也不得将电气风等线管铺设在楼板上层钢筋的上部，以避免线管的砼保护层过薄而产生裂缝，或造成板面不平及线管明露。

土建专业在绑完钢筋后，要加强保护，并铺设人行道。水电等分包方在已绑扎完的钢筋上施工，不得将钢筋踩弯踩塌及弯筋断筋，否则造成损失或返工时，由责任方负担。必须断筋时，须征得土建专业人员同意并有相应措施。

5.3.3　水电等分包方在配合现浇钢筋砼施工中，不得任意移动主筋位置，如因水、电、风等专业质量要求或施工需要，必须移动主筋时，应经土建技术负责人和有关部门同意并采取补强措施，留有书面签认和技术交底后方可实施，并保存记录。

5.3.4　水、电、风等专业在配合土建施工过程中，应尽可能做到预留预埋，减少土建施工后的打洞剔槽。如已造成不得不补打剔凿洞槽时，则应在拆模后及时进行。在砖墙、砼隔墙、板和空心楼板上所打洞的直径不得超过规范规定尺寸，即：管径在 Dg25mm 以内孔洞不得超过 Dg100（包括灰皮）；Dg32～Dg50 的管道孔洞不得超过 Dg140；Dg65～Dg80 的管道孔洞不得超过 Dg160；Dg100 管道孔洞不得超过 Dg200；Dg150～Dg200 的孔洞不得超过 Dg300。所发生费用由相应水电风责任方负担。

5.3.5　水电风等专业在施工中，不得在钢筋砼的梁柱上打、剔影响结构强度的洞或/和槽，不得在空心板肋上打洞，更不得自行切断主筋。如确属施工需要，必须事先经有关部门同意，并有书面签认和技术交底，采取相应补强措施后方可施工，并保存记录。

5.3.6　水电风等管线凡属在预制墙板、楼板上打孔洞安装的，必须在土建装修前进行，其直径与管外径的间隙不得超过 3cm，如遇有剔凿砼空心楼板肋或断钢筋时，必须预先征得有关部门的同意及采取必要的补救措施后方可剔凿，并保存记录。

埋卡子的打洞不得超过卡子宽度的 2 倍，埋管剔槽的宽度不得大于管径的 3 倍。凡是水电风等专业在施工中所打的洞和剔的槽超过上述限度，以及水电风等专业因自身责任而造成返工重复打洞、剔槽的，均由相应水电风等专业负责修补，土建质检人员验收。水电风等分包方无力修补或修补不合格时，可委托或由总包方指派土建修补，所发生工料等费用由相应水电风责任方负担。

5.3.7　凡是水电风等管线穿过墙壁、楼板处，应由水电风专业负责固定管线，并用不低于结构标号的砼或水泥砂浆堵洞。水电风专业无条件施工时，可书面委托总包或土建进行封堵。未抹灰毛墙上的堵洞，用水泥砂浆堵实至墙面平；已抹灰地面、墙面用水泥砂浆所堵的洞，必须凹进抹灰面 5～10mm；凡穿过楼板的管道堵洞，宜用定型模具或木板支搭牢固后，往洞内洒水浸湿，再按规范要求用豆石砼或砂浆灌实，严禁将砖头、泡沫块、木块、纸等杂物堵于洞内，所灌注的砼面必须凹进楼板上下面 5～10mm。应由水电风专业封堵的孔洞，均按上述标准进行填堵并清理干净，达到上列标准后交土建负责补平或修面。

5.3.8　室内下水管道离墙距离，设计无要求时，管径外皮与墙外皮（毛墙）最近处不得小于 6cm，以便管后抹灰，不允许出现明管被埋入抹灰层或者半明半暗的现象。凡室内下水管道出户，均由水暖专业按室内同类管材接至室外第一个检查井。

5.3.9　土建在施工中应严格控制楼层标高，必须达到规范±15mm 以内的要求，特别是在结构施工时，所给定的“50cm 线”，不得在抹地面时任意提高或降低，以保证水电风等专业按“50cm 线”施工的预留口不受影响，否则水电风返工的损失由土建负担。

5.3.10　土建应严格控制墙面的垂直度和平整度，特别是上、下楼层墙之间的垂直度必须达到规范要求，即砖墙±15㎜ 以内，砼墙±7㎜ 以内，以保证水电等管道从底层到顶层距墙的尺寸一致，如因土建墙面垂直偏差过大造成水电风返工的费用，由土建负担。

5.3.11　室内暖沟应随房屋基础同时施工。一层顶板盖上后，土建应及时清理暖气沟内的碴土，然后交付水暖施工。水暖安装管道、试水和保温完成后，须将沟内清理干净再交土建盖沟盖板。工序交接后，如因接受方不及时施工而造成损失和二次清理，由接受方负责（室外暖沟同）。

5.3.12　所有室外的给水井、消防栓井、电缆井等均由土建编制预算直接与建设单位签证，并组织施工。机电分公司在安排管线施工计划时，应通知土建做施工准备，管道经试验合格后，交于土建施工。

5.4　装修施工阶段配合

5.4.1　施工进入装修阶段，土建应会同水、电、风专业按本办法“5.1.2”规定制定配合施工方案或技术措施，并编制综合进度计划后方可施工。

5.4.2　在土建吊顶棚和作保温墙施工前或施工中，水电风等分包方应及时进行水、电、风等管线的安装。

5.4.3　土建必须在吊顶内的各种水、电、风等管道、管线经试水、保温和隐检等合格，并经专业技术人员签字认定后方可封顶。封顶所用的石膏板或其它板材，必须按管口、风口及灯具要求的甩口尺寸留孔，不得将水电风预留口封死。否则返工损失由土建负担。

水电风在顶面和墙面的甩口及安装，应严格按装饰工程图纸要求施工，以便保证装饰效果的整齐美观。

对于必需预留的检修孔洞，土建应按机电专业确定的位置，给予预留。

5.4.4　水电风等分包方在土建进行墙面、地面等装饰施工前，必须将水电风管道敷设完毕，管卡等固定件安装完毕，按规定堵严已安装管道的墙洞和楼板洞，并清理干净后，交土建施工。改造工程的墙、地面开槽，由水电等分包承担，开槽部位的管道、设施等安装完毕后，交由装饰单位统一封堵、抹平、罩面。

5.4.5　水电等分包方在土建抹灰前，应将所有的管道预留口、地漏、盒口等按要求堵严后交土建施工。由于水电等分包方未采取措施预先堵口或堵口不当而造成管道堵塞，则由水电分包方自负。

5.4.6　水电分包方所安装的地漏，必须严格控制标高，除拖布池地漏设计另有规定外，其它地漏篦子顶面均应低于设置处地面 5mm。

5.4.7　土建在施工设有地漏的地面时，对地漏须采取保护措施，按设计标高施工，并向地漏抹出流水坡度。如发现地漏高出地面时，应通知水电分包方降低地漏标高，所造成返工费用由责任方负担。

5.4.8　土建在垫层或地面施工时，不得压扁压断水电等管线。水电等专业应派人看护，以便查清责任并随时修复被损坏的管线。造成的修复费用由责任方负担。

5.4.9　土建在施工卫生间、厨房防水层之前，应及时通知水暖分包方，将穿过楼板的管道及套管和预埋件安装完毕，并按要求堵严缝隙，套管上口须高出地面 5cm，下口与楼板底平齐。其它房间套管上口应高出地面 2cm。

5.4.10　土建在水电风工序完毕后，将所有孔洞缝隙堵严抹平，然后严格按规范要求做防水层，特别注意管根和地漏处的防水做法，严格按设计要求和规范施工。

5.4.11　土建在完成防水及地面施工后，应在地面上蓄水 3～5cm，经 24 小时不漏，填写记录后，方可同水电分包方进行交换。双方签认后，由水电分包方进行洁具、灯具的安装。水、电、风专业施工如损坏防水层，由水电分包方负担返工损失。

5.4.12　土建砌抹蹲式大便器台时，应将大便器后部的冲洗管口至墙一段留槽，经试水不漏后，再用粗砂填满，然后再做地面层。

5.4.13　挂墙暖气以及卫生洁具应于墙面、地面装饰做完后安装。除立支管卡子允许在墙面抹灰或装饰后打洞外，其他所有穿墙洞和穿楼板洞必须在墙面、地面装饰前按要求留洞或打洞，否则多耗的修补工料费等由水电分包方负担。安装暖气立管、支管和带腿暖气片，在安装暖气片前，暖气片必须刷完防锈漆和第一遍银粉并通知土建将暖气片后墙面先行装饰，否则不得安装。

5.4.14　水电分包方试水试压应在土建做面层前进行，如因上述水电等专业工序未完成而土建擅自提前做面层，造成损坏或污染面层等损失由土建自负。

5.4.15　建筑物内的所有管道（包括配电箱、消防箱），除管道防锈漆和暖气片第一道银粉漆由水电分包方漆刷以外，其余的油漆均由土建负责施工，但水电分包方须事先有书面委托和技术交底，并由水电分包方负担相应费用。

5.4.16　拆除工程中，不更换的卫生洁具、空调设备等，应由总包方先将设备进行保护，方可进行拆除工作。如因前期保护不当或监控不力，造成损坏的，由总包方负责。

5.5　设备基础与安装配合

5.5.1　土建必须严格按设备基础图上标的尺寸，如设备到场时，应与设备底座和实际尺寸核对后，正确埋设预埋件或预留孔。设备基础完工后，应在设备基础上弹出水平标高线和中心线，并进一步核对预埋件的位置、标高是否符合设备安装的要求，核对无误后，与设备安装专业办理交接手续。

5.5.2　设备安装完毕后，土建应按规定标号的砂浆，抹灰至设备底座，但不得将设备底座抹在灰层内。

5.5.3　锅炉房施工前，土建应会同水电分包方共同制定设备就位的施工方案，锅炉基础应先施工或与墙基础同时施工，锅炉未就位，土建不得施工上部结构和围护墙，否则造成的损失由土建负责。

5.5.4　凡不能从门洞进入的笨重设备，水电分包方应提前与土建联系，制定设备就位方案，土建应给予必要的配合。

5.6　临时设施配合

5.6.1　建筑工程的临时设施费用由总包方统一计取。

5.6.2　施工现场的大临设施，由总包方组织实施。其中临时供水供电设施，可委托水电分包方施工，水电分包方编制预算，经总包方认可后组织施工。

5.6.3　临时供水供电设施竣工后，双方应办理验收交接和结算手续，由总包方负责保管和维护，产权属总包方。

5.6.4　施工项目部如拟采用正式给水系统作为施工用水时，应征得建设单位的同意。项目部主任工程师应在图上标出所需的管线龙头位置和数量，由水电分包方将增设的大临部分另编预算经项目部认可后组织施工。在系统运行正常后，双方办理交接手续，由项目部负责保管和维护。

5.6.5　冬施锅炉及采暖系统由施工项目部组织实施，可委托水电分包方施工，水电分包方编制预算经项目部认可后组织施工。竣工后双方办理验收交接和结算手续，由项目部保管维护，产权属项目部。

5.6.6　施工项目部如拟采用正式暖气空调设备做冬施采暖时，应提前与机电分公司协商，在可能的条件下，机电分公司应给予配合，同时，应征得建设单位同意。由项目部负责保护设备不被损坏，并承担运行管理及空调设备清洁保养所发生的所有费用。

5.6.7 土建临时设施需要水电风维修时，可直接委托水电分包方施工，费用由项目部负担。

5.7 成品保护和文明施工

5.7.1 土建在进行砼浇注中，不得用振捣棒直接对预埋件管子、盒子振捣，不得任意砸断所预埋的电线管，由此造成的损失由土建负担。

5.7.2 土建在抹灰操作中，不得将水电所预埋的木砖等标志任意拨掉、碰掉，电气所预埋的灯头盒、开关盒等不得用灰填满抹堵，所抹的罩面灰，必须与盒内口平齐，不得凸出或留下缺口，如未按上述要求操作，由土建负责修补。

5.7.3 土建在抹灰、喷浆、油漆施工中，必须先将水电风管道、设备等采取必要的遮盖保护措施，否则造成污染由土建清洗或承担费用。

5.7.4 水电分包方在施工中，不得污染已装饰的柱、顶、墙面和门窗、地面等，如造成污染由水电分包方负责清理或承担费用。

5.7.5 水电分包方在已装饰地面的房间内放压力案子、梯子操作时，必须采用有效措施保护地面、墙面、窗口、门口等不受损坏和污染，地面在养护期内不得进入施工，否则返工费用由水电分包方负担。

5.7.6 水电分包方在试水试压时，如发生跑水，应立即采取措施控制，并及时清扫干净，如因此而造成的工程返工的费用由水电分包方负担。（“5.4.14”除外）

5.7.7 各方在施工中，不得任意搬动移位已安装管道和其它附件。严禁蹬踏上下水管、暖气支管、管件、暖气片、卫生设备等，由此造成的损失由责任方负责。

5.7.8 各方在施工中应及时清理水泥砂浆、碴土、灰浆、涂料、油漆、包装等废料杂物并运至指定地点，按环保要求分类堆放，严禁倒入卫生洁具和管道内，发现有倒入者，除按规定处罚外，并限期清理干净，如造成堵塞故障时，全部疏通费用由责任方或责任人负担。

5.7.9 各方在施工中，任何人均不得乱拿他方的材料、物品，如施工需要应办理借调手续，更不得利用工作之便私自卸拿已安装的成品，一经发现或查出，轻者按规定处罚，重者按破坏工程追究刑事责任。

5.7.10 建筑物内房门钥匙由总包（项目部）统一保管，交接后的所有成品由成品保护人员负责看守直至竣工。水电分包方进行洁具、五金、灯具、开关、插座安装调试时，与项目部成品保护负责人应有交接手续，如发生丢失、损坏，由责任方负责。

6．其他应明确事项

6.1 水电风等分包方向总包项目部支付的总包服务费按相关规定执行。

6.2 如遇特殊情况或本程序未尽事宜，总、分包方可按实际情况在合同/协议中明确。

6.3 本程序应由工程管理部门负责解释或修订。

新型抗菌装饰材料在卫生防护工程上的应用

中国人民解放军总参谋部卫生防疫队 李 荣
秦皇岛玻璃工业研究设计院 雷振宇

一、前 言

我们生存的空间都或多或少存在有害细菌。据 1998 年《北京青年报》7 月 31 日报道，在世界各国医院的感染率平均为 3%～17%。其中美国为 5%，日本为 5.8%，瑞典为 7%，我国为 10%。每年约 50 万人在治疗期间发生院内感染。其原因除去治疗过程中用药及器械感染外，医院内病房、诊室、手术室的地面、墙面、家具、门窗等，也是造成感染的重要原因。所以，运用新型抗菌剂实施抗菌工程，使建造医用设施所需的建材和其他医用用品同时具有抗菌功能，就成为了一个崭新的同时非常有实用价值的课题。

二、新型抗菌材料介绍

新型抗菌材料主要由以下两部分组成

1．光触媒型 TiO_2

二氧化钛属 n 型半导体，它能吸收能量高于其禁带宽度(3.2ev)的短波光特别是紫外光的辐射，使价带电子跃迁到导带，同时形成相应空穴。

生成的羟基和自由基 C_2 均非常活跃，当遇到细菌时，直接攻击细菌的细胞，抽取有机物的 H 原子或攻击其不饱和键，导致细菌蛋白质变异和脂类分解，以此杀灭细菌。据有关资料报道，季铵盐不能分解大肠杆菌 0157 死亡时产生的内毒素，TiO_2 光催化剂则能分解这种毒素。

2．接触型无机抗菌剂

接触型无机抗菌剂是用特定的方法，将抗菌的金属离子稳定地担载到载体内，然后，连同载体一起加入到高分子原料中。利用抗菌金属离子从载体中的缓释功能，长期、有效地杀抑附着在高分子制成品表面的有害微生物。

三、新型抗菌建材的应用（抗菌工程）及特点

抗菌剂大致可分为三类：天然抗菌剂、有机抗菌剂、新型无机抗菌剂。天然抗菌剂抗菌范围窄、抗菌效率低；有机抗菌剂虽然灭菌速度快，使用技术相对成熟，但也存在着诸

多弱点，如：化学稳定性差，不耐热，遇热、光、水易挥发，难以实现长效。另外，由于它不稳定的特性，在生产和使用有机抗菌剂时，其挥发物质对人畜和环境构成威胁。若保持长效抗菌，就需反复使用，费时、费力，很不经济。而新型无机抗菌剂在建材等行业的应用，对于保证医用环境的清洁、卫生能够起到很好的作用，具有广谱、长效、安全、环保、经济的特点，对于医用设施实行抗菌工程对于降低医院内的感染率有着重要的作用。

四、抗菌建材和卫生防护及医用环境设施的应用

运用新型无机抗菌建材必须做到多层面、立体化、全方位。这其中包括以下几个方面：

1. 建材类

建材类主要包括外墙砖、玻璃、内墙砖、涂料、乳胶漆，坐便器等，其中外墙砖、玻璃采用光触媒二氧化钛，用溶胶-凝胶法制成锐钛矿型 TiO_2 膜层。在阳光中紫外光的照射下，其本身就具备了杀灭有害细菌的能力，同时还具有净化、清新室内环境的效果。内墙瓷砖的抗菌处理是在釉料中放入经处理的新型抗菌剂，然后进行烧结而成。洗手间中的坐便器等陶瓷用品也使用同样的方法，经测试抗菌效果良好。涂料、乳胶漆、油漆的抗菌处理采用把新型无机抗菌剂进行极性修饰处理后，按一定比例填加到这些用品中，使其具有长效的灭菌效果。此项保证了医用设施的玻璃、器壁、洗手间、家具的抗抑菌功能。

2. 纺织类

病房中的被褥、衣物及防护用品采用新型无机抗菌剂处理过的原料制成，使其具备抗菌功能。

3. 空气

采用能够除尘、抗菌的空气净化装置，进行空气的灭菌净化处理。

五、结束语

运用新型无机抗菌建材对医用环境及设施进行抗菌处理，具有广谱、安全、高效的特性，在国内某些企业中已拥有较成熟的技术，如 TiC_2 抗菌自洁玻璃，抗菌瓷砖、抗菌涂料等，其抗菌率均在 90%以上。因此，新型抗菌建材医疗行业进行推广和应用前景广阔。

关于装配式装修施工的比较与思考

深圳海外装饰工程公司　徐 立

2002 年，我国建筑装饰行业的产值达到 6600 亿元，为 1400 万人提供了就业，已成为我国又一个从建筑专业相对独立的庞大产业。它不仅具备了一定的经济规模，并以每年递增 20%的速度发展，成为了新的经济增长点。但就当前我国的装饰行业来看，施工过多地依赖传统的手工现场作业，木作、家具乃至石材的加工都在施工现场完成，使得整个装饰施工现场成为了人员、机械、材料混杂的“生产车间”，现场的粉尘、噪声、油漆胶水的气味不仅使得施工现场混乱，而且空气污浊，工人的身心也受到较大的伤害。

反观世界发达国家的装饰行业，自 20 世纪 50 年代以来，建筑（包括土建、装修）行业的各种材料、构件均逐步实现了生产工厂化、构件模块化、施工现场拼装化的三大转变。包括土建结构在内的建筑构件、装饰构件均在专业的工厂内制造，然后运送到施工现场进行组装，这就是我们可以经常在电视里看到的组合式房屋；而在装修领域，则逐渐形成由各大材料供应商和专业厂商分项组织实施了现场的装修，大型专门的装修公司逐渐淡出的格局。

中国建筑装饰协会工程委员会秘书长顾国华曾经讲述的他的一次参观让我感受颇深。1998 年在美国费城，一个造价 110 万美元的小型商场装修，整个施工过程是这样的：工人只需事先做好各种精确的测量，然后在专业负责生产配件的工厂里统一制造配件，由于要装修的建筑不象国内的“毛坯房”，而是各个环节都很规范的精装修房，所以配件的生产工具都是相同的，统一规格，这个环节不会增加太多的成本。在室内施工现场看不到几个人，门外停着两辆大货车，工人都在车上作配件组装工作。施工现场干净整洁，井然有序。比如说门的安装，门框套不象国内用整木板开槽，他们的门板都是直板，用粘接的方式做出门口，直接拼装在墙上，稍有误差用膨胀剂密封条补齐就 OK 了，现场只涂一遍清漆。而若是在国内做这样一个规模的工程，从现场施工状况、质量保证到工期，如果没有强有力的项目管理班子，经验丰富、吃苦耐劳的作业队伍和 2 个月满满当当的时间是绝对不行。而别人连生产带现场装配总共 30 天不到，质量得到有效保证，现场、施工后环境优雅，工人劳动强度低。两者差距由此可见一斑。

当前就我国的装饰行业而言，要想提高作业水平，我认为最主要的应抓工厂化生产，现场的组装式施工，从而提高装饰领域的机械化施工水平，减少现场作业量，缩短工期，减少各种污染对施工作业人员和周围环境的损害。政府应进行积极的引导和扶持，装饰企业应进行大力的尝试。

下面以装饰施工木作装修装配式施工为例，来说明其优点。

据统计，在一个大型的装饰工程中，现场木作施工占整个施工工期最长可达 70%，而如果采用装配式施工，整个工期最少可缩短到 28%。可见装配式施工的巨大潜力。同时，相比较传统的以原木材料和手工制作为标志的生产方式，采用工厂化施工、现场装配有着以下几个方面的优势：

1. 基层结构采用高密度板材，稳定性较高。传统木作的结构基层一般使用低密度的木材作基层，吸水率高，在施工过程中虽然也采用涂刷防潮剂等措施，但整个木作产品还是会因为空气湿度和温度等问题发生变形，从而对整个木作结构产生影响。而如果采用装配式施工，其基层一般多采用人造板材，其密度较高，各项指标比较容易控制，稳定性较高。

2. 外观精度高，施工工艺稳定。现代的工厂化施工，从原材料的采购、入库到产品的制作，运输均有严格的要求，很多工厂还通过了 ISO9002 的质量体系认证。同时，机械化全自动的施工更能为产品（如踢脚板等）提供精度达到 0.1mm 的产品。同时，整体上采用薄皮封盖技术，可以真正地实现整个饰面的浑然一体。而相对现场制作，由于工人技术水平参差不齐，现场作业条件不一，各项指标都难以控制，验收偏差更是达到几个毫米。

3. 缩短工期，降低工人作业强度。装配式木作业由于其制作在工厂内进行，在项目施工合同签订后马上可以联系生产，节约大量的时间，而且不占用作业场地，在施工现场，工人只负责对产品进行装配施工，避免了传统木作的圆盘锯等机具的操作，降低了施工的危险性。

4. 改善施工现场环境。现在地施工活动中，业主不仅关心材料的环保性，施工后室内的地环境，而且还逐渐关心施工中的环境要求。特别是在一些改造工程中，业主要求边施工边生产（营业）。这样就对现场环境提出了更高的要求。在这方面，装配式施工的优势就更加明显。

在这方面值得我们学习的是齐齐哈尔主要做家具的华鹤公司，该公司拥有自己的家装分公司，提出“集成新居，24 小时解决战斗”，操作程序也是事先精确测量，所有家具、地板、门窗、踢脚板、挂镜线、石膏线等在工厂统一加工，现场施工承诺 24 小时做完。虽然算起来成本相对高一些，但比起动辄一、两个月的室内施工工期，优势极大。从我们公司乃至整个行业上来看，如果我们能逐步在有条件的情况下大力推广装配式施工工艺，不仅会极大地提高公司的竞争实力，还将对提高整个行业生产效率和施工质量，降低作业人员的工作强度和危险，保护施工现场的环境起到极大作用，也会带动相关方面，如机械加工等产业的加速发展。

从更大的层面来说，装配式装修施工将会给全国建筑装饰行业乃至整个社会的生产力方式带来巨大的变革。全国建筑装饰行业的出路在于实现现代工业化。

从 EIBA 想到的

黄　白

EIB 是 Electricity Installation Bus 电气安装总线系统的英文缩写，为世界的统一标准。EIBA，即 EIB 协会，是 EIB 制造商的行业社团，1990 年在布鲁赛尔成立，现在世界上有 15 个全国性的协会，113 个团体会员，7 万名经过培训的工程师。

2003 年 3 月 28 日，作为 1987 年 EIBA 发起成立的德国 5 大制造商（如西门子等）之一的德国莫顿（Merten）有限公司北京代表处在五星级北京东方君悦大酒店举行“德国莫顿 2003 年度研讨会”，我应邀参加，同去的还有本会信息咨询委员会副秘书长高世彦、家装委员会（筹）副秘书长张仁、《装饰名品》副总编郎志春及北京专业人士 100 多人。

通过与同仁的交谈，产生了一些对我国建筑装饰行业发展的联想，记录如下，供大家参考。

1. 德国莫顿公司规模・专业化・科技创新

据介绍，德国莫顿公司成立于 1906 年，总部在科隆，现有 700 多名员工，3 个工厂，在 40 多个国家和地区设有代表处，包括中国的香港、上海和北京，2002 年销售额为 1.3 亿欧元（约合 10 亿人民币）。从做开关起家，现仍主攻开关，1/10 员工参与研发。

一家 EIB 制造商年产值 10 亿元，而我国装修承包商目前还没有一家能达到，我国最好的是深圳的一家集团性公司，但不能完全算，因其是由四家企业非现代企业制度式组成的，江苏的一家民营企业最接近，但也是达到 Merten 的 1/2 左右。我国最大的建筑设计企业，2002 年的设计产值也只是 10 亿元，未能进入世界建筑设计企业 300 强行列（第一名是日本建设设计公司 1054 人、收入 2.8 亿美元）。看来，我国的装修承包商何时能突破 10 亿元，是行业强盛的一个标志。

Merten 可谓百年老店，而我国的装修承包商大多数是 20 世纪 80 年代末 90 年代初成立的，至今不过一二十年，欲想成为百年老店，看来有规律可循，那就是建立现代企业制度。我国装修承包商绝大多数为民营企业，难道说对建立现代企业制度还不着急吗？

Merten 从做开关起家，97 年一直做开关，现成为世界名牌之一。一个小小的开关面板年产值能达到 10 亿元，Merten 近百年来始终如一的坚持专业化，从而形成了世界级的比较优势，难道对我们总跃跃欲试多元化的装修承包商还没启迪吗？

Merten 有 1/10 员工参与企业产品的研发，1961 年进入开关领域——小面板开关系列。70 年代研发模块化开关，80 年代研发特种开关——如球场、监狱的防暴开关，防水、桑拿房开关等。80 年代末进入智能化，1984 年提出楼宇控制思想，请知名英国建筑师主攻开关面板。90 年代末简约主义盛行，面板出现方形。进入 21 世纪，玻璃需求量使用，推出玻璃开关，适应室内装饰的发展，将面板消失在墙上，推出五联模块化开关，以及大理石面板。我们装修承包商对装饰工程产品的科技创新呢？我们请名牌建筑师参与室内方案设计吗？

Merten 出于对伊拉克战争的忧虑，决定将投资转移到中国。Merten 认为今后电价将上升，故大力研发节能产品。这是 Merten 对其新的经济增长点的判断，我们装修承包商的眼光呢？

EIBA 现有 7 万名经过培训的"电气安装总线系统工程师"，我国呢？这就是中国建筑装饰行业科技层面与世界先进水平的差距，而且是巨大的。

20 世纪 90 年代末世界范围内的装修简约主义流行，而中国此时正热火朝天大干快上罗马柱。这也是中国建筑装饰行业文化层面与世界先进水平的差距，而且是巨大的。

2．建筑·装饰·电气·市场化

Merten 的研究指出，20 世纪 20 年代多是火点的玻璃灯。中国 90 年代还未上升到人性化的高度，开关厂商多为低水平的重复，缺乏投资，聘请高水平的设计师。

1949 年新中国建立以来，开关的模式和样式几十年不变，与建筑的所有制有关，在计划经济中，人们不考虑变化，因为建筑不是私人的。90 年代末进入信息化社会，思维方式逐渐改变，随着城市室外灯光的广泛应用，中心城市与国外城市同步的进步，出现了很多优秀的建筑作品，室内设计也有了相应的发展。

家装为什么在中国 20 世纪 80 年代末 90 年代初兴起并于 1995 年成为消费和投诉十大热点？究其原因，一方面是由于随着居民收入的提高、消费观念的改变开始对享受、幸福的效用最大化的追求；另一方面是由于随着市场经济的进程，房改的加速，住宅成为了私房，人们思维方式有了根本性的改变，家装工程的承发包双方都是私人。从发出的"到家里来玩"的邀请越来越少的事实可以越发体会到住宅私密性的增强。由此可见，市场化是我国家装行业发展的根本动力和不竭的源泉。

3．智能化·装配化·工厂化

Merten 及 EIBA 都指出，开关面板可调换的多样化，以及电气安装总线系统的智能化，并不意味着、更不等同于千篇一律，反而是更强调个性化。如此说来，智能化的目的是为个性化创造更大的想象和实施空间。

我们以往可能对装修的装配化、工厂化有一个重大误区：以为装配化、工厂化的目的是实现装修的工业化。而工业化的一个重要特征是模式化，模式化与个性化是相矛盾的，加上了一个菜单式装修就能解决了，但是装配化、工厂化、菜单化再多也不及个性化的选择，还是矛盾。最终得出是装配化、工厂化、菜单化不影响个性化——多少有些牵强附会的结论。说明一些人还没有把装修的装配化、工厂化、菜单化的目的搞清楚。

综上所述，如同智能化，装修的装配化、工厂化、菜单化的目的是在于个性化，有利于个性化的发展、为个性化创造更好的条件或说促使个性化最大化。而工业化只是手段。

4．智能·稳定·酒店·家装

Merten 及 EIBA 共同认为，EIB 智能的研发方向是更好的与室内装饰相结合，最突出的特点是：稳定，其次是环保（防电磁干扰）、节能、安全、方便，更能体现个性化与舒适性。何谓"稳定"？Merten 的解释是：成为人们生活的希望和助手。我们的装修承包商企业和生产的装饰工程产品都"稳定"吗？

EIB 的另一个特点是一家就能将多点智能系统都做下来。那么了意味着 EIB 将从传统的装修中分离出去。将分离出去的恐怕还有地板、墙纸、涂装、厨房、卫浴、门窗……专业化安装，那装修还剩什么呢？装修的出路——发展何在？Merten 希望能成为"系统集成商"的伙伴，那么这个"系统集成商"会是我们装修承包商吗？

Merten 指出，其开关面板产品主适用于家装和酒店，在欧洲，酒店平均 5～7 年客房需重新装修，包括家装，重新装修只需更换开关面板，这对室内设计师很有意义。一个小小的面板，对于公装的酒店和家装具有同样意义。这是一个很重要的启示，酒店装修与家庭装修实际上是一个思路：家。区别在于，酒店装修是适应某一类客户群的家；而家庭装修则是适应某一家特定的家。而酒店装修对于家庭装修具有重要的示范作用，从某种程度上引导着家庭装修的审美、选材、风格、品位以及流行趋势。而家庭装修又反作用于酒店装修，使酒店装修更趋于人性化、个性化。因此，酒店装修设计师与家庭装修设计师有互相更好地学习的理由和便当，从中产生细致的启迪、借鉴、影响。

EIB 智能是装修的重要组成部分，从开关的面板来看，难道装修不是一个技术密集型——且有部分是高技术的产业吗？还能认为装修是单纯的劳务（动）密集型的产业吗？

顺便告诉同仁的信息是，五星级北京东方君悦大酒店位于北京王府井东方广场中部，是按 FIDIC 建造的，水平颇高，有独到之处，开业不久，值得一观。

上海豫园小世界会所建筑修缮与装饰

上海市建筑装饰工程有限公司 王辉平 朱金生 侯建设

历史建筑修复和改建已越来越引起各方面的关注，如何将这些历史建筑的载体——精巧、华丽自成体系的建筑加以修缮，还以文化、经济和历史价值，使之延年耐久流传于世，这是需要加以总结和探讨的课题。历史建筑修缮和改建与新建工程有本质的区别，相关的法律保护条文制约着施工的每一个程序，因此修缮和改建施工中要遵循保护等级规定，保证历史建筑的原状及历史痕迹加以尽可长久的保留和恢复具有十分重要的现实意义。尤其是对一些历史名人所遗留但尚未列入保护等级的建筑，其改建和修缮的施工方案体现保护概念显得更为重要。

1. 项目背景和工程概况

豫园小世界会所位于黄浦区福佑路 234 号，建于 1921 年，初名“劝业场”，不久毁于火灾，后经李姓商人出资重建三层具有巴洛克风格的西洋楼，定名为“小世界”娱乐场。在小世界演出的有昆曲、绍兴文戏、文明戏、杂耍魔术、歌舞、滩簧、说书和电影，后在 1931 年被上海大亨黄金荣收购；“小世界”里出了一批知名艺人，如丁是娥、汪秀英、杨飞飞、筱爱琴、朱介林、朱介生；1949 年后为百货供销行业占用；1993 年对“小世界”进行了加固改建，增加了中跨 1～4 层的框架结构，在五层增设了简易房；1998 年小世界改为集餐饮、娱乐、购物一体的商厦；2000 年因游戏机房发生火灾，三层以上停业使用；2002 月由上海某集团公司出资，将其改建成一个集休闲、餐饮、会议为主体的非开放高级会所。

小世界虽然未列入上海近代保护建筑名录，通过投标过程调查，我们了解了该建筑的历史价值。因此，施工时我们按 III 类保护建筑即：“外立面恢复原貌，内部可结构加固和功能性改造”的标准进行修缮。修复研究中详细查询了小世界自建造以来的变迁和建筑结构现状，由于几经风霜，该房的设计改造图纸与现状很难吻合，简而言之，该建筑经多次改变，使建筑饱受了伤筋动骨之难，结构受力体系完全错乱。

2. 结构状况调查

经现场实地勘察和近期房屋测量检测报告分析确认：

（1）该楼平面按体系分为三段：中段在 1993 年的改造中成为五层框架结构，其左右二段为原始的混合结构，条型砖基础。埋深 1.25m。10～20 寸（20～40mm 厚）承重砖墙。

（2）在混合结构范围，由于历史上的加层——拆除——改变，使受力窗间承重墙出现严重的 45° 斜裂缝。

（3）墙体在后期不断改变的过程中，存在各种搁置洞口，墙体整体松动，砖体分层可随意抽出。

（4）各楼面地面因沉降不均，产生 0%～2%倾斜，整个前跨楼面空间东向西高差（6cm 左右）。

（5）外墙因大型广告荷载造成墙面开裂、分离、剥落。

（6）东立面前楼阳台悬挑梁砼严重碳化，钢筋锈胀。

3. 本次改造的结构变动

（1）底层拆除 1/B 轴至 1～2 间承重墙体。

（2）三层设至四层钢梯，食堂运货梯及传菜梯，砼楼板新开洞口。

（3）三层原楼梯拆除，并封掉原楼梯洞口，补强楼板。

（4）四层 1/2～1/8/C～D 屋面位置设茶轩，增加大面积绿化。

（5）四层 9～10 拆除砼楼板，设共享空间。

（6）四层中餐房设露台和卫生间，进行防水处理。

（7）五层塔梯 D～E 区荷载支点位置变动，拆除钟楼直行钢梯改旋转梯，成为露天休闲区。

（8）五层 9～17 楼面开洞，设传菜梯，改为厨房。

4. 结构加固主要方法

（1）先加固基础，再依次加固柱、梁、楼板、墙体等主要部位。

（2）加固前对楼面活荷载进行卸载，将变形的梁、柱、板用支撑调正，加固处理位置作必要的图像记录。

（3）四层 1/2～1/8/C～D_3 屋面采用了增大截面加固法，以保证环的加高和增加主筋的方法使梁高跨比得到调正，同时将板面配筋增加，重新浇筑砼，来达到承载的目的。从目前承载情况观察看，达到预期效果。

（4）底层 1/B/1～2 的承重墙的拆除，采用了外包钢法加固传递上部荷载。外包钢加固是在利用将拆除承重墙上部的圈梁，在四角用型钢加以整体连接包固，形成一个框架梁来承担上部荷载传递。此方法主要优点是保证了在梁截面不增加很大的情况下大幅度提高构件承载能力，满足了吊顶净空高度的要求。作业程序必须先加固，达到上部荷载均衡转换传递，才能拆除承重砖墙。

（5）在四层 1/2～1/8/C～D 位设茶轩，此位置是 1993 年改建结构是框架体系，除上部梁板截面增大外，在其板底和梁底均采用了 U 型碳纤维布加固工艺，此碳纤维补强工艺和粘钢作用相近，施工作业比较简单，对构件抗剪、抗弯具有较大的作用，但无粘钢具有抗压的力学特征，施工作业要注重对粘贴面必须打磨干净，至砼坚硬层，去除油污和粉尘，粘贴平直，紧密均匀。

（6）对砖砌体的处理是本工程主要难点之一，由于南北两边跨的混合结构墙体是采用黄泥砌筑，主墙体几经改变，原有的砖拱圈窗洞、门洞有的被砌体封闭。有的被开洞搁置地板搁栅梁，多数墙体砖体松动，随手可将黄道砖头抽出，直至掏空墙体。在修复墙体过程中采用了两种方法。对大面积墙体以环氧砂采补强，通过压缩机喷枪将调制的环氧砂采喷入砖缝空隙和墙表面，并使其扩散胶凝固化，达到补强目的。另外对一些受压损坏较严重的部位，如正立面阳台位置的窗垛墙因受压破坏 20 寸墙体中间显逼裂状态，无法继续承载。因此在修此类墙体时采用荷载转换架支承上部结构，拆除单边墙体，增加钢筋砼薄壁柱与留下的另一半砖砌体浇铸成整体，以提高窗垛墙的抗压，抗弯的刚度来达到加固的目的。此法较好的保留了外墙的西洋花饰不受破坏。

（7）修复过程中对旧砼碳化层的处理主要以凿除，水泥砂采粉补为主。在粉补前对锈胀的竹节钢进行除锈处理，对大于 30mm 以上的剥离层，采用环氧砂采粉补。受损严重的部位在粉刷修整后，加粘碳纤维布加固。由于采用碳纤维布修补和专用砂浆结合的修缮方案，外墙极具西洋巴洛克特征的花饰线型、流动变化的厚重窗套造型得到了补强和恢复。

5．拆除工程中使用的机械设备

拆除工程要达到安全、环保、速度快、不损坏相关的结构保留体，新型机具是不可缺少的。如：在拆除砼楼板时应采用连续钻孔机、蝶式切割机或金刚链切割机，这些设备运行平稳、切面光洁、不损坏保留体，对保留构件的尺寸可精确控制。且机械噪声可控制到 50db 以内，达到环保施工标准。

另外，蝶式切割机、砼逼裂机可作大体积砼切割。对混凝土墙体拆除采用大力钳也是一种快速的拆除设备，但相对于对存留结构件的受损影响较大，所以在选择设备和施工组织时要识时而用。

6．外墙修复的内撑外挑脚手

一般老建筑多在与相邻建筑连在一起，施工中外脚手的搭设是必须碰到的问题，小世界工程的左邻是上海老饭店，底层后跨为肯德基连锁店，右邻和后跨是特色小商品街和豫园内花园。其范围内客商、人流、水池、亭阁，名贵树木密集，从地面往上搭设脚手是不实现的。经过仔细的方案设计论证，实施了“内撑外挑”的脚手方法，整个工程除正立面采用落地架外，其余三个立面均巧妙地采用了内撑外挑的悬架技术，解决了外立面修复登高脚手无法落地的难题。

7．外立面修复工程

在施工方案的总体思路上，我们将小世界定为历史 III 类建筑，“即修复外墙，改造内饰”，所以给施工上带来不少困难，如正立面的西洋阳台。具有巴洛克遗风的门窗套和墙饰，因以往的广告牌安装、建筑改造等原因造成严重缺损，阳台下檐、上扶手严重风化。在施工前期准备中我们采用照相、测量、脱模等多种技术手段加以原貌参数的数字复原，并仔细分析了原墙饰雕塑所用的材料特性和构造原理，通过反复试验和材料论正，修复达到了“缺失部分的修补必须与整体保持和谐”预期效果。

在和豫园一侧的外立面为了与这个历史名园相呼应增设保留了中式围栏、梁架、椽、瓦、墙、门窗等结构环境装饰，力求和豫园区域建筑明清环境风格的统一和协调，使 I 类保护建筑——豫园不受本次小世界改建的影响。

8．内装饰的几个环境布置

（1）小世界会所室内装饰设计的主要功能是一个集会务、就餐、展示、休闲为一体的高级会所，装饰力求体现上海老城厢的怀旧意境。巧用豫园的景色使室内空间与外景溶于一体，以室外楼阁一角，墙内繁花几株的借景手法，极妙地组成室内景观，使人见景生情。

（2）在三楼约 200 ㎡的展示区由玻璃烧制的 20 多幅上海老照片组成了一条宛转的历史之路，由地面向内向上沿伸，引导贵宾走近老上海——豫园历史发展的变迁过程，将时间、空间、环境和会所的意境表达得淋漓尽致。

（3）在各种大小包房中，设计创意以上海民居厢房、客厅、三层阁的旧景新现。将建筑的芬克式木屋架、斜屋面采用胡桃木板加以装衬、面对豫园的小窗、幔帘半遮，各种高贵的玉器收藏、明清款式的红木家具或简约主义的西餐桌椅，恰如其分的重现了富贵、安祥、清静，远离喧哗的家居之情。

（4）用片石组成的内廊石墙灰黑色的基调，尤如进入上海老城的时光隧道，通过廊、墙、门和厅的连接，组合成不同的空间，以这些空间的组合、明暗和大小的变化，再加上各种道具景点的布置，使各包房入口成为自然之趣。

（5）在普通片石应用上，成功的将自然青石在后期工艺上改为纯黑色，达到了大面积装饰中性色彩的应用理想效果。另外户外防腐地板的应用，也从根本上解决了木材易产生的白蚁、真菌、孢子、寄居性水生虫及腐烂的特性，其它如水晶云石、工艺铁围栏、玻璃喷绘，金铂镶贴、灯光配置等方面均有工艺突破。总之体现上海老城厢风格的会所环境条件。装饰材料的把握和施工工艺创新是总体成功的关键。

9．修复和保护的思考

经过这次改造，小世界会所在使用功能上得到改变，建筑结构强度也得到了进一步提高。更值得倡议的是，对一个不属保护建筑范畴的历史建筑，如何在施工中注重它的历史文化和周边环境协调，是十分重要的。小世界会所，经历过许多事、关系到许多人。这些事件和人物因而也能通过建筑这个物质环境，而被记载和保留下来，是极具重要意义的。小世界外立面按 III 类保护建筑进行恢复性修复，达到了缺失部分的修补与整体保持和谐的宗旨，是目前旧房改造中的自觉行为，这体现了施工企业和业主对上海历史的尊重。

建筑是世界的年鉴，“当歌曲和传说已经缄默的时候，而它还在说话呢…”这是俄罗斯艺术大师果戈里曾说过的话。让我们共同关心旧房改造工程中的历史再现和续写，让那些极具人文特色的老建筑成为珍贵的文化遗产。

硝基清漆（蜡克）理平亚光施工工艺详解

上海市建筑装饰工程有限公司技术部

硝基清漆由硝化棉，醇酸树脂、改性松香，增韧剂、酯、酮、醇、苯类溶剂组成。

亚光是对应亮光的另一种装饰方法，它获得的漆膜是无光的或者基本没有光泽，或者只有近似蛋壳的微弱光泽，用光电光泽计测定漆膜表面的数值，一般亮光的漆膜光泽在90%～64%之间，而亚光的光泽仅在14%～35%之间。因此，用亚光油漆装饰的漆膜薄而均匀，柔和淡雅，不反射光线，给人以清静的感觉。

亚光油漆属中、高级木器家具表面装饰的一种类型，按原国家轻工业部部颁标准规定：亚光漆膜分为高级填孔型和中级显孔型两种。本工艺为高级填孔型工艺。

本工艺采用树脂色浆填充，着色，又叫树脂色浆聚氨酯填充着色漆。采用树脂色浆，使填孔、着色封闭一步化，省掉了原有的批嵌腻子、润粉、刷虫胶漆封闭、上水色等工序。由于不用虫胶漆，明显地提高了涂层表面的耐热性；木纹清晰，色泽一致，外观质量好；由于从底到面都是采用同一种树脂清漆，漆层间附着力好，饰面经久耐用。

1. 操作程序

白坯处理→上树脂色浆→涂刷面漆→消光处理→涂蜡

2. 操作要点

2. 1 白坯处理：木器白坯处理，是涂装涂料的头道重要工序，只有通过白坯处理才会使涂层有良好的附着力和耐久性。白坯处理包括木材表面的除油垢、污迹、毛刺、笔线，脱脂、色素褪色以及消除刨痕和磨光等处理。（处理方法详见本公司“《建筑装饰工程施工工艺标准》油漆除饰木材与木制件基层处理”一节。）

2. 2 上树脂色浆：树脂色浆，又叫聚氨酯填孔着色漆，它是用颜料浆、染料浆与聚氨酯漆、溶剂等配制而成。先用排笔刷于木材表面，然后再用棉纱擦涂均匀，作为填孔着色的底色。待其干燥后，再根据产品色泽，用染料浆、聚氨酯漆、溶剂等配成聚氨酯着色底漆，用排笔刷在填孔着色漆涂层上作为面色。

注：

A．色浆中用二甲苯和聚氨酯乙组分作为溶剂和胶粘剂，优点是与聚氨酯面漆结合性能好，长期贮存性能稳定。缺点是污染严重，影响工人健康。胶粘剂也可用醇酸清漆，也可以用脱水蓖麻油代替。

B．各种染料都必须先用溶剂和油脂混溶，然后再与颜料混合。

C．使用时，稀释剂配比可用酒精 1 份，醋酸丁酯 1 份混合或用酒精 1 份，二甲苯 1 份混合。底漆的固化时间为 6～8 小时；为加快干燥，可以加入钴猛催干剂和二乙基乙醇胺催化剂，固化剂用量为 0.1%～0.5%。

D．树脂色浆工艺与传统工艺相比，不但工艺简单，漆膜附着力强，色泽一致，木材纹理清晰，而且成本低，是值得推广的一种新工艺。

2. 3 涂刷面漆：面漆是涂饰表面的最后涂层，是整个装饰中的一件外衣。当木器颜色完成后，就可用硝基木器清漆作涂层罩面。

面漆的涂刷可以用刷涂和揩涂两种方式。

A．刷涂：用硝基清漆涂装木器，首先将稠厚的硝基木器清漆用 X-1 稀释以 1∶1～1.5 的比例混合搅匀后，用 8～12 管不脱毛羊毛排笔，涂刷 2～6 道。每道干燥时间，在常温下，30~60 分钟能全部干燥。每道之间都要用 0 号旧木砂纸或旧水砂纸打磨，磨去涂层表面的细小尘粒和其他排笔毛等杂质。涂刷第一道时顺木纹涂刷，以后每一道可交替垂直进行涂刷。稀料挥发快，刷时操作迅速，涂刷均匀，无漏刷，流挂、过楞，起泡等缺陷，也不能刷出高低不平的波浪形。特别要注意揭起现象，这种揭起疵病是由于多次重复回刷，把将干未干的底层漆拉起所引起的。为了避免这种现象的产生，涂刷时要注意以下几点：待下层硝基木器清漆干燥后进行；用排笔蘸漆后，依次涂刷，刷过算数，不得多次重复回刷；要掌握漆的稀稠度(如稠度大，而刷劲力大，容易揭起)，刷时要胆大心细，均匀平整，不遗漏。刷完漆的排笔，用香蕉水洗净(香蕉水仍可利用)，将毛头挤捺平齐备用。

B．揩涂：经涂刷后的硝基木器清漆，从表面看已有些平整光亮，但实际都尚未干透。稀料还在继续挥发，经过实干之后，表面产生显眼，这现象叫做渗眼。这是由于硝基木器清漆的固体含量低的原因(只占 20%左右)，有 80%左右的稀料随空气挥发掉，挥发物挥发后留下的空位就是“渗眼”，解决漆液渗眼问题，必须采用硝基木器清漆揩涂的方法，进行一次又一次的揩擦涂厚，直到棕眼内漆液饱满，干结后不渗眼为止，从而获得平整的涂膜。

木器的涂饰，有初级、中级和高级的区别。揩涂硝基清漆，一般说来，初级木器涂饰揩擦一操；中级木器涂饰以二操为准，高级木器涂饰要揩擦三操，中级木器涂饰，通过二操硝基清漆的揩涂，已达到棕眼饱满，表面基本平整，然后用稀蜡克理平见光为标准。(二操蜡克，也可抛光打蜡．漆膜还显得不够坚实丰满，平整，最终还存有显眼等现象)具体操作如下：

揩涂第一操硝基清漆：揩涂硝基本器清漆是传统的手工操作，工具是纱布包棉花，俗称棉花团，用棉花团浸透漆液(漆液稠度蜡克与香蕉水 1∶0.8～1)，往物面涂布。揩涂的方法是多样的，有横圈，直圈、绕圈、长圈和八字圈等揩涂法。首先顺木纹揩拖几转，然后横向圈拖，再纵向圈拖，圈拖可用上述几种圈法进行。不论用那种揩涂法，其目的是使漆液尽快进入木纹管孔使之饱满，表面涂层平整。揩涂要有规则地依次进行，不能胡乱的揩涂一通。揩涂时，棉花团拖到那里；眼睛看到那里，防止棉花团压紧受力而使周围蜡克鼓起。对油漆技术低或操作不熟练的漆工，如若揩涂不当，势必会揩出圈痕，高低，甚至会有揭起现象，这些现象时有产生，务必在实践操作中加以注意。

揩涂一次，使整个被涂物面全部揩到，称为揩一转。将蜡克揩涂至整个被涂物面棕眼揩没、涂层饱满平整，拔直化平，称为揩一操。第一操蜡克揩好后，放置2～3天，使其干燥，充分渗眼，用280号水砂纸垫橡皮块或软木块蘸皂水打磨，将面上的粘附杂质和涂膜高低处磨去，使涂膜初步平整，除去水迹，干燥后，进行第二操蜡克揩涂。

揩涂第二操硝基木器清漆：揩涂第二操蜡克的稠度要稀些(比例为 1∶1～2)，开始稠度可大些，之后逐渐加稀。不可再用横圈和8字形等揩法，可用直圈蛇形的拖法进行，首先可以分段直拖，拖至基本平整，再以通长直拖(即顺木纹一拖到底)，最后用香蕉水将棉花团压紧顺木纹方向拔直至理平见光，这样中级木器清水蜡克工艺即完成。

高级木器的装饰，在第二操蜡克完成的基础上，再进行揩第三操蜡克，揩法相同。但操作上还要仔细，漆膜平整度要求还要高。

2．4 消光处理：在漆膜干燥后，用400～600号水砂纸蘸皂水磨去光泽，不使留有一缕光泽。

2．5 涂蜡：在消光处理后，用少许洁净纱头蘸稀蜡揩饰表面，然后用柔软棉织品将蜡质揩净即可。

水磨石地面施工及修补磨光工艺详解

上海市建筑装饰工程有限公司技术部

水磨石是一种常用的建筑装饰材料。因其原材料来源丰富，价格较低，装饰效果好，施工工艺简单等优点，获得较为广泛的应用。水磨石也是一种人造石，用水泥做胶结料，掺入不同色彩、不同粒径的大理石或花岗石碎石，经过搅拌、成型、养护、研磨等工序，制成一种具有一定装饰效果的人造石材。

1．施工操作程序如下

找平层施工——固定分格条——抹面灰——磨光——打蜡

2．操作要点

（1）找平层施工

水泥砂浆找平层施工工艺主要控制以下几个问题。

A．基层的清理。水磨石地面的空鼓，粘结不牢，很多是由于基层清理不够，有影响粘结的杂物造成。所以，在工序安排上，应将清理基层作为一道工序完成，也就是说，不进行基层清理不能进行下道工序。

B．水泥砂浆稠度要适当，搅拌要均匀，现场分堆搅拌，人工拌合，就地分摊的办法不宜提倡。如果有排水坡度要求，特别要注意泛水的走向及地漏的位置与标高，在找平层施工中应准确完成。那种找平层不认真，面层再去找坡的做法，是不妥的。为了更好控制排水坡度，在找平层完成后，如能增加一道检查的工序，发现不妥，及时处理，就能较好的解决坡度问题，同时也应注意，在加强土建工种施工的同时，还需同设备工种做好配合，解决好两个工种的工期与进度、标高与保护的问题。

C．注意检查结构的质量情况，如楼板的裂缝问题。如果发现裂缝，应提请有关单位注意，并要做出判定及处理意见。在近年来的水磨石地面中，经常因楼板裂缝而影响水磨石面层（其他面层也会遇到类似情况）。需要处理的裂缝最好在找平层施工前处理完毕，如果在面层做好后再去处理，势必影响面层色彩的整体性及造成接槎的痕迹。对于经常流水的地面，如卫生间、厨房等地面，还需注意地漏的抹口及穿楼板洞的堵洞工作，因为这些部位一旦渗透水，一定要返修。返修就要破坏局部面层，虽然可以修复，但前后施工的接槎，是比较明显的。在做找平层前，应特别注意这些问题。找平层施工完毕，24小时后应洒水养护，养护2～3天，即可做面层施工。

（2）固定分格条

现制水磨石地面镶分格条，不仅增加地面的美观，同时也便于施工。所以，现制水磨石地面均设分格条。镶分格条，首先要弹线，将分格条的位置弹到找平层上。弹线主要根据设计对分格的要求，结合施工部位的平面尺寸，做到准确无误，充分体现设计意图。有些设计没有具体规定分格的尺寸及走向，在确定分格尺寸时，一般采用 1m×1m，宜从中间

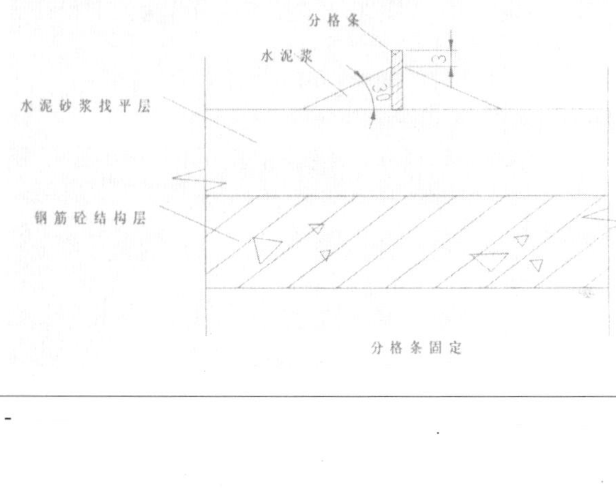

分格条固定

向两侧分格，将非整块赶到边角部位。有时还需考虑门的位置及吊顶的图案与分格，使地面的分格与吊顶的分格取得呼应。

固定分格条用素水泥浆，在一个分格内，先用素水泥浆局部固定，然后在上部拉通线检查，待合格后，再全部抹成八字形的水泥浆。水泥浆的高度一般占分格条高度的 70% 左右，上部一般留出 3～4mm 不宜抹水泥浆。如图所示。这样能够使石碴均匀地铺在分格条两侧。

在分格条纵横交叉处，各留出 4~5cm 不要抹素浆，避免该处出现石碴稀少的现象。分格条在使用前要进行挑选，边角破损的要注意使用的方向，使破损面朝下。弯曲不直的铜、铝条调直后再使用。玻璃分格条容易折断与破损，所以，要注意保管。各种材料的分格条要注意端部的楞角整齐，免得在拼接处发生接槎明显的现象。

分格条固定后，要注意保护，并适当浇水养护。对于错位的分格条，应及时更换。分格条固定如下图所示。

（3）抹面灰

分格条固定 3 天左右，待分格条稳定，便可抹面灰，俗称装灰。

首先应清理找平层，对于浮灰碴或破碎分格条要清扫干净。为使面层砂浆与找平层粘结牢固，在抹面层前湿润找平层，然后再刷一道素浆。抹面层宜从里往外，装完一块，用铁抹子轻轻拍打，再将其抹平。最后用小靠尺搭在两侧分格条上，检查平整与标高，最后用滚筒滚压。

如果局部超高，用铁抹子将多余部分挖掉，再将挖去的部分拍打抹平。切忌用刮杠在其上面刮平，因为这样容易造成石碴分布不均，或者局部石碴偏少，造成整体不统一。用抹子拍打用力要适度，以面平和石碴稳定即可。面层抹灰宜比分格条高出 1～2mm。待磨光后，面层与分格条能够保持一致。

如果采用美术水磨石，宜先将同一色彩的面层砂浆抹完，再做另一种色彩，免得相混或色彩上的差异。在同一地面中使用深浅不同的面层，铺灰时宜先铺深色部分，后铺浅色部分。面层颜料的搅拌与掺量，石碴不同规格与不同色彩的掺量，应由专人负责。特别是添加的颜料数量，应严格计量。颜料拌入水泥中，先干拌均匀，然后再将洗净的石碴与水泥搅拌。水泥石碴浆的稠度 6cm 左右。大面积施工前宜先做小样板，经设计确认后，方可大面积展开。

面层水泥石碴浆的配比，视石碴的粒径大小而略有区别，也可因装饰效果的不同要求而有差异。常用的配比是：水泥：石碴=1：1.5～2（体积比）。要想获得面层有较密集的石碴，增加美观，也可在面层施工时，拍平后在其表面撒一层石碴，然后将其拍平，拍稳。但要注意，石碴撒得要均匀，数量要适当。

（4）磨光

磨光这道工序，是水磨石效果的重要工序。磨光的主要目的，是将面层的水泥浆磨掉，将表面的石碴磨平。

磨光有机械磨光和手工磨光两种。如果施工条件许可，应尽量使用机械磨光，这样不仅工效快，而且劳动强度也降低好多。如果选用磨光机磨光，一般均选用磨具。磨具的结构一般包括磨粒、结合剂、气孔和填料。

磨粒是构成磨具的主体，以暴露在磨具表面的棱角作为切削刃来切削水磨石。磨料有多种材质，如石英砂、刚玉、天然金刚石、碳化物等。按不同的用途，将磨料加工成不同料径的颗粒。按我国标准 GB2477—81 规定，磨料的粒度按颗粒的尺寸分为四类 31 个号数，具体分类详见下表。

磨　粒	磨　粉	微　粉	精微粉
12 号、14 号，16 号	100 号、120 号	W_{63}、W_{50}、W_{40}	$W_{3.5}$、$W_{2.5}$
24 号、36 号、46 号	150 号、180 号	W_{28}、W_{20}、W_{14}	$W_{1.0}$、$W_{0.5}$
60 号、70 号、80 号	240 号、280 号	W_{10}、W_{7}、W_{5}	

结合剂是磨具的粘结材料，起固结磨粒的作用，使之成为具有一定形状和强度的磨具。

气孔即磨具内部的空隙，磨削时，有排除磨削和容纳冷却水的作用。由于水磨石粗磨加工排屑量大，如果磨具组织紧密，容纳磨屑和冷却水的地方小，不仅有烧伤板材的可能，而且还要影响板面的光泽度。所以，为了克服这种现象，一般在磨具结构内部，添加一部分松软材料，如加气混凝土或珍珠岩颗粒等。

磨光主要控制两点，一是控制好开磨时间；二是掌握好磨光的遍数。如果开磨时间掌握不好，会给工效及质量带来影响。开磨早，水泥石碴浆强度太低，则造成石碴松动甚至脱落。如果开磨时间晚，水泥石碴浆强度高，给磨光带来困难，要想达到同样的效果，花费的时间相应地要长一些。

不同的水泥强度等级，不同的配比，不同的气温均对水泥石碴浆硬化及强度的增长都有影响。要想获得合适的开磨时间，最好的办法是通过试磨后确定，总的原则是开磨时以不掉石碴为原则，下表是不同温度情况下开磨时间的参考时间。

方式	温度（℃）		
	5～10	10～20	20～30
机械磨光（d）	5～6	3～4	2～3
人工磨光（d）	2～3	1.5～2.5	1～2

注：天数以水磨石压实抹光完成算起。

磨光的遍数，不同等级的水磨石地面所磨的遍数有所区别。现制普通水磨石一般要经过不少于“两浆三磨”才能达到理想的效果。高级美术水磨石应适当增加磨光的遍数及提高油石的细度。通常情况下，第一遍磨光要选用比较粗一些的砂轮，常用 60～80 号。这一遍要求磨平、磨均，使石子和分格条全部做到清晰显露。第一遍磨光完毕，将混浊的浆水放掉，用清水冲洗表面，然后用靠尺检查表面平整度情况。第一遍由于砂轮较粗，表面具有一定程度的磨痕。另外，将水泥浆磨掉一层，表面的缺陷得以暴露，如砂眼、小孔洞、气泡等。对这些表面缺陷要用同面层相同色彩的水泥浆进行擦补，俗称补浆。养护 2～3 天，便可进行第二次磨光。

第二次磨光要选用比第一次细一些的砂轮，磨的方法同第一遍。这一遍要求做到将磨痕去掉，表面磨光，对于局部的麻面及小缺陷，再用相同色彩的水泥浆修补，养护 2～3 天便可进行第三遍磨光。

第三遍要用 180～240 号的细磨石。这一遍要达到表面光滑平整，无砂眼，无细孔，石子显露均匀。边角部位由于机械不好控制，应适当用手工补磨，最后用水冲洗干净。

（5）打蜡

打蜡的目的是使水磨石地面更光亮、光滑、美观。同时也因表面有一层薄蜡而易于保养与清洁。打蜡是在面层完全干燥后，方能开始。打蜡前，为了使蜡液更好的同面层粘结，要对面层进行草酸擦洗。擦草酸的作用主要是清理面层的残余水泥浆和细石粉，使沉淀在表面的少量悬浮浆、粉末物质，通过草酸的作用将其消除。草酸即乙二酸，化学式为（$(COOH)_2$），是最简单的二元羧酸。无色晶体，易溶于水。草酸与水泥中的氢氧化钙易发生化学反应，对面层有轻弱的腐蚀和表面去污作用。所以，在打蜡前用草酸擦洗，能够保证蜡液与面层的粘结，提高找蜡的效果。

草酸在使用时，先用水溶解成 10%的草酸溶液，均匀洒到面层，再用油石轻磨一遍，后用水冲洗干净，待地面干燥后，即可进行打蜡。

打蜡也称擦蜡，一般采用地板蜡，是保护与装饰地面的蜡制品，由天然蜡或从石油中提取的固体石蜡和溶剂配合而成。也可用四川虫蜡 500g，煤油 2000g，放在铁桶里经 130℃（冒白烟）熬制，用时加六两松香水（200 号溶剂汽油），一两鱼油调制。

打蜡常用以下二种方法。一种是用棉纱（或薄布）蘸成品蜡向表面满擦一层，待干燥后，用磨石机扎上麻袋（或麻）卷，摩擦几遍，直到光滑洁亮为止。另外一种打蜡办法，将成品蜡抹在面层，用喷灯烤，使熔化的蜡液渗透到孔隙内，然后再磨光。

打过蜡的地面，应该做到光亮、光滑，表面平整而细腻，石子清晰而美观，色彩均匀一致。如果局部积有灰尘，可用墩布蘸少量煤油轻轻擦掉。

3. 工程中常见的质量缺陷及预防

（1）地面空鼓

现制水磨石地面空鼓，较之其他类型的地面，表现更为严重一些。之所以会这样，主要在于水磨石地面层次多，不同时间，不同材料的工艺，处理不妥，都可能影响粘结而发生空鼓。空鼓主要表现在：A．面层与基层之间粘结不牢，造成空鼓。B．面层与找平层之间粘结不牢，造成空鼓。

产生的原因，主要是基层清理不够，如灰巴、残碴等附加物，均会影响两层之间的粘结。另外，素浆结合层扫的不认真，也是产生空鼓的原因。由此可见，基层的清理，是影响粘结的关键因素。

面层空鼓需要处理，特别是大面积有裂纹的空鼓，使用寿命将受到很大影响。可是，对于现制水磨石地面，在处理空鼓问题时，要注意修补后的色彩尽量与原来的地面色彩保持一致。修补时尽量使后补的一块尺寸规整，如能在一个分格条内整块修补，效果会好些。

（2）石子显露不均

实质上是反映了地面平整度的问题。特别是当面层有脚踩的脚印时，如不及时处理，势必在脚印处有轻微下沉。另外，如果脚踩在较软的面层上，会使脚印处的石子沉下去，水泥浆上部增多。当磨光时，脚印处的轻微下沉，使磨光受到影响。所以，看上去表面的石子不够均匀，清晰不够。

此种现象主要是操作人员要安排好施工的程序，应尽量避免在抹平的面层上大量穿插。另外，施工时应尽量穿平底胶鞋，不要穿高跟或底楞凸凹较明显的胶鞋。

（3）分格条显露不均

分格条具有一定的装饰效果，如果分格条断断续续，地面的装饰效果受到影响。造成分格条显露不均的主要原因，是面层不平所致。由于面层的水泥浆覆盖在分格条上面，磨光时可能磨不到，造成遮档。也可能水泥浆覆盖过厚，磨光时不可能磨掉，所以，仍有少量的水泥浆覆在分格条上将其遮档。

另外，分格条标高不一致，本身就是忽高忽低，那么，在装灰时，势必造成个别部位的分格条被覆盖太多。此种问题，主要是控制好分格条上部的标高，安分格条时拉通线检查，发现差错及时改正。

（4）水磨石色彩不均

俗称“大花脸”，产生这种缺陷的原因主要有二点。其一，颜料搅拌不均。其二面层受到其它有色液体污染。颜料搅拌应专人负责，且做到计量准确。不能心估目测，另外，不能一边加水，一边倒颜料。这样做会使颜料结块，局部色彩偏重。应坚持颜料与水泥干拌均匀后再加水、加石碴的办法，使颜料分散均匀。

面层受污染，应及时清理干净。最根本的办法，还是加强管理，如若地面篱工完毕，其他工程仍在交叉施工，最好在面层上部铺一层保护材料，免受污染及碰损。对于高级美术水磨石，应特别注意这方面的问题。

4. 旧水磨石地坪的修补与磨光

水磨石地坪修补磨光是比较简单的施工方法，但是真正要使修补磨光后的水磨石地坪具有焕然一新的感觉，却并不容易。

根据我们在近代保护建筑施工实践中的经验，水磨石地坪翻新的关键不在磨光，而在修补即要使地坪见不到裂缝，而经修补后的裂缝表面要与周围地坪无色差或色差很小。

（1）操作程序

裂缝修补——机械磨光——补色处理——涂保护剂

（2）操作要点

<u>**裂缝修补**</u>

A. 分析原水磨石地坪的水泥，水泥标号及石子粒径范围。

B．选择与原地坪同种水泥和粒径十分接近的石子。

C．根据裂缝的自然走向，进行扩缝。

D．将选择好的水泥、石子，级配进行配比调合。

E．将调合好的水磨石原料进行嵌缝。缝隙中要清洗干净，在清洗干净后，再涂上混凝土界面剂，确保新材料与原地坪牢固地粘接。

机械磨光

A．机械施磨前，必须确认所有裂缝已经处理完毕和新嵌入的水磨石已经凝结牢固，具有相当的强度。

B．磨盘先采用600目高标号油石逐层打磨。

C．在通磨一遍后，要检查一下磨后效果，然后根据情况换上目数更高的油石进行更细的打磨。

D．在修补的裂缝处，打磨要仔细，要认真检查界面处是否平整，一定要平整后，才停止施磨。

E．在阴角处，必须换手提式小型磨机进行施磨。

补色处理

A．机械磨光后，用草酸进行清洗。

B. 要仔细检查裂缝修补处，主要观察地坪饰面色差情况。

C．如果色差较大，请专业人员进行调色修补，缩小色差程度。

涂保护剂

A．保护剂涂刷前，地坪上必须无灰尘。

B．石材保护剂要均匀涂刷，不能有漏涂。

湿贴天然石材墙面泛碱现象的成因和防治

广东省建筑装饰工程有限公司　**蓝建勋**

天然石材以其自然庄重、色彩绚丽及较好的抗风化稳定性、耐磨性、耐酸碱性等特点，被建筑师逐渐认识并广泛采用于建筑物的室内、外墙面装饰，极大地突出了建筑的艺术效果。天然石材的安装施工有干挂法和湿贴法，其中湿贴法具有施工简便，造价较底的优点，但也比较容易产生一些质量通病，突出的一点即是石材表面泛碱现象，产生泛碱后的墙面“水印”斑斑，去之无效，拆之亦难，极大地破坏了建筑装饰效果。广州近年建成的一些标志性公共建筑、广场建筑湿贴花岗岩有泛碱和析白流挂（白胡子）现象，有些甚至十分严重，给这一建筑造成无可挽回的损失和遗憾。为此，分析泛碱成因和作相应的预防措施具有重要意义。

一、泛碱现象

湿贴天然石（见图3）墙面在安装期间，石材板块会出现似“水印”一样的斑块，随着镶贴砂浆的硬化和干燥，“水印”会稍微缩小，甚至有些消失，其孤立、分散地出现在板块中，室内程度不严重，影响外观不大。但是，随着时间推移，特别是外墙反复遭遇雨水或潮湿天气，水从板缝、墙根等部位侵入，天然石的水斑逐渐变大，并在板缝连成片，板块局部加深、光泽暗淡、板缝并发析出白色的结晶体，长年不褪，严重影响外观，此种现象称为泛碱现象。

二、原因分析

1．天然石材结晶相对较粗，存在许多肉眼看不到的毛细管，花岗岩细孔率为0.5%～1.5%，大理石细孔率为0.5%～2.0%，其抗渗性能不如普通水泥砂浆，花岗岩的吸水率0.2%～1.7%是较低的，水仍可由通过石材中的毛细管浸入面传到另外一面。天然石材的这种特性及毛细孔的存在，为粘接材料中的水、碱、盐等物质的渗入和析出并形成泛碱提供了通道。

2．粘结材料产生含碱、盐等成分物质。主要为镶贴砂浆析出 $Ca(OH)_2$（氢氧化钙）并跟随多余的拌合水，沿石材的毛细孔游离入侵板块，拌合水越多，移动到砂浆表面的 $Ca(OH)_2$ 就越多，水分蒸发后，$Ca(OH)_2$ 就存积在板块里。

其他，如在水泥中添加了含有钠 Na^+ 的外加剂，粘土砖土壤含有的 Na^+、Mg^{2+}、K^+、Ca^{2+}、$C1^-$、So_4^{2-}、$C0_3^{2-}$ 等，遇水溶解，会渗透到石材毛细孔里，形成“白华”等现象。

粘结材料产生的含碱、盐等成分物质是渗入石材毛细孔产生泛碱的直接物质来源。

3．水的渗入。由于外墙接缝用水泥细砂砂浆勾缝，令防水效果差；地面水（或潮湿）沿墙体或砂浆层侵入石材板；安装时对石材洒水过多等原因，使水入侵石材板，并溶入 $Ca(OH)_2$ 和其他盐类物质进入石材毛细管形成泛碱。可见，水是泛碱物质的溶剂和载体。

泛碱发生原理见图1。

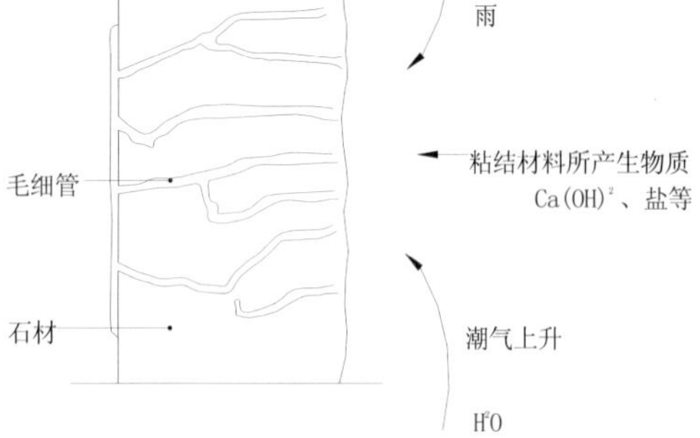

图1 泛碱发生原理图

三、预防措施

针对泛碱现象的成因，可以相应从切断泛碱的途径，减少 Ca（OH）$_2$、盐类等生成物及减少水的侵入三方面采取措施，进行预防。

（一）施工前准备

1. 设计上考虑消除泛碱，尽可能设计成干挂形式(图 2)；考虑好结构的防水处理；选择吸水率及其他物理性能符合要求的石材板等。

2. 施工前要充分考虑可能发生泛碱的各施工工艺环节，提前作好预防措施，如无把握应先做样板。

3. 有关材料应先检验后使用，不但要求外观、尺寸合格，而且其物理性能指标也要合格。

（二）使用防碱背涂剂

1. 石板安装前在石材背面和侧面背涂专用处理剂，该

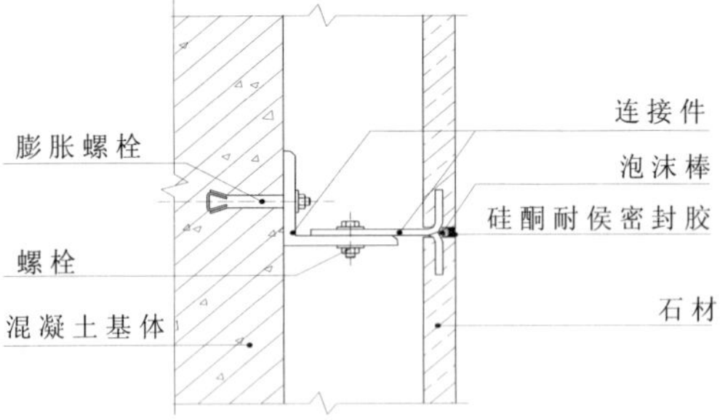

图2 干挂接点图

溶剂将渗入石材堵塞毛细管，使水、Ca（OH）$_2$、盐等其他物质无法侵入，切断了泛碱现象的途径。无背涂处理，泛碱不可避免，经背涂处理的石材的粘接性不受影响。

2. 在石材板底涂刷树脂胶，再贴化纤丝网格布，形成抗拉防水层，但切不可忘记在侧面作涂刷处理。

（三）减少 Ca（OH）$_2$、盐等物质生成

1. 镶贴用的水泥砂浆宜掺入减少剂，以减少 Ca(OH)$_2$ 析出，粘贴法砂浆稠度宜为 6～8cm，灌浆法砂浆稠度宜为 8～12cm。

2. 室外镶贴可采用水泥基商品胶粘剂（干混料），它具有良好的保水性，能大大减轻水泥凝结泌水。室内镶贴可采用石材化学胶粘剂点粘。

（三）防止水的侵入

1. 作业前不可大量对石材和墙面淋水。

2. 地面墙根下应设置防潮层、卫生间、浴室等用水房间的外壁如有石材装饰，其内壁应需作防渗处理。

3. 外墙石材装饰面，为防止从板缝侵入，墙面板块必须离缝镶贴，缝宽不应小于 5mm，使用石材专用硅硐耐候密封胶密封，见图 3。

4. 室外施工搭设防雨蓬，处理好门窗框周边与外墙的接缝，防止雨水渗漏入墙。

5. 镶贴完成后，室外石材全面积喷涂有机硅防水剂或其他无色护面涂剂。

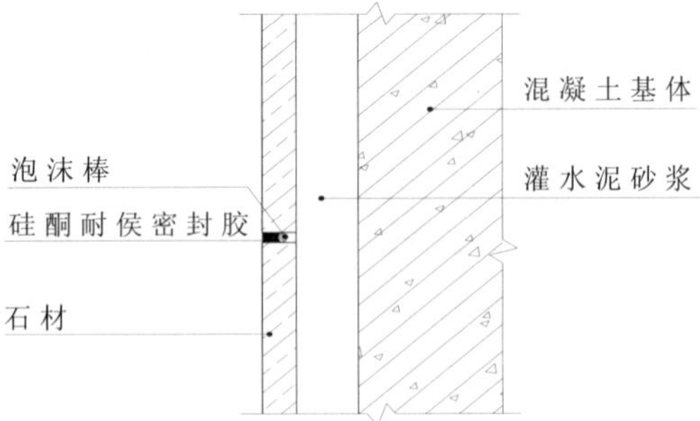

图 3 湿贴天然石及防水嵌缝图

四、治理办法

天然石材墙面一旦出现泛碱现象，由于可溶性碱（或盐）物质已沿毛细孔渗透到石材里面（渗出石板表面的可以清除），很难清除，故应着重预防，泛碱发生后只可作以下补救。

1. 尽快对墙体、板缝、板面等全面进行防水处理，防止水分继续入侵，使泛碱不再扩大。

2. 可使用市面上的石材泛碱清洗剂，该清洗剂是由非离子型的表面活性剂及溶剂等制成的无色半透明液体，对于部分天然石材表面泛碱的清洗有一定的效果。但是在使用前，一定要先作小样试块，以检验效果和决定是否采用。

总之，消除湿贴天然石墙面泛碱重在预防，只要探明其产生的根本原因，而在设计、材料、施工各环节中严格把关，科学防治，就完全可避免泛碱现象的发生，使天然石材这种古老的建筑材料为现代建筑再放光彩。

建筑装饰施工方式研究

上海市建筑装饰工程有限公司　王辉平

尽管历史已跨入 21 世纪，然而，建筑装饰施工手段依然带有浓厚的古老气息，施工现场乃以“切”、“割”、“裁”、“锯”、“焊”、“钻”、“刨”、“磨”、“雕”、“敲”、“粘”、“塑”、“粉”、“刷”、“抹”、“喷”十六道技艺为主，传统的人工操作与手工组装方式主导着整个施工过程。装饰行业工业性技术滞后现象与时代发展脱节，显然不符合生产力及科学技术发展的要求。

那么，21 世纪装饰施工方式究竟应该朝什么方向发展？这是建筑装饰界人士应该十分关注重视的问题。

一、装饰施工方式发展目标研究

我公司从 20 世纪末开始就装饰施工方式发展课题研究，通过一系列工程调查探索，在积累一些实践经验基础上，

逐渐形成一个初步发展框架和日益明晰的发展目标。我们认为，装饰施工方式从发展趋势着眼，应该以"总成装配"施工方式取代目前现做现卖手工作业为主"混合车间"式的传统施工方式。

什么是总成装配？这个概念来之于汽车装配线的启发。汽车装配车间将车灯、方向、底盘、发动机、座椅等组件元素称为总成，而各种总成是有各个专业工厂提供的系统集成产品，汽车装配线其实只是将各种总成整合装配，成为最终产品——汽车。

为什么要以总成装配作为未来装饰施工方式的发展目标？这是基于如下研究思路：

1. 传统施工方式限制了装饰行业进一步发展

传统施工方法的落后性表现在：

（1）作业手段的原始性。装饰行业大部分作业至今还处于流动的手工作坊阶段，如果说有进步的话，也仅仅是使用了一些小型电动工具。就整体操作实质而言，仍然是手工作业性质。

（2）分工非专业性。尽管装饰工人分成各种不同工种，但是，这只是一种非专业化性质的原始分工，不能体现专业化的优势。就个人而言，构配件加工和安装不分开，混杂地由一组人自原材料开始制作至安装到位最终完成；就现场操作空间而言，构件加工与安装过程混杂在"混合车间——装饰施工现场"，不可能按不同工作内容不同技术难度和技术等级不同进行专业分工。

（3）生产作坊性。现在装饰工程作业，大多数仍然采用一张桌凳、几件小型工具，按照现场已有条件，以"量身裁衣"作坊模式加工和安装。由于现场手作业缺少系列标准和协调能力，很难通过调节设计、原材料供应商的手段，使具有个性装饰产品达到技术规范化、质量标准化、生产批量化的工业化观念。

传统施工方式的落后性，导致了整个装饰行业的工业化滞后。

首先，传统施工方式封死了劳动生产率提高的空间。

一般而言，希望通过提高操作工人熟练程度而提高劳动生产率，但在建筑工地其本身劳动生产率拓展空间已不是很大。因为，即便是最熟练的技术工人，与一般工人速度之间的功效差别是微乎其微的。而且，传统装饰施工过程技术工人需要在构配件加工和安装之间不断转换，势必在场所、工具、技能和空间上作适应转换，相应制约了他们的效率和速度发挥。更何况，作为一个社会的人，随时受到环境、健康、情绪等等因素影响，他的技能、效率、速度、不能保证恒定发挥。

其次，传统施工方式封死了质量标准提高的空间。

装饰工程质量很重要一点是讲究精度，但在各个不同技术水平工人操作的影响下，其精度水平必定参差不齐。即便同一工人操作，其不同环境和不同时间的精度也是难于保持同一水准，更重要的是手工作业与专用机器加工精度等级悬殊的影响，手工制品的精度普遍与专业机械加工产品精度不可能放在同一档次评价。

2. 木装修工厂化不足于代表整个装饰施工方式

目前，建筑装饰界普遍重视和实践木装修工厂化。木装修工厂化最大特点，是将构配件制作与现场安装分离。构配件采用机械加工和组合，整个生产过程批量化进行，它集中体现了现代工业化雏形。相对于传统施工方式，它是木装修领域的一次革命。就这点而言，它代表了装饰施工的发展方向。但是，木装修工厂化的这种进步，仅仅集中在木饰面施工领域，就整个装饰工程而言，是局部性的，或仅仅是一个总成，非整体性变革。它有限的覆盖面，使它仅能成为局部的一种施工方法，而不足于代表整个装饰施工方式。

3. 总成装配体现现代工业思想，具有整体覆盖宽度，能提升装饰行业整体水平

所谓总成装配装饰施工方式是指：装饰工程将零部件加工和构配件安装按照体系加以划分开来，构配件完全在工厂里加工和整合，形成一个总成或若干个总成，施工现场只是总成件在六面体上的安装。而且，加工体系不仅仅局限在木装修等几个装修内容上，而是遍及、覆盖所有装修施工内容。

用一个形象的比喻，总成装配式施工方式的施工现场是一个名副其实的装配车间或总装流水线。凡是进入现场的装饰材料不再是素材，而是经过预先加工的总成体系，已经适合现场特定部位安装的组件。在施工现场不再见到"切"、"割"、"裁"、"锯"、"焊"、"钻"、"刨"、"磨"、"雕"、"敲"、"粘"、"塑"、"粉"、"刷"、"抹"、"喷"十六道技艺为主的初加工过程和影响环境保护的现象，而仅仅是将各种总成件进行搭配安装的过程。

总成装配式施工技术管理，已不再是将施工工艺、施工方法进行特定组合的方案编制管理过程，不再是按工艺、质量标准进行现场监控的技术管理；总成装配式装饰技术管理的主要内容是施工深化设计。技术人员从事更多的工作内容是现场3D紧密测量、相关机电配合数据收集、委托加工的分项总成设计、安装顺序设计、安装过程调节余量设计、以及设计结果的外加工清单编制、现场施工程序编制。因此，现场技术管理内容、方式与传统管理方式完全不同。

总成装配式装饰施工方式与木装修工厂化加工、现场安装（预制装配式）一样，其基本原理源于现代工业思想，基于现代工业的基本原则：专业社会化、加工机械化、生产批量化、出厂标准化，以四化提高劳动生产率、提高产品质量。

总成装配式装饰又是木装修工厂化的发展、延伸，它要求覆盖装饰工程所有工作内容。因此，它旨在彻底消灭现场手工制作现象，使装饰行业摆脱目前落后现状，它带有整个施工方式改变的性质，与木装修工厂化相比较，总成装配式装饰具有提升装饰行业整体水平、带动装饰行业朝工业化发展的性质。因此，我们认为，总成装配式装饰施工方式才是装饰行业目前应该的发展方向。

总体而言，总成装配式装饰应该是一个渐进式的发展过程，是一个数量、质量覆盖面不断扩展的过程，有一个不完全到逐渐逼近完全的过程，有一个50%、80%、90%预制装配化发展过程，及至到了100%预制装配式，我们才可以说真止达到总成装配式装饰目标。

根据现状及对未来5年的预测，我公司将分两个阶段实现总装总成装配式装饰：

第一阶段，争取用3年时间，达到80%预制装配式，即实现80%的总成装配式装饰；因为到目前为止还有一部分“瓶颈”无法打通。

第二阶段，争取在5年内实现100%预制装配式，即真正达到总成装配式装饰。

二、总成装配式装饰实现可能性研究

总成装配式装饰目标的提出是否过于激进？过于理想化？大家对此肯定有疑问。经过实践和研究，我们认为就目前的技术条件，只要在技术管理上作些调整，80%的装饰内容已经具有预制装配式施工的技术基础。因此经过若干年的努力，实现100%预制装配式即总成装配式装饰并非梦想。

1. 总成装配式装饰已突破最顽固的“瓶颈”

纵观整个装饰工程，木装修是最古老，被认为最适宜手工制作，最不适宜工厂加工的装饰内容。如果用过去眼光看，无疑是总成装配式最难实现的“瓶颈”之一。然而，多年探索，已经获得突破，形成一套比较成熟的总成装配技术，使它首先纳入总成加工的范畴。

目前，我公司已有东锦江大酒店、上海明天广场、徐汇区财政局办公楼、上海新元大酒店、北京京西宾馆等工程完全实现木装修预制总成装配式施工。施工内容涉及木门扇、木门套、固定家具、装饰性床背景、踢脚板、不同类型的木护墙板等等。四个项目部已经基本掌握木饰面预制装配总成施工技术，能够将总成概念和基本技术灵活运用到不同特点的装修施工工程中去。

通常认为，石材饰面也是比较难于实施预制装配式施工内容之一。经过一段时间探索，我们在许多石材饰面实现预制装配总成设计施工概念之后，本公司去年在鸿远工程中首次引入内墙石材全部预制装配总成安装方案。整个石材和钢结构系统完全按照精心设计的总成排版图在工厂加工并进行试行组装。全部安装完全按照总成施工程序设计进行。以单元送料、组装，一个单元结束，另一个单元开始，至全部工序完成，现场没有切割一刀和打磨过一块石材，做到有条不紊文明施工。甚至，石材嵌缝条都经过专门设计，在工厂制成预制胶条，进行现场修饰安装。从而使整个石材饰面完全达到总成装配式施工的理想境界。

尽管，目前受到应用总成装配式施工技术力量薄弱的限制，受到一些诸如价格、社会配套、设计衔接等方面的障碍，全面推广存在一定时间问题。但是，只要行业有激励措施，舆论有支持呼声，企业有坚定决心，技术上创造更多培训实践机会，造就一批适应于预制装配总成装饰施工设计人才是完全可能的。而且，从某种意义上说，价格问题的关键还在于技术开拓，通过开拓、创新，降本的潜力还是很大的。因此，全面推广预制装配总成装饰施工是可以预期的。

总之，木饰面、石材饰面预制装配式的成功实践，已经为总成装配施工奠定了重要基础。进一步推广、普及有助于预制装配总成由点到面扩展，有助于装饰总成装配目标逐步实现。

2. 经过一定技术攻关，80%传统装饰施工方式可能实现总成装配式施工

木饰面预制总成装配实践，不仅为其他饰面施工方式的转变提供了样板，而且，为整个装饰过程总成装配施工奠定了基础。但是，装饰总成装配施工目标的实现是建立在所有饰面内容的施工方式都成为工厂加工，现场仅是总成装配的过程。所以，整个装饰内容施工方式的转变是总成装饰目标实现的标志。

通过两年时间的研究，我们认为目前80%的饰面施工方式，只要稍作技术处理，便能实现总成预制装配式施工。

首先我们分析吊顶工程，吊顶工程中最常用的是矿棉板、纸面石膏板、以及金属饰面。

——从目前情况看，矿棉板、金属饰面吊顶施工大部分工作是骨架安装和饰面板安装，骨架片安装已有专业供应商成套供应，只有边端饰面板常常需要现场加工。如果增加现场测量、深化吊顶排版图、将收边处理设计成总成工序，边端收头板加工完全不必在现场进行；

——纸面石膏板吊顶似乎困难大些，一般认为造型吊顶完全不可能预制装配施工。

研究结果并不尽然。

平面纸面石膏板吊顶，需要现场加工的内容也仅仅局限在边端石膏板，同样，如果我们增加现场精确测量、制作排版图、进行边端收头设计完全有可能进行预制装配施工。

一般在造型跌级、双曲线吊顶预制装配施工困难大些。但是，通过技术创新，我们已经成功完成一些跌级吊顶和双曲线吊顶预制装配施工。最早采用的是增强纤维石膏板预制造型部件。经过进一步开发，目前已有厂家可以提供造型纸面石膏板预制部件其中包括非标吊顶龙骨配套。一些专业厂商开发非标形式预制部件，为纸面石膏板吊顶进入全面预制总成装配拓展了广阔道路。而且，如果在设计上进一步接纳国外通常采用的纸面石膏板离缝做法、无批嵌涂装工艺那么，纸面石膏板吊顶不久完全能够实现预制装配总成化施工。

其次，再分析墙体饰面部分。墙面工程用的最多的是木饰面、石材饰面、金属饰面、软包饰面、壁纸裱糊饰面、涂料饰面、玻璃、面砖饰面等等。

——木饰面如前所述，已经完全有能力进行预制装配式施工。需要深入的内容是，如何进一步降低成本，规范已经成熟的技术标准与培训。

——石材饰面已经有一个整个工程成功先例。从技术上看，矩形板材预制已经不成问题，一般认为弧形板材要实现预制装配比较困难。随着CAD制图排版精确率的提高，电脑控制水刀切割技术的成熟和趋于普及，以及预先胶粘、统一研磨技术的应用，弧形石材预制装配式施工已经成功。从目前情况看，我们不仅解决了弧形石材的预制装配式施工难题，而且，解决了金属嵌条与弧形石材镶拼的预制装配施工难题，使复杂的弧形相嵌金属条石材施工，通过预制装配总成施工达到更高精度的施工质量。

因此，石材饰面彻底预制装配施工的难度已经不在技术上，而在水刀切割价格的下调，在加工厂与项目部施工管理配合方面（包括运送等管理方面）。一句话，在于管理思路的开拓和理顺。

——玻璃、玻璃镜、软包饰面。目前，这些饰面施工基本采用预制装配式。不足之处在于某些局部未采取现场精确测量、排版设计，造成少量部件需要在现场加工。一旦总成装配管理思路确定，问题完全可以解决。

——金属饰面。金属饰面总体上采用预制装配式施工。在一些超薄金属饰面中，较多采用现场局部调整、剪裁、粘贴施工方式。从技术上分析，金属饰面采用预制复合技术，通过干挂、槽接完全能实现彻底的预制装配式施工。而且，通过技术开发，降低成本的空间还相当大。因此，只要确立总成装配式施工模式，技术上没有太多难题，只是做得相对更好的问题。

——面砖饰面。传统面砖饰面施工方法总体上是现场切割、粘贴施工，未能达到彻底预制装配式。在于某些洞口及饰面边端收头部位还要现场需要大量裁割。主要原因在于，未能预知现场实际尺寸，未能在排版图中精确标定每一块饰面的几何尺寸。要实现面砖铺贴彻底预制装配总成施工，关键仍然在于精确的现场测量和有效的排版设计以及施工程序设计。做到测量精确、排版合理有效、施工程序设计得法，面砖饰面完全有可能实现预制装配式施工。

——墙体饰面中，受材料特性限制，涂料和壁纸裱糊类饰面最难实现预制装配式施工。它们是预制装配式施工真正的“瓶颈”。

再次，进一步分析地面饰面部分。地面饰面中最常用的是实木地板、复合地板、塑胶地板、抗静电地板、地毯、石材饰面、面砖饰面、涂料饰面等。

——复合地板、抗静电地板、地毯由于材料特性，本身采用成品装配，只要加强事先现场测量和排版，是完全能够做到彻底预制装配总成施工。

——石材饰面、地砖饰面的情况如墙体部分相同，经过努力也是能够实现预制装配的。

——实木地板饰面。过去“龙骨”骨架需要在现场加工。目前，随着击芯式膨胀螺栓固定“地龙骨”技术的出现，通过对“地龙骨”工厂预制，基本上能实现预制装配施工。况且，最近有许多不同形式的无膨胀螺栓固定“预制拼装龙骨”出现，以及大量漆板面板面世，为实木地板预制装配施工创造了良好条件。彻底实现实木地板预制装配式施工，只要对各种现有技术进行筛选、整合而举手可得。

——与墙体饰面部分一样，受材料特性限制，涂料地面和塑胶地面比较难于预制装配，将成为总装式发展的“瓶颈”。

通过上述分析，我们可以得到几个初步结论：

1．总成装配式施工已经在木饰面、石材饰面上得到突破，为总成装配施工理论奠定了发展基础。

2．只要增加现场精确测量、施工深化设计、包括连接方式设计、排版设计、安装调节设计、 安装程序设计等，传统施工方法普遍能够转化为预制总成装配式施工。

3．全面实现预制装配式总成施工，目前还存在一定“瓶颈”，主要存在于涂料饰面、壁纸类饰面、塑胶地板饰面。这些饰面短期内无法实现预制装配式施工，成为实现总装式施工目标的重要障碍。

目前，如果我们能够接受壁纸粘贴、塑胶地板粘接属于装配概念，那么，95%～98%的常规饰面已经具备转化成预制装配式施工条件。也就是说，朝装饰总成装配化施工目标努力再不是遥远不可企及的事情，其实现的可能性已经具有相当高的概率。

三、总成装配化施工配套措施研究

总成装配式施工与预制装配式施工的区别在于，它是一个覆盖装饰工程系统的新概念，是有相关构件经深化设计后组合而成的新成品，我们称它为总成，它属于装饰施工模式范畴。预制装配只是具体的一个方法，是一个构件的行为。因而实现总成装配施工需要系统的配套措施。而不同于实现预制装配只要局部的突破。

配套之一，企业必须确立总成装配施工发展目标。并坚定不移地步步推进，目标和实践是实现总装式最为关键的条件。因为它制约着总成化所需要的其他一切技术条件。有了目标就有导向，技术人员的引进也好、转型也好都会围绕这一目标实现，技术人员的能力也会随着导向朝此方向发展。

配套之二，现场技术人员基本技能转变。传统施工方式要求技术人员以监督为主。总成装配施工方式要求技术人员以现场测量、收集数据、根据数据进行施工深化设计为主，将复杂的现场情况转化为可加工的工厂标准。通过他们对总成预留机电洞口预留、安装偏差调节等设计，将构配件加工尺寸相对统一，便于各种总成批量加工和现场安装。

传统施工方式需要技术人员熟悉现有施工方法和施工工艺；总成式施工方法要求技术人员不仅熟悉以前的预制装配式方法，更要针对现场不同的具体情况，熟悉和了解相关机电专业的配套，进行开拓、创新，创造新的预制装配总成方法。

配套之三，项目管理重心转变。项目技术管理将由现在重点管操作工人转向重点管施工深化设计和供应商配套。在总成化施工方式中，施工深化设计成为项目技术管理中的核心问题。它的成功与否决定着施工方法、加工方法、安装方法的简易程度，决定着施工成本的高低。

配套之四，加强技术策划、开拓力量。在发展总成化施工过程中，公司层面总的技术策划相当重要。总的技术规划主要体现在：

1．宏观规划。从发展总成化施工方式总目标出发，分析阻碍目标实现的种种障碍，列成一表，然后确定各个针对性课题，组织攻关，予以逐个解决。

2．信息收集、消化。总成化施工方式需要大量新概念、新技术、新材料、新方法、新信息作为技术支撑。就社会总体而言，有许多材料、技术、方法都能直接或间接用于总成施工之中。缺少信息往往阻碍某些问题的解决。技术信息量和消化能力是推进总装式发展及其重要环节，必须有人大力开发。

3．施工深化总成模块的定型和普及推广。装饰总成化发展进程中，各个项目部会创造许多新的施工设计节点和方法，不断为预制总成装配施工提供新的元素。及时汇总各类有效设计节点，进行汇编，形成比较规范、成熟的标准模块和做法，及时普及推广开来，是加速推进预制总成装配式施工的有效方法。

通过技术部门的宏观规划、信息收集与消化、设计标准模块加以普及与推广，按照计划、有步骤加速推进总装式发展进程，有助于总装式更早实现。

配套之五，设备配置转化。为了提高速度和质量，传统施工方式强调现场配置先进的小型电动加工工具。

由于以预制装配式为基础的总成装配施工方式强调零部件工厂集成预制，因此，必然导致设备配置上的大转变。在预制装配式施工中，大量常规小型电动机械将退出现场，设备控制着眼点在于配套工厂大型加工机械的质量和数量，而现场重点发展设备为新型、简便、快速、精确的设备：如3D空间扫描仪、简便的设计软件、电脑设施以及网络通信设备。通过提高技术人员设计配套能力和控制厂方的加工设备，提高总成装配化施工的速度和质量。

四、总成装配化意义研究

总成装配化不同于局部的预制装配式，它属于整个施工模式改革。实现总成装配施工，意味着装饰构配件加工与安装彻底分离，构配件加工完全脱离施工现场，由工厂承担相关的质量和技术控制；现场装饰工人将成为前间准备工和总成安装工；现场技术管理从监督为主上升到施工深化设计层面；装饰项目管理将真正成为智力管理。它必将成为装饰行业的一场真正革命。

意义之一，总成装配化的实现将结束装饰行业落后态势，使之步入工业化领域。装饰构配件的工厂集成预制、现场工人的模数化安装、技术管理成为施工设计，这一切都符合现代工业的机械化、专业化、批量化原则，使装饰施工上升到工业化管理水平。它将结束行业科技进步发展速度相当缓慢、科学技术对行业发展贡献率低、难于可持续发展的局面。将促使行业步入高速发展阶段。

意义之二，形成劳动率提升趋势。

1．构配件现场加工全部被工厂机械加工所取代，加工速度和质量的提升毋庸置疑；

2．传统构配件加工和安装集于几个工人，专业分界不清，总成装配以构配件加工集成整合与安装分别进行，大大提高专业化程度，单一工序的劳动功效有望大幅度提高。

3．装饰工程总工期将缩短。由于总成装配化施工以机械化、专业化、批量化为基础，各个环节的工作时间将会同步进行，有效缩短持续工作日，装饰工程总工期将随之而缩短。木饰面预制装配式实践已经证明，整个木饰面加工、安装工期仅为传统施工工期的二分之一。

意义之三，形成工程成本降低趋势。

1．构配件加工与安装分离，直接导致复杂劳动与简单劳动分开，工人将按劳动难易程度分别获取报酬，不可能在从事简单劳动时享受复杂劳动的高报酬。

2．批量化生产和工厂流水化生产，为降低成本拓展了空间。

3．工厂预制和套裁，边角料可以得到充分利用，极大提高材料的利用率，降低材料浪费，减少加工成本又符合环保原则。

4．进一步技术开发，特别是复合材料基材的合理选用，基层与面层连接方法更简便的深化设计，有望进一步打开降低成本空间。

5．总成部件运输、包装成本会有所增加，但综合成本应呈降低趋势。

意义之四，形成质量提升趋势。

除了劳动生产率提升已经显示极大潜力之外，木饰面总成装配的施工质量也显示前所未有的提高。

1．木饰面总成装配式施工，能够创造超长方向无接缝的全新装饰效果。

2．采用装饰装配式施工的木饰面精度，已从毫米级提升到微米级。为饰面带来全新的效果。

3．由于零部件完全工厂集成化预制，产品质量、形态的稳定性达到新的高度。

从木饰面总成装配式所已经显示的质量效果，可以预测采用总成装配化施工之后，必将诞生一个标准更高的质量评价体系。

意义之五，形成企业素质提升趋势。

1．采用总成装配化施工方式，项目技术管理前期测量、深化设计变得更为重要和关键，对配套工厂的合同管理，技术数据设定、技术标准监控显得更为重要和突出。相比较传统施工方式，总成装配化需要具备更多从事复杂工作的专业技术管理人员，项目管理将注入更多智力成分，企业文化层次进一步得到提高。

2．采用总成装配化施工方式，现场技术管理重心转移到深化设计之上，要求企业建立一支能承担装饰总成深化设计的设计师队伍，势必促使企业的技术素质朝更高层次发展。

智力成分的增多，技术层次的提升将推动企业整体素质的全面提升，促使企业朝可持续发展道路前进。

经过3年多的研究，多方面寻找施工方式改革变化和新的技术发展目标，拟定了实施框架，接下来重要的是实践。实践中会遇到新问题，只有实践才能解决新老难题，只有实践才能推动装饰总成装配化发展、乃至真正实现。

浅谈装修施工收口工艺

广州珠江装饰工程公司　项目经理　**崔含春**

装修收口是通过对装饰面的边、角以及衔接部分的工艺处理，以达到弥补饰面装修的不足之处，增加装饰效果的目的。它一方面是指饰面收口部位的拼口接缝以及对收口缝的处理，用饰面材料遮盖、避免基层材料外露影响装修效果；另一方面是指用专门的材料对装饰面之间的过渡部位进行装饰，以增强装修的效果。一般来说装修收口的方法主要有压边、留缝、碰接、榫接等方法，这些方法应该根据设计的风格、装修的档次、材料的性质、构件的形式进行选用。

一、压边收口法

压边收口法是装修收口最基本、最常用的方法，不同饰面材料之间以及不同结构之间的收口均可采用此方法，就是用相邻两种材料或构件中的一种遮盖在另一种材料或构件之上以达到收口目的。压边收口有以下几种处理方式：

1．易于加工或处理的饰面遮盖难于加工处理的饰面。选用易于在施工现场加工或处理的饰面作为遮盖饰面。遮盖材料进行处理，使施工缝更加严密，也节省人工。当收口材料不宜加工处理、收口缝难以做到密实时，需要使用嵌缝胶对收口缝进行处理。

笔者在北京中银大厦钢门框与墙身的收口中，就遇到以上两种情况。抹灰墙身与钢质门收口时，使用钢门框压抹灰来进行收口，这是因为钢门框更易成型美观。若使用抹灰面来遮盖钢门框，一方面抹灰很难成型，施工难度较大，另一方面抹灰层也很难附着在钢饰面上。所以，用钢门框压住抹灰层是最好的施工方法。但是，当进行钢门框与石材墙身的收口时，两种材料的质地都比较硬，如果要求二者收口缝必须严密一致的话，施工起来费时费工，难度极大；于是，我们使用嵌缝胶来处理收口缝，可大大降低施工难度，同时还可使饰面具有一定的收缩性。

2．不会位移的遮盖可能位移的。在装修施工中，饰面常常因变形而需留有一定的伸缩空间，避免挤爆或是拉裂装饰面。这些部位采用压边法收口，给下层可能变形的饰面留一定的伸缩空间。可以避免收口缝产生变形。

3．用特制的装饰构件遮盖需要收口的饰面，这是最常见的收口方式。如天花线、装饰线、空调风口等等收口用装饰构件遮盖需要收口的饰面，简化了饰面在收口位置的处理，大大地降低了人工成本，提高了工作效率。使用装饰线进行收口时，由于饰线与饰面的接触面柜对较小，又由于变形等原因产生空鼓、脱落等质量问题。因此，除了使用粘接剂固定外，还应尽量使用螺丝、钉子等进行加固。如果因为饰面的要求不能使用螺丝、钉子等加固时，应想办法增大饰线与饰面的接触面积。或者采用暗榫来进行固定。

二、留缝收口法

留缝收口法是在相邻的材料或构件之间留出一定宽度的缝隙进行收口。这种收口方法有两种情况：

1．质地较硬的材料收口。质地较硬的材料，特别是体积较大时，如果使用密缝收口很难保持接缝严密，因此，质地较硬、规格较大的材料，例如石材、玻璃等，收口方式通常采用留缝收口。材料规格较小时，使用留缝收口可以使饰面显得整齐美观，但是会增加施工的人工。是否留缝一般由设计师的设计要求和风格决定。如果材料规格误差较大时，可适当留缝避免累计误差。收口缝的大小根据材料的尺寸确定，施工完毕后用水泥膏等进行勾缝处理。

2．还有一种留缝收口是由建筑师的设计风格决定的，主要用来分隔不同的构件，或者分隔不同的建筑部位。这种留缝收口其实是综合运用各种收口方法做出一定宽度的收口缝或者分割缝，来达到收口的目的。这种留口既是一种收口施工工艺，也是一种设计风格。

三、碰接收口法

碰接收口法在木饰面材料的收口中使用较多，其做法通常是将木构件的碰接边刨成一定角度的斜角，然后彼此搭接。木饰面碰接收口一般出现在大面积的木饰面、阳角木饰面等搭接的位置。需要注意的是，由于碰口的部位一般使用胶水等粘接剂进行固定，强度不高；而木材容易随温度和湿度的变化产生变形，在碰口的位置容易产生翘曲空鼓变形。当发生翘曲空鼓变形时，可以用针筒将胶水注入空鼓的部位，然后压平、固定牢固。

四、榫接收口法

榫接收口法一般用在厚度较大的木饰面板或是实木材料的收口中，具有一定的强度，不仅是收口的一种方法，还是木作施工连接的一种方法。一般只用在具有特殊要求的部位，例如木板的拼接。

以上介绍的一些装修常用的收口方法，在实际设计施工中应根据设计效果和施工成本控制的要求灵活应用。在同一收口位置，不同的收口方法都有可能达到同样的收口效果，而同样的收口方法由于对细部处理的不同也可能产生不同的装饰效果。收口方法的选用一般由设计师的风格和意图、饰面的构造和功用、施工的难度以及材料的性质决定的。

装修设计的风格是服从于建筑物的整体设计风格的，而装修设计的风格决定了装修的收口方法，因此，装修收口的方法应该与建筑的整体风格相一致。例如，一个具有现代主义风格的建筑往往具有纯粹的几何形体、清晰有力的线条、单纯明快的色彩、庄重大方的造型，没有多余花哨的装饰，留缝收口就成为主要的收口方法。

装饰面的构造和功能对装修收口方法的选用也是至关重要的，饰面的构造、功能不同，对收口的强度、美观的要求也不一样。在经常受力的部位对收口的强度要求较高，在醒目的部位对饰面的美观协调的要求就比次要的部位高。例如，同样的实木饰面，在墙身就可能使用碰接收口或压边收口，而木地板就采用榫接收口。

施工难度的高低也是决定收口方法的因素。在满足设计要求的前提下，施工难度低、效率高的收口方案就是最佳的方案。一般来说，压边收口效率最高，留缝次之，碰接收口难度最大；榫接收口因费时费工现在除了特殊的要求，在装修施工中很少采用。

地面水磨石施工技术应用

——在深圳园岭沃尔玛购物广场装修改造工程中的应用

深圳海外装饰工程公司　徐　立

20世纪90年代以来的地面装饰施工中，水磨石地面的应用主要集中在工厂、学校、大型购物中心，而在一般的建筑装饰工程中采用得极少，而且由于水磨石地面一般施工面积很大，施工工期较长，施工工序比较复杂，工程极易出现空鼓、裂纹，故而操作难度较大，应用范围也比较集中。

深圳园岭沃尔玛装饰工程是我公司2002年度的在施工程，工程总建筑面积17775 ㎡，合同总造价1560万元，合同工期从2002年5月1日至2002年10月15日。在整个工程中，水磨石地面施工面积16000 ㎡，单层施工面积达到5000 ㎡以上，为工程的施工重点和难点，也是影响整个工程质量和施工工期的关键。在工程施工中，技术人员针对水磨石工程的重难点进行了有效的控制和预防，取得了较好的效果!

一、工 艺 流 程

1．科学划分施工流水段。
2．严格材料选购。

→

1．基层梯凿，清理；
2．放线定位；
3．设置伸缩缝，安放分格条；
4．清理、检查。浇灌水泥石子浆，养护；
5．三遍磨（粗磨、细磨、精磨）。

→

1．草酸清洁；
2．成品保护（农用薄膜和5mm纤维板）；
3．交工前进行打蜡。

二、施工重点、难点控制

1．水磨石石粒的选择

沃尔玛百货是世界500强企业，在世界各地都有它的连锁百货公司，它在工程建造上也积累了丰富的经验，对工程要求特别严格、细致。在本工程中业主对水磨石石粒的要求为12mm的石粒，项目部的人员针对工程用量大、要求高、用量较为密集，及早的进行了材料的组织，直接到矿区采集样品让甲方确认，选择了大型的加工厂，从材料上保证了质量和供货时间的要求。

2．水磨石地面空鼓

由于大面积的施工，水磨石地面与基层之间，与分格条两边和十字交叉处容易发生空鼓，用小锤敲击有空鼓的声音，这是水磨石地面最容易发生的通病。主要原因是基层清理不干净，清水湿润不够；或是基层积水，铺设时从中间向分格条方向摊铺，容易造成在分格条两边与十字交叉处水泥砂浆水灰比突然增大，影响粘接。

为了处理好水磨石空鼓现象，应该采取以下措施：

（1）铺设前必须对基层进行认真的清理，剔出原基层的浮浆，对于原地板(原地面为水泥地面)的空鼓一定要剔除干净，后用清水清理。

（2）对地面的积水要清理干净，水泥石子浆的铺设必须由分格条向两边铺设。

3．水磨石地面分格条的弯曲变形(铜条)

水磨石地面中，分格条是工程的亮点，也是验收检查的重点项目。通直亮泽的分格条不仅符合了质量验收规范的要求，也为整个工程增添了光彩。

但在实际施工中由于以下几个原因，很容易导致分格条被压弯变形：

（1）面层水泥石子浆虚铺的厚度太薄，用滚筒来回滚压时，就使分格条直接受力，致使其弯曲变形。

（2）分格条固定不好，在滚筒的滚压过程中由于石子的挤压破坏了分格条。

针对以上的问题，项目部采取了以下几项措施进行预防，取得了比较好的效果：

（1）控制面层水泥石子浆的虚铺厚度，一般比分格条高出5mm。

（2）在滚筒滚压前，用抹子在分格条两边约10cm的范围内拍实，并顺分格条用抹子往里倾斜压出八字，以防止滚筒在滚压中压坏分格条。

（3）分格条应粘接牢固。在铺设水泥石子浆面层前，仔细检查一遍，发现分格条松动、弯曲的，要及时调换或埋设。

（4）十字交叉缝处断开的分格条缝隙不得大于1mm，石子不得显露不清或分布不均匀。

4. 水磨石地面裂纹

圆岭沃尔玛工程水磨石地面面积达到 14000 ㎡，这样大面积的施工由于温度应力等原因，很容易出现龟纹状裂纹或是大的贯穿性裂缝。归结其原因，水磨石地面的裂纹主要有以下几个方面的原因：

（1）原地面回填土夯实不够，地面出现沉陷；在北方地区，则是由于回填土中夹有冻土或冰块，冻土融化后，地面下陷，出现裂缝。

（2）原基层地面的标高不一致，造成原垫层的厚度不一致，出现裂缝。

（3）在预制楼板的板缝及端头缝处细石混凝土的浇灌不密实，影响楼板的整体性和刚度，以及地面荷载过于集中引起裂缝。

（4）地面面积较大，温度变化较大，引起温度应力变形。

（5）在地面中暗敷管线太高，周围没有固定好，由于震动而引起的裂缝。

在工程中，由于整个工程的施工面积过大，使得施工必须与其他工种配合，划分为几个施工段进行施工，这就使得两个施工段的结合处更易出现裂缝。

现场的施工人员采用了两种措施来预防裂缝：

（1）设置钢筋网片，防止地面沉降和应力变形。

（2）设置伸缩缝。在工程中，整个平面纵横每隔 6m 设置一条通长的 5mm 宽伸缩缝，这样可以有效的防止各种应力变形。

三、成品保护

成品保护是装饰工程中一个很老的话题，但是在圆岭沃尔玛工地，我们真切的感受到了它的含义。

在已经完成的三楼，我们看到所有的地面都是用塑料薄膜和多层板进行覆盖的，中间隔出了施工通道，工人的操作全部在施工区域内进行，有效的保证了地面的清洁与完好。

根据经验，水磨石地面打蜡应在交工前进行，因为水磨石地面要经过较长时间的干燥期，以使内部水分充分的蒸发，如果过早的上蜡就会使水磨石内部的水分无法挥发，从而使得白水泥在 2～3 个月后泛黄。而且，交工打蜡，能避免因地面的二次污染进行重复劳动。

深圳园岭沃尔玛装饰工程的水磨石地面我们采用了很多常规的和切实可行的施工工艺，2002 年 8 月下旬，沃尔玛工地水磨石地面工程基本结束，整个装饰工程地面平整，线条顺直，光泽度好，受到了业主和监理单位的好评。

寒冷地区纸面石膏板吊顶接缝不开裂控制技术研讨

黑龙江省建筑装饰协会　贾　金　赵兴武　郭　勇

轻钢龙骨石膏板吊顶是在现阶段建筑装饰工程中运用最广泛、最普及、用量最多的一种装饰材料。但在实际装修工程中，纸面石膏板接缝处开裂和吊顶变形问题的存在也很普遍，特别是在黑龙江省这样的寒冷地区，表现更为明显。本文结合我省地域特征，从设计、选材和施工工艺等方面试论石膏板接缝开裂的原因及防治方法。

一、石膏板接缝开裂的主要原因

1. 石膏板体积稳定的特性

一般装修材料都怕水，都存在湿胀干缩的现象，但石膏板却可以说是建筑装修各类板材中性能较好的材料。这是因为工业上用石膏是将二水石膏加热，排出结晶水而形成。石膏板加工定型，在燃烧与研磨好的半水石膏中添加水，再次形成二水石膏结构的重要特性。它从石膏浆中分离出呈针毡状结晶体，在干燥过程中，形成了微孔，使石膏建材具有“石膏呼吸”特性，即在空气湿度变化时，可以吸收湿气，也能迅速地再散发出去。

气干状态下石膏板的线性膨胀和收缩是微乎其微的，即使空气湿度达到 90%，在 24 小时情况下，石膏板伸缩率最大的横向也只有 0.015%，因此，这微小的伸缩量不是引起板面变形和接缝开裂的主要原因。

2. 纸面石膏板的强度对变形的影响

纸面石膏板的构造是以石膏芯子与护面纸牢固地粘合在一起的板材，护面纸起到承受拉力和加固作用，护面纸层对板材质量好坏有很大的影响，纸面粘贴不牢的板材是不能使用的。面纸纵横二向纤维的强度与弹性不一，纵向比横向大些，纵向的抗弯和抗变形能力也强些。

纸面石膏板具有较强的抗湿性，纸面层可延长板吸入水的时间，但并不能阻止吸水。在安装施工过程中，对于较长时间或连续受潮浸湿，纸面石膏板的强度会降低。因此，潮湿的板材决不能施工安装。

高温对纸面石膏板的强度有一定影响。当石膏的环境温度达到 42℃时，凝固的石膏会开始改变结晶结构，使强度受损，所以纸面石膏板不能与加热器等直接连接。

3. 轻钢龙骨骨架结构的设计和施工影响

龙骨架的合理设计、采用合格的材料和零件、严格把握施工质量，是确保 QST 体系吊顶不变形、不开裂的重要保证。其中任何一个环节的差错、疏忽都会导致变形和开裂。例如纸面石膏板与龙骨之间的固定，若不按顺序或固定不牢固，使板产生内力，板缝处受剪，便引起变形和裂缝；轻钢龙骨的刚度和直线度不够，间距不当，必会产生变形开裂。

4．嵌缝工艺是接缝处理成败的直接因素

轻钢龙骨石膏板吊顶处于多种受力状态，因此，纸面石膏板的纵横接缝处相应受到各种应力的影响，这就要求板之间应适当留缝，嵌缝材料自身有足够的强度和粘结力，还要有合理的接缝施工工艺和较高的操作技能，以抵衡拉应力，避免裂缝的产生。目前，对嵌缝用料设计没有明确规定，施工单位大多任意选用嵌缝腻子，其强度不能满足要求；有的施工单位采用高档胶料，但价格昂贵；有的施工单位用双层穿孔纸带加强，或用网格布加强，取得良好的效果。因此，如何把握住嵌缝工艺是十分重要的。

5．不按工序及不文明施工的影响

常见当嵌缝工序完成后，甚至墙纸涂料贴刷完毕后，墙内吊顶上的水、电、风等安装作业尚未完成，安装人员踩在龙骨架上或把已固定的板橇动，都会造成接缝开裂，甚至使板面变形。有的吊顶设计是不上人的，一些操作人员还踩在次龙骨上，使骨架变形发生挠度，这种情况尤其在抢进度工程屡见不鲜，必须加强管理，予以克服。

6．不良的施工环境

我省地处寒冷地区，新建工程的装饰工程施工时间多在10月以后，施工场地没有保温设施，冷凝水被石膏板吸收。当供暖后，室内湿度依然超标，加剧了石膏板受潮成为开裂变形的诱因。

二、避免变形和裂缝的设计要点

1．合理选用轻钢龙骨及配件

吊顶骨架用轻钢龙骨构成，其强度、刚度、平整度是衡量骨架质量的指标。如果龙骨直线度不好，将使骨架不平整，那么石膏板安装在龙骨上后，就会产生内应力，内应力在释放的过程中必然导致板接缝处开裂。所以，设计在选定主次龙骨规格的同时，应根据国家标准，在图纸上对其刚度和直线度提出要求。不要忽视主次龙骨的吊挂件、连接件和接长件，应选择可靠的规格产品。保证安装好的骨架处于无应力状态，有效地避免石膏板接缝的开裂。

2．纸面石膏板的选择

纸面石膏板有普通型、防水型和防火型三种，设计可根据不同使用要求，不同地区和施工季节选择。龙骨间距与石膏板厚度有关系，吊顶采用12厚，如采用9.5厚，龙骨间距应缩小。对防潮性能有高要求时，如在板面作喷涂等，应在板面增做防水层，可刮一层耐水腻子或刷无色防水剂。

纸面石膏板是覆面材料，是靠高强自攻螺钉与轻钢龙骨紧密地固定在一起的，如果石膏板和龙骨之间不能牢固地固定，当有外力作用时，石膏板接缝处会产生剪切力，导致板接缝开裂，因此石膏板的强度和边部成形的好坏是很重要的因素。装饰市场中的纸面石膏板质量良莠不齐，各公司的经验工程中均应选用大厂家生产的质量较好的石膏板，强度高，韧性好，发泡均匀，边部成型饱满，从材料上解决裂缝问题。

3．嵌缝材料

嵌缝材料包括接缝带和嵌缝腻子。接缝带有良好的自粘结能力和强度，在板接缝处起加强筋的作用。嵌缝腻子不但要有很好的强度、粘结性，而且还要有一定的韧性和好的施工性能。如果达不到以上要求，不可避免地要产生裂缝。

三、避免变形和裂缝的施工要点

1．施工环境

要创造良好的施工环境，按照国家有关法规程序进行施工，施工时不得将石膏板堆放在潮湿不通风的地方。相关湿作业未完成前，避免安装纸面石膏板。室内低于5℃时，不应做吊顶施工。

2．安装轻钢龙骨架

施工时必须严格按图和规范施工，不得随意加大龙骨、吊筋的间距。安装好的骨架一定要处于无应力状态（自重影响除外），施工完后，必须进行中间验收，对查出的问题认真落实并整改后才能进行安装纸面石膏板的工序。

吊顶安装时，必须按规定起拱，同时避免吊点受力不均现象。覆面龙骨底边必须处于同一平面，决不能用底面挠曲的材料。需要接长龙骨时，插接部位不能安排在一条直线位置上，要合理错位。遇到建筑“三缝”处，主副龙骨应全部断开，两部分自成系统，随“三缝”处留缝，留缝处用其它材料装饰。

3．安装纸面石膏板

（1）铺设方向，横向与纵向固定

纸面石膏板的强度性能与变形是依方向而定的，板纵向的各项性能要比横向优越，因此吊顶时不允许将石膏板的纵向与覆面龙骨平行，应与龙骨垂直，这是防止变形和接缝开裂的重要措施。

（2）板安装和连接固定

纸面石膏板必须在无应力状态下进行安装，要防止强行就位。安装吊顶板时用木支撑临时支撑，并使板与骨架压紧，待螺钉固定完才可撤销支撑。安装固定板时，从板中间向四边固定，不得多点同时作业。固定完一张后，再顺序安装固定另一张。板与轻钢龙骨的连接采用高强自攻螺钉固定，不能先钻孔后固定，要采用自攻枪垂直地一次打入紧固，螺钉头表面埋入石膏板纸面约0.5mm。

（3）纸面石膏板接口处理

板接口处需装横撑龙骨，不允许接口处板“悬空”。墙面尽可能选择板长与房间高度相同的规格。如不能避免横向接缝，应错位设缝，隔墙的板横向接缝位置应错开，不能落在同一根龙骨上。吊顶横向接缝同样不能在同一直线上。

纸面石膏板安装时四周需离缝，板与四周墙边离缝约5mm，面纸包封的板边间距约3～5mm，切割板边间距约3～5 mm。

（4）接缝处理

纸面石膏板的接缝需用专门的方法进行处理，接缝处理得好，能使整个结构成为一体，板缝不明显。

（5）板边处理

面纸包封的板纵向边是无需处理的，切割的板边应在嵌缝前做割边处理，比如可以在板安装之前，木工将正面纸板上口轻轻倒角，避免油工割边操作，留缝宽窄做到一致。

（6）嵌缝工序

建筑装饰装修吊顶处于多种应力状态，因此纸面石膏板的纵横接缝处相应受到各种应力的影响，这就要求板之间应适当留缝，嵌缝材料自身有足够的强度和粘结力，还要有合理的接缝施工工艺和较高的操作技能，以抵衡拉应力，避免裂缝的产生。

a. 每种嵌颖腻子都有自己特殊的工艺，了解和掌握嵌缝腻子的使用方法是正确进行嵌缝处理的前提。

b. 所有接缝处理工序尽量迟一点进行，让其他工序都完成后再实施。

c. 在嵌缝施工时要避免穿堂风，采暖宜逐步提高温度，避免冷热温差过大，否则该部位的接缝很容易产生裂缝。

d. 嵌缝施工需精心施工，对工人操作技能有较高的要求。

e. 在使用功能上有震动的部位，建议采用铝合金压条明缝处理。

总之，只要做到设计合理、原材料合格、施工符合规范，就完全能够避免石膏板接缝处开裂。

纸面石膏板接缝处的开裂虽然是一普遍现象，但是，只要我们能够做到：精心设计、精心选材、精心施工，这一问题是可以解决的。

*本文被评为“2003年首届全国建筑装饰行业优秀科技论文”。

常用建筑装饰材料的选择

中国建筑装饰协会信息咨询委员会专家组办公室主任　**鲁心源**

20世纪70年代末我国在小平同志改革开放的方针指引下，建筑装饰随着国民经济的发展、科技的进步、现代建筑装饰工程的不断增加，很快形成了一个新的现代行业。

建筑装饰材料，是工程的基础，不但体现功能，而且体现艺术观感。工程质量，不但关系到工程使用寿命，而且关系到人们身体健康。材料一般占工程总造价的50%左右，涉及到资金的投入。因此，怎样选择材料是工程中的一个重要的环节，是必不可少的部分。

选择建筑装饰材料，首先是要符合室内设计要求；其次要注意品牌——生产厂商和供应商的诚信度、产品出厂时间和有效期、国家或地方的材料质检证明、环保检测证明或防菌防疫（易于清洗的要求）、交易信誉、售后服务等，以防止假冒伪劣。第三是不同材料选择不同重点。

现将常用建筑装饰材料的选择方法，分述如下。

一、木材

1. 必须经过干燥，不同地区木材含水率有不同要求，如北京地区应在12%以内。

2. 无开裂，无翘曲。

3. 无腐朽、变色、虫害、死节。

4. 表面无显著色差，相邻部位花纹近似。

二、木制品配件（木线、踢脚板、门贴脸、窗合板等）

1. 配件顺直、光洁，手感润滑，无毛刺。

2. 无节子、开裂、翘曲、腐朽、虫眼。

3. 含水率达标。

4. 木纹清晰，加工深度一致，弧度一致。

5. 油漆配件应从背面检查，并检查油漆的光洁度（分镜面与亚光），漆面均匀，色度适宜，无色差、无流坠、无疙瘩，表面光滑。

三、胶合板

1. 检查等级。

2. 粘接强度，侧面有无开裂，表面光洁度（横摸），不能有脱胶、开裂、腐朽、缺角短楞。

3. 木纹与色差近似。

4. 拼缝严密。

四、刨花板

1. 板边不能有断裂和局部分离。

2. 不能有局部松软。

3. 表面不能有杂物。

4. 边角不能有损伤。

5. 表面不能有压痕，局部凹凸不平或被污染。

五、纤维板

1. 厚度一致，板面平整、光滑，无油渍、水渍，粘迹。

2. 四周边紧密，结实，无毛边。

3. 含水率低，吸湿性小。

4. 敲击硬质纤维板板面，声音清脆。

六、大芯板（细木工板）

1. 表面平整，光顺，无节子、起皮。

2. 侧面锯开后或直观周边，材料一致，含水率低，芯板条密实。

3. 表面无污染，边角无磕碰。

4. 表面与芯材粘结密实牢固。

七、地板

1. 实木地板

1）同一部位同一材种。

2）含水率达标。

3）表面平整，光滑，厚度一致。

4）接缝严密。

5）拼接后花纹色差近似。

6）规格一致，图纹清晰。

7）油漆后表面光洁度好，无色差，无油痕，耐磨。

2. 强化木地板

1）较厚。

2）耐磨性强。

3）耐水性强，浸泡水中24小时，检查表皮无起层，无膨胀。

3. 复合木地板

1）表面平整，光滑，厚度一致。

2）层与层之间粘结严实。

3）板条规格一致，花纹色差近似，图纹清晰。

4）油漆表面光洁，无色差，无油痕，耐磨。

4. 塑料地板

1）图案清晰，颜色一致，无色差，无偏印、套印。

2）无磕碰、分层、裂纹、断裂、气泡、伤痕。

3）卷材地板整张，中间无分段，边沿整齐，无损伤。

4）块材规格一致，拼接方正，接缝严密。

八、天然石材（平面花岗石、大理石）

1. 外观色调近似，花纹近似。

2. 表面平整，光洁（分镜面与亚光）。

3. 无磕碰、缺楞短角，无裂纹。

4. 规格方正，厚度一致。

5. 表面无污染、明显斑痕。

6. 根据不同材料检查色斑，色线、砂眼。

九、陶瓷砖

1. 表面光洁，无变形、磕碰、釉洞、斑点。

2. 四块摆平，色泽一致，图案完整。

3. 两块摆在玻璃平面，砖面平整，两块砖釉面相对不能有翘边，缝隙越小越好。

4. 规格一致，不超公差。

5. 砖砖相碰，声音清脆。

6. 地砖要求强度高，墙砖要求吸水率低。

7. 一次购买，免出色差。

十、纸面石膏板

1. 表面平整，面纸与石膏板粘结严实，无纸面脱胶，边部漏料。

2. 规格一致。

3. 无磕碰、破裂、波纹、沟槽、污痕。

4. 断裂强度达标。

十一、矿棉吸音板

1. 无磕碰、缺楞、短角。

2. 无污痕，色泽均匀，图案完整。

3. 无裂纹、碎片、翘曲、扭曲。

十二、墙纸

1. 无色差。

2. 无死折。

3. 无漏印。

4. 无漏膜。

5. 无污染。

6. 无破损。

十三、墙布

1. 无皱折。

2. 无边疵。

3. 无破边、豁边。

4. 无色泽色条。

5. 无污染。

6. 无破洞。

十四、地毯

1. 编织紧密。

2. 耐磨性强。

3. 回弹性高。

4. 静电反应低。

5. 耐燃级别高（纯毛分处理后与未处理）。

6. 表面图案花纹清晰，无色差。

7. 表面平整。

十五、石膏制品

1. 图案、花纹清晰。

2. 表面平整，凹凸弧度一致。

3. 无磕碰、污染。

4. 无掉粉、开裂、脱落。

十六、塑钢门窗

1. 型材壁厚2.5mm 以上。

2. 含碳酸钙应在50%以下。

3. 色泽青白色或象牙白色。

4. 表面洁净，光滑，平整。

5. 型材大局无划痕，碰伤，保护膜完好。

十七、聚氯乙烯（PVC）墙板、吊顶板

1. 外表平整光滑，图案清晰，色泽一致。

2. 无破边、凹陷、皱裂，企口与榫精确，拼接严密，拆装自如。

3. 回弹性大，敲击板面声音清脆。

4. 色泽纯。

十八、乳胶漆

1. 宜采用水溶性涂料。

2. 严防过期，看、闻、察，无沉淀物、杂质、臭味，刺激气味，颜色纯正。

3. 耐擦洗。

十九、粘接剂

粘接材料与粘接剂性质相应。

二十、硬聚氯乙烯管材

1. 抗冲击性强。

2. 颜色纯正均匀。

3. 内外壁光滑。

从一家世界500强涂料品牌受到的启示

——记荷兰阿克苏诺贝尔公司“添华美·木材伴侣”木器油漆

《中国建筑装饰》编辑部　特约观察员

2002年12月18日～12月20日，中国建筑装饰协会名誉会长张恩树在发展部主任王本明、广东省装饰材料行业协会副秘书长徐秀华、东莞市建筑装饰协会副秘书长张树清陪同下，在出席广东省东莞市举办的“建筑装饰新技术、新装备、新材料的展览会”期间，就2002年7月1日开始施行的强制性国家标准《室内装饰装修材料溶剂型木器涂料有害物质限量》(GB18581—2001)的情况，考察了广东省佛山市建筑装饰行业。回来后向我们多次提到了世界500强之一连续3年获全球油漆销量第一的荷兰阿克苏诺贝尔公司，其“添华美·木材伴侣”木器油漆在中国的营销情况。

了解后我们认为，一家世界500强的涂料厂商的品牌产品，对建筑装饰装修工程承包商有不少启示，有利于我国建筑装饰行业的科技创新。

一、“添华美·木材伴侣”木器油漆在中国

在新国标贯彻及执行过程中，涂料行业的回应是正面的。大多数企业先从练好内功上着手，纷纷将产品往没有三苯、降低TDI残留毒性和重金属含量等指标上做文章。上规模的涂料生产企业已经进入了良性循环阶段，无论在新增检测仪器或者在专业人材培训方面都已经做了大量有效的工作，已经按照新国标的要求，从材料进入和成品生产检测方面设定了系统性的配置工作。

此外，有很多装修业界人士提出，涂料业为何还长期沿用硝基漆和聚酯漆作为室内涂装材料呢？为什么不主动地从产品结构方面改进呢？现在有很多业主在选用装修化工产品时顾虑重重，认为硝基漆含有大量硝化棉，属一级引燃材料（制造炸药的引燃材料），从消防及安全的角度上是不适宜用在室内装饰的，在欧洲早已禁止使用。聚酯漆正是由于配套的固化剂以TDI为主原料，而TDI在生产过程中很难达到完全反应，导致残留在涂料中，若吸入人体内容易产生不适，严重者会引发多种疾病，对健康影响极坏。

2002年12月25日《佛山日报》以“中国建筑装饰协会名誉会长张恩树寄语涂料行业”为题的报道，指出通过与连续3年全球油漆生产及销售第一的荷兰阿克苏诺贝尔公司“添华美（TimmerMate）·木材伴侣”木器油漆中国总代理——广东佛山市福隆斯化工有限公司莫仲文总经理的交谈，该公司从2002年8月1日开始在全国范围内推广一套既不助燃，又无残留TDI毒性的单组分丙烯酸木器涂料。

其特点有五：一是漆膜不助燃，二是无TDI毒性，三是快干省时，四是漆膜气味散发快（涂装3天进入无味期），五是涂刷成本与硝基漆持平，约13元/m^2，而丰满度及应用指标与聚酯漆接近，是从欧洲的汽车漆配方及工艺转化而成的高固含量、低黏度的新一代装饰装修涂料产品，具有很高的技术含量，所以在短短几个月内，就形成全国20多个省市涂料经销商踊跃争夺区域代理权的局面。从这个案例得到启发：质量好、结构好的涂料，市场需求潜力是十分巨大的。谈到这里，老会长风趣地说：“好的大码头还是很多人要停泊的。”

为此，张恩树寄语涂料行业，在加入WTO打开国门之后，应尽快研制出既安全又环保的新型室内装饰涂料，填补国内装饰市场的空白，为装饰工程提供更多可选择的环保材料。

二、荷兰“添华美·木材伴侣”——环保产品

眼下正值房屋装修旺季，很多业主又在为搬迁新居而忙碌着，然而由于装修涂料中含有不少有害物质，对人体健康会产生危害，为此，2002年12月27日《佛山晚报》以“涂料产品中的有害物质会对人造成危害，对此，业界人士提醒消费者：家居装修应谨选涂料”为题报道，提醒消费者在装修房屋时，应选用那些环保产品，以免后悔莫及。

根据中国建筑装饰协会提供的资料，该报记者指出，长期以来我国消费者在装修住房时，基本上用的都是硝基漆和聚酯漆等化工产品。硝基漆——含有相当比例制造炸药的引燃材料硝化棉，其漆膜极易引燃，在欧洲很早就禁止使用在家装的油漆当中。聚酯漆——含有TDI制造的固化剂，因其反应不完全而残留游离TDI的剧毒物质，而游离TDI正是新国标GB18581—2001的主要控制指标之一。

这些涂料中危害较大的是固化剂。因为它是选用TDI（甲苯二异氰酸酯）作为原料，而固化剂生产过程中TDI在整个反应过程比较复杂，现阶段国内乃至国际上长期未得到解决是残留物质，即游离TDI的剧毒物质。这种物质不仅气味难闻，严重者几个月不能消除，而且对人体会造成皮肤过敏，眼睛接触到会有疼痛和流泪，使眼结膜充血，如果长时间吸入体内，则会有咳嗽、胸闷、气急和哮喘等症状出现，其后果不堪设想。因此，我国的室内装饰材料从2002年7月1日起开始实施和执行新的国家标准，对涂料产品中的三苯（纯苯、甲苯、二甲苯）含量和游离TDI在涂料中所占的比例严加控制。

佛山市技术监督局负责装修材料检测的技术人认为，广东作为国内的涂料大省，目前已有20多家企业获得了环境标志认证，所生产的涂料产品中有的还在国内领先，但也存在着科技含量偏低的现象，难以符合国际市场的相关标准。在新国标出台后，不少企业纷纷在产品无三苯、降低TDI残留毒性、降低重金属含量等指标上做文章。

而最近进入佛山并迅速销往国内20多个省市的荷兰“添华美·木材伴侣”这种涂料，因其既不助燃，又无残留TDI毒性而受到市场追捧，也说明了消费者在选购涂料时比以前更为慎重和成熟，不过他还是提醒消费者，在选择家庭装修化工产品时，必须认真查看相关的有效证书，或者选用有社会责任的企业产品，以保障自己的家居环境和人体安全。

三、关于世界500强之一荷兰阿克苏诺贝尔公司

2002年7月29日《人民日报》第15版刊登了该报记者题为“我们创造未来的色彩”，对阿克苏诺贝尔公司中国商务经理阿勒弗的专访。

记者写道：作为一家世界500强企业，阿克苏诺贝尔在中国的知名度似乎并不高。但是阿克苏诺贝尔中国有限公司的商务经理阿勒弗（OLAF）笑着告诉我们，阿克苏诺贝尔无处不在，阿克苏诺贝尔是世界最大的涂料商，世界上每3架飞机中就有1架使用其涂料产品，你乘坐的车船，你的家具、你的移动电话，没准就使用了我们的涂料产品。

33岁的阿勒弗是个身高1.95m的英俊的荷兰人，他的中国名字叫李威。不久前，在广州阿克苏诺贝尔的一个分公司办公室，我们就该公司的经营之道及其在中国市场特别是加入WTO后的发展采访了阿勒弗。

1. 阿克苏诺贝尔发展模式：

少与对手竞争，多与同行合作

阿克苏诺贝尔的产品并非只限于涂料，阿勒弗提到该公司的产品，如数家珍。他说，我们生产药品；我们是世界上为汽车修理市场提供油漆、服务和软件的最大供应商之一；我们还生产基础化学品、功能化学品和聚合物化学品，纸浆化学品，这些产品在日用品中广泛发挥作用；阿克苏诺贝尔还是世界首屈一指的专业制盐公司……看来，要一口气尽数该公司的产品实属不易。业务多样化、文化多元性，正是其作为国际性公司的显著特点。

阿克苏诺贝尔总部在荷兰，其历史可追溯到久远的1777年。要说清楚她的200多年历史，连阿勒弗都耸耸肩、摊摊手，感到无能为力，这是因为它始终是在兼并、收购中发展壮大，这种兼并、收购简直数不胜数。而这也正是该公司的另一个特别之处。阿勒弗介绍说，阿克苏诺贝尔的发展不是靠跟对手竞争，而是靠跟同行合作，比方说，我们想把油漆卖到广州，而广州有某个企业也在生产销售油漆，我们的做法不是把它打垮、挤走，而是收购、合并，我们用资金和先进的技术扶持它、帮助它，一道把事业做大，一起分享利益。

靠着这种滚雪球似的收购、合并，阿克苏诺贝尔发展到目前在全球80个国家拥有近1000个公司，2001年销售额总计141亿欧元。

2. 阿克苏诺贝尔中国概念：

生活品质更高，社会回报更好

实际上阿克苏诺贝尔早在19世纪80年代就已经来到中国，但是，它真正走进中国人的生活却是随着加入WTO刚刚开始。阿勒弗说，这是因为，随着中国加入WTO，我们的客户、供应商都到中国来了，我们自然也要跟着他们来，比如家具商到中国来了，我们油漆当然也要跟过来。

说到阿克苏诺贝尔将给中国带来什么，阿勒弗告诉记者，阿克苏诺贝尔是世界上最早、最大的螯合微肥开发生产商之一，其螯合微肥在四川、河北、山东、陕西都进行了大量试验，效果十分显著；该公司将致力于螯合微肥的进一步推广，帮助中国农民提高与进口农产品的竞争力。阿克苏诺贝尔的动物饲料添加剂将使中国畜牧业的饲料得到改善，让动物的肉质和奶更好；计划生育对中国很重要，而全球50%的避孕药原料来自阿克苏诺贝尔；还有我们的各种保健药品，将让人们身体更健康。

阿勒弗说，加强与社会联系，回报社会，是阿克苏诺贝尔的一贯方针，在中国我们将一如既往。1999年6月，荷兰国际计划组织与陕西省妇联一道发起，向陕西省蒲城和淳化两个国家级贫困县捐赠课桌椅，作为该项目的独家赞助商，阿克苏诺贝尔公司通过自己的教育基金会捐助了2.5万美元。2000年阿克苏诺贝尔教育基金会再次拨款2.5万美元，捐助陕西省的另一个添置教学设备和图书的项目。

3. 阿克苏诺贝尔经营理念：

一手把握现在，一手迎接未来

阿勒弗1995年来到中国，在北京、香港、成都、福州都工作过。他说，这8年，他走这中国很多地方，看见中国变化那么大，那么神奇，觉得非常兴奋。他说他现在回到欧洲反倒不那么适应了，他已经适应中国的天气、食物和一切，他喜欢中国人的幽默、开放。

我们问及在中国做生意有什么困难，阿勒弗直言不讳道，一是进口政策经常变化，要花很多时间学习这些政策；二是办事章程不清楚、不透明。但他相信中国政府会尽快克服这些问题。

阿克苏诺贝尔公司的CI标志源于古希腊浮雕的碎块段，古希腊男子舒展双臂，一掌紧握，一掌伸展。阿勒弗说，这是阿克苏诺贝尔经营理念的象征，一手把握现在，一手迎接未来；中国是一个迅速发展中的国家，中国的经济地位在世界日益提高，中国的现在和未来对我们都很重要。

阿勒弗告诉记者，阿克苏诺贝尔有两句广告口号，一句是关于油漆的——“我们创造未来的色彩。”一句是关于化学品的——“创造理想的化学品”。从中不难看出其追求，一个200多年的企业为什么依然那么年轻，那么充满活力？因为在她的前方始终有一个崇高的目标和理想——创造高质量的生活，创造更美好的未来。

全国人大常委会委员长吴邦国不久前有个批示：“加大对名牌产品的支持（创新、质量、营销），目标是在市场竞争中形成一批世界知名品牌。”我们的市场经济已进入到了品牌的时代，无论是装饰材料，还是装饰工程、装饰企业、企业家、设计师、项目经理、办公室主任，都需要产生一批名牌，乃至世界知名品牌。荷兰阿克苏诺贝尔公司“添华美·木材伴侣”木器油漆及其在中国的实践值得我们思考。

双龙牌京华902硅酸盐涂料

北京西城双龙建筑装饰工程有限公司　董事长兼总经理　晋永昶

随着人类社会的进步，科技的飞速发展，人们自我保护意识的增强，生态与环保已成为发展的主题，也是市场经济的主题。人类为改善居住条件的涂料，同样接受其无情的检验而决定取舍。

北京西城双龙建筑装饰工程有限公司研制发明的双龙牌京华902硅酸盐涂料，也正是在这种检验中生存和发展着。

京华902硅酸盐涂料，1996年开始研制，1994年获发明专利权ZL　2114516.0，1995年获第三届中国发明专利博览会金奖，1996年被国家科委推荐应邀参加第45届布鲁赛尔世界发明博览会并荣获尤里卡金奖。1998 年被列为北京市重大科技推广项目。

该发明对人类的最大贡献是，率先在建筑装饰领域开发使用了硅酸盐无机涂料。它属无机合成，是以硅酸盐与水为主料配制而成，基本上摆脱了有机物，成为无毒无味无污染的涂料，详见表1(由原国家建材局检测中心提供)。

表1

序号	检验项目	标准要求	检验结果	单项结论
1	挥发性有机化合物(VOC)(g/L)	≤200	173.3	合格
2	游离甲醛(g/kg)	≤0.1	0.04	合格
3	可溶性铅(mg/kg)	≤90	0.9	合格
4	可溶性镉(mg/kg)	≤75	0.4	合格
5	可溶性铬(mg/kg)	≤60	1.2	合格
6	可溶性汞(mg/kg)	≤60	<0.1	合格

硅酸盐稳定性强，用它配制的涂料坚固耐久，中南海大红墙是在建国五十年大庆粉刷，到如今五个多年头还完好如新。

有人问：硅酸盐涂料能保持多久？我说：它与硅酸盐水泥构筑物同生命，不用时砸掉就是了。

硅酸盐熔点高，用它配制的涂料有较强的防火功能，详见表2(由国家化工研究院检测提供)。

表2

序号	项目	测验结果
1	不燃性	炉内升温2℃技术指标≤50 GB5464-85
2	不燃性	试面平均升温5℃技术指标≤50 GB5464-85
3	不燃性	试样中心平均升温5℃技术指标≤50 GB5464-85
4	不燃性	试样平均持续燃时间0,Scc技术指标≤20 GB5464-85
5	不燃性	试样平均失重率18.2%技术指标≤50 GB5464-85

北京西城双龙公司把硅酸盐涂料与一种耐高温材料合成，配制出硅酸盐抗高温腻子，按照相应比例，做3层达到1cm厚，可抵抗300℃以上高温；做9层3cm厚，可抗1200℃以上高温。超高层建筑物大多要用钢屋架，而钢屋架的致命问题怕火，这样硅酸盐抗搞温腻子起到了对钢屋架的保护作用。

硅酸盐属水硬性材料，与水拌和后生成水合物，硅酸盐与水结合产生一种热量，然而经过热胀冷缩，逐步形成胶状物和晶体，随着水份的蒸发这种胶状物交错结合使密度增加，这种结合随着水的渗透把根扎于墙体，形成物体高度结合，即凝结。因此显示它的最大优势，坚固并且抗潮湿，不脱落。在沿江沿海和地下潮湿地区使用效果更好。

硅酸盐涂料的开发利用潜力很大，西城双龙公司在开发使用中抓住其速凝性和水硬性之特点，充分发挥无毒无味无污染之优势，根据不断发展变化的市场需求，一步步向深层次开发，在开发应用中把无机化学、物理学、声学、美学、环保、生态学有机的结合，这样，它不仅是涂料而且升华为装饰艺术。

在外墙：

可以把硅酸盐造石艺术做到高层建筑的墙面，其中有仿印度红、樱花红、豆沙红、汉白玉等多种颜色，可做光面花岗岩，粗麻面和分格等多种图案造型。这种仿石工艺正面质感像石头，侧面只有纸的厚度，不仅使建筑质感好还减轻建筑物的荷载并且不脱落达到安全。

硅酸盐造磨菇石艺术，可用于：豪华的建筑墙裙、别墅、花坛和欧式建筑的门窗柱等，唐山抗震救灾纪念馆、钓鱼台国宾馆的围墙，中科院办公楼、北京西客站花坛墙垛等，都采用了这种造石工艺，显得特别厚重。广渠门一座20层大厦是欧式建筑，门口窗口全是罗马柱，从首层做到顶层，欧风十足。

硅酸盐造砖艺术，可做清水砖墙，磨砖对缝，缸砖和花砖图案，使建筑物脱俗并且提高档次，富有观赏性。

北方工业大学主教学楼是20世纪50年代的建筑，墙体表层大部分风化剥落，用硅酸盐材料一层层补起，用硅酸盐仿清水砖工艺重新包装，窗台以下做造蘑菇石艺术使这幢旧教学楼成了一座新建的大别墅。

中央警卫局招待所四栋客房，过去外墙面做的是干粘石，因年久，石碴剥落，用硅酸盐材料进行修补制作，3层以下是磨菇石艺术，3层以上是大平花工艺。

石华饭店主楼，原来墙面是马赛克，几年后，墙面多处脱落，同样用硅酸盐材料进行了重新包装。

为盛唐饭店粉刷时，在楼的顶端，做上一幅“飞天”壁画，蓝天、 白云、女神飘飘，她是盛唐的标志，又是双龙的艺术广告。

在内墙：

用硅酸盐涂料可做出平光、多彩，还可做出902赛壁纸系列，有压花、刮花、滚花、透花等多种，并且还可当颜料做壁画装饰，中共中央老干部俱乐部(即北京文津体育俱乐部)保龄球馆在地下室，又暗又闷，用该涂料做了“鹤鹿同春”大型壁画。南面墙：蓝天、白云、平湖、苇塘、飞鹤；北面墙：森林、云雾、小溪、奔鹿，有诗一般的意境。两幅画280 ㎡，得到首长的赞扬。

光大公司中西餐厅做的是全部桂林山水壁画。当客人步入餐厅如同踏上漓江游船，在餐桌上领略甲天下的桂林山水。

民族饭店伊斯兰餐厅，正面墙做的蓝天、白云、雪山、草原、羊群，当客人进入餐厅如同来到阿拉伯世界穆斯林故乡。

用硅酸盐涂料为一家住宅的墙面做的是蓝天、大海、海鸥翻飞，当您从梦中醒来，第一眼看到的不是墙而是外面的世界。有人说：“902 硅酸盐涂料的装饰艺术把人们的居室环境从传统的方盒子里解放出来。”

我们用硅酸盐涂料还开发制作了902天花装饰板系列，因为防火、抗潮、成为国务院的专用产品。

北京双龙装饰公司在开发使用中以高度科学态度强调的是实实在在和一种责任，即对社会负责，对建筑质量负责，也要对消费者的身体健康和提高人们的生活品质负责。

目前大量推广采用外保温墙，而这种墙致命的隐患就是墙面龟裂、脱落和渗漏，用硅酸盐材料七层封闭法使外保温墙面保持稳定，从而解决了外保温墙的龟裂、脱落、渗水，使其坚固耐久。

用5层做法解决了古老建筑屋面长草、长树、漏雨的问题。

902硅酸盐涂料综合了欧式装修，中式装修及现代风格为一体与相关材料结合做了无木装修的样板。没有用一寸木材，风格独具，品味高雅。

研发初期因为速凝，限制了生产和发展。在1998年7月美国总统克林顿访华，中央领导要在中南海迎勋亭接待他，可迎勋亭屋面琉璃瓦大部剥落，并且瓦垅上长着草，换瓦，来不及了，首长想到了双龙，那时离克林顿来还有15天，此工艺不但要求难，颜色多种，时间紧迫，中南海瀛台进出又不方便，于是我们把设备安装在面包车上，边配色、边生产、边使用，用7天完成了。从此，使双龙人认识到由于硅酸盐体重易溶于水，只需拌合和研磨加细即可使用。从此双龙人摸索出一套简便的商品生产法，解决了规模化生产的问题，生产能力由原来的小打小闹，扩展到日产10t。

京华902硅酸盐涂料的社会效益与经济效益也很可观。

按一台机组只需投入3个劳动力8小时生产4t，就产值相当大工业时期一个产业工人一年的产值，投资相应小于将近150倍。

京华902硅酸盐涂料造石艺术每平米几十元到80元，比真石要便宜几倍。总参谋部的工程技术人员参观了一处建筑的造石艺术后，评价：“假的比真的还好。”

硅酸盐造砖艺术不但保护因烧砖破坏的土地资源，节约能源，还 能解除人们对秦砖汉瓦的留恋。

该涂料可湿作业，可使工期缩短，降低工程成本。

它坚固耐久减少更新次数。节约维修费用。

硅酸盐涂料在生产及使用中上不污染空气，也不污染水，这样不但不污染环境，而且还美化环境，又有较好的社会效益。

用硅酸盐涂料做的无木装修，节省木材，保护森林资源和生态。是一个带有战略意义的项目。

京华902硅酸盐涂料，在研制开发中北京双龙装饰公司专家组的老总们，倾注了大量的心血。建设部的领导提醒我们申请了专利，北京市政府在《北京日报》举办了902杯知识大奖赛。市政府还把京华902硅酸盐涂料列入重大科技推广项目，国家科委又推荐京华902硅酸盐涂料参加第45届布鲁赛尔世界发明博览会。张开济大师，同济大学建筑研究院老院长，国家工程院院士戴复东都推荐使用，说“902是好东西”，中央电视台在1992年12月18日在“神州风采”栏目进行了专题报道。

京华902硅酸盐涂料是中华民族的骄傲，在世界发明博览会上评委问我：“您的发明为什么叫京华 902 硅酸盐涂料？”我回答说：“该涂料是1992年发明在中华人民共和国的北京!”评委们竖起大拇指：“了不起中国、北京、902。”

回顾世界建筑史，1824 年硅酸盐水泥在英国的问世，推动了世界建筑的大发展。人类进入21世纪，硅酸盐涂料的问世也将推动世界建筑饰面的发展，在世界发明博览会上比利时王子殿下看了说：“不可思议，不可思议”，保加利亚发明协会主席尼卡洛娃在签字簿上写到：“这是一个大的发明，人类需发它。”

京华902硅酸盐涂料的开发利用虽然经历了16个年头，但是人类开发利用硅酸盐涂料则刚刚开始。随着人类社会的进步和建筑、装饰的发展会有更多的人参与进来，这样会促使硅酸盐涂料的开发利用，更加完善，更加向深的层次发展，让硅酸盐涂料更大程度服务于人类，体现一项发明的真正价值。

第十部分

幕墙工程

·行业发展·

关于加强硅酮结构密封胶行业管理的通知

各硅酮结构密封胶生产企业、指定密封胶检测机构、各建筑幕墙设计施工单位：

硅酮结构密封胶产品(以下简称结构胶)是带有潜在危险的建筑产品之一，一旦疏于管理放任自流就会对人们的生命财产造成重大损失。对此，国务院领导非常重视，曾要求原国家经贸委对结构胶的生产、销售、进口等环节进行整顿和管理。经过几年的工作初见成效，现　已基本走向发展有序的轨道。遵照国务院国家[2002]24 号文决定，取消了结构胶的行政审批。为了继续加强行业管理。原国家经贸委硅酮结构密封胶工作领导小组办公室委托中国建筑金属结构协会继续做好硅酮结构密封胶的行业管理工作。

根据国家产业政策结合行业管理模式，加强结构胶行业管理，现通知如下：

1. 继续执行原国家经贸委和建设部[2000]583 号文件，在玻璃幕墙施工过程中，必须对结构胶产品实施相容性试验的有关规定；对建筑幕墙工程所使用的结构胶必须送交国家指定的权威检测机构进行相容性试验，符合要求后方可使用。

玻璃幕墙工程使用的结构胶产品必须到国家指定的检测机构进行相容性试验。严禁使用不合格产品，一旦使用后果自负。

2. 已经取得了原国家经贸委结构胶领导小组认定的结构胶生产企业可以继续生产。每年进行一次产品抽样，抽样结果及时向行业公布。

3. 新申报的结构胶生产单位。按照《建筑硅酮结构密封胶生产企业管理暂行办法》，采取企业自愿申报，专家评审，协会推荐，行业推广的办法。申报企业向中国建筑金属结构协会提出申请(见暂行办法第二章)，协会派出评审组到生产企业现场考核，评审组成员由协会、检测单位、行业专家、生产企业的代表组成。考核结果由中国建筑金属结构协会铝门窗幕墙委员会和中国建筑装饰协会铝制品委员会对外公布。报国家有关部门备案。

4. 已经评审合格的企业，需增加新品种，可以向中国建筑金属结构协会提出申请，经国家认可的权威检测机构检测并合格后对外公布。

5. 对结构胶代理经销商的管理，由被代理的生产企业负责。生产企业应按照原国家经贸委硅酮结构密封胶工作领导小组办公室的《硅酮结构胶销售企业管理暂行办法》的规定。严格审核自己的代表经销商，同时上报中国建筑金属结构协会备案，原则上一个单位不得经销两个以上品牌的产品。经销商发生违规应由生产企业负连带责任，限期整改。

6. 进口结构胶产品的货物商检，按照国家海关总署、国家出入境检验检疫局的有关管理规定实施。

7. 国家三令五申严厉打击假冒伪劣产品，凡发现造假售假的单位和个人，协会将通知有关工商执法部门查处。未经许可，任何单位不得分装其他企业的大桶结构胶。

8. 中国建筑金属结构协会负责结构胶的行业管理和组织协调工作，办公机构设在中国建筑金属结构协会铝门窗幕墙委员会。

请各有关建筑幕墙设计施工企业、结构胶生产单位、结构胶检测机构共同努力，认真贯彻国家对结构胶的有关政策和规定，加强行业管理，促进我国建筑业健康发展。

本规定于 2003 年 7 月 1 日开始执行。

中国建筑金属结构协会铝门窗幕墙委员会
中国建筑装饰协会铝制品委员会
二〇〇二年六月九日

目前我国幕墙行业发展特点

——2003 年 3 月 1 日在“北京幕墙门窗企业高峰论坛会上”的讲话

中国建筑装饰协会铝制品委员会专家组成员　中国建筑科学研究院研究员　**赵西安**

第一次参加北京市幕墙门窗委员会的会议，感到很高兴，这个行业以前老是在别的地方开会，幕墙行业的大活动集中在沈阳、上海、广州，基本上就这三个地方。北京这么大的市场没有这个行业的活动，前两天还怀疑，北京这个地方是不是不长幕墙公司?应该不是。

幕墙市场形势发展特别快，中国是世界上最大的建筑市场，世界 60%的塔吊集中在中国大陆。要不信你看看台湾，看看欧洲，看看美国有多少台，而中国遍地是塔吊，在北京市你望眼一看到处是长手的背影，长长的手背很壮观。那么，有建筑就会有幕墙，因为幕墙不仅仅是建筑装饰的需要，同时也是结构的需要，很简单高层建筑要受到外界静物的影响，温度的变化影响，300m 高的建筑砍成了段怎么分，所以高层建筑没有办法用分段法来解决温度问题，温度一变化，建筑高度往上长，什么东西也适应不了，结构就破坏了，怎么办?拿幕墙把它绕起来，照高层建筑的规范所规定，超过一般高度的建筑要用幕墙把它扣起来，不让温度有变化，变化受不了。因不能分段，不能拿气球把它吊起来，所以，要有大的建筑存在幕墙必在，不仅仅是装饰的需要，更是结构的需要，否则结构是解决不了温度变化的问题。

我国幕墙的产量在世界上是第一位的，我们幕墙年产量超过 1000 万 m^2，超过其他所有国家幕墙产量的总和。纵观这一二年，从目前北京、全国幕墙行业的发展看大概有这么几个特点：

第一，规模越来越大，不但从总体或从行业来看，就从单体幕墙工程看规模也很大。以前超过 1 万～2 万 m^2 的工程就很了不起了，算大工程，现在来看，太小没什么好说的，广州机场将来是东南亚一个中转机场，枢纽机场规模是停机位 150 多个，目前一期工程占 1/3，幕墙总量占 14 万 m^2，光点式幕墙就 10 万 m^2，将来超过 5 万、6 万 m^2 的工程会越来越多，这是第一，单体工程规模越来越大。

第二，新的幕墙形式外形是越来越怪。因为我们的建筑要求越来越高，以前我们的建筑基本是国内进行设计，尤其在北京，有人问我北京的建筑有什么特点，大家看深圳的建筑有深圳特点，上海建筑有上海的特点，因我是搞高层建筑的，我只能说北京建筑最大特点就是毫无特点。因为过去受到限制太多，北京因是首都，各部的机关，中央的机关，要各个机关都审查都同意，你削掉一个边，他削掉一个角，那最后就是毫无特点的了，没办法，北京的建筑太难了。但现在情况有所改变，首先大量的建筑方案都是国外做的，因此，它的外形，结构比较复杂，对于我们建筑师来说是复杂的问题，同样对我们幕墙公司来说也是新的问题。比如说北京最近的几项大公共建筑，首都博物馆，要求体现北京几千年的文明史，怎样才能体现呢，这最好的方法是通过幕墙，因此它用了青铜体现了古老人类文明，青铜时代青铜幕墙最古老，木质幕墙，使用了冲空、夹胶、钢化；中央电视台，高层结构、复杂外形，准备招标，与美环球电影公司合作，要求很多。

第三，幕墙后边的支撑结构体越来越多。原来我们做宾馆、旅店，结构简单，标准层高尺寸，现在跨度大，形状复杂，因此要求幕墙后边支撑的钢结构相应的复杂，现在一般的行架网架以外，拉索的、拉杆的结构，越来越广泛。

第四，新型的幕墙已经在北京出现。比如说双层通透幕墙，为解决能源问题节能，就是在门窗或幕墙的外面再加一层幕墙，外面的幕墙有进风口和排风口，冬季空气可以从进风口进排风口出，这是热通道幕墙或呼吸式幕墙，这是双层通透幕墙，它可以带走夏天的热量，形成一个温度的缓冲区，减少内幕墙两边的温度，达到节能的目的，可以加上双层幕墙的调节，利用遮阳帘的调节，达到最适宜的室温，就划为智能性幕墙。

奥运会提出绿色环保节能奥运，那么节能幕墙就提到日程上来。利用阳光直接利用光电池发电，这是清洁能源，不会受到污染，也不会放出 CO_2，悉尼奥运区这么做，那么北京奥运肯定要做，一定达到绿色奥运要求。总的来讲发展就这样一个形势量要增加，技术水平要求更高，将来就看我们这些企业有没有这个能力。从最近北京这些大型的重要工程看，这只是个序幕，已经有这么多大型项目在招标了，那些奥运场馆一上来这些技术在场馆建设中肯定是普遍了，北京目前的状态竞争是很、厉害，这些大型的建筑尤其是含新技术较高的，点支幕墙、拉索、拉杆幕墙、双层通风幕墙等等，北京市的企业中标的机会较少，对大型的几万平方米以上的、大型高技术幕墙来说，我们因考虑怎样来提高我们的技术水平，提高竞争力，提高中标的机会。要不我们总是在中小规模，办公楼，旅馆打圈，实际上没多少钱可挣，因现价格是便宜的价格，价格在逐减，幕墙 80%是材料费，利薄，做起来很辛苦，只有新技术的东西才有高利润，因为别人没做过，不清楚。

所以，要提高竞争力就是要提高我们的技术水平，接大型、新型的工程的能力。现在幕墙的竞争公共部分基本上是钢结构的竞争，谁能提供最奇妙的钢结构的形势，就有了优势。所以这个会议纵观北京市的幕墙公司，怎样提高竞争力占领技术的高点，在我们大量的投标中，中标是一个，我觉的这是今后进一步努力的方向。

我国建筑幕墙工业发展概况

中国建筑装饰协会铝制品委员会专家组成员　张　芹

我国建筑幕墙工业从 1978 年开始起步，历经 20 多年的发展，特别是 20 世纪 90 年代的高速发展，到 21 世纪初已成为世界第一幕墙生产大国和世界第一幕墙使用大国。2002 年我国生产使用了约 800 万 m^2 建筑幕墙（不含窗墙、金属板和石材外装修、金属板屋面），约占全世界当年用量 1300 万 m^2 的 2/3 左右。到 2002 年底我国共安装了约 5000 万 m^2 建筑幕墙，占世界总量的 1/2 还多。2002 年生产使用的 800 万 m^2 建筑幕墙中，玻璃幕墙约占 550 万 m^2，其中隐框幕墙 380 万 m^2、点式玻璃幕墙约 70 万 m^2。2002 年使用的建筑幕墙中，由国内幕墙企业生产的占 80%～85%，境外企业生产的占不到 20%。国内幕墙企业已能为国内各类建筑提供其所需的各种类型的建筑幕墙。国内幕墙企业有四大金刚、十八罗汉的说法：即有 3～4 家其年产量超过 50 万 m^2，约有 20 家年生产量在 20～50 万 m^2 之间。

我国建筑幕墙的主要材料如铝型材、玻璃、结构胶等主要由国内生产供应，即国内建材企业生产的这些材料品种质量、数量都能满足建筑幕墙的需要。仅部分业主要求而采用进口材料。国内建材企业亦大量出口铝型材、玻璃、石材等建材产品，大大超过同期进口数量。防火玻璃也开始生产应用，主要为玻璃幕墙层间防火隔断和大型公共建筑防火分区隔断，对玻璃面板使用防火玻璃的为数不多。将来也主要用于防火隔断，不会大量使用做玻璃幕墙的玻璃面板，因为《高层民用建筑设计防火规范》和《玻璃幕墙工程技术规范》没有对玻璃幕墙提出耐火及在楼层外沿设 80cm 实体裙墙的要求。从这一规定看防火玻璃主要用于层间防火隔断和大型公共建筑（如会展中心）面积大于防火分区时，用防火玻璃进行分隔，使用分隔后的面积达到防火分区的要求。

随着北京申奥、上海申博成功，我国建筑幕墙会从目前平缓增长阶段进入新一轮增长，即从 1999～2002 年年增长 5%～7%的增长率，今后上升到二位数的增长率，（即达到 15%左右）。除了奥运场馆（展馆）及配套的生活设施有很大一部份要采用建筑幕墙（采光顶）外，申奥、申博成功将带动经济全面发展。且上海已渡过公共（办公）建筑房地产发展的低谷，进入新一轮发展，上海在 20 世纪 90 年代兴建了一大批公共（办公）建筑，90 年代后期开始放慢发展速度，由于这些高楼出售（租）率已近 80%，根据房地产发展规律，当出售（租）率达到 80%时，就是新一轮发展的开始，因为建筑有一定周期，等到已建房产全部售（租）完后开始开工，就会衔接不上。申奥、申博成功不仅给北京、上海带来大发展机遇，而且会带动以北京为中心的环渤海经济圈，以上海为龙头的长江三角洲经济圈的发展。这两个经济圈有 30 个以上城市也会相应进入发展新阶段，在这 30 多个城市将兴建一大批高层建筑和公共建筑（展览中心、大剧院、旅店、商场），而这些建筑都会大量使用建筑幕墙（采光顶）及金属屋面。

为此，预期“十五”期间我国建筑幕墙年增长率将逐步增长到 15%左右，建筑幕墙用量预测如下表。

“十五”期间我国建筑幕墙用量预测　（万 m^2）

年份	合计	玻璃幕墙			石材幕墙	其他
		小计	隐框	点式		
2001	750	500	350	50	40	210
2002	800	550	380	70	60	190
2003	900	600	400	80	80	220
2004	1000	650	400	100	100	250
2005	1150	700	450	110	120	330

根据建筑幕墙发展 20 多年的历史经验，当建筑幕墙某一项技术得到突破，对某些品种幕墙将产生重大影响，甚至是关键性影响，例如结构胶使用技术的突破，使隐框玻璃幕墙发展突飞猛进，从 1992～1997 年年增长率平均达 35%，而背栓连接石材技术的突破，将推动背栓点连接石材幕墙的大发展。

回顾我国建筑幕墙发展历程，我国早期采用的幕墙绝大部份是由境外企业承建的，其主要的原料、铝材、玻璃也全部或大部分进口，中国幕墙（建材）企业是在和国外企业竞争中从无到有成长起来的，境外企业在其拥有几十年发展经历和经验的有利条件下和甚至一无所有的中国幕墙企业竞争，也没能压住中国企业蓬勃发展，而且其市场占有率始终未能突破 20%。这是中国企业一开始就以技术开发作为其生存之本，这样在短短 20 几年时间内掌握了幕墙技术，而且随着形势的发展，不断适应形势需要开发新产品，不但做到国外有的中国都有，而且中国也都能生产。

由于这一过程相当短，中国的幕墙技术人员大多很年轻，且由于传统观点（制度）的束缚，在原始创新上比不上国外企业，我国目前采用的幕墙品种（技术），同样幕墙材料如铝材、玻璃等也有以上类似情况，即世界上有的玻璃品种中国都能生产，中国引进的设备都是 20 世纪 90 年代的产品，很大一部分比国外先进，但由于管理水平、技术水平略逊一筹，产品质量、品种比国外同类企业差，尤其是自己不能独立自主开发新品种，靠引进就会受制于人。今后应注重提高管理水平和技术水平，特别注意原始创新、独立开发有自主知识产权的新品种和新技术。由于这些产品基本属传统工业产品或劳动密集型产业，我国在劳动力成本上占有优势，在今后若干年内具有竞争优势。

全世界其他地区建筑幕墙用量约为国内的一半左右，国内幕墙企业发展还是以国内为主战场，也可以到国外发展，如以前苏联地区、亚洲、非洲为重点，有条件时可适当进入欧美，能争到其中 10%～20%市场。和国内市场相比甚小，尽管这样我们也不能忽视国外市场，只有参加国际市场竞争，才是提高我国幕墙技术最重要的途径。

与时俱进　改革建筑幕墙招投标办法

中国建筑金属结构协会副会长　**郑金峰**

建筑幕墙与采光顶的发展已成为现代建筑的标志，它是融建筑技术、艺术和功能为一体的建筑外围护结构。我国建筑幕墙标准化工作紧随幕墙技术大发展而展开，经十几年的工程实践、研究、试验以及引进吸收国外幕墙标准和设计经验，建设部先后颁发了《玻璃幕墙工程技术规范》（JG102）、《建筑幕墙》（JGJ3035）、《金属与石材幕墙工程技术规范》（JGJ133）、《玻璃幕墙光学性能》（GB/T18091）、《点支式玻璃幕墙支承装置》（JG138）、《吊挂式玻璃幕墙支承装置》（JG139）、《点支式玻璃幕墙工程技术规范》（CECS127-2001），同时还制订了《建筑幕墙抗震性能振动台试验方法》（GB/T18575）、《建筑幕墙平面内变形检测方法》（GB/T18250）、《建筑幕墙物理性能分级》（GB/T15225）、《建筑幕墙风压变形性能测试方法》（GB/T15226）、《建筑幕墙空气渗透性能检测方法》

（GB/T15227）、《建筑幕墙雨水渗漏性能检测方法》（GB/T15228）、《玻璃幕墙工程质量检测标准》（JGJ/T139-2001、J139-2001）、《建筑采光设计标准》（GB/T50033-2001）及相关幕墙材料标准和规范等，形成了一个比较完整的标准化体系。

目前我国从事建筑幕墙企业已有上千家，其中获得幕墙施工一级资质企业200多家，幕墙设计甲级资质企业也有200多家，但这些企业中大部分规模较小、技术水平较低，尤其是幕墙企业中的技术人员，大部分只限于幕墙构件设计人员，很难和世界上大的幕墙企业相比，无力用新技术改造传统技术，对幕墙技术的发展没有前瞻性发展目标和技术追求，很多幕墙企业今天不知明天需要什么形式或构造的幕墙，等建设方招标时才仓促应付，这样就做不出技术先进、质量好的幕墙工程，更谈不上引导消费，而且绝大多数企业还处于按型材厂产品样本上的节点图拼组幕墙阶段，因此幕墙设计技术仍处于低水平的重复阶段。

目前全国每年有上千项幕墙工程实施招投标制度，一个幕墙工程往往有10来家幕墙公司投标，而且这种招投标办法绝大多数采用一次性（包括技术、商务等）的决定中标单位，不论该幕墙工程大小，结构形式难易，用最低价选择中标单位，就很难说清楚该设计方案是好是坏，可以说采用这种招投标方法无论从技术角度看，还是从材料的选用看都留有后遗症，绝大部分不被专家们认可。既然大家都公认建筑幕墙是技术、艺术、功能一体的建筑物外围护结构，充分体现建筑的宏伟、壮观，技术水平高、装饰效果好，用一次性选定和最低价中标的招投标办法就很难达到预期的目的，必将直接影响我国建筑幕墙技术的发展，尤其是新技术、新材料、新工艺的发展。

现在我国已加入WTO，尤其北京2008年奥运会和2010年上海世博会的举办，在经济全球化竞争中时不我待，面临的形势更为严峻。

当前，我们必须按与时俱进、开拓创新的措施和办法来指导和发展我国的幕墙技术，必须改革现在某些建筑幕墙工程招投标办法，应优先采用先进的幕墙技术用到幕墙工程中，真正体现建筑幕墙的技术先进性、艺术性和功能性一体化。改革的办法是建议将幕墙面积超过1万m^2或高度超过60m、投资1000万元以上、幕墙结构形式比较复杂，如有全玻幕墙、构件式幕墙或单元式幕墙等单项工程的建筑幕墙招投标办法分为两个阶段进行：第一阶段先招技术标（设计方案标），从几个投技术标的方案中由专家评选出1～2家最好的设计方案，并对评出的设计方案由专家们指出该方案的优缺点及改正的意见，使其更加完善、合理，具有一定的先进性。对选中的设计方案中还应更明确指定所使用的材料、数量及质量要求、价格体系等。在明确了选定的设计方案后，根据这个设计方案再进行第二次招投标，其内容包括施工组织设计及施工图设计、报价等内容；第二次评标时就应充分考虑报价情况，施工图的质量、施工组织的设计水平、施工单位的综合条件及企业的管理水平等。

根据国外建筑幕墙招投标的经验，一般也是分两个阶段进行，第一阶段是评技术标（设计方案标），选定设计方案标后再进行第二阶段的施工设计的招投标。这样做才能真正体现建筑幕墙在招投标过程中的公开、公正、公平，反映幕墙设计水平、质量水平、管理水平等，同时在激烈竞争中能进一步促进幕墙企业，优化设计方案，加强企业管理水平，充分使设计和施工做到先进性、合理性、经济实用性和安全可靠性。建议建设主管部门和招投标单位、施工单位积极推广和采用这个招投标办法。

铝门窗幕墙企业面临的机遇与挑战

——浅析中国铝门窗幕墙行业的发展现状

曾文涛

［引言］

目前，我国经济仍处于转型时期，整体经济将呈总增长态势，铝门窗幕墙行业发展更是如此：一方面市场容量以每年20%的速度增长，另一方面企业的数量与产能又以超出20%的速度增长；第三方面市场需求多极化的趋势越来越明显，铝门窗幕墙行业内竞争比原来更加激烈。铝门窗幕墙企业如何抓住机遇，规避风险，提高实力，争当强者，淘汰弱者，是摆在我们企业面前的重要课题。铝门窗幕墙行业发展趋势，值得我们作较深入的研究与探讨。本文从分析铝门窗幕墙行业概况、行业特点、产品现状、市场趋势、企业实力、竞争手段等多方面入手结合当前中国宏观经济形势，分析中国铝门窗幕墙行业发展状况，进一步明晰行业内企业下一步应关注的重点，以供行业内各位同仁思考与探讨。

一、国内铝门窗幕墙行业概况

中国铝门窗幕墙市场行业发展成为由4000多个生产企业和1000多个配套企业组成的生机勃勃的新兴建筑行业，是国民经济不可缺少的组成部分。下面从行业内企业、产量、从业人员等方面阐述行业概况：

（一）企业数量

幕墙门窗行业从无到有，由小到大，经过了30年的跨越式发展。到目前为止，根据颁发许可证统计，全国门窗厂家3000多家，大中型厂家10多家，全国幕墙厂家有1000多家，其中“双甲”（甲级幕墙设计、一级幕墙施工）企业100多家。

（二）行业产量

1. 1980年全国铝门窗年产量仅有15万m^2，1990年达到820万m^2，至2000年则达到1亿m^2。2. 1980年全国幕墙年产量几乎为0，1985年为15万m^2，1990年为100万m^2，2000年近1000万m^2。

（三）幕墙行业从业人员

至目前为止，铝门窗幕墙行业从业人员42万多人，如果包括配套企业近80万人，其中专业技术人员6万多人。

二、国内铝门窗幕墙行业的主要特点

每个行业有每个行业的特点。铝门窗幕墙行业从管理要素来分析，我认为主要有五个方面的特点：

（一）产业关联性

铝门窗幕墙是介于建筑装饰产品和机械产品之间的产品，除了具备建筑产品的特征外，愈来愈具备机械产品的个性。

1. 产品工厂化程度高于建筑业。2. 加工精度高于建筑业，低于机械制造业。3. 质量检验标准相似于机械产品标准。4. 产品生产横跨多个区域，即工厂加工现场安装。5. 与建筑产品相比，它愈来愈趋向于技术密集型；与机械产品相比它仍是劳务密集型。

（二）产品性能全

1. 实用性：一是遮风挡雨；二是满足一定的建筑造型。2. 安全性：满足抗风压、抗雷击、抗震、防火等要求。3. 功能性：气密性、水密性、隔热保湿、节能、环保。4. 装饰性：实现建筑物不同风格。

（三）市场营销特征

与工程行业一般特性相同，即：

1. 接单式：以销定产，定单数量少，每单产值大。2. 直销式：厂家直接上门推销，生产经营要求营销、技术、供应、加工、安装等全方位配合。

（四）管理模式特征

1. 在人的素质低下的情况下，采用承包制。2. 在人的素质较高的情况下，采用区域事业部制。3. 在人的素质很高的情况下，采用统一运作模式。

三、国内铝门窗幕墙产品发展现状

（一）国内铝门窗幕墙的起源与发展

铝合金门窗幕墙早在20世纪30年代在德国、美国、英国等发达国家就已经大面积采用，我国由于经济发展水平和资源配置等原因，起步较晚，70年代末才开始传入我国，发展到现在已近30年时间。这30年间，我国铝合金门窗幕墙经历了三个发展阶段：

第一个10年是以“接纳和增量”为主要标志的起步和发展阶段；第二个10年是以“治理整顿”为主要标志的产品结构调整期；第三个10年是以“产业结构优化和技术创新”为主要标志的跨越式提升期。近30年来，铝合金门窗产品从4个品种8个系列发展到40多个品种200多个系列；幕墙产品从单一功能的框架式发展到单元式、生态型、环保型等满足不同市场需求的多功能幕墙。材料品种加工工艺、安装工艺也发生了巨大的变化。

铝门窗幕墙行业30年的高速发展，主要得益于科技进步和市场需求这两大拉动力。80年代是我国对外开放和经济建设高速发展时期，市场需求的拉动力空前绝后；90年代以后铝合金门窗、幕墙行业的结构优化取得了明显效果，新材料、新设备、新工艺、新技术的不断涌现使产品的科技含量及产品质量得到了巨大的提升，大大促进了市场空间及产品的升级。

（二）国内铝门窗幕墙产品现状

我国建筑铝门窗幕墙产品的发展最初主要靠仿制，后来靠改进，进而自行设计，从中低级水平发展到中、高档各类幕墙产品。目前国内铝门窗幕墙产品与国外产品和技术相比，已经明显缩小了差距，绝大多数外国技术和产品我们都已经掌握。当前的发展有如下趋势：

1. 铝合金门窗和隐框幕墙仍是市场主流；2. 单元式幕墙在大城市有良好的发展前景；3. 在同一建筑中同时设计多种形式的幕墙成为新时尚；4. 点式幕墙已进入规模经济时期；5. 石材幕墙已进入成本领先时期；6. 双层幕墙开始进入市场；7. 生态、保安及光电等智能幕墙已进入研发阶段。

从以上的国内铝门窗幕墙产品现状可以说明，国内幕墙门窗行业已进入成熟期、高速期、规模期和经济期。

（三）国内幕墙产品相关因素分析

1. 技术水平提升快：近十多年来中国幕墙，新技术、新材料引进推广步伐逐步加大，产品规格，品种日益增加。

2. 从产品价值取向上来看：一是成本领先趋势大，低价位产品需求量大；二是个性化发展快，通过幕墙产品突出艺术风格和文化潮流，如仿古派、现代派、超现代派（如光电幕墙、动态幕墙）、抽象派等；三是结构形式变化快：框架式，半单元式，单元式，点驳式。

3. 市场重心的转移：幕墙市场区域分散，市场重心正在发生偏移。行业系统性群体市场（银行、保险、电力、电信系统内幕墙工程）明显减少；市场重心由上而下逐步转移，如由直辖市、省会、大城市向中小城市、地县转移。

4. 从市场主体经济状况来看：政府性系统项目的经济实力已明显不如以前；房地产项目参差不齐，好坏参半；投机商恶性运作情况较多。

5. 项目主体数量与体量看：超大型项目减少；中小型项目增多；分期建设增多。

四、国内铝门窗幕墙市场发展趋势

国内铝门窗幕墙市场发生了多方面变化，一方面随着整体经济增长，铝门窗幕墙市场总量将有较大的增长；另一方面铝门窗幕墙市场竞争将进入实力性、恶性化、投机性竞争期。

（一）国家宏观经济政策将使幕墙市场进入前所未有的规模经济时期

1. 国家实施扩大和培育内需政策，为建筑幕墙市场产品提供了更加广阔的市场机遇

拉动经济增长主要靠“三驾马车”，即出口、投资和消

费。当前出口这驾马车"松套"，中国经济多少受到不同程度的冲击；进口产品大幅度增加，出口产品相对减少，贸易顺差降低，外需对我国的经济增长的拉动会有所减弱，在这种情况下，另外两驾马车——投资与消费（统称"内需"）必须抓紧，双重拉动。

如何拉动内需，国家采取了一系列宏观控制手段：

财政政策——去年发行 1500 亿国债，上届政府共发售 5500 亿国债；

货币政策——银行存款 8 次降息（贷款利率降低），消费按揭成本降低；

收入政策——增加职工工资（公务员），减轻农民负担；

区域性发展政策——西部大开发、各地开发的建设；

消费政策——假日消费、房地产建设等等。

今后几年间中国政府在培育内需方面的主要具体措施：

●一方面凭借外力运作，如"奥运经济"、"上海世博经济"等；

●另一方面挖掘内力运作，如西部大开发、各地城市改造及新城建设。十六大提出全面建设小康社会，其中重点就是城市、住宅等建设。从这方面看，今后几年国家经济增长还将提高。

2. 建筑及装饰行业具有非常重要的社会经济地位。

我国从 1998 年以来连续保持"七上八下"的经济增长速度（1998 年是 7.8%，1999 年是 7.1%，2000 年是 8%，2001 年是 7.3%，2002 年是 7%）。据测算，如果房地产投资增加 30%，就可以拉动 GDP 增长 2%。所以政府今后仍然会把建筑及装饰行业作为拉动经济增长的主要行业。

3. 建筑幕墙门窗市场规模将进入前所未有的规模期

根据"九五"规划和 2010 年发展规划，建筑业已经成为国家的消费热点和经济增长点，建筑业的大好形势为新型墙体材料、铝门窗幕墙提供了新的市场。根据有关部门的测算，在新世纪的头 10 年中，将建设村镇住宅 50 亿m^2，建设公共建筑 10 亿平方米，城市住宅建设量为 33.5 亿m^2。这样巨大的建筑市场，必然需要大量的门窗和幕墙装饰。按 20%的幕墙门窗计算，每年需求的门窗约 3.3 亿m^2，铝门窗占铝、塑、钢窗总量 1/3 则可达 1.2 亿m^2，幕墙面积也可达 1000～2000 万m^2。

(二)铝门窗幕墙市场竞争将进入前所未有的生死竞争期，行业内将会迎来一次大的结构重组

1. 与其他行业比，产品差异性小，竞争更加激烈。

2. 竞争环境恶性化，垫资、拖欠款情况更加严重。

3. 竞争的多角化发展

区域市场竞争；国际市场竞争；全国市场竞争的环境和规则。

4. 竞争的多极化

成本竞争仍是关键；技术竞争日渐重要；融资能力成为最重要的竞争资源；服务的竞争；管理的竞争；机制的竞争。

5. 竞争的规模化

已呈集团化趋势，产业的上中下游的关联性结合紧密。

前向一体化：原材料生产厂家向幕墙生产安装发展；

后向一体化：向联盟竞争发展。

6. 竞争的国际化

为了拓展国际市场，国内企业必须强强联合，合作壮大实力，因此规模性企业逐渐增多；随着 WTO 临近，国内市场国际化趋势愈来愈明显。

7. 竞争的形象化逐渐突出，主要有：

（1）公司形象；（2）产品形象；（3）员工形象；（4）市场形象。

8. 产品开发和技术创新将成为核心的竞争目标。

竞争使一些企业认识到了协作体的重要性，协作有助于市场的发展，也有助于企业间充分利用自己的有限资源，内外并重，保持竞争优势，共同发展。

五、铝门窗幕墙企业的发展状况

到目前为止中国幕墙安装总量为 5000 万m^2，占世界总量近 1/2，成为世界的幕墙王国。铝门窗幕墙企业的数量也是全世界最多的，已经超过 4000 多家，更是让世界惊讶。这么多企业经过多年的拼争后，目前的形态各异，从以下几个方面可以反映出来：

（一）国内铝门窗幕墙企业类型

1. 根据业务区域来分

全国区域性企业

地方区域性企业

行业系统性企业

寄宿母体式企业

2. 根据产品区分：

综合性幕墙门窗公司

一般性幕墙门窗公司

全玻璃幕墙公司

石材幕墙公司

屋顶公司

（二）国内幕墙门窗企业与国外企业实力比较

管理模式落后。

内在综合机制不顺，竞争动力不足。

管理水平低下。

人力资源素质偏低。

技术含量较低。

国际经营承包经验欠缺。

核心竞争力难以形成。

企业市场投机性强。

综上所述，中国铝门窗幕墙行业已经发展到了生命周期的提升期或转轨期，幕墙门窗企业目前已经处于一种过渡成熟的市场环境中，一方面市场容量仍然在上升，另一方面企业相对产能上升更快，所以中国铝门窗幕墙企业不可避免将进入一次大的洗牌阶段，适者生存，劣者淘汰。每个铝门窗幕墙企业都应沉着冷静，树立做精、做专再做强的经营理念，注重战略管理，注重创新管理，注重危机管理，注重人才管理，迎接生死挑战。

建筑门窗工程质量亟待提高

国家建筑工程质量监督检验中心　王洪涛　姚建宁

2002年10月北京建筑工程质量监督总站与国家建筑工程质量监督检验中心合作，采用质检中心研制的门窗现场检测设备，对北京的四个在建工程进行了现场动风压性能检测，包括断热铝合金窗在内的产品均未达到北京市的有关规定。结合以往门窗动风压性能现场检测的统计，建筑门窗的工程质量似乎已经成为不可解决的痼疾。

一、建筑门窗工程质量的概念

建筑门窗工程包括设计、加工、安装等一系列环节，在各环节中均有相关的标准规范可以参照执行，因此门窗的工程质量应该符合标准，但为什么在工程中反映出很多的问题呢？除去标准不完善的原因，根据门窗的加工程序，通常可以将质量要求分为组装质量、安装质量及物理性能几个方面：

1．组装质量：出厂之前，根据相关的产品标准，对原材料、零配件、设计、加工、组装质量进行控制，使之符合工程的使用要求或地方的规定。特点是在出厂时往往不是完整的成品。现行标准为《平开铝合金门》（GB8478）、《平开铝合金窗》（GB8479）、《推拉铝合金门》（GB8480）、《推拉铝合金窗》（GB8481）。《推拉铝合金窗》（GB8481-87）标准已于2001年修订，新的标准尚未颁布实施。

2．安装质量：将门窗安装到建筑工程的洞口上，并安装全部零配件及面材（如玻璃）等，将洞口与窗口密封完毕达到交付使用的程度，此时应按照《建筑装饰装修工程质量验收规范》（GB50210-2001）进行验收即可使用。

3．物理性能：将门窗作为整体产品检测，性能要求为气密、水密、抗风压、保温及隔声等，执行标准为《建筑外窗抗风压性能分级及检测方法》（GB7106-2002）、《建筑外窗水密性能分级及检测方法》（GB7107-2002）、《建筑外窗气密性能分级及检测方法》（GB7108-2002），由于这些标准只涉及整窗，不包括墙与窗框之间的安装缝隙，所以试件的选取及检测设备的安装方式成为关键。

直到门窗安装到建筑工程洞口中，调试好并在内外装修完成后，才能将其视为完整的产品。各环节之间相互影响，在保持正常使用及安装状态下门窗的质量水平，我们称之为门窗的工程质量。其特点是直接反映了门窗的性能，即用户使用时的质量。各阶段有相应的技术标准规范及检测方法，在工程阶段则主要考虑相互之间的影响导致的性能下降或功能改变。

二、工程质量的检验方法

在诸多质量控制中安装、组装质量由于检测技术相对完善，技术比较成熟，所以在验收时基本采用传统的方法，即现行规范中采用的方法。

由于建筑门窗的特殊性，在上墙安装之前不是完整的产品，所以不能进行动风压性能检测。因此各地的检测部门采用两种方法：一是将已经完成的窗拆下来送到实验室检测；二是要求门窗生产厂家按照与工程完全一致的再加工样窗送检。这两种方法均为实验室检测，与工程有较大差异。前一种方法明显不可取，拆装过程会对质量造成较大的影响；后者很难保证样品与工程产品的一致。针对工程检测美国材料与试验协会（American Society for Testing and Materials）在标准ASTM1105、ASTM783中分别规定了工程现场的气密、水密性能检测方法。使用相同原理的设备对部分工程检测的结果，见表1、表2 。

部分铝合金门窗工程检测结果　　　表1

序号	产品	气密	水密	抗风压	结论
1	60 系列铝合金断热内平开	0.37	100	5.4/-4.9	GB8479-87 水密不合格
2	70铝合金推拉窗	37	50	——	GB8481-87 气密不合格
3	50 系列铝合金平开窗	0.5	50	——	GB8479-87 水密不合格
4	70 系列铝合金推拉窗	10	100	——	GB8481-87 气密不合格

据国家建筑工程质量监督检验中心检验结果统计　　表2

抗风压性能检测结果（kPa）

分级值	≥3.5	3.0～3.5	2.5～3.0	2.0～2.5	1.5～2.0	1.0～1.5	等外
推拉窗组数372	236	10	12	10	18	12	74
平开窗组数298	217	23	20	17	5	0	16
断热推拉窗组数13	4	3	2	2	2	0	0
断热平开窗组数32	24	3	2	2	1	0	0

气密性能检测结果（m^3/hm）

分级值	≤0.5	0.5～1.5	1.5～2.5	2.5～4.0	4.0～6.0	等外	
推拉窗组数372	8	88	130	62	12	72	
平开窗组数298	224	51	7	2	0	14	

续表

断热推拉窗组数13	0	8	3	1	1		
断热平开窗组数32	15	17	0	0	0	0	

水密性能检测结果（Pa）

分级值	≥500	350～500	250～350	150～250	100～150	50～100	等外
推拉窗组数372	0	8	18	41	188	41	76
平开窗组数298	2	13	163	95	6	2	27
断热推拉窗组数13	1	5	3	2	0	2	0
断热平开窗组数32	6	9	6	7	2	1	3

由此看到，现场的主要问题是气密、水密不合格，甚至远超过及格线。其结果会导致产品信誉下降、使用户感到恐惧和不理解。采用以往传统的验收方式合格甚至优质的工程为什么会反复漏水、冬季寒气逼人呢？通常认为拆装过程不会对门窗的抗风压结构造成较大的影响，实验结果表明窗的型材规格及长短确定以后，其刚度不会有超过5%的变化，当然这里不包括配件损坏或人为的增强措施。

三、工程中普遍存在的问题

此处只考虑影响物理性能的因素。

1. 水密性能：一些在实验室检测很容易解决的问题，在工程上比较困难或有意回避。比如铝合金窗组角部位，按照规定应打胶处理，工程现场多不处理或由于运输过程开胶；排水孔位置不当或错误，装修时将排水孔掩埋或堵塞，均可能造成雨水大量流入室内或窗间墙；对于带上亮的平开窗或内平开窗，水密问题尤其突出，带上亮时如果没有解决披水问题，雨水从开启扇上部直接进入框扇缝隙，当压力增大时水积存在缝隙内不能排出形成渗漏；内平开窗由于结构本身不利于排水，所以特别容易渗漏，采用三道密封的断热铝合金内平开窗，中间的密封条即是形成等压腔的关键，本身又是挡水材料，所以要求比较严格。

2. 气密性能：平开窗气密性能基本符合要求，不论是实验室还是现场检测。主要是推拉窗，由于甲方往往要求使用方便，减小开关力，甚至要求厂家将密封毛条去掉，气密性能无法保证，严重时甚至缝隙渗透系数达到40m^3/hm，毫无气密性可言。

3. 抗风压强度：目前建筑外窗洞口有越开越大的趋势，对于常规窗来说，一般可以满足要求。但是对于大型窗洞口来说，一般应采取组合窗的形式，特别是采用断热型材，目前没有提供合理的刚度计算方法，多次发现使用在2m以上的洞口上，强度明显降低，甚至达不到1.0kPa，无法满足使用要求。当然抗风压强度应根据建筑所处位置、体型、高度等因素综合考虑，这一点在《建筑荷载规范》（GB50009-2001）上有详细的规定。

4. 组装质量：对性能影响比较大的组装包括对边及对角线差、平面高低差、框扇搭接量及五金装配。很明显不符合要求时会使密封条失效，导致气密性能大幅度下降；错误的排水孔不仅成为进水孔，而且可能使气密降低。

5. 安装质量：安装最大的问题是变形，垂直、水平度及整窗平整度差。目前大多采用固定片与主体结构连接，安装前用木楔定位调整，固定后进行土建施工，由于存在交叉作业，很难保证同步且互不干扰。

四、几点改进措施

1. 增加附框：这是彻底改善安装质量的关键。附框不仅是采用一个简单的钢附框埋在墙里，而应有配套的型材，窗全部采用后塞口工艺，避免土建施工造成的损坏，加大工厂工业化生产的比例，才能确保质量。虽然附框可能形成局部冷桥或增加成本，但对性能的保证是有决定性的意义，局部冷桥亦可通过构造处理解决。

2. 内平开窗中间密封条的工艺改进：即密封又挡水要求其转角处的密封不能简单的采用45°粘接，因窗扇频繁启闭会导致接缝损坏，应在转角处安装浇注成型的90°转角密封件；推拉窗应注意上下搭接部位，采用夹胶毛刷密封条或橡胶密封条，试验表明会比普通毛刷密封条气密性提高约两个等级。

3. 采用合理的计算方法：保证构件的整体刚度。不能盲目的追求高级别，刚度只要满足设计风荷载 W_k 的要求就可以，以免造成浪费。如果复合材料的惯性矩不好计算，推荐采用试验的方法得到较准确的结果。

4. 关于排水孔大小的计算方法：对推拉窗而言，排水孔的大小与该排水孔所在位置的窗面积承担的淋水量有关，推荐尺寸为宽度不小于5mm，排水孔面积为每平方米窗面积200mm^2。平开窗则很难有统一的规定。

5. 重视实验室试验的结果，特别是发生质量问题后采用的措施，及这些措施在工程上应用的可行性。比如试验时漏水，不能简单用胶去堵，样窗可以解决，工程如此处理则有损外观导致用户不满意。

正确认识到工程质量与产品质量的区别，采取相应的措施，避免产生质量失控，是提高建筑门窗产品质量的关键。当然这不是某一种产品所面临的问题，也不是一两个厂家可以解决的，需要生产厂家、检测单位、开发商及主管部门的共同努力。

欧美塑料门窗现状及前景

大连实德化学建材产业集团　高洪波　张竞游

一、前　言

塑料门窗最早是于20世纪50年代由德国首先开发成功的，1955年德国诺彼尔 Dynamit　Nobel 公司开发成功塑料窗框用异型材，赫斯特 Hoechst 公司进而研制出 PVC 塑料窗，因其节能、隔热、隔声、耐腐蚀等诸多优势，在欧洲乃至世界迅速推广应用，至今已近 50 年。

目前，无论是技术水平还是发展速度，德国当推全球第一。由于上世纪 70 年代世界性能源危机爆发，德国政府为了解决寒冷地区门窗的冬季结露和节省供暖能源的问题，开始重视塑料门窗的研制和应用。在政府的大力推动下，塑料门窗的质量迅速提高，标准和规范逐步完善，最终形成了一项规模巨大、高度发展的产业。

英国、美国、法国、瑞士、丹麦和中国台湾的塑料门窗生产技术都主要由德国引进并迅速发展。目前，欧洲塑料门窗的市场平均占有率为 40%，德国塑料门窗的市场占有率已达 54%。美国是在 1976 年从德国引进的塑料门窗生产技术，到 80 年代得到了迅速发展。目前，美国塑料门窗的市场占有率已达 45%。据权威资料显示，全球塑料门窗市场目前的平均占有率已达 20%以上。

二、技术现状

国外塑料门窗的产品种类一般是以门窗的开启方式或结构来划分。塑料窗以开启方式划分，主要有平开窗、推拉窗、旋转窗、固定窗；以窗扇结构划分有单玻、双玻、三玻、百叶窗和气窗。塑料门窗大致有两类，即落地窗式的窗式门和板式门，板式门又分为拼板门和整板门。窗式门和拼板门以欧美比较多见，而整板门则以欧洲部分国家和我国台湾的市场上为多。

1. 欧洲门窗行业的技术现状

欧洲门窗行业的整体技术水平仍大大领先于中国的门窗行业，欧洲门窗市场仍为木窗、铝合金窗和塑料窗并存，其特点是：

a. 流行高档木窗，具备与铝、塑窗同样的使用功能，符合人们亲近自然的需求。虽然木窗在欧洲市场的整体用量不会占主导地位，但在个别地区（如北欧）仍为主要门窗种类；

b. 铝合金门窗基本上采用带断桥的彩色铝合金型材；

c. 彩色塑料窗多采用表面覆膜技术，以保证耐候性；

d. 由于铝合金材料质地美观、色彩丰富，欧洲门窗市场开发了铝合金扣板技术的木铝、塑铝复合型材，甚至在扣合部位填充 PU 发泡，进一步提高保温性能。其中木铝窗由于室内一侧为木材，给人一种自然的感觉，更受市场欢迎，用量正逐年提高；

e. 门窗用玻璃在欧洲已基本上采用镀膜中空玻璃或镀膜三玻中空玻璃，双玻间距一般为 14mm，玻璃厚度不小于 5mm，镀膜玻璃的价格已经比白玻便宜。欧洲玻璃标准中要求传热系数 U 值不大于 2，并且中空玻璃内要充氮气或氦气，进一步提高保温性能，欧洲门窗标准中要求门窗的保温系数 K 值不大于 1.4；

f. 欧洲市场上还出现了太阳能屋顶窗，可以将太阳能转化成电能和热能。太阳能发电技术，在未来的能源产业中将至关重要，是目前世界各国关注的热门技术，现在这一技术已被应用在门窗行业，对我们有一定启发作用；

g. 欧洲型材配方系统仍以传统的铅盐类复合热稳定剂为主，使用钙锌稳定剂的企业仅为 20%，另有少数企业采用环保型有机锡热稳定剂，预计铅盐稳定剂会在 2010～2015 年淘汰。抗冲改性剂则全部采用 ACR，CPE 已经淘汰。

在德国，窗户的开启形式多为内开下悬窗，这样设计主要是考虑关窗后有较好的密封性，而很少采用推拉窗。有少量既可下悬开启通风换气，又可使门窗整体内移到铝合金滑道后的推拉门。意大利塑料门窗的发展速度和技术水平仅次于德国，居欧洲第二位。但由于意大利气候比较温暖，当地人又崇尚传统，所以意大利塑料门窗的市场占有率目前只在 20%左右，其每年数万吨型材产品主要销往周边国家。英国则以外平开窗为主，约点 80%，其他为平开下悬窗和美式单提拉窗。

从以上欧洲市场的现状看，木窗、铝合金窗、塑窗仍将在市场上长期共存，并且将来结合各自特点的复合材料门窗会越来越多，如木铝窗等。欧洲门窗正朝着系列化、多样化、高档化、自动化、人文化方向发展，而且精品化、个性化意识越来越强。

2. 美国门窗行业的技术现状

美国塑料门窗体系形成较晚，没有完全照搬欧洲塑料门窗的生产技术，而是结合本国的国情和建筑风格进行了创新和改进，创造了一套型材和窗型设计体系，形成了工艺技术、原料配方、模具设计、产品标准等技术方面的自成系统，并且在许多国家获得推广应用。同欧洲比较其技术特点如下：

a. 生产配方中采用环保型有机锡类热稳定剂，从而避免了生产、加工和使用过程中的铅盐毒性的弊端。在北美，铅盐类热稳定剂在 PVC 行业中早已被禁止使用；

b. 发展多腔断面设计，型材壁厚较薄，一般为 1.8mm

左右。这种设计用于别墅与低层建筑时，根本不需要钢衬，并且还提高了型材的保温隔热性能及隔声效果；

c. 改进框扇配合结构，采用框包扇的结构，由此带来了塑料门窗密封性和安全性能的提高；

d. 改进了玻璃装配方式；

e. 开发了新型的安装方式。

美国塑料门窗主要是上下提拉窗，另外还有平开窗、推拉窗等窗型，但是不占主导地位。

三、标准体系

进入欧洲的型材产品必须取得标准认证，欧洲门窗协会正在统一标准体系，即 CE 标准，此项工作刚刚完成。目前，欧洲各国仍采用各自的标准，如德国采用 DIN18055、RAL-RG716/1 规范，对门窗各项指标均有详尽的说明和测试方法，甚至对再生料使用方法的技术要求也作了规定。德国依托罗森海姆的一所大学建立了门窗研究所，该所除了研究门窗结构，提高产品性能外，还定期抽查各企业产品质量。每个生产企业设计的新产品需经协会审查后并由研究所检测认为符合产业政策的要求，由协会发给生产许可证明才能生产。

法国则采用 NF 认证，认证步骤包括对原材料、型材、窗型设计系统、门窗产品等方面的认证和评价。美国塑料门窗行业采用的是 ASTM 标准和 AAMA 标准体系。

四、市场前景预测

1. 欧洲门窗市场

据欧洲门窗协会年会报告，2002 年欧洲门窗市场共销售窗户约 1 亿樘（每樘窗约为 1.69 ㎡）其中塑料窗约 4200 万樘，消耗 PVC 塑料型材近 95 万 t，预计 2003 年会略有下降。具体各种材料窗市场占有率及预测，见表 1 、表 2 ：

欧洲门窗市场各种窗所占比例（%）　　表 1

年份	木质窗	PVC 窗	铝质窗	木铝窗	其他窗
2001 年	29.9	38.9	24.9	2.9	1.0
2002 年	29.4	42.2	24.3	3.1	1.0
2003 年（预计）	29.6	41.5	24.8	3.1	1.0

2. 德国、奥地利、瑞士等三个国家的中西欧市场

门窗销量约占欧洲市场的近 30%，目前市场的发展情况不如欧洲其他市场。具体各种材料窗市场占有率及预测如表 2 所列：

德国门窗市场各种窗所占比例（%）　　表 2

年份	木质窗	PVC 窗	铝质窗	木铝窗
2001 年	21.8	54.0	19.6	4.6
2002 年	20.9	53.5	20.5	5.1
2003 年（预计）	20.3	54.2	20.0	5.5

德国门窗市场的应用比例为新建筑占 52%，翻新旧房占 48%。门窗市场呈现萎缩的态势，2001 年总量下降了 18%，2002 年下降 10%～12%，2003 年预计下降 10%。德国的门窗行业产值西德地区占 71%，东德地区占 27%，进出口占 2%。

3. 以西班牙、葡萄牙、意大利、希腊为代表的南欧市场

主要以铝合金门窗为主，门窗销量约占欧洲市场的 25%强。具体各种材料窗市场占有率及预测，见表 3。

西班牙、葡萄牙门窗市场各种窗所占比例（%）　　表 3

年份	木质窗	PVC 窗	铝质窗	木铝窗	其它窗
2001 年	12.6	10.6	73.2	2.5	0.6
2002 年	12.6	11.0	73.0	2.6	0.6
2003 年（预计）	12.5	11.2	73.1	2.6	0.6

4. 英国及爱尔兰市场

销量约占欧洲市场的近 20%。具体各种材料窗市场占有率及预测，见表 4 。

英国、爱尔兰门窗市场各种窗所占比例（%）　　表 4

年份	木质窗	PVC 窗	铝质窗	木铝窗	其它窗
2001 年	20.3	58.0	19.4	1.6	0.7
2002 年	19.8	58.7	19.1	1.7	0.7
2003 年（预计）	19.5	59.3	18.8	1.7	0.7

5. 法国及荷兰、比利时、卢森堡市场

销量约占欧洲市场的 20%以上。具体各种材料窗市场占有率及预测，见表 5 ：

法、比、荷、卢门窗市场各种窗所占比例（%）　表 5

年份	木质窗	PVC 窗	铝质窗	木铝窗
2001 年	35.7	40.1	17.7	4.7
2002 年	37.0	40.6	17.4	5.0
2003 年（预计）	36.8	40.8	17.4	5.0

6. 北欧（瑞典、丹麦、芬兰、挪威）市场

销量约占欧洲市场的 5%。具体各种材料窗市场占有率及预测，见表 6 ：

北欧门窗市场各种窗所占比例（%）　　表 6

年份	木质窗	PVC 窗	铝质窗	木铝窗
2001 年	56.3	12.4	6.7	24.6
2002 年	56.1	12.5	6.6	24.8
2003 年（预计）	55.8	12.5	6.6	25.1

7. 东欧及俄罗斯市场

a. 东欧市场

波兰、匈牙利、斯洛文尼亚、斯洛伐克、克罗地亚等国 2001 年门窗销量为 960 万套，2002 年没有增长，预计 2003 年开始增长，到 2004 年可达 1044 万套。

东欧最大的市场是波兰，占整个东欧市场份额的40%，但其1999～2001年的增长率为-10%，捷克、斯洛伐克、匈牙利的增长率为6%～20%，斯洛文尼亚的增长率为0%。具体各种材料窗市场占有率及预测，见表7 。

东欧各国门窗市场各种窗所占比例 (%) 表7

年份	木质窗	PVC窗	铝质窗	木铝窗	其它窗
2001年	56.5	37.9	5.0	0.4	0.2
2002年	56.0	38.5	4.9	0.4	0.2
2003年（预计）	55.5	39.2	4.6	0.5	0.2

b. 俄罗斯市场

俄罗斯市场从1988年起至今共经历了四个发展阶段：第一阶段（1988～1995年）是现代窗及其优势的导入期，对现代窗的稳定需求在这一阶段开始形成，外国供货商在型材及辅助材料市场上占据主导地位。第二阶段（1996～1998年）欧式窗成为流行时尚且阶格不菲，门窗（首先是PVC窗）组装厂数量显著增加，且竞争加剧。第三阶段（1999～2000年）市场由“疯狂”转为正常，人们生活水平下降，开始需要廉价的窗户。窗户价格开始下降，制造商为降低成本开始使用国内型材及辅助材料。第四阶段（2001～2002年）新的建筑法规及标准对窗户提出了更高的要求，在一些地区建筑开始繁荣，人们对不同类型的窗及幕墙的需求增加，俄罗斯制造商不断扩产，供货商之间的竞争加剧。

目前俄罗斯市场老式窗占35%，欧式（外开）窗占65%。木窗比例为28%，铝合金占10%，PVC窗占57%，其他为5%，PVC窗比铝合金窗便宜。预计在未来5年内俄罗斯门窗市场将以每年10%～15%的速度增长，俄罗斯西部相对饱和，应转向东部。俄罗斯及独联体国家尚有10亿m^2的劣质旧窗等待改造，这是未来的希望。

8. 美国市场

美国的门窗市场分为住宅门窗(住宅门窗又分为传统住宅型及非传统住宅型门窗）及非住宅门窗市场，我们在这里重点探讨住宅门窗市场。美国传统住宅型及非传统住宅型窗市场总量为6100万樘，各种材料窗所占比例，见表8。

美国传统及非传统住宅型窗市场各种材料窗所占比例 (%) 表8

年份	木质窗	PVC窗	铝质窗	其它窗
2001年	41	45	13	1
2002年	40.5	46	11.5	2
2003年（预计）	40.5	46	11.5	2

木质窗主要用于新建住宅，塑窗主要用于重新装修及旧窗更换市场。几种材料在新建住宅、重新装修市场以及旧窗更换市场上所占的比例具体如下，见表9。

美国传统住宅窗（按建筑类型划分）(%) 表9

材料	新建住宅	重新装修	旧窗更换
木质窗	55	27	18
塑窗	38	24	38
铝质窗	46	24	30
其它	65	16	19
合计	46	25	29

按窗型划分，在传统住宅型窗中双提拉窗占了近一半的市场份额，单提拉窗在1999～2001年间有所下降，而外平开窗的比例有所增长。木质窗在双提拉窗市场上占绝对优势，铝质窗基本上用于单提拉窗，塑窗的应用则较为多样化。具体，见表10。

美国传统住宅窗（按窗型划分）(%) 表10

窗型	木窗	塑窗	铝窗/其它	总计
双提拉窗	56	37	24	43
单提拉窗	4	36	50	24
外平开窗	28	8	7	16
推拉窗	3	10	7	7
摇转窗	3	1	5	2
固定窗	2	4	4	3
特殊窗	4	4	3	4

9. 未来发展趋势——关注旧窗改造市场

欧洲门窗市场正逐渐成为更新改造门窗的市场，2001年欧洲57.9%的窗用于更换已有建筑的旧窗，只有42.1%的窗安装在新建筑上。据预测，这种趋势将持续到2004年，到那时更新改造的市场份额将达到59.3%。原因主要是门窗产品更新改造的周期较短，而能源的成本越来越高。

不过，在欧洲人们用于更换旧窗的投入很大程度上取决于文化及经济因素。不同国家习惯不同，如奥地利、西班牙、德国比较关注窗户的隔声和隔热性能，法国注重隔声性能，而意大利更看重窗户的设计。另外，一些国家以优惠的税收及降低增值税的方法鼓励更新门窗，如意大利和法国。

据预测，欧洲门窗市场到2004年数量上将会有5.0%的增长，销售额将增长5.9%。到2004年，木制窗将继续下降2.8%，PVC窗将增长7.3%，木与金属复合窗将增长8.3%。在欧洲地区，预计西班牙和葡萄牙的增长率最高（到2004年的增长率为24.7%），其次是英国及爱尔兰（8.7%），荷、比、卢国家（6.2%），北欧（6.0%），法国（4.4%）和意大利（2.1%），德国、奥地利、瑞士三国到2004年在数量上将会继续下降10.6%。

在美国，塑窗将继续从木窗及铝质窗的市场中抢夺份额，并将持续增长至2004～2005年，木质窗及铝质窗在质量及市场地位方面变得越来越具有竞争力。几种材料的窗在新建住宅、重新装修市场以及旧窗更换市场上所占的比例将不会有太大的变化。

玻璃幕墙节能环保技术进展

深圳方大集团股份有限公司装饰工程设计院　邵长健　张　宏

引　言

珍贵的能源是人类社会得以生存和发展的基础，但在经济高度发达的今天，能源危机的阴影一直笼罩着我们。同时，自从上世纪五六十年代以来，臭氧层破坏、温室效应、酸雨等系列全球性环境问题日益突出。人们已逐步认识到保护我们赖以生存的地球环境是关系到人类生死存亡的迫切任务。因此，节约能源和保护环境已成为当前人类社会寻求可持续良性发展的主题之一。环保要求节能，节能促进环保。近三四十年来，“开放与交流，舒适与自然，环保与节能”逐渐成为新世纪国际建筑的三大原则，建筑节能成为世界性潮流，绿色建筑概念大行其道。绿色建筑使用绿色建材和绿色能源，在制造、使用过程中造成的地球环境负荷最小，有利于人类健康。它满足可持续发展的需要，做到了发展与环境的统一，现代与长远的结合。作为现代建筑的象征，玻璃幕墙在世界范围内得到了越来越广泛的应用。而包括幕墙、门窗在内的建筑外围护结构综合考虑占建筑能耗的75%以上。所以，玻璃幕墙的节能和环保问题显得极为重要。

随着科学技术的高速发展和国民经济不断增长的需要，建筑幕墙行业得到迅猛发展，建筑幕墙技术飞速进步，各种新型建筑幕墙层出不穷，建筑幕墙正日益成为高技术含量的智能型产品，其节能环保技术取得了显著进步。

本文将针对一些近年来国内外出现对节能环保具有重要意义的先进玻璃技术以及幕墙技术进行探讨，并对玻璃幕墙技术今后的发展趋势作一些展望。

一、玻璃幕墙的功能

一般来讲，作为建筑物的一种外围护结构，幕墙的功能要求主要有以下几个方面：

1. 满足结构强度及安全性要求；
2. 控制热量传递；
3. 控制空气交换；
4. 控制日光照射；
5. 控制凝结水汽；
6. 控制雨水渗透；
7. 控制噪声；
8. 控制火灾；
9. 建筑美学功能；
10. 满足经济性要求。

幕墙的以上各个功能之间既相互独立，又相互联系，如对热量传递的控制会涉及到对空气交换（空气渗透性能）和日光照射（太阳辐射得热）的控制，而对空气交换的控制主要注重室内环境的换气，通风要求，对日光照射的控制注重解决自然采光、视野通透、消除眩光等问题。它们既相辅相成，又彼此矛盾甚至冲突。只有经过对具体使用环境、影响因素的系统分析，对各功能要求进行仔细的平衡、折衷，才有可能设计出最为适用的幕墙产品。每一个成功的幕墙工程从根本上讲都是综合折衷的产物。幕墙节能、环保性能的提高，主要是通过改善幕墙的热量传递、空气交换、日光照射、噪声控制等功能来实现的。在确保幕墙结构的安全性以及其他物理性功能要求的同时，大力改善上述功能，可以为人们提供更舒适、更经济的居住环境。

二、现阶段的玻璃幕墙节能环保技术

从目前来看，国内外幕墙行业在节能方面的工作大多还停留在消极设防的设计思想阶段，致力于提高玻璃幕墙的隔热保温性能。现阶段提高玻璃幕墙节能保温性能的主要措施有：

1. 镀膜玻璃、Low E 玻璃、热反射玻璃、中空玻璃等玻璃处理技术；

2. 铝塑复合材料、“断热桥”型材等高热阻材料应用技术；

3. 减少开启窗扇面积、提高密封胶性能、改进节点密封性能等降低空气渗透热损失技术；

4. 采用百页、格栅等遮阳设施，以减少太阳辐射得热等。

以上各种保温措施原理比较简单，实施也比较方便。采用这些技术的幕墙结构传热系数由普通单层白玻璃幕墙的大于5W/（m^2·K）降到了3W/（m^2·K）以下。国内外大量工程的多年应用实践表明，节能效果明显，尤其是在高寒地区，如北欧、加拿大等地，该类技术趋于成熟，已经成为幕墙工程的主流技术。近几年该类技术在我国的北方地区也开始得到应用。

三、玻璃幕墙环保节能技术最新进展

目前国际上最新的玻璃幕墙节能环保思想追求设计功能的主动性和积极性，变被动设防为主动利用能源。玻璃幕墙节能热工设计的发展总趋向是：对于以采暖供热为主的幕墙追求达到温室效应，对于以空调制冷为主的幕墙追求达到冷房效果。为了达成这种效果，近几年来很多值得关注的幕墙节能新技术得到了发展。这主要体现在各种高性能幕墙玻璃和新颖幕墙结构以及对太阳能的主动利用等三个方面。

1. 新型玻璃技术

近几年出现的先进玻璃环保、节能技术主要有：

I 阳光辐射控制玻璃

这类技术通过改变玻璃的光学特性来实现对太阳能辐射的选择性屏蔽或利用来达到环保节能效果，主要有：

A．光谱选择透过性玻璃（Spectrally Selective Glazing）

该种技术实际上是 Low-E 玻璃、热反射玻璃等技术的延伸。简单的讲，它就是通过在玻璃表面覆盖一层或几层特殊材料涂层，使得玻璃对不同波长的太阳辐射或者热辐射具有不同的透过率。采用该技术，经过细心“调制”，可以令玻璃具有满足人们特定需要的透过特性。如可以使得太阳辐射中的可见光成分最大量的通过同时阻挡具有较高热量的紫外线或者红外线成分，从而最大限度的利用自然光照亮室内，又把辐射的热能阻挡在室外（或者室内），于是从采光和制冷（或者采暖）两方面同时起到了节能效果。也可以使用它相反的特性，阻挡可见光，透过热量，从而适用于太阳高度较低的高纬度地区以消除进入室内的眩光同时充分利用太阳辐射热来加温室内空气。目前，国外光谱选择透过性玻璃的可见光透过率（Vision Transmittance）与太阳辐射能透过率（Solar Heat Gain Coefficient）之比可达到 2.0。

B．透过率可调玻璃（Switchable Glazing）

该种玻璃随环境改变自身的透过特性，可以实现对太阳辐射能量的有效控制，从而满足节能要求。根据玻璃特性改变的机理不同，这种可调玻璃又可分为热致变色玻璃、光致变色玻璃和电致变色玻璃。所谓热致变色就是玻璃随着温度升高而透过率降低，光致变色就是玻璃随光强增大而透过率降低，电致变色则是当有电流通过的时候玻璃透过率降低。以上过程都是可逆的。这其中，光致色变玻璃和电致色变玻璃尤为引起幕墙行业人士的关注，尤其是电致色变玻璃由于可以人为控制其改变的过程和程度，已经在幕墙工程上得到实验性的应用。目前，光致色变玻璃的可见光透过率可以在 75%～25%的范围内变化，太阳辐射能透过率的变动范围是 53%～23%。而电致变色玻璃可以在 5min 内实现可见光透过率 67%～10%，太阳辐射能透过率 66%～10%的变化。

II 隔热玻璃

近年来，在中空玻璃技术的基础上，一些新型的隔热玻璃不断出现，主要有：

A．惰性气体隔热玻璃

通过在中空玻璃的空腔内充入惰性气体，可以得到更高隔热性能的玻璃。目前国外已经出现了充氪气的 4-8-4-8-4 三层中空玻璃，结合 Low-E 技术，它的传热系数可以达到 0.7W/（m^2·K）。

B．气凝胶隔热玻璃

气凝胶是一种多孔性的硅酸盐凝胶，95%（体积比）为空气。由于它内部的气泡十分细小（小于 20mm），所以具有良好的隔热性能，同时又不会阻挡、折射光线（颗粒远小于可见光波长），具有均匀透光的外观。把这种气凝胶注入中空玻璃的空腔，可以得到传热系数小于 0.7W/m^2K 的隔热玻璃组件。该种物质长时间使用后的沉降现象是目前限制它大范围商业应用的主要因素。

C．真空隔热玻璃

通过把中空玻璃空腔里的空气抽走，消除掉空腔内部的对流和传导传热，可以获得更好的隔热效果。这种玻璃的空腔很窄，一般为 0.5～2.0mm，两层玻璃之间用一些均匀分布的支柱分开，如图 1 所示。通过附加 Low-E 涂层改善其辐射特性，真空隔热玻璃的传热系数已经达到 0.5W/（m^2·K）。这种隔热玻璃相对于其他的隔热玻璃而言，具有厚度上、重量轻的优点，但生产工艺较为复杂，中间小立柱的存在也影响了它的外观，在一定程度上限制了它在幕墙、门窗上的应用。

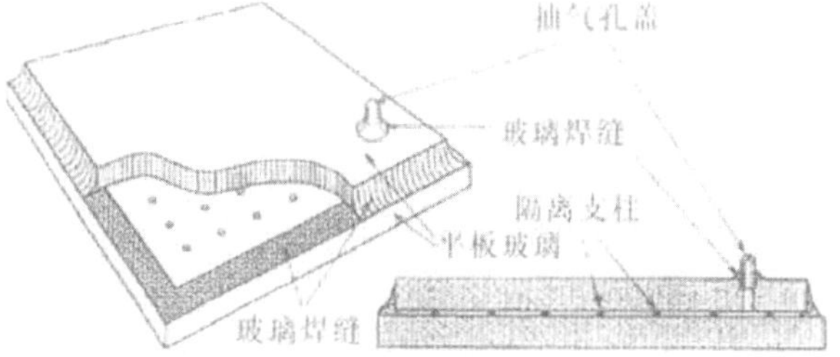

图 1　真空玻璃

III 隔声玻璃

幕墙、门窗的隔声降噪性能无论对于创造舒适的室内环境还是减少室内噪声对环境的污染来讲都是至关重要的。目前国外已经出现了一种新型 PVB 材料，使用该种 PVB 的夹层玻璃的隔声性能提高 5～15dB。

IV 自清洁玻璃

玻璃幕墙表面，尤其是采光、观景部位的玻璃表面的积灰、水锈甚至是冷凝积水是一件令人头疼的事情，需要经常清洗。该问题的解决目前也有了方法。通过在玻璃内植入电热夹层，使用微弱电流就可以加热表面玻璃，从而防止冷凝现象。玻璃表面可以敷加不粘涂层，防止积灰；或者接触反应涂层，在紫外线作用下可以把有机污物分解。后一种涂层对付油腻的手印等污渍最为有效。

2．新型幕墙结构——双层幕墙体系

以节能环保为目的，近年来幕墙行业在开发新型幕墙结构方面进行了很多有益探索，取得了一些成果。这其中双层幕墙技术尤其引人注意。

双层幕墙的结构形式是多种多样的。最简单的就是建筑物外墙上的挂板式幕墙，主要用来遮雨、遮阳以及防风等。这也称为开放式幕墙系统。复杂的如图 2 所示，在外界环境与工作生活空间之间形成了一个缓冲区域，为人们提供休憩、娱乐的空间。而我们关注的是如图 3 所示的双层幕墙体系。这是近年来国内外幕墙市场上出现的一种明显不同于传统幕墙的新型节能幕墙。这种幕墙又称为热通道幕墙、呼吸式幕墙、通风式幕墙等。国外也有称作主动式幕墙（Active Curtainwall）。这种幕墙采用双层幕墙结构体系，外层采用透过率大的单层透明玻璃幕墙，如点式幕墙等，内层一般为中空玻璃幕墙。在两层幕墙中间有一个一定宽度的空气通道，在通道的上下两端有进风和排风设施。通道的高度可以是一个或几个层高，也可以是整

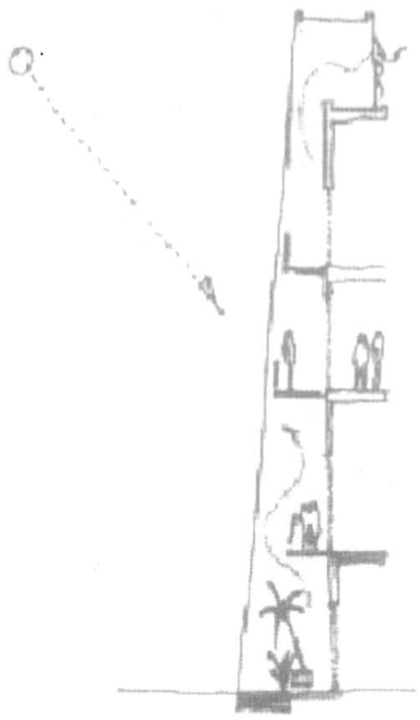

图 2　一种双层幕墙结构

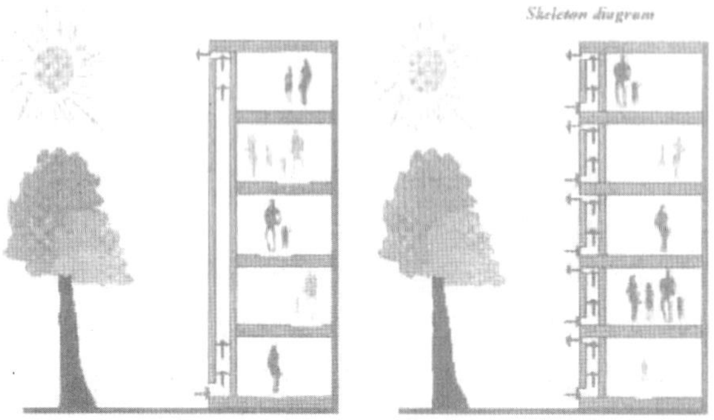

图 3　热通道幕墙

个建筑高度。这种幕墙的节能原理在于：冬天时关闭进风和排风口，内外两层幕墙中间的空气由于阳光的照射温度升高，像一个温室。这样等于提高了内侧幕墙的外表面温度，减少了室内热量的散失，从而可以降低建筑物采暖的运行费用。夏天内外两层幕墙之间的空气温度很高，这时打开空气通道上下两端的进排风口，由于热烟囱效应，产生气流，在通道内运动的气流带走通道内的热量，这样可以降低内侧幕墙的外表面温度，减弱了室外热量对室内的影响，从而减少了空调负荷。通过将外侧幕墙设计成封闭式，内侧幕墙设计成开启式，通过通道内上下两端进排风口的调节在通道内形成负压，利用室内两则幕墙的压差和开启扇就可以在建筑物内形成气流，进行通风换气。这样，通过对太阳辐射的有效利用，就可以显著的节省能源。有分析资料显示，这种双层玻璃幕墙与传统的单层玻璃幕墙相比，采暖时可以节约能源 42%～52%，制冷时可以节约能源 38%～60%。

该种幕墙在一些欧洲和美洲的现代建筑中得到应用。实践表明，这种幕墙的节能效果十分显著。但也存在一些问题值得关注：

A．由于通道的存在，不同房间之间的声音相互传递不可忽视。尤其在需要保密的时候。

B．房间内通气量不足的危险。

C．被污染的空气通过通道在不同房间内传播的危险。

D．外层幕墙的冷凝水现象。

E．防火安全隐患。

3．太阳能的合理利用

太阳能作为一种随处可见的能源，它的潜在利用价值可以说是无限的。据研究，地球上每平方米的土地上每年获得的太阳光能平均为 1000KW·h。于是，如何有效的把太阳能无污染的转化成可利用的能源，就成为近几十年来世界范围内科技工作者努力研究的重要课题。前面所提到的双层幕墙正是合理利用太阳能的一种尝试。目前幕墙领域成功利用太阳能的技术是太阳光变向照明技术（Daylight Redirection System）和光电幕墙技术。

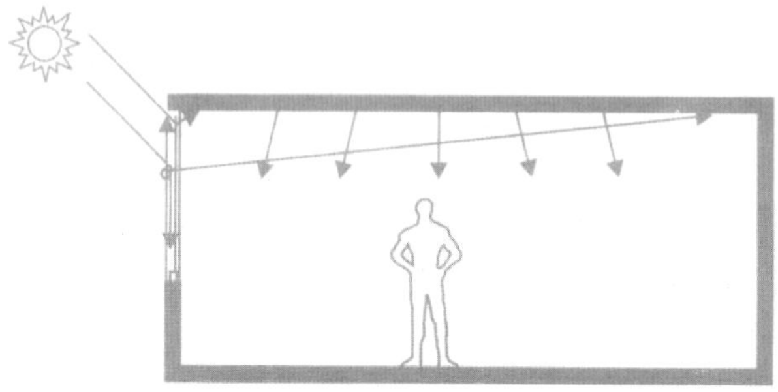

图 4　日光变向照明技术

Ⅰ 太阳光变向照明技术

该类技术的基本原理如图 4 所示。它取代了传统的遮阳机构，利用幕墙上的光线反射装置把室外的日光反射到室内的天花板上，再由天花板反射到工作或者生活区域，为人们提供照明。这样的光照条件比传统的以“光柱”形式进入室内的太阳光更为柔和、均匀，消除了由直接入射的强烈阳光在电脑或者电视屏幕上造成的眩光，并改善了日光在整个房间甚至建筑物的分布，可以深入到各个边角区域，减少照明费用。如果在建筑物外墙的高侧窗部位采用该项技术，即使在百页、窗帘等遮阳机构关闭的情况下，也可以利用外部的太阳光满足室内的照明需要。这样就可以节省大笔的人工照明费用，也缓解了由人工照明引起的空调负荷。

光线反射装置的形式也是多种多样的。可以是幕墙夹层中间的“棱镜”状透明百页或者凹面反射百页，也可以是安装在幕墙内侧或者外侧的反射百页。

Ⅱ 光电幕墙

光电幕墙是光伏建筑一体化（BIPV）技术在幕墙领域的成功运用。目前太阳能发电技术民用推广已经成为各发达国家竞相优先支持的政府项目，如美国的百万阳光屋顶规划（Million Solar Roofs Implementation Plan）、日本的阳光工

程（Sunshine Project）和新阳光计划（New Sunshine Program）等，而我国政府也推出了"中国光明工程项目"，在适合地区大力普及太阳能发电技术。

光电幕墙是一种集发电、隔音、隔热、安全、装饰功能于一身的新型建筑幕墙。这种幕墙集合了太阳能光电技术与幕墙技术，是一种新型的功能性建筑幕墙。它利用太阳能发电技术，把以前被当作有害因素而屏蔽掉的太阳光，转化为能被人们利用的电能。这种电能是一种净能源，发电过程中不消耗宝贵的自然能源，也无废气，无噪音，不会污染环境。光电幕墙另外的重大意义还体现在它把太阳能发电技术集成到建筑幕墙产品中，不占用专门的土地，而且太阳能光电板也可以替代传统的玻璃等幕墙面板材料，无需重复投资。太阳能光电板优美的外观，具有特殊的装饰效果，更赋予建筑物鲜明的现代科技色彩。

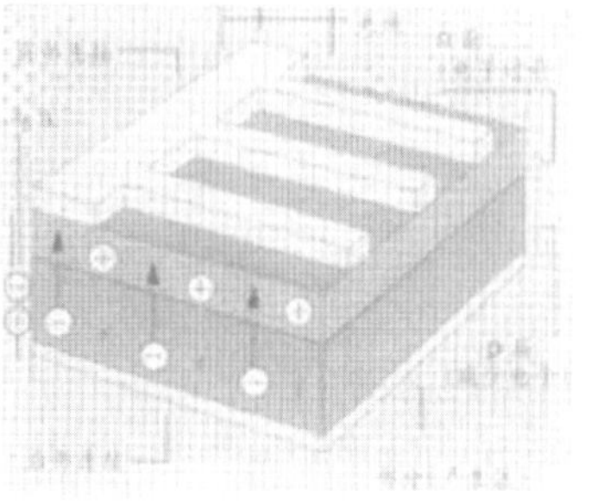

图5　光电效应原理图

光电幕墙的关键是光电池技术。太阳能光电池是利用太阳光的光子能量，使得被照射的电解液或者半导体材料的电子移动，从而产生电压。这称为光电（或者光伏）效应（图5）。

目前工业化生产的太阳能电池以硅系列为主，主要有单晶硅电池、多晶硅电池和非晶硅电池。这其中，单晶硅电池的光电转换效率最高，可达25%左右，多晶硅电池次之，非晶硅电池的光电转换效率最低。多个太阳能光电池经加固处理，镶嵌入特殊的透明度极高的玻璃中，彼此之间经过其背面的导线相连，从而构成了一个整体的光电板（图6）。

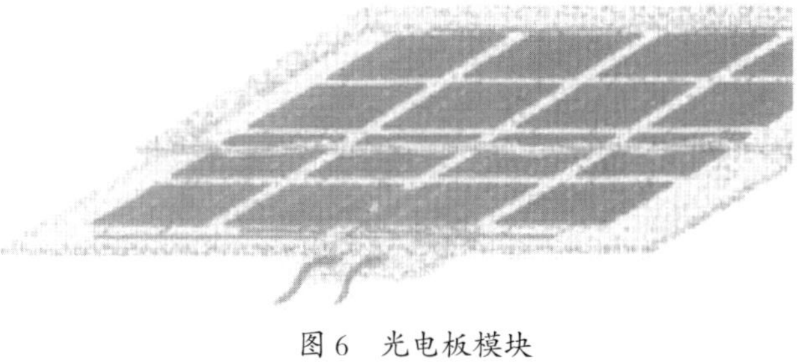

图6　光电板模块

多个光电板经过特殊设计的支撑结构拼装在一起，组成了连续的光电幕墙表面。这种光电幕墙在太阳照射下产生的是直流电。所有的光电板产生的电能，通过多极集电、整流、变压等过程，转化成可供使用的交流电，送入供电网络（图7）。

目前相对昂贵的建设成本限制了光电幕墙的推广应用。随着技术的不断提高和工艺的不断改进，光电池的性能必将

图7　光电幕墙

大幅度的增强，光电幕墙的单位面积成本也必将进一步下降，届时，光电幕墙将得到大范围的应用，充分发挥其环保节能的巨大作用。

四、节能环保幕墙技术发展展望

科技发展永无止境，随着人们对人类社会可持续发展问题重视程度的不断提高，各种现有的节能环保幕墙技术将不断完善、成熟，新的节能环保幕墙技术将不断涌现。在可预期的未来，智能幕墙技术将成为现实。

进入新世纪以来，随着智能建筑设计思想的逐渐风行，智能幕墙的概念也出现在越来越多的文献中。借助高度发达的计算机技术、控制技术、信息技术等高科技成果，玻璃幕墙的智能化日益成为新的研究发展方向。一般来讲，智能幕墙系统应该包括以下几个部分：玻璃幕墙系统、通风系统、空调系统、环境监测系统、智能化自动控制系统、机械执行系统等。它应该与整个建筑物的空调、通风、照明、消防、安全、楼宇自动化等系统紧密相连，可以根据外界自然条件变化发挥自动调节功能，高效的利用能源，为人们创造更加舒适的室内环境。所以，尽管智能幕墙尚处在发展的初期阶段，技术远说不上完善，还需要巨大的人力、财力投资，但由于其在建筑节能和环境舒适等方面具有无穷魅力，它还是吸引着越来越多的人士投入研究。智能幕墙的设计构思、内容组成和使用过程等均不同于传统的幕墙体系，成为了一种跨学科、跨专业的多功能协调合作系统。这对幕墙设计师和幕墙工程师提出了新的挑战。

五、结　论

建筑幕墙技术与时俱进，"开放与交流、舒适与自然、环保与节能"的建筑原则促使各种新的幕墙节能环保技术不断出现。跟踪国际前沿方向，开展各种高性能的新型节能、环保、智能化幕墙的研制、开发工作，技术建筑幕墙行业的科学技术水平，对于提高人们生活质量，推动社会进步，实现可持续发展，具有巨大的意义。

无孔驳接式玻璃幕墙驳接件的特点及应用

白宝鲲　赵　波

一、前　言

近年来，由于点支式玻璃幕墙极佳的通透性和艺术性等优点，得到了建筑师及业主的青睐，使其在建筑中得到广泛应用。点支式玻璃幕墙配件的设计、选用及工程造价越来越多的受到了幕墙公司的重视。点支式玻璃幕墙的驳接方式按照所固定的玻璃是否开孔可分为开孔式（图 1）与无孔式（见图 2）两种。

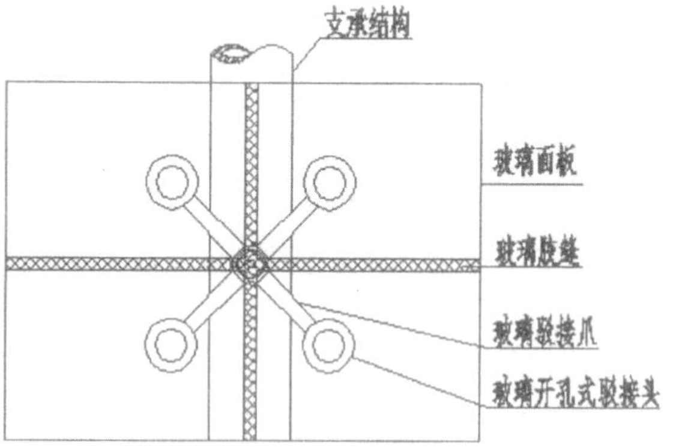

图 1

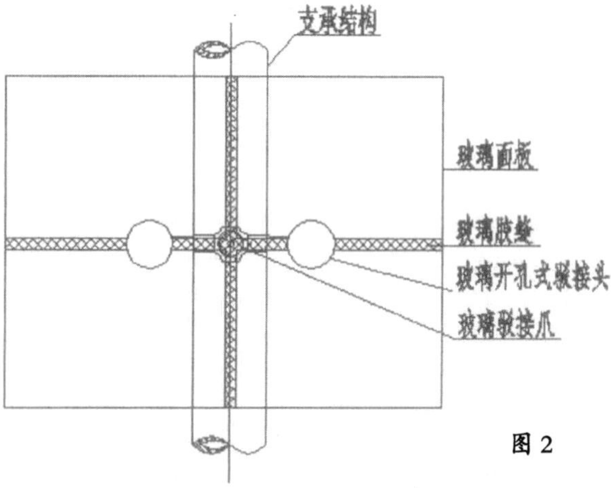

图 2

开孔式目前应用较多，大家也较熟知，下面我们对无孔式玻璃驳接件的特点及应用等问题作一简单介绍。

二、孔驳接件的形式

无孔驳接式玻璃幕墙体系，最早是英国皮尔金顿公司在 20 世纪 60 年代发明的皮尔金顿平式体系。经过近半个世纪的发展，现在，各式各样的无孔驳接式玻璃幕墙在世界各地得到了广泛应用。与开孔驳接相比，无孔式驳接形式最主要特点是玻璃无需开孔，固定件通过玻璃与玻璃间的缝夹持住玻璃面板，玻璃面板与固定件之间放置有柔性垫片，使玻璃板块在受力状态弯曲变形时，能够有一定的位移，从而避免在玻璃的固定点处产生较大的弯曲应力。由于玻璃面板不用开孔，其优点就比较明显了。

三、孔驳接式玻璃幕墙的优点

1. 成本低。开孔式玻璃板块在开孔时，必须采用先进的工艺与设备，玻璃加工成本较高。若采用无孔固定玻璃，省去了玻璃开孔的工序；特别是中空玻璃，还省去了孔部密封。这样，玻璃的加工成本得到有效的降低；另外无孔玻璃驳接件与开孔式相比也相对便宜一些。

2. 工艺简单。开孔式玻璃板块在开孔时，玻璃孔的孔位允许误差，会导致夹胶玻璃、中空玻璃合成时产生孔同轴度误差（叠差），中空玻璃还需要进行开孔部位的特殊密封处理。这样，整个工序就比较复杂。若采用无孔固定玻璃，省去了很多工序，缩短了加工周期。

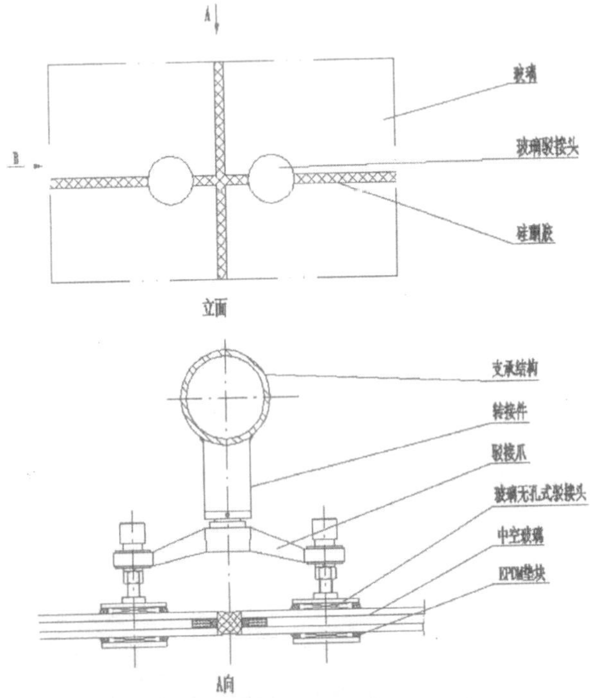

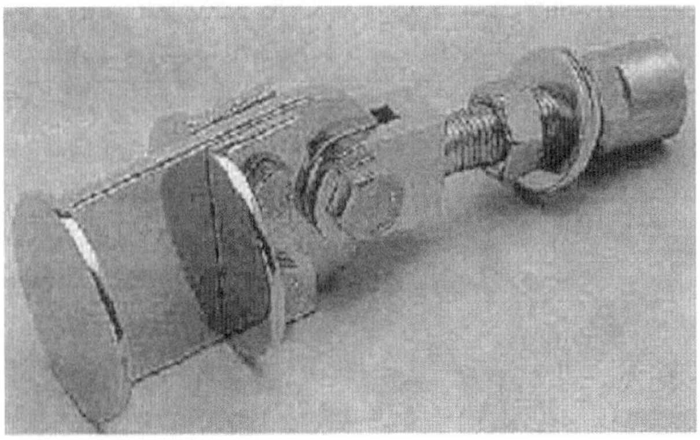

玻璃无孔式驳接头（J01）

3. 可以避免由于开孔缺陷而导致的玻璃破裂。玻璃脆性很大，断裂韧性低，也不具备新分布荷载和吸收冲击能量的能力，因此玻璃对应力集中很敏感。玻璃在钻孔时，即使工艺再好，也会有缺陷存在，而点支式玻璃孔位的受力已经相当复杂，是整块玻璃的薄弱环节。因此在承载情况下，有缺陷的玻璃一旦超过其临界应力玻璃就会碎裂。

4. 可以避免中空玻璃因孔部密封不好而造成的漏气。中空玻璃保温性能与隔声性能比较好，中空玻璃开孔后孔边需要密封以防止漏气，但目前仍无专用的中空玻璃驳接孔涂胶设备，必须手工操作除效率低之外，密封质量也不易保证。如发生漏气，就会导致中空玻璃的中间层结水雾。国内外点支式中空玻璃漏气的现象时有发生，是一件令人头痛的事。如果采用无孔式驳接方式，此类现象就会大为减少。

四、无孔驳接式玻璃幕墙的安装形式及其特点

无孔驳接式玻璃幕墙根据驳接件安装的位置和驳接件的类型大致可分为三种：一是对边夹持式（图3）；二是四边夹持式（图4、图5）；三是四角夹持式（见图6、图7、图8）。

1. 对边夹持式。是指驳接件安装在两对边的胶缝中，夹持住相邻的两片玻璃边，上下每个边用两个驳接件。此种方式的特点是所用配件数量较少，结构较简单，其缺点是允许使用的玻璃尺寸相对较小，驳接件的承载力要求较高(见图3)。

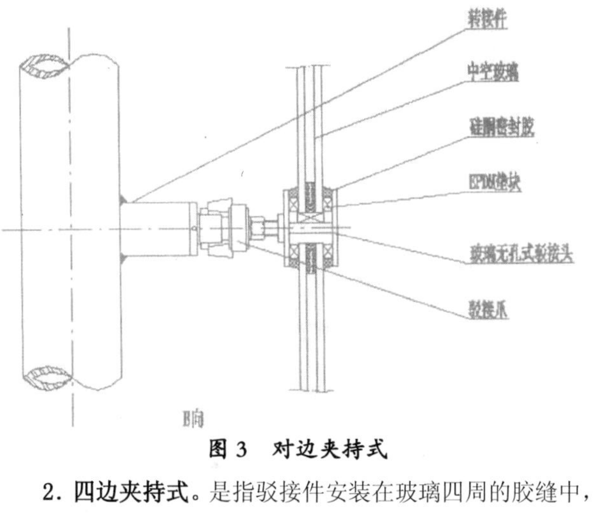

图3　对边夹持式

2. 四边夹持式。是指驳接件安装在玻璃四周的胶缝中，夹持住相邻的两片玻璃边，每个边用两个驳接件。此种方式的特点是允许使用的玻璃板块较大一些，由于所用的驳接头数量较前一种多，因此造价也较前一种高(图4、图5)。

3. 四角夹持式。是指驳接件安装在玻璃板块四个角相交的胶缝中，夹持住四块（或更多）的玻璃角，在每个交汇点均有一个驳接件。通常可以将驳接爪省掉，但缺点是外形比较大。目前此种方法在工程中应用的较多，如广州会展中心及哈尔滨国际会展中心（图6、图7、图8）。

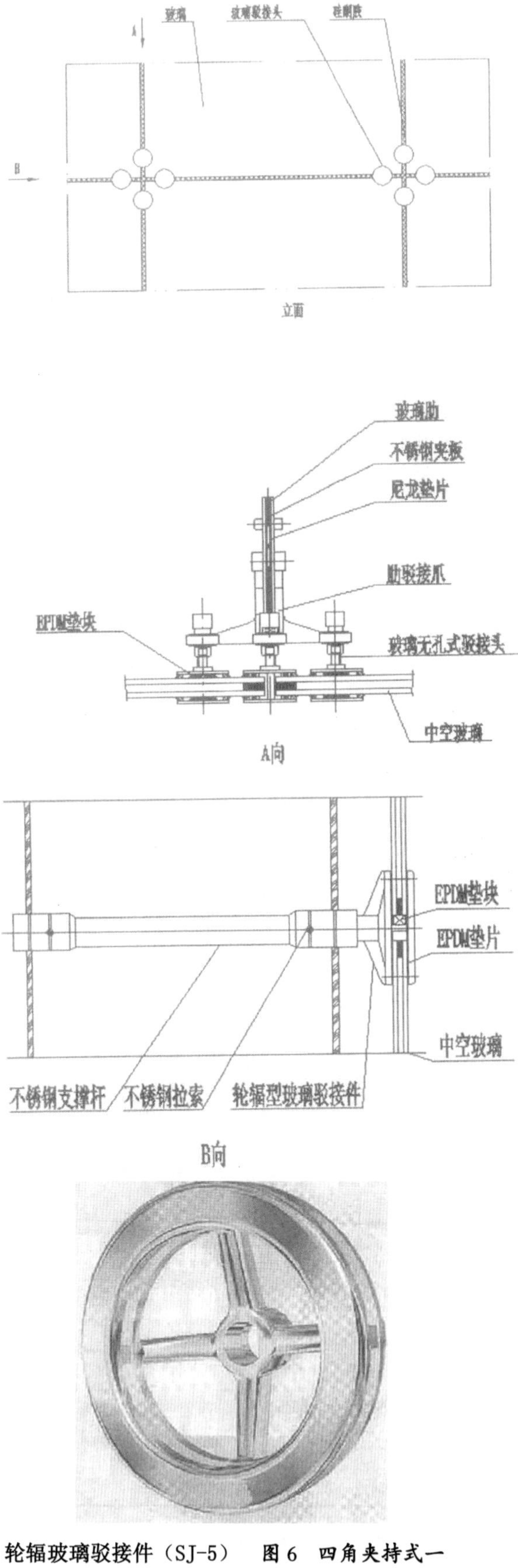

轮辐玻璃驳接件（SJ-5）　图6　四角夹持式一

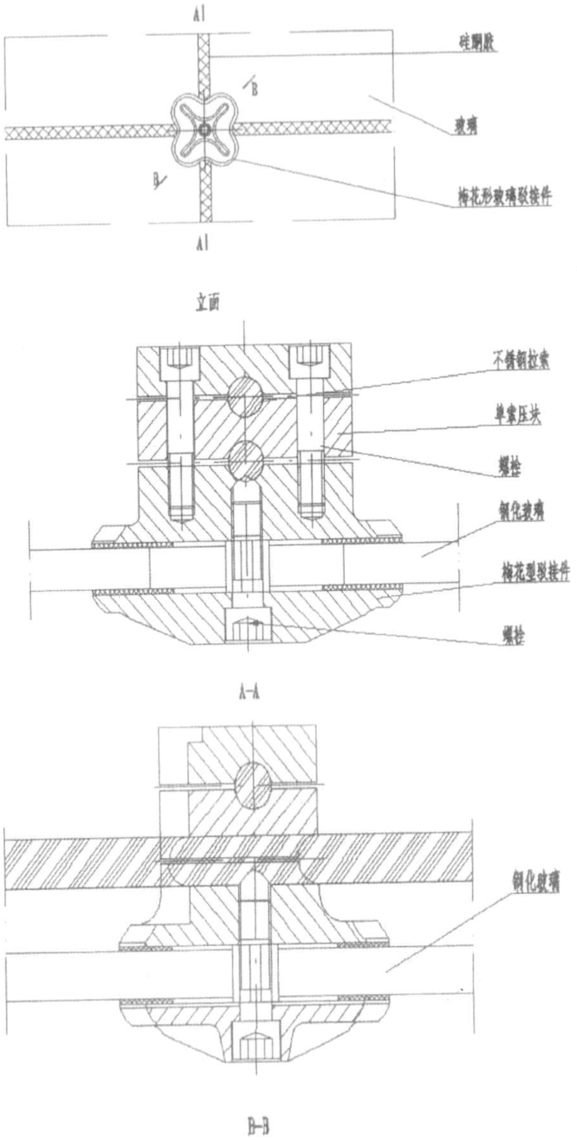

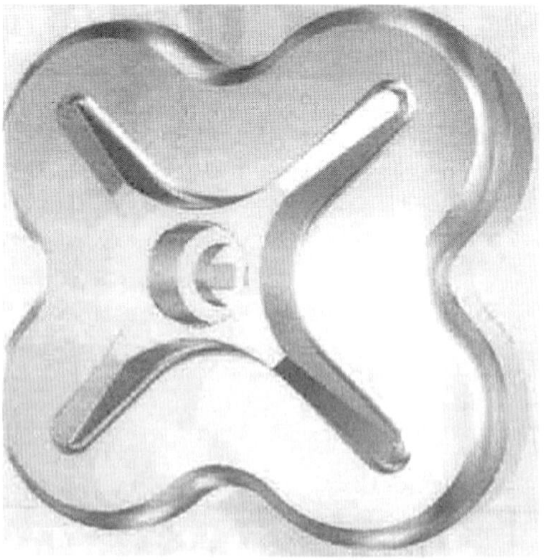

梅花形玻璃驳接件（SJ-3）

图 7　四角夹持式二

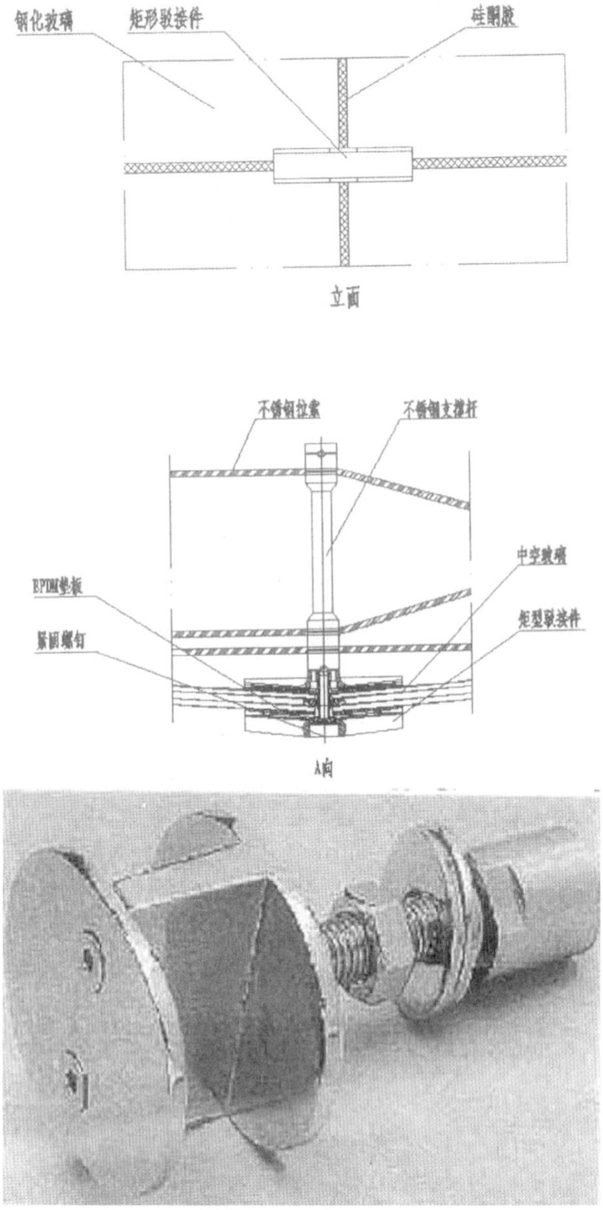

玻璃无孔式驳接头（J02）

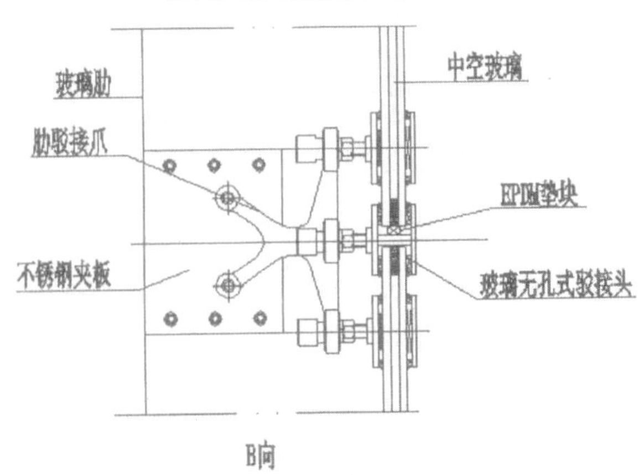

图 4　四边夹持式一

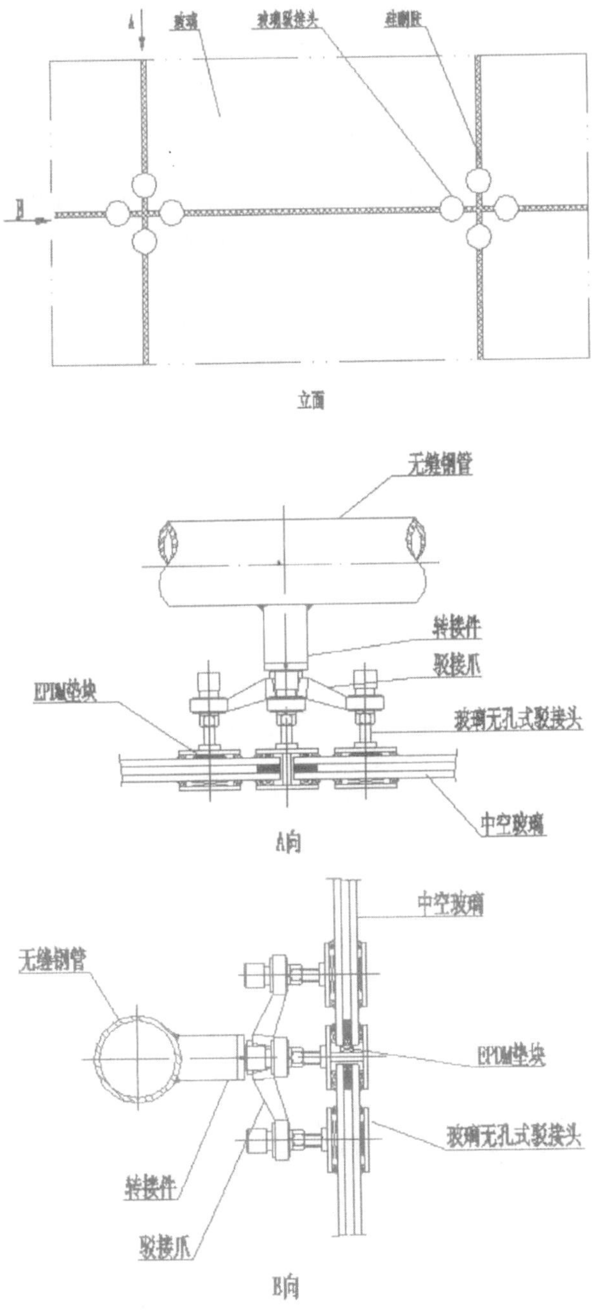

图5　四边夹持式二

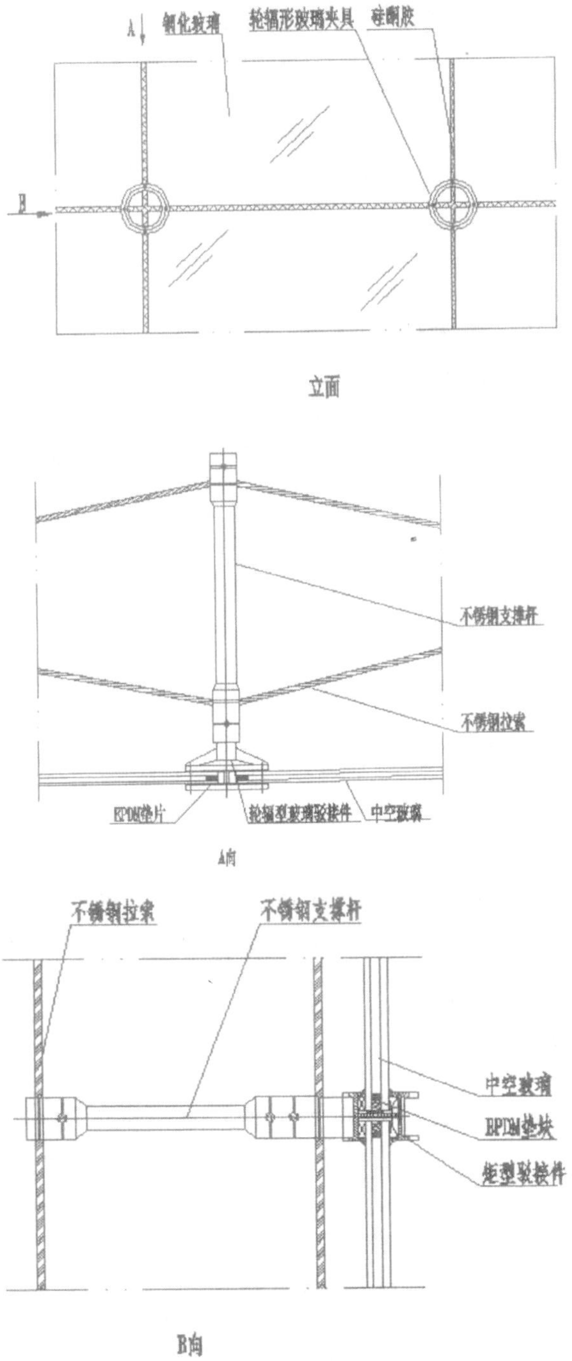

五、无孔式玻璃驳接件的缺点

无孔式驳接头一般没有球铰装置，玻璃板在较大的风荷载作用下弯曲时，就会在玻璃的夹持区域产生较大的弯曲应力，虽然可以通过在驳接件与玻璃之间旋置柔性垫片来改善其受力，但性能上仍不如球铰式驳接头。

要注意的是，由于玻璃的自重是依靠玻璃下边的驳接头托住的，是一个压弯板。开孔式点支玻璃板块一般都是上边两个孔承受自重，是一个拉弯板。在受力上压弯板不如拉弯板，因此，在相同条件下，采用无孔式玻璃驳接件安装的玻璃规格相对较小。

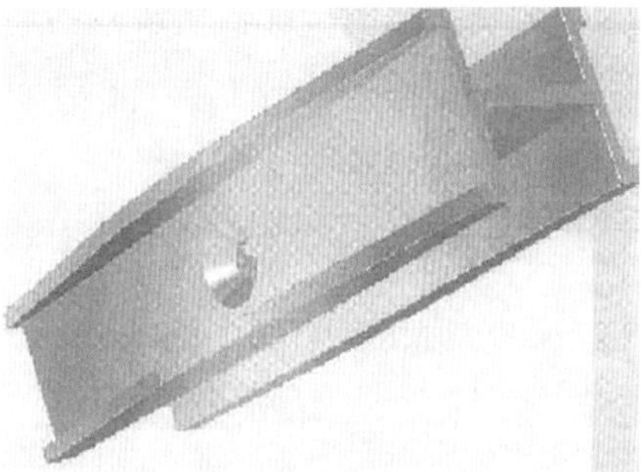

图8　四角夹持式三

图 9

另外，对玻璃的承载能力起控制因素的还有夹持点距玻璃边的距离及夹持的宽度及深度，设计时应注意。在受力计算时，应注意其最薄弱的受力部位是夹持点区域，而非大面。在目前的应用中，采用单层玻璃时，推荐采用开孔的球铰式驳接件为宜；中空玻璃推荐采用无孔式驳接件为佳。

无孔式玻璃驳接是靠夹持来固定玻璃的，因此，驳接头总是突出玻璃表面，外观的设计直接影响到整个建筑的效果。因此就要求这种驳接件在满足受力的情况下，尽量设计的新颖一些、美观一些。考究新颖的外观设计不仅不会破坏建筑的整体效果，反而能够增强其美感（图 9，图 10）。

六、无孔式玻璃驳接件安装操作

此时人员所在的位置可分为外装法和内装法（图 10）。

外装法是指可以在室外侧来安装固定玻璃，此种驳接件主要用于室内没有足够安装操作空间的地方，如实体墙部

图 10

位。内装法是指在室内侧能够进行驳接件安装，目前此种方法使用较多。

七、无孔式玻璃驳接件节能功能

按照节能功能可以分为隔热式与非隔热式。隔热式是在非隔热式的基础上，增加了一个断热断桥，在北方寒冷的冬天不会因为室内外较大的温差而导致驳接头及其相连的连接件结露；另外，在能源日益紧张的今天，大家对建筑节能越来越重视，并形成了世界性潮流。此种驳接头也能减少很多热量通过驳接头传至室外。

八、结束语

本文提出的无孔驳接式玻璃幕墙，在中空玻璃的应用方向优点是比较明显的，所以用中空玻璃的点支式幕墙,我们推荐用此种工艺。开孔驳接式玻璃幕墙在国内已使用的比较广泛了，无孔驳接式玻璃幕墙国内使用的还不多。

我们想通过此文，使人们对这种体系有更多的了解，点支式玻璃幕墙与传统的幕墙相比，其魅力就在于丰富多彩的形式与结构，所以无孔驳接式玻璃幕墙在国内一定会有很好的发展前景。

幕墙常见质量问题及防治

济南市历下区质监站　**宋志强**　　曲阜市财政局　**王　晶**

在我国，随着国民经济的迅猛发展，高层建筑及超高层建筑像雨后春笋一样拔地而起，幕墙作为优化建筑设计的重要手段，丰富了建筑物的立面造型，越来越多地用于建筑物外墙装饰。然而，在幕墙工程被大量采用的同时，也存在着一些质量问题，特别是旧楼改造，非报检工程中尤为突出，影响了工程质量，形成了质量隐患。

一、支座结点三维微调设计

1. 质量问题：支座结点不考虑三维方向的微调位置，有的采用二维甚至是一维，使安装过程中主梁无法调整，满足不了规范要求。

2. 产生原因：设计中未考虑此项要求，有的工程无证设计。

3. 防治措施：幕墙设计应由具有专项设计资质的设计单位进行设计，在设计支座时，应充分考虑建筑物允许的最大偏差数据；参照国家有关规范，三维调节尺寸按照水平调整在±20mm，进出位调整在±50mm，中心位置偏差±30mm而进行设计，转接件依据设计尺寸螺栓孔做成长孔；以满足幕墙的施工要求，因主体变动一般不大可能，只有在幕墙设计中的三维调整来满足工作的要求。

二、后置埋件安装

1. 质量问题：后置埋件用膨胀螺栓锚固，留下松动隐患。

2. 产生原因：特别是旧楼改造工程中，认为用膨胀螺栓是固定埋件的最好办法，省工、省料、造价低。

3. 防治措施：由于幕墙所受的风荷载是动荷载；在动荷载的作用下，幕墙和埋件在水平方面发生位移，可能造成膨胀螺栓的松动，给幕墙的结构安全带来隐患，在施工过程中，应采用化学药栓或者是用结构胶植埋螺栓的办法，使螺栓与混凝土结构形成整体，不会因受动荷载的作用而松动，并且螺栓应做抗拔力试验，抗拔力应满足设计要求。

三、幕墙防雷

1. 质量问题：

① 幕墙防雷措施不完善，均压件及均压环与建筑防雷网的连接引下线布置间距过大。

② 均压件及均压环楼层的幕墙竖框间未导通，未设均压环楼层的幕墙竖框与固定在均压环楼层的竖框间未连通；位于均压环处竖框上的横梁与竖框间未连通。

③ 均压件及引下线的焊接方法不对。

2. 产生原因：

① 未按建筑物防雷设计规范布置防雷设施。

② 竖框与钢支座之间的防腐垫片，横梁两端的弹性橡胶垫的绝缘作用，使上、下框之间通过芯套相接连通不畅。

③ 导电材料横截面积不够大，若所用材料未经两面处理年久腐蚀，减少了对电流的传导面积。

④ 防雷装置与钢材之间焊接时没采用对面焊的方式或搭接长度不够。

3. 防治措施：

① 幕墙防雷框架的装置，距地 30m 以上建筑部分，每隔三层设置一圈均压环，均压环每隔 15～18m 和建筑物防雷网接通。30m 以下部分每隔 3～5m 与建筑物防雷系统引下线接通；幕墙顶部女儿墙的盖板应置于避雷带保护角之下或者设计成直接受雷击的闪接器，每隔 12～18m 与建筑物防雷网连接。

② 采用旁路导通的方法来连接，设均压层的竖框和预埋件钢件，以及未设均压环层的竖框和设均压层的立柱，同时设均压件处的竖框上的横梁、两端不装弹性橡胶垫，来增加连接的可靠性。

③ 防雷材料应符合规范，圆钢直径、扁钢厚度、截面积均应符合规范要求，尽量采用热镀锌件。④防雷装置焊接时，焊缝的搭接长度：圆钢不少于 6d，扁钢不少于宽度的 2 倍。

⑤ 防雷设计中必须形成有效接地网络，即建筑物防雷接地装置和各层幕墙防雷接地装置的完整性和两者连接的可靠性。

四、结构胶试验

1. 质量问题：未在施工前进行结构胶相溶性试验和粘结强度试验。

2. 产生原因：质量意识薄弱工序控制失效。

3. 防治措施：加强质量意识教育，制定和完善工序控制制度和有关的管制措施，有效地实施工序管制。

在几个工程的施工中，采用以上措施有效地控制了幕墙的工程质量，保证了幕墙结构的安全，取得了较好的效果。

花岗岩板材在建筑装饰施工上的通病及防治

山东省泰安市建筑工程质量监督站　**张恒飚**

近来，随着我国建筑业的发展，花岗岩板材在建筑装饰的应用越来越广泛，但在应用中出现了许多问题，这些问题破坏了花岗岩的实际装饰效果，使得建设方虽然花费了大量资金，却达不到预期的装饰目的，本文拟从材料和工艺等方面提出一些粗浅看法供大家参考。

1. 花岗岩板材在施工中易出现的通病

(1)板材之间色差大、色胆色斑多、观感差。

(2)板材接缝高低差超过规范要求，肉眼观察和脚感效果不好。

(3)板材与地面之间的空鼓率高，超过规范要求。

2. 通病产生的原因

2.1 色差大、色胆、色斑多的原因

(1)石材自身的原因。由于花岗岩矿石岩体小，分散在矿山的许多部位，数万平方米的板材需要相当多的矿石荒料，这些荒料开采后加工制成的板材的色调也就深浅不一，就算是同一矿石因成岩过程以及与自然界接触的时间程度不同也会产生色差。一般是央体外围偏浅，岩心偏深色，大概可分成九个色段。一旦色段相距较远的板板铺贴在一起，视觉马上感觉到乱，并且色胆、色斑多给人有不纯、不净被污染的感觉。

(2)施工的原因。由于施工中随意铺贴，未把色差较大的板材加以区分，就相邻铺在一起，甚至将色斑、色担点位及面积超过标准的板材也铺上。这样就在颜色上形成一块深一块浅，对比强烈，颜色过度无规律。

2.2 接缝高低差的原因

(1)加工因素。天然花岗岩是一种脆性材料，但是一定的压力和变形条下，会呈现出弹性，符合虎克定律 E=ΣE。

板材在磨光加工时，由于在充分吸水及磨头压力作用下板材符合要求，但当磨头压力消失，板材处于自然空气中，它会因弹性变形及水分蒸发后干燥变形，从而使板材平面发生变形翘曲，而且每一块板材的翘曲度不同，翘曲的集团也不同，一旦把这些板材密封拼铺在一起，就会产生拼缝高低差及表面不平整。

(2)堆放条件。在搬运及堆放过程中，堆放方法和位置不合适，堆放在露天受到太阳暴晒、风吹和雨淋，而产生翘度过大，短时间内翘曲变形无法释放消除，一旦马上铺贴，会产生接缝高低差，表面平整不符合要求。

(3)板材未经验收检查就随便铺贴，甚至平整超标的板材也铺上了。

(4)板材铺贴不久，水泥砂浆强度还很低时，就有人在板材上行走、踩踏，使板材产生不均匀下沉。

(5)铺贴板材时，未按规定控制平整度及高低差。

2.3 产生空鼓度大的原因

(1)地面基层未清扫干净，导致水泥砂浆与地面基层粘结不牢。

(2)干硬基层砂浆未压实，或压实不均匀，特别是每块板的边绝砂浆未受约束，比较松散，不容易与板材粘结，使板边出现空鼓的较多。

(3)板材铺放及锤击方法正确，板材未同时平放着落在砂浆上，而是局部(某边或某角)先接触砂浆，先接触部位的砂心被挤压在附近，形成厚薄不匀，在挤压处产生空鼓。另一方面，锤击不均匀，在边缘多敲处粘结层就会脱开，产生空鼓。

(4)养护方法不正确，通过试验发现，洒水养护时，水会沿板缝流淌到板下，将粘结层中的水泥将冲刷掉，残留的水泥沉到底层，板与砂浆层的结合力削弱，产生空鼓。

3. 防治通病的方法措施

(1)加强石材加工厂的管理，确保板材厚度平整均匀，符合规范要求。板材出厂时，严把质量关，同时根据色差均匀地把产品分成若干色段，按顺序做上记号。

(2)板材必须按规定堆放在阴凉处，所处的环境温度湿度不得产生急剧变化，严禁露天堆放在太阳下。板材不能水平迭放，只能垂直方向一块靠一块(块之间有软垫片)并用强度足够的包装保护。

(3)对管理人员和施工人员进行严格挑选，并统一进行技术交底和培训。

(4)组织专门的质量验收小组，对进入工地的板材进行严格验收，把板材从色差方面分成三个色级进行编号。优等品、一级品、合格。根据工程的各个区域的重要程度，进行分区使用。

(5)板材施工前都必须进行试铺。在同一色段内再进行色差小调整，使之均匀，顺接、把高低差大、色斑、色胆，超标的板材进行调整。

(6)采用双人吸盘的方法：使板材能平面同时铺放在砂浆上，均匀着落，避免砂浆局部被挤压，产生空鼓。

(7)用橡皮锤敲击板材时，应该用方形长条软木垫在板材上，锤击垫木时，锤击点应均匀、分散、力度适度。

(8)在铺干硬性砂浆层之前，应对地面基层进行清理并刷一层素水泥浆，也可以适当使用粘结剂，减少空鼓。

(9)加强成品养护和保护，板材一铺完，并自检合格后，用覆盖塑料膜等养护，既防止明水流入板缝底，又在早期防止水分蒸发，加快砂浆强度发展，降低早期变形，7日内严禁上人走动。

石材干挂幕墙结构

沈阳远大铝业工程有限公司　**常　立　高长明**

随着建筑业的发展，建筑装饰材料可谓百花齐放，争奇斗艳。石材以其自然、厚重、华贵等独特的优势，使当今越来越多的建筑或端庄或华贵或纯朴自然或富丽堂煌，无不产生震撼人心灵的端庄气势，斑斓的色彩，抽象中蕴含大自然的无穷变化，或含蓄或浪漫。因此，石材被广泛应用于建筑外墙，室内外地面、墙面等。

幕墙所使用的石材主要为天然花岗石。天然花岗石是以硅酸盐矿物为主的火成岩，因其形成温度高，各种矿物晶体结合紧密，质地坚硬，耐酸、碱、盐等腐蚀，化学性能好，但因其中含有石英，硬度较高。主要用于室内外的地面、踏步、柱面、墙面、勒脚等处。花岗岩还具有良好的装饰功能，它色调鲜明、庄重大方，许多有名的建筑都选用了花岗岩，花岗岩根据饰面处理方式不同，可分成磨光花岗岩、火烧花岗岩及机刨石等。经过研磨抛光的花岗岩为镜面花岗岩，在现代建筑中使用，熠熠生辉，顿生富丽堂煌之感，火烧石则古朴、自然。

一、干挂石材幕墙的典型结构

花岗石在外墙中的应用越来越普通，由于湿贴法(又称灌浆法)固有的缺陷，干挂式花岗石幕墙已被业主及建筑师广泛接受，近几年随着幕墙技术的发展及幕墙技术规范的完善，干挂石材工艺已日趋完善，目前大约有以下几种典型的结构：

1. 钢销式结构。钢销式干挂法又称为插针法，是石材干挂技术的第一代产品，最早从日本传入我国，是干挂石材工艺中最早的做法，也是最简洁的做法。它是在石材的端面钻孔，用钢销与托板固定石材，可分为两侧和四侧连接下来，其结构特点是相邻两块石材面板固定在同一支钢销上，钢销固定在托板上，托板与骨架固定，此结构简单，但石材板面局部受力，易产生挤压应力(应力集中)，板块抗变形能力不好，板块破损后不宜更换，适用于高度 20m 以下的低层建筑上应用。

2．半圆槽结构。此结构属于干挂技术第二代产品，它是在石板的上下端面铣或半圆槽口，将相邻两块石材、面材共同固定在 T 型型材上，T 型型材可以是铝合金，也可以是不锈钢，此结构受力较销钉合理，较易吸收变形。T 型型材再与骨架固定，但板块破损后不宜更换。

3．通长槽结构。此结构与半圆槽结构相近，是在石材上下端面开放通长槽口，采用通长铝合金卡条固定，其特点是受力合理，可靠性高，板块抗变形能力强，板块破损后可实现更换，适用于高层建筑，尤其在单元式石材幕墙中，多采用这种做法。

4．小单元式结构。是短槽式石材幕墙的一种形式，石材面板通过铝合金挂钩与骨架相连，相邻石材面板均是独立与骨架相连，不再是共同连接，每个石材板块均是独立的，板块破损后能独立更换破损石材板块，其抗变形能力和抗震性能较半圆槽结构有所提高。

5．背栓式结构。背栓式干挂法是在石材面板的背面采用专用钻孔设备在石材上钻孔，然后安装无应力螺栓固定在石材背面，再通过铝合金挂钩与骨架相连。此结构属于石材干挂技术第三代产品，是目前世界上较先进技术，其特点是实现石材的无应力加工，石材连接强度高，节省强度值 30%左右(与短槽式相比)，板块可单独拆装，维护方便。

二、各种干挂结构优缺点分析

干挂石材幕墙工艺做好各种多样，但在设计时应针对具体的工程特点，认真对待，合理选型，才能满足规范要求，科学先进，经济合理，下面对各种不同结构形式的技术性能从经济指标进行概括比较分析（表 1）：

花岗岩板块五种结构的性能比较　　表 1

比较项目	钢销式	短槽式	通槽式	背栓式	小单元式	备　注
花岗岩板块抗弯强度	弯曲跨度较大，弯矩也较大，抗弯强度较小	弯曲跨度较大，弯矩也较大，抗弯强度较小	弯曲跨度较大，弯矩也较大，抗弯强度较小	减小了花岗岩板块的受弯跨度，弯矩减小，抗弯强度最高	弯曲跨度较大，弯矩也较大，抗弯强度较小	板块的两个尺寸都较大时，由抗弯强度控制
花岗岩板块的抗剪强度	抗剪面积最小，抗剪强度也较大	抗剪面积最大，抗剪强度最大	抗剪面积最大，抗剪强度最大	抗剪面积最小，抗剪强度较小	抗剪面积最大，抗剪强度最大	板块的两个尺寸中有一个较小时，由抗剪强度控制
连接件的强度	强度足够	强度足够	强度足够	强度足够	强度足够	
抗震性能	较好	较好	较好	采用挂接，板块可会滑动	较好	
用钢量	较小	较小	较小	每块板块需要二支横梁，用钢量较大	较大	
连接件的投资	较小	较大	较大	最大	较大	
安装质量	平整度较好	平整度较好	平整度较差	平整度较差	平整度好	短槽式安装调整比较容易
投资比较	较小	较大	较大	最大		
板块更换容易程度	不易	不易	易	易	易	
经济性	最低	成本低	成本较高	最高	较高	
适用范围	2mm 以下 6°、7°抗震幕墙石材板块不宜于 1 m²	8° 抗震以下 100m 高度以下，板块不宜大于 1.5 m²				

三、石材胶缝处理

石材胶缝通常分干法和湿法施工两种。

1．干法施工。即是石材面板之间缝隙为敞开式，不打胶，在石材幕墙的后面单独做一层防水保护层。干法施工可以避免密封胶对石材的污染，使幕墙表面干净，而且板块的间隙均匀、整齐、有一种装配的美感。

2．湿法施工。即是在石材面板之间的缝隙处打耐候密封胶，起到密封作用，胶缝施工可以有平胶缝和深胶缝(退缝打胶)，下面对三种胶缝系统进行对比分析（表 2 ）。

花岗岩幕墙三种密封系统的性能比较 表 2

比较项目	平缝打胶系统	退缝打胶系统	开缝系统	备 注
建筑效果	胶缝使花岗岩板块显得分格小，与磁砖的建筑效果相近	几乎看不到胶缝，特别是远处的大效果很象石山	几乎看不到缝，特别是远处的大效果很象石山	
硅油污染	必须根据花岗岩的无污染试验选择密封胶，否则会产生硅油污染	必须根据花岗岩的无污染试验选择密封胶，否则会产生硅油污染	不用硅胶，不会产生硅油污染	
积灰污染	硅胶容易积水，污染比较严重	硅胶的积灰在深槽中，污染不明显	槽口的积灰较少，污染不明显	
密封性能	采用密封性能最好的现场湿密封，密封性能较好	采用密封性能较好的现场湿密封，密封性能较好	只能在主体结构上密封，受骨架连接支座的影响，密封性能较差	开缝会在花岗岩板块与主体结构之间的空隙积聚大量的灰沙，不适合风沙比较严重的西北地区
防虫性能	接缝采用全密封，虫子不会进入幕墙内部	接缝采用全密封，虫子不会进入幕墙内部	开缝可能会引来蜘蛛、蝙蝠及蟋蟀等虫子，特别是幕墙有很多横梁及水平防火隔断	
投资额度	采用常规密封、保温及防火措施，投资较低	采用常规密封，保温及防火措施，投资较低	必须采用防水的保温及防火措施，投资较高	

四、石材挂件的选择

常见的石材挂件有以下几种形式：

钢销式、背栓式、蝴蝶式、“T”型挂件、“L”型挂件，挂件的材质分为不锈钢和铝合金两种。蝴蝶式又叫两头翻，材质为不锈钢；“T 型挂件”又称插板式，有不锈钢和铝合金两种材质，应用广泛；背栓式有国产和进口两种产品，材质为不锈钢；L 型挂件是 T 型挂件的变种，材质也有铝合金和不锈钢两种。

由于短槽式石材幕墙应用比较普遍，所以下表对短槽式石材幕墙挂件进行对比分析（表 3）。

花岗岩板块三种挂件的性能比较 表 3

比较项目	“L”型挂件	“蝶”型挂件	“T”型挂件	备 注
板块可拆换性	板块的挂件独立，可拆换性较好	相邻板块共用一个挂件，可拆换性较差	相邻板块共用一个挂件，可拆换性较差	
安装质量	可以根据板块的加工精度单独调整，安装精度较高	后装板块的精度依赖已装板块的精度，安装误差会积累，安装精度较差	后装板块的精度依赖已装板块的精度，安装误差会积累，安装精度较差	T 型挂件在较小的板块上，多安装位置限制
抗震性能	板块及挂件独立，可以承受较大的层间变形	板块通过挂件相连，随层间变形的能力较小	板块通过挂件相连，承受层间变形的能力较小	
板块的抗风强度	较好	较好	较好	
挂件的强度	较好	较差	较好	“蝶”型挂件采用多道冷加工工艺而成
经济性	最小	较小	较大	

五、各种结构抗变形能力分析

石材幕墙构件由石材面板和金属框架组成，其变形能力是很小的，在地震和风力作用下，将会产生侧移，由于幕墙构件不能承受过大位移，只能通过弹性连接来避免主体结构过大位移的影响，由于石材面板刚度大、重量大，石材又是脆性材料，极易产生破坏，因此认真研究面板与骨架的连接方式对于提高石材幕墙抗震性能非常重要。

幕墙的抗震构造措施，应遵循以下原则：

在常见地震作用下(大约 50 年一遇)，幕墙不能破坏，应保持完好。在中震作用下(相当于设防烈度，约 200 年一遇)，幕墙不应有严重破坏，一般允许部分面板破碎，经修理后仍然可以使用，在罕遇地震作用下(相当于设防裂度高 1.5 度，约 200 年一遇)，面板破碎，但骨架不应脱落，倒塌，即小震不坏，中震可修，大震不倒。

从幕墙结构来看，上述干挂法中，钢销式、短槽式、通长槽式结构石材面板均为共同固定在挂件上，在地震作用下，石材与骨架连接成整体，不利于位移变形。面板与骨架也缺乏足够的活动余地，不可避免的会随着骨架同步振动，其抗震措施主要依靠骨架与主体结构之间的活动连接来实现。小单元结构和背栓式结构是将石材面板独立分解开，各面板自成独立连接体系，相邻板块间不传递荷载作用，板块与骨架之间仍设计成活动连接，可保证面板有足够的位移变形空间，因此从理论上分析，小单元及背栓式结构比其它的结构具备更好的位移变形性能和抗震性能。

综上所述，在干挂石材幕墙设计中，对不同的干挂方法应针对工程的具体特点，灵活选型，不能生搬硬套，更不能为降低造价而粗制滥造。

建筑幕墙抗震性能的试验研究

深圳市方大装饰工程有限公司 谢士涛
中国建筑科学研究院 赵西安 王翠坤 肖从真

[摘要] 通过对元件(小单元)式建筑幕墙的抗震性能振动台常规试验与非常规试验方法下进行的破坏性试验研究，了解到该类建筑幕墙的抗震性能良好，完全能满足建筑对抗震性能的要求。

[关键词] 建筑幕墙 抗震性能 元件式幕墙 小单元幕墙

建筑幕墙作为建筑物的外围护构件，主要承受风荷载、自重及地震荷载。相比而言，地震荷载较风荷载小，但地震作用是动力作用，对幕墙与主体结构的连接节点有较大的影响，而连接点的破坏有可能引起幕墙的脱落、倒塌。因此，对幕墙的抗震性能进行试验，了解在地震作用下幕墙结构的情况很有必要。为此，深圳市方大装饰工程有限公司与中国建筑科学研究院合作进行了这方面的研究。

一、试验设备与模型设计

1.1 试验设备

中国水利水电科学研究院工程抗震研究中心大型三向六自由度模拟地震振动台。其主要参数如下：

台面尺寸：5m×5m

最大载重量：20t

工作频段：0.1～120Hz

振动方向：三向六自由度

振动波形：各种地震波、随机波

最大加速度：水平向 0.1g，竖向 0.7g

最大速度：水平向±400mm/s 竖向±300mm/s

最大位移：水平向±40mm 竖向±30mm

最大倾覆力矩：35T·m

模型最大重心高度：1m 模型最大偏心矩：1m

使用传感器、放大器特性见下表。

传感器				
名称	型号	类型	额定值	灵敏度系数
加速度计	PCBM325C	压电晶体式	±100g	约 100mV/g

放大器	
名称型号	主要特性
应变放大器 YF3817	输入阻抗：100MΩ 共抑比：100Db 输入电压：0～±100mV 输出电压：0～±10V
主放大器 K3238A-41	输入电压：≤±10.24V 增益调节：1～1000

1.2 试验框架模型

为准确模拟在实际地震作用下幕墙的受力情况，模型采用外围尺寸为 2.5m×2.5m×5m 的 1:1 比例的钢筋混凝土框架，层高 2.5m，由框架柱、梁组成，共两层。为幕墙安装方便，设置了地梁。框架下部采用 200mm 厚钢筋混凝土底板。混凝土等级为 C30，柱尺寸为 250 mm×250mm，梁尺寸为 200mm×250mm。为保证模型在大震下不至发生破坏，配筋有足够的安全储备，且梁柱节点构造严格按《混凝土结构设计规范》(GBJ10-89)、《建筑抗震设计规范》(GBJ11-89)中相应构造要求进行设计。

模型自重约为 117KN，详见图 1 和图 2。

图 1 试验模型

1.3 试验幕墙设计

试验框架的四个面均安装幕墙。其中一对立面采用铝板+玻璃(方向为试验时的 X 方向)，铝板采用 3mm 厚单层成型铝板，玻璃采用 6mm 厚钢化玻璃；一对立面采用石材+玻璃(方向为试验时的 Y 方向)，石材采用 30mm 厚花岗岩，玻璃采用 8mm 厚钢化玻璃；四个角采用 3mm 厚单层铝板封存边。为便于试验幕墙下部部分没有安装面板，面板安装后的缝隙未注密封胶。幕墙重量约为 13kN。面板布置与幕墙节点详见图 3～图 5。

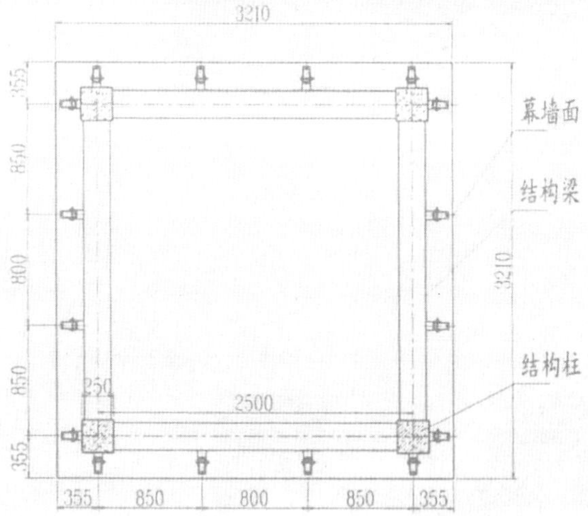

图 2 试验模型截面图

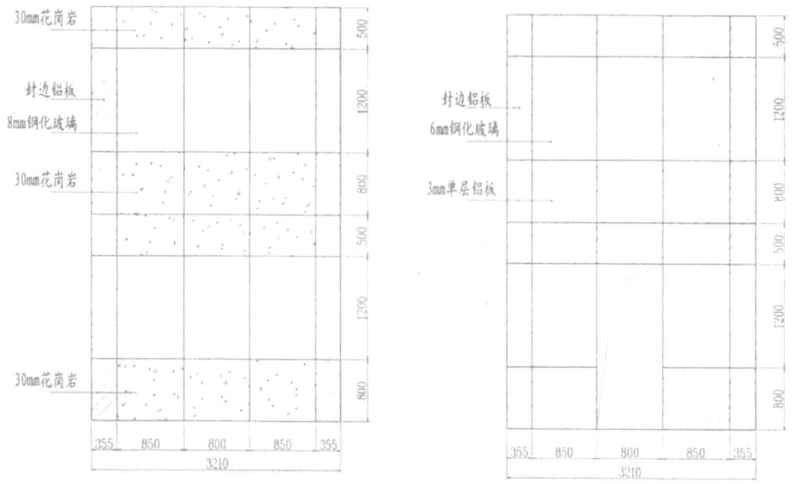

图 3　试验立面分格图

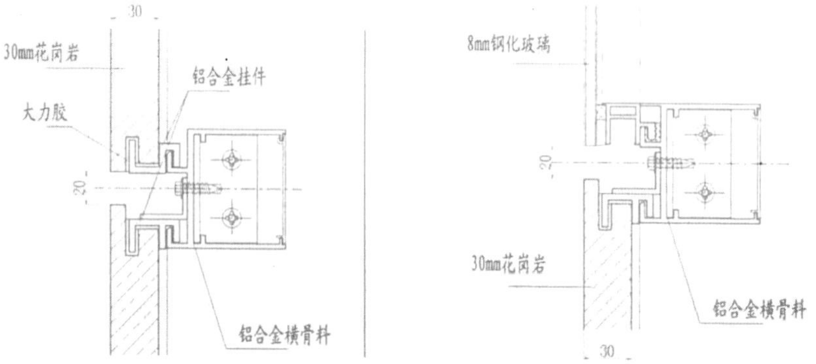

图 4　试验单元节点(1)

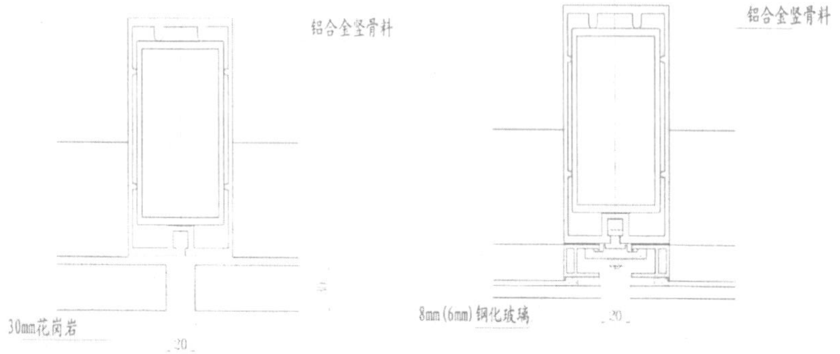

图 5　试验单元节点(2)

图 6　幕墙与试验主体连接

1.4 幕墙与框架的连接

幕墙通过钢连接件、锚栓与主体结构（试验框架的梁、柱）相连接。连接点的设置为幕墙主龙骨与结构梁水平线相交的地方，每一连接点由四个锚栓与主体联接。在结构柱处的转角部位，考虑到锚栓安装的合理间隙，连接点略作错位处理。锚栓选用的是进口产品，梁部位的锚栓为 M10，柱部位的锚栓为 M12，施工时严格按照其产品的施工要求进行。

幕墙与试验主体的连接详见图 6。

1.5 测点布置

试验时在模型框架梁及相应位置的幕墙外表面，沿水平 X 向和 Y 向分别布置有 10 个加速度计，共 20 个。

加速度测点布置详见图 7。

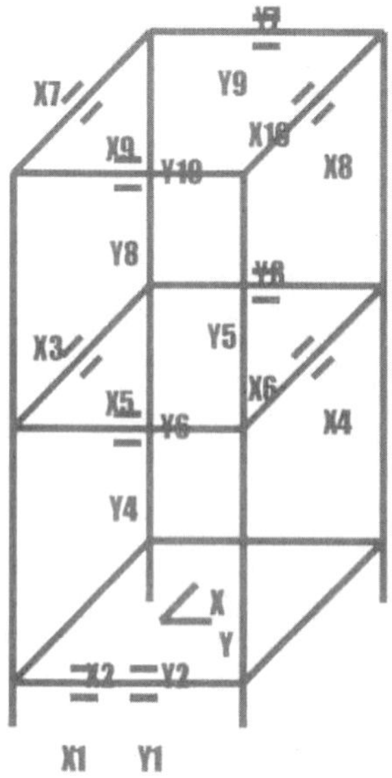

图 7　加速度测点布置图

1.6 输入波形

（1）白噪声随机波的频率带宽为 0～120Hz，激振加速度幅值为 0.05g，为得到较高精度的测量值，激振持续时间为 180s。

（2）模拟地震试验采用两种地震波和自振基频正弦波

A. 人工地震波(三类场地)

B. EL-Centro 地震波

C. 实测模型自振基频正弦波

人工波加速度时程曲线见图 6，EL-Centro 波加速度时程曲线见图 7

试验时，X 向和 Y 向均采用相同的地震波。

输入波形详见图 8 和图 9。

二、试验过程与现象

试验分成两个阶段，第一阶段主要是检验幕墙的抗震性能；第二阶段是了解幕墙在地震作用下的最终破坏状态。试验时，在每一级地震波输入后，输入白噪声随机波测定模型自振特性与动力反应。位移确定是通过对加速度测点的响应时程处理并进行积分变换对应加速度测点，获得相对振动台台面运动的相对位移响应过程。

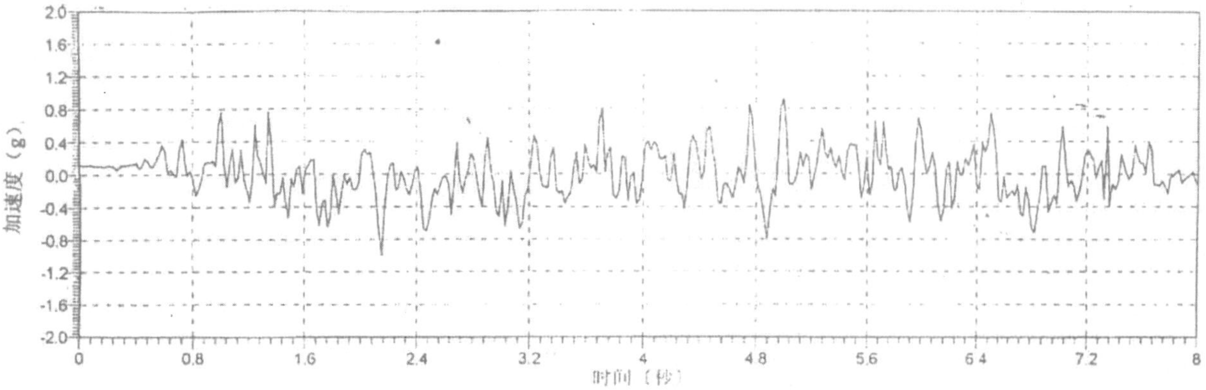

图 8　人工波波形（采样频率 50Hz）

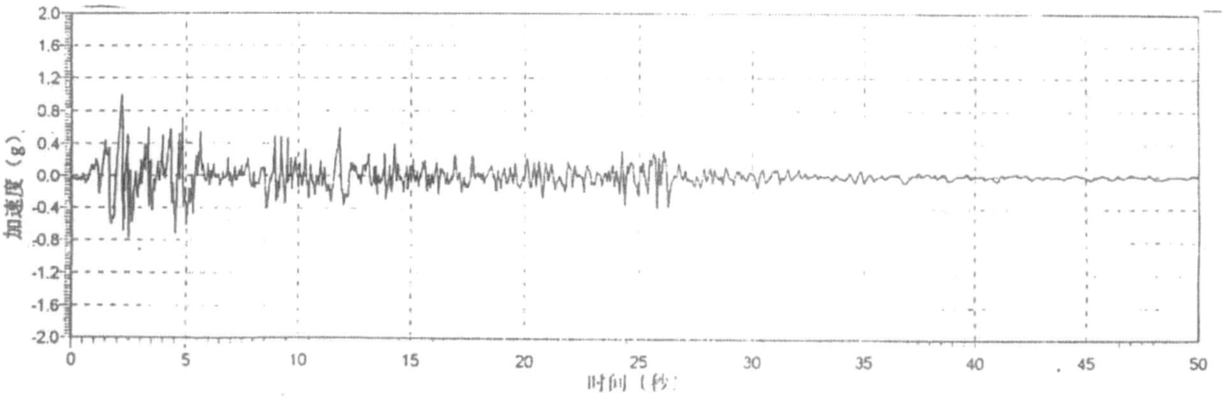

图 9　EL-Centro 波波形（采样频率 50Hz）

2.1 第一阶段试验

试验过程：分别沿 X 向、Y 向输入人工波及 EL-Centro 地震波，加速度分别为 0.035g(7 度小震)、0.07g(8 度小震)、0.10g(7 度中震)、0.22g(7 度大震)、0.40g(8 度大震)、0.62g(9 度大震)，EL-Centro 波输入时，加速度最大达到 0.70g(9 度大震强)。共输入八级。模型加速度反应：X 向人工波实测台面加速度最大值为 0.61g，Y 向人工波实测台面加速度最大值为 0.67g，相当于 9 度大震。X 向 EL-Centro 波实测台面加速度最大值为 0.708g，Y 向 EL-Centro 波实测台面加速度最大值为 0.694g，相当于 9 度大震的加速度输入。在此阶段，当 Y 向输入台面加速度 0.67g 人工波时，框架模型加速度反应达到最大值为 1.5g，加速度放大 2.24 倍，幕墙面内最大加速度反应达到 2.02g，加速度放大 3.02 倍。

模型现象：在第六级输入 0.40g EL-Centro 波后，石材有滑动现象；第七级输入 0.62g 人工波、EL-Centro 波后，石材有滑动现象。通过观察模型结构变形情况及锚栓连接情况，未发现幕墙连接节点有松动现象。

模型相对位移：在 X 向输入台面加速度 0.708g EL-Centro 波时，框架模型顶部相对位移反应达到最大值 2.97cm，顶点位移与高度比值为 1/168。幕墙最大相对位移反应达到 3.006cm。

模型层间位移反应：在 X 向输入台面加速度 0.708g EL-Centro 波时，框架模型顶部最大层间位移反应达到最大值 2.457cm，层间位移角为 1/102。幕墙最大层间位移达到 2.529cm。

2.2 第二阶段试险

试验过程：对模型输入了基频正弦波。加速度分别为 0.15g、0.20g、0.25g、0.30g。

模型加速度反应：X 向实测台面加速度最大值为 0.33g，Y 向实测台面加速度最大值为 0.294g。在 X 向输入台面加速度 0.33g 时，框架模型加速度反应达到最大值，为 2.27g，幕墙最大加速度反应达到 2.32g。在 Y 向输入台面加速度 0.294g 时，模型产生了共振反应，框架模型最大加速度反应瞬间达到 7.198g，幕墙最大加速度反应瞬间达到 7.64g。

模型现象：在 Y 向输入台面加速度 0.294g 时，模型产生了共振，框架模型最大加速度反应达到 7.198g，幕墙最大加速度反应瞬间达到 7.64g。在此强烈振动反应下，中间石材由于碰撞有碎块掉下，详见图 10。观察模型结构变形情况及锚栓连接情况，未发现幕墙连接节点有松动、破坏现象。

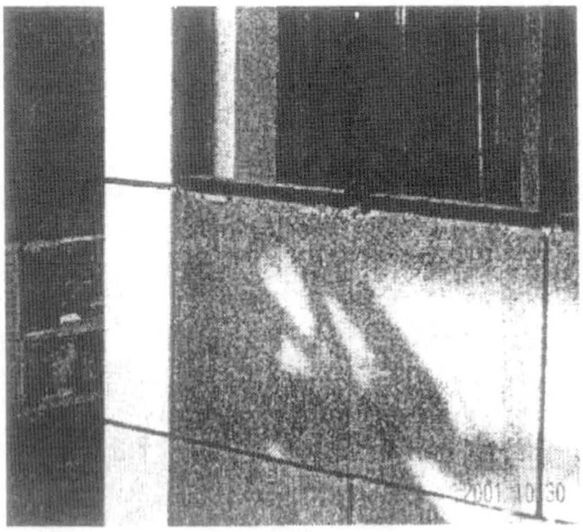

图 10　第二阶段试验后样品照片

模型相对位移：在 Y 向输入台面加速度 0.294g 时，模型产生了共振反应，框架模型最大相对位移反应达到 5.929cm，顶点位移与高度比值为 1/84。

模型层间位移反应：在 Y 向输入台面加速度 0.294g 时，模型产生了共振反应，框架模型最大层间位移反应达到 5.589cm，层间位移角为 1/45，幕墙层间位移最大达到 12.51cm。表明幕墙受到较大冲击，产生了滑移。

三、试验数据

各工况白噪声激振下模型 X 向及 Y 向自振特性分别见表 1 和表 2。

X 向　　　　表 1

工况		第一阶段		第二阶段	
		频率（Hz）	阻尼比（%）	频率（Hz）	阻尼比（%）
人工波及 EL-Centro 波	第一级	7.454	9.75	26.67	7.94
	第二级	7.336	7.95	26.69	10.7
	第三级	7.261	7.09	26.05	10.2
	第四级	7.171	8.89	24.88	7.80
	第五级	6.883	7.46	25.20	9.31
	第六级	6.692	7.47	24.67	8.60
	第七级	5.966	9.76	24.47	9.31
	第八级	5.827	7.87	24.15	7.89
基频正弦波		5.813	9.16	21.14	7.66

Y 向　　　　表 2

工况		第一阶段		第二阶段	
		频率（Hz）	阻尼比（%）	频率（Hz）	阻尼比（%）
人工波及	第一级	7.389	8.05	25.49	3.58
	第二级	7.253	6.97	25.35	3.66
	第三级	7.159	8.66	25.29	4.06
	第四级	7.077	9.85	25.02	4.54
	第五级	6.781	7.16	24.86	4.03
	第六级	6.354	8.75	24.34	3.87
	第七级	5.677	8.89	23.30	3.26
	第八级	5.397	9.59	23.19	3.71
基频正弦波		4.886	10.4	21.97	4.55

四、试验结论

上述试验现象与结果，表明：

1. 铝挂件式石材幕墙；

2. 元件（小单元）式玻璃、铝板幕墙；

3. 与主体结构的锚固螺栓连接方式。

抗震性能良好，完全能满足建筑对抗震的要求。

参考文献：

1．《建筑幕墙抗震性能振动台试验方式》（GB/18575-2001）

2.《方大幕墙抗震动力性能试验报告》中国建筑科学研究院

防火玻璃幕墙与防火玻璃隔断的设计探讨

深圳市方大装饰工程有限公司　谢士涛

[提　要]本文从建筑防火的原理出发，分析了防火玻璃幕墙与隔断的设计关键点，同时对防火玻璃幕墙与隔断的耐火性能等级的确定以及防火玻璃的选用提出了自己的观点。

[关键词防火玻璃幕墙　防火玻璃隔断　防火玻璃　防火设计　耐火性能等级。

1. 前　言

建筑防火是建筑设计的一个重要课题，建筑防火分区与防火隔断的要求往往使建筑师在建筑装饰效果与建筑防火上进退两难。防火玻璃的出现使这一难题迎韧而解，防火玻璃幕墙与防火玻璃隔断在越来越多的建筑中被广泛采用。在大楼封闭式避难层、封闭的疏散楼梯（如上海大剧院、香港汇丰银行），大型场馆的建筑防火分区（如广东省奥林匹克体育场、南宁会展等）的隔断需要都大量地使用了防火玻璃幕墙与防火玻璃隔断。防火玻璃幕墙与防火玻璃隔断作为一种具有一定耐火极限的建筑构件，用以控制和防止火灾沿竖向或水平方向向同一建筑物的其他部分蔓延，形成建筑防火分区得到了广泛的认同。但其作为一种特殊的防火产品，如果其设计与选材不当，就可能形成不了真正的防火分区而达不到减轻火灾造成损失的目的。

2. 防火玻璃幕墙与防火玻璃隔断的防火

建筑防火主要由被动防火体系和主动防火体系构成，同时考虑建筑物内人员的安全疏散要求。被动防火主要是根据燃烧的基本原理，采取措施防止燃烧条件的产生或削弱燃烧条件的发展，阻止火势蔓延。如设置防火墙等；主动防火体系主要采取措施及早探测火灾，破坏已形成的燃烧条件，把火熄灭或控制在一定范围内，减少火灾损失，如设置火灾自动报警器、灭火设施和防排烟系统等。

防火玻璃幕墙与防火玻璃隔断属于被动防火体系，其主要作用是防止火灾的蔓延。而建筑物火灾蔓延的方式有火焰蔓延、热传导、热对流和热辐射等四种，同时伴随有烟气的蔓延。除第一种方式是火焰通过直接引燃可燃材料使火灾蔓延外，后三种方式都是以不同的热量传递过程使可燃材料被引燃从而造成火灾的蔓延。因此，防火玻璃幕墙与防火隔断设计的重点是在如何防止火灾蔓延上。

根据相关规范，建筑物的耐火等级要求是确保建筑物在火灾中不会在短时间内倒塌。防火玻璃幕墙与隔断是建筑物的一部分，其作用也就是确保火灾发生后的一定时间内保持完好，即耐火性。因此，设计时其耐火等级的选取需根据其所在建筑物的耐火等级，所处建筑物的部位的防火要求来确定。

3. 玻璃幕墙与防火玻璃隔断的功能要求

根据建筑物火灾蔓延的方式，以及防火玻璃幕墙与防火玻璃隔断的作用，其应有如下基本特性：

3.1 隔烟。即在火灾发生时，能阻挡火灾产生的烟气从受火的一面传到背火的一面。这是最基本的要求，合理有效地阻挡是火灾产生的烟气，避免形成烟囱效应，是控制火势蔓延，保证疏散通道畅通或避难有效的根本。

3.2 耐火完整性。即在火灾发生，其一面受火时，能在一定时间内防止火焰穿透或防止火焰在背火面出现。根据建筑防火的设计要求，防火玻璃幕墙或防火隔断应具有良好的完整性。如出现一烧即倒，一烧即垮或达不到防火时限的要求，火灾也会蔓延，起不到减少火灾损失的目的。

3.3 耐火隔热性。即在火灾发生，其一面受火时，能在一定时间内其背火面温度上升不至于引燃背火区物品。如满足了隔烟，保证了完整，但由于火灾产生的热量通过防火玻璃后大量的热辐射导致背火面的易燃物燃烧，也没有起到防火的作用。

4. 防火玻璃幕墙与防火玻璃隔断的设计

防火玻璃幕墙首先它是幕墙，它必须有幕墙具有的所有特性。如风压、雨水、空气渗漏、平面内变形等各项性能。这些方面的设计要求在JGJ102规范中已有明确的要求，此处不再赘述。作为具有防火功能的玻璃幕墙，除具有上述功能外，更重要的是防火的功能。同样，防火玻璃隔断设计首先也是先考虑其自身结构安全的前提下，然后才考虑防火的要求。

4.1 隔烟设计。

幕墙的结构要达到隔烟的效果，首先要是密封性要好，不仅仅是我们幕墙性能中提到的密封性，而是防火的密封性，是在火灾发生时的一定时间内也要有较好的密封效果。因此，采用开放式系统设计的明框幕墙与单元式幕墙结构不适合作为防火玻璃幕墙的结构。与普通幕墙密封设计相比要注意两点：一是型材的内腔密封处理，普通幕墙设计时竖料是插接相通的，具有形成烟囱效应的可能性，在防火玻璃幕墙设计时，一定要将空腔用难燃材料进行封堵。另一方面，要考虑火灾发生时幕墙的局部受热膨胀变形所带来的密封失效。因此在骨架的联接部位须采用腰形孔，密封材料的选用上采用弹性好且具有防火性能的密封胶等。图1为防火玻璃幕墙的节点。

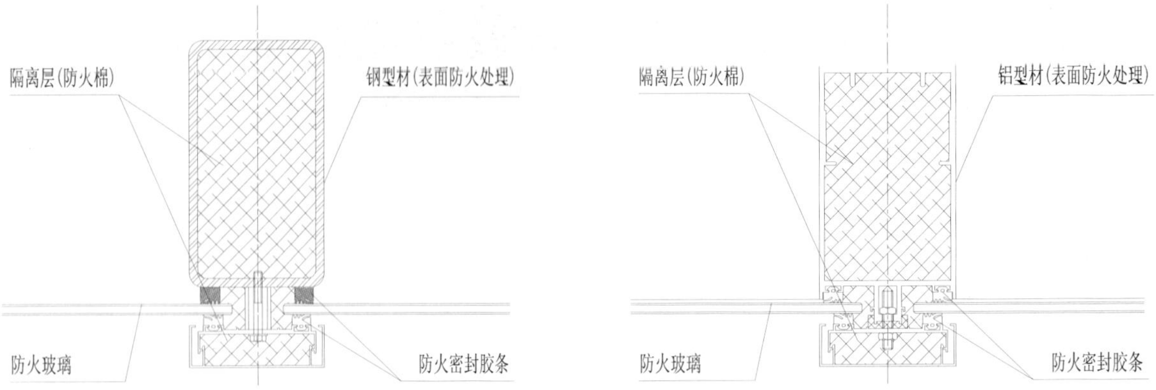

图 1　防火玻璃幕墙节点

4.2 耐火完整性设计。

幕墙或隔断要达到在火灾发生时在设计的耐火时限内不垮不倒，也就是所选用的幕墙或隔断结构与材料必须具有耐火性能。因而，耐火完整性设计考虑的首先是幕墙或隔断与主体的联接问题，其次就是材料的选用问题。

4.2.1 防火玻璃幕墙与防火隔断需完整、独立。

防火玻璃幕墙，作为建筑的外围护结构，其作用是防止火灾沿竖向蔓延。它往往只是一面幕墙的一片或一部分。为防止其在火灾中垮塌，在骨架结构上要将它与之相连部分的幕墙完全分开，与主体结构充分固定。如采用常规幕墙的插接连接，着火时会由于非防火部分的倒塌而导致防火部分的失效。防火隔断也是如此，独立、完整是满足耐火性能的基础。

4.2.2 防火玻璃幕墙与防火玻璃隔断结构要有较好的吸收热变形的能力。

火灾发生时，幕墙或隔断的金属骨架受热膨胀而伸长，如处理不当会由于膨胀挤压导致结构破坏而起不到防火作用。因此在设计时，连接部位采用长腰孔或其它预留变形位是细节上需考虑的关键问题。图 2 和图 3 为防火玻璃幕墙竖向连接节点，竖料上部为开圆孔，下部开竖向腰孔。

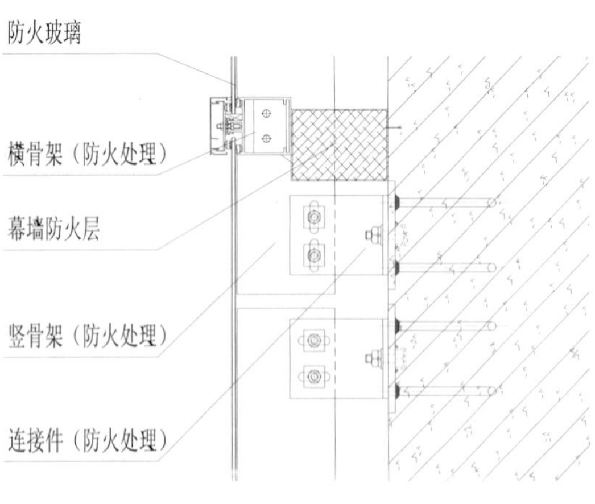

图 2　防火玻璃幕墙与主体连接节点

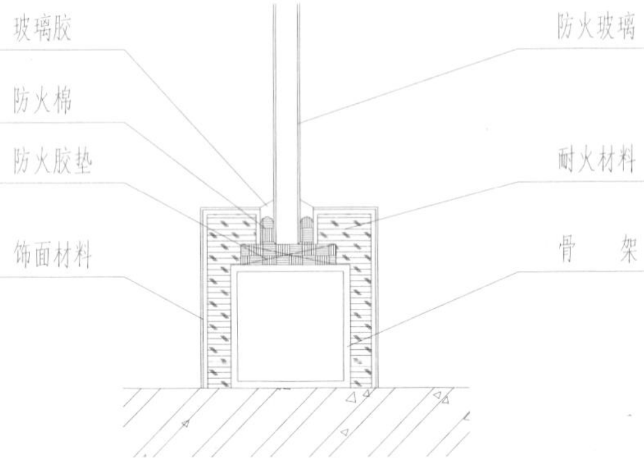

图 3　防火隔断节点

4.2.3 防火玻璃幕墙与防火玻璃隔断的材料要有耐火能力

火灾发生时，一般起火后 10min 内火焰的平均温度为 700℃左右；起火后 20min 内，火焰温度一般为 800℃左右；起火后 30min 内，火焰平均温度为 840℃左右；1h 内可达到 925℃左右。根据建筑对防火幕墙或隔断的耐火时限要求，选用适当的防火材料是达到功能与经济性统一的基础。

幕墙或隔断的骨架材料多为铝型材与钢型材，但铝材的熔点约为 400℃，钢材在火灾高温作用下，其力学性能如屈服强度、弹性模量等却会随温度升高而降低，在 550℃左右时，降低幅度更为明显，一般在 15min 左右就会丧失承重能力而垮塌。可见，如不进行防火处理，火灾发生 15min 内都会被烧垮。因此作为防火玻璃幕墙与隔断的骨架材料均需进行防火处理。玻璃，作为防火玻璃幕墙与隔断的主要材料理所当然选用防火玻璃。目前防火玻璃种类较多，选择时要综合考虑建筑装饰效果、强度、耐火极限等方面。

连接部位的耐火作用是整个系统的完整性的基础，连接处的预埋件与连件件均应加防火保护层。

5. 防火玻璃及使用

防火玻璃是在规定的耐火试验中能够保持其完整性和隔热性的特种玻璃，根据现行规范分为三类：

A 类防火玻璃：同时满足耐火完整性、耐火隔热性要求的防火玻璃。此类玻璃具有透光、防火（隔烟、隔火、遮挡热辐射)、隔声、抗冲击性能适用于建筑装饰钢木防火门、窗、上亮、隔断墙、采光顶、挡烟垂壁、透视地板及其他需要既透明又防火的建筑组件中。

B类防火玻璃：同时满足耐火完整性、热辐射强度要求的防火玻璃。

C类防火玻璃：只满足耐火完整性要求的防火玻璃。此类玻璃具有透光、防火、强度高等特点。适用于无隔热要求的防火玻璃隔断墙、防火窗、室外幕墙等。从结构上分，防火玻璃分为复合防火玻璃与单片防火玻璃。

5.1 复合防火玻璃。是一种在两片透明夹层玻璃之间灌注一种可遇火发泡膨胀的无色透明的特殊耐火化学物质，经硬化后制成。根据灌注化学物质的不同，复合玻璃可做成A类或B类防火玻璃。

当火灾发生时，灌注固化在防热辐射型复合防火玻璃中间的特殊透明化学物质大量地吸收火焰中的热量而发泡膨胀，同时变成不透时的白色，从而阻止玻璃迎火面火焰的热辐射向背火面传递，并在一定程度上降低迎火面向背火面传递热量。在此过程中玻璃整体保持完整，形成一个可以阻隔火焰、烟雾和燃烧产生毒气扩散与漫延的屏障。

复合防火玻璃在紫外线长期照射下会变成乳白色及产生汽泡，失去玻璃的透明功能。因而不太适合在外墙上使用，但对于有耐火隔热性要求和防热辐射要求的防火隔断中采用。

5.2 单片防火玻璃。是浮法玻璃经过物理与化学的方法进行特殊处理而得到的一种耐火完整性的玻璃，属C类防火玻璃。

单片防火玻璃防火原理：火灾发生的初期，单片玻璃隔断物的迎火面与背火面之间会形成较大的温差，玻璃内部在这样的温差作用下在短时间内会产生较大的不均匀热应力，导致玻璃炸裂而破碎从而失去完整性。因而减少玻璃两面的温差或增加其抵抗热应力的能力是提高其防火性能的基本途径。

目前国内生产的单片铯钾防火玻璃在1000℃火焰冲击下能保持84～183min不炸裂，且在同样的厚度下，它的强度是浮法玻璃的6～12倍；是钢化玻璃的1.5～3倍。它同时还有很好的加工性，能加工成为夹层安全玻璃、中空玻璃、镀膜玻璃和点式幕墙玻璃等。因而，单片防火玻璃得到了更加广泛的应用。

6．防火玻璃幕墙与防火玻璃隔断的耐火性能

防火玻璃幕墙或隔断的耐火性能等级的选用由其所在建筑的防火要求来定，但设计是否可以达到其耐火等级的要求，一方面取决于选用的材料的耐火性能，另一方面取决于幕墙或隔断的结构。结构上的问题根据设计图纸不难发现，但材料的选用就不能忽视了。因为目前很多材料的防火性能都是按照相关规范，在一定的前提条件下试验的结果，产品说明书上的防火性能在实际使用过程中的工作状况未必能达到，见图4。

图4　防火玻璃隔断的耐火性能检测

如根据《建筑用安全玻璃　防火玻璃》(GB 15763.1-2001)标准，测试样件的最小规格为1100mm×600mm。在进行产品耐火性能检测时，按此最小尺寸进行试验，耐火时间为100min，但大于此尺寸时可能就是80min。因为防火玻璃属于刚性脆质材料，其耐火性能很大程度上取决于玻璃尺寸。尺寸越大，耐火性能越低。因此，对于防火玻璃，在实际使用中规格小于样件的防火玻璃，可以认定其耐火性能满足试验报告的结果，但如果实际使用的玻璃规格大于已有试验报告的样件，则必须采用与实际构件同样大小或更大规格的样件重新进行试验才能确定。

严格地讲，对于面积大且耐火性能等级要求高的防火玻璃幕墙与防火玻璃隔断系统，应选取有代表性的设计单元进行耐火性能试验，以确保达到防火要求。

7．结束语

防火玻璃幕墙与防火玻璃隔断作为一种新的建筑防火产品被越来越多的建筑所采用，但这类产品的设计检验还没有专门的规范与标准。笔者认为在设计时要注意如下三个方面：

7.1 防火玻璃幕墙与隔断的设计并不是简单地将幕墙或隔断所使用的非耐火性能的材料改用耐火的材料就可以，更不是将普通玻璃换成防火玻璃就万事大吉，而是要将它作为一个防火系统来全面考虑。

7.2 防火玻璃幕墙与隔断的所能达到的耐火性能等级，需要综合考虑整个系统各因素的耐火等级才能确定，主观地推测可能会犯错误，必要时需做检测试验来确定。

7.3 设计选用防火玻璃时，需注意玻璃板块的尺寸与耐火性能等级的对应关系。

参考文献

1.《建筑设计防火规范》(GBJ16-87)
2.《高层民用建筑设计防火规范》(GB50045-95)
3.《镶玻璃构件耐火试验方法》(GB 12513-90)
4.《防火玻璃非承重隔墙通用技术条件》(GA97-1995)
5.《建筑用安全玻璃　防火玻璃》(GB 15763.1-2001)

玻璃幕墙防水密封结构设计与试验

——广东亚洲国际大酒店建筑幕墙工程设计技术总结

广州铝质装饰工程有限公司　**谭国湘**

内容摘要：构造防水（等压腔防水）在理论上是最有效的最有保障的防水措施，在玻璃幕墙上应用是业内关注的问题。目前成功地采用构造防水的玻璃幕墙工程设计实例不多。本文主要介绍广东亚洲国际大酒店玻璃幕墙设计过程中的思路和应用构造防水的过程，虽然几经波折，但最后还是成功的。

一、工程概况

广东亚洲国际大酒店位于广州市中心的环市中路，建筑物 50 层（其中地上 47 层），建筑物地面上高度 171m。广东亚洲国际大酒店始建于 1993 年，是当时广州市最高的建筑物之一（建筑高度仅次于中信广场和广东国际酒店）。

工程所选用的均为高档材料：铝合金型材采用深圳华加铝业有限公司的产品，幕墙玻璃采用法国圣哥本公司的产品（Cool life 系列 SS408 及 SS508），结构胶及耐候胶采用美国道康龄公司的产品（DC 983 及 DC 793），石材采用加拿大的金水晶和金贝利石材（意大利加工）；开启窗配件采用法国飞高牌单控多点锁和英国的固力牌铰链。

图 1

建筑物的 1～9 层为裙楼，外墙以玻璃幕墙与干挂石幕墙为主，10～43 层为主楼，外墙以玻璃幕墙和铝板幕墙为主；44 层以上为旋转餐厅，外墙以全玻璃幕墙和铝板幕墙为主。建筑物的外墙面积约 5 万 m^2，其中玻璃幕墙占 60%，铝板幕墙占 23%，干挂石幕墙占 12%。建筑物的立面是变化多样的，她已摒弃了以往全部由玻璃幕墙构成外墙的玻璃盒子的格调，建筑师通过运用多种外墙装饰面板材料的有机组合，使建筑物的立面与建筑物的体型更协调，更有现代的气息。建筑物的外形如图 1，从图所示中可以看到外墙中玻璃幕墙占主导地位，铝板幕墙和干挂石幕墙将玻璃幕墙分割成若干个小板块，而在每一块玻璃幕墙又同时存在着横明竖隐．竖明横隐或全隐多种结构形式，形成一个远看是由铝板幕墙（或干挂石幕墙）构成的大框架，近看又可看出纵横交错的铝合金装饰线。这样，外立面是丰富了，好看了，但对于建筑幕墙的设计和施工的难度却增大了，因为在不同形式的幕墙中比较难做到建筑幕墙的各项性能协调统一。

由此可见，业主对幕墙工程的要求之高，因此除国内有关的单位进行施工监督外，业主还特别聘请了香港帷幕墙技术专业顾问有限公司对工程的幕墙工程设计进行监督。

二、幕墙性能的要求及分析

我公司是从 1995 年下半年开始对广东亚洲国际大酒店的建筑幕墙进行设计的，由于当时尚未有建筑幕墙国家和行业标准规范[现行的《玻璃幕墙工程技术规范》（JGJ102－96）和《建筑幕墙》GB3035－96]是从 1997 年开始执行的]，所以设计是根据中国建筑装饰协会铝制品委员会的《玻璃幕墙》（产品标准）（LXB-001）进行的，同时参考了广东亚洲国际大酒店工程在西飞试验中心进行的风洞试验数据进行风荷载计算，选取两种计算方式的较大值，并征得建筑结构设计工程师的同意，建筑的各部分风荷载的取值为：

裙楼	高 385m	W=2060Pa
主楼低区	高 90m	W=2900Pa
主楼高区	高 154m	W=3600Pa
旋转餐厅	172m	W=3750Pa

根据《建筑幕墙物理性能分级》（GB／T15225）定级的原则，玻璃幕墙的抗风压性能属于III级，其雨水渗漏性能相应取为III级（固定部分 1000Pa～1600Pa）；空气渗透性能取

为III级[0.05～$0.1m^3$/（m·h）]。

风压变形性能、雨水渗漏性能和空气渗透性能是建筑幕墙三项基本物理性能。这三项基本物理性能都会直接影响到建筑的整体质量，但各项物理性能对建筑的整体质量影响的程度会受到建筑所在地的地理气候环境影响，而控制和解决的方法和难易程度也各自不同。

风压变形性能是对建筑整体质量影响最大的物理性能，也是建筑幕墙有关的标准和法规所重点针对解决和使用者最为关注的安全问题，但有比较系统和精确的计算方法，结构设计可以得到保证。

空气渗透性能对建筑整体质量的影响较小，过量的空气渗透只会造成空调能量的损失，根据以往对幕墙设计和施工的经验，空气渗透性能是一个较易得到保证的性能。

雨水渗漏性能（简称水密性）是最难控制、最难计算和预计的，过量的雨水渗漏会影响室内的舒适环境和损坏装修材料，严重影响人们的正常生活，如何提高幕墙的水密性，是幕墙设计和施工过程中最难解决的问题。与幕墙雨水渗漏有关的气候因素主要是暴风雨时的风力和降雨强度，在确定幕墙水密性指标时，应按照建筑物所在地的风雨气象资料和建筑物本身的重要性，合理地确定幕墙雨水设防的漏水危险率及相应的风速，然后根据有关公式计算出水密性的压力差值。我国行业标准《建筑气象参数标准》(JGJ35-87)和广东省标准《建筑气象参数标准》(DBJ15-1-90)中所给出的只有年平均、一日最大、一小时最大、十分钟最大降雨量和 30 年一遇 10 分钟平均最大风速，最大风速和最大降雨量同时出现的概率在不同的地区是不同的，广州市属于台风地区，有较高的同时出现的概率。根据水密性定义计算方法，水密性的压力差值（P_2）为：

$$P_2=C\times(\gamma/2g)\times[1.5\times0.845V_0\times(Z/10)^{0.2}]^2$$

式中　C——风压系数，幕墙固定部分取 1.2；

$\gamma/2g$——风速风压变换系数　取 1/1700；

V_0——暴雨时的平均风速，取 8 级大风风速 18.95 m/s；

则　$P_2=1.2\times1/1700\times[1.5\times0.845\times18.95\times(154/10)^{0.2}]^2$

$=1216$ Pa

从计算结果来看，幕墙水密性指标应属于III级。可以说广东亚洲国际大酒店玻璃幕墙的水密性取为III级是合理的。

三、造成幕墙漏水的原因及各种防水方法的工作原理

雨水、缝隙和作用力是幕墙漏水的三个要素。只要在某一处同时出现这三个要素，就会造成漏水。

如何减少漏水，控制漏水和解决漏水这一问题，亦应从这三要素着手：A，雨水：出现雨水是必然的，但可以在可能有缝隙的部位设置挡水板来减少雨水接触缝隙的机会。B，缝隙：应在缝隙位置填充密封胶。C，作用力：作用力包括有重力、毛细现象、水的冲击、表面张力、空气流动、压力差等。各种作用力在不同的条件下都可能成为漏水的要素（图 2）。

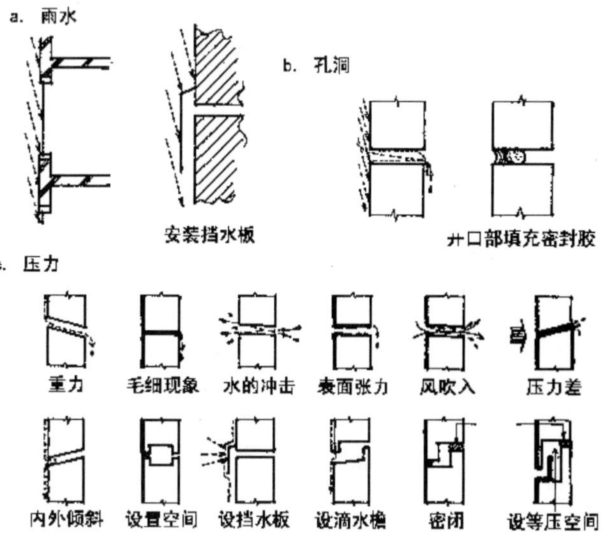

图 2

建筑幕墙的防水措施可分为堵塞防水和构造防水两种方式：

堵塞防水就是利用密封胶将缝隙填充密封，这一方式是构件式幕墙中最常用的密封方法，是较为有效的密封方法，但它受到多方面的因素影响，如：两侧基材的表面粗糙度、密封胶在空气中需承受紫外线的照射而造成的老化、温度变化及建筑的位移而产生的变形，密封胶本身的质量和气泡、新旧密封胶的交接位置等等。同时由于幕墙室外侧与幕墙中腔和压力不同，导致进入了幕墙中腔的水很难排出，在中腔内越积越多直至溢出至室内。堵塞防水工作原理如图 3 所示。

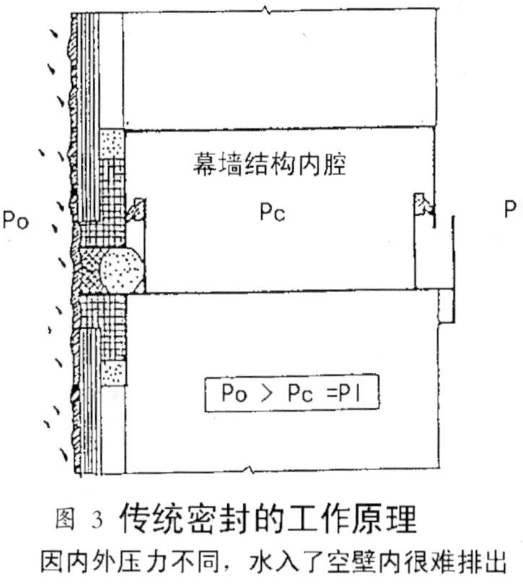

图 3 传统密封的工作原理

因内外压力不同，水入了空壁内很难排出

构造防水亦即等压腔防水，就是在幕墙构造内形成水密介面和气密介面，并令到两个界面之间的空间与幕墙室外侧的压力相等。气密介面一般设于玻璃组件与幕墙框格室内恻之间，水密介面设于幕墙的外侧，一般设有排水通道和压力平衡孔。这种方法一方面在中腔和幕墙外侧设有排水通道，可将进入中腔的水安全、快捷地排到室外，另一方面亦将密

封材料移至幕墙靠室内一侧，大大减缓密封材料的老化速度。在幕墙结构中形成一个有水的地方没有压差，有压差的地方没有水的局面，可大幅度地提高幕墙的水密性。也可以大大减少多种施工不利因素的影响。同时亦可缩小在三性能试验（足尺型式试验）中取得的水密性和工程的实际防水能力的差距，可以说，等压腔防水是比较有效的密封防水方法。等压腔防水在理论上是可靠的，但由于受到幕墙的结构形式、系列尺寸、材料配件、加工工艺和施工手段等诸多因素的影响，在实际应用过程中是存在着一定困难的。等压腔防水工作原理如图4所示。

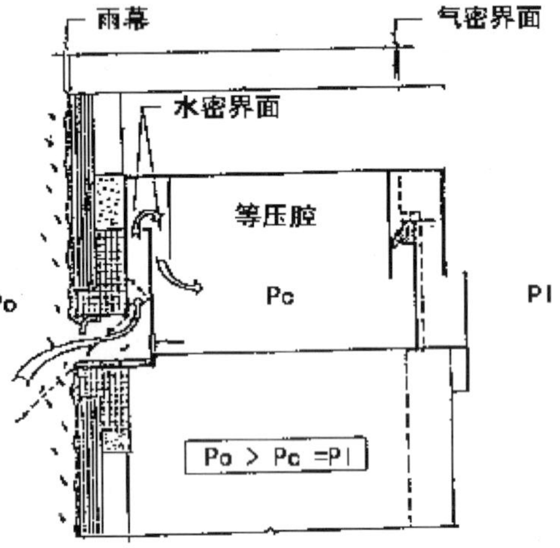

图 4 等压腔防水工作原理

四、玻璃幕墙防水密封结构设计与试验

广东亚洲国际大酒店外墙的建筑幕墙主要有三种形式：玻璃幕墙、铝板幕墙、干挂石幕墙。铝板幕墙和干挂石幕墙是全隐框的结构形式，有较好的密封条件和平直的接触面，只要对填充密封胶工序稍加注意，并且在其与玻璃幕墙交接的部位做好隔断，在铝板幕墙和干挂石幕墙中获取一较高的水密性等级不是一件难事。（防水隔断层如图5）

玻璃幕墙由于是由或明或隐多种组合形式的，所以决定了玻璃幕墙的外侧面没有一个完整平直的密封胶接触面，同时，又由于玻璃幕墙与室内空间有一个跨越多层的，较大的接触面，很难避免进入幕墙内部的水到外流窜而造成检修的困难，所以我们在开始设计的时候，就确定了设计的方向、目标和防水设计的意念，那就是：

“分层断流”和“等压排水”

在整个设计过程中，我们都是围绕着上述两个设计意念进行的。

1. 分层断流

分层断流就是在幕墙结构内部设置有效的断流层，将幕墙分为纵向的若干个独立的防水区域，其目的就是利用断流层将进入幕墙结构内的雨水隔断并排出室外，避免进入幕墙结构内部的雨水到处流窜，造成万一出现漏水现象时，不知问题出现在什么地方而增加检修的面积和难度。

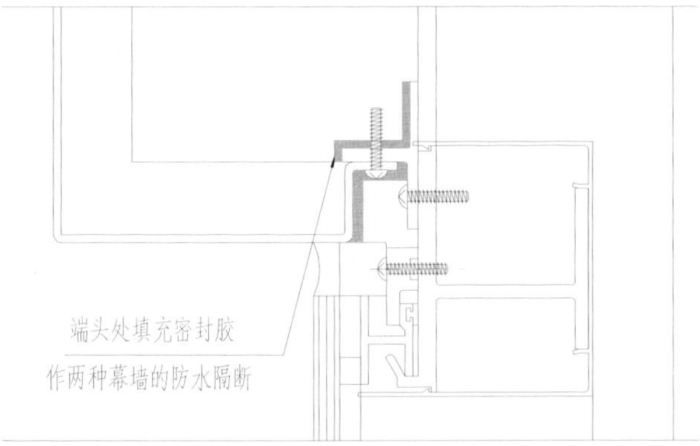

图 5

本设计根据玻璃幕墙每隔数件玻璃就有一道横向明框装饰线这一立面特点，并加以利用。在横明框的水平线上，设置断流层，断流层的主体部分是用横梁中的挡水板构成的，但其在立柱位置（即横梁接头处）出现一道宽约80mm的缺口。考虑到此部位的胶缝不可能设置过厚，而紧贴型粘接胶缝不能满足因温度变化产生的线位移和因建筑层间位移产生的角位移的变化，特意选用了基本成分与硅酮密封胶相同的硅胶，浇注成型为槽形板，并用硅酮密封胶与立柱横梁粘接，封堵了横梁接头处的缺口，形成一道柔软的、有效的、耐用的断水桥，将已进入幕墙结构内部，并将向下流淌的雨水截住，通过排水通道快捷地排至室外。断水桥如图6所示。

图 6

2. 等压腔防水

构成等压腔的气密介面设置在玻璃组件与框格平面之间。首先将玻璃幕墙的立柱与横梁与玻璃组件接触的部分设计成一个较为完整的平面，在立柱与横梁连接的位置留有3～5mm宽的缝隙填充密封胶并刮平，保证不会因为温度变化引起横梁的热胀冷缩而造成胶缝拉裂。其次是在玻璃小框上设置密封胶条槽［注：本工程所选用的密封条的材质为Santoprene橡胶（热塑性橡胶），是目前最先进的密封胶条材料，在外露的状态下，抗老化年限达到20年以上］。密封胶条通过用电烙铁的焊合成为一个完全闭合的方形的密封环，在玻璃安装时密封胶条受到压缩并与幕墙框格的平面接触，构成等压腔的气密界面。

构成等压腔的水密界面设置在玻璃幕墙外侧的横向明框的装饰板上。在每根横梁外装饰板的下侧开两个 ϕ7 的排水孔（压力平衡孔），同时为了防止万一出现漏气（水时），空气在等压腔内的流速过快而带动水气，特意将横梁不同层次的排水通道缺口开在不同的位置。幕墙的横截面示意说明详见图 7。

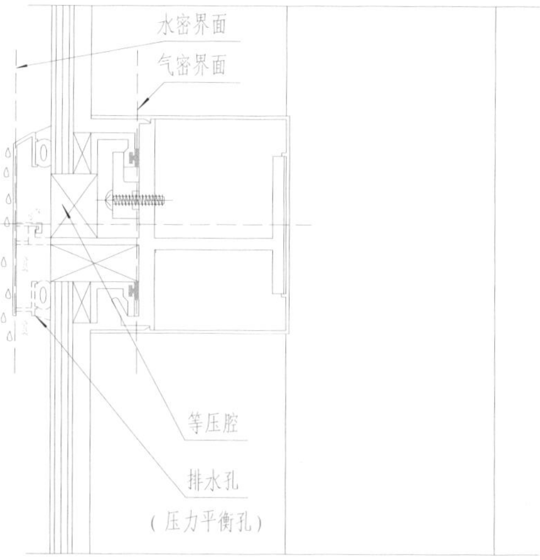

图 7

3．第一次试验及设计的调整和修改

1996 年 7 月 4 日，广东亚洲国际大酒店玻璃幕墙工程在福建省厦门市幕墙检测中心进行了三项基本物理性能试验。从试验的结果看来，三项基本物理性能的试验是成功的，符合国家标准和设计的要求。其中水密性试验结果为：固定部分为 1000Pa，Ⅲ级（按照 GB/T15228－94 试验），而业主和香港顾问公司向我公司提出了更高的要求，建议我们对设计做出修改，使幕墙的水密性能有进一步的提高。

根据业主和香港顾问公司的要求和建议，我们对原设计和试件进行了详细的分析，并向更高的性能要求挑战。在对试件拆除的过程中，可以看到以下几个现象：

（1）明框横梁外装饰板排水孔位置，可以看到明显的水珠（图 8）。

（2）玻璃小框密封胶条压缩量不够。

（3）玻璃小框密封胶条在转角处有多处断开。

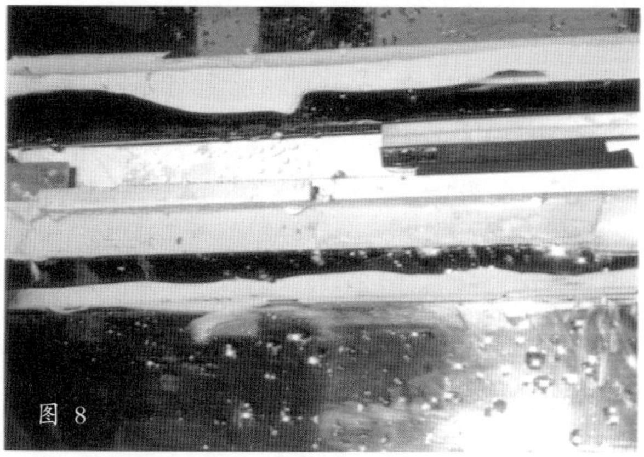

图 8

从分析试件的几种现象可以得到以下几点判断和推测：

（1）玻璃小框密封条在转角处的断开，是导致气密介面失效的主要原因。

（2）玻璃小框密封胶条的截面尺寸过小，导致密封胶条在转角处的焊合面积太小，容易在玻璃组件的搬运和安装过程中被扯断。

（3）玻璃小框密封胶条的截面尺寸过小，在玻璃组件的安装时，只要铝合金型材有少许弯曲，则胶条压缩密封不足而不能防漏气，也是气密介面失效的原因之一。

（4）明框外装饰板排水孔位置，有大量的水珠，可以证明到在试水过程中，此部位有大量的水存在或在流动。

（5）明框外装饰板的排水孔尺寸过窄，在空气流动的状态下，在玻璃幕墙表面形成连续水幕的水[4L/m^2 · min]封闭了排水孔，并通过排水孔源源不断地卷进等压腔内，再通过已经失效的气密介面漏入幕墙的室内侧，导致幕墙漏水。

根据上述的判断和推测，经过仔细的研究，对原设计进行以下的调整和修改。

（1）将排水孔从 ϕ7 加大至 7 mm×20mm，保证排水孔能起到其应有的作用。

（2）加大玻璃小框密封胶条的截面尺寸，将密封胶条的有效尺寸（净高度）从 2.2mm 增加至 3.5mm。在焊合胶条时注要焊合质量，在运输过程中尽量避免扯断胶条的焊合口，安装前再次检查胶条的焊合部位是否满足设计要求。

4．第二次水密性试验及设计的调整和修改

1996 年 8 月上旬，在广东省建筑门窗幕墙检测中心进行了广东亚洲国际大酒店玻璃幕墙的第二次水密性试验。这一次检测的情况虽然较上次试验的情况要好，但仍然没有达到业主和香港顾问公司的要求，而且又出现了一个新的情况——那就是在横框的室内槽中积存着一定数量的水（图 9），而且在玻璃组件的上角有少量的水滴。

图 9

从试件的情况可以判断为：

（1）横框内槽中的水是通过压紧螺钉与螺纹孔的螺纹间隙流入到室内的，尝若试验的时间再长一点，到槽口不能容纳所渗漏的水量时，必须会造成大量的漏水。而水能够通过位置较高的压紧螺钉孔渗入到室内，很显然，证明了等压腔内仍然有雨水存在，但由玻璃小框密封胶条和幕墙框格构成的气密介面基本已达到了设计要求。

（2）玻璃组件上角渗出的水滴是由于玻璃小框接头处所涂的榫口胶开裂而造成的。

为此又采取了相应的措施对设计进行了进一步的调整和修改。

① 进一步加大排水孔的尺寸，从 7 mm×20mm 增大至 15 mm×35mm。

② 在固定玻璃时，先在螺钉上或螺纹孔上涂防水密封胶。

③ 以弹性较好，质地较软的耐候胶，代替较硬的榫口胶作玻璃小框接头的密封。

5. 玻璃幕墙固定部分的最后试验

此后，我们又在公司内自行进行了多次试验，这些试验包括用静压试验和动压试验，随着试验压力的不断提高，每一次试验都发现新的造成漏水的原因，又针对这些原因对设计进行修改，如：因横梁跨中位置因玻璃小框的强度较为薄弱，造成玻璃小框扭曲而导致密封胶条压不紧，再次加大玻璃小框密封胶条的截面尺寸（从 3.5mm 增大至少 4.5mm）；在较高压力状态下，水从玻璃小框胶条槽底与密封胶之间渗进室内侧，造成室内有几点小水滴，设计在密封胶条转角处增加填充一小段密封胶等等，直到完全没有出现漏水为止。

最后，在业主、质监部门、监理公司和香港顾问公司的监督下，在公司内进行了一次水密性试验，试水的压力按照检测标准的要求，一直加到 2800Pa，玻璃幕墙仍然没有出现漏水的现象，完全满足了业主和香港顾问公司的要求，达到了玻璃幕墙水密性的最高等级（水密性 I 级的压力要求为 2500 Pa）。

6. 开启窗的设计与试验

工程的开启窗为 70 系列的镶嵌式隐框上悬窗，窗锁选用法国的飞高牌单控多点锁，平均每只窗扇设有 7 全锁点，分布均匀的锁点，在关窗时，将窗扇均匀，有力地压向窗框，使到窗的密封胶条有一定程度的均匀的压缩量，可以讲，在这种状态下的开启窗，本身就具有较好的水密性。尽管如此，我们在设计时，仍然根据等压防水的原理，在窗顶部位设置了一条压缩型的挡水密封胶条（图 10），这样避免了雨水直接接触到

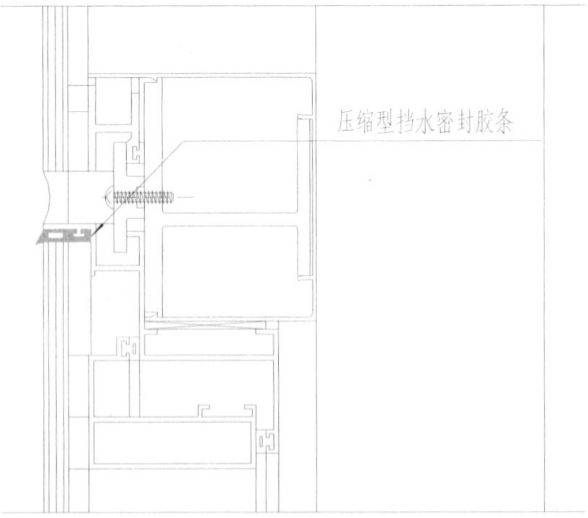

图 10

开启窗的密封胶条，进一步有效地提高了开启窗的水密性。因此，在广东省门窗幕墙检测中心进行的开启窗物理性能测试中，开启窗一次就达到了设计要求，试验等级为 I 级。

7. 现场喷水测试

在现场施工进行到中后期，由香港顾问公司要求并组织进行了一次现场喷水测试。这一次现场喷水测试的所有事项都是按照美国 AAMA501·2—94 “Field check of Metal Storonts, Curtain Walls, and Sloped Glazing Systems for Water leakage”（工地金属幕墙雨水渗漏检测）标准的要求进行的。

1997 年 11 月 6 日，在多方有关人员的监督下，进行了这次现场喷水测试，所有试验的部位均没有出现雨水渗漏情况，试验结果是令人满意的。这个试验结果一方面证实了我公司幕墙施工的技术和管理实力，另一方面，亦体现了这项工程的玻璃幕墙设计的水平，同时又一次证实了构造防水设计的优点。现场喷水测试见图 11。

图 11

五、结束语

广东亚洲国际大酒店玻璃幕墙工程的设计基本上是按照当时国家有关的标准和法规以及主业、顾问公司、建筑设计单位的要求进行的。尽管有些性能的要求过高（水密性等级的要求在前两次试验后，业主将原来的III级提高到 I 级），但在我们不懈的努力下，通过多次的试验和设计改进，最终还是能够通过各方面的认可和达到各项性能等级的要求。为我们公司在工程上应用构造防水迈出了第一步。

广东亚洲国际大酒店玻璃幕墙工程自 1998 年初完工以来，一直受到社会的关注并得到良好的反映，经历了多次暴风雨的考验而安然无恙。特别是 1999 年的 9908 号台风，是 16 年来又一个正面袭击广州市的强台风，风力达六级、阵风八级，其中 8 月 23 日下了 239mm 的大暴雨，是广州市 35 年来的最大日雨量，当日曾测得阵风达 27.6m/s（十级风），风速与广州市 30 年一遇的十分钟平均风速接近（广州市 30 年一遇的十分钟平均风速为 27.7m/s），在如此条件下，幕墙工程一样没有发生漏水。实践证明，本工程的防水设计是过硬的。本工程所设计的铝合金型材，被华加日铝业有限公司录入其公司的产品介绍，并命名为 160 系列全类型玻璃幕墙，这可以说明本设计是成功的，并得到了市场的认可，为公司树立了一个良好的社会形象，取得了一定的社会效益。

通风式双层幕墙的检测结果与节能分析

方大集团股份有限公司 曾晓武 张 宏

一、工程简介

北京国家会计学院位于北京市顺义区天竺镇，该学院的教学楼采用了通风幕墙和中空幕墙。通风幕墙外层采用6mm厚透明玻璃，内层采用5+14A+5中空高透型低辐射玻璃，幕墙分格为2000 mm ×1005mm，通道宽度在80～150mm之间，通道高度为16m；中空幕墙采用6+12A+6中空遮阳型低辐射玻璃，幕墙分格和高度均与通风幕墙相同。

二、保温和隔声性能的检测结果

与普通幕墙相比，通风幕墙三性性能（风压变形性能、空气渗透性能及雨水渗漏性能）有一定的优势外，最主要的还在于该幕墙具有环保、节能、通风换气的功能，比传统的幕墙节能达30%～40%，保温、隔声效果非常明显。

为进一步完善设计，充分掌握该幕墙的保温和隔声性能参数，从2001年12月～2002年9月，我们委托“国家建筑工程质量监督检测中心”（以下简称国家检测中心）对该工程的通风幕墙进行现场检测。检测结果如下：冬季，幕墙透明部分的传热系数K值为1.14W/（m^2·K），不透明部分的传热系数K值为0.866W/（m^2·K），平均传热系数K值为1.00W/（m^2·K），夏季有效传热系数K值为1.10W /（m^2·K），保温性能达到国家标准GB/T8484-87 II级；隔声量达37dB，隔声性能达到国家标准GB/T8485-87 II级。

表1为通风幕墙与中空幕墙的保温性能、隔声性能的比较，其中通风幕墙的性能参数为现场实测值。

通风幕墙与中空幕墙的保温性能、隔声性能比较　表1

幕墙类型	普通中空玻璃幕墙	通风式双层幕墙
保温性能K值($W/m^2.k$)	1.60~2.20	1.00
隔热性能K值($W/m^2.k$)	1.60~2.20	1.10
保温性能分级	国标III级或IV级	国标II级
隔声性能(dB)	27~31	37
隔声性能分级	国标III级或IV级	国标II级

三、现场检测结果的分析

国家检测中心对通风幕墙现场检测分两个阶段进行：2001年12月下旬进行冬季保温及隔声性能的检测；2002年8月中旬进行了夏季隔热性能的检测。通风幕墙和中空幕墙的房间属同一个空调系统，两者间具有一定的可比性，故在两次检测中，均分别对两种幕墙进行了采集数据。

1. 冬季保温性能

在冬季保温性能检测报告中，空气温度与材料表面温度关系如表2。从表中可以看出，白天，室外最高温度为3.6℃时，通风道内空气最高温度达到46.3℃，通风幕墙的房间室内空气最高温度达到28.8℃，中空幕墙的房间室内空气最高温度达到20.8℃。通风道内空气最高温度比室外空气最高温度高出42.7℃，透明部分内表面温度还要高些。而在夜间，室外最低温度为-4.4℃，通风道内空气最低温度为9.1℃，两者相差13.8℃。从以上检测数据可以得出，通风幕墙在白天充分吸收了太阳能，而在夜间有效地阻止了太阳能的散失。

空气温度与材料表面温度关系　表2

测点	最高温度(℃)	最低温度(℃)	平均温度(℃)
室外空气温度	3.6	-4.4	-0.4
通风幕墙房间室内空气温度	28.8	18.3	23.4
中空幕墙房间室内空气温度	20.8	17.6	18.6
通风道内空气温度	46.3	9.1	19.5
透明部分内表面温度	48.2	17.7	26.5

检测期间半小时采集一次数据，表3为主要采样时间太阳辐射强度与各部分温度间的关系。测试期间在夜间无太阳辐射得热的影响，当室外温度为0℃或以下时，通风道内空气温度仍保持在11.4℃左右。通风幕墙的房间室内温度保持在23.5℃左右，中空幕墙的房间室内温度保持在18.3℃左右，两房间最大温差8.0℃，平均温差为4.8℃，通过两房间的比较，充分说明通风幕墙明显优于中空幕墙，具有良好的保温性能。

太阳辐射强度与各部分温度间的关系　表3

采样时间	4:00am	8:00am	12:00am	16:00pm	20:00pm
室外空气温度(℃)	-2.8	-3.1	0.1	2.1	0.2
通风道内空气温度(℃)	11.3	14.2	45.9	27.8	11.6
通风幕墙房间室内温度(℃)	23.9	25.3	27.7	26.3	23.4
中空幕墙房间室内温度(℃)	17.6	18.4	19.8	20.1	18.9

2. 夏季隔热性能

由于通风幕墙通风道内设有遮阳百叶，在夏季检测中，主要针对有遮阳通风幕墙和无遮阳中空幕墙进行比较分析。如表4所示，在室外平均温度为26.5℃时，有遮阳百叶的通风幕墙房间的室内空气温度为 24.09℃，无遮阳百叶的中空幕墙房间的室内空气温度为 25.17℃，最大温度相差 2.89℃，而有遮阳通风幕墙玻璃内表面与无遮阳中空幕墙玻璃内表面最大温度相差 9.23℃。从以上数据可以看出，遮阳系统能有效阻止太阳能辐射，降低幕墙内表面温度，达到节省空调费用的目的。

遮阳通风幕墙和无遮阳中空幕墙比较分析　表 4

测点	最高温度(℃)	平均温度(℃)
室外空气温度	31.61	26.50
通风幕墙房间室内空气温度	24.86	24.09
中空幕墙房间室内空气温度	27.75	25.17
通风幕墙玻璃内表面温度	33.75	25.92
中空幕墙玻璃内表面温度	42.98	28.18

四、通风幕墙与中空幕墙节能比较

为了进一步说明通风幕墙的节能效果，下面结合北京国家会计学院工程的实际情况进行计算分析。将该工程教学楼的通风幕墙与中空幕墙进行节能比较。

为简化计算，只考虑可见光部分玻璃幕墙的耗热量，未考虑玻璃幕墙在其它情况的耗热量及其它损耗。

基本计算参数

北京处于寒冷地区，可不考虑夏季隔热。玻璃幕墙面积为 2600 m^2，根据现场实际检测，冬季白天平均太阳幅射照度取 270W/m^2。冬季室外计算温度为-9°C，室内采暖计算温度为 19°C，北京地区采暖天数按每年 126 天，每天 10 小时考虑，电费取 1.00 元/（kW·h）。

二种玻璃幕墙的节能比较

1. 中空幕墙冬季白天增热量

根据公式

$$R_{hg}=K_1\times(T_w-T_n)+S_c\times I_s$$

式中　R_{hg}——相对增热（W/m^2）；

K_1——中空幕墙的传热系数，取 1.79 W/（m^2·K）；

T_w——冬季室外计算温度，取-9°C；

T_n——冬季室内采暖计算温度，取 19°C；

S_c——中空幕墙的遮阳系数，采用遮阳型低辐射玻璃，取 0.47；

I_s——北京地区冬季白天平均太阳幅射照度，取 270W/m^2。

$$R_{hg}=1.79\times(-9-19)+0.47\times 270$$

$$=76.8\ (W/m^2)$$

2. 通风幕墙冬季白天增热量

根据公式

$$R_{hg}=K_2\times(T_w-T_n)+S_c\times I_s$$

R_{hg}——相对增热（W/m^2）；

K_2——通风幕墙的传热系数，取 1.14 W（/m^2·K）；

S_c——通风幕墙的遮阳系数，外层采用单层透明玻璃，内层采用高透型低辐射玻璃，取 0.61×0.85=0.52。

$$R_{hg}=1.14\times(-9-19)+0.52\times 270$$

$$=108.5\ (W/m^2)$$

3. 每年冬季通风幕墙比中空幕墙节约的总采暖费用

$$Q=\Delta R_{hg}\times F_G$$

式中　Q——通风幕墙比中空幕墙增加的冬季白天增热量（kW）；

F_G——该玻璃幕墙的面积为 2600m^2。

$$Q=(108.5-76.8)\times 2600$$

$$=82.4\ (kW)$$

每年通风幕墙比中空幕墙节约的总采暖费用 E

$$E=Q\times 10\times 126\times 1.00$$

$$=82.4\times 10\times 126\times 1.00$$

$$=10.4\ (万元)$$

由计算可知，在本工程中，尽管通风幕墙面积较小，但通风幕墙与中空幕墙相比，每年仍可节省采暖费用 10.4 万元，如大面积采用该幕墙，必将产生显著的节能效果。

五、结 论

1. 玻璃幕墙中玻璃的选型十分重要。它包括工程所处地区、朝向、玻璃的类型、玻璃的厚度以及玻璃的性能参数如传热系数、遮阳系数等等。

2. 通风幕墙独特的作用机理，具有显著的节约能源的效果。虽然通风幕墙的单价比中空幕墙的单价高 60%～70%，但通过估算，经过 14～18 年左右可回收所增加的成本。随着通风幕墙的不断发展、提高，该幕墙必将产生较大的社会效益和经济效益。

基于 CFD 流体模型的双层换气幕墙传热分析

深圳市三鑫特种玻璃技术股份有限公司　总工程师　**张桂先**　副总工程师　**陈立东**　工程师　**丁　鸥**

【摘　要】【本文应用 CFD-计算流体动力学方法对双层换气幕墙的传热特性进行了全面的分析。运用 CFD 紊流模型对双层换气幕墙的热通道的温度场、速度场、压力场进行模拟分析，对考察双层幕墙热工性能、经济性能有着重要作用。

【关键词】 双层换气幕墙　CFD　热通道　温度梯度

Heat Transfer Analysis for Double Skin Façade of Building Based on CFD Fluid Model

Cheung Kwai Sin　Chen Lidong　Ding Ou

(SANXIN GLASS TECHNOLOGY CO., LTD. SHENZHEN 518054, CHINA)

【Abstract】 Computational fluid dynamics (CFD) is employed in this article for fully analyzing heat transfer of double skin façade system. Through illustrating heat transfer procedure and method , the CFD turbulence model is applied for simulating the heat ventilation path of double skin façade system. Then the air temperature field, velocity field and pressure field in the heat ventilation path can be calculated. The convective heat transfer coefficient is very important in considering energy-efficient and economical performance .

【Key words】 double skin façade system, CFD, heat ventilation path, temperature gradient.

分类号：

进入新世纪，以环保、节能为主题的玻璃幕墙逐渐取代传统的玻璃幕墙形式，引领着新时期幕墙的发展方向。传统玻璃幕墙由于能源消耗量大，室内卫生质量差等问题已经不能满足人们对高生活质量的需求[1]。

双层换气幕墙作为一种新型幕墙，是在传统的幕墙外增加一层玻璃幕墙，通过幕墙通风设备的开、关，可使两层幕墙中间的通道（俗称热通道）进入或排出空气，内层窗开启后，房间可通过热压与风压的作用进行自然通风。热通道中的自动遮阳装置还可以调节太阳辐射，把夏季强烈的太阳辐射阻挡在内层幕墙外，其遮阳效果要优于一般的内遮阳措施。双层幕墙的传热节能效率，内环境的控制一直是业主及设计师所关心的问题，正确的解决这一问题，对于我们客观的认识、设计双层换气幕墙具有重要意义。

1. 双层换气幕墙的传热分析

和其他的大多数传热分析一样，双层换气幕墙的热量传递方式也有三种基本的形式：导热、对流和辐射。其中导热为内、外层玻璃的导热；对流不仅包括室内、外的空气对流传热，还包括热通道的空气对流传热（是分析的重点）；辐射则要考虑阳光辐射进入室内房间的热量，以及双层换气幕墙两玻璃平面间的辐射，见图 1。

在稳定传热条件下，双层换气幕墙的综合传热系数用 K 来表示

$$K=\frac{1}{R} \quad \cdots\cdots\cdots\cdots\cdots\cdots (1)$$

其中，R 为双层换气幕墙的总热阻，它与综合传热系数互为倒数[2]。

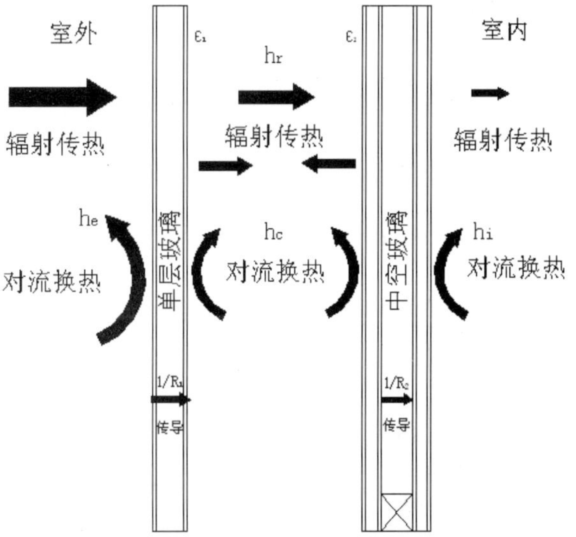

图 1　双层换气幕墙传热分析

$$R=\frac{1}{h_e}+\frac{1}{h_i}+\frac{1}{h_d} \quad \cdots\cdots\cdots\cdots\cdots\cdots (2)$$

式中　h_e——外层玻璃外表面空气的对流换热系数；

h_i——为内层玻璃内表面空气对流换热系数；

h_d——双层换气幕墙综合传热系数。

双层换气幕墙综合传热系数 h_d 由下式计算：

$$\frac{1}{h_d}=\frac{1}{h}+R_1+R_2 \quad \cdots\cdots\cdots\cdots\cdots\cdots (3)$$

式中　h——热通道传热系数；

R_1 、R_2——内、外玻璃的热阻；

热通道传热系数 h 由下式计算：

$$h = h_c + h_r \cdots\cdots\cdots\cdots\cdots\cdots (4)$$

式中　h_c——空气层的对流换热系数；

h_r——空气层辐射换热系数。

对于两平行玻璃平面间的空气层辐射传热系数[8]为：

$$h_r = \frac{4\sigma T_m^{\ 3}}{\dfrac{1-\varepsilon_1}{\varepsilon_1} + \dfrac{1-\varepsilon_2}{\varepsilon_2} + \dfrac{1}{F_{12}}} \cdots\cdots\cdots\cdots\cdots\cdots (5)$$

式中　σ——斯忒藩-玻耳兹曼常量，即通常说的黑体辐射常数，它是个自然常数，其值为 5.67×10^{-8}W/（$m^2 \cdot K^4$）；

T_m——玻璃的热力学平均温度；

ε_1、ε_2——玻璃的发射率。

$$F_{12} = \frac{2}{\pi ab}\left\{\ln\left[\frac{(1+a^2)(1+b^2)}{1+a^2+b^2}\right]^{1/2} + a\sqrt{1+b^2}\tan^{-1}\frac{a}{\sqrt{1+b^2}} + b\sqrt{1+a^2}\tan^{-1}\frac{b}{\sqrt{1+a^2}} - a\tan^{-1}a - b\tan^{-1}b\right\} \cdots\cdots\cdots\cdots\cdots (6)$$

a 、b 为玻璃计算单元的高、宽空气层对流换热系数为

$$h_c = N_u \frac{\lambda_a}{s} \cdots\cdots\cdots\cdots\cdots\cdots (7)$$

式中　N_u——努塞尔（Nusselt）数；

λ_a——空气导热系数；

s——热通道宽度。

努塞尔（Nusselt）数为

$$N_u = \frac{(\frac{\partial T}{\partial x})_w s}{\Delta T} \cdots\cdots\cdots\cdots\cdots\cdots (8)$$

式中　$(\frac{\partial T}{\partial x})_w$——热通道内温度梯度；

ΔT——热通道的温差；

s——热通道宽度。

在此，可以利用 CFD 建立模型，得出热通道内的温度分布图 [7]。

2. CFD 数学模型

CFD（Computational Fluid Dynamics）——计算流体动力学，通常包含如下几个主要环节：建立数学物理模型、数值算法求解、结果可视化。

2.1 数学物理模型

建立数学物理模型是对所研究的流动问题进行数学描述，得出控制微分方程。基于该方程，即可求解热通道中空气的流场速度、温度等物理量的分布。

$$\frac{\partial}{\partial t}(\rho\varphi) + div(\rho\vec{u}\varphi + -\Gamma_P grad\ \varphi) = S_P \cdots\cdots\cdots\cdots\cdots (9)$$

其中，$\rho, \vec{u}, -\Gamma_P grad\varphi, S_P$ 分别表示密度、速度矢量、扩散通量和源项。

2.2 数值算法

上述的微分方程具有很强的非线性特征，目前只能利用数值方法进行求解。这就需要对实际问题的求解区域进行离散。（可参考有关计算流体力学，数值传热学的书籍）。离散后的微分方程组就变成了代数方程组，表现为形式如下：

$$a_P\phi_P = a_E\phi_E + a_W\phi_W + a_N\phi_N + a_S\phi_S + a_T\phi_T + a_B\phi_B + b \cdots\cdots\cdots\cdots\cdots\cdots (10)$$

其中，a 为离散方程的系数，ϕ 为各网格节点的变量值，b 为离散方程的源项。下标 P、E、W、N、S、T 和 B 分别表示本网格、东边网格、西边网格、北边网格、南边网格、上面网格和下面网格处的值。

可见，通过离散之后使得难以求解的微分方程变成了容易求解的代数方程，采用一定的数值计算方法求解代数方程式(10)，即可获得流场的离散分布，从而模拟所关心的流动情况。

2.3 结果后处理

上述代数方程求解后的结果是各网格节点上的数值，结果不直观，因此还需通过计算机图形学等技术，将速度场和温度场等形象、直观地表示出来。

3. 模拟分析实例

应用 ANSYS 有限元程序中的 FLOTRAN 专用 CFD 分析软件拟对深圳地区某一双层换气幕墙热通道进行模拟分析。

工程环境条件：假定热通道外边界空气温度 39^0C（312K），内边界空气温度 29^0C（302K），热环境温度 36^0C（309K），太阳辐射强度 700W/m^2,内层窗关闭，玻璃的发射率 $\varepsilon = 0.94$ 。

速度边界条件：室外风速 1.5m/s，两玻璃面边界速度为 0 m/s，进出气口边界压力为 0 。

紊流模型：NEW $k-\varepsilon$ 模型。

其它条件：考虑重力加速度 9.8m/s^2，国际标准空气参数。

ANSYS 求解器：速度、温度、压力求解器均采用三对角矩阵法，迭代控制 50 次。

收敛控制：温度 10^{-8}K，压力 10^{-8}Pa，速度 10^{-2} m/s

将此模型输入 ANSYS 计算程序中，划分网格，定义边界条件，求解计算，既可得出双层换气幕墙的温度分布图、气流速度云图、热通道气压云图以及热通道的空气对流换热系数。

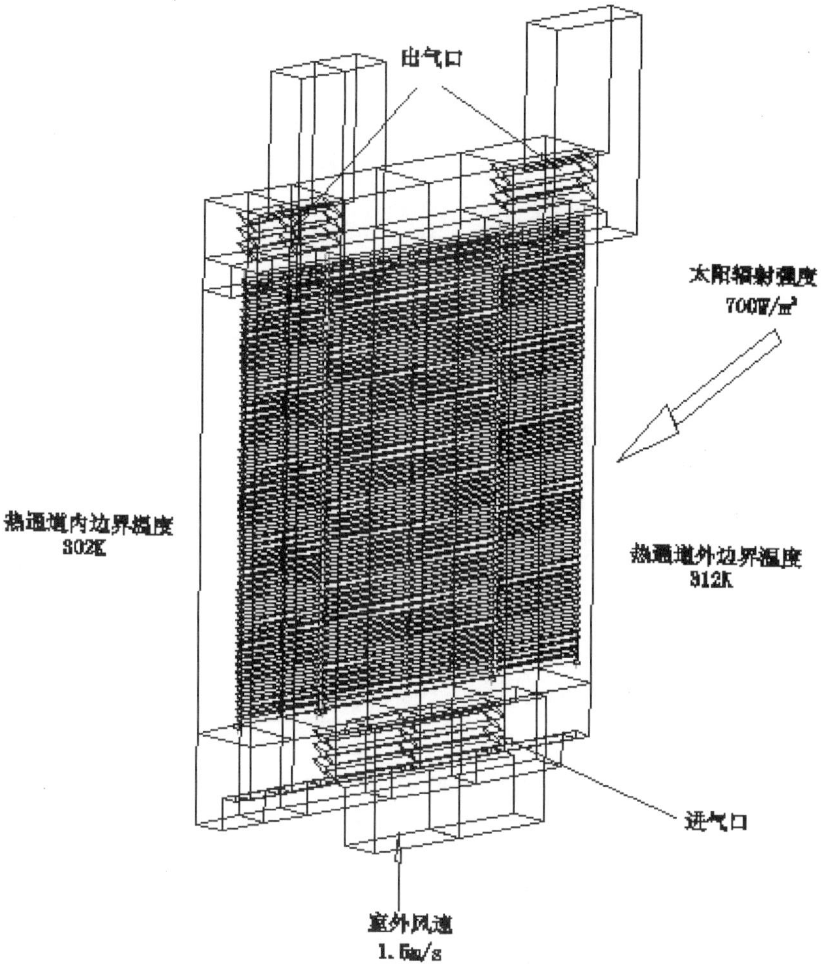

图 2　双层换气幕墙 CFD 模型

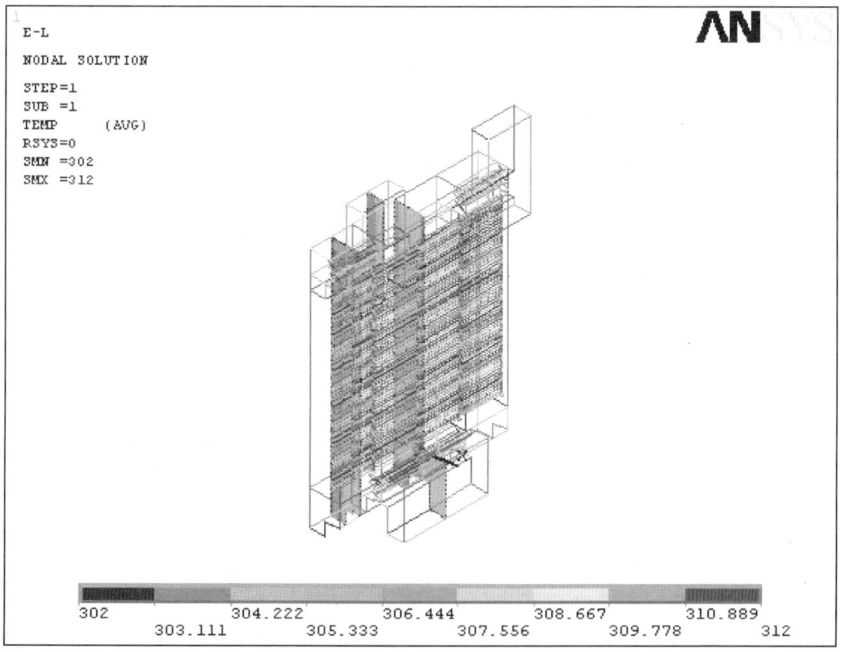

图 3　综合温度分布图

图 3 详细反映了双层换气幕墙热通道的温度分布情况。从图中可以看出，双层换气幕墙在夏季热通道中的空气由于内、外两层幕墙的温度不同，造成空气密度变化，热空气由于密度变小，自然上升，形成自然对流换热。

热通道中的温度分布平缓，从图 4 中可以看出只在内、外两层幕墙附近温度梯度较大，因此热通道的空气对流换热主要集中在两侧玻璃的周围。

图 5 详细反映了双层换气幕墙热通道内的空气流动情况。双层换气幕墙在夏季，热通道中的空气由于风压与热压（“烟囱”效应）作用，自然上升，从上部出气口排出，同时进气口有新空气补充进入，形成自然流动，这种流动不仅有利于降低内层幕墙温度，而且也可以满足室内通风要求。从图中可以看出，热通道内的空气速度在此模拟分析中可以达到 4.18m/s。

图 6、图 7 为双层换气幕墙热通道内、外表面的节点对流换热系数曲线，图中横坐标为内、外表面节点的高度，纵坐标为对流换热系数。通过对数据结果进行分析、处理，可以得出在此种工况下，热通道内的对流换热系数（h_c）为 3.54。

4. 结论

a. 双层换气幕墙的 CFD 数值模拟方法具有成本低、速度快、数据完备等优点，可以有效模拟出热通道内的温度、速度、压力的分布情况。

b. 在此模拟分析中，热通道内的空气在玻璃壁面的流速达到 4.18m/s,说明双层换气幕墙可以起到有效的隔热作用。

c. 从模拟结果可以看出，热通道内的温度分布均匀，在玻璃面附近形成明显的温度梯度，说明热通道的对流换热主要集中在玻璃壁面。

d. 利用文中所述的 CFD 计算方法可以方便、快捷地得出热通道的对流换热系数这一重要参数，再根据传热学原理，便不难得出整个双层换气幕墙的传热系数，为热通道幕墙设计提供热工计算依据。

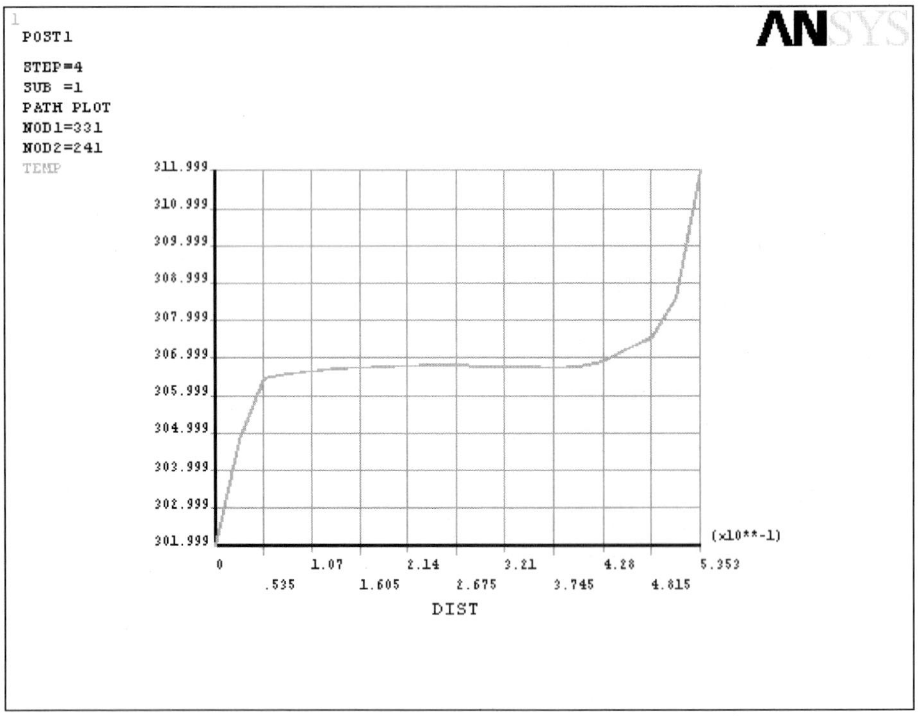

图 4　热通道内温度梯度图

注：图中左侧为热通道内层玻璃表面，右侧为热通道外层玻璃表面，
　　温度单位为 K（^{0}C=K-273）。

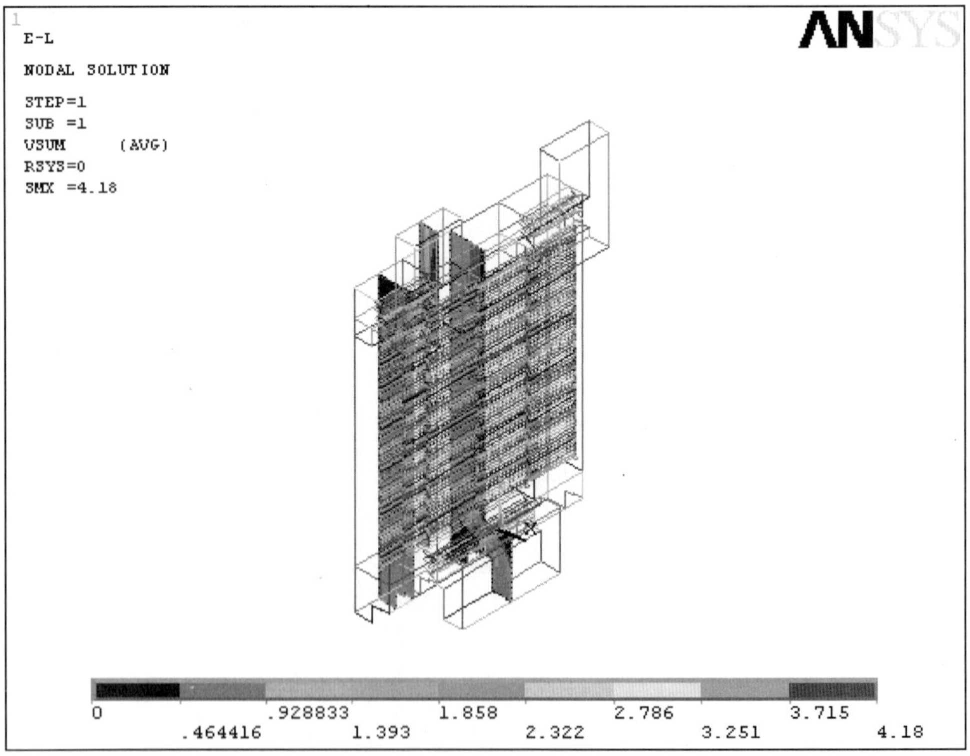

图 5　热通道内空气速度云图

注：图中的速度单

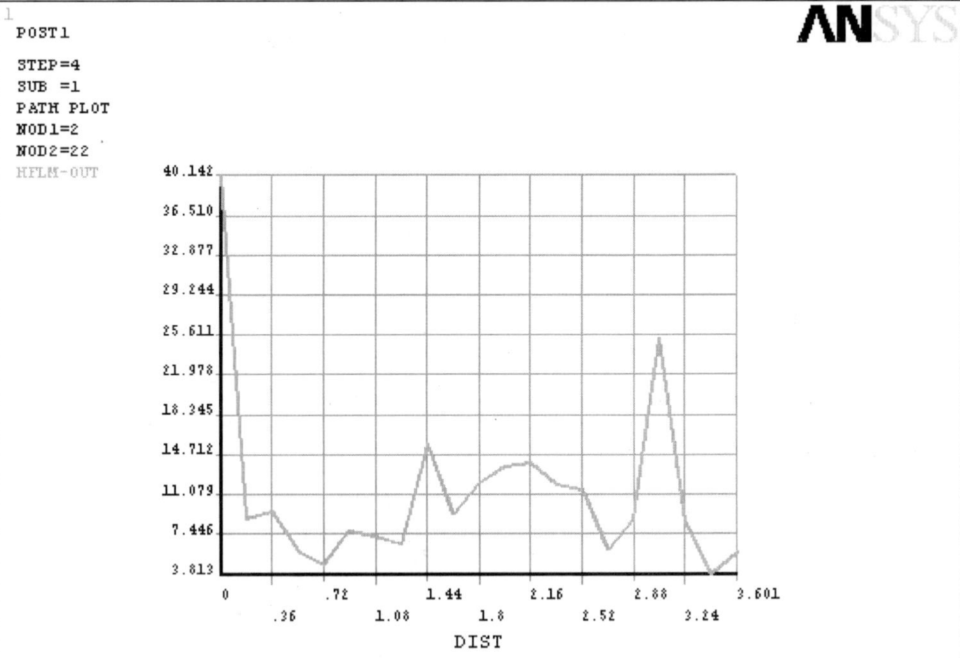

图 6 玻璃内表面对流换热系数曲线图

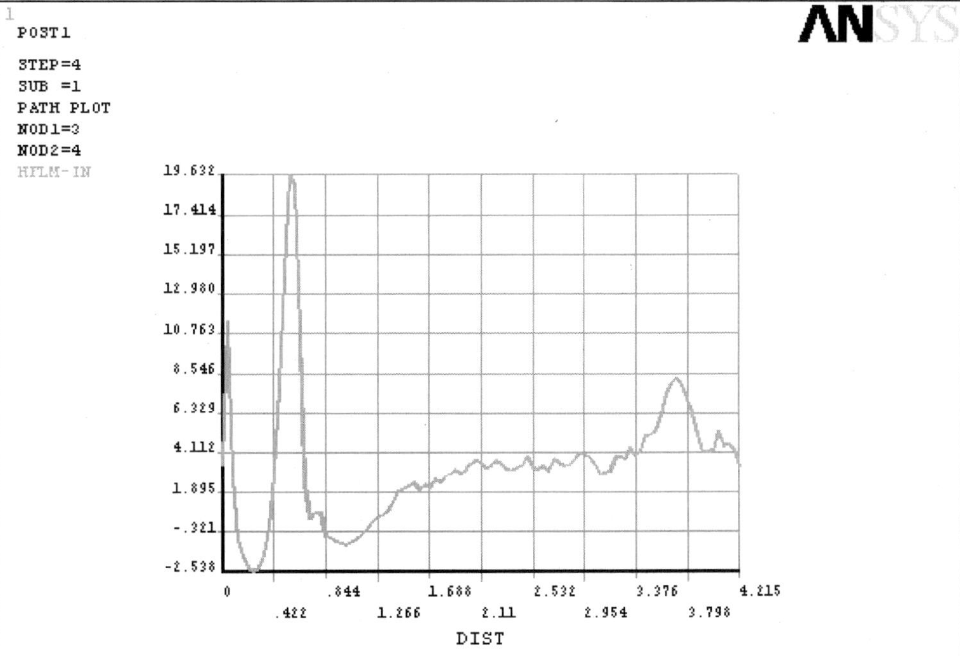

图 7 玻璃外表面对流换热系数曲线图

参考文献

1. 陈建东.玻璃幕墙工程技术规范应用手册.北京：中国建筑工业出版社，1996

2. 杨世铭，陶文铨.传热学.北京：高等教育出版社，1998

3. 江宏俊.流体力学. 北京：高等教育出版社，1988

4. 付祥钊，韩爱兴.夏热冬冷地区建筑节能技术.北京：中国建筑工业出版社，2002

5. 叶歆.建筑热环境[M].北京：清华大学出版社，1995

6. 陈礼，吴勇华.流体力学与热工基础.北京：清华大学出版社，2002

7. Guohui Gan. Thermal transmittance of multiple glazing: computational fluid dynamics prediction[J]. Applied Thermal Engineering 21 (2001) 1583-1592.

8. M.A. Bernier, B. Bourret, Effects of glass plate curvature on the U-factor of sealed insulated glazing units,[J] ASHRAE Transactions 103 (1) (1997) 270-277.

9. M.G. Hutchins, W.J. Platzer, Thermal performance of advanced glazing materials,[J] Renewable Energy 8 (1) (1996) 540-545.

钢铝组合结构的计算机辅助结构计算

深圳市方大装饰工程有限公司　林勇生　董格林　谢士涛

1．钢铝组合结构的产生和发展

随着建筑幕墙技术的发展，幕墙被应用到越来越多的建筑中，而对于大分格、大跨度、大风压地区（如大连、厦门、深圳等）的玻璃幕墙，采用铝合金结构已不能满足幕墙对骨架结构强度和刚度的要求。

于是有设计师开始选用工字钢、方钢通等钢型材来做为受力构件。但实际使用中，由于生产加工过程中其精度难以控制在理想范围，导致装饰效果差，而且由于受表面处理的局限性和材料本身性能的影响，极易出现褪色、漆膜脱落等现象，严重者甚至锈迹斑斑。有的设计师想到在钢结构外包饰一层铝塑复合板，但新的问题又出现了，由于铝塑复合板需在工地现场折弯，折弯角度难以控制，导致横梁不平、立柱不直，装饰效果难以保证。有的设计师想到在铝型材内部插入钢加强芯，显而易见的是，由于安装工艺的限制，钢铝直接接触是不可避免的，而钢铝直接接触会导致电化腐蚀，这是决不允许出现的。

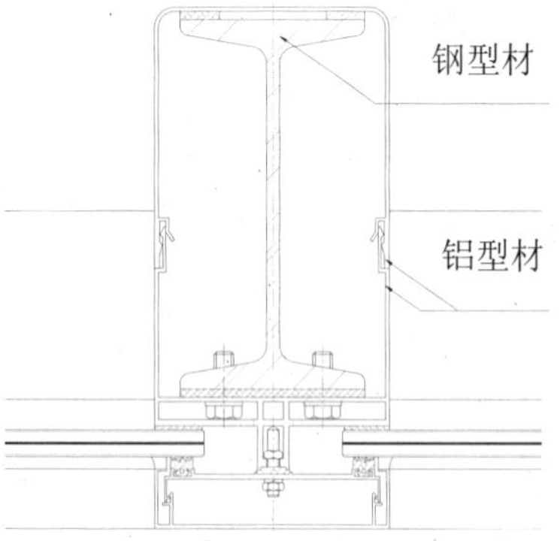

图1－a　立柱横剖节点

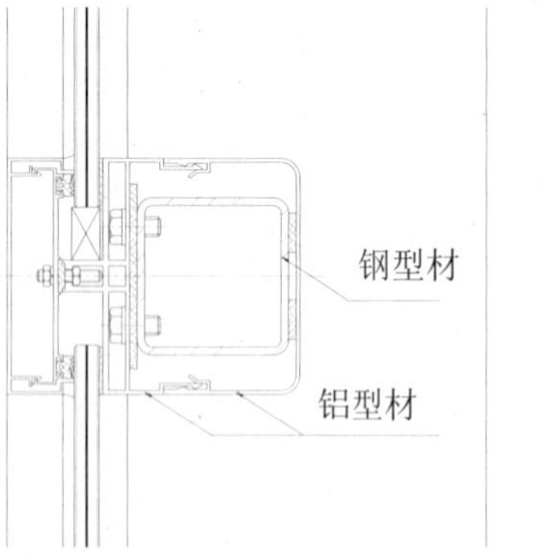

图1－b　横梁竖剖节点

似乎山穷水尽，然而不断地总结经验教训，终于得出了一个比较理想的方案——钢铝组合结构。通过采用一种全新的钢型材—铝型材组合结构（图1－a，1－b所示）作为横梁和立柱，将以上各种结构型式的不足一一弥补，从而有效解决大分格、大跨度、大风压玻璃幕墙给结构所带来的种种问题。

2．结构设计对受力构件力学性能的要求

2.1 强度要求

《玻璃幕墙工程技术规范》（以下简称JGJ102－96）和《金属与石材幕墙工程技术规范》（以下简称JGJ133－2001）规定构件截面最大应力设计值不应超过材料强度设计值:

$$\sigma \le f \qquad (1)$$

式中　σ——荷载和作用产生的截面最大应力设计值(MPa)；

f——材料强度设计值(MPa)。

2.2 刚度要求

(JGJ102－96)和(JGJ133－2001)规定横梁或立柱的最大挠度应符合下式要求:

$$u \le [u] \qquad (2)$$

式中　u——荷载和作用标准值产生的挠度最大值(mm)；

$[u]$——挠度允许值(mm)。

具体指标为:

当跨度不大于7.5m时:

铝型材：$u \le l/180$　　且$u \le 20mm$

钢型材：$u \le l/300$　　且$u \le 15mm$

当跨度大于7.5m时:

钢型材：$u \le l/500$

式中　l——横梁或立柱的跨度。

2.3 材料力学性能

下面列出最常用的铝合金(6063-T5)和钢(Q235)的力学性能。

铝合金(6063-T5)

强度设计值：$f_a = 85.5MPa$

弹性模量：$E_a = 0.7 \times 10^5 MPa$

钢(Q235)

强度设计值：$f_s = 215MPa$　（是铝合金的2.5倍）

弹性模量：$E_s = 2.1 \times 10^5 MPa$（是铝合金的3.0倍）

3. 钢铝组合结构的计算机辅助结构计算

在钢铝组合结构中，钢型材和铝型材组成一个组合截面，共同承受外荷载。组合截面的计算必需依靠专用的计算程序进行截面模拟，是比较复杂的。下面将介绍一种简便的计算机辅助计算方法。

3.1 挠度和应力的计算方法

设受力构件的力学模型为最常见的偏心受拉且承受水平荷载的简支立柱，跨度为 l，水平均布线荷载为 q。依据 (JGJ102-96)、(JGJ133-2001) 和《钢结构设计规范》(GB50017-2003)，

最大挠度为：
$$u=\frac{5ql^4}{384EI} \tag{3}$$

最大应力为：
$$f=\frac{N}{A_0}+\frac{M}{\gamma W} \tag{4-1}$$

式中 q——水平均布线荷载标准值 (kN/m)；

l——立柱的跨度 (mm)；

E——材料的弹性模量 (MPa)；

I——立柱的截面惯性矩 (mm^4)；

N——立柱轴力设计值 (N)；

A_0——立柱的净截面面积 (mm)；

M——立柱弯矩设计值 (N.mm)；

γ——截面塑性发展系数；

W——在弯矩作用方向的净截面抵抗矩 (mm^3)。

3.2 计算机辅助计算方法的基本假定

在钢铝组合结构中，钢型材和铝型材组成一个整体（图 $1-a$，$1-b$），近似紧密结合状态，因此在垂直于结构的荷载作用下，钢型材和铝型材的挠度可近似认为是相同的。此外，由于轴向力所引起的应力一般均不超过合应力的 2%，为简化计算机辅助计算方法的推导，此处予以忽略。根据以上钢铝组合结构的特点，作如下基本假定：

(1) 在水平荷载作用下，钢型材和铝型材的挠度相等，即等挠度原理；

(2) 不考虑轴向力所引起的应力。

3.3 等效形心轴的求解

由上述基本假定 (2) 和式 (4-1) 可简化为：

$$f=\frac{M}{\gamma W} \tag{4-2}$$

由上述基本假定 (1) 可知：

$$u=u_s=u_a \tag{5}$$

式中 u_s，u_a——钢铝组合结构中钢型材，铝型材在荷载作用下的挠度 (mm)；

联立式 (3) 和式 (5) 可以得知：

$$\frac{q}{EI}=\frac{q_s}{E_sI_s}=\frac{q_a}{E_aI_a} \tag{6}$$

式中 q_s，q_a——钢铝组合结构中钢型材，铝型材分别承受的线荷载 (N/mm)；

I_s，I_a——钢铝组合结构中钢型材，铝型材的截面惯性矩 (mm^4)。

由于水平均布线荷载为矢量，因此可知：

$$q=q_s+q_a \tag{7}$$

联立式 (6) 和式 (7) 可得：

$$EI=E_sI_s+E_aI_a \tag{8}$$

式 (6) 表明钢型材和铝型材分别承受的荷载是按刚度分配的。特别需要注意的是，此处计算钢型材－铝型材的组合截面惯性矩时，由于钢型材和铝型材共同工作，因此其形心轴必须是共同工作的形心轴，将此形心轴定义为等效形心轴。

由于刚度为弹性模量 E 和惯性矩 I 的乘积，因此求解计算组合截面惯性矩必需的等效形心轴时，必须先将不同截面组成材料的弹性模量进行等效转换，才能求出真正共同工作的等效形心轴。由 $E_s=2.1\times10^5MPa$ 和 $E_a=0.7\times10^5MPa$ 可将式 (8) 转化为

$$EI=3E_aI_s+E_aI_a=E_a(3I_s+I_a) \tag{9}$$

式 (9) 表明，等效中性轴是基于组合惯性矩 $3I_s+I_a$ 的中性轴。下面介绍一种利用计算机辅助求解等效形心轴的简便方法。

钢型材和铝型材的截面形状一般均不规则，因此必须借助于计算机来求解截面参数，通常是利用最常用的计算机辅助设计软件—— AUTOCAD 来实现。根据钢铝组合结构的截面特点，可按下述步骤求出等效形心轴。

步骤 (1)：对钢型材和铝型材截面图形执行“面域 (Re gion)”命令，分别形成面域；

步骤 (2)：对已形成面域的铝型材截面图形执行“布尔运算差集 (Substact)”命令，形成铝型材整体面域；

步骤 (3)：将已形成整体面域的钢型材沿中性轴方向复制 2 次，再和铝型材截面图形执行“布尔运算并集 (Union)”命令，形成钢铝组合结构截面的整体面域；

步骤(4)：对已形成整体面域的钢铝组合结构截面图形执行“质量特性(Massprop)”命令，并将其形心(Centroid)移动到坐标(0,0)，通过形心且平行于x轴和y轴的形心轴即为需求解的等效形心轴。

3.4 钢铝组合结构的计算机辅助计算方法

等效形心轴求出之后，对已形成整体面域的钢铝组合结构截面图形执行“炸开(Explode)”命令，再执行上述的步骤(1)和(2)，之后分别对已形成整体面域的钢型材和铝型材截面图形执行“质量特性(Massprop)”命令，即可求出基于等效形心轴的I_s和I_a。

依据式(6)和式(7)，可求出q_s和q_a，进而可求出M_s和M_a；再由基于等效形心轴I_s、I_a和y_s、y_a（y_s和y_a分别为沿y轴方向从等效x向形心轴到钢型材和铝型材截面边缘距离的最大值）可求出净截面抵抗矩W_s和W_a（W_s和W_a分别为基于等效形心轴的钢型材和铝型材的截面抵抗矩），代入式(4－2)即可求出钢型材和铝型材最大正应力σ_s和σ_a。

将基于等效形心轴I_s和I_a代入式(8)，钢铝组合结构的整体抗弯刚度EI即可求出，将整体抗弯刚度EI代入式(3)，即可求出挠度。需要指出的是，挠度的控制应以(JGJ102－96)和(JGJ133－2001)中关于钢型材和铝型材挠度允许值的较严格者为依据。

对于钢铝组合结构横梁或其它多跨铰接或多跨连续立柱，亦可按上述方法求出基于等效形心轴的I_s、I_a和W_s、W_a，代入相应计算公式或输入相关计算程序中即可计算出强度和挠度。

4．计算机辅助计算方法应用举例

例：一两端简支立柱，跨度l=6.25m，截面型式如图1－a，水平线荷载标准值q_k=6kN/m，设计值q=8.1kN/m，不计轴向力，验算强度及挠度。

求解第一步：先按3.3中相关步骤在AUTOCAD求出钢铝组合结构截面的形心，并将形心移动至坐标(0,0)，特别注意实施步骤(3)时应将钢型材沿中性轴方向复制2次（如图2所示），使中性轴为基于组合惯性矩$3I_s+I_a$的等效中性轴；

求解第二步：将钢铝组合截面整体面域执行“炸开(Explode)”命令，再分别形成钢型材和铝型材面域，利用

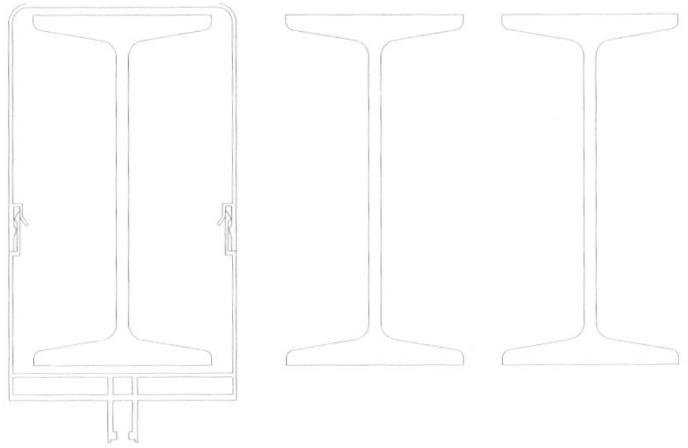

图2　等效中性轴计算简图

“质量特性(Massprop)”命令求出基于等效x向形心轴的I_s=34708550mm^{4}和I_a=18096562mm^4，再求出W_s=283591mm^{3}和W_a=131985mm^3；

求解第三步：依据式(6)和式(7)，求出线荷载设计值q_s=6.90kN/m和q_a=1.20kN/m，依据式(8)求出EI=8.56×10^{12}N.mm^2；

求解第四步：依据式(3)和式(4－2)，求出σ_s=113.14MPa，σ_a=113.14MPa，u=13.92mm，满足规范要求。

5．结语

(1)本文介绍的钢铝组合结构已成功应用于大连世贸大厦、深圳国际机场和深圳宝安体育馆等工程，通过众多的工程实践检验，是切实可行的；

(2)对于大跨度的钢铝组合结构，其结构设计控制因素一般是挠度；

(3)由于计算方法的局限性，本文介绍的计算机辅助计算方法只能是一种近似计算方法，但通过该方法计算出的结果与通过计算机完全模拟组合截面计算出的结果基本相同，偏差幅度可控制在3%以内，完全可以应用于实际工程的设计。

参考文献

1. 玻璃幕墙工程技术规范(JGJ102－96)，中国建筑工业出版社，1996

2. 金属与石材幕墙工程技术规范(JGJ133－2001)，中国建筑工业出版社，2001

3. 钢结构设计规范(GB50017－2003)，中国建筑工业出版社，2003

4. 李宗瑢，张大伦主编. 材料力学. 上海：同济大学出版社，1989

新型幕墙——千思板幕墙的应用

应永东　李春华　诸永明　倪英戈

千思板是一种新型幕墙板，为荷兰产的环保型高科技建材，它具有超强耐候性能，是一种可满足建筑创意多样化的理想外墙装饰材料。本文就千思板幕墙在某大楼工程的应用及制作安装情况作以下介绍：

一、工程简况

某大楼工程建筑面积 30000 ㎡，主楼为 20 层，副楼为 11 层。主楼和副楼外装饰都采用了白色、黄色千思板。该工程特点是千思板面积大、外辅以浅色线条为主，主楼屋顶和裙房外立面大多数是方形线条和格栅。

二、千思板幕墙的性能

千思板含有 30%的热固性树脂和 70%的木纤维，其板材不会释放任何气体和液态物质，其木质纤维为速生松木。千思板的着色料不含重金属和溶剂，色彩稳定性良好，不需油漆。它的边角材料可储存或循环使用、自然分解，对生态无任何影响，符合环保要求。特别是千思板有良好的抗紫外线性能，且不受温度变化的影响，具有防潮、防火、抗冲击等性能，在一些发达国家被广泛应用。

三、千思板的制作和安装措施

1．千思板的制作与加工。采用手工圆锯和固定圆锯切割，送料速度为 7～22m/min，锯齿为用于木材加工的硬质合金的交叠齿或梯形平齿，细线锯为硬质合金锯条，内部弯角需钻出半径为 6mm 的开口，锲入锯齿由面板的装饰面切入，切割边界时用固定的工具切割能达到最好的效果。斜角切割的最佳角度为 45°，千思板钻孔用的钻头是硬质合金的 HSS 钻头，钻头顶端角度为 60°～80°。

2．千思板的安装。千思板与龙骨采用抗腐蚀件固定，板应无预应力安装并能自由调节。搭楼接缝可采用开放式、企口搭接式和插片式三种形式，固定形式一般采用可见式铆钉固定和不可见式固定两种安装方式。

a．可见式铆钉固定：板厚 6mm 以上的千思板可以用铆钉固定（图 1）。

b．不可见式固定：板厚 8mm 以上的千思板可以用不锈钢螺栓与铝角码等其他五金件在板的背面作不可见固定，板材通过该配件被固定在龙骨系统上，每一块板在其上部设有几个固定点，其间距不大于 300mm，且每边固定不少于两处，在安装时利用不锈钢螺栓调整板的位置（图 2）。

除以上所述外，千思板的通风、防火、预埋件、纵横龙骨设置等的安装基本与普通的玻璃幕墙、金属幕墙相同。

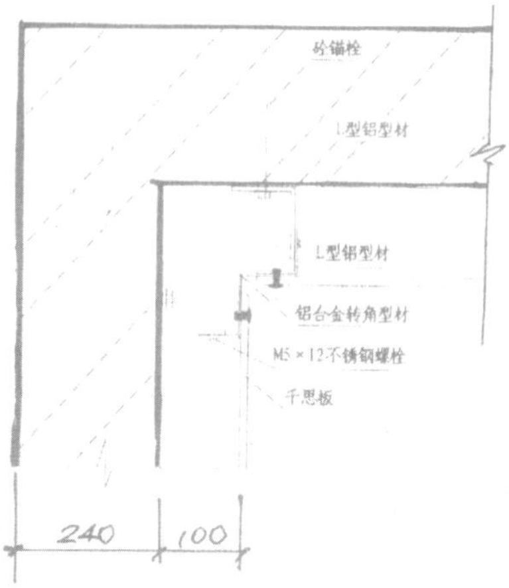

图 1　可见式铆钉固定连接构造

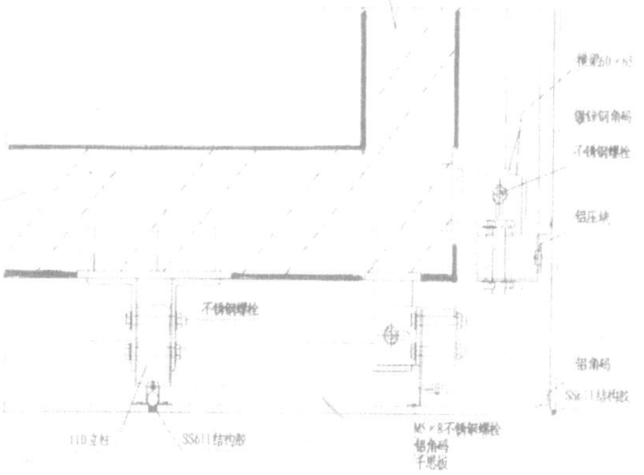

图 2　不可见式固定连接

四、千思板质量要求

1．千思板的品种、质量、颜色应符合设计要求。

2: 千思板表面应平整、洁净、规格和颜色应一致。

3．板面与骨架的固定必须牢固。

4．接缝应宽窄一致，保温材料品种和堆集密度应符合设计要求，并应填塞饱满不留空隙。

5．安装千思板用的铁制锚固和连接件应作防锈处理，砼锚栓的拉拔试验应符合设计要求。

6．流水坡向正确，滴水线（槽）顺直。

使用三年来该千思板幕墙经各方检查未发现任何异常质量问题，千思板的色泽和质感仍保持着原有鲜艳、明亮的特点。因此，该工程千思板幕墙的应用表明其施工工艺及所采取的相应的安装构造措施是合理的、可行的。

目前，各地都在加快城市建设，创造绿色环保城市、积极推广和应用新的高性能环保型材料势在必行，通过千思板的施工实践为以后幕墙装饰工程的设计和施工又提供了一种新的选择。

千思板幕墙的优化设计

沈阳黎东幕墙装饰有限公司　杜东新

【摘　要】建筑物外墙面采用新材料的设计越来越多，千思板作为新一代的建筑装饰幕墙材料，虽然并未像玻璃、铝板、石材一样大面积普及,但作为一种新事物，千思板以其特有的优势仍然显示出鲜活的生命力。目前在建工程及投标工程中经常用到。

本文介绍的千思板设计是在参考国内外常规作法的基础上对其的优化设计，采用小单元挂式安装工艺，其特点为安装速度快，连接强度合理。同时取消了一根横龙骨，竖龙骨采用分段式设计，有效降低了铝型材的使用量。一个成功的设计应当是根据业主的投资意愿或消费倾向，结合工程特点，因此在方案设计或实际施工中即要发挥艺术性，也要考虑经济因素，为业主提供高性价比的产品。本文同时提供该产品的成本分析，供业内人士参考。

【关键词】千思板　优化设计　成本分析　结构特点　　密封特点等

一、前　言

随着时代的进步，科学技术的突飞猛进，现代建筑的造型越来越复杂，形式也各异，各种新技术、新材料、新工艺应运而生，极大的丰富了日新月异的现代建筑。建筑幕墙作为建筑的外围护构件，理所当然地要吸纳新技术、新材料、新工艺的精华，将自己包装起来。千思板作为新一代的建筑装饰幕幕墙材料，越来越受到建筑师的青睐。在实际工程的应用中也越来越多，诸如北京旺座中心、成都双流机场新航站楼、香港新机场、重庆江北机场老候机楼，以及即将施工的中国人民大学科教中心等项目都用千思板幕墙。

二、千思板材料介绍

千思板是由热固树脂基材，混以木质纤维强化，在高温高压下成型的平行板材，运用特殊技术，使材料具有一体化的三聚氰氨装饰面层。

1．千思板有着极佳的耐刮擦性能，在潮湿的环境影响下没有任何不良反应。基于良好的耐化学腐蚀性，板材清洁可以用各种清洁剂，这些清洁剂对材料性能和表面都没有影响。此外板材抗弯强度和弹性的组合使千思板具备高抗冲击性能，表面致密，不易挂灰，很容易清洗。板材的防火性能很好，在火中不会熔化滴落，能长时间地保持稳定性，维护简便，表面和边缘都不必采用保护措施。

2．加工方便。千思板采用加工硬木的标准碳钨合金刀头，可以用来完成各道加工工序，如钻孔、切割和铣削。

3．自重轻。千思板的另一突出优点是自重轻，其自重仅有 11.2kg/m^2 （8mm 厚） 约为石材的 1/7、中空玻璃的 1/3，因此对主体结构荷载要求较为严格的建筑或旧楼改造项目，千思板不失为一种理想的材料。如中国人民大学科教中心项目外墙体装饰材料即为千思板，该项目由沈阳黎东幕墙装饰有限公司中标，目前正在前期设计中。

三、设计特点

1．结构特点（图 1）

国外设计及部分国内厂家为上下挂板分别对应一根横龙骨（图 2），该横龙骨与板块背部加强肋属重复设置，型材用量较高。该结构横框角铝与板块分格相对应（图 3），通过铝合金上下挂板与勾板，实现一托二的设计理念，减少一根横龙骨。板块上挂点一侧设限位螺钉，另一侧为自由端，既保证板块准确定位，又保证板块在温差及主体结构位移作用下自由伸缩（图 1）。

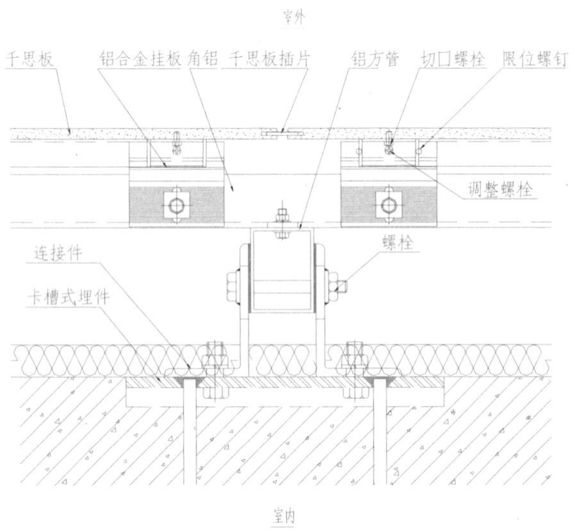

图 1　千思板横剖节点

该结构板块固定靠型材的挂接来实现，板块直接挂于横竖龙骨上的特殊槽口上，靠龙骨本身定位，使连接强度更加合理，消除了人为因素产生的安全隐患，安全可靠，可适用于高层建筑。

外挂单元板块加工方便、简捷，工厂内加工组合，加工精度高。

安装简便，易于调整，有序安装，安装速度快，施工周期短,更换亦简捷易行。

所有型材接合部位均设有弹性胶垫，横竖框连接采用浮动式伸缩结构，可从根本上消除热变形伸缩噪声。

弹性连接结构可吸收一定的横竖框安装阶差，且抗震能力强。

挂接量较大，可吸收较大的安装误差，横竖框间距及板块几何尺寸的累积误差小于等于 3mm 时，均可正常顺利安装。

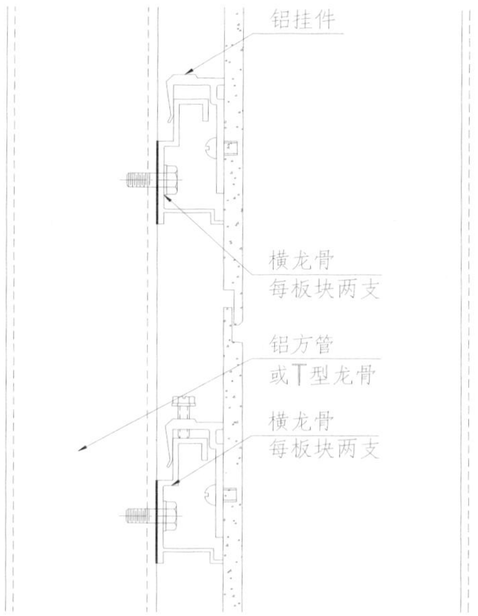

图 2　常规设计节点

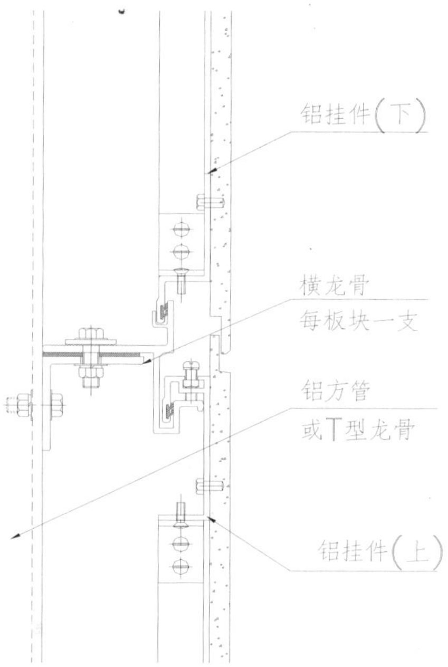

图 3　优化设计节点

2. 密封特点

横向插片式插接（图 4）和竖向企口式搭接（图 5）。

当板的厚度不小于 8mm 时，可以在板的垂直边采用插片式连接，水平节点可采用企口式搭接，这样就构成了一个密封的节点系统。最小节点尺寸如下：

■槽：采用铝插片不小于 2.2 mm×15mm，采用千思板插片不小于 3.2 mm×15mm。

■插片：铝插片 2 mm×30mm，千思板插片 3 mm×30mm。

■企口节点尺寸：20mm。

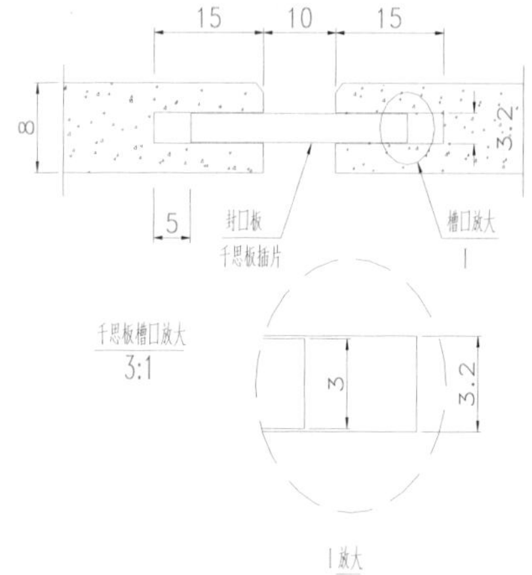

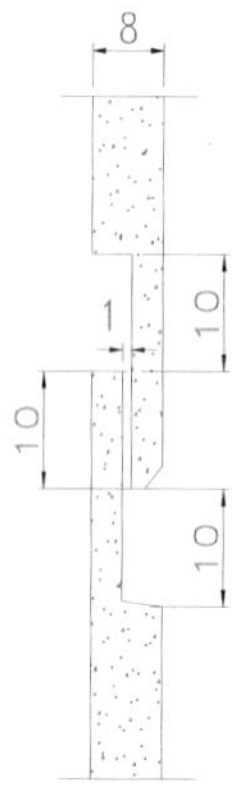

图 4　横向接口节点　　　　图 5　竖向接口节点

3. 背部加强肋设计

千思板的固定分可见式固定与不可见式固定两种方式，本文设计仅针对不可见式固定，板厚为 8mm 以上的板材可以用锚栓或其他五金件在板的背面将金属挂件作不可见的固定，板材被固定在龙骨系统上。千思板的分格一般较大，仅靠四个挂点的切口螺钉受力是不安全的，因此板背面必须有加强肋（图 6），隔一定间距布后置切口螺钉，详见表 1。

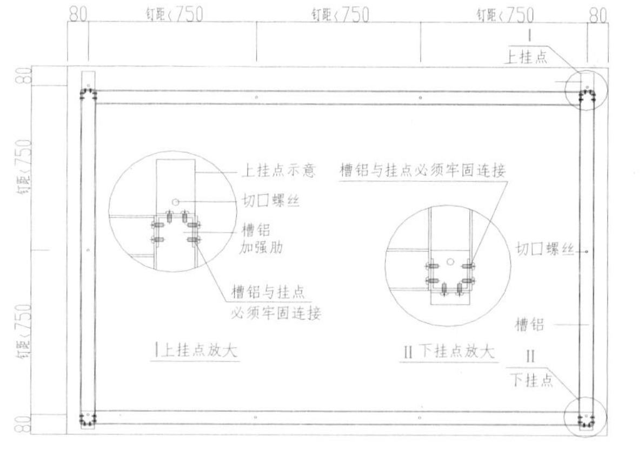

图 6　背部板块连接节点

表 1

板厚（mm） 最大固定点中心距	8	10	13
在同一方向上有两个固定点其间距	600	750	950
在同一方向上有三个或三个以上固定点其间距	750	900	1,200

这部分设计主要包含三个方面的内容：

一是主挂点与加强肋必须牢固连接。其主要作用是将面荷载传给主挂点，再传给横竖龙骨，将四点支承板转化成四边支承板，防止板翘曲。

二是钉距必须符合表一的基本要求，为安全需要。

三是主挂点、加强肋、横龙骨不得相互干涉，为安装需要。

4. 竖龙骨间断式布置设计：

图 7 是以中国人民大学科教中心项目为例，讲述竖龙骨间断式布置设计，该楼层间高为 3.65m，竖龙骨布置在梁位置，高度为 1.6m，龙骨上端与同一标高窗间龙骨齐平，保证整体效果统一，通过这种方式设计，竖龙骨用量大幅下降。

四、成本分析

影响幕墙成本的因素很多，诸如结构形式，材料选择，费率等。在面材及费率已定情况下，结构形式便成为影响造价的主要因素。表 2 为优化设计与常规设计的型材用量对比。以人大科教中心工程为例，计算单元取一个层间（参考图 7 中的分格图），对两者进行对比分析。其中竖龙骨采用 80×60×δ3 （也可用 T 型龙骨）背部加强肋均选用 δ3 槽铝（图 6），常规节点设计未表示背部加强肋（图 2）板容易翘曲，因此成本计算时按有加强肋考虑（表 2）。

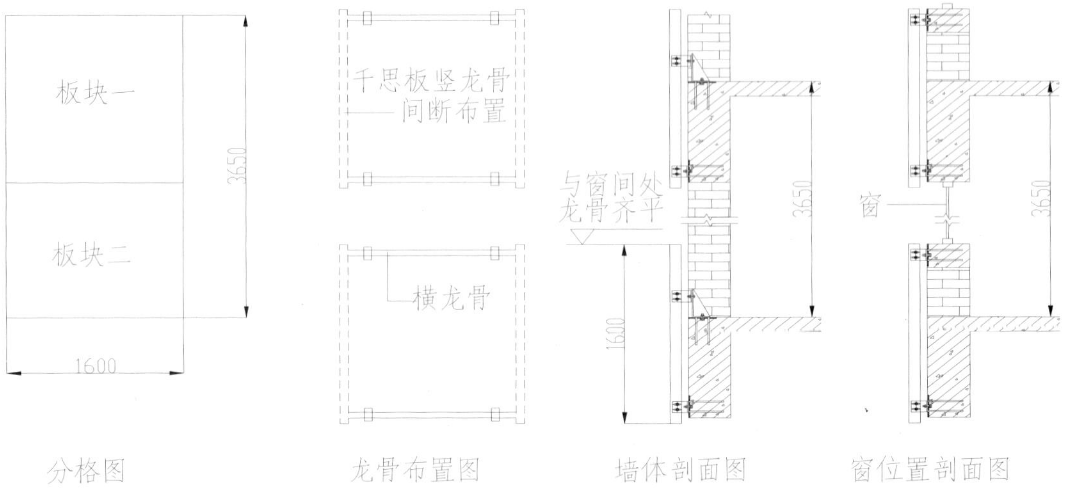

图 7　板块背部龙骨布置图

表 2

优化设计与常规设计的铝型材用量对比

	B×H=1.6×3.650	竖龙骨	横龙骨	托板	挂板（上+下）	加强肋	用量（kg/m²）
优化设计	线密度（kg/m）	2.19	1.05	1.63	2.01	0.84	3.47
	计算长度（m）	1.60	1.60	0.09	0.05	13.70	
	布置形式	分段	二支	四个	四个	周边	
	单项小计(kg)	3.50	3.36	0.59	0.40	11.45	
常规设计	线密度（kg/m）	2.19	1.16	0	1.25	0.84	4.88
	计算长度（m）	3.65	1.60	0	0.05	13.70	
	布置形式	通长	四支	0	四个	周边	
	单项小计(kg)	7.99	7.42	0	0.25	11.45	
对比差值		4.49	4.06			0.00	1.41

从表 2 可以看出优化设计与常规设计的型材用量相差 1.41kg/m^2，优化设计后的型材用量为常规设计的 71%,目前型材单价为 21.5 元/kg ,则成本相差 21.5×1.41=30.31 元/ m^2. 以人大科教中心工程为例，千思板的用量约为 11,000m^2 则成本节约 33.34 万元。

五、结束语

从以上对比分析可以看出，结构型式的选取及优化设计是成本节约的关键。随着市场竞争的加剧，优质低价的产品才更能适应这一市场需求。优质不等于高价，低价不等于低质，因此广大幕墙从业人员只要能够开动脑筋，集思广益，就一定能开发出优秀的产品。

钛板及钛锌板屋面和幕墙

龙文志

1 前　言

随着我国经济的快速发展，全国各地的大型基础公共设施：标志性建筑、会展中心、大剧院、体育场馆、博物馆、文化中心、机场等公共建设项目大量设计和兴建。玻璃、石材、铝板等传统的建材已不能完全满足屋面和幕墙需要。中国国家大剧院、杭州大剧院的屋面都采用了钛板（图1、图2），由珠海晶艺公司中标和施工。湖南国际会展中心屋面采用了钛锌板（图3）；由深圳三鑫公司中标和施工。这些都表明建筑屋面和建筑幕墙对高品质新建材和新技术的需求，为此本文愿作一些简要介绍。

图1　中国国家大剧院 钛板屋面

图2　杭州大剧院 钛板屋面

图3　中国第五届城市运动会馆，立边咬合系统钛锌板屋面

2 莱因（RHEINZINK）钛锌板

2.1 什么是莱因（RHEINZINK）钛锌板？

欧美各国将锌以辊轧金属板用于建筑屋面已有近200年的历史，德国莱因锌公司根据多年的锌板制作经验和研究，将钛与铜加入锌内，从而创造了钛锌合金，经过辊轧成片、条、或板状的建材板，称之为莱因（RHEINZINK）钛锌板。铜增加抗拉强度，钛增加蠕变能力，这两种金属的组合使膨胀系数降低；莱因（RHEINZINK）钛锌板是自保金属，能自动愈合面层，如果表面划伤深度为0.01mm，20d后即可愈合，自保金属长期使用都能保持金属光泽；寿命长，无需涂层保护，能长期保持雅致外观，增强了建筑所需要的性能。

2.2 莱因（RHEINZINK）钛锌板的成分和物理性质。

2.2.1 钛锌合金的成份如下：

－99.995%高纯度的同价锌、

－铜0.008%　～1.0%

－钛0.06%～0.2%

2.2.2 钛锌的物理性质：

密度	7.18g/cm^3
导热性	109w/(m·K)
熔点	418℃
再结晶温度	300℃
纵向热膨胀	0.022MM/（m·℃）（沿辊轧方向）
概略重量（0.7mm 厚度）	5kg/m^2

2.3 工程实例：

3 钛及钛合金

3.1 钛及钛合金长期以来被认为是一种贵金属，主要用于燃气涡轮发动机和飞机、导弹结构件及喷气发动机部件，民用特别稀少，例如钛合金眼睛架，而且比较昂贵，由于它具有优良性能，近年来开始逐渐在建筑业推广应用。在钛中添加另外一些金属元素，形成各种钛合金，分为α型和α+β型两种，尚未见在建筑上应用，应用于建筑屋面的是工业纯钛。

3.2 工业纯钛的优良特性。

① 重量轻，密度约为钢的60%。

② 强度高，抗拉强度约为普通碳钢的2～3倍。

③ 良好耐腐蚀性，即便在酸雨、海洋气候等环境下抗腐蚀性优于其他金属。

④ 有较好的抗疲劳和抗蠕变性。

⑤ 通常在退火状态下使用，加工性良好（与不锈钢类似）。

⑥ 低的热胀系数，其值仅为不锈钢的50%。

⑦ 无磁化效应，电阻系数和导热系数均和不锈钢相近。

⑧ 可以通过阳极氧化工艺(预氧化/钝化)控制电压防止表面色差。

⑨ 防火，属於不燃材料。

3.3 工业纯钛成分及物理性能。

3.3.1 工业纯钛的化学成分：

图4　德国汉诺威博览中心 1500m^2 预钝化钛锌，平锁扣系统

图5　德国柏林飞艇库 3800m^2 1.0mm 预钝化钛锌

图6　韩国高速公路指挥中心 6800m^2 0.8mm 预钝化钛锌立边咬合和平锁扣系统

图7　韩国2000年世界杯主场

图 8　英国健康医疗中心 2000m^2 预钝化钛锌立边咬合系统

图 9　广东肇庆凤华高科大厦 2100m^2 预钝化钛锌立边咬合

图 10　湖南国际会展，38000m^2 预钝化钛锌板屋面立边咬合

图 11　钛锌板幕墙

成分 牌号	主要成分	杂质含量，(%) 不大于					
		Fe	Si	C	N	H	O
TA_1	基	0.15	0.10	0.05	0.03	0.015	0.15
TA_2	基	0.30	0.15	0.10	0.05	0.015	0.20
TA_3	基	0.40	0.15	0.10	0.05	0.015	0.30

图 12　钛锌板幕墙

图 13　钛锌板幕墙

图 14　钛锌板幕墙

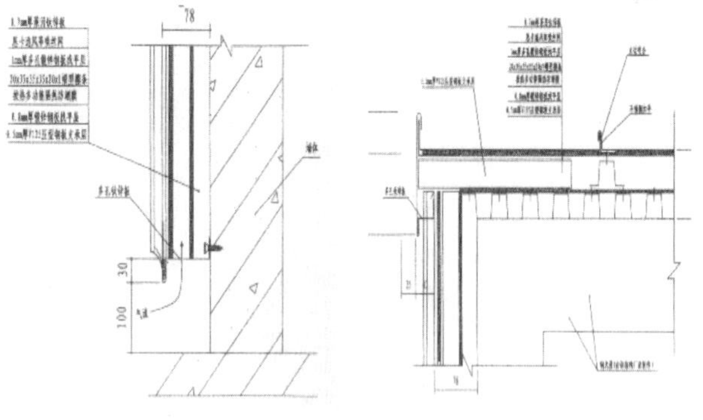

图 15　钛锌板幕墙节点示意图

3.3.2 机械性能

牌号	室温机械性能不小于			热处理规范
	抗拉强度 σ_b (N/mm^2)	伸长率 δ_s (%)	断面收缩率 ψ (%)	
TA_1	350	25	50	650～700℃,1h，空冷
TA_2	450	20	40	650～700℃,1h，空冷
TA_3	550	15	35	650～700℃,1h，空冷

3.3.3 物理性能比较

	纯钛	钢	不锈钢(ss304)	铝合金(5052)	铜
重力密度(kg/m^3)	4.5	7.9	7.9	2.7	8.9
熔点(℃)	1668	1530	1400～1420	593～649	1083
热胀系数	8.4x	12x	17x	24x	17x
导热系数($cal/cm^2/sec/℃/cm$)	0.041	0.15	0.039	0.33	0.92
电阻系数μ(Ωcm)	55	9.7	72	5.8	1.724
弹性模量(N/mm^2)	108500	210000	204000	70300	110000

3.3.4 抗腐蚀性能比较(腐蚀速率单位：in $mg/dm^2/day$)

	盐雾喷淋	浸泡液内板	浸泡液外板
纯钛	0	0	0
不锈钢		1.99	
碳钢 400	46.22	41.55	19.33
锌板	0.66	2.39	0.55
铝合金 5052	74.77	0	109.49
普通镍	0.66	3.83	1.83

3.4 工程举例

图 16　钛板屋面，工业纯钛 6.1t，0.4mm 厚，$5303m^2$ 屋面，$2545m^2$ 附属工程

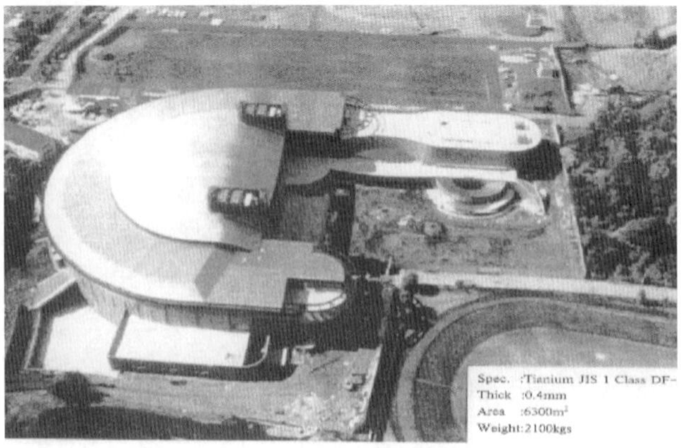

图 17　钛板屋面，工业纯钛 2.1t，0.4mm 厚，$6300m^2$

图 18　钛板幕墙，工业纯钛 3.8t ，0.7mm 厚，$3800m^2$

图 19　钛板幕墙，工业纯钛 6.1t ，0.8mm 厚，$1460m^2$

图 20　建造在海边的钛板屋面及幕墙

4　金属屋面系统

4.1 金属屋面系统可分为：立边咬合式系统(Standing seam system)；贝姆屋面系统(Bemo Roof Standing Seam System)；古典式扣盖系统(Batten Roof System)；平锁扣式系统(Flat lock system)；整体平屋面系统(Freeage flat roof system)；压型板系统(Pofile system)；KPS 单元板块式系统(KPS panel system)；墙面系统(Wall cladding system)；雨排水系统(Rainwater system)。其中部分系统作简要介绍：

图 21 美国某工程钛板幕墙

美国西雅图摇滚乐主体博物馆

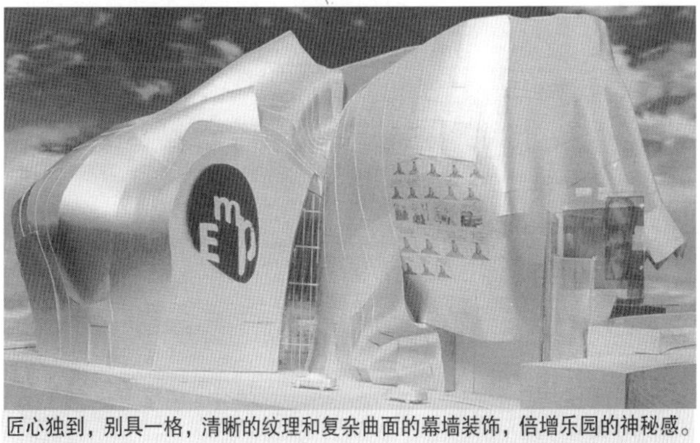

匠心独到，别具一格，清晰的纹理和复杂曲面的幕墙装饰，倍增乐园的神秘感。

图 22 钛板幕墙

洛杉矶迪斯尼音乐厅

巴洛克风格交融了对称美和不对称美二大风格流派，音乐厅的设计风格以及辅之每一立面造型的复杂曲面幕墙，更赋予建筑是凝固的音乐。

图 23 钛板幕墙

4.2 立边咬合系统：

运用于坡屋面及弧形屋面；整体结构性防水、排水功能；无须化学嵌缝胶、免除污染与老化问题；自然循环通风构造、增长建筑寿命；三维弯弧特异造型轻而易举；结构简洁、轻巧、安全，在海洋性台风、暴雨地区尤其适用；施工安全、快速，准确、经济；

适用金属板材：0.7～0.8MM 钛锌板、

标准立边高度：25～35MM；适用屋面坡度：≥3°

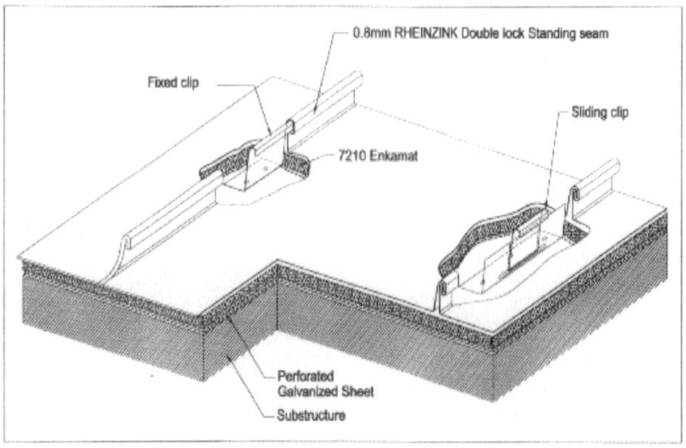

图 24 立边咬合系统示意

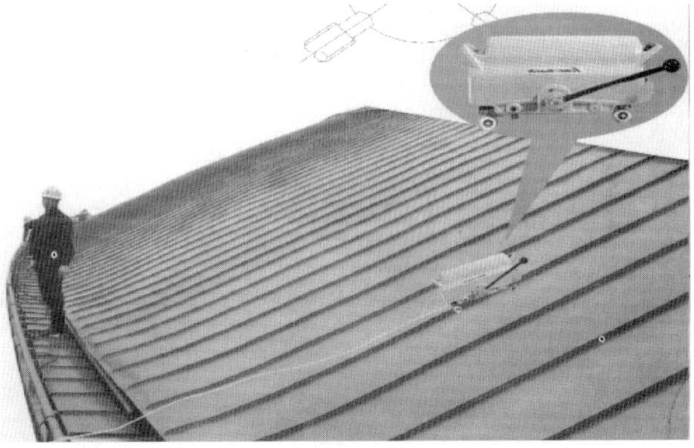

图 25 钛锌板屋面立边咬合系统安装施工现场

图 26 钛锌板屋面立边咬合系统安装施工现场

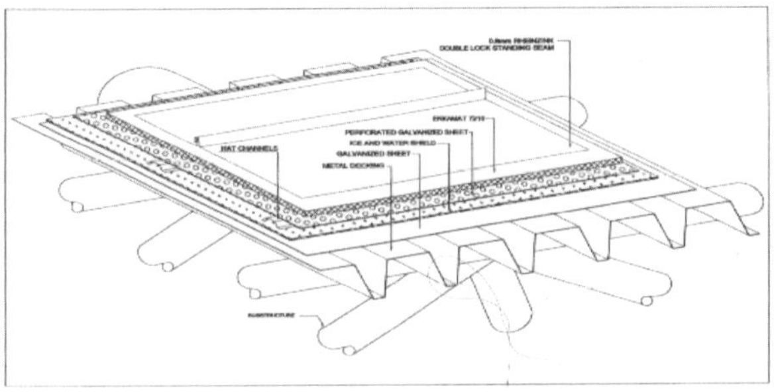

图 27 立边咬合系统屋面结构示意

图 28　立边咬合系统安装施工示意图

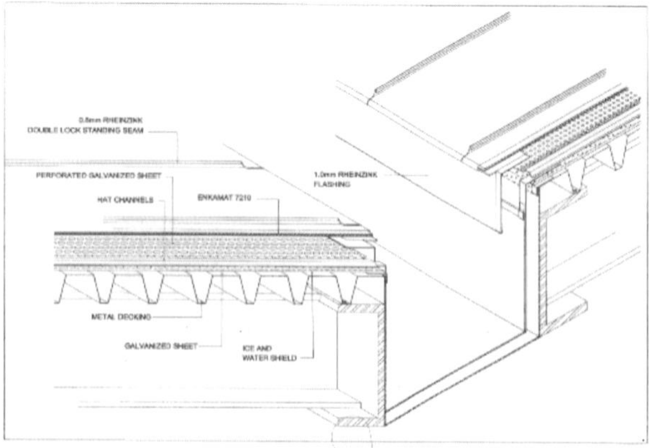

图 29　立边咬合系统天沟构造示意

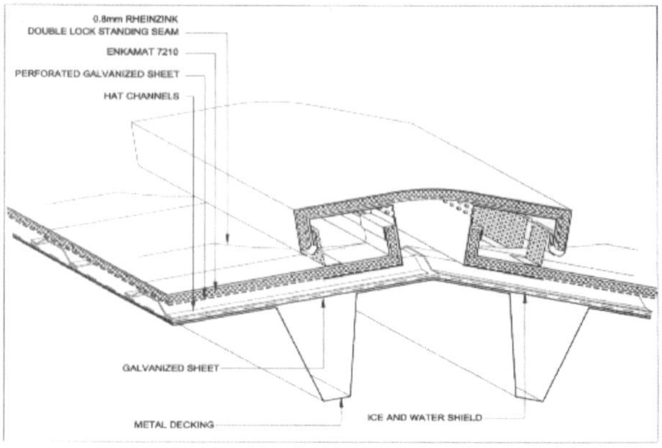

图 30　立边咬合系统屋背沟造示意

4.3　BEMO（贝姆）屋面系统：

BEMO的核心构成，是基于立边咬合设计的特殊板形的金属板块，这种设计主要针对大跨度自支承式密合安装体系。在屋面上看不到任何穿孔，因为支承的方式是隐藏在面板之下的。BEMO板块的连接方式是采用其特有的铝合金BEMO支座，板块与板块的立边咬合形成密合的连接，这种板块的咬合过程无须人力，完全由机械自动完成，而咬合边与支座形成连接方式可解决因热胀冷缩所产生的巨大破坏力。该优势反映在可制作纵向超长尺寸的板块而不因应力影响变形。

同时BEMO完整齐全的附件供应可满足各种建筑形式的要求；　BEMO系统可将建筑师的任何创意变成现实，建筑技术不再成为建筑创意的枷锁。

安全与保护：BEMO板块所采用的自保性金属材料包括铝合金板、莱茵钛锌板及太古铜板，都属于具有抗腐蚀自保性以及受到破坏后能自动愈合的特性；　防风雨功能，防水，水密性，BEMO系统有效的分解大温差在屋面形成的应力。支座的绝缘垫块，充分解决了金属屋面系统的热传导问题。防噪声，防火性能。特殊结构：屋面表面不受破坏，保持完整，并保证永久性密封。重要的穿出物如烟囱、天窗等可在连接部位焊接，充分保证连接点密封和稳固。有高稳定性和低重量的特点。

板块宽度：BEMO金属板块得到IFBT机构作为建筑构件的认证，根据不同板块厚度、宽度、荷载等因素，板块支承的跨度可达4m，形成单一的层面维护结构并可附加柔性的保温隔热材料，可以承担上人行走荷载的结构，只须控制支座支点间距在1500mm以内并协同保温绝缘系统。

BEMO提供简捷有效的加工设备。

BEMO系统提供了一个经过实践证明的建筑系统，它是轻质、高强、防水、抗腐蚀、高适应性和环保的系统。其他建筑材料和系统可以非常容易地和BEMO系统融合。

图31　贝姆系统屋面结构

4.4 平面板条系统

适用于0.5～0.6mm的钛板，屋面坡度≤3度。

4.5 压型板系统

适用于0.5～0.6mm钛板、0.7～1.0mm钛锌板。

钛和钛锌板屋面及幕墙应用在我国刚起步，实践经验及理论研究很欠缺，很多问题尚需研讨和开发。本文的简要介绍，仅作参考，不妥之处，请赐教指正。

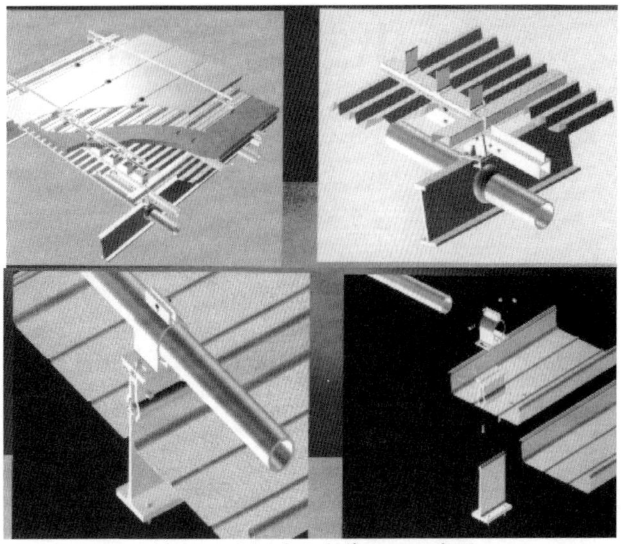

图32　贝姆系统安装施工示意图

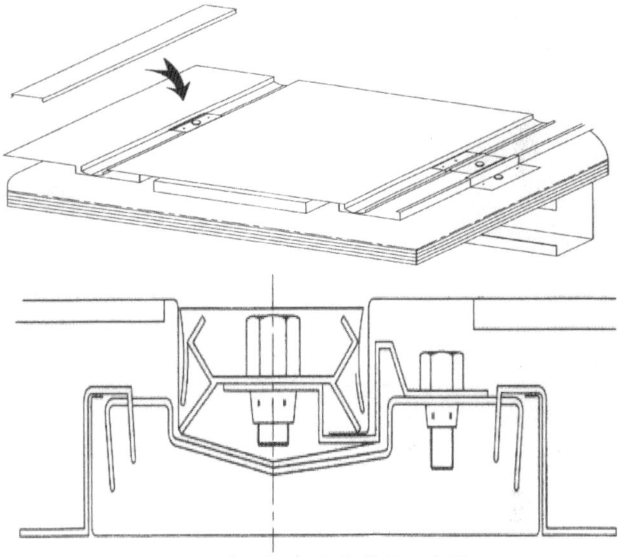

图33　平面板条系统屋面示意图

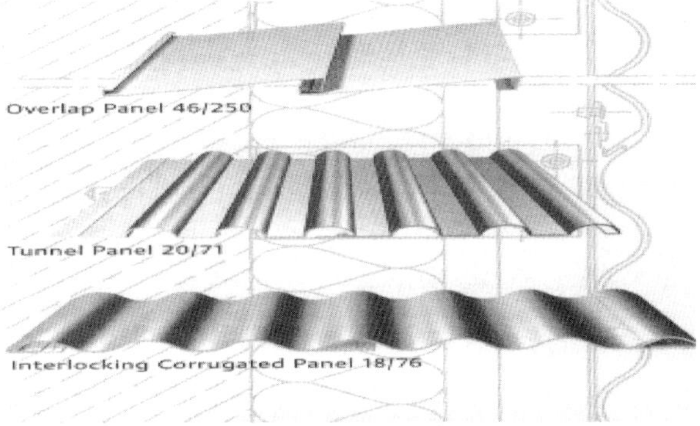

图34　压型板屋面示意图

参考资料：

1.《金属屋面材料》　鑫明光实业系统手册
2.《中外常用金属材料手册》　陕西标准化情报研究所
3.《晶艺…新乐章》　珠海晶艺玻璃工程有限公司
4. 深圳三鑫公司2003年广告册
5.《金属幕墙》　上海康宇公司

SE小单元式石材幕墙干挂件的技术应用

中国建设机械总公司建筑门窗幕墙设计研究所　研究员　**李怀亮**

改革开放20多年以来，全国各地的城市建设发展的进度日渐加快，各种建筑方式及相关的建筑材料，装饰材料纷纷进入市场，使城市的面貌发生了日新月异的变化。建筑幕墙已成为建筑物的必然，且我国的幕墙已成为世界上第一生产大国和使用大国，而石材幕墙的采用已占据了相当大的比例，其华贵典雅的外表确实为装点城市面孔增添了不少的光彩。

在众多的石材幕墙金属材料中，挂件是一个不怎么起眼，却起着重要作用的辅助配件，如今市场中的挂件样式繁多，工法各异，但SE的幕墙挂件却一直没有在市场中流通，只限于在个别设计师的图纸中，而更多的幕墙设计师，施工单位无从认识，在遇到用此件施工的设计要求时，无据可依，无样可参，无法掌握其真正的技术特征，无法应用其技术性能，为施工带来了诸多的不便。

本文就SE石材幕墙挂件作一阐述，以便于让更多的业内人士对此件的了解和认识。

SE 又称小单元式，有三部分组合，一是主体，二是 S 型，三是 E 型。

一、SE石材幕墙挂件的由来

我国自20世纪90年代中期开始从事石材干挂件研发以来，吸取了国内外先进技术，凭借自身知识产权生产出新型专利产品，如北京爱乐贴有限公司，利用现代制造技术将产品成本控制到了可以接受的水平，构造技术得到了完善，使其具有了轻质、高强、平整度高等性能，完全能满足现代石材幕墙的要求。现已被诸多大型石材幕墙工程采用。

二、石材幕墙挂件的背景技术

现有石材幕墙挂件是平板。平板的一端设有垂直向上或向下的插板，使用时将这种挂件固定在墙体的次龙骨上，插板端向外排列好。石材装饰板上、下两边分别设置与上、下挂件的插板相配合的槽。现场通过挂件插板插入石材槽内，槽和插板之间用胶粘接，将石材固定在挂件上。

这种挂件的缺陷：一是石材同挂件只能现场连接，不仅操作不便、效率低，而且只能使用快干胶粘接，粘接强度低；二是幕墙安装后石材不可拆卸，不利于维修和保养。

三、石材幕墙的要求及SE挂件的基本性能

2001 年 6 月由建设部批准实施的国家行业标准《金属与石材幕墙工程技术规范》（JGJ133-2001），其中首次就石材幕墙挂件（针销式除外）有了明确的定义和技术规范。对通槽式、短槽式等设计、制作，以及对铝合金、不锈钢等材料做了详尽的要求，结束了石材幕墙长期无标准、无规范的历史，为铝合金材料在幕墙领域中应用予以了证明。

1．荷载计算：

以上海某工程石材板幕墙单体单板式强度设计计算为例。

1.1 风荷载计算

1.1.1 风荷载标准值:$W_k = \beta_D \times \mu_S \times \mu_Z \times W_0$=2502.10N/㎡

按《建筑结构荷载规范》（GB50009-2001）安全设计风荷载采用50年一遇阵风风速相应风压值计算。

1.1.1.1 基本风压 W_0=550N/㎡

按GB50009-2001采用50年平均最大风压

1.1.1.2 瞬时阵风风压系数:$\beta gz = k(1+2\mu f)=1.4603$

对 A、B、C、D 类地面粗糙度系数 k，分别为 0.92、0.89、0.85、0.80。

高度变化系数:$\mu_f = 0.5\times35(1.8\times(\alpha-0.16))\times(A/10)-\alpha$

对 A、B、C、D 类地面粗糙度指数α，分别为 0.12、0.16、0.22、0.30。

按GB50009-2001规定

1.1.1.3 风压高度变化系数μ_Z:

A=(幕墙高)100m，地区类=A类地区

$\mu_Z(A)=1.379(A/10)0.24$　$\mu_Z(B)=(A/10)0.32$

$\mu_Z(C)=0.616(A/10)0.44$　$\mu_Z(D)=0.318(A/10)0.60$

$\mu_Z = 2.3964$

1.1.1.4 风荷载体型系数:μ_S=1.3

垂直幕墙外表面按GB50009-2001

1.1.2 风荷载设计值：W=1.4×Wk=3502.94N/㎡

2．强度计算

SE小单元式干挂件示意图

2.1 石材板分格宽 Lx(mm)=600

2.2 石材板分格高 Ly(mm)=1200

2.3 石材板厚 t(mm)=30

2.4 风、地震作用设计值 q(N/㎡)=3596.54

2.6 总弯矩 M(N.mm)=127792.35

2.7 抗弯强度设计值 σ (N/mm^2)=0.57

σ <=3.2(N/mm^2) 强度满足。

2.8 SE 件剪力设计值 τ p=3.0(N/ mm^2)

2.8.1 SE 件截面面积 Ap(mm^2)=269

2.8.2 SE 件连接方式：两侧连接

2.8.3 选择 SE 件抗剪强度设计值 f_s(N / mm^2) = 49.6

2.8.4 选择 SE 件应力调整系数 β = 1.25

2.8.5 τ p=q×a×b×β/（2×n×Ap）或 q×(2b-a)×a×β/(4×n×Ap)= 3.0

2.9 $\tau_p \leqslant f_s$

SE 件抗剪满足要求。

3．SE 挂件其材质为：

6063-T5（LD31-RCS），铝合金 GB5237-2000 规范，其强度为 540—560Mpa,材质体积轻便，具有耐腐蚀，耐高温，抗老化等特点，并能通过静力计算得到精确的承载能力，从而控制了破坏状态。

4．SE 挂件的基本性能：

定位切槽，保证整个幕墙的垂直度的平整。该件为组合式挂件，其强度大，牢固性强，提高了抗震性能。以角钢作为次龙骨，可增加其承载荷重，同时可满足板材尺寸加大的要求。此件上下面块板的连接件相互间无联系，因此上，下板与板之间没有联系，不会产生相应连接造成的不可确定性应力集中，受力简洁明确，在正常使用状态下能充分利用板材扩弯强度，当主体结构产生较大位移 或温差较大时，不会在板材内部附加应力，因而特别适用于高层建筑和抗震建筑幕墙，是真正意义上可拆装，可移动的石材幕墙。

5．SE 石材幕墙挂件

其主件右侧为平板，左侧设一个或两个开口向上的纵向主槽，副件右侧为开口向下的纵向副槽，左侧为开口向上或向下的纵向嵌板槽，使用时将不同副件的嵌板槽左壁分别插入石材装饰板下边和上边槽内，使用石材干挂胶粘接成拼装单元，将主件分层固定在幕墙次龙骨上，将拼装单元上下两边副件的副槽右壁分别插入上下层主件的主槽内，就可形成可拆卸的石材幕墙，这种挂件允许采用工业方式生产拼装单元，简化了石材幕墙的安装方式，提高了安装质量，石材和副件可采用干挂胶粘接，提高了粘接强度和可靠性，幕墙上的石材拼装成单元式，可以拆卸，方便了幕墙的保养和维修。

四、SE 挂件的主要特点

1．拆装方便，为维修保养提供了便利。

2．可左右移动，为拼装创造了发展空间，直接区分了石材幕墙与干挂石材长期被混淆的概念。

3．由角钢作为次龙骨，为增加板材厚度和宽度所造成的荷载加大提供了保障，提高了安全系数。

4．石材板与板之间没有联系，确立了完全的独立承载，不会产生相互连接造成了不可确定性应力集中和应力积累。

5．安装特点属于小单元式，也就是在工厂加工程度最高的一种石材幕墙，将石材面板和挂件中的 SE 在工厂加工好，形成单元组合件，运往工地直接固定在主体结构的主体挂件上，为了不使挂件组合连接处生产硬性接触，在主体挂件处镶嵌胶条。通过拼装最终完成整幅幕墙，单元式石材幕墙最大的特点是工程工期短，同时由于在工厂组装，可以用各种构图来组合，拼装成单元组件，这就为了建筑师们发挥想象力提供了广阔的空间。

6．因为 SE 挂件与石材面板开槽结合点，完全可以采用石材干挂胶，其强度大大高于大力士胶好多倍，同时也符合行业标准《干挂石材幕墙用环氧胶粘剂》（JC887-2001）的规范要求。改变了长期以来在石材幕墙的施工过程中错误采用大力士胶替代石材干挂胶的一种做法。

7．安装步骤

使用新型 SE 石材幕墙挂件克服了现有技术的上述缺陷。这种挂件建造石材幕墙，现场中不需要进行石材和挂件之间的连接。

本挂件解决现有问题的技术方案是：SE 石材幕墙挂件包括主件和副件，所述主件右侧为平板，左侧为开口向上的纵向主槽，所述主槽的右壁同所述平板连接成一体，所述副件右侧为开口向下的纵向副槽，左侧为纵向嵌板槽，所述嵌板槽采用所述副槽左壁为其右壁，其左壁为竖向插板，所述副件同主件滑动配合，其实现方式为所述副槽的右壁插在所述主槽内，所述主槽的左壁插所述副槽内。

所述副件嵌板槽开口可以向上，也可以向下。

所述主件的主槽可以是一个，也可以是两个。当所述主件的主槽为两个时，两主槽应上下排列，两主槽的右壁连为一体，所述副件有两个，其中一个的嵌板槽开口向上（称为 S 型副件），通过位于上面的主槽与主件配合，另一个的嵌板槽开口向下（成为 E 型副件），通过位于下面的主槽通过主件配合。

8．SE 挂件的有益效果

由于设置了相互滑动配合的主件和副件，将石材同上下两边连接上相应的副件，形成拼装单元，将拼装单元上的副件和龙骨上的主件插接在一起，就可以将石材安装在一起，形成石材幕墙，简化了安装方式，提高了安装质量和安装速度：石材拼装单元的制造可以在工厂中通过工业方式生产，提高了生产效率；石材装饰板和副件之间可以使用固化时间较长的石材干挂胶粘接，提高了粘接强度和可靠性；通过主件和副件的滑动配合方式，实现了石材拼装单元可左右移动和可拆卸，方便了幕墙的保养和维修。

9．SE 挂件的使用方法

在矩形石材装饰板（如大理石石材）的上下两边开槽，将 S 型副件上的竖向插板插入石材下边的槽中，E 型副件上的竖向插板插入石材上边的槽中，石材槽口一侧的板壁也同时插入相应副件嵌板中，石材和副件接触面之间使用石材干挂胶粘接，形成上、下两边分别设有 S 型副件和 E 型副件的石材拼装单元，幕墙龙骨上设置角钢 0，用做安装石材的次龙骨，将若干主件通过马车螺栓固定在角钢上，形成上下分层设置的若干层主件，其中最上层和最下层的主件为设置一个主槽的主件，中间各层的主件均设有两个主槽，将石材单元的上，下两边的副件上的副槽右壁插入各自相应的主件的主槽，就可以将石材拼装单元安装到主件上，形成石材幕墙。

10．石材干挂件的性能 VS 经济

比较项目	插销式挂件	T 型挂件	背栓式挂件	SE 小单元式挂件	备 注
石材板可拆换性	相邻板材用插销连接，可拆装性较差	相邻板材用一个挂件，可拆装性较差	相邻板材独立支撑，拆装容易	相邻板材独立支撑，拆装容易	SE 小单元式适用于高层装饰安装
安装质量	根据板材的加工精度，相邻板材调整精度较差	根据板材的加工精度，随层变形的能力较小	相邻板材平整度较差	定位切槽，相邻板材平整度较好	
抗震性能	较差	较差	较好	较好	
石板抗风强度	低层较好	低层较好	高、低层较好	高、低层较好	
挂件强度	较差	较差	较好	较好	SE 型属铝矽镁挤压成型
经济性	最小	最小	较大	较小	

目前，诸多的石材幕墙其实都属于干挂石材，非真正意义上的石材幕墙，其工法各异，有针销式（传统工法已被淘汰）、缝挂式、背挂式和背栓式等，技术特征各有千秋，为石材干挂的发展和石材幕墙的逐步奠定了基础，提供了可参考的依据。而真正意义上的石材幕墙应该是可移动的，可拆装式的，这只能依靠 SE 型的工法和挂件才能使干挂的石材移动起来，真正展现其“幕”墙的作用和意义。

随着科学技术的高速发展和国民经济的不断增长所带来的需求，建筑幕墙行业得到迅猛的发展，建筑幕墙技术飞速进步，各种新型的建筑幕墙层出不穷。作为外围护结构的幕墙，虽然不承受主体结构的荷重，但由于处在建筑物的外表面，除承受本身自重外，还要承受风载荷、地震作用和温差变化作的影响，而其材料是保证幕墙质量和安全的物质基础，应保证符合国家和行业标准的要求和规范。所以，开展各种高性能的环保化、安全化、节能化、智能化的幕墙技术研发，增进建筑幕墙行业的科学技术水平，为提高人们的生活质量，推动社会进步，为促进行业整体规范和可持续发展，具有巨大的意义。

·企业管理·

如何把握建筑幕墙工程投标方案设计要领

沈阳黎东幕墙装饰有限公司　投标方案技术经理　牛　虹

20世纪80年代初，我国第一栋现代化玻璃幕墙高层建筑——五星级北京长城饭店的开工，标志着建筑幕墙行业在我国悄然兴起，迄今已有近20年的历史。目前全国幕墙工程施工企业大小近千家。

以往幕墙工程施工企业承揽工程多半是凭关系、靠感情投资，随着《中华人民共和国招投标法》的实行和《建筑工程设计招投标管理办法》的执行，使建筑幕墙工程招投标活动越来越规范化、法制化。在公开、公平、公正的评标原则下，为企业竞标提供了更加公平而严格的竞争环境。

竞标，实质上是企业之间综合实力的竞争，其核心是对企业资质等级、社会信誉、产品质量和对市场分析判断能力的竞争。

我作为沈阳黎东幕墙装饰有限公司投标方案设计负责人，在近十年的投标方案工作中就如何把握好建筑幕墙投标方案设计感悟颇深。我认为，影响投标工程中标的因素是很复杂的综合因素，既有人为的因素，又有企业因素，还有一定的投标技巧。就企业因素和投标技巧而言，要求企业具备齐全的资质条件，良好的社会信誉，先进、合理的技术设计，全面准确的市场分析和符合本工程招标要求的投标报价。

目前大型幕墙工程招标要求企业同时具备一级建筑幕墙工程施工和甲级建筑幕墙工程设计企业资质，企业的资质和行业、社会的信誉，体现了企业经营管理水平和市场交易层次。随着我国加入WTO与国际接轨，业内现正推行“三项国际标准体系认证”，即ISO9000质量管理、ISO14000环境管理和OHSAS18000职业安全卫生管理，这就要求企业增强核心竞争力，全方位地提升自身管理水平和档次，为工程招投标、企业发展开拓更广阔的市场空间。

企业资质、认证等硬件齐全，是企业进入投标市场的通行证，在投标中可操作性较小，只要针对具体工程，提供符合招投标要求的资质、认证证明文件即可。而投标方案设计的技术文件和投标报价却在投标中千变万化，可操作控制性较强，在投标中起到决定胜负的关键作用。

一、把握投标方案设计要领

1．对投标的建设项目定位要准确。在制定方案前我们应当根据每个建设项目的功能、建筑档次及业主的经济实力策划出一套行之有效的方案，它主要包括幕墙工程的种类、结构形式、不同材料组合及材料品牌档次。

我们知道，建筑幕墙工程结构形式和材料种类较多，如单元式、框架式体系，全隐框幕墙、半隐框幕墙、明框幕墙、全玻璃幕墙、点支式玻璃幕墙、金属幕墙、石材幕墙等，这些因素直接影响工程的外装饰形象和工程总造价。在对工程定位时，我们应避免一味追求高档次结构和材料，至使工程造价超出业主工程概算，使方案无法实施。同时又要避免采用落后结构降低工程档次，从而影响工程形象，因此应该因工程而宜准确地将其定位在适当合理的档次上，这样业主易接受，提高投标中标率。

另外，我们还要对本工程的招标项目内容、范围进行定位，有的放矢地进行方案设计，避免在方案设计中缺项、漏项或做一些无用功，使我们的投标方案设计工作符合业主或招标公司的要求。

我们应根据每个建设项目的具体要求，从专业设计的角度，将方案设计定位在即能满足业主使用功能要求，又符合业主经济情况。

2．与业主沟通要及时、无误。在方案设计过程中，我们经常发现原建筑设计要求与现行建筑幕墙行业规范不符。这时，我们应当以外装饰专业设计的角度及时准确地与业主沟通，使业主更深刻地了解我们的技术能力和水平，为方案中标打下良好的基础。如我们在某幕墙工程投标时，业主要求幕墙分格设计必须遵照原建筑设计。在设计中，我们发现该项目为大学实验楼，玻璃幕墙上设有大量通风窗。而原设计将开启窗全部设在建筑的下反梁上。这种设计的缺点是室内人员无法进行开启操作，影响幕墙层间防火封修设计和施工，且安装施工不便。更主要的是通风受到影响和限制，达不到通风目的。而且开启扇打开后从室外能看到建筑墙体，影响建筑外装饰美观。这种设计不完全符合建筑幕墙工程现行行业规范要求。我们就此问题与业主及时沟通，说明其利害关系，取得了业主的信任，并委托我公司，从专业设计的角度重新进行设计。最后我们赢得了本工程的竞标。

通过此例说明，在方案设计中我们应当科学合理的尊重建筑师的设计，但不要过于依赖或迷信，而是应当用建筑幕墙工程专业的规范更多地为业主利益着想，科学地提出合理化建议，并及时与业主沟通，只有这样才能在技术上征服业主获得投标的胜利。

3．方案设计要美观、安全适用、技术先进和经济合理。随着玻璃幕墙、金属与石材幕墙和点支式玻璃幕墙工程技术规范的颁布和实施。我们的外幕墙装饰设计有据可依。一个结构合理完整的方案设计，必须同时满足气密、水密、保温、隔热、抗风压、耐撞击、平面内变形等性能要求，同时还要进行防火、防雷、抗震等设计，这样才能满足幕墙的安全适用要求，同时还要具有美观、技术先进和经济合理性。这就要求对幕墙工程方案设计师的要求更高、更全面。

二、高级幕墙装饰设计师应该具备的素质

1. 要具备艺术修养和幕墙技术的高度统一。外装修的目的是使本建筑在现有建筑主体基础上最大限度地将建筑艺术美展现出来，为建筑锦上添花，提高工程档次，为业主日后经营带来更好的经济效益或良好的社会形象。因此，作为一名高级幕墙装饰设计师，它不仅要精通建筑幕墙行业的技术和各种标准规范，同时还要具备一定的美学、艺术修养和人文素质，在方案设计时应在现有主体的基础上，对幕墙线条分隔处理、色彩搭配以及各种外装饰材料运用都要有美的创意，使建筑风格即符合现代建筑又要有超前意识，做到把建筑美的艺术和建筑幕墙技术高度结合、统一，这样才能设计出令业主满意的外装饰作品。

2. 要具备全面的技术业务和市场竞争意识。在企业内部，我们提倡技术人员市场化，销售人员技术化。就是要求技术人员既要精通本行业技术业务，同时也要了解行业市场，针对投标的具体建设工程设计、制定合理的技术方案。一个好的方案设计，在满足幕墙美观、安全、使用功能性能好的前提下，应最大限度地简便结构、合理地降低成本。单一强调结构先进而忽视产品成本，无谓地提高工程造价是达不到中标目的的。如我公司在北方某一工程投标中，当时招标文件中并未规定玻璃幕墙的结构形式，而工程评标中采取合理低价中标。根据此部位的幕墙使用功能即可做好有框玻璃幕墙，又可做成无框全玻璃幕墙，结果我们的设计人员将此部分设计成全隐框结构形式，造价为 820 元/m^2，而另一公司将其设计成全玻璃橱窗，造价 595 元/m^2，结果我公司落标。此例说明一个好的幕墙装饰投标设计人员不能仅局限于精通结构设计，同时还要掌握各种结构的价格，随时掌握投标市场发展动态，针对不同投标工程的评标要求，有的放矢地设计满足此工程招标要求的性能价格比最优的方案，这样在投标中才具有良好的竞争力，为企业创造更多的经济效益。

一名高级幕墙装饰设计人员必须要兼备技术和经营头脑，这样才能在竞标中纵观全局，制定出行之有效的方案。

3. 要全面掌握各种外装饰材料的规格、性能和施工要求。作为一名幕墙装饰设计人员即要掌握建筑幕墙的各种结构设计，又要掌握各种外装饰材料的规格、性能、和施工工艺，并大胆的运用各种新材料，这样才能设计出完美的外装饰作品。我在以往方案设计审图过程中，发现某工程铝板分格为 1.75×3.0，6mm 厚玻璃板块分格为 2.6×4.5 的设计，经核实发现业主要求按原建筑设计，而我方设计人员未经思考照搬设计。这种现象就是建筑师没有全面掌握外装饰原材料的生产工艺造成的。而我们不同于建筑设计师，一旦中标我们是要将设计方案实施在具体工程中，这就要求方案设计不仅美观、安全、经济，还要考虑其可行性。就目前铝板原材料而言，最宽可达到 1.55～1.6m。因此，分格宽为 1.75m 料的板只能是纸上谈兵。

这说明一个好的设计师不仅要精通各种幕墙结构设计，了解投标市场，同时还要全面掌握各种外装饰材料的规格、性能和施工要求，科学合理地将其运用在外装饰设计中。我们不仅要了解材料的规格、性能，还要掌握各种材料的供货周期，向业主提供能满足本工程的施工工期要求的材料。因为外装饰工程材料用量较大，进口和国产材料供货周期相差较长，我们一定要向业主推荐能满足本工程施工工期的材料品牌和厂家，以确保工程如期完工。否则就会造成理论和实际脱节，使我们的设计走入误区。

三、投标报价决策要正确，并采取一定技巧

在幕墙装饰方案设计满足美观、安全适用的前提下，投标报价在投标活动中具有定乾坤的作用。由于建筑幕墙工程是一门比较新、技术面较广的综合性工程技术。而目前国家和各省市编制的装饰定额细目不全，各企业的结构不尽相同，所以投标报价灵活性较大。我们应针对不同投标工程的特点，制定正确的报价决策，并在报价中采取一定手法和技巧。

要想决策准确，首先要客观全面的掌握市场信息、了解业主对中标报价的要求、了解参与竞标企业的情况并分析、判断我公司在本工程投标中的位置，再通过成本核算后才能准确制定出报价决策。如有的工程采取低价中标，我们采取在保证工程直接费的前提下，将综合取费降低到最低点，达到业主满意而中标；如采取综合平均价中标，则我们就分析各投标企业近年来的市场价格，将报价调整在中档价位。

随着我国加入 WTO，我国的幕墙装饰行业将面临新的机遇和挑战，我们应当转变思想、更新观念，逐步与国际接轨。按照国际惯例“合理低价中标、理想高价索赔”的报价规则，我们在投标报价中应改变过去高利润、高取费的手法，应当采取低价中标，中标后在管理过程中获得利润，否则很难适应今后招标要求。

总之，作为市场主体的建筑幕墙工程招投标活动，是市场经济发展的必然结果，作为幕墙工程专业承包商就应当不断地提高市场竞争意识，强化企业自身能力，提高企业自身管理水平和技术水平，只有这样才能提高工程投标的中标率，提高企业可持续发展的核心竞争力和比较优势。

浅谈球形隐框玻璃幕墙的设计与施工

沈阳黎东幕墙装饰有限公司　陈　可　苗　忠

[摘　要]随着时代的前进，人们对建筑幕墙的造型越来越趋于复杂化，而球形又是多种造型中较难于设计与施工的一种。本公司已设计、施工过多项球形幕墙建筑工程，取得了一些经验，得到了一些收获，今借本文与广大幕墙设计人员共同探讨。

[关键字]球形采光顶，网架，幕墙。

一、前　言

网架的设计在现今建筑设计中应用十分广泛，造型各异，形式多种多样，施工起来比较方便，本文将隐框幕墙与球形网架结合在一起形成了球形采光顶，在设计和施工中积累一点经验介绍给大家，愿和广大幕墙设计人员共同分享，如有不当之处，也请提出宝贵意见，共同切磋。

二、网架的特点

球形采光顶工程主体结构多为双层球形网架，内层为球形网架，外层为装饰用网架（因该网架不承受外荷载作用，本文将不详细介绍）。内层球形网架的分格形式将决定外装饰面的分格形式，影响到工程的整体效果。如欲使工程设计简单可行，网架应具备以下2点要求：

1．球形网架的分格

球形网架各杆件的分布应为有规律的三角形，且各杆件长度差较小。幕墙板块的分格等同于网架分格，使幕墙板块也为三角形，根据三点确定一个平面这一几何公理，幕墙板块均可制成平面板块，这样可以避开幕墙铝龙骨、玻璃板块拉弯处理的繁琐工序，同时也降低了工程造价。网架杆件长度差较小，可以使在同一节点上的杆件之间的夹角趋于相等，便于今后的安装。各个网架杆件与整体球的弦切角接近，可以方便控制幕墙铝龙骨与圆形托板之间的距离。

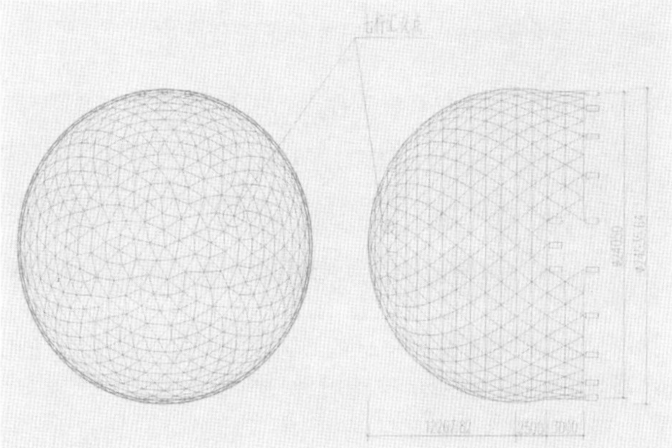

图 1

以图1所示工程为例，经过在计算机CAD环境下放样得出，当幕墙铝龙骨汇交点距离网架节点球心 H=298 mm时，最长的幕墙铝龙骨（1940mm）与托板间距离为5.3mm，最短的幕墙铝龙骨（1218mm）与托板间距离为3.3mm（图2）。满足《玻璃幕墙工程技术规范》（JGJ102-96）安装要求。

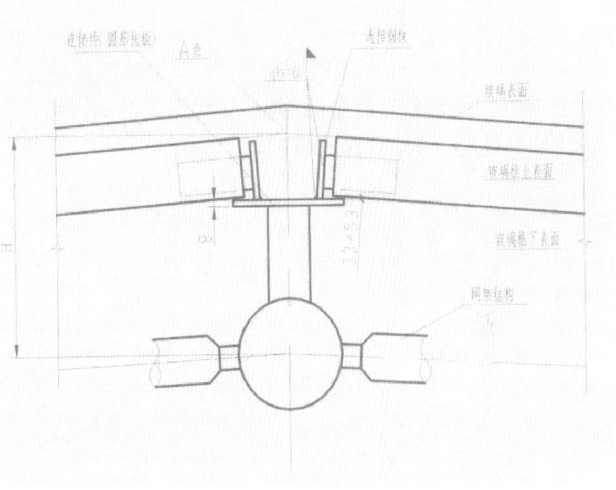

图 2

2．网架节点应采用螺栓球连接

网架节点多见为焊接空心球节点和螺栓球节点，根据工程的实践经验，如果以网架作为幕墙的主体结构应首选螺栓球节点形式的网架。

首先，网架的螺栓球节点由钢球、螺栓、杆件三者依次连接，网架节点钢球、杆件均在车间加工，提高了现场的安装精度。工程的实际尺寸与理论分格尺寸相差较小。再由于球形网架自身的特点，每一层为封闭圆圈，整体为封闭形体，任何一点错误，那怕是与杆件连接的螺栓没拧到位这样的失误，也会使最后安装的那根杆件难于安装。球形网架的精确安装，为幕墙铝龙骨长度地确定提供了可靠的理论基础。

其次，钢球在加工时有一个基准孔，在该孔连接一托板，可以作为幕墙铝龙骨生根的基础。该托板仿佛幕墙工程中的预埋件，方便了幕墙与主体结构的连接。

三、幕墙与网架的连接

依靠网架节点钢球上的圆形托板为基础，焊接连接钢板，连接钢板与幕墙铝龙骨插芯用螺栓连接，插芯与铝龙骨一端滑动连接，一端固定连接，实现网架与幕墙之间的连接体系（图2）。连接钢板、插芯、铝龙骨在车间内按配做尺寸加工、组装（图3）。

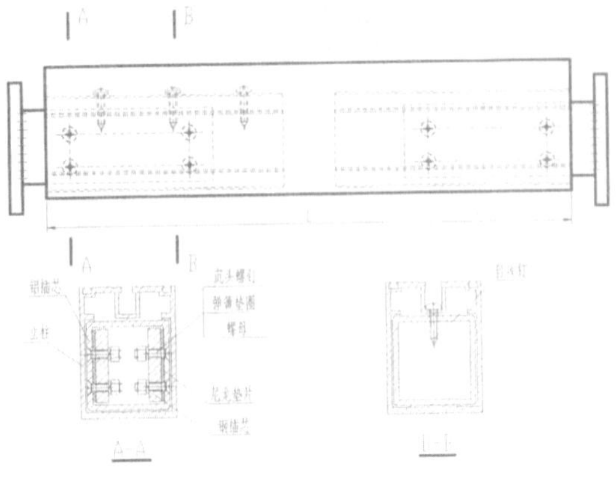

图 3

现场在滑动端按实际情况配切，这样不但可以提高工作效率，而且现场安装、调整灵活可靠，室内效果不受到影响。

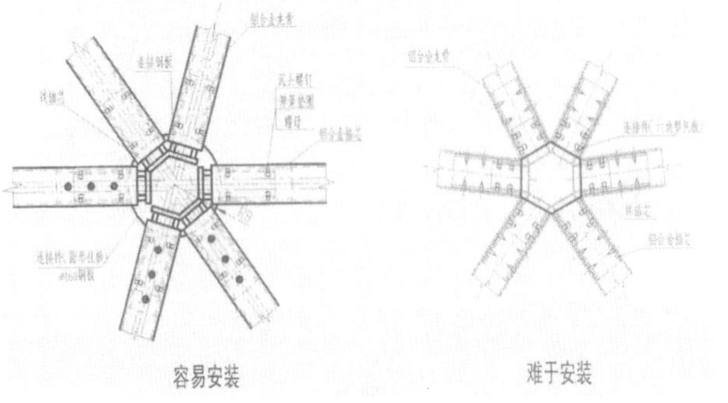

图 4

为了保证安装顺畅进行，托板的设计应注意以下两点：

1. 托板形状

托板形状易设计成圆形。在网架某一节点处的各杆件长度、相邻杆件夹角、杆件数量均不统一，设计成圆形托板可以使结构更容易安装（图4）。若设计成五角形、六角形、七角形时，托板的各角不相等，设计时不仅每一层的托板要统一编号，而且还要注明安装正方向，以此来保证托板的正确安装位置，这样会给设计、施工带来重重困难。故工程中选用圆形托板为佳。

2. 托板半径R

R的大小应根据杆件最紧密处节进行设计，图1中第六层为七杆汇交（图1），R的尺寸应保证铝龙骨安装完成后，连接钢板在托板内垂直方向不外露（图4）。如果在幕墙铝龙骨之间用铝单板做适当的封边，再用灰色密封胶添缝隙，不但可以美化室内效果，还可以提高玻璃幕墙的抗雨水渗漏性能和空气渗透性能。

四　施工与安装

球形隐框玻璃幕墙的施工、安装和普通玻璃幕墙的安装工序是相同的，不同的是球形网架作为一个独立体存在，网架节点具有相对独立的空间位置，没有定位轴线。设计时通过计算机CAD的等比例放样，可以发现网架节点、杆件与幕墙铝龙骨的相对位置关系，可知幕墙铝龙骨外表面中心线均交于一点，该点位于网架整体球心和网架节点球心连线的延长线上。

如果以该点为基点（见图2，A点）进行施工放线，即可正确安装幕墙铝龙骨。因为该点是建立在每个网架节点球基础上产生的，只要组成网架的节点、杆件能按设计要求组成球体，就说明各个节点误差的代数和为零。每支幕墙铝龙骨安装过程中均会产生一定的误差，如能保证安装幕墙的每一支铝龙骨与网架的相对位置不变化，安装中产生的误差就会闭合为零，就可以按设计进行安装。另外幕墙面材（玻璃或金属板）与附框结合为统一板块，与铝龙骨之间可灵活拆卸，并且由于外层网架的存在，幕墙板块实现随意安装。

加强施工现场管理　确保工程优质交付

中国建筑装饰协会副会长单位　武汉凌云建筑装饰工程有限公司　总质量师　**李善廷**

我公司把工程质量视为企业的生命，“让用户满意，为其提供优质服务”作为企业的宗旨和义不容辞的责任。几年来公司承建的建筑幕墙工程质量上取得可喜的成绩，用户对公司的满意度和忠诚度有很大的提高。目前公司有 14 项工程荣获鲁班奖（国优），有 3 项工程荣获中国建筑工程装饰奖。公司被评为全国“用户信得过建筑装饰企业”及“全国用户满意工程”企业称号。

公司各工程项目部开展了“加强施工现场管理，确保工程优质交付”活动，其主要做法是：

1. 确定工程的创优目标，建立工程质量保证体系

公司的工程施工管理理念是：“干一个工程，树一块牌子，占一片市场，交一批朋友，锻炼一支队伍”。工程项目部按照施工理念，把干好每一个工程，树立“凌云 18”品牌形象，向用户交付优良工程，让用户满意作为工程项目部经理的职责和义务。用优良工程质量和优质服务，来回报用户，回报社会。

各工程项目部根据工程合同要求和施工特点，制定工程创优的目标和指标，并把主要指标分解和落实，明确责任。根据施工阶段不同，确定施工的质量的控制点，对重要质量指标，在施工过程进行严格的质量控制和检查，用优良的工序质量，来确保优良的工程质量。

建立和健全工程质量保证体系。我公司于 1997 年通过 ISO9001：1994 标准质量体系认证。2002 年又建立了质量（ISO9001：2000）、环境（ISO14001：1996）和职业健康安全（OHSAS 18001）三个标准的一体化管理体系，并取得 3 个标准的认证证书。公司已建立较为完整、齐全、适应行业和公司特点的管理体系文件。3个标准管理体系的有效、持续运行，提升公司的综合管理水平，为工程项目部工程创优工作提供保证。

工程项目部根据体系文件要求，建立工程项目的质量保证体系，成立工程质量检验机构、配备专职的质量管理人员，并把专（兼）职的检验人员配备到作业班组。根据工程的创优目标，层层分解到工程项目部管理部门和作业班组。公司与工程项目部经理签订了工程创优目标的质量责任制，工程项目部再与施工班组、施工人员，签订质量责任制，做到分项工程有质量目标、人人有质量责任，从而保证工程总质量目标的实现。

2. 组织好施工方案和技术交底工作

工程项目部根据工程合同和现场的具体情况，修改和完善施工组织计划，使计划符合施工现场实际，具有可操作性。现场施工技术员，在认真研究和熟悉施工图纸和现场施工条件、施工环境的基础上，制定施工计划，提出施工技术方案。技术员对管理人员、施工队长和施工人员进行技术交底，对施工中安装技术、关键工序、施工难点、质量标准等要给予文字说明和重点提醒，如：放线测量、转接件的安装和调整、隐蔽工程等。技术交底做交底记录，由技术交底人、施工班组长和施工人员签字确认。对于有的分项工程抓好施工前的示范操作，采用"样板"引路，以保证工程施工质量。

3. 抓住施工中施工质量的关键工序，确保幕墙结构安全、功能和外观质量

幕墙工程检查项目中共有33项，其中6项关键项目和6项主要项目，如果这些项目有一项未达到质量标准，会造成幕墙结构安全隐患，或使用功能下降，所以我们在施工中加强了对关键项目和主要项目的控制和检查，同时对工程外观质量提出高于标准的要求。

（1）把好原材料和五金附件进货质量关

对于原材料和五金附件的质量，严格材料的采购制度，对重要材料和附件的供应商进行分承包方的评定。材料的采购向被评定为合格的分承包方采购。同时加强原材料的进货验证和检验，不管是总公司采购的重要材料，还是由项目部采购的零星一般材料，都进行进货入库检验，只有经检验员检验合格、签字确认后，才能出库使用，做好材料检验记录。对工程重要材料（如：铝型材、钢材、焊条、硅酮结构胶等）还进行材料性能的复验。

（2）确保硅酮结构胶的施工质量

对隐框（半隐框）玻璃幕墙的硅酮结构胶施工质量对幕墙的结构安全起到至关重要的作用。我们在施工过程中严格按施工工艺要求进行，保证结构胶施工的条件（施工环境的温度、湿度等），板块打胶在工厂工作间进行、施工前进行结构胶与被接触材料（如：铝合金型材、玻璃、双面胶条等）的相容性、粘接性试验。板块应在结构胶完全固化后，方可出厂。板块安装前，为检查硅酮结构胶与玻璃、铝型材是否粘接良好，对结构胶还进行剥离试验，这些措施保证了硅酮结构胶的施工质量。

（3）隐蔽工程严格控制

如：预埋件安装、转接件安装、主型材与转接件连接、板块的固定、变形缝、防雷、防火节点和周边封口等，都严格按施工流程、施工图纸、施工工艺、施工质量标准进行。隐蔽分项工程完成后，进行自检和互检，经质量管理员和工程项目经理签字确认，最后由质量管理员报监理、业主验收认可后再进行下一工序施工。

4. 加强工程质量检查、监督、考核

公司质量安全处加强在施工过程中的质量检验、监督工作。项目部在工地开展《三检制活动》（即工作完成后进行自检、作业组长检查、专职检验员检查）和《三工序活动》（工作开始前工作者要检查上工序质量，保证本工序质量，做好下工序服务工作）活动，从而保证过程的工序质量。在生产、施工中做到不合格的材料不进入施工现场，上工序不合格不进入下工序，工程验收不合格不交付。质量安全处按公司关于"对在建工程每季都不少于一次，在不通知受检单位情况下进行质量现场检查"的规定，派公司质量人员对现场施工质量管理和工程质量对工程进行检查。检查内容包括工程质量保证体系是否有效运行、质量管理组织是否健全、职责是否到位、施工质量是否符合图纸和标准要求及工程资料的收集、归档情况等。质量处检查人员做好检查记录，对检查不合格和可能产生质量隐患的问题下达质量整改通知，限期整改并对整改结果进行复查。公司对检查结果作为对工程项目部工作和人员报酬考核的依据之一。

5. 加强工程资料收集和归档管理

工程项目部按公司贯标体系文件的要求加强对资料规范分类管理。项目部建立资料目录，及时收集、整理技术、质量资料，做好资料的归档工作，保证资料的完整性、真实性和有效性，为工程竣工验收和整个工程归档创造条件。这些资料包括：

（1）技术资料有：竣工图纸、设计说明、结构计算报告、设计更改、材料代用资料等。

（2）材料资料有：工程主要材料（玻璃、型材、石材、铝板、硅酮构胶、焊条、五金附件等）的质量证明资料、材质证明等。

（3）试验和复验资料有：幕墙的性能检测报告，重要材料的复验报告，结构硅酮胶的相容性检测报告、焊接件检查等。

（4）现场质量记录有：玻璃板块加工、组装质量记录、隐蔽工程验收记录，幕墙安装检查评定记录等。

我公司工程创优活动中体会到，确定工程创优目标后，要在加强施工过程的质量预先控制，严字当头、规范管理；在工程项目部实行"准军事管理"，推行"三情管理"（即有情的领导、无情的制度、绝情的管理）的管理理念和"四个永远"（即用户永远是凌云的上帝、市场永远是凌云的衣食父母、质量和信誉永远是凌云的生命、创新管理永远是凌云致胜的法宝）的企业理念，就能保证创优目标的实现。

建筑幕墙施工的科学安全管理

广州铝质装饰工程有限公司 黄永涛

一、前 言

建筑幕墙是融建筑技术、建筑功能、建筑艺术于一体的建筑外围护结构，是当今建筑物的高级外装修，深受建筑师和用户的欢迎。建筑幕墙是高科技产品，其技术复杂程度较高，影响建筑幕墙施工安全的因素众多，施工安全风险较大。为了保证建筑幕墙的施工安全，必须采取适当有效的安全技术措施和管理措施，把风险降低到最低程度。在建筑幕墙施工管理中，既要强化安全管理环节，也要把科学安全管理同经济管理、行政管理等有机地结合起来，从而保障建筑幕墙的施工安全。

二、建筑幕墙施工的特点

建筑幕墙施工安全管理是其施工管理的一个重要方面，它与一般建筑工程施工的安全管理相比较有许多相似点，但更具有许多不同点，这是由于建筑幕墙施工技术管理本身的特殊规律所决定的。

1. 地区性和流动性管理特点

建筑幕墙施工因为是建筑工程施工，施工地点会分散在不同的地区，或同一地区的不同现场，或同一现场的不同单位工程或同一单位工程的不同部位而流动变化的，由此其安全管理必然受到不同地区（或地点）的不同内外环境条件的制约。因此在制订安全技术措施和各类的安全交底都带有一定地区性色彩和流动性特征。

2. 建筑幕墙施工露天作业和外脚手架作业多

建筑幕墙是建筑的围护结构，其设置就是在建筑物的外立面，这就决定了建筑幕墙的施工是露天作业和外脚手架作业的特点。另外建筑幕墙施工是建筑外立面施工的最后一步，工程中使用的外脚手架在经过长期的日晒雨淋和前面多种工种的施工作业长时间的使用后会出现较多的事故隐患，如脚手板损坏、架体与建筑结构的拉结松脱或失效、架体内和架体与建筑物之间的封闭失效等。这种特点决定了施工安全管理的内容多，管理的难度大。

3. 使用高处作业吊篮进行施工作业

随着建筑物向高层和超高层的方向发展，建筑施工使用升降式脚手架的情况增多。但是使用升降式脚手架无法进行建筑幕墙的施工作业。在这种情况下施工单位往往使用高处作业吊篮进行建筑幕墙的施工作业。另外建筑幕墙的维护和保养也需使用高处作业吊篮进行作业。高处作业吊篮作业的风险更大，这就要求施工企业要制定完善的高处作业吊篮施工作业管理制度和安全操作规程，并要在日常的管理中加强检查，及时排除事故隐患。

三、建筑幕墙施工的安全管理内容

工程施工项目部作为施工生产的基本管理层，是安全生产管理的具体实施机构，其管理好坏直接关系到项目的安全生产状况。建筑幕墙工程施工前，要进行大量的施工准备工作，这是施工准备的重要环节。因为任何管理上的差错或疏忽都可能引起安全事故，造成生命、财产和经济的巨大损失，因此安全管理工作是贯穿整个施工过程头等重要的大事。一般情况下，建筑幕墙施工有下列内容：

1. 设计图纸和相关设计资料

在施工准备阶段，工程施工的组织者和施工管理班子必须熟悉工程的设计图纸和相关设计资料，了解和掌握建筑幕墙施工图纸的设计意图、幕墙结构类型、构造特点、技术要求、技术关键和难点，分析设计对工程施工安全管理工作的影响。如发现设计中对幕墙施工安全有不利影响的要与设计者商量解决。

2. 建立和完善各级安全生产责任制和安全管理制度

建立和完善各级安全生产责任制是安全管理的首要工作，根据“管生产必须管安全” 和“谁主管、谁负责” 的安全管理原则，施工现场要成立以项目经理为首的安全生产管理机构，建立工程施工的安全管理目标，明确各成员的安全管理职责，并用制度固定下来，以此把与安全直接有关的领导、技术人员、工人联系起来，形成一个严密的安全管理工作系统。

此外安全管理工作也要文件化、规范化。使安全管理工作事事有章可循，并有完善的工作记录。

3. 编制现场的施工组织设计

施工组织设计是指导建筑幕墙施工现场全部生产活动的重要技术文件，用以正确处理人与物、主体与辅助、工艺与设备、专业与协作、供应与消耗、生产与储存、使用与维修以及它们在空间布置和时间排列之间的关系。必须根据拟建工程规模、结构特点和建设单位的要求，在对原始资料调查分析和工程投标时编制的施工组织设计的基础上，编制出一份能切实指导该工程全部施工活动的科学方案。施工的安全管理必须作为一个重要组成部分编入施工组织设计内，其中应包括施工的安全技术措施、动火作业与防火管理措施等。

4. 安全生产培训教育

首先是进场的安全教育，重点是要提高每一个员工的安全意识，牢固树立“安全第一” 的思想，并让他们明白建筑幕墙施工的特点和安全生产的关系，如做好高处作业、临边、洞口和脚手架上的防护，物料提升机的使用和安全防护，各类伤亡事故的预防以及突发事件的应急预案等。

其次是进行各工种的安全教育，对工人进行安全操作规程和操作技能教育，使其明白该工种怎样做才安全，明白为防止事故发生所必须执行的操作规则，即必须让工人明白在施工过程中哪些是该做的，哪些是不能做的。

再就是开展班组的安全学习，这是工人自我教育的一种形式。班组长应根据工程施工进度的变化和施工环境的改变，以及班组内的安全动态组织班组内的人员对安全知识和安全操作规程加深学习和理解，进一步提高每一个组员的安全意识。班组的安全学习宜定期进行，如每周一次。

5. 安全技术交底

安全技术交底是一项技术性很强的工作，对保证施工安全至关重要。安全技术交底的目的是使接受交底的施工人员熟知和了解所担负的工作的安全操作要点和与相邻作业的关系。特别是要根据现场的具体情况，强调容易发生安全事故的工程部位，防止事故的发生。安全技术交底的时间可以分为施工前对整个工程的一次性交底和按施工进度根据现场情况分阶段交底。总之安全技术交底的要求是要及时、细致，要切合现场的情况，切忌无的放矢。

6. 日常检查监督

安全检查是安全生产日常管理的一项重要工作。根据建筑幕墙施工作业点比较分散的特点，工程项目部的负责人和管理人员要经常深入作业现场，对既定的安全技术措施、现场的安全管理制度的执行情况以及对照《建筑施工安全检查标准》（JGJ59-99）检查施工现场人的不安全行为和物的不安全状态进行检查，发现事故隐患，要弄清原因和责任人，要求责任人限时整改。安全检查要设专职安全员，也要发动群众进行自检和互检，以利尽早发现事故隐患，消灭或降低损失。

总之，建筑幕墙施工安全管理在整个工程施工管理中占有极其重要的地位，施工管理的风险性很大。要搞好建筑幕墙施工安全管理，必须掌握其内部运动规律，只有这样，才能主动地、自觉地把施工安全管理工作搞好。

---

*本文被评为“2003年首届全国建筑装饰行业优秀科技论文”。

加强质量控制　多创精品工程

沈阳黎东幕墙装饰有限公司　张　莉　于成业　罗正阳

“质量第一，质量是企业的生命”，这是企业赖以生存和发展的信条，也是我们企业领导多年来对员工进行质量教育的理念。这句话的确是千真万确，可谓真理。

然而，如何真正把这句话的精神实质贯彻到企业实际的工程质量管理工作中，严格质量控制，严把质量关，保证产品质量，多创精品工程，提高企业的信誉，扩大企业的知名度，的确不是一件容易的事情。

根据多年的实践，我们认为应从下面三个方面抓起。

一、设计质量是加强质量控制，多创精品工程的关键

设计质量是工程质量的龙头，一个企业不能严格控制设计质量，设计质量不好，加工图或安装图老出错，设计质量不精，根本就谈不上产品或工程质量，图纸即是加工产品和安装工程的法规。因为没有规矩，不成方圆，你规矩老出错，上哪还能谈得上方圆呢？

搞好设计质量，应从选人、培训和严审做起：

1. 选人　世间一切事物中人是最宝贵的财富。企业兴旺靠人材，事业成败靠人材，有人才有一切，有能人事业才会有成。

沈阳黎东幕墙装饰有限公司每年均面向社会招聘人才，选其行业中的精良来公司搞设计工作，2002 年底公司即面向社会招聘方案设计、工程设计、工程管理、生产管理等方面人才 60 余人，充实公司设计队伍和公司各部门，扩大公司设计骨干。

2. 培训　人的知识是靠教育，靠培训而获得的。教育，应该说主要是靠人在学校中受到校方的教育而取得应掌握的知识，这主要是理论上的知识。而培训，是使人获取知识的一个重要手段，当然它应该包括理论知识和实践经验两个方面。

中国建筑装饰协会理事、沈阳黎东幕墙装饰有限公司董事长赵铁利，特别注重员工的培训，为提高员工的技术素质不惜任何代价。

为提高 2002 年底新招聘的新员工和公司老员工的素质，2003 年 1 月公司举行为期 10 天的大型培训教育活动，除由公司有关部门的领导对新员工进行企业发展史与管理、质量管理与控制、企业技术、工程设计、方案要求、安装与管理、行政管理、企业销售等方面培训教育外，还专门在沈阳民航宾馆请了行业 6 名行业领导与业内专家对新老技术人员和管理干部进行了高层次的培训教育：

中国建筑装饰协会常务副会长兼秘书长徐朋：入世与国际市场。中国建筑金属结构协会副会长郑金峰：行业管理。中国建筑工程质量监督检测中心副主任姜仁：新产品技术。

上海皮尔金顿玻璃有限公司销售副总经理周一平：市场营销。中国方圆标志认证委员会质量管理专家高级审核员胡英杰：质量管理体系。徐中友：工程质量与控制。

通过这次大型培训教育，使新老员工获取了行业中新的知识，也取得了实践经验，对公司各方面人才提高技术业务能力和素质，起到了推波助澜的作用。显然对技术人员更是一次吸取知识的一次好机会。

3．严审　通过公司大型的培训教育后，公司技术部门还专门进行设计技术等方面的短期培训，培训之后进行技术考试和素质考核，定出一、二、三、四级设计员，按能力大小定出工资的标准，这是对人员素质的严审。

对于设计图纸还要进行严审，设计人员根据产品标准、合同内容、土建施工图和业主等方面的要求，进行细致、准确地工程设计，再经设计组长周密的校对，最后经设计部长严格审核签字后才能下发图纸，进行产品加工或工程安装。经过这些过程，确保图纸不出错或少出错，以达到设计质量是关键的要求。

二、加工质量是加强质量控制，多创精品工程的基础

在质量管理中，控制产品质量，经常提到“人、机、料、法、环”五个要素。

1．人　公司每年面向社会在招聘技术和管理人员的同时，还招聘一部分技术工人，并经短期技术与素质教育培训，考核合格持证上岗，以确保技术工人队伍的素质。具体按《员工培训管理程序》（LDZL-035A）来控制。

2．机　公司现有建筑幕墙和铝门窗的加工设备，多为从美国、德国、意大利和奥地利进口的设备，设备先进，加工精度高。具体按《设备管理制度》（LDZL-019A）来控制。

3．料　公司采购的材料都是国内外有名的材料商生产的，质量优，质量证明全，确为产品质量优质奠定了先决性的基础。具体按《采购物资控制程序》（LDZL-015B）来控制。

4．法　加工现场有明确的技术文件和加工图纸，技术工人按规定加工产品，严格守法，不得超越，一旦超越出现差品，经公司不合格品审理委员会审核，决定其使用、返修或报废，确保不合格产品不出厂。具体按《工序检验制度》（LDZL-024A）和《不合格品的控制程序》（LDZL-028B）来控制。

5．环　环境是确保产品质量的一个重要因素，环境不好，很难谈得上能加工出精品来。

公司多年来严格按《生产环境的控制》（LDZL-021A）程序来要求生产现场的卫生和环境，每天上班前先打扫好现场卫生后再生产，下班前必须整理好现场卫生再下班，特别是在中空玻璃制作车间，还有温度和湿度的要求，检验人员严格控制。

以上这些措施，都要经过车间检验人员严格把关，确保产品质量，保证产品出厂合格率达到百分之百。

三、安装质量体现出加强质量控制，多创精品工程的效果

我们公司多年来提出一句格言：即“安装质量是黎东幕墙的脸，涂胶质量（指幕墙胶缝）是黎东幕墙的眉毛。”

编筐编篓，全在收口。安装是确保工程质量最后、也是非常重要的一个环节，你工程图纸设计的再好，加工质量再精，而安装质量不好，就前功尽弃。一个好的安装队伍，在设计或加工过程中出现一点暇癖，也会在安装过程中给予弥补，保证了工程质量。从下面几个方面保证：

1．选好队伍　公司每中标一个合同，由安装部牵头，并由公司有关部门领导参加，对安装队伍进行招标（所属公司的安装队或外来安装队），确定安装队伍。

2．技术交底　由销售部门领导交底合同内容和业主要求，由技术部门领导或主管设计员交底工程图纸的要求，由项目经理交底施工组织方案的要求，以达到安装队伍知道工程标准要求和如何干好这个工程的有关措施。

3．严格按规范施工　要求施工队伍严格执行《建筑幕墙》（JG3035-1996）、《玻璃幕墙工程技术规范》（JGJ102-96）、《金属与石材幕墙工程技术规范》（JGJ133-2001）、《玻璃幕墙工程质量检验标准》（JGJ/T139）和工程图纸等要求，进行安装施工。

4．严格检查　每个安装队伍配有质检员，安装队伍干完活，首先进行自检，再经组长复检，后经检验员检查校核，这即是三检。之后向公司质量部门报检，由公司质量部门派人检查校验，最后向业主提交检查，经业主、监理、总包和施工单位进行竣工验收。这样经过多层次堵漏，道道严格把关，符合各种标准的要求，确保工程质量达到优良（优质）标准，使业主（顾客）满意，创精品工程。具体按《幕墙工程质量检验与评定标准》（LDZL-005B）来实施。

我们公司承建的工程遍及全国20余省40多个城市，工程质量全部达到优良标准，深受用户好评。部分工程分别被评为鲁班奖（国优）、全国建筑工程装饰奖、东北三省会样板工程奖、辽宁省建筑工程装饰奖、辽宁省优、沈阳市优等。其中吉林电信枢纽为2001年鲁班奖（国优）、沈阳商贸金融培训中心为2001年全国建筑工程承建装饰奖和设计装饰奖，沈阳科学宫穹幕影院和邢台电业局生产调度楼为2002年全国建筑工程装饰奖。

沈阳黎东幕墙装饰有限公司遵循着“产品（工程）质量是设计、加工、制作和安装出来的”方针，加强幕墙工程质量控制，多创精品工程。

建筑物外墙面石材干挂施工的质量监理

江苏东南交通工程咨询监理有限公司　总监理工程师　**张文渊**

近年来，由于天然石材质感好，外观庄重，物理性质稳定，经常被金融、商贸等建筑物外墙面装饰采用。石材干挂作为建筑物的外墙面装饰是现代化城市建筑的重要标志之一，它以其独特的风格、高雅亮丽的外形，使建筑物更具有时代感和艺术造型，备受设计师和业主们的喜爱。建筑物外墙面石材干挂法是利用高强耐腐蚀连固件将饰面石材安装在建筑物表面的一种新型施工工艺，它既可以不受施工环境温度控制，减少湿作业，提高施工效率，又具有安装精度高，装饰效果好，减轻建筑物自重的特点，克服了水泥砂浆粘结剂对石材渗透的弊病。目前这种施工工艺已不断推广应用到建筑物的外墙装饰中。然而由于建筑物外墙面石材干挂以前没有专门性的国家规范，仅能参照玻璃幕墙的规范要求施工，尤其是建筑物外墙面石材干挂法，由于缺乏技术规范的约束，带来了诸如接缝不平、色泽不均、板材脱落、板材腐蚀等许多问题。面对建筑物外墙面石材干挂的迅猛发展，我国工程界对建筑物外墙面石材干挂法研究少，市场管理相对滞后，生产技术水平不能完全适应市场的要求，管理素质不高，使工程施工质量方面存在较多问题。由于没有相应的技术资料标准，在一定程度上设计单位考虑不全面；建设单位选材不合理：施工单位管理混乱，操作人员素质参差不齐，偷工减料等现象时有发生，使工程存在质量、安全隐患。下面笔者结合工程监理实践，介绍一些建筑物外墙石材干挂施工工艺、施工特点以及施工监理质量控制的方法，仅供业内同行参考。

1　建筑物外墙石材干挂施工工艺

建筑物外墙石材干挂施工工艺因工程实际情况的差异有所不同，但总体程序如图1所示。

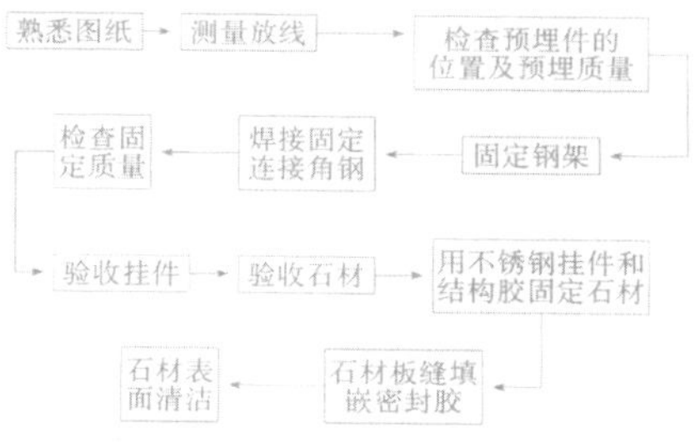

图1　建筑物外墙石材干挂施工工艺程序图

2　建筑物外墙石材干挂施工特点

饰面石材施工应按工艺流程程序进行施工，上一道工序不合格就不得进行下一道工序施工，要严格做好每一道工序质量验收工作，根据饰面石材工程，在施工所处的阶段及其施工工艺流程，饰面石材施工一般有以下特点：

2.1　复杂性

饰面石材施工工序环节较多，钢结构的质量、挂件质量、石材质量、结构胶粘接等制作加工环节使整个饰面石材工程复杂，它要求各个环节各自严格把关，又要紧密配合，共同搞好整个工程。

2.2　工期短

饰面石材工程一般都在主体结构封顶以后，内装修工作展开之前一段时间内进行，对其要求工期较短，以便整个工程按时或提前交付使用，这就要求饰面石材施工单位要提前做好充分准备工作，备好各种材料，包括对配套材料性能试验，石材性能及指标的试验等都要提前进行，以不影响饰面石材正常施工。施工时要狠抓施工质量，避免返工、整改而浪费时间。

2.3　受气候影响大

建筑物外墙饰面石材施工均为露天作业，受气候影响较大，电焊等工种作业均不能在雨天施工，密封胶填缝也不能在雨天进行，也不宜在夏天烈日下施工，大风天气也不适宜在高空脚手架上安装施工，所以饰面石材干挂施工受气候条件制约较严。

2.4　脚手架差别大

饰面石材施工所用的脚手架和土建所用的脚手架有较大的差别，这就要求土建方按照饰面石材施工单位要求进行搭设或调整脚手架，一般为离墙35～45cm的距离，复杂凸出部分尚要另行处理，以便饰面石材施工能顺利进行。

2.5　工作面广

由于饰面石材工作面广，电焊、电钻、切割机使用较多，用电量大，也较集中，这就需要建设单位解决好用电问题，由于饰面石材损坏后不易修补，因此加强成品、半成品保护工作就显得十分重要。

3　建筑物外墙饰面石材的质量监理控制

建筑物外墙饰面石材施工质量是至关重要的，因为外墙面石材质量差，会造成国家财产损失及危及人身安全，所以必须加强饰面石材工程管理，对设计、材料、施工要进行切实有效的控制。

3.1　严格从业资质管理，坚持关键工序工人持证上岗

检查设计、施工单位资质和工程管理人员的资格，对其饰面石材的关键工序工人，如电焊工，必须持证上岗，另外焊工先试焊，试验结果合格的焊工才能够上岗作业，检查重点是几何形状的正确性和焊接质量。

3.2　加强材料质量控制，严把材料的检查验收关

饰面石材材料是保证饰面石材质量和安全的关键，饰面石材的材料大致有四大类型，即钢骨架材料、不锈钢挂件、石板材、结构粘结胶和密封填缝胶。每种材料都要有合格证和质保书，还应有材料性能和力学性能的实验报告，结构胶相容性实验报告和干挂饰面石材的试验报告，石材应作放射

性检测试验。

进口材料需提交商检部门有效商检报告，施工前还需按国家规定要求进行材料送检。

3.3　严格控制安装施工环节，执行各工序质量验收制度

饰面石材施工一般包括有：饰面石材制作、钢骨架安装、挂件安装、石材安装等四道工序，对四道工序中，每道工序都要按设计和规范要求执行严格检查验收，对检查不合格的工序要进行整改或返工，直到合格时方可进行下道工序施工。

3.3.1　工程板检查验收

对饰面石材验收，工程板的平面、长度、宽度偏差、表面平整度、光泽度必须符合有关规定，工程板四角必须保持90°直角，四周直线平直，开槽正确无误。

工程板体积密度、弯曲强度、干燥压缩强度、吸水率同时符合现行有关国家规范、行业标准要求，对色差、色彩、花纹基本一致、工程板在凹洞、缺角、疤痕、色斑等方面须达到国家规范的标准，特别要求注意石材板隐纹、暗纹、裂缝等缺陷。

3.3.2　钢骨架安装

重点在于控制土建结构施工期间石材饰面预埋件的位置、预埋件的质量，施工单位应加强与土建单位的联系与配合，使预埋件的位置、埋设质量能达到饰面石材设计和规范要求，对于预埋件位置偏差或漏埋的地方要进行预埋件增补措施。例如：焊接连接预埋件，打入化学膨胀螺栓加固，特别应注意建筑物阳角、阴角处的预埋件要到位。对于预埋件与连接角钢焊接质量角钢连接的数量，方钢管与角码焊接质量进行严格检查，所有钢配件均需热镀锌处理，焊缝进行超声波探伤无损检测，焊接过程中应经常清查，并涂刷底层防锈漆和面层防锈漆。

3.3.3　槽钢和方钢管安装

重点检查方钢管的立柱垂直度、槽钢安装水平度，石材板分格等是否满足设计或规范要求，检查和控制槽钢和立柱的焊接质量，不得漏焊，焊缝总长度要大于18cm，涂刷防锈漆二遍作防腐处理。同时检查钢结构是否牢固、可靠和防雷接地是否符合设计和规范要求。

3.3.4　建筑物外墙面石材安装

重点检查石材和挂件固定连接的质量，挂件和结构胶质量及密封胶的质量。连接安装要求牢固、平直无翘曲变形，石材与连接件牢固，无松动现象，石材安装平面应平整，接缝平直、宽度一致，填嵌结构胶要饱满、密实、光滑平整，施工时要防止气泡的出现，并保证胶缝厚度控制在规范要求的范围之内。滴水线要顺直，流水坡向正确，每层楼的高度、大规格的石材板、悬臂石材需增加托板模，托板模的长度应至石材厚度的1/2以上，以增强石材板的刚度和稳定性。

4　提高建筑物外墙石材干挂质量验收标准，确保工程最终达到优良标准

建筑物外墙石材干挂质量验收是整个工程总体验收中较大的项目。监理工程师在验收过程中适当提高验收标准，确保工程最终达到优良标准。由于国家还没有颁布建筑物外墙石材干挂工程的相关检验评定标准，所以检查的保证项目、基本项目、允许偏差项目可参考《建筑安装工程质量检验评定标准》中天然石、人造石饰面分项工程质量检验评定标准和《玻璃幕墙工程技术规范》（JGJ102-1996）中有关技术条款，由监理工程师根据整个工作质量要求，与业主共同制定一种专用于本工程的验收标准(可尽量采用高标准)，对建筑物外墙石材干挂质量进行预验收。验收时应准备钢卷尺、2m靠尺、直角拐尺、塞尺、水平线、经纬仪等必要的检查工具，对建筑物外墙石材干挂的表面平整度、立面垂直度、阳角方正、接缝平直、接缝高低、接缝宽度、建筑物转角垂直度进行检查，其中建筑物转角垂直度应使用经纬仪做重点检查，允许偏差可参考《玻璃幕墙工程技术规范》(JGJ102-96)中表8.1.6-3的数据。另外，对于工程资料，主要为隐蔽资料、自检资料、合格证、出厂实验报告、材料复验报告、产品说明书等，监理工程师应在工程施工中，要求施工单位随时提供。在验收阶段必须将工程竣工资料整理齐全，以保证工程能够顺利交付使用。

5　结束语

工程质量是各方面工作质量的集中反映，设计、施工各部门各岗位所有人员的工作质量都对工程质量有所影响，应从审批报建、招投标、设计、原材料选用加工、现场施工、竣工交付使用及维修养护全过程进行质量管理，不能只限于施工一个阶段管理。质量管理必须动员和组织全体人员都来参加，坚持自检、互检和质量管理活动，使质量管理落实到基层，落实到每一个具体人身上，实行全员管理。工程结束后，由总分包单位对整个工程进行检查验收，最后由质量监督机构评定，合格后才准交工，以确保工程使用安全并达合格标准要求。建筑物外墙石材干挂法具有许多优点，为人们所认同，但也存在一些问题有待解决。例如：结构面上如何合理的固定钢骨架，这种新工艺已应用到工程中，在国家尚无统一设计、施工和质检技术标准的情况下，各地工程石材干挂具体做法不尽相同，这就要求我们在工程实践中不断地总结经验，切实把好质量关，具体问题具体分析解决。

监理工程师按照上述程序进行监理，严格进行质量控制，确保建筑物外墙面石材干挂施工的质量。只有监理和业主、设计、施工各方共同努力，才能使建筑物外墙面石材干挂施工质量达到预定的目标，才能使整个工程最终达到优良标准，才能使工程建筑项目获得良好的经济效益和社会效益。

参考文献：

1. 陈建东. 玻璃幕墙工程技术规范应用手册. 北京：中国建筑工业出版社. 1996

2. 张芹. 幕墙技术手册. 上海：上海科学技术文献出版社. 2001

3. 张文渊. 石材干挂幕墙工程监理控制方法及途径. 石材. 2003（1）

明框玻璃幕墙现场施工技术

广西建林装饰工程有限责任公司　周永毅

玻璃和铝合金幕墙自20世纪50年代兴起，迅速发展成为现代主义建筑的一个主要特征，也成为现代化大都市的标志和国家经济及技术发展水平的一个代表。本人有幸参加了广西信托大厦明框玻璃幕墙和铝板幕墙工程以及其他几个幕墙工程的施工，下面就有关明框玻璃幕墙工程的施工方面谈谈自己的看法及体会。

明框玻璃幕墙的玻璃镶嵌在铝框内，成为四边有铝框的幕墙构件，幕墙构件镶嵌在横梁上，形成横梁立柱外露，铝框分格明显的立面。

一、四大类型材料

明框玻璃幕墙是最传统的形式，应用最广泛，工作性能可靠。相对于隐框玻璃幕墙，更易满足施工技术水平要求。材料是保证幕墙质量和安全的物质基础，幕墙所用的材料，概括起来，基本上可有四大类型材料，即：骨架材料、板材、密封填缝材料，其中：

1. 骨架材料主要采用铝合金型材

一般在幕墙中采用LD31合金热挤压型材，是一种用高温挤压成型快速冷却并人工时效状态经阳极氧化表面处理的型材（即RCS状态），铝合金型材表面质量应符合以下要求：

（1）型材表面应清洁，不允许有裂纹起皮，腐蚀和气泡存在。

（2）氧化膜厚度应按15μm以上。

2. 板材

通常外墙有玻璃、铝板、石材、其他金属等，这里主要谈玻璃。幕墙所采用的玻璃通常有：浮法玻璃、热反射镀膜玻璃、吸热玻璃、夹层玻璃、夹丝玻璃和中空玻璃。其中热反射镀膜玻璃和钢化玻璃应用较广，镀膜玻璃可以将大部分的太阳能吸收和反射、降低室内空调费用，取得节能效果，还可以获得多种反射色、能将四周建筑及自然景物映射在彩色的玻璃幕墙上，使整个建筑物显得异常绚丽壮观。同时该产品有减轻眩光作用，使工作及居住环境舒适。

钢化玻璃与其他同厚度的玻璃相比，具有高3~5倍的弯曲和冲击强度；高3倍的对于温度迅速变化的耐力；破碎后呈无尖端的颗粒状，避免伤人，具有安全性。而中空玻璃的隔声性能和隔热性能优良。所以，可根据建筑物的不同需要选取各种幕墙玻璃的类型。

3、建筑密封胶（耐候胶）与结构密封胶（结构胶）

耐候胶与结构胶有许多性能要求是相似的，但耐候胶更强调大气变化、耐紫外线、耐老化的性能，主要用于外部建筑密封，对耐候性有更高的要求；而结构胶更重要的是其强度、延性、粘结性能等力学性能要求。目前使用较多的硅硐耐候密封胶和结构硅硐密封胶是美国GE公司及Dow Corning（道康宁）公司的产品，以及国内的几种产品，如广州市白云粘胶厂生立的广州新展粘胶厂生产的系列胶需要注意的是：耐候胶的结构胶一经选用必须提前做与之接触料（如玻璃、铝型材、铝板、泡沫棒等）的相容性试验报告，只有报告证明胶与接触材料相容才能使用。

通过熟悉以上幕墙材料的主要内容，对施工中的选材规范、保证施工质量起到一定的指导作用。

二、安装前的施工准备工作

玻璃幕墙经过建筑外形和结构设计后，确认出外观、铝型材类型、板材类型、密封胶种类、其他材料及做法后，具备了安装条件，可进行安装前的施工准备工作：

1. 材料与构件

（1）材料与构件按施工组织设计分类使用，按使用地点存放。

（2）安装前检查铝型材，要求平直、规方，不得有明显的变形、刮痕和污染。

2. 预埋件检查

为保证幕墙与主体结连接可靠性，幕墙与主体结构的连接件应在主体结构施工时，按设计要求的数量、位置和方法进行埋设。施工安装前，应检查各连接位置预埋件是否齐全、位置是否符合设计要求。

标高允许偏差：　±10mm；

轴线左右允许偏差：±30mm；

轴线前后允许偏差：±20mm；

预埋件遗留、位置偏差过大、倾斜时，应会同设计单位采取补救措施。

3. 幕墙与主体结构连接的施工：

幕墙立柱应通过预埋件与主体结构连接，流程为：

（1）设定幕墙安装基线；

（2）放置预埋件、校正；

（3）配置连接角码；

（4）临时固定铁码；

（5）复核安装基线；

（6）固定铁码；

（7）检查；

（8）涂防锈漆；

（9）修补；

三、构件式横梁与立柱的安装

1. 测量放线

测量放线应与主体结构测量放线相配合。水平标高要逐层从地面引上，以免误差积累。由于建筑物随时气温变化产生侧移，所以测量应在每天定时进行，测量时风力不应大于三级。

应沿楼板外沿弹出墨线，用钢丝线定出幕墙平面基准线，从基准线外一定距离为幕墙平面。以此线为基准确定立柱的前后位置，从而决定整片幕墙的位置。

2. 立柱的安装

立柱先连接好连接件，再将连接件（铁码）点焊在预埋钢板上，然后调整位置。立柱的垂直度可由吊锤控制，位置高度准确后，才能将牛腿正式焊在预埋件上。

安装误差控制：

标高：±3mm

前后：±2 mm

左右：±3mm

立柱一般为竖向构件，是幕墙安装施工的关键之一，它的质量影响整个幕墙的安装质量。通过连接件幕墙的平面轴线与建筑物的外平面轴线距离的允许偏差应控制在 2mm 以内，特别是建筑平面呈弧形、圆形和四周封闭的幕墙，其内外轴线距离影响到幕墙的周长，应认真对待。

立柱一般根据施工及运输条件，可以是一层楼高或二层楼高为一整根，长度可达 7.5m。接头应有一定空隙，采用套筒连接法，这样可适应和消除建筑挠度变形及温度变形的影响。连接件与预埋件的连接，若为二层楼高一整根，可采用间隔的铰接和刚接构造，铰接仅抗水平力，而刚接除抗水平力外，还应承担垂直力并传给主体结构。

3．横梁的安装

幕墙横梁安装应符合下列要求：

（1）横梁两端的连接件及弹性橡胶垫安装在立柱的预定位置，要求安装牢固、接缝严密；

（2）相邻两根横梁的水平标高偏差不大于 1 mm，同层标高偏差不大于 4 mm，同时应与立柱的嵌玻凹槽一致，其表面高低偏差大于 1 mm；

（3）同一层的横梁安装应由下向上进行。当安装完一层高度时，应时行检查、调整、校正、固定，使其符合质量要求。同层横梁标高差不应大于 5 mm（宽度 35 m 以下）、7 mm（宽度 35 m 以上）。

横梁一般为水平构件，是分段在立柱中嵌入连接，横梁两端与立柱连接处应垫弹性橡胶垫，橡胶垫应有 20%～35% 的压缩性，以适应和消除横向温度变形的要求。

四、玻璃板材的安装

在安装前，要清洁玻璃，四边的铝框也要清除污物，以保证嵌缝耐候胶可靠粘结。

玻璃的镀膜面应朝室外方向。

当玻璃在 3 m^2 以内时，一般可采用人工安装；玻璃面积过大，重量很大时，应采用真空吸盘等机械安装。

玻璃不能与其他构件直接接触，四周必须留有空隙；下部应有定位垫块，垫块宽度与槽口相同，长度不小于 100 mm。有一些工程采用弹性橡胶条进行密封，这时先在下边框塞入垫块，嵌入内胶条，装入玻璃，再嵌入外胶条。嵌入胶条先间隔分点塞入然后再分边填塞。

五、耐候胶嵌缝

玻璃板材或金属板材安装后，板材之间的间隙必须用耐候胶嵌缝，予以密封，防止气体渗透和雨水渗漏。

常用的嵌缝耐候胶是硅酮建筑密封胶（硅酮耐候胶），如 GE2000、Dow Corning791 等。

嵌缝耐候胶注胶时应注意：

（1）清洁板材间缝隙，不应有水、油渍、涂料、铁锈、水泥砂浆、灰尘等。应充分清洁粘结面，加以干燥。可采用甲苯或甲基二乙酮作清洁剂。

（2）为调整缝的深度，避免三边粘胶，缝内应充填聚氯乙烯发泡材料（小圆棒）。

（3）避免密封胶污染玻璃和铝板，应在缝两侧贴保护胶纸。

（4）注胶后应将胶缝表面抹平，去掉多余的胶。

（5）注胶完毕后，将保护胶纸撕掉，必要时可用溶剂擦拭。

（6）注意注胶后养护，胶在未完全硬化前，不要沾染灰尘和划伤。

嵌缝胶的深度（厚度）应小于缝宽度，因为当板材发生相对位移时，胶被拉伸，胶缝隙越厚，边缘的拉伸变形越大，越容易开裂。

耐候硅酮密封胶在接缝内要形成两面粘结，不要三面粘结，否则胶在受拉时，容易被撕裂，将失去密封和防渗漏作用。为防止形成三面粘结，在耐候硅酮密封胶施工前，用无粘结胶带铺于缝隙的底部，将缝底与胶分开。

六、细部的处理

不论是单元式、元件式或结构玻璃幕墙，均需要对外围护结构中的一些细部进行处理。

（1）墙顶处理

幕墙顶部的处理，也是屋面端（边）部防水处理的一部分，按建筑造形式的不同有以下两种：

挑檐处理——将幕墙顶部与挑檐板下部之间的间隙用嵌缝材料填实，并在挑檐口做滴水，以免雨水顺檐流下。

封檐处理——一般做法是用钢筋混凝土压檐或轻金属板顶。

（2）室内顶棚处理

由于玻璃幕墙悬挂在主体结构上的，一般与主体结构有一定的间隙，此空间可装设防火，保温材料，用装饰板复盖。在使用要求上对内装修要求不高且无吊顶时，可不考虑幕墙与吊顶的处理，但在上、下层之间应有不小于 800mm 的实体墙面（梁高包括在内）。

（3）窗台板的处理

窗台板可用木板或轻金属板，窗台下部宜用轻质板材。

七、幕墙的保护和清洗

幕墙构件应注意保护，不允许其发生碰撞变形、变色、污染和排水管堵塞等现象。对幕墙构件、玻璃和密封等应制定保护措施。

施工中给幕墙及幕墙构件等表面装饰造成影响的粘附物等应立即清除。

幕墙工程安装完成后，应制定从上到下的清扫方案，防止表面装饰发生异常。其清扫施工工具、吊盘、以及清扫方法、时间和程序等，应得到专职人员批准。

清洗玻璃和铝合金件的中性清洁剂应经过检验，证明对铝合金和玻璃确无腐触作用。中性清洁剂清洗后应及时用清水部洗干净。

明框玻璃幕墙工程涉及的内容较多：结构知识、建筑艺术、安装工艺等，但只要设计合理，按设计要求按规范施工，完全可以施工出让业主满意的幕墙工程。

---

*本文被评为“2003年首届全国建筑装饰行业优秀科技论文”。

瓷质幕墙制作安装质量控制要点

广州铝质装饰工程有限公司 吴颂荣

建筑幕墙作为一种建筑外围护结构，起着防风挡雨、阻挡空气渗透、保温隔热、隔声等作用，并与建筑物的装饰功能结合为一体，受到了建筑设计院和业主的广泛应用。瓷质幕墙是用连接件把瓷质板干挂固定于钢材（铝型材）构架上作为建筑装饰面层的一种建筑幕墙，它既与玻璃幕墙、石板幕墙有相似之处，又有自身的特点。它具有强度高、刚性好、色泽均匀、色彩丰富、自重轻、耐候性和耐久性好等优点，一出现就显示出较强的生命力，为建筑师们提供了一个新的设计空间，无疑将会促进我国建筑幕墙的发展和延伸。现在就瓷质幕墙的制作、安装、验收的质量控制要点作一些探讨。

1. 管理控制

1.1 瓷质幕墙的设计、制作、施工、监理和检测单位必须具备规定的资质，在其允许业务范围内承担。

1.2 认真学习《建筑幕墙》（JG3035－1996）等国家或地方颁布执行的标准、规范、规程和规定，提高自身的素质，加强管理，严格进行质量监控。

1.3 施工单位在进场施工前，必须编制施工组织设计，送交监理公司审阅。

1.4 如单项工程幕墙面积在 200 m^2 以上，必须进行建筑幕墙风压变形性能、空气渗透性能、雨水渗漏性能等三项性能检测。另外可根据需要进行保温、隔声、平面内变形、耐撞击等性能检验。

2. 材料质量控制

瓷质幕墙使用的材料必须符合国家现行产品标准的规定，出厂时必须有合格证，严禁使用不及格材料。

2.1 钢材应符合《碳素结构钢》（GB700）、《优质碳素结构钢技术条件》（GB699）等国家标准，而且必须进行热浸镀锌处理。

2.2 铝合金型材应符合《铝合金建筑型材》（GB/T5237.1）中有关高精级的规定；型材表面应进行阳极氧化处理，氧化膜厚度不应低于《铝及铝合金阳极氧化，阳极氧化膜的总规范》（GB8013）中规定的 AA15 级。

2.3 瓷质板必须采用优等品或一等品，其外观、尺寸偏差、质量和理化性能应符合国家产品标准。

2.4 耐候硅酮密封胶应采用中性胶，不得使用过期产品。

2.5 环氧树脂应采用浆液弹性较好、固化时间适当的牌号 E－44。

2.6 不锈钢扣（托）板、销板、销钉应采用奥氏体型不锈钢，其技术要求应符合《不锈钢冷轧钢板》（GB/T 3280）、《不锈钢热轧钢板》（GB4237）、《不锈钢棒》（GB/T 1220）等国家标准。

3. 制作质量控制

幕墙构件制作前必须进行施工图纸会审，施工队伍要通过放线测量掌握建筑物实际尺寸及偏差情况。测量结果与图纸尺寸不相符时，应进行调整，经设计人员同意后方可进行构件制作。

3.1 钢材、铝型材制作

3.1.1 加工车间环境应清洁，无严重的灰尘、污染源；

3.1.2 使用的量具必须经过计量单位检验校正；

3.1.3 型材的下料、打孔、开槽尺寸等偏差应在允许的范围内；

3.1.4 加工后的钢材、铝合金型材应进行包封保护，防止运输损坏或现场污染。

3.2 瓷质板加工

3.2.1 瓷质板必须按设计图纸进行编号和加工，开槽长度或钻孔数量应符合设计要求，开槽钻孔位置应在板厚中心线上，加工偏差符合以下要求：

开槽宽度允许偏差值为 0～＋0.5mm；

钻孔直径允许偏差值为 0～＋0.3mm；

开槽或钻孔位置允许偏差值为±0.5mm；

槽、孔深度允许偏差值为±2mm。

3.2.2 不得碰撞、划花瓷质板，当不慎造成瓷质板损坏时，必须将破损部位切割去掉，余下部位改作他用。

3.2.3 加工后必须将坑槽或孔内的粉尘清理干净。

4. 安装质量控制

4.1 施工现场质量管理应有相应的施工技术标准、健全的质量管理体系、施工质量检查制度和综合施工质量水平评定考核制度。

4.2 幕墙与主体结构连接的预埋件，应在主体结构施工时按设计要求埋设，若位置偏差超出允许范围，应由设计单位另行处理。

4.3 使用金属膨胀螺栓、化学粘结螺栓作为后置连接件时，应对连接进行计算，并由国家认可的检测机构进行螺栓现场抗拔试验。螺栓紧固力矩应取 40～45N·m，用测力装置校核扭力。

4.4 主受力构架的安装是整个工程重点，必须严格按图施工。立柱与主体结构连接必须可靠，立柱接口要设置伸缩缝，消除温度变化对主受力框架的影响。不同金属材料接触处（不锈钢除外）应设置绝缘垫片，防止发生接触腐蚀。

4.5 焊缝宽度、长度、防腐处理必须符合设计要求，钢架制作及焊接质量应符合《钢结构工程施工及验收规范》

（GB50205—95）及《钢结构焊接技术规程》（JGJ81）的有关规定。

4.6 打注耐候密封胶时，板材周边采用“50%异丙醇”或“二甲苯”进行净化处理，将表面尘埃、油渍、松散物和其他脏物擦拭干净，注胶要持续均匀，嵌填密实，胶注满后要检查密封胶的厚度和宽度是否符合设计要求，检查里面是否有气泡并及时进行处理。耐候胶表面固化后，清洁瓷质板表面。

4.7 幕墙自身防雷体系应与主体结构防雷体系可靠连接，接地电阻不得大于10Ω。

4.8 防火分区间断要牢固，不松脱、不遗漏，填充非燃烧材料的厚度符合设计要求。

5. 验收控制

5.1 严格按照国家标准《建筑工程施工质量验收统一标准》（GB50300—2001）、行业标准《建筑幕墙》（JG3035—1996）、参照《玻璃幕墙工程技术规范》（JGJ102）进行验收。

5.2 验收时应提交下列资料：

5.2.1 设计文件：设计图纸；设计计算书；设计修改文件；材料变更代用文件。

5.2.2 材料质量证书：铝型材、钢材、构件、瓷质板出厂质量证书；耐候硅酮密封胶、防火材料、五金材料及其它材料出厂质量证书；进口原材料商检报告；瓷质幕墙质量保证书。

5.2.3 检验报告：瓷质板性能检验报告；铝型材和钢材化学、力学性能检验报告；构件、耐候硅酮密封胶物理性能复检报告；幕墙物理性能检测报告；金属膨胀螺栓、化学粘结螺栓抗拔力试验报告。

5.2.4 施工安装质量文件

隐蔽工程验收记录；幕墙防雷接地电阻检测报告；施工过程洽商记录；建筑幕墙施工安装质量自检记录、验评记录；中间验收记录；瓷质幕墙分项工程验收报告。

5.3 瓷质幕墙的观感检验应由验收人员通过现场检查并应共同确认，检查要点是：

5.3.1 检查幕墙造型是否符合设计要求。

5.3.2 瓷质板的品种、规格、色彩图案是否符合设计，瓷质板表面有无擦伤、划伤、锈蚀、裂痕等，是否平整、无歪斜、无高低不平、无破损、无掉角等。

5.3.3 密封胶嵌填是否密实，胶缝是否横平竖直，缝宽均匀。

5.3.4 幕墙凹凸转角位置的瓷质板是否边缘整齐、厚度一致。

大规格瓷板干挂的施工工艺

广东建雅室内工程设计施工有限公司 王慧千

1. 概述

在现时的建筑装修行业中，新工艺、新材料不断涌现。其中大规格瓷板由于经济、美观，色彩品种多而被广泛采用于装饰墙、柱面上。近年来，干挂式石材施工工艺用于室内墙面或建筑外墙面装饰已在不少城市中兴起。其施工工艺主要由国外引进的采用锚栓及挂扣件固定安装于墙、柱面上，取得较理想的效果。大规格瓷板干挂式施工同样也可采用此法，但由于瓷板厚度较薄，必须经过有关工艺处理，才能保证施工的质量。本文主要阐述大规格瓷板用于装饰室内墙面这种干挂施工工艺及有关施工技术，为同行在此类施工中提供参考。

2. 瓷板干挂构造简述

干挂安装工艺，又称干挂法施工，它是直接在板材上开槽通过挂构件将板材与墙体锚固件膨胀螺栓直接连接安装，按设计排列要求，固定在墙面或柱面上，而不需要用水泥砂浆浇灌或水泥镶贴。此法不适宜空心砖墙体的安装。目前在板材的排列上有两种设计：一种是板材之间周边不离缝，只有板之间只留一丝自然缝；另一种是板材之间离缝，也有设计采用这两种形式结合。在设计上也可考虑在板材上下边打磨一定的角度留v字槽，效果都不错。

3. 施工准备

3.1 由于干挂法对瓷板的尺寸、规格要求比较严格，板材多由工厂定型生产。板材的挂孔、位置、墙体锚固件的定位等应该根据板材的规格尺寸、安装位置和划分的型号进行编号，施工时按编号就位，要求板材色泽均匀，纹理顺畅，板材的平整度和公差必须符合国家标准。

3.2 施工前准备好不锈钢锚固件、小块花岗石(100 mm×100mm)不锈钢挂扣件、嵌固胶、手持电动工具等。

3.3 大规格瓷板构件的制作

大规格瓷板的厚度通常是较薄的，不宜直接在其周边钻孔或开槽固定锚固件作干挂式安装，否则容易造成瓷板开裂或缺陷。所以在施工前必须先增加其厚度，保证其安装的稳定性。采用尺寸（为100 mm×100 mm×20mm）的小块花岗石作为加强石。用大力胶与大规格瓷板背面粘贴，一般每块板设4块加强石，粘结位置在瓷板周边四个角上，它们的粘贴位置除考虑两向边距外，四个点还应该在同一圆周上，使挂板稳定性最佳。待大力胶干固后，在瓷板安装前，用手提电动介机在粘贴于瓷板上的四块加强石上开U型槽，留待放置板材支撑铁件，一般加强石上孔槽中心距瓷板端约 100～300mm。U 型槽的开介深度一般按支撑铁件的规格而定，但不得少于规定尺寸。瓷板加强石构件的制作如图 1 所示。

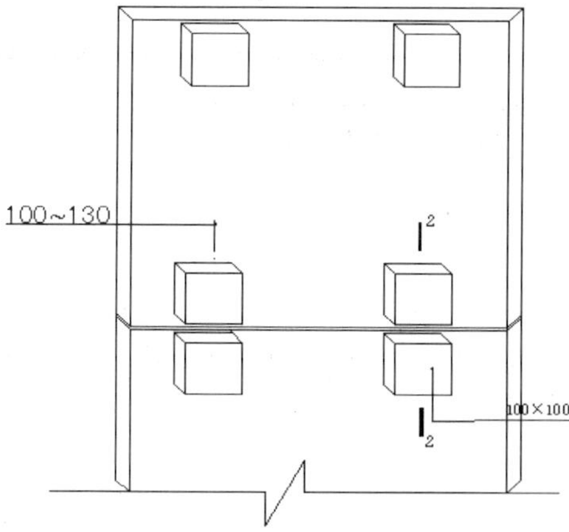

图 1　瓷板加强石构件示意图

4. 施工工艺

4.1 操作程序

搭设简易脚手架——测量放线——制作瓷板构件——在墙面钻孔安装不锈钢膨胀螺栓——安装不锈钢扣件——用支撑铁件与扣件连接安装瓷板——调整校正，检查垂直度、平整度及阴阳角方正——板材槽内填嵌固胶——清理板材表面。

4.2 安装锚栓及挂扣件

在安装瓷板前，先在墙面上按设计要求的瓷片规格尺寸测量放线，然后在相对于瓷板加强石开槽位置，在墙面相应的位置上用电动钻打孔，将 φ8×100 不锈钢膨胀螺栓固定于孔内。另一端安装好 L 型 4mm 厚不锈钢扣件（图 2）。由于膨胀螺栓的抗拉承载力与锚固深度有关，所以施工时应保证足够的锚固深度，并检查锚栓的质量及产品质量证明书是否符合有关标准要求。

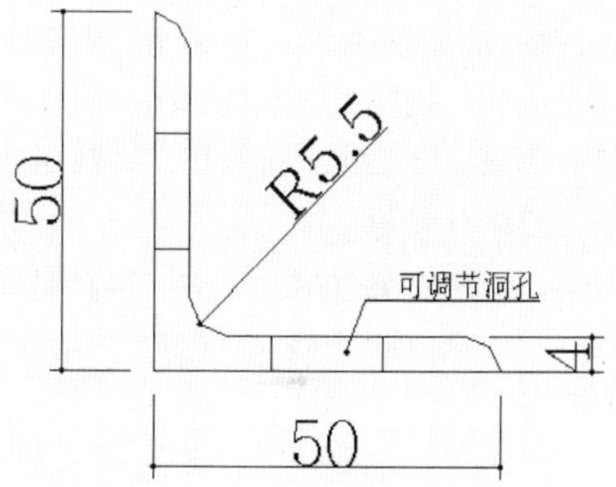

图 2　4 厚不锈钢扣件

4.3 安装瓷板

把 T 型支撑铁件放置于制作加工好的瓷板加强石 U 型槽内，用 φ8×20 不锈钢螺丝将 T 型支撑铁件与安装在墙面上的不锈钢扣件连接在一起，T 型支撑铁件与不锈钢扣件（图 3）一般由厂家定型生产，扣件上设有一定长度的椭圆形孔，安装瓷板时利用此孔调节瓷板的平整、垂直度及缝隙。用靠尺、水平尺找平瓷板的垂直及平整度，然后把 T 型支撑铁件与瓷板固定牢固，用大力胶填满加强石 U 型槽，将 T 型支撑件固定牢固。在安装好的墙面下行瓷板后，在下行瓷

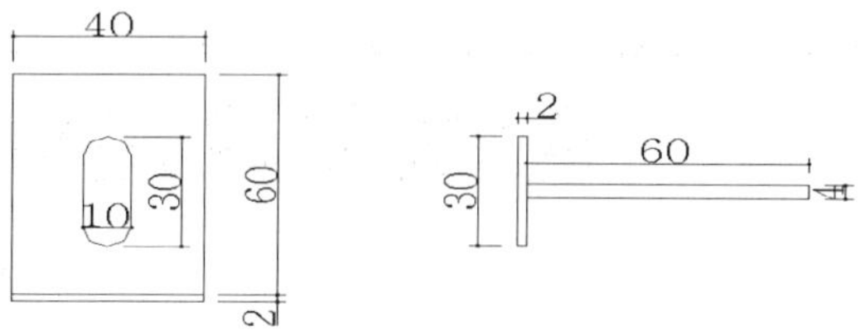

图 3　板材职称铁件

板（脚线部位）约 300～400 mm 高度范围内，浇灌干硬性水泥砂浆，这样做下行瓷板的底部就不会因外部力量的撞击而受到损坏。瓷板安装施工图如图 4 所示。

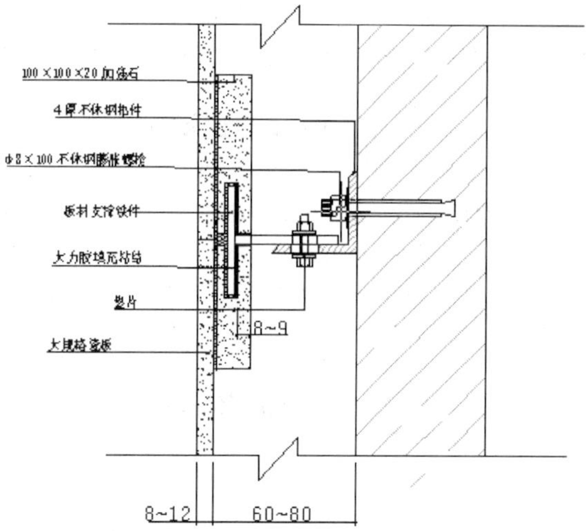

图 4　瓷板安装剖面图（2—2）

5. 质量监控

施工中所采用的大规格瓷板，各种锚固件、挂扣件、嵌固胶等均应严格验收和核对，规格尺寸符合设计要求，并能满足受力要求。瓷板洁净，色泽协调一致，有缺陷及裂缝的瓷板不得使用。支撑锚固件必须触及墙面，用膨胀螺栓固定牢固。瓷板分格缝符合设计要求，瓷板垂直度、平整度符合有关规范要求。在瓷板安装前，应检查各类安装扣件的牢固安全度，经验收合格后方可安装瓷板。

6. 工程实例

揭阳移动通信综合楼室内装修工程为一座 12 层的包括首层大堂、营业大厅、各层办公室、会议室、公共部分等的多功能写字楼。大楼各层接待厅、公共走廊墙面装饰 800 mm×1200mm 抛光砖，装饰面积约 2000 ㎡，均采用此干挂法施工工艺，该工程于 2002 年完工。至今墙面装饰的大规格瓷板质量完好、安全、牢固，符合有关规范标准。

7. 总结

瓷板镶贴常规做法一般采用水泥砂浆粘贴，而大规格

瓷片镶贴如采用湿贴法则给施工带来较大难度，且难确保施工质量，本文介绍的瓷板干挂法施工避免了湿法镶贴工艺带来的空鼓、裂缝和连接件锈蚀等缺点。这种施工工艺不仅能满足当前设计的需要，装饰效果简洁、明快、大方，并且安装方便，速度快、节省施工工期，具有明显的应用优势。

*本文被评为“2003年首届全国建筑装饰行业优秀科技论文

隐框幕墙玻璃组件中的注胶技术

张志浩　徐　熵

我国建筑幕墙近来发展极为迅速，同时，对幕墙工程的质量要求越来越高，而隐框幕墙组件的注胶技术是否符合要求，直接影响隐框幕墙工程的质量。我们在某行政大楼的幕墙装饰工程中，加强了对隐框幕墙组件打胶的施工管理，使打胶质量得到了很好的保证。

现就隐框幕墙玻璃组件中的注胶技术作以下介绍。

一、施工作业条件

为了保证注胶的质量，首先应对注胶车间的温度、湿度进行严格的控制，保证注胶施工时的环境温度为20～25℃，相对湿度为50%～60%，其次，在施工前对所用的硅酮结构密封胶与玻璃、铝材进行粘接性测试，并与所使用胶条等辅料进行相容性试验，以确保所用结构胶符合使用要求。

二、施工操作工艺

在该工程的隐框幕墙玻璃组件的注胶施工中，按照以下流程进行施工：

基层清洁→粘贴双面胶条→注胶→静置、养护→清洗

因该工程所使用的硅酮结构密封胶与铝合金材料在不施打底漆的情况下相容，因此在施工中无施打底漆。

1．基层清洁

胶缝处的基层应进行清洁，在清洁时要使用干净、柔软、吸水和不脱绒的棉布和正确的溶剂。在该工程中，采用了两块抹布进行清洁，先用一块粘有溶剂（本工程采用二甲苯）的棉布先擦拭，然后再用第二块干净的抹布把残留的溶剂和悬浮在溶剂里的污染物带走，并多次重复，确保基层的表面清洁。

2．粘贴双面胶条

铝框要采用定位夹具定位，然后粘贴双面胶条。双面胶条厚度应比胶缝厚度大1mm，粘贴施工中，应使胶条保持直线，用力下按，使胶条紧贴铝框。

为保证粘贴质量，我们着重控制了以下内容：为保证铝框与玻璃两者基准线重合，在框边设立档板，使玻璃沿档板落下，铝框与玻璃的对角线尺寸误差控制在2.5mm内。在放上玻璃之前，不要撕掉胶条的隔离纸，以防污染。玻璃上放胶条应一次成功定位，不得来回移动玻璃。粘贴双面胶条时，热反射玻璃的镀膜面应朝室内。

3．注胶

注胶前，应对所使用的结构胶进行三核对，即核对品牌是否符合设计要求；核对牌号是否与质量保证资料相对应；核对结构胶是否在有效期内。并作好材料验收记录。

清洁后便可进行注胶施工，注胶时须注满整个接口。并且确保粘住需要与之接触的表面。在注胶时，先用胶带纸防止多余的密封胶污染到不需要打胶的相邻表面，确保基材表面的美观、整洁。然后用打胶枪以连续操作的方式进行打胶施工，打胶时应使用足够的压力将整条接口注满。在胶缝表面形成结皮前（一般为10～20min），用力刮压胶体，以使胶体紧靠间隔条和接口表面，最后撕去胶带纸。

为确保注胶质量，由专职质量员进行现场监督，并填写注胶记录。

4．静置和养护

注胶后的板材放置于加工车间进行固化养护，养护时温度为18～27℃，相对湿度高于50%，在静置7d后，方可移动。

为确定胶的固化时间，该工程在注胶施工时，留下试验样品，作为以后判断固化程度的依据。判断时将样品中部切开，如切口胶体表面仍然湿润，平滑，说明尚未固化；如果切口表面平整，颜色暗淡，则说明已完全固化。若检查发现未完全固化，则隔天再继续做切口检查，直至完全固化。如检查到第14d还未完全固化，则判定该批胶体作废，清理后，重新打胶施工。

固化符合要求后，板材运往现场继续养护14～21d并达到粘接强度后，即可进行现场安装施工。

5．清洗

完成打胶的板材在安装前须对表面的污渍用溶剂清洗干净。操作时，注意距离胶缝5cm范围内不可使用溶剂，以免伤害胶缝的粘接性。

注胶质量的好坏，直接影响隐框玻璃幕墙的施工质量，关系到结构的安全性。该工程通过上述方法进行注胶效果良好，增加了玻璃粘接的可靠度，达到了规范和设计要求，从而保证了该工程的隐框玻璃幕墙的安全和质量。

点支式玻璃幕墙的施工与质量控制浅析

赵华君　李　虎　劳唯中

一、引　言

点支式玻璃幕墙已成为当前建筑物外墙装饰中的新潮流。由于其视觉通畅、结构新颖、传力可靠，近几年来，在各类公共建筑中得到了广泛的应用。从最初的作为建筑物点缀性的应用，已迅速发展为大面积应用。作为一种建筑风格和立面造型效果，迥然不同于传统铝合金玻璃幕墙。点支式玻璃幕墙应用于高层建筑上，具有简洁明快和体现现代理念的艺术效果。

二、工程概况

某工程建筑面积为24500㎡，共21层，其中地下1层。其立面中央部利用外挑式结构阳台，设计成三幅不同层次、各自独立、又相互叠衬的全外包式整体带状的点支式玻璃幕墙（拉杆结构），由于其四周辅以明框幕墙，使整个建筑物外立面新颖别致。

三、施　工

（一）工艺流程

测量预埋件定位→支承结构制作安装→拉杆安装→第一次拉杆调节定位→玻璃安装→第二次拉杆调节定位→质量检验→打胶→验收。

（二）流程解析

1．测量预埋件定位：按设计轴线、标高、分别测量楼面预埋件的位置，并予以调节纠偏，从而满足幕墙支承结构、地锚、拉杆架、钢爪定位的要求。定位工作的正确与否，直接影响点支式幕墙的施工质量。

2．支承结构的制作安装：严格按照钢结构的制作及安装规范和要求施工。

3．拉杆安装：将拉杆与支承结构上的地锚或耳锚用拉杆予以连接，并适度地调节张拉。这里仅为第一次拉杆调节定位做准备。

4．第一次拉杆调节定位：将拉杆按设计要求进行螺纹张拉调节，使各拉杆支承座调到预定位置。同时注意水平拉杆或支撑秆的水平度、垂直拉杆垂直度及交叉拉杆的角度正确性。在符合要求的情况下将锁头进行螺纹锁紧。同时安装爪件，予以固定。

5．玻璃安装：将点式玻璃安装在爪件上，同一层次的玻璃安装上去后，进行水平、直线、平面等三度的校正。

6．第二次拉杆调节定位：玻璃安装完毕后，由于玻璃的自重，或多或少地对拉杆第一次定位的锁头锁紧带来一些松紧的变化。因此，必须进行拉杆的锁紧检查与紧固调节，即第二次拉杆调节定位，锁头螺纹调节时尽可能用扭力扳手锁紧，以达到正确的扭力，过紧则损害拉杆，过松则影响幕墙。完成此工序后，才可以进行下一道工序。须指出的是，本工序仅作为微调而设。

7．质量控制：由于拉杆的二次调节定位，有必要在玻璃打胶之前再作一次全面的施工质量检查，如：玻璃面板的三度校正、各类锚固件的螺栓连接的可靠性，尤其是有结构或钢柱参与拉杆支承结构的，观察其有无变形，并作必要的记录。

8．打胶：应选用具有较好相容性的耐候胶，打胶时应保持胶体密实、平整、顺直。

9．验收：组织各有关方进行验收，并作好记录。

四、质量控制要点

（一）经测量纠偏的预埋件及锚固件，高差<2mm、平面位置差<3mm、轴向差<lmm（以3.6m高度计）为宜。必要时，须作拉拔试验。

（二）第二次拉杆调节定位，质量控制的要点是：1．使玻璃面在达到幕墙的水平、垂直、平面三度的基本要求的同时，保证拉杆的正确张拉力及一致性；2．锁头锁紧后的有效性。

（三）材料的合格性。在点式幕墙中，作为结构材料尤需加强检查，必要时进行强度的复查。这些结构材料有钢支承结构件，如：钢柱、锚固件、螺栓、不锈钢拉杆、驳接件等。在检查复验时，同时逐根进行外观检查；螺纹连接时，尤其须注意螺纹的配合公差，这往往容易被忽视。

（四）玻璃与驳接头安装时，须预注入密封胶，再进行螺纹拧紧，以防雨水从孔中渗漏，并进行驳接头紧固程度的检查。

五、结束语

作为新生的点支式玻璃幕墙施工，目前尚无国家规范，仅有行业标准。本文介绍我们在实际施工中获得的一些心得体会，供同行参考研究。

·工程实践·

宁波栎社机场预应力索结构点支式幕墙设计

秦　芸
（民航华东机场建筑设计研究院）
刘长龙　韩平元
（深圳三鑫特种玻璃技术股份有限公司）
赵西安
（中国建筑科学研究院）

[摘　要] 本文介绍了宁波栎社机场航站楼预应力双鱼腹索桁架点支式玻璃幕墙结构设计，分析了幕墙结构体系与主体结构的关系，论述了双鱼腹索桁架这一新的结构型式，并通过实验进行了验证。

[关键词] 幕墙结构、预应力双鱼腹索桁架，结构实验。

DESIGN OF THE POINT-SUPPORTING CLASS CURTAIN WALL IN THE NINGBO LISHE AIRPORT

Qin Yun　　Liu Chang-Long　Han Ping-Yuan　　Zhao Xi-An

[Summary] The article introduces the structural design of Spider-fitting glass curtain wall of the NingBo Lishe airport and analyses the relations between the glass curtain wall systems and the main struetures.Meanwhile,the article also presents the new structual form of fish-like cable truss and testifies it by structual experiments.

[Keyword] curtain wall, fish-like cable truss,structure test.

1. 工程简介

宁波栎社机场二期扩建航站楼工程位于宁波市鄞县内，是宁波市跨世纪标志性建筑之一。工程总建筑面积为 43500m^2，建筑最高点为 27m，分上下两层，底层为钢筋混凝框架结构，柱间尺寸为 11.4 m×11.4m；二层为大跨度钢桁架无柱空间，主体屋面呈单曲或双曲面形，一层层高 6.8m，二层室内净高随屋面变化，最高点近 17.3m（图 1)。宁波栎社机场是世界上第一个采用预应力双鱼腹索桁架点支式玻璃幕墙作为外围护结构的机场工程，是国家建设部 2001 年重点工程建设项目之一。

（a）陆侧立面效果

（b）空侧立面效果

图 1　宁波栎社机场立面图

2. 幕墙简介

2.1 幕墙结构体系

由于建筑功能及建筑艺术的要求，机场出发层四周外围护结构大面积采用预应力双鱼腹索结构点支式玻璃幕墙，幕墙抗风柱间距 11.4m（图 2)，玻璃分格尺寸为 2850mm×2100mm，抗风柱间采用预应力双鱼腹索桁架作为幕墙抗风支撑体系（图 3)，每块玻璃分格处设置竖向拉索承受玻璃及幕墙结构自重（图 4)，在索桁架中间前索与后索撑杆后端设置竖向吊索，用以平衡索桁架平面外稳定（图 5)。到达层陆侧立面采用了吊挂式玻璃幕墙，15mm 钢化面玻璃，19mm 厚钢化玻璃肋，玻璃分格尺寸 5100mm×1800mm，到达层空侧上面 1 号、2 号、3 号花园周侧主要采用了 12mm 钢化玻璃落地式玻璃幕墙。

2.2 幕墙结构传力途径

水平风荷载由玻璃面板通过接驳接传给水平索桁架，再通过竖向幕墙抗风柱分别传递给楼板及屋盖。玻璃及幕墙结构重量通过吊索传给抗风柱上部空间钢架，然后由空间钢架通过幕墙抗风柱传给楼面。

2.3 幕墙结构的节点构造设计

2.3.1 幕墙顶部节点设计

主体大跨度钢屋盖只能传递水平力，不允许传垂直力，在最不利荷载作用下，其 f_x、f_y、f_z 三个方向的变形分别为 30mm、60mm、50mm，因此要求幕墙结构不但满足牢固地连接在主体建筑物上的同时，还必须适应主体大跨度钢屋盖

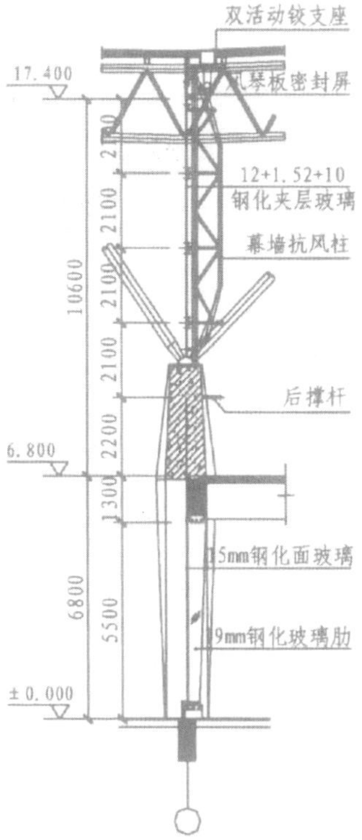

图 2　幕墙抗风柱剖面图

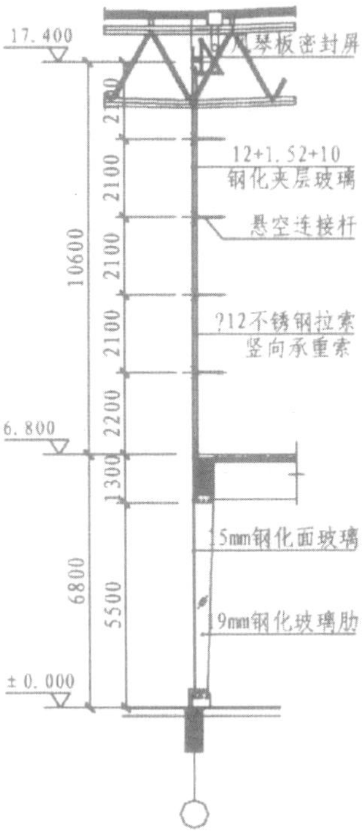

图 4 竖向吊索剖面图

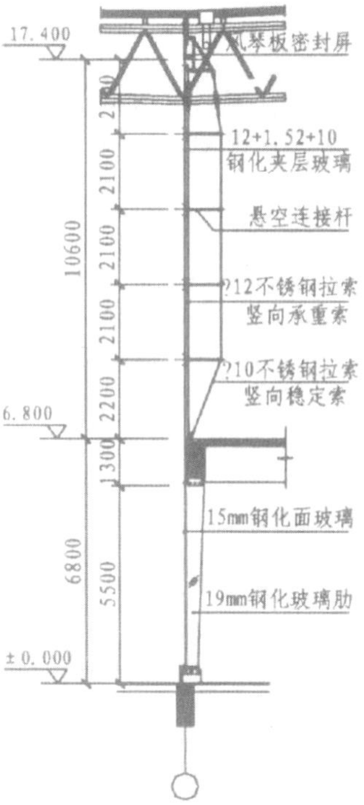

图 5　竖向吊索与稳定索剖面图

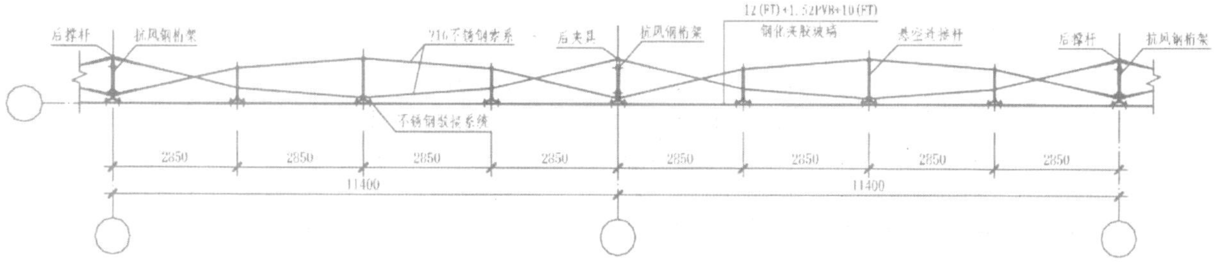

图 3　预应力双鱼腹索桁架标准平面

的多向位移。为防止主体钢屋盖变形对幕墙结构的影响，在幕墙抗风柱顶部采用了三向活动调节连杆铰支机构（图 6），当屋架发生变形时，此结构完全可以满足屋面的三向位移并能可靠的传递水平力。同时，由于玻璃为脆性材料，在幕墙玻璃顶部采用了风琴板密封屏，用以防止主体钢屋盖及幕墙抗风柱变形导致玻璃破损的现象发生。

2.3.2 索网结构体系中承重索及稳定索底部节点设计

在预应力双鱼腹索桁架中，在最大水平荷载作用下，索桁架会产生变形，导致 φ10 稳定索随索桁架的变形而弹性伸长（图 7），虽然在施工张拉时 φ10 稳定索有一定的预张力，但在玻璃安装结束后，预张力已经很小，约为 500～1000kg，在水平索桁架承受水平荷载出现最大变形时会导致 φ10 稳定索出现松弛现象。为杜绝此种现象发生，在其底部采用了弹簧调节机构（图 8），调置机构中对内部弹簧的技术要求如下：变形伸缩△α：△α ≥2（B-A）；倔强系数 K：K≥（500～1000）kg/2(B-A)

2.3.3 拉索与主体钢构干涉节点设计

竖向承重索与稳定索在顶部与主体大跨度钢屋盖三角空间拱架下弦管相撞，由于主体钢构架只能承受水平荷载，不能承受竖向荷载，所以不能直接将承重索和稳定索与三角形空间拱架相连。同时为保证水平索桁架平面外的稳定，我们采取了套环的构架措施（图 9）。

在套环的设计当中，要满足以下技术条件：

① 承重索顶部套环及其顶部拉杆与底部 φ12 拉索长螺杆调节端承载力大于 20KN；稳定索顶部套环及其顶部拉杆与底部 φ10 拉索长螺杆调节端承载力大于 1000kg；

② 承重索顶部套环稳定索顶部套环与主体三角钢拱架下弦管上下活动量大大于 60mm；

③ 承重索顶部套环在最大荷载 20KN 作用下，中间内凹量不大于 10mm；稳定索顶部套环在最大荷载 1000kg 作用下，中间内凹量不大于 8mm。

3. 索网结构体系静力计算分析

3.1 基本参数取值

3.1.1 基本风压取 W_O=0.50kN/m^2，地面粗糙度类别：B 类；

3.1.2 地震设防烈度：宁波机场地震烈度为 6 度，抗震措施按 7 度考虑；

图 6　幕墙顶部节点

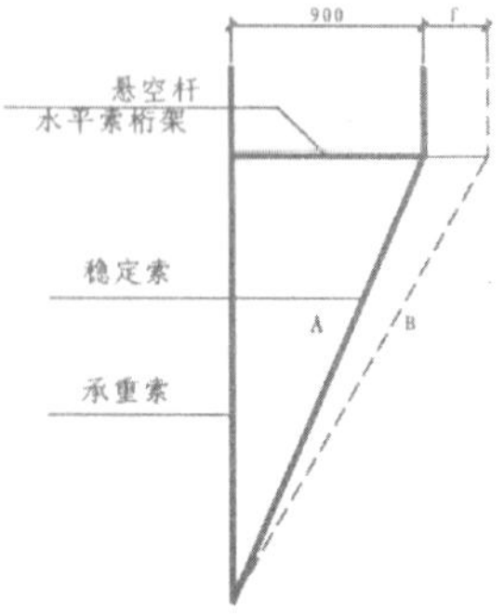

图 7　稳定索变形示意图

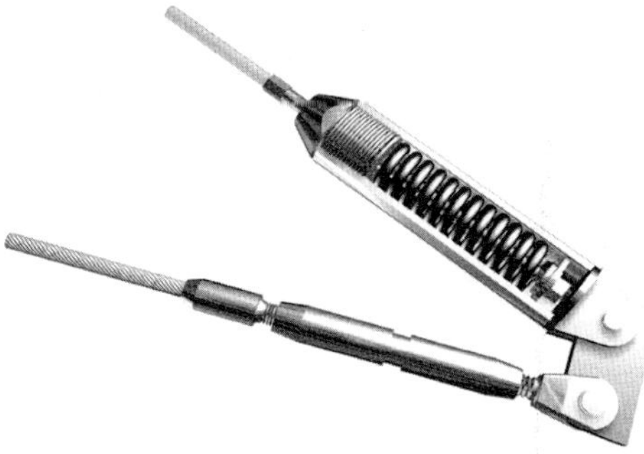

图 8　稳定索底部构造

注：A、B 为稳定索变形前后的长度

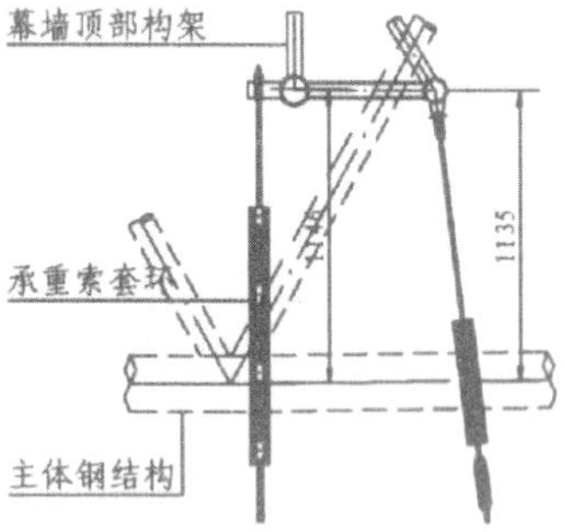

（a）干涉位置剖面

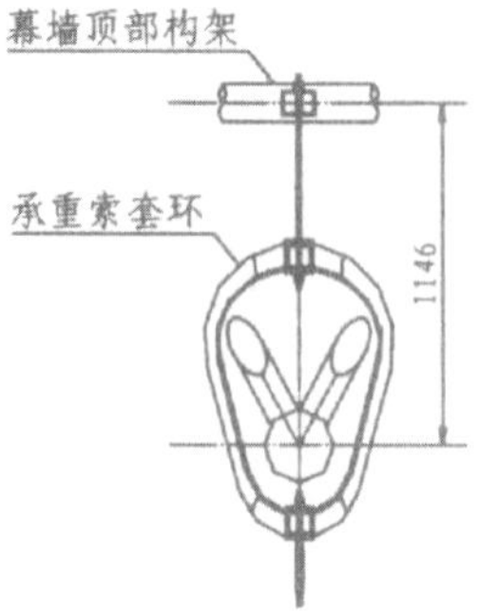

（b）承重索节点示意

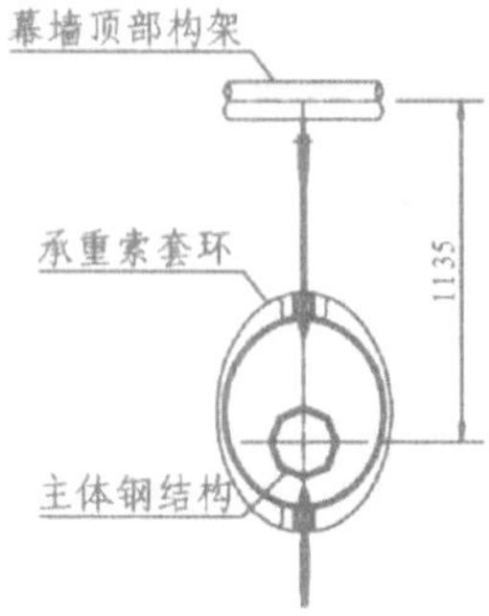

（c）稳定索节点示意

图 9　稳定索与承重索干涉节点构造措施

3.1.3 玻璃配置为钢化夹胶玻璃，12(FT)+1.52PVB+10(FT)，自重 0.6Kpa，弹性模量 E=1.0×10^5N/mm^2，在最大水平荷载作用下，应力σ=71.8N/mm^2,变形μ=42.47mm。

3.1.4 水平索桁架采用的φ16 不锈钢拉索。弹性模量 E=1.25×10^5N/ mm^2，破断强度为 1470Mpa，设计安全系数取 2.5～3.0。

3.2 索网体系空间计算

3.2.1 结构计算模型

在索网体系计算中，选取两跨这一张拉单元进行空间有限元分析，计算模型如图 10 所示。在计算中其边界条件假定为：中间幕墙抗风柱和竖向承重索下端铰接,约束三个方向线位移；幕墙抗风柱顶端仅约束幕墙平面外位移；水平索桁架两端边界连接条件考虑为刚性，水平索桁架与其连接考虑为铰接，约束三个方向的线位移。在每个节点处，水平索桁架及幕墙抗风柱受集中荷载作用，荷载标准值为 7.84KN。

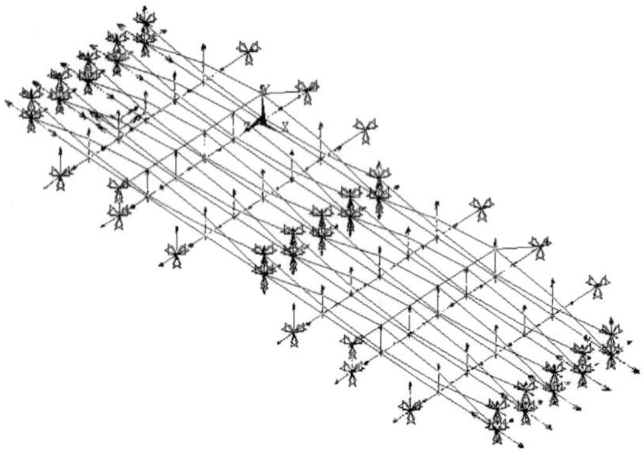

图 10　索网体系计算模型

3.2.2 构件截面

幕墙抗风柱采用 20 号无缝钢管。不锈钢φ16 拉索采用 1×19 单股绳，主要杆件截面见表 1。

幕墙抗风柱主要杆件截面　　**表 1**

名称	前弦杆	后弦杆	垂直腹杆	斜腹杆	水平索	承重索	稳定索
截面	φ140×9	φ140×9	φ60×5	φ60×5	φ16	φ12	φ10

3.2.3 预张力的施加

索结构施加初张力的基本原则主要考虑受力的水平索桁架在最不利荷载组合作用下，索桁架中每根拉索不允许出现压应力。为保证索结构在正常使用期间不出现松弛现象，一般预留 10%～15%的初张力作为拉力储备。但初张力也不宜过大，否则会对索桁架中间压杆造成不利影响。

3.2.4 构件强度及变形分析

根据对图 10 结构计算模型，用 Sap8450 及 ANSYS 软件作空间整体有限元分析结果如下：

1）最不利荷载作用下索的最大与最小应力、变形见表 2。

最不利荷载作用下索的最大与最小应力及变形　　表 2

截面	ϕ16	ϕ14	ϕ10
σ max(N/mm^2)	263	288	114
σ min(N/mm^2)	76	69	101

2）最不利荷载作用下幕墙抗风柱最大应力及变形见表 3。

最不利荷载作用下幕墙抗风柱最大应力及变形　　表 3

名称	前弦杆	后弦杆	直腹杆	斜腹杆
截面	ϕ140×9	ϕ140×9	ϕ60×5	ϕ60×5
σ max(N/mm^2)	171.62	150.80	155.18	158.68
μ（mm）	18 且 μ<1/300			

4. 幕墙试验对幕墙设计的保证

4.1 预应力双鱼腹索桁架结构试验

预应力双鱼腹索桁架是本工程的关键性结构，加工制作要求高，索桁架张拉工艺与施工方法较为复杂。其力学性能、索桁架张拉工艺、设计的正确性、计算参数取值的合理性等均有赖于试验验证。本次试验在深圳三鑫公司索结构试验中心进行，试验检测由广东省建筑科学研究院及广东省建筑幕墙质量检测中心进行。因幕墙自重荷载由竖向拉索承受，本次检测时只进行了水平荷载实验。

4.1.1 测试内容

主要检测预应力双鱼腹索桁架的刚度及其最大变形

4.1.2 测试过程与方法

本次检测选择 22.8m 长双跨预应力拉索桁架（图 11），测试时在桁架端部支点，端部和中间支承钢架、第一榀索桁架的三个玻璃支撑点处各布置 1 个位移计，分别在桁架上的 6 个支承点同时施加相同荷载。根据设计提供的试验荷载值，用油压千斤顶模拟施加水平荷载。对每个玻璃支点施加 0.62kN 水平荷载，保持不变，记录位移初始值，然后再依次施加约 1.96kN、3.92kN、5.88kN、7.84kN、11.76kN 的设计荷载，各保持 10sec 以上，记录加载的位移值。

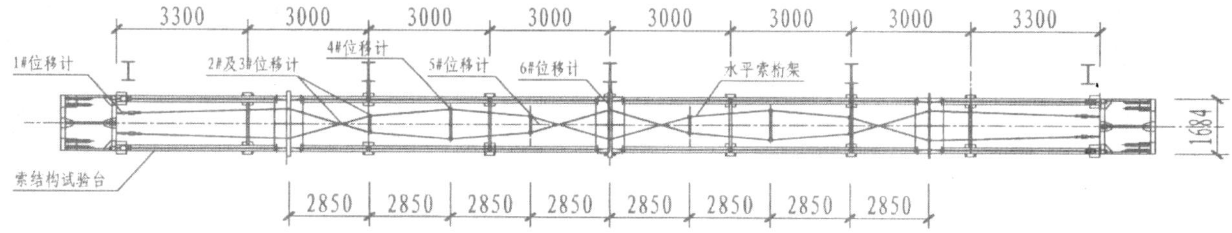

图 11　预应力双鱼腹索桁架试验简图

4.1.3 测试结果及分析

根据广东省建筑幕墙质量检测中心提供的测试成果，经整理后见表 4。

预应力双鱼腹索桁架结构试验测试成果　　表 4

施加荷载（kN）	中点挠度（mm）4 号位移计		中点之临近点位移（mm）3 号位移计		中点之临近点位移（mm）5 号位移计	
1.97kN	第一次	8.34	第一次	7.17	第一次	6.10
	第二次	7.85	第二次	6.05	第二次	6.92
3.92kN	第一次	16.87	第一次	14.12	第一次	12.31
	第二次	15.98	第二次	12.67	第二次	12.75
5.88kN	第一次	25.11	第一次	21.11	第一次	18.48
	第二次	23.64	第二次	18.74	第二次	18.29
7.84kN	第一次	33.84	第一次	29.44	第一次	25.01
	第二次	32.10	第二次	26.72	第二次	24.75
11.76kN	第一次	49.10	第一次	45.23	第一次	41.03
	第二次	47.87	第二次	44.43	第二次	40.11

本次挠度试验的最大荷载为 7.84kN，为设计荷载的 1.0 倍，水平索桁架最大挠度为 33.84mm，约为 1/337，与理论计算基本吻合。对测试数据和理论曲线进行分析处理后绘成的荷载一变形曲线见图 12 和图 13。实测荷载变形曲线基本符合线性规律，与理论曲线也比较接近。至于误差的形成，主要与不锈钢拉索的弹性模量取值、初张力在拉索与撑杆间的磨擦力损失、测试条件与环境等因素有关。在相同荷载检测下第二次所采集的数据要比第一次的小，这是因为水平索桁架在反复受荷检测下，存在着残余变形，主要是由于不锈钢拉索与夹具的磨擦力所引起的。

4.2 幕墙物理性能检测

幕墙物理性能检测在广东省建筑幕墙质量检测中心进行。试验选取了 11.4m 标准水平索桁架张拉单元，试件规格 4200mm（宽）×11400mm（高）；玻璃分格 2100mm×2850mm。不锈钢驳接系系统、拉索及其调节系统、玻璃及玻璃密封胶等工程材料的选用与工程实际当中应用完全一致。经过检测，幕墙固定部分空气渗透量 q_o<0.01m^3/（m·h），空气渗透能达到国标Ⅰ级；固定部分在 1600pa 风压作用下，以 4L/（m^2·min）的水量按规定的压力级对试验单元依次加压，无渗漏发生，雨水渗漏性能达到国标Ⅱ级；在标准风荷载的 W_O=2000Pa 作用下，试件无损坏发生。为检验幕墙的安全度，又取标准风荷载的 1.5 倍，进行了安全检测，在设计风荷载 W_K=3000Pa 作用下，幕

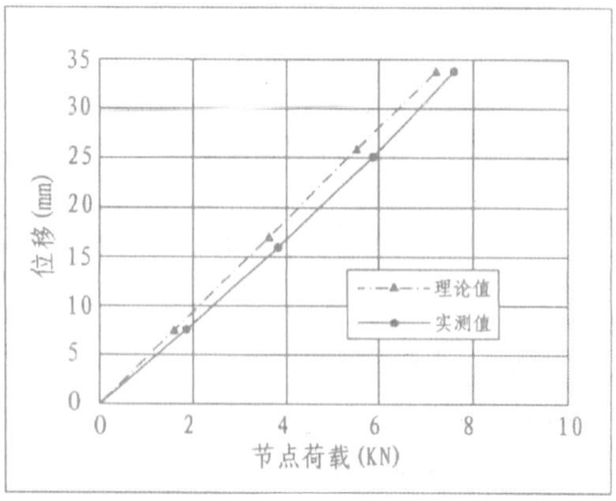

图 12　风载跨中节点平均位移曲线（第一次）

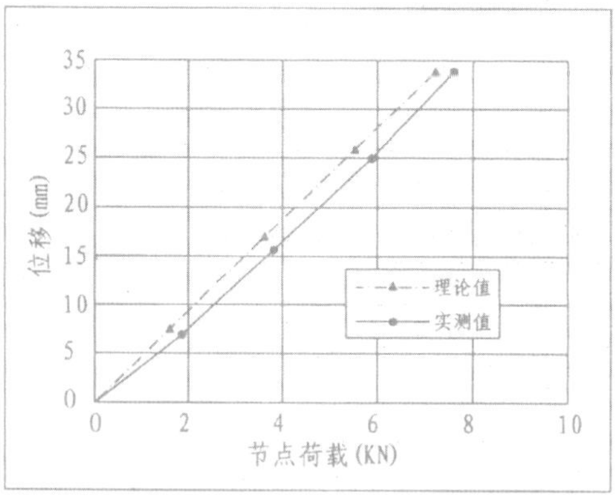

图 13　风载跨中节点平均位移曲线（第二次）

墙试件无损坏发生，风压变形性能达到国标III级。通过表 5，我们可以看出，在标准风荷载作用下，水平索桁架跨中最大变形 35.17mm，约为 1/324，与理论计算分析及索结构试验基本吻合，玻璃面板在风荷载标准值作用下，面板中心最大挠度 52.30mm，与理论分析基本吻合。

幕墙物理性能检测　　表 5

检测风压（pa）	水平索桁架跨中最大位移（mm）	面板玻璃跨中最大变形（mm）
500	8.14	15.80
1000	16.42	233.33
1500	23.37	43.50
2000	33.55	52.30
3000	48.67	

4.3 玻璃静压试验

为考查点支式玻璃幕墙面板的受压变形情况，设计并加工了一个水箱，试验玻璃置于水箱底部，玻璃上覆盖塑料薄膜以便盛水，用水压代替风压对玻璃进行荷载试验，本次试验在三鑫公司索结构试验检测中心进行，试验检测单位为广东省建筑幕墙质量检测中心。试验时，在水箱的不同部位安装了标尺，检测方法与步骤采取了与幕墙性能检测一样分级加载的形式。根据计算，玻璃在 500Pa、1000Pa、1500Pa、2000Pa、3000Pa 荷载作用下，分别对应水的深度为 50mm、100mm、150mm、200mm、300mm。30mm 为一个加载级，每注入一个加载级别的水深，静止 10sec 以上，采集一次数据，各测点玻璃变形与水深的关系见表 6。

试验玻璃不同位置玻璃变形与水深数据表　　表 6

位移(mm) / 水深(mm)	测点一	测点二	测点三	测点四	测距
90	5	9	10	9	9
120	7	13	15	12	12
150	8	15	21	15	14
180	9	19	26	20	17
210	10	23	31	22	20
240	10	28	35	25	21
270	11	32	38	31	22
300	12	38	45	38	25

5. 结论

5.1 预应力索桁架属柔性结构，其支撑刚度是通过预应力的施加而形成的。在索桁架的形状确定后，其支撑刚度的大小和索桁架的刚度是否一致取决于施加预应力值和预应力是否均衡；

5.2 水平受力索桁架是采用整条索（两跨一张拉）通过固定支点形成的多榀桁架。在初张力施加时只能在一端进行，当初张力通过固定支点时，因磨擦阻力等因素造成内力损失，会出现内力不平衡的现象，应采用超张拉回放的施工方法来消除此现象，超张拉力应控制在 10%～15%左右，在施加初张力时根据每根拉索所通过的固定支点的数量按损失内力值来确定超张拉力，经 24h 持荷后将超张拉值放松到设定的初张力值后达到跨间内力平衡。

5.3 通过理论分析与实验检测，由此确定水平受力索桁架初张力张拉步骤为：首先安装垂直承重索并将初张力值一次施加到位，然后安装水平受力索，前后水平受力索必须同时在同一端张拉，应分四步进行：①布索结束后先进行初次张拉，按初张力值的 20%来控制拉力；②经调校使每索段达到内力基本平衡，在空间定位基本到位后进行第二次张拉，按初张力 80%控制拉力；当拉力到位后粗调悬空杆位置并保持拉力 48h 后再进行尺寸定位调整。③当内力稳定后用索应力测试仪测量每榀桁架的内力损失情况，确定超张拉值进行超张拉，并持载 24h。④当超张拉内力稳定后将内力回放到 100%初张力控制值，调整后使每一榀索桁架内力均达到初张拉值后将节点固定锁紧并与竖向承重索和稳定索连接锁紧。

5.4 将玻璃静压试验数据与幕墙性能检测玻璃变形及理论计算结果进行比较，前两者的数值比较接近，静压实验比性能检测的数值略大，这是因为幕墙性能检测当中面板玻璃四周玻璃密封胶起到了嵌固作用。，理论分析主要考虑了玻璃为脆性材料，理论数值比实测数值偏大，超于保守。由此可见玻璃面板理论计算不受板的大挠度或小挠度理论的限制，但可依据经验公式计算得出。

参考文献

1. 赵西安，刘长龙等. 南京国际展览中心索网点支式幕墙设计与施工. 钢结构，2002（04）

2. 王德勤，王再庭. 预应力索桁架点支式弧形玻璃幕墙设计与施工. 建筑结构，2002（06）

重庆江北国际机场主航站楼开放式屋面方案设计

重庆江北国际机场扩建指挥部　赵仕伟　　深圳三鑫特种玻璃技术股份有限公司　刘长龙

【摘　要】本文介绍了重庆江北国际机场开放式屋面方案设计，分析了开放式屋面体系与主体结构的关系，论述了开放式屋面这一新的屋面结构型式。

【关键词】开放式屋面、方案设计。

1. 工程简介

重庆江北国际机场航站楼及配套设施扩建项目是民航总局和重庆市人民政府"十五"期间的重点建设项目,是重庆市的形象工程和窗口工程。工程位于重庆市渝北区两路镇内，由航站主楼、连廊、指廊三部分组成（图 1）。重庆江北国际机场是世界上第一个采用开放式屋面结构体系的机场工程项目。

图 1　机场整体鸟瞰图

2. 屋面简介

主楼屋面工程由若干个不规则曲面组成，外观呈起伏波浪形，采用分离式组合屋面防水系统,屋面整体以 1/1-10 中轴线对称分布，同时在屋面 1/1-5、1/1-10、1/1-15 轴线部位分布三副梭形抗紫外线阳光板采光天窗系统，开启部分采用进口电动排烟窗系统。檐口为叶边状圆弧形亚光不锈钢包边，屋面排水系统采用虹吸雨水排放系统，四周以拉索式点驳接玻璃幕墙围合（图 2）。

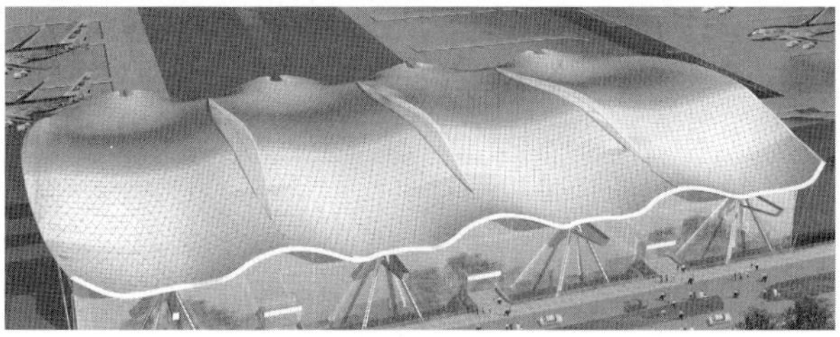

图 2　屋面整体效果鸟瞰图

整个屋面工程共由以下几个互相关联的系统组成，即屋盖蜂窝铝板系统、屋面防水系统、屋面防雷系统、屋面保温系统以及屋面板底部室内单层铝板吊顶系统等。由屋面板顶部至底部吊顶部分的高度为 950mm 左右。屋面各个系统之间通过特殊的构造或各种先进的机械连接系统组成一个有机的整体。整个屋面系统外型雄伟大气，造型优美，富于创意，完美的体现了建筑师的设计理念。

3. 屋面系统设计

3.1 屋盖蜂窝铝板系统部分

按照建筑设计意图，屋盖蜂窝铝板采用 10mm 厚银灰色蜂窝板，并采用开放式连接构造，板与板之间采用 20mm 拼缝结构，雨水及雪融水沿着铝板拼缝部位直接流入 PVC 防水卷材屋面系统内。由于外界水不在铝板表面聚集，故铝板本身通过这种构造能起到相应的自清洁效果，同时由于铝板与卷材屋面之间存在足够的间距，也能起到一定保温隔热效果。屋盖蜂窝铝板基本尺寸为 1386mm×1386mm×1386mm 等边三角形，檐口采用 1.5mm 厚弧形发纹拉丝不锈钢板封檐口，板与板之间采用阴缝拼接构造（图 3）。

蜂窝铝板底部支撑采用铝合金方通龙骨通过一套先进的多维调节系统构成，铝龙骨与屋顶主体钢结构相关关系确定后，再通过一个可多向调节的不锈钢圆形托盘将铝板面板用铝扣件固定，再通过不锈钢托盘的多维调节使铝板面板变换不同的角度及倾斜度，使之与屋面整体曲面相吻合，组成一个完美的波浪形屋面系统（图 4 和图 5）。

图 3　蜂窝铝板支撑结构图

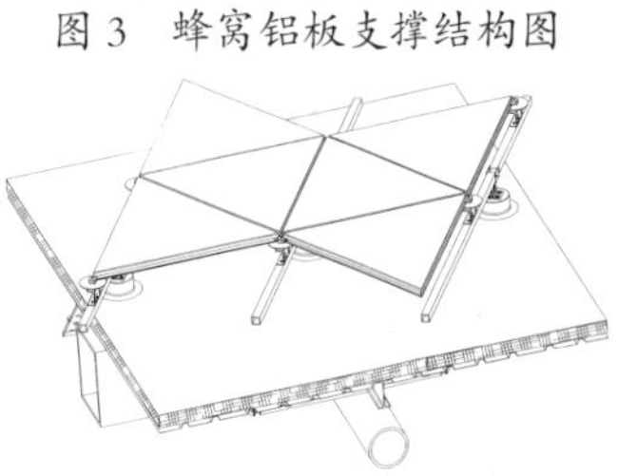

图 4　蜂窝铝板支撑结构图

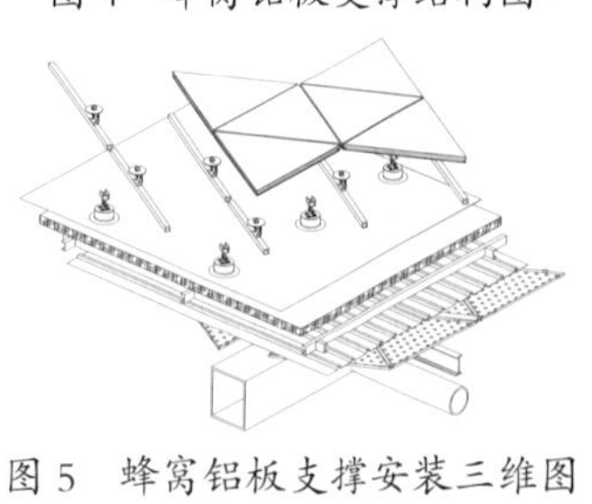

图 5　蜂窝铝板支撑安装三维图

3.2 屋面梭形天窗系统

采用铝包钢骨架结构，解决了6m跨度结构强度的问题；采光天窗采光部分采用 40 厚防紫外线双曲面的卡普隆透明白色聚碳酸脂板，该板具有极好的装饰效果和采光及视觉效果，并能根据使用环境的要求，具有良好的保温隔热、防漏抗冲击、防紫外线和改善建筑环境的功能，同时，其中空结构降低了天窗的自重，很好的保证了大跨度天窗的受力要求。

天窗系统还包括在其中部设计的数排电动排烟窗系统，要求平时用来通风换气，发生火灾时自动打开进行排烟。为实现这一功能，选用了进口先进的电动排烟 窗开启设备，由此达到自动排烟或通风的性能要求（图6）。

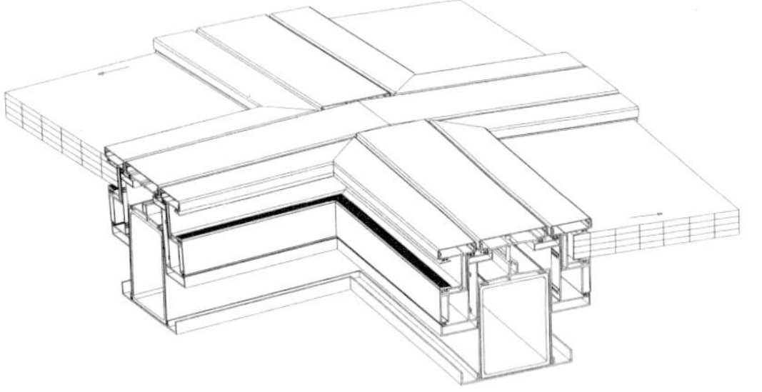

图6　电动排烟天窗图

3.3 屋面防水系统

防水为屋面工程设计及施工的主要环节，防水设计施工的好坏直接影响屋面系统的使用和整体性能。按常规卷材防水屋面均采用1mm或1.5mm双层防水系统，为达到同样或更高的屋面防水性能，同时降低施工难度、减少工程不必要的造价，按照性能比较，本屋面工程设计采用2mm厚PVC卷材整体单层防水系统，PVC 防水卷材铺设于屋面保温系统表面，大面卷材与卷材之间采用相互搭接并用热焊相互胶合，使之成为一个整体的防水卷材面。

本工程因为是开放式屋面，雨水或雪融水直接通过屋面板的板缝流入屋面系统卷材防水面，水流在卷材防水面上通过一定的水流组织系统或按照由高至低的自然规律汇集，按照水流量计算在水流最集中且在不同的排水区域标高最低处设置集水斗及排水系统，将水流有组织的排放至下水道或其他雨水排放设施内，达到整个屋面系统的水流有计划、有组织、有目的排放。为防止屋面系统发生雨水渗漏或大量漏水的出现，在屋面排水系统的设计及施工过程中，应对屋面系统易发生渗漏的部位特殊处理，按照最不利的渗漏可能进行处理。

3.3.1 屋面防水系统的重点及难点

屋面板支撑构件与防水层交接处：本处为大面的屋面防水层与屋面支撑结构交接的关键部位，连接点数量多，连接复杂，为使此处防水安全可靠，在设计中将与屋盖蜂窝铝板铝合金龙骨支撑节点处连接的钢通墩通过一个整体的 PVC 桶状构件密封，并在桶沿处与大面卷材屋面热焊胶合，在有螺栓穿过处增加防水胶垫完全密封，如此设计使此处有三道防水密封措施，a. 屋面未间断卷材防水层；b. 桶状 PVC 卷材防水构件；c. 丁基防水胶垫；三层防水措施相辅相成，达到此处最理想的防水效果（图7 ）。

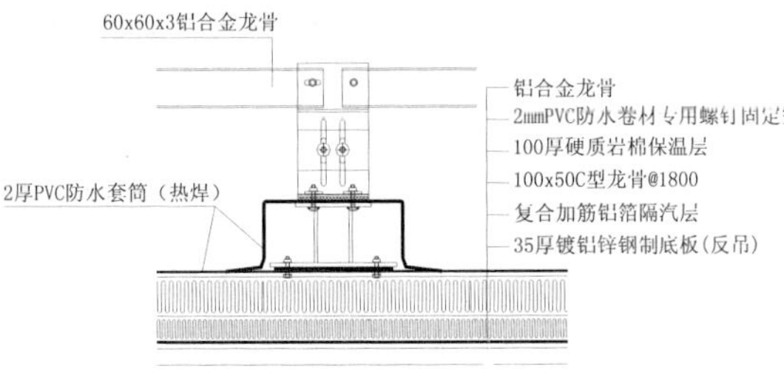

图7　支撑件与防水层构造图

卷材屋面与屋顶天窗交接处：由于天窗部分高于屋面约350mm，雨水或雪融水沿着天窗两侧流入整体屋面系统内，由于 PVC 卷材在此处截断，故此处为易发生渗漏部位。为避免发生雨水渗漏，此处 PVC 卷材在天窗侧面转角向上延伸至天窗侧沿下口处，与水流下落点错开，并用铝合金扣条将其卷材端部固定于天窗钢结构上，用丁基胶条将 PVC 卷材端部密封，天窗侧面高出屋顶部分外面再用铝合金单层铝板覆盖。此处外表面单层铝板既起到了泛水板的作用，同时又遮盖了防水层，避免了其外露（图8）。

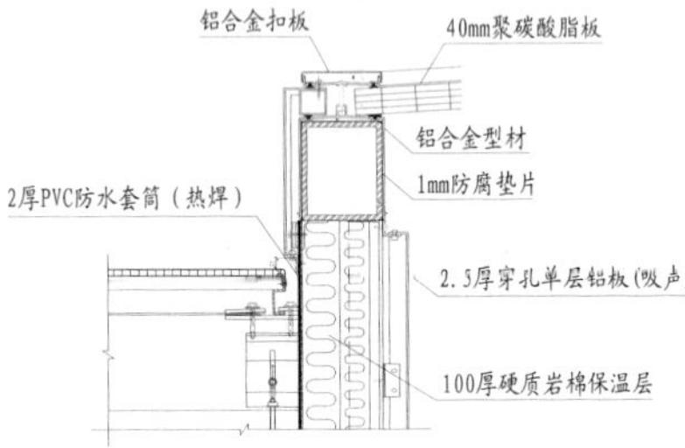

图8　屋面与天窗防水层构造图

3.4 屋面保温系统

本工程的屋面保温系统由以下几个层面组成：a. 35厚镀铝锌钢制底板（反吊）；b. 复合加筋铝箔隔汽层；c. 100厚硬质岩棉保温层等几个层面叠合而成。

在本工程屋面主体钢结构表面已安装完毕 22B 工字钢檩条面（另外公司施工），该层面作为整个屋面系统的直接支撑平面，C 型钢檩条与工字钢檩条垂直分布，并依附于工字钢檩条上，作为承包范围内屋面构造系统的支撑受力结构；35 厚镀铝锌压型钢板用自攻螺钉反吊于 C 型钢檩条底部，作为屋面保温棉及隔汽层的铺设平面；压型钢板上部铺

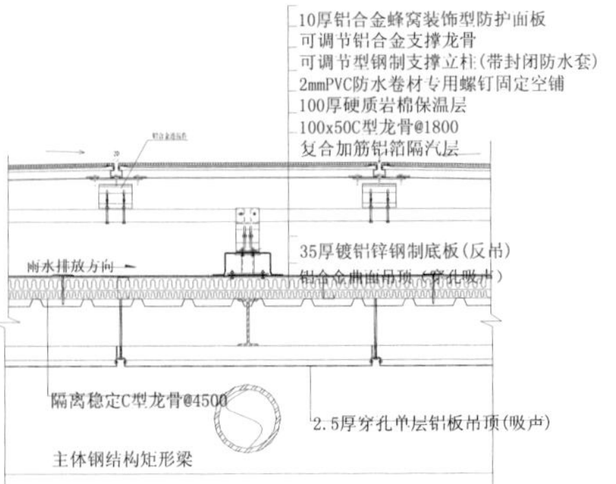

图9　屋面保温系统构造图

设复合加筋铝箔隔汽层，再铺设 100mm 厚憎水性长纤维保温岩棉[由 40mm 厚 200（kg/m^3）+60mm 厚（$160kg/m^3$）两种岩棉组合而成]。用长自攻螺钉将岩棉与底部压型钢板连接起来，使之成为一个完整的整体，达到屋面系统设计所需要的保温隔热的要求（图 9）。

3.5 室内吊顶系统

室内吊顶部分完成平面与屋盖蜂窝铝板系统完成平面平行，即室内吊顶系统亦由多个不同曲面面组成，形成一个完整的波浪形曲面吊顶系统（图 10）。整个吊顶部分均采用 1386mm×1386mm×1386mm 等边三角形 2.5 厚单层铝板，其中室内部分吊顶采用穿孔吸声单层铝板，室外挑檐部分采用平面单层铝板。吊顶铝板骨架采用经过防锈处理的角钢组成，每个铝板拼缝处均有钢骨架支撑，钢骨架通过 C 型钢或工字钢底部预设吊杆螺栓连接固定。再将铝板连接固定于钢骨架之上，板与板之间拼缝为 30mm,采用开放式构造，即不注胶密封。

图 10　室内吸声铝板效果图

3.6 屋面防雷系统

屋面避雷系统分避雷针、避雷网、避雷带三部分。避雷针采用法国依丽达（HELITA）公司产品 Pusal45，高度为 4m，保护半径 65m,共 3 根。避雷网采用 φ6 的铝避雷电缆连接，网格为 9m×9m，点距为 250mm。避雷带设置在周边檐口一道，采用通长 φ12 圆铜杆与－25×4 扁铜支持卡连接构成。支持卡支持高度 150mm，间距 1000mm。屋面上的避雷针与下部结构的连接必须保持两者良性连接。与铝方管的连接采用 φ10 的铝避雷电缆连接。避雷针、避雷网、避雷带相互之间必须保持良性连接，与主体钢结构、主体接地连接同样必须保持良性连接（图 11）。

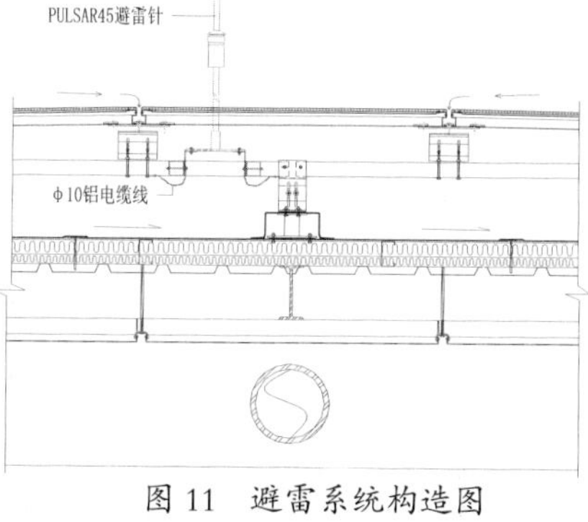

图 11　避雷系统构造图

3.7 屋面系统安装调节说明

本工程安装定位系统较为复杂，为达到完美的外观效果，不同曲线准确、平滑，满足设计师的设计理念，同时减小安装施工的难度，对本系统的调节部分提出了很高的要求（图 12）。

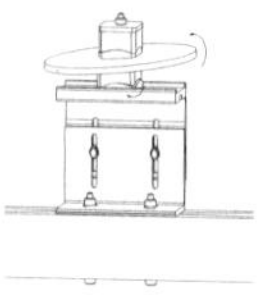

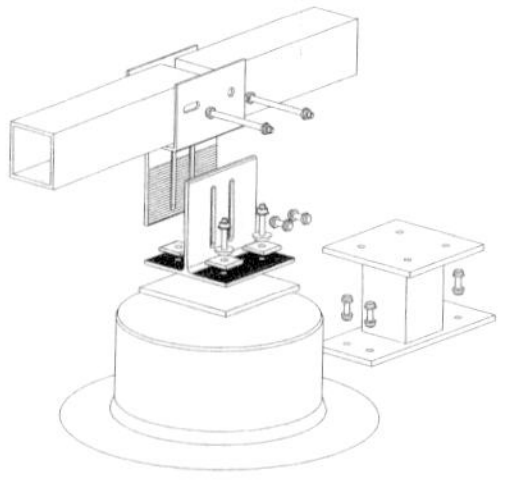

图 12　屋面调节系统图 a　　屋面调节系统图 b

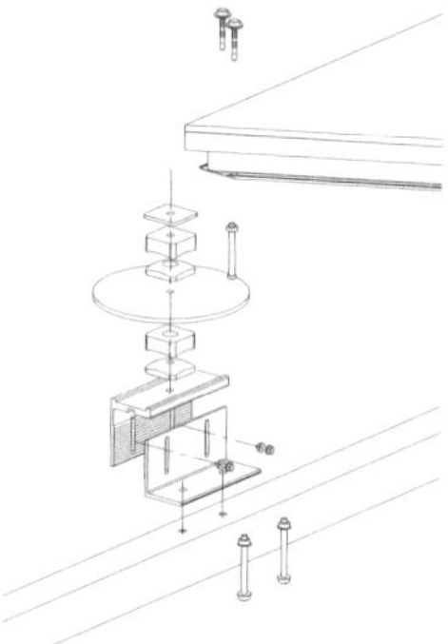

屋面调节系统图 c

为了实现这一思想，在本工程设计过程中设置了以下几道安装调节系统：a．与屋盖蜂窝铝板铝合金龙骨支撑节点处连接的钢通墩定位；b．铝合金龙骨与钢墩连接处三维调节系统；c．蜂窝铝板交接顶点处不锈钢托盘与铝合金龙骨连接纵向调节系统；d．蜂窝铝板板面平整度及倾斜度调节系统（即不锈钢圆托盘多维调节系统）。

通过多种调节方式的组合和不同的安装顺序及不同的精度要求，可完美的达到整个屋面的外观设计要求，使之浑然一体，曲线构造平滑圆润。

4．开放式屋面系统的优点

a．各个屋面组成部分既相互独立，又相互关联，整体性较强。

b．屋面各分项工程之间配合严密，采用屋面整体 PVC 卷材防水，防水效果较好；

c．屋盖部分采用蜂窝铝板构造，利用了蜂窝铝板本身的性能，整体提高了屋面系统的性能，同时开放式铝板拼缝使整个屋面系统有良好的通风性能，同时拥有板面自清洁性能。

d．多层屋面构造既有间断的空气层又有连续铺设的保温层，各层面之间通过一定的连接措施相互连接，这种构造，很好的提高了屋面系统的整体性能，包括保温隔热性能、隔声性能等。

e．防水卷材上部外露部分屋面系统机械构件均铝构件或不锈钢构件，同时尽可能的采用螺栓连接，各不同材料的构件之间连接处均采用防腐胶片间隔，减少了安装维修的难度，同时提高了屋面系统的耐久性。

f．屋面工程构造多重调节系统很好的解决了在工程施工过程中可能出现的安装误差，使安装方便，能更好的实现设计师的设计意图。

g．避雷针与整体防雷网的结合使用能使整个屋面防雷达到最佳效果。

沈阳方圆大厦　别具一格的建筑外装幕墙

沈阳黎东幕墙装饰有限公司　王　静　王维光　张　英

时代在前进，社会在发展，不同时期人们对美的认识持有不同的观念，同时人们对提供的物质条件也有不同的要求。显然，随着时代的前进，人们对建筑物造型的要求也越来越趋于复杂化和美观化，过去那种火柴盒式的建筑物造型则早已不是人们所需要的，不为人们所接受。

在祖国东北的大地上，具有2300年建城悠久历史的古城——沈阳新北站的东南部，坐落着一个正面以中国古代铜钱为造型，聚集现代建筑装饰设计师的智慧，真可谓设计结构合理，构思独特、风格流畅、色彩柔顺、格调健康，别具一格、美观实用，让人享受着一种清晰、明朗，美的感受的建筑物——方圆大厦。

沈阳方圆大厦总体建筑设计是台湾著名建筑设计师李祖原先生，建筑物总高度100m，建筑总层数25层，总建筑面积48292m^2，外装饰幕墙效果见图1。

人有外表美和内心美，但给人第一印象的还是外表美。同样，建筑物也存在着内在美——以内装饰来体现，而它的外表美又相当重要，是由外装饰来完成它的功能。方圆大厦总体是由著名的李祖原设计师设计了一个别具一格的“骨格”，作为外装饰设计就应该依据建筑设计师的意图，如何做一套适合这个不寻常建筑物的“外衣”，是外装饰设计师的义务。这个建筑物的外装饰可以说是众人智慧的结晶，方圆大厦在辽宁，甚至在全国均是一座最具特色的建筑物，方圆大厦已成为沈阳市的标志性建筑。

我们有幸参与了这个工程的外装幕墙设计，现把设计中的一些体会作一介绍，与同行共同切磋。

一、方圆大厦的结构特点

裙楼1～2层，正视是一个大梯形底座，洞口处是透明全玻璃幕墙，洞口间横向过梁处包银灰色铝单板，墙体为干挂石材幕墙，四个立面分布着四个钢结构包金色铝单板雨蓬。底座与三层主体交接处是半圆形石材造型，四个角部是突出墙面的石材挑檐，其上各安装着一个金色铝单板造型球，使该建筑物更显得有特色。

3～8层与大圆（大钱体）相交以下部分，仍以干挂石材幕墙为主，是石材底座与主体大圆间的过渡部分。石材幕墙上镶嵌着铝单板造型球，其余部分是隐竖见横式半隐玻璃幕墙，外露扣盖氟碳喷涂，玻璃为浅灰色中空钢化Low-E玻璃。并且，在两侧面各有一个钢骨架外包铝单板造型——龙头。

大圆正面，是外圆内方式的古代铜钱形象的隐竖见横式半隐玻璃幕墙。外露扣盖氟碳喷涂，玻璃为浅灰色中空钢化Low-E玻璃，其上镶嵌着铝单板造型，外圆与侧面交接处为金色铝单板装饰。大圆中部是内凹4m的方孔，内凹部分为金色铝单板，方孔正面是拉索式驳接幕墙，方孔处周围，镶嵌着四个半圆柱金色铝单板造型，在方孔的吊顶处安装着擦窗机轨道，方孔的室内是跨六层的共享空间。

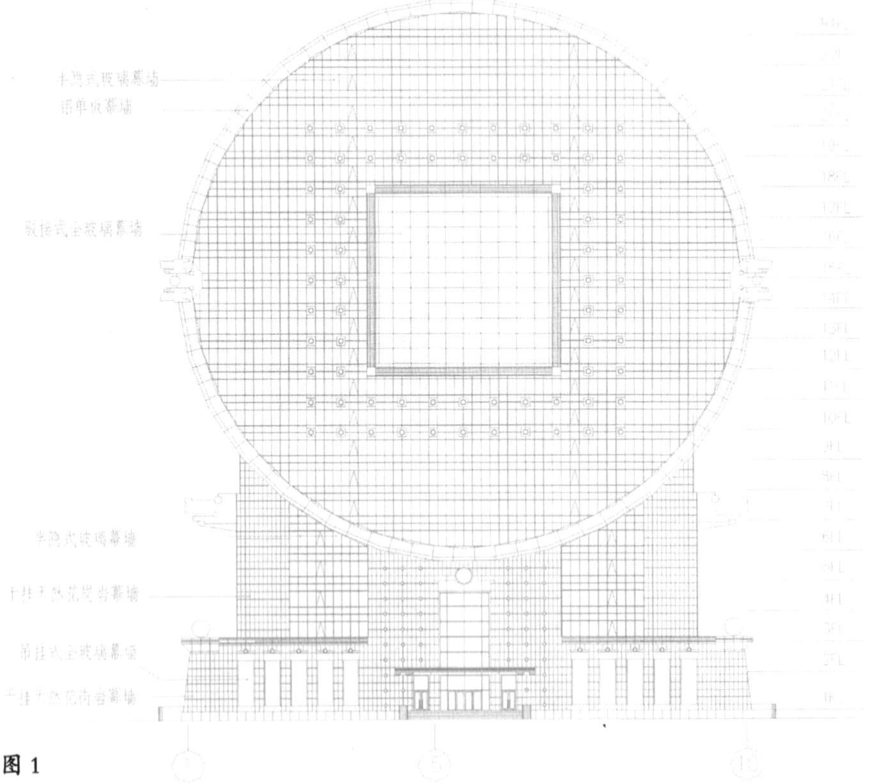

图1

大圆背面，无内凹方孔，增加了两竖排圆形通风百页。

在宽度为36m大圆的侧周上，是有凸出的十条金色双曲面铝单板筋带和凹下对应的圆形全隐式灰色热反射镀膜玻璃幕墙，在玻璃幕墙两侧铝单板幕墙上设有擦窗机轨道。在两侧面半圆处，两头是龙头造型，与裙楼相呼应；中间是圆柱与半圆形造型。

顶部 25 层处，为全隐玻璃四棱锥群屋顶，玻璃采用安全玻璃。

幕墙形式主要为：

○玻璃幕墙为半隐式（隐竖见横）；

○方孔处为拉索式驳接幕墙；

○首层洞口处为吊挂式全玻幕墙；

○屋顶采光窗为四棱锥玻璃屋顶；

○其余部分为铝单板及石材幕墙，各处造型均为铝单板。

二、大圆两个主立面（正面、背面）幕墙设计

1.半隐式玻璃幕墙

为了充分表达建筑师的构思和设计意图，采用隐竖见横式半隐玻璃幕墙。横向扣盖氟碳喷涂，以满足色彩及耐久性的要求，玻璃采用较明朗的色调，浅灰色 Low-E 中空玻璃，满足现代幕墙节能、环保、舒适的要求。

另外，由于玻璃的颜色很浅，土建的梁、幕墙的连接件及埋板充分暴露在人们的视线之内，为弥补主体设计考虑的不周，我们在幕墙设计中采用在中空玻璃的后面安装玻璃衬板，解决了这个问题。

2. 挂勾式的开启扇

为了满足幕墙的使用功能，根据规范的要求，需设不大于幕墙面积 15% 的开启扇。开启部位的分格达 1200mm×2100mm，如果用普通的上悬式结构——铰链风承系统，已经不能满足要求。为此，我们专门开发一种挂勾式的开启系统，见图 2。

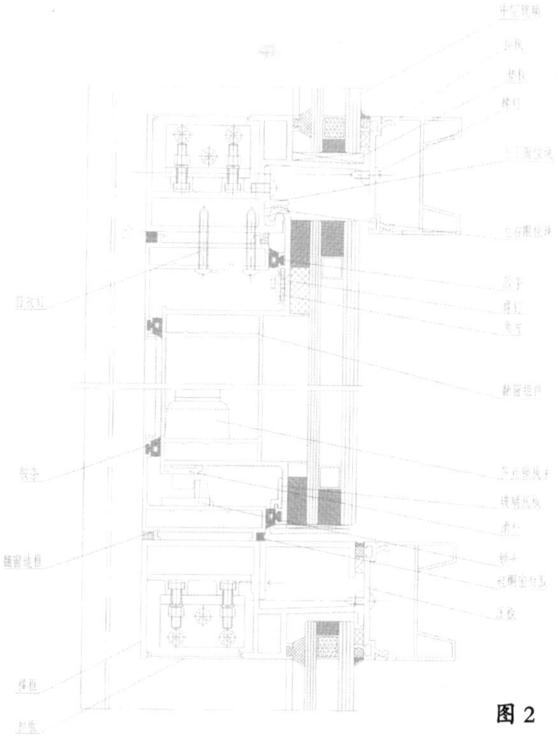

图 2

开启窗扇料与玻璃通过结构胶粘接在一起，组成开启窗扇组件，开启窗扇组件的上横框挂到开启窗框的上横框上，同时安装上下限位块及左右限位块。开启窗扇及开启窗框之间还安装有多点锁、伸缩臂，并用胶条密封。

这种结构满足了幕墙上设置较大开启窗的用户的需要，限位块的采用，加大了开启窗扇的安全性；多点锁通过把手的传动，精确地带动所有的连动锁舌将四周完全锁紧，以实现气密、水密、隔声及隔热的效果。

3. 单板造型

正反面半隐玻璃幕墙上，分布着若干个铝单板造型，见图 3。

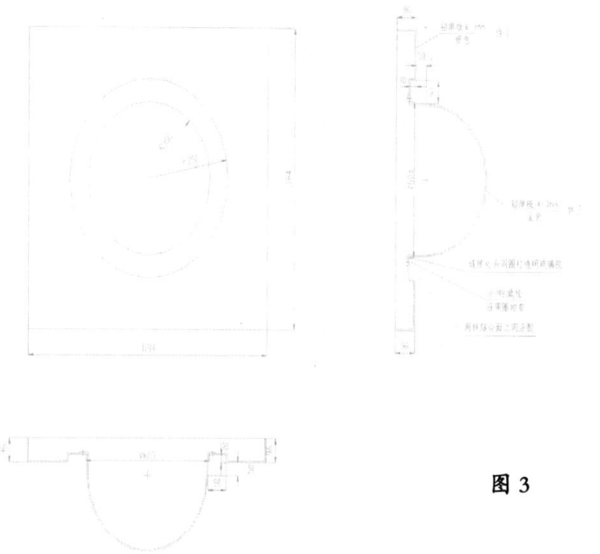

图 3

这个造型的底座为银灰色，上面镶嵌着一个金色的半球体，均匀分布在玻璃幕墙上，表达出古典与现代结合的美。

由于半球体与底座颜色不一致，加上球体需要专用胎具加工，所以实际把他们做成两体——底座与半球体。两体分别加工，组装时在结合面涂胶，并在非装饰面处栽栓连接。

以上介绍了方圆大厦外装幕墙工程设计的主要特点，当然建筑幕墙作为建筑物的外围护结构的一种，要直接承受施于其上的荷载和作用，并传递到主体结构上，它与主体结构采用可动式连接，通常是悬挂在主体结构上，当主体结构位移时，幕墙相对主体结构可以活动。幕墙设计时，要充分考虑这些，在保证结构承载功能的前提下，最大限度地实现美观和建筑功能。此外，还应考虑其他的安全性要求，如防雷、防火及采用安全玻璃。

我们能与著名设计师李祖原先生合作，我们感到十分的荣幸。以上是我们浅见，有不妥之处，请业内同仁批评指正。

黄骅市电信枢纽楼外装幕墙设计体会

沈阳黎东幕墙装饰有限公司
王维光　王　静　李振良

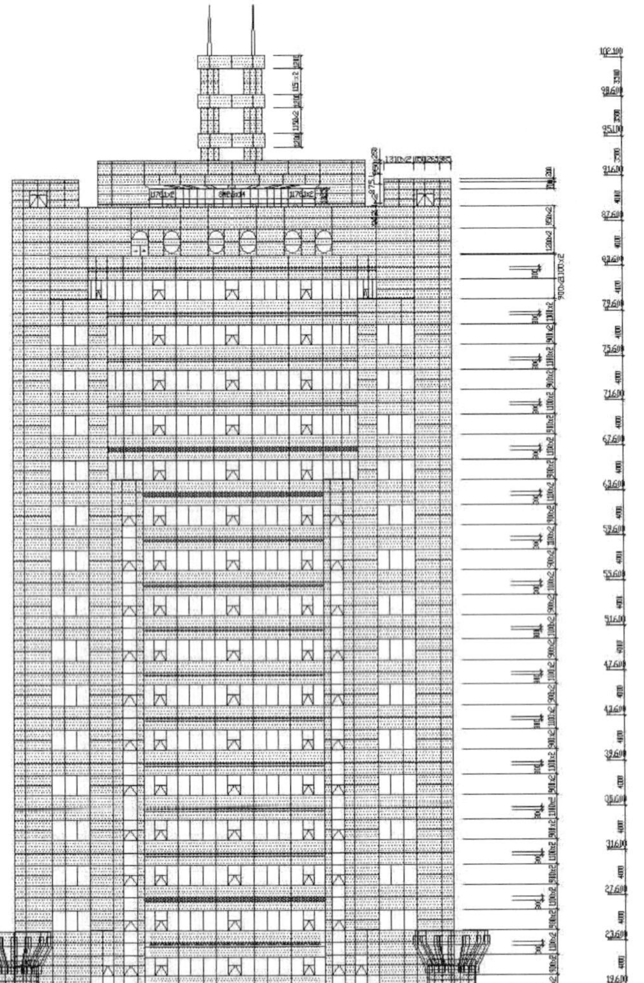
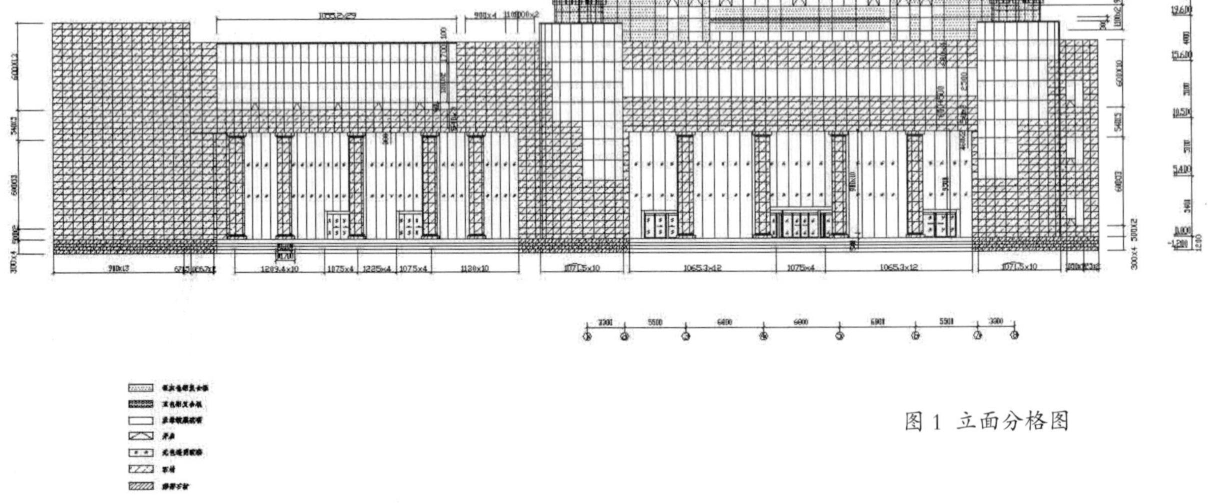

图 1 立面分格图

河北省黄骅市电信枢纽楼，地下 3 层，地上 23 层，建筑总高 102.1m，是目前黄骅市最高的标志性建筑物。当地基本风压为 0.4KN/m^2，风荷载设计值达到 3.445kN/ m^2，地震烈度按 8 度设防。主要幕墙类型：包括全隐玻璃幕墙、铝复合板幕墙、石材幕墙、吊挂玻璃幕墙等四种形式。在该工程外装幕墙设计中，我们运用实施了国家与行业的有关标准和规范，结合当地实际情况，取得了比较好的效果。该幕墙工程于 2001 年 5 月顺利竣工。

下面仅谈谈一些体会，不妥之处恳请同行批评指教。

一、建筑立面设计

图 1 为本工程立面分格图。1～4 层裙楼主要为石材幕墙，石材选用山东莱州玉磊樱花红花岗岩。主入口上侧及背面为全隐条带幕墙，主入口两侧圆楼梯及相邻一侧为全隐玻

璃幕墙，主侧两入口为高达 9.5m 吊挂玻璃。4 层以上主楼部分，主要是全隐条带玻璃幕墙加铝复合板幕墙，玻璃为 6+6A+5 中空形式，外片为比利时在线蓝绿钢化镀膜，内片为国产优质透明浮法玻璃，复合铝板为德国产 ALUCOBAND，大面为银灰色配以玉色条带，使整个大楼显得既庄重又不失明快。

建筑幕墙立面设计时，首先考虑建筑效果的要求，每层划分为水平带状（虚墙面）和水平带状窗下墙（实墙面），窗下墙为铝复合板，其玻璃采用竖向分格，而铝复合板采用横向分格形式。除考虑建筑效果之外，玻璃的划分还应考虑通风开窗要求，特别是开窗位置的标高要适当，一般控制在离楼层面 0.9m 左右，要符合窗扇开启方便的要求，开窗的面积要符合通风要求，且不大于幕墙面积的 15%，考虑本工程实际情况，开启标高离楼层面 1.0m。另外，玻璃划分应与室内空间分隔相协调；立柱的布置要考虑主体结构的轴线网，在有柱和墙的位置要有立柱，以便在主体结构与立柱之间安装防火材料和隔声材料，使左、右房

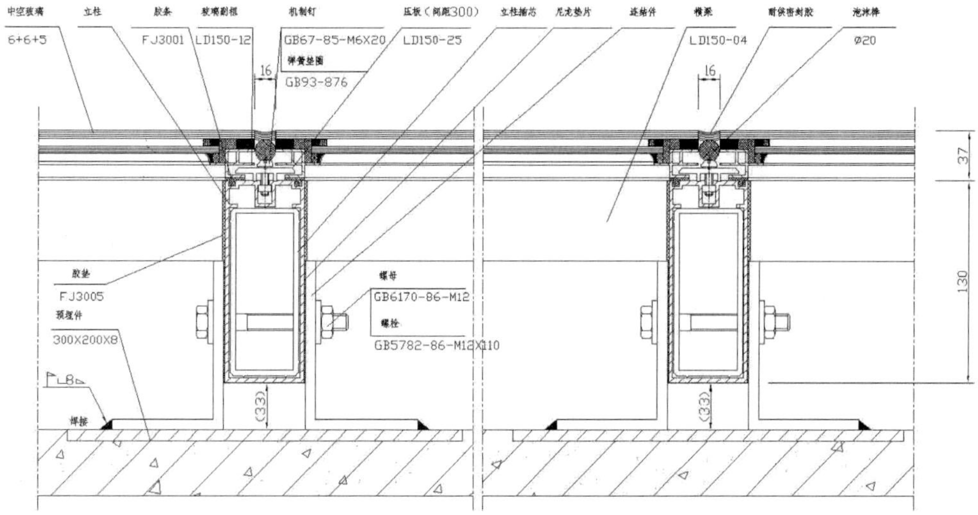

图 2 幕墙水平节点

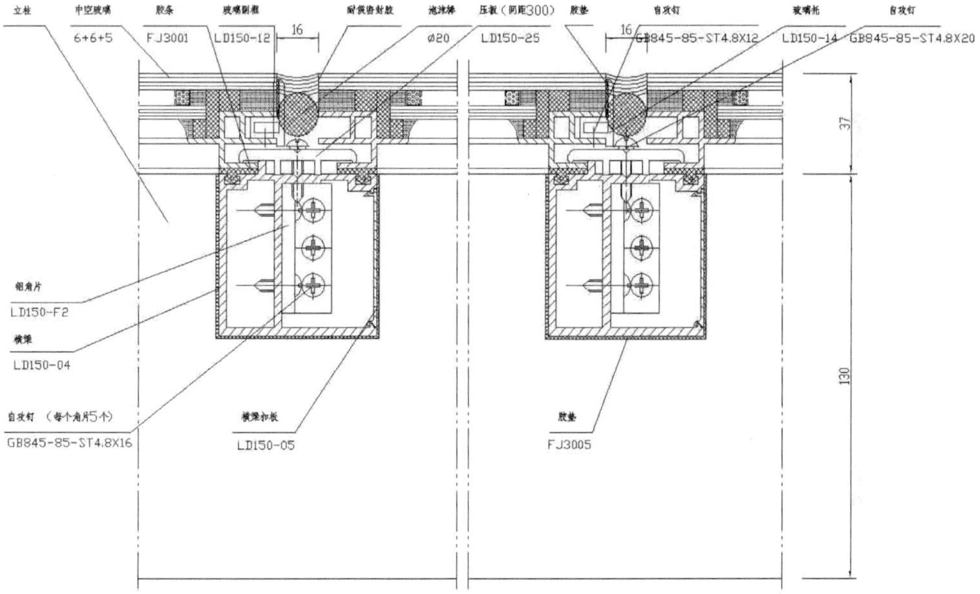

图 3 幕墙垂直节点

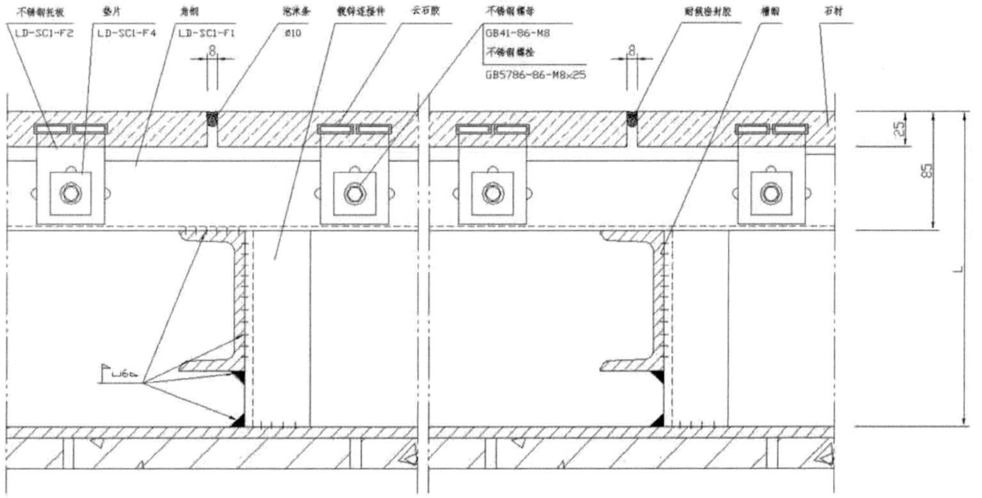

图 4 石材水平节点

间完全分隔。同样，横梁的布置也要与层高相协调；按照规范立面分格划分时单块石板板面面积没有大于 1.5m^2。

二、结构设计

本工程玻璃和铝复合板幕墙采用结构为我公司已在多项工程中应用多年成熟的技术，结构合理，安全可靠。其结构特点：幕墙板块和龙骨为分体式结构，维修更换方便，快捷，幕墙板块采用浮动式安装，使板块四边受力均匀，石材为短槽式不锈钢托板干挂结构。其结构形式见图 2～图 6。

三、节点处理

幕墙节点设计是幕墙建筑设计和结构设计的直接体现。正常工程设计应包括水平、垂直、顶、底、边、层间封修、防雷、防火、立柱垂直、水平安装等节点。特殊节点如沉降缝、伸缩缝要保证结构自由活动度，值得一提的是幕墙层间墙体封修的细部处理，常见几种处理方法如下：

1. 在保证外饰面效果前提下，在层间部位设置彩釉玻璃。

2. 有时为保证大面用同一种玻璃表现效果，通过装饰墙面达到遮羞的目的，通常采用以下处理方法：

一是墙面刷涂料，此种方法最简单也最经济，但效果最差，因为幕墙玻璃一般透射率较高，达到 25%～45%，后面未处理的墙面基本“一览无余”；

二是用装饰铝或钢板封修，效果最好，但成本较高，不经济；

三是经过工程实践，笔者发现使用硅酸钙板，无论效果及经济性都不错，硅酸钙板常用于土建轻钢龙骨的隔墙面板，安装方便，即可用自攻钉连接，也可粘接，表面既可刷涂料又可刮大白。最主要的是它还是一种防火材料，能达到消防要求，本工程在主楼四角幕墙后结构柱处选用铝复合板封修。

实际设计中，各种造型的交接，比如说圆弧与直线交界处就是常见的问题。因为圆弧处玻璃或铝复合板加工复杂且易损坏，安装难度大。按照正常的设计思路应该是把圆弧处的板块设计成标准板块，即不带飞边形式，把直线处板块设计成调整格。

在实际工程中，土建施工工艺不同，水平参差不齐，有的偏差较大，在设计中如何调整这些不可预见的因素，笔者通过实际工程对比，遇到圆弧处出现偏差时，应尽量不调整半径而只微调整圆心位置。当然如果是整圆必须调整半径又另当别论，因为大部分工程在施工前期包括板材及大部分加工图已基本完毕，如调整半径，板材型材利用率可能受到很大影响，半径减小可以，但一般都是半径增大。

本工程铝复合板分格最大达到 1100mm×4750mm，在设计时采取每 800mm 设置加强筋以改善铝复合板的挠度。

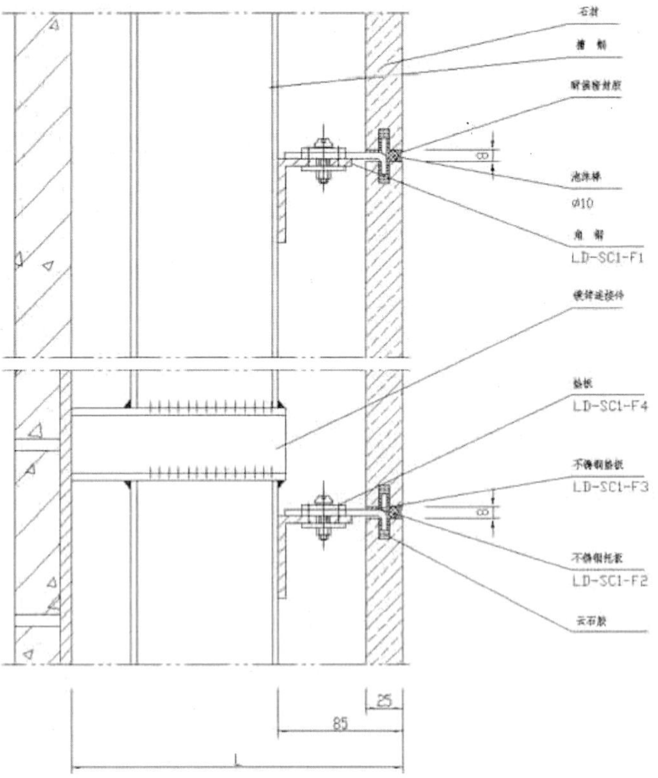

图 5　石材垂直节点

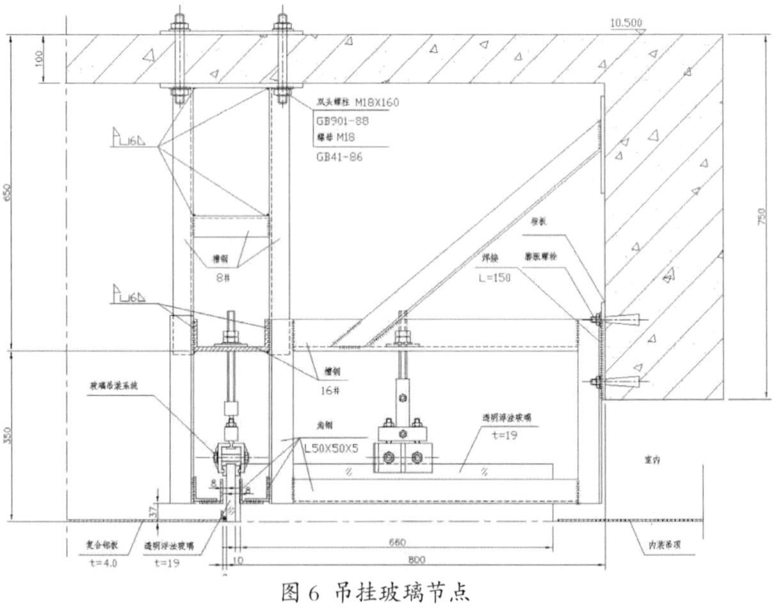

图 6　吊挂玻璃节点

本工程在裙楼顶部有两个装饰火炬，按照原设计是外包不锈钢造型，后考虑装饰效果改为外包银灰色铝复合板，在主体四周有 32 个装饰线条，原定由土建挂预制结构，后考虑一个是增加结构荷载，另一个考虑土建制作偏差较大，因而改用钢珩架制作龙骨，外包铝复合板，实际效果很好。

时代在前进，建筑幕墙工程技术在发展，让我们继续创新，共同为建筑装饰行业做出应有的贡献。

深圳电视中心
国内首用拉索点支承双层通风幕墙

中国建筑科学研究院研究员　中国建筑装饰协会铝制品委员会专家组成员　赵西安

深圳电视中心在国内首次采用拉索点支承双层通风幕墙，具有弧形墙面，有较宽的热通道兼生态走廊。目前该工程已完成安装。该工程由深圳北方国际西林幕墙公司总包，深圳三鑫特种玻璃公司承建双层通风幕墙部分，本文作者担任业主的技术顾问。

1. 概况

深圳电视中心位于深南大道，高交会西侧，建筑面积73283㎡，高度124m，裙房6层，主楼28层。主楼由前后两部份相连，前部为竖放透镜形（图1），为体现透镜意境，表达时尚前卫的风格，采用透明玻璃双层通风幕墙，并且由拉索点支承外幕墙（图2）。

图1　深圳电视中心

2. 外幕墙

外幕墙采用10mm＋1.52PVB＋8mm双钢化透明夹层玻璃，250mm×400mm H形不锈钢爪（带球铰）。拉索直径12mm，为1×19ϕ2.4mm不锈钢绞线。

钢索采用分层鱼腹式，沿竖向布置，每3层为一个张拉单元，钢索连续穿过两个中间层楼板，以减少接头的数目。玻璃自重由竖向吊索承受（图3）。

3. 内幕墙

内幕墙为铝合金型材明框幕墙，带平开门以进入生态走廊。采用LowE中空玻璃。

4. 热通道和生态走廊

深圳为亚热带气候，通风幕墙主要考虑夏季降温节能问

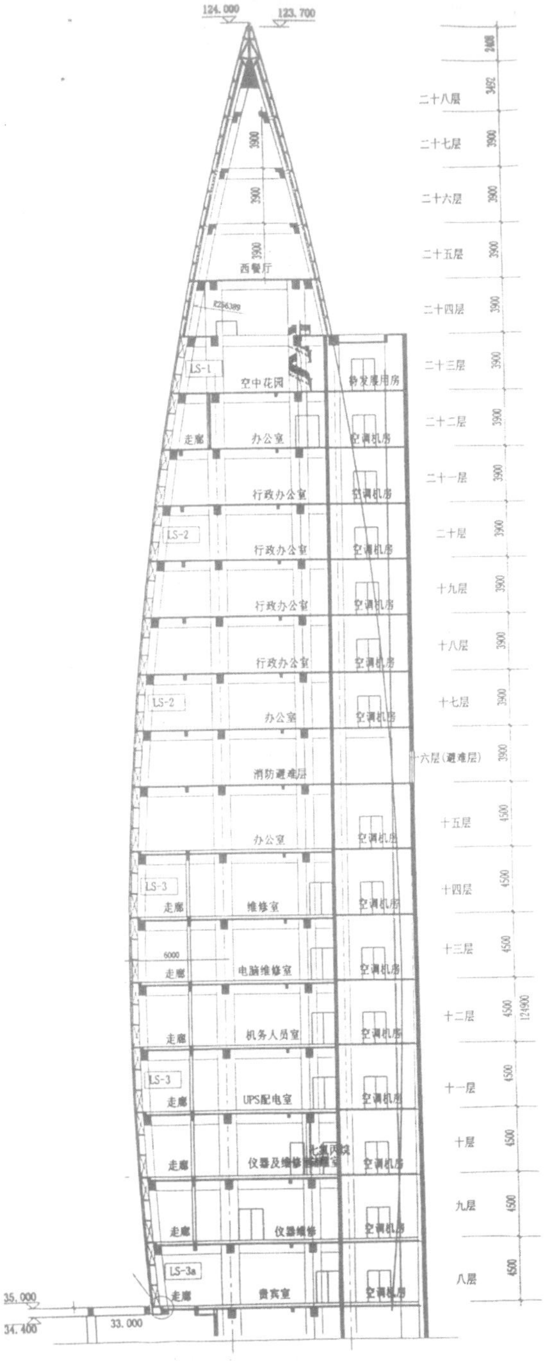

图2　主楼前部剖面

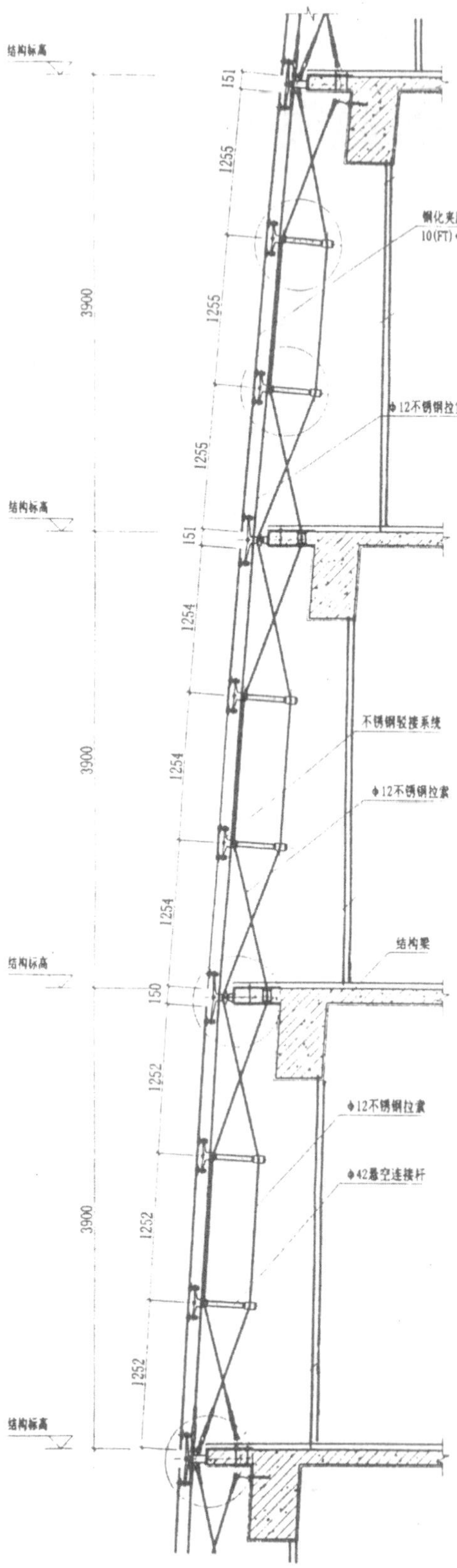

图 3　幕墙剖面

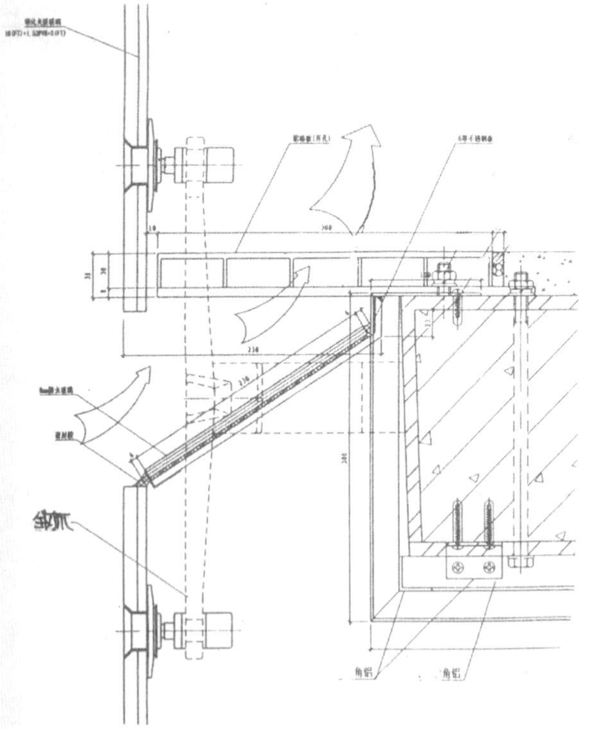

图 4　进气口

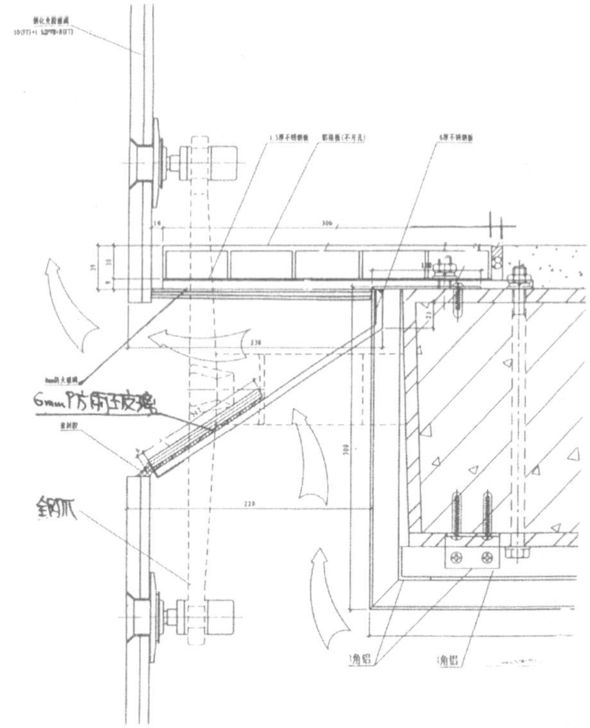

图 5　排气口

题。点支承外幕墙在上、下楼层玻璃间留出 150mm 的间隔作为进风口或排风口，不设百页，采用常开型布置。为防止上、下层之间气流短路，进风口和排风口交替布置在一个标高上，形成本开间进风后，气流曲折上升至邻开间排出的 S 形分层通风单元（图 4、图 5）。

为满足目前分层防火的要求，上、下层之间设置 6mm

图 6　热通道内观

图 7　从室内看内幕墙和外幕墙

厚钢化玻璃防雨挡板（图 5）。

内、外幕墙之间的空间既是热通道，同时又是生态休闲走廊。由于立面为透镜形，中部楼层外凸，顶部和下部楼层收尖，所以走廊宽度在 600mm～2000mm 范围内变化，可以布置绿色植物，并供员工休息时欣赏深南大道的景色（图 6、图 7）。

5．双层通风幕墙设计

外幕墙风压根据风洞试验结果，按荷载规范要求确定。内幕墙风压取值小于外幕墙风压。

外幕墙拉索支承结构采用通用分析程序 ANSYS 计算。

6．遮阳

深圳地区阳光强烈，遮阳是保证幕墙正常使用、节约能源的重要措施。该工程采用电动遮阳帘，布置在内幕墙外侧。

·问题讨论·

点支式玻璃幕墙张拉索杆结构设计原理

中国建筑装饰协会铝制品委员会专家组成员　张芹

一、问题的提出

张拉索杆结构点支式玻璃幕墙在我国使用时间虽然不长，但其发展相当迅猛，2002 年达到年使用量约 70 万 m^2。我们必须清醒的看到此类结构在国内出现时间不长，同工程应用相比，理论研究相对滞后，对此类结构还缺乏深入研究，对它的工作原理和特性还缺少充分认识、实际工程的分析和计算所采用的理论和方法还不成熟，有些甚至是错误的，这种情况如果继续下去必将给实际工程带来很多隐患。

还必须指出的是，对于这种新兴起的结构形式，无论是德国、美国、以及其他一些国家的研究机构都还没有形成一套成型的理论体系，包括对已建工程的分析、设计一般参照悬索结构或预应力钢结构相关理论。从目前的应用和发展现状看，无论是材料的力学性能，建筑物理性能，还是结构的工作性能、设计理论和分析方法等一系列技术尚待解决。可喜的是我国很多幕墙企业、高等院校、科研院所对此进行了研究，取得了 批研究成果，这些成果从各个方面揭示了张拉索杆结构的工作原理，对一些基本概念提出了较为系统的论述。

学习和掌握这些成果，对建立张拉索杆结构成套理论和应用体系会有很大推动作用。现将个人学习的心得体会提出来与全国同行讨论。希望全行业有关工程技术人员在系统总结实践经验基础上，对张拉索杆结构深入研究，期望在不远的将来，经过全国有关部门和同业同仁的努力，定能初步建立起适合我国国情、并具有世界先进水平的张拉索杆结构的理论体系和分析计算方法。

二、关于建筑结构的可靠性

建筑结构的可靠性直接关系到人民生命财产安全，历来是建筑结构设计必须首先面对和需要审慎解决的重大问题。结构的可靠性是指结构在规定的时间内、在规定的条件下、完成预定功能的能力。结构的可靠度是对结构可靠性的定量描述，即结构在规定的时间内、在规定的条件下、完成预定功能的概率。建筑结构可靠度也是一个国家综合性经济政策问题，实际上是选择一种安全与经济相对的最佳平衡。

结构的设计使用年限是指设计规定的结构或结构构件，不需要进行大修即可按其预定目的使用的时期。设计使用年限是房屋的地基基础和主体结构"合理使用年限"的具体化，实际上它与合理使用年限是等同的含义。

《建筑结构可靠度设计统一标准》（GB50068）规定："结构在规定的设计使用年限内应具有足够的可靠度。结构的可靠度可采用以概率理论为基础的极限状态设计方法分析确定"。结构在规定的设计使用年限内满足以下功能要求：

1. 在正常施工和正常使用时，能承受可能出现的各种作用；

2. 在正常使用时具有良好的工作性能；

3. 在正常维护下具有足够的耐久性；

4. 在设计规定的偶然事件发生后，仍然能保持必须的整体稳定性。

结构的设计使用年限见表 1。

结构的设计使用年限　　表 1

类别	设计使用年限（年）	示　例
1	5	临时性结构
2	25	易于替换的结构构件
3	50	普通房屋和构筑物
4	100	纪念性建筑和特别重的建筑构件

为保证建筑结构具有规定的可靠度，除应进行必要的设计计算外，还应对结构材料性能、施工质量、使用和维护进行相应的控制。

结构可靠度与结构的使用年限长短有关，GB50068 所指的结构可靠度，是对结构的设计使用年限而言的，当结构的使用年限超过设计使用年限后，结构失效概率可能较设计预期值要大。

设计基准期是为确定可变作用及与时间有关的材料性能等级取值而选用的时间参数。它不等同于建筑结构的设计使用年限。GB50068 所考虑的荷载统计参数，都是按设计基准期为 50 年确定的。

建设部 2002 年 1 月 10 日以建标[2002]10 号通知发布了《建筑结构荷载规范》（GB50009—2001），从 2002 年 3 月 1 日起施行。《建筑结构荷载规范》（GB50009）规定对垂直于建筑物表面的风荷载标准值，当计算主要承重结构时应按下式计算：

$$W_K=\beta_Z\mu_S\mu_ZW_0 \tag{1}$$

式中 W_K——风荷载标准值（N/m^2）；

β_Z——高度 Z 处的风振系数；

μ_S——风荷载体型系数；

μ_Z——风压高度变化系数；

W_0——基本风压（N/m^2）。

当计算围护结构时应按下式公式计算：

$W_K=\beta_{gz}\mu_s\mu_Z W_0$　　(2)

式中　β_{gz}——高度 Z 处的阵风系数（JGJ102 和 JGJ133 规定取为 2.25）；

μ_S——风荷载体型系数（JGJ102 和 JGJ133 规定取为±1.5）。

风荷载的组合值、频遇值和准永久值系数可分别取 0.6 、0.4 和 0。

GB50009 将基本风压的重现期由以往的 30 年改为 50 年，这样在标准上将与国外大部份国家取得一致，经修改后各地的风压并不是在原有的基础上提高 10%，而是根据新的风速观测数据进行统计分析后重新确定的。对于风荷载比较敏感的高层建筑和高耸建筑，仍要求将重现期提高到 100 年左右。对于围护结构，其重要性与主体结构相比要低些，仍可取 50 年一遇的基本风压。

根据地面粗糙度指数及梯度风高度，即可得出风压变化系数如下：

$\mu_z^A=1.379(Z/10)^{0.24}$　　(3a)

$\mu_z^B=1.000(Z/10)^{0.32}$　　(3b)

$\mu_z^C=0.616(Z/10)^{0.44}$　　(3c)

$\mu_z^D=0.318(Z/10)^{0.60}$　　(3d)

在确定城区的粗糙度类别时,若无 α 的实测资料,可按下述原则近似确定：

（一）以拟建房屋为中心，2km 为半径的迎风半圆影响范围内的房屋高度和密集度来区分粗糙度类别，风向原则上应以该地区最大风的风向为准，但也可取其主导风向。

（二）以半圆影响范围内建筑物的平均高度 h 来划分地面粗糙度类别：当 h≥18m，为 D 类；9m<h≤18m，为 C 类；h<9m，为 B 类。

（三）影响范围内不同高度的面域可按下述原则确定，即每座建筑物向外延伸距离为其高度的面域内均为该高度，当不同高度的面域相交时，交叠部分的高度取大者。

（四）平均高度 h 取各面域面积为权数计算。

验算围护构件及连接的强度时，可按下列规定采用局部风荷载体型系数。

1．外表面

1）正压区，按 GB50009 表 7.3.1 采用

2）负压区，——对墙面取-1.0

——对墙角边取-1.8

——对屋面局部部位（周边和屋面坡度大于 10 度的屋脊部位）取-2.2

——对檐口、雨蓬、遮阳板等突出构件，取-2.0

注：对墙角边和屋面局部部位的作用宽度为房屋宽度的 0.1 或房屋平均高度的 0.4。取其小者，但不小于 1.5m。

2．内表面

对封闭式建筑物按外表面风压的正负情况取-0.2 或 0.2

计算围护结构的风荷载时，阵风系数按下述公式确定：

$\beta_{gz}=K(1+2\mu_f)$　　(4a)

式中　K——地面粗糙度调整系数，对 A、B、C、D 四种类型分别取 0.92、0.89、0.85、0.80；

μ_f——脉动系数 $\mu_f=0.5\times35^{1.8(\alpha-0.16)}(Z/10)^{-\alpha}$　　(4b)

式中　α——地面粗糙度指数对应于 A、B、C、D 四类地貌，分别取 0.12、0.16、0.22 和 0.30。

将 K、α 系数代入后，各类地区阵风系数计算公式为：

$\beta_{gz}^A=0.92*(1+2\mu_f^A)$

$\mu_f^A=0.387(Z/10)^{-0.12}$　　(4c)

$\beta_{gz}^B=0.89*(1+2\mu_f^B)$

$\mu_f^B=0.5(Z/10)^{-0.16}$　　(4d)

$\beta_{gz}^C=0.85*(1+2\mu_f^C)$

$\mu_f^C=0.734(Z/10)^{-0.22}$　　(4e)

$\beta_{gz}^D=0.80*(1+2\mu_f^D)$

$\mu_f^D=1.2248(Z/10)^{-0.3}$　　(4f)

以上计算只考虑了平均风对结构静力作用，实际上风具有明显的阵性，即其速度是脉动的，它对结构的作用是动力的，在阵风作用下结构将产生振动。由于张拉索杆结构属柔性支承体系，在风荷载作用下易产生较大的变形和振动，如何确定动态风荷载对张拉索杆结构位移和内力的影响是一个必须正视的问题。广州白云机场张拉索杆结构三种结构方案，静力分析结果表明，均能满足内力和变形要求，且差别不大，最终方案的选择取决于动力性能。研究结果表明，结构风振性能不仅与来流的脉动特性有关，还与结构自身的振动特性有关，因此在进行风振分析前有必要对幕墙支承结构的自振频率和振型作适当探讨。

张拉索杆结构的动力响应可简化采用风振系数来计算，风振系数可定义为结构在风荷载作用下的可能最大响应与平均风最大响应之比。由于张拉索杆结构的响应与荷载呈非线性关系，所以对于张拉索杆结构而言，定义荷载风振系数在理论上是不正确的，而应该确定结构响应的风振响应。白云机场张拉索杆结构按上述定义的风振系数见表 2。

白云机场张拉索杆结构风振系数　　表 2

	钢桁架		张拉索杆结构	
	位移	内力	位移	内力
方案二	2.0	1.7	2.2	1.4
方案三	1.4	1.6	1.4	1.2

三、关于抗震的考虑

地震是一种突发性自然灾害，目前科学技术还达不到控制地震发生的水平，但是可以预防和减轻地震灾害。人类在长期与地震灾害的斗争中，积累了丰富的经验，随着科学技术的发展，人们通过地震台站网监测纪录和现场调查，积累了不少地震资料，对这些资料的分析和经验总结，人们对地

震作用规律有了初步认识。

地震是一种自然现象，地壳中岩层发生断裂或错动，以及火山爆发都可能导致地面发生程度不同的震动，这种现象称为地震。随每次地震强烈程度不同，释放出的能量大小是不同的，所引起的地震灾害也是不同的。地震的强弱在地震工程学中是以震级来表示的，它直接取决于一次地震中所释放出的能量大小，所以每次地震都有一确定的震级。震级是对地震大小的相对度量。

《地震震级的规定》（GB/T17740-1999）是地震震级的测定方法和使用的规定。

地震烈度则是用以描述某一地区地面和建筑物遭受到一次地震影响的强弱程度。显然对于距震中远近不同的地区所受的震害是不同的。一般说来，距震中越远，地震烈度就越低。地震烈度是指地震引起的地面震动及其影响的强弱程度。

《中国地震烈度表》（GB/T17742-1999）规定了地震烈度从Ⅰ度到Ⅻ度的在地面上人的感觉、房屋震害程度、其他震害现象、水平向地面峰值加速度、峰值速度的评定指标和使用说明，适用于地震烈度评定。

震级和烈度的关系可用以下公式来描述：

震中烈度 $I_0=0.24+1.26M$　（5）

影响烈度 $I_{X\ (X=1、2、3\cdots\cdots)}=0.92+1.63M-3.49\lg R$　（6）

式中　M——震级；

R——距震中距离的半径（km）；

X——1、2、3……（取R/100的整数）。

建设部2001年7月20日以建标[2001]156号通知发布了《建筑抗震设计规范》（GB50011-2001），从2002年1月1日起施行。

GB50011条文说明第5.1.2条指出："不同的结构采用不同的分析方法在各国抗震规范中均有体现，底部剪力法和振型分解反应谱法仍是基本方法，时程分析法作为补充计算方法，对特别不规则、特别重要和较高的高层建筑才要求采用。

进行时程分析时……正确选择输入的地震加速度时程曲线，要满足地震三要素的要求，即频谱特性、有效峰值和特续时间均要符合规定。频谱特性可用地震影响系数曲线特征，依据所处场地类别和设计地震分组确定。

加速度有效峰值按表7采用，当结构采用三维空间模型等需要双向（两个水平面）或三向（二个水平面和一个竖向）地震波输入时，其设计地震加速度按1（水平1）：0.85（水平2）：0.65（竖向）的比例调整……人工模拟的加速度时程曲线也按上述要求生成。

输入的地震加速度曲线的持续时间，不论实际的强震记录还是人工模拟波形，一般为结构基本周期的5～10倍。

第5.1.4条又指出："弹性反应谱理论仍是现阶段抗震设计的最基本理论，规范所采用的反应谱以地震影响系数曲线的形式给出。"

设计用反应谱是以地震影响系数曲线的形式给出的。GB50011采用相对于重力加速度的单质点绝对最大加速度与体系自振周期T之间的关系作为设计反应谱。地震影响系数曲其形状参数要求如下：

1）直线上升段，周期小于0.1S的区段，

$\alpha=[0.45+10(\eta_2-0.45)T]\alpha_{max}$　（7）

2）水平段，自0.1S至特征周期（Tg）区段，应取最大值（α_{max}）；$\alpha=\eta_2\alpha_{max}$　（8）

3）曲线下降段，自特征周期（Tg）至5倍特征周期（5Tg）区段，衰减系数应取0.9，

$\alpha=(T_g/T)^{\gamma}\eta_2\alpha_{max}$　（9）

4）直线下降段，自5倍特征周期（5Tg）至6S区段，下降斜率调整系数应取0.02，

$\alpha=[\eta_2 0.2^{\gamma}-\eta_1(T-5T_g)]\ \alpha_{max}$　（10）

当建筑结构的阻尼比按有关规定不等于0.05时，地震影响系数曲线的阻尼比调整系数和形状系数应符合下列规定：

1. 曲线下降段的下降指数应按下式确定：

$\gamma=0.9+(0.05-\zeta)/(0.5+5\zeta)$　（11a）

2. 直线下降段的下降斜率调整系数应按下式确定：

$\eta_1=0.02+(0.05-\zeta)/8$　（11b）

3. 阻尼调整系数应按下式确定：

$\eta_2=1+(0.05-\zeta)/(0.06+1.7\zeta)$　（11c）

式中　γ——曲线下降段的衰减指数；

ζ——阻尼比（结构的阻尼系数与其临界阻尼系数之比。当结构不发生振动时的阻尼系数称为临界阻尼系数。阻尼力是使结构振动衰减的力，即结构在振动过程中由于材料的内摩擦、构件连接处的摩擦、地基土的内摩擦以及周围介质对振动的阻力，使振动能量受到损耗而振幅不断衰减。）；

η_1——直线下降段的下降斜率调整系数，小于0时取0；

η_2——阻尼比调整系数，当小于0.55时取0.55。

对应于不同阻尼比计算地震影响系数的调整系数如表3所列。

对应于不同阻尼比计算地震影响系数的调整系数　表3

ζ	η_2	γ	η_1
0.01	1.52	0.96	0.025
0.02	1.32	0.95	0.024
0.05	1.00	0.90	0.020
0.10	0.78	0.85	0.014
0.20	0.63	0.80	0.001
0.30	0.56	0.78	0.000

《中国地震动参数区划图》（GB18306-2000）给出了中国地震动参数区划图及其技术要素和使用规定，适用于新建、改建、扩建一般建设工程抗震设防，及编制社会经济发

展和国土规划，即新建、扩建、改建一般建设工程的抗震设计和已建一般建设工程的抗震鉴定与加固必须按此标准规定的抗震设防要求进行。

《中国地震动参数区划图》直接采用地震动参数，不再采用地震基本烈度。现行有关技术标准中涉及地震基本烈度概念的，应逐步修正。在技术标准等尚未修订（包括局部修订）之前，可以参照下述方法确定：

a）抗震设计验算采用《中国地震动参数区划图》提供的地震动参数；

b）当涉及地基处理、构造措施或其他防震减灾措施时，地震基本烈度参数值可由《中国地震动区划图》查取地震动峰值加速度并按表 4 确定，也可根据需要做更细微的划分。

地震动峰值加速度分区与地震基本烈度对照表　　表 4

地震动峰值加速度 g	<0.05	0.05	0.10	0.15	0.20	0.30	≥0.40
地震基本烈度值	<Ⅵ	Ⅵ	Ⅶ	Ⅶ	Ⅷ	Ⅷ	≥Ⅸ
县(市、区)数	380	1100	700	350	300	45	15

《中国地震动峰值加速度区划图》和《中国地震动反应谱特征周期区划图》的场地条件为平坦稳定的一般（中硬）场地。《中国地震动反应谱特征周期调整表》采用四类场地划分，见表 5。

GB50011 明确引入了“设计基本地震加速度”和“设计特征周期”，可与中国地震参数区划图（中国地震动峰值加速度区划图和中国地震动反应谱特征周期区划图）相匹配。

中国地震动反应谱特征周期调整表　　表 5

特征周期分区	场地类型划分			
	坚硬	中硬	中软	软弱
1 区	0.25	0.35	0.45	0.65
2 区	0.30	0.40	0.55	0.75
3 区	0.35	0.45	0.65	0.90

设计基本地震加速度取值与《中国地震动峰值加速度区划图》所规定的“地震动峰值加速度”相当。设计特征周期即设计所用的地震影响系数特征周期（Tg），GB50011 将设计近震、远震改称设计地震分组，可更好体现震级和震中距影响。建筑工程的设计地震分为三组。在抗震设防决策上，为保持规范的延续性，设计地震的分组在《中国地震动反应谱特征周期区划图》基础上略作调整。

1)区划图中 0.35s 和 0.40s 的区域作为设计地震第一组。

2）区划图中 0.45s 的区域，多数作为设计地震第二组，其中，借用 89 规范按烈度衰减等震线确定“设计远震”的规定，取加速度衰减影响的下列区域作为设计地震第三组：

A.《中国地震峰值加速度区划图》中，峰值加速度 0.2g 减至 0.05g 的影响区域和 0.3g 减至 0.1g 影响区域；

B.《中国地震动反应谱特征周期区划图》中 0.45s，且《中国地震动峰值加速度区划图》中≥0.4g 的峰值加速度减至 0.2g 及以下的影响区域。

GB50011 规定的特征周期值见表 6。

特征周期值（s）　　表 6

设计地震分组	场地类别			
	Ⅰ	Ⅱ	Ⅲ	Ⅳ
第一组	0.25	0.35	0.45	0.65
第二组	0.30	0.40	0.55	0.75
第三组	0.35	0.45	0.65	0.90

《建筑抗震设计规范》（GB50011）问答（2）第 22 条指出：《中国地震动参数区划图》（GB18306-2001）自 2001 年 8 月 1 日起实施，对于设计基本地震加速度与原来相比有所变化的地区，至自 2001 年 8 月 1 日应按变化后的值进行抗震设防。即不再按《中国地震烈度区划图（1990）》采用，而应按 GB18306 规定采用。

GB50011 第 1.0.2 条规定：“抗震设防烈度为 6 度及以上地区的建筑，必须进行抗震设计。”这样，GB50011 附录 A“我国主要城镇中心地区抗震设防烈度、设计基本地震加速度和设计地震分组”，仅提供我国抗震设防区（设计基本地震加速度≥0.05g（6 度）的地区）各县级及县级以上城镇中心地区抗震设防烈度、设计基本地震加速度和设计地震分组，对设计基本加速度<0.05g（6 度）的城镇未列入该附录，即这些城镇可不考虑抗震设计。同时 GB50011 第 3.1.4 条规定“抗震设防烈度为 6 度时，除本规范有具体规定外，对乙、丙、丁类建筑可不进行地震作用计算。”

例：上海Ⅲ类场地，即第一组Ⅲ类场地，特征周期 T_g=0.45s（$5T_g$=2.25 s） ζ=0.05

结构自振周期　A.　0.09s（<0.1s）　α 取$[0.45+10(\eta_2-0.45)\times0.09]\alpha_{max}=0.945\alpha_{max}$

B.　0.4s（ >0.1s，<0.45s）　α 取 α_{max}

C.　2.2s（>0.45s，<2.25 s）　$\alpha=(0.45/2.2)^{\gamma}\eta_2\alpha_{max}=0.24\alpha_{max}$

D.　4s（>2.25s，<6s）　$\alpha=[\eta_2 0.2^{\gamma}-\eta_1(4-2.25)]\alpha_{max}=0.20\alpha_{max}$

如果改为Ⅱ类场地，特征周期 T_g=0.35s($5T_g$=1.75s)　ζ=0.05

结构自振周期　A.　0.09s（<0.1s）　α 取$[0.35+10(\eta_2-0.35)\times0.09]\alpha=0.935\alpha_{max}$

B.　0.4s　（ >0.35，S<1.75s）　$\alpha=(0.35/0.4)^{\gamma}\eta_2\alpha_{ma}=0.887\alpha_{max}$

C.　2.2s（>1.75s，<6s）　$\alpha=[\eta_2 0.2^{\gamma}-\eta_1(2.2-1.75)]\alpha_{max}=0.226\alpha_{max}$

D.　4s（>1.75s，<6s）　$\alpha=[\eta_2 0.2^{\gamma}-\eta_1(4-1.75)]\alpha_{max}=0.19\alpha_{max}$

《建筑抗震设防分类标准》（GB50233-95）对抗震设防类别划分作了规定。

1. 建筑抗震设防类别划分，应根据下列因素综合确定。

1）社会影响和直接、间接经济损失的大小。

2）城市的大小和地位、行业的特点、工矿企业的规模。

3）使用功能失效后对全局的影响范围大小。

4）结构本身的抗震潜力大小、使用功能恢复的难易程度。

5）建筑物各单元的重要性有显著不同时，可要据局部的单元划分类别。

6）在不同行业之间的相同建筑，由于所处地位及受地震破坏后产生后果不同，其抗震设防类别可不相同。

2. 建筑抗震设防类别，应根据其使用功能的重要性可分为甲类、乙类、丙类、丁类四个类别，其划分应符合下列要求。

1）甲类建筑，地震破坏后对社会有严重影响，对国民经济有巨大损失或有特殊要求的建筑。

2）乙类建筑，主要指使用功能不能中断或需尽快恢复，且地震破坏会造成社会重大影响和国民经济重大损失的建筑。

3）类建筑，地震破坏后有一般影响及其它不属于甲、乙、丁类的建筑。

4）类建筑，地震破坏或倒塌不会影响甲、乙、丙类建筑，且社会影响、经济损失轻微的建筑。一般为储存物品价值低、人员活动少的单层仓库等建筑。

3. 各类建筑的抗震设防标准，应符合下列要求。

1）甲类建筑，应按提高设防烈度一度设计（包括地震作用和抗震措施）。

2）乙类建筑，地震作用应按本地区抗震设防烈度计算。抗震措施，当设防烈度为 6~8 度时应提高一度设计，当为 9 度时，应加强抗震措施。对较小的乙类建筑，可采用抗震性能好、经济合理的结构体系，并按本地区的抗震设防烈度采取抗震措施。乙类建筑的地基基础可不提高抗震措施。

3）丙类建筑，地震作用和抗震措施应按本地区设防烈度设计。

4）丁类建筑，一般情况下，地震作用可不降低；当设防烈度为 7~9 时，抗震措施可按本地区设防烈度降低一度设计，当为 6 度时可不降低。

5）GB50233 仅列出部分行业的甲、乙类建筑和少数丙类建筑；丁类建筑按第 2.4 款的规定确定；除甲、乙、丁类以外，GB50233 未列出的宜划为丙类建筑。

GB50223 列出了部分行业建筑抗震设防甲、乙、丁类建筑和少数丙类建筑，并规定除甲、乙、丁类以外划为丙类建筑。民用建筑：

甲类——“研究、中试生产和存放剧毒生物制品和天然人工细菌病毒（如鼠疫、霍乱、伤寒等）的建筑。”

乙类——“存放国家一、二级重要珍贵文物博物馆、大型体育馆（6000 座以上）、大型影剧院（1200 座以上）、大型零售商场（年营业额 1.5 亿以上、固定资产 0.5 亿元以上、建筑面积 1 万 m^2 以上等三个条件均满足、且人流密切的多层建筑）等公共建筑”。

《建筑抗震设计规范》（GB50011—2001）以“三水准”为抗震设防目标。采用二阶段设计，实现上述l“三水准”的设防目标。正确确定地震作用是幕墙设计中面临的重大问题，抗震设计时，结构所承受的地震作用是由地震地面运动引起的动态反应，当结构在地震时其内力与地震作用的强烈程度成正比，地震作用过程结束结构将恢复原状，其地震作用引起的内力和变形消失，这种情况表明在地震作用下结构仍处于弹性阶段。当结构在强烈地震作用下部分的或某个楼层进入弹塑性阶段时，由于屈服部位的受力不可能再增长，将引起地震作用和结构构件内力的重分布，结构的内力、变形不再和地震强烈程度成正比，这是结构处于弹塑性状态的基本特征。

近几十年来，结构抗震设计方法的研究与进展，尤其是各国历次大震对人类造成严重灾害的经验教训，使得世界各国地震学者及工程抗震设计人员取得了较为一致的认识，概括的用形象语言描述，即遵循“小震不坏，大震不倒”的设计原则。就是一般情况下（不是所有情况），遭遇第一水准烈度（众震烈度）时，建筑处于正常使用状态，从结构抗震角度分析，可视为弹性体系，采用弹性反应谱进行分析。遭遇第二水准烈度（基本烈度）时，结构进入非弹性工作阶段，但非弹性变形或结构体系的损坏控制在可修复的范围。遭遇第三水准烈度（预估的罕遇地震）时，结构有较大的非弹性变形，但应控制在规定的范围内，以免倒塌。它已成为世界公认的结构抗震的设计准则，并在各国规范中有所体现。我国《建筑抗震设计规范》（GB50011）抗震设防的基本思想和原则，以“三水准”为抗震设防目标：

第一水准：当遭受低于本地区抗震设防烈度的多遇地震影响时，一般不受损坏或不需修理可继续使用。

第二水准：当遭受相当于本地区的抗震设防烈度的地震影响时，可能损坏经一般修理或不需修理仍可继续使用。

第三水准：当遭遇高于本地区抗震设防烈度预估的罕遇地震影响时，不致倒塌或发生危及生命的严重破坏。

设计基本地震加速度为“50 年设计基准期超越概率 10% 地震加速度的设计取值”；一般情况，根据《中国地震动参数区划图》图 A1 所规定的“地震动峰值加速度”转换为抗震设计的“设计基本地震加速度值”。

“三水准设防”的各种参数见表 7。

“三个水准”设防的各种参数　　　　表 7

烈度水准 参数 项目		第一水准烈度（众震烈度）（常遇烈度）	第二水准烈度（基本烈度）	第三水准烈度（罕遇烈度）
烈　　度		-1.55 度	基准	+1 度
地震作用		1/3	1	≈2
设计地震基本加速度 g	6 度	0.018（18cm/s^2）	0.05（50 cm/s^2）	0.10（100 cm/s^2）
	7 度	0.035（35 cm/s^2）	0.10（100 cm/s^2）	0.22（220 cm/s^2）
		0.055（55 cm/s^2）	0.15 （150 cm/s^2）*	0.31（310 cm/s^2）
	8 度	0.07（70 cm/s^2）	0.20（200 cm/s^2）	0.40（400 cm/s^2）
		0.11（110 cm/s^2）	0.30 （300 cm/s^2）**	0.51（510 cm/s^2）
	9 度	0.14（140 cm/s^2）	0.40（400 cm/s^2）	0.62（620 cm/s^2）
水平地震影响系数最大值 α_{max}	6 度	0.04		
	7 度	0.08		0.50
		0.12*		0.70*
	8 度	0.16		0.90
		0.24**		1.20**
	9 度	0.32		1.40

注：1．1g= 9.8m/s^2=980cm/s^2　　　1Gal=10^{-2}m/s^2=1cm/s^2

2．$\alpha_{max}=\beta_{max}\times\alpha$　　β_{max} 取 2.25　　　（12a）

α =设计地震基本加速度（g）/1（g）　　　（12b）

3．带*者用于设计基本地震加速度为 0.15g 的地区；带**者用于设计基本地震加速度为 0.30g 的地区。

按上述要求幕墙构件在抗震设计时达到下述要求：

（1）在多遇烈度地震作用下，幕墙不能破坏，应保持完好；

（2）在基本烈度地震作用下，幕墙不应有严重破损，一般只以允许部分面板（玻璃、石板等）破碎，经修理后，仍可以使用；

（3）在罕遇烈度地震作用下，幕墙虽严重破坏，但幕墙骨架不得脱落。

《建筑抗震设计规范》(GB50011）规定：当采用等效侧力法时，非结构构件的水平地震作用标准值按下列公式计算：$F=\nu\times\eta\times\zeta_1\times\zeta_2\times\alpha_{max}\times G_K$　　（13）

式中　F——沿最不利方向施加于非结构构件重心处的水平地震作用标准值；

ν——非结构构件功能系数，取决于建筑设防类别和使用要求；分为三档 1.4、1.0 、0.6；幕墙可取 1.4；

η——非结构构件类别系数，取决于构件材料性能等因素，在 0.6~1.2 的范围内取值；幕墙可取 0.9；

ζ_1——连接状态系数，又称动力放大系数，幕墙可取 2.0；

ζ_2——位置系数，一般情况建筑物的顶点为 2.0，底部为 1.0 沿高度线性分布；

α_{max}——地震影响系数最大值；

G_K——非结构构件重力。

当采用楼面反应谱法时，非结构构件通常采用质点模型，其水平地震作用标准值按下列公式计算：

$F=\nu\times\eta\times\beta_S\times G_K$　　（14）

式中　β_S——非结构构件楼面反应谱值。

《金属与石材幕墙工程技术规范》(JGJ133）规定：

$q_{EK}=\beta_E\alpha_{max}G_{0K}/A$　　（15）

式中　β_E 取为 5.0

$\beta_E=\nu\eta\zeta_1\zeta_2$

ν 取 1.4　η 取 0.9　ζ_1 取 2.0　ζ_2 取 2.0 时：

$\beta_E=1.4\times0.9\times2.0\times2.0=5.04\approx5.0$

非结构构件的地震作用，除自身质量产生的惯性力外，还有地震时支座间相对移位产生的附加作用，两者需同时组合计算。

北京工业大学、上海同济大学对振动台试验纪录分析，玻璃的应力比按 JG102-96 公式计算结果大 5 倍以上，这是由于规范公式只计算了幕墙自身质量产生的地震作用，在计算主体结构时将幕墙的自重施加给主体结构，而计算幕墙时假定幕墙是一个独立的脱离体，而实际上幕墙不是一个独立的脱离体，而是与主体结构连成一个整体，主体结构也会对幕墙产生影响，即需考虑主体结构与幕墙的动力相互作用。

东南大学的研究进一步提出了点支式幕墙——结构动力耦合效应，指出：结构刚度、幕墙系统刚度以及地面运动频率是幕墙动力响应的主要影响因素。点支式幕墙对结构传来的振动既可能放大也可能削弱。只有当幕墙系统刚度极大时，幕墙的振动才与结构保持同步。结构自振频率接近于地面运动频率时，幕墙加速度放大系数最小。地面运动频率接近幕墙自振频率时，幕墙系统将放大结构传来的振动，当幕墙系统与结构自振频率均较大时，幕墙系统引起的地震作用最大，当幕墙系统与结构自振频率较小时，幕墙系统引起也较小，在计算幕墙系统地震作用时，要考虑幕墙-结构动力耦合效应。简化计算可采用加速度放大系数来计算，即：

$$q_E=\gamma\beta_E\alpha_{max}G_{AK} \quad (16)$$

式中加速度放大系数 γ 取 1.5～3.0　　β_E 取 5.0

《建筑抗震设计规范》(GB50011) 采用二阶段设计实现上述“三水准”的设防目标，第一阶段是承载力验算，取第一水准的地震动参数计算结构的弹性地震作用标准值和相应的地震作用效应，采用《建筑结构可靠度设计统一标准》(GB50068) 规定的分项系数表达式进行结构构件的截面承载能力的验算，这样，既满足了在第一水准下具有必要的承载能力可靠度，又满足第二水准的损坏可修的目标。对大多数的结构，可只进行第一阶段设计，而通过概念设计和抗震构造措施来满足第三水准的设计要求。

第二阶段是弹塑性变形验算，对特殊要求的建筑，地震时易倒塌的结构以及有明显薄弱层的不规则结构，除进行第一阶段设计外，还要取第三水准的地震动参数进行结构薄弱部位的弹塑性层间变形验算,并采取相应的抗震构造措施，实现第三水准的设防要求。

对于第二水准，《建筑抗震设计规范》一般不要求进行验算，仅作为控制破坏程度加以叙述。

四、关于张拉索杆结构

张拉索杆结构承载能力极限状态验算时，荷载分项系数风荷载取 1.4、地震作用取 1.3。荷载（作用）效应组合取 1.0W+0.6E 。当进行正常使用极限状态验算时，荷载分项系数取标准值进行验算。

张拉索杆结构是柔性的张拉结构，在没有施加预应力之前没有刚度，其形状也是不确定的，必须过施加适当的预应力赋予其一定的形状，才能成为能承受外荷的结构。在给定的边界条件下，所施加的预应力系统的分布和大小（这是一套自平衡的内应力系统），同所形成的结构初始形状是相互联系的。

如何最合理地确定这一初始形状和相应的自平衡预应力系统，就是张拉结构“外形确定”（或更确切地称之为“初始平衡状态的确定”）这一命题要解决的任务，这是张拉索杆结构这种张拉结构设计中的一个关键问题。张拉索杆结构以一系列受拉索为主要承重构件，这些索按一定规律组成各种不同形式的索系，并悬挂在相应的锚定结构上。在锚定结构不能承受张拉索杆结构的张力时可用张拉自平衡索杆结构，这种结构的张力由自平衡杆来平衡，张拉自平衡索杆结构一般为梭形，中央的压杆用来平衡两侧拉索的张力。

我们对张拉自平衡索杆结构的张力平衡要有全面的认识，即在始态它平衡两索的预应力，此时压杆在对称的预应力下是轴心受压结构，而在承受水平作用后，张拉自平衡索杆结构一侧张力增大（要求不能大于索强度设计值），另一侧预张力由于索回缩而逐步损失(要求回缩后的长度不能小于下料长度，即不发生松弛)，此时张拉自平衡索杆结构为偏心受压结构。

每榀张拉索杆结构在平面内是稳定的，但在平面外是很不稳定的。如果单榀张拉索杆结构侧向之间没有支撑把它们互相连接起来，结构就会因为整体失稳而破坏。为了满足设计要求和保证结构稳定，希望考虑玻璃的作用，也就是把玻璃作为张拉索杆结构的横向支撑。这样做在某些情况下能达到目的，此时玻璃将不可避免地要参与张拉索杆结构体系的工作，成为索系的分布结构，而玻璃会由于附加内力而破坏，一旦玻璃破碎，张拉索杆结构体系将失稳，因此，想利用玻璃来加强结构的刚度以减少或取消侧向支撑的方法是不可取的。

清华大学建筑玻璃与金属结构研究所对清华大学游泳馆张拉索杆结构的分析，当取 4 列（分别用 A、B、C、D 表示），6 行（分别用 1、2、3、4、5、6 表示）计算简图，当玻璃成为刚架间的侧间支撑，则刚架间可以不用附加侧间支撑。分析表明如果在使用中发生玻璃破碎，在某块玻璃破碎后构成的几何形状为几何不变体系，则结构是稳定。一旦中部的玻璃破碎，无论是两块或多块玻璃破碎，结构都要丧失稳定而倒塌。同时在结构没有丧失稳定性的几种情况中，玻璃的应力是非常大的，在使用过程中不能保证玻璃不发生破碎，即这几种情况也是很不可靠的。

玻璃对刚架稳定性的影响　　表 8

序号	玻璃缺损情况	结　论
1	B 列全无	结构不稳定
1	A 列全无	结构不稳定
3	A2 无玻璃	结构不稳定
4	B2 无玻璃	结构不稳定
5	B4 下及 B5 下无玻璃	结构不稳定
6	上（下）片全无	结构稳定
7	1 行全无	结构稳定
8	6 行全无	结构稳定
9	5 行及 6 行的上片无玻璃	结构稳定

张拉索杆结构的预应力是其生命，张拉索杆结构预应力的建立是张拉索杆结构获得必要的结构刚度和形状稳定的必要措施。所谓预应力，一般指结构在承受外荷载前预先在结构中建立的初始应力。张拉索杆结构中的预应力是克服拉索初始缺陷长度（Lack　of　fit）产生的。所谓初始缺陷长度就是拉索的实际长度小于工作状态下几何长度，这一差值即为初始缺陷长度。施加预应力的过程，实际上是将具有初始缺陷长度的拉索通过张拉设备而使其强迫就位的过程。预应力产生的本质不是外力，而是初变位。由于传统的分析方法是将拉索的预张力作为外力参与结构分析，从而导致设计人员普遍认为结构中的预应力是外力的错误概念。预应力的数值应根据张拉索杆结构在各种可能的荷载情况下，任意一根钢索都不发生松弛，且保持一定大小的张力储备的原则，在实际设计中需要结合受载计算，经过试算、调整来确定。

张拉索杆结构中的预应力必须通过结构自身变位条件来维持，如果说张拉拉索是产生预应力的外在因素的话，那么能够通过变形协调条件来维持预应力的存在是产生预应力的内在因素。静定结构的内力可直接求解平衡方程得到，变位协调条件与杆件内力无关，这种性质决定了静定结构不能作为预应力结构。相比之下，超静定结构却不相同，超静结构杆件内力并不由平衡条件唯一确定，同时还取决于变形协调条件，这种性能决定了张拉索杆结构是超静定结构，同时又是预应力结构，这是维持张拉索杆件结构预应力在结构形式方面的要求。

张拉索杆结构的钢索不同于其他类型幕墙杆件，幕墙立柱在连接处切断后用芯管连接，立柱在连接处调可用芯管调节温度变化后杆的伸长（缩短）。索在温度变化时杆会伸长（缩短），$\Delta L = L \times \alpha \times \Delta T$，$\Delta T$ 取使用阶段最高（低）气温与安装时温度差值。$\sigma_T = \alpha \cdot E \cdot \Delta T$，索由于施加预应力使索绷紧,如果产生负温差将使索进一步缩短,即在预应力基础上添加温差应力,要使 $\sigma = \sigma_{PO(I)} + \sigma_T \leq f_S$,如果产生正温差,将使钢索伸长放松，为保证索不松弛，要求正温差产生伸长量不得大于索由预应力产生的预计伸长值（初始缺陷长度）。

例如：$L_0 = 20000mm$，安装时为 30^0C, 使用时为 0^0C,

$\Delta L = -30^0C$，$\sigma_T = 1.8 \times 10^{-5} \times 1.5 \times 10^5 \times 30 = 81N/mm^2$

如果索的张拉控制应力值取 $0.2f_{PTK}$　$f_{PTK} = 1250N/mm^2$

、则 $\sigma_{con} = 250N/mm^2$　$\sigma_{L1} = 15N/mm^2$　$\sigma_{L2} = 12.5N/mm^2$

$\sigma_{L3} = 7.5 N/mm^2$　$\sigma_{PO(I)} = 250-15-12.5-7.5 = 215 N/mm^2$

$\sigma = 215+81 = 296N/mm^2 < 1250/2.143 = 583.3N/mm^2$

如果安装时为 0^0C，使用时为 30^0C，索伸长 $\Delta L = 20000 \times 1.8 \times 10^{-5} \times 30 = 10.8mm$，索由于施加预应力预计伸长量 $\Delta L = 250 \times 20000/1.5 \times 10^5 = 33.3mm > 10.8mm$，索不会松弛。

由于最大温差与最大水平作用同时发生的概率非常少，且其与预应力的组合的关系不同,因此只要温差效应与预应力的组合应力不大于索强度设计值,温差效应产生的索伸长量小于索由于预应力产生的预计伸长量,在效应组合时,不考虑温差效应。

张拉索杆结构的预应力在抗震设计时，按抗震设计的"三水准"设防来评估：

A．第一水准（众震）烈度。取重现周期为 50 年、超越概率为 63%的地震作用。此时结构处于弹性状态。地震作用过程结束，结构将恢复原状，其地震作用引起的内力和变形消失；由于主体结构恢复原状对拉索的影响消失（索自行恢复原张拉状态即保持预定张拉预应力）。

B．第二水准（设防）烈度。取重现期为 474 年、超越概率为 10%的地震作用。此时结构进入弹塑性阶段，但能修复使用。如果锚定结构有残余变形使索伸长（缩短）而影响索预应力，当采用可调索头时，在修复时可补充张拉到预定张拉预应力值。

C．第三水准（罕遇）烈度。取重现为 1600～2500 年、超越概率为 2%～3%的地震作用。此时建筑严重破坏，但能避免倒塌，此时幕墙必然严重破坏，已无修复可能。

根据以上分析，地震作用对拉索预应力的影响：第一水准烈度对拉索没有明显影响，第二水准（设防）烈度，地震影响在使用可调索头时，补充张拉到预定值，即可恢复原定要求，第三水准烈度，主体结构和幕墙会严重损坏，考虑索的预应力已无意义。

还须指出索的预应力对水平作用产生的索的承载能力不会产生影响,即施加了预应力的索与未施加预应力的索的承载能力是相同的,加了较大预应力的索和加了较小预应力的索的承载能力是一样的。这样,预应力不参加荷载（作用）效应组合。

张拉索杆结构的稳定与预应力控制是张拉索杆结构设计、施工技术中的关键问题。张拉索杆结构和一般钢桁架不一样，从静力学角度分析，"Maxwell 原理"指出：对有 j 个结点的结构体系必须有：

$b \geq 3j-6$ 个杆件才能使其成为几何不变体系，但是 C.R.Calladine 指出：存在小于"Maxwell 原则"要求杆件数的稳定体系。这个体系保持几何稳定的特征是：

1．结构可以发生无穷小机构运动。

2．至少存在一个预应力模态，存在可刚化的自应力平衡体系。当此类结构中的杆件长度即将发生改变时，就会在节点上产生不平衡力，该不平衡力能使节点具有恢复初始位置的趋势，使结构趋于硬化。

实际上，"Maxwell 原则"是结构在线性条件下处于几何不变的必须条件，而例外的情况在非线性条件下成立。一般钢桁架的稳定是靠其几何形状（例如"三角形稳定性"）和截面几何特征（截面积和壁厚）来实现的。张拉索杆结构即使均由三角形所组成，索截面也很大，不进行预应力控制也无法实现稳定。张拉索杆结构是柔性张拉结构，在没有施加预应力之前没有刚度，其形状也是不确定的，必须通过施加适当的预应力赋予其一定的形状，才能成为能承受外荷的结构。但不能认为预应力满足了始态的要求就算完成了任务（要满足始态的力系平衡，只要施加不太大的预应力就可以了），还要求预应力系统在终态（即张拉索杆结构承受最大设计水平作用时），任意一根索都不发生松弛，且保持一定大小的张力储备。

预应力控制贯穿在施工阶段和使用阶段的全过程。张拉索杆结构不仅要分析结构在使用阶段的受力特性，而且要考虑结构在施工阶段的力学问题，从一定意义上讲张拉索杆结构施工阶段的受力分析可能较使用阶段更重要。在施工过程中，如何按设计要求将预应力建立起来是结构成败的关键。工程施工中如何分析和计算由于施工设备、工艺水平、技术经济等方面的因素出现的力学问题显得非常重要，因此对张拉索杆结构进行全过程设计是非常必要的。

我们讨论预应力时一定要分清预应力张拉控制应力值 σ_{con} 和有效预应力值 σ_{po}。虽然两者紧密相关，实际上可以说是相互依存的，但严格的区分，两者并非同义语，而有不同的内涵。因为钢索在张拉时所建立的预应力，从构件开始制作直到安装、使用各个过程不断降低，实际上这种应力值损失就是由于钢索回缩变形引起的，所有预估的预应力损失发生后，钢索中的应力降低到预估的最低值，就是有效预应力，即 $\sigma_{po}=\sigma_{con}-\Sigma\sigma_L$ 。预应力张拉控制应力值和有效预应力值对张拉索杆结构的力系平衡都有十分重要的影响，要分别评估。张拉索杆结构在承受最大设计水平作用后，要求承力索截面最大设计应力值应等于或小于钢索强度设计值；稳定索截面的应力值应大于或等于零(即稳定索索长大于或等于下料长度，这时钢索不会发生松弛)。

特别要指出张拉索杆结构点支式玻璃幕墙要承受正风压和负风压，即承力索和稳定索角色要互换，这样每一根索的截 面应力都要控制在这个范围内。有效预应力值基本上随预应力张拉控制应力值同时（不一定同步）增减。因此确定预应力张拉控制应力值是首要的任务。对张拉索杆结构钢索预应力张拉控制是在预估各种预应力损失的基础上，在张拉时选择适当的预应力张拉控制应力值，预应力张拉控制应力值要根据作用在张拉索杆结构上的作用和钢索材料特点等多方面因素综合考虑后选用。

预应力张拉控制应力值决定了钢索的下料长度，这一长度是衡量张拉索杆结构变位后稳定索是否松弛的基准(即在张拉索杆结构变位后稳定索索长缩短的极限为不能小于钢索下料长度)。

预应力张拉控制应力值也是建立有效预应力值的基础。有效预应力值对张拉索杆结构的变形有直接影响，它们成反比例关系，有效预应力愈大，张拉索杆结构变形愈小，反之变形愈大。提高有效预应力值是减少张拉索杆结构变形、提高其刚度的重要手段。如果有效预应力太小，张拉索杆结构很快变位到稳定索松弛而失稳。不过有效预应力过大，就会增加锚定结构的负担，使主体结构构件截面加大，增加主体结构的造价，有时甚至可能使主体结构不堪负担。

调整（增大、减少）钢索截面对张拉索杆结构的刚度、稳定会有影响，但影响不大，且不经济，决定因素还是预应力控制。

索截面对张拉索杆结构稳定的影响　　**表 9**

A	0.91×26.35=24 mm²		26.35 mm²		1.2×26=31.62 mm²		1.5×26.35=39.53mm²		2×26.35=52.7mm²	
σ_{CON}	0.17×1290 =219.3	0.16×1290 =206.4	0.15×1290 =193.5	0.16×1290 =206.4	0.132×129 0=170.3	0.16×1290 =206.4	0.11×1290 =141.9	0.16×1290 −206.4	0.1×1290 –129	0.16×1290 =206.4
σ_{L1}	45	45	45	45	45	45	45	45	45	45
σ_{L2}	11	10.3	9.7	10.3	8.5	10.3	7.1	10.3	6.5	10.3
$\sigma_{P0(II)}$	163.3	151.1	138.8	151.1	116.8	151.1	89.8	151.1	77.5	151.1
$f_{(C)}$	1.34	1.24	1.23	1.34	1.19	1.57	1.14	1.92	1.28	2.26
σ_{L3}	30.2	27.9	27.7	30.2	26.8	35.3	25.7	43.3	28.8	55.4
σ_{L4}	0	0	0	0	0	0	0	0	0	0
σ_{L5}	11.3	11.3	11.3	11.3	11.3	11.3	11.3	11.3	11.3	11.3
$\Sigma\sigma_L$	97.5	94.5	93.7	96.8	91.6	101.9	92.3	109.9	91.6	122
σ_{P0}	121.8	111.9	99.8	109.6	78.7	104.5	49.6	96.5	37.4	84.4
$H_{0(X)}$	2836	2609	2551	2802	2414	3206	1902	3701	1912	4315
q_0	354.5	326.1	318.8	350.3	301.8	400.8	237.8	462.6	239	539.4
$EAL^2/24$	11520	11520	12648	12648	15177.6	15177.6	18974.4	18974.4	25296	25296
L_0	8246.2	8246.2	8246.2	8246.2	8246.2	8246.2	8246.2	8246.2	8246.2	8246.2
ΔL	10.05	9.5	8.9	9.5	7.8	9.5	6.5	9.5	5.9	9.5
L_1	8236.15	8236.7	8236.3	8236.7	8236.4	8236.7	8239.7	8236.7	8240.3	8236.7
$H_{L(X)}$	13907	13900	13935	13939	13988	13933	14041	14084	14112	14152
$T_{L(X)}$	14335	14328	14364	14368	14419	14424	14473	14517	14546	14588
$\sigma_{(X)}$	597.3	596.99	545.12	545.28	456	456.16	366.13	367.24	276.02	276.81
$H_{LK(X)}$	10072	10041	10085	10087	10109	10112	10131	10163	10167	10197
f	1.02	1.0231	1.0186	1.0184	1.0162	1.0159	1.014	1.0108	1.0104	1.0074
Δf	0.02	0.0231	0.0186	0.0184	0.0162	0.0159	0.014	0.0108	0.0104	0.0074
$\Delta f/L$	1/400	1/346	1/430	1/435	1/494	1/503	1/570	1/751	1/769	1/1081
f_1	0.98	0.9769	0.9814	0.9816	0.9838	0.9841	0.986	0.9892	0.9896	0.9926
L_2	8236.6	8235.1	8237.3	8237.4	8238.4	8238.6	8239.5	8241.0	8241.2	8242.6
σ_2	9.82	松弛	0	15.3	0	41.47	松弛	93.86	19.65	128.79

钢索的弹性模量对张拉索杆结构的稳定和刚度有两方面影响，弹性模量小，钢索伸长量大，可以减少下料长度，可延缓稳定索松弛。相反小的弹性模量会增加张拉索杆结构变位，使稳定索加快回缩。因此必须权衡两方面利弊，选用适

当弹性模量的钢索。

各种不同弹性模量钢索效应对照表　　　　表10

1	E	1.8×10^5	1.5×10^5	1.2×10^5	10×10^5
2	σ_{con}	206.4	206.4	206.4	206.4
3	σ_{L1}	45	37.5	30	25
4	σ_{L2}	10.3	10.3	10.3	10.3
5	$\sigma_{po(1)}$	151.1	158.6	166.1	171.1
6	$H_{(1)}$	8912	9355	9786	10.04
7	$f_{(c)}$	1.34	1.41	1.48	1.52
8	σ_{L3}	30.2	26.4	22.2	19
9	σ_{L4}	0	0	0	0
10	σ_{L5}	11.3	9.4	7.5	6.3
11	$\Sigma\sigma_L$	96.8	83.6	70	60.6
12	σ_{po}	109.6	122.8	126.4	1264
13	$H_{o(x)}$	2802	3139	3231.2	3231.2
14	q_o	350.3	392.4	403.9	403.9
15	$EAL^2/24$	12648	10540	8432	7026.7
16	L_o	4123.1	4123.1	4123.1	4123.1
17	ΔL	4.7	5.7	7.1	8.5
18	L_1	4118.4	4117.4	4116	4114.6
19	$H_{L(x)}$	13939	13.882	13.786	13.691
20	$T_{L(x)}$	14368	14309	14210	14112
21	$\sigma_{(x)}$	545.28	543.04	539.28	535.56
22	$H_{Lk(x)}$	10.087	10.063	10.018	9.971
23	F	1.0184	1.021	1.0255	1.03
24	Δf	0.0184	0.021	0.0255	0.03
25	$\Delta f/L$	1/435	1/381	1/314	1/267
26	f_1	0.9816	0.979	0.9745	0.97
27	L_2	4118.7	4118.1	4117	4115.9
28	σ_2	13.10	25.47	29.10	31.53

张拉索杆结构点支式玻璃幕墙已发展为拉索点支式玻璃幕墙、拉杆点支式玻璃幕墙、张拉自平衡索杆结构点支式玻璃幕墙体系，前两种使用于锚定结构能承受张拉力的建筑，在主体结构不能承受张拉力时，使用张拉自平衡索杆结构。同时可用三者中任何两种组合成张拉索杆结构体系。对于层高较高的建筑，往往用桁架作为主支承结构，当桁架按每块玻璃宽度设置（即玻璃全支承在桁架上）时为桁架点支式玻璃幕墙，当桁架按多块玻璃宽度设置时，需在桁架上设置水平拉索（杆），或张拉自平衡索杆结构作为横向支承，在竖向桁架上和水平支承结构上分设钢爪以固定玻璃，即为竖向桁架、水平拉索（杆）或竖向桁架、水平向张拉自平衡索杆结构点支式玻璃幕墙。当采用水平拉（索）时要注意边柱（伸缩缝处柱）对水平张力的平衡。而水平张拉自平衡索杆结构的水平张力由梭形的自平衡结构中的压杆承担，不传给桁架（柱），桁架（柱）只承担张拉平衡结构索杆的支座反力。

张拉索杆结构的索（杆）要和压制接头、丝杆、套筒组合成受力体系，因此除了对索（杆）强度进行验算外，还要对这些连接部位进行连接验算（对压制接头通过试验证明其连接强度大于索强度）：

耳子抗拉强度	$A_0f\geq T$	（17）
耳子焊缝抗拉强度	$h_eL_Wf_f^w\geq T$	（18）
销子抗剪强度	$N_VA_Sf_V\geq T$	（19）
耳子截面抗承压承载力	$Dtf_{ce}\geq T$	（20）
丝杆净截面抗拉强度	$A_0f\geq T$	（21）
套筒净截面抗拉强度	$A_0f\geq T$	（22）
内螺纹抗剪强度	$f_V\pi DbZ\geq T$	（23）
外螺纹抗剪强度	$f_V\pi d_1bZ\geq T$	（24）

对螺纹连接还要规定配合精度：内螺纹为6H级、外螺纹为6g级。焊缝应采用I级焊缝。

参考文献

1．邓华，董石麟．拉索预应力空间网络结构全过程设计的分析方法．建筑结构学报，1999年8月

2．刘锡良，刘向阳．点式张拉玻璃结构的理论分析与实验研究．第九层空间结构学术会议论文集，2000

3．朱弈锋，冯键．点支承玻璃幕墙的柔性支撑体系—索桁架．工业建筑，2002（5）

4．冯键，朱弈锋．点支承玻璃幕墙索桁架中索的预留应力的讨论．工业建筑，2002（5）

5．王吉，李少甫等．清华大学游泳馆点式玻璃幕墙柔性支承体系设计研究．建筑结构，2000年12月

6．王英林，吕令毅．点支式玻璃幕墙概率设计方法．工业建筑，2000（12）

7．点式支承玻璃建筑的轻型与柔性支承结构体系的研究　荆军　李少甫等　工业建筑2000年10期

8．刘军进，吕志涛．预应力索桁架在玻璃幕墙支承体系中的应用．建筑结构，2001（6）

9．孔新国，吕令毅等．索结构预应力、几何非线性和刚度关系的研究．工业建筑，2002（2）

10．刘军进等．点式玻璃幕墙预应力索桁架结构设计的几个概念．工业建筑（7）

11．张杰，吕令毅．点支式玻璃幕墙系统耦合动力分析．建筑技术开发，2002年5月

12．武岳，沈世钊等．大跨度点支式幕墙支承结构风振性能分析．建筑结构学报，2002年10月

幕墙玻璃破裂原因探讨

中国建筑装饰协会铝制品委员会专家组成员 张 芹

玻璃幕墙在我国已广泛应用于各类建筑，到 2002 年底我国共使用了 3500～4000 万 m^2 玻璃幕墙，20 多年来幕墙玻璃破裂时有所闻。有不少学者对幕墙玻璃破裂进行调查、分析，发表了不少调查（研究）报告、文章。在修订《玻璃幕墙工程技术规范》过程中，编制组对此作了专题调研、分析和总结，在 2003 年 3 月 30～31 日举行的该规范送审稿审查会上，编制组介绍了研究成果，与会专家发表了研究报告，进行了热烈的讨论，这些成果反映在规范送审（修订）稿中。

学习这些成果会使我们进一步认识幕墙玻璃破裂的原因，采取相应措施来消除（减少）幕墙玻璃破裂的发生。

幕墙玻璃破裂是复杂的多因素问题，引起幕墙玻璃破裂的原因有玻璃本身的问题、有玻璃裁切工艺及边缘加工质量、玻璃幕墙节点构造设计及施工质量、玻璃幕墙环境条件对幕墙玻璃的影响以及玻璃幕墙所依附的主体结构的变形（位移）对幕墙玻璃的效应等。现在我们分别进行讨论。需特别指出的是，这些因素可单独引起幕墙玻璃破裂，但更多的是几种因素共同作用引起幕墙玻璃破裂。

1．幕墙玻璃热炸裂

是由于玻璃不同部位的温度不均匀，玻璃暴露在阳光直射的部分吸收红外线和可见光转化为热量，温度升高，这一部分玻璃受热膨胀（升长），而处于镶嵌槽或阴影下的那一部分玻璃，因受不到阳光的辐射，不能同步膨胀（升长），内部热应力形成，受热多的区域对受热少的区域产生张应力，这种张应力超过玻璃的抗拉强度就会导致玻璃破裂。在玻璃边缘存在微小裂纹情况下更易引发热炸裂。JGJ96-102 中式 5.4.4 给出了验算玻璃中部与边缘温差应力 σ_{t2} 的计算公式：$\sigma_{t2}=0.74E\alpha\mu_1\mu_2\mu_3\mu_4(T_C-T_S)$，但修订时取消了该公式，这并不是规范不再要求考虑热裂应力，而是由于该公式本身不够成熟，按该公式计算的结果不能真实反映热裂应力的本质，会导致对热裂应力的误解，必须对热裂应力的发生和发展进行深入的研究，待成熟后再列出计算公式，在没有计算公式的情况下，要采取必要的构造措施来防止热炸裂。

2．玻璃的切断

此与一般用刀或剪之类的切断概念是不同的，玻璃的切断是由刀具造成细微的伤口，然后再进行切断，玻璃切断的原理是刀具在玻璃上留下刻痕，这时玻璃内部产生三条裂缝，其中两条沿表面左右分开，另一条为垂直向下方伸展的竖缝，在竖缝的端部产生拉应力，再加上曲折的力，竖缝向下伸展出去便可把玻璃切断，玻璃在裁划折断时，沿玻璃周边隐藏着许多细微裂子，这些裂子在各种效应与热应力影响下，会扩展成裂缝，裂缝进一步发展导致玻璃破裂，因此在裁划后，要用专用磨边机对玻璃边缘进行处理，消除玻璃周边隐藏的细微裂子。

3．玻璃受温度变化影响

会热胀冷缩，玻璃的线胀系数为 1×10^{-5}，一块边长 1500mm 的玻璃，当温度升高 80℃时会伸长 1.2mm。如果在安装时玻璃与镶嵌槽底紧密接触，一旦伸长就会产生挤压应力，这种应力很大，$\sigma_t=\alpha E\Delta T$。当 ΔT=80℃时 $\sigma_t=1\times10^{-5}0.72\times10^5\times80=57.6N/mm^2$，大于浮法玻璃强度标准值，因此在设计玻璃幕墙节点时，应使玻璃边缘与镶嵌槽底板间留有配合间隙，防止玻璃产生挤压应力。JGJ102-96 中式 5.4.3 给出在年温度变化影响下，玻璃边缘与边框之间发生挤压时，在玻璃中产生的挤压温度应力 σ_{t1} 的计算公式：$\sigma_{t1}=E[\alpha\Delta t-(2c-de)/b]$。在修订时已将此公式删除，主要是该公式对挤压温度应力的描述不符合温度挤压应力的规律，即温度挤压应力不会随 $\alpha\Delta t-(2c-de)/b$ 变化，但并不是说规范否定了温度挤压应力，而是要求在构造上采取措施，务必使玻璃不产生挤压应力。

4．幕墙施工的质量

也是关系到玻璃开裂的重要原因，JGJ102 规范规定了玻璃边缘与槽口的配合尺寸，它的目的就是保证玻璃在温度变化和其他因素影响下能自由伸缩，一旦出现阻碍玻璃自由伸缩的因素，玻璃就会破裂，如果在玻璃边缘与镶嵌槽底板之间存在一粒很微小的固体颗粒（即使该颗粒的直径<1mm）也会使玻璃挤压破裂，有时在玻璃边缘有一颗钉子（即使直径<1mm）阻碍玻璃伸缩也会使玻璃破裂，玻璃槽口两侧不能用干硬材料填塞，这些材料体积变化对玻璃产生挤压而使玻璃破裂，玻璃在平面外作用的影响下会产生挠曲，如果嵌缝材料阻碍玻璃变曲变形亦会使玻璃破裂，必须用弹性材料填缝，填缝材料要保持必要的弹性以保证玻璃自由挠曲变形。

5．主体结构

玻璃幕墙依附的主体结构在风荷载和地震作用下会产生层间变位，它强制幕墙（由立柱、横梁组成的）框格和它同步变位，这时框格由矩形变成菱形，如果玻璃边缘与镶嵌槽底板间没有足够的间隙适应这种变位，也会将玻璃挤碎。因此 JGJ102 规范（修订稿）规定，明框幕墙玻璃边缘至边框槽底的间隙应符合下式的要求：

$$2\times(C_1-1.5)\times[1+(L_1/L_2)\times(C_1-1.5)/(C_1-1.5)]\geq[\Delta u]$$

$[\Delta u]$ 应根据主体结构弹性层间位移限值的 3 倍确定。

6．钢化玻璃中的硫化镍杂质

会导致玻璃破裂。生产玻璃的原料中通常含有微量的镍和硫，熔化过程中镍合金碎片也会增加玻璃中的镍含量。当玻璃被加热时，这些原子发生反应，形成微小的硫化镍晶体。熔炉中 0.1 克镍可以形成的晶体数量多达 5 万个。

这些晶体以两种方法存在：高温下稳定的密度较大的 α 相和室温下稳定的密度小一些的 β 相。强化过程中的高温把所有的硫化镍晶体都转化成高密度的 α 相。但是接下来的冷却过程如此迅速，以致于硫化镍晶体没有足够的时间重新转化成β相。这在玻璃中遗留下不稳定的α相晶体，它就像被压缩的弹簧一样随时准备毫无征兆地重新转化为β相。

硫化镍晶体由α相转化成β相时体积膨胀4%。如果α相晶体位于张力最大的玻璃中央，膨胀产生的压力可以使整块玻璃破裂。破裂时间无法预测，可能是生产出来的几个月或几十年后，尽管玻璃被日光加热会加快晶体的转化速度。

玻璃厂家迄今没有找到从源头上消除这种杂质的方法。不过，他们正努力寻找防止玻璃中硫化镍晶体产生危害的方法。20世纪60年代皮尔金顿公司和圣戈班公司发明了热浸法。热浸法通过给玻璃加热数小时后使之强化，其目的是把大多数硫化镍晶体转化成β相，使含有杂质的玻璃在熔炉中破碎。存留下来的玻璃差不多可被当作不含杂质。

然而，热浸法迄今为止也没有成为被广泛接受的标准。惟一的标准——德国标准化协会（DIN）标准诞生于20世纪80年代初，它建议在290℃对玻璃热浸8h。但是即使在德国，也只有部分钢化玻璃采用这种方法生产。而且，热浸法使玻璃成本提高1～4倍。为了降低成本，有的公司热浸时间短或者温度低。

即使完全按标准生产，也不能彻底避免玻璃破碎。大型建筑物轻易就会用上几百吨玻璃，这意味着玻璃中硫化镍存在的几率很大。

JGJ133-2001应用中值得商榷的几个问题

付德安

中华人民共和国行业标准《金属与石材幕墙工程技术规范》（JGJ133-2001）于2001年6月1日起经建设部批准施行。该标准的发布实施结束了我国金属幕墙、石材幕墙长期无标准和规范可依的状态，对于规范金属与石材幕墙的材料、设计、制作、安装施工及验收，无疑起了不小的积极作用，建设部、中国建筑科学研究院、规范编制组为此做出了重要贡献。

我们将进一步在学习中应用，在应用中再加深学习。下边仅就应用中遇到的几个问题，提出几点管窥之见，以就教于规范编制组的专家、广大读者及同行，目的是与同行们商榷，讨论进一步完善和提高规范的水平，以提高其适用性、实时性和对实践的指导作用，维护规范作为幕墙工程设计与施工的技术依据的严肃性。同时也欢迎各位专家朋友不吝赐教。

一、风荷载标准值的计算

风荷载是作用在幕墙上的荷载和作用中起主要作用的荷载，它涉及幕墙的强度和刚度，从而关系到幕墙的安全可靠性。

规范的第5.2.3条具体规定了风荷载标准值的计算方法，并且该条为强制性条文，规范中的强制性条文是必须遵守的，计算的依据是国家标准《建筑结构荷载规范》（GBJ9-87）。但是该标准已被《建筑结构荷载规范》（GB50009-2001）代替，GB5009-2001发布日期是2002年1月10日，施行日期是2002年3月1日。

为了说明新旧标准的差异，我们给出表1下。

旧标准（GBJ9-87）与新标准（GB50009-2001）对比表　　表1

旧标准（GBJ9-87）	新标准（GB50009-2001）
$W_K=\beta gz\cdot\mu z\cdot\mu s\cdot Wo$　式中 W_K——作用于幕墙上风荷载标准值，kN/m²； βgz——阵风系数，可取2.25； μs——体形系数，取±1.5； μz——风压高度变化系数，其值按GBJ9-87计算： $\mu z^A=1.379(z/10)^{0.24}$ $\mu z^B=(z/10)^{0.32}$ $\mu z^C=0.713(z/10)^{0.4}$ A、B、C——地面粗糙度类别； A——近海海面、海岛、海岸湖岸及沙漠区； B——田野、乡村、丛林、丘陵以及房屋比较稀疏的中、小城镇和大城市郊区； C——有密集建筑群的大城市市区； Z——建筑物离地面的高度，m。 Wo——基本风压，KN/m²，按GBJ9查表或按基本风压图选取； 注：由于GBJ9-87中，基本风压值是30年一遇的，转换成50年一遇的需乘以重要系数1.1。	$W_K=\beta gz\cdot\mu z\cdot\mu s\cdot Wo$　式中 W_K——同左； βgz——高度z处的阵风系数，其值： （1）由GB50009中表7.5.1查得； （2）由公式计算（略）。 μs——按GB50009-2001第7.3.3条取值； μz——风压高度变化系数，其值： （1）由GB50009，查表7.2.1； （2）由下列公式计算： $\mu z^A=1.379(z/10)^{0.24}$ $\mu z^B=1.000(z/10)^{0.32}$ $\mu z^C=0.616(z/10)^{0.44}$ $\mu z^D=0.318(z/10)^{0.60}$ A、B、C、D——地面粗糙度类别； A——指近海海面和海岛、海岸、湖岸及沙漠地区； B——指田野、乡村、丛林、丘陵以及房屋比较稀疏的乡镇和城市郊区； C——指有密集建筑群的城市市区； D——指有密集建筑群且房屋较高的城市市区。 Z——建筑物离地面的高度，m。 Wo——基本风压，KN/m²，按GB50009附表D4，50年一遇n=50取值。

通过以上对比可以看出，新标准作了较大的变动，新旧标准的差异较大，我们通过大量工程的计算，计算结果也表明，风荷载的标准值相差也很悬殊，风荷载标准值直接影响建筑幕墙物理性能等级（如抗风压变形性能，雨水渗漏性能）的确定。也影响幕墙杆件、板件、连接件、埋件、硅酮结构密封胶、挂件以及固定片强度和刚度的计算。在我国，标准、规范一般分四级：国家标准、行业标准、地方标准、企业标准（当然，除此还有国际标准和国外先进标准），国家标准级别最高。通常，下级标准不得与上级标准相矛盾和抵触。在风荷载标准值计算问题上，国标 GB50009-2001 与行标 JGJ133-2001 的这种不一致，给幕墙企业的投标、工程的结构设计带来了困难，往往无所适从，到底按照那个“标准”作。

综上所述，我个人以为，十分有必要通过适当方式，比如修订、发变更单等，对行业标准 JGJ133-2001 采取相应措施，以保持与现行国家标准 GB50009-2001 的一致性，从而指导和规范建筑幕墙行业的健康发展，不知当否？

二、石材幕墙石板的厚度及其偏差

JGJ133-2001 规定“用于石材幕墙的石板，厚度不应小于 25mm”，“为了满足等强度计算的要求，火烧石板的厚度应比抛光石板厚 3mm”。

石材的技术要求却引用了《天然花岗石建筑板材》（JC205）（注：该标准现已经废止，被 GB/T18601-2001 代替），该标准中对石板无论是亚光面和镜面板材还是粗面板材，其厚度偏差都是双向偏差，即都有下偏差，例如：厚度为 25mm（基本尺寸）的粗面板材、优等品，其厚度偏差为 +1.0～-2.0，这样供应板材的厚度可以在 26～23mm 范围之内，出现了厚度小于 25mm 的板材，与板材厚度不应小于 25mm 的规定相矛盾。厚度小于 25mm 的板材属于不合格品，但这种不合格又符合 JGJ133-2001 中规定的技术要求；可上了墙，一但出现了质量事故，谁来承担？

恰当的作法是，石材技术要求中关于石板的厚度偏差应按《干挂天然花岗石》（JC830.1-1998）执行，而不应按 JC205（现行有效标准为 GB/T18601-2001），JC830.1 中石板的厚度偏差下差为零，这样，与石板最小厚度的规定就相一致了。

三、单层铝合金板的材料

标准第 5.3.2 条单层铝合金板的强度设计值中给出了四种铝合金牌号，分别为 2A11、2A12、7A04、7A09，前两种材料为硬铝，后两种材料为超硬铝，它们多用于飞机和火箭的外蒙皮，至今却很少用于铝单板幕墙，而幕墙常用的防锈铝板在此又未列出，这使得规范的实用性受到影响。

四、关于花岗石板的抗弯强度

规范的第 5.3.7-1 给出了计算花岗石板抗弯强度设计值的公式：

$$f_{g1}=f_{gm}/2.15$$

式中　f_{g1}——花岗石板抗弯强度设计值（Mpa）；

f_{gm}——花岗石板弯曲强度平均值（Mpa）。

我们认为，2.15 该是材料的强度系数，它是由材料的总安全度 K，除以风荷载的分项系数 $K_1=1.4$ 而来：

即 $K_2=K/K_1=3/1.4\approx2.15$

可是，我们知道，石材的总安全度有两个：

3.0（一般）

3.5（重要）

那么，对于总安全度 $K'=3.5$，还应有一个材料强度系数：

$K_2'=K'/K_1=3.5/1.4=2.5$，对应此材料强度系数 2.5，还应有一个石板的抗弯强度设计值 f_{g1}'。但这个问题，规范中却没有谈及，不知编制组是如何考虑的？

五、关于地震影响系数最大值 α_{max}

地震作用，在幕墙设计计算尤其是大跨度采光顶设计计算时应给予充分考虑。

规范中规定：α_{max} 的取值如下：

6 度抗震设计时，取 0.04；

7 度抗震设计时，取 0.08；

8 度抗震设计时，取 0.16。

根据 GB50011-2001《建筑抗震设计规范》，我们知道，地震基本烈度值与 α_{max} 不是一一对应的。如天津主城区地震基本烈度为 7 度，它对应的地震影响系数最大值 $\alpha_{max}=0.12$；而石家庄市主城区地震基本烈度也为 7 度，而它对应的地震影响系数最大值 $\alpha_{max}=0.08$。也就是说，假如工程位于天津市主城区，进行地震作用计算，7 度抗震设计，α_{max} 的值不可取 0.08，应该取 0.12，因为天津主城区的地震动峰值加速度(g)值为 0.15。而石家庄主城区地震基本烈度也是 7 度，α_{max} 取值为 0.08，因为它的地震动峰值速度(g)值为 0.10。

我们归纳了地震动峰值加速度（g）值与 α_{max} 的对应关系，见表 2：

地震动峰值加速度（g）值与 α_{max} 的对应关系表　　**表 2**

地震动峰值加速度 g	0.05	0.10	0.15	0.20	0.30
α_{max}	0.04	0.08	0.12	0.16	0.24

综上所述，地震动峰值加速度值与 α_{max} 是一一对应的。实际应用时，由建筑幕墙工程所在地，可以查出对应的地震动峰值加速度值，进而可查出对应的地震基本烈度，最后查出对应的 α_{max} 值。

幕墙节点设计技术探讨

沈阳凯兴装饰工程有限公司　雷　俊

一、前　言

由于建筑幕墙将建筑外围护墙的防风、遮雨、保温、隔热、防噪声、防空气渗透等使用功能与建筑装饰功能有机地融合为一体，从而受到广大业主和建筑师的青睐，在国内的应用量很大。但幕墙的技术水平与国外相比还存在一定差距，原因很多，一方面幕墙技术的发展受市场接受程度的制约，许多新技术、新材料、新理论的应用都必须被建筑市场接受，才会得到广泛的应用和发展；另一方面幕墙的造价问题往往起到决定性作用，企业在激烈的市场竞争中不得不展开价格战，结果使我国幕墙的整体技术发展缓慢，与巨大的市场相脱节；第三方面与企业在科研方面的投入相关，企业的设计和研究人员为了应付繁重的工程设计任务，很难投入精力来研究幕墙节点的创新设计问题。

从幕墙行业整体看来，国内仍以普通框架幕墙为主，近些年发展起来的在技术方面较有优势的单元幕墙和双层幕墙等未得到应有的发展。而且在技术方面不论是那一类幕墙，与国外幕墙发达的国家相比均有一定的差距，这一点需要我们思考，更需要政府管理部门和设计、施工单位多方面的投入。

本文试图通过近些年的试验室检验和工程案例的分析，将工程中容易被忽视的问题总结出来，对幕墙节点设计提出一些看法，不一定全面和正确，仅供参考。

二、幕墙设计存在的问题

1．隐框幕墙现场打注结构胶

现行规范 JGJ102 和 GB/T50210 中均对结构胶的打注环境提出要求，规定隐框幕墙应在符合条件的专用房间内进行，不能在施工现场打注结构胶。但在试验室检测和工程质量检测时现场打注结构胶的现象仍时有所见。尤其是半隐框幕墙，在隐框部分节点设计时采用无副框结构，直接用结构胶粘接。这种设计方面的缺陷，必然给工程造成潜在的安全问题。

2．隐框幕墙中空玻璃的设计和选用

采用中空玻璃是解决幕墙隔热问题的有效方案，但由于部分设计人员的误解，往往将靠近室内的一片设计成普通浮法玻璃，且比外片薄 1～3mm，达到降低幕墙成本的目的。但我们发现这种设计存在一定的问题，经常内片发生爆裂，达不到预期的效果。建议在工程中尽量选用双钢化的中空玻璃，且双片玻璃厚度差控制在 2mm 之内。

在某个幕墙工程的设计中，采用 8T+12A+6F 外片钢化内片普通浮法玻璃的隐框中空幕墙，工程还没交工，已有 250 多片玻璃发生炸裂，严重危急使用者的安全。初步分析认为内外温差、安装误差和中空玻璃副框的设计失误是造成玻璃炸裂的主要原因。使已经变薄、强度降低的内片玻璃不堪重负，出现严重炸裂现象。

3．玻璃自爆的控制

玻璃自爆是目前门窗和幕墙行业需要切实解决的问题。钢化玻璃炸裂主要与玻璃缺陷、机械加工造成的缺陷、玻璃加热或冷热不均匀，钢化程度等因素有关。我国现行规范 JG102 和 JGJ3035 对玻璃的引爆处理没有作出明确的规定，致使许多工程业主和幕墙设计人员忽视对玻璃设计、选用和加工质量的要求，致使许多工程的钢化玻璃自爆现象相当严重。新近执行的 GB/T50210-2001 对幕墙玻璃的引爆处理提出明确的要求，8mm 以下的钢化玻璃须进行引爆处理，并且对玻璃加工提出要求，希望引起足够的重视。

4．无防噪声设计

幕墙因热胀冷缩和风力等原因，会在金属件之间产生摩擦噪声。而这种噪音与相对高档的幕墙建筑很不协调。国内企业为了降低幕墙系统的价格，基本上不考虑防噪声设计，因此幕墙工程产生噪声的现象比较严重。

5．不可拆卸性设计

目前我国通行的幕墙体系均在外部进行安装施工，幕墙的可拆卸问题被忽视，以至幕墙整体完工后，进行局部更换变得相当困难，尤其是石材幕墙和单元式幕墙，这种现象比较严重。但在国外石材幕墙可模拟一年四季的变化进行面材更换，足以说明幕墙的可拆卸并不困难，而且非常必要。国内技术比较先进的企业已经注意到幕墙可拆卸设计的重要性，如石材幕墙的背栓结构和小单元结构、单元幕墙和小单元幕墙的组合设计等。

6．防雨水性能较差

目前我国的幕墙在施工完毕后部分出现漏水现象，其中一个最主要的原因就是设计人员不能很好的运用雨屏蔽原理达到等压设计，其次是为了降低成本，将翻窗四周应该用三元乙丙胶条的用普通胶条代替，致使翻窗四周密封不严导致漏水，另外一个原因是施工时密封胶没打好所导致。

三、国外流行的设计理念

1．环保施工，现场不打胶，不进行结构件的焊接

所谓的环保施工，有两方面的含义：现场不打密封胶，不进行焊接。由于现场施工条件较差，并且施工质量容易受到工人责任心和情绪的影响，因此在国外更看重结构设计本身的重要性，很多节点采用结构化防水，不再依靠密封胶被动防水设计理念，使幕墙的整体性能提高到一个新的层次。结构化防水设计在欧洲和北美比较流行，采用扣板和 EPDM

胶条相结合，利用雨屏蔽原理对幕墙节点构造进行合理的等压设计，在降雨量不大的地区，采用这样的结构比较实用，且成本低，性能可靠。现场焊接，包括预埋件的焊接在国内引起过很多争论，但在欧美和南亚国家更普遍采用设计本身完成转接件的最后定位。如采用齿啮合长孔、齿啮合角板和防滑动螺母等技术设计转接件，避免焊接带来的诸多缺陷。

2．采取措施降低幕墙噪声

幕墙受多种因素的影响发生层间位移，发生摩擦噪声。幕墙的噪声干扰人们的正常工作和生活，同时也是影响幕墙质量的大问题。为了降低噪声，在金属件的连接部位采用其他柔性材料的衬垫，当幕墙的横梁和立柱发生位置变化时能起到缓冲作用，降低幕墙的噪声。目前国内的一些技术先进的企业已经在采用此措施，但仍有幕墙少数企业没有引起足够的重视。

3．幕墙的可拆卸性

绝大部分幕墙采用室外安装和拆卸，一旦部分板块破损，维修将变得相当困难。意大利某公司设计开发出一套成功的幕墙体系，在幕墙的横料和竖料之间不用螺栓等紧固件连接，采用钢柱插接，并在钢柱外包有护套，使横料和竖料之间可自由伸缩，并且不会产生噪声。横料插接件采用定位销定位，需要拆卸时仅需要将定位销推到横料内部即可将横料和竖料分开，实现任意拆卸。

4．幕墙平面度的可调性设计

(1)转接件的三维可调性

发达国家更强调人和自然的融合，幕墙既不能反光太多，又不能发生较大的影像畸变，非常注重幕墙的平直度调整问题，因此三维可调转接件被广泛采用。国内许多企业这方面也很重视，自行开发很多实用的三维可调的转接件。

(2)中空玻璃设有均压孔

由于中空玻璃合片地点和幕墙的施工地点可能会有大气压力、空气温度、空气密度和海高度等方面的差异，如果采用一次性封死，就可能造成中空玻璃的“外凸”或“内凹”现象，不可避免的发生较大的影象畸变。因此在国外有些特殊要求的工程中，在中空玻璃合片时预留防尘良好的均压孔，在安装现场完成最后的密封，这样既可避免运输过程中的破损，又可实现玻璃板片的平面度恢复。

5．重视高科技应用

采用光电技术、太阳能综合利用技术、智能化双层幕墙技术等高新技术，并注意新材料的推广和应用，如自洁玻璃、多功能复合胶条、自洁膜等，充分体现以人为本的设计理念，营造高标准的生态建筑幕墙。

参考文献

1.《玻璃幕墙工程技术规范》(JGJ102—1996)中国建筑工业出版社，1996

2. 姜仁等. 有框幕墙抗风压性能改进建议. 工程质量，2002 (11)

3. 玻璃幕墙工程技术规范应用手册. 北京：中国建筑工业出版社，1996

关于塑窗双玻、三玻玻间距对K值影响的讨论

沈阳黎东幕墙装饰有限公司　江　伟
沈阳久利化学建材股份有限公司　刘永利

一、问题的提出

窗户的保温性能，可以明显地影响建筑物的采暖能耗，特别是在严寒地区，保温性能更显得重要。门窗的能耗约占建筑围护结构损失的40%～50%左右。但目前节能窗的物理性能，尤其是保温性能还跟不上当前建筑业发展的需要。我国北方采暖地区，特别是严寒地区，多数保温窗还难以满足新标准的要求。开发新型节能保温窗是今后门窗行业的主攻方向。

我们曾在工作中对塑窗的保温性能积累了一些试验数据，加之沈阳黎东幕墙装饰有限公司的实践经验，愿与同行切磋关于如何提高窗户保温性能及影响保温性能的几个问题。

二、框材质的影响

窗户的主要传热介质是玻璃和窗框，由表1可以看出铝材和钢材的导热系数要远远大于聚氯乙烯塑材，聚氯乙烯的导热系数是很小的。基于传热原理，对于同种结构的窗户，塑窗的保温性能要优于钢窗和铝窗。

几种材料的导热系数　　表1

传热介质	铝材	钢材	玻璃	聚氯乙烯	空气
导热系数（W/(m^2·℃)）	203	110.49	0.81	0.162	0.046

三、窗玻璃层数对传热系数的影响

在各传热介质中空气的导热系数是最小的。因此利用中空玻璃间的空气层来增大传热阻，从而大大提高窗户的保温性能（表2，此表以久利58平开型材为例）。

表 2

玻璃层数	传热阻 $m^2\cdot K/W$	传热系数 $W/(m^2\cdot K)$
单玻塑窗	0.22～0.19	4.5～5.2
双玻塑窗	0.43～0.36	2.39～2.76
三玻塑窗	0.59～0.53	1.7～1.9

由表 2 可以看出双玻和三玻塑窗的保温效果明显比单玻塑窗好。但因增加了玻璃的层数，就必须增加窗框的强度，对型材、钢衬提出了更高的要求：型材的厚度要增加而且需设计合理的型材端面。同时对五金件的要求也需要提高，从而提高了成本。所以并非任何地方都适于选用多层玻璃塑窗，而一般是根据当地气候环境，选择使用双玻的或三玻的。表 3 是建设部《民用建筑节能新标准》（JGJ26—95）规定的部分地区传热系数的最低限值：

表 3

地　区	北京	济南	西宁	沈阳	长春	哈尔滨	满洲里
标准（K 值）$W/m^2.K$	4.00	4.00	4.00	3.00	2.50	2.50	2.00

如表 3 所示，按节能标准的要求，北京、济南等地区单层窗已不适合要求，应采用保温性能更好的窗户。在严寒地区，例如：吉林、黑龙江、内蒙、新疆一带，冬季气温常在-30～-40℃左右，一般要求窗户的传热系数在 2.5 以下，双玻塑窗已难以达到标准，而必须使用三玻塑窗。从我国建筑节能“九五”计划和 2010 年规划的目标，可以看出我国的采暖居住建筑的窗户选用趋势将往保温节能方向发展。

四、塑窗双玻空气层厚度（玻间距）对 K 值的影响

由表 2 可以看出从单层玻璃到双层玻璃，窗户的传热系数降低将近一倍，这不是玻璃的热阻起作用，并结合表 1 可以看出，静止的空气导热系数是非常小，玻璃的热阻与空气相比是微不足道的，多层玻璃窗比单玻窗的保温性能要好，关键是在于玻璃间的空气层，正是由于这一层空气层大大提高了窗户的热阻。

但是空气层的厚度是不是越厚越好呢？不是。应该选用多厚的空气层，才能取得经济成本与保温性能的最佳平衡点呢？

下面是久利公司检测中心对公司用不同宽度的隔条，组装的 58 双玻平开塑窗系列，按 GB8484—87 进行保温性能测试，测试结果见如表 4。

从曲线上可以看出随着空气层厚度的增加窗户的传热系数总体上是呈下降趋势，但其中有微小的起伏波动（可能是由于测试误差所致）。空气层厚度在 12mm 之前，K 值

表 4

序　号	1	2	3	4	5	6	7
隔条宽度(mm)	6	9	12	15	18	21	24
（K 值）$[W/(m^2\cdot K)]$	2.78	2.76	2.48	2.51	2.52	2.48	2.50

根据表 4 绘得如上曲线：

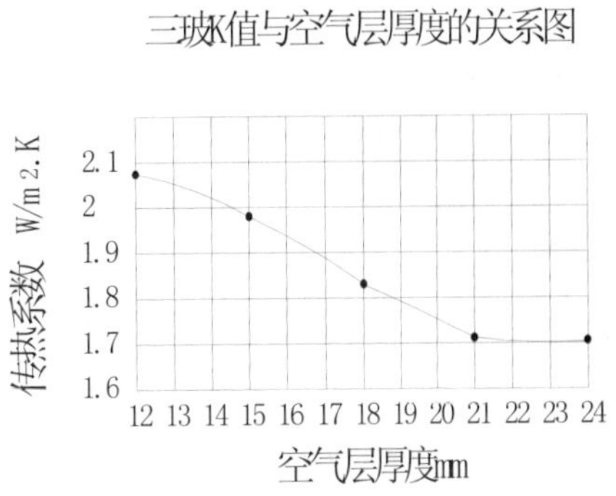

随空气层厚度的增加而减少的趋势非常明显，而在 12mm 之后，K 值随着空气层厚度的增加变化不是很大，当超过 24mm 以上时，由于空气对流与辐射热交换的综合作用使空气传热系数下降较慢，几乎不变化，这说明空气层厚度为 12mm 是曲线的拐点。从隔声来看，双玻间距（即空气层厚度）不易太近，应大于 12mm。由于太近时在声波作用下，这两块玻璃和很少的“弹性”的空气层形成一个“质量—弹簧—质量系统”，产生低、中频率范围内，声能被大量传递，造成隔声性能下降。但 58、60 平开塑窗无法满足玻间距大于 12mm 的空气厚度（包括强度、抗风压性能等综合要求）只能增大成本设计出与其对应的平开窗。成本增大了但保温效果并没有明显的提高，因此从满足保温性能、隔声性能的同时，又要考虑塑窗成本，所以说塑窗双玻间距为 12mm 是最佳间距。

五、塑窗三玻双层空气厚度对 K 值的影响

由表 2、表 3 我们可以看出，在寒冷地区长春、哈尔滨、满洲里使用双玻塑窗已很难满足《民用建筑节能新标准》（JGJ26-95）的要求，因此，只有选用三玻塑窗才能达到保温节能的要求。

下面是久利公司 65 三玻平开系列塑窗，通过改变玻璃间隔条宽度，进行保温性能测试试验（按照 GB8484-87 标准进行测试），得到表 5 所列数据：

从该曲线可以看出，传热系数也是随着双层空气层厚度的增加而逐渐减小，而且双层空气层厚度在大于 21mm 后趋势开始变的较为平缓。也就是说双层空气层厚度以 21mm 为

表 5

序号	1	2	3	4	5	6	7
三玻隔条间距（mm）	*/6/*/6/*	*/6/*/9/*	*/9/*/6/*	*/9/*/9/*	*/9/*/12/*	*/12/*/9/*	*/12/*/12/*
K 值（W/m^2.K）	2.05	1.97	1.97	1.83	1.72	1.72	1.71

注：“*”为玻璃厚度，4mm。

拐点，小于 21mm 时保温效果不好。考虑到塑窗强度、抗风压、成本等因素，三玻塑窗空气层的总厚度应保持在 21mm 以内（即 9mm、12mm）为最佳。

根据表 5 结果绘制曲线：

双玻 K 值与空气层厚度关系图

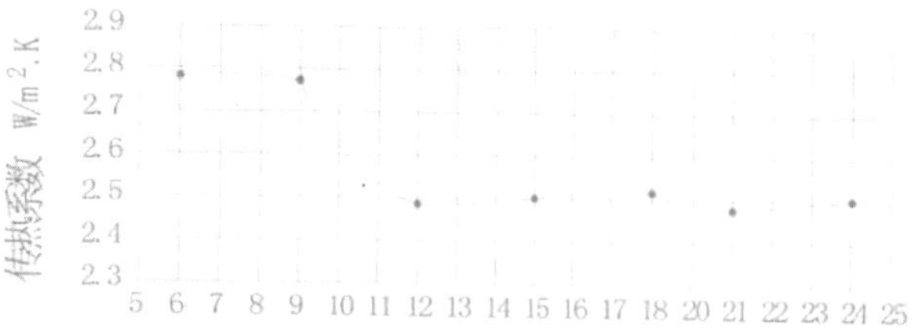

空气层厚度（mm）

六、玻璃厚度对保温系数的影响

我们专门就玻璃的厚度对塑窗保温性能的影响进行了一组试验，结果如表 6：

表 6

玻璃间距及玻璃厚度（mm）	K 值[W/（m^2·K）]
58 双玻（*/12/*）	2.48
58 双玻（☆/12/☆）	2.45
65 三玻（*/12/*/12/*）	1.77
65 三玻（☆/12/☆/12/☆）	1.71

注：“*”为玻璃厚度，3mm；“☆”为玻璃厚度，4mm。

由表 6 可以看出玻璃的厚度对 K 值没有太大的影响。因此在满足抗风压性能的前提下可以选用较薄的玻璃，这样不但可以减小塑窗的成本，而且由于玻璃自身重量的减轻，减小了对塑料型材的力学强度方面的影响。为了抗风压的需要，对于多层玻璃塑窗可以适当增厚外层玻璃的厚度，而减少内层玻璃的厚度，这样既不影响窗户的性能，又能够降低成本。

七、结论

本文从双玻、三玻玻间距对保温系数的初步分析，并结合经济成本，以及分析住宅建筑用窗的发展趋势，认为要降低居住建筑的采暖能耗，节约能源，宜使用双玻或三玻塑窗。

第十一部分

家庭装饰

·政策法规·

关于印发《安徽省住宅室内装饰企业资质管理暂行办法》的通知

建管[2002]368 号

各市建委、合肥市建管局：

现将《安徽省住宅室内装饰企业资质管理暂行办法》印发给你们，请组织施行。各市在施行过程中有何问题，请将书面意见及时反馈给厅建管处，以便今后《暂行办法》的修订。

《安徽省住宅室内装饰企业资质管理暂行办法》已由我厅统一印制，有关证书及审报表的具体事宜，请各市与省建筑装饰协会联系。

安徽省建设厅

二〇〇二年十二月十六日

安徽省住宅室内装饰装修企业资质管理暂行办法

第一章　总　则

第一条　为规范我省住宅室内装饰装修企业(以下简称住宅装修企业)的行为，维护正常的建筑装饰装修市场秩序，提高住宅室内装饰装修质量，保护消费者的合法权益，根据《中华人民共和国建筑法》、国务院 279 号令《建设工程质量管理条例》和建设部《住宅室内装饰装修管理办法》(部长令 110 号)、省人大颁布的《安徽省建筑市场管理条例》等有关法律法规，结合我省实际，制定本办法。

第二条　本办法所称住宅室内装饰装修，是指住宅竣工验收合格后，业主或住宅使用人，对住宅室内进行装饰装修的建筑活动。

第三条　在我省行政区域内从事住宅室内装饰装修的施工企业，申请住宅室内装饰装修企业资质，实施对住宅室内装饰装修企业的监督管理，适用本办法。

第四条　从事住宅室内装饰装修活动的企业必须取得各级建设行政主管部门颁发的《建筑业企业资质证书》或《安徽省住宅室内装饰装修企业资质证书》，并在其资质许可的范围内从事建筑装饰装修活动。

第五条　安徽省建设行政主管部门负责对全省住宅室内装饰装修企业资质的归口管理，各市、县建设行政主管部门负责本行政区域内住宅室内装饰装修企业的资质管理工作，房地产管理部门配合同级建设行政主管部门实施住宅室内装饰装修企业的资质管理。

第六条　申请住宅室内装饰装修企业资质，必须具有独立企业法人资格，并具有固定的经营场所。住宅室内装饰装修企业资质不授予事业单位、社团组织以及主营为工、商、贸等不是建筑施工的企业。

第二章　资质标准

第七条　住宅室内装饰装修企业资质标准：

（一）企业经理具有 3 年以上从事建筑工程管理工作经历；技术负责人具有 4 年以上从事装饰装修施工技术管理工作经历，并具有助理级以上技术职称或相关专业中等专业以上学历；财务负责人具有会计员以上职称或相应专业学历；企业有资质的项目经理不少于 1 人；企业有职称的工程技术人员和经济管理人员不少于 5 人，其中工程技术人员不少于 2 人，且建筑学或室内设计、环境艺术的专业人员不少于 1 人。

（二）企业有木工、瓦工、油漆、电气、水暖等专业的施工操作人员，其中持证上岗人员不少于 8 人。

（三）企业注册资本金 20 万元以上，企业净资产达 25 万元以上。

（四）企业近三年内承担过两项单项合同额 10 万元以上或四项单项合同额 5 万元以上的住宅室内装饰装修工程施工，企业近三年最高年度工程结算收入 40 万元以上，且工程质量合格。

（五）企业具有相应的施工机具。

第八条　住宅室内装饰装修企业可承担单位工程造价在 30 万元以下的各类住宅室内装饰装修工程的设计和施工。

第九条　省建设行政主管部门负责全省住宅室内装饰装修专业技术人员的岗位考核工作，有关培训发证等具体事务性工作按照《安徽省建设厅适应性岗位管理办法》的有关规定执行。

第三章　资质申请和审批

第十条　住宅装修企业应当向企业注册所在地县级以上建设行政主管部门申请资质。

各市建设行政主管部门负责本行政区域内住宅室内装饰装修企业资质的审批和发证工作。审批结果在每年建筑业企业资质年检时报建设厅备案。

省级建设行政主管部门负责全省住宅室内装饰装修企业资质的监督管理和资质等级标准的制定，资质审批部门未按照办法规定的权限、程序和标准审批的资质，由省级建设行政主管部门责令改正，已审批的资质无效。

各级建设行政主管部门审核颁发住宅室内装饰装修企业资质证书前，应征求同级房地产管理部门意见。

新成立的企业申请资质，应当向建设行政主管部门提供下列资料：

（一）安徽省住宅室内装修装饰企业资质申请表；

（二）企业法人营业执照；

（三）企业法定代表人和企业技术、财务负责人的和任职文件、身份证、职称证书的复印件；

（四）企业所完成代表工程的合同及验收资料；

（五）企业工程技术和经济管理人员职称(或学历)证书复印件；

（六）企业项目经理的资质证书和专业技术工人的职业技能鉴定证书复印件；

（七）职工劳动合同复印件。

第十一条　《安徽省住宅室内装饰装修企业资质证书》分为正本和副本，由省建设行政主管部门统一印制，正、副本具有同等法律效力。

第十二条　任何单位和个人不得涂改、伪造、出借、转让《安徽省住宅室内装饰装修企业资质证书》。

第十三条　企业因破产、倒闭、撤销、歇业的，应将资质证书交回原发证机关予以注销。

第四章　监督管理

第十四条　县级以上建设行政主管部门要加强对住宅室内装饰装修企业资质的监督管理。禁止任何部门采取法律、行政法规规定以外的其他资信、许可等住宅室内装饰装修市场准入限制。

第十五条　建设行政主管部门对住宅装修企业资质实行年检制度。年检时间与全省建筑业企业资质年检时间相一致。

第十六条　住宅装修企业资质年检按以下程序进行：

（一）企业在规定时间内向所在地建设行政主管部门提出以下资料：

1．住宅装修企业资质年检表；

2．企业法人营业执照；

3．住宅室内装饰装修企业资质证书；

4．企业经营情况报表及财务报表；

5．企业名称、主要人员等变更的，提供变更等相关材料；

6．年检年度内，代表工程所在市、县房地产管理部门签署的企业执行国家、省有关室内装饰装修法规意见，代表工程不少于两个。

7．其它需出具的证件、资料。

（二）住宅室内装饰装修企业资质年检由审批机关负责办理，市级建设行政主管部门在收到企业年检资料后20日内，对企业资质做出年检结论，并记录在《住宅室内装饰装修企业资质证书》副本的年检记录栏内，年检结论有效期为一年。

第十七条　住宅室内装饰装修企业资质年检的内容是检查企业资质条件是否符合标准，是否存在质量、安全、市场行为等方面的违法违规行为。

年检结论为合格、基本合格、不合格三种。

第十八条　住宅装修企业资质条件符合以下标准，年检结论为合格：

（一）严格按照规定和程序承揽装饰装修工程业务；

（二）严格按照《住宅室内装饰装修管理办法》经批准后施工；

（三）未发现将承包的工程非法转包或者违法分包；

（四）严格执行《住宅装饰装修工程施工规范》(GB50327—2001)及相关工程建设强制性标准，工程质量合格。

（五）严格遵守国家有关安全生产规定和安全生产技术规程；

（六）未发生过四级以上工程建设重大质量安全事故；

（七）能及时、如实的报告工程质量安全事故，并维护事故现场，协助事故调查；

（八）认真履行保修义务，未造成严重后果的，达到用户满意；

（九）没有违反法律法规规定的其他行为。

第十九条　住宅装修企业资质条件中，净资产、人员、经营规模未达到资质标准的，但不低于标准的80%，其它各项均达到标准要求，且过去一年内没有发生违反第十八条所列规定之一行为的，年检结论为基本合格。

第二十条　有下列情形之一的，年检结论为不合格：

（一）资质条件中净资产、人员任何一项未达到标准的80%；

（二）有违反第十八条所列规定之一的行为。

第二十一条　企业资质年检不合格或连续两年基本合格的，由审批部门负责收回资质证书，取消资质。

第二十二条　在规定时间内没有参加年检的住宅装修企业，其资质证书自行失效。

第二十三条　各市建设行政主管部门在每年年检结束后30日内，在公众媒体上公布年检合格、基本合格、不合格及未参加年检企业名单。

第二十四条　企业遗失《安徽省住宅室内装饰装修企业资质证书》，应当在公众媒体上声明作废，并按有关规定向原发证机关申请补办。

第二十五条　企业名称、地址、法定代表人、技术负责人发生变更，应当在变更后的一个月内，到原审批部门办理《资质证书》变更手续。

第五章　附　则

第二十六条　本办法由省建设行政主管部门负责解释。

第二十七条　本办法自颁布之日起施行。

关于同意成都市建筑装饰协会对我市住宅室内装饰装修企业实行资格管理的批复

成建委发[2002]663号

成都市建筑装饰协会：

你会《关于对我市住宅装饰装修企业实行资格管理的请示》（成建装字[2002]040号）收悉，经研究，同意你会对我市住宅装饰装修企业实行资格管理。

望接此批复后，依据建筑业企业资质管理的有关规定，切实做好《成都市住宅装饰装修企业资格证书》的审批发放工作，尽快制定监督管理的具体措施，建立健全工作制度，继续加大管理力度，加强行业自律，对住宅装饰装修企业资格高标准、严要求，建立一支较高素质的住宅装饰装修施工队伍，以保障我市住宅装饰装修市场健康有序的发展。

成都市建设委员会

二〇〇二年十一月十三日

关于对我市住宅装饰装修企业实行资格管理的请示

成建装字（2002）040号

市建委：

为加强对我市住宅装饰装修企业的监督管理，规范其市场行为，保证住宅装饰装修工程质量和安全，结合我市实际，请求市建委委托成都市建筑装饰协会对成都市住宅装饰装修企业进行资格管理。

现将具体实施办法请示如下：

一、凡在我市进行住宅装饰装修施工的企业，必须持有《建筑业企业资质证书》或《成都市住宅装饰装修企业资格证书》，并在证书允许的范围内承接工程。

二、企业申办《建筑业企业资质证书》，按《建筑业企业资质管理规定》（建设部令第87号）的有关规定在成都市建设委员会申报办理，并按《建筑业企业资质等级标准》进行审批。

三、企业申办《成都市住宅装饰装修企业资格证书》，向成都市建筑装饰协会申请并提供下列资料：

（一）《住宅装饰装修企业资格申报表》；

（二）企业法人营业执照；

（三）企业章程；

（四）企业法定代表人和企业技术负责人职称证书、身份证；

（五）企业工程技术和经营管理人员职称证书；

（六）需要出具的其他有关证件、资料。

四、《成都市住宅装饰装修企业资格证书》的审查条件如下：

（一）有企业法人营业执照和固定的经营场所；

（二）企业经理具有2年以上从事工程管理工作的经历或具有助理工程师及以上技术职称；

（三）企业技术负责人具有本专业助理工程师及以上技术职称；

（四）企业有技术经济职称人员不少于6人，其中工程技术人员不少于4人；

（五）企业注册资金10万元以上。

五、取得《成都市住宅装饰装修企业资格证书》的住宅装饰装修企业可承担工程造价30万元以下的住宅装饰装修工程。

取得《建筑业企业资质证书》或《成都市住宅装饰装修企业资格证书》的企业，从事住宅装饰装修活动，必须严格遵守《建筑法》、《建设工程管理条例》和《住宅室装饰装修管理办法》（建设部令第110号）等有关规定及相关标准。否则，市建委将按有关法律、法规给予处理，情节严重者，吊销其资质（格）证书。

六、《建筑业企业资质证书》和《成都市住宅装饰装修企业资格证书》实行年检制度。年检时间、办法另行通知。

以上请示如无不妥，请批示。

成都市建筑装饰协会

二〇〇二年十一月六日

厦门市家庭装饰装修施工企业资格标准（试行）

厦门市建设与管理委员会

（一）家庭装饰装修施工企业资格标准分为A级、B级。

A级资格标准：

1. 企业经理：具有3年以上从事家装施工管理工作经历；

技术负责人：本专业助理工程师职称以上或相近专业中专学历从事家装施工3年以上；

财务负责人：财会初级职称或相关专业职高以上学历。

2. 具有建筑（环境艺术）、结构、水、电等专业配套技术人员不少于6人，其中具有工程系列初级职称或相近专业中专以上学历的人员不少于3人。

3. 装饰装修技术工人20人以上。

4. 企业资本金30万元以上。

B级资格标准

1. 企业经理：具有2年以上从事家装施工管理工作的经历；

技术负责人：本专业助理工程师职称以上或相近专业职高以上学历从事家装施工3年以上；

财务负责人：财会初级职称或相关专业职高以上学历。

2. 具有建筑（环境艺术）、水、电等专业配套技术人员不少于5人，其中具有工程系列初级职称或相近专业职高以上学历的人员不少于2人。

3. 装饰装修技术工人15人以上。

4. 企业资本金10万元以上。

（二）承接工程范围

A级企业：可承担单项工程造价60万元以下的家庭室内装饰装修工程的施工。

B级企业：可承担单项工程造价20万元以下的家庭室内装饰装修工程的施工。

关于加强住宅室内装饰装修专业企业资质管理的通知

温建建[2003]137号

各县（市、区）规划建设局（建设局）、房产管理局：

根据建设部令第110号《住宅室内装饰装修管理办法》、建设部令第87号《建筑业企业资质管理规定》和省建设厅有关《浙江省实施（建筑业资质管理规定）的意见》、《关于我省住宅室内装饰装修专业企业资质就位工作的通知》，结合我市实际，决定对住宅室内装修企业实行统一的建筑业企业资质管理。现将有关事项通知如下：

一、住宅室内装饰装修企业应按规定申请资质，经审查合格，取得建筑业企业资质证书后，方可承接住宅室内装饰装修业务。

二、新设立的住宅室内装饰装修企业，到工商行政管理部门办理登记注册手续并取得企业法人营业执照后，方可申请资质。新设立的企业申请资质应当提供下列资料：

1. 建筑业企业申请表；

2. 企业法人营业执照；

3. 企业章程；

4. 企业法定代表人和企业技术、财务负责人的任职文件、职称证书、身份证；

5. 企业项目经理资格证书、身份证；

6. 企业工程技术和经济管理人员的职称证书，技术工人的岗位证书；

7. 需要出具的其他有关证件、资料。

三、企业申报住宅室内装饰装修专业资质，应统一向企业注册所在地县级规划建设局（建设局）申报，并经同级房产管理部门预审同意后，由县级规划建设局（建设局）上报（市属企业直接上报）温州市行政审批报务中心建设局窗口。瑞安市、乐清市规划建设局可自行审批和发证，并报省建设厅和温州市建设局备案。

四、温州市建设局受理县级规划建设局（建设局）和市属企业申报资料后，将申报资料交温州市房产管理局初审。温州市房产管理局将初审合格的资料签署意见后，统一送温州市建设局审核发证。

五、住宅室内装饰装修企业资质年检及其他监督管理工作按《建筑业企业资质管理规定》、《住宅室内装饰装修管理办法》执行。

六、住宅室内装饰装修资质不设等级（标准附后）。考虑到住宅室内装饰装修为新增专业。量大面广规模小，目前申请标准可适当放宽，限2003年度年检时达到标准。放宽的有关指标如下：

1. 工程业绩和项目经理暂不作考虑；

2. 企业有职称的工程技术和经济管理人员不少于4人，其中工程技术人员不少于3人；工程技术人员中具有中级以上职称的人员不少于1人。

温州市建设局

温州市房产管理局

2003年5月12日

关于温州市住宅室内装饰装修专业企业资质就位工作的通知

温建建[2003]15 号

各县（市、区）规划建设局（建设局）、房产管理局：

根据省建设厅《关于我省住宅室内装饰装修专业企业资质就位工作的通知》（建建发[2002]218 号）精神，结合我市实际，决定对住宅室内装饰装修企业进行重新就位。现将有关事项通知如下：

一、就位的范围及截止日期

凡在我市注册并从事室内装饰装修业务，并取得原中国室内装饰装修协会、省经贸委轻工行业管理办公室核发的住宅室内装饰装修专业资质证书的企业，均应按照建设部第 87 号令发布的《建筑业企业资质管理规定》及省建设厅颁发的《浙江省实施<建筑业企业资质管理规定>的意见》、《浙江省建筑业企业资质就位的意见》（建建发[2001]112 号）和本通知精神，由温州市建设局重新核发建筑业企业资质证书。截止 2003 年 4 月 30 日，住宅室内装饰装修企业原持有的资质证书停止使用，并统一由温州市建设局收回销毁，就位期间新老资质证书可同时使用。

二、住宅室内装饰装修专业资质标准（见附件）

三、住宅室内装饰装修专业申报、审批和发证

1．申报。企业申报住宅室内装饰装修专业资质，应统一向企业注册所在地县级规划建设局（建设局）申报，并经同级房产管理部门预审同意后，由县级规划建设局（建设局）上报温州市建设局。瑞安市、乐清市规划建设局可自行审批和发证，并报省建设厅和温州市建设局备案。

2．审核和发证。温州市建设局受理县级规划建设局（建设局）申报资料后，将申报资料交由温州市房产管理局初审，并由温州市房产管理局将初审合格的资料签署意见后，统一送温州市建设局审核并发证。

3．申报住宅室内装饰装修资质的申报材料按建筑业企业资质就位的要求办理。

4．考虑到住宅室内装饰装修为新增专业，就位期间其项目经理人数和资格暂不纳入审核内容，但 2003 年年底前必须到位。

四、就位安排

1．原从事室内装饰的企业，已达到住宅室内装饰装修资质标准的，按住宅室内装饰装修企业就位；室内装饰装修企业资质就位从即日起开始受理，到 2003 年 2 月 28 日结束；受理业务设在温州市行政审批服务中心市建设局窗口（市区惠民路光明桥东首，联系电话：88926318）。

2．达到建设部第 87 号令明确的建筑装修装饰工程专业承包资质标准的，可按建筑装修装饰工程专业承包企业重新就位，申报就位建筑装修装饰工程专业承包二、三级资质的从即日起同时受理，到 2003 年 2 月 10 日结束，市属企业由市建设局直接受理审批和上报，县属企业由各县（区）规划建设局（建设局）初审后上报市建设局审批或审核上报。

五、有关要求

建筑装修装饰行业是我市建筑业的重要组成部分，发展潜力大。住宅室内装饰装修关系到千家万户，与广大人民群众生活休戚相关，也是我市重点扶持、提高的专业之一。各县（市、区）规划建设局（建设局）和房产管理局要切实重视这次住宅室内装饰装修专业企业资质重新就位工作，并以此为契机，进一步调整我市建筑业和相关行业结构，以利促进行业发展。工作中既要掌握标准，严格把关，坚持依法审批，又要做好相关服务工作，及时掌握和了解企业情况，热情指导企业正确理解和适用资质就位有关政策和标准，确保就位工作顺利进行。

附：住宅室内装饰装修专业资质标准

温州市建设局

温州市房产管理局

二〇〇三年一月二十一日

附件：

住宅室内装饰装修专业资质标准

参照建设部《建筑业企业资质等级标准》（建建[2001] 82 号）中建筑装修装饰工程专业承包企业资质等级标准和省厅通知精神，结合实际，决定设立住宅室内装饰装修专业，其资质标准为：

1．企业近 3 年承担过 2 项以上单位工程造价 5 万元以上的住宅室内装饰装修工程施工，工程质量合格。

2．企业经理具有 2 年以上从事工程管理经历；技术负责人具有 3 年以上从事装修装饰施工技术管理工作经历并具有相关专业中级以上职称；财务负责人具有初级以上会计职称。

企业有职称的工程技术和经济管理人员不少于 5 人，其中工程技术人中不少于4人，且建筑学或环境艺术、暖通、给排水、电气等专业人员齐全；工程技术人员中，具有中级以上职称的人员不少于2人。

具有工种齐备的技术工人（泥工、木工、油漆工、管工、电工等），其中从事居室装饰装修施工一年以上的技术骨干不少于10人。

企业具有的三级资质以上项目经理不少于1人。

3．企业注册资本金20万元，企业净资产25万元以上（以有资格的会计事务所出具的财务报表为准）。

4．企业近3年最高工程结算收入20万元以上。

5．企业具有与承担工程范围相适应的施工机械设备。

住宅室内装饰装修企业可承担本市单位工程造价40万元以下，已办理工程竣工验收备案手续后的住宅室内装饰装修工程的施工。

无锡市住宅装饰装修施工企业资质就位实施意见

锡建管办[2003]9号

一、就位对象与原则

1．凡我市从事住宅装饰装修施工，尚未取得《建筑业企业资质证书》的具有独立企业法人资格的单位，均属于这次就位对象。

2．已依法取得《建筑业企业资质证书》的建筑施工企业，可依据自身条件和需要申请住宅装饰装修资质增项。

3．就位前原已取得市建设行政主管部门颁发的《家庭居室装饰装修资格证书》的企业，按就位办法进行套改，换发全省统一的新资质证书（具体套改办法由省另行制定）。

4．外商投资建筑业企业申请装饰装修资质，按照国家建设部和对外贸易经济合作部2002年9月27日颁布的第113号部长令精神执行。

5．申请资质的企业，不论以前是否取得居室装修资格证书，均可依据就位办法，按照企业实际达到的资质条件申报住宅装饰装修资质。

6．本次住宅装饰装修企业资质就位，我市原则上只受理三级住宅装饰装修施工企业资质，申请资质的企业注册资金范围为10万元以上100万以下，依据企业注册资金规模和技经人员等条件相应扩大企业施工经营范围。

7．三级住宅装饰装修施工企业可承包的工程范围为：可承担单项合同额不超过企业注册资本金2倍的各类住宅装饰装修工程的施工。

8．住宅装饰装修施工企业申请资质时须按以下规定提供资料（均为复印件）：

（1）企业成立批件；

（2）企业法人营业执照；

（3）企业法人代表、技术负责人和财务负责人的任职文件、身份证、职称证书、经人事部门鉴证的聘用合同和经劳动部门鉴证的劳动合同；

（4）企业章程；

（5）企业注册时会计事务所出具的验资报告；

（6）2002年度企业财务决算年报表；

（7）企业主要施工机械设备清单及购置发票；

（8）企业完成的具有代表性的工程合同及业主提供的质量验收证明；

（9）企业荣誉证书暨工程获奖证书；

（10）企业工程、经济、会计、统计等人员的职称证书（高、中、初顺序）和身份证及人事、劳动部门鉴证的聘用合同和劳动合同。

9．住宅装饰装修资质标准分为三级甲类和三级乙类，具体标准如下：

三级甲类：

（1）企业注册资本金50万元以上；

（2）企业经理具有4年以上从事工程管理经历；技术负责人具有5年以上从事装饰装修施工技术管理工作经历，并具有相关专业中级以上职称；财务负责人具有初级以上会计职称；

（3）企业具有初级以上木工、电工、瓦工、抹灰、油漆及水暖技术工人不少于20～40人，其中高、中级工不少于50%；

（4）企业有职称的工程技术和经济管理人员不少于15人，其中工程技术人员不少于10人，且具有中级以上技术职称人员不少于2人；

（5）企业具有的三级资质以上项目经理不少于2人。

三级乙类：

（1）企业注册资本金10万元以上；

（2）企业经理具有2年以上从事管理经历；技术负责人具有3年以上从事装饰装修施工技术管理工作经历并有

相关专业技术员以上职称；

（3）企业具有初级以上木工、电工、瓦工、抹灰、油漆及水暖技术工人不少于10～20人（按企业注册金来计以下类同），其中高中级工不少于50%；

（4）企业须配备相应的工程技术、预决算、施工管理、设计等技术人员，其中具有专业技术经济职称人员不得少于3～5人。

二、申请与审批

1．无锡市建设局负责全市行政区域内住宅装饰装修施工企业资质的管理工作。委托无锡市建筑安装管理处负责全市行政区域内住宅装饰装修施工企业资质管理的具体工作。

2．住宅装饰装修施工企业申请资质，实行属地管理的办法，江阴、宜兴、锡山、惠山、滨湖、新区的企业分别向企业所在地建设局申请，城区的企业直接向市建设局建管处申请。

3．住宅装饰装修施工企业申请时，需向资质管理部门提供申请表4份，附件材料一份。企业法定代表人必须在申请表上签名，对申请材料的真实性负责。

4．直接受理接收申请材料的管理部门，应当对附件材料进行认真核验，对申请材料的真实性负责。

具体审核材料工作的部门和工作人员应承担相应的审核责任，资质管理部门要求申请企业出具附件材料原件的，企业应当出具原件。

5．资质审批实行公告制度，公告发布方式依据省建管局确定的方式实行。

6．住宅装饰装修施工企业申请资质，由各市（县）、区建设局受理初审，市建设局审核同意后，报送省装饰装修发展中心进行评审，省建筑工程管理局统一审批。

三、资质证书

1．《住宅装饰装修施工企业资质证书》由省建管局统一印制，省装饰装修发展中心对证书实行统一编码。

2．每个企业只能取得一套资质证书，三级住宅装饰装修施工企业资质证书包括一本正本、二本副本。

3．住宅装饰装修施工企业资质证书，加盖江苏省建设厅建筑业企业资质专用章有效。

4．企业遗失资质证书，可向省级资质管理部门申请补办，并提供下列资料：

（1）申请补办报告；

（2）在省、市级综合类报纸上刊登遗失作废声明；

（3）市建设局资质管理部门同意补办意见。

四、工作步骤

1．准备阶段（2003年2月）

各市（县）、区要结合各自实际情况，认真制定工作计划和实施意见，广泛宣传《办法》和《标准》。

2．申请与审批阶段（2003年3月～8月底）

各级资质管理部门受理企业资质申请，严格按照《办法》和《标准》，分批进行资质审核，上报审批，颁发新的住宅装饰装修资质证书。

3．工作总结阶段（2003年9月～10月底）

各市（县）、区资质管理部门对本地区、本部门资质就位工作进行全面总结，市建筑安装管理处汇总后于2003年10月中旬以书面材料形式报无锡市建设局建筑业管理办公室。

无锡市建设局

二〇〇三年二月二十七日

关于印发《沈阳市家庭装饰装修工程施工企业资质管理暂行办法》的通知

沈建发[2003]40号

各家庭装饰装修工程施工企业：

根据建设部《建筑业企业资质管理规定》有关要求，进一步加强对我市装饰装修工程施工企业管理，规范市场行为，促进装饰装修业的有序健康发展，现将《沈阳市家庭装饰装修工程施工企业资质管理暂行办法》印发给你们，请认真贯彻执行。

附件：沈阳市家庭装饰装修工程施工企业资质等级标准

沈阳市城乡建设委员会

二〇〇三年四月三日

沈阳市家庭装饰装修工程施工企业资质管理暂行办法

第一条 为加强对我市装饰装修工程施工企业管理，规范市场行为，根据建设部《建筑业企业资质管理规定》等有关规定，结合我市实际，制定本办法。

第二条 在我市行政区域内从事家庭装饰装修工程施工的企业均应遵守本办法。

第三条 市城乡建设委员会负责全市装饰装修工程施工企业资质管理工作，家庭装饰装修工程施工企业资质管理统一纳入建筑业企业资质管理范畴。

第四条 本办法适用于家庭装饰装修公司承揽其资质等级标准所规定的家庭装饰装修工程或其它装饰装修工程。

第五条 符合家庭装饰装修工程施工企业资质标准，经市建设行政主管部门批准，取得建筑业企业资质证书的企业，才能从事家庭装饰装修工程施工。已经取得建筑装修装饰工程专业承包企业资质证书的企业，按照其相应的承包范围同样可以承担家庭装饰装修工程施工。

第六条 市城乡建设委员会委托市建筑装饰协会进行装饰装修施工企业资质的初审工作。

第七条 装饰装修施工企业在取得企业法人营业执照后，持相关资料，到市建筑装饰协会申报资质。企业申请资质，应当提供下列资料：

（一）建筑业企业资质申请表；

（二）企业法人营业执照；

（三）企业章程；

（四）企业法定代表人身份证、任职文件；

（五）证明企业达到标准要求的有关资料。

市建筑装饰协会自收到申请材料之日起 20 日内，提出审查意见，合格的上报市城乡建设委员会。

第八条 市城乡建设委员会自收到市建筑装饰协会审查意见之日起 20 日内，作出审批决定，符合资质等级标准的，发给由市城乡建设委员会统一印制的建筑业企业资质证书；不符合的，应告知申请人。

第九条 实行家庭装饰装修工程施工企业资质年检制度。有下列情形之一的，建筑业企业的资质年检结论为不合格：

（一）资质条件中人员和经营规模任何一项未达到资质等级标准的 80%，或者其他任何一项未达到资质等级标准的；

（二）有《建筑业企业资质管理规定》（建设部第 87 号令）第十四条所列行为之一的。

年检不合格的，吊销其资质证书，且二年内不得申报家庭装饰装修工程施工企业资质。

第十条 家庭装饰装修工程施工企业因破产、倒闭、撤销、歇业的，应将资质证书交回发证机关销毁。

第十一条 本办法由沈阳市城乡建设委员会负责解释。

第十二条 本办法自 2003 年 4 月 15 日起施行。

附件：

沈阳市家庭装饰装修工程施工企业资质等级标准

企业资质等级分为一级、二级。

一级资质标准：

1. 企业注册资本金 50 万元以上。

2. 企业具有相关专业助理工程师以上的技术负责人。

3. 企业有职称工程技术人员和经济管理人员不少于 3 人，其中工程技术人员不少于 2 人。

4. 企业具有设计上岗培训证的人员不少于 5 人，并具有持证上岗的木工、砖瓦工、抹灰工、油漆工、水暖工、电工等技术工人。

5. 企业近 3 年最高年完成结算收入 50 万元以上。

6. 企业具有与装饰装修承包范围相适应的机具。

二级资质标准：

1. 企业注册资本金 50 万元以上。

2. 企业具有相关专业技术员以上的技术负责人。

3. 企业有职称工程技术人员和经济管理人员不少于 2 人，其中工程技术人员不少于 1 人。

4. 企业具有设计上岗培训证的人员不少于 3 人，并具有持证上岗的木工、砖瓦工、抹灰工、油漆工、水暖工、电工等技术工人。

5. 企业近 3 年最高年完成结算收入 30 万元以上。

6. 企业具有与装饰装修承包范围相适应的机具。

承包范围：

一级企业可承担单位工程造价 50 万元以下的家庭装饰装修工程或其它装饰装修工程。二级企业可承担单位工程造价 30 万元以下的家庭装饰装修工程或其它装饰装修工程。

沈阳市家庭装修工程质量验收规范

（DB/T2101.F04-2002）

沈阳市质量技术监督局

1　范围

本标准规定了住宅装饰装修的基本原则、材料、施工、给排水管道、电气、抹灰工程、饰面板工程、木制品、门窗、吊顶工程、花饰、涂饰工程、裱糊与软包工程、楼地面工程、卫浴设备、燃气用具及管道安装、室内环境质量、质量验收及判定、装饰装修质量保证。

本标准适用于已交付使用的住宅装饰装修(以下简称装修）的验收。

2　规范性引用文件

下列文件中的条款通过本标准的引用而成为本标准的条款。凡是注日期的引用文件，其随后所有的修改单（不包括勘误的内容）或修订版均不适用于本标准，然而，鼓励根据本标准达成协议的各方研究是否可使用这些文件的最新版本。凡是不注日期的引用文件，其最新版本适用于本标准。

GB 6566-2001　建筑材料放射性核素限量

GB 18580-2001　室内装饰装修材料　人造板及其制品中甲醛释放限量

GB 18581-2001　室内装饰装修材料　溶剂型木器涂料中有害物质限量

GB 18582-2001　室内装饰装修材料　内墙涂料中有害物质限量

GB 18583-2001　室内装饰装修材料　胶粘剂中有害物质限量

GB 18584-2001　室内装饰装修材料　木家具中有害物质限量

GB 18585-2001　室内装饰装修材料　壁纸中有害物质限量

GB 18586-2001　室内装饰装修材料　聚氯乙烯卷材地板中有害物质限量

GB 18587-2001　室内装饰装修材料　地毯、地毯衬垫及地毯胶粘剂有害物质释放限量

GB 18588-2001　室内装饰装修材料　混凝土外加剂中释放氨的限量

GB 50210—2001　建筑装修工程质量验收规范

GB 50325—2001　民用建筑工程室内环境污染控制规范

GB 50327—2001　住宅装饰装修工程施工规范

中华人民共和国建设部令[第 110 号]《住宅室内装饰装修管理办法》

3　基本原则

装修应遵守中华人民共和国建设部令[第 110 号]的规定，并应遵循安全、美观的基本原则，在设计与施工中必须贯彻国家、行业和地方有关安全、防火、环保、建筑、电气、给排水等现行标准和技术规程。

4　材料

4.1　采购的装饰材料质量应符合该产品有关标准的质量要求和设计要求，供货单位应提供产品质保书或检验报告。施工前，必须对材料进行验收，合格后方可进行施工。如供需双方有争议时，可由市级法定建材质检机构仲裁检验。严禁使用国家明令淘汰的材料。

4.2　装修工程所用材料应符合国家有关建筑装饰装修材料有害物质释放限量标准的规定。

4.2.1　人造板及其制品中甲醛释放限量应符合 GBl8580 的规定。

4.2.2　溶剂型木器涂料中有害物质限量应符合 GBl8581 的规定。

4.2.3　内墙涂料中有害物质限量应符合 GBl8582 的规定。

4.2.4　胶粘剂中有害物质限量应符合 GBl8583 的规定。

4.2.5　木家具中有害物质限量应符合 GBl8584 的规定。

4.2.6　壁纸中有害物质限量应符合 GBl8585 的规定。

4.2.7　聚氯乙烯卷材地板中有害物质限量应符合 GBl8586 的规定。

4.2.8　地毯、地毯衬垫及地毯胶粘剂有害物质限量应符合 GBl8587 的规定。

4.2.9　混凝土外加剂中释放氨的限量应符合 GBl8588 的规定。

4.2.10　含有放射性的材料应符合 GB6566 的规定。

5　施工

应符合 GB50327 的规定。

6　给排水管道

6.1　基本要求

6.1.1　给排水管材、管件的质量必须符合标准要求，排水管应采用硬质聚氯乙烯排水管材、件。

6.1.2　施工前需检查原有的管道是否畅通，然后而进行施工，施工后再检查管道是否畅通。隐蔽的给水管道应经通水检查，新装的给水管道必须按有关规定进行加压实验，应无渗漏，检查合格后方可进入下道工序施工。

6.1.3　排水管道应在施工前对原有管道临时封口，避免杂物进入管道。

6.1.4　管外径在 25mm 以下给水管的安装，管道在转角、水表、水龙头或角阀及管道终端的 100cm 处应设管卡，管卡安装必须牢固。管道采用螺纹连接，在其连接处应有外露螺纹，安装完毕应及时用管卡固定?管材与管件或阀门之间不得有松动。

6.1.5　安装的各种阀门位置应符合设计要求，便于使用

及维修。

6.1.6　所有接头、阀门与管道连接处应严密，不得有渗漏现象，管道坡度应符合要求。

6.1.7　地漏应低于安装处的排水表面。

6.1.8　各种管道不得改变管道的原有性质。

6.2　验收要求和方法

6.2.1　管道排列应符合设计要求，管道安装应固定牢固，无松动，龙头、阀门安装平整，开启灵活，出水畅通，水表运转正常。采用目测和手感的方法验收。

6.2.2　水管安装不得靠近电源，水管与燃气管的间距应不小于 50mm。用钢卷尺检查。

7　电气

7.1　基本要求

7.1.1　每户应设置分户配电箱，配电箱内应设漏电断路器，漏电动作电流应不大于 30mA，有过负荷、过电压保护功能，并分数路出线，分别控制照明、空调、插座等，其回路应确保负荷正常使用。

7.1.2　导线的敷设应按装饰设计规定进行施工，线路的短路保护、过负荷保护、导线截面的选择，低压电气的安装应按国家现行标准有关规定进行。

7.1.3　室内布线除通过空心楼板外均应穿管敷设，并采用绝缘良好的单股铜芯导线。穿管敷设时，管内导线的总截面积不应超过管内径截面积的 40%，管内不得有接头和扭结。导线与电话线、闭路电视线、通信线等不得安装在同一管道中。

7.1.4　照明及电热负荷线径截面的选择应使导线的安全载流量大于该分路内所有电路的额定电流之和，各分路线的容量不允许超过进户线的容量。

7.1.5　接地保护应可靠，导线间和导线对地间的绝缘电阻值应大于 0.5M。

7.1.6　进户的 PVC 塑料导线管的管壁厚度应不小于 1.2mm。

7.1.7　电暖器安装不得使用普通插座，不得直接安装在可燃构件上。卫生间插座宜选用防溅式。

7.1.8　插座离地面应不低于 200mm。线盒内导线应留有余量，长度宜为 150mm。接线时相线进开关，零线直接进灯头，螺口灯头相线不应接外壳，照明灯开关距地高度宜为 1.3m，开关不宜装在门后。

7.1.9　吊平顶内的电气配管，应按明配管的要求，不得将配管固定在平顶的吊架或龙骨上。灯头盒、接线盒的设置应便于检修，并加盖板，使用软管接到灯位的，其长度不应超过 1m。软管两端应用专用接头与接线盒，灯具连接牢固。金属软管本身应做接地保护。各种强、弱电的导线均不得在吊平顶内出现裸露。

7.2　验收要求和方法

7.2.1　工程竣工后应向业主提供线路走向位置尺寸图，并按上述要求逐一进行验收，需隐蔽的电气线路应在业主验收合格后方可进行隐蔽作业。

7.2.2　面向电源插座的相线和零线位置为右相左零，有接地孔的插座，其地线插孔应为上方位置，接地应可靠。开关插座应安装牢固。采用日测和手动的方法检查，并采用电路测试的专用工具检验插座上的相线、零线和地线位置是否符合要求。

7.2.3　导线与燃气管路的间隔距离符合表 1 的规定，并用钢卷尺进行检查。

导线与燃气管道间隔距离　　　表 1

位置	导线与燃气管之间距离	电气开关接头与燃气管间距离
同一平面	≥100	
不同平面	≥50	≥150

7.2.4　施工完毕，应进行电器通电和灯具试亮试验，验证开关插座性能是否良好。

8　抹灰工程

抹灰工程质量及验收应符合 GB50210 第四章的有关规定。

9　饰面板（砖）工程

饰面板（砖）工程质量及验收应符合 GB50210 第八章的有关规定。

10　木制品

10.1　壁橱及吊橱

10.1.1　基本要求和验收方法

造型、结构和安装位置应符合设计要求。框架应采用榫头结构（细木工板除外）。表面应砂磨光滑，不应有毛刺和锤印。采用贴面材料时，应粘贴平整牢固，不脱胶，边角处不起翘。橱门安装牢固，开关灵活，下口与底片下口位置平行，并符合 GB50210 第十二章的有关规定。小五金安装齐全、牢固，位置正确。采用目测和手感的方法验收。

10.1.2　壁橱及吊橱的制作尺寸偏差和验收方法应符合表 2 的规定。（见表 2）

10.2　木地板

10.2.1　基本要求和验收方法

木地板表面应洁净无玷污，刨平磨光，无刨痕、刨茬和毛刺等现象。木阁栅应牢固，　间距应符合要求。铺设应牢固、不松动，行走时地板无响声。地板与墙面之间应留 80mm 的伸缩缝。踢脚板与地板连接紧密，与墙面紧贴要顺直，缝隙处理用腻子填实。用目测和手感的方法验收。

10.2.2　木地板的铺设尺寸偏差和验收方法应符合表 3 的规定。

壁橱及吊橱制作尺寸允许偏差及验收方法　　表 2

项　目	允许偏差（mm）	验收方法	
		量　具	测量方法
壁橱橱门缝宽度	≤1.5	楔形塞尺	每橱随机选门一扇，测量不少于二处，取最大值。
吊橱垂直度	≤2.0	线锤、钢卷尺	
对角线长度（橱体、橱门）	≤2.0	钢卷尺	

注：本表指标以 1m 为基础，超过 1m 以百分比类推。

木地板的铺设尺寸允许偏差及验收方法　　表 3

项目		允许偏差（mm）	验收方法	
			量　具	测量方法
表面平整度	长地板	≤2.0	2m 靠尺、楔形塞尺	在地板油漆前进行验收。每室至少测量三处，取最大值。
	拼花地板	≤2.0		
	四面企口地板	≤2.0		
缝隙宽度	长地板	≤1.0		
	拼花地板	≤0.5		
	拼花预制板	≤0.2		
	四面企口地板	≤0.2		
	地板接缝高低	≤0.5		

注：本表所列允差适用于柚木、柞木、水曲柳树种的地板，其他树种的地板可参照执行。

10.3　细木工程

10.3.1　窗帘盒、窗台板和散热器罩制作与安装工程质量及验收应符合 GB50210 第十二章的有关规定。

10.3.2　门窗套制作与安装工程质量及验收应符合 GB50210 第十二章的有关规定。

10.3.3　护栏和扶手制作与安装工程质量及验收应符合 GB50210 第十二章的有关规定。

11　门窗

11.1　金属门窗安装工程质量及验收应符合 GB50210 第五章的有关规定。

11.2　塑料门窗安装工程质量及验收应符合 GB50210 第五章的有关规定。

11.3　木门窗安装工程质量及验收应符合 GB50210 第五章的有关规定。

11.4　门窗玻璃安装工程质量及验收应符合 GB50210 第五章的有关规定。

12　吊顶工程

吊顶工程质量及验收应符合 GB50210 第六章的有关规定。

13　花饰

花饰制作与安装工程质量及验收应符合 GB50210 第十二章的有关规定。

14　涂饰工程

涂饰工程质量及验收应符合 GB50210 第十章的有关规定。

15　裱糊与软包工程

裱糊与软包工程质量及验收应符合 GB50210 第十一章的有关规定。

16　楼地面工程

改动卫生间、厨房间防水层的，应当按照防水标准制订施工的方案，并做闭水实验。

17　卫浴设备

17.1　基本要求和验收

卫生洁具外表应洁净无损坏。卫生洁具安装必须牢固，不得松动；排水畅通无堵；各连接处应密封无渗漏；阀门开关灵活。采用目测和手感方法验收。安装完毕后进行不少于 2h 盛水试验无渗漏，盛水量分别如下：便器高低水箱应盛至扳手孔以下 10mm 处；各种洗涤盆、面盆应盛至溢水口；浴缸应盛至不少于缸深的三分之一；水盘应盛至不少于盘深的三分之二。

17.2　卫生洁具安装的一般规定

17.2.1　卫生洁具的给水连接管，不得有凹凸弯扁等缺陷。

17.2.2　卫生洁具固定应牢固。不得在多孔砖或轻型隔墙中使用膨胀螺栓固定卫生洁具。

17.2.3　卫生洁具与进水管、排污口连结必须严密，不得有渗漏现象。坐便器应用膨胀螺栓固定安装，并且油石灰或硅酮胶连结密封，底座不得用水泥砂浆固定。浴缸排水必须采用硬管连接。

18　燃气用具及管道安装

18.1　燃气用具的安装

18.1.1　燃气用具的型号、规格、质量应符合相应的国家标准要求。

18.1.2　燃气用具应放置在通风状况良好的位置，灶具直接放在灶台上，燃气热水器的安装高度应使点火开关中心线距地面 1.5m。燃气热水器严禁安装在浴室内。燃气热水器的废气应采用排气管排出户外。

18.1.3　燃气用具安装平稳、牢固、软管与接头连接应采用管卡可靠固定，严密不泄露。

18.2　管道及附件安装

18.2.1　未经燃气管理部门许可，不得擅自更改原有燃气管道。

18.2.2　室内燃气管道不许埋设。

18.2.3　管道及附件的型号、规格、质量应符合设计要求。

18.2.4　管道及附件安装位置正确、横平竖直、固定牢固、坡向正确。支（托、吊）架安装牢固，防腐良好。

18.2.5　管道之间、管道与附件之间、附件之间连接牢固，接严密，无泄露。

18.2.6　系统畅通，无堵塞，无泄露；气表运转正常。

19　室内环境质量

装修工程竣工后室内环境状况应符合 GB50325 的要求。

20　质量验收及判定

20.1　验收程序

管道、电气及其他隐蔽项目应在转入下道工序前由双方签字验收。装饰竣工后，施工方应先自行检查，若符合要求，可交付业主验收。并填写验收记录表。

20.2　质量判定

20.2.1　在判定中涉及安全及重要使用性能的给排水管道、电气、卫浴设备三项分项目必须全部合格。其余分项目 90%以上合格，则判该装饰项目质量合格。

20.2.2　若在验收中发现有不符合验收要求的项目，施工方应进行整改，整改后对不合格项次进行复验，直至达到要求。

21　装饰装修质量保证

保修期应符合中华人民共和国建设部令第 110 号第 32 条的规定。

关于加强房屋装饰装修管理进一步抓好民工和社区防控非典工作的通知

京城字[2003]59号

各区、县建委，各区、县国土房管局，各建设、装修(饰)、施工、物业管理单位：

为进一步加强民工防控非典工作，特别是加强零散装修施工工地民工的非典防控工作，杜绝非典传入社区，保障民工和居民身体健康，根据北京防控非典有关规定，结合社会对房屋装修需求的实际，经市委、市政府同意，现就加强房屋装饰装修管理，特别是住宅室内装修管理的有关事项通知如下：

一、明确民工防控非典工作责任制

坚持属地管理的原则。装修现场所在地行业主管部门要严格审查装修和施工企业资质。证照不全的企业一律不得承揽业务。

社区居委会、物业管理单位(房屋管理单位，以下统称物业管理单位)负责日常监督检查。

承接房屋装修业务的装饰装修企业，对装修期间施工工地和民工的防控非典工作承担责任。装修企业法人代表负总责。

装修企业各部门、所属各施工队伍，办公场所、施工场所、员工宿舍、材料仓库，都必须明确责任人。

装修企业要建立企业内部发生非典疫情处理预案。

二、入户装修实行登记申报制度

各装修企业在进入装修现场前，必须向社区居委会、物业管理单位办理装修登记申报，提交以下材料：

1. 装修企业名称、法人代表姓名及联系电话、施工期限、施工人员名单、施工人员健康证明、施工地点、装修业主姓名及联系电话；

2. 装修企业的营业执照副本、资质证书副本；

3. 装修企业同意接受社区居委会、物业管理单位在装修期间对装修人员测试体温和监督检查的承诺书。

装修企业不办理登记申报、不提交上述材料、或违反承诺的，社区居委会、物业管理单位有权拒绝其进入社区装修。

三、房屋装修实行分类管理

1. 新建工程项目和改扩建装修项目，其施工工地和民工的防控非典工作，严格按照市委、市政府两厅《紧急通知》(京办发[2003]19号)，市委城建工委和市建委《十条实施意见》，市建委《紧急通知》(京建施[2003]209号)的规定执行。

2. 小区内住宅室内装修，必须严格执行登记申报制度。其中，尚未入住居民的新建小区的住宅室内装修，履行相关手续后即可施工。已入住居民的小区的住宅内装修，装修企业与装修业主已签订装修合同并已经开工的，必须补办登记申办手续后于6月1日以后方可继续施工；装修企业与装修业主签订了装修合同但尚未开工的，以及新签订装修合同的项目，必须办理登记申报手续后于6月10日后方可开工。

四、加强装修施工现场和员工的非典防控和管理

1. 装修企业必须坚持每天两次对施工人员进行早晚各一次体温测试，并将测试结果报告物业管理企业；装修企业员工一旦出现有人体温超过37摄氏度，必须立即采取隔离措施，并立即报告社区居委会、物业管理单位和当地卫生防疫部门，按照当地卫生防疫部门的意见处理。

2. 装修企业必须对施工场地、员工住宿地、食堂和办公场所进行有效消毒，保持清洁和通风良好。

五、加强监督检查，严格执法

各区、县装修主管部门要加强对装修企业各项非典防控措施落实情况进行督察。装修企业落实非典防控措施不到位的，主管部门要视情节轻重严肃追究责任单位和责任人的责任。

社区居委会和物业管理单位要加强日常监督管理。对装修企业非典防控措施不到位、造成环境污染或拒绝检查的，社区居委会或物业管理单位有权停止其装修活动。

1. 由于不按照有关防控非典规定要求，导致发生非典疫情发生或造成严重后果的，要严肃追究装修企业及其法人代表的责任，有关主管部门可以对责任单位和责任人罚款、降低资质、吊销营业执照、清出市场、直至追究法律责任。

2. 由于装修企业不执行本通知规定要求，被区、县主管部门勒令停止装修的，或被社区居委会、物业管理单位拒绝进入社区的，由此造成工程延期和其他损失，由装修企业承担。

3. 装修业主应配合社区居委会和物业管理单位对装修企业的监督管理。因装修业主干预停止装修，导致出现非典疫情或造成严重后果的，装修业主须承担相应的法律责任。

中共北京市委城市建设工作委员会

北京市建设委员会

北京市国土资源和房屋管理局

二〇〇三年五月二十三日

关于印发《江苏省新建住宅全装修试点工作实施意见》的通知

苏建房[2003]138号

各省辖市建设局(建委)、房管局：

为进一步贯彻国务院办公厅《关于推进住宅产业现代化　提高住宅质量的若干意见》(国办发[1999]72号)、建设部颁发的《商品住宅装修一次到位实施导则》(建住房[2002]190　号)和江苏省住宅产业化工作会议精神，加快全省新建住宅全装修试点工作的开展，结合本省实际情况，我厅制定了《江苏省新建住宅全装修试点工作实施意见》，现印发给你们，请结合当地实际贯彻执行。

附件：

1.《江苏省新建住宅全装修试点工作实施意见》

2.《江苏省新建住宅全装修试点项目申请表》(略)

江苏省建设厅

二〇〇三年五月十三日

附件1：

江苏省新建住宅全装修试点工作实施意见

为进一步贯彻国务院办公厅《关于推进住宅产业现代化提高住宅质量的若干意见》(国办发[1999]72号)、建设部颁发的《商品住宅装修一次到位实施导则》(建住房[2002]190号)和江苏省住宅产业化工作会议精神，加快全省新建住宅全装修试点工作的开展，依靠科技进步，推进住宅产业现代化，带动相关产业发展，进一步提高我省住宅建设整体质量，特制订本实施意见。

一、目的及目标

推行全装修住宅的根本目的是逐步取消毛坯房，直接向消费者提供全装修成品房；规范装修市场，促使住宅装修生产从无序走向有序。坚持技术创新和可持续发展的原则，贯彻节能、节水、节材和环保方针，鼓励开发住宅装修新材料、新产品，带动相关产业发展，提高效率，缩短工期，保证质量，降低造价。

全省推行全装修住宅试点采取分地区、分阶段的方式逐步全面推行，力争用3～5年时间全省新建住宅基本实现全装修；并加大“四新”成果的推广应用，提高住宅装修科技含量、基本形成住宅装修成套技术和通用化的部品体系。

二、定义和内容

新建住宅全装修是指在房屋交付使用前，所有功能空间的固定面和管线全部铺装或粉刷完成，厨房和卫生间的基本设施全部安装到位。

新建住宅全装修分为菜单式装修、全装修和集成式全装修三种模式：

1. 菜单式装修是指房产开发企业提供由不同的装修设计、装修材料和设备配置组成的成套方案，供购房者选定后，统一装修。

2. 全装修是指房产开发企业按照统一的装修设计、装修材料和设备配置，提高统一标准的装修。

3. 集成式全装修是指房产开发企业按照统一的装修设计，将集团化购买、一体化装配施工和专业化的系统管理等贯穿整体实施过程，实现部品工厂化专业生产，现场干作业的要求。

三、指导和管理

全省新建住宅全装修试点工作由省建设厅组织协调，省住宅产业化促进中心负责日常管理、技术指导和技术服务等工作。

各市、市(县)房地产开发主管部门负责辖区内试点项目的组织管理和协调工作。加快试点工作的推进。

房产开发企业要转变观念，积极参与试点，建设全装修住宅。由开发企业向项目所在地的市、市(县)房地产开发主管部门申报。

省住宅产业化促进中心负责对各市、市(县)上报的试点项目进行审核并公布。竣工验收合格者，将命名为“××年度江苏省新建住宅全装修试点小区”。

四、全装修实施要求

推行全装修的商品住宅，由住宅开发企业负责住宅装修的全过程实施。开发企业要按照“质量可靠、价格合理、规范运作、取信于民”的原则向购房者交付装修完成的商品住宅。

全装修住宅销售的成品房房价中应包含毛坯房价格和装修价格两部分。开发企业要合理控制装修成本，降低装修价格，减轻购房者的负担。开发企业要将装修的标准和选用部品、材料的品牌以及装修费用在与购房者签定的商品房预售合同(或附件)中予以明确。

开发企业建设全装修住宅，必须建造装修样板房，向购房者展示交房标准。样板房要真实反映装修标准和施工质量，全装修住宅交房时的装修质量不能低于样板房水平，样板房在购房者入住前不得拆除。

住宅装修要简洁、实用，装修标准应以市场为导向，合理定位。住宅装修要在标准化、通用化的前提下，力求多样化。

五、全装修组织与管理

住宅装修要加强组织与管理。对设计、施工和监理单位要进行资质审查，并优选设计、施工和监理单位。严格贯彻国家及省有关规范、规定和标准，坚持高起点、高标准、高效率和高科技含量，创出装修设计、施工和监理的新水平。

1．装修设计

住宅装修必须进行专业化的装修设计，由开发企业委托具有相应资质的设计单位进行设计。

装修设计是建筑设计的延续，必须将装修设计作为一个相对独立的设计阶段，应尽可能在住宅主体施工前进行，并强化与土建设计的相互衔接。全装修住宅的设计要逐步走向土建设计、装修设计一体化。

装修设计必须执行《住宅建筑模数协调标准》，以适应住宅装修工业化生产的要求。应积极推广应用新技术、新工艺、新材料、新部品，提高科技含量。

2．装修材料和部品

要逐步建立和健全住宅装修材料和部品的标准化体系，鼓励开发住宅装修新材料、新部品。

选用的材料和部品必须通过经政府授权的检测机构的检测，满足国家和江苏省有关环保、节能标准，符合产业发展方向。

材料和部品要实施配套供应，形成成套技术。材料与部品采购要体现批量采购的优势，以降低采购成本。

3．装修施工

装修工程由开发企业委托具有相应资质的施工企业进行施工。

住宅装修应积极推行工业化的施工方式，鼓励使用装修部品，提高现场装配化程度，逐步取代湿作业，提高施工工艺水平，有效缩短施工周期。

开发企业应加强对装修工程的组织管理，加强各专业工种相互间的协调。全装修住宅的工程管理要逐步走向一体化管理模式。

装修施工企业要认真编制施工组织设计，加强质量管理，防范质量通病，争创优质工程。

住宅装修工程必须实行工程监理，由开发企业委托具有相应资质的监理单位进行监理。

监理单位要以投资、进度和质量控制为目标，认真编制监理大纲，明确监理目标和任务，严格执行每道工序，特别是隐蔽工程的签字验收制度，强化合同管理，确保装修工程质量、工期和造价目标的实现。

4．质量保证

开发企业是住宅装修质量的第一责任人，承担住宅装修质量责任，负责相应的售后服务。装修施工企业、部品和材料生产企业负责相应的施工和产品质量责任。

在交房时必须向购房者提供装修质量保证书，包括装修明细表，装修平面图和主要材料及部品的生产厂家。

开发企业对全装修住宅装修质量，要执行建设部关于《住宅室内装饰装修管理办法》中规定的保修期，负责保修，最低保修期限为二年，保修期自全装修住宅交房之日起计算。

开发企业要积极引入保险机制，对全装修住宅的装修质量进行投保，建立装修质量保险保证机制，切实保障购房者利益。

5．竣工验收

试点项目竣工后，由开发企业组织设计、施工、监理、物业管理等单位对装修工程进行验收，装修质量必须符合国家和江苏省的有关标准。

开发企业必须将试点项目竣工验收情况上报各市、市(县)房地产开发主管部门。省住宅产业化促进中心将会同各市、市(县)房地产开发主管部门对全装修试点项目进行检查，对于不符合试点工程建设要求的项目，将取消试点资格。

关于印发《上海市新建住宅全装修试点工程装修设计导则》的通知

沪住产[2003]032 号

各区（县）住宅发展局，各开发、设计单位：

现将《上海市新建住宅全装修试点工程装修设计导则》（以下简称装修设计导则）下发给你们，自 2003 年 3 月 1 日起在试点工程中实行。请试点工程各单位参照《装修设计导则》的要求，做好新建住宅全装修试点工程的装修设计工作。在执行过程中碰到的问题和情况，请及时函告上海市住宅发展局和上海市工程建设标准化办公室。

上海市住宅发展局

上海市工程建设标准化办公室

二〇〇三年二月二十日

上海市新建住宅全装修试点工程装修设计导则

1　总则

1.0.1　为提高本市新建住宅的整体质量，推进住宅产业现代化，适应广大市民对居住质量，居住环境和内部居住设施的需求，规范全装修住宅的设计行为，结合本市的实际情况，特制定本导则。

1.0.2　本导则依据《住宅设计标准》（DGJ08-20-2001）编制，适用于本市高度在100m以下的新建全装修住宅试点工程的套内装修设计。

1.0.3　装修设计应符合建筑设计的总体要求，强化建筑设计与装修设计的相互衔接，使室内空间组织和界面处理更趋合理。

1.0.4　装修设计应本着标准化、多样化的原则，结合试点工程积极采用和推广新技术、新工艺、新材料和新设备，并提高现场装配化程度。

1.0.5　装修设计除应符合本导则外，还应符合国家和本市现行有关标准的规定。

2　一般规定

2.0.1　装修设计应编制相应的设计文件，并应符合附录A《装修设计文件的编制深度规定》的要求。

2.0.2　住宅装修设计应包含以下基本内容：

1. 套内所有功能空间的墙面、顶面、地面、内门和门窗套及固定隔断和固定家具的设计；

2. 厨房、卫生间及其他功能空间需装修完成的设备和设施设计。

（注：门窗套和固定隔断及家具可根据需要设计）

2.0.3　装修设计不得破坏建筑的外立面。

2.0.4　装修设计所形成的使用荷载应在结构设计所允许的范围内。

2.0.5　装修设计严禁破坏房屋承重结构，且不得在承重墙上随意开洞。

2.0.6　装修设计不得破坏竖向管道及井道，并不得改变其使用功能。

2.0.7　装修设计采用的模数可参见《住宅建筑模数协调标准》（GB/T50100）的要求。

2.0.8　装修设计应符合《夏热冬冷地区居住建筑节能设计标准》（JGJ134）的规定，保护好原有保温材料，并选用有利于节能的材料及设备。

2.0.9　装修设计所形成的隔墙的隔声性能及装修设计对门洞宽度与高度的处理，应符合《住宅设计标准》（DGJ08-20）的有关规定。

2.0.10　当室内空间顶面采用吊顶时，其选材和构造宜有利于吊顶吸音、隔声功能的提高，且吊顶离楼、地面净高应符合《住宅设计标准》（DGJ08-20）。

2.0.11　装修设计所采用的材料应符合《民用建筑室内环境污染控制规范》（GB50325）和室内建筑装饰装修材料有害限量标准的要求，提倡使用可再生使用的材料。

2.0.12　有一定重量的饰物、吊灯、吊柜以及其他悬挂物件，均应与建筑物结构安装牢固。

3　功能空间设计

3.1　卧室

3.1.1　卧室地面宜选用防滑、保温性能良好的材料。

3.1.2　儿童居住的卧室墙面宜选用抗污染、易清洁材料。

3.2　起居室、餐厅

3.2.1　起居室装修设计应根据不同的套型特点合理布置平面，并有利于使用者的个性化装饰布置。

3.2.2　无独立餐厅套型的起居室应按照功能分区的原则设置就餐区。

3.2.3　起居室、餐厅地面宜选用耐磨、防滑、易清洁、隔声性能良好的材料。

3.3　厨房

3.3.1　厨房应设计为独立可封闭的空间，可兼顾敞开式使用的要求。

3.3.2　厨房设计应根据人体工学原理，合理组织操作流线。

3.3.3　厨房应设置操作台，操作台宜采用L型或U型布置。放置灶具、洗涤池的操作台深度不宜小于0.60m，双排操作台之间净距不应小于0.90m。

3.3.4　厨房应设置吊柜，吊柜的设置不应影响厨房自然通风、采光的指标及厨房内热水器的通风要求。吊柜内的搁物板宜采用可调式设计。

3.3.5　厨房应设置包括洗涤池、灶具、排油烟器及热水器。当预留冰箱、微波炉、电饭煲、洗碗机或消毒柜的位置时，应设相应的接口装置，可参见附录B《住宅功能空间设施与设备配置表》第B.0.1条的要求。

（注：热水器可根据情况安装在服务阳台上）

3.3.6　采用嵌入式下进风灶具时，其下部柜体应设计进风百叶。

3.3.7　厨房门下部应设通风百叶或宽度10～12mm的门隙。

3.3.8　装修设计严禁移动燃气立管及燃气表具。

3.3.9　厨房地面应选用防滑、易清洁的材料，顶面、墙面应选用防火、抗热、易清洁的材料。

3.4 卫生间

3.4.1 卫生间应设置洗脸盆、浴缸（淋浴池）和座便器，并宜为照护老人、残疾人和儿童使用时留有余地，并配置相应设施，可参见附录 B《住宅功能空间设施与设备配置表》第 B.0.1 条的要求。

3.4.2 套型内只有单个卫生间时，宜采用带前室的卫生间。

3.4.3 装修设计不应影响卫生间自然通风、采光的指标，并应为使用后的管道维修提供方便。

3.4.4 卫生间若采用洗面化妆台时，化妆台长度不宜小于 1.00m。

3.4.5 卫生间门下部应设通风百叶或宽度 10～12mm 的门隙。

3.4.6 卫生间地面应选用防滑、耐湿、易清洁的材料，且应向排水口倾料，坡度不应小于 0.2%。

3.4.7 卫生间墙面和吊顶应选用不易结露、方便清洁的材料。

3.4.8 洗衣机不宜放置在潮湿环境中。

3.4.9 当设洗衣房时，宜配置工作台及储物柜，预留洗衣机和干衣机的位置，并设相应的接口装置。

3.5 走道、贮藏空间

3.5.1 当有户内楼梯时，其设计应符合《住宅设计标准》（DGJ08-20）的有关规定。

3.5.2 当走道内设有踏步时，应配夜间照明设施。

3.5.3 走道地面宜选用防滑、易清洁的材料。

3.5.4 贮藏空间应合理布局、方便使用。

3.5.5 设有贮藏室时，宜采用可进入式设计，无自然或机械通风的贮藏室应设置通风百叶。

3.5.6 贮藏室墙面宜选用防霉材料。

3.5.7 壁橱门宜设通风百叶。

3.6 阳台、露台

3.6.1 阳台与露台的装修设计应保证栏板或栏杆的安全高度。

3.6.2 阳台地面应选用防滑、易清洁的材料，且应向排水口倾斜，坡度不应小于 0.2%。

3.6.3 封闭式服务阳台设计不应影响厨房对外自然通风。

4 设备设计

4.0.1 装修设计应在土建设备设计的基础上积极使用推荐技术（可参见附录 C），以满足住宅设备各系统的功能有效安全运行、维修方便等要求。

4.0.2 无集中热水供应的住宅装修设计时应布置热水管。当采用容积式热水器时宜配置热水回水管及回水循环泵。

4.0.3 热水管应有补偿管道伸缩的措施。

4.0.4 水嘴宜采用陶瓷密封芯片。

4.0.5 座便器的 次冲洗水量不应大于 6L。

4.0.6 空调送风不应直对居住人长时间停留的位置。

4.0.7 卫生间宜配置采暖设施。

4.0.8 设有空调的主要居住空间宜布新鲜空气补充措施。

4.0.9 设有竖向风道的厨房、卫生间和洗衣房应设通风设施与竖向风道连接，并应采取防止回流的措施。

4.0.10 燃气热水器、排油烟器应分别设置专用废气排放管，其布置应有利于废气排除，严禁人为造成排气不畅，热水器废气排放管安装要防止凝结水的倒流。

4.0.11 空调与通风设备应选用低噪声的环保设备，噪声应符合《民用建筑隔声设计规范》（GBJ118）的要求。

4.0.12 装修设计应根据不同空间的使用要求合理设计户内照明点，并宜采用高效节能的照明设备。照明质量应符合《民用建筑照明设计标准》（GBJ133-90）的有关规定。

4.0.13 卫生间洗脸盆、浴缸、座便器、净身盆及洁身器的金属器件应与卫生间内的辅助等电位接地端子箱可靠连接。

4.0.14 电源插座及插口在符合《住宅设计标准》的基础上，可参见附录 B《住宅功能空间设施与设备配置表》B.0.2 条的要求。

5 防火

5.0.1 套内装修设计不得减少原套型安全出口、疏散出口和减小疏散走道设计所需的净宽度和数量。

5.0.2 装修设计根据建筑分类及不同使用部位选择相应的燃烧性能等级的材料。应按《建筑内部装修设计防火规范》（GB50222 第）3.2.1 条和 3.3.1 条有关住宅的要求执行。

5.0.3 胶合板不得用于顶棚装修材料；厨房的顶棚、墙面、地面均应采用 A 级装修材料；厨房和卫生间不得使用塑料等可燃材料。

5.0.4 装修设计不应影响消防设施的正常使用。

5.0.5 对于使用管道煤气的厨房，可安装可燃气体浓度探测器。

5.0.6 功率在 100W 以上的灯具应采用瓷质灯座。照明灯具高温部位，当靠近非 A 级装修材料时，应采取隔热、散热等防火保护材料，灯饰所用材料的燃烧性能等级不应低于 B1 级。

5.0.7 住宅套内的配电箱不应直接安装在低于 B1 级的装修材料上。

和龙市家庭装饰工程投诉处理暂行办法

和龙市装饰工程管理处

二○○三年四月三十日

第一章　总　则

第一条　为保护家庭装饰消费者和从业企业的合法权益，正确、及时处理客户对家庭装饰工程（以下简称家装工程）投诉，根据《中华人民共和国产品质量法》（以下简称产品质量法）、《中华人民共和国消费者权益保护法》及《和龙市家庭装修管理暂行规定》的有关规定，制定本办法。

第二条　和龙市装饰工程管理处受理家庭装饰工程的投诉，依照本办法执行。

第三条　和龙市装饰工程管理处应当设置专门的工作机构或专职人员，负责处理家装工程投诉。

第四条　和龙市装饰工程管理处对受理的消费者投诉案件，应当根据事实，依照法律、行政法规和规章以及合同条款或双方约定公正合理地处理。

第二章　投诉受理

第五条　消费者投诉应当符合下列条件：

（一）有明确的被诉人；

（二）有具体的投诉请求、理由和事实经过；

（三）被投诉人已被和龙市装饰工程管理处从业认证；

（四）未取得从业认证单位的投诉按规定转送其他部门处理；

第六条　消费者投诉应当提供书面材料，并载明以下内容：

（一）消费者姓名、住址、电话号码（含传呼机、手机号码）、邮政编码；

（二）家装工程地址，施工单位名称及负责人姓名；

（三）投诉人的要求、理由及事实、相关证据（包括签订的正规合同）；

（四）投诉日期。

第七条　消费者委托代理人进行投诉活动的，应当向市装饰工程管理处递交授权委托书。

第八条　下列投诉不予受理：

（一）过保修期，被诉方不再负有违约责任的；

（二）已达成调解协议，且没有新情况，新理由的；

（三）消费者无法证实自己权益受到侵害的；

（四）对存在争议的产品无法实施检验鉴定的；

（五）消费者知道或者应当知道其权益受到伤害之日起超过二年的，或者超过规定或约定期限的；

（六）法院、仲裁机构、有关行政机关或消费者协会已受理或者处理的；

（七）不符合国家法律、法规及规章规定的；

第九条　市装饰工程管理处受理家装工程投诉的案件，属于民事争议的，采用调解方式予以处理：

（一）投诉符合规定的，予以受理；

（二）投诉不符合规定的，告之不予受理的理由。

第三章　投诉处理

第十条　对消费者的投诉应当予以登记，并及时处理。

第十一条　市装饰工程管理处受理家装工程投诉的案件，属于民事争议的，采用调解方式予以处理。

第十二条　市装饰工程管理处对举报被投诉人未履行《产品质量法》规定的“三包”义务引起的产品质量争议，应当责令其改正。

第十三条　市装饰工程管理处对举报生产、销售伪劣商品行政违法行为的投诉，应当移送有管辖权的行政执法部门处理；对构成生产、销售伪劣商品犯罪行为的投诉，应当移送司法机关处理。

第十四条　负责家装工程争议调解的市装饰工程管理处进行调解时，应当征得投诉人和被投诉人的同意，调查核实投诉情况，认定有关事实。

第十五条　市装饰工程管理处对举报家装工程不符合家庭装饰管理规定、家庭装饰合同或双方约定及家庭装饰标准的，被投诉人应视具体情况负责返工、整改及经济赔偿。

第十六条　对有争议的家装工程需要进行质量检验、鉴定的，市装饰工程管理处应在征得投诉人和被投诉人同意后，指定法定检验机构或组织有关人员进行质量检验、鉴定。质量检验、鉴定费用由投诉人预付，处理终结时，该费用由败诉者支付。

第十七条　负责家装工程争议调解的市装饰工程管理处组织当事人进行调解，达成一致意见的，应当鉴定《家庭装饰工程争议调节书》，由投诉人和被投诉人自觉履行。

第十八条　调解书应当写明投诉请求、事实、调查核实情况和当事人协议的结果。调解书由投诉人，被投诉人。调解人签名，加盖公章，送达双方当事人。

第十九条　市装饰工程管理处应当在接到消费者申诉书之日起三十日内终结调解。对于复杂的家装工程投诉处理可延长三十日。调解不成的应当及时终止调解，并签订《家庭装饰工程争议终止调解书》。

第二十条　市装饰工程管理处应当建立和健全投诉档案的保管期，可根据投诉的重要性和保留价值等具体情况确定。

第二十一条　市装饰工程管理处应当建立投诉处理信息统计制度，投诉处理情况及时向行业或社会公布，对影响重大的投诉及时报有关政府主管部门。

第四章　附　则

第二十三条　本办法由市装饰工程管理处负责解释。

第二十四条　本办法自颁布之日起实施。

家庭装饰工程质量保证金管理办法（试行）

和龙市装饰工程管理处
二〇〇三年四月三十日

第一章　总　则

为了建立信用机制，切实维护消费者利益、提升家庭装饰行业质量水平和社会信誉度，和龙市装饰工程管理处（以下称管理处）决定，在部分从业单位中试行“家庭装饰工程质量保证金管理办法”（以下称“办法”），即企业交纳一定数量的保证金，委托管理处进行家庭装饰工程质量理赔。管理处相应成立管理机构，负责开展日常工作。

第二章　原　则

第一条　自愿交款。从业单位自愿交纳质量保证金（下称保证金），委托管理处进行质量理赔。

第二条　自我管理保证金所有权仍属从业单位。交纳单位和管理处派代表组成管理机构，对保证金进行管理。

第三条　合情。质量理赔应具备符合理赔要求的条件。

第四条　合理。理赔的数量合理。

第三章　委托、取消委托和拒绝委托

第五条　委托。从业单位与管理处签署“质量理赔委托协议”，委托协议中交纳保证金数额和双方各自承担的责任，管理处接受委托后公告周知。

第六条　取消委托。从业单位决定取消委托时应提前一个月书面通知管理处，管理处即公告周知，并在公告满一年后退还余款。

第七条　拒绝委托。管理处有权拒绝信誉不佳和屡次发生质量事故的单位委托处理质量理赔的要求。

第四章　管理机构

第八条　质量保证金管理办公室。管理处成立“质量保证金管理办公室”下称质保办，质保办由单位代表和管理处人员组成，共同管理和使用保证金（议事规则另词）。

第九条　执行部。质保办兼执行部，处理日常理赔事宜。执行部应秉公办事，既要保护消费者的权益，也要维护从业单位的利益。

第五章　交纳和使用

第十条　交内。从业单位签署“质量理赔委托协议”的同时，将认定的保证金额交入管理处指定账户。数额暂定为1000元。

第十一条　补充。从业单位的保证金支付赔偿后，不足部分应在五个工作日内补足。如果在三十天内不补足，则视同取消委托。

第十二条　使用。质保办对保证金实行专款、专户、专用。在执行质量理赔过程中发生的费用、相关重大活动经费、办公经费、公告费用等在保证金的利息中支付，不足部分由管理处费用补贴。

第六章　质量理赔

第十三条　理赔条件

（一）理赔对象必须是交纳保证金单位施工装饰的客户。

（二）工程质量确实存在问题，且全部或部分责任由施工单位负责。

（三）施工单位应负的责任在正规合同（和龙市工商局、市建设局制定的标准合同）约定下的期限内。

（四）理赔范围是2003年5月1日后施工的工程。

（五）理赔的最高限额为委托单位交纳的质量保证金金额。

第十四条　理赔程序

（一）由客户提出理赔要求并举证，发生费用由客户垫付（举证不成立，由客户支付）。

（二）执行部调查确定或委托权威质量监测、检测机构认定。

（三）执行部发出“质量理赔通知书”，告知施工单位应该赔付的理由和数额。

（四）书面通知发出五个工作日内，施工单位没有异议（不作答复视作同意），应支付赔偿（包括举证检测费）。

（五）客户收到理赔金后出具收款凭证，并在处理结果上签字，理赔即告完成。

第十五条　申诉。从业单位对执行部处理意见如有异议，应以书面形式向管理处提出申诉。申诉并不影响理赔程序的进行。如果从业单位申诉理由成立，其损失由保证金的利息补偿，相关责任人将受到处理。

第十六条　质保办工作人员必须廉洁奉公、秉公办事。若有违纪者，将严肃处理。

第七章　附　则

第十七条　“质量理赔委托协议”、“质量理赔通知书”为本“办法”附件。

第十八条　本“办法”由和龙市装饰工程管理处解释。

第十九条　本“办法”自公布之日起试行。

附件一：

质量理赔委托协议（样式）

委托方：____________________（甲方）

受托方：和龙市装饰工程管理处（乙方）

一、甲方自愿交纳家庭装饰工程质量保证金人民币________万元（大写_______万元整），委托乙方处理涉及本单位家庭装饰工程的质量赔偿事宜。

二、甲方承诺：在甲方应赔而逾期未赔（不赔）前提下，乙方有权直接动用保证金赔付。

三、乙方接受甲方委托，公正执行质量理赔。

四、委托日期自本协议签定之日起。

五、甲方取消委托或乙方拒绝委托，其方案另订。

六、本协议一式贰份，双方盖章签字有效。

委托单位：

受托单位：和龙市装饰工程管理处

委托日期：　　　　　　　　　　　　　　　　受托日期：

附件二：

质量理赔通知书（样式）

_________________________：

根据　　号家庭装饰合同，本市_______街路_______号_________家庭装饰由你单位承接。现决定向业主赔偿人民币　　元（大写：___________）

请你公司在五天内把该款交至质保办执行部。

你公司如有异议。请在五天内书面复函，可向和龙市装饰工程管理处提出申诉，管理处在五个工作日内作出裁决。

但赔偿不受影响，费用在质量保证金中列支，你公司的质量保证金余额为____元，不足部分，请在五个工作日内补足。

特此通知。

质量保证金管理办公室执行部

二〇〇　年　月　日

附件三：

公　告（样式）

和龙市装饰工程管理处接受下列单位委托，处理涉及这些单位的家庭装饰工程质量理赔事宜。如果消费者认为下列单位的工程施工质量不符合《和龙市住宅装饰装修验收标准》，可向管理处投诉。理赔范围和程序，详见管理处的有关规定。管理处敬请消费者注意，在家庭装饰时，应该委托有资质、有信誉保证的企业施工，应该签订市工商局、市建设局制定的标准合同，以保障你的合法权益。

单位名称

地址

法人代表

电话

联络人员

质量担保，诚心为证，一诺千金。

和龙市装饰工程管理处

地址：文化路 62 号

投诉电话：4232399

·管理创新·

广州市家居装饰工程验收办法（GJJW-B01-2003）

广州市建筑装饰协会家居装饰委员会

（二〇〇三年三月）

1　基本原则

1.01 本办法根据建设部《住宅装饰装修工程施工规范》、《建筑装饰装修工程质量验收规范》、《民用建筑工程室内环境污染控制规范》的要求而制定。

1.02 装饰设计施工必须确保建筑物原有安全性、整体性，不得任意改变建筑物的承重结构，不得随意破坏建筑外立面，若需开安装孔洞，在设备安装后应力求按原有外墙装饰效果修整。

1.03 装饰应在业主的幢户、分户门以内的住户面积范围内进行，不得占用公用空间，不得因装饰影响毗邻房屋的安全及使用环境。

1.04 采购的装饰材料质量应符合该产品有关标准质量要求和设计要求。成品供货单位应提供产品质保书或检验报告。施工前，必须对材料严格进行验收，合格后如有木材料必须进行防虫、防火处理，方可进行施工。如供需双方有争议时，可由法定建材质检机构仲裁检验。

1.05 装饰不得随意改变排水管，给水管道。一般不改变地漏、便器的位置(业主要求例外)，不得随意增设卫浴设施。

1.06 厨房装饰严禁移动燃气表具，燃气管道不得暗敷，不得穿越卧室，穿越吊平顶内的燃气管道不得有接头。如确需移动表具，应由业主向燃气主管部门提出申请，或由具有相关资格证书的部门、人员进行施工安装。

1.07 对安装、使用有特殊规定的材料制品和设备，施工时应严格按其产品说明书的规定进行。

1.08 供需双方在装饰前应签订施工合同。合同中应包括造价、设计要求、材料选型和等级、施工质量、期限和保修期等内容。在选材时应优先采用节能型、阻燃型和环保型装饰材料及用具。

2　文明施工

2.01 施工现场必须张贴文明施工、安全施工条例及防水防潮施工工艺与工程进度计划表。

2.02 凡公司员工必须在工地挂牌上岗。

2.03 墙壁批荡时超过 40mm 厚必须挂 4 号钢网后方可批荡。

2.04 施工现场灭火器必须放在明显且取用方便的位置。

2.05 施工现场不得打赤膊穿拖鞋。

2.06 施工现场不得带小孩进入，并做到无闲杂人员。

2.07 施工现场材料应分类堆放整齐。

2.08 当天应清扫施工场地，保持清洁卫生。

2.09 易燃材料必须放在安全位置。

2.10 严禁在施工用电时裸线直插，严禁在施工场地吸烟及煮饭。

2.11 严禁在施工现场随意大小便。

2.12 不准在业主的床上及家具上睡觉。

2.13 不准站在家具或洁具上施工。

2.14 不准站在天那水及油漆桶上施工。

2.15 打墙、拆瓷片应采取安全保护措施。

2.16 不得在施工场地吵嘴、打架或与业主争执、辱骂。

2.17 不得在施工场地聚众赌博。

2.18 所有完工成品必须严格保护好(不能有划痕、碰伤，柜内不能堆放杂物并保持洁净。)

3　泥工作业

3.01 砌墙质量允许尺寸偏差及验收方法应符合表 1 的要求。

3.02 抹灰的基本要求和验收方法

3.03 表面应洁净，接搓平顺，线角顺直，粘接牢固，无脱层，无爆灰和裂缝等缺陷。采用目测的方法验收。

3.04 用小锤轻轻敲击检查有无空鼓声，空鼓而不裂，每处的面积不大于 200cm^2 为合格，全数检查（单块砖空壳小于 30%）。

砌墙质量允许尺寸偏差及验收方法　　表 1

项目			允许偏差（mm）	验收方法：量具	验收方法：测量方法
垂直度	每层		5	2m 靠尺和托线板	每室测量不少于二处
	全高	5m 以下	5	2m 靠尺和托线板	每室测量不少于二处，取最大值
表面平整度	混水墙、柱		3	2m 靠尺和楔形塞尺	每墙测二处，取最大值
	混水墙、柱		4	2m 靠尺和楔形塞尺	每墙测二处，取最大值
水平灰缝平直度	清水墙 10m 以内		7	用线拉和尺量	每墙测二处，取最大值
	混水墙 10m 以内		10	用线拉和尺量	每墙测二处，取最大值
水平灰缝厚度（10 皮砖累计）			8	用皮数杆、用尺检查	10 皮检查一次
轴线位移和楼面标高			10、15	用角尺量轴线角度，用水平尺及钢卷尺标高	

3.05 抹灰质量允许尺寸偏差及验收方法应符合表 2 的要求。

抹灰质量允许尺寸偏差及验收方法　　表 2

项 目	允许偏差（mm）	验收方法	
		量 具	测量方法
表面平整度	≤4	2m 靠尺和楔形塞尺	每室测量不少于二处，取最大值
立面垂直度	≤5	2m 托线板	每室随机选一面墙壁，测三处，取最大值
阴阳垂直度	≤4	2m 托线板	每室随机选一面墙壁，测三处，取最大值
阴阳角方正度	≤4	用角尺和楔形塞尺	每室随机测量一阴阳角

3.06 墙面镶贴的基本要求的验收方法

3.07 镶贴应牢固，表面平整干净，无漏贴错贴，缝隙均匀，周边顺直，砖面无裂纹、摔角、缺棱等现象。采用自然光线下目测的方法验收。

3.08 用小锤在墙面上全数轻轻敲击，$5m^2$ 空鼓面积应小于 $200cm^2$。

3.09 墙面镶贴允许尺寸偏差及验收方法应符合表 3 的规定。

墙面镶贴允许尺寸偏差及验收方法　　表 3

项 目	允许偏差（mm）		验收方法	
	石材	墙面砖	量 具	测量方法
表面平整度	≤2.0	≤2.0	2m 靠尺，楔形塞尺	每室随机选一墙面，测量不少于二处，取最大值。
垂直度	≤3.0	≤2.0	1m 托线板	
阳角方正	≤3.0	≤2.0	角尺、楔形塞尺	
接缝高低	≤0.5	≤0.5	游标长尺或挂线	
接缝平直	≤2.0	≤2.0	拉线、钢直尺	
缝隙宽度	≤2.0	≤1.0	钢直尺	

注：卫生间、厨房内墙面防水涂膜做到 0.9m 高，内墙隔壁有柜的防水涂膜做到 1.2m 以上，待 36 小时干固后再贴墙面砖。

3.10 地面镶贴的基本要求和验收方法

3.11 镶贴应牢固，表面平整干净，缝隙均匀周边平直，表面无裂纹、摔角、缺棱等现象。

3.12 用小锤在地面上全数轻轻敲击，不得有空鼓声。

3.13 有排水要求的地砖镶贴应满足排水坡度要求 2～3%坡向地漏等出水口，与地漏及出水口处应严密牢固。

3.14 地面镶贴尺寸允许偏差及验收方法应符合表 4 的规定。

地面镶贴尺寸允许偏差及验收方法　　表 4

项 目	允许偏差（mm）	验收方法	
		量 具	测量方法
表面平整度	≤2.0	2m 靠尺和楔形塞尺	每室测量不少于二处，取最大值
接缝高低	≤0.5	钢直尺和楔形塞尺	
接缝垂直	≤2.0	拉线、钢直尺	
缝隙宽度	≤2.0	钢直尺	

注：卫生间、厨房地面必须做防水涂膜层，与墙面处理应严密，待 36 小时干固后再贴地砖。

4　水工作业

4.01 给排水管道的基本要求和验收方法

4.02 安装给排水管的管材、管件的质量必须符合标准要求，给水管应选择日丰铝塑复合压力管，排水管应采用硬质聚氯乙烯排水管材、件。

4.03 安装水管应按照冷水白管、热水红管、煤气黄管的操作规定进行安装。

4.04 布管要整齐、美观、规范。

4.05 安装的水表和各种阀门位置应符合要求，要便于使用和维修。

4.06 装饰不得任意改变给水管道、排水立管、便器位置。

4.07 给排水管安装完毕，必须经质检人员试压检查，合格再封槽，方可进行下道工序施工。

4.08 排水管管道的安装要按规定放好坡度。

5　卫浴设备

5.01 基本要求和验收

5.02 卫生洁具外表应洁净无损坏。卫生洁具安装必须牢固，不得松动，排水应畅通无阻，各连接处应密封无渗漏，阀门开关灵活。采用目测和手感方法验收。安装完毕后，进行不少于 0.5 小时盛水试验，无渗漏方可。盛水量分别如下：便器高低水箱应盛至扳手孔以下 10mm 处；各种洗涤盆、面盆应盛至溢水口；浴缸应盛至不少于缸深的三分之一；水盆应盛至不少于盆深的三分之二。

6　铝窗作业

6.01 铝材必须符合国家标准。

6.02 使用玻璃时必须使用全钢化玻璃。

6.03 在外内墙批荡之前必须铝窗安装完毕。

7　电工作业

7.01 卫生间全部金属及阳台铁花围栏要接入大地网络，电流电击时可减少伤亡事故。

7.02 强电回路为：

① 卫生间独立回路。

② 照明每层独立回路。

③ 空调独立回路。

④ 插座独立回路。

7.03 电视要设中央处理器，各为独立专线，如必须用分支器时每个分支器不能有空位。

7.04 电话线及网络光杆必须设有中央配电架，每个数据位必须由专线完成。

7.05 基本要求和验收方法

7.06 每户应设置分户配电箱，配电箱内应设置漏电断路器，漏电动作电流应不大于 30mA，有过负荷保护功能，并分出数路出线，分别控制照明、空调、插座。其回路应确保负荷正常使用。

7.07 室内布线应穿管敷设，穿管敷设时，管内不得有接头和扭结，导线与电话线、闭路电视线等不得安装在同一管道中。

7.08 照明及电热负荷线径截面的选择应使导线的安全载流量大于该分路内所有电器的额定电流之和，各分路线的容量不允许超过进户线的容量。

7.09 接地保护应可靠，导线间和导线对地间的绝缘电阻应大于 0.5 兆欧。

7.10 电暖器安装不得使用普通插座，不得直接安装在可燃构件上，卫生间插座宜选用防溅式。

7.11 插座离地应在 30cm 左右，照明开关距地高度官为 1.4m，接线时相线进开关，零线直接进灯头，螺口灯头相线不应接外壳。

7.12 吊平顶内的电气配管，应按照配管的要求，不得将配管固定在平顶的吊架或龙骨上，使用软管到灯时，其长度不应超过 0.8m，各种强、弱电的导线均不得在吊平顶内山现裸露，各种拉线方法及颜色要符合专业知识。

7.13 需隐蔽的电气线路应在质检员验收合格后方可进行隐蔽作业。

7.14 面向电源插座的相线和零线位置为左零右相，有接地孔的插座，其地线插座孔应为上方位置，接地线应可靠，开关、插座应安装牢固。采用目测和手动的方法检查，并采用电路测试的专用工具检验插座上的相线，零线和地线位置是否符合要求。

7.15 施工完毕，应进行电器通电和灯具试亮验收。

7.16 导线与燃气管路的间隔距离按下（表 17）所示，并用钢卷尺进行检查。

（表 17）

类别 / 位置	导线与燃气管之间距离	电气开关接头与燃气管间距离
同一平面	≥100mm	≥150mm
不同平面	≥50mm	≥150mm

8　木工作业

8.01 门及门套基本要求和验收方法

8.02 门及门套的品种规格，开启方向及安装位置应符合设计规定。安装必须牢固，横平竖直，高低一致。门框与门页之间空隙在 2～3mm 之内。门扇应开启灵活，无阻滞及反弹现象，关闭后不翘角，不露缝。厚度均匀，外观洁净，大面无划痕，碰伤，缺棱等现象。拼块严密，镶贴幻彩线粘结牢固平顺，络缝平直弧线顺畅。安装平开门合页两边开槽。采用目测和手感方法验收。

8.03 门及门套安装尺寸允许偏差及验收方法应符合表 5 规定。

8.04 推拉门、折叠门的基本要求和验收方法

8.05 安装必须牢固，推拉灵活流畅，门页高低一致，横平竖直，大小一样，拉拢后不得出现顺 V 字型。门页与门页之间在横向留缝 5mm 左右，以免推拉时碰撞。折叠门应折叠灵活方便，其余制作方法大体相似。采用目测和手感方法验收。

门及门套安装尺寸允许偏差及验收方法　　表 5

项目	允许偏差（mm）		验收方法	
			量具	测量方法
框的正、侧面垂直度	≤2		托线板和钢卷尺	全数检查
框对角线长度差	≤2		钢卷尺	
框与扇之间缝隙	≤3		楔形卷尺	
框与扇接触处高低差	≤2		用钢直尺和楔形塞尺	
门扇与地面留缝宽度	内门	6～8	楔形塞尺	
	厨、卫	10～12		

8.06 推拉门、折叠门安装尺寸允许偏差及验收方法应符合表 6 规定。

推拉门、折叠门安装尺寸允许偏差及验收方法　　表 6

项目	允许偏差（mm）	验收方法	
		量具	测量方法
门套的正、侧面垂度	≤2	托线板和钢卷尺	全数检查
门套的对角线长度差	≤2	钢卷尺	
门扇变形	≤2	用钢直尺和楔形塞尺	
门扇与门扇之间横缝	≤5	楔形塞尺	
门扇与门套缝位	≤1.5	楔形塞尺	

8.07 衣柜的基本要求和验收方法

8.08 造型、结构和安装位置应符合设计要求，框架应垂直、水平。柜内应洁净，表面应砂磨光滑，不应有毛刺和锤印。大面无划痕、碰伤、缺棱等现象。贴面板及线条，应粘贴平整牢固，不脱胶，边角处不起翘。柜门安装牢固，开关灵活，上下缝一致，横平竖直。并块应平整严密，镶贴幻彩线粘结平顺。采用目测和手感的方法验收。

8.09 夹板与墙之间应做防潮处理，墙面涂防潮剂或防水材料，板刷光油，双面做防潮处理。

8.10 衣柜的制作尺寸偏差和验收方法应符合表 7 的规定。

衣柜的制作尺寸偏差及验收方法　　表 7

项目	允许偏差（mm）	验收方法	
		量具	测量方法
柜门缝宽度	≤2.5	楔形塞尺	每柜随机选门一扇，测量不少于二处，取最大值
垂直度	≤2.0	线锤、钢卷尺	
对角线长度	≤2.0	线锤、钢卷尺	

注：以上也可适用矮柜、储物柜、地柜、吊柜、壁柜、鞋柜、书柜等的验收评定。

8.11 写字台的基本要求和验收方法

8.12 制作造型、结构和安装位置应符合设计要求。面板、线条、幻彩线等粘贴平整牢固，不脱胶，不起鼓，边角不起翘。表面应砂磨光滑，不得有毛刺和锤印。大面无伤痕、缺棱等现象。抽屉轨道间隙应严密，推拉灵活，无阻滞、脱轨现象。采用目测和手感的方法验收。

8.13 写字台制作尺寸允许偏差及验收方法应符合表 8

的规定

写字台制作尺寸允许偏差及验收方法　　表 8

项　目	允许偏差（mm）	验收方法	
		量　具	测量方法
台面平整度	0	水平尺	全数检查
抽屉与台面度	≤2.0	楔形塞尺	
抽屉水平度	≤1.0	水平尺	

注：以上也可适用梳妆台、电脑写字台、床头柜、电视柜等的验收评定。如电视柜台面为大理石的应安放平整牢固。

8.14 木地台的基本要求和验收方法

8.15 铺设应牢固，不松动、涡陷和起翘，行走时无响声。台面板应留伸缩缝，应做防潮处理。用目测和脚踏行走的方法验收。

8.16 木地台铺设尺寸偏差和验收方法应符合表 9 的规定

木地台铺设允许尺寸偏差和验收方法　　表 9

项　目	允许偏差（mm）	验收方法	
		量　具	测量方法
表面平整度	≤2.0	2m 靠尺、楔形塞尺、水平尺	全数检查
伸缩缝宽度	5～8	钢卷尺	

8.17 木地板的基本要求和验收方法

8.18 木地板表面应洁净无沾污，刨平磨光，无刨痕和毛刺、磨迹等现象。垫层应牢固，间距应符合要求，并做防潮处理。木地板铺设应牢固，不松动，行走时无响声。地板与墙面之间应留 8～10mm 的伸缩缝，用目测和手感的方法验收。

8.19 木地板的铺设尺寸偏差和验收方法应符合表 10 的规定。

木地板的铺设尺寸允许偏差及验收方法　　表 10

项　目		允许偏差（mm）	验收方法	
			量　具	测量方法
表面平整度	长地板	≤2.0	2m 靠尺、楔形塞尺	每室测量至少于三处，取最大值
	拼花地板	≤2.0		
	四面企口地板	≤2.0		
缝隙宽度	长地板	≤1.0	2m 靠尺、楔形塞尺	注：复合地板可参照执行，另缝隙宽度为 0
	拼花地板	≤0.5		
	四面企口地板	≤2.0		
地板接缝高低		≤0.5	2m 靠尺、楔形塞尺	

8.20 天花的基本要求和验收方法

8.21 造型、结构和安装位置应符合设计要求。安装应牢固，表面平整、无污染、折裂、缺棱、掉角、锤伤等缺陷。粘贴面板的不应有脱层、起鼓、翘角，钉夹板的不应有漏缝、透光，钉桑拿板的应严密。假梁面板应碰角整齐，超过 2.4m 面板颜色要一致。主龙骨无明显弯曲，次龙骨连接处无明显错位，在嵌装灯具、排气扇等物体的位置应加固处理。采用目测的方法验收。

8.22 天花的安装尺寸偏差及验收方法应符合表 11 的规定。

天花的安装尺寸允许偏差及验收方法　　表 11

项　目	允许偏差（mm）	验收方法	
		量　具	测量方法
表面平整度	≤2.0	钢直尺、楔形塞尺	随机测一处垂直的两个方向，取最大值
接缝平直	≤3.0	拉线、钢直尺、楔形塞尺	拉线检查，随机测至少二处，取最大值
接缝高低	≤1.0		
压条平直	≤3.0	拉线、钢直尺、楔形塞尺	随机测量不少于二处，取最大值
压条间距	≤2.0		
天花水平	5.0		

注：夹板天花、面板天花、桑拿天花、假梁天花、扣板天花、玻璃天花、格子天花等均参照验收评定。

8.23 细木工的基本要求和验收方法

8.24 表面光滑，线条顺直，棱角方正，不露钉帽，无刨痕、毛刺、锤印等缺陷。安装位置正确，割角、碰角整齐，接缝严密，与墙面紧贴。采用目测和手感的方法验收。

细木制品安装允许尺寸偏差及验收方法　　表 12

项　目		允许偏差（mm）	验收方法	
			量　具	测量方法
窗帘盒	两端距窗洞长度差	≤3.0	钢卷尺、水平尺	全数检查
层板	两端高低差	≤2.0	水平尺、楔形塞尺	
踢脚线、木角线	上、下沿口平直	≤3.0		
窗套	内侧平直	≤3.0		

注：粘贴天花石膏线应平直牢固，接头要严密，对花平整，弧形线要流畅，并一定要订做。

8.25 墙面造型的基本要求和验收方法

8.26 造型、结构和安装位置应符合设计要求。表面应光洁，表面光滑，无毛刺等。缝口紧密，板面间缝隙宽度均匀，直木纹朝向一致，斜木纹图案清晰。安装牢固，粘贴面板不脱胶，边角不起翘，拼块严密。采用目测及手感方法验收。

8.27 墙面造型的尺寸偏差及验收方法应符合表 13 的规定。

墙面造型的尺寸允许偏差及验收方法　　表 13

项　目	允许偏差（mm）	验收方法	
		量　具	测量方法
上口平直度	≤3.0	5m 拉线	每面至少测量二处，取最大值。
面板垂直度	≤2.0	线锤和钢卷尺	
表面平整度	≤1.5	1m 靠尺和塞尺	
面板络缝宽度	按设计要求	钢直尺	

注：以上也可适用护墙板、木墙裙、床头造型等验收评定。

另外：木楼梯踏板及木扶手参照建筑工程质量检验评定标准执行。

9　煽灰工作业

9.01 煽灰的基本要求和验收方法

9.02 煽灰前应将洞眼、线槽、门边缝填补平，墙面、顶面平整，阴阳角平直，无掉粉、起波、漏刷涂料等现象。无明显色差、返色、刷纹，无显著砂眼、流坠、起疙、溅沫并保持洁净。采用目测和手感方法验收。木质天花或石膏板天花应先作防锈处理后方可进行抹灰工序。

9.03 煽灰质量要求及验收方法符合表 14 的规定。

煽灰质量要求及验收方法　　表 14

项　目	允许偏差（mm）	验收方法	
		量　具	测量方法
表面平整度	≤2	2m 靠尺和楔形塞尺	每室测量不少于两处，取最大值
立面垂直度	≤3	2m 托线板	每室随机选一面墙，测量不少于两处，取最大值
阴阳垂直度	≤2		
阴阳角方正度	≤2	用角尺和楔形塞尺	每室随机测量一阴阳角

10　油漆工作业

10.01 油漆的基本要求和验收方法

10.02 钉孔、接缝处刮灰应饱满，调色、点色、补色粉

10.03 油漆涂刷质量及验收方法应符合表 15 的规定。

清漆涂刷质量及验收方法　　表 15

要　求	验收方法
木纹清晰，棕眼刮平	应在涂料实干后，正视、目测或手感
平整光滑	
裹棱、流坠、皱皮大面无、小面明显处无	
颜色基本一致，无刷纹	
不允许有漏刷，脱皮，斑纹	

10.04 裱糊

10.05 裱糊壁纸（布）的质量要求及验收方法应符合表 16 的规定。

裱糊壁纸（布）的质量要求及验收方法　　表 16

要　求	验收方法	
色泽一致，无明显色差	应在裱糊干燥后进行目测	
花纹图案，吻合恰当		
与顶角线、踢脚线拼接紧密，无缝隙		
粘贴牢固，不得有漏贴，补贴、脱层		
阴阳转角，棱角分明		
表面无皱折、污斑、翘边、波纹起伏		
壁纸垂直度 3m 内，不大于 4mm。	用 3m 钢卷尺、楔形塞尺	每室随机测量两处，取
壁纸（布）接缝不大于 0.5mm。	用游标长尺	

11　质量验收及判定

11.01 验收程序

管道、电气及其他隐蔽项目应在转入下道工序前由业主签字生效。装饰竣工后，施工方应先自行验收，若符合要求，可交付业主验收。

11.02 质量判定

11.03 在判定中涉及安全及重要使用性能的给排水管道、电气、卫浴安装三项分项目应全部合格。

11.04 若在验收中发现有不符合验收要求的项目，施工方应进行整改，整改后对不合格项次进行复验，直至达到要求。

关于上海市家庭装饰工地非典型肺炎防范工作开展情况的通报

沪装协防非字(2003)第 5 号

各会员单位：

我会根据市建委的统一部署，于今年四、五月份，开展了家庭装饰工地防范“非典”的工作，发布了《关于加强防范“非典”工作的通知》、《关于进一步加强家庭装饰工地非典型肺炎防范工作的通知》等一系列文件，各单位在贯彻落实各项“通知”精神方面做了大量工作，取得了一定的成效，但也存在一些薄弱环节。

现将本市家庭装饰行业前一阶段的“非典”防治工作开展情况通报如下：

一、“非典”防范工作概况

1．发布“非典”防范工作通知，明确“非典”防范工作要求。2003 年 4 月 21 日，我会发布《关于加强防范“非典”工作的通知》，要求停办、缓办大规模的行业会议和会展活动。我会取消了 4 月份举办的上海市家庭装饰材料展示会和 5 月份举办的上海市家庭装饰设计咨询展示会，已发出通知的上海市装饰装修行业协会建筑装饰专业委员会成立大会决定延期举行。由于前期进行了大量的广告宣传，准备工作已经就绪，因此受到了较大的损失。

4 月 28 日，我会发布《关于进一步加强家庭装饰工地非典型肺炎防范工作的通知》，从进一步加强宣传教育、落实责任制和处置制度、完善报告制度、控制工地人员、做好消毒防范、落实检查制度、启动预警机制等方面，对各会员单位的“非典”防治工作提出了要求。

5月9日，我会发出《关于加强下水管道施工管理，阻断“非典”传播途径的通知》，要求各会员单位在设计、安装立盆或洗涤盆下水道时，必须采用带“P型”或“S型”的存水弯，以阻断废水和废气进入卫生间或厨房间，预防“非典”等疾病的传播。

5月12日，我会发布《关于认真贯彻市政府、市建委有关精神，进一步做好装饰工地“非典”防范工作，执行“上海市建筑业企业施工人员从业手册”的通知》，要求各企业的施工劳务人员在固定的工地工作，不得无序流动；要求各企业的每个施工人员必须持有健康证明，向我会申领“从业手册”，规定任何家装企业或工地禁止使用无“从业手册”的施工人员，违者将依据有关规定严肃处理。

2．构筑防范“非典”网络，做到疏而不漏。目前，本市家装行业的会员有1000多家，90%以上是民营企业，90%以上是小型企业，在建工地多而散，20多万的施工人员均来自全国各地的农民工，防范“非典”工作的任务十分艰巨。

为了充分发挥群防群治的优势，我会决定构筑防范“非典”网络，网络的组成为：协会——大组——小组——企业——工地——从业劳务人员。

在我会的统一组织协调下，将1000多家会员单位分成9个大组，每个大组按会员多少分成3～5个小组，每个小组分管几个到十几个会员单位，每个企业管好所辖工地，每个工地管好每一个施工劳务人员，通过六级网络，把健康登记、体温测试、现场消毒、个人防范、疫情报告等各项工作落实到每一个企业和每一个从业劳务人员，实现防非工作全覆盖，做到一个不漏。

通过六级网络，发动各企业自查、组与组之间开展互查，在企业自查、互查基础上，再由我会进行抽查，并将自查、互查、抽查情况，由我会汇总、分析、处理后上报市建委、市建管办。

3．派出督察组，加强对企业防非工作的督促检查。为了加强对企业防非工作的督促检查，我会派出9个督察组，分别赴9个大组，了解各大组防非工作开展情况，帮助企业建立健全各项规章制度，包括：防非责任制度、宣传教育制度、健康登记制度、现场消毒制度、个人防范制度、控制人员流动制度、疫情报告制度和日报告（零报告）等。

督察组还对大组防非措施落实情况，进行了抽查。从5月7日起至5月29日止，我会共抽调9辆专用车，出动540人次，对340个企业的1620个工地进行了抽查，抽查覆盖占5208个在建工地的31%。

二、“非典”防范工作的效果

从前一段时间检查和抽查情况来看，本市各家装企业的领导对防非工作均较重视，防非宣传工作普遍开展，防非各项措施基本到位，整个行业至今尚未发现一例非典病例或疑似病例，行业抗击“非典”工作取得了良好的效果。

1．企业领导对防非工作较为重视。大多数企业召开了专门会议，对防非工作做了部署，制订了规章制度，明确各个部门的职责，落实了各项措施。各企业的领导24小时手机开机，“非典”期间暂停从业人员招聘，施工人员去向要进行登记，现场消毒、个人防范措施等各项工作基本落实。现场一般均配备了过氧乙酸、药皂或灭菌皂，有的配备消毒液、洗手液和餐具消毒液。有的企业有完善的登记记录制度，包括人员流动登记记录、体温测试记录、消毒记录等。

2．防非宣传工作普遍开展。在施工现场一般均张贴市建管办防治指导，各医疗机构名称地址电话，有的还张贴本企业防非规定、领导小组网络图，宣传覆盖率达100%。通过教育、宣传，从业人员对“非典”特征、个人防范措施以及发现“非典”症状如何处置等知晓率达100%。

3．多数企业落实了防非的各项措施。其中开展得较好的企业有荣欣、全筑、美旗、盛亚、百安居、千思、聚通、中青等装饰企业，这些企业对防非工作思想重视，组织落实、制度完善、措施到位。例如，上海全筑建筑装饰工程有限公司，在施工工地，除张贴我会转发的防非宣传资料外，还张贴公司关于防非工作的通知、紧急通知，还有完整的人员流动、体温测试和消毒记录；又如，上海荣欣家庭装饰有限公司采取一系列措施避免“非典”交叉感染，内容包括：施工人员不在工地吃住，上下班骑自行车。对12个工人集中居住场所，实行了每天二次测量体温，进行健康登记。每天进行宿舍和食堂大扫除，并喷洒消毒药水。工人用餐实行分餐制等。上海百安居装饰工程有限公司推出普查制度、日报制度、消毒制度和保洁制度等四项措施，并坚持每天对每个员工进行体温测试。

三、进一步加强“非典”防治工作的要求

家装行业“非典”防治工作虽然取得了很大成绩，但还存在一些薄弱环节，少数企业领导思想重视不够，措施不力，主要表现在：有的施工工地没有张贴“非典”防治宣传资料，有的不配备消毒药水或药皂，有的不对施工人员测量体温，有的不按规范进行消毒，以及对消毒、体温测试和人员流动情况不进行记录等。

根据防病形势的变化，针对行业防非工作出现的新情况、新问题，协会对如何继续搞好行业防非工作提出以下要求：

1．加强宣传，克服麻痹思想。针对行业部分企业产生的：“麻痹”思想、“侥幸”心理和“厌战”情绪，要通过各种手段和渠道向广大从业人员宣传防治“非典”知识教育，使他们充分认识到“非典”病毒致毒力强、生存力强的特点，

是一种尚未被人类完全认识的传染病，随时有可能出现反复的传染病，从而树立长期作战思想，切实做到思想上不放松、工作上不放松、措施上不放松。

2．加强防非网络，覆盖整个行业。各企业要根据我会防非工作要求，认真做好自查，提高防范水平；各小组组长单位要加强对所辖单位的督促检查，摸清家底，抓住薄弱环节，消除可能存在的各种盲区；各大组长单位要加强对各小组的工作指导，及时汇总、分析各小组的防非信息。各层面的领导要继续保持高度的工作责任心，把防非工作的触角伸到每一个企业和每一个从业人员，真正做到全面覆盖，不留死角，把各项工作做得更细、更深、更实、更透，夺取抗非斗争的新胜利。

3．加强施工人员管理，控制人员流动。为了从源头上阻断"非典"病毒，必须严格控制人员流动。在"非典"期间，各企业必须暂停招聘从业人员，施工人员不得擅自返乡。要严格执行非施工人员进入工地的登记制度，严禁非施工人员在工地宿舍留宿，严禁使用无"从业手册"的施工人员。各企业的施工人员应在固定工地工作，不得无序流动，确需流动的，应在同一个企业的工地间有序流动。当企业间施工人员流动时，相关企业应到我会办理变更手续。

4．做好个人防范，养成良好的个人卫生习惯。口罩具有隔滤的作用，不带口罩就会增加感染机会，因此在人群密集和空气不流通的地方，应继续戴上口罩。科学证明，洗手是防非有效措施，随着夏季的到来，细菌、病毒也活跃起来，洗手更显得必要。洗手应用洗手液或药皂(灭菌皂)，同时要注意洗手洗到关键，要讲科学，真正起到去除污垢和消毒的作用。通风能稀释病毒，是防非最有效的措施。在施工人员工作、生活场所必须尽量打开门窗，让空气对流。戴口罩、洗手、通风是防非的重要措施，每个从业人员要坚持坚持再坚持。

5．坚持科学消毒和体温测试，认真做好记录。目前，不少施工人员不知道过氧乙酸贮存不当会引起爆炸，不了解浓度过高会造成环境污染，不知道只有科学地消毒方法才能达到消毒的目的。为了科学安全地使用过氧乙酸消毒液，各单位应按照国家质检总局制定的《过氧乙酸消毒液安全使用指南》进行科学消毒。

体温测试是预防"非典"的第一步，各企业要坚持对施工人员实行晨检制度，并要正确地使用体温计，对腋下温度计、耳朵温度计测得的结果，应加上修正值。

环境消毒和体温测试要定时定人，并认真做好记录。

上述各项规定，请认真执行。

上海市装饰装修行业协会

二〇〇三年六月二日

关于开展 "2002年度江苏省优秀家庭装饰示范企业"评选活动的通知

苏建装[2003]6号

各市建筑装饰协会、各家庭装饰企业：

为了做好"2002年度江苏省优秀家庭装饰示范企业"的评选工作(评选办法附后)，更好地推动我省家庭装饰企业增强质量意识，争创品牌企业，促进全省家庭装饰行业健康有序的发展，江苏省建筑装饰协会家庭装饰委员会决定开展"2002年度江苏省优秀家庭装饰示范企业"评选活动。现将有关事宜通知如下：

一、成立2002年度江苏省优秀家庭装饰示范企业评审委员会，由省装饰协会秘书处、家装委和各市装饰协会推荐的人员组成。

二、申报企业必须提供2002年度税务机关的纳税证明、2002年度统计报表和财务报表、上年度优秀企业、优质工程证书，如复印件需加盖有关部门章。2002年已申报的企业需补充2002年度纳税证明和统计报表、财务报表，2003年一并评审。

三、企业申报资料于2003年5月31日前由各市装饰协会初评汇总后报省建筑装饰协会。并缴纳申报费100元。

四、联系方法：

刘　瑗　郭　强　电话025-4208718　传真025-4202752　地址：南京三元巷7号607室　邮编210005

五、须如实填写申请表，如有缺项不予受理。发现有弄虚作假行为的，一律取消评选资格。

附件：

1．江苏省"优秀家庭装饰示范企业"评选办法

2．江苏省家庭装饰示范企业申请表（略）

六、表彰：为获奖的企业颁发"江苏省优秀家庭装饰示范企业"证书，并通报表彰。

江苏省建筑装饰协会

二〇〇三年三月十五日

附件1

江苏省“优秀家庭装饰示范企业”评选办法

一、总　则

第一条　为贯彻执行国家、省建设行政主管部门有关家庭装饰的政策法规，推动家庭装饰企业进一步地增强质量意识，建立和健全质保体系，争创品牌企业，促进全省家装行业健康有序规范化的发展，特制定本办法。

第二条　江苏省“优秀家庭装饰示范企业”既是我省家庭装饰业的最高荣誉称号，也是企业综合实力的信用证明，获奖的企业其综合经济实力及社会信誉等方面应处于一流水平。

第三条　江苏省“优秀家庭装饰示范企业”每年评选一次，其数量限定在50名之内。

第四条　江苏省“优秀家庭装饰示范企业”由江苏省建筑装饰协会委托家装委员会组织检查评选的具体工作。

二、申报条件

第五条　申报参加江苏省“优秀家庭装饰示范企业”评选的企业，应具备以下条件：

1．必须经当地工商行政主管部门的注册登记，具有独立法人资格的企业。

2．必须具有建设行政主管部门颁发的《建筑业企业施工资质》和家庭装饰《资格证书》或在建设行政主管部门注册登记的企业。

3．必须取得江苏省建筑装饰协会或家装委员会会员资格的企业。

4．年家庭装饰施工产值达到500万元以上。

5. 必须具有300㎡以上的后场制作或工厂化生产的基地。

6．遵守国家政策、法规，合法经营。

7．上年度施工的工程项目获得过“江苏省家庭装饰优质工程奖”。

8．上年度必须获得市级协会颁发的“优秀家庭装饰企业”荣誉称号。

9．年内均无群众投诉，社会信誉好。

第六条　江苏省“优秀家庭装饰示范企业”是全省家装行业的标兵企业，必须建立、健全以下管理制度和经营规则。

1．企业应有工程管理、财务管理、材料采购、全年交易经营规则、文明施工、安全生产等各项管理制度。

2．建立企业质保体系和制定出符合江苏省《住宅装饰质量标准》（DB32/381-2000）的质量要求或操作规程。

3．建立符合当地建设行政主管部门或行业协会组织制定家装指导价的企业价格标准，并明码标价，让消费者明明白白消费。

4．建立售后服务的承诺保证机制，让消费者放心，消除后顾之忧。

第七条　江苏省“优秀家庭装饰示范企业”由江苏省建筑装饰协会家装委员会实施跟踪监督管理，凡申报参加评选的企业必须签订《质量保证协议书》。

第八条　申报江苏省“优秀家庭装饰示范企业”，须提供以下资料：

1. 江苏省“优秀家庭装饰示范企业”申请表(一式二份)。

2．企业法人营业执照(复印件)。

3．建设行政主管部门颁发的施工资质、资格证书(复印件)或注册登记证明文件(原件)。

4．当地税务机关的纳税证明(复印件)。

5．企业经营办公场所及后场制作生产基地房产证明或租用合同、联合协议(复印件)。

6．企业年度统计报表和财务报表(复印件)。

7．优秀企业、优质工程证书和用户满意证明(复印件)。

8．企业年度的工作总结。

三、评选的程序、方法与原则

第九条　江苏省“优秀家庭装饰示范企业”的评选由家装委员会组织成立评审委员会。评审委员会主任一人，副主任二人，委员若干人。

评审委员会委员由各市建筑装饰协会推荐。主任、副主任由委员会的委员选举产生。

第十条　江苏省“优秀家庭装饰示范企业”的申报评审程序是：

1．企业自愿向各市建筑装饰协会申报。

2．各市建筑装饰协会进行初评、推荐。

3．评审委员会评审。

4．省建筑装饰协会复审批准。

第十一条　评审委员会根据申报材料，各市建筑装饰协会的初评意见，经过实地考察，以无记名投票的方式确定评选结果，并上报省建筑装饰协会批准后统一公布。

第十二条　江苏省“优秀家庭装饰示范企业”的评选原则是“好中选好、优中选精”。

四、奖　励

第十三条　对获得江苏省“优秀家庭装饰示范企业”荣誉称号的企业由江苏省建筑装饰协会颁发证书、奖牌，并通报表彰。

五、附　则

第十四条　对已获得江苏省“优秀家庭装饰示范企业”称号的企业，因管理不善，一年内被消费者投诉三次以上的，评审委员会有权撤销其所得荣誉，并同时收回证书和奖牌。

第十五条　本办法由江苏省建筑装饰协会负责解释。

第十六条　本办法自发文之日起实施。

武汉市住宅装饰装修工程质量保证金管理办法实施细则（试行）

武汉建筑装饰协会

（二OO三年三月六日）

第一条 本实施细则是根据武汉市住宅装修装饰工程质量保证金（以下称质保金）管理办法制定的。

第二条 本实施细则适用于武汉建筑装饰协会家装委员会（以下称协会）会员单位中交纳质保金并委托协会进行质量理赔的装饰施工企业（以下称委托企业）。

第三条 为了加强对质量保证金的管理和使用，协会成立“质量保证金管理委员会”（以下称管委会），管委会成员由委托单位代表和秘书处人员组成，共同管理和使用质保金。

第四条 参加质保金理赔遵循自愿原则，即企业向协会提出交纳质保金委托协会进行质量理赔，协会审核同意，接受企业委托。

第五条 委托企业交纳的质保金，其所有权仍属企业。

第六条 消费者提出质量理赔应符合理赔要求的情节。

第七条 理赔的金额应合理，必须根据施工质量问题的事实和对消费者的实际损失予以合理赔偿。

第八条 委托单位与协会签署“质量理赔委托协议”和交纳认定的质量保证金，其委托生效。协会接受委托后公告周知。

第九条 企业若决定取消委托，应书面通知协会，协会将企业取消委托理赔公告周知，并在公告后满一年退还余款。

第十条 协会对屡次发生质量事故的委托企业，可以拒绝委托，书面通知委托企业，终止委托理赔协议，终止委托公告周知，并在公告满一年退还余款。

第十一条 委托企业交纳质保金的金额暂定为人民币壹拾万元，交入协会指定的银行账户。

第十二条 委托企业的质保金若支付赔偿后，其不足部分应在五个工作日内补足。如果不补足，则协会视同委托企业取消委托。

第十三条 管委会对质保金实行专款、专户、专用。并可委托协会在保证资金安全的前提下，对质保金进行理财（存银行）。其所得利息收益，优先支付质量理赔过程中发生的费用以及相关重大活动经费、办公经费、公告费用等，不足部分由委托单位共同承担。

第十四条 消费者提出质量理赔应符合以下理赔条件：

1．理赔对象必须是委托单位施工装饰的客户。

2．理赔对象必须提供与委托单位签订的规范的装饰施工合同（包括设计图纸、工程预算、施工内容、发票）。

3．理赔对象必须提供理赔的理由和事实依据。

4．理赔范围是在质量理赔委托协议生效期内施工的工程，且在合同保修期内。

第十五条 理赔的金额应以理赔对象与委托企业所签订的合同条款为准、以及由于施工质量问题对理赔对象造成的直接经济损失。其间接损失，精神损失费等不列入理赔范畴。

第十六条 理赔的最高限额为委托单位交纳的质保金金额。

第十七条 理赔程序（见理赔流程图——略）

1．理赔对象提出理赔申请、事实和依据；

2．理赔对象提供与委托企业签订的合同复印件（包括设计图纸、预算、施工内容、发票）；

3．协会受理，并分类登记；

4．质量调查。将理赔对象申请理赔的理由、依据通知企业，与施工企业、理赔对象一起现场勘察，确认施工质量；

5．若理赔条件不具备，则通知理赔人，资料存档；

6．若理赔条件成立，理赔人提供质量问题的事实依据，双方对质量问题协商；

7．当施工质量问题经协商取得一致意见时，确定理赔金额；

8．当理赔双方施工质量问题认识不一致，发生异议时，可以委托权威机构进行质量检测（包括施工质量、材料质量、产品质量），按检测的结果确认质量，检测费由举证方先垫付，最后由责任方承担；

9．根据检测报告，理赔双方根据质量问题的事实，协商赔偿金额；

10．当理赔双方协商达成一致意见时，申请仲裁中心制作调解书确认。当理赔双方协商不成时，申请仲裁中心调解或仲裁；

11．根据仲裁中心做出的法律文书，理赔金额由企业支付，消费者签字，企业将理赔的结果报协会存档，理赔完毕。当企业不支付确认的理赔时，则由协会从企业的质保金中支付，消费者签字，理赔结果通知企业，资料存档，理赔完毕。

第十八条 协会为企业支付理赔金额后，质保金不足部分，企业按第十二条办理，补足质保金。

第十九条 本“实施细则（试行）”由武汉建筑装饰协会负责解释。

第二十条 本“实施细则（试行）”自公布之日起实行。

关于试行武汉家装企业设计师执业规则的通知

各家装会员单位：

现将《武汉家装企业设计师执业规则(试行)》发给各家装会员企业，并先在家装诚信联盟 7 家公司中试行，以总结经验、改进和完善。其他家装会员企业可结合自身管理需要研究贯彻，提出意见和建议，以利在全部家装会员企业中实施。

特此通知

附：武汉家装企业设计师执业规则(试行)

武汉建筑装饰协会

二○○三年五月二十六日

武汉家装企业设计师执业规则(试行)

一、总　则

第一条　为规范武汉家装企业的用人行为和设计师的执业行为，建立科学、规范和有利于广纳贤才的用人体系，制定本规则。

第二条　本规则适用于武汉家装企业。

二、设计师执业守则

第三条　技术专业，理念超前，构思新颖，特点鲜明。

第四条　爱事业，勤钻研，肯吃苦，讲合作。

第五条　守纪律，讲规矩，保守商业秘密；不泄露客户资料，不对外传播有损所在企业的信息；不能将客户介绍给其他企业和人员，不私下将工程转为自己施工。

第六条　热情接待客户，善于沟通和了解客户的想法和要求，认真完成每一项设计任务，不断提高设计水平。

第七条　讲求设计风格，体现人文、地域特色，彰显古典与现代，东方与西方，传统与潮流，时尚与稳重的个性与共性，用良好的设计作品满足不同年龄结构，不同居住功能，不同生活背景客户的需求。反对相互抄袭，或用“拼图设计”对待客户。

三、用人管理原则

第八条　尊重人才，爱惜人才，大胆使用人才，不拘一格提拔任用人才。

第九条　讲文凭但不唯文凭，不以一时一事成败论英雄，关键看发展、看实际能力。

第十条　注重设计师的继续教育等培养工作，不断提高设计师的业务水平和思想素质。

第十一条　建立有利于设计师发展的事业平台，配置先进的软硬件设施，提供较好的薪资和福利待遇，制定评比、提升和深造的计划，使设计师有更多成才、成名的机会。

第十二条　用先进的企业文化感召人，用健全的机制改造人，用具有竞争力的薪资待遇留住人，培养德才兼备的设计师团队。

第十三条　组织企业之间设计师的业务交流、课题攻关和作品鉴评活动，向社会展示武汉家装企业的设计实力。

第十四条　按照劳动法规，企业与每名设计人员签订劳动合同，并在每月底将设计人员名册和异动表交一份到协会家装委员会备查，以便调查和裁定用人纠纷。

第十五条　在公开、公平、合法和遵守本规则的前提下，保护设计师在企业之间的正常流动。

第十六条　按照设计师执业守则和企业相关规定，对设计人员进行教育和管理，明确责任和义务，严格考核。

四、奖励与处罚

第十七条　对表现突出、业绩优秀、专业拔尖的设计师。由企业提出，协会审核予以通报表彰。

第十八条　在报刊、电视台等媒体上不定期推出精品装修房设计师点评和推介，对优秀设计师进行系列的宣传。

第十九条　为骨干设计师申报中、高级技术职称，选送参加设计大赛，设计交流与培训活动，以帮助其获取各种荣誉和专业证书，成就个人发展。

第二十条　对有泄露企业秘密，恶意诋毁企业，把客户介绍给其他企业或人员，私下将工程转为自己施工等谋取私利，损害企业的行为之一者，予以开除，并在行业内通报，两年内不录用，不参加职称评定。

第二十一条　任何一家企业不能聘用被开除和经调查证实有本规则第二十条行为之一的设计师，一旦发生录用行为，要立即纠正，否则通报批评企业。

第二十二条　企业与企业之间通过协商可以相互调动设计师，也可采取业务协作方式借用，但不允许与设计师私下交易，达成不正当协议，策动设计师离职，挖他企业的墙角。发生此类事件，予以通报批评。

五、附　则

第二十三条　武汉建筑装饰协会监督、协调、指导本规则的执行，受理和裁定纠纷投诉。

第二十四条　本规则解释权属武汉建筑装饰协会。

第二十五条　本规则从武汉建筑装饰协会发文之日起执行。

关于执行武汉家装诚信联盟公约的通知

各家装会员单位：

武汉家装诚信联盟企业一致通过了《武汉家装诚信联盟公约》，现予以公布。望立公约企业认真贯彻执行，接受社会监督，切实履行公约中的各项义务。

特此通知

附：诚信联盟公约

武汉建筑装饰协会家装委员会

二〇〇三年五月二十六日

武汉家装诚信联盟公约

武汉建筑装饰协会家装委员会

本联盟在武汉建筑装饰协会家装委员会领导下订立公约如下：

一、遵纪守法　为民服务

严格遵守国家和各级政府主管部门颁布的政策法规，讲究职业道德，不损人利己，偷税漏税，为民做实事，做模范守法经营者。

二、讲究质量　创建信誉

本着对业主负责的精神，精心设计、精心施工、价格合理公道，认真执行工程质量规范和室内环境污染控制规范，确保装修质量，完善售后服务；安全第一，文明施工，防止噪音扰民，环境污染，严禁破坏性施工；不偷工减料，不使用假冒伪劣材料；认真履行合同，守信用，树立良好企业形象。

三、重视管理　提高效益

建立、健全企业各项规章制度，科学管理，机制灵活，奖罚分明，创建良好的企业文化：尊重人才，科学使用人才；建立合法的用工制度和科学的材料管理制度，杜绝浪费，降低成本，努力提高企业经济效益和社会效益。

四、规范经营　公平竞争

增强法律意识，规范市场行为，统一执行第三方监理机制，参加质量保证金先行理赔；加强交流，相互学习，精诚合作，互不诋毁，倍增实力；执行行业指导价格体系、设计师执业规则及协会出台的各项规则、规定，公平、公正、公开竞争，反对不正当行为。

五、团结协作　务实创新

提倡行业公益行为，支持协会工作，积极参加协会组织的各项活动并提出意见和建议：接受协会指导，讲职业道德，严于自律，认真处理家装投诉，树行业正气；统一策划，联合行动，形成合力，推动行业健康、有序和持续发展。

凡本诚信联盟企业，应共同遵守公约，相互监督执行。对认真遵守本公约者，由协会家装委员会给予表彰和奖励；对违反本公约者，本会将视情节轻重给予警告，通报批评，新闻曝光，直至取消成员资格。

南京市家庭装饰行业自律公约

南京市建筑装饰协会家庭装饰委员会

（二〇〇三年一月十日）

为了加强家庭装饰行业的管理，规范企业经营行为，建立健全信用机制，维护行业共同利益。促进行业健康、有序地发展，特制定以下行业自律公约。

一、遵纪守法，合法经营

自觉服从市建设行政主管部门的管理，严格执行党和国家以及各级主管部门颁发的各项方针政策、法规、法令、不偷税漏税，不损公肥私，不搞歪门邪道，做模范合法经营者。

二、讲质量，求信誉

本着对行业对业主负责的精神，精心设计、施工，造价合理。质量优良，重合同、守信用树立良好的企业形象。

三、科学管理，提高效益

建立健全企业各项规章制度，奖罚分明，树立良好的企业风气。努力提高员工素质，把工程质量和安全放在首位。以低消耗，创高效益。

四、讲职业道德，开展公平竞争

增强法律意识，规范市场行为。不贬低他人，抬高自己，不以不实际的压价、虚假广告等不规范行为谋取私利。努力提高企业实力，加强企业间的合作和支持，开展公平竞争。

五、为行业发展多做贡献

积极参与和大力支持行业协会组织的各项活动。为树立“团结、开拓、创新”的行业新风，赶超国际先进和本市装饰行业的更大发展而努力！

六、为公约得以遵守

各会员单位及个人均有责任互相监督，违反者将给予处罚。根据情节轻重，分为通报批评、警告、业内除名、建议主管部门吊扣资格证书等处分。

·调研报告·

关于北京市家装投诉居高不下的调研报告

北京市家装投诉问题调研课题组　组　长　**黄　白**

一、问题的提出

家庭装饰装修（简称家装，又称住宅装饰装修），从现代服务业上区分，属于补充性服务业；从行业上划分，是建筑装饰装修行业的三大组成部分（公装、家装、幕墙）；从产业上细分，则属于现代第三产业中的第二个层次——为生产和生活服务的居民服务业。家装是我国市场化程度最高的行业之一，产业关联度高，关系到社会公共利益和卫生安全。

北京市的家装同全国一样，兴起于20世纪90年代初并很快形成消费热点，是"九五"时期北京市十大消费热点之三，年均发展速度超过20%。2002年全市家装户均消费5万元，高于全国平均水平的25%。家装总产值为150亿元，比上年增长25%，是1995年20亿元的7.5倍，占全市建筑装饰工程总产值560亿元（公共建筑装饰工程250亿元，幕墙工程160亿元，家装150亿元，占全国建筑装饰工程总产值7200亿元的4.8%）的26.7%，占全国家装总产值的3.6%。

据国家统计局报告，2000年家装与旅游、教育成为三大消费热点。中国人民银行统计，2001年和2002年家装与教育、医疗和养老成为居民选择储蓄的三大目的。建筑装饰界认为，2003年及"十五"期间，家装行业仍将保持20%以上的发展速度。家装行业已成为北京市拉动消费、带动投资、增加就业、扩大内需的新的国民经济增长点。

在家装消费形成热点的同时，北京市也同全国一样，也成为了投诉热点。家装侵害消费者权益的问题既严重又普遍，自1995年以来，高居历年全市消费者十大投诉前列。以至于2000年1月全社会消费的主题是：明明白白装修。家装已成为2003年北京市消费者关注的十大消费热点问题，居服务类投诉前三位。全国家装投诉居高不下的问题北京均有。北京作为首善地区，解决好此问题，对全国意义重大。

每年北京市人大、政协会议均有相关提案，特别是2000年2月市政协九届三次会议上有7位委员递交了4份有关家装问题的提案，这在全国十分罕见。出席2003年3月全国人大十届一次会议的薛景霞、黄双月、王宝军等代表再次呼吁"加强家装立法"。

国家、建设部和北京市政府、市建委等有关部门历来十分重视家装的发展。2001年3月九届全国人大四次会议批准的《国民经济和社会发展"十五"计划纲要》中要求发展面向生活消费和服务业，指出发展以居民住宅为重点的装修装饰业。1997年11月建设部原建筑业司和中国建筑装饰协会共同做出《关于在部分城市开展家庭居室装饰装修管理试点工作的意见》，确定北京等15个城市为试点。2001年12月建设部和国家质监总局共同发布了国标《住宅装饰装修工程施工规范》（GB50327-2001），2002年3月建设部颁布了110号令《住宅室内装饰装修管理办法》。1999年北京市政府把"规范住房装饰市场，让市民装修住房放心满意"作为市政府60件为民办实事中的第45件。2002年5月中共北京市第九次党代会市委书记贾庆林的工作报告和2003年1月北京市人大十二届一次会议市委书记兼市长刘淇的政府工作报告，都提出北京要努力发展现代服务业，强调继续办好60件实事，包括家装。2001年5月北京市十一届人大二十六次会议修订通过的《北京市建筑市场管理条例修正案》，其中包括装饰装修工程。2001年6月，北京市建委和市规委在共同举行的"整顿和规范建筑市场秩序大会"上，要求重点治理投诉热点的家装质量问题。

2003年4月21日北京暴发SARS，全市2590个社区中的93%社区的家装停工，由于防控到位，85.2%的社区现未发生SARS，家装业主和承包商家装公司现未发现SARS病例。5月23日中共北京市委城市建设工作委员会、市建委、市国土资源和房屋管理局共同做出《关于加强房屋装饰装修管理，进一步抓好民工和社区防控非典工作的通知》[京城字（2003）59号]，6月1日后逐渐恢复施工，北京市的家装应急管理措施收效良好，走在了全国前列。

九三学社北京市委多年来也十分关注家装的问题，如1996年市地震局支社的提案"尽快立法制止破坏性装修的建议"，范子昌同志在1997年市政协八届五次会议的提案"建议制定法规制止不规范装修房屋"，1998年九三学社北京市委的提案"加大整治居住生活区环境力度　把北京建成整洁优美的首善之区"，把家装列为十大问题之一，建议市政府立法。

北京市的家装行业，无论是起点和发展速度，还是户均消费水平和消费总规模；无论是消费热点的持续高涨，还是投诉热点的居高不下；无论是国务院建设行政主管部门和北京市政府关心，还是人大、政协、民主党派和社会关注的程度，均名列全国前茅。

2003年2月17日，中国人民银行报告，我国城乡居民储蓄存款余额已达9.8万亿元。6月14日，北京市统计局宣布，5月底北京居民储蓄达到近5000亿元。分析表明，居民储蓄增长的速度，远远高于居民收入和经济增长的速度。

但是，消费热点尚未真正形成，原因在于80%的储蓄者为低收入者，他们更多地是追求储蓄的安全性和流动性，即期消费欲望不足。如何拉动北京市家装的即期消费，扩大内需，值得我们认真研究并加以引导。

2003年1月25日经九三学社北京市委专门委员会联席会议——城市建设委员会研究决定，作为2003年重点课题，集中力量进行“关于北京市家装投诉居高不下的调研”。SARS的出现，使疾病控制专家和建筑装饰界共同认为，SARS作为呼吸系统突发传染病疫情灾害与室内装修污染有一定的间接关系。持续8年的家装高投诉若不解决不但仍会居高不下，而且还会形成新的投诉热点，并成为突发传染病疫情灾害的隐患。为此，使本报告更显重要和紧迫。

本报告的思路是：说明现状，找出问题，提出建议。本文无论是单位还是个人，在北京市及全国均是第一次提出。本报告得到九三学社建设部支社、中国建筑装饰协会、九三学社北京市委员会、北京市建筑装饰协会等有关单位的关心和支持，特此致谢。

二、SARS对北京家装业的影响、防控管理及与装修的关系

1. SARS对北京家装业的影响

据统计，各类建筑竣工面积占整个建筑竣工面积的比例(%)：住宅38.1、办公用房20.1、商业和居民服务用房19.7、其他用房9.9、厂房8.7、文化教育用房3.3、医疗用房0.9、科研用房0.3。

我们可以看出，除了8.7%厂房和9.9%其他用房，即18.6%的建筑用房与SARS无直接关联外，其他81.4%的建筑用房均受到SARS的直接影响。具体比例大致为：住宅38.1%、办公用房20.1%、商业和居民服务用房19.7%、文化教育用房3.3%、医疗用房0.9%、科研用房0.3%。其中，38.1%的住宅和19.7%商业和居民服务用房受到SARS的直接影响，而且最大，占总建筑面积的57.8%。

除0.9%医疗用房是正面的影响，能引起中央和地方政府对医疗用房的大量投资外，其他80.5%的建筑用房是受SARS的负影响。由此可见，从建筑面积上看，八成装饰市场受到SARS的直接影响，特别是对占近四成市场份额的家装行业影响很大，北京的家装企业5月产值均下降80%～90%，行业所受的损失约达20亿元，同比下降2个左右的百分点。装饰是不受政府疫情灾害保护的行业。

2. 北京市家装防控SARS的管理

北京市现有社区2590个，住宅房屋2.2亿m^2，实行物业管理的约占2/3，物业管理企业1700多家，员工15万人，其中70%为外地来京民工。据2003年6月12日《北京晚报》报道，4月21日北京暴发SARS后，93%的社区完全停止了装修活动。

5月23日，为防控SARS，特别是加强零散装修施工工地居民的SARS防控工作，中共北京市委城市建设工作委员会、市建委、市国土资源和房屋管理局共同做出《关于加强房屋装饰装修管理，进一步抓好民工和社区防控非典工作的通知》[京城字（2003）59号]，包括五个方面：一是明确民工防控SARS工作责任制；二是入户装修实行登记申报制度；三是房屋装修实行分类管理；四是加强装修施工现场和员工的SARS防控和管理；五是加强监督检查，严格执法。通知强调了坚持属地管理的原则，装修现场所在地行业管理部门要严格审查装修企业资质，证照不全的企业一律不得承揽业务；社区居委会、物业管理单位（房屋管理单位，以下统称物业管理单位）负责日常监督检查；承接房屋装修业务的装饰装修企业，对装修期间施工工地和民工的防控SARS工作承担责任。通知特别指出，小区内住宅室内装修，必须严格执行登记申报制度。其中，尚未入住居民的新建小区的住宅室内装修，履行相关手续后即可施工。已入住居民的小区的室内装修，装修企业与装修业主已签订合同并已经开工的必须补办登记申办手续后于6月1日后方可继续施工；装修企业与装修业主签订了装修合同但尚未开工的以及新签订装修合同的项目，必须办理登记申报手续后于6月10日后方可开工。

另外，因处于特殊时期，社区居委会、物业管理单位有权在装修期间对装修人员测试体温和监督检查，对家装企业非典防控措施不到位、造成环境污染或拒绝检查的，社区居委会或物业管理单位有权停止其装修活动。装修业主就配合社区居委会或物业管理单位对装修企业的监督管理。因装修业主干预停止装修，导致出现非典疫情或造成严重后果的，装修业主须承担相应的法律责任。

北京市国土房管局在5月27日《北京晚报》上报告了该部门随机抽取对全市250个居住小区和130个写字楼落实防控SARS情况的调查。其中包括装修管理：调查的250个居住小区中，有228个小区已全部停止装修活动，占91.2%，其余22个小区都采取了严格的装修监督管理措施，要求装修企业在进入社区前，向物业管理企业进行登记申报，每天对装修人员测量体温，限制施工人员出入等。该局认为，北京社区防控SARS装修封闭式管理基本到位。6月15日《北京晚报》报道，北京2590个社区未发生SARS的占85.2%，有2207个。

5月24日《北京晚报》、5月25日北京电视台等首都媒体报道此讯后引起京城建筑装饰业的强烈反响，认为这是政府SARS暴发以来自第一个有关装饰市场防控SARS的明确具体的管理措施，特点是由社区居委会和物业管理单位进行属地化管理，非常及时到位，现未发现家装业主和承包商家装公司有SARS病例，表示坚决贯彻执行。建筑装饰界指出，以党的文件形式、由市委党的机构与建设行政主管部门共同发布有关装饰市场管理规定，在北京市乃至全国还是第一次。北京市同时迈出解决装饰行业多头问题的实质性步骤。

但是当防控SARS由应急转为常态后，物业管理单位则存在执法主体错位的问题，北京岳成律师事务所的岳成律师在2003年6月15日《北京娱乐信报》上指出，物业只是服务企业，为社区居民服务，不具有行政处罚权。

3. SARS与室内装修环境污染有一定的间接关系

2003年4月21日北京暴发的突发传染病疫情灾害SARS，属于呼吸系统疾病。4月10日中国疾病预防控制中心环境与健康相关产品安全所空气质量安全监测室主任徐东群博士指出，目前装修房室内空气中的甲醛、苯、氨等多项污染物质能导致人体免疫力下降，因此SARS与装修室内环境污染二者之间有一定的间接关系。在密闭空间中工作和生活的人患呼吸系统和神经系统疾病比一般人高出45%，目前因室内空气污染导致人体各种疾病的发病率以年均17%的速度上升。据2003年5月22日《北京晚报》报道的一项调查，目前，不少民用和商用建筑室内的空气污染程度是室外空气污染的2～5倍。卫生部、建设部、国家环保总局在室内装饰材料的抽查中发现，具有毒气污染的材料占68%，挥发出300多种挥发性的有机物，能引发呼吸道、消化道、神经系统等30多种疾病。

三、北京市家装行业发展和管理现状

了解北京市家装的行业发展、法制建设和装饰协会作用三方面情况，是寻找北京市家装高投诉率市场缺陷并分析其成因的基础。

1. 行业发展

据我们不完全统计及估测，北京市现有市建委颁发资质证书的建筑装饰企业1600多家，占全国2.5万家有资质建筑装饰企业的6.4%，其中，家装公司500多家；另有“有照无证”的6500多家，“兼营”的2.6万家，合计各类家装企业3.2万家（上海市现有1.6万家）。北京市建筑装饰行业现有以民工为主体的从业人员50万人，占全国建筑装饰行业1250万从业者的4%；其中，从事公共建筑装饰工程的占30%，15万人，从事家庭装饰工程的占70%，35万人。2002年北京市建筑装饰行业产值达560亿元，占全国建筑装饰工程总产值7200亿元的7.7%；其中，公共建筑装饰工程410亿元（内装250亿元，幕墙160亿元），占全国公装工程3000亿元的13.6%；家装工程150亿元，占全国家装工程4200亿元的3.6%。

2002年北京市35万家装从业人员，主来自江苏、浙江等南方省市，占全市180万居住半年以上外来人口的20%，占98万进京从事土建工程民工的35%；其中，家装“正规军”占5%，2万人，“游击队”占95%，33万人。全市的家装市场份额，“正规军”占10%，10亿元（比深圳2.3亿元高4.3倍），“游击队”占90%，140亿元。所完成的150亿元家装工程产值在全国仅次于上海市（220亿元）名列第二位；人均年劳动生产率4.3万元，比成都市20万人完成20亿元产值高4.3倍。装修工人均年薪10570元，居北京市40种人均年薪职业的第31位。

北京市现有各类装饰材料家具市场上百家，其中5000 m^2的有43家，1万m^2的有30家，经营总面积80万m^2，其中经营家具的49万m^2。全市年营销总额60亿元。北京市的家具市场份额，本市的占72%，外地的占23%，进口的占5%。全市现有家具生产厂商1300多家，营销额5000万元以上的有30家，1亿元以上的有4家，绝大多数为小企业。北京市的装饰材料家具市场一直在高速增长，盲目追求规模，多数企业的经营管理仍处于发达国家20年前的水平。

北京市家装建材市场营业面积已超过200万m^2，每年以新增30万m^2营业面积的速度在迅速膨胀。世界第三、欧洲最大、在全球10多个国家和地区拥有70多家专业装饰建材零售连锁店的家装建材店——英国百安居（B&Q）将于10月中旬在北京落户，营业面积2.3 m^2。2003年9月11日《北京晚报》认为，北京的家装建材市场是随着住宅商品化而形成的新的行业，巨大的市场需求，强烈地吸引着进入者。

2. 法制建设

北京市对家装市场的管理，主要是市建设委员会，以及市规划委员会、市国土资源和房屋管理局、市工商行政管理局等政府部门。自1991年开始在全国最早抓家装管理工作以来，包括住宅装修标准、施工人员持证上岗、工程承发包及施工管理、市场管理、质量验收标准、监理、安全防范、有害物质超标限制、物业管理等九个方面，法制建设成绩突出。

1991年9月1日，北京市建委和市规委联合成立了“北京市建筑装饰专业指导小组”。

1993年11月11日，北京市建委、市规委、市政管委联合颁发了《关于加强对城镇居民住宅装修装饰改造管理的通知》。

1993年11月26日，北京市建委颁发了专门承包家装的四级装饰企业资质标准。

1997年中共中央政治局委员、北京市委书记、市长贾庆林在《昨日市情》第165期上批示，要求市建委制定家装管理办法。

1998年11月17日，北京市建委会同市规委共同做出《北京市住宅工程装修标准暂行规定》（首规办秘字[1998]第278号）。

1999年8月4日，北京市建委以京建教[1999]287号文件要求自1999年11月1日起，北京市从事家装施工的人员，逐步实行持证上岗。

1999年9月22日，北京市建委公布《北京市家庭居室装饰装修工程承发包及施工管理暂行规定（试行）》（京建法[1999]413号）。

2000年2月28日，北京市建委公布《家庭居室装饰工程质量验收标准》（DBJ/T01-43-2000）（京建科[2000]73号）。

2000年6月1日，北京市平谷县建委公布《平谷县建筑装饰装修行业管理的暂行规定（试行）》，首次采用“行业管理”概念，这在四个直辖市区县一级的建设行政主管部门还是首次。7月18日，北京市平谷县建委召开了“平谷县建筑装饰行业管理工作会议”，这在京、津、沪、渝四个直辖市区县一级的政府主管部门中尚为首例。

2001年3月20日，北京市建委公布《北京市家装监理企业试点方案》（京建管[2001]127号）。

2001年10月23日，北京市建委、市规委、市国土房管局共同发出《关于加强新建住宅家庭居室装饰装修管理若干规定（试行）》（京建法[2001]616号）。

2002年5月1日，北京市规委在《北京市住宅区住宅安全防范设计标准》要求，对窗户低于2m的住宅要加装护栏，但不得凸出，以防成为小偷的梯子。

2002年7月4日，北京市工商局做出《关于贯彻装饰装修材料10项强制性国家标准，落实市场建材有害物质超标专项整治工作的通告》。

2003年2月21日，北京市国土房管局公布《北京市居住区物业管理服务标准》，包括装修管理等10个方面，分商品房物业标准和非商品房（经济适用房、直管、自管、回迁房）两部分，其装修管理标准都是一致的。

2003年8月4日，北京市建委公布《家庭居室装饰工程质量验收标准》（DBJ/T01-43-2003）（京建科教[2003]400号）。

3．协会作用

1992年2月18日成立的北京市建筑装饰协会，在市建委领导下，1999年6月8日组建了家庭装饰委员会。现有会员2000多家，在工程合同、质量验收、设计人员从业资格、评优罚劣等行业自律方面，在家装环境技术检测、工程质量检测、执行国家环保标准等为社会服务方面，工作积极出色，位居全国74个地方建筑装饰协会前列。

1998年3月14日的《北京市家庭居室装饰工程施工合同》和《北京市家庭装饰工程质量验收规定（试行）》，2000年10月30日的《北京市家庭居室装修装饰设计人员从业资格评审办法（试行）》，2003年9月的《北京市家庭居室装饰装修工程投诉解决办法》，在全国均是起示范作用的行业管理创新。

2001年11月24日成立了“天衡诚信家装技术服务中心绿色家装环境技术检测站”，2002年4月2日成立了“住宅装饰装修工程质量检测中心”。2002年8月1日，在市政协礼堂举行了“执行国家标准·创建环保健康室内环境活动大会”。

2003年1月北京市建筑装饰协会提出，经过三年奋斗要创“六个一流”：一流全国家装行业管理水平、一流家装设计水平、一流家装施工水平和环保健康水平、一流正规家装企业和家装市场——60%以上市场占有率、一流家装市场管理水平、一流家装企业管理水平。

在北京抗击SARS中，北京市建筑装饰协会与党和国家保持一致，及时坚决贯彻市委市政府的防控措施。5月27日协会发出“关于贯彻落实《关于加强房屋装饰装修管理，进一步抓好民工和社区防控非典工作的通知》的通知”，并公布了消费者投诉电话。5月28日协会家装委员会携30家建材、装饰企业向全市家居建材家具市场和家装公司发出三项倡议：一是各家居建材家具市场，采取科学有效措施，创建抗“非典”安全购物环境、环保购物环境，并向社会承诺市场是消费者购物的第一责任人，诚实守信，文明经商，周到服务，全力抗“非典”。二是各家居装饰装修施工公司全面彻底贯彻执行5月23日中央北京市委城建工委、市建委、市国土房管局《关于加强房屋装饰装修管理，进一步抓好民工和社区防控非典工作的通知》要求。经过社区居委会、物业管理部门批准严格有序的恢复家装工程施工。要防止非典病毒蔓延，要确保家装工程环保健康，为家装消费者奉献安全、温馨的居住环境。三是各家装公司向社会承诺，所承揽的家装工程一定做到保质保量，室内空气质量达到建设部颁发的《民用建筑工程室内环境污染控制规范》（GB50325-2001）要求，工程竣工后做好全面消毒工作。

四、北京市家装投诉居高不下的主要问题

在市场经济条件下，政府不是不干预市场，干预的只是市场缺陷。所谓市场缺陷，即利用市场机制本身或企业无法解决的问题。市场缺陷存在于市场问题之中。是市场问题，不一定就是市场缺陷。市场问题应由市场机制解决；市场缺陷则应由政府干预弥补。

北京市家装消费持续8年的高投诉率，一定存在着若干市场问题和缺陷。我们若能准确地找出主要问题以及导致问题的主要方面，并能确认市场的缺陷，就能为政府进行宏观调控干预市场缺陷提供依据和方向。

1．从业者问题

全国家装投诉的诸多问题，北京均有。我们先了解一下全国的情况，然后再对照并归纳出北京市的主要问题，将更有助于我们全面了解、认识并解决北京的问题。

全国对家装投诉的记录始于1996年。1996年中国消费者协会公布全国18个投诉热点，家装居第十三位；12个对消费者权益损害最多的行业，家庭装饰名列第九位；13个发生欺诈行为最多的行业，家装位居第7位。家装遂成为我国全社会的投诉热点。

1997年中国消费者协会统计，家装是全国消费者最不满意的第二个服务行业。

1998年四大投诉居第二位，消费者要求“装修业自律”。

1999年家装投诉达到顶峰，被列为11个劣质行业之首。中国消费者协会公布消费者投诉的十大热点问题，其中第九

大热点问题是家装：房屋装修不规范，“游击队”问题解决难。这年消费者对装修方面的投诉16923件，比1998年增加1959件，增幅13.1%。主要：一是家装市场对属下公司重收费轻管理，该对装修质量进行监督的却不履行职责；二是由家装公司自制的装修合同内容不完整，有的内容有失公平；三是家装公司资质能力参差不齐，偷工减料，做工粗糙，后期服务无保证；四是一些装修“游击队”拿到钱就走人，出了问题找不到被投诉方，消费者投诉解决难。

2000年1月2日，中国消费者协会公布2000年第一号消费警示与忠告：家庭装饰，安全比美更重要。2000年消费主题是：明明白白消费，1月份消费主题是：明明白白装修。

2001年国家工商总局公布全国消费者申诉举报的10大热点，商品房纠纷成为热点之首，包括“不按合同施工装修房屋，使用劣质木材和电料，油漆、涂料含有毒有害物质超标。”

2002年中国质量协会和全国用户委员会测评结果，全国住宅用户满意度指数仅为63.3分（国际上此指标的最高值为88分），1/3住户不满住宅质量和服务。调查显示，住户对室内装修以及户型、布局、自然环境、建筑质量、物业管理这5项指标基本满意。

2002年12月7日，中央电视台“焦点访谈”节目以“一次性装修的烦恼”为题，报道北京一房地产商一次性装修样板房与实际用房材料、灶具设备严重不符、假冒伪劣的情况，业主奋起而起诉。主持人敬一丹报告了中国消费者协会的统计，2002年全国消费者有关一次性装修的投诉有1.2万起，占全国全部投诉的5%。

中国质量万里行促进会、《中国质量报》联合投诉办公室发布2002年第12号投诉警示，提醒消费者注意选购涂料。我国每年因建筑装饰装修涂料引起的急性中毒约400起，中毒人数达1.5万人。

中国消费者协会宣布，2002年全国消费者的六大投诉，“房屋及装修建材类”居第四位，占总投诉的5.9%。2003年消费者十大维权重点，第三个是“装修业”。

北京市家装成为投诉十大热点的记录始于1995年，当年市消费者协会共受理投诉上万件，比上年增长50%以上。8年来问题的归纳，我们取2001年、2002年和2003年近期的投诉为参照物。

2001年北京市工商局12315消费者投诉中心统计，消费者十大投诉热点，家装位居第五名，占总投诉量的2.92%，集中在目前使用的合同多是各家装公司自拟的，其中陷阱颇多，申诉投诉对象七成为游击队。北京市质监局开通12365投诉举报电话，2001年来共接收投诉10300件，装饰装修材料成为八大投诉热点且位居第六位，在五大烦恼中位居第三位。

2002年北京市工商局12315消费者投诉中心、市消费者协会统计，消费者十大投诉热点，家装位列第七名。分析发现，异地经营正成为解决家装纠纷的瓶颈。许多家装公司在怀柔、密云、门头沟等郊区县登记注册，实际却在城区经营，一旦出现装修质量纠纷，属地工商部门很难与该公司取得联系，致使投诉解决难度加大。此外，一些装饰公司为外地人注册，没有固定经营场所，出现问题也无法与之取得联系。

家装违规施工严重，如2002年3月30日北京亚运村北苑清友园沿街一住宅楼晨7时50分，16层一住户正装修，民工放置的小液化气罐泄漏遇明火发生爆炸，冲击波将封闭的铝合金窗全部弹出阳台外，正砸在楼下停放着的两辆桑塔纳轿车上，所幸没有伤人，沿街近百米全是碎玻璃。建设部大院等地也多次发生此类事故。北京市燃气集团在2003年7月15日《北京晚报》上公布一项最新调查，三年来近八成用户在家装时曾私自改装燃气管道设施，由于施工人员缺乏燃气常识，成为居民燃气使用的最大隐患。2000年燃气安全事故为45起，2001年为57起， 2003年截止6月30日为51起，丧生2人，受伤8人。

2003年北京市消费者对家装的投诉有增无减，有更加突出的趋势。《北京晚报》指出，服务类投诉居高不下，突出问题是服务行业有法不依，装修位居投诉第二位。3月29日《北京晚报》刊登由北京市消费者协会主办，北京晚报、北京晨报等4家媒体共同协办的“2003年北京市消费者关注的十大消费热点问题调查”结果，家装名列第六位：家装材料质量和家装服务问题，占调查总量的53.7%。主办者指出：家装行业侵害消费者权益的行为既严重又普遍。4月2日中央电视台1频道晚间新闻报道，北京市国土房管局调查消费者对房屋的五大不满，家装位居第三，占投诉热点的23.6%，消费者认为房屋装修质量差，无保证。

4月4日《北京晚报》发表市工商局12315投诉中心对2003年一季度投诉新动向的排行，装饰装修服务名列服务类投诉前三位，集中体现在有的家装公司以各种手段骗取消费者信任，签订不正规的家装合同，还有的在保修期内，家装出现质量问题，装饰公司拖延或者拒绝承担维修义务。4月7日《北京广播电视报》原引中央电视台报道，北京市统计局最近对1000户城市居民住房满意度调查显示，住房装修市场混乱已成为北京住房状况五大不足之四，23.6%被调查住户对家装不满的原因是：房屋装修是居民圆住房梦的最后环节，住房装修业是目前的热门行业，但装修企业使用不符合国家质量要求的装修材料，装修质量也无法保证，影响居民的身体健康，这些成为居民最大的隐忧。北京市质监局在6月14日《京华时报》上公布最近的一项抽查结果，细木工板（俗称大芯板）合格率仅为53.3%，主要问题一是甲醛超标，有的竟达到3倍以上；二是市场宣传失真，夸大环保性能。

2003年9月13日《建设市场报》原引北京市工商局

12315 的最新统计，8 月家装投诉增二倍，主要问题是质量存在隐患。12 月 30 日《北京晚报》报道市质监局“12365”热线电话接到的投诉统计，装修建材产品类位居 2003 年六大申诉产品类别排序之五；装饰材料名列 2003 年十大被申诉产品排序的第七位。

北京市消费者协会在 2004 年 1 月 3 日《北京晚报》上公布 2003 年全市九大热门投诉，家装名列第四位，并强调家装消费纠纷投诉继续增多。

7 月 6 日《北京青年报》发表“今日社评”，评论员认为，胡锦涛同志在“七一重要讲话”中指出，群众利益无小事，凡是群众在生活中遇到的实际问题，一定要带着深厚的感情帮助解决。前不久北京市政府也做出部署，要求各级政府化解矛盾、解决问题、确保安定。在掀起学习“三个代表”新高潮的过程中，类似装修噪声的控制与装修垃圾的及时清运这样的“小问题”，有关部门理应及时做出妥善的回应。

综上所述，从业者的问题主要与“游击队”相关，集中在有关安全质量的六个方面：一是合同欺诈；二是异地经营虚假；三是假冒环保材料；四是违规施工；五是一次性装修陷阱；六是投诉解决难。消费者强烈要求从业者自律。

2．消费者问题

2002 年 3 月 18 日，中国消费者协会公布“中国城镇消费者消费状况调查”。该会对上海等全国 19 个大中城市的四大消费热点——饮食、衣着、医疗保健、家庭装修进行消费习惯、行为以及有悖科学消费的商品和服务的认知状况进行调查，结果发现：部分家装消费者消费态度不科学，特别是家装。中消协 2002 年“科学消费”年宣传主题确定的一个基本目标是：以保护消费者安全权和知情权为核心，以监督装饰材料等热点消费领域为重点，全面提高消费者素质适应 WTO 需求。

2002 年 10 月 20 日，中国消费者协会与国际铜业协会联合启动“倡导科学消费，关注家居布线”。该会进行的这方面的调研显示，有 67%的消费者对此不了解。家装不仅要关注个性和美观，而且要十分注意电气安全。

2002 年 1 月 14 日，《北京晚报》报道，北京市海淀区法院受理的因打掉卫生间防水层、改装暖气设备、改变阳台用途等违规行为引发的邻里官司在北京越来越多，这类家装案件年均增加 50%，仅复兴路法庭近来就审理了 10 多件装修引起的邻里纠纷案件，使本应和睦相处的邻居变成了法庭相见的冤家。

2002 年北京市市政管委会一项调查显示，在北京市居民燃气事故中，95%是家装对燃气设施私自改动或封装，以及使用不当所致。

由此可见，家装消费者的问题主要是科学消费，集中在五个方面：一是胡乱电气布线；二是打掉卫生间防水层；三是改装暖气设备；四是改变阳台用途；五是私自改动或封装燃气设施。

3．多头管理问题

始于 1986 年的我国建筑装饰装修行业的多头管理，在北京市也存在，建设与轻工（经委）的矛盾时有突出，特别是 1999 年市经委以[1999]京经行字第 140 号文件提出由其管理装饰行业，并把正由市建委主管、市建筑装饰协会配合工作的装饰企业资质认定、工程质量监督、施工人员培训、工程和企业评优等职能，委托给了由市经委管理的北京市室内装饰协会，自此矛盾日益突出，两家重复标准、取证、质检、收费、处罚，双重制度作用在同一市场、同一企业。政府扯皮，协会打仗，企业遭殃，市场混乱，消费者和投资者受损害。多年来行业及社会反映强烈，呼吁由一家统一归口管理，且以建设行政主管部门管理为宜。

经过从中央到地方各方面多年的积极努力，近年来全国性的多头管理解决得到突破性的普遍解决。目前仍存在多头管理的地方，直辖市中只有北京；地方中只有陕西、黑龙江、内蒙古自治区等个别省区。

由于多头管理，北京市政府宏观管理制度的创新受到严重制约，比较全国先进地区的家装市场管理，北京明显滞后。例如，1999 年 11 月 19 日深圳市政府颁布第 90 号令《深圳市家庭居室装饰装修管理规定》。

2000 年 10 月 29 日《浙江省实施〈中华人民共和国消费者权益保护法〉办法》经省九届人大常委会第二十三次会议修订并公布（1995 年 12 月 26 日经浙江省八届人大常委会第二十五次会议通过的），其中第三十一条：“从事住宅装修的经营者，应当和消费者当面约定施工期限、施工质量、施工费用、质量保证方式、违约责任等内容；由经营者提供装修材料的，应当当面约定材料的名称、规格、等级、价格等。经营者对装修部位应当在一年内予以保修。”这是我国第一部保护家装消费者的省级地方立法。第二章第十八条：“行业主管部门、行业协会应当加强行业管理和行业自律，根据保护消费者权益的要求，规范经营者的行为，明确经营者的责任。行业主管部门或行业协会可以和消费者协会达成有关保护消费者权益行业规范的约定。”这应当成为我们建设行政主管部门和建筑装饰协会从事家装行业管理运作的新框架。北京市至今只有部门规章，且政出多门，还没有统一的地方性法规及其实施细则。

这就是为什么北京市家装在行业发展、法制建设和装饰协会作用三方面均为全国先进，而家装投诉还是居高不下的一个关键性原因。多头管理是市场和行业管理制度创新的最大障碍，对此，北京市建筑装饰协会受市建委委托起草了《关于解决我市建筑装饰行业多头管理情况的报告》并于 2003 年 1 月 25 日上报市建委，将呈送市政府。

4．行业管理问题

尽管北京市建筑装饰协会发挥了积极的作用，但是比较起全国的行业管理制度创新，北京明显滞后。自 1996 年 6 月建设部做出《关于委托中国建筑装饰协会协助做好家庭居室装饰有关管理工作的通知》(建建[1997]149 号)后，全国先后有上海、重庆、深圳、湖北、河南、福建、安徽、温州、武汉、南通、苏州、成都等 12 个省市的建设行政主管部门将家装行业的管理职能委托给当地建筑装饰行业社团。但是没有北京。

家装的特点是量大、面广、分散、麻烦，业主和承包商均为私人，市场化程度很高，政府直接管理的成本极大，根据市场经济的国家和地区的经验，行业协会是家装的行业管理的主体，政府进行宏观调控干预市场缺陷。

北京市的问题是，过去政府是既管市场也管行业，现在是政府只管市场不管行业。但是当政府退出行业管理而进行市场管理的过程中，政府未能将行业管理的职能转移（或还原）给行业协会，从而造成行业管理出现的“真空”状态。加之多头管理，更是雪上加霜。

5. 环保材料问题

京城继大气污染、水污染、垃圾污染、噪声和光污染（包括装修噪声和玻璃幕墙光污染）——四大污染后，近年来出现的第五大污染——室内环境空气污染，在人们生活中更为突出。

我国室内环境监测机构对大量单位和个人装修后的房屋的空气监测发现，80%的房屋室内都有空气污染，其中 80% 属于中度和重度污染，即污染物超过国家标准 2～3 倍。我国每年由于室内空气污染引起的超额死亡人数达 11.1 万人，超额门诊可达 22 万人次，超额急诊可达 430 万人次。1995 年我国为此支出达 107 亿美元。2002 年 7 月 19 日中国预防疾病控制中心有关专家宣布一项对北京 100 户新装修家庭的调查结果，3 个月内室内仍有甲醛。

2001 年 6 月 19 日，中国消费者协会公布“千万个绿色消费者在行动”大型调查承诺活动抽样统计表明，98.2%的消费者愿意选择环保家装。

2002 年 3 月 13 日中国消费者协会报告：对北京装饰市场上销售的 33 个牌号的大芯板进行质量比较实验，结果发现甲醛释放量只有一个符合国家标准《室内装饰装修材料人造板及其制品甲醛释放限量》，97%不符合国标。2002 年 8 月 30 日国家工商总局公布对北京等地细木工板的质量监督抽查，合格率为 33.3%。提醒消费者如发现问题，应及时更换；如果细木工板散发出刺鼻气味，说明甲醛释放量较高，不要购买。

环保问题得到媒体的广泛关注。2002 年 1 月 11 日中央人民广播电台“早间新闻联播”报道，北京市近抽查，强化木地板有三成不合格。2002 年 5 月 28 日中央人民广播电台“早间新闻联播”播出，家装市场混乱，有 50 多种涂料假冒环保材料。2002 年 5 月 31 日中央人民广播电台早间新闻联播播出，要注意儿童房的装修，否则将危及儿童的身体健康。2002 年 7 月 30 日中央电视台二频道“经济信息联播”播报，我国每年室内装修污染案达 400 起，致使 1.5 万人受损。2003 年 3 月 12 日《北京晚报》公布一项检测报告，北京市新装修后的住房九成（88.8%）室内空气质量超标。

2002 年 12 月 31 日，北京市宣武区法院下达民事判决书，依法判决某装饰公司一次性付给秦女士装修费、装修拆装费、木地板费、检测费、医疗补偿费、精神损失费等共计 11.9891 万元。事因是 2000 年 4 月秦女士与某装饰公司签定环保装修合同，但搬进去后一家 4 口就不断的感冒，2001 年 6 月业主请有关单位检测，结果室内甲醛超出国家标准 9 倍，秦女士多次与装饰公司协调未果遂将其告上法庭。

2003 年 1 月 3 日中央电视台晚间新闻联播，以“全国首起家装污染损害案受害人获赔”为题作了报道。3 月 12 日《北京晚报》公布有关部门对 1000 户居民进行的一项最新检测结果：88.8%的北京人家装后空气质量超标，其中，甲醛、氨和苯分别超标占 68%、23.4% 和 8.6%，46.5%的家庭是因为新购的家具污染造成严重的室内空气污染超标。装修污染主要来自所使用的胶合板、细木工板、中密度纤维板和刨花板等人造板材，因为这些材料所使用的胶粘剂是以甲醛为主要成分的脲醛树脂，板缝中残留的和未参与反应的醛会逐渐向周围环境释放。含有甲醛成分并有可能向外界散发其他各类装饰材料还有贴墙布、贴墙纸、化纤地毯、泡沫塑料、油漆和涂料等。调查还显示，1000 户家庭中，请检测机构进行检测的占 52.1%，新居装修完入住前检测的占 39.9%，发现有问题才做检测的点 5.9%，家里有病人为了找病因做检测的占 1.98%。

2003 年 4 月 14 日中国质量万里行促进会发布警示：一些企业在拿“绿色”、“环保”蒙事。据中国建材市场协会对北京市场的暗查，很多产品没有按照国家要求进行检测，漏检产品达 40%以上；许多自称“绿色”、“环保”的产品却根本无相关检验报告书。专家提醒说，根据有关规定，只有中国环境标志产品认证委员会颁发的带有“十环”标志的产品才能称为绿色建材产品。在北京十里河建材一条街，所有商家的摊位几乎都在显著位置摆放着各种“绿色”或“环保”标牌，但当暗访人员要求商家出具有害物质检测报告时，90%的摊主拿不出检测报告。在北京环三环建材市场，一家根本没有做有害物质检测的厂家，陈列的板材上却赫然贴着“绿色环保建材”标志。

中国疾病预防控制中心辐射与核安全医学所研究小组经过 9 年的调研，2003 年 4 月 14 日首次拿出室内氡气污染所造成的肺癌危险度指数：0.19。它意味着当空气中氡浓度每增加 100 贝克/m3 时，在这种环境居住的人的患肺癌的几率就会增加 19%。研究强调，作为排在世界卫生组织所确认的三类人类致癌物中第一类物质当中的放射性物质氡，其室内浓度的高低与房屋选址、设计、选材和装修材料有直接关系，特别是家装时应尽可能少用石材，尤其是花岗岩最好不用。

出席 2003 年 3 月全国人大十届一次会议的部分代表对

家装环境污染问题十分关注，强调要用法律形式来解决家装中出现的问题，保障民众身体健康。

河南代表薛景霞指出：对于室内装饰污染引发的家装投诉已成为人们关注的焦点，她认为百姓投诉很多，一方面说明生活水平提高后，人们在家装方面的消费越来越理性了，对居住环境的要求已从豪华型转向健康环保型；另一方面也说明，装修领域的确存在很多不容忽视的问题，解决这些问题，对国家而言，应该尽快建立健全相关的法律法规，对装饰材料生产和施工单位来讲，必须坚持诚实守信的原则，从设计和施工这个源头上就杜绝劣质建材。

从事医务工作37年的福建人大代表黄双月从2001年起开始关注调查室内环境污染对人体健康的影响，她把室内环境污染分为化学污染、物理污染、生物污染和大气污染四个方面，不合格的建材、油漆、不合理的设计装修都会导致污染，对人体造成危害，她指出：通过我看到的一些资料和我身边的一些人发现家装引起的室内空气污染问题，可以引发一些疾病，比如说哮喘病、小儿智能低下、记忆力减退等等，甚至可以引发白血病，这个问题相当严重。针对住宅装修带来的环境污染问题，有关部门已经制定了十多项国家强制性标准，但这些标准及范围有限而且多是评价体系，不带有强制性。

人大代表王宝军认为：标准是有了，但怎么执行并不明确，特别是没有责罚措施，买商品有质量问题还能索赔呢，装修有污染怎么办？当事人应该受到什么样的惩罚？这都应该有明确的法律依据。为此，代表们建议：一是继续补充完善各类环境标准，为执法提供依据；二是严格管理建材生产和销售环节，禁止使用超标原料，从源头上遏止污染；三是修改完善现有的相关法律法规或出台新的法律，明确责任，明确责罚。

现在的问题是，装修引起的室内环境空气污染，按2002年6月国家质检总局“室内装饰装修材料有害物质限量10项强制性国家标准”的要求，符合环保的装饰材料只占全部装饰材料的10%。无环保的装饰材料，何来环保的家装。因此，环保装饰材料是关键。

中国消费者协会在2003年7月29日《北京晚报》公布了九大行业消费陷阱，家庭装修位居第三。市场上70%的建材产品无检测报告，不少厂商把刚刚达到国家“室内装饰装修材料有害物质限量”标准的产品夸大标称为“环保”甚至“绿色”。有些厂商采取以假乱真、偷梁换柱的手法，坑蒙消费者。比如将低等品、等外品的建材产品冒充高等品出售给消费者，购买建材时展示的样品与实际销售的产品不符，混级装箱，以次充好。一些不法厂商，为了牟取暴利还故意使用与名牌产品和畅销产品相近、相似的名称，以假乱真，甚至伪造检测报告和产品说明书，将国产的说成进口的，把人工合成的称为天然的，蒙骗消费者。

世界卫生组织将2003年世界卫生日的主题定为“为儿童创造健康生活”。据世界卫生组织公布的数字，全球1/7的疾病是因环境而起，其中40%由5岁以下的儿童承担。每年全球5岁以下儿童人数高达1090万，其中50%以上与饮用水和卫生设施缺乏、室内空气污染、意外事故等有关。为此世卫组织决定在全球开展儿童健康环境计划，确定了13种影响儿童健康的环境危险因素，其中最主要的是家庭用水卫生、环境卫生、空气污染、疾病载体、化学危害和意外事故。2003年8月23日《北京晚报》、8月24日《北京青年报》报道哈尔滨血液肿瘤研究所2001年收治的1500多例儿童血液病患者，其中白血病患者高达80%，以4岁孩子居多。所长马军认为，除了儿童免疫功能较弱外，室内装修材料散发有害气体是“杀手”之一。中国儿童卫生保健疾病防治中心主任戴耀华在“首届中国室内环境污染与儿童身体健康研讨会”上指出：目前中国每年因装修污染而引起上呼吸道感染而死亡的5岁以下儿童约有210万人，其中50%以上可能与室内污染有关。

有关专家对目前幼儿园装修越来越豪华所表现出来的室内空气质量深表担忧。据测算，儿童需要新鲜空气$15m^3/h$，若每个儿童教室空间为$5m^3$，每小时需换气3次。

6. 舆论导向问题

舆论界近年来曾有过三次较大的导向失误——均与癌症有关，尽管新闻媒体及时纠正，但在全国的影响至今仍较大较广。

一是装修导致小儿白血病。

2001年2月北京有关主流媒体报道，据称经北京市儿童医院血液中心有关医师调查，前来医院就诊的白血病患儿十分之九家里曾经装修过，家装污染严重可能导致儿童白血病。这一情况也引起了全国的强烈反响。

一年后，北京儿童医院血液中心主任吴敏媛证实，由装修引起的室内环境污染，会增加儿童哮喘病的发病率和过敏性鼻炎，导致儿童铅中毒。至于装修是否会导致儿童白血病，儿童医院还没有做过这方面的调查，因为白血病病因非常复杂，到目前为止，国内外科学家还没有弄清白血病发病的真正病因。吴敏媛教授介绍，白血病的发生与以下因素有关，一是放射性因素。如母亲在怀孕期多次接受过X线照射，父亲接触X射线超过10次，或孩子出生后接触X射线大于3次，儿童患有白血病的可能性就高于正常人群。二是化学因素。如母亲的职业经常接触苯、甲醛等化学物质；母亲在怀孕期间吸烟；孩子在室内室外接触杀虫剂、除草剂。三是遗传因素。染色体畸变人群的白血病发病率高于正常人群。

另据《京华日报》2002年7月17日原引新华社的报道“家装污染导致儿童白血病没有科学依据”。中国疾病预防控制中心环境所戴自祝研究员指出，到目前为止，我国没有对白血病的病例进行调查统计和分析，白血病致病原因是国际医学界未攻克的难题。家装污染会导致儿童患白血病的说法没有任何科学依据。戴自祝研究员强调，装修引起的室内空气不良会对人造成一些刺激，出现头痛、眼、鼻、咽喉刺激等现象，这叫做不良建筑综合征。出现这种情况并不是一种病，而是一种反应，人离开房间就会消失。对于人对装修引起的室内空气不良的反应，既然还不能叫做病症，也就不会到致癌的程度。从就诊的已患病儿童中调查家中装修情况，再得出装修引发白血病的结论，这种推断的方法是不科学的。

二是石材放射性导致白血病。

1994 年从四川健康的到北京从事石材加工的小伙潘川，2002 年 7 月 14 日在解放军 307 医院检查出得了急性淋巴细胞白血病，再次引起京城关注。据当天《北京晚报》报道，潘川的主治大夫余医生讲，就目前医院的这些体检结果来看，很难说大理石就是致病原因，但也不排除其中一些危害人体健康的元素会导致患病。已从事放射性研究近 50 年的核工业北京地质研究院的吴慧山教授认为，人造大理石可能存在高放射性和有害气体，其放射性的高低取决于花岗岩填料的多少和本身的放射性，以及作为粘结剂的水泥、石膏的放射性，因为水泥烧制后要渗入一定的灰渣，劣质的灰渣会有较高的放射性，而有些石膏是用一般放射性较高的磷块岩的渣子加工的。

为查清石材究竟是不是致癌症祸根，经《北京晚报》提议，中国石材工业协会的全力支持下，2002 年 8 月 19 日，国家建材工业质量监督检验测试中心和中国地质大学（北京）辐射与环境实验室的专业人员，联合突击检测了那位四川小伙工作过的石材仓库，检测结果证明，四川小伙患血癌，绝对不是石材惹的祸。在场专家肯定地得出结论，石材与癌症无关。2002 年 8 月 20 日《北京晚报》对此作了报道。

三是养花致癌。

2002 年 7 月 7 日，《北京晚报》指出，养花也会致癌？近来京城一些媒体炒作此事，令人不安。该报原引中国预防医学科学院病毒所曾毅院士的判断，致癌和促癌是两个完全不同的概念，促癌物质本身并不会直接导致癌症，人们不必太紧张。经研究，52 种促癌物质的花草中，只有铁海棠等不多的几种是观赏性植物。铁海棠本身以及它的叶、花、果，到种植的土壤里，都含有促癌物质，这些物质很容易被人体吸收。曾毅院士建议，家中最好不要养这些植物。

综上所述，北京市家装市场现存的从业者、消费者、多头管理、行业管理、舆论导向、环保材料等六大问题中，从业者、多头管理、环保材料三大问题是导致家装市场问题的主要方面。分析表明，这三大主要方面的市场问题，同时也是三个主要的市场缺陷。

五、政府公共政策选择的建议

2003 年 4 月 7 日，中共北京市委、市政府做出《关于进一步优化发展环境的意见》，第六项“坚持依法行政，提高政府行政水平”第 17 条“完善政府规章和行政措施”中指出：做好政府规章的制定、修改、废止和政策措施的制定、废止工作。规范政府规章和政策措施的制定程序，对不适应市场经济发展需要、不利于优化发展环境的政府规章和行政措施，及时进行清理。第八项“加快转变政府职能，提高市场化程度”第 26 条“培育、规范各类行业协会和社会中介机构”中指出：按照市场经济的要求，将政府承担的部分社会服务职能从政府行政职能中剥离出来，移交给各类行业协会和社会中介机构。制定行业协会和社会中介机构管理办法，加强对行业协会和社会中介机构的指导与监督，确定其独立法人地位，实现中介机构与政府部门完全脱钩。

2003 年 7 月 3 日，中共中央政治局委员、北京市委书记刘淇在全市学习贯彻“三个代表”重要思想理论会上强调，各级党委政府都要把群众利益放在第一位，要把群众的呼声和意愿作为指导工作的第一信号，把关心和服务群众作为各级领导的第一职责，要把群众的评价作为衡量政绩的第一尺度。他指出，群众利益无小事，凡涉及人民群众生产、生活和切身利益的事都是大事，都要摆到头等位置。制定决策，第一位的要考虑人民群众的利益；开展工作，第一位的要考虑群众的意愿。凡是人民群众拥护的事，就要多办、大办、办好，凡是人民群众反对的事，就不办、禁办、坚决杜绝。

通过了解北京市家装市场发展和管理现状，对持续 7 年来位居全市消费者十大投诉前列的家装问题的累积归纳分析，特别是这次 SARS 对家装的影响，我们找出了家装市场存在着从业者、消费者、多头管理、行业管理、舆论导向、环保材料等六大问题。确定了从业者、多头管理、环保材料三大问题，既是导致市场问题的主要方面，也是当前市场的三大缺陷。SARS 与家装室内环境污染有一定的间接关系，将形成家装投诉新热点，并成为突发传染病疫情灾害的隐患。

北京市在此次防控 SARS 中，对家装市场采取党政齐抓共管、社区居委会和物业管理单位联合属地化管理的新措施，实践表明，非常时期的非常管理基本到位，成效显著。北京对家装市场管理的创新，可成为政府管理家装市场的新模式，值得充分肯定。但是物业管理单位的执法主体错位，当防控 SARS 由应急转为常态后，这一管理模式既要延续也要完善。

2003 年 6 月 8 日国务院总理温家宝签署国务院令第 379 号《物业管理条例》，其中有两条是规范装饰装修的。**第四十六条**：对物业管理区域内违反有关治安、环保、物业装饰装修和使用等方面法律、法规规定的行为，物业管理企业应当制止，并及时向有关行政管理部门报告。有关行政管理部门在接到物业管理企业的报告后，应当依法对违法行为予以制止或者依法处理。**第五十三条**：业主需要装饰装修房屋的，应当事先告知物业管理企业。物业管理企业应当将房屋装饰装修中的禁止行为和注意事项告知业主。

本报告参照国际惯例，提出以下政府公共政策选择分三个层面实施的建议：

第一个层面：为了使北京市家装市场和行业管理制度进一步得到完善，亟待市政府或市人大通过立法并制定相关的实施细则，建立统一有序全新的法治框架。深圳市政府第90号令《深圳市家庭居室装饰装修管理规定》和《浙江省实施〈中华人民共和国消费者权益保护法〉办法》可供选择。

第二个层面：为了在全新的法治框架下使政府的宏观调控继续发挥强大作用，当前应着重干预家装市场的“三大缺陷”：一是从业者自律；二是多头管理；三是环保材料假冒。

第三个层面：为了使政府干预家装市场“三大缺陷”的目标尽快得以实现，需要完成家装市场和行业管理的“二个转变”：

一是市场由二家管理转变为一家管理（由北京市建委统一归口）；

二是行业由政府管理转变为社团管理（转移政府职能委托北京市建筑装饰协会）。

附 录：深圳市家庭居室装修管理规定

附 录：

深圳市家庭居室装修管理规定

（1999年11月19日深圳市人民政府令第90号发布）

第一章　总　则

第一条　为了规范家庭居室（以下简称家居）装修活动，加强家居装修管理，根据《中华人民共和国建筑法》及有关法律、法规的规定，结合深圳市实际，制定本规定。

第二条　本规定所称家居装修，是指居民为改善居住环境，对居住的房屋进行修饰处理的建筑活动。本规定所称居民，包括村民、业主、承租人及其他使用人。承租人或其他使用人对房屋进行装修，应经房屋所有权人书面授权。

第三条　从事家居装修活动及对其的监督管理，必须遵守本规定。

第四条　家居装修应当保证建筑工程质量和结构安全，符合行业管理、消防、供水、供电、燃气、环境保护等有关规定和标准。家居装修不得涉及公共设施、公共空间。

第五条　深圳市建设行政主管部门（以下简称主管部门）对全市家居装修活动进行统一管理，负责制定家居装修技术规范，负责家居装修者从业资格的管理。

各区人民政府建设行政主管部门（以下简称区主管部门）在市主管部门的指导下，对本行政区域内的家居装修活动进行管理，受理家居装修举报，查处家居装修违法行为。

第六条　深圳市装修行业协会在市主管部门的指导下，协助市、区主管部门对家居装修活动进行管理，负责受理家居装修咨询、协调会员间关系，规范会员行为。

第七条　各物业管理单位在市、区主管部门的指导下，负责家居装修工程开工申报的登记及装修施工现场的管理。

第二章　从业资格

第八条　从事家居装修者，应具备下列条件，并办理工商注册登记：

（一）有固定的办公地点；

（二）专业技术人员不少于3人，主要技术工人持有市主管部门颁发的上岗证；

（三）技术负责人具有3年以上的装修施工管理经验，并具有助理级以上技术职称；

（四）注册资本或资金数额不低于50万元人民币。

第九条　从事家居装修者，应依市政府有关规章向市主管部门申领《承建资格证书》。《承建资格证书》实行年度市验制度，审验内容包括施工业绩、施工质量、安全生产和守法经营情况等。经年审合格者，可继续经营，对年审不合格者，其《承建资格证书》予以注销。《承建资格证书》年度审验办法由市主管部门另行制定。

第十条　取得《承建资格证书》的家居装修者自愿参加深圳市装饰行业协会。

第十一条　市主管部门应当于每年三月在新闻媒体上公布取得《承建资格证书》的装修者名单、地址、电话、《承建资格证书》编号，深圳市装饰行业协会及市、区主管部门应当提供装修者名录，供居民查阅。

第十二条　未取得市主管部门颁发《承建资格证书》者，不得承接家居装修业务。

第十三条　居民应当按规定选择持有市主管部门颁发的《承建资格证书》者承接其家居装修工程。

第三章　开工申报登记

第十四条　家居装修工程实行开工申报登记制度。居民在对家居进行装修前，必须会同其委托的装修者向物业管理单位申报登记，填写由市主管部门统一印制的《家居装修申报表》一式三份，如实申报装修项目、标准、施工人数、拟开工时间和竣工时间等内容，并提交装修合同复印件、交验装修者《承建资格证书》原件，物业管理单位收件后应出具回执。对符合条件者，物业管理单位收到开工申报登记申请后三个工作日内予以登记。居民和装修者在办理开工申报登记时，应分别向物业管理单位交纳1000元装修保证金。

第十五条　对未向物业管理申报登记或不符合规定条

件自行开工的家居装修工程，物业管理单位应通知其停止违法行为。

第十六条　禁止物业管理单位向居民硬性指派装修者或推销装修材料。禁止物业管理单位违法收取各种费用。

第四章　施工现场管理

第十七条　家居装修活动，应当服从物业管理单位按本规定进行的施工现场管理。

第十八条　居民可委托工程监理单位对家居装修活动进行监督，并约定支付费用。

第十九条　家居装修活动必须保证建筑物结构和使用安全，禁止下列行为：

（一）改变房屋承重结构；

（二）在承重墙上穿洞，拆除连接阳台的墙体、门窗；

（三）不适当增加楼面静荷载，包括在室内砌墙，超负荷吊顶，安装大型灯具，铺设大理石地板等；

（四）任意刨凿，重击顶板、外墙内侧及排烟管理，不经穿管直接埋设电线或改线；

（五）破坏或者拆改厨房、厕所的地面防水层；

（六）使用不符合消防要求的装修材料；

（七）其他违章装修活动。

确需改变建筑物主体或承重结构，明显加大负荷的，居民应委托建筑物原设计单位或有相当资质的设计单位提出设计方案，报政府设计审批部门审批。

第二十条　楼顶、外管墙、外门窗、阳台的装修及空调的安装及其他装修活动必须符合深圳市规划国土部门的技术标准，保证建筑物外观的协调统一。

第二十一条　禁止擅自改动、暗藏燃气管道设施，确需改动的，应提前一个月向供气单位提出申请，由供气单位组织实施。

第二十二条　禁止将雨水管道用生活污水的排放。

第二十三条　家居装修施工应当保证工程质量，严格按有关规范进行，禁止偷工减料、粗制滥造、野蛮施工；装饰材料不得以次充好、弄虚作假。家居装修工程的保修期为一年，自工程竣工之日起计算。保修期内，装修者负责免费维修，但使用人故意造成的问题除外。

第二十四条　家居装修施工，必须遵守施工安全操作规程，保证作业人员及周围居民和财产的安全。

第二十五条　装修施工作业应遵守消防规定，作业现场应至少配备两个灭火器。

第二十六条　装修垃圾必须袋装，并按照物业管理单位指定的位置、方式和时间进行堆放、清运，对违章堆放、抛弃装修垃圾的，物业管理单位有权责令限期清理，不及时清理的，物业管理单位应代为清理，费用由装修者或居民承担。

第二十七条　家居装修施工作业时间为每天七时至十二时，十四时到十九时。

第二十八条　家居装修者应自开工之日起的三个月内完成装修。

第二十九条　家居装修工程完工后，经物业管理单位检查，如有违章装修或渗漏、堵、损坏等情况，按责任照价赔偿，赔偿费用从装修保证金中扣除，多退少补；如无违章装修行为，应在装修完工后十日内退还装修保证金。

第五章　纠纷的解决

第三十条　家居装修活动，应当签订书面合同、合同统一使用由市主管部门统一印刷的家居装修工程合同示范文本，当事人双方可对该文本进行修改或者补充。

第三十一条　家居装修工程当事人因家居装修活动发生争议，可以向市、区消费者委员会投诉或申请调解，也可按仲裁，或直接向人民法院起诉。

第三十二条　深圳市装饰行业协会，对会员单位违反协会章程的行为进行查处。

第三十三条　市、区消费者委员会根据当事人双方签订的家居装修合同及有关法律、法规、规章及技术标准，规范对纠纷进行调查、调解。

第三十四条　调解人员应当认真听取当事人双方的意见并实地调查，在分清责任的基础上提出调解处理意见。

第六章　税务管理

第三十五条　装修者取得营业执照后，应到税务机关申请税务登记，并依法纳税。

第三十六条　税务机关委托物业管理单位代征有关税款或要求其承担协税工作的，物业管理单位应当接受委托或履行协税义务。

第三十七条　装修者在装修工程开工前，必须持税务登记证到代证单位办理工程登记，完工后缴清应缴税款。

第七章　罚　款

第三十八条　违反本规定第十二条，未取得《承建资格证书》承接家居装修工程业务的，责令其停止违法行为，并处以违法所得两倍的罚款，无违法所得或违法所得难以查清的，处以一万元以下的罚款。

第三十九条　违反本规定第十四条，未向物业管理单位申报登记擅自开工，或者在申报登记时提供虚假资料的，责令改正，补办手续，拒不改正的，可对居民、装修者处以五百元以上一千元以下罚款。

第四十条　违反本规定第十九条，影响建筑物结构或使用安全进行装修的，应责令居民、装修者限期改正；逾期拒不改正的，处以一千元以上一万元以下罚款，造成损害的，居民与装修者连带承担赔偿责任。

第四十一条　违反本规定第二十条，不按照市规划国土主管部门的技术标准进行外装修的，责令居民、装修者改正；情节严重的，处以一千元以上五千元以下的罚款。

第四十二条　违反本规定条第二十一条，擅自改动、暗藏燃气管道设施的，责令居民、装修者改正，拒不改正的，可处以一千元以上五千元以下罚款。

第四十三条　违反本规定第二十三条，不按有关规范进行施工，偷工减料，粗制滥造，野蛮施工，或者装修材料以次充好，弄虚作假影响工程质量的，责令装修者改正，并处以一万元以上五万元以下的罚款，造成损失的，应当予以赔偿。

第四十四条　违反本规定第二十五条，装修现场未配备消防灭火器的，责令装修者改正，拒不改正的，　由消防部门予以处罚。

第四十五条　违反本规定第二十六条，违章堆放、清运装修垃圾的，责令居民、装修者改正，拒不改正的，可处以一百元以上一千元以下罚款。

第四十六条　违反本规定第二十七条，不遵守装修时间限制的，责令装修者改正，并可处以一百元以上一千元以下罚款。

第四十七条　对违反本规定的违章装修行为，物业管理单位均有权制止，责令改正，并应报请有关区主管部门予以处罚。除已作规定者外，本章所设行政处罚由区主管部门作出，市主管部门认为必要时间直接查处家居装修违法行为。

第四十八条　物业管理单位违反本规定第十四条第三款，不按规定办理开工申报登记的，由区主管部门责令改正，并处以二千元以上一万以下罚款。

第四十九条　物业管理单位违反本规定第十六条，向居民硬性指派装修者或推销装修材料，或违法收取各种费用的，由区主管部门责令改正，并处以一万元以上五万以下的罚款。

第八章　附　则

第五十条　本规定自发布之日起施行。

关于福建省家装市场的调查报告

福建省建筑装饰协会　**张福如　施德善**

（二〇〇三年五月十八日）

一、家装市场现状

据调查，近几年来，福建省家庭装饰装修市场发展较快，年产值以20%的速度递增，却不容乐观。目前，持有福建省建设行政主管部门颁发的资质证书专门从事家装的企业不到50家，而且，除了极其个别的企业之外，这些企业的知名度不高，在消费者中尚未打响具有福建特色的家装品牌。更不用说走出去，占领省外市场。相反，随着建筑市场的开放，外省许多知名家装企业打着“连锁”的旗号，进驻福州、厦门、泉州等地，如北京的“业之峰”、上海的“安润福”、青岛的“好易居”、广州的“名匠”等等。更有甚者，四处分布的“游兵散勇”或称“马路游击队”一直占领着福建省家装市场的“半壁江山”，不仅导致竞争无序、市场混乱、投诉增加，而且带来防不胜防的安全质量隐患。市民买新房——毛坯房，找装修难，搞装修更是累，而乔迁之后，发现楼板裂缝、墙壁渗透等等质量毛病，甚或新居变危房，更是苦不堪言。据1999年“3.15”中国消费者协会公布的资料，当年家装行业被列为11个劣质行业之首。2003年1月29日，中消协宣布：2002年全国“六大投诉”中，“房屋及装修、建材”位居第四。一半以上的毛坯房，在装修时被破坏了房屋结构或管线，造成严重的质量安全隐患。

二、“毛坯房”不受欢迎已成不争事实

建设部有关人士指出，毛坯房是一定历史时期的产物，或者说是“福利公房”的产物。随着社会主义市场经济的发展，人民生活水平的不断提高，尤其是人们思想观念的改变与更新，这种毛坯房不受欢迎已成不争的事实。不少市民热切期待：有朝一日，只要买了房，就可以舒舒服服的搬进去住——这就是后来提出的“一次装修到位”、“全装修房”。

在1999年，国家建设部就联合其他有关部门发出了《关于推进住宅产业现代化，提高住宅质量的若干意见》。其中提到：装修一次到位，或称“全装修住宅”——即房屋交钥匙前，所有功能空间的固定面全部铺装或粉刷完成，厨房和卫生间的基本设备也全部安装好，以避免二次装修造成的破坏结构、浪费和扰民等现象。2002年9月，福州市房地产协会举办房地产高级论坛，建设部原常务副部长叶如棠到会发表演讲，用了大量生动的事例，说明告别毛坯房、一次装修到位的好处。同年，建设部又出台了《商品住宅装修一次到位实施细则》，提出“推行装修一次到位的根本目的在于：逐步取消毛坯房，直接向消费者提供全装修成品房；规范装修市场，促使住宅装修生产从无序走向有序”。据了解，上海市住宅发展局也曾出台了一系列新建住宅全装修工程规范性文件，并委托上海市装饰装修协会对家装市场进行管理。2002年，上海市建成旨在让市民省心、省力并省钱的全装修房3万套，今年又推出10万套全装修房，还计划到2005年新建住宅将基本实现全装修。

三、菜单式全装修是规范家装市场的有效途径

然而，从近几年来的发展来看，按照统一模式进行的“一次装修”、“全装修”，又因每家每户对于装修的要求不同而不受欢迎。那么，如何解决这一问题呢?在实践中，一些先行的企业已经找到了根本途径，这就是一种崭新的装修模式——“菜单式装修”。所谓“菜单式装修”，就是把客厅、卧室、厨房、卫生间、阳台等各种装修方案，像菜单一样开列

出来，你喜欢什么样的墙壁涂料、什么样的地砖等等，都可以从若干种方案中挑选出来。当然，也有的菜单式装修粗放一些，向你展示 A、B、C、D 等几种整体装修方案，或者展示高、中、低等三种档次整体装修方案，如同套餐一般，人称“套餐式装修”。

可以说，菜单式装修有诸多优点。这里不妨罗列几项：一是装修实现了工业化生产，可以在工厂里进行大批量的标准化、系列化的装配，特别是卫生间和厨房，其设计的标准化给装修带来莫大的方便，而且可以降低装修成本。二是业主大大节省了精力，不必再为装修而操劳。三是整幢大楼可以在业主入住之前统一进行装修，当业主入住后即可避免装修时噪声干扰之苦。四是菜单式装修由“正规军”承担施工，使那些“马路游击队”“游兵散勇”失去插足之地，避免市场混乱。五是可以除掉业主自行装修时拆除承重墙等弊病，如此等等。

而菜单式装修的价格比自行装修高还是低了?当然这是业主所关心的。据统计，目前福州市民自行装修的平均费用约 700 元/m^2左右，而采用菜单式装修时大约可以使价格降低 15%左右，因为一些建材用料、厨卫设备等可以统一大批量采购，而且是按统一标准施工的。

此外，菜单式装修所用材料是由装修公司集中采购的，一般是厂家直销的，伪劣材料将可大大避免或减少。人们用“三省”来形容菜单式全装修住宅的好处，即业主可以省心、省力、省钱。同时，开发商引进有实力的“正规军”进行装修，能保证装修工程质量，也为业主找装修难提供可靠的服务。对政府来说，也因为这样的全装修市场走上健康发展之路，有力地维护了消费者的利益，使住宅装修不再成为消费者投诉的焦点。

四、几点建议

为了更好地推广菜单式全装修，促使住宅装修市场从无序走向有序，从不大规范变为比较规范，我们建议采取以下几条对策：

1．明确职责，加强管理。家装管理既复杂又琐碎，由政府部门投入大量人力、物力不太可能。按照上海市的做法，由建设行政主管部门建章立制，出台新建住宅全装修试点工程的规范性文件，以及家装管理办法等，委托行业协会照章管理。行业协会可以充分发挥协调与沟通功能，并根据业务需要充实力量、集中管理，力求效果。

2．依法制定家装资质实施细则。2002 年 5 月 1 日起施行的《住宅室内装饰装修管理办法》规定：从事家装企业必须具有公共建筑装饰装修资质等级系列的最低资质等级即三级资质，也必须有 50 万元以上的注册资金和不少于 15 人的管理、专业技术人员。这一规定使得一些有条件做好家装、但达不到三级资质的从业人员无法从事家装，只好加入“游击队”承揽业务。鉴此，建议主管部门根据家装行业实际情况，出台家装企业资格准入细则，条件可适当放宽，以利于扩大“正规军”规模，加强市场管理。

3．建立家装市场，统一报价方式和施工合同范本。为了让消费者能够货比三家，明明白白清清楚楚地消费，亟待建立家装专业市场。从北京看，拥有 10 个家装市场，而且在这方面搞得非常成功。同时，从目前看，菜单式家装报价不一样，业主没有可比性，企业借此钻空子，对业主是非常不公平的，因此亟待采用统一的报价方式。此外，要统一制定施工合同范本。

4．搞好培训工作，实行持证上岗。由行业协会牵头，对家装从业人员(其中大多是农民工)进行培训考核、技能鉴定，把从业人员中的能工巧匠吸引到家装队伍中来，并实行持证上岗，逐步规范从业人员行为。

5．与有关部门协作，培育与净化家装市场。由家装行业协会与房地产协会、物业管理协会联手行动，按市场化运作模式，与有实力的房地产开发商合作建立家装专业市场，大力推广菜单式全装修。

6．成立家装专业委员会。由装修行业协会领导，旨在对家装企业进行规范、协调、沟通和服务，以期达到增强企业核心竞争力，形成有福建特色的装修品牌；促使企业公平竞争，装修市场有序发展。

·行业发展·

影响住宅装饰装修消费的主要因素

中国建筑装饰协会常务理事　黑龙江麻雀装饰工程有限公司董事长　**冯雪冬**

影响的主要因素来自三个方向，一是客户群体——也是国民生活的需求。二是住宅装饰装修行业不是孤立存在，相关行业组成了住宅需求的供需链，它们相互作用相互影响。三是提供产品、服务的住宅装饰装修行业自身的状态。

把这三个对象关联起来放到国家的整体经济活动中去分析，才能使我们看清问题的实质。

一、国民生活的需求——客户群体因素

国民素质的提高

所谓国民素质，指的是一个国家的公民在国内建设和国际交往活动以及个人生活和社会生活中，具有的品质、相应的基本条件和潜力。应从人格、精神、道德、文化、科学、职业、健康、审美等方面对国民素质进行考察描述！

国民素质是现代化的基石，没有高素质的国民，就没有现代化的国家！虽然我国国民素质，在现代素质要求方面还有很多的缺陷需要改变完善，但近年我国的国民素质的提高变化是不争的事实。下面就国民素质的提高变化与家庭装饰的关系做一个分析。

国民素质的提高更多的是精神生活水平的提高，使人们在审美情趣及对待生活的态度发生着变化，并促使其努力要求与之相配的物质文明，来满足精神上的需求，同时物质文明也对人的精神生活起着潜移默化的引导作用。物质文明的建设水平可以说是国民素质水平的一个综合反应。

人类居住环境是物质文明的重要组成，使人们必然要求与精神文明适应的状态条件，其中重要的组成部分就是住宅的物质环境，需要说明的是，住宅的物质环境是一个大的由多行业组成的产业供需链，住宅的装饰装修是这个供需链中的重要组成部分。

我国现阶段的国民素质需求决定了现阶段的住宅装饰装修的功能及风格。现阶段是一个发展着的转折的时代，造成了人们对生活态度的多样不同，必然会产生不同的追求，即有追求生活情感、兴趣的布尔乔亚、波西米亚、新古典主义、及简主义、后现代等到国际时尚思潮的存在，也有由于长期的物质贫乏之后暴富的病态需求。而且后者在实际生活中有不同程度的表现，一度还是公共场所装饰装修的主流需求，如：要求表面的华丽，对材料所谓档次的追求，繁杂造型的堆砌，甚至要求帝王式的华丽，更多因其崇洋显示的心理，而要求欧式的宫廷风格，根本不考虑其现实的条件，实现的可能性，不重视生活的真正需求，只要虚假的演示，来满足于病态式浮夸的心理。这种有钱的自大与文化上的无知，在住宅的装饰装修中也继续有着广泛的市场，这也是国民素质上的缺陷，就其根源在这里就不做追溯了。当然也有大量的因缺乏资金或简朴的习惯等因素使其无意追求过多，只是想能够有一个宽敞点、干净点的生活空间。查看国民素质在住宅装饰装修上的现阶段表现，可以看出对物质的追求、计算的能力与愿望，超过的了对知识及精神文化的追求。缺少对住宅的装饰装修应是使人生活方便，并体现健康的文化精神的实质性了解。这也是物质与文化贫困后，进入初级小康阶段的正常反应。

文化精英倡导的观念与大众的观念，在层次划分是呈现出一个向上移动的金字塔的状态，流动的方向总是自上而下的产生影响和传播。随着信息传播渠道的多样化发展，观念的传播的速度也越来越快，这样的条件为国民的素质的变化提高造成了一个良好的氛围。近年精美的时尚类杂志、电视节目的大量出现，对国民的生活时尚方向产生了引导，对国民的精神气质的改变产生巨大的影响。

国际主流文化的中心在欧美，影响到亚洲的发达国家、地区，然后再影响到我国的发达的沿海地区，再向内地传播。在我国现阶段的状态下，必然会受到很深的影响。相信随我国民自信心的恢复增长，传统的文化、地域性的文化会逐步得到重视，这也是国民素质提高后的必然，是标明国民地位的，团结国民精神的手段。所以应努力探索传统文化、地域文化同现代生活方式的结合点，建立中国国民的装饰装修文化。

二、家庭结构的变化

家庭结构是家庭关系的整体模式。社会学家与人类学家对家庭结构因不同的角度有不同的类型划分。同住宅装饰装修关系最为密切的是，按家庭人数和代际层次数划分的方法。因其直接标明了住宅的功能、面积等条件。

从 20 世纪以来，我国家庭经历了小型化趋势，并逐渐呈现出多样化的状态，如丁克家庭、单亲家庭、单身家庭、空穴家庭——只有老人，孩子全部成年独立生活的家庭等等。

家庭结构的小型化满足了生活差异造成的矛盾，在现代社会的发展中，人们讲求个性、独立和自我，而不是要共性与服从，在个人生活方式上更是如此，家庭越大，人口的结构越复杂，人的基本状况和素质相差造成的生活方式上的矛

盾越难协调和统一。

如：在一个家庭成员年龄差别大，产生的矛盾中我们看到，老年人好静，而青年人好动，老年人的墨守成规与现实的生活态度，与年青人的打破成规富于理想化的态度经常发生冲突。在大家庭中这种所谓的代沟使各方都受到了不同程度的压抑。在三代同住家庭的住宅装饰装修中，老年人的简朴与安静要求，很难同青年人达成共识。住宅装饰装修对老年人来说更象是个新出现的，更喜欢同以前的生活环境相参照，而年青人的更喜欢浪漫的气氛，寻找未曾感受过的舒适，及个人私密性的保障。在三代同住家庭的住宅装饰装修过程中，设计师经常是接受到完全不同的要求，争吵中产生的结果是不会使那一方得到真正满足。当然中国的传统文化一般会使持不同个体要求的家庭成员做出一些让步。这种个人个性化的要求得不到满足的压力也会促使家庭小型化的进一步加剧。

随着消费能力的增强，房地产市场的发展等条件的具备，家庭小型化、多样化的进程会有更多的发展，这样会解放出更多的大量的个性化需求。家庭的小型化、多样化也造成了不同于传统消费观念的自由发展，并对住宅装饰装修的消费产生出深远影响。

家庭结构的小型化、多样化，也是现阶段家庭装饰市场发育的催化剂。

现阶段的客户群中，不同年龄段的人群的消费能力与观念的不同，造成了下面的情况：

1.年龄在25岁左右以下的年青人由于大宗消费能力的不具备与婚姻情况等因素没有成为住宅装饰装修的主要客户群。

2.年龄在55岁左右以上的老年人，由于消费观念简朴，有限的经济能力，考虑子女生活、事业的需要，防患于未燃的心理，也难以成为现阶段住宅装饰装修的主要客户群。

3.目前的主要客户群来自年龄在30～50岁左右的中青年人。

人口的老龄化是工业化时代以来人口转变的必然结果，影响人口老龄化的因素有两个，即生育率下降与死亡率下降和预期寿命的延长。中国人口在1964前后是属于年轻型，在1982年前后开始转向成年型，在1990年属于成年型，到1995年已处于成年型向老年型的加速转变的过程中。预计在2020～2030年间进入老龄化阶段。这也表明住宅的潜在客户群动态变化的一个重要因素，研究老年人的市场需求，尤其是未来发展中的老年市场需要，因为现在的主要客户群在时间的流逝中，必然进入老年阶段。这对住宅的装饰装修消费有重要的战略意义！

不同结构的家庭类型，其成员在家庭活动中有不同的需求，分析出这些不同的需求，在住宅的装饰装修的服务中合理的处理，会更好提高服务的质量，满足国民生活的需求。

三、社会生活方式的改变

我国国民生活方式在改革开放后发生了很大的变化，住宅装饰装修行业的出现，本身就是顺应这一变化的产物，从简单的粉刷到公共场所的装饰装修再到住宅装饰装修市场的出现，在经济作用的推动下，装饰装修行业的客户对象与服务内容一直与之相随。

国民生活方式的变化是一个社会整体变化的一部分，同经济水平的快速提高与精神文化教育及其传播手段的高速有效是密不可分的。生活方式的变化也是多方面的，这里无法全面溯源总结，就其中同住宅装饰装修有关的几点做一分析描述。

1. 在20世纪90年代初的时候，住宅中的卫生间大多只有1m^2多点，设备也只是有蹲便，洗漱都在厨房的洗菜池中完成，洗澡都是要去公共浴池排队等候。那时家中卫生间有洗浴设备，成了富足与身份的象征。而现在大多的住宅卫生间功能齐全，人们可以随时洗浴，住宅中更出现了家庭成员的专用卫生间，以保证其个人的私密性。卫生间甚至出现了精神享受的休闲放松场所概念，这在我们高端客户群的实际项目中时常可以有条件来实现，当然这还只是有经济实力做后盾的先锋性理想。但在家洗澡也是十几年前人们的生活理想，如今成了非常普遍的现实。这一生活方式的变化不只是其本身功能的提高，也会使人们在家中的活动及其对家这个场所的精神产生变化，包括对自身价值观的改变，促其对自我身体的重视，影响到人们对自身服饰的追求加强，清洁概念的明确，甚至于对做爱习惯的影响。这种高质量的生活方式必然会使其对住宅装饰装修提出更高要求，同时也会为住宅的装饰装修业付出更多地产值空间。

2. 民以食为先，我国的食品供需链随经济的发展，产生了根本性的提高，服务性的餐饮业也得到了充分的发展，社会性的成熟系统逐渐显现出来。这对家庭生活中的就餐产生了影响，使人们的就餐方式发生变化，在家庭中大量的食品原料长期存贮情况减少，而少量的成品、半成品食品的短期存放逐步加大。同时社会活动的要求，及服务性的餐饮业的方便，使人们经常性的在外就餐成为可能。这些变化使人们要求厨房的功能变化同时，也要求越来越高的展示性，以满足精神化的个性需要，打理就餐的过程不再是生存的必需，更多的是享受家庭生活情趣的过程。

3. 独立的起居空间的出现，也是国民生活方式的重要变化。以前的住宅都是入口连一个小走廊，通向厨房、卫生间、卧室。现在多是各个功能空间围绕着一个大的起居室为中心区，供家庭成员交流活动，这使需要大场所的公共性活动得到了方便，家庭的娱乐中心由此形成，让公共电影院门前冷落的家庭影院设备进入了住宅，这里成了家庭的中心，家庭的门面性的代表，大多住宅装饰装修的客户对此都极为重视，并愿意为此付出更多的工程资金。

国民素质的提高与社会生活方式的改变是家庭装饰市场发展的契机。

四、国民经济因素

国民经济的发展必然带来总体消费水平的提高，但地区性的经济状态差距的存在，收入水平的差距的存在，给装饰消费造成不同的消费群体，这种消费群体划分出不同的消费要求，这也是影响家庭装饰业未来分化发展的一个客观因素。会促使装饰业中的不同的服务形式企业的发展，来满足不同的服务层次需求，但在现在的初期因为可供取得利润的客户群体的单一，主要是中产阶层为对象。住宅装饰装修行业技术、管理的不成熟，造成了行业服务形式单一的局面。并没有充分满足客户市场的需求。

随着国民经济的整体水平的提高，会逐步使更多的群体经济能力消费住宅的装饰装修，这是一个与房地产同步发展的过程，必然为住宅装饰装修业带来更多的利润市场。随着房地产市场空间的逐步饱和，当然这还需要一个长期的过程，家庭装饰市场的集中客户群也会随之减少，零散的、更加个性化要求的市场会随之出现。

农村城市化也是中国现代经济发展的必然方向，在其发展的过程中，也会为住宅的装饰装修业提供一个广泛的潜在客户市场。

住宅装饰装修消费是较高层次的消费，是生存需求满足后，向精神需求发展的消费，随着国民经济能力的增强，必然会越来越成为大的需求空间。

目前住宅装饰装修消费观念还停留在物质阶段，对于创造性的、知识的价值及服务的认可程度不高，对精神文明的附加值缺乏正确的理解。这于我国刚刚开始的初级小康阶段的物质水平造成的消费能力有关。没有认知到住宅装饰装修重要的是，满足其生活方式及精神需求。而更多的是追求材料费人工费的价值。

国民经济的发展是住宅装饰装修业生存发展的动力。

五、相关行业的因素

住宅产业是个大型的跨多行业的产业供需链，在这个供需链中有两个集成者，一个是房地产业，它集成了建筑业等，向需求市场提供了住宅的基础空间，一个是住宅装饰装修业，它在住宅的基础空间中最后集成了同具体生活相关的所有，完成了人们家庭生活的最后细节。

抽象出供需链中的利益与行业本质，是合理分配供需链中利益关系的重要基础，现在我们能看到的是，供需链中所有的环节都在向住宅装饰装修业市场进行侵入，谁会成为这个行业的主宰还需要在市场上的搏杀来确定，当然这里也有国家政策力量的作用，国家政策会造成行业的非对称竞争。

没有技术的进步，靠市场经济上的战术没法满足发展的需求。

六、房地产业

房地产业是国民经济的先导性行业，有拉动建筑业、林业、材料工业、金融业、等行业的作用，但房地产业的是以流通为基本环节的商业体系。房地产的运作主体是软性的商业交易，需要建筑业、材料工业等行业硬性的技术体系、生产体系的支撑。

作为基础提供者的房地产业在住宅市场中占据了一夫当关的垄断位置，精装房的政策更会为其界入住宅装饰装修市场提供了有力的支撑，但住宅的发展需要建立类似建筑业那样的技术、生产体系为基础，商业性运作手段垄断市场会打击消费者的利益。最后决定权在于消费者的态度。

房地产业是基础的提供者，是供需链的前瑞。房地产业提供的装饰市场具有集中的特点，方便装饰业的业务开展，直接促进了家庭装饰市场的形成，是家庭装饰市场需求的基础条件，房地产市场的状态直接影响到住宅装饰装修的消费情况，基本上是住宅装饰装修市场的晴雨表。

七、建筑业

这里的建筑业包括建筑设计业、建筑工程业、建筑材料业、装饰材料业等。我国的建筑业技术还是比较落后的工业与手工业的过渡体系，缺乏精确度，及配套的深度，需要向真正的工业与信息结合的方向发展。建筑业的工业化、标准化、配套化的程度决定了，家庭装饰行业的工作范围。建筑业的产业革命，会夺取住宅装饰装修业的大部分工程作业。也只有建筑业技术体系的进步，才是解决住宅装饰装修目前缺陷的有效途径。

部品体系的建立是建筑业技术体系革命性进展，住宅部品的概念：通俗的讲，住宅（成品）是由住宅部品组合构建而成，而住宅部品（半成品）是由建筑材料、制品、产品、零配件等原材料组合而成；部品是经过在工厂内生产组合后，作为一个工业化水平较高、系统和技术配套整体部件，达到在工程现场组装简捷、施工迅速，提高生产效率，保证工程质量的目标。

住宅不是在工厂里直接生产加工而成，而是在流动的工厂（施工现场）搭建而成，因此住宅部品化的水平高低，直接影响到住宅建造的效率和质量。由于部品也是技术的载体，部品化水平低，对推广应用新技术，提高住宅的科技含量有利。住宅部品化，促进了产品的系统配套与组合技术的系统集成。 所以这是建筑业发展的必由之路。

国办发（1999）72 号文《关于推进住宅产业现代化提高住宅质量的若干意见》中："到 2005 年初步建立住宅及材料部品的工业化和标准化生产体系；到 2010 年初步形成系列的住宅建筑体系，基本实现住宅部品通用化和生产、供应的社会化"。具体内容如下：

住宅部品（件）体系框架

J：结构部品（件）体系

J10：支撑结构
J20：楼板
J30：楼梯
W：外围护部品（件）体系
W10：外墙围护
W20：地面
W30：屋面
W40：门、窗
WS0 保温隔热
W60：防水
W70：外墙装饰
N：内装部品（件）体系
N10：分隔墙
N20：内门
N30：装饰部件
N40：户内楼梯
N50：壁柜
C：厨下部品（件）体系
C10：卫生间
C20：厨房间
C30：换气风道
S：设备部品（件）体系
S10：暖通和空调系统
S20：给水排水设备系统
S30：燃气设备系统
S40：电气与照明系统
S50：消防系统
S60：电梯系统
S70：新能源系统
S80：管道系统
Z：智能化部品（件）体系
Z10：物业管理与服务
Z20：安全防范系统
Z30：信息网络与布线系统
Z40：家庭智能终端
P：小区配套部品（件）体系
P10：室外设施
P20：停车设备
P30：园林绿化
P40：垃圾贮置

根据以上内容，包括了目前住宅装饰装修业大部分的工程内容，如确实现建筑业的这个部品技术体系，住宅装饰装修业在住宅供需链上的空间位置及作用会发生很大的变化。

八、家用电器业

家用电器业是住宅设备的供应者，是住宅供需链上的一个环节。基于其在供需链上的位置，也正向住宅装饰装修进行发展，以扩展其在供需链上的空间。举例如下：

海尔在 2001 年成立了家居集成股份有限公司

海尔新近提出的家居集成模式。所谓家居集成，是近年来国内房地产开发运作中诞生的一种最新模型。它制定行业标准与规范，采用集约化生产、一体化供应的模式，以解决重复建设、二次装修的能源损耗等问题。同时，也减轻消费者的个人负担，体现住宅的整体性和工业化特征，是住宅产业化、标准化、集约化、规范化、系统化的必然趋势。

海尔家居集成依托海尔完善的 B2B 客户服务体系，集成全系列的住宅部品、智能化系统、装饰装修、物业管理于社区服务于一体，为业主提供多样化的菜单式家居集成整体方案。海尔家居集成包括智能化系统解决方案、功能部品解决方案以及装配式装修解决方案三大部分。海尔家居集成的整体性与系统性非常强，囊括了从前期规划设计、工程施工，到后期的物业管理与服务的智能社区整体解决方案，提供一站式全过程服务，具有个性化、模块化、智能化、网络化的特征。海尔家居通过方案设计、物料采购、施工及监理、守候服务一条龙：个性化的菜单选择，适合不同的口味家电、厨卫、智能化、装修一次性集成，实现了从买菜到买酒席的一次升华。当你入住时，只要带上一把钥匙，即可享受生活的欢愉：当你搬走时，除了房子留下，其它都可以带走，实现了从装修到装配的一次革命标准化、模块化装配式集成。

现在，海尔家居依托集团优势，不但加快与房地产商的合作，而且准备进入散户装修的领域，普通的住宅也可以享受到海尔家居的一站式服务。

方太的集成厨房与智能化集成厨房

方太提出“方太集成厨房”的超前理念。

据业内人士介绍，“集成厨房”概念至今尚未有人提出，它与“整体厨房”之间到底存在哪些区别呢？“集成厨房”的理念对其布局最优化、劳动强度最小化、厨房操作化智能化、烹饪活动娱乐化提出明确要求。方太集成厨房强调“设计以人为本”，其目标是真正解放家庭主妇，使下厨成为一种乐趣，使烹饪成为主妇喜爱的娱乐活动！同时，方太集成厨房以其“高档、时尚、个性”的产品定位，让用户对“展现自我，感受完善”8 个字有一种全新的理解与认识。方太集成厨房在整体美观、橱柜款式与制作工艺及厨房电器 与橱柜的一体化设计等方面较“整体厨房”做了进一步的完善。

所谓的“智能化集成厨房”具有全方位、多功能的设备技术，例如冰箱能根据存放食品自动调节温度湿度及保鲜功能，还能根据主人的意思把缺少的食品清单发送到附近的超市，由超市上门补充。可以根据主人的意愿，轻而易举的控制厨房。龙其是随着信息化技术的普遍应用，人们可以通过网络下达指令，控制厨房电器的运作，等主人回到家中，可口的饭菜已准备就绪。

由此可知，智能化集成厨房虽然是一种极端设想，但功能非常强大，需要运行的技术也非常广泛。这一理念的实现，不仅仅需要高科技技术的支持，还需要在智能化、网络化技术方面大力开展研究。

九、家具业

我国家具业虽然技术落后，但有巨大的生产能力，相对于住宅装饰装修行业来比，有良好的管理体系与技术标准、经验。有比装饰行业长久的发展历史，也有人在尝试住宅装饰装修的工厂生产，集成装配。

十、居室用品业

家居用品主要是指窗帘、布艺、绿化植物、陈设等。

十一、材料、家居市场的状态

装饰材料市场是最早的住宅装饰装修管理的实践者，现在我们的住宅装饰装修企业大多还在同其合作。但材料、家居市场一个商业流通的行业，无法建立起有效的技术体系、产生体系。是个无力的规范者，但对维持目前的住宅装饰装修市场有积极的作用。大多数的市场还是散户经营者的营业场所，所以伪劣假冒产品能够方便的混入其中，并且灵活的、不规范的价格体系是它重要的交易手段，这也是造成住宅装饰装修市场质量、价格的不清楚、不稳定的现象的原因之一。

当然也有正规的大型企业在近年的届入，但在市场上的影响还没有形成主流。

十二、科技的进步

科技商业化的成果必然会进入住宅，现在住宅的智能化已经开始，很多家庭提出了综合布线的要求，但还是处于初级的阶段。科技的进步普及速度会很快，会使人们得到更方便的生活空间，也会使住宅空间的功能产生一些变化，是住宅装饰装修应密切注意的又一个对象。

十三、行业自身的因素

消费者的认可程度，很重要的是要看我们能为其带来什么的服务价值。研究住宅装饰装修的消费因素，一定要看清住宅装饰装修行业自身的情况，并做出正确的评价。

手工业为主的产业体系，大量的农工是装饰市场的主要生产力量，所以有人说，建筑装饰业作的好不好，是能不能把农民教育好的问题，

行业的技术及体制的成熟是家庭装饰市场健全及完善的基础，也是在供需链中占有空间的实力资本。

十四、行业的技术体系

住宅装饰装修的技术方法及大多数的从业人员基本上来自建筑装饰行业，我国的建筑装饰虽然发展了二十几年，但开始就是施工业务为主体，设计技术没有得到发展的空间，这里对比一下工程中，施工与设计的收益比就能看到，设计费在实际工作中往往得不到，建设部的建筑装饰设计费用标准也纵容了这一现象，此外这一收费同国际上通常的收费水平相比较也可看出低得太多，以至于没法将设计费作为企业收益来计算，设计甚至成为一个亏空的工作。行业中没有独立的建筑装饰设计企业的生存空间，设计技术在行业中一直是施工的陪衬，而施工业务本身又是一个入门要求很低的手工业体系。

在这个以人际关系为竞争手段的建筑装饰行业中，关系经济是其发展的基础条件，技术没有被重视的必要。整个行业是以手工业式的施工为主体的关系运作。它只是需要应用层次的设计工作为门面。没有研究深层技术的内在动力。

我国的装饰行业虽然有了二十几年发展史，但目前并没有形成基础理论与技术体系，所谓的技术更多的存在于设计师、项目管理人员头脑中的经验与能力，没有成为企业机构中的技术能力与构架。

十五、行业中的企业管理体系

在建筑装饰业中的关系经济，在住宅装饰装修业中被真正的市场经济取代，这是建筑装饰行业技术发展的一次契机。但在初期没这有可依靠的技术体系、生产体系做基础，住宅装饰装修企业把市场竞争的战术管理手段作为企业的管理主体。技术体系、生产体系的研究依然没有得到应有的重视。这是由于在初期市场中生存的需要，但最后的竞争是不能完全用广告策划与投放来解决的，这样只能形成恶性的价格竞争、广告竞争。真正的竞争力来自完善的服务，完善的服务需要技术体系、生产体系的有效控制。企业的技术也不能只是在作为个体的设计师头脑中，那样会不稳定，也无法积存开发。

所以目前的企业管理运作的方式，只是住宅装饰装修业初期的模式，必需同技术体系、生产体系相结合，否则无法长期在住宅产业的供需链上存在。

十六、行业的信用度

行业在长期的关系经济运作中，产生的不择手段挣钱的经营态度，给人们留下了很坏的信用形象，即使在今天由于材料市场的发展、竞争加剧等因素造成的利润空间大幅下降的情况下，依然很难得到客户的信任。另外利率空间的压力也使更多的从业人员采取各种欺骗的手段，取得应得的利润，使消费者总用怀疑态度、抵触的情绪对待。这样的情况下消费者不可能有效地参预到自己所获价值的生产过程中去，很难让其住宅装饰装修工作过程有效开展并产生出个性化的价值。

整顿家装市场势在必行

刘亚东

2001年，石家庄市家装产值约5亿元人民币，近年来，以每年30%左右的幅度增长。但作为新兴行业，由于起步晚，发展快，缺乏经验，加之管理滞后，也存在着一些问题：从业队伍鱼龙混杂，良莠不齐，市场运行不规范，有实力的企业大多不愿介入家装，本应占主导地位的“正规军”在家装市场中却沦为从属地位，85%以上的份额由装修“游击队”占领。其结果，不但由于装修水平低而影响了人们的生活质量，更重要的是由于“野蛮装修”，埋下了许多安全隐患，甚至威胁到人们的生命安全。因此，整顿家装市场势在必行，迫在眉睫。

建　议：

1. 明确职责，加强管理。家装管理不但复杂，而且更为琐碎，由政府主管部门投入大量人力进行管理是不太现实的。按照一些外地的经验，由政府主管部门建章立制，行业协会照章管理比较适宜。行业协会人员的增减不受编制限制，可以根据业务需要充实力量，集中管理，效果会更好一些。

2. 设立家装资质，制定实施细则。建设部发布并于2002年5月1日施行的《住宅室内装饰装修管理办法》，使家装业有了遵循的政府规章。该办法规定，将具有公装资质等级作为市场准入条件，其目的是为了提高家装管理水平和工程质量。但具有最低资质等级的三级资质，也必须有50万元以上的注册资金和不少于15人的管理和涉及各种专业的技术人员，就石家庄这样的城市来说，门槛显得高了一些，使一些有条件做好家装但达不到公装资质的从业者不能做家装，给“游击队”的泛滥留下了可乘之隙，制约了行业发展。因此，建议制定《石家庄市住宅室内装饰装修管理办法实施细则》，其中制定低于公装，具有数万元资金、一定数量的管理和技术人员并有固定住所者，即可申办家装资格证，以扩大“正规军”队伍和提高竞争力，并有利于改造“游击队”。

3. 搞好培训，持证上岗。在政府主管部门的指导下，由行业协会牵头，对“游击队”进行“注册登记，培训考核，技能鉴定、持证上岗”，把从“游击队员”中优选出来的能工巧匠作为正规企业的劳务资源，由行业协会组织或直接与企业挂钩，根据任务需要，择优录用。几经合作，管理层(企业)和劳务层即可形成相对固定的供需关系。

4. 加强协作，净化市场。由建设行政主管部门牵头，邀集工商、城管、行业协会等部门，取缔筛选下来的“散兵游勇”，引导家装用户进入正常的消费领域，既净化了市场环境，又为“正规军”创造了良好的经营条件，将会进一步促进家装业健康有序地发展。

从“三农”高度看“家装游击队”问题

——学习十六大精神的一点体会

江西省装饰行业协会　副秘书长　**曾凡珩**

改革开放是新生事物的“助产婆”。然而，并非任何一个新生事物在初始阶段都能被人们给予青睐，赢得一片“喝彩”。所谓“家装游击队”就属于这类问题，几乎一出世就被打入“另册”。

面世蕴含必然性

为了弄清问题的来龙去脉，不妨把历史镜头作点“回放”：

镜头一：我国实行改革开放后，伴随着国民经济稳健高速发展，人民生活水平大大提高，城市居民中少数先富起来，大多数解决了温饱，日渐步入基本小康行列。于是，催生了房地产业的兴旺，小区如雨后春笋；催生了装饰装修业的繁荣，装饰队伍星罗棋布，昔日奢望的装饰装修进入千家万户。人们为提高生活品质，改善居住环境而忙碌着。

镜头二：在农村这个广阔天地里，历史上从来就是工匠、艺人辈出的地方。他们农闲出动，农忙收兵；手艺基本是家庭口耳相传，子（女）承父技，其中不乏一些民间绝活，专家高手，成为民族传统文化中的瑰宝。千百年来，他们走村串乡，服务于田陇，活跃在圩集，是社会经济中一支维护并促进先进生产力发展的重要力量。其中杰出的佼佼者有的甚至成为某个行业的“祖师爷”，如建筑业的鲁班。

时代的车轮滚进到20世纪80年代，神州大地出现了上述两个历史镜头“重叠”的重大契机：一方面是城市中有着与日俱增的家庭装修巨大需求；另一方面，在建筑业大军中活跃的一个新兵种——装饰装修业，老总们或醉心于公共装修（宾馆、酒店等）的利润丰厚，或厌烦于家庭装修的繁杂挑剔，除了偶尔为之的给关系户搞几套家装外，一般是不屑于或不情愿涉足家装领域的，尽管它商机无限。于是，原来散布在农村圩镇上的工匠艺人就“乘虚而入”，从零星分散演变成"浩浩荡荡"，堂而皇之占据了城市家装市场几乎全部江山。

这就是历史的必然。而必然性又蕴含着某种规律性。规律是不可抗拒的。

"存在就是合理的"。在时空隧道的深处，一位古代哲人如是说。我非懂似懂，是这样吗？

这里有必要简要分析一下形成"家装游击队"的更深层次的原因：

一是改革开放大大解放了生产力，极大地调动了广大农民的生产积极性；加上农业科学技术的发展，作为关乎国计民生的第一产业，已经可以用比过去更少的劳动力和更低的成本来养活更多的非农业人口。农村产业结构调整，农产品由产量型向质量型、专用型和高附加值型转化。农村出现大量的富余劳动力。

二是城市空间在发展、扩大，不断向周边农村"蚕食"延伸。可耕地面积逐年减少。天赋依赖土地生存的农民一旦失去了活动舞台，需要"转场"以寻求新的生存空间。

三是农村虽然开始富裕了，但相对城市而言，农民的收入增长过于缓慢。工农业剪刀差幅度加大。于是出现了根据农事闲忙而外出搞副业的季节工和逐年增多的常年工，以增加农民的收入。

四是要实现全面小康社会，就必须加快速城市化发展。

农村经济结构的战略性调整、耕地面积日益减少和经济利益驱动的现实，就构成了源源补充城市劳动密集型产业后备军的人力资源库。所谓"家装游击队"就是我国经济生活中出现的特殊群体——农民工的一个组成部分。

利弊并存说褒贬

事物的两重性，或曰辩证法，要求我们"一分为二"地看问题。解读"家装游击队"也应该如此。遗憾的是，人的认识往往落后于发展着的事物，往往曲折迂回。因此，"家装游击队"几乎一出世就陷于褒贬共存的窘境：一方面由于它取费相对低廉，手续简便，召之即来，听话好使，符合我国在初级阶段广大工薪阶层的低消费水平的需求。"家装游击队"常常是"滚雪球式"的拓展业务，应接不暇。另一方面，又由于它"先天不足"，缺乏现代设计、不懂人文章法，某些人的损人利己，贪欲无度搞偷工减料，以劣充优，工艺粗糙质量低下，没有售后服务等等，尤其要命的是常常违反安全规范乱拆滥打承重结构，致使新房变危房，安全隐患多，笔者曾陪同媒体和城管人员检查一处违法家装工地，险象环生的拆改承重结构触目惊心。当问及一位"游击队员"为什么要这么干时，他"理直气壮"地说："做事要依东家（业主），反正打了（承重墙）我不负责。"这就是他们的经营之道——憨厚加无知。几乎有半数以上的消费者在雇用他们搞家装完工之后深感"悔不当初"，大呼上当，然而却投诉无门，游击队的战术是"打一枪换一个地方"，只好自认倒霉。

这种利弊同生，甚至可能是弊大于利的"双刃剑"，伤人伤己，市场缺陷自然要受到政府的干预，社会的诘难。试想，消费者辛辛苦苦积攒的一点装修费，折腾了一阵却闹了个"门难进"（有害气体）、"脸难看"（质量粗糙）、居难安（事故隐患），百姓怎么能心舒气顺而不忿然有声呢安居乐业呢 ？

平心而论，"家装游击队"大多餐风陋宿，鹄立街头，听业主颐指气使，任世人说四道三，这种"夹缝中求生存"的状态，其情不可谓不苦，其劲不可谓不韧。具有新生事物那种生命活力的特征。

同样平心而论，"家装游击队"的种种弊端又使人无法"恭维"，那种危及安全的野蛮装修和噪声扰民行为，也为国家法纪和社会所不容。它的 "四无"状态（无合法证照，无技术章法，无固定场所，无售后服务）导致装饰行业公信力下降，群体形象欠佳。在日益成熟的市场经济和消费者面前，游击队若不获得质的改造将是难以为继的。

正是从这个意义上说，"家装游击队"几乎从它一开始出现就不断受到媒体曝光、舆论抨击，大有"围追堵截"置之死地而后快之势。笔者作为行业协会的一名工作人员也曾不止一次地通过传媒忿忿然数落过"游击队"的种种"不是"。

在社会事务中，新闻媒体和社会舆论的批评监督无疑是必要的。它是社会文明进步的动力和标志。对"家装游击队"自然也不例外。只是，如何从总体上、宏观上来把握"家装游击队"这一新事物出现的必然性、合理性，如何帮助其兴利除弊，不断完善、走向成熟规范化，这样一种唯物辩证的认识稍嫌来得"慢了一拍"。而陷入一种偏激、片面和形而上学的误区。表现出某种"城里人"潜意识中"否定一切"的傲慢、偏见与无知。

是党的十六大精神为我们揭去了社会视野上的"白内障"，促使我们从"三农"的战略高度来重新审视所谓"家装游击队"的问题。

"留下孩子泼脏水"

"三农"问题一直是党和政府高度重视、倾力解决的大问题。党的十六大报告指出："统筹城乡经济社会发展，建设现代农业，发展农村经济，增加农民收入，是全面建设小康社会的重大任务。""农村富余劳动力向非农产业和城镇转移，是工业化和现代化的必然趋势。……消除不利于城镇化发展的体制和政策障碍，引导农村劳动力合理有序流动。"

这一段精辟的论述昭示我们：

1. 实现全面建设小康社会这一伟大历史性任务的目标关键，即重点、难点都在农村，全国近 13 亿人口，62%以上在农村，占大多数。农村能否如期按质按量完成建设小康社会的各项任务，对全国来说举足轻重。邓小平、江泽民都说过：没有农民的小康，就不可能有全国人民的小康，没有农业的现代化，就不可能有整个国民经济的现代化。

2. 包括"家装游击队"在内的农村富余劳动力向非农

产业和城镇转移，是我国社会主义现代化建设和市场经济发展过程中的必然要求。农民进城打工是不可避免的。这有利于扩大农民就业，增加农民收入，开拓农村市场，促进扩大内需，推进城镇化，缩小城乡差别。

3．人们必须把认识统一到十六大精神上来。克服那些不合时宜的思想、观点，消除种种不利于农民工成长的体制和政策障碍。要从国民经济和社会发展全局的高度看问题，善待农民工。按照“政策引导，有序流动，加强管理，改善服务”的方针，做好有关农民工的各方面工作。

基于这种认识，我认为应该从以下几个方面来看待和妥善解决好所谓“家装游击队”问题：

1．正确评价“家装游击队”的功过是非，为其“正名”。实事求是地说，应该看到他们在适应和满足家装市场需求方面的“功”大于“过”，承认他们的社会功能和地位；废止含有贬义的“家装游击队”的名称，代之以“家装农民工”或“家装工”。

2．建设行政主管部门（或委托行业协会）应针对性地制定相应的法规，将他们纳入规范管理。或成立相应的专业劳务公司，或设立家装劳务市场，以收编、整合，给予“组织化”的改造。

3．建立培训、考核、持证上岗制度，建立行业自律机制，彻底消除其“游击习气”。为装饰装修“正规军”源源提供“懂技术、有道德、守纪律”的“召之即来，来之能战，战之能胜”的常年或季节性“兵源”。兴利除弊，扬长抑短。多给这个社会转型期中出现的新事物以关爱、扶持。使其在为广阔的家装市场做出应有贡献的同时，自身也得到锻炼成长提高而成为非农产业大军的一员。回望中国工人阶级的发展史，不都是“弃锄握锤”，洗净两腿泥巴走进工厂的农民么？！

留住并呵护好“澡盆里”的孩子，把脏水泼掉！

北京市举行美化家居高层论坛会

《中国建筑装饰》编辑部　观察员

2003 年 3 月 5 日，正值全国人大十届一次会议开幕之际，北京市建筑装饰协会召开了“居然之家——2003 年北京市第四届美化家居展高层论坛会”。

出席会议的有中国建筑装饰协会信息部主任兼会刊《中国建筑装饰》主编黄白、住宅装饰装修委员会（筹）副秘书长张爱宁、张仁，北京市工商局消费者保护处副处长陈建成，北京市建筑装饰协会理事长兼家装委员会会长朱希斌、常务副秘书长郭仁智，专家组成员、北京市建筑设计研究院顾问总建筑师吴观张，家装委员会秘书长崔世海，居然之家家居广场董事长汪林朋、东易日盛装饰集团董事长陈辉、阔达装饰集团董事长曹安闽、业之峰装饰集团董事长张钧、家和家美总策划沈双授、集美市场董事长赵建国等京城家装界精英式人士 30 多位，中央电视台、北京电视台、北京青年报、北京晚报等首都主流媒体记者到会做了采访。3 月 13 日《北京晚报》作了二个整版的详细报道，并配发了照片。

吴观张、黄白、陈辉、曹安闽、张钧、沈双授、陈建成、张仁、汪林朋、朱希斌等先后作了发言。会议信息集中，观点清晰，分析深刻，气氛平和。会议由北京市建筑装饰协会专家组办公室主任贾中池主持。会议的倾向性意见如下：

1．家装在全面建设小康中的地位和作用。家装是百姓参与度很高的一项消费活动，不仅有物质的属性，而且有精神的属性，反映了人们的消费偏好，已成为我国精神文明的重要组成部分。家装与公装所有的不一样，全部来源于服务的对象不一样，前者是消费者；后者是投资者。家装是一个可持续发展的行业，循环往复，以至无穷。不但能创造大量就业机会，而且就业岗位稳定。如北京多家产值上亿元的家装企业，每家都有上万名员工。

家装极大地改变了人们消费的思维方式，人们开始全力以赴的追求享受。装修提升了人们的文化素养和审美水平，美可以影响人们美的倾向，对美的追求使社会更加文明，有引导文化，促进社会道德进步的作用。

2．美化家居，需全面营造。其只是家装的目的之一，还不是全部。首先是方便、舒适、安全，美观是第二位的。家装反映了人们对文化、文明的追求。当前普遍存在着一个不好的趋势：讲究表面而非实用。值得推荐美国人的家装：简洁、明快、大方、安全、方便、柔和。我们要研究人的行为规律、心理和生理的特点，以满足人们日益增长的物质和精神多方面的需求。

3．科学装修，需完美家居。家装同其他消费行为一样，为消费者主导市场——需求决定供给。因家装与汽车等消费品交易的方式不一样，长久以来家装消费者常有“不踏实”的感觉。当前的主要误区有二：一是对装修的寿命的理解认为是一辈子；二是重施工轻设计，舍不得出设计费。家装不单纯是设计施工，更重要的是全程服务，向室内陈设、配饰等配套行业延伸。以人为本，要以主人为本。要特别注意空间和细节。低价位是环保装修的阻力，环保是有较高成本的，消费水平与环保程度成正比。

4．经营模式亟待改变。经过十多年的努力，北京创造出一套经营模式，但是现在明显落伍了，表现在：一是在房地产卖产品，装修卖工艺，无法打通工业化的道路，这是家装与房地产不能形成战略合作伙伴的主要原因。二是家装尚未形成产品，人们只是对施工水平的评论。三是企业只有竞争价格，而无竞争特色。四是运作成本大幅度提高，企业越大成本越高。

5．改变设计师一对一提成作业模式。这是家装设计师热衷于拿前面的单和后面的材料回扣的主要原因。通过研究建筑师、律师、医生、服装设计师等职业，能成为“大师级”人物的，只能靠专业化的比较优势来获得。

6．必须收设计费。汕头市装饰协会公布的《汕头市装饰行业诚信公约》值得学习：实行装饰装修设计最低限价，共同约定家居设计费不低于每平方米人民币30元。

7．行业管理不到位，差距很大。自1995年以来，北京市家装消费持续7年居10大投诉之列，当前亟待政府宏观调控的三对家装市场缺陷是：从业者和消费者，多头管理和行业管理，环保材料和舆论导向。其缺陷的三个主要方面是：从业者、多头管理和环保材料匮乏。突破口是市场和行业管理制度的创新。从业者缺陷主要集中在“游击队”有关安全和质量的六方面问题上：一是合同欺诈，二是异地经营虚假，三是假冒环保，四是违规施工，五是一次性装修陷阱，六是投诉解决难。消费者强烈要求业者自律。家装消费者的缺陷主要集中在科学消费的问题上，具体表现在五方面：一是胡乱电气布线，二是打掉卫生间防水层，三是改装暖气设备，四是改变阳台用途，五是私自改动或封装燃气设施。

8．行业管理创新的建议。会议认为，《浙江省实施〈中华人民共和国消费者权益保护法〉办法》的思路，可以成为建立新时期北京市家装市场管理信用机制和行业管理自律机制框架的参考。为了实现管理制度的创新，建议：第一，着重干预家装市场缺陷的“三个主要方面”：一是从业者，二是多头管理，三是环保材料。第二，通过政策调整，完成“四个转变”：一是市场由两家管理转变为一家管理（北京市建委），二是行业由政府管理转变为社团管理（北京市建筑装饰协会），三是企业由资质管理转变为会员管理，四是从业者由无人管理转变为资格管理。

会议赞成2003年1月北京市建筑装饰协会提出的行业发展规划，经过三年奋斗创“六个一流”：一流全国家装行业管理水平、一流家装设计水平、一流家装施工水平和环保健康水平、一流正规家装企业和家装市场——60%以上市场占有率、一流家装市场管理水平、一流家装企业管理水平。会议强调，2003年北京市家装行业将告别过去曾创造出的辉煌的运作模式，创造新的模式。

·产业化·

全装修住宅——未来市场的主流产品

——兼谈《商品住宅装修一次到位实施导则》

建设部住宅产业化促进中心 孙克放

中国经济实力的增强促进了住宅产业的发展

住宅产业的发展促进了家庭装修的兴旺

家庭装修业的兴旺促进了一次装修到位住宅的崛起

一次装修到位住宅的崛起促进了住宅装修工业化水平的提高

住宅装修工业化水平的提高促进了装饰部品的生产制造向高品质高性能方面发展

一、中国经济实力的增强促进了住宅产业的发展

中国经济发展势头强劲，经济增长连续 4 年保持在 7%～8%的平稳水平上，表明中国政府扩大内需，稳定货币等政策取得了明显成效。扩大内需的一个重要途径就是加大房地产的投资。2000 年城乡住宅建设投资 7594 亿元（其中城镇 5435 亿元），占当年 GDP 的 8.49%，占当年全社会固定资产投资的 23.2%，成为仅次于基本建设的第二大类投资；住宅建设对国民经济的拉动系数每年约为 11.5 个百分点。

随着人民生活水平的提高，全国居民储蓄已超过 8 万亿元。个人资金开始大量流向不动产——住宅。至 2001 年个人购房比例已达 94%，成为住房市场消费主体。与此同时，1999 年开放了住房二级市场，在缓解城市居民住房需求的同时，提高了存量房的价值和利用率。2001 年，上海市存量房的交易突破 1000 万 m^2，几乎达到了与现房交易的同等水平。从住宅建设总量上看，全国城乡新建住宅 57 亿 m^2（其中城镇住宅竣工面积 27 亿 m^2，农村住宅竣工面积 30 亿 m^2）；城镇人均住宅建筑面积达 22 m^2（2000 年为 20.6 m^2），农村人均住宅建筑面积达 30 m^2（2000 年为 49.6 m^2）。

二、住宅产业的发展促进了家庭装修行业的兴旺

人们在逐步解决居住大小问题之后，开始关注室内空间的利用和舒适度的提高上。家庭住宅装修业的地位在逐年上升，其总产值正以 20%左右的速度递增，据中国建筑装饰协会统计：中国建筑装饰业年工程产值估计在 5500 亿元左右，其中公共装修 2500 亿元，家庭装修 3000 亿元，包括新建住宅装修 2000 亿元，旧住宅装修 1000 亿元，行业年增加值为 1739 亿元。以 2000 年我国 GDP 为 89404 亿元计算，我国建筑装饰行业产值占国内生产总值 6%左右，高于 GDP 的增长速度。

据统计，2000 年北京市装修面积约为 3300 万 m^2，装修费用达 190 亿元，家庭装修的市场交易额达 100 亿元之多。全年 35 万户家庭对现住房进行了装修，占全市实有住宅房屋面积的 10.7%，户均装修建筑面积 68.42 m^2。

2000 年家庭装修消费支出表（三大城市比较）

城市＼消费者	3～5 万	5 万以上
北 京	61%	13%
上 海	63%	18%
广 州	65%	20%

根据我国家庭装修每年 3000 亿元工程量的测算，每年装修装饰材料的流量为 1500 亿元，直接拉动整个商业零售额提高 7%以上。北京中大型装饰装修材料市场有 113 家，销售摊位 7 万间，竞争激烈。但这种摊位式的建材装修市场，存在许多管理和质量把关上的问题，真正实现赢利的不足 20%，而以建材仓储超市为管理模式的国外连锁企业也进入中国，如瑞典的宜家、德国的欧倍德、欧洲的百安居等。这预示着中国装修建材的物流整合已经开始，这种整合一定会使中国的家庭装修业摆脱陈旧固有的模式向集约化、工业化方向前进。

三、家庭装修业的兴旺促进了一次装修到位住宅的崛起

在家庭装修业的兴旺发达时，我们也会看到这样一种现象：真正有规模、有组织、上档次的装修队伍仅承担了家庭装修市场 20%的业务，其余 80%则是由"马路游击队"完成的。"马路游击队"的装修属于手工作坊式的离散化装修，不但装修工艺落后，而且带来诸多弊病，如管理不规范，施工质量无保证，做工粗糙，用材低劣，施工工期长，不经设计乱拆乱改，造成安全隐患，噪声扰民，垃圾污染环境等。

对此，建设部从 2001 年 10 月开始，先后下达了有关装修施工、设计、管理、资质、计价、环保、验收等文件共 10 个。事实告诉人，必须尽早摒弃旧有的装修方式，开辟科技含量高的工业化住宅装修道路，这就是住宅建筑装修一体化之路。让商品住宅一次装修到位，卖给居住者的不是毛坯房，而是装修完好的成品房。

据北京、广州、上海几个大城市的调查资料表明，愿意买一次装修到位住房的购房者已由 2000 年的 45%～

50%，增加到 60%～70%，这预示着一个住宅装修变革时期已经到来。全装修住宅必将成为未来我国住宅市场的主流产品，毛坯房——这个住宅发展过程中的阶段性产品，退出市场的时候已经为期不远了。

四、一次装修到位住宅的崛起促进了住宅装修工业化水平的提高

用建筑装修一体化来取代离散化的装修无疑是一种革新，其本质是用科技密集型的规模化工业生产取代劳动密集型的粗放的手工业生产，从而全面提升中国住宅装修的档次和品质。建造装修一体化(装修一次到位)的住宅其优势表现在以下 5 点：

1．住宅部品工厂制作，加工精细，质量能确保；

2．装修材质稳定，品种多样，适应需求；

3．现场组装，省时省料，效率提高；

4．集中采购，规模生产，成本降低；

5．消除污染，避免扰民，利于环保。

同时还应该看到，建造装修一体化是一个系统工程，具有鲜明的产业化特征，它不但打破了陈旧的装修体制，更重要的是将整个住宅产业引向集约化建设的轨道，是一次质的飞跃。从某种意义上讲，不实现住宅建造装修一体化，就谈不上住宅产业的现代化。

2002 年 7 月 18 日建设部印发了《商品住宅装修一次到位实施导则》，要求各地结合实际参考执行。导则发布的目的在于：逐步取消毛坯房，直接向消费者提供全装修成品房，规范装修市场，促使住宅装修生产从无序走向有序。特别值得注意的是在导则中强调了如下一些内容：

1．定义了全装修住宅的概念和适用范围："商品住宅装修一次到位所指商品住宅为新建城镇商品住宅中的集合式住宅。装修一次到位是指房屋交钥匙前，所有功能空间的固定面全部铺装或粉刷完成，厨房和卫生间的基本设备全部安装完成，简称全装修住宅"。

2．明确了住宅装修质量的第一责任人："确立开发单位为住宅装修质量的第一责任人，承担住宅装修工程质量责任，负责相应的售后服务。建筑装饰施工单位、装修材料和部品生产厂家负责相应施工和产品的质量责任"，"推行装修一次到位的商品住宅，由住宅开发单位负责装修工程的全过程，以装修完成的商品住宅向购房者交付"。

3．要求销售成品房价格中包含的装修费用："销售成品房的价格中包含装修费用，并应在商品房预售合同中单独标明装修标准"，"装修档次和标准应和住宅本身的定位相一致"。

4．必须把装修设计作为一个相对独立的设计阶段："住宅装修设计是住宅建筑设计的延续，必须将装修设计作为一个相对独立的设计阶段，并强化与土建设计的相互衔接，住宅装修设计应尽可能在住宅主体施工前进行，以避免施工过程中的拆改"，"装修的多样化，可表现在不同套型平面采用不同'菜单'的差异上，精选出具有代表性的装修方案，强调在同一档次上统一性和均好性，同时通过设计引导消费者向装饰个性化方向发展"。

5．居室装修样板间应真实反映交房标准："居室装修质量首先应表现在样板间要真实地反映装修档次和装修施工质量。交付给购房者的装修质量，不应低于样板间的质量水平。作为装修质量的衡量标准，样板间在购房者入住之前不宜拆除"，"样板间应以交付给购房者时的实景为主，以个性化装修为辅，真实地反映装修一次到位的商品房的内在质量"。

6．住宅功能空间装修要有标准："商品住宅装修必须达到购房者入住即可使用的标准，从装修入手，整合提高住宅的品质，达到相应等级的舒适程度"。

7．住宅装修要严格控制防火、防污染、环保及安全。

8．装修要打破传统方式，大力推广工业化装修。

五、住宅装修工业化水平的提高促进了装饰部品的生产制造向高质量、高性能方面发展

从毛坯房到装修房，这不单纯是一种形式上的改变，也不单指装修施工的手段和方法的改变，更主要反映在部品的制作和组装工艺上的进步。与导则配套使用的《商品住宅装修一次到位材料、部品技术要点》中反映出部品与材料在装修中占有相当重要的地位，达不到部品生产的精细化就不可能达到装修的精细化，达不到材料的绿色环保和质量稳定，装修的质量保证也就无从谈起。如地板：近几年木地板市场仍以 2 位数速度增长，年销售额也超过 100 多亿元，其中复合强化木地板已超过传统的实木地板，跃居第一，但北京市质量技术监督局抽检合格率仅达 69%。又如木工板材：主要有细木工板（大芯板），2002 年 3 月 14 日中消协抽检 33 种品牌，仅一种达标。反映出许多地方的生产厂家工艺落后，加工粗糙，检测不严。再如家具：2000 年中国家具业创造了 1200 亿元人民币的产值，出口已达 36 亿美元。成品家具由于工厂制作，科技含量越来越高，尤其在木材处理上一般要 12～15 道工序，专业性强、质量好，而现场由装修队做的家具不可能达到以上水平。

在厨房、卫生间设备、五金件和管线材方面，我们与发达国家存在着较大差距，尤其反映在质量不稳、寿命不长、制作不精三个方面。今后，我国的装饰部品生产制造一定要不断的升级换代，不但在品种上名列前茅，也要在质地上赶超发达国家。中国巨大的家装市场希望引入先进的生产制造工艺，产品和质量保证及管理体系，以促进中国住宅装饰业的健康发展。

家装"工业化"的运作模式和六大优点

上海市装饰装修行业协会家装专业委员会

上海的家庭装饰行业起步于20世纪90年代初，发展于90年代中期，随着上海房地产业的发展而蓬勃兴起，特别是90年代后半期，随着上海经济跨越式发展和住房制度改革取得实质性突破，上海市民住房消费能力迅速提高，家庭装饰业迅猛发展，市场十分繁荣。

经过10年的发展，特别是房地产业作为上海支柱产业地位的确定，上海住宅建设消费呈现出了良好的上升态势，家庭装饰行业迎来了历史上最好的，不可多得的发展机遇。在市场竞争中涌现了一批具有一定品牌效应的著名家庭装饰企业，能够满足各层消费者的装饰需要。因此，在新的形势面前，上海市家庭装饰行业必须做到与时俱进，在经营业态上来个大的突破。

经过一系列试运作，并取得成效的基础上，上海家庭装饰行业推出了家庭装饰"工业化"生产。

一、"工业化"装饰是革"小作坊"的命

长期以来，作坊式施工队是家庭装饰的基本"细胞"。它的建制通常由两名施工队长配备多名工匠，诸如水电工、泥工、木工、油漆工等三五个人组成的施工队，用锯子、斧头加泥刀去承包一家一户的居室装饰，是21世纪的手工业作坊。

这种以施工队长为核心的装饰班子，存在着诸多弊端。首先，他们的组织方式多属同乡合伙，有的还沾亲带故，虽然装饰公司对他们进行过多次整合和严格的培训，然而仍带有游击队烙印，加之他们散居在外面，管理是一大难题。其次，由于一个施工队只能负责一二个工地，很难做到合理的人员配备。水电泥木工虽有分工，施工队长有时为了赶进度仍不免要求大家打通仗，表面看起来似乎是抓紧时间，其实是造成"专才"的浪费。

施工队这种运作模式，效率低下，周期过长，尤其不能适应制造大批量"产品"的需求。再者，施工人员多半来自外地，居无定所，往往装修到哪里就住到哪里。有的业主说，自己花了好大一笔钱购置的新房，"新头"（新房的初夜权）倒让装修人员给占了，他们看到施工人员吃喝拉撒在里面，往往看在眼里痛在心里，可是又很无奈。还有，这种原始的作坊模式，由于现场加工的东西过多，不可避免地造成新居比较严重的污染。如此等等，这种以队长为核心的施工队建制和小作坊的运作模式，与当前的高科技、现代化是格格不入的，也是讲究经济和效率的当代人所不能容忍的，它成了装饰业进一步发展的桎梏。家庭装饰要实施工业化大生产，首先得革"小作坊"的命。

二、家装"工业化"的运作模式

家庭装饰"工业化"是一种装饰新理念，在运作上是一个系统工程，根据上海一至二家品牌家庭装饰公司"工业化"运作总结主要有如下：

1. **撤消施工队，建立专业段。**撤消作坊式施工队后，按照家庭装饰中业务量的多少，科学合理地分置施工人员，并成立相应的专业化加规模化的各工种工段。同时，对施工人员实行企业化管理，施工人员不在客户的新居食宿，一律回公司住宿，施工人员以此结束无固定居所的清苦生活。

2. **个性靠设计，共性靠"预制"。**具体运作中分界为个性设计打前沿，共性部件先预制，现场施工拼装化。埋电线、铺管道、贴瓷砖、机械加手工、线性规划一条龙。

3. **共性部件先"预制"。**在充分满足客户个性化要求的前提下，把共性部分的装饰物化为"通用件"，在后方进行预制，既便是个性化的特殊"装饰部件"，能用机械加工的也在后方的工厂内先做成预制件，以最大限度地减少现场施工的作业量。

三、家装"工业化"的六大优点

1. **周期减一半。**过去装饰一套130 ㎡左右的居室，现场施工时间大约要75d左右，现在仅需要35d。这个成果一方面来自彻底的专业化分工，各工种工时能得以科学化，并能高效率地使用先进的专业机械。另一方面是大量加工好的预制件进入施工现场，工人只需快速安装，节省大量现场制作的时间。

2. **费用减一成。**施工周期缩短的直接好处是节省人工和水电费。另外"工业化"生产的装饰部件，显然比原先手工制作要省时、省料、省钱。据调查，一个四门大壁橱可节约1200余元，一个六门大书橱可节省1400元左右。如此等等，各项费用相加，总计可降低装饰总价的10%～12%。

3. **质量更可靠。**实施"工业化"装饰，质量验收变得更加切实可行，可操作性更强。按专业条线操作，工人从事单一工种，技能进步快，经验丰富，施工质量更有保证。同工程工人之间有了更多切磋技艺的机会，有利于进一步提高工人的技术水平。另外，大量专业机械加工的预制装饰件比之原来手工制作质量无疑更好。尤其是木制品在工厂内预先进行干燥处理，质量稳定。凡此种种，实施"工业化"装饰质量理所当然更好、更可靠。

4. **环境更优美。**全面"工业化"装饰，大量预制装饰件的介入，大大减少现场木工和漆工作业量，从而减轻了粉尘、噪声、油漆等污染。加上施工人员不在业主新居食宿，确保新房的环境优美。

5. **业主特省心。**原先"小作坊"模式，装饰施工周期过长，使业主心力交瘁，以致许多业主买房时满心欢喜，装饰时愁肠百结。实施全面"工业化"装饰，时间缩短一半多，尤其是大量系列化、标准化的预制装饰件取代原先的质量难把握的手工作业，特令业主省心、放心。

告别毛坯房——菜单式装修

叶永烈

1999年，家庭装饰业被列为11个劣质行业之首！一半以上的毛坯房在装修时破坏了房屋结构或管线，造成严重安全隐患！装修实在太花精力了，所以毛坯房不受欢迎。然而，那按照统一模式进行的“一次装修”——全装修，又因为每家每户对于装修的要求不同而不受欢迎。解决这一难题的根本途径在哪里？一种崭新的装修模式——“菜单式装修”一出现，就受到了欢迎。菜单式装修，把客厅、卧室、厨房、卫生间、阳台的各种装修方案，像菜单一样开列出来。你喜欢什么样的墙面涂料、什么样的地砖，可以从菜单上五六种或者更多的方案中进行挑选。

也有的菜单式装修粗放一些，向你展示A、B、C、D等几种整体装修方案，或者展示高、中、低三种档次整体装修方案，如同套餐一般，人称“套餐式装修”。

早在1999年，建设部等八部委就明确提出：新开发的商品房必须装修一次到位，建设部有关人士指出，“毛坯房”是一定历史时期的产物，或者更明确地说，是“福利公房”的产物。

菜单式装修有着诸多优点：

一是装修实现标准化、系列化，可以进行工厂化进行大批量生产、装配。特别是卫生间和厨房，设计的标准化给装修带来莫大的方便。这样，也同时降低了装修成本；二是大大节省业主的精力，不必再为装修操劳；三是整幢大楼可以在业主入住之前统一进行装修。这样，业主入住之后，就避免了装修噪声干扰之苦；四是菜单式装修由“正规军”承担工程，使“马路游击队”没有插足之地；五是可以避免业主自行装修时拆除承重墙等弊病。

作为购房者，当然很关心菜单式装修的价格，究竟比自行装修贵呢，还是便宜？

据统计，目前上海市民自行装修的平均费用约为800/m²左右，而实行“菜单式装修”时，工程建材用料、厨卫设备等统一大批量采购，而且又按统一标准施工，价格大约为市场价的六七折左右。也有的统计表明，菜单式装修大约使装修价格降低20%左右。

菜单式装修所用材料，由保险公司对材料质量进行保险。另外，由于全装修住宅的售价包括装修费用，因此可以一并享受住房公积金和按揭贷款。人们用“三省”来形容菜单式全装修住宅的优点，即业主可以“省力、省心、省钱”。如今，取消毛坯房已经成为大势所趋，得到三方面的积极认可和支持：首先是大部分购房者支持取消毛坯房，据统计，30%年轻白领愿意买全装修房子，而已经装修过的户主吃过苦头之后，竟有80%声称不愿再自己装修；二是开发商，进行全装修意味着装修公司的那部分利润落进了商品房开发商手中。三是政府，因为全装修可以使装修市场走上健康发展之路，有力地维护消费者的利益，使住宅装修不再成为消费者投诉的焦点。

不过，反对取消毛坯房，也有三部分人：

一是那些有钱又有闲的人，不在乎装修的麻烦，以为自己设计、装修更加适应自己的个性；

二是那一大批装潢公司，实行菜单式装修，出售全装修商品房，使他们的生意变得清淡；

三是那些规模较小的房地产开发商，以为进行菜单式装修陡增工作量，而利润率并没有开发商品房那么丰厚。菜单式装修能否成为取消毛坯房的最有效的途径，关键还是在于装修质量。

·企业实践·

贝 特 家 居

——记苏州贝特装饰设计工程有限公司正进行的三次创业

中国建筑装饰协会信息部“优秀企业运作”专题组

《苏州日报》2002年11月14日、12月15日、12月19日分别以专稿论述了苏州贝特装饰设计工程有限公司及其总经理、中国建筑装饰协会常务理事、国标《住宅装饰装修工程施工规范》编制组成员、苏州市平江区政协委员、苏州市装饰装修行业协会副秘书长尤东明新年新构思——欲进行第三次创业，引起了我们的注意。

一、从公司三次创业，看贝特企业运作理念

2002年，苏州贝特装饰设计工程有限公司走过了艰辛、丰收而又充满希望的第9个年头。11月9日，迎来了贝特公司9年誌禧，在简朴而具生气的庆典上，举行了贝特新形象、贝特“三品牌”（贝特家居、贝特菁英会所、贝特营造）和中国建筑学会室内设计分会“家装研发中心”、苏州大学艺术学院“专业实习基地”的联合揭牌和发布仪式，齐心吹响了贝特公司实施第三步发展——三次创业目标的号角。前往致贺的有关主管方面领导、同业同仁者众，有苏州市政协副主席黄忆祖，中国建筑装饰协会信息部主任兼《中国建筑装饰》主编黄白，苏州市装饰装修行业协会会长孔全林、副会长兼秘书长陈丰，原会长、顾问陆浩生，贝特装饰公司所在地苏州市平江区常务副区长袁以新、区委副书记宋冬青、发展局局长曹慰新、区青年联合会主席胡岚，苏州市消费者协会副秘书长邹水泉，苏州金螳螂建筑装饰有限公司办公室主任阴浩明，苏州市大陆装饰工程有限公司总经理陆国建，苏州市台北装饰工程有限公司总经理陆建刚，红蚂蚁装饰设计工程有限公司总经理李荣，蓝翔装饰工程有限公司总经理李革，苏州福马设计有限公司董事长兼创作总监宋微建等。

我们可以通过尤东明11月9日的致辞，来认识和了解贝特公司三次创业的动机和动力。

一次创业：1993年贝特公司成立，在9年的创业历程中，我们脚踏实地、刻苦努力，始终受到各上级部门领导、社会各界、广大顾客的指导、关爱和支持，创业初期，就是在这个强劲的动力源下，经过全体员工的齐心努力、积极奉献，使贝特公司一步一个脚印地逐步成长，取得了长足的进步，获得了可喜的业绩，为企业再上一个台阶，打下了坚实的基础。

二次创业：从1998年开始，我们乘势而上，迈出了积极的第二步，花大力气加强企业形象创建力度，不断提升企业信誉度，增强团队建设，发扬拼搏精神，树立率先意识，导入业内第一举措，先后通过ISO9001质量管理体系认证，导入ISO14001环境管理体系标准，在企业内部应用过程方法和管理的系统方法认真贯标，全面实施规范化运作和专业化管理，提升了工程的整体质量和完善的服务水平，满足了家装消费的需要，致使企业生机勃勃，声誉大增，殊荣满篓，业绩不断提升，进而分别获得了全国、江苏省、苏州市“家居装饰优秀企业”、“消费者满意企业”、“文明单位”、“优秀工程奖”、“优秀设计奖”等荣誉称号和奖项。最近，又获得了ISO9001—2000版质量管理体系认证证书和建筑装饰工程承包二级资质企业证书，在苏州市家装行业中属首家。

我们清醒地认识到，盛名之下，其实难负，只有继续努力，才能弥补不足，才能进一步提升服务工作水平，才能实现“为顾客多想一点”的美好心愿。如何把这个心愿演化为贝特人的具体行动，如何将完善的商业服务行为与天赋的社会责任严密地结合起来，是摆在贝特人面前的一个现实课题。为此，我们决心再跨出一大步，即自我加压、自我完善的第三步。

三次创业：2002年8月，我们与时俱进，率先进行了企业的CI整体开发，导入企业新理念，创树企业新形象，创立企业新品牌，引入企业新举措，规范员工新行为，相继创建专门研究家装的设计菁英研发平台和培育后继人才的专业实习基地，积极实现以专业设计推动市场，以优良的工程品质和完善的服务水平引导家装消费，全面打造“贝特家居”，使其成为装饰行业的一个优势品牌；与此同时，我们还将以“专业服务、永续创新、细节完美”的贝特服务、行为、态度和贝特人的做事方法，作为为顾客有效“实施家居整体解决方案”的切实支撑，作为企业“致力于实现人、居、环境和谐化共存”的核心价值追求。为此，我们在孜孜不倦的努力着……。”

二、全面实施规范化管理，确保家装工程高品质

据了解，贝特公司是同业内最先导入并通过ISO9001国际质量管理体系认证的家装企业；又是率先在企业内部实施规范化运作，确保工程品质——2001年4月被中国建筑装饰协会评定的“全国家居装饰优秀企业”。为贯彻好ISO9001，贝特人做出了艰苦不懈的努力。

1．只有认真贯标，规范运作，才能稳步提高工程品质

贝特人认真应用过程方法及管理的系统方法指导企业的运作，用制度规程、标准来规范经营管理和生产技术，成为“贝特家居”品质的实际需要及核心举措。

在实施过程中，他们本着全面导入、突出重点、循序渐进的基本思路，使公司经营、设计、选材、采购、施工、质监、售后服务的全过程，均纳入规范管理的轨道，重点狠抓设计与施工两个关键环节。他们全都知道，设计是工程的“龙头”，是实现效果的灵魂，它既有技术、艺术要素，也有专业管理要素，在设计理念和构思上，要提倡创新与个性化，尽可能把顾客的要求化为设计语言；在工作程序上，严格执行设计规范，从设计计划、设计输入到设计验证都按“标准”规定程序运作，同时还引入顾客参与检查和评价的机制。施工是工程成败的关键环节：

一是坚持专业施工，严格按施工工艺和施工规范进行操作。二是施工管理，从技术交底、开工前准备、选材用材、工序交接以致竣工验收，均按规定程序道道把关，施工现场的标识和文明施工管理，也按制规定、有章可循。三是工程质量的监控和检测：则依据质量规范和标准严加控制，同时实行班组自检和质监部门验收的三级检测制。通过全过程规范运作，保证了工程质量的稳定和提高。

2．只有坚持“标准”，持续改进，才能增强顾客的满意度

贝特人明白，“标准”为企业各项工作的规范运作提供了指导，提出了要求，但“标准”毕竟是原则的、共性的，贝特公司领导重视，全员参与，有效结合自身实际，不断自我加压，自我完善，以贯标工作的高质量获取工程的高品质。

他们深刻认识到，持续改进是坚持“标准”的一个重要课题，不进，就会失去活力。为此，他们不断总结，改进完善，根据 ISO9001—2000 版，立即组织培训，尽快按新版“标准”要求实施，2002 年 3 月经中质协认证机构审核，又获得了新版“标准”认证证书，这在苏州市家装行业中属首家。在实施新版“标准”的过程中，围绕“为顾客多想一点”这个主题理念，增设了与其相关的工作程序。确保切实服务顾客，使公司各项工作又进入了一个新阶段——从符合标准进而为客户满意。

与此同时，贝特人十分关注室内环境质量，主动采取措施，积极实施建设部出台的室内环境污染控制规范，即时导入“ISO14001 环境管理体系标准”，建立环境工作管理体系，制定公司环境方针、目标、指标于管理方案，重点加强设计和采购过程的选材，施工过程的污染预防和控制，使装饰工程质量从设计、施工实物质量延伸到室内环境质量，进一步满足顾客对家装质量的整体需求。

当前，贝特公司正在“为顾客多想一点”主题理念推动下，扩展服务功能，提升服务水平，“实现家居整体解决方案”，为致力于实现人、居、环境和谐化共存而孜孜努力着。为顾客多想一点

三、贝特家居：为顾客实现家居整体解决方案

贝特家居作为贝特装饰公司的家装业务品牌，提供包括设计、施工、配套装饰、维修服务等在内的全面服务。率先提出家居整体解决方案的概念，在不提高运作成本的基础上，真正实现从装修设计、项目施工、家居布置配套到维修的一条龙的家庭装饰服务。贝特家居的使命就是以专业能力与精心细致的服务为顾客创造一个属于自己的生活空间。

1．顾客在想什么，贝特家居就在想什么，而且永远会为顾客多想一点

“做一次家装可真不容易”，有过家装经历的人可能都会有这样的感觉。从规划布局到选材、施工、家居配套等等每个环节都要考虑周到，否则一不小心就会有差错，既浪费时间又浪费金钱。即使是找装修公司，那也不是万事大吉，设计往往达不到预期的目标，施工管理散漫凌乱，施工水平参差不齐，设计与施工总是脱节，交付质量经常不尽如人意，家装为什么不能是一次愉快轻松的消费体验呢？做家装应该如同去一家最好的商场的购物，每一位顾客都应该能买到想要的商品，享受到超值的服务。

贝特家居正是以此为目标，把顾客的满意放在第一位。顾客在想什么，贝特家居就在想什么，而且永远会为顾客多想一点。为顾客精心设计菜单式的家装模式，能够满足不同层次顾客的装修需要；率先推出的24h全天候维修服务解决了顾客的后顾之忧；在饰品、陈设、布艺、电器等家居配套方面拥有定期更新的供应商及商品目录和长期积累下来的人脉关系，能够在家居配套方面为顾客提供专业的多样的服务和资讯。全新的服务理念和服务项目能够让顾客真正体会到营造一个家的快乐。

2．贝特家居用“家”的整体概念来做家装

设计师在设计橱柜的时候，并不是把橱柜看成橱柜，而是家居的一部分，那么他在开始工作的时候，就会根据人体工程学的原理，考虑橱柜所处的位置及它的功用是否与人体生理特点相适应，例如：为使操作者省力，操作台的高度必须与人的身高相适应，再如储物柜的设置必须与人的手臂活动半径相适应。在衡量橱柜与地板、墙面、天花、灯光以及其他家居摆设之间的关系之后，动手做橱柜。这样的橱柜就已经很自然的成为了家的一部分，而不会有任何突兀的感觉。

“当我们用整体家居的概念去做一个橱柜，做一个墙面的时候，我们对我们的工作就会有了新的理解，新的动力。”贝特家居的设计师和工程管理人员经常这样提醒每一个施工人员。整体的概念绝不是一个空洞的概念，在具体的每一个操作层面上都有很实际的指导意义，只有为顾客多想一

点，只有从这样的概念的出发，才更会去注意每个细节，体会业主今后使用时的切身感受，把一切做的更仔细、更完美。

3. 贝特家居拥有强有力的设计和施工的支持，能够为顾客想得更多

贝特家居是贝特公司的家装服务品牌，以为顾客实现整体家居解决方案为服务理念，为顾客提供全面和优质的家装服务。贝特家居拥有独立的设计、施工、管理、维修、配套服务等一条龙的服务体系和服务队伍。

在此基础之上，贝特公司拥有更专业的设计品牌贝特菁英会所，以"以创新设计、专业服务"为理念，汇集了苏州装饰装修行业的设计菁英，专门研究家庭装饰，并且将研究的成果付诸实施，满足人们的更高要求。

作为全国设计领域最高学术机构中国建筑学会室内设计分会第十二专业委员会家装研发中心，就设在贝特菁英会所。贝特菁英会所是贝特家居最强有力的设计支持。

另外，贝特公司还拥有力量更雄厚的施工品牌——贝特营造，以"专业技术、完美施工"为理念，能够进行比家居空间更大空间的建设和营造。贝特营造是贝特家居最强有力的施工支持变化的时代，不变的信念。

每一个贝特人在工作的时候都会考虑我是不是在为顾客着想？我能不能再为顾客多想一点？审视过去，展望未来，时代在变，消费者的需求也在不断变化，作为整体家居解决方案的实现者，贝特家居时刻关注着变化，不停的审视自己，因为"为顾客多想一点"的信念不会改变，追求顾客满意的目标也不会改变，贝特家居正在等待着每一次新的实现机会，打造贝特家居的核心竞争力。

杨劲要创家装行业的百年老店

——记第四届十佳进京创业青年：北京东易日盛装饰有限责任公司总裁杨劲

中国建筑装饰协会信息部　《中国建筑装饰》编辑部

一、杨劲当选十佳进京创业青年

2003年7月20日，由共青团北京市委、市外管办、首都精神文明办、首都综治办、市建委、市社区办、市劳动和社会保障局、市工商局、市计生委、北京青年报社等10部门共同举办的"第四届北京市十佳（优秀）进京创业青年"揭晓，当选的10人是从27位候选人中脱颖而出的。其中有一位是1996年进京创业、35岁的硕士、北京东易日盛装饰有限责任公司女总裁杨劲。这也是我们建筑装饰行业、特别是家装业的光荣。

在主办者当日在中华民族园举行的颁将会上，杨劲等3人向北京市委副书记强卫、市政府副秘书长卢全等市场领导作了汇报。强卫在讲话中给予获奖进京青年以高度评价，指出，获奖的进京青年立足岗位，勤奋工作，遵纪守法，勇担责任，创造了不平凡的青春业绩，他们的奋斗历程集中体现了我们中华民族共有的奋发图强、百折不挠的优秀精神，集中体现了当代青年立志创造、拼搏奉献的时代品格。他强调，当代北京青年要胸怀祖国，明创业之志；勤奋学习，固创业之基；拼搏奋进，建创业之功。7月21日《北京青年报》指出，他们是进京创业青年的姣姣者，对十佳进京创业青年作了介绍并配发了照片。

杨劲：要创家装行业的百年老店。创业独白："诚信应该是我们的一切行为的准则；其次要有坚忍不拔的毅力，执着坚持认准的目标；还要不断学习和提高，用知识和智慧驾驭企业的发展。对于企业者来说，这些是必须要具备的素质。"创业故事：1996年，在北京大学攻读企业管理硕士学位的同时，杨劲投身于北京的家装行业，成立了东易日盛装饰有限责任公司。1997年，她带领公司率先进入全国正规家装市场。之后，她又将"完整家居"、"家居用品成品化"等理念引入百姓生活。在她的管理下，公司屡屡推陈出新：首次提出并实施了"八级质量保证体系"，开发并使用了装饰行业第一套电子报价系统等。公司2001年获全国首届家居装饰设计四项大奖；2002年获第四届欧典杯全国居室装饰大赛金奖。2002年公司产值2亿元，成为北京家装业的龙头。然而杨劲并不满足于这些成绩，她的目标是"作今日名牌、创百年老店"，为此她将付出不懈的努力。

二、中国建筑装饰协会有关部门贺电

7月22日，中国建筑装饰协会住宅装饰装修委员会(筹)致贺电杨劲，贺电说：欣闻杨劲荣获"第四届北京市十佳（优秀）进京创业青年"光荣称号，是中国建筑装饰协会广大会员企业、理事单位、住宅装饰装修行业唯一入选的优秀青年企业家。值此北京市团市委、北京市外管办、首都文明办、首都综合办、北京市建委、北京市社区办、北京市劳动和社会保障局、市工商局、北京市计生委、北京青年报社等单位隆重表彰、大力宣传之际，我们向你并通过你向你们公司的全体同仁表示热烈的祝贺！并宣传和号召全国家装行业向你学习！

青年是祖国的未来，青年是企业的未来，青年是创造的

急先锋，青年是创业的生力军。在科技进步和推进改革开放的新形势下，首都北京确立了率先实现现代化的宏伟目标，北京的建设和发展需要更多更优秀的进步青年做出突出贡献。同时，北京也为青年实现自己的人生价值提供了无限广阔的英雄用武之地。居京不易，创业为艰。你和你的企业坚持诚信为一切行为准则，以坚忍不拔的毅力，执着追求的目标和不断学习、提高、创新，用知识和智慧驾驭企业的发展和进步，表明了当代中国知识青年刻苦钻研，顽强拼搏，勇于开拓，敬业奉献的精神品质，你是当之无愧的行业"学习的模范、创业的先锋、守法的公民、致富的骨干"。希望再接再厉发扬成绩，坚持学习和实践，全面提高科学文化知识和创业能力，牢固树立责任意识、创新意识、成才意识、首都意识、做家装行业的旗舰，质量服务诚信的标兵，品牌企业的领头羊，为全面建设小康社会为首都更加美好的明天贡献自己的聪明才智和绚丽青春！

三、杨劲在北京创业的轨迹

杨劲，女，生于1968年，北京大学企业管理硕士。1994年在北京开始创业，成立北京东易日盛装饰有限公司，经过几年的发展，在北京装饰行业创造了辉煌业绩。2002 年，公司产值突破2亿元，同时企业实施全国战略，在杭州、大连、青岛、南京、成都、沈阳、石家庄、苏州等10多个城市开设直营分公司，在昆明、兰州、桂林、太原、南宁、烟台、唐山、镇江等17个城市设立加盟企业，员工数量近千名，牢牢确立了东易日盛装饰企业在北京乃至全国家装行业的领先地位，成为家装行业的旗舰品牌。同时，因为个人其卓越表现，被北京建筑装饰协会授予特别贡献奖。

1. 创业初衷：是偶然，也是一种必然

1992 年在陕西财经学院取得企业管理学士学位之后，和许多有志青年一样，毅然孑身一人，来到了北京，追寻自己的梦想。初到一个陌生的城市，加上刚毕业不久，在开始打拼的时候，各种条件都非常艰苦，但是天生的韧性和坚毅还是支撑着杨劲渡过了那段日子。面对北京这个日新月异发展着的城市，杨劲也开始思考，如何寻找自己的定位。1995年，杨劲报考北京大学，开始攻读企业管理硕士，也正是这一人生当中的重要决定之一，奠定了杨劲以后在事业成功的基础。

1996年11月，还是在校就读研究生的同时，杨劲和她的丈夫陈辉（陈輝：公司董事长，在2001年6月6日中国建筑装饰协会第五届会员代表大会上当选为理事，在 2002年7月16日中国建筑建筑装饰协会五届二次常务理事会上增补为常务理事）在北京投资并注册成立了"北京东易日盛装饰有限责任公司"，瞄准了当时还处在刚刚起步的家庭装饰业市场，并担任总经理，开始创业，开始了事业辉煌的第一步。

我们曾经问过她，对比许多的创业者，你的经历看上去更纯粹一些，甚至感觉上好象没有太多曲折，包括你在创立东易日盛装饰这个企业的时候，也似乎是水到渠成的　件事情，那么，你个人对此是怎样认为的呢？

她说，其实，当我从家乡来到北京的那一刻起，在我的潜意识里已经告诉自己，必须要寻找到自己的一个方向，而这个方向其实也很清晰，因为自己是学企业管理的，所以我告诉自己要能够真正的学有所长，有一个自己的企业。北京这个地方的确是人才荟萃，到了以后，我发现了自己的很多不足，这也正是我到北大深造的主要原因。当然，从这个意义上讲，我的创业应该说是一种必然。至于创立北京东易日盛装饰企业，也是一个偶然的机会，从和朋友的交流当中，感觉到这个行业大有前途，因而在当时家庭装饰业还没有形成的时候，我毅然决定选择到这个行业发展，没想到这个市场给了自己这么大的一个机会。说实话，还真有点幸运。从这个意义上讲，我的创业也是一种偶然。我是一个辩证主义者，我相信偶然的后面归根结底也是一种必然。那就是，只要给自己一个预定的目标，然后朝着这个目标去努力，去奋斗，那么结果肯定不会让人失望。

2. 东易日盛5年产值突破2亿，创造北京家装业发展"神话"

在京城，提起家庭装饰，没有人不会不想到东易日盛装饰公司的，这家享誉京城乃至全国的家装品牌。在杨劲总裁的带领下，从1997年创业初期到2002年，保持了每年100%以上的增长速度，从无到有，至2002年年底，短短的5年时间内，产值已成功突破2亿元大关，不能不让人对此刮目相看。众所周知，和其他行业相比，家装行业由于其从业人员素质较低，造成了管理难度巨大的现实。加上家庭装饰业也是刚刚起步，市场处在很不规范的状态之中，东易日盛能达到这一高度，尤其难能可贵。

客观的讲，现代化的企业管理体制，是杨劲带给东易日盛装饰企业的，也是北京家庭装饰业的最宝贵财富。由于杨劲北大企业管理硕士的背景，因而在创业的过程中，杨总始终不移的将现代企业管理体制移植到日常的具体工作中，5年的过程中，不断创新，从开始的"装修，也要讲品牌"的品牌定位；创立装饰行业的各种标准；提出"诚实守信、以人为本"的企业文化价值观；提出家装行业的首个"职业经理人制"，引进非装饰专业的管理人才；"作今日名牌、创百年老店"的长远发展规划；到2002年底的集团化发展策略；预算管理、成本控制的管理改革等，都为东易日盛的发展奠定了坚实的基础。

3. 回报社会，为北京的发展做出我的贡献，是最让自己感到高兴的事！

作为众多来京创业青年中的一员，杨劲事业的成功不仅给了自己一个满意的答案，还给社会带来了很大的奉献。5

年来，东易日盛装饰已累计纳税近千万，在2001年，还被税务部门评为年度纳税大户。东易日盛装饰也应其高品质的家装服务，成为众多京城消费者家庭装饰服务的首选。

女性特有的善良和细腻，在杨劲女士的身上体现得更为淋漓尽致。资助因贫困而面临失学和辍学的儿童、参与北京市和所在社区组织的扶贫济困的捐款等各项公益性活动成了杨总和东易日盛装饰企业所有员工工作之余最关心的事情。在杨总的主持下，公司还专门在总部和各分部设立了“爱心捐助箱”，支持和帮助了许多有困难的人。

我们曾经问过她，你来北京有7年了，创业尽管艰苦，但结果非常让人满意，应该说东易日盛的辉煌，离不开你的心血，在这创业的几年时间里，最让你感到高兴和自豪的事是什么？

她指出，东易日盛能够取得今天的成绩，我是付出了很大的心血，但东易的成功也得到了许多人的帮助，包括企业的员工、政府主管和建筑装饰行业协会的领导、新闻媒体以及广大的消费者。东易的成功，是很让我感到高兴的一件事，毕竟这是自己的事业。但如果说最让我感到高兴和自豪的事，我认为是回报社会，为北京的发展做我自己的一点贡献。我非常喜欢北京，北京日新月异的变化让我感到信心倍增，生活和工作在这里，我也感到无比的自豪，应该说是北京给了我事业的机会，我也责无旁贷，能为北京的发展尽我们的一份力量。我也特别希望和我的员工，和更多的创业青年一道，把美丽的北京建设得更为美好。

4. 未来：给自己一个目标，再给一些压力，用心做好！

东易日盛装饰企业在杨劲的领导下，在2003年进行了集团化改革，形成了以北京家装为笼头，全国家装、东易家居、东易饰材、原创设计及贸易、特许经营、精装、公装8个业务模块共举的市场竞争格局，将东易日盛的家居产业链的概念推向了一个新的高度。

目前，东易日盛装饰集团的员工已发展到近千人，在全国近 20 个城市拥有自己的直营分部和合作伙伴。集团将2003年度的产值目标定到了 5 亿元大关。面对东易日盛装饰集团的下一步发展的宏伟目标，杨劲给自己的定位是进行企业的“二次创业”，也是自己个人面临的新的挑战。

典雅、柔和、认真和细腻是和杨劲打过交道的人对她的一致评价，永远是淡淡的微笑，永远是一丝不苟的工作作风，永远是真诚和善良，杨劲以她的个人魅力在感染着别人，相信她必定能够带领东易日盛装饰企业创造一个新的高峰。

我们曾经问她，能够透露一下你下一步的个人规划吗？

她说，我这几年将全部的精力都放在了工作上，儿子已经5岁了，可和他呆一起的时间太少了，作为妈妈，欠他的太多，每每想到这些，心里就有些难受，下一步我得先扮演好妈妈的角色。至于工作，那对于我来说，肯定是一个新的挑战，不管企业现在的规模有多大，成绩只是属于过去。关于东易日盛装饰企业，目标和规划都已经基本确定，我们将按照我们既定的战略按步骤来执行。关于我个人的规划，很简单：给自己一个目标，然后再给自己一些压力，用心去做好，我相信自己能够取得更大的成功。

杨劲要创家装行业的百年老店。

中国建筑装饰协会所属机构和地方建筑装饰协会一览表

	名称	地址	邮编	电话	传真	网址或 E-Mail	负责人	
1	本会综合部	北京市海淀区三里河路 21 号甘家口大厦南楼 10 层	100037	010-88382988/88382788	88382988		王毅强	杜桂玲
2	本会信息部 会刊《中国建筑装饰》编辑部	北京市海淀区三里河路 21 号甘家口大厦南楼 10 层	100037	010-88389178/88399179	88389180	2002cbd@sina.com.cn	黄 白	
3	本会行业发展部	北京市海淀区三里河路 21 号甘家口大厦南楼 10 层	100037	010-88389181	88382788		王本明	
4	本会国际部	北京市海淀区三里河路 21 号甘家口大厦南楼 10 层	100037	010-88389166	88382788	fsl@ccd.com.cn	樊淑玲	
5	本会质量技术部	北京市海淀区三里河路 21 号甘家口大厦南楼 10 层	100037	010-88389190	88382788		熊 翔	
6	本会培训管理部 培训中心	北京市朝阳区劲松中街 405 号 （朝阳社区服务中心四层）	100021	010-87719751/87719752	87719753	www.cbdatraining.org.cn jiaowu@cbdatrainin.org.cn	王燕鸣	
7	本会施工委员会	北京市西城区西四北二条 21 号饰博苑写字楼 B 座 4003 室	100034	010-66162770/66512147	66162770			顾国华
8	本会铝制品委员会	北京市宣武区陶然亭路 53 号	100054	010-83515237/83516495		lw@wall21.com	张京跃	宋协昌
9	本会信息咨询委员会	北京市西城区德胜里一区 11 号楼三层	100011	010-62063379/62063380	62362321	Http://www.ccd.com.cn ccd@ccdinfo.com	崔 勇	田万良
10	本会材料委员会	北京市海淀区阜成路 42 号中裕商务花园 18 号楼 B 座三层	100036	010-88119466/88114616				华敬友
11	本会建筑电气委员会	西安市西二路 23 号万景商务中心 10 楼	710004	029-87543313	87543313	www.chinaCEEnet.com	花恒久	花恒久
12	本会设计委员会（筹）	北京市海淀区三里河路 21 号甘家口大厦南楼 10 层	100037	010-88389165	88382788			田德昌
13	本会住宅装饰装修委员会（筹）	北京市海淀区三里河路 21 号甘家口大厦南楼 10 层	100037	010-88389017	88382788		张爱宁	张 仁
14	本会厨卫工程委员会	北京市海淀区车公庄西路 10 号广建宾馆 256 室	100037	010-68333403	68333403			张俊鹏
15	本会河南培训中心	郑州市金水路 103 号附 2 号海景商务 316 室	450003	0371-6283082/6229939			王晓惠	
16	本会大连培训中心	大连市五四路 66-2 号万益大厦 505 室	116011	0411-3679081/3679082	3679082		杨昭富	
17	本会深圳培训中心	深圳市上步南路锦峰大厦 14 楼 B	518031	0755-82078238/82078768	82078768		何文祥	
18	本会西安培训中心	西安市西二路 23 号万景商务中心 10 楼	710004	029-87543313	87543313	www.chinaCEEnet.com	花恒久	
19	本会烟台培训中心	烟台市迎宾路 26 号	264001	0535-6882211-2923	6888950		丁运礼	
20	本会丹东培训中心	丹东市沿江开发 L 区房坝 70 号丹东画院	118800	0415-3128158	212609		赵仁选	于 兵
21	本会辽宁培训中心	沈阳市沈河区十三纬路 58 号有色大厦 1305 室	110014	024-22702672/22822393			李晓波	李 平
22	中华建筑报社	北京市海淀区阜成路 81 号院 2 号楼	100036	010-88118138	88111476	jzbs@public.bta.net.cn	徐 朋	邓 千
23	中国建筑装饰装修杂志社	北京市海淀区三里河路 21 号甘家口大厦南楼 8 层	100037	010-88392912-14			徐 朋	于 冰
							理事长	**秘书长**
1	北京市建筑装饰协会	北京市西城区二七剧场路 19 号楼 203/204 室	100045	010-68012297/68016279		bjzsxh@263.neg	朱希斌	西广智
2	天津市环境装饰协会	天津市河西区南京路 52 号 404 室	300042	022-23304795			毛昌五	王文焕
3	上海市装饰装修行业协会	上海市金陵东路 531 号美丽华装饰城 501 室	200021	021-63743786	63743786		李洪鑫	赵 海
4	重庆市建筑装饰协会	重庆市渝中区中山二路 99 号华安大厦 10 楼 12 号	400014	023-63507861/63557626	63507816		喻上沛	李学荣
5	中国人民解放军建筑装饰协会	武汉市汉口建设大道 417 号凌云科技集团	430040	027-83634852	83628170		王京玲	沙启云
6	河北省建筑装饰协会	石家庄市长丰路 4 号办公楼 3 层 315 室	050051	0311-7904077	7904201		兰英富	赵春旺
7	石家庄市装饰协会	石家庄市建设北大街 34 号市建管局	050011	0311-6975342	6975342		刘亚东	赵秀民

8	秦皇岛市建筑装饰协会	秦皇岛市建设大街 303 号	066000	0335-3048848	3223522		景银森	赵永全
9	山西省建筑装饰协会	太原市建设北路 235 号省建委	030013	0351-3070271/3280271			史应标	赵劲彬
10	太原市建筑装饰协会	太原市新建路 171 号	030002	0351-4220797			姚吉生	杨　凯
11	大同市建筑装饰协会	大同市新建北路 101 号市建委办公楼四层	037008	0352-2058936/2068756	2068756		郭　荣	张广礼
12	内蒙古建筑装饰协会	呼和浩特市新华东街 558 号内蒙古展览馆内	010010	0471-4939743/4965128		www. nmgzs. com	甄小兵	杨志凌
13	黑龙江省建筑装饰协会	哈尔滨市南岗区东大直街 308 号省建设厅	150001	0451-53679364	53679364		宋执卿	吴景阳
14	鸡西市建筑装饰协会	鸡西市中心大街 68 号市建委装饰办	158100	0467-2380142	2380142		王世德	付进仁
15	大庆市建筑装饰协会	黑龙江省大庆市让湖路区西宾路 3-12 号	163453	0459-5095766/6340811			孙东伟	龚　璞
16	吉林省建筑装饰业协会	长春市南关区民康路 18 号省建设厅招待所 306 室	130041	0431-8953845/8953844	8953844	www.jlde.com	邱久才	张文学
17	长春市建筑装饰装修协会	长春市吉顺街 8 号	130022	0431-8635402		www.ccbd.org msz@ccbd.org	杨洪斌	丛廷才
18	延边建筑业协会装饰委员会	吉林省延吉市新兴街 162 号	133000	0433-2515186/2610928	2655566		宫世玉	刘　侃
19	辽宁省装饰协会	沈阳市沈和区十三纬路 58 号中国有色大厦 1305 室	110005	024-22702672/22822393	22702672	Lnszsxh@fm365.com	杨帅邦	田　平
20	沈阳市建筑装饰协会	沈阳市沈河区热闹路 8 号甲市建委装饰业管理办	110014	024-22930510/22933530	22933530		侯　俊	丁玉松
21	大连市建筑装饰行业协会	大连市五四路 66-2 号万益大厦 505 室	116011	0411-83679081/83679082	83679082	sunpu@dlbuilding.com	魏作全	杨昭富
22	丹东市建筑装饰协会	丹东市沿江开发 L 区房坝 70 号丹东画院	118800	0415-3128158			许传林	赵仁选
23	山东省建筑装饰协会	济南市朝山街 42 号省建管局装饰装修处	250011	0531-6162185	6162185		程曾惠	刘玉涛
24	济南装饰协会	济南市历下区山大南路 64 号市建管局一楼 113 房间	250013	0531-6401877	6401877	zsxh@sohu.com	赵世忠	王培良
25	青岛市建筑装饰协会	青岛市延安三路 133 号市建委	266071	0532-3868211-3177	3898849		杨清斗	林纪国
26	泰安市装饰装修行业协会	泰安市东岳大街 40 号市建委装饰装修管理处	271000	0538-8252988	8252988		张广银	陈建英
27	潍坊市装饰装修协会	潍坊市东风东街 251 号市建设局装饰装修管理办公室	261041	0536-8217997	8221087		陈爱文	徐小朋
28	江苏省装饰装修行业协会	南京市三元巷 7 号建筑大厦省建管局 607～608 室	210005	025-84208718	84202752		毛家泉	朱志明
29	南京市装饰行业协会	南京市玄武区大石桥 19 号 812 室市建工局装饰办	210008	025-83601871/83379336	83601871		余信祥	孙建设
30	扬州市装饰行业协会	扬州市梅岭东路 20 号	225002	0514-7368441	7330822		陈秋铭	陈毓秀
31	常州建筑装饰协会	常州市延陵西路杨柳巷 26 号四楼	213003	0519-6600170	6600170		何亚光	吴继周
32	无锡市装饰协会	无锡市汉昌路 2 号 9 楼	214005	0510-2327265			彭杏林	朱镇修
33	苏州市装修装饰行业协会	苏州市竹辉路养蚕里建设工程有形市场 4F409～410 室	215007	0512-65185782/65187570	65187981	www.szjs.net	孔全林	
34	徐州市装饰装修行业协会	徐州市民主南路（原樱花大厦）	221000	0516-3908125/3568838			张俊生	严孝友
35	镇江市建筑装饰协会	镇江市解放路 265 号二楼	212001	0511-5019288			邓学才	沈殿祥
36	江都市建筑装饰协会	江都市舜天路建工大厦	225202	0514-6977187	6977158		王　健	雷锋太
37	淮安市建筑装饰协会	淮安市北京北路 112 号建设大厦 7007 室	223001	0517-3650990	36622343		鲁国本	佘明龙
38	南通市装饰装修行业协会	南通市虹桥东村 13 幢附 6 号	116006	0513-3515171/3531300			王广荫	王广荫
39	连云港市装饰装修行业协会	连云港市新浦通灌南路 69 号市建设局装饰管理办	222002	0518-5412076			徐维宏	梁　刚
40	宿迁市建筑装饰协会	宿迁市平安大道 9 号市建设局建筑装饰管理办公室	223800	0527-4363171	4363129		徐业愚	王朝晖
41	安徽省建筑装饰协会	合肥市芜湖路 347 号省建设厅招待所东楼三层	230001	0551-2886523	2886523		王金平	陈幼年
42	合肥市建筑装饰协会	合肥市阜南路 56 号市建管局建筑装饰装修管理处	230001	0551-2643749	2653510		谢发明	罗伟民
43	浙江省建筑装饰行业协会	杭州市天目山路 18 号 2 楼	310007	0571-88800759	88800762	www.zsol.com.cn	董宜君	陈孟坡
44	杭州市建筑装饰协会	杭州市浣沙路 347 号 6 楼	310006	0571-87011350/87035965	87011350		陆乔秀	楼志武
45	温州市建筑装饰协会	温州市飞霞南路 210 号建设大楼 14 楼	325027	0577-88821015/88810332	88810332		周锦云	吴　坚

46	湖南省建筑装饰协会	长沙市解放中路 92 号	410011	0731-2213533			匡彦博	唐建[illegible]
47	长沙市房屋装饰装修行业协会	长沙市蔡锷中路五家井附 58 号市房管局	410005	07312224519/	4415875		罗伯云	曾庆丰
48	株洲市建筑装饰协会	株洲市新华西路 4 号市建委装饰办	412000	0733-8200402	8224451		肖和卿	谭玉兰
49	江西省装饰行业协会	南昌市省政府大院省建设厅	330046	0791-6235376	6283409	13913907915808Vip.163.com	王儒明	章雪儿
50	福建省建筑装饰协会	福州市华林路 100 号茶叶大楼 8 层 802 室	350003	0591-7806346	7806346	www.fjzs.org	钟昌辉	赖桂华
51	福州市建筑装饰协会	福州市北环东路 19 号金鸡山隧道北洞口市建设交易管理中心内	350013	0591-7598403		www.ggyiye.com	邓　捷	曾建萍
52	厦门市建筑装饰协会	厦门市禾祥西路 68 号光华大厦 18F	361004	0592-2203725/2229531	2229521		朱奖怀	洪乃命
53	莆田市建筑装饰协会	莆田市学园路 333 号市建设局	351100	0594-2692210/2362966	2656898		林其周	郑俊喜
54	河南省建筑装饰协会	郑州市金水路 103 号附 2 号海景商务 316 室	450003	0371-6254526/6229939			洪　赢	王晓惠
55	洛阳市建筑装饰协会	洛阳市凯旋西路 29 号建设大厦 14 楼	471009	0379-3268315	3267985		陈士倩	赵安敏
56	湖北省建筑装饰协会	武昌中南路 14 号省建设厅四楼	430071	027-87126645	87831084		傅梦飞	张兆鹏
57	武汉建筑装饰协会	武汉市江汉区新华西路马场角小路 36 号华西公寓 C 栋 4 单元 201、202 室	430015	027-85880105/85883041	85871926		彭国云	郭　伟
58	宜昌建筑装饰协会	宜昌市夷陵大道 41 号	443000	0717-6465728/ 6446597	8602738	www. yccd. net	肖汉光	李建新
59	广州市建筑装饰协会	广州市解放北路 657 号三楼	510180	020-83341578	83326652	www. 020. com. cn,	许和铁	易自华
60	深圳市装饰行业协会	深圳市上步南路锦峰大厦 14 楼 B	518031	0755-82078238/82078768	82078768	www.szzs.com	何文祥	冯贵兰
61	佛山市顺德区建筑装饰协会	顺德大良新城区德民路行政服务中心西座二楼	528333	0765-22836780/2836696	2836647		李碧辉	陈榜玮
62	东莞市建筑装饰协会	东莞市新兴北路新兴装饰材料城四楼	523000	0769-2650315	2697446		刘应逢	赵家梁
63	汕头市装饰协会	汕头市龙湖区榕江路金华大厦二楼	515041	0754-8469294	8940304	xin@houseABC.com	陈展辉	辛　忠
64	海南省建筑装饰协会	海口市海府路 59 号省建设厅建筑业处	570004	0898-5330433/5334066	5342504		吴乾武	潘文雄
65	广西建筑装饰协会	南宁市鲤湾路 10 号柳沙大厦 11 楼	530022	0771-5840413/5840331	2814832		张家炳	庞　云
66	四川省建筑装饰协会	成都市人民南路四段 36 号省建委	610041	028-85580042	85580042		杨乾芳	陈建文
67	成都市建筑装饰协会	成都市东城根上街 78 号建设大厦 3 楼	610015	028-86643597/86273832	86643697		李家松	张桂芳
68	绵阳市建筑装饰协会	绵阳市涪城路 76 号	621000	0816--2232021	2230905		石风珍	姜玉平
69	贵州省建筑装饰协会	贵阳市延安西路 1 号省建设厅内 6 楼	550003	0851-5952925			罗醒民	钟建华
70	遵义市装饰协会	贵州省遵义市法院街大井坎 5 号市建设局装璜所	563000	0852-8255867	8260230		周江华	陆大勇
71	安顺市建筑装饰协会	贵州省安顺市客车西站（原铅笔厂二楼）建材市场	561000	0853-3344115			刘朝梁	杨通奎
72	云南省建筑装饰行业协会	昆明市西昌路 129 号五楼	650032	0871-4102038/4162691	4162691		朱葆荣	李　健
73	昆明市建筑装饰协会	昆明市北区万华路 193 号家装市场质检站	65000	0871-6668066	5725765			刘海华
74	青海省建筑装饰协会	西宁市五四大街 5 号省建设厅后五楼	810001	0971-6150345	6145781		丁振华	师　健
75	宁夏建筑装饰协会	银川市文化西街 7 号自治区建设厅建管处	750001	0951-6411154/5019460			史是伟	王东河
76	陕西省建筑装饰协会	西安市东新街 486 号新城国际 A 座一层 D 户	710004	029-87449694	87449694		孔祥清	王卫国
77	西安建筑装饰装修业协会	西安市西七路 205 号（铁六中院内）	710003	029-87257195/87241077	7231466		田自力	白　磊
78	甘肃省建筑装饰协会	兰州市静宁路 305 号建设大厦 13 楼	730002	0931-8477642			韩学政	朱元华
79	乌鲁木齐市建筑装饰协会	乌鲁木齐市新民西街 88 号市建委	830002	0991-4605533	4619200		冯　旗	陈　果